Praxiskommentar
Kindschaftsrecht

Praxiskommentar Kindschaftsrecht

mit Checklisten und Übersichten

herausgegeben und bearbeitet von
Prof. Dr. Stefan Heilmann

weitere Bearbeiter:
Christian Braun, Richter am Amtsgericht Frankfurt/M.,
Dr. Michael Cirullies, Aufsicht führender Richter am Amtsgericht Hagen,
Dr. Werner Dürbeck, Richter am Oberlandesgericht Frankfurt/M.,
Dr. Sandra Fink, Richterin am Amtsgericht Frankfurt/M.,
Yvonne Gottschalk, Richterin am Oberlandesgericht Frankfurt/M.,
Klaus-Jürgen Grün, Vorsitzender Richter am Oberlandesgericht Frankfurt/M.,
Wolfgang Keuter, Richter am Amtsgericht Bad Iburg,
Dr. Katja Schweppe, Richterin am Oberlandesgericht Frankfurt/M.,
Susanne Wegener, Richterin am Oberlandesgericht Frankfurt/M.

unter Mitarbeit von
Renate Menz, Richterin am Oberlandesgericht a.D.

Bundesanzeiger Verlag

Bibliografische Information der Deutschen Nationalbibliothek

Die Deutsche Nationalbibliothek verzeichnet diese Publikation in der Deutschen National-bibliografie; detaillierte bibliografische Daten sind im Internet über http://dnb.d-nb.de abrufbar.

Bundesanzeiger Verlag GmbH
Amsterdamer Straße 192
50735 Köln
Internet: www.bundesanzeiger-verlag.de

Weitere Informationen finden Sie auch in unserem Themenportal unter wwwbt-portal.de

Beratung und Bestellung:
Tel.: +49 (0) 221 97668-229
Fax: +49 (0) 221 97668-263
E-Mail: familie-betreuung@bundesanzeiger.de

Zitiervorschlag:
Heilmann/*Bearbeiter*, § ... [Gesetz] Rn. ...

ISBN (Print): 978-3-8462-0380-4

ISBN (E-Book): 978-3-8462-0381-1

© 2015 Bundesanzeiger Verlag GmbH, Köln

Herstellung: Günter Fabritius
Produktmanagement: Dorothea Venator, Theresa Rothe, Uschi-Schmitz-Justen

Satz: Cicero Computer GmbH, Bonn
Druck und buchbinderische Verarbeitung: Medienhaus Plump GmbH, Rheinbreitbach

Printed in Germany

Vorwort

Durch das Kindschaftsrecht nehmen gesetzgeberische Wertungen Einfluss auf die Gestaltung der Lebens- und Rechtsbeziehungen zwischen Kindern und Erwachsenen. Es ist für die betroffenen Menschen ein sehr bedeutsames Rechtsgebiet, welches – nicht zuletzt durch behördliche bzw. gerichtliche Entscheidungen – häufig unmittelbare Auswirkungen auf ihr Leben hat. Damit hat es auch eine hohe gesellschaftspolitische Relevanz, wie sie beispielsweise durch die regelmäßigen Diskussionen in den öffentlichen Medien sichtbar wird. Zugleich steigt die Zahl der Fälle, in denen etwa sozialarbeiterische Beratung bzw. juristisches Tätigwerden geboten sind.

Gleichwohl hat das Kindschaftsrecht in der juristischen Ausbildung keine nennenswerte Bedeutung: Entsprechend spezialisierte Lehrstühle sucht man in den rechtswissenschaftlichen Fakultäten bundesweit vergeblich und die juristischen Prüfungsordnungen verlangen allenfalls Grundkenntnisse in Teilbereichen dieses Rechtsgebietes. Dementsprechend finden sich in der Fachliteratur für den Praktiker zwar hervorragende Werke zum Familienrecht insgesamt oder zu den verschiedenen Teilbereichen des Kindschaftsrechts. Eine Kommentierung aller praxisrelevanten Regelungen lag jedoch bislang nicht vor. Diese Lücke soll mit dem vorliegenden Buch geschlossen werden. Es soll denjenigen, die im Bereich des Kindschaftsrechts tätig sind oder mit diesem in Berührung kommen, ein Werk in die Hand geben, welches einen schnellen Zugriff für die Beantwortung der sich in der Praxis stellenden Fragen ermöglicht. Zu diesem Zwecke wird auch zu strittigen Fragen Position bezogen.

Ziel dieses Praxiskommentars ist nicht die vertiefende wissenschaftliche Aufarbeitung komplexer wissenschaftlicher Fragestellungen. Auf umfangreiche Fußnotenapparate wurde daher verzichtet. Auch kann er nicht in allen kommentierten Bereichen für jeden Einzelfall den Rückgriff auf vertiefende Literatur entbehrlich machen. Entsprechende Empfehlungen werden jedoch gegeben. Zudem wurde in dieser Auflage in Teilbereichen, die für die Praxis von nicht so großer Relevanz sind, von einer Kommentierung einzelner Vorschriften abgesehen.

Inhaltlich ergab sich auf Grund der Natur der Materie eine Vielzahl von Überschneidungen zwischen den Autoren. Obgleich der Versuch unternommen wurde, eng angrenzende Themenfelder, insbesondere die materiell-rechtlichen Regelungen und das verfahrensrechtliche Pendant, in der Hand des jeweiligen Autoren zu belassen, werden in einem umfangreichen Werk wie diesem unterschiedliche Rechtsauffassungen der Autoren erkennbar sein. Die kindschaftsrechtliche Praxis soll und muss sich jedoch auch durch einen stetig lebendigen Diskurs und durch die Auseinandersetzung mit unterschiedlichen Standpunkten weiter entwickeln.

Verlag, Herausgeber und Autoren wären der Leserschaft für jegliche Anregungen und konstruktive Kritik dankbar, die zu einer Verbesserung dieses Praxiskommentars beitragen könnten.

Prof. Dr. Stefan Heilmann   Frankfurt am Main, im Mai 2015

Schnellübersicht: Gesetze, Übereinkommen, Verordnungen

Kurztitel	Seiten
AdWirkG	1055–1057
BGB	3–494
Brüssel IIa-VO	1199–1208 (Vorbemerkungen) 1209–1245
EGBGB	1318–1324
EMRK	1367 (Anhang)
ESÜ	1272–1282
FamFG	519–1070
GewSchG	495–516
GG	1366 (Anhang)
GVG	1071–1086
HAÜ	1057–1058
HKÜ	1246–1271
IntFamRVG	1325–1361
KKG	1121–1123
KSÜ	1283–1308
LPartG	1372
Mediation in internationalen Kindschaftskonflikten	1362–1365
MSA	1309–1317
RelKErzG	1370–1372
RPflG	1087–1113
SGB VIII	1117–1120 (Vorbemerkung) 1124–1195
UN-Kinderrechtskonvention	1367–1370
VBVG	463–464

Inhalt

Bürgerliches Gesetzbuch (BGB)

Buch 4
Familienrecht

Abschnitt 2
Verwandtschaft

Titel 2
Abstammung

Titel 4
Rechtsverhältnis zwischen den Eltern und dem Kind im Allgemeinen

Titel 5
Elterliche Sorge

Titel 7
Annahme als Kind

Untertitel 1
Annahme Minderjähriger

Untertitel 2
Annahme Volljähriger

Abschnitt 3
Vormundschaft, Rechtliche Betreuung, Pflegschaft

Titel 1
Vormundschaft

Untertitel 1
Begründung der Vormundschaft

Untertitel 2
Führung der Vormundschaft

Untertitel 3
Fürsorge und Aufsicht des Familiengerichts

Untertitel 6
Beendigung der Vormundschaft

Titel 3
Pflegschaft

Anhang
Gesetz zum zivilrechtlichen Schutz vor Gewalttaten und Nachstellungen
(Gewaltschutzgesetz – GewSchG)

Das gerichtliche Verfahren

Gesetz über das Verfahren in Familiensachen und in den Angelegenheiten der freiwilligen Gerichtsbarkeit (FamFG)

Gerichtsverfassungsgesetz (GVG)

Rechtspflegergesetz (RPflG)

Kapitel 1
Gesetz über das Verfahren in Familiensachen und in den Angelegenheiten der freiwilligen Gerichtsbarkeit (FamFG)

Buch 1
Allgemeiner Teil

Abschnitt 1
Allgemeine Vorschriften

Inhalt

Abschnitt 2
Verfahren im ersten Rechtsszug

Abschnitt 3
Beschluss

Abschnitt 4
Einstweilige Anordnung

Unterabschnitt 2
Vollstreckung von Entscheidungen über die Herausgabe von Personen
und die Regelung des Umgangs

Unterabschnitt 3
Vollstreckung nach der Zivilprozessordnung

Abschnitt 9
Verfahren mit Auslandsbezug

Unterabschnitt 1
Verhältnis zu völkerrechtlichen Vereinbarungen
und Rechtsakten der Europäischen Gemeinschaft

Unterabschnitt 2
Internationale Zuständigkeit

Buch 2
Verfahren in Familiensachen

Abschnitt 1
Allgemeine Vorschriften

Abschnitt 2
Verfahren in Ehesachen,
Verfahren in Scheidungssachen und Folgesachen

Unterabschnitt 2
Verfahren in Scheidungssachen und Folgesachen

Abschnitt 3
Verfahren in Kindschaftssachen

Abschnitt 4
Verfahren in Abstammungssachen

Abschnitt 5
Verfahren in Adoptionssachen

Anhang zu § 199 FamFG – Die Verfahren auf Anerkennung und Umwandlung von ausländischen Adoptionen nach dem Adoptionswirkungsgesetz

Kapitel 2
Gerichtsverfassungsgesetz (GVG)
– Auszug –

Kapitel 3
Rechtspflegergesetz (RPflG)

Erster Abschnitt
Aufgaben und Stellung des Rechtspflegers

Zweiter Abschnitt
Dem Richter vorbehaltene Geschäfte in Familiensachen und auf dem Gebiet der freiwilligen Gerichtsbarkeit sowie in Insolvenzverfahren und schifffahrtsrechtlichen Verteilungsverfahren

Gesetz zur Kooperation und Information im Kinderschutz (KKG)

Achtes Buch Sozialgesetzbuch – Kinder- und Jugendhilfegesetz – (SGB VIII)

Gesetz zur Kooperation und Information im Kinderschutz (KKG)

Achtes Buch
Sozialgesetzbuch – Kinder- und Jugendhilfegesetz – (SGB VIII)

Erstes Kapitel
Allgemeine Vorschriften

Zweites Kapitel
Leistungen der Jugendhilfe

Zweiter Abschnitt
Förderung der Erziehung in der Familie

Vierter Abschnitt
Hilfe zur Erziehung, Eingliederungshilfe für seelisch behinderte Kinder und Jugendliche, Hilfe für junge Volljährige

Erster Unterabschnitt
Hilfe zur Erziehung

Dritter Unterabschnitt
Gemeinsame Vorschriften für die Hilfe zur Erziehung und die Eingliederungshilfe für seelisch behinderte Kinder und Jugendliche

Drittes Kapitel
Andere Aufgaben der Jugendhilfe

Erster Abschnitt
Vorläufige Maßnahmen zum Schutz von Kindern und Jugendlichen

Zweiter Abschnitt
Schutz von Kindern und Jugendlichen in Familienpflege und in Einrichtungen

Dritter Abschnitt
Mitwirkung in gerichtlichen Verfahren

Vierter Abschnitt
Beistandschaft, Pflegschaft und Vormundschaft für Kinder und Jugendliche, Auskunft über Nichtabgabe von Sorgeerklärungen

Fünfter Abschnitt
Beurkundung, vollstreckbare Urkunden

Viertes Kapitel
Schutz von Sozialdaten

Vierter Abschnitt
Gesamtverantwortung, Jugendhilfeplanung

Siebtes Kapitel
Zuständigkeit, Kostenerstattung

Erster Abschnitt
Sachliche Zuständigkeit

Zweiter Abschnitt
Örtliche Zuständigkeit

Erster Unterabschnitt
Örtliche Zuständigkeit für Leistungen

Zweiter Unterabschnitt
Örtliche Zuständigkeit für andere Aufgaben

Dritter Unterabschnitt
Örtliche Zuständigkeit bei Aufenthalt im Ausland

Auslandsbezüge

Brüssel IIa-VO – Internationale Übereinkommen – EGBGB – IntFamRVG – Mediation

Kapitel 1

Kapitel 2
Brüssel IIa-VO

Kapitel I
Anwendungsbereich und Begriffsbestimmungen

Kapitel II
Zuständigkeit

Abschnitt 1
Ehescheidung, Trennung ohne Auflösung des Ehebandes und Ungültigerklärung einer Ehe

Abschnitt 2
Elterliche Verantwortung

Abschnitt 3
Gemeinsame Bestimmungen

Kapitel III
Anerkennung und Vollstreckung

Abschnitt 1
Anerkennung

Abschnitt 2
Antrag auf Vollstreckbarerklärung

Abschnitt 3
Gemeinsame Bestimmungen für die Abschnitte 1 und 2

Abschnitt 4
Vollstreckbarkeit bestimmter Entscheidungen über das Umgangsrecht und bestimmter Entscheidungen, mit denen die Rückgabe des Kindes angeordnet wird

Abschnitt 5
Öffentliche Urkunden und Vereinbarungen

Abschnitt 6
Sonstige Bestimmungen

Kapitel IV
Zusammenarbeit zwischen den Zentralen Behörden bei Verfahren betreffend die elterliche Verantwortung

Kapitel V
Verhältnis zu anderen Rechtsinstrumenten

Kapitel 3
Internationale Übereinkommen

Abschnitt 1
Haager Kindesentführungsübereinkommen – HKÜ

Abschnitt 2
Europäisches Sorgerechtsübereinkommen – ESÜ

Teil I
Zentrale Behörden

Teil II
Anerkennung und Vollstreckung von Entscheidungen und Wiederherstellung des Sorgeverhältnisses

Teil III
Verfahren

Teil IV
Vorbehalte

Teil V
Andere Übereinkünfte

Teil VI
Schlussbestimmungen

Abschnitt 3
Haager Kinderschutzübereinkommen – KSÜ

Kapitel I
Anwendungsbereich des Übereinkommens

Kapitel II
Zuständigkeit

Kapitel III
Anzuwendendes Recht

Kapitel 4
EGBGB

Teil 1
Allgemeine Vorschriften

2. Kapitel
Internationales Privatrecht

1. Abschnitt
Allgemeine Vorschriften

3. Abschnitt
Familienrecht

Kapitel 5
Internationales Familienrechtsverfahrensgesetz – IntFamRVG

Abschnitt 1
Anwendungsbereich; Begriffsbestimmungen

Abschnitt 2
Zentrale Behörde; Jugendamt

Abschnitt 3
Gerichtliche Zuständigkeit und Zuständigkeitskonzentration

Abschnitt 4
Allgemeine gerichtliche Verfahrensvorschriften

Abschnitt 5
Zulassung der Zwangsvollstreckung, Anerkennungsfeststellung und Wiederherstellung des Sorgeverhältnisses

Unterabschnitt 1
Zulassung der Zwangsvollstreckung im ersten Rechtszug

Unterabschnitt 2
Beschwerde

Unterabschnitt 3
Rechtsbeschwerde

Unterabschnitt 4
Feststellung der Anerkennung

Unterabschnitt 5
Wiederherstellung des Sorgeverhältnisses

Unterabschnitt 6
Aufhebung oder Änderung von Beschlüssen

Unterabschnitt 7
Vollstreckungsabwehrklage

Abschnitt 6
Verfahren nach dem Haager Kindesentführungsübereinkommen

Abschnitt 7
Vollstreckung

Abschnitt 8
Grenzüberschreitende Unterbringung

Übersicht Arbeitshilfen

Gott-schalk	§ 1685 BGB Umgang des Kindes mit anderen Bezugspersonen	Rn. 26	Übersicht: Verfahrensbeendigung in Verfahren nach § 1685 BGB
Gott-schalk	§ 1686 BGB Auskunft über die persönlichen Verhältnisse des Kindes	Rn. 19	Übersicht: Auskunftsrechte
Gott-schalk	§ 1686a BGB Rechte des leiblichen nicht rechtlichen Vaters	Rn. 27	Tenorierungsbeispiele für den Umgang gem. § 1686a BGB
Gott-schalk	§ 1687 BGB Ausübung der gemeinsamen elterlichen Sorge bei Getrenntleben	Rn. 14	Abgrenzung der Angelegenheiten nach § 1687 Abs. 1 BGB
Braun	vor § 1741 BGB Zulässigkeit der Annahme	Vor § 1741 BGB	Übersicht: Voraussetzungen einer Minderjährigenadoption
Braun	§ 1748 BGB Ersetzung der Einwilligung eines Elternteils	Rn. 5	Übersicht über die Ersetzungstatbestände
Braun	vor § 1767 BGB Ehe zwischen Annehmendem und Kind	Vor § 1767 BGB	Übersicht: Voraussetzungen einer Volljährigenadoption mit den Wirkungen nach § 1770 BGB
Braun	vor § 1767 BGB Ehe zwischen Annehmendem und Kind	Vor § 1767 BGB	Übersicht: Voraussetzungen einer Volljährigenadoption mit den Wirkungen nach § 1770 BGB der Minderjährigenannahme (§ 1772 Abs. 1 BGB)
Dürbeck	§ 1789 BGB Bestellung durch das Familiengericht	Rn. 5	Stufen der Vormundschaftsverfahren
Dürbeck	§ 1796 BGB Entziehung der Vertretungsmacht	Rn. 9	Vertretungshindernisse
Dürbeck	§ 1821 BGB Genehmigung für Geschäfte über Grundstücke, Schiffe oder Schiffsbauwerke	Rn. 22	Genehmigungserfordernis nach §§ 1821 f. BGB
Cirullies	§ 3 GewSchG Geltungsbereich, Konkurrenzen	Rn. 6	Gesetzeskonkurrenz
Cirullies	§ 1 FamFG Anwendungsbereich	Rn. 4	Übersicht: Einordnung der freiwilligen Gerichtsbarkeit
Cirullies	§ 25 FamFG Anträge und Erklärungen zur Niederschrift der Geschäftsstelle	Rn. 4	Übersicht: Antragsverfahren – Amtsverfahren
Cirullies	§ 40 FamFG Wirksamwerden	Rn. 3	Übersicht: Mögliche Wirksamkeitszeitpunkte – chronologisch geordnet
Cirullies	§ 50 FamFG Zuständigkeit	Rn. 5	Übersicht: Prüfung der Zuständigkeit – Stufenleiter

Dürbeck	§ 162 FamFG Mitwirkung des Jugendamts	Rn. 29	Übersicht: Das Jugendamt im kindschaftsrechtlichen Verfahren
Heilmann	§ 163 FamFG Fristsetzung bei schriftlicher Begutachtung; Inhalt des Gutachtenauftrags; Vernehmung des Kindes	Rn. 57	Übersicht: Überprüfung eines Gutachtens
Heilmann	§ 163 FamFG Fristsetzung bei schriftlicher Begutachtung; Inhalt des Gutachtenauftrags; Vernehmung des Kindes	Rn. 66	Checkliste zu § 163 FamFG
Gottschalk	§ 165 FamFG Vermittlungsverfahren	Rn. 12	Übersicht: Ablauf des Vermittlungsverfahrens
Gottschalk	§ 166 FamFG Abänderung und Überprüfung von Entscheidungen und gerichtlich gebilligten Vergleichen	Rn. 29	Übersicht: Überprüfungs- und Abänderungsverfahren
Gottschalk	§ 167a FamFG Besondere Vorschriften für das Verfahren nach § 1686a des Bürgerlichen Gesetzbuches	Rn. 22	Übersicht: Das Verfahren betreffend den Umgang des biologischen Vaters
Grün	§ 171 FamFG Antrag	Rn. 12–19	Beispiele für die Antragsformulierung
Braun	Vor § 186 FamFG Adoptionssachen	Vor § 186 FamFG	Übersicht: Verfahrensablauf bei Annahme eines minderjährigen Kindes (Minderjährigenadoption)
Braun	Vor § 186 FamFG Adoptionssachen	Vor § 186 FamFG	Übersicht Verfahrensablauf bei Annahme eines volljährigen Kindes (Volljährigenadoption)
Braun	Vor § 186 FamFG Adoptionssachen	Vor § 186 FamFG	Übersicht: Verfahrensablauf bei Ersetzung der Einwilligung eines leiblichen Elternteils
Braun	Vor § 186 FamFG Adoptionssachen	Vor § 186 FamFG	Übersicht: Verfahrensablauf bei Aufhebung einer Adoption

Braun	Anhang zu § 199 FamFG – Die Verfahren auf Anerkennung und Umwandlung von ausländischen Adoptionen nach dem Adoptionswirkungsgesetz	Anhang zu § 199 FamFG nach Rn. 57	Art. 24 HAÜ Rn. 44: Übersicht: Anerkennungsverfahren (§ 2 Abs. 1 und 2 AdWirkG)
Braun	Anhang zu § 199 FamFG – Die Verfahren auf Anerkennung und Umwandlung von ausländischen Adoptionen nach dem Adoptionswirkungsgesetz	Anhang zu § 199 FamFG nach Rn. 57	Art. 24 HAÜ Rn. 44: Übersicht: Umwandlungsverfahren (§ 3 AdWirkG)
Keuter	§ 17a GVG Rechtswegentscheidung	Rn. 24	Tabellarische Übersicht: Kompetenzkonflikte
Heilmann	§ 8 RPflG Gültigkeit von Geschäften	Rn. 13	Übersicht: Rechtsfolgen einer Verletzung der funktionellen Zuständigkeit
Heilmann	§ 11 RPflG Rechtsbehelfe	Rn. 28	Übersicht: Zulässigkeit und Begründetheit der Erinnerung
Dürbeck	§ 4 KGG Beratung und Übermittlung von Informationen durch Geheimnisträger bei Kindeswohlgefährdung	Rn. 2	Übersicht: Keine „Schweigepflichtsverletzung"
Dürbeck	§ 42 SGB VIII Inobhutnahme von Kindern und Jugendlichen	Rn. 26	Inobhutnahme eines Minderjährigen nach § 42 Abs. 1 Nr. 2 SGB VIII
Schweppe	Auslandsbezüge Vorbemerkungen	Rn. 15	Übersicht: Internationale Übereinkommen
Schweppe	Auslandsbezüge Vorbemerkungen	Rn. 15	Übersicht: Staatenliste
Schweppe	Auslandsbezüge Vorbemerkungen	Rn. 21	Übersicht: Internationale Zuständigkeit deutscher Gerichte in Kindschaftssachen
Schweppe	Auslandsbezüge Vorbemerkungen	Rn. 22	Übersicht: perpetuatio fori
Schweppe	Auslandsbezüge Vorbemerkungen	Rn. 27	Übersicht: Anzuwendendes Recht (Prüfungsreihenfolge)
Schweppe	Auslandsbezüge Art. 42 Brüssel IIa-VO Rückgabe des Kindes	Rn. 5	Übersicht: Vollstreckbarkeit nach Art. 40, 41, 42 Brüssel IIa-VO
Schweppe	Auslandsbezüge Art. 12 HKÜ Anordnung der Rückgabe	Rn. 21	Übersicht: Verfahren nach dem HKÜ

Schweppe	Auslandsbezüge Art. 12 HKÜ Anordnung der Rückgabe	Rn. 22	Übersicht: HKÜ und Brüssel IIa-VO (Modifizierung des HKÜ bei Anwendung innerhalb der EU-Mitgliedstaaten)
Schweppe	Auslandsbezüge § 1 IntFamRVG Anwendungsbereich	Rn. 2	Übersicht: Anerkennung und Vollstreckung ausländischer Entscheidungen
Schweppe	Auslandsbezüge § 13 IntFamRVG Zuständigkeitskonzentration für andere Familiensachen	Rn. 9	Übersicht: Zuständigkeitskonzentration
Schweppe	Auslandsbezüge § 13a IntFamRVG Verfahren bei grenzüberschreitender Abgabe	Rn. 14	Übersicht: Grenzüberschreitende Abgabe von gerichtlichen Verfahren
Schweppe	Auslandsbezüge § 44 IntFamRVG Ordnungsmittel; Vollstreckung von Amts wegen	Rn. 9	Übersicht: Beschwerde und Vollstreckung in HKÜ-Verfahren

Der Herausgeber

Heilmann, Stefan, Prof. Dr. jur., Richter am Oberlandesgericht Frankfurt am Main, 1. Senat für Familiensachen; Honorarprofessor an der Frankfurt University of Applied Science; Mitherausgeber und Schriftleiter der Zeitschrift für Kindschaftsrecht und Jugendhilfe (ZKJ); Mitglied der Kinderrechtekommission des Deutschen Familiengerichtstages e.V.; Veröffentlichungen sowie Vortrags- und Lehrtätigkeit insbesondere zum Kindschaftsrecht sowie zum Verfahrensrecht; Referent u.a. in der Fortbildung der Hessischen FamilienrichterInnen.

Bearbeiter von §§ 159, 161, 163–164 FamFG, 1–11, 13–40 RPflG

Die Autoren

Braun, Christian, geboren 1976 in Nürnberg, ist seit 2008 verheiratet und hat zwei Kinder. Er schloss das Studium der Rechtswissenschaften 2001 in Göttingen ab. Hiernach absolvierte er ein Master of Laws-Programm (LL.M.) am Trinity College in Dublin, Republik Irland. Nach dem Referendariat in Darmstadt war er zunächst Rechtsanwalt in einer international tätigen Rechtsanwaltskanzlei. Seit 2007 ist er als Richter am Amtsgericht in Frankfurt am Main tätig, aktuell in der Betreuungs- und Familienabteilung. Seit 2009 bearbeitet er im Familiendezernat als einziger Richter im Amtsgerichtsbezirk Frankfurt am Main Adoptionssachen und ist aufgrund der Konzentrationszuständigkeit für Adoptionssachen mit Auslandsbezug und für Verfahren nach dem Adoptionswirkungsgesetz im Bundesland Hessen zuständig.

Bearbeiter von §§ 1741–1772 BGB, §§ 101, 186–199 FamFG, Anhang zu § 199 FamFG, Art. 24 HAÜ

Cirullies, Michael, Dr., ist Aufsicht führender Richter am Amtsgericht und seit vielen Jahren als Familienrichter bei dem AG Hagen tätig. Zudem ist er Leiter der Prüfgruppe für Gerichtsvollzieherprüfungen bei dem LG Hagen. Neben zahlreichen Fachaufsätzen zum Familienverfahrens- und Vollstreckungsrecht verfasste er die FamRZ-Bücher „Vollstreckung in Familiensachen" und „Schutz bei Gewalt und Nachstellung". Ferner ist er Mitautor des in Kürze neu aufgelegten Handbuchs „Familienvermögensrecht". Als Vorsitzender des „Arbeitskreises Trennungskinder" in Hagen ist er um interdisziplinäre Zusammenarbeit bemüht.

Bearbeiter von §§ 1666–1666a BGB, GewSchG, §§ 1–57, 86–96a, 157 FamFG

Dürbeck, Werner, Dr. jur., Richter am Oberlandesgericht Frankfurt am Main, 5. Senat für Familiensachen, Veröffentlichungen vor allem im Bereich der Prozesskosten- und Beratungshilfe, des Kostenrechts, des Kindschaftsrechts und des Kinder- und Jugendhilferechts.

Bearbeiter von §§ 1773–1895, 1909–1921 BGB, §§ 58–85, 162, 168 FamFG, §§ 1–4 KKG, §§ 1–10, 16–88 SGB VIII

Fink, Sandra, Dr. jur., Richterin am Oberlandesgericht Frankfurt am Main, 1. Senat für Familiensachen. Dissertation 2004 „Die Verwirklichung des Kindeswohls im Sorgerecht für nichtverheiratete Eltern". Veröffentlichungen und Vortragtätigkeit vor allem zum Kindschaftsrecht. In der Zeit von 2009 bis 2011 wissenschaftliche Mitarbeiterin am Bundesverfassungsgericht und dort insbesondere zuständig für das Kindschaftsrecht. Mitglied der Kinderrechtekommission des Deutschen Familiengerichtstags seit 2011.

Bearbeiterin von §§ 1616–1618, 1626–1665 BGB, §§ 155–155a, 167 FamFG

Gottschalk, Yvonne, ist Richterin am Oberlandesgericht Frankfurt am Main, 6. Senat für Familiensachen. Veröffentlichungen und Vorträge zum Kindschaftsrecht und zur Verfahrenskostenhilfe. Bearbeiterin des Rechtsprechungsteils der Zeitschrift für Kindschaftsrecht und Jugendhilfe (ZKJ).

Bearbeiterin von §§ 1684–1697a BGB, §§ 165–166, 167a FamFG

Grün, Klaus-Jürgen, ist Vorsitzender eines Familiensenats am Oberlandesgericht Frankfurt am Main. Er ist seit 1991 als Familienrichter tätig, zunächst am Amtsgericht Gießen und seit 2005 am Oberlandesgericht Frankfurt am Main. Von 1996 – 1998 war er an das Bundesministerium der Justiz abgeordnet und dort dem Referat für Unterhaltsrecht und Versorgungsausgleich zugewiesen. Dabei war er u.a. mit dem KindUG und dem KindRG befasst. Er ist unter anderem Autor des Buches „Vaterschaftsfeststellung und -anfechtung" und Mitautor zweier Loseblatt-Werke zur erfolgreichen Bearbeitung von Familiensachen und zum Unterhaltsrecht. Ferner ist er Autor zahlreicher Aufsätze und Entscheidungsbesprechungen und tritt als Referent in der Fortbildung von Richtern, Rechtsanwälten und Jugendamtsmitarbeitern in Erscheinung.

Bearbeiter von §§ 1591–1600d BGB, §§ 100, 169–185 FamFG

Keuter, Wolfgang, studierte von 1974 bis 1980 Rechtswissenschaften in Münster/Westfalen. Er trat nach dem Referendariat und einer kurzen anwaltlichen Tätigkeit 1983 beim Landgericht in Stade in den niedersächsischen Richterdienst. 1986 wurde er zum Richter am Amtsgericht in Bad Iburg ernannt, wo er seit 1991 als Familienrichter tätig ist. 2014 wurde er stellvertretender Direktor des AG Bad Iburg. Im selben Jahr erschien das von ihm verfasste Buch „Das familienrechtliche Mandat – Statusrecht (Abstammung, Adoption, Namensrecht)". Er schreibt regelmäßig Aufsätze und Urteilsanmerkungen in verschiedenen Fachzeitschriften und ist in der familienrechtlichen Ausbildung der angehenden Justizfachwirte im Bereich des LG Osnabrück tätig. Seit 2014 ist RiAG Keuter Mitglied der Kinderrechtekommission des Deutschen Familiengerichtstages.

Bearbeiter von §§ 1671–1682 BGB, §§ 114, 137, 140, 151–154, 158 FamFG, §§ 17a, 23a–b, 170, 198 GVG

Schweppe, Katja, Dr. jur., Richterin am Oberlandesgericht Frankfurt am Main, 4. Senat für Familiensachen. Studium der Rechtswissenschaft in Frankfurt am Main und Leicester (England). Walter-Kolb-Preis der Stadt Frankfurt am Main (2001). Dissertation „Kindesentführungen und Kindesinteressen". Weitere Veröffentlichungen zu den Themen Vormundschaft in Europa und Beteiligung von Kindern an Gerichtsverfahren.

Bearbeiterin von §§ 97–99, 108–110 FamFG, Auslandsbezüge Vorbemerkungen, Art. 1–68 Brüssel IIa-VO, Art. 1–45 HKÜ, Art. 1–30 ESÜ, Art. 1–63 KSÜ, Art. 1–25 MSA, Art. 3–6, 21–24 EGBGB, §§ 1–54 IntFamRVG

Wegener, Susanne, Richterin am Oberlandesgericht Frankfurt am Main, 1. Senat für Familiensachen, Güterichterin und Mediatorin (BAFM), Veröffentlichungen im Themenbereich richterliche Mediation und Güterichterverfahren, Fortbildungstätigkeit an der Hessischen Justizakademie.

Bearbeiterin von §§ 36 Abs. 5, 36a, 156, 160 FamFG, Mediation in internationalen Kindschaftskonflikten

Abkürzungsverzeichnis

Liste der häufigsten Abkürzungen

A

a.A.	anderer Ansicht
a.a.O.	am angegebenen Ort
AdWirkG	Gesetz über Wirkungen der Annahme als Kind nach ausländischem Recht
a.D.	außer Dienst
a.e.S.	alleinige elterliche Sorge
a.F.	alte Fassung
Abb.	Abbildung
ABl.	Amtsblatt
Abs.	Absatz
Alt.	Alternative
AmtsG	Amtsgericht
Anl.	Anlage
Anm.	Anmerkung
AnwBl	Anwaltsblatt
Art.	Artikel
ausf.	ausführlich
Az.	Aktenzeichen

B

BayVGH	Bayerischer Verwaltungsgerichtshof
Bd.	Band
BeckOK	Beck Onlinekommentar
bearb.	bearbeitet
betr.	betrifft
BGB	Bürgerliches Gesetzbuch
BGBl.	Bundesgesetzblatt
BGH	Bundesgerichtshof
BMJV	Bundesministerium für Justiz und Verbraucherschutz
Bsp.	Beispiel
BT-Drs.	Bundestagsdrucksache
BTPrax	Betreungsrechtliche Praxis
Buchst.	Buchstabe
BVerfG	Bundesverfassungsgericht
BVerwG	Bundesverwaltungsgericht
bzgl.	bezüglich
bzw.	beziehungsweise

C

ca.	circa

D

ders.	derselbe
DFGT	Deutscher Familiengerichtstag
dies.	dieselbe
DIJuF	Deutsches Institut für Jugendhilfe und Familienrecht
d.h.	das heißt

E

EA	Einstweilige Anordnung
ebd.	ebenda
EGMR	Europäischer Gerichtshof für Menschenrechte
einschl.	einschließlich
einstw. AO	einstweilige Anordnung
e.S.	elterliche Sorge
EMRK	Europäische Menschenrechtskonvention
et al.	und andere
etc.	et cetera
evtl.	eventuell
e.V.	eingetragener Verein
exkl.	exklusive

F

f./ff.	ferner (folgende)
FamFG	Gesetz über das Verfahren in Familiensachen und in Angelegenheiten der freiwilligen Gerichtsbarkeit
famger.	familiengerichtlich
FamRZ	Zeitschrift für das gesamte Familienrecht
FF	Forum Familienrecht (Zeitschrift)
FG	Freiwillige Gerichtsbarkeit
FPR	Familie, Partnerschaft, Recht (Zeitschrift)
Fn.	Fußnote

G

gem.	gemäß
GG	Grundgesetz
ggf.	gegebenenfalls
grd.	grundsätzlich
g.e.S.	gemeinsame elterliche Sorge
ggü.	gegenüber

H

HAÜ	Haager Adoptionsübereinkommen
HB-VB	Handbuch Verfahrensbeistandschaft
h.L.	herrschende Lehre
h.M.	herrschende Meinung
hrsg.	herausgegeben
Hrsg.	Herausgeber

I

i.A.	im Auftrag
i.d.F.	in der Fassung
i.d.R.	in der Regel
i.d.S.	in der Sache
i.e.S.	im engeren Sinne
i.H.v.	in Höhe von
inkl.	inklusive
insbes.	insbesondere
i.S.d.	im Sinne des
i.S.v.	im Sinne von
i.Ü.	im Übrigen

i.V.	in Vertretung
i.V.m.	in Verbindung mit

J

JA	Jugendamt
JAmt	Jugendamt (Zeitschrift)
JM	Juris Die Monatszeitschrift

K

KG	Kammergericht
krit.	kritisch

L

Lit.	Literatur
lt.	laut
LT-Drs.	Landtagsdrucksache

M

m.Anm.v.	mit Anmerkung von
max.	maximal
m.E.	meines Erachtens
min.	minimal -er/e
Min.	Minute(n)
Mio.	Millionen
Mrd.	Milliarden
mtl.	monatlich
m.w.N.	mit weiteren Nachweisen
MwSt.	Mehrwertsteuer

N

nachf.	nachfolgend
NDV	Nachrichtendienst des Deutschen Vereins für öffentliche und private Fürsorge
n.F.	neue Fassung
NJW	Neue Juristische Wochenschrift
Nr.	Nummer
NZFam	Neue Zeitschrift für Familienrecht

O

o.a.	oben angegeben
o.ä.	oder ähnlich
OLG	Oberlandesgericht

P

p.a.	pro anno
Pos.	Position
pp.	per procura
Prof.	Professor

R

rd.	rund
Rn.	Randnummer
Rpfl.	Rechtspfleger

S

S.	Seite
SchKG	Schwangerschaftskonfliktgesetz
s.a.	siehe auch
s.o.	siehe oben
sog.	so genannt(e)
Std.	Stunde(n)
str.	streitig
s.u.	siehe unten

T

Tab.	Tabelle
Tel.	Telefon

U

u.a.	unter anderem
u.ä.	und ähnliches
u.E.	unseres Erachtens
unstr.	unstreitig
usw.	und so weiter
u.U.	unter Umständen

V

v.	von
v.a.	vor allem
v.A.w.	von Amts wegen
Verf.	Verfasser
vgl.	vergleiche
v.H.	vom Hundert
VKH	Verfahrenskostenhilfe
Vorbem.	Vorbemerkung

W

wg.	wegen

Z

z.B.	zum Beispiel
z.Hd.	zu Händen
Ziff.	Ziffer
zit.	zitiert
ZfJ	Zentralblatt für Jugendrecht
ZKJ	Zeitschrift für Kindschaftsrecht und Jugendhilfe
ZPO	Zivilprozessordnung
z.T.	zum Teil
zzgl.	zuzüglich
z.Zt.	zurzeit

Literatur

A

Adelmann, N.: Bundesverfassungsgericht schafft „Kindergrundrecht", JAmt 2008, 289.

Alberstötter, U.: Gewaltige Beziehungen, in: Weber/Alberstötter/Schilling, Beratung von Hochkonflikt-Familien, Weinheim 2013.

Althammer, J./Schäuble, J.: Effektiver Rechtsschutz bei überlanger Verfahrensdauer – Das neue Gesetz aus zivilrechtlicher Perspektive, NJW 2012, 1.

Andrae, M.: Internationales Familienrecht, 3. Auflage, Baden-Baden 2014.

B

Bach, A./Gildenast, B.: Internationale Kindesentführung, Bielefeld 1999.

Bahrenfuss, D.: FamFG, 2. Auflage, Berlin 2013.

Balloff, R.: Allgemeine Kommunikationsregeln sowie Gesprächstechniken mit Kindern und Jugendlichen bei strafrechtlich relevantem Hintergrund, FPR 2000, 140.

Balloff, R.: „08/15-Umgang" und Perspektiven eines entwicklungsfördernden Umgangs, FPR 2013, 303.

Ballof, R.: Kinder in Pflegefamilien, NZFam 2014, 769.

Bassenge, P./Herbst, G.: FGG/RPflG, 8. Auflage, Heidelberg 1999.

Baumbach, A./Lauterbach, W./Albers, J./Hartmann, P.: Zivilprozessordnung, 73. Auflage, München 2015.

Baumbach, A./Hopt, K.J.: Handelsgesetzbuch, 36. Auflage, München 2014.

Bäumel, D. u.a.: Familienrechtsreformkommentar, Bielefeld 1998 (Zitierweise: FamRefK/Bearbeiter).

Beck'scher Online-Kommentar BGB, Bamberger, H.-G./Roth, H. (Hrsg.), Buch 4, Familienrecht, §§ 1297-1921, München Stand 1.2.2015 (Zitierweise: BeckOK BGB/Bearbeiter).

Beck'scher Online Kommentar FamFG, Hahne, M.-M./Munzig, J. (Hrsg.), 13. Ed., München 2014.

Beck'scher Online Kommentar Streitwert, Mayer, H.-J. (Hrsg.), 10. Ed., München 2014.

Becker, N.: Die Erwachsenenadoption als Instrument der Nachlassplanung, ZEV 2009, 25.

Becker, N.: Zur Genehmigungsbedürftigkeit der Erbausschlagung nach § 1643 II BGB, JA 2014, 101.

Bergmann, M.: Die familiengerichtliche Beratungsauflage nach § 156 FamFG, ZKJ 2010, 56.

Bergmann, M./Kroke, S.: § 4 GewSchG und der Rechtfertigungsgrund der Einwilligung, ZIS 2013, 234.

Berkl, M.: Das Gesetz über den Ausbau der Hilfen für Schwangere und zur Regelung der vertraulichen Geburt, StAZ 2014, 65.

Bernau, F.: Die Rechtsprechung des BGH zur Wiedereinsetzung in den vorigen Stand, NJW 2013, 2001 und NJW 2014, 2007.

Bernhard, H.: Die Stimme des Kindes in der Trennungs- und Scheidungsmediation, ZKM (Zeitschrift für Konfliktmanagement) 2015, 68.

Bestelmeyer, H.: Die rechtlichen Voraussetzungen für die wirksame Bestellung eines Ergänzungspflegers – Erwiderung zu Keuter, FamRZ 2010, 1955, FamRZ 2011, 950.

Bestelmeyer, H.: Vergütungsrechtliche Konsequenzen der fehlenden Feststellung der Berufsmäßigkeit des Betreuer-, Vormunds- oder (Nachlass-)Pflegeramts, FGPrax 2014, 93.

Bielecke, A.: Der Mensch ist dem Menschen kein Feind, FPR 2013, 471.

Bienwald, W.: Vergütung berufsmäßiger Gegenbetreuer, FamRZ 2007, 938.

Bienwald, W.: Wer übt Fürsorge und Aufsicht über Vormünder, Pfleger und Betreuer aus?, RpflStud 2014, 61.

Bienwald, W.: Umgangspflegschaft vor Bestellung des Umgangspflegers?, RpflStud 2014, 177.

Literatur

Bieszk, D./Sadtler, S.: Mobbing und Stalking: Phänomene der modernen (Arbeits-)Welt und ihre Gegenüberstellung, NJW 2007, 3382.

Binder, K./Bürger, U.: Die Inanspruchnahme von Hilfen zur Erziehung durch psychisch kranke Eltern, ZKJ 2014, 4.

Bork, R./Jacoby, F./Schwab, D.: FamFG. Kommentar, Bielefeld 2009.

Borth, H.: Das Verfahren zum Entwurf eines Gesetzes zur Klärung der Abstammung unabhängig vom Anfechtungsverfahren, FPR 2007, 381.

Botthof, A., Der Schutz des Familienlebens nach Art. 8 Abs. 1 EMRK und sein Einfluss auf die Anerkennung ausländischer Adoptionsentscheidungen, StAZ 2013, 77.

Bovenschen, I./Spangler, G.: Wer kann Bindungsfigur eines Kindes werden?, FPR 2013, 194.

Bovenschen, I./Spangler, G.: Besondere Kenntnisse der am Kindschaftsverfahren Beteiligten über frühkindliche Bindungen, NZFam 2014, 900.

Bowlby, J.: Verlust, Trauer und Depression, Frankfurt am Main 1983.

Brandes, D.: Kinder und Eltern nach der Trennung, ZKJ 2012, 347.

Brändle, P./Schreiber, F.: Der Güterichter im sozialgerichtlichen Verfahren, WzS 2014, 35.

Braun, C.: Das gerichtliche Verfahren auf Anerkennung, Umwandlung und Wirkungsfeststellung von ausländischen Adoptionen nach dem Adoptionswirkungsgesetz – Anmerkungen zu OLG Hamm, Beschl. v. 24.01.2012 – II-11 UF 102/11, ZKJ 2012, 216.

Braun, C.: Das Verfahren in Adoptionssachen nach §§ 186 ff. FamFG, FamRZ 2010, 81.

Bringewat, P.: Schutzauftrag bei Kindeswohlgefährdung und Bundeskinderschutzgesetz, ZKJ 2011, 278.

Brisch, K.-H.: Die vier Bindungsqualitäten und die Bindungsstörungen, FPR 2013, 183.

Britz, G., Das Grundrecht des Kindes auf staatliche Gewährleistung elterlicher Pflege und Erziehung – jüngere Rechtsprechung des Bundesverfassungsgerichts, JZ 2014, 1069.

Brock, O./Breideneichen, U.: Der Anwalt des Kindes in Fällen des Umgangsrechtsboykotts, FuR 2001, 399.

Brüggemann, D.: Der sperrige Katalog – §§ 1821, 1822 BGB – Anwendungskriterien – Grenzfälle, FamRZ 1990, 5.

Bruns, C.: Die Beteiligten im Familienverfahren, NJW 2009, 2797.

Bruns, C.: Verfahren der einstweiligen Anordnung nach § 1 GewSchG – Grundlagen und ausgewählte Praxisprobleme, FamRZ 2012, 1024.

Bumiller, U./Harders, D.: FamFG, 10. Auflage, München 2011.

Bundesarbeitsgemeinschaft Landesjugendämter: Empfehlungen zur Adoptionsvermittlung, 7. Auflage, Mainz 2014.

Bundeskonferenz für Erziehungsberatung – Kindeswohl, Beratung und Familiengericht, ZKJ 2009, 121.

Bundeskonferenz für Erziehungsberatung: Stellungnahme zur FGG-Reform, ZKJ 2009, 121.

Bürge, A.: Rechtsvereinheitlichung im Laufe der Jahrhunderte: Die gesetzliche Empfängniszeit von 302 Tagen – Fast ein Nachruf, JuS 2003, 425.

Büte, D.: Verfahrenskostenhilfe und Anwaltsbeiordnung im Kindschaftsverfahren, FPR 2011, 17.

Büttner, H./Wrobel-Sachs, H./Gottschalk, Y./Dürbeck, W.: Prozesskosten- und Verfahrenskostenhilfe, Beratungshilfe, 7. Auflage, München 2014.

C

Campbell, C.: Das Umgangsrecht von nicht-elterlichen Bezugspersonen, NJW-Spezial 2011, 644.

Campbell, C.: Neues EU-Gewaltschutzverfahrensgesetz zum 11. 1. 2015, NJW-Spezial 2014, 708.

Canaris, C.-W.: Handelsrecht, 24. Auflage, München 2006.

Carl, E.: Die Aufklärung des Verdachts eines sexuellen Mißbrauchs in familien- und vormundschaftsgerichtlichen Verfahren, FamRZ 1995, 1183.

Carl, E./Eschweiler, P.: Kindesanhörung – Chancen und Risiken, NJW 2005, 1681.

Carl, E./Menne, M.: Verbindungsrichter und direkte richterliche Kommunikation im Familienrecht, NJW 2009, 3537.

Carl, E.: Möglichkeiten der Verringerung von Konflikten in HKÜ-Verfahren – Undertaings, safe harbour orders und mirror orders in internationalen Kindesentführungsverfahren, FPR 2001, 211.

Carl, E./Alles, S.: Das deutsch-französische Modellprojekt professioneller Mediation – Entwicklung, Evaluation, Perspektiven, in: Paul/Kiesewetter, Mediation bei internationalen Kindschaftskonflikten, 117 ff., München 2009.

Carl, E./Erb-Klünemann, M.: Die Einbeziehung von Mediation in das gerichtliche Verfahren, in: Paul/Kiesewetter, Mediation bei internationalen Kindschaftskonflikten, 53 ff., München 2009.

Carl, E./Karle, M.: Kindesanhörung und Fortbildung von Familienrichtern, NZFam 2014, 930.

Carl, E./Paul, C. C./Walker, J.: Das deutsch-amerikanische Mediationsprojekt, in: Paul/Kiesewetter, Mediation bei internationalen Kindschaftskonflikten, 147 ff., München 2009.

Carter, D.: Das englische reunite-Projekt, in: Paul/Kiesewetter, Mediation bei internationalen Kindschaftskonflikten, 135 ff., München 2009.

Cirullies, M.: Vollstreckungsrecht in Familiensachen, Bielefeld 2009.

Cirullies, M.: „Hagener Modell": Umgangsverfahren leichter gemacht!, ZKJ 2011, 58.

Cirullies, M.: Zur Vollstreckbarkeit von Umgangstiteln, ZKJ 2011, 448.

Cirullies, M.: Vollstreckung aus Titeln nach § 86 FamFG, FPR 2012, 473.

Cirullies, M.: Die Vollstreckung von Zwangs- und Ordnungsmitteln, insbesondere in Familiensachen, Rpfleger 2011, 573.

Cirullies, M.: Sanktionsmöglichkeiten im Versorgungsausgleichsverfahren bei fehlender Mitwirkung der Beteiligten, FamRZ 2012, 157.

Cirullies, M.: Zustellungsprobleme in Gewaltschutzsachen, FamRZ 2012, 1854.

Cirullies, M.: Zwangsmittel und Haftbefehl – Die Anordnung von Ersatzzwangshaft, NJW 2013, 203.

Cirullies, M.: Ersetzung der Zustimmung des Ehegatten zur Teilungsversteigerung, FPR 2013, 352.

Cirullies, M./Cirullies, B.: Schutz bei Gewalt und Nachstellung, Bielefeld 2013.

Cirullies, M.: Polizeilicher Schutz bei häuslicher Gewalt und Stalking, FamRB 2014, 229.

Cirullies, M.: Stalker ohne Schuld – Opfer ohne Schutz?, FamRZ 2014, 1901.

Cirullies, M.: Der Gerichtsvollzieher im Gewaltschutzverfahren – Probleme bei der Zustellung, DGVZ 2015, 33.

Clausius, M.: Die Auskunftsansprüche nach §§ 1686, 1686a Abs. 1 Nr. 2 BGB, FamRB 2015, 65.

Coester, M.: Das Kindeswohl als Rechtsbegriff, Frankfurt am Main 1983.

Coester, M.: Inhalt und Funktionen des Begriffs der Kindeswohlgefährdung – Erfordernis einer Neudefinition, JAmt 2008, 1.

Coester, M.: Verfahren in Kindschaftssachen, FF 2009, 269-281.

Coester, M.: Kinderschutz – Übersicht zu den typischen Gefährdungslagen und aktuellen Problemen, FPR 2009, 549.

Coester, M.: Zum Eingriffsmaßstab in den Fällen des Umgangsboykotts, ZKJ 2012, 182.

Coester, M.: Sorgerecht nicht miteinander verheirateter Eltern, FamRZ 2012, 1337.

Coester-Waltjen, D.: Elternumzug (Relocation) und Kindeswohl, ZKJ 2013, 4.

D

Dauner-Lieb, B./Heidel, T./Ring, G.: BGB Familienrecht, Band 4, 3. Auflage, Baden-Baden 2014.

Deinert, H.: Zur Höhe der Aufwandspauschale nach Inkrafttreten des 2. Kostenrechtsmodernisierungsgesetzes, BtPrax 2013, 198.

Delfos, M.: „Sag mir mal…" – Gesprächsführung mit Kindern, 9. Auflage, Weinheim 2013.

Literatur

Dethloff, N.: Ein Reproduktionsmedizingesetz ist überfällig, ZRP 2013, 91.

Dettenborn, H./Walter, E.: Familienrechtspsychologie, München, Basel 2002.

Dettenborn, H.: Kindeswohl und Kindeswille, München 2007.

Dettenborn, H.: Hochkonflikthaftigkeit bei Trennung und Scheidung, ZKJ 2013, 231, 272.

Deutscher Familiengerichtstag e.V. (Hrsg.): Zwölfter Deutscher Familiengerichtstag vom 24. bis 27. September 1997 in Brühl, Bielefeld 1998.

Deutscher Familiengerichtstag e.V. (Hrsg.): Dreizehnter Deutscher Familiengerichtstag vom 22. bis 25. September 1999 in Brühl, Bielefeld 2000.

Deutscher Familiengerichtstag e.V. (Hrsg.): Siebzehnter Deutscher Familiengerichtstag vom 12. bis 15. September 2007 in Brühl, Bielefeld 2008.

Deutscher Familiengerichtstag e.V. (Hrsg.): Achtzehnter Deutscher Familiengerichtstag vom 16. bis 19. September 2009 in Brühl, Bielefeld 2010.

Deutscher Kinderschutzbund, Zehn Empfehlungen zur Ausgestaltung der Rolle der Kinderschutzfachkraft nach den §§ 8a Abs. 4, 8b Abs. 1 SGB VIII und § 4 KKG, ZKJ 2013, 115.

Di Cato, C.: Der begleitete Umgang, FamRB 2014, 389.

Dickmeis, F.: Verfehlt § 33 II FGG seinen Zweck? Kindeswohlorientierte Entscheidungen des Familiengerichts und ihr Vollzug, NJW 1992, 537.

Diehl, G.: Vollstreckung nach dem Gewaltschutzgesetz und andere Vollstreckungsmaßnahmen im Beisein von Kindern, FPR 2008, 426.

Diehn, T.: Das neue Notarkostenrecht im GNotKG, DNotZ 2013, 406.

Diercks, K.: Ist bei der Herausgabevollstreckung Gewalt gegen Kinder zulässig?, FamRZ 1994, 1226.

Dießner, A.: Die Unterlassungsstrafbarkeit der Kinder- und Jugendhilfe bei familiärer Kindeswohlgefährdung, Berlin 2008.

Diez, H./Krabbe, H./Thomsen, C.: Familien-Mediation und Kinder, 3. Auflage, Köln 2009.

Dittmann, A.: Praxis und Kooperation der an familiengerichtlichen Verfahren beteiligten Professionen, ZKJ 2014, 180.

Dölling, B.: Eid und eidesstattliche Versicherung, NZFam 2014, 112.

Dörndorfer, J., Rechtspflegergesetz, 2. Auflage, München 2014.

Drewniak, R./Höynck, T.: Soziale Gruppenarbeit/Soziale Trainingskurse – Eine theoretische Erklärung, ZfJ 1998, 487.

Diouani-Streek, M.: Negative Effekte oder nachhaltige Effektivität im Kinderschutz?, ZKJ 2015, 50.

Dürbeck, W.: Das Gesetz zur Reform der elterlichen Sorge nicht miteinander verheirateter Eltern aus Sicht der Praxis, ZKJ 2013, 330.

Dürbeck, W.: Baden-Württemberg macht den Anfang – Pkh-Bewilligung durch den Rechtspfleger, NJW-aktuell 2014 Heft 36, 14.

Dürbeck, W.: Aktuelle Rechtsfragen im Zusammenhang mit der Einreise unbegleiteter minderjähriger Flüchtlinge, ZKJ 2014, 266.

Dutta, A.: Anmerkung zum EuGH-Gutachten vom 14.10.2014, FamRZ 2015, 24.

Dutta, A.: Grenzüberschreitender Gewaltschutz in der Europäischen Union, FamRZ 2015, 85.

E

Eckebrecht, M.: Das vertauschte Kind, FPR 2011, 394.

Effer-Uhe, D.: Prozess- und Verfahrenskostenhilfe für die gerichtsnahe Mediation, NJW 2013, 3333.

Ehinger, U.: Die Regelung der elterlichen Sorge bei psychischer Erkrankung eines Elternteils oder beider Eltern im Überblick, FPR 2005, 253.

Ehinger, U.: Überlegungen zur Verfahrensgestaltung in Umgangsregelungsfällen bei häuslicher Gewalt, FPR 2006, 171.

Ehrmann, G./Breitfeld, F.: Besserer Kinderschutz nach Inkrafttreten des Bundeskinderschutzgesetzes?, FPR 2012, 418.

Eickmann, D.: Das rechtliche Gehör in Verfahren vor dem Rechtspfleger, Rpfleger 1982, 449.

Els, H. van: Die Vollstreckung von einstweiligen Anordnungen, FPR 2012, 480.

Els, H. van: Die Aussetzung der Vollstreckung nach § 55 FamFG, FamRZ 2011, 1706.

Enders, H.-R.: Die Verfahrenswerte in den familiengerichtlichen Verfahren, FPR 2012, 273.

Erbarth, A.: Das familienrechtliche Mandat, Ehewohnung-Haushaltssachen-Gewaltschutz, Bonn 2014.

Erbarth, A.: Grundsätze des Verfahrens in Ehewohnungs- und Haushaltssachen, NZFam 2014, 515.

Erman, BGB Kommentar, 14. Auflage, Köln 2014 (Zitierweise: Ermann/Bearbeiter).

Ernst, R.: Der Maßnahmenkatalog des § 1666 BGB, FPR 2008, 602.

Ernst, R.: Der Sachverständige in Kindschaftssachen nach neuem Recht, FPR 2009, 349.

Ernst, R.: Familiengerichtliche Maßnahmen bei Kindeswohlgefährdungen, FPR 2011, 195.

Eschelbach, D./Rölke, U.: Vollzeitpflege im Ausland – Aufgaben der deutschen Jugendämter, JAmt 2014, 494.

Ewers, F.-G.: Nachdenken über § 1696 BGB – neu?, FamRZ 1999, 477.

F

Fegert, J. M.: Sexuell missbrauchte Kinder und das Recht. Ein Handbuch zu Fragen der kinder- und jugendpsychiatrischen und psychologischen Untersuchung und Begutachtung, Band 2, Köln 1993.

Fegert, J. M.: Sozialpädiatrisch relevante gesetzliche Bestimmungen und Begutachtung, in: Schlack, H.G., 1995, 307.

Fegert, J. M.: Kommunikation mit Kindern und Konstrukte, die unser Verständnis von Kindern in der professionellen Wahrnehmung erleichtern. epd-Dokumentation: „Anwälte des Kindes" vor Gericht und bei Behörden, Nr. 20, Frankfurt am Main 1999, 1.

Fegert, J. M.: Kooperation im Interesse des Kindes. In: Fegert, J. M.: Kinder in Scheidungsverfahren, Neuwied 1999, 8.

Fegert, J. M./Späth, K./Salgo, L. (Hrsg.): Freiheitsentziehende Maßnahmen in der Jugendhilfe und Kinder- und Jugendpsychiatrie, Münster 2001.

Fegert, J. M. (Hrsg.): Qualität der Begutachtung sexuell missbrauchter Kinder. Fachliche Standards in juristischen Verfahren, Neuwied 2001.

Fegert, J. M.: Parental Alienation oder Parental Accusation Syndrome? Die Frage der Suggestibilität, Beeinflussung und Induktion in Umgangsrechtsgutachten, Kind-Prax 2001, 6, 39.

Fegert, J. M.: Wann ist der begleitete Umgang, wann ist der Ausschluss des Umgangs indiziert, FPR 2002, 219.

Fegert, J. M.: Wann ist der begleitete Umgang, wann ist der Ausschluss des Umganges bei Pflegekindern indiziert? In: Stiftung zum Wohl des Pflegekindes (ed), 3. Jahrbuch des Pflegekinderwesens, Idstein 2004, 197.

Fegert, J. M./Fangerau, H./Ziegenhain, U.: Problematische Kinderschutzverläufe, Mediale Skandalisierung, fachliche Fehleranalyse und Strategien zur Verbesserung des Kinderschutzes, Weinheim 2010.

Fegert, J. M.: Endgültiges Aus für das Parental Alienation Syndrome (PAS) im amerikanischen Klassifikationssystem DSM, ZKJ 2013, 190.

Fegert, J. M.: PAS: „Was fehlt, sind lediglich quantifizierende Studien", ZKM 2013, 401.

Feskorn, C.: Die aufschiebende Wirkung der sofortigen Beschwerde gegen Zwangs- und Ordnungsmittelbeschlüsse in Familiensachen, FamRB 2012, 162.

Feskorn, C.: Grundsätze der Kostentragungspflicht nach dem FamFG, FPR 2012, 254.

Fichtner, J./Salzgeber, S.: Konzepte zur Herstellung von Einvernehmen: Intervention statt Diagnostik?, FPR 2009, 348.

Fichtner, J.: Hilfen bei Konflikthaftigkeit?, ZKJ 2012, 46.

Literatur

Fichtner, J./Salzgeber, S.: Die Kommunikation des Sachverständigen mit den Verfahrensbeteiligten und dem Familiengericht, FPR 2013, 478.

Fichtner, J.: „Seriöser Anzug oder Matschhose" – Zur Diskussion um die Qualität familienpsychologischer Gutachten (Teil 1), ZKJ 2015, 9.

Fichtner, J.: „Seriöser Anzug oder Matschhose" – Zur Diskussion um die Qualität familienpsychologischer Gutachten (Teil 2), ZKJ 2015, 63.

Fieseler, G./Schleicher, H./Wabnitz, R.: Kinder- und Jugendhilferecht, Gemeinschafskommentar zum SGB VIII, Neuwied 2014.

Finger, P.: Umzug mit dem Kind – Zustimmung des anderen Elternteils, FamFR 2009, 134.

Finger, P.: Haager Übereinkommen zur internationalen Kindesentführung – weitere Nachträge und Ergänzungen, FamRB 2014, 153.

Finger, P.: Einstweilige Anordnungen nach §§ 49 ff. FamFG, MDR 2012, 1197.

Fink, S.: Die Reform des Sorgerechts für nichteheliche Kinder aus verfassungsrechtlicher und rechtsvergleichender Perspektive, ZKJ 2011, 154.

Fink, S./Bitter, S.: Eine unendliche Geschichte – Kommt endlich die verfassungsgemäße Reform des Sorgerechts für nichteheliche Kinder?, ZKJ 2012, 172.

Finke, F.: Zur Vollstreckung von Inobhutnahmen – insbesondere zum Verhältnis von Polizei und Jugendamt bei der Anwendung unmittelbaren Zwangs, JAmt 2011, 251.

Finke, F.: Die Kostenentscheidung in Familiensachen nach dem FamFG im Überblick, FPR 2010, 331.

Fischer, A.: Rechtsmittel in Familiensachen, FuR 2014, 645 ff., 700 ff.; 2015, 28 ff.

Flemming, W.: Das aktive Jugendamt, ZKJ 2009, 315.

Flügge, S.: Grenzen der Pflicht zur gemeinsamen Sorge im Persönlichkeitsrecht der Sorgenden, FPR 2008, 135.

Fölsch, P., Zur Kostenverteilung in Familiensachen, SchlHA 2011, 264.

Fölsch, P.: Gerichtskostenpflicht der PKH-Partei bei Abschluss eines Vergleichs, SchlHA 2013, 2.

Frank, R.: Neuregelungen auf dem Gebiet des Internationalen Adoptionsrechts unter besonderer Berücksichtigung der Anerkennung von Auslandsadoptionen, StAZ 2003, 257.

Frank, R., Rechtsprobleme der Erwachsenenadoption, StAZ 2008, 65.

Frank, R.: Anwaltszwang bei der isolierten Beschwerde gegen Verbundentscheidungen in Folgesachen der freiwilligen Gerichtsbarkeit?, FamRZ 2011, 1021.

Friedman, G./Himmelstein, J.: Konflikte fordern uns heraus, Frankfurt 2013.

Fritz, R./Pielsticker, D.: Mediationsgesetz, Köln 2013.

Fritz, R./Schroeder, H.-P.: Der Güterichter als Konfliktmanager im staatlichen Gerichtssystem, NJW 2014, 1910.

Fritzsche, S.: Bestimmung der Rechtswegzuständigkeit und der anzuwendenden Verfahrensordnung, NJW 2015, 586.

Fröschle, T.: Studienbuch Vormundschafts- und Pflegschaftsrecht, Köln 2012.

Fröschle, T.: Sorge und Umgang Elternverantwortung in der Rechtspraxis, Bielefeld 2013.

Fröschle, T. (Hrsg.): Praxiskommentar, Betreuungs- und Unterbringungsverfahren, 3. Auflage, Köln 2014 (Zitierweise: Fröschle/Bearbeiter).

G

Ganz, A.: Internationales Familienrecht, in: v. Heintschel-Heinegg/Gerhardt/Klein, Handbuch des Fachanwalts Familienrecht, 9. Auflage, Köln 2013.

Gartenhof, M./Schmid, J./Normann, K./v. Thüngen, A./Wolf, J.: Auflagen nach § 156 I FamFG im Spannungsfeld der Eltern zwischen Autonomie und Zwang, NZFam 2014, 972.

Gaul, H. F.: Die Neuregelung des Abstammungsrechts durch das Kindschaftsrechtreformgesetz, FamRZ 1997, 1441.

Gaul, H. F.: Ausgewählte Probleme des materiellen Rechts und des Verfahrensrechts im neuen Abstammungsrecht, FamRZ 2000, 1461.

Geiger/Kirsch: Gestaltung der Sorgerechtsausübung durch Vollmacht, FamRZ 2009, 1879.

Geißler, M.: Rechtsfragen um die Herausgabe eines Kindes und deren Vollstreckung, DGVZ 1997, 145.

Gemeinschaftskommentar zum SGB VIII: siehe Fieseler, G./Schleicher, H./Wabnitz, R.

Gentry, D. B.: Including Children in Divorce Mediation and Education: Potential Benefits and Cautions. Families in Society, The Journal of Contemporary Human Services 1997, 307.

Genenger, A.: Das neue Gendiagnostikgesetz, NJW 2010, 113.

Gerhardt, P./v. Heintschel-Heinegg, B./Klein, M.: Handbuch des Fachanwalts Familienrecht, 9. Auflage, Köln 2013.

Gernhuber, J./Coester-Waltjen, D.: Familienrecht, 6. Auflage, München 2010.

Giers, M.: Die Vollstreckung in Familiensachen und Verfahren der freiwilligen Gerichtsbarkeit nach dem FamFG, DGVZ 2009, 127.

Giers, M.: Das Umgangsrecht nach § 1685 BGB. FamRB 2011, 229–231.

Giers, M.: Die Rechtsprechung zum Wechselmodell, FamRB 2012, 383.

Gießler, H: Erlöschen der elterlichen Prozeßführungsbefugnis und Übergang zum familienrechtlichen Ausgleichsanspruch, FamRZ 1994, 800.

Gießler, H.: Vorläufiger Rechtsschutz in Ehe-, Familien- und Kindschaftssachen, 3. Auflage, München 2000.

Glasl, F.: Konfliktdiagnose, in: Trenczek u.a., Mediation und Konfliktmanagement, Baden-Baden 2013.

Gläss, H.: Kindeswohlgefährdung in Pflegefamilien, JAmt 2013, 174.

Goebel, F.-M.: Notwendige Kosten der Zwangsvollstreckung von A bis Z, FoVo 2013, 181.

Götsche, F.: Teilentscheidung in Familiensachen, MDR 2005, 1086.

Götsche, F.: Die neue Verfahrenskostenhilfe nach dem FamFG, FamRZ 2009, 383.

Götsche, F.: Verfahrenskostenhilfe in Kindschaftssachen, ZFE 2010, 100.

Götsche, F.: Anfechtung von Kostenentscheidungen, FuR 2012, 510.

Götz, I.: Verfahren bei Kindeswohlgefährdung. Anmerkungen aus der Sicht der gerichtlichen Praxis, in: Lipp, V./Schumann, E./Veit, B, 2009, 215–227.

Gojowczyk, H.: Die Aufsicht des Familiengerichts über den Amtsvormund, Rpfleger 2013, 1.

Goldstein, J./Freud, A./Solnit, A. J.: Diesseits des Kindeswohls, Frankfurt am Main 1979.

Goldstein, J./Freud, A./Solnit, A. J./Goldstein, S.: Das Wohl des Kindes, Frankfurt am Main 1988.

Goldstein, J./Freud, A./Solnit, A. J.: Jenseits des Kindeswohls, Frankfurt am Main 1973, 2. Auflage 1991.

Gollwitzer, K./Rüth, U.: § 1631b BGB – Die geschlossene Unterbringung Minderjähriger aus kinder- und jugendpsychiatrischer Sicht, FamRZ 1996, 1388.

Gomille, C.: Beweiserhebung – Unterschiede zwischen ZPO- und FamFG-Verfahren, NZFam 2014, 100.

Gottschalk, Y.: Boykottierter Umgang – Zwangsweise Durchsetzung von Umgangsregelungen und Grenzen staatlicher Interventionsmöglichkeiten, FPR 2007, 308.

Gottschalk, Y./Heilmann, S.: Zu den Voraussetzungen eines Ausschlusses des Umgangs der leiblichen Eltern mit ihrem in einer Pflegefamilie lebenden Kind, ZKJ 2013, 113.

Grabow, Das kostenfreie Informationsgespräch nach § 135 FamFG, FPR 2011, 33.

Graf von Luxburg, Trennung und Scheidung einvernehmlich gestalten, 5. Auflage, Köln 2014.

Greger, Mediation in Kindschaftssachen – Kosten, Akzeptanz, Nachhaltigkeit, FPR 2011, 115.

Greger, Das neue Güterichterverfahren, MDR Sonderheft 2012.

Greger, Verweisung vor den Güterichter und andere Formen konsensorientierter Prozessleitung, MDR 2014, 993.

Greger/Unberath, MediationsG, München 2012.

Groß, G.: Die Stellung der Pflegeeltern im Grundgesetz und Zivilrecht, FPR 2004, 411.

Groß, Beratungshilfe – Prozesskostenhilfe – Verfahrenskostenhilfe, 12. Auflage, Heidelberg 2014.

Grossmann K. E./Grossmann K.: Bindungen – das Gefüge psychischer Sicherheit, Stuttgart 2004.

Grün, K.-J.: Das neue Kindschafts- und Unterhaltsrecht in der anwaltlichen Praxis, Köln 1998.

Grün, K.-J.: Zum Gesetzentwurf gegen missbräuchliche Vaterschaftsanerkennungen, FuR 2006, 497 und FuR 2007, 12.

Grün, K.-J.: Vaterschaftsfeststellung und -anfechtung, 2. Auflage, Berlin 2010.

Grün, K.-J.: Das Anfechtungsrecht der Behörde bei rechtsmissbräuchlicher Vaterschaftsanerkennung, FPR 2011, 382.

Grün, K.-J.: Das Anfechtungsrecht des Samenspenders nach § 1600 Abs. 1 Nr. 2 BGB, ZKJ 2013, 446.

Grün, K.-J.: Die Nichtigkeit der Behördenanfechtung i.S.v. § 1600 Abs. 1 Nr. 5 BGB, ZKJ 2014, 195.

Grziwotz, H.: Schützenswerte Interessen der Abkömmlinge des Annehmenden bei der Volljährigenadoption, FamRZ 1991, 1399.

Grziwotz, H.: Schutz vor Gewalt in Lebensgemeinschaften und vor Nachstellungen, NJW 2002, 872.

H

Haft, F./von Schlieffen, K.: Handbuch Mediation, 2. Auflage, München 2009.

Hamdan, B./Hamdan, M.: Die anwaltliche Beiordnung im vereinfachten Sorgerechtsverfahren, MDR 2015, 249.

Hammer, S.: Die rechtliche Verbindlichkeit von Elternvereinbarungen, FamRZ 2005, 1209–1215.

Hammer, S.: Was ist Gewalt im Rahmen der Zwangsvollstreckung nach § 33 II FGG?, FPR 2008, 413.

Hammer, S.: Die gerichtliche Billigung von Vergleichen nach § 156 Abs. 2 FamFG, FamRZ 2011, 1268.

Hammer, S.: Das neue Verfahren betreffend das Umgangs- und Auskunftsrecht des leiblichen, nicht rechtlichen Vaters, FamRB 2013, 298.

Hammer, S.: Das BVerfG, die Familiengerichte und die Jugendämter auf der Suche nach dem Rechten Maß im Kindesschutz, FF 2014, 428.

Hannemann, A./Stötzel, M.: Ergebnisse eines Forschungsprojektes zur Verfahrenspflegschaft an der Technischen Universität Berlin, ZKJ 2009, 58–67.

Hansens, H.: Die Vergütungsfestsetzung nach § 11 RVG – Teil 1: Voraussetzungen und Verfahrensbeteiligte, ZAP 2004, 831.

Hansens, H.: Erste Erfahrungen zu dem „Gesetz über den Rechtsschutz bei überlangen Gerichtsverfahren" aus anwaltlicher Sicht, SchlHA 2013, 221.

Harm, U.: Die Entwicklung im Vormundschafts-, Pflegschafts- und Betreuungsrecht seit 2011, Rpfleger 2013, 491.

Harm, U., Mix, B., Opitz, J., Pütz, H., Rotax, H., Rüting, W.: Amtsvormundschaft und Familiengericht im Spannungsfeld der unterschiedlichen Aufgabenwahrnehmung vor dem Hintergrund der Vormundschaftsrechtsreform, FamRZ 2012, 1849.

Hartmann, P.: Kostengesetze, 44. Auflage, München 2014.

Hartung, W./Schons, H. P./Enders, H.-R.: RVG, 2. Auflage, München 2013.

Haußleiter, M.: Loyalitätspflichten der Eltern bei Umgang und Erziehung, NJW-Spezial 2007, 151.

Haußleiter, M.: FamFG, Kommentar, München 2011.

Heidebach, M.: Die Reichweite gerichtlicher Kontrolle bei erledigter Freiheitsentziehung nach dem FamFG, NJW 2011, 1708.

Heiderhoff, B.: Schuldrechtliche Ersatzansprüche zwischen Eltern bei Verletzungen des Umgangsrechts?, FamRZ 2004, 324.

Heiderhoff, B.: Kindesrückgabe bei entgegenstehendem Kindeswillen, IPRax 2014, 525.

Heilmann, S.: Die Dauer kindschaftsrechtlicher Verfahren, ZfJ 1998, 317.

Heilmann, S.: Kindliches Zeitempfinden und Verfahrensrecht, Neuwied 1998.

Heilmann, S.: Die Verfahrenspflegschaft in den Fällen des § 1666 BGB, Kind-Prax 2000, 79.

Heilmann, S./Salgo, L.: Der Schutz des Kindes durch das Recht – Eine Betrachtung der deutschen Gesetzeslage. In: Helfer, M. E./Kempe, R. S./Krugmann, R. D., Das mißhandelte Kind, Frankfurt am Main 2002, 955.

Heilmann, S.: Jugendamt und Familiengericht – Verantwortungsgemeinschaft zum Schutz des Kindes?, in: Elz (Hrsg.), Kooperation von Jugendhilfe und Justiz bei Sexualdelikten gegen Kinder, Wiesbaden 2007, 89.

Heilmann, S.: Welche verfahrensrechtlichen Folgen hat der (unterbliebene) Antrag auf Beteiligung in Kindschaftssachen?, FamRZ 2010, 1391.

Heilmann, S.: Praxishinweis zu OLG Köln, Beschl. v. 8.10.2010 – 4 WF 193/10 – Keine Anfechtung einer einstweiligen Anordnung zum Umgangsrecht sowie des isolierten Hinweises nach § 87 Abs. 2 FamFG, ZKJ 2011, 104.

Heilmann, S.: Die Gesetzeslage zum Sorge- und Umgangsrecht, NJW 2012, 16.

Heilmann, S.: Praxishinweis zu OLG Saarbrücken, Beschl. v. 9.11.2011 – 6 UF 140/11 – Zur Erteilung des Warnhinweises i.S.v. § 89 Abs. 2 FamFG an den Umgangsberechtigten, ZKJ 2012, 119.

Heilmann, S.: Praxishinweis zu KG, 18. Zivilsenat – Senat für Familiensachen – Beschl. v. 28.2.2012 – 18 UF 184/09 – Wechselmodell gegen den Willen eines Elternteils, ZKJ 2012, 269.

Heilmann, S.: Besonderheiten des familiengerichtlichen Verfahrens zur Regelung des Sorge- und Umgangsrechts, NJW 2012, 887.

Heilmann, S.: Der Bundesgerichtshof und der Umgangsboykott, ZKJ 2012, 105.

Heilmann, S.: Die Reform des Sorgerechts nicht miteinander verheirateter Eltern – Das Ende eines Irrwegs?, NJW 2013, 1473.

Heilmann, S.: Der Umgang des Pflegekindes mit seinen leiblichen Eltern, ZKJ 2014, 48.

Heilmann, S.: Die Ergänzungspflegschaft mit dem Aufgabenkreis „Regelung des Umgangs" (Umgangsbestimmungspflegschaft), FamRZ 2014, 1753.

Heilmann, S.: Schützt das Grundgesetz die Kinder nicht?, NJW 2014, 2904.

Heilmann, S./Salgo, L.: Sind Pflegekinder nicht (mehr) schutzbedürftig?, FamRZ 2014, 705.

Heilmann, S.: Der Umgang des Pflegekindes mit seinen leiblichen Eltern – Ein Beitrag aus Sicht des Familiengerichts, ZKJ 2014, 45.

Heilmann, S.: Zu den Auswirkungen der aktuellen Rechtsprechung des Bundesverfassungsgerichts auf die Praxis des Kinderschutzes, FamRZ 2015, 92.

Heinemann, J.: Die Reform der freiwilligen Gerichtsbarkeit durch das FamFG und ihre Auswirkungen auf die notarielle Praxis, DNotZ 2009, 6.

Heinke, S.: Häusliche Gewalt – und was ist mit den Kindern?, djbZ 2013, 19.

Heiß, T. A.: Ansprüche aus dem Eltern-Kind-Verhältnis und aus dem Umgangsrecht, FPR 2001, 96.

Heiter, N.: Verfahrensfähigkeit des Kindes in personenbezogenen Verfahren nach dem FamFG, FamRZ 2009, 85.

Helfer, M. E./Kempe, R. S./Krugmann, R. D.: Das misshandelte Kind. Körperliche und psychische Gewalt – Sexueller Missbrauch – Gedeihstörungen – Münchhausen-by-proxy-Syndrom – Vernachlässigung, Frankfurt am Main 2002.

Helms, T.: Das neue Verfahren zur Klärung der leiblichen Abstammung, FamRZ 2008, 1033.

Helms, T./Balzer, D.: Das neue Verfahren in Abstammungssachen, ZKJ 2009, 348.

Helms T./Kieninger/Rittner, Abstammungsrecht in der Praxis, Bielefeld 2010.

Helms, T.: Die Einführung der sog. „vertraulichen Geburt", FamRZ 2014, 609.

Hennemann, H.: Die Anhörung des Kindes in Kindschaftsverfahren, NZFam 2014, 871.

Hepting, R.: „Babyklappe" und „anonyme Geburt", FamRZ 2001, 1573.

Herr, § 68 Abs. 3 Satz 2 FamFG und das Recht auf mündliche Verhandlung in Ehe- und Familienstreitsachen, FF 2013, 147.

Herzberg, R. D.: Religionsfreiheit und Kindeswohl. Wann ist die Körperverletzung durch Zirkumzision gerechtfertigt?, ZIS 2010, 471.

Heuser, M.: Selbst- und Fremdbestimmung im Minderjährigenrecht, JR 2013, 125.

Hinz, M.: Mutter- und Vaterbilder im Familienrecht des BGB 1900 – 2010, Frankfurt am Main 2014.

Höfelmann, E.: Das neue Gesetz zur Änderung der Vorschriften über die Anfechtung der Vaterschaft und das Umgangsrecht von Bezugspersonen des Kindes, FamRZ 2004, 745.

Hoffmann, B.: Perspektiven von Vormundschaft und Pflegschaft – Anregungen aus der Betreuung, JAmt 2005, 116.

Hoffmann, B.: Strafrechtliche Verantwortung von Amtsvormündern bzw. -pflegern wegen Unterlassens, ZKJ 2007, 389.

Hoffmann, B.: Freiheitsentziehende Unterbringung von Kindern und Jugendlichen – Rechtslage nach Neufassung des § 1631b BGB und Inkrafttreten des FamFG, Recht & Psychiatrie 2009, 121.

Hoffmann, B.: Vollmachten/Ermächtigung zur Ausübung von Befugnissen aus der elterlichen Sorge, ZKJ 2009, 156.

Hoffmann, B.: Der Regierungsentwurf eines Gesetzes zur Änderung des Vormundschafts- und Betreuungsrechts, FamRZ 2011, 249.

Hoffmann, B.: Dauerpflege im SGB VIII und Verbleibensanordnung nach § 1632 Abs. 4 BGB. Friktionen zwischen Familienrecht und Kinder- und Jugendhilferecht, FPR 2011, 578.

Hoffmann, B.: Kooperation zwischen Vormundin/Pfleger und Familiengericht, JAmt 2011, 299.

Hoffmann, B.: Aufgaben des Jugendamts im Kontext familiengerichtlicher Verfahren, FPR 2011, 304.

Hoffmann, B.: Sorgerechtsvollmacht als Alternative zur Vormund-/Pflegschaft des Jugendamtes, FamRZ 2011, 1544.

Hoffmann, B.: Inobhutnahme im Sinne des § 42 SGB VIII, JAmt 2012, 244.

Hoffmann, B.: Persönlich zum Vormund/Pfleger bestellte Mitarbeiter/innen eines Vereins, JAmt 2013, 554.

Hoffmann, B.: Das Gesetz zur Stärkung der Rechte des leiblichen, nicht rechtlichen Vaters, FamRZ 2013, 1077.

Hoffmann, B.: Freiheitsentziehende Unterbringung in Einrichtungen der Kinder- und Jugendhilfe – in gemeinsamer Verantwortung von gesetzlichem Vertreter, Jugendamt und Familiengericht, FamRZ 2013, 1346.

Hoffmann, B.: Das Recht auf eine „Annahme als Pflegekind", ZKJ 2014, 469.

Hoffmann, B.: Die Auswahl eines Vormunds/Pflegers durch das Familiengericht – materiell-rechtliche Vorgaben, FamRZ 2014, 1084.

Hoffmann, B.: Die Auswahl eines Vormunds/Pflegers durch das Familiengericht – das Auswahlverfahren, FamRZ 2014, 1167.

Hoffmann, P.: Ausländische Adoptionsentscheidungen in der deutschen gerichtlichen Anerkennungspraxis, ZKJ 2006, 542.

Hohmann, J.: Bedeutung von Kommunikationstechniken für Anwälte, FPR 2013, 457.

Hohmann, J./Morawe, D.: Praxis der Familienmediation, 2. Auflage, Köln 2013.

Hohmann-Dennhardt, C.: Grundgedanken zu einer eigenständigen Vertretung von Kindern und Jugendlichen im familiengerichtlichen Verfahren, ZfJ 2001, 77.

Holldorf, C./von Pirani, U.: Der begleitete Umgang im Spannungsfeld zwischen Jugendhilfe und Familiengericht, ZKJ 2012, 384.

Hölzel, W.-M.: Verfahren nach §§ 2 und 3 AdWirkG – Gerichtliche Feststellung der Anerkennung ausländischer Adoptionen und Umwandlung schwacher Auslandsadoptionen, StAZ 2003, 289.

Holzmann, C.: Verfahren betreffend die elterliche Verantwortung nach der Brüssel IIa-VO, FPR 2012, 497.

Hopp, H.: Umgang bei Kindern im Kinderheim oder in der Pflegefamilie, FPR 2007, 279.

Horndasch, K.-P.: Besondere Umgangssituationen, NZFam 2014, 884.

Horndasch, K.-P./Viefhues, W.: FamFG, 3. Auflage, Bonn 2014.

Huber, P.: Die elterliche Sorge zwischen Veränderung und Kontinuität, FamRZ 1999, 1625.

Huber, P./Antomo, J.: Die Neuregelung der elterlichen Sorge nicht miteinander verheirateter Eltern, FamRZ 2012, 1257.

Huber, P./Antomo, J.: Zum Inkrafttreten der Neuregelung der elterlichen Sorge nicht miteinander verheirateter Eltern, FamRZ 2013, 665.

I

Ivanits, N.: Die Stellung des Kindes in auf Einvernehmen zielenden gerichtlichen und außergerichtlichen Verfahren in Kindschaftssachen, Frankfurt am Main 2012.

Ivanits, N.: Elterliches Einvernehmen und Kindesbeteiligung, ZKJ 2012, 98.

Ivanits, N.: Beteiligung von Kindern bei Einvernehmen der Eltern, in: Salgo et alt. (Hrsg.), Verfahrensbeistandschaft, Köln 2014.

J

Jacobi, G. (Hrsg.): Kindesmisshandlung und Vernachlässigung. Epidemiologie, Diagnostik und Vorgehen, Bern 2008.

Jänicke, H./Braun, S.: Vertretungsausschluss bei rechtlich nachteiligen Verfügungen zu Gunsten Minderjähriger, NJW 2013, 2474.

Jansen, B. H.: Sozialrechtliche Leistungsansprüche zur Ermöglichung des Umgangs, FÜR 2009, 144.

Jennissen, W.: Die Neuregelung des Freiheitsentziehungsverfahrens im FamFG – Licht und Schatten, FGPrax 2009, 93.

Johannsen, K. H./Henrich, D.: Familienrecht, 5. Auflage, München 2010.

Johannsen, K. H./Henrich, D.: Familienrecht, 6. Auflage, München 2015.

Johnson, S.: Verfahrensbeistandschaft – ein Praxisbericht, FPR 2012, 377.

Jokisch, B.: Das Wechselmodell – Grundlagen und Probleme (Teil 1), FuR 2013, 679.

Joos, J.: Umsetzung des Vormundschaftsrechts in die Praxis, JAmt 2014, 7.

Jordans, R.: Vermögenssorge für minderjährige Kinder unter besonderer Berücksichtigung des Erbfalls, MDR 2014, 379.

Jungbauer, S./Blaha, J.: Abrechnung in Familiensachen, 3. Auflage, Bonn 2014.

Jurczyk, K./Walter, S.: Gemeinsames Sorgerecht nicht miteinander verheirateter Eltern, Berlin 2013.

Juris Praxiskommentar, BGB, Band 4, 7. Auflage, Saarbrücken 2014.

Juris Praxiskommentar, SGB VIII, Saarbrücken 2014.

K

Kaiser, D.: Gemeinsame elterliche Sorge und Wechselmodell, FPR 2008, 143.

Kaiser, D./Schnitzler, K./Friederici, P./Schilling, R.: BGB, Band 4: Familienrecht, 3. Auflage, Baden-Baden 2014.

Karle, M./Gathmann, S./Klosinski, G.: Rechtstatsächliche Untersuchung zur Praxis der Kindesanhörung nach § 50b FGG: Abschlussbericht. Köln 2010 (zitiert: Karle u.a.).

Karle, M./Gathmann, S./Klosinski, G.: Zur Praxis der Kindesanhörung in Deutschland. Ein Abschlussbericht, ZKJ 2010, 432.

Karle, M./Carl, E./Clauss, Kindesanhörung aus psychologischer Sicht, NZFam 2014, 875.

Karmasin, E.: Überblick über die Neuregelung der Betreuervergütung durch das Betreuungsrechtsänderungsgesetz, FamRZ 1999, 348.

Literatur

Kasenbacher, M.: Der Auskunftsanspruch über die persönlichen Verhältnisse des Kindes, NJW-Spezial 2012, 4.

Katzenmeier, C.: Rechtsfragen der „Babyklappe" und der medizinisch assistierten „anonymen Geburt", FamRZ 2005, 1134.

Katzenstein, H.: Vormund/in in Kontakt zum Kind zwischen Einzelfallorientierung und „Regelfall", JAmt 2013, 234.

Katzenstein, H.: Von der Sorge zur Verantwortung – die Vormundschaft ist in Bewegung, JAmt 2014, 606.

Katzenstein, H.: Formelle Beteiligung des Jugendamts im familiengerichtlichen Verfahren: Fach- oder Machtfrage?, FPR 2011, 20.

Kaufmann, F.: Der unangemeldete Hausbesuch von Fachkräften der Jugendämter in Pflegefamilien, ZKJ 2011, 198.

Keidel, T.: FamFG Kommentar, 18. Auflage, München 2014 (Zitierweise: Keidel/Bearbeiter).

Kemper, R.: Die allgemeinen Vorschriften für das Verfahren in Familiensachen – Übersicht über die Regelungen des ersten Abschnitts des zweiten Buchs des FamFG, FamRB 2009, 53.

Kemper, R.: Familienverfahrensrecht, 2. Auflage, Baden-Baden 2012.

Kemper, R./Schreiber, K.: Familienverfahrensrecht, 3. Auflage, Baden-Baden 2015.

Kepert, J.: Wie wird die Inobhutnahme wirksam?, JAmt 2013, 562.

Kersten, J.: Biotechnologie in der Bundesrepublik Deutschland, Jura 2007, 667.

Keske, M.: Rechtsmittel gegen die Kostenentscheidung, FPR 2010, 339.

Keske, M.: Gerichtskosten in familiengerichtlichen Verfahren, FPR 2012, 241.

Keske, M.: Die Änderung der Gerichtskosten durch das 2. KostRMoG – Teil 1: FamFG und GKG, FuR 2013, 546.

Kessen, S.: Die Kunst des Fragens, in: Trenczek u.a., Mediation und Konfliktmanagement, Baden-Baden 2013.

Kessen/Troja: Die Phasen und Schritte der Mediation als Kommunikationsprozess, in Handbuch Mediation, 2. Auflage, München 2009.

Keuter, W.: Vertretung Minderjähriger in Kindschaftssachen des FamFG, NJW 2010, 1851–1854.

Keuter, W.: Vergütungsanspruch des berufsmäßigen Ergänzungspflegers für Tätigkeiten vor Bestellung, FamRZ 2010, 1955.

Keuter, W.: Begleiteter Umgang – Familienrichter ohne Entscheidungskompetenz, JAmt 2011, 373.

Keuter:, W.: Vereinfachtes Verfahren zur Übertragung der gemeinsamen elterlichen Sorge – ein Fremdkörper in Kindschaftssachen. Anmerkungen zum Referentenentwurf zur Reform des Sorgerechts nicht miteinander verheirateter Eltern, FamRZ 2012, 825.

Keuter, W.: Neue Rechte für den biologischen Vater (Teil 1), ZKJ 2013, 484.

Keuter, Ein Kind, zwei Väter – verfahrensrechtliche Neuerungen – Neue Rechte für den biologischen Vater (Teil 2), ZKJ 2014, 16.

Keuter, W.: Entwicklungen im Statusrecht seit 2013, FamRZ 2014, 518.

Keuter, W.: Das familienrechtliche Mandat Statusrecht, Bonn 2014.

Keuter, W.: Zahlen bitte – Haftet der Verfahrensbeistand für Dolmetscherkosten?, FamRZ 2014, 1971.

Keuter, W.: Großeltern und Vormundauswahl, ZKJ 2015, 67.

Kiesewetter, P.: Mediation bei internationalen Familienkonflikten, in Trenczek u.a., Mediation und Konfliktmanagement, Baden-Baden 2013.

Kiesewetter, S.: Mediationen bei internationalen Kindschaftskonflikten: Handwerkszeug und Besonderheiten, in: Kiesewetter, S./Paul, C., Mediation bei internationalen Kindschaftskonflikten, München 2009, 13.

Kinderrechtekommission des Deutschen Familiengerichtstags: Reformbedarf im Pflegekinderwesen, FamRZ 2004, 891.

Kinderrechtekommission des Deutschen Familiengerichtstages (KIRK): Stellungnahme zum Referentenentwurf (RefE) eines Gesetzes zur Reform des Sorgerechts vom 28.3.2012, ZKJ 2012, 263.

Kinderrechtekommission des Deutschen Familiengerichtstag e. V., Reformbedarf im Pflegekinderwesen, FamRZ 2014, 891.

Kinderrechtekommission des Deutschen Familiengerichtstages (KIRK): Das Wechselmodell im deutschen Familienrecht, FamRZ 2014, 1157.

Kinderschutz-Zentrum Berlin e.V. (Hrsg.): Kindesmisshandlung. Erkennen und Helfen, 8. Auflage, Berlin 2000 (Die Broschüre kann kostenlos über das Bundesministerium für Familie, Senioren, Frauen und Jugend bezogen werden.).

Kindler, H., Salzgeber, J., Fichtner, J., Werner, A: Familiäre Gewalt und Umgang, FamRZ 2004, 1241-1252.

Kindler, H.: Folgewirkungen schwerer psychischer Erkrankungen mindestens eines Elternteils auf die Entwicklung von Kindern, FPR 2005, 227.

Kindler, Umgangskontakte: Wohl und Wille des Kindes, FPR 2007, 291ff.

Kindler, H./Lukasczyk P./Reich W.: Validierung und Evaluation eines Diagnoseinstrumentes zur Gefährdungseinschätzung bei Verdacht auf Kindeswohlgefährdung (Kinderschutzbogen), ZKJ 2008, 500–505.

Kindler, H.: Umgang und Kindeswohl, ZKJ 2009, 110–114.

Kindler, H.: Kinderschutz im BGB, FPR 2012, 422.

Kindler, H.: Trennungen zwischen Kindern und Bindungspersonen, FPR 2013, 194.

Kissel, R./Mayer, H.: GVG, 7. Auflage, München 2013.

Klawe, W.: Individualpädagogik: Intensivpädagogische Maßnahmen aus der Sicht der Jugendämter, JAmt 2011, 186.

Klenner, W.: Rituale der Umgangsvereitelung bei getrenntlebenden oder geschiedenen Eltern – Eine psychologische Studie zur elterlichen Verantwortung, FamRZ 1995, 1529.

Klinck, F.: Das neue Verfahren zur Anerkennung ausländischer Entscheidungen nach § 108 Abs. 2 FamFG, FamRZ 2009, 741.

Klinkhammer, M./Klotmann, U./Prinz, S. (Hrsg.): Handbuch Begleiteter Umgang. Pädagogische, psychologische und rechtliche Aspekte, 2. Auflage, Köln 2011.

Klosinski, G. (Hrsg.): Macht, Machtmissbrauch und Machtverzicht im Umgang mit Kindern und Jugendlichen. Bern, Göttingen, Toronto, Seattle 1995.

Klosinski, G.: Begutachtung in Verfahren zum Umgangs- und Sorgerecht: Brennpunkte für den Gutachter und die Familie. In: Warnke, A./Trott, G.-E./Remschmidt, H., Forensische Kinder und Jugendpsychiatrie, Bern 1997, 34.

Klosinski, G.: Internationale Kindesentführung aus der Sicht des Kindes – Versuch einer Annäherung aus kinderpsychiatrischer Sicht, FPR 2001, 206.

Kloster-Harz, D.: Der Anwalt im kindschaftsrechtlichen Verfahren, ZKJ 2010, 312.

Kloster-Harz, D.: Gesetz zur Stärkung der Rechte des leiblichen, nicht rechtlichen Vaters auf Umgang und Auskunft, FamFR 2013, 337.

Klußmann, R./Stötzel, B.: Das Kind im Rechtsstreit der Erwachsenen. Wegweiser für Eltern und Richter, Jugendämter und Gutachter, München 1995.

Knieper, J.: Geschäfte von Geschäftsunfähigen, Baden-Baden 1999.

Knittel, B.: Betreuungsgesetz (BtG), Starnberg-Percha 1992.

Knittel, B.: Beurkundungen im Kindschaftsrecht, 7. Auflage, Köln 2012.

Kölch M./Fegert J. M.: Die umgangsrechtliche Praxis aus Sicht der Kinder- und Jugendpsychiatrie, FamRZ 2008, 1573.

Koritz, N.: Kinderrechte im Konflikt ihrer Eltern. Die Gefahr in Streitzeiten die Rechte der Kinder zu missachten, FPR 2012, 212.

Korn-Bergmann, M.: Gutachter, „Heimliche Richter" in Kindschaftsverfahren?, FamRB 2013, 302.

Literatur

Korn-Bergmann, M./Purschke, A.: Gutachter – „Heimliche Richter" im Kindschaftsverfahren?, FamRB 2014, 25.

Kostka, K.: Die Begleitforschung zur Kindschaftsrechtsreform – eine kritische Betrachtung, FamRZ 2004, 1924.

Kostka, K.: Im Interesse des Kindes? Elterntrennung und Sorgerechtsmodelle in Deutschland, Großbritannien und den USA, Frankfurt am Main 2004.

Kostka, K.: Vermittlungsverfahren und Kindeswohl. FamPra.ch 2009, 634–657.

Kostka, K.: Vermittlungsverfahren und Kindeswohl, in: Handbuch Verfahrensbeistandsschaft, 2014, Rn. 1026 ff.

Kostka, K.: Neue Erkenntnisse zum Wechselmodell?, ZKJ 2014, 54.

Krabbe, H.: Mediation in hoch eskalierten Partnerkonflikten/häusliche Gewalt, in: Trenczek u.a., Mediation und Konfliktmanagement, Baden-Baden 2013, 5.3.

Krabbe, H.: Werkstattbericht: Die Kunst des Fragens, ZKM 2014, 185.

Kracht, S.: Rolle und Aufgabe des Mediators – Prinzipien der Mediation, in Handbuch Mediation, 2. Auflage, München 2009.

Krause, T.: Das Verfahren in Kindschaftssachen nach dem FamFG, FamRB 2009, 160.

Kretzschmar, S.: Antrag auf Regelung des Umgangsrechts, NZFam 2014, 908.

Kretschmar, S.: Fliegende Kinder – Umgangsregelungen bei großer räumlicher Entfernung, NZFam 2014, 893.

Kulemeier, B.: Eltern-Jugendlichen-Mediation, ein effektives Verfahren zur Lösung familiärer Konflikte?, Frankfurt a.M., 2015

Kunkel, P.-Ch.: Wider einen „Perspektivenwechsel" in der Jugendhilfe, FamRZ 1997, 193.

Kunkel, P.-Ch.: Lehr- und Praxiskommentar SGB VIII. Baden-Baden 1998 (Zitierweise: LPK-SGB VIII).

Kunkel, P.-Ch.: Wie frei ist der Amtsvormund?, ZKJ 2011, 205.

Kunkel, P.-Ch.: Jugendhilferecht, 7. Auflage, Baden-Baden 2012.

Kunkel, P.-Ch.: Das Bundeskinderschutzgesetz – „Meilenstein" oder „Mühlenstein", ZKJ 2012, 288.

Kunkel, P.-Ch.: Möglichkeiten und Grenzen der professionellen Kommunikation in der Familiengerichtsbarkeit mit Blick auf Verschwiegenheitspflicht und Datenschutz, FPR 2013, 487.

Kunkel, P.-Ch. (Hrsg.): Sozialgesetzbuch SGB VIII Kinder- und Jugendhilfe, 5. Auflage, Baden-Baden 2014.

L

Lack, K.: Die Beteiligtenstellung des Jugendamtes in Kindschaftssachen, ZKJ 2010, 189.

Lack, K.: Interessenvertretung in Kindschaftssachen durch Verfahrensbeistand, FamFR 2011, 527.

Lack, K.: Möglichkeiten und Grenzen der Gesetzgebung zur Effektivierung des Kinderschutzes, Bielefeld 2012.

Lack, K.: Ausschluss des Umgangsrechts leiblicher Eltern mit ihrem in einer Pflegefamilie untergebrachten Kind – Besprechung von BVerfG, Beschluss vom 29.11.2012 – 1 BvR 335/12, BeckRS 2013, 46036 –, FamFR 2013, 73.

Lack, K.: Rechtliche Überlegungen zur religiös motivierten Beschneidung von Jungen im Kindesalter, ZKJ 2013, 336.

Lack, K./Heilmann S.: Kinderschutz und Familiengericht – Verfassungsrechtliche Vorgaben für die familiengerichtliche Intervention bei Kindeswohlgefährdung, ZKJ 2014, 308.

Lack, K.: Ein Jahr Gesetz zur Reform der elterlichen Sorge nicht miteinander verheirateter Eltern, FamRZ 2014, 1337.

Lagarde, P.: Erläuternder Bericht zu dem Übereinkommen vom 19. Oktober 1996 über den Schutz von Kindern, 1998 (hcch.net/index_de.php?act=publications.details&pid=2943, Abruf am 15.4.2015).

Lang, C.: Entwurf eines Gesetzes zur Stärkung der Rechte des leiblichen, nicht rechtlichen Vaters, FPR 2013, 233.

Langheim, T.: Rechtsschutz bei einstweiligen Unterhaltsanordnungen, FamRZ 2014, 1413.

Leeb, C.-M./Weber, M.: Das Sorgerecht nicht miteinander verheirateter Eltern unter besonderer Berücksichtigung des Verfahrensbeistands (Teil 2), ZKJ 2012, 388.

Leeb, C.-M./Weber, M.: Die Stellung der sozialpädagogischen Familienhilfe im Gesamtgefüge der Kinder- und Jugendhilfe, JAmt 2014, 71.

Leitfaden des Familiengerichts München für Verfahren, die den Aufenthalt des Kindes, das Umgangsrecht oder die Herausgabe des Kindes betreffen, ZKJ 2008, 199.

Leitfaden zur Mediation auf der Grundlage des Haager Übereinkommens vom 25. Oktober 1980 über die zivilrechtlichen Aspekte internationaler Kindesentführung, veröffentlicht vom Ständigen Büro der Haager Konferenz für Internationales Privatrecht, (http://www.hcch.net/upload/mediation_de.pdf, Abruf am 14.4.2015).

Lempp, R. u.a.: Die Anhörung des Kindes gemäß § 50b FGG, Köln 1987.

Lengning, A./Lüpschen, N.: Auswirkungen auf Bindungs- und Beziehungsqualitäten bei Misshandlung, Vernachlässigung und sexuellem Missbrauch, FPR 2013, 213.

Lewe, J.: Die Pflicht des Jugendamts und des Gerichts zur Zusammenarbeit bei Kindeswohlgefährdungen, FPR 2012, 440.

Lipp, V./Schumann, E./Veit, B. (Hrsg.): Kindesschutz bei Kindeswohlgefährdung – neue Mittel und Wege? 6. Göttinger Workshop zum Familienrecht, Göttinger Juristische Schriften, Bd. 4, Göttingen 2008.

Lipp, V./Schumann, E./Veit, B. (Hrsg.): Reform des familiengerichtlichen Verfahrens, 1. Familienrechtliches Forum Göttingen, Göttinger Juristische Schriften, Bd. 6, Göttingen 2009.

Lipp, V.: Öffentlichkeit der mündlichen Verhandlung und der Entscheidungsverkündung?, FPR 2011, 37.

Lissner, S.: Die Übertragung der Prüfung der persönlichen und wirtschaftlichen Verhältnisse auf den Rechtspfleger, AGS 2013, 371.

Lohmeier, A.: Wie man mit hoch Strittigen lacht, in: Weber/Alberstötter/Schilling, Beratung von Hochkonflikt-Familien, Weinheim 2013.

Löhnig, M.: Zivilrechtliche Probleme des neuen § 238 StGB, FamRZ 2007, 518.

Löhnig, M.: Neue Partnerschaften der gemeinsam sorgeberechtigt gebliebenen Eltern – Welche Rechte haben die neuen Partner, FPR 2008, 157.

Löhnig, M.: Probleme des neuen Verfahrens in Abstammungssachen, FamRZ 2009, 1798.

Löhnig, M.: Sonstige Familiensachen als Verwirklichung des Großen Familiengerichts, FPR 2011, 65.

Löhnig, M.: Zur Tragung der Kosten des Umgangs von Personen, die nicht rechtliche Eltern sind, mit einem Kind, FamRZ 2013, 1866 mit Erwiderung von Wohlgemuth, FamRZ 2014, 355 und Spangenberg, FamRZ 2014, 356.

Looschelders, D.: Fortbestand oder Verlust des elterlichen Sorgerechts bei Wechsel des gewöhnlichen Aufenthalts, IPRax 2014, 152.

Löwe, E./Rosenberg, W.: Die Strafprozessordnung und das Gerichtsverfassungsgesetz: StPO Band 5: §§ 151-212b, 26. Auflage, Berlin 2008.

Ludwig, I.: Internationales Adoptionsrecht in der notariellen Praxis nach dem Adoptionswirkungsgesetz, RNotZ 2002, 353.

Luthe, W./Nellissen, G. (Hrsg.): juris Praxiskommentar SGB VIII, Saarbrücken 2014.

M

Maes, N.: Voraussetzungen für Anordnung des sog. Wechselmodells, jurisPR-FamR 16/2014 Anm. 4.

Mähler, G./Mähler, H.-G.: Familienmediation, in: Handbuch Mediation, 2. Auflage, München 2009.

Martiny, D.: Kindesentführung, vorläufige Sorgerechtsregelung und einstweilige Maßnahmen nach der Brüssel IIa-VO, FPR 2010, 493.

Martiny, D.: Umgangs- und Sorgerechtsregelung im Elternstreit – In- und ausländische Lösungen, ZKJ 2010, 351.

Literatur

Martiny, D.: Elterliche Verantwortung und Sorgerecht im ausländischen Recht, insbesondere beim Streit um den Kindesaufenthalt, FamRZ 2012, 1765.

Maunz, T./Dürig, G./Herzog, R. (Hrsg.): Grundgesetz Kommentar, Stand: Juli 2014, München (Zitierweise: Maunz/Dürig/Herzog-Bearbeiter).

Maurer, H.: Das Gesetz zur Regelung von Rechtsfragen auf dem Gebiet der internationalen Adoption und zur Weiterentwicklung des Adoptionsvermittlungsrechts, FamRZ 2003, 1337.

Maurer, H.: Zur Anwendung von § 48 Abs. 1 FamFG in Familiensachen, FamRZ 2009, 1792.

Maurer, H.: Die Rechtsmittel in Familiensachen nach dem FamFG, FamRZ 2009, 465.

Maurer, H.: Das Verfahren der Familiengerichte. In: Schwab, D.: Handbuch des Scheidungsrechts, 7. Auflage, München 2013.

Maurer, H.: Zur Rechtsnatur der Verfahren nach dem Adoptionswirkungsgesetz, FamRZ 2013, 90.

Mayer, D.: Wer zu spät kommt, den bestraft das Leben – Zur Hemmung der Frist für die Erbschaftsausschlagung wegen noch ausstehender gerichtlicher Genehmigungen nach dem FamFG, Rpfleger 2013, 657.

Maywald, J.: Die Beteiligung des Kindes an der Einigung der Eltern, FPR 2010, 460–463.

Melton, G./Limber, S.: What Children's Rights Mean to Children's own Views, in: Freeman, M./Veerman, P., The Ideologies of Children's Rights, Den Haag 1992, 167.

Maywald, J.: Entfremdung durch Kontaktabbruch – Kontakt verweigernde Kinder oder Eltern nach einer Trennung, FPR 2013, 200.

Maywald, J.: Trennungs- und Verlustsituationen in: Salgo et alt. (Hrsg.), Verfahrensbeistandschaft, Köln 2014.

Medicus, D.; Anmerkung zu einer Entscheidung des BGH, Beschluss vom 30.09.2010 (V ZB 206/10; NJW 2010, 3643) – Zur unentgeltlichen Übertragung von Wohnungseigentum an einen Minderjährigen, JZ 2011, 159.

Menne, M.: Anmerkung zum Urteil des BVerfG vom 9.11.2009, 1 BvR 2146/09, ZKJ 2010, 71.

Menne, M.: Das Holen und Bringen des Kindes im Rahmen der Regelung des Umgangs, ZKJ 2006, 135.

Menne, M.: Der Anwalt des Kindes – Entwicklungstendenzen und Perspektiven im Recht der Verfahrenspflegschaft, FamRZ 2005, 1035.

Menne, M.: Zum Umgangsrecht von Strafgefangenen und Untersuchungshäftlingen, ZKJ 2006, 250.

Menne, M.: Neues FamFG: Zur pauschalisierten Entschädigung des Verfahrensbeistands im kommenden Recht, ZKJ 2008, 461.

Menne, M.: Der Verfahrensbeistand im neuen FamFG, ZKJ 2009, 68.

Menne, M./Carl, E.: Verbindungsrichter und direkte richterliche Kommunikation, NJW 2009, 3537.

Menne, M.: Zur Vergütung des Umgangspflegers – Anmerkung zum Beschluss des Oberlandesgerichts Koblenz vom 19. November 2009 – 11 WF 905/09, ZKJ 2010, 245.

Meyer-Wehage, B.: Die Beweiserhebung in familiengerichtlichen Verfahren, NZFam 2014, 126.

Meysen, T.: Beginn und Ende von Beistandschaften, JAmt 2008, 120.

Meysen, T.: Steuerungsverantwortung des Jugendamtes nach § 36 a SGB VIII: Anstoß zur Verhältnisklärung oder anstößig?, FamRZ 2008, 562.

Meysen, T.: Neuerungen im zivilrechtlichen Kinderschutz, NJW 2008, 2673.

Meysen, T.: Bundeskinderschutzgesetz: gesetzliche Programmatik im Baukastensystem, FamRZ 2012, 405.

Meysen, T./Balloff, R./Finke, F./Kindermann, E./Rakete-Dombek, I./Stötzel, M. (Hrsg.): Das Familienverfahrensrecht – FamFG, Köln 2010.

Meysen, T./Balloff, R./Finke, F./Kindermann, E./Rakete-Dombek, I./Stötzel, M. (Hrsg.): Praxiskommentar Familienverfahrensrecht, 2. Auflage, Köln 2014.

Michalski, L.: Das Namensrecht des ehelichen Kindes nach den §§ 1616, 1616a BGB unter Berücksichtigung des Regierungsentwurfs eines Kindschaftsrechtsreformgesetzes, FamRZ 1997, 977.

Mix, B.: Kontinuität in der Vormundschaft, JAmt 2014, 242.

Moch, M./Junker-Moch, M.: Zur Zusammenarbeit zwischen Jugendamt und Kinderschutzfachkraft, FPR 2011, 319.

Moll-Vogel, E.: Mediation im familiengerichtlichen Verfahren, in: Prenzlow (Hrsg.), Handbuch Elterliche Sorge und Umgang, Rn. 1190, Köln 2013.

Montada, L./Kals, E.: Mediation, 2. Auflage, Weinheim 2007.

Morat, K./Kramer, R.: Verfahrensbeistandschaft und Datenschutz, ZKJ 2014, 139.

Mörsberger T./Wapler, F.: Das Bundeskinderschutzgesetz und der Datenschutz, FPR 2012, 437.

Mörsberger, T.: Das Strafrecht als Prima Ratio des SGB VIII? Zu den andauernden Irritationen um die Haftungsrisiken im Kinderschutz, ZKJ 2013, 21.

Mortsiefer, M.: Die Gefährdungsmitteilung des Jugendamts an das Familiengericht, NJW 2014, 3543.

Motzer, S.: Das Umgangsrecht Verwandter und enger Bezugspersonen des Kindes, FamRB 2004, 231.

Müller, G., Sieghörtner, R., Emmerling de Oliveira, N.: Adoptionsrecht in der Praxis, 2. Auflage, Bielefeld 2011.

Müller-Magdeburg, C.: Das beschleunigte Familienverfahren im Lichte des FamFG, ZKJ 2009, 184.

Müller-Magdeburg, C.: Die Beteiligung des Jugendamtes – Plädoyer für ein aktives Jugendamt, ZKJ 2009, 319.

Münchener Kommentar zum BGB (J. Säcker/R. Rixecker Hrsg.), Band 8, 6. Auflage, München 2012, Familienrecht II, §§ 1589-1921 (Zitierweise: MüKo-BGB/Bearbeiter).

Münchener Kommentar zum BGB, (J. Säcker/R. Rixecker Hrsg.), Band 10, 6. Auflage, München 2015, IPR I, Art. 1-24 BGB KindEntfÜbk (Zitierweise: MüKo-BGB/Bearbeiter).

Münchener Kommentar zum FamFG, 2. Auflage, München 2013 (Zitierweise: MüKo-FamFG/Bearbeiter).

Münder, J.: Der Anspruch auf Herausgabe des Kindes, NJW 1986, 811.

Münder, J.: Die Entwicklung autonomen kindschaftsrechtlichen Denkens, ZfJ 1988, 10.

Münder, J.: Familien- und Jugendhilferecht. Eine sozialwissenschaftlich orientierte Einführung. Bd. I: Familienrecht. 4. völlig überarb. Auflage, Neuwied 1999.

Münder, J.: Familien- und Jugendhilferecht. Eine sozialwissenschaftlich orientierte Einführung. Band II: Kinder- und Jugendhilferecht, Neuwied 2000.

Münder, J./Muthke, B./Schone, R.: Kindeswohl zwischen Jugendhilfe und Justiz: professionelles Handeln in Kindeswohlverfahren, Münster 2000.

Münder, J.: Rechtsfolgen bei Verletzung professioneller Standards, ZfJ 2001, 401.

Münder, J. u.a.: Die Praxis des Kindschaftsrechts in Jugendhilfe und Justiz, München 2007.

Münder, J. u.a.: Frankfurter Lehr- und Praxiskommentar zum KJHG/SGB VIII, Baden-Baden 2009.

Münder, J./Ernst, R./Behlert, W.: Familienrecht, 7. Auflage, Baden-Baden 2013.

Münder, J./Meysen, T./Trenczek, T.: Frankfurter Kommentar SGB VIII Kinder- und Jugendhilfe, 7. Auflage, Frankfurt am Main 2013.

Muscheler, K.: Die Klärung der Vaterschaft, FPR 2008, 257.

Musielak, H.-J. (Hrsg.): Zivilprozessordnung mit Gerichtsverfassungsgesetz, 11. Auflage, München 2014.

Musielak, H.-J./Borth, H. (Hrsg.): Familiengerichtliches Verfahren, 4. Auflage, München 2013.

Müther, P.-H.: Die Beschwerdeeinlegung beim unzuständigen Gericht nach dem FamFG, FamRZ 2010, 1952.

Mutschler, D.: Interessenausgleich im Abstammungsrecht – Teilaspekte der Kindschaftsrechtsreform, FamRZ 1996, 1381.

N

Nehls, K.: Praktischer Leitfaden zum Haager Übereinkommen über die zivilrechtlichen Aspekte internationaler Kindesentführung (HKÜ), ZKJ 2014, 62.

Nehls, K.: Rechtliche Grundlagen bei internationalen Kindesentführungen sowie bei internationalen Sorge- und Umgangsverfahren, in: Paul/Kiesewetter, Mediation bei internationalen Kindschaftskonflikten, 13, München 2009.

Nickel: Grundlagen der Gewährung von Beratungs- und Verfahrenskostenhilfe in Kindschaftssachen, NJW 2011, 1117.

Nickel, M.: Die Kostenentscheidung nach billigem Ermessen gem. § 81 FamFG, FamFR 2013, 529.

Nickel, M.: Kindergeld und Kindesunterhaltsfreibetrag in der Verfahrenskostenhilfe, FamRB 2014, 347.

Nienstedt, M./Westermann, A.: Pflegekinder und ihre Entwicklungschancen nach frühen traumatischen Erfahrungen. 2. Auflage, Stuttgart 2013.

Niethammer-Jürgens, K.: Internationales Familienrecht in der anwaltlichen Praxis. Ein Leitfaden, Frankfurt a.M. 2013.

Nomos Kommentar zum BGB, 3. Auflage, Baden-Baden 2014.

O

Oberloskamp, H. (Hrsg.): Vormundschaft, Pflegschaft und Beistandschaft für Minderjährige, 3. Auflage, München 2010.

Obermann, T.: Der Umgangspfleger nach § 1666 BGB – gefährdet, aber notwendig?, NZFam 2014, 976.

Oelkers, H.: Formelle und materiell-rechtliche Fragen des Umgangsrechts nach § 1634 BGB, FamRZ 1995, 449.

Oelkers, H.: Sorge- und Umgangsrecht in der Praxis, Bonn 2000.

Oerter, R./Montada, L. (Hrsg.): Entwicklungspsychologie. Ein Lehrbuch, 3. Auflage, Weinheim 1995.

Oesch, V./Zachariou, Z.: Kindesmisshandlung und Vernachlässigung, in: Jacobi, Kindesmisshandlung aus kinderchirurgischer Sicht, 2008, 297.

Offermann-Burckart, S.: Die Rolle des Anwalts in einem auf Einvernehmen ausgerichteten Verfahren, FPR 2010, 431.

Ostler, T./Ziegenhain, U.: Risikoeinschätzung bei (drohender) Kindeswohlgefährdung: Überlegungen zu Diagnostik und Entwicklungsprognose im Frühbereich. In: Ziegenhain, U./Fegert, J. M. (Hrsg.): Kindeswohlgefährdung und Vernachlässigung, München 2007, 67.

P

Palandt, O.: Bürgerliches Gesetzbuch, 74. Auflage, München 2015 (Zitierweise: Palandt/Bearbeiter).

Paul, C./Kiesewetter, S.: Mediation bei internationalen Kindschaftskonflikten, München 2009.

Paul, C./Kiesewetter,S.: Cross-Border-Familiy Mediation, Frankfurt a.M. 2014.

Pechstaedt, V. von: Zivilrechtliche Abwehrmaßnahmen gegen Stalking, NJW 2007, 1233.

Peschel-Gutzeit. L. M.: Schützt die Verbleibensanordnung das Kind wirksam? – 25 Jahre Erfahrung mit § 1632 IV BGB, FPR 2004, 428.

Peschel-Gutzeit, L.: Das Recht auf gewaltfreie Erziehung – Was hat sich seit seiner Einführung im Jahre 2000 geändert?, FPR 2012, 195.

Peschel-Gutzeit, L.: Interventionsmöglichkeiten bei Inobhutnahme durch das Jugendamt, FPR 2012, 443.

Peschel-Gutzeit, L. M.: Der doppelte Vater – Kritische Überlegungen zum Gesetz zur Stärkung der Rechte des leiblichen, nicht rechtlichen Vaters, NJW 2013, 2465.

Peschel-Gutzeit, L. M.: Die Bedeutung des Kindeswillens, NZFam 2014, 433.

Peter, E.: Die Inobhutnahme unbegleiteter ausländischer Minderjähriger, JAmt 2006, 68.

Petri, H.: Verlassen und Verlassen werden, Angst, Wut und Trauer bei gescheiterten Beziehungen, Zürich 1991, 59.

Pheiler-Cox, P.: Fälle von Gewalt, Drohungen und Belästigungen in der anwaltlichen und gerichtlichen Praxis, FuR 2014, 558.

Pietsch, P.: Die EU-Verordnung über die gegenseitige Anerkennung von Schutzmaßnahmen, NZFam 2014, 726.

Pothmann, J.: Kinderschutz im Spiegel amtlicher Statistik. Gefährdungseinschätzungen von Jugendämtern – ein Beitrag zum aktiven Kinderschutz: Erste Auswertungen und Kommentierungen zu den „8a-Daten" kommunaler Jugendbehörden 2012 (www.dji.de/dasdji/home/forschung_8a_kommentar.pdf, Abruf am 15.4.2015).

Prenzlow, R.: Die kindgerechte Vermittlung der Aufgaben des Verfahrensbeistands, ZKJ 2011, 128.

Prenzlow, R.: Mitwirkung des Verfahrensbeistands am Zustandekommen einer einvernehmlichen Regelung – was ist daraus geworden?, FPR 2012, 366.

Prenzlow, R. (Hrsg.): Handbuch Elterliche Sorge und Umgang, Köln 2013.

Proksch, R.: Begleitforschung zur Umsetzung der Neuregelung der Reform des Kindschaftsrechts. 1. Zwischenbericht (Mai 2000), Nürnberg 2000.

Proksch, R.: Rechtstatsächliche Untersuchung zur Reform des Kindschaftsrechts. Begleitforschung zur Umsetzung des Kindschaftsrechtsreformgesetzes, Köln 2002.

Proksch, R.: Ergebnisse der Begleitforschung zur Kindschaftsrechtsreform, Kind-Prax 2003, 3.

Prütting H./Gehrlein, M (Hrsg.): ZPO, 6. Auflage, Köln 2014 (Zitierweise: Prütting/Gehrlein/Bearbeiter).

Prütting H./Helms, T.(Hrsg.): FamFG, 3. Auflage, Köln 2013 (Zitierweise: Prütting/Helms/Bearbeiter).

Prütting, H./Wegen, G./Weinreich, G.: BGB, 9. Auflage, Köln 2014.

Q

Quantius, M.: Die Elternschaftsanfechtung durch das künstlich gezeugte Kind, FamRZ 1998, 1145.

R

Raack, W.: Rechtliche Maßnahmen und Entscheidungsspielräume des Familiengerichts bei Schulabsenz von Kindern und Jugendlichen, FPR 2007, 478.

Rakete-Dombeck, I.: Der Ausfall eines Sorgeberechtigten durch Tod, Krankheit, Abwesenheit oder Entzug der elterlichen Sorge, FPR 2005, 80.

Rakete-Dombek, I.: Einvernehmliche Konfliktlösungen und Vermittlungsverfahren. Anmerkungen aus anwaltlicher Sicht, in: Lipp, V./Schumann, E./Veit, B., 2009, 93.

Rauscher, T.: Vaterschaft auf Grund der Ehe mit der Mutter, FPR 2002, 352.

Rauscher, T.: Die Beteiligung des Kindes am Umgangsvergleich, FamFR 2010, 28.

Rauwald, M.: Elterliches Trauma und Kindeswohl – Psychotraumatologische Überlegungen zu einer transgenerational vermittelten Beeinträchtigung, NZFam 2014, 1116.

Reinhardt, J.: Die Beteiligung in Adoptionsverfahren und der Geheimhaltungsschutz – Prüfstein für die Kooperation von Jugendamt und Familiengericht in Adoptionssachen, JAmt 2011, 628.

Reinhardt, J.: FamFG und Adoption, JAmt 2009, 162.

Reinken, W.: Einführung in den Allgemeinen Teil des FamFG, ZFE 2009, 164.

Reinken, W.: Hinwirken auf ein Einvernehmen der Beteiligten – Aufgaben und Handlungsmöglichkeiten des Gerichts nach dem FamFG, FPR 2010, 428.

Remschmidt, H./Schmidt, M. H. (Hrsg.): Kinder- und Jugendpsychiatrie in Klinik und Praxis, Stuttgart 1985.

Richter, U.: Schulschwänzer – ordnungsgemäß abgemeldet, FPR 2007, 463.

Riedel, F./Sußbauer, H.: RVG, 10. Auflage, München 2015.

Riegner, K.: Verfassungsrechtliche Anforderungen an die Trennung des Kindes von den Eltern wegen Kindeswohlgefährdung, NZFam 2014, 625.

Riegner, K.: Die Vertretung unbegleiteter minderjähriger Flüchtlinge in asyl- und ausländerrechtlichen Angelegenheiten, NzFam 2014, 150.

Riegner, K.: Sachkunde und schwierige Geschäfte bei der Vormundschaft, NZFam 2015, 193.

Riemer, M.: Auswirkung des Gewaltverbots in der Erziehung nach § 1631 II BGB auf das Strafrecht, FPR 2006, 387.

Rinio, C.: Strafrechtliche Konsequenzen und ordnungsrechtliche Maßnahmen gegen Eltern von „Schulschwänzern", FPR 2007, 467.

Ripke, L.: Haltung des Mediators, in: Trenczek u.a., Mediation und Konfliktmanagement, Baden-Baden 2013, 2.13.

Rixen, S.: Das Gesetz über den Umfang der Personensorge bei einer Beschneidung des männlichen Kindes, NJW 2013, 257-262.

Röchling, W.: Anmerkungen zum Abschlussbericht der Arbeitsgruppe „Familiengerichtliche Maßnahmen bei Gefährdung des Kindeswohls" v. 17.11.2006, FamRZ 2007, 431.

Rohmann, J. A.: In Fragen der Heimerziehung ausgewiesener Psychologe als Sachverständiger bei Unterbringung von Kindern und Jugendlichen, FPR 2009, 30.

Rohmann, J. A.: Anhörung des Kindes und der Eltern sowie die Bekanntgabe der Entscheidung an das Kind als kommunikativer Prozess, FPR 2013, 464.

Rotax, H.-H.: Tatsächliche oder rechtliche Verhinderung oder Entzug der elterlichen Sorge bei einem bisher gemeinsam sorgeberechtigten Elternteil, FPR 2008, 151.

Rüntz, S./Viefhues, W: Erste Erfahrungen aus der Praxis mit dem FamFG, FamRZ 2010, 1285-1293.

Rüting, W.: Das kindorientierte Zusammenwirken im Verfahren vor dem Familiengericht, ZKJ 2011, 244.

Rüting, W.: Rückführung in die Herkunftsfamilie, Umgang, FPR 2012, 381.

S

Saenger, ZPO, 5. Auflage, München 2013.

Salewski, C./Stürmer, S.: Qualität familienrechtspsychologischer Gutachten, ZKJ 2015, 4ff.

Salgo, L.: Pflegekindschaft und Staatsintervention, Frankfurt am Main 1987.

Salgo, L.: Der Anwalt des Kindes. Die Vertretung von Kindern in zivilrechtlichen Kindesschutzverfahren. Eine vergleichende Studie, Frankfurt am Main 1996.

Salgo, L.: Zur gemeinsamen elterlichen Sorge nach Scheidung als Regelfall – ein Zwischenruf, FamRZ 1996, 449.

Salgo, L.: Vom langsamen Sterben des elterlichen Züchtigungsrechts, RdJB 2001, 283.

Salgo, L.: Umgang mit Kindern in Familienpflege – Voraussetzungen und Grenzen, FPR 2004, 419.

Salgo, L.: Verbleibensanordnung bei Bezugspersonen (§ 1682 BGB), FPR 2004, 76.

Salgo, L.: § 8a SGB VIII, Anmerkungen und Überlegungen zur Vorgeschichte und zu den Konsequenzen der Gesetzesänderung, Teil 1 und 2, ZKJ 2006, 531; 2007, 12.

Salgo, L.: Wie man aus einer ungünstigen Situation eine das Wohl des Kindes gefährdende machen kann – Grenzen der Staatsintervention zur Durchsetzung des Umgangsrechts, FPR 2008, 401.

Salgo, L./Zenz, G.: (Amts-)Vormundschaft zum Wohle des Mündels – Anmerkungen zu einer überfälligen Reform, FamRZ 2009, 1378.

Salgo, L.: Das Beschleunigungsgebot in Kindschaftssachen, FF 2010, 352.

Salgo, L.: Häusliche Gewalt, Traumatisierung und Umgangsfragen, in: Fegert/Ziegenhain/Goldbeck, Traumatisierte Kinder und Jugendliche in Deutschland, Weinheim 2010, 121.

Salgo, L.: Mitwirkung am Zustandekommen einer einvernehmlichen Regelung. Aufgaben und Pflichten des Verfahrensbeistands, FPR 2010, 456.

Salgo, L.: Ein Zwischenruf zum Regierungsentwurf eines Gesetzes zur Reform der elterlichen Sorge nicht miteinander verheirateter Eltern, FPR 2012, 409.

Salgo, L.: Anmerkung zur Entscheidung des OLG Karlsruhe, Beschluss vom 26.06.2013, 18 UF 296/11 – Zur Beschwerdebefugnis von Pflegepersonen in verfassungkonformer Auslegung der §§ 303 Abs. 2, 335 Abs. 1 Nr. 1 FamFG, FamRZ 2013, 1668.

Salgo, L./Lack, K.: Das Recht der Pflegekindschaft. In: Prenzlow (Hrsg.), Handbuch Elterliche Sorge und Umgang, Köln 2013.

Salgo, L./Stötzel, M.: Aktuelle Tendenzen der Verfahrensbeistandschaft, ZKJ 2013, 349–352.

Salgo, L./Veit, B./Zenz, G.: Reformbedarf im Bereich der Dauerpflege, ZKJ 2013, 204.

Salgo, L.: Aus Fehlern lernen – Stellungnahme für den Sonderausschuss „Zum Tode des Mädchens Chantal", ZKJ 2013, 150.

Salgo, L.: Ergänzungspfleger oder Verfahrensbeistand, FPR 2013, 315.

Salgo, L.: Umgangsbeschluss wegen psychischer Destabilisierung des Pflegekindes aus verfassungsrechtlicher Sicht nicht zu beanstanden, FamRZ 2013, 343.

Salgo, L. et alt.: (Herausgeber): Verfahrensbeistandschaft, 3. Auflage, Köln 2014.

Salzgeber, J./Stadler, M.: Verfahrenspfleger und Psychologischer Sachverständiger, JAmt 2001, 382.

Salzgeber, J.: Der lösungsorientierte Sachverständige und die Hochkonfliktfamilien, FamRZ 2010, 851.

Salzgeber, J.: Der psychologische Sachverständige im Familiengerichtsverfahren, 5. Auflage, München 2011.

Salzgeber, J.: Der psychologische Sachverständige im Familiengerichtsverfahren, FF 2013, 194 und 442.

Salzgeber, J.: Umgang und Herstellung von Einvernehmen, FPR 2013, 299.

Sarres, E.: Akteneinsichtsrechte im Familien- und Erbrecht, ZFE 2011, 136.

Sarres, E.: Richterliche Befangenheit im Familienrecht – eine Bestandsaufnahme, FamRB 2014, 474.

Sch

Schael: Minderjährige und ihre formelle Beteiligung in Verfahren über Kindschaftssachen nach dem FamFG, FamRZ 2009, 265.

Scharl, P./Schmid, J.: Risikoanalyse und Risikomanagement im Sonderleitfaden des Münchner Modells, NZFam 2014, 1078.

Schellhorn, W. (Hrsg.): SGB VIII/KJHG. Sozialgesetzbuch Achtes Buch Kinder- und Jugendhilfe. 2. Auflage, Neuwied 2000.

Schellhorn/Fischer/Mann/Kern (Hrsg.), SGB VIII Kinder- und Jugendhilfe, 4. Auflage, Neuwied 2012.

Scherpe, J. C.: Reichweite des verfassungsrechtlichen Schutzes der Verwandtenstellung im Vormundschaftsverfahren, FamRZ 2014, 1821.

Schilling, R.: Rechtliche Probleme bei der gemeinsamen Sorge nach Trennung und Scheidung, NJW 2007, 3233.

Schimke, H.-J.: Sorgerecht und Beteiligung von Kindern, in: Prenzlow (Hrsg.), Handbuch Elterliche Sorge und Umgang, Köln 2013.

Schimke, H.-J.: Gemeinsame Verantwortung für Kinder – Einfluss und Möglichkeiten des Vormunds/der Vormündin, JAmt 2015, 74.

Schindler, G.: Die Haftung des Jugendamts bei Verletzung fachlicher Standards, FPR 2012, 539.

Schleissing, S. (Hrsg.): Ethik und Recht in der Fortpflanzungsmedizin, Baden-Baden 2014.

Schlünder, R.: Die Vollstreckung nach dem FamFG. FamRZ 2009, 1636.

Schlund, M.: Begleiteter Umgang bei „schwierigen Fallkonstellationen" (Teil 1), ZKJ 2015, 55.

Schmahl, S.: UN-Kinderrechtskonvention, 2. Auflage, Baden-Baden 2013.

Schmid, J.: Das Beschleunigungs- und Vorranggebot – erste Erfahrungen in der Praxis, FPR 2011, 5.

Schmid, J.: Familiengerichtliche Kooperation in Fällen von Kindesmisshandlung und sexuellem Missbrauch, FamRB 2014, 267.

Schmid, J.: Juristische Grundsätze zu Umgangsmodellen, NZFam 2014, 881.

Schmid, J.: Grenzen von Einvernehmen in Kindschaftssonderfällen, NZFam 2015, 292.

Schmidt-Räntsch, J.: Freiheitsentziehungssachen gem. §§ 415 ff. FamFG, NVwZ 2014, 110.

Schneider, E.: Die neuere Rechtsprechung zum Prozeßkostenhilferecht, MDR 1985, 441.

Schneider, E.: Vorschusspflicht in Kindschaftssachen, FamRB 2012, 164.

Schneider, E.: Die Kosten in Umgangsverfahren, NZFam 2014, 906.

Schneider, M.: Neues Sorgerecht nicht miteinander verheirateter Eltern, MDR 2013, 309.

Schneider, M./Faber, E.: Bestellung von Vormund und Ergänzungspfleger in Kindschaftssachen nach §§ 1666, 1696 BGB, FuR 2012, 580.

Schneider, N.: Gebühren in Familiensachen, München 2009.

Schneider, N.: Kostenfestsetzungsverfahren in Familiensachen, FPR 2010, 343.

Schneider, N.: Zur Einigungsgebühr nach Nr. 1000, 1003 RVG-VV im Falle einer Zwischenvereinbarung in Umgangssachen, AGS 2014, 272.

Schneider, N.: Die Terminsgebühr im schriftlichen Verfahren, NZFam 2014, 403.

Schneider, N.: Die Kosten in Vermittlungsverfahren nach § 165 FamFG, NZFam 2014, 906.

Schneider, N.: Verfahrenswert einer Beschwerde gegen Kindschaftssache im Scheidungsverbund, NZFam 2015, 325.

Schneider, N./Thiel, L.: Über die „Wertlosigkeit" höchstrichterlicher Wertfestsetzungen, NJW 2013, 25.

Schneider, N./Volpert, J./Fölsch, P. (Hrsg.): FamGKG, 2. Auflage, Baden-Baden 2014.

Schneider, N./Volpert, J./Fölsch, P. (Hrsg.): Gesamtes Kostenrecht, Baden-Baden 2014.

Schuldei, M.: Auskunft über die persönlichen Verhältnisse des Kindes über Dritte, Anmerkung zu OLG Koblenz, BeckRS 2014, 07117, NZFam 2014, 713.

Schulte-Bunert, K.: Vollstreckung von familiengerichtlichen Entscheidungen in Angelegenheiten der elterlichen Sorge nach § 33 FGG, FPR 2008, 397.

Schulte-Bunert, K.: Gewaltschutz, Teil 2, FuR 2011, 263.

Schulte-Bunert, K.: Einstweilige Anordnung nach § 1 GewSchG, FuR 2014, 566.

Schulte-Bunert, K./Weinreich, G.: FamFG, 4. Auflage, Köln 2014.

Schulz, A.: Internationale Regelungen zum Sorge- und Umgangsrecht, FamRZ 2003, 336.

Schulz, A.: Das Internationale Familienrechtsverfahrensgesetz, FamRZ 2011, 1273.

Schulz, A.: Inkrafttreten des Haager Kinderschutzübereinkommens vom 19.10.1996 für Deutschland am 01.01.2011, FamRZ 2011, 156.

Schulze, H. (2005): Trennung, Lebenskrise und das Recht: Professionelle Handlungsparadoxien und die Rolle von Verfahrenspflegschaft im familiengerichtlichen Umgangsverfahren, Kind-Prax 2005, 98.

Schumann, E.: Das Verfahren zur Übertragung der gemeinsamen elterlichen Sorge nach § 155a FamFG, FF 2013, 339.

Schürmann, H.: Die Rechtsmittel nach dem FamFG, FamRB 2009, 24.

Schürmann, H.: Rechtsmittel nach dem FamFG, FuR 2010, 425, 493.

Schwab, D.: Mündigkeit und Minderjährigenschutz, AcP 172 (1972), 266.

Schwab, D.: Das neue Betreuungsrecht, FamRZ 1990, 681.

Schwab, D./Wagenitz, T.: Einführung in das neue Kindschaftsrecht, FamRZ 1997, 1377.

Schwab, D.: Elterliche Sorge bei Trennung und Scheidung der Eltern, FamRZ 1998, 457.

Schwab, D. (Hrsg.): Handbuch des Scheidungsrechts, 4. Auflage, München 2000.

Schwab, D.: Elterliche Sorge und Religion, FamRZ 2014, 1.

Schwab, D.: Familienrecht, 23. Auflage, München 2014.

Schwamb, W.: Gibt es einen Anwaltszwang im Beschwerdeverfahren in den Folgesachen der freiwilligen Gerichtsbarkeit?, FamRB 2014, 111.

Schweizer, A.: Techniken des Mediators, in Handbuch Mediation, 2. Auflage, München 2009, § 14.

Schweppe, K.: Kindesentführungen und Kindesinteressen – Die Praxis des Haager Übereinkommens in England und Deutschland, Münster 2001.

Schweppe, K.: Das HKÜ und die Interessen der betroffenen Kinder – Anmerkungen zu Konzeption und Anwendung des „Haager Übereinkommen über die zivilrechtlichen Aspekte internationaler Kindesentführungen vom 25.10.1980", ZfJ 2001, 169.

Schweppe, K.: Die Beteiligung des Kindes am Rückführungsverfahren nach dem HKÜ, FPR 2001, 203.

Schweppe, K./Bussian: Die Kindesanhörung aus familienrichterlicher Sicht, ZKJ 2012, 13.

Schwonberg, A.: Probleme bei der Vaterschaftsfeststellung, FuR 2014, 634.

Schwonberg, A.: Abstammungsverfahren, DNA-Analyse und Richtlinien der Gendiagnostikkommission, FuR Jubiläumsausgabe 2015, 33.

Seidenstücker, B.: Zur Umsetzung des neuen Kindschaftsrechts in der Arbeit der Jugendämter, ZfJ 2001, 88.

Seidl, H.: Anfechtung bei der homologen und heterologen Insemination, FPR 2002, 402.

Simon: Vormundschaft für Kinder, die in Pflegefamilien leben, JAmt 2014, 610.

Soergel, H.-T.: BGB, 13. Auflage, Stuttgart 2015.

Sommer, A.: Das Verhältnis von Familiengericht und Jugendamt, Frankfurt am Main 2012.

Sommer, A.: Die Rechtsstellung des Kindes im familiengerichtlichen Verfahren, FPR 2012, 374.

Sommer, A.: Zur verwaltungsgerichtlichen Überprüfung der Gefährdungsmitteilung des Jugendamts an das Familiengericht nach § 8a SGB VIII, ZKJ 2013, 68.

Spickhoff, A.: Grund, Voraussetzungen und Grenzen des Sorgerechts bei Beschneidung männlicher Kinder, FamRZ 2013, 338.

Staudinger, J. v.: Kommentar zum Bürgerlichen Gesetzbuch, EGBGB/IPR Art. 19–24 EGBGB; ErwSÜ (Internationales Kindschaftsrecht 3 – Vormundschaft, Rechtliche Betreuung, Pflegschaft), Berlin 2014 (Zitierweise: Staudinger/Bearbeiter).

Staudinger, J. v.: Kommentar zum Bürgerlichen Gesetzbuch, Viertes Buch. Familienrecht, §§ 1626–1631, Berlin 2007 (Zitierweise: Staudinger/Bearbeiter).

Staudinger, J. v.: Kommentar zum Bürgerlichen Gesetzbuch, Viertes Buch. Familienrecht, §§ 1638–1683, Berlin 2009 (Zitierweise: Staudinger/Bearbeiter).

Staudinger, J. v.: Kommentar zum Bürgerlichen Gesetzbuch, Viertes Buch. Familienrecht, §§ 1684–1717, Berlin 2014 (Zitierweise: Staudinger/Bearbeiter).

Staudinger, J. v.: Kommentar zum Bürgerlichen Gesetzbuch, Viertes Buch. Familienrecht, §§ 1741–1772, Berlin 2007 (Zitierweise: Staudinger/Bearbeiter).

Steiger, T.: Im alten Fahrwasser zu neuen Ufern – Neuregelungen im Recht der internationalen Adoption mit Erläuterungen für die notarielle Praxis, DNotZ 2002, 184.

Stockmann, R.: Ausschließliche Zuständigkeit des Gerichts der Ehesache auch in Kindschaftssachen, jurisPR-FamR 25/2013 Anm. 4.

Stötzel, M.: Der Verfahrenspfleger im Erleben der Kinder, FPR 2006, 17.

Stötzel, M./Balloff, R.: Der Verfahrensbeistand aus rechtspsychologischer Sicht, ZKJ 2009, 320.

Stötzel, M.: Hinwirken auf Einvernehmen durch den Verfahrensbeistand, § 158 IV FamFG, FPR 2009, 332.

Stötzel, M.: Verfahrensbeistand und Umgangspfleger – Aufgaben und Befugnisse, FPR 2009, 27.

Strecker, C.: Versöhnliche Scheidung, 5. Auflage, München 2014.

Streicher, M.: Familiensachen mit Auslandsberührung, 2. Auflage, Köln 2015.

Stürmer, S./Salewski, C.: Qualität familienrechtspsychologischer Gutachten, ZKJ 2015, 4.

Stürmer, S./Salewski, C.: Qualität familienrechtspsychologischer Gutachten: Erwiderung auf Fichtner (ZKJ 2015, 9ff. u. 63ff.), ZKJ 2015, 132.

T

Thiel, L./Schneider, N.: Die Abweichung vom Regelverfahrenswert – Werterhöhung – Wertherabsetzung, FPR 2010, 323.

Thiel, L.: Zum Anfall der Einigungsgebühr nach Nr. 1000, 1003 RVG-VV im Falle einer Zwischenvereinbarung in Umgangssachen, AGS 2014, 270.

Thiel, L.: Zum Umfang der Beiordnung bei Mehrwertvergleichen, AGS 2014, 351.

Thomas, H./Putzo, H.: ZPO, 36. Auflage, München 2015.

Tischer, R./Walker, D.: Die Bedeutung des Kindeswillens in Fällen internationaler Kindesentführung nach deutscher und kanadischer Rechtsprechung, NZFam 2014, 241.

Trenczek, T./Petzold, F.: Beratung und Vermittlung in hoch eskalierten Sorge- und Umgangskonflikten – Konzeption und Praxis der Waage, Hannover, ZKJ 2011, 409.

Trenczek, T./Berning, D./Lenz, C. (Hrsg.): Mediation und Konfliktmanagement, Baden-Baden 2013.

Trossen, A.: Integrierte Mediation, in Handbuch Mediation, 2. Auflage, München 2009, § 40.

U

Ufer, T.: Die psychotherapeutische Behandlung von Kindern und Jugendlichen als Angelegenheit des „täglichen Lebens" im Sinne des § 1687 BGB?, JR 2009, 485.

Ulrich, C.: Umgangskontakte über große Instanzen aus psychologischer Sicht, NZFam 2014, 889.

V

Veit, B.: Kleines Sorgerecht für Stiefeltern (§ 1687b BGB), FPR 2004, 67.

Veit, B.: Das Gesetz zur Erleichterung familiengerichtlicher Maßnahmen bei Gefährdung des Kindeswohls im Überblick, FPR 2008, 598.

Veit, B.: Verbleibensanordnung versus Entziehung der elterlichen Sorge bei Dauerpflege, FF 2008, 358.

Veit, B./Hinz, K.: Vertauschte Kinder, FamRZ 2010, 505.

Veit, B./Salgo, L.: Der Regierungsentwurf zur Änderung des Vormundschaftsrechts – Eine Stellungnahme, ZKJ 2011, 82.

Veit, B.: Was muss die große Reform der Vormundschaft noch bewegen?, FamRZ 2012, 1841.

Veit B./Heilmann S./Salgo L.: Reformbedarf des Pflegekinderwesens, FamRZ 2014, 891.

Viefhues, W.: Anträge auf Wohnungszuweisung, ZFE 2003, 16.

Völker, M.: Vollstreckung einer Entscheidung zur Herausgabe von Personen und zur Regelung des Umgangs, §§ 88 ff. FamFG, FPR 2012, 485.

Völker, M./Steinfatt, G.: Die Kindesanhörung als Fallstrick bei der Anwendung der Brüssel IIa-Verordnung, FPR 2005, 415.

Völker, M.: Länderbericht Frankreich: Die Rechte des biologischen Vaters bei anonymer Geburt des Kindes, FamRBint 2008, 62.

Völker, M.: Die wesentlichen Aussagen des BVerfG zum Haager Kindesentführungsübereinkommen – zugleich ein Überblick über die Neuerungen im HKÜ-Verfahren aufgrund der Brüssel IIa-Verordnung, FamRZ 2010, 157.

Völker, M.: Anmerkung zu BGH XII ZB 247/11, FF 2012, 71.

Völker, M./Clausius, M.: Das familienrechtliche Mandat – Sorge- und Umgangsrecht, 6. Auflage, Bonn 2014.

Vogel, H.: Verfahrenswerte in Kindschafts- und Abstammungssachen, FPR 2010, 313.

Vogel, H.: Die Gerichtskostenvorauszahlungspflicht im familiengerichtlichen Verfahren, FPR 2010, 327.

Vogel, H.: Haager Übereinkommen über die zivilrechtlichen Aspekte internationaler Kindesentführung, FPR 2012, 403.

Vogel, H.: Die Kosten in Familiensachen und deren Anfechtbarkeit, FPR 2013, 116.

Vogel, H.: Vergütungsfragen im Verfahrenskostenhilfe-Prüfungsverfahren (VKH-Verfahren), FuR 2013, 262.

Vogel, H.: Kommunikation im familiengerichtlichen Verfahren, FF 2014, 399, 403.

Vogel, H.: Rechtsfolgen bei übermäßiger Dauer des Verfahrens in Familiensachen, FF 2014, 434.

Vogel, H.: Die familiengerichtliche Genehmigung der Unterbringung mit Freiheitsentziehung bei Kindern und Jugendlichen nach § 1631b BGB, Bielefeld 2014.

Vogel: Die familiengerichtliche Genehmigung der Unterbringung mit Freiheitsentziehung bei Kindern und Jugendlichen nach § 1631b BGB, Bielefeld 2014.

Vogel: Familiengerichtliche Genehmigung der freiheitsentziehenden Unterbringung bei Kindern und Jugendlichen nach § 1631b BGB, FamRZ 2015, 1 ff.

Volpert, J.: Anwaltsvergütung für die Tätigkeit als Pfleger, NJW 2013, 1659.

W

Wabnitz, R.: Der Kindeswohlvorrang der UN-Kinderrechtekonvention (UN-KRK) nach der Rücknahme der deutschen Vorbehaltserklärung, ZKJ 2010, 428.

Wagenitz, T.: Neues Recht in alten Formen: Zum Wandel des Kindesnamensrechts, FamRZ 1998, 1545.

Wagner, R./Janzen, U.: Die Anwendung des Haager Kinderschutzübereinkommens in Deutschland, FPR 2011, 110.

Wagner, R.: Internationales Familienrechtsverfahrensgesetz, 1. Auflage, Baden-Baden 2012.

Wallerstein, J. S./Kelly, J. B.: Surviving the Breakup. How Children and Parents Cope with Divorce, New York 1980.

Wallerstein, J. S./Lewis, J.: Langzeitwirkungen der elterlichen Ehescheidung auf Kinder, FamRZ 2001, 65.

Wallerstein, J. S./Lewis, J./Blakeslee, S.: Scheidungsfolgen – Die Kinder tragen die Last. Eine Langzeitstudie über 25 Jahre, Münster 2002.

Walter, E.: Umgang mit dem in Familienpflege untergebrachten Kind, §§ 1684, 1685 BGB – psychologische Aspekte, FPR 2004, 415.

Walter, E.: Unterschiede zwischen Beziehungen und Bindungen – was sagen der Gesetzgeber und die psychologische Wissenschaft?, FPR 2013, 177.

Walther, G.: Aufgaben und Rechtsstellung des Jugendamts in Verfahren der freiheitsentziehenden Unterbringung von Kindern und Jugendlichen nach dem FamFG, JAmt 2009, 480.

Wanitzek, U.: Rechtsprechungsübersicht zum Recht der elterlichen Sorge und des Umgangs, FamRZ 2013, 1169.

Weber, H./Franzki, H.: Der Hilfeplan nach § 36 II SGB VIII – Bedeutung und Rechtsnatur, ZKJ 2009, 394.

Weinbrenner, C.: Ergänzungspflegschaft und vormundschafts-/familiengerichtliche Genehmigung bei der Schenkung von KG-Gesellschaftsanteilen an Minderjährige, FPR 2009, 265.

Weinreich, G.: Das Stiefkind in der HausratsVO und im Gewaltschutzgesetz, FPR 2004, 88.

Weitzel, W.: Zur Anerkennung ausländischer Adoptionsentscheidungen, IPrax 2007, 308.

Wellenhofer, M.: Beweiserhebung bei der Klärung der leiblichen Abstammung, NZFam 2014, 117.

Wellenhofer, M.: Das neue Gesetz zur Klärung der Vaterschaft unabhängig vom Anfechtungsverfahren, NJW 2008, 1185.

Wever, R.: Das große Familiengericht, FF 2012, 427.

Wieser, E.: Das neue Verfahren der Vaterschaftsanfechtung, MDR 2009, 61.

Wiesner, R.: § 19 SGB VIII als Grundlage für die Hilfegewährung in gemeinsamen Wohnformen für Mütter/Väter und Kinder aus Sicht des Gesetzgebers, NDV 1998, 225.

Wiesner, R.: Schutzauftrag des Jugendamtes bei Kindeswohlgefährdung, FPR 2007, 6.

Wiesner, R.: Leistungen der Kinder- und Jugendhilfe nach dem SGB VIII, FPR 2008, 608.

Wiesner, R. (Hrsg.): SGB VIII – Kinder- und Jugendhilfe – Kommentar, 4. Auflage, München 2011.

Willutzki, S.: Die Ersetzung der elterlichen Einwilligung in die Adoption, ZKJ 2007, 18.

Willutzki, S.: Der Schutzauftrag des Jugendamtes im neuen Recht, FPR 2008, 488.

Wilutzki, S.: Die Änderung des Vormundschaftsrechts, ZKJ 2012, 168 und 208.

Willutzki, S.: Das Gesetz zur Reform der elterlichen Sorge nicht miteinander verheirateter Eltern, FPR 2013, 236.

Z

Zenz, G.: Elterliche Sorge und Kindesrechte, StAZ 1973, 257.

Zenz, G.: Kindesmisshandlung und Kindesrechte. Erfahrungswissen, Normstruktur, Entscheidungsrationalität, Frankfurt am Main 1981.

Zenz, G.: Sekundärtraumatisierung von misshandelten und missbrauchten Kindern im gerichtlichen Verfahren, in: Klosinski, 1995, 91.

Zenz, G.: Zur Bedeutung der Erkenntnisse von Entwicklungspsychologie und Bindungsforschung für die Arbeit mit Pflegekindern, ZfJ 2000, 321.

Zenz, G.: Das Mündel und sein Vormund, DAVorm 2000, 234.

Ziegenhain, U./Fegert, J. M. (Hrsg.): Kindeswohlgefährdung und Vernachlässigung, München 2007.

Zimmermann, W.: Die Beteiligten im neuen FamFG, FPR 2009, 5.

Zimmermann, W.: Das einzusetzende Einkommen bei Prozess- bzw. Verfahrenskostenhilfe, FPR 2009, 388.

Zimmermann, W.: Neuere Rechtsprechung zur Vergütung von Betreuern, Verfahrenspflegern, Verfahrensbeiständen und Nachlasspflegern, FamRZ 2011, 1776 und 2014, 165.

Zimmermann, W.: Prozesskosten- und Verfahrenskostenhilfe, 4. Auflage, 2012.

Zitelmann, M.: Kindeswohl und Kindeswille im Spannungsfeld von Pädagogik und Recht, Münster 2001.

Zitelmann, M./Schweppe, K./Zenz, G.: Vormundschaft und Kindeswohl, Köln 2004.

Zitelmann, M.: Kindesschutz durch Inobhutnahme, ZKJ 2011, 236.

Zitelmann, M.: Das Recht auf eine „Annahme als Pflegekind", ZKJ 2014, 469.

Zöller, R.: Zivilprozessordnung, 30. Auflage, Köln 2014.

Zorn, D.: Das Verfahren in Kindschaftssachen nach dem FamFG, Rpfleger 2009, 421.

Zorn, D.: Zur Frage des Erfordernisses der Bestellung eines Ergänzungspflegers im Verfahren nach dem FamFG, Rpfleger 2010, 425.

Zschiebsch, M.: Das amtsgerichtliche Verfahren zur Annahme als Kind, FPR 2009, 493.

Zypries, B./Zeeb, M.: Samenspende und das Recht auf Kenntnis der eigenen Abstammung, ZRP 2014, 54.

Bürgerliches Gesetzbuch (BGB)

Gesetz zum zivilrechtlichen Schutz vor Gewalttaten und Nachstellungen (Gewaltschutzgesetz – GewSchG)

Bürgerliches Gesetzbuch (BGB)

in der Fassung der Bekanntmachung vom 2. Januar 2002 (BGBl. I S. 42, ber. S. 2909, 2003 I S. 738), zuletzt geändert durch das Gesetz vom 22. Juli 2014 (BGBl. I S. 1218)

[...]

Buch 4
Familienrecht

[...]

Abschnitt 2
Verwandtschaft

[...]

Titel 2
Abstammung

§ 1591 BGB Mutterschaft

Mutter eines Kindes ist die Frau, die es geboren hat.

Übersicht

A. Allgemeines

Eine gesetzliche Regelung über die Mutterschaft kannte das das deutsche Recht bis zum KindRG nicht. Das Gesetz unterstellte eine natürliche biologische Abfolge von Geschlechtsverkehr und daraus resultierender Zeugung.[1] Für die Mutterschaft galt die – schon in den Digesten des römischen Rechts zum Ausdruck gebrachte („mater semper certa est") – selbstverständliche Vorstellung, dass die das Kind gebärende Frau natürlich auch die genetische Mutter des Kindes ist.[2]   **1**

Die mit § 1591 BGB erstmals in das BGB aufgenommene gesetzliche Regelung der statusrechtlichen Mutterschaft ist durch die Entwicklung der modernen Fortpflanzungsmedizin   **2**

---

1 Staudinger/*Rauscher,* § 1591 BGB Rn. 2
2 *Gaul,* FamRZ 1997, 1441, 1463

notwendig geworden, die zu einer „gespaltenen Mutterschaft" führen kann.[3] Die das Kind gebärende Frau ist nicht die genetische Mutter, wenn ihr eine befruchtete Eizelle einer fremden Frau eingesetzt wurde (Eispende). Vergleichbare Fragen ergeben sich bei der Ersatzmutterschaft, etwa wenn genetische und gebärende Mutter auseinanderfallen oder wenn die Gebärende nicht die Wunschmutter ist, sondern das Kind nach dessen Geburt der Wunschmutter überlässt.

3   Die Ei- und Embryonenspende sowie die Vermittlung von Ersatz- und Leihmutterschaften sind in Deutschland verboten. Das seit 1.1.1991 geltende **Embryonenschutzgesetz – ESchG –**[4] stellt eine Reihe von Konstellationen bei der künstlichen Reproduktion unter Strafe (§§ 1, 3, 4, 9 ESchG), schützt den Embryo vor Veräußerung und Veränderungen (§§ 2, 5, 6 ESchG) und untersagt die Chimären- und Hybridbildung (§ 7 ESchG).[5] Bereits seit 1.12.1989 enthält das **Adoptionsvermittlungsgesetz** einen Straftatbestand der Vermittlung von Ersatzmüttern (§ 13c AdoptVermG) und das Verbot, Ersatzmütter und Bestelleltern durch öffentliche Erklärung zu suchen oder anzubieten (§ 13d AdoptVermG). Verboten ist jegliche – auch private – Vermittlung von Ersatzmutterschaften, wobei in diesem Sinne Ersatzmutterschaft nicht nur bei künstlicher Befruchtung vorliegt, sondern auch eine Frau, die zu einer natürlichen Befruchtung bereit ist, als Ersatzmutter gelten kann. Unter den Begriff der Ersatzmutterschaft fällt auch die Übertragung eines Embryos auf die Frau, die das Kind später abgeben will (§ 13a AdoptVermG). Die Entgeltlichkeit oder Gewerblichkeit der Vermittlung wirkt strafschärfend (§ 14b Abs. 2 AdoptVermG). Ersatzmutter und Bestelleltern bleiben straffrei (§ 14b Abs. 3 AdoptVermG). Die Suche nach oder das Anbieten als Ersatzmutter oder „Bestelleltern" durch öffentliche Erklärungen (§ 13d AdoptVermG) ist eine Ordnungswidrigkeit (§ 14 Abs. 1 Nr. 2c AdoptVermG).

4   Das gesetzliche Verbot würde leerlaufen, wenn eine verbotswidrig oder eine im Ausland durchgeführte Ei- oder Embryonenspende zivilrechtlich dazu führen würde, dass eine andere als die gebärende Frau im Rechtssinne Mutter des Kindes wäre. Dies will § 1591 BGB verhindern und damit zivilrechtlich Ersatzmutterschaften entgegenwirken. Damit soll gewährleistet werden, dass die sanktionsrechtliche Missbilligung gewisser Fortpflanzungstechniken auch zivilrechtlich nachvollzogen wird, indem etwa bei einer im Ausland vollzogenen Ersatzmutterschaft nach deutschem Statusrecht die das Kind gebärende Frau und nicht die genetische Mutter rechtlich und unverrückbar die Mutter des Kindes ist.[6]

B. Inhalt der Norm

I. Definitive Mutterschaft

5   Die Bestimmung des § 1591 BGB regelt die Mutterschaft klar und definitiv. Sie durchbricht für das familienrechtliche Mutter-Kind-Verhältnis das gemäß § 1589 BGB für die Verwandtschaft maßgebliche Abstammungsprinzip.[7] Während nach § 1589 BGB die Blutsverwandtschaft die Grundlage der verwandtschaftlichen Rechtsbeziehungen bildet[8] – mithin auf die genetische Abstammung abgestellt wird – weicht das Gesetz mit § 1591 BGB hiervon für die Mutterschaft ab. Für die Mutterschaft im Rechtssinne ist somit die **genetische Abstammung unerheblich**. Damit vermeidet das Gesetz eine Spaltung der Mutterschaft in eine genetische Mutter und eine gebärende Mutter.

---

3 Zu den Methoden der Fortpflanzungsmedizin und ihren ethischen Aspekten vgl. z.B. *Schleissing*, S. 57 ff.
4 Gesetz zum Schutz von Embryonen – Embryonenschutzgesetz – vom 13. 12. 1990 (BGBl. I S. 2476)
5 Vgl. *Kersten*, Jura 2007, 667 ff.
6 So ausdrücklich BT-Drs. 13/4899, 82; vgl. auch Palandt/*Brudermüller*, § 1591 BGB Rn. 1
7 *Gernhuber/Coester-Waltjen*, § 51 Rn. 2; *Gaul*, FamRZ 1997, 1441, 1463
8 Staudinger/*Rauscher*, § 1589 BGB Rn. 2

Mit § 1591 BGB wird nicht nur eine Mutterschaftsvermutung aufgestellt, sondern eine definitive Zuweisungsnorm gesetzt.[9] So führt auch die amtliche Begründung des Gesetzentwurfs des KindRG unmissverständlich aus, dass mit dieser Regelung die Mutterschaft der gebärenden Frau von vornherein unveränderlich feststeht.[10] **6**

Die Mutterschaftszuordnung des § 1591 BGB gilt für alle familienrechtlichen Beziehungen zwischen Mutter und Kind. Sie gilt auch im Verhältnis des Kindes zu den anderen Verwandten der als Mutter geltenden Frau, also etwa zu deren Eltern, Geschwistern oder weiteren Kindern. Wo es jedoch nach dem Normzweck gerade auf die genetische Abstammung ankommt – wie z.B. beim Eheverbot der Blutsverwandtschaft (§ 1307 BGB) oder bei dem Straftatbestand des Beischlafs unter Verwandten (§ 173 StGB) – bleibt die genetische Abstammung maßgeblich.[11] **7**

II. Keine Anfechtbarkeit der Mutterschaft

Mit der Regelung, dass nur die Frau, die das Kind zur Welt bringt, Mutter des Kindes im familienrechtlichen Sinne ist, hat sich der Gesetzgeber gegen die Zulassung einer Anfechtung der Mutterschaft durch die genetische Mutter oder das Kind ausgesprochen. Eine Statuskorrektur durch Mutterschaftsanfechtung wäre nur in Betracht gekommen, wenn das Gesetz die Mutterschaft als bloße „Scheinmutterschaft" der gebärenden Frau aufgrund einer widerleglichen Vermutung ausgestaltet hätte. Indem jedoch § 1591 BGB definitiv die Frau zur Mutter bestimmt, die das Kind geboren hat, kann die genetische Herkunft des Kindes keine Basis mehr für eine Widerlegung der derart unverrückbar feststehenden Statuszuordnung bilden. Damit soll eine Umgehung des Verbots von Ersatzmuttervereinbarungen verhindert werden. **8**

Es gibt somit keinen Weg zur Beseitigung der gesetzlich zugeordneten Mutterschaft.[12] Ein Recht auf Anfechtung der Mutterschaft kann auch nicht im Rückgriff auf § 1589 Satz 1 BGB hergeleitet werden, da § 1591 BGB den auf die Abstammung gegründeten Verwandtschaftsbegriff in Bezug auf die Mutterschaft außer Kraft gesetzt hat.[13] Da das Gesetz nur die auf Geburt gegründete Mutterschaft kennt, nicht jedoch eine hiervon abweichende genetische Mutterschaft, ist auch dem Kind die früher diskutierte[14] Mutterschaftsanfechtung verwehrt.[15] Bei der klaren gesetzlichen Regelung verbietet sich jede analoge Anwendung der Bestimmungen über die Vaterschaftsanfechtung. Mit Blick auf den Normzweck, eine gespaltene Mutterschaft zu verhindern, ist zur Mutterseite eine Anfechtung des Statusverhältnisses durch § 1591 BGB ausnahmslos blockiert. **9**

III. Mutterschaft bei vertraulicher Geburt

Mit der Frage einer „anonymen Mutterschaft" werden Grundprinzipien des Familienrechts berührt. Das deutsche Verfassungs- und Familienrecht ist von dem Prinzip geprägt, dass die Elternstellung nicht zur Disposition der Beteiligten steht.[16] Nur die Adoption bildet hiervon eine Ausnahme. Während in manchen anderen Rechtsordnungen Regelungen über die anonyme Geburt geschaffen wurden,[17] waren in Deutschland verschiedene Initiativen, hierzu gesetzliche Regelungen einzuführen,[18] in der Vergangenheit gescheitert. Mit dem **10**

---

9 *Gaul*, FamRZ 1997, 1441, 1463
10 BT-Drs. 13/4899, 82f; Palandt/*Brudermüller*, § 1591 BGB Rn. 2
11 MüKo-BGB/*Seidel*, § 1591 BGB Rn. 5
12 *Gernhuber/Coester-Waltjen*, § 51 Rn. 7–9
13 *Gaul*, FamRZ 1997, 1441, 1464; *Gaul*, FamRZ 2000, 1461, 1473; Staudinger/*Rauscher*, § 1591 BGB Rn. 11
14 Vgl. z.B. den Vorschlag im 59. DJT, Beschluss B V 2, FamRZ 1992, 1275, 1276
15 Vgl. MüKo-BGB/*Seidel*, § 1591 Rn. 23
16 *Gernhuber/Coester-Waltjen*, § 51 Rn. 12
17 Vgl. etwa zur Regelung im französischen Recht: *Völker*, FamRBInt 2008, 62
18 Z.B. BT-Drucks. 14/8856 vom 23. 4. 2002; BR-Drucks. 506/02 vom 6. 6. 2002; BR-Drucks. 682/04 vom 13. 9. 2004

Gesetz zum Ausbau der Hilfen für Schwangere und zur Regelung der vertraulichen Geburt[19] vom 28.8.2013[20] sind nun zum 1.5.2014 in Kraft getretene Regelungen geschaffen worden, die Schwangeren die Möglichkeit eröffnen, nach Dokumentation ihrer Identität durch eine Beratungsstelle ihr Kind unter einem Pseudonym zur Welt zu bringen.[21] Die wesentlichen Regelungen über die vertrauliche Geburt finden sich im Schwangerschaftskonfliktsgesetz (§§ 25 – 34 SchwKG), daneben wurden Änderungen im Melderechtsrahmengesetz, im Personenstandsgesetz und in der Personenstandsverordnung sowie eine spezielle Regelung zum Ruhen der elterlichen Sorge der Mutter (§ 1674a BGB) und zur Adoption des Kindes (§ 1747 Abs. 4 Satz 2 BGB) erforderlich.

11 An der rechtlichen Mutterschaftszuordnung des Kindes nach § 1591 BGB ändert die vertrauliche Geburt nichts. Es bleibt bei der rechtlichen Zuordnung des Kindes zu der Frau, die es geboren hat. Diese rechtliche Zuordnung entfällt weder bei einer anonymen Geburt[22] noch bei einer vertraulichen Geburt i.S.v. § 25 SchwKG. Bei der anonymen Geburt ist das Kind nur faktisch elternlos, weil die Eltern nicht bekannt sind.[23] Bei der vertraulichen Geburt ist der Name der Mutter in einem Herkunftsnachweis dokumentiert, der beim Bundesamt für Familie und zivilgesellschaftliche Aufgaben verwahrt wird. Mit Vollendung des 16. Lebensjahres hat das Kind gem. § 31 Abs. 1 SchwKG grundsätzlich Anspruch auf Einsicht in den Herkunftsnachweis. Macht die Mutter jedoch dem Einsichtsrecht entgegenstehende Belange geltend (§ 31 Abs. 2 SchwKG), kann das Kind im Wege eines speziellen familiengerichtlichen Verfahrens (§ 32 SchKG) klären lassen, ob die Interessen der Mutter an der Aufrechterhaltung ihrer Anonymität das Interesse des Kindes überwiegen.

12 Das Kind erhält mit der Geburt einen Vormund, weil es nicht unter elterlicher Sorge steht (§ 1773 BGB). Die elterliche Sorge der Kindesmutter für ein vertraulich geborenes Kind ruht (§ 1674a BGB). Ist die Mutter nicht verheiratet, fehlt es an einer rechtlichen Vaterschaftszuordnung und damit auch an einer sorgerechtlichen Stellung des Vaters. Sofern die Mutter verheiratet ist, wird das Kind gem. § 1592 Nr. 1 BGB dem Ehemann zugeordnet; da diesem jedoch die Schwangerschaft nicht bekannt ist, hat er keine Möglichkeit, die Rechte aus § 1626 BGB oder aus § 1678 Abs. 2 BGB wahrzunehmen.[24]

13 Der Vormund des Kindes hat keinen Zugriff auf den Herkunftsnachweis, so dass diesem die Identität der Kindesmutter unbekannt ist und damit auch keine Möglichkeit besteht, etwas über den möglichen Vater in Erfahrung zu bringen. Im Falle einer Adoption eines vertraulich geborenen Kindes gilt gem. § 1747 Abs. 4 Satz 2 BGB die Mutter des Kindes als dauerhaft unbekannten Aufenthaltes, so dass deren Einwilligung in die Adoption nicht erforderlich ist. Mangels rechtlicher Vaterschaftszuordnung oder – bei einer verheirateten Mutter – mangels Kenntnis von der Identität des rechtlichen Vaters kann ein vertraulich geborenes Kind damit ohne Einwilligung der leiblichen Eltern adoptiert werden.[25]

D. Auswirkungen ausländischer Rechtsordnungen

14 Die Rechtsprechung ist zunehmend mit der Frage befasst, welche Auswirkungen es in Deutschland hat, wenn **ausländische Rechtsordnungen** eine **gespaltene Mutterschaft** vorsehen. Nach deutschem Recht ist auch bei einer Leihmutterschaft Mutter des Kindes allein die Frau, die es geboren hat. Soweit nach anderen Rechtsordnungen stattdes-

19 Wegen der Stellungnahme der Kinderrechtekommission des Deutschen Familiengerichtstags zum Referentenentwurf zur Schaffung der vertraulichen Geburt vgl. ZKJ 2013, 71
20 BGBl. 2013 I S. 3458
21 Vgl. hierzu *Helms*, FamRZ 2014, 609 ff; *Berkl*, StAZ 2014, 65ff.
22 *Katzenmeier*, FamRZ 2005, 1134, 1136
23 *Hepting*, FamRZ 2001, 1573, 1574
24 Palandt/*Götz*, § 1674a BGB Rn. 4
25 *Helms*, FamRZ 2014, 1609, 1613

sen die genetische Mutter gerichtlich als Mutter festgestellt wird, richtet sich die Anerkennungsfähigkeit einer solchen gerichtlichen Entscheidung nach §§ 108, 109 FamFG. Gem. § 109 Abs. 1 Nr. 4 FamFG ist die Anerkennung einer ausländischen Entscheidung ausgeschlossen, wenn sie zu einem Ergebnis führt, das mit wesentlichen Grundsätzen des deutschen Rechts offensichtlich unvereinbar ist, insbesondere wenn die Anerkennung mit deutschen Grundrechten unvereinbar ist. Dieses Anerkennungshindernis ist von Teilen der Rechtsprechung angenommen und deshalb die Anerkennung abgelehnt worden.[26] Dem ist der BGH mit seiner Entscheidung vom 10.12.2014 entgegengetreten.[27]

Dass nach deutschem Abstammungsrecht eine solche **Mutterschaftszuweisung** nicht möglich wäre, begründet noch keinen Verstoß gegen den **ordre public**. Maßgebend ist vielmehr, ob das Ergebnis der Anwendung des ausländischen Rechts im konkreten Fall zu den Grundgedanken der deutschen Regelungen und den in ihnen enthaltenen Gerechtigkeitsvorstellungen in so starkem Widerspruch steht, dass es nach deutscher Vorstellung untragbar erscheint. Dies ist nach der Entscheidung des BGH dann nicht anzunehmen, wenn jedenfalls ein Wunschelternteil auch nach deutschem Recht mit dem Kind verwandt ist, etwa weil der Vater die Vaterschaft anerkannt hat.[28] Eine nach ausländischem Recht wirksam erfolgte Anerkennung der Vaterschaft ist auch bei einer Leihmutterschaft anzuerkennen, wenn die Leihmutter zur Zeit der Geburt des Kindes nicht verheiratet war.[29] Auch eine im Ausland erfolgte gerichtliche Feststellung der Vaterschaft ist selbst dann anzuerkennen, wenn der Verdacht der Leihmutterschaft besteht.[30]   **15**

Diese Erwägungen gelten jedoch nur für die **Anerkennung ausländischer gerichtlicher Entscheidungen**. Allein die ausländische Rechtslage an sich, die ohne gerichtliche Entscheidung ein Statusverhältnis zu einer anderen Frau als derjenigen, die das Kind geboren hat, begründet, löst nach deutschem Recht keine Rechtsfolgen aus.[31]   **16**

E. Gerichtliche Klärung der genetischen Mutterschaft

I. Keine Klärung mit Statuswirkung

Da § 1591 BGB definitiv und ausnahmslos die Mutterschaft der das Kind gebärenden Frau zuschreibt, kommt ein mit Statuswirkung versehenes Abstammungsverfahren zur Klärung der Mutterschaft nicht in Betracht.[32] Gegenstand eines solchen Abstammungsverfahrens kann gemäß § 169 Nr. 1 FamFG nur das Bestehen oder Nichtbestehen eines Eltern-Kind-Verhältnisses, nicht jedoch die Feststellung sonstiger Verhältnisse sein. Zu der Frau, von der das Kind zwar genetisch abstammt, die das Kind aber nicht geboren hat, besteht jedoch nach der klaren Definition des § 1591 BGB kein Eltern-Kind-Verhältnis.   **17**

II. Statusneutrale Klärung der genetischen Mutterschaft

1. Klärungsverfahren nach § 1598a BGB

Im Zuge der Kindschaftsrechtsreform war die Einführung eines **statusneutralen Verfahrens zur Klärung der Abstammung** diskutiert worden, der Gesetzgeber hatte sich damals jedoch bewusst dagegen entschieden.[33] Nach Einführung der statusneutralen Klä-   **18**

---

26 KG Berlin StAZ 2013, 348; vgl. auch OLG Stuttgart FamRZ 2012, 1740
27 BGH, Beschl. v. 10.12.2014 – XII ZB 463/13, NJW 2015, 479
28 BGH FamRZ 2015, mit Anm. *Helms*
29 AG Nürnberg FamRZ 2010, 1579
30 AG Friedberg FamRZ 2013, 1994
31 VG Berlin FamRZ 2013, 738; vgl. auch BVerfG NJW-RR 2013, 1
32 *Schwab/Wagenitz*, FamRZ 1997, 1377; *Gaul*, FamRZ 2000, 1461, 1473; MüKoBGB/*Seidel*, § 1591 BGB Rn. 24; Erman/*Hammermann*, § 1591 BGB Rn. 5a; Kemper/Schreiber/*Frische* § 169 FamFG Rn. 5; Schulte-Brunert/ Weinreich/*Schwonberg*, § 169 FamFG Rn. 6
33 BT-Drucks. 13/4899, 56 und 83

rung der Vaterschaft durch die Regelung des § 1598a BGB ist umstritten, ob diese Regelung den Weg auch für eine statusneutrale Klärung der Mutterschaft eröffnet, mithin ob auf diesem Wege eine Klärung durchgesetzt werden kann, ob die Frau, die das Kind geboren hat, auch die genetische Mutter des Kindes ist. Dafür spricht, dass der Wortlaut der Vorschrift keine Beschränkung auf die väterliche Abstammung enthält, weshalb von der überwiegenden Literaturmeinung vertreten wird, dass über § 1598a BGB auch eine Klärung herbeigeführt werden kann, ob die rechtliche Mutter auch die genetische Mutter ist.[34] Die Gesetzesmotive und die Gesetzessystematik sprechen allerdings eher dagegen. Der Gesetzgeber hatte mit Schaffung dieser Regelung lediglich dem Auftrag des BVerfG folgend eine statusneutrale Klärung, ob das Kind von dem rechtlichen Vater abstammt, ermöglichen wollen.[35] Wie in vielen anderen Bereichen im Zusammenhang mit den zivilrechtlichen Folgen der Entwicklung der Fortpflanzungsmedizin besteht auch insoweit dringender gesetzgeberischer Handlungsbedarf, um die Anwendbarkeit des § 1598a BGB auf die mütterliche Abstammung klarzustellen.[36] Jedenfalls kann auch über § 1598a BGB keine Klärung dahingehend bewirkt werden, von welcher anderen als der gebärenden Frau das Kind genetisch abstammt.[37] Über § 1598a BGB kann eine Klärung der Abstammung von einer anderen Person als dem rechtlichen Elternteil nicht herbeigeführt werden.[38]

2. Sonstiges gerichtliches Feststellungsverfahren

19   Es besteht grundsätzlich ein **Recht des Kindes auf Kenntnis der eigenen Abstammung**. Dieses folgt aus dem durch Art. 2 Abs. 1 GG geschützten allgemeinen Persönlichkeitsrecht des Kindes. Es ist inzwischen anerkannt, dass die Kenntnis der eigenen Abstammung einen wichtigen Faktor bei der Identitätssuche und der Individualitätsfindung darstellt.[39]

20   In der Begründung des Gesetzentwurfs zum KindRG wurde als gangbarer Weg zur Durchsetzung des Anspruchs des Kindes auf Kenntnis der eigenen genetischen Abstammung die Feststellungsklage nach § 256 ZPO genannt.[40] Auch in der Literatur wird diese Möglichkeit vertreten.[41] Gegen die Zulässigkeit eines Feststellungsantrags i.S.v. § 256 ZPO zur Klärung der genetischen Abstammung zur Mutter werden jedoch Bedenken erhoben.[42] Ein Feststellungsverfahren nach § 256 ZPO ist grundsätzlich nur zulässig, wenn die Feststellung des Bestehens oder Nichtbestehens eines **Rechtsverhältnisses** begehrt wird. Die genetische Abstammung ist aber eine reine Tatsache, die zudem nach der gesetzlichen Regelung des § 1591 BGB rechtlich völlig irrelevant ist. Auch das für einen Feststellungsantrag erforderliche Feststellungsinteresse ist nicht ohne weiteres gegeben. Da zwischen dem Kind und der das Kind nicht gebärenden Frau keinerlei Rechtsbeziehungen bestehen, könnte die Feststellung der genetischen Abstammung von dieser Frau keinerlei Rechtsfolgen auslösen. Niemand kann ohne ein auf Rechtsfolgen gerichtetes Rechtsschutzinteresse ein Ge-

---

34 So z.B. *Wellenhofer*, NJW 2008, 1185, 1189; *Helms*, FamRZ 2008, 1033;*Borth*, FPR 2007, 381, 382; *Gernhuber/Coester-Waltjen*, § 51 Rdn 7-9; MüKoBGB/*Wellenhofer*, § 1598a BGB Rn. 14.; Palandt/*Diederichsen*, § 1598a BGB Rn. 6
35 Die Regelung wurde eingeführt mit dem Gesetz zur Klärung der Vaterschaft unabhängig vom Anfechtungsverfahren, BGBl. 2008 S. 441
36 *Muscheler*, FPR 2008, 257, 259
37 Kemper/Schreiber/*Fritsche* § 169 FamFG Rn. 5
38 Vgl. OLG Karlsruhe FamRZ 2010, 221; OLG Frankfurt ZKJ 2010, 72
39 *Gernhuber/Coester-Waltjen*, § 52 Rn. 17
40 BT-Drucks. 13 4899, 83
41 *Quantius*, FamRZ 1998, 1145, 1150; *Mutschler*, FamRZ 1996, 1381, 1385; *Seidl*, FPR 2002, 402, 403; MüKoBGB/*Seidel*, § 1591 BGB Rn. 27; Palandt/*Diederichsen*, § 1591 BGB Rn. 1
42 Vgl. Staudinger/*Rauscher*, § 1591 BGB Rn. 22 ff.; *Gaul*, FamRZ 1997, 1441, 1464; *Schwab/Wagenitz*, FamRZ 1997, 1378

richtsverfahren in Anspruch nehmen. Das gerichtliche Verfahren dient allein der Rechtsfindung, nicht der Identitätsfindung.[43]

Ob das Recht des Kindes auf gerichtliche Feststellung der mütterlichen Abstammung aus seinem Recht auf Kenntnis seiner Abstammung hergeleitet werden kann,[44] ist daher fraglich. Im Übrigen wäre ein Feststellungsverfahren außerhalb eines Abstammungsverfahrens i.S.v. § 169 FamFG zur Klärung der genetischen Mutterschaft nur unzureichend geeignet. Die Einholung eines Abstammungsgutachtens ist durch § 178 FamFG nur im Abstammungsverfahren eröffnet. Außerhalb von Abstammungsverfahren kann zwar § 372a ZPO zur Anwendung kommen, jedoch setzt die Verpflichtung zur Mitwirkung an einem Abstammungsgutachten voraus, dass ein Rechtsschutzbedürfnis für die Klärung der Abstammung besteht. Daran fehlt es, wenn sich an die Klärung keinerlei Rechtsfolgen knüpfen.[45]

21

▶ *Zu Einzelheiten des Abstammungsverfahrens siehe Grün, § 169 FamFG Rn. 1 ff.*

III. Feststellungsverfahren in besonderen Fällen

Anerkannt ist, dass zur Klärung einer Kindesverwechslung[46] oder bei Kindesunterschiebung[47] oder Kindesraub ein Feststellungsverfahren eröffnet ist.[48] Denn hierbei steht nicht die Klärung der genetischen Abstammung im Vordergrund, sondern im Streit steht der Geburtsvorgang, nämlich die Frage, ob die fragliche Frau das Kind – wie von ihr behauptet – geboren hat.[49]

22

§ 1592 BGB Vaterschaft

Vater eines Kindes ist der Mann,
1. **der zum Zeitpunkt der Geburt mit der Mutter des Kindes verheiratet ist,**
1. **der die Vaterschaft anerkannt hat oder**
2. **dessen Vaterschaft nach § 1600d oder § 182 Abs. 1 des Gesetzes über das Verfahren in Familiensachen und in den Angelegenheiten der freiwilligen Gerichtsbarkeit gerichtlich festgestellt ist.**

Übersicht

43 *Gaul*, FamRZ 1997, 1441, 1464
44 So MüKo-BGB/*Seidel*, § 1591 BGB Rn. 27
45 Vgl. *Gaul*, FamRZ 2000, 1461, 1475
46 Vgl. hierzu *Veit/Hinz*, FamRZ 2010, 505; OLG Bremen FamRZ 1995, 1291
47 OLG Koblenz FamRZ 2010, 481
48 Im Einzelnen *Eckebrecht*, FPR 2011, 394
49 Vgl. *Eckebrecht*, FPR 2011, 394; *Veit/Hinz*, FamRZ 2010, 505, 508; *Gaul*, FamRZ 2000, 1461, 1473

A. Allgemeines

I. Rechtslage vor der Kindschaftsrechtsreform

1 Das gesamte Abstammungsrecht hat mit dem am 1.7.1998 in Kraft getretenen Gesetz zur Reform des Kindschaftsrechts – KindRG – vom 16.12.1997[1] eine umfassende Neuregelung erfahren. Davon ist insbesondere die Vaterschaftszuordnung betroffen. Diese war nach dem vorher geltenden Recht mit dem abstammungsrechtlichen Status des Kindes als eheliches oder nichteheliches Kind verknüpft. Ein nach der Eheschließung geborenes Kind war nach § 1591 BGB a.F. **eheliches** Kind des mit der Mutter verheirateten Ehemannes. Hierzu arbeitete das Gesetz mit einer zweifachen Vermutung: Zum einen galt die Vermutung, dass ein Kind, das nach der Eheschließung geboren wurde, ein eheliches Kind dieser Ehe war, wenn die Frau es vor oder während der Ehe empfangen und der Mann innerhalb der Empfängniszeit der Frau beigewohnt hatte (**Ehelichkeitsvermutung** des § 1591 Abs. 1 BGB a.F.). Zum anderen bestand die gesetzliche Vermutung, dass der Mann innerhalb der Empfängniszeit der Frau beigewohnt hatte (**Beiwohnungsvermutung** des § 1591 Abs. 2 BGB a.F.).

2 Dies galt selbst dann, wenn die Ehe zum Zeitpunkt der Geburt bereits geschieden war, sofern die Empfängniszeit des § 1592 BGB a.F. in die Zeit vor Rechtskraft des Scheidungsausspruchs zurückreichte, es sei denn, die Mutter war zum Zeitpunkt der Geburt wieder in neuer Ehe verheiratet, so dass die Ehelichkeitsvermutung bzgl. des neuen Ehemannes eingriff. In solchen Fällen sogenannter „nachgeborener scheinehelicher Kinder" war es damals erforderlich, dass die Ehelichkeit des Kindes angefochten und die Nichtehelichkeit gerichtlich festgestellt werden musste (§ 1593 BGB a.F.).

3 Für die **nichteheliche** Abstammung enthielt das Gesetz in den Bestimmungen der §§ 1600a–1600o BGB a.F. besondere Regelungen. Das Abstammungsrecht war somit bisher nicht einheitlich, sondern aufgeteilt in Bestimmungen für die eheliche und die nichteheliche Abstammung geregelt, so dass für die Vaterschaftszuordnung sowie für die Anfechtung der Vaterschaftszuordnung unterschiedliche Bestimmungen für eheliche und nichteheliche Kinder galten.

II. Vaterschaftszuordnung seit 1.7.1998

4 Das KindRG hat die vorher geltende Zweiteilung in Vorschriften für eheliche und nichteheliche Kinder und den damit verbundenen Statusunterschied beseitigt. Allerdings gibt es weiterhin unterschiedliche Voraussetzungen für die rechtliche Vaterschaft, je nachdem, ob die Mutter zum Zeitpunkt der Geburt des Kindes verheiratet ist oder nicht. An der Annahme, dass der mit der Mutter zum Zeitpunkt der Geburt des Kindes verheiratete Mann kraft Gesetzes der Vater des in der Ehe geborenen Kindes ist, ohne dass es hierzu einer Anerkennungserklärung bedarf, hat das Gesetz festgehalten. Bei Kindern, deren Mutter zur Zeit ihrer Geburt nicht verheiratet war, bedarf es hingegen für die Vaterschaftszuordnung der Anerkennung oder der Feststellung der Vaterschaft.

B. Inhalt der Norm

I. Ehebedingte Vaterschaftszuordnung (Nr. 1)

1. Geburt

5 Die Geburt in der Ehe macht den Ehemann gem. § 1592 Nr. 1 BGB zum Vater im Rechtssinn. Es gilt die Vermutung der Vaterschaft des mit der Mutter zur Zeit der Geburt des Kin-

---

1 BGBl. 1997 I S. 2942

des verheirateten Mannes, und zwar unabhängig davon, ob das in der Ehe geborene Kind in oder vor der Ehezeit gezeugt wurde.

Das Kind muss **lebend geboren** sein, damit die statusrechtlichen Folgen des § 1592 BGB   **6**
eintreten. Eine Lebendgeburt liegt vor, wenn nach der Scheidung vom Mutterleib entweder das Herz geschlagen oder die Nabelschnur pulsiert oder die natürliche Lungenatmung
eingesetzt hat (§ 31 Abs. 1 PStV). Hat sich keines dieser Merkmale verwirklicht, definiert
das Gesetz bei einem Gewicht der Leibesfrucht von wenigstens 500 Gramm dieses als tot
geborenes Kind i.S.v. § 21 Abs. 2 PStG (§ 31 Abs. 2 PStV). Bei einem geringeren Gewicht
handelt es sich um eine Fehlgeburt (§ 31 Abs. 3 PStV). Eine Fehlgeburt wird nicht in das
Personenstandsregister eingetragen. Die Eintragung eines tot geborenen Kindes nach § 21
Abs. 2 PStG begründet kein Statusverhältnis i.S.d. Abstammungsrechts.

2. Ehe

Das Kind muss **nach der Eheschließung der Mutter geboren** sein. Hierzu genügt es   **7**
nicht, dass Eheschließung und Geburt auf denselben Tag fallen, sondern die Geburt muss
dem formellen Trauungsakt nachfolgen.[2] Der Begriff der Eheschließung entspricht dem
des § 1310 BGB. Bei Eheschließungen im Ausland ist der Zeitpunkt maßgebend, zu dem
nach der Geschäftsform oder der Ortsform (Art. 11 EGBGB) eine Ehe wirksam zustande
gekommen ist. Eine von vornherein unwirksame Nichtehe begründet keine Vaterschaftszuordnung.[3] Dass die Ehe aufhebbar ist oder später aufgehoben wird, lässt die Vaterschaftszuordnung nicht entfallen.[4]

Die Vaterschaftszuordnung nach § 1592 Nr. 1 BGB gilt auch dann, wenn zum Zeitpunkt   **8**
der Geburt des Kindes bereits ein Scheidungsverfahren anhängig ist. Nur wenn die Geburt
erst nach Rechtskraft des Scheidungsausspruchs erfolgt, fehlt es an einer Vaterschaftszuordnung nach § 1592 Nr. 1 BGB. Maßgeblich ist dabei der Zeitpunkt der Vollendung der
Geburt.[5] Bei Auflösung der Ehe durch Tod ist die Sonderregelung des § 1593 BGB zu beachten.

Bei einer Geburt nach Anhängigkeit des Scheidungsverfahrens aber vor Rechtskraft des   **9**
Scheidungsausspruchs ermöglicht § 1599 Abs. 2 BGB einen mit Rechtskraft der Scheidung
eintretenden Statuswechsel, wenn die Vaterschaft von einem Dritten anerkannt wird und
neben den nach § 1595 BGB erforderlichen Zustimmungen auch der zur Zeit der Geburt
des Kindes mit der Mutter verheiratet gewesene Ehemann der Vaterschaftsanerkennung
des Dritten zustimmt (näher hierzu *Grün*, § 1599 BGB Rn. 28 ff.).

Eine besondere Problematik für die statusrechtliche Zuordnung eines Kindes besteht im   **10**
Fall der **bigamischen Ehe der Kindesmutter**. Wenn die Kindesmutter heiratet, obwohl
ihre bisherige Ehe noch nicht aufgelöst ist, und dann von ihr ein Kind geboren wird, ist das
Kind in zwei Ehen geboren. Denn auch eine entgegen § 1306 BGB geschlossene Ehe ist
nicht unwirksam, sondern nur aufhebbar. Hier wird zur Vermeidung einer doppelten Va-
terschaftszuordnung die analoge Anwendung von § 1593 Satz 3 BGB vertreten, mit der
Folge, dass die Vaterschaftszuordnung nur zu dem zweiten Ehemann besteht, wenn das
Kind später als 300 Tage nach Schließung der zweiten Ehe geboren wurde.[6]

Die gesetzliche Vaterschaftsvermutung bleibt bestehen, bis sie im Rahmen eines Vater-   **11**
schaftsanfechtungsverfahrens (§ 1599 Abs. 1 BGB) durch den Beweis der genetischen

---

2 AG Tübingen FamRZ 1989, 316
3 NK-BGB/*Gutzeit*, § 1592 BGB Rn. 6; MüKo-BGB/*Brudermüller*, § 1592 BGB Rn. 6
4 Palandt/*Brudermüller*, § 1592 BGB Rn. 3; NK-BGB/*Gutzeit*, § 1592 BGB Rn. 7
5 NK-BGB/*Gutzeit*, § 1592 Rn. 4
6 OLG Zweibrücken FamRZ 2009, 1923

Nichtabstammung widerlegt ist (§ 1600c BGB) und eine gerichtliche Entscheidung über die Nichtvaterschaft rechtskräftig geworden ist.

12 Eine bigamische Ehe des Kindesvaters hindert die Vaterschaftszuordnung nicht.[7] Wenn dieser außer mit der Kindesmutter zusätzlich noch mit einer anderen Frau verheiratet war, ist die Ehe mit der Kindesmutter zwar aufhebbar, wenn sie zeitlich nach der ersten Eheschließung geschlossen wurde, sie ist aber nicht nichtig.

II. Anerkennungsbedingte Vaterschaftszuordnung (Nr. 2)

13 Sobald ein Mann die Vaterschaft für das Kind wirksam anerkannt hat (§§ 1594 ff. BGB), ist er gem. § 1592 Nr. 2 BGB Vater des Kindes im Rechtssinne, und zwar mit Rückwirkung auf den Zeitpunkt der Geburt des Kindes und unabhängig davon, ob das Kind tatsächlich von dem Anerkennenden abstammt. Die Anerkennung der Vaterschaft entfaltet bindende Wirkung für und gegen alle. Die durch Anerkennung begründete Vaterschaft ist – ebenso wie die durch Ehe begründete Vaterschaft – ausschließlich. Solange die durch Anerkennung begründete Vaterschaft besteht, kann die Vaterschaft eines anderen Mannes nicht herbeigeführt werden. Jeder kann sich auf die Vaterschaft kraft Anerkennung berufen und daraus Rechtsfolgen ableiten. Die Rechtswirkungen der Anerkennung können nur durch rechtskräftige Entscheidung in einem Vaterschaftsanfechtungsverfahren beseitigt werden.[8]

III. Vaterschaftszuordnung auf Grund gerichtlicher Feststellung (Nr. 3)

14 Vater im Rechtssinne ist gem. § 1592 Nr. 3 BGB der Mann, der in einem gerichtlichen Abstammungsverfahren i.S.v. § 169 FamFG rechtskräftig als Vater des Kindes festgestellt wurde. Ein solcher Feststellungsbeschluss stellt mit Wirkung für und gegen alle (§ 184 Abs. 2 FamFG) fest, dass der als Vater festgestellte Mann der biologische Vater des Kindes ist. Die Rechtswirkungen der Vaterschaft können grundsätzlich erst nach rechtskräftiger Feststellung der Vaterschaft geltend gemacht werden (§ 1600d Abs. 4 BGB), wobei diese Rechtsausübungssperre jedoch in gesetzlich geregelten Einzelfällen (vgl. §§ 247, 248 FamFG) und unter besonderen Voraussetzungen beim Scheinvaterregress durchbrochen werden kann (vgl. *Grün*, § 1600d BGB Rn. 19).

▶ *Zu Einzelheiten des Feststellungsbeschlusses siehe Grün, § 184 FamFG Rn. 2.*

---

§ 1593 BGB Vaterschaft bei Auflösung der Ehe durch Tod

[1]§ 1592 Nr. 1 gilt entsprechend, wenn die Ehe durch Tod aufgelöst wurde und innerhalb von 300 Tagen nach der Auflösung ein Kind geboren wird. [2]Steht fest, dass das Kind mehr als 300 Tage vor seiner Geburt empfangen wurde, so ist dieser Zeitraum maßgebend. [3]Wird von einer Frau, die eine weitere Ehe geschlossen hat, ein Kind geboren, das sowohl nach den Sätzen 1 und 2 Kind des früheren Ehemanns als auch nach § 1592 Nr. 1 Kind des neuen Ehemanns wäre, so ist es nur als Kind des neuen Ehemanns anzusehen. [4]Wird die Vaterschaft angefochten und wird rechtskräftig festgestellt, dass der neue Ehemann nicht Vater des Kindes ist, so ist es Kind des früheren Ehemanns.

---

7 OLG Jena FamRZ 2014, 579
8 Wegen der Einzelheiten zur wirksamen Anerkennung der Vaterschaft wird auf die nachstehende Kommentierung zu den einzelnen Regelungen der §§ 1594 bis 1598 BGB verwiesen.

Übersicht

A. Allgemeines

Wenn die Kindesmutter zum Zeitpunkt der Geburt des Kindes nicht (mehr) verheiratet war, **1** wird das Kind nach § 1592 Nr. 1 BGB nicht mehr dem früheren Ehemann der Kindesmutter zugerechnet. Denn diese Regelung setzt für die ehebedingte Vaterschaftszuordnung voraus, dass die Ehe zum Zeitpunkt der Geburt besteht. Dem liegt der Gedanke zugrunde, dass im Falle einer Eheauflösung durch Scheidung im Hinblick auf die vorausgegangene Trennungszeit ein nach der Scheidung geborenes Kind in der Regel nicht mehr vom früheren Ehemann abstammen wird.

Wird die Ehe durch den Tod des Mannes oder der Frau aufgelöst, spricht grundsätzlich **2** nichts gegen die Abstammung des Kindes von dem Ehemann, wenn die Empfängniszeit in einen Zeitraum zurückreicht, zu dem der Ehemann bzw. die Ehefrau noch lebte. Es gilt daher bei einer durch Tod aufgelösten Ehe für das nachehelich geborene Kind die erweiterte Vaterschaftszurechnung zum (früheren) Ehemann der Mutter, soweit die gesetzliche Empfängniszeit[1] (vgl. § 1600d Abs. 3 Satz 1 BGB) zumindest teilweise noch in der Ehe liegt. Für diesen Fall erklärt § 1593 Satz 1 BGB ausdrücklich § 1592 Nr. 1 BGB für entsprechend anwendbar.

B. Inhalt der Norm

I. Eheauflösung durch Tod des Ehemannes

Der verstorbene Ehemann der Mutter gilt gem. § 1593 Satz 1 BGB dann als Vater des Kin- **3** des, wenn sein festgestellter Todeszeitpunkt innerhalb von 300 Tagen vor der Geburt des Kindes liegt, wenn also mindestens ein Tag der Frist in die Ehe fällt. Diese Zeitgrenze entspricht der längsten Dauer der gesetzlichen Empfängniszeit nach § 1600d Abs. 3 BGB. Die Geburt muss innerhalb der Frist von 300 Tagen erfolgen. Für die Fristberechnung gelten §§ 187 Abs. 1, 188 BGB. Die Frist darf frühestens mit Ablauf des Geburtstages enden. Zwischen dem Tag des Eintritts des Todes des Mannes und dem Tag der Geburt dürfen also höchstens 299 volle Tage liegen.

Maßgeblich für den Geburtszeitpunkt ist der Tag der Vollendung der Geburt, also des voll- **4** ständigen Austritts des Kindes aus dem Mutterleib, ohne dass bereits die Verbindung durch die Nabelschnur unterbrochen sein müsste.[2] Bei Zwillings- oder Mehrlingsgeburten kommt es auf die Geburt des ersten Kindes an.[3]

Steht fest, dass das Kind mehr als 300 Tage vor seiner Geburt empfangen wurde, so ist **5** gemäß § 1593 Satz 2 BGB dieser Zeitraum maßgebend. Diese Bestimmung ändert nichts daran, dass ein Kind, das mehr als 300 Tage nach dem Tod des Ehemannes der Mutter geboren wird, zunächst ohne gesetzlichen Vater ist. Durch § 1593 Satz 2 BGB wird jedoch die Möglichkeit eröffnet, schon durch den Nachweis, dass das Kind durch die Beiwohnung mit dem früheren Ehemann gezeugt wurde, die Vaterschaftszuordnung herbeizuführen. Wenn der Nachweis geführt ist, dass das Kind von dem bereits vor mehr als 300 Tagen

---

1 Mit dem KindRG wurde zum Zwecke der Rechtsangleichung die Empfängniszeit hinsichtlich ihres Beginns in Abweichung von § 1592 Abs. 1 BGB a.F. von 302 Tagen auf 300 Tagen verkürzt.
2 MüKo-BGB/*Wellenhofer,* § 1592 BGB Rn. 9
3 Staudinger/*Rauscher,* § 1593 BGB Rn. 14

vor der Geburt verstorbenen Mann gezeugt wurde, kann die Frist des § 1593 Satz 1 BGB überwunden werden.

6 Ist die Mutter zur Zeit der Geburt wieder in neuer Ehe verheiratet, greift gemäß § 1593 Satz 3 BGB die Vaterschaftsvermutung bezüglich des neuen Ehemannes ein. Da ein Kind nicht zwei Väter haben kann, normiert diese Regelung einen Vorrang der Vaterschaftszuordnung nach § 1592 Nr. 1 BGB. Wird allerdings die Vaterschaft des neuen Ehemannes erfolgreich angefochten, lebt die Vaterschaftsvermutung des verstorbenen Ehemannes wieder auf, der dann als Vater des Kindes gilt (§ 1593 Satz 4 BGB). Die Vaterschaftszuordnung zum ersten Ehemann kann dann ihrerseits nur durch Anfechtung der Vaterschaft beseitigt werden, wobei die Anfechtungsfrist für die Anfechtung der Vaterschaft zum ersten Ehemann frühestens dann zu laufen beginnt, wenn die Nichtvaterschaft des zum Zeitpunkt der Geburt des Kindes mit der Mutter verheiratet gewesenen Mannes durch eine rechtskräftige gerichtliche Vaterschaftsanfechtungsentscheidung beseitigt ist (§ 1600b Abs. 2 Satz 2 BGB).

7 Eine vergleichbare Rechtslage gilt auf Grund der Vermutungsvorschriften der §§ 9, 10, 44 VerschG für den Fall der Verschollenheit.[4] Die Verschollenheit des Ehemannes allein ändert an der Vaterschaftszuordnung zu ihm aus § 1592 Nr. 1 BGB nichts, solange er nicht für tot erklärt ist, denn bis dahin wird sein Überleben vermutet (§ 10 VerschG). Die Nichtabstammung kann daher in diesem Zeitraum nur durch gerichtliche Anfechtung der Vaterschaft festgestellt werden. Ist dagegen der Verschollene für tot erklärt und das Kind nach dem festgesetzten Todeszeitpunkt geboren, so ist auf Grund der Vermutungswirkung des § 9 VerschG der festgestellte Todeszeitpunkt auch maßgeblich für die Vaterschaftszuordnung. Reicht die Empfängniszeit in einen Zeitraum vor dem festgesetzten Todeszeitpunkt zurück, bleibt es über § 1593 BGB bei der Vaterschaftszuordnung zu dem für tot erklärten Ehemann.[5] Ist das Kind später als 300 Tage nach dem festgesetzten Todeszeitpunkt geboren, fehlt es an einer Vaterschaftszuordnung zu dem verschollenen Ehemann. Kehrt der Verschollene zurück und wird die Todeserklärung gemäß §§ 30 ff. VerschG aufgehoben, so entfällt die Vermutung nach § 9 VerschG wieder und die Vaterschaftszuordnung aus § 1592 Nr. 1 BGB zu dem verschollen gewesenen Ehemann lebt wieder auf.

II. Eheauflösung durch Tod der Ehefrau

8 Die Bestimmung des § 1593 Satz 1 BGB ist auch dann anzuwenden, wenn die Ehefrau vor Vollendung der Geburt stirbt, etwa eine Lebendgeburt operativ an einer hirntoten verheirateten Frau während künstlicher Aufrechterhaltung der Herzfunktion vorgenommen wird. Auch dann gilt wegen § 1593 BGB die Vaterschaftszuordnung zum Ehemann der Kindesmutter.[6]

---

4 *Rauscher*, FPR 2002, 352, 355
5 Staudinger/*Rauscher*, § 1593 BGB Rn. 24
6 NK-BGB/*Gutzeit*, § 1593 BGB Rn. 4; MüKo-BGB/*Wellenhofer*, § 1593 BGB Rn. 5; Staudinger/*Rauscher*, § 1593 BGB Rn. 10; *Rauscher*, FPR 2002, 352, 354

§ 1594 BGB Anerkennung der Vaterschaft

(1) Die Rechtswirkungen der Anerkennung können, soweit sich nicht aus dem Gesetz anderes ergibt, erst von dem Zeitpunkt an geltend gemacht werden, zu dem die Anerkennung wirksam wird.

(2) Eine Anerkennung der Vaterschaft ist nicht wirksam, solange die Vaterschaft eines anderen Mannes besteht.

(3) Eine Anerkennung unter einer Bedingung oder Zeitbestimmung ist unwirksam.

(4) Die Anerkennung ist schon vor der Geburt des Kindes zulässig.

Übersicht

A. Allgemeines

Sind zum Zeitpunkt der Geburt eines Kindes dessen Eltern nicht miteinander verheiratet, bedarf es nach § 1592 Nr. 2 und Nr. 3 BGB eines positiven Zuordnungsakts, um für das Kind eine Vaterschaftszuordnung im Rechtssinn herbeizuführen. Die Zuordnung ist in diesen Fällen nur durch eine Vaterschaftsanerkennung (§§ 1594 ff. BGB) oder durch die gerichtliche Feststellung der Vaterschaft (§ 1600d BGB) möglich. **1**

Die Anerkennung der Vaterschaft erfolgt durch eine entsprechende **Willenserklärung** des Anerkennenden, mit der er bekundet, der Vater des Kindes sein und die Rechtswirkungen der Vaterschaft zu dem Kind herbeiführen zu wollen.[1] Der teilweise vertretenen Ansicht, es handele sich (zumindest auch) um eine Wissenserklärung, da mit der Anerkennung im Hinblick auf die Vermutungswirkung des § 1600c BGB zugleich verlautbart werde, in der Empfängniszeit der Kindesmutter beigewohnt zu haben,[2] ist nicht zu folgen. Dass das Gesetz an die wirksame Anerkennung die Vermutungswirkung des § 1600c BGB knüpft, ist eine Rechtsfolge der Anerkennung, die unabhängig von dem Erklärungsinhalt und dem Erklärungsmotiv eintritt. **2**

Es entspricht daher inzwischen ganz herrschender Auffassung, dass es auf die biologische Richtigkeit der Anerkennung nicht ankommt.[3] Auch die bewusst unrichtige Anerkennung ist wirksam und begründet bei Vorliegen der formalen Voraussetzungen die Vaterschaftszuordnung zu dem Kind, die ebenso verfassungsrecht geschützt ist wie eine auf wahrheitsgemäßer Anerkennung der Vaterschaft beruhende Elternschaft.[4] **3**

Die Willenserklärung ist nicht empfangsbedürftig.[5] Die in § 1597 Abs. 2 BGB geregelte Benachrichtigungspflicht ist keine Wirksamkeitsvoraussetzung (vgl. *Grün*, § 1597 BGB Rn. 9 ff.). **4**

---

1 MüKo/*Wellenhofer*, § 1594 BGB Rn. 4; Staudinger/*Rauscher*, § 1592 BGB Rn. 51; Erman/*Hammermann*, § 1594 BGB Rn. 3; NK-BGB/*Gutzeit*, § 1594 BGB Rn. 1.; BayObLG NJW-RR 2000, 1602, 1603
2 Palandt/*Brudermüller*, § 1594 BGB Rn. 4
3 NK-BGB/*Gutzeit*, § 1594 BGB Rn. 2; Mü-KoBGB/*Wellenhofer*, § 1594 BGB Rn. 4; Staudinger/*Rauscher*, § 1592 BGB Rn. 53
4 BVerfG FamRZ 2014, 449
5 Staudinger/*Rauscher*, § 1592 BGB Rn. 52

5 Die Anerkennungserklärung gehört grundsätzlich zu den vertretungsfeindlichen Erklärungen und muss daher höchstpersönlich erfolgen (§ 1596 Abs. 4 BGB). **Jede Art der Bevollmächtigung zur Anerkennung ist unzulässig**. Wenn die Erklärung im Abstammungsverfahren zu Protokoll des Gerichts erfolgt (§ 180 FamFG), kann sie nicht durch den Verfahrensbevollmächtigten erfolgen, sondern muss von dem Erklärenden selbst abgegeben werden.

6 Die Erklärung über die Anerkennung der Vaterschaft bedarf wegen ihrer **personenstandsrechtlichen Tragweite** der **öffentlichen Beurkundung** (§ 1597 Abs. 1 BGB). Die Anerkennung kann gem. § 180 FamFG auch zur Niederschrift des Gerichts erklärt werden, jedoch nur im Erörterungstermin eines Abstammungsverfahrens. Im Rahmen sonstiger Verfahren – etwa eines Scheidungsverfahrens – können weder die Anerkennung der Vaterschaft noch die Zustimmung hierzu beurkundet werden.[6]

B. Inhalt der Norm

I. Rechtsausübungssperre (Abs. 1)

7 Bei einer Anerkennung der Vaterschaft können die Rechtswirkungen der Vaterschaftszuordnung erst ab dem Zeitpunkt geltend gemacht werden, zu dem die Anerkennung wirksam wird (§ 1594 Abs. 1 BGB). Die Anerkennung wird wirksam, sobald die Anerkennung selbst und die gem. § 1595 BGB erforderlichen Zustimmungen beurkundet wurden. Maßgebend ist der Zeitpunkt der Beurkundung der letzten nötigen Zustimmungserklärung.[7] Zu den Wirksamkeitsvoraussetzungen gehört nicht die in § 1597 Abs. 2 BGB geregelte Übersendung von beglaubigten Abschriften der Erklärungen, weshalb die Wirksamkeit nicht erst zum Zeitpunkt der Übersendung, sondern bereits zum Zeitpunkt der Erklärung eintritt.[8]

8 Die Regelung des Abs. 1 bezieht sich allein auf die Geltendmachung der Rechtswirkungen, nicht auf den Zeitpunkt ihrer Entstehung. Die Rechtswirkungen einer wirksamen Vaterschaftsanerkennung treten mit Rückwirkung auf den Zeitpunkt der Geburt des Kindes ein, sie können jedoch erst ab Wirksamkeit der Anerkennung geltend gemacht werden.[9]

II. Ausschließlichkeitsgrundsatz (Abs. 2)

9 Gem. Abs. 2 BGB wird eine Anerkennung nicht wirksam, solange die Vaterschaft eines anderen Mannes besteht. Dies dient der Verwirklichung des im Abstammungsrecht geltenden Ausschließlichkeitsgrundsatzes: Eine rechtliche Vaterschaftszuordnung des Kindes kann nicht gleichzeitig zu verschiedenen Männern bestehen. Deshalb bleibt eine Vaterschaftsanerkennung schwebend unwirksam, **solange noch ein anderer Mann im Rechtssinn als Vater des Kindes gilt**, sei es aufgrund einer zur Zeit der Geburt des Kindes bestehenden Ehe oder wegen einer zeitlich vorher erfolgten wirksamen Anerkennung der Vaterschaft.

10 Eine **bereits bestehende Vaterschaft** muss daher zunächst im Wege der Anfechtung der Vaterschaft beseitigt werden. Erst mit rechtskräftiger Anfechtung der Vaterschaft wird die Vaterschaftsanerkennung des „neuen" Vaters wirksam (§ 1594 Abs. 2 BGB). Dies gilt auch dann, wenn der rechtlich als Vater geltende Mann verstorben ist. Der Tod des rechtlichen Vaters beseitigt dessen Vaterschaftszuordnung nicht. Auch dann erlangt die Vaterschaftsanerkennung durch einen Dritten daher erst Wirksamkeit, wenn die Vaterschaft des – in-

---

6 BGH FamRZ 2013, 944; OLG Frankfurt FamRZ 2012, 1735
7 MüKo-BGB/*Wellenhofer*, § 1594 BGB Rn. 14
8 MüKo-BGB/*Wellenhofer*, § 1594 BGB Rn. 14; a.A. Palandt/*Brudermüller*, § 1594 BGB Rn. 5
9 Staudinger/*Rauscher*, § 1594 BGB Rn. 9; MüKo-BGB/*Wellenhofer*, § 1594 BGB Rn. 16; NK-BGB/*Gutzeit*, § 1594 BGB Rn. 4

zwischen verstorbenen – rechtlich als Vater geltenden Mannes erfolgreich angefochten wurde.

Wenn **verschiedene Männer** die Vaterschaft anerkennen, wird die Vaterschaftsanerkennung wirksam, für die zuerst die erforderlichen Zustimmungen ordnungsgemäß erklärt sind.[10] Im Falle des scheidungsakzessorischen Statuswechsels nach § 1599 Abs. 2 BGB bedarf es keiner vorherigen Beseitigung der Vaterschaft des „Noch-Ehemannes", da diese Rechtsfolge kraft Gesetzes dann eintritt, wenn das Kind nach Anhängigkeit der Scheidung der Ehe geboren wurde, ein Dritter mit den nach § 1595 BGB erforderlichen Zustimmungen und mit Zustimmung des Ehemannes der Kindesmutter die Vaterschaft anerkannt hat und die Ehe geschieden wird.   11

Das Fehlen einer anderweitigen Vaterschaftszuordnung ist eine **absolute Wirksamkeitsvoraussetzung**. Anders als andere Wirksamkeitsvoraussetzungen der Vaterschaftsanerkennung, deren Fehlen nach § 1598 Abs. 2 BGB geheilt sein kann, ist ein Verstoß gegen § 1594 Abs. 2 BGB nicht heilbar.[11] Eine bereits bestehende Vaterschaftszuordnung zu einem anderen Mann geht jeder anderen Vaterschaftszuordnung – selbst wenn sie auf einer gerichtlichen Vaterschaftsfeststellung beruht[12] – vor.   12

Deshalb ist vor der standesamtlichen Eintragung einer Vaterschaftsanerkennung besonders sorgsam zu prüfen, ob für das Kind nicht bereits eine anderweitige Vaterschaftszuordnung besteht, etwa weil die Kindesmutter zum Zeitpunkt der Geburt noch verheiratet war.[13] Bestehen deshalb am Personenstand der Mutter auf Grund konkreter Umstände nicht ausräumbare Zweifel, kann die Eintragung der Anerkennung vom Standesamt abgelehnt werden.[14] Jedoch darf das Standesamt nicht ohne jeden Anhaltspunkt für eine etwaig noch bestehende Ehe der Kindesmutter einen Nachweis nicht bestehender Ehe verlangen.[15]   13

In Fällen mit Auslandsberührung können schwierige Fragen des IPR auftreten, etwa dann, wenn die Ehe der Kindesmutter bei Geburt des Kindes zwar bereits geschieden war – weshalb nach deutschem Recht keine der Anerkennung entgegenstehende anderweitige Vaterschaftszuordnung besteht –, nach dem für die Ehe geltenden ausländischem Recht jedoch eine Vaterschaftszuordnung zu dem geschiedenen Ehemann weiterbesteht, weil die Empfängniszeit in die Ehezeit zurückreicht.[16]   14

III. Bedingungs- und Befristungsfeindlich (Abs. 3)

Die Anerkennung unter einer Bedingung oder einer Zeitbestimmung ist unwirksam (Abs. 3). So kann etwa eine Anerkennung nicht dahingehend eingeschränkt werden, sie solle erst ab einem bestimmten Alter des Kindes gelten, und auch nicht mit dem Vorbehalt versehen werden, sie solle nur wirksam werden, wenn ein noch einzuholendes Abstammungsgutachten die Vaterschaft bestätigt.[17] Unschädlich ist es, die Wirksamkeit der Anerkennung an eine kraft Gesetzes ohnehin bestehende Wirksamkeitsvoraussetzung zu knüpfen. Ein Vorbehalt, die Anerkennung solle erst wirksam werden, wenn die bisher bestehende Vaterschaft eines Dritten wirksam angefochten wird, verlautbart lediglich die   15

---

10 OLG München FamRZ 2010, 743
11 OLG Rostock FamRZ 2008, 2226
12 OLG München StAZ 2012, 208
13 Vgl. z.B. OLG Karlsruhe FamRZ 2014, 1561
14 OLG München FamRZ 2008, 2227
15 OLG Karlsruhe StAZ 2014, 210
16 Vgl. z.B. OLG Nürnberg FamRZ 2005, 1697; BayObLG FamRZ 2002, 686
17 NK-BGB/*Gutzeit*, § 1594 BGB Rn. 12

gem. § 1594 Abs. 2 BGB bestehende Rechtslage und verstößt daher nicht gegen das Bedingungsverbot des § 1594 Abs. 3 BGB.[18]

IV. Zeitpunkt der Anerkennung (Abs. 4)

16   Die Anerkennung **kann schon vor der Geburt des Kindes erfolgen** (§ 1594 Abs. 4 BGB). Sie bezieht sich im Fall einer Mehrlingsgeburt auf alle Kinder aus der bei Anerkennung bestehenden Schwangerschaft. Die Rechtsfolgen der Anerkennung treten bei der vorgeburtlichen Anerkennung frühestens mit Vollendung der Geburt ein, dies aber nur, wenn zu diesem Zeitpunkt auch die erforderlichen Zustimmungserklärungen (vgl. § 1595 BGB) bereits vorliegen. Andernfalls treten die Rechtsfolgen der Anerkennung erst zu dem Zeitpunkt ein, zu welchem die letzte Zustimmungserklärung wirksam abgegeben wird. Wenn mehrere pränatale Anerkennungen verschiedener Männer vorliegen, entfaltet die Anerkennung die Sperrwirkung nach § 1594 Abs. 2 BGB, bei der zuerst die erforderlichen Zustimmungen erfolgten.[19] Heiratet jedoch die Kindesmutter vor Geburt des Kindes, wird eine pränatale Vaterschaftsanerkennung nicht wirksam, weil dann mit der Geburt gem. § 1592 Nr. 1 BGB die Vaterschaftszuordnung zum Ehemann eintritt.

17   Erforderlich ist aber, dass das Kind lebend geboren wird. Eine Lebendgeburt liegt vor, wenn nach der Scheidung vom Mutterleib entweder das Herz geschlagen oder die Nabelschnur pulsiert oder die natürliche Lungenatmung eingesetzt haben (§ 31 Abs. 1 PStV). Die Eintragung eines tot geborenen Kindes nach § 21 Abs. 2 PStG begründet kein Statusverhältnis i.S.d. Abstammungsrechts.

18   Umstritten ist, ob auch eine Anerkennung **vor Zeugung des Kindes** – sog. präkonzeptionelle Anerkennung – zulässig ist. Ein Bedürfnis hierfür wird vor allem bei einer bevorstehenden heterologen Insemination gesehen. Hier soll es zulässig sein, schon vor Durchführung der Insemination die für eine wirksame Anerkennung der Vaterschaft des aus diesem Vorgang hervorgehenden Kindes bzw. der Kinder erforderlichen Erklärungen abzugeben, damit ein aus einer mit Zustimmung aller Beteiligten aus einer künstlichen Befruchtung hervorgegangenes Kind nicht vaterlos wird.[20] Hier gibt es – wie zu praktisch allen mit der heterologen Insemination verbundenen Rechtsfragen – ein dringendes Bedürfnis, gesetzliche Regelungen zu schaffen. De lege ferenda sollte daher in solchen Fällen die präkonzeptionelle Anerkennung ermöglicht werden.[21] Nach derzeitiger Rechtslage ist jedoch eine Anerkennung ohne Bezug auf eine bereits bestehende Schwangerschaft nicht zulässig, zumal sich gar nicht klären ließe, ob eine dann entstehende Schwangerschaft auf der artifiziellen Zeugung beruht.[22]

C. Tod eines Elternteils oder des Kindes vor Eintritt der Wirksamkeit der Anerkennung

19   Die Erklärung der Anerkennung ist **nach dem Tod des Mannes** wegen der Höchstpersönlichkeit der Anerkenntniserklärung **nicht mehr möglich**. Ist ein vor seinem Tod erklärtes Vaterschaftsanerkenntnis zu Lebzeiten des Anerkennenden nicht mehr wirksam geworden, weil eine erforderliche Zustimmungserklärung noch fehlte, kann sie durch eine erst **nach dem Tod des Mannes erklärte Zustimmung** noch wirksam werden.

---

18 Erman/*Hammermann*, § 1594 BGB Rn. 10; Palandt/*Brudermüller*, § 1594 BGB Rn. 7; vgl. zum alten Recht BGH FamRZ 1987, 375
19 OLG München FamRZ 2010, 743; Palandt/*Brudermüller*, § 1594 BGB Rn. 8
20 Erman/*Hammermann*, § 1594 BGB Rn. 14; Palandt/*Brudermüller*, § 1594 BGB Rn. 8
21 MüKo-BGB/*Wellenhofer*, § 1594 BGB Rn. 41; *Zypries/Zeeb*, ZRP 2014, 54
22 Staudinger/*Rauscher*, § 1594 BGB Rn. 50 mit überzeugender Begründung

Streitig ist, ob eine Anerkennung noch **nach dem Tod des Kindes** erfolgen kann. Da seit der Kindschaftsrechtsreform eine Zustimmung des Kindes i.d.R. nicht mehr erforderlich ist, wird auch noch nach dem Tod des Kindes die Anerkennung der Vaterschaft für möglich erachtet.[23]

20

Umstritten ist, ob eine Anerkennung der Vaterschaft noch **nach dem Tod der Mutter** erfolgen kann. Dies wird teilweise wegen des Zustimmungserfordernisses der Mutter, die nach deren Tod nicht mehr erfolgen kann, verneint.[24] Nach überwiegender Ansicht entfällt hingegen das Zustimmungsbedürfnis der Mutter, wenn diese bereits verstorben ist.[25]

21

Checkliste Vaterschaftsanerkennung

I. **Anerkennungserklärung des Mannes**

1. **Erklärungsperson**

   a) **Grundsatz: höchstpersönlich**

   - Die Erklärung darf nicht durch einen Bevollmächtigten erfolgen (§ 1596 Abs. 4 BGB).

   - Auch ein beschränkt geschäftsfähiger Minderjähriger kann nur selbst anerkennen, bedarf jedoch der Zustimmung des gesetzlichen Vertreters (§ 1596 Abs. 1 Satz 2 BGB)

   b) **Ausnahme: Geschäftsunfähigkeit des Anerkennenden**

   - Erklärung durch den gesetzlichen Vertreter, die bei Minderjährigkeit des Vertretenen der Genehmigung des Familiengerichts und bei Volljährigkeit des Vertretenen der Genehmigung des Betreuungsgerichts bedarf (§ 1596 Abs. 1 Satz 3 BGB)

2. **Erklärungsinhalt**

   - Anerkennung der Vaterschaft zu dem in der Erklärung konkret zu bezeichnenden Kind unter Angabe der vollständigen Personalien der Kindesmutter und – wenn das Kind bereits geboren ist – unter Angabe von Geburtsdatum, Geburtsort und (wenn bekannt) der Geburtseintrags-Nr. des Standesamtes

   - ohne Bedingung und Befristung (§ 1594 Abs. 3 BGB)

3. **Form: öffentliche Beurkundung (§ 1597 Abs. 1 BGB)**

II. **Zustimmungserklärung der Mutter**

1. **Erklärungsperson**

   a) **Grundsatz: höchstpersönlich**

   - Die Erklärung darf nicht durch einen Bevollmächtigten erfolgen (§ 1596 Abs. 4 BGB).

   - Auch eine beschränkt geschäftsfähige minderjährige Mutter kann nur selbst anerkennen, bedarf jedoch der Zustimmung des gesetzlichen Vertreters (§ 1596 Abs. 1 Satz 2 u. 4 BGB)

---

23 BayObLG NJW-RR 2000, 1062; FamRZ 2001, 1543; *Knittel*, Rn. 256; Palandt/*Brudermüller*, § 1594 BGB Rn. 8
24 Palandt/*Brudermüller*, § 1595 BGB Rn. 3; a.A. MüKo-BGB/*Wellenhofer*, § 1595 BGB Rn. 6
25 MüKo-BGB/*Wellenhofer*, § 1595 BGB Rn. 8; Erman/*Hammermann*, § 1595 BGB Rn. 8; Staudinger/*Rauscher*, § 1595 BGB Rn. 15; NK-BGB/*Gutzeit*, § 1595 Rn. 5; *Gernhuber/Coester-Waltjen*, § 52 Rn. 52; *Knittel*, Rn. 339; *Helms* in Helms/Kieninger/Rittner, Rn. 28

b) Ausnahme: Geschäftsunfähigkeit der Mutter

- Erklärung durch den gesetzlichen Vertreter, die bei Minderjährigkeit der Vertretenen der Genehmigung des Familiengerichts und bei Volljährigkeit der Vertretenen der Genehmigung des Betreuungsgerichts bedarf (§ 1596 Abs. 1 Satz 3 u. 4 BGB)

2. Erklärungsinhalt

- Zustimmung zu der konkreten Anerkennungserklärung des Mannes, mit Angabe der vollständigen Personalien des Mannes und des Kindes

- ohne Bedingung und Befristung (§§ 1595 Abs. 3, 1594 Abs. 3 BGB)

3. Form: öffentliche Beurkundung (§ 1597 Abs. 1 BGB)

III. Ausnahmsweise ist zusätzlich Zustimmung des Kindes erforderlich, wenn das Kind nicht unter der elterlichen Sorge der Mutter steht

1. Erklärungsperson

- Ein beschränkt geschäftsfähiges mindestens 14 Jahre altes Kind kann nur selbst zustimmen, bedarf jedoch der Zustimmung des gesetzlichen Vertreters (§ 1596 Abs. 2 Satz 2 BGB).

- Für ein geschäftsunfähiges und/oder noch nicht 14 Jahre altes Kind kann die Zustimmungserklärung nur durch den gesetzlichen Vertreter erfolgen (§ 1596 Abs. 2 Satz 1 BGB)

2. Erklärungsinhalt

- Zustimmung zu der konkreten Anerkennungserklärung des Mannes, mit Angabe der vollständigen Personalien des Mannes und der Kindesmutter

- ohne Bedingung und Befristung (§§ 1595 Abs. 3, 1594 Abs. 3 BGB)

3. Form: öffentliche Beurkundung (§ 1597 Abs. 1 BGB)

IV. Bei Anerkennung mit scheidungsakzessorischem Statuswechsel (§ 1599 Abs. 2 BGB) ist zusätzlich erforderlich

1. Kind muss nach Anhängigkeit der Scheidung, aber vor deren Rechtskraft geboren sein

2. Zustimmung des zur Zeit der Geburt des Kindes mit der Mutter verheiratet gewesenen Ehemannes

a. Erklärungsperson

aa. Grundsatz: höchstpersönlich

- Die Erklärung darf nicht durch Bevollmächtigten erfolgen (§§ 1599 Abs. 2, 1596 Abs. 4 BGB).

- Auch der beschränkt geschäftsfähige frühere Ehemann muss selbst zustimmen, bedarf aber der Zustimmung des gesetzlichen Vertreters (§§ 1599 Abs. 2, 1596 Abs. 1 Satz 1 und 2)

bb. Ausnahme: Geschäftsunfähigkeit des Ehemannes

- Die Zustimmung des geschäftsunfähigen Ehemannes kann nur dessen gesetzlicher Vertreter erklären, der hierzu bei Minderjährigkeit

des Vertretenen der Genehmigung des Familiengerichts und bei Volljährigkeit des Vertretenen der Genehmigung des Betreuungsgerichts
bedarf (§§ 1599 Abs. 2, 1596 Abs. 1 Satz 3 BGB).

b. Erklärungsinhalt:

- Zustimmung zu der konkreten Anerkennungserklärung des Mannes
- ohne Bedingung und Befristung (§§ 1595 Abs. 3, 1594 Abs. 3 BGB)

c. Form: öffentliche Beurkundung (§§ 1599 Abs. 2, 1597 Abs. 1 BGB)

3. Jahresfrist des § 1599 Abs. 2 BGB beachten

4. Der Statuswechsel tritt erst bei Rechtskraft der Scheidung ein

V. Widerrufsmöglichkeit der Erklärung beachten (§ 1597 Abs. 3 BGB)

**VI. Die Erklärungen sind in begl. Abschrift allen Beteiligten und dem Stan-
desamt zu übersenden (§ 1597 Abs. 2 BGB).**

**VII. Wirksamkeitsmängel der Anerkennung können nach § 1598 Abs. 2
BGB geheilt sein.**

§ 1595 BGB Zustimmungsbedürftigkeit der Anerkennung

(1) Die Anerkennung bedarf der Zustimmung der Mutter.

(2) Die Anerkennung bedarf auch der Zustimmung des Kindes, wenn der Mutter insoweit
die elterliche Sorge nicht zusteht.

(3) Für die Zustimmung gilt § 1594 Abs. 3 und 4 entsprechend.

Übersicht

A. Allgemeines

I. Normzweck

Das Zustimmungserfordernis verfolgt den Zweck, aufgedrängte Anerkennungen zu ver- **1**
meiden. Im Interesse der Abstammungswahrheit bedarf die Anerkennung der Vaterschaft
einer Kontrolle durch andere Beteiligte. Die Zustimmungsberechtigten sollen die biologische Richtigkeit der Anerkennung prüfen können.[1] Haben sie Zweifel an der Richtigkeit
und wird die Zustimmung verweigert, so kann eine Vaterschaftszuordnung nur im Wege
eines Verfahrens auf Feststellung der Vaterschaft (§ 1600d BGB) herbeigeführt werden,
was regelmäßig zu einer gerichtlichen Klärung der genetischen Vaterschaft des als Vater
festzustellenden Mannes führt.

---

[1] *Rauscher*, FPR 2002, 359, 364; Staudinger/*Rauscher*, § 1595 BGB Rn. 3

II. Normgeschichte

2   Das Zustimmungserfordernis der Mutter ist durch das KindRG mit Wirkung zum 1.7.1998 eingeführt worden. Bis dahin verlangte das Gesetz generell die Zustimmung des Kindes (§ 1600c Abs. 1 BGB a.F.), wobei das Kind hinsichtlich dieser Erklärung jedoch nach § 1630 Abs. 1 BGB a.F. nicht von der Mutter vertreten werden konnte, wenn das Kind unter gesetzlicher Amtspflegschaft stand (§§ 1706-1710 BGB a.F.). Dies betraf insbesondere die Vertretung des Kindes in Angelegenheiten zur Feststellung oder Herbeiführung eines Eltern-Kind-Verhältnisses – mithin auch bei der Anerkennung der Vaterschaft (§ 1706 Nr. 1 BGB a.F.).[2] Insoweit wurde das Kind von einem Amtspfleger vertreten, der dann als gesetzlicher Vertreter des Kindes über die Zustimmung zur Vaterschaftsanerkennung entschied.

3   Die Regelungen über die gesetzliche Amtspflegschaft wurden mit dem Beistandschaftsgesetz vom 25.9.1997 mit Wirkung ab 1.7.1998 aufgehoben. Die gesetzliche Amtspflegschaft wurde durch eine freiwillige Beistandschaft ersetzt (§§ 1712 ff. BGB).[3] Dadurch sollte die im BGB angelegte sorgerechtliche Diskriminierung der Mutter eines nichtehelichen Kindes,[4] die auch nach dem NEhelG von 1969 hinsichtlich der der Amtspflegschaft unterfallenden Angelegenheiten weiterhin bestand, beseitigt werden. Damit wird das Kind auch in Angelegenheiten der Vaterschaftsklärung von der Mutter vertreten. Da damit ohnehin das minderjährige Kind hinsichtlich der Zustimmung zur Vaterschaftsanerkennung von der Mutter vertreten würde, hat der Gesetzgeber die Anerkennung der Vaterschaft von der Zustimmung der Mutter (§ 1595 Abs. 1 BGB) und nur noch dann, wenn das Kind nicht unter der elterlichen Sorge der Mutter steht, zusätzlich auch von der Zustimmung des Kindes (§ 1595 Abs. 2 BGB) abhängig gemacht.

B. Inhalt der Norm

I. Zustimmung der Mutter (Abs. 1)

4   Die Zustimmung der Mutter ist immer erforderlich – auch dann, wenn das Kind nicht (mehr) unter der elterlichen Sorge der Mutter steht. Bei der Entscheidung über die Erteilung der Zustimmung zur Vaterschaftsanerkennung nach § 1595 Abs. 1 BGB handelt die Mutter **aus eigenem Recht** und nicht als gesetzliche Vertreterin des Kindes. Deshalb kann weder eine von der Mutter verweigerte Zustimmung gerichtlich ersetzt noch eine von der Mutter rechtsmissbräuchlich erteilte Zustimmung gerichtlich verhindert werden.

5   Die **Verweigerung der Zustimmung** kann nicht zur Entziehung ihrer Vertretungsbefugnis nach § 1796 BGB führen. Dies ist durch § 1629 Abs. 2 Satz 3 HS 2 BGB ausgeschlossen. Zwar wird von Teilen der Kommentarliteratur vertreten, diese Regelung beschränke sich auf die Vertretungsbefugnis in einem Verfahren auf Feststellung der Vaterschaft und hindere nicht die Entziehung der Vertretungsbefugnis des Kindes hinsichtlich der Anerkennung der Vaterschaft.[5] Dies verkennt jedoch den gesetzgeberischen Zweck des § 1629 Abs. 2 Satz 3 HS 2 BGB. Die Rechtsstellung der Mutter sollte bei der Herbeiführung der Vaterschaft nicht beschränkt werden können. Die Mutter kann gute Gründe haben, die Vaterschaft nicht herbeiführen zu wollen – etwa weil die Zeugung des Kindes durch Inzest oder eine Vergewaltigung erfolgte.[6] Durch den Ausschluss der Entziehung der Vertretungsbefugnis sollte sie davor bewahrt werden, dass durch staatliche Intervention in Form der Entziehung der Vertretungsbefugnis ein gerichtlich bestellter Vormund die Herbeifüh-

---

2 Diese Regelungen galten jedoch nach der Wiedervereinigung nur in den alten Bundesländern, da die Amtspflegschaft gem. Art. 230 Abs. 1 EGBGB nicht in das Recht des Beitrittsgebietes übernommen worden war.
3 Vgl. *Grün*, Das neue Kindschafts- und Unterhaltsrecht in der anwaltlichen Praxis, 1998, Rn. 108 ff.
4 Vgl. *Hinz*, Mutter- und Vaterbilder im Familienrecht des BGB 1900 bis 2010, Diss. 2014, S. 47 ff.
5 MüKo-BGB/*Wellenhofer*, § 1595 BGB Rn. 10; Erman/*Hammermann*, § 1595 BGB Rn. 11
6 BT-Drucks. 13/892, 34

rung der Vaterschaft betreibt. Diese Erwägungen gelten nicht nur für die Feststellung der Vaterschaft nach § 1600d BGB, sondern auch für die Zustimmung zur Anerkennung der Vaterschaft.

Im Übrigen würde eine solche Maßnahme nicht dazu führen, dass das Zustimmungserfordernis der Mutter entfiele, da die Rechtsposition der Mutter aus eigenem Recht folgt und nicht aus der gesetzlichen Vertretung des Kindes.[7] Selbst bei Entziehung der elterlichen Sorge oder der Vertretungsbefugnis kann die Mutter daher durch Verweigerung der Zustimmung eine wirksame Vaterschaftsanerkennung verhindern. Eine Ersetzung der Zustimmung der Kindesmutter kommt nicht in Betracht.[8]   **6**

Sorgerechtliche Maßnahmen könnten allenfalls dazu führen, dass die Mutter nicht durch Zustimmung zur Vaterschaftsanerkennung im Zusammenwirken mit dem Anerkennenden eine wissentlich falsche mit der genetischen Abstammung nicht übereinstimmende Vaterschaftszuordnung herbeiführt. Aber auch insoweit ist eine Entziehung der Vertretungsbefugnis nach § 1796 BGB abzulehnen. Es kann durchaus das Kindeswohl im Blick habende Gründe für eine solche Zustimmung zur Vaterschaft geben. Das BVerfG hat zudem klargestellt, dass auch eine rechtliche Vaterschaft, die durch eine bewusst unrichtige Vaterschaftsanerkennung herbeigeführt wurde, durch Art. 6 GG geschützt ist.[9] Solange nicht die Gefährdungsschwelle des § 1666 BGB erreicht ist, entzieht sich die Vertretung des Kindes bei der Herbeiführung der Vaterschaftszuordnung daher der staatlichen Intervention.   **7**

Nicht ausgeschlossen sind sorgerechtliche **Maßnahmen nach § 1666 BGB**. Dass durch die Verweigerung der Zustimmung die Anforderungen dieser Vorschrift an die Gefährdung des Kindeswohls erreicht sind, ist jedoch nicht vorstellbar, zumal zur Herbeiführung der Vaterschaftszuordnung ein Eingriff in das Sorgerecht nicht erforderlich ist, da der zur Anerkennung der Vaterschaft bereite Mann seine Vaterschaftszuordnung durch ein Vaterschaftsfeststellungsverfahren erreichen kann. Denkbar ist allenfalls, dass zur Verhinderung einer wissentlich falschen Vaterschaftszuordnung der Kindesmutter insoweit die elterliche Sorge nach § 1666 BGB entzogen wird, was jedoch voraussetzen würde, dass hierdurch das Kindeswohl in einer die Schwelle des § 1666 BGB übersteigenden Weise gefährdet wird. Ein solcher Sorgerechtsentzug hätte zur Folge, dass es zur Wirksamkeit der Anerkennung auch der Zustimmung des Kindes bedarf (Abs. 2). Jedoch werden insoweit sorgerechtliche Maßnahmen regelmäßig zu spät kommen, da die Vaterschaftsanerkennung mit Erteilung der Zustimmung der Mutter wirksam wird und eine nachträgliche Entziehung der elterlichen Sorge an dieser Wirksamkeit nichts mehr zu ändern vermag.   **8**

Nach überwiegender Ansicht entfällt das Erfordernis der Zustimmung der Mutter, wenn diese bereits verstorben ist. Nach a.A. ist dann für eine Anerkennung der Vaterschaft kein Raum mehr und es bedarf der gerichtlichen Feststellung der Vaterschaft (näher hierzu *Grün*, § 1594 BGB Rn. 21).   **9**

II. Zustimmung des Kindes (Abs. 2)

Die gem. § 1595 Abs. 2 BGB ausnahmsweise erforderliche Zustimmung des Kindes tritt nicht an Stelle der Zustimmung der Mutter, sondern muss **zusätzlich** zu der Zustimmung der Mutter erfolgen.   **10**

Sie ist immer dann erforderlich, wenn das Kind nicht unter der elterlichen Sorge der Mutter steht.[10] Dies gilt zum einen, wenn das Kind bereits volljährig ist. Zum anderen gilt dies bei minderjährigen Kindern dann, wenn die Mutter das Kind nicht vertreten kann – sei es, weil   **11**

---

7 MüKo-BGB/*Wellenhofer*, § 1595 BGB Rn. 2
8 MüKo-BGB/*Wellenhofer*, § 1595 BGB Rn. 8
9 BVerfG ZKJ 2014, 151
10 Vgl. hierzu *Frank*, StAZ 2013, 133

ihr die elterliche Sorge entzogen ist (§ 1666 BGB) oder sie kraft Gesetzes an der Vertretung des Kindes gehindert ist (§ 1629 Abs. 2 Satz 1 i.V.m. § 1795 BGB). Nach teilweise vertretener Ansicht soll letzteres dann der Fall sein, wenn die Kindesmutter mit dem Anerkennenden verheiratet ist. Dann soll sie in analoger Anwendung des § 1795 Nr. 1 BGB an der Vertretung des Kindes kraft Gesetzes gehindert sein.[11] Dem ist nicht zu folgen. Die Anerkennung der Vaterschaft ist kein Rechtsgeschäft zwischen dem Kind und dem Vater. Im Übrigen besteht zum Zeitpunkt der Entscheidung über die Zustimmung noch keine rechtliche Vaterschaft des Anerkennenden, sondern diese wird erst durch den Vollzug der Entscheidung – nämlich die Beurkundung der Zustimmung – herbeigeführt. Bei dieser Sachlage ist eine die Analogie gebietende planwidrige Gesetzeslücke nicht erkennbar; im übrigen bedarf es auch nach dem Schutzzweck des § 1795 Nr. 1 BGB keiner analogen Anwendung auf die Vaterschaftsanerkennung, zumal der für Eingriffe in die elterliche Sorge geltende Gesetzesvorbehalt einem solchen weiten Analogieschluss zum Zwecke der Ausdehnung des gesetzlichen Sorgerechtsausschlusses entgegensteht. Dass die Mutter mit dem Anerkennenden verheiratet ist, löst daher kein Zustimmungserfordernis des Kindes aus.[12]

III. Zustimmungserklärung (Abs. 3)

12   Auf Grund der Verweisung in Abs. 3 auf § 1594 Abs. 3 BGB gilt auch für die Zustimmungserklärung, dass die Zustimmung bereits vor der Geburt des Kindes erfolgen kann und dass eine Zustimmung unter einer Bedingung oder einer Zeitbestimmung unwirksam ist.

13   Die Zustimmungserklärung ist eine Willenserklärung. Sie muss sich auf eine konkrete Vaterschaftsanerkennung beziehen und hat zum Inhalt, dass der Erklärende dieser Vaterschaftsanerkennung zustimmt. Sie bedarf der öffentlichen Beurkundung (§ 1597 Abs. 1 BGB).

14   Auch die Zustimmungserklärung gehört grundsätzlich zu den vertretungsfeindlichen Erklärungen und muss daher höchstpersönlich erfolgen (§ 1596 Abs. 4 BGB). Gem. § 1596 Abs. 1 Satz 1 und 3 BGB kann eine minderjährige beschränkt geschäftsfähige Mutter nur selbst zustimmen. Für eine geschäftsunfähige Mutter kann nur deren gesetzlicher Vertreter zustimmen. Für die Zustimmungserklärung des Kindes gilt § 1596 Abs. 2 BGB. Danach kann ein mindestens 14 Jahre altes Kind selbst zustimmen, sofern es nicht geschäftsunfähig ist, bedarf hierzu aber der Genehmigung des gesetzlichen Vertreters. Für ein geschäftsunfähiges Kind bzw. für das noch nicht 14 Jahre alte Kind kann nur der gesetzliche Vertreter der Anerkennung zustimmen (§ 1596 Abs. 2 Satz 1 BGB). Ein geschäftsfähiger Betreuer kann nur selbst zustimmen (§ 1596 Abs. 3 BGB). Jedoch ist ein eventuell nach § 1903 BGB angeordneter Einwilligungsvorbehalt zu beachten.

---

11 MüKo-BGB/*Wellenhofer*, § 1595 BGB Rn. 10; Erman/*Hammermann*, § 1595 BGB Rn. 10; NK-*Gutzeit*, § 1595 Rn. 6
12 Palandt-*Brudermüller*, § 1595 BGB Rn. 3; *Gernhuber/Coester-Waltjen*, § 52 Rn. 51; *Helms* in Helms/Kieninger/Rittner, Rn. 34; *Grün*, Vaterschaftsfeststellung, Rn. 57

§ 1596 BGB Anerkennung und Zustimmung bei fehlender oder beschränkter Geschäftsfähigkeit

(1) [1]Wer in der Geschäftsfähigkeit beschränkt ist, kann nur selbst anerkennen. [2]Die Zustimmung des gesetzlichen Vertreters ist erforderlich. [3]Für einen Geschäftsunfähigen kann der gesetzliche Vertreter mit Genehmigung des Familiengerichts anerkennen; ist der gesetzliche Vertreter ein Betreuer, ist die Genehmigung des Betreuungsgerichts erforderlich. [4]Für die Zustimmung der Mutter gelten die Sätze 1 bis 3 entsprechend.

(2) [1]Für ein Kind, das geschäftsunfähig oder noch nicht 14 Jahre alt ist, kann nur der gesetzliche Vertreter der Anerkennung zustimmen. [2]Im Übrigen kann ein Kind, das in der Geschäftsfähigkeit beschränkt ist, nur selbst zustimmen; es bedarf hierzu der Zustimmung des gesetzlichen Vertreters.

(3) Ein geschäftsfähiger Betreuter kann nur selbst anerkennen oder zustimmen; § 1903 bleibt unberührt.

(4) Anerkennung und Zustimmung können nicht durch einen Bevollmächtigten erklärt werden.

A. Allgemeines

Die Regelung gilt sowohl für die Erklärung der Anerkennung der Vaterschaft als auch für die Erklärung über die Zustimmung zur Vaterschaftsanerkennung. Sie hat nicht nur Bedeutung für die Zustimmung der Mutter und – erforderlichenfalls (§ 1595 Abs. 2 BGB) – des Kindes, sondern auch für die Zustimmung des Ehemannes der Mutter beim scheidungsakzessorischen Statuswechsel nach § 1599 Abs. 2 BGB, denn auch für diese Zustimmung verweist § 1599 Abs. 2 Satz 2 BGB auf § 1596 Abs. 1 Satz 1 bis 3 BGB. **1**

B. Inhalt der Norm

I. Keine oder beschränkte Geschäftsfähigkeit des Anerkennenden oder der Mutter (Abs. 1)

Das Gesetz kennt eine **beschränkte Geschäftsfähigkeit** nur bei Minderjährigen (§ 106 BGB). Die Regelungen des Abs. 1 Satz 1 und 2 gelten daher nur für den minderjährigen Anerkennenden und gem. Abs. 1 Satz 4 für die minderjährige Mutter. Diese können die Anerkennung bzw. die Zustimmung nur selbst erklären, bedürfen hierzu jedoch der Zustimmung des gesetzlichen Vertreters. **2**

Die Zustimmung des gesetzlichen Vertreters kann nach überwiegender Ansicht vorher oder auch nachträglich erfolgen.[1] Sie ist eine nicht anfechtbare[2] Willenserklärung, die nicht empfangsbedürftig ist, jedoch wie die Anerkennung und die Zustimmung selbst nach § 1597 Abs. 1 BGB der öffentlichen Beurkundung bedarf. **3**

Sind der Anerkennende oder die Mutter **geschäftsunfähig**, so kann bei Minderjährigen nur der gesetzliche Vertreter und bei Volljährigen nur der Betreuer anerkennen bzw. die **4**

---

1 MüKo-BGB/*Wellenhofer*, § 1596 BGB Rn. 3
2 KG NJW-RR 1987, 388; Palandt/*Brudermüller*, § 1596 BGB Rn. 10

Zustimmung erklären. Diese Erklärung bedarf bei Minderjährigen der Genehmigung des Familiengerichts und bei Volljährigen der Genehmigung des Betreuungsgerichts.

5   Anders als die Zustimmung des gesetzlichen Vertreters bei beschränkt Geschäftsfähigen muss nach überwiegender Ansicht die gerichtliche Genehmigung wegen § 1831 BGB, der gem. § 1908i Abs. 1 BGB auch bei Betreuung entsprechend anwendbar ist, der Erklärung vorausgehen.[3] Funktionell zuständig für die Entscheidung über die Erteilung der Genehmigung ist der Rechtspfleger. Dieser wird vor seiner Entscheidung im Rahmen seiner Amtsermittlung klären müssen, ob die Genehmigungsvoraussetzungen vorliegen, insbesondere ob begründete oder schwerwiegende Zweifel an der Vaterschaft bestehen, denn bei solchen Zweifeln ist die Genehmigung zu versagen[4] und die Vaterschaftszuordnung der gerichtlichen Vaterschaftsfeststellung (§ 1600d BGB) vorzubehalten.

II. Keine oder beschränkte Geschäftsfähigkeit des Kindes (Abs. 2)

6   Für die nach § 1595 Abs. 2 BGB erforderliche Zustimmung des Kindes enthält § 1596 Abs. 2 BGB eine Sonderregelung.

Für ein geschäftsunfähiges Kind kann gem. § 1596 Abs. 2 Satz 1 BGB nur der gesetzliche Vertreter die Zustimmung erklären. Dies gilt auch für ein gem. § 104 BGB geschäftsunfähiges volljähriges Kind,[5] wobei gesetzlicher Vertreter dann der für diesen Wirkungskreis gerichtlich bestellte Betreuer ist. Ein nicht gem. § 104 BGB geschäftsunfähiges Kind kann ab Vollendung des 14. Lebensjahres nur selbst zustimmen, bedarf hierzu aber der Zustimmung des gesetzlichen Vertreters (§ 1596 Abs. 2 Satz 2 BGB).

III. Unter Betreuung stehende Personen (Abs. 3)

7   Die Einrichtung einer Betreuung (§ 1896 ff. BGB) berührt die Geschäftsfähigkeit des Betroffenen nicht. Ein **geschäftsfähiger** Betreuter kann die Anerkennung daher nur selbst erklären (§ 1596 Abs. 3 Satz 1 BGB). Er bedarf hierfür nur dann der Einwilligung des Betreuers, wenn insoweit ein Einwilligungsvorbehalt (§ 1903 BGB) angeordnet ist. Zwar handelt es sich bei der Anerkennung der Vaterschaft und der Zustimmung hierzu um höchstpersönliche Angelegenheiten. Sie gehören jedoch nicht zu den in § 1903 Abs. 2 BGB genannten Angelegenheiten, für die ein Einwilligungsvorbehalt ausgeschlossen wäre. § 1903 Abs. 2 BGB nimmt Bezug auf solche Angelegenheiten, für die ein beschränkt Geschäftsfähiger nicht der Zustimmung seines gesetzlichen Vertreters bedürfte. Für die Anerkennung oder die Zustimmung hierzu bedarf jedoch auch ein beschränkt Geschäftsfähiger nach § 1596 Abs. 2 Satz 2 BGB der Zustimmung des gesetzlichen Vertreters, so dass das Betreuungsgericht insoweit einen Einwilligungsvorbehalt anordnen kann.[6] Dies ist etwa dann von Bedeutung, wenn ein Betreuter beliebig viele Vaterschaften übernimmt, ohne als Vater wirklich in Betracht zu kommen.[7]

8   Ist die unter Betreuung stehende Person **geschäftsunfähig**, gelten für die Anerkennungserklärung und die Zustimmungserklärung der Mutter die Regelung des § 1596 Abs. 1 Satz 3 BGB, sodass die Erklärung durch den gesetzlichen Vertreter zu erfolgen hat, der hierzu der gerichtlichen Genehmigung bedarf. Für ein geschäftsunfähiges, unter Betreuung stehendes volljähriges Kind gilt die Regelung des § 1596 Abs. 2 Satz 1 BGB, so dass die Erklärung für das Kind nur durch den Betreuer als gesetzlicher Vertreter des Kindes abgegeben werden kann. Anders als bei der Anerkennungserklärung selbst und bei der Zu-

---

3 MüKo-*BGB/Wellenhofer*, § 1596 BGB Rn. 7, Palandt/*Brudermüller*, § 1596 BGB Rn. 4; a.A. Staudinger/*Rauscher*, § 1596 BGB Rn.10
4 MüKo-BGB/*Wellenhofer*, § 1596 BGB Rn. 9; Staudinger/*Rauscher*, § 1596 BGB Rn. 8
5 Staudinger/*Rauscher*, § 1596 BGB Rn. 21
6 *Gernhuber/Coester-Waltjen*, § 52 Rn. 59
7 Palandt/*Diederichsen*, § 1903 BGB Rn. 13

stimmungserklärung für die Mutter ist im Anwendungsbereich des § 1596 Abs. 2 BGB bei der Zustimmung für das Kind ein Vorbehalt der gerichtlichen Genehmigung nicht vorgesehen.[8]

IV. Höchstpersönlichkeit der Erklärung (Abs. 4)

Sowohl die Erklärung der Anerkennung der Vaterschaft als auch die Erklärung der Zustimmung hierzu kann nur höchstpersönlich erfolgen (Abs. 4). Auch wenn solche Erklärungen im Rahmen eines gerichtlichen Abstammungsverfahrens zur Niederschrift des Gerichts erfolgen (§ 180 FamFG), können sie nicht von einem Verfahrensbevollmächtigten, sondern nur von dem Verfahrensbeteiligten persönlich abgegeben werden. Eine Ausnahme vom Grundsatz der Höchstpersönlichkeit gilt bei Geschäftsunfähigen (Abs. 1 Satz 3).

9

§ 1597 BGB Formerfordernisse, Widerruf

(1) Anerkennung und Zustimmung müssen öffentlich beurkundet werden.

(2) Beglaubigte Abschriften der Anerkennung und aller Erklärungen, die für die Wirksamkeit der Anerkennung bedeutsam sind, sind dem Vater, der Mutter und dem Kind sowie dem Standesamt zu übersenden.

(3) ¹Der Mann kann die Anerkennung widerrufen, wenn sie ein Jahr nach der Beurkundung noch nicht wirksam geworden ist. ²Für den Widerruf gelten die Absätze 1 und 2 sowie § 1594 Abs. 3 und § 1596 Abs. 1, 3 und 4 entsprechend.

Übersicht

A. Allgemeines

§ 1597 enthält drei unterschiedliche Regelungsbereiche. In Abs. 1 wird das Formerfordernis der öffentlichen Beurkundung vorgeschrieben. Wegen der personenstandsrechtlichen Tragweite der Anerkennung der Vaterschaft soll durch die mit der öffentlichen Beurkundung verbundenen Hinweis- und Belehrungspflicht vermieden werden, dass eine Anerkennung der Vaterschaft unbedacht und vorschnell erklärt wird. Abs. 2 will gewährleisten, dass die von der Anerkennung der Vaterschaft betroffenen Personen über die Abgabe der für eine wirksame Anerkennung der Vaterschaft erforderlichen Erklärungen in Kenntnis gesetzt werden und das Standesamt die rechtliche Vaterschaftszuordnung im Geburtenbuch eintragen bzw. beischreiben kann. Die Regelung in Abs. 3 schützt den Anerkennenden davor, auf Dauer an seine Anerkennungserklärung gebunden zu sein, wenn die Anerkennung nicht innerhalb eines Jahres wirksam wird.

1

---

8 MüKo-BGB/*Wellenhofer*, § 1596 BGB Rn. 11

B. Inhalt der Norm

I. öffentliche Beurkundung (Abs. 1)

1. Beurkundungspflichtige Erklärungen

2 Die Formvorschrift des § 1597 erfasst:

- die Erklärung der Anerkennung der Vaterschaft
- die Erklärung der Zustimmung der Mutter
- die nach § 1592 Abs. 2 BGB ausnahmsweise erforderliche Zustimmungserklärung des Kindes,
- die Zustimmungserklärung des Ehemannes der Mutter bei einem scheidungsakzessorischen Statuswechsel nach § 1599 Abs. 2 BGB
- die Zustimmung des gesetzlichen Vertreters zur Vaterschaftsanerkennung durch einen beschränkt geschäftsfähigen minderjährigen Vater
- die Zustimmung des gesetzlichen Vertreters zur Zustimmungserklärung einer beschränkt geschäftsfähigen minderjährigen Mutter
- die Zustimmung des gesetzlichen Vertreters zur Zustimmungserklärung des minderjährigen, aber bereits mindestens 14 Jahre alten Kindes
- den Widerruf der Anerkennung nach § 1597 Abs. 3 BGB.

2. Beurkundungspersonen

3 Die Beurkundung kann wahlweise erfolgen durch

- Notare (§ 20 BNotO, § 1 Abs. 1 BeurkG),
- Rechtspfleger des Amtsgerichts (§ 62 Nr. 1 BeurkG, § 3 Nr. 1f RPflG),
- Standesbeamte (§ 29a Abs. 1 PStG, § 58 BeurkG),
- Urkundspersonen des Jugendamtes (§ 59 Abs. 1 Satz 1 Nr. 1 SGB VIII, § 59 BeurkG),
- den Richter in der Niederschrift über den Erörterungstermin in einem anhängigen Abstammungsverfahren (§ 180 FamFG) oder
- Konsularbeamte im Ausland nach Maßgabe der §§ 1, 2, 10, 19, 24 KonsularG.

4 Eine Erklärung zur Niederschrift des Gerichts im Rahmen eines anhängigen Verfahrens entspricht nur dann der Form des § 1597 Abs. 1 BGB, wenn sie im Rahmen eines Abstammungsverfahrens erfolgte. Erklärungen im Rahmen sonstiger Verfahrens – etwa eines Scheidungsverfahrens – wahren nicht die Form des § 1597 Abs. 1 FamFG, da § 180 FamFG eine spezielle Regelung für Abstammungsverfahren darstellt.[1]

3. Beurkundungsvorgang

5 Mit der Beurkundung wird eine öffentliche Urkunde i.S.v. §§ 415, 418 ZPO erstellt. Die Vornahme der Beurkundung unterliegt den Bestimmungen des BeurkG.[2] Die Beurkundungsperson hat gem. § 10 Abs. 2 Satz 1 BeurkG die Identität der zum Zwecke der Beurkundung erschienen Erklärungsperson zu prüfen. Kann die Beurkundungsperson sich hinsichtlich der Identität trotz der vorgelegten Dokumente keine Gewissheit über die erschienenen Personen verschaffen, muss sie die Beurkundung dennoch vornehmen, jedoch in

---

1 BGH FamRZ 2013, 944; OLG Frankfurt FamRZ 2012, 1735
2 Zu den bei der Beurkundung im Einzelnen zu beachtenden Anforderungen wird auf die umfassende Darstellung von Knittel, Beurkundungen im Kindschaftsrecht, 7. Aufl., Köln 2013, verwiesen.

der Niederschrift über die Beurkundung vermerken, welche Feststellungen sie zur Identifizierbarkeit getroffen hat und welche Zweifel verblieben sind. Es ist dann Sache der Behörde oder Stelle, für deren Handeln die Rechtswirksamkeit der Beurkundung Voraussetzung ist, die Identität des/der Erklärenden nachzuprüfen.[3]

Trotz solcher Zweifel an der Identität des die Vaterschaft anerkennenden Mannes ist die **6** Vaterschaft in das Geburtenbuch einzutragen, jedoch mit einem Zusatz, dass die Identität nicht nachgewiesen ist.[4] Zweifel an der Identität der Mutter rechtfertigen es nicht, die Beischreibung des die Vaterschaft anerkennenden Mannes als Vater des Kindes im Geburtenbuch abzulehnen,[5] es sei denn, es geben konkrete weitere Umstände Grund zu der Annahme, dass bereits eine Vaterschaftszuordnung für das Kind wegen zum Zeitpunkt der Geburt des Kindes bestehender Ehe der Kindesmutter vorliegt.[6]

4. ausländische Urkunden

Gem. Art. 11 Abs. 1 EGBGB ist ein Rechtsgeschäft formgültig, wenn es die Formerforder- **7** nisse des Rechts, das auf das seinen Gegenstand bildende Rechtsverhältnis anzuwenden ist, oder des Rechts des Staates erfüllt, in dem es vorgenommen wird. Diese Regelung gilt auch für familienrechtliche Rechtsgeschäfte, insbesondere auch für die Anerkennung der Vaterschaft.[7]

Unterliegt das Abstammungsstatut somit gem. Art. 19 EGBGB zumindest auch dem Recht **8** des Staates, in welchem die Anerkennung der Vaterschaft erklärt wurde, so ist es nach Art. 11 Abs. 1 Var. 1 EGBGB ausreichend, wenn die Erklärung dem nach dem Recht dieses Staates geltenden Formerfordernis entspricht. Unabhängig davon bewirkt Art. 11 Abs. 1 Var. 2 EGBGB nach überwiegender Ansicht, dass auch dann, wenn die Erklärung in einem Staat erfolgte, dessen Recht das Abstammungsstatut nicht unterliegt, die jeweilige Ortsform ausreicht.[8] Nach anderer Auffassung soll dies bei der Vaterschaftsanerkennung nur ausreichen, wenn eine Beurkundung durch eine Urkundsperson erfolgt ist, die nach ihrer Ausbildung und Stellung einer deutschen Beurkundungsperson vergleichbar ist.[9]

II. Benachrichtigungspflicht (Abs. 2)

Nach § 1597 Abs. 2 sind beglaubigte Abschriften der Anerkennung und aller Erklärungen, **9** die für die Wirksamkeit der Anerkennung bedeutsam sind, zu übersenden an

- den Vater, d.h. den Mann, der die Vaterschaft anerkannt hat,

- das betroffene Kind bzw. den gesetzlichen Vertreter, soweit das betroffene Kind noch nicht voll geschäftsfähig ist,

- die Mutter, und

- den Standesbeamten, der die Geburt des Kindes beurkundet hat; sofern die Geburt des Kindes nicht im Inland beurkundet wurde, ist die Abschrift an das Standesamt Berlin I zu senden (§ 29a Abs. 2 PStG).

Die Erklärungen selbst sind nicht empfangsbedürftig. Die Benachrichtigungspflicht dient **10** daher nicht zur Erfüllung eines Zugangserfordernisses und ist somit **nicht Wirksamkeitsvoraussetzung** der Erklärung. Sie dient lediglich dazu, alle Beteiligten von den Erklärun-

3 *Knittel*, Rn. 155
4 BayOblG NJW-RR 2005, 303
5 OLG Zweibrücken StAZ 2013, 87
6 OLG München FamRZ 2008, 2227
7 MüKo-BGB/*Spellenberg* Art. 11 EGBGB Rn.22; Staudinger/*Winkler von Mohrenfels*, Art. 11 EGBGB Rn. 88; OLG Hamm FamRZ 2005, 291
8 Staudinger/*Winkler von Mohrenfels*, Art. 11 EGBGB Rn. 128; Erman/*Hohloch*, Art. 11 EGBGB Rn. 23 ff.
9 Staudinger/*Rauscher*, § 1597 Rn. 13

gen in Kenntnis zu setzen und ihnen die Beurteilung zu ermöglichen, ob und wann eine wirksame Anerkennung der Vaterschaft eingetreten ist. Ferner ermöglicht sie den Beteiligten, das Vorliegen der jeweiligen Erklärungen erforderlichenfalls beweisen zu können.

11   Die Regelung unterliegt nicht der Disposition der Beteiligten, weshalb die beurkundende Stelle selbst dann nicht von der Übersendung absehen kann, wenn die Beteiligten dies ausdrücklich wünschen.[10] Die Übersendung oder Aushändigung einer beglaubigten Abschrift der Erklärung ist auch gegenüber demjenigen erforderlich, der die Erklärung selbst abgegeben hat.[11]

III. Widerruf der Anerkennung (Abs. 3)

12   Anders als das frühere Recht,[12] das nur eine befristete Geltung der Anerkenntniserklärung vorsah, wenn nicht innerhalb dieser Frist die erforderlichen Zustimmungserklärungen erfolgten, ist die Anerkennungserklärung nach dem seit dem 1.7.1998 geltenden Recht unbefristet wirksam. Der Anerkennende soll jedoch nicht auf Dauer an seine Anerkenntniserklärung gebunden sein, wenn die Anerkennung mangels Erteilung der erforderlichen Zustimmungen keine Wirksamkeit erlangt. Dem die Vaterschaft anerkennenden Mann räumt § 1597 Abs. 3 BGB daher die Möglichkeit ein, seine Anerkennung zu widerrufen, **wenn sie nicht binnen eines Jahres Wirksamkeit erlangt**, mithin wenn nicht innerhalb eines Jahres die erforderliche Zustimmung der Mutter und ausnahmsweise – bei fehlendem Sorgerecht der Mutter – auch die Zustimmungserklärung des Kindes vorliegt. Aber auch dann, wenn die Anerkennung deshalb keine Wirksamkeit erlangt, weil die Vaterschaft eines anderen Mannes noch nicht beseitigt wurde, tritt nach Ablauf der Jahresfrist das Widerrufsrecht ein.

13   Der **Widerruf** ist eine einseitige, nicht empfangsbedürftige Willenserklärung. Für sie gelten gem. Abs. 3 Satz 2 die gleichen Anforderungen, insbesondere das gleiche Formerfordernis, wie für die Anerkennungserklärung selbst.

14   Die Jahresfrist beginnt mit der Beurkundung der Anerkennung, und zwar auch dann, wenn wegen einer noch bestehenden Vaterschaftszuordnung zu einem anderen Mann die Anerkennung wegen § 1594 Abs. 2 BGB noch gar nicht wirksam werden kann.[13] Nach Eintritt der Wirksamkeit der Anerkennung durch Abgabe der erforderlichen Zustimmungserklärungen ist die Vaterschaftsanerkennung nicht mehr widerruflich.[14]

15   Ist die Anerkennung nach Ablauf der Jahresfrist wirksam widerrufen worden, kann eine dann gleichwohl noch erklärte Zustimmung zur Anerkennung nicht mehr zur wirksamen Vaterschaftsanerkennung führen. Denkbar ist aber, dass eine bereits widerrufene Anerkennung der Vaterschaft nochmals erklärt wird. Für diese kann dann die erklärte Zustimmung relevant werden.[15]

10 Palandt/*Brudermüller*, § 1597 BGB Rn. 4
11 Palandt/*Brudermüller*, § 1597 BGB Rn. 3; NK-BGB/*Gutzeit*, § 1597 BGB Rn. 5
12 § 1600e Abs. 3 BGB in der vor dem 1. 7.1998 geltenden Fassung
13 NK-BGB/*Gutzeit*, § 1597 BGB Rn. 8
14 OLG Brandenburg FamRZ 2000, 548
15 Palandt/*Brudermüller*, § 1597 BGB Rn. 5; NK-BGB/*Gutzeit*, § 1597 BGB Rn. 7

§1598 BGB Unwirksamkeit von Anerkennung, Zustimmung und Widerruf

(1) Anerkennung, Zustimmung und Widerruf sind nur unwirksam, wenn sie den Erfordernissen der vorstehenden Vorschriften nicht genügen.

(2) Sind seit der Eintragung in ein deutsches Personenstandsregister fünf Jahre verstrichen, so ist die Anerkennung wirksam, auch wenn sie den Erfordernissen der vorstehenden Vorschriften nicht genügt.

Übersicht

A. Allgemeines

Abs. 1 enthält eine **abschließende Regelung** der zur Unwirksamkeit führenden Erklärungsmängel. Anerkennung, Zustimmung oder der Widerruf sind nur dann unwirksam, wenn sie den Anforderungen der §§ 1594 bis 1597 BGB nicht genügen. Andere Gründe – etwa die Regelungen der §§ 117, 118, 134, 138 BGB – bewirken keine Unwirksamkeit der Anerkennung. Es berührt daher die Wirksamkeit der Anfechtung nicht, wenn der Zeugung des Kindes ein – in Deutschland verbotener – Leihmutterschaftsvertrag zugrunde lag.[1] Auch die bewusst wahrheitswidrige Anerkenntniserklärung ist wirksam (näher hierzu *Grün*, § 1594 BGB Rn. 3). **1**

Eine Anfechtung der Anerkennung oder Zustimmung wegen Irrtums, Täuschung oder Drohung (§§ 119, 123 BGB) führt nicht zur Unwirksamkeit der Erklärung. Derartige Willensmängel des Anerkennenden können jedoch im Rahmen eines fristgerecht eingeleiteten Verfahrens auf Anfechtung der Vaterschaft Bedeutung erlangen. Allerdings führt nicht bereits der Irrtum des Erklärenden zur Feststellung der Nichtvaterschaft, sondern maßgeblich ist, ob das Kind von dem Mann, der die Vaterschaft anerkannt hat, tatsächlich abstammt. Wenn das Kind von diesem Mann abstammt, hat die Anfechtung der Vaterschaft selbst dann keinen Erfolg, wenn die Anerkennung der Vaterschaft auf einem Irrtum oder einer Drohung beruhte.[2] Bei Vorliegen eines Willensmangels nach §§ 119 Abs. 1, 123 BGB gilt im Anfechtungsverfahren jedoch nach § 1600c Abs. 2 BGB ein die Anfechtung erleichternder Beweismaßstab (näher hierzu *Grün*, § 1600c BGB Rn. 9 ff.). **2**

B. Inhalt der Norm

I. Die Wirksamkeitsmängel im Einzelnen (Abs. 1)

Eine Anerkennung ist gem. § 1594 Abs. 2 BGB solange nicht wirksam, wie die Vaterschaft eines anderen Mannes besteht. Dieser Wirksamkeitsmangel ist beseitigt, sobald die Vaterschaftszuordnung zu dem anderen Mann beseitigt ist. Dies kann durch ein Vaterschaftsanfechtungsverfahren bewirkt werden, wenn die gerichtliche Entscheidung rechtskräftig die Nichtvaterschaft des bisher als Vater geltenden Mannes feststellt (§ 1599 Abs. 1 BGB) oder – wenn das Kind nach Anhängigkeit eines Scheidungsverfahrens geboren wird – durch ein scheidungsakzessorisches Anerkenntnis der Vaterschaft nach § 1599 Abs. 2 BGB. **3**

---

1 AG Nürnberg JAmt 2010, 82
2 *Rauscher*, FPR 2002, 359, 363, 367

4 Ferner ist eine Anerkennungs-, Zustimmungs- und/oder Widerrufserklärung unwirksam, wenn

- die Erklärung inhaltlich unklar oder nicht eindeutig ist,

- die Erklärung entgegen § 1597 Abs. 1 BGB nicht öffentlich beurkundet ist,

- die Erklärung unter einer Bedingung oder Zeitbestimmung abgegeben wurde (§§ 1594 Abs. 3, 1595 Abs. 3 BGB),

- die Erklärung entgegen § 1596 Abs. 4 BGB von einem Bevollmächtigten abgegeben wurde,

- die Anerkennung eines beschränkt geschäftsfähigen minderjährigen Vaters entgegen § 1596 Abs. 1 Satz 1 BGB nicht durch diesen selbst erfolgte,

- die Anerkennung eines beschränkt geschäftsfähigen minderjährigen Vaters ohne Zustimmung des gesetzlichen Vertreters erfolgte (§ 1596 Abs. 1 Satz 2 BGB),

- der Anerkennende, der die Erklärung selbst abgegeben hat, geschäftsunfähig war (§ 1596 Abs. 1 Satz 3 BGB),

- die Anerkennung eines geschäftsunfähigen Mannes von einem Dritten abgegeben wurde, der aber nicht der gesetzliche Vertreter des Mannes ist (§ 1596 Abs. 1 Satz 3 BGB),

- der gesetzliche Vertreter eines geschäftsunfähigen Mannes die Anerkennung ohne Genehmigung des Familien- bzw. Betreuungsgerichts erklärt hat (§ 1596 Abs. 1 Satz 3 HS 2 BGB),

- die Zustimmung der Mutter fehlt (§ 1595 Abs. 1 BGB),

- die Zustimmung einer beschränkt geschäftsfähigen minderjährigen Mutter nicht durch diese selbst erfolgte (§ 1596 Abs. 1 Satz 1 und 4 BGB),

- die Zustimmung einer beschränkt geschäftsfähigen minderjährigen Mutter ohne Zustimmung des gesetzlichen Vertreters erfolgte (§ 1596 Abs. 1 Satz 2 und 4 BGB),

- die Mutter bei der Erklärung der Zustimmung geschäftsunfähig war (§ 1596 Abs. 1 Satz 3 und 4 BGB),

- für die geschäftsunfähige Mutter ein Dritter, der nicht der gesetzliche Vertreter der Mutter ist, die Zustimmung erklärt hat (§ 1596 Abs. 1 Satz 3 und 4 BGB)

- für die geschäftsunfähige Mutter der gesetzliche Vertreter die Zustimmung ohne Genehmigung des Familien- bzw. Betreuungsgerichts erklärt hat (§ 1596 Abs. 1 Satz 3 und 4 BGB),

- die gem. § 1595 Abs. 2 BGB ausnahmsweise erforderliche Zustimmung des Kindes fehlt,

- die gem. § 1595 Abs. 2 BGB ausnahmsweise erforderliche Zustimmung eines mindestens 14 Jahre alten Kindes nicht von dem Kind selbst erteilt wurde (§ 1596 Abs. 2 Satz 2 BGB),

- die gem. § 1595 Abs. 2 BGB ausnahmsweise erforderliche Zustimmung eines mindestens 14 Jahre alten, aber noch nicht volljährigen Kindes zwar von dem Kind erklärt wurde, es aber an der Zustimmung des gesetzlichen Vertreters fehlt (§ 1596 Abs. 2 Satz 2 BGB),

- die gem. § 1595 Abs. 2 BGB ausnahmsweise erforderliche Zustimmung für ein geschäftsunfähiges oder unter 14 Jahre alten Kindes von dem Kind selbst erklärt wurde (§ 1596 Abs. 2 Satz 1 BGB),

- die gem. § 1595 Abs. 2 BGB ausnahmsweise erforderliche Zustimmung für das geschäftsunfähige oder unter 14 Jahre alte Kind nicht von demjenigen erklärt wurde, der insoweit gesetzlicher Vertreter des Kindes ist (§ 1596 Abs. 2 Satz 1 BGB),
- die Vaterschaftsanerkennung nach § 1597 Abs. 3 BGB wirksam widerrufen wurde,
- eine erforderliche Zustimmung erst erklärt wird, nachdem bereits ein wirksamer Widerruf der Anerkennung nach § 1597 Abs. 3 BGB beurkundet wurde.

II. Heilung (Abs. 2)

Eine Unwirksamkeit wird gem. § 1598 Abs. 2 BGB geheilt, wenn die Vaterschaft aufgrund der Anerkennung **seit mindestens fünf Jahren in einem deutschen Personenstandsregister eingetragen ist**. Die Eintragung in ein ausländisches Personenstandsbuch hat diese Heilungswirkung nicht. Die Fünfjahresfrist ist nach §§ 187, 188 Abs. 2 BGB zu berechnen. Sie beginnt mit der Eintragung. Für eine Eintragung in einem Personenstandsbuch der ehemaligen DDR begann die Heilungsfrist erst nach dem 3.10.1990 zu laufen.[3] Die Eintragung muss während der Fünfjahresfrist ununterbrochen bestanden haben. Auf diese Weise kann z.B. geheilt werden, dass es an einer wirksamen Vaterschaftsanerkennung fehlte. Wenn etwa anlässlich der Eheschließung der Eltern das Kind in das Familienbuch eingetragen wurde, obwohl es hinsichtlich des vorehelich geborenen Kindes an einer Vaterschaftsanerkennung fehlte, tritt nach fünf Jahren die Heilung dieses Mangels ein.[4]

Nicht heilbar durch Abs. 2 ist ein **Verstoß gegen die Anerkennungssperre des § 1594 Abs. 2 BGB**. Eine bei Anerkennung bereits bestehende Vaterschaftszuordnung zu einem anderen Mann geht – solange sie besteht – jeder anderen Vaterschaftszuordnung vor.[5] Deshalb ist auch nicht heilbar, wenn ein scheidungsakzessorischer Statuswechsel nach § 1599 Abs. 2 BGB eingetragen wurde, obwohl die Zustimmung des Ehemannes zur Vaterschaftsanerkennung fehlte oder es zur rechtskräftigen Scheidung der Ehe nicht gekommen ist. Denn heilbar sind nur Mängel bei der Vaterschaftsanerkennung, nicht jedoch Mängel bei der Beseitigung einer vormaligen Vaterschaftszuordnung. Wenn es im Rahmen des § 1599 Abs. 2 BGB an der Zustimmung des Ehemannes oder an der rechtskräftigen Scheidung fehlt, gilt weiterhin die Vaterschaftszuordnung des § 1592 Nr. 1 BGB zum (vormaligen) Ehemann der Kindesmutter, weshalb wegen § 1594 Abs. 2 BGB die Vaterschaftsanerkennung nicht wirksam werden kann.

C. Streit über die Wirksamkeit der Anerkennung

Besteht Streit über die Frage der Wirksamkeit oder Unwirksamkeit einer Anerkennung, kann bei Gericht ein **Antrag auf Feststellung der Wirksamkeit oder Unwirksamkeit der Anerkennung** eingereicht werden (§ 169 Nr. 1 FamFG). Dabei können jedoch nur Unwirksamkeitsgründe geltend gemacht werden, die auf §§ 1594 bis 1597 BGB beruhen, da andere Mängel die Wirksamkeit der Anerkennung nicht berühren (siehe oben Rn. 1).

Bei dem gerichtlichen Feststellungsverfahren nach § 169 Nr. 1 FamFG geht es – anders als im Vaterschaftsanfechtungsverfahren – nicht um die Anfechtung der Vaterschaft, sondern um die Frage, ob die Vaterschaftsanerkennung von vornherein unwirksam war, weil sie den Anforderungen der §§ 1594 bis 1597 BGB nicht genügte. Der Antrag auf Feststellung der Unwirksamkeit greift nicht mehr durch, wenn die Mängel bei Einreichung des Antrags bereits gem. § 1598 Abs. 2 BGB geheilt sind.

---

3 Staudinger/*Rauscher*, § 1598 BGB Rn. 15
4 OLG München FamRZ 2011, 1309
5 OLG Köln StAZ 2014, 113; OLG München StAZ 2012, 208

9 Die Heilungsfrist des Abs. 2 läuft nicht weiter, wenn ein Antrag auf Feststellung der Unwirksamkeit der Anerkennung anhängig gemacht oder ein Antrag auf Berichtigung des Geburtenbuches nach § 48 Abs. 2 PStG gestellt wird.[6]

10 Bestehen hinreichende Gründe für die Annahme, dass das Kind nicht von dem Mann abstammt, der die Anerkennung erklärt hat, sollte unabhängig von dem Antrag auf Feststellung der Unwirksamkeit der Anerkennung innerhalb der Anfechtungsfrist des § 1600b BGB auch ein Verfahren auf Anfechtung der Vaterschaft betrieben werden. Denn die Anfechtungsfrist des § 1600b BGB wird nur durch einen Antrag auf Feststellung der Nichtvaterschaft nach § 1599 Abs. 1 BGB gewahrt.

§ 1598a BGB Anspruch auf Einwilligung in eine genetische Untersuchung zur Klärung der leiblichen Abstammung

(1) ¹Zur Klärung der leiblichen Abstammung des Kindes können

1. der Vater jeweils von Mutter und Kind,
2. die Mutter jeweils von Vater und Kind und
3. das Kind jeweils von beiden Elternteilen

verlangen, dass diese in eine genetische Abstammungsuntersuchung einwilligen und die Entnahme einer für die Untersuchung geeigneten genetischen Probe dulden. ²Die Probe muss nach den anerkannten Grundsätzen der Wissenschaft entnommen werden.

(2) Auf Antrag eines Klärungsberechtigten hat das Familiengericht eine nicht erteilte Einwilligung zu ersetzen und die Duldung einer Probeentnahme anzuordnen.

(3) Das Gericht setzt das Verfahren aus, wenn und solange die Klärung der leiblichen Abstammung eine erhebliche Beeinträchtigung des Wohls des minderjährigen Kindes begründen würde, die auch unter Berücksichtigung der Belange des Klärungsberechtigten für das Kind unzumutbar wäre.

(4) ¹Wer in eine genetische Abstammungsuntersuchung eingewilligt und eine genetische Probe abgegeben hat, kann von dem Klärungsberechtigten, der eine Abstammungsuntersuchung hat durchführen lassen, Einsicht in das Abstammungsgutachten oder Aushändigung einer Abschrift verlangen. ²Über Streitigkeiten aus dem Anspruch nach Satz 1 entscheidet das Familiengericht.

Übersicht

---

6 MüKo-BGB/*Wellenhofer*, § 1598 BGB Rn. 23

A. Allgemeines

I. Normzweck

Die Regelung des § 1598a BGB ist mit dem Gesetz zur **Klärung der Vaterschaft unabhängig vom Anfechtungsverfahren** vom 26.3.2008[1] geschaffen worden und am 1.4.2008 in Kraft getreten. Seitdem können zur Klärung der leiblichen Abstammung eines Kindes der Vater, die Mutter und das Kind vom jeweils anderen gesetzlichen Elternteil bzw. das Kind von beiden Eltern verlangen, dass diese in eine genetische Abstammungsuntersuchung einwilligen und die Entnahme einer für die Untersuchung geeigneten genetischen Probe dulden (Abs. 1). Wird die Einwilligung in die Abstammungsuntersuchung bzw. Entnahme der Probe nicht erteilt, hat das Familiengericht auf Antrag eines Klärungsberechtigten die Einwilligung zu ersetzen und erforderlichenfalls die Duldung zur Probeentnahme anzuordnen (Abs. 2), sofern das Verfahren nicht zur Abwendung einer erheblichen Beeinträchtigung des Kindeswohls auszusetzen ist (Abs. 3). Wer in eine genetische Abstammungsuntersuchung einwilligt und eine genetische Probe abgegeben hat, kann von dem Klärungsberechtigten sowohl Einsicht in das Gutachten als auch die Aushändigung einer Abschrift des Gutachtens verlangen (Abs. 4).

1

II. Normgeschichte

Zur Schaffung eines solchen statusneutralen Klärungsverfahrens wurde der Gesetzgeber durch eine Entscheidung des BVerfG vom 13.2.2007 veranlasst,[2] die auf eine Verfassungsbeschwerde gegen die Rechtsprechung des BGH über die Unzulässigkeit und Unverwertbarkeit heimlicher Vaterschaftstests erging.[3] Das BVerfG ist in Übereinstimmung mit dem BGH der Ansicht, dass heimlich eingeholte Vaterschaftstests das Persönlichkeitsrecht des Kindes in seiner Ausformung als informationelles Selbstbestimmungsrecht und das von Art. 6 Abs. 2 GG geschützte Sorgerecht der Mutter verletzen. Das allgemeine Persönlichkeitsrecht umfasst jedoch auch das Recht auf Kenntnis davon, ob eine rechtliche Vaterschaftszuordnung auch der tatsächlichen Abstammung entspricht. Der Gesetzgeber wurde daher vom Bundesverfassungsgericht angehalten, ein rechtsförmiges Verfahren zu schaffen, mit welchem eine Klärung der **Abstammung eines Kindes von seinem rechtlichen Vater** unter erleichterten Voraussetzungen durchgesetzt werden kann, **ohne daran zugleich Folgen für den rechtlichen Status des Kindes zu knüpfen**.

2

Mit der Regelung des § 1598a BGB ist der Gesetzgeber diesem Auftrag nachgekommen. Mit dem Anspruch auf Einwilligung in eine Abstammungsuntersuchung sollen das Recht auf Kenntnis der Abstammung und das Recht auf informationelle Selbstbestimmung in einen angemessenen Ausgleich gebracht werden.

3

---

1 BGBl. I S. 441
2 FamRZ 2007, 441
3 BGH FamRZ 2005, 340; FamRZ 2005, 342

B. Inhalt der Norm

I. Anspruch des Klärungsberechtigten (Abs. 1)

1. Klärungsgegenstand

4   Gegenstand des Anspruchs ist das Klärungsverlangen, ob die genetische Abstammung des Kindes mit der rechtlichen Elternschaft übereinstimmt. Die Klärung der Abstammung erfolgt dabei nicht durch das Gericht, sondern das Gericht verhilft dem Klärungsberechtigten lediglich dazu, dass die Klärungsverpflichteten an einem vom Klärungsberechtigten privat einzuholenden Abstammungsgutachten mitwirken.[4] Dabei unterscheidet der Wortlaut des § 1598a BGB nicht zwischen väterlicher und mütterlicher Abstammung. Nach überwiegender Ansicht eröffnet die Regelung daher auch eine **statusneutrale Klärung der Mutterschaft**, mithin die Einwilligung in ein Abstammungsgutachten zu der Frage, ob die Frau, die das Kind geboren hat, auch die genetische Mutter des Kindes ist.[5] Ob dies dem Willen des Gesetzgebers entsprach, muss jedoch mit Blick auf die Gesetzesmotive und die Gesetzessystematik bezweifelt werden. Der Gesetzgeber hatte mit Schaffung dieser Regelung lediglich dem Auftrag des BVerfG folgend eine statusneutrale Klärung dahingehend ermöglichen wollen, ob das Kind von dem rechtlichen Vater abstammt, was schon durch den Namen des Gesetzes, mit welchem diese Regelung geschaffen wurde, zum Ausdruck kommt.[6]

2. Anspruchsberechtigte

5   **Anspruchsberechtigte** sind der rechtliche Vater, die Mutter und das Kind. Der potentielle leibliche Vater ist vom Klärungsverfahren ausgeschlossen.[7] Denn § 1598a BGB ermöglicht nur die Klärung, ob die **bestehende rechtliche Zuordnung mit der genetischen Abstammung übereinstimmt**, nicht jedoch die Klärung, von welchem Dritten das Kind abstammt. Diesen Ausschluss des potentiellen leiblichen Vaters hat das BVerfG als verfassungsgemäß gebilligt.[8]

3. Anspruchsgegner

6   Der Anspruch kann nur **gegen den rechtlichen Vater, die Mutter und das Kind** geltend gemacht werden. Es kann über § 1598a BGB **nicht ein Dritter in Anspruch genommen** werden, um zu klären, ob dieser Dritte der Vater des Kindes ist.[9]

7   Ungeregelt ist, was gilt, wenn einer der in § 1598a Abs. 1 BGB genannten **Anspruchsgegner** bereits **verstorben** ist. Mit Blick auf die verfassungsgerichtlichen Vorgaben, die zur Schaffung des statusneutralen Klärungsverfahrens geführt haben, ist nach verbreiteter Ansicht der Anspruch in entsprechender Anwendung des § 1598a BGB dann gegen die Personen eröffnet, deren Mitwirkung an Stelle derjenigen des Verstorbenen an einer Abstammungsklärung erforderlich ist.[10] Da über die Einwilligung in eine für die Untersuchung erforderliche Probeentnahme – erforderlichenfalls nach Durchführung einer Exhumierung – die **Totenfürsorgeberechtigten** entscheiden, müsste sich der Anspruch nach

---

4 *Wellenhofer*, NZFam 2014, 117, 118
5 So z.B. *Wellenhofer*, NJW 2008, 1185, 1189; *Helms*, FamRZ 2008, 1033;*Borth*, FPR 2007, 381, 382; *Gernhuber/Coester-Waltjen*, § 51 Rdn 7-9; MüKo-BGB/*Wellenhofer*, § 1598a BGB Rn. 14.; Palandt/*Diederichsen*, § 1598a BGB Rn. 6
6 Gesetz zur Klärung der Vaterschaft unabhängig vom Anfechtungsverfahren
7 OLG Nürnberg FamRZ 2013, 227: OLG Karlsruhe FamRZ 2010, 221
8 BVerfG FamRZ 2008, 2257
9 OLG Nürnberg FamRZ 2014, 404; OLG Frankfurt ZKJ 2010, 72
10 Staudinger/*Rauscher*, § 1598a BGB Rn. 16; *Wellenhofer*, NJW 2008, 1185, 1189; *Gernhuber/Coester-Waltjen*, § 52 Rdn. 23

§1598a BGB gegen diese richten.[11] Hierzu wäre eine gesetzliche Klarstellung zu wünschen.[12]

4. Anspruchsvoraussetzungen

Der Anspruch ist bewusst **niederschwellig** ausgestaltet und an keine besonderen **Voraussetzungen** gebunden.[13] Es reicht aus, dass der Klärungsberechtigte sein Klärungsverlangen geltend macht. Er muss dabei nicht darlegen, welche Zweifel er an der tatsächlichen Abstammung vom rechtlichen Vater hat. Abgesehen vom Fall des Abs. 3 gibt es keinen Entscheidungsspielraum für den in Anspruch genommenen Betroffenen.[14]

8

Das Gesetz definiert mit der Benennung der Einwilligungs- und Mitwirkungspflichtigen von vornherein, dass Vater, Mutter und Kind in die Abstammungsbegutachtung einzubeziehen sind. Eine gesonderte Prüfung, ob im Einzelfall die Einbeziehung aller dieser Personen für die Klärung erforderlich ist, sieht das Gesetz nicht vor. Der vereinzelt vertretenen Ansicht, eine verfassungskonformen Auslegung des §1598a BGB gebiete es, die Kindesmutter nur dann für anspruchsverpflichtet zu erachten, wenn deren Mitwirkung an der Klärung der Abstammung im Einzelfall tatsächlich erforderlich ist,[15] kann nicht gefolgt werden. Sie verkennt, dass ein Abstammungsgutachten hinsichtlich der positiven Feststellung der Vaterschaft stets das Ergebnis einer Wahrscheinlichkeitsrechnung ist. Selbst eine hohe Wahrscheinlichkeit verliert an Aussagekraft, wenn sie nicht auch die Untersuchungsergebnisse der Mutter einbezieht.[16] Ob das Kind von dem rechtlichen Vater abstammt oder ob dieser als Vater ausgeschlossen ist, lässt sich am sichersten dadurch beurteilen, dass die DNA Merkmale des Kindes mit denen von Vater und Mutter verglichen werden. Die Mutter ist daher nach Möglichkeit stets in das Abstammungsgutachten einzubeziehen.

9

Der Anspruch findet seine **Grenzen nur im Rechtsmissbrauch**, die aber nur in seltenen Ausnahmefällen überschritten ist.[17] Rechtsmissbräuchlich ist es, die Einwilligung in ein Abstammungsgutachten zu verlangen, wenn bereits aus einem früheren gerichtlichen Verfahren ein die Abstammung klärendes Abstammungsgutachten vorliegt.[18] Allein, dass die fehlende Abstammung vom rechtlichen Vater zwischen den Beteiligten unstreitig ist, steht dem Klärungsverfahren jedoch nicht entgegen. Auch dann kann der Klärungsberechtigte die Einwilligung in ein genetisches Abstammungsgutachten verlangen, um sich Gewissheit zu verschaffen.[19]

10

Die Geltendmachung des Anspruchs nach §1598a BGB ist an **keine Frist** gebunden. Der Anspruch kann nicht verjähren (§194 Abs. 2 BGB). Eine Vereinbarung eines Verzichts auf den Anspruch auf Klärung der Abstammung ist gem. §138 BGB unwirksam. Da das Recht auf Kenntnis der Abstammung Bestandteil des verfassungsrechtlich geschützten allgemeinen Persönlichkeitsrechts ist, entfaltet es keine Bindungswirkung für die Zukunft, wenn ein Klärungsberechtigter sich verpflichtet, auf sein Recht auf Kenntnis der eigenen Abstammung zu verzichten.[20]

11

---

11 Kritisch hierzu Palandt/*Brudermüller*, §1598a BGB Rn. 7
12 Vgl. auch *Helms*, FamRZ 2008, 1033, 1034
13 OLG Koblenz FamRZ 2014, 406; OLG München FamRZ 2011, 1878
14 OLG Karlsruhe FamRZ 2012, 1148
15 OLG Brandenburg FamRZ 2010, 1817
16 Staudinger/*Rauscher*, §1598a BGB Rn. 15
17 OLG München FamRZ 2011, 1878
18 OLG Stuttgart FamRZ 2010, 53
19 OLG Düsseldorf JAmt 2011, 31
20 Vgl. hierzu auch OLG Nürnberg FamRZ 2014, 1214

II. Anspruchsinhalt (Abs. 2)

12   Der Klärungsberechtigte hat Anspruch auf **Einwilligung** in eine genetische Abstammungsuntersuchung und auf **Duldung** der Entnahme einer für die Untersuchung geeigneten genetischen Probe. Einwilligung bedeutet die vorherige Zustimmung zur Abstammungsbegutachtung, nicht die nachträgliche Genehmigung. Die **Verpflichtung zur Duldung** der für die Untersuchung erforderlichen Probeentnahme umfasst nicht nur die Verpflichtung, die Probeentnahme passiv hinzunehmen, sondern der Anspruchsgegner ist auch verpflichtet, **an der Probeentnahme aktiv mitzuwirken**, indem er sich zur Probeentnahme begeben und dort seine Identität offenlegen muss.

13   Ein Anspruch auf Einwilligung und Duldung besteht jedoch nur hinsichtlich einer Probeentnahme und eines Abstammungsgutachtens, das dem Stand der Wissenschaft entspricht. Die Probeentnahme und die Erstellung des Gutachtens müssen den Anforderungen des Gendiagnostikgesetzes und der Richtlinie der Gendiagnostik-Kommission für die Anforderungen an die Durchführung genetischer Analysen zur Klärung der Abstammung[21] entsprechen. Deshalb muss das Gericht prüfen, ob die vom Klärungsberechtigten vorgesehene Abstammungsuntersuchung dem Stand der Wissenschaft entspricht. Dies ist immer dann anzunehmen, wenn eine Abstammungsuntersuchung auf der Grundlage der Richtlinien der Gendiagnostik-Kommission für die Anforderungen an die Durchführung genetischer Analysen zur Klärung der Abstammung[22] erfolgen soll.

III. Aussetzung des Verfahrens (Abs. 3)

14   Nach § 1598a Abs. 3 BGB hat das Gericht das Verfahren **auszusetzen**, wenn und solange die Klärung der leiblichen Abstammung eine **erhebliche Beeinträchtigung des Wohls des minderjährigen Kindes** begründen würde, die auch unter Berücksichtigung der Belange des Klärungsberechtigten für das Kind unzumutbar wäre. Eine solche Aussetzung kommt nur während der Minderjährigkeit des betroffenen Kindes in Betracht, und auch dann nur in besonderen Härtefällen. Hierzu bedarf es ganz außergewöhnlicher Umstände, welche atypisch sind und schwerwiegende Folgen für das Kind auslösen können,[23] etwa eine konkrete Suizidgefahr oder eine gravierende Verschlechterung einer bereits bestehenden schweren Erkrankung.[24] Eine durch einen Loyalitätskonflikt ausgelöste Neurodermitis reicht hierzu nicht aus,[25] auch nicht eine psychische Beeinträchtigung, wie sie der Verlust des Vaters ohnehin mit sich bringt.[26]

15   Wenn Umstände i.S.v. Abs. 3 geltend gemacht werden oder dem Gericht ersichtlich sind, empfiehlt es sich, gem. § 176 Abs. 1 Satz 2 FamFG das Jugendamt anzuhören.

IV. Gegenanspruch des Klärungsverpflichteten (Abs. 4)

16   Dem Klärungspflichtigen wird durch § 1598a Abs. 4 BGB der Anspruch gegen den Klärungsberechtigten eingeräumt, Einsicht in das Abstammungsgutachten zu nehmen oder eine Abschrift des Abstammungsgutachtens zu erhalten. Dieser Anspruch besteht auch dann, wenn der Klärungspflichtige nicht selbst die Einwilligung erteilt hat, sondern die Einwilligung durch das Gericht ersetzt wurde.

---

21 Bundesgesundheitsblatt 2013 S. 169 ff.
22 Vgl. Bundesgesundheitsblatt 2013 S. 169 ff.
23 OLG Koblenz FamRZ 2014, 406; OLG Karlsruhe FamRZ 2012, 1734 und FamRZ 2012, 1148
24 Palandt/*Brudermüller,* § 1598a BGB Rn. 10
25 OLG Schleswig FamRZ 2011, 1805
26 OLG Koblenz FamRZ 2014, 406

C. Verfahren

I. Allgemeines

Das Verfahren ist gem. § 169 Nr. 2 und 3 FamFG eine **Abstammungssache**, so dass die 17
verfahrensrechtlichen Vorschriften des FamFG und die besonderen Regelungen für Abstammungssachen (§§ 169 ff. FamFG) Anwendung finden. Die örtliche Zuständigkeit richtet sich nach § 170 Abs. 1 FamFG. Es handelt sich um ein Antragsverfahren (§ 171 FamFG). Beteiligte des Verfahrens sind neben dem Antragsteller die beiden klärungsverpflichteten Personen (§ 172 FamFG). Dritte können nicht Beteiligte des Verfahrens sein. Wenn man der Ansicht folgt, dass sich der Anspruch bei einer bereits verstorbenen Person gegen die Totensorgeberechtigten richtet (siehe oben Rn. 7), sind diese Beteiligte des Verfahrens. Gemäß § 1629 Abs. 2a BGB sind die Eltern in einem Klärungsverfahren nach § 1598a BGB von der Vertretung des minderjährigen Kindes ausgeschlossen, so dass für das Kind ein **Ergänzungspfleger** zu bestellen ist.

II. Antragsinhalt

Der Antrag auf Ersetzung der Einwilligung muss darlegen, dass das Kind dem beteiligten 18
rechtlichen Vater zugeordnet ist, der Antragsteller die Klärung der leiblichen Abstammung herbeiführen will und die Anspruchsgegner vergeblich aufgefordert wurden, die hierfür erforderliche Einwilligung zu erteilen. Ferner sollte dargelegt werden, bei welchem Institut der Antragsteller die Abstammungsuntersuchung in Auftrag geben will. Denn das Gericht darf nur die Einwilligung in eine solche Abstammungsuntersuchung ersetzen, die den gesetzlichen Anforderungen und dem Stand der Wissenschaft entspricht (siehe oben Rn. 13).

III. Verfahrensgang

Das Gericht soll gem. § 175 Abs. 2 FamFG vor einer Entscheidung über die Ersetzung der 19
Einwilligung in eine genetische Abstammungsuntersuchung und die Anordnung der Duldung der Probeentnahme die Eltern und das Kind, das das 14. Lebensjahr vollendet hat, persönlich anhören. Ein jüngeres Kind kann das Gericht persönlich anhören. Im Zusammenwirken mit § 34 Abs. 1 Nr. 2 FamFG folgt aus der Sollvorschrift des § 175 Abs. 2 FamFG die Verpflichtung zur persönlichen Anhörung der Eltern und des über 14 Jahre alten Kindes.[27] Zwar ist für die persönliche Anhörung nicht zwingend die Durchführung eines gemeinsamen Erörterungstermins erforderlich. Dies empfiehlt sich aber vor dem Hintergrund, dass ein Klärungsverfahren i.S.v. § 1598a BGB auch mit einem gerichtlichen Vergleich beendet werden kann (vgl. § 96a Abs. 1 Satz 1 FamFG).

IV. Entscheidung des Gerichts

Das Gericht **entscheidet durch Beschluss**. Bei der Ersetzung der Einwilligung sollte aus 20
dem Beschlusstenor hervorgehen, für welche konkrete Untersuchung die Einwilligung ersetzt wird und welche Art der Probeentnahme zu dulden ist. Enthält die gerichtliche Entscheidung hierzu keine Aussage, kann sich im Vollstreckungsverfahren die Frage stellen, ob die vorgesehene Abstammungsuntersuchung dem Stand der Wissenschaft entspricht. Bei der Entscheidung über den Anspruch des Klärungspflichtigen auf Einsicht bzw. Übergabe einer Abschrift des Gutachtens bedarf es der konkreten Bezeichnung des Abstammungsgutachtens.

Die **Kostenentscheidung** richtet sich nach § 81 FamFG. Das Gericht hat über die Kosten 21
des Verfahrens nach billigem Ermessen zu entscheiden. Bei der Ermessensausübung darf in einer Abstammungssache nicht allein auf den Erfolg des Antrags oder der Verteidigung

---

27 MüKo-FamFG/*Coester-Waltjen/Hilbig-Lugani,* § 175 FamFG Rn. 8

gegen den Antrag abgestellt werden,[28] sondern es sind alle Umstände in die Abwägung einzubeziehen. Da die Voraussetzungen des Klärungsanspruchs jedoch niederschwellig ausgestaltet sind, kann eine mutwillige Verweigerung der Einwilligung in die Abstammungsuntersuchung eine Anordnung der Kostenerstattung rechtfertigen.[29]

Der **Gebührenwert** ist gem. § 47 Abs. 1 FamGKG in der Regel mit 1.000,00 Euro zu bemessen, wobei gem. § 47 Abs. 2 FamGKG das Gericht einen höheren oder niedrigeren Wert festsetzen kann, wenn der Regelwert nach den besonderen Gründen des Einzelfalles unbillig ist.

V. Vollstreckung

22   Der **Einwilligungsbeschluss** bedarf keiner Vollstreckung, sondern die Einwilligung gilt ab Rechtskraft des Beschlusses (§ 184 Abs. 1 FamFG) als erteilt (§ 95 Abs. 1 Nr. 5 FamFG i.V.m. § 894 ZPO). Die **Anordnung der Duldung der Probeentnahme** wird nach § 95 Abs. 1 Nr. 4 FamFG in entsprechender Anwendung von § 890 ZPO mit der Festsetzung von Ordnungsgeld oder Ordnungshaft vollstreckt. Bei wiederholter unberechtigter Verweigerung der Untersuchung kann gem. § 96a Abs. 2 FamFG die Anwendung unmittelbaren Zwanges, insbesondere die zwangsweise Vorführung zur Untersuchung, angeordnet werden. Eine Vollstreckung der Duldung der Abstammungsuntersuchung ist jedoch ausgeschlossen, wenn die Art der Probeentnahme der zu untersuchenden Person nicht zugemutet werden kann. Die Unzumutbarkeit kann auch daraus herzuleiten sein, dass die konkret beabsichtigte Abstammungsuntersuchung nicht den Anforderungen an den Stand der Wissenschaft entspricht. Für einen Streit hierüber ist jedoch im Vollstreckungsverfahren kein Raum mehr, wenn bereits im Erkenntnisverfahren die konkrete Abstammungsuntersuchung als dem Stand der Wissenschaft entsprechend erachtet und dies durch die Benennung der konkreten Untersuchung in der Entscheidung zum Ausdruck gebracht wurde.

VI. Gutachten

23   Das gerichtliche Verfahren betrifft nur die Ersetzung der Einwilligung in das Gutachten und die Duldung der Probeentnahme. Die Einholung des Gutachtens selbst ist nicht Bestandteil des Verfahrens nach § 1598a BGB. Sie erfolgt nicht durch das Gericht, sondern ist von dem Klärungsberechtigten selbst in Auftrag zu geben, der als Auftraggeber des Gutachtens auch die Kosten für die Erstellung des Gutachtens selbst zu tragen hat.[30]

D. Verhältnis zur Anfechtung der Vaterschaft

24   **Während eines gerichtlichen** Klärungsverfahrens nach § 1598a Abs. 2 und Abs. 3 BGB ist der Lauf der Anfechtungsfrist gehemmt (§ 1600b Abs. 5 BGB). In der Zeit ab Eingang des Antrags bei Gericht läuft die Anfechtungsfrist nicht weiter. Die Hemmung endet gem. § 1600b Abs. 5 i.V.m. § 204 Abs. 2 BGB sechs Monate nach rechtskräftiger Entscheidung oder anderweitiger Beendigung des Klärungsverfahrens.[31] Da die Einholung des Abstammungsgutachtens selbst nicht Bestandteil des Klärungsverfahrens ist, bewirkt die Dauer der Abstammungsbegutachtung selbst keine Hemmung der Anfechtungsfrist.

Das als Folge eines Verfahrens nach § 1598a BGB eingeholte Gutachten ist ein **Privatgutachten**, das gem. § 177 Abs. 2 Satz 2 FamFG im Anfechtungsverfahren nur verwertet werden kann, wenn das Gericht keine Zweifel an der Richtigkeit des Gutachtens hat und die Beteiligten der Verwertung des Gutachtens zustimmen.[32]

---

28 BGH FamRZ 2014, 744
29 OLG Karlsruhe, Beschl. v. 13.3.2012 – 2 WF 39/12, FamRZ 2012, 1148 (LS)
30 Palandt/*Brudermüller*, § 1598a BGB Rn. 14
31 MüKo-BGB/*Wellenhofer*, § 1600b BGB Rn. 32
32 OLG Naumburg NJW-RR 2013, 1413

§ 1599 BGB Nichtbestehen der Vaterschaft

(1) § 1592 Nr. 1 und 2 und § 1593 gelten nicht, wenn auf Grund einer Anfechtung rechtskräftig festgestellt ist, dass der Mann nicht der Vater des Kindes ist.

(2) [1]§ 1592 Nr. 1 und § 1593 gelten auch nicht, wenn das Kind nach Anhängigkeit eines Scheidungsantrags geboren wird und ein Dritter spätestens bis zum Ablauf eines Jahres nach Rechtskraft des dem Scheidungsantrag stattgebenden Urteils die Vaterschaft anerkennt; § 1594 Abs. 2 ist nicht anzuwenden. [2]Neben den nach den §§ 1595 und 1596 notwendigen Erklärungen bedarf die Anerkennung der Zustimmung des Mannes, der im Zeitpunkt der Geburt mit der Mutter des Kindes verheiratet ist; für diese Zustimmung gelten § 1594 Abs. 3 und 4, § 1596 Abs. 1 Satz 1 bis 3, Abs. 3 und 4, § 1597 Abs. 1 und 2 und § 1598 Abs. 1 entsprechend. [3]Die Anerkennung wird frühestens mit Rechtskraft des dem Scheidungsantrag stattgebenden Urteils wirksam.

Übersicht

A. Allgemeines

I. Normgeschichte

Die Regelung wurde mit dem KindRG mit Wirkung zum 1.7.1998 geschaffen. Das vorher geltende Recht unterschied bei der Anfechtung der Vaterschaft danach, ob das Kind ehelich oder nichtehelich geboren war. Die Anfechtung der Vaterschaft zu einem ehelich geborenen Kind erfolgte im Wege der Ehelichkeitsanfechtung (§§ 1593 ff. BGB a.F.), die Anfechtung der Vaterschaft für ein nichteheliches Kind erfolgte im Wege der Anfechtung der Vaterschaftsanerkennung (§§ 1600f ff. BGB a.F.). Sowohl für den Kreis der Anfechtungsberechtigten als auch für die Anfechtungsfristen galten für eheliche und nichteheliche Kinder unterschiedliche Regelungen. Erst mit dem KindRG wurde die vorher geltende Ehelichkeitsanfechtung und die bisherige Anerkennungsanfechtung in ein einheitliches Rechtsinstitut der Vaterschaftsanfechtung zusammengeführt. **1**

Mit Abs. 2 wurde mit dem KindRG eine im deutschen Recht völlig neue Regelung getroffen, die unter den dort genannten Voraussetzungen ein gerichtliches Vaterschaftsanfechtungsverfahren entbehrlich machen kann. Dazu trägt auch die mit dem KindRG geschaffene Neuregelung des § 1592 Nr. 1 BGB bei, die für die Vaterschaftszuordnung auf die Geburt in der Ehe abstellt. Nach dem vorher geltenden Recht wurden selbst nach der Scheidung geborene Kinder noch der früheren Ehe zugerechnet, wenn die Empfängniszeit **2** in die Zeit vor Rechtskraft der Scheidung zurückreichte,[1] weshalb jeweils ein Ehelichkeitsanfechtungsverfahren erforderlich wurde.

II. Normzweck

3   Abs. 1 ist die Grundnorm der Vaterschaftsanfechtung und bringt den **Vorrang der biologischen Wahrheit** vor der rechtlichen Vermutung der Vaterschaft zum Ausdruck. Unter den Voraussetzungen der §§ 1600 bis 1600c BGB kann eine Vaterschaftszuordnung, die darauf beruht, dass die Kindesmutter zum Zeitpunkt der Geburt verheiratet war (§ 1592 Nr. 1 BGB), dass die Ehe der Kindesmutter bei Geburt des Kindes zwar schon durch Tod des Ehemannes beendet war, jedoch die Empfängniszeit in die Ehezeit zurückreichte, oder dass die Vaterschaft anerkannt wurde (§ 1592 Nr. 2 BGB), angefochten werden.

4   Ob eine mit der tatsächlichen Abstammung nicht übereinstimmende Vaterschaftszuordnung beseitigt wird, hängt davon ab, ob ein Anfechtungsberechtigter (§§ 1600, 1600a BGB) rechtzeitig (§ 1600b BGB) ein Anfechtungsverfahren betreibt. Wird von keiner der zur Anfechtung der Vaterschaft berechtigten Personen innerhalb der Anfechtungsfrist von der Möglichkeit der Anfechtung der Vaterschaft Gebrauch gemacht, erwächst die rechtliche Vaterschaftszuordnung auch dann auf Dauer in **Bestandskraft**, wenn der rechtlich als Vater geltende Mann nicht der biologische Vater des Kindes ist.

5   Abs. 1 normiert ferner das **Prinzip der gerichtlichen Anfechtung**. Die Beseitigung der rechtlichen Vaterschaftszuordnung unterliegt grundsätzlich nicht der Disposition der Beteiligten. Der Statusverlust tritt erst und nur durch den rechtskräftigen Gestaltungsausspruch des Familiengerichts – der Feststellung der Nichtvaterschaft – in einem Vaterschaftsanfechtungsverfahren ein.

6   Von diesem Prinzip macht Abs. 2 eine wichtige Ausnahme. Diese Regelung ermöglicht einen auf Willenserklärungen beruhenden **scheidungsakzessorischen Statuswechsel**. Damit soll dem Umstand Rechnung getragen werden, dass im Lauf eines Scheidungsverfahrens geborene Kinder häufig aus einer neuen Partnerschaft der Mutter hervorgehen und nicht von dem „Noch-Ehemann" abstammen. Das Gesetz will den Beteiligten bei solchen Kindern einen Weg eröffnen, ohne ein gerichtliches Verfahren auf Anfechtung der Vaterschaft die Vaterschaftszuordnung zum bisherigen Ehemann zu beseitigen und gleichzeitig die Vaterschaftszuordnung zum die Vaterschaft anerkennenden Mann zu begründen. Insoweit ist die Regelung des § 1599 Abs. 2 BGB eine **Mischnorm von Anfechtung und Anerkennung der Vaterschaft**, die in ihren Rechtswirkungen Elemente aus beidem vereinigt.[2]

B. Inhalt der Norm

I. Vaterschaftsanfechtung (Abs. 1)

1. Zugangsvoraussetzung

7   Die Anfechtung der Vaterschaft ist nur bei der ehebedingten (§§ 1592 Nr. 1, 1593 BGB) und bei der auf Vaterschaftsanerkennung beruhenden Vaterschaftszuordnung (§ 1592 Nr. 2 BGB) eröffnet. Sie kommt nicht in Betracht bei der Vaterschaftszuordnung nach § 1592 Nr. 3 BGB durch gerichtliche Feststellung der Vaterschaft. Wenn eine rechtskräftige gerichtliche Feststellung der Vaterschaft erfolgt ist, steht mit Wirkung für und gegen alle (§ 184 Abs. 2 FamFG) unabänderbar (§ 184 Abs. 1 Satz 2 FamFG) die Abstammung des Kindes fest. Die rechtskräftige gerichtliche Feststellung der Vaterschaft kann nur im Wege eines Restitutionsverfahrens nach § 185 FamFG, §§ 580 ff. ZPO beseitigt werden.

---

1 § 1591 BGB in der vor dem 1.7.1998 geltenden Fassung
2 BGH FamRZ 2012, 616

Ein **Rechtsschutzbedürfnis** für ein Verfahren auf Anfechtung der Vaterschaft besteht immer dann, wenn die rechtliche Vaterschaftszuordnung von der behaupteten tatsächlichen Abstammung abweicht. Auch wenn die Anerkennung der Vaterschaft bewusst wahrheitswidrig oder in Kenntnis des Mehrverkehrs der Kindesmutter erfolgt ist, lässt dies das Rechtsschutzbedürfnis nicht entfallen.[3] Auch dann, wenn ein Vorgehen nach § 1599 Abs. 2 BGB möglich wäre, fehlt es nicht am Rechtsschutzbedürfnis für ein Verfahren auf Anfechtung der Vaterschaft.[4] Denn § 1599 Abs. 2 BGB beseitigt die Vaterschaft nur bei Rechtskraft der Scheidung. Es entzieht sich jedoch dem Einfluss des Anfechtenden, ob und wann es tatsächlich zu einem rechtskräftigen Scheidungsausspruch kommt. Kommt es zu keiner rechtskräftigen Scheidung (z.B. weil einer der Ehegatten vorher verstirbt), führt § 1599 Abs. 2 BGB nicht zur Beseitigung der Vaterschaftszuordnung. Dies begründet für den Anfechtenden die Gefahr, dass bei einem erst dann eingeleiteten Anfechtungsverfahren die Anfechtungsfrist des § 1600b BGB abgelaufen ist.

8

2. Verfahrenseinleitung

Das Verfahren wird durch den beim zuständigen Familiengericht (§ 170 FamFG) einzureichenden **Antrag** (§ 171 FamFG) eines Anfechtungsberechtigten (Vgl. § 1600 BGB) eingeleitet. Der Antrag muss das Verfahrensziel und die betroffenen Personen bezeichnen und einen gegen die Vaterschaft sprechenden begründeten **Anfangsverdacht schlüssig darlegen** (vgl. § 171 Abs. 2 FamFG). Hierzu genügt es nicht, wenn lediglich behauptet wird, nicht der Vater des Kindes zu sein. Vielmehr müssen konkrete Umstände dargelegt werden, die bei objektiver Betrachtung geeignet sind, Zweifel an der Vaterschaft zu begründen und die Möglichkeit der anderweitigen Abstammung des Kindes als nicht ganz fernliegend erscheinen lassen.[5] Zur Schlüssigkeit eines Anfechtungsantrags gehören alle Tatsachen, die notwendig sind, damit der Antrag begründet erscheint, mithin sowohl die **gegen die Vaterschaft sprechenden Umstände** als auch der **Zeitpunkt ihrer Kenntniserlangung**, damit das Gericht im Rahmen der Schlüssigkeitsprüfung beurteilen kann, ob die Anfechtungsfrist des § 1600b BGB gewahrt ist.[6] Die Erforderlichkeit diesbezüglichen Vortrags bringt auch § 171 Abs. 2 Satz 2 FamFG zum Ausdruck.

9

Ein schlüssiger Vaterschaftsanfechtungsantrag erfordert die Darlegung **konkreter Anhaltspunkte**, welche im Sinne eines Anfangsverdachts die Annahme zulassen, dass das Kind nicht vom Scheinvater abstammt.[7] Solche Anhaltspunkte können sein, dass der Antragsteller einen Geschlechtsverkehr mit der Mutter des Kindes in der Empfängniszeit verneint oder substantiiert Mehrverkehr der Kindesmutter darlegt.[8] Auch die Darlegung sonstiger Umstände, die den Schluss zulassen, dass eine Vaterschaft des Scheinvaters ausgeschlossen ist, kommt in Betracht. So begründet etwa die ärztlich attestierte eingeschränkte Fertilität in Verbindung mit der Weigerung der Mutter, an einem außergerichtlichen Vaterschaftstest mitzuwirken, einen solchen Anfangsverdacht.[9] Ansonsten ist jedoch die Weigerung der Mutter, an einem außergerichtlichen Vaterschaftstest mitzuwirken, allein nicht ausreichend, um damit einen Anfangsverdacht schlüssig zu begründen.[10] Auch der bloße Hinweis darauf, dass bezüglich eines anderen während der Ehe geborenen Kindes die Vaterschaft erfolgreich angefochten wurde, genügt nicht.[11]

10

---

3 OLG Köln FamRZ 2006, 1260; OLG Nürnberg FamRZ 2012, 1739
4 OLG Brandenburg FamRZ 2008, 68; a.A. OLG Naumburg FamRZ 2008, 432
5 Vgl. BGH FamRZ 1998, 955
6 OLG Karlsruhe FuR 1998, 380
7 OLG Dresden FamRZ 1997, 1297
8 OLG Karlsruhe FamRZ 2001, 1532
9 OLG Dresden FamRZ 2006, 1129
10 BGH FamRZ 2005, 340; FamRZ 2005, 342
11 OLG Köln FamRZ 2006, 54

11 Auf einen **heimlichen Vaterschaftstest** kann ein Anfangsverdacht nicht gestützt werden.[12] Wenn aber die Kindesmutter als Reaktion auf ein heimlich eingeholtes Vaterschafts-
gutachten Mehrverkehr einräumt, so ist diese Erklärung der Mutter als Anfangsverdacht
ausreichend.[13]

3. Verfahrensbeteiligte

12 **Beteiligte** des Verfahrens sind der Antragsteller (§ 7 Abs. 1 FamFG) sowie gem. § 172
FamFG das Kind, die Mutter und der rechtliche Vater, sofern sich ihre Beteiligtenstellung
nicht ohnehin bereits daraus ergibt, dass sie Antragsteller des Verfahrens sind.

13 Ein **minderjähriges Kind** ist im Verfahren selbst nicht verfahrensfähig (§ 9 Abs. 2 FamFG).
Die Regelung des § 9 Abs. 1 Nr. 3 findet in Abstammungsverfahren keine Anwendung, da
im Recht der Anfechtung der Vaterschaft Kinder, die das 14. Lebensjahr bereits vollendet
haben, keine Sonderstellung haben. Für minderjährige Kinder handeln ihre gesetzlichen
Vertreter. Hierbei kann sich jedoch die Notwendigkeit der Bestellung eines Ergänzungspflegers ergeben (vgl. hierzu *Grün*, § 1600a Rn. 23).

14 **Minderjährige Kindeseltern** sind jedoch nach § 9 Abs. 1 Nr. 4 FamFG selbst verfahrensfähig, da sie gem. § 1600a Abs. 2 Satz 2 BGB selbst zur Anfechtung der Vaterschaft befugt
sind.

4. Verfahrensgang

15 Das Familiengericht hat nach § 175 Abs. 1 FamFG zunächst mit den Beteiligten einen **Erörterungstermin** durchzuführen. Dabei geht es darum zu klären, ob die Einholung eines
Abstammungsgutachtens erforderlich ist und welche Personen in die Begutachtung einzubeziehen sind. Die Einholung eines Gutachtens ist z.B. dann entbehrlich, wenn sich als Ergebnis des Erörterungstermins herausstellt, dass die Anfechtungsfrist des § 1600b BGB
nicht gewahrt ist.

16 Das Familiengericht hat dem minderjährigen Kind gem. § 174 FamFG einen **Verfahrensbeistand** zu bestellen, sofern dies zur Wahrnehmung seiner Interessen erforderlich ist. Bei
der Anfechtung durch den potentiellen leiblichen Vater und bei der Anfechtung durch das
gesetzlich vertretene Kind ist gem. § 176 FamFG das **Jugendamt** am Verfahren zu beteiligen. Dessen Beteiligung kann auch in anderen Abstammungsverfahren erfolgen, wenn
das betroffene Kind noch minderjährig ist.

17 Das Familiengericht hat alle in Betracht kommenden und für die Klärung der Abstammung
erforderlichen **Beweiserhebungen** von Amts wegen vorzunehmen (§ 26 FamFG), wobei
jedoch im Anfechtungsverfahren durch § 177 Abs. 1 FamFG die Amtsermittlungspflicht
dahingehend eingeschränkt ist, dass gegen die Vaterschaft sprechende Umstände nicht
von Amts wegen zu berücksichtigen sind. Regelmäßig wird die Einholung eines Abstammungsgutachtens anzuordnen sein (vgl. § 178 FamFG). Wenn ein solches Gutachten nicht
eingeholt werden kann oder zu keinen aussagekräftigen Ergebnissen führt, kommt die
Vermutungswirkung des § 1600c BGB zum Tragen.

18 Abstammungsverfahren können gem. § 179 FamFG nur dann miteinander verbunden
werden, wenn sie dasselbe Kind betreffen. Damit ist es zulässig, dass in einem Verfahren
mehrere Anfechtungsberechtigte die Anfechtung der Vaterschaft zu dem Kind betreiben.
Wenn die Vaterschaft hinsichtlich mehrerer Geschwisterkinder angefochten werden soll,
ist für jedes Kind ein gesondertes Verfahren zu führen.

---

12 BVerfG FamRZ 2007, 441; BGH FamRZ 2005, 340; FamRZ 2005, 342
13 OLG Koblenz FamRZ 2006, 608

5. Gerichtliche Entscheidung

Das Familiengericht entscheidet durch Beschluss, der erst mit Rechtskraft wirksam wird **19** (§ 184 Abs. 1 Satz 1 FamFG). Wird auf den Antrag des potentiellen leiblichen Vaters die Nichtvaterschaft festgestellt, setzt dies nach § 1600 Abs. 2 BGB voraus, dass der Anfechtende auch tatsächlich der leibliche Vater ist. Deshalb ist bei der Anfechtung durch den leiblichen Vater zugleich die Vaterschaft des Anfechtenden in der Beschlussformel auszusprechen (§ 182 Abs. 1 FamFG).

Hat ein Antrag auf Anfechtung der Vaterschaft Erfolg, haben gem. § 183 FamFG die Betei- **20** ligten – mit Ausnahme des minderjährigen Kindes – die Gerichtskosten zu gleichen Teilen zu tragen; ihre außergerichtlichen Kosten haben die Beteiligten jeweils selbst zu tragen. Wenn ein Anfechtungsantrag abgewiesen wird, richtet sich die Kostenentscheidung nach § 81 FamFG.

Der Gebührenwert ist gem. § 47 Abs. 1 FamGKG in der Regel mit 2.000 Euro zu bemessen, **21** wobei gem. § 47 Abs. 2 FamGKG das Gericht einen höheren oder niedrigeren Wert festsetzen kann, wenn der Regelwert nach den besonderen Gründen des Einzelfalles unbillig ist.

▶ *Näher zum gerichtlichen Verfahren siehe Grün, § 169 ff. FamFG.*

6. Begründetheit der Vaterschaftsanfechtung

Die Anfechtung der Vaterschaft ist begründet, wenn **22**

* die Zulässigkeitsvoraussetzungen für ein gerichtliches Vaterschaftsanfechtungsverfahren vorliegen,

* von einem nach § 1600 BGB zur Anfechtung Berechtigten

* innerhalb der Anfechtungsfrist (§ 1600b BGB)

* ein schlüssiger Anfechtungsantrag beim Gericht eingereicht wurde, und

* als Ergebnis der Beweisaufnahme zur Überzeugung des Gerichts entweder die Vaterschaftsvermutung des § 1600c Abs. 1 BGB widerlegt ist – d. h. die Nichtvaterschaft feststeht oder

* die Vaterschaftsvermutung wegen § 1600c Abs. 2 Satz 1 BGB ausnahmsweise nicht gilt und die Vaterschaft nicht entsprechend § 1600d Abs. 2 und 3 BGB festzustellen ist.

Wegen der Vermutungswirkung des § 1600c Abs. 1 BGB trägt derjenige, der die Nichtva- **23** terschaft geltend macht, die Feststellungslast dafür, dass das Kind nicht von dem als Vater geltenden Mann abstammt. **Bleibt die Nichtvaterschaft ungeklärt, hat der Anfechtungsantrag keinen Erfolg.** Etwas anderes gilt jedoch dann, wenn wegen § 1600c Abs. 2 BGB die Vermutungswirkung ausnahmsweise nicht gilt. Bleibt in einem solchen Fall ungeklärt, ob das Kind von dem als Vater geltenden Mann abstammt, geht dies zu Lasten der bisherigen Vaterschaftszuordnung und die Anfechtung hat Erfolg.

7. Wirkungen der Feststellung der Nichtvaterschaft

Mit der formellen Rechtskraft der die Nichtvaterschaft feststellenden Entscheidung entfällt **24** mit Wirkung für und gegen alle (§ 184 Abs. 2 FamFG) die bisherige Vaterschaftszuordnung, und zwar **mit Rückwirkung auf den Tag der Geburt** des Kindes.[14] Das Kind wird damit rechtlich vaterlos. Eine etwaige bisherige gemeinsame elterliche Sorge von Mutter

---

14 Palandt/*Brudermüller,* § 1599 BGB Rn. 8

und Scheinvater entfällt, die **alleinige elterliche Sorge** für das Kind wächst gem. § 1626a Abs. 3 BGB der Mutter zu. Ein Recht des bisherigen Scheinvaters zum **Umgang** mit dem Kind kann mit rechtskräftiger Feststellung der Nichtvaterschaft nicht mehr aus § 1684 BGB hergeleitet werden.[15] Jedoch kann auch nach rechtskräftiger Feststellung der Nichtvaterschaft ein Umgangsrecht des Scheinvaters unter den Voraussetzungen des § 1685 Abs. 2 BGB bestehen (näher hierzu *Gottschalk* § 1685 BGB Rn. 12).

25 Hat ein Kind nur deshalb die deutsche **Staatsangehörigkeit**, weil der bisher als Vater geltende Mann Deutscher ist, dann führte die Rückwirkung der zivilrechtlichen Feststellung der Nichtvaterschaft nach früherem Recht ausnahmslos dazu, dass der Erwerb der deutschen Staatsangehörigkeit fortfällt. Diese Rechtsfolge hat das BVerfG nur für den Fall als verfassungsgemäß gebilligt, dass das betroffene Kind noch kein eigenes Vertrauen in den Bestand der Staatsangehörigkeit entwickelt hat.[16] Diesen Erwägungen hat der Gesetzgeber dadurch Rechnung getragen, dass durch eine Neuregelung des § 17 Abs. 2 und 3 StAG nunmehr Kinder, die bereits das fünfte Lebensjahr vollendet haben, von der Rechtsfolge des Verlustes der Staatsangehörigkeit ausgenommen sind.

26 Mit Rechtskraft der Feststellung der Nichtvaterschaft entfällt rückwirkend jede **gesetzliche Unterhaltspflicht des Scheinvaters** gegenüber dem Kind.[17] Einer Vollstreckung aus früheren Unterhaltstiteln kann der Scheinvater mit einem Vollstreckungsabwehrantrag begegnen. In Höhe des vom Scheinvater geleisteten Unterhalts gehen die Unterhaltsansprüche des Kindes auf den Scheinvater über (§ 1607 Abs. 3 BGB).[18] Der Regressanspruch des Scheinvaters gegen den leiblichen Vater erstreckt sich auch auf die ihm durch das Vaterschaftsanfechtungsverfahren entstandenen Kosten.[19]

27 Bei Feststellung der Nichtvaterschaft kann der Betreuungsbedarf dieses Kindes gegen den Scheinvater keinen Betreuungsunterhaltsanspruch mehr nach § 1570 BGB oder nach § 1615l BGB auslösen. Ein aus anderen Gründen bestehender nachehelicher Unterhaltsanspruch oder ein Anspruch auf Trennungsunterhalt aus § 1361 BGB kann auch nach Feststellung der Nichtvaterschaft fortbestehen, wobei jedoch ein solcher Anspruch nach § 1579 verwirkt sein kann.[20]

II. Scheidungsakzessorischer Vaterwechsel (Abs. 2)

1. Voraussetzungen

28 Abs. 2 setzt voraus, dass die Mutter zum Zeitpunkt der Geburt des Kindes (noch) verheiratet ist und bezüglich dieser Ehe bei Gericht ein **Scheidungsantrag anhängig** ist. Die Vollendung der Geburt muss nach Anhängigkeit des Scheidungsantrags, mithin nach Einreichung des Scheidungsantrags bei Gericht, erfolgen. Die Vorschrift ist bei einem Antrag auf Aufhebung der Ehe analog anwendbar.[21]

29 Die Vaterschaft zu dem Kind muss von einem anderen Mann, der nicht der Ehemann der Kindesmutter ist, anerkannt werden. Die **Anerkennung** unterliegt in vollem Umfang den Bestimmungen der §§ 1594 bis 1598 BGB. Sie kann auch bereits vor der Geburt des Kindes erfolgen und bedarf der öffentlichen Beurkundung. Wie jede Anerkennung der Vaterschaft bedarf es der **Zustimmung** der **Kindesmutter** (§ 1595 Abs. 1 BGB) und unter den Voraussetzungen des § 1595 Abs. 2 BGB auch der Zustimmung des **Kindes**.

---

15 Vgl. auch BGH FamRZ 1988, 711
16 BVerfG FamRZ 2007, 21
17 Palandt/*Brudermüller*, § 1599 BGB Rn. 8
18 Zum Scheinvaterregress vgl. die Kommentierung zu § 1600d Abs. 4 BGB
19 BGH FamRZ 1988, 387; OLG Koblenz FamRZ 1999, 658; LG Dortmund FamRZ 1994, 654
20 Vgl. BGH FamRZ 2012, 779
21 AG Hagen FamRZ 1995, 1191

Zusätzlich ist die Zustimmung des mit der Mutter zum Zeitpunkt der Geburt des Kindes **30** verheiratet gewesenen **Ehemannes** erforderlich (Abs. 2 Satz 2), und zwar auch dann, wenn nach einer gem. Art. 19 Abs. 1 EGBGB ebenfalls berufenen ausländischen Rechtsordnung die in der Ehe erklärte Anerkennung der Vaterschaft durch einen Dritten auch ohne Zustimmung des Ehemannes Rechtswirkungen erlangen würde.[22] Auch diese Zustimmung ist eine einseitige, nicht empfangsbedürftige Willenserklärung, die der öffentlichen Beurkundung bedarf. Eine Zustimmung zur Niederschrift des Gerichts gem. § 180 FamFG kann nur im Rahmen eines Abstammungsverfahrens erfolgen. Die Erklärung zu Protokoll des Scheidungsverfahrens genügt den Anforderungen nicht.[23]

Aufgrund der Verweisung in Abs. 2 Satz 2 auf §§ 1594 Abs. 3 und 4, 1596 Abs. 1 Satz 1 **31** bis 3, Abs. 3 und 4, 1597 Abs. 1 und 2 und 1598 Abs. 1 BGB, unterliegt die Zustimmungserklärung des Ehemannes denselben Anforderungen wie die Anerkennungserklärung selbst. Sie kann bereits vor der Geburt des Kindes erklärt werden, ist bedingungs- und vertretungsfeindlich und kann von einem **beschränkt Geschäftsfähigen** nur selbst abgegeben werden, wobei zusätzlich die Zustimmung des gesetzlichen Vertreters erforderlich ist. Ist der Ehemann geschäftsunfähig, kann die Zustimmungserklärung nur vom gesetzlichen Vertreter abgegeben werden, wozu es jedoch der vorherigen Genehmigung des Betreuungsgerichts bedarf.

Beglaubigte Abschriften der Zustimmungserklärung des Ehemannes sind dem Anerken- **32** nenden, der Mutter und dem Kind sowie dem Standesbeamten zu übersenden (§ 1597 Abs. 2 BGB), wobei diese Übersendung jedoch kein Wirksamkeitserfordernis für die Anerkennung ist.

Die Anerkennung durch den Dritten muss **bis zum Ablauf eines Jahres seit Rechtskraft** **33** **des Scheidungsausspruchs** erfolgen. Nach überwiegender Ansicht der Rechtsprechung muss lediglich das Anerkenntnis des Dritten innerhalb dieser Jahresfrist wirksam erklärt sein, für die daneben erforderliche Zustimmung der Mutter und des Mannes, der zum Zeitpunkt der Geburt des Kindes noch mit der Mutter verheiratet war, soll diese Jahresfrist nicht gelten.[24] Nach a.A. soll es im Hinblick auf Sinn und Zweck dieser Fristenregelung, wonach die Wirksamkeit der Anerkennung nicht unvorhersehbar lange in der Schwebe bleiben soll, erforderlich sein, dass bereits alle Wirksamkeitsvoraussetzungen für die Anerkennung – mithin auch die erforderlichen beurkundeten Zustimmungserklärungen – binnen der Jahresfrist vorliegen.[25]

Bei **Versäumung der Jahresfrist** kann die Anerkennung nicht die Rechtsfolgen des **34** Abs. 2 auslösen. Die Anerkennungserklärung ist damit aber nicht endgültig unwirksam, sondern wegen § 1594 Abs. 2 BGB nur schwebend unwirksam. Wird die Vaterschaftszuordnung zum früheren Ehemann der Kindesmutter im Wege eines Vaterschaftsanfechtungsverfahrens beseitigt, wird die Anerkennung wirksam, sofern die sonstigen Wirksamkeitsvoraussetzungen – insbesondere die erforderliche Zustimmung der Kindesmutter und ausnahmsweise auch des Kindes (§ 1595 Abs. 2 BGB) – vorliegen.

2. Wirkungen

Die Anerkennung wird erst mit **Rechtskraft** des dem Scheidungsantrag stattgebenden **35** Beschlusses wirksam. Damit wird vermieden, dass das Kind bei fortbestehender Ehe durch reine Erklärungsakte zum Kind eines anderen als dem Ehemann der Kindesmutter wird.

---

22 OLG Köln StAZ 2014, 113
23 BGH FamRZ 2013, 944; OLG Frankfurt FamRZ 2012, 1735
24 BGH FamRZ 2013, 944; OLG Köln FamRZ 2011, 651; OLG Brandenburg FamRZ 2011, 1310; OLG Oldenburg FamRZ 2011, 1076; OLG Zweibrücken FamRZ 2000, 546
25 Staudinger/*Rauscher*, § 1599 BGB Rn. 92; OLG Stuttgart FamRZ 2004, 1054; AG Darmstadt StAZ 2008, 179

Wird der Scheidungsantrag abgewiesen oder zurückgenommen oder verstirbt ein Ehegatte vor Rechtskraft der Scheidung, so kann die Anerkennung nicht mehr die Rechtsfolgen des Abs. 2 auslösen. Die Auffassung des OLG Köln, wonach dann, wenn ein Scheidungsantrag nur aus formalen Gründen zurückgenommen wurde und sodann ein neuer Scheidungsantrag gestellt wird, der zur Scheidung führt, die Rechtsfolgen des § 1599 Abs. 2 BGB eintreten, obwohl das Kind vor Anhängigkeit des neuen Scheidungsverfahrens geboren wurde,[26] findet im Gesetz keine Stütze.

36   Die Rechtswirkungen des Abs. 2 beinhalten sowohl die Vaterschaftszuordnung zu dem die Vaterschaft anerkennenden Mann als auch die Beseitigung der Vaterschaftszuordnung zum früheren Ehemann der Kindesmutter. Da diese Rechtswirkungen erst mit Rechtskraft der Scheidung eintreten, bleibt es trotz Anerkenntnis und aller Zustimmungserklärungen bis dahin bei der Vaterschaftszuordnung zum Noch-Ehemann.

3. IPR

37   Die qualifizierte Vaterschaftsanerkennung nach § 1599 II BGB beinhaltet sowohl die Anerkennung der Vaterschaft als auch die Beseitigung der bisherigen Vaterschaft. Letztere ist der Sache nach mit einer Anfechtung der Vaterschaft in vereinfachter Form vergleichbar und führt zu ähnlichen Wirkungen wie eine Vaterschaftsanfechtung. Der für die Anfechtung der Vaterschaft in Art. 20 EGBGB zum Ausdruck kommende Rechtsgedanke der Wahlfreiheit ist auch für die Beseitigung der Abstammung durch übereinstimmende Erklärungen heranzuziehen. Wenn die Beteiligten den scheidungsakzessorischen Statuswechsel vornehmen, treffen sie hinsichtlich der Beseitigung der Vaterschaft eine Rechtswahl zugunsten des deutschen Rechts. Damit wird die Vaterschaft zum früheren Ehemann auch dann beseitigt, wenn ein für die Anerkennung der Vaterschaft nach Art. 19 Abs. 1 EGBGB auch anwendbares Recht ein solches Verfahren zur Beseitigung der Vaterschaft nicht kennt, da es für Art. 20 EGBGB nicht ausschlaggebend ist, ob das ausländische Recht die nach deutschem Recht erfolgte Beseitigung der Vaterschaft des früheren Ehemannes anerkennt.[27]

Checkliste Vaterschaftsanfechtung

I. **Personalien**

1. **des Kindes (Name, Vorname, Geburtsdatum, Geburtsort, wenn möglich Standesamt des Geburtseintrags und Geburtseintrags-Nr., Anschrift) und des gesetzlichen Vertreters des Kindes**

2. **der Mutter (Name, Vorname, ggf. Geburtsname, Geburtsdatum, Anschrift, Familienstand)**

3. **des rechtlichen Vaters (Name, Vorname, ggf. Geburtsname, Anschrift, Familienstand)**

4. **des tatsächlichen Vaters, sofern bekannt (Name, Vorname, Anschrift)**

---

26 OLG Köln OLGR 2007, 220
27 Vgl. BGH FamRZ 2012, 616

II. Vorfragen

1. Woraus ergibt sich die Vaterschaftszuordnung des rechtlichen Vaters?

a. Aus dessen Ehe mit der Mutter zum Zeitpunkt der Geburt des Kindes (§ 1592 Nr. 1 BGB)?

Wenn ja, besteht die Vaterschaft fort, bis sie durch gerichtliche Entscheidung im Vaterschaftsanfechtungsverfahren oder nach § 1599 Abs. 2 BGB beseitigt ist.

b. Aus Vaterschaftsanerkennung (§ 1592 Nr. 2 BGB)?

Wenn ja, besteht die Vaterschaft fort, bis sie durch gerichtliche Entscheidung im Vaterschaftsanfechtungsverfahren oder – bei Ehe der Eltern – nach § 1599 Abs. 2 BGB beseitigt ist.

c. Aus rechtskräftiger gerichtlicher Vaterschaftsfeststellung (§ 1592 Nr. 3 BGB)?

Wenn ja, scheidet die Vaterschaftsanfechtung aus; hier kann die Vaterschaft nur im Restitutionsverfahren nach §§ 185 FamFG, 580 ZPO beseitigt werden.

2. Wenn das Kind nach Anhängigkeit eines Scheidungsverfahrens geboren wurde (§ 1599 Abs. 2 BGB)

a. Ist die Scheidung schon länger als ein Jahr rechtskräftig? Wenn ja, Anfechtung erforderlich, wenn nein weiter prüfen:

b. Ist der tatsächliche Vater bereit, die Vaterschaft anzuerkennen?

c. Stimmt die Mutter der Vaterschaftsanerkennung zu?

d. Stimmt der Scheinvater der Vaterschaftsanerkennung durch den tatsächlichen Vater zu?

3. Wurde das Kind mit Einwilligung des Mannes und der Mutter durch künstliche Befruchtung gezeugt?

Wenn ja, Anfechtung durch Mutter und Vater ausgeschlossen (§ 1600 Abs. 2 BGB).

III. Beteiligte des Verfahrens

1. Wer ist Antragsteller?

a. Mutter, Kind, der rechtliche Vater oder der potentielle leibliche Vater

b. Wenn das minderjährige Kind Antragsteller ist: Wer hat das Sorgerecht und kann über das „Ob" der Anfechtung entscheiden, evtl. vorher Übertragung der Entscheidungsbefugnis nach § 1628 BGB oder der elterlichen Sorge erforderlich

2. Beteiligte nach § 172 FamFG: rechtlicher Vater, Mutter, Kind

3. Wenn das Kind noch minderjährig ist: Wer kann das Kind im Verfahren vertreten?

Ein Ergänzungspfleger ist erforderlich, wenn

a. der rechtliche Vater und die Kindesmutter miteinander verheiratet sind,

    b. der rechtliche Vater und die Kindesmutter die gemeinsame elterliche Sorge für das Kind haben

    c. die Vertretungsbefugnis gerichtlich entzogen wird (§§ 1629 Abs. 2 Satz 3, 1796)

4. Sind nach § 172 FamFG zu beteiligende Personen bereits verstorben?

IV. Begründetheit der Anfechtung

1. Empfängniszeit errechnen oder aus Tabelle ablesen

2. Woraus ergibt sich, dass der rechtliche Vater nicht der tatsächliche Vater des Kindes ist?

    a. Hat in der Empfängniszeit Geschlechtsverkehr der Kindesmutter mit dem rechtlichen Vater stattgefunden?

    b. Gibt es Gründe dafür, dass das Kind unmöglich von dem rechtlichen Vater abstammen kann?

    c. Hat in der Empfängniszeit Geschlechtsverkehr der Kindesmutter mit weiteren Männern stattgefunden?

3. Wenn der potentielle leibliche Vater Antragsteller ist:

Besteht zwischen dem Kind und dem rechtlichen Vater eine sozial-familiäre Beziehung?

Wenn ja, keine Anfechtung durch ihn möglich.

4. Anfechtungsfrist für den Anfechtenden: 2 Jahre

    a. Fristbeginn nicht vor der Geburt des Kindes

    b. Fristbeginn bei Vaterschaftsanerkennung nicht vor Eintritt der Wirksamkeit des Anerkenntnisses

    c. Fristbeginn ab Kenntnis von den gegen die Vaterschaft sprechenden Umständen:

- Wenn das Kind Antragsteller ist:

  Seit wann sind dem Kind bzw. – bei minderjährigen Kindern – dem gesetzlichen Vertreter die Umstände bekannt, die gegen die Vaterschaft des Scheinvaters sprechen?

- Wenn die Mutter Antragstellerin ist:

  Seit wann sind der Mutter die Umstände bekannt, die gegen die Vaterschaft sprechen? (in der Regel schon bei Geburt des Kindes)

- Wenn der rechtliche Vater Antragsteller ist:

  Seit wann sind ihm die Umstände bekannt, die gegen seine Vaterschaft sprechen?

- Wenn der potentielle leibliche Vater Antragsteller ist:

  Seit wann sind ihm die Umstände bekannt, die gegen die Vaterschaft des rechtlichen Vaters sprechen (in der Regel schon bei Geburt des Kindes, es sei denn, ihm war die Geburt des Kindes nicht bekannt)

d. **Hemmung des Fristlaufs?**

- während eines Verfahrens nach § 1598a Abs. 2 BGB
- Drohung
- Höhere Gewalt, Stillstand der Rechtspflege, falsche Sachbehandlung durch Gericht oder Jugendamt
- für das Kind während des Zeitraumes, in dem es mangels ordnungsgemäßer Vertretung keine Anfechtung hätte betreiben können

e. **Neubeginn des Fristlaufs bei volljährigen Kindern?**

- bei Eintritt der Volljährigkeit
- bei besonderen Umständen i.S.v. § 1600b Abs. 6 BGB

5. **Wenn das Kind durch seinen gesetzlichen Vertreter den Anfechtungsantrag stellt: Kindeswohldienlichkeit (§ 1600a Abs. 4 BGB)**

a. **Ist der leibliche Vater bekannt?**

b. **Wird er die Vaterschaft anerkennen?**

c. **Soll nach erfolgreicher Anfechtung die Vaterschaftsfeststellung betrieben werden?**

V. **Zusatzfragen**

1. **Gibt es schon ein mit Zustimmung der Beteiligten oder mit nach § 1598a BGB gerichtlich ersetzter Zustimmung privat eingeholtes Abstammungsgutachten?**

2. **Soll Verfahrenskostenhilfe beantragt werden?**

VI. **Erforderliche Anlagen**

1. **Geburtsurkunde des Kindes**

2. **Ggf. Sterbeurkunde(n), wenn eine zum Personenkreis des § 172 FamFG zählende Person bereits verstorben ist**

3. **Vaterschaftsanerkennung, falls die Vaterschaftszuordnung auf Grund einer Vaterschaftsanerkennung besteht**

4. **Anwaltsvollmacht**

5. **Verfahrenskostenhilfeantrag**

§ 1600 BGB Anfechtungsberechtigte

(1) Berechtigt, die Vaterschaft anzufechten, sind:

1. der Mann, dessen Vaterschaft nach § 1592 Nr. 1 und 2, § 1593 besteht,

2. der Mann, der an Eides statt versichert, der Mutter des Kindes während der Empfängniszeit beigewohnt zu haben,

3. die Mutter,

4. das Kind und

5. die zuständige Behörde (anfechtungsberechtigte Behörde) in den Fällen des § 1592 Nr. 2.

(2) Die Anfechtung nach Absatz 1 Nr. 2 setzt voraus, dass zwischen dem Kind und seinem Vater im Sinne von Absatz 1 Nr. 1 keine sozial-familiäre Beziehung besteht oder im Zeitpunkt seines Todes bestanden hat und dass der Anfechtende leiblicher Vater des Kindes ist.

(3) Die Anfechtung nach Absatz 1 Nr. 5 setzt voraus, dass zwischen dem Kind und dem Anerkennenden keine sozial-familiäre Beziehung besteht oder im Zeitpunkt der Anerkennung oder seines Todes bestanden hat und durch die Anerkennung rechtliche Voraussetzungen für die erlaubte Einreise oder den erlaubten Aufenthalt des Kindes oder eines Elternteiles geschaffen werden.

(4) ¹Eine sozial-familiäre Beziehung nach den Absätzen 2 und 3 besteht, wenn der Vater im Sinne von Absatz 1 Nr. 1 zum maßgeblichen Zeitpunkt für das Kind tatsächliche Verantwortung trägt oder getragen hat. ²Eine Übernahme tatsächlicher Verantwortung liegt in der Regel vor, wenn der Vater im Sinne von Absatz 1 Nr. 1 mit der Mutter des Kindes verheiratet ist oder mit dem Kind längere Zeit in häuslicher Gemeinschaft zusammengelebt hat.

(5) Ist das Kind mit Einwilligung des Mannes und der Mutter durch künstliche Befruchtung mittels Samenspende eines Dritten gezeugt worden, so ist die Anfechtung der Vaterschaft durch den Mann oder die Mutter ausgeschlossen.

(6) ¹Die Landesregierungen werden ermächtigt, die Behörden nach Absatz 1 Nr. 5 durch Rechtsverordnung zu bestimmen. ²Die Landesregierungen können diese Ermächtigung durch Rechtsverordnung auf die zuständigen obersten Landesbehörden übertragen. ³Ist eine örtliche Zuständigkeit der Behörde nach diesen Vorschriften nicht begründet, so wird die Zuständigkeit durch den Sitz des Gerichts bestimmt, das für die Klage zuständig ist.

Übersicht

A. Allgemeines

I. Neuregelung durch das KindRG zum 1.7.1998

1 Vor dem KindRG galten unterschiedliche Regelungen hinsichtlich der Anfechtungsberechtigten, je nachdem, ob das Kind ehelich oder nichtehelich geboren war. Die Vaterschaft zu einem ehelich geborenen Kind konnte nur durch den Ehemann der Kindesmutter (§ 1594 BGB a.F.) und nur unter besonderen Voraussetzungen durch das Kind angefochten werden (§§ 1596 ff. BGB a.F.). Eine Anfechtung der Ehelichkeit durch die Mutter kannte das Gesetz nicht. Bei nichtehelichen Kindern stand hingegen die Anfechtung der Anerkennung der Vaterschaft dem Mann, der die Vaterschaft anerkannt hatte, sowie der Mutter und dem

Kind zu. Daneben kannte das damalige Recht ein befristetes und an besondere Vorausset-zungen geknüpftes Anfechtungsrecht der Eltern des Mannes, wenn dieser bereits verstor-ben war (§ 1595a BGB a.F., § 1600g BGB a.F.).

Mit dem KindRG wurde die Unterscheidung zwischen ehelicher und nichtehelicher Ab-stammung aufgegeben und damit auch hinsichtlich des Kreises der Anfechtungsberech-tigten ein einheitliches Recht geschaffen. Das vorher geltende Anfechtungsrecht der Eltern eines bereits verstorbenen Mannes wurde nicht beibehalten. **2**

II. Entwicklung seit dem KindRG

Nach dem KindRG waren nur der rechtliche Vater, die Mutter und das Kind zur Anfechtung berechtigt. Durch das KindRVerbG vom 9.4.2002[1] ist das Anfechtungsrecht der Mutter und des rechtlichen Vaters für den Fall ausgeschlossen worden, dass das Kind mit Einwilli-gung des Mannes und der Mutter durch **künstliche Befruchtung** mittels Samenspende eines Dritten gezeugt wurde (jetzt § 1600 Abs. 5 BGB). **3**

Durch das Gesetz zur Änderung der Vorschriften über die Anfechtung der Vaterschaft und das Umgangsrecht von Bezugspersonen des Kindes vom 23.4.2004,[2] das zum 30.4.2004 in Kraft getreten ist, ist der Kreis der Anfechtungsberechtigten dahingehend erweitert worden, dass zusätzlich zu den bislang bereits zur Anfechtung berechtigten Personen **auch der potentielle leibliche Vater** unter besonderen Voraussetzungen zur Anfech-tung der Vaterschaft berechtigt ist, nämlich dann, wenn er an Eides statt versichert, der Mutter während der Empfängniszeit beigewohnt zu haben, und wenn zwischen dem bis-her als Vater geltenden Mann und dem Kind keine sozial-familiäre Beziehung besteht oder im Zeitpunkt des Todes bestanden hat. **4**

Der Kreis der zur Anfechtung Berechtigten wurde nochmals erweitert durch das Gesetz zur Ergänzung des Rechts zur Anfechtung der Vaterschaft vom 13.3.2008,[3] das in § 1600 Abs. 1 Nr. 5 BGB ein behördliches Anfechtungsrecht für den Fall geschaffen hatte, dass die Vaterschaftszuordnung auf einer Vaterschaftsanerkennung beruhte, durch welche die rechtlichen Voraussetzungen für eine erlaubte **Einreise** oder den erlaubten **Aufenthalt** des Kindes oder eines Elternteils in Deutschland geschaffen wurden und zwischen dem Kind und dem durch die Anerkennung als Vater geltenden Mann keine sozial-familiäre Be-ziehung besteht oder bestand.[4] Das Bundesverfassungsgericht hat mit Beschl. v. 17.12.2013[5] die Regelung über die behördliche Vaterschaftsanfechtung für verfassungs-widrig erklärt. **5**

B. Inhalt der Norm

I. Anfechtungsberechtigte (Abs. 1)

1. Vater (Abs. 1 Nr. 1)

Anfechtungsberechtigt ist der Mann, **der als Vater des Kindes gilt**, weil **6**

- er mit der Kindesmutter zum Zeitpunkt der Geburt des Kindes verheiratet war (§ 1592 Nr. 1 BGB), oder

- er die Vaterschaft für das Kind wirksam anerkannt hat (§ 1592 Nr. 2 BGB), oder

---

1 BGBl I S. 1239
2 BGBl I S. 598
3 BGBl I S. 313
4 Vgl. hierzu *Grün*, FuR 2006, 487 ff. und FuR 2007, 12 ff.; *Grün*, FPR 2011, 382 ff.
5 ZKJ 2014, 151 vgl. hierzu *Grün*, ZKJ 2014, 195

- er wegen der Vorrangregelung des § 1593 Abs. 1 Satz 3 BGB als Vater des Kindes gilt, wobei sich hier das Anfechtungsrecht aus der Bezugnahme auf § 1592 Nr. 1 BGB ergibt, oder

- seine Ehe mit der Kindesmutter zwar zum Zeitpunkt der Vollendung der Geburt bereits durch den Tod der Mutter vor oder bei der Geburt des Kindes aufgelöst war (weshalb § 1592 Nr. 1 BGB nicht mehr gilt) und das Kind innerhalb von 300 Tagen nach dem Tod der Mutter geboren wird (§ 1593 Abs. 1 BGB; vgl. *Grün,* § 1593 BGB Rn. 8).

7   Nicht zur Anfechtung berechtigt ist der Vater, wenn seine Vaterschaftszuordnung auf einer rechtskräftigen gerichtlichen Vaterschaftsfeststellung beruht (§ 1592 Nr. 3 BGB). Ferner scheidet eine Anfechtung der Vaterschaft durch den rechtlichen Vater aus, wenn das Kind mit seiner Einwilligung und der Einwilligung der Mutter durch **künstliche Befruchtung** mittels Samenspende eines Dritten gezeugt wurde (Abs. 5).[6] Von diesen Ausnahmen abgesehen kann jeder Mann die auf der gesetzlichen Vaterschaftszuordnung beruhenden Rechtsbeziehungen zu einem Kind, das nicht von ihm abstammt, mit einem fristgerechten Vaterschaftsanfechtungsantrag beseitigen. Dies gilt auch dann, wenn die Vaterschaftszuordnung durch eine bewusst unwahre Vaterschaftsanerkennung herbeigeführt wurde.[7]

2. Mutter (Abs. 1 Nr. 3)

8   Ein umfassendes **Anfechtungsrecht der Mutter** wurde erst mit dem KindRG mit Wirkung ab 1.7.1998 eingeführt. Vorher bestand für die Mutter nur ein Recht zur Anfechtung der Vaterschaftsanerkennung (§ 1600g Abs. 1 BGB a.F.). Abgesehen vom Fall der Zeugung des Kindes durch eine mit Einwilligung der Mutter und des die Vaterschaft anerkennenden Mannes durchgeführten künstlichen Befruchtung (Abs. 5) besteht das Anfechtungsrecht der Mutter ohne sachliche Einschränkungen. Es unterliegt auch keiner Kindeswohlprüfung.

3. Kind (Abs. 1 Nr. 4)

9   Das **Anfechtungsrecht des Kindes** ist durch das KindRG erheblich erweitert worden. Das vor dem 1.7.1998 geltende Recht beschränkte das Anfechtungsrecht des Kindes auf bestimmte Gründe (§ 1596 Abs. 1 Nr. 1 bis 5 BGB a.F.), was vom BVerfG mit Urteil vom 31.1.1989[8] beanstandet wurde. Zudem befristete das damalige Recht das Anfechtungsrecht in der Weise, dass die Anfechtung innerhalb einer Frist von zwei Jahren ab Kenntniserlangung von dem Anfechtungsgrund, spätestens jedoch bis zur Vollendung des 20. Lebensjahres des Kindes, erfolgen musste. Nur bei den Anfechtungsgründen des § 1596 Abs. 1 Nr. 4 und 5 BGB a.F. war die Anfechtung auch einem über 20 Jahre alten Kind noch möglich (§ 1598 BGB a.F.). Auch dieser bei bestimmten Anfechtungsgründen für die Vaterschaftsanfechtung des Kindes geltende absolute Fristablauf zwei Jahre nach Eintritt der Volljährigkeit war vom BVerfG als verfassungswidrig beanstandet worden.[9]

10   Das jetzige Recht verzichtet auf eine Beschränkung des Anfechtungsrechts auf bestimmte Gründe und auf eine mit einem bestimmten Alter ablaufende absolute Anfechtungsfrist. Das Anfechtungsrecht des Kindes unterliegt im Grundsatz **keinerlei sachlichen Einschränkungen**. Auch für den Fall, dass die Zeugung des Kindes durch künstliche Befruchtung mittels Samenspende eines Dritten erfolgte, bleibt das Anfechtungsrecht des Kindes – anders als das Anfechtungsrecht der Eltern (Abs. 5) – erhalten.

---

6 Vgl. hierzu OLG Oldenburg FamRZ 2015, 67; OLG Karlsruhe FamRZ 2012, 1150
7 OLG Köln FamRZ 2002, 629
8 BVerfG FamRZ 1989, 255
9 BVerfG FamRZ 1994, 881

Eine wesentliche faktische Einschränkung des Anfechtungsrechts bringt jedoch die Regelung des § 1600a Abs. 3 und 4 BGB für das nicht voll geschäftsfähige volljährige Kind und für das minderjährige Kind mit sich, wonach die Anfechtung nur durch den gesetzlichen Vertreter und nur dann erfolgen kann, wenn sie dem Wohl des Vertretenen entspricht. **11**

4. Potentieller leiblicher Vater (Abs. 1 Nr. 2)

Der **tatsächliche Erzeuger** des Kindes hatte auch nach der Kindschaftsrechtsreform keine Möglichkeit, ein Vaterschaftsanfechtungsverfahren zur Beseitigung der gesetzlichen Vaterschaftszuordnung des Kindes zu einem Nichtvater zu betreiben.[10] Der Gesetzgeber des KindRG hatte davon abgesehen, dem tatsächlichen Erzeuger des Kindes ein eigenes Anfechtungsrecht einzuräumen. Dieser sollte es akzeptieren, wenn die übrigen Beteiligten ihr Anfechtungsrecht nicht ausüben, da ein Anfechtungsrecht des tatsächlichen Erzeugers dem Wohl der sozialen Familie zuwiderlaufe und den Familienfrieden störe.[11] Damit war der tatsächliche Erzeuger darauf angewiesen, dass ein zur Anfechtung Berechtigter die Vaterschaft anficht. Nur dann konnte er die gerichtliche Feststellung seiner eigenen Vaterschaft herbeiführen. **12**

Das Fehlen eines eigenen Anfechtungsrechts des biologischen Vaters wurde von Teilen der Literatur für verfassungsrechtlich angreifbar und rechtspolitisch bedenklich erachtet. Dass der biologische Vater ausnahmslos von der Anfechtung der Vaterschaft ausgeschlossen ist, hat das BVerfG mit Beschl. v. 9.4.2003 als verfassungswidrig beanstandet.[12] Dem Gesetzgeber wurde vom BVerfG in dieser Entscheidung aufgegeben, bis zum 30.4.2004 Abhilfe zu schaffen. Diesem Auftrag kam der Gesetzgeber dadurch nach, dass durch das Gesetz zur Änderung der Vorschriften über die Anfechtung der Vaterschaft und das Umgangsrecht von Bezugspersonen des Kindes vom 23.4.2004[13] die Regelungen zum Anfechtungsrecht des potentiellen leiblichen Vaters geschaffen wurden. Dessen Recht zur Anfechtung der Vaterschaft ist jedoch an besondere Voraussetzungen geknüpft. **13**

Das Gesetz verlangt für die **Anfechtung durch den potentiellen leiblichen Vater** von diesem eine **eidesstattliche Versicherung der Beiwohnung** in der Empfängniszeit. Damit soll aus Gründen des Persönlichkeitsschutzes von Mutter, Kind und rechtlichem Vater verhindert werden, dass Dritte eine Anfechtung „ins Blaue hinein" betreiben. Im Hinblick auf die Strafbarkeit einer falschen eidesstattlichen Versicherung hält der Gesetzgeber die eidesstattliche Versicherung für ein geeignetes Mittel, mutwillig erhobene Vaterschaftsanfechtungsverfahren zu verhindern. **14**

Dieses Erfordernis ist im materiellen Recht und nicht – wie etwa beim Umgangsrecht des potentiellen leiblichen Vaters (§ 167a FamFG) – im Verfahrensrecht geregelt. Trotzdem soll nach verbreiteter Ansicht das Erfordernis der eidesstattlichen Versicherung als Zulässigkeitsvoraussetzung zu qualifizieren sein.[14] Dem kann jedoch nicht gefolgt werden. Die **eidesstattliche Versicherung der Beiwohnung** ist vom Gesetzgeber als formelle besondere **Schlüssigkeitsanforderung** ausgestaltet.[15] Fehlt es an einer entsprechenden eidesstattlichen Versicherung, ist der Anfechtungsantrag unschlüssig und damit als unbegründet zurückzuweisen.

Einer eidesstattlichen Versicherung der Beiwohnung bedarf es jedoch dann nicht, wenn die Zeugung des Kindes durch den Anfechtenden **unstreitig** ist. Dann ist diese Schlüssig- **15**

---

10 Vgl. zur Rechtslage nach dem KindRG OLG Düsseldorf FamRZ 2003, 1578
11 BT-Drucks. 13/4899, 12
12 BVerfG FamRZ 2003, 816
13 BGBl I S. 598
14 Erman/*Hammermann*, § 1600 BGB Rn. 9; MüKo-BGB/*Wellenhofer*, § 1600 BGB Rn. 7; Staudinger/*Rauscher*, § 1600 BGB Rn. 36
15 BGH ZKJ 2013, 410, vgl. auch *Höfelmann*, FamRZ 2004, 745, 749

keitsvoraussetzung der Anfechtung selbst dann erfüllt, wenn die Zeugung mittels einer **Samenspende** erfolgte. Wenn unstreitig ist, dass die Zeugung dadurch erfolgte, dass Sperma des die Vaterschaft anfechtenden potentiellen leiblichen Vaters im Wege einer sog. Becherspende der Mutter übergeben und von dieser eingeführt wurde, ist dem Normzweck, der durch das Erfordernis der eidesstattlichen Versicherung der Beiwohnung erreicht werden soll – nämlich die Verhinderung der mit unsubstantiiertem Vortrag begründeten Anfechtung – Genüge getan.[16] Wäre das Erfordernis der eidesstattlichen Versicherung der Beiwohnung als Zulässigkeitsvoraussetzung zu qualifizieren, hätte der BGH ein Anfechtungsrecht des Samenspenders nicht begründen können. Denn eine Samenspende kann nicht als Beiwohnung in der Empfängniszeit eidesstattlich versichert werden. Unter Beiwohnung sind ausschließlich sexuelle Handlungen zu verstehen. Im Rahmen der Vaterschaftsvermutung des § 1600d Abs. 2 BGB ist anerkannt, dass eine Beiwohnung nicht vorliegt, wenn der das Sperma einbringende Vorgang nicht im Rahmen einer sexuellen Handlung erfolgte.[17]

II. Besondere Voraussetzungen für die Anfechtung durch den potentiellen leiblichen Vater (Abs. 2 und 4)

1. Fehlende sozial-familiäre Beziehung zwischen dem Kind und dem rechtlichen Vater

a. Regelungszweck

16   Das BVerfG hatte in der Entscheidung vom 9.4.2003,[18] die Auslöser für die Schaffung eines Anfechtungsrechts des potentiellen leiblichen Vaters war, gebilligt, dass ein Anfechtungsrecht eines Dritten ausscheidet, wenn zwischen dem Kind und dem rechtlichen Vater eine sozial-familiäre Beziehung besteht. Die soziale Familie ist ebenso grundrechtlich geschützt (Art. 6 GG) wie das Interesse des leiblichen Vaters, bei einer von ihm vermittelten Abstammung die rechtliche Vaterstellung zu erlangen. Das Erfordernis des Fehlens einer sozial-familiären Beziehung zu dem Kind dient daher der Abwägung der verschiedenen grundrechtlich geschützten Interessen. Wenn es eine soziale Familie gibt, hat deren Schutz Vorrang vor dem Interesse des leiblichen Vaters.[19] Diese Einschränkung des Anfechtungsrechts zugunsten der sozial-familiären Beziehung stellt keinen Verstoß gegen Art. 8 MRK dar.[20] Fehlt es aber an einer sozial-familiären Beziehung des rechtlichen Vaters zu dem Kind, überwiegt das Interesse des leiblichen Vaters an der Herbeiführung der rechtlichen Vaterschaftszuordnung.

b. Voraussetzungen einer sozial-familiären Beziehung

17   Nach der **gesetzlichen Definition** in Abs. 4 Satz 1 liegt eine sozial-familiäre Beziehung dann vor, wenn der rechtliche Vater zum maßgeblichen Zeitpunkt für das Kind Verantwortung trägt oder getragen hat. Zur Erleichterung der Feststellung stellt Abs. 4 Satz 2 eine **Regelannahme** dahingehend auf, dass der rechtliche Vater in der Regel die tatsächliche Verantwortung in der Vergangenheit übernommen hat, wenn er mit der Mutter des Kindes verheiratet ist oder mit dem Kind längere Zeit in häuslicher Gemeinschaft zusammengelebt hat. Nach der grundlegenden Entscheidung des BGH hierzu besagt diese widerlegliche Regelannahme jedoch nichts darüber, ob der rechtliche Vater die tatsächliche Verantwortung auch zum Beurteilungszeitpunkt noch trägt.[21]

---

16 BGH ZKJ 2013, 410; vgl. hierzu *Grün*, ZKJ 2013, 446
17 Vgl. z.B. Staudinger/*Rauscher*, § 1600d BGB Rn. 50
18 FamRZ 2003, 816
19 BVerfG FamRZ 2914, 191; FamRZ 2008, 2257
20 EGMR NJW 2013, 1937
21 BGH FamRZ 2007, 538

Deshalb muss der Anfechtende Umstände darlegen, die Anlass geben, hieran zu zwei- **18** feln – etwa darlegen, wie die Beziehung nach außen in Erscheinung tritt und dass dies gegen das Bestehen einer sozial-familiären Beziehung spricht.[22] Dann muss das Gericht im Rahmen seiner Pflicht zur Amtsermittlung diese Umstände klären. Es reicht aber nicht aus, dass der Anfechtende das Bestehen einer sozial-familiären Beziehung nur bestreitet, son- dern er muss hierzu substantiiert vortragen. Umgekehrt reicht es aber auch nicht aus, dass die übrigen Beteiligten die vom Anfechtenden vorgetragenen Umstände einfach bestrei- ten, sondern sie müssen substantiiert auf den Vortrag des Anfechtenden entgegnen.[23]

Es gibt keine allgemeingültigen Indizien für oder gegen das Bestehen einer sozial-familiä- **19** ren Beziehung. Wenn eine häusliche Gemeinschaft zwischen dem rechtlichen Vater und dem Kind aktuell besteht, ist deren Dauer nicht allein maßgeblich. Denn eine sozial-fami- liäre Beziehung kann bereits zum Zeitpunkt der Geburt des Kindes oder auch schon bei kurzem Zusammenleben mit dem Kind vorliegen, wenn der rechtliche Vater die tatsächli- che Verantwortung für das Kind übernommen hat und in einer Weise trägt, dass sie auf Dauer angelegt erscheint.[24] Ein Indiz dafür kann sein, dass die Partnerschaft zu der Kindes- mutter bereits vor der Geburt des Kindes bestand.[25] Ob sich auch der rechtliche Vater zeit- nah um die Übernahme von Verantwortung für das Kind bemüht hat, ist dabei unerheb- lich.[26] Denn für die Qualifizierung der Beziehung des rechtlichen Vaters als fortbestehende Verantwortungsübernahme kommt es allein darauf an, ob mit dem rechtlichen Vater tat- sächlich eine soziale Familie besteht. Ob oder dass auch der leibliche Vater eine solche Be- ziehung herbeiführen möchte, ist nicht maßgeblich. Hat der rechtliche Vater jedoch erst Jahre nach der Geburt Verantwortung für das Kind übernommen, wird ein längeres An- dauern dieser Verantwortungsübernahme zu verlangen sein, um eine auf Dauer angelegte Verantwortungsübernahme annehmen zu können.[27]

c. Beurteilungszeitpunkt

Maßgeblicher Zeitpunkt für die Beurteilung, ob eine die Anfechtung ausschließende so- **20** zial-familiäre Beziehung zwischen dem rechtlichen Vater und dem Kind besteht, ist der Zeitpunkt der letzten mündlichen Verhandlung.[28] Soweit nach einer Entscheidung des OLG Karlsruhe[29] ausnahmsweise dann auf den Beginn des Anfechtungsverfahrens abzu- stellen sein soll, wenn erst während des bewusst verzögerten Verfahrens eine sozial-fami- liäre Beziehung herbeigeführt wurde, kann dem nicht gefolgt werden.[30] Der grundrechtli- che Schutz der sozialen Familie ist nicht deshalb von niederem Rang, weil die soziale Fami- lie erst im Laufe des Verfahrens entstanden ist. Abweichend hiervon ist nach dem Wortlaut des Abs. 2 jedoch dann, wenn der rechtliche Vater bereits verstorben ist, auf den Zeitpunkt des Todes des rechtlichen Vaters abzustellen.

d. Darlegungs- und Feststellungslast

Lässt sich durch das Gericht nicht klären, ob zwischen dem rechtlichen Vater und dem Kind **21** eine sozial-familiäre Beziehung besteht oder – bei einem verstorbenen rechtlichen Vater – zum maßgeblichen Zeitpunkt bestanden hat, geht dies zu Lasten des die Vaterschaft an- fechtenden potentiellen leiblichen Vaters. Der Anfechtungsantrag hat daher nur Erfolg,

---

22 BGH FamRZ 2008, 538; OLG Celle ZKJ 2012, 30
23 OLG München StAZ 2012, 373
24 BGH FamRZ 2008, 538; OLG Bremen FamRZ 2010, 1821; OLG Naumburg FamRZ 2011, 383
25 OLG Bremen FamRZ 2010, 1821
26 A.A. OLG Bremen FamRZ 2012, 1822
27 KG Berlin FamRZ 2012, 1739
28 BGH FamRZ 2007, 538; OLG Düsseldorf FamRZ 2013, 1825; NK-*Gutzeit*, § 1600 BGB Rn. 12; MüKo-BGB/ *Wellenhofer*, § 1600 BGB Rn. 8; Erman/*Hammermann*, § 1600 BGB Rn. 18; *Grün*, FPR 2011, 382, 384
29 ZKJ 2010, 248
30 OLG Düsseldorf FamRZ 2013, 1825

wenn das Gericht sich eine Überzeugung vom Fehlen einer sozial-familiären Beziehung bilden kann.[31]

e. Dauerhafter Ausschluss einer Anfechtung durch den biologischen Vater

22 Wenn zwischen dem Kind und dem rechtlichen Vater eine sozial-familiäre Beziehung besteht bzw. zu dem maßgeblichen Zeitpunkt bestand, schließt dies das Anfechtungsrecht aus,[32] und zwar selbst dann, wenn früher auch zu dem Anfechtenden eine solche Beziehung bestand.[33] Gem. § 1600b Abs. 1 Satz 2 HS 2 BGB hindert das Vorliegen einer sozial-familiären Beziehung den Lauf der Anfechtungsfrist nicht, so dass im Falle einer späteren Beendigung der sozial-familiären Beziehung in der Regel die Anfechtungsfrist für den potentiellen leiblichen Vater verstrichen sein wird.

2. Tatsächliche Vaterschaft des Anfechtenden

23 Rechtsfolge einer erfolgreichen Anfechtung der Vaterschaft durch den rechtlichen Vater, die Mutter oder das Kind ist, dass das Kind vaterlos wird. Dies will das Gesetz verhindern, wenn ein Dritter als potentieller leiblicher Vater die Anfechtung der Vaterschaft betreibt. Durch dessen Intervention soll ein Kind nicht vaterlos werden, sondern die Vaterschaftszuordnung zum rechtlichen Vater soll nur dann beseitigt werden, wenn der Anfechtende auch tatsächlich der Vater ist und als Vater festgestellt wird.

24 Hieraus ergibt sich eine zwingende **Gestaltung für die Beweisaufnahme**. Ein Abstammungsgutachten hat vorrangig zu klären, ob die Vaterschaft des Anfechtenden besteht. Stellt sich heraus, dass das Kind nicht vom Anfechtenden abstammt, ist der Anfechtungsantrag des potentiellen leiblichen Vaters zurückzuweisen, ohne dass es irgendwelcher Feststellungen dazu bedarf, ob das Kind vom rechtlichen Vater abstammt. Klärt man hingegen zunächst die Abstammung vom rechtlichen Vater, besteht die Gefahr, dass das Gutachten zu der Feststellung gelangt, dass das Kind weder vom rechtlichen Vater noch vom Anfechtenden abstammt. Dann wäre durch die unberechtigte Intervention eines Dritten die Vaterschaftszuordnung zum rechtlichen Vater in Frage gestellt, was das Gesetz bei der Anfechtung durch den potentiellen leiblichen Vater gerade verhindern will.

III. Einschränkung des Anfechtungsrechts bei künstlicher Befruchtung (Abs. 5)

25 Die mit dem Kinderrechteverbesserungsgesetz – KindRVerbG – vom 9.4.2002[34] eingeführte Regelung schließt das Anfechtungsrecht des rechtlichen Vaters und der Kindesmutter dann aus, wenn das Kind mit Einwilligung des Mannes und der Mutter durch **künstliche Befruchtung** mittels Samenspende eines Dritten gezeugt wurde. Eine solche **Einwilligung** liegt nur dann vor, wenn sowohl der Mann, der mit der Geburt des Kindes kraft Ehe oder wegen seiner Anerkennung der Vaterschaft zum rechtlichen Vater wurde, als auch die Kindesmutter mit entsprechendem Rechtsbindungswillen eine dahingehende Willenserklärung – zumindest konkludent – abgegeben haben. Allein die Kenntnis von der beabsichtigten künstlichen Befruchtung und deren widerspruchslose Hinnahme stellt noch keine derartige konkludente Willenserklärung mit Rechtsbindungswillen dar.[35] Wenn jedoch die Vornahme einer Samenspende auf einem gemeinsamen Entschluss beruhte, der – spätere – rechtliche Vater an den Bemühungen um einen Samenspender mitgewirkt hat und er wusste, dass dieser Entschluss umgesetzt wird, dann reicht dies für eine Einwilli-

---

31 OLG Naumburg FamRZ 2012, 44
32 OLG Nürnberg FamRZ 2013, 227
33 OLG Bremen ZKJ 2013, 216
34 BGBl. I S. 1239
35 OLG Karlsruhe FamRZ 2012, 1150

gung i.S.v. Abs. 5 aus, auch wenn der anfechtende rechtliche Vater behauptet, sich der Tragweite dieser Entscheidung erst im Nachhinein bewusst geworden zu sein.[36]

Das Anfechtungsrecht des Kindes wird durch Abs. 5 nicht berührt. Damit bleibt auch bei einer im Einvernehmen der Wuscheltern herbeigeführten Samenspende die rechtliche Vaterschaftszuordnung fragil, da – jedenfalls ab Volljährigkeit des Kindes – nicht verhindert werden kann, dass die Vaterschaft vom Kind angefochten wird. Es gibt daher Forderungen, im Fall des Abs. 5 auch das Anfechtungsrecht des Kindes abzuschaffen, das dann bei der Zeugung durch im Einvernehmen der Eltern durchgeführte künstliche Befruchtung so stünde wie ein von den Eltern adoptiertes Kind, das die Vaterschaftszuordnung zu dem Adoptivvater auch nicht beseitigen kann.[37] **26**

IV. Die Behördenanfechtung (Abs. 6)

Die mit dem Gesetz zur Ergänzung des Rechts zur Anfechtung der Vaterschaft vom 13.3.2008[38] eingeführte behördliche Vaterschaftsanfechtung (§ 1600 Abs. 1 Nr. 5 BGB) sollte ermöglichen, dass bei einer auf Vaterschaftsanerkennung beruhenden Vaterschaftszuordnung die Vaterschaft von der zuständigen Behörde angefochten werden kann, wenn zwischen dem rechtlichen Vater und dem Kind keine sozial-familiäre Beziehung besteht bzw. zu dem im Gesetz benannten maßgeblichen Zeitpunkt bestand und durch die Anerkennung der Vaterschaft die rechtlichen Voraussetzungen für die erlaubte Einreise oder den erlaubten Aufenthalt des Kindes oder eines Elternteils in Deutschland geschaffen wurden. So sollte dem Missbrauch von wahrheitswidrigen Vaterschaftsanerkennungen zur Erlangung ausländerrechtlicher Vorteile begegnet werden. **27**

Das Bundesverfassungsgericht hat mit Beschl. v. 17.12.2013[39] die Regelung über die behördliche Vaterschaftsanfechtung für verfassungswidrig erklärt.[40] Dies hat die Nichtigkeit der Regelungen zum behördlichen Anfechtungsrecht zur Folge. Für eine behördliche Anfechtung der Vaterschaft fehlt es daher an einer gesetzlichen Grundlage. **28**

§ 1600a BGB Persönliche Anfechtung; Anfechtung bei fehlender oder beschränkter Geschäftsfähigkeit

(1) Die Anfechtung kann nicht durch einen Bevollmächtigten erfolgen.

(2) ¹Die Anfechtungsberechtigten im Sinne von § 1600 Abs. 1 Nr. 1 bis 3 können die Vaterschaft nur selbst anfechten. ²Dies gilt auch, wenn sie in der Geschäftsfähigkeit beschränkt sind; sie bedürfen hierzu nicht der Zustimmung ihres gesetzlichen Vertreters. ³Sind sie geschäftsunfähig, so kann nur ihr gesetzlicher Vertreter anfechten.

(3) Für ein geschäftsunfähiges oder in der Geschäftsfähigkeit beschränktes Kind kann nur der gesetzliche Vertreter anfechten.

(4) Die Anfechtung durch den gesetzlichen Vertreter ist nur zulässig, wenn sie dem Wohl des Vertretenen dient.

(5) Ein geschäftsfähiger Betreuter kann die Vaterschaft nur selbst anfechten.

---

36 OLG Oldenburg FamRZ 2015, 67
37 Vgl. *Zypries/Zeeb*, ZRP 2014, 54 ff
38 BGBl. I S. 313
39 ZKJ 2014, 151
40 Vgl. hierzu *Grün*, ZKJ 2014, 195

A. Allgemeines

1   Die Vorschrift regelt – ähnlich wie § 1596 BGB für die Anerkennung der Vaterschaft – den Grundsatz der Höchstpersönlichkeit der Ausübung des statusrechtlichen Gestaltungsrechts der Anfechtung der Vaterschaft. Hierdurch soll sichergestellt werden, dass die Anfechtung der Vaterschaft vom eigenen Willen desjenigen, dessen Gestaltungsrecht ausgeübt wird, getragen wird. Schließlich hängt es ganz wesentlich von der persönlichen Einstellung zum konkreten Eltern-Kind-Verhältnis ab, ob man sich für die Anfechtung der Vaterschaft mit ihren weitreichenden und in der Regel unumkehrbaren Folgen entschließt.[1]

2   Hiervon macht das Gesetz zwei Ausnahmen: Für einen geschäftsunfähigen Elternteil (Abs. 2 Satz 3) und für ein geschäftsunfähiges oder in der Geschäftsfähigkeit beschränktes Kind (Abs. 3) kann nur gesetzliche Vertreter die Vaterschaft anfechten. Im Recht der Anfechtung kennt das Gesetz – anders als bei der Anerkennung der Vaterschaft (§ (§ 1596 Abs. 2 Satz 2 BGB) – keine Sonderstellung des mindestens 14 Jahre alten Kindes.

3   Aus dem Grundsatz der Höchstpersönlichkeit folgt, dass das Anfechtungsrecht nicht vererblich ist. Anders als nach dem vor dem 1.7.1998 geltenden Recht gibt es keine Anfechtung durch die Eltern eines bereits verstorbenen rechtlichen Vaters.[2]

B. Inhalt der Norm

I. Keine gewillkürte Stellvertretung (Abs. 1)

4   Die Ausübung des Anfechtungsrechts durch einen rechtsgeschäftlich Bevollmächtigten ist ausgeschlossen. Dies betrifft sowohl die Vertretung im Willen als auch in der Erklärung der Anfechtung. Wenn sich der Anfechtungsberechtigte im Verfahren durch einen Rechtsanwalt als Verfahrensbevollmächtigten vertreten lässt (§ 10 Abs. 2 FamFG), ist dieser insoweit nur Bote des Anfechtungsberechtigten.[3] Dies bedeutet aber, dass die Bevollmächtigung des Rechtsanwalts nur durch den Anfechtungsberechtigten selbst und nicht durch einen rechtsgeschäftlichen Vertreter erfolgen kann.

---

1 MüKo-BGB/*Wellenhofer*, § 1600a BGB Rn. 1
2 Vgl. §§ 1595a, 1600g BGB in der vor dem 1.7.1998 geltenden Fassung
3 Staudinger/*Rauscher*, § 1600 BGB Rn. 11; MüKo-BGB/*Wellenhofer*, § 1600a BGB Rn. 2; NK-BGB/*Gutzeit*, § 1600a BGB Rn. 2

II. Ausübung des Anfechtungsrechts des Vaters, potentiellen leiblichen Vaters oder der Mutter (Abs. 2)

1. Regelfall

Für die Anfechtungsberechtigten i.S.v. § 1600 Abs. 1 Nr. 1 bis 3 BGB – mithin für den Vater, die Mutter und den potentiellen leiblichen Vater – wird der **Grundsatz der Höchstpersönlichkeit** dahingehend ausgedehnt, dass nicht nur die rechtsgeschäftliche, sondern auch die gesetzliche Vertretung ausgeschlossen ist. Dies gilt gem. Abs. 2 Satz 2 selbst dann, wenn der anfechtungsberechtigte Elternteil oder potentielle Vater in der Geschäftsfähigkeit beschränkt ist, was das Gesetz nur bei Minderjährigen kennt (§ 106 BGB). Der noch nicht volljährige Vater, potentielle leibliche Vater oder die noch minderjährige Mutter können die Vaterschaft daher nur selbst anfechten und bedürfen hierzu nicht der Zustimmung ihres gesetzlichen Vertreters.[4]

Die Einrichtung einer gerichtlichen **Betreuung** (§ 1896 ff. BGB) berührt die **Geschäftsfähigkeit** des Betroffenen nicht. Deshalb kann auch ein unter Betreuung stehender Anfechtungsberechtigter die Anfechtung nur selbst ausüben (vgl. Abs. 5).

2. Sonderfall: Geschäftsunfähigkeit

Etwas anders gilt gem. Abs. 2 Satz 3 für einen geschäftsunfähigen Vater oder potentiellen leiblichen Vater bzw. eine geschäftsunfähige Mutter. **Geschäftsunfähigkeit** liegt nur dann vor, wenn sich der Betroffene nicht nur vorübergehend in einem die freie Willensbestimmung ausschließenden Zustand krankhafter Störung der Geistestätigkeit befindet (§ 104 Nr. 2 BGB).

Für einen solchermaßen Geschäftsunfähigen kann nur der **gesetzliche Vertreter anfechten**. Dies sind bei geschäftsunfähigen Minderjährigen die Eltern oder der allein vertretungsberechtigte Elternteil (§§ 1626 ff. BGB) bzw. bei einem unter Vormundschaft stehenden Kind der Vormund (§§ 1773 ff.). Ein geschäftsunfähiger Volljähriger wird durch den für diesen Wirkungskreis gerichtlich bestellten Betreuer vertreten (§ 1902 BGB).

Der Ausschluss der rechtsgeschäftlichen Stellvertretung bewirkt, dass eine Vorsorgevollmacht nicht zur Anfechtung der Vaterschaft durch den Bevollmächtigten berechtigt. Soll für einen Geschäftsunfähigen die Vaterschaft angefochten werden, bedarf es daher für diesen Wirkungskreis trotz einer Vorsorgevollmacht der Einrichtung einer gerichtlichen Betreuung.

Bei der Anfechtung durch einen gesetzlichen Vertreter ist zu beachten, dass diese gem. Abs. 4 nur zulässig ist, wenn sie dem Wohl des Vertretenen dient. Dies gilt auch bei der Anfechtung durch einen gesetzlichen Vertreter des anfechtungsberechtigten Elternteils oder potentiellen leiblichen Vaters.

III. Ausübung des Anfechtungsrechts des Kindes (Abs. 3)

1. Volljähriges Kind

Das **geschäftsfähige** volljährige Kind kann die Vaterschaft **nur selbst anfechten**. Dies gilt nach Abs. 5 auch dann, wenn der geschäftsfähige Volljährige unter Betreuung (§ 1896 BGB) steht. Ist er hingegen **geschäftsunfähig** i.S.v. § 104 Nr. 2 BGB, kann gem. Abs. 3 nur der gesetzliche Vertreter anfechten, d.h. der zu diesem Wirkungskreis gerichtlich bestellte Betreuer (§ 1902 BGB).

---

4 Palandt/*Brudermüller*, § 1600a BGB Rn. 2

2. Minderjähriges Kind

11   Für das **minderjährige Kind** kann gem. Abs. 3 stets **nur der gesetzliche Vertreter anfechten**. Damit soll vermieden werden, dass ein noch nicht voll geschäftsfähiges Kind – z.B. in einer pubertären Konfliktlage oder kritischen Entwicklungsphase – mit einem Vaterschaftsanfechtungsverfahren Unfrieden in die Familie trägt.[5] Dem minderjährigen Kind ist im Anfechtungsverfahren jede Möglichkeit des eigenverantwortlichen Handelns oder auch nur der unmittelbaren Einflussnahme auf das Verfahren genommen. Dies gilt auch, wenn das Kind bereits das 14. Lebensjahr vollendet hat. Anders als bei der Zustimmung zur Anerkennung der Vaterschaft (§ 1596 Abs. 2 Satz 2 BGB) gelten im gerichtlichen Abstammungsverfahren auch für Kinder, die 14 Jahre oder älter sind, keine Sonderregelungen. Eine Anfechtung durch den gesetzlichen Vertreter bedarf auch nicht der Zustimmung des Kindes. Ein der Anfechtung entgegenstehender Wille des Kindes kann lediglich im Rahmen der durch Abs. 4 gebotenen Kindeswohlprüfung Beachtung finden.

12   Die Frage der gesetzlichen Vertretung ist im Vaterschaftsanfechtungsverfahren in **zwei Stufen** von Bedeutung. In der ersten Stufe ist zu prüfen, wer das Kind bei der Entscheidung, ob die Vaterschaft angefochten werden soll, vertritt. Erst in der zweiten Stufe geht es um die Vertretung des Kindes im gerichtlichen Anfechtungsverfahren selbst. Beide Fragen sind voneinander zu unterscheiden.[6]

a. Erste Stufe: Gesetzliche Vertretung bei dem Entschluss zur Anfechtung

13   Die Entscheidung darüber, **ob** die Vaterschaft angefochten werden soll oder nicht, ist **Teil der Personensorge**. Diese Entscheidung muss daher von den Personensorgeberechtigten getroffen werden. Bei gemeinsamer elterlicher Sorge ist sie daher von den rechtlichen Eltern gemeinsam zu treffen. Da diese Entscheidung erst die Vorfrage eines gerichtlichen Abstammungsverfahrens darstellt, steht sie dem Personensorgeberechtigten auch dann zu, wenn dieser nach §§ 1629 Abs. 2 Satz 1, 1795 BGB in Bezug auf das dann durchzuführende Anfechtungsverfahren selbst an der gesetzlichen Vertretung gehindert ist.[7] Wird die Vaterschaft daher von dem minderjährigen Kind angefochten, ist stets als Vorfrage zu klären, ob die **Entscheidung über das „Ob" der Anfechtung** von einer entsprechenden Entscheidungsbefugnis gedeckt ist. Bei alleinigem Sorgerecht eines Elternteils muss sie daher von dem allein Sorgeberechtigten getroffen worden sein. Da es in dieser Frage keinen gesetzlichen Ausschluss der Vertretungsbefugnis gibt, gilt dies auch dann, wenn der rechtliche Vater der alleinige Inhaber der elterlichen Sorge ist. Bei gemeinsamer elterlicher Sorge muss die Entscheidung von beiden Eltern gemeinsam getroffen werden. Etwas anderes gilt nur dann, wenn die Entscheidungsbefugnis über die Anfechtung der Vaterschaft nach § 1628 BGB durch gerichtliche Entscheidung auf einen Elternteil übertragen worden ist.

14   Fehlt es daran, dass die **Entscheidung über das „Ob" der Anfechtung** von einer sorgerechtlichen Befugnis gedeckt ist, kann ein durch den gesetzlichen Vertreter des Kindes betriebenes Anfechtungsverfahren keinen Erfolg haben. Dies gilt selbst dann, wenn dem Kind im Anfechtungsverfahren selbst ein Ergänzungspfleger bestellt wird. Denn diesem obliegt allein die Vertretung des Kindes im Verfahren, nicht jedoch die Vertretung des Kindes bei der – dem Verfahren vorausgehenden – Entscheidung, ob die Vaterschaft angefochten werden soll.[8]

---

5   Palandt/*Brudermüller,* § 1600a BGB Rn. 3
6   BGH FamRZ 2009, 861; BGH NJW 1975, 345
7   BGH FamRZ 2009, 861; OLG Bamberg NJW-RR 1992, 387; LG Gießen FamRZ 1996, 1296
8   BGH FamRZ 2009, 86

Sieht der gesetzliche Vertreter des Kindes davon ab, die Anfechtung der Vaterschaft zu **15**
betreiben, kann ihm allein deshalb die elterliche Sorge oder die Entscheidungs- und Vertretungsbefugnis allenfalls dann entzogen werden, wenn hierdurch das Wohl des Kindes
i.S.v. § 1666 BGB gefährdet wäre. Durch die Regelung des § 1629 Abs. 2 Satz 3 BGB bringt
das Gesetz die Wertung zum Ausdruck, dass der Mutter bei der Klärung der Abstammung
die Vertretungsbefugnis nicht nach § 1629 Abs. 2 Satz 3 i.V.m. 1796 BGB entzogen werden kann. Diese mit dem Beistandschaftsgesetz vom 4.12.1997[9] eingeführte Regelung betrifft zwar nach ihrem Wortlaut den Entzug der Vertretungsbefugnis für die Feststellung
der Vaterschaft, weshalb nach weit überwiegender Ansicht eine Entziehung der Vertretungsbefugnis für ein Verfahren auf Anfechtung der Vaterschaft nicht ausgeschlossen sein
soll.[10] Die Erwägungen des Gesetzgebers sind aber auf die Anfechtung der Vaterschaft
übertragbar.[11] Die Mutter kann beachtliche Gründe haben, im Interesse des Kindes von
einer Vaterschaftsanfechtung abzusehen. Es ist nicht gewährleistet, dass solche Gründe in
einem eher formal gehaltenen Verfahren auf Entzug des Vertretungsrechts wegen eines
Interessenkonflikts (§§ 1629 Abs. 2 Satz 3, 1796 BGB) ausreichende Berücksichtigung finden. Die Bevormundung der Mutter in Fragen der Abstammungszuordnung für ihr Kind
ist auf die Abwehr einer **Kindeswohlgefährdung i.S.v. § 1666 BGB** zu beschränken. Der
staatliche Eingriff in die elterliche Sorge mit dem Ziel einer Veränderung der Statuszuordnung ist daher nicht bereits aus formalen Erwägungen eines Interessengegensatzes zuzulassen. Für einen solchen Eingriff bedarf es einer umfassenden Abwägung aller Umstände,
also auch der Gründe, welche die Mutter dazu bewegen, von der Anfechtung der Vaterschaft abzusehen. Diese Abwägung ist nur im Verfahren nach § 1666 BGB gewährleistet.
Nur wenn die Unterlassung der Anfechtung das Wohl des Kindes i.S.v. § 1666 BGB gefährdet, kann durch richterliche Entscheidung die elterliche Sorge insoweit entzogen werden.

b. Zweite Stufe: Gesetzliche Vertretung im Verfahren

Die elterliche Sorge schließt grundsätzlich das Recht ein, das Kind auch im Verfahren zu **16**
vertreten. Dies gilt jedoch dann nicht, wenn die Vertretungsbefugnis kraft Gesetzes ausgeschlossen ist (a) oder wenn sie durch gerichtliche Entscheidung entzogen wurde (b).

aa. Gesetzlicher Ausschluss der Vertretungsbefugnis

Gem. § 1629 Abs. 2 Satz 1 kann ein Elternteil das Kind insoweit nicht vertreten, als auch **17**
ein Vormund gem. § 1795 BGB von der Vertretung des Kindes ausgeschlossen ist. Damit
kann das Kind in einem **Rechtsstreit**, der zwischen dem Kind und dem Ehepartner der
Kindesmutter stattfindet, nicht von dieser vertreten werden (§§ 1629 Abs. 2 Satz 1 i.V.m.
§ 1795 Abs. 1 Nr. 3 BGB). Ferner kann das Kind nicht von einem Elternteil vertreten werden, wenn dieser selbst Partei des Rechtsstreits ist. Denn es gilt der allgemeine Rechtsgedanke, dass in einem Rechtsstreit niemand gleichzeitig auf verschiedenen Seiten Partei
oder Parteivertreter sein kann.[12]

Vor Inkrafttreten des FamFG handelte es sich bei dem Vaterschaftsanfechtungsverfahren **18**
ohne Zweifel um einen Rechtsstreit i.S.v. § 1795 Abs. 1 Nr. 3 BGB. Das Verfahren war als
Klageverfahren der ZPO ausgestaltet, die Parteien standen sich im Verfahren als Prozess-
gegner gegenüber und führten den Rechtsstreit gegeneinander. Deshalb war unbestritten,
dass wegen § 1629 Abs. 2 Satz 1 BGB i.V.m. § 1795 Abs. 1 Nr. 3 BGB dann, wenn die Eltern noch miteinander verheiratet waren, das Kind in dem Anfechtungsverfahren nicht

---

9 BGBl. I S. 1847
10 MüKo-BGB/*Huber* § 1629 BGB Rn. 64; NK-BGB/*Kaiser* § 1629 BGB Rn. 29
11 BayObLG FamRZ 1999, 737
12 Staudinger/*Veit* § 1795 BGB Rn. 13; Palandt/*Ellenberger,* § 181 BGB Rn. 15; MüKo-BGB/*Schramm* § 181 BGB
Rn. 40; Erman/*Maier/Reimer* § 181 BGB Rn. 5

von einem Elternteil vertreten werden konnte.[13] Gleiches galt bei gemeinschaftlicher elterlicher Sorge.[14] Nur wenn die Eltern nicht (mehr) miteinander verheiratet waren und die Mutter die alleinige elterliche Sorge für das Kind hatte, bedurfte es keines Ergänzungspflegers.[15]

19 Durch das FamFG ist das Abstammungsverfahren allerdings grundlegend verändert worden. Es ist kein Rechtsstreit der Beteiligten gegeneinander. Das Verfahren ist keine Familienstreitsache (§ 112 FamFG), sondern als **Verfahren der freiwilligen Gerichtsbarkeit** ausgestaltet. Auch solche Verfahren können nach h.M. von der Regelung des § 1795 Abs. 1 Nr. 3 BGB erfasst sein, wenn sich die Interessen der Verfahrensbeteiligten gegenüberstehen und das Gericht auf Antrag über behauptete subjektive Interessen oder gar Ansprüche eines Beteiligten zu entscheiden hat.[16] Etwas anderes gilt jedoch dann, wenn das Gericht aus Gründen der Rechtsfürsorge entscheidet – wie etwa in Erbscheinsverfahren.[17] In Kindschaftssachen wird nach überwiegender Ansicht die Bestellung eines Ergänzungspflegers nicht für erforderlich erachtet, obwohl sich auch dort unterschiedliche subjektive Interessen – vielfach sogar subjektive Ansprüche – der Beteiligten gegenüberstehen.[18] Der unterschiedlichen Interessenlage zwischen den Eltern oder einem Elternteil und dem von ihnen gesetzlich vertretenen Kind kann durch die Bestellung eines Verfahrensbeistands Rechnung getragen werden, wenngleich dieser kraft Gesetzes (§ 158 Abs. 4 Satz 6 FamFG) nicht gesetzlicher Vertreter des Kindes ist.[19]

20 Im Verfahren auf Anfechtung der Vaterschaft wird indes von der weit überwiegenden Ansicht die **Bestellung eines Ergänzungspflegers** für erforderlich erachtet, wenn die **Mutter mit dem rechtlichen Vater verheiratet** ist **oder** das Kind unter **gemeinsamer elterlicher Sorge** steht.[20] Das FamFG lässt zwar auch in Abstammungsverfahren die Bestellung eines Verfahrensbeistands zu (§ 174 FamFG). Im Unterschied zu Kindschaftssachen handelt es sich jedoch bei Abstammungsverfahren um Antragsverfahren. Das Kind kann in einem Vaterschaftsanfechtungsverfahren einen eigenen Antrag auf Anfechtung der Vaterschaft nur durch den gesetzlichen Vertreter stellen (§ 1600a Abs. 3 BGB). Die Entscheidung hierüber kann ein Verfahrensbeistand nicht treffen, da dieser nicht gesetzlicher Vertreter des Kindes ist. Nach der Rechtsprechung des BGH ist in Abstammungsverfahren der Ausschluss von der gesetzlichen Vertretung des Kindes im Verfahren selbst wie nach der vor dem FamFG geltenden Rechtslage zu beurteilen.[21] Der Gesetzgeber habe mit der Schaffung des FamFG insoweit keine Änderung habe herbeiführen wollen.

21 Ob eine extensive Auslegung des Rechtsstreit-Begriffes des § 1795 BGB verfassungsrechtlich vertretbar ist, kann bezweifelt werden. Der Ausschluss von der gesetzlichen Vertretung nach § 1629 Abs. 2 Satz 1 BGB beinhaltet einen Eingriff in das grundrechtlich geschützte Elternrecht. Hierzu bedarf es mit Blick auf den Gesetzesvorbehalt (Art. 19 Abs. 1 GG) eindeutiger gesetzlicher Regelungen, weshalb einer extensiven Auslegung eines Rechtsbe-

---

13 OLG Bamberg FamRZ 1992, 220
14 OLG Köln FamRZ 2001, 245
15 BayObLG FamRZ 1999, 737; OLG Bamberg FamRZ 1992, 220
16 Staudinger/*Veit* § 1795 BGB Rn. 50; NK-BGB/*Fritsche* § 1795 BGB Rn. 6; MüKoBGB/*Wagenitz*, § 1795 BGB Rn. 34
17 MüKo-BGB/*Wagenitz*, § 1795 BGB Rn. 34
18 BGH ZKJ 2011, 465
19 BGH ZKJ 2011, 465
20 OLG Oldenburg FamRZ 2013, 1671; KG Berlin FamRZ 2011, 739; OLG Hamburg FamRZ 2010, 1825; Staudinger/*Veit* § 1795 BGB Rn. 76ff; Erman/*Saar*, § 1795 BGB Rn. 3; MüKo-BGB/*Wagenitz*, § 1795 BGB Rn. 34; a.A. *Helms/Balzer*, ZKJ 2009, 348; *Helms* in Helms/Kieninger/Rittner, Abstammungsrecht in der Praxis, Rn. 74 ff.; vermittelnde Lösung: *Grün*, Vaterschaftsfeststellung und -anfechtung, 2. Aufl. 2010, Rn. 209 ff
21 BGH FamRZ 2012, 859

griffs oder einer Analogie Grenzen gesetzt sind.[22] Es wäre daher dringend eine eindeutige gesetzliche Klarstellung geboten.

Unbestritten kann das **Kind** im Verfahren auf Anfechtung der Vaterschaft **nicht vom Vater vertreten** werden, und zwar unabhängig davon, ob dieser selbst die Anfechtung betreibt oder ob diese von Dritten betrieben wird. Denn der Vertretungsausschluss ist an das zu beseitigende Statusverhältnis geknüpft. Nach überwiegender Ansicht ist auch die Mutter von der Vertretung des Kindes dann ausgeschlossen, wenn sie mit dem rechtlichen Vater verheiratet ist, unabhängig davon, ob der Vater, das Kind oder sie selbst das Anfechtungsverfahren betreibt.[23]   **22**

Zusammenfassend lässt sich auf der Grundlage der herrschenden Meinung für die Praxis sagen, dass es im Verfahren auf Anfechtung der Vaterschaft der Bestellung eines **Ergänzungspflegers** für das Kind immer dann bedarf, wenn   **23**

- das Kind unter der alleinigen elterlichen Sorge des Vaters steht,

- das Kind unter der gemeinsamen elterlichen Sorge des Vaters und der Mutter steht,

- die allein sorgeberechtigte Mutter mit dem Vater verheiratet ist.

bb. Gerichtliche Entziehung der Vertretungsbefugnis

Nach §§ 1629 Abs. 2 Satz 3, 1796 BGB kann einem Elternteil die Vertretungsbefugnis dann entzogen und einem Pfleger übertragen werden, wenn nachgewiesen ist, dass ein **erheblicher konkreter Interessengegensatz** zwischen dem Sorgeberechtigten und dem Kind besteht. Ein solcher Interessenkonflikt ist in Abstammungssachen nicht allein schon wegen der Tatsache des Verfahrens selbst gegeben.[24] Die Beurteilung, ob ein konkreter Interessengegensatz i.S.v. § 1796 BGB besteht, kann nur auf der Grundlage des konkreten Einzelfalles erfolgen und nicht auf der Grundlage einer generalisierenden Betrachtung.[25] Nur wenn sich im Einzelfall konkrete Anhaltspunkte für die Annahme ergeben, dass ein Elternteil seine sorgerechtliche Stellung missbräuchlich ausübt, kann die Vertretungsbefugnis entzogen werden. Dies kann sich z.B. daraus ergeben, dass die Mutter die Wahrnehmung von verfahrensrechtlichen Befugnissen des Kindes konkret vereitelt, indem sie etwa den Kontakt zum bestellten Verfahrensbeistand verhindert oder bei der Mitwirkung an der Abstammungsuntersuchung ihre eigenen Interessen über diejenigen des Kindes stellt. Unterhalb dieser Schwelle kann einem Interessenwiderstreit durch die Bestellung eines Verfahrensbeistands nach § 174 FamFG begegnet werden und bedarf es keiner Entziehung der Vertretungsbefugnis. Das Abstellen auf eine dem Verfahren immanente Konfliktlage reicht für einen solchen Eingriff nicht aus.[26]   **24**

cc. Entziehung der elterlichen Sorge

Wenn einem Sorgerechtsmissbrauch nicht allein mit der Entziehung der Vertretungsbefugnis für das Verfahren begegnet werden kann, sondern darüber hinaus die Schwelle des § 1666 BGB überschreitende kindeswohlgefährdende Auswirkungen hat, kann dies zur Einleitung eines Verfahrens nach § 1666 BGB Anlass geben und entsprechende sorgerechtliche Maßnahmen erfordern.   **25**

---

22 vgl. z.B. BVerfG NJW 2003, 2004; BGH FamRZ 2008, 866
23 BGH FamRZ 2012, 859
24 BGH FamRZ 2012, 859
25 BGH FamRZ 2008, 1156
26 Unzutreffend daher OLG Stuttgart FamRZ 2014, 1868

IV. Das Wohl des Vertretenen als besondere Voraussetzung bei Anfechtung durch den gesetzlichen Vertreter (Abs. 4)

26   Die Anfechtung der Vaterschaft durch den gesetzlichen Vertreter ist nur zulässig, wenn sie dem Wohl des Vertretenen dient. Diese Einschränkung gilt nicht nur für die Anfechtung durch den gesetzlichen Vertreter eines minderjährigen Kindes (Abs. 3), sondern auch für die Anfechtung durch den gesetzlichen Vertreter eines geschäftsunfähigen Vaters, eines geschäftsunfähigen potentiellen leiblichen Vaters oder einer geschäftsunfähigen Mutter (Abs. 2 Satz 3).

27   Ob die Anfechtung dem Wohl des Vertretenen dient, muss das Familiengericht jeweils im Rahmen des Vaterschaftsanfechtungsverfahrens inzident prüfen. Es handelt sich hierbei um eine Sachentscheidungsvoraussetzung.[27] Der Anfechtungsantrag ist als unzulässig abzuweisen, wenn nicht positiv festgestellt werden kann, dass die Anfechtung dem Wohl des Anfechtungsberechtigten dient. Dabei verbleibende Zweifel gehen zu Lasten des Anfechtenden.

28   Es ist eine Gesamtwürdigung vorzunehmen unter **sorgfältiger Abwägung der mit der Durchführung des Anfechtungsverfahrens für den Vertretenen verbundenen Vor- und Nachteile**.[28] In die Abwägung einzubeziehen sind sowohl die Auswirkungen der Durchführung des Anfechtungsverfahrens selbst als auch die Erfolgsaussichten des Verfahrens und die aus einer etwaigen Beseitigung der Vaterschaftszuordnung resultierenden praktischen Vor- und Nachteile. Das Kindeswohl kann sowohl für die Aufrechterhaltung der bestehenden Vaterschaftszuordnung als auch für deren Beseitigung sprechen. Grundsätzlich kommt keinem einzelnen Abwägungsgesichtspunkt Vorrang vor einem anderen zu, auch nicht dem natürlichen Interesse des Kindes an der Klärung der wahren Abstammung.[29] Wenn sich jedoch durch die Anfechtung der Vaterschaft keine Auswirkungen auf die familiäre Situation des Kindes ergeben, überwiegt das Interesse an der Kenntnis der eigenen Abstammung.[30]

29   Die möglichen Auswirkungen des Anfechtungsverfahrens auf den Familienfrieden und die persönlichen Beziehungen zwischen Mutter und Kind sind ebenso in die Abwägung einzubeziehen wie auch etwaige vermögens- oder unterhaltsrechtliche Vor- und Nachteile einer Beseitigung der Vaterschaft. Die Auswirkungen einer erfolgreichen Vaterschaftsanfechtung können besonders nachteilig sein, wenn keine Aussicht besteht, die tatsächliche Abstammung des Kindes zu klären und das Kind dauerhaft ohne rechtlichen Vater bleiben wird.[31] Wenn jedoch weder emotionale Beziehungen zum rechtlichen Vater bestehen und das Fortbestehen der rechtlichen Vaterschaft für das Kind keinerlei Vorteile bietet, kann die Kindeswohldienlichkeit der Anfechtung auch dann anzunehmen sein, wenn für die Klärung der tatsächlichen Abstammung keine Aussicht besteht.[32]

V. Unter Betreuung stehende Personen (Abs. 5)

30   Die Regelung in Abs. 5 unterstreicht nochmals den Grundsatz der Höchstpersönlichkeit und stellt klar, dass dies auch für eine unter Betreuung stehende Person gilt, denn die Einrichtung einer Betreuung hat keine Auswirkungen auf dessen Geschäftsfähigkeit. Ist die unter Betreuung stehende Person geschäftsunfähig i.S.v. § 104 Nr. 2 BGB, gilt Abs. 2 Satz 3 bzw. Abs. 3.

---

27 Staudinger/*Rauscher*, § 1600a BGB Rn. 63
28 OLG Celle ZKJ 2012, 76
29 BayOblG FamRZ 1995, 185
30 OLG Schleswig FamRZ 2003, 51
31 BayOblG FamRZ 1995, 185
32 OLG Nürnberg FamRZ 2005, 1697

§ 1600b BGB Anfechtungsfristen

(1) ¹Die Vaterschaft kann binnen zwei Jahren gerichtlich angefochten werden. ²Die Frist beginnt mit dem Zeitpunkt, in dem der Berechtigte von den Umständen erfährt, die gegen die Vaterschaft sprechen; das Vorliegen einer sozial-familiären Beziehung im Sinne des § 1600 Abs. 2 erste Alternative hindert den Lauf der Frist nicht.

(1a) ¹Im Fall des 1600 Abs. 1 Nr. 5 kann die Vaterschaft binnen eines Jahres gerichtlich angefochten werden. ²Die Frist beginnt, wenn die anfechtungsberechtigte Behörde von den Tatsachen Kenntnis erlangt, die die Annahme rechtfertigen, dass die Voraussetzungen für ihr Anfechtungsrecht vorliegen. ³Die Anfechtung ist spätestens nach Ablauf von fünf Jahren seit der Wirksamkeit der Anerkennung der Vaterschaft für ein im Bundesgebiet geborenes Kind ausgeschlossen; ansonsten spätestens fünf Jahre nach der Einreise des Kindes.

(2) ¹Die Frist beginnt nicht vor der Geburt des Kindes und nicht, bevor die Anerkennung wirksam geworden ist. ²In den Fällen des § 1593 Satz 4 beginnt die Frist nicht vor der Rechtskraft der Entscheidung, durch die festgestellt wird, dass der neue Ehemann der Mutter nicht der Vater des Kindes ist.

(3) ¹Hat der gesetzliche Vertreter eines minderjährigen Kindes die Vaterschaft nicht rechtzeitig angefochten, so kann das Kind nach dem Eintritt der Volljährigkeit selbst anfechten. ²In diesem Falle beginnt die Frist nicht vor Eintritt der Volljährigkeit und nicht vor dem Zeitpunkt, in dem das Kind von den Umständen erfährt, die gegen die Vaterschaft sprechen.

(4) ¹Hat der gesetzliche Vertreter eines Geschäftsunfähigen die Vaterschaft nicht rechtzeitig angefochten, so kann der Anfechtungsberechtigte nach dem Wegfall der Geschäftsunfähigkeit selbst anfechten. ²Absatz 3 Satz 2 gilt entsprechend.

(5) ¹Die Frist wird durch die Einleitung eines Verfahrens nach § 1598a Abs. 2 gehemmt; § 204 Abs. 2 gilt entsprechend. ²Die Frist ist auch gehemmt, solange der Anfechtungsberechtigte widerrechtlich durch Drohung an der Anfechtung gehindert wird. ³Im Übrigen sind § 204 Absatz 1 Nummer 4, 8, 13, 14 und Absatz 2 sowie die §§ 206 und 210 entsprechend anzuwenden.

(6) Erlangt das Kind Kenntnis von Umständen, auf Grund derer die Folgen der Vaterschaft für es unzumutbar werden, so beginnt für das Kind mit diesem Zeitpunkt die Frist des Absatzes 1 Satz 1 erneut.

Übersicht

A. Allgemeines

I. Normzweck

1 Die Vorschrift dient der Sicherung der Bestandskraft der Vaterschaftszuordnung eines Kindes und damit der Rechts- und Statussicherheit.[1] Dem Anfechtungsberechtigten wird nach Kenntniserlangung von gegen die Vaterschaft sprechenden Umständen eine angemessene Zeit zur Überlegung und Entscheidung eingeräumt, ob er die Vaterschaft anfechten will. Durch die Befristung dieser Überlegungszeit soll vermieden werden, dass die Vaterschaftszuordnung für ein Kind dauerhaft **in der Schwebe** bleibt.[2] Allerdings können nach Abs. 6 besondere Umständen dazu führen, dass lange nach Ablauf der kenntnisabhängigen Anfechtungsfrist diese für das Kind neu zu laufen beginnt, so dass eine dauerhafte Bestandskraft nicht mehr gewährleistet ist.

2 Die Anfechtungsfrist dient nicht dem Schutz des leiblichen Vaters davor, als Vater des Kindes festgestellt zu werden. Weder der leibliche Vater noch seine Erben können im Verfahren auf Feststellung der Vaterschaft geltend machen, im vorausgegangenen Verfahren auf Anfechtung der Vaterschaft sei die Anfechtungsfrist zu Unrecht als gewahrt erachtet worden.[3] Aus einer Verletzung des § 1600b BGB kann der als Vater festgestellte Mann keine Amtshaftungsansprüche herleiten.[4]

3 Die Wahrung der Anfechtungsfrist ist **von Amts wegen** zu beachten,[5] mithin auch dann, wenn alle Beteiligten übereinstimmend die Beseitigung der Vaterschaftszuordnung begehren. Wird die Frist nicht gewahrt, kommt eine Anfechtung der Vaterschaft selbst dann nicht mehr in Betracht, wenn die Nichtvaterschaft durch Abstammungsgutachten nachgewiesen ist.[6] Es handelt sich um eine materiell-rechtliche Frist. Eine Wiedereinsetzung in den vorigen Stand wegen Versäumung der Anfechtungsfrist ist daher nicht möglich.[7]

II. Fristdauer

4 Die Anfechtungsfrist beträgt für alle Anfechtungsberechtigten zwei Jahre. Durch die Kindschaftsrechtsreform sind mit Wirkung ab 1.7.1998 die vorher für eheliche und uneheliche Kinder geltenden unterschiedlichen Anfechtungsfristen vereinheitlicht worden. Dies gilt auch hinsichtlich der vor dem 1.7.1998 geborenen Kinder (Art. 224 § 1 Abs. 2 EGBGB),[8] auch wenn nach vorherigem Recht eine kürzere Anfechtungsfrist galt[9] oder nach früherem Recht ein Anfechtungsrecht nicht bestand.[10] Die in Abs. 1a geregelte Anfechtungsfrist von einem Jahr betraf die Behördenanfechtung, für die es jedoch keine gesetzliche Grundlage mehr gibt, nachdem das BVerfG die Vorschriften über die Behördenanfechtung für verfassungswidrig erklärt hat.[11]

5 Eine Besonderheit gilt für die Anfechtung von vor dem 1.7.1970 in den alten Bundesländern erklärten Vaterschaftsanerkenntnissen, die an keine Frist gebunden ist.[12] Diese Altanerkenntnisse bewirkten nach damaligem Recht nicht einen verwandtschaftlichen Status zu

---

1 BGH FamRZ 1999, 778
2 BVerfGE 38, 241
3 OLG Frankfurt FamRZ 2009, 704
4 BGH FamRZ 2007, 36
5 OLG Karlsruhe FuR 1998, 380
6 OLG Brandenburg FamRZ 2001, 1630
7 BGH NJW 1975, 1465
8 BGH FamRZ 1999, 778
9 OLG Köln FamRZ 1999, 800
10 OLG Frankfurt FamRZ 2000, 548; OLG Celle OLGR 1999, 306; OLG Stuttgart FamRZ 1999, 1003; OLG Nürnberg FamRZ 2002, 1722
11 BVerfG ZKJ 2014, 151
12 Vgl. BayObLG FamRZ 1992, 984

dem Vater. Erst mit dem NEhelG[13] wurden diese Altanerkenntnisse in eine statusbegrün-
dende Vaterschaftsanerkennung mit der Folge des Entstehens eines Verwandtschaftsverhältnisses umgewandelt. Zum Ausgleich wurde die Anfechtung der auf einem alten Anerkenntnis beruhenden Vaterschaft erleichtert und eine Bindung an Fristen nicht vorgesehen
(Art. 12 § 3 Abs. 2 Satz 1 NEhelG). Die fristunabhängige Anfechtungsmöglichkeit für vor
dem 1.7.1970 erklärte Vaterschaftsanerkennungen gilt jedoch nur, wenn für die Vaterschaftsanerkennung zum Anerkennungszeitpunkt das Recht der Bundesrepublik Deutschland maßgeblich war. Für ein in der DDR erklärtes Vaterschaftsanerkenntnis besteht die in
Art. 12 § 3 NEhelG eröffnete fristunabhängige Anfechtungsmöglichkeit nicht.[14]

III. Fristwahrung

Die Anfechtungsfrist wird nur durch die rechtzeitige gerichtliche Anfechtung der Vater-   **6**
schaft gewahrt. Erforderlich war bis 31.8.2009 grundsätzlich die Erhebung der Klage, also
ihre Zustellung. Die damit verbundenen Rechtsfragen – insbesondere im Hinblick auf § 270
Abs. 3 ZPO[15] – sind mit dem FamFG obsolet geworden. In nach dem 1.9.2009 eingeleiteten Verfahren wird die Frist des § 1600b BGB schon mit Einreichung des Antrags bei Gericht gewahrt. Eine förmliche Zustellung der Antragsschrift ist für die Wahrung der Anfechtungsfrist unerheblich, zumal sie nach § 15 FamFG für den Anfechtungsantrag auch nicht
vorgeschrieben ist. Es genügt daher die rechtzeitige Einreichung eines Antrags auf Anfechtung der Vaterschaft.

Indem Abs. 5 Satz 3 u.a. § 204 Abs. 1 Nr. 14 ZPO für entsprechend anwendbar erklärt,   **7**
reicht bereits ein bloßer Antrag auf Bewilligung von Verfahrenskostenhilfe für ein Anfechtungsverfahren zur Hemmung der Anfechtungsfrist aus, wenn dieser rechtzeitig eingeht
und dessen Bekanntgabe an die übrigen Beteiligten veranlasst wird,[16] wobei die Hemmungsdauer jedoch durch § 204 Abs. 2 BGB zeitlich begrenzt ist.

B. Inhalt der Norm

I. Kenntnisabhängiger Fristbeginn (Abs. 1)

1. Kenntnis von gegen die Vaterschaft sprechenden Umständen

Da der Zweck der Anfechtungsfrist darin liegt, den Anfechtungsberechtigten in einem an-   **8**
gemessenen Zeitraum zur Ausübung des Anfechtungsrechts zu veranlassen, können nur
in einem Anfechtungsverfahren **verwertbare Kenntnisse** die Anfechtungsfrist auslösen.
Dies hat vor allem Bedeutung, wenn die gegen die Vaterschaft sprechenden Umstände
durch einen heimlich eingeholten Vaterschaftstest bekannt wurden. Da hierauf ein schlüssiger Anfechtungsvortrag nicht gestützt werden kann,[17] wird die Anfechtungsfrist erst
durch hinzutretende Umstände – etwa das Einräumen des Mehrverkehrs durch die Kindesmutter nach Vorhalt des Vaterschaftstests[18] – ausgelöst. Die Kenntnis von Umständen, deren Vorbringen nicht geeignet wäre, einen begründeten Anfangsverdacht[19] **schlüssig
darzulegen** (vgl. § 171 Abs. 2 Satz 2 FamFG), setzt die Anfechtungsfrist nicht in Lauf.

Die Anfechtungsfrist beginnt gem. Abs. 1 Satz 2 mit dem Zeitpunkt zu laufen, in dem der   **9**
Anfechtungsberechtigte von Umständen erfährt, die gegen die Vaterschaft sprechen.
Hierzu reicht es bereits aus, dass er **Kenntnis von Tatsachen** erlangt, aus denen sich die

---

13 Gesetz über die rechtliche Stellung der nichtehelichen Kinder vom 19.8.1969 (BGBl. I 1969 S. 1243)
14 Vgl. hierzu BVerfG FamRZ 1995, 411
15 Vgl. z.B. BGH FamRZ 1995, 1484; OLG Dresden FamRZ 2006, 55
16 NK-BGB/*Gutzeit*, § 1600b BGB Rn. 20; *Keuter*, § 2 Rn. 165
17 BVerfG FamRZ 2007, 441; BGH FamRZ 2005, 340; BGH ZKJ 2006, 417
18 OLG Stuttgart FamRZ 2011, 382; OLG Koblenz NJW 2006, 1742
19 BGH FamRZ 1998, 955

nicht ganz fernliegende Möglichkeit einer Abstammung des Kindes von einem anderen Mann ergibt.[20]

10 Nicht erforderlich ist die positive Kenntnis oder die persönliche Überzeugung von der anderweitigen Abstammung des Kindes[21] oder gar die Kenntnis von der Person des tatsächlichen Erzeugers.[22] Der Anfechtende muss nicht einmal selbst Zweifel an der Vaterschaft gehabt haben.[23] Er muss nur Tatsachen kennen und für wahr halten, bei denen eine anderweitige Abstammung nicht fernliegt. Nicht notwendig ist die sichere Kenntnis, dass anderweitiger Geschlechtsverkehr stattgefunden hat, sondern es reicht bereits die Kenntnis von solchen Tatsachen aus, die bei objektiver, verständiger Würdigung hierauf schließen lassen.[24] Wenn jedoch der Anfechtungsberechtigte Kenntnis davon erlangt hat, dass die Kindesmutter in der Empfängniszeit Geschlechtsverkehr mit einem anderen Mann hatte, löst dies in der Regel die Anfechtungsfrist auch dann aus, wenn der rechtliche Vater in der Empfängniszeit der Kindesmutter ebenfalls beigewohnt hat.[25]

11 Für die Beurteilung, ob bei den dem Anfechtungsberechtigten bekannt gewordenen Tatsachen von einer nicht ganz fernliegende Möglichkeit einer anderweitigen Abstammung des Kindes auszugehen ist, kommt es nicht auf den konkreten Bildungsstand und die konkrete Sichtweise des Anfechtenden, sondern auf die **objektive Sicht eines verständigen Betrachters** an.[26] Dabei ist der Beurteilungsmaßstab nicht an medizinisch-naturwissenschaftlichen Spezialkenntnissen auszurichten, sondern von einem Erkenntnisstand auszugehen, der bei einem verständigen Laien in der Regel erwartet werden kann.[27] Individuelle Bildungsdefizite oder die Neigung, vor den Tatsachen die Augen zu verschließen, hindern den Lauf der Anfechtungsfrist nicht.[28]

12 Erforderlich ist jedoch stets, dass der Anfechtungsberechtigte überhaupt **Kenntnis von der Existenz des Kindes**[29] und – soweit es für die Vaterschaftszuordnung hierauf ankommt – von dem Tag der Geburt des Kindes[30] erlangt hat. Unerheblich ist, ob ihm die Rechtslage hinsichtlich der Vaterschaftszuordnung bekannt war, denn die **Rechtsunkenntnis** von den Zuordnungstatbeständen des § 1592 BGB hindert den Lauf der Frist nicht. Wenn etwa der Scheinvater rechtsirrig annimmt, es bedürfe keiner Vaterschaftsanfechtung, weil das Kind ohnehin nicht als sein Kind gelte – etwa weil es nach dem Scheidungsausspruch geboren wurde, der aber bei Geburt des Kindes noch nicht rechtskräftig war – hindert dies den Lauf der Frist nicht.[31]

13 Wenn der Anfechtungsberechtigte weiß, dass in der Empfängniszeit **kein Geschlechtsverkehr** der Kindesmutter mit dem rechtlichen Vater stattgefunden hat, hat er Kenntnis von den gegen die Vaterschaft sprechenden Umständen. Wenn der rechtliche Vater seinen Antrag auf Anfechtung der Vaterschaft darauf stützt, der letzte Verkehr mit der Mutter des Kindes habe elf Monate vor der Geburt gelegen, dann ist von einem Fristenlauf ab Geburt des Kindes auszugehen, denn aus der Sicht eines verständigen Laien, der nicht über naturwissenschaftliche oder medizinische Spezialkenntnisse verfügt, kann in einem solchen Fall nicht zweifelhaft sein, dass das Kind nicht aus diesem Verkehr mit der Kindes-

---

20 BGH FamRZ 1998, 955; OLG Brandenburg FamRZ 2002, 1055; OLG Koblenz FamRZ 2000, 1032
21 OLG Brandenburg FamRZ 2004, 480; OLG Rostock FamRZ 2004, 379
22 BGH FamRZ 1998, 1577
23 OLG Köln FamRZ 2002, 842
24 OLG Brandenburg FamRZ 2002, 1055
25 BGH FamRZ 2014, 463; BGH ZKJ 2006, 76
26 BGH ZKJ 2006, 512; BGH FamRZ 1979, 1007, 1009; FamRZ 1989, 169, 170: FamRZ 1990, 507
27 BGH ZKJ 2006, 512; OLG München NJWE-FER 1997, 102
28 OLG Köln FamRZ 2002, 842
29 BGHZ 10, 111
30 OLG Stuttgart DAVorm 1985, 1085
31 BGH FamRZ 1991, 325; OLG Koblenz FamRZ 1997, 1171

Grün

mutter abstammt.[32] Auch wenn der rechtliche Vater aus einem ärztlichen Befund Kenntnis von seiner **Zeugungsunfähigkeit** hat oder vor der Empfängniszeit bereits eine **Sterilisation** hat durchführen lassen, kann sich hieraus die Kenntnis von gegen die Vaterschaft sprechenden Umständen vermitteln.[33]

Auch die **Umstände des Zustandekommens des Geschlechtsverkehrs** mit der Kindesmutter können eine anderweitige Abstammung des Kindes nahelegen. Wenn sich aus konkreten Umständen geradezu aufdrängt, dass der Scheinvater nicht der einzige Mann war, mit dem die Kindesmutter im Empfängniszeitraum geschlechtliche Beziehungen unterhielt, setzt dies die Anfechtungsfrist in Lauf. Solche weiteren Umstände können z.B. vorliegen, wenn der Mann bei einer als **Sextourismus** zu qualifizierenden Reise eine einheimische Frau am Strand kennen lernte und von dieser sofort eine Möglichkeit zur Ausübung des Geschlechtsverkehrs geschaffen wurde,[34] oder wenn sich aus anderen Umständen Hinweise darauf ergeben, dass die Frau der **Prostitution** nachgeht.[35]   **14**

Gegen die Vaterschaft sprechende Umstände können sich daraus ergeben, dass der bei Geburt vorliegende **Reifegrad des Kindes** nicht in Einklang steht mit dem Zeitpunkt des Geschlechtsverkehrs des Scheinvaters mit der Kindesmutter, wenn also das Kind bei der Geburt voll ausgereift war, obwohl gerechnet vom Geschlechtsverkehr des Scheinvaters mit der Mutter die volle Tragezeit bei weitem nicht erreicht war.[36] Dies begründet jedoch nur dann eine gegen die Vaterschaft sprechende Kenntnis, wenn die so errechnete vermeintliche Tragezeit so kurz ist, dass nach der Beurteilung eines verständigen Laien das Kind bei Geburt nicht hätte voll ausgereift sein können.   **15**

Auch eine **offenkundige Rasseverschiedenheit** kann Kenntnis von gegen die Vaterschaft sprechenden Umständen vermitteln. Dies wird man aber nur annehmen können, wenn das Kind augenfällig mischrassig ist, die Kindesmutter und der rechtliche Vater jedoch von weißer Hautfarbe sind. Hätte das Kind nach der rechtlichen Elternschaft mischrassig sein müssen, begründet es jedoch keine Kenntnis von gegen die Vaterschaft sprechenden Umständen, wenn das Kind bei Geburt hellhäutig[37] oder dunkelhäutig[38] war. Das **Aussehen des Kindes** – etwa die fehlende Ähnlichkeit mit dem rechtlichen Vater – vermittelt regelmäßig keine Kenntnis von gegen die Vaterschaft sprechenden Umständen.[39] Selbst wenn sich das Aussehen des Kindes deutlich von demjenigen seiner Geschwister und dem des Ehemanns unterscheidet, kann von einem Laien nicht erwartet werden, dass er deshalb die Vaterschaft in Zweifel zieht.[40] Solche vermeintlichen Aussehensunterschiede sind in der Regel auch nicht geeignet, die Schlüssigkeit eines Anfechtungsantrags zu begründen.[41]   **16**

Die Kenntnis des Scheinvaters von einem **Mehrverkehr** der Kindesmutter während der gesetzlichen Empfängniszeit setzt regelmäßig die Anfechtungsfrist des § 1600b Abs. 1 BGB in Lauf.[42] Dies gilt auch dann, wenn nur ein einziges Mal Mehrverkehr stattgefunden und der rechtliche Vater während der gesetzlichen Empfängniszeit der Kindesmutter eben-   **17**

---

32 OLG Brandenburg FamRZ 1996, 895
33 OLG Dresden FamRZ 2006, 1129; OLG Koblenz FamRB 2003, 181; OLG Köln FamRZ 2003, 781
34 OLG Frankfurt OLGR 1999, 256
35 BGH ZKJ 2006, 512
36 Vgl. BGH FamRZ 1990, 507
37 OLG Jena FamRZ 2010, 1822
38 OLG Karlsruhe FamRZ 2000, 107
39 OLG Düsseldorf FamRZ 2005, 315
40 OLG München NJWE-FER 1997, 102
41 OLG Jena FamRZ 2003, 944
42 BGH FamRZ 2014, 463; BGH ZKJ 2006, 76: BGH FamRZ 1978, 494

falls beigewohnt hat,[43] sofern nicht besondere Umstände vorliegen, nach denen es ausgeschlossen ist, dass das Kind bei diesem Mehrverkehr gezeugt worden sein kann (zur Verwendung von Verhütungsmitteln vgl. Rn. 20).

18   Eine solche Kenntnis von Mehrverkehr kann sich aus einem **Eingeständnis der Kindesmutter** ergeben. Dies gilt aber nicht, wenn der Anfechtungsberechtigten den eingestandenen Mehrverkehr als erfunden annehmen konnte, etwa weil die Äußerung im Zusammenhang mit einem Streit über das Umgangs- oder Sorgerecht erfolgte und keine konkreten Angaben enthielt[44]. Wenn jedoch dem Anfechtungsberechtigten das Eingeständnis der Kindesmutter glaubhaft erscheinen musste, kann bereits das Infragestellen der Abstammung des Kindes durch die Kindesmutter dem Anfechtenden gegenüber die Anfechtungsfrist in Lauf setzen.[45]

19   Die Anfechtungsfrist kann bei **Kenntnis vom Ehebruch** selbst dann in Gang gesetzt sein, wenn der Anfechtungsberechtigte nicht sicher weiß, ob es zu Mehrverkehr gekommen ist. Es reicht vielmehr aus, wenn er **sichere Kenntnis von solchen Umständen** hat, **bei denen ein Mehrverkehr nahe liegt**. Dies kann anzunehmen sein, wenn der Anfechtungsberechtigte weiß, dass die Kindesmutter in der Empfängniszeit kurzzeitig in der Wohnung eines anderen Mannes gelebt hat.[46] Ob bereits die bloße Kenntnis von einer Urlaubsreise der Kindesmutter in Begleitung eines anderen Mannes einen Mehrverkehr nahe legt,[47] erscheint jedoch fraglich.

2. Wegfall der Kenntnis

20   Eine durch Kenntnis von gegen die Vaterschaft sprechenden Umständen in Gang gesetzte **Anfechtungsfrist** kann **wieder entfallen**, wenn dem Anfechtungsberechtigten innerhalb der Anfechtungsfrist Umstände bekannt werden, die bei verständiger Würdigung eine Anfechtung aussichtslos erscheinen lassen mussten.[48] Erlangt der Mann z.B. Kenntnis von Tatsachen, die den Verdacht rechtfertigen, dass die Kindesmutter in der Empfängniszeit eine sexuelle Beziehung mit einem anderen Mann hatte, und werden ihm später andere Tatsachen bekannt, die ihn zu der Annahme veranlassen, der ursprüngliche Verdacht sei unrichtig, so fällt die zunächst zu laufen begonnene Anfechtungsfrist wieder weg.[49] Allerdings darf er nicht ohne weiteres solchen den Verdacht entkräftenden Angaben Glauben schenken oder vor den gegen die Vaterschaft sprechenden Umständen die Augen verschließen, sondern er muss im Rahmen des Zumutbaren entsprechende Nachforschungen anstellen.[50] Die bloße Beteuerung der Kindesmutter, er sei trotz des stattgefundenen Mehrverkehrs der Vater, reichen nicht aus, um den Fristlauf in Wegfall zu bringen. Hierzu kann es aber ausreichen, wenn ihm – für ihn unwiderlegbar und glaubhaft – Umstände mitgeteilt werden, wonach die Möglichkeit einer Zeugung durch den Mehrverkehr ganz fern liegt, etwa weil ihm die Kindesmutter versichert hat, der andere Mann sei zeugungsunfähig.[51] Die Mitteilung, bei dem Mehrverkehr sei **Verhütung** mit Kondomen betrieben worden, lässt die Anfechtungsfrist jedoch nicht entfallen. Es ist allgemein bekannt, dass die Zuverlässigkeit der Verhütung mit Kondomen deutlich geringer ist als bei anderen Ver-

---

43 BGH FamRZ 2014, 463; BGH ZKJ 2006, 76; OLG Brandenburg FamRZ 2014, 1215; OLG Karlsruhe FamRZ 2013, 555; OLG Hamm FamRZ 1999, 1362
44 KG FamRZ 1991, 111
45 OLG Hamm FamRZ 1994, 186
46 OLG Brandenburg FamRZ 2002, 1055
47 OLG Hamm FamRZ 1992, 472
48 Palandt/*Brudermüller*, § 1600b BGB Rn. 16
49 MüKo-BGB/*Wellhofer*, § 1600b BGB Rn.16; NK-BGB/*Gutzeit*, § 1600b BGB Rn. 8
50 OLG Düsseldorf FamRZ 1995, 315
51 BGH FamRZ 1989, 169

hütungsmitteln.[52] Ob die Mitteilung, dass durch Einnahme der „Antibabypille" Empfängnisverhütung betrieben wurde, die Kenntnis von gegen die Vaterschaft sprechenden Umständen entfallen lässt,[53] erscheint ebenfalls fraglich. Es kann inzwischen als allgemein bekannt gelten, dass es auch bei Einnahme der Pille durch Wirkungsbeeinträchtigungen zur Zeugung eines Kindes kommen kann. Aus der objektiven Sicht eines verständigen Laien kann die Zeugung des Kindes durch den Mehrverkehr dadurch nicht als ausgeschlossen erscheinen.

3. Kenntnis bei Minderjährigkeit

Für den Beginn der Anfechtungsfrist für **minderjährige Kindeseltern** oder den minderjährigen potentiellen leiblichen Vater kommt es jeweils auf ihre eigene Kenntnis von gegen die Vaterschaft sprechenden Umständen an, da sie gem. § 1600a Abs. 2 BGB selbst anfechten können.[54]   **21**

Anders ist es bei der Anfechtungsfrist für **minderjährige Kinder**. Hier kommt es gem. § 166 Abs. 1 BGB nicht auf die Kenntnis des Kindes, sondern auf die Kenntnis seines nach § 1600a Abs. 3 BGB zur Anfechtung befugten gesetzlichen Vertreters an.[55] Selbst wenn dieser Kenntnis von gegen die Vaterschaft sprechenden Umständen hat, läuft die Anfechtungsfrist erst dann, wenn der gesetzliche Vertreter berechtigt ist, darüber zu entscheiden, ob das Kind die Vaterschaft anficht, und das Kind in einem Anfechtungsverfahren vertreten werden kann.[56] Wenn die rechtlichen Eltern noch miteinander verheiratet sind oder die gemeinsame elterliche Sorge für das Kind haben, bedarf es für das Verfahren der Bestellung eines Ergänzungspflegers, weshalb die Frist frühestens mit dessen Bestellung zu laufen beginnt.[57]   **22**

Versäumt ein zur Anfechtung befugter gesetzlicher Vertreter die Anfechtungsfrist, kann das Kind nach Abs. 4 die Vaterschaft nach Eintritt der Volljährigkeit anfechten. Ein Wechsel in der Vertretung des Kindes führt nicht zu einem Neubeginn der Anfechtungsfrist.[58] War die bereits zu laufen begonnene Anfechtungsfrist zum Zeitpunkt des Wechsels in der gesetzlichen Vertretung noch nicht verstrichen, läuft sie erst weiter, wenn auch der neue gesetzliche Vertreter Kenntnis von gegen die Vaterschaft sprechenden Umständen erlangt.[59]   **23**

4. Kenntnis bei Geschäftsunfähigkeit

Für einen geschäftsunfähigen Vater, geschäftsunfähigen potentiellen leiblichen Vater oder für eine geschäftsunfähige Mutter kann gem. § 1600a Abs. 2 Satz 2 BGB nur der gesetzliche Vertreter anfechten. Gleiches gilt gem. § 1600a Abs. 3 BGB für ein geschäftsunfähiges volljähriges Kind. Auch hier folgt aus § 166 Abs. 1 BGB, dass die Kenntnis des gesetzlichen Vertreters maßgeblich ist. Solange ein geschäftsunfähiger Volljähriger ohne gesetzlichen Vertreter ist, läuft für ihn die Anfechtungsfrist nicht.[60] Hatte der Anfechtungsberechtigte vor Eintritt der Geschäftsunfähigkeit bereits Kenntnis von gegen die Vaterschaft sprechenden Umständen, dann läuft die bei Eintritt der Geschäftsunfähigkeit noch verbliebene Restfrist erst weiter, wenn ein gesetzlicher Vertreter eingesetzt ist und bei diesem die für   **24**

---

52 BGH FamRZ 2014, 463; ZKJ 2006, 76
53 OLG Düsseldorf FamRZ 1989, 426
54 NK-BGB/*Gutzeit*, § 1600b BGB Rn. 10; Staudinger/*Rauscher*, § 1600b BGB Rn. 36
55 MüKo-BGB/*Wellenhofer*, § 1600b BGB Rn. 25 f.; NK-BGB/*Gutzeit*, § 1600b BGB Rn. 11; OLG Brandenburg FamRZ 2009, 59; OLG Köln FamRZ 2001, 245
56 Vgl. hierzu BGH FamRZ 2012, 59
57 OLG Köln FamRZ 2001, 245
58 OLG Celle ZKJ 2012, 76; OLG Bamberg FamRZ 1992, 220
59 MüKo-BGB/*Wellenhofer*, § 1600b BGB Rn. 25
60 MüKo-BGB/*Wellenhofer*, § 1600b BGB Rn. 30

den Fristlauf maßgebliche Kenntnis des § 1600b Abs. 1 BGB vorliegt, wobei ihm aber gem. §§ 1600b Abs. 5 Satz 3, 210 BGB eine Frist von mindestens sechs Monaten bleibt.[61]

5. Anfechtungsfrist der Kindesmutter

25 Für die Kindesmutter wird die Anfechtungsfrist regelmäßig zum frühestmöglichen Zeitpunkt (Abs. 2) zu laufen beginnen, denn sie weiß von Anbeginn, dass es in der Empfängniszeit (auch) zum Geschlechtsverkehr mit einem anderen Mann als dem rechtlichen Vater gekommen ist.

6. Anfechtungsfrist des potentiellen leiblichen Vaters

26 Auch für den potentiellen leiblichen Vater wird der Lauf der Frist in der Regel schon zum frühestmöglichen Zeitpunkt (Abs. 2) in Gang gesetzt werden. Denn er weiß schon vor der Geburt des Kindes, dass es zu Geschlechtsverkehr zwischen ihm und der Mutter gekommen ist. Die positive Kenntnis des potentiellen leiblichen Vaters, dass das Kind von ihm gezeugt wurde, ist für den Lauf der Frist nicht erforderlich. Die Frist läuft jedoch erst, wenn er von der Geburt des Kindes oder von der Anerkennung der Vaterschaft durch den Scheinvater Kenntnis erlangt.

27 Abs. 1 Satz 2 HS 2 BGB stellt klar, dass der Lauf der Anfechtungsfrist durch das Vorliegen einer **sozial-familiären Beziehung** i.S.v. § 1600 Abs. 2 BGB nicht gehemmt wird. Dies hat zur Folge, dass die Anfechtungsfrist auch dann kenntnisabhängig läuft, wenn der potentielle leibliche Vater gar nicht anfechten kann, weil zwischen dem Kind und dem rechtlichen Vater eine sozial-familiäre Beziehung besteht. Im Ergebnis führt dies dazu, dass der potentielle leibliche Vater sein Anfechtungsrecht endgültig verliert, wenn er wegen des Bestehens einer sozial-familiären Beziehung die Vaterschaft nicht innerhalb der Anfechtungsfrist anfechten konnte.[62]

II. Anfechtungsfrist der Behörde (Abs. 1a)

28 Die Regelung zur Anfechtungsfrist der Behörde ist gegenstandslos geworden, nachdem das BVerfG die Vorschriften über die Behördenanfechtung für verfassungswidrig erklärt hat.[63]

III. Frühestmöglicher Fristbeginn (Abs 2)

29 Die Anfechtungsfrist beginnt **nicht vor der Geburt** des Kindes zu laufen. Bis zur Vollendung des zweiten Lebensjahres des Kindes kann – ungeachtet einer bereits vor der Geburt erfolgten Kenntnis von gegen die Vaterschaft sprechenden Umständen – die Anfechtungsfrist daher immer gewahrt werden. Bei einer auf **Anerkennung der Vaterschaft** beruhenden Vaterschaftszuordnung beginnt die Anfechtungsfrist nicht vor der Wirksamkeit der Anerkennung zu laufen.

30 Einen Sonderfall regelt Abs. 2 Satz 2. Wenn ein Kind dem neuen Ehemann der zuvor verwitweten Kindesmutter zugerechnet wird, weil es in der neuen Ehe geboren wurde, dieser neue Ehemann jedoch erfolgreich die Anfechtung der Vaterschaft betrieben hat, dann gilt das Kind gem. § 1593 Satz 4 BGB als Kind des verstorbenen früheren Ehemannes, wenn es innerhalb von 300 Tagen seit dessen Ableben geboren wurde (vgl. hierzu *Grün*, § 1593 BGB Rn. 6). In Bezug auf die Vaterschaft zu dem früheren Ehemann beginnt die Anfechtungsfrist frühestens zu dem Zeitpunkt zu laufen, in welchem der Anfechtungsberechtigte

---

61 MüKo-BGB/*Wellenhofer*, § 1600b BGB Rn. 37
62 BT-Drucks. 15/2253, 15
63 BVerfG ZKJ 2014, 151

von der Rechtskraft der Entscheidung, durch die festgestellt wird, dass der neue Ehemann der Mutter nicht der Vater des Kindes ist, Kenntnis erlangt.[64]

IV. Neubeginn der Frist nach Wegfall der Minderjährigkeit des Kindes (Abs. 3)

Die Regelung des Abs. 3 gilt nur für die **Anfechtungsfrist des Kindes**, nicht für die Anfechtungsrechte übriger Beteiligter, mögen diese auch bei Erlangung der Kenntnis von gegen die Vaterschaft sprechenden Umständen noch minderjährig gewesen sein. **31**

Wenn der gesetzliche Vertreter des minderjährigen Kindes die Vaterschaft nicht angefochten hat, kann das Kind **nach Eintritt der Volljährigkeit** die Vaterschaft anfechten. Unerheblich ist, aus welchem Grund der gesetzliche Vertreter während der Minderjährigkeit des Kindes die Vaterschaft nicht angefochten hat. Das Anfechtungsrecht des volljährig gewordenen Kindes entsteht auch dann neu, wenn eine vom gesetzlichen Vertreter betriebene Anfechtung daran gescheitert ist, dass das Familiengericht sie als nicht dem Wohl des Kindes dienlich erachtet hat (§ 1600a Abs. 4 BGB). **32**

Wenn in der Zeit der Minderjährigkeit des Kindes die Anfechtungsfrist erst gar nicht zu laufen begann, weil kein zur Anfechtung befugter gesetzlicher Vertreter vorhanden war oder weil dieser keine Kenntnis von gegen die Vaterschaft sprechenden Umstände hatte, bedarf es keiner neuen Ingangsetzung der Anfechtungsfrist nach § 1600b Abs. 3 BGB. In diesem Fall gilt ohnehin für das Kind die kenntnisabhängige Frist des § 1600b Abs. 1 BGB. **33**

Die erneute Anfechtungsfrist nach Abs. 3 **beginnt frühestens mit Eintritt der Volljährigkeit**. Wenn jedoch das Kind von den Umständen, die gegen die Vaterschaft sprechen, bei Eintritt der Volljährigkeit noch keine Kenntnis hatte, beginnt die Frist erst bei **Kenntniserlangung** von solchen Umständen zu laufen (Abs. 3 Satz 2 BGB). Dabei ist auf die eigene Kenntnis des volljährigen Kindes abzustellen, nicht auf eine etwaige Kenntnis des vormaligen gesetzlichen Vertreters. **34**

Der Neubeginn der Anfechtungsfrist bei Eintritt der Volljährigkeit hat insbesondere Auswirkungen bei einer mittels **Samenspende** erfolgten Zeugung des Kindes. Auch wenn zwischen den Eltern hinsichtlich dieser Zeugung Einvernehmen bestand und auch weiterhin Einvernehmen besteht, dass die rechtliche Vaterschaftszuordnung Bestand haben soll, kann das Kind mit Eintritt der Volljährigkeit die Vaterschaft anfechten. Denn – anders als das Anfechtungsrecht der Eltern (vgl. § 1600 Abs. 5 BGB) – ist das Anfechtungsrecht des Kindes bei einer Samenspende nach derzeitiger Rechtslage nicht ausgeschlossen. Eine nach Volljährigkeit betriebene Anfechtung der Vaterschaft durch das Kind wird Erfolg haben, da das Kind nicht vom rechtlichen Vater, sondern vom Samenspender abstammt. Berücksichtigt man weiter, dass das Kind gegen den Reproduktionsmediziner einen Anspruch auf Auskunft über die Person des Samenspenders hat,[65] kann das Kind nach erfolgter Anfechtung der Vaterschaft zum bisherigen rechtlichen Vater ein Verfahren auf Feststellung der Vaterschaft des Samenspenders betreiben. Da es in Deutschland keine gesetzlichen Regelungen gibt, die Samenspender von den zivilrechtlichen Folgen der Abstammung befreien, bedeutet dies im Ergebnis, dass die Vaterschaftszuordnung zum Samenspender mit allen unterhalts- und erbrechtlichen Folgen herbeigeführt werden kann. Solange der Gesetzgeber die mit der Reproduktionsmedizin verbundenen Fragen nicht einer Regelung zuführt, die einerseits dem Auskunftsinteresse des Kindes Rechnung trägt, andererseits aber den Samenspender vor einer statusbegründenden Vaterschaftszuordnung mit den damit verbundenen zivilrechtlichen Folgen schützt, ist von der Bereitschaft zur Samenspende abzuraten.[66] **35**

---

64 MüKo-BGB/*Wellenhofer*, § 1600b BGB Rn.23
65 BGH, Urteil vom 28.1.2015 – XII ZR 201/13, juris; OLG Hamm ZKJ 2013, 292
66 Vgl. auch *Dethloff*, ZRP 2013, 91

V. Neubeginn der Frist nach Wegfall der Geschäftsunfähigkeit (Abs. 4)

36   Nach Abs. 4 kann ein vormals geschäftsunfähiger Anfechtungsberechtigter nach Wegfall der Geschäftsunfähigkeit selbst anfechten. Aus der Verweisung auf Abs. 3 Satz 2 ergibt sich, dass die Anfechtungsfrist frühestens mit dem Wegfall der Geschäftsunfähigkeit beginnt, nicht jedoch vor Kenntniserlangung von gegen die Vaterschaft sprechenden Umständen. Besonderheiten gelten, wenn der Anfechtungsberechtigte bereits vor Eintritt der Geschäftsunfähigkeit Kenntnis von die Anfechtungsfrist auslösenden Umständen hatte. Dann läuft die bei Eintritt der Geschäftsunfähigkeit noch verbliebene Restfrist nach Wegfall der Geschäftsunfähigkeit weiter, wobei dem Anfechtungsberechtigten aber gem. §§ 1600b Abs. 5 Satz 3, 210 BGB eine Mindestrestfrist von sechs Monaten bleibt.[67] Tritt die Geschäftsunfähigkeit des Scheinvaters, der Mutter oder des potentiellen leiblichen Vaters erst zu einem Zeitpunkt ein, als für diese die Anfechtungsfrist bereits verstrichen war, lebt das Anfechtungsrecht nicht erneut auf.

VI. Hemmung der Frist (Abs. 5)

37   Der Fristlauf wird durch die Einleitung eines **Verfahrens nach § 1598a Abs. 2 BGB** gehemmt. Aus der Verweisung auf § 204 Abs. 2 BGB ergibt sich, dass die Hemmung sechs Monate nach Abschluss des Verfahrens nach § 1598a Abs. 2 BGB endet. Zu beachten ist, dass die Einholung des Abstammungsgutachtens nicht Bestandteil des Verfahrens nach § 1598a Abs. 2 BGB ist, weshalb die Dauer bis zur Vorlage des Abstammungsgutachtens die Hemmungsdauer nicht beeinflusst. Anders ist es jedoch, wenn sich die Beteiligten auf die Einholung eines Gutachtens einvernehmlich verständigen (Abs. 5 Satz 3 i.V.m. § 204 Nr. 8 BGB).

38   Der Fristablauf ist gehemmt, solange der Anfechtungsberechtigte widerrechtlich **durch Drohung an der Anfechtung gehindert** ist (Abs. 5 Satz 2).[68] Dabei ist unerheblich, ob die Drohung von einem Beteiligten oder von einem Dritten ausgeht. Die Widerrechtlichkeit der Drohung kann sich aus dem angedrohten Verhalten selbst oder aus der Relation zwischen dem Drohmittel und dem angestrebten Zweck – den Anfechtungsberechtigten von der Anfechtung der Vaterschaft abzuhalten – ergeben. Es ist stets widerrechtlich, einen Anfechtungsberechtigten durch Drohung an der Beseitigung einer unzutreffenden Vaterschaftszuordnung zu hindern.

39   Durch die Verweisung in Abs. 5 Satz 3 auf § 204 Nr. 4 BGB ist eine Hemmung bei **einem Güteversuch** eingeführt worden. Ein solcher Güteversuch kann zwar nicht die Beseitigung der Vaterschaft zum Ergebnis haben, da es hierzu der gerichtlichen Gestaltungsentscheidung in einem Verfahren auf Anfechtung der Vaterschaft bedarf. Denkbar ist aber, dass im Rahmen eines Verfahrens nach § 1598a BGB ein Güteverfahren durchgeführt wird.

40   Durch die Verweisung auf § 204 Nr. 8 BGB ist der Ablauf der Anfechtungsfrist gehemmt, wenn die Beteiligten gemeinsam die **außergerichtliche Einholung eines Abstammungsgutachtens vereinbart** haben. Die Hemmung beginnt mit Beginn der vereinbarten Begutachtung. Dies gilt auch, wenn die Vereinbarung der Einholung eines Gutachtens im Rahmen eines Streits über das Sorge- und/oder Umgangsrecht oder über den Unterhalt zustande kommt.

41   Der Ablauf der Anfechtungsfrist ist gehemmt, wenn ein **Antrag auf Bestimmung des zuständigen Gerichts** für ein beabsichtigtes Verfahren nach § 1598a Abs. 2 BGB oder für ein beabsichtigtes Verfahren auf Anfechtung der Vaterschaft eingereicht wird (Abs. 5 Satz 3 i.V.m. § 204 Nr. 13 BGB). Ist das Verfahren nach § 1598a Abs. 2 BGB oder auf An-

---

67 MüKo-BGB/*Wellenhofer*, § 1600b BGB Rn. 37
68 Vgl. OLG Jena FamRZ 2009, 705

fechtung der Vaterschaft bereits eingeleitet, bedarf es dieses Hemmungstatbestandes nicht, da im ersten Fall Abs. 5 Satz 1 greift und im letzteren Fall die Frist des § 1600b bereits mit Einleitung des Verfahrens gewahrt ist.

Durch die Verweisung auf § 204 Nr. 14 BGB ist klargestellt, dass auch die bloße Einreichung eines **Antrags auf Bewilligung von Verfahrenskostenhilfe** für ein beabsichtigtes Verfahren auf Anfechtung der Vaterschaft zur Hemmung der Frist führt, sofern dieser VKH-Antrag den übrigen Beteiligten bekannt gemacht wird. Dies hat nur Bedeutung für einen isolierten VKH-Antrag. Wenn zeitgleich auch bereits das Verfahren auf Anfechtung der Vaterschaft – verbunden mit einem VKH-Antrag – eingeleitet wird, ist die Anfechtungsfrist bereits durch die Einleitung des Anfechtungsverfahrens gewahrt. **42**

Ein praktisch bedeutsamer Hemmungstatbestand ergibt sich aus der Verweisung auf § 206 BGB. Damit ist der Lauf der Anfechtungsfrist in der Zeit gehemmt, in welcher der Anfechtungsberechtigte **durch höhere Gewalt an der Rechtsverfolgung gehindert** war. Höhere Gewalt i.S.d. Vorschrift liegt vor, wenn die Verhinderung der Fristwahrung auf Ereignissen beruht, die unter den gegebenen Umständen auch durch die äußerste zu erwartende Sorgfalt nicht verhindert werden konnten. Jedes noch so geringe **eigene Verschulden des Anfechtenden schließt höhere Gewalt aus**. Da der Anfechtende für das Verschulden seines Verfahrensbevollmächtigten einzustehen hat, stellt eine fehlerhafte Rechtsberatung oder Sachbehandlung durch den Verfahrensbevollmächtigten keine höhere Gewalt i.S.d. Vorschrift dar. **43**

Rechtsunkenntnis allein führt nicht zur Annahme von höherer Gewalt.[69] Von der Rechtsprechung wird höhere Gewalt insbesondere dann angenommen, wenn dem Anfechtungsberechtigten **durch eine Behörde oder ein Gericht falsche Informationen** erteilt wurden, auf die er vertrauen konnte. Wenn der Anfechtungsberechtigte auf die Erklärung des Jugendamts, es betreibe als Ergänzungspfleger des Kindes in dessen Namen die Anfechtung der Ehelichkeit,[70] oder auf eine falsche schriftliche Rechtsauskunft eines Rechtspflegers vertraut hat, ist dies in der Rechtsprechung als höhere Gewalt anerkannt worden.[71] Auch wenn in einem Scheidungsbeschluss ein Gericht dahingehende Ausführungen macht, dass ein in der Ehe geborenes Kind kein Kind des Ehemannes sei, kann dies bei einem anwaltlich nicht vertretenen Beteiligten zur Annahme von höherer Gewalt führen.[72] Dies gilt nicht für einen im Scheidungsverfahren anwaltlich vertretenen Beteiligten, da dieser vom Rechtsanwalt über die Notwendigkeit der gerichtlichen Anfechtung der Vaterschaft hätte aufgeklärt werden müssen.[73] Wegen der Verweisung auf § 204 Nr. 14 BGB ist die nach früherem Recht diskutierte Problematik, ob und unter welchen Voraussetzungen die Kostenarmut des Anfechtungsberechtigten zur Anwendung des § 206 BGB führen kann, bedeutungslos geworden. **44**

Aus der Verweisung in Abs. 5 Satz 3 auf § 210 BGB ergibt sich, dass der Lauf der Anfechtungsfrist für einen nicht geschäftsfähigen Anfechtungsberechtigten gehemmt ist, solange er **ohne gesetzlichen Vertreter** ist. Der Anwendung dieser Bestimmung bedarf es jedoch nur, wenn die Anfechtungsfrist überhaupt bereits zu laufen begonnen hat. Denn **nur eine in Lauf gesetzte Frist bedarf der Ablaufhemmung**. Wenn der Geschäftsunfähige vor Eintritt der Geschäftsunfähigkeit keine Kenntnis von gegen die Vaterschaft sprechenden Umstände hatte, beginnt die Anfechtungsfrist ohnehin erst dann zu laufen, wenn ein zur Ausübung des Anfechtungsrechts befugter gesetzlicher Vertreter vorhanden **45**

69 OLG Koblenz FamRZ 2007, 2098
70 BGH FamRZ 1994, 1313
71 OLG Celle DAVorm 1998, 237
72 OLG Frankfurt FamRZ 1984, 414
73 OLG Dresden FamRZ 2010, 1824

ist und selbst Kenntnis von gegen die Vaterschaft sprechenden Umständen erlangt. Die Hemmung tritt nur ein bei Geschäftsunfähigkeit des Anfechtenden. Eine Geschäftsunfähigkeit eines anderen Beteiligten hindert für den Anfechtenden den Fristlauf nicht.[74]

VII. Außerordentliche erneute Anfechtungsfrist für das Kind (Abs. 6)

46 Nach Abs. 6 beginnt für das Kind die **zweijährige Anfechtungsfrist erneut zu laufen**, wenn es Kenntnis von Umständen erlangt, aufgrund derer **die Folgen der Vaterschaft für das Kind unzumutbar** werden. Während für die übrigen Anfechtungsberechtigten mit Fristablauf ihr Anfechtungsrecht endgültig erlischt, entsteht für das Kind ein neues Anfechtungsrecht, wenn es zunächst trotz Kenntnis der gegen die Vaterschaft sprechenden Umstände von einer Anfechtung der Vaterschaft abgesehen hat und die Frist des § 1600b Abs. 1 BGB verstreichen ließ, dann aber Kenntnis von Umständen erlangt, bei denen es bei früherer Kenntnis von einer Anfechtung nicht abgesehen hätte.

47 Die Regelung ist sowohl auf das minderjährige als auch auf das volljährige Kind anwendbar. Auch wenn der gesetzliche Vertreter des minderjährigen Kindes die Anfechtungsfrist hat verstreichen lassen und ihm dann Umstände i.S.v. Abs. 6 bekannt werden, kann er namens des Kindes erneut anfechten, wenn das Kind zu diesem Zeitpunkt noch minderjährig ist. Von größerer praktischer Bedeutung ist die Vorschrift für das volljährige Kind, jedoch nur, wenn auch die Frist des Abs. 3 bereits abgelaufen ist.

48 Welche Gründe vorliegen müssen, um die Folgen der Vaterschaft für das Kind i.S.v. Abs. 6 „unzumutbar" zu machen, lässt das Gesetz offen. Für die Ausfüllung der generalklauselartigen Bestimmung können die vor dem 1.7.1998 geltenden besonderen Anfechtungsgründe der §§ 1596 Abs. 1, 1600i Abs. 2 und 5 BGB a.F. gewisse Anhaltspunkte geben.[75] Die Voraussetzungen für einen erneuten Fristlauf können gegeben sein, wenn der Scheinvater **extreme Verhaltensweisen** wie z.B. Straftaten oder sonstige schwere Verfehlungen gegen das Kind oder die Kindesmutter an den Tag gelegt hat und deshalb der Fortbestand der zunächst unangefochten belassenen Scheinvaterschaft unzumutbar erscheint. Da Grund für das frühere Absehen von der Anfechtung der Vaterschaft häufig der intakte Familienverband mit dem Scheinvater ist, kann auch ein **Zerbrechen der Beziehung zwischen der Mutter und dem Scheinvater** zur Anwendung von Abs. 6 führen, wenn die Ehe der Kindesmutter inzwischen geschieden wurde und der biologische Vater die Vaterschaft anerkannt[76] oder dieser die Kindesmutter geheiratet hat.[77]

§ 1600c BGB Vaterschaftsvermutung im Anfechtungsverfahren

(1) In dem Verfahren auf Anfechtung der Vaterschaft wird vermutet, dass das Kind von dem Mann abstammt, dessen Vaterschaft nach § 1592 Nr. 1 und 2, § 1593 besteht.

(2) Die Vermutung nach Absatz 1 gilt nicht, wenn der Mann, der die Vaterschaft anerkannt hat, die Vaterschaft anficht und seine Anerkennung unter einem Willensmangel nach § 119 Abs. 1, § 123 leidet; in diesem Falle ist § 1600d Abs. 2 und 3 entsprechend anzuwenden.

---

74 KG NJW-RR 1995, 70, 72
75 MüKo-BGB/*Wellenhofer*, § 1600b BGB Rn. 40
76 OLG Celle JAmt 2006, 143
77 AG Wiesloch FamRZ 2004, 1309

Grün

Übersicht

A. Allgemeines

Die Regelung begründet für die Anfechtung der Vaterschaft eine **gesetzliche Vermutung für die Abstammung des Kindes** und legt damit den Beweismaßstab für das Anfechtungsverfahren fest. Die gerichtliche Feststellung der Nichtvaterschaft kommt nur in Betracht, wenn das Gericht in einem von einem Anfechtungsberechtigten innerhalb der Anfechtungsfrist eingeleiteten zulässigen Verfahren auf Anfechtung der Vaterschaft als Ergebnis der Beweisaufnahme zu der Überzeugung gelangt, dass das Kind mit an Sicherheit grenzender Wahrscheinlichkeit nicht von dem rechtlich als Vater geltenden Mann abstammt. Dabei hat das Gericht die zur Verfügung stehenden Erkenntnismöglichkeiten umfassend auszuschöpfen, was grundsätzlich stets die Einholung eines Abstammungsgutachtes erfordert, sofern ein gegen die Vaterschaft sprechender Anfangsverdacht schlüssig dargelegt wurde (vgl. § 171 Abs. 2 FamFG). Der Amtsermittlungsgrundsatz (§ 26 FamFG) ist im Anfechtungsverfahren allerdings durch § 177 Abs. 1 FamFG dahingehend eingeschränkt, dass gegen die Vaterschaft sprechende Umstände nicht von Amts wegen zu berücksichtigen sind.

1

Die gesetzliche Vermutung wirkt sich in der Praxis nur dann aus, wenn ausnahmsweise aus tatsächlichen Gründen ein Abstammungsgutachten nicht eingeholt werden kann oder dieses zu keinen hinreichend aussagekräftigen Feststellungen gelangt, etwa weil kein verwertbares Untersuchungsmaterial beschafft werden konnte oder weil der rechtliche Vater und der Putativvater monozygote Zwillinge sind.[1]

2

B. Inhalt der Norm

I. Regelvermutung (Abs. 1)

Durch Abs. 1 wird im Anfechtungsverfahren vermutet, dass das Kind von dem Mann abstammt, für den die Vaterschaftszuordnung nach § 1592 Nr. 1 und Nr. 2 BGB oder nach § 1593 BGB besteht.

3

Es gilt somit eine **gesetzliche Vermutung der Vaterschaft** des Mannes,

- der zur Zeit der Geburt des Kindes mit der Mutter verheiratet war, oder

- der die Vaterschaft anerkannt hat, oder

- dessen Ehe mit der Mutter des Kindes durch Tod aufgelöst wurde, wenn das Kind innerhalb von 300 Tagen nach dem Tod geboren wurde und die Kindesmutter bei der Geburt nicht wieder verheiratet war.

Die Vermutungswirkung des Abs. 1 knüpft alleine an die formale Vaterschaftszuordnung an. Es ist dabei unerheblich, ob der rechtliche Vater der Kindesmutter in der Empfängniszeit überhaupt beigewohnt hat.[2]

4

Die Vaterschaftsvermutung kann nur durch den **Beweis des Gegenteils** widerlegt werden. Damit trägt der Anfechtende die Feststellungslast hinsichtlich der Nichtvaterschaft. Der Beweis des Gegenteils ist nur geführt, wenn der Anfechtende als Vater ausgeschlossen

5

---

1 Vgl. OLG Hamm FamRZ 2009, 707
2 Palandt/*Brudermüller*, § 1600c BGB Rn. 2

ist. Ist die Vaterschaft eines anderen Mannes ebenso wahrscheinlich wie die Vaterschaft des rechtlichen Vaters, ist die Vermutungswirkung des § 1600c Abs. 1 BGB nicht widerlegt.[3]

6 Der zur Widerlegung erforderliche Beweis kann mit allen zulässigen Beweismitteln geführt werden. Eine bestimmte Reihenfolge der Beweiserhebung ist zwar gesetzlich nicht vorgegeben, jedoch wird im Hinblick auf § 175 Abs. 1 FamFG, wonach vor einer Beweisaufnahme mit den Beteiligten zunächst ein Erörterungstermin durchzuführen ist, i.d.R. zunächst die Vernehmung der Kindesmutter und des rechtlichen Vaters nach den Grundsätzen der Parteivernehmung zu erfolgen haben, insbesondere zu der Frage, ob die Mutter in der Empfängniszeit mit einem anderen Mann Geschlechtsverkehr hatte.

7 Aus einem etwaigen Mehrverkehr ergibt sich aber noch nicht die Nichtvaterschaft des Scheinvaters. Es muss vielmehr mit an Sicherheit grenzender Wahrscheinlichkeit ausgeschlossen sein, dass das Kind vom rechtlichen Vater abstammt.[4] Einen solchen Ausschluss wird man **regelmäßig erst nach Einholung eines Abstammungsgutachtens** feststellen können. Nach den für Abstammungsgutachten geltenden Richtlinien[5] ist ein Ausschluss der Vaterschaft erst dann anzunehmen, wenn mindestens vier Ausschlusskonstellationen auf verschiedenen Chromosomen vorliegen. Bei weniger als vier Ausschlusskonstellationen muss eine biostatistische Auswertung unter Einbeziehung von möglichen Mutationen oder stummen Allelen erfolgen.

8 Allein auf der Grundlage der Angaben von Beteiligten oder Zeugen wird man i.d.R. die Vermutung des Abs. 1 nicht als widerlegt erachten können. Dies ist nur in besonders gelagerten Ausnahmefällen denkbar, etwa wenn mit diesen Beweismitteln der sichere Nachweis erbracht ist, dass in der Empfängniszeit kein Geschlechtsverkehr des Scheinvaters mit der Kindesmutter stattgefunden haben kann.[6] Auch eine offenkundige Rasseverschiedenheit von Kindesmutter und Scheinvater (beide hellhäutig) und dem Kind (dunkelhäutig) kann ein Abstammungsgutachten entbehrlich machen, ebenso wenn feststeht, dass die Kindesmutter bei dem erstmaligen Zusammentreffen mit dem Scheinvater bereits mit dem betroffenen Kind schwanger war. Von der Einholung eines Abstammungsgutachtens kann aber nicht bereits deshalb abgesehen werden, weil sämtliche Beteiligte übereinstimmend von der Nichtvaterschaft des rechtlichen Vaters ausgehen.[7]

II. Sonderfall: Anfechtbare Anerkennung der Vaterschaft (Abs. 2).

9 Gem. Abs. 2 gilt die Vermutung des Abs. 1 dann nicht, wenn die Vaterschaftszuordnung auf einer Vaterschaftsanerkennung beruht, die an einem Willensmangel nach § 119 Abs. 1 BGB oder nach § 123 BGB leidet. Einer förmlichen Anfechtung der Anerkennungserklärung (§ 143 BGB) bedarf es hierzu nicht, sondern es genügt, dass der Anerkennende in einem von ihm betriebenen Verfahren derartige Willensmängel darlegt.[8]

10 Als **Irrtum** kommt nur ein solcher nach § 119 Abs. 1 (nicht Abs. 2) BGB in Betracht. Der Irrtum kann sich darauf beziehen, dass der Anerkennende über die Person des anzuerkennenden Kindes oder der Kindesmutter irrte. Der Irrtum darüber, tatsächlich der Vater des Kindes zu sein, oder der Irrtum über Umstände, die ihn zu einer bewusst wahrheitswidrigen Anerkennung veranlasst haben, ist als bloßer Motivirrtum unbeachtlich.

---

3 OLG Hamm FamRZ 2009, 707
4 MüKoBGB/*Wellenhofer,* § 1600c BGB Rn. 7
5 Richtlinie der Gendiagnostik-Kommission für die Anforderungen an die Durchführung genetischer Analysen zur Klärung der Abstammung in der Fassung vom 17.7.2012, Bundesgesundheitsblatt 2013 S. 169 ff.
6 AG Westerstede FamRZ 1994, 645
7 Unzutreffend AG Hannover FamRZ 2001, 245
8 Staudinger/*Rauscher,* § 1600c BGB Rn. 31

Die Regelung gilt auch, wenn der Anerkennende gar keine Anerkennung erklären wollte, **11**
sondern der Erklärung einen anderen Erklärungsinhalt beigemessen hat. Denkbar ist dies
aber praktisch nur bei Sprachschwierigkeiten und wird auch dann mit Blick auf die bei der
Beurkundung diesbezüglich zu beachtenden Erfordernisse (vgl. z.B. § 16 BeurkG)[9] kaum
in Betracht kommen. Auch sonstige Erklärungsirrtümer sind angesichts der notwendigen
öffentlichen Beurkundung des Anerkenntnisses kaum von praktischer Bedeutung.

Abs. 2 ist auch bei der Anfechtung wegen eines Willensmangels nach § 123 BGB eröffnet, **12**
also bei arglistiger Täuschung oder Drohung. Für die **arglistige Täuschung** ist es unerheblich, wer die Täuschungshandlung begangen hat. Da es sich bei der Anerkennungserklärung nicht um eine empfangsbedürftige Willenserklärung handelt, greift § 123 Abs. 2
BGB nicht ein. Die Täuschung muss sich auf die Abstammung des Kindes beziehen[10] und
den Anerkennenden zur Abgabe der Anerkenntniserklärung veranlasst haben. Dies ist
etwa anzunehmen, wenn die Kindesmutter vor der Anerkennung dem Anerkennenden
gegenüber wahrheitswidrig behauptet hat, in der Empfängniszeit mit keinem anderen
Mann als dem Anerkennenden Geschlechtsverkehr ausgeübt zu haben.[11] Das bloße Verschweigen des Mehrverkehrs stellt jedoch mangels Offenbarungspflicht keine Täuschungshandlung dar.[12] Teilweise wird vertreten, eine solche Offenbarungspflicht könne
unter besonderen Umständen in einer stabilen Beziehung zwischen dem Anerkennenden
und der Kindesmutter aus § 242 BGB folgen.[13]

Bei einer durch **Drohung** veranlassten Anerkennung ist es unerheblich, von wem die Dro- **13**
hung ausgegangen ist. Erforderlich ist lediglich, dass der Anerkennende zu der Anerkennung durch das widerrechtliche Inaussichtstellen eines empfindlichen Übels veranlasst
wurde. Die Ankündigung, im Falle der Verweigerung der Anerkennung der Vaterschaft ein
gerichtliches Verfahren zur Feststellung der Vaterschaft einzuleiten, stellt keine widerrechtliche Drohung dar.[14] Bei sonstigen in Aussicht gestellten Übeln kann sich die Widerrechtlichkeit aus den angedrohten Maßnahmen selbst oder aus der Relation zwischen dem
Drohmittel und dem angestrebten Zweck ergeben. Die gewollte Herbeiführung einer unrichtigen Vaterschaftsanerkennung ist i.d.R. widerrechtlich.[15]

Eine analoge Anwendung des Abs. 2 auf **sonstige Fälle** – etwa auf andere Willensmängel **14**
(z.B. §§ 117, 118, 119 Abs. 2 BGB) oder auf die Anfechtung durch andere als den Anerkennenden – scheidet aus.[16] Für die Mutter und das Kind ist die Regelung nicht entsprechend anwendbar, auch nicht, wenn ihre Zustimmung zur Vaterschaftsanerkennung
(§ 1595 BGB) unter einem der in § 1600c Abs. 2 BGB genannten Mängel leidet.[17]

Rechtsfolge eines Willensmangels i.S.v. Abs. 2 ist, dass an die Stelle der Vermutungswir- **15**
kung des Abs. 1 diejenige des § 1600d Abs. 2 und 3 BGB tritt. Es gelten dann die Beweisanforderungen wie bei einem Verfahren auf Feststellung der Vaterschaft. Der Scheinvater
wird unter den Voraussetzungen des Abs. 2 im Anfechtungsverfahren so gestellt, als habe
er die Vaterschaft nicht anerkannt, so dass das Kind die Feststellungslast für die Abstammung vom Scheinvater trägt. Dabei kommt dem Kind jedoch bei nachgewiesener oder
eingestandener Beiwohnung in der Empfängniszeit die Vermutungswirkung des § 1600d
Abs. 2 Satz 1 BGB zugute, sofern nicht schwerwiegende Zweifel an der Vaterschaft beste-

---

9   Vgl. hierzu *Knittel*, Beurkundungen im Kindschaftsrecht, Rn. 129 ff.
10 MüKo-BGB/*Wellenhofer*, § 1600c BGB Rn. 15
11 Staudinger/*Rauscher*, § 1600c BGB Rn. 27
12 Erman/*Hammermann*, § 1600c BGB Rn. 13
13 So Staudinger/*Rauscher*, § 1600c BGB Rn. 28
14 Erman/*Hammermann*, § 1600c BGB Rn. 14
15 OLG Düsseldorf DAVorm 1982, 200
16 Staudinger/*Rauscher*, § 1600c BGB Rn. 30
17 Staudinger/*Rauscher*, § 1600c BGB Rn. 24

hen (§ 1600d Abs. 2 Satz 2 BGB). Aber auch diese Vermutungswirkung ist nur dann von Bedeutung, wenn ein Abstammungsgutachten ausnahmsweise nicht eingeholt werden kann oder zu keinen hinreichenden Feststellungen gelangt.

§ 1600d BGB Gerichtliche Feststellung der Vaterschaft

(1) Besteht keine Vaterschaft nach § 1592 Nr. 1 und 2, § 1593, so ist die Vaterschaft gerichtlich festzustellen.

(2) ¹Im Verfahren auf gerichtliche Feststellung der Vaterschaft wird als Vater vermutet, wer der Mutter während der Empfängniszeit beigewohnt hat. ²Die Vermutung gilt nicht, wenn schwerwiegende Zweifel an der Vaterschaft bestehen.

(3) ¹Als Empfängniszeit gilt die Zeit von dem 300. bis zu dem 181. Tage vor der Geburt des Kindes, mit Einschluss sowohl des 300. als auch des 181. Tages. ²Steht fest, dass das Kind außerhalb des Zeitraums des Satzes 1 empfangen worden ist, so gilt dieser abweichende Zeitraum als Empfängniszeit.

(4) Die Rechtswirkungen der Vaterschaft können, soweit sich nicht aus dem Gesetz anderes ergibt, erst vom Zeitpunkt ihrer Feststellung an geltend gemacht werden.

Übersicht

A. Allgemeines

1 Wenn für das Kind keine Vaterschaftszuordnung besteht, kann eine solche nur im Wege einer gerichtlichen Feststellung der Vaterschaft herbeigeführt werden. Ziel der gerichtlichen Vaterschaftsfeststellung ist die **Ermittlung der biologischen Vaterschaft** eines bestimmten Mannes,[1] mithin der tatsächlichen Abstammung des Kindes. Dies war bis 30.6.1998 durch die damalige Regelung des in § 1600o Abs. 1 BGB a.F. gesetzlich definiert. Dort hieß es, dass als Vater der Mann festzustellen ist, der das Kind gezeugt hat. Diese Definition des Verfahrenszieles ist zwar im Zuge der Kindschaftsrechtsreform nicht in das neue Recht überführt worden, sie trifft aber weiterhin zu, da die tatsächliche Abstammung das gem. § 1589 Satz 1 BGB für die geradlinige Verwandtschaft zum Vater maßgebliche Kriterium ist.

---

1 BayOblG FamRZ 1999, 1363

B. Inhalt der Norm

I. Feststellung nur bei fehlender Vaterschaftszuordnung (Abs. 1)

Eine gerichtliche Feststellung der Vaterschaft setzt voraus, dass eine Vaterschaftszuord- **2**
nung für das Kind nicht besteht. Ist das Kind in bestehender Ehe der Kindesmutter geboren, kann ein Verfahren auf Feststellung der Vaterschaft nicht betrieben werden, solange
nicht die Vaterschaftszuordnung zum (früheren) Ehemann der Kindesmutter durch eine in
einem Vaterschaftsanfechtungsverfahren ergangene rechtskräftige gerichtliche Feststellung der Nichtvaterschaft (§ 1599 Abs. 1 BGB) beseitigt ist. Hat ein Mann die Vaterschaft
für das Kind wirksam anerkannt, kann die Feststellung der Vaterschaft erst beantragt werden, wenn die Vaterschaft des anerkennenden Mannes erfolgreich in einem Vaterschaftsanfechtungsverfahren gerichtlich angefochten wurde.[2] Eine gerichtliche Vaterschaftsfeststellung, die getroffen wurde, obwohl noch eine ehebedingte Vaterschaftszuordnung bestand, entfaltet keine statusrechtliche Wirkung.[3]

Aus Abs. 1 ergibt sich ferner, dass bei fehlender Vaterschaftszuordnung für das Kind die **3**
Vaterschaftsfeststellung zu erfolgen hat, mithin aus der fehlenden Vaterschaftszuordnung
ohne weiteres ein Feststellungsinteresse für die Feststellung der Vaterschaft folgt.

II. Beweisregel für die Feststellung der Vaterschaft (Abs. 2)

Damit das Gericht die Vaterschaft des Mannes feststellen kann, muss als Ergebnis der **4**
durchgeführten Beweisaufnahme mit an Sicherheit grenzender Wahrscheinlichkeit feststehen, dass das Kind von diesem Mann abstammt. Um zu dieser Feststellung zu gelangen,
bietet das Gesetz zwei Wege an, die jedoch nicht gleichwertig nebeneinander stehen.

1. Vaterschaftsnachweis

Vorrangig ist die Feststellung der Vaterschaft durch **unmittelbaren und direkten Vater-** **5**
schaftsnachweis. Diese Feststellung erfordert, dass das Gericht nach Einholung eines Abstammungsgutachtens zu der Überzeugung gelangt (§ 37 FamFG), dass der Mann der Vater des Kindes ist, mithin es mit an Sicherheit grenzender Wahrscheinlichkeit ausgeschlossen ist, dass das Kind von einem anderen Mann abstammt.

Dabei darf aber nicht verkannt werden, dass ein wissenschaftlicher positiver Beweis der **6**
Vaterschaft durch eine Abstammungsuntersuchung nicht erbracht wird. Die bei den Untersuchungen festgestellten Übereinstimmungen führen für sich genommen lediglich zu
der Feststellung, ob der Mann der Vater sein kann. Wenn eine sichere **Ausschlusskonstel-**
lation vorliegt (vgl. *Grün*, § 1600c BGB Rn. 7), kann der Mann nicht der Vater sein und
damit nicht als Vater festgestellt werden. Liegt jedoch keine sichere Ausschlusskonstellation vor, bedarf es einer Quantifizierung der Befunde durch geeignete statistische Maßzahlen. Es schließt sich daher jeweils ein statistisches Verfahren der Berechnung der **Vater-**
schaftswahrscheinlichkeit an. Je mehr Merkmale das Kind und der untersuchte Mann
gemeinsam haben, ohne dass das jeweilige gemeinsame Merkmal von der Mutter stammen kann, umso wahrscheinlicher ist die Vaterschaft des Mannes. Dem liegt die statistisch
abgesicherte Erkenntnis zugrunde, dass bestimmte Blut- und/oder DNA-Merkmale in der
Bevölkerung unterschiedlich oft anzutreffen sind. Wenn sowohl das Kind als auch der untersuchte Mann die gleichen selten vorkommenden Merkmale aufweisen, spricht eine
hohe Wahrscheinlichkeit für die Vaterschaft des untersuchten Mannes. Von der Häufigkeitsverteilung einzelner Merkmale – dem Grad der Häufigkeit – hängt die statistische Bewertung der im Untersuchungsfall gefundenen Übereinstimmungen ab.[4]

---

2 BGH FamRZ 1999, 716; OLG Frankfurt FamRZ 1997, 1356; FamRZ 1999, 1356; OLG Köln FamRZ 2002, 480
3 OLG München FamRZ 2012, 150
4 Instruktiv BGH FamRZ 2006, 1745

7 Dem in Prozent ausgedrückten Wahrscheinlichkeitswert ist deshalb für sich genommen keine absolute Bedeutung beizumessen. Die Aussagekraft ist dadurch relativiert, dass die Ermittlung der jeweiligen Häufigkeit bestimmter Merkmalkonstellationen von empirischen Erhebungen abhängen, die nur auf Stichprobenuntersuchungen beruhen. Sie sind abhängig von Populationsströmungen und Rassezugehörigkeit. Konstellationen, die z.B. unter Europäern sehr selten sind, können unter Asiaten sehr viel häufiger vorkommen und umgekehrt. Schon zwischen Süd- und Nordeuropäern können sich insoweit signifikante Unterschiede ergeben.

8 Es kommt hinzu, dass die Berechnung der biostatistischen Wahrscheinlichkeit nur ein Maß dafür ergibt, zu welchem Anteil von gleichgelagerten Fällen man zutreffend entscheidet, wenn man aufgrund des Befunds diesen Probanden als Vater feststellt. Ein W-Wert von 99 % heißt also nicht, dass zu 99 % Gewissheit über die Vaterschaft besteht, sondern dass in 100 gleichgelagerten Fällen – also in 100 Fällen mit den gleichen Merkmalen der untersuchten Systeme – ein Fall vorkommt, in dem ein Nichtvater diese Merkmale aufweist. Eine hohe Vaterschaftswahrscheinlichkeit resultiert hieraus deshalb, weil es bei der Unzahl von denkbaren Mutter/Kind/Mann-Konstellationen nur wenige Fälle gibt, in denen die gleichen Merkmale vorgefunden werden wie in dem zu beurteilenden konkreten Fall, es also nur ganz wenig gleichgelagerte Fälle gibt.

9 Auch bei einem hohen Wahrscheinlichkeitswert beruht daher die gerichtliche Feststellung der Vaterschaft nicht allein auf dem Ergebnis des Abstammungsgutachtens, sondern auf einer **umfassenden Beweiswürdigung**, bei der neben dem Abstammungsgutachten auch die Angaben der Beteiligten über sexuelle Kontakte zwischen ihnen in der Empfängniszeit und über Mehrverkehr zu berücksichtigen sind sowie eventuelle Zeugenaussagen hierzu.

2. Vaterschaftsvermutung

10 **Nachrangig** ist der durch Abs. 2 eröffnete Weg der Feststellung der Vaterschaft mit Hilfe der an die Beiwohnung in der Empfängniszeit geknüpften Vaterschaftsvermutung. Aus dem Vorrang der positiven Vaterschaftsfeststellung folgt, dass es dem Gericht nicht freisteht, bei zugestandener oder erwiesener Beiwohnung in der Empfängniszeit ohne Ausschöpfung weiterer Beweismittel die Vaterschaft auf der Grundlage der Vaterschaftsvermutung festzustellen. Auf die Vermutungswirkung allein darf nur dann abgestellt werden, wenn trotz Ausschöpfung aller zur Verfügung stehender Beweismittel die Vaterschaft weder mit Sicherheit bejaht noch mit Sicherheit verneint werden kann.[5] Die Anwendung des § 1600d Abs. 2 BGB ohne vorherige Ausschöpfung der Beweismöglichkeiten, was nach Möglichkeit die Einholung eines Abstammungsgutachtens einbezieht, stellt einen Verstoß gegen die Amtsermittlungspflicht (§ 26 FamFG) dar.

11 Die Vermutungswirkung hat Bedeutung, wenn ausnahmsweise kein Gutachten eingeholt werden kann oder dieses zu keinen hinreichend aussagekräftigen Feststellungen gelangt. Außerdem kann nach den Grundsätzen der **Beweisvereitelung** auf die Vermutungswirkung auch dann zurückgegriffen werden, wenn die Erstellung eines Gutachtens daran scheitert, dass der Mann die Mitwirkung an der Begutachtung verweigert und diese Mitwirkung ausnahmsweise nicht durchsetzbar ist.[6] Dies kommt aber nur bei grundlos verweigerter Teilnahme an einem vom Gericht anberaumten Untersuchungstermin in Betracht.[7] Macht der Mann Weigerungsgründe geltend, muss über die Berechtigung der Weigerung zunächst im Zwischenverfahren nach § 178 Abs. 2 FamFG i.V.m. § 387 ZPO durch Zwi-

---

5 BGH FamRZ 1994, 2961; FamRZ 1991, 426
6 Vgl. AG Neustadt ZKJ 2007, 82 mit Entscheidungsanmerkung von *Menne*, ZKJ 2007, 74
7 OLG Brandenburg FamRZ 2001, 1010

schenbeschluss entschieden werden. Auch bei Beweisvereitelung hilft die Vermutungswirkung nur weiter, wenn die Beiwohnung in der Empfängniszeit nachgewiesen ist und schwerwiegender Zweifel an der Vaterschaft nicht bestehen.

▶ *vgl. hierzu Grün, § 178 FamFG Rn. 23 ff.*

Die Vermutungswirkung knüpft an die Beiwohnung in der Empfängniszeit an. Hierunter ist jede **sexuelle Handlung** zu verstehen, die nach medizinischen Erkenntnissen geeignet ist, eine Befruchtung der Eizelle durch befruchtungsfähige Spermien herbeizuführen, wozu auch ein Samenerguss außerhalb der äußeren weiblichen Genitalien ausreichen kann.[8] Es genügt der Nachweis des Geschlechtsverkehrs; der Nachweis eines Samenergusses ist nicht erforderlich.[9] Auf den Willen oder das Handlungsbewusstsein der Beteiligten kommt es nicht an.[10] Wenn allerdings der das Sperma einbringende Vorgang nicht in einer sexuellen Handlung zwischen Mann und Frau besteht – etwa bei einer Samenspende –, liegt keine Beiwohnung vor.[11] **12**

Die Vaterschaftsvermutung des Abs. 2 gilt trotz erwiesener Beiwohnung dann nicht, wenn **schwerwiegende Zweifel an der Vaterschaft** bestehen. Der Mann, gegen den die Vaterschaftsvermutung spricht, muss die Vermutung nicht durch den Nachweis des Gegenteils widerlegen, sondern die Vermutungswirkung wird bereits durch das Vorhandensein schwerwiegender Zweifel entkräftet. **13**

Von wesentlicher Bedeutung ist der **Einwand des Mehrverkehrs**. Mehrverkehr kann immer Zweifel an der Vaterschaft begründen, weshalb konkreter Vortrag von Mehrverkehr in der Empfängniszeit immer erheblich ist und Beweiserhebungen hierzu erforderlich macht, selbst bei durch Gutachten ermittelter sehr hoher Vaterschaftswahrscheinlichkeit.[12] Ist Mehrverkehr nachgewiesen, so können die hieraus resultierenden Zweifel durch andere nachgewiesene Umstände wieder neutralisiert werden. Der Nachweis, dass die Mutter in der Empfängniszeit der **Prostitution** nachgegangen ist, begründet regelmäßig so schwerwiegende Zweifel, dass erhebliche Beweisanforderungen erfüllt sein müssen, um gleichwohl aufgrund der Vermutungsregelung des Abs. 2 die Vaterschaft feststellen zu können.[13] **14**

Wenn Umstände dargelegt sind, die Zweifel an der Vaterschaft begründen können, muss das Gericht jeweils im Einzelfall beurteilen, ob es diese Zweifel im Hinblick auf die im Einzelfall nachgewiesenen Umstände für schwerwiegend erachtet. Weder ist für die Aufrechterhaltung der Vaterschaftsvermutung erforderlich, dass eine an Gewissheit grenzende Wahrscheinlichkeit für die Vaterschaft spricht,[14] noch ist die Vermutung erst dann erschüttert, wenn die Nichtvaterschaft nahezu mit Gewissheit feststeht.[15] Die Vaterschaftsvermutung ist jedenfalls dann entkräftet, wenn mehr gegen als für die Vaterschaft spricht. **15**

III. Empfängniszeit (Abs. 3)

Abs. 3 Satz 1 knüpft die Vaterschaftsvermutung des Abs. 2 an eine **vermutliche** Empfängniszeit an. Sie ist der Zeitraum, innerhalb dessen die Zeugung des Kindes erfolgt sein **16**

---

8 Staudinger/*Rauscher*, § 1600c BGB Rn. 49
9 OLG Stuttgart DAvorm 1974, 233; OLG Hamburg DAVorm 1974, 601
10 Staudinger/*Rauscher*, § 1600c BGB Rn. 51
11 Staudinger/*Rauscher*, § 1600c BGB Rn. 50
12 BGH FamRZ 2006, 1745; FamRZ 1988, 1037; vgl. aber auch OLG Stuttgart FamRZ 2011, 1879
13 BGH NJW 1977, 2120
14 BGH NJW 1973, 1924
15 BGH NJW 1973, 2249

kann.[16] Mit dem KindRG wurde zur europäischen Rechtsvereinheitlichung die Empfängniszeit von zuvor 302 Tagen[17] auf 300 Tage reduziert.[18] Für die **Berechnung** der gesetzlichen Empfängniszeit gelten §§ 187 Abs. 1, 188 BGB. Zwischen dem Tag der Empfängnis und dem Tag der Geburt müssen mindestens 180 volle Tage und dürfen höchstens 300 volle Tage liegen. Die Rückrechnung erfolgt vom Tag der Geburt an, wobei als Tag der Geburt der Tag der Vollendung der Geburt, also des vollständigen Austritts des Kindes aus dem Mutterleib, maßgeblich ist.

17   Da es medizinisch möglich ist, dass ein Kind auch bei längerer oder kürzerer Tragezeit als 180 Tage lebend geboren wird, lässt Abs. 3 Satz 2 einen hiervon abweichenden Empfängniszeitraum zu, wenn nachgewiesen ist, dass das betroffene Kind früher als am 300. Tag vor der Geburt oder später als am 181. Tag vor der Geburt empfangen worden ist.[19]

IV. Rechtsausübungssperre (Abs. 4)

18   Abs. 4 legt fest, dass die Rechtswirkungen der Vaterschaft erst vom Zeitpunkt ihrer Feststellung an geltend gemacht werden können, sofern sich aus dem Gesetz nichts anderes ergibt. Gesetzliche Ausnahmen hiervon enthalten z.B. § 1615l Abs. 1 Satz 1 BGB, §§ 247, 248 FamFG, aber auch die gesetzlichen Regelungen über das Umgangsrecht des potentiellen leiblichen Vaters nach § 1686a BGB.

19   Darüber hinaus hat die Rechtsprechung des BGH beim Scheinvaterregress eine bedeutsame Ausnahme von der Rechtsausübungssperre entwickelt. Da der vormalige rechtliche Vater mangels Antragsbefugnis (vgl. Rn. 24 ff.) die Feststellung der Vaterschaft des leiblichen Vaters in einem Vaterschaftsfeststellungsverfahren selbst nicht herbeiführen kann, wäre er hinsichtlich seiner Regressansprüche gegen den leiblichen Vater rechtsschutzlos gestellt, wenn eine Feststellung der Vaterschaft des tatsächlichen Erzeugers in einem Abstammungsverfahren deshalb nicht herbeigeführt werden kann, weil die hierzu antragsbefugten Personen (Kind, Mutter, tatsächlicher Vater) es ablehnen, die Vaterschaft feststellen zu lassen. In diesem Sonderfall lässt es der BGH zu, den leiblichen Vater in Durchbrechung des § 1600d Abs. 4 BGB auf Regress in Anspruch zu nehmen, wobei dann im Rahmen des Regressverfahrens inzident die Vaterschaft des leiblichen Vaters – allerdings ohne abstammungsrechtliche Wirkung – geklärt wird.[20] Voraussetzung hierfür ist aber stets, dass im Wege eines vorausgegangenen gerichtlichen Abstammungsverfahrens rechtskräftig und mit Wirkung für und gegen alle (§ 184 Abs. 2 FamFG) festgestellt wurde, dass der Scheinvater nicht der Vater des Kindes ist (§ 1599 Abs. 1 BGB). Fehlt es an einer erfolgreichen Anfechtung der Vaterschaft, kommt eine Durchbrechung der Rechtsausübungssperre des § 1600d Abs. 4 BGB gegen den leiblichen Vater nicht in Betracht.[21] Zur Durchsetzung des Regressanspruchs soll für diesen Fall dem vormaligen rechtlichen Vater gegen die Mutter ein Auskunftsanspruch auf Benennung des Erzeugers des Kindes zustehen[22], was das BVerfG für verfassungswidrig erachtet hat (Beschl. v. 24.2.2015 – 1 BvR 472/14).

---

16 Schon das römische Privatrecht kannte in der Gesetzgebung der 12 Tafeln eine Empfängniszeit. Danach galt ein Kind als ehelich, wenn es frühestens im 7. Monat nach der Eheschließung und spätestens im 10. Monat nach der Beendigung der Ehe geboren wurde.
17 § 1592 BGB in der vor dem 1.7.1998 geltenden Fassung
18 Vgl. hierzu *Bürge*, JuS 2003, 425
19 MüKo-BGB/*Wellenhofer*, § 1600d BGB Rn. 111
20 BGH NJW 2008, 2433; NJW-RR 2009, 505; NJW 2012, 450
21 BGH NJW 2012, 852
22 BGH FamRZ 2014, 1440; FamRZ 2013, 939; vgl. auch OLG Brandenburg FamRZ 2014, 223

C. Das Verfahren auf Feststellung der Vaterschaft

I. Verfahrenseinleitung

Vor der Geltung des FamFG erfolgte die gerichtliche Feststellung der Vaterschaft in einem Klageverfahren nach den Bestimmungen der ZPO auf Klage des Mannes, dessen Vaterschaft festgestellt werden sollte, gegen das Kind, oder durch Klage des Kindes oder der Mutter gegen den Mann. Nur wenn derjenige, gegen den die Klage zu richten gewesen wäre, bereits verstorben war, erfolgte die gerichtliche Vaterschaftsfeststellung gem. § 1600e Abs. 2 BGB a.F. durch Antrag an das Familiengericht in einem Verfahren der freiwilligen Gerichtsbarkeit nach dem FGG.   **20**

Seit dem Inkrafttreten des FamFG wird das Verfahren durch einen **Antrag** an das Familiengericht eingeleitet (§ 171 Abs. 1 FamFG). Der Antrag muss nicht auf die Feststellung eines konkreten Mannes als Vater gerichtet sein. Denn das Verfahren kennt keinen Antragsgegner.[23] Der Antrag soll gem. § 171 Abs. 2 Satz 1 FamFG das Verfahrensziel und die betroffenen Personen bezeichnen. Dabei können auch mehrere Männer benannt werden, die als Vater in Betracht kommen.[24]   **21**

Die **örtliche Zuständigkeit** ergibt sich aus § 170 FamFG und wird in erster Linie durch den gewöhnlichen Aufenthalt des betroffenen Kindes bestimmt, auch wenn dieses bereits volljährig ist.   **22**

▶ *Näher hierzu Grün, § 170 FamFG Rn. 3 ff.*

Die Beantragung der gerichtlichen Feststellung der Vaterschaft ist an **keine Frist** gebunden und kann auch nicht verwirkt werden.[25] Soweit nach der im Beitrittsgebiet bis 2.10.1990 geltenden Regelung des § 56 Abs. 2 FGB/DDR die Klage eines volljährigen Kindes auf Feststellung der Vaterschaft nur binnen einen Jahres ab Kenntnis der für die Vaterschaft sprechenden Tatsachen zulässig war, kommt dem keine Bedeutung mehr zu.[26] Verträge, die das durch Art. 6 GG geschützte Eltern-Kind-Verhältnis missachten, sind sittenwidrig, weshalb ein vertraglicher Verzicht auf die Herbeiführung einer Vaterschaftszuordnung nach § 138 BGB unwirksam ist.[27]   **23**

II. Antragsberechtigung

Bis 31.8.2009 war die Befugnis, die Vaterschaftsfeststellung zu betreiben, in § 1600e Abs. 1 BGB a.F. gesetzlich geregelt. Danach konnte das Vaterschaftsfeststellungsverfahren nur betrieben werden durch Klage des Kindes gegen den Mann, dessen Vaterschaft festgestellt werden soll; der Mutter gegen den Mann, dessen Vaterschaft festgestellt werden soll; des Mannes, der seine Vaterschaft festgestellt haben will, gegen das Kind. Diese Regelung wurde mit Wirkung ab 1.9.2009 durch Art. 50 Nr. 25 FGG-ReformG **aufgehoben**. Der Gesetzgeber sah im Hinblick auf die Regelungen in §§ 7 und 172 FamFG keine Notwendigkeit mehr für diese Regelung. Dieser Schluss des Gesetzgebers ist jedoch unzutreffend. Aus den Regelungen über die Beteiligtenstellung lässt sich nichts für die Frage herleiten, wer Antragsberechtigter ist.   **24**

Ohne Zweifel sind weiterhin **antragsbefug**t das Kind, die Mutter und der Mann, der seine Vaterschaft festgestellt haben will. Die Antragsberechtigung für das Kind und den potentiellen biologischen Vater folgt aus ihrem verfassungsrechtlich geschützten Recht auf Kennt-   **25**

---

23 Prütting/Helms/*Stößer* § 171 FamFG Rn. 2
24 Prütting/Helms/*Stößer* § 171 FamFG Rn. 14
25 OLG Saarbrücken NJW-RR 2005, 1672
26 BGH FamRZ 1997, 876
27 Vgl. Palandt/*Ellenberger*, § 138 BGB Rn. 48

nis der eigenen Abstammung bzw. der vermittelten Abstammung. Für die Mutter lässt sich die Antragsbefugnis aus Art. 6 Abs. 2 GG herleiten.[28]

26   **Dritte** sind nicht antragsbefugt. Der Gesetzgeber wollte mit der Abschaffung des § 1600e BGB a.F. keine Erweiterung des Kreises der Antragsberechtigten bewirken.[29] Allerdings erscheint insoweit eine gesetzliche Klarstellung dringend geboten. Der Hinweis darauf, was der Gesetzgeber nicht wollte, ist nicht wirklich ein tauglicher Ersatz für eine gesetzliche Regelung. Es steht außer Zweifel, dass der Gesetzgeber kein Popularantragsrecht schaffen wollte.[30] Eine mittelbare Betroffenheit eines Dritten, die darin begründet ist, dass die Herbeiführung einer Vaterschaftszuordnung für ihn erb- oder familienrechtliche Ansprüche auslöst, erscheint nicht ausreichend. Dabei darf aber nicht verkannt werden, dass auch Großeltern ein schutzwürdiges Interesse daran haben können, dass die Vaterschaftszuordnung des Kindes zu ihrem verstorbenen Sohn herbeigeführt und damit ein verwandtschaftlicher Status zu ihnen selbst begründet wird.

27   Allerdings ist das Antragsrecht **höchstpersönlicher Natur** und kann nach dem Tod des Antragsberechtigten nicht von dessen Erben ausgeübt werden. Sonstige Personen – etwa die Eltern der Mutter oder die Eltern des Putativvaters – können eine gerichtliche Feststellung der Vaterschaft daher nicht bewirken, auch nicht zur Durchsetzung des Umgangs mit dem Enkelkind.[31]

IV. Verfahrensbeteiligte

28   **Beteiligte** des Verfahrens sind der Antragsteller (§ 7 Abs. 1 FamFG) sowie der Mann, der als Vater festgestellt werden soll (§ 7 Abs. 2 Nr. 1 FamFG). Werden im Verfahren mehrere Männer als Putativväter benannt, sind alle benannten Beteiligte nach § 7 Abs. 2 Nr. 1 FamFG. Ferner sind die Mutter und das Kind gem. § 172 FamFG Beteiligte des Verfahrens, sofern sich ihre Beteiligtenstellung nicht bereits daraus ergibt, dass sie Antragsteller des Verfahrens sind. Ist der als Vater festzustellende Mann bereits verstorben, sind – entsprechend der vor Inkrafttreten des FamFG geltenden Rechtslage (vgl. § 55b Abs. 1 FGG a.F.) – dessen Ehefrau, Eltern und Kinder zu beteiligen.[32]

29   **Gesetzlicher Vertreter des Kindes** ist – vom Fall des Sorgerechtsentzugs nach § 1666 BGB abgesehen – regelmäßig die Kindesmutter (§ 1626a Abs. 3 BGB), da es einen Vater, der Mitinhaber der elterlichen Sorge sein könnte, noch nicht gibt. Die sorgeberechtigte Kindesmutter ist nicht gehindert, das Kind im Feststellungsverfahren zu vertreten. Der Bestellung eines Ergänzungspflegers bedarf es nicht, da mangels eines rechtlichen Vaters die Voraussetzungen des § 1629 Abs. 2 Satz 1 BGB i.V.m. § 1795 BGB nicht vorliegen können. Nach der ausdrücklichen Regelung des § 1629 Abs. 2 Satz 3 letzter HS BGB kann der Mutter auch die Vertretungsbefugnis für das Feststellungsverfahren nicht nach § 1796 BGB entzogen werden. Die Mutter kann durch schriftlichen Antrag bewirken, dass das Jugendamt als Beistand die Feststellung der Vaterschaft wahrnimmt (§ 1712 Abs. 1 Nr. 1 BGB). Dann vertritt allein der Beistand das Kind im Verfahren (§ 173 FamFG).

---

28 *Schwonberg*, FuR 2014, 634, 636
29 MüKo-BGB/*Wellenhofer,* § 1600d BGB Rn. 14; Erman/*Hammermann*, § 1600d BGB Rn. 1b; Staudinger/*Rauscher*, § 1600d BGB Rn. 8; MüKo-FamFG/*Coester-Waltjen/Hilbig-Lugani*, § 169 FamFG Rn. 27; *Grün*, Vaterschaftsfeststellung Rn. 103; *Löhning*, FamRZ 2009, 1798, 1799; *Schwonberg*, FuR 2014, 634, 636
30 Staudinger/*Rauscher,* Anh. zu § 1600d BGB Rn. 38
31 OLG Hamburg FamRZ 2002, 842, allerdings noch zur Rechtslage vor Streichung des § 1600e BGB a.F.
32 Prütting/Helms/*Stößer* § 172 FamFG, Rn. 11

V. Verfahrensgang

Das Familiengericht hat nach § 175 Abs. 1 FamFG zunächst mit den Beteiligten einen **Erör-** **30**
terungstermin durchzuführen. Dabei geht es darum, zu klären, ob die Einholung eines
Abstammungsgutachtens erforderlich ist und welche Personen in die Begutachtung einzubeziehen sind. Die Einholung eines Gutachtens ist z.B. dann entbehrlich, wenn der Mann
im Termin die Anerkennung der Vaterschaft erklärt und die Mutter dem Anerkenntnis zustimmt (§ 180 FamFG). Ferner bedarf es der Einholung eines Gutachtens dann nicht, wenn
bereits als Ergebnis dieses Anhörungstermins feststeht, dass der Mann in der Empfängniszeit mit der Mutter keinen Geschlechtsverkehr hatte. Gelegentlich führt die Erörterung
dazu, dass die Beteiligten übereinstimmend feststellen, dass ihre intime Beziehung bei Beginn der Empfängniszeit längst beendet war. Ferner ist im Anhörungstermin zu klären, ob
und ggf. welche Männer der Frau in der Empfängniszeit ebenfalls beigewohnt haben.
Schließlich können in dem Anhörungstermin auch Umstände festgestellt werden, die für
die biostatistische Auswertung der erhobenen Befunde von Bedeutung sein können. Da
hierfür die Häufigkeitsverteilung bestimmter DNA-Merkmale von Bedeutung ist, die populationsgenetisch je nach Herkunft der Person unterschiedlich sein kann, sollte die Herkunft
des Scheinvaters und der Mutter sowie eine zwischen ihnen bestehende Verwandtschaft
erfragt werden.

Das Familiengericht hat alle in Betracht kommenden und für die Klärung der Abstammung **31**
erforderlichen **Beweiserhebungen** von Amts wegen vorzunehmen (§ 26 FamFG). Regelmäßig wird die Einholung eines Abstammungsgutachtens anzuordnen sein (vgl. § 178
FamFG). Wenn ein solches Gutachten nicht eingeholt werden kann oder zu keinen aussagekräftigen Ergebnissen führt,[33] kann die gerichtliche Feststellung der Vaterschaft auf der
Grundlage der Vermutungswirkung des Abs. 2 BGB erfolgen, sofern das Gericht als Ergebnis der Beweisaufnahme zu der Feststellung gelangen kann, dass der Mann der Kindesmutter in der Empfängniszeit beigewohnt hat und keine schwerwiegenden Zweifel an der
Vaterschaft bestehen, insbesondere sich kein Hinweis auf Mehrverkehr ergibt.

Feststellungsverfahren, die dasselbe Kind betreffen, können gem. § 179 FamFG miteinan- **32**
der verbunden werden. Damit ist es zulässig, in einem Verfahren die Frage der Vaterschaft
von mehrere Männern bezüglich eines Kindes klären zu lassen bzw. mehrere dasselbe Kind
betreffende Verfahren zu verbinden. Verschiedene Kinder können nicht in einem Verfahren behandelt werden. Deshalb muss bei der Feststellung der Vaterschaft für Geschwister
für jedes Geschwisterkind ein gesondertes Verfahren geführt werden.[34]

Mit einem Feststellungsverfahren kann ein Verfahren auf Unterhalt bei Feststellung der Va- **33**
terschaft (§ 237 FamFG) verbunden werden (§ 179 Abs. 1 Satz 2 FamFG).

Die Anfechtung der Vaterschaft und die Feststellung der Vaterschaft kann grundsätzlich **34**
nicht in einem einheitlichen Verfahren betrieben werden. Denn nach § 1600d Abs. 1 BGB
ist die Feststellung der Vaterschaft erst möglich, wenn die Entscheidung über die Anfechtung der Vaterschaft – die Feststellung der Nichtvaterschaft des bisherigen rechtlichen Vaters – rechtskräftig geworden ist. Über beides kann daher nicht in einem Beschluss entschieden werden.

▶   *Näheres hierzu Grün, § 179 FamFG Rn. 7.*

Anders ist die Rechtslage jedoch bei der Anfechtung durch den potentiellen leiblichen Va- **35**
ter. Dort sind der Anfechtungsantragsteller und der als Vater festzustellende Mann perso-
nenidentisch. Bei der Anfechtung der Vaterschaft durch den potentiellen leiblichen Vater

---

33 Etwa bei monozygoten Zwillingen, vgl. OLG Celle FamRZ 2013, 1669
34 OLG Celle ZKJ 2012, 78

gehört dessen tatsächliche Vaterschaft gem. § 1600 Abs. 2 BGB zu den Voraussetzungen seines Anfechtungsrechts, weshalb nach § 182 Abs. 1 FamFG zeitgleich mit der Feststellung der Nichtvaterschaft des bisherigen rechtlichen Vaters auch die Vaterschaft des Anfechtenden gerichtlich festzustellen ist.

VI. Gerichtliche Entscheidung

36 Das Gericht entscheidet durch **Beschluss**, der erst **mit Rechtskraft wirksam** wird (§ 184 Abs. 1 FamFG) und hinsichtlich der Abstammung für und gegen alle wirkt (§ 184 Abs. 2 FamFG). Soweit das Gericht gleichzeitig über einen Unterhaltsantrag bei Feststellung der Vaterschaft nach § 237 FamFG entschieden hat, wird der Unterhaltsausspruch nicht vor Rechtskraft der Feststellung der Vaterschaft wirksam (§ 237 Abs. 4 FamFG).

37 Die **Kostenentscheidung** richtet sich nach § 81 FamFG. Über die Kosten des Verfahrens hat das Gericht daher nach billigem Ermessen zu entscheiden. Dabei kann das Gericht zwischen den Gerichtskosten und den Kosten der Beteiligten differenzieren. Da § 81 Abs. 3 FamFG nur in Kindschaftssachen und nicht in Abstammungssachen gilt, können auch einem minderjährigen Beteiligten Kosten auferlegt werden.

38 Bei der Ermessensausübung im Rahmen der Kostenentscheidung darf in einer Abstammungssache nicht allein auf den Erfolg des Antrags oder der Verteidigung gegen den Antrag abgestellt werden,[35] sondern es sind alle Umstände in die Abwägung einzubeziehen. Hatte der als Vater festgestellte Mann jedoch keine Anhaltspunkte für einen Mehrverkehr der Kindesmutter, kann die Ermessensausübung es gebieten, ihm die Kosten des Verfahrens einschließlich der Aufwendungen des Kindes und der Kindesmutter aufzuerlegen.[36] Hat in der Empfängniszeit Geschlechtsverkehr mit dem als Vater in Anspruch genommenen Mann stattgefunden, kann es der Billigkeit entsprechen, die Kosten der Begutachtung zwischen der Kindesmutter und dem Mann zu teilen, obwohl das eingeholte Abstammungsgutachten zu dem Ergebnis gelangt, dass das Kind nicht von diesem Mann abstammt.[37] Bei einer vom Jugendamt als Beistand des Kindes erfolgreich betriebenen Feststellung der Vaterschaft ist die Kindesmutter nicht mit Kosten zu belasten, wenn für einen Mehrverkehrsverdacht kein Anlass bestand.[38] Besondere Schwierigkeiten treten bei der Kostenentscheidung auf, wenn mehrere Männer als mögliche Väter benannt und deshalb Beteiligte des Verfahrens sind. Wenn sämtliche benannten Männer in der Empfängniszeit Geschlechtsverkehr mit der Kindesmutter hatten, kann es der Billigkeit entsprechen, dass auch die letztlich als Vater ausgeschlossenen Männer ihre Kosten selbst zu tragen haben.

39 Der Gebührenwert ist gem. § 47 Abs. 1 FamGKG in der Regel mit 2.000,00 Euro zu bemessen, wobei gem. § 47 Abs. 2 FamGKG das Gericht einen höheren oder niedrigeren Wert festsetzen kann, wenn der Regelwert nach den besonderen Gründen des Einzelfalles unbillig ist.

40 Ist im Verbund mit der Feststellung der Vaterschaft auch der Unterhalt für das Kind geltend gemacht worden (§ 237 FamFG), bemisst sich der Wert der Unterhaltssache nach § 51 FamGKG, wobei gem. § 33 Abs. 1 Satz 2 FamGKG beim Zusammentreffen des Antrags auf Feststellung der Vaterschaft mit dem Unterhaltsantrag die Verfahrenswerte nicht zu addieren sind, sondern der höhere der beiden Werte maßgeblich ist.

---

35 BGH FamRZ 2014, 744
36 Kemper/Schreiber/*Schneider,* § 81 FamFG Rn. 28
37 OLG Oldenburg FamRZ 2013, 971
38 OLG München FamRZ 2013, 1925

Checkliste Vaterschaftsfeststellung

I. Personalien

1. des Kindes (Name, Vorname, Geburtsdatum, Geburtsort, wenn möglich Standesamt des Geburtseintrags und Geburtseintrags-Nr., Anschrift) und des gesetzlichen Vertreters des Kindes

2. der Mutter (Name, Vorname, ggf. Geburtsname, Geburtsdatum, Anschrift, Familienstand)

3. des als Vater in Betracht kommenden Mannes (Name, Vorname, ggf. Geburtsname, Anschrift)

II. Vorfragen

1. Besteht bereits eine rechtliche Vaterschaftszuordnung?

   a. War die Mutter zum Zeitpunkt der Geburt des Kindes verheiratet?

   Wenn ja, gilt der (damalige) Ehemann der Kindesmutter als Vater des Kindes, solange diese Vaterschaftszuordnung nicht beseitigt ist.

   b. Ist ein früherer Ehemann der Mutter in einem Zeitraum von 300 oder weniger Tagen vor der Geburt des Kindes verstorben und war die Mutter zum Zeitpunkt der Geburt nicht wieder verheiratet?

   Wenn ja, gilt der verstorbene Ehemann gem. § 1593 BGB als Vater, solange diese Vaterschaftszuordnung nicht beseitigt ist.

   c. Wurde die Vaterschaft wirksam anerkannt?

   Wenn ja, besteht die Vaterschaftszuordnung zu dem anerkennenden Mann solange, bis sie durch Vaterschaftsanfechtung beseitigt ist.

   d. Wurde die Vaterschaft für das Kind bereits rechtskräftig gerichtlich festgestellt?

   Wenn ja, besteht sie fort. Beseitigung nur im Restitutionsverfahren möglich (§§ 185 FamFG, 580 ZPO).

2. Wenn noch keine Vaterschaftszuordnung besteht: Ist der Putativvater bereit, die Vaterschaft anzuerkennen?

   - Wenn ja, zunächst versuchen, eine wirksame Anerkennung der Vaterschaft mit den erforderlichen Zustimmungen herbeizuführen.

   - Wenn nein, Vaterschaftsfeststellungsantrag erforderlich.

III. Vaterschaftsfeststellungsverfahren

1. Wer ist Antragsteller: Mutter, Kind oder Putativvater?

2. Beteiligte nach § 172 FamFG

3. Besteht Beistandschaft für das Kind?

   - Wenn ja, kann der sorgeberechtigte Elternteil das Kind im Verfahren nicht vertreten (§ 173 FamFG)

4. Empfängniszeit i.S.v. § 1600d Abs. 3 BGB

5. **Wann hatte die Kindesmutter mit dem Putativvater in der Empfängniszeit Geschlechtsverkehr?**

6. **Hatte die Kindesmutter in der Empfängniszeit mit weiteren Männern Geschlechtsverkehr?**

7. **Gibt es Gründe, die gegen die Vaterschaft des Putativvaters sprechen?**

IV. **Zusatzfragen**

1. **Liegt bereits ein Gutachten über die Abstammung vor (z.B. aus einem vorausgegangenen Anfechtungsverfahren)**

2. **Soll Unterhalt bei Feststellung der Vaterschaft nach § 237 FamFG geltend gemacht werden?**

   - Wenn ja, isoliertes Verfahren nach § 237 FamFG, das mit dem Feststellungsverfahren verbunden werden kann (§ 179 FamFG).

3. **Soll eine einstweilige Anordnung nach § 248 FamFG beantragt werden?**

4. **Soll Verfahrenskostenhilfe beantragt werden?**

V. **erforderliche Anlagen**

1. **Geburtsurkunde des Kindes**

2. **Ggf. Sterbeurkunde, wenn eine zum Personenkreis des § 172 FamFG zählende Person bereits verstorben ist**

3. **Ggf. Vaterschaftsanfechtungsbeschluss oder -urteil aus vorausgegangener Anfechtung der Vaterschaft für das Kind**

4. **Ggf. Scheidungsurteil oder –beschluss mit Rechtskraftvermerk, falls das Kind nach rechtskräftiger Scheidung der Kindesmutter geboren wurde**

5. **Anwaltsvollmacht**

6. **Verfahrenskostenhilfeantrag**

Titel 4
Rechtsverhältnis zwischen den Eltern und dem Kind im Allgemeinen

§ 1616 BGB Geburtsname bei Eltern mit Ehenamen

Das Kind erhält den Ehenamen seiner Eltern als Geburtsnamen.

Von einer Kommentierung wird abgesehen.

§ 1617 BGB Geburtsname bei Eltern ohne Ehenamen und gemeinsamer Sorge

(1) [1]Führen die Eltern keinen Ehenamen und steht ihnen die Sorge gemeinsam zu, so bestimmen sie durch Erklärung gegenüber dem Standesamt den Namen, den der Vater oder die Mutter zur Zeit der Erklärung führt, zum Geburtsnamen des Kindes. [2]Eine nach der Beurkundung der Geburt abgegebene Erklärung muss öffentlich beglaubigt werden. [3]Die Bestimmung der Eltern gilt auch für ihre weiteren Kinder.

(2) [1]Treffen die Eltern binnen eines Monats nach der Geburt des Kindes keine Bestimmung, überträgt das Familiengericht das Bestimmungsrecht einem Elternteil. [2]Absatz 1 gilt entsprechend. [3]Das Gericht kann dem Elternteil für die Ausübung des Bestimmungsrechts eine Frist setzen. [4]Ist nach Ablauf der Frist das Bestimmungsrecht nicht ausgeübt worden, so erhält das Kind den Namen des Elternteils, dem das Bestimmungsrecht übertragen ist.

(3) Ist ein Kind nicht im Inland geboren, so überträgt das Gericht einem Elternteil das Bestimmungsrecht nach Absatz 2 nur dann, wenn ein Elternteil oder das Kind dies beantragt oder die Eintragung des Namens des Kindes in ein deutsches Personenstandsregister oder in ein amtliches deutsches Identitätspapier erforderlich wird.

Übersicht

A. Allgemeines

Die Norm enthält das Recht und die Pflicht der gemeinsam personensorgeberechtigten Eltern, die keinen Ehenamen führen, den Geburtsnamen ihres Kindes zu bestimmen. Die Entscheidung, welchen Namen das Kind tragen soll, ist Teil des Elternrechts aus Art. 6 Abs. 2 GG.[1] **1**

---

1 BVerfGE 104, 373, 385

B. Inhalt der Norm

I. Anwendungsvoraussetzungen

2 **Voraussetzungen** für die Bestimmung des Geburtsnamens des Kindes sind grd.:

- kein Ehename bei Geburt des Kindes,
- gemeinsames Personensorgerecht der Eltern betreffend die Namensbestimmung bei Geburt des Kindes.

1. Kein Ehename bei Geburt

3 Die Norm findet Anwendung, wenn im Zeitpunkt der Geburt des Kindes kein Ehename besteht. Das ist bei **verheirateten oder geschiedenen** Eltern der Fall, wenn die Eltern bis zur Geburt des Kindes es unterlassen haben, einen gemeinsamen Ehenamen zu bestimmen, so dass jeder Elternteil seinen bisherigen Namen fortführt, § 1355 Abs. 1 Satz 3 BGB. Bei **nicht miteinander verheirateten** Eltern ist das immer der Fall, da sie keinen Ehenamen führen können.

2. Gemeinsame Personensorge betreffend die Namensbestimmung bei Geburt

4 Die Eltern müssen im Zeitpunkt der Geburt des Kindes gemeinsam das Recht zur Namensbestimmung – als Teil der Personensorge[2] – innehaben.

5 Bei **verheirateten, zusammenlebenden Eltern** steht die elterliche Sorge beiden Elternteilen i.d.R. gemeinsam zu (§ 1626 BGB). Nur in Ausnahmefällen kann sie bei Geburt des Kindes einem Elternteil allein zustehen, wenn das Sorgerecht des anderen Elternteils beispielsweise ruht (§ 1675 BGB), ihm entzogen worden ist (§ 1666 BGB), er an dessen Ausübung verhindert (§ 1678 Abs. 1 1. HS BGB) oder wenn er gestorben ist (§ 1680 Abs. 1 BGB).

6 Bei **nicht miteinander verheirateten Eltern** besteht eine gemeinsame elterliche Sorge bei Geburt nur, wenn beide Elternteile wirksame Sorgeerklärungen vor der Geburt des Kindes abgegeben haben, § 1626a Abs. 1 Nr. 1 i.V.m. § 1626b Abs. 2 BGB. Mit der Geburt entsteht dann die gemeinsame Sorge. Voraussetzung wirksamer Sorgeerklärungen ist die (künftige) rechtliche Elternschaft der Erklärenden, sodass die vorgeburtliche Vaterschaftsanerkennung (§ 1594 Abs. 4, § 1595 Abs. 3 BGB) der Sorgeerklärung des Vaters vorangehen muss (hierzu § 1626b BGB Rn. 6 f.).

7 Bei **getrenntlebenden Eltern** üben diese weiterhin die gemeinsame elterliche Sorge nach § 1687 Abs. 1 Satz 1 BGB aus, soweit nicht eine andere gerichtliche Regelung, beispielsweise nach § 1671 BGB oder § 1666 BGB, getroffen wurde. Bei der Geburtsnamensbestimmung handelt es sich um eine Angelegenheit von erheblicher Bedeutung, sodass es auch bei getrenntlebenden Eltern bei einer gemeinsamen Kompetenz verbleibt.[3]

3. Ausnahme vom Grundsatz

8 Finden Änderungen betreffend den Ehenamen oder die Sorgerechtslage **nach der Geburt aber vor Eintragung** des Kindes in das Geburtenregister statt, soll die Eintragung des Kindes mit dem zu diesem Zeitpunkt maßgeblichen Namen erfolgen. Das heißt, eine nachgeburtliche Bestimmung eines Ehenamens (§ 1355 Abs. 1 Satz 1 BGB) und eine nachgeburtliche Begründung der gemeinsamen elterlichen Sorge durch Sorgeerklärungen oder

2 MüKo-BGB/*v. Sachsen Gessaphe*, § 1617 BGB Rn. 10; Staudinger/*Hilbig-Lugani*, § 1617 FamFG Rn. 7; BeckOK BGB/*Enders*, § 1617 BGB Rn. 4
3 MüKo-BGB/*v. Sachsen Gessaphe*, § 1617 BGB Rn. 10; Staudinger/*Salgo*, § 1687 BGB Rn. 47

Heirat (§ 1626a Abs. 1 Nr. 1, Nr. 2 BGB) ist zwischen Geburt und ihrer Eintragung noch möglich.[4]

4. Nachgeburtliche Änderungen des Sorgerechts

Hat im Zeitpunkt der Geburt des Kindes ein Elternteil die Alleinsorge und erlangen die El- **9**
tern **später** die **gemeinsame Sorge**, wird der Anwendungsbereich des § 1617 BGB nicht eröffnet.[5] Das Kind erlangt bereits kraft Gesetzes einen Geburtsnamen nach § 1616 BGB oder § 1617a BGB. Eine Anpassung des Kindesnamens an die neue Sorgerechtslage beurteilt sich dann nach den Voraussetzungen des § 1617c Abs. 1 BGB oder des § 1617b Abs. 1 BGB.

Haben im Zeitpunkt der Geburt des Kindes beide Elternteile die gemeinsame Sorge inne **10**
und erlangt ein Elternteil **später** das **alleinige** Namensbestimmungsrecht, so ist zu unterscheiden, ob bereits ein Geburtsname des Kindes durch beide Elternteile bestimmt worden ist oder nicht. Wurde ein Geburtsname bestimmt, begründet die veränderte Rechtslage keine Möglichkeit der Anpassung des Kindesnamens an die neue Sorgerechtslage.[6] Wurde bis zur Alleinsorge eines Elternteils kein Geburtsname bestimmt, übt der alleinsorgeberechtigte Elternteil das Bestimmungsrecht nach § 1617 BGB analog alleine aus.[7]

II. Namensbestimmung durch die Eltern (Absatz 1)

1. Bestimmung der Eltern (Satz 1)

Die Eltern haben bezüglich des Geburtsnamens des Kindes ein Wahlrecht, das sich auf den **11**
im Zeitpunkt der Abgabe der namensbestimmenden Erklärung personenstandsrechtlich aktuell führenden Familiennamen des Vaters oder der Mutter beschränkt. Ein anders lautender, bloß faktisch geführter Gebrauchsname steht grundsätzlich nicht zur Auswahl. Eine spätere Änderung des Familiennamens eines Elternteils ist unerheblich.

Wählbar ist: **12**

- der **Geburtsname** eines Elternteils,
- der **frühere Ehename** der Eltern, wenn ein Elternteil diesen nach § 1355 Abs. 5 Satz 1 BGB weiterführt,[8]
- der **erheiratete Ehename** eines Elternteils aus einer früheren Ehe mit einem Dritten, wenn er ihn nach dessen Auflösung nach § 1355 Abs. 1 Satz 1 BGB weiterführt oder wieder annimmt,[9]
- der **(echte) Doppelname** eines Elternteils; und zwar nur insgesamt und nicht nur ein Teil des (echten) Doppelnamens,[10]
- bei Führen eines **Begleitnamens** durch einen Elternteil kann das Kind als Geburtsnamen einen Doppelnamen erhalten,[11]
- der **früher erworbene Lebenspartnerschaftsname** eines Elternteils, wenn er ihn nach Auflösung der Lebenspartnerschaft nach § 3 Abs. 3 Satz 1 LPartG weiterführt oder wieder annimmt,[12]

---

4 MüKo-BGB/v. *Sachsen Gessaphe*, § 1617 BGB Rn. 12; BeckOK BGB/*Enders*, § 1617 BGB Rn. 2
5 *Wagenitz*, FamRZ 1998, 1545, 1546
6 *Wagenitz*, FamRZ 1998, 1545, 1546; Staudinger/*Hilbig-Lugani*, § 1617 BGB Rn. 10
7 MüKo-BGB/v. *Sachsen Gessaphe*, § 1617 BGB Rn. 13; BeckOK BGB/*Enders*, § 1617 BGB Rn. 3
8 *Wagenitz* FamRZ 1998, 1545, 1547; BeckOK BGB/*Enders*, § 1617 BGB Rn. 5
9 MüKo-BGB/v. *Sachsen Gessaphe*, § 1617 BGB Rn. 14
10 *Wagenitz*, FamRZ 1998, 1545, 1547; BeckOK BGB/*Enders*, § 1617 Rn. 5
11 BVerfG NJW 2009, 1657, 1658; *Wagenitz*, FamRZ 1998, 1545, 1547; BeckOK BGB/*Enders*, § 1617 BGB Rn. 5; Staudinger/*Hilbig-Lugani*, § 1617 BGB Rn. 23
12 MüKo-BGB/v. *Sachsen Gessaphe*, § 1617 BGB Rn. 14

- der durch additive Einbenennung nach § 1618 Satz 2 BGB aus dem Geburtsnamen und dem Ehenamen der Stieffamilie gebildete **Doppelname** eines Elternteils,[13]

- bei Anwendung **ausländischen Rechts** der nach Maßgabe des anzuwendenden Rechts gewählte Name (vgl. Art. 10 EGBGB),[14]

- der Name, der nach dem Recht eines EU-Staates erworben wurde, auch wenn deutsches Recht gilt (vgl. Art. 48 EGBGB).[15]

13   **Unzulässig** ist – mit Ausnahme der Anwendungsfälle von Art. 10, Art. 48 EGBGB –, die **Neubegründung eines Doppelnamens** aus den jeweiligen Namen der Eltern des Kindes. Dieses Verbot kann jedoch insoweit umgangen werden, als das Kind den Familiennamen eines Elternteils als Vornamen erhält, sofern dies nicht das Kindeswohl gefährdet.[16]

2. Form und Wirksamkeit der Bestimmung (Satz 1 und 2)

14   Die Bestimmung des Geburtsnamens des Kindes erfolgt durch **einseitige, empfangsbedürftige Willenserklärungen** gegenüber dem zuständigen Standesamt. Die Bestimmung wird mit Zugang der Erklärungen beim zuständigen Standesamt **wirksam**;[17] bei vorgeburtlichen Erklärungen im Zeitpunkt der Geburt.[18] Zuständig ist das Standesamt, das die Geburt des Kindes beurkundet hat (§ 45 Abs. 2 Satz 1 PStG). Die Erklärungen können von den Eltern zu verschiedenen Zeitpunkten, an verschiedenen Orten abgegeben werden, solange beide Erklärungen dem zuständigen Standesamt vorgelegt werden.[19] Die Mutter und der Vater müssen jeweils eine eigene Erklärung **höchstpersönlich** abgeben.[20]

15   Die Abgabe der Erklärungen ist grundsätzlich **formlos** möglich.[21] Eine **öffentliche Beglaubigung** i.S.d. § 129 BGB ist nur erforderlich, wenn die Eltern den Namen des Kindes erst nach der Beurkundung der Geburt bestimmen.[22] Die öffentliche Beglaubigung kann durch das zuständige Standesamt vorgenommen werden (§ 45 Abs. 1 Satz 1 Nr. 1 PStG). Sind im Zeitpunkt der Eintragung des Namens in das Geburtenregister die Eltern nicht gemeinsam namensbestimmungsberechtigt, ist die Namensgebung unwirksam.[23]

16   Ein **Widerruf** der Erklärung(en) ist nur solange möglich, als die öffentliche Beglaubigung noch nicht erfolgt ist.[24] Eine **Anfechtung** ist grundsätzlich unzulässig, sofern nicht ein ganz offensichtlicher Irrtum oder ein grober Verfahrensmangel vorliegt.[25]

17   Durch die wirksame Bestimmung der Eltern erwirbt das Kind den erteilten Namen als Geburtsnamen. Die Eintragung in das Geburtenregister selbst (§ 21 Abs. 1 Nr. 1 PStG) hat nur deklaratorische Bedeutung.[26] Eine nachweislich unrichtige Eintragung kann unter den Voraussetzungen der §§ 47 f. PStG berichtigt werden.

---

13 MüKo-BGB/*v. Sachsen Gessaphe*, § 1617 BGB Rn. 14
14 BeckOK BGB/*Enders*, § 1617 BGB Rn. 6
15 BeckOK BGB/*Enders*, § 1617 BGB Rn. 6, 6.2
16 Vgl. BGH NJW 2008, 2500 f.
17 BayObLG FamRZ 1997, 234, 235; MüKo-BGB/*v. Sachsen Gessaphe*, § 1617 BGB Rn. 19
18 *Michalski*, FamRZ 1997, 977, 981; MüKo-BGB/*v. Sachsen Gessaphe*, § 1617 BGB Rn. 19
19 BeckOK BGB/*Enders*, § 1617 BGB Rn. 11
20 MüKo-BGB/*v. Sachsen Gessaphe*, § 1617 BGB Rn. 18; Staudinger/*Hilbig-Lugani*, § 1617 BGB Rn. 26
21 BT-Drucks. 13/8511, 73
22 BeckOK BGB/*Enders*, § 1617 BGB Rn. 11; Staudinger/*Hilbig-Lugani*, § 1617 BGB Rn. 27
23 OLG München FamRZ 2012, 1503, 1504
24 *Michalski*, FamRZ 1997, 977, 981
25 OLG Naumburg, FamRZ 1997, 1234 ff.; MüKo-BGB/*v. Sachsen Gessaphe*, § 1617 BGB Rn. 19; Staudinger/*Hilbig-Lugani*, § 1617 BGB Rn. 33
26 *Michalski*, FamRZ 1997, 977, 981; BeckOK BGB/*Enders*, § 1617 BGB Rn. 11; MüKo-BGB/*v. Sachsen Gessaphe*, § 1617 BGB Rn. 20

3. Namenseinheit unter Geschwistern (Satz 3)

Die für ein Kind getroffene Namenswahl ist für weitere – danach geborene – Kinder ver- **18**
bindlich, gleichgültig, ob es sich um leibliche Kinder der Eltern oder um Adoptivkinder handelt.[27] Die Bindungswirkung greift jedoch nur, wenn die Anwendungsvoraussetzungen
des § 1617 BGB bzw. einer hierauf verweisenden Norm erfüllt sind.[28] Die nach § 1617 BGB
einmal getroffene Namensbestimmung bestimmt unmittelbar den Namen für später geborene Kinder.[29] Die Bindung für die später geborenen Kinder entfällt nur, wenn das erstge-
borene Kind vor Geburt des zweiten Kindes verstorben ist.[30] Soweit ein Kind früher geboren ist und noch keinen Geburtsnamen hat, gilt die Namensbestimmung für beide Kinder.
Hat das früher geborene Kind bereits einen Geburtsnamen, der nicht auf der Gestaltungs-
erklärung des § 1617 Abs. 1 Satz 3 BGB beruht, behält es seinen Namen, auch wenn das
neugeborene Kind aufgrund gemeinsamer Personensorge der Eltern nach § 1617 Abs. 1
Satz 3 BGB seinen Namen erhält.[31]

III. Übertragung des Namensbestimmungsrechts auf einen Elternteil (Absatz 2, Absatz 3)

1. Einleitung des gerichtlichen Verfahrens

Die Eltern haben die Pflicht, **innerhalb eines Monats** nach der Geburt des Kindes den **19**
Geburtsnamen zu bestimmen. Liegen keine wirksamen Erklärungen innerhalb dieses Zeitraums beim zuständigen Standesamt vor, hat das Standesamt dies dem zuständigen Familiengericht mitzuteilen, § 168a Abs. 2 FamFG. Der Nichtvornahme steht eine unwirksame
Namensbestimmung der Eltern gleich.[32] Die Monatsfrist ist jedoch keine Ausschlussfrist.
Bis zu einer gerichtlichen Entscheidung bleiben die Eltern gemeinsam bestimmungsbe-
fugt.[33]

Das Verfahren zur Übertragung des Namensbestimmungsrechts auf einen Elternteil ist **20**
dann als Verfahren **von Amts wegen** ausgestaltet, wenn:

- das Kind im Inland geboren ist (§ 1617 Abs. 1 BGB),

- das Kind im Ausland geboren ist, dem deutschen Namensrecht unterliegt und der Geburtsname in ein deutsches Personenstandsregister oder in ein amtliches deutsches
  Identitätspapier eingetragen werden muss (§ 1617 Abs. 2 2. Alt BGB).

Das Verfahren ist dann als **Antragsverfahren** ausgestaltet, wenn: **21**

- das Kind im Ausland geboren ist

- und dem deutschen Namensrecht unterliegt, (§ 1617 Abs. 2 1. Alt BGB).

Den erforderlichen Antrag kann das Kind oder ein Elternteil stellen. **22**

2. Übertragung des Namensbestimmungsrechts

Das Familiengericht überträgt das Namensbestimmungsrecht einem Elternteil. Für die ge- **23**
richtliche Entscheidung macht das Gesetz keine inhaltlichen Vorgaben. Da die gerichtliche
Entscheidung als Kompetenzentscheidung eine **spezielle Regelung der allgemeinen
Kompetenzentscheidung des § 1628 BGB** darstellt, gelten die dort entwickelten

---

27 MüKo-BGB/v. *Sachsen Gessaphe*, § 1617 BGB Rn. 21; Palandt/*Götz*, § 1617 BGB Rn. 6
28 MüKo-BGB/v. *Sachsen Gessaphe*, § 1617 BGB Rn. 21
29 BT-Drucks 13/4899, 90; zur Verfassungsgemäßheit der Norm BVerfG NJW 2002, 2861
30 *Michalski*, FamRZ 1997, 977, 981; Palandt/*Götz*, § 1617 BGB Rn. 6
31 BeckOK BGB/*Enders*, § 1617 BGB Rn. 13
32 MüKo-BGB/v. *Sachsen Gessaphe*, § 1617 BGB Rn. 24
33 MüKo-BGB/v. *Sachsen Gessaphe*, § 1617 BGB Rn. 24; BeckOK BGB/*Enders*, § 1617 BGB Rn. 17; Staudinger/
     Hilbig-Lugani, § 1617 BGB Rn. 62

Grundsätze (vgl. hierzu § 1628 BGB). Maßstab für die Entscheidung des Gerichts ist das **Wohl des Kindes**, vgl. § 1697a BGB.

3. Namenserwerb nach Fristsetzung

24 Da zum allgemeinen Persönlichkeitsrecht des Kindes (Art. 2 Abs. 1 i.V.m. Art. 1 Abs. 1 GG) der Namenserhalt als wesentliche Voraussetzung für die Entwicklung der Persönlichkeit des Kindes gehört,[34] kann das Familiengericht dem bestimmungsberechtigten Elternteil eine Frist zur Namensgebung setzen und sollte dies auch aus Kindeswohlgesichtspunkten tun.[35] Eine Fristverlängerung ist möglich.[36] Für die Fristbestimmung gelten die allgemeinen Vorschriften des FamFG. Wurde das Bestimmungsrecht innerhalb der Frist nicht ausgeübt, erhält das Kind zwingend kraft Gesetzes den Namen des bestimmungsberechtigten Elternteils (§ 1617 Abs. 2 Satz 4 BGB). Eine **Wiedereinsetzung in den vorigen Stand** ist nicht möglich.[37]

25 Kommt es weder zu einer wirksamen Namensgebung durch den bestimmungsberechtigten Elternteil noch zu einer gerichtlichen Fristsetzung mit entsprechendem Fristablauf, führt das Kind keinen Geburtsnamen; entsprechend lautet der Eintrag in das Geburtsregister.[38]

§ 1617a bis § 1617c BGB

Von Abdruck und Kommentierung wird abgesehen.

§ 1618 BGB Einbenennung

[1]Der Elternteil, dem die elterliche Sorge für ein unverheiratetes Kind allein oder gemeinsam mit dem anderen Elternteil zusteht, und sein Ehegatte, der nicht Elternteil des Kindes ist, können dem Kind, das sie in ihren gemeinsamen Haushalt aufgenommen haben, durch Erklärung gegenüber dem Standesamt ihren Ehenamen erteilen. [2]Sie können diesen Namen auch dem von dem Kind zur Zeit der Erklärung geführten Namen voranstellen oder anfügen; ein bereits zuvor nach HS 1 vorangestellter oder angefügter Ehename entfällt. [3]Die Erteilung, Voranstellung oder Anfügung des Namens bedarf der Einwilligung des anderen Elternteils, wenn ihm die elterliche Sorge gemeinsam mit dem den Namen erteilenden Elternteil zusteht oder das Kind seinen Namen führt, und, wenn das Kind das fünfte Lebensjahr vollendet hat, auch der Einwilligung des Kindes. [4]Das Familiengericht kann die Einwilligung des anderen Elternteils ersetzen, wenn die Erteilung, Voranstellung oder Anfügung des Namens zum Wohl des Kindes erforderlich ist. [5]Die Erklärungen müssen öffentlich beglaubigt werden. [6]§ 1617c gilt entsprechend.

---

34 BVerfGE 104, 373, 392
35 Palandt/*Götz*, § 1617 BGB Rn. 7; BeckOK BGB/*Enders*, § 1617 BGB Rn. 19
36 MüKo-BGB/*v. Sachsen Gessaphe*, § 1617 BGB Rn. 27; Palandt/*Götz*, § 1617 BGB Rn. 7; a.A. BeckOK BGB/*Enders*, § 1617 BGB Rn. 19
37 OLG Hamm FamRZ 2004, 731, 732; MüKo-BGB/*v. Sachsen Gessaphe*, § 1617 BGB Rn. 27; BeckOK BGB/*Enders*, § 1617 BGB Rn. 19
38 OLG Köln StAZ 2014, 113; BeckOK BGB/*Enders*, § 1617 BGB Rn. 20

A. Allgemeines

Die Norm ermöglicht eine Namensgleichheit der sozialen Familiengemeinschaft, wenn ein **1** personensorgeberechtigter Elternteil mit einem Dritten verheiratet ist oder in einer einge- tragenen Lebenspartnerschaft lebt und einen Ehenamen bzw. Lebenspartnerschaftsna- men führt.

B. Inhalt der Norm

I. Anwendungsvoraussetzungen

Voraussetzungen für die Einbenennung sind: **2**

- das einzubenennende Kind trägt einen anderen Namen, als es durch die Einbenen- nung erhalten soll,[1]

- das einzubenennende Kind ist **rechtsfähig**, **unverheiratet** und war bisher nicht ver- heiratet,

- der einbenennende Elternteil ist **(mit-)personensorgeberechtigt**,

- der einbenennende Elternteil ist mit einem Dritten **verheiratet bzw.** führt eine **ein- getragene Lebensgemeinschaft** mit einem Dritten,

- der einbenennende Elternteil führt mit dem Dritten einen **Ehenamen** bzw. **Lebens- partnerschaftsnamen**,

- das einzubenennende Kind ist in den **gemeinsamen Haushalt aufgenommen**,

- ggf. das Zustimmungserfordernis des anderen Elternteils oder dessen gerichtliche Er- setzung,

- ggf. die Einwilligung des einzubenennenden Kindes.

1. Personenstand des Kindes

Das Kind muss im Zeitpunkt des Wirksamwerdens der Einbenennung **rechtsfähig** sein, **3** weshalb eine nach dem Tod erfolgte Einbenennung ausscheidet.[2] Nur ein **unverheira- tetes** Kind kann einbenannt werden. War es bereits verheiratet, scheidet eine Einbenen- nung aus, auch wenn das Kind in seiner Ehe keinen Ehenamen geführt hat.[3]

---

1 MüKo-BGB/*v. Sachsen Gessaphe*, § 1618 BGB Rn. 9; BeckOK BGB/*Enders*, § 1618 BGB Rn. 3.2
2 MüKo-BGB/*v. Sachsen Gessaphe*, § 1618 BGB Rn. 11; Staudinger/*Hilbig-Lugani*, § 1618 BGB Rn. 6
3 BeckOK BGB/*Enders*, § 1618 BGB Rn. 2 f.; Staudinger/*Hilbig-Lugani*, § 1618 BGB Rn. 6

2. (Mit-)Personensorgerecht des einbenennenden Elternteils

4 Der einbenennende Elternteil muss im Zeitpunkt der Einbenennung allein oder gemeinsam mit dem anderen Elternteil das Recht zur Namensbestimmung – als Teil der Personensorge[4] – innehaben.

3. Ehe bzw. eingetragene Lebensgemeinschaft mit einem Dritten

5 Die Norm setzt die Ehe bzw. die eingetragene Lebensgemeinschaft des einbenennenden Elternteils mit einem Dritten voraus, von dem das Kind nicht abstammt. Diese muss im Zeitpunkt des Wirksamwerdens der Einbenennung noch bestehen.[5]

4. Ehenamen

6 Der einbenennende Elternteil und dessen Ehegatte oder Lebenspartner müssen nach § 1355 Abs. 1 BGB bzw. § 3 Abs. 1 LPartG einen Ehenamen bzw. Lebenspartnerschaftsnamen führen.[6] Die bloße Absicht, später einen Ehenamen bzw. Lebenspartnerschaftsnamen zu bestimmen, reicht nicht aus.[7] Unproblematisch ist es, wenn der einbenennende Elternteil wirksam sein Geschlecht geändert und wieder geheiratet oder eine Lebensgemeinschaft begründet hat.[8] Unerheblich ist es ebenso, wenn ein Ehegatte bzw. Lebenspartner einen Begleitnamen führt.[9]

5. Gemeinsamer Haushalt

7 Die Norm setzt ferner voraus, dass das Kind in den gemeinsamen Haushalt aufgenommen ist. Das heißt, dass das Kind und die Ehegatten bzw. Lebenspartner tatsächlich in einer gemeinsamen Wohnung den Mittelpunkt ihrer Lebensführung haben müssen, vgl. § 1567 Abs. 1 BGB.[10] Eine **zeitweise** Drittbetreuung, wie eine vorübergehende Unterbringung in einer Jugendhilfeeinrichtung, steht dem nicht entgegen.[11] Leben die Ehegatten bzw. Lebenspartner getrennt, scheidet eine Einbenennung aus.[12] Die Aufnahme in den Haushalt muss rechtmäßig – mit dem Willen des anderen Elternteils oder aufgrund gerichtlicher Entscheidung – sein.[13] Das zuständige Standesamt ist grundsätzlich verpflichtet, die rein tatsächlich geprägte Voraussetzung zu überprüfen, wird sich aber auf die Richtigkeit der Angaben – durch regelmäßige Vorlage der Meldebescheinigung – verlassen können.[14] Sind die Angaben unrichtig, ist die Einbenennung unwirksam und ein dahingehender Eintrag in das Geburtenregister zu berichtigen.[15]

---

4 MüKo-BGB/*v. Sachsen Gessaphe*, § 1618 BGB Rn. 7; BeckOK BGB/*Enders*, § 1618 BGB Rn. 2
5 OLG Karlsruhe FamRZ 2000, 1437; OLG Zweibrücken FamRZ 2004, 1747, 1748; MüKo-BGB/*v. Sachsen Gessaphe*, § 1618 BGB Rn. 8
6 OLG Karlsruhe FamRZ 2000, 1437; BeckOK BGB/*Enders*, § 1618 BGB Rn. 3
7 OLG Karlsruhe FamRZ 2000, 1437
8 BeckOK BGB/*Enders*, § 1618 BGB Rn. 3.1
9 BeckOK BGB/*Enders*, § 1618 BGB Rn. 3; MüKo-BGB/*v. Sachsen Gessaphe*, § 1618 BGB Rn. 9
10 BeckOK BGB/*Enders*, § 1618 BGB Rn. 4; MüKo-BGB/*v. Sachsen Gessaphe*, § 1618 BGB Rn. 10
11 MüKo-BGB/*v. Sachsen Gessaphe*, § 1618 BGB Rn. 10; Staudinger/*Hilbig-Lugani*, § 1618 BGB Rn. 11
12 Vgl. OLG Zweibrücken NJW 2011, 3728, 3729 m.w.N.
13 BeckOK BGB/*Enders*, § 1618 BGB Rn. 4.1
14 BeckOK BGB/*Enders*, § 1618 BGB Rn. 4; MüKo-BGB/*v. Sachsen Gessaphe*, § 1618 BGB Rn. 10
15 OLG Zweibrücken NJW 2011, 3728 m.w.N.

6. Zustimmungserfordernis des anderen Elternteils oder gerichtliche Ersetzung

a. Zustimmung (Satz 3)

Für die Einbenennung ist die Zustimmung des anderen Elternteils notwendig, wenn   **8**

- ihm zusammen mit dem einbenennenden Elternteil das Recht zur Namensbestimmung zusteht, oder

- das Kind seinen Namen – im Zeitpunkt der Einbenennung[16] – führt (Namensidentität).

Die Zustimmung des anderen Elternteils wird in der Norm zwar als **Einwilligung** bezeichnet. Die Reihenfolge der Erklärungen ist aber irrelevant, so dass es sich hierbei nicht um eine Einwilligung i.S.d. § 183 Satz 1 BGB handelt. Die Zustimmung kann auch erst nach der Einbenennungserklärung abgegeben werden.[17]   **9**

Steht im Zeitpunkt der Einbenennung dem anderen Elternteil das **Recht zur Namensbestimmung** mit zu und können sich die Eltern über die Einbenennung nicht einigen, entscheidet das Familiengericht auf Grundlage des § 1618 Satz 4 BGB und nicht nach der allgemeinen Regelung für sorgerechtliche Konflikte nach § 1628 BGB.[18]   **10**

Eine **Namensidentität** besteht auch dann, wenn das Kind seinen Namen aus dem früheren Ehenamen der Eltern herleitet und der andere Elternteil diesen zusammen mit einem Begleitnamen als Doppelnamen fortführt.[19]   **11**

Ist der andere Elternteil **verstorben**, ist eine Zustimmung nicht erforderlich.[20] Bei lediglich **unbekanntem Aufenthalt** des anderen Elternteils entfällt die Erforderlichkeit der Zustimmung nicht. Der einbenennende Elternteil kann ggf. eine gerichtliche Entscheidung nach § 1674 Abs. 1 BGB herbeiführen, oder die Einwilligung kann ggf. nach § 1618 Satz 4 BGB gerichtlich ersetzt werden.[21] Ist der andere Elternteil **geschäftsunfähig**, führt das Kind aber seinen Namen, kann ein Betreuer mit dem entsprechenden Aufgabenkreis bestellt werden.[22]   **12**

b. Gerichtliche Ersetzung der Zustimmung (Satz 4)

aa. Erforderlichkeit

Die Zustimmung des anderen Elternteils kann ersetzt werden, wenn die Einbenennung zum Wohl des Kindes **erforderlich** ist. Die Voraussetzung ist **restriktiv** auszulegen, da die ggf. bereits gefährdete Verbundenheit des Kindes mit dem anderen Elternteil nicht weiter geschwächt werden soll,[23] die Möglichkeit besteht, dass auch die neue Familie scheitert,[24] und die Kontinuität der Namensführung auch ein wichtiger Kindesbelang ist.[25]   **13**

Daher kann die Zustimmung des anderen Elternteils erst dann ersetzt werden, wenn konkrete Umstände vorliegen, die das **Kindeswohl gefährden**, und wenn die Einbenennung daher unerlässlich ist, um Schäden von dem Kind abzuwenden.[26] Abzustellen ist darauf, inwieweit ein verständiger um sein Kind sorgender Elternteil angesichts der tatsächlichen   **14**

---

16 BT-Drucks. 13/4899, 92; AG Lübeck StAZ 2003, 143
17 BayObLG FamRZ 2000, 252, 253; BeckOK BGB/*Enders*, § 1618 BGB Rn. 7; MüKo-BGB/*v. Sachsen Gessaphe*, § 1618 BGB Rn. 20
18 OLG Rostock MDR 2007, 592, 593; MüKo-BGB/*v. Sachsen Gessaphe*, § 1618 BGB Rn. 18
19 MüKo-BGB/*v. Sachsen Gessaphe*, § 1618 BGB Rn. 17
20 OLG Stuttgart FamRZ 2001, 566, 567; OLG Frankfurt NJW-RR 2001, 1443; BayObLG FamRZ 2005, 388; MüKo-BGB/*v. Sachsen Gessaphe*, § 1618 BGB Rn. 27
21 Vgl. OLG Hamm FamRZ 2000, 695; BeckOK BGB/*Enders*, § 1618 BGB Rn. 5
22 BeckOK BGB/*Enders*, § 1618 BGB Rn. 5.1
23 Vgl. BGH FPR 2002, 267, 268
24 MüKo-BGB/*v. Sachsen Gessaphe*, § 1618 BGB Rn. 24; BeckOK BGB/*Enders*, § 1618 BGB Rn. 9.1
25 BGH NJW 2002, 300, 301
26 BGH FPR 2002, 267; NJW 2005, 1779, 1780

Probleme der gegenwärtigen Namensführung für das Kind seine Zustimmung nicht verweigern würde.[27] Bloße Unannehmlichkeiten in Folge der Namensverschiedenheit zur Familie des sorgeberechtigten Elternteils können die gedeihliche Entwicklung des Kindes nicht ernsthaft beeinflussen und vermögen daher die Erforderlichkeit einer Namensänderung nicht zu begründen.[28]

15   Auch der bloße **Wunsch des Kindes** oder des einbenennenden Elternteils und seines Ehegatten bzw. Lebenspartners, einen einheitlichen Familiennamen zu führen, reicht zur Ersetzung der Zustimmung des anderen Elternteils nicht aus.[29] Anders wird die Situation zu beurteilen sein, wenn das Kind durch die Namensdifferenz psychisch sehr belastet ist,[30] massive Angst vor dem anderen Elternteil aufgrund von Gewalterlebnissen hat[31] oder den anderen Elternteil massiv ablehnt.[32] Auf ein Verschulden des anderen Elternteils kommt es dabei nicht an.[33]

16   **Nicht ausreichend** ist ferner, wenn der andere Elternteil allein **Unterhaltszahlungen verweigert**,[34] derzeit zwischen dem Kind und dem anderen Elternteil **kein Kontakt** besteht[35] oder die **Umgangsbefugnis ausgeschlossen** ist.[36] Ebenso ist eine unterschiedliche Namensführung von **Halbgeschwistern** allein als Kriterium für eine Einbenennung nicht ausreichend.[37]

bb. Verfahren

17   Das Verfahren ist als **Antragsverfahren** ausgestaltet, welches durch den einbenennenden Elternteil eingeleitet werden kann.[38] Mit dem Antrag wird der Verfahrensgegenstand festgelegt, so dass bei einem Antrag auf Ersetzung des bisher vom Kind geführten Familiennamens (substituierende Namenserteilung) das Gericht den Antrag nicht in eine Ergänzung des bisher vom Kind geführten Familiennamens (additive Namenserteilung) umdeuten kann.[39]

18   **Sachlich** zuständig ist das Familiengericht, da es sich bei der Zustimmungsersetzung um eine Kindschaftssache nach § 151 Nr. 1 FamFG handelt (vgl. § 23 Abs. 1 Satz 1 GVG).[40] Die **örtliche** Zuständigkeit richtet sich nach § 152 FamFG. **Funktional** zuständig ist grundsätzlich der Rechtspfleger, da ein Richtervorbehalt nicht angeordnet ist (vgl. § 3 Nr. 2a, § 14 Abs. 1 Nr. 15 RPflG).[41] Haben beide Elternteile das Recht zur Namensbestimmung inne, ist der Familienrichter zuständig, da es sich inhaltlich um eine Meinungsverschiedenheit zwischen den Personensorgeberechtigten handelt (§ 14 Abs. 1 Nr. 5 RPflG).[42]

---

27 BGH NJW 2002, 300, 301; OLG Rostock FamRZ 2000, 695, 696; *Wagenitz* FamRZ 1998, 1545, 1552
28 BGH FPR 2002, 267; OLG Saarbrücken ZfJ 2000, 437, 438; vgl. *Wagenitz* FamRZ 1998, 1545, 1552
29 BGH FPR 2002, 267
30 Vgl. OLG Saarbrücken FamRZ 2014, 488, 489
31 BeckOK BGB/*Enders*, § 1618 BGB Rn. 11 m.w.N.
32 OLG Dresden FGPrax 2005, 26
33 BeckOK BGB/*Enders*, § 1618 BGB Rn. 11
34 OLG Brandenburg, Beschl. v. 10. Juni 2009 – 9 UF 110/08 (juris)
35 BGH FPR 2002, 267, 268
36 OLG Koblenz FamRZ 2009, 439
37 BGH FPR 2002, 411, 412
38 BeckOK BGB/*Enders*, § 1618 BGB Rn. 14; MüKo-BGB/*v. Sachsen Gessaphe*, § 1618 BGB Rn. 27; Staudinger/*Hilbig-Lugani*, § 1618 BGB Rn. 37
39 Dazu MüKo-BGB/*v. Sachsen Gessaphe*, § 1618 BGB Rn. 23, 27
40 MüKo-FamFG/*Heilmann*, § 151 FamFG Rn. 13; MüKo-BGB/*v. Sachsen Gessaphe*, § 1618 BGB Rn. 27
41 BGH NJW 2002, 300, 301
42 BeckOK BGB/*Enders*, § 1618 BGB Rn. 14

In dem gerichtlichen Verfahren sind **anzuhören**: 19

- das Kind, § 159 FamFG,

- die leiblichen Eltern, § 160 FamFG,

- die Verfahrensbeiständin bzw. der Verfahrensbeistand bei Bestellung, § 158 FamFG,

- das Jugendamt, § 162 Abs. 1 Satz 1 FamFG,

- ggf. der Stiefelternteil im Interesse der Sachaufklärung, vgl. § 26 FamFG.

Ist der Antrag des einbenennenden Elternteils bereits nach seinem tatsächlichen Vorbrin- 20
gen abzulehnen, kann auf die Anhörungen verzichtet werden.[43]

Als Rechtsmittel ist die Beschwerde nach §§ 58 ff. FamFG statthaft. 21

Beschwerdeberechtigt sind: 22

- der einbenennende Elternteil im Fall der Ablehnung der Ersetzung (§ 59 Abs. 2 FamFG); nicht das Kind,[44]

- der andere Elternteil im Fall der Ersetzung (§ 59 Abs. 1 FamFG); nicht das Kind, da die Einbenennung ohne die Einwilligung des über fünf Jahre alten Kindes nicht erfolgen kann.

Der Ehegatte bzw. Lebenspartner des einbenennenden Elternteils ist nicht beschwerdebe- 23
rechtigt, da sein Interesse nicht betroffen ist.[45]

7. Einwilligung des Kindes

Hat das einzubenennende Kind das fünfte Lebensjahr vollendet, muss es in die Einbenen- 24
nung einwilligen, § 1618 Satz 3 BGB. Kann das Kind die Erklärung nicht selber abgeben,
wird es durch den/die personensorgeberechtigte(n) Elternteil(e) vertreten. Die Bestellung
eines Ergänzungspflegers ist nicht erforderlich.[46] Eine gerichtliche Ersetzung der Einwilligung ist nicht möglich.[47]

II. Form und Wirksamkeit der Einbenennung

Die Einbenennung erfolgt durch **einseitige, empfangsbedürftige Willenserklärungen** 25
des

- einbenennenden Elternteils,

- des Ehegatten bzw. Lebenspartners des einbenennenden Elternteils,

- des anderen Elternteils, bei seinem Zustimmungserfordernis und wenn keine Ersetzung der Zustimmung vorliegt,

- des einzubenennenden Kindes, bei Vollendung des fünften Lebensjahrs,

gegenüber dem zuständigen Standesamt (§ 1618 Satz 6 i.V.m. § 1617c Satz 3 BGB), wenn
nicht für die Erteilung des Lebenspartnerschaftsnamens das jeweilige Landesrecht eine andere Behörde bestimmt (§ 23 Abs. 1 Satz 1, Satz 2, Abs. 2 Satz 1, Satz 2 LPartG).

Die Beteiligten müssen jeweils eine eigene Erklärung **höchstpersönlich** abgeben. Eine 26
Generalvollmacht für das Recht der Namensbestimmung[48] oder eine bloße Mitteilung des

---

43 BGH FPR 2002, 267
44 OLG Nürnberg FamRZ 2001, 49; MüKo-BGB/*v. Sachsen Gessaphe*, § 1618 BGB Rn. 27
45 OLG Brandenburg FamRZ 2002, 1059; BeckOK BGB/*Enders*, § 1618 BGB Rn. 16
46 Vgl. OLG Köln FamRZ 1999, 735, 736; OLG Karlsruhe FamRZ 2000, 1437, 1438
47 BeckOK BGB/*Enders*, § 1618 BGB Rn. 8; Staudinger/*Hilbig-Lugani*, § 1618 BGB Rn. 39
48 BeckOK BGB/*Enders*, § 1618 BGB Rn. 6.1

Jugendamts über die Zustimmung des Kindes[49] ist nicht möglich. Auf eine bestimmte Reihenfolge der Einbenennungserklärung oder Zustimmungserklärung kommt es nicht an.[50]

27 Ferner müssen die Erklärungen öffentlich beglaubigt werden, § 1618 Satz 5 BGB.

28 **Zuständig** für eine Beglaubigung sind:

- der Notar (§ 129 BGB) und

- der Standesbeamte (§ 45 Abs. 1 Satz 1 Nr. 6 PStG),

- das Gericht im Falle einer gerichtlich protokollierten Einwilligungserklärung im Rahmen eines Vergleichs in einem Ersetzungsverfahren, § 127a BGB.[51]

29 Die Einbenennung wird mit Zugang der Erklärungen beim zuständigen Standesamt wirksam, wenn zu diesem Zeitpunkt alle Voraussetzungen für die Einbenennung vorliegen. Die gerichtliche Ersetzungsentscheidung wird bereits mit Bekanntgabe an den einbenennenden Elternteil wirksam (§ 40 Abs. 1 FamFG). Das zuständige Standesamt ist verpflichtet, das Vorliegen der Voraussetzungen zu prüfen – damit auch die Frage, ob eine Zustimmung des anderen Elternteils notwendig ist. Hat das Familiengericht es abgelehnt, eine Zustimmung – mangels Erforderlichkeit – zu ersetzen, ist das Standesamt an diese Rechtsauffassung nicht gebunden, da der gerichtlichen Entscheidung insoweit keine materielle Rechtskraft zukommt.[52]

30 Mit wirksamer Einbenennung erhält das Kind für die Zukunft einen neuen Geburtsnamen; in das Geburtsregister ist eine entsprechende Folgebeurkundung aufzunehmen (§ 27 Abs. 3 Nr. 1 PStG i.V.m. § 1 Abs. 1 Satz 1 PStG).

§ 1618a bis § 1625 BGB

Von Abdruck und Kommentierung wird abgesehen.

---

49 OLG Köln FamRZ 1999, 735, 736
50 BayObLG FamRZ 2000, 252, 253; BeckOK BGB/*Enders*, § 1618 BGB Rn. 7, 19; MüKo-BGB/*v. Sachsen Gessaphe*, § 1618 BGB Rn. 20
51 BeckOK BGB/*Enders*, § 1618 BGB Rn. 18; MüKo-BGB/*v. Sachsen Gessaphe*, § 1618 BGB Rn. 14
52 BeckOK BGB/*Enders*, § 1618 BGB Rn. 19

Titel 5
Elterliche Sorge

§ 1626 BGB Elterliche Sorge, Grundsätze

(1) ¹Die Eltern haben die Pflicht und das Recht, für das minderjährige Kind zu sorgen (elterliche Sorge). ²Die elterliche Sorge umfasst die Sorge für die Person des Kindes (Personensorge) und das Vermögen des Kindes (Vermögenssorge).

(2) ¹Bei der Pflege und Erziehung berücksichtigen die Eltern die wachsende Fähigkeit und das wachsende Bedürfnis des Kindes zu selbständigem verantwortungsbewusstem Handeln. ²Sie besprechen mit dem Kind, soweit es nach dessen Entwicklungsstand angezeigt ist, Fragen der elterlichen Sorge und streben Einvernehmen an.

(3) Zum Wohl des Kindes gehört in der Regel der Umgang mit beiden Elternteilen. Gleiches gilt für den Umgang mit anderen Personen, zu denen das Kind Bindungen besitzt, wenn ihre Aufrechterhaltung für seine Entwicklung förderlich ist.

Übersicht

A. Allgemeines

Die Vorschrift räumt als eine einfachgesetzliche Ausgestaltung von Art. 6 Abs. 2 Satz 1 GG den Eltern den Vorrang bei der Pflege und Erziehung ihrer Kinder ein. Neben dem Schutz der Eltern vor staatlichen Eingriffen bei der Ausübung ihres Erziehungsrechts besteht zugleich die Pflicht zu dieser Tätigkeit.[1] Anders als in Art. 6 Abs. 2 Satz 1 GG hat der Gesetzgeber die Reihenfolge von „Recht" und „Pflicht" vertauscht, da dies der Lebenswirklichkeit entspreche, in der mit der elterlichen Sorge wesentlich mehr Pflichten als Rechte verbunden seien, und einer verbreiteten Tendenz entgegen gewirkt werden solle, den Begriff der „elterlichen Sorge" auf ein „Sorgerecht" zu verkürzen.[2] Die Eltern sind innerhalb ihres verfassungsrechtlich geschützten Erziehungsvorrangs frei in der Entscheidung darüber, wie sie ihr Kind pflegen und erziehen und damit ihrer Elternverantwortung nachkommen. Maßstab und Grenze ihrer Freiheit ist das Wohl des Kindes.[3]

1

Da das Kind ein Wesen mit Menschenwürde (Art. 1 Abs. 1 Satz 1 GG) und dem eigenen Recht auf Entfaltung seiner Persönlichkeit (Art. 2 Abs. 1 i.V.m. Art. 1 Abs. 1 GG) ist, sind Befugnisse, die die Menschenwürde und das allgemeine Persönlichkeitsrecht des Kindes gefährden oder vereiteln können, nicht vom Elternrecht erfasst und legitimieren den Staat zum Eingriff nach § 1666 BGB.[4] Sinn und Zweck der verfassungsrechtlichen und einfachgesetzlichen Einräumung eines Elternpflichtenrechts ist es, dem heranwachsenden Gesell-

2

---

1 Vgl. BVerfGE 56, 363, 381; 59, 360, 376
2 BT-Drucks. 13/4899, 93
3 Vgl. BVerfGE 56, 363, 381 f.; 72, 155, 172
4 Vgl. BVerfGE 59, 360, 377

schaftsmitglied zu ermöglichen, sich um seiner selbst willen nach dem Menschenbild des Grundgesetzes zu entwickeln, um selbständig von den in der Verfassung eingeräumten Rechten Gebrauch machen zu können.[5] Der Verfassung liegt die Vorstellung vom Menschen als einem geistig-sittlichen Wesen zugrunde, das darauf angelegt ist, in Freiheit sich selbst zu bestimmen und zu entfalten. Das Kind ist faktisch gesehen nicht von Geburt an der selbständige, eigenverantwortliche Mensch. Erst durch Inschutznahme und Hilfe kann sich das Kind zu einer reifen, der Selbstbestimmung fähigen, für sich selbst sorgenden Persönlichkeit und damit zu einem geistig-sittlichen Wesen entwickeln.[6] Das Elternpflichtenrecht ist damit auf das Kind und dessen Wohl ausgerichtet.[7] Das Kindeswohl ist bestimmend und hat den Vorrang vor jeglichen Elterninteressen.[8]

B. Inhalt der Norm

I. Elterliche Sorge (Abs. 1 Satz 1)

3   Nach der **Legaldefinition** haben die Eltern die Pflicht und das Recht, für ihr minderjähriges Kind zu sorgen. Die elterliche Sorge ist sowohl Schutz wie auch Fürsorge für das Kind.[9]

4   Die **Elternschaft** muss **rechtlich feststehen** – bei der Mutter nach § 1591 BGB, beim Vater nach § 1592 BGB, bei Adoptiveltern nach § 1754 BGB. Pflege- und Stiefeltern können nur einzelne Sorgebefugnisse erlangen (§ 1630 Abs. 3, § 1687b, § 1688 BGB). Gleiches gilt für den eingetragenen Lebenspartner, § 9 LPartG.

5   Die elterliche Sorge ist kein den Eltern gemeinschaftlich zustehendes Recht im Sinne einer Gesamthands- oder Bruchteilsgemeinschaft. Vielmehr begründet sie ein **subjektives Pflichtenrecht** jedes Elternteils gegenüber dem Kind.

6   Die elterliche Sorge ist ein **absolutes Recht** der Eltern i.S.v. § 823 Abs. 1 BGB („sonstiges Recht"). Dieser Charakter spiegelt sich konkret in der Regelung des § 1632 Abs. 1, Abs. 2 BGB wieder, die die Rechte der Eltern auf Herausgabe des Kindes und auf Bestimmung seines Umgangs mit Wirkung gegenüber jedermann ausstattet. Eine Haftung der Eltern Dritten gegenüber kommt nach § 832 BGB in Betracht, nicht aber nach § 823 Abs. 2 BGB i.V.m. §§ 1626 ff. BGB, da die elterliche Sorge den Interessen des Kindes, nicht aber Dritter dient.[10]

7   Das Recht der elterlichen Sorge ist wegen seines Pflichtgehalts grundsätzlich **unverzichtbar**[11] und als **höchstpersönliches Recht** nicht vererblich oder übertragbar.[12] Allerdings können die Eltern aufgrund gesetzlicher Vorschriften auf die Innehabung der elterlichen Sorge (teilweise) verzichten (z.B. § 1671 Abs. 1 Nr. 1, Abs. 2 Nr. 1 BGB) bzw. diese (teilweise) übertragen (z.B. § 1630 Abs. 3 BGB). Ebenso können die Eltern die elterliche Sorge durch formlosen Vertrag **der Ausübung nach übertragen** (z.B. bei der Dauer-Pflege oder der Internatserziehung). Derartige Abreden sind jederzeit frei widerruflich. Entgegenstehende Vereinbarungen sind nach § 138 Abs. 1 BGB nichtig. Darüber hinaus können die Eltern auch das **Jugendamt ermächtigen**, an ihrer Stelle für das Kind tätig zu werden (§§ 27 ff. SGB VIII).

8   Der **Zeitraum** der elterlichen Sorge beginnt mit der Vollendung der **Geburt des Kindes** (§ 1 BGB) und endet mit dem 18. Geburtstag des Kindes (§ 2 BGB) oder dessen Tod

---

5 BVerfGE 24, 119, 144; 56, 363, 384
6 BVerfGE 7, 198, 205; 24, 119, 144, 155
7 Vgl. BVerfGE 24, 119, 144; 56, 363, 383
8 Vgl. BVerfGE 37, 217, 252; 56, 363, 383; 68, 176, 188; 72, 155, 172; 79, 203, 210 f.; 99, 145, 156
9 MüKo-BGB/*Huber*, § 1626 BGB Rn. 6
10 BeckOK BGB/*Veit*, § 1626 BGB Rn. 3; Staudinger/*Peschel-Gutzeit*, § 1626 BGB Rn. 20
11 RGZ 60, 266, 268; Staudinger/*Peschel-Gutzeit*, § 1626 BGB Rn. 25
12 Staudinger/*Peschel-Gutzeit*, § 1626 BGB Rn. 24; BeckOK BGB/*Veit*, § 1626 BGB Rn. 4

(§ 1698b BGB). Eine **Vorwirkung** der elterlichen Sorge ist in § 1912 Abs. 2 BGB enthalten. Heiratet das minderjährige Kind, tritt eine Beschränkung der Personensorge ein (§ 1633 BGB).

Für jeden einzelnen **Elternteil endet** die elterliche Sorge mit: 9

- einer gerichtlichen Entscheidung nach §§ 1671, 1696 BGB,

- einer Entziehung nach § 1666 BGB,

- der Annahme des Kindes durch einen Dritten (§ 1755 BGB),

- einem dauernden Ruhen der elterlichen Sorge und einer Übertragung auf den Vater (§ 1678 BGB),

- dem Tod (§ 1680 Abs. 1 BGB),

- oder der Todeserklärung (§ 1681 Abs. 1, § 1680 Abs. 1 BGB).

Sind die Eltern bei Geburt des Kindes miteinander **verheiratet**, so steht ihnen die **ge-   10 meinsame elterliche Sorge** ab Geburt zu. Sind die Eltern bei Geburt des Kindes **nicht miteinander verheiratet**, enthalten die §§ 1626a bis 1626e BGB zusätzliche Voraussetzungen für die gemeinsame elterliche Sorge.

II. Inhalt der elterlichen Sorge (Abs. 1 Satz 2)

Die elterliche Sorge wird nach § 1626 Abs. 1 Satz 2 BGB in zwei Bereiche unterteilt: die   11 Personensorge und die Vermögenssorge.

1. Personensorge (Abs. 1 Satz 2 1. Alt.)

Personensorge ist die Förderung der Entwicklung des Kindes und die Erziehung zu einer   12 eigenverantwortlichen und gemeinschaftsfähigen Persönlichkeit (§ 1 SGB VIII). Zur Erreichung dessen gewährt die Personensorge den Eltern viele Einzelbefugnisse. Die **Personensorge umfasst** die **tatsächliche Sorge und gesetzliche Vertretung** des Kindes. Eine vollständige Aufzählung scheidet aus, da sich die Anforderungen an die Personensorge wie auch die Form ihrer Erfüllung je nach Alter, Bedürfnis und Entwicklungsstand des Kindes wie auch nach dem Leistungsvermögen der Eltern ständig wandeln.

▶ *Näher zu den Inhalten der Personensorge Fink, §§ 1631, 1632 BGB.*

Bedeutung erlangt die Abgrenzung der Inhalte der Personensorge, wenn die gesetzliche   13 Vertretung nach § 1629 Abs. 1 Satz 1 BGB und die tatsächliche Personensorge auseinanderfallen, wie bei einem beschränkt geschäftsfähigen Elternteil (§ 1673 Abs. 2 Satz 2 BGB) oder bei einem verheirateten Minderjährigen (§ 1633 BGB).

a. Tatsächliche Personensorge

Zum **Bereich** der tatsächlichen Personensorge gehört neben den in §§ 1631 bis 1632 BGB   14 geregelten Rechten und Pflichten insbesondere:

- die Erteilung des Vornamens (§§ 21 f. PStG) und Bestimmung des Nachnamens (§§ 1617 ff. BGB),[13]

- die Geburtsanzeige (§§ 18 f. PStG),

- die Einwilligung in ärztliche Behandlung für das Kind, soweit dieses nach seiner geistlichen und sittlichen Reife die Bedeutung des Eingriffs und seiner Gestattung nicht zu

---

13 BVerfG FamRZ 2002, 306, 308; FamRZ 2009, 294, 295; BayObLG FamRZ 2004, 1227, 1229

ermessen vermag;[14] nicht: Einwilligung in Organlebendspende nach dem Transplantationsgesetz (§ 8 Abs. 1 Nr. 1a TPG),

- die Entscheidung über die Beendigung lebenserhaltender Maßnahmen,[15]
- die Bestimmung über die religiöse Erziehung (§§ 1, 3 KErzG),
- der Schutz ungestörter sexueller Entwicklung,[16]
- die Entscheidung über die Veröffentlichung von Fotos des Kindes im Internet,[17]
- die Einwilligung in den Schwangerschaftsabbruch der Tochter, wenn diese die nötige Einsichtsfähigkeit nicht hat, andernfalls ist die Schwangere allein zuständig.[18]

b. Gesetzliche Vertretung

15 Zu der Vertretung des Kindes in Personensachen gehört **jede Rechtshandlung, die nach außen hin Rechtswirkungen in Bezug auf das Kind erzeugt**, und zwar nicht nur in privatrechtlichen, sondern auch in öffentlich-rechtlichen Rechtsbeziehungen.[19] Hierunter fallen auch Erklärungen und Handlungen, die keine Vertretung des Kindes i.S.d. §§ 164 ff. BGB und damit i.S.d. § 1629 BGB darstellen, weil das Gesetz sie den Eltern als Sorgerechtsinhaber oder einem sonstigen Sorgerechtsinhaber, bisweilen auch ohne diese Rechtsposition, zuweist, aber für und gegen das Kind in seinem persönlichen Bereich Rechtswirkungen entfalten.

16 Dazu gehören insbesondere:

- die Begründung und Aufgabe eines Wohnsitzes (§ 11 BGB),
- die Mitwirkung bei der Annahme als Kind (§ 1746, § 1750 Abs. 3 BGB) und bei deren Aufhebung (§§ 1762, 1760 BGB),
- die Anerkennung der Vaterschaft (§ 1592, § 1596 Abs. 1 BGB) bzw. Zustimmung zur Vaterschaft (§ 1592, § 1596 Abs. 2 BGB) und die Anfechtung der Vaterschaft (§ 1600a BGB),
- der Erwerb und der Verlust der deutschen Staatsangehörigkeit sowie die Option für diese (§§ 3, 5, 19 StAG),
- die Erfüllung öffentlich-rechtlicher Pflichten gegenüber Meldebehörden, Standesamt und Schule,
- die Anschließung des Kindes an die nachträgliche Namensänderung (§§ 1617b, 1617c BGB) und die Einbenennung (§ 1618 BGB),
- die Einwilligung in die Eheschließung (§ 1303 Abs. 3 BGB),
- die Zustimmungen nach §§ 107 ff. BGB,
- die Stellung eines Strafantrags (§ 77 Abs. 3 StGB),
- die Ausübung eines Zeugnisverweigerungsrechts im Gerichtsverfahren, wenn das Kind hierfür noch nicht die Verstandesreife besitzt (§ 52 Abs. 1 Nr. 3, Abs. 2 StPO; § 383 Abs. 1 Nr. 3 ZPO;[20] § 173 Satz 1 VwGO, § 46 Abs. 2 Satz 1 ArbGG, § 118 Abs. 1 Satz 1 SGG jeweils i.V.m. § 383 Abs. 1 Nr. 3 ZPO; das Gleiche dürfte bei § 84 Abs. 1

---

14 BGHZ 29, 33, 36 f.
15 OLG Brandenburg NJW 2000, 2361, 2362; OLG Hamm FamRZ 2007, 2098
16 BGH NStZ 1984, 164
17 AG Menden NJW 2010, 1614
18 Staudinger/*Peschel-Gutzeit*, § 1626 BGB Rn. 58
19 MüKo-BGB/*Huber*, § 1626 BGB Rn. 34
20 Vgl. OLG Frankfurt am Main MDR 1987, 151, 152

FGO i.V.m. § 101 Abs. 1 Satz 1 AO gelten[21]); bei einer Zustimmung begründet dies jedoch keine Aussagepflicht des Kindes.

2. Vermögenssorge (Abs. 1 Satz 2 2. Alt)

Die **Vermögenssorge** erfasst alle tatsächlichen und rechtlichen Maßnahmen, die darauf **17** gerichtet sind, das Vermögen des Kindes zu erhalten, zu verwerten und zu vermehren. Die Vermögenssorge umfasst das Recht, die zum Kindesvermögen gehörigen Sachen in Besitz zu nehmen. Die Eltern sind unmittelbare Besitzer und mitteln dem Kind kraft Vermögenssorge den Besitz. Für persönliche Sachen des Kindes gilt dies nicht, wenn bereits die Selbstbestimmung des Kindes kraft wachsender Selbstbestimmungsfähigkeit reicht. Auch die Vermögenssorge umfasst die tatsächliche Sorge und gesetzliche Vertretung des Kindes. Die Unterscheidung ist jedoch von geringer Bedeutung, da aufgrund des rechtsgeschäftlichen Zusammenhangs der meisten Vermögenssorgemaßnahmen grundsätzlich von einer gesetzlichen Vertretungshandlung auszugehen ist.[22]

Das der elterlichen Sorge unterliegende **Vermögen umfasst** das gesamte Vermögen des **18** Kindes, wie Anlagewerte (Grundbesitz, Wertpapiere, Kontoguthaben) und die daraus gezogenen Einkünfte, Renten sowie Einnahmen, die das Kind durch seine Arbeit erwirbt, sei es aus abhängiger Tätigkeit oder Ausbildung oder einem dem Kind nach § 112 BGB gestatteten selbständigen Betrieb eines Erwerbsgeschäfts.[23]

III. Leitbild (Abs. 2)

Das in § 1626 Abs. 2 BGB enthaltene Leitbild für die Eltern dient dazu, das Kind schritt- **19** weise auf die Selbständigkeit und das Verantwortungsbewusstsein vorzubereiten, die es bei Volljährigkeitseintritt erreicht haben soll. § 1626 Abs. 2 Satz 1 BGB konkretisiert die Pflicht zu Beistand und Rücksicht aus § 1618a BGB für das Verhalten der Eltern im Bereich der Personensorge und stellt systematisch eine Ausfüllung der in § 1631 Abs. 1 BGB geregelten Rechte und Pflichten dar. § 1626 Abs. 2 Satz 2 BGB gilt für den gesamten Bereich der elterlichen Sorge, also auch für die Vermögenssorge.

Die Vorschrift enthält **keine Rechtsfolgen** und keine Sanktionen. Sie ist aber immer dann **20** zu berücksichtigen, wenn aufgrund anderer Vorschriften Entscheidungen unter Berücksichtigung des Kindeswohls getroffen werden müssen (z.B. nach §§ 1666, 1671, 1684 BGB).[24]

1. Berücksichtigungsgebot (Abs. 2 Satz 1)

Die Eltern sollen die Fähigkeit und das Bedürfnis des Kindes zu selbständigem verantwor- **21** tungsbewusstem Handeln erkennen und dem bei der Pflege und Erziehung durch ein aktiv-förderndes Verhalten Rechnung tragen. Nur mit entsprechender Erziehung zur Eigenverantwortung kann das Kind die ihm durch das Gesetz mit fortschreitendem Alter gewährten Zuständigkeiten tatsächlich wahrnehmen bzw. berücksichtigen (z.B. Umgang mit Geld ab 7 Jahren (§§ 106, 107 BGB), Deliktsfähigkeit ab 7 Jahren (§ 828 BGB), Strafrechtsmündigkeit mit 14 Jahren (§ 1 Abs. 2, § 3 JGG)). Die Eltern sollen das Kind – je nach dessen Urteils- und Einsichtsfähigkeit – bei der Suche nach geeigneten Pflege- und Erziehungsmaßnahmen einbeziehen und den Kindeswillen berücksichtigen. Letztverantwortlich bleibt die Entscheidung jedoch bei den Eltern, die der Meinung des Kindes nicht folgen müssen.

---

21 Vgl. dazu implizit BFH, Beschl. v. 12.11.2012 – III B 186/11, Rn. 13 (juris)
22 MüKo-BGB/*Huber*, § 1626 BGB Rn. 55, 58 f.
23 MüKo-BGB/*Huber*, § 1626 BGB Rn. 56
24 MüKo-BGB/*Huber*, § 1626 BGB Rn. 61 f.

2. Einvernehmensgebot (Abs. 2 Satz 2)

22 Die Vorschrift gebietet den Eltern Gesprächsbereitschaft und das Bemühen um **Einvernehmen mit dem Kind**. Ziel des Gesprächs ist es, Verständnis und Einsicht des Kindes zu wecken. Dem Kind soll verdeutlicht werden, warum die Eltern welche Entscheidung anstreben. Nach Möglichkeit soll das Einvernehmen zum bewussten und gewollten Mitwirken gewonnen werden. Einvernehmen bedeutet dabei die tatsächliche Übereinstimmung oder die Zurückstellung der eigenen Meinung und das Nachgeben gegenüber der anderen. Das Einvernehmen bildet keinen Vertrag und erzeugt auch auf andere Weise keine rechtliche Bindung. Es können allein faktische Vertrautatbestände entstehen. Die Vorschrift entbindet die Eltern nicht von ihrer Elternverantwortung. Kommt kein Einvernehmen zustande, haben sie zu entscheiden. Auch eine einvernehmlich gefundene Lösung ist von den Eltern zu ändern, wenn dies das Kindeswohl gebietet.[25]

IV. Grundsatznorm zum Umgang des Kindes (Abs. 3)

23 Die Vorschrift enthält einen allgemeinen Grundsatz dahingehend, dass der Umgang mit den Eltern und anderen wichtigen Bezugspersonen in der Regel dem Kindeswohl dient.[26] Es soll klargestellt werden, dass der Umgang nicht lediglich eine Befriedigung von Elterninteressen ist, sondern insbesondere ein Interesse des Kindes.[27] Im Gegensatz zu § 1685 Abs. 2 BGB wird der Umgang mit anderen Personen **nicht** auf **„enge" Bezugspersonen** begrenzt.

24 Die Regelung ordnet zwar selbst **keine** konkrete **Rechtsfolge** an. Weder ergibt sich aus der Vorschrift ein Recht des Kindes auf Umgang, noch begründet die Vorschrift ein solches Recht für die Eltern bzw. andere wichtige Bezugspersonen. Konkrete Umgangsrechte und -pflichten ergeben sich allein aus den §§ 1684 ff. BGB.

§ 1626a BGB Elterliche Sorge nicht miteinander verheirateter Eltern; Sorgeerklärungen

(1) Sind die Eltern bei der Geburt des Kindes nicht miteinander verheiratet, so steht ihnen die elterliche Sorge gemeinsam zu,

1. wenn sie erklären, dass sie die Sorge gemeinsam übernehmen wollen (Sorgeerklärungen),

2. wenn sie einander heiraten oder

3. soweit ihnen das Familiengericht die elterliche Sorge gemeinsam überträgt.

(2) ¹Das Familiengericht überträgt gemäß Absatz 1 Nummer 3 auf Antrag eines Elternteils die elterliche Sorge oder einen Teil der elterlichen Sorge beiden Eltern gemeinsam, wenn die Übertragung dem Kindeswohl nicht widerspricht. ²Trägt der andere Elternteil keine Gründe vor, die der Übertragung der gemeinsamen elterlichen Sorge entgegenstehen können, und sind solche Gründe auch sonst nicht ersichtlich, wird vermutet, dass die gemeinsame elterliche Sorge dem Kindeswohl nicht widerspricht.

(3) Im Übrigen hat die Mutter die elterliche Sorge.

---

25 MüKo-BGB/*Huber*, § 1626 BGB Rn. 66
26 BT-Drucks. 13/4899, 93
27 MüKo-BGB/*Huber*, § 1626 BGB Rn. 67

Fink

Übersicht

A. Allgemeines

Die Vorschrift ist 2012 zur Neuregelung des Sorgerechts nicht miteinander verheirateter **1** Eltern geschaffen worden, nachdem das BVerfG die alte Regelung wegen Verstoßes gegen Art. 6 Abs. 2 GG für verfassungswidrig erklärt hatte.[1] Die ehemaligen Regelungen in § 1626a Abs. 1 Nr. 1, § 1672 Abs. 1 BGB a.F. verstießen gegen das Grundgesetz, da sie den Vater generell von der Sorgetragung für sein Kind ausschlossen, wenn die Mutter des Kindes ihre Zustimmung zur gemeinsamen Sorge mit dem Vater oder zu dessen Alleinsorge für das Kind verweigerte, ohne dass ihm die Möglichkeit eingeräumt war, gerichtlich überprüfen zu lassen, ob er aus Gründen des Kindeswohls an der elterlichen Sorge zu beteiligen oder ihm, auch in Abwägung seines Elternrechts mit dem der Mutter, die alleinige Sorge für das Kind zu übertragen war.[2] Der tragende Gesichtspunkt für diese Entscheidung war der Art. 6 Abs. 2 GG zugrunde liegende Schutz des Kindeswohls, an dem allein die Familiengerichte ihre Entscheidung ausrichten dürfen. Soweit elterliche Interessen in die Entscheidung einbezogen werden, darf das nur mit Blick auf ihre Wirkung für das Kindeswohl geschehen.[3]

B. Inhalt der Norm

§ 1626a BGB regelt, wem die elterliche Sorge zusteht, wenn die Eltern bei der Geburt des **2** Kindes nicht miteinander verheiratet sind. § 1626a Abs. 1 BGB nennt drei Fälle, in denen die elterliche Sorge beiden Eltern gemeinsam zusteht. Liegt keiner dieser Fälle vor, so weist § 1626a Abs. 3 BGB die elterliche Sorge der Mutter zu.

---

1 BVerfG FamRZ 2010, 1403 = ZKJ 2010, 371
2 BVerfG FamRZ 2010, 1403, 1404 f.
3 Dazu *Fink*, ZKJ 2011, 154, 157 f.

I. Voraussetzungen (Abs. 1 und 2)

3   **Übersicht: Voraussetzungen des § 1626a Abs. 1 BGB**

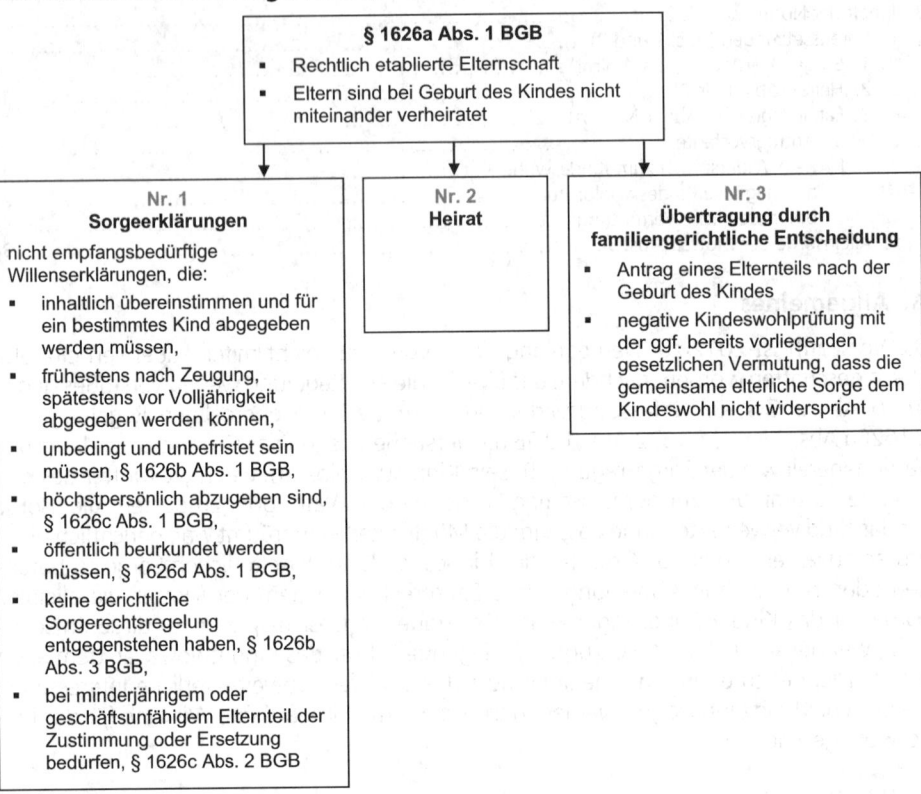

§ 1626a Abs. 1 BGB
- Rechtlich etablierte Elternschaft
- Eltern sind bei Geburt des Kindes nicht miteinander verheiratet

Nr. 1 Sorgeerklärungen

nicht empfangsbedürftige Willenserklärungen, die:
- inhaltlich übereinstimmen und für ein bestimmtes Kind abgegeben werden müssen,
- frühestens nach Zeugung, spätestens vor Volljährigkeit abgegeben werden können,
- unbedingt und unbefristet sein müssen, § 1626b Abs. 1 BGB,
- höchstpersönlich abzugeben sind, § 1626c Abs. 1 BGB,
- öffentlich beurkundet werden müssen, § 1626d Abs. 1 BGB,
- keine gerichtliche Sorgerechtsregelung entgegenstehen haben, § 1626b Abs. 3 BGB,
- bei minderjährigem oder geschäftsunfähigem Elternteil der Zustimmung oder Ersetzung bedürfen, § 1626c Abs. 2 BGB

Nr. 2 Heirat

Nr. 3 Übertragung durch familiengerichtliche Entscheidung
- Antrag eines Elternteils nach der Geburt des Kindes
- negative Kindeswohlprüfung mit der ggf. bereits vorliegenden gesetzlichen Vermutung, dass die gemeinsame elterliche Sorge dem Kindeswohl nicht widerspricht

4   Die **Elternschaft** beider Teile muss rechtlich feststehen – bei der Mutter nach § 1591 BGB, beim Vater nach § 1592 Nr. 2 oder Nr. 3 BGB. Eine nachgewiesene biologische Vaterschaft allein reicht nicht aus.[4] Jedoch kommt es für die Begründung der gemeinsamen elterlichen Sorge durch Sorgeerklärungen oder Heirat nicht auf die Reihenfolge von Vaterschaftsanerkennung bzw. -feststellung und Sorgeerklärungen oder Heirat der Eltern an. Eine zuvor abgegebene Sorgeerklärung steht unter der Rechtsbedingung der Vaterschaftsanerkennung bzw. -feststellung; sie ist schwebend unwirksam.[5]

5   Eine zum Zeitpunkt der Geburt des Kindes **fehlende eheliche Bindung** der Eltern liegt vor, wenn beide Elternteile nicht miteinander verheiratet sind, eine Eheschließung nicht wirksam ist oder eine Ehe mit Rechtskraft eines Beschlusses aufgelöst ist (§ 1313 Satz 2 i.V.m. § 1564 Satz 2 BGB). Eine eheliche Bindung mit einer dritten Person ist irrelevant.[6]

1. Sorgeerklärungen (Abs. 1 Nr. 1)

6   Mit der Abgabe der Sorgeerklärungen äußern die Eltern ihren Willen, die elterliche Sorge über ein Kind gemeinsam auszuüben. Die Erklärungen können **nur** die **gesamte elterli-**

---

4   BT-Drucks. 17/11048, 16 f.; BGH FamRZ 2004, 802, 803; OLG Frankfurt, FamRZ 2012, 1735
5   BGH FamRZ 2004, 802, 803; Staudinger/*Coester*, § 1626a BGB Rn. 16, 40
6   BT-Drucks. 13/4899, 59

che Sorge umfassen. Eine nur auf Teilbereiche der elterlichen Sorge beschränkte Abgabe ist nicht möglich.[7]

Sorgeerklärungen sind **einseitige, nicht empfangsbedürftige** rechtsgeschäftsähnliche **7** **Willenserklärungen.** Sie können von den Eltern zu verschiedenen Zeitpunkten, an verschiedenen Orten und vor verschiedenen Urkundsstellen abgegeben werden.[8] Die Mutter und der Vater müssen jeweils eine eigene Erklärung **höchstpersönlich** abgeben. Die Erklärungen müssen **inhaltlich übereinstimmen**, ohne dass es auf eine wörtliche Identität ankommt. Sie müssen sich auf ein bestimmtes Kind beziehen, eine pauschale Bezeichnung („alle unsere gemeinsamen Kinder") genügt nicht (anders bei vorgeburtlichen Sorgeerklärungen, siehe § 1626b BGB Rn. 7). Ausreichend ist aber, wenn in der Sorgeerklärung die Kinder namentlich einzeln benannt werden. Ein Zwang zur einheitlichen Entscheidung für alle gemeinsamen Kinder besteht nicht.[9]

Die Rechtsfolge des gemeinsamen Sorgerechts wird ausgelöst, wenn die zweite Sorgeer- **8** klärung wirksam abgegeben wurde. Bis zum Wirksamwerden der zweiten Sorgeerklärung kann die bereits abgegebene Erklärung widerrufen werden. Eine Zustimmung des Kindes ist gesetzlich nicht vorgesehen. Ebenso wenig eine Kindeswohlprüfung.[10] Eine Kindeswohlprüfung findet aber dann statt, wenn die Sorgeerklärungen im Erörterungstermin zur Niederschrift des Gerichts nach § 155a Abs. 1 FamFG abgegeben werden.[11]

Der **Zeitraum**, innerhalb dessen die Eltern Sorgeerklärungen abgeben können, beginnt **9** mit der **Zeugung des Kindes** und endet mit dem 18. Geburtstag des Kindes (§ 2, § 1626 Abs. 1 Satz 1 BGB) oder dessen Tod (§ 1698b BGB).

Zu berücksichtigen sind zur Zeit der Sorgeerklärungen bestehende **sorgerechtliche Dis-** **10** **qualifikationen** auf Seiten eines bzw. beider Elternteile. Ist die Mutter minderjährig, übt sie gemeinsam mit dem Vater (statt neben dem Vormund) die Personensorge aus (§ 1673 Abs. 2 BGB). Ist der Vater minderjährig, erwirbt er die in § 1673 Abs. 2 BGB umschriebene Sorgerechtsstellung. Sind beide Elternteile minderjährig, erwerben beide die Sorgerechtsstellung nach § 1673 Abs. 2 BGB. Liegt ein gerichtlicher Sorgerechtseingriff bei der Mutter nach § 1666 BGB vor, kann nur der noch bei der Mutter verbliebene Sorgerechtsteil zur gemeinsamen Sorge werden.[12]

2. Heirat (Abs. 1 Nr. 2)

Die Eltern erlangen durch die Entstehung des rechtlichen Ehebandes (§§ 1310, 1311 BGB) **11** nach der Geburt des Kindes grundsätzlich die gemeinsame elterliche Sorge. Bei einer Heirat im Ausland entscheidet das nach Art. 11, 13 EGBGB maßgebliche Recht über den Ehebeginn – auf eine Anerkennung der Eheschließung in Deutschland kommt es nicht an.

Bestand vor der Heirat eine gemeinsame elterliche Sorge durch die Abgabe von Sorgeer- **12** klärungen nach § 1626a Abs. 1 Nr. 1 BGB, werden die Sorgeerklärungen nicht hinfällig, sondern nur als Grundlage des gemeinsamen Sorgerechts von der Ehe als vorrangigem Erwerbsgrund überlagert. Grundlage des gemeinsamen Sorgerechts ist fortan § 1626a Abs. 1 Nr. 2 BGB, so dass für spätere Änderungen § 1671 BGB und nicht § 1696 Abs. 1 BGB einschlägig ist.

---

7 BT-Drucks. 17/11048, 30; BGH FamRZ 2008, 251, 255; OLG Nürnberg ZKJ 2014, 201, 204; a.A. Staudinger/ *Coester*, § 1626a BGB Rn. 60
8 BT-Drucks. 13/4899, 93
9 Staudinger/*Coester*, § 1626a BGB Rn. 57 f.
10 BT-Drucks. 13/4899, 59
11 Vgl. BeckOK BGB/*Veit*, § 1626a BGB Rn. 15.2
12 Staudinger/*Coester*, § 1626a BGB Rn. 70 ff.

13   Wurde vor der Heirat die elterliche Sorge oder ein Teil der elterlichen Sorge nach § 1671 Abs. 2 BGB auf den Kindesvater übertragen, tritt durch die Heirat das gemeinsame Sorgerecht an die Stelle der bisherigen Alleinsorge. Eine Änderungsentscheidung nach § 1696 Abs. 1 BGB ist nicht erforderlich.

14   Anders verhält es sich bei sogenannten **kinderschutzrechtlichen Disqualifikationen** auf Seiten eines bzw. beider Elternteile:

15   Liegt in der Person des **bisher nichtsorgeberechtigten Elternteils** ein gesetzlicher Disqualifikationsgrund (Geschäftsunfähigkeit, § 1673 Abs. 1 BGB, oder tatsächliche Verhinderung, § 1674 Abs. 1 BGB) vor, erwirbt er durch die Eheschließung mit dem anderen Elternteil die elterliche Sorge nur insoweit, wie es das Gesetz bei derartigen Defiziten allgemein gestattet.[13]

16   Liegt in der Person des **bisher alleinsorgeberechtigten Elternteils** ein gesetzlicher Disqualifikationsgrund (Geschäftsunfähigkeit, § 1673 Abs. 1 BGB, oder tatsächliche Verhinderung, § 1674 Abs. 1 BGB) oder ein gerichtlicher Sorgerechtseingriff (§ 1666 BGB) vor, werden diese durch die Heirat nicht berührt bzw. nicht automatisch gegenstandslos. Sie bestehen grundsätzlich bis zum Wegfall nach den allgemeinen Regeln fort bzw. bedürfen einer gerichtlichen Aufhebung nach § 1696 Abs. 2 BGB.[14]

17   Anders verhält es sich nur beim minderjährigen Elternteil: Musste dieser vor der Heirat die elterliche Sorge mit einem Vormund teilen (mit Entscheidungsvorrang in Personensorgefragen, § 1673 Abs. 2 Satz 3, 1. HS BGB), teilt er sich diese nach der Heirat mit dem anderen Elternteil (unter Wegfall des Entscheidungsvorrangs, § 1673 Abs. 2 Satz 3, 2. HS BGB).[15]

18   Heiraten die Eltern erst nach eingetretener Disqualifikation des bisher alleinsorgeberechtigten Elternteils, erlangt der hinzutretende Elternteil nicht originär das volle elterliche Sorgerecht, sondern nur den Teil des Sorgerechts, der dem bisher alleinsorgeberechtigten Elternteil nicht entzogen ist.[16]

3. Familiengericht (Abs. 1 Nr. 3, Abs. 2)

19   Eine Übertragung der **gemeinsamen elterlichen Sorge oder von Teilen davon** durch das Familiengericht erfolgt unter den materiell-rechtlichen Voraussetzungen des § 1626a Abs. 2 BGB. Das Verfahren dazu ist in § 155a FamFG geregelt (hierzu *Fink*, § 155a FamFG).

20   **Voraussetzungen** für die gerichtliche Übertragung der gemeinsamen elterlichen Sorge oder von Teilen davon sind:

•   der Antrag eines Elternteils nach der Geburt des Kindes,

•   die negative Kindeswohlprüfung mit der ggf. bereits vorliegenden gesetzlichen Vermutung, dass die gemeinsame elterliche Sorge dem Kindeswohl nicht widerspricht.

a) Antragsverfahren

21   Das Verfahren zur Übertragung der gemeinsamen elterlichen Sorge oder von Teilen davon ist als **Antragsverfahren** ausgestaltet und erfolgt nur auf Antrag der Mutter oder des (rechtlichen) Vaters.

22   Der **Zeitraum**, innerhalb dessen die Eltern den Antrag stellen können, beginnt **nach der Geburt** des Kindes und endet mit dem 18. Geburtstag des Kindes (§ 2, § 1626 Abs. 1 Satz 1 BGB) oder dessen Tod (§ 1698b BGB).

---

13 Staudinger/*Coester*, § 1626a BGB Rn. 21
14 Staudinger/*Coester*, § 1626a BGB Rn. 25
15 Staudinger/*Coester*, § 1626a BGB Rn. 25
16 Staudinger/*Coester*, § 1626a BGB Rn. 26

Der Antrag muss auf **Übertragung der elterlichen Sorge oder von Teilen** davon gerichtet sein und das **Geburtsdatum und** den **Geburtsort** des Kindes enthalten (§ 155a Abs. 1 Satz 2 FamFG). Die Angabe des Geburtsdatums ermöglicht dem Gericht, die Frist zur Stellungnahme festzulegen, die für die Mutter frühestens sechs Wochen nach der Geburt des Kindes endet (§ 155a Abs. 2 Satz 2 FamFG). Der Antrag bedarf **keiner Begründung.**[17]

23

Es ist auch **nicht erforderlich**, dass der antragstellende Elternteil zuvor eine **Sorgeerklärung** abgegeben[18] oder von dem **Beratungsangebot** des Jugendamts nach § 18 Abs. 2 SGB VIII Gebrauch gemacht hat.[19]

24

Ist der antragstellende Elternteil bedürftig, kann er um Bewilligung von **Verfahrenskostenhilfe** nachsuchen, wenn die beabsichtigte Rechtsverfolgung nicht mutwillig ist (§ 76 Abs. 1 FamFG i.V.m. § 114 ZPO). Die Frage der Erfolgsaussicht ist – mangels Begründungs- und vorheriger Beratungspflicht – großzügig zu behandeln. Ob die Beiordnung eines Rechtsanwalts wegen der Schwierigkeit der Sach- und Rechtslage erforderlich erscheint (§ 78 Abs. 2 FamFG), hängt vom Einzelfall ab.[20]

25

b) Kein Widerspruch zum Kindeswohl

Das Familiengericht überträgt den Eltern die elterliche Sorge oder Teile davon gemeinsam, wenn dies dem **Kindeswohl nicht widerspricht**. Damit wird keine positive Feststellung verlangt, sondern es genügt eine negative Kindeswohlprüfung. Die Prüfung wird ggf. entbehrlich, wenn die gesetzliche Vermutung greift, dass die gemeinsame elterliche Sorge dem Kindeswohl nicht widerspricht. Das soll dann der Fall sein, wenn keine Gründe gegen die gemeinsame Sorge vorgetragen werden und auch sonst nicht ersichtlich sind.

26

aa) negative Kindeswohlprüfung

Mit der negativen Kindeswohlprüfung soll nach dem Regierungsentwurf zur Sorgerechtsreform 2012 ein „neues Leitbild" begründet werden, dem zufolge die gemeinsame elterliche Sorge grundsätzlich den Bedürfnissen des Kindes nach Beziehungen zu beiden Elternteilen entspricht und beide Elternteile gleichermaßen bereit sind, für das Kind Verantwortung zu tragen. Es entspricht danach dem Kindeswohl, wenn das Kind in dem Bewusstsein lebt, dass beide Eltern für das Kind Verantwortung tragen, und wenn es seine Eltern in wichtigen Entscheidungen für sein Leben als gleichberechtigt erlebt. Andererseits bedarf es für eine gemeinsame Sorgetragung einer Kooperationswilligkeit und Kooperationsfähigkeit der Eltern.[21]

27

Gründe, die der Übertragung der gemeinsamen elterlichen Sorge entgegenstehen können, müssen **kindeswohlgetragen** sein.[22] Rein paarbezogene Gründe genügen nicht, soweit sie sich nicht auf das Kindeswohl auswirken. Denn beide Elternteile sind aufgerufen zu lernen, ihre persönlichen Konflikte, die auf der Paarebene zwischen ihnen bestehen mögen, beiseite zu lassen und um des Kindeswohls willen sachlich und, soweit das Kind betroffen ist, konstruktiv miteinander umzugehen. Sie sind gehalten, sich um des Kindes willen, notfalls unter Inanspruchnahme fachkundiger Hilfe von außen, um eine angemessene Kommunikation zu bemühen.[23]

28

---

17 BeckOK BGB/*Veit*, § 1626a BGB Rn. 19
18 BT-Drucks. 17/11048, 16; *Heilmann*, NJW 2013, 1473, 1475
19 BeckOK BGB/*Veit*, § 1626a BGB Rn. 23
20 *Heilmann*, NJW 2012, 887, 890 m.w.N.
21 BT-Drucks. 17/11048, 12, 17 unter Bezugnahme auf BVerfGE 107, 150, 155
22 BT-Drucks. 17/11048, 18
23 BT-Drucks. 17/11048, 17

29   **Kindeswohlgetragene Gründe** können sein:

- eine fehlende tragfähige soziale Beziehung zwischen den Eltern,[24]

- ein fehlendes Mindestmaß an Übereinstimmung zwischen den Eltern,[25]

- ein fehlendes Mindestmaß an Kooperationsbereitschaft und -fähigkeit,[26]

- eine schwerwiegende und nachhaltige Kommunikationsstörung, die eine gemeinsame Entscheidungsfindung unmöglich macht und das Kind erheblich belastet,[27]

- mangelnde Erziehungseignung eines Elternteils,[28]

- solche, die nach § 1666 BGB zum Entzug der elterlichen Sorge führen würden, wie Gewalt zwischen den Eltern, Missbrauch des Kindes, schwere Sucht- oder psychische Erkrankungen,[29]

- der Kindeswille.[30]

30   **Nicht ausreichend** sind allein:

- die ablehnende Haltung eines Elternteils,[31]

- der pauschale Vortrag der Mutter, sie könne nicht mit dem Vater sprechen, und sie beide hätten völlig unterschiedliche Wertvorstellungen,[32]

- abstrakt und allgemein gehaltene Befindlichkeiten der Mutter, wie diejenige, sie wolle lieber auch in Zukunft allein entscheiden,[33]

- der Vortrag eines Elternteils, es bestehe keine Notwendigkeit für eine gemeinsame Sorgetragung, weil der andere Elternteil bereits mit Vollmachten ausgestattet sei und in naher Zukunft keine wichtigen Entscheidungen anstünden,[34]

- bestehende Kommunikationsschwierigkeiten zwischen den Eltern, auch wenn sie bereits manifest geworden sind,[35]

- ein fehlendes Zusammenleben der Eltern,[36]

- eine bloße Äußerung eines Verdachts der Mutter auf sexuellen Missbrauch des Kindes durch den Vater.[37]

31   **Indizien für** eine gelingende **gemeinsame elterliche Sorgetragung** sind:

- längeres Zusammenleben der Eltern,[38]

- Verständigung der Eltern über wesentliche Angelegenheiten, die das Kind betreffen, wie Umgang oder Unterhalt,[39]

---

24 KG FamRZ 2013, 1409, 1410; OLG Frankfurt ZKJ 2014, 123, 124; OLG Schleswig ZKJ 2014, 390, 392
25 OLG Frankfurt ZKJ 2014, 123, 124; OLG Schleswig ZKJ 2014, 390, 392; OLG Koblenz FamRZ 2014, 1855, 1856
26 BT-Drucks. 17/11048, 17; KG FamRZ 2014, 1375, 1376; OLG Koblenz FamRZ 2014, 1855
27 BT-Drucks. 17/11048, 17
28 KG ZKJ 2010, 222, 224
29 BeckOK BGB/*Veit*, § 1626a BGB Rn. 35
30 OLG Hamm FamRZ 2012, 560, 561; a.A. KG FamRZ 2014, 1375, 1376
31 BVerfG FamRZ 2010, 1403, 1408; KG FamRZ 2013, 635, 636
32 BT-Drucks. 17/11048, 18
33 BT-Drucks. 17/11048, 18
34 BT-Drucks. 17/11048, 18
35 BT-Drucks. 17/11048, 17
36 Vgl. BVerfG FamRZ 2010, 1403 ff.
37 OLG Dresden FamRZ 2013, 1747
38 BT-Drucks. 17/11048, 18
39 OLG München FamRZ 2013, 1747; OLG Nürnberg FamRZ 2014, 571, 572

- ausschließlicher Streit der Eltern über den Umgang und das Aufenthaltsbestimmungsrecht, im Übrigen bestehende Kommunikationsbereitschaft und -fähigkeit über die wesentlichen Angelegenheiten der Kinderbetreuung und -erziehung.[40]

bb) gesetzliche Vermutung

Werden keine Gründe gegen die gemeinsame Sorge vorgetragen und sind solche Gründe auch sonst nicht ersichtlich, greift die gesetzliche Vermutung, dass die gemeinsame elterliche Sorge dem Kindeswohl nicht widerspricht. Die Regelung soll den in Kindschaftssachen geltenden **Amtsermittlungsgrundsatz** einschränken und es dem Gericht ermöglichen, die gemeinsame Sorge ohne weitere Amtsermittlung allein auf Grundlage des Beteiligtenvortrags und unter Berücksichtigung der dem Gericht auf sonstige Weise bereits bekannten Tatsachen zuzusprechen. Dem Elternteil, der die gemeinsame Sorge ablehnt, obliegt die **Darlegungslast**, konkrete Anhaltspunkte darzutun, dass sich die gemeinsame Sorge negativ auf das Kind auswirken würde.[41] Sind dem Gericht – unabhängig von dem Vortrag der Eltern – **sonstige Gründe im Sinne von § 1626a Abs. 2 Satz 2 BGB ersichtlich**, die der Übertragung der gemeinsamen Sorge entgegenstehen können, muss es ihnen nachgehen. Dabei ist das Tatbestandmerkmal weit zu interpretieren.[42] Der Amtsermittlungsgrundsatz gilt dann (wieder) uneingeschränkt.

32

Die gesetzliche **Vermutungsregelung** kommt jedoch unter Berücksichtigung folgender – auch verfassungsrechtlicher – Aspekte **nicht zur Anwendung**[43] bzw. muss behutsam angewandt werden:[44]

33

- für jede am Kindeswohl orientierte Entscheidung benötigt das Gericht eine möglichst zuverlässige Grundlage[45] – der Antrag bedarf jedoch einerseits keiner Begründung, andererseits kann es unterschiedlichste Gründe geben, warum sich ein Elternteil zum Antrag des anderen nicht oder nur unzureichend äußert, z.B. aufgrund Gewalt oder Drohung des Antragstellers oder aufgrund eines illegalen Aufenthaltsstatus;[46]

- mangels Vortrags könnte die gemeinsame Sorge auch dann begründet werden, wenn objektiv betrachtet ein Mindestmaß an Kooperationswilligkeit und Kooperationsfähigkeit der Eltern fehlt – das widerspräche aber dem Kindeswohl;[47]

- das Schweigen im Rechtsverkehr gilt nur unter ganz engen Voraussetzungen als Zustimmung – wer schweigt, setzt im Allgemeinen keinen Erklärungstatbestand, er bringt weder Zustimmung noch Ablehnung zum Ausdruck;[48]

- das Kind ist in Kindschaftssachen grundsätzlich ab dem dritten Lebensjahr persönlich anzuhören;[49]

- im Einzelfall kann fraglich sein, ob der Vortrag eines Elternteils tatsächlich keine kindeswohlgetragenen Gründe enthält oder ob doch Gründe ersichtlich sind, die – jedenfalls im Ansatz – im Bezug zum gemeinsamen Kind, zum Eltern-Kind-Verhältnis und/oder konkret zum Verhältnis der beteiligten Eltern und somit im Zusammenhang mit der Einrichtung des Sorgerechts stehen können;[50]

---

40 OLG Köln FamRZ 2012, 1882; OLG Schleswig ZKJ 2014, 390, 392; a.A. *Salgo*, FamRZ 1996, 449, 452
41 BT-Drucks. 17/11048, 17 f.
42 *Huber/Antomo*, FamRZ 2013, 665, 670; BeckOK BGB/*Veit*, § 1626a BGB Rn. 47
43 *Fink/Bitter*, ZKJ 2010, 172, 174
44 OLG Frankfurt ZKJ 2014, 123, 124; *Heilmann*, NJW 2013, 1473, 1475; *Dürbeck*, ZKJ 2013, 330, 333
45 BVerfGE 55, 171, 182
46 *Salgo*, FPR 2012, 409, 410
47 Vgl. BT-Drucks. 17/11048, 12, 17, unter Bezugnahme auf BVerfGE 107, 150, 155
48 BGH NJW 2002, 3629, 3630; *Salgo*, FPR 2012, 409, 410
49 BVerfG FamRZ 2007, 1078, 1079; *Fink/Bitter*, ZKJ 2010, 172, 174
50 OLG Karlsruhe ZKJ 2014, 446, 448

- ebenfalls muss sorgfältig geprüft werden, welche Anforderungen an den Vortrag des darlegungspflichtigen Elternteils überhaupt gestellt werden dürfen, unter Berücksichtigung evtl. bestehender Verständigungs- oder Sprachschwierigkeiten und des sprachlichen Ausdrucksvermögens;[51]

- die bestehende körperliche und psychische Verfassung der Mutter kurz nach der Geburt des Kindes ist ebenso zu berücksichtigen

- wie eine fehlende Rechtskenntnis der Beteiligten;

- das Gericht soll in jeder Lage des Verfahrens auf eine einvernehmliche Lösung zwischen den Eltern hinwirken, vgl. § 156 FamFG;[52]

- die Ursachen der Uneinigkeit der Eltern über die Sorgetragung für das Kind und – damit verbunden – mögliche kinderschutzrelevante Aspekte bleiben bei Anwendung der Vermutungsregelung grundsätzlich unerkannt;[53]

- bei allen Maßnahmen, die Kinder betreffen, ist das Wohl des Kindes ein Gesichtspunkt, der vorrangig zu berücksichtigen ist, vgl. Art. 3 Abs. 1 Übereinkommen über die Rechte des Kindes.

II. Alleinsorge der Mutter (Abs. 3)

34 Mit der Geburt des Kindes erlangt die Mutter die **Alleinsorge**, es sei denn, es wurden vorgeburtliche Sorgeerklärungen (§ 1626b Abs. 2 BGB) abgegeben.

35 Die **Alleinsorge** der Mutter **endet** mit:

- dem 18. Geburtstag des Kindes (§ 2, § 1626 Abs. 1 Satz 1 BGB) oder dessen Tod (§ 1698b BGB),

- der Abgabe von Sorgeerklärungen (§ 1626a Abs. 1 Nr. 1 BGB),

- Heirat (§ 1626a Abs. 1 Nr. 2 BGB),

- einer gerichtlichen Entscheidung nach § 1626a Abs. 1 Nr. 3, Abs. 2 BGB oder § 1671 Abs. 2 BGB,

- einer Entziehung nach § 1666 BGB,

- einem dauernden Ruhen der elterlichen Sorge und einer Übertragung auf den Vater (§ 1678 Abs. 2 BGB),

- der Annahme des Kindes durch einen Dritten (§ 1755 BGB),

- dem Tod der Mutter (§ 1680 Abs. 1 BGB),

- oder der Todeserklärung der Mutter (§ 1681 Abs. 1, § 1680 Abs. 1 BGB).

§ 1626b BGB Besondere Wirksamkeitsvoraussetzungen der Sorgeerklärung

(1) Eine Sorgeerklärung unter einer Bedingung oder einer Zeitbestimmung ist unwirksam.

(2) Die Sorgeerklärung kann schon vor der Geburt des Kindes abgegeben werden.

(3) Eine Sorgeerklärung ist unwirksam, soweit eine gerichtliche Entscheidung über die elterliche Sorge nach den § 1626a Absatz 1 Nummer 3 oder § 1671 getroffen oder eine solche Entscheidung nach § 1696 Absatz 1 Satz 1 geändert wurde.

---

51 *Huber/Antomo*, FamRZ 2013, 665, 669; *Dürbeck*, ZKJ 2013, 330, 333
52 Dazu *Salgo*, FPR 2012, 409, 410
53 BeckOK BGB/*Veit*, § 1626a BGB Rn. 43 m.w.N.

A. Allgemeines

Die Norm stellt besondere Voraussetzungen an die Wirksamkeit der Sorgeerklärungen der Eltern.   **1**

B. Inhalt der Norm

I. Bedingung, Befristung (Abs. 1)

Die Sorgeerklärung darf zum Wohl des Kindes nicht unter eine **Bedingung** im Sinne der §§ 158-162 BGB gestellt werden. Eine bedingte Sorgeerklärung ist insgesamt unwirksam, nicht nur der Bedingungsteil der Erklärung.[1] Ausgenommen sind Rechtsbedingungen wie die Zustimmung des gesetzlichen Vertreters nach § 1626c Abs. 2 BGB oder, dass eine anderweitig bestehende Vaterschaft durch Anfechtung beseitigt wird.   **2**

Unzulässige Bedingungen sind: **3**

• solche, die an die Ausgestaltung der elterlichen Sorge geknüpft sind,

• Formulierungen wie: „wenn ich wirklich der Vater bin",

• Formulierungen wie: „wenn und solange der Mutter die tatsächliche Betreuung des Kindes verbleibt".[2]

Den Eltern ist es aber unbenommen, weitere Vereinbarungen über die Ausgestaltung ihres Verhältnisses und der Sorgerechtsausübung aufzunehmen, wenn diese Abreden nicht in einem Bedingungszusammenhang mit den Sorgeerklärungen selbst gestellt werden. Aus Sicherheitsgründen ist es dann ratsam, eine „Unabhängigkeitsklausel" in die Erklärung mit aufzunehmen, aus der die strikte Trennung beider Elemente hervorgeht.[3]   **4**

Die Wirkung der Sorgeerklärung darf auch nicht durch eine Zeitbestimmung (aufschiebende oder auflösende **Befristung**) eingeschränkt werden.[4]   **5**

II. Vorgeburtliche Sorgeerklärung (Abs. 2)

Die Eltern können ihre Sorgeerklärungen bereits vor der Geburt des Kindes abgeben. Mit der Geburt entsteht dann die gemeinsame Sorge. Voraussetzung wirksamer Sorgeerklärungen ist allerdings die (künftige) rechtliche Elternschaft der Erklärenden, sodass die vorgeburtliche Vaterschaftsanerkennung (§ 1594 Abs. 4, § 1595 Abs. 3 BGB) der Sorgeerklärung des Vaters vorangehen muss. Die Lebendgeburt des Kindes ist Rechtsbedingung für das Wirksamwerden der Sorgeerklärungen.[5]   **6**

Da sich die Sorgeerklärungen stets auf ein bestimmtes Kind beziehen müssen, muss das **Kind bereits gezeugt sein**; eine Sorgeerklärung für ein nicht gezeugtes Kind ist ausgeschlossen. Bei **Mehrlingsgeburten** kann die Sorgeerklärung jedoch ausdrücklich auf alle erwarteten Kinder bezogen werden (anders bei nachgeburtlichen Sorgeerklärungen, siehe   **7**

---

1 Staudinger/*Coester*, § 1626b BGB Rn. 2
2 Staudinger/*Coester*, § 1626b BGB Rn. 3
3 Staudinger/*Coester*, § 1626b BGB Rn. 5
4 BT-Drucks. 13/4899, 94
5 KG FamRZ 2011, 1516, 1517

oben *Fink*, § 1626a BGB Rn. 8). Werden unerwartet Mehrlinge geboren, bezieht sich die vorgeburtliche Sorgeerklärung dennoch auf alle Kinder aus dieser Schwangerschaft.[6]

III. Gerichtliche Sorgerechtsentscheidung (Abs. 3)

8 Die durch die Regelung erfolgende starke Einschränkung der Elternautonomie soll der Gefahr eines mit dem Kindeswohl unvereinbaren „Hin und Her" der elterlichen Sorge entgegenwirken.[7] Der Ausschluss einer Sorgeerklärung gilt jedoch **nur** für die **ausdrücklich genannten Fälle** und nur für die Bereiche der elterlichen Sorge, auf die sich die Entscheidung bezieht.[8] Ändert das Gericht andere Erstentscheidungen, hebt es beispielsweise die Entziehung des Sorgerechts gem. § 1666 BGB unter den Voraussetzungen nach § 1696 Abs. 2 BGB wieder auf, schließt diese Entscheidung die Abgabe von Sorgeerklärungen nicht aus.[9]

9 Möglich bleibt in allen Fällen die Begründung der gemeinsamen Sorge durch Heirat (§ 1626a Abs. 1 Nr. 2 BGB) oder durch eine (weitere) Änderungsentscheidung nach § 1696 Abs. 1 BGB.

---

§ 1626c BGB Persönliche Abgabe; beschränkt geschäftsfähiger Elternteil

(1) Die Eltern können die Sorgeerklärungen nur selbst abgeben.

(2) [1]Die Sorgeerklärung eines beschränkt geschäftsfähigen Elternteils bedarf der Zustimmung seines gesetzlichen Vertreters. [2]Die Zustimmung kann nur von diesem selbst abgegeben werden; § 1626b Abs. 1 und 2 gilt entsprechend. [3]Das Familiengericht hat die Zustimmung auf Antrag des beschränkt geschäftsfähigen Elternteils zu ersetzen, wenn die Sorgeerklärung dem Wohl dieses Elternteils nicht widerspricht.

Übersicht

A. Allgemeines

1 Die Norm regelt die Kompetenz zur Abgabe von Sorgeerklärungen.

B. Inhalt der Norm

I. Höchstpersönlichkeit der Sorgeerklärung (Abs. 1)

2 Die Sorgeerklärung ist höchstpersönlich. Die Eltern können sie deshalb nur selbst abgeben, eine Stellvertretung oder Botenschaft ist unzulässig. Ein Verstoß dagegen führt zur Unwirksamkeit der Sorgeerklärung, § 1626e BGB.

3 Die Höchstpersönlichkeit gilt auch für den **beschränkt geschäftsfähigen Elternteil**. Folglich kann die Sorgeerklärung des beschränkt geschäftsfähigen Elternteils – anders als

---

6 Staudinger/*Coester*, § 1626b BGB Rn. 8 f.
7 BT-Drucks. 13/4899, 94
8 Staudinger/*Coester*, § 1626b BGB Rn. 14
9 BT-Drucks. 13/4899, 94; BeckOK BGB/*Veit*, § 1626b BGB Rn. 5.1

die Zustimmung des gesetzlichen Vertreters – auch nicht durch das Familiengericht ersetzt werden.

Auch ein unter **Betreuung stehender nicht geschäftsunfähiger** Elternteil muss die Sorgeerklärung selbst abgeben. Ist ein Einwilligungsvorbehalt nach § 1903 BGB angeordnet, erstreckt sich dieser nicht auf die Kompetenz der Abgabe einer Sorgeerklärung.[1]   **4**

Für **geschäftsunfähige Elternteile** fehlt es an einer gesetzlichen Regelung. Unter Berücksichtigung der Äußerungen des Bundesverfassungsgerichts zur Elternschaft geistig behinderter Eltern[2] verbietet sich jedoch eine pauschale Entrechtung, sodass eine **analoge Anwendung von § 1626c Abs. 2 BGB** angezeigt ist.[3]   **5**

II. Sorgeerklärung eines beschränkt geschäftsfähigen Elternteils (Abs. 2)

1. Zustimmungsbedürftigkeit (Abs. 2 Satz 1)

Die Sorgeerklärung eines Minderjährigen bedarf der **Zustimmung** seines gesetzlichen Vertreters. Das Zustimmungserfordernis bezieht sich gleichermaßen sowohl auf die minderjährige sorgeberechtigte Mutter wie auf die Sorgeerklärung eines bis dahin noch nicht sorgeberechtigten minderjährigen Vaters. Sind **beide Elternteile minderjährig**, sind beide Sorgeerklärungen zustimmungsbedürftig.   **6**

Fehlt die Zustimmung des gesetzlichen Vertreters, ist die Sorgeerklärung des minderjährigen Elternteils unwirksam (§ 1626e BGB).   **7**

2. Anforderungen an die Zustimmungserklärung (Abs. 2 Satz 2)

Die Anforderungen an die Zustimmungserklärung des gesetzlichen Vertreters entsprechen im Wesentlichen denen an die Sorgeerklärung. Die Zustimmungserklärung (§ 182 BGB):   **8**

- ist höchstpersönlich durch den gesetzlichen Vertreter zu erklären, § 1626c Abs. 2 Satz 2 1. HS BGB,
- ist bedingungs- und befristungsfeindlich, § 1626c Abs. 2 Satz 2 2. HS BGB,
- kann auch vorgeburtlich abgegeben werden, § 1626c Abs. 2 Satz 2 2. HS BGB,
- bedarf der öffentlichen Beurkundung, § 1626d Abs. 1 BGB.[4]

3. Zustimmungsersetzung (Abs. 2 Satz 3)

Wird die Zustimmung vom gesetzlichen Vertreter verweigert, kann der beschränkt geschäftsfähige Elternteil – nicht auch der andere Elternteil[5] – die Ersetzung der Zustimmung durch das Familiengericht **beantragen**. Das Gericht hat dem Antrag stattzugeben, wenn die Sorgeerklärung dem Wohl des minderjährigen Elternteils nicht widerspricht. Sind **beide Elternteile minderjährig** und verweigern jeweils die gesetzlichen Vertreter ihre Zustimmung, handelt es sich um zwei selbständige Verfahren, für die jeweils ein eigener Antrag erforderlich ist.[6]   **9**

Maßgebend für die Prüfung des Gerichts ist, in Anlehnung an § 1303 Abs. 3 BGB, ob **triftige Gründe** gegen die Wirksamkeit der Sorgeerklärung des minderjährigen Elternteils sprechen.[7] Solche Gründe können in der Person des Minderjährigen oder des anderen Elternteils liegen. Im Vordergrund stehen persönliche Eigenschaften, insbesondere Reife und   **10**

---

1 Staudinger/*Coester*, § 1626c BGB Rn. 21
2 BVerfG FamRZ 1982, 567 ff.
3 Staudinger/*Coester*, § 1626c BGB Rn. 15 ff. m.w.N.
4 Staudinger/*Coester*, § 1626c BGB Rn. 8
5 Staudinger/*Coester*, § 1626c BGB Rn. 13
6 Staudinger/*Coester*, § 1626c BGB Rn. 13
7 BT-Drucks. 13/4899, 95

Eignung des Minderjährigen, die Elternverantwortung zu übernehmen.[8] Weder das Wohl des anderen Elternteils noch das des Kindes noch das Gesamtwohl der jungen Familie sind maßgebliche Gesichtspunkte. Sie dürfen nur insoweit beachtet werden, als sie Auswirkungen auf das persönliche Wohl des minderjährigen Elternteils haben.[9]

11 Ersetzt das Gericht die Zustimmung des gesetzlichen Vertreters nicht, ist die Sorgeerklärung des beschränkt geschäftsfähigen Elternteils unwirksam (§ 1626e BGB).

§ 1626d BGB Form; Mitteilungspflicht

(1) Sorgeerklärungen und Zustimmungen müssen öffentlich beurkundet werden.

(2) Die beurkundende Stelle teilt die Abgabe von Sorgeerklärungen und Zustimmungen unter Angabe des Geburtsdatums und des Geburtsorts des Kindes sowie des Namens, den das Kind zur Zeit der Beurkundung seiner Geburt geführt hat, dem nach § 87c Abs. 6 Satz 2 des Achten Buches Sozialgesetzbuch zuständigen Jugendamt zu den in § 58a des Achten Buches Sozialgesetzbuch genannten Zwecken unverzüglich mit.

Übersicht

A. Allgemeines

1 Die Norm begründet die Formbedürftigkeit von Sorgeerklärungen und ggf. zu erteilender Zustimmungen und etabliert ein Dokumentations- und Nachweissystem für die Sorgerechtsverhältnisse bei nicht miteinander verheirateten Eltern.

B. Inhalt der Norm

I. Öffentliche Beurkundung (Abs. 1)

2 Die öffentliche Beurkundung begründet vollen Beweis (§ 415 Abs. 1 ZPO). Mit der Verpflichtung zur Beurkundung werden im Wesentlichen drei Zwecke verfolgt: Die Belehrung der Eltern, die Seriositäts- und die Beweissicherung.[1]

3 **Zuständig** für eine Beurkundung sind:

- der Notar (§ 20 Abs. 1 BNotO) und

- die Urkundsperson bei jedem Jugendamt (§ 59 Abs. 1 Nr. 8 i.V.m. § 87e SGB VIII),

- die deutschen Auslandsvertretungen, wenn das Kind seinen gewöhnlichen Aufenthalt in der Bundesrepublik Deutschland hat (Art. 3 Nr. 2 EGBGB, Art. 5 Abs. 1 des Übereinkommens über die Zuständigkeit, das anzuwendende Recht, die Anerkennung, Vollstreckung und Zusammenarbeit auf dem Gebiet der elterlichen Verantwortung und der Maßnahmen zum Schutz von Kindern vom 19.10.1996 – Haager Übereinkommen über den Schutz von Kindern (KSÜ) bzw. Art. 1 des Übereinkommens über die Zuständigkeit der Behörden und das anzuwendende Recht auf dem Gebiet des Schutzes von

---

8 Staudinger/*Coester*, § 1626c BGB Rn. 10 ff. mit weiteren Beispielen
9 Staudinger/*Coester*, § 1626c BGB Rn. 10
1 Staudinger/*Coester*, § 1626d BGB Rn. 3

Minderjährigen vom 5. Oktober 1961 – Haager Minderjährigenschutzabkommen (MSA)) und sich im Geltungsbereich des KSÜ bzw. MAS befindet,

▶ *Näher zu KSÜ und MSA und ihren jeweiligen Anwendungsbereichen Schweppe, Auslandsbezüge. Vorbemerkungen, Rn. 12 f., dies., Vorbemerkungen MSA Rn. 1 ff.*

• das Familiengericht in Verfahren nach § 1626a Abs. 2 BGB (§ 155a Abs. 5 Satz 1 FamFG).

II. Mitteilung und Bescheinigung (Abs. 2)

Die **Beurkundungsperson** hat die Abgabe der Sorgeerklärungen und Zustimmungen unter Angabe von Geburtsdatum, Geburtsort des Kindes und seines bei Geburtsbeurkundung geführten Namens **unverzüglich** – ohne schuldhaftes Zögern (§ 121 Abs. 1 Satz 1 BGB) – demjenigen **Jugendamt mitzuteilen**, das für den Geburtsort des Kindes zuständig ist (§ 87c Abs. 6 Satz 2 SGB VIII). Ist das Kind im Ausland geboren oder mit unbekanntem Geburtsort, ist das Jugendamt des Landes Berlin zuständig (§ 87c Abs. 6 Satz 2 i.V.m. § 88 Abs. 1 Satz 2 SGB VIII i.V.m. § 33 Abs. 1 Satz 2, 2. Alt. AG KJHG Berlin). Eine Mitteilung an den anderen Elternteil erfolgt nicht.[2]   **4**

In **Verfahren nach § 1626a Abs. 2 BGB**, in denen es nicht zu einer Abgabe von Sorgeerklärungen und Zustimmungen kommt, sondern zu einer Entscheidung des Familiengerichts, ist dieses verpflichtet, dem zuständigen Jugendamt seine Entscheidung mitzuteilen (§ 155a Abs. 3 Satz 3 FamFG).   **5**

Bei **vorgeburtlichen Sorgeerklärungen** ist es praktikabler, die Mitteilungspflicht der Beurkundungsperson aufzuschieben, bis ihr von einem Elternteil das tatsächliche Geburtsdatum, der Geburtsort und der Name des Kindes mitgeteilt wird.[3]   **6**

Die **Mitteilungspflicht** ist **keine Wirksamkeitsvoraussetzung** der Sorgeerklärungen und Zustimmungen, sondern reine Ordnungsvorschrift.   **7**

Sind keine wirksamen Sorgeerklärungen abgegeben oder ist die elterliche Sorge aufgrund einer familiengerichtlichen Entscheidung den Eltern ganz oder zum Teil gemeinsam übertragen worden, kann die Mutter vom zuständigen Jugendamt (§ 87c Abs. 6 Satz 1 SGB VIII) darüber eine schriftliche Bescheinigung – ein sog. **Negativ-Attest** – verlangen (§ 58a Abs. 2 Satz 1 SGB VIII). Die Bescheinigung soll der Mutter einen Nachweis darüber geben, dass zur Zeit der Ausstellung keine gemeinsame elterliche (Teil-)Sorge besteht. Nicht nachgewiesen wird damit, ob die Mutter tatsächlich die elterliche Sorge innehat oder diese ihr aufgrund gerichtlicher Entscheidung entzogen worden ist.[4]   **8**

§ 1626e BGB Unwirksamkeit

Sorgeerklärungen und Zustimmungen sind nur unwirksam, wenn sie den Erfordernissen der vorstehenden Vorschriften nicht genügen.

Die Vorschrift soll den Kreis der wirksamkeitsrelevanten Elemente von Sorgeerklärungen beschränken. Allein aus den abschließenden Sonderregelungen der §§ 1626a bis 1626d BGB sollen sich Unwirksamkeitsgründe ergeben. Damit will der Gesetzgeber allgemeine Unwirksamkeitsgründe – insbesondere Willensmängel – nach §§ 117, 118, 119, 134, 138   **1**

---

2 Staudinger/*Coester*, § 1626d BGB Rn. 8
3 Staudinger/*Coester*, § 1626d BGB Rn. 10
4 Staudinger/*Coester*, § 1626d BGB Rn. 11

oder 139 BGB ausschließen.[1] Anwendbar bleiben aber die Regeln über die Geschäftsfähigkeit (§ 104 Nr. 2 BGB, § 105 Abs. 1 BGB) und die Anfechtung nach § 123 BGB.[2]

2　Ist eine oder sind beide Sorgeerklärungen unwirksam, berühren sie die Alleinsorge der Mutter nach § 1626a Abs. 3 BGB nicht. Haben die Eltern aber aufgrund einer nur scheinbar bestehenden gemeinsamen Sorge Entscheidungen getroffen, die bereits abgeschlossene Lebenssachverhalte betreffen, so können diese für die Zukunft geändert werden.[3]

§ 1627 BGB Ausübung der elterlichen Sorge

[1]Die Eltern haben die elterliche Sorge in eigener Verantwortung und in gegenseitigem Einvernehmen zum Wohl des Kindes auszuüben. [2]Bei Meinungsverschiedenheiten müssen sie versuchen, sich zu einigen.

Übersicht

A. Allgemeines

1　Die Norm enthält das Leitbild, dass die elterliche Sorge beiden sorgeberechtigten Elternteilen gleichrangig und gleichberechtigt sowie gleichverpflichtet zusteht. Sie gibt für die Sorgerechtsausübung den Grundsatz vor, dass eine gemeinsame und einverständliche Sorge dem Kindeswohl dient. Darüber hinaus hebt die Norm hervor, dass die Aufgabe der Eltern, ihre Verantwortung für ihr Kind selbst zu tragen und bei Meinungsverschiedenheiten eine Einigung herbeizuführen, Vorrang gegenüber staatlichen Eingriffen hat. Die Ausübung der elterlichen Sorge ist ausschließlich an das Kindeswohl gebunden.

B. Inhalt der Norm

I. Grundsatz der Ausübung der elterlichen Sorge (Satz 1)

2　Die Vorschrift ist grundsätzlich an Eltern gerichtet, denen die elterliche Sorge **gemeinsam** zusteht. Ist ein Elternteil **alleinsorgeberechtigt**, trifft ihn jedoch ebenfalls die Verpflichtung, in eigener Verantwortung die elterliche Sorge auszuüben.

1. Eigene Verantwortung

3　Die **Ausübung in eigener Verantwortung** bedeutet, dass jeder Elternteil bei der Ausübung der elterlichen Sorge für sich selbst letztlich die persönliche vollständige Eigenverantwortung gegenüber dem Kind trägt. Dass den anderen Elternteil dieselbe Verpflichtung und Verantwortung trifft, entlastet den ersten Elternteil nicht rechtlich, allenfalls faktisch. Jeder Elternteil hat selbständig bei jeder beabsichtigten Sorgerechtsmaßnahme zu prüfen, ob sie dem Kindeswohl dient.[1]

---

1 BT-Drucks. 13/4899, 95; OLG Düsseldorf FamRZ 2008, 1552, 1553
2 BeckOK BGB/*Veit*, § 1626e BGB Rn. 3; Staudinger/*Coester*, § 1626e BGB Rn. 3
3 Staudinger/*Coester*, § 1626e BGB Rn. 4
1 Staudinger/*Peschel-Gutzeit*, § 1627 BGB Rn. 6

2. Gegenseitiges Einvernehmen

Das **gegenseitige Einvernehmen** verlangt ein elterliches Zusammenwirken in gemeinsamer Beratung und gemeinsamer Entscheidung in allen **Angelegenheiten von erheblicher Bedeutung**.[2]   **4**

Die Pflicht, die elterliche Sorge in gegenseitigem Einvernehmen wahrzunehmen, schließt eine **Aufgaben- und Funktionsteilung** nicht aus. Sie braucht nicht ausdrücklich vereinbart zu sein. Sie kann stillschweigend, etwa durch Übung und Duldung des anderen Elternteils, vorgenommen werden. Eine Aufgaben- und Funktionsteilung ist grundsätzlich jederzeit **frei widerruflich**. Für die Ausübung des Widerrufsrechts gelten die allgemeinen Grenzen (z.B. § 226 BGB). Ist eine ursprünglich gemeinsam beschlossene Maßnahme von erheblicher Bedeutung bereits umgesetzt, bleibt die Bindungswirkung bis zur Entscheidung des Familiengerichts nach § 1628 BGB oder einer neuen Elternvereinbarung erhalten.[3]   **5**

3. Wohl des Kindes

Die elterliche Sorge ist zum Wohl des Kindes auszuüben. Das Kindeswohl ist dabei nicht nur aus der subjektiven Sicht des Kindes (Wohlbefinden), sondern auch objektiv-normativ (Zukunftsperspektive) zu beurteilen.[4] Grundsätzlich gilt aber, dass sich die Eltern im Rahmen des elterlichen Ermessens daran halten können, was aus ihrer Sicht „das Beste" für ihr Kind ist.[5]   **6**

II. Meinungsverschiedenheiten (Satz 1)

Bei Meinungsverschiedenheiten der Eltern wird diesen eine **Pflicht zum Einigungsversuch** auferlegt. Dabei hat jeder Elternteil der Ansicht des anderen Elternteils Rechnung zu tragen und das Leitbild des Kindeswohls seiner Entscheidung darüber zugrunde zu legen, welche Ansicht den Vorrang verdient oder welcher Kompromiss möglich ist. Scheitert der Einigungsversuch, kann unter den Voraussetzungen des § 1628 BGB in **Angelegenheiten von erheblicher Bedeutung** für das Kind eine Entscheidung des Familiengerichts herbeigeführt werden.[6] In anderen **Angelegenheiten von geringerer Bedeutung** bleibt es im Elternstreit beim status quo, das Familiengericht kann nicht angerufen werden. Die von einem Elternteil ohne Einvernehmen mit dem anderen Elternteil vorgenommene Maßnahme stellt eine Pflichtwidrigkeit gegenüber dem anderen Elternteil dar. Dem Kind gegenüber hat eine solche Maßnahme nur unter den Voraussetzungen des § 1666 BGB rechtliche Folgen und muss vom Kind nur dann nicht befolgt werden.[7]   **7**

§ 1628 BGB Gerichtliche Entscheidung bei Meinungsverschiedenheiten der Eltern

Können sich die Eltern in einer einzelnen Angelegenheit oder in einer bestimmten Art von Angelegenheiten der elterlichen Sorge, deren Regelung für das Kind von erheblicher Bedeutung ist, nicht einigen, so kann das Familiengericht auf Antrag eines Elternteils die Entscheidung einem Elternteil übertragen. Die Übertragung kann mit Beschränkungen oder mit Auflagen verbunden werden.

---

2 MüKo-BGB/*Huber*, § 1627 BGB Rn. 6; Staudinger/*Peschel-Gutzeit*, § 1627 BGB Rn. 8
3 MüKo-BGB/*Huber*, § 1627BGB Rn. 10; BeckOK BGB/*Veit*, § 1627 BGB Rn. 3
4 OLG Frankfurt FamRZ 1984, 614, 615
5 Staudinger/*Peschel-Gutzeit*, § 1627 BGB Rn. 18
6 MüKo-BGB/*Huber*, § 1627 BGB Rn. 17
7 BeckOK BGB/*Veit*, § 1627 BGB Rn. 5

A. Allgemeines

1   Die Vorschrift sieht eine gerichtliche Lösung des **Elternkonflikts** in Kindesangelegenheiten von erheblicher Bedeutung vor. Damit erfährt die in § 1626 Abs. 1, § 1627 BGB vorgesehene Ausübung des elterlichen Pflichtenrechts in gegenseitigem Einvernehmen eine notwendige Ergänzung für das Fehlschlagen des Prozesses innerfamiliärer elterlicher Meinungsbildung in solchen Angelegenheiten, die um des Kindeswohls willen nicht unentschieden bleiben dürfen.[1]

2   Im Fall der Uneinigkeit der Eltern ist das **Familiengericht** zugunsten der Familienautonomie nur **berechtigt**, einem Elternteil die Entscheidungskompetenz über die betreffende Angelegenheit zu übertragen oder – wenn beide Elternvorschläge nicht den Kindesinteressen gerecht werden – den Antrag abzuweisen.[2] Das Gericht kann unterhalb der Schwellen der §§ 1666 ff. BGB **keine eigene Sachentscheidung** treffen.[3] Auch darf es grundsätzlich keinen Mittelweg zwischen den beiden Elternpositionen beschreiten.[4] Maßstab für die Entscheidung des Gerichts ist das **Wohl des Kindes**, vgl. § 1697a BGB. Die Vorschrift findet nur Anwendung, wenn eine vorrangige spezialgesetzliche Regelung (z.B. § 1684 Abs. 3, §§ 1747 f. BGB, § 2 KErzG) fehlt.[5]

B. Inhalt der Norm

I. Entscheidungsübertragung (Satz 1)

3   **Voraussetzungen** für die gerichtliche Übertragung der Entscheidung auf einen Elternteil sind:

- der Antrag eines mitsorgeberechtigten Elternteils,

- ein vorangegangener erfolgloser, ernsthafter Einigungsversuch der Eltern,

- die Uneinigkeit über eine einzelne Angelegenheit oder eine bestimmte Art von Angelegenheiten der gemeinsamen elterlichen Sorge, deren Regelung für das Kind von erheblicher Bedeutung ist.

4   **1.** Das Verfahren ist als **Antragsverfahren** ausgestaltet und wird daher nur auf Antrag wenigstens eines mitsorgeberechtigten Elternteils eingeleitet. Ein Antragsrecht des Kindes ist gesetzlich nicht vorgesehen. Der Antrag muss die nicht einigungsfähige(n) Angelegenheit(en) bestimmt bezeichnen.[6]

▶   *Zur Abgrenzung von Antrags- und Amtsverfahren Cirullies, § 23–25 FamFG Rn. 1 ff.*

5   **2. Vorangegangen** sein muss ein **erfolgloser, ernsthafter Einigungsversuch** der Eltern, zu dem die Eltern nach § 1627 Satz 2 BGB verpflichtet sind, wobei es ausreicht, wenn ein Elternteil sich nicht zu einer Entscheidung durchringen kann.[7]

---

1 MüKo-BGB/*Huber*, § 1628 BGB Rn. 1
2 BT-Drucks. 13/4899, 95
3 BVerfGE 10, 59, 86; BVerfG FamRZ 2003, 511
4 MüKo-BGB/*Huber*, § 1628 BGB Rn. 16
5 Palandt/*Götz*, § 1628 BGB Rn. 3
6 MüKo-BGB/*Huber*, § 1628 BGB Rn. 4
7 AG Pankow/Weißensee ZKJ 2009, 214, 215

3. Die Uneinigkeit muss sich auf eine **einzelne Angelegenheit oder eine bestimmte Art von Angelegenheiten** der gemeinsamen elterlichen Sorge beziehen, deren Regelung für das Kind **von erheblicher Bedeutung** ist.

    6

Davon ist nicht der Fall erfasst, dass die Eltern unterschiedlicher Meinung darüber sind, ob die Mutter einen **Schwangerschaftsabbruch** gegen den Willen des Vaters vornehmen darf. Besteht nach §§ 218 ff. StGB die Möglichkeit eines straffreien Abbruchs, ist die Entscheidung darüber allein der Mutter zugewiesen.[8]

    7

a) Durch die Begrenzung der gerichtlichen Entscheidungskompetenz auf **eine einzelne Angelegenheit oder eine bestimmte Art von Angelegenheiten** soll vermieden werden, dass mittelbar ein Teilentzug der elterlichen Sorge herbeigeführt wird und die einschränkenden Voraussetzungen der §§ 1671, 1666, 1666a, 1667 BGB umgangen werden. Die Anrufung des Gerichts und dessen Entscheidung muss immer auf eine bestimmte einzelne Frage oder einen bestimmten abgrenzbaren Fragenkomplex bezogen sein.[9] Erforderlich ist ein **konkret situativer Bezug**: § 1628 BGB kommt nur zur Anwendung, wenn es sich um einen punktuell-sachbezogenen Elternkonflikt handelt.

    8

Eine einzelne Angelegenheit kann sein:

    9

- die Anmeldung in einer bestimmten Schule,[10]
- die Durchführung einer Impfung,[11]
- die Wahl des Vornamens des Kindes.[12]

Eine bestimmte Art von Angelegenheiten kann sein:

    10

- ein bestimmter medizinischer Maßnahmenkatalog, wie eine Therapie oder die regelmäßige Einnahme von Medikamenten.

b) Die Regelung der streitigen Angelegenheit muss ferner für das Kind von **erheblicher Bedeutung** sein. Damit soll vermieden werden, dass die Eltern wegen belangloser Meinungsverschiedenheiten das Gericht anrufen und somit ihre Verantwortung abwälzen.[13] Ob eine Angelegenheit von erheblicher Bedeutung für das Kind vorliegt, bestimmt sich nach den Auswirkungen auf das Kind. Es gelten die gleichen Grundsätze wie bei § 1687 Abs. 1 Satz 1, Satz 3 BGB (hierzu *Gottschalk*, § 1687 BGB Rn. 5 f., 11 f.).[14] Ein Entscheidungsparameter ist, ob die Entscheidung die kindliche Entwicklung auf Dauer bestimmen dürfte.

    11

Von erheblicher Bedeutung sind z.B.:[15]

    12

- die Wahl des Vornamens des Kindes,[16]
- die Änderung des Familiennamens,[17]
- die Aufenthaltsbestimmung, soweit keine dauerhafte Entscheidung getroffen, sondern nur die konkrete Situation bis zu einer Trennung der Eltern bzw. einer Entscheidung nach § 1671 BGB geregelt werden soll,[18]

---

8 MüKo-BGB/*Huber*, § 1628 BGB Rn. 9; Staudinger/*Coester*, § 1666 BGB Rn. 27
9 BT-Drucks. 8/2788, 46
10 BVerfG FamRZ 2003, 511; OLG Schleswig FamRZ 2011, 1304; AG Lemgo FamRZ 2004, 49
11 KG FamRZ 2006, 142
12 AG Pankow/Weißensee ZKJ 2009, 214 f.
13 BT-Drucks. 8/2788, 46; OLG München FamRZ 2008, 1103, 1104
14 OLG Brandenburg OLGR 2008, 416, 417; MüKo-BGB/*Huber*, § 1628 BGB Rn. 13
15 Weitere Beispiele bei *Gottschalk*, § 1687 BGB Rn. 6
16 OLG Frankfurt FamRZ 1957, 55, 56; AG Pankow/Weißensee ZKJ 2009, 214 f.
17 OLG Stuttgart NJW-RR 2011, 222
18 Vgl. OLG Frankfurt FamRZ 1961, 125; OLG Stuttgart FamRZ 1999, 39, 40

- der Umgang mit Dritten nach § 1685 BGB,[19]

- die Auswahl oder der Wechsel der Schule[20] bzw. des Kindergartens,[21] nicht: die Entscheidung über Nachhilfeunterricht,[22]

- Fragen der Berufsausbildung,[23]

- die Anlegung eines größeren Kindesvermögens bzw. die Inanspruchnahme des Verwendungsrechts nach § 1649 Abs. 2 BGB,[24]

- eine ärztliche Behandlung – mit Ausnahme von Routineuntersuchungen oder häufig vorkommenden, nicht ungewöhnlichen Erkrankungen wie Erkältung – (Wahl der Behandlungsmethode, Entscheidung über eine Operation, Impfung, Medikamente),[25]

- die Ausschlagung einer Erbschaft,[26]

- die Entscheidung, ob eine Vaterschaft angefochten werden soll,[27]

- die Durchführung eines Anfechtungs- und Vaterschaftsfeststellungsverfahrens,[28]

- die Ausstellung eines Kinderausweises,[29]

- die meisten Fragen zur religiösen Erziehung, wie die Wahl des Religionsbekenntnisses (§ 2 Abs. 1 KErzG),[30] die Kindstaufe,[31] die Erstkommunion,[32] die Teilnahme an Religionsunterricht und Schulgottesdienst,[33] nicht: die Bestimmung des Tauftermins,[34]

- die Sprachreise in ein kriegsbeteiligtes Land – in dem konkreten Fall England während des Irakkrieges,[35]

- Urlaubsreise eines kleinen Kindes wegen Gesundheitsgefahren[36] oder in Länder eines ihm nicht umfassend vertrauten Kulturkreises – in den konkreten Fällen Katar[37] und Kolumbien,[38]

- eine Flugreise mit einer Fluggesellschaft, die einem am Krieg beteiligten Land zuzuordnen ist – im konkreten Fall die Reise in die USA während des Irakkrieges,[39]

- der Antrag auf Auszahlung des anteiligen Sozialgeldes an den Umgang ausübenden Elternteil,

- die Durchführung einer Beschneidung.[40]

---

19 OLG Dresden FamRZ 2005, 1275; OLG Thüringen FamRZ 2009, 894
20 BVerfG FamRZ 2003, 511; OLG Schleswig FamRZ 2011, 1304; AG Lemgo FamRZ 2004, 49
21 OLG Brandenburg JAmt 2005, 47, 48; OLG Frankfurt FamRZ 2009, 894
22 OLG Düsseldorf NJW-RR 2005, 1529
23 OLG Hamm FamRZ 1966, 209, 210
24 MüKo-BGB/*Huber*, § 1628 BGB Rn. 14
25 OLG Bamberg FamRZ 2003, 1403; KG FamRZ 2006, 142
26 OLG Hamm FamRZ 2003, 172
27 OLG Dresden FamRZ 2009, 1330, 1331
28 OLG Brandenburg OLGR 2008, 416 ff.
29 OLG Köln FamRZ 2005, 644; OLG Karlsruhe FamRZ 2005, 1187, 1188
30 BGH NJW 2005, 2080 f.
31 BGH NJW 2005, 2080 f.; OLG Hamm FamRZ 2014, 1712
32 OLG Hamm FamRZ 2014, 1712
33 OLG Köln FamFR 2013, 257
34 AG Lübeck FamRZ 2003, 549
35 AG Heidenheim FamRZ 2003, 1404
36 OLG Köln NJW 1999, 295
37 OLG Köln FamRZ 2005, 644, 645
38 OLG Frankfurt FamRZ 2007, 753
39 AG Freising FamRZ 2004, 968
40 AG Düsseldorf FamRZ 2014, 1209

II. Beschränkungen und Auflagen (Satz 2)

Die Zuweisung der Entscheidungskompetenz kann mit einer Beschränkung oder Auflage verknüpft werden. **13**

Mit der Zulassung einer **Beschränkung** soll verdeutlicht werden, dass Abstriche von einem eigentlich gebilligten Elternvorschlag vorgenommen werden können, wenn z.B. ein Elternteil mehrere Vorschläge macht, von denen nur ein Teil geeignet ist, und der andere Elternteil in Einzelpunkten stichhaltige Bedenken erhebt.[41] Das Entscheidungsergebnis muss aber auf einer von den Eltern erwogenen Konfliktlösung beruhen und darf keine eigene Sachentscheidung des Gerichts sein.[42] Als Beschränkung kommt z.B. bei der Zuteilung des Rechts über die Aufenthaltsbestimmung eine zeitliche Begrenzung in Betracht.[43] **14**

Auflagen können angeordnet werden, wenn ein vom Gericht gebilligter Elternvorschlag der Ergänzung bzw. Kontrolle bedarf. Als Auflage kommt z.B. die Verpflichtung in Betracht, die Einleitung einer bestimmten Maßnahme (wie Schulanmeldung, Impfung) dem Gericht anzuzeigen, wenn der andere Elternteil Grund hat zu zweifeln, ob die vorgeschlagene Maßnahme auch tatsächlich durchgeführt wird. Auch das Gestaltungsmittel der Auflage muss seine Grundlage im Elternvorschlag haben, sich an diesem orientieren und darf nicht zu einer eigenen Sachentscheidung des Gerichts führen.[44] **15**

III. Rechtsfolge und Änderungen

Die Entscheidungskompetenzzuweisung durch das Familiengericht führt zur **Übertragung der alleinigen elterlichen Sorge** in einer einzelnen Angelegenheit oder einer bestimmten Art von Angelegenheiten an den durch die Entscheidung begünstigten Elternteil. Diesem steht dann nach § 1629 Abs. 1 Satz 3 BGB auch die alleinige Vertretung des Kindes zu.[45] **16**

Da die vom Gericht getroffene Lösung des Elternkonflikts nur Ersatz des von § 1627 BGB geforderten Einvernehmens der Eltern ist, steht sie als solche zur **Disposition der Eltern**, die sich jederzeit auf eine Ausführung des „unterlegenen" Elternvorschlags oder eine dritte Lösung verständigen können. Das Gericht hat unter den Voraussetzungen des § 1696 BGB eine **Abänderungsbefugnis**, z.B. wenn Auflagen nicht eingehalten werden.[46] **17**

§ 1629 BGB Vertretung des Kindes

(1) **¹Die elterliche Sorge umfasst die Vertretung des Kindes. ²Die Eltern vertreten das Kind gemeinschaftlich; ist eine Willenserklärung gegenüber dem Kind abzugeben, so genügt die Abgabe gegenüber einem Elternteil. ³Ein Elternteil vertritt das Kind allein, soweit er die elterliche Sorge allein ausübt oder ihm die Entscheidung nach § 1628 übertragen ist. ⁴Bei Gefahr im Verzug ist jeder Elternteil dazu berechtigt, alle Rechtshandlungen vorzunehmen, die zum Wohl des Kindes notwendig sind; der andere Elternteil ist unverzüglich zu unterrichten.**

(2) **¹Der Vater und die Mutter können das Kind insoweit nicht vertreten, als nach § 1795 ein Vormund von der Vertretung des Kindes ausgeschlossen ist. ²Steht die elterliche Sorge für**

---

41 BT-Drucks. 8/2788, 46
42 MüKo-BGB/*Huber*, § 1628 BGB Rn. 19
43 BT-Drucks. 13/4899, 95
44 BT-Drucks. 13/4899, 95; BT-Drucks. 8/2788, 46
45 MüKo-BGB/*Huber*, § 1628 BGB Rn. 16
46 MüKo-BGB/*Huber*, § 1628 BGB Rn. 22

ein Kind den Eltern gemeinsam zu, so kann der Elternteil, in dessen Obhut sich das Kind befindet, Unterhaltsansprüche des Kindes gegen den anderen Elternteil geltend machen. [3]Das Familiengericht kann dem Vater und der Mutter nach § 1796 die Vertretung entziehen; dies gilt nicht für die Feststellung der Vaterschaft.

(2a) Der Vater und die Mutter können das Kind in einem gerichtlichen Verfahren nach § 1598a Abs. 2 nicht vertreten.

(3) [1]Sind die Eltern des Kindes miteinander verheiratet, so kann ein Elternteil, solange die Eltern getrennt leben oder eine Ehesache zwischen ihnen anhängig ist, Unterhaltsansprüche des Kindes gegen den anderen Elternteil nur im eigenen Namen geltend machen. [2]Eine von einem Elternteil erwirkte gerichtliche Entscheidung und ein zwischen den Eltern geschlossener gerichtlicher Vergleich wirken auch für und gegen das Kind.

Übersicht

A. Allgemeines

1 Die Norm regelt die gesetzliche Vertretung des Kindes, die Teil der elterlichen Sorge ist. Sie umfasst den gesamten Bereich der elterlichen Sorge, also die Personensorge und die Vermögenssorge. Die Norm hat die Funktion, den sorgeberechtigten **Eltern** die **Vertretungsmacht** für ihr Kind **zu verschaffen** und deren Ausübung zu regeln.

Die gesetzliche Vertretung obliegt den Eltern **i.d.R.** als **Gesamtvertretung**, da dies der gemeinschaftlichen Ausübung der elterlichen Sorge durch beide Elternteile und ihrer Verpflichtung zu gegenseitigem Einvernehmen sowie dem Gleichberechtigungsgrundsatz entspricht.[1] Die Norm sieht aber einige Ausnahmen hiervon vor wie für die Geltendmachung von Unterhaltsansprüchen oder bei Gefahr im Verzug. In Fällen, in denen eine Gefahr eines Interessenwiderstreits zwischen den Eltern und dem zu vertretenen Kind besteht, schließt die Norm die Interessenvertretung der Eltern sogar ganz aus.

---

1 BT-Drucks. 8/2788, 47; BVerfGE 10, 59

B. Inhalt der Norm

I. Gesamtvertretung (Abs. 1 Satz 1, Satz 2 1. HS)

Da die **gesetzliche Vertretung** des Kindes Teil der elterlichen Sorge ist, teilt sie auch das **Schicksal der elterlichen Sorge**. Den Eltern steht die gesetzliche Vertretung nur insoweit zu, als ihnen auch die elterliche Sorge zusteht. — **2**

Die gesetzliche Vertretung obliegt den Eltern i.d.R. als Gesamtvertretung. **Gesamtvertretung** bedeutet, dass nur beide Elternteile zusammen befugt sind, im Namen des Kindes Rechtsgeschäfte vorzunehmen und Rechtsstreitigkeiten zu führen.[2] Die Gesamtvertretung erfordert weder die gleichzeitige Abgabe von Willenserklärungen noch die höchstpersönliche Abgabe oder das Tätigwerden beider Elternteile. Vielmehr können sich die Eltern eines **Dritten** bedienen oder sich einander **widerrufliche Vollmachten** erteilen.[3] — **3**

Indem die sorgeberechtigten **Eltern** die **Vertretungsmacht erhalten**, können sie das Kind bei der Abgabe von Willenserklärungen bzw. beim Abschluss von Rechtsgeschäften nach den allgemeinen Regeln der Stellvertretung (§§ 164 ff. BGB) vertreten. Die Eltern erzielen bei der Vertretung grundsätzlich nur dann Rechtswirkungen für das Kind, wenn sie **im Namen des Kindes** handeln (**Offenkundigkeitsprinzip**). Eine Ausnahme vom Offenkundigkeitsprinzip gilt nur beim sog. Geschäft für den, den es angeht.[4] — **4**

Schließen die Eltern ein Rechtsgeschäft **im eigenen Namen** ab, besteht keine gesetzliche Vertretung.[5] Dem Interesse des Kindes, aus einem solchen Geschäft berechtigt zu werden bzw. von ihm zu profitieren, kann durch die Regelung über den Vertrag zugunsten Dritter (§ 328 BGB) oder die Figur des Vertrags mit Schutzwirkung für Dritte Rechnung getragen werden.[6] — **5**

Nimmt das **Kind** ein Rechtsgeschäft oder eine rechtsgeschäftsähnliche **Handlung selbst vor**, erklären die Eltern ihre – i.d.R. erforderliche – Zustimmung nicht als gesetzliche Vertreter, sondern in Erfüllung ihres Pflichtenrechts nach § 1626 Abs. 1 BGB. Das Gleiche gilt für die Erfüllung von öffentlichrechtlichen Pflichten, deren Erfüllung das Gesetz den Eltern selbst auferlegt, wie die Begründung und Aufgabe eines Wohnsitzes (§ 11 BGB) oder die Anmeldung des Kindes zur Schule (hierzu *Fink*, § 1626 BGB Rn. 15 f.). — **6**

Handelt ein Elternteil als Alleinvertreter unter **Verstoß gegen den Gesamtvertretungsgrundsatz** oder handelt ein Elternteil als Gesamtvertreter ohne Ermächtigung des anderen, kommen die Regelungen der §§ 177 ff. BGB entsprechend zur Anwendung.[7] — **7**

II. Ausnahmen von der Gesamtvertretung (Abs. 1 Satz 2 2. HS, Satz 3, Satz 4)

Der Grundsatz der Gesamtvertretung sieht zahlreiche Ausnahmen vor. — **8**

1. Gesetzlich normierte Ausnahmen

a) Empfangsvertretung (Abs. 1 Satz 2 2. HS)

Für die Empfangsvertretung bei einer Willenserklärung genügt Alleinvertretung. Der damit normierte Gedanke gilt auch für die Zurechnung von Willensmängeln, die Kenntnis oder das Kennenmüssen gewisser Umstände, für die nach § 166 Abs. 1 BGB auf die Person des Vertreters abzustellen ist.[8] — **9**

---

2 BGH NJW 1987, 1947, 1948; OVG Münster FamRZ 1975, 44, 45; MüKo-BGB/*Huber*, § 1629 BGB Rn. 11
3 BGHZ 105, 45, 48; OLG Saarbrücken FamRZ 2008, 2030; BeckOK BGB/*Veit*, § 1629 BGB Rn. 11 f.; *Hoffmann*, ZKJ 2009, 156, 160 f.
4 MüKo-BGB/*Huber*, § 1629 BGB Rn. 12 ff.
5 Vgl. BGHZ 89, 263, 266
6 MüKo-BGB/*Huber*, § 1629 BGB Rn. 13
7 MüKo-BGB/*Huber*, § 1629 BGB Rn. 40
8 BGHZ 20, 149, 152 f.; 62, 166, 173

b) Alleinige Sorgerechtsausübung und Entscheidungskompetenzübertragung (Abs. 1 Satz 3)

10   Ein Elternteil, der die elterliche Sorge allein ausübt oder dem die Entscheidungskompetenz über eine einzelne Angelegenheit oder eine bestimmte Art von Angelegenheiten nach § 1628 BGB übertragen wurde, vertritt das Kind allein. Damit wird dem Grundsatz Rechnung getragen, dass den Eltern die gesetzliche Vertretung nur insoweit zusteht, als sie auch die elterliche Sorge innehaben.

c) Gefahr im Verzug (Abs. 1 Satz 4)

11   Das **Notvertretungsrecht** steht dem Wortlaut nach **jedem Elternteil** zu. Es hängt nicht davon ab, ob die Eltern miteinander verheiratet sind, ob sie getrennt leben (§ 1687 Abs. 1 Satz 5 BGB) oder ob einem von ihnen das Alleinvertretungsrecht auf Grund anderer Vorschriften zusteht (§ 1687a BGB). Das Notvertretungsrecht kann sich gegenüber einem Alleinvertretungsrecht des anderen Elternteils durchsetzen. Es gilt auch für Pflegepersonen (§ 1688 Abs. 1 Satz 3, Abs. 4 BGB), für Stiefeltern (§ 1687b Abs. 2 BGB) und für den Lebenspartner eines Elternteils (§ 9 Abs. 2 LPartG).

12   Die Notvertretung greift nur bei **Gefahr im Verzug**. Das ist der Fall, wenn dem Kind erhebliche (insbes. gesundheitliche und wirtschaftliche) Nachteile drohen, deren Abwendung ein sofortiges Eingreifen erforderlich macht, und die vorherige Einholung einer Entscheidung des anderen Elternteils den Zweck der Maßnahme gefährden würde. Geht der handelnde Elternteil irrtümlich von einer Gefahr im Verzug aus, die objektiv nicht besteht, ist das Notvertretungsrecht in Anwendung des Rechtsgedankens des § 680 BGB trotzdem zu bejahen, wenn der Irrtum nicht auf grober Fahrlässigkeit beruht.[9]

13   Der Begriff der **Rechtshandlung** beschränkt sich nicht auf den Abschluss von Rechtsgeschäften, sondern umfasst alle Maßnahmen mit rechtlicher Wirkung, wie die Einwilligung in eine ärztliche Behandlung für das Kind.[10]

14   Der andere Elternteil ist von der in Notvertretung getroffenen Rechtshandlung **unverzüglich** (ohne schuldhaftes Zögern, § 121 Abs. 1 Satz 1 BGB) zu **unterrichten**.

2. Elterlich vereinbarte Ausnahmen

15   Die Gesamtvertretung schließt es nicht aus, dass sich Eltern einander **widerrufliche Vollmachten** erteilen und ein Elternteil den anderen autorisiert, allein für das Kind zu handeln.

III. Ausschluss des Vertretungsrechts (Abs. 2 Satz 1, Abs. 2a)

1. Ausschlussgrund nach § 1795 BGB (Abs. 2 Satz 1)

16   Liegt ein Ausschlussgrund nach § 1795 BGB vor, sind die Eltern von der Vertretung des Kindes ausgeschlossen, und die Bestellung eines **Ergänzungspfleger**s (§ 1909 Abs. 1 BGB) wird notwendig. Damit soll einer abstrakten Gefährdungssituation für die Kindesinteressen begegnet werden; eine konkrete Gefährdung ist nicht erforderlich. Der Ausschluss erfasst dabei beide sorgeberechtigten Elternteile, auch wenn nur in der Person eines Elternteils ein in § 1795 BGB genannter Ausschlussgrund vorliegt.[11]

17   Nimmt ein sorgeberechtigter Elternteil Rechtsgeschäfte vor, obwohl er von der Vertretung ausgeschlossen ist, gelten die allgemeinen Regeln über die **Vertretung ohne Vertretungsmacht**, § 177 ff. BGB. Das Rechtsgeschäft ist bis zur Genehmigung des Ergänzungspflegers oder des volljährig bzw. geschäftsfähig gewordenen Kindes selbst schwebend unwirksam.[12]

---

9 MüKo-BGB/*Huber*, § 1629 BGB Rn. 27; BeckOK BGB/*Veit*, § 1629 BGB Rn. 17
10 MüKo-BGB/*Huber*, § 1629 BGB Rn. 27
11 BGH FamRZ 1972, 498, 499; BayObLG FamRZ 1960, 33, 34; OLG Hamm FamRZ 1993, 1122, 1123
12 RGZ 119, 114, 116; MüKo-BGB/*Huber*, § 1629 BGB Rn. 44

§ 1795 BGB sieht **vier Ausschlusstatbestände** vor: **18**

- **§ 1795 Abs. 2 BGB**: das allgemeine Verbot der Selbstkontrahierung (§ 181 BGB); nicht: wenn das Rechtsgeschäft dem Kind lediglich rechtliche Vorteile bringt,[13]

- **§ 1795 Abs. 1 Nr. 1 BGB**: bei Rechtsgeschäften zwischen den Ehegatten, Lebenspartnern oder bestimmten Verwandten einerseits und dem Kind andererseits; nicht: wenn das Rechtsgeschäft ausschließlich in Erfüllung einer Verbindlichkeit besteht oder dem Kind lediglich rechtliche Vorteile bringt,[14]

- **§ 1795 Abs. 1 Nr. 2 BGB**: bei bestimmten Rechtsgeschäften, die den Eltern zugutekommen,

- **§ 1795 Abs. 1 Nr. 3 BGB**: bei Rechtsstreitigkeiten in Bezug auf die Fallgruppen der Nr. 1 und Nr. 2.

Die vier Fallgruppen sind **abschließend**. Auch wenn im konkreten Fall eine tatsächliche Gefährdung der Kindesinteressen vorliegt, kann der gesetzliche Ausschluss der § 1629 Abs. 2 Satz 1, § 1795 BGB nicht darauf erstreckt werden.[15] **19**

Der Begriff des **Rechtsgeschäft**s ist weit zu verstehen. Er umfasst nicht nur Verträge, sondern auch einseitige empfangsbedürftige Willenserklärungen wie die Zustimmung des Vertreters nach §§ 182 ff. BGB[16] oder die Erklärung des Vertreters gegenüber einer Behörde oder einem Gericht, sofern das Rechtsgeschäft unmittelbar darauf abzielt, die Rechtsposition des Vertreters oder des Kindes zu beeinflussen (z.B. die Testamentsanfechtung gegenüber dem Nachlassgericht[17]). **20**

Keine Rechtsgeschäfte sind: **21**

- die Entscheidung des Vertreters, **ob** Rechte des Kindes geltend gemacht werden sollen,

- alle Verfahrenshandlungen, die nicht im Rahmen eines Rechtsstreits der in § 1795 Abs. 1 Nr. 3 BGB aufgeführten Fälle vorgenommen werden.[18]

2. Ausschlussgrund: gerichtliches Verfahren zur Durchsetzung einer genetischen Abstammungsuntersuchung, § 1598a Abs. 2 BGB (Abs. 2a)

Der Ausschlussgrund umfasst **nur** das **gerichtliche Verfahren** zur Durchsetzung einer genetischen Abstammungsuntersuchung. Außerhalb des Verfahrens bleiben die Eltern grundsätzlich vertretungsberechtigt, so bei der Frage, ob überhaupt ein gerichtliches Verfahren anzustrengen ist.[19] **22**

IV. Entzug des Vertretungsrechts (Abs. 2 Satz 3)

1. Maßnahmen des Familiengerichts i.S.v § 1796 BGB

Das Familiengericht kann den Eltern bei einer konkreten Gefährdungssituation für die Kindesinteressen die Vertretung für einzelne Angelegenheiten oder für einen bestimmten Kreis von Angelegenheiten entziehen (§ 1796 BGB). **23**

▶ *Zur funktionalen Zuständigkeit Heilmann, § 3 RPflG Rn. 5.*

---

13 BGHZ 59, 236, 240; BGH FamRZ 2010, 546, 547
14 BGH NJW 1985, 2407 f.; OLG Hamm NJW-RR 2001, 437
15 MüKo-BGB/*Huber*, § 1629 BGB Rn. 48
16 BayObLG FamRZ 1960, 33, 34
17 RGZ 143, 350, 351 f.
18 MüKo-BGB/*Huber*, § 1629 BGB Rn. 53
19 BT-Drucks. 16/6561, 15; *Helms*, FamRZ 2008, 1033, 1034

24 **Voraussetzungen** für die gerichtliche Entziehung sind:

- ein oder beide sorgeberechtigten Elternteile haben die **Vertretung für eine einzelne Angelegenheit oder für einen bestimmten Kreis von Angelegenheiten** inne (vgl. § 1796 Abs. 1 BGB),

- **konkrete Interessenkollision** zwischen den Eltern, einem von den Eltern vertretenen Dritten, den Ehegatten, den Lebenspartnern oder bestimmten Verwandten einerseits und dem Kind andererseits (§ 1796 Abs. 2 BGB),

- das Interesse des Kindes steht zu den Interessen der Eltern, eines von den Eltern vertretenen Dritten, der Ehegatten, der Lebenspartner oder bestimmter Verwandter in **erheblichem Gegensatz** (§ 1796 Abs. 2 BGB),

- Wahrung des Grundsatzes der **Verhältnismäßigkeit**.

25 Der Begriff der **Vertretung** ist weit zu verstehen. Er umfasst nicht nur die tatsächliche Durchsetzung von Ansprüchen gegen die betreffende Person, sondern auch die Entscheidung darüber, ob solche Ansprüche überhaupt geltend gemacht werden sollen.[20]

26 Ein **erheblicher Gegensatz** ist gegeben, wenn das eine Interesse nur auf Kosten des anderen Interesses durchgesetzt werden kann und die Gefahr besteht, dass die sorgeberechtigten Eltern das Kindesinteresse nicht genügend berücksichtigen können.[21] Nicht ausreichend ist, dass sich das Kind und die anderen möglichen Personen auf zwei Seiten gegenüberstehen.[22] Ebenso wenig kann ein erheblicher Gegensatz bei jeder denkbaren Vermögensgefährdung angenommen werden, da andernfalls die engen Voraussetzungen der §§ 1666, 1667 BGB umgangen werden würden.[23]

27 Wie bei allen Eingriffen in das Elternrecht ist der Grundsatz der **Verhältnismäßigkeit** zu wahren. Eine Entziehung ist dann nicht erforderlich, wenn die Eltern trotz einer Interessenkollision in der Lage sind, eine dem Wohl des Kindes entsprechende Entscheidung zu treffen,[24] oder wenn durch die Bestellung eines Verfahrensbeistands für eine wirksame Interessenvertretung Sorge getragen werden kann.[25] Die Entziehung ist für jeden Elternteil gesondert zu prüfen und auf einen Elternteil zu beschränken, wenn in der Person des anderen Elternteils kein Grund für eine Entziehung gegeben ist.[26]

28 **Folge** bei gemeinsamer elterlicher Sorge und der Entziehung der Vertretung nur eines Elternteils ist die **Alleinvertretung** des anderen Elternteils nach § 1680 Abs. 3, Abs. 1 BGB. Wird bei gemeinsamer elterlicher Sorge beiden Elternteilen bzw. bei Alleinsorge dem allein sorgeberechtigten Elternteil die Vertretung entzogen, ist für die Vertretung des Kindes nach § 1909 BGB ein **Ergänzungspfleger** zu bestellen.

2. Keine Entziehung für die Vaterschaftsfeststellung (Abs. 2 Satz 3 2. HS)

29 Die Ausnahme bezieht sich auf die gerichtliche **Feststellung der Vaterschaft** nach § 1600d BGB und gilt auch für die **Anfechtung** der Vaterschaft nach §§ 1599 ff. BGB.[27] Bedarf es eines Schutzes der Kindesinteressen, besteht die Möglichkeit, die Entscheidung über das Betreiben eines Vaterschaftsfeststellungsverfahrens bzw. Vaterschaftsanfechtungsverfahrens einem Elternteil nach § 1628 BGB zu übertragen oder die elterliche Sorge

---

20 MüKo-BGB/*Huber*, § 1629 BGB Rn. 55
21 OLG Köln FamRZ 2001, 430, 431; OLG Karlsruhe FamRZ 2004, 51; OLG Koblenz FamFR 2010, 403
22 BGH NJW 1979, 345, 347; OLG Stuttgart FamRZ 1983, 831
23 OLG Frankfurt NJW-RR 2005, 1382
24 OLG Stuttgart FamRZ 1983, 831; OLG Karlsruhe FamRZ 2004, 51 f.
25 BGH FamRZ 2011, 1788, 1790
26 MüKo-BGB/*Huber*, § 1629 BGB Rn. 59
27 BayObLG FamRZ 1999, 737; *Grün*, S. 131 f.

unter den Voraussetzungen des § 1666 BGB zu entziehen und die Entscheidung über das Betreiben eines Vaterschaftsfeststellungsverfahrens bzw. Vaterschaftsanfechtungsverfahrens sowie seine Durchführung einem Pfleger zu übertragen.[28]

▶ *Zu Einzelheiten der Vaterschaftsanfechtung siehe Grün, § 1600a BGB Rn. 11 ff.*

V. Geltendmachung von Unterhaltsansprüchen (Absatz 2 Satz 2, Abs. 3)

1. Alleinvertretungsrecht (Absatz 2 Satz 2)

Die Norm ermöglicht die **Alleinvertretung eines Elternteils** für die Geltendmachung von Unterhaltsansprüchen des Kindes gegen den anderen Elternteil. **30**

Voraussetzungen dafür sind: **31**

- die gemeinsame Sorge der Eltern,

- das Kind befindet sich in Obhut eines Elternteils.

a) Die **elterliche Sorge** für das Kind muss den Eltern **gemeinsam** zustehen. Es kommt nicht darauf an, ob der Eintritt der gemeinsamen Sorge auf Ehe (§ 1626, § 1626a Abs. 1 Nr. 2 BGB), Sorgeerklärungen (§ 1626a Abs. 1 Nr. 1 BGB) oder gerichtlicher Anordnung (wie § 1626a Abs. 1 Nr. 3 BGB) beruht.[29] **32**

b) Das Kind muss sich in **Obhut** eines Elternteils befinden. Der Begriff der Obhut stammt aus § 42 SGB VIII und stellt auf die tatsächlichen Betreuungsverhältnisse ab. Das Kind befindet sich in der Obhut desjenigen Elternteils, bei dem der Schwerpunkt der tatsächlichen Fürsorge und Betreuung liegt, der sich also vorrangig um die Befriedigung der elementaren Bedürfnisse (wie Pflege, Verköstigung, Kleidung, emotionale Zuwendung) des Kindes kümmert.[30] Lässt sich ein Schwerpunkt nicht ermitteln, greift § 1629 Abs. 2 Satz 2 BGB nicht ein.[31] Das Gleiche gilt, wenn kein Elternteil die tatsächliche Obhut über das Kind innehat.[32] **33**

Der tatsächlich betreuende Elternteil **verliert** die **Obhut nicht** allein dadurch, dass **34**

- die Organisation und Überwachung durch eine **Drittbetreuung** (wie Internat, Verwandte) erfolgt,

- er eine **Beistandschaft** des Jugendamts (§ 1712 BGB) in Anspruch nimmt,

- der andere Elternteil bei **Engpässen mithilft** und Aufgaben übernimmt, die in etwa denen einer Umgangsbefugnis nach erfolgter Sorgerechtsregelung entsprechen,[33]

- der andere Elternteil mit dem Kind einen (auch längeren) **Urlaub** verbringt – im konkreten Fall sechs Wochen,[34]

- die Eltern das sog. **Wechselmodell** praktizieren, **wenn** sich feststellen lässt, dass der Anteil des einen Elternteils an der Fürsorge und Betreuung des Kindes den Anteil des anderen Elternteils übersteigt – im konkreten Fall 64% Betreuungszeit;[35] anders verhält es sich, wenn die Eltern die Fürsorge und Betreuung für das Kind mit im Wesentlichen gleichen Anteilen vornehmen,[36]

---

28 Für das Vaterschaftsfeststellungsverfahren: BT-Drucks. 13/892, 34; Für das Vaterschaftsanfechtungsverfahren: *Grün*, S. 131 f.
29 Vgl. BT-Drucks. 13/4899, 96
30 BGH ZKJ 2006, 513, 514; FamRZ 2007, 707, 708; OLG Frankfurt FamRZ 1992, 575 f.; OLG Stuttgart NJW-RR 1996, 67
31 BGH ZKJ 2006, 513, 514
32 OLG Stuttgart NJW-RR 2005, 1382, 1383
33 OLG Frankfurt FamRZ 1992, 575 f.
34 OLG Köln FamRZ 2005, 1852
35 BGH FamRZ 2007, 707, 708
36 BGH FamRZ 2007, 707, 708; OLG Zweibrücken FamRZ 2001, 290, 291; OLG München FamRZ 2003, 248

- er einer Vollbeschäftigung nachgeht, während der andere Elternteil keiner oder einer Teilzeitbeschäftigung nachgeht.[37]

35 **c)** Als **Folge** des Vorliegens der Voraussetzungen kann der die Obhut innehabende Elternteil Unterhaltsansprüche des Kindes gegen den anderen Elternteil **im Namen des Kindes** gerichtlich und außergerichtlich[38] geltend machen.

36 Das **Alleinvertretungsrecht endet** in dem Moment, in dem die Voraussetzungen wegfallen. Wurde vor dem Wegfall der Voraussetzungen bereits ein Antrag gestellt, wird dieser insgesamt unzulässig – auch für die bis dahin angelaufenen Unterhaltsrückstände.[39] Es besteht dann die Möglichkeit einer Erledigungserklärung nach § 112 Nr. 1, § 113 Abs. 1 FamFG i.V.m. § 91a ZPO.

2. Verfahrensstandschaft bei Trennung und Scheidung (Absatz 3)

37 Die Vorschrift enthält eine verfahrensrechtliche Ergänzung und ist **lex specialis** zu § 1629 Abs. 2 Satz 2 BGB. Dabei kann ein Elternteil Unterhaltsansprüche des Kindes gegen den anderen Elternteil nur **im eigenen Namen** geltend machen.

38 **Voraussetzungen** für die Geltendmachung von Unterhaltsansprüchen des Kindes sind:

- die **Alleinvertretung** des geltend machenden Elternteils,
- die **Ehe** der Eltern,
- das **Getrenntleben** der Eltern **oder** die **Anhängigkeit einer Ehesache** zwischen den Eltern.

38 **a)** Der die Unterhaltsansprüche des Kindes geltend machende Elternteil muss zur **Alleinvertretung** in diesem Bereich befugt sein. Es spielt keine Rolle, ob die Alleinvertretung auf einer gerichtlichen Übertragung oder auf der Obhutsregelung des § 1629 Abs. 2 Satz 2 BGB beruht.[40] Das Vorliegen der gemeinsamen elterlichen Sorge der Eltern wird nicht vorausgesetzt.

40 Die **Beistandschaft** des Jugendamts (§ 1712 Abs. 1 Nr. 2 BGB) ändert grundsätzlich nichts an der Vertretungsbefugnis eines Elternteils (§ 1716 Satz 1 BGB). Wird das Kind jedoch im gerichtlichen Verfahren durch das Jugendamt als Beistand vertreten, ist die Vertretung des sorgeberechtigten Elternteils ausgeschlossen, § 234 FamFG.

41 **b)** Die Eltern des Kindes müssen **miteinander verheiratet** sein.

42 **c)** Die Eltern des Kindes müssen **getrennt leben** (§ 1567 BGB), oder es muss zwischen ihnen eine **Ehesache** (§ 121 FamFG) **anhängig** (§ 124 FamFG) sein. Der Unterhaltsanspruch kann, muss aber nicht im Verbund mit dem Scheidungsverfahren geltend gemacht werden.[41]

43 **d)** Als **Folge** des Vorliegens der Voraussetzungen kann der alleinvertretungsberechtigte Elternteil Unterhaltsansprüche des Kindes gegen den anderen Elternteil **im eigenen Namen** – in gesetzlicher **Verfahrensstandschaft** – gerichtlich geltend machen. Erwirkt der alleinvertretungsberechtigte Elternteil einen Titel, kann er daraus auch vollstrecken.

44 Für eine Gewährung von **Verfahrenskostenhilfe** in dem Verfahren kommt es dann auf die wirtschaftlichen Verhältnisse des antragstellenden Elternteils – nicht auf die des Kindes – an.[42]

---

37 OLG Hamburg FamRZ 2001, 1235
38 OLG Hamburg FamRZ 1981, 490
39 Vgl. OLG Hamm FamRZ 1990, 890, 891; OLG Köln FamRZ 2005, 1999; MüKo-BGB/*Huber*, § 1629 BGB Rn. 82
40 MüKo-BGB/*Huber*, § 1629 BGB Rn. 86; BeckOK BGB/*Veit*, § 1629 BGB Rn. 49
41 BGH FamRZ 1983, 474, 475
42 BGH FamRZ 2005, 1164, 1166 f.; FamRZ 2006, 32, 33

Wird die Ehe der Eltern nach Einleitung des Kindesunterhaltsverfahrens **rechtskräftig ge-** **45** **schieden**, dauert die Verfahrensstandschaft trotzdem bis zum Abschluss des Verfahrens fort (§ 113 Abs. 1 FamFG i.V.m. § 265 Abs. 2 Satz 1 ZPO analog[43]) soweit die übrigen Voraussetzungen fortbestehen.[44]

Die **Verfahrensstandschaft endet** mit der Volljährigkeit des Kindes oder mit dem Verlust **46** der Alleinvertretung des den Unterhaltsanspruch geltend machenden Elternteils. Wird das Kind während des Unterhaltsverfahrens **volljährig**, kommt es zum Beteiligtenwechsel kraft Gesetzes, der keiner Zustimmung der Gegenseite bedarf. Das Kind tritt automatisch als Beteiligter in das Verfahren ein.[45]

Bei **Wegfall des Alleinvertretungsrechts** wird ein bereits gestellter Antrag insgesamt **47** unzulässig – auch für die bis dahin angelaufenen Unterhaltsrückstände. Es besteht dann die Möglichkeit einer Erledigungserklärung nach § 112 Nr. 1, § 113 Abs. 1 FamFG i.V.m. § 91a ZPO oder der Umstellung des Antrags auf einen familienrechtlichen Ausgleichsanspruch.[46]

Vollstreckt der frühere Verfahrensstandschafter trotz Wegfalls der Verfahrensstandschaft **48** aus einem erwirkten Unterhaltstitel, so kann der nach dem Titel unterhaltspflichtige Elternteil einen Vollstreckungsgegenantrag nach § 767 ZPO gegen den früheren Verfahrensstandschafter stellen.[47]

e) Nach § 1629 **Abs. 3 Satz 2** BGB wirken die von einem Elternteil erwirkten gerichtlichen **49** Entscheidungen und die zwischen den Eltern geschlossenen Vergleiche auch für und gegen das Kind.

§ 1629a BGB Beschränkung der Minderjährigenhaftung

(1) [1]**Die Haftung für Verbindlichkeiten, die die Eltern im Rahmen ihrer gesetzlichen Vertretungsmacht oder sonstige vertretungsberechtigte Personen im Rahmen ihrer Vertretungsmacht durch Rechtsgeschäft oder eine sonstige Handlung mit Wirkung für das Kind begründet haben, oder die auf Grund eines während der Minderjährigkeit erfolgten Erwerbs von Todes wegen entstanden sind, beschränkt sich auf den Bestand des bei Eintritt der Volljährigkeit vorhandenen Vermögens des Kindes; dasselbe gilt für Verbindlichkeiten aus Rechtsgeschäften, die der Minderjährige gemäß §§ 107, 108 oder § 111 mit Zustimmung seiner Eltern vorgenommen hat oder für Verbindlichkeiten aus Rechtsgeschäften, zu denen die Eltern die Genehmigung des Familiengerichts erhalten haben.** [2]**Beruft sich der volljährig Gewordene auf die Beschränkung der Haftung, so finden die für die Haftung des Erben geltenden Vorschriften der §§ 1990, 1991 entsprechende Anwendung.**

(2) Absatz 1 gilt nicht für Verbindlichkeiten aus dem selbständigen Betrieb eines Erwerbsgeschäfts, soweit der Minderjährige hierzu nach § 112 ermächtigt war, und für Verbindlichkeiten aus Rechtsgeschäften, die allein der Befriedigung seiner persönlichen Bedürfnisse dienten.

(3) Die Rechte der Gläubiger gegen Mitschuldner und Mithaftende sowie deren Rechte aus einer für die Forderung bestellten Sicherheit oder aus einer deren Bestellung sichernden Vormerkung werden von Absatz 1 nicht berührt.

---

43 *Gießler*, FamRZ 1994, 800, 801 f.; MüKo-BGB/*Huber*, § 1629 BGB Rn. 89
44 MüKo-BGB/*Huber*, § 1629 BGB Rn. 89; BeckOK BGB/*Veit*, § 1629 BGB Rn. 50
45 OLG München FamRZ 1996, 422
46 BGH FamRZ 1989, 850, 851; OLG Koblenz FamRZ 2005, 993
47 OLG Hamm FamRZ 2000, 365; OLG Nürnberg NJW-RR 2002, 1158; vgl. BeckOK BGB/*Veit*, § 1629 BGB Rn. 53

(4) ¹Hat das volljährig gewordene Mitglied einer Erbengemeinschaft oder Gesellschaft nicht binnen drei Monaten nach Eintritt der Volljährigkeit die Auseinandersetzung des Nachlasses verlangt oder die Kündigung der Gesellschaft erklärt, ist im Zweifel anzunehmen, dass die aus einem solchen Verhältnis herrührende Verbindlichkeit nach dem Eintritt der Volljährigkeit entstanden ist; Entsprechendes gilt für den volljährig gewordenen Inhaber eines Handelsgeschäfts, der dieses nicht binnen drei Monaten nach Eintritt der Volljährigkeit einstellt. ²Unter den in Satz 1 bezeichneten Voraussetzungen wird ferner vermutet, dass das gegenwärtige Vermögen des volljährig Gewordenen bereits bei Eintritt der Volljährigkeit vorhanden war.

Von einer Kommentierung wird abgesehen.

§ 1630 BGB Elterliche Sorge bei Pflegerbestellung oder Familienpflege

(1) Die elterliche Sorge erstreckt sich nicht auf Angelegenheiten des Kindes, für die ein Pfleger bestellt ist.

(2) Steht die Personensorge oder die Vermögenssorge einem Pfleger zu, so entscheidet das Familiengericht, falls sich die Eltern und der Pfleger in einer Angelegenheit nicht einigen können, die sowohl die Person als auch das Vermögen des Kindes betrifft.

(3) ¹Geben die Eltern das Kind für längere Zeit in Familienpflege, so kann das Familiengericht auf Antrag der Eltern oder der Pflegeperson Angelegenheiten der elterlichen Sorge auf die Pflegeperson übertragen. ²Für die Übertragung auf Antrag der Pflegeperson ist die Zustimmung der Eltern erforderlich. ³Im Umfang der Übertragung hat die Pflegeperson die Rechte und Pflichten eines Pflegers.

Übersicht

A. Allgemeines

1   Die Vorschrift regelt zum einen das Verhältnis zwischen Personen, insbes. Eltern und Pfleger, für all diejenigen Fälle, in denen die in § 1626 Abs. 1 BGB festgelegten Elternzuständigkeiten für die Personensorge und die Vermögenssorge, insbes. durch die Bestellung eines Pflegers, aufgeteilt wurden. Zum anderen soll die ordnungsgemäße Betreuung des Kindes sichergestellt werden, das von den Eltern für längere Zeit in Familienpflege gegeben worden ist.¹

---

1 BT-Drucks. 8/2788, 47; MüKo-BGB/*Huber*, § 1630 BGB Rn. 6 ff.; Palandt/*Götz*, § 1630 BGB Rn. 4 f.

B. Inhalt der Norm

I. Einschränkung der elterlichen Sorge durch Pflegerbestellung (Absatz 1)

Mit der Bestellung eines (Ergänzungs-)Pflegers (§ 1909 Abs. 1 BGB) werden im Umfang **2**
des Aufgaben- und Wirkungsbereichs des Pflegers die Eltern von der Wahrnehmung der
elterlichen Sorge ausgeschlossen. Der **Ausschluss dauert** von der Bestellung des Pflegers
(§ 1915 Abs. 1 Satz 1 i.V.m. § 1789 BGB) bis zur Beendigung der elterlichen Sorge (§ 1918
Abs. 1 BGB), der Erledigung der einzelnen dem Pfleger übertragenen Angelegenheit
(§ 1918 Abs. 3 BGB) oder der Aufhebung der Pflegschaft, wenn der Grund für ihre Anordnung weggefallen ist (§ 1919 BGB). Handeln die Eltern trotzdem als Vertreter in Aufgaben-
und Wirkungsbereichen des Pflegers, gelten die Regelungen der §§ 177 ff. BGB.

Der **Bestellung** eines (Ergänzungs-)Pflegers bedarf es, **wenn**:   **3**

- ein Ausschlussgrund nach § 1795 BGB vorliegt, § 1629 Abs. 2 Satz 1 BGB,

- ein gerichtliches Verfahren zur Durchsetzung einer genetischen Abstammungsuntersuchung nach § 1598a BGB durchgeführt wird, § 1629 Abs. 2a BGB,

- eine konkrete Gefährdungssituation für die Kindesinteressen eine Entziehung nach
  § 1796 BGB erfordert, § 1629 Abs. 2 Satz 3 BGB,

- die elterliche Sorge beiden Elternteilen teilweise nach § 1666 BGB entzogen wurde,

- die elterliche Sorge teilweise auf eine Pflegeperson übertragen wurde, § 1630 Abs. 3
  BGB,

- die Voraussetzungen der Anordnung einer Vormundschaft vorliegen, ein Vormund
  aber noch nicht bestellt ist, § 1909 Abs. 3 BGB,

- die Eltern nach § 1638 Abs. 1, Abs. 2 BGB von der Vermögenssorge ausgeschlossen
  sind,

- die Eltern teilweise verhindert sind (§ 1693 BGB) oder die elterliche Sorge teilweise
  ruht (§ 1674 BGB).

Die Vorschrift ist unmittelbar auf den (Ergänzungs-)Pfleger als **Umgangsbestimmungs-** **4**
pfleger und analog auf den Umgangspfleger für die Durchführung des Umgangs nach
§ 1684 Abs. 3 Satz 3 BGB anzuwenden.[2]

II. Meinungsverschiedenheiten (Absatz 2)

Die Vorschrift enthält einen allgemeinen Rechtsgrundsatz und ist in allen Fällen anzuwen- **5**
den, in denen die Personensorge und die Vermögenssorge jeweils verschiedenen Personen
zusteht und eine Meinungsverschiedenheit über eine Angelegenheit auftritt, die beide Bereiche berührt.[3] Dabei ist es **unerheblich**, **ob** die Meinungsverschiedenheit eine Angelegenheit betrifft, deren Regelung für das Kind **von erheblicher Bedeutung** ist oder nicht.[4]

1. Zwischen Eltern und Pfleger

Steht den Eltern die Personensorge und dem (Ergänzungs-)Pfleger die Vermögenssorge zu **6**
oder umgekehrt den Eltern die Vermögenssorge und dem (Ergänzungs-)Pfleger die Personensorge, und ist eine Angelegenheit des Kindes zu regeln, die beide Bereich berührt, und
können sich die Eltern und der Pfleger – trotz Einigungsversuchs nach § 1627 Satz 2 BGB
analog – nicht einigen, hat das Familiengericht zu entscheiden. Ebenso hat das Gericht

---

2 BeckOK BGB/*Veit*, § 1630 BGB Rn. 2.2
3 MüKo-BGB/*Huber*, § 1630 BGB Rn. 8
4 BeckOK BGB/*Veit*, § 1630 BGB Rn. 5

nach **§ 1630 Abs. 2 BGB analog** zu entscheiden, wenn dem Pfleger nicht die gesamte Personensorge oder Vermögenssorge zusteht, sondern nur ein Teil davon.[5]

7 Sind die gemeinsam **sorgeberechtigten Eltern** bereits zwischen einander **uneinig**, ist zu differenzieren: Stimmt ein Elternteil dem Pfleger zu, hat das Gericht zunächst nach § 1628 BGB zu entscheiden. Ist danach der Elternteil entscheidungsbefugt, der mit dem Pfleger übereinstimmt, bedarf es keiner weiteren Entscheidung. Ist hingegen der andere Elternteil, der nicht mit dem Pfleger übereinstimmt, entscheidungsbefugt, bedarf es zusätzlich einer Entscheidung nach § 1630 Abs. 2 BGB. Weichen alle drei Meinungen voneinander ab, bedarf es nur einer Entscheidung nach § 1630 Abs. 2 BGB.[6]

2. Zwischen einem Elternteil und dem anderen Elternteil

8 Steht einem Elternteil die Personensorge und dem anderen Elternteil die Vermögenssorge zu, und besteht eine Meinungsverschiedenheit über die Regelung einer Angelegenheit des Kindes, die beide Bereiche umfasst, hat das Familiengericht nach **§ 1630 Abs. 2 BGB analog** zu entscheiden.[7]

3. Entscheidung des Familiengerichts

9 Das Verfahren ist als **Antragsverfahren** ausgestaltet und erfolgt nur auf Antrag eines Elternteils oder beider Elternteile oder des Pflegers.

10 Das Gericht trifft **keine eigene Sachentscheidung**, sondern erklärt nur die Meinung eines Elternteils, beider Elternteile oder des Pflegers für zutreffend und ersetzt damit zugleich die Zustimmung der anderen Person(en). Bei einem Streit um Geldsummen kann sich das Gericht jedoch auf eine vermittelnde Lösung festlegen.[8]

III. Familienpflege (Abs. 3)

11 Durch die Möglichkeit einer gerichtlichen Übertragung von Angelegenheiten der elterlichen Sorge auf eine Pflegeperson soll die ordnungsgemäße Betreuung desjenigen Kindes sichergestellt werden, welches von den Eltern für längere Zeit in Familienpflege gegeben worden ist.[9]

12 **Voraussetzungen** für die gerichtliche Übertragung von Angelegenheiten der elterlichen Sorge auf die Pflegeperson sind:

- der Antrag der Eltern oder des alleinvertretungsberechtigten Elternteils oder der Pflegeperson,
- das Kind wurde von den Eltern freiwillig für längere Zeit in eine Familienpflege gegeben,
- das Einverständnis der Pflegeperson zur Übertragung.[10]

1. Antrag

13 Das Verfahren ist als Antragsverfahren ausgestaltet und erfolgt nur auf Antrag der Eltern, denen die elterliche Sorge für diejenige Angelegenheit zusteht, die der Pflegeperson übertragen werden soll, des alleinvertretungsberechtigten Elternteils oder der Pflegeperson.[11]

---

5 MüKo-BGB/*Huber*, § 1630 BGB Rn. 8
6 Palandt/*Götz*, § 1630 BGB Rn. 7
7 MüKo-BGB/*Huber*, § 1630 BGB Rn. 8; Palandt/*Götz*, § 1630 BGB Rn. 5
8 MüKo-BGB/*Huber*, § 1630 BGB Rn. 10; Palandt/*Götz*, § 1630 BGB Rn. 6
9 BT-Drucks. 8/2788, 47
10 MüKo-BGB/*Huber*, § 1630 BGB Rn. 23; BeckOK BGB/*Veit*, § 1630 BGB Rn. 13.1
11 *Salgo*/Lack, S. 283

Stellt die Pflegeperson einen Antrag, erfordert **§ 1630 Abs. 3 Satz 2 BGB** für die Übertragung die **Zustimmung** der Eltern.

2. Freiwillige Inpflegegabe für längere Zeit

Die personensorgeberechtigten Eltern müssen ihr Kind freiwillig für längere Zeit in eine Familienpflege gegeben haben.   **14**

Familienpflege bedeutet die Pflege und Erziehung des Kindes in einer anderen als der Herkunftsfamilie in familienähnlicher Weise.[12] Die Heimerziehung oder Internatserziehung genügt diesen Anforderungen nur in Ausnahmefällen, wenn Versorgung, Erziehung und Betreuung ein familienähnliches Gepräge aufweisen, sodass der Charakter der Einrichtung als Heim bzw. Anstalt völlig zurücktritt.[13] Familienpflege kann durch Verwandte, durch Verschwägerte oder durch Dritte erfolgen. Es genügt jedes faktische Pflegeverhältnis familienähnlicher Art, unabhängig von einem Pflegervertrag oder einer Pflegeerlaubnis nach § 44 Abs. 1 Satz 1 SGB VIII.[14] Bei der Familienpflege muss es sich i.d.R. um eine Vollzeitpflege (ein regelmäßiges Verweilen mit Tag- und Nachtabschnitten) und nicht nur um eine Tagespflege i.S.d. § 23 SGB VIII handeln.[15]   **15**

Die Familienpflege muss für **längere Zeit** bestehen. Bei der Begriffsbestimmung ist nicht entscheidend, ob die Pflege schon längere Zeit gedauert hat, sondern ob sie nach den Vorstellungen der Eltern längere Zeit dauern soll. Die bereits abgelaufene Dauer kann als Indiz für eine längerfristig geplante Fortdauer gelten. Eine konkrete Festlegung ist nicht möglich. Maßgeblich sind die Umstände des Einzelfalls, insbesondere, ob der geplante Pflegezeitraum solange währt, dass das Kind zur Pflegeperson bzw. Pflegefamilie und deren sozialem Umfeld engere Bindungen entwickeln kann.[16] Als Richtwerte werden Zeiträume von „mehreren" Monaten,[17] drei Monaten[18] oder mindestens sechs Monaten genannt. Nicht ausreichend ist ein Aufenthalt von bis zu acht Wochen.[19]   **16**

3. Entscheidung des Familiengerichts

Das Familiengericht kann dem Antrag ganz oder teilweise stattgeben oder ihn ganz zurückweisen. Bestimmend für die Entscheidung ist das Kindeswohl (§ 1697a BGB). Eine Übertragung auf mehrere Pflegepersonen ist zulässig.[20] Über den Antrag hinaus darf das Gericht nicht gehen.[21] Es gelten die §§ 152 ff. FamFG, insbes. die Vorschriften zur persönlichen Anhörung des Kindes und der Eltern sowie die Beteiligung der Pflegeperson.   **17**

▶ *Zur funktionalen Zuständigkeit vgl. Heilmann, § 14 RPflG Rn. 10.*

4. Rechtsfolgen

Die Pflegeperson erhält in dem Umfang, in dem das Gericht ihr Angelegenheiten der elterlichen Sorge für das Kind übertragen hat, die Rechte und Pflichten eines Pflegers, **§ 1630 Abs. 3 Satz 3 BGB**. Danach sind die Vorschriften über die Rechte und Pflichten eines Pflegers anzuwenden, soweit sie nicht gerade die förmliche Stellung des Pflegers betreffen.[22]   **18**

---

12 BGH FamRZ 2001, 1449, 1451
13 MüKo-BGB/*Huber*, § 1630 BGB Rn. 18
14 BGH FamRZ 2001, 1449, 1451; Palandt/*Götz*, § 1630 BGB Rn. 9, MüKo-BGB/*Huber*, § 1630 BGB Rn. 18
15 MüKo-BGB/*Huber*, § 1630 BGB Rn. 18; Salgo/Lack, S. 283; vgl. BGH FamRZ 2001, 1449, 1451
16 MüKo-BGB/*Huber*, § 1630 BGB Rn. 19
17 OLG Braunschweig FamRZ 2002, 118
18 *Salgo*/Lack, S. 283
19 BeckOK BGB/*Veit*, § 1630 BGB Rn. 8.1
20 AG Ibbenbüren FamRZ 2009, 1331
21 MüKo-BGB/*Huber*, § 1630 BGB Rn. 25; BeckOK BGB/*Veit*, § 1630 BGB Rn. 13
22 OLG Stuttgart FamRZ 2006, 1290, 1291

Die Pflegeperson kann einen Anspruch auf Hilfen zur Erziehung in Vollzeitpflege haben[23] und Aufwandsentschädigungen geltend machen.[24]

19　Da die Übertragung von Angelegenheiten der elterlichen Sorge für das Kind auf dem Willen der Eltern beruht, kann die Übertragung auf Antrag der Eltern **wieder aufgehoben** werden, sofern die Aufhebung nicht zu einer Kindeswohlgefährdung nach § 1666 BGB führt.[25] Ebenso ist bei einem Antrag auf Aufhebung seitens der Pflegeperson, die Übertragung aufzuheben, da eine Aufrechterhaltung gegen den Willen der Pflegeperson dem Kind grundsätzlich mehr Schaden als Nutzen brächte.[26]

§ 1631 BGB Inhalt und Grenzen der Personensorge

(1) Die Personensorge umfasst insbesondere die Pflicht und das Recht, das Kind zu pflegen, zu erziehen, zu beaufsichtigen und seinen Aufenthalt zu bestimmen.

(2) Kinder haben ein Recht auf gewaltfreie Erziehung. Körperliche Bestrafungen, seelische Verletzungen und andere entwürdigende Maßnahmen sind unzulässig.

(3) Das Familiengericht hat die Eltern auf Antrag bei der Ausübung der Personensorge in geeigneten Fällen zu unterstützen.

Übersicht

A. Allgemeines

1　Die Vorschrift konkretisiert einen Teilbereich des § 1626 Abs. 1 BGB, nämlich den Inhalt der Personensorge (im Gegensatz zur Vermögenssorge, §§ 1638 ff. BGB). Absatz 1 zählt – nicht abschließend – wesentliche **Inhalte** der Personensorge auf. Absatz 2 stellt – anders als sein Wortlaut vermuten lässt – **keine Anspruchsnorm**, sondern eine **Verbotsnorm** dar.[1] Absatz 3 ist eine **Ermächtigungsgrundlage** für familiengerichtliche Unterstützungsleistungen.

---

23 OVG Sachsen FamRZ 2009, 1524
24 OLG Stuttgart FamRZ 2006, 1290, 1291
25 Vgl. OLG Celle FamRZ 2011, 1664, 1665
26 MüKo-BGB/*Huber*, § 1630 BGB Rn. 30
1 BT-Drucks. 14/1247, 7; Staudinger/*Salgo*, § 1631 BGB Rn. 5

B. Inhalte der Norm

I. Inhalt der Personensorge (Abs. 1)

Die Personensorge beinhaltet – wie in § 1626 Abs. 1 Satz 1 BGB in Umkehrung der in Art. 6 Abs. 2 Satz 1 GG vorgesehenen Reihenfolge und daher den Pflichtencharakter betonend[2] – „insbesondere" die Pflicht und das Recht, das Kind zu pflegen, zu erziehen, zu beaufsichtigen und seinen Aufenthalt zu bestimmen. Die Aufzählung ist mithin nicht abschließend.

2

Das Personensorgerecht steht den Eltern grundsätzlich gemeinsam zu. Die Inhaber des Personensorgerechts können die (partielle) **Ausübung** der ihnen obliegenden Pflichten und Rechte auf Dritte übertragen. Das betrifft insbesondere Kindertagesstätten, Tagesmütter, Schulen, Sportvereine oder Babysitter. Da es sich bei den sich aus der Personensorge ergebenden Rechten und Pflichten um **höchstpersönliche Positionen** handelt, können sie Eltern jedoch nie der Substanz nach auf andere übertragen.

3

1. Pflege

Unter Pflege des Kindes werden jedenfalls die Handlungen verstanden, die auf die **körperliche Befindlichkeit** des Kindes zielen. Das beinhaltet seine Ernährung, die Hygiene, Gesundheit, ärztliche Versorgung, Bekleidung und sonstige Versorgung.[3] Ob darüber hinaus auch ein über die körperliche Befindlichkeit hinausgehender Pflegebegriff gemeint ist, der die „allgemeine Sorge für die Person des Kindes, für sein körperliches Wohl und für seine geistige und charakterliche Entwicklung" umfasst,[4] ist nicht geklärt, dürfte aber allein schon aufgrund der Schwierigkeiten zu bejahen sein, jeweils eine klare Trennung zwischen diesen einzelnen Aspekten herzustellen.[5]

4

Zwar dürften zur Pflege die von der Impfkommission empfohlenen **Impfungen** sowie die Teilnahme an den empfohlenen ärztlichen **Früherkennungsuntersuchungen** gehören.[6] Gerade hierbei zeigt sich aber, dass es im Einzelfall sehr schwierig sein kann, dem Charakter der Norm als Pflichtrecht gerecht zu werden. Zwar kann die Nichtteilnahme an Vorsorgeuntersuchungen in einzelnen Bundesländern (Bremen, Hessen, Saarland, Rheinland-Pfalz, Brandenburg, Sachsen, Schleswig-Holstein, Niedersachsen, Nordrhein-Westfalen und Thüringen) zu Maßnahmen des Jugendamts führen, soweit die Teilnahme verpflichtend ist.[7] Der Umstand, dass dies in anderen Bundesländern nicht der Fall ist, muss jedoch beispielsweise bei der Frage, ob behördliche oder familiengerichtliche Maßnahmen wegen angeblicher Verletzung elterlicher Pflichten gegenüber dem Kind erfolgen dürfen, aus Gleichheitsgesichtspunkten eine wesentliche Rolle spielen.

5

▶   *Zur Problematik von Früherkennungsuntersuchungen auch Cirullies, § 1666 BGB Rn. 26.*

---

2   BT-Drucks. 13/4899, 93
3   Staudinger/*Salgo*, § 1631 BGB Rn. 22
4   So Maunz/Dürig/Herzog-*Badura*, Art. 6 Abs. 2 GG Rn. 107
5   Vgl. Staudinger/*Salgo*, § 1631 BGB Rn. 22
6   Staudinger/*Salgo*, § 1631 BGB Rn. 22
7   Vgl. für Hessen § 1 Abs. 1 Satz 1, § 3 Abs. 1 Satz 3 HessKiGesundhSchutzG i.V.m. § 8a SGB VIII; hierzu auch VG Frankfurt ZKJ 2012, 406 ff.; VGH Kassel ZKJ 2013, 82 ff.; OLG Frankfurt ZKJ 2014, 31; für Rheinland-Pfalz VerfGH Rheinland-Pfalz JAmt 2010, 142 ff.; für Nordrhein-Westfalen § 4 Abs. 3 UTeilnahmeDatVO i.V.m. § 8a SGB VIII; VG Köln ZKJ 2012, 239 f.; allgemein zur Problematik: *Sommer*, ZKJ 2013, 68 ff.; DIJuF-Rechtsgutachten JAmt 2012, 161 ff.

2. Erziehung

6   Erziehung ist die elterliche Sorge für die **geistige und seelische Entwicklung** des Kindes in Bezug auf seine Anlagen und Fähigkeiten sowie sonstige Verhältnisse.[8] Wichtigstes Ziel der Erziehung ist die Entwicklung des Kindes zu einem selbständigen und eigenverantwortlichen Menschen.[9] Dem heranwachsenden Gesellschaftsmitglied soll ermöglicht werden, sich um seiner selbst willen nach dem Menschenbild des Grundgesetzes zu entwickeln, um selbständig von den in der Verfassung eingeräumten Rechten Gebrauch machen zu können.[10] Eine strikte Abgrenzung der Begriffe Pflege und Erziehung ist nicht möglich, da sich die beiden Bereiche meist überschneiden.[11]

3. Beaufsichtigung

7   Durch die Beaufsichtigung soll das Kind **vor Selbstgefährdung und vor Gefährdungen durch Dritte geschützt** werden.[12] Verletzen Eltern ihre Beaufsichtigungspflicht, können sie gegenüber dem Kind zur Haftung herangezogen werden, § 1664 BGB. Die Beaufsichtigungspflicht dient nicht dem Schutz Dritter vor Gefährdungen, die vom Kind ausgehen.[13] Die Eltern können aber gegenüber Dritten nach § 832 BGB haften.

8   Die Beaufsichtigungspflicht trifft **jeden Elternteil**;[14] auch wenn sie eine Aufgaben- und Funktionsteilung vereinbart haben, sind sie der Pflicht einer wechselseitigen Überwachung nicht enthoben.[15] Die Beaufsichtigungspflicht trifft auch die **Pflegepersonen** (§ 1688 Abs. 1 BGB), die **Stiefeltern** (§ 1687b Abs. 1 BGB) und den **Lebenspartner** eines Elternteils (§ 9 Abs. 1 LPartG), da diese die Befugnis zur (Mit-)Entscheidung haben.[16]

9   Eine **Übertragung** der Beaufsichtigungspflicht **auf Dritte**, insbes. Personen und Institutionen, bei denen sich das Kind aufhält (wie Kindergarten, Schule, Internat), ist grundsätzlich vorübergehend oder partiell möglich. Jedoch werden die Eltern dadurch nicht völlig von ihrer Pflicht befreit. Die Eltern müssen den Dritten sorgfältig auswählen,[17] und es können sich je nach Eigenart des Kindes Pflichten zur Kontrolle, zur Rückfrage oder zur Erteilung von Weisungen ergeben.[18]

10   Der **Umfang** der Beaufsichtigungspflicht richtet sich nach dem Alter, der Eigenart und der Verständigkeit des Kindes und nach der örtlichen Situation.[19] Maßgebend ist, was verständige Eltern unter den gegebenen Umständen nach vernünftigen Anforderungen hätten tun müssen.[20] Dabei ist zu berücksichtigen, wie der Erfolg der bisherigen Aufsichts- und Erziehungsmaßnahmen war. Je geringer dieser bisher ausgefallen ist, desto intensiver muss die Beaufsichtigung sein.[21] Ferner ist zu berücksichtigen, dass die Einflussnahme der Eltern mit zunehmendem Alter und zunehmender Eigenverantwortlichkeit des Kindes zurücktritt. Mit zunehmendem Alter müssen dem Kind **Freiräume** gegeben werden,[22] und das Kind muss die Möglichkeit erhalten, sich an Gefahrenlagen zu gewöhnen.[23] Ein über-

---

8 Mot IV, 750; BeckOK BGB/*Veit*, § 1631 BGB Rn. 3
9 Vgl. BVerfGE 24, 119, 144, 155; BT-Drucks. 8/2788, 34
10 BVerfGE 24, 119, 144; 56, 363, 384
11 BeckOK BGB/*Veit*, § 1631 BGB Rn. 3
12 MüKo-BGB/*Huber*, § 1631 BGB Rn. 6; BeckOK BGB/*Veit*, § 1631 BGB Rn. 6
13 MüKo-BGB/*Huber*, § 1631 BGB Rn. 6
14 BGH FamRZ 1962, 116; OLG Nürnberg FamRZ 1963, 367, 368
15 OLG Nürnberg FamRZ 1963, 367, 368; BeckOK BGB/*Veit*, § 1631 BGB Rn. 6
16 Staudinger/*Salgo*, § 1631 BGB Rn. 31; BeckOK BGB/*Veit*, § 1631 BGB Rn. 6
17 OLG Celle NJW-RR 1987, 1384 f.
18 Staudinger/*Salgo*, § 1631 BGB Rn. 42
19 BVerfG FamRZ 2010, 2050, 2055; BGH FamRZ 1997, 799, 800 ; OLG München FamRZ 1997, 740, 741
20 BGH FamRZ 1984, 984, 985; NJW 1993, 1003; MüKo-BGB/*Huber*, § 1631 BGB Rn. 8
21 BGH FamRZ 1984, 984, 985; FamRZ 1997, 799, 800
22 BGH FamRZ 1984, 984, 985; FamRZ 2009, 1049, 1050
23 MüKo-BGB/*Huber*, § 1631 BGB Rn. 8

behütetes Fernhalten von jeglicher Gefahr würde einer Verselbständigung entgegenstehen.[24]

Der Umfang der Beaufsichtigungspflicht richtet sich letztlich immer nach dem **konkreten Einzelfall**, z.B.   **11**

- wird beim **Spielen** von Kindern im Freien ab einem Alter von vier Jahren grundsätzlich eine regelmäßige Kontrolle in viertel- bis halbstündigen Zeitabständen für erforderlich, aber auch ausreichend gehalten,[25]

- ist eine Überwachung „auf Schritt und Tritt" von Kindern ab einem Alter von sieben Jahren grundsätzlich ebenso wenig erforderlich wie eine regelmäßige Kontrolle in kurzen, etwa halbstündigen Zeitabständen,[26]

- werden beim Umgang mit **gefährlichen Gegenständen** an die Belehrung und die Beaufsichtigung strenge Anforderungen gestellt, im konkreten Fall Streichhölzer und Feuerzeug,[27] gefährliches Spielzeug,[28] Medikamente und chemische Substanzen,[29]

- ist, wenn fünf- bis sechsjährige Kinder am **Straßenverkehr** teilnehmen, eine ständige Beaufsichtigung erforderlich,[30]

- ist es, wenn schulpflichtige Kindern zwischen sieben und zehn Jahren mit Roller oder Fahrrad am **Straßenverkehr** teilnehmen, grundsätzlich ausreichend, dass sie ihr Fahrzeug ausreichend beherrschen und sie über die Verkehrsregeln und die Gefahren für sich und andere gründlich belehrt worden sind,[31]

- ist ein 17jähriger grundsätzlich nur noch sehr eingeschränkt zu beaufsichtigen.[32]

4. Aufenthalt

Die Bestimmung des Aufenthalts umfasst die Festlegung von **Wohnort und Wohnung**   **12**
des Kindes, nicht die Begründung des Wohnsitzes i.S.d. § 11 BGB.[33] Das Recht zur Bestimmung des Aufenthalts bildet die Grundlage für den Anspruch auf Herausgabe des Kindes in § 1632 Abs. 1 BGB und erlaubt die Festlegung des Wohnorts und der Wohnung bei Dritten wie Verwandten, Pflegefamilien, Heim, Kindergarten, Kur, Krankenhaus oder Internat.[34] Das Aufenthaltsbestimmungsrecht umfasst nicht das Recht zur Umgangsbestimmung.[35]

Von der Bestimmung des Aufenthalts ist ebenfalls eine **Beschränkung der Freiheit** er-   **13**
fasst, in Form von Hausarrest, des Verbots, sich an einen bestimmten Ort zu begeben, der Festlegung von Ausgehzeiten oder der Wegnahme des Personalausweises, um eine Ausreise ins Ausland zu verhindern.[36]

Die Bestimmung des Aufenthalts steht beiden sorgeberechtigten Elternteilen zu. Steht die   **14**
elterliche Sorge nur einem Elternteil zu, so bestimmt er den Aufenthalt des Kindes allein.[37]

---

24 Staudinger/*Salgo*, § 1631 BGB Rn. 43
25 BGH FamRZ 2009, 1049, 1051
26 BGH FamRZ 2009, 1051, 1052
27 BGH NJW 1990, 2553, 2554; NJW 1993, 1003; FamRZ 1996, 600
28 KG FamRZ 1992, 550, 551; OLG Düsseldorf FamRZ 1998, 234
29 BGH FamRZ 1976, 330, 331
30 OLG Köln VersR 1969, 44, 45; OLG Düsseldorf ZFE 2002, 385 f.
31 BGH NJW-RR 1987, 1430, 1431
32 OLG Celle FamRZ 2000, 1214
33 Staudinger/*Salgo*, § 1631 BGB Rn. 50
34 Staudinger/*Salgo*, § 1631 BGB Rn. 53 mit weiteren Beispielen
35 OLG Frankfurt ZKJ 2013, 167, 168; *Heilmann*, FamRZ 2014, 1753, 1754
36 BeckOK BGB/*Veit*, § 1631 BGB Rn. 11.1
37 BeckOK BGB/*Veit*, § 1631 BGB Rn. 12

II. Recht auf gewaltfreie Erziehung und Verbot entwürdigender Maßnahmen (Abs. 2)

15 Das Recht des Kindes auf gewaltfreie Erziehung und das Verbot entwürdigender Maßnahmen soll verdeutlichen, dass das Kind als Person mit eigener Menschenwürde (Art. 1 Abs. 1 Satz 1 GG) und als Träger von Rechten und Pflichten die Achtung seiner Persönlichkeit (Art. 2 Abs. 1 i.V.m. Art. 1 Abs. 1 GG) auch von den Eltern und Dritten verlangen kann.[38] Damit soll kein absolutes Verbot aller körperlichen Einwirkungen aufgestellt werden. Die Norm knüpft nicht an einen strafrechtlichen Gewaltbegriff an, was eine Kriminalisierung des Familienlebens zur Folge haben könnte, sondern konkretisiert den Begriff der gewaltfreien Erziehung in gewissem Umfang. Eine anderslautende Regelung hätte beispielsweise zur Folge, dass jedes Festhalten des Kindes zur Gefahrenabwehr mit der Gefahr einer Strafverfolgung nach § 240 StGB verbunden wäre oder eine Hinderung des Kindes, aus gegebenem Anlass das Elternhaus zu verlassen, bereits eine Freiheitsberaubung darstellen würde.[39] Das Recht des Kindes auf gewaltfreie Erziehung und das Verbot entwürdigender Maßnahmen entfaltet seine Wirkung auch gegenüber **Dritten**, insbes. Personen und Institutionen, bei denen sich das Kind aufhält (wie Kindergarten, Schule, Internat).[40]

1. Recht auf gewaltfreie Erziehung (Abs. 2 Satz 1)

16 Die Norm gibt dem Kind ein Recht auf gewaltfreie Erziehung. Das Recht umfasst dabei **alle Bereiche elterlichen Handelns**, nicht nur die Erziehung.[41] Allerdings handelt es sich bei dem Recht nicht um ein unmittelbar einklagbares Recht im Sinne eines Anspruchs.

2. Verbot entwürdigender Maßnahmen (Abs. 2 Satz 2)

17 Die Norm enthält in teilweiser Konkretisierung des Rechts auf gewaltfreie Erziehung das Verbot, bei der Ausübung der elterlichen Sorge körperliche Bestrafungen, seelische Verletzungen und andere entwürdigende Maßnahmen einzusetzen.[42]

a) Körperliche Bestrafungen

18 Jegliche Art der körperlichen Bestrafung ist unzulässig, auch wenn sie nicht die Intensität der Misshandlung erreicht. Der Grund liegt darin, dass jede Art körperlicher Bestrafung für das Kind eine Demütigung bedeutet.[43] Damit ist generell jede Einwirkung auf den Körper des Kindes zur Sanktionierung vergangenheitsbezogenen Verhaltens unzulässig.[44]

19 **Unzulässig** sind mithin u.a.:

- die „Tracht Prügel",[45]

- das Schlagen mit und ohne Schlaggegenstände (mit der Faust oder der flachen Hand),[46]

- eine Ohrfeige,[47]

- „Klapse",[48]

---

38 BT-Drucks. 14/1247, 5; Staudinger/*Salgo*, § 1631 BGB Rn. 83, 91 f.
39 BT-Drucks. 8/2788, 35; BT-Drucks. 13/8511, 65; Staudinger/*Salgo*, § 1631 BGB Rn. 85
40 Staudinger/*Salgo*, § 1631 BGB Rn. 91 f.
41 Staudinger/*Salgo*, § 1631 BGB Rn. 83; vgl. BT-Drucks. 14/1247, 5 wo der Begriff „Personensorge" verwendet wird
42 BT-Drucks. 14/1247, 5
43 BT-Drucks. 14/1247, 8
44 BeckOK BGB/*Veit*, § 1631 Rn. 20; MüKo-BGB/*Huber*, § 1631 BGB Rn. 22
45 Staudinger/*Salgo*, § 1631 BGB Rn. 86
46 LG Berlin ZKJ 2006, 103, 105; OLG Thüringen OLGR Jena 2008, 510, 511
47 BGH StV 1992, 106; AG Burgwedel JAmt 2005, 50
48 OLG Thüringen OLGR Jena 2008, 510, 511; Staudinger/*Salgo*, § 1631 BGB Rn. 86

- ein „hartes Zupacken", wenn es nicht der Gefahrenabwehr dient,[49]
- an den Haaren oder Ohren ziehen,[50]
- heftiges Schütteln, insbesondere aufgrund der Gefahr eines erzeugenden Schüttel-traumas bei Kleinkindern,[51]
- das Fesseln bzw. Festgurten im Rahmen der sog. Festhaltetherapie.[52]

b) Seelische Verletzungen

Mit dem Begriff der seelischen Verletzungen sollen vor allem kränkende und herabset-zende Verhaltensweisen von Eltern oder von Dritten mit Duldung der Eltern erfasst wer-den. Ebenso kann extreme Kälte im Umgang mit dem Kind eine seelische Verletzung verur-sachen.[53] Entscheidend für die Beurteilung, ob eine seelische Verletzung vorliegt oder nicht, ist der Verletzungserfolg, nämlich die Verletzung des Kindes in seinem seelischen Wohlergehen.[54]   **20**

Unzulässig sind mithin u.a.:   **21**

- eine Bloßstellung vor Geschwistern, Freunden, Verwandten, Nachbarn, Lehrern, Schulkameraden,[55]
- ein altersunangemessenes Alleinlassen oder ein Einsperren im Dunkeln,[56]
- das Miterleben von häuslicher Gewalt der Eltern (mittelbare Gewalt),[57]
- ein langandauerndes Nichtansprechen bzw. das Nichtbeachten des Kindes als eine Form des Liebesentzugs,[58]
- die Missachtung.[59]

c) Andere entwürdigende Maßnahmen

Als entwürdigend sind Maßnahmen einzustufen, die das Ehr- und Selbstwertgefühl des Kindes in einem in Bezug auf den Anlass der Erziehungsmaßnahme nicht zu rechtfertigen-den Maße verletzen oder gefährden.[60] Die Entwürdigung kann in der Art der Maßnahme, im Ausmaß, der Dauer oder den Begleitumständen begründet sein.[61] Andere entwürdi-gende Maßnahmen sind insbesondere solche, die objektiv geeignet sind, zu seelischen Verletzungen zu führen, im konkreten Fall aber nicht zu solchen Verletzungen geführt ha-ben (z.B. Bloßstellung gegenüber Dritten in Abwesenheit des Kindes).[62]   **22**

Unzulässig ist mithin u.a.:   **23**

- wenn Eltern hinter dem Rücken des Kindes mit dessen Freunden Gespräche führen, in denen sich die Eltern über das Kind laufend verächtlich und herabsetzend äußern,[63]

---

49 AG Augsburg, Urteil vom 4.2.2010 – 15 C 259/09, Rn. 18 (juris); Staudinger/*Salgo*, § 1631 BGB Rn. 86
50 Staudinger/*Salgo*, § 1631 BGB Rn. 86
51 Staudinger/*Salgo*, § 1631 BGB Rn. 86
52 Staudinger/*Salgo*, § 1631 BGB Rn. 86
53 BT-Drucks. 14/1247, 8
54 MüKo-BGB/*Huber*, § 1631 BGB Rn. 25
55 BT-Drucks. 14/1247, 8; Staudinger/*Salgo*, § 1631 BGB Rn. 87
56 Staudinger/*Salgo*, § 1631 BGB Rn. 87
57 *Kindler/Salzgeber/Fichtner/Werner*, FamRZ 2004, 1241, 1245
58 BT-Drucks. 12/6343, 15; Staudinger/*Salgo*, § 1631 BGB Rn. 87
59 Staudinger/*Salgo*, § 1631 BGB Rn. 87, 89
60 BT-Drucks. 8/2788, 35; MüKo-BGB/*Huber*, § 1631 BGB Rn. 28
61 OLG Thüringen FamRZ 2003, 1319, 1320
62 MüKo-BGB/*Huber*, § 1631 BGB Rn. 28
63 BT-Drucks. 14/1247, 8

- das gewaltsame „Füttern" eines Kleinkindes,[64]

- ein Abmelden aus dem Fußballverein aus geringfügigem Anlass.[65]

3. Rechtsfolgen

24 Wenn die Eltern gegen die in § 1631 Abs. 2 BGB festgesetzten Grundsätze verstoßen, kann das Gericht unter den Voraussetzungen der **§§ 1666, 1666a** BGB eingreifen. Das Kind kann jedoch keine allgemein zivilrechtlichen Unterlassungs- oder Verpflichtungsansprüche gegen seine Eltern geltend machen. Für Schadensersatzansprüche können die Eltern bei Vorliegen der Voraussetzungen nach § 1664 BGB, § 823 Abs. 1 BGB und § 823 Abs. 2 i.V.m. § 1631 Abs. 2 BGB haften.[66] § 1631 Abs. 2 BGB ist also ein **Schutzgesetz i.S.v. § 823 Abs. 2** BGB. Verstöße gegen § 1631 Abs. 2 BGB sind ferner ggf. nach §§ 223 ff. StGB strafbar.[67]

III. Unterstützung der Eltern bei der Ausübung der Personensorge (Absatz 3)

25 Das Familiengericht kann die Eltern in geeigneten Fällen bei der Ausübung der Personensorge unterstützen.

26 **Voraussetzungen** dafür sind:

- ein Antrag der personensorgeberechtigten Eltern bzw. des allein personensorgeberechtigten Elternteils,

- ein „geeigneter Fall".

27 **1.** Eine gerichtliche Unterstützung wird nur auf **Antrag** gewährt. Antragsberechtigt sind, wenn beide Elternteile die Personensorge für das Kind innehaben, beide Elternteile gemeinsam. Ein Elternteil ist nur dann allein antragsberechtigt, wenn er allein Inhaber der Personensorge ist.[68] Der Antrag ist widerruflich und kann jederzeit zurückgenommen werden.[69]

28 **2.** Das Gericht hat die Eltern nur in **geeigneten Fällen** zu unterstützen. Hält das Gericht ein Tätigwerden für unzweckmäßig oder im Interesse des Kindes für nicht geboten, kann es ein Tätigwerden ablehnen.[70] Maßgeblich für eine unterstützende Maßnahme ist, ob eine solche dem Kindeswohl entspricht. Das Gericht hat insoweit eine eigene Prüfungsbefugnis. Andererseits darf das Gericht nicht über den Antrag hinausgehen, wohl aber dahinter zurückbleiben und eine neue Antragstellung anregen.[71]

29 **3.** Bei den möglichen **Unterstützungsmaßnahmen** ist zu berücksichtigen, dass spezialgesetzliche Regelungen, insbesondere hinsichtlich der Ausübung des staatlichen Wächteramts (§§ 1631b, 1632, 1666, 1666a BGB), Vorrang haben.

30 Als Unterstützungsmaßnahmen kommen u.a. in Betracht:[72]

- ein Gespräch mit dem Kind und Eltern, anderen Personen und Institutionen, insbesondere um die Kommunikation zwischen den Beteiligten wieder herzustellen,

- Ermahnungen, Weisungen und Verwarnungen, beispielsweise zur Bekräftigung von Umgangsverboten,

---

64 OLG Frankfurt FamRZ 1980, 284 f.
65 Staudinger/*Salgo*, § 1631 BGB Rn. 89
66 MüKo-BGB/*Huber*, § 1631 BGB Rn. 37 ff. m.w.N.
67 Palandt/*Götz*, § 1631 BGB Rn. 6 m.w.N.
68 Staudinger/*Salgo*, § 1631 BGB Rn. 94
69 MüKo-BGB/*Huber*, § 1631 BGB Rn. 41; Staudinger/*Salgo*, § 1631 BGB Rn. 95
70 BT-Drucks. 8/2788, 48 f.
71 Staudinger/*Salgo*, § 1631 BGB Rn. 95
72 Dazu ausführlich Staudinger/*Salgo*, § 1631 BGB Rn. 100 m.w.N.

- die Anordnung des persönlichen Erscheinens des Kindes,

- die Unterstützung der Eltern bei der Ermittlung des Aufenthalts des Kindes.

Neben dem Tätigwerden des Gerichts können die Eltern die Unterstützungsmaßnahmen **31**
der **Jugendhilfe** nach §§ 18, 27 SGB VIII in Anspruch nehmen.

§ 1631a BGB Ausbildung und Beruf

In Angelegenheiten der Ausbildung und des Berufs nehmen die Eltern insbesondere auf Eignung und Neigung des Kindes Rücksicht. Bestehen Zweifel, so soll der Rat eines Lehrers oder einer anderen geeigneten Person eingeholt werden.

Übersicht

A. Allgemeines

Die Norm verdeutlicht die Grundsätze, die bei den für das ganze Leben des Kindes besonders wichtigen Entscheidungen in Angelegenheiten der Ausbildung und des Berufs zu beachten sind. Sie stellt eine sachgebotene Ergänzung zu § 1626 Abs. 2 BGB dar und soll verhindern, dass Eltern aus falschen Prestigedanken oder als Ersatz für eigene unerfüllte Berufswünsche oder aus sonstigen Gründen das Kind zu einer Ausbildung oder einem Beruf zwingen, in denen es schließlich scheitern muss.[1]   **1**

B. Inhalt der Norm

I. Ausbildung und Beruf

1. Der Begriff der **Ausbildung** ist weit gefasst und umfasst nicht nur die Berufsausbildung.   **2**
Er zielt auf die Entwicklung von Anlagen, Begabungen und speziellen Fertigkeiten, die für die Ausübung bestimmter Tätigkeiten Voraussetzung sind.[2]

Die Ausbildung **umfasst**:   **3**

- die schulische Bildung des Kindes, soweit und sobald in diesem Bereich Wahl- und Entscheidungsmöglichkeiten bestehen,

- die Berufsausbildung, wie (Erst-)Entscheidungen über das Ausbildungsziel, den Ausbildungsgang und die Ausbildungsstätte, die Berufswahl, und auch Entscheidungen, die den zunächst eingeschlagenen Ausbildungsweg ganz oder teilweise ändern,

- die Entfaltung musischer, intellektueller, sportlicher oder technischer Fähigkeiten (wie das Erlernen eines Musikinstruments oder einer Sprache, des Segelns, der Computerbenutzung, den Erwerb eines Führerscheins).[3]

---

1 BT-Drucks. 8/2788, 37
2 Staudinger/*Salgo*, § 1631a BGB Rn. 10; BeckOK BGB/*Veit*, § 1631a BGB Rn. 2
3 MüKo-BGB/*Huber*, § 1631a BGB Rn. 4; Staudinger/*Salgo*, § 1631a BGB Rn. 10 ff.

4   **2.** Der Begriff des **Beruf**s umfasst jede dauerhafte Tätigkeit, die darauf abzielt, eine Lebensgrundlage für sich oder auch Dritte zu schaffen und zu erhalten.[4]

II. Rücksichtnahme insbes. auf Eignung und Neigung

5   **1.** Die **Eignung** des Kindes liegt vor, wenn es die Begabung, Befähigung, Fertigkeit sowie die physischen und psychischen Eigenschaften hat, die zur Erreichung eines angestrebten Ausbildungsziels und beruflichen Werdegangs erforderlich sind.[5] Ob eine gewisse Eignung vorliegt, lässt sich beispielsweise durch Schulzeugnisse, Auskünfte von Lehrern, medizinische oder psychologische Gutachten oder Tests ermitteln. Dabei ist zu berücksichtigen, dass es sich bei solchen Belegen nur um gegenwärtig feststellbare Fähigkeiten und Anlagen handelt.[6]

6   **2.** Unter **Neigung** sind dagegen die Vorlieben und Interessen des Kindes im Sinne positiver emotionaler Zuwendung zu verstehen.[7] Sie sind nur zu berücksichtigen, soweit sie eine gewisse Beständigkeit erkennen lassen und nicht im Widerspruch zur Eignung des Kindes stehen. Bloße vorübergehende Launen sind nicht entscheidend.[8]

7   **3. Weitere** zu berücksichtigende **Kriterien** sind beispielsweise die wirtschaftliche Leistungsfähigkeit der Eltern, der Gesundheitszustand des Kindes oder anderer Familienmitglieder, die Arbeitsmarktchancen, die zeitliche Belastung, die Entfernung zur Ausbildungsstätte oder die Fortführung des Betriebs im Interesse der Familie.[9]

8   **4.** Die **Pflicht zur Rücksichtnahme** insbes. auf Eignung und Neigung des Kindes soll gewährleisten, dass die Eltern die Wahl von Ausbildung und Beruf des Kindes unter Zugrundelegung aller Fertigkeiten und Bestrebungen des Kindes treffen.[10] Rücksichtnahme bedeutet auch die Bereitschaft zu Gesprächen und Auseinandersetzungen mit dem Kind. Sie beschränkt sich nicht nur auf ein Gewährenlassen, sondern erfordert auch aktive Unterstützung und finanzielle Hilfe.[11]

III. Externe Beratung

9   Sind die Eltern bei Entscheidungen in Angelegenheiten der Ausbildung und des Berufs überfordert, unsicher, untereinander oder mit dem Kind uneinig, wird nach § 1631a Satz 2 BGB zur Entscheidungsfindung empfohlen, fachkundige Hilfe in Anspruch zu nehmen. Je nach Art der bestehenden Zweifel kommen als geeignete Personen zur Beratung beispielsweise in Betracht: Verwandte, Lehrer, Ausbilder, Berufsberater, eine den betreffenden Beruf ausübende Person, Ärzte oder Psychologen.[12]

IV. Rechtsfolgen

10   Wenn die Eltern gegen diese Grundsätze verstoßen, kann das Gericht unter den Voraussetzungen der §§ 1666, 1666a BGB eingreifen.[13] Ebenso kann ein Verstoß unterhaltsrechtliche Folgen insoweit haben, als die Eltern ihre Verpflichtung zur Finanzierung einer angemessenen Ausbildung noch nicht in rechter Weise erfüllt haben und eine weitere Ausbildung finanzieren müssen.[14]

---

4 MüKo-BGB/*Huber*, § 1631a BGB Rn. 3
5 BeckOK BGB/*Veit*, § 1631a BGB Rn. 3
6 BayObLG FamRZ 1982, 634, 636; Staudinger/*Salgo*, § 1631a BGB Rn. 13
7 MüKo-BGB/*Huber*, § 1631a BGB Rn. 6
8 BT-Drucks. 8/2788, 49; BayObLG FamRZ 1982, 634, 636; BeckOK BGB/*Veit*, § 1631a Rn. 3.2
9 Staudinger/*Salgo*, § 1631a BGB Rn. 13; MüKo-BGB/*Huber*, § 1631a BGB Rn. 9
10 *Zenz* StAZ 1973, 257, 263; BeckOK BGB/*Veit*, § 1631a BGB Rn. 3
11 MüKo-BGB/*Huber*, § 1631a Rn. 7; BeckOK BGB/*Veit*, § 1631a BGB Rn. 3.3
12 BT-Drucks. 8/2788, 49; BeckOK BGB/*Veit*, § 1631a BGB Rn. 4
13 BeckOK BGB/*Veit*, § 1631a BGB Rn. 5
14 BGH NJW-RR 2000, 593 f.

§ 1631b BGB Mit Freiheitsentziehung verbundene Unterbringung

[1]Eine Unterbringung des Kindes, die mit Freiheitsentziehung verbunden ist, bedarf der Genehmigung des Familiengerichts. [2]Die Unterbringung ist zulässig, wenn sie zum Wohl des Kindes, insbesondere zur Abwendung einer erheblichen Selbst- oder Fremdgefährdung, erforderlich ist und der Gefahr nicht auf andere Weise, auch nicht durch andere öffentliche Hilfen, begegnet werden kann. [3]Ohne die Genehmigung ist die Unterbringung nur zulässig, wenn mit dem Aufschub Gefahr verbunden ist; die Genehmigung ist unverzüglich nachzuholen.

Weiterführende Literatur: Vogel, Die familiengerichtliche Genehmigung der Unterbringung mit Freiheitsentziehung bei Kindern und Jugendlichen nach § 1631b BGB; *ders.,* Familiengerichtliche Genehmigung der freiheitsentziehenden Unterbringung bei Kindern und Jugendlichen nach § 1631b BGB, FamRZ 2015, 1 ff.

Übersicht

A. Allgemeines

Die Vorschrift stellt die Unterbringung des Kindes, die mit Freiheitsentziehung verbunden ist, unter den Vorbehalt einer gerichtlichen Kontrolle, da sie einen besonders schweren Eingriff in das Recht des Kindes auf persönliche Freiheit (Art. 2 Abs. 2 Satz 2 GG) darstellt.[1] Die Freiheit der Person ist ein so hohes Rechtsgut, dass sie nur aus besonders gewichtigem Grund angetastet werden darf.[2] Die Einschränkung der Freiheit ist daher stets einer strengen Prüfung am Grundsatz der Verhältnismäßigkeit zu unterziehen.[3] Eine Unterbringung des Kindes, die mit Freiheitsentziehung verbunden ist, kommt nur als letztes Mittel und nur für die kürzeste angemessene Zeit in Betracht.[4]

1

B. Inhalt der Norm

I. Satz 1 und 2 (Unterbringung mit Genehmigung)

Voraussetzungen für eine Genehmigung der Unterbringung i.S.d. § 1631b BGB sind:

2

- eine Unterbringung, die mit einer Freiheitsentziehung verbunden ist,

- die Unterbringung ist zum Wohl des Kindes, insbesondere zur Abwendung einer erheblichen Selbst- oder Fremdgefährdung, erforderlich,

- der Kindeswohlgefährdung kann nicht auf andere Weise begegnet werden (Wahrung des Verhältnismäßigkeitsgrundsatzes).

---

1 BT-Drucks. 8/2788, 38, 50
2 BVerfGE 45, 187, 223; BVerfG ZKJ 2008, 38, 39
3 BVerfG ZKJ 2008, 38, 39
4 BGH ZKJ 2013, 74, 76

1. Unterbringung

3 Unterbringung ist die Fremdplatzierung des Kindes außerhalb des Elternhauses, z.B. in einer Anstalt, einem Heim oder einem Krankenhaus. Der Zweck ist ebenso wie die Dauer unerheblich.[5]

2. Freiheitsentziehung

4 Die Unterbringung muss mit einer Freiheitsentziehung verbunden sein; eine bloße Freiheitsbeschränkung reicht nicht. Eine **Freiheitsentziehung** liegt dann vor, wenn einem Menschen der Gebrauch der persönlichen (Bewegungs-)Freiheit genommen wird, indem ihm die Möglichkeit entzogen wird, einen räumlich begrenzten Bereich einer geschlossenen Einrichtung oder einen abgeschlossenen Teil der Einrichtung zu verlassen, wo sein Aufenthalt ständig überwacht und die Kontaktaufnahme mit Personen außerhalb des Bereichs eingeschränkt wird.[6] Maßgebend ist dabei der eingetretene Erfolg bzw. Zustand, nicht das eingesetzte Mittel oder der Zweck der Maßnahme.[7] Bei einer Wegnahme der persönlichen (Bewegungs-)Freiheit gegen den Willen oder im Zustand der Willenslosigkeit des Kindes ist immer von einer Freiheitsentziehung auszugehen.[8] Aber auch bei einer sog. **Freiwilligkeitserklärung**, mit der sich das Kind mit der Unterbringung einverstanden erklärt, ist zu berücksichtigen, dass das Kind gerade auf Grund einer Beeinträchtigung oder Einschränkung der Steuerungs-, Einsichts- und Entscheidungsfähigkeit untergebracht werden soll. Das Kind wird daher i.d.R. nicht in der Lage sein, eine so schwerwiegende Entscheidung tatsächlich treffen zu können. Von daher ist auch bei einer Freiwilligkeitserklärung des Kindes grundsätzlich von einer Freiheitsentziehung i.S.d. § 1631b BGB auszugehen, die eine gerichtliche **Genehmigung erfordert**.[9]

5 Keine Freiheitsentziehung sind **bloße Freiheitsbeschränkungen**; das sind Maßnahmen, die angesichts des Alters des Kindes und der Umstände seiner Unterbringung angemessen und üblich sind und im Rahmen der allgemeinen Erziehungs- und Aufsichtspflicht liegen (wie begrenzte Ausgangszeiten, Ausgehverbote, Hausarbeitsstunden, Hausarrest in einem Internat).[10]

6 Sog. **unterbringungsähnliche Maßnahmen** liegen vor, wenn sich das Kind zwar in einer offenen Einrichtung aufhält, dem Kind jedoch durch mechanische Vorrichtungen (wie **Bettgitter** oder **Fixierung** im Stuhl mittels eines Beckengurts), **Medikamente** o.ä. seine persönliche Freiheit über einen längeren Zeitraum oder regelmäßig entzogen wird, vgl. § 1906 Abs. 4 BGB.[11] Diese Maßnahmen unterfallen, mangels Vorliegens einer Unterbringung, nicht dem Genehmigungserfordernis des § 1631b BGB. Eine analoge Anwendung des § 1906 Abs. 4 BGB kommt, mangels Vorliegens einer planwidrigen Regelungslücke, ebenfalls nicht in Betracht. Die Genehmigung bleibt in der **Verantwortung der Eltern** – mit der Grenze der §§ 1666, 1666a BGB.[12]

---

5   *Vogel*, S. 74 f.; Staudinger/*Salgo*, § 1631b BGB Rn. 11; BeckOK BGB/*Veit*, § 1631b BGB Rn. 2
6   Vgl. BGH ZKJ 2013, 449, 450; OLG Oldenburg FamRZ 2012, 39, 40; OLG Frankfurt ZKJ 2013, 76, 77
7   OLG Hamm FamRZ 1962, 397; OLG Celle, ZKJ 2013, 502
8   BGH ZKJ 2013, 449, 450; OLG Frankfurt ZKJ 2013, 76, 77
9   *Vogel*, S. 100 ff.; *ders.*, FamRZ 2015, 1, 3 ff.; Staudinger/*Salgo*, § 1631b BGB Rn. 8; BeckOK BGB/*Veit*, § 1631b BGB Rn. 5; Palandt/*Götz*, § 1631b Rn. 2; *Gollwitzer/Rüth*, FamRZ 1996, 1388, 1389; a.A. Erman/*Döll*, § 1631b BGB Rn. 3a; vermittelnde Auffassung MüKo-FamFG/*Heilmann*, § 167 FamFG Rn. 36, demzufolge sich die Richterin bzw. der Richter von der Einsichts- und Einwilligungsfähigkeit des Kindes einen eigenen Eindruck verschaffen muss
10 Staudinger/*Salgo*, § 1631b BGB Rn. 13; MüKo-BGB/*Huber*, § 1631b BGB Rn. 5
11 *Staudinger/Salgo*, § 1631b BGB Rn. 14; MüKo-BGB/*Huber*, § 1631b BGB Rn. 6
12 BGH ZKJ 2013, 449, 451; OLG Frankfurt ZKJ 2013, 76, 79; a.A. Staudinger/*Salgo*, § 1631b Rn. 15; BeckOK BGB/*Veit*, § 1631b BGB Rn. 4

3. Kindeswohlgefährdung

Die Unterbringung muss zum Wohl des Kindes, insbesondere zur Abwendung einer erheb- **7** lichen Selbst- oder Fremdgefährdung, erforderlich sein. Eine Gefährdung des Kindeswohls liegt nur vor, wenn das körperliche, geistige oder seelische Wohl des Kindes beeinträchtigt ist, § 1666 Abs. 1 BGB. Eine Unterbringung ist nur in **wenigen Ausnahmefällen** begründet, wie bei akuten psychotischen Störungen oder ausgeprägten depressiv-suizidalen Syndromen.[13] Eine Fremdgefährdung vermag die Unterbringung nur dann zu rechtfertigen, wenn mit ihr eine erhebliche Selbstgefährdung einhergeht. Dies kann gegeben sein, wenn die Fremdgefährdung das Kind dem Risiko von Notwehrmaßnahmen, Ersatzansprüchen und Prozessen aussetzt.[14]

4. Verhältnismäßigkeitsgrundsatz

Die Unterbringung setzt weiter voraus, dass der Kindeswohlgefährdung nicht auf andere **8** Weise, auch nicht durch öffentliche Hilfen, begegnet werden kann. Damit kommt zum Ausdruck, dass die Unterbringung nur als **letztes Mittel** in Betracht kommt und der Verhältnismäßigkeitsgrundsatz streng zu beachten ist.[15] Das Familiengericht hat sowohl die Erforderlichkeit als auch die Angemessenheit der geplanten Unterbringung zu prüfen, die Art der Unterbringungsmaßnahme zu benennen und die Dauer der Unterbringung festzulegen. Der Beschluss muss den Typus der Einrichtung (Kinder- und Jugendpsychiatrie, Einrichtung der Kinder- und Jugendhilfe, Suchthilfe etc.) exakt angeben, nicht jedoch auch die Einrichtung selbst.[16] Der Zeitpunkt, zu dem die Unterbringung endet, muss exakt benannt werden. Die Unterbringungsdauer darf grundsätzlich ein Jahr nicht überschreiten, § 167 Abs. 1 Satz 1 i.V.m. § 329 Abs. 1 FamFG.

II. Satz 3 (Unterbringung ohne Genehmigung, Nachholpflicht)

Nach § 1631b Satz 3 BGB ist eine Unterbringung ausnahmsweise ohne vorherige Geneh- **9** migung zulässig. Das ist dann der Fall, wenn eine **konkrete** Gefahr für das Kind besteht (wie bei Suizidgefahr oder einem schizophrenen Schub) und die Genehmigung einer vorläufigen Unterbringung im Wege der einstweiligen Anordnung (§ 167 Abs. 1 Satz 1 i.V.m. §§ 331 ff. FamFG) nicht rechtzeitig zu erlangen ist. Nicht ausreichend sind allgemeine Befürchtungen.[17] Bei einem Zuwarten müssen erhebliche Nachteile für das Kind bzw. für Dritte drohen. Bei einer Unterbringung des Kindes nach den jeweiligen öffentlich-rechtlichen Landesvorschriften wird es häufig der Arzt für Kinder- und Jugendpsychiatrie und -psychotherapie in der Einrichtung sein, der zu entscheiden hat, ob eine sofortige Aufnahme erforderlich ist.[18]

In diesen Fällen ist die **Genehmigung unverzüglich** – ohne schuldhaftes Zögern (§ 121 **10** Abs. 1 Satz 1 BGB) – **nachzuholen**.

▶ *Zu Einzelheiten des Verfahrens siehe Fink, § 167 FamFG Rn. 1 ff.*

---

13 *Vogel*, S. 109 f.; *ders.*, FamRZ 2015, 1, 5 f.; Staudinger/*Salgo*, § 1631b Rn. 24 m.w.N.
14 Vgl. BT-Drucks. 16/6815, 13 f.; *Meysen*, NJW 2008, 2673, 2675
15 BVerfG ZKJ 2008, 38, 40; vgl. BVerfGE 58, 208, 224 ff.; BGH ZKJ 2013, 74, 76; *Vogel*, S. 111; *ders.*, FamRZ 2015, 1, 6
16 BVerfG NJW 2007, 3560, 3562; OLG Brandenburg FamRZ 2004, 815, 817; MüKo-FamFG/*Heilmann*, § 167 FamFG Rn. 16
17 BeckOK BGB/*Veit*, § 1631b BGB Rn. 9
18 Staudinger/*Salgo*, § 1631b BGB Rn. 19

§ 1631c BGB Verbot der Sterilisation

[1]Die Eltern können nicht in eine Sterilisation des Kindes einwilligen. [2]Auch das Kind selbst kann nicht in die Sterilisation einwilligen. § 1909 findet keine Anwendung.

A. Allgemeines

1   Die Norm bewirkt, dass die Sterilisation oder Kastration[1] Minderjähriger ausnahmslos verboten ist, unabhängig davon, ob der Minderjährige männlich oder weiblich, gesund oder krank ist.[2] Das Verbot gilt auch für die eine Sterilisation oder Kastration bewirkende geschlechtsvereindeutigende oder geschlechtszuordnende medizinische (beispielsweise hormonelle) Behandlung oder Operation intersexueller Kinder, die nicht tatsächlich medizinisch indiziert ist.[3] Der Vorschrift liegt die Erwägung zugrunde, dass sich bei Minderjährigen die Erforderlichkeit und die Auswirkungen einer Sterilisation nur schwer feststellen lassen, weil ihre Entwicklung noch nicht abgeschlossen ist. Auch soll der Gefahr entgegen gewirkt werden, dass gerade bei behinderten Kindern die Sterilisation „vorsorglich" schon während der Minderjährigkeit durchgeführt wird, um so die Voraussetzungen über die eingeschränkten Ausnahmefälle zulässiger Sterilisation einwilligungsunfähiger Volljähriger (§ 1899 Abs. 2, § 1905 BGB) zu umgehen.[4]

B. Inhalt der Norm

2   § 1631c **Satz 1** BGB begrenzt das Personensorgerecht der Eltern.[5]

3   § 1631c **Satz 2** BGB stellt klar, dass die Sterilisation auch nicht aufgrund einer Einwilligung des Kindes selbst durchgeführt werden darf. Die für die Einwilligung eines Minderjährigen in ärztliche Eingriffe geltenden Grundsätze finden keine Anwendung.[6]

4   § 1631c **Satz 3** BGB schließt die Möglichkeit der Bestellung eines Ergänzungspflegers (§ 1909 BGB) mit dem Aufgabenkreis der Einwilligung in eine Sterilisation des Kindes aus. Dem Vormund ist eine solche Einwilligung durch die Verweisung in § 1800 Satz 1 BGB versagt.[7]

5   **Nicht** vom Verbot der Norm sind Heilbehandlungen erfasst, die lediglich mittelbar eine Sterilisation oder Kastration zur Folge haben (können), wie die Behandlung einer Bauchhöhlenschwangerschaft oder eines Hodenkarzinoms oder eine notwendige Bestrahlung.[8] Die Sterilisation oder Kastration infolge einer medizinisch tatsächlich nicht indizierten geschlechtsvereindeutigenden oder geschlechtszuordnenden medizinischen (bspw. hormonellen) Behandlung oder Operation eines intersexuellen Kindes ist dagegen als nicht nur mittelbare Folge einer Heilbehandlung vom Verbot des § 1631c BGB erfasst, da sie eigentlicher Zweck der Behandlung ist.

---

1 Gegen die Erstreckung auf Kastrationen: Staudinger/*Bienwald*, § 1905 BGB Rn. 17
2 BT-Drucks. 11/4528, 107; Staudinger/*Salgo*, § 1631c BGB Rn. 7
3 So auch *Deutscher Ethikrat*, Intersexualität. Stellungnahme vom 23.2.2012, S. 154 ff. Zur Frage der medizinischen Indikation ebd., S. 152 ff.
4 BT-Drucks. 11/4528, 76, 107
5 BT-Drucks. 11/4528, 107
6 MüKo-BGB/*Huber*, § 1631c BGB Rn. 2
7 MüKo-BGB/*Huber*, § 1631c BGB Rn. 2; BeckOK BGB/*Veit*, § 1631c BGB Rn. 2
8 Staudinger/*Salgo*, § 1631c BGB Rn. 7; BeckOK BGB/*Veit*, § 1631c BGB Rn. 2.1

Folge eines entgegen dem Verbot vorgenommenen Eingriffs ist die Begründung einer **6** Strafbarkeit nach §§ 223 ff. StGB (insbes. § 226 Abs. 1 Nr. 1 5. Alt. StGB) und einer Schadensersatzpflicht nach § 823 Abs. 1 BGB.[9] Eine Haftung kommt auch nach § 823 Abs. 2 i.V.m. § 1631c Satz 1 BGB in Betracht, da § 1631c Schutzgesetz i.S.v. § 823 Abs. 2 BGB ist.

§ 1631d BGB Beschneidung des männlichen Kindes

(1) ¹**Die Personensorge umfasst auch das Recht, in eine medizinisch nicht erforderliche Beschneidung des nicht einsichts- und urteilsfähigen männlichen Kindes einzuwilligen, wenn diese nach den Regeln der ärztlichen Kunst durchgeführt werden soll.** ²**Dies gilt nicht, wenn durch die Beschneidung auch unter Berücksichtigung ihres Zwecks das Kindeswohl gefährdet wird.**

(2) In den ersten sechs Monaten nach der Geburt des Kindes dürfen auch von einer Religionsgesellschaft dazu vorgesehene Personen Beschneidungen gemäß Absatz 1 durchführen, wenn sie dafür besonders ausgebildet und, ohne Arzt zu sein, für die Durchführung der Beschneidung vergleichbar befähigt sind.

Weiterführende Literatur: Rixen, Das Gesetz über den Umfang der Personensorge bei einer Beschneidung des männlichen Kindes, NJW 2013, 257–262

Übersicht

A. Allgemeines

Die Norm enthält die Voraussetzungen, unter denen Eltern im Rahmen ihrer elterlichen **1** Sorge berechtigt sind, in eine medizinisch nicht erforderliche Beschneidung eines nicht einsichts- und urteilsfähigen männlichen Kindes einzuwilligen. Ferner sind die Voraussetzungen der Durchführung einer Beschneidung geregelt.

B. Inhalt der Norm

I. Absatz 1 (Voraussetzungen für die Einwilligung)

Voraussetzungen für die Möglichkeit einer Einwilligung in eine Beschneidung i.S.d. **2** § 1631d BGB sind:

- die alleinige **Sorgeberechtigung** des einwilligenden Elternteils bzw. die gemeinsame Sorgeberechtigung der einwilligenden Eltern,

---

9 BeckOK BGB/*Veit*, § 1631c BGB Rn. 2.1

- die Beschneidung der Penisvorhaut ist **medizinisch nicht erforderlich**,
- das Kind ist **männlich**,
- das Kind darf **nicht einsichts- und urteilsfähig** sein,
- die Beschneidung soll nach den **Regeln der ärztlichen Kunst** durchgeführt werden,
- eine **umfassende Aufklärung** der Einwilligenden durch den Behandelnden,
- die Beschneidung darf **nicht** das **Kindeswohl gefährden**.

1. Beschneidung

3 Die Norm umfasst nur die Beschneidung (Zirkumzision), die Entfernung der (kompletten) Penisvorhaut, nicht die sonstigen Abläufe, die den Beschneidungsakt begleiten.[1]

2. Medizinisch nicht erforderlich

4 Die Norm umfasst nur medizinisch nicht erforderliche Beschneidungen der Penisvorhaut. Für medizinisch indizierte Beschneidungen (z.B. wegen einer Phimose) gelten die allgemeinen Grundsätze eines indizierten Heileingriffs in die körperliche Integrität des Kindes.[2] Ist die Beschneidung zumindest auch medizinisch indiziert, findet § 1631d BGB keine Anwendung.[3]

3. Männliches Kind

5 Die Norm umfasst nur die Beschneidung eines männlichen Kindes. Die **Verstümmelung** (ohne Unterschied, ob es sich um eine Klitorisbeschneidung, Excision oder Infibulation handelt) **weiblicher Genitalien** ist verboten.[4] Sie stellt eine grausame, folgenschwere und durch nichts zu rechtfertigende Misshandlung dar,[5] die eine Menschenrechtsverletzung und einen Verstoß gegen Art. 24 Abs. 3 des Übereinkommens über die Rechte des Kindes (UN-Kinderrechtekonvention[6]) darstellt und nach § 226a StGB strafbar ist. Eine Einwilligung der Minderjährigen selbst ist, angesichts der weitreichenden Folgen des Eingriffs, nicht möglich.[7]

4. Fehlende Einsichts- und Urteilsfähigkeit

6 Die Norm trifft keine Aussage, wann das Kind einsichts- und urteilsfähig ist. Eine starre Altersgrenze gibt es auch nicht. Es kommt darauf an, ob das Kind nach seiner geistigen und sittlichen Reife die Tragweite des Eingriffs zu ermessen vermag.[8] Als Indiz können die in § 5 KErzG (siehe Anhang, S. 1371) vorgesehenen Altersgrenzen herangezogen werden, die aber eine **Prüfung im Einzelfall** nicht entbehrlich machen. Danach kann als eine die elterliche Entscheidung ggf. korrigierende Orientierungsgröße das 14. Lebensjahr bei einer Entscheidung des Kindes für die Beschneidung, das zwölfte Lebensjahr bei einer Entscheidung des Kindes gegen die Beschneidung zu Grunde gelegt werden.[9] Ist das Kind einsichts- und urteilsfähig, ist fraglich, ob es neben der Einwilligung des Kindes in die Beschneidung noch einer Einwilligung der Eltern bedarf. Aufgrund des nicht unerheblichen

---

1 *Rixen*, NJW 2013, 257, 260; BeckOK BGB/*Veit*, § 1631d BGB Rn. 4
2 BT-Drucks. 17/11295, 7, 17; OLG Hamm ZKJ 2013, 497, 499
3 *Rixen*, NJW 2013, 257, 260
4 BT-Drucks. 17/11295, 7, 14
5 BGH NJW 2005, 672, 673
6 BGBl. II 1992 S. 121
7 Vgl. BeckOK BGB/*Veit*, § 1631d BGB Rn. 5
8 OLG Frankfurt ZKJ 2008, 212, 213; vgl. OLG Hamm ZKJ 2013, 497, 499; Staudinger/*Salgo*, § 1631d BGB Rn. 35
9 *Rixen*, NJW 2013, 257, 259; kritisch dazu Staudinger/*Salgo*, § 1631d BGB Rn. 33

irreversiblen chirurgischen Eingriffs in die körperliche Integrität des Kindes durch die Beschneidung spricht einiges für das Erfordernis der Mitzustimmung der Eltern.[10]

5. Regeln der ärztlichen Kunst

Von Bedeutung für die Berechtigung der Eltern, in eine Beschneidung einzuwilligen, ist, dass die Beschneidung nach den Regeln der ärztlichen Kunst durchgeführt wird. Die „Regeln der ärztlichen Kunst" entsprechen „den zum Zeitpunkt der Behandlung bestehenden, allgemein anerkannten fachlichen Standards" (§ 630a Abs. 2 BGB). **7**

Dazu gehört, dass die behandelnde Person eine **Ärztin** oder ein **Arzt** sein muss und der jeweilige sog. **Facharztstandard**, der chirurgische Standard eines (Kinder-)Urologen, der anästhesiologische Standard sowie der schmerztherapeutische Standard, einzuhalten ist. Die Beschneidung muss also auch mit einer effektiven Schmerzbehandlung – einer im Einzelfall angemessenen und wirkungsvollen Betäubung – verbunden sein.[11]

6. Umfassende Aufklärung

Der Behandelnde muss die Eltern bzw. den alleinsorgeberechtigten Elternteil über sämtliche für die Einwilligung wesentlichen Umstände aufklären (vgl. § 630d Abs. 2, § 630e Abs. 1, Abs. 2 BGB).[12] Aufgeklärt werden muss auch das verständige, aber noch nicht einsichtsfähige Kind (vgl. § 630e Abs. 5 BGB).[13] **8**

7. Kindeswohlgefährdung

§ 1631d Abs. 1 Satz 2 BGB stellt sicher, dass das Kindeswohl durch die Beschneidung nicht gefährdet wird. Eine Einwilligung in die Beschneidung ist nicht mehr vom Personensorgerecht gedeckt, wenn durch die Maßnahme das körperliche, geistige oder seelische Wohl des Kindes gefährdet ist (§ 1666 BGB).[14] Hierbei ist in erster Linie an die gesundheitliche Gefährdung des Kindes zu denken.[15] **9**

Bei der Frage, ob durch die Beschneidung das Kindeswohl gefährdet wird, ist der **Wille des Kindes,** sofern er schon gebildet werden kann, zu berücksichtigen, insbesondere im Hinblick darauf, dass der Eingriff später nicht rückgängig gemacht werden kann.[16] **10**

Bei der Frage, ob durch die Beschneidung das Kindeswohl gefährdet wird, soll nach dem Willen des Gesetzgebers auch der **Zweck der Beschneidung** berücksichtigt werden. Dabei ist nach der Wertung des Gesetzgebers die Beschneidung aus religiösen, sozialen, kulturellen und medizinisch-prophylaktischen Gründen kindeswohlgemäß, während die Beschneidung aus rein ästhetischen Gründen oder mit dem Ziel, die Masturbation zu erschweren, kindeswohlwidrig ist.[17] **11**

Das Maß einer Verletzung des Körpers und das Maß der Legitimationsbedürftigkeit sollten jedoch grundsätzlich von objektiven Eigenschaften des Eingriffs abhängen, nämlich seiner Tiefe, Schmerzhaftigkeit oder Risikoträchtigkeit etc. Denn so wenig selbst die besten Motive eine objektive Kindeswohlverletzung zulässig machen (z.B. das pädagogische Prügeln liebender Eltern zum vermeintlichen Besten für ihr Kind), so wenig können „schäbige" Motive eine objektiv kindeswohlverträgliche Handlung unzulässig machen.[18] Die Berück- **12**

---

10 Ebenso BeckOK BGB/*Veit*, § 1631d BGB Rn. 21.2, dagegen: *Rixen*, NJW 2013, 257, 259 f.
11 BT-Drucks. 17/11295, 17
12 BT-Drucks. 17/11295, 17 f.
13 BeckOK BGB/*Veit*, § 1631d BGB Rn. 42; *Spickhoff*, FamRZ 2013, 338, 343
14 BT-Drucks. 17/11295, 18
15 *Rixen*, NJW 2013, 257, 260
16 BT-Drucks. 17/11295, 18
17 BT-Drucks. 17/11295, 6 ff., 18
18 Insoweit zutreffend *Herzberg*, ZIS 2010, 471 ff.; vgl. *Spickhoff*, FamRZ 2013, 338, 341 f.

sichtigung des Zwecks der jeweiligen Beschneidung kann aufgrund des hohen Stellenwerts der körperlichen Unversehrtheit des Kindes, Art. 2 Abs. 2 Satz 1 GG, daher nur in engen Grenzen erfolgen und nur zur Verfolgung von verfassungsrechtlich ebenfalls geschützten Interessen. Für die Zulässigkeit einer Beschneidung aus religiös-weltanschaulichen Motiven streitet in diesem Sinne die verfassungsrechtliche Wertung des Art. 4 GG.[19]

II. Einwilligungserklärung

13   Die Einwilligungserklärung gegenüber der behandelnden Person muss vor der Durchführung der Beschneidung vorliegen (vgl. § 630d Abs. 1 Satz 1 BGB).

III. Absatz 2 (Beschneidung durch eine von einer Religionsgesellschaft vorgesehene Person)

14   Die Norm schafft eine Ausnahme vom Vorbehalt, dass die behandelnde Person eine Ärztin oder ein Arzt sein muss.

15   **Voraussetzungen** dafür sind:

- der zeitliche Rahmen von **sechs Monaten**, der mit der Vollendung der Geburt des Kindes (§ 1 BGB) beginnt,

- eine von einer **Religionsgesellschaft** vorgesehene (nicht-ärztliche) Person,

- die vorgesehene Person hat eine **besondere Ausbildung** für die Vornahme von Beschneidungen absolviert,[20]

- die vorgesehene Person ist **vergleichbar einer Ärztin** oder einem Arzt **befähigt**.

16   **Religionsgesellschaften** sind die unter dem Schutz von Art. 4 Abs. 1, Abs. 2 GG sowie Art. 140 GG i.V.m. Art. 137 WRV stehenden Gemeinschaften.[21] Die **Person** muss von der Religionsgesellschaft für die Durchführung einer Beschneidung **vorgesehen** sein. Ein bestimmtes Verfahren, nach den Regeln der jeweiligen Religionsgesellschaft, ist nicht erforderlich. Einer behördlichen Zulassung bedarf es ebenfalls nicht.[22] Die Norm sieht ferner vor, dass die vorgesehene Person für die Durchführung der Beschneidung vergleichbar einem Arzt oder einer Ärztin befähigt sein muss. Das heißt, dass die vorgesehene Person in der Lage sein muss, den jeweiligen sog. Facharztstandard, den chirurgischen Standard eines (Kinder-)Urologen, den anästhesiologischen Standard sowie den schmerztherapeutischen Standard, einzuhalten.[23] Fraglich ist, inwieweit die vorgesehenen Personen die anästhesiologischen und schmerztherapeutischen Standards einhalten können, da ihnen der dafür erforderliche Umgang mit den Mitteln und Methoden kunstgerechter Anästhesie nach dem Arzneimittelgesetz verboten ist. Durch eine weite Auslegung des Merkmals „für die Durchführung der Beschneidung einem Arzt *vergleichbar* befähigt" dürften im Einzelfall interessengerechte Lösungen gefunden werden können. So kann die vorgesehene Person beispielsweise unter Hinziehung und Mitwirkung einer Ärztin oder eines Arztes die Beschneidung vornehmen.[24]

---

19 So auch *Beulke/Dießner*, ZIS 2012, 338, 344 f.; dagegen LG Köln NJW 2012, 2128, 2129; *Herzberg*, ZIS 2010, 471; *ders.*, ZIS 2014, 56 ff.
20 BT-Drucks. 17/11295, 19
21 BT-Drucks. 17/11295, 18 f.
22 BT-Drucks. 17/11295, 19
23 BT-Drucks. 17/11295, 17, 19
24 *Spickhoff*, FamRZ 2013, 338, 342; Staudinger/*Salgo*, § 1631d BGB Rn. 49

IV. Rechtsfolgen

Bei einem Verstoß gegen die Regelungen in § 1631d kommen **Schadensersatzansprü-** **17**
che nach § 823 Abs. 1, nach § 823 Abs. 2 i.V.m. § 1631d Abs. 1 Satz 2 BGB oder nach
§ 823 Abs. 2 BGB i.V.m. § 223 Abs. 1 StGB in Betracht. Ebenso sind Maßnahmen nach
§§ 1666, 1666a BGB denkbar. Auch kommt eine **Strafbarkeit** des Behandelnden und der
Sorgeberechtigten nach § 223 Abs. 1 StGB in Betracht, wenn eine wirksame Einwilligung
nicht vorlag.

§ 1632 BGB Herausgabe des Kindes; Bestimmung des Umgangs; Verbleibensanordnung bei Familienpflege

(1) Die Personensorge umfasst das Recht, die Herausgabe des Kindes von jedem zu verlan-
gen, der es den Eltern oder einem Elternteil widerrechtlich vorenthält.

(2) Die Personensorge umfasst ferner das Recht, den Umgang des Kindes auch mit Wirkung
für und gegen Dritte zu bestimmen.

(3) Über Streitigkeiten, die eine Angelegenheit nach Absatz 1 oder 2 betreffen, entscheidet
das Familiengericht auf Antrag eines Elternteils.

(4) Lebt das Kind seit längerer Zeit in Familienpflege und wollen die Eltern das Kind von der
Pflegeperson wegnehmen, so kann das Familiengericht von Amts wegen oder auf Antrag
der Pflegeperson anordnen, dass das Kind bei der Pflegeperson verbleibt, wenn und so-
lange das Kindeswohl durch die Wegnahme gefährdet würde.

Weiterführende Literatur: Salgo/Lack, Das Recht der Pflegekindschaft, in: Prenzlow (Hrsg.),
Handbuch Elterliche Sorge und Umgang, Köln 2013, 272-321.

Übersicht

A. Allgemeines

Die Vorschrift ergänzt die Regelungen der §§ 1631-1631d BGB durch einen Anspruch auf **1**
Herausgabe des Kindes und ein Recht zur Bestimmung des Umgangs des Kindes mit Wir-

kung für und gegen Dritte sowie die Durchsetzung der Ansprüche. Darüber hinaus wird – neben § 1630 Abs. 3 BGB – der Schutz des Pflegekindes durch Absatz 4 weiter verbessert.[1]

B. Inhalt der Norm

I. Herausgabeanspruch gegen Dritte (Abs. 1)

2   Das Aufenthaltsbestimmungsrecht umfasst den Anspruch auf Herausgabe des Kindes gegen Dritte, wobei das Kind nicht lediglich bloßes Objekt des Herausgabeverlangens ist.[2]

3   **Voraussetzungen** für den Herausgabeanspruch sind:

- der die Herausgabe Begehrende ist Anspruchsinhaber,

- ein Dritter oder der andere Elternteil ist Herausgabeverpflichteter, weil er das Kind dem Anspruchsinhaber gegenüber widerrechtlich vorenthält.

1. Anspruchsinhaber

4   Anspruchsinhaber sind die Inhaber des Aufenthaltsbestimmungsrechts für das Kind, also die sorgeberechtigten Eltern, der allein sorgeberechtigte Elternteil sowie der Vormund bzw. der Pfleger, soweit ihm die elterliche Sorge bzw. das Aufenthaltsbestimmungsrecht übertragen worden ist (§ 1800, § 1909, § 1915 Abs. 1 BGB).[3]

5   Steht beiden Elternteilen das Aufenthaltsbestimmungsrecht gemeinsam zu, kann der Herausgabeanspruch nur von beiden, oder einem mit Zustimmung des anderen, geltend gemacht werden. Grundsätzlich richtet sich der Anspruch auf die Herausgabe an beide Elternteile.[4] Die Eltern können auch die Herausgabe an einen Dritten verlangen, wie die Rückführung ins Internat, Heim oder zu Pflege- oder Großeltern.[5] Sind sich die Eltern darüber einig, dass nur einer, im Einvernehmen des anderen, den Anspruch geltend machen soll, kann er die Herausgabe des Kindes auch an sich allein verlangen.[6]

6   Sind sich die Eltern nicht darüber einig, ob das Kind von einem Dritten herausverlangt werden soll oder nicht, muss der Elternteil, der die Herausgabe begehrt, zunächst ein Verfahren nach § 1671 Abs. 1 bzw. § 1628 BGB anstrengen.[7]

7   Steht das Aufenthaltsbestimmungsrecht nur einem Elternteil zu, so ist dieser allein berechtigt, die Herausgabe des Kindes zu verlangen.[8]

2. Anspruchsgegner

8   Der Herausgabeanspruch richtet sich gegen jeden, der das Kind den Inhabern bzw. dem Inhaber des Aufenthaltsbestimmungsrechts widerrechtlich vorenthält. Der Anspruch kann somit auch gegen den anderen, nicht aufenthaltsbestimmungsberechtigten Elternteil bestehen. Solange beiden Elternteilen gemeinsam das Aufenthaltsbestimmungsrecht zusteht, hat der eine Elternteil keinen Herausgabeanspruch gegenüber dem anderen, auch wenn der eine Elternteil dem anderen das Kind wegnimmt – beispielsweise anlässlich der Trennung. Der Elternteil, der die Herausgabe anstrengt, muss zunächst ein Verfahren nach § 1671 Abs. 1 BGB oder nach § 1628 BGB anstrengen.[9]

---

1   BT-Drucks. 8/2788, 40, 51 f.; BT-Drucks. 13/4899, 96 f.
2   Staudinger/*Salgo*, § 1632 BGB Rn. 5
3   *Münder*, NJW 1986, 811, 813; Staudinger/*Salgo*, § 1632 BGB Rn. 9; Vormund: BayObLG FamRZ 1991, 1080, 1081 f.; Pfleger: OLG Köln, FamRZ 1978, 707, 708
4   BayObLG FamRZ 1984, 1144, 1146; BeckOK BGB/*Veit*, § 1632 BGB Rn. 2
5   Staudinger/*Salgo*, § 1632 BGB Rn. 9
6   MüKo-BGB/*Huber*, § 1632 BGB Rn. 5
7   MüKo-BGB/*Huber*, § 1632 BGB Rn. 7; vgl. BayObLG FamRZ 1984, 1144, 1146
8   MüKo-BGB/*Huber*, § 1632 BGB Rn. 8
9   A.A. AG Bad Iburg FamRZ 2000, 1036; MüKo-BGB/*Huber*, § 1632 BGB Rn. 34; BeckOK BGB/*Veit*, § 1632 BGB Rn. 3

a. Vorenthalten

Vorenthalten wird das Kind, wenn die Verwirklichung des Aufenthaltsbestimmungsrechts dessen Inhabern durch grundsätzlich aktives Handeln[10] unmittelbar oder mittelbar erschwert wird, beispielsweise durch Einsperren, Verschleppen, Verstecken, Verheimlichung des Aufenthaltsorts, Weitergabe (wie Unterbringung bei Dritten), Entführung, Errichtung physischer Hindernisse oder Verwehrung des Zutritts zu dem Kind.[11] Wer einem zugelaufenen oder selbständig entscheidenden Kind lediglich Obdach und Verpflegung gewährt, erfüllt grundsätzlich nicht den Tatbestand des Vorenthaltens.[12] Unterbindet der nichtsorgeberechtigte Elternteil jedoch eine Rückkehr des Kindes durch dessen nachhaltige Beeinflussung kann dies ein Vorenthalten darstellen.[13] **9**

b. Widerrechtlichkeit

Ein widerrechtliches Vorenthalten liegt vor, wenn dem Anspruchsteller das Aufenthaltsbestimmungsrecht zusteht und **10**

- der Anspruchsgegner nicht gleichrangig zur Bestimmung des Aufenthalts befugt ist,
- die Herausgabe keine Kindeswohlgefährdung i.S.d. § 1666 BGB auslöst und
- der Anspruchsgegner keinen rechtfertigenden Grund für die Vorenthaltung hat.[14]

Solange **beiden Elternteilen gemeinsam** das Aufenthaltsbestimmungsrecht zusteht, hat der eine Elternteil keinen Herausgabeanspruch gegenüber dem anderen. Der Elternteil, der die Herausgabe anstrengt, muss zunächst ein Verfahren nach § 1671 Abs. 1 BGB oder nach § 1628 BGB anstrengen.[15] **11**

Ein **rechtfertigender Grund** für die Vorenthaltung kann sich aus dem öffentlichen Recht ergeben (wie infolge der Schulpflicht oder jugendstrafrechtlicher Maßnahmen), aus einer gerichtlichen Entscheidung (wie einer Verbleibensanordnung nach § 1632 Abs. 4 BGB) oder durch die Ausübung des Umgangsrechts nach § 1684 Abs. 1 BGB. **12**

Ferner besteht ein rechtfertigender Grund nach § 42 Abs. 1 Nr. 2b SGB VIII für eine **Inobhutnahme** des Kindes durch das Jugendamt. § 42 Abs. 1 SGB VIII stellt eine Befugnisnorm für staatliches Eingreifen in das elterliche Sorgerecht durch einen Verwaltungsakt dar, der insbes. das Aufenthaltsbestimmungsrecht dem Jugendamt überträgt. Diese Übertragung erfasst bei einem Widerspruch der bisher Aufenthaltsberechtigten indes nur den vorübergehenden Zeitraum bis zur Rückgabe an die bisher Aufenthaltsberechtigten oder bis zur Entscheidung des Familiengerichts über die dauerhaft notwendigen sorgerechtlichen Maßnahmen (vgl. § 42 Abs. 3 Satz 2 SGB VIII).[16] Sobald das Familiengericht entschieden hat, entfällt die Befugnis aufgrund § 42 Abs. 1 SGB VIII, und es besteht kein rechtfertigender Grund für eine weitere Inobhutnahme des Kindes. Der bzw. die Anspruchsinhaber hat bzw. haben dann einen Herausgabeanspruch gegen das Jugendamt nach § 1632 Abs. 1 BGB. **13**

Ein ursprüngliches **Einverständnis** mit dem Aufenthalt des Kindes bei einem Dritten ist wegen der Unverzichtbarkeit des Elternrechts jederzeit widerruflich und kann vom Zeit- **14**

---

10 *Münder*, NJW 1986, 811; Staudinger/*Salgo*, § 1632 BGB Rn. 14
11 Staudinger/*Salgo*, § 1632 BGB Rn. 14
12 Staudinger/*Salgo*, § 1632 BGB Rn. 14; MüKo-BGB/*Huber*, § 1632 BGB Rn. 10; BeckOK BGB/*Veit*, § 1632 BGB Rn. 4
13 OLG Zweibrücken FamRZ 1983, 297; Staudinger/*Salgo*, § 1632 BGB Rn. 14
14 Staudinger/*Salgo*, § 1632 BGB Rn. 15
15 Staudinger/*Salgo*, § 1632 BGB Rn. 15
16 OLG Bamberg FamRZ 1999, 663, 664; VG Weimar, Beschl. v. 11.8.2004 – E 5680/04, Rn. 19 (juris)

punkt des Widerrufs an zu einem Zustand widerrechtlichen Vorenthaltens führen. Im Herausgabeverlangen liegt grundsätzlich ein konkludenter Widerruf des Einverständnisses.[17]

II. Umgangsbestimmungsrecht (Abs. 2)

1. Inhalt des Umgangsbestimmungsrechts

15   Das Umgangsbestimmungsrecht gibt den Personensorgeberechtigten das Recht und die Pflicht, den Umgang des Kindes mit anderen Personen zu überwachen, schädliche Einflüsse Dritter nach Möglichkeit zu verhindern und das Kind vor Belästigungen zu schützen.[18] Diese Befugnis ist Teil des Erziehungsrechts und der Aufsichtspflicht und gehört zum Bereich der tatsächlichen Personensorge.[19]

16   **Personensorgeberechtigte** sind i.d.R. die Eltern, der allein sorgeberechtigte Elternteil, aber auch der Vormund bzw. der Pfleger, soweit ihm die Personensorge übertragen worden ist (§ 1800, § 1909, § 1915 Abs. 1 BGB).

17   Sind **beide Elternteile gemeinsam** personensorgeberechtigt, gilt eine Umgangsbestimmung gegenüber dem Kind auch dann, wenn nur ein Elternteil diese ausspricht, da jeder Elternteil dem Kind als selbständige Erziehungspersönlichkeit gegenübertritt. Eine Umgangsbestimmung gegenüber Dritten kann von den Eltern nur im gegenseitigen Einvernehmen (§ 1627 BGB) ausgesprochen werden.[20] Fehlt es daran, muss zunächst ein Verfahren nach § 1671 Abs. 1 BGB oder nach § 1628 BGB angestrengt werden.[21]

18   Das Umgangsbestimmungsrecht wird i.d.R. durch **Weisungen sowie Umgangsverbote** ausgeübt, die sowohl gegenüber dem Kind als auch gegenüber Dritten ergehen können.[22] Es umfasst den unmittelbaren persönlichen, brieflichen, telefonischen und elektronischen Kontakt.[23] Dabei ist jedoch das Recht des Kindes auf **Privatsphäre** als Ausprägung des allgemeinen Persönlichkeitsrechts (Art. 2 Abs. 1 i.V.m. Art. 1 Abs. 1 GG)[24] zu beachten, sodass die mit dem Umgangsbestimmungsrecht einhergehende Kontrollbefugnis i.d.R. auf eine äußere Kontrolle – mit wem das Kind kommuniziert – beschränkt ist, während eine inhaltliche Kontrolle nur bei Verdacht auf Straftaten oder schwerwiegende Eingriffe in das Kindeswohl zulässig ist.[25]

19   **Nicht** unter das Umgangsbestimmungsrecht fallen Bestimmungen über Zeit und Ort des **Ausgehen**s sowie Art und Weise der **Freizeitgestaltung** des Kindes. Diese Bestimmungsbefugnisse richten sich nach § 1626, § 1631 Abs. 1 BGB.[26]

2. Einschränkungen des Umgangsbestimmungsrechts

20   Das Umgangsbestimmungsrecht der Personensorgeberechtigten ist nicht schrankenlos. Einschränkungen ergeben sich aus den gesetzlichen **Umgangsrechten** (§ 1626 Abs. 3, § 1684, § 1685, § 1686a BGB),[27] aus **§ 1666 BGB** oder aus dem allgemeinen **Erziehungsauftrag** der Personensorgeberechtigten nach § 1626 Abs. 2 sowie § 1631 Abs. 2 BGB.

21   Der in **§ 1626 Abs. 2 BGB** enthaltene Erziehungsauftrag für die Personensorgeberechtigten dient dazu, das Kind schrittweise auf die Selbständigkeit und das Verantwortungsbe-

---

17 MüKo-BGB/*Huber*, § 1632 BGB Rn. 12; Staudinger/*Salgo*, § 1632 BGB Rn. 17
18 BT-Drucks. 8/2788, 51
19 BayObLG NJW-RR 1995, 138; Staudinger/*Salgo*, § 1632 BGB Rn. 20
20 Staudinger/*Salgo*, § 1632 BGB Rn. 20; BeckOK BGB/*Veit*, § 1632 BGB Rn. 15
21 Vgl. MüKo-BGB/*Huber*, § 1632 BGB Rn. 63
22 BayObLG NJW-RR 1995, 138; vgl. BGH NJW-RR 2001, 1; Staudinger/*Salgo*, § 1632 BGB Rn. 20
23 BayObLG NJW-RR 1995, 138; Staudinger/*Salgo*, § 1632 BGB Rn. 20; MüKo-BGB/*Huber*, § 1632 BGB Rn. 64
24 BVerfGE 120, 274, 339
25 MüKo-BGB/*Huber*, § 1632 BGB Rn. 64
26 Staudinger/*Salgo*, § 1632 BGB Rn. 20; MüKo-BGB/*Huber*, § 1632 BGB Rn. 64
27 Palandt/*Götz*, § 1632 BGB Rn. 10; MüKo-BGB/*Huber*, § 1632 BGB Rn. 65

wusstsein vorzubereiten, die es bei Volljährigkeitseintritt erreicht haben soll (hierzu *Fink*, § 1626 Rn. 18 ff.). Die Personensorgeberechtigten haben bei der Ausübung des Umgangsbestimmungsrechts zu berücksichtigen, dass die Vorschrift des § 1626 Abs. 2 Satz 2 BGB eine Gesprächsbereitschaft mit dem Kind und ein Bemühen um Einvernehmen mit dem Kind gebietet. Je älter das Kind ist, desto mehr wächst der Begründungszwang für eine auf triftige sachliche Gründe zu stützende Weisung oder ein auf triftige sachliche Gründe zu stützendes Umgangsverbot.[28] Dem Dritten gegenüber bedarf ein Umgangsverbot keiner triftigen sachlichen Gründe.[29]

Die Personensorgeberechtigten müssen also im konkreten Fall eine Abwägung vornehmen. Dabei ist einerseits zu beachten, dass der Umgang mit Dritten, auch mit Personen anderen Geschlechts, für das Kind erforderlich ist, um sich zu einer reifen, der Selbstbestimmung fähigen, für sich selbst sorgenden Persönlichkeit zu entwickeln.[30] Andererseits sind die möglichen Gefahren zu beachten, die sich aus dem Umgang ergeben können (wie Ansteckung mit Krankheiten, Abgleiten in die Kriminalität, Drogenabhängigkeit, Prostitution, psychische Abhängigkeit von religiösen, politischen und ideologischen Grundhaltungen).[31] **22**

Das in **§ 1631 Abs. 2 BGB** enthaltene Verbot, bei der Erziehung entwürdigende Maßnahmen einzusetzen, bedeutet, dass die Umgangsbestimmung nicht das Ehr- und Selbstwertgefühl des Kindes in einem in Bezug auf den Anlass der Bestimmung nicht zu rechtfertigenden Maße verletzt oder gefährdet (hierzu *Fink*, § 1631 Rn. 22). **23**

III. Gerichtliche Durchsetzung (Abs. 3)

Das Verfahren ist als **Antragsverfahren** ausgestaltet. **24**

Antragsteller des Herausgabeanspruchs gegenüber Dritten und des Anspruchs auf Durchsetzung einer Umgangsweisung oder eines Umgangsverbots müssen – entgegen dem Wortlaut des Gesetzes – grundsätzlich **beide personensorgeberechtigten Elternteile** sein, es sei denn, der eine Elternteil erteilt seine Zustimmung zur alleinigen Geltendmachung durch den anderen Elternteil. Steht das Personensorgerecht nur einem Elternteil zu, so ist dieser allein berechtigt. Ferner sind der **Vormund** bzw. der **Pfleger**, soweit ihm die Personensorge übertragen worden ist (§ 1800, § 1909, § 1915 Abs. 1 BGB), antragsberechtigt. Das Kind und der Dritte haben kein Antragsrecht.[32] **25**

Antragsgegner ist derjenige, der das Kind den Personensorgeberechtigten widerrechtlich vorenthält bzw. eine Umgangsbestimmung nicht befolgt. Antragsgegner ist niemals das Kind.[33] **26**

In dem gerichtlichen Verfahren sind **anzuhören**: **27**

- das Kind, § 159 FamFG,

- die Eltern, § 160 FamFG,

- die Verfahrensbeiständin bzw. der Verfahrensbeistand bei Bestellung, § 158 FamFG,

- der Antragsgegner, § 7 Abs. 2 Nr. 1 FamFG,

- das Jugendamt, § 162 Abs. 1 Satz 1 FamFG,

- ggf. die Pflegeeltern, § 161 Abs. 2 FamFG.

---

28 MüKo-BGB/*Huber*, § 1632 BGB Rn. 67; Staudinger/*Salgo*, § 1632 BGB Rn. 24
29 OLG Frankfurt NJW 1979, 2052, 2053
30 Vgl. MüKo-BGB/*Huber*, § 1632 BGB Rn. 68
31 BeckOK BGB/*Veit*, § 1632 BGB Rn. 17; Staudinger/*Salgo*, § 1632 BGB Rn. 24
32 Staudinger/*Salgo*, § 1632 BGB Rn. 29
33 Staudinger/*Salgo*, § 1632 BGB Rn. 29

28 Ergeht gegen den **Dritten** eine gerichtliche Umgangsweisung oder ein Umgangsverbot, kann er nach § 1696 BGB eine Aufhebung der Weisung bzw. des Verbots beantragen.

▶ *Zur funktionalen Zuständigkeit, § 14 Abs. 1 Nr. 7 und 8 RPflG, Heilmann, § 14 RPflG Rn. 16, 19.*

IV. Schutz des Pflegekindes (Abs. 4)

29 Die Vorschrift soll das Pflegekind davor schützen, aus der Pflegefamilie herausgenommen zu werden, wenn dies zu einer Gefährdung seines Wohls führen würde.

30 **Voraussetzungen** für eine gerichtliche Verbleibensanordnung sind:

- Familienpflege seit längerer Zeit,
- Herausgabeverlangen der bzw. des Inhaber(s) des Aufenthaltsbestimmungsrechts für das Kind und
- Gefährdung des Kindeswohls.

1. Familienpflege seit längerer Zeit

31 **Familienpflege** bedeutet die Pflege und Erziehung des Kindes in einer anderen als der Herkunftsfamilie in familienähnlicher Weise.[34] Die Heimerziehung oder Internatserziehung genügt diesen Anforderungen nur in Ausnahmefällen, wenn Versorgung, Erziehung und Betreuung ein familienähnliches Gepräge aufweisen, sodass der Charakter der Einrichtung als Heim bzw. Anstalt völlig zurücktritt.[35] Familienpflege kann durch Verwandte, durch Verschwägerte oder durch Dritte erfolgen. Es genügt jedes faktische Pflegeverhältnis familienähnlicher Art, unabhängig von einem Pflegervertrag oder einer Pflegeerlaubnis nach § 44 Abs. 1 Satz 1 SGB VIII.[36] Auch die Adoptionspflege nach § 1744 BGB, die nicht mit einer Adoption endet, kann eine Familienpflege i.S.d. § 1632 Abs. 4 BGB darstellen.[37] Bei der Familienpflege muss es sich i.d.R. um eine Vollzeitpflege (ein regelmäßiges Verweilen mit Tag- und Nachtabschnitten) und nicht nur um eine Tagespflege i.S.d. § 23 SGB VIII handeln.[38]

32 Die Familienpflege muss für **längere Zeit** bestehen. Bei der Frage nach der Dauer der Familienpflege ist nicht von einer bestimmten absoluten Zeitspanne auszugehen. Maßgeblich ist vielmehr das kindliche Zeitempfinden[39] und inwieweit das Kind von seiner Herkunftsfamilie entfremdet ist,[40] weil es bei der Pflegeperson bzw. Pflegefamilie eine neue Bezugswelt gefunden[41] und enge Bindungen entwickelt hat.[42] Je jünger ein Kind ist, desto länger ist auch die Zeit in der Relation zur Dauer seines bisherigen Lebens. Daher kann ein halbes Jahr für ein einjähriges Kind bereits einen recht langen Zeitraum darstellen.[43]

---

34 BGH FamRZ 2001, 1449, 1451
35 Staudinger/*Salgo*, § 1632 BGB Rn. 65 m.w.N.; MüKo-BGB/*Huber*, § 1630 BGB Rn. 18; *Münder*, NJW 1986, 811, 813
36 BGH FamRZ 2001, 1449, 1451; Palandt/*Götz*, § 1632 BGB Rn. 13, MüKo-BGB/*Huber*, § 1632 BGB Rn. 40
37 OLG Brandenburg FamRZ 2000, 1038, 1039; Staudinger/*Salgo*, § 1632 BGB Rn. 65; Salgo/Lack, S. 295; MüKo-BGB/*Huber*, § 1632 BGB Rn. 40
38 Staudinger/*Salgo*, § 1632 BGB Rn. 65; Salgo/Lack, S. 295; vgl. BGH FamRZ 2001, 1449, 1451; MüKo-BGB/*Huber*, § 1630 BGB Rn. 18
39 Dazu *Heilmann*, S. 18 ff. m.w.N.; BVerfG NJW 2001, 961 f.
40 Staudinger/*Salgo*, § 1632 BGB Rn. 68; Salgo/Lack, S. 297
41 BayObLG FamRZ 1998, 1040, 1041; Staudinger/*Salgo*, § 1632 Rn. 69; Salgo/Lack, S. 296; MüKo-BGB/*Huber*, § 1632 BGB Rn. 41; *Münder*, NJW 1986, 811, 813
42 OLG Frankfurt FamRZ 2004, 720, 721; OLG Brandenburg FamRZ 2009, 61 f.; Staudinger/*Salgo*, § 1632 BGB Rn. 69; MüKo-BGB/*Huber*, § 1632 BGB Rn. 41
43 BayObLG FamRZ 1991, 1080, 1082; BeckOK BGB/*Veit*, § 1632 BGB Rn. 22

Die Frage, ob die Familienpflege seit längerer Zeit besteht, richtet sich letztlich immer nach dem **konkreten Einzelfall**, z.B. haben Gerichte eine längere Familienpflege bejaht bei **33**

- fast drei Monaten Pflegezeit seit kurz nach der Geburt,[44]
- neun Monaten Pflegezeit ab einem Alter von einem Jahr und neun Monaten des Kindes,[45]
- fast elf Monaten Pflegezeit vom sechsten bis zum 17. Lebensmonat des Kindes,[46]
- 18 Monaten Pflegezeit für die gesamte Dauer des bisherigen Lebens,[47]
- 14 Monaten Pflegezeit bei einem zum Zeitpunkt der Entscheidung 16jährigen Kind,[48]
- fast 3 Jahren Pflegezeit seit kurz nach der Geburt,[49]
- fast 3 Jahren Pflegezeit ab dem achten Lebensjahr.[50]

2. Herausgabeverlangen

Die die Herausgabe des Kindes verlangenden Personen können alle **Inhaber des Aufenthaltsbestimmungsrechts** für das Kind sein, also die sorgeberechtigten Eltern, der allein sorgeberechtigte Elternteil, der Vormund bzw. der Pfleger, soweit ihm die elterliche Sorge bzw. das Aufenthaltsbestimmungsrecht übertragen worden ist (§ 1800, § 1909, § 1915 Abs. 1 BGB).[51] Ist das Aufenthaltsbestimmungsrecht zuvor nach § 1630 Abs. 3 BGB auf die Pflegeperson übertragen worden, kann die Kindesherausgabe nicht ohne vorherige oder gleichzeitige Aufhebung dieser Anordnung durch das Familiengericht verlangt werden.[52] **34**

Die **ernstliche Ankündigung** des Herausgabeverlangens reicht bereits für die Zulässigkeit einer Verbleibensanordnung aus.[53] **35**

3. Antrag auf Verbleib

Der bzw. den Pflegeperson(en) steht – neben der Einleitung des Verfahrens von Amts wegen – ein eigenes Antragsrecht zu, was zu einer stärkeren Rechtsposition der Pflegeperson(en) führt.[54] **36**

4. Gefährdung des Kindeswohls

Voraussetzung für die Verbleibensanordnung ist, dass durch die Wegnahme das Kindeswohl gefährdet würde. Der Begriff der Kindeswohlgefährdung entspricht dem des § 1666 BGB. Erforderlich ist demnach eine begründete gegenwärtige Besorgnis, dass eine Änderung des Aufenthalts, der Pflege und Erziehung des Kindes zu schweren und nachhaltigen körperlichen, geistigen oder seelischen Schäden beim Kind führen kann.[55] Zu prüfen ist also, ob eine Kindeswohlgefährdung durch die Wegnahme entstehen würde, und nicht, warum das Kind sich seit längerer Zeit in einer Familienpflege befindet. Damit ist – außerhalb prognostischer Erwägungen hinsichtlich möglicher Erfolgsaussichten künftiger sozialarbeiterischer Interventionen – auch **irrelevant**, ob der bzw. die aufenthaltsbestimmungs- **37**

---

44 OLG Köln FamRZ 2007, 658, 659
45 AG Gießen, Beschl. v. 28.8.2013 – 248 F 2478/12 SO, Rn. 22 (juris)
46 OLG Celle FamRZ 1990, 191, 192
47 OLG Frankfurt FamRZ 2004, 720, 721
48 BayObLG FamRZ 1998, 1040, 1041
49 OLG Naumburg FamRZ 2002, 1274, 1275
50 OLG Hamm FamRZ 2004, 1396
51 Staudinger/*Salgo*, § 1632 BGB Rn. 73, 77; MüKo-BGB/*Huber*, § 1632 BGB Rn. 42
52 MüKo-BGB/*Huber*, § 1632 BGB Rn. 42; Staudinger/*Salgo*, § 1632 BGB Rn. 75
53 OLG Brandenburg FamRZ 2006, 1132; MüKo-BGB/*Huber*, § 1632 BGB Rn. 42; Staudinger/*Salgo*, § 1632 Rn. 76; BeckOK BGB/*Veit*, § 1632 BGB Rn. 23
54 Dazu ausführlich Staudinger/*Salgo*, § 1632 BGB Rn. 78 ff.
55 BVerfG FamRZ 2006, 1593, 1594; BeckOK BGB/*Veit*, § 1632 BGB Rn. 24

berechtigte(n) Elternteil(e) im Zeitpunkt der Übergabe des Kindes an die Familienpflege zur Pflege und Erziehung des Kindes nicht gewillt oder nicht in der Lage waren.[56]

38 Maßgeblicher **Zeitpunkt für die Bewertung** ist derjenige der Entscheidung über das Herausgabeverlangen der Inhaber des Aufenthaltsbestimmungsrechts, also i.d.R. der Eltern. Dabei ist zu unterscheiden, ob das Herausgabeverlangen der Rückführung des Kindes zu seinen leiblichen Eltern dienen soll oder der Verbringung zu einer anderen Pflegeperson.

39 Bei einem Herausgabeverlangen zwecks Rückführung des Kindes zu seinen leiblichen Eltern ist zwar zu **berücksichtigen**, dass **Art. 6 Abs. 2 GG** den Vorrang der Eltern bei der Pflege und Erziehung des Kindes hervorhebt. Die Verfassungsnorm schützt die Eltern jedoch nicht nur vor staatlichen Eingriffen bei der Ausübung ihres Erziehungsrechts, sondern verbindet mit dem Recht zur Pflege und Erziehung des Kindes zugleich die Pflicht zu dieser Tätigkeit.[57] Die Elternpflicht ist dabei als eine Verpflichtung der Eltern zu sehen, in den Grenzen dessen, was begriffsinhaltlich Pflege und Erziehung im Sinne des Art. 6 Abs. 2 Satz 1 GG sind, der elterlichen Verantwortung **zum Wohle des Kindes** zu genügen.[58] Das Kindeswohl ist letztlich für die Ausübung des Elternrechts bestimmend und hat den Vorrang vor jeglichen Elterninteressen.[59] Ferner ist bei einem Herausgabeverlangen zu berücksichtigen, dass zwischen dem Kind und seiner Familienpflege eine gewachsene Bindung entstanden sein kann und die aus dem Kind und der bzw. den Pflegeperson(en) bestehende Pflegefamilie durch **Art. 6 Abs. 1 GG** geschützt ist.[60] Aber auch hier ist bei einer Interessenkollision zwischen dem Kind und der bzw. den Pflegeperson(en) das Kindeswohl letztlich bestimmend.[61]

40 Bei dem bestimmenden **Maßstab des Kindeswohls** ist deshalb zu berücksichtigen, dass für ein Kind mit seiner Herausnahme aus der gewohnten Bezugsumwelt ein schwer bestimmbares Zukunftsrisiko verbunden ist. Die Unsicherheit bei der Prognose darf zwar in Bezug auf etwaige Schädigungen des Kindes infolge eines etwaigen Wechsels nicht dazu führen, dass die Herausgabe immer schon dann ausgeschlossen ist, wenn das Kind in den Pflegepersonen seine „sozialen" Eltern gefunden hat.[62] Bei einem Herausgabeverlangen zwecks Rückführung des Kindes zu seinen leiblichen Eltern ist deshalb ein größeres Maß an Unsicherheit über mögliche Beeinträchtigungen des Kindes hinnehmbar als bei einem bloßen Wechsel der Familienpflege,[63] der nur vereinbar mit dem Kindeswohl ist, wenn mit hinreichender Sicherheit auszuschließen ist, dass die Trennung des Kindes von seinen Pflegepersonen mit psychischen oder physischen Schäden verbunden sein kann.[64] Die Risikogrenze ist allerdings auch im Fall der Rückführung zu den leiblichen Eltern überschritten, wenn im Einzelfall mit überwiegender Wahrscheinlichkeit nicht auszuschließen ist, dass die Trennung des Kindes von seinen Pflegepersonen psychische oder physische Schädigung nach sich ziehen kann. Ein solches Risiko ist für das Kind nicht hinnehmbar.[65]

---

56 Dazu *Heilmann/Salgo*, FamRZ 2014, 705, 708; Staudinger/*Salgo*, § 1632 BGB Rn. 91; vgl. *Münder*, NJW 1986, 811, 814; a.A. BGH NJW 2014, 1004, 1006
57 Vgl. BVerfGE 56, 363, 381; 59, 360, 376
58 Vgl. BVerfGE 56, 363, 381 f.
59 Vgl. BVerfGE 37, 217, 252; 56, 363, 383; 68, 176, 188; 72, 155, 172; 79, 203, 210 f.; 99, 145, 156
60 BVerfGE 68, 176, 187; 79, 51, 59
61 Vgl. BVerfGE 68, 176, 188
62 BVerfG NJW 2010, 2336, 2337
63 BVerfG NJW 2010, 2336, 2337
64 BVerfG NJW 2010, 2336, 2337; vgl. BVerfGE 75, 201, 220
65 BVerfG NJW 2010, 2336, 2337

Entscheidende **Kriterien** bei der vorzunehmenden Abwägung im **konkreten Einzelfall** **41** können sein:

- die körperliche und geistige Verfassung und die Persönlichkeit des Kindes,[66]
- der **Grad der Verwurzelung** in der Pflegefamilie,[67]
- die **Dauer** der Familienpflege,[68]
- der **Wille** des Kindes, und zwar umso stärker, je älter das Kind ist,[69]
- **persönliche Defizite** der leiblichen Eltern wie Überforderung[70] oder Erkrankung,[71]
- die Unfähigkeit der leiblichen Eltern aufgrund der eigenen Biographie, eine enge Beziehung zu ihrem durch einen vorausgegangenen Beziehungsabbruch besonders gestörten Kind aufzubauen,[72]
- die **Bindung** des Kindes zu seinen leiblichen Eltern,[73]
- die bereits eingetretene **Entfremdung** des Kindes gegenüber den leiblichen Eltern, oder ob die Eltern den Kontakt zu dem Kind aufrecht erhalten haben,[74]
- die **Gestaltung des Umgangs** der leiblichen Eltern mit dem Kind während der Fremdunterbringung,[75]
- das Risiko erneuter **Misshandlungen** im Fall der Rückkehr in die Herkunftsfamilie.[76]

Nicht ausreichend ist ein soziales Gefälle zwischen den Pflegepersonen und den leiblichen **42** Eltern oder eine möglicherweise bessere erzieherische Eignung der Pflegepersonen, um die Trennung der leiblichen Eltern von ihrem Kind zu rechtfertigen.[77]

5. Gerichtliches Verfahren

Das Verfahren kann von **Amts wegen** oder auf **Antrag** der Pflegeperson(en) eingeleitet **43** werden.

▶ *Zur funktionalen Zuständigkeit, § 14 Abs. 1 Nr. 8 RPflG, Heilmann, § 14 RPflG Rn. 19.*

In dem gerichtlichen Verfahren sind **anzuhören**: **44**

- das Kind, § 159 FamFG,
- die leiblichen Eltern, § 160 FamFG,
- die Pflegeeltern, § 161 Abs. 2 FamFG,
- die Verfahrensbeiständin bzw. der Verfahrensbeistand bei Bestellung, § 158 FamFG,
- das Jugendamt, § 162 Abs. 1 Satz 1 FamFG,
- ggf. der Aufenthaltsbestimmungsberechtigte, wenn dieser nicht leiblicher Elternteil oder das Jugendamt ist, § 7 Abs. 2 Nr. 1 FamFG.

---

66 BayObLG FamRZ 1995, 626, 628; MüKo-BGB/*Huber*, § 1632 BGB Rn. 49
67 OLG Naumburg FamRZ 2002, 1274, 1275; OLG Frankfurt FamRZ 2004, 720, 721; OLG Hamm FamRZ 2004, 1396 f.; Staudinger/*Salgo*, § 1632 BGB Rn. 91
68 OLG Brandenburg FamRZ 2009, 61; OLG Frankfurt FamRZ 2009, 1499, 1501; BeckOK BGB/*Veit*, § 1632 BGB Rn. 24.1
69 OLG Stuttgart JAmt 2007, 371, 373; vgl. OLG Frankfurt FamRZ 2009, 1499, 1501; Salgo/Lack, S. 301
70 OLG Brandenburg JAmt 2003, 603, 605; BeckOK BGB/*Veit*, § 1632 BGB Rn. 24.1
71 OLG Hamm FamRZ 2007, 659, 660; BeckOK BGB/*Veit*, § 1632 BGB Rn. 24.1
72 OLG Frankfurt FamRZ 2004, 720, 721
73 BVerfG NJW 2010, 2336, 2338
74 BayObLG FamRZ 1974, 137, 139; BeckOK BGB/*Veit*, § 1632 BGB Rn. 24.1
75 OLG Frankfurt FamRZ 2011, 382
76 BVerfG NJW 2010, 2336, 2338
77 EGMR FamRZ 2002, 1393, 1396 f.; OLG Frankfurt OLGR 2003, 44; OLG Brandenburg FamRZ 2009, 994, 995

6. Rechtsfolge

45 Liegen die Voraussetzungen des § 1632 Abs. 4 BGB vor, besteht die Pflicht des Familienge-richts, eine Verbleibensanordnung – wenn das Kind in der Familienpflege verbleiben soll – oder eine Rückführungsanordnung – wenn das Kind an die Familienpflege herauszugeben ist – zu beschließen.[78] Liegen die Voraussetzungen des § 1632 Abs. 4 BGB nicht vor, hat das Gericht die Herausgabe an die aufenthaltsbestimmungsberechtigten Personen, i.d.R. die leiblichen Eltern, anzuordnen.[79] Insoweit steht dem Familiengericht **kein Ermessens-spielraum** zu.[80]

46 Die Verbleibensanordnung kann grundsätzlich **keinen endgültigen Verbleib** des Kindes bei der Familienpflege sicherstellen, da mit der Vorschrift des § 1632 Abs. 4 BGB das Kind nur vor einer Herausgabe zur Unzeit geschützt werden soll.[81]

47 Ist aber eine Rückkehr in die Herkunftsfamilie innerhalb eines in § 37 Abs. 1 Satz 2 SGB VIII näher umschriebenen Zeitraums nicht möglich, soll das Jugendamt nach § 37 Abs. 1 Satz 4 SGB VIII mit den beteiligten Personen eine andere dem Kindeswohl förderliche und auf Dauer angelegte Lebensperspektive erarbeiten.[82] In diesem Zusammenhang ist nach dem Willen des Gesetzgebers auch zu prüfen, ob eine Adoption des Kindes durch die Pflege-person(en) in Betracht kommt (vgl. § 36 Abs. 1 Satz 2 SGB VIII).

48 I.d.R. ist die Verbleibensanordnung mit einer **Umgangsregelung** zugunsten der leiblichen Eltern zu verbinden.[83] Etwas anderes kann und muss dann gelten, wenn die Ausübung des Umgangs seinerseits das Kindeswohl gefährdet.[84]

§ 1633 BGB Personensorge für verheirateten Minderjährigen

Die Personensorge für einen Minderjährigen, der verheiratet ist oder war, beschränkt sich auf die Vertretung in den persönlichen Angelegenheiten.

Von einer Kommentierung wird abgesehen.

§§ 1634 bis 1637 BGB

(weggefallen)

§ 1638 BGB Beschränkung der Vermögenssorge

(1) Die Vermögenssorge erstreckt sich nicht auf das Vermögen, welches das Kind von Todes wegen erwirbt oder welches ihm unter Lebenden unentgeltlich zugewendet wird, wenn

---

78 BeckOK BGB/*Veit*, § 1632 BGB Rn. 27; Staudinger/*Salgo*, § 1632 BGB Rn. 81
79 BeckOK BGB/*Veit*, § 1632 BGB Rn. 31
80 Staudinger/*Salgo*, § 1632 BGB Rn. 81; Salgo/Lack, S. 298; MüKo-BGB/*Huber*, § 1632 BGB Rn. 55
81 BT-Drucks. 8/2788, 40, 52; dazu ausführlich *Kinderrechtekommission des Deutschen Familiengerichtstags*, FamRZ 2004, 891 ff.
82 KG FamRZ 2008, 810, 812; OLG Köln FamRZ 2008, 808, 809; BeckOK BGB/*Veit*, § 1632 BGB Rn. 28.1; ausführlich *Kinderrechtekommission des Deutschen Familiengerichtstags*, FamRZ 2004, 891 ff.
83 BVerfG NJW 2010, 2336, 2339; KG FamRZ 2008, 810, 812; OLG Karlsruhe FamRZ 2008, 1554; Salgo/Lack, S. 302
84 Näher hierzu *Heilmann*, ZKJ 2014, 48 ff.

der Erblasser durch letztwillige Verfügung, der Zuwendende bei der Zuwendung bestimmt hat, dass die Eltern das Vermögen nicht verwalten sollen.

(2) Was das Kind auf Grund eines zu einem solchen Vermögen gehörenden Rechts oder als Ersatz für die Zerstörung, Beschädigung oder Entziehung eines zu dem Vermögen gehörenden Gegenstands oder durch ein Rechtsgeschäft erwirbt, das sich auf das Vermögen bezieht, können die Eltern gleichfalls nicht verwalten.

(3) Ist durch letztwillige Verfügung oder bei der Zuwendung bestimmt, dass ein Elternteil das Vermögen nicht verwalten soll, so verwaltet es der andere Elternteil. Insoweit vertritt dieser das Kind.

Von einer Kommentierung wird abgesehen.

§ 1639 BGB Anordnungen des Erblassers oder Zuwendenden

(1) Was das Kind von Todes wegen erwirbt oder was ihm unter Lebenden unentgeltlich zugewendet wird, haben die Eltern nach den Anordnungen zu verwalten, die durch letztwillige Verfügung oder bei der Zuwendung getroffen worden sind.

(2) Die Eltern dürfen von den Anordnungen insoweit abweichen, als es nach § 1803 Abs. 2, 3 einem Vormund gestattet ist.

Von einer Kommentierung wird abgesehen.

§ 1640 BGB Vermögensverzeichnis

(1) Die Eltern haben das ihrer Verwaltung unterliegende Vermögen, welches das Kind von Todes wegen erwirbt, zu verzeichnen, das Verzeichnis mit der Versicherung der Richtigkeit und Vollständigkeit zu versehen und dem Familiengericht einzureichen. Gleiches gilt für Vermögen, welches das Kind sonst anlässlich eines Sterbefalls erwirbt, sowie für Abfindungen, die anstelle von Unterhalt gewährt werden, und unentgeltliche Zuwendungen. Bei Haushaltsgegenständen genügt die Angabe des Gesamtwerts.

(2) Absatz 1 gilt nicht,

1. wenn der Wert eines Vermögenserwerbs 15.000 Euro nicht übersteigt oder

2. soweit der Erblasser durch letztwillige Verfügung oder der Zuwendende bei der Zuwendung eine abweichende Anordnung getroffen hat.

(3) Reichen die Eltern entgegen Absatz 1, 2 ein Verzeichnis nicht ein oder ist das eingereichte Verzeichnis ungenügend, so kann das Familiengericht anordnen, dass das Verzeichnis durch eine zuständige Behörde oder einen zuständigen Beamten oder Notar aufgenommen wird.

Von einer Kommentierung wird abgesehen.

§ 1641 BGB Schenkungsverbot

Die Eltern können nicht in Vertretung des Kindes Schenkungen machen. Ausgenommen sind Schenkungen, durch die einer sittlichen Pflicht oder einer auf den Anstand zu nehmenden Rücksicht entsprochen wird.

Von einer Kommentierung wird abgesehen.

§ 1642 BGB Anlegung von Geld

Die Eltern haben das ihrer Verwaltung unterliegende Geld des Kindes nach den Grundsätzen einer wirtschaftlichen Vermögensverwaltung anzulegen, soweit es nicht zur Bestreitung von Ausgaben bereitzuhalten ist.

Von einer Kommentierung wird abgesehen.

§ 1643 BGB Genehmigungspflichtige Rechtsgeschäfte

(1) Zu Rechtsgeschäften für das Kind bedürfen die Eltern der Genehmigung des Familiengerichts in den Fällen, in denen nach § 1821 und nach § 1822 Nr. 1, 3, 5, 8 bis 11 ein Vormund der Genehmigung bedarf.

(2) ¹Das Gleiche gilt für die Ausschlagung einer Erbschaft oder eines Vermächtnisses sowie für den Verzicht auf einen Pflichtteil. ²Tritt der Anfall an das Kind erst infolge der Ausschlagung eines Elternteils ein, der das Kind allein oder gemeinsam mit dem anderen Elternteil vertritt, so ist die Genehmigung nur erforderlich, wenn dieser neben dem Kind berufen war.

(3) Die Vorschriften der §§ 1825, 1828 bis 1831 sind entsprechend anzuwenden.

Übersicht

A. Allgemeines

1   Die Vorschrift dient dem Schutz der Vermögensinteressen des Kindes, indem sie einen **abschließenden Katalog**[1] von Rechtsgeschäften aufstellt, die die Vermögensinteressen des Kindes erheblich beeinflussen können und daher der Genehmigung des Familiengerichts bedürfen. Die Vorschrift definiert die genehmigungsbedürftigen Rechtsgeschäfte teilweise eigenständig, teilweise in Anlehnung an die Genehmigungserfordernisse aus dem Vormundschaftsrecht. Allerdings werden nur einzelne Teile der für Rechtsgeschäfte des Vormunds oder Pflegers (§ 1915 BGB) geltenden Genehmigungserfordernisse auf die Eltern übertragen, sodass die Eltern wesentlich freier als der Vormund oder Pfleger gestellt sind. Die Vorschrift ist **zwingendes Recht**.[2]

B. Inhalte der Norm

I. Genehmigungsbedürftige Rechtsgeschäfte (Abs. 1)

2   Die Vorschrift erfasst sowohl **Rechtsgeschäfte**, die die Eltern **im Namen des Kindes** vornehmen, als auch solche, die das **Kind selbst** vornimmt. Die Ermächtigung des Kindes zum selbständigen Betrieb eines Erwerbsgeschäfts oder zur Eingehung eines Dienst- oder Arbeitsverhältnisses schließt die Genehmigungsbedürftigkeit nicht aus, § 112 Abs. 1 Satz 2, § 113 Abs. 1 Satz 2 BGB.[3]

---

1 BGH FamRZ 1983, 371, 372; FamRZ 1985, 173, 174 f.
2 MüKo-BGB/*Huber*, § 1643 BGB Rn. 1 f.; BeckOK BGB/*Veit*, § 1643 BGB Rn. 1
3 MüKo-BGB/*Huber*, § 1643 BGB Rn. 11

1. Die **Genehmigungsbedürftigkeit nach § 1821 BGB** erfasst fünf Gruppen von Rechts- **3** geschäften, die sich auf Grundstücke beziehen (hierzu *Dürbeck*, § 1821 BGB).

2. Die **Genehmigungsbedürftigkeit nach § 1822 Nr. 1, Nr. 3, Nr. 5, Nr. 8 bis Nr. 11** **4** **BGB** soll all diejenigen Rechtsgeschäfte erfassen, die erhebliche wirtschaftliche Tragweite und Risiken beinhalten (hierzu *Dürbeck*, § 1822 BGB).[4]

Rechtsgeschäfte, die nicht von der Verweisung in § 1643 Abs. 1 BGB erfasst sind, bedürfen **5** dann einer Genehmigung, wenn sie zugleich die Voraussetzungen einer der in Bezug ge- nommenen Nummern erfüllen.

So ist beispielsweise ein Pachtvertrag über ein Landgut oder einen gewerblichen Betrieb **6** (§ 1822 Nr. 4 BGB) oder ein Lehr-, Dienst- oder Arbeitsvertrag (§ 1822 Nr. 6, Nr. 7 BGB) dann genehmigungsbedürftig, wenn er das Kind über dessen neunzehnten Geburtstag hi- naus bindet (§ 1822 Nr. 5 BGB).[5]

Ebenso ist ein **Vergleich** (§ 1822 Nr. 12 BGB) genehmigungsbedürftig, wenn er sich sei- **7** nem Gegenstand nach als ein aus sonstigen Gründen genehmigungspflichtiges Geschäft darstellt, beispielsweise als Verfügung über ein Grundstück i.S.d. § 1821 Abs. 1 Nr. 1 BGB.[6]

II. Genehmigungsbedürftige Rechtsgeschäfte: Ausschlagung einer Erbschaft oder eines Vermächtnisses, Verzicht auf einen Pflichtteil (Absatz 2)

1. Die **Genehmigungsbedürftigkeit** umfasst nach dem Wortlaut des § 1643 Abs. 2 **8** Satz 1 BGB:

- die Ausschlagung einer Erbschaft (§§ 1942 ff. BGB),
- die Ausschlagung eines Vermächtnisses (§§ 2176 ff. BGB),
- den Verzicht auf einen Pflichtteil (§§ 2346 ff. BGB),
- die Ausschlagung eines Erbteils (§ 1922 Abs. 2 BGB),
- die Ausschlagung einer Nacherbschaft (§ 2142 BGB),
- die Anfechtung der Annahme einer Ausschlagung der Erbschaft (§ 1957 BGB).

Nicht genehmigungsbedürftig sind: **9**

- die Annahme einer Erbschaft (§ 1943 BGB),
- die Annahme eines Vermächtnisses (§ 2180 BGB).

2. Eine **Ausnahme von der Genehmigungsbedürftigkeit** der Ausschlagung sieht **10** § 1643 Abs. 2 Satz 2 BGB dann vor, wenn der Anfall an das Kind erst infolge der Ausschla- gung eines Elternteils eintritt, der das Kind allein oder gemeinsam mit dem anderen Eltern- teil vertritt.

Damit sollen insbes. die Fälle erfasst werden, in denen die Erbschaft zunächst dem vertre- **11** tungsberechtigten Elternteil anfällt, dieser sie ausschlägt, und die Erbschaft dann an das Kind als nächsten Erbberechtigten fällt. In einem solchen Fall wird der vertretungsberech- tigte Elternteil bereits ein eigenes Interesse daran haben, die Vor- und Nachteile einer An- nahme der Erbschaft sorgfältig zu prüfen. Entscheidet er sich für die eigene Ausschlagung, kann i.d.R. davon ausgegangen werden, dass die Erbschaft insgesamt nachteilig wäre.[7] Es ist deshalb nicht zu befürchten, dass dem Kind ein Nachteil droht, wenn der vertretungsbe- rechtigte Elternteil die Erbschaft anschließend ohne gerichtliche Kontrolle auch für das

---

4 BGHZ 107, 23; OLG Zweibrücken FamRZ 2001, 181, 182
5 RGZ 114, 35, 37 f.; BeckOK BGB/*Veit*, § 1643 BGB Rn. 3.1
6 MüKo-BGB/*Huber*, § 1643 BGB Rn. 10
7 BT-Drucks. 8/2788, 57; Staudinger/*Engler*, § 1643 BGB Rn. 36

Kind ausschlagen kann. Von dieser Regelung sind auch Fälle erfasst, in denen der vertretungsberechtigte Elternteil eine vorteilhafte Erbschaft für sich und das Kind ausschlagen will. Damit soll verhindert werden, dass das Gericht eine Prüfung des Nachlassbestandes vornehmen muss und geneigt sein könnte, grundsätzlich auf der Annahme der Erbschaft für das Kind zu bestehen.[8]

12   **3.** Als Rückausnahmen – und damit genehmigungsbedürftig – sind nach dem Wortlaut des § 1643 Abs. 2 Satz 2 2. HS BGB und dem Zweck der Norm folgende Fälle erfasst:

- der ausschlagende vertretungsberechtigte Elternteil ist neben dem Kind als Erbe berufen (beispielsweise Vater und Kind beerben nebeneinander zeitgleich die Mutter), § 1643 Abs. 2 Satz 2 2. HS BGB,

- der ausschlagende Elternteil ist im Zeitpunkt seiner eigenen Ausschlagung nicht vertretungsberechtigt,[9]

- ein vertretungsberechtigter Elternteil schlägt als Testamentserbe für sich und sein testamentarisch zum Ersatzerben eingesetztes Kind die Erbschaft aus, um die Voraussetzungen für den Eintritt der eigenen gesetzlichen Erbfolge zu schaffen,[10]

- der vertretungsberechtigte Elternteil schlägt die infolge seiner eigenen Ausschlagung mehreren Kindern anfallende Erbschaft für einzelne Kinder aus, für ein Kind aber nimmt er die Erbschaft an (das Handeln ist dabei vorrangig darauf gerichtet, die Erbschaft in eine bestimmte Richtung zu lenken und nicht darauf, Nachteile für das Kind abzuwenden).

III. Genehmigung durch das Familiengericht

13   Die Genehmigung des Familiengerichts durch Beschluss (§ 38 Abs. 1 Satz 1 FamFG) kann vor oder nach der Vornahme des zu genehmigenden Rechtsgeschäfts erteilt werden. Die Genehmigung erstreckt sich auf das Rechtsgeschäft mit dem Inhalt, mit dem es dem Gericht unterbreitet wird. Bei Genehmigungen vor der Vornahme des Rechtsgeschäfts muss der wesentliche Inhalt bereits feststehen.[11]

▶   *Zur funktionalen Zuständigkeit des Rechtspflegers Heilmann, § 3 RPflG Rn. 5.*

14   Maßstab der Entscheidung über die Genehmigung eines Rechtsgeschäfts ist das **Kindeswohl**, § 1697a BGB. Dabei ist nicht nur das rein finanzielle Interesse des Kindes an dem Rechtsgeschäft, sondern das Gesamtinteresse (so auch Aspekte des sozialen Umfelds) zu berücksichtigen.[12] Die Genehmigung kann nur dann mit **Bedingungen bzw. Auflagen** versehen werden, wenn dafür die Voraussetzungen der § 1666, § 1667 Abs. 2 BGB vorliegen.[13]

15   Bestehen bei einem genehmigungspflichtigen Rechtsgeschäft eine **heilbare Nichtigkeit** oder **Zweifel an** dessen **Wirksamkeit**, ist das Rechtsgeschäft – wenn es im Übrigen dem Kindeswohl entspricht – trotzdem zu genehmigen, weil die Genehmigung dem Kind einen Vorteil bringt. Stellt sich das Rechtsgeschäft als wirksam heraus, profitiert das Kind davon. Ist das Rechtsgeschäft unwirksam, ändert die Genehmigung daran nichts.[14]

---

8 Staudinger/*Engler*, § 1643 BGB Rn. 35 ff.
9 OLG Naumburg FamRZ 2007, 1047; BeckOK BGB/*Veit*, § 1643 BGB Rn. 5.1
10 OLG Frankfurt FamRZ 1969, 658, 659; MüKo-BGB/*Huber*, § 1643 BGB Rn. 24
11 BayOblG FamRZ 1983, 92; MüKo-BGB/*Huber*, § 1643 BGB Rn. 33
12 OLG Frankfurt NJW-RR 1999, 1236, 1237; OLG Zweibrücken FamRZ 2001, 181, 182
13 Vgl. OLG Frankfurt FamRZ 1963, 453, 454
14 MüKo-BGB/*Huber*, § 1643 BGB Rn. 30

§ 1644 BGB Überlassung von Vermögensgegenständen an das Kind

Die Eltern können Gegenstände, die sie nur mit Genehmigung des Familiengerichts veräußern dürfen, dem Kind nicht ohne diese Genehmigung zur Erfüllung eines von dem Kind geschlossenen Vertrags oder zu freier Verfügung überlassen.

Von einer Kommentierung wird abgesehen.

§ 1645 BGB Neues Erwerbsgeschäft

Die Eltern sollen nicht ohne Genehmigung des Familiengerichts ein neues Erwerbsgeschäft im Namen des Kindes beginnen.

Von einer Kommentierung wird abgesehen.

§ 1646 BGB Erwerb mit Mitteln des Kindes

(1) Erwerben die Eltern mit Mitteln des Kindes bewegliche Sachen, so geht mit dem Erwerb das Eigentum auf das Kind über, es sei denn, dass die Eltern nicht für Rechnung des Kindes erwerben wollen. Dies gilt insbesondere auch von Inhaberpapieren und von Orderpapieren, die mit Blankoindossament versehen sind.

(2) Die Vorschriften des Absatzes 1 sind entsprechend anzuwenden, wenn die Eltern mit Mitteln des Kindes ein Recht an Sachen der bezeichneten Art oder ein anderes Recht erwerben, zu dessen Übertragung der Abtretungsvertrag genügt.

Von einer Kommentierung wird abgesehen.

§ 1647 BGB
(weggefallen)

§ 1648 BGB Ersatz von Aufwendungen

Machen die Eltern bei der Ausübung der Personensorge oder der Vermögenssorge Aufwendungen, die sie den Umständen nach für erforderlich halten dürfen, so können sie von dem Kind Ersatz verlangen, sofern nicht die Aufwendungen ihnen selbst zur Last fallen.

Von einer Kommentierung wird abgesehen.

§ 1649 BGB Verwendung der Einkünfte des Kindesvermögens

(1) Die Einkünfte des Kindesvermögens, die zur ordnungsmäßigen Verwaltung des Vermögens nicht benötigt werden, sind für den Unterhalt des Kindes zu verwenden. Soweit die Vermögenseinkünfte nicht ausreichen, können die Einkünfte verwendet werden, die das Kind durch seine Arbeit oder durch den ihm nach § 112 gestatteten selbständigen Betrieb eines Erwerbsgeschäfts erwirbt.

(2) Die Eltern können die Einkünfte des Vermögens, die zur ordnungsmäßigen Verwaltung des Vermögens und für den Unterhalt des Kindes nicht benötigt werden, für ihren eigenen Unterhalt und für den Unterhalt der minderjährigen unverheirateten Geschwister des Kindes verwenden, soweit dies unter Berücksichtigung der Vermögens- und Erwerbsverhältnisse der Beteiligten der Billigkeit entspricht. Diese Befugnis erlischt mit der Eheschließung des Kindes.

Von einer Kommentierung wird abgesehen.

§§ 1650 bis 1663 BGB

(weggefallen)

§ 1664 BGB Beschränkte Haftung der Eltern

(1) Die Eltern haben bei der Ausübung der elterlichen Sorge dem Kind gegenüber nur für die Sorgfalt einzustehen, die sie in eigenen Angelegenheiten anzuwenden pflegen.

(2) Sind für einen Schaden beide Eltern verantwortlich, so haften sie als Gesamtschuldner.

Von einer Kommentierung wird abgesehen.

§ 1665 BGB

(weggefallen)

§ 1666 BGB Gerichtliche Maßnahmen bei Gefährdung des Kindeswohls

(1) Wird das körperliche, geistige oder seelische Wohl des Kindes oder sein Vermögen gefährdet und sind die Eltern nicht gewillt oder nicht in der Lage, die Gefahr abzuwenden, so hat das Familiengericht die Maßnahmen zu treffen, die zur Abwendung der Gefahr erforderlich sind.

(2) In der Regel ist anzunehmen, dass das Vermögen des Kindes gefährdet ist, wenn der Inhaber der Vermögenssorge seine Unterhaltspflicht gegenüber dem Kind oder seine mit der Vermögenssorge verbundenen Pflichten verletzt oder Anordnungen des Gerichts, die sich auf die Vermögenssorge beziehen, nicht befolgt.

(3) Zu den gerichtlichen Maßnahmen nach Absatz 1 gehören insbesondere

1. Gebote, öffentliche Hilfen wie zum Beispiel Leistungen der Kinder- und Jugendhilfe und der Gesundheitsfürsorge in Anspruch zu nehmen,

2. Gebote, für die Einhaltung der Schulpflicht zu sorgen,

3. Verbote, vorübergehend oder auf unbestimmte Zeit die Familienwohnung oder eine andere Wohnung zu nutzen, sich in einem bestimmten Umkreis der Wohnung aufzuhalten oder zu bestimmende andere Orte aufzusuchen, an denen sich das Kind regelmäßig aufhält,

4. Verbote, Verbindung zum Kind aufzunehmen oder ein Zusammentreffen mit dem Kind herbeizuführen,

5. die Ersetzung von Erklärungen des Inhabers der elterlichen Sorge,

6. die teilweise oder vollständige Entziehung der elterlichen Sorge.

(4) In Angelegenheiten der Personensorge kann das Gericht auch Maßnahmen mit Wirkung gegen einen Dritten treffen.

Übersicht

A. Allgemeines

I. Normzweck

1 Ungeachtet des hohen Stellenwertes der Elternrechte in Verfassung[1] und Rechtsprechung kommt dem Staat nach Art. 6 Abs. 2 Satz 2 GG zum Schutz der Kinder ein **Wächteramt** zu, das in erster Linie die Jugendämter und Familiengerichte wahrnehmen.[2]

Ermächtigung i.S.d. Art. 6 Abs. 3 GG und Kernvorschrift für Eingriffe in das elterliche Sorgerecht ist § 1666 BGB. Zahlreiche bundesweit bekannte Fälle von gravierender Kindesmisshandlung und -vernachlässigung haben den Gesetzgeber[3] bewogen, auch diese Vorschrift grundlegend zu ändern. Maßstab und Anknüpfungspunkt für Eingriffe in die elterliche Sorge ist nicht mehr in erster Linie das elterliche Fehlverhalten, sondern die **Gefährdung des Wohls oder des Vermögens des Kindes:** Bei einer entsprechenden Gefahr, die die primär Verantwortlichen nicht verhindern können oder wollen, sind in Abs. 3 aufgelistete **Eingriffe in die Personen- und Vermögenssorge** gestattet. Droht die Gefahr von Dritten, sind auch insoweit Maßnahmen zulässig (Abs. 4).

II. Konkurrenz zu anderen Normen

2 Das Kindschaftsrecht enthält weitere Vorschriften, die den Begriff des **Kindeswohls** konturieren oder ebenfalls **Eingriffe** in die Elternrechte gestatten. Hier ist das **Verhältnis zu § 1666 BGB** nicht immer eindeutig.[4]

1. § 1631d BGB

3 Nach Abs. 1 dieser Vorschrift darf der Personensorgeberechtigte in die **Beschneidung** seines Sohnes einwilligen, wenn der kunstgerecht durchgeführte Eingriff nicht das **Kindeswohl gefährdet**. Es müssen insoweit die Voraussetzungen des **§ 1666 Abs. 1 BGB** erfüllt sein. Allerdings kann die Schwelle der entgegenstehenden Kindeswohlgefährdung – je nach Schutzwürdigkeit des im Vordergrund stehenden Motivs des sorgeberechtigten Elternteils bezüglich der beabsichtigten Beschneidung – niedriger als nach dem allgemeinen Maßstab des § 1666 BGB anzusetzen sein.[5]

Auch das **Jugendamt** ist insoweit zu einer Gefährdungseinschätzung verpflichtet und hat ggfls. das Familiengericht anzurufen (§ 8a Abs. 3 S 1 SGB VIII).[6] Dieses kann dann im Rahmen eines Verfahrens nach § 1666 BGB etwa die **Gesundheitsfürsorge** für das Kind entziehen.[7]

2. § 1632 Abs. 2 BGB

4 Hiernach umfasst die Personensorge das Recht, den Umgang des Kindes auch mit Wirkung für und gegen **Dritte** (vgl. Rn. 17) zu bestimmen, insbesondere ein **Umgangsverbot** auszusprechen.

Diese Möglichkeit besteht ebenfalls nach § 1666 Abs. 4 BGB, nur mit dem Unterschied, dass dort das Gericht seine Entscheidung von Amts wegen, bei § 1632 Abs. 2 BGB aber nur auf **Antrag** eines Elternteils trifft.[8]

---

1 Art. 6 Abs. 1, Abs. 2 Satz 1 GG
2 Dazu *Coester*, FPR 2009, 549; *Fahl*, NZFam 2015, 247
3 Gesetz zur Erleichterung familiengerichtlicher Maßnahmen bei Gefährdung des Kindeswohls vom 4.7.2008, BGBl. I S. 1188
4 Vgl. auch MüKo-BGB/*Olzen*, § 1666 BGB Rn. 6 ff.
5 OLG Hamm JAmt 2013, 596, dazu *Rogalla*, FamFR 2013, 483
6 BOK-BGB/*Veit*, § 1631d BGB Rn. 37
7 OLG Hamm a.a.O.
8 BOK-BGB/*Veit*, § 1666 BGB Rn. 70

3. § 1632 Abs. 4 BGB

Die von den leiblichen Eltern angestrebte **Rückführung** ihrer Kinder **aus der Pflegefami-** **5**
lie bereitet gelegentlich nicht nur tatsächliche, sondern auch rechtliche Probleme. Das Familiengericht kann bei einem Rückführungsverlangen der sorgeberechtigten Eltern entweder **sorgerechtsbeschränkende** Maßnahmen nach § 1666 BGB oder eine **Verbleibens-anordnung** nach § 1632 Abs. 4 BGB treffen.

▶ *Vgl. dazu auch Fink, § 1632 Rn. 34.*

Zum Verhältnis dieser Normen zueinander hat sich unlängst der Bundesgerichtshof[9] geäußert: Lebt ein Kind in einer Pflegefamilie und verlangen die Eltern die Rückführung des Kindes, muss der Erlass einer Verbleibensanordnung nach § 1632 Abs. 4 BGB als im Verhältnis zu einem Sorgerechtsentzug **milderes Mittel** erwogen werden. Ergebe sich die Gefährdung des Kindeswohls allein daraus, dass das Kind **zur Unzeit** aus der Pflegefamilie herausgenommen und zu den leiblichen Eltern zurückgeführt werden solle, liege in der Regel noch kein hinreichender Grund vor, den Eltern das Sorgerecht ganz oder teilweise zu entziehen. Hier sei der Erlass einer **Verbleibensanordnung** zu erwägen.

Diese Rechtsprechung hat erheblichen Widerspruch erfahren. Denn bei dieser Betonung der Rechte der leiblichen Eltern in verfassungsrechtlich bedenklicher Weise wird nur unzureichend das **Wohl des Kindes** gewürdigt, das auch im Rahmen von Verbleibensanordnungen nach § 1632 Abs. 4 BGB die oberste Richtschnur der Entscheidung ist.[10] Durch die Maßnahme werden zum einen die Grundrechte des Pflegekindes auf freie Entfaltung seiner Persönlichkeit und auf Schutz seiner körperlichen Unversehrtheit (Art. 2 GG) tangiert. Zudem bedarf das Kind gerade im Rahmen eines **Pflegekindverhältnisses** des besonderen Schutzes im Rahmen des staatlichen Wächterauftrages nach Art. 6 Abs. 2 Satz 2 und Abs. 3 GG, wie dies auch Art. 20 Abs. 1 der UN-Konvention über die Rechte des Kindes gebietet.[11]

▶ *Eingehend hierzu Fink, § 1632 BGB Rn. 29.*

4. § 1671 BGB

Die Voraussetzungen für einen Entzug der elterlichen Sorge nach **§ 1666 BGB** liegen we- **6**
gen des Vorrangs der Erziehung und Pflege von Kindern durch ihre Eltern **nicht** vor, wenn einer Gefährdung des Kindeswohls durch eine gerichtliche Regelung der elterlichen Sorge im Verhältnis der Eltern untereinander nach den § 1671 BGB (oder § 1626a BGB) begegnet werden kann.[12] Voraussetzung hierfür ist allerdings ein entsprechender **Antrag** eines Elternteils.

Dem Antrag auf Übertragung der elterlichen Sorge ist **nicht** stattzugeben, soweit diese **7**
auf Grund anderer Vorschriften – vor allem bei Fällen der Kindeswohlgefährdung nach **§ 1666 BGB** – abweichend geregelt werden muss (§ 1671 Abs. 4 BGB). Dabei entscheidet das Familiengericht im Rahmen des Verfahrens gemäß § 1671 BGB nur dann gegen den Elternvorschlag, wenn die Kindeswohlgefährdung durch die Übertragung der elterlichen Sorge auf einen Elternteil nicht abgewendet werden kann, also insbesondere dann, wenn sie von **beiden Elternteilen** ausgeht.[13]

---

9 BGH ZKJ 2014, 198 mit kritischer Anm. *Gottschalk* (S. 234); NZFam 2014, 362 mit kritischer Anm. *Lack =* FamRZ 2014, 543 mit kritischer Anm. *Heilmann/Salgo*, FamRZ 2014, 705; zustimmend *Rauscher*, LMK 2014, 357068; ähnlich auch OLG Hamm FamRZ 2012, 462 (LS) = NJOZ 2012, 1337
10 BVerfG FamRZ 2010, 865; OLG Hamm FamRZ 2013, 1228; vgl. auch *Ballof*, NZFam 2014, 769
11 OLG Frankfurt BeckRS 2014, 08976; vgl. auch OLG Saarbrücken NZFam 2014, 74 mit Anm. *Pätzold*
12 OLG Frankfurt FamRZ 2012, 359 (LS), dazu *Riegner*, FamFR 2012, 359
13 MüKo-BGB/*Olzen*, § 1666 BGB Rn. 8

Das Gericht wechselt in diesen Fällen von Amts wegen in das Kinderschutzverfahren über; es wird nicht ein weiteres Verfahren eingeleitet.[14]

Lässt sich etwa in einem hochstrittigen Verfahren nach § 1671 BGB, in welchem die Mutter den Vater des **sexuellen Missbrauchs** des Kindes bezichtigt, dieser Verdacht nach Ausschöpfung aller im Eilverfahren zur Verfügung stehenden Erkenntnisquellen nicht klären, kann das Gericht je nach dem Grad der Wahrscheinlichkeit für das Zutreffen der erhobenen Anschuldigungen eine Sorgeentscheidung auch zugunsten des beschuldigten Elternteils treffen.[15] Es kann aber auch, falls alternativ die Übertragung auf die Mutter aus anderen Gründen ausscheidet, eine Maßnahme nach §§ 1666, 1666a BGB treffen.

5. § 1684 BGB

8   Größere rechtliche Schwierigkeiten ergeben sich bei der Verzahnung von **Sorge- und Umgangsrecht**. Diese Rechte stehen sich auf Elternebene als selbstständige, sich gegenseitig beschränkende Rechte gegenüber[16] (vgl. auch *Gottschalk*, § 1684 BGB Rn. 1).

Daher steht das Umgangsrecht beiden Elternteilen ungeachtet ihrer sorgerechtlichen Befugnisse zu. Auch Eltern, denen nach § 1666 BGB das gesamte **Sorgerecht entzogen** wurde, haben ein Recht auf Umgang mit ihrem fremduntergebrachten Kind (dazu auch *Gottschalk* § 1684 Rn. 7).

9   Hiervon abzugrenzen ist das **Umgangsbestimmungsrecht**, also das Recht zur Entscheidung über Art und Umfang der Umgangsregelung. Dieses ist nach überwiegender Auffassung Teil der **Personensorge** (vgl. *Gottschalk*, § 1684 Rn. 1 m.w.N.).

Dementsprechend umfasst das Sorgerecht grundsätzlich auch im Verhältnis zum anderen Elternteil unter Beachtung des familiengerichtlichen Regelungskompetenzvorrangs das Umgangsbestimmungsrecht des (betreuenden) Elternteils, das dann aber auch (im Falle der Fremdbetreuung) **nach § 1666 BGB** beiden Eltern **entzogen** werden kann.[17]

10   Streitig ist die Frage, auf welche Vorschriften im Falle des **Umgangsausschlusses** ein **Kontaktverbot** gegenüber dem **nicht sorgeberechtigten Vater** zu stützen ist.

Beispiel: *Der gewalttätige Vater begehrt Umgang mit den beiden gemeinsamen psychisch belasteten Kindern. Die allein sorgeberechtigte Mutter beantragt neben dem Ausschluss des Umgangs zusätzlich im Wege der einstweiligen Anordnung die Verhängung eines Kontakt- und Näherungsverbots bezüglich der Kinder.*

Soweit hierfür die Ermächtigungsgrundlage in **§ 1684 Abs. 4 BGB** gesehen wird,[18] besteht bei einer solchen Umgangseilsache bedenklicherweise keine Beschwerdemöglichkeit (§ 57 FamFG). Daher sollte das Kontaktverbot in der Praxis grundsätzlich als Maßnahme nach **§ 1666 Abs. 4 BGB** getroffen werden. Denn nach überwiegender und zutreffender Auffassung ist der nicht sorgeberechtigte Elternteil als „Dritter" i.S. der Norm zu betrachten (siehe Rn. 17).

Gleichwohl scheidet (alternativ) eine Schutzanordnung nach **§ 1 GewSchG** aus (siehe dazu unten Rn. 13).

---

14   OLG Nürnberg FamRZ 2013, 1993
15   KG FamRZ 2013, 46 (LS) = NJOZ 2012, 1482
16   OLG München FamRZ 2011, 823
17   *Schmid*, NZFam 2014, 284; *Heilmann*, FamRZ 2014, 1753, 1754; *ders.*, NJW 2012, 16, 21; a.A. OLG Karlsruhe ZKJ 2014, 257 = FamRZ 2014, 1378; OLG Stuttgart ZKJ 2014, 479 = FamRZ 2014, 1794
18   So OLG Frankfurt, ZKJ 2013, 298 = JAmt 2013, 656 (unter Verneinung anderer Vorschriften), ebenso AG Westerstede, BeckRS 2009, 14580, dazu *Born*, FD-FamR 2009, 285196; *Schmid*, NZFam 2014, 881, 883; a.A. Palandt/*Götz*, § 1666 BGB Rn. 36; *Heiß*, FamFR 2013, 258

Anderenfalls kämen auch Eingriffe nach **§ 1666 Abs. 1 und 3 BGB** in Betracht (näher hierzu auch *Gottschalk*, § 1684 BGB Rn. 4).

Etwaige Verstöße werden in allen Fällen gleichermaßen nach § 890 ZPO i.V.m. § 95 Abs. 1 Nr. 4 FamFG durch Verhängung von **Ordnungsmitteln** geahndet (vgl. Rn. 52).

6. § 1696 BGB

Das zunächst einem Elternteil allein übertragene **Sorgerecht** kann (ganz oder teilweise) grundsätzlich nur nach §§ 1666, 1666a BGB, **nicht** nach **§ 1696 BGB** entzogen werden. Denn die Voraussetzungen für eine gerichtliche Regelung nach § 1696 Abs. 1 BGB bleiben weit hinter den Anforderungen zurück, die Art. 6 Abs. 3 GG an die Trennung der Kinder von der Familie stellt.[19] Hat das Familiengericht das Vorliegen einer Gefährdung des Kindeswohls i.S.d. §§ 1666, 1666a BGB festgestellt, ist es auch zu einer Abänderung einer **ausländischen Sorgerechtsentscheidung** gemäß § 1696 BGB berechtigt.[20]

11

Wurde jedoch dem Kindesvater in einem früheren Verfahren bereits die elterliche Sorge entzogen, so kann er die Rückübertragung nur im Wege eines **Abänderungsverfahrens** geltend machen. Ein solcher Antrag kann auch im erstinstanzlichen Verfahren über die Entziehung der elterlichen Sorge der Kindesmutter gestellt werden.[21] Im Rahmen dieses Abänderungsverfahrens bedarf es einer gerichtlichen **Sachentscheidung**, die auch darin bestehen kann, dass keine Veranlassung besteht, die Ausgangsentscheidung zu ändern.[22]

12

▶ *Näher hierzu Gottschalk § 1696, BGB Rn. 25.*

7. GewSchG

Die Anwendbarkeit des **Gewaltschutzgesetzes** im Kindschaftsrecht hängt von den Beziehungen des Kindes zu dem Gewalttäter ab:

13

- Im **Eltern-Kind-Verhältnis** gelten nach § 3 Abs. 1 GewSchG **ausschließlich** die Bestimmungen des **Kindschaftsrechts**. Entsprechend dem Willen des Gesetzgebers[23] soll der Schutz des unter elterlicher Sorge[24] stehenden Kindes, das von den Eltern oder anderen Sorgeberechtigten verletzt wird, allein durch die Vorschrift des § 1666 BGB effektiver[25] sichergestellt werden.[26]

- Im Verhältnis zu **Dritten** besteht hingegen ein (doppelter) gerichtlicher Rechtsschutz sowohl nach dem Gewaltschutzgesetz als auch gemäß § 1666 BGB.

Da mithin bei dieser Abgrenzung ausdrücklich auf die **Elternschaft** abgestellt wird, haben die Vorschriften der §§ 1666, 1666a BGB generell **Vorrang** vor denen des Gewaltschutzgesetzes, wenn es um den Schutz der Kinder vor ihren **Eltern** geht.[27] Folglich ist hier der **nicht sorgeberechtigte Vater nicht** als „Dritter" zu betrachten – im Gegensatz zu §§ 1632 Abs. 2, 1666 Abs. 4 BGB (vgl. Rn. 17).

---

19 BVerfG FamRZ 2009, 1472
20 OLG Hamm JAmt 2014,576 = FuR 2015, 58
21 OLG Brandenburg ZKJ 2013, 504
22 OLG Frankfurt FamRZ 2013, 1238 (LS) = BeckRS 2013, 04084
23 BT-Drs. 14/5429, 32
24 Entsprechendes gilt für **Vormund** und **Pfleger**.
25 Dazu MüKo-BGB/*Olzen*, § 1666a Rn. 19
26 Weil die Rechte und Bedürfnisse des Kindes mit den zivilrechtlichen Ansprüchen allein in der Regel nicht verwirklicht werden können; kritisch dazu *Heinke*, djbZ 2013, 19, 21
27 So auch OLG Brandenburg BeckRS 2013, 14844; OLG Frankfurt FamRZ 2013, 1237 (LS) = BeckRS 2013, 06975. Dies gilt auch für **Adoptiveltern** (§ 1754 BGB)

Jedoch kann gegen den **Stiefelternteil oder Lebenspartner** (auch) nach dem Gewalt-schutzgesetz vorgegangen werden.[28] Gleiches gilt für die **Großeltern**.

▶ *Näher hierzu Cirullies, § 3 GewSchG Rn. 3.*

B. Inhalt der Norm

I. Eingriffsvoraussetzungen

14 § 1666 BGB ermöglicht familiengerichtliche Maßnahmen zum Schutz des **Kindeswohls** und des **Kindesvermögens**.

Voraussetzungen hierfür sind, dass

- das **körperliche, geistige oder seelische Wohl** des Kindes oder seines **Vermögens** gefährdet ist

und

- die Eltern (oder Sorgerechtsinhaber) nicht gewillt oder nicht in der Lage sind, die **Ge-fahr selbst abzuwenden**.

II. Betroffener Personenkreis

1. Kind

15 Der Status des Kindes beginnt grundsätzlich mit der Vollendung der **Geburt** und endet mit Eintritt der **Volljährigkeit** (oder mit dem Tod).

Die Vorschrift findet ihrem **Wortlaut** nach nur auf das bereits geborene Kind Anwendung, **nicht** auf den sog. **nasciturus**. Dies gilt auch für den Schutzauftrag des Jugendamts nach § 8a SGB VIII.[29] Allerdings kann es die von dem *BVerfG* in mehreren Entscheidungen be-tonte Schutzwürdigkeit des ungeborenen Lebens rechtfertigen, die Vorschrift auch auf das **ungeborene Kind** anzuwenden.[30] Jedenfalls dürfte ein **Erörterungstermin** mit der wer-denden Mutter nach § 157 FamFG zulässig sein.[31]

Verhaltensgebote gegenüber dem Kind sind auf der Grundlage von § 1666 BGB nicht möglich.[32]

2. Sorgeberechtigte Eltern

16 Zwar können kindesschutzrechtliche Maßnahmen auch gegen den nichtsorgeberechtig-ten Elternteil ergehen (vgl. unten Rn. 17), Eingriffe in das elterliche Sorgerecht kommen jedoch nicht in Betracht, wenn die elterliche Sorge wegen **Geschäftsunfähigkeit** ruht (§ 1673 BGB).[33] Bei **beschränkt Geschäftsfähigen** (insbesondere: minderjährige Kindes-mutter) kann im Falle von Meinungsverschiedenheiten mit dem Amtsvormund in das Sor-gerecht eingegriffen und etwa das Aufenthaltsbestimmungsrecht entzogen werden.[34]

Nicht notwendig ist hierbei, dass das Sorgerecht der betreffenden Person vollständig zu-steht. Abs. 1 berechtigt das Familiengericht auch dann zu Eingriffen, wenn die Kindes-wohlgefährdung den ihr zustehenden **Teil des Sorgerechts** betrifft.[35] Die Voraussetzun-

---

28 Das „Kleine Sorgerecht" nach § 1687b BGB, § 9 LPartG ist insoweit ohne Belang, vgl. Soergel/Gietl, § 3 GewSchG Rn. 2; *Löhnig*, FPR 2008, 157; *Weinreich*, FPR 2004, 88

29 Dazu *Czerner*, ZKJ 2010, 220; ferner Abschlussbericht der Arbeitsgruppe „Familiengerichtliche Maßnahmen bei Gefährdung des Kindeswohls – § 1666 BGB" vom 14.7.2009, 32 ff.

30 MüKo-BGB/*Olzen*, § 1666 BGB Rn. 40 m.w.N.

31 Vgl. DIJuF-Rechtsgutachten vom 6.6.2014, JAmt 2014, 389, 390

32 Kritisch dazu Staudinger/*Coester*, § 1666 BGB Rn. 223

33 KG FamRZ 2014, 1038 (LS), dazu *Galinsky*, NZFam 2014, 422

34 OLG Koblenz FamRZ 2005, 1923

35 MüKo-BGB/*Olzen*, § 1666 BGB Rn. 38

gen für einen vollständigen oder teilweisen Entzug des Sorgerechts nach §§ 1666, 1666a BGB sind **für jeden Elternteil gesondert** festzustellen.[36] Zu den Sorgerechtsinhabern zählen auch die **Adoptiveltern** (§ 1754 Abs. 3 BGB).

Die Vorschrift ist entsprechend anzuwenden bei Sorgerechtsverstößen des **Vormunds** (§ 1837 Abs. 4 BGB) oder des **Pflegers** (§§ 1909, 1915 Abs. 1 Satz 1 BGB)[37].

3. Dritte

Abs. 4 ermöglicht auch Maßnahmen gegen **Dritte**. In Betracht kommt jede Person, die mit dem Kind **Kontakt** hat, etwa der zudringliche Fitnesstrainer der halbwüchsigen Tochter.[38] Es kann insoweit ein **zweispuriger gerichtlicher Rechtsschutz** bestehen: sowohl nach dem Gewaltschutzgesetz als auch nach §§ 1666, 1666a BGB[39] (vgl. dazu *Cirullies* § 3 GewSchG Rn. 3).

17

Gegenüber **Pflegeeltern** sind vorrangig Maßnahmen nach § 1688 Abs. 3 Satz 2, Abs. 4 BGB zu ergreifen.[40]

Aus dem systematischen Zusammenhang mit den Abs. 1–3 ergibt sich, dass unter den Begriff des **Dritten** auch alle Personen fallen, die gegenüber dem Kind **nicht sorgeberechtigt** sind, also etwa der mit der Mutter nicht verheiratete **Vater**, der (noch) keine Sorgeerklärung gemäß § 1626a BGB abgegeben hat.[41]

III. Gefährdung des Kindeswohls

1. Wohl des Kindes

Das Gesetz verwendet den weitgehend unbestimmten Begriff des **Kindeswohls** wiederholt,[42] doch nur hier differenzierend zwischen dem **körperlichen, geistigen und seelischen** Wohl. Dabei sind die Grenzen fließend: So gehen körperliche Misshandlungen regelmäßig mit seelischen Schädigungen einher, die sogar gravierender und dauerhafter sein können; andererseits können „rein" psychische Misshandlungen geistige und somatische Auswirkungen haben.[43]

18

Als wesentliche **Kriterien** zur Konkretisierung des Kindeswohls sind zu nennen:[44]

- die Möglichkeit des Kindes, **gesund und ungefährdet** aufwachsen und zu einer selbständigen und **verantwortungsbewussten Person** innerhalb der sozialen Gemeinschaft heranwachsen zu können,[45]
- die Stabilität und Kontinuität seiner **Beziehungen** zum Sorgeberechtigten,[46]
- die Bedeutung der **Vorstellungen des Kindes** mit zunehmendem Alter.[47]

---

36 OLG Brandenburg BeckRS 2012, 09668, dazu *Alberts*, FamFR 2012, 284
37 Näher hierzu *Dürbeck*, § 1837 BGB Rn. 16
38 Vgl. auch OLG Zweibrücken FamRZ 1994, 976 (Wohnortwechsel eines Sexualstraftäters)
39 OLG Karlsruhe FamRZ 2012, 460
40 *Palandt/Götz*, § 1666 BGB Rn. 6
41 MüKo-BGB/*Olzen*, § 1666 BGB Rn. 209; *Heiß*, FamFR 2013, 258; ebenso BOK/*Veit*, § 1632 BGB Rn. 14 betreffend § 1632 Abs. 2 BGB; offen gelassen: *Ernst*, FPR 2011, 195, 198; a.A. *Palandt/Götz*, § 1666 BGB Rn. 41; *Staudinger/Coester*, § 1666 BGB Rn. 237 (nur jeder Nichtelternteil)
42 Etwa in §§ 1626a, 1671, 1688, 1696 BGB
43 *Coester*, FPR 2009, 549
44 BVerfG FamRZ 2010, 865; ferner MüKo-BGB/*Olzen*, § 1666 BGB Rn. 43
45 Vgl. § 1626 Abs. 2 BGB, § 1 Abs. 1 SGB VIII
46 Vgl. §§ 1632 Abs. 4, 1666a, 1682, 1684 Abs. 4, 1685 BGB; zum Begriff der „Bindung" vgl. *Bovenschen/Spangler*, NZFam 2014, 900
47 Vgl. §§ 1626 Abs. 2, 1631a, 1671 Abs. 2 Nr. 1 BGB; dazu KG FamRZ 2010, 135 (Wille einer 10-Jährigen); ferner BbgVerf BeckRS 2014, 47360; OLG Hamm BeckRS 2014, 06513 (je zum Willen einer 11-Jährigen); grundsätzlich zur Bedeutung des Kindeswillens vgl. *Peschel-Gutzeit*, NZFam 2014, 433

Nicht entscheidend ist dagegen eine den Fähigkeiten des Kindes entsprechende **bestmögliche Förderung**. Vielmehr gehören die Eltern und deren sozioökonomische Verhältnisse grundsätzlich zum Schicksal und Lebensrisiko eines Kindes. Das Kind hat keinen Anspruch auf „Idealeltern" und eine optimale Förderung und Erziehung.[48]

2. Begriff der Gefahr

19   Nach gängiger Rechtsprechung liegt die gemäß § 1666 BGB vorausgesetzte **Gefährdung** des Kindeswohls (erst) vor, wenn

- ein **Schaden** des Kindes bereits eingetreten *oder*

- eine **gegenwärtige Gefahr** in einem solchen Maß vorhanden ist, dass sich bei seiner weiteren Entwicklung eine **erhebliche Schädigung** mit ziemlicher Sicherheit voraussehen lässt.[49]

Dieser Gefahrbegriff wird ergänzt und eingeschränkt durch das Erfordernis der **fehlenden Bereitschaft oder Fähigkeit zur Abhilfe** durch die Eltern[50] (vgl. auch Rn. 36).

Insoweit ist wiederum § 157 FamFG zu beachten: Danach soll das Gericht mit den Eltern erörtern, wie einer **möglichen** Gefährdung des Kindeswohls begegnet werden kann.

Besonders **strenge Anforderungen** gelten für Maßnahmen, die mit einer **Trennung des Kindes** von der elterlichen Familie verbunden sind. Dieser stärkste Eingriff in das Elternrecht ist allein zu dem Zweck zulässig, das Kind vor **nachhaltigen** Gefährdungen zu schützen,[51] und auch nur dann, wenn der Gefahr nicht auf andere Weise begegnet werden kann, § 1666a BGB[52] (vgl. *Cirullies*, § 1666a BGB Rn. 3)

Nicht jedes Versagen oder jede Nachlässigkeit der Eltern berechtigt den Staat, die Eltern von der Pflege und Erziehung ihres Kindes auszuschalten oder gar selbst diese Aufgabe zu übernehmen.

20   In gravierenden Fällen von Gewaltanwendung, sexuellem Missbrauch oder Verwahrlosung wird sich die Frage, ob tatsächlich eine **Kindeswohlgefährdung** vorliegt, leicht bejahen lassen. Körperliche Misshandlungen, aber auch seelische Verletzungen und andere entwürdigende Maßnahmen[53] können diese Gefährdung hervorrufen. Doch im Allgemeinen kann die Gefährdung des Kindes – losgelöst von verfassungsgerichtlichen Begriffsstereotypen und nach sorgfältiger Ermittlung des Sachverhalts (siehe unten Rn. 68) – nur unter Berücksichtigung der besonderen Umstände eines jeden **Einzelfalls** festgestellt werden.[54] Hierbei sind die Rechte und Interessen des **Kindes**, die **Elternrechte** wie auch das Interesse der **Gesellschaft** an einem gedeihlichen, grundgesetzgemäßen Aufwachsen der nachfolgenden Generation **abzuwägen**.[55]

21   Die begründete Besorgnis einer Schädigung entsteht in der Regel aus Vorfällen in der **Vergangenheit**, wobei die Gründe für das elterliche Versagen unerheblich sind, jedoch vereinzelt gebliebene Fehlhandlungen nicht genügen.[56] Hierfür bedarf es **konkreter Gründe**, wonach das Wohl des individuellen Kindes gefährdet ist; nicht ausreichend sind

---

48 BVerfG BeckRS 2014, 49403 = JAmt 2014, 223; OLG Hamm FamRZ 2012, 462 (LS), dazu *Holzwarth*, FamFR 2012, 95; vgl. auch *Kunkel*, FamRZ 2015, 901
49 BVerfG FamRZ 2010, 713; FamRZ 2015, 112
50 *Veit*, FPR 2008, 598, 600
51 BVerfG ZKJ 2014, 242 = BeckRS 2014, 49403
52 BVerfG FamRZ 2012, 1127
53 Vgl. § 1631 Abs. 2 S. 2 BGB; vgl. auch *Schmid*, NZFam 2015, 292
54 OLG Brandenburg FamRZ 2008, 1556; *Ernst*, FPR 2011, 195, 196 mit Beispielsfällen aus der Rechtsprechung
55 Staudinger/*Coester*, § 1666 BGB Rn. 81
56 OLG Brandenburg FamRZ 2009, 2100

abstrakte Befürchtungen.[57] Auch ist zu beachten, dass sich das Erfordernis der **Gegenwärtigkeit** allein auf die Gefährdung bezieht, nicht jedoch auf die Beeinträchtigung des betroffenen Kindes. Dies hat zur Folge, dass auch „Fernschäden" für ein gerichtliches Einschreiten ausreichen, die ihre Ursache in den aktuellen Verhältnissen haben.[58]

3. Einzelne Gefährdungstatbestände

a) Sinn und Zweck

Auch wenn entscheidende Voraussetzung für staatliche Eingriffe in das Sorgerecht die **22** akute Kindeswohlgefährdung ist, spielt das **Versagen der Eltern** oder Dritter für die Feststellung der Gefahrenursachen sowie der etwa mangelnden Abwehrmöglichkeit der Eltern eine wichtige Rolle. Insoweit bedarf es nach wie vor der in Rechtsprechung und Literatur herausgebildeten **Fallgruppen**, die der als Generalklausel ausgestalteten Vorschrift Kontur geben und die Subsumtion unter den Gefährdungsbegriff erleichtern. Überdies können ohne Ermittlung der Gefährdungsursachen Maßnahmen nach Abs. 3 nicht sinnvoll bestimmt werden.

In zahlreichen Fällen der Praxis freilich begründen mehrere **niederschwellige Verhaltensweisen** (etwa übermäßiger Alkoholkonsum, mangelnde Hygiene und Ernährung, fehlende Erziehungskompetenz, gelegentliche Schläge), die für sich genommen nicht ausreichen, erst in ihrer Gesamtheit eine Kindeswohlgefährdung.[59] Ähnliches gilt für eine chronische, aber nicht lebensbedrohliche **Vernachlässigung** des Kindes.[60]

b) Defizite der Eltern

Grundsätzlich können Kinder auch in der Obhut kranker oder **psychisch auffälliger** El- **23** tern belassen werden, falls ihnen nichts zustößt oder sie dort nicht gefährdet sind.[61] Doch kann auch eine nur **schubweise** auftretende psychische Erkrankung des sorgeberechtigten Elternteils die (Teil-)Entziehung der Personensorge rechtfertigen.[62] Das gilt ebenso, wenn die Mutter wegen **intellektueller Minderbegabung** und einer komplexen **Persönlichkeitsstörung** nicht angemessen für ihr Kind sorgen kann und sich nicht helfen lässt.[63] Desgleichen kann ein krankhaft **symbiotisches Verhältnis** zwischen Mutter und Tochter mit überfürsorglichem „Bemuttern" eine Kindeswohlgefährdung bewirken. Der entsprechende Kausalzusammenhang ist jedoch hinreichend darzutun.[64]

Ist einem Elternteil ein **Betreuer** bestellt worden, ist er häufig nicht in der Lage, wichtige **24** Teilbereiche der elterlichen Sorge, etwa betreffend die Gesundheitsfürsorge, den Schulbesuch und die Beantragung öffentlicher Hilfen, für sein Kind wahrzunehmen.[65] Auch eine **dauerhafte Erziehungsunfähigkeit** der Eltern[66] rechtfertigt Eingriffe in die elterliche Sorge ebenso wie sehr **häufige Trennungen** der Kindeseltern und damit verbundene Entwurzelungen und Loyalitätskonflikte der Kinder.[67]

---

57 OLG Oldenburg FamRZ 2005, 925; vgl. auch BVerfG FamRZ 2013, 433
58 *Lack/Heilmann*, ZKJ 2014, 308, 310; Staudinger/*Coester*, § 1666 Rn. 82
59 Dazu OLG Brandenburg FamRZ 2009, 2100
60 Dazu *Kindler*, FPR 2012, 422, 425
61 OLG Stuttgart FamRZ 2010, 1090; ausführlich zu der Problematik *Ehinger*, FPR 2005, 253; *Schmid*, NZFam 2015, 292, 294; zu den sorgerechtlichen Auswirkungen einer elterlichen Traumatisierung vgl. *Rauwald*, NZFam 2014, 1116
62 OLG München FamRZ 2004, 1597
63 OLG Hamm BeckRS 2014, 06509, dazu *Pätzold*, NZFam 2014, 57
64 BVerfG FamRZ 2014, 1270 = JAmt 2014, 415; ferner BVerfG FamRZ 2006, 537 (übersteigerte Fixierung auf das Kind); vgl. auch JAmt 2014, 425 (Anm. der Schriftleitung)
65 Dazu OLG Brandenburg ZKJ 2013, 504 = JAmt 2013, 664 = BeckRS 2013, 06364
66 OLG Hamm FamRZ 2010, 2083; OLG Saarbrücken FamRZ 2010, 1092
67 OLG Köln FamRZ 2011, 1307 (LS) = NJW-RR 2011, 729

Eine bestehende **Heroinabhängigkeit** der Kindesmutter begründet ohne das Hinzutreten weiterer Umstände jedenfalls dann nicht den Entzug der elterlichen Sorge, wenn sich die Kindesmutter bereits seit Jahren im **Methadon-Programm** befindet und das Kind in der Vergangenheit im mütterlichen Haushalt gut versorgt worden ist.[68]

c) Häusliche Gewalt

25   Das bestehende grundsätzliche **Gewaltverbot** gilt in besonderem Maße gegenüber Kindern. Dies drückt sich u.a. aus in dem Recht des Kindes auf gewaltfreie Erziehung (§ 1631 Abs. 2 BGB).[69] Verboten sind körperliche Bestrafungen und – ungeachtet des jeweiligen Erziehungsziels[70] – seelische Verletzungen sowie andere entwürdigende Maßnahmen. Hierauf sollten gerade **ausländische** Eltern mit abweichendem kulturellem, sozialem oder religiösem Hintergrund hingewiesen werden, damit auch die Kinder aus solchen Familien den möglichen und nötigen Schutz erhalten.[71]

Doch auch das (bloße) **Miterleben von Beziehungsgewalt** stellt für Kinder eine Form von Gewalt dar. Gewalthandlungen zwischen Eltern sind für Kinder belastende, manchmal traumatisierende Erfahrungen.[72] Als hauptsächliche Folgen solcher **„mittelbarer" Gewalt** zeigen sich bei Kindern posttraumatische Belastungsreaktionen, ein Verlust emotionaler Sicherheit in der Familie – teilweise verbunden mit Schuldgefühlen – oder eine Herausbildung aggressiver Verhaltensmuster.[73] Die Kindeswohlgefährdung liegt hier auf der Hand.

d) Medizinische Behandlung

26   Kindeswohlgefährdend ist in der Regel die Weigerung, einer erforderlichen **Operation** zuzustimmen. Notwendige **Bluttransfusionen** dürfen auch nicht aus religiöser Überzeugung verhindert werden.[74] Gleiches gilt für eine **Impfung** oder eine **Therapie**. Auch ist es verfassungsrechtlich unbedenklich, in der **nachlässigen gesundheitlichen Versorgung** des Kindes eine erhebliche Gefährdung für das körperliche Wohl des Kindes zu sehen. Hierzu gehört auch die unbegründete Weigerung der Eltern, die Krankenkassenkarte an die Pflegefamilie herauszugeben.[75]

Umstritten ist, wie die Nichtteilnahme von Kindern an **Vorsorge- und Früherkennungsuntersuchungen** zu bewerten ist.[76] Eine Pflicht zur Durchführung der sog. „U-Untersuchungen" besteht in vielen Ländern nicht. Auch wird auf eine zwangsweise Durchsetzung verzichtet.[77] Gleichwohl gibt das Unterlassen dieser Vorsorgeuntersuchungen zumindest dem Jugendamt Veranlassung zur **Gefahrerforschung**. Im Falle weiterer beharrlicher Verweigerung – auch einer Kontaktaufnahme zu dem Jugendamt oder Familiengericht – kann eine solche totale Abschottung der Eltern um das Wohl der Kinder ernsthaft fürchten und daher auch eine **gerichtliche Maßnahme** nach Abs. 3 angezeigt sein lassen.[78]

---

68 OLG Hamm FamRZ 2013, 1989; zu Alkohol- und Drogenproblemen der Eltern vgl. auch *Schmid*, NZFam 2015, 292 f.
69 Dazu *Peschel-Gutzeit*, FPR 2012, 195, ferner *Dettenborn*, FPR 2012, 447
70 *Will*, FPR 2004, 233
71 *Peschel-Gutzeit*, FPR 2012, 195, 198; vgl. auch *Riemer*, FPR 2006, 387, 391; MüKo/*Olzen*, § 1666 BGB Rn. 53
72 Dazu OLG Köln FamRZ 2011, 571 (LS) = BeckRS 2010, 30480
73 *Kindler*, FPR 2012, 422, 424. Zu hierdurch hervorgerufenen Bindungsstörungen vgl. *Lengning/Lüpschen*, FPR 2013, 213
74 OLG Celle NJW 1995, 792
75 BVerfG FamRZ 2012, 938
76 Dazu *Mortsiefer*, NJW 2014, 354
77 Für Hessen: OLG Frankfurt NJW-RR 2014, 259
78 So auch AG Frankfurt ZKJ 2013, 177 (LS); a.A. wohl AG Büdingen FamRZ 2013, 708 (LS) = JAmt 2013, 160

Schwierig zu entscheiden ist die Einordnung des Elternverhaltens im Falle der Verhinderung oder Veranlassung eines **Schwangerschaftsabbruchs**[79] oder der **Beendigung lebenserhaltender medizinischer Maßnahmen** und künstlicher Ernährung.[80]

27

Nach §1631d Abs. 1 BGB darf der Personensorgeberechtigte in die **Beschneidung** seines Sohnes einwilligen, wenn hierdurch nicht das **Kindeswohl gefährdet** ist. Diese Frage ist grundsätzlich am Maßstab des §1666 BGB zu beantworten[81] (vgl. näher Rn. 3). Droht einem Mädchen im Heimatland der Mutter (hier: Burkina Faso) eine **Genitalverstümmelung** durch Beschneidung, kann ein Ausreiseverbot verhängt werden.[82]

e) Schulverweigerung

Einigkeit besteht, dass der regelmäßige Schulbesuch grundsätzlich dem Kindeswohl förderlich ist. Denn er dient nicht nur der reinen Wissensvermittlung, sondern soll den Kindern auch die Gelegenheit geben, in das Gemeinschaftsleben hineinzuwachsen.[83] Dementsprechend stellt die Weigerung der Kindeseltern, ihre Kinder einer öffentlichen Schule oder einer anerkannten Ersatzschule zuzuführen, einen **Missbrauch der elterlichen Sorge** dar, der das Kindeswohl nachhaltig beeinträchtigt.[84] Entsprechend energisch sind die Eltern nach Abs. 3 Nr. 2 anzuhalten, für die Einhaltung der Schulpflicht Sorge zu tragen (siehe unten Rn. 43 ff.).

28

f) Sexueller Missbrauch

In Kindschaftssachen wird bisweilen der Vorwurf des **sexuellen Missbrauchs** des Kindes erhoben. So werden etwa im Zusammenhang mit einem gemeinsamen Baden von Vater und Kind Beobachtungen geschildert, die als Missbrauch gedeutet werden könnten, aber letztlich für die Annahme einer Kindeswohlgefährdung nicht ausreichen.[85] Auch ist der Anteil von (bewusst oder unbewusst) falschen bzw. nicht belegbaren Anschuldigungen gerade in diesem Bereich hoch (**„Missbrauch des Missbrauchs"**).[86] Die Folgen für das Kind, aber auch den betreffenden Elternteil sind, wenn es auf Grund eines falschen Verdachts zu einem Umgangsabbruch kommt, außergewöhnlich schwerwiegend und vielfach überhaupt nicht wieder gut zu machen.[87] Die Ermittlungen können durchaus ergeben, dass bestimmte Verhaltensauffälligkeiten eines Kindes im Wesentlichen auf einem Loyalitätskonflikt und auf Scheinerinnerungen beruhen und ein Erlebnisbezug eher unwahrscheinlich ist.[88]

29

In den Fällen, in denen lediglich der **Verdacht** eines sexuellen Missbrauchs geäußert, eine entsprechende Tat letztlich aber nicht nachgewiesen werden kann, hat das Familiengericht **abzuwägen**, inwieweit es gesicherte Anzeichen dafür gibt, dass es tatsächlich zu einem sexuell übergriffigen Verhalten eines Beteiligten gegenüber dem Kind gekommen ist und – soweit dies bejaht wird – weiter, welche Möglichkeiten bestehen, um künftige Gefährdungen von dem Kind sicher abzuwenden.[89] Ebenso ist eine umfassende **Risikoabwägung** unter Berücksichtigung des Kindeswohls vorzunehmen, wenn der von einem Elternteil vor-

30

---

79 Ausführlich MüKo/*Olzen*, §1666 BGB Rn. 63 ff.; Staudinger/*Coester*, §1666 BGB Rn. 107 ff.
80 Dazu OLG Hamm FamRZ 2007, 2098, 2100 = NJW 2007, 2704 mit Anm. *Balloff*
81 OLG Hamm NJW 2013, 3662 = JAmt 2013, 596, dazu *Rogalla*, FamFR 2013, 483; zum Schmerzensgeldanspruch des Kindes nach rechtswidriger Beschneidung vgl. OLG Karlsruhe NJW 2015, 257, dazu *Cirullies*, NZFam 2014, 1149
82 AG Bonn ZKJ 2008, 256
83 BVerfG FamRZ 2015, 27 mit Anm. *Salgo*; OLG Köln BeckRS 2014, 22832
84 BGH ZKJ 2008, 166 = FamRZ 2008, 45; OLG Köln NJW 2015, 416; OLG Frankfurt FamRZ 2014, 1857
85 Vgl. OLG Jena FamRZ 2003, 1319
86 Eingehend dazu *Carl*, FamRZ 1995, 1183, 1185
87 KG FamRZ 2013, 308, dazu *Mach-Hour*, FamFR 2013, 21
88 OLG Karlsruhe FamRZ 2013, 1237 (LS), dazu *Cirullies*, FamFR 2013, 213
89 KG a.a.O. (betreffend Umgang)

gebrachte Verdacht des sexuellen Missbrauchs des Kindes im **summarischen Verfahren** nicht geklärt werden kann.[90]

g) Umgangsboykott

31   **Umgangsverweigerung** durch den betreuenden Elternteil als besondere Form der **Hochstrittigkeit** kann schon wegen des häufig bestehenden Loyalitätskonflikts zu einer Gefährdung des Kindeswohls führen. Allerdings sollen die psychischen oder psychosomatischen Auswirkungen entfremdenden Elternverhaltens in den überwiegenden Fällen nur relativ schwach ausgeprägt sein.[91] Die zwangsweise Durchsetzung von Umgangsregelungen ist oft wenig erfolgversprechend.

▶   *Zu Alternativen vgl. Cirullies, § 86 FamFG Rn. 8.*

Als letztes Mittel kann wegen offen zu Tage tretender Zweifel an der Erziehungsfähigkeit und Bindungstoleranz des betreuenden Elternteils die **Abänderung der Sorgerechtsregelung** bzw. eine erstmalige Entscheidung über die elterliche Sorge in Erwägung gezogen werden (§§ 1666, 1666a, 1696 BGB).[92]

32   In Betracht kommt zunächst die Übertragung des **Aufenthaltsbestimmungsrechts**, schließlich aber auch die **Übertragung der elterlichen Sorge insgesamt** auf den anderen Elternteil. Bei einer solchen Entscheidung muss abgewogen werden zwischen den Gefahren, die sich für das Kindeswohl aus der Beibehaltung der bisherigen Situation ergeben, und den Gefahren, die sich aus einem Wechsel der Lebensumstände des Kindes insgesamt ergeben.[93] Entscheidend kann hierbei der **Kontinuitätsgrundsatz** sein: Den **Bindungen** des Kindes an die Mutter sowie dem Gedanken der **Erziehungskontinuität** im Haushalt der Mutter ist ein so hohes Gewicht beizumessen, dass diese Gesichtspunkte ein erzieherisches Versagen der Mutter in Teilbereichen, etwa in Bezug auf den Erhalt der Bindungen zum Vater, insgesamt überwiegen können.[94] In Einzelfällen kommt es vor, dass die den Umgang boykottierende Mutter auch noch die Übertragung des **alleinigen Sorgerechts** auf sich erreicht – wegen fehlenden Einvernehmens der Eltern.[95]

▶   *Näher zum Entzug des Umgangsbestimmungsrechts siehe oben Rn. 9 sowie Gott-schalk, § 1684 BGB Rn. 1.*

IV. Vermögensgefährdung

33   Die elterliche Sorge umfasst neben der Personensorge auch die Sorge für das **Vermögen** des Kindes.

▶   *Dazu ausführlich Fink § 1626 BGB Rn. 17.*

Die Abgrenzung beider Bereiche ist gelegentlich unklar, etwa wenn es um die Geltendmachung von Unterhaltsansprüchen geht.[96] Dabei ist zu beachten, dass die Bestellung eines **Verfahrensbeistands** nach § 158 FamFG nur in Fällen zulässig ist, bei denen es um die **Personensorge** eines Kindes geht.[97]

Rechte und Pflichten der Eltern betreffend die **Vermögenssorge** sind in §§ 1638–1649 BGB normiert. Verfügt das Kind über kein Vermögen, bedarf es des Entzugs der Vermö-

---

90   KG FamRZ 2013, 46 (LS) = NJOZ 2012, 1482
91   Dazu *Kindler*, FPR 2012, 422, 423; vgl. auch OLG Frankfurt FamRZ 2014, 396, 397
92   Dazu OLG Frankfurt BeckRS 2011, 10903
93   *Haußleiter*, NJW-Spezial 2007, 151, 152; ferner *Gottschalk*, FPR 2007, 308, 310 m.w.N.
94   BGH FamRZ 2008, 592 mit Anmerkung *Luthin*; dazu ferner *Born*, FPR 2008, 323; vgl. auch OLG Brandenburg BeckRS 2013, 08485, dazu *Mach-Hour*, FamFR 2013, 301
95   OLG Saarbrücken FamRZ 2012, 884 (mit Hinweis auf Möglichkeiten der Vollstreckung des Umgangsrechts sowie der Verwirkung der Ehegattenunterhaltsansprüche)
96   Dazu DIJuF-Rechtsgutachten vom 26.9.2013, JAmt 2013, 645; vgl. auch BayObLG FamRZ 1999, 316
97   OLG Hamm FamRZ 2014, 600

genssorge selbst dann nicht, wenn die Eltern insoweit auch zur Wahrnehmung ihrer eigenen Belange nicht in der Lage erscheinen.[98]

Kommt es zu einer **Gefährdung** des Kindesvermögens, bildet Abs. 1 die Grundlage auch für Eingriffe in die **Vermögenssorge**. Abs. 2 nennt für die Annahme einer Vermögensgefährdung drei **Regelbeispiele:**   **34**

- Verletzung der **Unterhaltspflicht** gegenüber dem Kind,
- Verletzung der mit der Vermögenssorge verbundenen **Pflichten**,
- Verstoß gegen **Anordnungen des Gerichts**, die sich auf die Vermögenssorge beziehen.

Es handelt sich dabei lediglich um Fallgruppen, die in der Regel eine Gefährdung indizieren. Weitere Konstellationen sind denkbar. Zu den Pflichten der Vermögenssorgeberechtigten gehört auch, im Falle eines überschuldeten Nachlasses für die Kinder die **Erbschaft auszuschlagen**.[99] In der Praxis ist gelegentlich festzustellen, dass sich Sorgeberechtigte an dem zugunsten des Kindes angelegten **Sparguthaben** „vergriffen" haben. Hier sind sorgerechtliche Maßnahmen, aber auch Schadensersatzansprüche[100] denkbar.

In jedem Fall müssen die strengen **Anforderungen des Abs. 1** (gegenwärtige Gefahr, mangelnde Abwendungsmöglichkeit der Eltern) erfüllt sein. Erst dann sind gerichtliche Maßnahmen zulässig. Insoweit bietet **§ 1667 BGB** ein Instrumentarium: Das Familiengericht kann bestimmte **Auflagen** erteilen (Vermögensverzeichnis, Rechnungslegung, Sicherheitsleistung) und Vorgaben für die **Geldanlage** machen.   **35**

V. Abhilfemöglichkeit der Eltern

Allein die Feststellung einer grundsätzlichen Gefährdung des Kindeswohls oder des Vermögens rechtfertigt noch nicht die nach § 1666 BGB zulässigen Maßnahmen. Der Gefahrbegriff wird vielmehr ergänzt und eingeschränkt durch das Erfordernis der **fehlenden Bereitschaft oder Fähigkeit zur Abhilfe** durch die Eltern. Denn diese sind primär gegenüber dem Staat zur Abwehr von Schäden für das Wohl des Kindes verantwortlich.[101] Erst der feststehende Ausfall der Eltern auch für die Zukunft – aus welchem Grund auch immer (Unfähigkeit, Gleichgültigkeit, Unwilligkeit) – eröffnet die Möglichkeit familiengerichtlicher Eingriffe.[102] Deswegen ist ein **Erörterungsgespräch** (dazu *Cirullies*, § 157 FamFG Rn. 5) nach § 157 FamFG vor Gericht wichtig und in der Regel unerlässlich, um nach einem persönlichen Eindruck von den Eltern eine Zukunftsprognose wagen zu können. Auf ein **Verschulden** der Eltern kommt es dabei nicht an.[103]   **36**

Zur **Abhilfe** durch die Eltern gehört in erster Linie die Inanspruchnahme **staatlicher Hilfsangebote** (dazu Rn. 42). In Betracht kommt aber ebenfalls das Bewirken **gerichtlicher Maßnahmen**, auch wenn diese nur **auf Antrag** ergehen können, etwa durch eine gerichtliche Regelung der elterlichen Sorge im Verhältnis der Eltern untereinander nach den §§ 1626a, 1671 BGB.[104] Im Fall einer **elterlichen Suchterkrankung** wird eine Suchtbehandlung nebst Therapie als flankierende Maßnahme unerlässlich sein, um den Eltern eine   **37**

98 OLG Brandenburg ZKJ 2013, 504 = JAmt 2013, 664 = BeckRS 2013, 06364
99 OLG Brandenburg BeckRS 2014, 10187, dazu *Breidenstein*, NZFam 2014, 621
100 Dazu LG Ellwangen, BeckRS 2011, 11299; AG Büdingen, BeckRS 2014, 07793F; vgl. auch *Schmid*, NZFam 2015, 198
101 OLG Brandenburg FamRZ 2014, 1649 („Gefahrenabwendungsprimat" der Eltern), dazu *Leipold*, NZFam 2014, 761
102 Staudinger/*Coester*, § 1666 BGB Rn. 169
103 OLG Köln FamRZ 2011, 1307 (LS) = NJW-RR 2011, 729; vgl. auch *Hammer*, FF 2014, 428, 432
104 OLG Frankfurt FamRZ 2012, 359 (LS), dazu *Riegner*, FamFR 2012, 359

Möglichkeit zur Abwendung vorhandener Gefahren überhaupt ernsthaft zugestehen zu können.[105]

38 Ohnehin ist es oft schwierig, die **Bereitschaft und Fähigkeit** der Sorgeberechtigten zur Gefahrenabwehr zutreffend zu beurteilen. Bloße Beteuerungen der Eltern, zukünftig die betreffenden Missstände zu beheben zu wollen, reichen in der Regel nicht aus. Anhaltspunkte für die Prognose bieten meist die Berichte der **Jugendämter**, in denen die Vorgeschichte und die Entwicklung der Gefährdungssituation strukturiert und hinreichend ausführlich dargestellt werden sollte. Hieraus lässt sich häufig ablesen, welche Gespräche, Versprechungen der Eltern und (vergebliche) ambulante Hilfen der Gefahrenlage vorausgegangen sind und welche Feststellungen bei **unangemeldeten Hausbesuchen**[106] getroffen wurden.

VI. Gerichtliche Maßnahmen (Abs. 3)

1. Grundsätze

39 Wenn die Eltern nicht in der Lage sind, die konstatierte Kindeswohlgefährdung abzuwenden, können die Rechtsfolgen je nach Fallgestaltung unterschiedlich ausfallen. Es besteht grundsätzlich ein **Auswahlermessen** des Gerichts. Abs. 3 erwähnt eine Fülle möglicher Maßnahmen (Nr. 1 – 6), die jedoch **nicht** als **abschließender Katalog** zu verstehen sind und zudem kombiniert werden können. Sie können sich auch gegen **Dritte** richten (Abs. 4, siehe oben Rn. 17). Soweit das Sorgerecht durch einen **Vormund** ausgeübt wird, findet Abs. 3 über § 1837 Abs. 4 BGB entsprechende Anwendung.[107]

40 Allerdings ist bei der Wahl des jeweiligen Vorgehens stets der Grundsatz der **Verhältnismäßigkeit** strikt zu beachten Daher sind solche Maßnahmen in der Regel zu **befristen** und zudem **aufzuheben**, wenn eine Gefahr für das Wohl des Kindes nicht mehr besteht oder ihre Erforderlichkeit entfallen ist (§ 1696 Abs. 2 BGB). Insoweit besteht eine Pflicht zur **Überprüfung** nach § 166 Abs. 2 FamFG (vgl. *Gottschalk* § 166 FamFG Rn. 15).

▶ *näher zum Grundsatz der Verhältnismäßigkeit siehe Cirullies, § 1666a BGB Rn. 3).*

41 Im Übrigen müssen Anordnungen nach § 1666 BGB **inhaltlich** so **bestimmt** sein, dass die Verpflichteten eindeutig erkennen können, welches konkrete Verhalten von ihnen verlangt wird. So ist das Gebot „vertrauensvoller Zusammenarbeit mit dem zuständigen Jugendamt" zu ungenau. Zudem ist die pauschale Anordnung, die Mutter habe den **Weisungen des Jugendamtes** in Bezug auf das Kind Folge zu leisten, unzulässig, weil diese Weisung faktisch einem vollständigen Entzug der elterlichen Sorge entspricht, der näher begründet werden müsste.[108]

2. Öffentliche Hilfen (Nr. 1)

42 Wegen der Subsidiarität staatlicher Intervention kommt den (vorrangigen) **öffentlichen Hilfen** große Bedeutung zu. Sie sind die erste Wahl zur Abwendung der Gefahren für das Kindeswohl, wie bereits die betonte Erwähnung in §§ 1666a Abs. 1 BGB, 157 Abs. 1 FamFG verdeutlicht. Beispielhaft nennt das Gesetz Leistungen der **Kinder- und Jugendhilfe**. Hier geht es – neben Angeboten zur Förderung der Erziehung in der Familie (§§ 16 bis 21 SGB VIII)[109] – vornehmlich um **Hilfen zur Erziehung** nach §§ 27 ff. SGB VIII.[110] Da-

---

105 *Kindler*, FPR 2012, 422, 426
106 Dazu VG Freiburg ZKJ 2014, 80 = NJW 2014, 648 = JAmt 2013, 651; vgl. auch OLG Brandenburg FamRZ 2009, 2100; OLG Hamm BeckRS 2014, 06509, dazu *Pätzold*, NZFam 2014, 572
107 Dazu OLG Hamm BeckRS 2014, 11408, dazu *Többen*, NZFam 2014, 810
108 OLG Nürnberg FamRZ 2011, 1306
109 Etwa ein „Eltern-Kind-Training" und spezielle Beratungsangebote
110 Eingehend *Wiesner*, FPR 2008, 608

bei bietet sich häufig die Inanspruchnahme einer **sozialpädagogischen Familienhilfe**[111] an.

Freilich muss diese Hilfeform auch **geeignet** sein, die Kindeswohlgefährdung abzuwenden. Anderenfalls kommt sie nicht in Betracht. Insoweit kommt der Stellungnahme des **Jugendamtes** eine gewichtige Bedeutung zu. Das Familiengericht kann und muss jedoch von dieser abweichen, wenn es die öffentlichen Hilfen als geeignet erachtet. Es wird sich in diesem Fall jedoch mit den Erwägungen des Jugendamtes auseinanderzusetzen und darzulegen haben, aus welchen Gründen es zu einer anderen Ansicht gelangt (näher hierzu *Dürbeck* § 162 FamFG Rn. 27).

Im Bereich der ebenfalls beispielhaft erwähnten **Gesundheitsfürsorge** kann das Familiengericht den Eltern die Weisung erteilen, Früherkennungs- oder Vorsorgeuntersuchungen wahrzunehmen.[112]

Freilich ist solche ambulante Unterstützung den betreffenden Familien einschließlich einer qualifizierten Hilfeplanung (§ 36 SGB VIII) in den allermeisten Fällen bereits im Vorfeld des Verfahrens nach § 1666 BGB intensiv und erfolglos zuteilgeworden.[113] In gravierenden Fällen wird dann eine **Einschränkung des Sorgerechts** zu erwägen sein[114] (ferner unten Rn. 57).

3. Einhaltung der Schulpflicht (Nr. 2)

Schulverweigerung findet in mehreren Formen statt: Vielfach entzieht sich das Kind bewusst der Ausbildung durch „Schwänzen" des Schulunterrichts.[115] Damit einher geht regelmäßig ein Desinteresse oder eine Unfähigkeit (Überforderung) der Sorgeberechtigten, das Kind intensiv zum Schulbesuch zu bewegen. Schließlich halten immer öfter Eltern – oft aus weltanschaulichen Gründen[116] – ihre Kinder bewusst vom Schulbesuch fern und erteilen ihnen Heimunterricht („homeschooling").[117]   **43**

Die Möglichkeiten gerichtlicher Maßnahmen sind hier begrenzt. Gebote an jugendliche Schulverweigerer selbst sind durch Abs. 3 Nr. 2 nicht eröffnet. Zumindest vorübergehend kann eine stationäre **Familienhilfe** mit ihren Appellen an Kind und Eltern förderlich sein.[118] Bloße **Weisungen** an die Eltern, Kontakt zu den Lehrern aufzunehmen und das Kind regelmäßig zur Schule zu bringen,[119] versprechen hingegen eher geringen Erfolg. Eine wirkungsvolle Sanktionierung von Verstößen fehlt. Die zur Durchsetzung etwa verhängten **Zwangsmittel** nach § 888 ZPO i.V.m. § 95 Abs. 1 Nr. 3 FamFG[120] lassen sich nur selten vollstrecken.   **44**

In hartnäckigen Fällen kann eine **Entziehung des Aufenthaltsbestimmungsrechts** und des Rechts zur Regelung von Schulangelegenheiten in Verbindung mit der Anordnung einer **Pflegschaft** unumgänglich sein. Ein solcher Eingriff in das Sorgerecht ist im Grundsatz   **45**

---

111 § 31 SGB VIII, dazu *Leeb/Weber*, JAmt 2014, 71
112 *Ernst*, FPR 2008, 602, 603 mit weiteren Beispielen
113 Deutscher Familiengerichtstag e. V., Kinderrechtekommission, FamRZ 2014, 891, 892 m.w.N.
114 Dazu OLG Brandenburg BeckRS 2014, 04895
115 Dazu *Richter*, FPR 2007, 463
116 Dazu etwa OLG Brandenburg FamRZ 2006, 358 (LS) = NJW 2006, 235; OLG Hamm FamRZ 2006, 358 (LS) = NJW 2006, 237
117 Eingehend *Raack*, FPR 2007, 478
118 Dazu OLG Koblenz FamRZ 2006, 57
119 Dazu *Ernst*, FPR 2008, 602, 604; kritisch *Röchling*, FamRZ 2007, 431, 433
120 So auch *Meysen* in: PKF, § 95 Rn. 4; nicht jedoch nach § 35 FamFG (so Staudinger/*Coester*, § 1666 BGB Rn. 290), da keine verfahrensleitende Verfügung und kein „Zwangsgeld" (gemeint: Ordnungsgeld) nach § 89 FamFG (so MüKo-BGB/*Olzen*, § 1666 BGB Rn. 179; ferner Rn. 243), da nur Umgang und Personenherausgabe betreffend

zur Abwehr der Gefahr geeignet und verhältnismäßig[121] und auch im Wege der **einstweiligen Anordnung** zulässig.[122] Doch können ihm – insbesondere im Falle einer erforderlichen **Fremdunterbringung** des Kindes – anderweitige Beeinträchtigungen des Kindeswohls entgegenstehen.[123] Eine **Auswanderung** der Eltern in ein Land ohne Schulpflicht kann letztlich nicht verhindert werden.[124]

46   Unabhängig von familiengerichtlichen Maßnahmen kann die **Schulaufsicht** gegen die Eltern vorgehen. Vorschriften in einzelnen landesrechtlichen Schulgesetzen, die das Entziehen anderer Personen von der Schulpflicht unter Strafe stellen, sind verfassungsgemäß.[125] Solche **Strafbestimmungen** existieren in Bremen, Hamburg, Hessen, Mecklenburg-Vorpommern und im Saarland. In den übrigen Bundesländern wird die Nichteinhaltung der Schulpflicht ausschließlich als **Ordnungswidrigkeit** sanktioniert.[126]

4. Näherungs- und Kontaktverbot (Nr. 3 und 4)

47   Im Eltern-Kind-Verhältnis finden die Vorschriften des **Gewaltschutzgesetzes** keine Anwendung (vgl. oben Rn. 13). Jedoch sind im Rahmen des Abs. 3 zur Gefahrenabwendung die gleichen Maßnahmen zulässig.[127] So kann dem Täter untersagt werden, sich in einem bestimmten **Umkreis der Wohnung** aufzuhalten oder zu bestimmende andere **Orte** aufzusuchen, an denen sich das Kind regelmäßig aufhält. Darüber hinaus kann das Familiengericht einem **Elternteil** oder einer **dritten Person** (z.B. Lebensgefährten, Nachbarn) die **Nutzung** der von dem Kind mit bewohnten (oder einer anderen) **Wohnung** untersagen, um so dem Kind die vertraute Umgebung zu erhalten.

48   Von dieser **Wegweisung** (auch: „go-order"), die mit einem **Rückkehrverbot** kombiniert werden sollte,[128] wird vor allem bei **Sexualstraftaten** im nachbarlichen Umfeld Gebrauch gemacht. So kann das Gericht einem Sexualstraftäter verbieten, in unmittelbarer Nachbarschaft der von ihm missbrauchten Kinder zu wohnen.[129] Ist der Wohnungsnachbar einer Familie mit Kindern dringend verdächtig, sich des sexuellen Missbrauchs dieser Kinder strafbar gemacht zu haben, kann ihm die Benutzung seiner Wohnung so lange untersagt werden, wie die betroffenen Kinder in demselben Haus wohnen.[130]

49   Bei der Verhängung eines **Wohnungsnutzungsverbotes** gegenüber dem Dritten sind dessen etwaige **dingliche und mietvertragliche Rechte** an der Wohnung mit den Einschränkungen des § 1666a Abs. 1 Satz 3 BGB (Befristung) zu berücksichtigen (siehe *Cirullies*, § 1666a BGB Rn. 2). Deshalb soll eine solche Maßnahme bei Verdacht des sexuellen Missbrauchs eines Nachbarkindes unverhältnismäßig sein, wenn die Wohnung in seinem **hälftigen Miteigentum** steht und er dort mit seiner Ehefrau sowie seinen eigenen drei minderjährigen Kindern wohnt, – jedenfalls solange das strafrechtliche Ermittlungsverfahren noch nicht abgeschlossen ist.[131] Allerdings ist das Familiengericht an das Ergebnis der Strafverfolgungsbehörden nicht gebunden (vgl. *Cirullies*, § 21 FamFG Rn. 2). Zumindest könnte ein Näherungs- und Kontaktverbot ausgesprochen werden.

---

121 BGH ZKJ 2008, 166 = FamRZ 2008, 45
122 Vgl. OLG Hamm FamRZ 2014, 1379 = ZKJ 2014, 256
123 OLG Köln NJW 2015, 416; OLG Hamm FamRZ 2014, 398
124 OLG Frankfurt FamRZ 2014, 1857; a.A. wohl OLG Köln a.a.O.; kritisch dazu *Avenarius*, NZFam 2015, 138
125 BVerfG FamRZ 2015, 27
126 Anmerkung der Schriftleitung zu BVerfG NVwZ 2015, 151; zu strafrechtlichen Konsequenzen vgl. auch *Rinio*, FPR 2007, 467
127 Palandt/*Götz*, § 1666 BGB Rn. 36
128 Vgl. AG Bremen BeckRS 2004, 01647
129 OLG Zweibrücken FamRZ 1994, 976
130 AG Tiergarten, Beschl. v. 24.10.1991 – 50 X 129/91, juris
131 AG Rosenheim FamRZ 2013, 707 (LS) = BeckRS 2013, 01387

Geht es hingegen um Fälle des **Gewaltschutzes**, in denen der **Täter** mit dem Kind in **50** **häuslicher Gemeinschaft** lebt (meist der Ehemann oder Lebensgefährte der Kindesmutter), ist die Wegweisung in der Regel nur dann eine geeignete Maßnahme, wenn der zur Versorgung des Kindes verbleibende Elternteil selbst diesen Schritt befürwortet (und im Übrigen zu einer angemessenen Kindesbetreuung allein auch in der Lage ist). Anderenfalls besteht die Gefahr, dass der in der Wohnung zurückgebliebene Elternteil die baldige Rückkehr des Verwiesenen akzeptiert oder gar wünscht und das Kindeswohl erneut in Gefahr gerät. Ein engmaschiges Kontrollnetz ist insoweit kaum zu knüpfen, eine Zwangsvollstreckung schwierig.

Sofern im Übrigen mit dieser Maßnahme die **Trennung des Kindes von einem Eltern-** **51** **teil** verbunden ist, sind die zusätzlichen Voraussetzungen des § 1666a Abs. 1 BGB zu beachten (dazu Cirullies, § 1666a BGB, Rn. 2 ff.). Auch besteht in der Regel Veranlassung, die **Besuchskontakte** zu regeln – notfalls durch einen (begrenzten) Umgangsausschluss. Allerdings kann gegen einen **gewalttätigen Elternteil** ein befristetes Kontakt- und Näherungsverbot verhängt werden, auch wenn dies für einen begrenzten Zeitraum einem **Umgangsausschluss** gleichkommt. Eine solche Kappung der Verbindung zwischen Täter und Opfer wird zum Schutz des Kindes gerade für notwendig erachtet. Ob und inwieweit später Umgangsregelungen geboten sind, ist dann anderweitig zu entscheiden.[132]

Die mit einer Wegweisung bzw. einem Näherungs- und Kontaktverbot verbundenen **Un-** **52** **terlassungspflichten** werden – nach vorheriger **Androhung** (§ 890 Abs. 2 ZPO) – durch Verhängung von **Ordnungsmitteln** vollstreckt nach § 890 ZPO i.V.m. § 95 Abs. 1 Nr. 4 FamFG (siehe Cirullies, § 95 FamFG Rn. 7). Die Androhung sollte zwecks Gewährung eines umfassenden Rechtsschutzes unmittelbar ab Wirksamwerden des Kontaktverbots bereits in dem entsprechenden Beschluss erfolgen.

Widersetzt sich der zu einer **Duldung** Verpflichtete, kann das Gericht nach § 892 ZPO i.V.m. § 95 Abs. 1 Nr. 4 FamFG zur **Beseitigung eines Widerstandes** einen **Gerichtsvollzieher** hinzuziehen, der zur Unterstützung insbesondere Polizeibeamte einschalten darf (siehe Cirullies, § 95 FamFG Rn. 14).

5. Ersetzung von Erklärungen (Nr. 5)

Sind die Sorgerechtsinhaber nicht willens oder in der Lage, eine Erklärung abzugeben, die **53** zur Abwehr einer Kindeswohlgefährdung geboten erscheint, so kann das Familiengericht selbst – ohne Bestellung eines Ergänzungspflegers – die **Erklärung ersetzen**.

Häufig geht es um **ärztliche Maßnahmen**. So kann beispielsweise ersetzt werden die Zu- **54** stimmung des Sorgeberechtigten zu:

- einer dringenden **ärztlichen Untersuchung**, Behandlung oder Operation,
- einem **Schwangerschaftsabbruch** einer Minderjährigen,[133]
- der Durchführung einer **Haaranalyse** bei dem Kind,[134]
- einer vom Gericht beabsichtigten **psychologischen Begutachtung des Kindes**.[135]

Bei einer gerichtlich angeordneten Kindesbegutachtung wird allerdings die Auffassung vertreten, die Ersetzung der Zustimmung sei nicht ausreichend, weil das „Zuführungsrechts" als Teil des Aufenthaltsbestimmungsrechts nicht in Abs. 3 aufgeführt sei, jedoch

---

132 A.A. Schmid, FamRB 2012, 317, 318, der Regelungen nach § 1684 BGB als vorrangig erachtet
133 OLG Hamburg FamRZ 2014, 1213 = NZFam 2014, 948 mit Anm. Holzwarth
134 OLG Bremen FamRZ 2014, 1376
135 OLG Hamm (6. Familiensenat) BeckRS 2014, 11408, dazu Többen, NZFam 2014, 810; OLG Rostock FamRZ 2008, 2147 (LS) = JAmt 2008, 603

der Regelung bedürfe. Daher sei auch in das **Aufenthaltsbestimmungsrecht** der Sorgeberechtigten einzugreifen.[136] Um die Begutachtung durchzusetzen, kann der zu beauftra-
gende Gerichtsvollzieher notfalls unter Anwendung von Gewalt das Kind der Kindesmutter wegnehmen und dem Pfleger übergeben.[137]

55   Unterlässt der Sorgeberechtigte die gebotene fristlose **Kündigung** des Mietverhältnisses
für eine **gesundheitsgefährdende Wohnung,** kann das Familiengericht diese ersetzen,
dem Vermieter kündigen und den Eltern die weitere Nutzung der Wohnung verbieten.[138]

56   Der Ersetzungsbeschluss wird grundsätzlich erst mit Rechtskraft wirksam. Jedoch kann das
Gericht bei **Gefahr im Verzug** die **sofortige Wirksamkeit** anordnen (§ 40 Abs. 3 FamFG,
vgl. hierzu *Cirullies,* § 40 FamFG Rn. 7).

6. Entziehung der elterlichen Sorge (Nr. 6)

57   Die dargestellten Maßnahmen reichen häufig nicht aus, um der Kindeswohlgefährdung
erfolgversprechend zu begegnen. Es kann dann als **letztes Mittel** das Sorgerecht (teilweise) zu entziehen sein. In Betracht kommen der Entzug einzelner **Teilbereiche** (z.B. Gesundheitsfürsorge, Entscheidung über den Schulbesuch, Personensorge oder Vermögenssorge) und die entsprechende Übertragung auf einen **Ergänzungspfleger.** Lediglich äu-
ßerstenfalls kann die **gesamte** elterliche Sorge entzogen und eine **Vormundschaft**
eingerichtet werden. Dies ist nur zulässig, wenn andere Maßnahmen erfolglos geblieben
sind oder absehbar zur Abwendung der Gefahr nicht ausreichen (§ 1666a Abs. 2 BGB,
siehe hierzu § 1666a BGB Rn. 6).

58   Praktisch bedeutsam sind Maßnahmen betreffend das **Aufenthaltsbestimmungsrecht.**
Unzulässig ist allerdings dessen **„vorsorgliche"** Entziehung, um das rasches Eingreifen des
Jugendamtes zu erleichtern. Insoweit genügt die Möglichkeit der Inobhutnahme nach
§ 42 SGB VIII.[139] In Betracht kommt die Übertragung dieses Teilbereichs auf einen Elternteil
oder aber auf einen **Ergänzungspfleger.**

▶   *Zum Entzug des Umgangsbestimmungsrechts vgl. Gottschalk, § 1684 BGB Rn. 57.*

59   Stets sind im Verhältnis zu einem Sorgerechtsentzug **mildere Mittel** zu erwägen. Dies
kann im Falle der Unterbringung des Kindes in einer Pflegefamilie die **Verbleibensanordnung** nach § 1632 Abs. 4 BGB sein (siehe hierzu *Fink,* § 1632 BGB Rn. 37, 46). Ein Sorgerechtsentzug ist entbehrlich, wenn die Mutter mit dem weiteren Verbleib ihres Kindes bei
der Großmutter einverstanden ist und ihr eine **Vollmacht** für wesentliche Teilbereiche der
elterlichen Sorge erteilt.[140] Müssen die Rechte der **alleinsorgeberechtigten** Mutter eingeschränkt werden, ist vor der Einrichtung einer Vormundschaft die Übertragung der elterlichen Sorge auf den **Vater** gemäß § 1680 Abs. 2 Satz 2, Abs. 3 BGB zu prüfen.

7. Sonstige Maßnahmen

60   Als weitere Maßnahmen kommen sonstige **Gebote, Weisungen und Auflagen** in Betracht.

---

136 OLG Rostock FamRZ 2011, 1873; ebenso OLG Hamm (8. Familiensenat) FamRZ 2014, 401; OLG Hamm
      (4. Familiensenat) FamRZ 2014, 1379 = ZKJ 2014, 254
137 OLG Rostock FamRZ 2006, 1623
138 AG Sigmaringen NZM 2009, 255
139 OLG Schleswig FamRZ 2014, 1383 = ZKJ 2014, 330 mit Anm. *Gottschalk*; zum Sorgerechtsentzug „auf
      Vorrat" vgl. auch BVerfG FamRZ 2014, 1177
140 OLG Brandenburg BeckRS 2015, 02397

Soweit **psychotherapeutische Maßnahmen** angezeigt sind, ist danach zu differenzieren, ob sie an die **Eltern** oder das **Kind** gerichtet sind:

So hat das **BVerfG**[141] entschieden, der gerichtlichen Anordnung, dass sich ein **Elternteil**   **61** wegen eingeschränkter Erziehungsfähigkeit einer **Psychotherapie** unterziehen soll, fehle es an einer klaren und unmissverständlichen Gesetzesgrundlage. Die Anordnung lasse sich insbesondere keiner der in Abs. 3 beispielhaft aufgeführten Maßnahmen zuordnen.[142] Der **BGH**[143] hält es lediglich für zulässig, den die eigene Begutachtung verweigernden Elternteil in Anwesenheit eines Sachverständigen gerichtlich **anzuhören** und zu diesem Zweck das persönliche Erscheinen des Elternteils anzuordnen und ggf. durchzusetzen (notfalls durch Vorführung, § 33 FamFG, dazu *Cirullies*, §§ 33, 34 FamFG Rn. 5). Freilich ist der Erfolg eines solchen Vorgehens bei einem schweigenden Elternteil meist zweifelhaft. Eher kann auf den therapiebedürftigen Elternteil mittelbar dadurch Druck ausgeübt werden, dass ihm mögliche sorge- oder umgangsrechtliche Nachteile für den Fall der Nichtbehandlung vor Augen geführt werden.[144]

Hingegen gelten bezüglich einer **Therapie für das Kind** andere Maßstäbe. So kann der   **62** Kindesmutter die Auflage erteilt werden, eine bereits begonnene Psychotherapie in Abstimmung mit dem Therapeuten und dem Jugendamt fortzusetzen.[145] Das **BVerfG**[146] hat sogar gerügt, dass das Familiengericht – statt des Sorgerechtsentzugs – nicht (auch) eine Therapieauflage in Betracht gezogen hatte, wonach der Mutter hätte auferlegt werden sollen, die Kinder einer therapeutischen Behandlung zuzuführen, um die Umgangskontakte mit dem Vater zu fördern. Allerdings soll das Sorgerecht zu entziehen sein, wenn davon ausgegangen werden muss, dass sich die Eltern je nach Stimmungslage solchen notwendigen therapeutischen Maßnahmen widersetzen.[147]

Ferner kann das Familiengericht einem Elternteil auferlegen,[148]   **63**

- ein **Anti-Gewalt-Training** zu absolvieren; allerdings ist die Auflage nicht mit gerichtlichen Zwangsmitteln durchsetzbar,[149]

- unangemeldete **Kontrollen des Jugendamtes** zu dulden,[150]

- es zu unterlassen, ein Kind ins **Ausland** zu verbringen.[151]

8. Maßnahmen gegen Dritte (Abs. 4)

Abs. 4 ermöglicht ferner Maßnahmen gegen **Dritte**, zu denen auch der nicht sorgeberechtigte Elternteil zählt (siehe oben Rn. 17). Nach dem eindeutigen Wortlaut ist diese   **64** Möglichkeit allerdings auf die **Personensorge** beschränkt. Geht es um die Gefährdung des **Kindesvermögens**, muss auf zivilrechtliche Ansprüche (§§ 823, 1004 BGB) zurückgegriffen werden.

---

141 BVerfG BeckRS 2011, 48089, dazu NJW-Spezial 2011, 325; vgl. auch OLG Nürnberg FamRZ 2011, 1306; OLG Hamm FamRZ 2013, 48 (LS), dazu *van Els*, FamFR 2012, 308
142 So auch für eine ärztliche Untersuchung auf Alkoholkonsum: OLG Nürnberg FamRZ 2014, 677
143 BGH FamRZ 2010, 720 mit Anm. *Stößer* = NJW 2010, 1351 mit Anm. *Peschel-Gutzeit*
144 Dazu OLG Nürnberg FamRZ 2008, 715; ähnlich Staudinger/*Coester*, § 1666 BGB Rn. 229
145 OLG Frankfurt FamRZ 2011, 489
146 BVerfG FamRZ 2012, 1127 a.E.; vgl. auch BVerfG FamRZ 2006, 537: Entzug des Aufenthaltsbestimmungsrechts
147 OLG Köln FamRZ 2013, 707 (LS); vgl. auch OLG Brandenburg BeckRS 2013, 06364; ferner hier Rn. 69 zur Verhinderung einer Begutachtung
148 Wegen weiterer Beispiele vgl. Palandt/*Götz*, § 1666 Rn. 40
149 So *Ehinger*, FPR 2006, 171, 173
150 OLG Hamm BeckRS 2014, 06509, dazu *Pätzold*, NZFam 2014, 572
151 OLG Karlsruhe FamRZ 2002, 1272; AG Bonn ZKJ 2008, 256 (drohende Genitalverstümmelung)

VII. Verfahren

1. Einleitung des Verfahrens

65   Verfahren nach §§ 1666, 1666a BGB werden grundsätzlich **von Amts wegen** eingeleitet. Mitteilungen („Anträge") des Jugendamtes oder Dritter stellen insoweit lediglich eine Anregung i.S.d. § 24 FamFG dar.

▶ *Zu Einzelheiten der Verfahrenseinleitung siehe Cirullies, §§ 23 – 25 FamFG Rn. 2.*

Das Familiengericht wird Erkenntnisse aus anhängigen Verfahren über eine mögliche Kindeswohlgefährdung regelmäßig zum Anlass nehmen, ein Kinderschutzverfahren einzuleiten. Dies gilt insbesondere in Gewaltschutzsachen.

Insbesondere **Lehrer und Ärzte**[152] sind nach § 4 Abs. 3 KKG **befugt**, das **Jugendamt** zu informieren, falls sie dessen Tätigwerden für erforderlich erachten, um eine Gefährdung des Wohls eines Kindes oder eines Jugendlichen abzuwenden. Dies betrifft meist Anhaltspunkte für eine Kindeswohlgefährdung durch Gewalt und/oder sexuellen Missbrauch. Auch wenn eine **Meldepflicht nicht** besteht: Die frühzeitige Einbeziehung der Jugendämter kann vor dem Verlust wertvoller Zeit durch unkoordinierte Hilfsangebote schützen.[153]

In sehr dringenden Fällen ist auch die unmittelbare Einschaltung des **Familiengerichts** zulässig.

2. Beteiligte des Verfahrens

66   Neben den **Eltern** und dem **Verfahrensbeistand** ist das **Jugendamt** (§ 162 Abs. 2 FamFG) zwingend zu beteiligen. Gleiches gilt für einen **Dritten**, gegen den Maßnahmen nach § 1666 Abs. 4 BGB verhängt werden sollen, ferner für den **nicht sorgeberechtigten Vater** des nichtehelich geborenen Kindes (im Hinblick auf § 1680 Abs. 2, 3 FamFG).[154]

▶ *Zu den Verfahrensbeteiligten siehe im Übrigen Cirullies §§ 7, 8 FamFG Rn. 11.*

3. Erörterungstermin

67   Nach **§ 157 FamFG** soll das Gericht mit den **Eltern** – in geeigneten Fällen auch mit dem Kind – **erörtern**, wie einer möglichen Kindeswohlgefährdung, insbesondere durch öffentliche Hilfen, begegnet werden und welche Folgen die Nichtannahme notwendiger Hilfen haben kann. Dieser Termin geht in der Regel mit der ohnehin gebotenen persönlichen Anhörung der Beteiligten einher, kann aber auch getrennt erfolgen

▶ *Zu Einzelheiten siehe Cirullies; § 157 FamFG Rn. 4.*

4. Sachverhaltsermittlung

68   Der **Amtsermittlungsgrundsatz** erfordert von dem Familiengericht gerade in Kinderschutzverfahren eine besonders sorgfältige eigene Ermittlung des Sachverhalts – auch dann, wenn das Verfahren auf Anregung des Jugendamtes eingeleitet wurde. Hierzu zählen auch die etwaigen Folgen der **Trennung** des Kindes von den Eltern.[155] Je schwerer die dem Einzelnen auferlegte Belastung wiegt und je mehr die Maßnahme Unabänderliches bewirkt, umso gesicherter muss die **Tatsachengrundlage** des Grundrechtseingriffs

---

152 Oder ein anderes Mitglied der in § 4 Abs. 1 KKG genannten Berufsgruppen
153 *Ehrmann/Breitfeld*, FPR 2012, 418, 420, auch zu Problemen des „Ärzte-Hoppings"
154 Dazu KG FamRZ 2005, 1923 (LS) = NJW-RR 2005, 878; wegen der Beteiligteneigenschaft
155 BVerfG FamRZ 2012, 1127 = ZKJ 2012, 186

sein.[156] Das **BVerfG**[157] reklamiert für sich das Recht, gleich einem Fachgericht auch Fehler bei der Feststellung und Würdigung des Sachverhalts zu monieren.

▶ *Grundlegend zum Amtsermittlungsgrundsatz siehe Cirullies, §§ 26, 27 FamFG Rn. 2.*

Zur **Ermittlung des Sachverhalts** ist in der Regel erforderlich die **persönliche Anhörung** des Kindes, der Eltern, des Verfahrensbeistands sowie der Mitarbeiter des Jugendamts. Darüber hinaus können Erkenntnisse vermitteln:

- Berichte und Anhörungen weiterer Dritter (wie etwa Ärzte, Mitarbeiter von Schule, Kindergarten, Familienhilfe und Kinderschutzambulanz),
- Protokolle über Hilfeplangespräche,
- Gefährdungseinschätzung des Jugendamtes im Rahmen des Verfahrens nach § 8a SGB VIII,
- Verwandte und Nachbarn.

Bleiben gleichwohl Unklarheiten über den Sachverhalt oder die zu ergreifenden Maßnahmen, wird das Gericht regelmäßig ein **Sachverständigengutachten** einholen. Dies gilt allerdings nicht in Eilverfahren. Erschwert ein Elternteil die Aufklärung, indem er die erforderliche **Begutachtung** des Kindes **verhindert**, kann ihm das Aufenthaltsbestimmungsrecht entzogen und die gewaltsame Wegnahme und Übergabe des Kindes an den anderen (kooperierenden) Elternteil angeordnet werden.[158]

Die **Auswahl des Sachverständigen** steht im Ermessen des Gerichts. Er muss über die erforderliche Fachkunde verfügen, jedoch nicht notwendig ein ausgebildeter Psychologe sein. Es kann auch ein Diplompädagoge ernannt werden, sofern er sich durch eine Zusatzausbildung die notwendige Sachkunde für die Erstellung eines familienpsychologischen Gutachtens angeeignet hat.[159] Besteht allerdings der Verdacht einer **psychiatrischen** Erkrankung des Kindes oder eines Elternteils, ist ein entsprechendes Fachgutachten einzuholen; ein familienpsychologisches Gutachten genügt nicht.[160] Bei der **Beauftragung** eines Sachverständigen mit der Erstellung eines schriftlichen Gutachtens wird häufig übersehen, dass ihm das Gericht zugleich eine **Frist** zu setzen hat, innerhalb derer er das Gutachten einzureichen hat (§ 163 Abs. 1 FamFG, dazu *Heilmann* § 163 FamFG Rn. 11).

Die grundsätzliche Pflicht zu genauer Aufbereitung der Entscheidungsgrundlage kollidiert freilich fast regelmäßig mit der Dringlichkeit des Eingriffs sowie mit dem generellen **Beschleunigungsgebot** (§ 155 FamFG). Angesichts mancher dramatisch verlaufender Kinderschutzverfahren, bei denen aufgrund zögerlichen Vorgehens der Verantwortlichen die in der Obhut ihrer Sorgeberechtigten verbliebenen Kinder sogar zu Tode kamen, ist in Fällen einer unmittelbar drohenden erheblichen Kindeswohlgefährdung ein rasches beherztes Eingreifen nicht nur unerlässlich sondern auch verfassungsrechtlich abgesichert.[161]

Allerdings hat dann insbesondere das Beschwerdegericht zu beachten, ob sich im Nachhinein **Veränderungen** in den Lebensumständen der Beteiligten ergeben haben, die **ergänzende Ermittlungen** erfordern. So kann etwa der Auszug von Geschwisterkindern aus dem mütterlichen Haushalt zu einer spürbaren Verringerung der ursprünglich angenommenen Überforderung geführt haben.[162] Mit Vorgängen, die in mittlerweile fernerer

69

70

71

72

---

156 BVerfG FamRZ 2014, 907
157 BVerfG FamRZ 2014, 1270
158 BVerfG FamRZ 2006, 537
159 OLG Hamm, Beschl. v. 4.12.2012 – 5 UF 145/12 (nicht veröffentlicht)
160 OLG Hamm JAmt 2014, 576 = FuR 2015, 58
161 BVerfG FamRZ 2014, 907 = ZKJ 2014, 281; vgl. auch *Lack/Heilmann*, ZKJ 2014, 308, 315
162 Hierzu *Lack/Heilmann*, ZKJ 2014, 308, 312, 314

Vergangenheit liegen, kann die erforderliche **gegenwärtige Gefahr** nicht begründet werden.[163] Auch können **Verdachtsgründe**, die bei ihrem erstmaligen Bekanntwerden ein familiengerichtliches Eingreifen noch rechtfertigen mögen, im weiteren Verlauf des Verfahrens an Überzeugungskraft und Gewicht verlieren, wenn sie durch weitere Ermittlungen zwar nicht widerlegt werden, aber keine zusätzliche Bestätigung finden.[164] Zu berücksichtigen ist auch, wenn sich die Mutter zwischenzeitlich mit dem weiteren Verbleib ihres Kindes bei der Großmutter einverstanden erklärt und dieser eine **Vollmacht** für wesentliche Teilbereiche der elterlichen Sorge erteilt hat.[165]

Insoweit genügt es nicht, dass die vormalige **Gefahr** für das Kind **nicht (mehr) besteht**. Vielmehr dürfen auch nicht sonstige Tatsachen – wie etwa eine Gefährdung des Kindeswohls durch Trennung von seinen (neuen) sozialen Bezugspersonen – Maßnahmen zur Abwehr einer Kindeswohlgefährdung erforderlich machen. Dabei kommt es **nicht** darauf an, ob und inwieweit die Eltern ein **Verschulden** trifft (zu Einzelheiten siehe *Fink,* § 1632 BGB Rn. 36).

5. Einstweilige Anordnung

73   Steht eine Entscheidung im **Eilverfahren** in Rede, bleiben die praktisch verfügbaren Aufklärungsmöglichkeiten angesichts der spezifischen Eilbedürftigkeit dieser Verfahren regelmäßig hinter den im Hauptsacheverfahren bestehenden Möglichkeiten zurück. Eine **Sorgerechtsentziehung** aufgrund summarischer Prüfung im Wege der **einstweiligen Anordnung** ist damit zwar nicht ausgeschlossen. Das Gericht ist nach § 157 Abs. 3 FamFG sogar ausdrücklich gehalten, die Notwendigkeit von Eilmaßnahmen abzuklären, die jedoch besonderen verfassungsrechtlichen Anforderungen unterliegen. Insbesondere bei einer **Trennung des Kindes** von seinen Eltern bestehen strenge Voraussetzungen und auch in Eilverfahren **hohe Anforderungen** an die Ermittlung des Sachverhalts.[166] Denn in solchen Fällen können Tatsachen geschaffen werden, die sich nicht oder nur schwer rückgängig machen lassen.[167] Andererseits darf die Überlassung des Kindes in der Obhut der Eltern nicht einem „Experiment mit lebensbedrohlichem Risiko" gleichkommen.[168] Eine **Folgenabwägung** ist auch hier geboten: Je geringer der mögliche Schaden des Kindes ist, desto höhere Anforderungen sind an die Sachverhaltsermittlung zu stellen. Hinsichtlich der zeitlichen Komponente sind die Anforderungen an die Sachverhaltsermittlung umso höher, je später die Realisierung des Schadens droht.[169] Allerdings fehlt bereits das nach § 49 Abs. 1 FamFG erforderliche **dringende Bedürfnis** (dazu näher *Cirullies,* § 49 FamFG Rn. 9), wenn sich die drohenden Beeinträchtigungen erst über längere Zeiträume entwickeln und sich die Gefährdungslage im Zeitpunkt der Entscheidung noch nicht derart verdichtet hat, dass ein sofortiges Einschreiten geboten wäre.[170]

74   Erhält das Familiengericht eine **Gefährdungsmitteilung des Jugendamtes** nach § 8a Abs. 2 Satz 1 SGB VIII, wird sich das weitere Vorgehen an folgenden Überlegungen orientieren:

- **Dringlichkeit:** Je nach Gefahrenlage müssen mitunter sofort ohne Anhörung der Beteiligten im Wege der **einstweiligen Anordnung** Maßnahmen nach § 1666 Abs. 3 BGB getroffen werden. Allerdings hätte das Jugendamt bei einer **dringenden Gefahr**

---

163 BVerfG FamRZ 2014, 1270
164 OLG Jena FamRZ 2003, 1319
165 OLG Brandenburg BeckRS 2015, 02397
166 BVerfG FamRZ 2014, 907, dazu *Hammer* FamRZ 2014, 1005; *Giers,* FamRB 2014, 455
167 OLG Saarbrücken FamRZ 2008, 711
168 OLG Hamm BeckRS 2014, 06512; vgl. auch *Heilmann,* FamRZ 2015, 92, 94
169 BVerfG FamRZ 2014, 907 = ZKJ 2014, 281; *Lack/Heilmann,* ZKJ 2014, 308, 309
170 BVerfG a.a.O.

das Kind selbst in Obhut nehmen können und müssen (§§ 8a Abs. 2 Satz 2, 42 Abs. 1 SGB VIII). Eine „vorsorgliche" Entziehung des **Aufenthaltsbestimmungsrechts** ist unzulässig.[171]

- **Terminsanberaumung:** In der Regel wird die Durchführung eines kurzfristig anzuberaumenden **Erörterungstermins** nach § 157 FamFG angezeigt sein mit der Möglichkeit einer persönlichen Anhörung und einer vertieften Sachverhaltsermittlung (hierzu näher *Cirullies*, § 157 FamFG Rn. 4). In Fällen von **Gewaltbefürchtung** bedarf es besonderer Schutzmaßnahmen (dazu näher *Cirullies* § 32 FamFG Rn. 5),

- **Einstweilige Anordnung:** Im Rahmen des vorläufigen Rechtsschutzes ist zu **unterscheiden**, ob
  - das Gericht wegen einer besonderen Gefahrenlage (meist parallel zu dem bereits eingeleiteten Hauptsacheverfahren) eine **Sofortentscheidung**

  oder
  - (nach eigenen Ermittlungen) eine das Verfahren der einstweiligen Anordnung **abschließende** Entscheidung trifft.

  Entsprechend unterschiedlich sind die Anforderungen an die Tatsachenfeststellung. In jedem Fall hat das Gericht die Pflicht, alle in der gebotenen Kürze zugänglichen Erkenntnisquellen auszunutzen (z.B. Anforderung von Hilfeplänen, Diagnostik, ärztlichen Attesten). In keinem Fall ist ein psychologisches **Sachverständigengutachten** einzuholen. Bereits die grundsätzlich empfehlenswerte Vorstellung des Kindes in der **Kinderschutzambulanz** zu diagnostischen Zwecken kann im Einzelfall zu lange währen. Diese Ermittlungen sind dann im Hauptsacheverfahren nachzuholen. Eine Überfrachtung des Verfahrens der einstweiligen Anordnung ist schon deswegen zu vermeiden, weil **Rechtsmittel** erst nach Abschluss des Verfahrens eröffnet sind.

- **Eltern-Kind-Trennung:** Erweist sich eine **Trennung** des Kindes von den Eltern oder der Obhutsperson als notwendig, so sind auch deren **Folgen** in die Abwägungen einzubeziehen und vom Gericht in der Entscheidung näher darzulegen. Ohnehin ist der **Verhältnismäßigkeitsgrundsatz** zu beachten (dazu *Cirullies*, § 1666a BGB Rn. 3).

Grundsätzlich können einstweilige Anordnungen auch ohne vorherige Einholung eines psychologischen **Sachverständigengutachtens** getroffen werden, wenn das Gericht anderweit über eine hinreichend zuverlässige Entscheidungsgrundlage verfügt.[172] Dies muss auch dann gelten, wenn das **Kind fremduntergebracht** ist, weil Schwebezeiträume, in denen die weitere Zukunft des Kindes ungeklärt ist, aus Gründen des Kindeswohls zu vermeiden sind.[173]   **75**

Eine entsprechende im Wege der einstweiligen Anordnung etwa ohne Anhörung der Beteiligten getroffene Entscheidung ist allerdings umgehend gründlich zu hinterfragen. Dies geschieht noch im Verfahren der einstweiligen Anordnung (mündliche Verhandlung nach § 54 Abs. 2 FamFG) oder in dem **Hauptsacheverfahren**, das das Gericht in aller Regel – unter Beachtung des Beschleunigungsgrundsatzes nach § 155 FamFG – von Amts wegen (anderenfalls auf Anregung nach § 52 Abs. 1 FamFG) einleitet.[174]   **76**

Im Übrigen ist die einstweilige Anordnung anfechtbar und jederzeit **abänderbar**. Auf diese Weise lassen sich mögliche Fehlentscheidungen aufgrund der Einschränkungen bei der Sachverhaltsermittlung im summarischen Verfahren korrigieren.

---

171 OLG Schleswig FamRZ 2014, 1383 , dazu *Marsch*, NZFam 2014, 762
172 EGMR FamRZ 2008, 381; BVerfG FamRZ 2012, 938 = ZKJ 2013, 120; *Hammer*, a.a.O., S. 1006
173 *Heilmann*, NJW 2014, 2904, 2908; missverständlich BVerfG FamRZ 2014, 907 = ZKJ 2014, 281
174 EGMR FamRZ 2013, 845

▶ *Zu Einzelheiten der Änderung einer einstweiligen Anordnung siehe Cirullies, § 54 FamFG Rn. 2.*

6. Entscheidung

a) Tenor

77 Die **Beschlussformel** richtet sich nach den Maßnahmen, die ergriffen werden sollen (oder auch nicht). Bei der **teilweisen Entziehung der elterlichen Sorge** sind Überschneidungen und Widersprüche zu vermeiden: Hat das Familiengericht wegen Gefährdung des Kindeswohls Teilbereiche der elterlichen Sorge entzogen und dabei bestimmt, wo das Kind seinen weiteren Lebensmittelpunkt haben soll, ist für die Übertragung auch des Aufenthaltsbestimmungsrechts auf das Jugendamt als Ergänzungspfleger kein Raum.[175]

Bei der **Tenorierung** ist zu beachten, dass die entzogenen Teilbereiche der elterlichen Sorge konkret bezeichnet werden. Die an § 1909 Abs. 1 Satz 1 BGB orientierte abstrakte Feststellung der **Verhinderung eines Elternteils** an der Besorgung von sorgerechtlichen Angelegenheiten ist unzulässig.[176]

Soweit vertreten wird, das Aufenthaltsbestimmungsrecht könne erst mit **Rechtskraft** des Verfahrens übertragen werden, um dem Kind einen etwaigen mehrfachen Aufenthaltswechsel zu ersparen, kann dem nicht gefolgt werden.[177] Denn eine willkürliche Verschiebung des in § 40 Abs. 1 FamFG festgelegten **Wirksamkeitszeitpunktes** ist unzulässig (siehe *Cirullies,* § 40 FamFG Rn. 5). Rechtsschutz bietet insoweit § 64 Abs. 3 FamFG, wonach das Oberlandesgericht nach Einleitung des Beschwerdeverfahrens Eilmaßnahmen erlassen kann (näher hierzu *Dürbeck,* § 64 FamFG Rn. 8).

b) Begründung

78 Der Beschluss in Kinderschutzverfahren ist stets ausführlich zu **begründen** (§ 38 Abs. 3 Satz 1 FamFG). Formelhafte Wendungen, die lediglich die gesetzlichen Tatbestandsmerkmale umschreiben, reichen nicht aus.[178] Dies gilt verstärkt im Fall der Trennung des Kindes von den Eltern. Hier bedarf es einer erheblichen **Begründungstiefe:** So muss die Entscheidung beispielsweise Erwägungen erkennen lassen, in welcher Art und welchen Ausmaßes seelische Schäden durch das Verbleiben der Kinder bei der Mutter zu befürchten sind. „Fast vorhersagbare Persönlichkeitsdefizite" des Kindes müssen konkret beschrieben werden; ein Verweis auf das Sachverständigengutachten genügt nicht.[179]

79 **Darstellung und Begründung** richten sich vor allem auf:[180]

- die tatsächlichen (zwischenzeitlich eventuell veränderten) **Lebensumstände,**

- die Erfolglosigkeit bisher gewährter **öffentlicher Hilfen,**

- die Begründung einer **nachhaltigen Gefährdung** des Kindes (bereits eingetretener **Schaden** oder gegenwärtige Gefahr einer erheblichen Schädigung),

- die **mangelnde Abwehrfähigkeit bzw. -bereitschaft** der Eltern,

- die eigenständige Bewertung der Beweismittel, insbesondere eines **Sachverständigengutachtens,**

- die **Folgen der Trennung** des Kindes von den Sorgeberechtigten,

---

175 OLG Zweibrücken FamRZ 2014, 670 = JAmt 2014, 486 mit kritischer Anm. der Schriftleitung
176 OLG Brandenburg BeckRS 2015, 02397
177 So *Mach-Hour,* FamFR 2013, 301
178 OLG Hamm FamRZ 2004, 483
179 BVerfG FamRZ 2012, 1127
180 Vgl. auch *Lack/Heilmann,* ZKJ 2014, 308

- den Ausschluss **milderer Maßnahmen** (z.B. öffentliche Hilfen, Verbleibensanordnung, Verwandtenunterbringung).

Vorläufige und endgültige Entscheidungen nach §§ 1666 Abs. 1, 1666a BGB – wie auch deren Aufhebung oder Abänderung – sind in das im Bundeszentralregistergesetz geregelte **Erziehungsregister** einzutragen (§ 60 BZRG).

7. Absehen von kindesschutzrechtlichen Maßnahmen

a) Überprüfungspflicht

In der Regel besteht auch nach einem Absehen von Maßnahmen (Tenor: „Es wird festgestellt, dass es kindesschutzrechtlicher Maßnahmen nicht bedarf") eine Pflicht zur zukünftigen **Überprüfung** in bestimmten Intervallen (§ 166 Abs. 3 FamFG, siehe *Gottschalk*, § 166 FamFG Rn. 19). Allerdings darf der Staat seinem Wächteramt nur in dringend gebotenen Fällen nachkommen. Daher muss das Familiengericht auf eine Überprüfung verzichten, wenn nach seiner Überzeugung zum Zeitpunkt der Entscheidung eine Kindeswohlgefährdung absehbar nicht möglich erscheint.[181]

80

b) Beschwerderecht

Der **nichtsorgeberechtigte Elternteil** wird nur von einer **Entziehung** der elterlichen Sorge gegenüber dem anderen Elternteil in eigenen Rechten betroffen. Lehnt das Familiengericht die Sorgeentziehung ab, so braucht es nicht darüber zu entscheiden, wer die Sorge zukünftig ausüben soll. Diese ablehnende Entscheidung betrifft das Recht des anderen Elternteils nicht.[182]

81

§ 1666a BGB Grundsatz der Verhältnismäßigkeit; Vorrang öffentlicher Hilfen

(1) ¹Maßnahmen, mit denen eine Trennung des Kindes von der elterlichen Familie verbunden ist, sind nur zulässig, wenn der Gefahr nicht auf andere Weise, auch nicht durch öffentliche Hilfen, begegnet werden kann. ²Dies gilt auch, wenn einem Elternteil vorübergehend oder auf unbestimmte Zeit die Nutzung der Familienwohnung untersagt werden soll. ³Wird einem Elternteil oder einem Dritten die Nutzung der vom Kind mitbewohnten oder einer anderen Wohnung untersagt, ist bei der Bemessung der Dauer der Maßnahme auch zu berücksichtigen, ob diesem das Eigentum, das Erbbaurecht oder der Nießbrauch an dem Grundstück zusteht, auf dem sich die Wohnung befindet; Entsprechendes gilt für das Wohnungseigentum, das Dauerwohnrecht, das dingliche Wohnrecht oder wenn der Elternteil oder Dritte Mieter der Wohnung ist.

(2) Die gesamte Personensorge darf nur entzogen werden, wenn andere Maßnahmen erfolglos geblieben sind oder wenn anzunehmen ist, dass sie zur Abwendung der Gefahr nicht ausreichen.

Übersicht

---

181 MüKo-FamFG/*Heilmann*, § 166 FamFG Rn. 24
182 OLG Brandenburg FamRZ 2014, 1649, dazu *Leipold*, NZFam 2014, 761

A. Allgemeines

1 Die Vorschrift ergänzt § 1666 BGB und verdeutlicht: Eine **Trennung** des Kindes von seinen Eltern wie auch die Entziehung der gesamten Personensorge stellen die stärksten Eingriffe in das Elterngrundrecht dar. Die Verfassung[1] erlaubt sie lediglich unter strengen Voraussetzungen und nur bei strikter Wahrung des **Grundsatzes der Verhältnismäßigkeit**, wenn die Eltern ihrer Verantwortung nicht gerecht werden.[2] Um eine Trennung des Kindes von den Eltern zu rechtfertigen, muss das elterliche Fehlverhalten ein solches Ausmaß erreichen, dass das Kind bei den Eltern in seinem körperlichen, geistigen oder seelischen Wohl nachhaltig gefährdet wäre.[3] Die Trennung muss zur Erreichung der Abwendung einer nachhaltigen Kindeswohlgefahr geeignet und erforderlich sein und dazu in angemessenem Verhältnis stehen (**Übermaßverbot**).[4] Ist die Trennung bereits erfolgt, sind zwecks Rückführung Maßnahmen zu ergreifen, mit denen ein Zueinanderfinden von Kind und Eltern gelingen kann.[5] Ob diese Voraussetzungen im Einzelfall erfüllt sind, unterliegt nach Abschluss des instanzgerichtlichen Verfahrens einer strengen verfassungsgerichtlichen Überprüfung, die sich wegen des besonderen Eingriffsgewichts auch auf einzelne Auslegungsfehler sowie auf deutliche Fehler bei der Feststellung und Würdigung des Sachverhalts erstrecken kann.[6]

B. Inhalt der Norm

I. Trennung von den Eltern

2 Die **Trennung** des Kindes von der Familie gegen den Willen der Sorgeberechtigten kann sich unterschiedlich gestalten:

- In der Regel wird das Kind aus dem (für sein Wohl schädlichen) Familienverband entfernt und **fremduntergebracht**, sei es in einer Pflegefamilie oder einem Heim, sei es durch Übergabe in die Obhut des anderen Elternteils[7] oder eines Verwandten, häufig der Großeltern.[8]

- In selteneren Fällen, insbesondere bei Verdacht auf häusliche Gewalt und sexuellen Missbrauch, kann das Gericht auch den gefährdenden Elternteil der **Wohnung verweisen**. Allerdings sind dann bei der Bemessung der Dauer der Maßnahme etwaige dingliche oder mietvertragliche Berechtigungen mit zu beachten (Abs. 1 Satz 2 und 3).

II. Grundsatz der Verhältnismäßigkeit

3 Zur Trennung führende Entscheidungen sind nur zulässig, wenn **mildere Mittel** zur Abwendung der Gefahr für das Kindeswohl ausscheiden. Dabei hat das Familiengericht auch negative Folgen der Trennung und der konkreten Fremdunterbringung für das Kind zu ermitteln und zu berücksichtigen – erst recht bei einer Trennung alsbald nach der Geburt des Kindes.[9] Denn es ist davon auszugehen, dass die **Wegnahme** und die häufig weitgehen-

---

1 Art. 6 Abs. 3 GG: Gegen den Willen der Erziehungsberechtigten dürfen Kinder nur auf Grund eines Gesetzes von der Familie getrennt werden, wenn die Erziehungsberechtigten versagen oder wenn die Kinder aus anderen Gründen zu verwahrlosen drohen
2 BVerfG FamRZ 1990, 698; FamRZ 2015, 112
3 BVerfG FamRZ 2009, 1472; FamRZ 2015, 112
4 BVerfG FamRZ 2014, 1005 (LS) = ZKJ 2014, 281 = JAmt 2014, 223, dazu *Riegner*, NZFam 2014, 625
5 BVerfG NJW 2014, 2936 = JAmt 2014, 419
6 BVerfG NJW 2014, 2853; kritisch dazu *Heilmann*, NJW 2014, 2904, 2907
7 BVerfG FamRZ 2006, 537
8 OLG Brandenburg FamRZ 2010, 1743
9 BVerfG FamRZ 2012, 1127 = ZKJ 2012, 186

den Einschränkungen oder sogar der Abbruch von Bindungskontakten des Kindes mit den Eltern der Herkunftsfamilie eine **weitere Kindeswohlgefährdung** beinhalten.[10]

Der Staat muss daher nach Möglichkeit versuchen, durch helfende, unterstützende, auf Herstellung oder Wiederherstellung eines verantwortungsgerechten Verhaltens der Eltern gerichtete Maßnahmen sein Ziel zu erreichen.[11] Insoweit kommen vor allem die in Abs. 1 Satz 1 hervorgehobenen **öffentlichen Hilfen** (§§ 11 bis 41 SGB VIII) in Betracht, die das Gericht nach § 1666 Abs. 3 Nr. 1 BGB anordnen kann.[12] Eine Trennung lässt sich häufig durch eine Unterbringung in einer **Mutter-Kind-Einrichtung** vermeiden.   **4**

Ist eine Trennung zur Abwendung der konkreten Gefährdung unvermeidbar, ist als geringerer Eingriff etwa zu erwägen, ob das Aufenthaltsbestimmungsrecht den Eltern nur für die Tage des **Schulbesuchs**, also von Montagmorgen bis Freitag nach Schulschluss mit Ausnahme der Schulferien und der Feiertage, entzogen werden kann.[13] Auch ist die Unterbringung bei geeigneten **Verwandten** vorzugswürdig, weil sie es den Eltern ermöglicht, den Kontakt zum Kind leichter zu halten und dessen Entwicklung weiter zu beeinflussen, soweit dies dem Kindeswohl nicht schadet.[14]

Als Ausgleich für die Trennung und ihre Folgen hat der Staat, soweit das Kindeswohl hierdurch nicht gefährdet wird, für eine **Regelung des Umgangs** zu sorgen. Hilfsweise muss das Familiengericht insoweit **von Amts wegen** ein Umgangsverfahren einleiten.   **5**

Kehrt das Kind zu den Eltern zurück, hat das Jugendamt den Aufenthalt abzusichern und zu begleiten.[15]

III. Entzug der gesamten Personensorge

Eine Entziehung der gesamten **Personensorge** als Teil der elterlichen Sorge gemäß § 1626 Abs. 1 Satz 2 BGB liegt vor, wenn die Sorgeberechtigten durch die gerichtliche Maßnahme beide Teilbereiche, d.h. die tatsächliche Sorge für die Person des Kindes und das Vertretungsrecht nach §§ 1626 Abs. 1 Satz 2, 1629 Abs. 1 Satz 1 BGB verlieren.[16]   **6**

Unter Beachtung des Verhältnismäßigkeitsgrundsatzes ist zu erwägen, den Eltern anstelle der gesamten Personensorge nur **Teilbefugnisse** zu entziehen. Freilich sind die Unterschiede zum Gesamtentzug marginal, wenn dem Sorgeberechtigten das Aufenthaltsbestimmungsrecht, die Gesundheitsfürsorge, das Recht zur Antragstellung nach § 27 SGB VIII und das Recht zur Entscheidung aller Angelegenheiten in Bezug auf Schule bzw. Kindergarten entzogen wird.[17]

An der **Eignung der Sorgerechtsentziehung** fehlt es, wenn diese und die dadurch vorbereitete Trennung des Kindes von den Eltern mit anderweitigen Beeinträchtigungen des Kindeswohls einhergehen, welche durch die Beseitigung der festgestellten Gefahr nicht aufgewogen werden.[18]

---

10 *Ballof*, FPR 2013, 208, 210
11 BVerfG FamRZ 2010, 528; FamRZ 2010, 713; OLG Brandenburg BeckRS 2014, 04895
12 Eingehend *Kindler*, FPR 2012, 422, 426; ferner hier *Cirullies*, § 1666 BGB Rn. 42
13 OLG Koblenz FamRZ 2012, 1953
14 BVerfG FamRZ 2014, 907 = JAmt 2014, 406
15 OLG Brandenburg FamRZ 2010, 1743
16 MüKo-BGB/*Olzen*, § 1666a BGB Rn. 25
17 So OLG Brandenburg ZKJ 2013, 504 = JAmt 2013, 664 = BeckRS 2013, 06364
18 BVerfG FamRZ 2014, 1177 = JAmt 2014, 403

§ 1667 BGB Gerichtliche Maßnahmen bei Gefährdung des Kindesvermögens

(1) Das Familiengericht kann anordnen, dass die Eltern ein Verzeichnis des Vermögens des Kindes einreichen und über die Verwaltung Rechnung legen. Die Eltern haben das Verzeichnis mit der Versicherung der Richtigkeit und Vollständigkeit zu versehen. Ist das eingereichte Verzeichnis ungenügend, so kann das Familiengericht anordnen, dass das Verzeichnis durch eine zuständige Behörde oder durch einen zuständigen Beamten oder Notar aufgenommen wird.

(2) Das Familiengericht kann anordnen, dass das Geld des Kindes in bestimmter Weise anzulegen und dass zur Abhebung seine Genehmigung erforderlich ist. Gehören Wertpapiere, Kostbarkeiten oder Schuldbuchforderungen gegen den Bund oder ein Land zum Vermögen des Kindes, so kann das Familiengericht dem Elternteil, der das Kind vertritt, die gleichen Verpflichtungen auferlegen, die nach §§ 1814 bis 1816, 1818 einem Vormund obliegen; die §§ 1819, 1820 sind entsprechend anzuwenden.

(3) Das Familiengericht kann dem Elternteil, der das Vermögen des Kindes gefährdet, Sicherheitsleistung für das seiner Verwaltung unterliegende Vermögen auferlegen. Die Art und den Umfang der Sicherheitsleistung bestimmt das Familiengericht nach seinem Ermessen. Bei der Bestellung und Aufhebung der Sicherheit wird die Mitwirkung des Kindes durch die Anordnung des Familiengerichts ersetzt. Die Sicherheitsleistung darf nur dadurch erzwungen werden, dass die Vermögenssorge gemäß § 1666 Abs. 1 ganz oder teilweise entzogen wird.

(4) Die Kosten der angeordneten Maßnahmen trägt der Elternteil, der sie veranlasst hat.

Von einer Kommentierung wird abgesehen.

§ 1668 bis 1671 BGB

(weggefallen)

§ 1671 BGB Übertragung der Alleinsorge bei Getrenntleben der Eltern

(1) [1]Leben Eltern nicht nur vorübergehend getrennt und steht ihnen die elterliche Sorge gemeinsam zu, so kann jeder Elternteil beantragen, dass ihm das Familiengericht die elterliche Sorge oder einen Teil der elterlichen Sorge allein überträgt. [2]Dem Antrag ist stattzugeben, soweit

1. der andere Elternteil zustimmt, es sei denn, das Kind hat das 14. Lebensjahr vollendet und widerspricht der Übertragung, oder

2. zu erwarten ist, dass die Aufhebung der gemeinsamen Sorge und die Übertragung auf den Antragsteller dem Wohl des Kindes am besten entspricht.

(2) [1]Leben Eltern nicht nur vorübergehend getrennt und steht die elterliche Sorge nach § 1626a Absatz 3 der Mutter zu, so kann der Vater beantragen, dass ihm das Familiengericht die elterliche Sorge oder einen Teil der elterlichen Sorge allein überträgt. [2]Dem Antrag ist stattzugeben, soweit

1. die Mutter zustimmt, es sei denn, die Übertragung widerspricht dem Wohl des Kindes oder das Kind hat das 14. Lebensjahr vollendet und widerspricht der Übertragung, oder

2. eine gemeinsame Sorge nicht in Betracht kommt und zu erwarten ist, dass die Übertragung auf den Vater dem Wohl des Kindes am besten entspricht.

(3) [1]Ruht die elterliche Sorge der Mutter nach § 1751 Absatz 1 Satz 1, so gilt der Antrag des Vaters auf Übertragung der gemeinsamen elterlichen Sorge nach § 1626a Absatz 2 als An-

trag nach Absatz 2. [2]**Dem Antrag ist stattzugeben, soweit die Übertragung der elterlichen Sorge auf den Vater dem Wohl des Kindes nicht widerspricht.**

(4) Den Anträgen nach den Absätzen 1 und 2 ist nicht zu entsprechen, soweit die elterliche Sorge auf Grund anderer Vorschriften abweichend geregelt werden muss.

Weiterführende Literatur: Bovenschen/Spangler, Wer kann Bindungsfigur eines Kindes werden? FPR 2013, 194; *Brisch,* Die vier Bindungsqualitäten und die Bindungsstörungen, FPR 2013, 183; *Fegert,* Endgültiges Aus für das Parental Alienation Syndrome (PAS) im amerikaschem Klassifikationssystem DSM-5, ZKJ 2013, 190; *Heilmann,* Die Gesetzeslage zum Sorge- und Umgangsrecht, NJW 2012, 16; *Kindler,* Trennungen zwischen Kindern und Bindungspersonen, FPR 2013, 195; *Lengning/Lüpschen,* Auswirkungen auf Bindungs- und Beziehungsqualitäten bei Misshandlung, Vernachlässigung und sexuellem Missbrauch, FPR 2013, 213; *Walter,* Unterschiede zwischen Beziehungen und Bindungen – was sagen der Gesetzgeber und die psychologische Wissenschaft? FPR 2013, 177

Übersicht

A. Allgemeines

Die Vorschrift ist durch das Gesetz zur Reform der elterlichen Sorge nicht miteinander verheirateter Eltern mit Wirkung vom 19.5.2013 neu gefasst worden.[1] Anliegen des Gesetzgebers war grundsätzlich die **Schaffung des Leitbildes der gemeinsamen elterlichen**   **1**

---

1 BGBl. I 2013 S. 795

Sorge.[2] Die bislang in §§ 1671 und 1672 BGB erfassten Regelungsgegenstände werden zusammengeführt, § 1672 BGB wurde aufgehoben.

2 In Absatz 1 normiert der Gesetzgeber die Voraussetzungen, unter denen gemeinsam sorgeberechtigte Eltern, die nicht zusammenleben, die alleinige elterliche Sorge insgesamt oder in Teilen übertragen erhalten können. Absatz 2 gibt dem Vater die Möglichkeit, das alleinige Sorgerecht von der bis dahin allein sorgeberechtigten Mutter ganz oder teilweise zu erhalten. Absatz 3 regelt eine Sorgerechtsübertragung auf den Vater, wenn die allein sorgeberechtigte Mutter in eine Adoption des Kindes wirksam eingewilligt hat. Absatz 4 entspricht dem alten Absatz 3 und enthält insbesondere einen Verweis auf §§ 1666, 1667 BGB.

3 **Übersicht: Die Übertragung der elterlichen Sorge nach § 1671 Abs. 1 und 2 BGB**

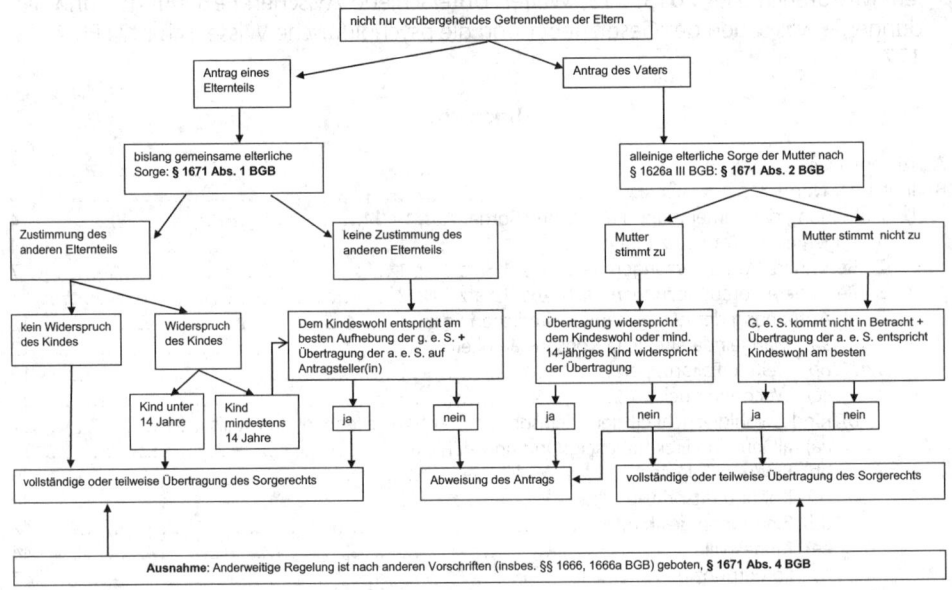

B. Inhalt der Norm

I. Aufhebung der gemeinsamen elterlichen Sorge, Abs. 1

1. Allgemeine Voraussetzungen

4 Die Eltern müssen **gemeinsam sorgeberechtigt** sein, wobei unerheblich ist, ob die gemeinsame elterliche Sorge durch eine bei Geburt des Kindes bestehende Ehe oder eine der Konstellationen des § 1626a Abs. 1 Nr. 1 bis 3 BGB begründet wurde. Sie müssen ferner **dauerhaft getrennt** leben. Insoweit gelten – auch ohne bestehende Ehe – die Maßstäbe des § 1567 BGB (entsprechend). Soweit Eltern noch äußerliche Gemeinsamkeiten wie gemeinsame Mahlzeiten, Gespräche oder Unternehmungen ausschließlich im Rahmen der Wahrnehmung von Umgangskontakten pflegen, stehen diese einer Trennung im Rechtssinne nicht entgegen.[3] Die Trennung muss nach außen dokumentiert sein.[4]

5 Eine Entscheidung nach § 1671 Abs. 1 BGB erfolgt schließlich auf **Antrag**, wobei nach dem klaren Wortlaut **allein die Eltern antragsbefugt** sind. Eine Entscheidung von Amts

---

2 BT-Drucks. 17/11048, 12
3 OLG Köln FamRZ 2002, 1341
4 *Völker/Clausius*, FamMandat, § 1 Rn. 224 m.w.N.

wegen ist dem Gericht nicht erlaubt.[5] Allerdings ist gemäß § 156 Abs. 3 FamFG das Gericht auch in den Antragsverfahren der §§ 1671, 1632 BGB verpflichtet, den Erlass einer einstweiligen Anordnung mit den Beteiligten und dem Jugendamt zu erörtern. Wenn dann gleichwohl – was selten der Fall sein dürfte – die Eltern sich weder einigen noch selbst Anträge auf Erlass von Eilregelungen stellen, ist es dem Gericht auch untersagt, von Amts wegen eine entsprechende einstweilige Anordnung zu erlassen.[6]

Sowohl nach Abs. 1 wie auch nach Abs. 2 können anstelle einer Aufhebung der gemeinsa- **6** men bzw. Übertragung der alleinigen elterlichen Sorge insgesamt jeweils nur **Teilbereiche** übertragen werden. Dies ist Ausprägung des Verhältnismäßigkeitsgrundsatzes.[7] Ist nur die Übertragung eines Teilbereichs der elterlichen Sorge – z.B. das Aufenthaltsbestimmungsrecht – beantragt, darf das Gericht außerhalb des § 1671 Abs. 4 BGB schon im Hinblick auf die fehlende Antragstellung im Übrigen keine weiteren Teilbereiche übertragen.[8]

2. Besondere Voraussetzungen nach Abs. 1 Satz 2 Nr. 1

Der Sorgerechtsantrag hat – außer beim Vorliegen der Voraussetzungen des Absatzes 4 – **7** grundsätzlich Erfolg, wenn der andere Elternteil zustimmt und das betreffende Kind noch keine 14 Jahre alt ist oder dem Sorgerechtsantrag nicht widerspricht.

Die **Zustimmung** ist eine **höchstpersönliche Willenserklärung**; ist der zustimmende El- **8** ternteil in der Geschäftsfähigkeit beschränkt, bedarf es gleichwohl keiner Mitwirkung seines gesetzlichen Vertreters.[9] Die Zustimmung kann **formfrei** erklärt werden, und zwar grundsätzlich **gegenüber dem Gericht**. Eine nur Dritten gegenüber erklärte Zustimmung genügt nicht.[10] Das Gericht hat sich im Rahmen der persönlichen Anhörung nach § 160 FamFG von Wirksamkeit, Reichweite, Ernsthaftigkeit und Freiwilligkeit der Zustimmung zu überzeugen.[11] Ein **Widerruf** ist bis zum Abschluss der letzten Tatsacheninstanz möglich.[12]

Eine wirksame Zustimmung führt **ohne Richtigkeitsprüfung** zum Erfolg.[13] Dies ist Aus- **9** druck der vom Gesetzgeber im Kindschaftsrechtsreformgesetz gestärkten Elternautonomie. Insbesondere die Motive der Eltern für ihre übereinstimmende Entscheidung sind – immer vorbehaltlich einer Kindeswohlgefährdung und damit Konsequenzen nach Abs. 4 – diskussionslos zu akzeptieren.[14] Allerdings kann angesichts des klaren gesetzlichen Wortlautes („ihm") die elterliche Sorge nur auf den *antragstellenden*, nicht aber auf den anderen Elternteil übertragen werden.[15]

Negative Voraussetzung für einen nach § 1671 Abs. 1 Nr. 1 BGB erfolgreichen Sorge- **10** rechtsantrag ist der **fehlende Widerspruch** des mindestens 14 Jahre alten Kindes. Ist das Kind jünger und widerspricht, hat dies keine unmittelbaren Folgen, kann aber für das Gericht Veranlassung geben, einen Verfahrensbeistand zu bestellen und in eine Prüfung nach § 1671 Abs. 4 BGB einzusteigen.[16] Der Widerspruch eines mindestens 14 Jahre alten Kindes hat **keine Veto-Wirkung**.[17] In diesem Fall kann das Gericht aber nicht mehr ohne Sachprüfung entscheiden, sondern dem Antrag allenfalls nach § 1671 Abs. 2 Nr. 2 BGB

5 OLG Brandenburg FamRZ 2014, 784 mit Anm. *Fiedler,* NZFam 2014,183
6 OLG Brandenburg FamRZ 2014, 784 mit Anm. *Fiedler* NZFam 2014,183
7 OLG München FamRZ 1999, 111
8 OLG Brandenburg FamRZ 2014, 1714 m.w.N.
9 *Völker/Clausius,* § 1 Rn. 231; Palandt/*Götz,* § 1671 BGB Rn. 8
10 Palandt/*Götz,* § 1671 BGB Rn.8; offenlassend: OLG Saarbrücken FamRZ 2010, 1680
11 OLG Saarbrücken FamRZ 2010, 1680
12 BGH DAVorm. 2000, 704; OLG Brandenburg NJW-Spezial 2014, 549 m.w.N.
13 BGH DAVorm. 2000, 704; OLG Dresden FamRZ 2002, 632: auch bei Abänderungsverfahren
14 Palandt/*Götz,* § 1671 BGB Rn. 10 m.w.N.
15 OLG Saarbrücken ZKJ 2010, 452; a.A. (Übertragung nach § 1628) OLG Celle FamRZ 2011, 48
16 MüKo-BGB/*Hennemann,* § 1671 BGB Rn. 66; BeckOK/*Veit,* § 1671 BGB Rn. 34 m.w.N.
17 BT-Drucks 13/4899, 99

entsprechen. Der Widerspruch kann auch durch einen Verfahrensbeistand übermittelt werden. Ob der Verfahrensbeistand *anstelle* des Kindes widersprechen kann,[18] erscheint zweifelhaft, weil auch das Widerspruchsrecht höchstpersönlicher Natur und der Verfahrensbeistand nicht gesetzlicher Vertreter des Kindes ist, § 158 Abs. 4 Satz 6 FamFG.

3. Besondere Voraussetzungen nach Abs. 1 Satz 2 Nr. 2

11   Liegen die Voraussetzungen nach Abs. 1 Satz 1 Nr. 1 nicht vor, ist nach überwiegender Meinung[19] eine **doppelte Kindeswohlprüfung** erforderlich: Das Gericht muss die Überzeugung gewinnen, dass es dem Kindeswohl am besten entspricht, wenn

- die gemeinsame elterliche Sorge aufgehoben und
- die elterliche Sorge dem Antragsteller allein übertragen wird.

Die von Amtsgericht und OLG gewonnene Überzeugung wird vom BVerfG im Rahmen einer Verfassungsbeschwerde nur eingeschränkt überprüft: Die Aufgabe des Bundesverfassungsgerichts beschränkt sich hier grundsätzlich darauf zu prüfen, ob die Fachgerichte eine auf das Wohl des Kindes ausgerichtete Entscheidung getroffen und dabei die Tragweite der Grundrechte aller Beteiligten nicht grundlegend verkannt haben. Dieser Prüfungsmaßstab ist gegenüber Entscheidungen in Konstellationen, in denen es um die Trennung eines Kindes von seinen Eltern geht und die damit Art. 6 Abs. 3 GG unterfallen, deutlich zurückgenommen.[20]

a) Aufhebung der gemeinsamen elterlichen Sorge

aa) Mangelnde elterliche Konsensfähigkeit

12   - Im Hinblick auf den nunmehr zum Leitbild erhobenen Vorrang der gemeinsamen elterlichen Sorge sind an deren Aufhebung **hohe Anforderungen** zu stellen. Die überwiegende Fallgruppe für Sorgerechtsübertragungen auf einen Elternteil bildet die mangelnde Konsensfähigkeit der Eltern. Nach wie vor setzt eine dem Kindeswohl entsprechende gemeinsame Ausübung der Elternverantwortung ein Mindestmaß an Übereinstimmung in wesentlichen Bereichen der elterlichen Sorge und insgesamt eine tragfähige soziale Beziehung zwischen den Eltern voraus.[21] Die Aufhebung der gemeinsamen elterlichen Sorge erfordert:

- eine **schwerwiegende und nachhaltige Störung der elterlichen Kommunikation**,
- darüber hinaus die Feststellung, dass den Eltern eine **gemeinsame Entscheidungsfindung nicht möglich** sein wird
- sowie die zusätzliche Feststellung, dass das **Kind erheblich belastet** würde, wenn seine Eltern gezwungen würden, die elterliche Sorge gemeinsam zu tragen.[22]

13   Eine in vorgenanntem Sinn ausreichende elterliche Kommunikationsstörung ist zu bejahen bei „tiefen Hassgefühlen"[23] oder gar Tätlichkeiten gegen den anderen Elternteil.[24] Schwer wiegende Indizien für eine solche Kommunikationsstörung sind lautstarke Auseinandersetzungen verbunden mit kategorischer Weigerung, Kontakt zum anderen Elternteil zu

---

18 So Palandt/*Götz*, § 1671 BGB Rn. 9; BeckOK/*Veit,* § 1671 BGB Rn. 34.1 m.w.N.
19 Nachweise für beide Auffassungen und selbst offenlassend: OLG Brandenburg FamRZ 2014, 1380
20 BVerfG ZKJ 2014, 379; siehe auch hier Cirullies § 1666 Rn. 68
21 BVerfG NJW 2010, 3008; BGH ZKJ 2011, 220 zu § 1626a BGB = FamRZ 2011, 796; *Heilmann*, NJW 2012, 16, 17 je m.w.N.
22 OLG Celle MDR 2014, 903 = ZKJ 2015, 74
23 OLG Hamm FamRZ 2012, 1064; OLG Hamm FamRZ 2010, 1258
24 BVerfG FamRZ 2004, 354; OLG Saarbrücken, Beschl. v. 5.12.2011 – 9 UF 135/11, juris = FamRZ 2012, 1064 (LS)

halten,[25] die ausschließliche Abwicklung elterlicher Absprachen über Anwälte, SMS oder Email[26] oder über dem Kind mitgegebene Zettel,[27] auch eine (religiös motivierte) Ablehnung direkter Kommunikation.[28]

Umgekehrt reicht nicht jede Kommunikationsstörung für eine Aufhebung der elterlichen Sorge. Insoweit ist zu bedenken, dass eine Übertragung des alleinigen Sorgerechts auf einen Elternteil in seiner Wirkung für den anderen Elternteil einem völligen Entzug des Sorgerechts nach § 1666 BGB gleichkommt. Beide Eltern bleiben *grundsätzlich zum Konsens verpflichtet*.[29] Sind sich die Eltern in Grundfragen der Erziehung einig und kommt es zwischen ihnen lediglich in **Nebenfragen** zu Streitigkeiten, so besteht kein Anlass, von der gemeinsamen elterlichen Sorge abzugehen; gleiches gilt, wenn trotz Meinungsverschiedenheiten eine Kooperation auf der Elternebene noch möglich ist.[30] Ein formelhafter Vortrag, mit dem anderen Elternteil „könne man nicht reden", reicht nicht aus, erst recht nicht, wenn die Eltern über wichtige Teilbereiche der elterlichen Sorge wie den Lebensmittelpunkt des Kindes und Umgangsrecht Einigkeit erzielen.[31] Gelingt es auch unter Einschaltung von Beratungsstellen nicht, Einvernehmen zu erzielen, scheidet eine Sorgerechtsübertragung gleichwohl aus, wenn die Meinungsverschiedenheiten nur **Alltagsangelegenheiten** betreffen, welche ohnehin der Alleinentscheidungsbefugnis des betreuenden Elternteils gemäß § 1687 Abs. 1 Satz 2 BGB unterliegen. Ebenso kann es vor Übertragung von Teilbereichen oder des gesamten Sorgerechts geboten sein, eine **einzelne situative** Angelegenheit von erheblicher Bedeutung über § 1628 BGB klären zu lassen.[32] Droht jedoch eine Vielzahl von Einzelentscheidungen nach § 1628 BGB, kann eine Sorgerechtsübertragung nach § 1671 Abs. 1 BGB erfolgen.[33]

Es muss ferner zu erwarten sein, dass die schwer wiegende Störung der elterlichen Kommunikation **gemeinsame Entscheidungen voraussichtlich unmöglich** machen wird. Dies ist z.B. nicht der Fall, wenn die Eltern trotz grundsätzlich unterschiedlicher Auffassungen über den Lebensmittelpunkt eines Kindes in der Praxis über Jahre hinweg ein Wechselmodell (mit unterschiedlichen Aufenthaltszeiten beim jeweiligen Elternteil) praktiziert und trotz Streit in Alltagsangelegenheiten die wesentlichen Grundentscheidungen einvernehmlich getroffen haben.[34] Anhaltspunkte für eine voraussichtliche Einigungsunfähigkeit sind beispielsweise gescheiterte Elterngespräche trotz Inanspruchnahme von Beratungsstellen,[35] die Vielzahl der Streitpunkte,[36] Häufigkeit vorangegangener Gerichtsverfahren[37] oder auch die Verursachung der Kommunikationsstörung durch tätliche Übergriffe eines Elternteils gegen den anderen.

Das Ausmaß des elterlichen **Verschuldens** für die Kommunikationsstörung ist für die Aufhebung der elterlichen Sorge nicht entscheidend.[38] Zwar hat es damit letztlich ein Elternteil durch eine starre Verweigerungshaltung in der Hand, eine Aufhebung der gemeinsamen elterlichen Sorge zu erreichen. Die Entscheidung für die Alleinsorge eines Elternteils hat

14

15

16

---

25 OLG Brandenburg, Beschl. v. 14.5.2007 – 9 UF 55/06, juris
26 OLG Braunschweig FamRZ 2002, 121
27 OLG Frankfurt FamFR 2012, 310
28 OLG Celle FamRZ 2004, 1667
29 BGH FamRZ 2008, 592
30 OLG Hamm FamRZ 2006, 1058
31 OLG Köln FamRZ 2003, 1492
32 BGH FamRZ 2005, 1167; OLG Düsseldorf FamRZ 1999, 1157; BeckOK/*Veit*, § 1628 Rn. 11 m.w.N.
33 OLG Hamm FamRZ 2007, 756
34 KG FamRZ 2006, 1626
35 OLG Zweibrücken FamRZ 2000, 627
36 OLG München FamRZ 2012, 1062
37 *Völker/Clausius*, § 1 Rn. 245 m.w.N.
38 BGH FamRZ 2008, 592; Palandt/*Götz*, § 1671 Rn.17; *Völker/Clausius*, § 1 Rn. 243

aber weder Bestrafungs- noch Belohnungsfunktion für die Eltern.[39] Es kann deshalb u. U. im Einzelfall sogar auch einer Mutter, die allein verantwortlich ist für das Scheitern der elterlichen Kommunikation, die alleinige elterliche Sorge zu übertragen sein.[40]

17 Schließlich muss durch die mangelnde Konsensfähigkeit der Eltern das **Kind erheblich belastet** sein. Dies ist bei Vorliegen einer nachhaltig schwer beeinträchtigten elterlichen Kommunikationsfähigkeit und fehlender Aussicht auf Einigung zu vermuten, weil regelmäßig in diesen Fällen das Kind in einen Loyalitätskonflikt hineingezogen wird, der dem Kindeswohl abträglich ist. Die Beeinträchtigung, die die Kinder durch den andauernden Streit ihrer Eltern erfahren, widerspricht regelmäßig dem Kindeswohl. Es kann Kindern nicht zugemutet werden, erhebliche emotionale Konflikte der Eltern ertragen zu müssen, die diese schon als Erwachsene nicht lösen können und in die ein Kind zwangsläufig einbezogen wird.[41] In dieser Situation ist durch das Gericht für die Zukunft sicherzustellen, dass die aus der nicht funktionierenden gemeinsamen Sorge entstehenden nachteiligen Folgen ein Ende finden.[42] Wenn die begründete Besorgnis besteht, dass die Eltern nicht in der Lage sein werden, ihre Streitigkeiten in wesentlichen Bereichen der elterlichen Sorge konstruktiv und ohne gerichtliche Auseinandersetzungen beizulegen, ist eine erzwungene gemeinsame elterliche Sorge dem Kindeswohl nicht zuträglich.[43] Denn erst die tatsächliche Erfüllung der elterlichen Verpflichtung zur Einigung dient dem Kindeswohl, nicht schon das Bestehen der Pflicht alleine; elterliche Gemeinsamkeit lässt sich in der Realität aber nicht durch gerichtliche Entscheidung verordnen.[44]

18 Lässt sich allerdings nicht mit der notwendigen Sicherheit feststellen, dass eine Auflösung der gemeinsamen elterlichen Sorge für eine Verbesserung sorgen wird, kommt eine Übertragung auf nur einen Elternteil nicht in Betracht. Das Grundrecht der Eltern und das des Kindes würden verletzt, wenn von dem Eingriff in die Sorgerechtsverhältnisse mindestens gleich ungünstige Auswirkungen auf das Kindeswohl zu erwarten sind wie vom Beibehalten der gegebenen, dringend verbesserungsbedürftigen Verhältnisse.[45]

bb) weitere Fallgruppen

19 Anträge auf Übertragung der elterlichen Sorge werden mit häufig wiederkehrenden Begründungen, die sich zum Teil mit der Fallgruppe fehlender Konsensfähigkeit überschneiden, gestellt. Als **tragfähige Begründung** für eine Aufhebung der gemeinsamen elterlichen Sorge sind in der Rechtsprechung unter anderem anerkannt worden:

- Wunsch nach **Auswanderung** mit dem gemeinsamen Kind gegen den Widerspruch des anderen Elternteils[46]

- Mangelnde **Unterhaltszahlungen** trotz Leistungsfähigkeit[47]

- **Gewalttätige Übergriffe** des anderen Elternteils (Häusliche Gewalt)[48]

- **Sexueller Missbrauch** des Kindes (wenn **nachgewiesen** oder mindestens überwiegend wahrscheinlich)[49]

---

39 OLG Frankfurt FamRZ 2014, 317 m.w.N.
40 OLG Brandenburg BeckRS 2010, 04111
41 OLG Brandenburg BeckRS 2014, 12084
42 OLG Frankfurt FamRZ 2014, 317
43 OLG Hamm NZFam 2014, 430 m.w.N.
44 BGH FamRZ 2008, 592; BT-Drucks. 13/4899, 99
45 OLG Brandenburg FamRZ 2014, 1380
46 BGH FamRZ 2010, 1060
47 OLG Karlsruhe, Beschl. v. 6.11.2009 – 2 UF 60/09, juris = FamRZ 2010, 391 (LS)
48 BVerfG FamRZ 2004, 354; OLG Saarbrücken ZKJ 2010, 452; OLG Hamm FamRZ 2000, 501
49 KG, Beschl. v. 5.4.2012 – 17 UF 15/12, juris, m.w.N., Rn. 26 = ZKJ 2012, 358 (LS)

Als **nicht allein tragfähige Begründung** wurden eingestuft: **20**

- **Mangelnder Kontakt** zwischen Kind und anderem Elternteil[50]
- Große räumliche **Entfernung**[51]
- Meinungsverschiedenheiten über **religiöse Erziehung**[52]
- Tatsächliche Behinderungen bei der Sorgerechtsausübung infolge **Strafhaft**[53]

Haben die Eltern keinen oder nur geringen Kontakt zueinander, jedoch ein Elternteil dem **21** anderen eine **Vollmacht** zur alleinigen Regelung der das Kindeswohl nachhaltig berührenden Angelegenheiten erteilt, so wird vielfach die Aufhebung der gemeinsamen elterlichen Sorge als unzulässig angesehen.[54] Für diese Auffassung spricht einerseits, dass ein staatlicher Eingriff in das elterliche Grundrecht vermieden wird. Andererseits überwiegen die Bedenken: So kann eine solche Vollmacht grundsätzlich jederzeit widerrufen werden und ein neues gerichtliches Verfahren erforderlich werden. Zudem fragt sich, welchen Wert die formale Beibehaltung des elterlichen Sorgerechts noch haben soll, wenn de facto ohnehin ein Elternteil die alleinige Entscheidungsbefugnis besitzt und welchen Sinn die rechtliche Möglichkeit zur erzieherischen Einflussnahme aus Sicht des Kindes noch besitzt, wenn der Elternteil mangels Kontakt zum Kind gar keine zuverlässige Entscheidungsgrundlage besitzt.

Oftmals werden Sorgerechtsverfahren geführt, obwohl Entscheidungen i.S.v. §1687 **22** Abs. 1 Satz 1 BGB in naher Zukunft gar nicht anstehen. Die Rechtsprechung sieht ein solches **Fehlen anstehender Sorgerechtsfragen** zumeist als Argument gegen die Aufhebung der gemeinsamen elterlichen Sorge.[55] Die Zeit, die bis zu tatsächlich notwendigen Entscheidungen verstreiche, könne zu einer weiteren Versachlichung der Beziehung der Eltern zueinander führen, so dass sie dann in der Lage seien, die konkrete Entscheidung einvernehmlich zu treffen.[56] Dagegen lässt sich allerdings überzeugend anführen, dass die Notwendigkeit zu solchen Entscheidungen auch unversehens auftreten kann und ein erneutes gerichtliches Verfahren erforderlich würde.[57] Zudem muss ausschlaggebend sein, in welchem Ausmaß die Eltern bei Entscheidungsreife des Sorgerechtsverfahrens zerstritten sind und welche Folgen dies für das Kind hat; späteren Abweichungen von der Prognoseentscheidung, ob künftig gemeinsame Entscheidungen möglich sein werden, ist durch Abänderungsverfahren Rechnung zu tragen.[58]

cc) Wechselmodell

Zunehmend diskutiert wird die Frage, inwieweit eine Sorgerechtsentscheidung bei Streitig- **23** keiten der Eltern im Zusammenhang mit einem bislang praktizierten oder von einem Elternteil künftig gewünschten **Wechselmodell** in Betracht kommt. Dabei ist zunächst die **Begrifflichkeit** zu klären: Unterhaltsrechtlich erkennt der BGH als Wechselmodell nur eine solche Regelung an, bei welcher das Kind „in etwa gleich langen Phasen abwechselnd jeweils bei dem einen und dem anderen Elternteil lebt".[59] Teilweise wird von einem (asymetrischen) Wechselmodell aber bereits dann gesprochen, wenn beide Eltern einen substanti-

---

50 OLG Schleswig ZKJ 2012, 228; OLG Dresden FamRZ 2002, 973; siehe aber auch OLG Nürnberg MDR 2011, 1237
51 BVerfG FamRZ 2004, 1015; OLG Dresden FamRZ 2000, 501 (LS); AG Ludwigslust FamRZ 2010, 388
52 BGH NJW 2005, 2080
53 OLG Naumburg FamRZ 2003, 1947; kritisch Staudinger/*Coester*, §1671 BGB Rn. 144
54 OLG Schleswig ZKJ 2012, 228 = FamRZ 2012, 1066; Erman/*Döll*, §1671 BGB Rn. 18
55 OLG Brandenburg FamRZ 2014, 322
56 OLG Hamm FamRZ 1999, 1199
57 OLG Karlsruhe FamRZ 2000, 1041
58 Staudinger/*Coester*, §1671 BGB Rn. 259
59 BGH FamRZ 2014, 917, Rn. 16

ellen Anteil an der persönlichen Betreuung des Kindes (Alltag und Freizeit) von mindestens 30% tragen und das Kind bei beiden „zuhause ist".[60] Daneben gibt es das so genannte **„Nestmodell"**, bei welchem das Kind in der früheren gemeinsamen Wohnung abwechselnd von einem Elternteil betreut wird.[61] Das BGB geht vom so genannten **Residenzmodell** aus, bei welchem das Kind bei einem Elternteil wohnt und von diesem betreut wird und zum anderen Elternteil Umgangskontakte unterhält.[62]

24 Ganz überwiegende Auffassung ist in der obergerichtlichen Rechtsprechung, dass keine Anordnung eines Wechselmodells gegen den Willen eines Elternteils erfolgen kann, wenn es bislang nicht praktiziert wurde.[63] Denn unverzichtbare Voraussetzung für ein **Wechselmodell** ist der **elterliche Konsens** zur Durchführung der wechselseitigen Betreuung, der einen gemeinsamen Kooperationswillen der Eltern bedingt. Zudem ist das Wechselmodell als Frage der Sorgerechts*ausübung* einzustufen, § 1671 Abs. 1 BGB zielt dagegen auf eine Sorgerechts*zuweisung*.[64] Eine richterliche Anordnung des Wechselmodells kann auch nicht durch eine Umgangsregelung erfolgen, nach der sich das Kind im Ergebnis etwa gleich lange Zeit bei beiden Elternteilen aufhält.[65] Das Umgangsrecht dient nämlich nicht dazu, eine gleichberechtigte Teilhabe beider Elternteile am Leben des Kindes sicherzustellen.[66]

25 Will ein Elternteil einseitig ein **bislang praktiziertes Wechselmodell beenden**, so stellen einige Gerichte weniger auf entgegenstehende Willensäußerungen eines Elternteils ab und ordnen die Fortsetzung des Wechselmodells an.[67] Die vorstehend geäußerten Bedenken bezüglich des fehlenden Elternkonsenses gelten jedoch auch bei der Entscheidung, ob ein bislang praktiziertes Wechselmodell beendet werden soll. Allerdings kann in diesen Fällen, wenn die Aufrechterhaltung des Wechselmodells dem Kindeswohl am besten entspricht, dessen Fortsetzung mit der Fortgeltung der ursprünglichen bindenden Elternvereinbarung begründet werden, von der nicht ein Elternteil einseitig abweichen kann.[68]

26 Streitig ist, ob sich bei *Aufrechterhaltung des Wechselmodells gegen den Willen des Antragstellers* die Entscheidung mit einer Abweisung des Antrages begnügen kann.[69] Zum Teil wird argumentiert, in diesen Fällen sei in einer Gesamtabwägung mit den übrigen Sorgerechtskriterien zu entscheiden, ob die einseitige Beendigung des praktizierten Wechselmodells dem Kindeswohl „am besten" entspricht und, wenn dies nicht der Fall sei, das Aufenthaltsbestimmungsrecht dem Elternteil zu übertragen, der das Wechselmodell fortzusetzen beabsichtigt.[70] Zum Teil greift die Rechtsprechung in dieser Konstellation zu einer Umgangsregelung i.S. eines wechselnden Aufenthaltes des Kindes v.A.w.[71] oder das Aufenthaltsbestimmungsrecht wird sogleich dem fortsetzungswilligen Elternteil übertragen.[72] Überzeugender ist es, den Antrag des Elternteils zurückzuweisen, der das Wechselmodell

60 www.dfgt.de/resources/2013_Arbeitskreis_7.pdf
61 *Völker/Clausius*, § 1 Rn. 319
62 *Faber*, jM 2014, 8
63 OLG Naumburg FamRZ 2014, 50; OLG München FamRZ 2013, 1822; weitere Nachweise bei Kinderrechtekommission *(Coester)*, FamRZ 2014, 1157, 1163; a.A. „für Ausnahmefälle" KG ZKJ 2012, 267; für grundsätzliche Anordnungsmöglichkeit AG Erfurt FamRZ 2015, 339
64 OLG Saarbrücken ZKJ 2015, 32; Kinderrechtekommission *(Coester)*, FamRZ 2014, 1157, 1163 m.w.N.
65 OLG Saarbrücken, ZKJ 2015, 32; a.A. Wechselmodell = Frage des Umgangsrechts: OLG Naumburg, Beschl. v. 23.9.2014 – 8 UF 146/13, juris
66 OLG Nürnberg FamRZ 2011, 1803 m.w.N.
67 OLG Schleswig FamRB 2014, 251 mit zustimmender Anmerkung *Maes*, jurisPR-FamR 16/2014 Anm. 4; OLG Karlsruhe FamRZ 2014, 1124 mittels Umgangsregelung
68 Kinderrechtekommission *(Coester)*, FamRZ 2014, 1157, 1163
69 So OLG Frankfurt FamFR 2013, 500; a.A. (Übertragung des Aufenthaltsbestimmungsrechts auf den fortsetzungswilligen Elternteil): OLG Düsseldorf FamRZ 2011, 1154
70 *Völker/Clausius*, § 1 Rn. 323 m.w.N.
71 KG FamRZ 2012, 886
72 OLG Düsseldorf FamRZ 2011, 1154

beenden möchte:[73] Die Lösung vermeidet den Eingriff in sorgerechtliche Befugnisse und für eine Umgangsregelung v.A.w. besteht keine Notwendigkeit, weil der Elternteil, der das Wechselmodell fortsetzen will, dem anderen Elternteil ausreichend Umgangskontakte durch den wechselnden Aufenthalt des Kindes gewährleistet.

b) Kindeswohldienlichkeit der Alleinsorge des antragstellenden Elternteils

Im zweiten Prüfungsschritt ist festzustellen, ob die alleinige elterliche Sorge gerade des an- **27**
tragstellenden Elternteils die dem Kindeswohl am besten entsprechende Lösung bildet.

Begehrt ein Elternteil die alleinige elterliche Sorge, sollte der andere Elternteil sich *nicht auf* **28**
einen Abweisungsantrag beschränken, sondern hilfsweise die Übertragung des alleinigen
Sorgerechts oder entsprechender Teilbefugnisse auf sich beantragen. Denn nur bei einem
entsprechenden Antrag kann eine Sorgerechtsentscheidung zu seinen Gunsten ergehen,
wenn das Gericht eine Aufhebung der gemeinsamen elterlichen Sorge für notwendig erachtet.[74]

Bei wechselseitigen Sorgerechtsanträgen ist zu entscheiden, welcher Elternteil besser in **29**
der Lage ist, die Erziehung des Kindes zu einer „eigenverantwortlichen und gemeinschaftsfähigen Persönlichkeit" (vgl. § 1 Abs. 1 SGB VIII) zu gewährleisten. Das Gericht hat
zu prüfen, von welchem Elternteil das Kind künftig *die größte Unterstützung für seine see-*
lische, geistige und körperliche Entwicklung erwarten kann.[75] Hierzu haben Rechtsprechung und Literatur verschiedene *Kriterien* erarbeitet, die für sich genommen *grundsätz-*
lich gleichrangig, gleichwohl für den *Einzelfall von unterschiedlicher Gewichtung* sein können.[76] Die *wichtigsten* **Sorgerechtskriterien** sind:

- allgemeine Erziehungseignung und Erziehungsfähigkeit

- ausreichende Bindungstoleranz

- Kontinuitätsprinzip

- Bindungen des Kindes

- Kindeswille

- Förderprinzip

aa) allgemeine Erziehungseignung und -fähigkeit

Es gibt weder ein umfassendes rechtliches Leitbild „geeigneter Elternpersönlichkeit" noch **30**
positive wissenschaftliche Kriterien hierfür, lediglich negativ sind Abgrenzungen möglich.[77] Jedoch haben sich in der Rechtsprechung folgende Aspekte als bedeutsam heraus-
gestellt, ohne dass auch hier eine Rangfolge der Gewichtung bestünde:

- **Möglichkeit und Bereitschaft zur persönlichen Betreuung des Kindes**;[78] es gibt **31**
  jedoch keinen automatischen Vorrang des nicht oder weniger berufstätigen Elternteils.[79] Zwar hat der Gesetzgeber durch die Änderungen des § 1570 BGB unterhaltsrechtlich einen Vorrang der persönlichen Betreuung nur bis zur Vollendung des dritten
  Lebensjahres des Kindes festgelegt.[80] Hieraus lässt sich aber nicht der Schluss ziehen,

---

73 so im Ergebnis auch OLG Frankfurt FamFR 2013, 500
74 OLG Saarbrücken, Beschl. v. 5.12.2011 – 9 UF 135/11, juris
75 BVerfG FamRZ 1981, 124, 126
76 BGH ZKJ 2011, 220 m.w.N.
77 Staudinger/*Coester,* § 1671 BGB Rn. 179 m.w.N.
78 OLG Köln FamRZ 2014, 575 m.w.N.
79 BVerfG FamRZ 1981, 124; OLG Saarbrücken FamRZ 2011, 1153
80 BGH FamRZ 2012, 1040; kritisch aus sorgerechtlicher Sicht *Becker-Stoll* FamRZ 2010, 77

persönliche Betreuung des Kindes spiele nur bis zum Alter von 3 Jahren für das Sorgerecht eine Rolle. Grundsätzlich folgt Unterhalt dem Sorgerecht und nicht umgekehrt.[81]

32 • **Allgemeine Erziehungseignung**: Hierzu gehört insbesondere Bereitschaft und Kompetenz zur größtmöglichen Unterstützung des Kindes beim Aufbau seiner Persönlichkeit.[82] Unterschiede im Erziehungsstil (eher streng oder eher großzügig) sind dabei unmaßgeblich. Etwas anderes gilt allerdings dann, wenn zu entwürdigenden Erziehungsmaßnahmen (§ 1631 Abs. 2 BGB) gegriffen wird. Die allgemeine Erziehungskompetenz kann wesentlich eingeschränkt oder aufgehoben sein insbesondere bei erwiesener (!) und zum Entscheidungszeitpunkt bestehender (!) Neigung zur **Gewalttätigkeit**,[83] **Alkohol- oder Drogenmissbr**auch,[84] zahlreichen Vorstrafen[85] oder **psychischen Erkrankungen** wie z.B. einer Borderline-Störung.[86]

33 **Für sich genommen unmaßgebliche Entscheidungskriterien** sind:

• ausländische Staatsangehörigkeit,[87] anders bei konkreter Entführungsgefahr[88]

• schlechte deutsche Sprachkenntnisse[89]

• Geschlechtsumwandlung[90]

• HIV-Infektion[91]

• neue Partnerschaft[92]

• größere räumliche Entfernung[93]

• biologische Mutterschaft[94]

• Homosexualität (siehe Regelungen des LPartG)

34 Die Zugehörigkeit zu einer bestimmten **Religionsgemeinschaft** oder **Sekte** als solche ist kein maßgebliches Kriterium.[95] Führt die religiöse Überzeugung eines Elternteils jedoch dazu, dass das Kind einem das Kindeswohl gefährdenden Erziehungsstil ausgesetzt ist (z.B. Verweigerung von Bildung für Mädchen), wird dies durchaus als Abwägungskriterium von Bedeutung sein.[96] Im Einzelfall können Fragen der religiösen Kindererziehung auch durch eine Entscheidung nach § 1628 BGB getroffen werden.[97] Bei Zeugen Jehovas soll die Ablehnung von Bluttransfusionen für eine Hauptsacheentscheidung nach § 1671 BGB nur dann ein Entscheidungskriterium sein, wenn eine solche Transfusion unmittelbar bevorstehe, weil ansonsten Eilentscheidungen eingeholt werden könnten.[98] Dem kann jedoch nicht gefolgt werden, denn diese Auffassung verlagert das Problem nur in ein Eilverfahren.

---

81 Staudinger/*Coester*, § 1671 BGB Rn. 205
82 OLG Bamberg FamRZ 1998, 1462
83 OLG Köln FamRZ 2014, 575; OLG Hamm, Beschl. v. 23.5.2012 – 8 UF 32/10, juris
84 OLG Frankfurt FamRZ 2011, 1875; OLG Brandenburg NZFam 2014, 186
85 OLG Bamberg FamRZ 1991, 1341
86 OLG Frankfurt FamRZ 2014, 575
87 BGH DAVorm 2000, 704
88 OLG Köln NJW-RR 1999, 1019
89 OLG Nürnberg FamRZ 1999, 1160
90 OLG Schleswig FamRZ 1990, 433
91 OLG Stuttgart NJW 1988, 2620
92 *Völker/Clausius*, § 1 Rn. 285
93 OLG Brandenburg ZfJ 2005, 26
94 OLG Frankfurt FamRZ 1990, 550
95 BGH FamRZ 2005, 1167; OLG Karlsruhe FamRZ 2002, 1728 je m.w.N.
96 Palandt/*Götz*, § 1671 BGB Rn. 35; Staudinger/*Coester*, § 1671 BGB Rn. 192; *Völker/Clausius*, § 1 Rn. 270
97 OLG Köln FamFR 2013, 257
98 OLG Hamm FamRZ 2011, 1306

Ein *nachgewiesener* **sexueller Missbrauch des Kindes** schließt Erziehungseignung re- **35**
gelmäßig aus.[99] Steht dagegen – wie in der Praxis häufig – nur ein Verdacht im Raum, muss
das Gericht im Rahmen der Amtsermittlung eigene Ermittlungen regelmäßig auch durch
möglichst rasche Gutachteneinholung tätigen. Ein *dringender Verdacht* kann im Einzelfall
eine Sorgerechtsübertragung auf den anderen Elternteil im Zusammenwirken mit anderen
Gesichtspunkten (Kindeswille) rechtfertigen.[100] Umgekehrt stellt der *von einem Elternteil*
besonders leichtfertig oder gar wider besseres Wissen erhobene **unbegründete Vorwurf**
sexuellen Missbrauchs *ein schwerwiegendes Indiz gegen dessen Erziehungseignung*
dar.[101]

bb) Bindungstoleranz

Hierunter versteht man die Fähigkeit eines Elternteils, unbelastete Kontakte zum anderen **36**
Elternteil nicht nur zuzulassen, sondern aktiv zu fördern.[102] Im Hinblick auf die Bedeutung
des Umgangsrechts des Kindes selbst zum anderen Elternteil und dessen Recht auf Umgang mit dem Kind kommt der Bindungstoleranz bei Sorgerechtsentscheidungen insbesondere bei annähernd gleicher Erziehungseignung im Übrigen besondere Bedeutung
zu.[103] Sprechen dagegen andere Aspekte, vor allem ein nachhaltiger Kindeswille überwiegend für einen Aufenthalt des Kindes beim bindungsintoleranten Elternteil, so ist die Trennung vom bindungsintoleranten Elternteil keineswegs zwingend.[104] Insbesondere darf das
Argument fehlender Bindungstoleranz nicht als Sanktionierung elterlichen Verhaltens eingesetzt werden, weil bei Sorgerechtsentscheidungen ausschließlich das Wohl des Kindes
maßgebliches Kriterium ist.[105] Die nicht seltene Praxis einer plötzlichen **nicht abgespro-**
chenen Trennung unter Mitnahme des Kindes,[106] u. U. verbunden mit Umgangsverweigerung und / oder Geheimhaltung der neuen Anschrift, kann ein deutliches Zeichen
mangelnder Bindungstoleranz sein.[107] Dies gilt natürlich nicht, wenn der Umzug zum
Schutz des Kindes oder des betreuenden Elternteils erforderlich war (vgl. §154 Satz 2
FamFG). Mangelnde Bindungstoleranz kann sich auch in **fortwährender Herabsetzung**
des anderen Elternteils gegenüber dem Kind äußern.[108]

Eine besondere Rolle spielt die Frage der Bindungstoleranz bei bestehender **Auswande-** **37**
rungsabsicht: Es sind bei der Sorgerechtsentscheidung allein die Alternativen „Auswanderung mit Kind" bzw. „Wechsel des Kindes zum anderen Elternteil" gegenüberzustellen;
die denkbare Alternative „Verbleib des betreuenden Elternteils im Inland" scheidet im Hinblick auf die allgemeine Handlungsfreiheit des Elternteils aus.[109] Im Rahmen der beiden
vorgenannten Alternativen ist nach der Rechtsprechung des BGH die Abwägung nach den
allgemeinen Kriterien (siehe Rn. 29 ff.) vorzunehmen. *Motive* des auswanderungswilligen
Elternteils sind *unbeachtlich*, es sei denn, die Auswanderung erfolgt aufgrund fehlender
Bindungstoleranz. Ersichtlich unvernünftiges Handeln mit erheblichen Risiken für das Kind
lässt auf mangelnde Erziehungseignung schließen. Zu prüfen ist auch der Umfang der mit

---

99 KG, Beschl. v. 5.4.2012 – 17 UF 50/12, juris, m.w.N; OLG Brandenburg FPR 2002, 15; siehe aber auch – bei
lange zurückliegender Tat – OLG Hamm FamRZ 2012, 235
100 OLG Brandenburg, Beschl. v. 17.9.2009 – 9 WF 166/08, juris = FamRZ 2010, 221 (LS)
101 BGH NJW 2008, 994 Rn.18
102 BVerfG NJW 2011, 2360, 2363 Rn. 57
103 OLG Brandenburg NZFam 2014, 186
104 OLG Hamburg FamRZ 2002, 566; OLG Hamm FamRZ 2007, 1677; MüKo-BGB*Hennemann*, §1671 BGB
Rn. 26
105 BVerfG FamRZ 2009, 384; BVerfG FamRZ 2007, 1626; BGH ZKJ 2011, 220
106 Zu den hieraus resultierenden Problemen der örtlichen Zuständigkeit siehe hier *Keuter*, §§152 FamFG
Rn. 13 ff. und 154 FamFG Rn. 4 ff.
107 BVerfG FamRZ 2009, 189
108 OLG Hamm, Beschl. v. 18.11.2013 – 8 UF 169/12, juris = NZFam 2014, 430; OLG Jena FamRZ 2011, 1070
109 BGH FamRZ 2010, 1060 mit Anm. *Völker*; BGH ZKJ 2011, 220

Auswanderung verbundenen nachteiligen Auswirkungen auf den Umgang des Kindes mit dem anderen Elternteil.[110]

cc) Kontinuitätsprinzip

38 Unter diesem Aspekt ist zu prüfen, welcher Elternteil dem Kind am ehesten eine *gleichmäßige, stabile und stetige Betreuung und Erziehung* gewährleisten kann.[111] Zu unterscheiden ist einerseits die **örtliche Kontinuität** (Beibehaltung der gewohnten häuslichen Umgebung, des sozialen Umfeldes wie Schule, Kindergarten) sowie die **persönliche Kontinuität**, die vor allem auf die Erhaltung der persönlichen Betreuung durch einen Elternteil, aber auch sonstiger Bezugspersonen wie z.B. Großeltern, (Halb-)Geschwister u.ä. abstellt. Im Einzelfall kann durchaus die persönliche Kontinuität für den einen, die örtliche Kontinuität für den anderen Elternteil sprechen.

39 Die **persönliche Kontinuität** ist von umso größerer Bedeutung, je jünger das betroffene Kind ist.[112] Zum einen hat bei Säuglingen und Kleinkindern angesichts ihres geringen Alters und der Besonderheiten des kindlichen Zeitempfindens die bisherige Dauer persönlicher Betreuung durch einen Elternteil ein größeres Gewicht, zum andern sind Kleinkinder in größerem Maße auf konkrete Bezugspersonen fixiert. Werden Kinder mehrere Jahre von einem Elternteil betreut und sollen sodann zum anderen Elternteil wechseln, geht dies regelmäßig mit Belastungen für die Kinder einher, weshalb es für den Obhutswechsel triftige Gründe geben muss.[113]

40 Ist die **Umgebungskontinuität** bei noch nicht schulpflichtigen Kindern eher nachrangig,[114] so kommt mit zunehmendem Alter dem Bedürfnis eines Kindes nach Kontinuität und Stabilität der gewohnten Lebensbedingungen (Kindergarten, Schule, Freunde) eine verstärkte Bedeutung zu.[115]

41 Nicht schutzwürdig ist **ertrotzte Kontinuität**.[116] Wer eigenmächtig entweder als betreuender Elternteil mit dem Kind „untertaucht" oder umgekehrt ein Kind beispielsweise nach einem Besuchskontakt dem bislang betreuenden Elternteil vorenthält, kann sich regelmäßig nicht darauf berufen, ein (erneuter) Obhutswechsel sei möglichst zu vermeiden.[117] Allerdings darf die Sorgerechtsentscheidung auch nicht als Sanktion für ein missbräuchliches Vorenthalten eines Kindes ergehen; Maßstab ist und bleibt allein das Kindeswohl.[118] In den vorgenannten Konstellationen kann dem Elternteil, der Opfer einer „Entführung" des Kindes durch den anderen Elternteil geworden ist, daher nur dringend geraten werden, zur Wiederherstellung des „status quo ante" so schnell wie möglich eine Eilentscheidung auf Rückführung des Kindes anzustreben, wobei es nicht immer einer vorherigen Übertragung des Aufenthaltsbestimmungsrechts bedarf.[119]

dd) Bindungen des Kindes

42 Ein weiteres wichtiges Kriterium für die Sorgerechtsübertragung stellen die Bindungen des Kindes dar.[120] Im Rahmen des § 1671 BGB sind dabei sowohl die (vorrangigen) Bindungen

---

110 OLG Hamm FamRZ 2011, 1151; OLG Köln NJW-RR 2011, 149
111 BVerfG FamRZ 2009, 189 m.w.N.; BGH FamRZ 1990, 392
112 OLG Köln FamRZ 2003, 1950 m.w.N.
113 BVerfG FamRZ 2007, 1797
114 KG, Beschl. v. 9.2.2011 – 3 UF 201/10, juris, Rn.42
115 OLG Karlsruhe FamRZ 2001, 1634 m.w.N.
116 Palandt/*Götz*, § 1671 BGB Rn. 39 m.w.N.
117 BVerfG FamRZ 2009, 189
118 BVerfG 2007, 1626 m.w.N.; BeckOK/*Veit*, § 1671 BGB Rn. 46 m.w.N.
119 OLG Stuttgart FamRZ 99, 39; AG Bad Iburg FamRZ 2000, 1036
120 Eingehend zum Thema Bindungen die Aufsätze von *Walter*, FPR 2013, 177; *Brisch*, FPR 2013, 183; *Bovenschen/Spangler*, FPR 2013, 187; *Kindler*, FPR 2013, 194; *Lüpschen/Lengning*, FPR 2013, 213

eines Kindes **zu einem Elternteil** wie auch die des Kindes **zu anderen wichtigen Bezugspersonen**, insbesondere Geschwistern, von Bedeutung. Auch außerfamiliären Bindungen kann – im Einzelfall sogar maßgebliches – Gewicht zukommen.[121] Ob zu einem Elternteil stärkere Bindungen bestehen als zum anderen, wird sich regelmäßig nur durch Einholung eines Sachverständigengutachtens feststellen lassen.[122] Die persönliche Anhörung des Kindes gibt allerdings bereits wichtige Anhaltspunkte, weil der erklärte Kindeswille Bindungen und Neigungen regelmäßig zu erkennen gibt.[123] Selbst wenn (überwiegende) Bindungen durch Beeinflussung seitens eines Elternteils entstanden sind, ist ihr Bestehen in den Abwägungsprozess einzubeziehen; auch manipulierte Bindungen sind beachtenswert.[124] Ohnehin ist der Argumentation mit dem sog. PAS (Parental-Alienation-Syndrom) durch die aktuelle Entwicklung der Boden entzogen.[125]

Eine **Geschwistertrennung** sollte im Regelfall vermieden werden,[126] weil Geschwister zumeist einander Halt geben,[127] was besonders wichtig ist, wenn sie durch die Trennung der Eltern einen Elternteil als im Alltag kaum mehr präsent erleben, weil die Beziehung der Eltern völlig zerrüttet ist.[128] Erhebliche Aggressionen der Geschwister untereinander können jedoch umgekehrt ausnahmsweise für eine Geschwistertrennung sprechen.[129] **43**

ee) Kindeswille[130]

Kinder sind, da eigenständige Grundrechtsträger[131] – unabhängig von ihrem Alter –, *Subjekt, nicht Objekt* in Sorgerechtsverfahren. Ihre Willensäußerungen sind Ausdruck der empfundenen Personenbindung einerseits und der Selbstbestimmung des Kindes andererseits.[132] Die Missachtung eines ernsthaft geäußerten und subjektiv verständlichen Wunsches des Kindes kann dessen Persönlichkeitsentwicklung nachhaltig schädigen.[133] Der Gesetzgeber hat der Bedeutung dieses Entscheidungskriteriums verfahrensrechtlich durch das Erfordernis der *persönlichen Anhörung* des Kindes (§ 159 Abs. 1 und 2 FamFG) sowie der Bestellung eines *Verfahrensbeistandes* (§ 158 FamFG) Rechnung getragen. **44**

Je älter ein Kind ist, **desto größere Bedeutung gewinnt der Kindeswille** für die Entscheidung,[134] was sich verfahrensrechtlich im eigenen Beschwerderecht des mindestens 14 Jahre alten Kindes niederschlägt (§ 60 FamFG) und materiell-rechtlich Ausdruck im Widerspruchsrecht des Kindes nach § 1671 Abs. 1 Satz 2 Nr. 1, Abs. 2 Nr. 1 BGB findet. Gleichwohl ist der *Kindeswille nicht stets ausschlaggebend*. Im Einzelfall ist einem auch als „autonom, stabil und nachhaltig" eingestuften Kindeswillen einer 14-jährigen nicht entsprochen worden,[135] andererseits dem Willen eines zehnjährigen[136] bzw. 11,5-jährigen Mädchens entscheidende Bedeutung beigemessen worden.[137] Eine feste Altersgrenze, ab welcher der Kindeswille in jedem Fall beachtlich sei, lässt sich nicht ziehen.[138] **45**

121 OLG Brandenburg FamRZ 2008, 1474
122 *Prenzlow/Kretzschmar/Sander*, Rn. 510
123 BGH FamRZ 1990, 392
124 BGH FamRZ 1985, 169; OLG Brandenburg FamR 2011, 525 m.w.N.
125 Siehe nur *Fegert*, ZKJ 2014, 190
126 OLG Naumburg FamRZ 2000, 1595
127 OLG Brandenburg FamFR 2013, 20; OLG Brandenburg FamR 2011, 525 m.w.N.
128 OLG Dresden FamRZ 2003, 397
129 OLG Frankfurt FamRZ 1994, 920
130 Eingehend Prenzlow/*Früh-Naumann*, Rn. 966 ff.
131 BVerfG ZKJ 2008, 421
132 BVerfG FamRZ 2009, 1389
133 Prenzlow/*Kretschmar/Sander*, Rn. 512 m.w.N.
134 BVerfG FamRZ 2008, 1737; OLG Saarbrücken FamRZ 2011, 1153
135 OLG München FamRZ 2014, 1210
136 KG FamRZ 2010, 135
137 BVerfG FamRZ 2008, 1737; OLG Hamm NZFam 2014, 430
138 Siehe aber OLG Brandenburg FamRZ 2010, 662 „regelmäßig erst ab dem 12. Lebensjahr relevant"

46 Als **Gründe, welche die Bedeutung des Kindeswillens im Einzelfall mindern** können, sind in der Rechtsprechung – neben einem geringem Alter des Kindes – anerkannt:

- für das Kind unlösbarer Loyalitätskonflikt[139]
- mangelnde Realitätsnähe der kindlichen Wünsche[140]

ff) Förderprinzip

47 Hier steht die Frage im Vordergrund, von wem das Kind die meiste Unterstützung für den Aufbau seiner Persönlichkeit erhält.[141] Teilweise werden die oben (siehe Rn 32 ff. und 38 ff.) abgehandelte allgemeine Erziehungseignung sowie die Bindungstoleranz mit zum Förderprinzip gezählt.[142] Im hier vertretenen engeren Sinne umfasst das Förderprinzip vor allem die Fragen, welcher Elternteil dem Kind die beste **schulische Förderung** angedeihen lassen kann, ihm eine sichere **wirtschaftliche Existenzgrundlage** bieten und ihm ggf. am besten bei der **Integration in einen anderen Sprach- und Kulturkreis** behilflich sein kann. Einen angeblichen Erfahrungssatz, „kleine Kinder gehören zur Mutter", gibt es nicht.[143] Wirtschaftliche Verhältnisse sowie eigene Ausbildung und berufliche Stellung der Elternteile sind nur von untergeordneter Bedeutung.[144]

II. Übertragung der alleinigen elterlichen Sorge auf den Vater bei Alleinsorge der Mutter, Abs. 2

48 § 1671 Abs. 2 BGB ist unter gleichzeitiger Aufhebung des § 1672 BGB durch Gesetz zur Reform der elterlichen Sorge völlig neu gefasst worden.[145] Der bisherige § 1672 BGB, wonach der Vater die alleinige elterliche Sorge nur mit Zustimmung der Mutter erlangen konnte, verletzte Art. 6 Abs. 2 Satz 1 GG.[146] Die Vorschrift erfasst die Grundkonstellation, wonach

- die **Mutter gemäß § 1626a Abs. 3 BGB allein sorgeberechtigt ist**,
- die Eltern **dauerhaft getrennt** leben und
- der Vater **anstelle** der Mutter das gesamte Sorgerecht oder Teile des Sorgerechts erstrebt.

Erfolg hat der Antrag, wenn

- die Mutter zustimmt, es sei denn
  - die Sorgerechtsübertragung widerspricht dem Kindeswohl oder das mindestens 14-jährige Kind widerspricht (Abs. 2 Nr. 1)

oder

- die Mutter nicht zustimmt, jedoch
  - eine gemeinsame elterliche Sorge nicht in Betracht kommt und
  - zu erwarten ist, dass die Übertragung der elterlichen Sorge auf den Vater dem Kindeswohl am besten entspricht.

139 OLG Köln FamRZ 2009, 434 (LS) bei 16-jährigem (!) Kind; OLG Hamm FamRZ 1997, 957
140 OLG München FamRZ 2014, 1210; OLG Bamberg FamRZ 1988, 750
141 *Heilmann*, NJW 2012, 16, 17
142 Staudinger/*Coester*, § 1671 BGB Rn. 177; Palandt/*Götz*, § 1671 BGB Rn. 27 ff.
143 OLG Brandenburg FamRZ 2009, 1759, 1760; OLG Celle FamRZ 1984, 1035
144 Palandt/*Götz*, § 1671 BGB Rn. 32
145 BGBl. I 2013 S. 795
146 BVerfG FamRZ 2010, 1403

1. Alleinsorge der Mutter

Die Mutter muss allein sorgeberechtigt sein, und zwar aufgrund der Bestimmung des § 1626a Abs. 3 BGB. Die Vorschrift gilt nach ihrer Zielsetzung und da sie den bisherigen § 1672 BGB ersetzt auch für die Fälle, in denen die Mutter nach § 1626a Abs. 2 a. F. BGB allein sorgeberechtigt ist.[147] Ist die Alleinsorge der Mutter dagegen durch eine Entscheidung nach §§ 1671, 1673, 1674 BGB entstanden, kommt eine Übertragung auf den Vater nach § 1671 Abs. 2 BGB nicht in Betracht; hier bleibt nur ein Antrag nach § 1696 BGB.[148]

49

2. Antragsrecht des Vaters

Allein antragsberechtigt ist der **rechtliche Vater** des Kindes. Gemeint ist der Mann, dessen Vaterschaft auf § 1592 Nr. 2 oder 3 BGB beruht.[149] Eine nur leibliche Vaterschaft, auch wenn sie zwischen den Eltern unstreitig oder durch ein Verfahren nach § 1598a BGB geklärt ist, genügt nicht.

50

3. Dauerhaftes Getrenntleben der Eltern

▶ *Insoweit wird auf die Ausführungen oben zu Rn 4 verwiesen.*

51

4. Voraussetzungen eines erfolgreichen Antrags

§ 1671 Abs. 2 Satz 2 BGB bildet das Spiegelbild zu § 1671 Abs. 1 Satz 2 BGB. Zu unterscheiden sind auch hier zwei Konstellationen, nämlich einerseits die Zustimmung der Mutter (Nr. 1) oder deren fehlende Zustimmung (Nr. 2).

52

a) Zustimmung der Mutter (Abs. 2 Satz 2 Nr. 1)

Für die **Zustimmung der Mutter** gelten die Ausführungen zu § 1671 Abs. 1 Satz 2 Nr. 1 BGB (siehe oben Rn. 8 f.) entsprechend. Daneben darf das betroffene mindestens 14 Jahre alte Kind der Sorgerechtsübertragung nicht widersprechen; für den **Widerspruch des Kindes** wird zunächst auf die obigen Ausführungen zu Rn 10 verwiesen. Ob auch hier ein Widerspruch des mindestens 14-jährigen Kindes keine **Veto-Wirkung** hat, wird mit Recht bezweifelt, weil es im Rahmen des § 1671 Abs. 2 BGB um die Auswechslung des bislang alleinentscheidungsbefugten Elternteils gegen einen bislang in die sorgerechtliche Verantwortung noch nicht eingebundenen Elternteil geht.[150]

53

Zudem darf die (teilweise) Sorgerechtsübertragung auf den Kindesvater dem Kindeswohl nicht widersprechen (**negative Kindeswohlprüfung**). Inhaltlich liegt hierin eine zusätzliche Abweichung gegenüber § 1672 Abs. 1 BGB a.F. insoweit, als nach der Vorgängerregelung neben der Zustimmung der Mutter die Überzeugung des Gerichts erforderlich war, dass „die Übertragung dem Wohl des Kindes dient" (**positive Kindeswohlprüfung**). Der Gesetzgeber hat die gegenüber § 1671 Abs. 1 Satz 2 Nr. 1 BGB zusätzlich gebotene negative Kindeswohlprüfung damit begründet, dass die Veränderungen für das Kind wesentlich einschneidender bei einer Entscheidung nach Abs. 2 seien als bei einer solchen nach Abs. 1. Denn es sei ein völliger Austausch des Sorgeberechtigten die Folge.[151] Der Wechsel von der positiven Kindeswohlprüfung in § 1672 Abs. 1 a. F. BGB zur negativen wird in den Materialien nicht näher begründet, ist aber wohl darauf zurückzuführen, eine Vereinheitlichung der Prüfungsmaßstäbe in §§ 1626a Abs. 2, 1671 II Nr. 1, 1680 Abs. 2 und 3 BGB erreichen zu wollen.

54

---

147 BT-Drucks. 17/11048, 19
148 MüKo-BGB*Hennemann,* § 1671 BGB Rn. 1
149 BGH ZKJ 2011, 220
150 *Völker/Clausius,* § 1 Rn. 308
151 BT-Drucks. 17/11048, 19

b) fehlende Zustimmung der Mutter (Absatz 2 Satz 2 Nr. 2)

55 Die Vorschrift soll dem Vater die bislang fehlende Möglichkeit geben, auch **gegen den Willen der Mutter** die alleinige elterliche Sorge zu erhalten; dass er diese Möglichkeit nach § 1672 BGB a.F. nicht besaß, verletzte das Grundrecht des Vaters aus Art. 6 Abs. 2 Satz 1 GG.[152]

56 Eine alleinige elterliche Sorge des Vaters anstelle der Mutter soll es jedoch nur dann geben, wenn eine **gemeinsame elterliche Sorge ausscheidet**. Auch in dieser Regelung wird die Absicht des Gesetzgebers deutlich, die gemeinsame elterliche Sorge zum Leitbild des Sorgerechts auszugestalten. Dass vorrangig zu prüfen ist, ob die Eltern nicht die elterliche Sorge gemeinsam ausüben können, ist dadurch bedingt, dass ein Wechsel in der Alleinsorge von der Mutter zum Vater regelmäßig erhebliche Auswirkungen auf die Mutter-Kind-Beziehung und das Bedürfnis des Kindes nach Stabilität und Kontinuität hat.[153] Die Prüfungspflicht des Familiengerichts entspricht spiegelbildlich der Prüfung für die Aufhebung der gemeinsamen elterlichen Sorge (siehe hierzu oben Rn. 11 ff.).

57 Kommt die gemeinsame elterliche Sorge nicht in Betracht, hat der Antrag des Vaters Erfolg, wenn die **Übertragung der alleinigen elterlichen Sorge** auf ihn dem Kindeswohl am besten entspricht. Der Gesetzgeber wollte hierdurch sicherstellen, dass bei Unmöglichkeit der gemeinsamen elterlichen Sorge der Elternteil allein sorgeberechtigt wird bzw. bleibt, der hierfür am besten geeignet ist.[154] Kann das Gericht mithin nicht die Überzeugung gewinnen, dass der Vater besser als die Mutter geeignet ist, bleibt sein Antrag erfolglos und die Mutter weiterhin allein sorgeberechtigt.

III. Ruhen der elterlichen Sorge der Mutter nach § 1751 BGB

1. Umfang der Sonderregelung

58 § 1671 Abs. 3 BGB normiert neu die Fallkonstellation, in der die Mutter die elterliche Sorge zunächst allein innehat, sie aber in die Adoption des Kindes einwilligt, so dass nach § 1751 Abs. 1 Satz 1 BGB ihre elterliche Sorge ruht. Nach der bisherigen Gesetzesfassung bedurfte ein Antrag des Vaters auf Übertragung der alleinigen elterlichen Sorge gemäß § 1672 Abs. 1 BGB a.F. nach § 1751 Abs. 1 Satz 5 BGB ausnahmsweise nicht der Zustimmung der Mutter. Diese Regelung ist durch die Neufassung des § 1671 Abs. 2 BGB gegenstandslos geworden.[155] Die Neuregelung fingiert aus verfahrensökonomischen Gründen einen Antrag des Vaters auf Übertragung der *gemeinsamen* elterlichen Sorge als einen solchen auf Übertragung der *alleinigen* elterlichen Sorge.

2. Voraussetzungen der Norm

59 Ein erfolgreicher Antrag nach § 1671 Abs. 3 BGB setzt voraus:

- bisheriges **alleiniges Sorgerecht der Mutter** gemäß § 1626a Abs. 3 BGB

- **Antrag des Vaters** auf Übertragung der gemeinsamen elterlichen Sorge gemäß § 1626a Abs. 2 BGB; antragsbefugt ist nur der rechtliche Vater[156]

- **Einwilligung der Mutter in die Adoption** des Kindes[157] und

- Alleiniges Sorgerecht des Vaters **widerspricht nicht dem Kindeswohl.**

---

152 BVerfG FamRZ 2010, 1403
153 BT-Drs. 17/11048 20
154 BT-Drs. 17/11048, 20
155 BT-Drs. 17/11048, 20
156 BT-Drs. 17/11048, S 19; vgl. auch hier *Fink*, § 1626a BGB Rn. 21 f.
157 Zu Formerfordernissen siehe *Braun*, § 1747 BGB Rn. 4 f., § 1750 BGB Rn. 2 f.

Auch hier verlangt der Gesetzgeber lediglich eine negative, keine positive Kindeswohlprüfung. Er will damit dem Umstand Rechnung tragen, dass der Vater grundsätzlich an der Sorge teilhaben und nur dann ausgeschlossen werden soll, wenn das Kindeswohl dies erfordert.[158]

Übersicht zu § 1671 Abs. 3 BGB   60

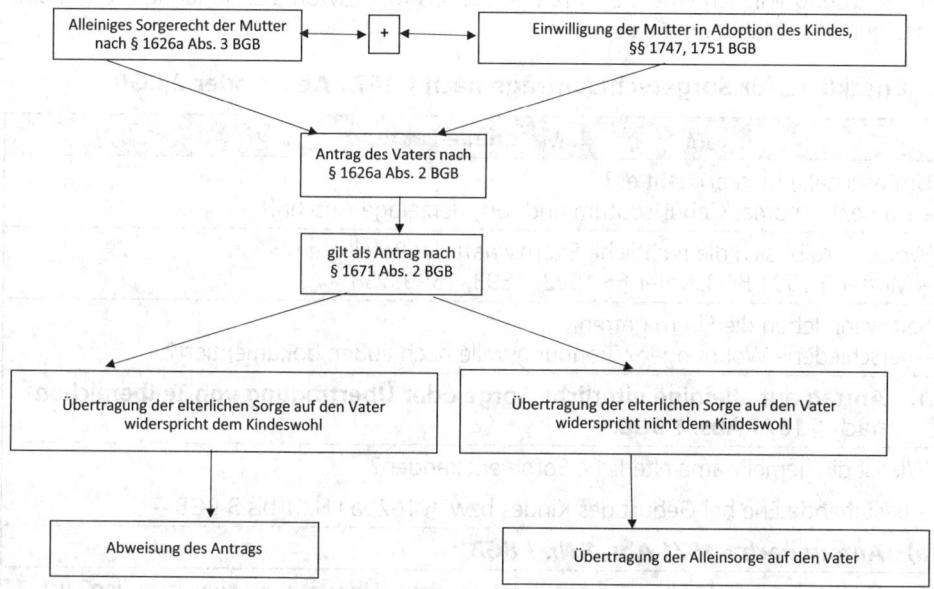

3. Sperrwirkung des Sorgerechtsantrags

Die Adoption darf nach § 1747 Abs. 3 Nr. 3 BGB erst ausgesprochen werden, wenn über   61
den Sorgerechtsantrag des Vaters formell entschieden wurde; gemeint ist insoweit der Eintritt der formellen Rechtskraft.[159]

IV. Vorrangige abweichende Entscheidung Abs. 4

§ 1671 Abs. 4 BGB enthält einen Verweis insbesondere auf die §§ 1666, 1666a, 1667   62
BGB. Den Anträgen nach § 1671 Abs. 1 und 2 BGB kann nicht entsprochen werden, wenn
das **Kindeswohl eine anderweitige Regelung** erfordert. Beantragen z.B. beide Eltern
übereinstimmend, der Mutter die alleinige elterliche Sorge zu übertragen, kommt das Gericht aber zur Überzeugung, beide Eltern seien erziehungsungeeignet, so muss es den Antrag nach § 1671 Abs. 4 i.V.m. § 1666 BGB abweisen und eine anderweitige Regelung finden. Diese Entscheidung kann das Gericht in derselben Akte treffen. Einer erneuten Verfahrensbeistandsbestellung bzw. erneuter Verfahrenskostenhilfeanträge bedarf es nicht.
Ggf. kann aber der Wert des Verfahrens zu erhöhen sein.

▶ *Zur Zulässigkeit der erstmaligen Prüfung nach § 1671 Abs. 4 BGB im Beschwerdeverfahren siehe Dürbeck, § 69 FamFG Rn. 3.*

Das Gericht darf sich bei **widerstreitenden Anträgen** der Eltern gemäß § 1671 Abs. 1   63
Satz 2 Nr. 2 BGB insbesondere nicht mit einer Abweisung des Antrages *eines* Elternteils
und der Einleitung eines neuen Verfahrens nach § 1666 BGB begnügen, sondern hat eine
einheitliche Entscheidung über beide Anträge unter Berücksichtigung des § 1671

---

158 BT-Drucks. 17/11048, 20
159 Siehe *Keuter,* § 3 Rn. 54 m.w.N. sowie auch *Braun,* § 1747 BGB Rn. 13 f.

Abs. 4 BGB zu treffen.[160] Umgekehrt kann eine Entscheidung nach § 1671 Abs. 1 BGB eine solche nach § 1666 BGB erübrigen, wenn durch die erstgenannte Maßnahme der Kindeswohlgefährdung ausreichend entgegengewirkt wird.[161] Soweit vertreten wird, dass § 1671 Abs. 4 BGB sogar eine Sorgerechtsübertragung auf einen Elternteil ermögliche, welcher sich nachdrücklich gegen eine solche wehrt,[162] erscheint es zweifelhaft, ob eine solche Lösung wirklich eine die Gefahren für das Kindeswohl beseitigende – und damit „geeignete" – Maßnahme darstellt.[163]

C. Checkliste für Sorgerechtsanträge nach § 1671 Abs. 1 oder 2 BGB

64

I. Materielle Fakten
Um welche(s) Kind(er) geht es?   – Name, Vorname, Geburtsdatum und -ort, derzeitige Anschrift –
Woraus ergibt sich die rechtliche Elternschaft der Beteiligten?   – Mutter § 1591 BGB, Vater §§ 1592, 1593, 1599 BGB –
Seit wann leben die Eltern getrennt?   – verschiedene Wohnungen? Trennungswille nach außen dokumentiert? –
1. Antrag auf alleinige elterliche Sorge oder Übertragung von Teilbereichen nach § 1671 Abs. 1 BGB:
Wie ist die gemeinsame elterliche Sorge entstanden?   – Bestehende Ehe bei Geburt des Kindes bzw. § 1626a I Nr. 1 bis 3 BGB –
a) Antrag nach § 1671 Abs. 1 Nr. 1 BGB
• Ist der andere Elternteil mit der (teilweisen) Übertragung einverstanden? (Ist das Einverständnis dokumentiert, privatschriftlich oder bei Beratungsgespräch mit JA?)
• Wenn betroffenes Kind mindestens 14 Jahre: Ist es mit der (teilweisen) Übertragung einverstanden?
b) Antrag nach § 1671 Abs. 1 Nr. 2 BGB
• Warum ist die Aufhebung der gemeinsamen elterlichen Sorge geboten?
• Über welche Angelegenheit(en) von erheblicher Bedeutung für das Kind (§ 1687 Abs. 1 Satz 1 BGB) können sich die Eltern nicht einigen?   – insbesondere: Lebensmittelpunkt des Kindes, Umgangsrecht, Unterhalt, Schulwahl, religiöse Erziehung, Gesundheitsfürsorge –
• Welche dieser Angelegenheiten steht derzeit zur Entscheidung an?
• Welche Auffassung mit welcher Begründung vertritt insoweit der Vater, welche die Mutter?
• Welche Einigungsversuche sind unternommen worden?   – Gespräche der Eltern untereinander; Jugendamt, Beratungsstellen, Mediation –

160 OLG Nürnberg FamRZ 2013, 1993; OLG Naumburg FuR 2012, 150
161 OLG Brandenburg FamFR 2010, 70
162 OLG Karlsruhe FamRZ 1999, 801
163 MüKo-BGB/*Hennemann*, § 1671 BGB Rn. 123

• Gibt es allgemeine Kommunikationshindernisse? (Gewalt oder Drohung mit Gewalt? mangelnde Erreichbarkeit, insbes. wechselnde Anschriften, Nichtbeantwortung von Briefen, Anrufen, Emails? Stalking?)
• Wie wirkt sich der Elternstreit auf das/die Kind(er) aus?   – Verhaltensauffälligkeiten in der Familie, gegenüber Freunden, in der Schule u.s.w.; welche Interventionen sind bereits notwendig geworden, z.B. Beratungsgespräche beim Jugendamt, in der Schule, eingeleitete ärztliche Untersuchungen bzw. Therapien –
• Welche Vorteile bietet die alleinige elterliche Sorge eines Elternteils gegenüber der Beibehaltung der gemeinsamen elterlichen Sorge?
• Warum entspricht die Übertragung der alleinigen elterlichen Sorge auf den/die Antragsteller(in) dem Kindeswohl am besten?
• Wie sähe das Erziehungs-/Betreuungskonzept des Vaters/der Mutter bei erfolgreichem Antrag aus?
• Welche Vorteile bietet das eigene Erziehungs-/Betreuungskonzept gegenüber dem des anderen Elternteils?   – Förderprinzip, Kontinuität, Bindungen, Kindeswille –

2. Antrag nach § 1671 Abs. 2 BGB

Ist die Mutter nach § 1626a Abs. 3 BGB (und nicht aufgrund einer anderweitigen Entscheidung, z.B. § 1671 Abs. 1 BGB) allein sorgeberechtigt?

a) Antrag nach § 1671 Abs. 2 Nr. 1 BGB

• Ist die Mutter mit der (teilweisen) Übertragung einverstanden? (Ist das Einverständnis dokumentiert, privatschriftlich oder bei Beratungsgespräch mit dem Jugendamt?)
• Wenn betroffenes Kind mindestens 14 Jahre: Widerspricht es der (teilweisen) Übertragung?

b) Antrag nach § 1671 Abs. 2 Nr. 2 BGB

• Warum kommt eine gemeinsame elterliche Sorge nicht in Betracht?   – spiegelbildliche Fragen wie oben I 1 b) erster Unterpunkt –
• Warum entspricht die (teilweise) Übertragung der alleinigen elterlichen Sorge auf den Vater dem Kindeswohl am besten?   – spiegelbildliche Fragen wie oben I 1 b) zweiter Unterpunkt –

II. Verfahrensrechtliche Fragen

1. Vor Einleitung des Verfahrens

• Besteht Anspruch auf Verfahrenskostenhilfe (rechtzeitiges vollständiges Ausfüllen der VKH-Erklärung nebst Belegen) oder Anspruch auf Verfahrenskostenvorschuss gegen den anderen Elternteil?
• Soll das Verfahren unabhängig von oder nur bei Bewilligung von Verfahrenskostenhilfe durchgeführt werden (unmissverständliche Klarstellung geboten!)
• Sind außerhalb des Verfahrens Vermittlungsversuche über das Jugendamt erfolgt?

- Ist trotz des allgemeinen Beschleunigungsgebotes der Antrag auf Erlass einer einstweiligen Anordnung angezeigt?

2. Bei Einleitung des Verfahrens

- Welches Familiengericht ist örtlich zuständig? (siehe Übersicht örtliche Zuständigkeit in Kindschaftssachen § 152 Rn 9)

- Kommt eine Rückverweisung nach § 154 FamFG in Betracht?

- Welche Vorverfahren können weitere Erkenntnisse liefern? (Gericht, Aktenzeichen!)

- Ist die Bestellung eines Verfahrensbeistands nach § 158 FamFG geboten?

3. Während des Verfahrens

- Ist das Verfahren vorrangig und beschleunigt zu behandeln, § 155 FamFG?

- Werden Kind(er) (§ 159 FamFG) und Eltern (§ 160 FamFG) persönlich angehört?

- Welche weiteren Personen (Familienhelfer, Lehrer, Erzieher, Ärzte, Therapeuten, neue Partner/Verwandte eines Elternteils) können wichtige entscheidungsrelevante Fakten bestätigen? (evtl. Entbindung von der Schweigepflicht notwendig!)

- Besteht Einverständnis mit einer psychologischen Begutachtung der eigenen Person und des Kindes?

- Nach evtl. Begutachtung: Entsprechen Qualifikation des Gutachters und das Gutachten selbst wissenschaftlichen Maßstäben? Welche Kritikpunkte bestehen ggf.? Zu welchen Punkten ist eine mündliche Gutachtenerläuterung angebracht?

- Nach richterlicher Entscheidung: Erfolgsaussicht eines Rechtsmittels?

§ 1672 BGB

(weggefallen)

§ 1673 BGB Ruhen der elterlichen Sorge bei rechtlichem Hindernis

(1) Die elterliche Sorge eines Elternteils ruht, wenn er geschäftsunfähig ist.

(2) ¹Das Gleiche gilt, wenn er in der Geschäftsfähigkeit beschränkt ist. ²Die Personensorge für das Kind steht ihm neben dem gesetzlichen Vertreter des Kindes zu; zur Vertretung des Kindes ist er nicht berechtigt. ³Bei einer Meinungsverschiedenheit geht die Meinung des minderjährigen Elternteils vor, wenn der gesetzliche Vertreter des Kindes ein Vormund oder Pfleger ist; andernfalls gelten § 1627 Satz 2 und § 1628.

Weiterführende Literatur zu §§ 1673 bis 1675 BGB: Binder/Bürger, Die Inanspruchnahme von Hilfen zur Erziehung durch psychisch kranke Eltern, ZKJ 2014, 4; *Ehinger,* Die Regelung der elterlichen Sorge bei psychischer Erkrankung eines Elternteils oder beider Eltern im Überblick, FPR 2005, 253; *Kindler,* Folgewirkungen schwerer psychischer Erkrankungen mindestens eines Elternteils auf die Entwicklung von Kindern, FPR 2005, 227; *Rakete-Dombeck,* Der Ausfall eines Sorgeberechtigten durch Tod, Krankheit, Abwesenheit oder Entzug der elterlichen Sorge, FPR 2005, 80; *Riegner,* Die Vertretung unbegleiteter minderjähriger Flüchtlinge in asyl- und ausländerrechtlichen Angelegenheiten, NZFam 2014, 806.

A. Allgemeines

Die Vorschrift regelt im Zusammenhang mit § 1675 BGB die Auswirkungen fehlender oder **1** nur beschränkter Geschäftsfähigkeit eines Elternteils auf dessen elterliche Sorge. Sie dient zugleich dem Kindesschutz wie auch der Sicherheit im Rechtsverkehr.[1]

Neben § 1673 BGB (Ruhen aus rechtlichen Gründen) und § 1674 BGB (Ruhen aus tatsächlichen Gründen) tritt ein Ruhen der elterlichen Sorge auch ein bei wirksamer Einwilligung in die Adoption, § 1751 Abs. 1 Satz 1 BGB.

▶ *Zu den unterschiedlichen Folgen des Ruhens je nach sorgerechtlicher Gesamtsituation siehe die Übersicht § 1675 BGB Rn. 5.*

B. Inhalt der Norm

I. Geschäftsunfähigkeit des Sorgeberechtigten

Geschäftsunfähigkeit erfordert nach § 104 Abs. 2 BGB eine **dauerhafte**, die freie Willens- **2** bestimmung ausschließende krankhafte **Störung** der Geistestätigkeit. Diese ist regelmäßig nur durch Einholung eines Sachverständigengutachtens feststellbar. Man sollte sich hüten, Ausführungen über die Geschäftsfähigkeit, die im Rahmen der Prüfung einer möglichen Betreuungseinrichtung vom dortigen Sachverständigen beiläufig gemacht werden, ungeprüft zur Grundlage eines Ruhensbeschlusses zu machen.[2] Das Gericht ist, auch wenn es im Übrigen die sachlichen Feststellungen eines Sachverständigen vollständig zugrunde legt, an dessen Einschätzung einer Geschäftsunfähigkeit nicht gebunden, insbesondere dann nicht, wenn sich über die Diagnose einer leichten Intelligenzminderung und entsprechende Einschränkungen der Willensbildung hinaus keine weitergehenden Anhaltspunkte für einen die freie Willensbestimmung gänzlich ausschließenden geistigen Zustand ergeben.[3]

Ist die **Störung** der Geistestätigkeit nur **vorübergehender** Natur, liegt für diesen Zeit- **3** raum kein Fall des § 1673 Abs. 1 BGB, sondern ein solcher nach § 1678 Abs. 1 BGB vor. Erleidet beispielsweise eine allein sorgeberechtigte volljährige Mutter einen Verkehrsunfall mit schweren Kopfverletzungen, so muss für ihr Kind zunächst wegen tatsächlicher Verhinderung der Mutter bei entsprechendem Bedürfnis ein Vormund nach § 1693 BGB bestellt werden. Haben ihre Kopfverletzungen Geschäftsunfähigkeit zur Folge, ruht die elterliche Sorge nach § 1673 BGB. Führen sie nur zur tatsächlichen Verhinderung der Sorgerechtsausübung, ohne dass Geschäftsunfähigkeit feststellbar wäre, kann der Rechtspfleger dies durch entsprechenden Beschluss aussprechen.[4]

Liegt die Geschäftsunfähigkeit des Sorgeberechtigten vor, so tritt das **Ruhen** der elterli- **4** chen Sorge **kraft Gesetzes** ein. Das Gericht kann das Ruhen mit *deklaratorischer Wirkung*

---

1 BeckOK/*Veit*, § 1673 BGB Rn. 1
2 OLG Dresden ZKJ 2012, 269
3 Eingehend KG NZFam 2014, 422
4 BayOBLG FamRZ 1981,595; zur funktionellen Zuständigkeit des Rechtspflegers siehe hier *Heilmann*, § 3 RPflG Rn. 5 ff.

durch Beschluss *feststellen*.[5] Der betroffene Elternteil kann diesen Beschluss anfechten, selbst wenn er tatsächlich geschäftsunfähig sein sollte; insoweit gilt er für die Beschwerde als verfahrensfähig.[6] Verfahrenskostenhilfe kann für einen „Antrag" – in rechtlicher Hinsicht bloße Anregung[7]– auf Erlass einer solchen deklaratorischen Feststellung nicht bewilligt werden.[8] Fällt die Geschäftsunfähigkeit ausnahmsweise nachträglich weg, lebt die elterliche Sorge automatisch wieder auf (siehe dazu auch § 1678 BGB Rn. 15).

II. Beschränkte Geschäftsfähigkeit, Abs. 2

5   Beschränkt geschäftsfähig sind ausschließlich Minderjährige im Alter von 7 bis 17 Jahren, § 106 BGB. Ein Elternteil, der selbst noch minderjährig ist, hat keine Befugnis im Bereich der Vermögenssorge und auch **keine gesetzliche Vertretungsbefugnis** (§ 1673 Abs. 2 Satz 1 BGB i.V.m. der nachfolgenden Sonderregelung für Angelegenheiten der Personensorge in § 1673 Abs. 2 Satz 2 und 3 BGB). Die Regelung einer vermögensrechtlichen Angelegenheit sowie die gesetzliche Vertretung des Kindes obliegen dem anderen Elternteil bzw. einem Vormund.

6   Im Bereich der **Personensorge**[9] besteht dagegen für den minderjährigen Elternteil ein sachlich beschränktes Sorgerecht[10] neben dem gesetzlichen Vertreter des Kindes, also dem anderen Elternteil bzw. dem Vormund, § 1673 Abs. 2 Satz 2 1. HS BGB. Ist gesetzlicher Vertreter des Kindes der andere Elternteil, so müssen sich bei **Meinungsverschiedenheiten** beide Elternteile einigen, notfalls durch Übertragung des Alleinentscheidungsrechts in einer einzelnen Angelegenheit auf einen Elternteil, § 1673 Abs. 2 Satz 3 i.V.m. §§ 1627 Satz 2, 1628 BGB. Ist dagegen gesetzlicher Vertreter des Kindes ein Vormund oder Pfleger, geht die Meinung des minderjährigen Elternteils vor. Grenze dieses Meinungsvorranges sind kindeswohlgefährdende Entscheidungen des minderjährigen Elternteils, gegen die ggf. nach § 1666 BGB vorgegangen werden muss.[11]

7   Berührt eine Angelegenheit, über die sich minderjähriger Elternteil und Vormund/Pfleger nicht einigen können, sowohl die Vermögens- wie die Personensorge, entscheidet das Familiengericht, § 1630 Abs. 2 BGB (siehe hierzu *Fink*, § 1630 BGB Rn. 6).

8   In der Praxis stellt sich gelegentlich das Problem der **Anerkennung der Vaterschaft** *durch eine minderjährige Mutter*. Dabei ist zunächst zu beachten, dass die nach § 1595 Abs. 1 BGB notwendige Zustimmung der Mutter allein nicht reicht, sondern auch ihr gesetzlicher Vertreter nach § 1596 Satz 2 BGB der Anerkennung zustimmen muss. Außerdem ist nach § 1595 Abs. 2 BGB auch die Zustimmung des Kindes notwendig. Für diese bedarf es allerdings keiner Pflegerbestellung,[12] weil nach § 1791c BGB Amtsvormundschaft eingetreten ist und der Amtsvormund die Zustimmungserklärung abgeben kann.[13] Will der Amtsvormund der Anerkennung nicht zustimmen, weil er das Anerkenntnis für falsch hält, läge auch hier ein Konflikt zwischen minderjährigem Elternteil und Vormund vor, der sowohl personensorgerechtliche Aspekte[14] wie auch solche der Vermögenssorge (Unterhaltsansprüche) betrifft, so dass das Familiengericht nach § 1630 Abs. 2 BGB über die Zustimmung zu entscheiden hat.

---

5   OLG Rostock FamRZ 2008, 1090
6   *Rakete-Dombek*, FPR 2005, 80
7   Dazu siehe hier *Cirullies*, § 24 FamFG Rn. 1 ff.
8   OLG Rostock FamRZ 2008, 1090
9   Zur Personensorge siehe hier *Fink*, § 1626 BGB Rn. 12 ff.
10 Palandt/*Götz*, § 1673 BGB Rn. 3; BeckOK/*Veit*, § 1673 BGB Rn. 3 m.w.N.
11 OLG Koblenz FamRZ 2005, 1923
12 A.A. LG Halle FamRZ 2010, 744
13 Palandt/*Götz*, § 1673 BGB Rn. 3 m.w.N.
14 DIJuF Rechtsgutachten, JAmt 2002, 241 stuft das Anerkenntnis ausschließlich als zur Personensorge gehörig ein

▶ *Zur Vaterschaftsanerkennung siehe auch Grün, § 1596 BGB Rn. 2.*

Mit Eintritt der **Volljährigkeit** entfallen die Beschränkungen des § 1673 Abs. 2 BGB auto- **9**
matisch, die elterliche Sorge kann in vollem Umfang ausgeübt werden.[15]

III. Elterliche Sorge bei Betreuung

Weder die Anordnung einer Betreuung noch die eines Einwilligungsvorbehaltes haben für **10**
sich genommen Auswirkungen auf die Geschäftsfähigkeit des Betroffenen, demzufolge
auch *keine unmittelbaren* **Auswirkungen** auf die elterliche Sorge.[16] Die für die vorgenannten betreuungsrechtlichen Maßnahmen ursächlichen tatsächlichen Handicaps können allenfalls Anlass geben, Schutzmaßnahmen zugunsten des Kindes nach §§ 1674 ff.,
1666 BGB einzuleiten. § 308 Abs. 1 und 2 FamFG sehen insoweit eine **Benachrichtigungspflicht** seitens des Betreuungsgerichts an das Familiengericht vor. Die Bestellung
eines Betreuers kann auch nicht mit dem Wirkungskreis „Wahrnehmung der elterlichen
Sorge für das Kind des Betreuten" erfolgen, denn die elterliche Sorge und die sich aus ihr
ergebenden Rechte sind höchstpersönlicher Natur und können nur in den gesetzlich geregelten Ausnahmefällen auf andere Personen übertragen werden.[17] Auch der Wirkungskreis „Vertretung des Betreuten bei Körperschaften, Behörden und Gerichten" berechtigt
und verpflichtet den Betreuer nicht, einen Elternteil bei Erziehungskonferenzen oder Hilfe-
plangesprächen zu Problemen bei der Ausübung des Umgangsrechts durch den anderen
Elternteil zu vertreten.[18]

§ 1674 BGB Ruhen der elterlichen Sorge bei tatsächlichem Hindernis

**(1) Die elterliche Sorge eines Elternteils ruht, wenn das Familiengericht feststellt, dass er auf
längere Zeit die elterliche Sorge tatsächlich nicht ausüben kann.**
**(2) Die elterliche Sorge lebt wieder auf, wenn das Familiengericht feststellt, dass der Grund
des Ruhens nicht mehr besteht.**

Übersicht

A. Allgemeines

§ 1674 BGB regelt die Folgen eines tatsächlichen, auf längere Zeit bestehenden Hindernis- **1**
ses, die elterliche Sorge ausüben zu können. Abs. 1 der Vorschrift normiert die Voraussetzungen für das Ruhen der elterlichen Sorge, Abs. 2 die ihres Wiederauflebens. Die Feststellung des Ruhens der elterlichen Sorge gemäß § 1674 Abs. 1 BGB führt nicht dazu, dass
die elterliche Sorge verloren geht; sie ist lediglich in ihrer **Ausübung gehemmt**.[1] Zu den
weiteren Wirkungen siehe die Kommentierung zu § 1675 BGB.

Entscheidungen nach § 1674 BGB fallen in die funktionelle **Zuständigkeit des Rechts-** **2**
pflegers, §§ 3 Nr. 2a, 14 RPflG. Kommt allerdings als Folge einer Entscheidung nach

---

15 OLG Karlsruhe ZKJ 2006, 215 = FamRZ 2005, 1272
16 LG Rostock FamRZ 2003, 1691; BeckOK/*Veit*, § 1673 BGB Rn. 5 m.w.N.
17 BGH, Beschl. v. 16.12.2008 – 4 StR 542/08, juris; BayObLG BT-Prax 2004, 239
18 LG Rostock FamRZ 2003, 1691
1 OLG Karlsruhe FamRZ 2011, 1514

§§ 1673, 1674 BGB eine dem Richter obliegende (§ 14 Abs. 1 Nr. 3 RPflG) Sorgerechts-übertragung auf den anderen Elternteil nach § 1678 Abs. 2 BGB in Betracht, ist der Richter für das gesamte Verfahren einschließlich der Prüfung der Voraussetzungen des Ruhens der elterlichen Sorge zuständig.[2] Ebenso ist die Richterzuständigkeit nach § 14 Abs. 1 Nr. 10 RPflG gegeben, wenn es sich bei dem betroffenen Kind um den Angehörigen eines fremden Staates handelt.

▶ *Näher zur funktionellen Zuständigkeit Heilmann, § 3 RPflG Rn. 5 sowie § 14 RPflG Rn. 22.*

B. Inhalt der Norm

I. Tatsächliches Hindernis

3 Die elterliche Sorge eines Elternteils ruht, wenn dieser

- aus **tatsächlichen Gründen** an der Ausübung gehindert ist u n d
- die Verhinderung **längere Zeit** dauert.

Ein solches tatsächliches Ausübungshindernis ist aber nur dann anzunehmen, wenn der wesentliche Teil der Sorgerechtsverantwortung nicht mehr von dem Elternteil selbst ausgeübt werden kann.[3] Ein **Ausübungshindernis** wird bejaht bei

- langfristiger Inhaftierung,[4] insbesondere bei Haft im Ausland mit dadurch verstärkten Einschränkungen der Kommunikation.[5]
- Auslandsaufenthalt mit schwierigen Verkehrsverbindungen und / oder politischen Verhältnissen.[6]
- unbekanntem Aufenthalt.[7]
- schwerer Erkrankung bei Unklarheit, ob bereits Geschäftsunfähigkeit besteht.[8]

Als **nicht ausreichend** wurden angesehen:

- Einjähriger Auslandseinsatz im Irak, da ausreichende Kommunikationsmöglichkeiten über die Armee bestünden.[9]
- Bloße physische Abwesenheit bei Versorgung des Kindes durch den anderen Elternteil oder Dritte und Einflussnahme durch Kommunikation oder Reisemöglichkeiten.[10]
- Fehlende oder schwierige Erreichbarkeit, wenn zugleich der andere Elternteil oder ein Dritter zur Sorgerechtsausübung bevollmächtigt wird.[11]
- „Untertauchen" eines Elternteils im Ausland, weil Kontakt- und Einflussnahme allein vom Willen des untergetauchten Elternteils abhingen;[12] richtiger erscheint es, ein Ruhen anzunehmen und nach § 1674 Abs. 2 BGB zu verfahren, wenn der Elternteil, der durch sein Untertauchen gerade zum Ausdruck bringt, keinen Kontakt aufnehmen zu wollen, diesen Entschluss rückgängig macht.[13]

---

2 OLG Dresden ZKJ 2012, 269
3 BGH NJW 2005, 221
4 OLG Dresden NJW-RR 2003, 940 (Freiheitsstrafe insgesamt 3,5 Jahre); OLG Hamm FamRZ 2012, 1657
5 OLG Brandenburg FamRZ 2009, 237
6 OLG Karlsruhe ZKJ 2012, 272 = FamRZ 2012, 1955 m.w.N.
7 OLG Naumburg FamRZ 2002, 258
8 *Rakete-Dombek* FPR 2005, 80, 81
9 OLG Nürnberg FamRZ 2006, 878
10 BGH NJW 2005, 221
11 OLG Saarbrücken FamRZ 2010, 2084
12 OLG Hamm MDR 2014, 284
13 Vgl. die ähnliche Konstellation bei OLG Naumburg FamRZ 2002, 258

- Untersuchungshaft.[14]

Wann das Ausübungshindernis **„längere Zeit"** besteht, wird nicht einheitlich beantwortet.[15] Nicht ausreichend ist ein bloßer – auch mehrwöchiger – Krankenhausaufenthalt zur Heil- oder Reha-Behandlung (Fall des § 1678 Abs. 1 BGB).[16] Ob überhaupt **Aussicht auf eine Wiederausübung** der elterlichen Sorge bestehen muss, ist umstritten.[17]

4

▶ *Zum Begriff der „längeren Zeit" siehe auch Fink, § 1632 Rn. 32 f.*

Die Anordnung des Ruhens ist der geringere Eingriff in das Elternrecht und hat **Vorrang vor einer einseitigen Sorgerechtsübertragung**;[18] zum Verhältnis von §§ 1666, 1666a und § 1674 siehe § 1675 Rn. 2. Ein Beschluss über das Ruhen der elterlichen Sorge hat *konstituierende gestaltungsähnliche Wirkung*.[19] Er wird mit Bekanntgabe an den gehinderten Elternteil wirksam, § 40 Abs. 1 FamFG, bei gemeinsamem Sorgerecht ist er im Hinblick auf § 1678 Abs. 1 BGB auch dem anderen Elternteil bekannt zu geben.[20] Ist der – sorgfältig festzustellende – unbekannte Aufenthalt des anderen Elternteils Anlass für die Feststellung des Ruhens der elterlichen Sorge, ist der Beschluss schon wegen des Eingriffs in die Grundrechte des betroffenen Elternteils öffentlich zuzustellen.[21]

5

Praxisproblem: Unbegleitete „möglicherweise Minderjährige"

6

Die zahlreichen Krisenherde bringen es mit sich, dass immer wieder Jugendliche ohne Papiere und ohne Begleitung Erwachsener als Flüchtlinge nach Deutschland kommen.

Im Rahmen des Amtsermittlungsgrundsatzes (§ 26 FamFG) muss das Gericht sowohl die Frage der Minderjährigkeit des Betroffenen überprüfen (Beiziehung von Akten der Ausländerbehörde; evtl. Auflage, neue Ausweispapiere zu beantragen; Gutachten) als auch das Jugendamt nach § 162 FamFG beteiligen und überprüfen, ob tatsächlich die elterliche Sorge eines oder beider Elternteile ruht.[22] Vor einer endgültigen Entscheidung kommen Eilmaßnahmen zum Schutz des Betroffenen nach § 1693 BGB in Betracht. Der Betroffene ist verpflichtet, sich zur Altersfeststellung einer ärztlichen – notfalls auch radiologischen – Untersuchung zu unterziehen.[23] Die Bestellung des Jugendamtes als Vormund für einen minderjährigen Flüchtling anstelle eines Rechtsanwaltes ist nicht zu beanstanden; insbesondere statuiert auch Art 22 UN-Kinderrechtskonvention keine Verpflichtung zur Bestellung eines Rechtsanwaltes als Vormund.[24] Streit herrscht darüber, ob Art. 6 der Verordnung (EU) Nr. 604/13 (so genannte Dublin-III-VO) die Bestellung eines Rechtsanwalts als Mitvormund vorschreibt.[25]

▶ *Siehe hierzu auch Dürbeck, § 1775 Rn. 7.*

---

14 OLG Köln FamRZ 1978, 623
15 Siehe OLG Hamm FamRZ 2012, 1657 m.w.N. am Beispiel Inhaftierung
16 AG Holzminden FamRZ 2002, 560
17 Bejahend: Palandt/*Götz*, § 1674 BGB Rn. 1 mit Hinweis auf OLG Hamm FamRZ 1996, 1029; verneinend *Rakete-Dombek*, FPR 2005, 80, 81; BeckOK/*Veit*, § 1674 BGB Rn. 3.1 m.w.N.
18 OLG Brandenburg ZKJ 2009, 293 = FamRZ 2009, 1683 m.w.N.; OLG Naumburg FamRZ 2002, 258
19 BayObLG FamRZ 1988, 867
20 Palandt/*Götz*, § 1674 BGB Rn. 2
21 KG ZKJ 2012, 450; a.A. OLG Naumburg FamRZ 2002, 258, wonach ein auf Anregung eines Elternteils ergehender Ruhensbeschluss keiner Zustellung an den anderen Elternteil bedarf
22 KG ZKJ 2012, 450; AG Lahr FamRZ 2002, 1285 hält auch bei Zweifeln an der Minderjährigkeit eine Entscheidung in der Hauptsache nach § 1674 BGB für möglich
23 OVG Hamburg JAmt 2011, 472
24 BGH NJW 2013, 3095; KG ZKJ 2012, 272 = FamRZ 2012, 1955
25 Bejahend OLG Frankfurt, 6. Familiensenat, JAmt 2014, 166; ablehnend OLG Frankfurt, 5. Familiensenat, NJW-RR 2014, 1222; zur Problematik auch *Riegner*, NZFam 2014, 806 sowie *Dürbeck*, ZKJ 2014, 266

II. Wiederaufleben der elterlichen Sorge

7 Die aufgrund eines Beschlusses nach § 1674 Abs. 1 BGB ruhende elterliche Sorge lebt
– anders als bei § 1673 Abs. 1 BGB – nicht kraft Gesetzes wieder auf, sondern erst mit
Bekanntgabe eines entsprechenden Beschlusses nach § 1674 Abs. 2 BGB, dass der Grund
für das Ruhen nicht mehr besteht. Auch dieser Beschluss hat rechtsgestaltende Wirkung.[26]
§ 1674 Abs. 2 BGB gilt entsprechend, wenn sich herausstellt, dass ein Grund für das Ruhen
der elterlichen Sorge von Anfang an nicht bestand.[27]

§ 1674a BGB Ruhen der elterlichen Sorge der Mutter für ein vertraulich geborenes Kind

**Die elterliche Sorge der Mutter für ein nach § 25 Absatz 1 des Schwangerschaftskonfliktge-
setzes vertraulich geborenes Kind ruht. Ihre elterliche Sorge lebt wieder auf, wenn das Familiengericht feststellt, dass sie ihm gegenüber die für den Geburtseintrag ihres Kindes erforderlichen Angaben gemacht hat.**

Weiterführende Literatur: Helms, Die Einführung der sog. „vertraulichen Geburt" FamRZ
2014, 609

Übersicht

A. Allgemeines

1 Die Vorschrift ist mit Wirkung vom 1.5.2014 durch das Gesetz zum Ausbau der Hilfen für
Schwangere und zur Regelung der vertraulichen Geburt vom 28.8.2013 eingefügt worden.[1] Sie regelt die Sonderkonstellation einer vertraulichen Geburt. Mit dem Schwanger-
schaftskonfliktgesetz soll Schwangeren, die anonym bleiben möchten, umfassende und
niederschwellige Hilfen angeboten werden. Die vertrauliche Geburt soll so genannte Baby-
klappen baldmöglichst ersetzen.[2]

B. Inhalt der Norm

I. Ruhen der elterlichen Sorge

2 Hat eine Mutter ihr Kind gemäß § 25 Abs. 1 SchKG vertraulich entbunden, so ruht ihre
elterliche Sorge **kraft Gesetzes**, wodurch ein Nebeneinander von Vormundschaft und elterlicher Sorge der Mutter ausgeschlossen wird.[3]

3 Die etwaige **elterliche Sorge des Vaters** wird von der Vorschrift nicht erfasst, stellt aber
bei einer vertraulichen Geburt durchaus ein Problem dar. Die Materialien enthalten lediglich den Hinweis, das Gesetz gehe davon aus, dass eine Schwangere eine vertrauliche Geburt nur in Anspruch nehme, wenn und solange sie davon ausgehe, dass ihre Schwanger-

---

26 BayObLG FamRZ 1988, 867
27 BayObLG FamRZ 1988, 867
1 BGBl I 2013 S. 3458
2 BT-Drucks. 17/12814, 9
3 BT-Drucks. 17/12814, 16

schaft anderen Personen nicht bekannt sei. Wisse der Vater von Schwangerschaft und Geburt, könne er die Elternidentität beim Standesamt melden und seine Rechte geltend machen.[4] Ob diese Prämissen des Gesetzgebers wirklich zutreffend sind, mag dahingestellt bleiben. Erste Berichte aus den Beratungsstellen schildern jedenfalls durchaus auch Fälle, in denen z. B. verheiratete, aber getrennt lebende Frauen in Begleitung der potentiellen Erzeuger des Kindes sich über die vertrauliche Geburt informieren, weil sie aus Angst vor der eigenen Familie oder der des Ehegatten auf keinen Fall den außerehelichen Verkehr diesen gegenüber offenbar werden lassen wollen.

Das Familiengericht wird gemäß § 168a FamFG n. F. seitens des Standesamtes über die **4** vertrauliche Geburt informiert. Es erhält Kenntnis der gemäß §§ 21 Nr. 1 bis 3 PStG, 57 Abs. 1 Nr. 4c PStVO in das Geburtenregister eingetragenen Daten sowie gemäß § 57 Abs. 6 Nr. 20 PStVO das Pseudonym, unter dem die Frau entbunden hat. Nähere Informationen über den Familienstand und das Alter der Mutter werden nicht mitgeteilt, weil auch das Standesamt diese Kenntnis nicht hat.

Eine Mitteilungspflicht des in Obhut nehmenden Jugendamtes ist nicht vorgesehen, ob- **5** gleich die Notwendigkeit besteht, eine gesetzliche Vertretung des Kindes zu schaffen; insoweit vertraut der Gesetzgeber offenbar auf die funktionierende Mitteilungspflicht des Standesamtes gemäß § 168a FamFG.

Weil weder bekannt ist, ob die Mutter minderjährig oder verheiratet ist, sind die Voraus- **6** setzungen für eine Amtsvormundschaft nach § 1791c BGB kraft Gesetzes nicht feststellbar. Obwohl die gesetzliche Amtsvormundschaft gerade dem Schutz nichtehelicher Kinder, die keinen sorgeberechtigten Elternteil haben, dient[5] und diese Schutzbedürftigkeit in gleichem Maße für ein vertraulich geborenes Kind zutrifft, hat der Gesetzgeber sich – ohne nähere Begründung – gerade nicht für eine Amtsvormundschaft kraft Gesetzes entschieden. Vielmehr ist dem Kind gemäß **§ 1773 BGB** durch den funktionell zuständigen Rechtspfleger ein **Vormund** zu bestellen.[6] Denn die elterliche Sorge der Mutter ruht kraft Gesetzes nach § 1674a BGB, die eines potentiellen rechtlichen Vaters – z. B. eine von ihrem Ehemann getrennt lebende Ehefrau entbindet vertraulich – nach § 1674 BGB, weil er infolge der Anonymität der Geburt nichts von der Entstehung seiner elterlichen Sorge weiß und auch v.A.w. nicht ermittelt werden kann. Insoweit denkbaren zeitlichen Verzögerungen ist ggf. durch den Erlass von Eilmaßnahmen nach § 1693 BGB Rechnung zu tragen, z. B. bei notwendigen ärztlichen Behandlungsmaßnahmen.

Die durchaus denkbare Situation, dass eine werdende Mutter die Schwangerschaft auch **7** gegenüber dem Erzeuger verheimlicht,[7] wird vom Gesetzgeber ignoriert. Dies erscheint zum einen widersprüchlich, weil an anderer Stelle der Gesetzgeber Rechte des Vaters gerade stärkt (§ 1686a BGB, Reform des Sorgerechts),[8] zum andern in den Fällen bestehender rechtlicher Vaterschaft die vertrauliche Geburt mit späterer Adoption dazu führt, dass dem rechtlichen Vater ein bestehendes Sorgerecht ohne jede Verfahrensbeteiligung entzogen wird.

II. Wiederaufleben der elterlichen Sorge

Während das Ruhen der elterlichen Sorge der Mutter bei einer vertraulichen Geburt kraft **8** Gesetzes eintritt, lebt die elterliche Sorge nur durch **rechtsgestaltenden Beschluss** des Familiengerichts wieder auf. Voraussetzung hierfür ist, dass die Mutter dem Gericht ge-

---

4 BT-Drucks. 17/12814, 16
5 Palandt/Götz, § 1791c BGB Rn. 1
6 *Helms*, FamRZ 2014, 609, 613; Erman/*Döll*, § 1674a BGB Rn 1
7 Siehe beispielsweise OLG Frankfurt, Beschl. v. 21.12.2011 – Az.: 2 UF 481/11, juris
8 Erman/*Döll*, § 1674a BGB Rn. 2

genüber ihre Anonymität aufgibt und ihre tatsächlichen Personenstandsdaten offenbart. Zudem dürfen an ihrer Mutterschaft keine Zweifel bestehen. Etwaige Zweifel sind ggf. durch Vernehmung der Beraterin und der an der Entbindung beteiligten Personen auszuräumen.[9]

9 § 1674a Satz 2 BGB enthält zwar **keine zeitliche Einschränkung**. Gleichwohl ist ein **Wiederaufleben** der elterlichen Sorge der Mutter natürlich **ausgeschlossen, wenn die Adoption des Kindes inzwischen wirksam erfolgt ist**, § 197 Abs. 2 FamFG, weil mit ihr sämtliche bisherigen Verwandtschaftsverhältnisse des Kindes erlöschen, § 1755 BGB.

10 Das Wiederaufleben der elterlichen Sorge der Mutter bedeutet auch **nicht automatisch eine Übersiedlung des Kindes** in ihren Haushalt, erst recht dann nicht, wenn sich das Kind möglicherweise schon einige Zeit in Adoptionspflege befunden hat. Die Vermutung unbekannten Aufenthalts der Mutter nach § 1747 Abs. 4 Satz 2 BGB gilt nach Offenbarung der Personenstandsdaten aber nicht mehr, für eine wirksame Adoption ist nunmehr die Einwilligung der Mutter oder deren Ersetzung nach §§ 1747, 1748 BGB notwendig. Das Familiengericht muss zudem v.A.w. prüfen, ob ein **Sorgerechtsentzug** nach § 1666 BGB erforderlich ist, da die Mutter selbst sich zumindest ursprünglich außerstande gesehen hat, Verantwortung für den weiteren Lebensweg des Kindes zu übernehmen. Als milderes Mittel kann – auch von Amts wegen – eine **Verbleibensanordnung** i.S.v. § 1632 Abs. 4 BGB in Betracht zu ziehen sein (näher hierzu Fink, § 1632 BGB Rn. 29 ff.).

III. Verfahren

11 Funktional zuständig für einen etwaigen – deklaratorischen – Beschluss nach § 1674 Satz 1 sowie für das Verfahren betreffend ein Wiederaufleben der elterlichen Sorge ist nach §§ 3 Nr. 2a, 14 RPflG der **Rechtspfleger**. Im Übrigen richtet sich das Verfahren nach §§ 151 ff. FamFG.[10]

▶ *Näher zur funktionalen Zuständigkeit siehe Heilmann, § 7 RPflG Rn. 3.*

§ 1675 BGB Wirkung des Ruhens

Solange die elterliche Sorge ruht, ist ein Elternteil nicht berechtigt, sie auszuüben.

1 Die Feststellung des Ruhens der elterlichen Sorge führt nicht dazu, dass die elterliche Sorge verloren geht; sie ist lediglich in ihrer **Ausübung gehemmt**.[1]

2 Umstritten ist, ob während des Ruhens der elterlichen Sorge gegen diesen Elternteil **Maßnahmen nach § 1666 BGB** ergehen können. Dies hat der BGH bejaht, weil der Elternteil weiterhin Sorgerechtsinhaber bleibe.[2] Dies trifft zwar zu, doch fragt sich, warum überhaupt Maßnahmen nach § 1666 BGB erforderlich sein sollen, wenn der Sorgerechtsinhaber nicht befugt ist, sorgerechtliche Entscheidungen zu treffen. Im Hinblick auf den Verhältnismäßigkeitsgrundsatz erübrigen sich deshalb regelmäßig Maßnahmen nach § 1666 BGB, solange die elterliche Sorge durch konstituierenden Beschluss nach §§ 1674, 1674a BGB ruht.[3] Bei einem Ruhen der elterlichen Sorge nach § 1673 Abs. 1 BGB mag dies anders zu beurteilen sein, weil ein etwaiger Beschluss nach § 1673 Abs. 1 BGB keine Wirkung entfaltet, wenn tatsächlich keine Geschäftsunfähigkeit vorliegt, so dass im Interesse der

---

9 BT-Drucks. 17/12814, 16
10 BT-Drucks. 17/12814, 16
1 OLG Karlsruhe FamRZ 2011, 1514 m.w.N.
2 BGH FamRZ 2014, 543; ebenso Vorinstanz OLG Karlsruhe FamRZ 2011, 1514
3 OLG Brandenburg ZKJ, 2009, 293; OLG Dresden FamRZ 2003, 1038; BeckOK/*Veit*, § 1675 BGB Rn. 2 m.w.N.

Rechtssicherheit Klarheit geschaffen werden muss, ob der Elternteil sorgerechtsbefugt ist oder nicht.[4] Bei einem Ruhen nach § 1673 Abs. 2 BGB können Maßnahmen nach § 1666 BGB geboten sein, wenn der minderjährige Elternteil durch die ihm verbliebene personensorgerechtliche Entscheidungsbefugnis das Kindeswohl gefährdet.

Die **vermögensrechtlichen Folgen** des Ruhens der elterlichen Sorge regeln §§ 1698, 1698a BGB. Liegen die Voraussetzungen der letztgenannten Vorschrift nicht vor, haftet der Elternteil, dessen elterliche Sorge ruht, für von ihm gleichwohl im Namen des Kindes getätigte Rechtsgeschäfte als Vertreter ohne Vertretungsmacht.[5]   **3**

Umgangsbefugnisse aus § 1684 BGB werden vom Ruhen der elterlichen Sorge nach §§ 1673, 1674 BGB grundsätzlich nicht berührt.[6] Bei einem Ruhen der elterlichen Sorge nach § 1751 Abs. 1 BGB wegen Einwilligung in die Adoption darf dagegen der Umgang nicht ausgeübt werden, § 1751 Abs. 1 Satz 1 2. HS BGB. Solange die elterliche Sorge nach § 1674a BGB ruht, scheidet ein Umgang der Mutter mit dem Kind schon wegen der Anonymität der Mutter aus.   **4**

Übersicht: Das Ruhen der elterlichen Sorge eines Elternteils und das Sorgerecht des anderen   **5**

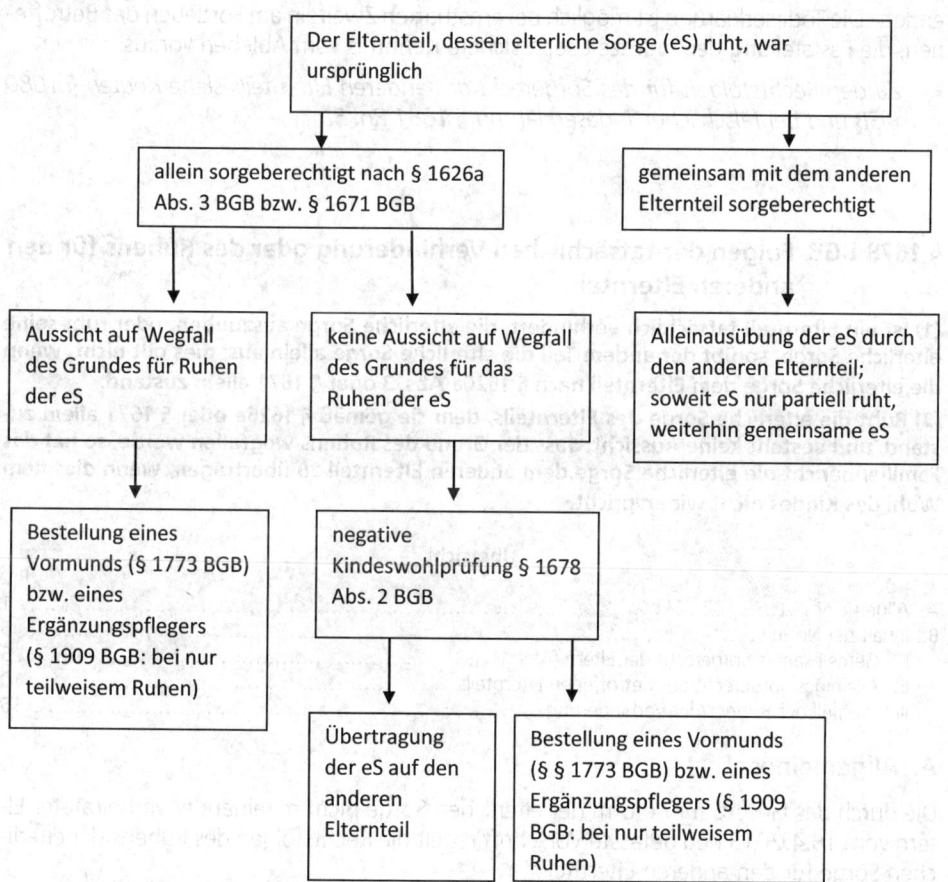

Der Elternteil, dessen elterliche Sorge (eS) ruht, war ursprünglich

allein sorgeberechtigt nach § 1626a Abs. 3 BGB bzw. § 1671 BGB

gemeinsam mit dem anderen Elternteil sorgeberechtigt

Aussicht auf Wegfall des Grundes für Ruhen der eS

keine Aussicht auf Wegfall des Grundes für das Ruhen der eS

Alleinausübung der eS durch den anderen Elternteil; soweit eS nur partiell ruht, weiterhin gemeinsame eS

Bestellung eines Vormunds (§ 1773 BGB) bzw. eines Ergänzungspflegers (§ 1909 BGB: bei nur teilweisem Ruhen)

negative Kindeswohlprüfung § 1678 Abs. 2 BGB

Übertragung der eS auf den anderen Elternteil

Bestellung eines Vormunds (§ § 1773 BGB) bzw. eines Ergänzungspflegers (§ 1909 BGB: bei nur teilweisem Ruhen)

---

4 KG NZFam 2014, 422 schließt bei festgestellter Geschäftsunfähigkeit Maßnahmen nach § 1666 BGB aus.
5 Palandt/*Götz*, § 1675 BGB Rn. 1; BeckOK/*Veit*, § 1675 BGB Rn. 2 m.w.N.
6 MüKo-BGB*Hennemann*, § 1675 BGB Rn. 4; BeckOK/*Veit*, § 1675 BGB Rn. 3 m.w.N.

§ 1676 BGB

(weggefallen)

§ 1677 BGB Beendigung der Sorge durch Todeserklärung

Die elterliche Sorge eines Elternteils endet, wenn er für tot erklärt oder seine Todeszeit nach den Vorschriften des Verschollenheitsgesetzes festgestellt wird, mit dem Zeitpunkt, der als Zeitpunkt des Todes gilt.

1 Die Vorschrift hat wenig praktische Bedeutung. Dass durch den **Tod** die elterliche Sorge eines Elternteils endet, wird als Selbstverständlichkeit vom Gesetz vorausgesetzt. § 1677 regelt lediglich die Fälle, in denen ein Elternteil für tot erklärt wird (§§ 9, 23 VerSchG) oder seine Todeszeit nach §§ 39 ff. VerSchG festgestellt wird.

2 Mit dem Zeitpunkt, der nach der Todeserklärung bzw. Feststellung der Todeszeit als Zeitpunkt des Todes gilt, ruht das Sorgerecht des betroffenen Elternteils nicht nur, sondern es endet.[1] Die Todeserklärung ist möglich bei ernsthaften Zweifeln am Fortleben des Betroffenen, die Feststellung der Todeszeit setzt sichere Kenntnis vom Ableben voraus.

▸ *Zu den Rechtsfolgen für das Sorgerecht des anderen Elternteils siehe Keuter, § 1680 BGB und bei fälschlicher Todeserklärung § 1681 Rn. 5.*

§ 1678 BGB Folgen der tatsächlichen Verhinderung oder des Ruhens für den anderen Elternteil

(1) Ist ein Elternteil tatsächlich verhindert, die elterliche Sorge auszuüben, oder ruht seine elterliche Sorge, so übt der andere Teil die elterliche Sorge allein aus; dies gilt nicht, wenn die elterliche Sorge dem Elternteil nach § 1626a Abs. 3 oder § 1671 allein zustand.

(2) Ruht die elterliche Sorge des Elternteils, dem sie gemäß § 1626a oder § 1671 allein zustand, und besteht keine Aussicht, dass der Grund des Ruhens wegfallen werde, so hat das Familiengericht die elterliche Sorge dem anderen Elternteil zu übertragen, wenn dies dem Wohl des Kindes nicht widerspricht.

Übersicht

A. Allgemeines

1 Die durch das Gesetz zur Reform der elterlichen Sorge nicht miteinander verheirateter Eltern vom 16.4.2013 neu gefasste Vorschrift regelt die Rechtsfolgen des Ruhens der elterlichen Sorge für den anderen Elternteil.

2 **Abs. 1** erfasst dabei die Konstellation, dass ursprünglich **beide Elternteile gemeinsam sorgeberechtigt** waren, **Abs. 2** erfasst die Fälle, in denen die elterliche Sorge des nach

---

1 BeckOK/*Veit,* § 1677 BGB Rn. 3 m.w.N.

§§ 1626a Abs. 3, 1671 BGB **allein sorgeberechtigten** Elternteils ruht. Darüber hinaus regelt Abs. 1 die Folgen der tatsächlichen Verhinderung eines Elternteils, ohne dass ein Ruhen der elterlichen Sorge nach § 1674 BGB anzunehmen wäre.

Übersicht: Ausfall eines gemeinsam sorgeberechtigten Elternteils 3

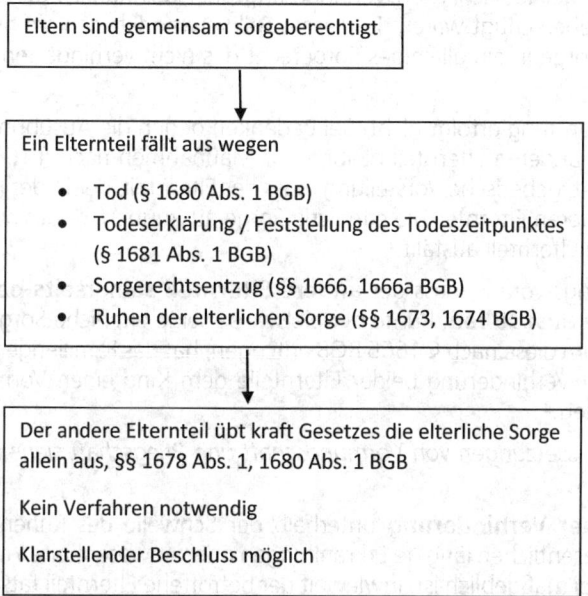

Übersicht: Ausfall eines nach §§ 1626a Abs. 3, 1671 BGB allein sorgeberechtigten 4
Elternteils

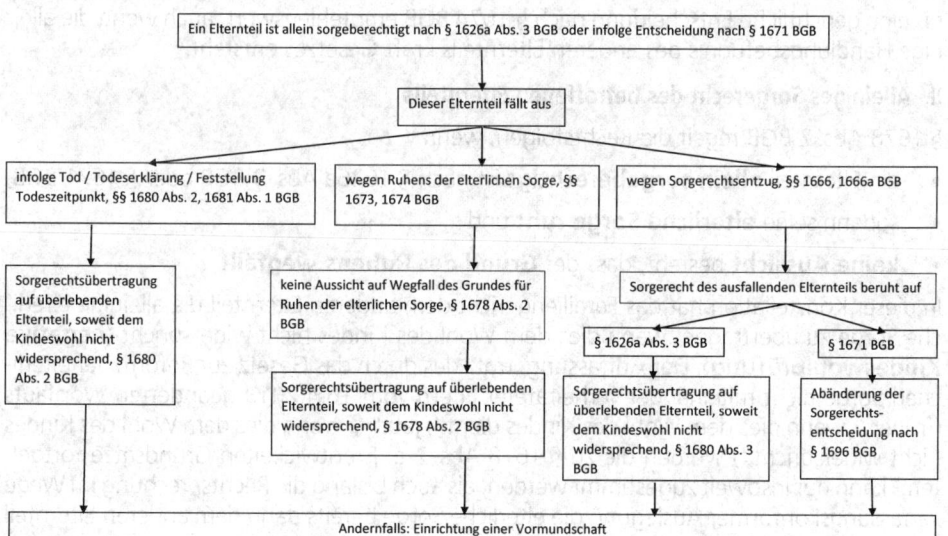

B. Inhalt der Norm

I. Gemeinsames Sorgerecht der Eltern (Abs. 1)

5   § 1678 Abs. 1 BGB setzt, wie der Rückschluss aus dem zweiten HS ergibt, voraus, dass die Eltern bei Eintritt der tatsächlichen Verhinderung oder des Ruhens der elterlichen Sorge gemeinsam sorgeberechtigt waren. In diesem Fall verwandelt sich die bisherige gemeinsame elterliche Sorge in ein alleiniges Sorgerecht des nicht verhinderten Elternteils **kraft Gesetzes**.

6   Eine Kindeswohlprüfung erfolgt nicht. Bei Bedenken gegen die Ausübung der elterlichen Sorge durch den anderen Elternteil bleiben nur Maßnahmen nach § 1666 BGB.[1] Hintergrund ist die gesetzgeberische Vorstellung, dass der Elternteil, der in der Lage ist, gemeinsam mit dem anderen Elternteil die elterliche Sorge auszuüben, dieses auch alleine kann, wenn der andere Elternteil ausfällt.[2]

7   Dies setzt allerdings voraus, dass der **andere Elternteil seinerseits berechtigt** ist, die **elterliche Sorge auszuüben**. Ruhte beispielsweise seine elterliche Sorge ganz oder teilweise oder war ihm diese nach § 1666 BGB entzogen, hat das Familiengericht wegen insoweit bestehender Verhinderung beider Elternteile dem Kind einen Vormund oder einen Pfleger zu bestellen.[3]

▶   *Zu den Voraussetzungen von Vormundschaft und Pflegschaft siehe Dürbeck, § 1773 BGB Rn. 4 ff.*

8   Fälle **tatsächlicher Verhinderung** unterhalb der Schwelle des Ruhens der elterlichen Sorge sind im Wesentlichen längere Erkrankungen oder Abwesenheiten mit unbekanntem Aufenthalt, wobei maßgeblich ist, inwieweit der betroffene Elternteil tatsächlich noch Einfluss auf die Erziehung der Kinder nehmen kann (näher hierzu *Keuter*, § 1674 BGB Rn. 3 ff.).

9   Bei voraussichtlich längeren Ausfällen eines Elternteils ist zur Klarstellung im Außenverhältnis eine gerichtliche Entscheidung nach § 1674 BGB empfehlenswert, auch wenn die alleinige Handlungsbefugnis des anderen Elternteils kraft Gesetzes entsteht.[4]

II. Alleiniges Sorgerecht des betroffenen Elternteils

10   § 1678 Abs. 2 BGB regelt die Rechtsfolgen, wenn

- ein Elternteil **allein sorgeberechtigt** ist nach § 1626a Abs. 3 BGB oder § 1671 BGB,
- sodann seine **elterliche Sorge ruht** und
- **keine Aussicht** besteht, dass der **Grund des Ruhens wegfällt**.

11   In dieser Konstellation hat das Familiengericht dem anderen Elternteil die alleinige elterliche Sorge zu übertragen, wenn dies dem Wohl des Kindes nicht widerspricht **(negative Kindeswohlprüfung)**. Der Auffassung, trotz des durch das Gesetz zur Reform der elterlichen Sorge nicht miteinander verheirateter Eltern vom 16.4.2013 geänderten Wortlauts (früher: „wenn dies dem Wohl des Kindes dient"; jetzt: „ wenn dies dem Wohl des Kindes nicht widerspricht") würden die zu § 1678 Abs. 2 a. F. entwickelten Grundsätze fortgelten,[5] kann nur insoweit zugestimmt werden, als auch bislang die Rechtsprechung im Wege verfassungskonformer Auslegung die elterliche Sorge bereits dann dem anderen Elternteil

---

1 Palandt/*Götz*, § 1678 BGB Rn. 5 m.w.N.
2 MüKo-BGB/*Hennemann*, § 1678 BGB Rn. 7
3 BeckOK/*Veit*, § 1678 BGB Rn. 4 m.w.N.
4 MüKo-BGB/*Hennemann*, § 1678 BGB Rn. 3
5 JurisPK/*Poncelet*, § 1678 BGB Rn. 12

übertrug, wenn dies dem Kindeswohl nicht widersprach.[6] Die Änderung bringt deutlich zum Ausdruck, dass die Hürden für eine Sorgerechtsübertragung auf den anderen Elternteil niedriger angesetzt sind[7] und bestätigt somit die bisherige Rechtsprechung.

Anders als in Abs. 1 verlangt der Sorgerechtsübergang in Abs. 2 eine **ausdrückliche gerichtliche Entscheidung**, für welche **der Richter** gemäß § 14 Abs. 1 Nr. 3 RPflG **zuständig** ist.[8] Kommt er zu der Überzeugung, dass die Übertragung auf den anderen Elternteil dem Kindeswohl widerspricht, muss ein Vormund oder Ergänzungspfleger bestellt werden, §§ 1773, 1909 BGB. **12**

Ungeregelt sind die Rechtsfolgen des Ruhens der elterlichen Sorge bei gleichzeitiger Aussicht auf einen Wegfall des Grundes für das Ruhen sowie die Rechtsfolgen rein tatsächlicher Verhinderung des nach §§ 1626a Abs. 3, 1671 BGB allein sorgeberechtigten Elternteils. Eine vorschnelle Übertragung auf den anderen Elternteil ist zu vermeiden, weil die Übertragung einen **endgültigen Sorgerechtswechsel** beinhaltet,[9] während das Ruhen nur eine Hemmung der Ausübungsbefugnis zur Folge hat, § 1675 BGB. **13**

War einem ursprünglich gemeinsam sorgeberechtigten Elternteil die elterliche Sorge nach § 1666 BGB entzogen worden, so dass der andere Elternteil nach § 1680 Abs. 3 allein sorgeberechtigt war, und tritt nun bei diesem Elternteil ein Ruhen der elterlichen Sorge ein, muss dem Kind nach § 1773 BGB ein Vormund bestellt werden. Gibt es allerdings Hinweise, dass die Gründe für den Sorgerechtsentzung inzwischen entfallen sind, muss das Gericht zunächst nach § 1696 BGB, § 166 FamFG von Amts wegen die Entscheidung über den Sorgerechtsentzug überprüfen.[10] Hebt es den Entzug der elterlichen Sorge auf, ist dieser Elternteil nach § 1678 Abs. 1 BGB nunmehr kraft Gesetzes allein sorgeberechtigt. **14**

III. Wegfall des Ruhens/der Verhinderung

Entfällt die tatsächliche Verhinderung eines gemeinsam sorgeberechtigten Elternteils (Beispiel: Die zur Verhinderung führende Erkrankung ist geheilt), so steht dem Elternteil kraft Gesetzes die elterliche Sorge im früheren Umfang wieder zu; für zwischenzeitlich vom anderen Elternteil getätigte Rechtsgeschäfte gilt § 1698a BGB.[11] **15**

Ist demgegenüber eine Sorgerechtsübertragung nach § 1678 Abs. 2 BGB erfolgt, rückt der nun nicht mehr verhinderte Elternteil nicht kraft Gesetzes in das Sorgerecht ein, sondern es bedarf einer gerichtlichen Abänderungsentscheidung nach § 1696 BGB. **16**

Denn ein Wiederaufleben der alleinigen elterlichen Sorge durch Beschluss nach § 1674 Abs. 2 BGB stünde in Widerspruch zu der erfolgten Übertragungsentscheidung nach § 1678 Abs. 2 BGB, so dass über eine Rückübertragung der alleinigen elterlichen Sorge im Rahmen eines in die Zuständigkeit des Richters fallenden Abänderungsverfahrens nach §§ 1696 BGB, 166 FamFG zu befinden ist. **17**

▶ *Näher zur funktionalen Zuständigkeit von Rechtspfleger bzw. Richter: Heilmann zu § 3 RPflG Rn. 4 f., § 14 RPflG Rn. 4 ff.*

---

6 OLG Bamberg FamRZ 2011, 1072 m.w.N.; ebenso Kinderrechtekommission ZKJ 2012, 263, 265
7 BT-Drucks. 17/11048, 21
8 OLG Dresden ZKJ 2012, 269
9 Palandt/*Götz*, § 1678 BGB Rn. 7; ; BeckOK/*Veit*, § 1678 BGB Rn. 10
10 NK/Kleist/*Friederici*, § 1680 BGB Rn. 8
11 BeckOK/*Veit*, § 1678 BGB Rn. 3 m.w.N.

§ 1679 BGB

(weggefallen)

§ 1680 BGB Tod eines Elternteils oder Entziehung des Sorgerechts

(1) Stand die elterliche Sorge den Eltern gemeinsam zu und ist ein Elternteil gestorben, so steht die elterliche Sorge dem überlebenden Elternteil zu.

(2) Ist ein Elternteil, dem die elterliche Sorge nach § 1626a Abs. 3 oder § 1671 BGB allein zustand, gestorben, so hat das Familiengericht die elterliche Sorge dem überlebenden Elternteil zu übertragen, wenn dies dem Wohl des Kindes nicht widerspricht.

(3) Die Absätze 1 und 2 gelten entsprechend, soweit einem Elternteil die elterliche Sorge entzogen wird.

Weiterführende Literatur: Rotax, Tatsächliche oder rechtliche Verhinderung oder Entzug der elterlichen Sorge bei einem bisher gemeinsam sorgeberechtigten Elternteil, FPR 2008, 151.

Übersicht

A. Allgemeines

1   Die Vorschrift regelt die Folgen des Todes eines sorgeberechtigten Elternteils für die elterliche Sorge des anderen Elternteils und gilt gemäß Absatz 3 entsprechend für den Fall des Sorgerechtsentzuges. Sie unterscheidet wie § 1678 BGB zwischen gemeinsam sorgeberechtigten Eltern (Absatz 1) und Tod bzw. Sorgerechtsentzug eines Elternteils, der nach §§ 1626a Abs. 3, 1671 BGB allein sorgeberechtigt war.

2   Auch diese Vorschrift ist durch das Gesetz zur Reform der elterlichen Sorge nicht miteinander verheirateter Eltern (SorgeRefG) vom 16.4.2013[1] geändert worden, insbesondere wurde die bislang nach dem Wortlaut teilweise notwendige positive Kindeswohlprüfung einheitlich in eine negative Kindeswohlprüfung abgeschwächt.

3   Die Vorschrift gilt nach § 1681 BGB entsprechend, wenn ein Elternteil für tot erklärt oder seine Todeszeit nach dem VerSchG festgestellt wird.

  ▶ *Siehe hierzu die Übersichten zum Ausfall eines Elternteils bei Keuter, § 1678 BGB Rn. 3 f.*

B. Inhalt der Norm

I. Gemeinsames Sorgerecht der Eltern (Abs. 1)

4   Die Vorschrift gilt für alle gemeinsam sorgeberechtigten Eltern, unabhängig, aus welchem der in § 1626a Abs. 1 bis 3 aufgeführten Gründe gemeinsames Sorgerecht besteht.

  ▶ *Näher hierzu Fink, § 1626a BGB Rn. 3 ff.*

---

1 BGBl I 2013, S. 795

Das Sorgerecht steht im Todesfall oder – gemäß Absatz 3 – im Falle des einseitig einen Elternteil betreffenden Sorgerechtsentzugs dem überlebenden bzw. vom Sorgerechtsentzug nicht betroffenen Elternteil **kraft Gesetzes** zu.[2] Ein gerichtliches Verfahren findet insoweit nicht statt. **5**

Die Vorschrift setzt allerdings stillschweigend voraus, dass der überlebende Ehegatte seinerseits berechtigt ist, die elterliche Sorge auch tatsächlich auszuüben, seine elterliche Sorge also nicht nach §§ 1673 bis 1675 BGB ruht.[3] Tod oder Sorgerechtsentzug des einen Elternteils haben also keine Auswirkung auf das Ruhen der elterlichen Sorge des anderen Elternteils. Für das Kind muss ein Vormund nach § 1773 BGB bzw. ein Ergänzungspfleger nach § 1909 BGB bestellt werden.[4] **6**

II. Alleiniges Sorgerecht eines Elternteils (Abs. 2)

Anders als nach Absatz 1 wird der überlebende Elternteil nicht kraft Gesetzes, sondern nur aufgrund **richterlicher Entscheidung** (§ 14 Abs. 1 Nr. 3 RPflG) Inhaber des alleinigen Sorgerechts, wenn der bislang allein sorgeberechtigte Elternteil verstirbt oder ihm die elterliche Sorge entzogen wird. **7**

Voraussetzungen für eine Sorgerechtsübertragung nach § 1680 Abs. 2 BGB sind: **8**

* **alleiniges Sorgerecht** eines Elternteils nach §§ 1626a Abs. 3, 1671 BGB
* **Tod** dieses Elternteils
* die Übertragung der elterlichen Sorge auf den anderen Elternteil **widerspricht nicht dem Kindeswohl**

Von der Vorschrift nicht erfasst ist mithin die Konstellation, in der ein Elternteil stirbt, der deshalb allein sorgeberechtigt war, weil dem anderen Elternteil nach § 1666 BGB die elterliche Sorge entzogen worden war oder dessen elterliche Sorge ruht. Der Tod des aus diesem Grunde allein sorgeberechtigten Elternteils muss wegen des *verfassungsrechtlichen Vorranges des leiblichen Elternteils* allerdings von Amts wegen Veranlassung für eine Überprüfung nach §§ 1696, 1674 BGB geben, ob auf Seiten des überlebenden Elternteils die Gründe für den Sorgerechtsentzug/das Ruhen fortbestehen.[5] Sollte dies nicht (mehr) der Fall sein, ist ihm die elterliche Sorge zurück zu übertragen und er übt diese wegen des Todes des anderen Elternteils nunmehr allein aus. Bestehen die Gründe fort – oder bestehen andere Gründe für einen Entzug der elterlichen Sorge –, muss dem Kind ein Vormund bzw. Ergänzungspfleger nach §§ 1773, 1909 BGB bestellt werden. Wenn kein Anlass besteht, die Ursprungsentscheidung abzuändern, muss dies im Tenor der das Abänderungsverfahren abschließenden familiengerichtlichen Entscheidung zum Ausdruck gebracht werden.[6] **9**

▶ *Näher hierzu Gottschalk, § 1696 BGB Rn. 30 ff., 35.*

Bei der **negativen Kindeswohlprüfung** gelten die zu § 1671 BGB entwickelten Kriterien (Förderprinzip, Kontinuität, Bindungen, Kindeswille) entsprechend.[7] **10**

* Näher hierzu *Keuter*, § 1671 BGB Rn 29 ff.

---

2 NK/Kleist/*Friederici*, § 1680 BGB Rn. 2
3 BeckOK/*Veit*, § 1680 BGB Rn. 2
4 Palandt/*Götz*, § 1680 BGB Rn. 1
5 *Rotax*, FPR 2008, 151
6 OLG Frankfurt FamRZ 2013, 1238 (LS)
7 PWW/*Ziegler*, § 1680 BGB Rn. 3

11 Von besonderer Bedeutung sind dabei die nachfolgenden Fragen:

- Lebte das Kind mit dem verstorbenen Elternteil allein oder in einer Stieffamilie/neuen Partnerschaft des Verstorbenen; im Fall der letzten Alternative: Wie sind die Bindungen des Kindes zu diesen Personen?

- In welchem Umfang bestanden gelebte Bindungen zwischen überlebendem Elternteil und Kind, insbesondere regelmäßige Umgangskontakte?

- Welche Wünsche äußert das Kind selbst?[8]

- Hat der überlebende Elternteil ausreichend Gespür für die traumatischen Belastungen des Kindes durch den Tod der bisherigen Hauptbezugsperson?[9]

- Ist der überlebende Elternteil gewillt, bestehende Bindungen des Kindes zum bisherigen Umfeld (Stiefelternteil, Verwandte, Freunde, soziale Bindungen durch Schule, Vereine) zu respektieren? In diesem Rahmen sind aber auch die Möglichkeiten von Verbleibensanordnungen nach §§ 1632 Abs. 4, 1682 BGB sowie die Umgangsbefugnisse (§ 1685 BGB) von Bezugspersonen zu berücksichtigen. Auch die Möglichkeit, von der Sorgerechtsübertragung Teilbereiche auszunehmen, ist zu erwägen[10] (näher hierzu *Fink*, § 1632 BGB Rn. 29 ff., *Keuter*, § 1682 BGB Rn. 10 ff.; *Gottschalk*, § 1685 BGB Rn. 5 ff.).

- Hat der verstorbene Elternteil testamentarisch beachtenswerte Einwendungen gegen eine Sorgerechtsübertragung auf den anderen Elternteil hinterlassen? Die Benennung eines Vormunds nach §§ 1776, 1777 BGB kann die Übertragung des Sorgerechts auf den überlebenden Elternteil für sich genommen nicht verhindern, gibt aber Veranlassung für eine besondere Prüfung, ob die Übertragung im Widerspruch zum Kindeswohl steht.

12 Die **Übertragung widerspricht dem Kindeswohl** etwa dann, wenn die mit der Übertragung verbundenen Veränderungen gerade in der häufig traumatischen Situation des Todes des allein sorgeberechtigten Elternteils für das Kind zu erheblichen Belastungen führen.[11] Die Gefährdungsschwelle des § 1666 BGB braucht jedenfalls nicht erreicht zu werden.

13 Als dem Kindeswohl widersprechend angesehen wurde z. B. eine Übertragung der elterlichen Sorge auf den leiblichen Vater gegen den Wunsch des Kindes, das mit dem Lebensgefährten der verstorbenen Mutter bereits seit 9 Jahren zusammenlebte.[12]

III. Entzug des Sorgerechts

14 Die Regelungen über den Tod eines sorgeberechtigten Elternteils gelten entsprechend, wenn einem Elternteil die elterliche Sorge ganz oder teilweise („soweit") entzogen wird. In den Mittelpunkt rücken damit vorangegangene Entscheidungen in den Kinderschutzverfahren nach §§ 1666, 1666a BGB.

15 Sind die Eltern bislang gemeinsam sorgeberechtigt, übt der andere Elternteil die elterliche Sorge nunmehr kraft Gesetzes allein aus, soweit er ausübungsberechtigt ist, d. h. nicht seine elterliche Sorge bereits ruht (siehe oben Rn. 3). Ist er allein sorgeberechtigt, ist dem

---

8 OLG Köln ZKJ 2012, 227 = FamRZ 2012, 1654: keine Sorgerechtsübertragung gegen den ernsthaften Wunsch eines 12,5-Jährigen

9 BVerfG ZKJ 2008, 165 = FamRZ 2008, 381 zum Verdacht, der überlebende Elternteil könne für den Tod des anderen verantwortlich sein

10 BGH FamRZ 2011, 252

11 Staudinger/*Coester*, § 1680 BGB Rn. 9; MüKo-BGB/*Hennemann*, § 1680 BGB Rn. 8; siehe auch BVerfG ZKJ 2008, 165 = FamRZ 2008, 381

12 BayObLG FamRZ 1999, 103

anderen Elternteil die elterliche Sorge allein zu übertragen, wenn dies dem Kindeswohl nicht widerspricht.

Bei Aufhebung der Entscheidung über den Entzug der elterlichen Sorge gemäß § 1696 Abs. 2 BGB rückt im Falle **ursprünglichen gemeinsamen Sorgerechts** die Mutter **automatisch** in das Mitsorgerecht wieder ein.[13] **Anders** dagegen, wenn eine **Sorgerechtsübertragung nach § 1680 Abs. 2 BGB** erfolgt ist: In diesen Fällen reicht die Feststellung, dass die Gründe für den (teilweisen) Sorgerechtsentzug nicht mehr vorliegen, allein nicht aus, sondern im Rahmen der Abänderungsentscheidung nach § 1696 Abs. 2 BGB betreffend den Sorgerechtsentzug ist zugleich auch darüber zu befinden, ob die nach § 1680 Abs. 2 BGB erfolgte Sorgerechtsübertragung ebenfalls abzuändern ist.[14]

16

§ 1681 BGB Todeserklärung eines Elternteils

(1) § 1680 Abs. 1 und 2 gilt entsprechend, wenn die elterliche Sorge eines Elternteils endet, weil er für tot erklärt oder seine Todeszeit nach den Vorschriften des Verschollenheitsgesetzes festgestellt worden ist.

(2) Lebt dieser Elternteil noch, so hat ihm das Familiengericht auf Antrag die elterliche Sorge in dem Umfang zu übertragen, in dem sie ihm vor dem nach § 1677 maßgebenden Zeitpunkt zustand, wenn dies dem Wohl des Kindes nicht widerspricht.

Übersicht

A. Allgemeines

Die Vorschrift erstreckt die Wirkungen des § 1680 BGB auf die Fälle der Todeserklärung bzw. die Feststellung des Todeszeitpunktes und schafft in Absatz 2 eine Regelung für den Fall, dass die vorgenannten Beschlüsse fälschlich gefasst worden waren.

1

B. Inhalt der Norm

§ 1681 BGB ergänzt § 1677 BGB. Waren die Eltern gemeinsam sorgeberechtigt, so übt mit rechtskräftigem Beschluss über die Todeserklärung bzw. die Feststellung des Todeszeitpunktes der andere Elternteil **kraft Gesetzes** die elterliche Sorge allein aus, § 1681 Abs. 1 i. V. m. § 1680 Abs. 1 BGB.

2

War nur ein Elternteil nach § 1626a Abs. 3 BGB oder § 1671 BGB sorgeberechtigt und wird nun für tot erklärt bzw. sein Todeszeitpunkt festgestellt, so ist dem anderen Elternteil nach § 1681 Abs. 1 i. V. m. § 1680 Abs. 2 BGB die elterliche Sorge **vom Familiengericht zu übertragen**, wenn dies dem Kindeswohl nicht widerspricht.

3

▶ *Näher zur negativen Kindeswohlprüfung Keuter, § 1680 BGB Rn. 9 ff.*

Erfolgten Todeserklärung bzw. Feststellung des Todeszeitpunktes zu Unrecht und werden die entsprechenden Entscheidungen aufgehoben, lebt das Sorgerecht nicht kraft Gesetzes wieder auf. Vielmehr hat das Familiengericht die elterliche Sorge **auf Antrag** dem betroffenen Elternteil in dem Umfang wieder zu übertragen, wie der Elternteil sie bei Wirksam-

4

---

13 BeckOK/*Veit*, § 1680 BGB Rn. 11
14 BeckOK/*Veit*, § 1680 BGB Rn. 13 mit Hinweis auf BT-Drucks. 13/4899, 104

keit des Beschlusses nach dem VerschG innehatte, sofern dies nicht dem Kindeswohl widerspricht. Von Amts wegen kann das Familiengericht im Rahmen des § 1681 BGB nicht tätig werden.

▶ *Zur Abgrenzung von Amts- und Antragsverfahren siehe Cirullies, § 23 FamFG Rn. 1 bis 4.*

5   Diese Regelung soll einer nahe liegenden Entfremdung zwischen Kind und dem fälschlich für tot erklärten Elternteil sowie etwaigen neuen Bezugspersonen des Kindes Rechnung tragen.[1]

§ 1682 BGB Verbleibensanordnung zugunsten von Bezugspersonen

[1]Hat das Kind seit längerer Zeit in einem Haushalt mit einem Elternteil und dessen Ehegatten gelebt und will der andere Elternteil, der nach den §§ 1678, 1680, 1681 den Aufenthalt des Kindes nunmehr allein bestimmen kann, das Kind von dem Elternteil wegnehmen, so kann das Familiengericht von Amts wegen oder auf Antrag des Ehegatten anordnen, dass das Kind bei dem Ehegatten verbleibt, wenn und solange das Kindeswohl durch die Wegnahme gefährdet würde. [2]Satz 1 gilt entsprechend, wenn das Kind seit längerer Zeit in einem Haushalt mit einem Elternteil und dessen Lebenspartner oder einer nach § 1685 Abs. 1 umgangsberechtigten volljährigen Person gelebt hat.

Weiterführende Literatur: Salgo, Verbleibensanordnung bei Bezugspersonen (§ 1682 BGB) FPR 2004, 76.

Übersicht

A. Allgemeines

1   Die Vorschrift ergänzt die §§ 1678, 1680, 1681 BGB und dient in erster Linie dem Schutz des Kindes vor dem Verlust seiner gewohnten Umgebung und vor der Entwurzelung.[1] Zugleich entfaltet die Vorschrift aber Schutzwirkung zugunsten der in den Schutzbereich einbezogenen Bezugspersonen des Kindes.[2]

2   Für den leiblichen Elternteil, dessen Rechte bei Erlass einer **Verbleibensanordnung** (zeitweise oder dauernd) zurücktreten müssen, kann der Erlass einer solchen Entscheidung eine schwer wiegende Belastung bedeuten, die der Gesetzgeber ihm jedoch zumutet, weil

---

1 BT-Drucks. 1374899, 104
1 JurisPK/*Poncelet*, § 1682 BGB Rn. 1
2 BeckOK/*Veit*, § 1682 BGB Rn. 1 m.w.N.

er insoweit den Interessen des Kindes an der Aufrechterhaltung seiner Bezugswelt Vorrang einräumt.[3]

B. Inhalt der Norm

I. Anordnungsvoraussetzungen

1. Überblick

Eine Verbleibensanordnung nach § 1682 BGB setzt kumulativ voraus: **3**

- Ein Elternteil hat mit dem Kind und einer weiteren zum Kreis der Bezugspersonen des § 1682 BGB gehörenden Person zusammen einen gemeinsamen Haushalt unterhalten,

- über längere Zeit,

- der andere Elternteil kann nach §§ 1678, 1680, 1681 BGB den Aufenthalt des Kindes nunmehr allein bestimmen,

- er will das Kind aus dem Haushalt der Bezugsperson wegnehmen und

- die Wegnahme gefährdet das Kindeswohl.

2. Einbezogener Personenkreis

Satz 1 benennt zunächst allein den **Stiefelternteil** als einbezogene Bezugsperson, Satz 2 **4** erweitert den Personenkreis auf den **eingetragenen Lebenspartner** sowie **Großeltern** und **volljährige Geschwister**. Der Wortlaut der Vorschrift erfasst damit insbesondere *nicht Onkel* oder *Tanten* des Kindes, ebenso wenig den *Partner* einer *nichtehelichen Lebensgemeinschaft* sowie *minderjährige Geschwister*.

Praktisch bedeutsam ist die Frage, ob eine **Verbleibensanordnung auch zugunsten des** **5** **nichtehelichen Lebensgefährten** eines Elternteils ergehen kann. Da dieser aber weder Ehegatte des verstorbenen Elternteils ist noch zum Personenkreis des § 1685 Abs. 1 BGB gehört, lässt jedenfalls der Wortlaut des § 1682 BGB eine Verbleibensanordnung zu seinen Gunsten nicht zu.[4] Auch eine analoge Anwendung des § 1682 BGB auf diese Konstellation erscheint fraglich: Dagegen spricht der Umstand, dass der Gesetzgeber bewusst den Personenkreis des § 1685 Abs. 2 BGB nicht mit in § 1682 BGB einbezogen hat,[5] zudem ist der verfassungsrechtliche Vorrang des leiblichen Elternteils zu berücksichtigen.[6] Andererseits: Wäre der verstorbene Elternteil nach § 1626a Abs. 3 BGB allein sorgeberechtigt gewesen, wäre eine Kindeswohlprüfung vor einer Sorgerechtsübertragung auf den anderen Elternteil nach § 1680 Abs. 2 BGB erfolgt, in deren Rahmen eine ggf. von diesem beabsichtigte abrupte Aufenthaltsänderung als dem Kindeswohl widersprechend eine Sorgerechtsübertragung auf ihn verhindert hätte. Warum sollte der Schutz des Kindes in der hier genannten Problemkonstellation geringer sein? Bei der geltenden Gesetzeslage dürfte zum einen von Amts wegen eine Entziehung des Aufenthaltsbestimmungsrechts des leiblichen Elternteils nach § 1666 BGB zu prüfen sein.[7] Ggf. ist auch eine Verbleibensanordnung nach § 1632 Abs. 4 BGB als eine gegenüber § 1666 BGB mildere Maßnahme in Betracht zu ziehen.[8] Ob sich Kinder an den Partner oder die Partnerin des Elternteils binden und in dieser Lebensgemeinschaft ihre Bezugswelt finden, wird nicht vom Trauschein bzw. der

---

3 *Salgo*, FPR 2004, 76, 83; BT-Drucks. 13/4899, 66, 104
4 Kritisch: MüKo-BGB*Hennemann*, § 1682 BGB Rn. 4 m.w.N.
5 BT-Drucks. 13/4899, 66
6 MüKo-BGB*Hennemann*, § 1682 BGB Rn. 10
7 MüKo-BGB*Hennemann*, § 1682 BGB Rn. 10a
8 BayObLG FamRZ 1991, 1080 bezüglich Großeltern vor Einführung des § 1682 BGB

Registrierung der Lebenspartnerschaft abhängen; weil der Schutz des Kindes und dessen psycho-soziale Einbindung in die häusliche Gemeinschaft im Vordergrund stehen,[9] muss zur Vermeidung von Wertungswidersprüchen der Lebensgefährte zumindest in den Schutzbereich des § 1632 Abs. 4 BGB einbezogen werden.

3. Gemeinsamer Haushalt

6 Das Kind muss in einem familiären Verband, in welchem es seine Bezugswelt gefunden hat, leben.[10] Das Kriterium der Haushaltsgemeinschaft dient der Abgrenzung von sonstigen lockeren Beziehungen eines Elternteils zu Dritten. Maßgeblich sind die Festigkeit der Lebensbeziehung und die Intensität des Kontaktes zur Bezugsperson, die zu entsprechenden tragfähigen Bindungen zwischen Kind und Bezugsperson geführt haben.[11]

7 Unterschiedliche Wohnungen von Elternteil und Bezugsperson werden z.T. als unschädlich angesehen, wenn Stabilität für das Kind durch regelmäßige/praktisch alltägliche persönliche Beziehungen gesichert ist.[12] Mit Blick auf den Regelungsgehalt des § 1682 BGB ist dies jedoch wenig überzeugend.

4. Längere Zeit

8 Der Zeitraum, in welchem das Kind Bindungen zur Bezugsperson durch gemeinsames Leben in einem Haushalt aufgebaut haben muss, lässt sich nicht allgemein definieren, sondern richtet sich nach dem Alter des Kindes und dem kindlichen Zeitempfinden.[13] Als Faustregel lässt sich festhalten, dass ein „längerer Zeitraum" umso eher bejaht werden kann, je jünger ein Kind ist.[14] Im Übrigen gelten die Maßstäbe des § 1632 Abs. 4 BGB entsprechend.

▶ *Näher hierzu Fink, § 1632 BGB Rn. 32 f.*

5. Aufenthaltsbestimmungsrecht des anderen Elternteils

9 Der die Herausgabe des Kindes verlangende Elternteil muss Inhaber des alleinigen Aufenthaltsbestimmungsrechtes sein, und zwar infolge des Eingreifens der §§ 1678, 1680, 1681 BGB. Der Elternteil, bei dem das Kind bislang gelebt hat, muss also tatsächlich verhindert sein, die elterliche Sorge auszuüben oder seine elterliche Sorge muss ruhen oder er muss verstorben bzw. für tot erklärt / sein Todeszeitpunkt festgestellt worden sein. Konstellationen, in denen der Elternteil, der bislang nicht mit dem Kind zusammengelebt hat, nach §§ 1666, 1671 BGB das alleinige Aufenthaltsbestimmungsrecht erhalten hat, fallen nicht unter § 1682 BGB.

6. Herausgabeverlangen

10 Die Verbleibensanordnung setzt zudem voraus, dass der aufenthaltsbestimmungsberechtigte Elternteil die Herausgabe von der Bezugsperson verlangt. Solange er mit dem weiteren Aufenthalt des Kindes bei der Bezugsperson einverstanden ist, besteht für eine Verbleibensanordnung keine Veranlassung.[15] Eine ernsthafte Ankündigung der Wegnahme genügt.[16]

11 Steht einem Elternteil das Aufenthaltsbestimmungsrecht nach §§ 1678 Abs. 2, 1680 Abs. 2 oder 3 bzw. 1681 Abs. 2 BGB erst nach einer Kindeswohlprüfung zu, kommt der

9 Staudinger/*Salgo,* § 1682 BGB Rn. 19
10 BT-Drucks. 13/4899, 104
11 Palandt/*Götz,* § 1682 BGB Rn. 2
12 MüKo-BGB*Hennemann,* § 1682 BGB Rn. 5
13 OLG Köln FamRZ 2007, 658; OLG Celle FamRZ 1990, 191
14 Näher hierzu MüKo-FamFG/*Heilmann,* § 155 BGB Rn. 2; siehe auch *Peschel-Gutzeit,* FPR 2004, 428, 429
15 MüKo-BGB*Hennemann,* § 1682 BGB Rn. 8
16 JurisPK/*Poncelet,* § 1682 BGB Rn. 8 m.w.N.

Erlass einer Verbleibensanordnung nur in Betracht, wenn der Elternteil nach Erhalt des Aufenthaltsbestimmungsrechts, d.h. mit Wirksamwerden eines entsprechenden gerichtlichen Beschlusses (hierzu *Cirullies*, § 40 FamFG Rn. 4 f.) einen Wechsel des Kindes an einen anderen Lebensmittelpunkt erstrebt. Denn im Rahmen der negativen Kindeswohlprüfung der vorgenannten Vorschriften spielt selbstverständlich eine maßgebliche Rolle, ob der leibliche Elternteil das Kind bei der bisherigen Bezugsperson belassen will oder nicht, so dass der künftige Lebensmittelpunkt des Kindes vorgreiflich bereits im Übertragungsverfahren zu prüfen ist.[17]

7. Kindeswohlgefährdung

Das Herausgabeverlangen des leiblichen Elternteils kann einen Missbrauch der elterlichen **12** Sorge darstellen, wenn durch die Wegnahme des Kindes aus seiner Bezugswelt eine ernsthafte Gefährdung des Kindes in seiner körperlichen, seelischen oder geistigen Entwicklung eintreten kann.[18] Die Maßstäbe des § 1632 Abs. 4 BGB gelten insoweit entsprechend.

▶ *Näher hierzu Fink, § 1632 BGB Rn. 37 ff.*

II. Rechtsfolgen der Verbleibensanordnung

Der Erlass einer Verbleibensanordnung schränkt das Sorgerecht des leiblichen Elternteils **13** ein, da die Herausgabe nicht verlangt werden kann. Ein Entzug der elterlichen Sorge ist mit ihr hingegen nicht verbunden.

Die Alltagsentscheidungen trifft die Bezugsperson, sofern das Gericht nichts anderes be- **14** stimmt, § 1688 Abs. 4 i. V. m. § 1688 Abs. 1 BGB.

▶ *Näher hierzu Gottschalk, § 1688 BGB Rn. 8 f., 14.*

Ggf. ist auch der Umgang zwischen Elternteil und Kind von Amts wegen zu regeln.[19] **15**

III. Verfahrensfragen

Die Verbleibensanordnung kann auf **Antrag** der Bezugsperson oder **von Amts wegen** **16** ergehen. Ein eigenes **Antragsrecht des Kindes** sieht das Gesetz nicht vor, was nur im Hinblick auf die Möglichkeit des Gerichts, eine Verbleibensanordnung auch ohne Antrag zu treffen, vertretbar erscheint. Dem Kind ist ein Verfahrensbeistand zu bestellen, § 158 Abs. 2 Nr. 4 FamFG.

Umstritten ist, ob die **Verbleibensanordnung zu befristen ist**. Diese wird teilweise – un- **17** ter Verweis auf den Wortlaut („wenn und solange") sowie den Verhältnismäßigkeitsgrundsatz – bejaht. Insoweit wird vertreten, dass in den Fällen, in denen nur eine zeitlich unbefristete Verbleibensanordnung die Gefahren für das Kindeswohl zuverlässig abwenden könne, statt dessen eine Entziehung des Aufenthaltsbestimmungsrecht nach § 1666 BGB geprüft werden müsse.[20] Gegen diese Ansicht spricht jedoch, dass sich selten prognostizieren lässt, ob eine Überführung in den Haushalt des leiblichen Elternteils überhaupt in Betracht kommt bzw. wie lange das Kind an Zeit benötigt, um ohne erhebliche Gefahren für seine Entwicklung in den Haushalt des leiblichen Elternteils wechseln zu können. Im Vordergrund muss das Bedürfnis des Kindes nach Sicherheit und Kontinuität seiner Lebensbedingungen stehen.[21] Zudem ist die Entziehung von Teilen des Sorgerechts der schwerwiegendere Eingriff gegenüber der Verbleibensanordnung. Die Rechte des leiblichen Elternteils werden ohnehin durch die Verpflichtung des Gerichts, von Amts wegen

---

17 *Salgo*, FPR 2004, 76, 77 m.w.N.
18 BT-Drucks. 13/4899 104
19 KG FamRZ 2008, 810 zu Umgangskontakten i. R. § 1632 BGB
20 Palandt/*Götz*, § 1682 BGB Rn. 3; BeckOK/*Veit*, § 1682 BGB Rn. 6
21 Staudinger/*Salgo*, § 1682 BGB Rn. 34

die Notwendigkeit der Fortdauer der Verbleibensanordnung nach § 1696 Abs. 2 BGB zu prüfen, ausreichend gesichert. Die besseren Gründe sprechen daher dafür, die Verbleibensanordnung in den genannten Fällen nicht zu befristen.[22]

18 Wenn der Elternteil sein Herausgabeverlangen bereits während des Verfahrens auf Erlass einer Verbleibensanordnung umsetzt, ist das Verfahren nach § 1682 BGB gleichwohl nicht in der Hauptsache erledigt. Vielmehr können Verbleibensanordnung und Rückführungsanordnung in einem solchen Fall miteinander verbunden werden.[23]

19 Gegen die Ablehnung einer Verbleibensanordnung steht der Bezugsperson die Beschwerde zu; sie ist insoweit in eigenen Rechten (auf weiteres Zusammenleben mit dem Kind) beeinträchtigt.[24] Der Elternteil, dessen elterliche Sorge ruht, ist dagegen mangels Beeinträchtigung in eigenen Rechten (ihm fehlt die Befugnis, die elterliche Sorge auszuüben, § 1675 BGB), nicht berechtigt, die Entscheidung über eine Verbleibensanordnung nach § 1682 BGB anzufechten.[25]

▶ *Näher zur Beschwerdeberechtigung siehe Dürbeck, § 59 FamFG Rn. 4 ff.*

§ 1684 BGB Umgang des Kindes mit den Eltern

(1) Das Kind hat das Recht auf Umgang mit jedem Elternteil; jeder Elternteil ist zum Umgang mit dem Kind verpflichtet und berechtigt.

(2) [1]Die Eltern haben alles zu unterlassen, was das Verhältnis des Kindes zum jeweils anderen Elternteil beeinträchtigt oder die Erziehung erschwert. [2]Entsprechendes gilt, wenn sich das Kind in der Obhut einer anderen Person befindet.

(3) [1]Das Familiengericht kann über den Umfang des Umgangsrechts entscheiden und seine Ausübung, auch gegenüber Dritten, näher regeln. [2]Es kann die Beteiligten durch Anordnungen zur Erfüllung der in Absatz 2 geregelten Pflicht anhalten. [3]Wird die Pflicht nach Absatz 2 dauerhaft oder wiederholt erheblich verletzt, kann das Familiengericht auch eine Pflegschaft für die Durchführung des Umgangs anordnen (Umgangspflegschaft). [4]Die Umgangspflegschaft umfasst das Recht, die Herausgabe des Kindes zur Durchführung des Umgangs zu verlangen und für die Dauer des Umgangs dessen Aufenthalt zu bestimmen. [5]Die Anordnung ist zu befristen. [6]Für den Ersatz von Aufwendungen und die Vergütung des Umgangspflegers gilt § 277 des Gesetzes über das Verfahren in Familiensachen und in den Angelegenheiten der freiwilligen Gerichtsbarkeit entsprechend.

(4) [1]Das Familiengericht kann das Umgangsrecht oder den Vollzug früherer Entscheidungen über das Umgangsrecht einschränken oder ausschließen, soweit dies zum Wohl des Kindes erforderlich ist. [2]Eine Entscheidung, die das Umgangsrecht oder seinen Vollzug für längere Zeit oder auf Dauer einschränkt oder ausschließt, kann nur ergehen, wenn andernfalls das Wohl des Kindes gefährdet wäre. [3]Das Familiengericht kann insbesondere anordnen, dass der Umgang nur stattfinden darf, wenn ein mitwirkungsbereiter Dritter anwesend ist. [4]Dritter kann auch ein Träger der Jugendhilfe oder ein Verein sein; dieser bestimmt dann jeweils, welche Einzelperson die Aufgabe wahrnimmt.

Weiterführende Literatur: Altrogge, Umgang unter Zwang: Das Recht des Kindes auf Umgang mit dem umgangsunwilligen Elternteil, 2007; *Balloff:* „08/15-Umgang" und Perspektiven eines entwicklungsfördernden Umgangs, FPR 2013, 303; *Coester*, Zum Eingriffsmaßstab in den Fällen des Umgangsboykotts, ZKJ 2012, 182; *Di Cato*, Der beglei-

---

22 *Salgo;* FPR 2004, 76, 83; MüKo-BGB*Hennemann*, § 1682 BGB Rn. 14
23 BayOBLG FamRZ 1997, 223 m.w.N.; OLG Köln FamRZ 2011, 233
24 OLG Köln FamRZ 2011, 233; Staudinger/Salgo, § 1682 Rn. 44
25 OLG Koblenz FamRZ 2014, 1393

tete Umgang, FamRB 2014, 389 ff.; *Ehinger*, Überlegungen zur Verfahrensgestaltung in Umgangsregelungsfällen bei häuslicher Gewalt, FPR 2006, 171; *Fegert*, Wann ist der begleitete Umgang, wann ist der Ausschluss des Umgangs indiziert, FPR 2002, 219; *Gottschalk*, Boykottierter Umgang – Zwangsweise Durchsetzung von Umgangsregelungen und Grenzen staatlicher Interventionsmöglichkeiten, FPR 2007, 308; *Heilmann*, Der Bundesgerichtshof und der Umgangsboykott, ZKJ 2012, 105; *Holldorf/ von Pirani*, Der begleitete Umgang im Spannungsfeld zwischen Jugendhilfe und Familiengericht, ZKJ 2012, 384; *Kindler*, Umgang und Kindeswohl, ZKJ 2009, 110; *ders.*, Umgangsregelungen im Einzelfall – Psychologische Aspekte, FPR 2009, 150; *Klinkhammer/Prinz/ Klotmann* (Hrsg.), Begleiteter Umgang; 2. Aufl.; *Wallerstein/Blakeslee/Lewis*, Scheidungsfolgen – Die Kinder tragen die Last. Eine Langzeitstudie über 25 Jahre, 2002.

Übersicht

A. Allgemeines

I. Normzweck

1 Das Umgangsrecht des nichtbetreuenden Elternteils fällt unter den **Schutzbereich des Art. 6 Abs. 2 GG** und steht ihm neben und ungeachtet einer Inhaberschaft des Sorgerechts als selbständige Rechtsposition zu;[1] es ist nicht nur ein Restbestandteil der elterlichen Sorge.[2] Hiervon zu unterscheiden ist allerdings das **Umgangsbestimmungsrecht**, also das Recht zur Entscheidung über Art und Umfang der Umgangsregelung, welches Teil der Personensorge ist.[3] Das Umgangsrecht unterfällt zudem dem Schutzbereich von **Art. 8 Abs. 1 EMRK**[4] und stellt ein **„absolutes Recht" i.S.d. § 823 BGB** dar.[5] Als **höchstpersönliches Recht** kann es nicht übertragen werden.[6] Es ist ferner unverzichtbar[7] und kann nicht verwirkt werden.[8]

2 Das Umgangsrecht soll dem Umgangsberechtigten auch nach der räumlichen Trennung vom Kind weiterhin ermöglichen, sich vom körperlichen und geistigen Befinden seines Kindes und seiner Entwicklung durch Augenschein und gegenseitige Aussprache fortlaufend zu überzeugen, die verwandtschaftlichen **Beziehungen zu dem Kind aufrechtzuerhalten**, einer Entfremdung vorzubeugen und auch dem **Liebesbedürfnis** beider Teile Rechnung zu tragen.[9] Im besonderen Maße dient das Umgangsrecht **der emotionalen Verbundenheit zwischen Kind und nichtbetreuendem Elternteil**.[10] Dabei wird davon ausgegangen, dass es für die gedeihliche Entwicklung eines Kindes bedeutsam ist, wenn auch der nichtbetreuende Elternteil als **Bezugsperson zur Verfügung steht** und als **Bindungspartner erhalten** bleibt.[11]

3 Allerdings gilt diese Annahme, die in der **Regelvermutung von § 1626 Abs. 3 BGB** gesetzlich festgeschrieben wurde, uneingeschränkt nur dann, wenn die Umgangskontakte auf Dauer insgesamt aus Sicht des Kindes positiv verlaufen, das Konfliktpotential zwischen den Eltern niedrig ist und sich der umgangsberechtigte Elternteil verantwortungsvoll in Bezug auf die Umgangskontakte verhält.[12] Es darf nicht verkannt werden, dass Umgangskontakte für die Kinder dann zu Belastung werden können, wenn es den Eltern nach der Trennung über längere Zeit nicht gelingt, ihre wechselseitigen Konflikte zu begrenzen.[13] Auch im Verhältnis Eltern/fremduntergebrachtes Kind gibt es Umstände, die dazu führen können, dass ein unbegrenzter Umgang nicht die beste Lösung für das Kind darstellt.[14] Umgangsregelungen sind immer **Einzelfallentscheidungen**,[15] wobei das **Kindeswohl** (§ 1697a BGB) der oberste und entscheidende Maßstab ist.

1 BVerfG FamRZ 2004, 1166, 1167
2 Staudinger/*Rauscher,* § 1684 BGB Rn. 20, 21
3 OLG Frankfurt, Beschl. v. 16.1.2015 – 4 UF 255/14, hefam.de; OLG Frankfurt FamRZ 2014, 576; Palandt/*Götz* § 1666 Rn. 19; *Heilmann* FamRZ 2014, 1753, 1754; *ders.* NJW 2012, 16, 21; *ders.* ZKJ 2014, 48, 50; *Schmid* NZFam 2014, 285 und 2014, 881 a.A. OLG Karlsruhe ZKJ 2014, 257 = FamRZ 2014, 1378; OLG Stuttgart FamRZ 2014, 1794 = ZKJ 2014, 479
4 EGMR FamRZ 2015, 469; 2011, 1125
5 OLG Frankfurt NJW-RR 2005, 1339
6 MüKo/*Hennemann,* § 1684 BGB Rn. 11
7 BGH FamRZ 1984, 778
8 KG FamRZ 1985, 639
9 BVerfG FamRZ 1995, 86
10 BVerfG FamRZ 2010, 717
11 Johannsen/Henrich/*Jaeger,* § 1684 BGB Rn. 3
12 *Kindler,* ZKJ 2009, 110, *ders.* FPR 2007, 291, 292
13 *Kindler,* ZKJ 2009, 110, 111; *ders.* FPR 2007, 291, 292
14 Vgl. *Salgo/Lack* in: Handbuch Elterliche Sorge und Umgang, Rn. 1339, ausführlich zum Umgang von Pflegekindern mit ihren leiblichen Eltern: *Heilmann,* ZKJ 2014, 48 *Hopp,* FPR 2007, 279, 282. Siehe auch unten Rn. 80
15 Staudinger/*Rauscher,* § 1684 BGB Rn. 36: „Die maßgebliche Wirkung des § 1626 Abs 3 idF des KindRG besteht somit in der zutreffenden Beschreibung von Regel und Ausnahme."

Der **betreuende Elternteil** muss den Umgang nicht nur gewähren sondern auch **aktiv** 4
fördern;[16] der **nichtbetreuende Elternteil** ist verpflichtet, den **Umgang verantwor-**
tungsvoll und mit Rücksicht auf die Belange des Kindes und altersgerecht **auszuüben**,
wobei die Erziehung nicht zum Umgangsrecht gehört.[17] Es ist zunächst das Recht, aber
auch die Pflicht der Eltern, kraft der ihnen zukommenden Elternverantwortung und innerhalb der ihnen zustehenden Elternautonomie, den Umgang zwischen dem Kind und dem
nichtbetreuenden Elternteil einvernehmlich zu regeln. Erst wenn ihnen diese Pflichterfül-
lung nicht möglich ist, kommt dem Staat die Aufgabe zu, die widerstreitenden Elterninteressen im Rahmen eines gerichtlichen Umgangsverfahrens zu einem Ausgleich zu bringen.[18]

---

16 *Völker/Clausius*, § 2 Rn. 16
17 *Schmid*, NZFam 2014, 881
18 Vgl. BVerfG FamRZ 1995, 86. Eine schöne Übersicht zur Reihenfolge der zu treffenden Maßnahmen, wenn
   sich die Eltern nicht einigen, gibt *Balloff* in FPR 2013, 303, 304

Schaubild ("Lösung" von fortdauernden Umgangskonflikten)[19]

> Umgangsausschluss für längere Zeit oder auf Dauer durch das Familiengericht
> (§ 1684 Abs. 4 Satz 2 BGB)

> Kurzer Umgangsausschluss durch das Familiengericht
> (§ 1684 Abs. 4 Satz 1 BGB)

> Teilweiser Entzug des Aufenthaltsbestimmungsrechts durch das Familiengericht
> (§§ 1666 Abs. 3 Nr. 6, 1631 Abs. 1, 1909 BGB)

> Teilweiser Sorgerechtsentzug und Anordnung einer Ergänzungspflegschaft mit dem
> Aufgabenkreis Regelung des Umgangs durch das Familiengericht
> (§§ 1666 Abs. 3 Nr. 6, 1632 Abs. 2, 1909 BGB)

> Gerichtlich angeordneter begleiteter Umgang
> (§ 1684 Abs. 4 Satz 3 BGB)

> Befristete Anordnung einer Umgangspflegschaft
> im Sinne von § 1684 Abs. 3 BGB

> Vollstreckungsverfahren (§§ 88 ff. FamFG)

> Durchführung eines Vermittlungsverfahrens (§ 165 FamFG)

> Gerichtliche Regelung des Umgangs durch Umgangsanordnung
> (§ 1684 Abs. 1 BGB)

> Zustandekommen eines gerichtlich gebilligten Vergleichs
> (§ 156 Abs. 2 FamFG)

> Einschaltung des Familiengerichts und Förderung des Einvernehmens
> (§ 156 FamFG)

> Einschaltung des Jugendamtes und Beratung
> (§§ 17, 18 SGB VIII)

> Verpflichtung der Eltern, sich zu einigen
> (§ 1627 Satz 2 BGB)

II. Anwendungsbereich

5   § 1684 regelt das Umgangsrecht zwischen **Kindern und ihren rechtlichen Eltern**, womit die Norm an die **abstammungsrechtliche Elternschaft** i.S.v. §§ 1591, 1592 BGB anknüpft.[20] Deshalb steht auch dem Vater, der mit der Mutter nicht verheiratet war, ein Um-

---

19 Vgl. *Heilmann*, Der Bundesgerichtshof und der Umgangsboykott, ZKJ 2012, 105 f.
20 HB-VB/*Dürbeck*, Rn. 553

gangsrecht ebenso zu wie dem rechtlichen (z.B. mit der Mutter zum Zeitpunkt der Geburt verheirateten Vater gem. § 1592 Ziffer 1 BGB), aber nicht biologischem Vater.

Das **Umgangsrecht des biologischen, nicht rechtlichen Vaters** ist hingegen nunmehr in **§ 1686a BGB** geregelt. **Großeltern, Geschwister und sonstige enge Bezugspersonen** habe kein Umgangsrecht nach § 1684 BGB, ihnen steht ggf. ein Umgangsrecht nach **§ 1685 BGB** zu. Das gilt auch für die früheren Pflegeeltern.   **6**

Mit der **Adoption** erlöschen die verwandtschaftlichen Beziehungen (§ 1755 BGB) und damit auch das Recht auf Umgang, wobei bereits ab dem Zeitpunkt der Einwilligung in die Annahme des Kindes die Befugnis zur Ausübung des Umgangsrechts des einwilligenden Elternteils erlischt (§ 1751 BGB). Nach der Adoption bleibt ein Umgangsrecht nach § 1685 Abs. 2 BGB möglich, siehe *Gottschalk,* § 1685 BGB, Rn. 12 f. Der Umgang mit volljährigen Kindern kann nicht durch § 1684 BGB geregelt werden, da die Vorschrift **nur minderjährige Kinder** erfasst. Hier kann allenfalls das Betreuungsgericht eine Regelung treffen.[21]   **7**

Das Umgangsrecht umfasst neben dem **persönlichen Kontakt** zwischen Kind und Eltern(teil) auch den Kontakt per **Brief, (Mobil)Telefon und moderner Kommunikationsmittel** wie E-Mail, Skype, SMS, WhatsApp.   **8**

Das Recht auf **Auskunft** über die persönlichen Verhältnisse des Kindes ist in **§ 1686 BGB** geregelt und besteht unabhängig von der Geltendmachung bzw. der Regelung des Umgangs.   **9**

Das Umgangsrecht steht beiden Elternteilen unabhängig ihrer sorgerechtlichen Befugnisse zu. Auch Eltern, denen nach § 1666 BGB das gesamte Sorgerecht entzogen wurde, haben ein Recht auf Umgang mit ihrem **fremduntergebrachten Kind**. Die Unterbringung in einer Pflegefamilie schließt das Umgangsrecht nicht grundsätzlich aus. Vielmehr ist im Rahmen eines für das Kind vertretbaren Zeitraumes (vgl. § 37 Abs. 1 Satz 4 SGB VIII) von Verfassung wegen die Rückführungsperspektive grundsätzlich offen zu halten und daher den Eltern in der Regel Umgang zu gewähren. Die sehr die biologische Elternschaft betonende jüngere Kammerrechtsprechung des Bundesverfassungsgerichts[22] bzw. die Rechtsprechung des Bundesgerichtshofs im Jahre 2014[23] muss in jedem Einzelfall kritisch auf ihre Anwendbarkeit überprüft werden. Insbesondere in Fällen, in denen die Fremdplatzierung des Kindes auf ein schwerwiegendes Fehlverhalten der Eltern oder eines Elternteils (z.B. durch sexuellen Missbrauch, schwere körperlich oder psychische Misshandlung) zurückzuführen ist, muss auch ein Ausschluss oder eine Beschränkung des Umgangs zur Vermeidung einer Kindeswohlgefährdung in Betracht gezogen werden.[24] (siehe unten Rn. 80 ff.).   **10**

Das **Wechselmodell** (siehe hierzu auch *Keuter,* § 1671 BGB, Rn. 23 ff.), also die Betreuung des Kindes durch beide Elternteile mit einem jeweiligen Betreuungsanteil von ca. 50 %[25], kann **nicht gegen den Willen** eines Elternteils gerichtlich angeordnet werden.[26] § 1684 BGB scheidet als Rechtsgrundlage aus.[27] Die Norm ist nach seinem Regelungsgehalt darauf   **11**

---

21 MüKo-BGB/*Hennemann,* § 1684 BGB Rn. 8
22 U.a. BVerfG 2014, 242; 2014, 281;2014, 3272014, 380; Kritisch hierzu Heilmann, FamRZ 2015, 92 ff.
23 BGH ZKJ 2014, 198; ablehnend hierzu *Salgo/Heilmann,* FamRZ 2014, 705 ff; *Gottschalk,*ZKJ 2014, 234
24 OLG Frankfurt FamRZ 2003, 1317; *Salgo/Lack* in: Handbuch Elterliche Sorge und Umgang, Rn. 1341ff; *Gottschalk/Heilmann,* ZKJ 2013, 113, 114; *Kindler,* ZKJ 2009, 110, 111
25 So der BGH zum Unterhalt FamRZ 2014, 917; 2006, 105; dagegen geht *Sünderhauf* von einem Wechselmodell bereits bei einem Betreuungsanteil von mindestens 30% aus, FamRB 2013, 291
26 OLG Saarbrücken, ZKJ 2015, 32; OLG Nürnberg, FamRZ 2011,1803; OLG Naumburg, FamRZ 2014, 50; KG, BeckRS 2013, 08999; OLG München FamRZ 2013, 1822; HB-VB/*Dürbeck;* Rn. 554; *Völker/Clausius,* § 1 Rn. 320; a.A. AG Heidelberg, FamRZ 2015, 151; AG Erfurt, FamRZ 2015, 339; *Sünderhauf,* FamRB 2013, 291 ff.; 328 ff.; 2014, 418 ff.
27 OLG Saarbrücken ZKJ 2015, 32; OLG Nürnberg, FamRZ 2011, 1803; München FamRZ 2013, 1822; *Jokisch,* FuR 2013, 679, 681; Stellungnahme der Kinderrechtekommission des Deutschen Familiengerichtstages e.V. zum Wechselmodell, FamRZ 2014, 1157, 1161

gerichtet, dass sich der nicht betreuende Elternteil vom Wohlergehen seines Kindes überzeugen kann und ist auf Besuche des Kindes ausgelegt. Deshalb weist § 1687 Abs. 1 Satz 4 BGB dem umgangsberechtigten Elternteil die alleinige Entscheidungsbefugnis lediglich in „Angelegenheiten der tatsächlichen Betreuung" zu (siehe *Gottschalk*, § 1687 BGB Rn. 15 ff.). Ungeachtet dessen setzt das Wechselmodell die Bereitschaft und die Fähigkeit der Eltern voraus, miteinander zu kooperieren und zu kommunizieren[28] und zwar noch in einem weit größeren Umfang als beim Residenzmodell mit gemeinsamer Sorge und kann auch aus diesem Grund nicht gerichtlich angeordnet werden (zur Möglichkeit der Festlegung im Wege des gerichtlich gebilligten Vergleichs nach § 156 Abs. 2 siehe *Wegener*, § 156 FamFG Rn. 65 ff. und zur Möglichkeit der Anordnung nach § 1671 BGB, siehe *Keuter*, § 1671 BGB Rn. 21 ff.). Die Befürworter eines regelhaften Wechselmodells übersehen, dass sich Kooperation und Kommunikation nicht erzwingen lassen und sich vermeintliche Gerechtigkeits- und Gleichberechtigkeitserwägungen[29] nicht auf dem Rücken der Kinder umsetzen lassen. Die Argumentation, auch beim Residenzmodell seien viele Absprachen notwendig und Wechsel zu vollziehen,[30] lässt eine realistische Betrachtungsweise der nahezu ständig notwendigen Absprachen bei einer (tatsächlich praktizierten) gleichwertigen Betreuungs – und Verantwortungsübernahme der Eltern vermissen.

12 Eine analoge Anwendung der Vorschrift auf Haustiere scheidet nach zutreffender Ansicht aus.[31]

13 ▶ *Zum Verhältnis Umgangsausschluss und Kontaktverbot siehe Cirullies, § 3 GewSchG Rn. 5, 6.*

B. Inhalt der Norm

I. Umgangsrechte des Kindes, Umgangsrechte- und -pflichten der Eltern(Abs. 1)

1. Umgangsrecht des Kindes

14 Das **Kind hat grundsätzlich ein Recht auf Umgang** mit beiden Elternteilen. Dieses subjektive Recht folgt unmittelbar aus der Grundrechtsposition des Kindes bzw. dem pflichtgebundenen Elterngrundrecht aus Art. 6 Abs. 2 Satz 1 GG. Es hat in § 1684 Abs. 1 BGB seine einfach gesetzliche Ausgestaltung und Konkretisierung gefunden.[32] Mitunter problematisch ist allerdings die Umsetzung. Die Kinder müssen zunächst von ihrem Recht Kenntnis haben. **§ 18 Abs. 3 Satz 1 und 2 SGB VIII verpflichtet das Jugendamt**, Kinder und Jugendliche bei der Ausübung des Umgangsrechts zu beraten und zu unterstützen (siehe auch *Dürbeck*, § 18 Abs. 3 SGB VIII Rn. 2). Der Verfahrensbeistand, der in einem anderen, das Kind betreffende Verfahren tätig ist, kann bei Gericht eine Anregung auf Regelung des Umgangs im Interesse des Kindes ebenso stellen wie das Kind selbst, das Jugendamt oder der sorgeberechtigte, betreuende Elternteil.[33] Der **umgangsunwillige Elternteil** kann gerichtlich zum Umgang verpflichtet werden, jedoch wird es in der Regel nicht dem Kindeswohl[34] entsprechen, die Umgangsverpflichtung mit **Ordnungsmitteln** nach

---

28 OLG Saarbrücken ZKJ 2015, 32; OLG Nürnberg, FamRZ 2011, 1803; München FamRZ 2013, 1822; *Jokisch* FuR 2013, 679, 682; *Salzgeber*, NZFam 2014, 921, 929

29 *Sünderhauf*, FamRB 2013, 328, 329, „Einseitiges Konfliktverhalten darf nicht belohnt werden" oder AG Heidelberg, FamRZ 2015, 151: „Ließe man es zu, dass eine dem Kindeswohl geschuldete Umsetzung alleine an der Weigerung der Mutter scheitert, führte dies zudem zu einer – zumindest mittelbaren – Verletzung des Gleichbehandlungsgrundsatzes nach Art. 3 Abs. 2 Satz 1 GG."

30 AG Heidelberg, FamRZ 2015, 151; *Sünderhauf*, FamRB 2013, 291, 294

31 OLG Hamm FamRZ 2011, 893; OLG Bamberg FamRz 2004, 559; a.A. AG Bad Mergentheim FamRZ 1998, 1432

32 BVerfG FamRZ 2008, 845

33 OLG Frakfurt FamRZ 2014, 576

34 BVerfG FamRZ 2008, 845; OLG Frankfurt FamRZ 2014, 576

§§ 89 ff. FamFG durchzusetzen.[35] Es mag aber durchaus Fälle geben, in denen sich der Elternteil aufgrund eines durchgeführten Umgangskontakts doch noch dem Kind zuwendet. Etwaige Experimente sollten hier jedoch das Wohl des Kindes und die Gefahr von Belastungen im Blick behalten. Weigert sich der zum Umgang verpflichtete Elternteil beharrlich, Umgang aufzunehmen, kann das Kindeswohl nämlich durch diese Weigerung beeinträchtigt werden.[36]

Diese Prüfung hat im Vollstreckungsverfahren zu erfolgen und zwar im Rahmen des von § 89 Abs. 1 FamFG vorgesehenen Ermessens.

▶ *Einzelheiten hierzu siehe Cirullies, § 89 FamFG Rn. 14.*

2. Umgangspflicht des Kindes?

Eine **Pflicht des Kindes** zum Umgang besteht nach der klaren Gesetzformulierung nicht. **15**
Ein gegen den beachtlichen Willen (siehe hierzu ausführlich unten Rn. 30 ff.) des Kindes angeordneter Umgang verletzt dieses in seinem Grundrecht aus Art. 2 Abs. 1 GG.[37] Auf die **Ermittlung des Kindeswillens** ist daher – auch soweit es um die Ausgestaltung des Umgangsrechts geht – ein besonderes Augenmerk im Umgangsverfahren zu legen, wobei hier der **Kindesanhörung** nach § 159 FamFG (siehe *Heilmann*, § 159 FamFG) gewichtige Bedeutung zukommt.

3. Umgangsrecht der Eltern

Das Umgangsrecht jedes Elternteils richtet sich als absolutes subjektives Recht (siehe oben **16**
Rn. 1) **gegen jeden, in dessen Obhut** sich das Kind befindet. Für die familiengerichtliche Praxis ist das Umgangsrecht gegenüber dem anderen Elternteil oder gegenüber der Pflegeperson am bedeutsamsten.

4. Umgangspflicht der Eltern

§ 1684 Abs. 1 BGB gewährt nicht allein jedem Elternteil ein Recht auf Umgang, vielmehr **17**
erlegt er jedem Elternteil **die Pflicht auf**, Umgang mit dem Kind auszuüben, wobei er die Pflichtenstellung durch die Nennung der Umgangsverpflichtung an erster Stelle nochmals betont. Diese Pflicht korrespondiert mit dem Recht des Kindes auf Umgang und kann dem umgangsunwilligen Elternteil auch gegen dessen Willen auferlegt werden, auch wenn sie in der Praxis i.d.R. nicht vollstreckt werden kann (siehe oben Rn. 14), denn die Verweigerung des Umgangs stellt eine Vernachlässigung seiner Erziehungspflicht dar.[38] Hiervon zu unterscheiden ist jedoch die Anordnung von Vollstreckungsmaßnahmen in den Fällen nachlässiger Wahrnehmung der titulierten Umgangsregelung (hierzu unten Rn. 97).

II. Wohlverhaltenspflicht, Abs. 2

1. Wohlverhaltenspflicht der Elternteile untereinander (Abs. 2 Satz 1)

Die in Abs. 2 Satz 1 enthaltene **Wohlverhaltensklausel** richtet sich an beide Elternteile[39] **18**
und soll **verhindern**, dass die Kinder in den Konflikt ihrer Eltern über die Besuchsregelung miteinbezogen und in **Loyalitätskonflikte** gebracht werden. Die Eltern sind verpflichtet, alles zu unterlassen, was das Verhältnis des Kindes zum jeweils anderen Elternteil beeinträchtigt. Trotz ihres Trennungskonflikts müssen sich die Eltern jeglicher Einbindung ihres Kindes in den Konflikt enthalten. Es liegt auf der Hand, dass viele Eltern hiervon überfor-

---

35 BVerfG FamRZ 2008, 845; ausführlich zum Thema: *Altrogge*, Umgang unter Zwang: Das Recht des Kindes auf Umgang mit dem umgangsunwilligen Elternteil, 2007); *dies.*, ZKJ 2008, 154, 310; dies, FPR 2009, 34
36 BVerfG FamRZ 2008, 845
37 OLG Hamburg FamRZ 2008, 1372
38 BVerfG FamRZ 2008, 845
39 KG ZKJ 2015, 191

dert sind, weshalb eine frühe Hilfe und Einbindung der Eltern an eine Beratungsstelle sinnvoll wäre.[40] Unter Umständen kann von ihnen erwartet werden, dass sie **therapeutische Hilfe** in Anspruch nehmen, auch wenn sie hierzu nicht gerichtlich verpflichtet werden können.[41] Ungeachtet des Wortlauts der Vorschrift, die nur eine Unterlassungspflicht statuiert, verpflichtet sie die Eltern auch zu einer **aktiven Förderung des Umgangs**.[42]

19   Der **betreuende Elternteil** ist **verpflichtet**, alles zu unterlassen was die Umsetzung eines vereinbarten oder geregelten Umgangs gefährdet oder verhindert.[43] Hierzu gehört zunächst die direkte oder indirekte negative Beeinflussung des Kindes durch **abwertende Äußerungen** betreffend den anderen Elternteil, gegenüber oder im Beisein des Kindes, aber auch eine **nonverbale Abwertung**.[44] Der betreuende Elternteil ist gehalten, seine Lebensverhältnisse so zu gestalten, dass die Umgangskontakte zu realisieren sind.[45] Er kann nicht einfach gewährte Umgangskontakte grundlos einschränken, sich weigern an der Erarbeitung (alternativer) Umgangsregelungen mitzuwirken[46] oder „untertauchen".[47]

20   Die aktive Förderung der Umgangskontakte umfasst die **positive Gestaltung der Übergaben** an und von dem anderen Elternteil zu Beginn und zum Ende der Besuche, die **altersgerechte Vorbereitung** des Kindes auf die bevorstehenden Besuche, die **positive Schilderung** des Bevorstehenden verbunden mit dem Signal an das Kind, dass ein **Einverständnis mit den Besuchskontakten** besteht.[48] Insbesondere darf der betreuende Elternteil dem Kind nicht die Wahrnehmung von Umgangskontakten freistellen und ihn unter Hinweis auf die ablehnende Haltung des Kindes, faktisch unterbinden.[49]

21   Liegt zwischen dem Wohnort des Kindes und dem Wohnort des umgangsberechtigten Elternteil eine **weite Distanz**, kann der betreuende Elternteil verpflichtet sein, sich – auf eigene Kosten – **am Holen und Bringen zu beteiligen**, insbesondere wenn er selbst die Distanz durch einen Wegzug geschaffen hat und die Verwirklichung des Umgangs anderenfalls ernsthaft gefährdet wäre.[50] Zur Wohlverhaltenspflicht gehört es schließlich auch, das Kind für die vorstehenden Besuchstage mit **angemessener Wechselkleidung** und den notwendigen **persönlichen Dingen** des Kindes (z.B. auch Medikamenten) auszustatten.[51]

22   Beabsichtigt der betreuende, allein sorgeberechtigte Elternteil mit dem Kind an einen weit entfernten Ort zu ziehen oder gar **auszuwandern**, so beeinträchtigt dies das Umgangsrecht des nichtbetreuenden Elternteils. Andererseits wird das als Teil der elterlichen Sorge dem betreuenden Elternteil zustehende Aufenthaltsbestimmungsrecht nicht durch das

---

40 Vgl. z.B. das Frankfurter Kooperationsmodell (FraKoM) unter Beteiligung des Familiengerichts, Jugendamtes, der Caritas und dem Evang. Regionalverband; *Brandes,* ZKJ 2012, 347; Rechtsvergleichend: *Martiny,* ZKJ 2010, 351
41 BVerfG FamRZ 2011, 179 und die Anmerkung von *Menz* FamRZ 2011, 452; vgl. aber die Möglichkeiten des § 156 Abs. 1 FamFG, jedoch nur im Rahmen des Verfahrens: OLG Frankfurt, ZKJ 2015, 195
42 Johannsen/Henrich/*Jaeger,* § 1684 BGB Rn. 14. Aus psychologischer Sicht sehe auch Temiczürek, ZKJ 2014, 228
43 KG FamRZ 2011, 825
44 OLG Sarbrücken ZKJ 2011, 178; OLG Hamm FamRZ 2002 , 1583
45 OLG Köln MDR 2012, 1293
46 MüKo-BGB/*Hennemann,* § 1684 BGB Rn. 18; vgl. auch OLG Rostock FamRZ 2004, 54
47 OLG München FamRZ 1997, 1160; siehe aber KG FamRZ 1999, 876: „Der Bekanntgabe der Wohnanschrift der sorgeberechtigten Mutter an den umgangsbefugten Vater können ausnahmsweise schutzwürdige Geheimhaltungsinteressen der Mutter entgegenstehen.".
48 *Völker/Clausius* § 2 Rn. 33
49 OLG Saarbrücken FamRZ 2007, 927
50 OLG Schleswig FamRZ 2006, 881 (Bringen zur auf halben Weg gelegenen Raststätte und Abholen); OLG Brandenburg FamRZ 2009, 131 (Bringen zum und Holen vom Flughafen). *Ulrich*, NZFam 2014, 889, 891 weist darauf hin, dass der betreuende Elternteil mit der Beteiligung dem Kind signalisiert, dass er mit den Besuchen einverstanden ist und hierdurch möglicherweise Loyalitätskonflikte vermieden werden können.
51 AG Monschau FamRZ 2004, 287

Umgangsrecht beschränkt, so dass der umgangsberechtigte Elternteil den Wegzug grundsätzlich hinzunehmen hat, auch wenn sein Umgangsrecht hierdurch erheblich erschwert wird.[52] Es kommt auch nicht darauf an, ob der betreuende Elternteil beachtliche Motive für seinen Auswanderungswunsch nachweisen kann.[53] Der Umgangsverpflichtete ist allerdings nach einem solchen Umzug verpflichtet, sich mit **erhöhten Anstrengungen** an dem **Zustandekommen von Umgangskontakten** zu beteiligen, insbesondere an der Ermöglichung der **Überwindung der räumlichen Distanz (Beteiligung an den Kosten des Umgangs, [teilweises] Bringen des Kindes etc.)**, an der Herstellung **alternativer Umgangskontakte (Skype etc.)** und der Regelung von **längeren Besuchen**.

Jedenfalls dann, wenn der betreuende Elternteil die Herstellung der räumlichen Distanz **23** bewusst herbeiführt, um den Umgang zwischen Kind und Elternteil zu verhindern, verstößt er gegen seine Wohlverhaltenspflicht.[54] Gleichwohl kann hieran kein Verbot des Wegzugs geknüpft werden.[55] Die Frage, ob die wesentliche Beschränkung der Umgangskontakte dem Kindeswohl (ggf. in Verbindung mit dem Verlust seines sozialen Umfeldes) zuwiderläuft und ob die Bindungstoleranz des betreuenden Elternteil eingeschränkt ist bzw. welche Weiterungen sich aus diesen Umständen ergeben, ist eine Frage des Sorgerechts und ggf. – aber auch nur dort – im Rahmen eines Verfahrens nach §§ 1626a, 1671, 1696 BGB zu klären.[56]

Der **umgangsberechtigte Elternteil** hat sich während des Umgangs jeglicher **abwer- 24 tender Äußerungen** in Bezug auf den betreuenden Elternteil zu enthalten und darf **Erziehungskonzepte**- und bemühungen nicht durch konterkarierende Handlungen bewusst **unterlaufen**.[57] Auch er ist gehalten, an dem **Zustandekommen** von Umgangskontakten **zielfördernd mitzuwirken**, vereinbarte Kontakte einzuhalten,[58] auf kurzfristige und notwendige Änderungen (z.B. früherer Schulschluss, akute Erkrankung) flexibel und unterstützend zu reagieren und schon deshalb für seine Erreichbarkeit Sorge zu tragen und seine Wohnanschrift mitzuteilen.[59] Außerhalb der geregelten Umgangszeiten darf hingegen ein Umgang gegen den Willen des umgangsverpflichteten Elternteils nicht erfolgen.[60]

2. Wohlverhaltenspflicht bei nichtelterlicher Obhut (Abs. 2 Satz 2)

Befindet sich das Kind nicht in der **Obhut** eines Elternteils, sondern **anderer Personen**, zB **25** eines **Vormunds**, eines Pflegers oder von **Pflegeeltern**, findet die Wohlverhaltenspflicht ebenfalls Anwendung. Sowohl die (umgangsberechtigten) Eltern als auch die betreuende Person trifft in gleicher Weise das Wohlverhaltensgebot, wie dies im Verhältnis von Umgangselternteil zu betreuendem Elternteil der Fall ist. Befindet sich das Kind zum Zwecke des Umgangs bei einer nach § 1685 BGB berechtigten Person, so gilt die Wohlverhaltenspflicht in dem Verhältnis Betreuungsperson (i.d.R. die Eltern) und Umgangsperson gem. § 1685 Abs. 3 i.V.m. § 1684 Abs. 2 Satz 1 oder 2 BGB.

---

52 BGH ZKJ 2010, 327; OLG Nürnberg FamRZ 2013, 553; Johansen/Henrich/*Jaeger* § 1684 BGB Rn. 17
53 BGH ZKJ 2010, 327
54 Johannsen/Henrich/*Jaeger*, § 1684 BGB Rn. 19
55 BGH ZKJ 2010, 327
56 Vgl. OLG Frankfurt FamRZ 2014, 323
57 Staudinger/*Rauscher*, § 1684 BGB, Rn. 96
58 OLG Hamm FamRZ 1997, 693
59 Staudinger/*Rauscher*, § 1684 BGB Rn. 97
60 KG ZKJ 2015, 191

3. Folgen

26 Wird die **Wohlverhaltenspflicht verletzt**, so sieht § 1684 Abs. 3 Satz 2 und 3 BGB die Ergreifung von **Maßnahmen** vor, um der Pflichtverletzung entgegenzuwirken. Neben der Einrichtung einer **Umgangspflegschaft** (siehe unten Rn. 57 ff.) kann das Familiengericht **Anordnungen** gegenüber den Beteiligten erlassen, um die Einhaltung der Wohlverhaltenspflicht zu gewährleisten (siehe unten Rn. 55 f.). Zu Recht wird darauf hingewiesen, dass es sich vor der Verhängung und ggf. sogar Vollstreckung gerichtlicher Anordnungen anbietet, mit den Eltern im Anhörungstermin Ausmaß und Auswirkungen einer (vermeintlichen) Verletzung der Wohlhaltenspflicht ausführlich zu erörtern, da manche Verhaltensweisen eines Kindes als Reaktion auf einen bestehenden Elternkonflikt zu werten sind und nicht alleine auf ein (zielgerichtetes) Verhalten des Elternteils.[61]

27 Bei einer Umgangsverweigerung (**sog. Umgangsboykott**)[62] durch den **betreuenden Elternteil** kommen neben den in § 1684 Abs. 3 Satz 2 und 3 BGB vorgesehenen Maßnahmen folgende Reaktions- bzw. **Sanktionsmöglichkeiten** in Betracht:[63]

- Vollstreckung der Umgangsentscheidung nach §§ 89 ff. FamFG.

- Einleitung eines Vermittlungsverfahren nach § 165 FamFG.

- Ein teilweiser Sorgerechtsentzug nach § 1666 BGB und die Bestellung eines Ergänzungspflegers nach § 1909 BGB (siehe unten Rn. 62).

- Der Entzug der elterlichen Sorge oder des Aufenthaltsbestimmungsrechts nach § 1666 BGB verbunden mit einer Herausnahme des Kindes aus dem Haushalt der den Umgang verweigernden Person, wenn die negativen Folgen der Trennung von Bindungspersonen dem nicht entgegenstehen (siehe *Cirullies*, § 1666 Rn. 32)

- Die Übertragung der elterlichen Sorge auf den umgangsberechtigten Elternteil, wenn dieser es beantragt (§§ 1626 a, 1671, 1696 BGB).

- Schadensersatz wegen bereits ausgefallener Umgangskontakte.[64]

- Verwirkung von Unterhaltsansprüchen auf Ehegattenunterhalt nach § 1579 Nr. 7 BGB.[65]

▶ *Ähnliche Darstellung bei Cirullies, § 86 FamFG Rn. 8.*

III. Regelungsbefugnis, Sanktion bei Pflichtverstößen gegen die Wohlverhaltenspflicht und Umgangspfleger (Abs. 3)

1. Regelungsbefugnis, inhaltliche Ausgestaltung des Umgangs (Abs. 3 Satz 1)

28 Die Eltern stehen grundsätzlich in der Verantwortung, den Umgang möglichst einvernehmlich zu regeln. Ist ihnen das nicht – auch nicht mit Hilfe des Gerichts in Form eines gerichtlich gebilligten Vergleichs (siehe *Wegener*, § 156 FamFG Rn. 65) – möglich, muss das Familiengericht **Umfang, Art und nähere Ausgestaltung des Umgangsrechts** re-

---

61 *Völker/Clausius*, § 2 Rn. 37 mit dem Beispiel des Hautauschlags eines Kindes, der nicht auf mangelnde Hygiene beim Umgangselternteil sondern möglicherweise auch auf das Konfliktpotential der Eltern zurückgeführt werden könnte.

62 Ausführlich hierzu *Gottschalk*, FPR 2007, 308ff; *Heilmann*, ZKJ 2012, 105; Zur Kritik am sog. PAS-vgl. *Fegert* ZKJ 2013, 190; HB-VB/*Fegert* Rn.713ff: („...beziehungsdynamisches Erklärungsmodell aber keine operationalisierbare Diagnoseerstellung"). Die Aufnahme von PAS als diagnostizierbares, psychiatrisches Störungsbild in dem Klassifikationssystem DMS wurde 2013 von der American Psychiatric Association endgültig abgelehnt.

63 Zur Verhältnismäßigkeit *Coester*, ZKJ 2012, 182 (Anmerkung zu BVerfG ZKJ 2012, 184); zur Gestaltung des familiengerichtlichen Verfahrens bei Umgangsboykott: *Heilmann*, ZKJ 2012, 105 (Anmerkung zu BGH ZKJ 2012, 107

64 BGH FamRZ 2002, 1099; OLG Frankfurt FF 2003, 222

65 OLG München FamRZ 2006, 1605

geln. Der das Verfahren abschließende Beschluss muss den Umgang nach **Art (begleitet oder unbegleitet?)**, **Ort (Wo soll der Umgang ausgeübt werden?)** und **Zeit (Wie oft, wie lange, erster Termin?)** **abschließend** regeln, da er anderenfalls **nicht vollstreckbar** ist[66] und das Verfahren in diesem Fall nicht beendet (hierzu unten Rn. 86).[67] Ein Abschluss **durch bloße Zurückweisung der „Anregung" ist nicht möglich**, es liegt eine Verletzung des verfassungsrechtlichen verbürgten Elternrechts vor, wenn für den umgangsberechtigten Elternteil nicht absehbar ist, wann er sein Umgangsrecht wieder ausüben darf.[68] Die bloße Zurückweisung eines Antrages, die ohnehin verfahrensrechtlich nicht statthaft ist, kommt damit einem Umgangsausschluss gleich.[69]

2. Entscheidungsmaßstab: Kindeswohl

Entscheidungsmaßstab für das Gericht ist, welche Regelung „dem Wohl des Kindes am besten entspricht" (§ 1697a BGB). Die konkrete Ausgestaltung des Umgangs ist – entgegen immer wieder anzutreffender Meinung – demnach nicht im Gesetz geregelt. In der bisherigen Rechtspraxis setzt sich häufig die Regelung „alle 14 Tage am Wochenende und die Hälfte der gesetzlichen Schulferien sowie jeweils der 2. gesetzliche Feiertag" durch.[70] Teilweise wird dem noch ein weiterer Umgangsnachmittag in der Woche hinzugefügt, in der kein Umgangswochenende stattfindet. Derartige „grobe Daumenregelungen" entbinden den Familienrichter jedoch nicht, am **Maßstab des Kindeswohls (§ 1697a BGB)** in **jedem Einzelfall** den Umgang in der gebotenen Weise auszugestalten bzw. (vorrangig) auf ein entsprechendes Einvernehmen hinzuwirken.[71] Bei der Beurteilung, welche Umgangsregelung im konkreten Fall dem Wohl des Kindes am besten entspricht, sind

29

*   die **Bindungen des Kindes** an den umgangsberechtigten Elternteil,
*   das **Alter** des Kindes,
*   die **Entfernung der Wohnsitze**,
*   das zwischen den Eltern bestehende **Konfliktniveau**,
*   das **kindliche Zeitempfinden**,
*   die besondere **psychische Konstitution** und **Belastbarkeit des Kindes**,
*   sein sonstiges **familiäres und soziales Umfeld** und natürlich
*   der **Kindeswille**

von Bedeutung.[72]

3. Bedeutung des Kindeswillens

Dem **Kindeswillen** kommt – abhängig vom Alter und von der individuellen Reife des Kindes – in Umgangsverfahren **eine hohe Bedeutung zu**. Langzeitstudien deuten darauf hin, dass ein den Kindern „aufgedrängter" Umgang von diesen als Belastung empfunden

30

---

66 BGH ZKJ 2012, 190
67 OLG Saarbrücken ZKJ 2014, 75: es handelt sich dann um eine unzulässige Teilentscheidung, die Entscheidung muss aufgehoben und das Verfahren an die erste Instanz zurückverwiesen werden.
68 BVerfG FamRZ 2006, 1005; OLG Celle FamRZ 1990, 1026
69 BVerfG FamRZ 2006, 1005; OLG Hamm ZKJ 2014, 393; zu Sonderkonstellationen: Staudinger/*Rauscher* § 1684 BGB, Rn. 165 ff
70 OLG Zweibrücken FamRZ 2009, 134; *Horndasch*, NZFam 2014, 884, 885 m.w.N.; Zur empirischen Befundlage: *Kindler*, FPR 2009,110; *Dürbeck* weist darauf hin (HB-VB, Rn. 557), dass diese langjährige Praxis durch das gesteigert Bedürfnis von Vätern, an der Entwicklung ihrer Kinder teilzuhaben, immer mehr in Frage gestellt wird.
71 OLG Saarbrücken FamRZ 2011, 824 mit ausführlicher Darlegung, welche Umstände in die Kindeswohlprüfung mit einzubeziehen sind.
72 Vgl. OLG Saarbrücken FamRZ 2011, 824; HB-VB/*Dürbeck*, Rn. 557

wird und das Verhältnis zum umgangsberechtigten Elternteil negativ beeinflusst.[73] Zu ermitteln ist er insbesondere im Rahmen der Anhörung nach § 159 FamFG (siehe näher hierzu *Heilmann*, § 159 FamFG),[74] aber auch über den Verfahrensbeistand (siehe näher hierzu *Keuter*, § 158 FamFG Rn. 28 ff.)[75] und ggf. durch ein Sachverständigengutachten (siehe näher hierzu *Heilmann*, § 163 FamFG).

31   Der Kindeswille hat eine doppelte Funktion.[76] Zum einen ist er **Ausdruck der empfundenen Personenbindung**,[77] die auch nonverbal, z.B. durch ein freudiges Zugehen auf den Umgangselternteil, zum Ausdruck gebracht werden kann und in dieser Funktion unabhängig vom Alter des Kindes ist.[78] Zum anderen ist er **Akt der Selbstbestimmung**,[79] wobei diese Funktion mit **steigendem Alter** an **Bedeutung** gewinnt.[80] Damit korreliert die Bedeutung des Kindeswillens **mit dem Alter des Kindes**.[81] Eine feste Altersgrenze für die Maßgeblichkeit des Kindeswillens in seiner Funktion als Ausdruck seiner Selbstbestimmung gibt es nicht.[82] I.d.R. wird bei Kindern **ab dem 11. bis 13. Lebensjahr** davon ausgegangen, dass sie zur Entwicklung eines selbstbestimmten Willens fähig sind.[83]

32   **„Beachtlich" im rechtlichen Sinne ist der Kindeswille**, wenn das Kind aufgrund seiner verstandesmäßigen Reife die Bedeutung des Umgangs versteht und es einen stabilen und autonomen Willen gebildet hat.[84] Stabil ist der Wille, wenn er nachhaltig und gegenüber allen Verfahrensbeteiligten gleichen Inhalts geäußert wird. Von einem autonomen Willen kann ausgegangen werden, wenn er auf dem eigenen Erleben mit dem Elternteil beruht. Dann aber spielt es keine Rolle, ob er sich auch unter einer (unbewussten oder gezielten) **Beeinflussung** des betreuenden Elternteils entwickelt hat. Auch vor diesem Hintergrund ist die Diskussion um das sog. Parental-Allienation-Syndrom (PAS), welches ohnehin wissenschaftlich nicht fundiert ist, so dass die Begrifflichkeit nicht argumentativ aufgenommen werden sollte, überflüssig.[85] Denn die Nichtbeachtung des Kindeswillens ist nur dann gerechtfertigt, wenn er nicht die **wirklichen Bindungsverhältnisse** wiedergibt.[86] Bei **jüngeren Kindern** kann hingegen eine Entscheidung auch gegen den geäußerten Willen ergehen, wenn er das Ergebnis einer illoyalen Einflussnahme eines Elternteils ist und/oder der **Umgang (oder sein Ausschluss) trotz des geäußerten Kindeswillens nach einer Gesamtabwägung der kindeswohlrelevanten Gesichtspunkte seinem Wohl entspricht**.[87] Da eine Beeinflussung in der Praxis häufig als Erklärung der ablehnenden Haltung des Kindes und als Begründung für die fehlende Maßgeblichkeit des Kindeswillen

---

73 *Wallerstein/Lewis/Blakeslee*, S. 318
74 Vgl. auch BVerfG ZKJ 2013, 120
75 BGH FamRZ 2010, 1060
76 BVerfG FamRZ 2009, 1389; ausführlich zum Kindeswillen: Staudinger/*Rauscher* § 1684 BGB, Rn. 285 ff
77 BVerfG FamRZ 2007, 1797; KG FamRZ 2013, 709
78 Staudinger/*Rauscher*, § 1684 BGB Rn. 286
79 OLG Saarbrücken ZKJ 2011, 178
80 BVerfG, Beschl. v. 25.4.2015, 1 BvR 3326/14 – juris.de –; BVerfG FamRZ 2008, 1737
81 OLG Bremen NZFam 2014, 914 (Beachtlichkeit des Kindeswillens von 13 und 15 Jahre alten Kindern für einen Umgangsausschluss)
82 Staudinger/*Rauscher* § 1684 BGB, Rn.285
83 BVerfG, Beschl. v. 25.4.2015, 1 BvR 3326/14 – juris.de –; BVerfG FamRZ 2013, 361: maßgeblicher Kindeswille eines 12 Jahre und 3 Monate alten Kindes; KG, Beschl. v. 20.6.2014, 3 UF 159/12, zitiert nach juris.de: ablehnender Kindeswille eines 15-jährigen; OLG Koblenz, Beschl. v. 3.6.2014 – 13 UF 177/14, juris.de: beachtlicher Kindewille eines 11-Jährigen; KG FamRZ 2013, 709f: 12 und 14 Jahre alte Kinder fähig zur eigenen Willensbildung, der zu beachten ist; OLG Brandenburg NJW-RR 2010, 301: ab dem 12. Lebensjahr
84 KG FamRZ 2013, 709f; BVerfG ZKJ 2013, 120: „konstant und wiederholt geäußerter Wille"
85 Zur berechtigten Kritik am sog. PAS-Konstrukt siehe insbesondere *Fegert* ZKJ 2013, 190; HB-VB/*Fegert* Rn.713ff: („…beziehungsdynamisches Erklärungsmodell aber keine operationalisierbare Diagnoseerstellung"). Die Aufnahme von PAS als diagnostizierbares, psychiatrisches Störungsbild in dem Klassifikationssystem DMS wurde 2013 von der American Psychiatric Association endgültig abgelehnt.
86 BVerfG, Nichtannahmebeschluss vom 13. Juli 2005 – 1 BvR 1245/05 –, juris; BVerfG FamRZ 2001, 1057
87 Vgl. BGH FamRZ 1985, 169, 170; 2010, 1060

vom umgangsbegehrenden Elternteil vorgetragen wird, sollte hier besonders sorgfältig geprüft werden, ob die **Verweigerung nicht auf einem eigenen Erleben** des Kindes und nachvollziehbaren Gründen, wie z.B. erlebte Gewalt, Lieblosigkeit, Angst, offene Ablehnung des betreuenden Elternteils beruht, die die Weigerung nachvollziehbar und beachtlich erscheinen lassen.[88]

Bei der Beurteilung des Kindeswillens in Umgangsverfahren ist zu beachten, dass sich die betroffenen Kinder häufig in einem Loyalitätskonflikt befinden. Sie wissen, dass ihre beiden verstrittenen Elternteile jeweils eine für sich „günstige" Antwort des Kindes erwarten und das Kind möchte keinem Elternteil „weh tun". Dieser Umstand sollte nicht nur bei der Durchführung der Kindeswohlanhörung (siehe hierzu *Heilmann*, § 159 FamFG, Rn. 17 ff.) sondern auch bei der Einordnung des Ergebnisses der Kindesanhörung, beachtet werden. **33**

4. Modalitäten des Umgangs

a. Häufigkeit und Dauer der Umgangskontakte

War der betreuende Elternteil bereits während des Zusammenlebens der Eltern die Hauptbezugsperson des Kindes, arbeitet der umgangsberechtigte Elternteil ganztägig, ohne die Möglichkeit freier Zeiteinteilung, besteht eine gute Beziehung zwischen Kind und umgangsberechtigten Elternteil und handelt es sich nicht mehr um ein Kleinkind, so spricht dies in der Praxis häufig für einen **vierzehntätigen Umgang am Wochenende** mit zwei Übernachtungen.[89] Um auch dem betreuenden Elternteil die Gelegenheit zu geben, Freizeit (oder sog. „quality time") mit dem Kind zu verbringen, scheidet ein Umgang an jedem Wochenende regelmäßig aus.[90] **34**

Oftmals kann es geboten sein, dem Umgangsberechtigten noch einen **zusätzlichen Nachmittag in der Woche** Umgang zu gewähren,[91] insbesondere in der Woche, in der am folgenden Wochenende kein Umgang stattfindet. Das setzt allerdings voraus, dass der Umgangselternteil zeitlich und im Hinblick auf seine Erwerbstätigkeit flexibel ist. Grundsätzlich sollte der Umgangsberechtigte die **Freizeitbeschäftigungen des Kindes berücksichtigen**. Es entspricht nicht dem Kindeswohl, wenn die Umgänge „auf Kosten" von Schul- und Sportveranstaltungen, Geburtstagseinladungen und Hausaufgaben gehen, auch wenn der Umgangsberechtigte grundsätzlich frei in der Gestaltung der Umgangskontakte ist (siehe näher hierzu *Gottschalk*, § 1687a BGB Rn. 2). Umgekehrt spricht nichts gegen die Wahrnehmung solcher Veranstaltungen durch den Umgangsberechtigten. Funktioniert dies problemlos, bestehen also zwischen den Eltern keine größeren Konflikte und war der umgangsberechtigte Elternteil auch schon vor der Trennung in die Betreuung involviert, spricht mithin nichts gegen eine **Ausweitung des vierzehntägigen Wochenendumgangs**. Sind die Eltern hingegen sehr zerstritten, sollte insbesondere von einer gemeinsamen Wahrnehmung von Veranstaltungen und sehr weitreichenden Umgangskontakten (zum Wechselmodell siehe oben Rn. 11) jedoch abgesehen werden, um den Kinder Stress zu ersparen. **35**

Bei sehr jungen **Kindern (unter sechs Jahren)** empfehlen sich im Hinblick auf deren Zeitempfinden häufigere, aber **kürzere Umgänge**.[92] Um einen Bindungsabbruch zur Hauptbezugsperson zu vermeiden, muss gerade bei Säuglingen auf kürzere, möglicherweise zunächst in Gegenwart der Bezugsperson durchzuführende, und häufige (mindestens wö- **36**

---

88 Hierzu *Peschel-Gutzeit*, NZFam 2014, 433, 437
89 OLG Brandenburg FamRZ 2002, 974
90 OLG Zweibrücken FamRZ 1997, 45
91 OLG Hamm NZFam 2014, 912
92 OLG Brandenburg FamRZ 2014, 1792; AG München DAVorm 1999, 310; AG Saarbrücken FamRZ 2003, 111

chentliche) Umgangskontakte geachtet werden, sofern der Umgangsberechtigte nicht (mehr) eine enge Bezugsperson ist (siehe nächste Rn.).[93]

37 Leidet das Kind an einer (schweren) **Erkrankung** (z.B. an Autismus), so ist dieser Umstand besonderes zu berücksichtigen, ebenso, wenn es regelmäßig Medikamente nehmen muss.

38 Insbesondere ist für Kinder die **Vorhersehbarkeit und Verlässlichkeit** der Umgangskontakte wichtig. Jede Umgangsregelung sollte deshalb nur das vom Umgangsberechtigten „erfüllbare" beinhalten. **Bei älteren Kindern und Jugendlichen** steht im zunehmenden Maße der Kontakt zu Gleichaltrigen im Vordergrund und eine allzu starre Umgangsregelung, die den Jugendlichen in seinem Freizeitverhalten stark beschränkt, wird nicht mehr dessen Wohl dienen.

b. Übernachtungen

39 **Regelmäßige Übernachtungen** gehören zum Umgang dazu, da ihnen hinsichtlich der Teilhabe am Leben des nicht betreuenden Elternteils eine wesentliche Bedeutung zukommt.[94] Übernachtungen entsprechen **grundsätzlich dem Kindeswohl**, ihr Ausschluss bedarf deshalb einer besonderen Rechtfertigung.[95] Dieser ist gleichwohl nur dann an den Voraussetzungen des § 1684 Abs. 4 BGB zu messen, wenn der Ausschluss aufgrund der großen räumlichen Distanz zwischen dem Wohnort des Kindes und dem umgangsberechtigten Elternteil einer Umgangsbeschränkung gleich kommt.[96]

Auch bei der Frage, ab welchem Alter Übernachtungen in Betracht kommen, verbietet sich jede schematische Betrachtungsweise, grundsätzlich sind aber Übernachtungen **in jedem Alter möglich**.[97] Es wird auf die Bindung zum Umgangselternteil ebenso wesentlich ankommen, wie ggfl. auf die Fähigkeit eines Elternteils zur Betreuung eines Säuglings, auf das Konfliktpotential der Eltern[98] sowie die Bereitschaft eines älteren Kindes, auch außerhalb des gewohnten Umfeldes zu übernachten.[99] Es gibt keinen Grundsatz, nach dem ein Umgang mit Übernachtungen bei Kindern im Vorschulalter generell ausgeschlossen sein soll.[100] Auch die Übernachtung eines noch von der Mutter gestillten Kindes scheidet nicht von vornherein aus,[101] sie steht allerdings unter der Bedingung, dass eine enge Bindung zum Vater besteht, weil er bis dato als regelmäßige, enge Bezugsperson (z.B. durch Übernahme von Elternzeit) zur Verfügung stand (vgl. vorstehende Rn.).

c. Ferien

40 Es entspricht grundsätzlich dem Wohl des Kindes, auch einen Teil der Ferien – **in der Regel die Hälfte der gesetzlichen Schulferien**[102] – mit dem nichtbetreuenden Elternteil zu

---

93 *Kindler*, FPR 2013, 194, 196 weist darauf hin, dass Säuglinge und Kleinkinder jenseits des sechsten bis achten Lebensmonats bereits auf kurze Abwesenheiten ihrer Bindungspersonen, also nicht allzu schwerwiegende Trennungen, mit Belastung reagieren.

94 vgl. hierzu ausführlich *Horndasch*, NZFam 2014, 884, 885

95 BVerfG FamRZ 2007, 105; OLG Saarbrücken ZKJ 2013, 218

96 OLG Saarbrücken ZKJ 2013, 218

97 OLG Saarbrücken ZKJ 2013, 218; OLG Zweibrücken FamRZ 2009, 134; OLG Frankfurt FamRZ 2002, 978

98 Studien belegen, dass der Erfolg von Übernachtungen im Alter bis zu 3 Jahren wesentlich davon abhängt, wie gut die Eltern miteinander kooperieren: *Ulrich*, NZFam 2014, 889, 890

99 OLG Frankfurt FamRZ 2002, 978

100 OLG Nürnberg FamRZ 2010, 741; vgl. auch BVerfG FamRZ 2007, 105

101 OLG Brandenburg FamRZ 2010, 1352: Mutter kann Milch abpumpen. Dabei darf aber nicht unbedacht bleiben, dass Kinder zwischen dem 6. und dem 24. Monat ihre Bindungen zu ihren Bezugspersonen festigen und es ihnen deshalb oftmals schwer fällt, sich von ihren Hauptbezugspersonen zu trennen, während ihnen die Trennung im Alter von 2 bis 3 Jahren wieder leichter fällt, wobei aus psychologischer Sicht geteilte Meinungen dazu bestehen, ob Kinder in diesem Alter von Übernachtungen profitieren können: *Ulrich*, NZFam 2014, 889, 890 m.w.N.

102 *Horndasch* NZFam 2014, 884, 886; s.a. Fn. 105, 147

verbringen.[103] In diesen Ferien kann der Umgangsberechtigte auch mit dem Kind in das europäische Ausland **verreisen**,[104] ohne dass es der vorherigen Zustimmung des anderen Elternteils bedürfte. Etwas anderes kann bei **Fernreisen** gelten, denn dies ist eine Frage des § 1687 Abs. 1 Satz 1 BGB (siehe *Gottschalk*, § 1687 BGB, Rn. 6). Umgekehrt dürfen Ferienumgänge nicht mit der Begründung abgelehnt werden, der Umgangsberechtigte verreise ohnehin nicht mit dem Kind. Wenn die Betreuung des Kindes geregelt ist, spricht nichts gegen den Aufenthalt beim umgangsberechtigten Elternteil, auch wenn er in dieser Zeit seiner Berufstätigkeit nachgehen muss. Wie auch bei den periodischen Umgangskontakten obliegt dem umgangsberechtigten Elternteil die **Ausgestaltung des Ferienumgangs**, der jedoch verpflichtet ist, den betreuenden Elternteil über seine Reisepläne zu informieren.[105] Ferienregelungen setzen allerdings voraus, dass das Kind eine solche längere Trennung von seiner Hauptbezugsperson schon verkraften kann (siehe oben Rn. 36) Auch die Aufteilung der Ferien bedarf einer konkreten Regelung, insbesondere zu Beginn und Ende des Ferienumgangs. Die Formulierung „die Hälfte der gesetzlichen Schulferien des Landes … " erfüllt diese Voraussetzungen nicht.

41 Ggf. ist in einer Umgangsregelung klarzustellen, dass auch der Elternteil, bei dem das Kind seinen Lebensmittelpunkt hat, zu Urlaubsreisen mit dem Kind berechtigt ist. In diesen Zeiten kommt freilich eine Festsetzung von Ordnungsgeld wegen Nichtgewährung des regelmäßigen Umgangs nicht in Betracht

▶ *Zum Verhältnis verschiedener Umgangskonstellationen siehe unten Rn. 43.*

d. Feiertage, Geburtstag, einmalige Feste

42 In der Praxis ist es noch immer üblich, den Umgangsberechtigten auf den **2. Feiertag** der hohen christlichen Feiertage zu verweisen. Nimmt auch der umgangsberechtigte Elternteil einen großen Teil der Betreuung wahr, so erscheint es durchaus kindeswohlgerecht, dass das Kind Weihnachten und Ostern **im jährlichen Wechsel** bei jeweils einem Elternteil vollständig verbringt,[106] was auch die Wahrnehmung von Urlaubsfahrten ermöglicht. Auch der **Geburtstag** kann im jährlichen Wechsel alternierend beim betreuenden und nicht betreuenden Elternteil gefeiert werden,[107] außer das Kind möchte den Tag mit Freunden feiern und dies ist nur beim betreuenden Elternteil möglich. **Einmalige Feste** wie Einschulung, Kommunion oder Konfirmation sollten mit dem betreuenden Elternteil verbracht werden,[108] wobei die Teilnahme des Umgangsberechtigten nur dann im Sinne des Kindeswohls sein kann, wenn die Eltern in der Lage sind, bei diesen Festen keine Konflikte vor dem Kind auszutragen.

43 Insgesamt **überlagern die Ferienkontakte die periodischen Umgangskontakte** und **die Feiertage**; die **Feiertage die periodischen Umgangskontakte**. Sind die Eltern nicht kommunikationsfähig, empfiehlt sich eine detaillierte Regelung, die alle Umgangskonstellationen aufeinander abstimmt.

e. Holen und Bringen

44 Grundsätzlich ist es Sache des **Umgangsberechtigten**, das **Kind abzuholen und zurückzubringen**.[109] Etwas anderes ist anzunehmen, wenn die **Wohnorte** der Eltern **weit auseinander liegen**, insbesondere wenn der betreuende Elternteil durch Wegzug diese

---

103 OLG Frankfurt ZKJ 2007, 495
104 BVerfG FamRZ 2010, 109
105 *Horndasch* NZFam 2014, 884, 887
106 OLG Hamm, NZFam 2014, 912; *Horndasch*, NZFam 2014, 884, 887
107 *Horndasch*, NZFam 2014, 884, 887; HB-VB/*Dürbeck*, Rn. 560
108 *Völker/Clausius*, § 2 Rn. 87
109 OLG Hamm FamRZ 2004, 560

Distanz selbst geschaffen hat.[110] Dann kann der **betreuende Elternteil verpflichtet** sein, sich am Holen und Bringen **zu beteiligen**, siehe oben Rn. 22.

45 Bei **Kindern ab dem Grundschulalter** ist auch an die Bewältigung der Distanz mit dem **Flugzeug oder der Bahn** zu denken, zunächst mit Begleitservice, der von zahlreichen Fluglinien und der Bahn angeboten wird. Einwände des betreuenden Elternteils, das Kind könne nicht allein reisen, sind zu beachten und sorgfältig zu prüfen.[111] Einwendungen pauschaler Art, die sich nicht an den Belangen des einzelnen Kindes orientieren, sind jedoch untauglich. In den USA etwa ist die Inanspruchnahme eines Begleitservices mit Blick auf die dortigen weiten Distanzen gängige Praxis.

46 Der betreuende Elternteil ist verpflichtet, das Kind zum vereinbarten Termin **bereit zu halten bzw. ggf. zum vereinbarten Ort zu bringen** sowie es vorher **positiv auf den Umgang einzustimmen**. Zum Ende der vereinbarten Umgangskontakte muss er das Kind am vereinbarten Ort (in der Regel seinem Wohnort) **wieder in Empfang** nehmen. Die Aufnahme dieser Modalitäten ist zwar nicht Voraussetzung für die Vollstreckungsfähigkeit der Umgangsregelung,[112] sie sollten aber zur Vermeidung von weiteren Streitigkeiten in die Regelung aufgenommen werden. Wurde dem Umgangsberechtigten ein **Näherungsverbot (§ 1 GewSchG)** gegenüber dem Umgangsverpflichteten und dessen Wohnung erteilt, so müssen die Kindesübergaben unter Berücksichtigung dessen geregelt werden, bspw. durch **Einschaltung einer dritten Person**.[113] Freilich ist hier auch (von Amts wegen) zu prüfen, ob und inwieweit der Umgang mit dem Kind zu beschränken ist (hierzu unten Rn. 72, 78).

f. Umgangsort, Wohnverhältnisse

47 Der Umgangsberechtigte darf das Kind grundsätzlich **zu sich nehmen**, denn das Kind soll am Leben des anderen Elternteils in natürlicher Weise teilhaben.[114] Die Vorhaltung eines eigenen Zimmers ist keine Voraussetzung für Besuchskontakte, auch nicht wenn Übernachtungen erfolgen. Selbst **beengte und ungünstige Wohnverhältnisse** (fehlendes Kinderbett, Schlafcouch, Zigarettenrauch) schließen Umgangskontakte mit Übernachtungen nicht aus.[115] Wenn ein älteres Kind oder der Jugendliche die Übernachtungen ablehnt, weil er gezwungen wäre, im Bett des Elternteils zu schlafen, ist dies ein ausreichender Grund für die Ablehnung von Übernachtungen. In Ausnahmefällen kann der **Wohnort des Kindes** als Umgangsort festgelegt werden, z.B. zum Zwecke der Anbahnung, bei transportunfähiger Erkrankung[116] oder bei einem Säugling.[117]

g. Umgang über größere räumliche Distanzen[118]

48 Der Umstand, dass der umgangsberechtigte Elternteil weit entfernt vom Wohnort des Kindes lebt, ist selbstverständlich kein Ausschlussgrund für den Umgang, sondern muss vielmehr bei der Ausgestaltung des Umgangs beachtet werden.[119] In Betracht kommen – abhängig von der Entfernung – **monatliche Umgangskontakte, jeweils von Donnerstag**

---

110 BVerfG FamRZ 2002, 809
111 Ausführlich zu den Fähigkeiten des Kindes allein zu reisen aus entwicklungspsychologischer Sicht: *Ulrich*, NZFam 2014, 889 ff.
112 BGH FamRZ 2012, 533
113 HB-VB/*Dürbeck* Rn. 563
114 OLG Koblenz FamRZ 2009, 133, 134 mwN
115 KG FamRZ 2011, 825
116 BVerfG FamRZ 2005, 429
117 AG Eschwege FamRZ 2001, 1162
118 Zu den psychologischen Aspekten: *Ulrich*, NZFam 2014, 889ff
119 OLG Bremen NJW-RR 2011, 1084: Umgang mit einem in sein Heimatland abgeschobenen Vater

bis **Montag**,[120] oder **ausgedehnte Ferienkontakte**.[121] Der Umgangsort kann dann auch an einem anderen Ort als dem Wohnort des umgangsberechtigten Elternteils stattfinden, etwa am Wohnort des Kindes in einer Ferienwohnung oder bei in der Nähe lebenden Angehörigen oder Freunden.

Die **Verweigerung von Übernachtungen** kommt im Falle einer großen räumlichen Distanz einer **Umgangsbeschränkung** gleich, die sich nach § 1684 Abs. 4 Satz 1 BGB bemisst (siehe Rn. 39).[122] Das gilt ebenso für die Verweigerung von Ferienumgängen, die bei sehr großen Distanzen, die einzige Möglichkeit darstellen, die Beziehung zwischen Kind und Elternteil aufrecht zu erhalten, oder die Akzeptanz von (für jüngere Kinder begleitete) Flug- oder Bahnreisen (siehe Rn. 45). **49**

h. Beisein Dritter

Ein **Ausschluss dritter Personen** von der Anwesenheit bei der Ausübung des Umgangsrechts kommt nur ausnahmsweise in Betracht. Praxisrelevant ist hier das Ansinnen des betreuenden Elternteils, den **neuen Partner** oder die **Großeltern** von der Anwesenheit auszuschließen. Dies kommt allenfalls dann in Betracht, wenn das Kindeswohl eine solche Anordnung erfordert.[123] Ggf. sind insoweit eigene Umgangsrechte von Dritten zu prüfen (vgl. § 1685 BGB). **50**

i. Telefon, E-Mail, Skype etc.

Der Umgang nach § 1684 Abs. 1 BGB umfasst auch die **sog. Umgangsurrogate**, nämlich die nicht persönliche Kontaktaufnahme per **Telefon, E-Mail, SMS, Skype, WhatsApp** oder **Briefkontakt**. Bei Telefonkontakten ist als ständiger Konfliktherd Zurückhaltung geboten, denn sie erfordern mitunter eine große Organisationsleistung und viele Kinder sind spontan nicht willens, ausführliche Telefonate zu führen. Selbstverständlich darf mit Blick auf § 1684 Abs. 2 BGB keines der genannten Medien dazu genutzt werden, das Kind negativ zu beeinflussen. **51**

j. Nachholtermine

Um (absehbare) Streitigkeiten über **ausgefallene Umgangskontakte** zu vermeiden, empfiehlt sich die Aufnahme einer entsprechenden Regelung in den Beschlusstenor. Dabei kann auch geregelt werden, dass ausgefallene Kontakte nicht nachgeholt werden sollen und/oder, dass der den Umgang entfallen lassen Elternteil einen Nachweis für die Verhinderung (z.B. **ärztliches Attest**) erbringt. Der **Umgangspfleger** kann eigenmächtig nicht gegen den Willen beider Elternteile Nachholtermine anordnen (siehe Rn. 59). **52**

k. Kosten des Umgangs

Grundsätzlich ist es die Pflicht des **Umgangsberechtigten** die Kosten des Umgangs (Fahrgeld, Verpflegung) zu tragen. Im Mangelfall können die Kosten jedoch beim **Kindes- und Ehegattenunterhalt** berücksichtigt werden.[124] Bei größeren räumlichen Distanzen kann auch der andere Elternteil zu einer **Mitübernahme der Kosten** verpflichtet werden.[125] Zudem hat der Umgangsberechtigte das Recht auf Leistungen nach dem **SGB II**.[126] **53**

---

120 OLG Brandenburg BeckRS 2013, 18142, dann nur bei noch nicht schulpflichtigen Kindern
121 *Kretzschmar*, NZFam 2014, 893, 894
122 OLG Saarbrücken ZKJ 2013, 228
123 OLG Nürnberg FamRZ 1998, 976; Staudinger/*Rauscher* § 1684 BGB Rn. 78; a.A. OLG Köln FamRZ 1982, 1236
124 BGH FamRZ 2005, 706, 708; OLG München FamRZ 2008, 1945
125 OLG Nürnberg NJW-RR 2014, 644; OLG Dresden FamRZ 2005, 927
126 Ausführlich hierzu: *Jansen*, FPR 2009, 144

Tenorierungsbeispiel für eine Umgangsregelung gem. § 1684 Abs. 3 Satz 1 BGB

1. Der Vater hat das Recht und die Pflicht auf Umgang mit der Tochter X... wie folgt:

a) alle 2 Wochen von Freitagnachmittag, 15.00 Uhr bis Sonntagnachmittag, 17.00 Uhr, erstmals in der Zeit vom 14. bis 16.3.2014.

b) in den geraden Kalenderjahren jeweils in der erste Hälfte der gesetzlichen Schulferien des Bundeslandes und zwar jeweils beginnend montags nach dem letzten Schultag um 10.00 Uhr und endend bei zweiwöchigen Ferien am darauf folgenden Sonntag, bei dreiwöchigen Ferien jeweils am übernächsten Mittwoch und bei den sechswöchigen Sommerferien am dritten Sonntag nach Beginn des Ferienumgangs, jeweils um 17.00 Uhr, sowie

c) in den ungeraden Kalenderjahren jeweils in der zweiten Hälfte der gesetzlichen Schulferien des Bundeslandes, beginnend bei zweiwöchigen Ferien jeweils am zweiten Montag nach dem letzten Schultag, 10.00 Uhr und endend am darauffolgenden Sonntag, 17.00 Uhr; bei dreiwöchigen Ferien beginnend am 2. Mittwoch nach dem letzten Schultag, 10.00 Uhr und endend am übernächsten Sonntag; in den Sommerferien beginnend am vierten Sonntag nach dem letzten Schultag, 10.00 Uhr und endend am Sonntag vor Schulbeginn, 17.00 Uhr.

2. Der Vater holt das Kind ab. Die Mutter übergibt das Kind dem Vater zu Beginn des jeweiligen Umgangs pünktlich am Wohnsitz der Mutter. Am Ende der jeweiligen Umgangszeiten bringt der Vater das Kind pünktlich zur Mutter zurück, die das Kind entgegennimmt.

3. Fällt ein Besuchskontakt wegen Erkrankung des Kindes aus, tritt anstelle des ausgefallenen Besuchskontaktes das darauffolgende Wochenende. Der Umgangsturnus verschiebt sich hierdurch nicht.

4. Beide Elternteile werden darauf hingewiesen, dass im Fall der Zuwiderhandlung gegen die sich aus diesem Beschluss ergebenden Verpflichtungen ein Ordnungsgeld in Höhe von bis zu 25.000,00 Euro und für den Fall, dass dieses nicht beigetrieben werden kann oder dessen Anordnung keinen Erfolg verspricht, Ordnungshaft bis zu sechs Monaten angeordnet werden kann.

54 Die beteiligten Kindeseltern können aufgrund ihrer Elternautonomie und unterhalb der Schwelle der Kindeswohlgefährdung einvernehmlich von einer gerichtlichen Umgangsregelung abweichen. Wollen sie eine Änderung der bestehenden Regelung, kommt eine Abänderung in Betracht, sofern die Voraussetzungen des § 1696 BGB gegeben sind.

▶ *Näher hierzu Gottschalk, § 1696 BGB Rn. 4 ff.*

5. Anordnungen zur Erfüllung der Wohlverhaltenspflicht, Abs. 3 Satz 2

55 In der Praxis am häufigsten zur Anwendung kommt das in einen gerichtlich gebilligten Vergleich oder einen Beschluss aufgenommene **Verbot an die Eltern**, im Beisein des Kindes **den anderen Elternteil schlecht zu machen**. In Betracht kommen aber auch **folgende Ge- und Verbote**:

• Bereithaltung des Kindes zur Besuchszeit mit den notwendigen persönlichen Gegenständen,

- Gebot, das Kind an einen bestimmten Ort zu bringen um es dort an den Umgangsberechtigten oder einem Verkehrsmittel zu übergeben (siehe oben Rn. 44 ff.),
- Verbot, mit dem Kind bestimmte Themen zu erörtern.

Es bedarf keines konkreten Antrages eines Elternteils.[127] Die Anordnung durch familiengerichtlichen Beschluss kann dann nach § 89 FamFG vollstreckt werden.[128] **56**

▶ *Ausführlich zum Inhalt der Wohlverhaltenspflicht siehe Rn. 18 ff. und zu Sanktionen bei Verletzung der Wohlverhaltenspflicht Rn. 26, 27, 57.*

6. Umgangspflegschaft, Abs. 3 Satz 3 bis 6

Nach § 1684 Abs. 3 Satz 3 BGB kann eine **Umgangspflegschaft** angeordnet werden. Auf **57** den Umgangspfleger sind die für den Pfleger nach §§ 1909 ff. BGB geltenden Vorschriften entsprechend anwendbar.[129] Voraussetzung ist eine **dauerhafte und wiederholte Verletzung der Wohlverhaltenspflicht nach § 1684 Abs. 2 BGB.** Die hohe Schwelle der Kindeswohlgefährdung muss nicht erreicht sein, anders bei § 1685 BGB (siehe *Gottschalk*, § 1685 BGB, Rn. 22) oder beim vollständigen Entzug des Umgangsbestimmungsrechts nach § 1666 BGB in einem (parallelen) Sorgerechtsverfahren (siehe unten Rn. 62, 63). Im Umfang des Bestehens der Umgangspflegschaft wird die elterliche Sorge eingeschränkt (vgl. § 1630 Abs. 1 BGB). Mit Blick auf den hiermit verbundenen Sorgerechtseingriff und die entstehenden – mitunter erheblichen – Kosten, kann allerdings **nicht jede Schwierigkeit**, die im Zusammenhang mit der Ausübung von Umgangskontakten auftaucht, zum Anlass genommen werden, um eine Umgangspflegschaft einzurichten.[130] Auch der Umstand, dass die Sachverständige, der Verfahrensbeistand, das Jugendamt und die Eltern mit ihrer Einrichtung einverstanden sind, entbindet das Gericht nicht von der Pflicht zur Prüfung, ob die tatsächlichen und rechtlichen Voraussetzungen des § 1684 Abs. 3 Satz 3 BGB erfüllt sind.[131]

Dem Umgangspfleger obliegt die Aufgabe, den **Aufenthalt des Kindes für die Dauer** **58** **des Umgangs zu bestimmen**. Er hat zudem das Recht, **die Herausgabe des Kindes zur Durchführung des Umgangs** zu verlangen, wobei er im Falle der Weigerung nicht selbst unmittelbaren Zwang anwenden darf. Die Anordnung **unmittelbaren Zwangs** ist dem Familiengericht vorbehalten, jedoch kann er dort ein solches Verfahren anregen. Der Umgangspfleger bestimmt die **konkrete Ausgestaltung** des Umgangs, also **Ablauf und Inhalt** und bereitet diesen vor. Er ist bei der **Übergabe** zugegen und bei der **Rückgabe**.[132] Die Umgangspflegschaft sichert den Umgang also **„organisatorisch ab"**.[133]

Der Umgangspfleger ist **nicht** befugt, den Umgang nach Ort, Zeit und Umfang selbst zu **59** regeln, dies bleibt dem Gericht vorbehalten, welches auch keine entsprechende Befugnis aussprechen darf.[134] Das Gebot, den Umgang **konkret zu regeln** gilt auch dann, wenn ein Umgangspfleger eingesetzt wird, da diesem vom Gesetz **nicht die Kompetenz** einer **eigenständigen Regelungsbefugnis** eingeräumt wurde.[135] Nach hier vertretener Auffassung darf der Umgangspfleger deshalb auch **keine Nachholtermine** festlegen,[136] da

---

127 OLG Karlsruhe FamRZ 2005, 633
128 OLG Brandenburg FamRZ 2005, 2011 zu § 33 FGG
129 OLG Stuttgart ZKJ 2012, 491, Staudinger/*Rauscher*, § 1684 BGB R. 110c
130 OLG Saarbrücken, Beschl. v. 28.1.2015, 6 UF 145/14, zitiert nach juris.de; ZKJ 2014, 75
131 OLG Saarbrücken ZKJ 2014, 75
132 *Zivier*, ZKJ 2010, 306
133 OLG Celle, ZKJ 2011, 182
134 OLG Hamm ZKJ 2014, 393; OLG Frankfurt FamRZ 2013, 1824
135 OLG Hamm ZKJ 2014, 393
136 *Völker/Clausius*, § 2 Rn. 42; a.A. OLG Hamm ZKJ 2014, 393, unklar die Gesetzesbegründung, BT-Drucks. 16/6308, 345: „....über die Umgangsmodalitäten (Ort des Umgangs, Ort der Übergabe des Kindes, dem Kind mitzugebende Kleidung, Nachholtermine etc.)...."

dies eine Regelung zur Zeit und Häufigkeit darstellt. Wird eine Umgangspflegschaft angeordnet, ohne zugleich die konkreten Einzelheiten wie Art, Zeit und Häufigkeit des Umgangs festzulegen, dann ist die Entscheidung aufzuheben und das Verfahren gem. § 69 Abs. 1 FamFG an das Familiengericht zurückzuverweisen, da es sich um eine verdeckte Teilentscheidung handelt, die zur Zurückverweisung berechtigt.[137]

60 Die Umgangspflegschaft muss **befristet** werden (§ 1684 Abs. 3 Satz 5 BGB). Die Dauer richtet sich nach den Umstanden des Einzelfalls, insbesondere nach der Intensität der Schwierigkeiten. Nach Ablauf der Frist kann eine neue – befristete – Umgangspflegschaft beantragt werden.[138] Es handelt sich dann um ein neues Umgangsverfahren.[139] Die Anordnung hängt nicht davon ab, dass zuvor die Vollstreckung[140] einer Umgangsregelung versucht oder ein Vermittlungsverfahren durchgeführt wurde. In den meisten Fällen wird die Umgangspflegschaft zusammen mit einer Umgangsregelung angeordnet.

61 Die **Vergütung** des Umgangspflegers richtet sich nach § 1684 Abs. 3 Satz 6 BGB i.V.m. § 277 FamFG i.V.m. §§ 1835, 1836 BGB und erfolgt nur dann, wenn die Umgangspflegschaft berufsmäßig geführt wird. Die Frage, ob der Umgangspfleger die Pflegschaft **berufsmäßig** führt, ist nach dem Wortlaut des § 1836 BGB **„bei der Bestellung"** des Pflegers zu klären.[141] Eine nachträgliche Feststellung der Berufsmäßigkeit mit Rückwirkung kommt daher – auch bei versehentlicher Unterlassung – grundsätzlich nicht in Betracht.[142] Der Bestellungsbeschluss ist in § 1915 Abs. 1 Satz 1 i.V.m. § 1789 BGB geregelt, erfolgt per Handschlag durch den Rechtspfleger, setzt mithin die persönliche Anwesenheit des Umgangspflegers voraus und ist von der richterlichen Anordnung in einem Umgangsbeschluss zu trennen.[143] Jedoch kann der Richter selbst die Bestellung vornehmen.[144] Der Umgangspfleger sollte in jedem Fall darauf achten, dass er vor der Entfaltung erster Tätigkeiten förmlich bestellt wurde und dass die Vergütung gem. § 1835 Abs. 1 Satz 3 BGB binnen einer Ausschlussfrist von fünfzehn Monaten nach ihrer Entstehung geltend zu machen ist. Für die Tätigkeiten vor der förmlichen Bestellung kann eine Vergütung nicht verlangt werden.[145] Nicht vergütungsfähig ist eine Begleitung des Umgangs, wenn dies vom Familiengericht nicht angeordnet wurde (siehe hierzu auch unten Rn. 64, 75).[146]

62 Soll der **Umgang vollständig** (also auch die Entscheidung des Ob, Wann, Wie und Wo des Umgangs) **durch eine Dritte Person geregelt werden**, dann muss das Umgangsbestimmungsrecht den Sorgeberechtigten entzogen und auf einen **Ergänzungspfleger nach § 1909 BGB**[147] übertragen werden. Das setzt allerdings voraus, dass eine Kindeswohlgefährdung nach § 1666 BGB bejaht werden kann.[148] Nach zutreffender Auffassung ist für die Ergänzungspflegschaft nach § 1909 BGB neben der Umgangspflegschaft nach

---

137 OLG Frankfurt FamRZ 2013, 1824; OLG Hamm FamRZ 2013, 310
138 OLG Hamm NJW-RR 2011, 150
139 A.A. OLG Zweibrücken, Beschl. v. 27.8.2014 – 2 AR 14/14, juris.de: Verlängerung der Umgangspflegschaft im Ausgangsverfahren mit fortdauernder Zuständigkeit nach § 2 Abs. 2 FamFG
140 *Völker/Clausius*, § 2 Rn. 44
141 BGH FamRZ 2014, 1283
142 BGH FamRZ 2014, 1283
143 OLG Hamm ZKJ 2014, 78; OLG Saarbrücken ZKJ 2012, 33
144 OLG Saarbrücken ZKJ 2012, 33
145 *Menne*, ZKJ 2010, 245
146 KG ZKJ 2012, 492
147 OLG Frankfurt, Beschl. v. 26.3.2015, 4 UF 145/14; in dieser Konstellation bezeichnet als „Umgangsbestimmungspfleger": *Heilmann* FamRZ 2014, 1753 oder „Anbahnungspfleger": *Obermann* NZFam 2014, 976
148 OLG Frankfurt ZKJ 2015, 154; NJW-RR 2009, 4; *Obermann* NZFam 2014, 976

wie vor Raum. Ihre Einrichtung ist – bei Vorliegen einer Kindeswohlgefährdung – rechtlich nach wie vor möglich[149] und praktisch notwendig.[150]

Übersicht: Umgangspflegschaft[151]

63

	Umgangspflegschaft	Umgangsbestimmungspflegschaft
1. **Gerichtliches Verfahren**	Amtsverfahren zum Umgang (§ 1684 BGB)	Amtsverfahren zur elterlichen Sorge (§ 1666 BGB)
2. **Voraussetzungen**	Verstoß gegen Wohlverhaltens-klausel (dauerhaft und wiederholt)	Kindeswohlgefährdung (= „höhere" Schwelle)
3. **Befugnisse**	Setzt (lediglich) vorhandene und konkrete familiengerichtliche Umgangsregelung um (Ort, Art, Umfang, Zeit), darf Herausgabe verlangen und für die Dauer des Umgangs den Aufenthalt bestimmen.	Darf eigenständig (auch) die Umgangs-zeiten (Häufigkeit und Dauer) regeln (= „mehr" Befugnisse).
4. **Beschluss**	Anordnung ist zu befristen (§ 1684 Abs. 3 Satz 5 BGB). Tenor: „Die Kindesmutter ist verpflichtet, dem Kindesvater Umgang mit dem gemeinsamen Kind …, wie folgt, zu gewähren: … Es wird Umgangs-pflegschaft für die Dauer eines Jahres angeordnet. Zur/Zum (berufs-mäßigen) Umgangspfleger/in wird bestellt …"	Unbefristet möglich, jedoch in angemessenen Zeitabständen zu überprüfen (§ 166 Abs. 2 FamFG) Tenor: „Den Kindeseltern wird das Recht zur Regelung des Umgangs des Kindes … entzogen. Zur/Zum (berufsmäßigen) Ergänzungspfleger/in wird insoweit … bestellt."
5. **Anfechtbarkeit**		
a) **Hauptsache**	§§ 58 ff. FamFG	§§ 58 ff. FamFG
b) **einstweilige Anordnung**	Unanfechtbar[1]	Sofortige Beschwerde, soweit aufgrund mündlicher Erörterung ergangen (§ 57 Satz 2 Nr. 1 FamFG)

[1] Siehe nur OLG Celle FamRZ 2011, 574 = ZKJ 2011, 182; a.A. *Völker/Clausius*, S. 193 f.

Streng **zu trennen** ist die Person des Umgangspflegers **vom Verfahrensbeistand** nach § 158 FamFG[152] und **dem Umgangsbegleiter**, der den Umgang nach § 1684 Abs. 4 Satz 3 BGB als mitwirkungsbereiter Dritter begleitet. Allerdings ist die Abgrenzung in der Praxis oftmals schwierig zu treffen. Begleiteter Umgang ist nur unter erschwerten Voraussetzungen, nämlich denen des § 1684 Abs. 4 Satz 2 und 3 BGB möglich (siehe unten Rn. 70 ff.). Er muss vom Familiengericht selbst bei Vorliegen der Voraussetzungen angeordnet werden. Keinesfalls kann diese Prüfung dem Umgangspfleger überlassen werden. Auch wenn die Bestellung nur einer Person für alle Ämter zwecks Nutzung von Synergieeffekten und unter dem Gesichtspunkt, dass das Kind nur mit einer Person konfrontiert wird, reizvoll erscheint, sollte hiervon zur Vermeidung eines Interessenkonflikts abgesehen werden.[153]

64

149 OLG Frankfurt ZKJ 2015, 154; *Heilmann* FamRZ 2014, 1753; *Obermann*, NZFam 2014, 976; Staudinger/*Bienwald* § 1909 BGB, Rn. 65, 70; Palandt/*Götz* § 1666 BGB Rn. 19; 1684 BGB Rn. 10; a.A. Stuttgart FamRZ 2014, 1794, wohl auch OLG München FamRZ 2011, 823
150 Ausführlich zum praktischen Bedarf von Ergänzungspflegschaften zur Regelung des Umgangs *Obermann*, NZFam 2014, 976, 979
151 Vgl. *Heilmann*, Die Ergänzungspflegschaft mit dem Aufgabenkreis „Regelung des Umgangs" (Umgangsbe-stimmungspflegschaft), FamRZ 2014, 1755
152 Zur Abgrenzung ausführlich *Stötzel*, FPR 2009, 27
153 Vgl. *Kuleisa-Binge*, FPR 2012, 363

IV. Beschränkung und Ausschluss des Umgangsrechts (Abs. 4)

1. Allgemeines

65   Das Umgangsrecht der Eltern mit ihrem Kind folgt unmittelbar aus ihrem von Art. 6 Abs. 2 Satz 1 GG gewährten Elterngrundrecht und steht nicht unter dem Vorbehalt der Kindeswohldienlichkeit, weshalb ein Umgangsausschluss keinesfalls – wie in der Praxis immer wieder anzutreffen – mit fehlender Kindeswohldienlichkeit begründet werden kann. Als **schwerstmöglicher Eingriff** in das Elternrecht kann der Umgang nur unter den **besonderen Voraussetzungen des § 1684 Abs. 4 Satz 1 und 2 BGB**, die **jeweils positiv festgestellt** werden müssen,[154] eingeschränkt oder ausgeschlossen werden. Kurz gefasst kann das Umgangsrecht eines Elternteils nur dann für längere Zeit ausgeschlossen werden, wenn eine Kindeswohlgefährdung i.S.d. § 1666 BGB vorliegt. Eine Beschränkung oder ein Ausschluss **für kürzere Zeit** kommt nur dann in Betracht, wenn dies **zum Wohl des Kindes erforderlich** ist. Das Gesetz knüpft hinsichtlich der **beiden Eingriffsschwellen** („zum Wohl des Kindes erforderlich"; „Kindeswohlgefährdung") an die **Dauer der Beschränkung oder des Ausschlusses** an.

66   Ob eine Einschränkung oder ein Ausschluss des Umgangsrechts als **kurzfristig oder längerfristig** zu werten und welche der beiden Eingriffsschwellen zu prüfen ist, richtet sich nach den Umständen des Einzelfalls. Maßstab kann die **Häufigkeit der bisherigen Umgangskontakte**[155] und das **Alter des Kindes** sein.[156] Im Hinblick auf die hohe Bedeutung des Umgangsrechts[157] wird bei einem zuvor wöchentlich stattfindendem Umgang mit einem 2 Jahre alten Kind ein Ausschluss von mehr als einem Monat nicht mehr kurzfristig sein, bei einem vollständigen Ausschluss auch bei älteren Kindern nicht mehr ab der Dauer von einem vierteljahr.

67   In der Praxis von geringerer Relevanz ist die **Einschränkung oder der Ausschluss des Vollzugs** einer Umgangsregelung. Von der Vorschrift geregelt werden sollen jene Fälle, in denen der Umgang das Kindeswohl nur deshalb gefährdet, weil sich das Kind aufgrund eines durch den betreuenden Elternteil beeinflussten Willen, dem Umgang widersetzt. In diesen Fällen soll der beeinflussende Elternteil nicht noch mit einem Umgangsausschluss belohnt werden.[158]

68   Bei der Frage, ob der Umgang beschränkt oder ausgeschlossen werden muss, ist zwingend der **Verhältnismäßigkeitsgrundsatz** zu beachten, so dass u.U. ein begleiteter Umgang ein **milderes Mittel** gegenüber dem vollständigen Ausschluss darstellt.[159] Dieser gebietet es zudem, den Ausschluss oder die Beschränkung in jedem Fall **zeitlich zu begrenzen**.[160] Dabei richtet sich die Frist nach den Umständen des Einzelfalls, hier insbesondere dem Alter des Kindes, der Perspektive für den Wegfall der Gründe, sowie dem Grund selbst. Die Verpflichtung, den Umgangsausschluss **jährlich zu überprüfen**,[161] führt dazu, eine Befristung von einer längeren Dauer als einem Jahr nur in **Ausnahmefällen** auszuspre-

---

154 BVerfG FamRZ 2010, 1622ff
155 Palandt/*Götz*, § 1684 BGB Rn. 34
156 Johannsen/Henrich/*Jaeger* §1684 BGB Rdnr. 34, die hier genannten Fristen – ab Vollendung des 7. Lebensjahres bei einem halben Jahr, ab Vollendung des 12. Lebensjahres bei einem Jahr, bei jüngeren Kindern eine erheblich kürzere Zeitspanne als ein halbes Jahr – erscheinen jedoch zu lang.
157 BVerfG FamRZ 2008, 856
158 Ausführlich hierzu Staudinger/*Rauscher*, § 1684 BGB Rn. 301ff
159 OLG Saarbrücken, Beschl. v. 14.10.2014 – 6 UF 110/14, juris.de; ZKJ 2011, 178, 179
160 BVerfG FamRZ 2005, 1815
161 EGMR FamRZ 2011, 1484, wobei er im konkreten Fall eine Aussetzung für die Dauer von 3 Jahren gebilligt hat, da die Sachverständige von einer erneuten Überprüfung nach einem Jahr als das Kindeswohl gefährdend abgeraten hatte.

chen,[162] wobei hiervon abgewichen darf,[163] was aber einer **ausführlichen Begründung** bedarf. Eine Überprüfung erfolgt im Rahmen eines Abänderungsverfahrens nach § 1696 Abs. 2 BGB und ist ebenfalls Ausfluss des Verhältnismäßigkeitsgrundsatzes. Sofern die Beschränkungs- oder Ausschlussgründe weggefallen sind, muss der Ausschluss oder die Beschränkung von Amts wegen aufgehoben werden.

▸ *Näher hierzu Gottschalk, § 1696 BGB Rn. 26, 28, 30.*

2. Einschränkung oder Ausschließung (Abs.4 Satz 1)

Auch wenn der Umgang **unterhalb des zeitlichen Maßstabs der „längeren Zeit"** aus- **69** geschlossen oder beschränkt werden soll, so darf dies nach dem Gesetzeswortlaut von Satz 1 nur erfolgen, wenn die Beschränkung oder der Ausschluss „zum Wohl des Kindes erforderlich"[164] ist. Hierunter fallen **insbesondere Umgangsbeschränkungen für einen Übergangszeitraum**, in dem zum Zwecke der Wiederanbahnung der Umgangskontakte nach einer längeren Pause für einige Wochen begleiteter Umgang angeordnet wird.[165]

3. Einschränkung oder Ausschluss für längere Zeit oder auf Dauer (Abs.4 Satz 2)

Eine Umgangsregelung, die den Umgang für eine **längere Zeit** (siehe oben Rn. 66) be- **70** schränkt oder ausschließt, darf nur ergehen, wenn anderenfalls das Wohl des Kindes nachhaltig gefährdet würde.[166]

a. Einschränkung des Umgangsrechts – insbesondere begleiteter Umgang

Eine **Einschränkung** des Umgangsrechts liegt insbesondere in folgenden Fällen vor: **71**

- Wenn der **Umgang** nach der gerichtlichen Regelung **nur in Anwesenheit eines mitwirkungsbereiten Dritten** stattfinden darf (**sog. begleiteter Umgang**, siehe nächste Rn.). Diese – häufigste – Form der Einschränkung ist vom Gesetz in § 1684 Abs. 4 Satz 3 BGB vorgesehen.

- Der Umgang darf nur zu sehr eingeschränkten Zeiten und nur an bestimmten Orten stattfinden. Die Abgrenzung zu der bloßen, am Kindeswohl orientierten Regelungsbefugnis nach Abs. 1 ist mitunter schwer zu ziehen.[167]

Die Anordnung des **begleiteten Umgangs**[168] kommt insbesondere **in folgenden Fällen** **72** in Betracht:

Fälle des unbewiesenen, aber nicht fern liegenden Verdachts des **sexuellen Missbrauchs**[169], bei **pädophilen Neigungen**,[170] der Verurteilung des Umgangsberechtigten

---

162 *Völker/Clausius* § 2 Rn. 162

163 KG FamRZ 2013, 709: unbefristeter Umgangsausschluss; KG, Beschl. v. 20.6.2014, 3 UF 159/12, zitiert nach juris.de: Umgangsausschluss bei 15½-jährigen bis zur Volljährigkeit

164 Johannsen/Henrich/*Jaeger*, § 1684 BGB, Rn. 34 hält hierfür den Maßstab des § 1696 nämlich „konkrete, triftige und gegenwärtige Gründe, die das Wohl des Kindes nachhaltig berühren" anwendbar unter Bezugnahme auf KGFamRZ 1989, 656

165 Auch wenn begleiteter Umgang immer nur für eine Übergangszeit und nicht als Dauerlösung gedacht ist, sind in der Praxis begleitete Umgänge von Dauer eines halben Jahres oder länger nicht unüblich. Begleiteter Umgang ist jedenfalls dann, wenn er unbefristet angeordnet wurde, aber auch, wenn er die Definition der „längeren Zeit" erfüllt, an den Anspruchsvoraussetzungen des § 1684 Abs. 4 Satz 2 BGB zu messen, so auch HB-VB/*Dürbeck*, Rn. 570; a.A. *Völker/Clausius*, § 2 Rn. 185

166 BVerfG ZKJ 2013, 162;OLG Saarbrücken, Beschl. v. 14.10.2014 –6 UF 110/14, zitiert nach juris.de

167 BVerfG FamRZ 2007, 105; OLG Saarbrücken, ZKJ 2013, 218

168 Hierbei handelt es sich um den Oberbegriff. Dieser unterteilt sich in begleiteten, beschützten und beaufsichtigten Umgang; ausführlich: *Fthenakis* (Hrsg.), Begleiteter Umgang von Kindern; *Klinkhammer/Prinz/Klothmann* (Hrsg.), Handbuch Begleiteter Umgang; *Di Cato,* Der begleitete Umgang, FamRB 389ff

169 OLG Hamburg FamRZ 1996, 422, hingegen Ausschluss bei laufendem Strafverfahren wegen der Möglichkeit der Beeinflussung: OLG Oldenburg FamRZ 2006, 882

170 BVerfG FamRZ 2008, 494

wegen des Besitzes **kinderpornographischer Schriften** und bei **nachvollziehbarer Verweigerungshaltung** des Umgangsverpflichteten,[171] ferner bei Gefahr einer **Kindesentziehung**,[172] bei **psychischer Erkrankung**[173] oder **Alkoholabhängigkeit**[174] und auch bei **Straf- oder Untersuchungshaft** des Umgangsberechtigten,[175] bei drohender **Genitalverstümmelung**,[176] zur **Anbahnung** von Umgangskontakten,[177] insbesondere bei starken Ängsten des Kindes,[178] bzw. nach einem **längeren Kontaktabbruch**,[179] aber auch bei eingeschränkter Fähigkeit des Umgangsberechtigten, sich auf das Kind einzustellen, ferner wenn der umgangsberechtigte Elternteil die Erziehung des anderen Elternteils massiv unterwandert und die Kinder permanent in einen heftigen **Loyalitätskonflikt** stürzt.[180]

73   Der begleitete Umgang ist jedoch **keine Option**, wenn seine Anordnung nur dazu dient, dass der den Umgang ohne erkennbare Motive ablehnende Elternteil „sich besser fühlt" oder das Gericht die Kindeswohlgefährdung nicht aufklären mag.[181] In der Praxis wird manchmal verkannt, dass der begleitete Umgang nicht zum Zwecke der Herstellung eines Einvernehmens im Wege „wechselseitigen Nachgebens" ein Allheilmittel zur Beendigung gerichtlicher Umgangsverfahren darstellt. Sind die gesetzlichen Voraussetzungen nicht erfüllt, sollten die Eltern auch nicht zu der Vereinbarung eines begleiteten Umgangs gedrängt werden. In diesen Fällen ist vielmehr ein unbegleiteter Umgang gerichtlich anzuordnen.

74   **Lehnt** der umgangsberechtigte Elternteil den **begleiteten Umgang ab**, so wird nur ein befristeter Ausschluss des Umgangs in Betracht kommen, wenn dessen gesetzliche Voraussetzungen erfüllt sind, die Durchführung des unbegleiteten Umgangs das Wohl des Kindes mehr gefährdet als ein (vorübergehender) Umgangsausschluss und andere Maßnahmen zur Abwendung der Kindeswohlgefährdung nicht in Betracht kommen.[182]

75   Die Umgangsregelung muss auch beim begleiteten Umgang die **Dauer, die Häufigkeit und den Beginn** der Umgangskontakte **genau bezeichnen**, sowie den **mitwirkungsbereiten Dritten** (§ 1684 Abs. 4 Satz 3, 4 BGB).[183] Die Auswahl des mitwirkungsbereiten Dritten kann nicht dem Jugendamt überlassen bleiben.[184] Letzteres setzt voraus, dass sich ein mitwirkungsbereiter Dritter bereits gefunden hat. Zwar kann auch ein **privater Dritter** als Begleitperson – sofern er zustimmt – eingesetzt werden. In der Praxis wird der Umgang jedoch durch einen **Mitarbeiter des Jugendamtes oder einen freien Träger** begleitet. Gerade letzterer wird sich in der ersten Sitzung des Familiengerichts nach § 155 Abs. 2 FamFG noch nicht gefunden haben, schon gar nicht mit dem Angebot konkreter Termine. Wird dieser Punkt allerdings offengelassen, so fehlt der Regelung ihr vollstreckungsfähiger

---

171 OLG Schleswig, NZFam 2014, 910
172 OLG Celle FamRZ 1998, 973
173 OLG München FamRZ 2014, 1385: „Vielmehr muss das Grundrecht des Vaters auf Umgang zurückstehen, sobald eine hinreichende Wahrscheinlichkeit für eine drohende Kindeswohlgefährdung spricht und der Vater sich aus seinem freien Willen entschlossen hat, keine weitere Aufklärung hinsichtlich einer möglichen Kindeswohlgefährdung zu ermöglichen."
174 OLG Koblenz FamRZ 2007, 926; hingegen unbegleiteter Umgang, nachdem der vom Gericht bestellte Sachverständige keine Alkohol- und Cannabisabhängigkeit festgestellt hat: OLG Brandenburg ZKJ 2008, 332
175 AG Pankow-Weißensee ZKJ 2006, 265
176 OLG Karlsruhe ZKJ 2008, 428
177 OLG Brandenburg FamRZ 2014, 1792
178 OLG Jena FamRZ 2007, 661
179 OLG Brandenburg FamRZ 2014, 1124, OLG Köln FamRZ 2009, 129
180 OLG Saarbrücken, Beschl. v. 14.10.2014 – 6 UF 110/14, zitiert nach juris.de
181 Vgl. *Heilmann*, NJW 2012, 16, 21
182 OLG Brandenburg FamRZ 2010, 740
183 *Keuter*, JAmt 2011, 373
184 OLG Frankfurt, BeckRS 2014, 02061 für den gerichtlich gebilligten Vergleich

Inhalt und das Verfahren ist nicht abgeschlossen.[185] Es bietet sich deshalb an, ggf. vorab Kontakt mit Trägern aufzunehmen, die für eine Umgangsbegleitung in Betracht kommen könnten, und diese um die Mitteilung von Terminen und freien Plätzen zu bitten.[186]

Das Familiengericht kann das **Jugendamt nicht gegen dessen Willen** als Umgangsbegleiter verpflichten,[187] auch wenn es gem. **§ 18 Abs. 3 SGB VIII** zu den **Aufgaben der Jugendhilfe** gehört.[188] Erklärt sich das Jugendamt nicht bereit, den begleiteten Umgang als Jugendhilfe zu gewähren, so kann dieser – mangels eines mitwirkungsbereiten Dritten – nicht vom Familiengericht angeordnet werden.[189] Der Amtsermittlungsgrundsatz gebietet es in diesem Fall, dass das Familiengericht selbst geeignete freie Träger ermittelt und mit der Übernahme der zu begleiteten Umgangskontakte betraut.[190] Die Eltern sind somit – wenn das Familiengericht nicht im Wege der Amtsermittlung einen mitwirkungsbereiten Dritten findet und die Eltern ggf. dessen Kosten übernehmen – auf den **Verwaltungsrechtsweg** angewiesen, wollen sie sich nicht damit abfinden, dass die Anordnung nach § 1684 Abs. 4, Satz 3, 4 BGB am mitwirkungsbereiten Dritten scheitert. Die Durchführung eines weiteren Gerichtsverfahrens liegt jedoch weder im wohlverstandenen Interesse des Kindes noch im Interesse der weiteren Beteiligten. Für die Praxis ist dies – ebenso wie die Problematik der sogenannten Anordnungskompetenz in Kinderschutzverfahren[191] – unbefriedigend und sollte vom Gesetzgeber geregelt werden. Unbeschadet dessen bleibt auch in diesem Fall nur die Entscheidung des Gerichts, ob der Umgang bei kindeswohlorientierter Betrachtung in diesen Fällen auszuschließen ist oder unbegleiteter Umgang zu gewähren ist.[192]

76

Wird der Umgang durch das Jugendamt selbst oder durch einen freien Träger begleitet, so handelt es sich hierbei um eine Leistung nach § 18 Abs. 3 SGB VIII und es besteht ein Anspruch auf Kostenübernahme durch das Jugendamt.[193] Anderenfalls müssen die Kosten von den Eltern selbst getragen werden; es handelt sich hierbei auch nicht um gerichtliche Auslagen.[194] Begleiteter Umgang kann durchaus eine auf Dauer angelegte Leistung nach § 18 Abs. 3 SGB VIII darstellen, sofern es das mildere Mittel gegenüber dem Umgangsanschluss ist.[195]

77

b. Ausschluss des Umgangs

Als Gründe für einen **vollständigen Ausschluss** kommen in Betracht:

78

Kindesentführungsgefahr,[196] wobei allerdings der Umstand, dass der Umgangsberechtigte aus dem Ausland stammt und dorthin weiterhin enge Beziehungen unterhält, nicht ausreicht.[197] Als mildere Mittel kommen zudem die Anordnung der Passhinterlegung,[198] der Erlass einer Grenzsperre oder begleiteter Umgang in Betracht, wobei ein festgestelltes

---

185 vgl. OLG Hamm, ZKJ 2014, 393 zum Umgangspfleger
186 Sehr instruktiv zu der Unterschiedlichkeit der Rollen des Familiengerichts und der Jugendhilfe und der Notwendigkeit einer interdisziplinären Zusammenarbeit im Rahmen eines begleiteten Umgangs: *Holldorf/von Pirani*, ZKJ 2012, 384
187 OLG Saarbrücken, Beschl. v. 14.10.2014 – 6 UF 110/14, juris.de
188 Staudinger/*Rauscher*, § 1684 BGB, Rn. 319; OVG Saarland ZKJ 2014, 488
189 *Keuter*, JAmt 2011, 373, 376
190 OLG Frankfurt, Beschl. v. 24.3.2015, 5 UF 270/14, zitiert nach juris.de
191 hierzu zuletzt *Heilmann*, NJW 2014, 2904, 2908
192 OLG Frankfurt, Beschl. v. 24.3.2015, 5 UF 270/14, zitiert nach juris.de: Ausschluss des Umgangs, wenn unbegleiteter Umgang das Kindeswohl gefährden würde und ein Umgangsbegleiter nicht zu finden ist.
193 DIJuF-Gutachten JAmt 2006, 91
194 *Keuter*, JAmt 2011, 373, 374
195 OLG Frankfurt, Beschl. v. 24.3.2015, 5 UF 270/14, zitiert nach juris.de
196 OLG Celle FamRZ 1996, 364; aber nicht wenn die Entführungsabsicht nur behauptet wurde und nicht durch konkrete Tatschen untermauert wurde: OLG Frankfurt, Beschl. v. 2.7.2013 – 4 UF 159/13
197 OLGR Saarbrücken 2002, 341
198 OLG München FamRZ 1998, 976

hohes Entführungsrisiko nicht auf den Umgangsbegleiter übertragen werden darf. Ein Ausschluss kommt ferner in Betracht bei **Gewalt gegen das Kind**[199] **und/oder den betreuenden Elternteil,**[200] **nachgewiesenem sexuellen Missbrauch**[201] und **Pädophilie,**[202] wenn der Umgangsberechtigte **öffentlich zu Terrorakten aufgerufen** hat und die Gefahr der Beeinflussung des Kindes besteht,[203] ferner bei Zugehörigkeit des Umgangsberechtigten zur **rechtsradikalen Szene**, wenn sich der betreuende Elternteil losgesagt hat und mit Racheakten rechnen muss.[204] Die Zugehörigkeit zu einer religiösen Sekte an sich, wird hingegen regelmäßig nicht ausreichend sein.[205]

79   Im Fall der **Hochkonflikthaftigkeit der Kindeseltern** und einer hiermit verbundenen **schweren seelische Belastung des Kindes (Loyalitätskonflikt)** wird ein Umgangsausschluss ebenso indiziert sein,[206] wie auch bei **starken Ängsten des Kindes**[207] oder einer **unüberwindbaren Ablehnung** des Umgangs **durch das Kind oder den Jugendlichen.**[208] Letztere Thematik gehört sicherlich zu einer der schwierigsten in der familiengerichtlichen Praxis, da sich das Gericht mit dem Vorwurf der Belohnung des Umgangsverpflichteten für seine – ihm unterstellte oder reale – im Hintergrund stehende Beeinflussung konfrontiert sehen kann. Bei aller Empathie für den Umgangsbegehrenden darf hier nicht aus dem Blick geraten, dass sich kindschaftsrechtliche Entscheidungen allein am Kindeswohl zu orientieren haben und nicht einem Sanktionsbedürfnis geopfert werden dürfen. Ein schwacher Trost mag eventuell die Erkenntnis einer Langzeitstudie sein, wonach die Abwendung vom nicht betreuenden Elternteil in den seltensten Fällen die Adoleszenz überdauert hat.[209]

80   Ein Umgangsausschluss ist auch indiziert bei der **Gefahr der Retraumatisierung** des Kindes.[210] Bei in einer **Pflegefamilie lebenden Kindern** kann daneben auch die Beeinträchtigung des Kindes, die zum einen auf dessen Unsicherheit über seine Zukunftsperspektive sowie zum anderen auf dem Konflikt zwischen den Pflegeeltern und den Eltern beruht, einen Ausschluss des Umgangs der leiblichen Eltern mit dem in der Pflegefamilie lebenden Kind ausnahmsweise rechtfertigen,[211] ebenso die als **stabil und nachhaltig einzuschätzende Ablehnung jeglichen Umgangs** des Pflegekindes mit seinen Eltern.[212]. Nicht ausreichend ist der bloße Hinweis, dass Kind müsse sich zunächst in der Pflegefamilie eingewöhnen, zumal gerade bei realistischer Rückkehroption einem regelmäßigen Umgang entscheidende Bedeutung zukommt.[213] Werden Belastungen des Kindes vor, bei oder nach

---

199 OLG Hamburg FamRZ 2011, 822 („übergriffiges Verhalten"); AG Bremen ZKJ 2008, 214; *Becker/Büchse*, ZKJ 2011, 292; *Fegert* FPR 2002, 219, 221 a.A. OLG Oldenburg FamRZ 2005, 925: begleiteter Umgang für Vater, der das Kind schwer misshandelt hat und welches infolge der Misshandlungen schwer körperlich und geistig beeinträchtigt ist; schwer nachvollziehbar;

200 OLG Köln FamRZ 2011, 571; Ausführlich zu den unmittelbaren Auswirkungen miterlebter Gewalt auf die Kinder: *Becker/Büchse*, ZKJ 2011, 292

201 OLG Hamm NJW-RR 2011, 1447; OLG Jena FamRZ 2003, 1319

202 OLG Düsseldorf FamRZ 2009, 1685

203 OLG Köln ZKJ 2013, 302

204 BVerfG ZKJ 2013, 162

205 AG Düren FamRZ 2004, 970 (Zeugen Jehovas)

206 OLG Saarbrücken ZKJ 2011, 178; OLG Hamm FamRZ 2010, 1574;OLG Nürnberg FamRZ 2008, 715;

207 Insbesondere bei erlittenen Misshandlungen.

208 OLG Koblenz, Beschl. v. 3.6.2014 – 13 UF 177/14, juris (beachtlicher, ablehnender Kindeswille); KG NZFam 2014, 914 (beachtlicher, ablehnender Kindeswille); OLG Zweibrücken Streit 2013, 78; OLG Celle FamRZ 2008, 1369*Fegert*, FPR 2002, 219, 221

209 *Wallerstein*, Langzeitwirkungen der elterlichen Ehescheidung auf Kinder, Ein erster Bericht einer 25-Jahres-Katamese, Vortrag am Frankfurter Psychoanalytischen Institut, 30.05.2000

210 OLG Celle, Beschl. v. 18.12.2009 – 12 UF 201/08, juris.de; AG Bremen ZKJ 2008, 214; *Gottschalk/Heilmann*, ZKJ 2013, 113

211 OLG Celle ZKJ 2013, 250

212 BVerfG ZKJ 2013, 120; dazu *Gottschalk/Heilmann*, ZKJ 2013, 113

213 Ausführlich hierzu *Heilmann*, ZKJ 2014, 45ff

dem Umgang festgestellt, ist sorgfältig zu hinterfragen, ob alternative Erklärungen zu einer Ablehnung in Betracht kommen und ggf. ausgeschlossen werden können.[214] In allen Fällen sind die Gründe für eine Gefährdung des Kindeswohls durch den Umgang sorgfältig zu ermitteln und einzelfallbezogen darzulegen.

81

Umgangsbegleitung, Umgangsausschluss

(Fallbeispiele unter dem Vorbehalt gebotener Einzelfallprüfung)

Begleiteter Umgang	Umgangsausschluss
• Zur Anbahnung, insbesondere bei Ängsten des Kindes bzw. nach einem längeren Kontaktabbruch • Unbewiesener, aber nicht fern liegender Verdachts des sexuellen Missbrauchs • Pädophile Neigungen • Verurteilung des Umgangsberechtigten wegen des Besitzes kinderpornographischer Schriften • Gefahr einer Kindesentziehung bzw. -entführung • Psychische Erkrankung des Umgangsberechtigten • Alkoholabhängigkeit oder Straf- bzw. Untersuchungshaft des Umgangsberechtigten • Drohende Genitalverstümmlung • Umgangsberechtigter Elternteil unterwandet die Erziehung des anderen Elternteils massiv • Heftige Loyalitätskonflikte des Kindes	• Gewalt gegen das Kind und/oder den betreuenden Elternteil, • Nachgewiesener sexueller Missbrauch • Hochkonflikthaftigkeit der Kindeseltern und einer hiermit verbundenen schweren seelischen Belastung des Kindes (Loyalitätskonflikt) • Angst des Kindes oder unüberwindbaren Ablehnung des Umgangs durch das ältere Kind oder den Jugendlichen • Öffentlicher Aufruf zu Terrorakten • Zugehörigkeit zur rechtsradikalen Szene, wenn sich der betreuende Elternteil losgesagt hat und mit Racheakten rechnen muss

---

Auch der Ausschluss des Umgangs kann mit Ordnungsmitteln vollstreckt werden (siehe Rn. 97).

82

▶ *Zur Rechtsgrundlage für ein (zusätzliches) Kontaktverbot gegen den Elternteil, dessen Umgangsrecht ausgeschlossen wurde, siehe Cirullies, § 3 GewSchG, Rn. 5, 6.*

---

214 *Kindler*, ZKJ 2009, 110

C. Verfahren

83   Das Umgangsverfahren nach § 1684 BGB ist eine **Kindschaftssache gem. § 151 Nr. 2 FamFG**. Es handelt sich um eine **Familiensache nach § 111 Nr. 2 FamFG**. Das Umgangsverfahren kann isoliert oder im Scheidungsverbund auf entsprechenden Antrag nach § 137 Abs. 3 FamFG geführt werden. Wird **zugleich** ein Antrag auf **Herausgabe von persönlichen Gegenständen des Kindes** gestellt, so kann das Familiengericht hierüber zusammen mit dem Umgangsantrag entscheiden, wenn die Gegenstände im Zusammenhang mit dem Umgang stehen. Macht der Umgangsberechtigte zugleich **Schadensersatz wegen Nichtgewährung von früheren Umgangskontakten** geltend, so handelt es sich um eine unzulässige Verbindung zweier Verfahren, die in **verschiedenen Verfahrensordnungen** zu führen sind und die Verfahren müssen getrennt werden. Das Verfahren auf Schadensersatz ist ein Verfahren nach § 266 Abs. 1 Nr. 5 FamFG und damit eine sonstige Familiensache.[215] Sonstige Familiensachen sind Familienstreitsachen, § 112 Nr. 3 FamFG. Für sie gelten gem. § 113 Abs. 1 FamFG die Allgemeinen Vorschriften der ZPO und die Vorschriften über das Verfahren vor den Landgerichten entsprechend.

84   Das Verfahren auf **Bestellung eines Umgangspflegers** ist, auch soweit es isoliert geführt wird, ein Umgangsverfahren.[216] Hingegen handelt es sich um ein Sorgerechtsverfahren, wenn das Umgangsbestimmungsrecht entzogen und auf einen Ergänzungspfleger (§ 1909 BGB) übertragen werden soll.[217]

▶   *Näher hierzu die Übersicht oben Rn. 63.*

85   Umgangsverfahren sind **Amtsverfahren**; eines verfahrenseinleitenden **Antrages bedarf es nicht**.[218] Das folgt bereits aus dem Wortlaut des § 1684 BGB und entspricht der h.M.[219] Deshalb kann die sorgeberechtigte Mutter auch im eigenen Namen einen „Antrag" auf eine gerichtliche Festlegung von Umgangskontakten der Kinder mit dem anderen Elternteil stellen.[220] In der Praxis erfolgt die Einleitung eines gerichtlichen Umgangsverfahrens gleichwohl in der Regel mit einem Antrag zur gewünschten Ausgestaltung des Umgangsrechts, jedoch handelt es sich hierbei um **keinen Sachantrag**, sondern um eine **Anregung**.

Aus der Natur des Amtsverfahrens folgt zudem, dass die Eltern das Verfahren nicht nach Belieben gestalten können.[221] Sie können **weder** den Umgangsantrag mit verfahrensbeendender Wirkung **zurücknehmen, noch für erledigt erklären** oder die **Aussetzung des Verfahrens** beantragen.

86   Allerdings gibt es in der Praxis häufig Fälle, in denen eine hinreichend bestimmte Regelung des Umgangs nicht möglich und/oder nicht gewollt ist, etwa dann, wenn dem Umgangsberechtigten aufgrund seiner wechselnden Arbeitszeiten eine dauerhafte Festlegung der Umgangszeiten nicht möglich ist oder im Falle des begleiteten Umgangs ein mitwirkungsbereiter Dritter noch nicht feststeht. Wollen die Beteiligten ein Umgangsverfahren gleichwohl **einvernehmlich, jedoch ohne vollstreckbare Regelung beenden**, so muss ihnen das ungeachtet der Ausgestaltung des Umgangsverfahrens als Amtsverfahren auf-

---

215 *Heiß*, FPR 2011, 96, 99
216 Staudinger/*Rauscher*, §1684 Rn. 370
217 *Heilmann*, FamRZ 2014, 1753, 1755
218 OLG Frankfurt, FamRZ 2014, 576; OLG Frankfurt, Beschl. v. 27.6.2011 – 4 WF 144/11, juris.de; Staudinger/
     Rauscher, § 1684 BGB, Rn. 372; a.A. Socha FamRZ 2010, 948
219 OLG Frankfurt FamRZ 2014, 576 m.w.N.
220 OLG Frankfurt FamRZ 2014, 576, a.A. BGH FamRZ 2008, 1334
221 OLG Frankfurt, ZKJ 2013, 127; OLG Celle ZKJ 2010, 433

grund ihrer Elternautonomie möglich sein.[222] Das Verfahren wird allerdings nur abgeschlossen, wenn das Gericht – nach erfolgter Kindeswohlprüfung – **eindeutig die verfahrensbeendende Wirkung** des – nicht vollstreckungsfähigen – Vergleichs zum Ausdruck bringt. Zum einen sollte im Protokoll festgehalten werden, dass die Beteiligten auf die fehlende Vollstreckungsfähigkeit der Vereinbarung hingewiesen wurden. Zum anderen sollte ein Beschluss des Gerichts erfolgen, dass es einer familiengerichtlichen Regelung des Umgangs nicht bedarf.

Geht aus der Vereinbarung hervor, dass die Beteiligten nur eine **Zwischenvereinbarung** getroffen haben (häufig zunächst über begleiteten Umgang) und eine **weitere Tätigkeit des Gerichts** (etwa nach einem ersten Bericht des Umgangsbegleiters) **wünschen**, so ist das Verfahren zu einem späteren Zeitpunkt fortzuführen. Mit Blick auf § 155 FamFG empfiehlt sich, dass (vorsorglich) ein weiterer Termin (bspw. in drei Monaten) anberaumt wird. Ggf. mag dieser Termin aufgehoben und das Verfahren förmlich beendet werden.   **87**

Übersicht: Beendigung des Umgangsverfahrens

> **A. Beendigung des Umgangsverfahrens**
>
> 1. Regelung des Umgangs nach Art, Ort und Zeit (ggf. mit zusätzlicher Umgangspflegschaft i.S.v. § 1684 Abs. 4 BGB)
> 2. Gerichtlich gebilligter Vergleich i.S.v. § 156 Abs. 2 FamFG
> 3. Feststellung (durch Beschluss), dass es keiner familiengerichtlichen Regelung des Umgangs bedarf.
>
> **B. Keine Beendigung des Umgangsverfahrens**
>
> 1. „Antragsrücknahme" (siehe ggf. A. 3.)
> 2. „Erledigungserklärung" (siehe ggf. A. 3.)
> 3. Vergleich der Eltern ohne gerichtliche Billigung bzw. Zustimmung aller Beteiligten (ggf. A. 1.)
> 4. Umgangsbestimmungspflegschaft (ggf. A.3. [bei späteren Konflikten mit dem Umgangsbestimmungspfleger ggf. A.1.])
> 5. Überlassen der Regelung von Art, Ort und Zeit an Umgangsbegleiter oder Umgangspfleger i.S.v. § 1684 Abs. 3 BGB

Die gerichtliche **Zuständigkeit** richtet sich nach § 152 Abs. 2 FamFG, dem **gewöhnlichen Aufenthalt** des Kindes, soweit es sich um ein isoliertes Umgangsverfahren handelt. Wurde das Verfahren im Scheidungsverbund geltend gemacht, so ergibt sich die Zuständigkeit aus § 152 Abs. 1 FamFG und folgt der anhängigen Ehesache.   **88**

▶ *Zu weiteren Einzelheiten siehe Keuter, §§ 151 ff. FamFG.*

Verfahrensbeteiligte sind das Kind, die Eltern, ggf. der Verfahrensbeistand und das Jugendamt, sofern es seine Beteiligung beantragt (§ 162 Abs. 2 FamFG, siehe *Dürbeck*, § 162 FamFG, Rn. 22) . Kinder sind ab dem 14. Lebensjahr verfahrensfähig (§ 9 Abs. 3 FamFG) und können ihre Umgangsrechte selbst bei Gericht anbringen und das Verfahren führen; jüngere Kinder müssen sich von ihren Sorgeberechtigten vertreten lassen. Pflegeel-   **89**

---

222 OLG Frankfurt (1. Senat) FamRZ 2014, 53; a.A. OLG Frankfurt (5. Senat) NZFam 2014, 610: Beendigung nur durch gerichtlich gebilligten Vergleich nach § 156 Abs. 2 FamFG möglich; so auch OLG Brandenburg NZFam 2014, 708

tern sind unter den Voraussetzungen des § 161 Abs. 1 FamFG zu beteiligen (siehe *Heilmann*, § 161 FamFG, Rn. 9 ff.). Hat das Kind einen Amtsvormund, so ist auch er am Verfahren beteiligt (§ 7 Abs. 2 Nr. 1 FamFG). Hier ist darauf zu achten, dass das Jugendamt in seiner Funktion als Amtsvormund (§ 1791 b BGB) nicht identisch ist mit dem Jugendamt in seiner Funktion als allgemeiner Sozialdienst, in der es nach § 50 SGB VIII zur Mitwirkung verpflichtet ist und gem. § 162 Abs. 2 FamFG beteiligt werden kann.[223] Insbesondere bei **Terminsladungen und Zustellungen von Beschlüssen** ist darauf zu achten, dass das Jugendamt in beiden Funktionen gesondert berücksichtigt wird.

90   Es gilt der **Amtsermittlungsgrundsatz** nach § 26 FamFG. In der Regel unverzichtbar zur Ermittlung des Sachverhalts und zur Wahrung rechtlichen Gehörs ist die **mündliche Erörterung** des Sachverhalts mit den Beteiligten in einem Gerichtstermin, in dem zugleich die in §§ 159ff FamFG **zwingend** auch für das Umgangsverfahren **vorgesehenen Anhörungen** erfolgen sollten. **Anzuhören** sind die Eltern (§ 160 FamFG), das Kind (§ 159 FamFG) und das Jugendamt (§ 162 Abs. 1 FamFG), ggf. die Pflegeeltern (§ 161 Abs. 2 BGB).

91   Im Umgangsverfahren von besonderer Bedeutung ist das Vorrang- und **Beschleunigungsgebot**. Seine ausdrückliche Ausgestaltung findet sich in **§ 155 Abs. 2 FamFG**, wonach das Gericht in Umgangsverfahren **binnen eines Monats** nach Einleitung des Verfahrens die Sache mit den Beteiligten **mündlich erörtern** soll. Dies gilt selbstverständlich auch dann, wenn der umgangsbegehrende Elternteil in der Vergangenheit über einen längeren Zeitraum nicht um Umgang nachgesucht hat. Denn das Beschleunigungsgebot gilt auch im Interesse der weiteren Beteiligten, insbesondere den Interessen des Kindes.

92   Die vorrangige Erledigung der in § 155 Abs. 1 FamFG genannten Kindschaftssachen hat notfalls auch zu Lasten anderer anhängiger Verfahren zu erfolgen. Ist die Terminierung innerhalb eines Monats, wie von § 155 Abs. 2 FamFG vorgesehen, nicht möglich, so muss notfalls ein anderer Termin, der nicht so dringlich ist, aufgehoben werden. Auch die anderen Verfahrensbeteiligten haben sich auf den Beschleunigungsgrundsatz durch entsprechende organisatorische Maßnahmen einzustellen.

▶   *Näher hierzu Fink, § 155 FamFG Rn. 12 ff.*

93   Das Gebot, in kindschaftsrechtlichen Verfahren eine einvernehmliche Lösung der Beteiligten zu fördern (vgl. § 156 FamFG), hat insbesondere in Umgangssachen eine große Bedeutung. Denn einvernehmliche Lösungen erweisen sich in der Regel nachhaltiger als eine gerichtlich festgelegte Regelung. Es kommt hinzu, dass ein Einvernehmen der Eltern auch eine (ggf. spätere) Flexibilät der Umgangswahrnehmung ermöglicht, die letztlich – wie Langzeitstudien erweisen – dem Kinde nachhaltig zu Gute kommt.[224] Vor einer Einigung „um jeden Preis" ist dennoch zu warnen. Denn es kann auch Fälle geben, in denen die richterliche Autorität aufkommende Probleme im Keime zu ersticken vermag und überobligate Nachsicht künftige Konflikte eher befeuert. Letzteres ist auch mit Blick auf das verfassungsrechtliche Gebot des effektiven Rechtsschutzes bedenklich. Fälle der Hochkonflikthaftigkeit sind einem nachhaltigen Einvernehmen häufig ohnehin nicht zugänglich.

▶   *Näher hierzu Wegener, § 156 FamFG Rn. 36.*

94   Der Erlass einer **einstweiligen Anordnung** auf Regelung des Umgangs ist möglich (zu Einzelheiten siehe *Cirullies*, § 49 FamFG) und in **§ 156 Abs. 3 FamFG** für Fälle vorgesehen[225], in denen im frühen Termin nach § 155 FamFG **keine Einigung der Beteiligten** erzielt werden und eine endgültige Entscheidung, etwa wegen der Notwendigkeit der Ein-

---

223 *Harm/Mix/Optiz/Pütz/Rotax/Rüting*, FamRZ 2012, 1849, 1850
224 Hierzu *Wallerstein/Lewis/Blakeslee*, Scheidungsfolgen – Die Kinder tragen die Last
225 „….soll das Gericht … den Umgang durch einstweilige Anordnung regeln oder ausschließen."

holung eines Sachverständigengutachtens, noch nicht ergehen konnte. In Betracht kommt neben einer positiven Umgangsregelung auch ein Umgangsausschluss.

Werden von Beginn an **inhaltsgleiche Haupt- und EA-Anträge** bei Gericht eingereicht, so stellt sich im Hinblick auf den Beschleunigungsgrundsatz und der Verpflichtung des Gerichts nach § 156 Abs. 3 FamFG die Frage des **Regelungsbedürfnisses** gem. § 49 Abs. 1 FamFG. Dieses ist jedenfalls in solchen Fällen zu bejahen, in denen eine über das allgemeine Beschleunigungsbedürfnis in Umgangssachen hinausgehende Dringlichkeit besteht. Dies kann der Fall sein, wenn es dem Umgangsberechtigten um die Regelung eines nahestehenden Termins (Feiertags- oder Ferienumgang) geht. Jedoch wird eine Umgangsregelung ohne vorherige Anhörung mangels Gefahr in Verzug (§§ 159 Abs. 3, 160 Abs. 4, 162 Abs. 1 FamFG) nur in seltenen Ausnahmefällen in Betracht kommen. In den Fällen, in denen sich kein Eilbedürfnis ergibt, das über die dem Umgangsverfahren innewohnende Dringlichkeit zur Vermeidung eines Kontaktabbruchs hinausgeht, muss ein von Beginn an bestehendes Bedürfnis für ein sofortiges Einschreiten verneint werden. **95**

Dem Kind wird in Umgangsverfahren bei Vorliegen der Voraussetzungen des § 158 FamFG ein **Verfahrensbeistand** zu bestellen sein. **96**

▶ *Näher hierzu Keuter, § 158 FamFG.*

Umgangsregelungen sind – sofern sie einen vollstreckungsfähigen Inhalt haben – (siehe oben Rn. 28 und *Cirullies*, § 86 FamFG, Rn. 19, 21 ff.) **vollstreckbar**. Auch der **Umgangsausschluss** ist gem. §§ 86 ff. FamFG vollstreckbar.[226] Das Gericht kann auch von Amts wegen ein Vollstreckungsverfahren einleiten, sofern es die Kenntnis erhält, dass sich einer der Verpflichteten nicht an die Umgangsregelung hält. Das Vollstreckungsverfahren ist zügig durchzuführen.[227] **97**

▶ *Näher zum Vollstreckungsverfahren Cirullies, § 86 ff. FamFG.*

Eine **Abänderung** einer gerichtlichen Umgangsregelung kommt nur nach Maßgabe des § 1696 BGB in Betracht, Einzelheiten hierzu (näher hierzu *Gottschalk*, § 1696 BGB). **98**

▶ *Zur Beschwerde in Umgangssachen bzw. zur fehlenden Möglichkeit des Abschlusses eines gerichtlich gebilligten Vergleichs im Rahmen eines Beschwerdeverfahrens zum Sorgerecht siehe Dürbeck, § 58 FamFG Rn. 3 bzw. Wegener, § 156 FamFG Rn. 65.*

D. Kosten, Verfahrenswert, Verfahrenskostenhilfe

Die **Kostenentscheidung** hat sich nach § 81 FamFG zu richten. Es wird in der Regel billigem Ermessen entsprechen, beiden Elternteilen die Kosten **jeweils zur Hälfte** aufzuerlegen.[228] Dem liegt die Erwägung zugrunde, dass Umgangsverfahren regelmäßig im Interesse des Kindes geführt werden und beide Elternteile gleichermaßen für die Notwendigkeit eines gerichtlichen Verfahrens in der Verantwortung stehen. Hingegen soll das Gericht einem Beteiligten die Kosten ganz oder teilweise auferlegen, wenn ein Tatbestand des **§ 81 Abs. 2 FamFG** erfüllt ist. Die Voraussetzungen für eine Auferlegung der Verfahrenskosten eines Umgangsverfahrens auf einen Elternteil allein gemäß § 81 Abs. 2 Nr. 4 FamFG können dann vorliegen, wenn dieser die Erstellung des angeordneten Sachverständigengutachtens durch die Verweigerung zeitnaher Explorationstermine wesentlich verzögert hat.[229] **99**

---

226 OLG Saarbrücken NJW-RR 2011, 436
227 Vgl. EGMR, FamRZ 2015, 469
228 OLG Nürnberg FamRZ 2010, 998
229 OLG Celle ZKJ 2014, 479: Vereinbarung von Terminen für einen Zeitpunkt erst mehr als fünf Monate nach Kenntnis vom Beweisbeschluss und darauf beruhender Dauer der Gutachtenerstellung von mehr als neun Monaten.

▶ *Zu weiteren Einzelheiten siehe Dürbeck, § 81 FamFG, Rn. 81 ff.*

100 Dem **betroffenen minderjährigen Kind** können in Umgangsverfahren gem. § 81 Abs. 3 FamFG ebenso wenig die Kosten auferlegt werden, wie dem **Verfahrensbeistand** (§ 158 Abs. 8 FamFG). Theoretisch können auch dem Jugendamt Kosten auferlegt werden, sofern es Beteiligter ist (§ 162 Abs. 2 FamFG).

▶ *Dürbeck, § 81 FamFG, Rn. 5, zum Vergleich § 83 FamFG.*

101 Der **Verfahrenswert** richtet sich nach § 45 Abs. 1 Nr. 2 FamGKG und beträgt **regelmäßig 3.000,00 Euro**. Der Verfahrenswert kann aber gem. § 45 Abs. 3 FamGKG herauf- oder herabgesetzt werden.

▶ *Zu Einzelheiten siehe Dürbeck, § 45 FamGKG, Rn. 16, 18.*

102 In **isolierten Umgangsverfahren** besteht in 1. und 2. Instanz **kein Anwaltszwang** (§ 114 Abs. 1, 2 FamFG). Die Bewilligung von **Verfahrenskostenhilfe** kann bei bestehender Bedürftigkeit in Umgangsverfahren verweigert werden, wenn das Betreiben des Verfahrens mutwillig gem. §§ 114 Abs. 2 ZPO, 76 Abs. 1 FamFG ist. Ein Antrag zum Umgangsrecht kann **mutwillig** sein, wenn sich der umgangsbegehrende Elternteil vor Einleitung des Verfahrens weder an den anderen Elternteil noch an das minderjährige Kind oder an das Jugendamt gewandt hat.[230] Es kommt hier auf den Einzelfall an (näher hierzu *Dürbeck*, § 76 FamFG, Rn. 32).

▶ *Zur Frage der Beiordnung eines Rechtsanwalts in Umgangsverfahren vgl. Dürbeck, § 78 FamFG, Rn. 3 ff.*

§ 1685 BGB Umgang des Kindes mit anderen Bezugspersonen

(1) Großeltern und Geschwister haben ein Recht auf Umgang mit dem Kind, wenn dieser dem Wohl des Kindes dient.

(2) [1]**Gleiches gilt für enge Bezugspersonen des Kindes, wenn diese für das Kind tatsächliche Verantwortung tragen oder getragen haben (sozial-familiäre Beziehung).** [2]**Eine Übernahme tatsächlicher Verantwortung ist in der Regel anzunehmen, wenn die Person mit dem Kind längere Zeit in häuslicher Gemeinschaft zusammengelebt hat.**

(3) [1]**§ 1684 Abs. 2 bis 4 gilt entsprechend.** [2]**Eine Umgangspflegschaft nach § 1684 Abs. 3 Satz 3 bis 5 kann das Familiengericht nur anordnen, wenn die Voraussetzungen des § 1666 Abs. 1 erfüllt sind.**

Weiterführende Literatur: Giers, Das Umgangsrecht nach § 1685, FamRB 2011, 229; *Motzer*, Das Umgangsrecht Verwandter und enger Bezugspersonen des Kindes, FamRB 2004, 231; *Walter*, Umgang mit dem in Familienpflege untergebrachten Kind, §§ 1684, 1685 BGB – psychologische Aspekte, FPR 2004, 415

---

230 OLG Rostock MDR 2011, 790 (wenn außergerichtliche Einigung nicht versucht wurde; Ausnahme: Aussichtlosigkeit); OLG Saarbrücken FamRZ 2010, 310 (wenn außergerichtliche Streitschlichtung nicht versucht wurde); OLG Schleswig NJW-Spezial 2011, 518 (wenn die begründete Aussicht besteht, die Vermittlung durch das Jugendamt werde gelingen); OLG Brandenburg FamRZ 2005, 1914; OLGReport 2003, 324; OLG Koblenz NJW 2009, 1425 (nur wenn anzunehmen ist, dass die Vermittlungsbemühungen des Jugendamtes Erfolg gehabt hätten); FamRZ 2005, 1915; OLG Karlsruhe FamRZ 2004, 549; a.A. OLG Stuttgart FamRZ 2011, 1160 (zum Aufenthaltsbestimmungsrecht); OLG Hamm NJW-RR 2011, 1577; FamRZ 2007, 1337; FamRZ 2003, 1758 (wenn der sorgeberechtigte Elternteil jeglichen Kontakt des Kindes mit dem anderen Elternteil verweigert); OLG München FamRZ 2008, 1089; OLG Karlsruhe FamRZ 2004, 1115; FamRZ 2002, 1712. Zum gesamten Problemkreis *Keuter*, FamRZ 2009, 1891, der grundsätzlich von einer Pflicht zur Annahme der kostenlosen Beratungs- und Hilfsangebote ausgeht.

Gottschalk

Übersicht

A. Allgemeines

I. Normzweck

Neben den Eltern, deren Umgangsrecht in § 1684 BGB abschließend geregelt ist, haben auch andere enge Bezugspersonen des Kindes ein Recht auf Umgang mit ihm. Insbesondere der frühere Partner eines Elternteils, die Großeltern nach Verbleib des Kindes beim Schwiegerkind und Pflegeeltern nach der Rückführung des Kindes haben das Bedürfnis, den Kontakt mit dem (Enkel-, Pflege-)kind zu halten – und umgekehrt. Allerdings sieht § 1685 BGB – anders als § 1684 BGB – **nur ein Recht** und **keine Pflicht** zum Umgang vor und dies auch nur, soweit dieser dem Kindeswohl dient.[1]   **1**

Die Begrenzung auf die in § 1685 BGB genannten Personen soll einer Überforderung des Kindes durch eine Vielzahl von Umgangswünschen entgegenwirken[2]. Insbesondere bei in einer Pflegefamilie lebenden Kindern, können Besuchswünsche von Verwandten neben den möglicherweise getrennt lebenden, den Umgang begehrenden Eltern, leicht zu einem überfüllten Terminkalender des Kindes führen. Das **elterliche Umgangsrecht geht dem Umgangsrecht nach § 1685 BGB verfassungsrechtlich vor**.[3] Demnach kann das Umgangsrecht der Eltern nicht mit der Begründung beschnitten werden, eine enge Bezugsperson habe ebenfalls ein Umgangsrecht. Die Vorschrift ist im engen Zusammenhang mit § 1626 Abs. 3 Satz 2 BGB zu sehen und in ihrem Sinne auszulegen.[4]   **2**

Die Kindeswohldienlichkeit eines Umgangs wird trotz der besonderen Bindungen zu den in § 1685 BGB genannten Personen nicht von vornherein vermutet, sondern sie ist positiv festzustellen.[5] Versagen die personenberechtigten Eltern den Umgang mit den engen Bezugspersonen, so kommt ihnen trotz des in Art. 6 Abs. 2 GG verankerten Elternrechts nicht   **3**

---

1 Staudinger/*Rauscher*, § 1685 Rn. 4 m.w.N.
2 *Völker/Clausius*, § 2 Rn. 114 „Umgangstourismus"
3 BVerfG FamRZ 2007, 335
4 OLG Koblenz FamRZ 2000, 1111
5 OLG Koblenz FamRZ 2000, 1111

in jedem Fall der Vorrang zu.[6] Vielmehr muss sich die elterliche Entscheidung am Kindeswohl orientieren und darf bei gewachsenen Bindungen nur aus nachvollziehbaren Gründen erfolgen.[7]

II. Anwendungsbereich

4 Der Umgang der rechtlichen Eltern bestimmt sich nach § 1684 BGB. Die engen Bezugspersonen des Kindes, denen mit § 1685 BGB neben den Eltern ein Umgangsrecht eingeräumt wird, sind in § 1685 Abs. 1 und 2 BGB abschließend aufgezählt. Großeltern und Geschwister (Abs. 1) erhalten ein Umgangsrecht allein kraft des **nahen Verwandtschaftsverhältnisses**, die in Abs. 2 für die übrigen engen Bezugspersonen geforderte sozial-familiäre Beziehung stellt für diesen Personenkreis keine weitere Voraussetzung dar. Weitere Verwandte können sich nur auf Abs. 2 berufen.

Die in Abs. 2 genannten Personen sind – nur dann – umgangsberechtigt, wenn sie für das Kind **tatsächliche Verantwortung** tragen oder getragen haben. Dem biologischen, nicht rechtlichen Vater steht nunmehr unter den Voraussetzungen des § 1686a Abs. 1 Nr. 1 BGB ein Umgangsrecht auch dann zu, wenn er nicht in einer sozial-familiären Beziehung zum Kind stand oder steht. Ob **§ 1686a BGB lex specialis zu § 1685 BGB** mit der Folge ist, dass von erstgenannter Vorschrift alle Fallgestaltungen des Umgangs biologischer, nichtrechtlicher Väter erfasst werden, ist in der Rechtsprechung bisher nicht entschieden worden und wird in der Literatur bisher selten diskutiert.[8]

B. Inhalt der Norm

I. Großeltern und Geschwister (Abs. 1)

1. Verwandtschaftsbegriff

5 Nach Abs. 1 stehen Großeltern und Geschwistern Umgangsrecht zu, sofern der Umgang **dem Wohl des Kindes dient**. Dem in Abs. 1 genannten Personenkreis steht das Umgangsrecht allein aufgrund ihres **engen Verwandtschaftsgrades** zu, der Nachweis einer engen Bindung, wie in Abs. 2, ist nicht erforderlich. Der Gesetzgeber ging davon aus, dass es sich bei diesem Kreis von Personen um **üblicherweise dem Kind nahestehende Menschen** handelt[9]. Ggf. dient die Kindeswohlprüfung hier als Korrektiv.

6 Maßgeblich ist der Verwandtschaftsbegriff des § 1589 BGB,[10] so dass der angeheiratete Großelternteil ebenso wenig von Abs. 1 erfasst ist, wie die früheren Großeltern eines adoptierten Kindes oder nach einer Stiefkindadoption[11] oder die biologische Großmutter.[12]

7 Geschwister i.S.d. § 1685 BGB sind auch Halbgeschwister, wie sich aus § 1589 BGB ergibt, nicht aber – frühere – Geschwister nach der Adoption eines von zwei leiblichen Geschwistern.[13]

8 Die **Aufzählung** in Absatz 1 ist **abschließend**, eine analoge Anwendung auf weitere Verwandte wie Onkel und Tanten, Cousins und Cousinen, Neffen und Nichten kommt nicht in Betracht.[14]

---

6 Staudinger/*Rauscher,* § 1685 Rn. 19
7 OLG Koblenz MDR 2000, 162
8 Bejahend Staudinger/*Rauscher,* § 1686a BGB Rn. 8, 9; siehe hierzu *Gottschalk,* § 167a FamFG Rn. 3; § 1686d BGB Rn. 3
9 BT-Drucks. 13/4899 107
10 *Völker/Clausius,* § 2 Rn. 118
11 OLG Rostock FamRZ 2005, 744
12 OLG Celle FamRZ 2005, 126
13 OLG Dresden FamRZ 2012, 1153
14 OLG Zweibrücken FamRZ 1999, 1161

2. Kindeswohldienlichkeit

Großeltern oder Geschwistern steht ein Umgangsrecht jedoch nur dann zu, wenn der Umgang dem Wohl des Kindes dient (**positive Kindeswohlverträglichkeit**,[15] zu den verschiedenen Kindeswohlabstufungen siehe *Gotttschalk*, § 1697a BGB Rn. 12). Trotz des engen Verwandtschaftsverhältnisses zu Großeltern und Geschwistern, welches bereits den Nachweis einer sozial-familiären Beziehung entbehrlich macht, spricht **keine Vermutung** für eine Kindeswohldienlichkeit.[16] Vielmehr muss in **jedem Einzelfall positiv festgestellt** werden, dass der Umgang auf Grund der sonstigen Tatsachen für das **Kindeswohl förderlich** ist.[17] Kann die Kindeswohldienlichkeit nach Erschöpfung aller dem Gericht im Rahmen der Amtsermittlung zusehenden Ermittlungen nicht festgestellt werden, kann Umgang nicht gewährt werden.[18]

9

Grundsätzlich ist der Umgang dem Kindeswohl dienlich, wenn ein **enges Vertrauensverhältnis** zwischen der Bezugsperson und dem Kind besteht, welches es aufrecht zu erhalten gilt, das **Kind den Umgang nicht verweigert**, seine **Alltagsgestaltung weitere Umgangstermine zulässt** und schließlich **keine, das Kind beeinträchtigenden, Konflikte** zwischen den zum Umgang verpflichteten Personen (i.d.R. die Eltern) und den Umgangsbegehrenden bestehen.

10

Keine Kindeswohldienlichkeit wurde hingegen in folgenden Fällen angenommen:

11

- **Zerrüttung des Verhältnisses** zwischen Umgangsbegehrenden und Eltern(teil)[19]; unerheblich ist, wer hierfür die Verantwortung trägt.[20]
- Der sorgeberechtigte **Elternteil lehnt den Umgang** aus nachvollziehbaren Gründen **ab**, obwohl das Kind den Umgang wünscht.[21]
- Drohender **Loyalitätskonflikt**.[22]
- Das **Kind lehnt den Umgang** ab.[23]
- **Überforderung des Kindes** durch eine Vielzahl von Umgangskontakten mit mehreren Umgangsberechtigten.[24]
- Der Umgang wird dazu genutzt, **Streitigkeiten innerhalb der Großfamilie** auszutragen.[25]
- **Fehlende Akzeptanz** des Erziehungsvorrangs der Eltern.[26]
- **Negative Beeinflussung** der Kinder durch die Bezugsperson, insbesondere wenn hierdurch die Eingliederung in die Pflegefamilie erschwert wird.[27]

---

15 MüKo-BGB/*Hennemann*, § 1685 BGB Rn. 14
16 OLG Brandenburg FamRZ 2010, 1991; Staudinger/*Rauscher*, § 1685 Rn. 18; a.A. OLG Hamm ZKJ 2011, 227; *Völker/Clausius*, § 2 Rn. 120
17 OLG Brandenburg FamRZ 2010, 1991; OLG Naumburg FamRZ 2008, 915
18 A.A. *Völker/Clausius*, § 2 Rn. 120: sofern bereits enge Bindungen des Kindes zu der Bezugsperson bestehen.
19 OLG Naumburg FamRZ 2008, 915; AG Konstanz FamRZ 2004, 290
20 OLG Hamm FamRZ 2010, 909
21 OLG Koblenz FamRZ 2000, 1111
22 OLG Karlsruhe FamRZ 2008, 915; AG Nördlingen FamRZ 2006, 882
23 OLG Frankfurt FamRZ 2013, 1994; OLG Hamm FamRZ 2010, 909
24 OLG Frankfurt, Beschl. v. 15.8.2014 – 6 UF 82/14; OLG Hamm FamFR 2011, 214
25 *Motzer*, FamRB 2004, 231, 232
26 OLG Hamm FamRZ 2010, 909
27 Sehr weitgehend mit der Bejahung der Kindeswohldienlichkeit: OLG Köln FamRZ 2013, 1748: nicht ausreichend ist, dass die Großeltern die Fremdunterbringung der Kinder zutiefst missbilligen, eine eigene Betreuung der Kinder anstreben und durch ihr Verhalten die Kinder bei Kontakten – auch unbewusst – verunsichern könnten.

- Es besteht die **Gefahr der Retraumatisierung**, wenn das Kind anlässlich der Umgangskontakte in eine Umgebung kommt, in der es an traumatische Erlebnisse erinnert werden könnte.[28]

- Der Umgang der Großeltern wird dazu genutzt, um der mit einem **Näherungsverbot bzw. Umgangsausschluss** belegten Kindesmutter Umgangskontakte zu ermöglichen.[29]

II. Sonstige enge Bezugspersonen (Abs. 2)

1. Zugehörigkeit zu der Gruppe der engen Bezugspersonen

12   § 1685 Abs. 2 BGB enthält – anders als Abs. 1, siehe oben Rn. 4 – keine abschließende Aufzählung, so dass grundsätzlich **jede enge Bezugsperson** als Umgangsberechtigter in Betracht kommen kann. Unter Abs. 2 fallen insbesondere **Cousin, Tante/Onkel,**[30] **frühere Verwandte** (insbesondere die leiblichen Eltern), deren Verwandtschaftsverhältnis zum Kind durch Adoption erloschen ist,[31] **Pflegeeltern, frühere Ehegatten** (Stiefeltern), **Lebensgefährten**[32] oder **Lebenspartner**[33] eines Elternteils.

2. Sozial-familiäre Beziehung

a. Begriff der sozial familiären Beziehung (Abs. 2 Satz 1)

13   Das Umgangsrecht nach Abs. 2 setzt voraus, dass die umgangsberechtigte Person für das Kind **tatsächliche Verantwortung trägt oder getragen hat**. Das Gesetz spricht insoweit auch vom Vorliegen einer „sozial-familiären Beziehung". Die aufgrund tatsächlicher Verantwortungsübernahme entstandene enge Bindung soll aufrechterhalten werden.[34] Nicht ausreichend ist, dass der Umgangsbegehrende geltend macht, der ihm einzuräumende Umgang diene der Anbahnung einer sozial-familiären Beziehung.[35] Andererseits ist nicht Voraussetzung, dass die sozial-familiäre Beziehung gegenwärtig noch fortbesteht.[36] Anderenfalls müsste der Elternteil, der den Umgang nicht gewähren möchte, nur dafür Sorge tragen, dass der Umgangsbegehrende das Kind längere Zeit nicht sieht. Der Umstand, dass der Kontakt seit längerer Zeit abgebrochen ist, ist bei der Frage der Kindeswohldienlichkeit zu berücksichtigen.[37]

b. Tatsächliche Verantwortung (Abs. 2 Satz 1 und 2)

14   Nicht erforderlich ist, dass die Beteiligten über einen längeren Zeitraum in häuslicher Gemeinschaft gelebt haben, denn die Übernahme der tatsächlichen Verantwortung kann auch auf andere Weise erfolgen,[38] etwa dadurch, dass das Kind von dem Umgangsbegehrenden über eine längere Zeit regelmäßig betreut wurde, wobei der Wille zur Verantwor-

---

28 Staudinger/*Rauscher*, § 1685 Rn. 22: insbesondere Erinnerung an Straftat eines Elternteils zum Nachteil des anderen Elternteils
29 OLG Frankfurt FamRZ 2013, 1994: Ausschluss wegen Kindeswohlgefährdung gem. § 1685 Abs. 3 Satz 1 BGB i.V.m. § 1684 Abs. 4 Satz 2 BGB
30 OLG Bremen FamRZ 2013, 311, allerdings kein Umgangsrecht mangels Bestehen einer sozial-familiären Beziehung
31 OLG Stuttgart NJW-RR 2007, 76; ausführlich zum Ganzen: *Motzer*, FamRB 2004, 231, 234
32 AG Rostock FamRZ 2005, 296
33 OLG Karlsruhe NJW 2011, 1012
34 *Völker/Clausius*, § 2 Rn. 122
35 OLG Bremen FamRZ 2013, 311
36 BGH NJW-RR 2005, 729, a.A. OLG Koblenz FamRZ 2009, 1229
37 BGH NJW-RR 2005, 729
38 MüKo-BGB/*Hennemann*, § 1685 BGB Rn. 7; BeckOK BGB/*Veit*, § 1685 BGB Rn. 3

tungsübernahme hinzukommen muss.[39] Letzteres wird in der Praxis allerdings selten zu bejahen sein, wenn die Beteiligten nie zusammen gelebt haben.[40] Hingegen besteht eine gesetzliche Vermutung für die Tragung tatsächlicher Verantwortung, wenn eine häusliche Gemeinschaft bestand (siehe hierzu nächste Rn.).

c. Vermutung für die Übernahme tatsächlicher Verantwortung, Abs. 2 Satz 2

Hat die den Umgang begehrende Person **längere Zeit** mit dem Kind in **häuslicher Gemeinschaft** gelebt, dann wird die **sozial-familiäre Beziehung vermutet** (Abs. 2 Satz 2). Die betreffende Person muss dann nur das Bestehen einer häuslichen Gemeinschaft für einen längeren Zeitraum darlegen und ggf. beweisen.[41] Welche Zeitspanne hierfür erforderlich ist, hat der Gesetzgeber offen gelassen. Maßgeblich sind die Umstände des Einzelfalls, wobei es wesentlich auf das Zeitempfinden des Kindes ankommt.[42] Häusliche Gemeinschaft setzt regelmäßige Übernachtungen voraus.[43] Insoweit kann die regelmäßige Betreuung eines Kindes durch nicht gesetzliche Großeltern über verlängerte Wochenenden und in den Ferien über einen Zeitraum von fast zwei Jahren für die Gewährung eines Umgangsrechts grundsätzlich ausreichen.[44] Ein längerer Zeitraum wurde etwa **bejaht** bei **einem Jahr**[45], wohingegen ein **½ Jahr** als **zu wenig** erachtet worden ist.[46] **15**

Als nicht ausreichend erachtet wurden auch regelmäßige Kontakte mit dem Kind im Rahmen der Umgangskontakte des früheren Lebensgefährten nach § 1684 BGB an den Wochenenden und einem zusätzlichen Aufenthalt des Kindes bei der umgangsbegehrenden Person für die Dauer einer Woche[47] oder die Betreuung durch die leibliche Mutter vor der Adoptionsfreigabe für die Dauer von 19 Tagen.[48] **16**

3. Kindeswohldienlichkeit

Auch der Umgang mit einer engen Bezugsperson nach Abs. 2 kann nur gewährt werden, wenn er dem Kindeswohl dient (näher hierzu oben Rn. 9 ff.). **17**

III. Entsprechende Anwendung von § 1684 Abs.2 bis 4 BGB (Abs. 3 Satz 1)

1. Wohlverhaltenspflicht

§ 1685 Abs. 3 Satz 1 BGB sieht eine **entsprechende Anwendung von § 1684 Abs. 2 bis 4 BGB** vor. **18**

Demnach trifft auch die nach § 1685 BGB Umgangsberechtigten eine **Pflicht zur Loyalität**, mithin zum Unterlassen aller Handlungen, die geeignet sind, das Verhältnis des Kindes zu seinen Eltern zu beeinträchtigen, deren Erziehung zu erschweren oder den Umgang zu behindern (zur Wohlverhaltenspflicht nach § 1684 Abs. 2 BGB siehe *Gottschalk*, § 1684 BGB, Rn. 18 ff.). Adressat der Wohlverhaltenspflicht sind sowohl die **Eltern als auch der** **19**

---

39 OLG Hamm FamRZ 2011, 1154: die tatsächliche Lebens- und Erziehungsgemeinschaft zwischen der Bezugsperson und dem Kind muss „die Qualität einer Familie im Sinne von Art. 6 I GG erreichen"; OLG Brandenburg FamRZ 2011, 1154: keine tatsächliche Verantwortung bei gemeinsamen Unternehmungen über neun Monate ohne „gewachsene Vertrauensbeziehung"
40 Vgl MüKo-BGB/*Hennemann*, § 1685 BGB Rn. 7
41 Staudinger/*Rauscher*, § 1685 BGB Rn. 9b
42 OLG Bremen FamRZ 2013, 311
43 OLG Brandenburg FamRZ 2011, 1154
44 OLG Koblenz FamRZ 2009, 1229
45 BGH NJW-RR 2005, 729
46 MüKo-BGB/*Hennemann*, § 1685 BGB Rn. 9, a.A. *Campbell*, NJW-Spezial 2011, 644: 6 Monate Zusammenleben in Anlehnung an Art. 224 § 2 Abs. 3 Satz 2 EGBGB a.F.
47 OLG Hamm FamFR 2011, 45: auch nicht ausreichend zur Begründung einer sozial-familiären Beziehung im Sinne des § 1685 Abs. 2 Satz 1 BGB
48 OLG Schleswig FamRZ 2004, 1057

Umgangsberechtigte.[49] Das Familiengericht kann zwecks Umsetzung **Weisungen** erteilen (siehe *Gottschalk*, § 1684 BGB, Rn. 26).

2. Ausgestaltung des Umgangsrechts durch Familiengericht

20 Der Verweis auf eine entsprechende Anwendung von § 1684 Abs. 3 BGB ist rein verfahrensrechtlicher Natur und weist dem Familiengericht die Entscheidungsbefugnis über die **Ausgestaltung des Umgangsrechts** zu.[50]

3. Kindeswohldienlichkeit

21 Da das Umgangsrecht nach § 1685 BGB nur dann besteht, wenn der Umgang dem Kindeswohl dient, ein das Kindeswohl gefährdender Umgang jedoch niemals dem Kindeswohl dienen kann, ergibt sich der **Ausschluss oder die Einschränkung** des Umgangsrechts aus § 1685 BGB und die **Verweisung auf § 1684 Abs. 4 BGB** scheint auf den ersten Blick überflüssig.[51] Die Unterscheidung ist gleichwohl notwendig. Dient der begehrte Umgang nicht dem Kindeswohl, ist festzustellen, dass es einer Regelung des Umgangs nicht bedarf. Nur wenn der Umgang darüber hinaus das Kindeswohl gefährdet (§ 1685 Abs. 3 i.V.m. § 1684 Abs. 4 Satz 2 BGB), kann und muss der Umgang ausgeschlossen werden; dieser Ausschluss ist dann vollstreckbar (siehe *Gottschalk*, § 1684 BGB, Rn. 82, 97). Der Unterschied zu den Regelungsmöglichkeiten nach § 1684 BGB rechtfertigt sich aus Art. 6 Abs. 2 GG, unter dessen Schutz der Umgang der Eltern fällt und ist auch für die Voraussetzung einer Abänderung von Bedeutung (§ 1696 Abs. 1 oder 2 BGB, siehe *Gottschalk,* § 1696 BGB, Rn. 4, 6, 26).

4. Begleitete Umgangskontakte

Die Anordnung von **begleiteten Umgangskontakten** ist zwar aufgrund der Verweisung in § 1685 Abs. 3 auf § 1684 Abs. 4 BGB rechtlich möglich, in der Praxis sind jedoch kaum Anwendungsfälle denkbar. Voraussetzung für die Anordnung von Besuchskontakten in Begleitung einer dritten Person ist entweder deren Erforderlichkeit zur Wahrung des Kindeswohls oder zur Abwendung einer anderenfalls gegebenen Kindeswohlgefährdung (vgl. Gottschalk, *§ 1684 BGB, Rn. 70 ff.).* Dann aber wird der Umgang bereits nicht dem Wohl des Kindes dienen.

5. Umgangspflegschaft (Abs. 3 Satz 2)

22 Eine **Umgangspflegschaft** (§ 1684 Abs. 3 Satz 3 bis 5 BGB) kann angeordnet werden, allerdings – in Abweichung von § 1684 Abs. 3 Satz 3 BGB (Verletzung der Wohlverhaltenspflicht (siehe *Gottschalk*, § 1684 Rn. 18 ff., 57) nur dann, **wenn das Wohl des Kindes** dadurch **gefährdet** wird, dass die Eltern keinen Kontakt mit der Bezugsperson erlauben und die Kindeswohlgefährdung nur durch den Umgangspfleger abzuwenden ist.[52] Denn Eingriffe Dritter in das elterliche Sorgerecht sind nur unter den Voraussetzungen des § 1666 BGB möglich.[53]

IV. Inhalt der Umgangsregelung

23 Die Beteiligten können einen **gerichtlich gebilligten Vergleich** gem. § 156 Abs. 2 FamFG schließen oder das Familiengericht regelt den Umgang durch **Beschluss**. Eine **bloße Zurückweisung** eines „Antrages" kommt – ebenso wie in Verfahren nach § 1684

---

49 Vgl. Staudinger/*Rauscher*, § 1685 BGB Rn. 24
50 Staudinger/*Rauscher*, § 1685 BGB Rn. 25
51 Staudinger/*Rauscher*, § 1685 BGB Rn. 27, kritisch zu dieser Verweisung *Rauscher*, FamRZ 1998, 329, 338; in diesem Sinne auch OLG Celle ZKJ 2011, 431
52 Vgl. OLG Saarbrücken FamRZ 2014, 402
53 Staudinger/Rauscher, § 1685 BGB Rn. 28

BGB (siehe hierzu *Gottschalk*, § 1684 BGB Rn. 28) nicht in Betracht (vgl. oben Rn. 21). Ist hingegen ein Ausschluss zur Abwendung einer Kindeswohlgefährdung erforderlich, muss eine inhaltliche Sachentscheidung als Endentscheidung getroffen werden, schon damit der Umgangsbegehrende weiß, wie lange der Ausschluss andauert.[54]

Die Umgangsregelung muss **inhaltlich bestimmt** sein (siehe *Gottschalk* § 1684 BGB, Rn. 28). **24**

Die **konkrete Ausgestaltung** des Umgangs muss sich **am kindeswohldienlichen Zweck orientieren**. Dabei ist insbesondere zu beachten, dass die Umgangsrechte der – getrennt lebenden Eltern – vorgehen (siehe Rn. 1). Bestehen solche Umgangsregelungen, muss eine Abstimmung erfolgen.[55] Oft wird der Umgang in Form von Tageskontakten stattfinden.[56] In Betracht kommt auch eine Ferienregelung, sofern die Bindung eng genug ist.[57] **25**

Übersicht: Verfahrensbeendigung in Verfahren nach § 1685 BGB **26**

A.	Kindeswohldienlichkeit: Regelung des unbegleiteten Umgangs nach Ort und Zeit.
B.	Keine Kindeswohldienlichkeit: Feststellung, dass der Umgang nicht familiengerichtlich zu regeln ist.
C.	Kindeswohlgefährdung: Ausspruch eines Umgangsausschlusses.

Die Kosten des Umgangs haben die Bezugspersonen selbst zu tragen.[58] Großeltern haben keinen Anspruch gegen den Grundsicherungsträger auf Erstattung der ihnen anlässlich der Ausübung der Umgangskontakte entstehenden Kosten gem. § 21 Abs. 6 Satz 2 SGB II.[59] **27**

C. Verfahren

Es handelt sich um eine **Kindschaftssache nach § 151 Nr. 2 FamFG**. Eines **Antrages bedarf es** nach dem Wortlaut der Vorschrift **nicht**.[60] Allerdings wird eine Einleitung des Verfahrens von Amts wegen nur in seltenen Fällen in Betracht kommen, auch weil der Umgangsberechtigte gegen seinen Willen nicht zum Umgang verpflichtet werden kann.[61] Das Kind, dem kein subjektives Recht auf Umgang eingeräumt wurde, hat kann sich nur an das Jugendamt wenden, welches ein Umgangsverfahren bei Gericht anregen kann.[62] Insbesondere beim Geschwisterumgang wird die Beachtung des § 1685 BGB von Amts wegen oder durch das Jugendamt oder den Verfahrensbeistand relevant.[63] **28**

▶ *Zum Verfahren siehe zunächst die Ausführungen zu § 1684 BGB, Rn. 83 ff.*

---

54 Vgl. OLG Frankfurt FamRZ 2013, 1994
55 MüKo-BGB/*Hennemann*, § 1685 BGB Rn. 2
56 Staudinger/*Rauscher*, § 1685 BGB Rn. 26
57 OLG Brandenburg MDR 2014, 1093
58 Ausführlich zur Kostentragungspflicht von nichtelterlichen Umgangsberechtigten *Löhning*, FamRZ 2013, 1866; mit Erwiderung von Wohlgemuth, FamRZ 2014, 356 und *Spangenberg*, FamRZ 2014, 355
59 LSG Niedersachsen-Bremen FamRZ 2014, 1409
60 BT-Drucks. 13/4899, 107; *Motzer* FamRB 2004, 231, 232
61 Staudinger/*Rauscher*, § 1685 BGB Rn. 29
62 BeckOK BGB/*Veit*, § 1685 BGB Rn. 6
63 Vgl. *Walter*, FPR 2004, 415 weist darauf hin, dass der Aufrechterhaltung der Geschwisterbindung, die bei fremduntergebrachten Kindern häufig von großer Bedeutung sei, in der Praxis zu wenig Bedeutung beigemessen werde.

Es gilt auch hier das Beschleunigungsgebot (§ 155 FamFG) und die Verpflichtung des Gerichts, auf ein Einvernehmen hinzuwirken (§ 156 FamFG).

Es gelten folgende Besonderheiten:

29   **Beteiligt** sind neben den antragstellenden **engen Bezugspersonen** (gem. § 7 Abs. 1 FamFG) das **Kind, die Eltern** und zwar auch derjenige Elternteil, der nicht sorgeberechtigt ist und das Kind nicht in seiner Obhut hat. Zwar hat er kein Recht aus § 1632 Abs. 2 BGB, sein Umgangsrecht kann jedoch durch die Regelung mit der engen Bezugsperson betroffen sein (§ 7 Abs. 2 Nr. 1 FamFG, zur Beschwerdebefugnis siehe *Dürbeck*, § 59 FamFG). Das **Jugendamt** ist auf Antrag hin zu beteiligen (§ 162 Abs. 2 FamFG); die Pflegeeltern unter den Voraussetzungen des § 161 FamFG.

30   Die **Zuständigkeit** richtet sich nach § 152 Abs. 2 FamFG, dem **gewöhnlichen Aufenthalt** des Kindes.

31   Der Erlass einer einstweiligen Anordnung ist möglich (§§ 49 FamFG), die Eilbedürftigkeit dürfte jedoch selten gegeben sein.[64]

Anzuhören sind die Eltern (§ 160 FamFG), das Kind (§ 159 FamFG) und das Jugendamt (§ 162 Abs. 1 FamFG), ggf. die Pflegeeltern (§ 161 Abs. 2 BGB). Die Anhörungspflicht der ein Umgangsrecht nach § 1685 BGB begehrenden Personen ergibt sich aus §§ 7 Abs. 1, 2 Nr. 1, 34 Abs. 1 FamFG.[65] Von der Anhörung des nichtsorgeberechtigten Elternteils kann (nur) dann abgesehen werden, wenn von seiner Anhörung eine Aufklärung nicht erwartet werden kann (§ 160 Abs. 2 FamFG).

32   Umgangsregelungen sind – sofern sie einen vollstreckungsfähigen Inhalt haben (siehe *Gottschalk*, § 1684 BGB, Rn. 28, siehe *Cirullies* § 86 FamFG, Rn. 21) ebenso vollstreckbar wie Umgangsregelungen nach § 1684 BGB. Auch die Umgangsaussetzung ist gem. §§ 86 ff. vollstreckbar.[66]

33   Dem Kind ist ein **Verfahrensbeistand** zu bestellen, sofern die Voraussetzungen des § 158 Abs. 1 FamFG vorliegen. Das Regelbeispiel des **§ 158 Abs. 2 Nr. 5 FamFG greift nicht ein**. Dieses bezieht sich allein auf einen Umgangsausschluss nach § 1684 Abs. 4 BGB.[67]

Eine Abänderung der Umgangsregelung kommt nur nach Maßgabe des § 1696 BGB in Betracht.[68]

D. Kosten, Verfahrenswert

34   ▶   *Hinsichtlich der Kostenentscheidung und dem Verfahrenswert wird verwiesen auf die Ausführungen zu § 1684 BGB Rn. 99, 101.*

---

64   MüKo-BGB/*Hennemann*, § 1685 BGB Rn. 18
65   Staudinger/*Rauscher*, § 1685 BGB Rn. 30; MüKo-BGB/*Hennemann*, § 1685 BGB Rn. 18
66   OLG Saarbrücken FamRZ 2013, 48
67   OLG Celle ZKJ 2011, 431; Staudinger/*Rauscher* § 1685 BGB Rn. 30
68   OLG Frankfurt FamRZ 2013, 312; OLG München FamRZ 2011, 1804

§ 1686 BGB Auskunft über die persönlichen Verhältnisse des Kindes

Jeder Elternteil kann vom anderen Elternteil bei berechtigtem Interesse Auskunft über die persönlichen Verhältnisse des Kindes verlangen, soweit dies dem Wohl des Kindes nicht widerspricht.

Übersicht

A. Allgemeines

Um den Elternteil, der **nicht mit dem Kind zusammenlebt**, in die Lage zu versetzen, dass er über den **aktuellen Entwicklungsstand** seines Kindes informiert ist, gibt ihm § 1686 BGB ein Auskunftsrecht gegen den anderen Elternteil. Hauptanwendungsfälle sind jene, in denen aufgrund eines Umgangsausschlusses oder tatsächlich nicht ausgeübter Umgangskontakte ein **Informationsdefizit beim nichtbetreuenden Elternteil** besteht. Ihm kommt eine Ersatzfunktion für nicht stattfindende Umgangskontakte zu.[1] Wenn der persönliche Umgang, der dem umgangsberechtigten Elternteil auch die Möglichkeit verschaffen soll, sich von der Entwicklung und dem Wohlergehen seines Kindes regelmäßig ein Bild zu verschaffen,[2] nicht stattfindet, stellen solche Auskünfte oftmals die einzige Informationsquelle dar, weshalb der Ausschluss eines solchen Auskunftsanspruchs auf eng begrenzte Ausnahmefälle beschränkt ist.[3]

1

Voraussetzung für das Bestehen eines Auskunftsanspruch ist hingegen nicht, dass Umgangskontakte fehlen. Er kann auch neben dem Umgangsrecht geltend gemacht werden[4]. Es kommt vielmehr darauf an, dass der Auskunftsbegehrende **keine andere Möglichkeit** hat, sich die erforderlichen Informationen zu beschaffen.[5] Die Regelung der elterlichen Sorge spielt zunächst keine Rolle.[6] Es kommt allein auf die Elternschaft an.[7] Deshalb kann **auch der alleinsorgeberechtigte Elternteil** vom anderen Elternteil Auskunft verlangen.

2

Der Auskunftsanspruch besteht **nicht gegenüber Dritten**[8] und auch **nicht gegenüber dem Kind**. Es setzt ein **berechtigtes Interesse des Antragstellers** voraus und ist begrenzt durch eine **negative Kindeswohlverträglichkeit**. Kein Anspruch besteht aller-

---

1 OLG Brandenburg NJW-RR 2000, 882
2 Siehe oben *Gottschalk*, § 1684 BGB, Rn. 2
3 KG FamRZ 2011, 827
4 OLG Brandenburg NJW-RR 2000, 882
5 *Kasenbacher*, NJW-Spezial 2012, 4
6 *Kasenbacher*, NJW-Spezial 2012, 4
7 jurisPK-BGB/*Bauer*, 6. Aufl. 2012, § 1686 BGB Rn. 10
8 *Kasenbacher*, NJW-Spezial 2012, 4, zur Ausnahme s. Rn. 4

dings, wenn sich der Auskunftsbegehrende die Informationen selbst beschaffen kann,[9] insbesondere wenn das gemeinsame Sorgerecht besteht.[10] Das Auskunftsrecht **endet** mit der **Volljährigkeit** des Kindes.[11]

B. Inhalt der Norm

I. Anspruchsvoraussetzungen

1. Auskunftsberechtigter

3 Der Elternteil, der ein **berechtigtes Interesse** an der Auskunft hat (siehe hierzu Rn. 6), ist Auskunftsberechtigter gem. § 1686 BGB. Voraussetzung ist die rechtliche Elternschaft.

▶ *Näher hierzu Grün zu §§ 1591, 1592 BGB.*

Dass der Elternteil Inhaber – von Teilen – der elterlichen Sorge ist, steht dem Anspruch nicht grundsätzlich entgegen. Erhält ein Elternteil beispielsweise Informationen über das Kind während eines Umgangskontaktes, die von der Bedeutung her wesentlich für dessen Entwicklung sind, kann der andere, alleinsorgeberechtigte Elternteil, **Auskunft vom nichtsorgeberechtigten Elternteil** begehren.[12] Die Sorgerechtsinhaberschaft kann aber eine Rolle spielen bei der Frage, ob sich der Auskunftsbegehrende die Informationen nicht selbst beschaffen könnte.[13] Hat der Auskunftsbegehrende die elterliche Sorge – oder Teile hiervon – inne, so ist er gehalten, **zunächst** seine **sorgerechtlichen Befugnisse** auszuüben.[14]

4 Nicht überzeugend ist die Auffassung, wonach auch den in § 1685 BGB aufgeführten Personen ein Auskunftsrecht zusteht.[15] Eine unmittelbare Anwendung scheidet bereits angesichts des klaren Wortlautes aus und für eine analoge Anwendung ist nach zutreffender Auffassung kein Raum.[16] Das Auskunftsrecht des **biologischen, nicht rechtlichen Vaters** ist nicht in § 1686 BGB, sondern **in § 1686a Abs. 1 Nr. 2 BGB geregelt**.

2. Auskunftsverpflichteter

5 **Verpflichtet zur Auskunft** ist der „**andere" Elternteil im rechtlichen Sinne**, also entweder der Elternteil, in dessen Obhut sich das Kind befindet, oder der aufgrund eines Umgangskontaktes Informationen erworben hat (siehe hierzu Rn. 3).

Im Hinblick auf das grundrechtlich geschützte Elternrecht muss hier in analoger Anwendung der Vorschrift der **Kreis der Auskunftsverpflichteten** auf die in **§ 1685 BGB genannten**, umgangsberechtigten **Personen und Obhutspersonen wie Pflegeeltern erweitert werden**.[17] Aus Sicht des auskunftsbegehrenden Elternteils ist es gleichgültig, ob der nach § 1684 BGB umgangsberechtigte andere Elternteil oder Personen, in dessen Obhut sich das Kind berechtigterweise zu Besuchszwecken oder aufgrund einer Fremdunterbringung aufhält, die bedeutsamen Informationen erworben hat, weshalb hier ausnahmsweise (und im Gegensatz zu den in Rn. 4 aufgeführten Personen, die sich nicht auf das

---

9 OLG Brandenburg NJW-RR 2008, 226
10 OLG Koblenz BeckRS 2014, 07117
11 OLG Saarbrücken, Beschl. v. 1.8.2014 – 9 WF 58/14 zitiert nach juris.de
12 MüKo-BGB/*Hennemann*, § 1686 BGB Rn. 4
13 Siehe unten Rn. 6
14 *Schuldei*, NZFam 2014, 713, 714
15 Palandt/*Diedrichsen*, 71. Aufl., § 1686 BGB Rn. 2; a.A. MüKo-BGB/*Hennemann*, § 1686 BGB Rn. 4; Staudinger/Rauscher § 1686 BGB Rn. 4: Auskunftsanspruch hat Grundlage im Elternrecht und dieses steht den in § 1685 BGB genannten Personen nicht zu
16 Staudinger/Rauscher § 1686 BGB Rn. 4; jurisPK-BGB/*Bauer*, § 1686 BGB Rn. 11
17 MüKo-BGB/*Hennemann* § 1686 BGB Rn. 6; Staudinger/*Rauscher* § 1686 BGB Rn. 5; jurisPK-BGB/*Bauer*, § 1686 BGB Rn. 13

Elternrecht berufen können) eine analoge Anwendung zu erfolgen hat.[18] Abgesehen hiervon sind **Dritte oder das Kind nicht verpflichtet**, Auskunft zu erteilen. Danach sind etwa Lehrer, Erzieher, Ausbilder, nicht unter § 1685 BGB fallende Verwandte und Freunde, ebenso wenig zur Auskunft verpflichtet, wie Ärzte.[19]

3. Berechtigtes Interesse des Anspruchstellers

Ein Auskunftsanspruch ist nur dann gegeben, wenn der Antragsteller ein **berechtigtes Interesse** an der Auskunft hat.

6

Dieses muss er in seinem Antrag **konkret darlegen**.[20] Das berechtigte Interesse fehlt, wenn sich der Antragsteller die begehrten Informationen in zumutbarer Weise, also legal und ohne großen Aufwand, **selbst beschaffen** kann[21] und zwar auch, wenn er diese Informationen als Inhaber – von Teilen – der elterlichen Sorge bei Dritten einholen kann.[22] Von daher fehlt ein berechtigtes Interesse nach zutreffender Auffassung auch dann, wenn der antragstellende Elternteil ein **Umgangsrecht eingeräumt** erhält, dieses aus eigenem Wunsch aber **nicht wahrnimmt** und deshalb selbst dafür verantwortlich ist, dass er die im Rahmen von Besuchskontakten von den Kindern selbst – nicht durch „Ausfragen" des Kindes – erfahrbaren Informationen nicht erhält.[23] An einem berechtigten Interesse mangelt es auch, wenn erkennbar wird, dass die Geltendmachung des Anspruchs **nur dem Ziel dient**, den anderen **Elternteil zu schikanieren, auszuspionieren**[24] oder einen ausgeschlossenen persönlichen Umgangskontakt anzubahnen.[25]. Allein der Umstand, dass in der Vergangenheit – zeitweise – keine Umgangskontakte stattgefunden haben, genügt nicht, um das Bestehen eines berechtigten Interesses zu verneinen, insbesondere wenn dies auf die Verweigerung des Kindes oder des betreuenden Elternteils zurückzuführen war, insbesondere auch dann, wenn nunmehr Umgang künftig wieder erfolgen soll. **Ein berechtigtes Interesse liegt vor**, wenn der Auskunftsberechtigte aufgrund eines Umgangsausschlusses **keine unmittelbare Kenntnis** von der Entwicklung oder vom Wohlbefinden seines Kindes **erlangen kann** oder wenn das Kind aufgrund seines Alters oder einer Erkrankung **keine Informationen** über seine Entwicklung **geben kann**.[26]

4. Kindeswohl

Das Auskunftsrecht findet seine **Begrenzung** dort, wo es dem **Kindeswohl widerspricht**. Ein **entgegenstehender Wille** des Kindes/Jugendlichen steht einer Auskunftserteilung **nicht grundsätzlich entgegen**.[27] Im Hinblick auf dessen Persönlichkeitsrecht und Selbstbestimmungsrecht muss das Alter des widersprechenden Jugendlichen jedoch Berücksichtigung finden. So wird bei einem kurz vor der Volljährigkeit stehenden Jugendlichen eine **Kindeswohlbeeinträchtigung** zu bejahen sein, wenn Auskünfte über dessen Gesundheitszustand,[28] oder in dessen Intimsphäre fallende Umstände (z.B. enger Freundeskreis, religiöse und politische Anschauungen) begehrt werden, sofern sich der Jugendliche gegen die Erteilung wendet.[29] Ohne Bedeutung ist der Umstand, dass die Auskunfts-

7

---

18 MüKo-BGB/*Hennemann* § 1686 BGB Rn. 6; Staudinger/*Rauscher* § 1686 BGB Rn. 5; jurisPK-BGB/*Bauer*, § 1686 BGB Rn. 13
19 OLG Bremen OLGR 1999, 86
20 *Schuldei*, NZFam 2014, 713
21 OLG Brandenburg FamRZ 2008, 638; *Kasenbacher*, NJW-Spezial 2012, 4
22 OLG Koblenz BeckRS 2014, 07117
23 OLG Brandenburg FamRZ 2008, 638; MüKOBGB/*Hennemann*, § 1686 BGB Rn. 7
24 BayObLG NJW 1993, 1081
25 BayObLG NJW 1993, 1081
26 *Clausius*, FamRB 2015, 65, 66
27 OLG Hamm FamRZ 2003, 1583
28 KG FamRZ 2011, 827; OLG Hamm FamRZ 1995, 1288
29 MüKo-BGB/*Hennemann*, § 1686 BGB Rn. 9; vgl. auch Fn. 48, 49

verpflichtung den Interessen des auskunftspflichtigen Elternteils zuwiderläuft, etwa weil dieser den anderen Elternteil gänzlich aus seinem Leben heraushalten will.[30] Widerspricht die geforderte Auskunft dem Kindeswohl, so darf insoweit eine Verpflichtung zur Erteilung nicht erfolgen. Wurden daneben weitere Auskünfte gefordert, so sind diese – soweit sie dem Kindeswohl nicht widersprechen – jedoch zu erteilen.

II. Rechtsfolgen

1. Inhalt der Auskunft

8 Auskunft wird über die **persönlichen Umstände** des Kindes erteilt. Grundsätzlich sind dies erstmal alle für das **Befinden und die Entwicklung des Kindes maßgeblichen Umstände**, wobei der Umfang der zu erteilenden Auskünfte sich dann am Einzelfall orientiert[31] (siehe Rn. 9). Eine Vermögensauskunft ist nicht geschuldet.[32] Abzulehnen ist die Ansicht, wonach das Auskunftsersuchen auch dann gerechtfertigt ist, wenn es allein der Prüfung einer Unterhaltsverpflichtung dient.[33] Der Antragsteller hat auch hier die Möglichkeit, gem. § 1605 BGB vom Kind Auskunft über dessen Einkommens- und Vermögensverhältnisse zu verlangen, die seinen Ausbildungsstand etc. umfassen.

2. Art, Umfang und Häufigkeit der Auskunft

9 Die Auskunft muss **nicht höchstpersönlich** erteilt werden.[34] Die auskunftsverpflichtete Person kann sich sowohl **elektronischer Hilfsmittel** bedienen (E-Mail, SMS) als auch einer Mittelsperson. In Betracht kommt hierbei insbesondere das Jugendamt,[35] ein Rechtsanwalt[36] und Freunde oder Verwandte. Allerdings sollte auf die Inanspruchnahme des Kindes als Mittelsperson verzichtet werden.[37]

10 Der **Umfang** der geschuldeten Auskunft ist – wie auch Art und Häufigkeit – gesetzlich nicht geregelt und richtet sich nach den **Umständen des Einzelfalls**.[38] Ein tagebuchähnlicher Bericht kann grundsätzlich nicht verlangt werden.[39] Die Auskunft soll den Auskunftsberechtigten **in die Lage versetzen, einen Überblick über die Entwicklung des Kindes zu bekommen**; insbesondere von seinem schulischen Fortgang, seinen außerschulischen Betätigungen, über etwaige Krankheiten, seine soziale Entwicklung. Hierzu gehört auch die Übermittlung von **Schulzeugnissen**,[40] nicht aber von einzelnen Klassenarbeiten[41], die regelmäßige Überlassung von **Lichtbildern**,[42] einen **Abriss über die gesundheitliche Entwicklung**, insbesondere aktuellen Erkrankungen, Allergien, Operationen, nicht aber die Überlassung des Vorsorgeheftes[43] oder einen Nachweis regelmäßig stattfindender Untersuchungen.[44] Die **wachsende Selbständigkeit und Reife des Kindes** ist zu beachten und **beschränkt das Auskunftsrecht** des Antragstellers. So besteht **keine Verpflichtung, gegen den Willen** des sechzehn Jahre alten **Jugendlichen** Auskunft über dessen **psychiatrische Erkrankung** und deren Behandlung zu erteilen.[45] Auch

---

30 BT-Drucks. 8/2788, 55, 56
31 BayObLG NJW 1993, 1081
32 Staudinger/Rauscher § 1686 BGB Rn. 13
33 *Kasenbacher*, NJW-Spezial 2012, 4; BayObLG NJW 1993, 1081
34 OLG Brandenburg, 10 UF 219/06, Beschl. v. 22.02.2007, zitiert nach juris.de
35 § 18 Abs. 3 SGB VIII
36 OLG Köln FamRZ 1997, 111
37 MüKoBGB/*Hennemann*, § 1686 BGB Rn. 5
38 OLG Brandenburg FamRZ 2008, 638
39 OLG Koblenz FamRZ 2002, 980
40 OLG Hamm FamRZ 2003, 1583
41 OLG Hamm FamRZ 2001, 514
42 BayObLG NJW 1993, 1081; OLG Frankfurt FamRZ 1998, 577
43 OLG Zweibrücken FamRZ 1990, 779
44 OLG Zweibrücken FamRZ 1990, 779
45 KG NJW-RR 2011, 438; OLG Hamm FamRZ 1995, 1288

kann nicht verlangt werden, Auskünfte über einen fast Volljährigen hinsichtlich dessen **Freundeskreis, politisches Engagement oder freundschaftliche und partnerschaftliche Verbindungen** zu erteilen.[46] Eine **Wohnanschrift** ist nur geschuldet, sofern keine Missbrauchsgefahr besteht,[47] das gleiche muss für eine **Telefonnummer** des Kindes gelten, die nicht erteilt werden muss, wenn der Umgang ausgeschlossen ist[48] oder wenn ein älteres Kind seine **Handynummer** nicht mitteilen möchte.[49]

Die **Häufigkeit** richtet sich ebenfalls nach den **Umständen des Einzelfalls**. Ist eine Auskunft über eine aktuelle Erkrankung zu erteilen, dann wird sie u.U. in engeren Abständen, aber nicht über einen längeren Zeitraum zu erteilen sein, möglicherweise aber auch nur einmalig.[50] Üblicherweise wird die Auskunft in **regelmäßigen Zeitabständen** zu erteilen sein, **viertel-**[51] **oder halbjährlich**[52] oder sogar **jährlich**.[53] Sind die Beteiligten hingegen sehr zerstritten, so kann die Häufigkeit auf ein Mindestmaß reduziert werden.[54]

11

C. Verfahren

Es handelt sich gem. § 151 Nr. 2 FamFG um eine Kindschaftssache.[55] **Zuständig** ist gem. §§ 3 Nr. 2a, 14 Abs. 1 Nr. 7 RPflG der **Rechtspfleger**. Die Verfahrensvorschriften ergeben sich aus den §§ 152 ff FamFG. Die Zuständigkeit bemisst sich gem. § 152 Abs. 2 FamFG nach dem gewöhnlichen Aufenthalt des Kindes, sofern zwischen den Eltern keine Ehesache anhängig ist. Das **Kind** ist gem. § 159 FamFG in der Regel **persönlich anzuhören**,[56] **ebenso** die **Eltern** gem. § 160 FamFG und auch das **Jugendamt** gem. § 162 FamFG. Dem Kind ist ein Verfahrensbeistand zu bestellen, sofern die Voraussetzungen des § 158 Abs. 1, 2 Nr. 1 FamFG zu bejahen sind. Der Auskunftsantrag kann zusammen mit der Anregung, Umgang zu gewähren, gestellt werden.[57] In diesem Fall besteht mit Blick auf § 6 RPflG die funktionale Zuständigkeit des Richters für beide Verfahren.

12

▶ *Näher hierzu Heilmann, § 6 RPflG Rn. 1.*

Es handelt sich jedoch um ein vom Umgangsverfahren gesondertes Verfahren.[58] Das Verfahren wird **nur auf** einen entsprechenden **Antrag** eingeleitet. Das folgt aus dem Wortlaut der Vorschrift: „Jeder Elternteil … kann vom … verlangen …". Das Verfahren ist damit ein Antragsverfahren i.S.v. § 23 FamFG.

13

▶ *Näher hierzu Cirullies, § 23 FamFG.*

Die Rücknahme des Antrages führt daher, anders als in Umgangsverfahren (siehe Gottschalk, § 1684 BGB Rn. 85), zur Verfahrensbeendigung. Gleichwohl handelt es sich um ein **Amtsermittlungsverfahren**, d.h. die Ermittlungen werden gem. § 26 FamFG vom Gericht getätigt.

---

46 MüKo-BGB/*Hennemann* § 1686 BGB Rn. 10
47 OLG Stuttgart FamRZ 2006, 1628
48 Müko-BGB/*Hennemann* § 1686 BGB Rn. 12
49 OLG Hamm FamRZ 1995, 1288
50 BeckOKBGB/*Veit* § 1686 BGB Rn. 5.2
51 OLG Brandenburg FamRZ 2008, 638
52 OLG Hamm MDR 2010, 88
53 OLG Frankfurt NJW 2002, 3785
54 OLG Brandenburg FamRZ 2008, 638
55 Ausdrücklich nunmehr in § 151 Nr. 2 FamFG geregelt durch das Gesetz zur Stärkung der Rechte des leiblichen, nicht rechtlichen Vaters vom 4.7.2013 (BGBl. I S. 2176)
56 OLG Frankfurt ZKJ 2007, 118
57 OLG Brandenburg NJW-RR 2000, 882
58 OLG Brandenburg FamRZ 2010, 741

D. Kosten, Verfahrenswert, Verfahrenskostenhilfe

14 Die **Kostentscheidung** folgt aus §§ 81 ff FamFG. Bei nicht von vornherein aussichtslosen Auskunftsbegehren werden die Gerichtskosten in der Regel beiden Elternteilen jeweils hälftig aufzuerlegen sein.[59]

▶ *Näher zur Kostenentscheidung Dürbeck, § 81 FamFG Rn. 1 ff.*

15 **Verfahrenskostenhilfe** kann bei Vorliegen der Voraussetzungen der §§ 76 ff. FamFG, 114 ff ZPO bewilligt werden. Eine anwaltliche Vertretung ist für das Auskunftsverfahren vor den Amts- und Oberlandesgerichten nicht zwingend vorgesehen (§ 114 Abs. 1 FamFG), so dass eine Beiordnung nur unter den Voraussetzungen des § 78 Abs. 2 FamFG in Betracht kommt.[60]

16 In § 45 Abs. 1 Nr. 3 FamGKG[61] ist nunmehr ausdrücklich geregelt, dass auch für Verfahren betreffend Auskünfte über die persönlichen Verhältnisse eines Kindes der **Regelverfahrenswert in Höhe von 3.000,00 Euro** greift. Sofern ein Auskunftsanspruch neben einer Umgangsregelung geltend gemacht wird, so werden die Verfahrenswerte für das Auskunftsrecht (§ 45 Abs. 1 Nr. 3 FamGKG) und für das Umgangsrecht (§ 45 Abs. 1 Nr. 2 FamGKG) addiert (§ 33 Abs. 1 FamGKG), so dass sich ein Verfahrenswert in Höhe von 6.000,00 Euro ergibt.[62]

E. Vollstreckung

17 Weigert sich der Auskunftsverpflichtete die geschuldete Auskunft zu erteilen, so kann der Auskunftsberechtigte die **Vollstreckung nach §§ 86, 95 Nr. 3 FamFG**[63] betreiben. Die §§ 88 ff FamFG finden hingegen auf die Vollstreckung einer Auskunftsverpflichtung nach § 1686 BGB keine Anwendung, da es sich gerade nicht um die Vollstreckung einer Umgangsregelung handelt,[64] aber auch nicht nach § 35 FamFG,[65] da letztere Vorschrift nur verfahrensleitende Anordnungen erfasst.[66]

▶ *Näher zu den Voraussetzungen der Vollstreckung Cirullies, § 86 FamFG Rn. 17.*

18 Bei einer nachdrücklichen Verweigerung der Auskunftserteilung durch den verpflichteten, sorgeberechtigten Elternteil kommt auch ein Entzug eines Teils der elterlichen Sorge und die Übertragung dieses Teils auf einen Ergänzungspfleger in Betracht, der dann die Auskunft erteilt.[67]

---

59 Noch nach altem Recht: OLG Hamm FamRZ 1995, 1288; 2010, 909
60 OLG Saarbrücken, Beschl. v. 1.8.2014 – 9 WF 58/14, zitiert nach juris.de: VKH für Beschwerdeverfahren betreffend die Vollstreckung einer Auskunftsverpflichtung, ausführlich zur Beiordnung: *Büttner/Wrobel-Sachs/Gottschalk/Dürbeck*, Rn. 569 „Sorge- und Umgangsrecht"
61 Ebenfalls geändert durch das Gesetz zur Stärkung der Rechte des leiblichen, nicht rechtlichen Vaters vom 4.7.2013 (BGBl. I S. 2176)
62 BeckOK-Streitwert/*Dürbeck* „Auskunft" Rn. 2
63 OLG Saarbrücken, Beschl. v. 1.8.2014 – 9 WF 58/14, zitiert nach juris.de; Staudinger/*Rauscher* § 1686 BGB Rn. 17
64 MüKo-BGB/*Hennemann*, § 1686 BGB Rn. 14
65 BeckOK-BGB/Veit § 1686 BGB Rn. 7
66 OLG Saarbrücken, Beschl. v. 1.8.2014 – 9 WG 58/14, zitiert nach juris.de
67 OLG Frankfurt FamRZ 2002, 1585

F. Übersicht: Auskunftsrechte

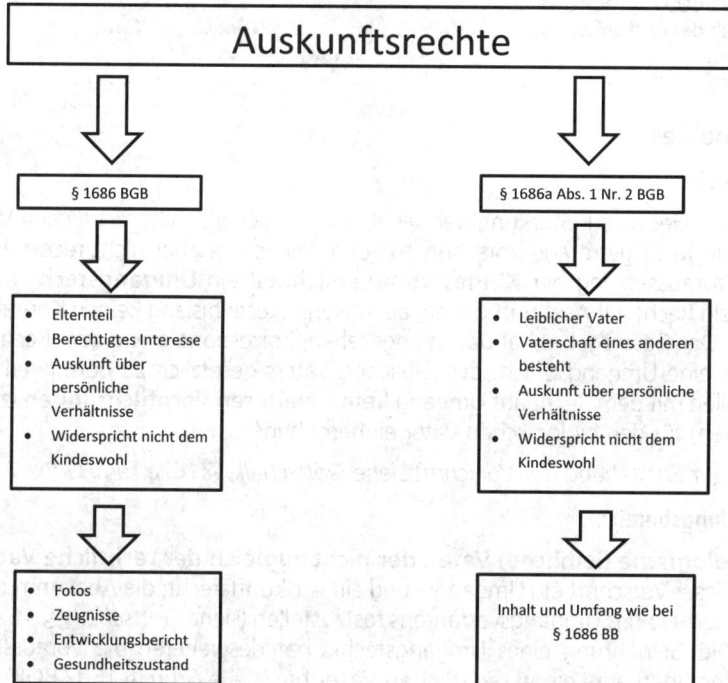

§ 1686a BGB Rechte des leiblichen nicht rechtlichen Vaters

(1) Solange die Vaterschaft eines anderen Mannes besteht, hat der leibliche Vater, der ernsthaftes Interesse an dem Kind gezeigt hat,

1. ein Recht auf Umgang mit dem Kind, wenn der Umgang dem Kindeswohl dient, und

2. ein Recht auf Auskunft von jedem Elternteil über die persönlichen Verhältnisse des Kindes, soweit er ein berechtigtes Interesse hat und dies dem Wohl des Kindes nicht widerspricht.

(2) ¹Hinsichtlich des Rechts auf Umgang mit dem Kind nach Absatz 1 Nummer 1 gilt § 1684 Absatz 2 bis 4 entsprechend. ²Eine Umgangspflegschaft nach § 1684 Absatz 3 Satz 3 bis 5 kann das Familiengericht nur anordnen, wenn die Voraussetzungen des § 1666 Absatz 1 erfüllt sind.

Übersicht

A. Allgemeines

I. Normzweck

1 Die durch das Gesetz zur Stärkung der Rechte des leiblichen, nicht rechtlichen Vaters[1] am 13.7.2013 in Kraft getretene Vorschrift soll dem leiblichen, aber nicht rechtlichen Vater, unter der Voraussetzung der **Kindeswohldienlichkei**t ein **Umgangsrecht** mit seinem Kind bzw. ein Recht auf Auskunft geben, auch wenn dieser bislang keinen Kontakt zu dem Kind hatte. Der Gesetzgeber hat davon abgesehen, korrespondierend zum Recht auf Umgang, auch eine Umgangspflicht des leiblichen Vaters gesetzlich zu normieren. Auch im Übrigen sollen mit dem Recht auf Umgang **keine weiteren Verpflichtungen** (z.B. Unterhaltspflichten) für den biologischen Vater einhergehen[2].

▶   *Näher zur Entstehung der Vorschrift siehe Gottschalk, § 167a FamFG Rn. 1.*

II. Anwendungsbereich

2 Nur der **biologische (leibliche) Vater, der nicht zugleich der rechtliche Vater ist**, erhält nach dieser Vorschrift ein Umgangs- und ein Auskunftsrecht; die Abstammung ist ggf. inzident innerhalb des Umgangsverfahrens festzustellen (siehe *Gottschalk*, § 167a FamFG, Rn. 11a). Die Gewährung eines Umgangsrechts hat desweiteren die Voraussetzungen, dass das Kind überhaupt einen **rechtlichen Vater** hat (siehe *Grün*, § 1592 BGB), der leibliche Vater ein **ernsthaftes Interesse** am Kind bekundet (hat) und der Umgang dem Kindeswohl dient (Abs. 1 Nr. 1). Ein **Recht auf Auskunft** steht dem leiblichen Vater bereits dann zu, wenn er ein berechtigtes Interesse hat und das Auskunftsrecht **dem Wohl des Kindes nicht widerspricht** (Abs. 1 Nr. 2). Die Vorschrift ist insoweit der Regelung in § 1686 BGB nachgebildet.

3 Fraglich ist, ob § 1686a BGB in seinem Anwendungsbereich der Vorschrift des § 1685 BGB vorgeht, mithin lex specialis gegenüber letzter ist.[3] Praktisch bedeutsam wird die Frage des Verhältnisses beider Normen, wenn der leibliche, nicht rechtliche Vater eine sozial-familiäre Beziehung zum Kind hatte. Nach hier vertretener Auffassung, sind beide Vorschriften nebeneinander anwendbar (vgl. Gottschalk § 167a FamFG, Rn. 3).

B. Inhalt der Norm

I. Voraussetzungen von Umgangs- bzw. Auskunftsrecht (Abs. 1)

1. Umgangsrecht (Abs.1 Nr.1)

a) Leiblicher Vater

4 Nur der leibliche Vater erhält ein Umgangsrecht. Leiblicher Vater i.S.d. § 1686 a BGB ist derjenige, der **in der gesetzlichen Empfängniszeit der Mutter beigewohnt** hat (vgl.

---

1 Gesetz vom 4.7.2013 (BGBl. I S. 2176); zu Kritik und verfassungsrechtlichen Bedenken siehe *Peschel-Gutzeit*, NJW 2013, 2465
2 Palandt/*Götz*, § 1686a BGB Rn. 1; *Hoffmann*, FamRZ 2013, 1077, 1078, kritisch hierzu *Keuter*, ZKJ 484, 486 und *Lang*, FPR 2013, 233, 234
3 So Staudinger/*Rauscher* § 1686a BGB Rn. 8 f. allerdings nur wenn sichergestellt ist, dass die bisherigen Anwendungsfälle des § 1685 Abs. 2 BGB nun von § 1686a BGB erfasst werden.

§ 1600d Abs. 2 BGB und § 167 Abs. 1 FamFG)[4] oder – nach der Entscheidung des BGH[5] – der seinen Samen zur **künstlichen Befruchtung** zur Verfügung gestellt hat, sofern es sich nicht um eine Samenspende nach § 1600 Abs. 5 BGB gehandelt hat.[6]

Hat ein leiblicher Vater die Einwilligung in die **Adoption** erteilt und dadurch seine Stellung als rechtlicher Vater verloren, kann er kein Umgangsrecht aus § 1686a BGB herleiten.[7]   5

Wird die **Vaterschaft bestritten**, so muss im Wege der **Inzidentprüfung**[8] im Verfahren   6
nach § 167a FamFG die Abstammung des Antragstellers geklärt werden (siehe *Gott-schalk*, § 167a FamFG Rn. 11). Ergibt das Vaterschaftsfeststellungszwischenverfahren, dass das Kind nicht vom Antragsteller stammt, so muss der Antrag als unbegründet abgewiesen werden[9]. Hingegen steht es dem Antragsteller frei, ob er nach festgestellter Vaterschaft seinen Umgangsantrag noch weiter verfolgen möchte. Das **Gutachten** erwächst auch **nicht in materielle Rechtskraft**. Die Feststellung der biologischen Vaterschaft ändert an der rechtlichen Vaterschaft nichts und hat für den Antragsteller außer der einer möglichen Umgangsberechtigung oder eines Auskunftsrechts keinerlei Konsequenzen.[10]

Die in der Praxis häufig zu stellende Frage wird sein, **ob zunächst die leibliche Vater-**   7
schaft oder das Vorliegen der sonstigen Voraussetzungen geklärt werden sollte, insbesondere die Kindeswohldienlichkeit des Umgangs. Die Bestimmung der Reihenfolge ist gesetzlich nicht festgelegt[11] und steht im **Ermessen des Gerichts**.[12] Bei der Ermessensausübung ist zu beachten, dass die Einholung eines Abstammungsgutachtens einen Eingriff in das durch Art. 6 Abs. 1 GG geschützte Familienleben der bestehenden Familie darstellt und auf Dauer Unfrieden in die bestehende Familie bringen kann.[13] Das Gericht darf die Wahl der **Prüfungsreihenfolge** deshalb **nicht allein an Praktibilitätserwägungen** knüpfen.[14] Die Klärung der Abstammung muss deshalb hintenan gestellt werden, wenn die übrigen Voraussetzungen leicht festzustellen sind oder absehbar nicht eingreifen werden.[15] Sie sollte aber dann vorgezogen werden, wenn die leibliche Vaterschaft zwischen den Beteiligten nicht wirklich in Frage steht,[16] oder aber wenn die übrigen Voraussetzungen noch offen aber hoch umstritten sind. Dabei ist auch zu berücksichtigen, dass die Prüfung des Kindeswohls die Einbeziehung des Kindes voraussetzt, welches nur dann belastet und beunruhigt werden sollte, wenn die leibliche Vaterschaft tatsächlich feststeht[17].

---

4   Prütting/wegen/Weinreich/*Ziegler*, § 1686a BGB, Rn. 2
5   FamRZ 2013, 1209
6   *Hoffmann*, FamRZ 2013, 1077, 1078 mit dem Hinweis, dass ein Anspruch nach § 1686a BGB nicht von vornherein ausscheidet, wenn zwei Partnerinnen einer (eingetragenen) Lebensgemeinschaft Samen zur Verfügung gestellt wurde.
7   BT-Drucks. 17/12163, 12; zur Kritik: *Keuter*, ZKJ 2013, 484, 485; *Hoffmann*, FamRZ 2013, 1077, 1082
8   Kritisch hierzu *Lang*, FPR 2013, 233, 234;
9   *Keuter*, ZKJ 2013, 484, 486; zur Einordnung als Antragsverfahren siehe unten Rn. 31
10 Kritisch hierzu: *Keuter*, ZKJ 2013, 484, 486; *Lang*, FPR 2013, 233, 234; *Peschel-Gutzeit*, NJW 2013, 2465, 2467
11 BVerfG ZKJ 2015, 77, *Grün*, NZFam 2014, 1138, 1139
12 OLG Bremen ZKJ 2015, 25; OLG Koblenz FamRZ 2013, 798
13 BVerfG ZKJ 2015, 77; Palandt/*Götz*, § 1686a BGB Rn. 8
14 BVerfG ZKJ 2015, 77
15 BVerfG ZKJ 2015, 77; *Hoffmann*, FamRZ 2013, 1077, 1079, *Grün*, NZFam 2014, 1139
16 **Anders** *Hoffmann*, FamRZ 2013, 1077, 1079: wenn erhebliche Zweifel an der Vaterschaft bestehen, sollte zumeist zunächst die Vaterschaft festgestellt werden.
17 Vgl. AK 9 des 20. Familiengerichtstages, der in These 7 die Auffassung vertritt, dass für den Fall, dass die Kindeswohldienlichkeit mit Hilfe eines Sachverständigengutachtens festgestellt werden soll, i.d.R. zunächst die Abstammung geklärt sein sollte.

b) Bestehen rechtlicher Vaterschaft

8 Der Anspruchsteller darf nicht rechtlicher Vater sein, da hier die gesetzliche Sonderregelung in § 1684 BGB Anwendung findet. Kein Umgangsrecht nach § 1686a BGB besteht auch, wenn **keine rechtliche Vaterschaft eines Dritten besteht**. In diesem Fall muss der Antragsteller die Vaterschaft anerkennen oder durch positiven Vaterschaftsfeststellungsantrag feststellen lassen (§ 1592 Nr. 2 und 3 BGB), um dann sein Umgangsrecht aus § 1684 BGB geltend zu machen. Damit will der Gesetzgeber verhindern, dass sich der leibliche Vater mit einer sogenannten „Vaterschaft light" begnügt, die ihm ein Umgangsrecht einräumt, aber keinerlei Pflichten auferlegt.[18]

9 Allerdings fördert der Gesetzgeber eine „Vaterschaft light", indem er **keinen Anfechtungsvorrang** vorsah.[19] Selbst wenn der rechtliche Vater keine sozial-familiäre Beziehung zum Kind hat und der leibliche Vater deshalb gem. § 1600 Abs. 1 Nr. 2 i.V.m. § 1600 Abs. 2 BGB berechtigt wäre, die Vaterschaft anzufechten, kann er ggf. die Möglichkeit eines Umgangsrechts nach § 1686a BGB nutzen, ohne zugleich rechtliche Verpflichtungen einzugehen.

c) Ernsthaftes Interesse am Kind

10 In der **Gesetzesbegründung** werden **Beispiele** für die Bekundung eines **ernsthaften Interesses** durch den (mutmaßlichen) leiblichen Vater genannt:[20]

- der Wunsch, die Mutter zu den Vorsorgeuntersuchungen zu begleiten,
- ein bestehendes Interesse an den ärztlichen Untersuchungen,
- der Wunsch, die Mutter zur Entbindung zu begleiten,
- der Wunsch, sein Kind zügig kennenzulernen,
- fortgesetzte Kontaktbemühungen,
- die wiederholte Äußerung des Wunsches nach Umgang u n d, noch weitergehend,
- die Fortentwicklung konkreter Pläne zur Umsetzung eines Kontaktwunsches im Hinblick auf den Wohnort und den Arbeitsplatz des leiblichen Vaters
- das Sichbekennen zum Kind vor und nach der Geburt sowie
- die Äußerung der Bereitschaft, Verantwortung – auch finanzieller Art – zu übernehmen.

11 All diese Beispiele gehen indes davon aus, dass der leibliche Vater zu der Mutter durchgehend Kontakt hatte und von der Schwangerschaft wusste.[21] Aber auch wenn sich der Gesetzgeber bei der Wahl der Beispiele von der Grundannahme einer längeren Beziehung zwischen leiblichem Vater und Mutter hat leiten lassen,[22] so kann nicht intendiert sein, dass solche Väter vom Anwendungsbereich ausgeschlossen sind, die von der Schwangerschaft nicht wussten, weil es sich um einen flüchtigen Kontakt gehandelt hat und/oder die Mutter den Vater bewusst von einer weiteren Kontaktaufnahme abgehalten hat.

12 Ebenso wenig soll der der mutmaßliche leibliche Vater vom Umgangsrecht ausgeschlossen werden, der zwar selbst zunächst den Kontakt zur Mutter abgebrochen hat, weil er bspw. die Ehe der Mutter nicht gefährden wollte,[23] u.U. aber auch in Fällen, in denen der Vater

---

18 BT-Drucks. 17/12163, 12
19 Mit berechtigter Kritik: *Kreuter,* ZKJ 2013, 484, 485; *Lang,* FPR 2013, 233, 234
20 BT-Drucks. 17/12163, 13
21 *Peschel-Gutzeit,* NJW 2013, 2465, 2467;
22 So *Keuter,* ZKJ 2013, 484, 486; *Peschel-Gutzeit,* NJW 2013, 2465, 2467, *Grün,* NZFam 2014, 1138, 1139
23 *Grün,* NZFam 2014, 1138, 1139

den Kontakt zur Mutter mit dem Wunsch nach einer Abtreibung abgebrochen hat, aber später den Kontakt zu Mutter und Kind wieder gesucht hat, weil er sich eines Besseren besonnen hat oder schlichtweg älter und reifer geworden ist.[24] Letzteres kann allerdings nur dann zutreffen, wenn der Kontakt zum Kind nicht bereits einmal bestanden hat.[25]

Der Begriff der Ernsthaftigkeit beinhaltet auch ein Zeitmoment[26] und dem Wortlaut lässt **13** sich nicht entnehmen, dass das Interesse ausnahmslos ab der Beiwohnung oder von Geburt an bestanden haben muss. In all den Fällen der Unkenntnis oder zunächst bestehendem Unvermögen (nicht Unwillen) muss es ausreichen, wenn der leibliche Vater durch aktives Bemühen ein wahres Interesse am Kind (und nicht an der Mutter oder dem stiften von Unfrieden in der sozialen Familie) über einen spürbaren Zeitraum zeigt.

Die **bloße Kontaktaufnahme zum Jugendamt** und **Einleitung eines Gerichtsverfah-** **14** **rens** ist nach **zutreffender** Auffassung[27] **nicht ausreichend**. Indizwirkung hat aber die **Zahlung von Unterhalt** oder die Hingabe sonstiger **finanzieller Zuwendungen**, die **Nachfrage**, das **Anbieten von Hilfe** und die **Bitte um Informationen** über die allgemeine Befindlichkeit des Kindes.

Die Ernsthaftigkeit des Interesses kann **fehlen**, wenn eine sozial-familiäre Beziehung zwi- **15** schen rechtlichem Vater und Kind nicht gegeben ist und der leibliche Vater gleichwohl **von einer Anfechtung der rechtlichen Vaterschaft absieht**.[28] Jedenfalls aber ist die Zurückhaltung des leiblichen Vater bei der Geltendmachung seiner Rechte aus § 1686a BGB aus Rücksichtnahme auf die soziale Familie angemessen bei der Betrachtung der Ernsthaftigkeit seines Umgangswunsches zu würdigen.[29]

d) Positive Kindeswohldienlichkeit

Das Umgangsrecht steht dem leiblichen Vater nur unter der Voraussetzung zu, dass der **16** Umgang dem Kindeswohl dient **(positive Kindeswohldienlichkeit)**. Im Hinblick auf die zu § 1685 Abs. 2 BGB unterschiedliche Ausgangssituation (keine sozial-familiäre Bindung) kann n i c h t auf die Kriterien des § 1685 BGB verwiesen werden. In der Rechtsprechung müssen sich – ebenso wie für das Merkmal des ernsthaften Interesses – erst Kriterien und Fallgruppen für die positive Kindeswohldienlichkeit entwickeln.

Sicherlich wird sich kein Grundsatz aufstellen lassen, wonach die Kenntnis der biologi- **17** schen Abstammung und der (frühestmögliche) Kontakt zum leiblichen Vater per se dem Kindeswohl dient.[30] **Gegen die Kindeswohldienlichkeit** wird es sprechen, wenn sich der leibliche Vater sowie der rechtliche Vater und die Mutter „ablehnend bis feindselig" gegenüberstehen[31] oder der leibliche Vater die Vaterstellung des rechtlichen Vaters auch gegenüber dem Kind in Frage stellt, in dem er dem Kind bei den Umgangskontakten erklärt, dass er sein wahrer Vater sei.[32] Auch wenn der leibliche Vater bewusst Unfrieden versucht in die Familie herein zu bringen, wird dieser Umstand gegen die Kindeswohldienlichkeit sprechen.

---

24 Zweifelnd an einer solch strengen Auslegung auch *Keuter*, ZKJ 2013, 484, 487; a.A. Bremen ZKJ 2015, 25: kein „ernsthaftes Interesse" wenn dem Antragsteller seine mögliche Vaterschaft bereits vor der Geburt des Kindes bekannt war, er sich aber erst 7 Jahre später um die Kontaktaufnahme bemüht hat.
25 *Hoffmann*, FamRZ 2013, 1078, 1080
26 *Völker/Clausius*, § 2, Rn. 134: „längerfristiges und nachhaltiges Interesse"; a.A. *Kloster-Harz*, FamFR 2013, 337, 338
27 *Keuter*, ZKJ 2013, 484, 485 „gewisse Indizwirkung"; *Kloster-Harz*, FamFR 2013, 337, 338 lässt die Anrufung des Gerichts nach außergerichtlichen Bemühungen ausreichen
28 *Keuter*, ZKJ 2013, 485, 486
29 BT-Drucks. 17/12163, 13
30 Vgl. *Lang*, FPR 2013, 233, 235; *Keuter*, ZKJ 2013, 484, 487, der darauf hinweist, dass in diesem Fall der Inkognitoadoption der Boden entzogen wäre; a.A. *Kloster-Harz*, FamFR 2013, 337, 339
31 OLG Bamberg FamRZ 2013, 710
32 OLG Bamberg FamRZ 2013, 710

18 Zu Recht wird darauf hingewiesen, dass Kinder in vielfältigen Familienkonstellationen mit mehreren Vätern und/oder Müttern konfrontiert sind.[33] Auch spricht die Bindungstheorie nicht per se gegen einen Umgang des leiblichen Vaters, da Kinder eine Mehrzahl von Beziehungen aufbauen können.[34] Abhängig von der konkreten Familiensituation und der Disponibilität des Kindes kann die Konfrontation mit einem „weiteren" „neuen" Vater aber auch zu Verlustängsten und einer hiermit einhergehenden Traumatisierung führen.[35] Es wird immer auf den konkreten Fall ankommen und deshalb in **jedem Einzelfall** abzuwägen sein, ob und inwieweit die vorgenannten Umstände im Hinblick auf das Alter des Kindes, die konkrete Situation der sozialen (rechtlichen) Familie, insbesondere deren Stabilität, den Grad der Bindung des Kindes an die Familie, die Persönlichkeitsstruktur des Kindes sowie das Vermögen des leiblichen Vaters, sich in die Situation des Kindes einzufühlen, eine Rolle spielen.[36]

19 Das Familiengericht muss eine hinreichende Grundlage für eine am Kindeswohl orientierte Entscheidung haben. Es muss daher allen maßgeblichen Umständen im Rahmen seiner Pflicht zur Amtsermittlung nachgehen, insbesondere durch Anhörung der Beteiligten, Anhörung anderer Bezugspersonen des Kindes, ggf. auch durch die Bestellung eines Verfahrensbeistandes oder durch Einholung eines Sachverständigengutachtens.[37] Jedenfalls müssen die für das Kind vom Umgang mit seinem leiblichen Vater **zu erwartenden Vorteile** die zu erwartenden **Nachteile** eindeutig **überwiegen, damit ein Umgang zu Gunsten des leiblichen Vaters geregelt werden kann**.[38]

e) Auskunftsrecht (Abs. 1 Nr. 2)

20 Das Auskunftsrecht des leiblichen, nicht rechtlichen Vaters ist der Vorschrift des § 1686 BGB nachgebildet.[39] Hinsichtlich der Voraussetzungen „berechtigtes Interesse" und „persönliche Verhältnisses des Kindes" kann auf die diesbezüglichen Ausführungen zu § 1686 BGB verwiesen werden.

▶ *Näher hierzu Gottschalk, § 1686 BGB, Rn. 1 ff.*

21 Das **berechtigte Interesse** wird **indiziert durch** die **leibliche Vaterschaft**,[40] nachdem der leibliche nicht rechtliche Vater keine andere Möglichkeit hat, die Auskunft zu erlangen, sofern sie ihm nicht freiwillig erteilt wurde.

22 Das Auskunftsrecht des leiblichen Vater setzt wie das Umgangsrecht nach Abs. 1 Nr. 1 voraus, dass die **leibliche Vaterschaft feststeht**, eine **anderweitige rechtliche Vaterschaft** besteht und der Auskunftsbegehrende ein **ernsthaftes Interesse** gezeigt hat. Diese Unterscheidung ggü. dem Auskunftsanspruch nach § 1686 BGB rechtfertigt sich daraus, dass der leibliche, nicht rechtliche Vater keine Verpflichtungen gegenüber dem Kind besitzt.[41]

---

33 *Hoffmann*, FamRZ 2013, 1077, 1080
34 AK 9 des 20. Deutschen Familiengerichtstages – 2. These
35 *Grün*, NZFam 2014, 1138, 1139
36 Vgl. BT-Drucks. 17/12163, 13
37 AK 9 des 20. Familiengerichtstages – 1. These, der ein Vorgehen nach § 163 Abs. 2 FamFG empfiehlt, sofern ein Gutachten eingeholt werden soll.
38 Hammer FamRB 2013, 298, 300; Keuter ZKJ 2013, 484, 487 prognostiziert im Hinblick auf das in der Praxis häufig anzutreffende Konfliktpotential nur wenige Fälle, in denen eine Kindeswohldienlichkeit zu bejahen sein wird; OLG Bremen ZKJ 2015, 25
39 *Keuter*, ZKJ 2013, 484, 488
40 *Hoffmann*, FamRZ 2013, 1077, 1081
41 BR-Drucks. 666/12, 14

Im Gegensatz zum Umgangsrecht nach § 1686a Abs. 1 Nr. 1 BGB ist Voraussetzung für ein **23** Auskunftsrecht **nicht die positive Kindeswohldienlichkeit**[42] vielmehr ist die **Feststellung genügend**, dass das Auskunftsrecht **dem Kindeswohl nicht widerspricht**.

▶ *Näher hierzu Gottschalk, § 1686 BGB Rn. 7.*

Dem Kindeswohl widersprechen wird ein Auskunftsrecht des leiblichen Vaters, wenn die- **24** ses erkennbar nur dazu dienen soll, den nicht gewährten persönlichen Umgang mit dem Kind auf Umwegen zu verfolgen oder Unfrieden in die Familie zu bringen.

II. Entsprechende Anwendung von § 1684 Abs. 2 bis 4 BGB (Abs. 2)

Die Verweisung entspricht der Regelung in § 1685 Abs. 3 Satz 1 BGB. **25**

▶ *Näher hierzu Gottschalk, § 1685 BGB Rn. 18 f.*

1. Inhalt der Umgangsregelung

Die Beteiligten können einen gerichtlich gebilligten Vergleich gem. § 156 Abs. 2 FamFG **26** schließen oder das Familiengericht regelt den Umgang durch Beschluss. Anders als bei §§ 1684, 1685 BGB kommt eine bloße Zurückweisung des Antrages in Betracht, da es sich um ein Antragsverfahren handelt.

▶ *Näher hierzu Gottschalk, § 1684 BGB Rn. 85 ff.*

Tenorierungsbeispiele für den Umgang gem. § 1686a BGB **27**

I. Der Antrag wird zurückgewiesen.

oder

II. Der Umgang des Antragstellers mit dem Kind XY wird bis zum XX.XX.XXXX ausgeschlossen.

oder

III.

1. Die Kindesmutter und der rechtliche Vater (Antragsgegner) des Kindes XY sind verpflichtet, dem Antragsteller Umgang mit dem Kind XY wie folgt zu gewähren: Einmal im Monat, jeweils am 3. Freitag eines jeden Kalendermonats in der Zeit von 15.00 Uhr bis 18.00 Uhr, erstmals am Freitag, den 21.3.2014.

2. Der Antragsteller holt das Kind zu Beginn des jeweiligen Besuchskontakts pünktlich im Haushalt der Antragsgegner ab. Am Ende der jeweiligen Besuchszeit bringt der Antragsteller das Kind pünktlich in den Haushalt der Antragsgegner zurück.

3. Der Antragsteller und die Antragsgegner werden darauf hingewiesen, dass im Fall der Zuwiderhandlung gegen die sich aus diesem Beschluss ergebenden Verpflichtungen ein Ordnungsgeld in Höhe von bis zu 25.000 € und für den Fall, dass dieses nicht beigetrieben werden kann oder dessen Anordnung keinen Erfolg verspricht, Ordnungshaft angeordnet werden kann.

---

42 BR-Drucks. 666/12, 14

Wird eine Umgangsregelung getroffen, so muss sie inhaltlich bestimmt sein (siehe *Gottschalk*, § 1684 BGB Rn. 28).

28 Die **konkrete Ausgestaltung** des Umgangs muss sich am **Kindeswohl** orientieren. Hierbei ist zunächst zu beachten, wie groß die Akzeptanz der sozialen Familie ist, um das Kind – sofern die Kindeswohldienlichkeit bejaht wurde – nicht mehr als nötig einem Loyalitätskonflikt auszusetzen. Sind **mehrere Umgangsberechtigte** vorhanden (getrennt lebender rechtlicher Vater, Großeltern, weitere enge Bezugspersonen nach § 1685 BGB) muss eine Überforderung des Kindes verhindert werden. Schließlich spielt selbstverständlich das Alter des Kindes eine Rolle und seine Fähigkeit und Bereitschaft, sich auf seinen „zweiten" Vater einzulassen.

Ein 14-tägiger Umgangskontakt über das Wochenende kann jedenfalls mit Blick auf die Vielzahl der Bezugspersonen des Kindes nicht als Regelfall angenommen werden.[43] Gerade zu Beginn der Umgangskontakte und bei kleinen Kindern dürfte lediglich ein **stundenweiser Umgang** in Betracht kommen.

29 ▶ *Zu den Kosten des Umgangs siehe Gottschalk, § 1685 Rn. 27.*

2. Inhalt des Auskunftsrechts

30 Mangels rechtlicher Vaterstellung kann der nach § 1686a BGB Auskunftsberechtigte auch keine Sorgerechtsstellung erlangen und ihm steht keinerlei (rechtliche) Möglichkeit offen, anderweitig Informationen zu erhalten. Inhaltlich ist zu berücksichtigen, dass der Anspruchsinhaber möglicherweise bislang gar keine Informationen über das Kind hat. Zur Auskunft **verpflichtet** ist nicht nur die **Kindesmutter** sondern **auch der (rechtliche) Vater**.[44]

▶ *Näher zum Inhalt des Auskunftsrechts Gottschalk, § 1686 BGB Rn. 8.*

C. Verfahren

31 Es handelt sich um eine **Kindschaftssache nach § 151 Nr. 2 FamFG**. Besonderheiten ggü. den Verfahren über Umgangssachen gem. §§ 1684 und 1685 BGB ergeben sich insbesondere aus § 167a FamFG. Zudem handelt es sich um ein Antragsverfahren (zur Abgrenzung Amts- und Antragsverfahren siehe *Cirullies*, § 25 FamFG, Rn. 1 ff., *Gottschalk*, § 1684, Rn. 85). Gleichwohl besteht eine Pflicht zur Amtsermittlung (§ 26 FamFG), den Antragsteller trifft aber eine Feststellungslast. Das folgt aus dem Wortlaut von § 167a FamFG. Zu den sich aus § 167a FamFG ergebenden Besonderheiten für Umgangs- und Auskunftsverfahren siehe *Gottschalk*, § 167a FamFG, Rn. 1 ff.

32 **Beteiligt** sind neben dem antragstellenden (vermeintlichen) leiblichen Vater (gem. § 7 Abs. 1 FamFG) das **Kind und die Eltern** und zwar auch der rechtliche Vater. Das Jugendamt wird auf seinen Antrag hin beteiligt (§ 162 Abs. 2 FamFG).

Zuständig ist für die Bescheidung eines Umgangsantrages (Abs. 1 Nr. 1) ist der der Richter (§ 14 Abs. 1 Nr. 7 RPflG) und für den Auskunftsantrag (Abs. 1 Nr. 2) der Rechtspfleger (§ 3 Nr. 2 a RPflG). Werden beide Begehren miteinander verbunden besteht eine einheitliche funktionale Zuständigkeit des Richters nach § 6 RPflG. Eine Trennung der Verfahren empfiehlt sich nicht.

▶ *Näher zur funktionalen Zuständigkeit siehe Heilmann, § 6 RPflG Rn. 1.*

---

43 Zutreffend *Keuter*, ZKJ 2013, 484, 487; vgl. auch AK 9 des 20. Deutschen Familiengerichtstages – These 3 – wonach sich für das Umgangsrecht des biologischen Vaters kein „Regelumfang" bestimmen lässt und der Umgang nicht regelmäßig dem Umgang eines rechtlichen Elternteils entsprechen muss.
44 *Keuter*, ZKJ 2013, 484, 488

Wird im Rahmen des Auskunftsantrages ein Abstammungsgutachten eingeholt so ist für die Durchsetzung der Mitwirkung an der Begutachtung der Richter zuständig.[45]

D. Kosten, Verfahrenswert

▶ *Näher hierzu Gottschalk, § 167a FamFG Rn. 19 ff.*

33

§ 1687 BGB Ausübung der gemeinsamen elterlichen Sorge bei Getrenntleben

(1) [1]Leben Eltern, denen die elterliche Sorge gemeinsam zusteht, nicht nur vorübergehend getrennt, so ist bei Entscheidungen in Angelegenheiten, deren Regelung für das Kind von erheblicher Bedeutung ist, ihr gegenseitiges Einvernehmen erforderlich. [2]Der Elternteil, bei dem sich das Kind mit Einwilligung des anderen Elternteils oder auf Grund einer gerichtlichen Entscheidung gewöhnlich aufhält, hat die Befugnis zur alleinigen Entscheidung in Angelegenheiten des täglichen Lebens. [3]Entscheidungen in Angelegenheiten des täglichen Lebens sind in der Regel solche, die häufig vorkommen und die keine schwer abzuändernden Auswirkungen auf die Entwicklung des Kindes haben. [4]Solange sich das Kind mit Einwilligung dieses Elternteils oder auf Grund einer gerichtlichen Entscheidung bei dem anderen Elternteil aufhält, hat dieser die Befugnis zur alleinigen Entscheidung in Angelegenheiten der tatsächlichen Betreuung. [5]§ 1629 Abs. 1 Satz 4 und § 1684 Abs. 2 Satz 1 gelten entsprechend.

(2) Das Familiengericht kann die Befugnisse nach Absatz 1 Satz 2 und 4 einschränken oder ausschließen, wenn dies zum Wohl des Kindes erforderlich ist.

Übersicht

---

45 Palandt/*Götz* § 1686a BGB Rn. 8

A. Allgemeines

I. Normzweck

1   Die Tatsache des **Getrenntlebens der gemeinsam sorgeberechtigten Eltern** lässt die Zuordnung der **elterlichen Verantwortung unberührt**. Notwendigerweise müssen die Eltern im Rahmen der (räumlichen) Trennung zunächst die praktisch besonders bedeutende Frage regeln, bei welchem Elternteil das Kind leben, also seinen gewöhnlichen Aufenthaltsort haben soll. Hierbei sind sie im Rahmen der Sorgerechtsausübung bis an die Grenze der Kindeswohlgefährdung frei in der Ausgestaltung. Sofern sie keine Regelung zur elterlichen Sorge treffen möchten oder gerichtlich einfordern, verbleibt auch nach der Trennung die gemeinsame elterliche Sorge bei beiden Elternteilen (Umkehrschluss aus § 1671 BGB Abs. 1 BGB). Um Kompetenzkonflikte zu vermeiden und tägliche Entscheidungen in Alltagsfragen zu ermöglichen, bedarf es einer Regelung, wie sich die elterliche Verantwortung nunmehr gestaltet, nachdem das betroffene Kind fortan nur noch von einem Elternteil hauptsächlich alleine betreut wird und von diesem die gewöhnlichen, wiederkehrenden **Entscheidungen des Alltags** zu treffen sind. Dabei ist die Vorschrift auf das Residenzmodell (zur Definition siehe *Keuter*, § 1671 BGB Rn. 21) zugeschnitten. Hingegen müssen die gemeinsam sorgeberechtigten Eltern bei **Entscheidungen von erheblicher Bedeutung (aber auch nur hierüber)** immer **Einvernehmen** herstellen.

II. Anwendungsbereich

2   § 1687 BGB setzt voraus, dass die Eltern, die die elterliche Sorge oder Teile hiervon gemeinsam ausüben, voneinander getrennt leben (hierzu unten Rn. 3). Sie findet auch dann Anwendung, wenn die Eltern nie zusammen gelebt haben.[1] Deshalb führt auch die gem. § 1626a Abs. 1 Nr. 3, Abs. 2 BGB durch Gerichtsentscheidung entstandene elterliche Sorge getrennt lebender Eltern zur Aufspaltung der sorgerechtlichen Befugnisse nach § 1687 Abs. 1 BGB.

▸   *Zur Frage der Anwendbarkeit der Vorschrift auf das Wechselmodell siehe Keuter, § 1671 BGB, Rn. 23 ff.*
Zur Frage, ob durch Elternvereinbarung die Vorschrift des § 1687 BGB modifiziert werden kann siehe Rn. 8 f.

B. Inhalt der Norm

I. Erfordernis des Einvernehmens (Abs. 1 Satz 1)

1. Getrenntleben der Eltern

3   Die Vorschrift des § 1687 BGB greift nur dann, wenn die Eltern voneinander getrennt leben. Gesetzliche definiert ist der **Begriff des Getrenntlebens** in **§ 1567 BGB**. Voraussetzung ist daher eine vollständige Aufhebung und Aufteilung der gemeinsamen Lebensbereiche, die sich äußerlich zunächst in einer räumlichen Trennung – die allerdings auch innerhalb der Wohnung oder des Hauses stattfinden kann – realisiert und in dem Wegfall von Gemeinsamkeiten, wie gemeinsame Haushaltsführung, dem gemeinsamen Einnehmen von Mahlzeiten, einer gemeinsamen Freizeitgestaltung und dem Fehlen eines füreinander Einstehens. Die gemeinsame Nutzung von Bad und Küche, sofern die Trennung innerhalb der Wohnung erfolgt, steht der Annahme des Getrenntlebends ebenso wenig entgegen wie das gelegentliche gemeinsame Zusammentreffen, auch um im Sinne der Kinder noch hier und da ein bisschen „Familienleben" stattfinden zu lassen, z.B. durch ein

---

1 Beck OK-BGB/*Veit,* § 1687 BGB Rn. 6

gemeinsames Essen am Wochenende,[2] durch die gemeinsame Ausrichtung des Kindergeburtstages oder durch das gemeinsame Feiern von Familienfesten. Sobald die Eltern **wieder zusammenleben** – auch zwecks kurzfristiger Versöhnungsversuchen – **entfällt** die Anwendung des § **1687 BGB**.[3]

2. Gemeinsame elterliche Sorge

Nur wenn die Eltern die gemeinsame Sorge innehaben – auf welcher Rechtsgrundlage der Erwerb auch immer stattgefunden hat – erfolgt die gesetzliche Verteilung der sorgerechtlichen Befugnisse nach § 1687 BGB.

4

3. Angelegenheiten von erheblicher Bedeutung

Die **Abgrenzung** von **Angelegenheiten** von **erheblicher Bedeutung** für das Kind von solchen des **täglichen Lebens** ist mitunter schwer zu ziehen. Denn in einer Familie können Themen von entscheidender Bedeutung sein, die in einer anderen eher nebensächlich sind (bspw. Ernährung).[4] Angelegenheiten von erheblicher Bedeutung sind solche, die **nicht häufig** vorkommen, **erhebliche Auswirkungen** auf das Kind haben können, die **nicht so leicht zu beseitigen** sind.[5] Die Frage der erheblichen Bedeutung ist immer auch in Bezug auf die konkrete Familie zu sehen.

5

Beispiele für Angelegenheiten von erheblicher Bedeutung:

6

- Namensgebung: Wahl des Vornamens[6]; Form der Namensführung[7]

- Wohnortwechsel, insbesondere ins Ausland,[8] Bestimmung des Aufenthaltsorts[9]

- Schul- und Berufsausbildung, Schulwahl[10]- bzw. Schulwechsel[11], Wahl der Wahlpflichtfächer[12] und der Leistungskurse,[13] nicht aber die Entscheidung über die Inanspruchnahme von Nachhilfe[14]

- Schüleraustausch[15]

- Extremsportarten (z.B. Marathonlauf, Hochgebirgsklettern, Fallschirmspringen)

- Wahl und An- und Abmeldung des Kindergartens,[16] Kindertagesstätte[17]

- Heim/Internat[18]

- Medizinische Eingriffe,[19] Schwangerschaftsabbruch, Impfungen,[20] längere kieferorthopädische Behandlungen

---

2 OLG Köln FamRZ 1986, 388
3 Staudinger/*Salgo*, § 1687 BGB Rn. 11
4 Hierzu Staudinger//*Salgo*, § 1687 BGB Rn. 27
5 MüKo-BGB/*Hennemann*, § 1687 BGB Rn. 3; BVerwG ZKJ 2014, 108
6 FA-FamFR/*Maier*, 4. Kap., Rn. 36
7 VG Berlin, Beschuss vom 19.6.2013 – 3 K 24913
8 BGH FamRZ 2010, 1060; *Finger,* FamFR 2009, 134
9 OLG Karlsruhe FamRZ 2009, 391; OLG Zweibrücken OLGR 2000, 493
10 BVerfG ZfJ 2003, 233
11 OLG Schleswig NJW-RR 2011, 581; OLG München FamRZ 1999, 111
12 Vgl. Staudinger/*Salgo*, § 1687 BGB Rn. 43, a.A. MüKo-BGB/*Hennemann*, § 1687 BGB Rn. 10
13 FA-FamFR/*Maier,* Kap. 4, Rn. 36
14 OLG Naumburg FamRZ 2006, 1058; OLG Düsseldorf FamRZ 2006, 223
15 *Völker/Clausius*, § 1 Rn. 110
16 VG Köln FamRZ 2014, 55; OLGR Frankfurt 2009, 562
17 OLG Oldenburg ZfJ 2005, 81, a.A. Fa-FamR/*Maier*, 4. Kapitel, Rn. 37: Angelegenheit des täglichen Lebens, wenn der Besuch der Kindertagesstätte der Ausübung einer Erwerbstätigkeit durch den betreuenden Elternteil dient; OLGR Brandenburg 2008, 388
18 OLG Brandenburg OLGR 2004, 440MüKo-BGB/*Hennemann*, § 1687 BGB Rn. 10
19 Staudinger/*Salgo*, § 1687 BGB Rn. 45 m.w.N.
20 KG ZKJ 2006, 299; a.A. OLG Frankfurt FamRZ 2011, 47: Impfung gegen Schweinegrippe gehört zur Alltagssorge

- Psychotherapeutische Behandlung[21]

- Annahme und Ausschlagung einer Erbschaft[22] (siehe hierzu auch *Dürbeck*, § 1822 BGB Rn. 5)

- Anlage und Verwendung von Kindesvermögen,[23] insbesondere Eröffnung von Konten[24]

- Umgang mit dem anderen Elternteil oder Dritten (z.B. Gleichaltrigen, Großeltern)[25]

- Geltendmachung von Unterhalt[26] bzw. Sozialleistungen,[27] Vertretung in (sozial-)[28] gerichtlichen Verfahren[29]

- Urlaubsreisen in ein anderes Land, welches generell als unsicher gilt, oder eine Reise, die mit Gesundheitsrisiken verbunden ist[30]

- Entscheidung über die Ausübung des Zeugnisverweigerungsrechts[31]

- Grundrichtung der Erziehung,[32] religiöse Erziehung[33]

- Klärung der Abstammung[34]

- Änderung der Staatsangehörigkeit, Einbürgerung[35]

- Beantragung von Ausweispapieren[36]

4. Einvernehmen der Eltern

7   Die Eltern müssen in den Angelegenheiten von erheblicher Bedeutung einen **Konsens finden** und die Entscheidung gemeinsam treffen (vgl. § 1627 BGB Satz 2 BGB), z.B. durch gemeinsame Unterzeichnung des Vertrages mit einer Kindereinrichtung oder einer Schulanmeldung, in anderen Fällen durch schlichte Konsensfindung.

▶ *Näher hierzu Fink, § 1627 BGB Rn. 7.*

Das setzt natürlich auch voraus, dass der andere Elternteil informiert ist. Der betreuende Elternteil ist verpflichtet, den anderen Elternteil zu informieren[37]und auch das Auskunftsrecht nach § 1686 BGB dient hierzu.

8   Möglich ist es, dass sich die Eltern wechselseitig **zur Alleinvertretung** für einzelne Geschäfte oder für einen Kreis von Rechtsgeschäften mit Außenwirkung **durch eine – wi-**

---

21 OLG Bamberg FamRZ 2003, 1403; *Reichmann/Ufer*, JR 2009, 485
22 OLG Hamm FamRZ 2003, 172
23 *Schilling*, NJW 2007, 3233, 3234
24 **Abweichend** FA-FamR/*Maier*, 4. Kap., Rn. 37: Schülergirokonto ohne Überziehungsmöglichkeit als Angelegenheit des täglichen Lebens
25 OLG Dresden FamRZ 2005, 1275
26 MüKo-BGB/*Hennemann*, § 1687 BGB Rn. 10
27 OVG Lüneburg FamRZ 2009, 1360
28 BSG FamRZ 2009, 2000
29 Vgl. OLG Hamburg ZKJ 2015, 76
30 OLG Köln NJW 1999, 295 (Reise nach Ägypten mit kleinem Kind); OLG Frankfurt BeckRS 2006, 13061 (Reise nach Kolumbien); AG Heidenheim FamRZ 2003, 1225 (Reise nach Großbritannien während des Irakkrieges), **aber:** OLG Karlsruhe FamRZ 2005, 1004: Nach den persönlichen Verhältnissen der betroffenen Familie kann auch eine Urlaubsreise nach China eine Angelegenheit des täglichen Lebens sein.
31 OLG Hamburg ZKJ 2014, 70
32 Staudinger/*Salgo*, § 1687 BGB Rn. 36
33 OLG Karlsruhe Streit 2010, 159
34 OLG Dresden FamRZ 2009, 1330
35 VGH Baden-Würtemberg FamRZ 2004, 804
36 OLG Karslruhe FamRZ 2005, 1187 (Kinderausweis); OLG Köln FamRZ 2012, 1502: Reisepass ; a.A. OLG Bremen ZKJ 2008, 211
37 OLG Bamberg NJW 2011, 2151

derrufliche – **Vollmacht ermächtigen**,[38] auch wenn diese für das Kind eine „erhebliche Bedeutung" haben.[39] Nicht möglich ist hingegen die Übertragung der gesamten Entscheidungsbefugnisse auf einen Elternteil oder eine Begrenzung der Alltagssorge und somit eine Verschiebung der Kompetenzen des § 1687 Abs. 1 BGB, da dies dem Zweck der Vorschrift widersprechen würde.[40]

Wird die Einwilligung durch den anderen Elternteil nicht erteilt, so kann dies zu Anträgen nach § 1628 BGB (siehe hierzu *Fink*, § 1628 BGB, Rn. 1 f., 16 f.) oder § 1671 BGB (siehe hierzu *Keuter*, § 1671 BGB, Rn. 12) führen. Von einem Elternteil unter Missachtung des § 1687 Abs. 1 Satz 1 BGB getroffene Entscheidungen, Vereinbarungen oder Verträge sind deshalb aber nicht unwirksam.
9

▶ *Näher zu Verträgen Fink, § 1629 BGB Rn. 1 ff.*

Auch öffentliche Institutionen wie bspw. die Schule (in der Praxis werden Schulanmeldungen häufig nur von dem betreuenden Elternteil unterzeichnet) können sich im Nachhinein nicht auf das fehlende Einverständnis des anderen Elternteils berufen. Rechtswidrig bleibt das Verhalten des betreffenden Elternteils gleichwohl. Ggf. ist dem im Rahmen der Kindeswohlprüfung im Rahmen eines anhängigen Verfahrens Rechnung zu tragen.

II. Kein Einvernehmenserfordernis (Abs. 1 Satz 2, 3)

1. Gewöhnlicher Aufenthalt

Das Kind muss beim **betreuenden Elternteil** seinen gewöhnlichen Aufenthalt haben. Das ist der Ort, **an dem sich das Kind überwiegend aufhält** und sein **Lebensmittelpunkt** besteht.[41] Hier wird deutlich, dass § 1687 BGB vom Residenzmodell ausgeht, bei dem das Kind bei einem Elternteil seinen Lebensmittelpunkt hat und sich beim anderen Elternteil nur besuchsweise aufhält. Voraussetzung ist zudem, dass der **Aufenthalt rechtmäßig** ist, d.h. entweder einem Gerichtsbeschluss entspricht oder der Aufenthalt mit Zustimmung des anderen Elternteils erfolgt (vgl. § 1631 BGB, wonach das Aufenthaltsbestimmungsrecht als Teil der Personensorge beiden Elternteilen gemeinsam zusteht).
10

2. Angelegenheiten des täglichen Lebens

Entscheidungen, die **häufig** vorkommen und **keine schwer abzuändernden Auswirkungen auf die Entwicklung des Kindes haben**, betreffen Angelegenheiten des täglichen Lebens (§ 1687 Abs. 1 Satz 3 BGB).
11

Beispiele für Angelegenheiten des täglichen Lebens, wenn nicht besondere Umstände des Einzelfalls nach einer anderen Betrachtung verlangen:
12

* Tägliche Mahlzeiten, Fragen der Ernährung

* Bekleidung

* Vorsorgeuntersuchungen, Routineuntersuchungen, zahnärztliche Untersuchungen,[42] im Hinblick auf die Risiken nicht die Entscheidung über Schutzimpfungen siehe oben Rn. 6

---

38 OLG Köln FamFR 2010, 333
39 Müko-BGB/*Hennemann*, § 1687 BGB Rn. 13
40 Staudinger/*Salgo*, § 1687 BGB Rn. 13
41 Vgl. die Ausführungen zum Begriff der „Obhut" siehe *Fink*, § 1629 BGB, Rn. 33, der dem Begriff des gewöhnlichen Aufenthalts entspricht
42 BeckOK-BGB/*Veit*, § 1687 BGB Rn. 11.1

- Fragen des Schulalltags: Teilnahme an Klassenfahrten[43] (nicht mehrwöchige Auslandsfahrt), Entschuldigung im Krankheitsfall,[44] Tagesausflüge, Teilnahme an Schulsonderveranstaltungen und Elternabenden[45], Nachhilfe[46], Beantragung der Schülerfahrkarte[47]

- Schlafenszeiten

- Wahl eines Musikinstruments[48]

- Medienkonsum

- Besuche bei/von Freunden, Ausgehzeiten

- Freizeitaktivitäten,[49] einschließlich des Umgangs mit Freunden und Nachbarn,[50] Vereinsmitgliedschaft (sofern kein „Extremsport")

- Abholung des Kindes vom Kindergarten/Schule[51]/Hort/Freunden[52]

- Urlaubsreisen innerhalb Europas[53]

3. Alleinige Entscheidungsbefugnis des betreuenden Elternteils

In Angelegenheiten des täglichen Lebens hat der betreuende Eltern eine tatsächliche und rechtliche Alleinentscheidungsbefugnis, die sich auch auf die gesetzliche Vertretung erstreckt.[54]

13 Beim **Wechselmodell** (ausführlich hierzu siehe *Keuter*, § 1671 BGB Rn. 23 ff.) wechselt das Kind in regelmäßigen Abständen (z.B. täglich, nach jeweils drei Tagen, wöchentlich) seinen gewöhnlichen Aufenthalt von einem Elternhaushalt in den des anderen Elternteils. Das Kind hat demnach zwei „gewöhnliche Aufenthalte". Nach zutreffender Auffassung wechselt beim Wechselmodell die Alltagsorge nach § 1687 Abs. 1 Satz 2 BGB „mit dem Kind".[55] Hier zeigt sich die fehlende Geeignetheit des Modells bei zerstrittenen und kommunikationsunfähigen Eltern. So wird der eine Elternteil entweder nicht mitbekommen, was der andere Elternteil in der Zeit, in dem sich das Kind bei ihm aufgehalten hat, entschieden oder organisiert hat, oder er kann die vom anderen Elternteil getroffenen Anmeldungen wieder rückgängig machen oder ihnen schlicht nicht folgen. Im Extremfall geht das Kind in der einen Woche zum Tanzunterricht und spielt Gitarre und in der anderen Woche Geige und geht zum Handballtraining.[56]

---

43 VG Berlin, FamFR 2013, 166: Teilnahme einer 17-jährigen am schulischen Skikurs in Österreich für wenige Tag
44 VG Hannover, Urteil vom 31.5.2010 – 6 A 5926/09, juris
45 *Kaiser*, FPR 2008, 143, 144
46 *Kaiser*, FPR 2008, 143, 144; siehe auch oben Rn. 6
47 VG Hannover, Urteil vom 31.5.2010 – 6 A 5926/09, juris
48 *Kaiser*, FPR 2008, 143, 144
49 OLG Bamberg FamRZ 1999, 1005
50 Staudinger/*Salgo*, § 1687 41
51 VG Hannover, Urteil vom 31.5.2010 – 6 A 5926/09, juris; OLG Hamburg FamRZ 2009, 355
52 OLG Bremen FamRZ 2009, 355
53 OLGR Karlsruhe 2008, 374; Staudinger/*Salgo*, § 1687 BGB Rn. 40
54 Staudinger/*Salgo*, § 1687 BGB Rn. 50
55 Staudinger/*Salgo*, § 1687 BGB Rn. 15;*Schilling*, NJW2007, 3233, 3236; a.A. Johansen/Henrich/*Jaeger*, § 1687 BGB, Rn. 7
56 Kaiser/Schnitzler/Friederici/Schilling-BGB/*Peschel-Gutzeit*, § 1687 BGB Rn. 14 mit einem weiteren Bspl.

14

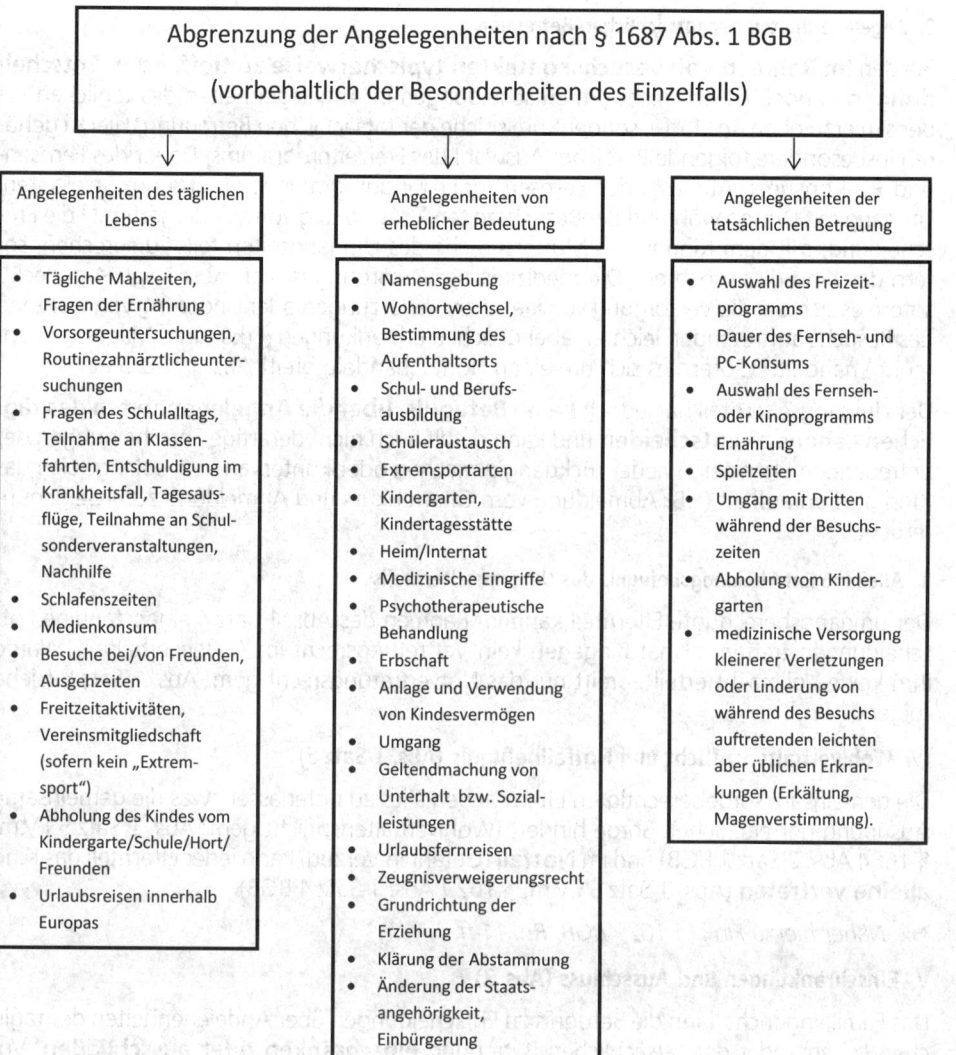

Abgrenzung der Angelegenheiten nach § 1687 Abs. 1 BGB

(vorbehaltlich der Besonderheiten des Einzelfalls)

Angelegenheiten des täglichen Lebens	Angelegenheiten von erheblicher Bedeutung	Angelegenheiten der tatsächlichen Betreuung
• Tägliche Mahlzeiten, Fragen der Ernährung • Vorsorgeuntersuchungen, Routinezahnärztlicheuntersuchungen • Fragen des Schulalltags, Teilnahme an Klassenfahrten, Entschuldigung im Krankheitsfall, Tagesausflüge, Teilnahme an Schulsonderveranstaltungen, Nachhilfe • Schlafenszeiten • Medienkonsum • Besuche bei/von Freunden, Ausgehzeiten • Freizeitaktivitäten, Vereinsmitgliedschaft (sofern kein „Extremsport") • Abholung des Kindes vom Kindergarte/Schule/Hort/ Freunden • Urlaubsreisen innerhalb Europas	• Namensgebung • Wohnortwechsel, Bestimmung des Aufenthaltsorts • Schul- und Berufsausbildung • Schüleraustausch • Extremsportarten • Kindergarten, Kindertagesstätte • Heim/Internat • Medizinische Eingriffe • Psychotherapeutische Behandlung • Erbschaft • Anlage und Verwendung von Kindesvermögen • Umgang • Geltendmachung von Unterhalt bzw. Sozialleistungen • Urlaubsfernreisen • Zeugnisverweigerungsrecht • Grundrichtung der Erziehung • Klärung der Abstammung • Änderung der Staatsangehörigkeit, Einbürgerung • Beantragung von Ausweispapieren	• Auswahl des Freizeitprogramms • Dauer des Fernseh- und PC-Konsums • Auswahl des Fernsehoder Kinoprogramms • Ernährung • Spielzeiten • Umgang mit Dritten während der Besuchszeiten • Abholung vom Kindergarten • medizinische Versorgung kleinerer Verletzungen oder Linderung von während des Besuchs auftretenden leichten aber üblichen Erkrankungen (Erkältung, Magenverstimmung).

III. Vereinbarungs- und Umgangsaufenthalt (Abs. 1 Satz 4)

1. Aufenthalt im Rahmen eines Umgangsrechts

Hält sich das Kind bei dem das Kind nicht hauptsächlich betreuenden Elternteil **aufgrund einer Vereinbarung der Eltern** oder eines **gerichtlich geregelten Umgangsrechts** auf, so muss auch dieser Elternteil in der Lage sein, **Entscheidungen** ohne Rücksprache mit dem anderen Elternteil für das Kind **zu treffen**. Der **Aufenthalt** muss aber **rechtmäßig** sein. Die Vorschrift greift demnach nicht, wenn sich das Kind aufgrund einer eigenmächtigen Entscheidung und außerhalb von gerichtlich geregelten Besuchszeiten beim nicht betreuenden Elternteil aufhält.

15

2. Angelegenheiten der tatsächlichen Betreuung

16   Bei den **im Rahmen von Besuchskontakten typischerweise zu treffenden Entscheidungen** handelt es sich nicht um Entscheidungen in Angelegenheiten des täglichen Lebens (hierzu oben Rn. 11 f.), sondern um solche der tatsächlichen Betreuung. Hierzu gehören insbesondere folgende Bereiche: Auswahl des Freizeitprogramms, Dauer des Fernseh- und PC-Konsums, Auswahl des Fernseh- oder Kinoprogramms, Ernährung, Spielzeiten, Umgang mit Dritten während der Besuchszeiten,[57] Abholung vom Kindergarten,[58] die Entscheidung, mit dem Kind in der Muttersprache des Umgangselternteils zu sprechen, sofern das Kind dies möchte.[59] Die medizinische Versorgung ist von Abs. 1 Satz 4 gedeckt, sofern es sich um die Versorgung von kleineren Verletzungen oder Linderung von während des Besuchs auftretenden leichten aber üblichen Erkrankungen (Erkältung, Magenverstimmung) handelt.[60] Sofern es sich um einen Notfall handelt, greift Abs. 1 Satz 5 ein.

17   Der Umgangselternteil hat jedoch **keine Befugnis, über die Angelegenheiten des täglichen Lebens** zu **entscheiden** und kann damit auch nicht derartige Entscheidungen des betreuenden Elternteils wieder rückgängig machen oder konterkarieren, solange sich das Kind bei ihm aufhält (z.B. Abmeldung vom Gitarrenkurs und Anmeldung zum Geigenunterricht).

3. Alleinige Entscheidungsbefugnis des Umgangselternteils

18   Der umgangsberechtigte Elternteil kann im Rahmen des Abs. 1 Satz 4 eigenständige Entscheidungen treffen, er hat hingegen kein Vertretungsrecht im Außenverhältnis. Wurde ihm keine Vollmacht erteilt, greift nur das Notvertretungsrecht gem. Abs. 1 Satz 5 (siehe folgende Rn.).

IV. Wohlverhaltenspflicht und Notfallbefugnis (Abs. 1 Satz 5)

19   Die gemeinsam sorgeberechtigten Eltern haben alles zu unterlassen, was die gemeinsame Ausübung der elterlichen Sorge hindert (Wohlverhaltenspflicht gem. Abs. 1 Satz 5 i.V.m. § 1684 Abs. 2 Satz 1 BGB) und im **Notfall** (Gefahr in Verzug) kann jeder Elternteil das Kind **alleine vertreten** (Abs. 1 Satz 5 i.V.m. § 1629 Abs. 1 Satz 4 BGB).

▶ *Näher hierzu Fink, § 1629 BGB, Rn. 11 ff.*

V. Einschränkungen und Ausschluss (Abs. 2)

20   Das Familiengericht kann die Befugnis zu Entscheidungen über Angelegenheiten des täglichen Lebens oder der tatsächlichen Betreuung **einschränken oder ausschließen**. Voraussetzung ist, dass die Einschränkung zum Wohl des Kindes erforderlich ist. Die Eingriffsschwelle liegt niedriger als in § 1666 BGB, der eine Kindeswohlgefährdung voraussetzt. Das Eingreifen des Gerichts setzt **triftige, das Kindeswohl nachhaltig berührende Gründe** voraus, die besorgen lassen, dass ohne die Maßnahmen das Kind eine ungünstige Entwicklung nehmen könnte. Dies kann eine mildere Maßnahme gegenüber der Übertragung des Sorgerechts oder der Einschränkung des Umgangsrechts darstellen. Gleichwohl wird zutreffenderweise angeraten, von einer weiteren Beschränkung der Befugnisse des betreuenden Elternteils **nur zurückhaltend** Gebrauch zu machen.[61] Die Notwendigkeit einer solchen Einschränkung erschwert nicht nur den Alltag sondern ist zugleich ein Hin-

---

57 OLG Zweibrücken FamRZ 2001, 639

58 Staudinger/*Salgo*, § 1687 BGB Rn. 52;

59 Vgl. MüKo-BGB/*Hennemann*, § 1687 BGB Rn. 10

60 OLG Zweibrücken FamRZ 2001, 639: nur während der Umgangsbetreuung „sachdienliche" ärztliche Betreuung; Müko-BGB/*Hennemann*, § 1687 BGB Rn. 10

61 Staudinger/*Salgo*, § 1687 BGB Rn. 60

weis darauf, dass die gemeinsame elterliche Sorge möglicherweise nicht in der Praxis realisierbar ist.

C. Verfahren

Das Familiengericht wird von Amts wegen[62] oder auf Antrag eines Elternteils im Rahmen des **Abs. 2** tätig.　**21**

Möglich ist **ferner** die **gerichtliche Feststellung** darüber, ob es sich bei einer Angelegenheit um eine solche von erheblicher Bedeutung handelt oder um eine des täglichen Lebens.[63] Trifft das Gericht die Feststellung, dass die im Streit stehende Angelegenheit als eine solche von erheblicher Bedeutung zu qualifizieren ist, ist damit lediglich klargestellt, dass der betreuende Elternteil nicht alleine über die Angelegenheit entscheiden kann. Es handelt sich um den mildesten Eingriff in die Elternrechte, um den Elternkonflikt zu regeln.[64] Damit ist ein **(weiteres) Verfahren nach § 1628 BGB nicht ausgeschlossen**, der – anders als die Entscheidung nach § 1687 Abs. 1 Satz 1 BGB – die Entscheidungskompetenz selbst (sofern es sich um eine Entscheidung von erheblicher Bedeutung handelt) auf einen Elternteil überträgt, der dann handeln darf.　**22**

▶ *Näher hierzu Fink, § 1628, Rn. 16.*

In beiden Fällen handelt es sich um eine Kindschaftssache. Funktionell zuständig ist der Richter (§ 14 Abs. 1 Nr. 7 RPflG). §§ 151 ff. FamFG finden Anwendung, wobei § 156 FamFG eine maßgebliche Bedeutung zukommt.[65]　**23**

▶ *Näher hierzu Wegener, § 156 FamFG Rn. 2, 7 ff., 13 ff.*

§ 1687a BGB Entscheidungsbefugnisse des nicht sorgeberechtigten Elternteils

Für jeden Elternteil, der nicht Inhaber der elterlichen Sorge ist und bei dem sich das Kind mit Einwilligung des anderen Elternteils oder eines sonstigen Inhabers der Sorge oder auf Grund einer gerichtlichen Entscheidung aufhält, gilt § 1687 Abs. 1 Satz 4 und 5 und Abs. 2 entsprechend.

Übersicht

---

62 MüKo-BGB/*Hennemann*, § 1687 BGB Rn. 20; a.A. Staudinger/*Salgo*, § 1687 BGB Rn. 55
63 OLG Frankfurt FamRZ 2011, 47; Ausführlich Staudinger/*Salgo*, § 1687 BGB Rn. 20ff, 55; Johansen/Henrich/
   Jaeger, § 1687 BGB Rn. 6: §§ 1628, 1687 Abs. 2 BGB analog
64 OLG Frankfurt FamRZ 2011, 47
65 Staudinger/*Salgo*, § 1687 BGB Rn. 55, 58

A. Allgemeines

I. Normzweck

1 § 1687a BGB regelt, welche **Entscheidungen** der **nicht sorgeberechtigte Elternteil** in den Zeiten treffen darf, in denen sich das **Kind berechtigterweise bei ihm aufhält**. Die Vorschrift enthält somit eine Ergänzung des § 1687 BGB, der nur die Verteilung der Entscheidungsbefugnisse zwischen den gemeinsam sorgeberechtigten Elternteilen regelt.

2 Die Norm hat große praktische Relevanz, da sie dem umgangsberechtigten Elternteil die Verantwortung für die **tatsächliche Betreuung** und die Handlungsbefugnis während der Umgangszeiten überlässt und damit eine Einmischung des sorgeberechtigten Elternteils innerhalb der Grenzen des vereinbarten oder geregelten Umgangsrecht ausschließt, soweit nicht das Kindeswohl beeinträchtigt wird.[1] Ferner ist dem nicht sorgeberechtigten Elternteil ein Notvertretungsrecht eingeräumt.

II. Anwendungsbereich

3 Die Vorschrift findet nur auf den Elternteil Anwendung, der **nicht Inhaber der elterlichen Sorge** ist und ist zeitlich beschränkt auf die Zeiten, in denen sich das Kind **mit Zustimmung des Sorgeberechtigten oder aufgrund einer gerichtlichen Regelung** bei ihm aufhält.

B. Inhalt der Norm

I. Voraussetzungen

1. Keine elterliche Sorge

4 Aus **welchem Grund die elterliche Sorge** dem Elternteil, bei dem sich das Kind aufhält, **fehlt, spielt keine Rolle**.[2] Auch wenn dem anderen Elternteil ebenfalls die elterliche Sorge nicht mehr zusteht, diese vielmehr durch einen Vormund ausgeübt wird und sich das Kind gewöhnlich bei Pflegeeltern aufhält, findet die Vorschrift Anwendung.

▸ *Zu den Befugnissen der Pflegeeltern siehe hingegen Gottschalk, § 1688 BGB Rn. 8 ff.*

2. Aufenthalt mit Zustimmung oder aufgrund gerichtlicher Regelung

5 Die Vorschrift findet nur Anwendung, wenn sich das Kind mit **Einwilligung** des anderen Elternteils, dem die alleinige Sorge zusteht, des sonstigen Inhabers der elterlichen Sorge (z.B. Vormund) oder aufgrund **einer gerichtlichen Umgangsentscheidung** bei dem anderen Elternteil aufhält. Keine Entscheidungsbefugnis besteht mithin in Zeiten, in denen der nichtsorgeberechtigte Elternteil das Kind eigenmächtig mitgenommen hat oder zurückhält (z.B. bei Überschreitung der vereinbarten Besuchszeit).

II. Rechtsfolgen

1. Entscheidungen in Angelegenheiten der tatsächlichen Betreuung

6 Das Alleinbestimmungsrecht umfasst allein die Angelegenheiten der **tatsächlichen Betreuung**. Diese sind **abzugrenzen von den Angelegenheiten des täglichen Lebens**, welche ein weitergehendes Bestimmungsrecht eröffnen.

▸ *Zu den Angelegenheiten des täglichen Lebens Gottschalk, § 1687 BGB Rn. 11 ff.*

---

1 Vgl. hierzu auch OLG Zweibrücken FamRZ 2001, 639
2 MüKo-BGB/*Hennemann*, § 1687a BGB Rn. 2

Es gibt allerdings wesentliche Überschneidungen. Man muss sich die Frage stellen, welche **Entscheidungen regelmäßig zu treffen** und nicht von erheblicher Bedeutung sind, wenn sich das Kind **zu Besuchszwecken** (auch für einen längeren Zeitraum in den Ferien) bei dem sonst nicht betreuenden Elternteil **aufhält**. Abzustellen ist jedoch auch auf die Lebensverhältnisse bzw. kulturellen bzw. religiösen Erziehungsvorstellungen des sorgeberechtigten Elternteils. Was für den einen Alltag ist, kann für den anderen grundsätzliche Erziehungsfragen aufwerfen.   **7**

In Betracht kommen in der Regel folgende Entscheidungen als solche der tatsächlichen Betreuung: **8**

- Was gibt es zu essen?[3]
- Welche Unternehmungen werden getätigt?
- Mit wem hat das Kind Kontakt?[4]
- Wann geht es schlafen und wann steht es auf?[5]

Streitpunkte sind immer wieder die Menge der zugestandenen Süßigkeiten und des Medienkonsums sowie die Gegenwart der/des neuen Lebensgefährtin/en.[6] Auch hier hat der umgangsberechtigte Elternteil die Entscheidungsbefugnis. Um Konflikte mit dem sorgerechtigten Elternteil und Loyalitätskonflikte des Kindes zu vermeiden, ist es aber ratsam, Machtkonflikte zwischen den Eltern zu vermeiden.

Der nichtsorgeberechtigte, umgangsberechtigte Elternteil hat im Rahmen seiner **Wohlverhaltensverpflichtung gem. § 1687a i.V.m. §§ 1687 Abs. 1 Satz 5, 1684 Abs. 2 Satz 1 BGB** alles zu unterlassen, was das Verhältnis des anderen Elternteils zum Kind beeinträchtigen oder die Erziehung erschweren könnte. In der Realität sind die Eltern demnach auch bei fehlendem gemeinsamem Sorgerecht und einer detaillierten Umgangsregelung gehalten, ein Minimum an Absprachen und Kompromisse in Angelegenheiten, die während der Umgangszeiten zu regeln sind, zu treffen.   **9**

2. Notvertretungsrecht

Ein **Notvertretungsrecht steht gem. § 1687a i.V.m. §§ 1687 Abs. 1 Satz 4, 1629 Abs. 1 Satz 4 BGB** dem nichtsorgeberechtigten Elternteil während der Umgangszeit zu.   **10**

▶ *Zu den Voraussetzung des § 1629 Abs. 1 Satz 4 BGB siehe Fink, § 1629 BGB, Rn. 11 ff.*

3. Familiengerichtliche Einschränkung oder Ausschluss der Angelegenheiten der tatsächlichen Betreuung

Wenn dies **zum Wohl des Kindes erforderlich** ist, kann **gem. § 1687a i.V.m. § 1687 Abs. 2 BGB** das **Alleinentscheidungsrecht** des nicht sorgeberechtigten Elternteils in Angelegenheiten der **tatsächlichen Betreuung** durch das Familiengericht **eingeschränkt oder ausgeschlossen** werden. Die Eingriffsschwelle liegt niedriger als in § 1666 BGB, der eine Kindeswohlgefährdung voraussetzt.   **11**

Das Eingreifen des Gerichtes setzt **triftige, das Kindeswohl nachhaltig berührende Gründe** voraus, die besorgen lassen, dass ohne die Maßnahmen das Kind eine ungünstige Entwicklung nehmen könnte.[7] In Betracht kommen hier Fälle, in denen sich der umgangsberechtigte Elternteil während der Umgangszeiten nicht an die Vereinbarungen oder not-   **12**

---

3 Staudinger/*Salgo*, § 1687a BGB, Rn. 4
4 OLG Zweibrücken FamRZ 2001, 639, 641
5 Staudinger a.a.O.
6 Siehe hierzu auch § 1684 BGB Rn. 18 ff.
7 Kaiser/Schnitzler/Friederici/Schilling-BGB/*Peschel-Gutzeit,* § 1687 BGB Rn. 17

wendigen Vorgaben des sorgeberechtigten, das Kind überwiegend betreuenden Elternteil hält und damit seinen Erziehungsstil konterkariert.

▶ *Näher hierzu und zum gerichtlichen Verfahren Gottschalk, § 1687 BGB, Rn. 21 ff.*

§ 1687b BGB Sorgerechtliche Befugnisse des Ehegatten

(1) [1]Der Ehegatte eines allein sorgeberechtigten Elternteils, der nicht Elternteil des Kindes ist, hat im Einvernehmen mit dem sorgeberechtigten Elternteil die Befugnis zur Mitentscheidung in Angelegenheiten des täglichen Lebens des Kindes. [2]§ 1629 Abs. 2 Satz 1 gilt entsprechend.

(2) Bei Gefahr im Verzug ist der Ehegatte dazu berechtigt, alle Rechtshandlungen vorzunehmen, die zum Wohl des Kindes notwendig sind; der sorgeberechtigte Elternteil ist unverzüglich zu unterrichten.

(3) Das Familiengericht kann die Befugnisse nach Absatz 1 einschränken oder ausschließen, wenn dies zum Wohl des Kindes erforderlich ist.

(4) Die Befugnisse nach Absatz 1 bestehen nicht, wenn die Ehegatten nicht nur vorübergehend getrennt leben.

Übersicht

A. Allgemeines

I. Normzweck

1 Die Vorschrift regelt die Befugnis des Ehegatten eines alleinsorgeberechtigten Elternteils. Ihm wird das Recht eingeräumt, in **Angelegenheiten des täglichen Lebens** des Kindes **mitzuentscheiden**. Damit wird der „Stiefelternteil" in die elterliche Sorge miteingebunden, da er aufgrund der regelmäßig mit dem Stiefkind bestehenden häuslichen Gemeinschaft tatsächlich in dessen Alltagsleben miteingebunden ist. Dieses **sog. „kleine Sorgerecht"** soll somit den tatsächlichen Gegebenheiten Rechnung tragen und der Stabilisierung der Stiefkindfamilie dienen.[1] Für Lebenspartnerschaften gibt es eine identische Vorschrift (§ 9 Abs. 1 bis 4 LPartG).

II. Anwendungsbereich

2 Nur der **Ehegatte eines Elternteils, der allein sorgeberechtigt ist**, erhält mit der Vorschrift sorgerechtliche Befugnisse eingeräumt und auch das nur, soweit **mit dem Sorgeberechtigten Einvernehmen besteht** (Abs. 1) und solange die **Ehegatten nicht getrennt leben** (Abs. 4). Außerdem erhält der Ehegatte ein Notvertretungsrecht (Abs. 2). Alle Befugnisse können durch das Familiengericht eingeschränkt oder ausgeschlossen werden (Abs. 3).

---

1 BT-Drs. 14/2096, 8; ausführlich *Veit*, FPR 2004, 67, 69

B. Inhalt der Norm

I. Befugnis zur Mitentscheidung (Abs. 1)

Die Mitentscheidungsbefugnis erhält, wer mit einem allein sorgeberechtigten Elternteil **3**
verheiratet ist, ohne selbst Elternteil zu sein (bei Lebenspartnerschaft siehe § 9 Abs. 1 bis
4 LPartG). Das Bestehen einer nichtehelichen Lebensgemeinschaft reicht nicht aus.[2] Auch
wenn dem Elternteil das Sorgerecht noch zusammen mit dem anderen Elternteil zusteht,
greift die Vorschrift nicht ein.[3]

Nur für **Angelegenheiten des täglichen Lebens** besteht eine **Mitentscheidungsbe-** **4**
fugnis des Stiefelternteils. Hierbei handelt es sich um Entscheidungen, die häufig vorkommen und auf die Entwicklung des Kindes keine nachhaltigen Auswirkungen haben.

▶ *Näher hierzu Gottschalk, § 1687 BGB Rn. 11 ff.*

Somit darf der Ehegatte in Angelegenheiten von erheblicher Bedeutung (§ 1687 Abs. 1
Satz 1 BGB) nicht mitentscheiden. Die diesbezügliche Entscheidungsbefugnis bleibt ausschließlich beim Alleinsorgeberechtigten.

Nur im **Einvernehmen** mit dem Elternteil kann der Ehegatte die Mitentscheidungsbefug- **5**
nis ausüben.

▶ *Zum Begriff des Einvernehmens vgl. Fink, § 1627 BGB, Rn. 4.*

Sind sich die Ehegatten nicht einig, entscheidet der Elternteil alleine, **seine Auffassung**
hat im Konfliktfall Vorrang, ohne dass es einer gerichtlichen Entscheidung (vgl. § 1628
FamFG bei gemeinsam Sorgeberechtigten) bedarf oder es eine Pflicht zur Konsensfindung
gäbe.[4] Das einmal bestehende **Einvernehmen ist frei widerruflich.**[5]

Der Ehegatte **vertritt das Kind in Angelegenheiten des täglichen** Lebens nach außen. **6**
Das folgt aus dem Verweis auf § 1629 Abs. 2 Satz 1 BGB.[6] Der Ehegatte kann z.B. das Kind
zu einem routinemäßigen Arztbesuch begleiten oder die Zustimmung zu einem Klassen-
ausflug erteilen.

II. Notvertretungsrecht (Abs. 2)

Der Ehegatte ist in **Notfällen** befugt, alle erforderlichen Rechtshandlungen für das Kind **7**
vorzunehmen, wenn der sorgeberechtigte Elternteil nicht rechtzeitig erreicht werden
kann. Dieser ist aber unverzüglich hierüber zu **informieren**. Diese Notfallkompetenz umfasst insbesondere die Beauftragung von Ärzten nach einem Unfall, plötzlich auftretenden
Erkrankungen oder Verletzungen.[7]

III. Familiengerichtliche Maßnahmen (Abs. 3)

In das abgeleitete, „kleine" Sorgerecht des Stiefelternteils kann das Familiengericht ein- **8**
greifen und dieses **einschränken** oder gar ganz ausschließen, **wenn dies zum Wohl des**
Kindes erforderlich ist. Das wird bei **fortbestehenden, das Kind beeinträchtigenden**
Streitigkeiten der Fall sein[8]. Nach der hier vertretenen Auffassung (siehe Rn. 5) hat die
gerichtliche Eingriffsmöglichkeit nur insoweit Relevanz, als hierdurch die Außenwirkung

---

2 MüKo-BGB/*Hennemann*, § 1687b, Rn. 1
3 *Löhning*, FPR 2008, 157, 158
4 *Löhning*, FPR 2008, 157, 158; *Veit*, FPR 2004, 67,
5 So Erman/*Döll*, § 1687b BGB Rn. 2, MüKo-BGB/*Hennemann*, § 1687b BGB, Rn. 1; a.A. Staudinger/*Salgo*,
   § 1687b BGB Rn. 10, 19
6 *Veit*, FPR 2004, 67, 71
7 BT-Drucks. 14/3751, 39
8 Palandt/*Brudermüller*, § 9 LPartG Rn. 7

beseitigt wird, nachdem der sorgeberechtigte Elternteils sein Einvernehmen jederzeit frei widerrufen kann.

9 Hingegen kann die **Notfallkompetenz nicht ausgeschlossen** werden und auch eine **Erweiterung** der dem Stiefelternteil nach dieser Vorschrift eingeräumten Befugnisse ist durch das Gesetz nicht vorgesehen.[9]

IV. Dauerndes Getrenntleben (Abs. 4)

10 Beendet wird das abgeleitete Sorgerecht, wenn sich die Ehepartner **nicht nur vorübergehend trennen**. Diesbezüglich kann auf den Regelungsgehalt der Vorschrift des § 1567 BGB zurückgegriffen werden.[10] Nicht nur vorübergehend getrennt leben die Ehegatten, wenn sie die häusliche Gemeinschaft vollständig und erkennbar mit dem Willen aufheben, fortan die eheliche Lebensgemeinschaft nicht fortsetzen zu wollen. Die Trennung ist auch innerhalb der Wohnung möglich, wenn die Lebensbereiche klar voneinander abgrenzbar sind.[11]

11 Die Mitentscheidungsbefugnis **endet auch**, wenn der bislang allein sorgeberechtigte Elternteil das **Sorgerecht** vollständig **verliert** (z.B. nach § 1666 BGB) oder fortan mit dem anderen Elternteil zusammen ausübt (§§ 1696, 1626a Abs. 1 Nr. 1 oder 3 BGB).

C. Verfahren

12 Bei der gerichtlichen Entscheidung nach Abs. 3 FamFG handelt es sich um eine Kindschaftssache gem. 151 Nr. 1 FamFG. Funtkionell zuständig ist der Rechtspfleger, § 3 Nr. 2a RPflG, da § 1687b BGB im Richtervorbehalt des § 14 Abs. 1 Nr. 7 RPflG nicht genannt ist.

§ 1688 BGB Entscheidungsbefugnisse der Pflegeperson

(1) [1]Lebt ein Kind für längere Zeit in Familienpflege, so ist die Pflegeperson berechtigt, in Angelegenheiten des täglichen Lebens zu entscheiden sowie den Inhaber der elterlichen Sorge in solchen Angelegenheiten zu vertreten. [2]Sie ist befugt, den Arbeitsverdienst des Kindes zu verwalten sowie Unterhalts-, Versicherungs-, Versorgungs- und sonstige Sozialleistungen für das Kind geltend zu machen und zu verwalten. [3]§ 1629 Abs. 1 Satz 4 gilt entsprechend.

(2) Der Pflegeperson steht eine Person gleich, die im Rahmen der Hilfe nach den §§ 34, 35 und 35a Abs. 1 Satz 2 Nr. 3 und 4 des Achten Buches Sozialgesetzbuch die Erziehung und Betreuung eines Kindes übernommen hat.

(3) [1]Die Absätze 1 und 2 gelten nicht, wenn der Inhaber der elterlichen Sorge etwas anderes erklärt. [2]Das Familiengericht kann die Befugnisse nach den Absätzen 1 und 2 einschränken oder ausschließen, wenn dies zum Wohl des Kindes erforderlich ist.

(4) Für eine Person, bei der sich das Kind auf Grund einer gerichtlichen Entscheidung nach § 1632 Abs. 4 oder § 1682 aufhält, gelten die Absätze 1 und 3 mit der Maßgabe, dass die genannten Befugnisse nur das Familiengericht einschränken oder ausschließen kann.

---

9 *Völker/Clausius*, § 1 Rn. 74
10 Palandt/*Brudermüller*, § 9 LPartG Rn. 9
11 § 15671 Abs. 1 Satz 2 BGB

A. Allgemeines

I. Normzweck

Hat das Kind seinen gewöhnlichen Aufenthalt **außerhalb seines Elternhauses**, fallen **1**
täglich Entscheidungen an, die von den die Kinder betreuenden Personen zu treffen
sind, eine Einbeziehung der sorgeberechtigten Eltern jedoch praktisch nicht realisierbar
wäre. Mit der Vorschrift sollen die tatsächlich die Kindererziehung wahrnehmenden Personen mit den notwendigen Handlungs- und Vertretungsmöglichkeiten ausgestattet werden
(sog. kleines Sorgerecht). Dieses steht jedoch immer unter dem Vorbehalt, dass der Inhaber der elterlichen Sorge nicht etwas anderes erklärt.[1]

II. Anwendungsbereich

Nur wenn die Eltern **die elterliche Sorge** oder **Teile hiervon** noch **innehaben** stellt sich **2**
das Problem der sorgerechtlichen Teilhabe der betreuenden Personen. Wurde den Eltern
die elterliche Sorge ganz oder zum Teil gem. § 1666, 1666a BGB entzogen, kommt die
Vorschrift des § 1688 BGB nicht oder nur im Hinblick auf den bei den Eltern verbliebenen
Teil der elterlichen Sorge zur Anwendung.

§ 1630 Abs. 3 BGB gibt daneben die Möglichkeit, Angelegenheiten der elterlichen Sorge **3**
auf die Pflegeperson zu übertragen, dies setzt allerdings die Zustimmung oder einen Antrag der Eltern voraus und betrifft auch nie die gesamte elterliche Sorge.[2]

▶   *Näher hierzu Fink, § 1630 BGB Rn. 11 ff.*

Möglich sind zudem andere, die Vorschrift des § 1688 BGB teilweise abändernde Formen **4**
der Aufteilung der sorgerechtlichen Befugnisse zwischen Eltern und Pflege- bzw. Betreuungspersonen z.B. durch (widerrufliche) **Vollmachtserteilung oder Pflegschaftsver-
trag**.[3]

§ 1688 BGB **unterscheidet**, ob sich das Kind **mit Zustimmung** der Eltern **oder** aufgrund **5**
einer **Entscheidung nach § 1632 Abs. 4 oder § 1682 BGB** bei der Betreuungsperson
aufhält.

▶   *Näher zum Verhältnis von Vormund und Pflegeeltern Dürbeck zu § 1793 BGB Rn. 12.*

B. Inhalt der Norm

I. Entscheidungs- und Vertretungsbefugnis (Abs. 1)

Die Entscheidungs- und Vertretungsbefugnis in Angelegenheiten des täglichen Lebens **6**
setzt zunächst voraus, dass sich das Kind seit **längerer Zeit** außerhalb des Haushalts der

---

1 Zum Reformbedarf im Bereich der Dauerpflege: *Salgo/Veit/Zenz,* ZKJ 2013, 204
2 OLG Jena FamRZ 2009, 421
3 Ausführlich hierzu *Lack/Salgo,* Handbuch Elterliche Sorge und Umgang, Rn. 1321; vgl. auch Staudinger/*Salgo,*
   § 1688 BGB Rn. 12f, 25

Personensorgeberechtigten aufhält. Entscheidend ist, ob eine **längere Fremdplatzierung prognostiziert** wird und nicht, ob das Kind bereits längerer Zeit bei der Pflegeperson untergebracht ist.[4] Der Begriff der längeren Zeit ist weder gesetzlich noch durch die Rechtsprechung abschließend definiert.

▶ *Siehe zum Begriff der „längeren Zeit" auch Fink, § 1632 BGB Rn. 32.*

Ab der Dauer von zwei Monaten wird man im Rahmen von § 1688 BGB sicherlich von einer „längeren Zeit" sprechen können,[5] so dass diese Regelung auch bei der Unterbringung in einer Kurzzeit- oder Bereitschaftspflegestelle eingreift, wenn die Unterbringung für mehrere Monate geplant ist oder – wie in der Praxis häufig – schließlich andauert.[6]

7   **Familienpflege** ist die Betreuung eines minderjährigen Kindes außerhalb des Haushaltes seiner Eltern in Form der Vollzeitpflege (Tag und Nacht) nach § 33 SGB VIII. Die Pflegeperson bedarf grundsätzlich einer Erlaubnis zur Vollzeitpflege (§ 44 SGB VIII). Diese Pflegeerlaubnis, von deren Notwendigkeit Ausnahmen bestehen z.B. bei der Unterbringung des Kindes bei Verwandten (§ 44 Abs. 1 Nr. 3 SGB VIII), also insbesondere den Großeltern, ist jedoch nicht Voraussetzung für ein Eingreifen des § 1688 BGB.[7] Nicht um eine Familienpflege i.S.d. Abs. 1 handelt es sich hingegen bei der Tagespflege (§ 23 SGB VIII).[8] Gem. § 1751 Abs. 1 Satz 4 BGB ist während der **Adoptionspflege** § 1688 Abs. 1 und 3 BGB entsprechend anwendbar.

8   Die Pflegeperson entscheidet in **Angelegenheiten des täglichen Lebens**. Der Begriff entspricht dem des § 1687 Abs. 1 Satz 2 BGB.[9]

▶ *Näher hierzu Gottschalk, § 1687 BGB Rn. 11 ff.*

9   Zu den praktisch relevanten Angelegenheiten des täglichen Lebens gehören

- Mitgliedschaften in Sportvereinen, Musikschulen etc.,
- die Teilnahme an Elternabenden,
- das Schreiben von Entschuldigungen für die Schule,
- die Wahl von schulischen Arbeitsgemeinschaften,
- die Teilnahme an Sonderveranstaltungen der Schule und Ausflügen,
- Vorsorge- und Routineuntersuchungen,
- empfohlenen Schutzimpfungen,
- Ferienaufenthalte.

10 In Angelegenheiten **von erheblicher Bedeutung** (siehe zur Abgrenzung *Gottschalk*, § 1687 BGB Rn. 5) bleiben die sorgeberechtigten Eltern allein zuständig.

11 Die **sorgeberechtigten Eltern** verbleiben Inhaber der elterlichen Sorge, sie – und nicht das Kind – werden in den Angelegenheiten des täglichen Lebens von der **Pflegeperson** lediglich **vertreten**. Damit hat die Pflegeperson in den maßgeblichen Angelegenheiten die **Befugnis**, diese Dinge **zu entscheiden**; die **Vertretung der Eltern** erfolgt sodann bei der Umsetzung der Entscheidung nach Außen und durch die notwendigen Handlungen gegenüber Dritten.

---

4 MüKo-BGB/*Hennemann*, § 1688 Rn. 4
5 Staudinger/*Salgo*, § 1688 BGB Rn. 17; vgl. auch Staudinger/*Peschel-Gutzeit* § 1630 BGB Rn. 42
6 MüKo-BGB/*Hennemann*, § 1688 Rn. 4
7 OLG Dreseden FamRZ 2010, 1995
8 Staudinger/*Salgo*, § 1688 Rn. 18
9 Ausführlich auch *Lack/Salgo*, Handbuch Elterliche Sorge und Umgang, Rn. 1312

Die Befugnisse der Pflegepersonen umfassen gem. Satz 2 auch die **Verwaltung des Ar-** **12**
beitsverdienstes des Kindes sowie die **Geltendmachung und die Verwaltung von**
Unterhalts-, Versicherungs-, Versorgungs- und sonstige Sozialleistungen. Allerdings können die Pflegeeltern **keine Unterhaltsansprüche** des Kindes **gegen die Eltern**
sondern **nur Unterhaltsansprüche gegen Dritte** geltend machen,[10] da die Pflegeperson
nur die Eltern und nicht das Kind vertritt.[11]

Hilfen zur Erziehung nach §§ 27, 33 SGB VIII[12] und Eingliederungshilfen (§ 35a SGB VIII)[13] **13**
können die Pflegepersonen nicht nach Satz 2 geltend machen, da es sich hierbei um Angelegenheiten von erheblicher Bedeutung handelt. Deshalb steht ihnen auch kein eigener
Zahlungsanspruch auf wirtschaftliche Jugendhilfe aus § 39 SGB VIII zu, da ein solcher Zahlungsanspruch einen Annexanspruch zu dem in § 27 Abs. 1 SGB VIII geregelten Anspruch
des Personensorgeberechtigten auf Hilfe zur Erziehung darstellt.[14]

Bei **Gefahr im Verzug** ist die Pflegeperson berechtigt, alle Rechtshandlungen vorzuneh- **14**
men, die zum Wohl des Kindes notwendig sind; der Inhaber der elterlichen Sorge ist unverzüglich zu unterrichten (vgl. *Gottschalk*, § 1687b BGB, Rn. 7 und *Fink*, § 1629, Rn. 14),
Abs. 1 Satz 3, § 1629 Abs. 1 Satz 4 BGB. Praktische Bedeutung erlangt diese Vorschrift
hauptsächlich im Bereich der Gesundheitsfürsorge.

II. Gleichstehende Personen (Abs. 2)

Den **Pflegepersonen in Abs. 1 gleichgestellt** sind diejenigen Personen, die Kinder im **15**
Heim oder in einer sonstigen **betreuten Wohnform** (gem. § 34 SGB VIII), im Rahmen einer **intensiven sozialpädagogischen Einzelbetreuung** (§ 35 SGB VIII), sofern der Jugendliche außerhalb des Elternhauses betreut wird[15] oder im Rahmen einer **Eingliede-**
rungshilfe (§ 35a SGB VIII) betreuen. Die Internatsunterbringung fällt nicht hierunter.[16]

III. Anderweitige Erklärung des Sorgerechtsinhabers (Abs. 3)

Die Entscheidungs- und Vertretungsbefugnisse der Pflege- und Betreuungspersonen kön- **16**
nen allerdings **von den sorgeberechtigten Eltern eingeschränkt oder ausgeschlos-**
sen werden. Dies setzt voraus, dass er den entsprechenden Teilbereich der elterlichen
Sorge, unter den die Angelegenheit fällt, innehat und ihm dieser nicht nach § 1666 Abs. 3
Nr. 5 BGB entzogen ist (zur Ausnahme siehe Rn. 19). Macht der Inhaber der elterlichen
Sorge von seinem „Vetorecht" Gebrauch, kann sich die Pflegeperson nicht mehr auf die
ihr grundsätzlich von § 1688 BGB eingeräumten sorgerechtlichen Befugnisse berufen. Solange allerdings keine entsprechende Erklärung des Sorgerechtsinhabers vorliegt, greifen
zugunsten der Pflegeperson die genannten Befugnisse ein.[17] Führt die Beschränkung oder
der Ausschluss dazu, dass eine dem Wohl des Kindes förderliche Betreuung und Erziehung
nicht mehr gewährleistet ist, so muss das **Jugendamt gem. § 38 SGB VIII vermitteln**.

Das **Familiengericht** kann die Befugnisse der Pflege- und Betreuungspersonen gem. **17**
Abs. 3 Satz 2 **einschränken oder ausschließen**, soweit dies **zum Wohl des Kindes er-**
forderlich ist und zwar auch gegenüber den Personen, bei denen sich das Kind aufgrund
einer Verbleibensanordnung (Abs. 4) aufhält und die Sorgeberechtigten keine Beschrän-
kungsmöglichkeit haben.

---

10 OLG Dreseden FamRZ 2010, 1995
11 BeckOK BGB/*Veit*, § 1688 BGB Rn. 6.3
12 OVG Bautzen, Beschl. v. 6.12.2010 – 1 D 120/10, juris.de
13 OVG Weimar JAmt 2003, 34
14 VG Saarbrücken, Beschl. v. 5.5.2014 – 3 K 682/12, juris
15 Wiesner/*Schmid-Obkirchner*, § 38 SGB VIII Rn. 12
16 Wiesner/*Schmid-Obkirchner*, § 38 SGB VIII Rn. 13
17 BeckOK BGB/*Veit*, § 1688 BGB Rn.16

18 Zum Wohl des Kindes erforderlich ist ein gerichtliches Einschreiten dann, wenn **Gründe** vorliegen, die befürchten lassen, dass ohne Einschränkung oder Ausschluss der Befugnisse der Pflegeeltern (oder ihnen nach Abs. 2 gleichgesetzten Personen) das Kind eine ungünstige Entwicklung nehmen könnte, ohne dass die Schwelle der Kindeswohlgefährdung erreicht sein müsste.[18] Eine **Erweiterung der Befugnisse** steht dem Gericht – unterhalb der Eingriffsschwelle nach § 1666 BGB – hingegen **nicht zu**.[19]

IV. Besonderheiten in Fällen der Verbleibensanordnung (Abs. 4)

19 **Kein Recht** zum Ausschluss oder der Einschränkung der sich aus § 1688 Abs. 1 BGB ergebenden Befugnisse steht den **sorgeberechtigten Eltern** allerdings dann zu, wenn sich das Kind aufgrund einer **Verbleibensanordnung nach § 1632 Abs. 4 BGB** bei der Pflege- oder Betreuungsperson oder aber sich aufgrund einer **Verbleibensanordnung nach § 1682 BGB** beim Stiefelternteil, bei einer engen Bezugsperson nach § 1685 BGB oder beim/bei der Lebenspartner/Lebenspartnerin aufhält und setzt demnach einen vorausgegangenen, abgeschlossenen gerichtlichen Herausgabestreit voraus.[20] In diesen Fällen kann nur das Familiengericht eine Einschränkung oder einen Ausschluss der Befugnisse vornehmen.

▶ *Näher zur Verbleibensanordnung Fink, § 1632 BGB Rn. 29 ff. bzw. Keuter, § 1682 BGB Rn. 1 ff.*

C. Verfahren

20 Bei der gerichtlichen Entscheidung nach § 1688 Abs. 3 Satz 2 und Abs. 4 BGB FamFG über die Begrenzung und den Ausschluss der sorgerechtlichen Befugnisse handelt es sich um eine Kindschaftssache gem. § 151 Nr. 1 FamFG. Funktionell zuständig ist gem. **§ 3 Nr. 2a RPflG der Rechtspfleger.** Es gelten die allgemeinen Verfahrensgrundsätze in Kindschaftssachen. Das Verfahren kann auch von Amts wegen eingeleitet werden.[21]

§ 1689 bis § 1692 BGB

(weggefallen)

§ 1693 BGB Gerichtliche Maßnahmen bei Verhinderung der Eltern

Sind die Eltern verhindert, die elterliche Sorge auszuüben, so hat das Familiengericht die im Interesse des Kindes erforderlichen Maßregeln zu treffen.

Übersicht

---

18 jurisPK-BGB/*Poncelet*, § 1688 BGB Rn. 16 und ausführlich Staudinger/*Salgo*, § 1688 BGB Rn. 42
19 MüKo-BGB/*Hennemann*, § 1688 BGB Rn. 11
20 MüKo-BGB/*Hennemann*, § 1688 BGB Rn. 12
21 Staudinger/*Salgo*, § 1688 BGB Rn. 47a

Gottschalk

A. Allgemeines

I. Normzweck

Die Vorschrift dient der Sicherung des Kindeswohls, indem sie eine unmittelbare Handlungsbefugnis des Familiengerichts statuiert für den Fall, dass sich Kinder in einer Situation befinden, in denen ihre Eltern verhindert sind, die elterliche Sorge auszuüben. Die im materiellen Recht angesiedelte Vorschrift enthält eine Verpflichtung der Gerichte, in solchen **dringenden Fällen** tätig zu werden und **für die Eltern „einzuspringen"**, bis diese wieder in der Lage sind, selbst zu handeln oder längerfristige Maßnahmen getroffen werden können.[1] Dabei wird die elterliche Sorge nicht entzogen oder beschränkt.[2] Vielmehr tritt der Staat handelnd für die Eltern ein, (nur) **soweit und solange** sie an der Ausübung der elterlichen Sorge verhindert sind. Der in der Praxis häufigste Anwendungsfall ist die Einreise von unbegleiteten minderjährigen Flüchtlingen, deren Eltern im Heimatland verblieben und nicht erreichbar sind. Bis zur Beendigung des sog. Clearingverfahrens,[3] in dem der rechtliche Status der Flüchtlingskinder erst festgestellt wird, müssen die notwendigen Maßnahmen, wie die Bestimmung ihres Aufenthalts, gesundheitliche und tägliche Versorgung, für die Kinder getroffen werden können.

1

II. Anwendungsbereich

Beide Eltern müssen an der Ausübung der elterlichen Sorge verhindert sein.[4] Eltern im genannten Sinne sind die rechtlichen Eltern, ggf. nach Maßgabe des anzuwendenden Rechts. Auf die biologische oder soziale Elternschaft kommt es im vorliegenden Zusammenhang nicht an.

2

Wenn der **Vormund** verhindert ist, greift **§ 1846 BGB** ein. Steht eine Kindeswohlgefährdung im Raum, so regelt 1666 BGB die Eingriffsvoraussetzungen und die erforderlichen Maßnahmen.[5] Ist **nur ein Elternteil** an der Ausübung der elterlichen Sorge verhindert, so greifen die **§§ 1678, 1680, 1681 BGB** ein. Hat aber ein Elternteil die elterliche Sorge alleine inne, so finden die letztgenannten Vorschriften keine Anwendung, sondern – bei Vorliegen der Voraussetzungen – die vorliegende Norm.

3

B. Inhalt der Norm

I. Verhinderung der Eltern

Die Verhinderung der Eltern kann ihre Ursache in tatsächlichen oder in rechtlichen Gründen haben. In beiden Fällen ist die Norm anwendbar. Beide Eltern sind an der Ausübung der elterlichen Sorge **tatsächlich verhindert**, wenn sie für das Kind nicht erreichbar sind und **keine tatsächliche Eingriffsmöglichkeit** besteht.

4

▶ *Näher hierzu Keuter, § 1674 BGB Rn. 3.*

Solche Umstände sind z.B. gegeben, wenn sich die Eltern im Ausland aufhalten und weder mit **modernen Kommunikationsmitteln** (Mobil)Telefon, E-Mail, Skype oder schriftlich (letzteres in angemessener Zeit) erreichbar sind, noch die Möglichkeit der **Reisemöglichkeit** für sie besteht. Die Eltern müssen hingegen nicht vor Ort sein, um die elterliche Sorge ausüben zu können. Auch auf die **Dauer der Verhinderung** kommt es nicht an, denn die

---

1 Staudinger/*Coester*, Neubearbeitung 2014, § 1693 BGB Rn. 1
2 MüKoBGB/Olzen, § 1693 BGB Rn. 1
3 Näher hierzu www.caritas.de/glossare/clearingverfahren
4 OLG Zweibrücken OLGReport 2002, 180
5 BVerfG FamRZ 2007, 1627

Vorschrift soll gewährleisten, dass zu jeder Zeit ihrer Notwendigkeit Sorgerechtsentscheidungen getroffen werden können.[6]

5 Eine **rechtliche Verhinderung** kommt in Betracht, wenn die Eltern von der Vertretung nach § 1629 Abs. 2 BGB oder gem. § 52 Abs. 2 Satz 2 StPO ausgeschlossen sind oder die Voraussetzungen des § 1673 BGB vorliegen.

▶ *Näher hierzu Keuter, § 1673 BGB Rn. 1 ff.*

Haben die Eltern einen Bevollmächtigten bestellt, z.B. in dem sie den in Deutschland lebenden Verwandten eine Vollmacht ausgestellt haben, liegt keine rechtliche Verhinderung vor.[7]

6 **Keine Verhinderung** im tatsächlichen oder rechtlichen Sinne liegt vor, wenn die Eltern die elterliche Sorge in **kindeswohlgefährdender Weise** ausüben. Dann greifen die Schutzmechanismen nach §§ 1666, 1666a BGB ein.[8] Zwar liegt in der Nichtausübung der elterlichen Sorge immer auch eine Kindeswohlgefährdung; im Falle der Verhinderung ist den Eltern die Ausübung aber schlechthin unmöglich, obwohl sie die elterliche Sorge ausüben wollen, während im Falle der Kindeswohlgefährdung eine Nichtausübung gegeben ist, obwohl die Eltern durch die tatsächlichen oder rechtlichen Umstände nicht gehindert würden.[9]

7 An die **Feststellung der Verhinderung** dürfen **keine allzu hohen Anforderungen** gestellt werden, da anderenfalls oftmals der Zweck, nämlich das schnelle Treffen einer vorläufigen Maßnahme nicht erreicht werden könnte.[10] So wird bei einem allein nach Deutschland eingereisten Flüchtlingskind die Feststellung, dass die Eltern im Ausland nicht erreichbar sind, einige Zeit in Anspruch nehmen.

II. Erforderliche Maßregeln

8 Das Gericht hat die erforderlichen Maßnahmen nach **pflichtgemäßem Ermessen** zu treffen. Maßgeblich ist insoweit der Grundsatz der Verhältnismäßigkeit. Es kann dem Kind bspw. einen **Ergänzungspfleger** i.S.v. § 1909 BGB bestellen, der dann als gesetzlicher Vertreter für das Kind handelt,[11] und es kann unmittelbar durch gerichtliche Entscheidungen Einwilligungen oder notwendige Mitwirkungshandlungen ersetzen.[12]

C. Verfahren

9 Das Verfahren wird von Amts wegen eingeleitet, ein entsprechender Antrag ist im verfahrensrechtlichen Sinne eine Anregung i.S.v. § 24 FamFG. Die besonderen Vorschriften für Kindschaftssachen **(§§ 151 ff. FamFG)** finden Anwendung. Hinsichtlich der örtlichen Zuständigkeit wird häufig § 152 Abs. 4 FamFG in der Praxis Anwendung finden.

▶ *Näher hierzu Keuter, § 152 FamFG Rn. 28.*
  Zur funktionalen Zuständigkeit siehe Heilmann, § 14 RPflG.

Die Verpflichtung zur Anhörung von Kind und Jugendamt ergibt sich aus §§ 159, 162 FamFG. Bei tatsächlicher Verhinderung unmöglich wird hingegen die persönliche Anhörung der Kindeseltern (§ 160 FamFG); daher greift insoweit § 160 Abs. 3 FamFG ein.

▶ *Näher hierzu Wegener, § 160 FamFG Rn. 26.*

---

6 Erman/*Döll*, § 1693 BGB Rn. 2
7 MüKo-BGB/*Olzen*, § 1693 BGB Rn. 4
8 BVerfG FamRZ 2007, 1627
9 MüKo-BGB/*Olzen*, § 1693 BGB Rn.5
10 Ebenso Saudinger/*Coester*, § 1696 BGB Rn.4: „…genügender Anlass zu der Annahme…"
11 OLG Naumburg FamRZ 2008, 639
12 Vgl. AmtsG Nettetal FamRZ 1996, 1104 zu einer Bluttransfusion

Aus dem Zweck der Vorschrift (siehe Rn. 1) folgt, dass die Entscheidungen in der Regel eilig sind. Daher werden in der Praxis die Vorschriften über das Verfahren der einstweiligen Anordnung **(§§ 49 ff. FamFG)** Anwendung finden.

▶ *Näher hierzu Cirullies, §§ 49 ff. FamFG.*

§ 1694 bis § 1695 BGB

(weggefallen)

§ 1696 BGB Abänderung gerichtlicher Entscheidungen und gerichtlich gebilligter Vergleiche

(1) **¹Eine Entscheidung zum Sorge- oder Umgangsrecht oder ein gerichtlich gebilligter Vergleich ist zu ändern, wenn dies aus triftigen, das Wohl des Kindes nachhaltig berührenden Gründen angezeigt ist. ²Entscheidungen nach § 1626a Absatz 2 können gemäß § 1671 Absatz 1 geändert werden; § 1671 Absatz 4 gilt entsprechend. ³§ 1678 Absatz 2, § 1680 Absatz 2 sowie § 1681 Absatz 1 und 2 bleiben unberührt.**

(2) Eine Maßnahme nach den §§ 1666 bis 1667 oder einer anderen Vorschrift des Bürgerlichen Gesetzbuchs, die nur ergriffen werden darf, wenn dies zur Abwendung einer Kindeswohlgefährdung oder zum Wohl des Kindes erforderlich ist (kindesschutzrechtliche Maßnahme), ist aufzuheben, wenn eine Gefahr für das Wohl des Kindes nicht mehr besteht oder die Erforderlichkeit der Maßnahme entfallen ist.

Übersicht

A. Allgemeines

I. Normzweck

Regelungen, die Kinder und Jugendliche betreffen, müssen abgeändert werden können, um ihre **Anpassung** an die sich stetig **verändernden Lebensverhältnisse** zu ermöglichen. Die für einen 3-jährigen passende Umgangsregelung entspricht etwa nicht mehr den Bedürfnissen eines 11-Jährigen und schon gar nicht eines 16-jährigen Jugendlichen. Eine Sorgerechtsübertragung, die kurz nach der Trennung notwendig war, ist möglicher- **1** weise nach einem Zeitablauf von einigen Jahren, in denen die Eltern wieder über die Belange des Kindes sich auszutauschen gelernt haben, nicht mehr notwendig.

2 Entscheidungen und Vergleiche in Umgangs- und Sorgerechtssachen werden deshalb einerseits zwar formell rechtskräftig, d.h, sie können nach Ablauf der Rechtsmittelfrist nicht mehr zur Überprüfung des Rechtsmittelgerichts gestellt werden, sie **erwachsen** aber **nicht in materielle Rechtskraft**.[1] Andererseits besteht bei den Beteiligten, insbesondere dem Kind ein Bedürfnis nach **Kontinuität**.[2] § 1696 BGB wird diesem Spannungsverhältnis gerecht, indem er die Abänderungsmöglichkeit von Umgangs- und Sorgerechtsentscheidungen in Abs. 1 auf triftige, das Kindeswohl nachhaltig berührende Gründe begrenzt. Um dem **Verhältnismäßigkeitsgrundsatz** bei kindesschutzrechtlichen Maßnahmen Rechnung zu tragen, verpflichtet Abs. 2 das Gericht zu deren Aufhebung, sobald die Kindeswohlgefährdung nicht mehr besteht, bzw. die Erforderlichkeit der Maßnahme entfallen ist.

3 Die Abänderungsregelung des § 1696 dient jedoch nicht dazu, formell rechtskräftig gewordene Entscheidungen zu überprüfen, ohne dass eine Veränderung im Hinblick auf die Ausgangslage zum Zeitpunkt der Beschlussfassung eingetreten ist.

II. Anwendungsbereich

4 Familiengerichtliche **Entscheidungen** oder **gerichtlich gebilligte Vergleiche** in Sorgerechts- und Umgangsverfahren unterliegen der Abänderung nach § 1696 Abs. 1 Satz 1 BGB. Hierbei kann es sich auch um eine Entscheidung eines **ausländischen Gerichts** handeln, sofern sie anerkennungsfähig ist.[3] Eine **Anwendung** von § 1696 BGB **scheidet** allerdings **aus**, solange noch gegen eine sorge- oder umgangsrechtliche Entscheidung **Rechtsmittel eingelegt** werden können.

Mitunter schwierig ist die **Abgrenzung des § 1696 BGB zu anderen Vorschriften** des Kindschaftsrechts:

5 Soweit Vorschriften die **Abänderungsvoraussetzungen für bestimmte Sachverhalte** gesondert regeln, gehen diese Regelungen als lex specialis der Generalklausel des § 1696 Abs. 1 Satz 1 vor. Das gilt zunächst für die §§ 1678 Abs. 2, 1680 Abs. 2, 1681 Abs. 1, 2. (§ 1696 Abs. 1 Satz 3 BGB, siehe unten Rn. 24).

6 Geht es um die **Abänderung von kindesschutzrechtlichen Maßnahmen**, so ist die gegenüber § 1696 Abs. 1 Satz 1 BGB speziellere Aufhebungsnorm nach § 1696 Abs. 2 BGB einschlägig.

7 **Nicht erfasst von § 1696 Abs. 1 Satz 1 BGB** werden zudem Fälle der Abänderung gemeinsamer elterlicher Sorge nicht miteinander verheirateter Eltern, deren **elterliche Sorge auf einer gemeinsamen Sorgeerklärung** beruht. **Hier greift § 1671 Abs. 1 Nr. 1 und 2 BGB** ein. Das gilt auch in Fällen, in denen die gemeinsame Sorgeerklärung vom Gericht in Form eines gerichtlich gebilligten Vergleichs (§ 156 Abs. 2 FamFG) protokolliert wurde.[4]

8 § 1696 Abs. 1 Satz 2 BGB unterstellt die Abänderung **gerichtlicher Sorgerechtsentscheidungen nach § 1626a Abs. 2 BGB** dem **Maßstab des § 1671 Abs. 1 BGB** und zwar auch dann, wenn die Sorgerechtsübertragung im vereinfachten Verfahren nach § 155a FamFG, 1626a Abs. 2 Satz 2 BGB erging.[5] Damit sollen sich alle erstmaligen Aufhe-

---

1 BGH FamRZ 2007, 1969
2 BVerfG ZKJ 2015, 111; OLG Köln MDR 2013, 795
3 OLG Hamm JAmt 2014, 576
4 BGH FamRZ 2011, 796
5 Kritisch hierzu *Dürbeck*, ZKJ 2013, 330, 335

bungen der elterlichen Sorge nach Trennung der gemeinsam sorgeberechtigten Eltern nach gleichen Voraussetzungen richten.[6]

Wurde hingegen ein **Antrag** auf Herstellung der gemeinsamen elterlichen Sorge nach § 1626a Abs. 2 BGB[7] oder auf Herstellung der alleinigen Sorge nach § 1671 BGB[8] **zurückgewiesen**, dann greift nach zutreffender Auffassung[9] für den erneuten Antrag auf eine Sorgerechtsregelung die **Abänderungsschwelle des § 1696 Abs. 1 Satz 1 BGB**.   9

Ebenfalls § 1696 Abs. 1 Satz 1 BGB ist auf einen Antrag der Mutter anwendbar, wenn zuvor dem Vater eines nichtehelichen Kindes aufgrund der **Übergangsregelung des BVerfG**[10] **das Mitsorgerecht eingeräumt wurde** und nunmehr **die Mutter wieder die alleinige elterliche Sorge begehrt**, da der Ausschluss des § 1696 Abs. 1 Satz 2 BGB hier nicht gilt.[11]   10

Begehrt **der Vater** des nichtehelichen Kindes im Wege der Abänderung **nach Zurückweisung** seines Antrages auf gemeinsame Sorge nunmehr **die alleinige elterliche Sorge, greift § 1671 Abs. 2** BGB;[12] **§ 1696 Abs. 1 Satz 1 BGB hingegen findet Anwendung**, wenn **ein Elternteil** eines nichtehelichen Kindes **nach** einer **Übertragung** der **alleinigen Sorge nach § 1671 Abs. 1 oder 2 BGB** auf den anderen Elternteil die gemeinsame oder die alleinige elterliche Sorge begehrt.[13]   11

Soweit ursprünglich die alleinige Sorge auf einen Elternteil nach § 1671 Abs. 1 BGB übertragen worden war und die **Eltern nunmehr die elterliche Sorge gemeinsam ausüben wollen**, stellt der Vorrang der Elternautonomie und des Elternkonsenses einen Abänderungsgrund nach **§ 1696 BGB** dar, dem zudem indizielle Wirkung zukommt.[14] Wollen die **(verheirateten oder geschiedenen) Eltern** von der vormals gerichtlich begründeten **gemeinsamen Sorge abrücken** und begehrt einer die alleinige elterliche Sorge, **so greift § 1671 Abs. 1 BGB** als Spezialvorschrift für diese Fallkonstellation ein.[15]   12

Übt ein Elternteil die elterliche Sorge **mit Zustimmung des anderen Elternteil** gem. § 1671 Abs. 1 Nr. 1 BGB alleine aus, richtet sich die Abänderung nach § 1696 BGB, wobei der fortbestehende Elternkonsens unterhalb der Schwelle der Kindeswohlgefährdung eine Abänderungsmöglichkeit entfallen lässt.[16] Dem Gericht ist es demnach verwehrt, die von den Eltern übereinstimmend gewollte Sorgerechtsregelung auf der Grundlage des § 1696 BGB wieder abzuändern. Hingegen lässt eine bestehende Uneinigkeit der Eltern über die Abänderung bzw. der Konsens, dass eine Abänderung nunmehr zu erfolgen hat, die gerichtliche Bindung an den elterlichen Konsens entfallen.[17] Eine Änderung ist angezeigt, wenn ein aufgekündigter Konsens zusammen mit den Umständen des Einzelfalls einen triftigen, das Wohl des Kindes nachhaltig berührenden Abänderungsgrund darstellt.[18]   13

---

6 BT-Drs. 17/11048, 22
7 OLG Frankfurt FamRZ 2014, 1120: § 1696 BGB auch wenn über den Antrag auf Herstellung der gemeinsamen elterlichen Sorge nach den Vorgaben des Bundesverfassungsgerichts vom 21.7.2010 – 1 BvR 420/09, entschieden wurde, die Entscheidung jedoch den Anforderungen des neu gefassten § 1626a Abs. 1 Nr. 3, Abs. 2 BGB bereits gerecht geworden ist
8 KG FamRZ 2011, 122; a.A. AG Ludwigslust FamRZ 2006, 501; *Völker/Clausius*, § 3, Rn. 6
9 Vgl. Fn. 8, 9; OLG Brandenburg FamRZ 2014, 1861;HB-VB/*Dürbeck*, Rn. 548, 550
10 BVerfG FamRZ 2010, 1403
11 OLG Frankfurt BeckRS 2013, 10350
12 *Heilmann*, NJW 2013, 1473, 1478
13 OLG Frankfurt, Beschl. v. 19.08.2014, 6 UF 76/14; HB-VB/*Dürbeck*, Rn. 550
14 *Heilmann*, NJW 2013, 1473, 1478; Staudinger/*Coester*, § 1696 BGB Rn. 73, 74
15 OLG Hamm FamRZ 2007, 757; *Coester*, FamRZ 2012, 1337, 1340
16 Staudinger/*Coester*, § 1696 BGB Rn. 44, 75
17 Staudinger/*Coester*, § 1696 BGB Rn. 44; KG ZKJ 2009, 211
18 Staudinger/*Coester*, a.a.O.

14 In der **Regel vorrangig** anzuwenden ist in Fällen des Kindesschutzes die gesetzliche Regelung des **§ 1666 BGB** (siehe auch *Gottschalk*, § 166 FamFG, Rn. 9), wenn es etwa um einen **Eingriff in die elterliche Sorge** beider Eltern oder eines Elternteils geht, um eine Kindeswohlgefährdung abzuwenden. Während die Abänderungsbefugnis nach § 1696 Abs. 1 BGB triftige, das Wohl des Kindes nachhaltig berührende Gründe voraussetzt, muss für eine kindesschutzrechtliche Maßnahme nach §§ 1666, 1666a das Wohl des Kindes gefährdet sein. Im Hinblick auf Art. 6 Abs. 2 GG kann die höhere Eingriffsschwelle dieser Normen nicht durch eine Anwendung des § 1696 BGB unterlaufen werden.[19] **Etwas anderes gilt jedoch dann**, wenn sich das Kind aufgrund gerichtlicher Sorgerechtsentscheidung bei einem Elternteil aufhält, jedoch in dessen Haushalt das Wohl des Kindes gefährdet ist und diese **Gefährdung durch eine Übertragung der elterlichen Sorge auf den anderen Elternteil abgewendet** werden kann.[20]

15 Soll eine kindesschutzrechtliche **Maßnahme verschärft** werden, etwa weil die in der Ausgangsentscheidung angeordnete Maßnahme nicht (mehr) zur Gefahrenabwehr geeignet ist oder soll eine solche **Maßnahme erneut angeordnet werden,** z.B. weil die Frist für den Umgangsausschluss abgelaufen und nunmehr begleiteter Umgang notwendig ist, so ist der Prüfungsmaßstab der entsprechenden Kindesschutzklausel (z.B. § 1666, 1666a; 1684 Abs. 4[21] BGB) zu entnehmen.[22]

16 Nicht nach § 1696 BGG abgeändert werden können Entscheidungen in **EA-Verfahren**, hier greift **§ 54 FamFG** ein.[23] Auch außergerichtlich getroffene Vereinbarungen fallen nicht unter § 1696 BGB.[24] Und schließlich greift der Abänderungsmaßstab des § 1696 Abs. 1 BGB auch dann nicht, wenn die Anordnung von Maßnahmen nach § 1666 mangels Gefährdung des Kindeswohls abgelehnt wurde und nunmehr ein Antrag nach § 1626a Abs. 2 BGB gestellt wird.

17 **§ 166 FamFG** stellt die **verfahrensrechtliche Ergänzung zu § 1696 BGB** dar, nach ihr richten sich Voraussetzungen für die Einleitung und die Durchführung eines Abänderungsverfahrens.

▶ *Näher hierzu Gottschalk, § 166 FamFG Rn. 1 ff.*

B. Inhalt der Norm

I. Entscheidungen zum Sorge- und Umgangsrecht; gerichtlich gebilligter Vergleich (Abs. 1 Satz 1)

1. Abänderungsgegenstand

18 Eine Abänderung findet zunächst hinsichtlich **gerichtlicher Entscheidungen** oder **gerichtlich gebilligter Vergleiche** statt, mit denen die **elterliche Sorge oder das Umgangsrecht** geregelt wurde. Hierzu gehören insbesondere **Entscheidungen nach § 1628 BGB** (sofern die Entscheidung nicht eine punktuelle war und bereits getroffen wurde) oder **§ 1632 Abs. 1 BGB (Herausgabe des Kindes),** insbesondere aber **Entscheidungen nach § 1671 BGB, die familiengerichtliche Regelung des Umgangs** (nicht aber der Umgangsausschluss, siehe unten Rn. 26) oder **Abänderungsentscheidungen i.S.v. § 1696 BGB.**[25]

---

19 BVerfG 2009, 1472; BeckOK-BGB/*Veit,* § 1696 BGB Rn. 14;
20 Staudinger/*Coester,* § 1696 BGB Rn. 17; vom Bundesverfassungsgericht im Falle des Umgangsboykotts offengelassen: BVerfG ZKJ 2012, 184, kritisch hierzu: *Coester,* FamRZ 2012, 182
21 OLG Saarbrücken, Beschl. v. 14.10.2014 – 6 F 110/14
22 Müko-FamFG/*Heilmann,* § 166 Rn. 11
23 OLG Brandenburg BeckRS 2015, 07232; OLG Köln MDR 2013, 795
24 OLG Zweibrücken FamRZ 1997, 217
25 vgl. OLG Düsseldorf NZFam 2014, 1152; OLG Brandenburg FamRZ 2008, 1471

Auch Rechtsmittelentscheidungen unterliegen der Abänderungsmöglichkeit nach § 1696 **19**
Abs. 1 Satz 1 BGB. Abzuändernde gerichtlich **gebilligte Vergleiche** sind nur solche, die
gem. **§ 156 Abs. 2 FamFG** und in der **hierfür vorgesehenen Form** geschlossen wurden,
insbesondere Umgangsvereinbarungen, aber auch Herausgabevereinbarungen.

▶ *Näher hierzu Wegener, § 156 FamFG Rn. 65 ff. sowie Cirullies, § 86 FamFG Rn. 12 ff.,*
   20, 21.

Außergerichtliche Vereinbarungen oder solche, die nicht gerichtlich gebilligt wurden, können deshalb nicht nach § 1696 BGB abgeändert werden.[26] Der Abänderungsmaßstab des
§ 1696 Abs. 1 Satz 1 BGB greift zudem grundsätzlich nicht ein, solange trotz einer gerichtlich gebilligten Elternvereinbarung die kraft Gesetzes bestehenden Sorgeverhältnisse unverändert fortgelten.[27] Treffen die Eltern demnach eine (gerichtlich gebilligte) Vereinbarung zum Sorgerecht, muss diese schon deshalb in einen gerichtlichen Beschluss umgesetzt werden, weil die Eltern nicht über das Sorgerecht disponieren können.[28]

2. Abänderungsmaßstab

Da es sich bei dem Abänderungsverfahren nicht um eine Überprüfung der Rechtmäßigkeit **20**
der Ausgangsentscheidung handelt (hierfür stehen Rechtsmittel zur Verfügung) und sich
die Beteiligten zudem auf den Fortbestand eines formell rechtskräftigen Beschlusses verlassen können müssen, kann die Abänderung nur erfolgen, wenn **neue Tatsachen**[29] vorliegen, die **„triftige, das Wohl des Kindes nachhaltige berührenden Gründe"** darstellen. Der Maßstab der Kindeswohlprüfung verlangt, dass ein Änderungsgrund von solcher
Bedeutung vorliegt, dass er den Grundsatz der Erziehungskontinuität und die mit der Veränderung verbundenen Nachteile für die Entwicklung des Kindes deutlich überwiegt.[30]

Ausreichend ist es auch, wenn **Umstände nachträglich neu bekannt** werden, die im **21**
Erstverfahren noch keine Berücksichtigung finden konnten.[31]

Beispiele für Umstände, die triftige, das Kindeswohl nachhaltig berührende Gründe, darstellen **können:**

- Änderung der Rechtslage,[32]

- Beziehung der Eltern verbessert oder verschlechtert sich,

- Betreuungssituation eines Elternteils verbessert oder verschlechtert sich,

- Wiederverheiratung, Zusammenleben mit einem neuen Partner, Geburt weiterer Kinder, insbesondere wenn das Kind erhebliche Probleme mit der „Stieffamilie" hat,[33]

- Schulbeginn, Schulwechsel oder die Regelung wird notwendig, um die regelmäßige
  Anfertigung der Hausaufgaben zu gewährleisten,[34]

- Kind wird älter, sein Sozialleben verändert sich,

- Auswanderung, Umzug,[35]

---

26 OLG Thüringen FamRZ 2008, 806; a.A. OLG Brandenburg ZKJ 2009, 423
27 KG FamRZ 2013, 46
28 OLG Köln MDR 2013, 795
29 OLG München FamRZ 2011, 1804; Bamberg, FamRZ 1990, 1135
30 OLG Brandenburg FamRZ 2014, 1861; OLG Köln FamRZ 2005, 1276; ausführlich zur Abwägung zwischen
    dem Kontinuitätsinteresse des Kindes und den notwendigen Änderungen aufgrund Veränderung der Sach-
    lage: *Huber,* FamRZ 1999, 1625
31 OLG Karlsruhe FamRZ 1998, 1064
32 BVerfG FamRZ 2005, 783
33 AG Würzburg FamRZ 1998, 1319
34 OLG Brandenburg FamRZ 2014, 1859
35 AG Tempelhof FamRZ 2009, 795

- Krankheit,[36]

- Umgangsboykott[37] (siehe näher hierzu auch *Gottschalk,* § 1684 BGB Rn. 27),

- Geänderter Kindeswille eines älteren Kindes,[38] wenn dieser beständig und belastbar ist sowie auf nachvollziehbaren Erwägungen beruht,[39]

- Kindesvernachlässigung, sexueller Missbrauch.

22 Ohne Hinzutreten weiterer Umstände in der Regel **nicht ausreichend sind hingegen:**

- allein der Wunsch des Kindes oder der Eltern nach Veränderung,[40]

- der Beitritt zu den Zeugen Jehovas[41] – anders wird es bei einer religiösen Radikalisierung eines Elternteils aussehen,

- vorübergehende Umstände, wie Krankheit des Kindes oder des umgangsberechtigten Elternteils (hier genügen kurzfristige Anpassungen),

- die Möglichkeit, dass das Kind zweisprachig aufwachsen könnte.[42]

II. Besonderheiten bei unverheirateten Eltern (Abs. 1 Satz 2)

23 § 1696 Abs. 1 Satz 2 BGB **verweist hinsichtlich des Prüfungsmaßstabs auf § 1671 Abs. 1 BGB**. Steht den Eltern die elterliche Sorge aufgrund einer gerichtlichen Entscheidung nach § 1626a Abs. 2 BGB zu, so erfolgt die Abänderung nach den Voraussetzungen des § 1671 Abs. 1 BGB[43] (siehe oben Rn. 8).

III. Besonderheiten bei Verhinderung, Tod oder Todeserklärung eines Elternteils (Abs. 1 Satz 3)

24 § 1696 Abs. 1 Satz 3 BGB bestimmt, dass die §§ 1678 Abs. 2, 1680 Abs. 2, 1681 Abs. 1, 2 BGB unberührt bleiben. Beruht die Änderung der Verhältnisse auf den in diesen Vorschriften geregelten Umständen, so gehen sie als speziellere Vorschrift dem § 1696 BGB vor und regeln die Abänderung der Sorgerechtsverhältnisse entsprechend ihrem Abänderungsmaßstab.

IV. Abänderung kindesschutzrechtlicher Entscheidungen (Abs. 2)

1. Kindesschutzrechtliche Maßnahmen nach §§ 1666 bis 1667 BGB

25 Betrifft die Ausgangsentscheidung **kindesschutzrechtliche Maßnahmen nach den §§ 1666-1667 BGB** gilt **die Sonderregelung des § 1696 Abs. 2** BGB. Als Maßnahmen kommen in der Praxis insbesondere in Betracht: Ge- und Verbote an die Eltern sowie Eingriffe in die elterliche Sorge. Diese können mit der **Herausnahme des Kindes** aus der Familie und der **Unterbringung in einer Pflegefamilie,** bei **Verwandten** (vgl. § 33 SGB VIII) oder in einem **Heim** (vgl. § 34 SGB VIII) verbunden sein.

---

36 Palandt/*Götz,* § 1696 BGB, Rn. 11
37 Vor Änderung der Sorgerechtsentscheidung aber ist Zurückhaltung geboten: Näher hierzu *Gottschalk,* FPR 2007, 308
38 OLG Köln FamRZ 2014, 64 (11 Jahre); OLG FamRZ Düsseldorf 1989, 204 (11 Jahre); OLG Hamm FamRZ 2005, 746 (13,5 Jahre)
39 OLG Hamm FamRZ 2005, 746; **siehe auch** OLG München FamRZ 2014, 210: Wille wird durch sachfremde Erwägungen bestimmt.
40 OLG Karlsruhe FamRZ 1998, 1046; HB-VB/*Dürbeck* Rn. 551; s.a. OLG Hamm FamRZ 2005, 746: unbeeinflusster, frei von sachfremden Motiven beruhender Wille einer fast 14-Jährigen als Abänderungsgrund.
41 OLG Karlsruhe FPR 2002, 662; AG Ravensburg FamRZ 2004, 133
42 OLG Thüringen FamRZ 2014, 952
43 Staudinger/*Coester,* § 1696 BGB Rn. 19

Kindesschutzrechtliche Maßnahmen sind bspw. das Gebot des Familiengerichts, eine Familienhilfe (§ 27 SGB VIII) in Anspruch zu nehmen oder der Unterbringung des Kindes in einer Tagesgruppe (§ 32 SGB VIII) zuzustimmen.

▶ *Zum Streit hinsichtlich der Anordnungskompetenz des Familiengerichts siehe Dürbeck, § 36a SGB III, Rn. 1 ff.*
Ausführlich zu den Maßnahmen nach § 1666 BGB Cirullies, § 1666, Rn. 39 ff.

2. Kindesschutzrechtliche Maßnahme nach anderen Vorschriften

Zu solchen Maßnahmen, die nicht auf der gesetzlichen Grundlage der §§ 1666 bis 1667 BGB ergehen, gehören: **26**

- § 1631b (Geschlossene Unterbringung Minderjähriger)
- § 1632 Abs. 4 BGB (Erlass einer Verbleibensanordnung)[44]
- § 1682 BGB (Erlass einer Verbleibensanordnung für den Stiefelternteil)
- § 1684 Abs. 4 BGB (Einschränkung oder Ausschluss des Umgangs mit den leiblichen Eltern)
- § 1687 Abs. 2 BGB (Einschränkung oder Ausschluss sorgerechtlicher Befugnisse)
- § 1688 Abs. 4 BGB (Einschränkung oder Ausschluss der Entscheidungsbefugnisse der Pflegeperson)
- § 1685 i.V.m. 1684 Abs. 4 BGB (Einschränkung oder Ausschluss des Umgangs mit anderen Bezugspersonen)

Soweit § 1 GewSchG (siehe *Cirullies*, § 3 GewSchG, Rn. 5 f.) im Verhältnis Umgangsberechtigter und Kind Anwendung findet und ein Kontaktverbot hierauf gestützt wird, erfolgt dessen Abänderung nach § 48 FamFG, da es sich hierbei nicht um eine kinderschutzrechtliche Maßnahme im Sinne des § 1696 Abs. 2 handelt. **27**

3. Gefahr für das Kindewohl besteht nicht mehr

Gerichtliche Entscheidungen sind abzuändern, wenn **keine Kindeswohlgefährdung mehr besteht**. Die Gefahr muss **vollständig entfallen sein**. Das ist z.B. der Fall, wenn die psychisch erkrankte Mutter **wieder gesund** ist und auf das Kind zusammen mit dem Vater, der zudem seine Arbeitszeit reduziert hat, um die Mutter zu entlasten, wieder versorgen kann; nicht aber, wenn mit neuen Schüben gerechnet werden muss und auch der Vater nicht zur Verfügung steht.[45] Kein Wegfall der Kindeswohlgefährdung liegt vor, wenn der Verdacht des **sexuellen Missbrauchs** fortbesteht, obwohl die Staatsanwaltschaft das Verfahren nach § 170 Abs. 2 StPO eingestellt hat.[46] Wurde die elterliche Sorge den Eltern gem. §§ 1671 Abs. 4, 1666 BGB entzogen und ist ein Elternteil wieder **erziehungsfähig**, so ist die Sorgerechtsentscheidung abzuändern. **28**

Auch wenn die **Gefahr von Anfang an nicht bestand**, ist die Maßnahme aufzuheben.[47] Eine Änderungsentscheidung nach § 1696 Abs. 2 BGB kann jedoch **nur** ergehen, wenn feststeht, dass auch nach den gegenwärtigen Umständen **keine anderen Gründe** vorliegen, die zu einer Gefährdung des Kindeswohls führen.[48] Es genügt daher nicht, wenn sich die ursprünglich erlassene kinderschutzrechtliche Maßnahme im Nachhinein als fehlerhaft erweist oder die Gründe für ihren Erlass nun nicht mehr fortbestehen. Deshalb ist bei der **29**

---

44 OLG Frankfurt ZKJ 2014, 292
45 Vgl. BayObLG FamRZ 1997, 956
46 OLG Düsseldorf FamRZ 1992, 205
47 Johannsen/Henrich/*Büte*, § 1696 Rn 34
48 HB-VB/*Dürbeck*, Rn. 552

Unterbringung des Kindes in einer Pflegefamilie etwa der (teilweise) Entzug der elterlichen Sorge nicht aufzuheben, weil die Eltern etwa nunmehr als therapiert bzw. nicht mehr drogenabhängig gelten. Vielmehr ist sorgfältig zu prüfen, ob die Herausnahme zu einer Gefährdung des Kindes in seinem körperlichen oder seelischen Wohl führen würde und deswegen eine Verbleibensanordnung in Betracht kommt (§ 1632 Abs. 4 BGB).[49]

▶ *Näher hierzu Fink, § 1632 BGB Rn. 29 ff.*

4. Erforderlichkeit der Maßnahme ist entfallen

30   Trotz Fortbestehens der Kindeswohlgefährdung ist die zur Abwehr der Kindeswohlgefährdung seinerzeit angeordnete **Maßnahme** nach Abs. 2 aufzuheben, wenn diese Maßnahme **nicht mehr erforderlich** ist, um die Kindeswohlgefährdung abzuwenden, weil nunmehr eine mildere Maßnahme greift. Das ist zum Beispiel der Fall, wenn die Installierung einer ambulanten Familienhilfe nunmehr zur Abwehr der Kindeswohlgefährdung geeignet ist, das Wohl des Kindes durch eine Herausnahme aus der Pflegefamilie nicht gefährdet wird und die Fremdplatzierung damit beendet werden kann. Gleiches gilt etwa, wenn der begleitete Umgang durch begleitete Übergaben ersetzt werden kann. Auch kann die Erforderlichkeit eines begleiteten Umgangs zur Abwehr einer Kindeswohlgefährdung z.B. dadurch vollständig entfallen sein, dass die zwischen dem umgangsberechtigten Elternteil und dem Kind entstandene Entfremdung überwunden werden konnte oder die Entführungsgefahr nicht mehr besteht.

31   Parallel zu Abs. 2 sieht **§ 166 Abs. 2 FamFG** ausdrücklich eine **regelmäßige Überprüfungspflicht** durch das Gericht von länger andauernden kindesschutzrechtlichen Maßnahmen vor.

▶ *Ausführlich hierzu Gottschalk , § 166 FamFG, Rn. 15 ff.*

32   Nach dem Willen des Gesetzgebers ist eine Sorgeerklärung nach vorangegangener Entziehung des Sorgerechts nach § 1666 BGB erst dann wieder zulässig, wenn diese Entscheidung zuvor gemäß § 1696 Abs. 2 BGB wieder aufgehoben wurde.

▶ *Näher hierzu Fink, § 1626a BGB, Rn. 16.*

C. Verfahren und gerichtliche Entscheidung

33   Bei dem Verfahren nach § 1696 BGB handelt sich um ein selbständiges Verfahren, dessen Einleitung von einem Antrag unabhängig ist.[50] Eine Ausnahme hiervon stellt die Änderung eines gerichtlich gebilligten Vergleichs dar, die grds. den Antrag mindestens eines Elternteils voraussetzt.[51] Da der Vergleich auf einer einvernehmlichen Entscheidung der Eltern beruht, kann das Gericht nur im Falle einer Kindeswohlgefährdung von Amts wegen tätig werden und eine Änderung dann allein unter den Voraussetzungen des § 1666 vornehmen.[52]

▶ *Ausführlich zum Verfahren Gottschalk, § 166 FamFG Rn. 7 ff.*

34   Das Familiengericht hat die Pflicht, die frühere Entscheidung abzuändern, wenn die Voraussetzungen für eine Abänderung gegeben sind. Die Abänderung liegt nicht im freien Ermessen des Gerichts.[53]

---

49 BVerfG FamRZ 1983, 782
50 OLG Frankfurt FamRZ 2013, 1238; siehe hierzu ausführlich *Gottschalk,* § 166 FamFG, Rn. 10
51 Kaiser/Schnitzler/Friederici/Schilling-BGB/*Harms,* § 1696 BGB Rn. 43
52 Kaiser/Schnitzler/Friederici/Schilling-BGB/Harms, § 1696 BGB Rn. 43
53 MüKo/*Olzen,* § 1696 BGB Rn. 39

Im Rahmen des § 1696 Abs. 1 Satz 1 BGB stehen dem Gericht alle materiell-rechtlich zulässigen Gestaltungsmöglichkeiten offen.[54] Die Übertragung der elterlichen Sorge oder von Teilen hiervon setzt aber einen entsprechenden Antrag des Elternteils voraus.

Abs. 2 erfordert zwingend die Aufhebung der Maßnahme bei Wegfall der Kindeswohlgefährdung, oder die Ersetzung durch eine andere, ebenso geeignete aber mildere Maßnahme, wenn die Erforderlichkeit der bisherigen kinderschutzrechtlichen Maßnahme entfallen ist.

35

Im Fall der Ablehnung einer Abänderung – durch die Endentscheidung – muss dies ausdrücklich im Tenor festgehalten werden. Es darf nicht der „Antrag" (hierzu oben Rn. 33) zurückgewiesen werden.[55]

▶ *Zur Statthaftigkeit der Beschwerde gegen die Ablehnung der Einleitung eines Abänderungsverfahrens siehe Dürbeck § 58 FamFG, Rn. 3.*

§ 1697 BGB

(weggefallen)

§ 1697a BGB Kindeswohlprinzip

Soweit nichts anderes bestimmt ist, trifft das Gericht in Verfahren über die in diesem Titel geregelten Angelegenheiten diejenige Entscheidung, die unter Berücksichtigung der tatsächlichen Gegebenheiten und Möglichkeiten sowie der berechtigten Interessen der Beteiligten dem Wohl des Kindes am besten entspricht.

Übersicht

A. Allgemeines

§ 1697a BGB enthält eine **Auffangregel** („soweit nichts anderes bestimmt ist") für Verfahren, in denen die maßgebliche Norm keine Eingriffsvoraussetzungen benennt. Das „Kindeswohl" ist verfahrensleitendes Prinzip und **Entscheidungsmaßstab** für alle gerichtlichen Regelungen zum Sorge- und Umgangsrecht.[1]

1

---

54 *Ewers,* FamRZ 1999, 477, 480
55 OLG Frankfurt FamRZ 2013, 1238
 1 HB-VB/*Zitelmann,* Rn. 624

B. Inhalt der Norm

I. Anwendbarkeit des Kindeswohlprinzips

2 Das Kindeswohlprinzip findet Anwendung, „soweit nichts anderes bestimmt ist". Die meisten Vorschriften im Sorge- und Umgangsrecht enthalten den Begriff des Kindeswohls als Voraussetzung:

- § 1631b BGB (Geschlossene Unterbringung Minderjähriger)
- § 1631d BGB (Beschneidung des männlichen Kindes)
- § 1632 Abs. 4 BGB (Verbleibensanordnung bei Familienpflege)
- § 1666 Abs. 1 BGB (Gerichtliche Maßnahmen bei Kindeswohlgefährdung)
- § 1671 Abs. 1 Nr. 2, Abs. 2 Nr. 2 BGB (Übertragung der Alleinsorge bei Getrenntleben der Eltern)
- § 1680 Abs. 2 und 3 BGB (Tod eines Elternteils oder Entziehung des Sorgerechts)
- § 1681 Abs. 2 BGB (Todeserklärung eines Elternteils)
- § 1682 BGB (Verbleibensanordnung zugunsten von Bezugspersonen)
- § 1684 Abs. 4 Satz 1 und 2 BGB (Umgang des Kindes mit den Eltern; Ausschluss oder Einschränkung)
- § 1685 Abs. 1 und Abs. 2 BGB (Umgang des Kindes mit anderen Bezugspersonen)
- § 1686 BGB (Auskunft über die persönlichen Verhältnisse des Kindes)
- § 1686a Abs. 1 BGB (Umgang und Auskunftsrechte des leiblichen, nicht rechtlichen Vaters)
- § 1687 Abs. 2 BGB (Ausübung der gemeinsamen elterlichen Sorge bei Getrenntleben)
- § 1687a BGB (Entscheidungsbefugnisse des nicht sorgeberechtigten Elternteils)
- § 1687b BGB (Sorgerechtliche Befugnisse des Ehegatten)
- § 1688 Abs. 3 BGB (Entscheidungsbefugnisse der Pflegeperson)
- § 1693 BGB (Gerichtliche Maßnahmen bei Verhinderung der Eltern)
- § 1696 BGB (Abänderung gerichtlicher Entscheidungen und gerichtlich gebilligter Vergleiche)

3 Findet sich in einer materiell-rechtlichen Norm kein ausdrücklicher Kindeswohlmaßstab, so greift § 1697a BGB ein.

4 Besonders praxisrelevant sind hier:

- - § 1628 BGB (Gerichtliche Entscheidung bei Meinungsverschiedenheiten der Eltern),
- - § 1632 Abs. 1 bis 3 BGB (Herausgabe des Kindes; Bestimmung des Umgangs)
- - 1684 Abs. 1 BGB (Umgang)

Soweit der Anwendungsbereich der Norm eröffnet ist, hat das Gericht die Entscheidung zu treffen, die dem Kindeswohl am besten entspricht (hierzu unten Rn. 7 ff.).[2]

6 Die Vorschrift findet auch außerhalb des BGB Anwendung.[3]

---

2 OLG Schleswig NJW-RR 2011, 581
3 OLG Stuttgart FamRZ 2004, 291: Berücksichtigung des Wohl des Kindes bei der Frage der Entlassung aus der deutschen Staatsangehörigkeit, §§ 4 Abs. 3, 19 StAG

II. Der Inhalt des Kindeswohlprinzips

Der Begriff des Kindeswohls ist ein **unbestimmter Rechtsbegriff**, es gibt keine allgemein **7** anwendbare Definition. Er ist nicht nur im juristischen Sinne auszulegen, sondern er dient als Einfallstor für die Erkenntnisse anderer Wissenschaften, insbesondere der Psychologie, der Pädagogik und der Sozialen Arbeit. Die Bestimmung des Kindeswohls erfolgt unter Einbeziehung der jeweiligen Besonderheiten des **Einzelfalls, insbesondere des betroffenen Kindes** und ist immer abhängig von der familiengerichtlichen Fragestellung.

So haben sich zur Frage der dem Kindeswohl entsprechenden Regelung der elterlichen Sorge für Trennungskinder Kriterien entwickelt, von denen einige für die Frage, wann ein misshandeltes Kind von der Familie getrennt werden muss, nur eine untergeordnet Rolle spielen.[4]

▶ *Näher hierzu Keuter, § 1671 BGB Rn. 29 ff.*

Auch sind im Zusammenhang mit der Entscheidung betreffend den Umgang des Kindes **8** mit einem Elternteil unterschiedliche Kriterien anzulegen, je nachdem, ob das Kind bei dem anderen Elternteil seinen Lebensmittelpunkt hat oder ob es in einer Pflegefamilie oder einer Einrichtung fremd untergebracht ist.

▶ *Näher hierzu Fink, § 1626 BGB Rn. 48 sowie Gottschalk, § 1684 BGB Rn. 30, 80.*

Die Bestimmung des Kindeswohls hat zunächst aufgrund einer fachlich fundierten Ein- **9** schätzung der **Gesamtsituation des Kindes** zu erfolgen; in einem weiteren Schritt sind die Interessen anderer am Verfahren Beteiligter zu berücksichtigen. An „tatsächlichen Gegebenheiten und Möglichkeiten" im Sinne der Norm sind im Bereich des Umgangs beispielhaft die Arbeitszeiten des Umgangsberechtigten[5] sowie dessen finanzielle Möglichkeiten oder seine Wohnverhältnisse zu nennen.

Als „Beteiligte", deren berechtigte Interessen nach dem Regelungsgehalt der Norm in die **10** Beurteilung des Kindeswohls einfließen sollen, kommen insbesondere die Eltern des Kindes in Betracht. Deren Interessen stehen aber nicht über dem Kindeswohl.[6] Dies ergibt sich zum einen daraus, dass nur die „berechtigten" Interessen Berücksichtigung finden. Zum anderen ist das Kind selbst als eigenständige Persönlichkeit wahrzunehmen. Hingegen sind die Rechte der Eltern nach der Verfassung immer pflichtgebunden (Art 6 Abs. 2 Satz 1 GG: „Recht und Pflicht") und bestehen nicht um ihrer selbst, sondern um des Kindes willen.

Ein wesentlicher Aspekt des Kindeswohls ist der **Wille des Kindes**.[7] Auch hier verbietet **11** sich jedoch jede schematische Betrachtungsweise. Der Ermittlung und der Berücksichtigung des Kindeswillens kommt schon deshalb eine maßgebliche Rolle zu, weil das Kind nur so als Träger des allgemeinen Persönlichkeitsrechts aus Art. 1 i.V. mit Art. 2 GG mit seinen Wünschen, Bedürfnissen und Ängsten im familiengerichtlichen Verfahren wahrgenommen und das Gefühl des ohnmächtig den Erwachsenen gegenüber „Ausgeliefertseins" verhindert oder zumindest minimiert werden kann. Dabei wird es maßgeblich auf das fachliche Können und das Einfühlungsvermögen des Verfahrensbeistandes und des Familienrichters ankommen, insbesondere wenn es darum geht, dem Kind zu vermitteln, dass seine geäußerten Wünsche wahrgenommen und berücksichtigt werden, auch wenn das Gericht eine vom Willen des Kindes abweichende Entscheidung treffen kann.

---

4 Vgl. HB-VB/*Zitelmann*, Rn. 626ff
5 BT-Drucks. 13/4899, 111
6 *Flügge*, FPR 2008, 135, 138; Staudinger/*Coester*, § 1671 BGB Rn. 162
7 Zum Spannungsverhältnis zwischen Kindeswohl und Kindeswille: *Zitelmann*, Kindeswohl und Kindeswille im Spannungsverhältnis von Pädagogik und Recht.

▶ *Zum Kindeswillen vgl. Fink, § 1626a BGB, Rn. 29; Cirullies, § 1666 BGB, Rn. 18; Keuter, § 1671 BGB, Rn. 44; Gottschalk, § 1684 BGB, Rn. 30.*

III. Die verschiedenen Abstufungen des Kindeswohlbegriffs

12   Das Gesetz kennt verschiedene Abstufungen im Zusammenhang mit dem Kindeswohl:

- dem Kindeswohl **am besten entspricht** (§ 1671 Abs. 1 Nr. 2 BGB)
- dem Kindeswohl **nicht widerspricht** (§§ 1626 a Abs. 2, 1671 Abs. 3, 1678 Abs. 2, 1680 Abs. 2, 1681 Abs. 2, 1686 BGB)
- **zum Wohl** des Kindes **erforderlich** (§§ 1631 b, 1684 Abs. 4 Satz 1, 1687 Abs. 2, 1687b Abs. 3, 1688 Abs. 3 BGB)
- dem Kindeswohl **dient** (§§ 1685, 1686a Abs. 1 Nr. 1 BGB)
- **Gefährdung** des Kindeswohls (§§ 1631d, 1632 Abs. 4, 1666, 1684 Abs. 4 Satz 2 BGB)
- triftige, das Wohl des Kindes **nachhaltig berührende Gründe** (§ 1696 BGB)

13   In der Praxis wird die Unterscheidung schwierig zu treffen sein. Als grobe Orientierung mag gelten: Während bei der **positiven Kindeswohlprüfung** („dient", „am besten entspricht") erwartbar sein muss, dass sich die konkrete Situation für das Kind durch die in Aussicht genommene Entscheidung positiv bzw. – im Vergleich – besser entwickelt, wird bei der **negativen Kindeswohlprüfung** („nicht widerspricht") geprüft, ob Umstände vorliegen oder ersichtlich sind, die dafür sprechen, dass sich die avisierte Entscheidung aller Wahrscheinlichkeit nach negativ auf die Situation des Kindes auswirkt.[8]

Bei dem Eingriffsmaßstab „zum Wohl des Kindes erforderlich", setzt das Eingreifen des Gerichtes Gründe voraus, die besorgen lassen, dass ohne die Maßnahmen das Kind eine ungünstige Entwicklung nehmen könnte. Ist das „... Wohl des Kindes gefährdet ..." muss die avisierte familiengerichtliche Handlung erforderlich sein, um eine voraussehbare Beeinträchtigung des Kindes abzuwenden.

§ 1698 bis § 1698b BGB

Von Abdruck und Kommentierung wird abgesehen.

§ 1699 bis § 1711 BGB

(weggefallen)

---

8 Heilmann, NJW 2012, 22

Titel 7
Annahme als Kind

Untertitel 1
Annahme Minderjähriger

Übersicht: Voraussetzungen einer Minderjährigenadoption

1. **Antrag**

   a. bei Alleinadoption: des Annehmenden; bei gemeinschaftlicher Adoption: der beiden Annehmenden (§ 1752 Abs. 1 BGB)

   b. notariell beurkundet (§ 1752 Abs. 2 Satz 2 BGB)

   c. höchstpersönlich (§ 1752 Abs. 2 Satz 1 BGB)

   d. ohne Bedingungen und Zeitbestimmungen (§ 1752 Abs. 2 Satz 1 BGB)

2. **Formale Voraussetzungen**

   a. Persönliche Voraussetzungen des oder der Annehmenden nach § 1741 Abs. 2 BGB (bzw. nach § 9 Abs. 7 LPartG) (Alleinadoption, gemeinschaftliche Adoption oder Stiefkindadoption)

   b. Verbot der Kettenadoption (§ 1742 BGB)

   c. Mindestalter der Annehmenden (§ 1743 BGB)

3. **Einwilligung des Kindes nach § 1746 BGB**

   - bei unter 14-Jährigen: unwiderrufliche Erklärung durch gesetzlichen Vertreter oder

   - bei über 14-Jährigen: widerrufliche Erklärung des Kindes mit Zustimmung des gesetzlichen Vertreters

   a. notariell beurkundet (§ 1750 Abs. 1 Satz 2 BGB)

   b. ohne Bedingungen und Zeitbestimmungen (§ 1750 Abs. 2 Satz 1 BGB)

   c. Möglichkeit der Ersetzung der Einwilligung oder Zustimmung des Vormunds bzw. Pflegers nach § 1746 Abs. 3 BGB

4. **Einwilligung der bisherigen Eltern nach § 1747 BGB durch unwiderrufliche Erklärung**

   - der Mutter (vgl. § 1591 BGB) und

   - des rechtlichen Vaters (vgl. § 1592 BGB) oder des Vaterschaftsprätendenten (§ 1747 Abs. 1 Satz 2 BGB)

   a. notariell beurkundet (§ 1750 Abs. 1 Satz 2 BGB)

   b. ohne Bedingungen und Zeitbestimmungen (§ 1750 Abs. 2 Satz 1 BGB)

   c. höchstpersönlich (§ 1750 Abs. 3 Satz 1 BGB)

   d. Verbot der Blankoeinwilligung (aber Möglichkeit der Einwilligung bei Inkognitoadoption)

   e. Möglichkeit des Verzichts der Einwilligung eines Elternteils nach § 1747 Abs. 4 BGB

   f. Möglichkeit der Ersetzung nach § 1748 BGB

5. **Einwilligung des Ehegatten des Annehmenden nach § 1749 Abs. 1 Satz 1 BGB durch unwiderrufliche Erklärung**

   a. notariell beurkundet (§ 1750 Abs. 1 Satz 2 BGB)

   b. ohne Bedingungen und Zeitbestimmungen (§ 1750 Abs. 2 Satz 1 BGB)

   c. höchstpersönlich (§ 1750 Abs. 3 Satz 1 BGB)

   d. Möglichkeit des Verzichts der Einwilligung eines Elternteils nach § 1749 Abs. 3 BGB

   e. Möglichkeit der Ersetzung nach § 1749 Abs. 1 Satz 2, 3 BGB

6. **Einwilligung des Ehegatten des Kindes nach § 1749 Abs. 2 BGB durch unwiderrufliche Erklärung**

   a. notariell beurkundet (§ 1750 Abs. 1 Satz 2 BGB)

   b. ohne Bedingungen und Zeitbestimmungen (§ 1750 Abs. 2 Satz 1 BGB)

   c. höchstpersönlich (§ 1750 Abs. 3 Satz 1 BGB)

7. **Materiell-rechtliche Voraussetzungen**

   a. Kindeswohldienlichkeit (§ 1741 Abs. 1 Satz 1 BGB)

   b. Positive Prognose des Entstehens eines Eltern-Kind-Verhältnisses (§ 1741 Abs. 1 Satz 1 BGB)

   c. Angemessene Probezeit (§ 1744 BGB)

   d. Keine überwiegenden Interessen der Kinder des Annehmenden oder der Kinder des anzunehmenden Kindes (§ 1745 BGB)

§ 1741 BGB Zulässigkeit der Annahme

(1) ¹Die Annahme als Kind ist zulässig, wenn sie dem Wohl des Kindes dient und zu erwarten ist, dass zwischen dem Annehmenden und dem Kind ein Eltern-Kind-Verhältnis entsteht. ²Wer an einer gesetzes- oder sittenwidrigen Vermittlung oder Verbringung eines Kindes zum Zwecke der Annahme mitgewirkt oder einen Dritten hiermit beauftragt oder hierfür belohnt hat, soll ein Kind nur dann annehmen, wenn dies zum Wohl des Kindes erforderlich ist.

(2) ¹Wer nicht verheiratet ist, kann ein Kind nur allein annehmen. ²Ein Ehepaar kann ein Kind nur gemeinschaftlich annehmen. ³Ein Ehegatte kann ein Kind seines Ehegatten allein annehmen. ⁴Er kann ein Kind auch dann allein annehmen, wenn der andere Ehegatte das Kind nicht annehmen kann, weil er geschäftsunfähig ist oder das 21. Lebensjahr noch nicht vollendet hat.

Übersicht

A. Allgemeines

Die Annahme als Kind ist ein seit langem verwurzeltes Rechtsinstitut im deutschen Recht. Seit Bestehen des Bürgerlichen Gesetzbuches gibt es die Möglichkeit, ein Kind „an Kindes statt" (so die frühere Formulierung) anzunehmen.[1]   **1**

Die Adoption führt zu einer **rechtlichen Neuzuordnung des Kindes in eine neue Familie**. Da die Adoption auch nur unter äußerst engen Voraussetzungen wieder aufhebbar ist, stellt sie den **stärksten Eingriff in das natürliche Elternrecht aus Art. 6 Abs. 2 Satz 1 GG und die maßgeblichste Änderung des Familienverhältnisses für das Kind** dar. Im Gegensatz zu anderen Kindschaftssachen (insb. bzgl. des Sorge- oder Umgangsrechts) ist die Annahme als Kind nicht abänderbar oder auch nicht durch erneute Anträge oder Verfahren wieder überprüfbar.   **2**

Aus §§ 1741 ff. BGB sind **unterschiedliche Arten von Minderjährigenadoption** herauszulesen. Das Gesetz geht dabei erkennbar vom Regelfall einer Adoption aus, bei der Personen, welche das Kind nach den Vorgaben des Adoptionsvermittlungsgesetzes vermittelt bekommen haben, dieses nach Ablauf einer Adoptionspflegezeit adoptieren (sog. **vermittelte Fremdadoption**). Auch der allgemeine Sprachgebrauch geht wohl von dieser Form der Adoption als Regelfall aus. In tatsächlicher Hinsicht überwiegt jedoch mittlerweile die Zahl der sog. **Stiefkindadoptionen** (siehe zur Statistik unten Rn. 4). Dies sind die Fälle, in denen ein Ehegatte das leibliche Kind seines Ehepartners (oder Lebenspartners) adoptiert (Fall von § 1741 Abs. 2 Satz 3 BGB). Für **unvermittelte Fremdadoptionen** sieht wiederum § 1741 Abs. 1 Satz 2 BGB eine Sondervorschrift vor, wonach trotz eines Vermittlungsverbots nach § 5 AdVermiG eine Annahme als Kind unter strengen Voraussetzungen noch möglich ist. Weitere Unterscheidungen werden auch hinsichtlich des (geplanten) Kontakts zwischen Kind und bisherigen Eltern getroffen. Hier werden Begrifflichkeiten wie **„offene Adoption", „halboffene Adoption"** oder **„geschlossene Adoption"** verwendet. Thematisch gehört hierzu auch die sog. **Inkognitoadoption**, bei der zum Schutze des Kindes dessen Aufenthaltsort im Rahmen der Einwilligungen der bisherigen Eltern anonym bleibt (Fall von § 1747 Abs. 2 Satz 2 BGB). Die Fälle der **Kettenadoption** und **Sukzessivadoption** (vgl. § 1742 BGB) sowie der sog. **Verwandtenadoption** (in § 1756 Abs. 1 BGB genannt) werden an den entsprechenden Stellen näher erläutert.   **3**

Statistisch ist die Zahl der Minderjährigenadoptionen seit Jahren rückläufig. Während im Jahr 1993 als Höchstzahl noch 8.687 Kinder adoptiert worden sind, waren dies im Jahr 2013 nur noch 3.793. Von diesen 3.793 Kindern wurden 2.232 Kinder im Wege der Stiefkindadoption angenommen.[2]   **4**

Die Vorschrift in § 1741 Abs. 1 BGB nennt **mit den Begriffen des Kindeswohls und des Eltern-Kind-Verhältnisses die zentralen materiell-rechtlichen Voraussetzungen für eine Annahme als Kind**. Hieraus wird deutlich, dass der Fokus jeder Adoptionsentscheidung sich ausschließlich auf das Kind auszurichten hat. Im Vordergrund steht nicht etwa die Ermöglichung der Verwirklichung eines Kinderwunsches für die Adoptiveltern, sondern einzig das Wohl des Kindes und die Prognose des Entstehens eines Eltern-Kind-Verhältnisses.   **5**

---

1 Vgl. ausführlich zur Rechtsentwicklung: MüKo-BGB/*Maurer,* vor § 1741 BGB Rn. 11 ff.
2 Quelle: Statistisches Bundesamt, Statistiken der Kinder- und Jugendhilfe – Adoptionen, 2013

6 § 1741 Abs. 2 BGB trifft demgegenüber die **persönlichen Vorgaben aufseiten der oder des Annehmenden**. Es wird bestimmt, in welchen Fällen eine Alleinadoption möglich ist und in welchen Fällen nur gemeinsam adoptiert werden darf.

7 Die Vorschrift **gilt für sämtliche Arten von Minderjährigenadoptionen**, insbesondere sowohl für die Fremdadoption als auch für die Stiefkindadoption.

B. Inhalt der Norm

I. Das Kindeswohl

8 § 1741 Abs. 1 Satz 1 BGB bestimmt, dass die Annahme als Kind **dem Kindeswohl dienen** muss. Höhere Anforderungen werden bei einer unvermittelten (gemeint ist hiermit die nach § 5 AdVermiG verbotene) Adoption gem. § 1741 Abs. 1 Satz 2 BGB aufgestellt. Hier muss die Adoption zum Wohle des Kindes erforderlich sein (hierzu unten Rn. 21 ff.).

9 Das **Kindeswohl** spielt **auch in vielen anderen Bereichen des Familienrechts** eine wesentliche Rolle. Insbesondere im Sorge-, Umgangs-, Vormundschafts- und Pflegschaftsrecht ist das Wohl des Kindes das maßgebliche Kriterium für die jeweilige Entscheidung (siehe näher hierzu *Gottschalk*, § 1697a BGB Rn. 2). Die Begriffe sind jedoch **nicht deckungsgleich**, da der **Bezugspunkt im Adoptionsrecht ein anderer ist**. So muss es etwa im Einzelfall nicht unbedingt dem Kindeswohl entsprechen, dass ein in Familienpflege genommenes Kind auch später adoptiert wird. Genauso wenig bedarf es zwingend einer Adoption in den Fällen in denen den leiblichen Eltern der Umgang mit dem Kind gerichtlich untersagt worden ist.

1. Der Begriff des Kindeswohls

10 Der unbestimmte Rechtsbegriff des Kindeswohls bedarf als Generalklausel einer **näheren Konkretisierung**. Ausgangspunkt hierfür ist die in der Praxis wohl am häufigsten gebrauchte Definition, dass eine Annahme immer dann dem Kindeswohl dient, wenn sie zu einer **merklichen und nachhaltigen Verbesserung der Lebensbedingungen, der Entwicklung und/oder der Rechtsstellung des Kindes** führt.[3] Dieser Vergleich zwischen der Situation ohne die Adoption und der Situation mit der Adoption ist im Wege einer **umfassenden Gesamtabwägung** sämtlicher Rechts- und Lebensumstände des Kindes vorzunehmen.[4] Bei Zweifeln an der Kindeswohldienlichkeit hat die Annahme als Kind zu unterbleiben.

11 Die Annahme als Kind **muss** jedoch im Vergleich zu einer anderen Versorgung des Kindes **nicht alternativlos sein**. Es genügt gemäß § 1741 Abs. 1 Satz 1 BGB schließlich, dass die Annahme dem Kindeswohl dient. So kann es zwar sein, dass auch eine Pflegschaft oder die rechtliche Vertretung im Wege der Vormundschaft denkbare Möglichkeiten wären, um dem Kind ein sicheres und förderliches Aufwachsen zu ermöglichen, eine Annahme als Kind sich in der Gesamtabwägung aber im Ergebnis als noch besser darstellt, damit dem Kind Stabilität in der neuen Familie und Sicherheit vor der Einflussnahme der Herkunftsfamilie gegeben wird. Im Rahmen der Kindeswohlprüfung findet darüber hinaus auch **kein Vergleich mit den Interessen der leiblichen Eltern** statt. Die Interessen der Eltern werden vielmehr durch ihre willentliche Einwilligung in die Annahme (§ 1747 Abs. 1 BGB) oder durch die Vorschriften in § 1747 Abs. 4 BGB oder § 1748 BGB geschützt. Daher führt der im Rahmen der Kindeswohlprüfung immer wieder verwendete **Begriff des Adoptions-**

---

3 BayObLG FamRZ 1997, 839; Palandt/*Götz*, § 1741 BGB Rn. 3
4 Staudinger/*Frank*, § 1741 BGB Rn.16

bedürfnisses[5] **in die falsche Richtung**, da er im Sinne einer Alternativlosigkeit verstanden werden könnte.[6]

Bei der Gesamtabwägung der Lebensumstände des Kindes ist auch zu beachten, dass das Kind im Vorfeld einer Annahme in aller Regel schon eine gewisse Zeit bei den oder dem Annehmenden gelebt hat (vgl. § 1744 BGB). So sind dann ggf. schon **schützenswerte Bindungen zu den Adoptionspflegeeltern** entstanden, welche in der Abwägung dann meistens für eine rechtliche Stabilisierung des Verhältnisses im Wege der Annahme als Kind sprechen.[7]   **12**

Für die Feststellung des Kindeswohls benötigt das Familiengericht die **sachverständige Hilfe durch entsprechende Fachstellen**. Dies wird verfahrensrechtlich durch die zwingend vorgeschriebene Einholung von fachlichen Äußerungen nach § 189 FamFG sichergestellt. Ohne die fachliche Äußerung fehlt dem Gericht die entscheidende Erkenntnisgrundlage für die Feststellung des Kindeswohls.   **13**

2. Einzelaspekte

Der **Stellenwert der einzelnen Aspekte** bei der Gesamtbewertung ist **unterschiedlich und entscheidend vom Einzelfall abhängig**. Die folgende Liste ist daher weder quantitativ noch qualitativ als abschließend zu betrachten. Je nach Konstellation können folgende Aspekte zu beachten sein: **14**

- das „Vorleben" des Kindes (Findelkind, Beziehungsabbrüche in der Vergangenheit, Dauer eines Pflegekindverhältnisses etc.)

- das tatsächliche Verhältnis des Kindes zu seinen bisherigen Eltern und zu weiteren leiblichen Familienangehörigen (v.a. bei Stiefkindadoptionen relevant)

- die aktuelle Lebenssituation des Kindes

- die voraussichtliche Lebenssituation des Kindes in der Zukunft

- die psychosozialen Entwicklungsmöglichkeiten des Kindes durch die Adoption

- die Veränderungen der Rechtsstellung des Kindes als Folge der Adoption

- die gesundheitliche Situation des Kindes (insb. besonderer Betreuungsbedarf)

- das Alter und der Entwicklungsstand des Kindes

- der Einfluss von weiteren Kindern auf die Lebenssituation und Entwicklung des Kindes

- die Eignung der Annehmenden zur Annahme des Kindes (sog. **Elterneignung**),[8] wobei insbesondere folgende Aspekte eine Rolle spielen:

    – die subjektive und objektive Bereitschaft zur Annahme des Kindes

    – die Fähigkeit zur Fürsorge für das Kind, inkl. der erziehungsleitenden Vorstellungen (Erziehungsfähigkeit)

    – die sonstige Persönlichkeit der Annehmenden

    – die eigene Biografie, inkl. Lebenserfahrung und Alter

    – das sonstige soziale und familiäre Umfeld, insb. die Existenz weiterer Kinder

    – die partnerschaftliche Stabilität

---

5 So: Palandt/*Götz*, § 1741 BGB Rn. 3
6 So aber: OLG Düsseldorf FamRZ 2011, 1522 (bei einer Anerkennung einer Auslandsadoption)
7 Zu schon entstandenen Bindungen zur Pflegefamilie: BVerfG NJW 1989, 519; zu entsprechenden Forderungen nach einer Reform des Pflegekindschaftsrechts: *Veit/Heilmann/Salgo*, FamRZ 2014, 891 ff.
8 Ausführlich: BAGLJÄ, Empfehlungen zur Adoptionsvermittlung, 7. Auflage, Nr. 7.4.2.1 bis Nr. 4.4.2.15

- die Wohnverhältnisse
- die finanzielle und berufliche Situation
- die gesundheitliche Situation[9]
- das (Nicht-)Vorliegen von Vorstrafen

3. Der Sonderfall der Stiefkindadoption

15   Aufgrund der besonderen Familienkonstellation ist bei der Stiefkindadoption die Prüfung des Kindeswohls von **besonderen Faktoren** abhängig. Hier spielen insbesondere die Ermittlung der Motivlage und das Verhältnis zum außerhalb der Stieffamilie lebenden leiblichen Elternteil eine erhebliche Rolle. Wie mittlerweile durch entsprechende Fachliteratur nachgewiesen ist, stehen bei Stiefkindkonstellationen häufig nicht unbedingt das Wohl des Kindes, sondern vielmehr Motive wie die engere Bindung des Ehepartners an den leiblichen Elternteil oder das Herausdrängen des anderen Elternteils im Vordergrund.[10] Auch ist in concreto zu fragen, welche tatsächlichen und rechtlichen Vorteile durch eine Stiefkindadoption entstehen, wenn ein präsenter leiblicher Elternteil weiterhin seine Erziehungsverantwortung wahrnehmen möchte.

16   Das Bundesverfassungsgericht hat diesbezüglich in einer Entscheidung vom 29.11.2005 (allerdings bzgl. der Ersetzung der Einwilligung des anderen Elternteils) treffend Folgendes ausgeführt: Bei einer Stiefkindadoption *„ändert die Adoption an der tatsächlichen Situation des Kindes wenig, insbesondere wird ihm nicht die Möglichkeit genommen, in einer Familie aufzuwachsen, die ihm gute Entwicklungsbedingungen bietet. Die Adoption soll dann vielmehr dazu dienen, die schon bestehende tatsächliche Situation rechtlich abzusichern. Eine solche Absicherung kann im Interesse des Kindes liegen, ist aber in den Fällen der Stiefkindadoption häufig nicht unproblematisch."*[11] Übereinstimmend mit den Empfehlungen zur Adoptionsvermittlung der Bundesarbeitsgemeinschaft der Landesjugendämter muss daher aus fachlicher Sicht bei einer Stiefkindkonstellation besonders genau die zugrundeliegende Lebenssituation und die Motivlage betrachtet werden.[12]

4. Die Sonderfälle der Verwandtenadoption

17   **Noch problematischer** aus Kindeswohlsicht können Konstellationen sein, in denen Verwandte (z.B. Onkel/Tante, Großeltern) das Kind adoptieren möchten. Zwar lässt das Gesetz, wie § 1756 Abs. 1 BGB zeigt, solche Adoptionen grundsätzlich zu. Dennoch können entstehende Loyalitätskonflikte zu den leiblichen (meistens weiterhin präsenten) Eltern oder die „Verwirrung" durch das Entstehen veränderter verwandtschaftlicher Beziehungen (z.B. die Tante wird zur Mutter, der Großvater wird zum Vater) zu erheblichen Problemen für das Kind führen. Auch der Altersabstand (z.B. zwischen Enkel und annehmenden Großeltern) muss im Rahmen des Eltern-Kind-Verhältnisses problematisiert werden (siehe hierzu Rn. 20). Im Ergebnis sollte die Annahme durch Verwandte daher der **absolute Ausnahmefall** bleiben.[13]

II. Die Erwartung des Entstehens eines Eltern-Kind-Verhältnisses

18   Als zweite Voraussetzung verlangt § 1741 Abs. 1 Satz 1 BGB die **Erwartung, dass zwischen dem Kind und dem Annehmenden „ein Eltern-Kind-Verhältnis" entsteht**. Im Ergebnis ist dies eine **Konkretisierung des Kindeswohls**. Denn wenn kein Eltern-Kind-

---

9 Hierzu: KG FamRZ 1991, 1101 (kann ein HIV-Test von den Annehmenden verlangt werden?)
10 Ausführlich mit vielen Nachweisen: Staudinger/*Frank,* § 1741 BGB Rn. 42 ff.
11 BVerfG NJW 2006, 827, 828; ähnlich: BGH NJW 2005, 1781
12 BAGLJÄ, Empfehlungen zur Adoptionsvermittlung, 7. Auflage, Nr. 7.1.3
13 OLG Oldenburg NJW-RR 1996, 709; so auch: Staudinger/*Frank,* § 1741 BGB Rn. 22 ff.

Verhältnis zu erwarten ist, dann dient die Annahme auch nicht dem adoptionsrechtlichen Kindeswohl.[14]

Der **Begriff des Eltern-Kind-Verhältnisses** ist nicht im Sinne eines Rechtsverhältnisses **19** zu verstehen. Vielmehr soll das Eltern-Kind-Verhältnis in § 1741 Abs. 1 Satz 1 BGB eine **soziale Elternschaft im Sinne einer „Intimgemeinschaft" ausdrücken, wie sie leibliche Eltern typischerweise leisten.**[15] Wie sich aus dem eindeutigen Wortlaut der Norm ergibt, muss einerseits eine solche soziale Elternschaft im Zeitpunkt der Adoptionsentscheidung noch nicht bestehen. Es genügt eine sich aus objektiven und subjektiven Umständen ergebende **Prognose**, dass das Eltern-Kind-Verhältnis in Zukunft entstehen kann. Andererseits kann ein Eltern-Kind-Verhältnis aber, wie in Dauerpflegeverhältnissen, auch bereits entstanden sein.

Entscheidender Faktor bei der entsprechenden Beurteilung ist dabei der **Altersabstand** **20** **zwischen Annehmenden und Kind**. Zwar sieht das deutsche Gesetz in § 1743 BGB keinen Mindest- oder Höchstaltersabstand vor, dennoch kann dies materiell-rechtlich von Bedeutung sein, wenn der Abstand gerade keiner typischen Generationenfolge entspricht.[16] Ein Altersabstand von einerseits unter 16 Jahren oder andererseits über 50 Jahren erscheint dabei als unangemessen.[17] Zwar ist auch außerhalb dieser Grenzen eine biologische Abstammung möglich, einem „typischen Eltern-Kind-Verhältnis" entspricht dies jedoch gerade (auch in der heutigen Zeit) nicht.[18]

III. Erhöhte Anforderungen bei gesetzes- oder sittenwidriger Vermittlung oder Verbringung

§ 1747 Abs. 1 Satz 2 BGB sieht einen **Sonderfall der Annahme als Kind** vor. In dieser **21** Norm ist bestimmt, dass selbst wenn die Annehmenden sich an einer gesetzes- oder sittenwidrigen Vermittlung oder Verbringung des Kindes beteiligt haben, eine Annahme als Kind noch möglich ist. Dann ist aber notwendig, dass die Adoption zum Wohl des Kindes erforderlich ist. Es findet daher eine gewisse „Beweislastumkehr" statt: in der Regel ist eine solche Konstellation nicht durch Annahme als Kind zu verstetigen, es sei denn, besondere Umstände erfordern dies.

Sinn und Zweck der Vorschrift ist die präventive Verhinderung von Kinderhandel und ent- **22** sprechender Praktiken.[19] Hauptanwendungsfall ist dabei die Beteiligung der Annehmenden bei einer „Vermittlung" eines fremden Kindes entgegen einem Vermittlungsverbot nach § 5 AdVermiG (sog. **Selbstbeschaffung eines Kindes**). Ein weiterer (umstrittener) Anwendungsfall ist die Adoption eines im Wege einer Ersatz- oder Leihmutterschaft geborenen Kindes.[20]

Bei der Anwendung der Norm sind zwei Faktoren besonders zu beachten. Zum einen müs- **23** sen die Annehmenden an der gesetzes- oder sittenwidrigen Vermittlung oder Verbringung **beteiligt** gewesen sein. Dies ist der Fall, wenn sie „zum Zwecke der Annahme" hieran mitgewirkt haben oder wenn sie einen Dritten hiermit beauftragt oder hierfür belohnt haben. Zum zweiten liegt eine Gesetzeswidrigkeit i.S.v. § 1741 Abs. 1 Satz 2 BGB **nur dann**

---

14 zutreffend: Staudinger/*Frank*, § 1741 BGB Rn. 26
15 Palandt/*Götz*, § 1741 BGB Rn. 4; MüKo-BGB/*Maurer*, § 1741 BGB Rn. 26
16 LG Kassel NJW-RR 2006, 501; OLG Oldenburg NJW-RR 1996, 709
17 Der österreichische Verfassungsgerichtshof hat jedoch die im österreichischen Adoptionsrecht bisher vorgesehene strenge Mindestalterabstandsgrenze von 16 Jahren mit Entscheidung vom 14.12.2014 als verfassungswidrig eingeschätzt: österr. VerfGH, IFamZ 2015, 13
18 Zutreffend daher: OLG Frankfurt, Beschl. v. 12.06.2003 – Az.: 20 W 264/02, juris (Altersabstand von 62 bzw. 67 Jahren)
19 BT-Drucks. 13/8511, 75
20 Hierzu: AG Hamm FamFR 2011, 551; LG Düsseldorf, Beschl. v. 15.3.2012 – Az.: 25 T 758/10, juris; LG Frankfurt a.M. NJW 2012, 3111; Staudinger/*Frank*, § 1741 BGB Rn. 34

vor, **wenn die entsprechende Praktik im Herkunftsland des Kindes verboten ist**. Lässt z.B. das ausländische Recht eine Privatvermittlung zu (wie etwa in den U.S.A.), so kann dies in Deutschland nicht im Nachhinein sanktioniert werden.[21] Eine solche Vermittlung kann dann nur noch sittenwidrig sein.[22]

IV. Gemeinschaftliche Adoption oder Alleinadoption (Abs. 2)

24 § 1741 Abs. 2 BGB regelt die Vorgaben, in welchen Fällen ein Kind durch eine Einzelperson und in welchen Fällen durch zwei Personen angenommen werden kann. Im Lebenspartnerschaftsrecht findet die Norm ihre Entsprechung in § 9 Abs. 7 Satz 1 LPartG.

25 Die Bestimmungen sind **zwingend** und gelten insbesondere auch für die Volljährigenadoption (siehe hierzu *Braun* § 1767 BGB Rn. 17 ff.). Wird eine Annahme entgegen den Vorgaben in § 1741 Abs. 2 BGB ausgesprochen, so führt dies allerdings **nicht zur Nichtigkeit der Adoption**.[23]

1. Die Fälle der Alleinadoption

26 In folgenden Fällen kann die Annahme **nur durch eine Einzelperson** erfolgen:

- Adoption durch eine alleinstehende Person (§ 1741 Abs. 2 Satz 1 BGB)
- Adoption durch eine Person, welche in einer eingetragenen Lebenspartnerschaft lebt (§ 9 Abs. 7 Satz 1 LPartG)
- Adoption durch eine verheiratete Person, welche das (leibliche oder adoptierte) Kind des Ehepartners annimmt (Stiefkindadoption, § 1741 Abs. 2 Satz 3 BGB)
- Adoption durch eine verheiratete Person, deren Ehepartner geschäftsunfähig ist (§ 1741 Abs. 2 Satz 4, 1. Fall BGB)
- Adoption durch eine verheiratete Person, deren Ehepartner das 21. Lebensjahr noch nicht vollendet hat (§ 1741 Abs. 2 Satz 4, 2. Fall BGB).

27 Heiratet der Annehmende während des Adoptionsverfahrens, so muss der Ehepartner das Kind ebenso mit annehmen, da die Voraussetzungen für die Alleinadoption noch **im Zeitpunkt des Wirksamwerdens der Adoptionsentscheidung** vorliegen müssen. Das Gleiche gilt, wenn der Ehepartner während des Verfahrens wieder geschäftsfähig oder 21 Jahre alt wird.

2. Die gemeinschaftliche Adoption durch Ehepartner und eingetragene Lebenspartner

28 Ist eine Person verheiratet, so kann sie **nur zusammen mit ihrem Ehepartner** ein Kind annehmen (§ 1741 Abs. 2 Satz 2 BGB). Sonstige (z.B. nur befreundete) Personen können nicht gemeinsam ein Kind adoptieren. Wird die Ehe während des Verfahrens rechtskräftig aufgehoben (insb. geschieden), so ist wiederum nur eine Alleinadoption nach § 1741 Abs. 2 Satz 1 BGB möglich. Entscheidender **Zeitpunkt** für die Beurteilung des Eheverhältnisses ist das **Wirksamwerden des Adoptionsbeschlusses**. Ein bloßes Getrenntleben der Ehegatten führt nicht zur Möglichkeit einer Alleinadoption.

29 **Eingetragene Lebenspartner** können nach der aktuellen Gesetzeslage (§ 9 Abs. 7 Satz 1 LPartG) nicht gemeinsam ein Kind adoptieren. Dies erscheint spätestens seit der Entscheidung des Bundesverfassungsgerichts zur (erlaubten) Sukzessivadoption[24] wegen Verstoßes gegen Art. 3 Abs. 1 GG verfassungswidrig. Bleibt die jetzige Rechtslage erhalten,

---

21 MüKo-BGB/*Maurer*, § 1741 BGB Rn. 34; a.A. Staudinger/*Frank*, § 1741 BGB Rn. 33
22 MüKo-BGB/*Maurer*, § 1741 BGB Rn. 35
23 OLG Düsseldorf NJW-RR 2008, 231
24 BVerfG ZKJ 2013, 244

so erscheint umgekehrt auch das grundsätzliche Verbot der Alleinadoption durch eine verheiratete Person verfassungswidrig. Schließlich wird dann die verheiratete Person im Vergleich zu eingetragenen Lebenspartnern gleichheitswidrig benachteiligt. Liegt ein entsprechender Sachverhalt zur Entscheidung vor, dürfte eine Vorgehensweise nach Art. 100 GG zu erwägen sein.

§ 1742 BGB Annahme nur als gemeinschaftliches Kind

Ein angenommenes Kind kann, solange das Annahmeverhältnis besteht, bei Lebzeiten eines Annehmenden nur von dessen Ehegatten angenommen werden.

Die Norm bestimmt das sog. **Verbot der Kettenadoption:** Das Kind darf zu Lebzeiten des oder der Annehmenden nicht erneut adoptiert werden. Damit soll ein Weiterreichen des Kindes von einer Adoptivfamilie in eine andere Adoptivfamilie verhindert werden.[1] Möglich ist jedoch eine erneute Annahme als Kind, wenn (bei einer Alleinadoption) der Annehmende verstorben ist oder (bei einer gemeinschaftlichen Annahme) beide Annehmende verstorben sind („… bei Lebzeiten…").[2] Das Gleiche gilt, wenn die Erstadoption aufgehoben wird („… solange das Annahmeverhältnis besteht…").[3]   **1**

Ebenso möglich ist eine Folgeadoption, wenn das Kind durch den Ehegatten des Annehmenden adoptiert werden soll (sog. **Zulässigkeit der Sukzessivadoption**). In folgenden Konstellationen ist dies denkbar: **2**

- das Kind wird zunächst vom unverheirateten Annehmenden adoptiert (Fall von § 1741 Abs. 2 Satz 1 BGB), welcher dann später heiratet

- das Kind wird zunächst vom Annehmenden adoptiert, welcher mit einem Ehegatten verheiratet ist, der zunächst geschäftsunfähig oder noch nicht 21 Jahre alt war (Fall von § 1741 Abs. 2 Satz 4 BGB) und bei dem die Hinderungsgründe später wegfallen

- das Kind wird zunächst im Wege der Stiefkindadoption vom Annehmenden adoptiert, dessen Ehe mit dem leiblichen Elternteil geschieden wird und der Annehmende heiratet erneut

- das Kind wird zunächst durch verheiratete Annehmende adoptiert, deren Ehe später geschieden wird, einer der Annehmenden verstirbt (oder in Bezug auf diesen wird die Adoption aufgehoben) und der verbliebene Annehmende heiratet erneut

Das Verbot in § 1742 BGB betrifft nach h.M. **auch die Rückadoption durch einen leiblichen Elternteil.**[4] Zum Teil wird dem widersprechend eine verfassungsmäßige Reduktion der Norm für die Fälle vorgeschlagen, dass eine Aufhebung der ursprünglichen Adoption wegen Volljährigkeit des Anzunehmenden von Gesetzes wegen nicht mehr möglich ist (vgl. § 1763 Abs. 1 BGB).[5] Dies ist jedoch nicht erforderlich, da § 1742 BGB bei der Volljährigenadoption ohnehin nicht anwendbar ist (§ 1768 Abs. 1 Satz 2 BGB; dazu *Braun*, § 1768 BGB Rn. 6).[6]   **3**

---

1 BT-Drucks. 7/3061, 30
2 Palandt/Götz, § 1742 BGB Rn. 2
3 MüKo-BGB/Maurer, § 1742 BGB Rn. 6
4 OLG Stuttgart NJW 1988, 2386
5 MüKo-BGB/*Maurer,* § 1742 BGB Rn. 9
6 Vgl. hierzu: BGH ZKJ 2014, 438 mit Anmerkung *Braun*, ZKJ 2014, 441

4   Im **Lebenspartnerschaftsrecht** war bis zur Entscheidung des Bundesverfassungsgerichts vom 19.2.2013 selbst eine Sukzessivadoption unzulässig.[7] Mit Gesetz vom 24.6.2014[8] wurde demgemäß nun in § 9 Abs. 7 Satz 2 LPartG der Verweis auf § 1742 BGB aufgenommen.

§ 1743 BGB Mindestalter

[1]**Der Annehmende muss das 25., in den Fällen des § 1741 Abs. 2 Satz 3 das 21. Lebensjahr vollendet haben. [2]In den Fällen des § 1741 Abs. 2 Satz 2 muss ein Ehegatte das 25. Lebensjahr, der andere Ehegatte das 21. Lebensjahr vollendet haben.**

1   Die Vorschrift bestimmt die formale Voraussetzung, welches **Mindestalter** der Annehmende oder die Annehmenden erreicht haben müssen, um ein Kind zu adoptieren.

2   Folgende Altersvorgaben sind zu **unterscheiden**:

- Bei einer **Alleinadoption** muss der Annehmende mindestens das 25. Lebensjahr vollendet haben (§ 1743 Satz 1 1. Alt. BGB).

- Bei einer **Stiefkindadoption** muss der Annehmende mindestens das 21. Lebensjahr vollendet haben (§ 1743 Satz 1 2. Alt. BGB) (unabhängig davon wie alt der leibliche Elternteil ist!).[1]

- Bei einer **gemeinschaftlichen Adoption durch Ehegatten** muss mindestens ein Ehegatte das 25. Lebensjahr, der andere Ehegatte mindestens das 21. Lebensjahr vollendet haben (§ 1743 Satz 2 BGB).

3   Die Altersvorgaben des Satz 1 sind auch für die **Adoption durch einen Lebenspartner** anwendbar (§ 9 Abs. 7 Satz 2 BGB). Ein Verweis auf Satz 2 ist nicht notwendig, da eine gemeinschaftliche Adoption durch zwei Lebenspartner (noch) unzulässig ist.

4   **Maßgeblicher Zeitpunkt** für die Bestimmung des Mindestalters ist der Ausspruch der Adoption (Erlass der Entscheidung).[2] Es ist daher unproblematisch, wenn die Probezeit nach § 1744 BGB schon vor Erreichen des Mindestalters begonnen wird.

§ 1744 BGB Probezeit

Die Annahme soll in der Regel erst ausgesprochen werden, wenn der Annehmende das Kind eine angemessene Zeit in Pflege gehabt hat.

1   Die Norm möchte sicherstellen, dass Kinder erst dann adoptiert werden können, wenn sie eine **angemessene Zeit mit den Annehmenden tatsächlich zusammen gelebt haben**. Es ist weder eine feste Mindestzeit festgelegt,[1] noch ist die Durchführung einer Probezeit zwingend („... soll in der Regel ..."). Beide Fragen stehen vielmehr im Ermessen des Gerichts.

---

7 BVerfG ZKJ 2013, 244
8 BGBl. I S. 786
1 Kritisch hierzu: MüKo-BGB/*Maurer*, § 1743 BGB Rn. 5
2 Palandt/*Götz*, § 1743 BGB Rn. 1
1 Anders z.B. das schweizerische Recht, welches eine Mindestpflegezeit von einem Jahr vorsieht (§ 264 schweiz. ZGB)

Das erkennende Gericht benötigt für die Einschätzung fachliche Unterstützung. Die Frage **2**
der Probezeit ist daher **wesentlicher Inhalt der fachlichen Äußerung nach
§ 189 FamFG**. Durch die Beurteilung des Verlaufs der Probezeit kann insbesondere geschlossen werden, ob die Entstehung eines Eltern-Kind-Verhältnisses gemäß § 1741 Abs. 1
Satz 1 BGB zu erwarten ist (oder ein solches sogar schon entstanden ist).

Die Dauer und der Verlauf der Probezeit sind maßgeblich **von der Familienkonstellation** **3**
des Kindes vor der Adoption abhängig. Je älter das Kind ist und je mehr Beziehungs-
und Bindungsabbrüche es in der Vergangenheit verarbeiten musste, desto länger muss
auch die Probezeit sein.[2] Dies gilt uneingeschränkt auch bei der Stiefkindadoption. Die Probezeit kann hingegen auch sehr kurz bemessen sein, wenn Kinder z.B. in eine Lebenspartnerschaft hineingeboren werden.[3] Frühere Forderungen, wonach aus fachlichen Gründen
in jedem Fall mindestens ein Jahr Pflegezeit der Adoption vorangegangen sein muss,[4] sind
heute überholt. Vielmehr kommt es immer auf eine Einzelfallbetrachtung an.[5]

Die Probezeit in § 1744 BGB ist nicht im Sinne eines förmlichen Pflegeverhältnisses als **4**
Adoptionspflege gemäß § 44 Abs. 1 Satz 2 Nr. 6 SGB VIII zu verstehen.[6] Vielmehr findet
eine **Adoptionspflege regelmäßig nur bei vermittelten Fremdadoptionen** statt.[7] Bei
Stiefkindkonstellationen wird hingegen gerade kein Pflegevertrag vor der Adoption geschlossen. Auch eine Eignungsprüfung des Stiefelternteils vor Aufnahme des Kindes gem.
§ 7 AdVermiG findet naturgemäß nicht statt. Sämtliche Überprüfungen sind dann erst im
Rahmen der fachlichen Äußerung im Adoptionsverfahren möglich. Dies macht die Beurteilung der Probezeit im Einzelfall bedeutend schwieriger als bei einer Fremdadoption.[8]

§ 1745 BGB Verbot der Annahme

[1]**Die Annahme darf nicht ausgesprochen werden, wenn ihr überwiegende Interessen der
Kinder des Annehmenden oder des Anzunehmenden entgegenstehen oder wenn zu befürchten ist, dass Interessen des Anzunehmenden durch Kinder des Annehmenden gefährdet werden.** [2]**Vermögensrechtliche Interessen sollen nicht ausschlaggebend sein.**

Die Norm will sicherstellen, dass **entgegenstehende Interessen der weiteren Kinder** **1**
des Annehmenden sowie der Kinder des Anzunehmenden bei der Adoptionsentscheidung mit berücksichtigt werden. Die zweite Alternative spielt bei der Minderjährigenadoption praktisch keine Rolle, da minderjährige Kinder nur selten eigene Kinder haben.

Als weitere Kinder gelten sowohl **leibliche Kinder**, als auch vorher **adoptierte** (oder **2**
gleichzeitig zu adoptierende) **Kinder**. Sind die Annehmenden schon Großeltern, so sind
auch die Enkelkinder vom Schutzbereich des § 1745 BGB erfasst.[1]

In Satz 1 der Norm ist auch die Gefährdung der Interessen des anzunehmenden Kindes **3**
durch andere Kinder des Annehmenden aufgeführt. Diese Frage ist jedoch schon im Rahmen der Kindeswohlprüfung nach § 1741 Abs. 1 BGB zu berücksichtigen. Der Passus in
§ 1745 hat damit nur klarstellende Bedeutung.[2]

2 Zu weiteren Kriterien: MüKo-BGB/*Maurer*, § 1744 BGB Rn. 11
3 AG Elmshorn NJW 2011, 1085
4 BAGLJÄ, Empfehlungen für die Adoptionsvermittlung, 6. Auflage, Nr. 7.5
5 So jetzt auch: BAGLJÄ, Empfehlungen für die Adoptionsvermittlung, 7. Auflage, Nr. 8.5
6 So aber: Palandt/*Götz*, § 1744 BGB Rn. 1; richtig die Differenzierung in: MüKo-BGB/*Maurer*, § 1744 BGB Rn. 9
7 Zur Begründung und zum Ablauf einer Adoptionspflege: Staudinger/*Frank*, § 1744 BGB Rn. 10 ff.
8 Vgl. hierzu: BAGLJÄ, Empfehlungen zur Adoptionsvermittlung, 7. Auflage, Nr. 7.1.3
1 MüKo-BGB/*Maurer*, § 1745 BGB Rn. 4
2 BT-Drucks. 7/3061, 33

4 Es bedarf einer **umfassenden Abwägung** der Interessen des anzunehmenden Kindes einerseits und der Interessen des weiteren Kindes andererseits. **Nur bei einem Überwiegen der Interessen des weiteren Kindes** ist die Annahme als Kind zu versagen. Sind die Interessen hingegen gleich zu bewerten, so ist im Zweifel die Adoption auszusprechen.

5 Nach Satz 2 sollen die **vermögensrechtlichen Interessen** der weiteren Kinder „**nicht ausschlaggebend**" sein. Dies bedeutet jedoch im Umkehrschluss nicht, dass sie in der erforderlichen Gesamtabwägung überhaupt keine Rolle spielen würden. Insbesondere bei Unterhaltspflichten des Annehmenden gegenüber seinen bisherigen Kindern kann dies im Einzelfall zu einer Zurückweisung des Annahmeantrags wegen § 1745 BGB führen.[3]

6 Als **immaterielle Interessen** der weiteren Kinder kommen insbesondere **tatsächliche oder emotionale Zurücksetzungen** im Vergleich zum Adoptivkind in Betracht. Eine Adoption darf nicht zu einer übermäßigen Zuwendung an das Adoptivkind zulasten schon vorhandener Kinder führen. Es ist daher von großer Bedeutung, im Rahmen der fachlichen Äußerung nach § 189 FamFG das Verhältnis der Annehmenden zu den weiteren Kindern zu betrachten und die Meinungen und Wünsche dieser Kinder zu berücksichtigen. Wendet sich ein Kind ausdrücklich gegen die Adoption des anderen Kindes, so sind zwingend weitergehende Ermittlungen durchzuführen. Auf der anderen Seite bedeutet dies nicht, dass damit die Annahme als Kind nicht mehr möglich wäre. Der Gesetzgeber hat gerade keine Einwilligungspflicht der Abkömmlinge vorgesehen, sondern regelt diesen Konflikt durch eine umfassende Abwägung der beiderseitigen Interessen.

7 In der Praxis hat § 1745 BGB **vor allem bei Stiefkindadoptionen eine große Bedeutung**. Dabei sind besonders solche Konstellationen problematisch, in denen der Annehmende aus einer früheren Ehe oder Beziehung weitere Kinder hat, welche bei dem vormaligen Ehepartner oder Elternteil leben. Hier kommt sowohl eine immaterielle Zurücksetzung der bisherigen Kinder durch die Adoption als auch das Motiv der Minderung der Unterhaltsverpflichtung gegenüber diesen in Betracht.

8 Bei **Fremdadoptionen** sind Konstellationen problematisch, in denen z.B. ein vorher adoptiertes Kind nicht den „Erwartungen" der Adoptiveltern entsprach und die weitere Annahme als Kind dies kompensieren soll.[4] Ähnliches gilt bei kranken oder behinderten Kindern in der Familie.

9 Die Betrachtung der Interessen der weiteren Kinder steht in einem **direkten Zusammenhang mit der Überprüfung der Eignung der Annehmenden**. Die Versorgung und Erziehung von mehreren Kindern (ggf. leibliche und adoptierte) bedarf einer besonderen physischen und psychischen Belastbarkeit der Eltern, erst recht wenn die Adoptivkinder aus schwierigen Verhältnissen kommen und/oder (z.B. aus gesundheitlichen Gründen) besonderer Fürsorge bedürfen. Auch ein erheblicher **Altersabstand** zwischen den Kindern kann besondere Fähigkeiten aufseiten der Annehmenden erfordern.

§ 1746 BGB Einwilligung des Kindes

(1) [1]Zur Annahme ist die Einwilligung des Kindes erforderlich. [2]Für ein Kind, das geschäftsunfähig oder noch nicht 14 Jahre alt ist, kann nur sein gesetzlicher Vertreter die Einwilligung erteilen. [3]Im Übrigen kann das Kind die Einwilligung nur selbst erteilen; es bedarf hierzu der Zustimmung seines gesetzlichen Vertreters. [4]Die Einwilligung bedarf bei unterschiedlicher

---

3 Zu Fallkonstellationen: Staudinger/*Frank*, § 1745 BGB Rn. 15 ff.
4 Beispiel von: MüKo-BGB/*Maurer*, § 1745 BGB Rn. 8

Staatsangehörigkeit des Annehmenden und des Kindes der Genehmigung des Familiengerichts; dies gilt nicht, wenn die Annahme deutschem Recht unterliegt.

(2) [1]Hat das Kind das 14. Lebensjahr vollendet und ist es nicht geschäftsunfähig, so kann es die Einwilligung bis zum Wirksamwerden des Ausspruchs der Annahme gegenüber dem Familiengericht widerrufen. [2]Der Widerruf bedarf der öffentlichen Beurkundung. [3]Eine Zustimmung des gesetzlichen Vertreters ist nicht erforderlich.

(3) Verweigert der Vormund oder Pfleger die Einwilligung oder Zustimmung ohne triftigen Grund, so kann das Familiengericht sie ersetzen; einer Erklärung nach Absatz 1 durch die Eltern bedarf es nicht, soweit diese nach den §§ 1747, 1750 unwiderruflich in die Annahme eingewilligt haben oder ihre Einwilligung nach § 1748 durch das Familiengericht ersetzt worden ist.

Übersicht

A. Allgemeines

Die Vorschrift regelt die Erforderlichkeit sowie die Erklärungsberechtigung für die **Einwilligung des Kindes in die Adoption**. Keine Vorgaben sind hingegen zur Form und zur Wirksamkeit der Einwilligungserklärung getroffen. Dies ist in § 1750 BGB geregelt. **1**

Da das Kind unmittelbar von der Annahmeentscheidung betroffen ist, muss dieses zwingend in die Annahme einwilligen. Die Erklärung wird in der Praxis meistens nicht durch das Kind selbst, sondern **durch seinen gesetzlichen Vertreter** abgegeben. Ist das Kind aber **14 Jahre oder älter** und nicht geschäftsunfähig, so gilt es im Adoptionsrecht als **selbst einwilligungsfähig**. Auf die Einwilligung des Kindes kann nur bei gerichtlicher Ersetzung der Einwilligung des Vormunds oder Pflegers nach § 1746 Abs. 3, 1. HS BGB oder bei Entbehrlichkeit der Einwilligung nach § 1746 Abs. 3, 2. HS BGB verzichtet werden. Ansonsten **führt das Fehlen der Einwilligung** des Kindes zu einem **Aufhebungsgrund nach § 1760 Abs. 1 BGB**. **2**

B. Inhalt der Norm

I. Die Einwilligung des über 14-jährigen Kindes

Hat das anzunehmende Kind das 14. Lebensjahr vollendet (und ist es nicht geschäftsunfähig), so kann die Annahme **nur mit Einwilligung des Kindes** erfolgen (§ 1746 Abs. 1 Satz 3 BGB). Eine Vertretung bei der Erklärung ist nicht möglich (§ 1750 Abs. 3 Satz 1 BGB). Die Einwilligungserklärung bedarf der notariell beurkundeten Form (§ 1750 Abs. 1 Satz 2 BGB) und darf nicht unter einer Bedingung oder Zeitbestimmung erteilt werden (§ 1750 Abs. 2 Satz 1 BGB). **3**

Obwohl das einwilligungsfähige Kind die Einwilligung selbst erteilen darf, muss **der gesetzliche Vertreter der Einwilligung zustimmen** (§ 1746 Abs. 1 Satz 3, 2. HS BGB). Die Zustimmungserklärung ist von ihrem Rechtscharakter etwas anderes als die Einwilligung, da sie nur dann Rechtswirksamkeit erlangt, wenn das Kind selbst die entsprechende Willenserklärung abgibt. Die Zustimmung ist daher **abhängig von der Einwilligung des Kindes**, auch wenn die Zustimmung zeitlich schon vor der Einwilligung erteilt werden **4** kann.[1] Die Zustimmungserklärung unterliegt nicht der Formbestimmung in § 1750 Abs. 1 Satz 2 BGB,[2] wird in der Praxis aber regelmäßig in derselben notariellen Urkunde erklärt. Wird das Kind durch einen Vormund oder Pfleger gesetzlich vertreten und verweigert dieser die Zustimmung, so kann die Zustimmung nach Abs. 3, 1. HS gerichtlich ersetzt werden (hierzu unten Rn. 10). Eine gesonderte Zustimmung ist auch dann nicht erforderlich, wenn die Eltern schon gem. § 1747 Abs. 1 BGB wirksam eingewilligt haben oder deren Einwilligung gem. § 1748 Abs. 1 BGB ersetzt worden ist (hierzu unten Rn. 12 f.).

5 Im Gegensatz zu § 1750 Abs. 2 Satz 2 BGB ist die Einwilligungserklärung des einwilligungsfähigen Kindes **widerruflich**, und zwar bis zum Wirksamwerden des Ausspruchs der Annahme als Kind (§ 1746 Abs. 2 Satz 1 BGB). Wirksam wird eine Entscheidung auf Annahme als Kind mit Zustellung an den Annehmenden (oder an das Kind im Fall von § 1753 Abs. 2 BGB) (§ 197 Abs. 2 FamFG), so dass der Widerruf auch noch nach Erlass des Beschlusses (vgl. § 38 Abs. 3 Satz 3 FamFG) möglich ist. Der Widerruf bedarf der **öffentlichen (nicht zwingend notariellen) Beurkundung** (Abs. 2 Satz 2). Er kann daher auch gegenüber einer Urkundsperson des Jugendamts erklärt werden, was in § 59 Abs. 1 Satz 1 Nr. 6 SGB VIII noch einmal ausdrücklich klargestellt wird.[3] Einer Zustimmung des gesetzlichen Vertreters zum Widerruf bedarf es gem. § 1746 Abs. 2 Satz 3 BGB nicht.

II. Die Einwilligung des unter 14-jährigen bzw. geschäftsunfähigen Kindes

6 Ist das Kind noch keine 14 Jahre alt, so **erklärt der gesetzliche Vertreter die Einwilligung im Namen des Kindes** (§ 1746 Abs. 1 Satz 2 BGB). Das Gleiche gilt für ältere, aber geschäftsunfähige Kinder. Bei gemeinsamer Sorge für das Kind ist darauf zu achten, dass auch beide Sorgeberechtigte die Einwilligungserklärung abgeben. Besteht im Zeitpunkt der Einwilligung schon Vormundschaft oder Pflegschaft über das Kind, so muss der entsprechende Vormund oder Pfleger einwilligen. Verweigert dieser die Einwilligung, so kann es zur Ersetzung nach Abs. 3, 1. HS kommen (hierzu Rn. 9). Die vom gesetzlichen Vertreter erklärte Einwilligung des Kindes ist **unwiderruflich** (§ 1750 Abs. 2 Satz 2 BGB).

7 Ob ein über 14 Jahre altes Kind **geschäftsunfähig** ist, muss im Wege der Amtsermittlung geklärt werden. Allein die Behauptung des gesetzlichen Vertreters oder des beurkundenden Notars genügt hierfür nicht. Regelmäßig muss dann ein Sachverständigengutachten eingeholt werden.

8 **Wird das Kind während des Verfahrens 14 Jahre alt** (und ist es nicht geschäftsunfähig), so stellt sich die Frage, ob die vorher bloß durch den gesetzlichen Vertreter erklärte Einwilligungserklärung fortwirkt[4] oder ob vom Gericht nun eine eigene Einwilligungserklärung des Kindes anzufordern ist.[5] Richtigerweise muss das einwilligungsfähige Kind die Einwilligung in einem solchen Fall selbst erteilen. Der Gesetzgeber hat die Entscheidungsmacht über die eigene Annahme dem über 14-jährigen Kind gem. § 1746 Abs. 1 Satz 3 BGB selbst in die Hand gelegt. Könnte es nun aber nicht mehr selbst entscheiden, sondern wäre es der vorherigen Fremdbestimmung weiter unterworfen, so würde diese gesetzgeberische Entscheidung unterlaufen. Auch die Widerrufsmöglichkeit in § 1746 Abs. 2 BGB würde dem Kind anderenfalls nicht zustehen (s.o. Rn. 6).

1 MüKo-BGB/*Maurer*, § 1746 BGB Rn. 17
2 Staudinger/*Frank*, § 1746 BGB Rn. 33
3 Palandt/*Götz*, § 1746 BGB Rn. 6
4 So: MüKo-BGB/*Maurer*, § 1746 BGB Rn. 20
5 So: Staudinger/*Frank*, § 1746 BGB Rn. 24

III. Die Ersetzung der Einwilligung oder Zustimmung

Verweigert der Vormund oder der Pfleger die Einwilligung im Namen des Kindes, so **kann** **die Einwilligung** durch gesonderte Entscheidung **ersetzt werden** (§ 1746 Abs. 3, 1. HS BGB). Voraussetzung hierfür ist jedoch, dass die Verweigerung der Einwilligung „ohne triftigen Grund" erfolgte. Die Auslegung dieses Begriffes ist streitig.[6] Richtigerweise muss es genügen, wenn die Weigerung zur Einwilligung nicht willkürlich erscheint. Ausdrücklich nicht erforderlich ist hingegen, dass das Gericht die Einschätzung des Kindesvertreters teilt. Vielmehr muss eine wohlbegründete und objektiv vertretbare Entscheidung des Vormunds oder Pflegers akzeptiert werden. Ansonsten würde das Recht des Vormunds oder des Pflegers, im Namen des Kindes zu entscheiden (Ausfluss des Sorgerechts), ins Leere laufen.[7]

9

Auch eine verweigerte Zustimmung in die Einwilligung des über 14-jährigen Kindes kann nach den gleichen Kriterien gem. § 1746 Abs. 3, 1. HS BGB ersetzt werden.

10

Die **Weigerung der Eltern, im Namen des Kindes gemäß § 1746 Abs. 1 BGB einzuwilligen** (oder der Einwilligung des über 14-jährigen Kindes zuzustimmen), kann aufgrund des klaren Wortlauts nicht im Wege der Ersetzung nach § 1746 Abs. 3, 1. HS BGB „gerettet" werden. Dies ist aber im Ergebnis auch nicht erforderlich, denn sollten sie die Einwilligung im Namen des Kindes verweigern, so kann gem. § 1746 Abs. 3, 2. HS BGB über den Umweg der Ersetzung der Einwilligung der Eltern nach § 1748 BGB auch die Einwilligung des Kindes fingiert werden (hierzu Rn. 12 f.).

11

IV. Entbehrlichkeit der Einwilligung des Kindes bei Einwilligung nach § 1747 BGB oder Ersetzung nach § 1748 BGB

Die Einwilligung des Kindes (oder die Zustimmung zur Einwilligung des über 14-jährigen Kindes) ist **entbehrlich**, wenn die Eltern rechtswirksam nach §§ 1747, 1750 BGB in die Annahme als Kind eingewilligt haben oder deren Einwilligung rechtskräftig gem. § 1748 BGB ersetzt worden ist (§ 1746 Abs. 3, 2. HS BGB). Hintergrund dieser Sondervorschrift ist, dass in beiden Fällen von Gesetzes wegen eine Amtsvormundschaft entsteht (§ 1751 Abs. 1 Satz 2 BGB) und eine erneute Einwilligungs- oder Zustimmungserklärung nach § 1746 Abs. 1 BGB dann entbehrlich erscheint.[8]

12

Es ist zu beachten, dass die Entbehrlichkeit der Einwilligung des Kindes gem. § 1746 Abs. 3, 2. HS BGB aufgrund elterlicher Erklärung nach § 1747 BGB **nur dann** eingreift, **wenn die Eltern** (bzw. der erklärende Elternteil) im Zeitpunkt der Einwilligung nach § 1747 BGB **noch gesetzliche Vertreter** des Kindes waren. Wurde den Eltern schon vorher z.B. gem. § 1666 BGB das Sorgerecht entzogen und einem Vormund übertragen, so muss dieser im Namen des Kindes nach § 1746 Abs. 1 BGB einwilligen oder der Einwilligungserklärung des über 14-jährigen Kindes zustimmen.

13

V. Die gerichtliche Genehmigung bei unterschiedlicher Staatsangehörigkeit

In § 1746 Abs. 1 Satz 4 BGB sieht das Gesetz ein **besonderes gerichtliches Zwischenverfahren** vor: Haben das Kind und der Annehmende eine unterschiedliche Staatsangehörigkeit, so bedarf die Einwilligung des Kindes der gerichtlichen Genehmigung, es sei denn, die Annahme unterliegt dem deutschen Sachrecht. Sinn und Zweck der Vorschrift ist die Absicherung, dass bei der Anwendung ausländischen Sachrechts in jedem Fall das Kindeswohl beachtet wird.[9]

14

---

6 Vgl. zum Streitstand: Staudinger/*Frank*, § 1746 BGB Rn. 20
7 BayObLG FamRZ 1997, 839
8 BT-Drucks. 13/4899, 112
9 BT-Drucks. 10/504, 86

15 Die Vorschrift ist **wenig praxisrelevant**, da sie nur dann eingreift, wenn Art. 22 Abs. 1 EGBGB (ggf. i.V.m. Art. 14 Abs. 1 EGBGB) zur Anwendung ausländischen Sachrechts führt und Art. 23 EGBGB zur Anwendung deutschen Sachrechts führt. Letzteres folgt daraus, als dass die materiell-rechtliche Norm in § 1746 BGB als deutsche Sachnorm nur dann zur Anwendung kommen kann, wenn international-privatrechtlich auch auf deutsches Sachrecht verwiesen wird. Kommt es tatsächlich mal zu einem solchen Zwischenverfahren, so ist hier nach Kindeswohlaspekten über die Genehmigung der Einwilligung des Kindes zu entscheiden.[10] Im Ergebnis sind dann im Wesentlichen dieselben Prüfungsinhalte wie bei § 1741 Abs. 1 BGB durchzuführen.[11]

§ 1747 BGB Einwilligung der Eltern des Kindes

(1) [1]Zur Annahme eines Kindes ist die Einwilligung der Eltern erforderlich. [2]Sofern kein anderer Mann nach § 1592 als Vater anzusehen ist, gilt im Sinne des Satzes 1 und des § 1748 Abs. 4 als Vater, wer die Voraussetzung des § 1600d Abs. 2 Satz 1 glaubhaft macht.

(2) [1]Die Einwilligung kann erst erteilt werden, wenn das Kind acht Wochen alt ist. [2]Sie auch dann wirksam, wenn der Einwilligende die schon feststehenden Annehmenden nicht kennt.

(3) Steht nicht miteinander verheirateten Eltern die elterliche Sorge nicht gemeinsam zu, so

1. kann die Einwilligung des Vaters bereits vor der Geburt erteilt werden;

2. kann der Vater durch öffentlich beurkundete Erklärung darauf verzichten, die Übertragung der Sorge nach § 1626a Absatz 2 und § 1671 Absatz 2 zu beantragen; § 1750 gilt sinngemäß mit Ausnahme von Absatz 1 Satz 2 und Absatz 4 Satz 1;

3. darf, wenn der Vater die Übertragung der Sorge nach § 1626a Absatz 2 oder § 1671 Absatz 2 beantragt hat, eine Annahme erst ausgesprochen werden, nachdem über den Antrag des Vaters entschieden worden ist.

(4) [1]Die Einwilligung eines Elternteils ist nicht erforderlich, wenn er zur Abgabe einer Erklärung dauernd außerstande oder sein Aufenthalt dauernd unbekannt ist. [2]Der Aufenthalt der Mutter eines gemäß § 25 Absatz 1 des Schwangerschaftskonfliktgesetzes vertraulich geborenen Kindes gilt als dauernd unbekannt, bis sie gegenüber dem Familiengericht die für den Geburtseintrag ihres Kindes erforderlichen Angaben macht.

Weiterführende Literatur: Helms, Das Einwilligungsrecht des Vaterschaftsprätendenten bei der Adoption eines nichtehelichen Kindes, StAZ 2001, 57; *Maurer,* Gestärkte Rechte des Vaters bei Adoption, FPR 2005, 196.

Übersicht

---

10 LG Osnabrück FamRZ 1998, 54
11 Zu Recht kritisch zu dieser Vorschrift: Staudinger/*Frank,* § 1746 BGB Rn. 37

A. Allgemeines

Die Vorschrift regelt die **Erforderlichkeit der Einwilligung der Eltern des Kindes** in die Annahme als Kind. Darüber hinaus sind **besondere Bestimmungen zum Zeitpunkt der Erklärung** (§ 1747 Abs. 2 Satz 1, Abs. 3 Nr. 1 BGB) getroffen und die Möglichkeit der sog. **Inkognitoadoption** eröffnet (§ 1747 Abs. 2 Satz 2 BGB). Besonders praxisrelevant ist schließlich die **Möglichkeit des Verzichts auf die Einwilligung nach § 1747 Abs. 4 BGB**. Die Vorgaben zur Form (notarielle Beurkundung), Wirksamkeit sowie Bedingungs- und Befristungsfeindlichkeit der Einwilligungserklärung sind in § 1750 BGB geregelt. Hier ist bei der Anwendung des § 1747 BGB zu beachten, dass die Einwilligungen der Eltern gem. § 1750 Abs. 4 Satz 2 BGB nach Ablauf von drei Jahren ihre Kraft verlieren (siehe hierzu *Braun*, § 1750 BGB Rn. 10).

1

Verfassungsrechtlich ist § 1747 Abs. 1 bis 3 BGB **Ausdruck des natürlichen Elternrechts** aus Art. 6 Abs. 2 Satz 1 GG. Der hohe Stellenwert dieses Grundrechts ist im Rahmen der Auslegung der Normen in § 1747 und § 1748 BGB zu beachten. Die Einwilligungsberechtigung der Eltern nach § 1747 BGB ist **nicht vom Sorgerecht der Eltern abhängig**. Der Entzug oder sonstige Verlust des Sorgerechts der Eltern führt nicht zum Verlust des Einwilligungsrechts gemäß § 1747 BGB.[1]

2

B. Inhalt der Norm

I. Die einwilligungsberechtigten Personen

§ 1747 Abs. 1 BGB bestimmt abschließend, wer in die Annahme als Kind einwilligen muss. Dies sind die **Mutter** gem. § 1591 BGB sowie **der rechtliche Vater** gem. § 1592 BGB oder der sog. **Vaterschaftsprätendent** gem. § 1747 Abs. 1 Satz 2 BGB.

3

1. Die Einwilligung der Mutter

In jedem Fall ist die Einwilligung der Mutter in die Annahme als Kind erforderlich. Welche Frau als Mutter gilt, **bestimmt § 1591 BGB**. Bei sog. Leih- oder Ersatzmutterschaften ist die austragende Frau die Mutter i.S.v. § 1591 BGB, auch wenn die Eizelle von einer anderen Frau stammt.

4

Die Einwilligung der Mutter darf **frühestens acht Wochen nach der Geburt** des Kindes erteilt werden (§ 1747 Abs. 2 Satz 1 BGB). Hiermit soll die Mutter vor einer übereilten, unwiderruflichen (vgl. § 1750 Abs. 2 Satz 2 BGB) Weggabe des Kindes geschützt werden.[2] Entscheidender Zeitpunkt ist nicht der Zugang der Einwilligungserklärung bei Gericht (vgl. § 1750 Abs. 1 Satz 3 BGB), sondern aufgrund des eindeutigen Wortlauts von § 1747 Abs. 2 Satz 1 BGB der Zeitpunkt der Erteilung der Einwilligung. Wird die Einwilligung zu früh erklärt, so führt dies zu einem Aufhebungsgrund nach § 1760 Abs. 1, Abs. 2e) BGB.

5

2. Die Einwilligung des rechtlichen Vaters

Die Annahme als Kind bedarf ebenso der **Einwilligung des Kindesvaters** (§ 1747 Abs. 1 Satz 1 BGB). Gemeint ist hierbei der rechtliche Vater. Welcher Mann als rechtlicher Vater

6

---

1 Anders viele ausländische Rechtsordnungen wie z.B. das russische oder ukrainische Recht
2 BT-Drucks. 7/5087, 12

des Kindes gilt, **bestimmt sich nach § 1592 BGB**. Hierbei ist zu unterscheiden, ob es sich um ein eheliches Kind oder ein uneheliches Kind handelt. Rechtlicher Vater ist:

- bei einem **ehelichen Kind**: der im Zeitpunkt der Geburt mit der Mutter verheiratete Mann

- bei einem **nichtehelichen Kind**: entweder der Mann, welcher die Vaterschaft gem. §§ 1594 ff. BGB (mit Zustimmung der Mutter und ggf. des Kindes) anerkannt hat, oder der Mann, dessen Vaterschaft gerichtlich nach § 1600d BGB oder gem. § 182 Abs. 1 FamFG i.V.m. § 1600 Abs. 1 Nr. 2 BGB festgestellt worden ist (hierzu näher *Grün*, § 1600d BGB Rn. 2 ff.).

7 Bezüglich des **Zeitpunkts der Einwilligung** ist ebenso zu unterscheiden, ob das Kind ehelich oder außerehelich geboren wurde. Ist das Kind ein **eheliches Kind**, so kann der Vater ebenso wie die Mutter **frühestens acht Wochen nach der Geburt** einwilligen (dazu oben Rn. 5). Das Gleiche gilt bei einem **nichtehelichen Kind**, wenn den Eltern die **elterliche Sorge** (etwa aufgrund einer Sorgeerklärung nach § 1626a Abs. 1 Nr. 1 BGB) gemeinsam zusteht. Bei keiner gemeinsamen Sorge muss die Acht-Wochen-Frist nicht abgewartet werden. Der Vater kann dann gem. § 1747 Abs. 3 Nr. 1 BGB sogar schon vor der Geburt des Kindes in die Annahme einwilligen und gemäß § 1747 Abs. 3 Nr. 2 BGB (ebenfalls schon vor Ablauf der Acht-Wochen-Frist) auf die Antragstellung zur Übertragung der elterlichen Sorge verzichten.

3. Die Einwilligung des Vaterschaftsprätendenten

8 Das Gesetz sieht nicht nur eine **Einwilligungsberechtigung** des rechtlichen Vaters vor, sondern auch **des sog. Vaterschaftsprätendenten** (§ 1747 Abs. 1 Satz 2 BGB).[3] Dies ist derjenige Mann, welcher glaubhaft macht, dass er der Mutter während der Empfängniszeit beigewohnt hat (vgl. § 1600d Abs. 2 Satz 1 BGB). Voraussetzung hierfür ist jedoch, dass kein anderer Mann schon rechtlicher Vater i.S.v. § 1592 BGB (und damit einwilligungsberechtigt nach § 1747 Abs. 1 Satz 1 BGB) ist.[4]

9 Die **Glaubhaftmachung** der biologischen Vaterschaft erfolgt **nach den Vorgaben in § 31 FamFG**. Es sind sämtliche Beweismittel und insbesondere auch die Versicherung an Eides statt zulässig, um das Gericht von einer hinreichenden Wahrscheinlichkeit der biologischen Vaterschaft zu überzeugen. Es kann jedoch nicht genügen, allein auf die Behauptung des vermeintlichen Vaters (auch mittels eidesstattlicher Versicherung) zu vertrauen. Vielmehr ist das erkennende Gericht verpflichtet, die Glaubhaftmachung von Amts wegen zu überprüfen (§ 26 FamFG).[5] Maßgeblich bedarf es daher mindestens der Anhörung der Mutter zur Frage, ob der vermeintliche Vater tatsächlich als Erzeuger des Kindes in Betracht kommt.[6] Auf der anderen Seite ist es für die Glaubhaftmachung **nicht erforderlich**, dass der vermeintliche Vater ein **Vaterschaftsfeststellungsverfahren nach § 1600d BGB** initiieren muss. Schließlich genügt allein die Glaubhaftmachung und es bedarf nicht der Gewissheit der Vaterschaft. Gelingt es dem vermeintlichen Vater nicht, die Vaterschaft zur Überzeugung des Gerichts glaubhaft zu machen, so kann das Gericht die Annahme als Kind (soweit die weiteren Voraussetzungen erfüllt sind) ohne Einwilligung des vermeintlichen Vaters aussprechen. Ein Anfechtungsrecht steht dem vermeintlichen Vater nicht zu. Auch ein Aufhebungsgrund nach § 1760 BGB ist nicht ersichtlich. Lediglich bei einer Verletzung rechtlichen Gehörs nach Art. 103 Abs. 1 GG könnte dem Putativvater eine Anhörungsrüge nach § 44 FamFG und ggf. eine Verfassungsbeschwerde offen ste-

---

3 Zur Gesetzesbegründung: BT-Drucks. 13/4899, 113; ausführlich: *Helms*, JAmt 2001, 57
4 Palandt/*Götz*, § 1747 BGB Rn. 3
5 A.A. *Helms*, JAmt 2001, 57, 59
6 Ausführlich: MüKo-BGB/*Maurer*, § 1747 BGB Rn. 12

hen. Vor diesem Hintergrund ist dem vermeintlichen Vater daher immer zu raten, die Vaterschaftsfeststellung nach § 1600d BGB i.V.m. § 171 Abs. 1 FamFG zu beantragen. Ist ein solches Abstammungsverfahren anhängig, so muss das Verfahren auf Annahme als Kind zwingend nach § 21 FamFG ausgesetzt werden.[7]

Eine andere Frage ist, welche **Ermittlungspflichten** das Gericht treffen, wenn die Mutter eines nichtehelichen Kindes einen möglichen Vater nach § 1741 Abs. 1 Satz 2 BGB nennt, dessen **Aufenthaltsort aber (noch) unbekannt ist**. § 1747 Abs. 4 BGB findet hier keine direkte Anwendung, da schließlich noch nicht einmal festgestellt worden ist, ob der vermeintliche Vater seine Vaterschaft überhaupt glaubhaft machen möchte. Damit dem vermeintlichen Vater jedoch gerade diese Möglichkeit eröffnet wird, kann es das Gericht andererseits nicht bloß dabei belassen, den Aufenthaltsort als unbekannt hinzunehmen. Vielmehr sind in einem solchen Fall dieselben Ermittlungen zum Aufenthalt anzustellen wie bei § 1747 Abs. 4 BGB (siehe hierzu Rn. 18 bis 20). Dies kann die Annahme als Kind zwar verzögern, ist aber zum Schutz des vermeintlichen Vaters erforderlich.[8] **Verweigert die Mutter hingegen die Angabe eines vermeintlichen Vaters**, so kann sie hierzu auch nicht im Rahmen des Adoptionsverfahrens gezwungen werden.[9]

10

II. Die Inkognitoadoption

Auch wenn dies im Gesetz nicht ausdrücklich aufgeführt ist, besteht im deutschen Recht das **Verbot der Blankoeinwilligung**. Die Einwilligung der Eltern darf nicht „ins Blaue" hinein geschehen, sondern muss **auf bestimmte Adoptivpersonen bezogen** sein.

11

Um jedoch auf der anderen Seite das Kind (und ggf. auch die Annehmenden) vor Beeinträchtigungen der Eltern zu schützen, ist eine sog. **Inkognitoadoption gem. § 1747 Abs. 2 Satz 2 BGB ausdrücklich erlaubt**. Eine Inkognitoadoption liegt dann vor, wenn zwar die Annehmenden bekannt sind („feststehende Annehmende"), aber deren Identität und deren Aufenthalt unbekannt („inkognito") bleiben soll.[10] In der Praxis muss die Einwilligung der Eltern dann darauf gerichtet sein, dass sie in die Annahme von unter einer Listennummer beim Jugendamt oder der Adoptionsvermittlungsstelle eingetragenen Personen einwilligen. Die Inkognitoeinwilligung ist daher in gewisser Weise die **Vorverlagerung des Offenbarungs- und Ausforschungsverbots in § 1758 BGB**.

12

III. Weitere Rechte des nichtehelichen Vaters

Der nichteheliche (rechtliche) Vater kann neben der Verweigerung seiner Einwilligung auch einen Antrag auf Übertragung der elterlichen Sorge nach § 1626a Abs. 2 oder § 1671 Abs. 2 BGB stellen. § 1747 Abs. 3 Nr. 3 BGB bestimmt diesbezüglich, dass über die Annahme als Kind dann so lange nicht entschieden werden darf, bis über den Sorgerechtsantrag entschieden worden ist (sog. **Sperrwirkung des Sorgerechtsantrags**).[11] Praktisch relevant ist diese Vorschrift v.a. für die Frage, ob die Voraussetzungen der Ersetzung der Einwilligung nach § 1748 Abs. 1 bis 3 BGB erfüllt sein müssen oder ob die Ersetzung der Einwilligung des nichtehelichen Vaters an den (etwas geringeren) Anforderungen des § 1748 Abs. 4 BGB zu messen ist (zur Relevanz bei § 1751 BGB siehe *Braun*, § 1751 BGB Rn. 12). Sowohl das Annahmeverfahren als auch das Ersetzungsverfahren ist in einem solchen Fall bis zur Entscheidung über das Sorgerecht gem. § 21 FamFG auszusetzen.[12]

13

---

7 Ebenso: Staudinger/*Frank*, § 1747 BGB Rn. 18
8 Ausführlich auch zur entsprechenden Rechtsprechung des EuGHMR: Staudinger/*Frank*, § 1747 BGB Rn. 14
9 LG Stuttgart NJW 1997, 2897
10 Palandt/*Götz*, § 1747 BGB Rn. 5
11 MüKo-BGB/*Maurer*, § 1747 BGB Rn. 37
12 OLG Naumburg FamRZ 2004, 810

14   **Keine Anwendung** kann § 1747 Abs. 3 Nr. 3 BGB für die Fälle finden, **in denen der nichteheliche Vater schon in die Annahme als Kind eingewilligt hat**.[13] Es darf nicht sein, dass der rechtliche Vater erst in die Annahme als Kind unwiderruflich nach §§ 1747 Abs. 1 Satz 1, 1750 Abs. 2 Satz 2 BGB einwilligt und später das Annahmeverfahren durch einen Antrag nach § 1747 Abs. 3 Nr. 3 BGB i.V.m. § 1626a Abs. 2 oder § 1671 Abs. 2 BGB wieder hemmen kann.[14] Anderenfalls würden dem nichtehelichen Vater mehr Rechte zugestanden werden als der Mutter, welche durch ihre unwiderrufliche Einwilligungserklärung (während der drei Jahre bis zum Außerkrafttreten) nicht mehr in das Adoptionsverfahren eingreifen kann.

15   Der nichteheliche Vater, welcher (noch) nicht rechtlicher Vater des Kindes ist, kann von der Sperrwirkung in § 1747 Abs. 3 Nr. 3 BGB keinen Gebrauch machen. Er kann die Annahme als Kind nur durch Glaubhaftmachung der Vaterschaft gem. § 1747 Abs. 1 Satz 2 BGB, durch Vaterschaftsanerkennung (wobei er hier die Zustimmung der Mutter benötigt) oder durch Beantragung eines Vaterschaftsfeststellungsverfahrens blockieren (hierzu schon oben Rn. 9).

IV. Der Verzicht auf die Einwilligung nach § 1747 Abs. 4 BGB

16   Nach § 1747 Abs. 4 BGB ist die Einwilligung eines Elternteils entbehrlich, wenn dieser **zur Erklärung dauernd außerstande** ist, **dessen Aufenthalt dauernd unbekannt** ist oder wenn **die Mutter ihre Identität bei einer vertraulichen Geburt nicht preisgibt**.

1. Die dauernde Unfähigkeit zur Erklärung

17   Die **dauernde Unfähigkeit zur Erklärung der Einwilligung** ist in der Praxis selten. Sie betrifft ausschließlich die Fälle, in denen sich die betreffende Person tatsächlich nicht äußern kann (z.B. bei dauernder Bewusstlosigkeit) oder nicht nur vorübergehend geschäftsunfähig ist. Bzgl. letzterer Voraussetzung sind die Kriterien des § 104 Nr. 2 BGB anzuwenden. Nicht ausreichend ist hingegen eine bloß beschränkte Geschäftsfähigkeit, wie § 1750 Abs. 3 Satz 2 BGB ausdrücklich klarstellt. Selbstverständlich ebenso nicht ausreichend ist die Tatsache, dass sich die einwilligungsberechtigte Person allein aufgrund körperlicher Gebrechen nicht äußern kann (z.B. taubstumme Personen).[15]

2. Der dauernd unbekannte Aufenthalt

18   Äußerst praxisrelevant ist hingegen der **Verzicht auf die Einwilligung wegen dauernd unbekannten Aufenthalts**. Hier besteht eine **direkte Konkurrenz zur Ersetzung der Einwilligung nach § 1748 Abs. 1 BGB** (v.a. wegen Gleichgültigkeit). Wie sich mittelbar aus § 1748 Abs. 2 Satz 2 BGB ergibt, ist bei unbekanntem Aufenthalt des entsprechenden Elternteils auch eine Ersetzung möglich. Dann ist keine Belehrung des Jugendamts erforderlich und ein Ersetzungsbeschluss könnte z.B. im Wege der öffentlichen Zustellung nach § 15 Abs. 2 FamFG i.V.m. § 185 ZPO wirksam und rechtskräftig werden.

19   Die **Entscheidung über die Konkurrenz** von § 1747 Abs. 4 BGB und § 1748 BGB ist von **großer praktischer Bedeutung**. Denn während bei einem ungerechtfertigten Verzicht auf die Einwilligung nach § 1747 Abs. 4 BGB eine Aufhebung nach § 1760 Abs. 1, Abs. 4 BGB möglich ist, führt die Ersetzung der Einwilligung zur faktischen Unaufhebbarkeit der Annahmeentscheidung. Unter Zugrundelegung dieser gesetzlichen Wertung muss die Konkurrenz zwischen § 1747 Abs. 4 BGB und § 1748 Abs. 1 BGB dahingehend gelöst werden, dass eine Ersetzung der Einwilligung nur dann möglich ist, wenn der entsprechende Elternteil überhaupt von der möglichen Adoption des eigenen Kindes Kenntnis er-

---

13   A.A. wohl: MüKo-BGB/*Maurer*, § 1747 BGB Rn. 3

14   In diesem Sinne: Staudinger/*Frank*, § 1747 BGB Rn. 38

15   Zu weit daher: MüKo-BGB/*Maurer*, § 1747 BGB Rn. 30

langt hat. Kam ihm dieser Umstand jedoch nicht zur Kenntnis, so kann bei unbekanntem Aufenthalt des Elternteils nur nach § 1747 Abs. 4 BGB verfahren werden.

Ab welchem **Zeitpunkt** der Aufenthalt nach § 1747 Abs. 4 BGB als „dauernd unbekannt" gilt, **hängt vom Einzelfall ab**. Die in der Literatur vertretene Forderung, mindestens sechs Monate den Aufenthaltsort zu ermitteln,[16] hat keinen Anspruch auf Allgemeingültigkeit, da allein die Dauer der Ermittlung keine Aussage über die Qualität der Ermittlungen trifft. Insgesamt ist zu bedenken, dass sowohl Privatpersonen als auch Gerichten und Jugendämtern aufgrund des deutschen Melderechts **tatsächliche Ermittlungsgrenzen** gesetzt sind.[17] Es gibt in Deutschland kein zentrales Melderegister und eine kommunale Meldeauskunft ist nur dann aussagekräftig, wenn die entsprechende Person auch ihren Meldepflichten nachgekommen ist. Eine Ausschreibung zur Aufenthaltsermittlung, wie sie von *Maurer* vorgeschlagen wird,[18] scheitert daran, dass es hierfür (im Gegensatz zu § 7 Abs. 3 IntFamRVG) im Verfahrensrecht zu Adoptionssachen keine Ermächtigungsgrundlage gibt. Noch schwieriger wird die Ermittlung bei einem (vermuteten) Aufenthalt der Person im Ausland. Hier können zwar durchaus ausländische Behörden (insb. ausländische Auslandsvertretungen) angeschrieben werden, eine Auskunftspflicht haben diese jedoch nicht. Die tatsächlichen Schwierigkeiten bei der Ermittlung bedeuten jedoch im Umkehrschluss nicht, dass sodann überhaupt keine Ermittlungen mehr erforderlich wären. Bestehen etwa Anzeichen oder Informationen für einen (vormaligen) Wohnsitz der Person, so ist dem ebenso nachzugehen wie wenn andere Personen (etwa Verwandte, Bekannte oder Nachbarn) wissen könnten, wo sich der entsprechende Elternteil aktuell aufhält. Ist ein vormaliger oder vermeintlicher Wohnsitz ermittelt, so sind Meldeauskünfte von den entsprechenden kommunalen Meldebehörden einzuholen (oder bei einem Auslandsaufenthalt die entsprechenden Auslandsvertretungen anzuschreiben). Bei häufigem Wohnortwechsel können die entsprechenden Ermittlungen im Einzelfall sehr lange dauern, was aber aufgrund des verfassungsrechtlich erheblichen Eingriffs in Art. 6 Abs. 2 Satz 1 GG hinzunehmen ist.[19]

3. Der Verzicht auf die Einwilligung bei einer vertraulichen Geburt

Mit Wirkung zum 1.5.2014 hat der Gesetzgeber mit dem *„Gesetz zum Ausbau der Hilfen für Schwangere und zur Regelung der vertraulichen Geburt"* eine **besondere Bestimmung in § 1747 Abs. 4 Satz 2 BGB** eingeführt. Die Einwilligung der Kindesmutter ist wegen dauernd unbekannten Aufenthalts auch dann entbehrlich, solange die Mutter ihre Identität bei einer vertraulichen Geburt gem. § 25 Abs. 1 SchKG nicht preisgibt. Ändert sie ihre Meinung während des Adoptionsverfahrens, so wird ihre Einwilligung wieder erforderlich.

4. Der Verzicht auf die Einwilligung aus sonstigen Gründen

Ein weiterer **Sonderfall** für den Verzicht auf die Einwilligung wird dann diskutiert, wenn es zwar einen rechtlichen Vater (ehelichen Vater nach § 1592 Nr. 1 BGB) gibt, **der Vater aber von der Existenz des Kindes nichts erfahren soll**, da ansonsten eine Gefahr für Leib und Leben der Mutter oder des Kindes besteht.[20] Die Erweiterung des Tatbestands in § 1747 Abs. 4 BGB ist verfassungsrechtlich aufgrund des erheblichen Eingriffs in das Elternrecht in Art. 6 Abs. 2 Satz 1 GG nicht unproblematisch, bei äußerst enger Auslegung jedoch angemessen. Eindeutig nicht ausreichen kann daher eine soziale oder gesellschaft-

---

16 So: BAGLJÄ, Empfehlungen zur Adoptionsvermittlung, Nr. 10.3.2; MüKo-BGB/*Maurer*, § 1747 BGB Rn. 31
17 Hieran ändert auch das (voraussichtlich) zum 1.11.2015 in Kraft tretende Bundesmeldegesetz nichts.
18 MüKo-BGB/*Maurer*, § 1747 BGB Rn. 31
19 Zu weiteren Hinweisen: BAGLJÄ, Empfehlungen zur Adoptionsvermittlung, 7. Auflage, Nr. 10.3.2
20 Vgl. mit weiteren Nachweisen: MüKo-BGB/*Maurer*, § 1747 BGB Rn. 32

liche Diskriminierungsgefahr für die Kindesmutter[21] oder ein „völliges Versagen" des Kindesvaters.[22] Bei einer Fehleinschätzung der Voraussetzungen droht die Aufhebung der Adoption nach § 1760 Abs. 1, Abs. 4 BGB.

§ 1748 BGB Ersetzung der Einwilligung eines Elternteils

(1) [1]Das Familiengericht hat auf Antrag des Kindes die Einwilligung eines Elternteils zu ersetzen, wenn dieser seine Pflichten gegenüber dem Kind anhaltend gröblich verletzt hat oder durch sein Verhalten gezeigt hat, dass ihm das Kind gleichgültig ist, und wenn das Unterbleiben der Annahme dem Kind zu unverhältnismäßigem Nachteil gereichen würde. [2]Die Einwilligung kann auch ersetzt werden, wenn die Pflichtverletzung zwar nicht anhaltend, aber besonders schwer ist und das Kind voraussichtlich dauernd nicht mehr der Obhut des Elternteils anvertraut werden kann.

(2) [1]Wegen Gleichgültigkeit, die nicht zugleich eine anhaltende gröbliche Pflichtverletzung ist, darf die Einwilligung nicht ersetzt werden, bevor der Elternteil vom Jugendamt über die Möglichkeit ihrer Ersetzung belehrt und nach Maßgabe des § 51 Abs. 2 des Achten Buches Sozialgesetzbuch beraten worden ist und seit der Belehrung wenigstens drei Monate verstrichen sind; in der Belehrung ist auf die Frist hinzuweisen. [2]Der Belehrung bedarf es nicht, wenn der Elternteil seinen Aufenthaltsort ohne Hinterlassung seiner neuen Anschrift gewechselt hat und der Aufenthaltsort vom Jugendamt während eines Zeitraums von drei Monaten trotz angemessener Nachforschungen nicht ermittelt werden konnte; in diesem Falle beginnt die Frist mit der ersten auf die Belehrung und Beratung oder auf die Ermittlung des Aufenthaltsorts gerichteten Handlung des Jugendamts. [3]Die Fristen laufen frühestens fünf Monate nach der Geburt des Kindes ab.

(3) Die Einwilligung eines Elternteils kann ferner ersetzt werden, wenn er wegen einer besonders schweren psychischen Krankheit oder einer besonders schweren geistigen oder seelischen Behinderung zur Pflege und Erziehung des Kindes dauernd unfähig ist und wenn das Kind bei Unterbleiben der Annahme nicht in einer Familie aufwachsen könnte und dadurch in seiner Entwicklung schwer gefährdet wäre.

(4) In den Fällen des § 1626a Absatz 3 hat das Familiengericht die Einwilligung des Vaters zu ersetzen, wenn das Unterbleiben der Annahme dem Kind zu unverhältnismäßigem Nachteil gereichen würde.

Weiterführende Literatur: Willutzki, Die Ersetzung der elterlichen Einwilligung in die Adoption, ZKJ 2007, 18.

Übersicht

---

21 So aber: BAGLJÄ, Empfehlungen zur Adoptionsvermittlung, 7. Auflage, Nr. 10.3.2; Staudinger/*Frank,* § 1747 BGB Rn. 47

22 AG Kerpen, JAmt 2004, 382

A. Allgemeines

Die Vorschrift bestimmt die Voraussetzungen für die **Ersetzung der Einwilligung eines** **1**
Elternteils. Die (rechtskräftige) Ersetzung führt zur Entbehrlichkeit der entsprechenden
Einwilligung und zum Eintritt der Rechtswirkungen in § 1751 BGB (insb. Verlust des Sorge-
und Umgangsrechts).

Aufgrund des erheblichen Eingriffs in das natürliche Elternrecht in Art. 6 Abs. 2 Satz 1 GG   **2**
(v.a. wegen der praktischen Unauflösbarkeit der voraussichtlich folgenden Annahme) ist
die Norm eng auszulegen.[1]

Statistisch gesehen ist die erfolgreiche Ersetzung eher selten. Im Jahr 2013 gingen den   **3**
insgesamt 3.793 Minderjährigenadoptionen nur 222 Ersetzungen nach § 1748 BGB voraus.[2]

Verfahrensrechtlich ist die Ersetzung ein getrenntes Verfahren im Vergleich zum Annah- **4**
meverfahren (§ 186 Nr. 2 FamFG). Die Ersetzung kann daher auch schon vor der Antragstellung auf Annahme als Kind beantragt werden. In der Praxis ist die Ersetzung jedoch
meist ein Zwischenverfahren zum Annahmeverfahren.

B. Inhalt der Norm

I. Übersicht über die Ersetzungstatbestände

§ 1748 BGB sieht fünf mögliche Fälle der Ersetzung vor. Je nach Ersetzungsgrund unter- **5**
liegt die Ersetzung unterschiedlichen Voraussetzungen:

- Die Ersetzung wegen Gleichgültigkeit (§ 1748 Abs. 1 Satz 1, 2. Fall, Abs. 2 BGB)

- Die Ersetzung wegen anhaltend gröblicher Pflichtverletzung (§ 1748 Abs. 1 Satz 1, 1.
  Fall BGB)

- Die Ersetzung wegen besonders schwerer Pflichtverletzung (§ 1748 Abs. 1 Satz 2 BGB)

- Die Ersetzung wegen dauernder Unfähigkeit zur Pflege und Erziehung des Kindes aufgrund psychischer Krankheit oder geistiger oder seelischer Behinderung (§ 1748
  Abs. 3 BGB)

- Die Ersetzung der Einwilligung des nicht sorgeberechtigten Vaters (§ 1748 Abs. 4 BGB)

II. Die Ersetzung wegen Gleichgültigkeit

Die Ersetzung wegen Gleichgültigkeit ist wohl der **Hauptanwendungsfall von** **6**
§ 1748 BGB in der Praxis. Zum Teil sind **Überschneidungen** zum weiteren Ersetzungsgrund der **anhaltend gröblichen Pflichtverletzung** zu erkennen. Insbesondere bei der
Verletzung der Unterhaltspflicht kann man an beide Ersetzungsgründe denken.

Um eine Einwilligung eines Elternteils wegen Gleichgültigkeit zu ersetzen, müssen **fol-** **7**
gende kumulative Voraussetzungen erfüllt sein:

1. Der Elternteil muss durch sein Verhalten gezeigt haben, dass ihm das Kind **gleichgül-**
   tig ist (§ 1748 Abs. 1, 2. Alt. BGB),

---

1 BayObLG FamRZ 2002, 1142
2 Quelle: Statistisches Bundesamt, Statistiken der Kinder- und Jugendhilfe – Adoptionen, 2013

2. das **Unterbleiben** der Annahme muss **dem Kind zu einem unverhältnismäßigen Nachteil** gereichen (§ 1748 Abs. 1 Satz 1 a.E. BGB), und

3. der Elternteil muss über die Folgen der Ersetzungsmöglichkeit vom Jugendamt **belehrt** und hierzu **beraten** worden sein (§ 1748 Abs. 2 BGB).

1. Die Gleichgültigkeit

8   Die Gleichgültigkeit ist eine **subjektive Einstellung**, welche aber im Rahmen des Verfahrens aufgrund objektiver Indizien festgestellt werden kann.[3] Allein das Vorbringen des Elternteils, dass ihm das Kind (aus seiner subjektiver Sicht) nicht gleichgültig ist, führt noch nicht zu einem Ausschluss der Ersetzung wegen Gleichgültigkeit.

9   Die Gleichgültigkeit drückt sich in einer **Teilnahmslosigkeit gegenüber der Entwicklung des Kindes** aus. Ein Kind braucht für seine Entwicklung neben den finanziellen und tatsächlichen Rahmenbedingungen insbesondere auch die emotionale, persönliche Zuwendung. Lässt ein Elternteil dieses Verhalten gegenüber dem Kind vermissen, obwohl er hierzu die Möglichkeit gehabt hat, so verhält er sich gleichgültig i.S.v. § 1748 Abs. 1 Satz 1 BGB.

10   Ab welcher Schwelle Gleichgültigkeit anzunehmen ist, hängt stark vom **Einzelfall** ab. Allein die willentliche Fremdunterbringung (in Vollpflege oder beim anderen Elternteil) oder der Verzicht auf das Sorgerecht[4] führt ebenso wenig zu einer Gleichgültigkeit wie bloß die Verletzung der finanziellen Unterhaltspflicht (zur Frage der gröblichen Pflichtverletzung aus diesem Grund: Rn. 21). Auch die Unmöglichkeit der Kontaktaufnahme oder der Kontaktaufrechterhaltung mit dem Kind wegen entsprechenden Verhaltens des anderen Elternteils (z.B. bei der Stiefkindadoption) oder aufgrund behördlicher Maßnahmen darf noch nicht zur Ersetzung der Einwilligung des anderen Elternteils führen.[5] Möchte der Elternteil aus nachvollziehbarer Rücksichtnahme eine Kontaktaufnahme mit dem Kind möglichst gering halten, um diesem psychische Überforderungen zu ersparen, so kann ihm auch hieraus kein Nachteil durch Ersetzung seiner Einwilligung erwachsen.[6] Vielmehr müssen weitere Indizien dazukommen, welche auf eine Teilnahmslosigkeit schließen lassen. Zu nennen ist hierbei das wiederholte Verstreichenlassen von angebotenen Umgangsmöglichkeiten mit dem Kind,[7] das Untertauchen ohne Hinterlassen einer Kontaktadresse oder zu geringe Anstrengungen, sein eigenes Leben in den Griff zu bekommen (häufig bei drogenabhängigen Elternteilen).[8]

2. Unverhältnismäßiger Nachteil ohne Adoption

11   Zur Gleichgültigkeit muss hinzukommen, dass **ein Unterbleiben der Annahme zu unverhältnismäßigen Nachteilen für das Kind führen würde**. Aus Sicht des Kindes wird damit der Maßstab des § 1741 Abs. 1 Satz 1 BGB (Kindeswohldienlichkeit) erheblich in die Richtung verschärft, dass ein Eingriff in das natürliche Elternrecht nur dann gerechtfertigt ist, wenn das Kind ohne die Annahme erhebliche Nachteile hätte.[9] Im Ergebnis müssen dabei die Interessen des Kindes und die Interessen des die Einwilligung verweigernden Elternteils gegeneinander abgewogen werden. Dabei ist der Nachteil, den das Unterbleiben der Adoption bedeutet, in Beziehung zu setzen zur Schwere des Eingriffs in das Eltern-

---

3 BayObLG FamRZ 2005, 541; Palandt/*Götz*, § 1748 BGB Rn. 1
4 BayObLG FamRZ 2002, 1142 (kein Wehren gegen den Entzug des Sorgerechts)
5 BayObLG FamRZ 2002, 1142, 1144; BayObLG FamRZ 1998, 1196
6 BayObLG NJW-RR 2004, 578, 580
7 BayObLG NJW-RR 1991, 1219
8 OLG Köln FamRZ 1987, 203
9 Palandt/*Götz*, § 1748 BGB Rn. 6

recht.[10] Ein bloßes Überwiegen der Interessen des Kindes genügt indes nicht.[11] Die Ersetzung muss vielmehr erforderlich sein, um die infolge der Gleichgültigkeit des Elternteils eingetretene oder drohende Gefahr für eine gesunde Entwicklung des Kindes abzuwenden.[12] Dabei sind auch die psychischen Folgen für das Kind im Fall des Unterbleibens der Adoption zu berücksichtigen.[13]

Ein **entscheidender Faktor** bei der Gesamtabwägung ist dabei **das Bestehen und die Dauer eines (Adoptions-)Pflegeverhältnisses**. Es liegt in der Regel ein „unverhältnismäßiger Nachteil" für das Kind vor, wenn das Kind schon längere Zeit in der neuen Umgebung gelebt hat und die Ersetzung bzw. Annahme versagt werden würde.[14] Eindeutig ist dies in den Fällen, in denen die Ablehnung der Adoption zu einer tatsächlichen Umgebungsveränderung für das Kind führen würde, da die Adoptionspflegeeltern nicht bereit wären, das Kind auch ohne Adoption weiterhin in ihrer Familie zu belassen (z.B. im Wege eines Dauerpflegeverhältnisses).[15] Doch selbst wenn sie dazu bereit wären, ist zu diskutieren, ob eine Versagung der Adoption zu einem unverhältnismäßigen Nachteil für das Kind führen würde.[16] Schließlich ist der Status des Kindes bei einem Pflegeverhältnis wesentlich schwächer und unsicherer als bei einer durchgeführten Adoption.

12

Etwas anderes gilt bei **Verwandten- und Stiefkindkonstellationen**. Betrachtet man die Rechtsprechung des Bundesverfassungsgerichts und des Bundesgerichtshofs zu den Anforderungen der Ersetzung der Einwilligung des anderen Elternteils,[17] so wird bei einer Stiefkindadoption ein unverhältnismäßiger Nachteil für das Kind ohne Adoption nur selten zu bejahen sein. Schließlich würde eine Versagung der Annahme als Kind gerade nicht zu einer tatsächlichen Veränderung oder Verschlechterung der Situation des Kindes in der Stieffamilie führen (hierzu schon: *Braun* § 1741 BGB Rn. 15 und weiterhin: Rn. 31).[18] Ähnliches gilt bei der Adoption durch Verwandte. Zwar ist deren Rechtsposition ohne Adoption schwächer als bei Adoption. Da in der Regel aber die leiblichen Eltern tatsächlich präsent bleiben, scheidet eine Ersetzung in der Gesamtabwägung auch dann aus, wenn sich der entsprechende Elternteil in der Vergangenheit gleichgültig oder pflichtwidrig verhalten hat.[19]

13

3. Formelle Voraussetzung der Belehrung und Beratung

Bei Gleichgültigkeit, welche nicht auch eine anhaltend gröbliche Pflichtverletzung darstellt, bedarf es in formeller Hinsicht nach § 1748 Abs. 2 BGB noch der **Belehrung und Beratung durch das Jugendamt** (§ 1748 Abs. 2 BGB). Die Ersetzung darf nicht ausgesprochen werden, solange die **Frist von drei Monaten seit der Belehrung** noch läuft. Fand keine Belehrung oder Beratung statt und war diese auch nicht entbehrlich (vgl. § 1748 Abs. 2 Satz 2 BGB), so ist die Ersetzung rechtswidrig und kann auch dann in der nächsten Instanz zur Aufhebung der Entscheidung führen, wenn ansonsten die Voraussetzungen für die Ersetzung aufgrund Gleichgültigkeit erfüllt waren.[20] Auch eine Verfassungsbeschwerde hat bei evidenter Missachtung der entsprechenden Beratungs- und Be-

14

---

10 BGH NJW 2005, 1781; BayObLG NJW-RR 2005, 116
11 OLG Köln, Beschl. v. 22.12.2011 – Az.: 4 UF 182/11, juris
12 Staudinger/*Frank*, § 1748 BGB Rn. 38
13 BayObLG NJW-RR 1997, 1364, 1365; LG Bochum ZKJ 2012, 150
14 Ausdrücklich: MüKo-BGB/*Maurer*, § 1748 BGB Rn. 42
15 Staudinger/ *Frank*, § 1748 BGB Rn. 42
16 Hierfür: OLG Stuttgart FamRZ 2005, 542; BGH NJW-RR 1986, 802, 803; BayObLG FamRZ 2004, 1812; LG Bochum ZKJ 2012, 150; dagegen: OLG Schleswig NJW-RR 1994, 885
17 BVerfG NJW 2006, 827, 828; ähnlich: BGH NJW 2005, 1781
18 So auch: MüKo-BGB/*Maurer*, § 1748 BGB Rn. 48
19 Staudinger/*Frank*, § 1748 BGB Rn. 43; a.A. BayObLG FamRZ 1997, 514
20 MüKo-BGB/*Maurer*, § 1748 BGB Rn. 22; a.A. hinsichtlich der Beratung: Staudinger/*Frank*, § 1748 BGB Rn. 30, 34 (die Beratung nach § 51 Abs. 2 SGB VIII sei nur eine Soll-Vorschrift)

lehrungsvorgaben Aussicht auf Erfolg, insbesondere dann, wenn fälschlicherweise vom Vorliegen eines dauernd unbekannten Aufenthalts nach § 1748 Abs. 2 Satz 2 BGB ausgegangen worden ist.[21]

15 **Sinn und Zweck** der Belehrung und Beratung ist einerseits die **Aufklärung** des entsprechenden Elternteils zu den drohenden rechtlichen Folgen einer Ersetzung sowie andererseits die **Eröffnung der Möglichkeit zur Änderung des gleichgültigen Verhaltens**. Letzterem dient die im Gesetz vorgesehene Drei-Monats-Frist.

16 **Adressat** der Vorschrift ist das **Jugendamt**. Dieses (und nicht etwa eine Adoptionsvermittlungsstelle in freier Trägerschaft) übernimmt die Aufgabe der Beratung und Belehrung, was auch in § 51 SGB VIII praktisch wortgleich noch einmal wiederholt wird. Die **örtliche Zuständigkeit des Jugendamts** folgt aus §§ 87b Abs. 1, 86 Abs. 1 bis 4 SGB VIII.

17 **Inhalt der Belehrung** ist der Hinweis auf die Folgen der Ersetzung. Auch auf die Drei-Monats-Frist ist zwingend hinzuweisen. **Inhalt der Beratung** ist der Hinweis auf Hilfen, welche eine Erziehung in der eigenen Familie ermöglichen würden (§ 51 Abs. 2 SGB VIII). Ist eine Rückführung von vornherein ausgeschlossen, so bedarf es einer solchen Beratung aber nicht (§ 51 Abs. 2 Satz 2 SGB VIII). Dann ist lediglich über die Möglichkeiten zur Vermeidung einer Ersetzung aufgrund Gleichgültigkeit zu beraten.

18 **Von der Belehrung kann abgesehen werden**, wenn der Aufenthaltsort des entsprechenden Elternteils dauernd unbekannt ist (§ 1748 Abs. 2 Satz 2 BGB). Dies ist nach dem Gesetzeswortlaut dann der Fall, wenn der Elternteil seinen Aufenthaltsort ohne Hinterlassung einer neuen Anschrift gewechselt hat und das Jugendamt für die Dauer von drei Monaten versucht hat, den neuen Aufenthaltsort zu ermitteln. Die Frist zur Ersetzung beginnt dann mit der ersten auf die Belehrung oder Beratung gerichteten Handlung des Jugendamts (z.B. mit dem ersten Versuch der Kontaktaufnahme) (§ 1748 Abs. 3 Satz 2, 2. HS BGB).

19 Die **Ersetzung wegen Gleichgültigkeit ohne Belehrung wegen unbekannten Aufenthalts** darf **nur** ausgesprochen werden, **wenn der Elternteil wenigstens von der Möglichkeit der Adoption seines Kindes erfahren hatte**. Weiß der Elternteil hingegen nicht einmal von dem Adoptionswunsch des oder der Annehmenden, so kommt bei dauernd unbekanntem Aufenthalt nur ein Verzicht auf die Einwilligung nach § 1747 Abs. 4 BGB in Betracht (siehe hierzu *Braun* § 1747 BGB Rn. 19).

III. Die Ersetzung wegen anhaltend gröblicher Pflichtverletzung

20 Die Voraussetzungen für eine Ersetzung aufgrund einer anhaltend gröblichen Pflichtverletzung sind wie folgt:

- Es muss eine **anhaltend gröbliche Pflichtverletzung** vorliegen (§ 1748 Abs. 1 Satz 1, 1. Alt. BGB) und

- das **Unterbleiben** der Annahme muss **dem Kind zu einem unverhältnismäßigen Nachteil gereichen** (§ 1748 Abs. 1 Satz 1 a.E. BGB).

1. Die anhaltend gröbliche Pflichtverletzung

21 Eine **gröbliche Pflichtverletzung** erfordert, dass der Elternteil existentielle körperliche, geistige oder seelische Bedürfnisse des Kindes nicht befriedigt und dadurch einer wesentlichen Elternpflicht nicht oder nur unzureichend nachkommt. Diese Pflichtverletzung muss **von einer gewissen Dauer** sein ("anhaltend"), wobei die konkrete Dauer von Faktoren wie der Schwere der Pflichtverletzung und dem Alter des Kindes abhängt.[22] Eine anhal-

---

21 So bei: BVerfG FamRZ 2003, 1448
22 Zu Einzelheiten: MüKo-BGB/*Maurer*, § 1748 BGB Rn. 16 f.

tende gröbliche Pflichtverletzung liegt auch dann vor, wenn sie in der Vergangenheit stattgefunden hat, ohne dass sie heute noch andauert.[23] **Beispiele** hierfür ist das andauernde Versagen zur Versorgung des Kindes,[24] der andauernde Suchtmittelgebrauch während der Schwangerschaft[25] oder die massive andauernde körperliche Züchtigung des Kindes.[26]

Umstritten ist, unter welchen Voraussetzungen eine **Verletzung der Unterhaltspflicht** nach $\S\S$ 1601 ff. BGB zu einer gröblichen Pflichtverletzung führen kann. Während einige Stimmen es ausreichen lassen, dass der unterhaltsverpflichtete Elternteil trotz Leistungsfähigkeit wissentlich den Barunterhalt für das Kind über einen längeren Zeitraum nicht zahlt,[27] geht die wohl h.M. zusätzlich noch auf die Auswirkungen für das Kind ein.[28] Nur wenn dessen Wohl durch die Unterhaltspflichtverletzung gefährdet ist bzw. dieses tatsächliche Not leidet,[29] soll der Ersetzungsgrund eingreifen. Dieser Einschätzung ist im Ergebnis zuzustimmen. Schließlich fordert $\S$ 1748 Abs. 1 Satz 1 BGB auch, dass das Unterbleiben der Annahme dem Kind zu unverhältnismäßigen Nachteilen gereichen muss. Wird es aber durch andere Stellen finanziell versorgt, so kann eine Ersetzung auch bei noch so großer vorhergehender Unterhaltspflichtverletzung nicht erfolgen.

2. Unverhältnismäßiger Nachteil ohne Adoption

Zur Feststellung der anhaltend gröblichen Pflichtverletzung muss noch hinzukommen, dass das Unterbleiben der Annahme dem Kind **zu unverhältnismäßigem Nachteil gereichen** würde ($\S$ 1748 Abs. 1 Satz 1 a.E. BGB). Bezüglich der Voraussetzungen dieses wichtigen Prüfungspunkts gelten die obigen Ausführungen zum Ersetzungsgrund der Gleichgültigkeit entsprechend (Rn. 11 bis 13).

IV. Die Ersetzung wegen besonders schwerer Pflichtverletzung

Eine Ersetzung wegen einer Pflichtverletzung eines Elternteils ist auch dann möglich, wenn die Pflichtverletzung nicht „anhaltend" war. Dann muss die **Pflichtverletzung** aber **besonders schwer** sein. Dies ist dann der Fall, wenn eine Wiederanvertrauung des Kindes an den Elternteil völlig ausgeschlossen ist ($\S$ 1748 Abs. 2 Satz 2 BGB).[30] Hauptanwendungsfall ist die Begehung schwerster Straftaten.[31] Die Grenze zu der anhaltend gröblichen Pflichtverletzung ist dabei fließend. Bei einer besonders schweren Pflichtverletzung bedarf es keiner Prüfung, ob ein Unterbleiben der Annahme dem Kind zu einem unverhältnismäßigen Nachteil gereicht.

V. Die Ersetzung wegen dauernder Unfähigkeit zur Erziehung wegen psychischer Erkrankung oder Behinderung

Der Ersetzungsgrund wegen dauernder Unfähigkeit zur Pflege und Erziehung des Kindes aufgrund psychischer Krankheit oder geistiger oder seelischer Behinderung ($\S$ 1748 Abs. 3 BGB) ist aufgrund der hohen weitergehenden Voraussetzungen **in der Praxis äußerst selten**.

22

23

24

25

---

23 OLG Braunschweig FamRZ 1997, 513
24 BVerfG FPR 2002, 264
25 OLG Frankfurt FamRZ 2008, 296
26 BayObLG FamRZ 1988, 871
27 So: MüKo-BGB/*Maurer*, $\S$ 1748 BGB Rn. 14 f.
28 Ausführlich: BayObLG NJW-RR 1997, 1364
29 BayObLG FamRZ 2002, 1142
30 Palandt/*Götz*, $\S$ 1748 BGB Rn. 7
31 Vgl. die Fälle bei: OLG Brandenburg FamRZ 2007, 2006 (Tötung der Mutter durch den Vater); BayObLG NJW-RR 1990, 776 (Kindesentziehung über einen langen Zeitraum)

26 Maßgeblich müssen folgende kumulativen Begebenheiten festzustellen sein:

- Der Elternteil muss aufgrund einer schweren psychischen Erkrankung oder schweren geistigen oder seelischen Behinderung dauernd unfähig zur Pflege und Erziehung des Kindes sein. Sowohl der direkte Zusammenhang zwischen der schweren Beeinträchtigung und der Unfähigkeit zur Versorgung als auch die Erheblichkeit der Beeinträchtigung („besonders schwere …") als auch eine gewisse zeitliche Dauer der Unfähigkeit im Sinne einer Unabsehbarkeit müssen festgestellt werden. Es genügt weder eine Verdachtsdiagnose[32] noch das nur gelegentliche Auftreten der Erkrankung.[33]

- Hinzukommen muss, dass das Kind bei einem Unterbleiben der Annahme nicht in einer Familie aufwachsen könnte, also dass ausschließlich eine Heimaufnahme in Betracht käme. Steht eine (auch dem Kind bislang unbekannte) Pflegefamilie zur Verfügung, so scheidet eine Ersetzung aufgrund von § 1748 Abs. 3 BGB aus. Das Gleiche gilt, wenn die Alternative des Aufwachsens bei sonstigen Verwandten besteht.[34]

VI. Die Ersetzung der Einwilligung eines nicht sorgeberechtigten Vaters

27 Als letzte Ersetzungsmöglichkeit kommt die Ersetzung der Einwilligung eines Vaters gem. § 1748 Abs. 4 BGB in Betracht, **wenn dieser nie das Sorgerecht für das Kind hatte** (Fall von § 1626a Abs. 3 BGB) und wenn ein **Unterbleiben** der Annahme dem Kind **zu einem unverhältnismäßigen Nachteil** gereichen würde.

28 § 1748 Abs. 4 BGB ist historisch im Zusammenhang mit den erweiterten Einwilligungsrechten von biologischen Vätern nach § 1747 Abs. 1 Satz 2 BGB und mit § 1747 Abs. 3 BGB zu sehen.[35] Eindeutig gilt § 1748 Abs. 4 BGB daher **auch für die Ersetzung der Einwilligung des Vaterschaftsprätendenten**. Die Vorschrift ist äußerst praxisrelevant und ihre Auslegung war schon von Anfang an umstritten.[36] Durch die Rechtsprechung des Bundesgerichtshofs und des Bundesverfassungsgerichts aus den Jahren 2005 und 2006 sind die Streitfragen aber nunmehr wohl geklärt.

29 Die Intention des Gesetzgebers war die Ersetzung unabhängig von einem Fehlverhalten des nicht sorgeberechtigten Vaters zu ermöglichen, damit der Vater, welcher nie Verantwortung für das Kind getragen hat, die Adoption nicht verhindern kann.[37] Dies ist jedoch aufgrund der Bedeutung des natürlichen Elternrechts in Art. 6 Abs. 2 Satz 1 GG zu kurz gedacht, so dass eine **verfassungsmäßige Auslegung von § 1748 Abs. 4 BGB** erforderlich ist.[38] Hiernach kommt es nicht nur darauf an, ob ein Unterlassen der Annahme dem Kind einen unverhältnismäßigen Nachteil bringt (Sichtweise des Kindes), sondern auch, ob die grundrechtlich geschützten Interessen des Vaters ausreichend gewahrt sind (Sichtweise des Vaters).

30 Es ist **im Einzelfall eine umfassende Interessenabwägung** vorzunehmen. Im Ergebnis sind damit die Voraussetzungen des § 1748 Abs. 4 BGB praktisch die gleichen wie bei den Ersetzungsgründen in § 1747 Abs. 1 Satz 1 BGB. Nicht umsonst hat das Bundesverfassungsgericht eine anderweitige Auslegung als **Verstoß gegen den Gleichheitssatz in Art. 3 Abs. 1 GG** gewertet (Väter, deren Einwilligung nur nach § 1748 Abs. 1 Satz 1 BGB

---

32 A.A. BayObLG FamRZ 1984, 201
33 A.A. Palandt/*Götz,* § 1748 BGB Rn. 9, welcher ein schubweises Auftreten ausreichen lässt
34 Staudinger/*Frank,* § 1748 BGB Rn. 57
35 Ausführlich: *Willutzki,* ZKJ 2007, 18, 25 f.
36 Vgl. schon die unterschiedlichen Meinungen zwischen Bundesrat und Bundestag im Gesetzgebungsprozess: BT-Drucks. 13/4899, 157 und 170
37 BT-Drucks. 13/4899, 170
38 BGH NJW 2005, 1781, 1783; BVerfG NJW 2006, 827, 828; BVerfG NJW 2006, 2470, 2471

ersetzt werden kann und Väter, welche dem Regime von § 1748 Abs. 4 BGB unterworfen sind).[39]

Bei einer Ersetzung nach § 1748 Abs. 4 BGB ist daher zusammenfassend **Folgendes zu berücksichtigen**. Zunächst ist zu fragen, ob der Vater schon einmal seine **Elternverantwortung wahrgenommen hat oder diese wahrnehmen wollte**, er hieran aber von anderen Personen (meist von der Mutter) gehindert worden ist.[40] Ist dies der Fall, so überwiegt in der Regel das Interesse des Kindesvaters. Bei Stiefkindkonstellationen sind sogar noch strengere Voraussetzungen anzusetzen, da hier in der Regel das Absehen von einer Annahme dem Kind keinen unverhältnismäßigen Nachteil bringt (siehe hierzu auch: Rn. 13 und *Braun*, § 1741 Rn. 15).[41] Darüber hinaus kommt es ebenso darauf an, **ob der Vater** den fehlenden Kontakt oder den Abbruch des Kontakts mit dem Kind **durch eigenes Verhalten zu verantworten hat**, so dass „ein sich verständig um sein Kind sorgender Elternteil auf der Erhaltung des Verwandtschaftsbandes nicht bestehen würde".[42] **Allein das Überwiegen der Interessen des Kindes genügt nicht**, vielmehr muss eine Adoption trotz des Eingriffs in das Elternrecht geradezu erforderlich sein.[43]

§ 1749 BGB Einwilligung des Ehegatten

(1) [1]Zur Annahme eines Kindes durch einen Ehegatten allein ist die Einwilligung des anderen Ehegatten erforderlich. Das Familiengericht kann auf Antrag des Annehmenden die Einwilligung ersetzen. [2]Die Einwilligung darf nicht ersetzt werden, wenn berechtigte Interessen des anderen Ehegatten und der Familie der Annahme entgegenstehen.

(2) Zur Annahme eines Verheirateten ist die Einwilligung seines Ehegatten erforderlich.

(3) Die Einwilligung des Ehegatten ist nicht erforderlich, wenn er zur Abgabe der Erklärung dauernd außerstande oder sein Aufenthalt dauernd unbekannt ist.

Die Norm regelt die Erforderlichkeit der Einwilligung des Ehegatten in eine Annahme als Kind. Die Vorschrift ist bei der Minderjährigenadoption **eigentlich nur bei der Stiefkindadoption praxisrelevant**.[1] Bei der gemeinsamen Adoption (§ 1741 Abs. 2 Satz 2 BGB) stellen die Ehegatten schließlich zusammen den Antrag nach § 1752 BGB, so dass es auch nicht mehr der gegenseitigen Einwilligung nach § 1749 Abs. 1 BGB bedürfte. Die Einwilligung des Ehegatten des anzunehmenden Kindes nach § 1749 Abs. 2 BGB ist wiederum äußerst selten, weil der minderjährige Anzunehmende in aller Regel nicht verheiratet ist.

Das Wirksamwerden, die (notarielle) Form, die Höchstpersönlichkeit sowie die Bedingungs- und Befristungsfeindlichkeit der Einwilligungserklärung sind in § 1750 BGB geregelt.

§ 1749 Abs. 1 BGB findet seine Entsprechung **im Lebenspartnerschaftsrecht** in § 9 Abs. 6 LPartG.

Auf die Einwilligung des Ehegatten (oder Lebenspartners) kann **gemäß § § 1749 Abs. 3 BGB verzichtet** werden. Hier gelten die gleichen Voraussetzungen wie bei § 1747 Abs. 4 Satz 1 BGB (siehe hierzu *Braun*, § 1747 BGB Rn. 17 ff.).

39 BVerfG NJW 2006, 827, 828; BVerfG NJW 2006, 2470, 2471
40 Palandt/*Götz*, § 1748 BGB Rn. 12
41 BGH NJW 2005, 1781, 1783; BVerfG NJW 2006, 827, 828; zu zwei möglichen Fällen wegen Krankheit des Kindes: OLG Saarbrücken ZKJ 2013, 305; OLG Hamm, Beschl. v. 19.1.2015 – Az.: 4 UF 136/14, beck-online
42 OLG Hamm, Beschl. v. 19.1.2015 – 4 UF 136/14, beck-online
43 So auch: OLG Saarbrücken ZKJ 2013, 305; OLG Stuttgart FamRZ 2005, 542; BayObLG FamRZ 2005, 1587
1 So auch: Staudinger/*Frank*, § 1749 BGB Rn. 2

5 Die **Ersetzung der Einwilligung** des Ehegatten des Annehmenden nach § 1749 Abs. 1 Satz 2 und Satz 3 BGB ist äußerst selten, da der Ehegatte bei der Stiefkindadoption in aller Regel auch im Namen des Kindes nach § 1746 Abs. 1 BGB in die Annahme einwilligen muss und wird.[2] Es ist auch zu fragen, welches Interesse ein Annehmender hat, das Kind seines Ehepartners zu adoptieren, wenn dieser damit nicht einverstanden ist. Der Anwendungsbereich beschränkt sich daher wohl ausschließlich auf die Fälle von § 1741 Abs. 2 Satz 4, 2. Fall BGB (alleinige Annahme eines Kindes, wenn der Ehepartner noch nicht 21 Jahre alt ist) und der Alleinadoption durch einen Lebenspartner (§ 9 Abs. 6 Satz 2 LPartG verweist ausdrücklich auf § 1749 Abs. 1 Satz 2 und 3 BGB).

§ 1750 BGB Einwilligungserklärung

(1) **¹Die Einwilligung nach §§ 1746, 1747 und 1749 ist dem Familiengericht gegenüber zu erklären. ²Die Erklärung bedarf der notariellen Beurkundung. ³Die Einwilligung wird in dem Zeitpunkt wirksam, in dem sie dem Familiengericht zugeht.**

(2) **¹Die Einwilligung kann nicht unter einer Bedingung oder einer Zeitbestimmung erteilt werden. ²Sie ist unwiderruflich; die Vorschrift des § 1746 Abs. 2 bleibt unberührt.**

(3) **¹Die Einwilligung kann nicht durch einen Vertreter erteilt werden. ²Ist der Einwilligende in der Geschäftsfähigkeit beschränkt, so bedarf seine Einwilligung nicht der Zustimmung seines gesetzlichen Vertreters. ³Die Vorschrift des § 1746 Abs. 1 Satz 2, 3 bleibt unberührt.**

(4) **¹Die Einwilligung verliert ihre Kraft, wenn der Antrag zurückgenommen oder die Annahme versagt wird. ²Die Einwilligung eines Elternteils verliert ferner ihre Kraft, wenn das Kind nicht innerhalb von drei Jahren seit dem Wirksamwerden der Einwilligung angenommen wird.**

Übersicht

A. Allgemeines

1 § 1750 BGB bestimmt die **Förmlichkeiten**, das **Wirksamwerden**, die **Unwiderruflichkeit** und das **Außerkrafttreten** von Einwilligungserklärungen nach §§ 1746, 1747 und 1749 BGB. In der (notariellen) Praxis passieren hier viele Fehler. Ein Verstoß gegen die Vorgaben des § 1750 BGB führt zwar nicht zur Nichtigkeit der Annahmeentscheidung. Möglich ist jedoch, dass eine Annahme im Nachhinein aufhebbar wird, wenn z.B. eine Einwilligungserklärung nach § 1750 Abs. 4 BGB ihre Kraft verloren hat und die Annahme dennoch ausgesprochen wurde. Dann gilt die Einwilligung als nicht erteilt i.S.v. § 1760 Abs. 1 BGB.

---

2 Zu möglichen Fallgruppen: MüKo-BGB/*Maurer*, § 1749 BGB Rn. 5

B. Inhalt der Norm

I. Die Form der notariellen Beurkundung

Sämtliche Einwilligungserklärungen nach §§ 1746, 1747, 1749 BGB bedürfen der **notariell beurkundeten Form** (§ 1750 Abs. 1 Satz 2 BGB). Eine bloße Unterschriftsbeglaubigung (§ 129 BGB) oder eine Beurkundung durch das Jugendamt nach § 59 SGB VIII ist nicht ausreichend. Der Sinn und Zweck der notariellen Beurkundungspflicht liegt v.a. in der Belehrungsfunktion des Notars. Die Rechtsfolgen der (unwiderruflichen) Einwilligungen sind so erheblich, dass diese nur nach ausführlicher Aufklärung durch den Notar erfolgen soll. **2**

II. Wirksamwerden

Die jeweilige Einwilligungserklärung wird **mit Zugang beim Familiengericht wirksam** (§ 1750 Abs. 1 Satz 1 und 3 BGB). Dabei gilt die entsprechende Erklärung auch dann als zugegangen, wenn sie bei einem örtlich unzuständigen Gericht eingeht.[1] Der Zeitpunkt des Wirksamwerdens ist relevant für den Eintritt der Unwiderruflichkeit der jeweiligen Einwilligung (§ 1750 Abs. 2 Satz 2 BGB) sowie für den Beginn der Fristberechnung der Drei-Jahres-Frist des Außerkrafttretens der Einwilligungen der Eltern gem. § 1750 Abs. 4 Satz 2 BGB. Mit dem Zeitpunkt des Zugangs der Einwilligungserklärung eines Elternteils beim Familiengericht treten darüber hinaus die Rechtswirkungen des § 1751 BGB ein (insb. das „Ruhen" der elterlichen Sorge und der Verlust des Umgangsrechts). **3**

Die Einwilligungserklärung wird erst dann wirksam, wenn auch eine **Ausfertigung der notariellen Erklärung** bei Gericht eingeht. Eine beglaubigte Abschrift genügt nicht.[2] Hierauf ist in der notariellen Praxis unbedingt zu achten. **4**

III. Unwiderruflichkeit

Sämtliche Einwilligungserklärungen sind **unwiderruflich** (§ 1750 Abs. 2 Satz 2 BGB), außer die Einwilligungserklärung des über 14-jährigen (und nicht geschäftsunfähigen) Kindes (§ 1746 Abs. 2 BGB; hierzu *Braun*, § 1746 BGB Rn. 5). Die Unwiderruflichkeit tritt mit Zugang der Erklärung bei Gericht ein (siehe oben Rn. 3). **5**

IV. Bedingungs- und Befristungsfeindlichkeit

Die jeweilige Einwilligungserklärung **darf nicht von einer aufschiebenden oder aufhebenden Bedingung abhängig gemacht werden** (§ 1750 Abs. 2 Satz 1 BGB). Insbesondere darf etwa ein Elternteil seine eigene Einwilligung nicht davon abhängig machen, dass auch der andere Elternteil in die Annahme nach § 1747 Abs. 1 BGB einwilligt. **6**

Die Einwilligungserklärung darf auch **nicht unter eine Zeitbestimmung** gestellt werden. Eine Einwilligungserklärung kann wegen Zeitablaufs nur im Fall von § 1750 Abs. 4 Satz 2 BGB außer Kraft treten. Ansonsten gelten die Einwilligungserklärungen zeitlich unbegrenzt, solange der Antrag nicht zurückgezogen oder gerichtlich zurückgewiesen worden ist (§ 1750 Abs. 4 Satz 1 BGB). **7**

V. Die Höchstpersönlichkeit

Im Grundsatz ist weder eine gewillkürte noch eine gesetzliche Vertretung bei der Erklärung einer Einwilligung erlaubt (**Höchstpersönlichkeit**, § 1750 Abs. 3 Satz 1 BGB). Selbst eine beschränkt geschäftsfähige Person bedarf für die Erklärung keiner Zustimmung ihres gesetzlichen Vertreters (§ 1750 Abs. 3 Satz 2 BGB). Ausnahme hiervon ist nur die Einwilli- **8**

---

1 MüKo-BGB/*Maurer*, § 1750 BGB Rn. 10
2 OLG Hamm NJW 1982, 1002

gung des über 14-jährigen Kindes, welche nach § 1746 Abs. 1 Satz 3 BGB gerade der Zustimmung des gesetzlichen Vertreters bedarf.

9 Das **geschäftsunfähige Kind** erklärt die Einwilligung hingegen nicht höchstpersönlich, sondern durch seinen gesetzlichen Vertreter (§ 1746 Abs. 1 Satz 2 BGB). Die Erklärungen sonstiger **geschäftsunfähiger Personen** sind schon wegen §§ 1747 Abs. 4, 1749 Abs. 3 BGB entbehrlich.

VI. Außerkrafttreten der Einwilligungserklärungen

10 Die jeweiligen Einwilligungserklärungen treten nach § 1750 Abs. 4 BGB in drei Fällen außer Kraft:

- bei Zurücknahme des Annahmeantrags nach § 1752 BGB

- bei rechtskräftiger Ablehnung der Annahme als Kind

- bei der Einwilligung eines Elternteils gem. § 1747 BGB nach Ablauf von drei Jahren, wobei die Frist mit Wirksamwerden der Einwilligungserklärung beginnt (siehe hierzu oben Rn. 3).

VII. Die Anfechtung von Einwilligungserklärungen

11 Als Willenserklärungen sind sämtliche Einwilligungserklärungen auch nach §§ 119 ff. BGB anfechtbar. Die Wirksamkeit einer Erklärung kann durch ein gesondertes Zwischenverfahren überprüft werden, vor dessen Abschluss nicht über die Annahme als Kind entschieden werden darf.[3] Nach Wirksamwerden der Annahmeentscheidungen stellen Willensmängel bzw. Täuschungen und Drohungen Aufhebungsgründe nach § 1760 Abs. 2 BGB dar.

§ 1751 BGB Wirkung der elterlichen Einwilligung, Verpflichtung zum Unterhalt

(1) ¹Mit der Einwilligung eines Elternteils in die Annahme ruht die elterliche Sorge dieses Elternteils; die Befugnis zum persönlichen Umgang mit dem Kind darf nicht ausgeübt werden. ²Das Jugendamt wird Vormund; dies gilt nicht, wenn der andere Elternteil die elterliche Sorge allein ausübt oder wenn bereits ein Vormund bestellt ist. ³Eine bestehende Pflegschaft bleibt unberührt. ⁴Für den Annehmenden gilt während der Zeit der Adoptionspflege § 1688 Abs. 1 und 3 entsprechend.

(2) Absatz 1 ist nicht anzuwenden auf einen Ehegatten, dessen Kind vom anderen Ehegatten angenommen wird.

(3) Hat die Einwilligung eines Elternteils ihre Kraft verloren, so hat das Familiengericht die elterliche Sorge dem Elternteil zu übertragen, wenn und soweit dies dem Wohl des Kindes nicht widerspricht.

(4) ¹Der Annehmende ist dem Kind vor den Verwandten des Kindes zur Gewährung des Unterhalts verpflichtet, sobald die Eltern des Kindes die erforderliche Einwilligung erteilt haben und das Kind in die Obhut des Annehmenden mit dem Ziel der Annahme aufgenommen ist. ²Will ein Ehegatte ein Kind seines Ehegatten annehmen, so sind die Ehegatten dem Kind vor den anderen Verwandten des Kindes zur Gewährung des Unterhalts verpflichtet, sobald die erforderliche Einwilligung der Eltern des Kindes erteilt und das Kind in die Obhut der Ehegatten aufgenommen ist.

---

3 OLG Frankfurt FamRZ 1981, 206

Übersicht

A. Allgemeines

Die Vorschrift regelt die **Rechtsbeziehungen des Kindes in der Zwischenzeit zwischen erfolgter Einwilligung der Eltern (oder eines Elternteils) und dem Wirksamwerden der Adoption** (sog. Vorwirkung). Maßgeblich werden für die Zwischenzeit durch §1751 BGB die Fragen des Sorgerechts, des Umgangsrechts sowie des Unterhaltsrechts geklärt. Die Rechtswirkungen des §1751 BGB treten auch ein, wenn die Einwilligung des entsprechenden Elternteils bzw. beider Eltern rechtskräftig nach §1748 BGB **ersetzt** worden ist.[1]

Die Vorschrift gilt **nur für die Minderjährigenadoption**, da bei einer Volljährigenadoption keine Einwilligung der Eltern erforderlich ist (§1768 Abs. 1 Satz 2 BGB).

Bei der **Stiefkindadoption** verliert derjenige Elternteil nicht sein Sorge- und Umgangsrecht, dessen Ehegatte das Kind adoptieren möchte (§1751 Abs. 2 BGB). Im Unterhaltsrecht sind nach erfolgten Einwilligungen der Eltern der Annehmende und der verbleibende Elternteil gemeinsam zum Unterhalt gegenüber dem in ihrer Obhut befindlichen Kind verpflichtet (§1751 Abs. 4 Satz 2 BGB).

B. Inhalt der Norm

I. Folgen für die elterliche Sorge

Mit der Einwilligung eines Elternteils (oder mit der Ersetzung seiner Einwilligung) **„ruht"** **dessen elterliche Sorge** (§1751 Abs. 1 Satz 1, 1. Alt. BGB).[2] Dies kann denklogisch jedoch nur dann gelten, wenn der entsprechende Elternteil im Zeitpunkt des Wirksamwerdens der Erklärung (oder der Rechtskraft der Ersetzungsentscheidung) auch die elterliche Sorge für das Kind hatte. Wurde ihm diese vorher entzogen (etwa gem. §1666 BGB) oder hatte er diese bisher nicht (z.B. der nichteheliche Vater im Fall von §1626a Abs. 3 BGB), so hat die Einwilligung oder Ersetzung keinen Einfluss auf das Sorgerecht. Hat der nichteheliche Vater einmal seine Einwilligung wirksam erteilt, so kann er sein Sorgerecht auch nicht dadurch wieder aufleben lassen, indem er die Mutter heiratet, eine gemeinsame Sorgeerklärung mit der Mutter abgibt oder einen Antrag auf Übertragung der Sorge nach §1626a Abs. 2 BGB oder §1671 Abs. 2 BGB stellt (hierzu ausführlich unten Rn. 12 und 13).

1

2

3

4

---

1 BT-Drucks. 7/5087, 14; KG OLGZ 1978, 139, 140; MüKo-BGB/*Maurer,* §1751 BGB Rn. 2
2 Zur zutreffenden Kritik an der missverständlichen Terminologie des „Ruhen der elterlichen Sorge": MüKo-BGB/*Maurer,* §1751 BGB Rn. 3

5   **Verliert die entsprechende Einwilligung ihre Kraft** gem. § 1750 Abs. 4 Satz 1 BGB
          (Rücknahme des Adoptionsantrags oder Versagung der Annahme) oder gem. § 1750
          Abs. 4 Satz 2 BGB (Ablauf der Drei-Jahres-Frist), so geht damit die elterliche Sorge nicht
          wieder automatisch zurück an den Elternteil. Vielmehr muss das Familiengericht dann ge-
          mäß § 1751 Abs. 3 BGB erneut über die elterliche Sorge entscheiden.

II. Eintritt der Adoptionsvormundschaft

6   Wenn das Kind aufgrund der Einwilligungen der Eltern (oder aufgrund der Ersetzungen
          der entsprechenden Einwilligungen) ohne elterliche Sorge ist, tritt nach § 1751 Abs. 1
          Satz 2 BGB **von Gesetzes wegen Adoptionsvormundschaft (Amtsvormundschaft)**
          ein. Über den Eintritt der Adoptionsvormundschaft ist dem nach § 87c Abs. 3 Satz 1, 2
          SGB VIII örtlich zuständigen Jugendamt gem. § 190 FamFG eine Bescheinigung zu erteilen
          (siehe hierzu *Braun*, § 190 FamFG Rn. 1 ff.).

7   Die Frage, ob tatsächlich Adoptionsvormundschaft durch das Jugendamt nach § 1751
          Abs. 1 Satz 2, 1. HS BGB eintritt, hängt von der **Fallkonstellation im Zeitpunkt der
          Wirksamkeit der entsprechenden Einwilligungserklärung bzw. der Rechtskraft
          der Ersetzung der entsprechenden Einwilligung** ab. Folgende Fälle sind zu unterschei-
          den:

   - **Beide Elternteile sind sorgeberechtigt**: Die Vormundschaft des Jugendamts tritt
     erst dann ein, wenn der letzte der beiden Elternteile wirksam in die Adoption eingewil-
     ligt hat oder die letzte der beiden Einwilligungen rechtskräftig ersetzt worden ist. Wil-
     ligt nur ein Elternteil ein (oder wird nur dessen Einwilligung ersetzt), so verbleibt das
     alleinige Sorgerecht (zunächst) beim verbliebenen sorgeberechtigten Elternteil
     (§ 1751 Abs. 1 Satz 2, 2. HS BGB).

   - **Ein Elternteil ist allein sorgeberechtigt**: Wird die Einwilligungserklärung des allein
     sorgeberechtigten Elternteils wirksam oder wird dessen Einwilligung rechtskräftig er-
     setzt, so tritt die Adoptionsvormundschaft sofort ein, unabhängig davon, ob auch der
     in diesem Zeitpunkt (noch) nicht sorgeberechtigte andere Elternteil einwilligt (zum Er-
     löschen der Vormundschaft bei einem Sorgerechtsantrag des nichtehelichen Vaters
     siehe unten Rn. 12). Dasselbe gilt, wenn im Zeitpunkt der Wirksamkeit der Einwilli-
     gungserklärung (oder Rechtskraft der Ersetzungsentscheidung) nur ein (sorgeberech-
     tigter) Elternteil existiert (meistens die Mutter nach § 1591 BGB). Auch eine später an-
     erkannte oder festgestellte Vaterschaft nach § 1592 Nr. 2 oder 3 BGB führt nicht zu
     einer Veränderung der Amtsvormundschaft.

   - **Kein Elternteil ist sorgeberechtigt**: Ist kein Elternteil sorgeberechtigt, so muss nach
     § 1774 Abs. 1 BGB von Amts wegen ein Vormund für das Kind bestellt werden. In ei-
     nem solchen Fall bedarf es dann auch keiner Adoptionsvormundschaft mehr, wie
     § 1751 Abs. 1 Satz 2, 2. HS BGB ausdrücklich klarstellt. Wurde noch kein Vormund be-
     stellt, so tritt die Amtsvormundschaft mit der Einwilligung eines Elternteils ein. Eine
     Pflegschaft (vgl. § 1909 Abs. 3 BGB) bleibt unberührt (§ 1751 Abs. 1 Satz 3 BGB).

8   Entscheidender **Zeitpunkt für den Eintritt der Adoptionsvormundschaft** ist das Wirk-
          samwerden der (letzten) entsprechenden Einwilligung des Elternteils. Eine Einwilligung
          wird wirksam **mit Zugang beim Familiengericht** (§ 1750 Abs. 1 Satz 3 BGB). Im Falle der
          Ersetzung der entsprechenden Einwilligung tritt die Adoptionsvormundschaft mit Rechts-
          kraft der Ersetzungsentscheidung ein.

III. Erlöschen der Adoptionsvormundschaft

1. Beendigung durch Ausspruch der Annahme als Kind

Wird die **Annahme als Kind ausgesprochen und wirksam**, so endet damit die Amts- **9** vormundschaft von Gesetzes wegen. Dies folgt aus §§ 1754 Abs. 3, 1773 Abs. 1, 1882 BGB.

2. Beendigung durch Rückübertragung der elterlichen Sorge nach § 1751 Abs. 3 BGB

Auf der anderen Seite endet die Adoptionsvormundschaft jedoch **nicht auch schon** **10** **durch das Scheitern der Annahme** nach § 1750 Abs. 4 Satz 1 BGB **oder durch das Außerkrafttreten der Einwilligungserklärung** nach § 1750 Abs. 4 Satz 2 BGB. Vielmehr obliegt es gem. § 1751 Abs. 3 BGB der erneuten Entscheidung des Familiengerichts, ob es die elterliche Sorge einem oder beiden Elternteilen wieder überträgt. Erst wenn dies der Fall ist, wird die Amtsvormundschaft gemäß §§ 1773 Abs. 1, 1882 BGB von Gesetzes wegen aufgelöst. Kommt das Familiengericht hingegen zum Ergebnis, dass das Sorgerecht nicht nach § 1751 Abs. 3 BGB zu übertragen ist, so bleibt die Adoptionsvormundschaft so lange bestehen, bis eine anderweitige Vertretungsregelung getroffen wurde oder bis das Kind volljährig geworden ist.

3. Beendigung durch nachträgliche Übertragung des Sorgerechts auf den nichtehelichen Vater

Die Adoptionsvormundschaft endet darüber hinaus auch, **wenn der Vater im Nachhinein** (also zeitlich nach der Einwilligung der zu diesem Zeitpunkt nach § 1626a Abs. 3 BGB allein sorgeberechtigten Mutter) **durch Antrag auf Übertragung der elterlichen Sorge nach § 1626a Abs. 2 BGB oder § 1671 Abs. 2 BGB das Sorgerecht für das Kind erhält**. Diese Möglichkeit steht nur dem rechtlichen Vater, also nicht dem Vaterschaftsprätendenten nach § 1747 Abs. 1 Satz 2 BGB zu.[3] Durch gemeinsame Sorgeerklärung nach § 1626a Abs. 1 Nr. 1 BGB oder durch Heirat ist dies jedoch nicht möglich (siehe hierzu Rn. 13).

Die Möglichkeit des nichtehelichen Vaters, das Sorgerecht während des Adoptionsverfah- **12** rens auf ihn zu übertragen, ist **ausdrücklich in § 1747 Abs. 3 Nr. 3 BGB aufgeführt und steht im Zusammenhang mit den Reformen der elterlichen Sorge nicht miteinander verheirateter Eltern.**[4] § 1747 Abs. 3 Nr. 3 BGB bestimmt, dass eine Adoption nicht ausgesprochen werden darf, solange noch nicht über einen Antrag nach § 1626a Abs. 2 BGB oder § 1671 Abs. 2 BGB entschieden worden ist (**Sperrwirkung des Sorgerechtsantrags**). Dieses Eingriffsrecht des nichtehelichen Vaters muss dann auch für die Frage des Fortbestands der Adoptionsvormundschaft gelten. Würde die Amtsvormundschaft nach § 1751 Abs. 1 Satz 2 BGB auch nach erfolgreicher Durchführung des Sorgerechtsverfahrens nach § 1671 Abs. 2 oder § 1626a Abs. 3 BGB bestehen bleiben, so würde der nichteheliche Vater sein Rechtsschutzziel – das Erlangen der elterlichen Sorge – gerade nicht erreichen können. Diese Wertung ergibt sich im Übrigen auch mittelbar aus der Vorschrift in § 1671 Abs. 3 BGB, wonach ein Antrag nach § 1626a Abs. 3 BGB als Antrag nach § 1671 Abs. 2 BGB gewertet wird, wenn die vorher alleinsorgeberechtigte Mutter in die Annahme nach § 1751 Abs. 1 Satz 1 BGB eingewilligt hat. Gibt das Familiengericht dem entsprechenden Sorgerechtsantrag des nichtehelichen Vaters statt, so endet damit die Amtsvormundschaft. Lehnt das Familiengericht den Sorgerechtsantrag rechtskräftig ab, so bleibt die Adoptionsvormundschaft bis zum rechtskräftigen Ausspruch der Adoption oder bis zur Rückübertragung der elterlichen Sorge nach § 1751 Abs. 3 BGB bestehen.

---

3 MüKo-BGB/*Maurer*, § 1751 BGB Rn. 13
4 Zuletzt: Gesetz zur Reform der elterlichen Sorge nicht miteinander verheirateter Eltern vom 16.4.2013, BGBl. I S. 795

13　　**Durch Sorgeerklärung** (§ 1626a Abs. 1 Nr. 1 BGB) **oder Heirat** (§ 1626a Abs. 1 Nr. 2 BGB) kann der nichteheliche Vater **jedoch nicht** im Nachhinein das Sorgerecht erhalten, so dass auch die Amtsvormundschaft aufrechterhalten bleibt.[5] Diese Einschätzung folgt bei der Sorgeerklärung daraus, dass die Mutter nicht mehr selbst über dieses gemäß § 1626a Abs. 1 Nr. 1 BGB verfügen kann. Schließlich hat sie vorher ihr Sorgerecht durch Einwilligung in die Adoption oder durch Ersetzung ihrer Einwilligung verloren. Entsprechendes gilt bei der Heirat. Hier tritt die gemeinsame Sorge zwar nicht durch Willenserklärung ein, sondern kraft Gesetzes. Allerdings ist auch in den Fällen, in denen der alleinsorgeberechtigten Mutter vor der Heirat das Sorgerecht (z.B. gem. § 1666 BGB) entzogen worden ist, mittlerweile anerkannt, dass die nachfolgende Heirat nicht zum automatischen Sorgerechtserwerb des Ehepartners führt.[6] Dies muss auch beim Verlust des Sorgerechts durch die Adoptionseinwilligung nach § 1751 Abs. 1 Satz 1 BGB gelten. Anderenfalls würde dem nichtehelichen Vater auf diesem Wege ohne Kindeswohlprüfung das Sorgerecht übertragen, was wiederum der gesetzlichen Wertung in § 1747 Abs. 3 Nr. 3 BGB entgegensteht, wonach auch während des Adoptionsverfahrens nur dann dem nichtehelichen Vater das Sorgerecht übertragen werden soll, wenn dies dem Kindeswohl am besten entspricht (vgl. § 1671 Abs. 2 Nr. 2 BGB). Hätte der Gesetzgeber dieses Ergebnis auch durch Heirat erreichen wollen, so hätte er dies in § 1747 Abs. 3 Nr. 3 BGB mit aufführen müssen.

4. Beendigung der Adoptionsvormundschaft durch Abänderung einer gerichtlichen Sorgerechtsentscheidung nach § 1696 BGB

14　　Schließlich ist noch möglich, dass die Adoptionsvormundschaft dadurch endet, dass **ein vorher aus anderem Grund als § 1751 Abs. 1 Satz 1 BGB verlorenes Sorgerecht aufgrund abändernder Entscheidung nach § 1696 BGB wieder zurück übertragen wird**. Diese Konstellation ist denkbar, wenn einem Elternteil das Sorgerecht (z.B. gem. § 1666 BGB) entzogen worden ist, hieraufhin der andere allein sorgeberechtigte Elternteil in die Annahme einwilligt und aufgrund dessen Amtsvormundschaft nach § 1751 Abs. 1 Satz 2 BGB eingetreten ist. Entscheidet das gem. § 1696 BGB angerufene Familiengericht vor Abschluss des Adoptionsverfahrens, dass das Sorgerecht wieder an den vormaligen Elternteil zurückfällt, so ist das Kind nicht mehr ohne Sorge und die Grundvoraussetzung für eine Vormundschaft nach §§ 1773 Abs. 1, 1882 BGB nicht mehr gegeben. Die Adoptionsvormundschaft endet dann automatisch. Zu bedenken ist aber, dass eine Anregung nach § 1696 BGB nicht die Sperrwirkung des § 1747 Abs. Nr. 3 BGB entfaltet wie ein Antrag nach § 1671 Abs. 2 BGB oder § 1626a Abs. 2 BGB.

IV. Folgen für den Umgang

15　　Mit Einwilligung des Elternteils oder mit rechtskräftiger Ersetzung der Einwilligung verliert der Elternteil gem. § 1751 Abs. 1 Satz 1, 2. HS BGB seine Befugnis zum persönlichen Umgang mit dem Kind (**Verlust des Rechtes gem. § 1626 Abs. 3 Satz 1 BGB**). Mit dieser Vorwirkung soll schon während der Pflegezeit ein ungehindertes Aufwachsen des Kindes ermöglicht werden.[7]

16　　Diese gesetzliche Folge ist insbesondere **bei der Stiefkindadoption nicht unproblematisch**. Zwar behält der verbleibende Elternteil (also der Elternteil, dessen Ehegatte das Kind annehmen möchte) nach § 1751 Abs. 2 BGB seine Umgangsbefugnis gegenüber dem Kind. Der ausscheidende Elternteil hat diese Befugnis mit seiner Einwilligung in die Adop-

---

5 A.A. Staudinger/*Frank*, § 1751 BGB Rn. 13; widersprüchlich: MüKo-BGB/*Maurer*, § 1751 BGB Rn. 4 einerseits (so wie hier) und Müko-BGB/*Maurer* § 1751 BGB Rn. 14 andererseits (a.A.)

6 BGH NJW 2005, 2456; Staudinger/*Coester*, § 1626a BGB Rn. 26

7 Palandt/*Götz*, § 1751 BGB Rn. 2; OLG Stuttgart FamRZ 2006, 1865

tion jedoch nicht mehr. Aus Sicht des Kindes, welches schließlich ein gesetzliches Recht auf Umgang zu jedem Elternteil gem. § 1684 Abs. 1 BGB hat, kann diese automatische Folge durchaus nachteilig sein. Dies gilt umso mehr, als bei einer Stiefkindadoption das Motiv des verbleibenden Elternteils und des Stiefelternteils gerade häufig das Herausdrängen des anderen Elternteils ist (siehe hierzu *Braun*, § 1741 BGB Rn. 15).

V. Folgen für den Unterhalt

Um dem Kind schon während der Probezeit den Unterhalt zu sichern, werden **die Annehmenden schon mit Wirksamwerden der Einwilligung der Eltern oder mit Rechtskraft der letzten Ersetzung unterhaltspflichtig,** wenn sie das Kind in Obhut haben (§ 1751 Abs. 4 Satz 1 BGB). Das Gleiche gilt, wenn nur ein Elternteil einwilligungspflichtig ist (etwa weil kein anderer Elternteil bekannt ist oder der nichteheliche Vater seine Vaterschaft nicht geltend macht) und dieser Elternteil die Einwilligung erteilt hat oder dessen Einwilligung ersetzt worden ist.[8]   **17**

Im Gegenzug erlöschen aber nicht die Unterhaltsverpflichtungen der bisherigen Eltern und deren Verwandten. § 1751 Abs. 4 Satz 1 BGB schafft **lediglich ein Rangverhältnis,** indem **die Annehmenden vorrangig** unterhaltspflichtig werden. Die Unterhaltsverpflichtung der leiblichen Familienangehörigen erlischt erst mit Wirksamkeit der Annahmeentscheidung.   **18**

Weitere Voraussetzung ist, dass das Kind sich schon in der **Obhut der Annehmenden** befindet. Wie bei § 1626 Abs. 2 BGB kommt es dabei nicht unbedingt auf die Aufnahme in den Haushalt an, sondern vielmehr auf die **tatsächliche Ausübung der Betreuung und Erziehung des Kindes,** wie sie an sich dem Inhaber der elterlichen Sorge zusteht. Dies kann auch dann der Fall sein, wenn sich das Kind wegen Krankheit oder Behinderung noch in einem Krankenhaus oder Heim aufhält.[9] Geht die tatsächliche Inhobhutnahme der Einwilligung oder Ersetzung voraus, so tritt die Unterhaltspflicht erst mit Wirksamwerden der Einwilligung oder Rechtskraft der Ersetzung ein. Hat das Kind keine Eltern, welche einwilligen können (Findelkind), so entsteht die Unterhaltsverpflichtung schon mit dem Zeitpunkt der Inobhutnahme.[10]   **19**

Die weiteren **Voraussetzungen, Art und Umfang des Unterhaltsanspruchs sowie die Haftung der Annehmenden** für den Unterhalt richten sich nach §§ 1602 ff. BGB.   **20**

Die Unterhaltsverpflichtung **gilt nicht umgekehrt.** Das Kind wird gegenüber den Annehmenden während der Adoptionspflegezeit nicht unterhaltspflichtig.   **21**

Bei der Stiefkindadoption tritt eine andere Situation ein. Mit der Einwilligung der Eltern (bzw. der Rechtskraft der letzten Ersetzung) werden sowohl **der Annehmende als auch der verbleibende Elternteil vorrangig unterhaltsverpflichtet** gegenüber dem Kind im Vergleich zu den weiteren Verwandten (insb. im Verhältnis zum ausscheidenden Elternteil) (§ 1751 Abs. 4 Satz 2 BGB). Auch hier muss sich das Kind aber in der Obhut des Annehmenden und des verbleibenden Elternteils befinden (was meistens der Fall sein wird). Die Unterhaltspflicht des ausscheidenden Elternteils erlischt erst mit Rechtskraft der Annahmeentscheidung (§ 1755 Abs. 2 BGB).   **22**

Wird die Annahme abgelehnt, der Annahmeantrag zurückgenommen oder verlieren die Einwilligungen der Eltern nach Ablauf von drei Jahren ihre Kraft, so **erlischt** auch **die Un-**   **23**

---

8 MüKo-BGB/*Maurer,* § 1751 BGB Rn. 16
9 BT-Drucks. 7/5087, 14
10 MüKo-BGB/*Maurer,* § 1751 BGB Rn. 16

terhaltspflicht des oder der Annehmenden. Allein mit der Abgabe der Obhut können sich die Annehmenden ihrer Unterhaltspflicht jedoch nicht entziehen.[11]

24   Durch den Eintritt der Unterhaltsverpflichtung nach § 1751 Abs. 4 BGB erhalten die Annehmenden auch schon vor Ausspruch der Adoption **öffentlich-rechtliche Leistungsansprüche für das Kind**. Zu nennen sind hierbei insb. die Ansprüche auf Kindergeld, auf Elterngeld, auf Mitversicherung bei der Krankenversicherung und auf Waisenrente.

§ 1752 BGB Beschluss des Familiengerichts, Antrag

(1) Die Annahme als Kind wird auf Antrag des Annehmenden vom Familiengericht ausgesprochen.

(2) ¹Der Antrag kann nicht unter einer Bedingung oder einer Zeitbestimmung oder durch einen Vertreter gestellt werden. ²Er bedarf der notariellen Beurkundung.

Übersicht

A. Allgemeines

1   Die Vorschrift bestimmt die **Antragsberechtigung und die weiteren Voraussetzungen für den Antrag** auf Annahme als Kind. Der Antrag hat eine Doppelnatur. Während er einerseits das Verfahren einleitet (§ 23 FamFG), hat er auch den materiell-rechtlichen Gehalt einer empfangsbedürftigen Willenserklärung gegenüber dem Familiengericht.[1] Das Annahmeverfahren ist ein **reines Antragsverfahren**. Von Amts wegen kann keine Annahme ausgesprochen werden.

B. Inhalt der Norm

I. Antragsberechtigung

2   **Antragsberechtigt** sind ausschließlich die Annehmenden (bei der gemeinschaftlichen Adoption) oder der Annehmende (bei der Alleinadoption). Bei der gemeinschaftlichen Adoption müssen beide Anträge bei Gericht eingehen, sie müssen jedoch nicht in einer notariellen Urkunde erklärt werden. Bei der Stiefkindadoption ist nur der Annehmende antragsberechtigt. Der verbleibende Elternteil des Kindes (und Ehegatte des Annehmenden) ist nicht antragsberechtigt, dafür einwilligungsberechtigt bzw. -verpflichtet nach §§ 1747, 1749 BGB.

---

11 MüKo-BGB/*Maurer*, § 1751 BGB Rn. 20
 1 MüKo-BGB/*Maurer*, § 1752 BGB Rn. 3

II. Wirksamwerden des Antrags

Als empfangsbedürftige Willenserklärung wird der Antrag **mit Zugang beim Familien-** **3** **gericht wirksam**. Die Annehmenden können sich hierbei der Hilfe des Notars bedienen, so dass sich in notariellen Urkunden häufig der Passus findet, dass der Notar zur Einreichung des Antrags beauftragt wird. Der Zugang des Antrags bei Gericht führt zur Anhängigkeit des Verfahrens. Auch bei der Annahme nach dem Tod des Annehmenden (§ 1753 Abs. 2 BGB) kann der Zeitpunkt des Zugangs des Antrags eine Rolle spielen (hierzu *Braun*, § 1753 BGB Rn. 4).

III. Form des Antrags

Der Antrag bedarf der **notariellen Beurkundung** (§ 1752 Abs. 2 Satz 2 BGB). Eine bloß **4** öffentliche Beglaubigung nach § 129 BGB oder eine Beurkundung durch andere Personen (etwa durch das Jugendamt nach § 59 SGB VIII) ist unzulässig.

Der Notar hat den oder die Annehmenden über die weitreichenden Folgen der Annahme **5** als Kind und die praktische Unaufhebbarkeit zu belehren (**Belehrungsfunktion**). Insbesondere bei der Stiefkindadoption hat dies eine große Bedeutung, da erfahrungsgemäß gerade hier Fehlvorstellungen über die Wirkungen der Adoption bestehen.

III. Bedingungs- und Befristungsfeindlichkeit des Antrags

Der Antrag darf **nicht unter aufhebenden oder auflösenden Bedingungen** gestellt **6** werden (§ 1752 Abs. 2 Satz 1 BGB). Insbesondere darf bei der gemeinschaftlichen Annahme ein Annehmender seinen Antrag nicht von der Antragstellung durch den anderen Annehmenden abhängig machen. Das Gleiche gilt für die Abhängigmachung des Antrags von der Zustimmung der Eltern.

Der Antrag kann auch nicht unter eine Zeitbestimmung gestellt werden (**Befristungs-** **7** **feindlichkeit**). Der Antrag ist so lange wirksam, bis über ihn gerichtlich entschieden worden ist oder der Antrag zurückgenommen worden ist. Ein Außerkrafttreten des Antrags wegen Zeitablaufs (wie etwa bei § 1750 Abs. 4 Satz 2 BGB) sieht das Gesetz nicht vor.

IV. Höchstpersönlichkeit der Antragstellung

Der Antrag darf nicht durch einen Vertreter gestellt werden (**Höchstpersönlichkeit der** **8** **Antragstellung**, § 1752 Abs. 2 Satz 1 BGB). Insbesondere darf niemand mittels Vollmacht zur Antragstellung beauftragt werden. Auch ein gesetzlicher Vertreter (etwa ein rechtlicher Betreuer) ist nicht zur Antragstellung für den Annehmenden befugt.

V. Geschäftsfähigkeit des Erklärenden

Da der Annahmeantrag eine Willenserklärung ist, darf der Erklärende im Zeitpunkt der Er- **9** klärung **nicht geschäftsunfähig** sein (§ 105 BGB). Bestehen Zweifel an der Geschäftsfähigkeit, so muss dies das Gericht ggf. durch Einholung eines Sachverständigengutachtens von Amts wegen aufklären. Wird die Geschäftsunfähigkeit nicht aufgeklärt oder während des Verfahrens nicht bekannt, so führt dies zu einem Aufhebungsgrund nach § 1760 Abs. 1 BGB.

VI. Rücknahme des Antrags

Der Antrag auf Annahme als Kind kann **bis zum Wirksamwerden des Annahmebe-** **10** **schlusses zurückgenommen werden**. Die Rücknahme bewirkt, dass das Verfahren beendet ist und die bisher erteilten Einwilligungen ihre Kraft verlieren (§ 1750 Abs. 4 Satz 1 BGB). Wirksam wird die Rücknahme mit Zugang beim Familiengericht. Sie bedarf keiner besonderen Form.[2] Wird trotz Rücknahme des Antrags die Annahme noch ausgesprochen,

---

2 Staudinger/*Frank*, § 1752 BGB Rn. 8

so führt dies nicht zur Nichtigkeit, sondern bloß zur Anfechtbarkeit der Annahme als Kind.[3]

§ 1753 BGB Annahme nach dem Tode

(1) Der Ausspruch der Annahme kann nicht nach dem Tode des Kindes erfolgen.

(2) Nach dem Tode des Annehmenden ist der Ausspruch nur zulässig, wenn der Annehmende den Antrag beim Familiengericht eingereicht oder bei oder nach der notariellen Beurkundung des Antrags den Notar damit betraut hat, den Antrag einzureichen.

(3) Wird die Annahme nach dem Tode des Annehmenden ausgesprochen, so hat sie die gleiche Wirkung, wie wenn sie vor dem Tode erfolgt wäre.

1   § 1753 BGB bestimmt einerseits, dass die **Annahme nach dem Tode des Kindes nicht mehr möglich** ist (Abs. 1) und andererseits, dass eine **Annahme auch noch nach dem Tode des Annehmenden mit den gleichen Wirkungen möglich** ist (Abs. 2 und Abs. 3).

2   Die Zulässigkeit der Annahme nach dem Tode des Annehmenden verwundert auf den ersten Blick. Nach dem Willen des Gesetzgebers soll dies aber zum Wohle des Kindes möglich sein, **damit eine noch zu Lebzeiten entstandene Eltern-Kind-Beziehung entsprechende rechtliche Wirkungen nach sich zieht.**[1]

3   Selbstverständlich müssen auch bei einer Annahme nach dem Tode des Annehmenden **die Voraussetzungen des § 1741 ff. BGB erfüllt sein.** Insbesondere die Kindeswohlprüfung ist dabei von besonderer Bedeutung, da eine Prognose für das Entstehen eines Eltern-Kind-Verhältnisses tatsächlich nicht mehr möglich ist. Zu fordern ist daher die retrospektive Feststellung, dass zu Lebzeiten des Annehmenden schon ein entsprechendes Eltern-Kind-Verhältnis entstanden ist. Ohne Annehmenden ist eine solche Feststellung nur schwer zu ermitteln.[2]

4   Eine Annahme nach dem Tode des Annehmenden ist nur dann möglich, wenn der **Antrag schon dem Gericht zugegangen** ist (siehe hierzu *Braun*, § 1752 BGB Rn. 3) **oder der Notar mit der Einreichung des Antrags bei Gericht beauftragt worden** ist (§ 1753 Abs. 2 BGB). In der notariellen Praxis ist daher zu empfehlen, einen entsprechenden Passus in jeden Annahmeantrag vorsorglich aufzunehmen.

§ 1754 BGB Wirkung der Annahme

(1) Nimmt ein Ehepaar ein Kind an oder nimmt ein Ehegatte ein Kind des anderen Ehegatten an, so erlangt das Kind die rechtliche Stellung eines gemeinschaftlichen Kindes der Ehegatten.

(2) In den anderen Fällen erlangt das Kind die rechtliche Stellung eines Kindes des Annehmenden.

(3) Die elterliche Sorge steht in den Fällen des Absatzes 1 den Ehegatten gemeinsam, in den Fällen des Absatzes 2 dem Annehmenden zu.

---

3   OLG Düsseldorf FamRZ 1997, 11
1   BT-Drucks. 7/3061, 42
2   Ausführlich: Staudinger/*Frank*, § 1753 BGB Rn. 9

§1755 BGB Erlöschen von Verwandtschaftsverhältnissen

(1) ¹Mit der Annahme erlöschen das Verwandtschaftsverhältnis des Kindes und seiner Abkömmlinge zu den bisherigen Verwandten und die sich aus ihm ergebenden Rechte und Pflichten. ²Ansprüche des Kindes, die bis zur Annahme entstanden sind, insbesondere auf Renten, Waisengeld und andere entsprechende wiederkehrende Leistungen, werden durch die Annahme nicht berührt; dies gilt nicht für Unterhaltsansprüche.

(2) Nimmt ein Ehegatte das Kind seines Ehegatten an, so tritt das Erlöschen nur im Verhältnis zu dem anderen Elternteil und dessen Verwandten ein.

§1756 BGB Bestehenbleiben von Verwandtschaftsverhältnissen

(1) Sind die Annehmenden mit dem Kind im zweiten oder dritten Grad verwandt oder verschwägert, so erlöschen nur das Verwandtschaftsverhältnis des Kindes und seiner Abkömmlinge zu den Eltern des Kindes und die sich aus ihm ergebenden Rechte und Pflichten.

(2) Nimmt ein Ehegatte das Kind seines Ehegatten an, so erlischt das Verwandtschaftsverhältnis nicht im Verhältnis zu den Verwandten des anderen Elternteils, wenn dieser die elterliche Sorge hatte und verstorben ist.

Übersicht

A. Allgemeines

Die **Wirkungen einer Minderjährigenadoption** folgen aus §§ 1754 bis 1756 BGB. In diesen Vorschriften sind jedoch im Wesentlichen nur die Folgen für das Verwandtschaftsverhältnis (**Statusänderung**) aufgeführt. Die Folgerungen für die familienrechtlichen Rechtsbeziehungen zu den Annehmenden einerseits und zur bisherigen Familie andererseits (insb. Sorge-, Umgangs- und Unterhaltsrechte) sowie für weitere Rechtsbeziehungen zueinander (erbrechtlich, öffentlich-rechtlich) ergeben sich nur mittelbar, indem sich aus der veränderten Rechtstellung des Kindes Ansprüche und Pflichten nach den Vorgaben im entsprechenden Rechtsgebiet ergeben.   **1**

Das deutsche Recht kennt nur die sog. **Volladoption**: das Kind verliert als Folge der Annahme grundsätzlich sämtliche Rechte und Pflichten gegenüber den bisherigen Eltern und deren Familie und wird vollständig in die Familie der Annehmenden eingegliedert. Nur einige wenige (allerdings durchaus praxisrelevante) Ausnahmen sind in § 1755 Abs. 2 BGB und § 1756 Abs. 1 und Abs. 2 BGB hinsichtlich der Stiefkind- und Verwandtenadoption geregelt.   **2**

B. Inhalt der Normen

I. Die Rechtsverhältnisse zwischen dem Kind und den Annehmenden im Einzelnen

Durch die Adoption entsteht zwischen Kind und Annehmenden ein **rechtliches Eltern-Kind-Verhältnis**. Das Kind wird damit (fast) in jeder Hinsicht einem leiblichen Kind der Annehmenden gleichgestellt. Dies führt zu maßgeblichen Folgen sowohl im bürgerlichen als auch im öffentlichen Recht, welche im Folgenden in der Übersicht dargestellt werden: **3**

- **Verfassungsrechtlich** erlangen die Annehmenden das verfassungsrechtlich geschützte Elternrecht aus Art. 6 Abs. 2 Satz 1 GG und sind dadurch auf der anderen Seite dem Kind zur Pflege und Erziehung verpflichtet.[1]

- Die Annahme als Kind führt zu einem **umfassenden Sorgerecht der Annehmenden gegenüber dem Kind**. Eine etwaig vorher bestehende Vormundschaft (z.B. gem. § 1751 BGB) endet automatisch mit Wirksamwerden der Annahme. Bei der Alleinadoption wird der Annehmende allein sorgeberechtigt (§ 1754 Abs. 2 und 3 BGB), es sei denn, es liegt eine Stiefkindadoption vor (§ 1754 Abs. 1 und 3 BGB). Das Gleiche gilt bei der Adoption des Kindes durch einen Lebenspartner (§ 9 Abs. 7 LPartG i.V.m. § 1754 Abs. 1 und 3 BGB).

- Umgangsrechtlich erwerben die Annehmenden (als „Eltern") das volle **Umgangsrecht** gegenüber dem Kind (§ 1684 Abs. 1 BGB). Außerdem können sie das **Herausgaberecht gegenüber Dritten** (§ 1632 Abs. 1 BGB) geltend machen sowie den **Umgang** gem. § 1632 Abs. 2 BGB mit Wirkung für und gegen Dritte **bestimmen**.

- Durch die Annahme werden Kind und Annehmende in gerade Linie miteinander verwandt. Dementsprechend ist das angenommene Kind einem leiblichen Kind **unterhaltsrechtlich** völlig gleichgestellt (§§ 1601 ff. BGB).[2]

- Im **Erbrecht** wird das Kind nach den Annehmenden gesetzlicher Erbe erster Ordnung (§ 1924 BGB). Die Annehmenden werden bei Versterben des Kindes gesetzliche Erben zweiter Ordnung (§ 1925 Abs. 1 BGB). Ähnliches gilt im Pflichtteilsrecht nach § 2303 Abs. 1 BGB (für das Kind) und § 2303 Abs. 2 BGB (für die Annehmenden).

- Im Hinblick auf die **Staatsangehörigkeit** erhält ein ausländisches oder staatenloses Kind mit der Annahme durch einen oder mehrere deutsche Staatsangehörige von Gesetzes wegen die deutsche Staatsangehörigkeit (§ 6 StAG). Einer Einbürgerung bedarf es nicht. Wird ein deutsches Kind durch ausländische Annehmende adoptiert, so verliert es dadurch die deutsche Staatsangehörigkeit (§ 27 StAG). Dies gilt aber nur dann, wenn das ausländische Recht den Erwerb der dortigen Staatsangehörigkeit durch die Adoption zulässt.

- **Aufenthaltsrechtlich** führt die Annahme als Kind grundsätzlich zu einem Anspruch auf Kindernachzug nach § 32 AufenthG und zu einem entsprechenden Aufenthaltsrecht. Dies ist nur relevant für angenommene Kinder von ausländischen Personen, da die Annahme durch Deutsche schon die Rechtsfolgen nach § 6 StAG und ein Aufenthaltsrecht aufgrund deutscher Staatsangehörigkeit auslöst.

- Im **Strafrecht** hat eine Adoption v.a. strafprozessuale Folgen, indem mit Wirksamkeit der Annahme das Kind ein Zeugnisverweigerungsrecht nach § 51 Abs. 1 Nr. 3 StPO hat (das Gleiche gilt in anderen Verfahrensordnungen wie der Zivilprozessordnung gemäß § 383 Abs. 1 Nr. 3 ZPO).

- Im **Sozialrecht** vermittelt das angenommene Kind u.a. Ansprüche auf Kindergeld, Elterngeld, Elternzeit und Krankengeld. Dabei ist jedoch zu beachten, dass diese Ansprüche auch schon während einer Adoptionspflegezeit bestehen.

4   Nur **in einigen wenigen Beziehungen** findet **keine Gleichstellung mit einem leiblichen Kind** statt. Zu nennen ist hierbei die Möglichkeit der Eheschließung zwischen Annehmendem und Kind (nach gerichtlicher Befreiung vom Eheverbot, § 1308 Abs. 1 BGB) und die Straffreiheit des Beischlafs von Adoptivverwandten.[3]

---

1   MüKo-BGB/*Maurer*, Vor § 1741 BGB Rn. 16
2   BGH FamRZ 1984, 378
3   Hierzu: BVerfG NJW 2008, 1137, 1141

II. Die Rechtsverhältnisse zwischen dem Kind und der vormaligen Familie

§ 1755 Abs. 1 Satz 1 BGB ordnet als Grundsatz ein **Erlöschen des Verwandtschaftsver-** **5** **hältnisses zu den bisherigen Eltern und deren Verwandten** an (**Volladoption**). Damit gehen auch alle Rechte und Pflichten zu diesen verloren. Ausdrücklich erhalten bleiben indes vormals erlangte Ansprüche auf „Renten, Waisengeld und andere entsprechende wiederkehrende Ansprüche" (§ 1755 Abs. 1 Satz 2 BGB), wobei im Sinne einer Rückausnahme wiederum vorher erlangte Ansprüche auf Unterhalt erlöschen.

Von dem Grundsatz in § 1755 Abs. 1 Satz 1 BGB werden bei **Stiefkindadoptionen** die **6** folgenden **praxisrelevanten Ausnahmen** getroffen:

- Als Folge einer Stiefkindadoption erlischt nicht das Verwandtschaftsverhältnis (und die daraus folgenden Rechte und Pflichten) zum Elternteil, dessen Ehegatte oder Lebenspartner das Kind annimmt (**§ 1755 Abs. 2 BGB**). Auch zu den weiteren Verwandten dieses leiblichen Elternteils bleibt das Verwandtschaftsverhältnis aufrecht erhalten.

- **§ 1756 Abs. 2 BGB** betrifft wiederum den Fall, dass erstens eine Stiefkindadoption vorliegt, zweitens der vormalige Elternteil im Zeitpunkt der Adoption schon verstorben war und drittens dieser das Sorgerecht für das Kind hatte. Dann bleiben die Verwandtschaftsverhältnisse zu den Verwandten des vormaligen Elternteils erhalten. Insbesondere können so weiterhin Erbansprüche gegenüber dieser Seite der Familie geltend gemacht werden (beachte aber die Ausnahme in § 1925 Abs. 4 BGB).[4]

- Bei der Verwandtenadoption (Verwandtschaft zwischen Kind und Annehmenden im **7** zweiten oder dritten Grad bzw. Schwägerschaft) bestimmt **§ 1756 Abs. 1 BGB**, dass die Verwandtschaftsbeziehungen zu den Verwandten der vormaligen Eltern aufrecht erhalten bleiben. Dann erlischt das Verwandtschaftsverhältnis (und die daraus folgenden Rechte und Pflichten) lediglich zu den bisherigen Eltern. Adoptieren etwa die leiblichen Großeltern ihren Enkel, so bleiben dessen Verwandtschaftsbeziehungen zu dessen Onkel und Tanten bestehen.

III. Die Rechtsverhältnisse zwischen dem Kind und den Verwandten der Annehmenden

Durch die Volladoption entsteht nicht nur ein Verwandtschaftsverhältnis zu dem oder den **8** Annehmenden, sondern auch zu deren weiteren Verwandten. Dies ist v.a. erbrechtlich relevant, indem das Kind z.B. im Verhältnis zu den Eltern der Annehmenden (Adoptivgroßeltern) jeweils Erbe erster Ordnung wird (§ 1924 BGB). Auch unterhaltsrechtlich kann die gerade Verwandtschaft zu weiteren Verwandten eine Rolle spielen (§ 1601 BGB).

§ 1757 BGB Name des Kindes

(1) Das Kind erhält als Geburtsnamen den Familiennamen des Annehmenden. Als Familienname gilt nicht der dem Ehenamen oder dem Lebenspartnerschaftsnamen hinzugefügte Name (§ 1355 Abs. 4; § 3 Abs. 2 des Lebenspartnerschaftsgesetzes).

(2) ¹Nimmt ein Ehepaar ein Kind an oder nimmt ein Ehegatte ein Kind des anderen Ehegatten an und führen die Ehegatten keinen Ehenamen, so bestimmen sie den Geburtsnamen des Kindes vor dem Ausspruch der Annahme durch Erklärung gegenüber dem Familiengericht; § 1617 Abs. 1 gilt entsprechend. ²Hat das Kind das fünfte Lebensjahr vollendet, so ist die Bestimmung nur wirksam, wenn es sich der Bestimmung vor dem Ausspruch der Annahme durch Erklärung gegenüber dem Familiengericht anschließt; § 1617c Abs. 1 Satz 2 gilt entsprechend.

---

4 Z.T. kritisch: Staudinger/*Frank*, § 1756 BGB Rn. 31 ff

(3) Die Änderung des Geburtsnamens erstreckt sich auf den Ehenamen des Kindes nur dann, wenn sich auch der Ehegatte der Namensänderung vor dem Ausspruch der Annahme durch Erklärung gegenüber dem Familiengericht anschließt; die Erklärung muss öffentlich beglaubigt werden.

(4) ¹Das Familiengericht kann auf Antrag des Annehmenden mit Einwilligung des Kindes mit dem Ausspruch der Annahme

1. Vornamen des Kindes ändern oer ihm einen oder mehrere neue Vornamen beigeben, wenn dies dem Wohl des Kindes entspricht;

2. dem neuen Familiennamen des Kindes den bisherigen Familiennamen voranstellen oder anfügen, wenn dies aus schwerwiegenden Gründen zum Wohl des Kindes erforderlich ist.

²§ 1746 Abs. 1 Satz 2, 3, Abs. 3 erster HS ist entsprechend anzuwenden.

Übersicht

A. Allgemeines

1   Die Vorschrift bestimmt die **Namensfolgen bei einer Annahme als Kind**. Grundsätzlich soll sich in der Geburtsnamensführung die Zugehörigkeit des angenommenen Kindes zu den Annehmenden ausdrücken. Daher besteht nur ein eingeschränkter Gestaltungsspielraum für die Beteiligten, welcher im Wesentlichen dem Spielraum entspricht, den auch leibliche Eltern bei der Ausgestaltung des Geburtsnamens eines Kindes haben. Soll der Vorname des Kindes geändert werden, so unterliegt dies einer gesonderten Kindeswohlprüfung (§ 1757 Abs. 4 Satz 1 Nr. 1 BGB).

2   Die Norm gilt **sowohl für Minderjährigenadoptionen** als auch (über § 1767 Abs. 2 Satz 1 BGB) **für Volljährigenadoptionen** (ausführlich hierzu *Braun*, § 1767 Rn. 18). Auch für **Lebenspartner** gelten die Bestimmungen entsprechend (vgl. § 9 Abs. 7 Satz 2 LPartG, § 1767 Abs. 2 Satz 2 BGB).

B. Inhalt der Norm

I. Grundsatz der Fortführung des Familiennamens

3   § 1757 Abs. 1 BGB normiert den Grundsatz, dass **das Kind den Familiennamen des Annehmenden erhält**. Bei verheirateten (oder verpartnerten) Personen ist dies der Ehename (oder Lebenspartnerschaftsname). Als Ehename gilt nicht der nach § 1355 Abs. 4 BGB oder § 3 Abs. 2 LPartG hinzugefügte Name (§ 1757 Abs. 1 Satz 2 BGB).

4   Nimmt eine **geschiedene Person** ein Kind alleine an und führt diese weiterhin ihren Ehenamen, so setzt sich diese Namensführung auch beim angenommenen Kind fort.

II. Namensführung bei keinem gemeinsamen Ehenamen

5   Führt ein Ehepaar keinen Ehenamen, so bestimmt § 1757 Abs. 2 Satz 1 BGB, dass die Ehegatten ein **Namensbestimmungsrecht** für das anzunehmende Kind haben. Dies gilt allerdings nur dann, wenn das Namensbestimmungsrecht nicht schon gegenüber einem anderen (eigenen oder vorher angenommenen) Kind wahrgenommen worden ist (§ 1757 Abs. 2 Satz 1, 2. HS i.V.m. § 1617 Abs. 1 Satz 3 BGB). Ein Kind, welches das 5. Lebensjahr schon vollendet hat, muss in die Namensbestimmung einwilligen (§ 1757 Abs. 2 Satz 2 BGB). Die Einwilligung wird bei jungen Kindern durch den gesetzlichen Vertreter erteilt. Ist das Kind über 14 Jahre alt, dann muss es selbst (mit Zustimmung des gesetzlichen Vertreters) einwilligen (§ 1757 Abs. 2 Satz 2, 2. HS i.V.m. § 1617c Abs. 1 Satz 2 BGB). Die Ausübung des Namensbestimmungsrechts bedarf mindestens der öffentlichen Beglaubigung (vgl. § 129 BGB), kann aber selbstverständlich auch in der notariellen Urkunde zusammen mit dem Annahmeantrag erklärt werden.

Die Bestimmungen gelten entsprechend bei der Annahme durch einen **Lebenspartner** **6** (§ 9 Abs. 7 Satz 2 LPartG i.V.m. § 1757 Abs. 2 Satz 1 BGB).

III. Die Namensführung bei verheirateten Anzunehmenden

Die Anwendung von § 1757 Abs. 3 BGB ist **bei der Minderjährigenadoption äußert** **7** **selten**, da das anzunehmende Kind in aller Regel gerade noch nicht verheiratet ist. Für die Volljährigenadoption hat die Vorschrift jedoch große Bedeutung und wird in der Praxis häufig übersehen.

Die Vorschrift bestimmt, dass sich die Namensführung des verheirateten Anzunehmenden, **8** welcher einen gemeinsamen Ehenamen führt, nur dann hinsichtlich des Ehenamens ändert, wenn der Ehegatte des Anzunehmenden der Namensänderung (in öffentlich beglaubigter Form) zustimmt. In der Praxis findet dies aber gerade selten statt, so dass der Ehename in der Regel unberührt bleibt. Dennoch ändert sich in einer solchen Konstellation aber der Geburtsname des Anzunehmenden (nach den Vorgaben in § 1757 Abs. 1 oder 2 BGB). Wurde der vormalige Geburtsname des Anzunehmenden zum Ehenamen bestimmt, so erhält der Anzunehmende einen neuen Geburtsnamen. Hatte der Anzunehmende seinen Geburtsnamen dem Ehenamen beigefügt, so ändert sich auch der beigefügte Name infolge der Adoption.[1]

IV. Das Voranstellen oder Hinzufügen des bisherigen Familiennamens

Auf Antrag der Annehmenden kann **der bisherige Familienname dem neuen Ge-** **9** **burtsnamen hinzugefügt oder vorangestellt** werden (§ 1757 Abs. 4 Satz 1 Nr. 2 BGB). Dies ist jedoch nur dann möglich, wenn dies **aus schwerwiegenden Gründen zum Wohl des Kindes erforderlich** ist und wenn **das Kind** (meistens vertreten durch den gesetzlichen Vertreter) hierin **einwilligt** (§ 1757 Abs. 4 Satz 2 i.V.m. § 1746 Abs. 4 Satz 2 und 3 BGB). Die strenge Formulierung in § 1757 Abs. 4 Satz 1 Nr. 2 BGB zeigt, dass dies die Ausnahme bleiben soll.[2] Weniger strenge Anforderungen sind hingegen bei der Volljährigenadoption zu stellen, da der Angenommene unter seinem bisherigen Geburts- oder Familiennamen schon lange aufgetreten ist.[3]

V. Die Änderung des Vornamens

Die Annehmenden können **auf Antrag** auch **den Vornamen des Kindes neu bestim-** **10** **men** (§ 1757 Abs. 4 Satz 1 Nr. 1 BGB). Voraussetzung hierfür ist, dass dies einerseits „dem Kindeswohl entspricht" und andererseits **das Kind** hierin (regelmäßig durch den gesetzlichen Vertreter) **einwilligt** (§ 1757 Abs. 4 Satz 2 BGB). In aller Regel entspricht die Änderung des Vornamens durchaus dem Kindeswohl, es sei denn, das Kind hat schon ein höheres Alter erreicht.[4] Aus fachlicher Sicht wird allerdings häufig zumindest die parallele Beibehaltung des bisherigen Vornamens empfohlen (z.B. als zweiter Vorname).

---

1 BGH NJW 2011, 3094
2 Ebenso kritisch zur z.T. sehr großzügigen Rechtsprechung: Staudinger/*Frank*, § 1757 BGB Rn. 21; MüKo-BGB/ *Maurer*, § 1757 BGB Rn. 28
3 LG Regensburg MittBayNot 2008, 481; OLG Celle FamRZ 1997, 115
4 Staudinger/*Frank*, § 1757 BGB Rn. 49

§ 1758 BGB Offenbarungs- und Ausforschungsverbot

(1) Tatsachen, die geeignet sind, die Annahme und ihre Umstände aufzudecken, dürfen ohne Zustimmung des Annehmenden und des Kindes nicht offenbart oder ausgeforscht werden, es sei denn, dass besondere Gründe des öffentlichen Interesses dies erfordern.

(2) ¹Absatz 1 gilt sinngemäß, wenn die nach § 1747 erforderliche Einwilligung erteilt ist. ²Das Familiengericht kann anordnen, dass die Wirkungen des Absatzes 1 eintreten, wenn ein Antrag auf Ersetzung der Einwilligung eines Elternteils gestellt worden ist.

1 Die Vorschrift **schützt das durch die Adoption entstandene Verhältnis zwischen dem Kind und den Annehmenden gegenüber dem Einfluss dritter Personen** (insb. der leiblichen Eltern). Da durch die Annahme ein Rechtsverhältnis fingiert wird, welches einer leiblichen Abstammung gleichsteht, sollen – soweit dies die Annehmenden und das Kind nicht wünschen – keine anderen Personen erfahren können, dass es sich „nur" um ein Adoptionsverhältnis handelt. Dies dient der Verhinderung von Stigmatisierungen und von Einflussnahmen sowie der ungestörten Entwicklung des Kindes in der neuen Familie.

2 Durch Abs. 2 wird dieser Schutz schon **für die Zeit während des Annahme- bzw. Ersetzungsverfahrens vorverlagert**, indem schon im Zeitpunkt der Einwilligung der Eltern oder – auf Feststellung durch das Familiengericht – im Zeitpunkt des Antrags auf Ersetzung der Einwilligung der Eltern nach § 1748 BGB das Offenbarungs- und Ausforschungsverbot eingreift.

3 **Adressat der Norm** sind v.a. Behörden wie Jugendämter, Standesämter, sowie Gerichte und Adoptionsvermittlungsstellen in freier Trägerschaft, welche Informationen über die Adoption oder die Herkunft des Kindes haben und diese nicht offenbaren dürfen (sog. **Schweigegebot**). § 1758 BGB wird flankiert durch Vorschriften im Personenstandsrecht (v.a. § 63 PStG), im Verfahrensrecht (wo sogar ausdrücklich in § 13 Abs. 2 Satz 2 FamFG auf § 1758 BGB Bezug genommen wird) sowie im Adoptionsvermittlungsgesetz (v.a. § 9b AdVermiG) und im Strafgesetzbuch in § 203 StGB. Das **Ausforschungsverbot** verbietet wiederum jegliche Ermittlungen mit dem Ziel, das Annahmeverhältnis oder seine Umstände aufzudecken.

4 In zwei Fällen **greift** das Ausforschungs- und Offenbarungsverbot **nicht**. Einmal, **wenn sowohl die Annehmenden als auch das Kind (kumulativ)** in die Einsichtnahme oder Ausforschung **einwilligen**[1] und zum anderen, wenn **öffentliche Interessen** eine Offenbarung oder Ausforschung erfordern. Letzteres kommt insbesondere bei der Aufdeckung schwerer Straftaten oder Krankheiten in Betracht.[2]

5 **Keine Anwendung** findet die Norm in der Beziehung **zwischen dem Kind und den Annehmenden**. Im Gegenteil haben die Annehmenden gerade die Aufgabe zur kindgerechten Aufklärung des angenommenen Kindes, sollte es nicht schon während der Annahme alt genug gewesen sein, um das neu entstandene Verhältnis und seine Herkunft zu verstehen.

6 Das Kind (selbst ab 16 Jahren oder mithilfe der Annehmenden) hat viele Möglichkeiten, seine **Herkunft** durch entsprechende Anfragen bei Behörden und Adoptionsvermittlungsstellen **herauszufinden**.[3] Zu nennen sind hier insb. die Auskunftsrechte aus dem Geburtsregister in § 63 Abs. 1 PStG und die Einsichtsrechte in die Vermittlungsakte nach § 9b Abs. 2 AdVermiG.

---

1 Palandt/*Götz*, § 1758 BGB Rn. 2
2 Zu weiteren Fällen: MüKo-BGB/*Maurer*, § 1758 BGB Rn. 18 f.
3 Hierzu: OLG München NJW 2005, 1667

Die Vorschrift stellt **keine Schutznorm für die leiblichen Eltern** dar. Diese haben keinen besonderen Anspruch auf Geheimhaltung, dass sie ein Kind zur Adoption „freigegeben" haben.

7

§ 1759 BGB Aufhebung des Annahmeverhältnisses

Das Annahmeverhältnis kann nur in den Fällen der §§ 1760, 1763 aufgehoben werden.

Die Norm hat **keinen eigenständigen Regelungsgehalt**, sondern stellt lediglich klar, dass die Aufhebung von Minderjährigenadoptionen ausschließlich nach § 1760 BGB (Aufhebung wegen Verfahrensfehlern) oder nach § 1763 BGB (Aufhebung aus schwerwiegenden Gründen) möglich ist. Die Aufhebungstatbestände sind abschließend und aufgrund des generellen Bedürfnisses der Bestandskraft einer Adoption eng auszulegen.

1

Statistisch gesehen ist die Aufhebung von Adoptionen eher selten. Nach Angaben des Statistischen Bundesamts wurden im Jahr 2013 lediglich 17 Minderjährigenadoptionen aufgehoben.[1]

2

§ 1760 BGB Aufhebung wegen fehlender Erklärungen

(1) Das Annahmeverhältnis kann auf Antrag vom Familiengericht aufgehoben werden, wenn es ohne Antrag des Annehmenden, ohne die Einwilligung des Kindes oder ohne die erforderliche Einwilligung eines Elternteils begründet worden ist.

(2) Der Antrag oder eine Einwilligung ist nur dann unwirksam, wenn der Erklärende

a) zur Zeit der Erklärung sich im Zustand der Bewusstlosigkeit oder vorübergehenden Störung der Geistestätigkeit befand, wenn der Antragsteller geschäftsunfähig war oder das geschäftsunfähige oder noch nicht 14 Jahre alte Kind die Einwilligung selbst erteilt hat,

b) nicht gewusst hat, dass es sich um eine Annahme als Kind handelt, oder wenn er dies zwar gewusst hat, aber einen Annahmeantrag nicht hat stellen oder eine Einwilligung zur Annahme nicht hat abgeben wollen oder wenn sich der Annehmende in der Person des anzunehmenden Kindes oder wenn sich das anzunehmende Kind in der Person des Annehmenden geirrt hat,

c) durch arglistige Täuschung über wesentliche Umstände zur Erklärung bestimmt worden ist,

d) widerrechtlich durch Drohung zur Erklärung bestimmt worden ist,

e) die Einwilligung vor Ablauf der in § 1747 Abs. 2 Satz 1 bestimmten Frist erteilt hat.

(3) ¹Die Aufhebung ist ausgeschlossen, wenn der Erklärende nach Wegfall der Geschäftsunfähigkeit, der Bewusstlosigkeit, der Störung der Geistestätigkeit, der durch die Drohung bestimmten Zwangslage, nach der Entdeckung des Irrtums oder nach Ablauf der in § 1747 Abs. 2 Satz 1 bestimmten Frist den Antrag oder die Einwilligung nachgeholt oder sonst zu erkennen gegeben hat, dass das Annahmeverhältnis aufrechterhalten werden soll. ²Die Vorschriften des § 1746 Abs. 1 Satz 2, 3 und des § 1750 Abs. 3 Satz 1, 2 sind entsprechend anzuwenden.

(4) Die Aufhebung wegen arglistiger Täuschung über wesentliche Umstände ist ferner ausgeschlossen, wenn über Vermögensverhältnisse des Annehmenden oder des Kindes ge-

---

1 Im Jahr 2012: 9 Aufhebungen, im Jahr 2011: 7 Aufhebungen, im Jahr 2010: 12 Aufhebungen; Quelle: Statistisches Bundesamt, Statistiken der Kinder- und Jugendhilfe – Adoptionen, 2010, 2011, 2012, 2013

täuscht worden ist oder wenn die Täuschung ohne Wissen eines Antrags- oder Einwilligungsberechtigten von jemand verübt worden ist, der weder antrags- noch einwilligungsberechtigt noch zur Vermittlung der Annahme befugt war.

(5) ¹Ist beim Ausspruch der Annahme zu Unrecht angenommen worden, dass ein Elternteil zur Abgabe der Erklärung dauernd außerstande oder sein Aufenthalt dauernd unbekannt sei, so ist die Aufhebung ausgeschlossen, wenn der Elternteil die Einwilligung nachgeholt oder sonst zu erkennen gegeben hat, dass das Annahmeverhältnis aufrechterhalten werden soll. ²Die Vorschrift des § 1750 Abs. 3 Satz 1, 2 ist entsprechend anzuwenden.

§ 1761 BGB Aufhebungshindernisse

(1) Das Annahmeverhältnis kann nicht aufgehoben werden, weil eine erforderliche Einwilligung nicht eingeholt worden oder nach § 1760 Abs. 2 unwirksam ist, wenn die Voraussetzungen für die Ersetzung der Einwilligung beim Ausspruch der Annahme vorgelegen haben oder wenn sie zum Zeitpunkt der Entscheidung über den Aufhebungsantrag vorliegen; dabei ist es unschädlich, wenn eine Belehrung oder Beratung nach § 1748 Abs. 2 nicht erfolgt ist.

(2) Das Annahmeverhältnis darf nicht aufgehoben werden, wenn dadurch das Wohl des Kindes erheblich gefährdet würde, es sei denn, dass überwiegende Interessen des Annehmenden die Aufhebung erfordern.

§ 1762 BGB Antragsberechtigung; Antragsfrist, Form

(1) ¹Antragsberechtigt ist nur derjenige, ohne dessen Antrag oder Einwilligung das Kind angenommen worden ist. ²Für ein Kind, das geschäftsunfähig oder noch nicht 14 Jahre alt ist, und für den Annehmenden, der geschäftsunfähig ist, können die gesetzlichen Vertreter den Antrag stellen. ³Im Übrigen kann der Antrag nicht durch einen Vertreter gestellt werden. ⁴Ist der Antragsberechtigte in der Geschäftsfähigkeit beschränkt, so ist die Zustimmung des gesetzlichen Vertreters nicht erforderlich.

(2) ¹Der Antrag kann nur innerhalb eines Jahres gestellt werden, wenn seit der Annahme noch keine drei Jahre verstrichen sind. ²Die Frist beginnt

a) in den Fällen des § 1760 Abs. 2 Buchstabe a mit dem Zeitpunkt, in dem der Erklärende zumindest die beschränkte Geschäftsfähigkeit erlangt hat oder in dem dem gesetzlichen Vertreter des geschäftsunfähigen Annehmenden oder des noch nicht 14 Jahre alten oder geschäftsunfähigen Kindes die Erklärung bekannt wird;

b) in den Fällen des § 1760 Abs. 2 Buchstaben b, c mit dem Zeitpunkt, in dem der Erklärende den Irrtum oder die Täuschung entdeckt;

c) in dem Falle des § 1760 Abs. 2 Buchstabe d mit dem Zeitpunkt, in dem die Zwangslage aufhört;

d) in dem Falle des § 1760 Abs. 2 Buchstabe e nach Ablauf der in § 1747 Abs. 2 Satz 1 bestimmten Frist;

e) in den Fällen des § 1760 Abs. 5 mit dem Zeitpunkt, in dem dem Elternteil bekannt wird, dass die Annahme ohne seine Einwilligung erfolgt ist.

³Die für die Verjährung geltenden Vorschriften der §§ 206, 210 sind entsprechend anzuwenden.

(3) Der Antrag bedarf der notariellen Beurkundung.

Übersicht

A. Allgemeines

Die Vorschriften in §§ 1760 bis 1762 BGB regeln abschließend die **Voraussetzungen für** **1** **die Aufhebung einer Minderjährigenadoption wegen Verfahrensfehlern**. Durch die Verweise in § 1771 Satz 2 und Satz 3 sowie in § 1772 Abs. 2 BGB gelten die Vorschriften sinngemäß auch für die Aufhebung einer Volljährigenadoption.

Die **Aufhebungstatbestände** betreffen **Fehler bei den Einwilligungen** nach §§ 1746, **2** 1747 BGB oder **Fehler bei der Antragstellung** nach § 1752 BGB. Zur Aufhebung der Adoption nach §§ 1760 ff. BGB kann es entweder bei vollständigem Fehlen einer erforderlichen Erklärung oder bei einer Unwirksamkeit der erforderlichen Erklärung kommen. Fehler bei der Einwilligung eines Ehegatten nach § 1749 BGB sind unbeachtlich.[1]

Die Möglichkeit der Aufhebung einer Minderjährigenadoption nach §§ 1760 ff. BGB ist **3** **unabhängig vom Alter des Angenommenen im Zeitpunkt des Aufhebungsantrags**.[2] Eine Aufhebung wegen Verfahrensfehlern ist also im Gegensatz zur Aufhebung nach § 1763 BGB (siehe hierzu *Braun*, § 1763 BGB Rn. 6) auch bei mittlerweile eingetretener Volljährigkeit möglich (soweit die Antragsfristen in § 1762 Abs. 2 BGB eingehalten worden sind).

Die Aufhebung einer Adoption wegen Verfahrensfehlern ist nur aufgrund **notariell beur-** **4** **kundeten Antrags** möglich (§ 1762 Abs. 3 BGB). Auch dies stellt einen wesentlichen Unterschied zur Aufhebung aus schwerwiegenden Gründen nach § 1763 BGB dar, welche auch von Amts wegen möglich ist (siehe hierzu *Braun*, § 1763 BGB Rn. 5).

Die **Folgen der Aufhebung** (Verwandtschaftsbeziehung und Namensführung nach der **5** Aufhebung) sind abschließend in §§ 1764, 1765 BGB geregelt.

B. Inhalt der Normen

I. Prüfungsschritte

Die Systematik von §§ 1760 bis 1762 BGB ist eher unübersichtlich geraten. Als **Übersicht** **6** werden die die **folgenden Prüfungsschritte** vorgeschlagen. Nur falls sämtliche Fragen bejaht werden können, ist eine Aufhebung möglich:

- Ist der Antrag auf Aufhebung formwirksam nach § 1762 Abs. 3 BGB gestellt worden?

- Ist der Erklärende antragsberechtigt nach § 1762 Abs. 1 BGB?

---

1 OLG Nürnberg FPR 2002, 457, 458
2 MüKo-BGB/*Maurer*, § 1759 BGB Rn. 4

- Ist die absolute Antragsfrist von drei Jahren nach Wirksamwerden der Annahme eingehalten (§ 1762 Abs. 2 Satz 1, 2. HS BGB)?

- Ist die spezielle Antragsfrist von einem Jahr gem. § 1762 Abs. 2 Satz 2 BGB eingehalten?

- Liegt ein formeller Aufhebungstatbestand vor (entweder Fehlen eines Antrags oder einer Einwilligungserklärung nach § 1760 Abs. 1 BGB oder Unwirksamkeit eines Antrags oder einer Einwilligungserklärung nach § 1760 Abs. 2 BGB)?

- Ist keine Heilung des Verfahrensfehlers möglich?

  – wegen Nachholung der Einwilligung oder des Antrags (Fälle von § 1760 Abs. 3 und 5 BGB)?

  – wegen Unbeachtlichkeit des Irrtums (Fall von § 1760 Abs. 4 BGB)?

  – wegen Ersetzung einer Einwilligung (Fall von § 1761 Abs. 1 BGB)?

- Liegt kein Hinderungsgrund wegen erheblicher Kindeswohlgefährdung nach § 1761 Abs. 2 BGB vor?

II. Der Aufhebungsantrag

1. Form des Antrags

7 Der Aufhebungsantrag bedarf der **notariell beurkundeten Form** (§ 1762 Abs. 3 BGB). Bei nicht formgemäßem Antrag muss der Antragsteller auf die Formbedürftigkeit hingewiesen werden. Holt er die Form auch nicht nach angemessener Frist nach, so ist der Antrag als unzulässig zu verwerfen. Auch ein nicht formgemäßer Antrag führt jedoch (zunächst) zur Einhaltung der Antragsfrist nach § 1762 Abs. 2 BGB.

2. Die Antragsberechtigung

8 Antragsberechtigt ist nur **diejenige Person, deren Einwilligung oder Antrag im Annahmeverfahren gefehlt hat oder unwirksam war** (§ 1762 Abs. 1 Satz 1 BGB).

3. Höchstpersönlichkeit der Antragstellung

9 Der Antrag auf Aufhebung kann grundsätzlich **nur vom Antragsteller selbst** gestellt werden (**Höchstpersönlichkeit der Antragstellung**, § 1762 Abs. 1 Satz 3 BGB). Dies gilt auch für beschränkt geschäftsfähige Personen (z.B. ein über 14-jähriges Kind), welche auch keine Zustimmung ihres gesetzlichen Vertreters benötigen (§ 1762 Abs. 1 Satz 4 BGB). Eine Ausnahme von der Höchstpersönlichkeit der Antragstellung gilt nur dann, wenn das Kind noch nicht 14 Jahre alt oder geschäftsunfähig ist oder wenn der Annehmende geschäftsunfähig ist. Dann erklärt der gesetzliche Vertreter den Antrag im Namen des Vertretenen (§ 1762 Abs. 1 Satz 2 BGB). Eine gewillkürte Vertretung bei der Antragstellung ist immer unzulässig.[3]

III. Die Antragsfrist

10 Der Antrag auf Aufhebung einer Adoption unterliegt bestimmten Fristen. Hierbei ist **zwischen der absoluten Antragsfrist und speziellen Antragsfristen zu unterscheiden**.

1. Die absolute Antragsfrist

11 Sind seit der Annahme als Kind **drei Jahre** verstrichen, so ist eine Aufhebung immer ausgeschlossen (absolute Antragsfrist, § 1762 Abs. 2 Satz 1, 2. HS BGB). **Beginn der Frist** ist der **Zeitpunkt des Wirksamwerdens des Annahmebeschlusses** nach § 197

---

3 Palandt/*Götz*, § 1762 BGB Rn. 1

Abs. 2 FamFG. Wird der Antrag binnen der Drei-Jahres-Frist gestellt so ist eine Aufhebung unabhängig von der Dauer des Aufhebungsverfahrens möglich (Antragsfrist und keine Aufhebungsfrist).[4] Die absolute Antragsfrist wird nicht durch die Hemmungsvorschriften in §§ 206, 210 BGB nach hinten verschoben. § 1762 Abs. 2 Satz 3 BGB gilt nur für die speziellen Antragsfristen.[5]

2. Die speziellen Antragsfristen

Die spezielle Antragsfrist beträgt **ein Jahr**. Der **Beginn der Frist** bestimmt sich je nach Einzelfall gemäß der Auflistung in § 1762 Abs. 2 Satz 2 BGB, wobei die Hemmungsvorschriften nach §§ 206, 210 BGB entsprechende Anwendung finden (§ 1762 Abs. 2 Satz 3 BGB). Die Einzelfälle in § 1762 Abs. 2 Satz 2 BGB betreffen nur die Fälle, in denen Einwilligungen oder Anträge unwirksam gem. § 1760 Abs. 2 BGB waren. Haben die Einwilligungen oder Anträge aber komplett gefehlt, so beginnt die Antragsfrist in dem Zeitpunkt, in dem dem Antragsteller das Fehlen seiner Erklärung bekannt geworden ist.[6]

IV. Die Aufhebungsgründe

Folgende Verfahrensfehler stellen **relevante Aufhebungstatbestände** dar:

- Fehlen einer Erklärung

  - kein Antrag nach § 1752 BGB (auch bei rechtzeitiger Rücknahme eines zuvor gestellten Antrags[7]),

  - keine Einwilligungserklärung des Kindes nach § 1746 BGB (obwohl erforderlich),

  - keine Einwilligungserklärung des jeweiligen Elternteils nach § 1747 BGB (obwohl erforderlich).

- Unwirksamkeit einer Erklärung

  - Unwirksamkeit des Annahmeantrags nach § 1752 BGB,

  - Unwirksamkeit der Einwilligungserklärung des Kindes nach § 1746 BGB,

  - Unwirksamkeit der Einwilligungserklärung des jeweiligen Elternteils nach § 1747 BGB.

§ 1760 Abs. 2a) bis e) BGB führt dabei enumerativ (und abschließend) die möglichen **Unwirksamkeitsgründe** auf:

- bei Bewusstlosigkeit oder vorübergehender Störung der Geistestätigkeit (§ 105 Abs. 2 BGB) im Zeitpunkt der Erklärung (Buchstabe a))

- bei Geschäftsunfähigkeit des Annehmenden im Zeitpunkt des Antrags nach § 1752 BGB (Buchstabe a))

- bei Geschäftsunfähigkeit des (über 14-jährigen) Kindes bei der eigenen Erklärung nach § 1746 BGB (Buchstabe a))

- bei Irrtum über die Annahme als Kind als solcher (Buchstabe b))

- bei Irrtum über den Erklärungsinhalt (Buchstabe b))

- bei Irrtum des Kindes über die Person des Annehmenden (Buchstabe b))

- bei Irrtum des Annehmenden über die Person des anzunehmenden Kindes (Buchstabe b))

---

4 MüKo-BGB/*Maurer*, § 1762 BGB Rn. 12
5 Staudinger/*Frank*, § 1762 BGB Rn. 20
6 MüKo-BGB/*Maurer*, § 1760 BGB Rn. 14
7 OLG Düsseldorf FamRZ 1997, 117

- bei arglistiger Täuschung über wesentliche Umstände (Buchstabe c)) (beachte aber § 1760 Abs. 4 BGB)
- bei widerrechtlicher Drohung (Buchstabe d))
- bei der Einwilligung eines Elternteils vor Ablauf der Acht-Wochen-Frist gemäß § 1747 Abs. 2 Satz 1 BGB (Buchstabe e))

V. Die Heilung von fehlenden oder unwirksamen Erklärungen

15   Trotz Vorliegens eines Unwirksamkeitsgrundes ist eine Aufhebung aber auch ausgeschlossen, wenn die unwirksame Erklärung **nach Wegfall des entsprechenden Hinderungsgrunds geheilt** worden ist. In welchen Unwirksamkeitsfällen dies möglich ist, wird ausdrücklich in § 1760 Abs. 3 BGB aufgeführt. Eine Heilung ist entweder durch Nachholung der Erklärung möglich oder wenn der Erklärende zu erkennen gegeben hat, dass das Annahmeverhältnis aufrecht erhalten bleiben soll.

16   Wurde zu Unrecht von der **Einwilligung eines Elternteils nach § 1747 Abs. 4 BGB** abgesehen, so stellt dies zwar grundsätzlich einen Aufhebungsgrund (wegen Fehlens der Einwilligung) dar. Das ursprüngliche Fehlen der Einwilligung kann jedoch **gem. § 1760 Abs. 5 BGB dadurch geheilt** werden, indem der entsprechende Elternteil die Einwilligung nach § 1747 BGB nachholt oder sonst zu erkennen gibt, dass das Annahmeverhältnis aufrecht erhalten bleiben soll.

17   War eine Einwilligungserklärung eines Elternteils unwirksam oder hat eine solche komplett gefehlt, so kann dies schließlich **mittels Ersetzung gem. § 1761 Abs. 1 BGB geheilt** werden. Dies ist möglich, wenn schon im Zeitpunkt der Annahme ein Ersetzungsgrund nach § 1748 BGB vorgelegen hat oder wenn der Ersetzungsgrund im Zeitpunkt des Aufhebungsverfahrens vorhanden ist.

VI. Die Hinderung der Aufhebung aus Kindeswohlgründen

18   Selbst wenn sämtliche Aufhebungsvoraussetzungen gegeben sind, kann eine Aufhebung **immer noch daran scheitern, dass eine Aufhebung zu einer erheblichen Kindeswohlgefährdung führen würde** (§ 1761 Abs. 2 BGB). Dieses Korrektiv greift immer dann ein, wenn die Aufrechterhaltung des Annahmeverhältnisses für das Kind zwingend erforderlich ist. Das kann etwa dann der Fall sein, wenn bei einer Aufhebung der Annahme die Versorgung des Kindes gefährdet wäre oder das Kind die leiblichen Eltern überhaupt nicht kennt.[8] In jedem Fall ist aber eine Interessenabwägung mit den Interessen des Annehmenden vorzunehmen (§ 1761 Abs. 2 a.E. BGB). Ist diesem die Aufrechterhaltung im Vergleich zu den Interessen des Kindes nicht zuzumuten, so kann das Annahmeverhältnis aufgehoben werden.

---

8   Weitere Fälle: Palandt/*Götz*, § 1761 BGB Rn. 3

§ 1763 BGB Aufhebung von Amts wegen

(1) Während der Minderjährigkeit des Kindes kann das Familiengericht das Annahmeverhältnis von Amts wegen aufheben, wenn dies aus schwerwiegenden Gründen zum Wohl des Kindes erforderlich ist.

(2) Ist das Kind von einem Ehepaar angenommen, so kann auch das zwischen dem Kind und einem Ehegatten bestehende Annahmeverhältnis aufgehoben werden.

(3) Das Annahmeverhältnis darf nur aufgehoben werden,

a) wenn in dem Falle des Absatzes 2 der andere Ehegatte oder wenn ein leiblicher Elternteil bereit ist, die Pflege und Erziehung des Kindes zu übernehmen, und wenn die Ausübung der elterlichen Sorge durch ihn dem Wohl des Kindes nicht widersprechen würde oder

b) wenn die Aufhebung eine erneute Annahme des Kindes ermöglichen soll.

Übersicht

A. Allgemeines

§ 1763 BGB betrifft den zweiten Fall einer möglichen Aufhebung einer Minderjährigenadoption. Ist eine Fortführung des Adoptionsverhältnisses **aus schwerwiegenden Gründen dem Wohl des Kindes abträglich**, so kann das entstandene rechtliche Eltern-Kind-Verhältnis wieder aufgehoben werden. **1**

Die Aufhebungsmöglichkeit unterliegt **zwei bedeutenden Einschränkungen**. Zum einen kann eine Minderjährigenadoption nur während der Minderjährigkeit des Kindes aufgehoben werden und zum anderen muss eine Ersatzbetreuung i.S.d. Abs. 3 schon bereit stehen oder konkret zu erwarten sein. **2**

Systematisch steht die Norm **in engem Zusammenhang zum Verbot der Kettenadoption nach § 1742 BGB**. Dies zeigt insbesondere die Vorschrift in § 1763 Abs. 3b) BGB. Darüber hinaus ist der **Maßstab des schwerwiegenden Grundes ähnlich** zu beurteilen wie der unverhältnismäßige Nachteil bei Unterbleiben der Annahme **in § 1748 Abs. 1 BGB**. In beiden Fällen wird schließlich in das grundgesetzlich geschützte natürliche Elternrecht nach Art. 6 Abs. 2 Satz 1 GG eingegriffen.[1] **3**

Die Auslegung von § 1763 BGB ist vor diesem Hintergrund äußerst eng vorzunehmen. Insbesondere sind zunächst alternative Eingriffsmaßnahmen (insb. § 1666 BGB) zu prüfen oder zu versuchen, um das Kind zu schützen (**Subsidiarität der Aufhebung**).[2] Erst wenn dies erfolglos erscheint, darf – das Vorliegen der weiteren Vorgaben vorausgesetzt – in das durch Adoption geschaffene Band eingegriffen werden. Dies mag der entscheidende Grund dafür sein, dass in der veröffentlichten Rechtsprechung nur äußerst wenige Fälle bekannt geworden sind, in denen eine Aufhebung einer Adoption nach § 1763 BGB erfolgte. **4**

Im Gegensatz zur Aufhebung nach § 1760 BGB bedarf die Aufhebung nach § 1763 BGB keines Antrags, sondern **kann auch von Amts wegen erfolgen**. **5**

---

1 Zum Ganzen: MüKo-BGB/*Maurer*, § 1763 BGB Rn. 3 f.
2 BT-Drucks. 7/3061, 26

B. Inhalt der Norm

I. Anwendungsbereich

6   Die Norm findet **nur bei der Aufhebung von Minderjährigenadoptionen** Anwendung. Hinzu kommen muss, dass das Kind **im Zeitpunkt des Entscheidungserlasses noch minderjährig** sein muss. Hat das Kind die Volljährigkeit erreicht, so ist eine Aufhebung auch bei schwersten Pflichtverletzungen weder gemäß § 1763 BGB noch nach § 1771 BGB möglich, da letztere Norm nur die Aufhebung einer Volljährigenadoption betrifft.[3]

7   Die Aufhebung kann **auch nur in Bezug auf einen Adoptivelternteil** bei vorheriger gemeinschaftlicher Adoption erfolgen (§ 1763 Abs. 2 BGB). Diese Konstellation kann für das Vorliegen einer Ersatzbetreuung nach § 1763 Abs. 3a) BGB von entscheidender Bedeutung sein, wenn der verbleibende Adoptivelternteil bereit und geeignet ist, die weitere Betreuung zu übernehmen (hierzu unten Rn. 9).

II. Fälle von schwerwiegenden Gründen

8   In welchen Fällen ein schwerwiegender Grund vorliegt, ist **im Einzelfall** zu entscheiden. Dabei ist zu berücksichtigen, dass die Aufhebung eindeutig subsidiär gegenüber anderen familienrechtlichen Eingriffen ist. Kommen etwa vorrangig Maßnahmen nach § 1666 BGB oder § 1684 Abs. 4 Satz 1 BGB in Betracht, so sind zunächst diese zu durchdenken oder zu versuchen. Die Aufhebung muss **ultima ratio** sein. Eindeutig nicht ausreichen können daher enttäuschte Erwartungen der Adoptiveltern, die Trennung und Scheidung der Annehmenden[4] oder der Missbrauch von Umgangsrechten.[5] Zu fordern ist vielmehr eine **beiderseitige Grundlagenstörung von erheblichem Gewicht**, etwa bei Tötung der Adoptivmutter durch das Adoptivkind,[6] bei dauerhafter Ablehnung der Adoptiveltern durch das Adoptivkind oder bei einem von vornherein nicht beabsichtigten Eltern-Kind-Verhältnis (Scheinadoptionen).[7]

III. Vorliegen einer Ersatzbetreuung

9   Die Norm wird weitergehend dadurch eingeschränkt, als dass eine Aufhebung aus schwerwiegenden Gründen nur möglich ist, wenn eine **Ersatzbetreuung i.S.v. Abs. 3 schon vorhanden ist oder konkret in Aussicht steht**. Folgende Fallkonstellationen sind hier aufgeführt:

- Der **verbliebene Adoptivelternteil kann** bei einer vorhergehenden gemeinschaftlichen Adoption und Aufhebung nur in Bezug auf einen Elternteil **die Pflege und Erziehung des Kindes weiter übernehmen**, ohne dass dies dem Wohl des Kindes widersprechen würde (§ 1763 Abs. 3a), 1. Alt. BGB).

- Ein **leiblicher Elternteil kann die Pflege und Erziehung des Kindes übernehmen**, ohne dass dies dem Wohl des Kindes widersprechen würde (§ 1763 Abs. 3a), 2. Alt. BGB), was insbesondere bei Stiefkindkonstellationen denkbar ist.[8]

- Es besteht die begründete Aussicht darauf, dass das Kind nach der Aufhebung von einem oder mehreren anderen Annehmenden adoptiert wird (**Mehrfachadoption nach Aufhebung**, § 1763 Abs. 3b) BGB). Bei der **Aufhebung einer Stiefkindadoption** und dem Bereitstehen eines neuen Annehmenden (neuer Ehepartner des leibli-

---

3 BGH NJW 2014, 1663 (sexueller Missbrauch des Kindes)
4 BayObLG NJWE-FER 2000, 5, 6
5 MüKo-BGB/*Maurer*, § 1763 BGB Rn. 9
6 AG Arnsberg FamRZ 1987, 119
7 OLG Oldenburg FamRZ 2004, 399; OLG Frankfurt FamRZ 1982, 848
8 MüKo-BGB/*Maurer*, § 1763 BGB Rn. 12

chen Elternteils) ist zu beachten, dass bei der Aufhebung dann auch der leibliche Elternteil zu beteiligen ist, auch wenn dieser der erneuten Adoption nicht zustimmen muss.[9]

§ 1764 BGB Wirkung der Aufhebung

(1) [1]Die Aufhebung wirkt nur für die Zukunft. [2]Hebt das Familiengericht das Annahmeverhältnis nach dem Tode des Annehmenden auf dessen Antrag oder nach dem Tode des Kindes auf dessen Antrag auf, so hat dies die gleiche Wirkung, wie wenn das Annahmeverhältnis vor dem Tode aufgehoben worden wäre.

(2) Mit der Aufhebung der Annahme als Kind erlöschen das durch die Annahme begründete Verwandtschaftsverhältnis des Kindes und seiner Abkömmlinge zu den bisherigen Verwandten und die sich aus ihm ergebenden Rechte und Pflichten.

(3) Gleichzeitig leben das Verwandtschaftsverhältnis des Kindes und seiner Abkömmlinge zu den leiblichen Verwandten des Kindes und die sich aus ihm ergebenden Rechte und Pflichten, mit Ausnahme der elterlichen Sorge, wieder auf.

(4) Das Familiengericht hat den leiblichen Eltern die elterliche Sorge zurückzuübertragen, wenn und soweit dies dem Wohl des Kindes nicht widerspricht; andernfalls bestellt es einen Vormund oder Pfleger.

(5) Besteht das Annahmeverhältnis zu einem Ehepaar und erfolgt die Aufhebung nur im Verhältnis zu einem Ehegatten, so treten die Wirkungen des Absatzes 2 nur zwischen dem Kind und seinen Abkömmlingen und diesem Ehegatten und dessen Verwandten ein; die Wirkungen des Absatzes 3 treten nicht ein.

§ 1765 BGB Name des Kindes nach der Aufhebung

(1) [1]Mit der Aufhebung der Annahme als Kind verliert das Kind das Recht, den Familiennamen des Annehmenden als Geburtsnamen zu führen. [2]Satz 1 ist in den Fällen des § 1754 Abs. 1 nicht anzuwenden, wenn das Kind einen Geburtsnamen nach § 1757 Abs. 1 führt und das Annahmeverhältnis zu einem Ehegatten allein aufgehoben wird. [3]Ist der Geburtsname zum Ehenamen oder Lebenspartnerschaftsnamen des Kindes geworden, so bleibt dieser unberührt.

(2) Auf Antrag des Kindes kann das Familiengericht mit der Aufhebung anordnen, dass das Kind den Familiennamen behält, den es durch die Annahme erworben hat, wenn das Kind ein berechtigtes Interesse an der Führung dieses Namens hat. § 1746 Abs. 1 Satz 2, 3 ist entsprechend anzuwenden.

(3) Ist der durch die Annahme erworbene Name zum Ehenamen oder Lebenspartnerschaftsnamen geworden, so hat das Familiengericht auf gemeinsamen Antrag der Ehegatten oder Lebenspartner mit der Aufhebung anzuordnen, dass die Ehegatten oder Lebenspartner als Ehenamen oder Lebenspartnerschaftsnamen den Geburtsnamen führen, den das Kind vor der Annahme geführt hat.

Die **Folgen einer Aufhebung** nach § 1760 Abs. 1 BGB oder § 1763 BGB ergeben sich **abschließend** aus § 1764 BGB (bzgl. des Verwandtschaftsverhältnisses und der sich daraus ergebenden Rechte und Pflichten) und aus § 1765 BGB (bzgl. der Namensführung als Folge der Aufhebung). Im Grundsatz soll nach der Aufhebung **wieder der Zustand** hergestellt werden, **welcher vor der Adoption bestanden hat**.

1

---

9 A.A. Staudinger/*Frank*, § 1763 BGB Rn. 13

2 **Ausnahme hiervon ist das Sorgerecht gegenüber dem Kind**. Dieses geht mit der Aufhebung der Adoption nicht automatisch an die leiblichen Eltern zurück, sondern es obliegt der **erneuten gerichtlichen Entscheidung**, ob es diesen aus Kindeswohlgründen zurückzuübertragen ist (§ 1764 Abs. 4 BGB).

3 Auch **hinsichtlich des Namens** kann das Bedürfnis bestehen, dass der gemäß § 1757 BGB durch die Adoption erworbene Familienname nach der Aufhebung erhalten bleibt. Dies kann ebenso auf Antrag gerichtlich festgestellt werden (§ 1765 Abs. 2 BGB).

4 Im Übrigen ergeben sich die Wirkungen der Aufhebung direkt aus dem Gesetzeswortlaut.

§ 1766 BGB Ehe zwischen Annehmendem und Kind

[1]**Schließt ein Annehmender mit dem Angenommenen oder einem seiner Abkömmlinge den eherechtlichen Vorschriften zuwider die Ehe, so wird mit der Eheschließung das durch die Annahme zwischen ihnen begründete Rechtsverhältnis aufgehoben.** [2]**§§ 1764, 1765 sind nicht anzuwenden.**

1 Heiratet ein Annehmender ein angenommenes Kind (auch während dessen Volljährigkeit) oder einen Abkömmling des Angenommenen, so verstoßen die Eheschließenden gegen das Eheverbot in § 1308 Abs. 1 BGB („… soll nicht geschlossen werden, …"). Dennoch sieht der Gesetzgeber nach § 1766 BGB den Bestand der Ehe als vorrangig an und **hebt das Annahmeverhältnis von Gesetzes wegen auf**. Die Vorschriften in §§ 1764, 1765 BGB finden keine Anwendung (§ 1766 Satz 2 BGB).

2 Die Norm gilt auch, wenn **bei vorangegangener gemeinschaftlicher Adoption** die Ehe mit einem der beiden Annehmenden geschlossen wird. Dann bleibt das Adoptionsverhältnis zum anderen (verstorbenen oder geschiedenen) Elternteil aufrecht erhalten.[1]

3 § 1766 BGB hat nichts mit dem **Verfahren auf Befreiung vom Eheverbot nach § 1308 Abs. 2 BGB** (§ 186 Nr. 4 FamFG) zu tun, da es bei der Befreiung trotz des Verbots in § 1308 Abs. 2 BGB um eine Eheschließung von Verwandten in der Seitenlinie geht.

---

1 MüKo-BGB/*Maurer*, § 1766 BGB Rn. 4

Untertitel 2
Annahme Volljähriger

Übersicht: Voraussetzungen einer Volljährigenadoption mit den Wirkungen nach § 1770 BGB

1. **Antrag (§ 1768 Abs. 1 Satz 1 BGB)**

   a. gemeinschaftlich (Annehmende und Anzunehmender gemeinsam)

   b. notariell beurkundet

   c. höchstpersönlich (aber Vertretung des geschäftsunfähigen Anzunehmenden möglich)

2. **Persönliche Voraussetzungen der Annehmenden nach § 1741 Abs. 2 BGB (und ggf. § 9 Abs. 7 LPartG) (Alleinadoption oder gemeinschaftliche Adoption)**

3. **Mindestalter der Annehmenden nach § 1743 BGB**

4. **Einwilligung des Ehegatten des Annehmenden (§ 1749 Abs. 1 Satz 1 BGB)**

   • mit der Möglichkeit der Ersetzung nach § 1749 Abs. 2 Satz 2 und 3 BGB oder des Verzichts auf die Einwilligung nach § 1749 Abs. 3 BGB

5. **Einwilligung des Ehegatten des Anzunehmenden (§ 1749 Abs. 2 BGB)**

   • mit der Möglichkeit des Verzichts auf die Einwilligung nach § 1749 Abs. 3 BGB

6. **Sittliche Rechtfertigung nach § 1767 Abs. 1 Satz 1 BGB**

7. **Kein Entgegenstehen von Interessen der Kinder des Annehmenden oder des Anzunehmenden (§ 1769 BGB)**

Übersicht: Voraussetzungen einer Volljährigenadoption mit den Wirkungen der Minderjährigenannahme (§ 1772 Abs. 1 BGB)

1. **Antrag (§ 1768 Abs. 1 Satz 1 BGB)**

   a. gemeinschaftlich (Annehmende und Anzunehmender gemeinsam)

   b. notariell beurkundet

   c. höchstpersönlich (aber Vertretung des geschäftsunfähigen Anzunehmenden möglich)

   d. auf die Volljährigenadoption mit den Wirkungen gem. § 1772 Abs. 1 BGB gerichtet

2. **Persönliche Voraussetzungen der Annehmenden nach § 1741 Abs. 2 BGB (und ggf. § 9 Abs. 7 LPartG) (Alleinadoption oder gemeinschaftliche Adoption)**

3. **Mindestalter der Annehmenden nach § 1743 BGB**

4. **Einwilligung des Ehegatten des Annehmenden (§ 1749 Abs. 1 Satz 1 BGB)**

- mit der Möglichkeit der Ersetzung nach § 1749 Abs. 2 Satz 2 und 3 BGB oder des Verzichts auf die Einwilligung nach § 1749 Abs. 3 BGB

5. **Einwilligung des Ehegatten des Anzunehmenden (§ 1749 Abs. 2 BGB)**

- mit der Möglichkeit des Verzichts auf die Einwilligung nach § 1749 Abs. 3 BGB

6. **Sittliche Rechtfertigung nach § 1767 Abs. 1 Satz 1 BGB**

7. **Kein Entgegenstehen von Interessen der Kinder des Annehmenden oder des Anzunehmenden (§ 1769 BGB)**

8. **Besondere formale Voraussetzungen nach § 1772 Abs. 1 Satz 1 BGB**

- minderjähriges Geschwisterkind (Buchstabe a))

- schon als Minderjähriger in die Familie aufgenommen (Buchstabe b))

- Stiefkindadoption (Satz 1, Buchstabe c))

- Eingang des Antrags noch im Zeitpunkt der Minderjährigkeit (Buchstabe d))

9. **Kein Entgegenstehen von Interessen der bisherigen Eltern des Anzunehmenden (§ 1772 Abs. 1 Satz 2 BGB)**

§ 1767 BGB Zulässigkeit der Annahme, anzuwendende Vorschriften

(1) Ein Volljähriger kann als Kind angenommen werden, wenn die Annahme sittlich gerechtfertigt ist; dies ist insbesondere anzunehmen, wenn zwischen dem Annehmenden und dem Anzunehmenden ein Eltern-Kind-Verhältnis bereits entstanden ist.

(2) [1]Für die Annahme Volljähriger gelten die Vorschriften über die Annahme Minderjähriger sinngemäß, soweit sich aus den folgenden Vorschriften nichts anderes ergibt. [2]§ 1757 Abs. 3 ist entsprechend anzuwenden, wenn der Angenommene eine Lebenspartnerschaft begründet hat und sein Geburtsname zum Lebenspartnerschaftsnamen bestimmt worden ist. [3]Zur Annahme einer Person, die eine Lebenspartnerschaft führt, ist die Einwilligung des Lebenspartners erforderlich.

Weiterführende Literatur: Becker, Die Erwachsenenadoption als Instrument der Nachlassplanung, ZEV 2009, 25; *Frank,* Rechtsprobleme der Erwachsenenadoption, StAZ 2008, 65

Übersicht

A. Allgemeines

Die Normen in §§ 1767 ff. BGB regeln die **formellen und materiell-rechtlichen Vorga-** 1
ben für die Volljährigenadoption. Das Rechtsinstitut der Volljährigenadoption ist in der deutschen Rechtstradition seit langem verwurzelt und hat trotz immer wieder aufkommender Kritik bislang jede Reform überdauert.[1] Im internationalen Kontext ist die Möglichkeit, einen Volljährigen zu adoptieren, jedoch eher die Ausnahme.[2]

Mit Eintritt der Volljährigkeit **verschieben sich die Interessen** zur Änderung der Ver- 2
wandtschaftsverhältnisse mittels Adoption. Im Gegensatz zur Annahme eines minderjährigen Kindes steht nicht mehr die Fürsorge, Betreuung und ein beschütztes Aufwachsen in einer Familie im Vordergrund, sondern es geht um die willentliche gegenseitige Bindung aneinander im Wege der **Begründung einer sog. Wahlverwandtschaft.**

§ 1767 Abs. 1 BGB bestimmt mit dem **Begriff der sittlichen Rechtfertigung** die zentrale 3
Voraussetzung für den Ausspruch einer Volljährigenadoption. Nach dem Willen des Gesetzgebers soll damit einerseits der Missbrauch des Rechtsinstituts verhindert werden und zum anderen klargestellt werden, dass die Adoption im Volljährigenalter die Ausnahme bleiben soll.[3]

Abs. 2 verweist zwar auf die Vorschriften der Minderjährigenannahme, wonach die Vorga- 4
ben in §§ 1741 ff. BGB sinngemäß anzuwenden seien. Allerdings wird diese **allgemeine Verweisung** durch § 1768 Abs. 1 Satz 2 BGB erheblich eingeschränkt, indem bedeutende Vorschriften des Minderjährigenrechts wieder ausgeschlossen werden.

B. Inhalt der Norm

I. Abgrenzung zur Minderjährigenadoption

Die Vorschriften in §§ 1767 ff. BGB finden nur dann Anwendung, **wenn der Anzuneh-** 5
mende volljährig ist („Ein Volljähriger...", § 1767 Abs. 1 BGB). In Deutschland wie in den meisten anderen Ländern der Welt tritt die Volljährigkeit mit Vollendung des 18. Lebensjahrs ein (§ 2 BGB). Es existieren aber durchaus noch Rechtsordnungen, in denen das Volljährigenalter zu einem (meist) späteren Zeitpunkt eintritt.[4]

Bei einem Auslandsbezug zu einem dieser Länder ist im Rahmen der international-privat- 6
rechtlichen Anknüpfung umstritten, ob sich die Frage der Volljährigkeit nach dem Personalstatut des Anzunehmenden gem. Art. 7 EGBGB[5] oder nach dem Adoptionsstatut in Art. 22 EGBGB[6] richtet. Überzeugender ist die Anknüpfung an das Adoptionsstatut, da Art. 7 EGBGB tatsächlich gar nicht die Volljährigkeit, sondern die Rechts- und Geschäftsfähigkeit einer Person regelt und die Anknüpfung an Art. 7 EGBGB zu erheblichen Wertungswidersprüchen führen könnte. So wäre es z.B. widersinnig, die (nach Art. 22 Abs. 1 EGBGB anzuwendenden) deutschen Voraussetzungen für die Minderjährigenadoption zu fordern, obwohl die zu adoptierende Person schon über 18 Jahre alt ist. In einem solchen Fall müssten dann die Eltern der Einwilligung ihres Kindes nach § 1746 Abs. 1 Satz 3 2. HS BGB zustimmen, obwohl sie eigentlich gar kein (gem. Art. 21 EGBGB an den gewöhnlichen Aufenthalt des „Kindes" anzuknüpfendes) Sorgerecht an der Person mehr hätten. Auch würde in diesen Fällen das Wahlrecht zwischen der normalen Volljährigen-

---

1 Vgl. die Übersicht bei: MüKo-BGB/*Maurer*, § 1767 BGB Rn. 2
2 So existiert z.B. im gesamten osteuropäischen Rechtskreis das Rechtsinstitut der Volljährigenadoption nicht.
3 BT-Drucks. 7/3061, 52; BT-Drucks. III/530, 20 und 21
4 Z.B. einige Bundesstaaten der USA, Ägypten, Kamerun
5 So: Staudinger/*Henrich*, Art. 22 EGBGB Rn. 26; OLG Bremen FamRZ 2007, 930; BayObLG FamRZ 1996, 183
6 So: MüKo-BGB/*Helms*, Art. 22 EGBGB Rn. 20

adoption nach § 1770 BGB und der starken Volljährigenadoption nach § 1772 Abs. 1 BGB entfallen.

II. Eintritt der Volljährigkeit während des Verfahrens

7 Erhebliche Praxisrelevanz hat die Frage, wie das Verfahren fortzuführen ist, wenn **das Kind während des Verfahrens auf Minderjährigenadoption volljährig wird**. Ein Ausspruch der Annahme als Kind nach §§ 1741 ff. BGB ist nicht mehr möglich, da der Sachantrag eindeutig auf die Minderjährigenannahme gerichtet war und die Voraussetzungen der Minderjährigenadoption bis zum Erlass der Entscheidung vorliegen müssen. Eine Umdeutung des Antrags auf Minderjährigenadoption in einen Antrag auf Volljährigenadoption kann ebenso nicht stattfinden, da sowohl die Voraussetzungen als auch die Wirkungen (vgl. § 1770 BGB) unterschiedlich sind. Richtigerweise muss daher in einem solchen Fall zwingend ein neuer (gemeinschaftlicher) Sachantrag (von den Annehmenden und dem Anzunehmenden gemeinsam, vgl. § 1768 Abs. 1 Satz 1 BGB) gestellt werden, in dem dann bestimmt wird, welche Wirkungen die Volljährigenadoption haben soll.[7] Verfahrensrechtlich wird damit aber der ursprüngliche verfahrenseinleitende Antrag (vgl. § 23 FamFG) nicht hinfällig, sondern durch die neue Antragstellung lediglich abgeändert. Diese Unterscheidung zwischen materiell-rechtlichem Sachantrag und verfahrenseinleitendem Antrag ist wichtig etwa für die Folgen von § 6 StAG oder für das Vorliegen der Voraussetzung für die Annahme mit den Wirkungen einer Minderjährigenannahme nach § 1772 Abs. 1 Satz 1 d) BGB. Wird allerdings nach Eintritt der Volljährigkeit kein neuer Antrag gestellt, so muss der Antrag auf Minderjährigenadoption nach Setzen einer angemessenen Frist zurückgewiesen werden.

III. Der Begriff der sittlichen Rechtfertigung

1. Allgemeines

8 Zentrale Voraussetzung jeder Volljährigenadoption ist die Frage, ob die Adoption **sittlich gerechtfertigt i.S.v. § 1767 Abs. 1 BGB** ist. Die sittliche Rechtfertigung ist ein **unbestimmter Rechtsbegriff**, welcher auslegungsbedürftig und in den Beschwerdeinstanzen rechtlich vollumfänglich überprüfbar ist.

9 Mit dem Begriff der sittlichen Rechtfertigung wollte der Gesetzgeber sicherstellen, dass die Herstellung neuer familienrechtlicher Beziehungen im Erwachsenenalter mittels Adoption nicht der freien Disposition der Antragsteller überlassen bleiben soll,[8] sondern es **einer objektivierbaren Überprüfung** des Verhältnisses zueinander bedarf.[9] Demnach können allein der subjektive Wunsch zur Adoption oder gut gemeinte Beteuerungen zum gegenseitigen zukünftigen Beistand nicht ausreichen.[10]

10 Dem Wortlaut der Norm nach bedarf es einer „Rechtfertigung" für die Volljährigenadoption. Damit kommt ein **Regel-Ausnahme-Verhältnis** zum Ausdruck.[11] Im Regelfall bedarf es keiner Änderung des Verwandtschaftsverhältnisses im Erwachsenenalter im Wege der Adoption.[12] Nur wenn aufgrund einer wertenden Gesamtbetrachtung das intendierte neu entstehende Verwandtschaftsverhältnis billigenswert erscheint, darf die Adoption ausgesprochen werden. Im Ansatz ist es daher in Literatur und Rechtsprechung auch un-

---

7 KG FamRZ 2004, 1315; OLG Karlsruhe FamRZ 2000, 768; OLG Hamm FamRZ 2001, 859
8 BT-Drucks. 7/3061, 52
9 Palandt/*Götz*, § 1767 BGB Rn. 2; MüKo-BGB/*Maurer*, § 1767 BGB Rn. 14; KG NJW-RR 2013, 774
10 KG NJW-RR 2013, 774; BayObLG FamRZ 2005, 546, 547; BayObLG FamRZ 1980, 1158; OLG Zweibrücken FamRZ 2005, 572, 573; OLG Karlsruhe NJW-RR 2006, 364, 365; OLG Frankfurt NJW-FER 2000, 29
11 Ausdrücklich schon: BT-Drucks. III/530, 20 und 21
12 Grundsätzlich kritisch zur Erwachsenenadoption: *Frank*, StAZ 2008, 65

umstritten, dass **bei verbleibenden Zweifeln an der sittlichen Rechtfertigung der Adoptionsantrag abgelehnt werden muss**.[13]

Hierzu im Gegensatz steht die in der Rechtsprechung häufig vorgenommene **Abgrenzung zwischen Haupt- und Nebenmotiv**. Eine Adoption unter Erwachsenen soll möglich sein, obwohl z.B. die Intention der Beteiligten auf die Veränderung der Erbschaftssteuerklasse und damit das Sparen von Erbschaftssteuer gerichtet ist, solange dies nur „Nebenmotiv" für die Adoption sei.[14] Dies kehrt den o.g. Zweifelssatz jedoch gerade ins Gegenteil um, denn wenn die Ermittlungen ergeben, dass tatsächlich auch ein familienfremdes Motiv eine Rolle spielt, dann sind doch gerade die entsprechenden Zweifel vorhanden. Darüber hinaus wäre es erneut der subjektiven Wertung und Disposition der Annehmenden und Anzunehmenden überlassen, zu bestimmen, ab wann die Motivlage nur nachrangig auf ein familienfremdes Motiv ausgerichtet ist und ab wann dies der Hauptzweck der Adoption sein soll.[15] Gerade diese „freie Disposition" über die Erwachsenenadoption wollte der Gesetzgeber aber verhindern. **11**

An vielen Stellen in Rechtsprechung und Literatur ist immer wieder davon die Rede, dass das Gericht **eine bloße Missbrauchskontrolle** durchzuführen hat.[16] Auch dies ist so nicht zutreffend, da dies erneut die Gefahr beinhaltet, dass allein das subjektive Vorbringen der (die Annahme anstrebenden) Antragsteller Grundlage der Entscheidung wird, ohne dass objektive Umstände für die Adoption ersichtlich wären. Diese Herangehensweise führt dann im Ergebnis zu einer Umkehrung des oben angesprochenen Regel-Ausnahme-Verhältnisses. Denn die Antragsteller werden ihre Motive und ihr Verhältnis zueinander immer im positiven Licht darstellen und versuchen, gegen die Adoption sprechende Gesichtspunkte und Motive zu verschweigen. Der Ermittlungsaufwand muss daher richtigerweise so ausgestaltet werden, dass eine umfassende Abwägung der äußeren objektiven Verhältnisse sowie der subjektiven Motive der Antragsteller möglich ist.[17] **12**

Die Voraussetzungen für die Adoption eines Volljährigen **müssen positiv feststehen**.[18] Kann sich das Gericht nach Ausschöpfung aller Beweismöglichkeiten nicht von der sittlichen Rechtfertigung der Volljährigenadoption überzeugen, so ist der Antrag zurückzuweisen. **13**

2. Eltern-Kind-Verhältnis

Bei der näheren **Begriffsbestimmung der sittlichen Rechtfertigung** hilft zunächst das Gesetz weiter: § 1767 Abs. 1 2. HS BGB bestimmt, dass die sittliche Rechtfertigung **insbesondere dann** anzunehmen ist, wenn zwischen dem Annehmenden und dem Anzunehmenden **ein Eltern-Kind-Verhältnis bereits entstanden ist**. Kann dies nicht festgestellt werden, genügt durch den Verweis in Abs. 2 Satz 1 aber auch, dass bei objektiver Betrachtung bestehender Bindungen und ihrer Entwicklungsmöglichkeiten anzunehmen ist, dass sich eine (dem Alter der Beteiligten entsprechende) Eltern-Kind-Beziehung noch ausbilden wird.[19] **14**

Das Verhältnis zwischen Eltern und Kind ist im Minderjährigenalter ein anderes als im Volljährigenalter. Während in der Minderjährigkeit die Versorgung und Hilfe des Kindes durch **15**

---

13 Statt vieler: OLG München NJW-RR 2009, 591; OLG Köln, FGPrax 2007, 121; OLG Köln NJW-RR 2004, 155; BayObLG NJW-RR 1995, 1287
14 Statt vieler: BayObLG NJW 1985, 2094; BayObLG FamRZ 2005, 546; OLG Hamm FamRZ 2013, 557
15 *Frank*, StAZ 2008, 65, 69 bezeichnet die Unterscheidung zwischen Haupt- und Nebenmotiv daher auch zutreffend als „bloße Augenwischerei" und die obergerichtliche Rechtsprechung hierzu als „peinlich"
16 BayObLG FamRZ 2005, 546
17 OLG München NJW-RR 2009, 1156
18 Palandt/*Götz*, § 1767 BGB Rn. 1
19 Statt vieler: OLG Zweibrücken, FGPrax 2006, 21

die Eltern im Vordergrund steht, verschiebt sich dies im Erwachsenenalter auf einen **gegenseitigen Beistand**.[20] Dieser Beistand ist typischerweise altruistischer Natur und nicht von eigennützigen (insb. finanziellen) Motiven getragen. Mit anderen Worten muss für das Bestehen eines Eltern-Kind-Verhältnisses i.S.v. § 1767 Abs. 1 BGB ein **soziales Familienband** feststellbar sein, welches seinem ganzen Inhalt nach dem durch eine natürliche Abstammung geschaffenen Band ähnelt (**„innere familienbezogene Verbindung"**) und über eine generationsübergreifende Freundschaft hinausgeht.[21]

3. Fallgruppen

16   Trotz dieser eigentlich klaren Vorgaben hat sich in der Rechtsprechung eine völlig unübersichtliche Kasuistik zur Auslegung des Begriffs der sittlichen Rechtfertigung entwickelt. Die folgenden Fallgruppen sollen einen Überblick über diese Rechtsprechung geben:

- Werden **ausländer- oder staatsangehörigkeitsrechtliche Motive** (v.a. der Anzunehmenden) durch das Gericht ermittelt, so führt dies regelmäßig zur Ablehnung der sittlichen Rechtfertigung.[22] Z.T. genügt schon allein die Tatsache, dass der Anzunehmende Ausländer ist.[23] Andererseits existieren aber auch Entscheidungen, die dieses Motiv nicht als ausschlaggebend erachten.[24]

- Werden **finanzielle Motive** ermittelt (insb. die Ersparnis von Erbschaftssteuer), so führt dies nach der Rechtsprechung selten zur Ablehnung der Adoption.[25] Der Ausspruch der Adoption wird regelmäßig mit der zu kritisierenden Unterscheidung zwischen Haupt- und Nebenmotiv begründet (siehe oben Rn. 11). Nicht umsonst wirbt die erbschaftssteuerliche Literatur zur „Flucht in die Erbschaftssteuerklasse I" mittels Erwachsenenadoption.[26]

- Wird das **Motiv des Beistands (insb. Pflege) im Alter** vorgebracht, so führt dies häufig zur Stattgabe des Antrags auf Erwachsenenadoption.[27] Teilweise wird dieses Vorbringen jedoch auch noch nicht als ausreichend angesehen, wenn keine weiteren Anhaltspunkte für eine sittliche Rechtfertigung festzustellen sind.[28] Letzterem ist zuzustimmen, denn allein das subjektive Bekenntnis darf nicht zu einer Veränderung des Statusverhältnisses zueinander führen.

- Uneinheitlich wird auch beurteilt, welcher **Altersabstand** zwischen Annehmendem und Anzunehmendem bestehen muss, um von einem „typischen Eltern-Kind-Verhältnis" zu sprechen. Zum Teil sind Erwachsenenadoptionen auch bei sehr geringen oder sehr großen Altersabständen ausgesprochen worden, da andere Umstände für die sittliche Rechtfertigung sprachen.[29] Dem ist nicht zuzustimmen, sondern zwingend ein **der natürlichen Generationenfolge entsprechender Altersabstand** für die Begründung einer Adoption zu fordern.[30]

- Folgende **objektive Umstände** sprechen **für eine sittliche Rechtfertigung**: das tatsächliche Zusammenleben über einen längeren Zeitraum, auch erst im Erwachsenenal-

---

20 BayObLG FamRZ 2002, 1651, 1652; OLG Köln NJW-RR 2004, 155; OLG Frankfurt NJWE-FER 2000, 56
21 OLG München FGPrax 2009, 168; OLG Zweibrücken NJW-FER 1999, 295, 296
22 BayObLG FamRZ 1980, 1158; OLG Karlsruhe NJW-RR 1991, 713; BayObLG NJW-RR 1995, 1287
23 OLG Schleswig, FGPrax 2009, 269
24 OLG Hamm FamRZ 2003, 1867; LG Fulda FamRZ 2005, 1277
25 OLG Nürnberg NJW-RR 2012, 5; BayObLG FamRZ 2005, 131
26 *Becker*, ZEV 2009, 25
27 BayObLG FamRZ 2005, 131; OLG Zweibrücken, FGPrax 2006, 21
28 OLG Nürnberg MDR 2014, 1151
29 BayObLG BayObLGR 1993, 44 (Annahme von neun bzw. zwölf Jahr jüngeren Anzunehmenden); LG Frankenthal FamRZ 1998, 505 (6 Jahre Altersunterschied); LG Bonn FamRZ 2001, 120 (13 Jahre Altersunterschied); OLG Celle Beschl. v. 17.5.2001 – Az.: 17 W 30/01, beck-online (Altersabstand von 52 Jahren)
30 Zutreffend: OLG Nürnberg MDR 2014, 1151; KG FamRZ 2014, 225

ter (sehr häufig bei Stiefkindkonstellationen),[31] das Bestehen eines Pflegschaftsverhältnisses im Minderjährigenalter,[32] der Verlust der leiblichen Eltern in frühen Jahren und die tatsächliche Unterstützung gegenseitig auch in schweren Zeiten.

- Folgende **Umstände** sprechen wiederum **gegen die sittliche Rechtfertigung**: ein intaktes Verhältnis zu den leiblichen Eltern[33] oder das Vorbestehen eines Verwandtschaftsverhältnisses[34] (in beiden Fällen gibt es zunächst keinen Grund, die Verwandtschaftsverhältnisse mittels Adoption qualitativ zu verändern[35]), wirtschaftliche Verbindungen zueinander (z.B. durch Dienstvertrag zur Pflege[36] – dies ist gerade nicht typisch für ein Eltern-Kind-Verhältnis) oder die Fortführung des Gewerbebetriebs, denn es bestehen viele andere Möglichkeiten, dieses Ergebnis zu erreichen – insb. Verkauf, Schenkung – und es ist schlicht nicht nachvollziehbar, warum dies mittels Adoption erfolgen sollte.[37]

IV. Sinngemäße Anwendung der Vorschriften der Minderjährigenannahme

In Abs. 2 Satz 1 wird „sinngemäß" auf die Vorschriften über die Annahme eines minderjährigen Kindes verwiesen. Allerdings wird diese umfassende Verweisung wiederum durch § 1768 Abs. 1 Satz 2 BGB eingeschränkt, wonach wesentliche Vorschriften des Minderjährigenrechts gerade nicht für anwendbar erklärt werden. **17**

Folgende Vorgaben im Recht der Minderjährigenadoption sind uneingeschränkt auch bei der Volljährigenadoption zu beachten: **18**

- **Unverheiratete Personen** können einen Anzunehmenden **nur alleine** annehmen (§ 1741 Abs. 2 Satz 1 BGB). Dies gilt auch für Personen, welche in einer eingetragenen Lebenspartnerschaft leben (§ 9 Abs. 6 Satz 1 LPartG).

- **Verheiratete Personen** können **nur gemeinsam** einen Anzunehmenden adoptieren (§ 1741 Abs. 2 Satz 2 BGB),[38] **es sei denn**, der Annehmende adoptiert das (volljährige) Kind seines Ehegatten (**Stiefkindadoption**) (§ 1741 Abs. 2 Satz 3 BGB) oder es liegt ein **Fall von § 1741 Abs. 2 Satz 4 BGB** vor.[39] Personen in eingetragener Lebenspartnerschaft können (nach noch aktuellem Recht) auch nicht im Wege der Volljährigenadoption einen Anzunehmenden gemeinsam adoptieren (§ 9 Abs. 7 Satz 1 LPartG). Allerdings kann ein Lebenspartner das volljährige (leibliche oder adoptierte) Kind des anderen Lebenspartners adoptieren.

- Auch bei der Volljährigenadoption gelten die **Vorgaben über das Mindestalter in § 1743 BGB** (auch wenn dies praktisch kaum relevant sein dürfte).

- Für die Volljährigenadoption ist die **Einwilligung des Ehegatten des Annehmenden** (§ 1749 Abs. 1 BGB) und die **Einwilligung des Ehegatten des Anzunehmenden** erforderlich. Für Lebenspartner gilt gemäß § 9 Abs. 6 Satz 1 LPartG und gemäß § 1767 Abs. 2 Satz 3 BGB (siehe hierzu unten Rn. 21) dasselbe. In allen Fällen bedürfen die Erklärungen der notariell beurkundeten Form des § 1750 Abs. 1 Satz 2 BGB. Auch die weiteren Bestimmungen des § 1750 BGB sind in Bezug auf die Einwilligungen

31 LG Fulda FamRZ 2005, 1277
32 Palandt/Götz, § 1767 BGB Rn. 3; Staudinger/Frank § 1767 BGB Rn. 16
33 BayObLG FamRZ 1982, 644; OLG Düsseldorf FamRZ 1981, 94; OLG Nürnberg MDR 2014, 1151; OLG Zweibrücken NJWE-FER 1999, 295
34 BayObLG NJW-RR 1995, 1287; OLG Nürnberg MDR 2014, 1151; a.A. BayObLG FamRZ 2005, 131
35 Ausdrücklich: OLG Stuttgart, Beschl. v. 26.6.2014 – Az.: 11 UF 316/13, juris
36 OLG München NJW-RR 2009, 1156
37 OLG München FamRZ 2011, 1411; OLG München NJW-RR 2009, 1156; a.A. BayObLG, Beschl. v. 25.3.1983 – 1 Z 5/83, beck-online; BayObLG FamRZ 2005, 131
38 Hierzu: OLG Schleswig und OLG Koblenz, beide FamRZ 2014, 1039
39 Letzteres ist bei der Volljährigenadoption aber faktisch kaum denkbar

nach § 1749 BGB anwendbar. Die Ersetzung der Einwilligung des Ehegatten des Annehmenden (§ 1749 Abs. 1 Satz 2 und 3 BGB) ist ebenso möglich wie der Verzicht auf
die Einwilligungen nach § 1749 Abs. 3 BGB.

- Die **Vorgaben zur Antragstellung in § 1752 Abs. 2 BGB** (insb. zur notariellen Form)
  sind auch für den (gemeinschaftlichen) Antrag bei der Volljährigenadoption zu beachten (mit der Ausnahme, dass für den Antrag des Anzunehmenden eine Vertretung
  nach § 1768 Abs. 2 BGB möglich ist).

- Auch bei der Volljährigenadoption ist unter den Voraussetzungen des § 1753 Abs. 2
  BGB eine **Annahme nach dem Tode des Annehmenden** möglich.

- Die **Adoptionswirkungen in §§ 1754 bis 1756 BGB** gelten bei der Volljährigenadoption nur dann, **wenn die besonderen Voraussetzungen des § 1772 Abs. 1
  BGB** erfüllt sind und ein entsprechender Antrag gestellt worden ist.

- Die **Vorschriften über die Namensführung als Folge der Adoption** nach § 1757
  BGB gelten uneingeschränkt auch bei der Volljährigenadoption (hierzu unten Rn. 18).

- Das **Offenbarungs- und Ausforschungsverbot** in § 1758 Abs. 1 BGB gilt uneingeschränkt auch bei der Volljährigenadoption.[40]

- Für die **Aufhebung von Volljährigenadoptionen** wegen fehlender Erklärungen
  oder Anträge sind die § 1760 Abs. 1 bis 5 BGB sinngemäß anwendbar, was sowohl
  § 1771 Satz 2 BGB als auch § 1772 Abs. 2 BGB noch einmal eindeutig klarstellen.
  Auch die Wirkungen der Aufhebung nach §§ 1764, 1765 BGB sind bei der Volljährigenadoption anwendbar, wobei allerdings das Sorgerecht nicht mehr regelungsbedürftig ist.

- **Schließen ein Annehmender und ein Angenommener nach der Volljährigenadoption die Ehe,** so wird auch die Volljährigenadoption von Gesetzes wegen aufgehoben (§ 1766 BGB).

19   Dass die **Vorschriften über die Namensführung in § 1757 BGB** auch bei der Volljährigenadoption Anwendung finden, wird **zum Teil bestritten.**[41] Es müsse den „Besonderheiten der Volljährigenadoption" Rechnung getragen werden und aufgrund des Erwach-
senenalters bestehe eine „Identifikation" mit dem bisherigen Geburtsnamen. Dies wird jedoch von der herrschenden Meinung unter Hinweis auf die Gesetzgebungsgeschichte und
den Sinn und Zweck der Adoption anders gesehen. Es ist keine planwidrige Regelungslücke erkennbar, dass der Verweis in § 1767 Abs. 2 Satz 1 BGB nicht auch für § 1757
Abs. 1 BGB gelten solle. Darüber hinaus ist Sinn und Zweck der Namensfortführung die
Manifestierung der Familienzusammengehörigkeit nach außen.[42] Dies gilt sowohl bei der
Minderjährigenadoption als auch bei der Volljährigenadoption. Verfassungsrechtliche Bedenken hiergegen sind nicht angebracht.[43]

V. Besonderheiten bei der Volljährigenadoption von Lebenspartnern (Abs. 2 Satz 2 und 3)

20   Die **Sonderbestimmungen bei Lebenspartneradoptionen in Abs. 2 Satz 2 und 3** waren erforderlich, damit die Voraussetzungen und Wirkungen der Adoption einer Person,
welche in einer Lebenspartnerschaft lebt, mit der Adoption einer verheirateten Person
gleichlaufend sind.

---

40 MüKo-BGB/*Maurer*, § 1758 BGB Rn. 3; a.A. Staudinger/*Frank* § 1767 BGB Rn. 31
41 So: OLG Hamm NJOZ 2012, 1578, 1581 (2. Senat); ebenso: AG Leverkusen FamRZ 2008, 2058; AG Halber-
    stadt RNotZ 2012, 574
42 OLG Hamm MittBayNot 2011, 501 (4. Senat); BayObLG FamRZ 2003, 1869; OLG Karlsruhe FamRZ 2000, 115;
    OLG Celle FamRZ 1997, 115; OLG Düsseldorf FamRZ 2011, 907; MüKo-BGB/*Maurer*, § 1770 BGB Rn. 24
43 Ausdrücklich m.w.N.: BayObLG FamRZ 2003, 1869

Die Klarstellung, dass sich die **Änderung des Geburtsnamens des Anzunehmenden** 21
nur dann **auf den Lebenspartnerschaftsnamen** auswirkt, wenn sich der Lebenspartner
dem anschließt (Abs. 2 Satz 2 i.V.m. § 1750 Abs. 3 BGB), musste erfolgen, da § 1750
Abs. 3 BGB nur von dem „Ehenamen" spricht und eine direkte Normierung in § 1750
Abs. 3 BGB keinen Sinn ergeben hätte, da eine Lebenspartnerschaft im Gegensatz zu einer
Ehe nicht während der Minderjährigkeit geschlossen werden kann (§ 1 Abs. 3 Nr. 1
LPartG).

Darüber hinaus bestimmt § 1767 Abs. 2 Satz 3 BGB noch, dass für die Annahme einer 22
Person, welche in einer Lebenspartnerschaft lebt, die **Einwilligung des Lebenspartners**
erforderlich ist. Auch hier gilt demnach das Gleiche wie bei Ehegatten nach § 1749
Abs. 2 BGB.

Möchte hingegen ein Lebenspartner als Annehmender einen anderen Volljährigen adop- 23
tieren, so sind die **Vorschriften in § 9 Abs. 6 und 7 LPartG auch für die Volljährigenadoption anwendbar.** Das Gesetz bedient sich hierbei ebenso wie bei § 1767 Abs. 2 BGB
einer umfassenden Verweisung auf die Vorschriften in §§ 1741 ff BGB.

§ 1768 BGB Antrag

(1) [1]Die Annahme eines Volljährigen wird auf Antrag des Annehmenden und des Anzunehmenden vom Familiengericht ausgesprochen. [2]§§ 1742, 1744, 1745, 1746 Abs. 1, 2, § 1747
sind nicht anzuwenden.
(2) Für einen Anzunehmenden, der geschäftsunfähig ist, kann der Antrag nur von seinem
gesetzlichen Vertreter gestellt werden.

Übersicht

A. Allgemeines

Die Vorschrift gibt einerseits Vorgaben für die Antragstellung bei einer Volljährigenadop- 1
tion und schließt andererseits maßgebliche Vorgaben des Minderjährigenrechts bei der
Volljährigenadoption aus.

B. Inhalt der Norm

I. Der gemeinschaftliche Antrag

Aus Abs. 1 Satz 1 folgt, dass die Annahme eines Volljährigen eines **gemeinschaftlichen** 2
Antrags des (oder der) Annehmenden und des Anzunehmenden bedarf. Der Antrag
muss zwar nicht in einer gemeinsamen notariellen Urkunde erfolgen.[1] Er gilt jedoch erst
dann gestellt, wenn alle Einzelanträge beim Familiengericht eingegangen sind.

▶ *Näher zum Wirksamwerden, zur erforderlichen Form, zur Höchstpersönlichkeit, zur*
  Bedingungs- und Befristungsfeindlichkeit und zur Rücknahme des Antrags siehe
  Braun, § 1752 BGB Rn. 3 ff.

---

1 Staudinger/*Frank* § 1768 BGB Rn. 3

3 Allein **hinsichtlich der Höchstpersönlichkeit** der Antragstellung durch den Anzuneh-menden **sieht Abs. 2 eine Sonderbestimmung im Vergleich zur Minderjährigen-adoption** vor. Ist **der Anzunehmende geschäftsunfähig**, so kann der Antrag nur von seinem gesetzlichen Vertreter gestellt werden. Eine gewillkürte Stellvertretung (mittels Vollmacht) ist demgemäß ausgeschlossen und es ist in einem solchen Fall ein rechtlicher Betreuer für die Antragstellung zu bestellen (falls nicht schon ein Betreuer existiert).[2] Ob der Anzunehmende geschäftsunfähig ist, muss das Betreuungsgericht gesondert prüfen, da die Geschäftsunfähigkeit noch keine Voraussetzung für die Bestellung eines Betreuers darstellt (vgl. § 1896 Abs. 1 BGB). Das Familiengericht ist an die (positive oder negative) Entscheidung des Betreuungsgerichts gebunden.

4 Der Antrag auf Annahme als Kind kann **mit Nebenanträgen verbunden** sein. Praxisrele-vant sind hierbei insbesondere der Antrag auf Namensänderung (§ 1767 Abs. 2 Satz 1 i.V.m. § 1757 Abs. 4 Nr. 1 oder Nr. 2 BGB) oder der Antrag auf Feststellung der Wirkungen nach § 1772 Abs. 1 BGB. Wird kein Antrag nach § 1772 Abs. 1 BGB gestellt, so können nur die Wirkungen des § 1770 BGB ausgesprochen werden.[3] Eine nachträgliche „Erweite-rung" der Adoption nach Abschluss des Adoptionsverfahrens ist nicht möglich.[4]

II. Unanwendbarkeit von Vorschriften aus dem Recht der Minderjährigenadoption

5 Abs. 1 Satz 2 bestimmt, dass einige Vorgaben im Recht der Minderjährigenadoption bei der Volljährigenadoption nicht beachtet werden müssen. Die Auflistung der ausgeschlos-senen Vorschriften ist nicht vollständig, da einige Normen (z.B. § 1748, 1751 BGB) schon von deren eigenen Voraussetzungen bei der Volljährigenadoption unanwendbar sind oder es im Volljährigenrecht Sondervorschriften gibt (z.B. § 1763 BGB).[5]

6 Folgende Vorschriften sind bei der Volljährigenadoption **nicht anwendbar**:

- § 1742 BGB (Verbot der Sukzessivadoption)

- § 1744 BGB (Probezeit)

- § 1745 BGB (Interessen der weiteren Kinder, vgl. hierzu § 1769 BGB als lex specialis)

- § 1746 BGB (Einwilligung des Kindes – da der Anzunehmende schon antragsberech-tigt ist, § 1768 Abs. 1 Satz 1 BGB)

- § 1747 BGB (Einwilligung der bisherigen Eltern – auch nicht bei der Volljährigenadop-tion mit den Wirkungen des § 1772 Abs. 1 BGB)

- § 1748 BGB (Ersetzung der Einwilligung der bisherigen Eltern)

- § 1751 BGB

- § 1752 Abs. 1 BGB (Antragsbefugnis – vgl. hierzu § 1768 Abs. 1 Satz 1 BGB als lex spe-cialis)

- § 1763 BGB (Aufhebung der Adoption von Amts wegen – vgl. hierzu § 1771 Satz 1 BGB als lex specialis)

---

2 MüKo-BGB/*Maurer*, § 1768 BGB Rn. 4
3 Staudinger/*Frank* § 1772 BGB Rn. 9
4 OLG Frankfurt FamRZ 2009, 356
5 MüKo-BGB/*Maurer*, § 1768 BGB Rn. 6 und 7

§ 1769 BGB Verbot der Annahme

Die Annahme eines Volljährigen darf nicht ausgesprochen werden, wenn ihr überwiegende Interessen der Kinder des Annehmenden oder des Anzunehmenden entgegenstehen.

Weiterführende Literatur: Grziwotz, Schützenswerte Interessen der Abkömmlinge des Annehmenden bei der Volljährigenadoption, FamRZ 1991, 1399

Die Vorschrift sichert die **Berücksichtigung der Interessen der Kinder des Annehmenden und der Kinder des Anzunehmenden.** Im Gegensatz zu § 1745 BGB fehlt in § 1769 BGB der Zusatz, dass vermögensrechtliche Interessen nicht ausschlaggebend sein sollen. Das bedeutet im Umkehrschluss, dass bei der Volljährigenadoption tatsächlich die finanziellen Interessen der weiteren Kinder von entscheidender Bedeutung sind.

    1

Bei beiden Arten der Volljährigenadoption (nach § 1770 BGB und nach § 1772 Abs. 1 BGB) sind die Interessen der Kinder der Annehmenden und der Kinder der Anzunehmenden betroffen. Obwohl die Kinder des Annehmenden bei der schwachen Volljährigenadoption nicht mit dem Angenommenen verwandt werden (§ 1770 Abs. 1 Satz 1 BGB), gilt dies auch für diese. Denn deren Rechtsposition gegenüber ihren Eltern verändert sich mittelbar dadurch, dass ein weiteres Kind hinzutritt.[1]

    2

Die Veränderung der Familienkonstellation als Folge der Volljährigenadoption hat für die weiteren Abkömmlinge **vor allem Folgen im gesetzlichen Erb- und Pflichtteilsrecht sowie im Unterhaltsrecht.**[2] So tritt etwa für die Kinder der Annehmenden ein weiterer Erb- und Pflichtteilsberechtigter gegenüber ihren Eltern hinzu. Darüber hinaus entsteht ggf. eine weitere Unterhaltspflicht gegenüber dem Angenommenen (falls dieser z.B. noch in Ausbildung ist), was wiederum die Unterhaltsansprüche der weiteren Kinder des Annehmenden schmälern kann. Die Kinder der Anzunehmenden verlieren durch die Volljährigenadoption mit den Wirkungen nach § 1772 Abs. 1 BGB ihren gesetzlichen Erbanspruch gegenüber ihren bisherigen leiblichen Großeltern. Demgegenüber werden sie (genauso wie die Kinder der Annehmenden bei der Adoption nach § 1770 BGB) grundsätzlich unterhaltspflichtig gegenüber ihren neuen Großeltern (§ 1601 BGB).

    3

Bei der Prüfung des Annahmeverbots in § 1769 BGB geht es dann auch im Wesentlichen um die Beurteilung dieser Rechtsfolgen. Dabei müssen die Vorteile, welche durch die Annahme für die Annehmenden und den Anzunehmenden entstehen, mit den Nachteilen für die weiteren Kinder abgewogen werden. Nur falls Letztere überwiegen, greift § 1769 BGB ein.[3] Da sich bei der starken Volljährigenadoption die Familienkonstellation stärker verändert als bei der normalen Volljährigenadoption, muss im ersteren Fall auch eine genauere Untersuchung der Interessen der weiteren Kinder erfolgen.

    4

Emotionale oder soziale Interessen der weiteren Kinder spielen bei der Volljährigenadoption keine so große Rolle wie bei der Minderjährigenadoption. Näherer Betrachtung bedürfen jedoch Stiefkindkonstellationen, in denen z.B. ein weiteres (minderjähriges) Kind des Annehmenden beim anderen Elternteil lebt und das Hinzutreten des Anzunehmenden zu Loyalitätskonflikten führen kann.

    5

---

1 *Grziwotz,* FamRZ 1991, 1399
2 Ausführlich mit Beispielen: MüKo-BGB/*Maurer,* § 1769 BGB Rn. 5
3 OLG München NJW-RR 2011, 731, 732

§ 1770 BGB Wirkung der Annahme

(1) [1]Die Wirkungen der Annahme eines Volljährigen erstrecken sich nicht auf die Verwandten des Annehmenden. [2]Der Ehegatte oder Lebenspartner des Annehmenden wird nicht mit dem Angenommenen, dessen Ehegatte oder Lebenspartner wird nicht mit dem Annehmenden verschwägert.

(2) Die Rechte und Pflichten aus dem Verwandtschaftsverhältnis des Angenommenen und seiner Abkömmlinge zu ihren Verwandten werden durch die Annahme nicht berührt, soweit das Gesetz nichts anderes vorschreibt.

(3) Der Annehmende ist dem Angenommenen und dessen Abkömmlingen vor den leiblichen Verwandten des Angenommenen zur Gewährung des Unterhalts verpflichtet.

Übersicht

A. Allgemeines

1 Die Vorschrift bestimmt die **Wirkungen der sog. „normalen" Volljährigenadoption**. Der Gesetzgeber sah es als angemessen an, die Volljährigenadoption anders als die Minderjährigenadoption im Grundsatz nicht als Volladoption auszugestalten, damit volljährige Anzunehmende ihr Verwandtschaftsverhältnis zu ihren bisherigen Verwandten behalten können.[1] §§ 1754 bis 1756 BGB sind in dieser Konstellation nicht anwendbar. § 1770 BGB geht vor.

2 Ein **Verwandtschaftsverhältnis entsteht nur zwischen den Annehmenden und dem Anzunehmenden sowie zu dessen Abkömmlingen** (Abs. 1 Satz 1). Zu allen anderen Verwandten bleibt die Verwandtschaft vollumfänglich erhalten und unverändert (Abs. 2). Es entsteht also aufseiten des Anzunehmenden eine Verwandtschaftskumulation.

B. Einzelheiten

3 Im Einzelnen sind insbesondere folgende Rechte und Pflichten als Folge der Volljährigenadoption zu nennen:

- **Erbrechtlich** wird der Anzunehmende „Abkömmling" der Annehmenden i.S.v. § 1924 Abs. 1 BGB und § 2303 Abs. 1 Satz 1 BGB (und damit Erbe 1. Ordnung und Pflichtteilsberechtigter). Die Annehmenden werden die Eltern des Anzunehmenden i.S.v. § 1925 Abs. 1 BGB (gesetzliche Erben 2. Ordnung). Erbschaftssteuerrechtlich rutscht der Anzunehmende als Kind in die Erbschaftssteuerklasse I (§ 15 Abs. 1 ErbStG).

- **Unterhaltsrechtlich** wird der Anzunehmende gegenüber seinen neuen Eltern (Elternunterhalt) und die Annehmenden gegenüber ihrem neuen Kind unterhaltspflichtig (§§ 1601 ff. BGB). Nach § 1770 Abs. 3 BGB findet hier **eine Privilegierung des Annehmenden** statt. Dieser ist vor den weiteren Verwandten dem Angenommenen und seinen Abkömmlingen zum Unterhalt verpflichtet.

- **Namensrechtlich** erhält der Angenommene den Familiennamen des Annehmenden (§ 1767 Abs. 2 Satz 1 i.V.m. § 1757 Abs. 1 BGB). Bei verheirateten Annehmenden ohne Ehenamen besteht insoweit ein Namensbestimmungsrecht (§ 1757 Abs. 2 BGB). Ist der Angenommene seinerseits verheiratet, so kommt es nur dann zu einer Änderung seines Ehenamens, wenn der Ehepartner der Namensänderung zustimmt

---

1 BT-Drucks. 7/3061, 54

(§ 1757 Abs. 3 BGB). Auf Antrag ist die Änderung sowohl des Vornamens als auch die Hinzufügung oder das Voranstellen des bisherigen Geburtsnamens möglich (§ 1757 Abs. 4 BGB).

- **Staatsangehörigkeitsrechtlich** kann es nach § 6 StAG nur dann zu einer Änderung der Staatsangehörigkeit des Angenommenen kommen, wenn der Antrag auf Volljährigenadoption schon während der Minderjährigkeit gestellt worden ist.[2]

- **Aufenthaltsrechtlich** wird die Situation des erwachsenen Angenommenen nicht wesentlich verbessert. Die Adoption führt in der Regel weder zu einem besonderen Abschiebeschutz noch zu einem dauernden Aufenthaltstitel.[3]

Die aufgeführten Folgen der Adoption gelten **auch für die Abkömmlinge des Anzunehmenden**. Unterhaltsrechtlich besteht aber der praxisrelevante Unterschied, dass die Ansprüche des Sozialhilfeträgers gemäß § 94 SGB XII nicht auf die Enkel (und deren Abkömmlinge) übergehen. Eine Unterhaltspflicht in diese Richtung ist also sehr unwahrscheinlich.   **4**

§ 1771 BGB Aufhebung des Annahmeverhältnisses

[1]**Das Familiengericht kann das Annahmeverhältnis, das zu einem Volljährigen begründet worden ist, auf Antrag des Annehmenden und des Angenommenen aufheben, wenn ein wichtiger Grund vorliegt.** [2]**Im Übrigen kann das Annahmeverhältnis nur in sinngemäßer Anwendung der Vorschriften des § 1760 Abs. 1 bis 5 aufgehoben werden.** [3]**An die Stelle der Einwilligung des Kindes tritt der Antrag des Anzunehmenden.**

Die Vorschrift bestimmt die Voraussetzungen für **die Aufhebung einer Volljährigenadoption**, wenn sie mit den Wirkungen nach § 1770 BGB ausgesprochen wurde. Die Aufhebung einer Volljährigenadoption mit den Wirkungen nach § 1772 Abs. 1 BGB ist im dortigen Absatz 2 geregelt. Aus dem eindeutigen Wortlaut folgt auch, dass § 1771 Satz 1 BGB nicht anwendbar ist, wenn die Adoption im Minderjährigenalter ausgesprochen worden ist und der Angenommene mittlerweile volljährig ist. Eine solche Minderjährigenadoption ist aus wichtigem Grund nicht mehr aufhebbar.[1]   **1**

Das Gesetz sieht zwei Möglichkeiten der Aufhebung nach § 1771 BGB vor: einmal **aus wichtigem Grund** und zum anderen **unter den Voraussetzungen des § 1760 Abs. 1 bis 5 BGB**.   **2**

Ein **wichtiger Grund** liegt immer dann vor, wenn die Aufrechterhaltung der Adoption für einen oder alle Beteiligten unerträglich geworden ist. Die Voraussetzungen hierfür sind etwas geringer als bei den schwerwiegenden Gründen in § 1763 BGB. Dennoch müssen nachvollziehbare erhebliche objektive Gründe vorgebracht werden.[2] Die bloße spätere Reue, eine Adoption eingegangen zu sein, genügt offensichtlich nicht.[3]   **3**

Wie eine Minderjährigenadoption kann auch die Volljährigenadoption bei **fehlenden oder fehlerhaften Anträgen oder Einwilligungen aufgehoben werden** (§ 1760 Abs. 1 bis 5 BGB). An die Stelle der Einwilligung des Kindes tritt der Antrag des Angenommenen (§ 1771 Satz 3 BGB). Auch bei der Volljährigenadoption sind dabei die Fristen für die Aufhebung in § 1762 Abs. 2 BGB zu beachten.   **4**

---

2 BVerwG NJW 2004, 1401
3 Ausführlich: Staudinger/*Frank*, § 1767 BGB Rn. 27
1 BGH ZKJ 2014, 381
2 Vgl. z.B. OLG Köln, Beschl. v. 10.7.2012 – Az.: 4 UF 45/12, juris
3 Palandt/*Götz*, § 1771 BGB Rn. 2

5   Die **Folgen der Aufhebung** sind direkt aus §§ 1764, 1765 BGB herauszulesen, allerdings mit der Maßgabe, dass das Sorgerecht aufgrund der Volljährigkeit des Angenommenen nicht mehr regelungsbedürftig ist (vgl. § 1764 Abs. 4 BGB).

§ 1772 BGB Annahme mit den Wirkungen der Minderjährigenannahme

(1) ¹Das Familiengericht kann beim Ausspruch der Annahme eines Volljährigen auf Antrag des Annehmenden und des Anzunehmenden bestimmen, dass sich die Wirkungen der Annahme nach den Vorschriften über die Annahme eines Minderjährigen oder eines verwandten Minderjährigen richten (§§ 1754 bis 1756), wenn

a)   ein minderjähriger Bruder oder eine minderjährige Schwester des Anzunehmenden von dem Annehmenden als Kind angenommen worden ist oder gleichzeitig angenommen wird oder

b)   der Anzunehmende bereits als Minderjähriger in die Familie des Annehmenden aufgenommen worden ist oder

c)   der Annehmende das Kind seines Ehegatten annimmt oder

d)   der Anzunehmende in dem Zeitpunkt, in dem der Antrag auf Annahme bei dem Familiengericht eingereicht wird, noch nicht volljährig ist.

²Eine solche Bestimmung darf nicht getroffen werden, wenn ihr überwiegende Interessen der Eltern des Anzunehmenden entgegenstehen.

(2) ¹Das Annahmeverhältnis kann in den Fällen des Absatzes 1 nur in sinngemäßer Anwendung der Vorschriften des § 1760 Abs. 1 bis 5 aufgehoben werden. ²An die Stelle der Einwilligung des Kindes tritt der Antrag des Anzunehmenden.

Übersicht

A. Allgemeines

1   Der Gesetzgeber war der Ansicht, dass in engen Ausnahmen auch eine Volljährigenadoption mit den Wirkungen einer Minderjährigenannahme möglich sein soll (sog. „**starke Volljährigenadoption**").[1] § 1772 Abs. 1 BGB normiert hierfür die formellen und materiell-rechtlichen Vorgaben. Da die bisherigen Eltern auch bei der Volljährigenadoption nach § 1772 Abs. 1 BGB nicht in die Adoption einwilligen müssen, ist insbesondere die Wahrung der Interessen der bisherigen Eltern nach § 1772 Abs. 1 Satz 2 BGB von großer Bedeutung.

2   **Absatz 2** der Norm bestimmt die Voraussetzungen für die Aufhebung einer derartigen starken Volljährigenadoption.

---

1 BT-Drucks. 7/3061, 23

B. Inhalt der Norm

I. Die formellen Voraussetzungen

In den folgenden Fällen ist eine starke Volljährigenadoption möglich. Die **Aufzählung ist** **3**
abschließend und darf nicht durch weitere Fälle erweitert werden:

- Wurde vorher schon ein **minderjähriges Geschwister des Anzunehmenden** adoptiert oder findet gleichzeitig eine Minderjährigenadoption eines Geschwisters des Anzunehmenden statt, so soll der Anzunehmende die gleiche Rechtsstellung erhalten können, wie sein Bruder oder seine Schwester (Abs. 1 Satz 1 Buchstabe a)).

- War der Anzunehmende schon zuzeiten seiner Minderjährigkeit bei (mind.) einem Annehmenden aufgenommen worden, so kann er auch die Wirkungen der Minderjährigenannahme für sich beanspruchen (sog. **„nachgeholte Minderjährigenadoption"**) (Abs. 1 Satz 1 Buchstabe b)). „Aufnahme" bedeutet die dauerhafte Betreuung des Anzunehmenden im Haushalt des entsprechenden Annehmenden. Es muss schon während der Minderjährigkeit eine Eltern-Kind-Beziehung entstanden sein.[2] Ein bloß zeitweises Zusammenleben oder ein Zuzug kurz vor Eintritt der Volljährigkeit genügt hierfür nicht.

- Soll der Anzunehmende vom Ehegatten eines Elternteils adoptiert werden (**Stiefkindadoption**), so können ebenso die starken Wirkungen des § 1772 Abs. 1 BGB hergestellt werden (Abs. 1 Satz 1 Buchstabe c)). Hierbei spielt es keine Rolle, ob der Anzunehmende schon während seiner Minderjährigkeit mit dem Annehmenden zusammengelebt hat. Auch wenn die Ehe erst in hohem Alter geschlossen wird, greift Abs. 1 Satz 1 Buchstabe c) ein.

- Schließlich ist eine starke Volljährigenadoption noch möglich, wenn der **Antrag auf** **Annahme als Kind noch während der Minderjährigkeit gestellt worden** ist, die Adoption dann aber erst im Volljährigenalter ausgesprochen wird (Abs. 1 Satz 1 Buchstabe d)). Diese Fallgruppe ist v.a. relevant bei der Frage des Staatsangehörigkeitserwerbs als Folge der Adoption nach § 6 StAG (siehe hierzu *Braun*, § 1770 BGB Rn. 3). Der Antrag im Minderjährigenalter kann aber nicht als Antrag auf starke Volljährigenadoption „umgewandelt" werden. Vielmehr sind die entsprechenden Anträge formal erneut zu stellen.[3]

II. Die Berücksichtigung der Interessen der bisherigen Eltern

Durch die starke Volljährigenadoption verlieren die bisherigen Eltern des Anzunehmenden **4**
sämtliche Rechte und Pflichten gegenüber ihrem vormaligen Kind (§ 1772 Abs. 1 i.V.m.
§ 1755 Abs. 1 BGB). Demnach ist die Beachtung der Interessen der bisherigen Eltern nach
§ 1772 Abs. 1 Satz 2 BGB **von großer Bedeutung**.

Als mögliche Interessen kommen ähnlich wie bei § 1769 BGB **sowohl finanzielle als** **5**
auch immaterielle Interessen infrage. Dabei muss eine **umfassende Abwägung der**
Interessen der Annehmenden und des Anzunehmenden einerseits und der Interessen des
entsprechenden bisherigen Elternteils stattfinden, wobei die Interessen des bisherigen Elternteils überwiegen müssen.

Erneut spielt hier v.a. der Verlust von Erb-, Pflichtteils- und Unterhaltsansprüchen eine
große Rolle. Wurde der Anzunehmende etwa während seiner Bedürftigkeit von seinen

---

2 MüKo-BGB/*Maurer*, § 1772 BGB Rn. 3
3 OLG Celle FamRZ 2014, 579; KG FamRZ 2004, 1315; OLG Karlsruhe FamRZ 2000, 768

leiblichen Eltern versorgt, so soll er sich später nicht im Wege der starken Volljährigen-adoption von seinen Unterhaltsverpflichtungen befreien können.[4]

▶ *Näher zur Beteiligtenstellung und zur Anhörungspflicht der leiblichen Eltern Braun, § 188 FamFG Rn. 8 ff. und Braun, § 192 FamFG Rn. 14 ff.*

III. Die Wirkungen der starken Volljährigenadoption

6 Indem § 1772 Abs. 1 Satz 1 BGB auf §§ 1754 bis 1756 BGB verweist, hat die starke Volljäh-rigenadoption **dieselben Folgen wie eine Minderjährigenadoption**. Es gelten insbe-sondere auch die Ausnahmeregelungen in § 1756 BGB, wonach in bestimmten Fällen das Verwandtschaftsverhältnis zur bisherigen Familie aufrecht erhalten bleibt. Praxisrelevant ist dabei der Fall des Fortbestehens der Verwandtschaftsverhältnisse zur Familie des vormali-gen Elternteils bei der Stiefkindadoption nach § 1756 Abs. 2 BGB. Hier stellt das Gesetz auf das Sorgerecht des vormaligen Elternteils im Zeitpunkt des Versterbens ab. Die Norm ist nach Ansicht des BGH aber auch darüber hinaus einschlägig, wenn der vorverstorbene Elternteil bei Eintritt der Volljährigkeit noch das Sorgerecht für den Angenommenen hatte. Auch dann bleibt die Verwandtschaft zu den Verwandten des vorverstorbenen Elternteils erhalten.[5]

▶ *Zu Einzelheiten der Folgen der Minderjährigenadoption siehe Braun, §§ 1754 bis 1756 BGB Rn. 3 ff.*

IV. Die Aufhebung der starken Volljährigenadoption

7 Eine starke Volljährigenadoption ist nur aufgrund von Verfahrensfehlern (§ 1760 BGB) auf-hebbar. Eine Aufhebung aus wichtigem Grund nach § 1771 BGB oder nach § 1763 BGB ist nicht möglich.

▶ *Zu den Einzelheiten der Aufhebung der Adoption aufgrund von Verfahrensfehlern siehe Braun, §§ 1760 bis 1762 BGB Rn. 6 ff.*

---

4 Vgl. z.B. LG Heidelberg FamRZ 2001, 121
5 BGH NJW 2010, 678

Abschnitt 3
Vormundschaft, Rechtliche Betreuung, Pflegschaft

Titel 1
Vormundschaft

Untertitel 1
Begründung der Vormundschaft

§ 1773 BGB Voraussetzungen

(1) Ein Minderjähriger erhält einen Vormund, wenn er nicht unter elterlicher Sorge steht oder wenn die Eltern weder in den die Person noch in den das Vermögen betreffenden Angelegenheiten zur Vertretung des Minderjährigen berechtigt sind.

(2) Ein Minderjähriger erhält einen Vormund auch dann, wenn sein Familienstand nicht zu ermitteln ist.

Übersicht

A. Allgemeines

§ 1773 BGB regelt die **materiell-rechtlichen Voraussetzungen** für die Anordnung einer Vormundschaft. Sie kommt allgemein dann zum Tragen, wenn Eltern nicht vorhanden sind oder nicht (tatsächlich oder rechtlich) dazu in der Lage sind, das ihnen nach Art. 6 Abs. 2 Satz 1 GG zugewiesene Grundrecht auf Pflege und Erziehung ihrer Kinder einschließlich der Vertretungsbefugnis wahrzunehmen, so dass die staatliche Gemeinschaft in Ausübung ihrer **Wächterfunktion** diese Lücke aus Fürsorge für das Kind zu schließen hat. Das Verhältnis zwischen Vormund und Kind fällt zwar nicht wie die Eltern-Kind-Beziehung unter Art. 6 Abs. 2 GG, gleichwohl nimmt der Vormund in vollem Umfang die elterliche Sorge wahr. Zudem stellt die Vormundschaft **ein Dauerschuldverhältnis eigener Art** dar, das bei nicht berufs- oder amtsmäßiger Führung wesentliche Elemente des Auftragsrechts (§§ 667 ff. BGB) enthält, aber auch die elterlichen Aufgaben mit einbezieht (vgl. §§ 1793, 1800 BGB).[1]

1

Vormundschaftsverfahren zählen nach § 151 Nr. 5 FamFG verfahrensrechtlich zu den **Kindschaftssachen** und sind seit 1.9.2009 mit der Abschaffung des Vormundschaftsgerichts, ausnahmslos den Familiengerichten zugewiesen. Im Unterschied zur **Pflegschaft** nach §§ 1909 ff. BGB bezieht sich die Vormundschaft auf die **gesamte Sorge** für einen Minderjährigen, während die Pflegschaft lediglich einzelne Angelegenheiten des Sorgerechts erfasst. Das betroffene minderjährige Kind wird dabei nach der derzeit gültigen Gesetzeslage immer noch als **„Mündel"** (vgl. etwa § 1775 Satz 2 BGB) bezeichnet, wobei

2

---

1 *Schwab*, Familienrecht, Rn. 885; Münder/Ernst/*Behlert*, § 16 Rn. 16

wegen der Altertümlichkeit dieses Begriffes der Gesetzgeber zu Recht beabsichtigt, diesen auch der jüngeren Bevölkerung wenig geläufigen Begriff abzuschaffen.[2]

3   Zu unterscheiden ist im Vormundschaftsrechts zwischen der **Anordnung** der Vormundschaft (§ 1774 BGB), der **Auswahl und Bestimmung der Person des Vormunds** (§ 1779 BGB) und schließlich seiner **Bestellung** (§ 1789 BGB). Vgl. dazu die Übersicht Anhang § 1789 BGB.

B. Inhalt der Norm

I. Voraussetzungen der Vormundschaft

1. Minderjährigkeit

4   Gemäß § 1773 Abs. 1 BGB kann nur für einen **Minderjährigen** eine Vormundschaft angeordnet werden, was gleichzeitig bedeutet, dass mit **Eintritt der Volljährigkeit** des Mündels eine bereits angeordnete Vormundschaft **kraft Gesetzes** endet (vgl. §§ 2, 1882 BGB). Besteht für das vormalige Mündel ein Fürsorgebedürfnis fort (z. B. wegen einer psychischen Erkrankung), so muss ggf. eine gesetzliche Betreuung (§§ 1896 ff. BGB) angeordnet werden.[3]

5   Bestehen tatsächliche **Zweifel an der Minderjährigkeit** des Betroffenen, wie dies häufig mangels Reisedokumenten bei **unbegleitet eingereisten Flüchtlingen** der Fall ist, so hat das Familiengericht im Rahmen seiner **Amtsermittlungspflicht** (§ 26 FamFG) alle verfügbaren und rechtlich zulässigen Maßnahmen zur **Altersfeststellung** auszuschöpfen.[4] Soweit nicht evident von **rechtsmissbräuchlichen Verhalten** des Betroffenen auszugehen ist,[5] wird **im Zweifel** von Minderjährigkeit auszugehen sein.[6] Eine familienrechtliche bzw. zivilrechtliche Befugnisnorm für die Anordnung einer **Röntgenuntersuchung** zur Altersfeststellung besteht für das Familiengericht nicht, so dass das Verbot von § 25 Abs. 1 der RöntgenVO greift.[7] Eine mit Einwilligung erfolgte Röntgenuntersuchung ist aber im vormundschaftlichen Verfahren verwertbar.[8]

2. Fallgruppen

a. Keine elterliche Sorge (Abs. 1 Alt. 1)

6   Nach Abs. 1 Alt. 1 ist Vormundschaft dann anzuordnen, wenn ein Minderjähriger **nicht unter elterlicher Sorge steht**. Das ist zunächst dann der Fall, wenn beide Elternteile **verstorben** sind oder für **verschollen erklärt** worden sind. Dem steht der Fall gleich, dass beiden ursprünglich sorgeberechtigten Eltern das **Sorgerecht (vollständig) nach § 1666 BGB entzogen** worden ist oder dass die elterliche Sorge beider Elternteile nach § 1673 ff. BGB **ruht**.

▶   *Näher zum Entzug der elterlichen Sorge vgl. Cirullies, § 1666 BGB Rn. 57 ff.*
     Näher zum Ruhen der elterlichen Sorge vgl. Keuter, § 1674 BGB Rn. 1 ff.

7   Verstirbt dagegen der **alleinsorgeberechtigte Elternteil** oder wird ihm das Sorgerecht entzogen oder ruht es, so kann die Voraussetzung des § 1773 Abs. 1 Alt 1 BGB ebenfalls

---

2 Vgl. BMJV, Eckpunkte für eine weitere Reform des Vormundschaftsrechts, S. 2, abrufbar unter www.bmjv.de/ SharedDocs/Downloads/DE/pdfs/Vormundschaftsrecht_Eckpunke weitere Reform.pdf?__blob=publicationFile; *Veit*, FamRZ 2012, 1841, 1844
3 Vgl. die Möglichkeit von § 1908a BGB in diesen Fällen
4 BGH ZKJ 2014, 104; BGH NZFam 2014, 69; *Dürbeck*, ZKJ 2014, 266, 267
5 OLG Köln ZKJ 2013, 419
6 OLG Oldenburg BeckRS 2013, 08406; *Völker/Clausius* § 1 Rn. 162; zur gleichen Frage im Rahmen der Inobhutnahme nach § 42 SGBVIII vgl. hier *Dürbeck*, § 42 SGB VIII Rn. 10
7 OLG München FamRZ 2012, 1958; AG Schöneberg ZKJ 2014, 486
8 OLG Hamm BeckRS 2015, 06837

erfüllt sein, allerdings hat das Familiengericht vor Anordnung einer Vormundschaft nach §§ 1680 Abs. 2 und 3, 1681, 1678 Abs. 2 BGB **vorrangig** zu prüfen, ob eine **Übertragung des Sorgerechts auf den anderen Elternteil** in Betracht kommt.[9] Ähnlich ist die Gesetzeslage bei **Aufhebung einer Adoption**, wonach ebenfalls zunächst eine Rückübertragung des Sorgerechts auf die leiblichen Eltern zu prüfen ist (vgl. § 1764 Abs. 4 BGB).

▶ *Näher zur Aufhebung der Adoption vgl. Braun, § 1764 BGB Rn. 2.*

Besteht das Hindernis bei **gemeinsamem Sorgerecht** nur bei **einem Elternteil**, so ist kein Fall für die Anordnung einer Vormundschaft eröffnet (vgl. §§ 1680 Abs. 1, 1678 Abs. 1 BGB), weil der verbleibende Elternteil das Sorgerecht kraft Gesetzes alleine ausübt.   **8**

b. Fehlende Vertretungsberechtigung (Abs. 1 Alt. 2)

Nach Abs. 1 Alt. 2 ist Vormundschaft auch dann anzuordnen, wenn die Eltern in **allen** die Sorge betreffenden Angelegenheiten **nicht zur Vertretung des Kindes berechtigt** sind. Bei teilweisem Vertretungsausschluss greift hingegen § 1909 BGB ein. Bereits von Alt. 1 erfasst ist aber der Fall, dass den Eltern das volle Sorgerecht entzogen worden ist. Alt. 2 ist jedoch erfüllt, wenn beide Elternteile **minderjährig** sind (vgl. §§ 1673 Abs. 2 Satz 2 BGB).[10] Weiterhin ist der Fall zu nennen, dass beiden sorgeberechtigten Elternteilen die Vertretungsmacht für ihr Kind vollständig nach **§ 1666 BGB entzogen** wurde. Bei Entzug der Vertretungsmacht des allein sorgeberechtigten Elternteils gelten die unter Rn. 7 gemachten Ausführungen entsprechend (vgl. §§ 1680 Abs. 3, 1629 Abs. 1 Satz 3 BGB).   **9**

c. Fehlende Ermittelbarkeit des Familienstandes des Minderjährigen (Abs. 2)

Schließlich bestimmt § 1773 Abs. 2 BGB als letzte Fallgruppe für die Anordnung einer Vormundschaft diejenigen Fälle, in denen der **Familienstand des Minderjährigen nicht zu ermitteln** ist. Erfasst sind hiervon vor allem **Findelkinder** i.S.d. § 25 PStG. Die Feststellung, dass der Familienstand eines Kindes nicht zu ermitteln ist, trifft das Familiengericht im Rahmen seiner Amtsermittlungspflicht. Für **vertraulich geborene Kinder** nach § 25 Abs. 1 SchwangerschaftskonfliktG ist – vorbehaltlich der Rechte des Vaters – eine Vormundschaft bereits nach Abs. 1 Alt. 1 zu begründen, weil das Sorgerecht der Mutter nach § 1674a BGB ruht.[11]   **10**

Ist der Familienstand des Kindes lediglich **bestritten**, ist nach allgemeiner Meinung lediglich ein Ergänzungspflegers zu bestellen.[12]   **11**

C. Vormundschaft kraft Gesetzes

Fälle in denen die Vormundschaft **kraft Gesetzes**, d. h. unabhängig von den materiellrechtlichen Voraussetzungen von § 1773 BGB und ohne familiengerichtliche Anordnung nach § 1674 BGB eintritt, beinhalten § 1591c Abs. 1 HS 1 BGB (Amtsvormundschaft bei Geburt des Kindes einer **nicht verheirateten und nicht geschäftsfähigen Mutter, vertrauliche Geburt der unverheirateten Mutter**), § 1591c Abs. 1 Satz 2 BGB (Amtsvormundschaft bei Rechtskraft der Anfechtung der Vaterschaft bei Beteiligung einer nicht geschäftsfähigen Mutter) und § 1751 Abs. 1 BGB (Einwilligung der Eltern während **Adoptionspflege**). Im Jahr 2013 standen 5.171 Kinder unter gesetzlicher Vormundschaft.[13]   **12**

---

9 OLG Dresden ZKJ 2012, 269; OLG Köln ZKJ 2012, 227
10 Ausführlich Staudinger/*Veit*, § 1773 BGB Rn. 27
11 Vgl. dazu *Helms*, FamRZ 2014, 609
12 Palandt/*Götz*, § 1773 BGB Rn. 4; Oberloskamp/*Hoffmann* § 6 Rn. 15
13 Statistisches Bundesamt, Kinder- und Jugendhilfe – Pfleg-, Vormund-, Beistandschaften, Pflegeerlaubnis, Sorgerechtsentzug, Sorgeerklärungen 2014

▶ *Näher zur kraft Gesetzes eintretenden Vormundschaft vgl. Braun, § 1751 BGB Rn. 6 ff.*
und Dürbeck, § 1791c BGB Rn. 1 ff.

§ 1774 BGB Anordnung von Amts wegen

[1]Das Familiengericht hat die Vormundschaft von Amts wegen anzuordnen. [2]Ist anzunehmen, dass ein Kind mit seiner Geburt eines Vormunds bedarf, so kann schon vor der Geburt des Kindes ein Vormund bestellt werden; die Bestellung wird mit der Geburt des Kindes wirksam.

Übersicht

A. Allgemeines

1 Außerhalb der Fälle, in denen Vormundschaft kraft Gesetzes eintritt (näher hierzu *Dürbeck*, § 1773 BGB Rn. 12) bestimmt § 1774 Satz 1 BGB, dass es zur Begründung einer Vormundschaft einer **von Amts** wegen zu treffenden **konstitutiven Anordnung des Familiengerichts** bedarf. Damit zählen Vormundschaftsverfahren zu den amtswegigen Verfahren i.S.d. § 24 FamFG.

2 Die in Satz 1 der Norm geregelte **Anordnung** der Vormundschaft ist zu unterscheiden von der **Auswahl** und **Bestimmung** des Vormunds (vgl. § 1779 BGB) und dessen **Bestellung** (vgl. § 1789 ff. BGB). § 1774 Satz 2 BGB ermöglicht im Übrigen die Begründung einer Vormundschaft bereits **vor der Geburt** des Kindes.

B. Inhalt der Norm

I. Anordnung von Amts wegen

1. Verfahrenseinleitung

3 Hat das (zuständige) Familiengericht Kenntnis von den in § 1773 BGB geregelten Voraussetzungen für eine Anordnung der Vormundschaft (z. B. Tod beider Elternteile) oder hinreichende tatsächliche Anhaltspunkte für deren mögliches Vorliegen, so hat es von Amts wegen ein Vormundschaftsverfahren einzuleiten. Wegen der in § 1774 Satz 1 BGB bestimmten **Amtswegigkeit** des Verfahrens können Betroffene keinen verfahrenseinleitenden Antrag gemäß § 23 FamFG stellen, aber nach § 24 Abs. 1 FamFG die Einleitung eines Verfahrens **anregen**. Die Aufgabe des Familiengerichts wird schon bei der Frage der Verfahrenseinleitung im Bereich der Vormundschaft unterstützt durch **gesetzliche Hinweispflichten** wie § 57 SGB VIII (*Jugendamt*), § 168a FamFG (*Standesamt*) oder § 22a FamFG (*andere Gerichte und Behörden*).

2. Zuständigkeit

a. Sachliche und örtliche Zuständigkeit

Vormundschaftssachen sind nach § 151 Nr. 4 FamFG **Kindschaftssachen** und damit als **4** Familiensachen gemäß §§ 23a Abs. 1 Nr. 1, 23b GVG den bei den Amtsgerichten zu bildenden **Familiengerichten** zugewiesen. Die **örtliche Zuständigkeit** folgt aus § 152 FamFG und orientiert sich in Vormundschaftssachen grundsätzlich nach dem **gewöhnlichen Aufenthalt des Kindes** oder nach dem Gericht der Ehesache.

▶ *Näher zur örtlichen Zuständigkeit vgl. Keuter, § 152 FamFG Rn. 1 ff.*

b. Funktionale Zuständigkeit

§ 3 Nr. 2a RPflG bestimmt die **Zuständigkeit des Rechtspflegers** grundsätzlich für das **5** gesamte Vormundschaftsverfahren, also Anordnung, Auswahl und Bestellung des Vormunds. Eine **Ausnahme** hiervon besteht lediglich nach § 14 Abs. 1 Nr. 10 RPflG, wonach der **Richter** für die Anordnung der Vormundschaft von **ausländischen Kindern** zuständig ist. Auch bei ausländischen Minderjährigen obliegt aber grundsätzlich die **Auswahl und Bestellung** grundsätzlich dem Rechtspfleger.[1] In der Praxis zieht aber der Familienrichter hier häufig wegen des **Sachzusammenhangs** auch die Auswahlentscheidung (§ 1779 BGB) an sich, was § 6 RPflG auch ermöglicht (näher hierzu *Heilmann*, § 6 RPflG Rn. 1).

Soweit sich im Rahmen eines **Kinderschutzverfahrens nach § 1666 BGB** mit der End- **6** entscheidung die Notwendigkeit einer Anordnung der Vormundschaft ergibt, wurde teilweise die Auffassung vertreten, dass sich Familiengerichte in Person des Richters (nach § 6 RPflG) auf die Anordnung der Vormundschaft beschränkten und die Auswahlentscheidung dem funktionell zuständigen Rechtspfleger überlassen könnten. Dem ist das **Bundesverfassungsgericht** aber nunmehr in seiner Entscheidung vom 22.9.2014[2] entgegengetreten, weil nach seiner Ansicht die Frage der Verhältnismäßigkeit der Sorgerechtsentziehung im Einzelfall von der Auswahl des Vormunds abhängen könne. Damit ist jedenfalls im Ergebnis klar gestellt, dass künftig der Familienrichter selbst im Falle eines Entzugs des Sorgerechts auch die Auswahl des Vormunds zu treffen haben wird. Insoweit sollte im Rahmen einer Reform des Vormundschaftsrechts der Richtervorbehalt in § 14 Abs. 1 RPflG vom Gesetzgeber erweitert werden.[3]

3. Internationale Zuständigkeit

Die deutschen Familiengerichte sind nach § 99 Abs. 1 FamFG international auch dann zu- **7** ständig, wenn der minderjährige Ausländer seinen gewöhnlichen Aufenthalt im Inland hat und insoweit in Ansehung einer Vormundschaft ein Fürsorgebedürfnis besteht. Vorrangig sind jedoch europäische Rechtsvorschriften wie die EheVO und völkerrechtliche Verträge zu beachten.

▶ *Näher zur internationalen Zuständigkeit Schweppe § 99 FamFG Rn. 1 ff.*

4. Verfahrensbeteiligung und Anhörung

Soweit das Vormundschaftsverfahren **nicht** mit einem Sorgerechtsverfahren (insbeson- **8** dere nach § 1666 BGB) **verbunden** ist, sondern **isoliert betrieben** wird, sind noch vorhandene **Eltern** und das (nach § 9 Abs. 1 Nr. 3 FamFG **verfahrensfähige**) **Kind** nach § 7 Abs. 2 Nr. 1 FamFG formal beteiligt. In der Praxis wird dabei zum einen viel zu häufig über-

---

1 *Dörndorfer* § 14 RPflG Rn. 60
2 BVerfG FamRZ 2015, 208; vgl. dazu *Keuter*, ZKJ 2015, 67
3 So auch Staudinger/*Veit*, § 1774 BGB Rn. 34; *Hoffmann*, FamRZ 2011, 249, 254

sehen, dass ggf. auch der **Vater eines nichtehelich geborenen Kindes** zu **ermitteln** und zu beteiligen ist. Zum anderen ist dringend zu beachten, dass das Kind ab dem vierzehnten Lebensjahr verfahrensfähig und dann grundsätzlich selbst zu beteiligten ist.

9 Das **Jugendamt** ist nach Maßgabe von § 162 Abs. 2 Satz 2 FamFG auf seinen Antrag hin zu beteiligen, ebenso ggf. die **Pflegepersonen** des Kindes nach § 7 Abs. 3 FamFG.

▶ *Näher zur Beteiligung der Pflegeperson vgl. Heilmann, § 161 FamFG Rn. 10 ff.*

10 Die Person, die das Familiengericht als **Vormund auszuwählen beabsichtigt**, ist erst im Auswahlverfahren nach § 1789 BGB zu beteiligen, da erst hier ihre Rechtsstellung betroffen ist.[4] Das Auswahlverfahren kann, muss aber (vorbehaltlich des in Rn. 6 genannten Falles) nicht mit dem Anordnungsverfahren verbunden werden. Soweit ein **Verfahrensbeistand** nach § 158 FamFG bestellt ist[5], ist auch dieser zu beteiligen.

11 Da Vormundschaftssachen nach § 151 Nr. 4 FamFG Kindschaftssachen sind, gelten für die **Anhörung** des Kindes, der Eltern, des Jugendamts und der Pflegepersonen im Übrigen §§ 159 bis 162 FamFG. Diese Normen sind insbesondere auch vom **Rechtspfleger** zu beachten, was in der Praxis leider häufig übersehen wird und in diesem Fall zur Aufhebung der Entscheidung und Zurückverweisung des Verfahrens an den Rechtspfleger durch das Beschwerdegericht nach § 69 Satz 3 FamFG führen kann[6] (vgl. auch *Dürbeck*, § 69 FamFG Rn. 6).

5. Entscheidung des Familiengerichts

12 Die Anordnung der Vormundschaft hat in der nach dem Verfahrensrecht vorgesehenen Form, also nach §§ 116 Abs. 1, 38 Abs. 1 FamFG durch gerichtlichen **Beschluss**[7] zu erfolgen. Auch die Frage des **Wirksamwerdens** der Entscheidung beurteilt sich nach dem FamFG, insbesondere §§ 40 f. FamFG. Dem **verfahrensfähigen Kind** ist die Entscheidung nach § 164 FamFG bekanntzumachen.

▶ *Näher zur Bekanntmachung der Entscheidung an das Kind Heilmann, § 164 FamFG Rn. 1 ff.*

13 Soweit das Familiengericht die materiell-rechtlichen Voraussetzungen von § 1773 BGB zu **Unrecht angenommen** hat, ist umstritten, ob und unter welchen Voraussetzungen eine gleichwohl angeordnete Vormundschaft **Wirksamkeit entfalten** kann.[8] Ungeachtet des praktischen Nutzens der Diskussion kann die Frage der Wirksamkeit gerichtlicher Entscheidung nur nach den **allgemeinen Verfahrensregeln** beantwortet werden.[9] Jedenfalls die Anordnung einer Vormundschaft für einen **volljährigen oder toten Minderjährigen** wird als wirkungslos zu gelten haben.[10] Die Auffassung, jede gegen § 1773 BGB verstoßende Anordnung einer Vormundschaft sei wirkungslos,[11] widerspricht hergebrachten Verfahrensgrundsätzen und überzeugt daher nicht.[12]

---

4 Staudinger/*Veit*, § 1774 BGB Rn. 15
5 Zur Erforderlichkeit wegen denkbarer Interessensgegensätze, insbesondere bei nicht verfahrensfähigen Kindern: MüKo-FamFG/*Schumann*, § 158 Rn. 6
6 OLG Frankfurt a. M. BeckRS 2015, 00699
7 Anders z. T. die ältere Literatur und Rspr. vor Inkrafttreten des FamFG, vgl. LG Berlin DAVorm 1981, 311, 313 und die Nachweise bei MüKo-FamFG/*Wagenitz*, § 1774 Fn. 3: jede Tätigkeit nach außen genüge
8 Vgl. etwa die Darstellung von Oberloskamp/*Hoffmann* § 7 Rn. 5 ff.
9 Vgl. etwa zur Frage der Rechtswirksamkeit von Urteilen Zöller/*Vollkommer*, Vor § 300 ZPO Rn. 13 ff.
10 BGH NJW 1964, 1316; Palandt/*Götz*, § 1774 BGB Rn. 2
11 MüKo-BGB/*Wagenitz*, § 1674 Rn. 8
12 So auch die h.M.: BGHZ 41, 303, 309; Soergel/*Zimmermann*, § 1674 BGB Rn. 8; Staudinger/*Veit*, § 1774 BGB Rn. 32 f.

6. Beschwerde

Gegen die **Anordnung der Vormundschaft** nach § 1774 BGB kann nach Maßgabe von **14**
§§ 58 ff. FamFG Beschwerde eingelegt werden. Beschwerdeberechtigte i.S.d. § 59 Abs. 1
FamFG sind in jedem Fall das verfahrensfähige Kind (§ 60 FamFG), das Jugendamt als anzuhörende oder beteiligte Behörde (§ 162 Abs. 3 Satz 2 FamFG), der Verfahrensbeistand
(§ 158 Abs. 4 Satz 5 FamFG) und die in ihren Rechten betroffenen Eltern.[13] Nicht beschwerdeberechtigt gegen die Anordnung der Vormundschaft sind diejenigen **Personen,**
die lediglich von der Auswahlentscheidung betroffen sind, wie Angehörige, Pflegepersonen und auch das Jugendamt in seiner (späteren) Funktion als **Amtsvormund**.[14]

▶ *Näher zur Beschwerdeberechtigung Dürbeck, § 59 FamFG Rn. 1 ff.*

II. Bestellung eines Vormunds vor der Geburt des Kindes (Satz 2)

Gemäß § 1774 Satz 2 BGB kann schon **vor der Geburt eines Kindes** für dieses ein Vor- **15**
mund bestellt werden, wenn anzunehmen ist, dass das Kind bereits mit seiner Geburt eines Vormunds bedarf. Zu nennen sind etwa Fälle, in denen bereits absehbar ist, dass die
Sorge einer nicht verheirateten Mutter, z. B. wegen Geschäftsunfähigkeit oder Krankheit,
ruhen wird. Durch die Bestellung eines Vormunds bereits vor der Geburt des Kindes kann
insbesondere vermieden werden, dass Amtsvormundschaft nach § 1791c BGB eintritt und
das Kind bereits mit der Geburt einen gesetzlichen Vertreter hat.[15] Gemäß Satz 2 HS 2 wird
die Bestellung des Vormundes (i.S.d. § 1789 BGB[16]) aber erst **mit der Geburt** des Kindes
wirksam.

▶ *Näher zur Einleitung eines Kinderschutzverfahrens vor Geburt des Kindes siehe Cirul-*
lies, § 1666 BGB Rn. 15.

§ 1775 BGB Mehrere Vormünder

[1]Das Familiengericht kann ein Ehepaar gemeinschaftlich zu Vormündern bestellen. [2]Im Übri-
gen soll das Familiengericht, sofern nicht besondere Gründe für die Bestellung mehrerer
Vormünder vorliegen, für den Mündel und, wenn Geschwister zu bevormunden sind, für
alle Mündel nur einen Vormund bestellen.

Übersicht

---

13 Auch neben dem Kind, vgl. Staudinger/*Veit*, § 1774 BGB Rn. 22
14 BGH NJW 2012, 685; OLG Frankfurt a. M. FamRZ 2014, 673
15 BeckOK-BGB/*Bettin*, § 1774 Rn. 2
16 Staudinger/*Veit*, § 1774 BGB Rn. 24

A. Allgemeines

1 § 1775 BGB betrifft die Auswahlentscheidung vor der Bestellung des Vormunds und stellt in Satz 2 den Grundsatz und **Vorrang der Einzelvormundschaft** auf. Nur in besonderen Ausnahmefällen sollen danach mehrere Vormünder für das Mündel bestellt werden. Dies gilt auch für den Fall, dass für mehrere Geschwister ein Vormund zu bestimmen ist. Nur für Ehepaare sieht das Gesetz in Satz 1 eine Privilegierung vor. Soweit ausnahmsweise mehrere Vormünder für ein Kind bestellt werden, richtet sich die Aufteilung und Führung der Mitvormundschaft nach § 1797 BGB.

B. Inhalt der Norm

I. Grundsatz der Einzelvormundschaft

2 Der Grundsatz der **Einzelvormundschaft** folgt dem Umstand, dass das Mündel wegen der elternähnlichen Aufgabe des Vormunds nicht mehrere Entscheidungsträger haben soll.[1] Das Familiengericht hat nach **pflichtgemäßen Ermessen**[2] zu entscheiden, ob es am Vorrang der Einzelvormundschaft festhält oder aber Mitvormundschaft (und wenn ja in welcher Form des § 1797 Abs. 1 und 2 BGB) anordnet. Eine Bindung an eine etwaige Bestimmung von mehreren Vormündern durch die Eltern ist nicht anzuerkennen,[3] bei der Benennung eines Einzelvormunds gilt aber die Einschränkung von § 1778 Abs. 4 BGB bei Anordnung von Mitvormundschaft.

3 Den Grundsatz der Einzelvormundschaft sieht das Gesetz in Satz 2 auch bei **mehreren Geschwistern** vor, auch wenn es sich verfahrensmäßig um mehrere Vormundschaften handelt. Unerheblich ist es dabei, ob es sich um Halb- und Vollgeschwister handelt.[4]

II. Mitvormundschaft als Ausnahme

1. Ehepaare (Satz 1)

4 Als gesetzliche Ausnahme vom Einzelvormundschaftsprinzip regelt § 1775 Satz 1 BGB die insoweit nicht durch Satz 2 eingeschränkte Möglichkeit der Bestellung eines **Ehepaars zu Mitvormündern**. Dies ist besonders dann naheliegend, wenn das betroffene Kind auch im Haushalt der Ehegatten lebt, weil sich auf diesem Wege Vormundschaft und Elternschaft annähern. Ob dies auch dann gilt, wenn das Kind nicht im Haushalt der Ehegatten lebt, erscheint zweifelhaft.[5] Im Übrigen liegt die Entscheidung des Familiengerichts, ob es sich für die Bestimmung beider Ehegatten als Mitvormünder entscheidet in seinem pflichtgemäßen Ermessen. Ein gesetzlicher Vorrang zugunsten der Bestellung eines Ehepaars als Mitvormünder besteht nicht.[6] **Lebenspartnerschaften** sind von Satz 1 ausgenommen, so dass Mitvormundschaft unter den engen Voraussetzungen von § 1775 Satz 2 BGB begründet werden kann, was verfassungsrechtlich zweifelhaft ist.[7]

2. Ausnahmefälle nach Satz 2

5 § 1775 Satz 2 BGB sieht die Bestellung mehrere Mitvormünder für ein Mündel oder verschiedener Vormünder für mehrere Geschwister dann **ausnahmsweise** vor, wenn hierfür **besondere Gründe** vorliegen. Besondere Gründe für die Bestellung mehrerer Vormünder

---

1 BT-Drs. 13/7158, 21
2 Soergel/*Zimmermann*, § 1775 BGB Rn. 5; Staudinger/*Veit*, § 1775 BGB Rn. 10
3 BayObLGZ 21, 60, 63; MüKo-BGB/*Wagenitz*, § 1675 Rn. 5
4 KGJ 47, 10
5 A.A. BT-Drs. 13/7158, 21; *Zenz*, DAVorm 2000, 365
6 NK-BGB/*Fritsche* § 1775 Rn. 2
7 Vgl. etwa den Gesetzesentwurf von Bündnis 90/Die Grünen in BT-Drs. 17/12676; Staudinger/*Veit*, § 1775 BGB Rn. 22

für Geschwister liegen etwa dann vor, wenn zwischen den Geschwistern dauerhafte **Interessenskollisionen** (z. B. *verschiedene Väter, verschiedene Konfessionen*[8]) oder sonstiges **Streitpotential** besteht. Auch das Jugendamt kann im Übrigen zum Mitvormund[9] bestellt werden, bei Beteiligung eines Vereins ist § 1791a Abs. 4 BGB zu beachten. Im Übrigen kann allein der Umstand, dass der ausgewählte Vormund **nicht selbst die Sachkompetenz** für einen Kreis von notwendigen Angelegenheiten des Mündels besitzt, eine Bestellung eines insoweit qualifizierten (ggf. berufsmäßigen) Mitvormunds nicht allein rechtfertigen, weil es dem Einzelvormund insoweit offen steht, **fachkundige Fremdhilfe** (z. B. *von Steuerberatern, Rechtsanwälten, Ärzten*) in Anspruch zu nehmen.[10] Hiervon sollte grundsätzlich auch dann nicht abgewichen werden, wenn dauerhaft bedeutsame Angelegenheiten zu besorgen sind, wie z. B. im Bereich der Verwaltung des Vermögens, weil auch hier die Inanspruchnahme von Fremdhilfe möglich ist.[11]

Hat das Familiengericht **ausnahmsweise mehrere Mitvormünder bestellt**, so gilt in deren Verhältnis zueinander nach § 1797 Abs. 1 BGB – wie bei Eltern §§ 1629 Abs. 1 Satz 2, 1627 BGB -der **Grundsatz der gemeinschaftlichen Vormundschaft**. Bei **Meinungsverschiedenheiten** entscheidet nach § 1797 Abs. 1 Satz 2 FamFG das Familiengericht. Möglich ist es aber, durch eine **konstitutive Anordnung** des Familiengerichts nach § 1797 Abs. 2 BGB eine **nach Wirkungskreisen geteilte Einzelvormundschaft** unter den Mitvormündern anzuordnen. In diesem Fall ist jeder Mitvormund nur für seinen zugewiesenen Wirkungskreis (allein) geschäftsführungs- vertretungsberechtigt und auch haftbar.[12]   6

3. Die Bestellung eines anwaltlichen Mitvormunds für unbegleitet eingereiste minderjährige Flüchtlinge?

Nachdem der BGH in seiner Entscheidung vom 29.5.2013[13] der in verschiedenen Bundesländern wie Hessen verbreiteten Praxis, für **unbegleitet eingereiste minderjährige Flüchtlinge** neben dem Amtsvormund einen **anwaltlichen Ergänzungspfleger für die Vertretung in ausländer- und asylrechtlichen Angelegenheiten** zu bestellen, eine deutliche Absage erteilt hatte (vgl. dazu *Dürbeck*, § 1909 BGB Rn. 11), ging die Praxis teilweise dazu über, unter Berufung auf europarechtliche Vorgaben an der bisherigen Übung der Bestellung von Rechtsanwälten festzuhalten und diese nunmehr als Mitvormünder nach §§ 1775 Satz 2, 1797 Abs. 2 BGB für den selbständigen Aufgabenkreis der **Vertretung in ausländer- und asylrechtlichen Angelegenheiten** zu bestellen,[14] weil dem Jugendamt angeblich als Amtsvormund die erforderliche Sachkompetenz fehle. Der BGH[15] und die weit überwiegende Rechtsprechung der Oberlandesgerichte[16] ist dieser Praxis und insoweit nur vom 6. Familiensenat des Oberlandesgerichts Frankfurt a. M.[17] geteilten Auffassung zu Recht nicht gefolgt, weil das Jugendamt auch unter Berücksichtigung der bereits geltenden europarechtlichen Vorschriften auch als alleiniger Amtsvormund die erforderliche Sachkunde besitzt und zudem auch im Wege der Inanspruchnahme anwaltlicher   7

---

8 Kritisch MüKo-BGB/*Wagenitz*, § 1775 Rn. 10
9 Oberloskamp/*Hoffmann* § 12 Rn. 28
10 OLG Frankfurt a. M. FamRZ 2014, 502; 2014, 673; NJW-RR 2014, 1222; *Dürbeck*, ZKJ 2014, 266, 270, 271
11 OLG Düsseldorf, Beschl. vom 21.11.2014 – 8 UF 149/14, juris; a.A. OLG Dresden OLGE 36, 212, 213; Palandt/ *Götz*, § 1797 BGB Rn. 5
12 LG Berlin JW 1934, 1295; BeckOK-BGB/*Bettin* § 1775 Rn. 2
13 BGH ZKJ 2013, 413; BGH JAmt 2013, 426
14 Zur Entwicklung ausführlich: *Dürbeck*, ZKJ 2014, 266, auch zu den betreffenden europarechtlichen Vorschriften
15 BGH ZKJ 2014, 249
16 1., 2., 3. und 5. Familiensenat des OLG Frankfurt a. M. FamRZ 2014, 673; NJW-RR 2014, 1222; BeckRS 2014, 17792; 2014, 502; BeckRS 2015, 03489; so auch bereits OLG Düsseldorf BeckRS 2010, 21268
17 OLG Frankfurt a. M. JAmt 2014, 166 und 542, ihm jetzt folgend OLG Bamberg FamRZ 2015, 682; in der Tendenz wohl auch Riegner, NZFam 2015, 193

Beratungshilfe für eine angemessene Beratung und Vertretung des unbegleitet eingereisten Flüchtlings sorgen kann. Es verbleibt daher auch in diesen Fällen beim **Vorrang der Einzelamtsvormundschaft** des Jugendamts nach § 1775 Satz 2 BGB.

§§ 1776 bis 1778 BGB

[...]

Von Abdruck und Kommentierung wird abgesehen.

§ 1779 BGB Auswahl durch das Familiengericht

(1) Ist die Vormundschaft nicht einem nach § 1776 Berufenen zu übertragen, so hat das Familiengericht nach Anhörung des Jugendamts den Vormund auszuwählen.

(2) [1]Das Familiengericht soll eine Person auswählen, die nach ihren persönlichen Verhältnissen und ihrer Vermögenslage sowie nach den sonstigen Umständen zur Führung der Vormundschaft geeignet ist. [2]Bei der Auswahl unter mehreren geeigneten Personen sind der mutmaßliche Wille der Eltern, die persönlichen Bindungen des Mündels, die Verwandtschaft oder Schwägerschaft mit dem Mündel sowie das religiöse Bekenntnis des Mündels zu berücksichtigen.

(3) [1]Das Familiengericht soll bei der Auswahl des Vormunds Verwandte oder Verschwägerte des Mündels hören, wenn dies ohne erhebliche Verzögerung und ohne unverhältnismäßige Kosten geschehen kann. [2]Die Verwandten und Verschwägerten können von dem Mündel Ersatz ihrer Auslagen verlangen; der Betrag der Auslagen wird von dem Familiengericht festgesetzt.

Übersicht

A. Allgemeines

1 Bei der **Auswahl** der Person des Vormundes handelt es sich, nachdem zumindest eine juristische Sekunde vorher die Vormundschaft nach § 1774 BGB angeordnet worden ist, um die **2. Stufe des Vormundschaftsverfahrens**. Vor allem die Frage der verfahrensrechtlichen und materiell-rechtlichen Rechtsstellung der sonstigen Angehörigen des Mündels (insbes. Großeltern) bei der Vormundsauswahl beherrscht gegenwärtig in der Rechtsprechung die Diskussion wie kaum eine andere Frage.[1] Dabei kommt vor allem der **verfassungsrechtlichen Rechtsstellung von Angehörigen** nach Art. 6 Abs. 1 GG, Art. 8 EMRK eine besondere Bedeutung zu. § 1779 BGB legt in Abs. 1 und 2 die materiellen und

---

1 Vgl. dazu ausführlich *Keuter*, ZKJ 2015, 67; *Scherpe*, FamRZ 2014, 1821

rechtlich bindenden Kriterien bei der vom Familiengericht zu treffenden **Ermessensentscheidung zur Vormundsauswahl** fest, während Abs. 3 und ergänzend Abs. 1 die **Anhörung** im Verfahren und die Frage der **Kostenerstattung- und festsetzung** des Vormunds gegenüber dem Mündel betreffen.

Der Anwendungsbereich der Norm ist abzugrenzen von der öffentlich-rechtlichen Rege-   2
lung über die Auswahl der Person des Amtsvormunds innerhalb der Behörde. Diese bestimmt sich nach § 55 Abs. 2 SGB VIII.

▶ *Näher hierzu Dürbeck § 55-58 SGB VIII Rn. 7 ff.*

B. Inhalt der Norm

I. Eignungsprüfung (Abs. 2 Satz 1)

Nach § 1779 Abs. 2 Satz 1 BGB soll das Familiengericht eine Person als Vormund auswäh-   3
len, die nach ihren **persönlichen Verhältnissen** und ihrer **Vermögenslage** sowie nach den **sonstigen Umständen** dazu **geeignet** ist, die Vormundschaft zu führen. Hierbei handelt es sich bei der Suche nach geeigneten Personen um die **erste Stufe des Auswahlverfahrens**. In Betracht kommen als Vormund insoweit natürliche Personen, ein Vormundschaftsverein (§ 1791a BGB) oder das Jugendamt (§§ 1791b BGB, 55 SGB VIII), wobei sich die genannten Eignungskriterien nur auf natürliche Personen beziehen.

Entscheidend für die Fähigkeit, die Vormundschaft im Interesse des Mündels zu führen,   4
sind insoweit **Charakter, Gesundheit, Alter, Bildung, Erfahrung im Bereich des Umgangs mit Kindern und familiären Belastungen**[2] und die weiteren persönlichen Lebensumstände einer Person. Hierbei kann insbesondere auch auf die zu § 1671 BGB entwickelten Kriterien wie das Förderprinzip, die Kontinuität, die Bindungen des Kindes und seinen Willen zurückgegriffen werden.[3] Hinzu kommt nach dem Gesetz ausdrücklich auch die wirtschaftliche Situation der Person, wobei das Angewiesensein auf staatliche Sozialleistungen nicht alleine zur Ungeeignetheit führt.[4]

Ausschlusskriterien können im wirtschaftlichen Bereich aber ggf. **Insolvenz** oder die **Ab-**   5
gabe der Vermögensauskunft sein,[5] vor allem wenn der Mündel über erhebliches Vermögen verfügt. Weiterhin können **relevante Vorstrafen** (z. B. Kindesmisshandlung), **Alter oder Gebrechlichkeit, fehlende Bereitschaft zu Kooperation** mit Jugendamt, Eltern, Schulen oder Pflegepersonen des Kindes, Intoleranz in Konfessionsfragen, drohende **Interessenskonflikte** und **eigenes Erziehungsversagen** gegen die Eignung sprechen.[6] Insbesondere die beiden letztgenannten Aspekte sind auch im Rahmen der Prüfung, ob nahe Angehörige, wie etwa die Großeltern des Kindes, zur Übernahme einer Vormundschaft geeignet sind, einer genauen Betrachtung zu unterziehen.

Pflegepersonen des Kindes werden zumindest bei einem auf **Dauer angelegten Pfle-**   6
geverhältnis im Regelfall als besonders qualifiziert für das Amt des Vormundes in Betracht zu ziehen sein.[7] Insoweit sind Forderungen, den Kriterienkatalog von § 1779 Abs. 2 Satz 2 BGB um das Kriterium „Aufenthalt des Kindes in Familienpflege" zu erweitern,[8] zu unterstützen. Zwar können dauerhafte und schwerwiegende Konflikte der Pflegepersonen mit den Kindeseltern gegen deren Eignung sprechen, bei fehlender Rückkehroption

---

2 Palandt/*Götz*, § 1779 BGB Rn. 5
3 *Schneider/Faber*, FuR 2012, 580, 581
4 *Hoffmann*, FamRZ 2014, 1084, 1085
5 MüKo-BGB/*Wagenitz*, § 1779 Rn. 7
6 Ausführlich *Hoffmann*, FamRZ 2014, 1084, 1085; Staudinger/*Veit*, § 1774 BGB Rn. 9 ff.
7 OLG Nürnberg, Beschl. vom 5.1.2015 – 10 WF 970/14, juris; OLG Stuttgart FamRZ 2013, 1318; *Schweppe*, ZKJ 2013, 237, 241; *DIJuF* Rechtsgutachten JAmt 2013, 205
8 *KRK*, FamRZ 2014, 891, 898

zu den leiblichen Eltern wird aber auch dieser Gesichtspunkt aus Gründen des Kindeswohls nicht allein ausschlaggebend sein dürfen.[9] Bei fehlender Bindungstoleranz der Pflegeltern im Hinblick auf einen kindeswohlförderlichen Umgang des Kindes mit seinen leiblichen Eltern kann dies aber gleichwohl gegen die Eignung als Vormund sprechen.[10]

II. Auswahlkriterien (Abs. 2 Satz 2)

7   Kommen nach der Eignungsprüfung (neben dem Jugendamt und ggf. einem Vormundschaftsverein) **mehrere geeignete natürliche Personen** – gleich ob ehrenamtlich oder berufsmäßig – in Betracht, so bestimmt Abs. 2 Satz 2 und Abs. 1, dass das Familiengericht bei seiner Auswahlentscheidung den **ausdrücklichen oder mutmaßlichen Willen der Eltern**, die persönlichen **Bindungen des Mündels**, die **Verwandtschaft oder Schwägerschaft** mit dem Mündel sowie das **religiöse Bekenntnis** des Mündels zu berücksichtigen haben. Das **elterliche Benennungsrecht** nach §§ 1776, 1777 BGB ist aber auf die Fälle beschränkt, in denen die elterliche Sorge durch den **Tod** des Sorgerechtsinhabers endet.[11]

8   **Vereinsvormundschaft und Amtsvormundschaft** sind bei Vorhandensein geeigneter Einzelvormünder nach §§ 1791a Abs. 1 Satz 2, 1791b Abs. 1 Satz 1 BGB nur **subsidiär** auszuwählen. Dies gilt auch für den Mitarbeiter eines Vereins, der im Hinblick auf die Rechtsprechung des Bundesgerichtshofes zu Vergütungsfragen als Einzelvormund in Betracht kommt[12] (näher hierzu *Dürbeck*, § 1791a BGB Rn. 13 ff.).

Das **Benennungsrecht der Eltern** nach §§ 1776 f. BGB hat insoweit nur Bedeutung, als beide Elternteile verstorben sind und durch letztwillige Verfügung die Person des Vormunds benannt haben. Im Übrigen sind die Umstände des Einzelfalles maßgeblich, ob dem aktuellen Willen eines nicht oder nicht mehr sorgeberechtigten Elternteils oder dem mutmaßlichen Willen eines verstorbenen oder verhinderten Elternteils entscheidende Bedeutung zukommt.

9   Zu nennen sind hier etwa der **bisherige Kontakt zwischen Eltern und Kind** und der **Grund für einen Entzug der elterlichen Sorge** (*z. B. Notwendigkeit von Umgangsausschluss oder –beschränkung*) oder für das Hindernis an der Sorgerechtsausübung. Im Übrigen sind vor allem auch die **Bindungen und der Wille des betroffenen Kindes** zu berücksichtigen, wobei es wünschenswert wäre, die Bedeutung des Kindeswillens ausdrücklich in das Gesetz mit aufzunehmen.[13]

10   Soweit nicht Elternwille oder Kindesbindung oder Kindeswille die Auswahl eines anderen Vormunds erfordern, sind **nahe Verwandte des Kindes** nach ständiger und gerade besonders aktueller Rechtsprechung des **BVerfG** wegen der Bedeutung von Art. 6 Abs. 1 GG **vorrangig** bei der Auswahlentscheidung zu berücksichtigen.[14] Sind sie jedoch nicht geeignet (hierzu oben Rn. 5) kommt ihre Bestellung gleichwohl nicht in Betracht. Die Interessen des Kindes sind insoweit auch nach der Rechtsprechung des BVerfG vorrangig.[15]

11   Darüber hinaus soll ein aus Art. 2 Abs. 1 GG i. V. m. Art. 6 Abs. 2 Satz 2 GG folgendes **Grundrecht des Kindes auf staatliche Gewährleistung elterlicher Pflege und Erziehung** die angeblich **vorrangige Auswahl von Verwandten** erforderlich machen, wenn der Verbleib des Kindes in der Familie die Verbindung zu den Eltern begünstigt und dies

---

9   Str., wie hier *Veit*, FF 2008, 358 und in Staudinger § 1779 BGB Rn. 19 ff.; *DIJuF*-Rechtsgutachten JAmt 2012, 325
10   LG Flensburg FamRZ 2001, 445; NK-BGB/*Fritsche* § 1779 Rn. 5
11   BGH FamRZ 2013, 1380; OLG Saarbrücken NZFam 2014, 962
12   OLG Nürnberg, Beschl. v. 05. Januar 2015 – 10 WF 970/14 –, juris
13   So auch *Veit*, FamRZ 2012, 1841, 1844; Schimke, JAmt 2015, 74,78
14   BVerfG ZKJ 2014, 435; FamRZ 2014, 1841; 2014, 1843, vgl. *Keuter*, ZKJ 2015, 67
15   Vgl. OLG Hamm, Beschl. v. 9.3.2015, 8 UF 156/14 – juris –

im Interesse des Kindes liegt.[16] Lebt das Kind in **Dauerpflege**, so sind aber auch die **Pflegepersonen** bei gleicher Eignung wie vorhandene Angehörige zumindest nicht nachrangig, insbesondere wenn die betreffenden Verwandten den Verbleib des Kindes in der Pflegefamilie nicht unterstützen.[17] Auch ist zu bedenken, dass aus Sicht des Kindes ein außerhalb der Pflegefamilie lebender Vormund eine Schwächung seiner Bezugspersonen darstellt.[18]

Gleichwohl dominiert in der Praxis gerade bei Pflegekindern die eigentlich **subsidiäre** **Amtsvormundschaft** der Jugendämter.[19]   **12**

Ist kein geeigneter Einzelvormund vorhanden, besteht nach zutreffender Auffassung kein Stufenverhältnis zwischen **Vereinsvormundschaft** und Amtsvormundschaft des Jugendamts.[20]   **13**

C. Verfahrensrechtliche Besonderheiten

I. Zuständigkeit, Amtsermittlung

Zur sachlichen und örtlichen **Zuständigkeit** vgl. *Dürbeck*, § 1774 BGB Rn. 4. Für die **funktionelle Zuständigkeit** bestimmt § 3 Nr. 2a RPflG grundsätzlich die Zuständigkeit des **Rechtspflegers** auch für das Auswahlverfahren. Der Familienrichter **muss** jedoch im Rahmen eines **Kinderschutzverfahrens nach § 1666 BGB**[21] und **kann** bei der Anordnung der Vormundschaft für **ausländische Kinder**, für die nach § 14 Abs. 1 Nr. 10 RPflG ein **Richtervorbehalt** besteht, gemäß § 6 RPflG die Auswahlentscheidung wegen Sachzusammenhangs an sich ziehen.   **14**

▶ *Näher zur funktionalen Zuständigkeit Dürbeck, § 1774 BGB Rn. 5 f. und Heilmann, § 6 RPflG Rn. 1.*

Auch für das Auswahlverfahren gilt gemäß § 26 FamFG der **Amtsermittlungsgrundsatz**.   **15**

II. Verfahrensbeteiligung und Anhörung

Soweit das Vormundschaftsverfahren nicht mit einem Sorgerechtsverfahren (insbesondere nach § 1666 BGB) verbunden ist, sondern isoliert betrieben wird, sind noch vorhandene Eltern[22] und das (nach § 9 Abs. 1 Nr. 3 FamFG verfahrensfähige) Kind nach § 7 Abs. 2 Nr. 1 FamFG formell **beteiligt**. Das **Jugendamt** kann sich nach Maßgabe von § 162 Abs. 2 Satz 2 FamFG auf seinen Antrag hin beteiligen, ebenso die Pflegepersonen des Kindes von Amts wegen oder auf Antrag nach § 7 Abs. 3 FamFG. Der **auszuwählende Vormund** ist in jedem Fall am Verfahren beteiligt,[23] da seine Rechtsstellung unmittelbar betroffen ist. Gleiches gilt für den nach § 1776 BGB **Benannten**. Soweit ein **Verfahrensbeistand** nach § 158 FamFG bestellt ist, ist auch dieser zu beteiligen.   **16**

Da Vormundschaftssachen nach § 151 Nr. 4 FamFG Kindschaftssachen sind, gelten für die **Anhörung** des Kindes, der Eltern, des Jugendamts und der Pflegepersonen §§ 159-162 FamFG auch für das Auswahlverfahren. § 162 FamFG (Anhörung des Jugendamts) wird ergänzt durch § 1779 Abs. 1 BGB. Verwandte oder Verschwägerte des Mündels sind nach   **17**

---

16 So ausdrücklich *Britz*, JZ 2014, 1069, 1073; kritisch *Heilmann*, FamRZ 2015, 92
17 *Salgo/Zenz*, FamRZ 2009, 1378; *Hoffmann*, FamRZ 2014, 1884, 1889; zum Recht des Pflegekindes auf Verstetigung seines Status innerhalb seiner neuen Familie: *Zitelmann*, ZKJ 2014, 469
18 Ausführlich aus erzieherischer Perspektive: *Simon*, JAmt 2014, 610, 613 f.
19 Nach Prenzlow/*Salgo/Lack* Rn. 1316 verfügen etwa 70-80% aller Pflegekinder über einen Amtsvormund, ebenso *Katzenstein*, JAmt 2014, 606, 607: 80%
20 OLG Karlsruhe FamRZ 2012, 1955; OLG Celle JAmt 2011, 352; *DIJuF*-Rechtsgutachten JAmt 2013, 36; a.A. Palandt/*Götz*, § 1791b BGB Rn. 1: Amtsvormundschaft nachrangig
21 BVerfG BeckRS 2014, 57440
22 Staudinger/*Veit*, § 1779 BGB Rn. 62; a.A. *Hoffmann*, FamRZ 2014, 1168, 1167: nur nach § 7 Abs. 3 FamFG
23 *Hoffmann*, FamRZ 2014, 1167, 1168

§ 1779 Abs. 3 Satz 1 BGB zu hören, soweit dies ohne erhebliche Verzögerung und ohne unverhältnismäßigen Kostenaufwand erfolgen kann. Hier eine Grenze zu ziehen steht im Ermessen des Familiengerichts, eine mündliche Anhörung ist gesetzlich nicht vorgeschrieben. Auch kann auf die Anhörung einzelner Angehöriger analog § 160 Abs. 2 FamFG verzichtet werden.[24]

III. Beschwerde

18   Zu den rechtlich problematischen Fragen des Vormundschaftsrechts gehört die Frage, welcher der Beteiligten und Anzuhörenden gegen die Auswahlentscheidung nach Maßgabe von §§ 58 ff. FamFG Beschwerde einlegen kann. **Beschwerdeberechtigte** i.S.d. § 59 Abs. 1 FamFG sind in jedem Fall das **verfahrensfähige Kind** (§ 60 FamFG), das **Jugendamt** als anzuhörende oder beteiligte Behörde (§ 162 Abs. 3 Satz 2 FamFG) und der **Verfahrensbeistand** (§ 158 Abs. 4 Satz 5 FamFG). Auch der **ausgewählte Vormund**, insbesondere auch das **Jugendamt als Amtsvormund** ist in eigenen Rechten betroffen und damit beschwerdebefugt,[25] ebenso die in ihren Rechten betroffenen Eltern.[26]

19   Nach wohl überwiegender Ansicht sind auch **nicht sorgeberechtigte Eltern** durch die Auswahlentscheidung in eigenen Rechten betroffen und daher beschwerdeberechtigt.[27] Nicht bei der Auswahl berücksichtigte **Verwandte und Verschwägerte** sind dagegen nach ständiger Rechtsprechung des BGH und BVerfG mangels Bestehen eines subjektiven Rechts auf Auswahl zum Vormund nicht beschwerdeberechtigt.[28] Soweit der Richter die Auswahlentscheidung getroffen hat, verbleibt Betroffenen daher nur der Weg zum BVerfG, von dem in der Zwischenzeit so rege Gebrauch gemacht wird, dass sich das BVerfG auch hier, wie bei Verfahren gemäß § 1666 BGB, auf Grund seiner weitreichenden Überprüfungspraxis immer mehr zu einer Superrevisionsinstanz entwickelt.[29] Dies führt absurder Weise dazu, dass nunmehr sogar Entscheidungen des Amtsgerichts mit der Verfassungsbeschwerde angegriffen werden können, da der Rechtsweg nach der erstinstanzlichen Entscheidung erschöpft ist.

20   Im Übrigen ist bei nicht mit der Beschwerde anfechtbaren Auswahlentscheidungen des Rechtspflegers die **Erinnerung nach § 11 Abs. 2 RPflG** statthaft, über die abschließend der Familienrichter entscheidet.

▶   *Näher zur Erinnerung Heilmann, § 11 RPflG Rn. 11 ff.*

21   Jedenfalls in **Ausnahmefällen ist Angehörigen und Pflegepersonen** aus verfassungsrechtlicher Notwendigkeit ein **Beschwerderecht** einzuräumen, wenn ohne ein eigenes Beschwerderecht das nicht verfahrensfähige Kind, für das kein Verfahrensbeistand bestellt worden ist, sonst keine Möglichkeit hätte, Rechtsmittel gegen die Auswahl des Vormunds einzulegen.[30]

▶   *Näher zum Verfahren in Vormundschaftssachen auch Dürbeck, § 1774 BGB Rn. 3 ff.*

---

24   Staudinger/*Veit,* § 1779 BGB Rn. 66
25   BGH NJW 2012, 685; OLG Frankfurt a. M. FamRZ 2014, 673
26   Auch neben dem Kind, vgl. Staudinger/*Veit,* § 1774 BGB Rn. 22
27   OLG Saarbrücken NJOZ 2015, 7; OLG Brandenburg FamRZ 2012, 237; 2013, 54; OLG Celle JAmt 2012, 674; OLG Köln FamRZ 2011, 1305; MüKo-FamFG/*A. Fischer* § 59 Rn. 27; a.A. Hoffmann FamRZ 2014, 1167, 1171: nur wenn z. B. infolge Nichtanhörung in Verfahrensrechten verletzt, auch OLG Brandenburg FamRZ 2012, 1578
28   BVerfG NZFam 2014, 734; FamRZ 2014, 1841; BGH ZKJ 2013, 451; OLG Frankfurt a. M. JAmt 2013, 226
29   Zu Recht kritisch: *Keuter,* ZKJ 2015, 67
30   OLG Karlsruhe FamRZ 2013, 1665; vgl. auch die zust. Anm. von *Salgo,* FamRZ 2013, 1668

D. Auslagenersatz (Abs. 3 Satz 2)

Gemäß § 1779 Abs. 3 Satz 2 BGB können die vom Familiengericht nach Satz 1 angehörten **22** Verwandten oder Verschwägerten **von dem Mündel** (*nicht vom Staat*) **Ersatz ihrer Auslagen** (Porto, Reise- und Übernachtungskosten, notwendige Kosten anwaltlicher Vertretung, Verpflegungsmehraufwand, nicht Verdienstausfall[31]) verlangen, die auf Antrag von dem Familiengericht festgesetzt werden. Es handelt sich um einen privatrechtlichen Anspruch, der weder mit Zwang nach § 1837 Abs. 3 FamFG durchgesetzt werden kann noch einen Vollstreckungstitel darstellt,[32] soweit nicht die jeweiligen Bundesländer von der Möglichkeit nach § 801 ZPO Gebrauch gemacht haben.[33] Ist letzteres nicht der Fall, ist der Anspruch im Klagewege geltend zu machen, wobei die Festsetzung des Familiengerichts hinsichtlich Grund und Höhe für das Prozessgericht bindend ist.[34]

§§ 1780 bis 1787 BGB

[...]

Von Abdruck und Kommentierung wird abgesehen.

§ 1788 BGB Zwangsgeld

(1) Das Familiengericht kann den zum Vormund Ausgewählten durch Festsetzung von Zwangsgeld zur Übernahme der Vormundschaft anhalten.

(2) [1]Die Zwangsgelder dürfen nur in Zwischenräumen von mindestens einer Woche festgesetzt werden. [2]Mehr als drei Zwangsgelder dürfen nicht festgesetzt werden.

Übersicht

A. Allgemeines

§ 1788 BGB ermöglicht es dem Familiengericht durch die Anordnung von **Zwangsgeld**, **1** den zum Vormund Ausgewählten, der sich der Übernahme entzieht, zur Übernahme der Vormundschaft (§ 1785 BGB) anzuhalten. Die Vorschrift ist abzugrenzen von § 1837 Abs. 3 Satz 1 BGB, der Zwangsgelder gegen den Vormund, der die Vormundschaft übernommen hat und sich Anordnungen des Familiengerichts widersetzt, vorsieht. Außerdem ist § 1788 BGB lex specialis gegenüber § 35 Abs. 1 FamFG.[1]

---

31 Staudinger/*Veit*, § 1847 BGB Rn. 25
32 MüKo-BGB/*Wagenitz*, § 1779 Rn. 19
33 Vgl. die Übersicht bei Soergel/*Zimmermann*, § 1847 BGB Rn. 7
34 MüKo-BGB/*Wagenitz*, § 1779 Rn. 19
 1 BR-Drs. 309/07, 423

2   § 1788 BGB ist rechtspolitisch fragwürdig,[2] weil ein Vormund, der schon die Übernahme verweigert, im Regelfall kein geeigneter Vormund sein wird und es vorzugswürdig wäre, ihn sogleich nach § 1886 BGB zu entlassen.

B. Inhalt der Norm

I. Zwangsgeldvoraussetzungen

1. Schuldhafte Pflichtverletzung

3   Die Festsetzung eines Zwangsgeldes setzt voraus, dass der nach § 1779 BGB ausgewählte Vormund **schuldhaft**[3] seine in § 1785 BGB geregelte Übernahmepflicht verletzt, was insbesondere dann der Fall ist, wenn keine Ablehnungsgründe nach § 1786 BGB vorliegen. Unerheblich ist, ob sich der Verpflichtete ausdrücklich weigert oder die Übernahme lediglich unterlässt.

2. Hinweis nach § 35 Abs. 2 FamFG

4   Nach Inkrafttreten des FamFG ist vor Festsetzung eines Zwangsgeldes keine Androhung mehr erforderlich, aber nach § 35 Abs. 2 FamFG hat die Auswahlentscheidung nach § 1779 BGB selbst[4] den **Hinweis** auf die Möglichkeit der Festsetzung von Zwangsgeld zu enthalten, wobei es ausreicht, auf die Höchstsumme einer Zuwiderhandlung hinzuweisen.[5] Bei einer wiederholten Festsetzung von Zwangsgeld ist der Hinweis zu wiederholen.[6]

3. Keine Amts- oder Vereinsvormundschaft

5   Nach h.M.[7] ist in analoger Anwendung von § 1837 Abs. 3 Satz 2 FamFG die Festsetzung eines Zwangsgeldes gegen das Jugendamt als **Amtsvormund** und gegen den **Vereinsvormund** unzulässig, wobei für den Letzteren gemäß § 1791a Abs. 1 Satz 2 BGB schon keine Übernahmepflicht besteht.

II. Verfahren und Entscheidung

6   Für die Entscheidung über das Zwangsgeld ist der **Rechtspfleger** nach § 3 Nr. 2a RPflG funktionell zuständig. Für das Verfahren gelten nach zutreffender Auffassung nicht §§ 95 Abs. 1 Nr. 3 FamFG, 888 ZPO, sondern vielmehr § 35 FamFG, da es sich hier um eine **verfahrensleitende Zwischenentscheidung** handelt.[8] Die Entscheidung steht im **pflichtgemäßen Ermessen** des Familiengerichts. Andere Zwangsmittel als Zwangsgeld, insbesondere Zwangshaft oder die Möglichkeit der Vorführung, sieht das Gesetz nicht vor. Der Zwangsgeldrahmen liegt nach Art. 6 Abs. 1 EGStGB, § 35 Abs. 3 FamFG zwischen 5,00 und 25.000,00 Euro. Eine Umwandlung des uneinbringlichen Zwangsgeldes in Zwangshaft ist ebenfalls nicht vorgesehen. Bei wiederholter Festsetzung ist nach Abs. 2 Satz 1 der vorgegebene **Mindestzwischenraum von 1 Woche** zu beachten, wobei nach Satz 2 maximal drei Zwangsgelder verhängt werden dürfen. Gemäß § 35 Abs. 3 Satz 2 FamFG sind dem Verpflichteten auch die **Verfahrenskosten** aufzuerlegen. Schließlich findet nach § 35 Abs. 5 FamFG gegen die familiengerichtliche Entscheidung die **sofortige Beschwerde** nach §§ 567 ff. ZPO statt.

---

2 Staudinger/*Veit*, § 1788 BGB Rn. 16 fordert zu Recht seine Streichung.
3 Soergel/*Zimmermann*, § 1788 BGB Rn. 2
4 Keidel/*Zimmermann*, § 35 FamFG Rn. 16
5 BGH NJW 1973, 2288, 2289
6 BayObLG FamRZ 1993, 823
7 Erman/*Saar* § 1788 BGB Rn. 1; MüKo-BGB/*Wagenitz*, § 1788 Rn. 6
8 Staudinger/*Veit*, § 1791a BGB Rn. 1 und 12; NK-BGB/*Fritsche*, § 1788 Rn. 5 mit Einschränkungen; a.A. MüKo-BGB/*Wagenitz*, § 1788 Rn. 10

Da das Zwangsgeld **Beugemittel** ist, ist dieses von Amts wegen **nicht mehr zu vollstrecken**, wenn die **Vormundschaft übernommen** wurde.[9] Für eine **Aufhebung** des Zwangsgeldbeschlusses besteht in diesem Fall wegen der bereits entstandenen Kostenfolge nach Ablauf der Beschwerdefrist keine Veranlassung.

7

§ 1789 BGB Bestellung durch das Familiengericht

[1]**Der Vormund wird von dem Familiengericht durch Verpflichtung zu treuer und gewissenhafter Führung der Vormundschaft bestellt.** [2]**Die Verpflichtung soll mittels Handschlag an Eides statt erfolgen.**

Übersicht

A. Allgemeines

§ 1789 BGB regelt nach der Anordnung der Vormundschaft und der Auswahl des Vormunds die **dritte Stufe** des Vormundschaftsverfahrens, nämlich die förmliche Begründung des vormundschaftlichen Amtes durch die **sog. Bestellung des Vormunds**, wobei wegen der in § 1791 BGB auszuhändigenden Urkunde der Begriff *„Bestallung"* in der Praxis verwendet wird. Es handelt sich hierbei um einen mitwirkungsbedürftigen **öffentlich-rechtlichen Verwaltungsakt** der Freiwilligen Gerichtsbarkeit,[1] für den ebenfalls der **Rechtspfleger** nach § 3 Nr. 2a RPflG funktionell zuständig ist. Ob in Eilfällen der **Richter** gemäß § 6 RPflG die Bestellung an sich ziehen kann, ist umstritten.[2] Vor dem Hintergrund, dass Vergütungs- und Aufwendungsersatzansprüche nach h.M. grundsätzlich erst nach Bestellung des Vormunds entstehen können (siehe näher hierzu Rn. 5), ist die Frage aber zu bejahen.

1

§ 1789 BGB gilt über § 1915 Abs. 1 BGB auch für den Ergänzungs- und Umgangspfleger.[3]

B. Inhalt der Norm

I. Persönliche Anwesenheit des Vormunds

Die förmliche Bestellung des Vormunds setzt die **persönliche Anwesenheit** und Mitwirkung des ausgewählten Vormunds zwingend voraus. Hiervon kann nach zutreffender h. L. auch bei **berufsmäßigen Vormündern** nicht abgesehen werden.[4] Auch Stellvertretung und Bestellung im Wege einer stillschweigenden Duldung durch das Familiengericht sind unzulässig.[5]

2

---

9 OLG Schleswig BeckRS 2012, 04674; MüKo-FamFG/*Ulrici* § 35 Rn. 6
1 Palandt/*Götz,* § 1689 BGB Rn. 1
2 Bejahend OLG Saarbrücken FamRZ 2012, 888; kritisch: *Bienwald,* RpflStud 2014, 177, 179
3 Vgl. dazu *Bienwald,* RpflStud 2014, 177, 178
4 OLG Stuttgart FamRZ 2011, 846; OLG Koblenz FamRZ 2010, 1173; KG ZKJ 2006, 472; BayObLG BayZ 1925, 186; Staudinger/*Veit,* § 1789 BGB Rn. 6; *Bestelmeyer,* FamRZ 2011, 950; a.A. *Keuter,* FamRZ 2010, 1955: analog §§ 1791a Abs. 2, 1791b Abs. 2 BGB durch Beschluss
5 BGH NJW 1974, 1374

II. Verpflichtung des Vormunds

3 Nach Satz 1 ist der Vormund vom Familiengericht durch **Verpflichtung zu treuer und gewissenhafter Amtsführung** zu bestellen, wobei nach Satz 2 dies mittels **Handschlag an Eides statt** zu erfolgen hat. Dabei ist eine wortgetreue Verpflichtung in diesem Sinne nicht erforderlich, auch durch Unterlassen des Händedrucks wird die Wirksamkeit der Bestellung nicht ausgeschlossen.[6] Unzulässig ist – auch bei Berufsvormündern – eine „**Vorratsverpflichtung**" für künftige Fälle.[7]

III. Keine Amts- oder Vereinsvormundschaft

4 Nach §§ 1791a Abs. 2, 1791b Abs. 2 BGB findet § 1789 BGB keine Anwendung auf das Jugendamt als **Amtsvormund** und auf den **Vereinsvormund,** hier erfolgt die Bestellung durch **Übersendung des gerichtlichen Beschlusses**. Die nach § 1791c BGB **kraft Gesetzes** eintretende Amtsvormundschaft beginnt bereits ohne Bestellungsakt mit der Geburt des Kindes.

C. Rechtsfolge der Bestellung

5 Mit der Bestellung **beginnt das vormundschaftliche Amt** und es entsteht das im BGB gesetzlich geregelte Rechtsverhältnis zwischen Vormund und Mündel mit allen **Rechten und Pflichten**, und zwar unabhängig von der in § 1791 BGB geregelten **Übergabe der Bestallungsurkunde**.[8] Im Rahmen der Bestellung hat das Familiengericht auch die für die Vergütung des Berufsvormunds entscheidende **Feststellung der berufsmäßigen Ausübung der Vormundschaft**[9] zu treffen. Erst ab wirksamer Bestellung können grundsätzlich Vergütungsansprüche entstehen.[10] Zu einer möglichen Ausnahme nach § 242 BGB in unaufschiebbaren Eilfällen vgl. *Dürbeck*, § 1835 BGB Rn. 6. Gegen die Bestellung kann Beschwerde nach §§ 11 Abs. 1 RPflG, 58 ff. FamFG eingelegt werden.[11]

---

6 BayObLG FamRZ 1958, 385; Erman/*Saar* § 1789 BGB Rn. 1
7 BayObLG FamRZ 1992, 854; *Bestelmeyer*, FamRZ 2011, 950; a.A.; *Keuter*, FamRZ 2010, 1955; Soergel/*Zimmermann*, § 1789 BGB Rn. 1
8 KGJ 41, 38; Staudinger/*Veit*, § 1774 BGB Rn. 17
9 BGH MDR 2014, 855 zur Pflegschaft
10 OLG Brandenburg FamRZ 2009, 729; 2008, 1478; KG ZKJ 2006, 472; *Bestelmeyer*, FamRZ 2011, 950; a.A. OLG Frankfurt a. M. FamRZ 2012, 1890; OLG Koblenz FamRZ 2010, 1173; LG Münster FamRZ 2010, 473; *Keuter*, FamRZ 2010, 1955, 1957 f: aus § 242 BGB
11 MüKo-BGB/*Wagenitz*, § 1789 Rn. 15

Stufen des Vormundschaftsverfahrens

Anordnung der Vormundschaft nach § 1773 BGB durch den Rechtspfleger
(bzw. den Richter bei ausländischen Kindern nach § 14 Nr. 10 RPflG)

oder

Eintritt der Vormundschaft kraft Gesetzes

↓

Auswahl des Vormunds nach § 1779 durch den Rechtspfleger
(oder den Richter bei vorangegangener Entscheidung nach § 1666 BGB bzw. gem. § 6 RPflG)

↓

Bestellung des Einzelvormundes nach § 1789 BGB
und Aushändigung der Bestallungsurkunde

(bei Amts- und Vereinsvormund nicht erforderlich)

§ 1790 BGB Bestellung unter Vorbehalt

Bei der Bestellung des Vormunds kann die Entlassung für den Fall vorbehalten werden, dass ein bestimmtes Ereignis eintritt oder nicht eintritt.

Gemäß § 1790 BGB kann bei der Bestellung des Vormunds die **Entlassung** für den Fall **vorbehalten** werden, dass ein bestimmtes Ereignis eintritt oder nicht eintritt **(sog. Entlassungsvorbehalt)**. Im Übrigen ist die Bestellung eines Vormunds unter einer **Bedingung oder Befristung** aber aus Gründen der Rechtssicherheit **unzulässig**.[1] Die Entlassung kann auch nicht an einen zeitlich feststehenden Endtermin geknüpft werden.[2]   **1**

Der Vorbehalt ist auch zulässig bei der **Amts- und Vereinsvormundschaft** und steht im pflichtgemäßen Ermessen des Familiengerichts, wobei er angesichts des **Kontinuitätsinteresses** des Mündels als **Ausnahmevorschrift** restriktiv zu handhaben ist.[3] Als Beispiel ist der Fall zu nennen, in dem ein Vormund wegen seiner Sachkompetenz zur Erledigung bestimmter zeitlich befristeter Geschäfte des Mündels bestellt worden ist oder der Fall,   **2**

---

1 BayObLGZ 28, 270
2 Erman/*Saar* § 1790 BGB Rn. 1
3 Staudinger/*Veit,* § 1774 BGB Rn. 5

dass die am besten als Vormund geeignete Person vorübergehend nicht zur Verfügung steht.[4]

3   Tritt das bestimmte Ereignis ein, so **endet** das Amt des bisherigen Vormundes nicht bereits zu diesem Zeitpunkt, sondern erst mit der **förmlichen Entlassung** nach §§ 1886 ff. BGB, bei der das Mündelwohl mit einzubeziehen ist.[5]

§ 1791 BGB Bestallungsurkunde

(1) Der Vormund erhält eine Bestallung.

(2) Die Bestallung soll enthalten den Namen und die Zeit der Geburt des Mündels, die Namen des Vormunds, des Gegenvormunds und der Mitvormünder sowie im Falle der Teilung der Vormundschaft die Art der Teilung.

Übersicht

A. Allgemeines

1   § 1791 BGB regelt im Rahmen des **öffentlich-rechtlichen Bestellungsakts** des Vormunds (näher hierzu *Dürbeck*, § 1789 BGB Rn. 1) die Übergabe einer förmlichen Urkunde (sog. **Bestallungsurkunde**) an den Vormund. Der notwendige Inhalt der Urkunde ist in Abs. 2 geregelt. Die Urkunde ist nach Beendigung des Amtes vom Vormund nach § 1893 Abs. 2 BGB zurückzugeben.

B. Inhalt der Norm

2   Die Bestallungsurkunde ist ein **gerichtliches Zeugnis** über die Bestellung des Vormunds. Ihre Aushändigung ist weder materiell-rechtliche noch formelle Wirksamkeitsvoraussetzung für die Bestellung des Vormunds.[1] Sie dient dem Vormund dazu, im **Rechtsverkehr seine Legitimation nachzuweisen**, schützt aber mangels ihrer Eigenschaft als Legitimationsurkunde nicht wie die Vollmacht nach § 172 BGB den **guten Glauben an ihre Richtigkeit**.[2] Wird ein Dritter infolge einer fehlerhaften Bestallungsurkunde getäuscht und geschädigt, kommen **Amtshaftungsansprüche** bei Verletzung einer Amtspflicht nach Art. 34 GG, § 839 BGB in Betracht.

3   Wird für **mehrere Geschwister** ein alleiniger Vormund bestellt, so genügt die Ausstellung einer einzigen Urkunde, auch wenn rechtlich gesehen mehrere Vormundschaften und Bestellungsakte vorliegen.[3]

4   Nach §§ 1791a Abs. 2, 1791b Abs. 2 BGB findet § 1791 BGB keine Anwendung auf das Jugendamt als **Amtsvormund** und auf den **Vereinsvormund**. Hier erfolgt die Bestellung nicht nach § 1789 BGB, sondern durch Übersendung des gerichtlichen Beschlusses.

5   Als **notwendigen Inhalt** der Bestallungsurkunde nennt § 1791 Abs. 2 BGB Namen und Geburt des Mündels und Namen des Vormunds bzw. der Vormünder sowie im Falle der Teilung der Vormundschaft die Art der Teilung.

---

4   MüKo-BGB/*Wagenitz*, § 1790 Rn. 2
5   NK-BGB/*Fritsche*, § 1790 Rn. 4
1   MüKo-BGB/*Wagenitz*, § 1791 Rn. 4
2   RGZ 74, 265; Soergel/*Zimmermann*, § 1791 BGB Rn. 1
3   Staudinger/*Veit*, § 1774 BGB Rn. 2

§ 1791a BGB Vereinsvormundschaft

(1) [1]**Ein rechtsfähiger Verein kann zum Vormund bestellt werden, wenn er vom Landesjugendamt hierzu für geeignet erklärt worden ist.** [2]**Der Verein darf nur zum Vormund bestellt werden, wenn eine als ehrenamtlicher Einzelvormund geeignete Person nicht vorhanden ist oder wenn er nach § 1776 als Vormund berufen ist; die Bestellung bedarf der Einwilligung des Vereins.**

(2) Die Bestellung erfolgt durch Beschluss des Familiengerichts; die §§ 1789, 1791 sind nicht anzuwenden.

(3) [1]**Der Verein bedient sich bei der Führung der Vormundschaft einzelner seiner Mitglieder oder Mitarbeiter; eine Person, die den Mündel in einem Heim des Vereins als Erzieher betreut, darf die Aufgaben des Vormunds nicht ausüben.** [2]**Für ein Verschulden des Mitglieds oder des Mitarbeiters ist der Verein dem Mündel in gleicher Weise verantwortlich wie für ein Verschulden eines verfassungsmäßig berufenen Vertreters.**

(4) Will das Familiengericht neben dem Verein einen Mitvormund oder will es einen Gegenvormund bestellen, so soll es vor der Entscheidung den Verein hören.

A. Allgemeines

Die gesetzliche Regelung der **Vereinsvormundschaft**[1] wurde 1969[2] in das BGB aufgenommen. Sie dient – wie die Amtsvormundschaft – dazu, den Mangel an geeigneten und bereiten Einzelvormündern auszugleichen. Voraussetzung für die Berücksichtigung eines rechtsfähigen Vereines ist es, dass dieser **auf dem Gebiet der Kinder- und Jugendhilfe tätig** ist und durch das zuständige **Landesjugendamt für geeignet erklärt** worden ist.   **1**

B. Inhalt der Norm

I. Bestellungsvoraussetzungen

1. Erlaubnis des Landesjugendamts

Die **Erlaubnis** zur Wahrnehmung der Aufgabe eines Vereinsvormundes bedarf einer Erlaubnis des zuständigen **Landesjugendamts**, die in § 54 SGB VIII geregelt ist. Voraussetzung sind insbesondere **ausreichend qualifizierte Mitarbeiter**, ausreichend **Aufsicht und Versicherungsschutz**, die Ermöglichung eines **Erfahrungsaustauschs** zwischen den Mitarbeitern und das **planmäßige Bemühen um die Gewinnung von Einzelvormündern**.[3]   **2**

---

1 Vgl. dazu den Beitrag von *Hoffmann*, JAmt 2013, 554
2 BGBl. I 1969 S. 1243
3 Einzelheiten bei LPK-SGB VIII/*Kunkel/Leonhardt*, § 54 Rn. 4 ff; Oberloskamp/*Schindler* § 13 Rn.49

3   Das **Familiengericht** hat nur das **Vorliegen der Erlaubnis** zu überprüfen, nicht deren Rechtmäßigkeit.[4] Bei einem Widerruf oder der Rücknahme der Erlaubnis bleibt der Verein zunächst weiter Vormund, ist aber nach § 1887 Abs. 1 BGB zu entlassen.[5]

2. Vorrang der Einzelvormundschaft (Abs. 1 Satz 2)

4   Wie bei der Amtsvormundschaft in § 1791b Abs. 1 BGB bestimmt § 1591a Abs. 1 Satz 2 BGB auch für den Vereinsvormund, dass dieser **subsidiär** gegenüber geeigneten **ehrenamtlichen Einzelvormündern** ist. Bei der Prüfung von geeigneten Einzelpersonen hat das Familiengericht **von Amts wegen** (§ 26 FamFG) Ermittlungen zu tätigen. Anders als das Jugendamt können allerdings Vereine nach § 1791a Abs. 1 Satz 2, HS 1, 2. Alt. mit bindender Wirkung nach § 1776 BGB **von (verstorbenen) Eltern benannt** werden. Entgegen einer in der Literatur vertretenen Auffassung besteht **kein Stufenverhältnis** zwischen Vereinsvormundschaft und **Amtsvormundschaft** des Jugendamts, so dass die Vereinsvormundschaft hier **nicht vorrangig** ist.[6] Gegenüber **Berufsvormündern** besteht schon nach dem Gesetzeswortlaut kein Nachrang der Vereinsvormundschaft.[7]

3. Einwilligung des Vereins (Abs. 1 Satz 2 HS 2)

5   Nach § 1791a Abs. 2 BGB bedarf die Bestellung des Vereinsvormunds im jeweiligen Einzelfall zudem der **Einwilligung des Vereins**, die durch den Vorstand oder einen satzungsmäßig bestellten Vertreter zu erklären ist, wobei es sich hier um eine Verfahrenshandlung und nicht um eine Willenserklärung handelt.[8] Eine **Pflicht zur Übernahme** der Vormundschaft besteht – anders als beim Einzelvormund nach § 1785 BGB – nicht.[9]

II. Bestellung und Führung

6   Gemäß § 1791a Abs. 2 BGB erfolgt die Bestellung des Vereinsvormundes – wie des Amtsvormunds – mit **Übermittlung des familiengerichtlichen Beschlusses**. Nach HS 2 finden die gesetzlichen Vorschriften über die **Bestellung des Vormunds** nach § 1789 BGB und die Übergabe der **Bestallungsurkunde** nach § 1791 BGB auf den Vereinsvormund keine Anwendung.

7   Innerhalb des Vereins **überträgt** dieser die Ausübung der Vormundschaft durch einen **vereinsinternen Organisationsakt** gemäß § 1791a Abs. 3 Satz 1 BGB auf einen **seiner Mitglieder oder Mitarbeiter**, wobei auch freie Mitarbeiter in Betracht kommen.[10] Als zulässig gilt auch die Übertragung auf **mehrere Mitarbeiter**, wenn dies im Einzelfall mit den Belangen des Mündels vereinbar ist.[11] Ein **Bestellungsverbot** gilt aber nach § 1791a Abs. 3 HS 2 BGB – wegen vermuteter **Interessenskollision** wie bei der Betreuung in § 1897 Abs. 3 BGB – für Personen, die den Mündel in einem **Heim** des Vereins **betreuen**.

8   Die Übertragung der Vormundschaft hat im Übrigen – wie bei der Amtsvormundschaft – nur **interne Bedeutung**, im Außenverhältnis und im Verhältnis zum Mündel ist der Verein Vormund und auch **gesetzlicher Vertreter**, was auch durch die § 31 BGB nachgebildete Haftungsnorm von § 1791a Abs. 3 Satz 2 BGB zum Ausdruck kommt, wonach der Verein gegenüber dem Mündel für ein Verschulden des betreffenden Mitarbeiters einzustehen

---

4   Staudinger/*Veit*, § 1791a BGB Rn. 10
5   Erman/*Saar* § 1791a BGB Rn. 6
6   OLG Karlsruhe FamRZ 2012, 1955; OLG Celle JAmt 2011, 352; Oberloskamp/*Kunkel*, § 15 Rn. 15; *Hoffmann*, JAmt 2013, 554, 556; *DIJuF*-Rechtsgutachten, JAmt 2013, 36; a.A. Palandt/*Götz*, § 1791b BGB Rn. 1; MüKo-BGB/*Wagenitz*, § 1791b Rn. 3
7   Für Vorrang des Ehrenamts zu Recht: OLG Karlsruhe BeckRS 2013, 11766; Oberloskamp/*Schindler* § 13 Rn. 44 für Vorrang auch des Vereinsvormunds gegenüber Berufsvormund
8   Vgl. *Hoffmann*, JAmt 2013, 554, 555
9   Gernhuber/*Coester-Waltjen* § 70 Rn. 11
10 Staudinger/*Veit*, § 1791a BGB Rn. 18; a.A. Soergel/*Zimmermann*, § 1791a BGB Rn. 5
11 MüKo-BGB/*Wagenitz*, § 1791b BGB Rn. 12

hat wie für einen verfassungsmäßig berufenen Vertreter.[12] §§ 278, 831 BGB sind insoweit verdrängt.[13] **Zustellungen im Rahmen des gerichtlichen Verfahrens** haben daher an den Verein zu erfolgen, der auch nur als solcher im Rubrum eines Beschlusses zu führen ist.

Eine gesetzliche **Fallobergrenze**, wie für die Mitarbeiter des Jugendamts als Amtsvor-   9
mund in § 55 Abs. 2 Satz 4 SGB VIII geregelt (höchsten 50 Vormundschaften/Pflegschaften gleichzeitig), besteht nicht, wäre aber wünschenswert.[14]

▶ *Zur Fallobergrenze bei der Amtsvormundschaft siehe Dürbeck, §§ 55 bis 58 SGB VIII Rn. 11 f.*

Auch der Vereinsvormund unterliegt der **Aufsicht durch das Familiengericht** (§ 1837   10
BGB), wobei auch gegen ihn ein **Zwangsgeld** nach § 1837 Abs. 3 BGB **nicht** festgesetzt werden darf. Von der **Überwachung durch das Jugendamt** ist er weitgehend befreit (vgl. § 53 Abs. 3 und 4 Satz 2 SGB VIII).

Bei der Bestellung eines **Gegenvormunds oder Mitvormunds** ist der Vereinsvormund   11
vor der Entscheidung nach § 1791a Abs. 4 BGB **anzuhören**. Auch ist er wie das Jugendamt von zahlreichen sonst vorhandenen **Beschränkungen des Vormundschaftsrechts befreit**. Zu nennen sind die Befreiungen nach §§ 1857a BGB 1852 Abs. 2, 1853, 1854 BGB.

Der Vereinsvormund erhält **keine Vergütung** (§ 1836 Abs. 3 BGB),[15] **Aufwendungser-**   12
satz kann er nach Maßgabe von § 1835 Abs. 4 und 5 BGB vom Mündel und subsidiär von der Staatskasse verlangen.

III. Bestellung von Vereinsmitarbeitern als Einzelvormund

Die Bestellung von Mitarbeitern oder Mitgliedern von Vereinen i.S.d. § 1791a Abs. 1 BGB   13
zum **Einzelvormund** ist im Gesetz nicht vorgesehen. Im **Betreuungsrecht** ist dies nach § 1897 Abs. 2 Satz 1 BGB unter bestimmten Voraussetzungen (*insbesondere Einwilligung des Mitarbeiters*) möglich.

Der **BGH**[16] hat in zwei Entscheidungen eine **analoge Anwendung** der Vorschrift des   14
§ 1897 Abs. 2 Satz 1 BGB – im Kontext mit der Vergütungsfrage – auf das Vormundschaftsrecht befürwortet. Konsequenz dieser Auffassung ist, dass der zum Einzelvormund bestellte Vereinsmitarbeiter **analog § 7 VBVG** Vergütung und Aufwendungsersatz beanspruchen kann. Auch den **Antrag auf Entlassung des Vereinsvormundes** hat der BGH aus Gründen der Beanspruchung einer Vergütung für begründet gehalten,[17] was zu erheblichen Veränderungen in der Praxis bereits geführt hat und weiter führen wird.[18]

Viele Rechtsfragen sind noch offen. Ungeklärt ist etwa die Frage, welche **anderen Vor-**   15
schriften des Betreuungsrechts, etwa § 1899 Abs. 2 BGB für die Einwilligung des Vereinsmitarbeiters[19] oder von § 1791a BGB auf den Vereinsmitarbeiter als Einzelvormund anzuwenden sind. So dürfte etwa bei ihm kein Grund bestehen, §§ 1789, 1791 BGB im Hinblick auf seine **Bestellung** nicht anzuwenden.[20] Auch dürfte bei der Frage der **Entlassung**

---

12 Staudinger/*Veit*, § 1791a BGB Rn. 21
13 Palandt/*Götz*, § 1791a BGB Rn. 3
14 *Veit/Salgo*, ZKJ 2011, 82, 84
15 BGH FamRZ 2011, 1394
16 BGH FamRZ 2011, 1394; BGH JAmt 2013, 291; ausführlich zu den Konsequenzen; *Hoffmann*, JAmt 2013, 554
17 BGH JAmt 2013, 291
18 Vgl. etwa OLG Düsseldorf FamRZ 2013, 477; *Gojowczyk*, Rpfleger 2013, 1, 5; Staudinger/*Veit*, § 1791a BGB Rn. 27
19 Befürwortet von *Hoffmann*, JAmt 2013, 554, 555
20 So auch OLG Düsseldorf FamRZ 2013, 54

des Vormunds § 1887 BGB gelten und nicht die an strengere Voraussetzungen gebundene Vorschrift des § 1886 BGB für den Einzelvormund.[21] Ungeklärt sind auch **Haftungsfragen** und die Frage des **Verhältnisses zur Amtsvormundschaft**.[22] Hier ist der Gesetzgeber dringlich aufgefordert, tätig zu werden.[23]

§ 1791b BGB Bestellte Amtsvormundschaft des Jugendamts

(1) [1]Ist eine als ehrenamtlicher Einzelvormund geeignete Person nicht vorhanden, so kann auch das Jugendamt zum Vormund bestellt werden. [2]Das Jugendamt kann von den Eltern des Mündels weder benannt noch ausgeschlossen werden.

(2) Die Bestellung erfolgt durch Beschluss des Familiengerichts; die §§ 1789, 1791 sind nicht anzuwenden.

Übersicht

A. Allgemeines

1 Soweit eine **geeignete Einzelperson** als Vormund nicht zur Verfügung steht, ist die staatliche Gemeinschaft schon nach Art. 6 Abs. 2 Satz 2 GG gefordert, diese Lücke zum Schutze des Mündels durch einen **„Reservevormund"**[1] zu schließen. Dem dient die in § 1791b BGB geregelte **Amtsvormundschaft des Jugendamts**, die in der Praxis trotz ihrer **Subsidiarität** eine herausragende Bedeutung einnimmt.[2] So standen 2013 insgesamt 65.993 Kinder unter Amtsvormundschaft bzw. Amtspflegschaft,[3] was einem Anteil von etwa 80% entspricht.[4]

Ihre nähere Ausgestaltung ist in §§ 55, 56 SGB VIII geregelt. § 1791b BGB beinhaltet lediglich die durch **richterliche Auswahlentscheidung** nach § 1779 BGB getroffene **bestellte Amtsvormundschaft**, daneben besteht in den (abschließenden) Fällen von § 1751 Abs. 1, 1791c Abs. 1 Satz 1 und 2 und Abs. 2 BGB auch **Amtsvormundschaft kraft Gesetzes**.

Die Nachrangigkeit des Jugendamts gilt auch bei der Auswahl des **Umgangspflegers**.[5]

---

21 Zutreffend OLG Nürnberg, Beschl. vom 5.1.2015 – 10 WF 970/14, juris
22 Vgl. ausführlich *Hoffmann*, JAmt 2013, 554
23 Das Problem ist aufgeführt in BMJV, Eckpunkte für eine weitere Reform des Vormundschaftsrechts, S. 5, abrufbar unter www.bmjv.de/SharedDocs/Downloads/DE/pdfs/Vormundschaftsrecht_Eckpunke weitere Reform.pdf?__blob=publicationFile
1 Vgl. Oberloskamp/*Kunkel*, § 15 Rn. 10
2 Vgl. *Hoffmann*, JAmt 2005, 116; nach Prenzlow/*Salgo*/*Lack* Rn. 1316 haben immer noch 70-80% der Pflegekinder einen Amtsvormund
3 Statistisches Bundesamt, Statistiken der Kinder- und Jugendhilfe – Pfleg-, Vormund-, Beistandschaften, Pflegeerlaubnis, Sorgerechtsentzug, Sorgeerklärungen 2014
4 Vgl. *Katzenstein*, JAmt 2014, 606, 607
5 OLG Brandenburg NZFam 2014, 476

B. Inhalt der Norm

I. Verhältnis zu anderen Vormündern (Abs. 1)

1. Vorrang der Einzelvormundschaft (Abs. 1 Satz 1)

Wie dem Wortlaut von Abs. 1 Satz 1 unzweifelhaft entnommen werden kann, geht das Gesetz davon aus, dass bei **Vorhandensein geeigneter Einzelvormünder** das Jugendamt nicht zum Einzelvormund bestellt werden darf. Der **Vorrang der Einzelvormundschaft** gilt dabei auch gegenüber **ehrenamtlich tätigen Personen**, nach zutreffender Auffassung aber **nicht gegenüber Berufsvormündern.**[6] Bei der Prüfung von geeigneten Einzelpersonen hat das Familiengericht von Amts wegen (§ 26 FamFG) zu ermitteln, bei erheblichen Zeitverzögerungen ist bei entsprechendem Handlungsbedarf zunächst der Amtsvormund zu bestellen und bei Auffindung einer geeigneten Einzelperson später wieder nach Maßgabe von §§ 1897, 1899 BGB (Kindeswohlprüfung) zu entlassen.[7]

2

Das einmal bestellte Jugendamt hat nach § 56 Abs. 4 SGB VIII in regelmäßigen Abständen, zumindest **jährlich selbst zu prüfen**, ob zwischenzeitlich geeignete Einzelvormünder zur Verfügung stehen.

3

2. Vorrang der Vereinsvormundschaft?

Entgegen einer in der Literatur vertretenen Auffassung besteht kein Stufenverhältnis zwischen Vereinsvormundschaft und Amtsvormundschaft des Jugendamts, so dass die Amtsvormundschaft hier nicht nachrangig ist[8] (vgl. dazu *Dürbeck*, § 1791a BGB Rn. 4). Angesichts der Erwähnung der Vereinsvormundschaft in § 56 Abs. 4 SGB VIII sollte aber der Gesetzgeber hier Klarheit schaffen.[9]

4

3. Benennungs- und Ausschlussrecht

Das Vorrangprinzip kann nach Abs. 1 Satz 2 auch nicht dadurch unterlaufen werden, dass die (verstorbenen) Eltern das Jugendamt als Vormund benennen.[10] Auch kann es nicht ausgeschlossen werden.

5

II. Form der Bestellung

Gemäß § 1791b Abs. 2 BGB erfolgt die Bestellung des Amtsvormunds mit **Zugang des familiengerichtlichen Beschlusses.** Auf die nach § 55 Abs. 2 Satz 1 SGB VIII folgende **Delegation der Aufgaben an einen bestimmten Mitarbeiter** kommt es nicht an.[11] Nach HS 2 finden die gesetzlichen Vorschriften über die **Bestellung des Vormunds** nach § 1789 BGB und die **Übergabe der Bestallungsurkunde** nach § 1791 BGB auf den Amtsvormund keine Anwendung. Der Nachweis der **Legitimation des Amtsvormunds** im Rechtsverkehr erfolgt durch Vorlage einer **Beschlussausfertigung**, die Rubrum und Tenor, nicht aber etwaige Gründe zu enthalten hat.[12]

6

Die **örtliche Zuständigkeit** des Jugendamts folgt aus § 87c Abs. 3 SGB VIII, also grundsätzlich nach dem **gewöhnlichen Aufenthalt des Mündels.** Auf **Übernahmebereit-**

7

---

6 OLG Stuttgart FamRZ 2002, 1065; OLG Karlsruhe ZKJ 2012, 272; OLG Hamm FamRZ 2012, 798; MüKo-BGB/*Wagenitz*, § 1791b BGB Rn. 2; a.A. OLG Frankfurt a. M. ZKJ 2012, 451; OLG Hamm FamRZ 2010, 1684
7 OLG Schleswig JAmt 2003, 47; Staudinger/*Veit*, § 1591b BGB Rn. 12
8 OLG Karlsruhe FamRZ 2012, 1955; OLG Celle JAmt 2011, 352; Oberloskamp/*Kunkel*, § 15 Rn. 15; *Hoffmann*, JAmt 2013, 554, 556; *DIJuF*-Rechtsgutachten, JAmt 2013, 36; *Harm*, Rpfleger 2013, 491; a.A. KG FamRZ 2010, 1998; Palandt/*Götz*, § 1791b BGB Rn. 1; MüKo-BGB/*Wagenitz*, § 1591b BGB Rn. 3
9 Zutreffend Staudinger/*Veit*, § 1591b BGB Rn. 13
10 Vgl. OLG Frankfurt a. M. ZKJ 2012, 451
11 *DIJuF*-Rechtsgutachten, JAmt 2013, 263
12 *DIJuF*-Rechtsgutachten, JAmt 2014, 569

schaft des zuständigen Jugendamts kommt es nicht an.[13] Soweit sachliche Gründe (*insbes. Kindswohldienlichkeit*) bestehen, kann von der **Auswahl** des nach dem SGB VIII örtlich zuständigen Jugendamts **abgewichen** werden.[14] Bei einem **Aufenthaltswechsel** des Mündels ist vom bislang zuständigen Amtsvormund nach § 87c Abs. 3 Satz 3 SGB VIII ein **Antrag auf Entlassung** beim Familiengericht zu stellen, über den nach Maßgabe von §§ 1887 Abs. 1, 1889 Abs. 2 BGB (*Kindeswohlprüfung*) nach Ermessen zu entscheiden ist.[15]

▶ *Näher zum Wechsel des Amtsvormunds bei einem Umzug des Mündels Dürbeck,*
   § 1887 BGB Rn. 4.

8   Innerhalb des Jugendamtes **überträgt** dieses die Ausübung der Vormundschaft durch einen **behördeninternen Organisationsakt**[16] gemäß § 55 Abs. 2 Satz 1 SGB VIII auf einen seiner Beamten oder Angestellten, der auf Basis einer Vollzeitbeschäftigung nach Abs. 2 Satz 4 höchstens 50 Vormundschaften/Pflegschaften gleichzeitig besorgen darf. Eine **Übertragung auf freie Träger** ist nicht möglich.[17] Entgegen des missverständlichen Wortlauts von § 55 Abs. 3 Satz 2 SGB VIII bleibt das Jugendamt trotz der Übertragung auf einen einzelnen Mitarbeiter selbst (als Behörde) Vormund und gesetzlicher Vertreter des Mündels.[18]

▶ *Näher hierzu Dürbeck, §§ 55 bis 58 SGB VIII Rn. 14.*

C. Führung der Amtsvormundschaft

9   Auch das Jugendamt als Amtsvormund unterliegt der **Aufsicht durch das Familiengericht** (§ 1837 BGB)[19], ist aber von zahlreichen sonst vorhandenen Beschränkungen des Vormundschaftsrechts befreit. Zu nennen ist die nicht mögliche Bestellung eines Gegenvormunds (§ 1792 Abs. 1 Satz 2 BGB), die Befreiungen nach §§ 1857a BGB, 1852 Abs. 2, 1853, 1854 BGB, das Zwangsgeldverbot nach § 1837 Abs. 3 BGB, der Ausschluss der Anwendung von §§ 1802 Abs. 3, 1818 BGB durch § 56 Abs. 2 Satz 1 SGB VIII, die spezielle Vorschrift über die Anlegung von Mündelgeld nach §§ 1805 Satz 2 BGB, 56 Abs. 3 Satz 2 SGB VIII und die Befreiung von den Genehmigungsvorbehalten nach §§ 1803 Abs. 2, 1811, 1822 Nr. 6 und 7 BGB durch § 56 Abs. 2 Satz 2 SGB VIII. Weiter Ausnahmen bestehen aufgrund des Gesetzesvorbehalts in § 56 Abs. 2 Satz 3 SGB VIII in den Landesgesetzen (vgl. die Übersicht bei Staudinger/*Veit* § 1591b BGB Rn. 29). So bestimmt etwa § 14 Satz 1 des Hessischen Kinder- und Jugendhilfegesetzbuches, dass die Vorschriften des § 1802 Abs. 1, der §§ 1819 bis 1821, des § 1822 Nr. 1 bis 5, 8 bis 11 und 13 sowie der §§ 1823, 1824 und des § 1854 Abs. 2 BGB über die Aufsicht des Familiengerichts gegenüber dem Jugendamt außer Anwendung bleiben. Nach Satz 2 gilt dies auch bezüglich des § 1822 Nr. 12 BGB, soweit es sich um vermögensrechtliche Angelegenheiten handelt.

▶ *Näher zur Aufsicht über den Amtsvormund Dürbeck, § 1837 BGB Rn. 5 ff.*
   Näher zu den Befreiungen des Amtsvormunds Dürbeck, §§ 55-58 SGB VIII Rn. 20 ff.

10   Das Jugendamt erhält für seine Tätigkeit als Amtvormund weder eine **Vergütung noch Aufwendungsersatz**.

---

13 OLG Frankfurt a. M. FamRZ 2011, 1671
14 OLG Brandenburg FamRZ 2014, 1719; OLG Saarbrücken BeckRS 2003, 30331135; MüKo-BGB/*Wagenitz*, § 1791b Rn. 9; a.A. *Hoffmann*, FamRZ 2014, 1084, 1086
15 OLG Hamm ZfJ 1999, 32 (abgelehnt); BayObLG FamRZ 1997, 897; Erman/*Saar* § 1591b BGB Rn. 3; a.A. kein Auswahlermessen: LG Saarbrücken DAVorm 1996, 904; Wiesner/*Wiesner* § 87c SGB VIII Rn. 15
16 Str. wie hier: Wiesner/*Wiesner* § 55 SGB VIII Rn. 78; a.A. Verwaltungsakt: DIJuF-Rechtsgutachten JAmt 2013, 263; *Hoffmann*, FamRZ 2011, 249, 254
17 DIJuF-Rechtsgutachten, JAmt 2012, 397
18 BGH NJW 1966, 1808; Staudinger/*Veit*, § 1791b BGB Rn. 19
19 Ausführlich *Gojowczyk*, Rpfleger 2013, 1

Im Übrigen steht derzeit zur Diskussion, ob der Gesetzgeber nicht der Rechtsprechung **11** zum Vereinsvormund folgend nicht auch bei der Amtsvormundschaft zur Stärkung der Personensorge und der Einzelvormundschaft die Bestellung persönlicher Amtsvormünder anstelle der Amtsvormundschaft des Jugendamts als Behörde einführen sollte,[20] was aber erheblichen zusätzlichen Regelungsbedarf mit sich bringen würde (näher hierzu *Dürbeck*, § 1791a BGB Rn. 15).

D. Stellung im familiengerichtlichen Kindschaftsverfahren

Der Amtsvormund hat im familiengerichtlichen Verfahren in Kindschaftssachen eine vom **12** nach § 162 FamFG anzuhörenden und ggf. zu beteiligenden Jugendamt zu unterscheidende eigenständige Bedeutung. Er ist nach § 9 Abs. 2 FamFG nicht nur (gesetzlicher) **Vertreter** des nicht selbst verfahrensfähigen Kindes, sondern nach § 7 Abs. 2 Nr. 1 FamFG **selbst am Verfahren beteiligt**, soweit sein Aufgabenbereich berührt ist.[21] Soweit er nach einer Entscheidung des Familiengerichts, z. B. im Rahmen einer Umgangsregelung Pflichten zu erfüllen hat, können gegen ihn bei schuldhafter Nichterfüllung auch **Ordnungsmittel** nach § 89 FamFG verhängt werden.[22] Er ist neben dem nach § 162 FamFG anzuhörenden bzw. zu beteiligenden Jugendamt zu allen **Terminen zu laden** und **Zustellungen** in gerichtlichen Verfahren haben an ihn zu erfolgen, wobei hier unmittelbar an den Beamten oder Mitarbeiter zugestellt[23] werden sollte, auf den nach § 55 Abs. 2 SGB VIII die Aufgabe der Wahrnehmung der Vormundschaft übertragen ist (näher hierzu *Dürbeck*, §§ 55 bis 58 SGB VIII Rn. 7 ff.). Im **Rubrum** des gerichtlichen Beschlusses sollte er als eigenständiger Beteiligter ausdrücklich aufgeführt werden. Auch hat er, soweit durch die Entscheidung seine Rechtsstellung nach § 59 Abs. 1 FamFG unmittelbar betroffen ist, ein **eigenes**, vom Beschwerderecht des Jugendamts nach § 162 Abs. 3 Satz 2 FamFG zu unterscheidendes **Beschwerderecht**. Die Praxis der Familiengerichte differenziert hier gleichwohl in der Praxis nicht hinreichend zwischen dem Jugendamt als anzuhörende bzw. zu beteiligende Behörde nach § 162 FamFG und dem hiervon rechtlich zu unterscheidenden Amtsvormund.[24]

§ 1791c BGB Gesetzliche Amtsvormundschaft des Jugendamts

(1) [1]Mit der Geburt eines Kindes, dessen Eltern nicht miteinander verheiratet sind und das eines Vormunds bedarf, wird das Jugendamt Vormund, wenn das Kind seinen gewöhnlichen Aufenthalt im Geltungsbereich dieses Gesetzes hat; dies gilt nicht, wenn bereits vor der Geburt des Kindes ein Vormund bestellt ist. [2]Wurde die Vaterschaft nach § 1592 Nr. 1 oder 2 durch Anfechtung beseitigt und bedarf das Kind eines Vormunds, so wird das Jugendamt in dem Zeitpunkt Vormund, in dem die Entscheidung rechtskräftig wird.

(2) War das Jugendamt Pfleger eines Kindes, dessen Eltern nicht miteinander verheiratet sind, endet die Pflegschaft kraft Gesetzes und bedarf das Kind eines Vormunds, so wird das Jugendamt Vormund, das bisher Pfleger war.

(3) Das Familiengericht hat dem Jugendamt unverzüglich eine Bescheinigung über den Eintritt der Vormundschaft zu erteilen; § 1791 ist nicht anzuwenden.

---

20 Vgl. BMJV, Eckpunkte für eine weitere Reform des Vormundschaftsrechts, S. 2, abrufbar unter www.bmjv.de/ SharedDocs/Downloads/DE/pdfs/Vormundschaftsrecht_Eckpunke weitere Reform.pdf?__blob=publicationFile
21 Oberloskamp/*Gottschalk* § 3 Rn. 37, 39
22 BGH JAmt 2014, 230, OLG Frankfurt a. M. ZKJ 2013, 167
23 Zustellung an das Jugendamt als Behörde ist aber unschädlich, vgl. Hess. VGH ZfJ 2001, 389; *DIJuF-* Rechtsgutachten JAmt 2010, 80
24 Ausführlich: *Harm/Mix/Opitz/Pütz/Rotax/Rüting*, FamRZ 2012, 1849, 1851 ff.

A. Allgemeines

1 § 1791c Abs. 1 BGB regelt neben § 1751 Abs. 1 BGB weitere Fälle, in denen Amtsvormundschaft nicht durch gerichtliche Anordnung, sondern zum Schutze eines nichtehelichen Kindes **kraft Gesetzes** eintritt. Abs. 2 regelt seltene Fälle des Übergangs einer Amtspflegschaft in eine Amtsvormundschaft. Eine Mitwirkung des Familiengerichts ist in diesen Fällen nicht vorgesehen. Um das Jugendamt frühzeitig zu informieren, besteht eine Mitteilungspflicht des Standesbeamten von der Geburt eines nichtehelichen Kindes nach §§ 168a Abs. 1 FamFG, 68a PStG.

B. Inhalt der Norm

I. Eintritt gesetzlicher Amtsvormundschaft

1. Kinder nicht miteinander verheirateter Eltern (Abs. 1 Satz 1)

2 Gemäß § 1791c Abs. 1 Satz 1 FamFG wird das Jugendamt mit der **Geburt eines im Inland aufenthältlichen nichtehelich geborenen Kindes** Amtsvormund, soweit dieses eines Vormundes bedarf. Erfasst sind nur Kinder, die ihren **gewöhnlichen Aufenthalt im Bundesgebiet** haben, die Staatsangehörigkeit ist ohne Bedeutung.[1]

3 Ob ein **Bedürfnis für eine Vormundschaft** besteht, richtet sich nach § 1773 BGB. Das ist insbesondere dann der Fall, wenn das nichteheliche Kind **nicht unter elterlicher Sorge** steht (*z. B. Mutter stirbt bei Geburt*) oder aber die Mutter **minderjährig oder nicht geschäftsfähig** (vgl. § 1673 BGB) ist. Gleichgestellt ist der Fall, dass die elterliche Sorge der Mutter bei einer **vertraulichen Geburt** nach § 1674a Satz 1 BGB ruht,[2] soweit diese nicht verheiratet ist.

4 Amtsvormundschaft tritt nach Abs. 1 Satz 1 HS 2 aber dann nicht ein, wenn bereits **vor der Geburt ein anderer Vormund** bestellt wurde, was nach § 1774 Satz 2 BGB zulässig und zur Durchsetzung des Gebots des Vorranges der Einzelvormundschaft auch geboten ist.[3] Die Frage, welches örtlich zuständige Jugendamt zum Amtsvormund wird, richtet sich anders als in den Fällen der Auswahlentscheidung des Familiengerichts (siehe hierzu § 1791b BGB Rn. 7) nach § 87c Abs. 1 und 2 SGB VIII, so dass es grundsätzlich auf den **Wohnsitz der Mutter** ankommt.[4] Bei einem Wechsel des gewöhnlichen Aufenthalts der Mutter kann es gemäß § 87c Abs. 2 Satz 2 SGB VIII zum Wechsel des Amtsvormunds **ipso iure** kommen, soweit sich das bisher zuständige Jugendamt mit dem Jugendamt am neuen Wohnsitz der Mutter einig sind, nähere Einzelheiten hierzu siehe *Dürbeck*, § 1887 BGB Rn. 3.

---

1 BeckOK-BGB/*Bettin*, § 1791c Rn. 2
2 Vgl. *Helms*, FamRZ 2014, 609, 613
3 Vgl. dazu *DIJuF*-Rechtsgutachten, JAmt 2011, 205
4 LG Hamburg JAmt 2001, 494

2. Nachträgliche Beseitigung der Vaterschaft (Abs. 1 Satz 2)

Nach Abs. 1 Satz 2 tritt gesetzliche Amtsvormundschaft auch dann ein, wenn nach der Geburt des Kindes die nach § 1592 Nr. 1 oder 2 BGB bestehende **Vaterschaft durch Anfechtung** (§§ 1600 ff. BGB) **beseitigt** worden ist. Auch hier ist erforderlich, dass zum Zeitpunkt der Rechtskraft der Anfechtungsentscheidung die Voraussetzungen der Vormundschaft nach § 1773 BGB vorliegen, was insbesondere bei Tod, Geschäftsunfähigkeit oder Minderjährigkeit der Kindesmutter der Fall ist.

5

3. Vorangegangene Amtspflegschaft (Abs. 2)

Nach Abs. 2 wird das Jugendamt auch dann Amtsvormund eines nichtehelichen Kindes, wenn es zuvor **Amtspfleger** war und diese kraft Gesetzes beendet ist, wenn das Kind eines Vormundes bedarf. Der Anwendungsbereich der Vorschrift ist eng. Zu nennen ist etwa der Fall, in dem der alleinsorgeberechtigten Mutter zunächst nur ein Teil der alleinigen Sorge zustand und das Jugendamt als Pfleger für einen Teilbereich des Sorgerechts bestellt war. Wird jetzt der Kindesmutter das Sorgerecht ganz entzogen oder ruht es oder verstirbt sie, endet die Pflegschaft nach § 1918 BGB und die Voraussetzungen für die Anordnung von Vormundschaft nach § 1773 BGB liegen vor.[5]

6

II. Rechtsstellung, Mitteilungspflichten, Bescheinigung

Die Amtsvormundschaft des Jugendamts **beginnt**, sobald die in Rn. 2 bis 6 genannten Voraussetzungen eintreten.[6] Gemäß § 1791c Abs. 3 Satz 1 HS 2 BGB ist eine **Bestallungsurkunde** nach § 1791 BGB nicht zu übergeben, stattdessen sieht HS 1 vor, dass das Familiengericht dem Jugendamt unverzüglich eine **Bescheinigung über den Eintritt der Vormundschaft** zu erteilen hat, was aber nur deklaratorischen Charakter hat.[7]

Das Jugendamt wiederum hat nach § 57 SGB VIII dem Familiengericht unverzüglich den Eintritt der Vormundschaft mitzuteilen.

7

§ 1792 BGB Gegenvormund

(1) ¹Neben dem Vormund kann ein Gegenvormund bestellt werden. ²Ist das Jugendamt Vormund, so kann kein Gegenvormund bestellt werden; das Jugendamt kann Gegenvormund sein.

(2) Ein Gegenvormund soll bestellt werden, wenn mit der Vormundschaft eine Vermögensverwaltung verbunden ist, es sei denn, dass die Verwaltung nicht erheblich oder dass die Vormundschaft von mehreren Vormündern gemeinschaftlich zu führen ist.

(3) Ist die Vormundschaft von mehreren Vormündern nicht gemeinschaftlich zu führen, so kann der eine Vormund zum Gegenvormund des anderen bestellt werden.

(4) Auf die Berufung und Bestellung des Gegenvormunds sind die für die Begründung der Vormundschaft geltenden Vorschriften anzuwenden.

Übersicht

---

5 Vgl. MüKo-BGB/*Wagenitz*, § 1791c Rn. 10
6 *DIJuF*-Rechtsgutachten, JAmt 2009, 30
7 OLG Karlsruhe FamRZ 1998, 1244

A. Allgemeines

1 § 1792 BGB hat den sog. Gegenvormund zum Gegenstand. Diesem kommt keine selbständige Verwaltungstätigkeit zu, seine Funktion beschränkt sich vielmehr auf die Kontrolle des Vormunds (vgl. § 1799 Abs. 1 BGB) und die Entlastung der Aufsichtspflicht des Familiengerichts. Sein Haupteinsatzgebiet ist, wie das gesetzliche Regelbeispiel in Abs. 2 zeigt, der Bereich der Vermögensverwaltung, er kann aber im Bereich der Personensorge bestellt werden.[1] In der Praxis spielt er kaum eine Rolle, angesichts der Möglichkeit der Bestellung von Mitvormündern nach §§ 1775, 1797 Abs. 1 BGB und der ohnehin gegebenen Aufsichtspflicht des Familiengerichts (§ 1837 Abs. 2 FamFG) sind Forderungen nach seiner Abschaffung[2] durch den Gesetzgeber berechtigt.

B. Inhalt der Norm

I. Bestellungsvoraussetzungen (Abs. 1 und 2)

2 Die Bestellung eines Gegenvormunds steht im **pflichtgemäßen Ermessen** des Familiengerichts,[3] es ist jedoch stets das Bestehen eines entsprechenden **Bedürfnisses** nach Kontrolle des Vormunds und einer Entlastung des Familiengerichts erforderlich. Im Bereich der in Abs. 2 genannten Vermögenssorge kommt es für die Frage der im Gesetz genannten **Erheblichkeit** weniger auf die Größe des Vermögens, als auf die Komplexität und den Umfang und die Regelmäßigkeit der vom Vormund zu tätigenden Verwaltung des Vermögens an.[4] Dies wird etwa bei größerem Wertpapier- oder Immobilienvermögen der Fall sein, eher nicht bei Spareinlagen oder wertvollem Schmuck oder Mobiliar.

3 Soweit das Jugendamt **Amtsvormund** ist, kann nach Abs. 1 Satz 2 ein Gegenvormund nicht bestellt werden. Umgekehrt kann das Jugendamt aber als Gegenvormund bestellt werden (vgl. § 58 SGB VIII), was aber insbesondere im Bereich der Vermögenssorge wenig sinnvoll erscheint. An der Notwendigkeit der Bestellung eines Gegenvormunds fehlt es insbesondere dann, wenn das Familiengericht **gesamtgeschäftsführungsberechtigte Mitvormünder** nach §§ 1775, 1797 Abs. 1 BGB bestellt, weil hier eine zusätzliche Kontrolle nicht erforderlich ist.[5] Bei geteilter Mitvormundschaft (§ 1797 Abs. 2 BGB) ist es nach Abs. 3 möglich, die jeweiligen Vormünder auch als Gegenvormund des anderen zu bestellen.

II. Entscheidung und Wirkung

4 Sind die Voraussetzungen von § 1792 Abs. 1 und 2 BGB erfüllt, so richten sich die **Auswahl und Bestellung** des Gegenvormunds nach Abs. 4 nach den für den Vormund geltenden allgemeinen Vorschriften, also §§ 1776, 1779, 1789 ff. BGB. Die Gegenvormundschaft selbst bedarf insoweit keiner selbständigen Anordnung.[6]

5 Die Auswahl des Gegenvormunds ist nach denselben Grundsätzen wie bei § 1779 BGB nach Maßgabe von §§ 11 Abs. 1 RPflG, 58 ff. FamFG mit der **Beschwerde** anfechtbar. Der **Vormund** ist nach zutreffender Auffassung mangels Beeinträchtigung eigener Rechte nicht beschwerdeberechtigt.[7]

6 Mit der Bestellung besteht die Aufgabe des Gegenvormunds, sich über das Mündelvermögen zu informieren und den Vormund zu **kontrollieren** (vgl. § 1799 Abs. 1 Satz 1 BGB).

---

1 OLG Frankfurt a. M. FamRZ 2009, 247
2 Staudinger/*Veit,* § 1792 BGB Rn. 31
3 OLG München BtPrax 2012, 69 (Betreuung); Erman/*Saar* § 1792 BGB Rn. 4
4 BayObLGZ 14, 210; kritisch Staudinger/*Veit,* § 1774 BGB Rn. 8
5 Gernhuber/*Coester-Waltjen* § 70 VIII 2
6 MüKo-BGB/*Wagenitz,* § 1792 BGB Rn. 12
7 MüKo-BGB/*Wagenitz,* § 1792 BGB Rn. 14; a.A. Soergel/*Zimmermann,* § 1792 BGB Rn. 10

Hierzu steht ihm nach § 1799 Abs. 2 BGB ein **Auskunfts- und Einsichtsrecht** gegen den Vormund zu. Pflichtwidrigkeiten hat er nach § 1799 Abs. 1 Satz 2 BGB unverzüglich dem Familiengericht anzuzeigen. Seine **Haftung** gegenüber dem Mündel richtet sich nach § 1833 BGB. Ein **Vertretungsrecht** für den Mündel besteht auch in Notfällen nicht.[8] Seine Vergütung richtet sich nach §§ 1835 ff. BGB.[9]

Untertitel 2
Führung der Vormundschaft

§ 1793 BGB Aufgaben des Vormunds, Haftung des Mündels

(1) [1]Der Vormund hat das Recht und die Pflicht, für die Person und das Vermögen des Mündels zu sorgen, insbesondere den Mündel zu vertreten. [2]§ 1626 Abs. 2 gilt entsprechend. [3]Ist der Mündel auf längere Dauer in den Haushalt des Vormunds aufgenommen, so gelten auch die §§ 1618a, 1619, 1664 entsprechend.

(1a) [1]Der Vormund hat mit dem Mündel persönlichen Kontakt zu halten. [2]Er soll den Mündel in der Regel einmal im Monat in dessen üblicher Umgebung aufsuchen, es sei denn, im Einzelfall sind kürzere oder längere Besuchsabstände oder ein anderer Ort geboten.

(2) Für Verbindlichkeiten, die im Rahmen der Vertretungsmacht nach Absatz 1 gegenüber dem Mündel begründet werden, haftet der Mündel entsprechend § 1629a.

Übersicht

A. Allgemeines

§ 1793 Abs. 1 Satz 1 BGB macht es dem Vormund zur Aufgabe, für die **Person und das Vermögen des Mündels zu sorgen** und diesen **gesetzlich zu vertreten**. Obwohl der Vormund seine Stellung im Gegensatz zu den Eltern nicht aus der Verfassung als natürliches Grundrecht ableitet sondern aus einem Hoheitsakt der staatlichen Gemeinschaft,[1] zeigt sich hier die Gleichförmigkeit von elterlicher Sorge und Vormundschaft. **1**

Hinsichtlich der **Rechte und Pflichten des Vormunds** wird die Vorschrift ergänzt durch § 1800 BGB, der im Bereich der Personensorge die Regelungen von §§ 1631 bis 1633 BGB für auf die Vormundschaft anwendbar erklärt. Wie die Eltern (Art. 6 Abs. 2 Satz 1 GG) hat demgemäß auch der Vormund die Sorge fremdnützig **im Mündelinteresse** auszuüben. Lebt der Mündel **im Haushalt des Vormunds** wird die elternähnliche Stellung des Vormunds durch den Gesetzgeber durch die Verweisung in Abs. 1 Satz 3 auf §§ 1618a, 1619, 1664 BGB zusätzlich gestärkt. **2**

Auf der anderen Seite unterliegt der Vormund im Bereich der Personen- und vor allem Vermögenssorge einschließlich seiner **Vertretungsmacht** stärkeren **Einschränkungen** als sorgeberechtigte Eltern (vgl. §§ 1792, 1794, 1795, 1797 Abs. 1, 1809 bis 1824 BGB) und unterliegt zudem der **Aufsicht durch das Familiengericht** (§ 1837 BGB) und auch des **3**

---

8 KG RJA 4, 73; Palandt/*Götz*, § 1792 BGB Rn. 1
9 Vgl. zur Vergütung des Berufsgegenvormunds *Bienwald*, FamRZ 2007, 938
1 BVerfGE 10, 302, 328; Oberloskamp/*Burschel* § 8 Rn. 2

Jugendamts (vgl. § 53 Abs. 3 SGB VIII). Die Pflicht des Vormunds zum **persönlichen Kontakt mit dem Mündel** wird durch den neu eingefügten Abs. 1a betont und konkretisiert.

B. Inhalt der Norm

I. Personensorge

4   Im Bereich der Personensorge ist die Stellung des Vormunds naturgemäß davon abhängig, ob der Mündel in seinem **Haushalt** lebt und die Sorge damit auch **tatsächlich ausgeübt** wird oder ob der Mündel in einer Pflegefamilie oder einem Erziehungsheim lebt. Hinsichtlich der rechtlichen Personensorge gelten gemäß § 1800 BGB die Regelungen in §§ 1631 bis 1633 BGB, so dass der Vormund insbesondere für die **Pflege und Erziehung** des Mündels und seine **Aufsicht** (§ 1631 Abs. 1 BGB) zu sorgen hat. Darüber hinaus bestimmt er den **Aufenthalt** (§ 1631 Abs. 1 BGB) und den **Umgang** des Mündels mit Dritten einschließlich seiner Eltern (§ 1632 Abs. 2 BGB). Im Bedarfsfall können die Eltern mit Blick auf § 1684 Abs. 3 BGB die **Einleitung eines Umgangsverfahrens** anregen.

5   Zu **Gewalt** gegenüber dem Mündel ist auch er nicht befugt (§ 1631 Abs. 2 BGB). Durch die Verweisung von Abs. 1 Satz 2 auf § 1626 Abs. 2 BGB gilt auch für den Vormund, dass er bei der Ausübung der Personensorge die **wachsende Selbständigkeit und Reife** des Mündels mit zu berücksichtigen hat. Schließlich verweist Abs. 1 Satz 3 für den Fall, dass der Mündel im Haushalt des Vormunds lebt, auf § 1618a BGB (**Pflicht zu Beistand und Rücksicht**), § 1619 BGB (**Dienstleistungen in Haus und Geschäft**) und auf § 1664 BGB (**beschränkte Haftung**). Im Übrigen erhält der Vormund **Beratung und Unterstützung durch das Jugendamt** (§ 53 Abs. 2 SGB VIII).

6   Konkretisiert wird die Pflicht des Vormunds zur Ausübung der Personensorge weiterhin durch Abs. 1a, wonach er **persönlich mit dem Mündel Kontakt** zu halten hat und diesen (soweit er nicht in seinem Haushalt lebt) **mindestens einmal im Monat** in dessen üblicher Umgebung aufsuchen soll, wobei durch den letzten HS gewährleistet ist, dass Abweichungen hiervon im Einzelfall möglich sein sollen. Die Vorschrift wendet sich vor allem an den **Amtsvormund** (vgl. auch § 55 Abs. 3 Satz 2 SGB VIII) und wurde eingefügt, um ehemalige dort vorhandene Versäumnisse zu beseitigen und das staatliche Wächteramt zu stärken.[2] Sie dient insoweit nicht der Kontaktförderung, sondern vor allem auch der Abwendung von Vernachlässigungen und Misshandlungen des Mündels durch seine Pflegepersonen oder Dritte.[3]

7   Im Übrigen ist der Vormund mangels Verwandtschaft dem Mündel gegenüber nicht zum **Unterhalt** verpflichtet und kann etwaige Aufwendungen nach Maßgabe von § 1835 BGB ersetzt verlangen.[4]

II. Vermögenssorge

8   Hinsichtlich der **Vermögenssorge** hat der Vormund im Grundsatz die gleichen Befugnisse wie die Eltern. Es bestehen jedoch zahlreiche **Einschränkungen** und Sonderregelungen in §§ 1802 bis 1832 BGB (vgl. die Ausführungen zu §§ 1821, 1822 BGB). Seine Aufgabe ist es hier, im Wesentlichen das **Vermögen des Mündels zu erhalten und auch zu vermehren**, so dass es dem Mündel bei Eintritt der Volljährigkeit zu Gute kommen kann. Dazu gehört auch, dafür Sorge zu tragen, das Mündelvermögen **vor Schäden zu bewahren**, so dass der Vormund etwa verpflichtet ist, für ausreichenden Versicherungsschutz zu sorgen, das Mündelvermögen sicher anzulegen und es ggf. auch in Besitz zu nehmen.[5]

---

2   BT-Drs. 17/5512, 4, 14; kritisch *Wilutzki*, ZKJ 2012, 208; *Katzenstein*, JAmt 2013, 234, 236
3   Vgl. ausführlich Staudinger/*Veit*, § 1793 BGB Rn. 23 ff.
4   Staudinger/*Veit*, § 1793 BGB Rn. 38
5   Zu den Einzelheiten Oberloskamp/*Band* § 9 Rn. 1 ff.

Zur Bestreitung des Unterhalts und der Erziehungskosten darf er aber auch den Vermögensstamm angreifen, wenn nicht ausreichend Erträge vorhanden sind.[6]

III. Gesetzliche Vertretung

Abs. 1 Satz 1 beinhaltet die Aufgabe des Vormunds zur **gesetzlichen Vertretung** des Mündels. Damit kann er wie sorgeberechtigte Eltern **Willenserklärungen mit Wirkung für den Mündel** nach Maßgabe von § 164 Abs. 1 BGB abgeben und über das Schicksal vom Mündel selbst abgegebener Willenserklärungen nach §§ 107, 108, 110 BGB (*Zustimmung oder Genehmigung*) entscheiden. Auch vertritt er den Mündel in **gerichtlichen und behördlichen Verfahren**, soweit dieser nicht selbst verfahrensfähig ist. Grundsätzlich kann der Vormund auch **Dauerschuldverhältnisse** für den Mündel begründen, die **über den Eintritt dessen Volljährigkeit** hinausgehen (Ausnahme § 1822 Nr. 5 bis 7 BGB).[7] Hier ist aber nach § 1793 Abs. 2 BGB die **Beschränkung der Haftung des Mündels** nach § 1629a BGB zu beachten.

Insbesondere im Bereich der **Personensorge** gelten für den Vormund die gleichen gesetzlichen **Einschränkungen seiner Vertretungsmacht** wie bei sorgeberechtigten Eltern, wie z. B: §§ 1596, 1411, 1311, 1600a Abs. 2 Satz 2 BGB. Speziell für den Vormund gilt § 3 RelKErzG. Im Übrigen sind die Einschränkungen nach §§ 1795, 1803 ff. BGB zu beachten. Weitere Einschränkungen können hier aufgrund der Anordnung einer **Mitvormundschaft** nach § 1797 Abs. 1 BGB (**Gesamtvertretung unter Mitvormündern**) bestehen. Die Bestellung eines **Gegenvormunds** (§ 1792 BGB) schränkt dagegen die Vertretungsmacht nicht ein.

C. Übertragung von Aufgaben des Vormunds auf Dritte

Wie bei der elterlichen Sorge können auch die Rechte und Pflichten des Vormunds weder ganz noch teilweise auf Dritte rechtsgeschäftlich übertragen werden.[8] Aber auch der Vormund kann sich bei der Ausübung der Personen- und Vermögenssorge der **Hilfe Dritter** bedienen, insbesondere diesen auch **Vollmacht** (in eigenem Namen oder im Namen des Mündels[9]) für die eigene Vertretung oder Vertretung des Mündels erteilen (vgl. aber bei der **Prokura** § 1822 Nr. 11 BGB). Eine Grenze gilt aber bei der Erteilung von **Generalvollmachten**, gleich ob sie widerruflich oder unwiderruflich sind,[10] da diese mit dem Wesen der Vormundschaft und dem Grundsatz der persönlichen Verantwortung des Vormunds nicht zu vereinbaren sind.

Beauftragt der Vormund Dritte mit der **Pflege und Erziehung des Mündels**, wozu er berechtigt ist, bestimmt sich sein Rechtsverhältnis zur Pflegeperson nach §§ 611 ff. BGB (privatrechtlicher Pflegevertrag).[11] Soweit es sich hierbei um eine Leistung des Jugendamts nach § 33 SGB VIII handelt, beurteilt sich sowohl das Verhältnis Jugendamt zum Vormund als auch zur Pflegeperson nach öffentlichem Recht.[12]

---

6 BGH MDR 1967, 473
7 Aber nicht ohne hinreichenden Grund, vgl. RGZ 41, 263
8 RGZ 76, 185; MüKo-BGB/*Wagenitz*, § 1793 BGB Rn. 35
9 Zur Unterscheidung vgl. Staudinger/*Veit*, § 1793 BGB Rn. 74 ff.
10 Str. wie hier MüKo-BGB/*Wagenitz*, § 1793 BGB Rn. 40; a.A. RGZ 41, 263; Soergel/*Zimmermann*, § 1793 BGB Rn. 15
11 Vgl. BGHZ 2006, 1264
12 FK-SGB VIII/*Münder*, Vorb. Kap. 5 Rn. 6 ff.

D. Haftung des Vormunds und des Mündels

13 Die **Haftung des Vormunds gegenüber dem Mündel** ist nicht in § 1793 BGB geregelt, sondern in § 1833 BGB. Soweit der Vormund sich bei der Erfüllung seiner Aufgaben in zulässiger Weise der Hilfe Dritter bedient, haftet er für ein etwaiges **Auswahl- und Überwachungsverschulden**.[13] War die Übertragung unzulässig (z.B. unwiderrufliche Generalvollmacht), so haftet er verschuldensunabhängig.[14] Eine **Haftungserleichterung** (*eigenübliche Sorgfalt*) besteht nach §§ 1793 Abs. 1 Satz 3, 1664 Abs. 1 BGB, wenn der Mündel **im Haushalt des Vormunds** lebt.

14 Der **Mündel haftet Dritten** gegenüber für schuldhaftes Verhalten des Vormunds nach § 278 BGB wie für eigenes Verschulden aus einem rechtsgeschäftlichen oder gesetzlichen **Schuldverhältnis**, nicht aber aus Delikt, weil der Vormund nicht sein Verrichtungsgehilfe ist. Hinzukommen kann in diesen Fällen aber eine eigene rechtsgeschäftliche Haftung des Vormunds als Vertreter.[15]

§ 1794 BGB Beschränkung durch Pflegschaft

Das Recht und die Pflicht des Vormunds, für die Person und das Vermögen des Mündels zu sorgen, erstreckt sich nicht auf Angelegenheiten des Mündels, für die ein Pfleger bestellt ist.

1 Gemäß § 1794 BGB erstrecken sich die Rechte und Pflichten des Vormunds – einschließlich seiner Vertretungsmacht[1] – nicht auf Angelegenheiten des Mündels, für die ein **Pfleger** nach §§ 1909 ff. BGB bestellt ist. Soweit der Ergänzungspfleger nach § 1909 Abs. 1 Satz 1 BGB bestellt ist, weil der Vormund für die betreffende Angelegenheit verhindert ist, hat § 1794 BGB nur **deklaratorischen** Charakter, weil die Vormundschaft infolge der Verhinderung bereits vor Anordnung der Pflegschaft und Bestellung des Pflegers insoweit nicht wirksam ausgeübt werden konnte.

2 **Konstitutive Bedeutung** im Sinne einer **Beschränkung der Befugnisse des Vormunds** hat die Regelung aber, soweit der Pfleger nach § 1909 Abs. 1 Satz 2 BGB (**Zuwendungspflegschaft durch letztwillige Verfügung des Erblassers**) oder analog § 1630 Abs. 3 BGB[2] (**Übertragung von Befugnissen der Personensorge auf die Pflegeperson**) bestellt worden ist. Der Ausschluss des Vormunds tritt in diesen Fällen auch dann ein, wenn die Bestellung des Pflegers zu Unrecht erfolgt ist.[3] Tätigt der Vormund gleichwohl in dem betreffender Wirkungskreis des Pflegers ein Geschäft im Namen des Mündels, gelten §§ 177 ff. BGB[4] mit der Möglichkeit der **Genehmigung des schwebend unwirksamen Rechtsgeschäfts** durch den Pfleger.

3 Dem Vormund steht gegen die Anordnung der Pflegschaft die **Beschwerde** nach §§ 58 ff. FamFG zu, mangels eigener Rechtsverletzung aber nicht gegen die Ablehnung der Anordnung[5] und die Auswahlentscheidung.[6] Gegen die Anordnung der Pflegschaft und auch

---

13 Erman/*Saar*, § 1793 BGB R. 18
14 Soergel/*Zimmermann*, § 1793 BGB Rn. 16
15 Einzelheiten bei Erman/*Saar*, § 1793 BGB Rn. 15a
1 Staudinger/*Veit*, § 1794 BGB Rn. 5
2 Zur analogen Anwendung auf die Vormundschaft vgl. MüKo-BGB/*Wagenitz*, § 1794 BGB Rn. 1
3 KG NJW 1966, 1320; anders aber bei Nichtigkeit
4 Palandt/*Götz*, § 1794 BGB Rn. 1
5 KG OLG 1965, 237; Staudinger/*Veit*, § 1794 BGB Rn. 12
6 Erman/*Saar*, § 1794 BGB Rn. 2a

Dürbeck

gegen die Auswahl des Pflegers kann der Vormund aber im Namen des Mündels Beschwerde einlegen, da dieser stets in eigenen Rechten nach § 59 FamFG betroffen ist.[7]

Nicht selbst beschwerdeberechtigt ist der **Vormund** gegen die Entscheidung des Familiengerichts zur **Genehmigung eines vom Pfleger abgeschlossenen Geschäfts**,[8] z. B. nach §§ 1821, 1822 BGB, auch hier besteht aber die Möglichkeit, **Beschwerde im Namen des Mündels** einzulegen (siehe oben Rn. 3).

4

§ 1795 BGB Ausschluss der Vertretungsmacht

(1) Der Vormund kann den Mündel nicht vertreten:

1. **bei einem Rechtsgeschäft zwischen seinem Ehegatten, seinem Lebenspartner oder einem seiner Verwandten in gerader Linie einerseits und dem Mündel andererseits, es sei denn, dass das Rechtsgeschäft ausschließlich in der Erfüllung einer Verbindlichkeit besteht,**

2. **bei einem Rechtsgeschäft, das die Übertragung oder Belastung einer durch Pfandrecht, Hypothek, Schiffshypothek oder Bürgschaft gesicherten Forderung des Mündels gegen den Vormund oder die Aufhebung oder Minderung dieser Sicherheit zum Gegenstand hat oder die Verpflichtung des Mündels zu einer solchen Übertragung, Belastung, Aufhebung oder Minderung begründet,**

3. **bei einem Rechtsstreit zwischen den in Nummer 1 bezeichneten Personen sowie bei einem Rechtsstreit über eine Angelegenheit der in Nummer 2 bezeichneten Art.**

(2) Die Vorschrift des § 181 bleibt unberührt.

A. Allgemeines

§ 1795 Abs. 1 BGB schränkt die **Vertretungsbefugnis des Vormunds** für die dort genannten Geschäfte ein und gilt gemäß § 1629 Abs. 2 BGB auch für die **sorgeberechtigten Eltern**. Lediglich klarstellende Bedeutung hat der Hinweis in Abs. 2 auf § 181 BGB, so dass das Verbot des Selbstkontrahierens auch für den Vormund (*und über § 1629 Abs. 2 BGB für die Eltern*) Geltung beansprucht. Im Übrigen liegen den Fallgruppen von Abs. 1 vom Gesetzgeber als **abstakt für den Mündel gefährlich eingestufte Geschäfte** zu Grunde, die im Einzelfall auch bei fehlender tatsächlicher Gefährdung keine andere Auslegung der Vorschrift erlauben.[1]

1

---

7 OLG Düsseldorf BeckRS 2010, 21268
8 BayObLG FamRZ 1992, 104
1 BGHZ 50, 8

2 Bei Vorhandensein mehrerer, nach § 1797 Abs. 1 BGB **gesamtvertretungsberechtigter Vormünder** führt die Verhinderung eines Vormunds von der Vertretungsbefugnis auch zum Ausschluss der weiteren Vormünder, da diese ohne den betroffenen Mitvormund nicht mehr handlungsfähig sind.[2] Für den Fall, dass sich **außerhalb des Anwendungsbereichs von § 1795 Abs. 1 BGB und § 181 BGB** nicht hinnehmbare **Interessenskollisionen** zwischen Mündel und Vormund ergeben, ist auf § 1796 BGB abzustellen.[3] § 1795 Abs. 1 und 2 BGB gelten im Übrigen über den Wortlaut hinaus auch für den vom Jugendamt als **Amtsvormund** oder vom **Vereinsvormund** mit der Wahrnehmung der Vormundschaft betrauten **Beamten bzw. Mitarbeiter** im Sinne von §§ 55 Abs. 2 SGB VIII, 1791a Abs. 3 BGB.[4]

B. Inhalt der Norm

I. Rechtsgeschäfte des Mündels mit dem Ehegatten, Lebenspartner oder Verwandten des Vormunds (Abs. 1 Nr. 1)

1. Personenkreis

3 Gemäß Abs. 1 Nr. 1 kann der Vormund den Mündel nicht bei einem **Rechtsgeschäft** zwischen dem Mündel und **seinem Ehegatten oder Lebenspartner oder einem Verwandten des Vormunds in gerader Linie** vertreten.

4 Erfasst ist nur der **gegenwärtige Ehegatte** oder Lebenspartner des Vormunds, nicht derjenige aus einer geschiedenen oder aufgehobenen Ehe oder Lebenspartnerschaft.[5] Auf ein Getrenntleben oder die Rechtshängigkeit eines Ehescheidungsverfahrens kommt es insoweit nicht an.

5 Verwandte in **gerader Linie** sind nach der Legaldefinition von § 1589 Satz 1 BGB Personen, von denen zumindest einer von dem anderen **abstammt**, also in erster Linie Eltern, Großeltern, Kinder und Enkel des Vormunds. Geschäfte mit **Seitenverwandten** sind nicht erfasst, können aber unter § 1796 BGB fallen.[6]

2. Rechtsgeschäfte

6 Unter den Begriff des Rechtsgeschäfts fallen auch **einseitige Rechtsgeschäfte**, wie Kündigungen, die namens des Mündels oder gegenüber diesem erfolgen.[7] Weiterhin werden auch Verträge erfasst, bei denen der Ehegatte etc. des Vormunds zwar nicht Vertragspartei ist, aber **unmittelbar von dessen Rechtswirkungen betroffen** ist, wie beim echten Vertrag zugunsten Dritter gemäß § 328 BGB.[8] Abs. 1 Nr. 1 kann auch nicht dadurch umgangen werden, dass der Vormund einem Dritten **Untervollmacht** für die Vertretung des Mündels erteilt[9] oder aber ein selbst vom Mündel geschlossenes Rechtsgeschäft nach §§ 108, 184 BGB **genehmigt**.

3. Ausnahmen

7 Eine **gesetzliche Ausnahme** vom Vertretungsverbot liegt bei Rechtsgeschäften vor, die ausschließlich in der **Erfüllung einer Verbindlichkeit** bestehen. Hierunter fällt auch die **Aufrechnung**, nicht aber sonstige Erfüllungssurrogate.[10] Nach zutreffender Ansicht kann

---

2 Erman/*Saar*, § 1795 BGB Rn. 1
3 MüKo-BGB/*Wagenitz*, § 1795 BGB Rn. 1, der zu Recht eine Analogie von § 1795 BGB ablehnt
4 MüKo-BGB/*Wagenitz*, § 1795 BGB Rn. 29
5 OLG Düsseldorf NJW 1965, 400; OLG Stuttgart NJW 1955, 1721
6 Vgl. BGH FamRZ 1955, 100
7 Staudinger/*Veit*, § 1795 BGB Rn. 34
8 Palandt/*Götz*, § 1795 BGB Rn. 4
9 Erman/*Saar*, § 1795 BGB Rn. 3a
10 Palandt/*Götz*, § 1795 BGB Rn. 4

der Vormund den Mündel auch bei der Erfüllung einer gesetzlichen Verbindlichkeit vertreten, die nach der Gesetzeslage mit nachteiligen rechtlichen Nebenfolgen für den Mündel verbunden sind, wie dies insbesondere bei der Übereignung eines Grundstücks **aufgrund eines Vermächtnisses** an den Mündel im Hinblick auf den Eintritt in ein bestehendes Mietverhältnis nach § 566 BGB der Fall ist.[11]

Als **ungeschriebene Ausnahme** sind, wie bei § 181 BGB, Rechtsgeschäfte anerkannt, die dem Mündel einen **lediglich rechtlichen Vorteil** verschaffen.[12] Hier haben vor allem Fälle der **Schenkung und Übereignung von Grundstücken** an den Mündel in der Praxis Bedeutung. Dabei hat der **dingliche Rechtserwerb** für sich gesehen keine Rechtsnachteile für den Mündel, die mit ihm verbundenen Lasten, wie **Steuern oder Abgaben** oder ein **Nießbrauch** oder eine **Grundschuld** gelten als unschädlich.[13] Gleiches gilt, wenn im schuldrechtlichen Grundgeschäft ein **Rücktrittsvorbehalt** zugunsten des Schenkers besteht.[14] Anders als in dem in Rn. 7 erwähnten Fall der Erfüllung eines Vermächtnisses sieht der BGH die Rechtslage – auch nach Aufgabe seiner Gesamtbetrachtungslehre[15] – bei der **schenkweisen Übereignung eines vermieteten Grundstücks**, weil der Mündel nach **§ 566 BGB** in das Mietverhältnis eintritt.[16]

8

Als nicht lediglich vorteilhaft gilt auch der schenkweise Erwerb von **Wohnungseigentum** wegen der damit nach dem WEG bestehenden Mitgliedschaft in der Wohnungseigentümergemeinschaft und den damit einhergehenden Lasten und Verpflichtungen.[17]

II. Verfügung über in bestimmter Weise gesicherte Forderungen des Mündels gegen den Vormund (Abs. 1 Nr. 2)

Gemäß Abs. 1 Nr. 2 besteht ein Vertretungsverbot auch bei einem Rechtsgeschäft, das die **Übertragung oder Belastung einer durch Pfandrecht, Hypothek, Schiffshypothek oder Bürgschaft gesicherten Forderung** des Mündels gegen den Vormund zum Gegenstand hat oder die Aufhebung oder Minderung dieser Sicherheit betrifft oder die Verpflichtung des Mündels zu einer solchen Übertragung, Belastung, Aufhebung oder Minderung begründet. § 181 BGB ist insoweit nicht tangiert, da der Vormund das Geschäft mit einem Dritten abschließt. Hauptanwendungsfall ist die **Verfügung über eine hypothekarisch gesicherte Forderung** des **Mündels gegen den Vormund**. Die h. L. wendet die Vorschrift auch auf durch **Sicherungsgrundschuld** gesicherte Forderungen an,[18] nach zutreffender Ansicht ist sie aber nicht auf durch **Sicherungsübereignung** gesicherte Forderungen anwendbar.[19]

9

Erfasst ist auch die Kündigung und Einziehung einer betroffenen Forderung in diesem Sinn.[20]

---

11 BayObLG Rpfleger 2004, 564; OLG München NJW-RR 2012, 137; FamRZ 2013, 494; a. A: noch OLG München ZEV 2011, 263; Jänicke/Braun, NJW 2013, 2474 unter Berufung auf BGH NJW 2010, 3643
12 BGH FamRZ 1975, 480; OLG Frankfurt a. M. FPR 2013, 397
13 BGH FamRZ 2005, 359; MüKo-BGB/Wagenitz, § 1795 BGB Rn. 19
14 OLG Brandenburg NJW-RR 2014, 1045
15 Vgl. dazu Heuser, JR 2013, 125
16 BGH NJW 2005, 1430; 2010, 3643
17 BGH FamRZ 2010, 2065; dazu auch die zust. Anm. von Medicus, JZ 2011, 159
18 Soergel/Zimmermann, § 1795 BGB Rn. 36; Erman/Saar, § 1795 BGB Rn. 10; a.A. Staudinger/Veit, § 1795 BGB Rn. 46
19 Staudinger/Veit, § 1795 BGB Rn. 47; a.A. MüKo-BGB/Wagenitz, § 1795 BGB Rn. 32
20 KG OLGE 2, 140; Palandt/Götz, § 1795 BGB Rn. 5; a.A. Gernhuber/Coester-Waltjen § 61 Rn. 3

III. Vertretung in Rechtsstreitigkeiten (Abs. 1 Nr. 3)

10 Schließlich verbietet Abs. 1 Nr. 3 dem Vormund auch das Mündel bei einem **Rechtsstreit** zwischen den in Nummer 1 bezeichneten Personen sowie bei einem Rechtsstreit über eine Angelegenheit der in Nummer 2 bezeichneten Art **zu vertreten**. Erfasst sind **Zivilverfahren** jeder Art, gleich ob Zivilprozesse einschließlich der Zwangsvollstreckung,[21] Familienstreitverfahren und echte Familiensachen, in denen sich die Beteiligten wie in **kontradiktorischen Verfahren** gegenüber stehen, wie dies bei **Abstammungs**[22]- oder **Gewaltschutzverfahren** anzunehmen ist.

11 Umstritten ist die Rechtslage aber in **Kindschaftssachen**, in denen das Fürsorgebedürfnis des Kindes im Mittelpunkt des Verfahrens steht. Jedenfalls in **Sorge- und Umgangsverfahren** nach §§ 1671, 1626a Abs. 2, 1684 Abs. 1, 1685 BGB wird vertreten, dass Vormünder, die mit Verfahrensbeteiligten i.S.v. Nr. 1 verheiratet oder verwandt sind (z. B. Großmütter), einem Vertretungsverbot nach Nr. 3 unterliegen würden.[23] Nach anderer Auffassung ist Abs. 1 Nr. 3 FamFG generell in Kindschaftssachen nicht anzuwenden.[24] Der **BGH** hat im Rahmen von § 1796 BGB entschieden, dass der Interessenskonflikt zwischen Kind und seinen Eltern als gesetzlicher Vertreter durch die **Bestellung eines Verfahrensbeistands nach § 158 FamFG kompensiert** werde.[25] Die Entscheidung lässt sich aber nicht auf § 1795 Abs. 1 Nr. 3 BGB übertragen, da es nicht von der Verhältnismäßigkeit der Beschränkung des Sorgerechts abhängt, ob ein gesetzlicher Tatbestand, der die Vertretungsmacht ausschließt, erfüllt ist oder nicht. Wegen des im Vordergrund stehenden Kindeswohls erscheint es gleichwohl im Ergebnis zutreffend, hier keinen Rechtsstreit i.S.d. Abs. 1 Nr. 3 anzunehmen, zumal das Verfahren mit der Bestellung eines Ergänzungspflegers neben einem Verfahrensbeistand mit einer zu hohen Anzahl von Beteiligten und Interessensvertretern des Kindes überfrachtet werden würde.

12 Für eine **strafprozessuale Nebenklage** des Kindes gegen einen nahen Angehörigen des Vormunds ist Nr. 3 ebenfalls nicht anwendbar,[26] anders aber bei der Frage der **Ausübung eines Zeugnisverweigerungsrechts** nach § 52 Abs. 1 StPO.[27] Zum Beschwerderecht der Staatsanwaltschaft, vgl. *Dürbeck*, § 59 FamFG Rn. 12.

IV. Verbot von Insichgeschäften (Abs. 2 i. V. m. § 181 BGB)

13 Schließlich besteht nach § 1795 Abs. 2 BGB i. V. m. § 181 BGB für den Vormund – wie für die Eltern auch – das **Verbot des Selbstkontrahierens**. Dies ist dann anzunehmen, wenn der Vormund bei einem Geschäft mit dem Mündel **auf beiden Seiten** beteiligt ist. Unerheblich ist, ob der Vormund das Geschäft für sich selbst oder in **Vertretung eines Dritten** abschließt. Über den Wortlaut von § 181 BGB hinaus gilt das Verbot auch für die **Prozessvertretung**.[28]

14 Zum Kreis der Rechtsgeschäfte, zur Anwendung auf die Amts- und Vereinsvormundschaft, zur Anwendung von § 108 BGB und auf Fälle der Unterbevollmächtigung eines Dritten gelten die Ausführungen zu Rn. 10 ff. entsprechend. Keinen Anwendungsfall des unzulässigen Insichgeschäfts stellt dagegen die Vertretung des Mündels bei **Ausschlagung einer**

---

21 OLG Oldenburg FamRZ 2010, 660
22 OLG Oldenburg NJW 2013, 397; OLG Celle FamRZ 2012, 230; OLG Düsseldorf BeckRS 2011, 00214, BGH FamRZ 2012, 859 bei der Anfechtung des Scheinvaters ; zum alten Recht BGH NJW 2009, 1496; ausführlich zum Diskussionsstand Staudinger/*Veit*, § 1791a BGB Rn. 56 ff.
23 Staudinger/*Veit*, § 1795 BGB Rn. 53
24 OLG Koblenz JAmt 2010, 504; OLG Stuttgart FamRZ 2010, 1166; *Keuter*, NJW 2010, 1851
25 BGH ZKJ 2011, 465
26 OLG Frankfurt a. M. FamRZ 2009, 1227
27 OLG Saarbrücken NJW 2011, 2306; OLG Hamburg JAmt 2013, 345
28 BGH NJW 1996, 658; Palandt/*Ellenberger* § 181 BGB Rn. 5

Erbschaft dar, in deren Folge der Vormund Alleinerbe wird, da Empfänger der Erklärung das Nachlassgericht ist. Nach zutreffender Ansicht ist § 181 BGB hier nicht anzuwenden,[29] die Interessen des Mündels sind insoweit nach § 1822 Nr. 2 BGB geschützt. Auch kann § 1796 BGB in Betracht zu ziehen sein.

Wie bei Abs. 1 Nr. 1 besteht auch bei § 181 BGB die gesetzliche **Ausnahme** der Zulässig- **15** keit des Insichgeschäfts, wenn dies ausschließlich der **Erfüllung einer Verbindlichkeit des Mündels** dient, was insbesondere dann zum Tragen kommt, wenn der Vormund gegen den Mündel eine Forderung hat, insbesondere Aufwendungsersatz nach § 1835 BGB, und sich aus dem Mündelvermögen befriedigt.[30]

Als ungeschriebene Ausnahme ist, wie bei Abs. 1 Nr. 1 BGB, ein Rechtsgeschäft anerkannt, **16** dass dem Mündel einen **lediglich rechtlichen Vorteil** verschafft.[31] Hier haben ebenfalls vor allem Fälle der **Schenkung und Übereignung von Grundstücken** an den Mündel in der Praxis die größte Bedeutung. Der BGH hat inzwischen die früher von ihm vertretene **Lehre der Gesamtbetrachtung** von Verpflichtungs- und Verfügungsgeschäft aufgegeben und bezieht bei der Prüfung der Vorteilhaftigkeit des Erfüllungsgeschäfts das Grundgeschäft grundsätzlich nicht mehr mit ein.[32]

C. Rechtsfolge

Ist die Vertretungsmacht des Vormunds ausgeschlossen, so ist nach § 1909 Abs. 1 Satz 1 **17** BGB ein **Ergänzungspfleger** zu bestellen. Handelt der Vormund gleichwohl, sind die Rechtsfolgen eines Verstoßes gegen ein in § 1795 Abs. 1 und 2 BGB enthaltenes Vertretungsverbot in **§§ 177 ff. BGB** zu suchen. **Einseitige Rechtsgeschäfte** des Vormunds sind nach § 180 Satz 1 BGB grundsätzlich **nichtig**. Bei **zweiseitigen Rechtsgeschäften** gilt § 177 Abs. 1 BGB, so dass diese **schwebend unwirksam** sind. Das Geschäft kann **genehmigt** werden durch den **volljährig gewordenen Mündel** (§ 108 Abs. 3 BGB) oder von einem bestellten **Ergänzungspfleger**, nicht aber vom Familiengericht, das eine Genehmigung nach § 1822 BGB erteilt hat.[33] Im Übrigen besteht eine Haftung des Vormunds als sog. **falsus procurator** nach § 179 BGB.

§ 1796 BGB Entziehung der Vertretungsmacht

(1) Das Familiengericht kann dem Vormund die Vertretung für einzelne Angelegenheiten oder für einen bestimmten Kreis von Angelegenheiten entziehen.

(2) Die Entziehung soll nur erfolgen, wenn das Interesse des Mündels zu dem Interesse des Vormunds oder eines von diesem vertretenen Dritten oder einer der in § 1795 Nr. 1 bezeichneten Personen in erheblichem Gegensatz steht.

Übersicht

---

29 BayObLG Rpfleger 1983, 482; a.A. MüKo-BGB/*Wagenitz*, § 1795 BGB Rn. 5
30 BayObLG Rpfleger 1981, 302
31 BGH NJW 1982, 84; ausführlich zur Teleologie von § 181 BGB: *Heuser*, JR 2013, 125
32 BGHZ 161, 170; anders noch BGHZ 78, 28; vgl. die Darstellung bei Staudinger/*Veit*, § 1795 BGB Rn. 28
33 BGH FamRZ 1961, 473; OLG Frankfurt a. M. FPR 2013, 397; Erman/*Saar*, § 1795 BGB Rn. 14

A. Allgemeines

1 § 1796 BGB ergänzt die für den Vormund geltenden Vertretungsverbote des § 1795 BGB und ermöglicht es dem Familiengericht in anderen Fällen einer **Interessenskollision** im Verhältnis zwischen Mündel und Vormund die **Vertretungsmacht für einzelne Angelegenheiten oder einem bestimmten Kreis von Angelegenheiten zu entziehen.** Gemäß § 1629 Abs. 2 Satz 3 BGB gilt die Vorschrift auch für **sorgeberechtigte Eltern** entsprechend.

2 Anders als bei § 1795 BGB bedarf es aber der **Feststellung eines konkreten Interessenskonflikts**[1] und der Gefahr, dass der Vormund Eigeninteressen oder Interessen der in der Vorschrift genannten ihm nahe stehenden Personen unter Vernachlässigung der Mündelinteressen den Vorzug gibt.[2] Entgegen des missverständlichen Wortlauts von Abs. 1 („kann") steht die Entscheidung, wie Abs. 2 zeigt, **nicht im Ermessen** des Familiengerichts.[3] Liegen die Voraussetzungen von Abs. 2 vor, muss das Familiengericht unter Beachtung des Grundsatzes der **Verhältnismäßigkeit**[4] die Vertretungsmacht des Vormunds beschränken.

B. Inhalt der Norm (Abs. 2)

3 Die Entziehung der Vertretungsmacht des Vormunds in der oder den betreffenden Angelegenheiten soll nach Abs. 2 nur erfolgen, wenn das **Interesse des Mündels** zu dem **Interesse des Vormunds** oder eines von diesem vertretenen Dritten oder einer der in § 1795 Nr. 1 bezeichneten Personen in **erheblichem Gegensatz** steht. Dies ist dann der Fall, wenn die Erfüllung des einen Interesses nur auf Kosten des anderen erfolgen kann.[5] Diese Frage hat das Familiengericht umfassend aufzuklären[6] und unter Berücksichtigung konkreter Anhaltspunkte selbst zu beantworten, sie kann sie nicht dem bestellten Pfleger überlassen.[7] Dabei kann der Grundsatz der **Verhältnismäßigkeit** es gebieten, von einer Beschränkung der Vertretungsmacht des Vormunds abzusehen, weil die Bestellung eines **Verfahrensbeistandes** nach § 158 FamFG in einem **Kindschaftsverfahren** der Gefahr einer Interessenskollision hinreichend begegnet.[8] Das setzt allerdings voraus, dass man hier nicht schon das Vertretungsverbot nach § 1795 Abs. 1 Nr. 3 BGB als erfüllt ansieht, was nach der hier vertretenen Auffassung (vgl. *Dürbeck*, § 1795 BGB Rn. 11) zu verneinen ist.

4 Als mögliche Anwendungsfälle von § 1796 BGB sind zu nennen die **Ausschlagung einer Erbschaft** des Mündels, in deren Folge der Vormund Erbe wird,[9] die Entbindung von der ärztlichen Schweigepflicht[10], der Abschluss eines Rechtsgeschäfts mit **Seitenverwandten** oder sonst nahestehenden Personen des Vormunds[11] oder bei einer Verbindung der Ämter des **Testamentsvollstreckers** und des Vormunds.[12] Schließlich kann auch bloße **Untätigkeit** des Vormunds, z. B. bei der Geltendmachung eines Mündelanspruchs gegen sich

---

1 OLG Frankfurt a. M. NJW-RR 2005, 1382; Palandt/*Götz*, § 1796 BGB Rn. 2
2 BGH NJW 1955, 217; OLG Brandenburg ZEV 2011, 594
3 MüKo-BGB/*Wagenitz*, § 1796 BGB Rn. 3
4 BGH ZKJ 2011, 465; FamRZ 1999, 738
5 OLG Hamm Rpfleger 1986, 13; Erman/*Saar*, § 1796 BGB Rn. 2
6 BayObLG Rpfleger 1989, 19
7 BGH NJW 1975, 345
8 BGH ZKJ 2011, 465; OLG Düsseldorf JAmt 2010, 505
9 OLG Köln FamRZ 2011, 231; OLG Zweibrücken FamRZ 2012, 1961
10 OLG Brandenburg FamRZ 2014, 1212
11 OLG Köln FamRZ 2001, 430; Staudinger/*Veit*, § 1796 BGB Rn. 11
12 OLG Nürnberg FamRZ 2002, 72; OLG Hamm FamRZ 1993, 122; Erman/*Saar*, § 1796 BGB Rn. 3; a.A. BGH FamRZ 2008, 1156

Dürbeck

selbst oder gegen eine ihm nahestehende Person, eine Entscheidung nach § 1796 BGB erfordern.[13]

Die Frage, ob es bei der familiengerichtlichen Genehmigung nach §§ 1810 ff. BGB für einen Mündel zur **Entgegennahme des Genehmigungsbeschlusses im Sinne von § 41 Abs. 3 FamFG** der Bestellung eines Ergänzungspflegers bedarf, ist streitig. Nach der einen Meinung sei dies wegen des verfassungsrechtlich abgesicherten Anspruchs des Mündels auf hinreichendes rechtliches Gehör stets der Fall und deshalb ein Ergänzungspfleger zu bestellen.[14] Nach der Gegenauffassung, der sich jetzt auch der **BGH**[15] zu Recht angeschlossen hat, ist ein Ergänzungspfleger nur dann zu bestellen, wenn im Einzelfall festgestellt ist, dass das Interesse des Mündels zu dem Interesse des Vormunds in erheblichem Gegensatz steht.[16]   **5**

Ein in der Praxis beim Verhältnis Eltern – Kind typischer Anwendungsfall von § 1796 i. V. m. § 1629 Abs. 2 Satz 3 BGB ist die **Vertretung des Kindes bei der Ausübung seines Zeugnisverweigerungsrechts** nach § 52 StPO im Rahmen eines strafrechtlichern Ermittlungsverfahrens gegen einen Elternteil (meist wegen des Vorwurfs des sexuellen Missbrauchs oder Kindesmisshandlung).[17] Ob der Bestellung des Ergänzungspflegers eine **gerichtliche Feststellung zur Aussagebereitschaft des Kindes** zugrunde liegen muss, ist umstritten, nach zutreffender Auffassung aber zu verneinen, weil es dem Kind nicht zuzumuten ist, eine sonst erforderliche erste Vernehmung ohne vorherige Rücksprache mit einem Ergänzungspfleger zu führen.[18]   **6**

C. Verfahren

Für das Verfahren nach § 1796 BGB ist nach § 3 Nr. 2a RPflG der **Rechtspfleger** funktionell zuständig, der **von Amts wegen** tätig wird. Betroffene können aber die Einleitung eines Verfahrens anregen, § 24 Abs. 1 FamFG. Erkennt der Vormund einen Interessenskonflikt, hat er dies nach § 1909 Abs. 2 BGB beim Familiengericht **anzuzeigen**. Eine **Mitteilungspflicht anderer Gerichte** folgt aus § 22a FamFG. **Persönlich anzuhören** sind der Vormund, der Mündel und das Jugendamt (§§ 159 ff. FamFG).   **7**

Die Entscheidung des Familiengerichts ist **konstitutiv**.[19] Erst ab Wirksamkeit der Entscheidung fehlt dem Vormund die Vertretungsmacht. Es genügt die **Bestellung eines Pflegers** in dem zu begründenden Beschluss, die Entziehung der Vertretungsmacht muss nicht in den Tenor aufgenommen werden.[20] Die betreffende Angelegenheit bzw. der Kreis der Angelegenheiten muss **genau bezeichnet** werden. Vom Vormund nach der Wirksamkeit der Entscheidung getätigte Rechtsgeschäfte sind nach § 177 BGB **schwebend unwirksam** (siehe näher zu den Folgen vgl. *Dürbeck*, § 1795 BGB Rn. 17).   **8**

Gegen die nach § 1796 BGB getroffene Entscheidung ist die **Beschwerde** nach §§ 58 ff. FamFG statthaft.[21] **Beschwerdeberechtigt** sind nach § 59 FamFG der Vormund,[22] nach § 60 FamFG der verfahrensfähige Mündel sowie nach § 162 Abs. 3 Satz 2 FamFG das Jugendamt. Nicht beschwerdeberechtigt sind die (nicht sorgeberechtigten) Eltern des Mün-   **9**

---

13 BayObLG BtPrax 2005, 110; MüKo-BGB/*Wagenitz*, § 1796 BGB Rn. 16
14 OLG Celle FamRZ 2013, 651; OLG Köln FamRZ 2012, 579; *Musielak/Borth* § 41 FamFG Rn. 11
15 BGH JAmt 2014, 348
16 OLG Brandenburg ZEV 2011, 954; Keidel/*Meyer-Holz* § 41 FamFG Rn. 4a
17 OLG Koblenz NZFam 2014, 716; OLG Hamburg ZKJ 2014, 70; OLG Bremen FamRZ 2011, 232
18 OLG Hamburg ZKJ 2014, 70; OLG Frankfurt a. M. BeckRS 2015, 1292; BayObLG FamRZ 1998, 257; a.A. OLG Koblenz NZFam 2014, 716; OLG Saarbrücken NJW 2011, 154
19 BGH FamRZ 2007, 538
20 BayObLG FamRZ 2004, 906; Soergel/*Zimmermann*, § 1796 BGB Rn. 7
21 KG Rpfleger 2010, 422; Staudinger/*Veit*, § 1796 BGB Rn. 37; a. A: *Zorn*, Rpfleger 2010, 425
22 BGH FamRZ 2011, 1788

dels.[23] Der Ergänzungspfleger kann sich nur gegen seine Auswahl, nicht gegen die Anordnung der Pflegschaft beschweren.[24] Der Staatsanwaltschaft steht gegen eine ablehnende Entscheidung nach § 1796 BGB keine Beschwerde zu.[25]

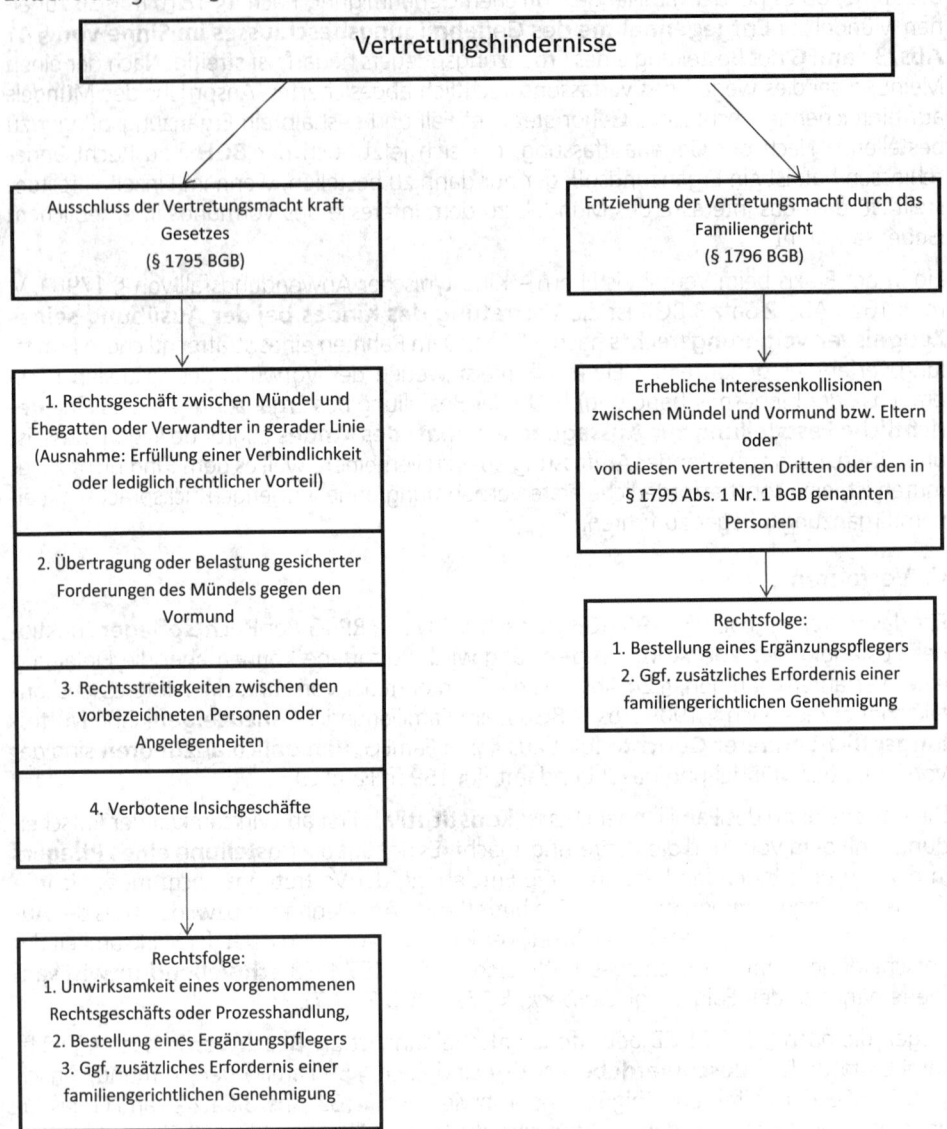

23 OLG München BtPrax 2009, 237 bzgl. § 1837 BGB; MüKo-BGB/*Wagenitz*, § 1796 BGB Rn. 18
24 BGH NJW 2012, 685
25 BGH MDR 2014, 1407

§§ 1797 bis 1820 BGB

[...]

Von Abdruck und Kommentierung der wird abgesehen.

§ 1821 BGB Genehmigung für Geschäfte über Grundstücke, Schiffe oder Schiffsbauwerke

(1) Der Vormund bedarf der Genehmigung des Familiengerichts:

1. zur Verfügung über ein Grundstück oder über ein Recht an einem Grundstück;
2. zur Verfügung über eine Forderung, die auf Übertragung des Eigentums an einem Grundstück oder auf Begründung oder Übertragung eines Rechts an einem Grundstück oder auf Befreiung eines Grundstücks von einem solchen Recht gerichtet ist;
3. zur Verfügung über ein eingetragenes Schiff oder Schiffsbauwerk oder über eine Forderung, die auf Übertragung des Eigentums an einem eingetragenen Schiff oder Schiffsbauwerk gerichtet ist;
4. zur Eingehung einer Verpflichtung zu einer der in den Nummern 1 bis 3 bezeichneten Verfügungen;
5. zu einem Vertrag, der auf den entgeltlichen Erwerb eines Grundstücks, eines eingetragenen Schiffes oder Schiffsbauwerks oder eines Rechts an einem Grundstück gerichtet ist.

(2) Zu den Rechten an einem Grundstück im Sinne dieser Vorschriften gehören nicht Hypotheken, Grundschulden und Rentenschulden.

Übersicht

A. Allgemeines

§§ 1821, 1822 BGB schränken – wie auch §§ 1795, 1796 BGB – die **gesetzliche Vertretungsmacht** des Vormunds für bestimmte vom Gesetzgeber als für das Mündel abstrakt gefährlich bzw. nachteilig eingeschätzte Rechtsgeschäfte ein, indem sie sie unter den **Vorbehalt der Genehmigung des Familiengerichts** stellen. Durch die Verweisung in § 1643 Abs 1 BGB gelten §§ 1821, 1822 Nr. 1, 3, 5, 8-11 BGB auch für **sorgeberechtigte Eltern**.   1

Das Jugendamt als **Amtsvormund** ist gemäß § 56 Abs. 2 Satz 2 SGB VIII von den Beschränkungen nach § 1822 Nr. 6 und 7 BGB freigestellt, weitere Befreiungen finden sich aufgrund des Gesetzesvorbehalts von § 56 Abs. 2 Satz 3 SGB VIII in den **Gesetzen der**   2

Länder (siehe näher hierzu *Dürbeck*, § 1791b BGB Rn. 9 und §§ 55 bis 58 SGB VIII Rn. 21 f.).

3   Weitere für die Vormundschaft bedeutsame **Genehmigungsvorbehalte** finden sich z. B. in §§ 1810, 1812, 112, 1411, 2275 BGB, 125 Abs. 2 FamFG, 181 Abs. 2 ZVG oder § 19 StAG.[1]

4   Wie bei § 1795 BGB gelten die Beschränkungen nach §§ 1821 f. BGB auch für den Fall, dass der Vormund einen **Dritten zur Vertretung des Mündels bevollmächtigt** als auch für den Fall der Entscheidung über eine Genehmigung für ein **vom Mündel selbst getätigtes Geschäft** nach § 108 BGB. Auch im Anwendungsbereich von §§ 110, 112, 113 BGB gilt die Genehmigungspflicht (vgl. §§ 1824, 112 Abs. 1 Satz 2, 113 Abs. 1 Satz 2 BGB).

5   Schließlich ist bei allen Tatbeständen Voraussetzung, dass das **Vermögen des Mündels unmittelbar tangiert** sein muss, was insbesondere dann verneint werden kann, wenn der Mündel nur **mittelbar als Teilhaber** an einer juristischen Person[2] betroffen ist oder er an einer OHG oder KG[3] beteiligt ist. Auch die Beteiligung an einer BGB-Gesellschaft, die auf eine Erwerbstätigkeit gerichtet ist, führt zur Nichtanwendbarkeit der Genehmigungsvorbehalte.[4] Im Übrigen ist aber unerheblich, ob der Mündel nur als Mitglied einer Gesamthands- oder Bruchteilsgemeinschaft[5] betroffen ist.

6   **Akte der Prozessführung** sind dann erfasst, wenn sie zugleich materiell-rechtliche Wirkungen, wie vor allem ein Vergleich, besitzen.[6] Nach zutreffender Auffassung gelten §§ 1821, 1822 BGB aber nicht für den Fall, dass der Mündel zur Abgabe einer Willenserklärung verurteilt wurde (*z. B. zur Auflassung eines Grundstücks und Eintragungsbewilligung*), so dass die Fiktion des § 894 ZPO uneingeschränkt Anwendung findet.[7]

7   Tätigt der Vormund ein unter §§ 1821, 1822 BGB fallendes Geschäft **ohne Genehmigung des Familiengerichts**, ist dieses nach § 1829 Abs. 1 Satz 1 BGB **schwebend unwirksam**. Bei Eintritt der Volljährigkeit kann es vom vormaligen Mündel nach § 1829 Abs. 3 BGB ohne Mitwirkung des Familiengerichts genehmigt werden, vor diesem Zeitpunkt nur durch die **Nachholung der familiengerichtlichen Genehmigung**. Wichtig ist, dass die familiengerichtliche Genehmigung oder deren Verweigerung nach § 1829 Abs. 1 Satz 2 BGB materiell-rechtlich **gegenüber dem Vertragspartner** erst wirksam wird, wenn sie ihm **durch den Vormund mitgeteilt** wird. Vor diesem Zeitpunkt steht es dem Vormund frei, von dem Geschäft doch noch Abstand zu nehmen.[8]

8   Wird die Genehmigung durch das Familiengericht verweigert, haftet der Vormund nicht als sog. **falsus procurator** nach § 179 Abs. 1 BGB, da es sich bei § 1821 BGB um keine Einschränkung seiner Vertretungsmacht handelt, sondern um ein **eigenständiges Wirksamkeitserfordernis** des betreffenden Rechtsgeschäfts.[9] Das Rechtsgeschäft ist in die-

---

1   Vgl. die ausführliche Zusammenstellung bei MüKo-BGB/*Wagenitz*, § 1821 BGB Rn. 2 f.
2   Auch wenn er alleiniger Gesellschafter ist, vgl. RGZ 133, 7; Gernhuber/*Coester-Waltjen* § 60 Rn. 82
3   BGH NJW 1971, 375
4   Vgl. OLG Nürnberg NJW 2013, 82; Staudinger/*Veit*, Vorbem. §§ 1821, 1822 BGB Rn. 24 anders aber wenn ihn beträchtliche Haftungsrisiken treffen, vgl. OLG Nürnberg BeckRS 2015, 02659: Versagung nach § 1822 Nr. 3 BGB
5   KGJ 38, 219 (Erbengemeinschaft)
6   RGZ 56, 333; BayObLG FamRZ 2003, 631
7   BayObLG MDR 1953, 561; Soergel/*Zimmermann*, Vor 1821 BGB Rn. 5; a.A. Gernhuber/*Coester-Waltjen* § 60 Rn. 81
8   BGHZ 15, 97; FamRZ 1964, 199
9   Vgl. *Fröschle*, Studienbuch, S. 86

sem Fall durch die Verweigerung der familiengerichtlichen Genehmigung **ex tunc un-wirksam**.[10]

B. Inhalt der Norm

Der Vormund bedarf nach § 1821 BGB der Genehmigung des Familiengerichts in folgen-den Fällen:

I. Verfügung über ein Grundstück oder über ein Recht an einem Grundstück (Nr. 1)

Gemeint sind hier Grundstücke des Mündels. Nicht erfasst ist der Fall, in dem der Mündel ein Grundstück **erwirbt**,[11] hier kann aber das Kausalgeschäft nach Nr. 5 genehmigungs-pflichtig sein. Erfasst sind vorbehaltlich der in Rn. 5 erfassten Ausnahmen auch **Anteile an Bruchteils- und Gesamthandsgemeinschaften** und **Wohnungseigentum**.[12]   **9**

Zu den genannten **Grundstücksrechten** zählen **Dienstbarkeiten, Nießbrauch, Dauer-wohnrechte** und **Reallasten**. Nach Abs. 2 sind **ausgenommen Verfügungen über Hy-potheken, Grundschulden und Rentenschulden**, hier sind aber ggf. §§ 1812, 1819 BGB zu beachten. **Verfügungen** sind nach allgemein gängiger Definition die Übertra-gung, Belastung, Aufhebung, Inhalts- oder Rangänderung eines Rechts.[13] Nicht erfasst ist die Annahme einer geschuldeten Leistung.[14]   **10**

Hauptanwendungsfall von Nr. 1 ist die **Auflassung eines dem Mündel gehörenden Grundstücks**. **Belastungen** des Grundstücks sind genehmigungspflichtig, aber dann nicht, wenn sie **im Rahmen** eines – genehmigungsfreien – **Erwerbs eines Grundstücks** erfolgen.[15] Anwendbar ist Nr. 1 schließlich auf die **Bewilligung einer Auflassungs- und Löschungsvormerkung**[16] und die **Einräumung eines Vorkaufsrechts**.[17]   **11**

Nach h.M. ist bei Veräußerung eines Grundstückes des Kindes neben der Genehmigung der Veräußerung eine **zusätzliche familiengerichtliche Genehmigung für die Bestel-lung eines Grundpfandrechts** (des Erwerbers) zur Finanzierung des Kaufpreises erfor-derlich, wenn für deren Bestellung in dem notariellen Kaufvertrag eine **Belastungsvoll-macht** erteilt wurde und die Erklärungen des Vormunds in dem Kaufvertrag einschließlich der Belastungsvollmacht bereits familiengerichtlich genehmigt worden ist.[18]   **12**

II. Verfügung über eine Forderung, die auf Übertragung des Eigentums an einem Grundstück oder auf Begründung oder Übertragung eines Rechts an einem Grundstück oder auf Befreiung eines Grundstücks von einem solchen Recht gerichtet ist (Nr. 2)

Umfasst sind hier vor allem **Verfügungen** (insbesondere durch Abtretung) **über den Auf-lassungsanspruch**, die wirtschaftlich der Übertragung des Grundstücks selbst gleich-kommen. Weiterhin fallen auch Verfügungen über übertragbare Vorkaufsrechte und das **Recht aus dem Meistgebot** nach § 81 Abs. 2 ZVG[19] darunter. Nicht erfasst ist der **dingli-che Vollzug eines schuldrechtlichen Geschäfts**, insbesondere durch Annahme des   **13**

10 NK-BGB/*Fritsche* § 1822 Rn. 28
11 MüKo-BGB/*Wagenitz,* § 1821 BGB Rn. 22
12 Palandt/*Götz,* § 1821 BGB Rn. 7
13 Erman/*Saar,* § 1821 BGB Rn. 3
14 Palandt/*Götz,* § 1821 BGB Rn. 10
15 H.M., vgl. BGH NJW 1998, 453
16 OLG Frankfurt a. M. NJW-RR 1997, 719
17 BeckOK-BGB/*Bettin,* § 1821 BGB Rn. 8
18 OLG Hamm FamRZ 2014, 492; OLG Frankfurt a. M. BeckRS 2012, 02364; Palandt/*Götz,* § 1821 BGB Rn. 10; a.A. LG Saarbrücken Rpfleger 1982, 25
19 *Brüggemann,* FamRZ 1990, 5, 10

Auflassungsangebotes durch den Mündel, obwohl es sich tatbestandsmäßig um eine Verfügung handelt.[20]

III. Verfügung über ein eingetragenes Schiff oder Schiffsbauwerk oder über eine Forderung, die auf Übertragung des Eigentums an einem eingetragenen Schiff oder Schiffsbauwerk gerichtet ist (Nr. 3)

14   Anwendbar ist die Regelung nur auf im Schiffsregister eingetragene Schiffe und Schiffsbauwerke.

IV. Eingehung einer Verpflichtung zu einer der in den Nummern 1 bis 3 bezeichneten Verfügungen (Nr. 4)

15   Nr. 4 führt zum Genehmigungserfordernis für alle **schuldrechtlichen Rechtsgeschäfte**, wie z. B. Kaufverträge, aus denen für den Mündel die **Verpflichtung zu einer der in Nr. 1 bis 3 genannten Verfügungen** entsteht. Hier soll insbesondere eine Umgehung der Genehmigungsvorbehalte von Nr. 1-3 vermieden werden, die dadurch eintreten würde, dass die Mitwirkung des Mündels an einer Verfügung durch eine gerichtliche Entscheidung (§ 894 ZPO) ohne Beteiligung des Familiengerichts erreicht werden könnte (vgl. Rn. 6).

16   Vom Regelungsgehalt dieser Ziffer nicht erfasst sind **Schenkungen zugunsten des Mündels**, auch wenn sie mit einer Belastung des Grundstücks verbunden sind oder sich der Schenker die Rückübertragung nach §§ 528, 530 BGB unter bestimmten Voraussetzungen vorbehält und zur Sicherung dieses Anspruchs eine Vormerkung vorbehält.[21]

V. Vertrag, der auf den entgeltlichen Erwerb eines Grundstücks, eines eingetragenen Schiffes oder Schiffsbauwerks oder eines Rechts an einem Grundstück gerichtet ist (Nr. 5)

17   Betroffen sind alle **schuldrechtlichen Rechtsgeschäfte**, die auf den **entgeltlichen Erwerb von Grundstücken, Schiffen etc. oder Rechte an diesen Gegenständen gerichtet** sind. Auch das Gebot in einer Zwangsversteigerung wird erfasst.[22] Entgeltlichkeit ist dann zu bejahen, wenn der Mündel eine Gegenleistung – gleich welcher Art – zu erbringen hat.[23]

18   Erfasst sind daher auch **Tauschverträge** und **gemischte Schenkungen**.[24] **Schenkungen unter Auflage** sind genehmigungspflichtig, wenn sie sich in Wahrheit als verschleierte Gegenleistung darstellen.[25] Nicht als entgeltlich eingestuft werden Schenkungen, die mit einer **gleichzeitigen Übernahme einer dinglichen Belastung** des Grundstücks[26] und mit der **gesetzlichen Übernahme von Mietverhältnissen nach § 566 BGB** einhergehen. Anders aber, wenn sich der Mündel über § 566 BGB hinaus vertraglich zur Übernahme sämtlicher Pflichten aus Mietverhältnissen des Rechtsvorgängers verpflichtet.[27] Die schenkweise Übertragung eines Grundstücks ist im Übrigen nicht allein deshalb als teilentgeltlich zu behandeln, weil die schuldrechtliche Vereinbarung den Hinweis darauf enthält, dass der Minderjährige künftig kraft Gesetzes in bestehende Vertragsverhältnisse aus der Vermietung des übertragenen Grundbesitzes (§ 566 BGB) eintreten wird.[28]

---

20 RGZ 108, 356; BGH FamRZ 2010, 2065
21 Staudinger/*Veit,* § 1821 BGB Rn. 65 mit Rspr.-Nachweisen und auch zu den Grenzen derartiger Vorbehalte
22 *Brüggemann,* FamRZ 1990, 5, 10
23 *BGH* NJW 2009, 2737; Erman/*Saar,* § 1821 BGB Rn. 13
24 KG FamRZ 2011, 736
25 OLG Köln Rpfleger 1996, 446; ausführlich Staudinger/*Veit,* § 1821 BGB Rn. 77-79
26 BayObLGZ 1968, 1; Rpfleger 1968, 18
27 KG FamRZ 2011, 736
28 OLG Hamm NJW-RR 2014, 1350

C. Verfahren

Für das Verfahren nach §§ 1821 ff. BGB ist der **Rechtspfleger** nach §§ 3 Nr. 2a RPflG **19**
funktionell zuständig. Zu beteiligen sind der Vormund, der Mündel und ggf. das Jugendamt. Für die Anhörung gelten §§ 158 ff. FamFG nur, soweit **nicht ausschließlich** die
Vermögenssorge betroffen ist.[29]

Für die **Kindesanhörung** ist im Bereich der Vermögenssorge § 159 Abs. 1 Satz 2 FamFG **20**
zu berücksichtigen. Ein **Verfahrensbeistand** kann nach § 158 FamFG nur in Angelegenheiten bestellt werden, die die Personensorge betreffen, wozu insbesondere §§ 1822
Nr. 6, 7 BGB gehören.

Bei der **Bekanntmachung der Entscheidung** ist die Sonderregelung in § 41 Abs. 3
FamFG zu beachten, wonach die Entscheidung, die die Genehmigung eines Rechtsge-
schäfts zum Gegenstand hat, auch dem **betroffenen Mündel** bekannt zu geben ist. Die
Vorschrift gilt auch für die Genehmigung verweigernde Entscheidungen, nicht aber für
sog. Negativatteste (vgl. Rn. 21).[30] Für den mindestens 14-jährigen und damit **verfahrens-**
fähigen Mündel folgt dies aber bereits aus § 41 Abs. 1 FamFG und § 164 Satz 1 FamFG.
Bei dem **nicht verfahrensfähigen Mündel** hat die Bekanntmachung an ihn nach § 9
Abs. 2 FamFG gegenüber dem **gesetzlichen Vertreter** zu erfolgen. Hierbei bedarf es
nach der vom BGH inzwischen entschiedenen Streitfrage[31] nicht der Bestellung eines **Er-**
gänzungspflegers für die Bekanntmachung der Entscheidung (§ 41 Abs. 3 FamFG;[32]
siehe näher hierzu *Dürbeck*, § 1796 BGB Rn. 5).

Die Entscheidung des Rechtspflegers ist mit der **Beschwerde** nach §§ 11 Abs. 1 RPflG, **21**
58 ff. FamFG anfechtbar, wobei hier die **verkürzte Beschwerdefrist nach § 63 Abs. 2**
Nr. 2 FamFG zu beachten ist. Sie ist auch statthaft gegen sog. **Negativatteste**, bei denen
das Familiengericht feststellt, dass ein bestimmtes Geschäft keiner Genehmigung bedarf.[33]
Umgekehrt ist auch die **Verweigerung eines Negativattests** anfechtbar.[34]

Der **Vormund** ist gegen die Verweigerung der Genehmigung beschwerdeberechtigt, da **22**
er in eigenen Rechten betroffen ist.[35] Nicht beschwerdeberechtigt ist der **Vertragspartner**
des Mündels,[36] was auch dann der Fall ist, wenn es sich bei dem Vertragspartner um einen
Elternteil des Kindes handelt. Der **verfahrensfähige Mündel** ist nach § 60 FamFG beschwerdeberechtigt, auch der Vormund kann **in seinem Namen** als gesetzlicher Vertreter
Beschwerde einlegen. Kein Beschwerderecht hat der Vormund dagegen gegen eine erteilte Genehmigung, weil es ihm durch die Möglichkeit von § 1829 Abs. 1 Satz 2 BGB noch
frei steht, von dem Geschäft Abstand zu nehmen.[37]

---

29 BGH FamRZ 2012, 436; 2011, 1788
30 MüKo-FamFG/*Ulrici* § 41 Rn. 15
31 Dafür: OLG Celle FamRZ 2013, 651; OLG Köln FamRZ 2012, 579; KG FamRZ 2010, 1171; a.A. wie der BGH:
     OLG Brandenburg ZEV 2011, 594; MüKo-FamFG/*Ulrici* § 41 Rn 14 ff.
32 BGH JAmt 2014, 348 m. Anm. *Zorn*
33 BGHZ 44, 325; OLG Hamm FGPrax 2011, 61
34 LG Mühlhausen FamRZ 2012, 1324
35 Oberloskamp/*Band* § 9 Rn. 127; a.A. OLG Stuttgart FGprax 2001, 199: nur für den Mündel
36 OLG Celle FamRZ 2012, 1066; näher vgl. *Dürbeck*, § 59 FamFG Rn. 12
37 Staudinger/*Veit*, § 1828 BGB Rn. 89

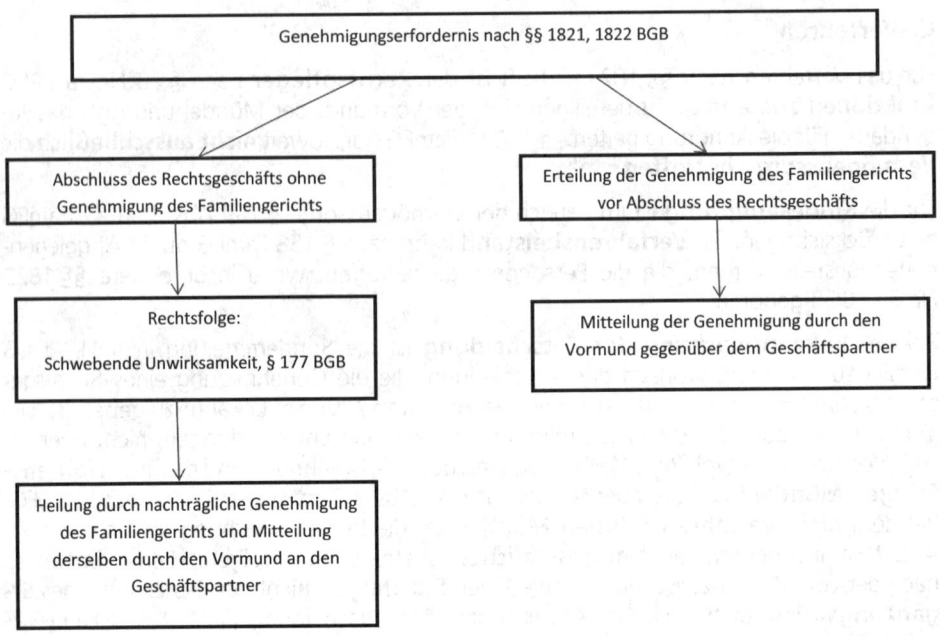

Genehmigungserfordernis nach §§ 1821, 1822 BGB

Abschluss des Rechtsgeschäfts ohne Genehmigung des Familiengerichts

Erteilung der Genehmigung des Familiengerichts vor Abschluss des Rechtsgeschäfts

Rechtsfolge:

Schwebende Unwirksamkeit, § 177 BGB

Mitteilung der Genehmigung durch den Vormund gegenüber dem Geschäftspartner

Heilung durch nachträgliche Genehmigung des Familiengerichts und Mitteilung derselben durch den Vormund an den Geschäftspartner

§ 1822 BGB Genehmigung für sonstige Geschäfte

Der Vormund bedarf der Genehmigung des Familiengerichts:

1. zu einem Rechtsgeschäft, durch das der Mündel zu einer Verfügung über sein Vermögen im Ganzen oder über eine ihm angefallene Erbschaft oder über seinen künftigen gesetzlichen Erbteil oder seinen künftigen Pflichtteil verpflichtet wird, sowie zu einer Verfügung über den Anteil des Mündels an einer Erbschaft,

2. zur Ausschlagung einer Erbschaft oder eines Vermächtnisses, zum Verzicht auf einen Pflichtteil sowie zu einem Erbteilungsvertrag,

3. zu einem Vertrag, der auf den entgeltlichen Erwerb oder die Veräußerung eines Erwerbsgeschäfts gerichtet ist, sowie zu einem Gesellschaftsvertrag, der zum Betrieb eines Erwerbsgeschäfts eingegangen wird,

4. zu einem Pachtvertrag über ein Landgut oder einen gewerblichen Betrieb,

5. zu einem Miet- oder Pachtvertrag oder einem anderen Vertrag, durch den der Mündel zu wiederkehrenden Leistungen verpflichtet wird, wenn das Vertragsverhältnis länger als ein Jahr nach dem Eintritt der Volljährigkeit des Mündels fortdauern soll,

6. zu einem Lehrvertrag, der für längere Zeit als ein Jahr geschlossen wird,

7. zu einem auf die Eingehung eines Dienst- oder Arbeitsverhältnisses gerichteten Vertrag, wenn der Mündel zu persönlichen Leistungen für längere Zeit als ein Jahr verpflichtet werden soll,

8. zur Aufnahme von Geld auf den Kredit des Mündels,

9. zur Ausstellung einer Schuldverschreibung auf den Inhaber oder zur Eingehung einer Verbindlichkeit aus einem Wechsel oder einem anderen Papier, das durch Indossament übertragen werden kann,

10. zur Übernahme einer fremden Verbindlichkeit, insbesondere zur Eingehung einer Bürgschaft,

11. zur Erteilung einer Prokura,

12. zu einem Vergleich oder einem Schiedsvertrag, es sei denn, dass der Gegenstand des Streites oder der Ungewissheit in Geld schätzbar ist und den Wert von 3 000 Euro nicht übersteigt oder der Vergleich einem schriftlichen oder protokollierten gerichtlichen Vergleichsvorschlag entspricht,

13. zu einem Rechtsgeschäft, durch das die für eine Forderung des Mündels bestehende Sicherheit aufgehoben oder gemindert oder die Verpflichtung dazu begründet wird.

Übersicht

A. Allgemeines

Es gelten die unter § 1821 BGB Rn. 1 bis 8 und 18 bis 21 gemachten Ausführungen, auch zum Verfahren entsprechend hier.

1

B. Inhalt der Norm

Der Vormund bedarf nach § 1822 BGB der Genehmigung des Familiengerichts in folgenden Fällen:

2

I. Rechtsgeschäft, durch das der Mündel zu einer Verfügung über sein Vermögen im Ganzen oder über eine ihm angefallene Erbschaft oder über seinen künftigen gesetzlichen Erbteil oder seinen künftigen Pflichtteil verpflichtet wird, sowie zu einer Verfügung über den Anteil des Mündels an einer Erbschaft (Nr. 1)

3 Anders als bei der zu §§ 1365, 311b Abs. 2 und 3 BGB vorherrschenden **Einzelakttheorie** muss im Rahmen von Nr. 1 das Geschäft ausdrücklich darauf gerichtet sein, das **gesamte Vermögen** des Mündels mit einzubeziehen[1] (sog. **Gesamttheorie**). Dem gesamten Vermögen des Mündels gleichgestellt sind Erbschaften und Anteile an solchen.

▶ *Zum Verfügungsbegriff näher siehe Dürbeck, § 1821 BGB Rn. 10.*

4 Erfasst sind nach dem ausdrücklichen Wortlaut lediglich **Verpflichtungsgeschäfte**. Soweit Verfügungsgeschäfte nach anderen Vorschriften genehmigungsbedürftig sind, erstreckt sich die Genehmigung eines Verpflichtungsgeschäfts nach Nr. 1 auch auf die betreffenden Verfügungsgeschäfte.[2]

II. Ausschlagung einer Erbschaft oder eines Vermächtnisses, zum Verzicht auf einen Pflichtteil sowie zu einem Erbteilungsvertrag (Nr. 2)

5 Genehmigungsbedürftig ist auch die Vertretung des Mündels bei der **Ausschlagung einer Erbschaft** (§§ 1942 ff. BGB) oder eines **Vermächtnisses** (§§ 2176, 2180 BGB), bei einem **Pflichtteilsverzicht** (§ 397 BGB) für den **bereits entstandenen Pflichtteilsanspruch** (*der Verzicht auf einen künftigen Pflichtteil ist bereits nach § 2347 BGB genehmigungspflichtig*) und einem **Erbteilungsvertrag**. Letzterer ist dann gegeben, wenn durch den Vertrag die Erbengemeinschaft hinsichtlich des gesamten oder eines Teils des Nachlasses aufgehoben werden soll.[3]

6 Die für **sorgeberechtigte Eltern** nach § 1643 Abs. 2 Satz 2 BGB[4] vorgesehenen **Einschränkungen der Genehmigungsbedürftigkeit** gelten nicht für den Vormund. Auch die **Anfechtung einer Annahme der Erbschaft**, die nach § 1957 Abs. 1 BGB als Ausschlagung gilt, ist genehmigungsbedürftig, anders aber wegen § 2180 Abs. 3 BGB für die **Anfechtung der Annahme eines Vermächtnisses.**

7 Die Genehmigung des Familiengerichts kann auch noch **nach Ablauf der Ausschlagungsfrist** erteilt werden.[5] Es genügt, wenn innerhalb der Ausschlagungsfrist des § 1944 Abs. 1 BGB sowohl die **Ausschlagungserklärung** bei dem Nachlassgericht eingereicht wird, als auch die **Genehmigung des Familiengerichts** beantragt wird.[6]

8 Es besteht im Übrigen hinsichtlich der **Werthaltigkeit einer Erbschaft** eine umfassende **Amtsermittlungspflicht** (§ 26 FamFG) des Familiengerichts.[7] Die von dem Vormund für das betroffene Kind erklärte Ausschlagung der Erbschaft ist im Regelfall **familiengerichtlich zu genehmigen**, wenn der Nachlass überschuldet ist und die Erbausschlagung somit im wirtschaftlichen Interesse des Mündels liegt.[8] Umgekehrt kommt bei Werthaltigkeit des Nachlasses eine Genehmigung der Ausschlagung oder des Verzichts wohl nur bei Vorhandensein besonderer Gründe in Betracht.

---

1 BGH FamRZ 1957, 121; Soergel/*Zimmermann*, § 1822 BGB Rn. 2; a.A. Gernhuber/*Coester-Waltjen* § 60 Rn. 102: ausreichend ist, dass der Gegenstand nahezu das gesamte Vermögen des Mündels ausmache
2 MüKo-BGB/*Wagenitz*, § 1822 BGB Rn. 4
3 KG KGJ 42, A 49
4 Vgl. dazu *Becker*, JA 2014, 101; *Jordan*, MDR 2014, 379
5 BayObLGZ 1969, 14; BeckOK-BGB/*Bettin*, § 1822 Rn. 6
6 *Mayer*, Rpfleger 2013, 657
7 Vgl. zu den Anforderungen OLG Schleswig ZKJ 2013, 261
8 OLG Brandenburg NJW-Spezial 2014, 136

III. Vertrag, der auf den entgeltlichen Erwerb oder die Veräußerung eines Erwerbsgeschäfts gerichtet ist, sowie zu einem Gesellschaftsvertrag, der zum Betrieb eines Erwerbsgeschäfts eingegangen wird (Nr. 3)

1. Erwerb oder Veräußerung eines Rechtsgeschäfts (Alt. 1)

Alt. 1 der Norm betrifft **die Begründung oder Aufgabe** der Stellung des Mündels als **Inhaber eines Erwerbsgeschäfts**. Ein Erwerbsgeschäft liegt vor bei jeder **mit Gewinnerzielungsabsicht**, auf einen **regelmäßigen und selbständigen Erwerb gerichteten Tätigkeit**, gleich ob im Handel, Produktion, oder Handwerk, Kunst, Wissenschaft oder Landwirtschaft.[9] Erfasst sind damit auch Angehörige **freier Berufe**, Künstler oder Wissenschaftler. Die **Rechtsform** des Erwerbsgeschäfts ist unerheblich, die **Beteiligung** einer Personengesellschaft genügt, auch wenn der Mündel an der Geschäftsführung nicht teilhat.[10] Bei **Kapitalgesellschaften** besteht Genehmigungspflichtigkeit dann, wenn der Mündel auch ein **Unternehmerrisiko** zu tragen hat, was unzweifelhaft dann gegeben ist, wenn der Mündel sämtliche Anteile erwerben bzw. veräußern soll.[11]

Ob darüber hinaus die Vorschrift auch zum Tragen kommt, wenn der Mündel nur **Teile einer Gesellschaft** erwirbt oder veräußert, ist noch nicht hinreichend in der Rechtsprechung geklärt[12], aber dann zu bejahen, wenn er durch den Erwerb oder die Veräußerung einen **beherrschenden Einfluss** auf das Unternehmen gewinnt oder verliert. Werden Anteile einer GmbH bereits **vor deren Eintragung** ins Handelregister übernommen, ist wegen der Möglichkeit der Begründung einer **persönlichen Haftung** des Mündels Genehmigungspflichtigkeit zu bejahen.[13]

Genehmigungsbedürftig sind der **entgeltliche** Erwerb und die Veräußerung des Geschäfts bzw. der Anteile, also die **schuldrechtlichen** Verträge.[14] Zur Frage der Entgeltlichkeit siehe näher *Dürbeck*, § 1821 BGB Rn. 17. **Schenkungsverträge** sind daher nicht betroffen,[15] ebenso wenig wie der Erwerb kraft Erbfalls (§ 1922 BGB) oder im Rahmen eines Vermächtnisses (§ 2174 BGB).[16]

2. Gesellschaftsvertrag (Alt. 2)

Alt. 2 der Norm erfasst schließlich den **Abschluss von Gesellschaftsverträgen**, die **zum Betrieb eines Erwerbsgeschäfts** eingegangen werden. Beinhaltet ist insoweit auch der **Beitritt zu einer bereits bestehenden Personen- oder Kapitalgesellschaft**,[17] auch genügt der Erwerb der **Kommanditistenstellung**.[18] Ausgenommen sind Gesellschaftsbeteiligungen, bei denen es sich um **reine Vermögensverwaltung** handelt,[19] die keine berufsmäßige Verwaltung und Übernahme unternehmerischen Risikos beinhaltet. Bei Alt. 2 ist unerheblich, ob dem Gesellschaftsvertrag ein **unentgeltlicher Erwerb** zugrunde liegt.[20]

9

10

11

12

---

9 RGZ 133, 7
10 RGZ 87, 100
11 BGH FamRZ 1957, 121; KG NJW 1976, 1946; ausführlich *Brüggemann*, FamRZ 1990, 124, 129
12 Vgl. die Darstellung von *Staudinger/Veit*, § 1822 BGB Rn. 56 ff.
13 BGH FamRZ 1989, 605; Gernhuber/*Coester-Waltjen* § 60 Rn. 105
14 MüKo-BGB/*Wagenitz*, § 1822 BGB Rn. 13; a.A. *Soergel/Zimmermann*, § 1822 BGB Rn. 1: auch Erfüllungsgeschäfte
15 BGH Rpfleger 1989, 281, aber ggf. nach Alt. 2
16 BGH NJW 1971, 1268; OLG Jena FamRZ 2014, 140 (Schenkung Kommanditanteil an vermögensverwaltenden Familiengesellschaft); zur Kritik wegen entstehender Haftungsrisiken: *Staudinger/Veit*, § 1822 BGB Rn. 44 ff.
17 BayObLG FamRZ 1990, 208
18 BGH NJW 1955, 1067; Gernhuber/*Coester-Waltjen* § 60 Rn. 107
19 OLG Zweibrücken NJW-RR 1999, 1174; Palandt/*Götz*, § 1822 BGB Rn. 8
20 BayObLG FamRZ 1997, 844; *Weinbrenner*, FPR 2009, 265, 268 f. vgl. dazu ausführlich OLG Nürnberg BeckRS 2015, 02659 zur Gründung einer GbR zwischen Eltern und Kind

IV. Pachtvertrag über ein Landgut oder einen gewerblichen Betrieb (Nr. 4)

13 Gemeint sind **Pachtverträge** nach § 581 ff. BGB, gleich ob der Mündel Pächter oder Verpächter ist. Unerheblich ist auch die Pachtdauer. Zum Landpachtvertrag vgl. § 585 BGB.

V. Miet- oder Pachtvertrag oder ein anderer Vertrag, durch den der Mündel zu wiederkehrenden Leistungen verpflichtet wird, wenn das Vertragsverhältnis länger als ein Jahr nach dem Eintritt der Volljährigkeit des Mündels fortdauern soll (Nr. 5)

14 Genehmigungspflichtig sind sämtliche **Miet- und Pachtverträge sowie sonstige Dauerschuldverhältnisse**, die den Mündel **länger als ein Jahr nach Erreichen seiner Volljährigkeit** binden. Erfasst sind nur **rechtsgeschäftlich begründete Dauerschuldverhältnisse**, so dass vor allem **kraft Gesetzes gemäß §§ 566, 581 Abs. 2 BGB** anlässlich des Erwerbes des Grundstücks übergegangene Schuldverhältnisse nicht erfasst sind.[21] § 1822 Nr. 5 ist bei der Verpachtung von Landgütern **neben Nr. 4** anzuwenden.[22] Beispiele für **sonstige Dauerschuldverhältnisse** sind **Versicherungsverträge**,[23] **Bausparverträge, Abzahlungskaufverträge** und **Leasingverträge**.[24]

15 Nicht anzuwenden ist Nr. 5 nach zutreffender Auffassung auf **Lehr- und Arbeitsverhältnisse**, da Nr. 6 und 7 hier vorrangig sind.[25] Auf **Unterhaltsverpflichtungen** des Mündels ist Nr. 5 dann anzuwenden, wenn sie über die Anerkennung der gesetzlichen Unterhaltspflicht hinausgehen.[26]

16 Die Bestimmung der in Nr. 5 festgelegten **Laufdauer** ist unproblematisch bei befristeten Verträgen. Besteht im Übrigen eine **Kündigungsmöglichkeit des Mündels**, kommt es darauf an, ob sie **ohne gravierende Nachteile** ausgeübt werden kann,[27] woran es bei Lebensversicherungen regelmäßig mangelt. Ist der Mündel Mieter bei einem unbefristeten **Mietvertrag über Wohnraum**, wird die Möglichkeit der Kündigung für eine Freistellung von Nr. 5 genügen müssen.[28]

17 Wird die **Genehmigung verweigert**, hängt die Wirksamkeit des Vertrages für die **Zeit bis zum 19. Lebensjahr** des Mündels von § 139 BGB ab.[29]

▶ *Näher zu den Rechtsfolgen der ausbleibenden Genehmigung Dürbeck, § 1821 BGB Rn. 7 f.*

VI. Lehrvertrag, der für längere Zeit als ein Jahr geschlossen wird (Nr. 6) sowie Eingehung eines auf ein Dienst- oder Arbeitsverhältnisses gerichteten Vertrages, wenn der Mündel zu persönlichen Leistungen für längere Zeit als ein Jahr verpflichtet werden soll (Nr. 7)

18 Nr. 6 und 7 betreffen den Abschluss von Berufsausbildungs- und Arbeits- und Dienstverträgen mit einer **Vertragsdauer von über einem Jahr**. Erfasst sind auch auf **unbestimmte Zeit** geschlossene Verträge, die vom Mündel **nicht vor Ablauf eines Jahres gekündigt** werden können.[30] Die Vorschriften gelten nach § 1643 Abs. 1 BGB **nicht für sorgeberechtigte Eltern** und nach § 56 Abs. 2 Satz 2 SGB VIII nicht für den **Amtsvormund**. Nicht anzuwenden sind Nr. 6 und 7 auf die **Kündigung** der Verträge.[31]

---

21 BGH NJW 1983, 1780; OLG Hamm NJW-RR 2014, 1350
22 RGZ 114, 35; Palandt/*Götz*, § 1822 BGB Rn. 12
23 BGH NJW 1958, 1393: Lebensversicherung
24 Staudinger/*Veit*, § 1822 BGB Rn. 113 mit Nachweisen der Rspr.
25 Erman/*Saar*, § 1822 BGB Rn. 23; a.A. BeckOK-BGB/*Bettin*, § 1822 Rn. 19
26 OLG Oldenburg DAVorm 1962, 124
27 BGH FamRZ 1958, 318
28 LG Münster FamRZ 1994, 531; a.A. Staudinger/*Veit*, § 1822 BGB Rn. 120
29 Vgl. MüKo-BGB/*Wagenitz*, § 1822 BGB Rn. 32
30 BeckOK-BGB/*Bettin*, § 1822 BGB Rn. 22
31 Soergel/*Zimmermann*, § 1822 BGB R. 34

VII. Aufnahme von Geld auf den Kredit des Mündels (Nr. 8)

Erfasst ist jede Form der **Kreditaufnahme** durch den Mündel, gleich ob in Form des **Dar-** **19**
lehensvertrages (§§ 488 ff. BGB), des **Kontokorrents** (§ 355 HGB), der **Schuldaner-**
kenntnisse (§§ 780. 781 BGB) oder mit einem **Kaufvertrag verbundenen Kredits**
(§ 358 BGB).[32] In letzterem Fall führt bei Verweigerung der Genehmigung des Kreditvertra-
ges dies nach § 139 BGB im Regelfall auch zur Unwirksamkeit des Kaufvertrages.[33] Die
Norm gilt auch bei einer Darlehensabrede zwischen dem Mündel und dem Vormund bzw.
einem Elternteil.[34]

Unerheblich ist im Übrigen, ob der Kredit **verzinslich** oder **gesichert** ist.[35] Um bei einer   **20**
Überziehung des Girokontos zu vermeiden, wiederholt familiengerichtliche Genehmigungen einholen zu müssen, ist die **Vereinbarung eines Kreditrahmens** mit der Bank
ratsam, der einmalig vom Familiengericht genehmigt werden könnte.[36] Nicht von Nr. 8 erfasst ist der (gewöhnliche) **Abzahlungskauf**.[37]

VIII. Ausstellung einer Schuldverschreibung auf den Inhaber oder zur Eingehung einer Verbindlichkeit aus einem Wechsel oder einem anderen Papier, das durch Indossament übertragen werden kann (Nr. 9)

Erfasst sind die Ausstellung von **Inhaberschuldverschreibungen** nach §§ 793 ff. BGB,   **21**
die Eingehung jedweder **Wechselschulden** und solche aus **anderen Orderpapieren**,
insbes. nach §§ 363 ff. HGB. Nach zutreffender Auffassung gilt Nr. 9 nicht für den **Inha-**
berscheck.[38] Eine erteilte Genehmigung kann auf dem Wertpapier vermerkt werden, um
so die Möglichkeit des Urkundenprozesses nach §§ 592 ff. ZPO zu ermöglichen. Auch eine
allgemeine Ermächtigung nach § 1825 BGB ist möglich.

IX. Übernahme einer fremden Verbindlichkeit, insbesondere zur Eingehung einer Bürgschaft (Nr. 10)

Die Vorschrift bezweckt den Schutz des Mündels vor der **Übernahme von Fremdschul-**   **22**
den. Nach ganz h.M. ist ihr Anwendungsbereich beschränkt auf die Fälle, in denen dem
Mündel im Falle einer Inanspruchnahme ein **Ersatz- bzw. Ausgleichsanspruch gegen**
den Erstschuldner zustehen würde.[39] Nicht erfasst sind daher Fälle der **befreienden**
Schuldübernahme oder des **gesetzlichen oder vertraglichen Übergangs einer**
Schuld anlässlich eines Erwerbsvorgangs, z. B. nach § 566 BGB[40] oder eines Grundpfandrechts.[41]

Anwendungsfälle sind demgemäß die im Gesetz genannte **Bürgschaft** (§ 765 BGB), die   **23**
Schuldübernahme, der **Schuldbeitritt**, die **Erfüllungsübernahme** mit Rückgriffsrecht
und die Begründung der gesamtschuldnerischen Haftung für einen Dritten.[42] Nr. 10 ist anzuwenden auf die **Auflassung von Bruchteilen eines Wohnungseigentums** an Minderjährige, weil die Mitberechtigten gesamtschuldnerisch für ihren nach § 16 Abs. 2 WEG
zu tragenden Anteil haften.[43]

---

32 BGH NJW 1961, 166: nicht aber der verbundene Kaufvertrag
33 LG Bremen FamRZ 1963, 658; Gernhuber/*Coester-Waltjen* § 60 Rn. 115
34 VG Göttingen BeckRS 2014, 53570
35 MüKo-BGB/*Wagenitz*, § 1822 BGB Rn. 52
36 KG FamRZ 2010, 402; Oberloskamp/*Band* § 9 Rn. 145
37 BGH WM 1972, 698
38 Gernhuber/*Coester-Waltjen* § 60 Rn. 114: a.A. Soergel/*Zimmermann*, § 1822 BGB Rn. 38
39 RGZ 63, 76; MüKo-BGB/*Wagenitz*, § 1822 BGB Rn. 62
40 BGH NJW 1983, 1780
41 RGZ 110, 173
42 BGHZ 60, 385
43 OLG München FamRZ 2013, 494

X. Erteilung einer Prokura (Nr. 11)

24 Anwendbar ist die Vorschrift nur, wenn der Mündel **selbst Inhaber des Handelsgeschäfts** ist, die Beteiligung an einer Personen- oder Kapitalgesellschaft reicht insoweit nicht aus.[44] Nicht, auch nicht entsprechend, anwendbar ist die Norm auf den **Widerruf der Prokura** (§ 52 HGB), auf die **Handlungsvollmacht** nach § 54 HGB[45] und auf die **Bestellung eines Geschäftsführers** einer GmbH.[46] Fehlt die familienrechtliche Genehmigung oder ist sie verweigert, ist die Erteilung der Prokura unwirksam.[47] Aus Gründen der Vorrangigkeit des Minderjährigenschutzes wird auch der gute Glaube des Rechtsverkehrs an eine etwaige **Eintragung in das Handelsregister und deren Bekanntmachung** trotz der Regelung in § 15 Abs. 3 HGB nach richtiger Ansicht nicht zu schützen sein.[48]

XI. Vergleich oder Schiedsvertrag, es sei denn, dass der Gegenstand des Streites oder der Ungewissheit in Geld schätzbar ist und den Wert von 3 000 Euro nicht übersteigt oder der Vergleich einem schriftlichen oder protokollierten gerichtlichen Vergleichsvorschlag entspricht (Nr. 12)

25 Anwendbar ist die Regelung auf **Vergleiche nach § 779 BGB** jeder Art einschließlich des Prozess-[49] und Unterhaltsvergleichs und Schiedsverträge. Sie gilt damit auch auf die vor dem **Güterichter** (§ 36 Abs. 5 FamFG) geschlossenen Vergleiche. Eine Ausnahme besteht nur dann, wenn der Wert des Streits oder der Ungewissheit (es gelten §§ 3 ff. ZPO) **3.000,00 Euro** nicht übersteigt oder der Prozessvergleich einem schriftlichen oder im gerichtlichen Protokoll festgestellten **Vergleichsvorschlag** entspricht.

26 Nicht anwendbar ist Nr. 12 auf sog. **Schiedsgutachtenvereinbarungen**, die anders als der Schiedsvertrag nicht die Entscheidung des Rechtsstreits durch außerhalb der staatlichen Gerichtsbarkeit stehende Schiedsrichter zum Ziel haben, sondern auf die Klärung einzelner Tatbestandselemente oder gutachterlicher Leistungsbestimmungen gerichtet sind.[50]

XII. Rechtsgeschäft, durch das die für eine Forderung des Mündels bestehende Sicherheit aufgehoben oder gemindert oder die Verpflichtung dazu begründet wird (Nr. 13)

27 Betroffen sind Rechtsgeschäfte, durch die für eine Forderung des Mündels bestehende **Sicherheiten aufgehoben oder gemindert** werden, wobei das Gesetz auch das **schuldrechtliche Verpflichtungsgeschäft** unter Genehmigungsvorbehalt stellt. Erfasst sind damit **dingliche und persönliche Sicherheiten** jeder Art, wie z. B. Bürgschaften, Grundpfandrechte, Sicherungsabtretung und Sicherungszession. Auch die Aufgabe von Rechtspositionen in der **Zwangsvollstreckung**, wie die Rücknahme eines Versteigerungsantrages oder des Beitritts zum Verfahren, sind erfasst.[51]

C. Verfahren und Entscheidung

28 Für die Entscheidung des Rechtspflegers, ob die Genehmigung erteilt wird oder nicht, gibt es keine allgemein gültigen Kriterien. Sie wird insbesondere bestimmt von Sinn und Zweck des jeweiligen Genehmigungsvorbehalts und von den Vermögensinteressen des Mündels. So wird die Genehmigung zu der Erteilung einer Prokura nach Nr. 11 nur ausnahmsweise

---

44 KG OLGE 27, 369; Erman/*Saar*, § 1822 BGB Rn. 31
45 Palandt/*Götz*, § 1822 BGB Rn. 22
46 OLG Düsseldorf AGS 2006, 244
47 RGZ 127, 153; Staudinger/*Veit,* § 1822 BGB Rn. 196
48 RGZ 127, 153; *Canaris* § 5 Rn. 54; Baumbach/*Hopt* § 15 HGB Rn. 19; a.A. MüKo-HGB/*Krebs* § 15 Rn. 92
49 RGZ 56, 333
50 BGH FamRZ 2014, 655
51 MüKo-BGB/*Wagenitz,* § 1822 BGB Rn. 73 f. und *Brüggemann,* FamRZ 1990, 124, 126, auch mit weiteren Einzelheiten

zu versagen sein, während die Genehmigung zur Übernahme einer fremden Verbindlichkeit (Nr. 10) nur bei besonders gewichtigen wirtschaftlichen und persönlichen Gründen auf Seiten des Mündel zu erteilen sind wird. In jedem Fall ist eine vor allem wirtschaftlich orientierte Gesamtabwägung zwischen den Vor- und Nachteilen eines Rechtsgeschäfts für den Mündel vorzunehmen.

▶ *Wegen der Einzelheiten des Verfahrens vgl. Dürbeck, § 1821 BGB Rn. 18 ff.*

§§ 1823 bis 1834 BGB

[...]

Von Abdruck und Kommentierung der wird abgesehen.

§ 1835 BGB Aufwendungsersatz

(1) [1]Macht der Vormund zum Zwecke der Führung der Vormundschaft Aufwendungen, so kann er nach den für den Auftrag geltenden Vorschriften der §§ 669, 670 von dem Mündel Vorschuss oder Ersatz verlangen; für den Ersatz von Fahrtkosten gilt die in § 5 des Justizvergütungs- und -entschädigungsgesetzes für Sachverständige getroffene Regelung entsprechend. [2]Das gleiche Recht steht dem Gegenvormund zu. [3]Ersatzansprüche erlöschen, wenn sie nicht binnen 15 Monaten nach ihrer Entstehung gerichtlich geltend gemacht werden; die Geltendmachung des Anspruchs beim Familiengericht gilt dabei auch als Geltendmachung gegenüber dem Mündel.

(1a) [1]Das Familiengericht kann eine von Absatz 1 Satz 3 abweichende Frist von mindestens zwei Monaten bestimmen. [2]In der Fristbestimmung ist über die Folgen der Versäumung der Frist zu belehren. [3]Die Frist kann auf Antrag vom Familiengericht verlängert werden. [4]Der Anspruch erlischt, soweit er nicht innerhalb der Frist beziffert wird.

(2) Aufwendungen sind auch die Kosten einer angemessenen Versicherung gegen Schäden, die dem Mündel durch den Vormund oder Gegenvormund zugefügt werden können oder die dem Vormund oder Gegenvormund dadurch entstehen können, dass er einem Dritten zum Ersatz eines durch die Führung der Vormundschaft verursachten Schadens verpflichtet ist; dies gilt nicht für die Kosten der Haftpflichtversicherung des Halters eines Kraftfahrzeugs. Satz 1 ist nicht anzuwenden, wenn der Vormund oder Gegenvormund eine Vergütung nach § 1836 Abs. 1 Satz 2 in Verbindung mit dem Vormünder- und Betreuervergütungsgesetz erhält.

(3) Als Aufwendungen gelten auch solche Dienste des Vormunds oder des Gegenvormunds, die zu seinem Gewerbe oder seinem Beruf gehören.

(4) [1]Ist der Mündel mittellos, so kann der Vormund Vorschuss und Ersatz aus der Staatskasse verlangen. [2]Absatz 1 Satz 3 und Absatz 1a gelten entsprechend.

(5) [1]Das Jugendamt oder ein Verein kann als Vormund oder Gegenvormund für Aufwendungen keinen Vorschuss und Ersatz nur insoweit verlangen, als das einzusetzende Einkommen und Vermögen des Mündels ausreicht. [2]Allgemeine Verwaltungskosten einschließlich der Kosten nach Absatz 2 werden nicht ersetzt.

Übersicht

A. Allgemeines

1 Auch wenn die Vormundschaft entsprechend dem gesetzgeberischen Leitbild **ehrenamtlich** ausgeübt wird, steht dem Vormund nach dem Gesetz ein **Anspruch auf Ersatz der aus der Führung der Vormundschaft entstandenen Aufwendungen nebst Vorschuss** zu. Diesen regelt § 1835 BGB.

2 **Anspruchsgegner** ist grundsätzlich der **Mündel** (Abs. 1), im Fall seiner **Mittellosigkeit haftet subsidiär die Staatskasse** (Abs. 4). Ausgeschlossen ist der Aufwendungsersatzanspruch gegen den Staat für den **Amts- und Vereinsvormund** (Abs. 5). Der Anspruch ist innerhalb einer gesetzlich bestimmten **Frist** (Abs. 1 und 1a) geltend zu machen. Besonderheiten gelten für die Erbringung von Diensten des Vormunds, **die zu seinem Beruf oder Gewerbe** gehören (Abs. 3).

3 Im Anwendungsbereich von § 1835 BGB sind die Aufwendungen zum Zwecke ihrer Geltendmachung dem Gericht gegenüber **im Einzelnen darzulegen**, während § 1835a BGB die Möglichkeit einer **pauschalen Geltendmachung** eröffnet. Eine **Vergütung für den Vormund** sieht das Gesetz in § 1836 BGB grundsätzlich nur für den Berufsvormund vor.

4 Anwendbar ist die Regelung auch für den **Ergänzungspfleger** (§ 1915 Abs. 1 BGB), nicht aber für den **berufsmäßigen Verfahrensbeistand**, für den nach § 158 Abs. 7 Satz 2 FamFG Pauschalsätze gelten (siehe näher hierzu *Keuter*, § 158 FamFG Rn. 45 ff.). Über die Verweisungen in § 158 Abs. 7 Satz 1 FamFG und § 1684 Abs. 3 Satz 6 BGB auf § 277 Abs. 1 FamFG, finden § 1835 Abs. 1 und 2 BGB aber Anwendung auf den **nicht berufsmäßigen Verfahrensbeistand** und den **Umgangspfleger**. Deren Anspruch besteht hier aber ausschließlich gegenüber der Staatskasse (§§ 158 Abs. 7 Satz 5, 277 Abs. 5 Satz 1 FamFG).

5 Das **Vergütungsfestsetzungsverfahren** ist hinsichtlich des Vergütungsanspruchs nach § 1836 BGB und hinsichtlich des Aufwendungsersatzanspruchs gegen die Staatskasse in § 168 FamFG geregelt.

B. Inhalt der Norm

I. Anspruch auf Aufwendungsersatz (Abs. 1 und 1a)

1. Art und Inhalt

6 Gemäß § 1835 Abs. 1 BGB kann der Vormund für ihm bei der Führung der Vormundschaft **entstandene Aufwendungen** nach Maßgabe der §§ 669, 670 BGB von dem **Mündel Vorschuss** oder **Ersatz** verlangen. Nach Satz 2 gilt dies auch für den Gegenvormund. Es handelt sich dabei um einen **privatrechtlichen Anspruch**, der kraft gesetzlicher Verweisung nach den §§ 669, 670 BGB zu beurteilen ist. Der Anspruch ist nach Maßgabe von §§ 256, 246 BGB zu **verzinsen** und richtet sich gegen den Mündel. Der Vormund kann die ihm zustehenden Geldbeträge **aus dem Mündelvermögen entnehmen**, weder § 1805 BGB noch §§ 1795 Abs. 2, 181 BGB steht dem entgegen (siehe näher hierzu *Dür-*

beck, §1795 BGB Rn. 15). Über die Art und Höhe der Aufwendungen hat der Vormund nach §§1840, 1841 BGB Rechnung zu legen.

Vor wirksamer **Bestellung** nach §1789 BGB (siehe näher hierzu *Dürbeck*, §1789 BGB Rn. 5) kann ein Aufwendungsersatzanspruch grundsätzlich nicht entstehen.[1] Ausnahmen sind aber nach §242 BGB bei besonders eilbedürftigen Fällen möglich, wenn die Bestellung nach §1789 BGB nicht abgewartet werden kann und z. B. ein Dolmetscher für ein Gespräch zwischen Mündel und Vormund hinzugezogen wird[2] oder eine sonstige Tätigkeit im Interesse des Mündels erbracht werden muss.[3]

2. Aufwendungen (Abs. 1 bis 3)

Gemäß §670 BGB sind nur solche **Aufwendungen** zu erstatten, die der Vormund nach den Umständen **für erforderlich** halten durfte. Es handelt sich dabei um eine ex ante-Betrachtung aus der **subjektiven Sicht** des Vormunds. Hieran fehlt es, wenn die Aufwendung überflüssig war, sie durch kostenfreie oder billigere Alternativen vermeidbar war oder sie aus einer **pflichtwidrigen Tätigkeit** des Vormunds resultiert.[4] Es gilt das **Gebot der kostensparenden Amtsführung.**[5]   **7**

Hinsichtlich der **Höhe und Berechnung** der Aufwendungen regelt das Gesetz in Abs. 1 HS 2 lediglich die **Fahrtkosten** des Vormunds. Diese bestimmen sich nach der in **§5 JVEG** für **Sachverständige** getroffenen Regelung (*Fahrkarte bei öffentl. Verkehrsmitteln, 0,30 Euro/km bei Benutzung des PKW zzgl. Parkgebühren*). Im Übrigen nennt das Gesetz in Abs. 2 Kosten einer **angemessenen Haftpflichtversicherung** gegen Schäden des Mündels und von Dritten im Rahmen der Ausübung der Vormundschaft. Nach dem Gesetz gilt dies aber **nicht für den Berufsvormund**, der eine Vergütung nach §1836 Abs. 1 Satz 2 BGB erhält. Nicht zulässig ist der Ersatz von Kosten der **KfZ-Haftpflichtversicherung**. Weitere Beispiele erstattungsfähiger Aufwendungen sind **Fotokopierkosten**,[6] Kosten für die **Lebensführung des Mündels** (soweit nicht durch Unterhalt oder Sozialleistungen rechtzeitig gedeckt),[7] **Büro- und Personalkosten** oder **Kosten für die Inanspruchnahme notwendiger Beratung oder Vertretung durch Dritte** (z. B. Rechtsanwälte, Steuerberater), **nicht aber Zeit- und Arbeitsaufwand** außerhalb von Abs. 3. Auch Kosten für die Hinzuziehung eines **Dolmetschers** sind im Rahmen von §1835 BGB zu erstatten.[8]   **8**

Mangels Freiwilligkeit ihrer Entstehung können **Schäden des Vormunds**, die dieser bei der Ausübung der Vormundschaft erlitten hat, nicht beansprucht werden.[9]   **9**

Machen **Pflegeeltern**, die für das Kind als Ergänzungspfleger für einen Teilbereich der elterlichen Sorge, z. B. die Gesundheitssorge, bestellt worden sind, Ersatz von Aufwendungen gegen die Staatskasse wegen Mittellosigkeit des Kindes geltend, ist ein Anspruch nur begründet, wenn die Aufwendungen den **Aufgabenkreis der Pflegschaft** betreffen. Aufwendungen, die das **Pflegefamilienverhältnis** betreffen, sind nicht erstattungsfähig.[10]   **10**

---

1 OLG Brandenburg FamRZ 2009, 729; 2008, 1478; KG ZKJ 2006, 472; *Bestelmeyer*, FamRZ 2011, 950; a.A. OLG Koblenz FamRZ 2010, 1173; LG Münster FamRZ 2010, 473; *Keuter*, FamRZ 2010, 1955, 1957 f.
2 OLG Frankfurt a. M. FamRZ 2012, 1890
3 Vgl. etwa *Bienwald*, RpflStud 2014, 177 für den Umgangspfleger; a.A. insoweit OLG Hamm ZKJ 2014, 78
4 BayObLG FamRZ 2005, 550; MüKo-BGB/*Wagenitz*, §1835 BGB Rn. 10
5 BGH FamRZ 2007, 670; NJW 2014, 865
6 BGH MDR 2014, 431, auch zur Möglichkeit der Schätzung analog §287 ZPO
7 BayObLG FamRZ 2003, 405
8 OLG Frankfurt a. M. FamRZ 2012, 1890; anders nach BGH FamRZ 2014, 1811 aber beim Betreuer und nach OLG Hamm FamRZ 2014, 2024 beim berufsmäßigen Verfahrensbeistand, kritisch *Keuter*, FamRZ 2014, 1971
9 LG Hamburg BtPrax 2002, 270
10 OLG Schleswig, Beschl. v. 20.12.2013 – 15 WF 257/13, juris

11 Eine **Sonderregelung** für die ausnahmsweise **Erstattung des Werts einer Dienstleistung** des Vormunds enthält Abs. 3, wonach der Vormund für die Erbringung von Diensten, **die zu seinem Beruf oder Gewerbe gehören** (z. B. Besorgung einer Rechtsanwaltsleistung für den Mündel) Aufwandsersatz erhält. Für die **Höhe** des Aufwendungsersatzes gelten die jeweiligen **Gebührenordnungen**, wie z. B. **RVG**, GOÄ, HOAI etc.

12 Bei **mittellosen Mündeln**, wie dies bei **unbegleitet eingereisten minderjährigen Flüchtlingen** regelmäßig der Fall ist, gilt aber bei der anwaltlichen Vertretung und Beratung durch den Vormund wegen des **Gebots der kostensparenden Amtsführung** eine Begrenzung des Vergütungsanspruchs auf die Sätze der **Prozesskosten- und Beratungshilfe**.[11] Voraussetzung für den Anspruch ist nach § 670 BGB, dass auch ein nicht selbst beruflich qualifizierter Vormund die Dienstleistung eines Dritten (z. B. Rechtsanwalt) in Anspruch genommen hätte.[12]

II. Fristgerechte Geltendmachung

13 Ersatz- und Vorschussanspruch sind – auch im Fall der Geltendmachung gegenüber der Staatskasse, Abs. 4 Satz 2 – nach Abs. 1 Satz 3 **binnen 15 Monaten seit ihrer Entstehung** geltend zu machen. Es handelt sich hierbei um eine **Ausschlussfrist**, die auch den in Abs. 3 erfassten Aufwendungsersatz für berufsspezifische Dienste umfasst.[13] Nach Ablauf der Frist **erlischt der Anspruch** nach Abs. 1a Satz 3, was von Amts wegen zu berücksichtigen ist.[14] Das Familiengericht kann – unter Hinweis auf die Folgen möglicher Fristversäumung[15] – nach Abs. 1a die Frist auf **Antrag verlängern** oder verkürzen, wobei eine Mindestfrist von 2 Monaten zu beachten ist.

14 Bei Wahrung der Frist **verjährt** der Anspruch im Übrigen nach §§ 195, 199 BGB in drei Jahren. Die Frist wird gewahrt durch Einreichung eines bezifferten und inhaltlich überprüfbaren[16] Erstattungsantrages, nach Abs. 1 Satz 2 letzter HS gilt die Geltendmachung des Anspruchs beim Familiengericht auch als Geltendmachung gegenüber dem Mündel.

III. Geltendmachung gegenüber dem Mündel

15 Wie in Rn. 6 ausgeführt kann der Vormund die ihm zustehenden Beträge – ohne gerichtliche Festsetzung – wegen seiner Ansprüche aus §§ 669, 670 BGB **aus dem Mündelvermögen entnehmen**. Ist er aber nicht (mehr) für die **Vermögenssorge bestellt** oder aber **Gegenvormund**, hat er den Anspruch **an den Mündel vertreten durch den (neuen) Vormund oder Pfleger** zu richten. Wird ihm dieser verweigert, kann er nach § 168 Abs. 1 Satz 1 Nr. 1 Alt. 2 FamFG **gerichtliche Festsetzung** beantragen. Einwendungen des Mündels zur **Erforderlichkeit der Aufwendungen und deren Höhe** sind dann im Festsetzungsverfahren zu berücksichtigen. Einer Verfolgung des Anspruchs im Wege der **Leistungsklage fehlt das Rechtsschutzbedürfnis**.[17]

IV. Geltendmachung gegenüber der Staatskasse (Abs. 4)

16 Nach Abs. 4 tritt die **Staatskasse** nur **subsidiär** in die Haftung für die Ansprüche des Vormunds nach §§ 669, 670 BGB ein, wenn der **Mündel mittellos** ist. Die Frage der **Mittellosigkeit** ist nach § 1836d BGB zu ermitteln. Gegenüber dem **Amts- und Vereinsvor-**

---

11 BGH NJW 2014, 865; FamRZ 2007, 670; a. A: OLG Frankfurt a. M. FamRZ 2013, 1160 (Vorinstanz); vgl. dazu ausführlich *Dürbeck*, ZKJ 2014, 266
12 BGH FamRZ 2011, 203
13 BGH FamRZ 2012, 1377; OLG Frankfurt a. M. FamRZ 2004, 736
14 Palandt/*Götz*, § 1835 BGB Rn. 18
15 BayObLG FGPrax 2005, 77; BeckOK-BGB/*Bettin*, § 1835 Rn. 14
16 OLG München FamRZ 2006, 891
17 Str., zutreffend MüKo-BGB/*Wagenitz*, § 1835 BGB Rn. 59; a.A. OLG München OLGR 2006, 139 noch zum alten Recht

mund haftet die Staatskasse nach Abs. 5 gar nicht. Wird die Staatskasse in Anspruch genommen, so findet das **Kostenfestsetzungsverfahren nach § 168 Abs. 1 Nr. 1 Alt. 1 FamFG** statt. Die Erforderlichkeit und Höhe der Aufwendungen sind von Amts wegen zu überprüfen.

▶ *Näher zum Verfahren und Rechtsschutz nach § 168 FamFG Dürbeck, § 168 FamFG Rn. 1 ff.*

§ 1835a BGB Aufwandsentschädigung

(1) [1]Zur Abgeltung seines Anspruchs auf Aufwendungsersatz kann der Vormund als Aufwandsentschädigung für jede Vormundschaft, für die ihm keine Vergütung zusteht, einen Geldbetrag verlangen, der für ein Jahr dem Neunzehnfachen dessen entspricht, was einem Zeugen als Höchstbetrag der Entschädigung für eine Stunde versäumter Arbeitszeit (§ 22 des Justizvergütungs- und -entschädigungsgesetzes) gewährt werden kann (Aufwandsentschädigung). [2]Hat der Vormund für solche Aufwendungen bereits Vorschuss oder Ersatz erhalten, so verringert sich die Aufwandsentschädigung entsprechend.

(2) Die Aufwandsentschädigung ist jährlich zu zahlen, erstmals ein Jahr nach Bestellung des Vormunds.

(3) Ist der Mündel mittellos, so kann der Vormund die Aufwandsentschädigung aus der Staatskasse verlangen; Unterhaltsansprüche des Mündels gegen den Vormund sind insoweit bei der Bestimmung des Einkommens nach § 1836c Nr. 1 nicht zu berücksichtigen.

(4) Der Anspruch auf Aufwandsentschädigung erlischt, wenn er nicht binnen drei Monaten nach Ablauf des Jahres, in dem der Anspruch entsteht, geltend gemacht wird; die Geltendmachung des Anspruchs beim Familiengericht gilt auch als Geltendmachung gegenüber dem Mündel.

(5) Dem Jugendamt oder einem Verein kann keine Aufwandsentschädigung gewährt werden.

Übersicht

A. Allgemeines

§ 1835a BGB bezweckt die **Förderung der ehrenamtlichen Vormundschaft** und ermöglicht es dem Vormund, statt Dokumentation und Abrechnung jeder einzelnen Aufwendung nach § 1835 BGB seine notwendigen Aufwendungen **pauschal** als sog. **Aufwandsentschädigung** gegenüber dem **Mündel** und **subsidiär gegenüber der Staatskasse** (Abs. 3) geltend zu machen.   **1**

Der Vormund hat dabei ein **Wahlrecht**. Er kann seinen Anspruch entweder **konkret oder pauschal** geltend machen. Eine **Kumulierung** zwischen § 1835 BGB und § 1835a BGB ist nicht zulässig.[1] **Ausgeschlossen** vom Anwendungsbereich der Norm sind der **Amts- und Vereinsvormund** (Abs. 5) und der **Berufsvormund** (Abs. 1 Satz 1), der eine Vergütung für seine Tätigkeit nach § 1836 BGB beanspruchen kann.   **2**

---

1 OLG Brandenburg BtPrax2003, 265

3   Die Regelung ist nach § 1915 Abs. 1 BGB auf den ehrenamtlichen **Ergänzungspfleger** anwendbar, nicht aber auf den **Verfahrensbeistand** und den **Umgangspfleger**, vgl. §§ 1684 Abs. 3 Satz 4 BGB, 158 Abs. 7, 277 Abs. 1 FamFG.

B. Inhalt der Norm

I. Höhe und Voraussetzung

4   Nach Abs. 1 Satz 1 kann der (ehrenamtliche) Vormund als Aufwandsentschädigung für jede Vormundschaft, für die ihm keine Vergütung zusteht, einen **Geldbetrag** verlangen, der für ein Jahr dem Neunzehnfachen dessen entspricht, was einem Zeugen als Höchstbetrag der Entschädigung für eine Stunde versäumter Arbeitszeit (§ 22 des Justizvergütungs- und -entschädigungsgesetzes) gewährt werden kann. Da § 22 JVEG als Höchstbetrag der Zeugenentschädigung für Verdienstausfall 21,00 Euro[2] vorsieht, können derzeit **insgesamt 399,00 Euro** beansprucht werden.

5   Übt der Vormund das Amt für **mehrere Geschwister** aus, kann er die Pauschale **pro Kind** abrechnen. Bei der Bestellung von **Mitvormündern** (§ 1775 BGB) kann die Pauschale entgegen der h.M. von jedem Mitvormund **nur anteilig** beansprucht werden.[3] Der **Gegenvormund** kann dagegen die volle Pauschale beanspruchen, da seine Aufgabe selbständig und unabhängig vom Vormund auszuüben ist.

6   Nach Abs. 2 ist die Pauschale **jährlich zu zahlen**, erstmals nach **Ablauf von einem Jahr nach Bestellung** des Vormunds. Eine Anbindung an das Kalenderjahr findet nicht statt. Ein Vorschuss nach § 669 BGB unterhalb des Pauschalbetrages kann für einzelne Aufwendungen beansprucht werden, er wird nach Abs. 1 Satz 2 verrechnet.[4]

7   Auch für die Aufwandsentschädigung gilt, wie für die Einzelabrechnung nach § 1835 BGB, eine **Ausschlussfrist**. Sie beträgt nach § 1835a Abs. 4 BGB **drei Monate nach Ablauf des Jahres**, in dem der Anspruch entsteht und wird durch **Geltendmachung des Anspruchs** gewahrt. Die Möglichkeit der **Verlängerung der Frist** sieht das Gesetz – anders als bei § 1835 Abs. 1a BGB – **nicht** vor. Auch Wiedereinsetzung in den vorigen Stand kann nicht gewährt werden,[5] auch besteht keine Hinweispflicht des Familiengerichts.[6]

▶   *Näher hierzu Dürbeck, § 1835 BGB Rn. 13.*

II. Geltendmachung

8   Wie bei § 1835 BGB kann der Vormund die ihm zustehenden Geldbeträge – ohne gerichtliche Festsetzung – wegen seines Anspruchs auf Aufwandsentschädigung **aus dem Mündelvermögen entnehmen**. Es gelten im Übrigen die in § 1835 BGB Rn. 15 aufgezeigten Regeln.

9   Nach § 1835a Abs. 3 tritt die **Staatskasse** hier ebenfalls **subsidiär** in die Haftung für die Ansprüche des Vormunds auf Aufwandsentschädigung ein, wenn der **Mündel mittellos** ist. Bei der Ermittlung der Mittellosigkeit nach § 1835d BGB sind nach Abs. 3 Satz 2 **Unterhaltsansprüche des Mündels** bei der Bestimmung des Einkommens nach § 1835c Nr. 1 BGB **nicht zu berücksichtigen**, so dass der Mündel insoweit privilegiert wird.

10 Gegenüber dem **Amts- und Vereinsvormund** haftet die Staatskasse nach Abs. 5 gar nicht.

---

2 Geändert durch das 2. Kostenrechtsmodernisierungsgesetz zum 1.8.2013, BGBl. 2013 I S. 2586; zur Behandlung von Übergangsfällen vgl. *Deinert*, BtPrax 2013, 198
3 wie hier MüKo-BGB/*Wagenitz*, § 1835a BGB Rn. 4; a.A. LG Lübeck FamRZ 2011, 1170; OLG Jena FamRZ 2005, 478; BayObLG NJW-RR 2002, 942; Palandt/*Götz*, § 1835a BGB Rn. 3
4 Erman/*Saar*, § 1835a BGB Rn. 3
5 OLG Brandenburg FamRZ 2013, 319
6 OLG Köln FamRZ 2013, 1837

Wird die Staatskasse in Anspruch genommen, so findet das Kostenfestsetzungsverfahren nach § 168 Abs. 1 Nr. 1 Alt. 1 FamFG statt.

▶ *Näher zum Verfahren und Rechtsschutz vgl. Dürbeck § 168 FamFG Rn. 1 ff.*

Bei Zahlung durch die Staatskasse **geht** der **Anspruch des Vormunds** nach § 1836e BGB zwar **kraft Gesetzes** auf die Staatskasse **über**, der Mündel kann sich aber im gleichen Umfang wie in § 1835a Abs. 3 Satz 2 BGB auf seine **Mittellosigkeit** berufen.[7]   **11**

§ 1836 BGB Vergütung des Vormunds

(1) ¹Die Vormundschaft wird unentgeltlich geführt. ²Sie wird ausnahmsweise entgeltlich geführt, wenn das Gericht bei der Bestellung des Vormunds feststellt, dass der Vormund die Vormundschaft berufsmäßig führt. ³Das Nähere regelt das Vormünder- und Betreuervergütungsgesetz.

(2) Trifft das Gericht keine Feststellung nach Absatz 1 Satz 2, so kann es dem Vormund und aus besonderen Gründen auch dem Gegenvormund gleichwohl eine angemessene Vergütung bewilligen, soweit der Umfang oder die Schwierigkeit der vormundschaftlichen Geschäfte dies rechtfertigen; dies gilt nicht, wenn der Mündel mittellos ist.

(3) Dem Jugendamt oder einem Verein kann keine Vergütung bewilligt werden.

Übersicht

A. Allgemeines

§ 1836 BGB regelt in Ergänzung von §§ 1835, 1835a BGB die Frage der **Vergütung der Tätigkeit des Vormunds** und stellt in Abs. 1 Satz 1 den **Grundsatz der Unentgeltlichkeit** des Ehrenamtes des Vormunds in den Vordergrund.[1] Abs. 1 Satz 2 regelt als Ausnahme dieses Grundprinzips den Fall, dass im Falle der **berufsmäßigen Ausübung** des Vormundschaftsamts, was **bei der Bestellung festzustellen** ist, vom Vormund eine Vergütung beansprucht werden kann.   **1**

Wegen der Einzelheiten verweist das Gesetz in Abs. 1 Satz 3 auf die Regelungen des **Vormünder- und Betreuervergütungsgesetz** (VBVG), wobei hier für den Vormund §§ 1 bis 3 VBVG von Bedeutung sind.   **2**

§ 1 VBVG Feststellung der Berufsmäßigkeit und Vergütungsbewilligung

(1) Das Familiengericht hat die Feststellung der Berufsmäßigkeit gemäß § 1836 Abs. 1 Satz 1 des Bürgerlichen Gesetzbuchs zu treffen, wenn dem Vormund in einem solchen Umfang Vormundschaften übertragen sind, dass er sie nur im Rahmen seiner Berufsausübung führen kann, oder wenn zu erwarten ist, dass dem Vormund in absehbarer Zeit Vormundschaften in diesem Umfang übertragen sein werden. Berufsmäßigkeit liegt im Regelfall vor, wenn

---

7 LG Koblenz RdLH 2003, 81; MüKo-BGB/*Wagenitz,* § 1835a BGB Rn. 14
1 Vgl. zur Entwicklung Staudinger/*Bienwald* § 1836 BGB Rn. 8 f.

1. der Vormund mehr als zehn Vormundschaften führt oder

2. die für die Führung der Vormundschaft erforderliche Zeit voraussichtlich 20 Wochenstunden nicht unterschreitet.

(2) ¹Trifft das Familiengericht die Feststellung nach Absatz 1 Satz 1, so hat es dem Vormund oder dem Gegenvormund eine Vergütung zu bewilligen. ²Ist der Mündel mittellos im Sinne des § 1836d des Bürgerlichen Gesetzbuchs, so kann der Vormund die nach Satz 1 zu bewilligende Vergütung aus der Staatskasse verlangen.

§ 2 VBVG Erlöschen der Ansprüche

¹Der Vergütungsanspruch erlischt, wenn er nicht binnen 15 Monaten nach seiner Entstehung beim Familiengericht geltend gemacht wird; die Geltendmachung des Anspruchs beim Familiengericht gilt dabei auch als Geltendmachung gegenüber dem Mündel. ²§ 1835 Abs. 1a des Bürgerlichen Gesetzbuchs gilt entsprechend.

§ 3 VBVG Stundensatz des Vormunds

(1) ¹Die dem Vormund nach § 1 Abs. 2 zu bewilligende Vergütung beträgt für jede Stunde der für die Führung der Vormundschaft aufgewandten und erforderlichen Zeit 19,50 Euro. ²Verfügt der Vormund über besondere Kenntnisse, die für die Führung der Vormundschaft nutzbar sind, so erhöht sich der Stundensatz

1. auf 25 Euro, wenn diese Kenntnisse durch eine abgeschlossene Lehre oder eine vergleichbare abgeschlossene Ausbildung erworben sind;

2. auf 33,50 Euro, wenn diese Kenntnisse durch eine abgeschlossene Ausbildung an einer Hochschule oder durch eine vergleichbare abgeschlossene Ausbildung erworben sind.

³Eine auf die Vergütung anfallende Umsatzsteuer wird, soweit sie nicht nach § 19 Abs. 1 des Umsatzsteuergesetzes unerhoben bleibt, zusätzlich ersetzt.

(2) ¹Bestellt das Familiengericht einen Vormund, der über besondere Kenntnisse verfügt, die für die Führung der Vormundschaft allgemein nutzbar und durch eine Ausbildung im Sinne des Absatzes 1 Satz 2 erworben sind, so wird vermutet, dass diese Kenntnisse auch für die Führung der dem Vormund übertragenen Vormundschaft nutzbar sind. ²Dies gilt nicht, wenn das Familiengericht aus besonderen Gründen bei der Bestellung des Vormunds etwas anderes bestimmt.

(3) ¹Soweit die besondere Schwierigkeit der vormundschaftlichen Geschäfte dies ausnahmsweise rechtfertigt, kann das Familiengericht einen höheren als den in Absatz 1 vorgesehenen Stundensatz der Vergütung bewilligen. ²Dies gilt nicht, wenn der Mündel mittellos ist.

(4) Der Vormund kann Abschlagszahlungen verlangen.

3   Abs. 2 regelt als weitere **Ausnahme der Unentgeltlichkeit** der Vormundtätigkeit den Fall, dass auch dem **nicht berufsmäßigen Vormund** ein Vergütungsanspruch bei **besonders schwieriger** oder **umfangreicher Tätigkeit** gegenüber dem **leistungsfähigen Mündel** gewährt werden kann.

Vereins- und Amtsvormund sind nach Abs. 3 ausnahmslos von der Vergütung ausgeschlossen. § 1836 BGB gilt über die Verweisungen in § 1684 Abs. 3 Satz 6 BGB, 277 Abs. 2 FamFG auch für den berufsmäßigen **Umgangspfleger**. Für den berufsmäßigen **Verfahrensbeistand** gilt dagegen die pauschale Vergütungsregelung in § 158 Abs. 7 Satz 2 FamFG. Für den (berufsmäßigen) **Ergänzungspfleger** ist § 1836 BGB über die Verweisung in § 1915 Abs. 1 Satz 1 BGB anwendbar, allerdings nach § 1915 Abs. 1 Satz 2 BGB mit Abweichungen bei der Geltung von § 3 Abs. 1 bis 3 VBVG (siehe näher hierzu *Dürbeck*, § 1915 BGB Rn. 3 ff.).

B. Inhalt der Norm

I. Vergütung des Berufsvormunds (Abs. 1)

Abs. 1 Satz 2 verlangt zunächst, dass das Familiengericht bei der Bestellung des Vormunds, **4** die **Feststellung** trifft, dass der Vormund das Amt **berufsmäßig führt**. Unterbleibt die Feststellung im Bestellungsbeschluss, kann sie nach inzwischen ständiger Rechtsprechung des BGH entgegen der zuvor herrschenden Meinung[2] **nicht im späteren Kostenfestsetzungsverfahren** nachgeholt werden.[3] In diesem Fall hat der berufsmäßig tätige Vormund die Unterlassung der Feststellung durch Anfechtung des Bestellungsbeschlusses mit der **Beschwerde nach §§ 58 ff. FamFG** anzugreifen, wobei für Altfälle vor Inkrafttreten des FamFG die unbefristete Beschwerde nach § 19 FGG (a.F.) noch heute möglich ist.[4] Unterlässt er dies, ist er in vergütungsrechtlicher Hinsicht ehrenamtlicher Vormund und kann – bis zu einer etwaigen Abänderung des Bestellungsbeschlusses – eine Vergütung lediglich ausnahmsweise nach § 1836 Abs. 2 BGB beanspruchen, die aber lediglich gegen den **nicht mittellosen Mündel** geltend gemacht werden kann. Ein Anspruch gegen die Staatskasse steht ihm dann nicht zu. Möglich bleibt aber eine **vergütungsrechtliche Umwidmung** mit Wirkung **ausschließlich für die Zukunft** durch eine – ggf. vom Vormund unverzüglich anzuregende – **Abänderung des Bestellungsbeschlusses** um die Feststellung der Berufsmäßigkeit der Ausübung der Vormundschaft.[5] Ansprüche gegen die Staatskasse stehen ihm für die Vergangenheit bis zum Wirksamwerden der Abänderung in einem solchen Fall nicht zu.

Die materiellen Kriterien für die Frage, wann eine Vormundschaft berufsmäßig ausgeübt **5** wird, sind in § 1 Abs. 1 VBVG (*siehe Rn. 2*) geregelt. Als **Regelbeispiele** sind in § 1 Abs. 1 Satz 2 VBVG vorgesehen, dass das Amt dann berufsmäßig geführt wird, wenn der Betreffende **mehr als zehn Vormundschaften** führt oder aber in einem Umfang von **mindestens zwanzig Wochenstunden** für die Führung der Vormundschaft tätig ist. Auch bei **Nichterfüllung der Regelbeispiele** kann Berufsmäßigkeit vorliegen, wobei hier nach § 1 Abs. 1 Satz 1 VBVG vorrangig auf **Umfang** und nachrangig **Schwierigkeit der Tätigkeit** wertend abzustellen ist. Auch eine **nebenberufliche Berufsvormundschaft** ist anzuerkennen.[6] Weiterhin kommt auch einem für die Ausübung des Vormundschaftsamts **besonders qualifizierenden Beruf** indizielle Bedeutung (*Erzieher für Personensorge, Rechtsanwalt oder Steuerberater für Vermögenssorge*) zu.[7]

Ist die Berufsmäßigkeit festgestellt, so kann der Vormund eine Vergütung nach Maßgabe **6** von § 3 VBVG (*siehe Rn. 2*) für **zur Ausübung der Vormundschaft aufgewendete Tätigkeit** verlangen, die vom Familiengericht nach § 1 Abs. 2 Satz 1 VBVG zu bewilligen ist. Diese ist **stundenmäßig** zu veranschlagen, liegt derzeit bei 19,50 Euro und kann bei Vorhandensein besonderer Kenntnisse je nach Qualifikation und Art der Ausbildung auf 25,00 Euro bzw. **höchstens auf 33,50 Euro** pro Stunde zzgl. **Umsatzsteuer**[8] erhöht werden. In Ausnahmefällen erlaubt § 3 Abs. 3 VBVG bei besonderer Schwierigkeit der Vormundstätigkeit gegenüber dem **nicht mittellosen Mündel** eine **weitere Erhöhung** des Stundensatzes.

---

2 OLG Frankfurt a. M. FamRZ 2013, 894; OLG Köln FamRZ 2013, 1837; OLG Brandenburg ZKJ 2009, 132
3 BGH FamRZ 2014, 736; 2014, 653; 2014, 1283; NJW 2014, 863; ausführlich zu den Konsequenzen: *Bestelmeyer*, FGPrax 2014, 93
4 Vgl. BGH MDR 2014, 855; Staudinger/*Veit*, § 1836 BGB Rn. 66 ff.
5 *Bestelmeyer*, FGPrax 2014, 93, 96 ff.
6 BVerfG FamRZ 1999, 568
7 OLG Frankfurt a. M. FGPrax 2001, 76; MüKo-BGB/*Wagenitz*, § 1836 BGB Rn. 10
8 Zur Umsatzsteuerbefreiung des berufsmäßigen Ergänzungspflegers nach § 4 Nr. 25 S. 3c UStG vgl. OLG Frankfurt a.M., Beschl. v. 12.2.2015, 4 WF 209/14 – juris –

7   **Vor** wirksamer **Bestellung** nach § 1789 BGB (vgl. dort Rn. 5) können Vergütungsansprüche grundsätzlich nicht entstehen.[9] Zu möglichen Ausnahmen nach § 242 BGB in unaufschiebbaren Eilfällen siehe *Dürbeck*, § 1835 BGB Rn. 6.

8   Wie bei §§ 1835, 1835a BGB unterfällt der Anspruch einer **materiellen Ausschlussfrist**.
Sie beträgt nach § 2 VBVG (*siehe* Rn. 2) **15 Monate** seit Entstehung des Anspruchs, wobei
§ 1835a Abs. 1a BGB entsprechend gilt. Wegen der Einzelheiten siehe näher hierzu *Dürbeck*, § 1835 BGB Rn. 13.

9   Das Gesetz sieht in § 3 Abs. 4 VBVG die Möglichkeit der Gewährung von **Abschlagszahlungen**, nicht aber die Zahlung eines **Vorschusses** vor.

10   Hat der Berufsvormund eine **berufsspezifische Leistung** für den Mündel erbracht (*z. B.
außergerichtliche Vertretung als Rechtsanwalt*) so hat er ein **Wahlrecht** zwischen **Aufwendungsersatz nach § 1835 Abs. 3 BGB i. V. m. RVG** (siehe näher hierzu *Dürbeck*,
§ 1835 BGB Rn. 11) und der **stundenweise Abrechnung der Vergütung seiner Tätigkeit nach § 1836 Abs. 1 Satz 2 BGB i. V. m. § 3 VBVG**.[10] Hier kann gerade bei mittellosen
Mündeln wegen der Begrenzung des Aufwendungsersatzanspruchs auf die Sätze der **Beratungshilfe** (vgl. *Dürbeck*, § 1835 BGB Rn. 11) die Abrechnung nach § 1836 BGB günsti-
ger für den anwaltlichen Berufsvormund sein.[11] Im Übrigen schließt ein Antrag des anwaltlichen Vormunds auf Festsetzung pauschaler Vergütung nach § 1836 BGB die nachträgliche Geltendmachung von Aufwendungsersatz nach § 1835 Abs. 3 BGB für in dem
betreffenden Zeitraum erbrachte anwaltliche Dienste nicht aus.[12]

11   Wie bei §§ 1835, 1835a BGB haftet die **Staatskasse** nach § 1 Abs. 2 Satz 2 VBVG **subsidiär** für den Vergütungsanspruch bei – nach § 1836d BGB festzustellender – **Mittellosigkeit** des Mündels. Bei **leistungsfähigem Mündel** entnimmt der Vormund die Vergütung
aus dem Mündelvermögen (vgl. im Übrigen die Anmerkungen *Dürbeck*, § 1835 BGB
Rn. 6, die auch hier entsprechend gelten). Bei einer Haftung der Staatskasse ist nach § 168
Abs. 1 Nr. 2 FamFG das dort geregelte Vergütungsfestsetzungsverfahren durchzuführen.

▶   *Zum Vergütungsfestsetzungsverfahren näher Dürbeck, § 168 FamFG Rn. 1 ff.*

11   **Neben** dem Vergütungsanspruch kann der Vormund auch **Ersatz seiner Aufwendungen**, wie Fahrtkosten, Kopier-, Porto- und Telefonkosten sowie Reisekosten, nach § 1835
BGB geltend machen.[13] § 1835a BGB gilt für ihn nicht.

▶   *Näher zu den erstattungsfähigen Aufwendungen Dürbeck, § 1835 BGB Rn. 7 ff.*

II. Vergütung bei nicht berufsmäßig geführter Vormundschaft (Abs. 2)

12   Nach § 1836 Abs. 2 BGB kann auch einem ehrenamtlich tätigen Berufsvormund ausnahmsweise aus besonderen Gründen eine Vergütung bewilligt werden, soweit der **Umfang und die Schwierigkeit der zu erledigenden Geschäfte** dies rechtfertigen. Anspruchsgegner ist aber ausschließlich der nicht mittellose Mündel, eine **Ausfallhaftung
der Staatskasse** besteht anders als beim Berufsvormund **nicht**. Eine solche im Ermessen
stehende Vergütung kann angenommen werden, wenn der Umfang und die Schwierigkeit
der Tätigkeit über das hinausgehen, was üblicherweise ohne Anspruch auf Vergütung zu
leisten ist und diese ein Ausmaß annimmt, dass eine unentgeltliche Amtsführung billiger-

---

9 OLG Brandenburg FamRZ 2009, 729; 2008, 1478; KG ZKJ 2006, 472; *Bestelmeyer*, FamRZ 2011, 950; a.A.
OLG Frankfurt a. M. FamRZ 2012, 1890; OLG Koblenz FamRZ 2010, 1173; LG Münster FamRZ 2010, 473;
Keuter, FamRZ 2010, 1955, 1957 f.
10 OLG Frankfurt a. M. ZKJ 2013, 212; KG FamRZ 2012, 63
11 Vgl. OLG Frankfurt a. M. ZKJ 2013, 212; *Dürbeck*, ZKJ 2014, 266, 272
12 BGH FamRZ 2014, 1628 OLG Frankfurt a.M., Beschl. v. 12.2.2015, 4 UF 209/14 – juris –
13 Oberloskamp/*Band* § 4 Rn. 11

weise nicht mehr erwartet werden kann.[14] Dies wird etwa dann in der Rechtsprechung angenommen, wenn der wöchentliche Zeitaufwand **mehr als zwei Stunden** in Anspruch nimmt.[15] Für eine besondere Schwierigkeit der Tätigkeit des Vormunds spricht, dass er gerade wegen seiner speziellen Fachkenntnisse und Qualifikationen bestellt wurde.[16]

Werden die Voraussetzungen von Abs. 2 bejaht, so ist die Vergütung des nicht berufsmäßigen Vormunds nach § 1836 Abs. 2 BGB **nicht an die Mindest- und Höchstsätze von § 3 VBVG gebunden**[17] und kann in extrem schwierigen Ausnahmefällen sogar die Vergütung des Berufsvormunds überschreiten.[18]

13

§§ 1836a und 1836b

(weggefallen)

§§ 1836c bis 1836d

[...]

Von Abdruck und Kommentierung der wird abgesehen.

---

14 Palandt/*Götz*, § 1836 BGB Rn. 8
15 OLG Frankfurt a. M. FamRZ 2008, 2153
16 MüKo-BGB/*Wagenitz*, § 1836 BGB Rn. 34
17 BayObLG FamRZ 2004, 1138; Oberloskamp/*Band* § 4 Rn. 9; a.A. Soergel/*Zimmermann*, § 1836 BGB Rn. 37
18 OLG Karlsruhe FamRZ 2007, 1270; LG Mainz Rpfleger 2013, 395; *Zimmermann*, FamRZ 2014, 165

Untertitel 3
Fürsorge und Aufsicht des Familiengerichts

§ 1837 BGB Beratung und Aufsicht

(1) ¹Das Familiengericht berät die Vormünder. ²Es wirkt dabei mit, sie in ihre Aufgaben einzuführen.

(2) ¹Das Familiengericht hat über die gesamte Tätigkeit des Vormunds und des Gegenvormunds die Aufsicht zu führen und gegen Pflichtwidrigkeiten durch geeignete Gebote und Verbote einzuschreiten. ²Es hat insbesondere die Einhaltung der erforderlichen persönlichen Kontakte des Vormunds zu dem Mündel zu beaufsichtigen. ³Es kann dem Vormund und dem Gegenvormund aufgeben, eine Versicherung gegen Schäden, die sie dem Mündel zufügen können, einzugehen.

(3) ¹Das Familiengericht kann den Vormund und den Gegenvormund zur Befolgung seiner Anordnungen durch Festsetzung von Zwangsgeld anhalten. ²Gegen das Jugendamt oder einen Verein wird kein Zwangsgeld festgesetzt.

(4) §§ 1666, 1666a und 1696 gelten entsprechend.

Übersicht

A. Allgemeines

1   § 1837 BGB regelt die Beratung und Aufsicht[1] des Vormunds durch das Familiengericht. Dem einfachgesetzlichen **Grundsatz der Selbständigkeit des Vormunds** steht der aus Art. 6 Abs. 2 Satz 2 GG folgende **verfassungsrechtliche** – und damit vorrangige – **Schutzauftrag des Staates zugunsten des Kindes** gegenüber.

2   Sowohl staatliche Kontrollbefugnis als auch Eingriffschwelle bei Pflichtwidrigkeiten in der Führung der Vormundschaft sind angesichts der fehlenden Einbeziehung des Vormunds in Art. 6 Abs. 2 Satz 1 GG auf einer **niedrigeren Stufe** als das **Sorgerecht der Eltern** angesiedelt. Unbeschadet dessen soll sich nach der gesetzgeberischen Zielsetzung auch die **gerichtliche Beaufsichtigung** des Vormunds auf das **Notwendigste** beschränken.[2] Ein wesentliches Ziel, was durch Abs. 1 zum Ausdruck kommt, ist die **Kooperation von Familiengericht und Vormund**[3] **unter Einbeziehung des Jugendamts** (vgl. § 53 SGB VIII). Neben der Aufsicht durch das Familiengericht unterliegt der Vormund auch der (insoweit eigenständigen[4]) **Aufsicht durch das Jugendamt** nach Maßgabe von § 53 Abs. 3 SGB VIII.

---

1 Ausführlich zur Aufsicht des Amtsvormunds: *Gojowczyk*, Rpfleger 2013, 1
2 Soergel/*Zimmermann*, § 1837 BGB Rn. 3
3 *Hoffmann*, JAmt 2011, 299
4 LPK-SGB VIII/*Kunkel/Leonhardt* § 53 Rn. 22

B. Inhalt der Norm

I. Beratung (Abs. 1)

Nach Abs. 1 berät das Familiengericht die Vormünder und wirkt dabei mit, sie in ihr Amt **3** einzuführen. Im Gegensatz zu der in § 53 Abs. 2 SGB VIII vorgesehenen Beratung der Vormünder durch das Jugendamt, stehen hier weniger sozialarbeiterische bzw. erzieherische Fragen betreffend das Kind im Vordergrund, sondern **rechtliche bzw. organisatorische Grundfragen**.

Zuständig für die Aufsicht ist nach § 3 Nr. 2a RPflG der **Rechtspfleger. Die Einführung** **4** **in das Amt** wird bei ehrenamtlichen Einzelvormündern im Rahmen der **Bestellung** und Übergabe der Bestallungsurkunde nach §§ 1789, 1791 BGB stattfinden. Zur Beratungsfunktion gehört auch die **Vermittlung bei Konflikten** zwischen Mündel und Vormund,[5] soweit dies nicht bereits seitens der staatlichen Kinder- und Jugendhilfe erfolgt ist.

II. Aufsicht (Abs. 2 bis 4)

1. Ge- und Verbote (Abs. 2)

Nach Abs. 2 hat das Familiengericht hat über die gesamte Tätigkeit des Vormunds und **5** auch des Gegenvormunds die **Aufsicht zu führen** und **gegen Pflichtwidrigkeiten durch geeignete Gebote und Verbote** einzuschreiten. Der Aufsicht des Familiengerichts unterliegen auch der **Amts- und Vereinsvormund**.[6]

Die Aufsichtspflicht des Familiengerichts wird ergänzt durch die **Genehmigungsvorbe-** **6** **halte** in §§ 1809 ff. BGB, die **Vertretungsverbote und –einschränkungen** nach §§ 1795, 1796 BGB und die Pflichten des Vormunds zu **jährlicher Rechnungslegung und Vorlage eines Vermögensverzeichnisses** (§§ 1802, 1840 ff. BGB), die auch nach seiner Entlassung noch zu erfüllen sind (vgl. § 1892 BGB). Bei Bedarf kann das Familiengericht zur Unterstützung seiner Aufsichts- und Kontrollfunktion auch einen **Gegenvormund** (§ 1792 BGB) bestellen.

Das Familiengericht hat die gesamte Tätigkeit des Vormunds dahin zu beaufsichtigen, ob **7** sich aus dieser **Pflichtwidrigkeiten** ergeben. **Zweckmäßigkeitsfragen** hat es nicht zu beurteilen, insbesondere hat es das **Ermessen und die Selbständigkeit** des Vormunds zu achten und darf nicht Entscheidungen in Ansehung des Mündels an seiner Stelle entscheiden.[7]

Nach Abs. 2 Satz 2 hat es sich insbesondere der **Einhaltung der erforderlichen persön-** **8** **lichen Kontakte** des Vormunds (vgl. § 1793 Abs. 2 BGB Rn. 6) zu dem Mündel zu vergewissern, was vor allem für den Amts-, Berufs- und Vereinsvormund bedeutsam ist. Die Überwachung der **Einhaltung der Fallobergrenze** durch den Amtsvormund nach § 55 Abs. 2 Satz 4 SGB VIII fällt hingegen nicht unter seine Aufsichtsfunktion.[8]

▶ *Näher hierzu Dürbeck, §§ 55 bis 58 SGB VIII Rn. 11 f.*

Dauerhafte Verstöße hiergegen können aber Anlass sein, den Amtsvormund nach § 1887 BGB zu entlassen.

Stellt das Familiengericht im Rahmen seiner Aufsicht Verstöße gegen Pflichten des Vor- **9** munds fest, hat es nach Abs. 2 Satz 1 durch **geeignete Gebote und Verbote** gegenüber dem Vormund einzuschreiten. Abs. 2 Satz 3 nennt als Beispiel für eine Maßnahme das an

---

5 MüKo-BGB/*Wagenitz,* § 1837 Rn. 7
6 *Gojowczyk,* Rpfleger 2013, 1, 6
7 OLG Hamm FamRZ 2012, 1312; OLG München FamRZ 2009, 2119; Palandt/*Götz,* § 1837 BGB Rn. 8; *Bienwald,* RpflStud 2014, 61
8 Oberloskamp/*Kunkel* § 15 Rn. 19; *Gojowczyk,* Rpfleger 2013, 1, 4

den Vormund gerichtete Gebot, eine **Haftpflichtversicherung** wegen möglicher Schäden des Mündels durch die Amtsführung abzuschließen. Nicht befugt ist das Familiengericht, **selbst Maßnahmen für den Mündel** zu treffen. Die Auswahl der Maßnahme steht im **pflichtgemäßen Ermessen** des Familiengerichts,[9] nicht aber das *„ob"* bei Bejahung einer Pflichtwidrigkeit.[10]

10 Kommt das Familiengericht seiner Aufsichtspflicht nicht nach, kann dies die **Amtshaftung** nach Art. 34 GG, 839 BGB für Schäden des Mündels begründen.[11]

2. Zwangsgeld (Abs. 3)

11 Bei Nichtbefolgung von Ge- oder Verboten kann das Familiengericht nach **Abs. 3** ein **Zwangsgeld** gegen den Vormund festsetzen. Die Anordnung von **Haft** ist gesetzlich nicht vorgesehen. Höhe, Verfahren und Rechtsschutz ergeben sich aus § 35 Abs. 2 bis 5 FamFG. Auf das mögliche Zwangsgeld ist in der Entscheidung, die das Ge- oder Verbot ausspricht, nach § 35 Abs. 2 FamFG **hinzuweisen**. Der **Zwangsgeldrahmen** liegt nach Art. 6 Abs. 1 EGStGB, § 35 Abs. 3 FamFG zwischen 5 und 25.000,00 Euro. Eine **Umwandlung** des uneinbringlichen Zwangsgeldes in **Zwangshaft** ist nicht vorgesehen.

12 Bei **wiederholter Festsetzung** ist nach Abs. 2 Satz 1 der vorgegebene **Mindestzwischenraum von 1 Woche** zu beachten, wobei nach Satz 2 **maximal drei Zwangsgelder** verhängt werden dürfen. Gemäß § 35 Abs. 3 Satz 2 FamFG sind dem Verpflichteten auch die **Verfahrenskosten** aufzuerlegen.

13 Nach § 35 Abs. 5 FamFG findet gegen die Entscheidung über das Zwangsgeld die **sofortige Beschwerde** nach §§ 567 ff. ZPO statt.

14 Gegen den **Amts- und Vereinsvormund** kann nach Abs. 3 Satz 2 kein Zwangsgeld festgesetzt werden. Hinsichtlich des Amtsvormunds verbleibt dem Familiengericht bei Nichtbefolgung seiner Anordnungen insoweit nur die Möglichkeit von **Gegenvorstellung** und **Dienstaufsichtsbeschwerde**.[12]

15 § 1837 Abs. 3 BGB steht im Übrigen der Anordnung eines **Ordnungsgelds gegen den Amtsvormund** nach § 89 FamFG wegen schuldhaften Verstoßes gegen eine vollstreckbare Umgangsregelung nicht entgegen.[13]

3. Eingriffe in die Sorgebefugnis (Abs. 4)

16 Abs. 4 verweist schließlich im Rahmen der Aufsicht über den Vormund auf die entsprechende Anwendung von **§§ 1666, 1666a, 1696 BGB**. Damit kann bei einer nicht anders abwendbaren Gefahr für das Wohl des Mündels über die Ge- und Verbote des Abs. 2 hinaus das Familiengericht auch in die **Sorgebefugnis des Vormunds eingreifen**. Zulässig sind etwa der Teilentzug bestimmter Sorgebefugnisse nach § 1666 Abs. 1, Abs. 3 Nr. 6 BGB nebst Bestellung eines Pflegers nach § 1909 BGB, Maßnahmen gegen Dritte gemäß § 1666 Abs. 4 BGB oder die Ersetzung einer Erklärung des Vormunds nach § 1666 Abs. 3 Nr. 5 BGB.

17 Bei **schwerwiegenden Pflichtwidrigkeiten** des Vormunds ist jedoch in der Praxis dessen **Entlassung** nach § 1886 BGB zu erwägen, so dass auf Abs. 4 eher bei unaufschiebbaren Eilmaßnahmen zur Verhinderung von Schäden für den Mündel zurückzugreifen sein wird. Zur funktionellen Zuständigkeit vgl. Rn. 18.

---

9 Oberloskamp/*Hoffmann* § 2 Rn. 38
10 MüKo-BGB/*Wagenitz*, § 1837 BGB Rn. 17
11 OLG Oldenburg Rpfleger 1979, 101
12 BT-Drucks. 17/3617, 8
13 BGH ZKJ 2014, 251; OLG Frankfurt a. M. ZKJ 2013, 167

4. Verfahren und Rechtsschutz

Funktionell zuständig für die Aufsicht nach Abs. 1, für Anordnungen durch Ge- und Verbote nach Abs. 2 und für die Verhängung von Zwangsgeldern nach Abs. 3 ist nach § 3 Nr. 2a RPflG der Rechtspfleger. Für Verfahren nach Abs. 4 i. V. m. §§ 1666, 1666a, 1696 BGB ist dagegen der **Richtervorbehalt** nach § 14 Abs. 1 Nr. 2 RPflG zu beachten. Diese unterschiedliche, insgesamt wenig geglückte Verteilung der funktionellen Zuständigkeit setzt in der Praxis bei den nach der Geschäftsverteilung zuständigen Rechtspflegern und Familienrichtern eine hohe Bereitschaft zu Kooperation und wechselseitiger Abstimmung voraus.[14]

18

Gegen Entscheidungen des **Rechtspflegers** nach **Abs. 2** ist die **Beschwerde** nach §§ 11 Abs. 1 RPflG, 58 ff. FamFG statthaft, ebenso nach § 58 FamFG gegen Anordnungen des **Richters** nach **Abs. 4**. **Beschwerdeberechtigt** sind insoweit der **Vormund**, der **Mündel** und im Bereich der Personensorge das **Jugendamt** (§§ 59, 60, 162 Abs. 3 Satz 2 FamFG). **Dritte**, insbesondere **nicht sorgeberechtigte Eltern** haben kein Beschwerderecht gegen Entscheidungen des Familiengerichts im Bereich der Aufsicht über den Vormund,[15] insbesondere dann, wenn es von Ge- und Verboten keinen Gebrauch macht. Entscheidungen über Zwangsgelder nach **Abs. 3** sind nach § 35 Abs. 5 FamFG mit der **sofortigen Beschwerde** nach §§ 567 ff. ZPO anfechtbar.

19

§ 1838 BGB

(weggefallen)

§§ 1839 bis 1842 BGB

[...]

Von Abdruck und Kommentierung wird abgesehen.

§ 1843 BGB Prüfung durch das Familiengericht

(1) Das Familiengericht hat die Rechnung rechnungsmäßig und sachlich zu prüfen und, soweit erforderlich, ihre Berichtigung und Ergänzung herbeizuführen.
(2) Ansprüche, die zwischen dem Vormund und dem Mündel streitig bleiben, können schon vor der Beendigung des Vormundschaftsverhältnisses im Rechtsweg geltend gemacht werden.

Übersicht

---

14 Zu Recht kritisch: *Harm/Mix/Opitz/Pütz/Rotax/Rüting*, FamRZ 2012. 1849, 1853 f.
15 OLG München BtPrax 2009, 237; MüKo-BGB/*Wagenitz*, § 1837 Rn. 30

A. Allgemeines

1 § 1843 Abs. 1 BGB steht im Zusammenhang mit der **Auskunftspflicht des Vormunds** gegenüber dem Familiengericht nach § 1839 BGB und insbesondere der in §§ 1840, 1841 BGB geregelten Pflicht zu Bericht und Rechnungslegung. Abs. 2 betrifft die Geltendmachung von Ansprüchen im Verhältnis Vormund und Mündel.

B. Inhalt der Norm

I. Prüfungspflicht (Abs. 1)

2 Das Familiengericht hat die nach § 1840 BGB vom Vormund eingereichte Rechnung **rechnungsmäßig und sachlich** zu **prüfen** und, soweit erforderlich, ihre **Berichtigung und Ergänzung** herbeizuführen. Die zuerst genannte **rechnerische Prüfung** ist rein **formell** zu verstehen und bezieht sich auf die **zahlenmäßige Übereinstimmung** der Rechnungsposten und Belege und die mathematische Richtigkeit des Abschlusses.[1]

3 Die **sachliche, materielle Prüfungspflicht** beinhaltet dagegen die Fragen der Einhaltung der gesetzlichen Vorschriften, die Einholung der erforderlichen Genehmigungen, die vollständige Auflistung von Einnahmen und Ausgaben und die Pflichtgemäßheit der Verfügungen über das Mündelvermögen.[2] Dabei kann das Gericht ergänzend Auskunft nach § 1839 BGB verlangen und sich zur Prüfung der rechnerischen Richtigkeit auch der Hilfe Dritter, insbesondere **Sachverständiger** bedienen, soweit dies sachlich im Einzelfall gerechtfertigt ist.[3]

4 Wegen der **Selbständigkeit des Vormunds** darf das Familiengericht **nicht selbst** Berichtigungen und Ergänzungen vornehmen,[4] sondern den Vormund mit den Mitteln von § 1837 Abs 2 und 3 BGB, also mit **Ge- und Verboten sowie Zwangsgeld** anhalten, diese selbst vorzunehmen. Erkennt das Familiengericht die Rechnung als ordnungsgemäß an, führt dies nicht zu einer Haftungsfreistellung des Vormunds gegenüber dem Mündel.[5]

5 Für die Prüfung des Berichts ist nach § 3 Nr. 2a RPflG der **Rechtspfleger** zuständig. Gegen seine Entscheidung im Rahmen der Rechnungsprüfung ist die **Beschwerde** nach §§ 11 Abs. 1 RPflG, 58 ff. FamFG statthaft.

II. Streitige Ansprüche (Abs. 2)

6 Abs. 2 stellt klar, dass **streitige Ansprüche aus dem Verhältnis Vormund und dem Mündel** schon **vor Beendigung der Vormundschaft** (*und auch unabhängig von der Prüfung des Familiengerichts nach Abs. 1*) im **Rechtsweg** geltend gemacht werden können.

7 Die Antwort auf die Frage der **sachlichen Zuständigkeit** für ein entsprechendes gerichtliches Verfahren ist umstritten. Überzeugend ist es jedoch, dass die (sachnäheren) **Familiengerichte analog § 266 Abs. 1 Nr. 4 FamFG** für aus dem Verhältnis von Vormund und Mündel herrührende Ansprüche und nicht die ordentlichen Zivilgerichte sachlich zuständig sind.[6] Es besteht für den Vormund in solchen Verfahren ein **Vertretungsverbot** nach §§ 1795 Abs. 2, 181 BGB, so dass für das Verfahren ein **Ergänzungspfleger** für den Mündel nach § 1909 Abs. 1 Satz 1 BGB zu bestellen ist.

---

1 Palandt/*Götz*, § 1843 BGB Rn. 1
2 MüKo-BGB/*Wagenitz*, § 1643 BGB Rn. 5
3 OLG Naumburg FamRB 2012, 85 m. Anm. *Schmid*; Gernhuber/*Coester-Waltjen* § 72 Rn. 19
4 LG Hannover Rpfleger 1987, 247; Soergel/*Zimmermann*, § 1843 BGB Rn. 4
5 Palandt/*Götz*, § 1843 BGB Rn. 1
6 OLG Dresden MDR 2011, 1182; LG Koblenz FamRZ 2011, 1090; Palandt/*Götz*, § 1843 BGB Rn. 2; a.A. MüKo-BGB/*Wagenitz*, § 1643 BGB Rn. 11; Soergel/*Zimmermann*, § 1843 Rn. 3

▶ *Näher zu den für den Vormund in gerichtlichen Verfahren geltenden Vertretungsverboten Dürbeck, § 1795 BGB Rn. 10 ff.*

§§ 1844 bis 1845 BGB

[...]

Von Abdruck und Kommentierung wird abgesehen.

§ 1846 BGB Einstweilige Maßregeln des Familiengerichts

Ist ein Vormund noch nicht bestellt oder ist der Vormund an der Erfüllung seiner Pflichten verhindert, so hat das Familiengericht die im Interesse des Betroffenen erforderlichen Maßregeln zu treffen.

In Abweichung vom Grundsatz der Selbständigkeit des Vormunds und der Beschränkung der Aufsicht des Familiengerichts nach § 1837 Abs. 2 BGB ermöglicht es § 1843 BGB dem Familiengericht, im Interesse des Mündels **selbst die erforderlichen Maßnahmen** zu treffen, soweit **noch kein Vormund bestellt** ist oder dieser **an der Erfüllung seiner Pflichten verhindert** ist. **1**

Das **Fehlen eines Vormunds** kann darauf beruhen, dass ein solcher nach Wegfall sorgeberechtigter Eltern (z.B. durch Tod) **noch nicht bestellt** ist oder ein bereits bestellter erster Vormund **verstorben oder entlassen** worden ist. **2**

Eine **Verhinderung des Vormunds** kann veranlasst sein durch **tatsächliche** (Krankheit, Abwesenheit) oder **rechtliche Gründe** (z.B. Interessenskollision nach §§ 1795, 1796 BGB). Eine **pflichtwidrige Säumnis** des Vormunds fällt nicht darunter.[1] **3**

Liegt einer der Voraussetzungen vor, ist weiterhin wegen des Ausnahmecharakters der Norm als **ungeschriebene Tatbestandsvoraussetzung** erforderlich, dass eine Maßnahme wegen **Dringlichkeit** zu treffen sein muss,[2] also im Interesse des Mündels **kein Aufschub** der Angelegenheit möglich ist. Ist dies nach pflichtgemäßer Prüfung zu bejahen, so entscheidet das **Familiengericht**, dort der **Rechtspfleger** nach § 3 Nr. 2a RPflG, über die **Art der zu treffenden Maßnahme**. Es kann einen Pfleger nach § 1909 Abs. 3 BGB im Wege einstweiliger Anordnung bestellen oder falls dies nicht mehr rechtzeitig möglich erscheint, im Eilfall **selbst die Entscheidung im Interesse des Mündels treffen** und diesen **vertreten**[3] (siehe näher zur Ersatzpflegschaft Dürbeck, § 1909 BGB Rn. 14). **4**

Beispiele sind die Einwilligung in einen ärztlichen Eingriff,[4] die Fremdunterbringung des Mündels oder die Stellung eines Strafantrages.[5] Für eine Unterbringung des Mündels nach § 1631b BGB bedarf es stets einer richterlichen Entscheidung. **5**

Irrt sich das Familiengericht über die Verhinderung des Vormunds und treffen Vormund und Familiengericht in der gleichen Angelegenheit **einander widersprechende Maßnahmen**, so entscheidet nicht das Prioritätsprinzip über die Wirksamkeit der Entschei- **6**

---

1 OLG Düsseldorf FamRZ 1995, 637
2 RGZ 71, 162; Soergel/*Zimmermann*, § 1846 BGB Rn. 3
3 Vgl. OLG Rostock FuR 2013, 602 bei einer Nachlasspflegschaft
4 AG Nettetal FamRZ 1996, 1104; Bluttransfusion bei Zeugen Jehovas
5 RGSt 75, 146

dung, sondern wegen des **Vorrangs der Selbstständigkeit der Vormundschaft** ist die Entscheidung des Vormunds maßgeblich.[6]

7 **Rechtsschutz** gegen nach § 1846 BGB ergangene Anordnungen bestehen für Mündel, Vormund und im Bereich der Personensorge für das Jugendamt nach §§ 11 Abs. 1 RPflG, 58 ff. FamFG.

§ 1847 BGB Anhörung von Angehörigen

Das Familiengericht soll in wichtigen Angelegenheiten Verwandte oder Verschwägerte des Mündels hören, wenn dies ohne erhebliche Verzögerung und ohne unverhältnismäßige Kosten geschehen kann. § 1779 Abs. 3 Satz 2 gilt entsprechend.

1 § 1847 BGB erweitert für die Vormundschaft die **Pflicht zur gerichtlichen Anhörung von Familienangehörigen des Mündels** über das Auswahlverfahren und dort nach § 1779 Abs. 3 BGB bestehende Anhörungspflicht hinaus auf **alle wichtigen Angelegenheiten des Mündels.**[1]

2 Die Norm gilt insbesondere zugunsten **nicht sorgeberechtigter Eltern**, je nach Einzelfall aber auch darüber hinaus auf **weitere Verwandte und Verschwägerte**, soweit dies ohne erhebliche Verzögerung und ohne unverhältnismäßige Kosten möglich ist.

3 **Wichtige Angelegenheiten** des Kindes sind insbesondere in **Status- und Personenstandsfragen** anzunehmen, wie etwa bei der **Adoption,**[2] **Änderung des Namens** oder der **Staatsangehörigkeit**, bei Anhängigkeit eines **Abstammungsverfahrens** oder der Befreiung von der **Ehemündigkeit.**[3] Auch in grundlegenden **Vermögensangelegenheiten** (z.B. *Veräußerung eines Erwerbsgeschäfts*) kann eine Veranlassung zur Anhörung bestehen.[4]

4 Eine bestimmte Form der Anhörung ist nicht vorgeschrieben. Sie kann also **persönlich** im Rahmen eines anzuberaumenden gerichtlichen Termins, **schriftlich oder telefonisch** erfolgen. Im ersten und letztgenannten Fall ist ein Vermerk nach § 28 Abs. 4 FamFG zu fertigen.

▶ *Näher zum Vermerk Cirullies, § 28 FamFG Rn. 3.*

5 Die angehörten Angehörigen können gem. § 1847 Satz 2 i.V.m. § 1779 Abs. 3 Satz 2 BGB **Ersatz ihrer Auslagen vom Mündel** verlangen (siehe näher hierzu *Dürbeck*, § 1779 BGB Rn. 22).

6 Bei Nichtanhörung besteht auch bei Verstoß gegen § 1847 BGB **kein Beschwerderecht der Angehörigen**, da die Anhörung ausschließlich im Interesse des Mündels erfolgen soll und keine eigene Rechtsverletzung nach § 59 FamFG vorliegt.[5]

§ 1848 BGB

(weggefallen)

---

6 MüKo-BGB/*Wagenitz*, § 1846 BGB Rn. 9 (auch zur Gegenmeinung); Erman/*Saar*, § 1846 BGB Rn. 10
1 Zur Bedeutung der Anhörung in vom Rechtspfleger geführten Verfahren vgl. *Eickmann*, Rpfleger 1982, 449
2 BayObLGZ 21, 201
3 Weitere Beispiele bei MüKo-BGB/*Wagenitz*, § 1847 BGB Rn. 3
4 Palandt/*Götz*, § 1847 BGB Rn. 1
5 Staudinger/*Veit*, § 1847 BGB Rn. 19

Untertitel 4
Mitwirkung des Jugendamtes

§§ 1849 bis 1850 BGB

(weggefallen)

§§ 1851

[...]

Von Abdruck und Kommentierung wird abgesehen.

Untertitel 5
Befreite Vormundschaft

§§ 1852 bis 1881

[...]

Von Abdruck und Kommentierung wird abgesehen.

Untertitel 6
Beendigung der Vormundschaft

§ 1882 BGB Wegfall der Voraussetzungen

Die Vormundschaft endigt mit dem Wegfall der in § 1773 für die Begründung der Vormundschaft bestimmten Voraussetzungen.

Die Vorschrift regelt den **Wegfall der Vormundschaft** im Sinne einer **Beendigung des staatlichen Fürsorgeverhältnisses**, das abzugrenzen vom **Wegfall des Amtes des Vormunds** ist, der z.B. infolge Tod oder Entlassung des Vormunds eintreten kann. Sie bestimmt, dass die Vormundschaft **kraft Gesetzes**, d.h. ohne konstitutive Entscheidung des Familiengerichts,[1] mit dem Wegfall ihrer in § 1773 BGB genannten Entstehungsvoraussetzungen endigt. **1**

Als **Beendigungsgründe** gelten **2**

- der Tod des Mündels[2]
- der Eintritt der Volljährigkeit des Mündels[3]
- die Rückübertragung des Sorgerechts auf einen oder beide Eltern (§ 1696 Abs. 2 BGB)
- die Adoption des Mündels (§ 1754 BGB) oder
- der Wegfall des Ruhens der elterlichen Sorge nach § 1674 BGB.

§ 1882 BGB ist auch anwendbar, wenn sich die mit der Anordnung der Vormundschaft vorausgesetzte **Annahme der Minderjährigkeit** eines Betroffenen im **Nachhinein als unzutreffend** herausstellt.[4] **3**

---

1 Soergel/*Zimmermann* § 1882 BGB Rn. 2; zur Verschollenheit vgl. § 1884 BGB
2 BayObLG NJW 1965, 397
3 Maßgeblich für die Altersgrenze kann das Heimatrecht nach Art. 24 Abs. 1 Satz 1 EGBGB sein, vgl. OLG Bremen ZKJ 2012, 359: Keine Aufhebung der Vormundschaft bei 20-jährigem Liberianer
4 OLG Köln ZKJ 2013, 419

4   Die Voraussetzungen nach § 1882 BGB sind vom Familiengericht (zuständig ist der Rechtspfleger nach § 3 Nr. 2a RPflG) **jederzeit von Amts wegen** zu prüfen. Von einer **persönlichen Anhörung** der Beteiligten, denen aber rechtliches Gehör zu gewähren ist, kann abgesehen werden. Im Übrigen gelten die verfahrensrechtlichen Vorschriften des Verfahrens in Kindschaftssachen, insbesondere hinsichtlich der örtlichen Zuständigkeit.

5   Liegen die Voraussetzungen der Vorschrift vor, hat der Rechtspfleger die Beendigung der Vormundschaft mit **deklaratorischer Wirkung** durch Beschluss nach §§ 38 ff. FamFG festzustellen.[5] Gegen die deklaratorische Feststellung des Endes der Vormundschaft ist die *Beschwerde* nach §§ 11 Abs. 1 RPflG, 58 ff. FamFG statthaft.[6]

§ 1883 BGB

(weggefallen)

§ 1884 BGB   Verschollenheit und Todeserklärung des Mündels

(1) Ist der Mündel verschollen, so endigt die Vormundschaft erst mit der Aufhebung durch das Familiengericht. Das Familiengericht hat die Vormundschaft aufzuheben, wenn ihm der Tod des Mündels bekannt wird.

(2) Wird der Mündel für tot erklärt oder wird seine Todeszeit nach den Vorschriften des Verschollenheitsgesetzes festgestellt, so endigt die Vormundschaft mit der Rechtskraft des Beschlusses über die Todeserklärung oder die Feststellung der Todeszeit.

1   § 1884 BGB knüpft an den in § 1882 BGB geregelten Wegfall der Vormundschaft für den Fall der **Verschollenheit und Todeserklärung des Mündels** an. In Abweichung von § 1882 BGB bestimmt Abs. 1 zunächst, dass im Falle der Verschollenheit des Mündels, die Vormundschaft trotz der bestehenden Ungewissheit im Interesse der Rechtssicherheit **weiter besteht**, bis sie durch eine **konstitutive Entscheidung** des Familiengerichts aufgehoben worden ist. Kommt in diesem Schwebezustand ein Wegfallgrund nach § 1882 BGB hinzu (z.B. Volljährigkeit des Mündels), endet die Vormundschaft kraft Gesetzes.[1]

2   Das Familiengericht hat die Vormundschaft im Übrigen nach Abs. 1 Satz 2 aufzuheben, wenn ihm der **Tod des Mündels** bekannt wird. Die Entscheidung trifft der nach § 3 Nr. 2a RPflG zuständige Rechtspfleger.

3   Wird der Mündel nach den Vorschriften des VerschG für tot erklärt oder wird seine Todeszeit festgestellt, so endet die Vormundschaft nach Abs. 2 **kraft Gesetzes mit der Rechtskraft des Beschlusses über die Todserklärung oder die Feststellung der Todeszeit.** Lebt der Mündel in Wahrheit doch noch, so gilt die Vormundschaft nach Abs. 2 dennoch mit Rechtskraft des Beschlusses nach dem VerschG als aufgehoben, so dass ggf. eine neue Vormundschaft unter den Voraussetzungen von § 1773 BGB anzuordnen sein kann und muss.[2]

---

5   Oberloskamp/*Hoffmann* § 7 Rn. 11
6   OLG Köln ZKJ 2013, 419; NK-BGB/*Fritsche* § 1882 BGB Rn. 7; a.A. Staudinger/*Veit* § 1882 BGB Rn. 22
1   Palandt/*Götz* § 1884 BGB Rn. 1; a.A. OLG Oldenburg NJW 1952, 939: erst durch Aufhebung
2   Soergel/*Zimmermann* § 1884 BGB Rn. 3

§1885 BGB

(weggefallen)

§1886 BGB Entlassung des Einzelvormunds

Das Familiengericht hat den Einzelvormund zu entlassen, wenn die Fortführung des Amts, insbesondere wegen pflichtwidrigen Verhaltens des Vormunds, das Interesse des Mündels gefährden würde oder wenn in der Person des Vormunds einer der in §1781 bestimmten Gründe vorliegt.

A. Allgemeines

§1886 BGB regelt die **Entlassung** des **Einzelvormunds**. Die Entlassung des Amts- und Vereinsvormunds ist in §1887 BGB vorgesehen. Die Entlassung des Vormunds kann dabei nicht auf einzelne Wirkungskreise beschränkt werden,[1] der Entzug von Sorgebefugnissen kann insoweit nur nach §§1837 Abs. 4, 1666 BGB erfolgen. Bei Interessenskollisionen nach §§1795, 1796 BGB ist ein Pfleger zu bestellen. Auch wenn Art. 6 Abs. Satz 1 GG für den Vormund nicht gilt, steht seine Entlassung unter dem Grundsatz der **Verhältnismäßigkeit**.[2] Wie der Wortlaut („hat") zeigt, handelt es sich um eine **gebundene Entscheidung** ohne Ermessensspielraum. **1**

▶ *Zum Verhältnis der Vorschrift zu §1666 BGB vgl. Dürbeck, §1837 BGB Rn. 16 f.*

B. Inhalt der Norm

I. Gesetzliche Entlassungsgründe

Die in §1886 aufgezählten Entlassungsgründe sind beispielhaft und nicht **enumerativ** („insbesondere"). Eine Entlassung kann damit auch aus weiteren Gründen von gleicher Tragweite in Betracht kommen (siehe hierzu unten Rn. 7). **2**

1. Gefährdung des Mündels, regelmäßig infolge Pflichtwidrigkeit (Alt. 1)

Voraussetzung von §1886 BGB Alt. 1 ist es, dass die Fortführung des Amts durch den betreffenden Vormund die **Interessen des Mündels gefährden** würde, wobei das Gesetz als Regelfall **pflichtwidriges Verhalten** des Vormunds verlangt. **3**

Als **Pflichtwidrigkeiten** in diesem Sinne kommen etwa **4**

- falsche Abrechnungen

- Verschwendung des Mündelvermögens

- Verstöße gegen die Auskunfts-, Berichts- oder Rechnungslegungspflicht

---

1 KG JW 36, 237; NK-BGB/*Fritsche* §1886 BGB Rn. 2
2 OLG Frankfurt a. M. OLGR 2005, 405; MüKo-BGB/*Wagenitz* §1886 BGB Rn. 7

- Intoleranz gegenüber Belangen des Mündels (*z.B. im Bereich des Umgangs mit seinen Eltern oder Verwandten*) oder

- Vernachlässigung des Kontakts zum Mündel

in Betracht.[3] Auf ein **Verschulden** des Vormundes kommt es nicht an.[4]

5   Auch **ohne Verstoß gegen Pflichten** des Vormunds kommt ein Entlassungsgrund in Betracht, wenn durch die Fortführung des Amts eine Gefährdung des Mündelinteresses hinreichend wahrscheinlich ist.[5] Dies wird aber in der Praxis eher die Ausnahme sein.

2. Untauglichkeit (Alt. 2)

6   Als weiteren Entlassungsgrund benennt § 1886 BGB den Umstand, dass in der Person des Vormunds – nachträglich oder bereits bei Bestellung[6] – einer der in § 1781 BGB genannten Gründe zur **Untauglichkeit zur Vormundschaft** vorliegt oder eingetreten ist, er also **minderjährig** ist oder unter gesetzlicher **Betreuung** (§ 1896 BGB) steht.

II. Sonstige Gründe

7   Die h.M. erkennt auch außerhalb der im Gesetz in §§ 1886 bis 1889 BGB genannten Entlassungsgründe weitere Gründe für eine Entlassung des Vormunds an.[7] So kann etwa der nachträglich nach § 104 Nr. 2 BGB **geschäftsunfähig** (*z.B. infolge einer Geistesstörung*) gewordene Vormund wegen des Regelungsgehalts von § 1780 BGB von Amts wegen entlassen werden.[8] Zum Teil wird angenommen, dass eine Entlassung des Vormunds auch dann von Amts wegen möglich sein soll, wenn dieser **unter Verstoß gegen § 1779 Abs. 2 BGB** (*z.B. Übergehen eines geeigneten Angehörigen*) ausgewählt worden ist.[9] Diese Auffassung, die eine Entlassung zum Zwecke der **Korrektur einer unrichtigen Auswahlentscheidung** befürwortet, überzeugt jedoch nicht, da es an einer gesetzlichen Rechtsgrundlage fehlt und im Übrigen auch § 48 Abs. 1 FamFG einer Abänderung entgegen stehen dürfte.[10]

8   Schließlich kann der Vormund auch dann entlassen werden, wenn er unter **Vorbehalt** (§ 1790 BGB) bestellt worden ist.

9   Wurde ein Vormund zu Unrecht entlassen und noch vor der Entscheidung über seine hiergegen eingelegte **Beschwerde** ein neuer Vormund bestellt, ist dieser bei Erfolg der Beschwerde von Amts wegen wieder zu entlassen, ohne dass es auf die materiellen Voraussetzungen von § 1886 BGB ankäme.[11] Einer neuen Bestellung des ursprünglichen Vormunds bedarf es dann insoweit nicht.[12]

C. Verfahren und Rechtsschutz

10   Die Entscheidung über die Entlassung des Vormunds trifft der nach § 3 Nr. 2a RPflG funktionell zuständige **Rechtspfleger** des Familiengerichts, bei dem die Vormundschaft geführt wird durch Beschluss nach § 38 FamFG. Dies gilt auch dann, wenn der Vormund oder

---

3 Weitere Beispiele bei Palandt/*Götz* § 1886 BGB Rn. 2 m. Nachweisen der Rspr.
4 BayObLG FamRZ 1991, 1353
5 BayObLG Rpfleger 1977, 254
6 Soergel/*Zimmermann* § 1886 BGB Rn. 6; vgl. auch OLG Frankfurt a. M. ZKJ 2013, 503 zur Aufhebung einer zu Unrecht angeordneten Pflegschaft
7 Vgl. ausführlich MüKo-BGB/*Wagenitz* § 1886 BGB Rn. 11 ff.
8 Erman/*Saar* § 1886 BGB Rn. 5
9 BayObLG FamRZ 1991, 1353; Gernhuber/*Coester-Waltjen* § 73 Rn.7
10 Zutreffend MüKo-BGB/*Wagenitz* § 1886 BGB Rn. 13 Fn. 37
11 BayObLG FamRZ 1988, 874; NK-BGB/*Fritsche* § 1886 BGB Rn. 8
12 BayObLG FamRZ 1988, 874; Palandt/*Götz* § 1887 BGB Rn. 3

Pfleger vom Richter bestimmt worden war[13]. **Anzuhören** sind nach §§ 159 ff. FamFG der Mündel, die Eltern, der Vormund und das Jugendamt. Hinzukommen ggf. nach § 1847 BGB weitere Verwandte oder Verschwägerte. In **Eilfällen** sollte der Rechtspfleger bei einer **schwerwiegenden Gefährdung des Mündelwohls** bei dem insoweit funktionell nach § 14 Nr. 2 RPflG zuständigen **Familienrichter** die Einleitung eines einstweiligen Anordnungsverfahrens nach §§ 1837 Abs. 4, 1666 BGB, 49 ff. FamFG anregen.

Gegen die Entscheidung des Rechtspflegers kann nach §§ 11 Abs. 1 RPflG, 58 ff. FamFG **11** **Beschwerde** eingelegt werden. **Beschwerdeberechtigt** ist der verfahrensfähige Mündel nach § 60 FamFG, der entlassene Vormund nach § 59 Abs. 1 FamFG[14] und das Jugendamt nach § 162 Abs. 3 Satz 2 FamFG. Dritte einschließlich der Eltern des Mündels sind mangels Verletzung in eigenen Rechten nicht beschwerdeberechtigt.[15] Wird Beschwerde eingelegt, hat das Familiengericht – da die Entscheidung des Familiengerichts wirksam ist und die Beschwerde keine aufschiebende Wirkung hat – gleichwohl **unverzüglich einen neuen Vormund zu bestellen**, damit der Mündel handlungsfähig bleibt und kein Schwebezustand eintritt.[16] Ist die Beschwerde erfolgreich, ist wie in Rn. 9 unten aufgezeigt zu verfahren.

§ 1887 BGB Entlassung des Jugendamts oder Vereins

(1) Das Familiengericht hat das Jugendamt oder den Verein als Vormund zu entlassen und einen anderen Vormund zu bestellen, wenn dies dem Wohl des Mündels dient und eine andere als Vormund geeignete Person vorhanden ist.

(2) [1]Die Entscheidung ergeht von Amts wegen oder auf Antrag. [2]Zum Antrag ist berechtigt der Mündel, der das 14. Lebensjahr vollendet hat, sowie jeder, der ein berechtigtes Interesse des Mündels geltend macht. [3]Das Jugendamt oder der Verein sollen den Antrag stellen, sobald sie erfahren, dass die Voraussetzungen des Absatzes 1 vorliegen.

(3) Das Familiengericht soll vor seiner Entscheidung auch das Jugendamt oder den Verein hören.

Übersicht

A. Allgemeines

§ 1887 BGB regelt die **Entlassung des Amts- und Vereinsvormunds** durch das Familiengericht, soweit ein geeigneter Einzelvormund vorhanden ist und setzt damit den bereits bei der erstmaligen Auswahl des Vormunds nach § 1779 BGB und in §§ 1791a, 1791b BGB enthaltenen **Subsidiaritätsgrundsatz** von Amts- und Vereinsvormundschaft fort. **1**

---

13 OLG München FamRZ 2013, 1328 (Umgangspfleger)
14 BayObLG BtPrax 2004, 153; Staudinger/*Veit* § 1886 BGB Rn. 29
15 Vgl. OLG Brandenburg FamRZ 2012, 578
16 BayObLGZ 1990, 79; FamRZ 1994, 51; NK-BGB/*Fritsche* § 1886 BGB Rn. 8

2 Nach zutreffender Auffassung gilt die Vorschrift auch für die Fälle der **kraft Gesetzes** eingetretenen Amtsvormundschaft (z.B. § 1791c BGB).[1] Die Vorschrift gilt schließlich auch für den zum Einzelvormund bestellten Mitarbeiter eines Vereins[2] (siehe näher hierzu *Dürbeck*, § 1791a BGB Rn. 13 ff.). Soweit der Amts- oder Vereinsvormund **selbst** eine Entlassung nach Abs. 2 beantragt (*wozu nach § 56 Abs. 4 SGB VIII eine Pflicht besteht*), wird § 1887 BGB durch den **spezielleren § 1889 BGB** verdrängt. Bei einem **Wechsel des gewöhnlichen Aufenthalts** des Mündels ist bei der Amtsvormundschaft des Jugendamts das **gerichtlich kontrollierte Abgabeverfahren nach § 87c Abs. 2 SGB VIII** vorrangig.[3]

Insoweit ist zwischen Fällen gesetzlicher und bestellter Vormundschaft zu differenzieren.[4]

3 Bei der **kraft Gesetzes** nach § 1791c BGB bestehenden Amtsvormundschaft hat der bisherige Amtsvormund bei dem Jugendamt des neuen Aufenthaltsorts der Kindesmutter die Weiterführung der Amtsvormundschaft zu beantragen (§ 87c Abs. 2 Satz 1 SGB VIII). Mit der **Annahmeerklärung** geht die Amtsvormundschaft nach Abs. 2 Satz 2 **ipso iure** auf das neue Jugendamt über, was nach Satz 3 vom bisher zuständigen Amtsvormund dem Familiengericht anzuzeigen ist.[5] **Lehnt** das Jugendamt am neuen Aufenthaltsort des Mündels den Antrag **ab**, so kann nach § 87c Abs. 2 Satz 4 SGB VIII der bisherige Amtsvormund das **Familiengericht anrufen** und seine Entlassung beantragen. In diesem Fall hat eine **am Kindeswohl orientierte** familiengerichtliche Prüfung zu erfolgen, ob die Amtsvormundschaft des Jugendamts am Ort des bisherigen gewöhnlichen Aufenthalts aufrechterhalten bleibt oder das Jugendamt am Ort des neuen gewöhnlichen Aufenthalts bestellt wird. Die Regelung des Abs. 2 gilt nach § 87c Abs. 4 SGB VIII entsprechend für die kraft Gesetz bei der **Adoptionspflege** nach § 1751 Abs. 1 Satz 2 BGB eintretende Amtsvormundschaft.

4 Bei der **bestellten Amtsvormundschaft** führt der Wechsel des gewöhnlichen Aufenthaltsorts des Mündels nach § 87c Abs. 3 Satz 3 SGB VIII dagegen **in keinem Fall ipso jure** zu einem Austausch des Amtsvormunds. Nach dieser Norm hat das bisherige zum Amtsvormund bestimmte Jugendamt im Falle eines Wechsels des gewöhnlichen Aufenthalts des Mündels bei dem **Familiengericht** einen **Antrag auf Entlassung** zu stellen. Das Familiengericht hat sodann über den Antrag unter **vorrangiger Berücksichtigung des Kindeswohls**[6] zu entscheiden, kann es also auch, z.B. aus Gründen der Kontinuität, bei der Zuständigkeit des bisherigen Amtsvormunds belassen, so dass es zu einem Auseinanderfallen der Zuständigkeit von Leistungsträgerschaft und Amtsvormundschaft kommt.[7]

Der Wechsel der örtlichen Zuständigkeit des Jugendamts bewirkt aber keinen Wechsel der **örtlichen Zuständigkeit des Familiengerichts**.[8]

B. Inhalt der Norm

I. Voraussetzungen

1. Vorhandensein eines geeigneten Einzelvormunds

5 Nach Abs. 1 setzt die Entlassung des Amts- oder Vereinsvormunds voraus, dass eine andere geeignete Person als Vormund vorhanden ist. Der Begriff der Eignung entspricht dem

---

1 *DIJuF*- Rechtsgutachten JAmt 2012, 656; Staudinger/*Veit* § 1887 BGB Rn. 4; a.A. OLG Köln DAVorm 1995, 1060; Palandt/*Götz* § 1887 BGB Rn. 1
2 OLG Nürnberg ZKJ 2015, 153 m. Anm. *Dürbeck*
3 KG FamRZ 1988, 321; Erman/*Saar* § 1887 BGB Rn. 4; Oberloskamp/*Kunkel* § 15 Rn. 33 ff.
4 Vgl. ausführlich: *Mix*, JAmt 2014, 242
5 Wiesner/*Wiesner* § 87c SGB VIII Rn. 9
6 OLG Brandenburg FamRZ 2014, 1719; OLG Dresden JAmt 2001, 492; FK-SGB VIII/*Eschelbach/Schindler* § 87c Rn. 11
7 *Mix*, JAmt 2014, 242, 243 sieht darin Vorteile in der Unabhängigkeit des Amtsvormunds
8 OLG Hamm FamRZ 1996, 57; LPK-SGB VIII/*Kunkel* § 87c SGB VIII Rn. 15

in § 1779 Abs. 2 BGB (vgl. hierzu *Dürbeck* § 1779 BGB Rn. 3 ff.). Das Vorhandensein einer solchen Person kann insbesondere darauf beruhen, dass sie bei der vormaligen Auswahlentscheidung nicht erreichbar oder bekannt war. Nach zutreffender Auffassung gilt § 1887 Abs. 1 BGB aber nur bei Vorhandensein eines geeigneten **ehrenamtlichen Vormunds**, weil ein Vorrang der Berufsvormundschaft gegenüber Amts- und Vereinsvormundschaft nicht besteht[9] (siehe näher hierzu *Dürbeck* § 1791b BGB Rn. 2). Auch besteht kein Vorrang des Vereinsvormundes gegenüber dem Amtsvormund (vgl. zum Streitstand *Dürbeck,* § 1791b BGB Rn. 4). Als geeignete Personen in diesem Sinne kommen in der Praxis vor allem die Pflegepersonen des Kindes[10] und Verwandte in Betracht.

▶ *Zum grundsätzlichen Vorrang von (geeigneten) Angehörigen und der aktuellen Rechtsprechung des BVerfG vgl. Dürbeck, § 1779 BGB Rn. 10 f.*

2. Kindeswohlprüfung

6

Abs. 1 verlangt zudem eine **Kindeswohlprüfung**, wobei die Vereinbarkeit der Entlassung des Amts- oder Vereinsvormunds mit dem Kindeswohl anders als bei der Regelung in § 1889 BGB **nicht vermutet** wird, sondern **positiv festgestellt** werden muss.

Wird der Antrag von als Vormund geeigneten **Pflegeeltern** gestellt, wird die Vereinbarkeit des Vormundswechsels mit dem Wohl des Kindes **zu vermuten** sein.[11] Eine Unvereinbarkeit mit dem Kindeswohl wird hingegen etwa dann zu bejahen sein, wenn besonders enge Bindungen und ein **enges Vertrauensverhältnis** zwischen dem Mündel und dem mit der Wahrnehmung der Vormundschaft betrauten Beamten bzw. Mitarbeiter des Amts-/Vereinsvormunds bestehen, was durchaus auch bei der Amtsvormundschaft – das belegen sozialwissenschaftliche Forschungen[12] – der Fall sein kann.

7

II. Verfahren (Abs. 2)

Die Entlassung des Amts- oder Vereinsvormunds kann nach Abs. 2 Satz 1 **von Amts wegen** oder **auf Antrag** erfolgen. **Antragsberechtigt** sind nach Satz 2 der verfahrensfähige Mündel und jeder, der ein **berechtigtes Interesse** des Mündels geltend machen kann. Der Begriff des berechtigten Interesses entspricht nicht § 59 FamFG und erfordert insbesondere kein rechtliches Interesse. Ausreichend ist, dass die Person eine so **persönliche Beziehung zu dem Mündel** hat, dass sie nachvollziehbaren Anlass hat, für sein Wohl einzutreten.[13] In Betracht kommen hier vor allen **Eltern des Mündels**, sonstige **Verwandte und Pflegepersonen** des Kindes in Betracht, insbesondere auch dann, wenn sie sich selbst als geeigneten Vormund im Sinne von Abs. 1 anbieten.

8

Für das Verfahren ist nach § 3 Nr. 2a RPflG der **Rechtspfleger** zuständig. **Anzuhören** sind nach §§ 1887 Abs. 3 BGB, 159 ff. FamFG der Mündel, die Eltern, die Pflegepersonen, der bestellte Amts- bzw. Vereinsvormund und das Jugendamt. Auch soweit ein Antrag nach Abs. 2 gestellt ist, gilt der **Amtsermittlungsgrundsatz** nach § 26 FamFG.[14] Gegen die Entlassung des Amts- bzw. Vereinsvormunds ist die **Beschwerde** nach §§ 11 Abs. 1 RPflG, 58 ff. FamFG eröffnet. **Beschwerdeberechtigt** nach §§ 59, 60, 162 Abs. 3 Satz 2 FamFG sind der betroffene Amts- oder Vereinsvormund, der Mündel und das Jugendamt. Der **Antragsteller** (Eltern, Angehöriger, Pflegeperson), der ein berechtigtes Interesse i.S.v. Abs. 2

9

---

9 OLG Stuttgart FamRZ 2002, 1065; OLG Karlsruhe ZKJ 2012, 272; MüKo-BGB/*Wagenitz* § 1791b BGB Rn. 2; a.A. OLG Frankfurt a. M. ZKJ 2012, 451; OLG Celle JAmt 2010, 257; Palandt/*Götz* § 1887 BGB Rn. 2,
10 Vgl. etwa OLG Brandenburg FamRZ 2014, 1863; OLG Nürnberg FamRZ 2012, 1959-1960; LG Frankfurt a. M. FamRZ 2009, 2103
11 *DIJuF*-Rechtsgutachten JAmt 2013, 205; Staudinger/*Veit* § 1887 BGB Rn. 11
12 *Zitelmann* in: Zitelmann/Schweppe/Zenz, S. 49 ff
13 BVerfG NJW 1986, 3129; RGZ 153, 93; MüKo-BGB/*Wagenitz* § 1887 BGB Rn. 5
14 KG FamRZ 2008, 2306

geltend gemacht hat, ist als Dritter **mangels eigener Rechtsverletzung** in der Regel nicht beschwerdeberechtigt.[15]

▶ *Näher zur Beschwerdeberechtigung Dürbeck, § 59 FamFG, Rn. 1 ff.*

§ 1888 BGB Entlassung von Beamten und Religionsdienern

Ist ein Beamter oder ein Religionsdiener zum Vormund bestellt, so hat ihn das Familiengericht zu entlassen, wenn die Erlaubnis, die nach den Landesgesetzen zur Übernahme der Vormundschaft oder zur Fortführung der vor dem Eintritt in das Amts- oder Dienstverhältnis übernommenen Vormundschaft erforderlich ist, versagt oder zurückgenommen wird oder wenn die nach den Landesgesetzen zulässige Untersagung der Fortführung der Vormundschaft erfolgt.

Von einer Kommentierung wird abgesehen.

§ 1889 BGB Entlassung auf eigenen Antrag

(1) Das Familiengericht hat den Einzelvormund auf seinen Antrag zu entlassen, wenn ein wichtiger Grund vorliegt; ein wichtiger Grund ist insbesondere der Eintritt eines Umstands, der den Vormund nach § 1786 Abs. 1 Nr. 2 bis 7 berechtigen würde, die Übernahme der Vormundschaft abzulehnen.

(2) ¹Das Familiengericht hat das Jugendamt oder den Verein als Vormund auf seinen Antrag zu entlassen, wenn eine andere als Vormund geeignete Person vorhanden ist und das Wohl des Mündels dieser Maßnahme nicht entgegensteht. ²Ein Verein ist auf seinen Antrag ferner zu entlassen, wenn ein wichtiger Grund vorliegt.

Übersicht

A. Allgemeines

1 Die Vorschrift regelt die **Entlassung des Vormunds durch das Familiengericht** auf dessen **eigenen Antrag** hin. Wie Abs. 1 zeigt, ist die Amtsaufgabe dem Vormund nicht freigestellt, sondern sie setzt einen **wichtigen Grund** für einen Austausch des Vormunds voraus. Abs. 2 betrifft die **Entlassung des Amts- und Vereinsvormunds** auf **eigenen Antrag hin** und verdrängt insoweit als lex specialis insoweit § 1887 Abs. 1 und 2 BGB. Liegen die Voraussetzungen von Abs. 1 oder 2 vor, so ist der Vormund zu entlassen, Ein Ermessensspielraum besteht für das Familiengericht nicht.[1]

---

15 OLG Oldenburg JAmt 2012, 675 (Eltern); OLG Nürnberg FamRZ 2014, 1864; 2014, 1473; Beschl. v. 5.1.2015, 10 WF 970/14 – juris –; in Ausnahmefällen bejaht OLG Karlsruhe ZKJ 2013, 457 das Beschwerderecht der Pflegeperson, siehe näher hierzu *Dürbeck*, § 59 FamFG Rn. 9
1 BGH JAmt 2013, 291

B. Inhalt der Norm

I. Entlassung des Einzelvormunds (Abs. 1)

Nach Abs. 1 „hat" das Familiengericht den Einzelvormund **auf seinen Antrag hin** zu entlassen, wenn ein **wichtiger Grund** vorliegt. Nach HS 1 ist dies insbesondere anzunehmen, wenn **(nachträglich[2])** ein Umstand eingetreten ist, der den Vormund nach § 1786 Abs. 1 Nr. 2 bis 7 BGB berechtigen würde, die Übernahme der Vormundschaft abzulehnen. Dies ist insbesondere der Fall, wenn der Vormund   **2**

- das 60. Lebensjahr vollendet hat (Nr. 2),

- ihm die Sorge für die Person oder das Vermögen von mehr als drei minderjährigen Kindern zusteht (Nr. 3),

- durch Krankheit oder durch Gebrechen verhindert ist, die Vormundschaft ordnungsmäßig zu führen (Nr. 4),

- wegen Entfernung seines Wohnsitzes von dem Sitz des Familiengerichts die Vormundschaft nicht ohne besondere Belästigung führen kann (Nr. 5),

- mit einem anderen zur gemeinschaftlichen Führung der Vormundschaft bestellt werden soll (Nr. 7).

Die Aufzählung innerhalb der Vorschrift ist **nicht enumerativ**. Auch außerhalb von § 1786 Abs. 1 Nr. 2 bis 7 BGB kommen daher **weitere Gründe** für die Entlassung des Vormunds in Betracht, wenn diese – in ähnlicher Weise – so gewichtig sind, dass dem Vormund nicht zugemutet werden kann, die Vormundschaft fortzuführen.   **3**

II. Entlassung des Amts- und Vereinsvormunds (Abs. 2)

Nach § 1889 Abs. 2 BGB hat das Familiengericht das Jugendamt als Amtsvormund oder den Vereinvormund als Vormund auf seinen **Antrag** hin zu entlassen, wenn eine **andere als Vormund geeignete Person vorhanden** ist und das **Wohl des Mündels dieser Maßnahme nicht entgegensteht**. Hierdurch kommt der in §§ 1791a, 1791b BGB enthaltene Gedanke der **Subsidiarität** der Amts- und Vereinsvormundschaft gegenüber der (ehrenamtlichen, siehe näher hierzu *Dürbeck*, § 1791b BGB Rn. 2) Einzelvormundschaft auch nach deren erstmaliger Anordnung zum Tragen.   **4**

Für das **Jugendamt als Amtsvormund** besteht schon nach § 56 Abs. 4 SGB VIII eine **amtswegige Pflicht** zu einer **fortwährenden Prüfung** des Vorhandenseins vorrangiger Einzel- und Vereinsvormünder, die durch § 1887 Abs. 2 Satz 2 BGB dahin konkretisiert wird, dass das Jugendamt – wie auch der Vereinsvormund – sogar **verpflichtet** ist, bei Vorhandensein eines geeigneten Einzelvormunds den **Antrag auf eigene Entlassung** beim Familiengericht zu stellen. Diese Pflicht gilt auch im Rahmen der insoweit vorrangigen Entlassung nach § 1889 Abs. 2 BGB.   **5**

▶ *Näher zur Frage der Eignung einer Person zum Vormund Dürbeck; § 1779 BGB Rn. 3 ff.*

Beim Amts- und Vereinsvormund ist nach Abs. 2 Satz 1 eine **negative Kindeswohlprüfung** dahin durchzuführen, dass einer Entlassung des Amtsvormunds das Wohl des Mündels nicht entgegen stehen darf, was insoweit **vermutet** wird. Die Mündelwohldienlichkeit wird etwa dann zu verneinen sein, wenn besonders **enge Bindungen und ein enges Vertrauensverhältnis** zwischen dem Mündel und dem mit der Wahrnehmung der Vormundschaft betrauten Beamten bzw. Mitarbeiter des Amts-/Vereinsvormunds bestehen,[3]   **6**

---

2 Zutreffend Staudinger/*Veit* § 1889 BGB Rn. 9 unter Hinweis auf § 1786 Abs. 2 BGB
3 OLG Dresden JAmt 2001, 492

was durchaus auch bei der Amtsvormundschaft – das belegen sozialwissenschaftliche Forschungen[4] – der Fall sein kann.

7 Darüber hinaus ist nach Abs. 2 Satz 2 ein **Vereinsvormund** auf seinen Antrag hin auch bei Fehlen eines geeigneten Einzelvormunds ferner zu entlassen, wenn ein **wichtiger Grund** vorliegt. In der Gesetzesbegründung wird als Beispiel hierfür etwa ein zwischenzeitlich eingetretener **Mangel an Mitgliedern** genannt.[5] Der BGH hat einen wichtigen Grund i.S.v. Abs. 2 Satz 2 (und kumulativ auch die Voraussetzungen von Abs. 2 Satz 1) auch darin gesehen, dass ein Verein wegen des ihm nach § 1836 Abs. 3 BGB nicht zustehenden Vergütungsanspruches seine Entlassung **zugunsten der Bestellung des von ihm nach § 1791a Abs. 3 BGB mit der Wahrnehmung der Vormundschaft beauftragten Mitarbeiters oder Mitgliedes als Einzelvormunds** beantragt, um diesem einen Vergütungsanspruch nach § 1836 BGB zu verschaffen[6] (siehe näher hierzu *Dürbeck;* § 1791a BGB Rn. 13 ff.).

C. Verfahren und Rechtsschutz

8 Zu Verfahren und Rechtsschutz gelten die Anmerkungen zu § 1887 BGB Rn. 6 f. entsprechend, wobei es sich aber bei § 1889 BGB um ein **reines Antragsverfahren i.S.d. § 23 FamFG** handelt, so dass eine Einleitung von Amts wegen nicht in Betracht kommt. Bei Ablehnung seines Entlassungsantrages steht dem Vormund nach § 59 FamFG ein Beschwerderecht zu.[7]

§§ 1890 bis 1895 BGB

[...]

Von Abdruck und Kommentierung wird abgesehen.

---

4 *Zitelmann* in: Zitelmann/Schweppe/Zenz, S. 49 ff.
5 BT-Drs. 16/6308, 215 V/2370, 88
6 BGH NJW 2013, 1598; FamRZ 2011, 1395; ausführlich dazu *Hoffmann,* JAmt 2013, 554
7 Vgl. etwa OLG Düsseldorf, Beschl. v. 5.6.2012, 1 WF 18/12 – juris

Titel 3
Pflegschaft

§ 1909 BGB Ergänzungspflegschaft

(1) ¹Wer unter elterlicher Sorge oder unter Vormundschaft steht, erhält für Angelegenheiten, an deren Besorgung die Eltern oder der Vormund verhindert sind, einen Pfleger. ²Er erhält insbesondere einen Pfleger zur Verwaltung des Vermögens, das er von Todes wegen erwirbt oder das ihm unter Lebenden unentgeltlich zugewendet wird, wenn der Erblasser durch letztwillige Verfügung, der Zuwendende bei der Zuwendung bestimmt hat, dass die Eltern oder der Vormund das Vermögen nicht verwalten sollen.

(2) Wird eine Pflegschaft erforderlich, so haben die Eltern oder der Vormund dies dem Familiengericht unverzüglich anzuzeigen.

(3) Die Pflegschaft ist auch dann anzuordnen, wenn die Voraussetzungen für die Anordnung einer Vormundschaft vorliegen, ein Vormund aber noch nicht bestellt ist.

Übersicht

A. Allgemeines

§ 1909 BGB regelt die **Pflegschaft für einen Minderjährigen**, die für das Amt bestellte Person wird als sog. **Ergänzungspfleger** bezeichnet. In Abgrenzung zum Vormund, der grundsätzlich (vorbehaltlich gesetzlicher Einschränkungen) für alle Bereiche der Sorge für ein Kind zuständig ist, ist der Ergänzungspfleger nur für **Teilbereiche der elterlichen Sorge**, in denen sorgeberechtigte Eltern oder der Vormund **verhindert** sind, bestellt und rechtlich zuständig, so dass nur ein **partielles Fürsorgebedürfnis** für den Staat besteht.

1

Dabei beschränkt sich der Begriff des Ergänzungspflegers nicht auf Fälle, in denen Sorgeberechtigte wegen **Intereressenskonflikten** vorübergehend verhindert sind (z.B. bei §§ 1795, 1796 BGB), sondern er ist auch dann zu gebrauchen, wenn dieser die Pflegschaft **dauerhaft** (*wie z.B. beim partiellen Sorgerechtsentzug nach § 1666 BGB*) statt des Sorgeberechtigten ausüben soll.[1] Einen Sonderfall der Minderjährigenpflegschaft stellt die in Abs. 3 geregelte **Ersatzpflegschaft** dar.

2

Gesetzestechnisch gelten für die Minderjährigenpflegschaft über die **Verweisung in § 1915 Abs. 1 Satz 1 BGB** die Vorschriften über den **Vormundschaft** nach §§ 1773 ff. BGB entsprechend, soweit nicht § 1909 ff. BGB **Sonderregelungen** für die Pflegschaft enthalten. Wie bei der Vormundschaft (vgl. *Dürbeck*, § 1774 BGB Rn. 2) ist bei der Pflegschaft verfahrensmäßig zwischen den **drei Stufen** der **Anordnung** der Pflegschaft, der **Auswahl und Bestimmung** der Person des Pflegers und dessen **Bestellung** zu unterscheiden.

3

Abweichungen zum Vormundschaftsrecht und Sondervorschriften für den Pfleger bestehen in der Frage der **Vergütung** des Berufspflegers (§ 1915 Abs. 1 Satz 2 BGB), der Bestellung eines Gegenvormundes (§ 1915 Abs. 2 BGB), der Berufung als Ergänzungspfleger

4

---

1 So die Differenzierung von Oberloskamp/*Oberloskamp* § 10 Rn. 3, die im letzten Fall von „Sorgerechtspflegschaft" spricht.

(§ 1916 BGB) und der **Beendigung** der Pflegschaft (§§ 1918, 1919 BGB), näher hierzu *Dürbeck*, § 1915 BGB Rn. 1.

5　Im Gegensatz zur Vormundschaft (*z.B. § 1791c BGB*) gibt es nach Wegfall der Nichtehelichenpflegschaft von §§ 1709, 1706 BGB a.F. keine Fälle der **Pflegschaft kraft Gesetzes** mehr.

B. Inhalt der Norm

I. Ergänzungspflegschaft wegen Verhinderung (Abs. 1 Satz 1)

6　Gemäß § 1909 Abs. 1 Satz 1 BGB ist bei einem unter elterlicher Sorge oder Vormundschaft stehenden Kind ein Pfleger für diejenigen Angelegenheiten zu bestellen, in denen die (sorgeberechtigten) Eltern oder der Vormund **verhindert** sind. Wie bei §§ 1673 ff. BGB fallen hierunter Fälle der **tatsächlichen** und **rechtlichen Verhinderung**[2] (vgl. dort). Hauptanwendungsfälle sind die rechtliche Verhinderung von Eltern infolge **partiellem Sorgerechtsentzug** nach § 1666 Abs. 1 und 3 Nr. 6 BGB, **Vertretungsausschluss** wegen Interessenskollisionen nach §§ 1629 Abs. 2 und 2a, 1795 Abs. 1 und 2, 181 BGB (*z.B. Entscheidung über das Zeugnisverweigerungsrecht des Kindes nach § 52 StPO bei einem strafrechtlichen Ermittlungsverfahren gegen die Eltern*[3]) und **Beschränkungen der Vertretungsmacht** nach § 1796 BGB.

7　Auch die Bestellung eines **Ergänzungspflegers** mit dem Aufgabenkreis **„Regelung des Umgangs" (sog. Umgangsbestimmungspfleger)** ist nach zutreffender Auffassung gemäß § 1909 BGB i.V.m. § 1666 BGB möglich.[4] Der **Umgangspfleger** nach § 1684 Abs. 3 Satz 3 BGB ist dagegen kein Ergänzungspfleger i.S.d. § 1909 Abs. 1 Satz 1 BGB, die Voraussetzungen seiner Anordnung sind in § 1684 Abs. 3 BGB geregelt. Auf den Umgangspfleger finden aber §§ 1915 ff. BGB hinsichtlich Auswahl, Bestellung und Beendigung entsprechende Anwendung[5]

▶　*Näher zum Umgangspfleger Gottschalk, § 1684 BGB Rn. 57 ff.*

8　Schließlich gehört zu § 1909 Abs. 1 Satz 1 BGB auch der Fall, bei dem wegen Anfall einer Erbschaft für das Kind die **Vermögenssorge** der Eltern infolge einer **letztwilligen Verfügung** des Erblassers insoweit nach **§ 1638 Abs. 1 und 2 BGB** ausgeschlossen ist.[6]

9　Kein Bedürfnis für eine Pflegschaft besteht dagegen, wenn der Minderjährige nach §§ 112, 113 BGB selbst handeln kann oder wegen Verhinderung eines Elternteils dem anderen das Sorgerecht alleine zufällt (z.B. bei § 1678 Abs. 1 Satz 1 BGB).

10　Einen weiteren Anwendungsfall des **Verhinderungspflegers** stellt der Fall von § 1801 BGB dar, der es dem Familiengericht – wegen **unterschiedlicher Konfessionen** von Vormund und Mündel – ermöglicht, dem Einzelvormund die Sorge für die **religiöse Erziehung** des Mündels zu entziehen, so dass nach zutreffender Auffassung für diesen Bereich ein Pfleger nach § 1909 Abs 1 Satz 1 zu bestellen ist.[7]

11　Schon begrifflich kein Fall einer tatsächlichen Verhinderung ist es, wenn der Sorgeberechtigte zur Besorgung einer Angelegenheit des Kindes **tatsächlich ungeeignet** ist, wie dies in der Vergangenheit vor allem bei der Frage einer **Verhinderung des Amtsvormunds an der Vertretung unbegleitet eingereister minderjähriger Flüchtlinge** in deren

---

2　MüKo-BGB/*Schwab* § 1909 BGB Rn. 12
3　OLG Koblenz NZFam 2014, 716; OLG Bremen FamRZ 2011, 232; Staudinger/*Bienwald* § 1909 BGB Rn. 35
4　Vgl. zum Streitstand *Heilmann*, FamRZ 2014, 1753 und OLG Stuttgart ZKJ 2014, 479
5　OLG Stuttgart ZKJ 2012, 491; Staudinger/*Rauscher* § 1684 BGB Rn. 110c; *Fröschle*, Sorge und Umgang, Rn. 1176 sowie OLG Frankfurt a.M., Beschl. v. 16.1.2015, 4 UF 255/14 – juris
6　Palandt/*Götz* § 1909 BGB Rn. 6
7　Staudinger/*Bienwald* § 1909 BGB Rn. 56; a.A. Erman/*Roth* § 1909 BGB Rn. 3: Mitvormund

ausländer- und asylrechtlichen Angelegenheiten kontrovers diskutiert wurde. Ein Teil der Rechtsprechung hat diese Frage in der Vergangenheit bejaht und **anwaltliche Berufs-ergänzungspfleger** für den betreffenden Wirkungskreis bestellt.[8] Der **BGH**[9] hat in seinen Entscheidungen vom 29.5.2013 der Bestellung von Ergänzungspflegern zu Recht unmiss-verständlich eine Absage erteilt, weil ein Vormund, der selbst nicht die Eignung für einen bestimmten Aufgabenkreis besitze, diesen Mangel durch Inanspruchnahme fremder Hilfe (z.B. durch einen Rechtsanwalt) kompensieren könne und damit nicht verhindert i.S.v. § 1909 Abs. 1 Satz 1 BGB sei. Diese Grundsätze gelten auch, wenn vom Amtsvormund Aufgaben der Vermögensverwaltung wahrzunehmen sind, da auch in diesem Fall etwaige mangelnde Sachkompetenz durch die Inanspruchnahme von Fremdhilfe kompensiert wer-den kann.[10]

▶ *Zur Frage der (abzulehnenden) Bestellung eines berufsmäßigen Mitvormunds in die-sen Fällen vgl. Dürbeck, § 1775 BGB Rn. 7.*

II. Zuwendungspflegschaft (Abs. 1 Satz 2)

Einen Spezialfall der Ergänzungspflegschaft regelt Abs. 1 Satz 2, wonach der Minderjäh-rige auch dann einen Pfleger zur Verwaltung des Vermögens erhält, das er von Todes we-gen erworben oder das ihm unter Lebenden unentgeltlich zugewendet worden ist, wenn der Erblasser durch **letztwillige Verfügung**, der Zuwendende bei der Zuwendung be-stimmt hat, dass die Eltern oder der Vormund das Vermögen nicht verwalten sollen. **12**

Entgegen ihres Wortlauts hat die Vorschrift nur für die **Vormundschaft** Bedeutung, weil Eltern im Falle einer solchen Bestimmung durch letztwillige Verfügung bereits nach § 1638 Abs. 1 und 2 BGB von der Vermögensverwaltung ausgeschlossen sind und damit bereits der Fall einer Verhinderungspflegschaft nach Abs. 1 Satz 1 vorliegt (vgl. bereits Rn. 8).[11] Gemäß § 1794 BGB tritt im Falle der Zuwendungspflegschaft beim Vormund eine Be-schränkung seiner Vertretungsmacht erst mit der wirksamen Bestellung des Pflegers ein. **13**

III. Ersatzpflegschaft (Abs. 3)

Gemäß Abs. 3 ist eine Pflegschaft auch dann anordnen, wenn die Voraussetzungen für die Anordnung einer Vormundschaft vorliegen, ein **Vormund** aber **noch nicht bestellt** ist. Die Voraussetzungen für die Begründung einer Vormundschaft nach § 1773 BGB müssen vorliegen (z. B. Tod der Eltern) und es darf, z.B. weil das Auswahlverfahren nach § 1779 BGB noch nicht abgeschlossen ist, noch kein Vormund nach § 1789 BGB vom Familienge-richt bestellt sein. Soweit ein entsprechendes **dringendes**[12] **Bedürfnis** für die Erledigung einer Angelegenheit des Kindes besteht, kann das Familiengericht **nur nach Maßgabe von § 1846 BGB eigene Maßnahmen** für das Kind treffen (z.B. Einwilligung in eine Ope-ration), die Bestellung eines Ersatzpflegers ist, soweit die Angelegenheit noch insoweit Aufschub duldet, **vorrangig**.[13] **14**

C. Verfahren und Rechtsschutz

Pflegschaftsverfahren zählen nach § 151 Nr. 5 FamFG wie Vormundschaftssachen zu den **Kindschaftssachen**. In Ansehung des Verfahrens ergeben sich insoweit grundsätzlich **15**

---

8 Vgl. etwa OLG Frankfurt a. M. ZKJ 2013, 212; DAVorm 2000, 485; a.A. OLG Karlsruhe ZKJ 2011, 140; OLG Hamburg FGPrax 2011, 208; vgl. dazu *Dürbeck*, ZKJ 2014, 266
9 BGH ZKJ 2013, 413; JAmt 2013, 426
10 OLG Düsseldorf BeckRS 2015, 00236
11 OLG Frankfurt a. M. FamRZ 1997, 115; MüKo-BGB/*Schwab* § 1909 BGB Rn. 45 vgl. zu § 1638 BGB OLG Frankfurt a.M., Beschl. v. 1.4.2015, 5 WF 316/14 – juris –
12 Staudinger/*Bienwald* § 1909 BGB Rn. 32
13 Vgl. Oberloskamp/*Oberloskamp* § 10 Rn. 37 f.

keine Besonderheiten, so dass hinsichtlich **Beteiligung, Anhörung,**[14] **Entscheidung** und **Rechtsschutz** auf die jeweiligen Ausführungen in den vormundschaftlichen Bestimmungen Bezug zu nehmen ist.

▶ *Näher hierzu Dürbeck, § 1774 BGB Rn. 3 ff.*

16   Im Rahmen des Verfahrens zur Bestellung eines Ergänzungspflegers für die Entscheidung über die Ausübung des **Zeugnisverweigerungsrechts** für einen Minderjährigen gemäß **§ 52 Abs. 2 StPO** ist wegen der Bedeutung der Angelegenheit für das Kind auch das noch nicht verfahrensfähige Kind regelmäßig persönlich anzuhören und ihm grundsätzlich ein **Verfahrensbeistand** zu bestellen.[15] Bei Ablehnung der Bestellung eines Ergänzungspflegers steht der **Staatsanwaltschaft** mangels eigener Rechtsverletzung nach § 59 FamFG kein Beschwerderecht zu.[16]

17   Die Anordnung der Pflegschaft erfolgt nach §§ 1915 Abs. 1 Satz 1, 1774 BGB **von Amts wegen.** § 1909 Abs. 2 BGB bestimmt dem vorgreifend, dass Eltern oder der Vormund dem Familiengericht **unverzüglich anzuzeigen** haben, wenn eine Pflegschaft erforderlich wird. Funktionell zuständig ist grundsätzlich nach § 3 Nr. 2a RPflG der **Rechtspfleger,** bei **ausländischen Kindern** ist der **Familienrichter** nach § 14 Nr. 10 RPflG für die Anordnung der Pflegschaft zuständig.

▶ *Näher zur funktionellen Zuständigkeit des Rechtspflegers Heilmann §§ 3, 14 RPflG Rn. 1 ff.*

18   Bei der **Auswahl des Pflegers** ist § 1779 BGB ist der grundsätzliche **Vorrang von (geeigneten) nahen Angehörigen** zu berücksichtigen, allerdings darf in Fällen von **Interessenskollisionen** (z.B. §§ 1629 Abs. 2, 1795, 1796 BGB) der Schutz des Kindes nicht dadurch beeinträchtigt werden, dass als Pfleger eine dem Sorgeberechtigten nahe stehende bzw. beeinflussbare Person zum Pfleger bestellt wird.[17]

19   Zur Verhinderung von Interessenskollisionen gelten nach § 1916 BGB auch §§ 1776 bis 1778 BGB über das **Benennungsrecht der Eltern** nicht. Für die **Zuwendungspflegschaft** gilt aber § 1917 Abs. 1 BGB, wonach die Person des Pflegers durch den Erblasser bestimmt werden kann.

20   Für die **Bestellung des Pflegers** ergeben sich ebenfalls keine Besonderheiten, so dass über § 1915 Abs. 1 Satz 1 BGB die Vorschriften der §§ 1789 ff. BGB anzuwenden sind.

▶ *Zur Vergütung des Pflegers nach § 1909 BGB[18] vgl. Dürbeck, § 1915 BGB Rn. 3 ff.*

§ 1910 BGB

(weggefallen)

§ 1911 BGB

[...]

Von Abdruck und Kommentierung des § 1911 BGB wird abgesehen.

---

14 Vgl. OLG Hamburg ZKJ 2014, 70
15 OLG Schleswig ZKJ 2013, 129; a.A. OLG Hamburg ZKJ 2014, 70
16 BGH MDR 2014, 1407; vgl. dazu *Dürbeck* § 59 FamFG Rn.12
17 OLG Bremen FamRZ 2013, 477; OLG Köln FamRZ 2011, 1305
18 Ausführlich dazu *Volpert*, NJW 2013, 1659

§ 1912 BGB Pflegschaft für eine Leibesfrucht

(1) Eine Leibesfrucht erhält zur Wahrung ihrer künftigen Rechte, soweit diese einer Fürsorge bedürfen, einen Pfleger.

(2) Die Fürsorge steht jedoch den Eltern insoweit zu, als ihnen die elterliche Sorge zustünde, wenn das Kind bereits geboren wäre.

Wie § 1774 Satz 2 BGB bei der Vormundschaft ermöglicht es § 1912 BGB, bereits dem **noch nicht geborenen Kind** einen Pfleger zu bestellen und ihm so **Teilrechtsfähigkeit** zum Zwecke des Erwerbes von Rechten mit der Geburt zu verschaffen.[1] Die Vorschriften über die **Beistandschaft** §§ 1712 ff. BGB sind aber vorrangig.[2]   **1**

Voraussetzung ist zunächst, dass einem **bereits gezeugten** Kind **künftige Rechte zustehen können** und diese einer **Fürsorge** bedürfen. Beispiele sind Rechte aus einer Erbschaft oder aus unerlaubten Handlungen.[3] Wie Abs. 2 zeigt, fällt es grundsätzlich in den Aufgabenbereich der Eltern, künftige Rechte der Leibesfrucht selbst wahrzunehmen. Nur dann, wenn sie an der **Fürsorge rechtlich oder tatsächlich gehindert** sind, kommt die Bestellung eines Pflegers für die Leibesfrucht in Betracht. Eine tatsächliche Verhinderung liegt auch bei einer **hirntoten Mutter** vor[4] und im Übrigen immer dann, wenn bei **unterstellter Geburt** sogleich ein Pfleger nach § 1909 Abs. 1 BGB zu bestellen wäre.   **2**

Für das **Verfahren** gelten keine Besonderheiten, es sind §§ 151 ff. FamFG zu beachten. Der Wirkungskreis des Pflegers ist in der Entscheidung genau zu bestimmen. Für die Auswahl des Pflegers gilt §§ 1915 Abs. 1 BGB, 1779 BGB. Mit der Bestellung wird der Pfleger nach § 1912 BGB *gesetzlicher Vertreter* der Leibesfrucht und vertritt diese im Rahmen des übertragenen Aufgabenbereichs gerichtlich und außergerichtlich, wobei die Wirkungen von Rechtshandlungen erst mit der Geburt des Kindes für dieses eintreten.[5] Die Pflegschaft nach § 1912 BGB **endet** nach § 1918 Abs. 2 BGB mit der Geburt des Kindes **kraft Gesetzes**, auch wenn die betreffende Angelegenheit **noch nicht beendet** ist.[6]   **3**

§§ 1913 und 1914 BGB

[...]

Von Abdruck und Kommentierung wird abgesehen.

§ 1915 BGB Anwendung des Vormundschaftsrechts

(1) [1]**Auf die Pflegschaft finden die für die Vormundschaft geltenden Vorschriften entsprechende Anwendung, soweit sich nicht aus dem Gesetz ein anderes ergibt.** [2]**Abweichend von § 3 Abs. 1 bis 3 des Vormünder- und Betreuervergütungsgesetzes bestimmt sich die Höhe einer nach § 1836 Abs. 1 zu bewilligenden Vergütung nach den für die Führung der Pflegschaftsgeschäfte nutzbaren Fachkenntnissen des Pflegers sowie nach dem Umfang und der Schwierigkeit der Pflegschaftsgeschäfte, sofern der Pflegling nicht mittellos ist.** [3]**An die**

---

1 MüKo-BGB/*Schwab* § 1912 BGB Rn. 1 und 4
2 Palandt/*Götz* § 1912 BGB Rn. 3
3 Vgl. BGH FamRZ 1972, 202; DIJuF-Rechtsgutachten JAmt 2001, 34
4 MüKo-BGB/*Schwab* § 1912 BGB Rn. 6 unter Hinweis auf den berühmten Fall des AG Hersbruck FamRZ 1992, 1471
5 Soergel/*Zimmermann* § 1912 BGB Rn. 9
6 Staudinger/*Bienwald* § 1912 BGB Rn. 8; a.A. Palandt/*Götz* § 1918 BGB Rn. 1

Stelle des Familiengerichts tritt das Betreuungsgericht; dies gilt nicht bei der Pflegschaft für Minderjährige oder für eine Leibesfrucht.

(2) Die Bestellung eines Gegenvormunds ist nicht erforderlich.

(3) § 1793 Abs. 2 findet auf die Pflegschaft für Volljährige keine Anwendung.

(Abs. 1 Satz 3 und Abs. 3 haben für die Minderjährigenpflegschaft keine Bedeutung und werden nicht kommentiert.)

Übersicht

A. Anwendung des Vormundschaftsrechts (Abs. 1 Satz 1)

1   Gemäß Abs. 1 Satz 1 finden auf die Minderjährigenpflegschaft die für die **Vormundschaft geltenden Vorschriften entsprechende Anwendung**, soweit sich nicht aus §§ 1909 ff. BGB abweichende Bestimmungen ergeben.

Sonderregelungen für die Pflegschaft gelten vor allem für die Fragen der

- **Vergütung** des Berufspflegers (§ 1915 Abs. 1 Satz 2 BGB)
- Bestellung eines **Gegenvormundes** (§ 1915 Abs. 2 BGB)
- **Berufung** als Ergänzungspfleger (§ 1916 BGB)
- **Beendigung** der Pflegschaft (§§ 1918, 1919 BGB).

2   Anwendbar sind daher insbesondere die Vorschriften über

- die amtswegige **Anordnung** der Vormundschaft nach § 1774 BGB
- die **Auswahl** der Person nach §§ 1779 ff. BGB (vgl. § 1916 BGB Rn. 1) einschließlich der Bestimmungen über die **Amts- und Vereinsvormundschaft** nach §§ 1791a, 1791b BGB
- die **Bestellungsvorschriften** nach §§ 1789 ff. BGB
- die Vorschriften über die **Führung** der Vormundschaft §§ 1793 ff. BGB
- die **Aufsicht** des Familiengerichts (§§ 1837 ff. BGB)
- die **Haftung** nach § 1833 BGB
- die **Entlassung** nach §§ 1882 ff. BGB
- die **gesetzliche Vertretung** des Kindes (z.B. §§ 1797, 1796, 1821, 1822 BGB) und
- den Ersatz und Vorschuss von **Aufwendungen**, Aufwandsentschädigung und **Vergütung** nach §§ 1835, 1835a, 1836 BGB.

B. Vergütung des Pflegers (Abs. 1 Satz 2)

3   Abs. 1 Satz 2 bestimmt hinsichtlich der **Vergütung des Berufspflegers**, die sich durch den Verweis von Satz 1 zunächst nach § 1836 BGB richtet, **abweichend von § 3 Abs. 1 bis 3 VBVG**, dass sich die Höhe seiner nach § 1836 Abs. 1 zu bewilligenden Vergütung nach den für die Führung der Pflegschaftsgeschäfte **nutzbaren Fachkenntnissen** des Pflegers sowie nach dem **Umfang** und der **Schwierigkeit** der Pflegschaftsgeschäfte, sofern der Pflegling nicht mittellos ist, bestimmt. Betroffen ist insoweit lediglich der Berufspfleger nach § 1836 Abs. 1 BGB.

Bei vermögenden Pfleglingen besteht mithin **keine Bindung** an die in § 3 VBVG genann- 4
ten **Mindest- und Höchstsätze**, sondern der Stundensatz ist nach den **genutzten Fachkenntnissen** des Pflegers und **Umfang sowie Schwierigkeit der übertragenen Geschäfte nach Ermessen** zu bestimmen.[1] In der Praxis liegen die Stundensätze in einem
Bereich zwischen 19,50 Euro und 115,00 Euro.[2]

Ist der Pflegling dagegen nach § 1836c BGB **mittellos**, so sind auch für den Berufspfleger 5
nach § 1915 Abs. 1 Satz 1 BGB i.V.m. § 3 VBVG die dort genannten Höchstsätze von derzeit 33,50 Euro für seinen Anspruch gegen die Staatskasse maßgeblich.[3] Aufwendungser-
satz- und Aufwandsentschädigungsansprüche nach §§ 1915 Abs. 1 Satz 1, 1835, 1835a
BGB sind von § 1915 Abs. 1 Satz 2 BGB nicht betroffen.[4]

C. Gegenvormund (Abs. 2)

Nach Abs. 2 ist die die Bestellung eines **Gegenvormundes nicht erforderlich**. Der miss- 6
verständliche Gesetzestext bezieht sich auf die Regelung in § 1792 Abs. 2 BGB, wonach
ein Gegenvormund bestellt werden soll, wenn mit der Vormundschaft Vermögensverwaltung verbunden ist. Für den mit Aufgaben der Vermögensverwaltung betrauten Pfleger
besteht danach dieser Regelfall der Bestellung eines Gegenvormunds nicht. Ein Gegenvormund kann aber durchaus zur Kontrolle des Pflegers bestellt werden, soweit dies **zweckmäßig** ist.[5]

§ 1916 BGB Berufung als Ergänzungspfleger

**Für die nach § 1909 anzuordnende Pflegschaft gelten die Vorschriften über die Berufung zur
Vormundschaft nicht.**

Die bei der Frage der Berufung des Vormunds geltenden Vorschriften über das **Benen-** 1
nungsrecht der (verstorbenen) Eltern nach §§ 1776 bis 1778 BGB werden durch § 1916
BGB für die Pflegschaft nach § 1909 BGB ausgeschlossen. Die Vorschrift dient dazu, **mögliche Interessenskollisionen** zwischen Pfleger und Mündel von vornherein auszuschließen.[1] Nach zutreffender Ansicht ist sie in erweiterter Auslegung auch dahin zu anzuwenden, dass die Regelung in **§ 1782 BGB**, wonach Eltern bestimmte Personen von der Bestellung als Vormund ausschließen können, auf die Ausschließung einer Person als
Ergänzungspfleger auf die Pflegschaft nicht anzuwenden ist.[2]

Bei der **Auswahl des Pflegers** ist aber § 1779 BGB einschließlich des grundsätzlichen Vor- 2
rangs von (geeigneten) nahen Angehörigen zu berücksichtigen, allerdings darf in Fällen
von **Interessenskollisionen** (z.B. §§ 1629 Abs. 2, 1795, 1796 BGB) der Schutz des Kindes
nicht dadurch beeinträchtigt werden, dass als Pfleger eine dem Sorgeberechtigten nahe
stehende bzw. beeinflussbare Person bestellt wird[3], was dem Rechtsgedanken vom § 1916
BGB entnommen werden kann.

▶   *Näher hierzu und zur aktuellen Rechtsprechung des Bundesverfassungsgerichts Dür-
    beck, § 1779 BGB Rn. 10 f.*

---

1 OLG Schleswig MDR 2012, 1351; OLG Brandenburg ZEV 2011, 637
2 *Volpert*, NJW 2013, 1659
3 OLG Naumburg Rpfleger 2012, 319
4 Ausführlich zur Vergütung des Pflegers: *Volpert*, NJW 2013, 1659
5 Staudinger/*Bienwald* § 1915 BGB Rn. 26
1 BayObLGZ 1964, 277
2 Soergel/*Zimmermann* § 1916 BGB Rn. 1; a.A. MüKo-BGB/*Schwab* § 1912 BGB Rn. 2
3 OLG Bremen FamRZ 2013, 477; OLG Köln FamRZ 2011, 1305; OLG Düsseldorf FamRZ 2011, 742

3 Bei der Bestellung des Jugendamts als Amtspfleger kann das Familiengericht auch ein von der **örtlichen Zuständigkeitsbestimmung des § 87c Abs. 3 SGB VIII** abweichendes anderes Jugendamt auswählen, wenn hierfür sachliche Gründe bestehen.[4]

§ 1917 BGB

[...]

Von Abdruck und Kommentierung wird abgesehen.

§ 1918 BGB Ende der Pflegschaft kraft Gesetzes

(1) Die Pflegschaft für eine unter elterlicher Sorge oder unter Vormundschaft stehende Person endigt mit der Beendigung der elterlichen Sorge oder der Vormundschaft.

(2) Die Pflegschaft für eine Leibesfrucht endigt mit der Geburt des Kindes.

(3) Die Pflegschaft zur Besorgung einer einzelnen Angelegenheit endigt mit deren Erledigung.

Übersicht

A. Ende der Pflegschaft nach Abs. 1

1 Gemäß § 1918 Abs. 1 BGB endet die Pflegschaft für eine unter elterlicher Sorge oder Vormundschaft stehende Peson **kraft Gesetzes** mit der **Beendigung der elterlicher Sorge** oder der **Vormundschaft**. Das Ende der Pflegschaft ist abzugrenzen von der **Beendigung des Amts** des Pflegers, das nach Maßgabe von §§ 1915 Abs. 1, 1882 ff. BGB durch **Entlassung** beendet wird.

2 Gründe für eine Beendigung der elterlichen Sorge oder Vormundschaft i.S.v. Abs. 1 können sein

- das Erreichen der **Volljährigkeit** des Pfleglings

- der **Tod der Eltern**

- die **Adoption** des Kindes

- die **Aufhebung der Vormundschaft** sowie

- der **Wechsel in der Person des Sorgerechtsinhabers**.[1]

3 Wird etwa das Sorgerecht von einem Elternteil nach § 1671 Abs. 2 BGB **auf den anderen Elterteil übertragen**, so endet die Pflegschaft kraft Gesetzes nach § 1918 Abs. 1 BGB. Dies gilt auch dann, wenn beim neuen Sorgerechtsinhaber die Notwendigkeit einer Pfle-

---

4 OLG Brandenburg FamRZ 2014, 1719: Kontinuität; BayObLG FamRZ 1997, 897
1 KG FamRZ 1972, 44; MüKo-BGB/*Schwab* § 1918 BGB Rn. 5

gerbestellung fortbesteht. Es ist dann eine neue Pflegschaft zu begründen.[2] Das elterliche Sorgerecht endet auch, wenn es nach § 1666 BGB in vollem Umfang **entzogen** wird.[3]

B. Ende der Pflegschaft für die Leibesfrucht (Abs. 2)

Nach Abs. 2 endet die Pflegschaft für eine **Leibesfrucht** nach § 1912 BGB mit der **Geburt des Kindes** kraft Gesetzes.   **4**

▶ *Näher zu den Einzelheiten Dürbeck, § 1912 BGB Rn. 1 ff.*

C. Erledigung der Angelegenheit (Abs. 3)

Nach Abs. 3 endet die Pflegschaft zur Besorgung einer **einzelnen Angelegenheit** mit deren **Erledigung**. Ist ein Pfleger etwa für die Vertretung eines Kindes zur Entscheidung über die Ausübung eines Zeugnisverweigerungsrechts nach § 52 StPO bestellt, endet die Pflegschaft mit der entsprechenden Kundgabe der Entscheidung gegenüber der Vernehmungsperson.   **5**

Bei Zweifeln über die Beendigung der Pflegschaft nach Maßgabe von Abs. 1 bis 3 hat das Familiengericht einen **deklaratorisch wirkenden Beschluss** zu erlassen, der nach zutreffender Ansicht auch nach Maßgabe von §§ 11 Abs. 1 RPflG, 58 ff. FamFG mit der Beschwerde **anfechtbar** ist.[4]   **6**

§ 1919 BGB   Aufhebung der Pflegschaft bei Wegfall des Grundes

Die Pflegschaft ist aufzuheben, wenn der Grund für die Anordnung der Pflegschaft weggefallen ist.

A. Allgemeines

§ 1919 BGB regelt die **Aufhebung der Pflegschaft** durch **(konstitutive)** gerichtliche **Entscheidung**, soweit diese nicht bereits gemäß § 1918 BGB in den dort genannten Fällen kraft Gesetzes beendet ist.   **1**

B. Inhalt der Norm

Die Pflegschaft ist aufzuheben, wenn der **Grund für ihre Anordnung weggefallen** ist. Dies ist dann der Fall, wenn der nach § 1909 BGB ursprünglich vorhandene Grund der Anordnung (z.B. eine Interessenskollision nach § 1795 BGB oder eine partielle Verhinderung nach § 1674 BGB) **nachträglich** in Wegfall geraten ist. Die h.M. wendet die Vorschrift aber zu Recht auch auf die Fälle an, in denen schon **bei der Anordnung** der Pflegschaft ein in § 1909 BGB genannter Grund tatsächlich gefehlt hat,[1] die Bestellung des Pflegers also nicht von den gesetzlichen Voraussetzungen gedeckt war.   **2**

---

2 Soergel/*Zimmermann* § 1918 BGB Rn. 2
3 MüKo-BGB/*Schwab* § 1918 BGB Rn. 9; nicht aber bei Entzug von Teilen des Sorgerechts oder bei Entzug nur betreffend eines Elternteils, vgl. OLG Stuttgart FamRZ 1976, 538; OLG Karlsruhe FamRZ 1974, 661
4 Palandt/*Götz* § 1918 BGB Rn. 1; a.A. OLG Stuttgart ZKJ 2012, 491 (Umgangspflegschaft)
1 OLG Frankfurt a. M. ZKJ 2013, 503; BayObLG Rpfleger 1990, 119

3 Soweit Eltern nach einem Sorgerechtsentzug das Sorgerecht wieder in vollem Umfang zurückerhalten, ist **§ 1696 Abs. 2 BGB vorrangige Rechtsgrundlage** für die Aufhebung die Pflegschaft gegenüber § 1919 BGB.[2]

C. Verfahren

4 Für die Aufhebung der Pflegschaft ist nach § 3 Nr. 2a RPflG der **Rechtspfleger** funktionell zuständig. Dies gilt auch bei Kindern mit **fehlender deutscher Staatsangehörigkeit**, da der **Richtervorbehalt** des § 14 Nr. 10 RPflG grundsätzlich nur für die Anordnung der Pflegschaft gilt.[3] Ist schon die Anordnung der Pflegschaft durch den nach § 14 Nr. 10 RPflG zuständigen Richter zu Unrecht erfolgt, kann diese zwar nach den unter Rn. 2 aufgezeigten Gründen nach § 1919 BGB jederzeit aufgehoben werden. In diesem Fall ist aber auch die Aufhebung der Pflegschaft dem Richter vorbehalten, weil andernfalls der Rechtspfleger zum Kontrollorgan des Richters werden würde.[4]

▶ *Näher zur funktionellen Zuständigkeit Heilmann, § 14 RPflG Rn. 22 ff.*

5 Hebt der Rechtspfleger die vom Richter angeordnete Pflegschaft mit der Begründung auf, bereits ihre Anordnung sei zu Unrecht erfolgt, hat dies demgemäß nach § 8 Abs. 4 Satz 1 RPflG in jedem Fall die **Unwirksamkeit der Entscheidung** zur Folge,[5] ohne dass es auf die Rechtmäßigkeit der Anordnung der Pflegschaft ankäme. Trotz Unwirksamkeit ist die Entscheidung des unzuständigen Rechtspflegers aus Gründen der Rechtssicherheit im Beschwerdeverfahren aufzuheben.[6]

▶ *Näher hierzu Heilmann, § 8 RPflG Rn. 9 ff.*

6 Gegen die Entscheidung nach § 1919 BGB ist die **Beschwerde** nach §§ 11 Abs. 1 RPflG, 58 ff. FamFG statthaft. Beschwerdeberechtigt sind nach §§ 59, 60, 162 Abs. 3 Satz 2 FamFG insbesondere der Pflegling, der Pfleger (auch bei Ablehnung der Aufhebung[7]) und im Bereich der Personensorge das Jugendamt. Wird die auf § 1919 BGB gestützte Entscheidung im Beschwerdeverfahren aufgehoben, lebt die Pflegschaft kraft Gesetzes wieder auf, eine neuerliche Bestellung des Pflegers ist nicht erforderlich.[8]

§ 1920 BGB

(weggefallen)

§ 1921 BGB

[...]

Von Abdruck und Kommentierung wird abgesehen.

---

2 BayObLGZ 1975, 197; MüKo-BGB/*Schwab*, § 1919 Rn. 5; Oberloskamp/*Oberloskamp*, § 11 Rn. 13
3 *Dörndorfer*, § 14 RPflG Rn. 60; *Dürbeck*, ZKJ 2014, 266, 269
4 OLG Frankfurt a. M. ZKJ 2013, 503
5 OLG Frankfurt a. M. ZKJ 2013, 503; OLG Dresden ZKJ 2012, 269
6 BGH NJW-RR 2005, 1299
7 KG FamRZ 1962, 482; Oberloskamp/*Oberloskamp* § 11 Rn. 18
8 A.A. KG RJA 15, 101; Palandt/*Götz* § 1919 BGB Rn. 1

Anhang
Gesetz zum zivilrechtlichen Schutz vor Gewalttaten und Nachstellungen (Gewaltschutzgesetz – GewSchG)

vom 11. Dezember 2001 (BGBl. I S. 3513)

§ 1 GewSchG Gerichtliche Maßnahmen zum Schutz vor Gewalt und Nachstellungen

(1) [1]Hat eine Person vorsätzlich den Körper, die Gesundheit oder die Freiheit einer anderen Person widerrechtlich verletzt, hat das Gericht auf Antrag der verletzten Person die zur Abwendung weiterer Verletzungen erforderlichen Maßnahmen zu treffen. [2]Die Anordnungen sollen befristet werden; die Frist kann verlängert werden. [3]Das Gericht kann insbesondere anordnen, dass der Täter es unterlässt,

1. die Wohnung der verletzten Person zu betreten,

2. sich in einem bestimmten Umkreis der Wohnung der verletzten Person aufzuhalten,

3. zu bestimmende andere Orte aufzusuchen, an denen sich die verletzte Person regelmäßig aufhält,

4. Verbindung zur verletzten Person, auch unter Verwendung von Fernkommunikationsmitteln, aufzunehmen,

5. Zusammentreffen mit der verletzten Person herbeizuführen,

soweit dies nicht zur Wahrnehmung berechtigter Interessen erforderlich ist.

(2) [1]Absatz 1 gilt entsprechend, wenn

1. eine Person einer anderen mit einer Verletzung des Lebens, des Körpers, der Gesundheit oder der Freiheit widerrechtlich gedroht hat oder

2. eine Person widerrechtlich und vorsätzlich

   a) in die Wohnung einer anderen Person oder deren befriedetes Besitztum eindringt oder

   b) eine andere Person dadurch unzumutbar belästigt, dass sie ihr gegen den ausdrücklich erklärten Willen wiederholt nachstellt oder sie unter Verwendung von Fernkommunikationsmitteln verfolgt.

[2]Im Falle des Satzes 1 Nr. 2 Buchstabe b liegt eine unzumutbare Belästigung nicht vor, wenn die Handlung der Wahrnehmung berechtigter Interessen dient.

(3) In den Fällen des Absatzes 1 Satz 1 oder des Absatzes 2 kann das Gericht die Maßnahmen nach Absatz 1 auch dann anordnen, wenn eine Person die Tat in einem die freie Willensbestimmung ausschließenden Zustand krankhafter Störung der Geistestätigkeit begangen hat, in den sie sich durch geistige Getränke oder ähnliche Mittel vorübergehend versetzt hat.

Übersicht

A. Allgemeines

I. Schutz bei Gewalt und Nachstellung

1. „Drei-Säulen-Schutz"

1 Gewalt- und Opferschutz wird umfassend im **Zivil- und Familienrecht**, im **Polizeirecht** und im **Strafrecht** gewährt:

- Dabei sind die **zivilrechtlichen** Ansprüche vornehmlich in dem **„Gewaltschutzgesetz"**[1] geregelt. Es bildet die rechtliche Grundlage für verschiedene Schutzanordnungen (§ 1 GewSchG) und die Wohnungsüberlassung (§ 2 GewSchG).

- Für das Opfer ist die **Polizei** häufig die erste Adresse zur Gefahrenabwehr. Entsprechend dieser besonderen Verantwortlichkeit hat der Gewaltschutz auch in den Polizei- und Ordnungsgesetzen der Bundesländer seinen Niederschlag gefunden. Vor allem

---

1 Gesetz zum zivilrechtlichen Schutz vor Gewalttaten und Nachstellungen (Gewaltschutzgesetz – GewSchG) vom 11.12.2001 (BGBl. I S. 3513)

die dort verankerte **Wohnungsverweisung** mit Rückkehrverbot soll dem Opfer „Luft" zur Einholung zivilrechtlichen Rechtsschutzes verschaffen.[2]

- Die **strafrechtliche** Ahndung des Verhaltens gewalttätiger oder nachstellender Personen wird insbesondere durch die speziellen Regelungen in **§ 4 GewSchG** sowie § 238 StGB ermöglicht (vgl. *Cirullies*, § 4 GewSchG Rn. 1 ff.).

▶ *Zu dem Anwendungsbereich des Gewaltschutzgesetzes bei dem Kind als Opfer siehe Cirullies, § 3 GewSchG Rn. 2.*

2. Gefahren durch Stalking

Häusliche Gewalt und **„Stalking"** sind oftmals zwei Seiten derselben Medaille: Nach der Trennung schlägt die während des Zusammenlebens verübte Gewalt in Verfolgen und Belästigen des Ex-Partners um. Wenn sich der Täter in seine Liebes-, Rache- oder Wutgefühle hineinsteigert, besteht mitunter Gefahr für Leib und Leben des Opfers. Eine energische Ahndung ist dann angezeigt. Insoweit hat das OLG Hamm[3] bei einem Intensiv- und Wiederholungstäter die originäre Anordnung von fast zwei Jahren(!) **Ordnungshaft** für angemessen gehalten. Voraussetzung hierfür ist allerdings die **Schuldfähigkeit** des Täters (siehe Rn. 25).

2

II. Zivil- und Verfahrensrecht

Im Regelfall kann das Opfer seine **zivilrechtlichen** Ansprüche aus dem **Gewaltschutzgesetz** herleiten. Nur in Ausnahmefällen ist das **BGB** einschlägig.

3

▶ *Vgl. Cirullies, § 3 GewSchG Rn. 3.*

Einen Sonderfall stellt dort das Familienrecht dar mit seinen Vorschriften zum Schutz des **Kindeswohls**; wegen des Wächteramtes des Staates muss hier – insbesondere betreffend Sorge- und Umgangsrecht – ein Einschreiten auch von Amts wegen möglich sein.

Das **Verfahren** in Gewaltschutzsachen richtet sich – wie in Kindschaftssachen – nach den Vorschriften des **FamFG** (§§ 210 FamFG ff.). Diese Verfahren sind in § 111 FamFG als Familiensachen definiert, für die die **Familiengerichte** zuständig sind. Die Normen der ZPO sind lediglich einschlägig, soweit das FamFG hierauf ausdrücklich verweist.

4

III. Europäischer Gewaltschutz

Inzwischen findet auch **grenzüberschreitender Gewaltschutz** in der Europäischen Union statt: In den vergangenen Jahren sind insoweit eine **EU-Gewaltschutzrichtlinie**[4] sowie eine **EU-Gewaltschutzverordnung**[5] verabschiedet worden. Hierdurch werden Systeme geschaffen, mit deren Hilfe Gewaltschutzanordnungen der Mitgliedstaaten auch in anderen Mitgliedstaaten der Europäischen Union anerkannt und die getroffenen Schutzmaßnahmen auf einen anderen Mitgliedstaat ausgedehnt werden können.

5

Zur Umsetzung der EU-Richtlinie in nationales Recht und zur Durchführung der EU-Verordnung ist am 11.1.2015 das **EU-Gewaltschutzverfahrensgesetz**[6] in Kraft getreten. Es ermöglicht die Transformation ausländischer zivilrechtlicher Gewaltschutzmaßnahmen und

6

---

2 Eingehend *Cirullies*, FamRB 2014, 229
3 OLG Hamm FamRZ 2013, 1507 (LS), dazu *Alberts*, FamFR 2013, 208
4 Richtlinie 2011/99/EU des Europäischen Parlaments und des Rates über die Europäische Schutzanordnung vom 13.12.2011 (ABl. 2011 L 338, 2)
5 Verordnung (EU) Nr. 606/2013 des Europäischen Parlaments und des Rates über die gegenseitige Anerkennung von Schutzmaßnahmen in Zivilsachen vom 12.6.2013 (ABl. 2013 L 181, 4)
6 Gesetz zum Europäischen Gewaltschutzverfahren (EU-Gewaltschutzverfahrensgesetz – EUGewSchVG) als Art. 1 des Gesetzes zur Umsetzung der Richtlinie 2011/99/EU über die Europäische Schutzanordnung und zur Durchführung der Verordnung (EU) Nr. 606/2013 über die gegenseitige Anerkennung von Schutzmaßnahmen in Zivilsachen vom 5.12.2014 (BGBl. I S. 1964)

schafft insoweit ein **weiteres Gewaltschutzgesetz** für internationale Fälle.[7] Erkennt das Gericht die Europäische Schutzanordnung (grundsätzlich) an, erlässt es zugleich eine geeignete Maßnahme nach § 1 GewSchG, die in höchstmöglichem Maße der angeordneten Schutzmaßnahme entspricht (§ 9 EUGewSchVG). Für die Vollstreckung bedarf es einer Vollstreckungsklausel zwar nicht mehr. Gleichwohl sind noch immer viele bürokratische Hürden zu überwinden, so dass es vorzugswürdig erscheint, im **Inland** eine inhaltsgleiche Schutzanordnung zu beantragen.[8] Dies ist für den Fall der Ablehnung der Anerkennung ohnehin vorgesehen (§ 7 Abs. 2 Nr. 2 EUGewSchVG).

B. Inhalt der Norm

I. Voraussetzungen

1. Verfahrensvorschrift

7 Im Falle näher bezeichneter Verstöße des Täters kann das Gericht zum Schutz des Opfers geeignete Maßnahmen anordnen. Die Regelung ist aus verschiedenen Gründen **verfahrensrechtlich** ausgestaltet.[9] Sie enthält also – nach der Gesetzesbegründung[10] und nach ganz h.M.[11] – keine materiell-rechtliche Anspruchsgrundlage. Normiert ist lediglich die gerichtliche Befugnis, zur Abwendung weiterer Verletzungen von Körper, Gesundheit oder Freiheit der verletzten Person die erforderlichen Schutzmaßnahmen in Bezug auf den Täter zu treffen. Diese Schutzanordnungen können nur ergehen, sofern ein *materiell-rechtlicher* **Anspruch auf Unterlassung** der (zumindest bedingt) vorsätzlichen widerrechtlichen Verletzung der genannten Rechtsgüter besteht (sog. **„quasi-negatorischer Unterlassungsanspruch"** nach §§ 823, 1004 BGB).[12] Indes findet eine entsprechende zusätzliche Prüfung in der familiengerichtlichen Praxis – wohl wegen fehlenden Problembewusstseins – kaum statt.

2. Verletzungshandlungen

8 Die in Abs. 1 Satz 3 genannten Schutzanordnungen sind bei Vorliegen bestimmter **Handlungen** möglich, die in Absatz 1 und Absatz 2 aufgeführt sind. Im Wesentlichen geht es um folgende **Verstöße**:

- **Abs. 1:** Verletzung einer Person an **Körper**, **Gesundheit** oder in ihrer **Freiheit**,
- **Abs. 2:**
  - widerrechtliche **Drohung** mit Verletzung dieser Rechtsgüter sowie des **Lebens**,
  - **Eindringen** in die Wohnung oder das befriedete Besitztum,
  - **unzumutbare Belästigung** durch wiederholtes **Nachstellen** oder Verfolgung durch Fernkommunikationsmittel.

---

7 Ausführlich dazu *Dutta*, FamRZ 2015, 85; *Pietsch*, NZFam 2014, 726; *Campbell*, NJW-Spezial 2014, 708
8 Vgl. *Dutta*, a.a.O., S. 92
9 „...hat das Gericht auf Antrag ... Maßnahmen zu treffen."
10 BT-Drs. 14/5429, 17
11 Nun auch BGH FamRZ 2014, 825 = NZFam 2014, 555 mit Anm. *Cirullies*, dazu auch *Münch*, LMK 2014, 357464; ferner OLG Hamm FamRZ 2012, 645 (LS); zustimmend *Ebert*, FamFR 2011, 576; OLG Saarbrücken NJW-RR 2006, 747; Palandt/*Brudermüller*, § 1 GewSchG Rn. 4
12 Also ein Anspruch, mit dem Störungen bestimmter Rechte wie etwa des allgemeinen Persönlichkeitsrechts abgewehrt werden können, und zwar in Analogie zu gesetzlich geregelten Unterlassungsansprüchen.

a) Körper- und Gesundheitsverletzungen

Körper- und Gesundheitsverletzungen gehen häufig ineinander über. **Psychische Ge-** 9
walt wird als Körper- und Gesundheitsverletzung erfasst, wenn sie sich beim Opfer phy-
sisch auswirkt, wobei die Beeinträchtigung eine gewisse Erheblichkeit erreichen muss.[13] Es
müssen nennenswerte körperliche Reaktionen wie Schlafstörungen,[14] Zittern oder Appe-
titlosigkeit[15] feststellbar sein. Das bloße Zurückschieben einer Person genügt nicht.[16]

b) Freiheitsverletzung

Verletzung der **Freiheit** bedeutet Entziehung der körperlichen Bewegungsfreiheit, etwa 10
durch Einsperren oder Festhalten der Person. Insoweit kann auch eine **kurzzeitige** Entziehung genügen.[17] Für die Begriffsbestimmung kann auf die Definition einer Freiheitsberaubung im Sinne von §239 StGB zurückgegriffen werden. Hierunter fallen nur Vorgänge,
die das Opfer am Verlassen eines bestimmten Ortes hindern. Die Beeinträchtigung der allgemeinen Handlungs- und Entschlussfreiheit genügt nicht.[18] Auch das bloße **Aussperren**
aus der Wohnung stellt keine Freiheitsverletzung dar.[19]

c) Drohung mit Rechtsverletzung

Die **Drohung** kann auch durch Drohgebärden und Gesten (z.B. das Andeuten des „Kehle- 11
Durchschneidens") geäußert werden. Es muss sich um eine ernst gemeinte und vom Opfer
auch vernünftigerweise ernst genommene Drohung i.S. der §§240, 241 StGB handeln.
Zu unterscheiden ist die Drohung von der bloßen **Warnung**, durch die lediglich auf eine
unabhängig vom Willen des Warnenden eintretende Folge eines bestimmten Verhaltens
hingewiesen werden soll.[20]

Schwieriger ist häufig die Abgrenzung zu bloßen **Beschimpfungen**, Beleidigungen,[21] Ver-
wünschungen oder Prahlereien. Entscheidend sind dabei die Gesamtumstände des Einzelfalls. So ist die Formulierung „Es wird ein totaler Krieg stattfinden" nicht schon ohne weiteres als rechtswidrige Drohung zu werten, sondern bedarf der Auslegung.[22]

d) Nachstellungen

Schutz vor **Nachstellungen** bietet das Gesetz ferner, wenn der Täter in die Wohnung **ein-** 12
dringt[23] oder das Opfer dadurch **unzumutbar belästigt**, dass er

- ihm gegen den ausdrücklich erklärten Willen **wiederholt nachstellt** *oder*

- es verfolgt unter Verwendung von **Fernkommunikationsmitteln** wie Telefon, SMS,
  E-Mail oder soziale Netzwerke im Internet (z.B. facebook).[24] Dazu zählt auch „Telefonterror" durch bloßes Klingelnlassen des Telefons und das Unterbrechen der Verbindung, bevor das Opfer den Anruf entgegennimmt, sowie durch Anrufe auf einem An-
  rufbeantworter ohne Hinterlassen einer Nachricht.[25]

---

13 OLG Karlsruhe FamRZ 2012, 460
14 BT-Drs. 14/5429, 19
15 OLG Rostock FamRZ 2007, 921
16 OLG Frankfurt, Beschl. v. 15.12.2014 – 4 WF 262/14, juris
17 OLG Brandenburg NJW-RR 2006, 220 = FamRZ 2006, 947 (LS)
18 OLG Frankfurt BeckRS 2012, 18680 (kurzzeitiges Festhalten an einem Arm)
19 H.M., vgl. Palandt/*Brudermüller*, §1 GewSchG Rn. 5; wohl auch OLG Köln FamRZ 2003, 1281; a.A. *Grziwotz*,
   NJW 2002, 872, 873
20 BGH NStZ-RR 2001, 171
21 Dazu OLG Brandenburg BeckRS 2015, 02398; OLG Frankfurt, Beschl. v. 15.12.2014 – 4 WF 262/14, juris
22 BGH NStZ 2004, 33; ähnlich OLG Brandenburg ZKJ 2006, 375 („Dich mache ich alle und rauch Dich in der
   Pfeife"); wegen weiterer Beispielsfälle vgl. *Cirullies/Cirullies*, Rn. 32
23 Dazu OLG Braunschweig FamRZ 2015, 264; OLG Brandenburg BeckRS 2015, 02398
24 Dazu OLG Hamm BeckRS 2013, 11035, dazu *Finke*, FamFR 2013, 378
25 *V. Pechstaedt*, NJW 2007, 1233, 1234

Allerdings nimmt das Gesetz zwei **Einschränkungen** vor: Die **Nachstellungen** müssen

- **gegen den** ausdrücklich erklärten **Willen** des Opfers erfolgen und
- die Qualität einer **unzumutbaren Belästigung** haben.

13 Grundsätzlich muss das Opfer also im Streitfall nachweisen, dass es den **Täter aufgefordert** hat, die Nachstellungen zu unterlassen. Jedoch besteht eine **Beweiserleichterung** zugunsten des Opfers: Es spricht eine tatsächliche **Vermutung** dafür, dass das Opfer dem Täter unmissverständlich zu erkennen gegeben hat, dass es mit den Nachstellungen und Verfolgungen nicht einverstanden war. Der Täter muss die Vermutung widerlegen.[26] Im Übrigen kann sich schon aus der Natur der Störungen ergeben, dass eine vorherige Aufforderung entbehrlich ist (z.B. bei nächtlichem Telefonterror).[27]

3. Widerrechtlichkeit und Vorsatz

14 Die aufgeführten (Verletzungs-)Handlungen des Täters lassen nur im Fall der **Widerrechtlichkeit** die Verhängung von Schutzanordnungen zu. Allerdings wird die Widerrechtlichkeit grundsätzlich **vermutet** – es sei denn, der Täter kann einen Rechtsfertigungsgrund dartun und so die Vermutung widerlegen.[28]

15 § 1 GewSchG ist nur bei **vorsätzlicher** Rechtsgutsverletzung anwendbar. Der Täter muss den rechtswidrigen Erfolg zumindest billigend in Kauf genommen haben. Bei **fahrlässigem** Verhalten bleiben jedoch weitergehende Ansprüche nach dem allgemeinen Deliktsrecht unberührt.[29]

4. Wiederholungsgefahr

16 Das Gericht hat die zur **Abwendung weiterer Verletzungen** erforderlichen Maßnahmen zu treffen. Es muss also Wiederholungsgefahr bestehen, die jedoch grundsätzlich aufgrund der Ereignisse **vermutet** wird. Folglich obliegt es dem Täter, das Indiz aus einem vorangegangenen rechtswidrigen Verhalten zu widerlegen. An die Widerlegung dieser Vermutung sind hohe Anforderungen zu stellen.[30]

II. Maßnahmen

1. Erforderlichkeit

17 Das Gericht darf nach Abs. 1 Satz 1 entsprechend dem Grundsatz der **Verhältnismäßigkeit** nur die zur Abwendung **erforderlichen** Maßnahmen treffen. Es hat also unter Berücksichtigung der Rechte des Täters das mildeste Mittel zu wählen, um der Wiederholungsgefahr zu begegnen. So rechtfertigt ein einmaliger Vorfall (Beleidigung, Tätlichkeit) regelmäßig nicht ein umfassendes Kontaktverbot.[31] Andererseits setzt die **Auswahl** einzelner Unterlassungsverpflichten nicht voraus, dass eine Wiederholungs- oder Begehungsgefahr gerade hinsichtlich der untersagten Verhaltensweise festgestellt ist.

Auch können aus dem nur beispielhaften, **nicht abschließenden** Katalog möglicher Maßnahmen in Abs. 1 Satz 3 **mehrere Anordnungen** miteinander **kombiniert** werden, um einen hinreichenden Schutz des Opfers zu bewirken.[32] Den Bedürfnissen des Einzelfalls angepasst kann das Gericht „maßgeschneiderte" Anordnungen treffen. An die Anträge des Opfers ist das Gericht nicht gebunden.

26 OLG Köln, B. v. 26.1.2015, 26 UF 197/14, BeckRS 2015, 08304
27 LG Oldenburg BeckRS 2008, 11514
28 OLG Brandenburg FamRZ 2006, 947 (LS) = NJW-RR 2006, 220
29 OLG Frankfurt, Beschl. v. 15.12.2014 – 4 WF 262/14, juris
30 OLG Celle FamRZ 2009, 1751; OLG Brandenburg FamRZ 2006, 947 (LS) = NJW-RR 2006, 220
31 LG Oldenburg BeckRS 2008, 11514
32 Allerdings erhöht sich bei mehreren Maßnahmen nicht der Verfahrenswert, vgl. *Schneider*, NZFam 2014, 751

2. Bestimmtheit der Maßnahme

Wie bei jedem Vollstreckungstitel ist auch in Gewaltschutzverfahren auf die nötige **Bestimmtheit** zu achten. Gebote und Verbote müssen hinreichend deutlich umrissen und aus sich heraus verständlich sein. Grundsätzlich darf eine **Unterlassungsverpflichtung** nicht zu weit gefasst sein.[33] Zwar gebietet die Zielsetzung des Verfahrens nach dem **Gewaltschutzgesetz** im Interesse eines effektiven Schutzes des Betroffenen, insoweit geringere Anforderungen zu stellen. Jedoch darf das begehrte oder ausgesprochene Verbot nicht lediglich in einer Wiedergabe des Gesetzestextes bestehen, weil sonst die Klärung der Frage, ob ein Verhalten unzulässig ist, vom Erkenntnis- in das Vollstreckungsverfahren verlagert würde.[34] Es sollte gleichwohl so formuliert sein, dass auch leicht **abgewandelte Verhaltensweisen** des Täters hiervon erfasst sind, der Täter also nicht unter formaler Einhaltung der gerichtlichen Verbote das Opfer weiter belästigen kann.[35] Dementsprechend ist die Zwangsvollstreckung wegen unerwünschter **Telefonanrufe** nur zulässig, wenn der Vollstreckungstitel diese verbietet; ein allgemeines **Belästigungsverbot** ist nicht ausreichend.[36] Hingegen sind die Antragsformulierungen „die Antragstellerin nicht **körperlich** zu **attackieren** und nicht zu **beschimpfen**" noch hinnehmbar.[37]

18

Die an einen Gewalttäter, Stalker oder Sexualstraftäter gerichtete generelle **Ausschließung der Umgangsbefugnis** bezieht sich auf jedwede Kontakte, also etwa auch im Wege der **Ferntelekommunikation**.[38] Eine Kontaktsuche seitens des Kindes lässt sich mitunter nicht verhindern, sollte jedoch von dem betreuenden Elternteil im Fall der Kindeswohlgefährdung nach Möglichkeit unterbunden werden.

19

3. Wahrnehmung berechtigter Interessen

Sämtliche Schutzanordnungen stehen unter dem Vorbehalt der **Wahrnehmung berechtigter Interessen** des Täters (Abs. 1 Satz 3 letzter HS). Diese Einschränkung erscheint nicht unproblematisch, wenn es – wie häufig – um dessen **Umgangskontakte** zu den Kindern geht: Sie sorgt in der Praxis oft für Unsicherheit und unter den Beteiligten für Unruhe, wenn sich der Täter unter Hinweis auf sein Umgangsrecht gegen Kontaktverbote zur Wehr setzt oder einfach darüber hinweggeht. Einer expliziten Regelung des Umgangs in der gerichtlichen Schutzanordnung bedarf es nicht, zumal dem Gericht bei Erlass häufig die genauen Umstände und Bedürfnisse der Beteiligten unbekannt sind. Überdies sind konkrete **Umgangsregelungen** in einem Beschluss nach §§ 1, 2 GewSchG fehl am Platz, weil die Verfahrensregeln in Gewaltschutz- und Kindschaftssachen durchaus unterschiedlich gestaltet sind.[39] Probleme des Umgangsrechts können nicht im Rahmen eines Gewaltschutzverfahrens gelöst werden.[40]

20

4. Betretungsverbot (Nr. 1)

Das Gericht kann anordnen, dass der Täter die **Wohnung** des Opfers nicht betreten darf. Ein solches Betretungsverbot tritt an die Stelle einer etwa zuvor ergangenen polizeilichen Wohnungsverweisung mit Rückkehrverbot. Meist dient es als flankierende Maßnahme einer **Wohnungsüberlassung** gemäß § 2 GewSchG.

21

---

33 BGH NJW 1994, 2820, 2822
34 OLG Köln FamRZ 2015, 163, dazu *Neumann*, NZFam 2014, 1002
35 jurisPK-BGB/*Breidenstein*, § 1 GewSchG Rn. 33
36 OLG Karlsruhe FamRZ 2008, 291, dazu *Hohloch*, FPR 2008, 430, 432
37 OLG Köln a.a.O.
38 A.A. OLG Schleswig SchlHA 1984, 173
39 Ausführlich *Cirullies/Cirullies*, Rn. 127, 183, 357
40 AG Flensburg NJOZ 2005, 270

5. Näherungs- und Aufenthaltsverbot (Nr. 2 und 3)

22 Das Gericht kann dem Täter nach Nr. 2 und 3 ferner verbieten,

- sich in einem bestimmten Umkreis der Wohnung der verletzten Person **aufzuhalten** *und/oder*

- zu bestimmende andere Orte **aufzusuchen**, an denen sich das Opfer regelmäßig aufhält.

So kann dem Täter, der in der Vergangenheit einem jungen Mädchen nachgestellt hat, untersagt werden, sich an bestimmten Orten aufzuhalten, die das Mädchen üblicherweise aufsucht.[41]

Alle in der Schutzanordnung aufgelisteten verbotenen Plätze müssen **exakt bezeichnet** sein. Die **Bemessung der „Bannmeile"** richtet sich nach den örtlichen Verhältnissen. Ein Mindestabstand von 200m ist in der Rechtsprechung gängig,[42] doch wird in vielen Fällen eine Distanz von 100m oder auch nur 50m angemessen sein.

Den Zutritt zu seinem **Arbeitsplatz** kann man dem Täter nur in extremen Ausnahmefällen untersagen. Hier muss vorrangig der Arbeitgeber oder Dienstherr im Rahmen seiner Fürsorgepflicht für den nötigen Opferschutz sorgen.[43]

Grundsätzlich ist der Täter auch nicht verpflichtet, dass er seine eigene **Wohnung** zur Vermeidung von Konflikten **aufzugeben**. Anders kann der Fall zu beurteilen sein, wenn er eine Wohnung bewusst in direkter Nähe des Opfers anmietet.[44]

6. Kontaktverbot (Nr. 4 und 5)

23 Die Regelungen in Nr. 4 und 5 ermöglichen es, gegen den Täter ein **Kontakt- und Belästigungsverbot** zu verhängen. Es betrifft jede Art der Kommunikation, insbesondere durch **Fernkommunikationsmittel**.

Ferner kann dem Täter verboten werden, ein **Zusammentreffen** mit der verletzten Person herbeizuführen – verbunden mit der Auflage, bei einem zufälligen Zusammentreffen mit dem Opfer unverzüglich einen näher zu bestimmenden **Abstand** einzunehmen.

7. Befristung der Anordnungen

24 Nach Abs. 1 Satz 2 ist – entsprechend dem Grundsatz der Verhältnismäßigkeit – eine Schutzmaßnahme im Regelfall[45] zu **befristen**. Damit korrespondiert die gleichzeitig eröffnete Möglichkeit der (auch mehrfachen) **Fristverlängerung** für den Fall, dass nach Ablauf der ursprünglich gesetzten Frist weitere Verletzungen der Rechtsgüter des Verletzten zu befürchten sind.[46] In der Praxis üblich sind Fristen von drei bis zwölf Monaten. Meist werden **sechs Monate** als angemessen angesehen. Bei der **Verlängerung** der Frist ist die Rechtmäßigkeit der ursprünglichen Anordnung nicht zu überprüfen.[47]

In besonderen Fällen sind Schutzanordnungen auch **unbefristet** möglich. Gerade in **Stalking-Fällen** ist eine Befristung eher untunlich und aus Verhältnismäßigkeitsgründen selten erforderlich.[48]

---

41 OLG Celle FamRZ 2015, 263, dazu *Ebert*, NZFam 2014, 958
42 Dazu *v. Pechstaedt*, NJW 2007, 1233, 1234, mit Beispielen aus der Judikatur
43 Dazu *Bieszk/Sadtler*, NJW 2007, 3382, 3383
44 BGH FamRZ 2014, 825 = NZFam 2014, 555 mit Anm. Cirullies
45 BT-Drs. 14/5429, 28; OLG Celle FamRZ 2009, 1751; OLG Hamm BeckRS 2013, 11035,dazu *Finke*, FamFR 2013, 378; zu Problemen bei fehlender Befristung vgl. OLG Karlsruhe, BeckRS 2015, 07632, ferner OLG Hamm BeckRS 2015, 08429
46 Dazu OLG Bremen FamRZ 2013, 1828
47 OLG Nürnberg FamRZ 2012, 646 (LS) = BeckRS 2012, 04276
48 *V. Pechstaedt*, NJW 2007, 1233, 1235; ferner OLG Naumburg BeckRS 2010, 33319

III. Schuldfähigkeit des Täters

Die Anordnung von Schutzmaßnahmen setzt grundsätzlich Vorsatz (vgl. Rn. 15) und **25** Schuldfähigkeit des Täters voraus.[49] Die Frage der **Schuldfähigkeit** (oder auch Zurechnungsfähigkeit)[50] ist bereits im **Erkenntnisverfahren** zu klären. Ausgehend von dem Grundsatz der Eigenverantwortlichkeit des Handelnden trägt dieser grundsätzlich die **Darlegungs- und Feststellungslast** für seine Schuldunfähigkeit.[51] Verweigert er die Mitwirkung an der gerichtlich angeordneten Begutachtung, kommt eine „Beweislast-Entscheidung" zu seinem Nachteil in Betracht. Ergeben sich jedoch aus dem Akteninhalt oder sonstigen Umständen wegen einer möglichen psychischen Erkrankung **offenkundige Zweifel** an der Schuldfähigkeit des Verpflichteten, so hat das Familiengericht dies **von Amts wegen** aufzuklären.[52]

Nimmt das Gericht aufgrund bereits vorliegender ärztlicher Atteste oder Sachverständigengutachten oder aber nach eigenen Ermittlungen **Schuldunfähigkeit** bei Begehung der Anlasstaten an, können Schutzmaßnahmen auf der Grundlage des Gewaltschutzgesetzes **nicht** angeordnet werden. Sie können jedoch auch dann verhängt werden, wenn die Taten in einem **vorübergehenden Zustand der Unzurechnungsfähigkeit** begangen wurden, in den sich der Täter durch Alkohol, Drogen oder andere berauschende Mittel selbst versetzt hat (Abs. 3). **26**

Das gilt folglich **nicht**, wenn der Täter zur Tatzeit aufgrund einer (geistigen) **Krankheit** vorübergehend oder dauerhaft nicht schuldhaft gehandelt hat. Dieser Umkehrschluss erscheint nach dem Gesetzeswortlaut zwingend – mag er auch den Zielen des Gesetzes widersprechen.[53] Das gilt auch dann, wenn ein an schizophrener Erkrankung leidender Stalker eigenmächtig die ihm verordnete Medikation absetzt oder verändert.[54] In einem solchen Fall bleiben Schutzanordnungen aufgrund des **allgemeinen Unterlassungsanspruchs** analog §§ 823 Abs. 1, 1004 BGB möglich, der kein Verschulden des Störers voraussetzt. Auch hierüber haben die **Familiengerichte** zu befinden – jedenfalls dann, wenn sich erst im Verlauf des familiengerichtlichen Verfahrens die fehlende Zurechnungsfähigkeit des Antragsgegners ergibt (§ 17 Abs. 2 Satz 1 GVG analog).[55] **27**

▶ *Vgl. auch Cirullies, § 3 GewSchG Rn. 5.*

IV. Verfahren

1. Zuständigkeit

Das **Familiengericht** ist zuständig für alle Gewaltschutzsachen, also die Verfahren, in denen Ansprüche nach den §§ 1, 2 GewSchG geltend gemacht werden. Die **Zivilgerichte** bleiben grundsätzlich **funktionell zuständig** für Unterlassungsansprüche mit gleicher Zielrichtung nach §§ 823 Abs. 1, 1004 Abs. 1 BGB analog und § 238 Abs. 1 StGB i.V.m. §§ 823 Abs. 2, 1004 Abs. 1 BGB analog sowie entsprechende Schadenersatz- oder Schmerzensgeldansprüche.[56] Allerdings soll dies nicht gelten, wenn die Geltendmachung von Ansprüchen nach dem Gewaltschutzgesetz daran scheitert, dass der **Täter nicht zurechnungsfähig** ist (§ 1 Abs. 3 GewSchG). In diesen Fällen könne auch das **Familiengericht** Schutzmaßnahmen unter dem rechtlichen Gesichtspunkt des allgemeinen zivilrecht- **28**

49 H.M., vgl. etwa OLG Frankfurt FamRZ 2014, 1956; FamRZ 2010, 1812; OLG Celle FamRZ 2012, 456; zur Gegenmeinung: Bork/Jacoby/*Schwab*, § 210 FamFG Rn. 7 m.w.N.
50 Vgl. etwa MüKo-FamFG/*Erbarth*, § 210 FamFG Rn. 20 m.w.N.
51 KG BeckRS 2012, 07256 (betreffend § 890 ZPO)
52 *Cirullies*, FamRZ 2014, 1901
53 So Bork/Jacoby/*Schwab*, § 210 Rn. 7
54 OLG Celle FamRZ 2012, 456
55 OLG Frankfurt FamRZ 2010, 1812; OLG Celle, a.a.O.
56 AG Tempelhof-Kreuzberg FamRZ 2010, 919; *Löhnig*, FPR 2011, 65, 67

lichen Unterlassungsanspruches auch bei Unzurechnungsfähigkeit des Täters anordnen (§ 17 Abs. 2 Satz 1 GVG analog).[57]

Nach Wahl des Antragstellers ist **örtlich zuständig** das Gericht, in dessen Bezirk die Tat begangen wurde, sich die gemeinsame Wohnung des Antragstellers und des Antragsgegners befindet oder der Antragsgegner seinen gewöhnlichen Aufenthalt hat (§ 211 FamFG). Mit Ausübung der **Wahl** wird das gewählte Gericht **ausschließlich zuständig**.

2. Antragsverfahren

29 Das Gewaltschutzverfahren wird **nur auf Antrag** eingeleitet (vgl. Abs. 1).[58]

▶ *Cirullies, §§ 23 bis 25 FamFG Rn. 7.*

Insoweit besteht **kein Anwaltszwang**.[59] Das Gericht ist an die gestellten Anträge **nicht gebunden**. Es kann sogar – entsprechend dem **Amtsermittlungsgrundsatz** – darüber hinausgehen, wenn es dies für sachgerecht und geboten erachtet. Ferner kann (und soll) das Gericht – unabhängig von dem konkreten Antrag – im Einzelfall vollstreckungserleichternde **Durchführungsmaßnahmen** anordnen. Der Antrag ist andererseits **hinreichend bestimmt** zu fassen, da er sonst nicht positiv beschieden werden kann. Er muss erkennen lassen, dass das Gericht „…die zur Abwendung weiterer Verletzungen erforderlichen Maßnahmen…"[60] treffen soll; ein bloßer Antrag auf Unterlassung eines bestimmten Verhaltens genügt nicht.[61]

30 Der **Antrag** (und Tenor einer Entscheidung) nach **§ 1 GewSchG** könnte in einem **Stalking-Fall** – gestützt auf entsprechende Vorfälle, die eine Wiederholung befürchten lassen – wie folgt lauten:[62]

1. Der Antragsgegnerin wird verboten,

    a) den Antragsteller zu bedrohen oder zu belästigen,

    b) Verbindung zum Antragsteller, auch unter Verwendung von Fernkommunikationsmitteln, aufzunehmen,

    c) sich dem Antragsteller, seiner Wohnung in … (genaue Bezeichnung) sowie seinem Arbeitsplatz in … (genaue Bezeichnung) auf eine Entfernung von weniger als 50m zu nähern,

    d) Zusammentreffen mit dem Antragsteller herbeizuführen; sollte es zu einem zufälligen Zusammentreffen kommen, hat die Antragsgegnerin sofort einen Abstand von 50m herzustellen.

    [Dies gilt nicht, soweit es zur Wahrnehmung berechtigter Interessen erforderlich ist.]

    Siehe dazu Rn. 20

2. Die Dauer der Anordnung ist befristet bis zum … .

3. Die sofortige Wirksamkeit und die Zulässigkeit der Vollstreckung vor der Zustellung an die Antragsgegnerin werden angeordnet.

    Siehe dazu Rn. 35 und 41.

---

57 OLG Celle FamRZ 2012, 456, dazu *Finke*, FamFR 2012, 547; OLG Frankfurt FamRZ 2010, 1812
58 Vgl. auch *Schulte-Bunert*, FuR 2014, 566 mit Antragsmuster
59 § 114 FamFG; OLG Brandenburg FamRZ 2011, 56
60 Vgl. Abs. 1 Satz 1
61 OLG Frankfurt, Beschl. v. 15.12.2014 – 4 WF 262/14, juris
62 Vgl. auch *Schulte-Bunert*, FuR 2011, 263; *Viefhues*, ZFE 2003, 16, 18

3. Der Antragsgegnerin wird darauf hingewiesen, dass das Gericht gegen sie für jeden Fall der Zuwiderhandlung gegen eine der genannten Verpflichtungen ein Ordnungsgeld bis zu 250.000 Euro, ersatzweise Ordnungshaft, oder unmittelbar Ordnungshaft bis zu sechs Monaten anordnen kann. Sie wird ferner darauf hingewiesen, dass die Zuwiderhandlung auch nach § 4 GewSchG bestraft werden kann.

4. Die Beteiligten werden darauf hingewiesen, dass diese Anordnung der zuständigen Polizeibehörde mitgeteilt wird (§ 216a FamFG).

5. Die Kosten des Verfahrens trägt die Antragsgegnerin.

31 Zum Schutz des **Opfers** kann es mitunter angezeigt sein, dessen **Anschrift geheim zu halten**. Hierfür bedarf es eines schutzwürdigen Geheimhaltungsinteresses, das dem Gericht näher dargelegt werden muss. Ob ein solcher Ausnahmefall vorliegt, ist eine Frage des jeweiligen Einzelfalls.[63] Allerdings muss sich das Opfer im Rahmen von Schutzmaßnahmen nach § 1 GewSchG entscheiden, ob ihm die Geheimhaltung der neuen Anschrift oder die Verhängung eines Näherungsverbots (mit der dann erforderlichen Adressenangabe) wichtiger ist.

3. Verfahrensfähigkeit

32 Bei außergewöhnlichen Verhaltensweisen des Antragsgegners, die auf erhebliche psychische Störungen schließen lassen, kann im Erkenntnisverfahren bereits die **Verfahrensfähigkeit** zweifelhaft sein. Die Frage der Verfahrensfähigkeit knüpft im Wesentlichen an die **Geschäftsfähigkeit** nach bürgerlichem Recht an (§ 9 Abs. 1 FamFG). Zweifeln an der Verfahrensfähigkeit hat das Gericht **von Amts wegen** nachzugehen,[64] und zwar in jeder Lage des Verfahrens.[65] Auf Antrag des Antragstellers kann für den verfahrensunfähigen Antragsgegner, der ohne gesetzlichen Vertreter ist, gemäß § 57 Abs. 1 ZPO ein **Verfahrenspfleger** bestellt werden, wenn **Gefahr im Verzug** besteht.[66]

4. Kindeswohl und Opferschutz

33 Sind **Kinder** (mittelbar) betroffen von häuslicher Gewalt, wird meist zusätzlich ein **Kinderschutzverfahren** nach § 1666 BGB einzuleiten sein.

Zum **Schutz des Gewaltopfers** in dem anzuberaumenden Termin können besondere **Sicherungsmaßnahmen** (getrennte Anhörung, Zeugenschutzzimmer etc.) angebracht sein.

▶ Vgl. hierzu Cirullies, § 32 FamFG Rn. 5.

5. Einstweilige Anordnung

a) Voraussetzungen

34 Das Gericht kann gemäß § 49 Abs. 1 FamFG durch eine einstweilige Anordnung eine **vorläufige Maßnahme** treffen, soweit dies nach den für das Rechtsverhältnis maßgebenden Vorschriften gerechtfertigt ist **(Anordnungsanspruch)** und ein dringendes Bedürfnis für ein sofortiges Tätigwerden besteht **(Anordnungsgrund)**.[67] Ein solches Bedürfnis ist in **Gewaltschutzsachen** gemäß § 214 Abs. 1 FamFG regelmäßig anzunehmen, wenn be-

---

63 BVerwG NJW 2012, 1527 m.w.N.; vgl. auch BVerfG FamRZ 2013, 103 (LS) zur Aussetzung der vom Familiengericht angeordneten Umgangskontakte des gewalttätigen Vaters zwecks (vorrangiger) Geheimhaltung des Aufenthaltsorts der Kinder und der Mutter
64 § 9 Abs. 5 FamFG, § 56 Abs. 1 ZPO
65 BGH FamRZ 2010, 548
66 Ausführlich Cirullies, FamRZ 2014, 1901
67 Eingehend Schulte-Bunert, FuR 2014, 566

reits eine **Tat** i.S.d. § 1 GewSchG **begangen** worden sein muss oder aufgrund konkreter Umstände mit einer solchen zu rechnen ist.[68] Zweifel können hier bestehen, wenn die vorgeworfene Tat bereits längere Zeit zurückliegt.

b) Sofortige Wirksamkeit

35 **Einstweilige Anordnungen** sind – im Gegensatz zum Hauptsacheverfahren – **sofort wirksam**, so dass es der Anordnung der sofortigen Wirksamkeit nicht bedarf.[69] Diese Formulierung ist jedoch zumindest missverständlich: Wirksam wird ein Beschluss grundsätzlich erst mit *Bekanntgabe* an den betroffenen Beteiligten (§ 40 Abs. 1 FamFG); dies bedeutet – wegen der Anfechtbarkeit des Beschlusses durch den Antragsgegner – mit der *Zustellung* (§ 41 Abs. 1 FamFG).[70]

Bei **Gewaltschutzverfahren** wird vielfach anzuordnen sein, dass die **Vollstreckung** der einstweiligen Anordnung **vor der Zustellung** an den Antragsgegner zulässig ist. In diesem Fall wird die einstweilige Anordnung mit Erlass wirksam (§ 53 Abs. 2 FamFG).[71]

6. Vergleich in Gewaltschutzsachen

36 Das gesamte FamFG ist dadurch charakterisiert, dass das Gericht auf eine **gütliche Einigung** der Beteiligten hinwirken soll. Eine Ausnahme macht der Gesetzgeber lediglich in **Gewaltschutzsachen** wegen deren Schutzzweck (§ 36 Abs. 1 Satz 2 FamFG). Zur Begründung wird auf § 4 Satz 1 GewSchG verwiesen, wonach ein Verstoß gegen eine in einem Vergleich eingegangene Verpflichtung **nicht strafbewehrt** ist. Freilich hat der Gesetzgeber diese Haltung „aufgeweicht" durch Einfügung des § 36a FamFG. Danach sind Gewaltschutzsachen durchaus Gegenstand der **Mediation**. Dabei müssen nur die schutzwürdigen Belange der von Gewalt betroffenen Personen gewahrt werden.

Im Übrigen kann das Opfer im Falle einer Zuwiderhandlung gegen die Verpflichtung aus dem Vergleich ein **neues Verfahren** auf Erlass einer Anordnung nach § 1 GewSchG anstrengen, wenn dadurch die Grundlage für eine Bestrafung geschaffen werden kann; durch den Vergleich wird das Rechtsschutzbedürfnis hierfür nicht beseitigt.[72]

Allerdings darf auch nicht verkannt werden, dass der **Vergleich** mitunter verfahrens- und vollstreckungsrechtliche **Komplizierungen** mit sich bringt. So kann die **Androhung von Ordnungsmitteln** nicht in einem Vergleich enthalten sein, sondern setzt in diesem Fall eine gerichtliche Androhung durch einen gesonderten **Beschluss** voraus. Auch kann der Schuldner mit dem Abschluss des Vergleichs **nicht** wirksam auf die **Androhung** von Ordnungsmitteln **verzichten**.[73]

7. Verfahrenskostenhilfe

37 In Gewaltschutz- und Wohnungszuweisungsverfahren suchen die Beteiligten vielfach um die Bewilligung von **Verfahrenskostenhilfe** nach (§ 76 FamFG i.V.m. § 114 ZPO). Wenn sie dann den **Hauptsacheantrag** weitgehend zeit- und inhaltsgleich mit einem Antrag auf Erlass einer einstweiligen Anordnung stellen, wird die Rechtsverfolgung überwiegend als **mutwillig** i.S.d. § 114 ZPO erachtet.[74] Allerdings: Führt der Erlass der einstweiligen Anordnung (oder eine entsprechende Vereinbarung) zu einer Beruhigung der Situation und

---

68 Musielak/*Borth/Grandel*, Vorbem. §§ 49 ff. Rn. 1
69 OLG Hamm FPR 2011, 232, dazu *Burschel*, FamFR 2011, 111
70 Ausführlich *Cirullies*, FamRZ 2012, 1854, 1855 m.w.N.
71 Eine ähnliche Regelung für Hauptsacheverfahren findet sich in § 216 Abs. 2 FamFG
72 OLG Karlsruhe FamRZ 2013, 1320
73 Ausführlich *Cirullies/Cirullies*, Rn. 206
74 OLG Hamm FamRZ 2014, 585, dazu *van Els*, NZFam 2014, 144; a.A. OLG München BeckRS 2015, 05579

macht die Einleitung eines Hauptsacheverfahrens entbehrlich, ist der **Verfahrenswert** entsprechend zu erhöhen.

Ist eine Vertretung durch einen Rechtsanwalt nicht vorgeschrieben (wie in Gewaltschutzsachen), so wird dem Beteiligten auf seinen Antrag ein **Rechtsanwalt** seiner Wahl **beigeordnet**, wenn wegen der **Schwierigkeit der Sach- und Rechtslage** die Vertretung durch einen Rechtsanwalt erforderlich erscheint (§ 78 Abs. 2 FamFG). Hierbei sind auch subjektive Umstände auf Seiten des Antragstellers zu berücksichtigen.[75]

38

Gerade in **Gewaltschutzsachen** wird ganz überwiegend[76] ein großzügiger Maßstab befürwortet: Ein nicht rechtskundiger Beteiligter sei in der Regel mit der Darstellung komplexer Sachverhalte überfordert. Es könne auch nicht pauschal auf den Amtsermittlungsgrundsatz abgestellt werden.[77] Denn die Aufklärungs- und Beratungspflicht des Anwalts gehe über die Reichweite der Amtsermittlungspflicht des Richters hinaus.[78]

Auch die gerichtliche **Rechtantragsstelle**, auf die man den Antragsteller gelegentlich verweist,[79] vermag die anwaltliche Hilfe nicht zu ersetzen: Denn die dort tätigen Rechtspfleger (mit recht unterschiedlichem Ausbildungsstand) helfen lediglich beim Formulieren der Anträge und erteilen sachdienliche Hinweise, dürfen jedoch keine Rechtsberatung gewähren.

V. Vollstreckung

1. Allgemeine Vollstreckungsvoraussetzungen

a) Titel

Als **Vollstreckungstitel** i.S.d. § 86 FamFG (siehe *Cirullies*, § 32 FamFG Rn. 5) kommen in Gewaltschutzsachen **Beschlüsse** in Hauptsache- oder (meist) Eilverfahren sowie (gelegentlich) **Vergleiche** in Betracht.

39

b) Klausel

Nach § 86 Abs. 3 FamFG ist eine **Vollstreckungsklausel** nur erforderlich, wenn die Vollstreckung nicht durch das Gericht erfolgt, das den Titel in der Hauptsache erlassen hat. Mit anderen Worten: Benötigt wird sie, wenn auf Antrag eines Beteiligten vollstreckt werden soll – also in **Gewaltschutz- und Ehewohnungssachen stets**. Dies gilt auch für gerichtliche Vergleiche.[80] Eine Besonderheit betrifft die **einstweilige Anordnung**: Sie bedarf der Vollstreckungsklausel nur, wenn die Vollstreckung für oder gegen eine nicht im Beschluss genannte Person erfolgen soll (§ 53 Abs. 1 FamFG).

40

c) Zustellung

Für die Vollstreckung ist im Grundsatz gemäß § 87 Abs. 2 FamFG die **Zustellung** des Beschlusses erforderlich. Auch aus einer **einstweiligen Anordnung** kann daher grundsätzlich erst nach Zustellung vollstreckt werden.

41

In **Gewaltschutzsachen** kann jedoch das Gericht mit der Anordnung der sofortigen Wirksamkeit auch die Zulässigkeit der **Vollstreckung vor der Zustellung** an den Antragsgegner anordnen (§ 216 Abs. 2 FamFG). Eine ähnliche Regelung findet sich für die **einstwei-**

---

75 BGH FamRZ 2010, 1427 mit Anm. *Stößer*; OLG Frankfurt BeckRS 2014, 16551, dazu *Reinecke*, NZFam 2014, 856 („Migrationshintergrund")
76 A.A. im Wesentlichen nur der *10. Zivilsenat des OLG Celle*, FamRZ 2014, 1046 (LS), dazu *Cirullies*, NZFam 2014, 181
77 OLG Zweibrücken FamRZ 2010, 579; OLG Saarbrücken FamRZ 2011, 1609
78 OLG Brandenburg FamRZ 2010, 1689
79 OLG Karlsruhe BeckRS 2014, 20586, dazu *Breidenstein*, NZFam 2014, 1147
80 Vgl. *Cirullies*, FPR 2012, 473, 477

lige Anordnung in § 53 Abs. 2 FamFG. Auf Verlangen des Antragstellers darf die Zustellung einer einstweiligen Anordnung nicht vor der Vollstreckung erfolgen (§ 214 Abs. 2, 2. HS FamFG).

Zwar kann sich gemäß § 4 GewSchG **strafbar** machen, wer einer bestimmten vollstreckbaren Anordnung nach § 1 GewSchG zuwiderhandelt – allerdings nur dann, wenn der Beschluss dem Täter vor der Zuwiderhandlung **wirksam zugestellt** worden ist; die bloße Kenntnis vom Inhalt der Anordnung steht dem grundsätzlich nicht gleich.

▶ *Siehe hierzu Cirullies, § 4 GewSchG Rn. 3.*

Ähnliches gilt für die Verhängung von **Ordnungsmitteln**.

42 Die nach § 41 FamFG erforderliche Bekanntgabe des **Beschlusses** hat das **Gericht** zu veranlassen. Die Kundgabe durch Beteiligte oder sonstige Dritte genügt der Bekanntgabepflicht nicht (vgl. *Cirullies,* § 41 FamFG Rn. 1).

Dabei bedarf es nach § 41 Abs. 1 Satz 2 FamFG der **förmlichen Zustellung an den Antragsgegner**, wenn der (anfechtbare) Gewaltschutz- oder Wohnungszuweisungsbeschluss – wie in den allermeisten Fällen – dem erklärten Willen des Antragsgegners widerspricht. Gleiches gilt auch für **Vergleiche**.[81]

Auch wenn die Zustellung einer Gewaltschutzanordnung an den der Wohnung verwiesenen Antragsgegner in der Praxis Schwierigkeiten bereitet, weil dessen neue **Anschrift nicht bekannt** ist, muss sie nach Möglichkeit durchgeführt werden.

▶ *Ausführlich hierzu Cirullies, § 41 FamFG Rn. 2.*

2. Vollstreckungsverfahren

a) Grundsätze

43 Während sich das Erkenntnisverfahren in **Gewaltschutzsachen** nach dem FamFG, also nach den Regeln der freiwilligen Gerichtsbarkeit vollzieht, richtet sich die Vollstreckung aus den entsprechenden Titeln nach der **ZPO** (§§ 95, 96 FamFG).

Geht es um die Vollstreckung der **Schutzmaßnahmen**, hat das Opfer die **Wahl:**[82] Es kann im Falle der Zuwiderhandlung gegen eine gerichtliche **Unterlassungsanordnung**

- zur Beseitigung einer andauernden Zuwiderhandlung einen **Gerichtsvollzieher** zuziehen (sog. **unmittelbarer Zwang**, § 96 Abs. 1 FamFG) *und/oder*

- die Festsetzung von **Ordnungsmitteln** (Ordnungsgeld oder Ordnungshaft) beantragen (§ 95 Abs. 1 Nr. 4 FamFG i.V.m. § 890 ZPO).

▶ *Eingehend hierzu Cirullies, § 95 FamFG Rn. 7 ff.*

b) Ordnungsmittel

44 Die Vollstreckung einer Gewaltschutzanordnung wird in keinem Fall nach **§ 888 ZPO** oder nach **§ 35** FamFG durchgeführt;[83] es dürfen also **keine Zwangsmittel**, sondern nur Ordnungsmittel festgesetzt werden.[84] Die Verhängung solcher Ordnungsmittel setzt ein **schuldhaftes** Handeln voraus.[85]

▶ *Siehe dazu Cirullies, § 95 FamFG Rn. 9.*

---

81 OLG Brandenburg BeckRS 2015, 02058, dazu Breidenstein, NZFam 2015, 328; *Cirullies/Cirullies*, Rn. 239; aber streitig
82 Vgl. § 96 Abs. 1 Satz 3 FamFG
83 Vgl. OLG Naumburg BeckRS 2010, 33319
84 OLG Bremen FamRZ 2007, 1033; OLG Zweibrücken FamRZ 2010, 1369
85 KG BeckRS 2012, 07256

Der Ahndung muss – zwingend[86] – eine entsprechende **Androhung** vorausgegangen sein (§ 890 Abs. 2 ZPO). Sie soll dem Schuldner die möglichen Folgen eines Verstoßes gegen das Unterlassungsgebot deutlich vor Augen führen und ihn dadurch anhalten, die Unterlassungspflicht zu befolgen.[87] Die Androhung kann (und sollte) bereits in dem die Verpflichtung aussprechenden Beschluss enthalten sein.

c) Vollstreckung trotz Ablaufs der Titelbefristung

In Gewaltschutzsachen kann sich das **Ordnungsmittelverfahren** längere Zeit hinziehen und über die im Ausgangstitel bestimmte **Frist** hinaus andauern. Hierdurch wird die **Vollstreckung** des festgesetzten Ordnungsmittels **nicht unzulässig.**[88] Nur dann wird der Straf- und Sühnecharakter des Ordnungsmittels hinreichend gewürdigt und der Gleichklang mit der **Strafbarkeit** nach § 4 GewSchG gewahrt: Dort kommt es (ebenfalls) allein auf den Zeitpunkt der Zuwiderhandlung an.[89]

45

§ 2 GewSchG Überlassung einer gemeinsam genutzten Wohnung

(1) Hat die verletzte Person zum Zeitpunkt einer Tat nach § 1 Abs. 1 Satz 1, auch in Verbindung mit Abs. 3, mit dem Täter einen auf Dauer angelegten gemeinsamen Haushalt geführt, so kann sie von diesem verlangen, ihr die gemeinsam genutzte Wohnung zur alleinigen Benutzung zu überlassen.

(2) ¹Die Dauer der Überlassung der Wohnung ist zu befristen, wenn der verletzten Person mit dem Täter das Eigentum, das Erbbaurecht oder der Nießbrauch an dem Grundstück, auf dem sich die Wohnung befindet, zusteht oder die verletzte Person mit dem Täter die Wohnung gemietet hat. ²Steht dem Täter allein oder gemeinsam mit einem Dritten das Eigentum, das Erbbaurecht oder der Nießbrauch an dem Grundstück zu, auf dem sich die Wohnung befindet, oder hat er die Wohnung allein oder gemeinsam mit einem Dritten gemietet, so hat das Gericht die Wohnungsüberlassung an die verletzte Person auf die Dauer von höchstens sechs Monaten zu befristen. ³Konnte die verletzte Person innerhalb der vom Gericht nach Satz 2 bestimmten Frist anderen angemessenen Wohnraum zu zumutbaren Bedingungen nicht beschaffen, so kann das Gericht die Frist um höchstens weitere sechs Monate verlängern, es sei denn, überwiegende Belange des Täters oder des Dritten stehen entgegen. ⁴Die Sätze 1 bis 3 gelten entsprechend für das Wohnungseigentum, das Dauerwohnrecht und das dingliche Wohnrecht.

(3) Der Anspruch nach Absatz 1 ist ausgeschlossen,

1. wenn weitere Verletzungen nicht zu besorgen sind, es sei denn, dass der verletzten Person das weitere Zusammenleben mit dem Täter wegen der Schwere der Tat nicht zuzumuten ist oder

2. wenn die verletzte Person nicht innerhalb von drei Monaten nach der Tat die Überlassung der Wohnung schriftlich vom Täter verlangt oder

3. soweit der Überlassung der Wohnung an die verletzte Person besonders schwerwiegende Belange des Täters entgegenstehen.

(4) Ist der verletzten Person die Wohnung zur Benutzung überlassen worden, so hat der Täter alles zu unterlassen, was geeignet ist, die Ausübung dieses Nutzungsrechts zu erschweren oder zu vereiteln.

(5) Der Täter kann von der verletzten Person eine Vergütung für die Nutzung verlangen, soweit dies der Billigkeit entspricht.

---

86 BGH WM 2012, 1489 = FamRZ 2012, 1563 (LS)
87 BGH a.a.O.
88 A.A. OLG Celle FamRZ 2013, 1758
89 OLG Celle NJW 2007, 1606; *Giers*, FamFR 2013, 161; eingehend *Cirullies/Cirullies*, Rn. 279

(6) [1]Hat die bedrohte Person zum Zeitpunkt einer Drohung nach § 1 Abs. 2 Satz 1 Nr. 1, auch in Verbindung mit Abs. 3, einen auf Dauer angelegten gemeinsamen Haushalt mit dem Täter geführt, kann sie die Überlassung der gemeinsam genutzten Wohnung verlangen, wenn dies erforderlich ist, um eine unbillige Härte zu vermeiden. [2]Eine unbillige Härte kann auch dann gegeben sein, wenn das Wohl von im Haushalt lebenden Kindern beeinträchtigt ist. [3]Im Übrigen gelten die Absätze 2 bis 5 entsprechend.

1 Grundsätzlich kann das Opfer von dem Täter gemäß § 2 GewSchG die **Überlassung der gemeinsam genutzten Wohnung** zur alleinigen Benutzung verlangen. Hierfür müssen insbesondere folgende Voraussetzungen erfüllt sein:

- Führung eines auf Dauer angelegten **gemeinsamen Haushalts**

  und

- Vorliegen einer **Rechtsgutverletzung** nach § 1 Abs. 1 Satz 1 *oder* einer **Drohung** nach § 1 Abs. 2 Satz 1 Nr. 1 GewSchG.

2 Neben dem Ausdruck **„Wohnungsüberlassung"**, der dem Gesetzeswortlaut entspricht und dem Anspruchscharakter der Regelung eher gerecht wird, wird mitunter der Begriff **„Wohnungszuweisung"** verwendet. Inhaltlich sind damit keine Unterschiede verbunden.

3 Der geschädigte **Ehegatte** kann in Fällen von Gewaltanwendung und Bedrohung grundsätzlich nach **§ 2 GewSchG** oder nach **§ 1361b BGB** die Überlassung der Ehewohnung an sich verlangen. Die Vorschriften unterscheiden sich inhaltlich durchaus in einigen Teilbereichen, etwa bei der Befristung und der unbilligen Härte. Das Verhältnis der beiden gesetzlichen Regelungen zueinander ist umstritten. Es dürfte ein **Wahlrecht** anzunehmen sein.[1] Ist eine Trennung durch die Ehegatten nicht beabsichtigt, sind Fälle häuslicher Gewalt in jedem Fall nach § 2 GewSchG zu entscheiden.

§ 3 GewSchG Geltungsbereich, Konkurrenzen

(1) Steht die verletzte oder bedrohte Person im Zeitpunkt einer Tat nach § 1 Abs. 1 oder Abs. 2 Satz 1 unter elterlicher Sorge, Vormundschaft oder unter Pflegschaft, so treten im Verhältnis zu den Eltern und zu sorgeberechtigten Personen an die Stelle von §§ 1 und 2 die für das Sorgerechts-, Vormundschafts- oder Pflegschaftsverhältnis maßgebenden Vorschriften.

(2) Weitergehende Ansprüche der verletzten Person werden durch dieses Gesetz nicht berührt.

Übersicht

A. Allgemeines

1 Die Norm regelt das **Konkurrenzverhältnis** des Gewaltschutzgesetzes zu anderen Vorschriften. Dabei geht es vor allem um die Abgrenzung zu den Regelungen des **BGB:** ge-

---

1 Ausführlich dazu *Cirullies/Cirullies*, Rn. 60

genüber dem (oft vorrangigen) Kindschaftsrecht und gegenüber weiteren zivilrechtlichen Ansprüchen.

B. Inhalt der Norm

I. Geltungsbereich des GewSchG

Das Gewaltschutzgesetz ist in erster Linie konzipiert zum Schutz **erwachsener** Opfer vor gewalttätigen **Erwachsenen**. Doch gelten folgende Besonderheiten:

2

- Nach Abs. 1 findet das Gesetz dann **keine Anwendung**, wenn das unter elterlicher Sorge, Vormundschaft oder Pflegschaft stehende Kind von seinen **Eltern** (oder dem Vormund oder Pfleger) verletzt wird. Im **Eltern-Kind-Verhältnis** gelten **ausschließlich** die Bestimmungen des **Kindschaftsrechts**. Entsprechend dem Willen des Gesetzgebers[1] soll der Schutz des Kindes, das von den Eltern oder Sorgeberechtigten verletzt wird, allein durch die Vorschriften der § 1666 BGB bzw. § 1684 Abs. 4 BGB effektiver[2] sichergestellt werden.[3]

- Wird das Kind dagegen Opfer von Gewalt bzw. Nachstellungen **Dritter** (auch: Stiefelternteil, Großeltern), ist die Anwendung des Gewaltschutzgesetz nicht ausgeschlossen. Es besteht insoweit ein **zweispuriger gerichtlicher Rechtsschutz:** sowohl nach dem Gewaltschutzgesetz als auch nach §§ 1666, 1666a BGB[4].

- Zu Maßnahmen nach dem ebenfalls anwendbaren § 1685 BGB siehe *Gottschalk*, § 1685 BGB Rn. 20.

- Werden **Eltern** (oder Sorgeberechtigte) Opfer von Gewalt bzw. Nachstellungen durch die unter ihrer Sorge stehenden **minderjährigen Kinder**, kann das **GewSchG** grundsätzlich angewendet werden, wenn kindschaftsrechtliche Regelungen nicht möglich sind.

  Gewalttätigkeiten unter **minderjährigen Kindern** (auch bei Geschwistern) ist ausschließlich mit **kindschaftsrechtlichen** Maßnahmen zu begegnen.

Da mithin bei dieser Abgrenzung ausdrücklich auf die **Elternschaft** abgestellt wird, haben die Vorschriften der §§ 1666, 1666a BGB bzw. § 1684 Abs. 4 BGB generell **Vorrang** vor denen des Gewaltschutzgesetzes, wenn es um den Schutz der Kinder vor ihren **Eltern** geht.[5] Nicht maßgeblich ist insoweit deren Status als (Teil-)Sorgeberechtigte.[6] Folglich beurteilen sich auch Maßnahmen gegen einen gewalttätigen **nicht sorgeberechtigten Vater** nach § 1666 BGB bzw. ggf. nach § 1684 Abs. 4 BGB, nicht nach § 1 GewSchG.

▶ *Zur Abgrenzung im Einzelnen vgl. Cirullies, § 1666 BGB Rn. 13.*

---

1 BT-Drs. 14/5429, 32
2 Dazu MüKo-BGB/*Olzen*, § 1666a BGB Rn. 19
3 Weil die Rechte und Bedürfnisse des Kindes mit den zivilrechtlichen Ansprüchen allein in der Regel nicht verwirklicht werden können; kritisch dazu *Heinke*, djbZ 2013, 19, 21
4 OLG Karlsruhe FamRZ 2012, 460
5 So auch OLG Brandenburg BeckRS 2013, 14844; OLG Frankfurt FamRZ 2013, 1237 (LS) = BeckRS 2013, 06975; Soergel/*Gietl*, § 3 GewSchG Rn. 2; ungenau OLG Karlsruhe FamRZ 2012, 460. Dies gilt auch für **Adoptiveltern** (§ 1754 BGB).
6 Dies wird nicht immer hinreichend deutlich getrennt, vgl. OLG Karlsruhe FamRZ 2012, 460; vgl. auch Palandt/ *Götz*, § 1666 BGB Rn. 36 (Sorgerecht entscheidend) einerseits, Palandt/*Brudermüller*, § 3 GewSchG Rn. 1 (Eltern-Kind-Verhältnis maßgeblich) andererseits

3 Danach ergibt sich folgende **Übersicht**:

Täter	Opfer	anzuwendendes Gesetz
Erwachsener	Erwachsener	GewSchG
Eltern	Kind	BGB (§ 1666 oder § 1684 Abs. 4)
sonstiger Erwachsener	Kind	GewSchG oder BGB (§1666 oder ggf. § 1685)
Kind	Eltern / Sorgeberechtigter	BGB, hilfsweise GewSchG
Kind	sonstiger Erwachsener	GewSchG
Kind	Kind	BGB

Die jeweilige rechtliche Einordnung ist allenfalls insofern von Belang, als das Gericht im Kindschaftsrecht **von Amts wegen** eingreifen kann. Im Übrigen sind die praktischen Auswirkungen gering, weil die wichtigsten Maßnahmen gegenüber Gewalttätern (insbesondere Wegweisung, Näherungs- und Kontaktverbot) nach § 1666 Abs. 3 BGB und § 1 Abs. 1 Satz 3 GewSchG gleichermaßen getroffen werden können[7] (siehe auch *Cirullies,* § 1666 BGB Rn. 10).

Im Einzelfall können öffentliche Hilfen nach § 1666 Abs. 3 Nr. 1 BGB zu gewähren sein. Das **Umgangsrecht** ist ohnehin separat zu regeln (siehe *Cirullies* § 1 GewSchG Rn. 20).

4 Für die Anwendbarkeit des Gewaltschutzgesetzes muss im Übrigen eine besondere **Beziehung** zwischen Opfer und Täter **nicht** bestehen. Erfasst werden *Gewalttaten* im **häuslichen** wie im **außerhäuslichen** *Bereich.*[8] Allerdings ist außerhalb des sozialen Nahbereichs, zu dem beispielsweise die Wohnung in einem Mehrfamilienhaus, der Arbeitsplatz oder der Sportverein zu rechnen sind, eine **Wiederholungsgefahr** nicht ohne weiteres zu vermuten (siehe *Cirullies* § 1 GewSchG Rn. 16).

II. Weitergehende Ansprüche

5 Die Abgrenzung der Regelungen des Gewaltschutzgesetzes von denen des BGB wird dadurch erschwert, dass § 1 GewSchG nur eine **verfahrensrechtliche Vorschrift** darstellt, die das Gericht zum Erlass von Schutzanordnungen befugt, indes keine materiell-rechtliche Anspruchsgrundlage enthält. Voraussetzung für den Erlass solcher Schutzanordnungen ist danach zunächst das Bestehen eines Anspruchs nach §§ 823, 1004 BGB analog auf **Unterlassung** von vorsätzlichen widerrechtlichen Verletzungen der in § 1 GewSchG genannten Rechtsgüter (siehe *Cirullies,* § 1 GewSchG Rn. 7).

6 **Weitergehende Ansprüche** des Opfers können nach Abs. 2 über das Gewaltschutzgesetz hinaus geltend gemacht werden, insbesondere Ansprüche

- auf **Schadensersatz** (beispielsweise Kosten einer ärztlichen Behandlung oder für Telefon-Fangschaltungen) und **Schmerzensgeld,**[9]
- auf **Wohnungszuweisung nach § 1361b BGB,**
- auf **Wiedereinräumung des Mitbesitzes** (§ 861 BGB),[10]

---

7 A.A. jurisPK-BGB/*Breidenstein,* § 3 GewSchG Rn. 5
8 MüKo-FamFG/*Erbarth,* § 210 FamFG Rn. 10
9 Dazu OLG Frankfurt FamRZ 2014, 1481
10 Dazu Bork/Jacoby/*Schwab,* § 200 FamFG Rn. 7

- wegen **Verletzung weiterer Rechtsgüter** des Opfers, etwa des Eigentums oder sonstiger durch § 823 Abs. 1 und 2 BGB geschützter Rechte, insbesondere des **allgemeinen Persönlichkeitsrechts**.

Dabei kann sich die **Abgrenzung** zwischen von § 1 GewSchG erfassten Sachverhalten und der (bloßen) Verletzung des **allgemeinen Persönlichkeitsrechts** als schwierig erweisen. So verletzen die einmalige Veröffentlichung von Nacktbildern im Internet sowie die Zusendung eines Briefes mit einem ehrenrührigen Inhalt an einen Dritten zwar das allgemeine Persönlichkeitsrecht des Opfers, jedoch nicht die durch das Gewaltschutzgesetz geschützten Rechtsgüter.[11]

Anders kann die Lage zu beurteilen sein, wenn derartige Belästigungen sich häufen oder gar zu **psychischen Gesundheitsschäden** führen; dann liegt eine „Gesundheitsverletzung" i.S.d. § 1 GewSchG vor.[12]

Diese materiell-rechtliche Abgrenzung zwischen Gewaltschutzgesetz und BGB kann sich freilich wesentlich auf das **gerichtliche Verfahren** und hier speziell auf die **funktionelle Zuständigkeit** des Gerichts auswirken (doppelrelevante Tatsachen): Solche Ansprüche wegen Verletzung des allgemeinen Persönlichkeitsrechts, auch wegen Beleidigung,[13] sind eben keine vor dem **Familiengericht** zu verhandelnden *Gewaltschutzsachen*.[14]   **7**

Doch damit ist die **Zuständigkeit der „Nicht-Gewaltschutzsachen"** noch nicht automatisch bei der streitigen Zivilgerichtsbarkeit angesiedelt: **8**

- Sofern es nämlich um Auseinandersetzungen zwischen (ehemals) **Verlobten** oder (ehemaligen) **Eheleuten** geht, kann eine **„sonstige Familiensache"** nach § 266 Abs. 1 Nr. 1, 2 oder 3 FamFG und damit eine Familienstreitsache nach § 112 Nr. 3 FamFG vorliegen.[15] Sie werden ebenfalls vor dem **Familiengericht**,[16] jedoch gemäß § 113 Abs. 1 FamFG – mit den sich aus §§ 113 ff. FamFG ergebenden Abweichungen – teils nach den Regeln der ZPO, teils nach denen des FamFG verhandelt. So wird vorläufiger Rechtsschutz durch einstweilige Anordnungen gewährt.

- Streiten **Arbeitnehmer** wegen der Unterlassung unerlaubter Handlungen im Zusammenhang mit dem Arbeitsverhältnis, sind entsprechende Verfahren den **Arbeitsgerichten** zugewiesen (§ 2 Abs. 1 Nr. 9 ArbGG).[17]

- In den übrigen Fällen[18] handelt es sich um **Zivilsachen**.[19] Dies bedeutet: Zuständig ist insoweit nicht das Familiengericht, sondern je nach Streitwert die Zivilprozessabteilung des Amtsgerichts (bis 5.000,00 Euro, §§ 23 Nr. 1, 71 GVG) oder das Landgericht. Das Verfahren folgt dann den (strengeren) Regeln der ZPO, nicht jenen des FamFG. Vorläufiger Rechtsschutz erfolgt durch eine **einstweilige Verfügung**.[20]

---

11 OLG Hamm NJOZ 2012, 247 = FamRZ 2012, 645 (LS); vgl. auch LG Kiel NJW 2007, 1002
12 BT-Drs. 14/5429 19
13 OLG Frankfurt, Beschl. v. 15.12.2014 – 4 WF 262/14, juris
14 MüKo-FamFG/*Pabst,* § 210 FamFG Rn. 13. Nach *Löhnig,* FamRZ 2007, 518, 521, ist das Familiengericht nicht zu einem „Gewaltschutzgericht", sondern zu einem „Gewaltschutzgesetzgericht" geworden
15 *Kemper,* FamRB 2009, 53, 54; Prütting/Helms/*Neumann,* § 211 Rn. 1
16 Vgl. §§ 23a Abs. 1, 23b Abs. 1 GVG i.V.m. § 111 Nr. 10 FamFG; zur Abgrenzung vgl. OLG Karlsruhe FamRZ 2012, 455
17 OLG Frankfurt, Beschl. v. 15.12.2014 – 4 WF 262/14, juris
18 Falls keine Gewaltschutzsache, keine sonstige Familiensache und keine arbeitsgerichtliche Streitigkeit
19 OLG Celle FamRZ 2012, 456
20 Streitig ist, ob solche einstweilige Verfügungen ähnlich wie einstweilige Anordnungen zu **befristen** sind, vgl. *v. Pechstaedt,* NJW 2007, 1233, 1235

§ 4 GewSchG Strafvorschriften

[1]Wer einer bestimmten vollstreckbaren Anordnung nach § 1 Abs. 1 Satz 1 oder 3, jeweils auch in Verbindung mit Abs. 2 Satz 1, zuwiderhandelt, wird mit Freiheitsstrafe bis zu einem Jahr oder mit Geldstrafe bestraft. [2]Die Strafbarkeit nach anderen Vorschriften bleibt unberührt.

Übersicht

A. Allgemeines

1 Die Möglichkeit strafrechtlicher Ahndung dient – schon wegen der präventiven Wirkung der Strafrechtsnormen – auch dem Schutz des Opfers. Dabei stellt die Vorschrift im Zusammenhang mit **Gewaltschutz und Nachstellung** – neben § 238 StGB (Nachstellung) – die wesentliche Strafvorschrift dar. Allerdings bestehen auf dem Weg zu einer Verurteilung einige formale Hürden.

Für Verstöße gegen eine in Deutschland anerkannte und „transformierte" **Europäische Schutzanordnung**[1] ist in **§ 24 EUGewSchVG** ein eigener Straftatbestand geschaffen worden.

▶ *Ferner siehe Cirullies, § 1 GewSchG Rn. 5.*

B. Inhalt der Norm

I. Schutzanordnung nach § 1 GewSchG

2 Der Beschuldigte muss einer bestimmten **vollstreckbaren Schutzanordnung** gemäß § 1 GewSchG zuwidergehandelt haben. Hierfür ist ein gerichtlicher **Beschluss** erforderlich. Ein in dem Verfahren geschlossener vollstreckbarer **Vergleich** bildet damit keine Grundlage für eine Straftat nach § 4 GewSchG, da ein Vergleich keinen einseitigen hoheitlichen Akt des Gerichts darstellt.[2] Allerdings kann das Opfer ein neues Verfahren auf Erlass einer Anordnung nach § 1 GewSchG einleiten, um so die Grundlage für eine Bestrafung zu schaffen (siehe *Cirullies*, § 1 GewSchG Rn. 36).

Sollte das Familiengericht gegen den Beschuldigten wegen der Zuwiderhandlung bereits **Ordnungsgeld oder Ordnungshaft** verhängt haben, hindert dies eine Bestrafung nicht.[3]

II. Zustellung der Anordnung

3 Die „vollstreckbare Anordnung" umfasste jedenfalls vor Inkrafttreten des FamFG auch deren **wirksame Zustellung**, denn erst dann war die gerichtliche Anordnung nach den Regeln der ZPO „vollstreckbar". Die bloße Kenntnis von dem Inhalt des Titels stand dem nicht gleich – auch wenn sie durch die Polizei vermittelt wurde.[4]

---

1 Vgl. §§ 7, 9 EUGewSchVG i.V.m. § 1 GewSchG
2 OLG München ZFE 2008, 234; *v. Pechstaedt*, NJW 2007, 1233, 1236
3 Das Verbot der Doppelbestrafung gilt hierfür nicht, jurisPK-BGB/*Breidenstein*, § 4 GewSchG, Rn. 3.1
4 Vgl. BGH FamRZ 2012, 1216; FamRZ 2007, 812

Auch eine **Heilung** nach § 189 ZPO ist **nicht** möglich.[5] Denn es fehlt jedenfalls an dem erforderlichen Zustellungswillen des zuständigen Organs. Eine ohne Zustellungswillen erfolgte Übermittlung des Inhalts ist nicht geeignet, den Zustellungsmangel zu heilen. So heilt selbst die Parteizustellung – immerhin eine gesetzlich vorgesehene Zustellungsart – nicht die eigentlich gebotene Amtszustellung.[6] Die Zustellung bleibt unwirksam.

Das Erfordernis einer wirksamen Zustellung hat der **BGH**[7] auch in einem Fall **bestätigt**, in dem die Schutzanordnung bereits nach **neuem Verfahrensrecht** ergangen war. Indes war dort nicht feststellbar, ob das Familiengericht die nach § 216 Abs. 2 FamFG und (für die einstweilige Anordnung) nach § 53 Abs. 2 FamFG mögliche Zulässigkeit der **Vollstreckung vor der Zustellung** der Anordnung (siehe *Cirullies* § 1 GewSchG Rn. 41) an den Angeklagten bestimmt hatte. Daher konnte der **BGH** in seiner Entscheidung offenlassen,[8] wie der Fall dann strafrechtlich zu beurteilen wäre. In diesen Fällen wird die Wirksamkeit (= Vollstreckbarkeit, § 86 Abs. 2 FamFG) gesetzlich[9] vorverlegt auf die Zeitpunkte der Übergabe an die Geschäftsstelle bzw. des Erlasses der einstweiligen Anordnung, also vor den der förmlichen Zustellung. Eine entsprechende Vorverlagerung der Strafbarkeit auf diese modifizierten Zeitpunkte der Wirksamkeit mag zulässig sein.[10] Der strafrechtliche Vorwurf setzt jedoch **Vorsatz** und damit die volle Kenntnis des Täters von der „vollstreckbaren Anordnung" voraus. Gelingt ein entsprechender Nachweis, kann eine Strafbarkeit gegeben sein.[11]

III. Keine Bindung des Strafrichters an Vorentscheidung

Bei § 4 GewSchG handelt es sich um eine sog. **Blankettnorm:** Ihr Verbotsgehalt ergibt sich (erst) aus der zugrunde liegenden zivilgerichtlichen Entscheidung. Dies bedeutet nicht, dass das Gericht im Strafverfahren die familiengerichtliche Entscheidung einfach „hinzunehmen" hat. Vielmehr setzt hier die Verurteilung voraus, dass das **Strafgericht** die materielle Rechtmäßigkeit der Anordnung **überprüft** und dabei deren tatbestandliche Voraussetzungen eigenständig feststellt; an die Entscheidung des Familiengerichts ist es insoweit nicht gebunden.[12]

4

IV. Einverständnis des Opfers

In Fällen häuslicher Gewalt kommt es nach der Einschaltung von Polizei und Gericht oftmals wieder zu einer **Annäherung der Beteiligten**. Nimmt das Opfer den Täter wieder in die Wohnung auf, obwohl die Anordnung nicht aufgehoben wurde, liegt ein strafbares Verhalten des Täters gemäß **§ 4 GewSchG** durch das Verweilen in der Wohnung **nicht** vor. Denn das Opfer kann eigenständig, d.h. ohne vorherige gerichtliche Aufhebungsentscheidung, darüber bestimmen, ob es den zivilrechtlichen Schutz, der auf einer erst auf seinen Antrag hin ergangenen Anordnung beruht, weiter in Anspruch nehmen oder auf ihn verzichten will (rechtfertigende Einwilligung).[13]

5

Nimmt das Opfer seinen Antrag nach Erlass der gerichtlichen Anordnung (wegen einer Versöhnung der Beteiligten) wieder zurück, kann ein entsprechender klarstellender Beschluss angezeigt sein, um die **Gefahr einer unberechtigten Strafverfolgung** auszu-

---

5 A.A. Soergel/*Gietl*, § 4 GewSchG Rn. 13 (ohne Begründung)
6 BGH FamRZ 2010, 1328; so jetzt auch MüKo-ZPO/*Häublein*, § 189 ZPO Rn. 6
7 BGH FamRZ 2012, 1216
8 *Breidenstein* in: jurisPK-BGB, § 4 GewSchG Rn. 8, interpretiert die Entscheidung wohl unrichtig
9 §§ 216 Abs. 2 Satz, 53 Abs. 2 Satz 2 FamFG
10 So Soergel/*Gietl*, § 4 GewSchG Rn. 14; wohl ablehnend BOK-*Reinken*, § 4 GewSchG Rn. 2
11 Dazu Soergel/*Gietl*, § 4 GewSchG Rn. 21; *Cirullies/Cirullies*, Rn. 555
12 BGH FamRZ 2014, 559; a.A. Soergel/*Gietl*, § 4 GewSchG Rn. 3 ff.
13 OLG Hamm BeckRS 2006, 03803 = ZFE 2004, 282; Soergel/*Gietl*, § 4 GewSchG Rn. 16; ausführlich zu der Problematik *Bergmann/Kroke*, ZIS 2013, 234

schließen.[14] Dieser Beschluss sollte auch der Polizei bekannt gegeben werden, die zwar von der Schutzanordnung, nicht hingegen von der Antragsrücknahme Kenntnis erlangt.

---

14 AG Neustadt a. Rbge. FamRZ 2004, 1392

Das gerichtliche Verfahren

Gesetz über das Verfahren in Familiensachen und in den Angelegenheiten der freiwilligen Gerichtsbarkeit (FamFG)

Gerichtsverfassungsgesetz (GVG)

Rechtspflegergesetz (RPflG)

Kapitel 1
Gesetz über das Verfahren in Familiensachen und in den Angelegenheiten der freiwilligen Gerichtsbarkeit (FamFG)

vom 17. Dezember 2008 (BGBl. I S. 2586),
zuletzt geändert durch das Gesetz vom 20. Juni 2014 (BGBl. I S. 786)

Buch 1
Allgemeiner Teil

Abschnitt 1
Allgemeine Vorschriften

§ 1 FamFG Anwendungsbereich

Dieses Gesetz gilt für das Verfahren in Familiensachen sowie in den Angelegenheiten der freiwilligen Gerichtsbarkeit, soweit sie durch Bundesgesetz den Gerichten zugewiesen sind.

Übersicht

A. Allgemeines

Die Vorschrift bestimmt den Geltungsbereich des FamFG. Die sog. **ordentliche Gerichtsbarkeit**[1] umfasst – wie sich aus § 13 GVG ergibt – neben den bürgerlichen Rechtsstreitigkeiten und den Strafsachen als dritte Verfahrensart die **Familiensachen** und Angelegenheiten der **freiwilligen Gerichtsbarkeit (fG)**.[2] Die Verfahrensordnung hierfür bildet das **FamFG**, das die Vorgängerschriften in der ZPO, dem FGG sowie der HausratsVO ersetzt. Dabei ist zu beachten, dass auch die meisten Familiensachen zu den fG-Sachen gehören, insbesondere die in § 151 FamFG näher genannten **Kindschaftssachen**.

1

B. Inhalt der Norm

I. Familiensachen

Familiensachen sind in § 111 FamFG im Einzelnen und abschließend aufgelistet. Zu ihnen zählen u.a. die Kindschafts-, Abstammungs-, Adoptions- und Gewaltschutzsachen. Sie werden ausschließlich vor dem Familiengericht[3] und grundsätzlich nach der Verfahrensordnung des **FamFG** verhandelt. Eine Modifizierung gilt für Ehesachen (§ 121 FamFG) und

2

---

1 Der Begriff „ordentliche" Gerichtsbarkeit stammt aus früherer Zeit, als nur Zivil- und Strafgerichte mit unabhängigen Richtern besetzt waren, die Verwaltungsgerichtsbarkeit dagegen Teil der Verwaltungsbehörden und dementsprechend (nur) mit Beamten besetzt war.
2 Z.B. § 8 HGB (Führung des Handelsregisters), § 312 Satz 1 Nr. 3 FamFG (Unterbringung Volljähriger)
3 Vgl. hier *Keuter*, §§ 23a Abs. 1 GVG Rn. 3, § 23b Abs. 1 GVG i.V.m. § 111 FamFG

Familienstreitsachen (§ 112 FamFG):[4] Auf solche Verfahren sind nach § 113 FamFG überwiegend die Vorschriften der **ZPO** anzuwenden.

II. Angelegenheiten der freiwilligen Gerichtsbarkeit

3 Der Ausdruck „freiwillige Gerichtsbarkeit" ist irreführend und historisch gewachsen in Abgrenzung zur streitigen Zivilgerichtsbarkeit. Zur fG zählen so viele Tätigkeitsfelder,[5] dass eine genaue Begriffsbestimmung schwierig ist. Es geht einerseits um **Fürsorgeverfahren („vorsorgende Rechtspflege")** wie etwa Kindschafts-, Adoptions-, Betreuungs-, Nachlass-, Register- und Grundbuchsachen, aber auch um **streitige Verfahren**, die einem Zivilprozess ähneln, jedoch wegen des besonderen Verfahrensgegenstandes nicht nach dessen strengen Regeln geführt werden sollen, z.B. in Ehewohnungs-, Haushalts- und Gewaltschutzsachen. Daneben gibt es noch **öffentlich-rechtliche Streitsachen**, etwa § 23 EGGVG (Justizverwaltungsakte), § 107 FamFG (Anerkennung ausländischer Entscheidungen).[6]

4 **Übersicht: Einordnung der freiwilligen Gerichtsbarkeit**

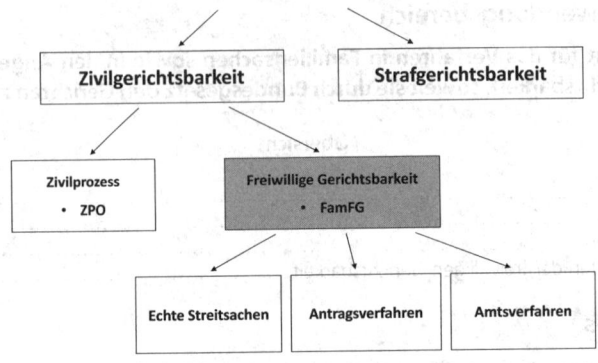

§ 2 FamFG Örtliche Zuständigkeit

(1) Unter mehreren örtlich zuständigen Gerichten ist das Gericht zuständig, das zuerst mit der Angelegenheit befasst ist.

(2) Die örtliche Zuständigkeit eines Gerichts bleibt bei Veränderung der sie begründenden Umstände erhalten.

(3) Gerichtliche Handlungen sind nicht deswegen unwirksam, weil sie von einem örtlich unzuständigen Gericht vorgenommen worden sind.

Übersicht

---

4 Unterhalts-, Güterrechts- und sonstige Familiensachen nach § 266 FamFG
5 Vgl. die Aufzählung von *Keuter* zu § 23a Abs. 2 GVG Rn. 8 ff.
6 Ausführlich *Erbarth*, § 6 Rn. 12 ff.

Cirullies

A. Allgemeines

Entgegen der amtlichen Überschrift bestimmt § 2 FamFG nicht die örtliche Zuständigkeit, sondern regelt lediglich Fragen, die hiermit zusammenhängen. Die Vorschrift ist nicht auf Ehe- und Familienstreitsachen anzuwenden.[1]

1

Die örtliche Zuständigkeit wird im FamFG **für jede Angelegenheit gesondert** bestimmt, so für **Kindschaftssachen** in §§ 152 bis 154 FamFG, für **Adoptionssachen** in § 187 FamFG und für **Gewaltschutzsachen** in § 211 FamFG.

B. Inhalt der Norm

I. Mehrere örtlich zuständige Gerichte (Abs. 1)

Die Regelung mit ihrem **Prioritätsgrundsatz** soll Doppelbehandlungen derselben Sache vermeiden und einander widersprechende Entscheidungen ausschließen. Allerdings muss die Zuständigkeit **mehrerer Gerichte** tatsächlich bestehen. Dies kann gerade bei Anknüpfung an das Merkmal des **gewöhnlichen Aufenthalts** zweifelhaft sein.

2

Beispiel:

....

Die gemeinsam sorgeberechtigten Eltern leben getrennt in Essen. Die Mutter zieht mit dem bei ihr wohnenden Kind ohne Absprache unvermittelt nach Düsseldorf zu ihrem neuen Lebensgefährten und meldet das Kind dort in der Schule an. Der Vater begehrt umgehend beim Familiengericht in Essen die Übertragung des Aufenthaltsbestimmungsrechts. Den gleichen (Gegen-)Antrag hat die Mutter beim Familiengericht in Düsseldorf gestellt.

*Mangels gewöhnlichen Aufenthalts des Kindes dürfte das AG Essen nicht mehr und das AG Düsseldorf noch nicht gemäß § 152 Abs.2 FamFG zuständig sein.[2] Allerdings ist in solchen Fällen gemäß § 152 Abs. 3 FamFG das Gericht zuständig, in dessen Bezirk das **Bedürfnis der Fürsorge** bekannt wird[3]. Dies gilt hier für beide Gerichtsbezirke, so dass nach § 2 Abs. 1 FamFG grundsätzlich dasjenige Gericht zuständig ist, bei dem der Antrag zuerst eingegangen ist. Sollte dies das Gericht des neuen „ertrotzten" Aufenthaltsortes sein, besteht die Verweisungsmöglichkeit nach § 154 FamFG.*

II. Grundsatz der perpetuatio fori (Abs. 2)

Wichtig ist die Regelung in **Abs. 2:** Hier ist nun – wie schon in § 261 Abs. 3 Nr. 2 ZPO – der **Grundsatz der perpetuatio fori** (Fortdauer der Gerichtszuständigkeit) für das FamFG-Verfahren normiert. Damit soll grundsätzlich verhindert werden, dass bei einer Änderung der für die Zuständigkeit maßgeblichen Umstände sich ein neues Gericht mit der Sache befassen muss und dadurch unnötige Verzögerungen auftreten. Diese Regel kommt nicht selten in Kindschaftssachen zur Anwendung, wenn der betreuende Elternteil mit dem minderjährigen **Kind in einen anderen Gerichtsbezirk umzieht.**

3

---

1 § 113 Abs. 1 Satz 1 FamFG
2 Die Auffassung, bereits unmittelbar mit der Ortsveränderung werde ein neuer **gewöhnlicher** Aufenthalt begründet (so etwa KG FamRZ 2013, 648), grenzt nicht hinreichend zum **tatsächlichen** Aufenthalt ab.
3 Vgl. OLG Hamm FamRZ 2013, 2004, dazu *Grün*, FamFR 2013, 252

4 Dabei sind verschiedene Verfahrenssituationen auseinanderzuhalten:

- Während des **laufenden** Verfahrens bleibt die Zuständigkeit des befassten Gerichts auch im Falle eines Wegzugs des Kindes bestehen.

- Ist das Verfahren durch eine Endentscheidung bereits förmlich **abgeschlossen** und soll hieraus nach einem Wohnortwechsel des Kindes nunmehr **vollstreckt** werden, ist ein neues selbständiges Verfahren einzuleiten, für das das Wohnsitzgericht des Kindes zuständig ist (§ 88 Abs. 1 FamFG; siehe hierzu *Cirullies*, § 88 FamFG Rn. 2).

- Soll nach förmlichem Abschluss eines **Umgangsverfahrens** der vollstreckbare Titel nach dem Wegzug des Kindes modifiziert werden durch Einrichtung einer **Umgangspflegschaft**, ist ein neues **Abänderungsverfahren** nach den Zuständigkeitsbestimmungen des § 152 FamFG einzuleiten.

- Hat das Gericht einen Umgangstitel mit einer **befristeten Umgangspflegschaft** geschaffen und soll die Frist nach einem Aufenthaltsortwechsel des Kindes **verlängert** werden, so bleibt das Ursprungsgericht für diese Entscheidung nach Abs. 2 zuständig.[4]

5 Allerdings ermöglicht § 4 FamFG in bestimmten Fällen die **Abgabe** an ein anderes Gericht mit dessen Zustimmung (siehe hierzu *Cirullies*, § 4 FamFG Rn. 2). Bei einem Streit verschiedener Gerichte über die örtliche Zuständigkeit entscheidet das nächsthöhere gemeinsame Gericht (§ 5 FamFG).

§ 3 FamFG Verweisung bei Unzuständigkeit

(1) [1]Ist das angerufene Gericht örtlich oder sachlich unzuständig, hat es sich, sofern das zuständige Gericht bestimmt werden kann, durch Beschluss für unzuständig zu erklären und die Sache an das zuständige Gericht zu verweisen. [2]Vor der Verweisung sind die Beteiligten anzuhören.

(2) [1]Sind mehrere Gerichte zuständig, ist die Sache an das vom Antragsteller gewählte Gericht zu verweisen. [2]Unterbleibt die Wahl oder ist das Verfahren von Amts wegen eingeleitet worden, ist die Sache an das vom angerufenen Gericht bestimmte Gericht zu verweisen.

(3) [1]Der Beschluss ist nicht anfechtbar. [2]Er ist für das als zuständig bezeichnete Gericht bindend.

(4) Die im Verfahren vor dem angerufenen Gericht entstehenden Kosten werden als Teil der Kosten behandelt, die bei dem im Beschluss bezeichneten Gericht anfallen.

Übersicht

A. Allgemeines

1 Von der in § 2 FamFG geregelten örtlichen ist die **sachliche** Zuständigkeit zu unterscheiden. Sie regelt die Zuständigkeit des Gerichts des ersten Rechtszuges und betrifft die Frage, ob das Amts- oder Landgericht das Eingangsgericht ist. Das Gesetz geht in § 71

---

4 OLG Zweibrücken BeckRS 2014, 19876, dazu *Hauke* NZFam 2014, 1106; *Stockmann*, jurisPR-FamR 3/2015; a.A. hier *Gottschalk*, § 1684 BGB Rn. 44

GVG von der generellen Zuständigkeit des Landgerichts aus, falls nicht Streitigkeiten gesetzlich den Amtsgerichten zugewiesen sind (§§ 23, 23a GVG).

B. Inhalt der Norm

I. Verweisungsverfahren

Ist das angerufene Gericht örtlich oder sachlich unzuständig, muss es sich durch Beschluss für unzuständig erklären und die Sache an das zuständige Gericht **verweisen** (§ 3 Abs. 1 Satz 1 FamFG). Im Gegensatz zu § 281 ZPO setzt die Norm keinen Antrag voraus. Das angerufene Gericht hat also selbst in Antragsverfahren **von Amts wegen** über die Verweisung an das zuständige Gericht zu entscheiden.[1] Daher ist eine Verweisung auch ohne oder gegen den Willen der Beteiligten möglich.   **2**

Den Beteiligten ist vor der Entscheidung **rechtliches Gehör** zu gewähren (Abs. 1 Satz 2). Wer Beteiligter ist, ergibt sich aus § 7 FamFG.

Der Verweisungsbeschluss ist **nicht anfechtbar** und für das als zuständig bezeichnete Gericht grundsätzlich **bindend** (Abs. 3).[2] Die Bindungswirkung eines Verweisungsbeschlusses tritt sogar dann ein, wenn der Beschluss auf einem Rechtsirrtum beruht oder ansonsten inhaltlich fehlerhaft ist. Sie entfällt nur ausnahmsweise dann, wenn die Verweisung offensichtlich gesetzwidrig ist, so dass sie objektiv **willkürlich** erscheint oder wenn das Gericht den Verfahrensbeteiligten vor der Entscheidung keine Gelegenheit zur **Stellungnahme** gegeben hat.[3] Bei der Frage der möglichen Willkür spielt häufig der Streit eine Rolle, von welchem Zeitpunkt an nach einem Ortswechsel ein **gewöhnlicher Aufenthalt** begründet wird.[4]   **3**

▶ *Zu Einzelheiten siehe auch Keuter, § 152 FamFG Rn. 13 ff.*

II. Funktionelle Unzuständigkeit

Von der örtlichen und sachlichen Zuständigkeit wiederum abzugrenzen ist die **funktionelle** Zuständigkeit. Sie gibt an, welcher Spruchkörper innerhalb eines Gerichts zuständig ist (z.B. die Abgrenzung Richter-/Rechtspflegerzuständigkeit[5] oder beim Amtsgericht die Abgrenzung zwischen Zivilgericht und Familiengericht). Insoweit besteht eine Besonderheit für die funktionelle Unzuständigkeit: Die **Verweisung** eines Verfahrens von dem Zivilgericht an das Familiengericht (und umgekehrt) erfolgt nach § 17a GVG und ist dementsprechend mit der sofortigen Beschwerde anfechtbar.[6]   **4**

§ 4 FamFG Abgabe an ein anderes Gericht

[1]**Das Gericht kann die Sache aus wichtigem Grund an ein anderes Gericht abgeben, wenn sich dieses zur Übernahme der Sache bereit erklärt hat.** [2]**Vor der Abgabe sollen die Beteiligten angehört werden.**

---

1 KG FamRZ 2012, 908; OLG Frankfurt FamRZ 2014, 1479, dazu *Schewe*, NZFam 2014, 464
2 Dazu KG ZKJ 2013, 174, dazu *Carlberg*, FamFR 2013, 89, auch zur Frage der völlig willkürlichen Verweisung
3 OLG Hamm FamRZ 2011, 1414 (LS), dazu *Bruns*, FamFR 2011, 209; einschränkend für unterlassene Anhörung in Eilfällen OLG Brandenburg FamRZ 2011, 56
4 Dazu etwa OLG Dresden FamRZ 2014, 1654 (LS), dazu *Reinken*, NZFam 2014, 742; KG ZKJ 2013, 174; KG FamRZ 2014, 787
5 Vgl. etwa § 14 RPflG, dazu hier *Heilmann*, § 14 RPflG Rn. 3
6 Dazu BGH FamRZ 2013, 281 mit Anm. *Heiter*

A. Allgemeines

1 Grundsätzlich behält das angerufene Gericht seine Zuständigkeit (§ 2 Abs. 2 FamFG). Doch aus Zweckmäßigkeitserwägungen hat das Gericht trotz eigener Zuständigkeit die Möglichkeit der **Abgabe des Verfahrens** an ein anderes Gericht, wenn ein beachtlicher Grund hierfür gegeben ist. Eine solche Abgabe ist auch dann angezeigt, wenn der Vater wegen einer **Auskunftssperre** seinen Antrag auf Umgangsregelung nicht bei dem tatsächlich nach § 152 FamFG örtlich zuständigen Gericht einreichen kann.[1]

B. Inhalt der Norm

I. Abgabe aus wichtigem Grund

2 Die Abgabe spielt gerade in **Kindschaftssachen** bei einem **Wohnortwechsel** eine erhebliche Rolle, wenn das Gericht, in dessen Nähe sich die Beteiligten nach einem Umzug befinden, nunmehr besser zur Sachverhaltsaufklärung in der Lage ist.[2] Freilich stellt die inzwischen bestehende Zuständigkeit des übernehmenden Gerichts im Zeitpunkt der Abgabe allein keinen **wichtigen Grund** dar. Denn dies wäre mit dem grundsätzlichen Fortbestehen der örtlichen Zuständigkeit gemäß § 2 Abs. 2 FamFG (siehe oben *Cirullies,* § 2 FamFG Rn. 3) nicht vereinbar.[3] So liegt der erforderliche wichtige Grund für eine Abgabe im Falle des Aufenthaltswechsels des Kindes (nur) dann vor, wenn besondere Erschwernisse es aus Kindeswohlgesichtspunkten notwendig erscheinen lassen, dass das Verfahren am Gericht des neuen Aufenthaltsortes des Kindes weitergeführt wird.[4] Dies soll etwa der Fall sein, wenn es in dem Verfahren um die Festsetzung eines **Ordnungsgeldes** wegen schuldhaften Verstoßes gegen eine gerichtlich gebilligte Umgangsregelung geht.[5]

3 Ein wichtiger Grund kann auch bei einem **engen Sachzusammenhang** mit einem bei einem anderen Gericht geführten Verfahren gegeben sein, wie er gerade in Gewaltschutz- und Kindschaftssachen nahe liegt.[6]

4 **Beispiel:** *Das Familiengericht A, bei dem bereits mehrere eine Familie betreffende Kindschaftssachen anhängig waren, überträgt schließlich die alleinige elterliche Sorge auf den im Gerichtsbezirk B wohnhaften Vater. Dies verkraften die Eltern der Mutter nicht und bedrohen den Vater heftig. Dieser wehrt sich mit Schutzanträgen nach § 1 GewSchG bei seinem nach § 211 FamFG (auch) zuständigen Heimatgericht B. Hier bietet sich eine Abgabe des Gewaltschutzverfahrens an das mit der gesamten Familiendynamik bereits vertraute Gericht A an.*

---

1 Dazu OVG Münster BeckRS 2015, 40949
2 Vgl. OLG München NJW-RR 2011, 661; OLG Hamm FamRZ 2014, 411 (LS), dazu *Ernst,* FamFR 2013, 516; vgl. auch OLG Köln FamRZ 2011, 318 für Adoptionssachen
3 MüKo-FamFG/*Pabst,* § 4 FamFG Rn. 13
4 OLG Hamm FamRZ 2011, 55. *Stockmann,* jurisPR-Fam 7/2014, vertritt die eher abweigige Auffassung, dass sich Gericht und Verfahrensbeistand – unabhängig von der Entfernung – an den neuen Aufenthaltsort des Kindes zwecks persönlicher Anhörung begeben sollten.
5 OLG Hamm FamRZ 2014, 411 (Leitsatz), dazu *Ernst,* FamFR 2013, 516
6 AG Ludwigslust FamRZ 2010, 1754

II. Hinderungsgründe

Vor der Abgabe einer **Kindschaftssache** ist stets zu prüfen, ob das **Beschleunigungsgebot** einem Wechsel der örtlichen Zuständigkeit des mit der Sache befassten Gerichts entgegensteht.[7] Die Abgabe eines Sorgerechtsverfahrens von einem **Beschwerdegericht** an ein anderes Beschwerdegericht wegen eines Aufenthaltswechsels von Mutter und Kind während des laufenden Verfahrens kommt nicht in Betracht.[8] Desgleichen ist die Abgabe einer Kindschaftssache an ein anderes Familiengericht unzulässig, solange die ausschließliche Zuständigkeit des Gerichts der Ehesache § 152 Abs. 1 FamFG besteht.[9]

Besteht **Streit** verschiedener Gerichte, ob eine Abgabe aus wichtigem Grund gerechtfertigt ist, entscheidet das nächsthöhere gemeinsame Gericht (§ 5 Abs. 1 Nr. 5 FamFG).

5

§ 5 FamFG Gerichtliche Bestimmung der Zuständigkeit

(1) Das zuständige Gericht wird durch das nächsthöhere gemeinsame Gericht bestimmt:

1. **wenn das an sich zuständige Gericht in einem einzelnen Fall an der Ausübung der Gerichtsbarkeit rechtlich oder tatsächlich verhindert ist;**

2. **wenn es mit Rücksicht auf die Grenzen verschiedener Gerichtsbezirke oder aus sonstigen tatsächlichen Gründen ungewiss ist, welches Gericht für das Verfahren zuständig ist;**

3. **wenn verschiedene Gerichte sich rechtskräftig für zuständig erklärt haben;**

4. **wenn verschiedene Gerichte, von denen eines für das Verfahren zuständig ist, sich rechtskräftig für unzuständig erklärt haben;**

5. **wenn eine Abgabe aus wichtigem Grund (§ 4) erfolgen soll, die Gerichte sich jedoch nicht einigen können.**

(2) Ist das nächsthöhere gemeinsame Gericht der Bundesgerichtshof, wird das zuständige Gericht durch das Oberlandesgericht bestimmt, zu dessen Bezirk das zuerst mit der Sache befasste Gericht gehört.

(3) Der Beschluss, der das zuständige Gericht bestimmt, ist nicht anfechtbar.

Von einer Kommentierung wird abgesehen.

§ 6 FamFG Ausschließung und Ablehnung der Gerichtspersonen

(1) ¹Für die Ausschließung und Ablehnung der Gerichtspersonen gelten die §§ 41 bis 49 der Zivilprozessordnung entsprechend. ²Ausgeschlossen ist auch, wer bei einem vorausgegangenen Verwaltungsverfahren mitgewirkt hat.

(2) Der Beschluss, durch den das Ablehnungsgesuch für unbegründet erklärt wird, ist mit der sofortigen Beschwerde in entsprechender Anwendung der §§ 567 bis 572 der Zivilprozessordnung anfechtbar.

---

7 OLG Hamm a.a.O.
8 OLG Bremen FamRZ 2014, 1394, dazu *Többen*, NZFam 2014, 281
9 OLG Bremen MDR 2013, 794

A. Allgemeines

1   In besonderen Fällen kann eine **Gerichtsperson**, die nicht die an sie gestellten Anforderungen der Unabhängigkeit erfüllt, von ihrem Amt **ausgeschlossen** bzw. mit entsprechendem Antrag **abgelehnt** werden. Die Regelung dient dem fairen Verfahren und der gerechten Entscheidung des Einzelfalles ebenso wie der Integrität der Rechtsprechung und der funktionierenden Rechtspflege.[1] Andererseits darf die Justizgewährung nicht durch missbräuchliche Ablehnungsgesuche querulatorisch veranlagter Beteiligter eingeschränkt werden.

B. Inhalt der Norm

I. Gerichtspersonen

2   Der gesetzliche Richter i.S.d. Art. 101 Abs. 1 Satz 2 GG ist nur dann gewährleistet, wenn der einzelne Richter objektiv entscheidet und der Rechtsuchende nicht vor einem Richter steht, der aus bestimmten Gründen die gebotene **Neutralität** und Distanz vermissen lässt.[2] Doch werden durch den Begriff „Gerichtspersonen" nicht nur **Richter** (auch ehrenamtliche), sondern auch **Rechtspfleger** und **Urkundsbeamte der Geschäftsstelle** unmittelbar erfasst.

3   **Nicht** zu diesem Personenkreis zählen Mitarbeiter des **Jugendamts**, da diese entweder Anhörungspersonen i.S.d. § 162 FamFG oder Vertreter des beteiligten Jugendamts sind.[3] Gleiches gilt für **Verfahrensbeistände** und **Umgangspfleger**, auch wenn sie vom Gericht bestellt sind.

4   Hingegen können auch **Sachverständige** aus denselben Gründen, die zur Ablehnung eines Richters berechtigen, abgelehnt werden (§ 30 Abs. 1 FamFG i.V.m. § 406 Abs. 1 Satz 1 ZPO). Für **Dolmetscher** ist § 191 GVG maßgeblich.

II. Ausschluss- und Ablehnungsgründe

5   § 6 FamFG verweist hinsichtlich der Gründe für den Ausschluss oder die Ablehnung der betreffenden Person auf die entsprechenden Regelungen der ZPO: § 41 ZPO nennt auf die Person des Richters bezogene **Ausschlussgründe**. § 42 ZPO regelt die **Ablehnung** eines Richters wegen der Besorgnis der Befangenheit. Sie muss rechtzeitig vor der Antragstellung erfolgen (§ 43 ZPO).

6   Überwiegend geht es um die **Befangenheit eines Richters**. Sie kann sich zum einen wegen **schwerer Verfahrensverstöße** ergeben: Entfernt sich der Richter bei der Gestaltung des Verfahrens von anerkannten verfassungsrechtlichen Grundsätzen, so kann dies den Eindruck einer willkürlichen oder sachfremden Einstellung des Richters erwecken.[4] Auch eine unter keinem denkbaren Aspekt rechtlich vertretbare Ansicht des abgelehnten Richters hinsichtlich der örtlichen Zuständigkeit ist als **willkürlich** anzusehen.[5] Ein Befangen-

---

1 MüKo-FamFG/Pabst, § 6 FamFG Rn. 1
2 BVerfG NJW 1971, 1029
3 OLG Celle ZKJ 2011, 229 = FamRZ 2011, 1532
4 OLG Hamm FamRZ 2014, 324, dazu Lüder, FamFR 2013, 450
5 OLG Dresden FamRZ 2014, 1654 (LS), dazu Reinken, NZFam 2014, 742

heitsvorwurf kann sich zudem aus der wiederholt mangelnden Bereitschaft des Richters ergeben, Parteivorbringen zur Kenntnis zu nehmen.[6] Die erfolgreiche Ablehnung eines Richters in einem **Parallelverfahren** lässt darauf schließen, dass eine Ablehnung in dem anderen Verfahren ebenfalls begründet ist.[7]

Nicht hingegen rechtfertigt die Zugrundelegung einer der Beteiligten **ungünstigen** **Rechtsauffassung** ohne Weiteres die Besorgnis der Befangenheit.[8] Ebenso wenig kann ein Ablehnungsgesuch gegen den zuständigen Familienrichter – ähnlich wie das Ablehnungsgesuch gegen einen Sachverständigen – erfolgreich auf vermeintlich „fehlende Fortbildung" oder behauptete „fachliche Unkenntnis" gestützt werden.[9]

7

Zu der Ablehnung eines **Sachverständigen** hat sich gerade in **Kindschaftssachen** eine umfangreiche Kasuistik herausgebildet.[10]

8

▶ *Hierzu eingehend Heilmann, § 163 FamFG Rn. 31 ff.*

III. Verfahren

Das Verfahren richtet sich nach **§§ 44 ff. ZPO**. Von Bedeutung sind insbesondere:

9

- Das **Ablehnungsgesuch** ist bei dem Gericht, dem der Richter angehört, anzubringen. Der Ablehnungsgrund ist glaubhaft zu machen (§ 44 ZPO).

- Ein Richter kann sich auch **selbst ablehnen** (§ 48 ZPO).

- Über das Ablehnungsgesuch **entscheidet** das (Kollegial-)Gericht, dem der Abgelehnte angehört, ohne dessen Mitwirkung. Wird ein Richter beim Amtsgericht abgelehnt, so befindet ein anderer Richter des Amtsgerichts über das Gesuch (§ 45 ZPO).

- Gegen die zurückweisende Entscheidung kann **sofortige Beschwerde** eingelegt werden (§ 46 ZPO).

- Ein abgelehnter Richter darf **vor Erledigung des Ablehnungsgesuchs** nur solche Handlungen vornehmen, die keinen Aufschub gestatten (§ 47 ZPO).

- Zu einer eigenen Entscheidung über das Ablehnungsgesuch ist der abgelehnte Richter ausnahmsweise befugt, wenn es sich um ein unzulässiges, insbesondere der Verschleppung dienendes und damit **rechtsmissbräuchliches Ablehnungsgesuch** handelt.[11]

Wird eine **Gehörsrüge** (§ 44 FamFG) gegen die Entscheidung über eine Gehörsrüge erhoben und werden gleichzeitig die beteiligten Richter wegen Besorgnis der Befangenheit abgelehnt, so ist das **Ablehnungsgesuch unzulässig**, da die Gehörsrüge nicht statthaft ist und dieses infolgedessen nicht mehr zur Fortsetzung des bereits abgeschlossenen Verfahrens führen kann.[12]

---

6 OLG Hamm FamRZ 2014, 324, dazu *Lüder*, FamFR 2013, 450
7 OLG München FamRZ 2014, 958 (LS) = BeckRS 2014, 11483; OLG Brandenburg BeckRS 2014, 14891
8 OLG Dresden FamRZ 2014, 1654 (LS), dazu *Reinken*, NZFam 2014, 742; OLG Saarbrücken BeckRS 2012, 00786, dazu *Hamm*, FamFR 2012, 90
9 OLG Celle FamRZ 2013, 1751, dazu *Womelsdorf*, FamFR 2013, 183; zu weiteren Beispielsfällen vgl. *Sarres*, FamRB 2014, 474
10 Vgl. etwa OLG Brandenburg FamRZ 2014, 68 (Äußerungen des Sachverständigen); OLG Naumburg FamRZ 2012, 657 (Überschreitung des konkreten Gutachtensauftrags); OLG Hamm FamRZ 2012, 894 (LS) = BeckRS 2012, 05452 (unzureichende Information der Beteiligten)
11 OLG Brandenburg FamRZ 2014, 1861 (LS) = BeckRS 2014, 08193 m.w.N.
12 OLG Nürnberg BeckRS 2014, 17086

§ 7 FamFG Beteiligte

(1) In Antragsverfahren ist der Antragsteller Beteiligter.

(2) Als Beteiligte sind hinzuzuziehen:

1.   diejenigen, deren Recht durch das Verfahren unmittelbar betroffen wird,

2.   diejenigen, die auf Grund dieses oder eines anderen Gesetzes von Amts wegen oder auf Antrag zu beteiligen sind.

(3) Das Gericht kann von Amts wegen oder auf Antrag weitere Personen als Beteiligte hinzuziehen, soweit dies in diesem oder einem anderen Gesetz vorgesehen ist.

(4) ¹Diejenigen, die auf ihren Antrag als Beteiligte zu dem Verfahren hinzuzuziehen sind oder hinzugezogen werden können, sind von der Einleitung des Verfahrens zu benachrichtigen, soweit sie dem Gericht bekannt sind. ²Sie sind über ihr Antragsrecht zu belehren.

(5) ¹Das Gericht entscheidet durch Beschluss, wenn es einem Antrag auf Hinzuziehung gemäß Absatz 2 oder Absatz 3 nicht entspricht. ²Der Beschluss ist mit der sofortigen Beschwerde in entsprechender Anwendung der §§ 567 bis 572 der Zivilprozessordnung anfechtbar.

(6) Wer anzuhören ist oder eine Auskunft zu erteilen hat, ohne dass die Voraussetzungen des Absatzes 2 oder Absatzes 3 vorliegen, wird dadurch nicht Beteiligter.

§ 8 FamFG Beteiligtenfähigkeit

Beteiligtenfähig sind

1.   natürliche und juristische Personen,

2.   Vereinigungen, Personengruppen und Einrichtungen, soweit ihnen ein Recht zustehen kann,

3.   Behörden.

Übersicht

A. Allgemeines

1   Anders als im Zivilprozess mit seinen „Parteien" (Kläger, Beklagter) geht es bei der freiwilligen Gerichtsbarkeit darum, aus der Vielzahl betroffener oder interessierter Personen diejenigen einzubinden, denen im Verfahren Mitwirkungsfunktionen zustehen sollen. Das FamFG erwähnt an vielen Stellen solche **„Beteiligten"**. Sie müssen allerdings **beteiligtenfähig** sein.

B. Inhalt der Normen

I. Bedeutung der Beteiligtenstellung

Den Beteiligten sind verschiedene **Rechte und Pflichten** eingeräumt.[1] Sie haben beispielsweise ein Recht auf Akteneinsicht (§ 13 FamFG) und Bekanntgabe von Dokumenten (§ 15 FamFG) sowie Entscheidungen (§ 41 FamFG). Andererseits haben sie bestimmte Mitwirkungspflichten (§ 27 FamFG) oder die Pflicht zum persönlichen Erscheinen vor Gericht (§§ 33 ff. FamFG). **2**

In der Praxis wird der Begriff „Beteiligte" gelegentlich ungenau und in einem umfassenden Sinne gebraucht: Alle, die in irgendeiner Form in ein Kindschaftsverfahren eingebunden sind, werden in dieser Weise bezeichnet. Dabei stellt bereits **Abs. 6** klar, dass allein die Anhörung eines Dritten oder dessen Auskunftserteilung nicht den Status eines Beteiligten bewirkt. **3**

Im Übrigen ist die differenzierte Bestimmung der jeweiligen Verfahrensbeteiligten von erheblicher Bedeutung für zahlreiche **verfahrensrechtliche** Konsequenzen, etwa für das Wirksamwerden einer Entscheidung (§ 40 FamFG),[2] die Wirksamkeit eines gerichtlich gebilligten Vergleichs (§ 156 Abs. 2 FamFG),[3] die Beteiligung an den Verfahrenskosten (§ 81 FamFG) sowie das Beschwerderecht.[4] Die Beteiligten sollten daher immer mit Bedacht im **Rubrum** einer Entscheidung aufgeführt werden (siehe *Cirullies*, § 38 FamFG Rn. 4). **4**

II. Begriff

1. Abgrenzung

Wer **Beteiligter** ist, bestimmt sich nach **§ 7 FamFG** sowie zahlreichen Sonderregelungen (z.B. §§ 162, 172, 188, 204, 212, 219 FamFG). Zu **unterscheiden** sind grundsätzlich: **5**

- **„Muss-Beteiligte":** Sie müssen vom Gericht am Verfahren beteiligt werden, z.B. in Antragsverfahren der **Antragsteller** (§ 7 Abs. 1), ferner die Beteiligten **kraft Hinzuziehung** (§ 7 Abs. 2): **6**

  – gemäß § 7 Abs. 2 Nr. 1 diejenigen, deren Recht durch das Verfahren **unmittelbar betroffen** wird (z.B. der Elternteil, dem das Sorgerecht entzogen werden soll),

  – gemäß § 7 Abs. 2 Nr. 2 diejenigen, die auf Grund des FamFG oder eines anderen Gesetzes von Amts wegen oder auf Antrag zu beteiligen sind. Beispiel: **Jugendamt** in Abstammungs- und Adoptionssachen (§§ 172 Abs. 2, 188 Abs. 2 FamFG).

- **„Kann-Beteiligte":** Das Gericht kann von Amts wegen oder auf Antrag **weitere Personen** als Beteiligte hinzuziehen, soweit dies im FamFG oder einem anderen Gesetz vorgesehen ist (§ 7 Abs. 3). **Beispiele**: in Kindschaftssachen die **Pflegeeltern** oder bestimmte Bezugspersonen (§ 161 Abs. 1 FamFG),[5] in **Unterbringungssachen** die ideell Betroffenen (§§ 167 Abs. 1, 315 Abs. 4 FamFG). **7**

Voraussetzung für den Beteiligtenstatus ist darüber hinaus die in § 8 FamFG geregelte **Beteiligtenfähigkeit**.

1 Eingehend *Zimmermann*, FPR 2009, 5; *Bruns*, NJW 2009, 2797; *Reinken*, ZFE 2009, 164
2 Siehe dazu hier *Cirullies*, § 40 FamFG Rn. 1
3 Siehe dazu hier *Wegener*, § 156 FamFG Rn. 1
4 Dazu OLG Brandenburg FamRZ 2014, 1649
5 Hierzu OLG Bremen FamRZ 2014, 414

2. Beteiligte in Kindschaftssachen

8 In **Kindschaftssachen** spielen überwiegend „Muss-Beteiligte" eine Rolle, also die **Antragsteller** und die Beteiligten **kraft Hinzuziehung**.

a) Antragsteller

9 Kindschaftssachen sind ausnahmsweise reine **Antragsverfahren**, die nur auf Antrag eingeleitet werden können (insbesondere nach § 1671 Abs. 1 BGB[6]). Daneben gibt es reine **Amtsverfahren**, bei denen ein Antrag lediglich eine Anregung zur Verfahrenseinleitung darstellt (insbesondere Verfahren wegen Kindeswohlgefährdung nach § 1666 BGB). Häufig handelt es sich jedoch um **doppeltypische Verfahren**, die sowohl auf Antrag wie auch von Amts wegen eingeleitet werden können (z.B. Umgangsverfahren). Sofern ein Antrag zulässig ist, gilt der jeweilige **Antragsteller** als Beteiligter.

b) Beteiligte kraft Hinzuziehung

aa) Unmittelbar Betroffene

10 **Unmittelbarkeit** besteht nur, wenn subjektive Rechte des Einzelnen betroffen sind mit einer **direkten** Auswirkung auf eigene materielle, nach öffentlichem oder privatem Recht geschützte Positionen. Es soll nicht genügen, dass lediglich ideelle, soziale oder wirtschaftliche Interessen durch den Ausgang des Verfahrens berührt werden. Nicht ausreichend sind ferner rein mittelbare Auswirkungen.[7]

11 Zu den **unmittelbar betroffenen „Muss-Beteiligten"** gehören insbesondere:

- das minderjährige **Kind** im Verfahren zur Übertragung der elterlichen Sorge;[8]

- der **nicht sorgeberechtigte Vater** des nichtehelich geborenen Kindes im Hinblick auf § 1680 Abs. 2, 3 FamFG;[9]

- die **Kindesmutter** als Inhaberin der elterlichen Sorge in dem Verfahren betreffend die Regelung des Umgangs des Großvaters mit dem beteiligten Kind, und zwar auch dann, wenn das beteiligte Kind in einer Pflegefamilie lebt;[10]

- der **Elternteil**, dem unter anderem das Aufenthaltsbestimmungsrecht entzogen worden ist, der aber noch über **Teilbereiche des Sorgerechts** verfügt, in dem von den Pflegeeltern und dem Ergänzungspfleger geführten Verfahren auf Anordnung des Verbleibs des Kindes in der Pflegefamilie nach § 1632 Abs. 4 BGB;[11]

- Der **Dritte**, gegen den Maßnahmen nach § 1666 Abs. 4 BGB verhängt werden sollen (siehe *Cirullies*, § 1666 BGB Rn. 17).

Wird in einem Sorgerechtsverfahren ein **Verfahrensbeistand** fehlerhaft nicht hinzugezogen, gilt das **Kind** als nicht ordnungsgemäß am Verfahren beteiligt mit der Folge, dass diesem gegenüber auch keine Sachentscheidung getroffen wurde.[12]

12 Die **Beteiligtenstellung fehlt** hingegen:

- den **Eltern** in Verfahren auf **Wechsel des Vormunds/Pflegers** (§ 1886 BGB), da durch dieses Verfahren ihr materielles (Sorge-)Recht nicht tangiert sein kann;[13]

---

6 OLG Brandenburg FamRZ 2013, 1328; ebenso MDR 2014, 163, dazu *Fiedler*, NZFam 2014, 183
7 BT-Drs. 16/6308, 178; ebenso BGH FamRZ 2014, 1357, dazu *Reinecke*, NZFam 2014, 790
8 BGH ZKJ 2011, 465 = FamRZ 2011, 1788
9 BVerfG FamRZ 2010, 1403; OLG Hamm FamRZ 2011, 1971 (LS) = NJW-RR 2012, 6, dazu *Leipold*, FamRR 2011, 374
10 OLG Hamm FamRZ 2011, 1889
11 BGH FamRZ 2014, 1357 = NZFam 2014, 789 mit Anm. *Reinecke*
12 OLG Rostock FamRZ 2014, 2020
13 OLG Frankfurt FamRZ 2012, 570

- den **Großeltern** in Sorgerechtsverfahren,[14] und zwar auch im Verfahren betreffend Maßnahmen nach **§ 1666 BGB**;[15] das Verfahren auf **Auswahl eines Vormundes** begründet auch dann keine unmittelbare Rechtsbetroffenheit der Großeltern des Kindes, wenn die Kindeseltern ihr Einverständnis damit erklären, dass die Großeltern als Vormund bestellt werden sollen.[16]

Da in Kindschaftssachen auch dem **nicht sorgeberechtigten Vater** als Beteiligtem rechtliches Gehör zu gewähren ist, sollte das Jugendamt z.B. in Mitteilungen nach § 8a SGB VIII – falls bekannt – sogleich die **Anschrift** des Vaters mitteilen, um in diesen oft eilbedürftigen Verfahren Verzögerungen durch Rückfragen zu vermeiden.

bb) Aufgrund gesetzlicher Sonderregelung

Daneben kann durch gesetzliche Sonderregelung vorgesehen sein, dass eine **Hinzuziehung von Amts wegen oder auf Antrag** vorzunehmen ist (Abs. 2 Nr. 2). Die Vorschrift hat keine eigenständige Bedeutung und dient allein der Klarstellung.[17] So ist der **Verfahrensbeistand** bereits durch seine Bestellung Beteiligter (§ 158 Abs. 3 Satz 2 FamFG). Das **Jugendamt** ist in Kindschaftssachen **von Amts wegen** in Sorgerechtsverfahren nach §§ 1666, 1666a BGB,[18] ansonsten lediglich **auf Antrag** zu beteiligen (§ 162 Abs. 2 FamFG).

13

14

In der Regel zählen zu den **Beteiligten in Kindschaftssachen:**

- **Kinder:**[19] kraft Gesetzes, wenn sie – etwa im Falle der Einforderung eines Umgangsrechts – Antragsteller eines Verfahrens sind[20], im Übrigen aufgrund unmittelbarer Betroffenheit;

- **beide (teil)sorgeberechtigten Eltern;** Ausnahme: auch der nicht sorgeberechtigte Vater des nichtehelich geborenen Kindes;

- **Verfahrensbeistand;**

- **Jugendamt:** von Amts wegen nur in Kinderschutzverfahren, selten auf Antrag.

C. Kooperation und Vernetzung

I. Zum Wohle der Kinder

Gerade bei einer **Kindeswohlgefährdung** zeigt es sich, wie wichtig das vertrauensvolle Zusammenwirken der mit dem Fall befassten Institutionen ist.

15

Beispiel:

16

> *Die **Lehrerin** einer Grundschule hat aufgrund ihrer Beobachtungen den dringenden Verdacht, dass einer ihrer Schüler in seiner Familie Gewalt erfährt. Sie wendet sich daraufhin an das **Jugendamt**[21], das seinerseits die **Kinderschutzambulanz** zwecks näherer Untersuchung des Kindes einschaltet und ein Sorgerechtsverfahren bei dem **Familiengericht** anregt.*

---

14 OLG Hamm FamRZ 2011, 1671 (LS)
15 BGH FamRZ 2011, 552: kein Beschwerderecht
16 OLG Hamm BeckRS 2012, 02307, dazu *van Els*, FamFR 2012, 114
17 MüKo-FamFG/*Pabst*, § 7 FamFG Rn. 14
18 Ferner als Beschwerdeführer in einem Beschwerdeverfahren, OLG Frankfurt ZKJ 2013, 167 = FamRZ 2013, 809
19 Zur Vertretung des Kindes im Verfahren vgl. *Cirullies*, § 9 FamFG Rn. 6
20 *Sommer*, FPR 2012, 374
21 Das entsprechende Informations*recht* folgt aus § 4 Abs. 1 Nr. 7, Abs. 3 KKG

Gleiches gilt, wenn ein **Arzt**[22] *bei einem Kind oder Jugendlichen Anhaltspunkte für eine Kindeswohlgefährdung durch Gewalt und/oder sexuellen Missbrauch feststellt.*

Auch wenn eine **Meldepflicht nicht** *besteht: Die frühzeitige Einbeziehung der Jugendämter kann vor dem Verlust wertvoller Zeit durch unkoordinierte Hilfsangebote schützen.*[23]

II. Kinderschutz-Kooperations-Gesetz (KKG)

17 Die Notwendigkeit einer Kooperation der beteiligten Stellen hat auch der Gesetzgeber bei Schaffung des **Bundeskinderschutzgesetzes** erkannt: **§ 3 KKG** legt nunmehr die Rahmenbedingungen für verbindliche flächendeckende **Netzwerkstrukturen im Kinderschutz** in allen Bundesländern fest. In das Netzwerk sollen u.a. Einrichtungen und Dienste der öffentlichen und freien Jugendhilfe, Gesundheitsämter, Sozialämter, Schulen, Polizei- und Ordnungsbehörden, Krankenhäuser, diverse Beratungsstellen, Einrichtungen zum Schutz gegen Beziehungsgewalt, Familiengerichte und Angehörige der Heilberufe einbezogen werden.

▶ *Ausführlich Dürbeck, § 4 KKG Rn. 1 ff.*

III. Kooperation der beteiligten Berufsgruppen

18 Allerdings hatten sich bereits in der Vergangenheit auf lokaler und regionaler Ebene „Runde Tische gegen Häusliche Gewalt" und **Arbeitskreise** nach dem „Cochemer Modell" gebildet. Dies ist auch notwendig. Denn Juristen, Psychologen und Pädagogen unterscheiden sich vielfach in ihrer Sprache, ihrem Denken und damit in ihrer Herangehensweise an Problemstellungen. Irritationen und Missverständnisse können die Folge sein. Dies zeigt sich vor allem im **familiengerichtlichen** Verfahren, in dem das Gericht in der Regel auf ein Einvernehmen der Beteiligten hinwirken soll (§ 156 FamFG). Zudem lassen sich auch fünf Jahre nach Inkrafttreten des FamFG in vielen Kommunen noch Probleme bei der schlichten Kommunikation zwischen Familiengericht, Jugendamt und anderen eingebundenen Personen beobachten. Daher ist in diesem Bereich eine **Kooperation** äußerst sinnvoll.

19 Dieser Erkenntnis folgend sollten flächendeckend **Arbeitskreise** gegründet werden, in die möglichst alle am Verfahren beteiligten **Professionen** einzubinden sind:[24]

- Familiengericht
- Jugendamt
- Rechtsanwälte
- Beratungsstellen
- Verfahrensbeistände
- Umgangspfleger
- Sachverständige

Hier lassen sich Standards für bestimmte Verfahrensabläufe entwickeln, die in einen **Leitfaden** für bestimmte Themenfelder des Kindschaftsrechts münden können.[25]

---

22 Oder ein anderes Mitglied der in § 4 Abs. 1 KKG genannten Berufsgruppen

23 *Ehrmann/Breitfeld*, FPR 2012, 418, 420, auch zu Problemen des „Ärzte-Hoppings"

24 Dazu auch *Bergmann*, ZKJ 2010, 56; *Cirullies*, ZKJ 2011, 58 zum „Hagener Modell"; ferner *Schmid*, FamRB 2014, 267

25 Vgl. den „Hagener Leitfaden Umgangsrecht" nebst weiteren Leitfäden zu den Themen „Umgang bei Umgangsverweigerung" und „Umgang bei häuslicher Gewalt und sexuellem Missbrauch" (www.ag-hagen. nrw.de/aufgaben/leitfaeden_familiengericht).

§ 9 FamFG Verfahrensfähigkeit

(1) Verfahrensfähig sind

1. die nach bürgerlichem Recht Geschäftsfähigen,

2. die nach bürgerlichem Recht beschränkt Geschäftsfähigen, soweit sie für den Gegenstand des Verfahrens nach bürgerlichem Recht als geschäftsfähig anerkannt sind,

3. die nach bürgerlichem Recht beschränkt Geschäftsfähigen, soweit sie das 14. Lebensjahr vollendet haben und sie in einem Verfahren, das ihre Person betrifft, ein ihnen nach bürgerlichem Recht zustehendes Recht geltend machen,

4. diejenigen, die auf Grund dieses oder eines anderen Gesetzes dazu bestimmt werden.

(2) Soweit ein Geschäftsunfähiger oder in der Geschäftsfähigkeit Beschränkter nicht verfahrensfähig ist, handeln für ihn die nach bürgerlichem Recht dazu befugten Personen.

(3) Für Vereinigungen sowie für Behörden handeln ihre gesetzlichen Vertreter und Vorstände.

(4) Das Verschulden eines gesetzlichen Vertreters steht dem Verschulden eines Beteiligten gleich.

(5) Die §§ 53 bis 58 der Zivilprozessordnung gelten entsprechend.

Übersicht

A. Allgemeines

Die Beteiligtenfähigkeit (§ 8 FamFG) ist von der **Verfahrensfähigkeit** abzugrenzen. Diese regelt, ob der Beteiligte seine Rechte selbst wahrnehmen kann oder vertreten werden muss. **1**

B. Inhalt der Norm

I. Geschäftsfähigkeit als Maßstab

Unter Verfahrensfähigkeit versteht man die Fähigkeit eines Beteiligten, selbst oder durch einen selbst bestellten Vertreter **Erklärungen** wirksam abzugeben oder entgegenzunehmen. Dabei knüpft das Gesetz im Wesentlichen an die **Geschäftsfähigkeit** nach bürgerlichem Recht an (§§ 104 ff. BGB). **2**

In **Kindschaftssachen** von Bedeutung ist vor allem Abs. 1 Nr. 3: Danach wird der beschränkt Geschäftsfähige bereits ab Vollendung des **14. Lebensjahres** verfahrensfähig, soweit er in Verfahren, die seine Person betreffen, ein ihm nach bürgerlichem Recht zustehendes Recht geltend macht. Sinn und Zweck der Regelung: Das Kind muss ihm eingeräumte **Rechte** (z.B. nach § 1671 Abs. 2 Nr. 1 BGB, § 1684 Abs. 1 BGB) auch im Verfahren selbst geltend machen können.[1]

---

1 MüKo-FamFG/*Pabst*, § 9 FamFG Rn. 6. Hiermit korrespondiert auch § 164 FamFG, wonach eine Entscheidung, gegen die das Kind das Beschwerderecht ausüben kann, dem Kind selbst bekannt zu machen ist, wenn es das 14. Lebensjahr vollendet hat und nicht geschäftsunfähig ist.

II. Überprüfung der Verfahrensfähigkeit

3 Zweifeln an der Verfahrensfähigkeit hat das Gericht **von Amts wegen** nachzugehen (§ 9 Abs. 5 FamFG, § 56 Abs. 1 ZPO), und zwar in jeder Lage des Verfahrens.[2] Auf Antrag des Antragstellers kann gemäß § 57 Abs. 1 ZPO ein **Verfahrenspfleger** bestellt werden, wenn Anträge gegen einen verfahrensunfähigen Beteiligten gestellt werden sollen und **Gefahr im Verzug** ist. Die Vorschrift setzt zwar voraus, dass die Verfahrensunfähigkeit vor Rechtshängigkeit besteht. Ist das der Fall, wird sie aber wie meist erst nach Antragstellung erkannt, gilt die Vorschrift entsprechend. Bei Ansprüchen auf **Unterlassung** einer Handlung ist Gefahr im Verzug regelmäßig gegeben, wenn eine Zuwiderhandlung droht. Die Gefahr im Verzug kann in der Regel nicht mit dem Argument verneint werden, aus dem erstrebtem Titel werde aus tatsächlichen Gründen, insbesondere wegen Schuldunfähigkeit des Täters, ohnehin nicht vollstreckt werden können.[3]

4 Die Anordnung an den Betroffenen, sich zur Überprüfung seiner Verfahrensfähigkeit einer **ärztlichen Untersuchung** zu unterziehen, ist grundsätzlich nicht anfechtbar, allerdings auch nicht zwangsweise durchsetzbar.[4] Doch kann dann der Betroffene vorgeführt und in der mündlichen Verhandlung durch einen Sachverständigen begutachtet werden.[5]

5 Wird die betroffene Person im Verfahren durch einen Pfleger oder einen **Betreuer** vertreten, ist die Verfahrensfähigkeit ausgeschlossen (§ 9 Abs. 5 FamFG, § 53 ZPO).[6]

III. Vertretung des Kindes

6 Vor allem bei streitigen Sorgerechtsverfahren stellt sich die Frage der **gesetzlichen Vertretung des Kindes**, das gemäß § 7 Abs. 2 Nr. 1 FamFG stets als Beteiligter hinzuzuziehen ist. Sofern das Kind dabei nicht ausnahmsweise nach § 9 Abs. 1 Nr. 3 FamFG selbst verfahrensfähig ist (Vollendung des 14. Lebensjahrs), handeln für das Kind im Regelfall die sorgeberechtigten Eltern in gemeinschaftlicher Vertretung.[7] Allerdings kann das Familiengericht den Eltern die Vertretung für einzelne oder einen bestimmten Kreis von Angelegenheiten entziehen, wenn ein **erheblicher Interessengegensatz** zwischen ihnen und dem Kind besteht, und insoweit eine Ergänzungspflegschaft einrichten.[8] Andererseits steht in Verfahren dieser Art regelmäßig ein Verfahrensbeistand dem Kind zur Seite. Das Verhältnis von **Verfahrensbeistandschaft** und **Ergänzungspflegschaft** hat der BGH[9] wie folgt erklärt: Die Bestellung eines Verfahrensbeistands ist als milderes Mittel anzusehen, das eine Entziehung der elterlichen Vertretungsbefugnis und die Anordnung einer Ergänzungspflegschaft entbehrlich macht. Folglich bleiben für die **Vertretung** des Kindes im Verfahren weiter die **Eltern** (oder der allein sorgeberechtigte Elternteil) zuständig. Dies ist etwa für die Zustellung von Ladungen und Entscheidungen an das noch nicht verfahrensfähige Kind, aber auch für die Zustimmung zu einem gerichtlich gebilligten Vergleich (dazu *Wegener*, § 156 FamFG Rn. 25) von Bedeutung.

---

2 BGH FamRZ 2010, 548
3 BGH a.a.O.
4 *Jacoby* in: Bork/Jacoby/Schwab, § 9 FamFG Rn. 5 m.w.N.
5 § 33 Abs. 3 FamFG
6 Zu einer Ausnahmekonstellation vgl. OLG Frankfurt NJW 2014, 1393
7 § 9 Abs. 2 FamFG i.V.m. § 1629 Abs. 1 Satz 1 und 2 BGB
8 §§ 1629 Abs. 2 Satz 3 HS 1, 1796 BGB
9 BGH ZKJ 2011, 465 = FamRZ 2011, 1788, dazu *Lack*, FamRR 2011, 527; BGH FamRZ 2012, 436, dazu *Stößer*, FamRZ 2011, 1859; ferner *Keuter*, NJW 2010, 1851

§ 10 FamFG Bevollmächtigte

(1) Soweit eine Vertretung durch Rechtsanwälte nicht geboten ist, können die Beteiligten das Verfahren selbst betreiben.

(2) ¹Die Beteiligten können sich durch einen Rechtsanwalt als Bevollmächtigten vertreten lassen. ²Darüber hinaus sind als Bevollmächtigte, soweit eine Vertretung durch Rechtsanwälte nicht geboten ist, vertretungsbefugt nur

1. Beschäftigte des Beteiligten oder eines mit ihm verbundenen Unternehmens (§ 15 des Aktiengesetzes); Behörden und juristische Personen des öffentlichen Rechts einschließlich der von ihnen zur Erfüllung ihrer öffentlichen Aufgaben gebildeten Zusammenschlüsse können sich auch durch Beschäftigte anderer Behörden oder juristischer Personen des öffentlichen Rechts einschließlich der von ihnen zur Erfüllung ihrer öffentlichen Aufgaben gebildeten Zusammenschlüsse vertreten lassen;

2. volljährige Familienangehörige (§ 15 der Abgabenordnung, § 11 des Lebenspartnerschaftsgesetzes), Personen mit Befähigung zum Richteramt und die Beteiligten, wenn die Vertretung nicht im Zusammenhang mit einer entgeltlichen Tätigkeit steht;

3. Notare.

(3) – (4) [...]¹

In Verfahren nach dem FamFG besteht grundsätzlich **kein Anwaltszwang**. Die Beteiligten können wahlweise das Verfahren selbst betreiben oder sich durch einen Rechtsanwalt als Bevollmächtigten vertreten lassen. **Anwaltszwang** besteht gemäß § 114 FamFG ausnahmsweise in Familiensachen für Ehe- und Folgesachen (§§ 121, 137 FamFG) sowie für Familienstreitsachen (§ 112 FamFG). Wenn also eine **Kindschaftssache** im Scheidungsverbund verhandelt wird, müssen sich die Ehegatten und Eltern durch einen Rechtsanwalt vertreten lassen.² Anderenfalls sind ihre Erklärungen im Verfahren unwirksam.   **1**

Hat das Gericht allerdings nach § 33 FamFG das **persönliche Erscheinen** eines Beteiligten angeordnet, ist die Vertretung unzulässig.   **2**

§ 11 FamFG Verfahrensvollmacht

¹Die Vollmacht ist schriftlich zu den Gerichtsakten einzureichen. ²Sie kann nachgereicht werden; hierfür kann das Gericht eine Frist bestimmen. ³Der Mangel der Vollmacht kann in jeder Lage des Verfahrens geltend gemacht werden. ⁴Das Gericht hat den Mangel der Vollmacht von Amts wegen zu berücksichtigen, wenn nicht als Bevollmächtigter ein Rechtsanwalt oder Notar auftritt. ⁵Im Übrigen gelten die §§ 81 bis 87 und 89 der Zivilprozessordnung entsprechend.

Die Vorschrift regelt, wann und in welcher **Form** die von vertretenen Beteiligten erteilte **Vollmacht nachzuweisen** ist. Die Vollmacht ist **schriftlich** bei Gericht einzureichen. Für die Wirksamkeit bedarf es einer eigenhändigen Unterschrift auf der Vollmachtsurkunde. Eine per Fax versandte Vollmacht genügt nicht.¹   **1**

Der **Mangel der Vollmacht** kann in jeder Lage des Verfahrens gerügt werden. Bei Zweifeln an dem Bestehen oder der Wirksamkeit der Vollmacht muss das Gericht die Wirksamkeit von Amts wegen klären. Ausnahmsweise darf es auch die Wirksamkeit der Bevollmächtigung eines **Rechtsanwalts** von Amts wegen prüfen, wenn es begründete Zweifel hieran hat, zum Beispiel weil der Rechtsanwalt selbst solche Zweifel erweckt hat.²   **2**

---

1 Die Absätze 3 bis 4 bleiben unkommentiert, weil sie für das kindschaftsrechtliche Verfahren nicht relevant sind.
2 Zur Rolle des Anwalts im kindschaftsrechtlichen Verfahren vgl. *Kloster-Harz*, ZKJ 2010, 312
1 BGH NJW 1994, 2298
2 OLG Schleswig FamRZ 2012, 320

§ 12 FamFG Beistand

[1]Im Termin können die Beteiligten mit Beiständen erscheinen. [2]Beistand kann sein, wer in Verfahren, in denen die Beteiligten das Verfahren selbst betreiben können, als Bevollmächtigter zur Vertretung befugt ist. [3]Das Gericht kann andere Personen als Beistand zulassen, wenn dies sachdienlich ist und hierfür nach den Umständen des Einzelfalls ein Bedürfnis besteht. [4]§ 10 Abs. 3 Satz 1 und 3 und Abs. 5 gilt entsprechend. [5]Das von dem Beistand Vorgetragene gilt als von dem Beteiligten vorgebracht, soweit es nicht von diesem sofort widerrufen oder berichtigt wird.

Übersicht

A. Allgemeines

1 In besonders belastenden oder komplizierteren Verfahren kann es für einen Beteiligten sinnvoll sein, sich der Unterstützung eines befähigten, ihm nahe stehenden Dritten zu versichern. Im Gegensatz zu einem Bevollmächtigten, der den Beteiligten vertritt und ersetzt, tritt ein solcher **Beistand** lediglich an dessen Seite. In der Praxis wird ein Beistand nur selten bestellt.

B. Inhalt der Norm

2 Nur bei Anwesenheit des hilfebedürftigen Beteiligten ist der Beistand hinreichend legitimiert. Das Gericht kann Personen als Beistand zulassen, die nicht nach § 10 Abs. 2 FamFG als Bevollmächtigte auftreten dürfen.

Lediglich **Beteiligte** können sich eines Beistands bedienen. Allerdings haben auch **Zeugen** grundsätzlich ein verfassungsrechtlich verbrieftes Recht auf Hinzuziehung eines Rechtsbeistandes während ihrer Aussage vor Gericht.[1]

Die Aufwendungen des Beistands können im Einzelfall als notwendige Aufwendungen des Beteiligten anerkannt und als **Auslagen** nach §§ 80, 81 FamFG erstattet werden.[2] Allerdings ist es nicht Sache des Gerichts, für den Beistand einen **Dolmetscher** zu bestellen.

Der in §§ 158, 167 FamFG genannte **Verfahrensbeistand**[3] ist kein Beistand i.S.d. § 12 FamFG, sondern ein besonderer Verfahrenspfleger.[4] Ferner zählt nicht hierzu die **Beistandschaft** des Jugendamtes nach § 55 SGB VIII, §§ 1712 ff. BGB (siehe hierzu § 58 SGB VIII Rn. 1 ff.).

§ 13 FamFG Akteneinsicht

(1) Die Beteiligten können die Gerichtsakten auf der Geschäftsstelle einsehen, soweit nicht schwerwiegende Interessen eines Beteiligten oder eines Dritten entgegenstehen.

(2) [1]Personen, die an dem Verfahren nicht beteiligt sind, kann Einsicht nur gestattet werden, soweit sie ein berechtigtes Interesse glaubhaft machen und schutzwürdige Interessen eines Beteiligten oder eines Dritten nicht entgegenstehen. [2]Die Einsicht ist zu versagen, wenn ein Fall des § 1758 des Bürgerlichen Gesetzbuchs vorliegt.

---

1 BVerfG NJW 1975, 103
2 MüKo-FamFG/*Pabst*, § 12 FamFG Rn. 18
3 Mitunter als „Anwalt des Kindes" bezeichnet
4 Keidel/*Zimmermann*, § 12 FamFG Rn. 5

(3) [1]Soweit Akteneinsicht gewährt wird, können die Berechtigten sich auf ihre Kosten durch die Geschäftsstelle Ausfertigungen, Auszüge und Abschriften erteilen lassen. [2]Die Abschrift ist auf Verlangen zu beglaubigen.

(4) [1]Einem Rechtsanwalt, einem Notar oder einer beteiligten Behörde kann das Gericht die Akten in die Amts- oder Geschäftsräume überlassen. [2]Ein Recht auf Überlassung von Beweisstücken in die Amts- oder Geschäftsräume besteht nicht. [3]Die Entscheidung nach Satz 1 ist nicht anfechtbar.

(5) [1]Werden die Gerichtsakten elektronisch geführt, gilt § 299 Abs. 3 der Zivilprozessordnung entsprechend. [2]Der elektronische Zugriff nach § 299 Abs. 3 Satz 2 und 3 der Zivilprozessordnung kann auch dem Notar oder der beteiligten Behörde gestattet werden.

(6) Die Entwürfe zu Beschlüssen und Verfügungen, die zu ihrer Vorbereitung gelieferten Arbeiten sowie die Dokumente, die Abstimmungen betreffen, werden weder vorgelegt noch abschriftlich mitgeteilt.

(7) Über die Akteneinsicht entscheidet das Gericht, bei Kollegialgerichten der Vorsitzende.

Übersicht

A. Allgemeines

Die Vorschrift regelt die Akteneinsicht im Verfahren der **freiwilligen Gerichtsbarkeit**. Die Einsicht in **Verfahrenskostenhilfeunterlagen** ist in § 76 FamFG i.V.m. § 117 Abs. 2 Satz 2 ZPO speziell normiert. Geht es um **behördliche** Akten, etwa des Jugendamtes, beurteilt sich das Einsichtsrecht nach § 25 SGB X.[1]   **1**

B. Inhalt der Norm

I. Verfahren

Die Voraussetzungen für die Gewährung der **Akteneinsicht** und ihre Durchführung sind in § 13 FamFG recht genau beschrieben.   **2**

II. Einsichtsberechtigte

1. Beteiligte

Das Einsichtsrecht besteht insbesondere für alle **Verfahrensbeteiligten** (siehe § 7 FamFG), auch Behörden. Es kann jedoch **eingeschränkt** sein bei schwerwiegenden entgegenstehenden Interessen eines Beteiligten oder Dritten. Solche Ausnahmefälle können etwa angenommen werden, wenn es um die gebotene Geheimhaltung der Anschrift eines Beteiligten geht. Allerdings muss das Gericht dafür Sorge tragen, dass der Antragsteller dann über den wesentlichen Verfahrensverlauf in geeigneter Form in Kenntnis gesetzt wird, etwa durch Erstellung von Auszügen oder eine Zusammenfassung des Verfahrensverlaufes in schriftlicher Form.[2]   **3**

---

1 Dazu *Roller,* NZS 2013, 761; *Peschel-Gutzeit,* FPR 2012, 443, 445
2 Musielak/*Borth*/*Grandel,* § 13 FamFG Rn. 3

2. Nicht beteiligte Dritte

4   Ferner kann nicht am Verfahren beteiligten **Dritten**, die ein **berechtigtes Interesse** glaubhaft gemacht haben, Einsicht in die Akten gewährt werden (Abs. 2).

Ein **berechtigtes Interesse** ist gegeben, wenn die Kenntnis vom Akteninhalt ein künftiges Verhalten des Antragstellers beeinflussen kann. Dies kann beispielsweise für **Pflegepersonen** gelten,[3] sofern sie nicht als Beteiligte gemäß § 161 FamFG hinzugezogen und damit ohnehin einsichtsberechtigt sind. Auch der **nicht sorgeberechtigte Vater** hat bei der Gefahr einer Kindeswohlgefährdung ein berechtigtes Interesse daran, die Akten einzusehen.[4]

5   Umstritten ist, ob und inwieweit nicht am Verfahren beteiligten **Behörden** Akteneinsicht nach Abs. 2 zu gewähren ist. Dies wird überwiegend verneint mit dem Hinweis, dass das Einsichtsrecht auf „Personen" beschränkt sei.[5] Jedenfalls stellt sich die Überlassung nicht als Rechtshilfe i.S.d. §§ 156 ff. GVG dar, sondern als **Amtshilfe** gemäß Art. 35 GG.[6] Andere **Gerichte** können wegen der Einbeziehung des Verfahrens nach dem FamFG in das GVG auch Akteneinsicht im Wege der **Rechtshilfe** verlangen. Allerdings muss gegen die Übermittlung von Daten aus Gerichtsakten **effektiver Rechtsschutz** (hilfsweise nach §§ 23 ff. EGGVG) gewährt werden. Die richterliche Mitteilung von Informationen an nichtverfahrensbeteiligte Dritte ist nicht allein deshalb eine der Rechtsschutzgarantie des Art. 19 Abs. 4 GG entzogene spruchrichterliche Tätigkeit, weil sie aus einem laufenden Rechtsstreit heraus erfolgt.[7]

6   In jedem Fall dürfen auch hier **schutzwürdige Interessen** eines Beteiligten oder Dritten dem Einsichtsrecht nicht entgegenstehen. Ein besonderer Versagungsgrund besteht nach Abs. 2 Satz 2 in **Adoptionssachen**. Hiernach erstreckt sich das Geheimhaltungsgebot des § 1758 BGB auch auf die Akteneinsicht.

III. Ort der Einsichtnahme

7   Grundsätzlich beschränkt sich der Ort der Einsichtnahme auf die Akten führende **Geschäftsstelle** (Abs. 1). Nur den in Abs. 4 bezeichneten Antragstellern kann das Gericht nach seinem (nicht überprüfbaren) Ermessen grundsätzlich die Vorgänge in die Amts- oder Geschäftsräume überlassen. Indes besteht **kein Anspruch auf Übersendung** von Gerichtsakten zur Einsichtnahme in eine Rechtsanwaltskanzlei.[8] Überdies ist zu bedenken, dass gerade in Ehe- und Kindschaftssachen ein besonderes **Geheimhaltungsinteresse** besteht und deshalb von der Aktenübersendung nur restriktiv Gebrauch gemacht werden soll.[9]

IV. Entscheidung

8   Die Entscheidung über das Akteneinsichtsgesuch trifft gemäß Abs. 7 das **Gericht**, und zwar der für das Verfahren selbst zuständige Richter (oder Vorsitzende) oder Rechtspfleger.[10] Dies gilt – wofür auch der eindeutige Wortlaut der Vorschrift spricht – sowohl für laufende wie auch für abgeschlossene Verfahren.[11] In keinem Fall entscheidet die Justizver-

---

3   OLG Celle FamRZ 2011, 1080
4   AG Freiburg FamRZ 2014, 231 (LS)
5   MüKo-FamFG/*Pabst*, § 13 FamFG Rn. 16; Keidel/*Sternal*, § 13 FamFG Rn. 47 m.w.N; a.A. *Hoffmann*, FPR 2011, 304, 306
6   Prütting/Helms/*Jennissen*, § 13 FamFG Rn. 18, 19 m.w.N.
7   BVerfG NJW 2015, 610 (betr. personenbezogene Daten eines Abstammungsverfahrens)
8   OLG Brandenburg NJW-RR 2008, 512; *Sarres*, ZFE 2011, 136, 138 m.w.N.
9   BVerfG NJW 1970, 1075; OLG Hamm FGPrax 2009, 20
10   OLG Celle ZKJ 2012, 157 = FamRZ 2012, 727
11   Keidel/*Sternal*, § 13 FamFG Rn. 54

waltung.[12] Dies gilt auch dann, wenn Anträge Dritter gemäß Abs. 2 beschieden werden. Die Rechtslage ist insofern anders als bei § 299 Abs. 2 ZPO, wonach der „Vorstand" des Gerichts, also ein Justizverwaltungsorgan, über Anträge Dritter entscheidet. Um einen Justizverwaltungsakt handelt es sich im Verfahren nach dem FamFG nur dann, wenn Akten im Wege der **Amtshilfe** einer nicht am Verfahren beteiligten **Behörde** überlassen werden.[13]

V. Rechtsmittel

Es ist zu unterscheiden: 9

Wird einem **Beteiligten** die Akteneinsicht während des **laufenden** Verfahrens versagt, ist diese Zwischenentscheidung nicht anfechtbar, sondern nur im Rahmen einer Beschwerde gegen die Endentscheidung nach § 58 FamFG.

In den übrigen Fällen, also gegen die Ablehnung des Gesuchs nach **Abschluss** des Verfahrens sowie des Gesuchs eines nicht beteiligten **Dritten**, ist das Rechtsmittel der **Beschwerde** (§ 58 FamFG) gegeben.[14]   10

Gegen Entscheidungen des **Rechtspflegers** ist das statthafte Rechtsmittel die Erinnerung, da ein ordentliches Rechtsmittel nicht vorgesehen ist. Hilft der Rechtspfleger nicht ab, so hat er die Sache dem Richter vorzulegen (§ 11 Abs. 2 Satz 6 RPflG).[15]   11

§ 14 bis 19 FamFG
Von Abdruck und Kommentierung der §§ 14 bis 19 FamFG wird abgesehen.

§ 20 FamFG Verfahrensverbindung und -trennung

Das Gericht kann Verfahren verbinden oder trennen, soweit es dies für sachdienlich hält.

Übersicht

---

12 MüKo-FamFG/*Pabst,* § 13 FamFG Rn. 12; PK-FVR/*Ernst,* § 13 FamFG Rn. 11; *Jacoby* in: Bork/Jacoby/Schwab, § 13 FamFG Rn. 13 m.w.N.; a.A. unter Hinweis auf §§ 13 ff. EGGVG; Musielak/*Borth/Grandel,* § 13 FamFG Rn. 7

13 Prütting/Helms/*Jennissen,* § 13 FamFG Rn. 48; Keidel/*Sternal,* § 13 FamFG Rn. 47

14 H.M., vgl. OLG Celle ZKJ 2012, 157 = FamRZ 2012, 727, dazu *Rieck,* FamFR 2012, 64; *Ernst* in: PK-FVR, § 13 Rn. 14 m.w.N.; nach a.A. handelt es sich um einen nach §§ 23 ff. EGGVG zu überprüfenden Justizverwaltungsakt, vgl. MüKo-FamFG/*Pabst,* § 13 FamFG Rn. 33 m.w.N.

15 Dazu *Rieck,* FamFR 2012, 64

A. Allgemeines

1 Die Verfahrensverbindung oder -trennung hilft, ein Verfahren sachgerecht zu führen. Der Verfahrensstoff soll hierdurch geordnet, die Übersichtlichkeit gefördert werden. Mit einer **Verbindung** kann eine einheitliche Beweisaufnahme und Beweiswürdigung gesichert und Doppelarbeit vermieden, bei einer **Trennung** eine Verfahrensverschleppung verhindert werden.[1]

B. Inhalt der Norm

I. Verfahrensverbindung

1. Grundsätze

2 Verfahren können aus verfahrensökonomischen Gründen und zur Vermeidung widerstreitender Entscheidungen **verbunden** werden **(Sachdienlichkeit)**. Es entsteht ein einheitliches Verfahren mit grundsätzlich gemeinsamer Verhandlung und Entscheidung.

Die Verbindung ist allerdings in manchen Fällen **unzulässig**, etwa bei Adoptionssachen (§ 196 FamFG) oder im Verhältnis einstweilige Anordnung – Hauptsacheverfahren (§ 51 Abs. 3 Satz 1 FamFG).

2. Scheidungsverbund

3 Einen Sonderfall der Verfahrensverbindung stellt der sog. **Verbund von Scheidung und Folgesachen** dar. Über sie ist zusammen zu verhandeln und zu entscheiden (§ 137 Abs. 1 FamFG). Zu den Folgesachen können nach Abs. 3 auch **Kindschaftssachen** gehören, die die Übertragung oder Entziehung der elterlichen Sorge, das Umgangsrecht oder die Herausgabe eines gemeinschaftlichen Kindes der Ehegatten oder das Umgangsrecht eines Ehegatten mit dem Kind des anderen Ehegatten betreffen. Allerdings kann das Gericht die Einbeziehung aus Gründen des **Kindeswohls** ablehnen, insbesondere wenn ein langes Zuwarten bis zur Rechtskraft des Scheidungsbeschlusses nicht vertretbar erscheint. Erforderlich ist in jedem Fall ein entsprechender fristgerechter **Antrag**.[2]

3. Sorgerechts- und Umgangsverfahren

4 Bei dem Zusammentreffen von Sorgerechts- und Umgangsanträgen kann die Frage der **Verbindung oder Trennung** derartiger Verfahren gelegentlich zweifelhaft sein.

Beispiele:

1. *Die Mutter beantragt die Alleinsorge nach § 1671 Abs. 1, 2 BGB. Der mitsorgeberechtigte Vater sperrt sich hiergegen, will aber der Übertragung letztlich zustimmen, wenn ihm die Mutter und das Gericht ein großzügiges Umgangsrecht zugestehen. Er stellt einen separaten „Antrag" zur Regelung des Umgangs nach § 1684 BGB.*

2. *Das Jugendamt nimmt einen Säugling in Obhut, weil aufgrund der Alkoholsucht seiner Eltern und der Gewalttätigkeit des Vaters das Kindeswohl ernsthaft gefährdet ist. Sofern das Jugendamt nicht von sich aus für angemessene Umgangskontakte zwischen den Eltern (oder jedenfalls einem Elternteil) und dem Kind Sorge trägt, kann das Familiengericht auch ohne Antrag der Eltern ein Umgangsverfahren einleiten.*

---

1 MüKo-FamFG/*Pabst*, § 20 FamFG Rn. 1
2 Die Einbeziehung von Amts wegen ist unzulässig, vgl. OLG Dresden FamRZ 2015, 74, dazu *Tomfort*, NZFam 2014, 853

In der Praxis werden diese nach § 151 FamFG unterschiedlichen Verfahren häufig „automatisch" in einem Verfahren verhandelt. Mitunter existieren sogar entsprechende Anweisungen der Gerichtsverwaltung, die der Ersparnis von Verfahrenskostenhilfekosten dienen.[3] Insoweit hat indes die richterliche Unabhängigkeit Vorrang. Denn bei einer Verbindung besteht die Gefahr, dass notwendige Verfahrenshandlungen, die nur bei einem Verfahrensgegenstand geboten sind, unterlassen werden (z.B. Anhörung des Kindes, Bestellung eines Verfahrensbeistandes, Bewilligung von Verfahrenskostenhilfe).[4]

4. Verschiedene Beteiligte

Die Verbindung kommt auch bei **verschiedenen Beteiligten** in Betracht, wenn die Gegenstände der Verfahren in einem Zusammenhang stehen oder in einem Verfahren hätten geltend gemacht werden können.[5] **Beispiel:** In einem Verfahren nach § 1666 BGB regt das Jugendamt an, der allein sorgeberechtigten Mutter die elterliche Sorge für ihre drei bei ihr lebenden, von verschiedenen Vätern abstammenden Kinder zu entziehen.

Hier handelt es sich grundsätzlich um **drei verschiedene Verfahren**, die jedoch aus Gründen der Sachdienlichkeit gemeinsam verhandelt und entschieden werden sollten. Etwa bestehende Zweifel wegen des **Datenschutzes** müssen aus sachlichen Erwägungen zurücktreten. Denn im Fall der Trennung der Verfahren müssten das Jugendamt und der regelmäßig zu bestellende Verfahrensbeistand strikt getrennte Berichte einreichen. Ähnliches gälte für ein Sachverständigengutachten. Dies ließe sich wegen der verwobenen Familienverhältnisse kaum durchgängig einhalten. Auch zeigt die Praxis, dass sich im Gespräch mit allen Beteiligten – die ohnehin regelmäßig um die Existenz und Daten der übrigen wissen – mitunter Lösungen anbieten, die eine Trennung der Kinder von dem betreuenden Elternteil entbehrlich machen.

5. Verfahrensordnungsübergreifende Verbindung

Eine **verfahrensordnungsübergreifende Verbindung** ist zwar grundsätzlich **unzulässig**. So kann ein FamFG-Verfahren nicht mit einem (echten) ZPO-Verfahren verbunden werden. Doch ist zweifelhaft, ob dies auch für FamFG-Verfahren gilt, auf die gemäß § 113 Abs. 1 Satz 2 FamFG die Vorschriften der ZPO lediglich entsprechende Anwendung finden.

Auch in **Kindschaftssachen** kann sich das Problem stellen, dass FamFG-Verfahren und Familienstreitsachen in einem Verfahren geltend gemacht werden sollen. **Beispiele:** Im Rahmen eines **Umgangsverfahrens** nach § 1684 BGB begehrt ein Elternteil wegen der weiten Entfernung die Verpflichtung des anderen zur **Kostentragung**[6] oder **Schadensersatz** wegen vergeblicher Fahrten oder aber die Zahlung eines Verfahrenskostenvorschusses (Familienstreitsachen nach § 266 Abs. 1 Nr. 5 FamFG). Oder: Ein Elternteil beantragt neben der **Kindesherausgabe** auch die Erstattung der zur Zurückführung eines entführten Kindes erforderlichen **Kosten**.[7]

Überwiegend wird die Zulässigkeit einer solchen Verbindung – durchweg ohne nähere Begründung – verneint.[8] Dabei lässt das FamFG in § 237 Abs. 1 und 2 (Vaterschaftsfeststellung und Unterhalt) und § 265 (verschiedene güterrechtliche Ansprüche) durchaus eine solche verfahrensordnungsübergreifende Verbindung zu. Im Übrigen stellen Familienstreit-

---

3 So im Bezirk des OLG Hamm (Erlass vom 23.7.2003); vgl. auch OLG Hamm FamRZ 2014, 1880 (LS) zum „Grundsatz kostensparender Prozessführung"
4 Vgl. auch *Heilmann*, ZKJ 2012, 269
5 Entsprechend § 147 ZPO, Prütting/Helms/*Ahn-Roth*, § 13 FamFG Rn. 6 m.w.N.
6 Vgl. OLG Nürnberg NJW-RR 2014, 644, dazu *Erdrich*, NZFam 2014, 666
7 MüKo-FamFG/*Soyka*, § 53 FamFG Rn. 4
8 Etwa *Wever*, Vermögensauseinandersetzung, Rn. 104 m.w.N.

sachen nach wie vor originäre FamFG-Verfahren dar.[9] Durch eine solche Verbindung lässt sich schließlich auch der Gefahr divergierender Entscheidungen begegnen.[10] Voraussetzung für eine gemeinsame Verhandlung ist selbstverständlich, dass das Gericht die jeweils anzuwendende Verfahrensordnung beachtet.[11] Gleiches gilt für die Vollstreckung.[12]

II. Verfahrenstrennung

11 Ziel der **Verfahrenstrennung** ist es, den Verfahrensstoff zu ordnen und übersichtlicher zu gestalten, so wenn dessen Verständnis durch Anspruchshäufung erschwert wird, ferner um einer Verfahrensverschleppung wegen Streits in einzelnen Punkten entgegenzuwirken.[13] Auch zuvor verbundene Verfahren kann das Gericht wieder trennen. Unter bestimmten Voraussetzungen können auch Folgesachen aus dem **Scheidungsverbund** abgetrennt werden (§ 140 FamFG).

§ 21 FamFG Aussetzung des Verfahrens

(1) ¹Das Gericht kann das Verfahren aus wichtigem Grund aussetzen, insbesondere wenn die Entscheidung ganz oder zum Teil von dem Bestehen oder Nichtbestehen eines Rechtsverhältnisses abhängt, das den Gegenstand eines anderen anhängigen Verfahrens bildet oder von einer Verwaltungsbehörde festzustellen ist. ²§ 249 der Zivilprozessordnung ist entsprechend anzuwenden.

(2) Der Beschluss ist mit der sofortigen Beschwerde in entsprechender Anwendung der §§ 567 bis 572 der Zivilprozessordnung anfechtbar.

Übersicht

A. Allgemeines

1 Die **Aussetzung** bedeutet den **Stillstand** des Verfahrens kraft richterlicher Anordnung.[1] Im Hinblick auf die Interessenlage der Beteiligten, denen meist an einem zügigen Verfahrensfortgang gelegen ist, sollte von der Möglichkeit der Aussetzung nur zurückhaltend Gebrauch gemacht werden. Vereinzelt finden sich im FamFG Sonderregelungen hierzu, etwa in § 36a Abs. 2 FamFG betreffend die Durchführung einer **Mediation**.

Im Bereich des **einstweiligen Rechtsschutzes** kommt eine Aussetzung regelmäßig **nicht** in Betracht, weil es nach § 49 Abs. 1 FamFG um die Sicherung eines Rechtszustandes oder eines Rechtsanspruchs geht. Dies gilt zumal in Verfahren nach § 1666 BGB.[2] Sollte daher das Hauptsacheverfahren ausgesetzt werden, ist der Beteiligte nicht gehindert, den Erlass einer einstweiligen Anordnung zu beantragen.

---

9 MüKo-FamFG/*Pabst*, § 20 FamFG Rn. 7
10 vgl. MüKo-FamFG/*Erbarth*, § 200 FamFG Rn. 54; *Cirullies*, FPR 2013, 352
11 In der Praxis wird die Verbindung häufig vom Gericht aus „pensentaktischen" Überlegungen abgelehnt oder vom Anwalt aus „gebührentaktischen" Gründen gar nicht erst beantragt.
12 Dazu MüKo-FamFG/*Soyka*, § 53 Rn. 4
13 BGH NJW 1995, 3120
1 MüKo-FamFG/*Pabst*, § 20 FamFG Rn. 1
2 Musielak/*Borth/Grandel*, § 21 FamFG Rn. 1

B. Inhalt der Norm

I. Aussetzung aus wichtigem Grund

Das Gericht kann nach seinem Ermessen das Verfahren **aus wichtigem Grund** aussetzen. Das gilt insbesondere im Fall der **Vorgreiflichkeit**, wenn also die Entscheidung von dem Bestehen oder Nichtbestehen eines Rechtsverhältnisses abhängt, das den Gegenstand eines anderen anhängigen Verfahrens bildet. In einer **Kindschaftssache** kann die Aussetzung des Hauptsacheverfahrens in Betracht kommen, wenn die Ergebnisse eines **staatsanwaltschaftlichen Ermittlungsverfahrens** abgewartet werden sollen.

2

In der Praxis geht es meist um die Fälle, in denen die Mutter einen Umgangsausschluss beantragt, da der Vater das gemeinsame **Kind sexuell missbraucht** habe, und eine entsprechende **Strafanzeige** gegen den Täter erstattet hat. Hier sind von dem Ausgang des staatsanwaltschaftlichen Ermittlungsverfahrens tatsächliche Erkenntnisse für eine sachgerechte Entscheidung des Umgangsverfahrens zu erwarten. Auch kann so eine Mehrfachbelastung des Kindes durch wiederholte Anhörungen vermieden werden. Nicht selten allerdings stellt die **Staatsanwaltschaft** das Verfahren in solchen Fällen mangels hinreichenden Tatverdachts ein. Das familiengerichtliche Verfahren wird nun unter erschwerten Bedingungen fortgesetzt, da der Vater die Verfahrenseinstellung oft als „Freispruch" begreifen und sein Umgangsrecht einfordern wird.

Die **fehlende Mitwirkung eines Beteiligten** in einem Kindschaftsverfahren rechtfertigt regelmäßig **nicht** die Aussetzung. Denn der Amtsermittlungsgrundsatz entbindet das Gericht nicht davon, nach Ausschöpfung aller ihm möglichen Ermittlungen eine Sachentscheidung zu treffen.[3]

II. Rechtsmittel

Der Aussetzungsbeschluss ist mit der **sofortigen Beschwerde** binnen zwei Wochen anfechtbar (§ 21 Abs. 2 FamFG). Das gilt auch für die Ablehnung der beantragten Aussetzung.[4] Weigert sich das Familiengericht unter Hinweis auf ein vorgreifliches Verfahren, Termin anzuberaumen, kann hiergegen **sofortige Beschwerde** wie gegen einen Aussetzungsbeschluss eingelegt werden.[5]

3

§ 22 FamFG Antragsrücknahme; Beendigungserklärung

(1) [1]**Ein Antrag kann bis zur Rechtskraft der Endentscheidung zurückgenommen werden.** [2]**Die Rücknahme bedarf nach Erlass der Endentscheidung der Zustimmung der übrigen Beteiligten.**

(2) [1]**Eine bereits ergangene, noch nicht rechtskräftige Endentscheidung wird durch die Antragsrücknahme wirkungslos, ohne dass es einer ausdrücklichen Aufhebung bedarf.** [2]**Das Gericht stellt auf Antrag die nach Satz 1 eintretende Wirkung durch Beschluss fest.** [3]**Der Beschluss ist nicht anfechtbar.**

(3) Eine Entscheidung über einen Antrag ergeht nicht, soweit sämtliche Beteiligte erklären, dass sie das Verfahren beenden wollen.

(4) Die Absätze 2 und 3 gelten nicht in Verfahren, die von Amts wegen eingeleitet werden können.

---

3 OLG Köln FamRZ 2013, 719
4 BGH FamRZ 2013, 118, dazu *Grün*, FamFR 2013, 118, auch zur Aussetzung wegen Verfassungswidrigkeit eines entscheidungserheblichen Gesetzes
5 OLG Hamburg FamRZ 2013, 238 (LS), dazu *Reinken*, FamFR 2012, 423

A. Allgemeines

1 Im Rahmen ihrer Dispositionsbefugnis haben die Beteiligten die Möglichkeit, ein Verfahren auch ohne gerichtliche Entscheidung zu beenden. Das Gesetz regelt in der Vorschrift explizit die **Antragsrücknahme**, aber auch die **Beendigungserklärung**, die der übereinstimmenden Erledigterklärung des Zivilprozesses entspricht. Als dritte Möglichkeit ist der Abschluss eines Vergleichs (§ 36 FamFG) zu nennen.

B. Inhalt der Norm

I. Antragsrücknahme

2 Ein Antrag kann bis zur Rechtskraft der Endentscheidung **zurückgenommen** werden. Eine bereits ergangene, noch nicht rechtskräftige Endentscheidung wird hierdurch wirkungslos (Abs. 2). Doch gilt dies nach Abs. 4 nur für verfahrenseinleitende Anträge in **echten Antragsverfahren**, weil nur dort eine **Dispositionsfreiheit** der Beteiligten besteht.[1] Gerade in Kindschaftssachen handelt es sich jedoch meist um Verfahren, die (auch) von Amts wegen eingeleitet werden. Dann ist zu beachten, dass eine Rücknahme des „Antrags" das Gericht nicht der Pflicht enthebt, eine **Sachentscheidung** zu treffen.[2]

II. Beendigungserklärung

1. Echte Antragsverfahren

3 Eine Entscheidung über einen Antrag ergeht nicht, soweit alle Beteiligten das Verfahren für aus ihrer Sicht **beendet** erklären (Abs. 3). Auch diese Möglichkeit besteht lediglich in **echten** Antragsverfahren (Abs. 4). Das Gericht kann die Erledigung durch Beschluss mit **verfahrensbeendender** Wirkung feststellen. Eine hiergegen gerichtete **Beschwerde** ist unzulässig. Das erstinstanzliche Verfahren nach § 1671 BGB ist aufgrund der Erledigterklärung der Eltern abgeschlossen. Ein erneut gestellter Sorgerechtsantrag ist in einem neuen Verfahren zu verfolgen.[3]

2. Amtsverfahren

4 In den **unechten Antrags-** und den **Amtsverfahren** besteht nach überwiegender Auffassung – wie bei der Antragsrücknahme – die Pflicht des Gerichts zu einer **inhaltlichen Sachentscheidung**.

Beispiel:

Der Vater beantragt die Regelung des Umgangsrechts mit seinen bei der Mutter lebenden Kindern, die vom Gericht persönlich angehört werden. Dabei lehnen die Kinder Umgangskontakte vehement ab.

---

1 Siehe dazu unten *Cirullies*, § 23 FamFG Rn. 4, § 36 FamFG Rn. 3
2 OLG Brandenburg FamRZ 2014, 2019, dazu *van Els*, NZFam 2014, 708; *Heilmann*, NJW 2012, 16, 20
3 OLG Brandenburg FamRZ 2013, 1328

1. **Alt.:** *Der Vater hält den Antrag nach Anhörung der Kinder trotz deren ablehnender Haltung aufrecht.*

2. **Alt.:** *Der Vater verfolgt den Antrag wegen deren ablehnender Haltung nicht mehr weiter.*

Weder kann der nach wie vor gestellte Antrag einfach zurückgewiesen[4] noch das Verfahren wegen Nichtbetreibens als erledigt weggelegt werden. Vielmehr ist das Umgangsverfahren als Amtsverfahren einer Sachentscheidung zuzuführen. Lehnt das Gericht eine Regelung des Umgangsrechtes ab, kommt dies in der Wirkung einem **Umgangsrechtsausschluss** gleich, ohne dass der Umgangsberechtigte erkennen kann, wann er eine erneute Prüfung des Umgangsrechtes begehren kann.[5]

Allerdings wird für den Fall einer außergerichtlichen **Einigung** der Beteiligten oder des **Nichtbetreibens** des Verfahrens die Auffassung vertreten, es genüge die formlose **Feststellung der Beendigung** des Verfahrens durch das Gericht zusammen mit einer abschließenden Wertfestsetzung und einer Kostenentscheidung nach § 81 Abs. 1 FamFG, wenn eine Entscheidung von Amts wegen nicht veranlasst ist.[6] In der Praxis empfiehlt sich jedoch die ausdrücklich Feststellung, dass es einer Regelung des Umgangs von Amts wegen nicht bedarf.[7]

III. Kosten

Bei einer Antragsrücknahme ist über die Kosten nach den allgemeinen Grundsätzen des § 81, also nach billigem Ermessen zu entscheiden (§ 83 Abs. 2 FamFG). In dieses Ermessen kann das Gericht die übereinstimmende Beendigungserklärung mit einbeziehen. Jedoch ist in gleicher Weise zu berücksichtigen, wenn allein eine Antragsrücknahme des Antragstellers erfolgt, diese aber durch eine entsprechende Einigung zwischen den Beteiligten veranlasst wird.[8]

5

§ 22a FamFG Mitteilungen an die Familien- und Betreuungsgerichte

(1) Wird infolge eines gerichtlichen Verfahrens eine Tätigkeit des Familien- oder Betreuungsgerichts erforderlich, hat das Gericht dem Familien- oder Betreuungsgericht Mitteilung zu machen.

(2) [1]Im Übrigen dürfen Gerichte und Behörden dem Familien- oder Betreuungsgericht personenbezogene Daten übermitteln, wenn deren Kenntnis aus ihrer Sicht für familien- oder betreuungsgerichtliche Maßnahmen erforderlich ist, soweit nicht für die übermittelnde Stelle erkennbar ist, dass schutzwürdige Interessen des Betroffenen an dem Ausschluss der Übermittlung das Schutzbedürfnis eines Minderjährigen oder Betreuten oder das öffentliche Interesse an der Übermittlung überwiegen. [2]Die Übermittlung unterbleibt, wenn ihr eine besondere bundes- oder entsprechende landesgesetzliche Verwendungsregelung entgegensteht.

Die Vorschrift gewährt Gerichten und Behörden eine Rechtsgrundlage zur **Übermittlung personenbezogener Daten** auch an die Familiengerichte, z.B. wenn sich in einem ge-

1

---

4 OLG Frankfurt BeckRS 2013, 21606, dazu *Weber*, NZFam 2014, 283; OLG Celle FamRZ 1990, 1026
5 BVerfG FamRZ 2006, 1005; BGH FamRZ 1994, 158; OLG Frankfurt FamRZ 2013, 1994 (LS) = BeckRS 2013, 10988 (4. Familiensenat); ferner *Heilmann*, NJW 2012, 16, 20
6 OLG Frankfurt FamRZ 2014, 53 (1. Familiensenat); vgl. auch OLG Brandenburg BeckRS 2014, 14887, dazu *Clauss-Hasper*, NZFam 2014, 804
7 OLG Frankfurt (5. Familiensenat) BeckRS 2014, 02061, dazu *Opitz*, NZFam 2014, 610
8 MüKo-FamFG/*Pabst*, § 22 FamFG Rn. 22

richtlichen Verfahren Anzeichen für eine **Kindeswohlgefährdung** nach § 1666 BGB ergeben. Abs. 1 bestimmt eine **Mitteilungspflicht** für Gerichte der ordentlichen Gerichtsbarkeit oder auch der Fachgerichtsbarkeiten. Hingegen regelt Abs. 2 eine **Übermittlungsbefugnis** und damit einhergehende datenschutzrechtliche Probleme und fordert von der übermittelnden Stelle eine Abwägung zwischen dem Schutzbedürfnis eines Betroffenen und dem öffentlichen Interesse an der Datenweitergabe.

Abschnitt 2
Verfahren im ersten Rechtsszug

§ 23 FamFG Verfahrenseinleitender Antrag

(1) [1]Ein verfahrenseinleitender Antrag soll begründet werden. [2]In dem Antrag sollen die zur Begründung dienenden Tatsachen und Beweismittel angegeben sowie die Personen benannt werden, die als Beteiligte in Betracht kommen. [3]Der Antrag soll in geeigneten Fällen die Angabe enthalten, ob der Antragstellung der Versuch einer Mediation oder eines anderen Verfahrens der außergerichtlichen Konfliktbeilegung vorausgegangen ist, sowie eine Äußerung dazu, ob einem solchen Verfahren Gründe entgegenstehen. [4]Urkunden, auf die Bezug genommen wird, sollen in Urschrift oder Abschrift beigefügt werden. [5]Der Antrag soll von dem Antragsteller oder seinem Bevollmächtigten unterschrieben werden.

(2) Das Gericht soll den Antrag an die übrigen Beteiligten übermitteln.

§ 24 FamFG Anregung des Verfahrens

(1) Soweit Verfahren von Amts wegen eingeleitet werden können, kann die Einleitung eines Verfahrens angeregt werden.

(2) Folgt das Gericht der Anregung nach Absatz 1 nicht, hat es denjenigen, der die Einleitung angeregt hat, darüber zu unterrichten, soweit ein berechtigtes Interesse an der Unterrichtung ersichtlich ist.

§ 25 FamFG Anträge und Erklärungen zur Niederschrift der Geschäftsstelle

(1) Die Beteiligten können Anträge und Erklärungen gegenüber dem zuständigen Gericht schriftlich oder zur Niederschrift der Geschäftsstelle abgeben, soweit eine Vertretung durch einen Rechtsanwalt nicht notwendig ist.

(2) Anträge und Erklärungen, deren Abgabe vor dem Urkundsbeamten der Geschäftsstelle zulässig ist, können vor der Geschäftsstelle eines jeden Amtsgerichts zur Niederschrift abgegeben werden.

(3) [1]Die Geschäftsstelle hat die Niederschrift unverzüglich an das Gericht zu übermitteln, an das der Antrag oder die Erklärung gerichtet ist. [2]Die Wirkung einer Verfahrenshandlung tritt nicht ein, bevor die Niederschrift dort eingeht.

Übersicht

A. Allgemeines

I. Antrags- und Amtsverfahren

1   Kindschaftssachen sind wie alle Verfahren der freiwilligen Gerichtsbarkeit grundsätzlich **Amtsverfahren**, werden allerdings häufig durch einen **Antrag** in Gang gesetzt (etwa nach §§ 1632, 1671 oder 1684 BGB). Sie können dann im Rahmen einer **Ehescheidung** auch **Folgesachen** sein, über die nur mit der Scheidung zusammen im Verbund verhandelt und entschieden werden kann (§ 137 Abs. 1 und 3 FamFG).[1]

2   Daneben können Kindschaftssachen jedoch auch **von Amts wegen** eingeleitet werden, insbesondere in Fällen der **Kindeswohlgefährdung** nach § 1666 BGB. Hier fehlt den Beteiligten jegliche Dispositionsbefugnis.[2] Sofern das **Jugendamt** – oder ein Dritter (Angehöriger, Nachbar, Lehrer etc.) – ein solches Verfahren initiiert, handelt es sich nur um eine Anregung i.S.d. § 24 FamFG.[3] Das Jugendamt ist in solchen Verfahren nicht „Antragsteller". Das gilt auch dann, wenn es im Anschluss an eine Inobhutnahme eine familiengerichtliche Entscheidung einholt (siehe dazu *Dürbeck*, § 42 SGB VIII Rn. 5).

3   Bei den auf **Antrag** betriebenen Kindschaftssachen handelt es sich nur ausnahmsweise um **echte Antragsverfahren**, die nur auf Antrag eröffnet werden können (insbesondere solche nach § 1671 Abs. 1 BGB[4], ebenso bei Gewaltschutzsachen[5] und Adoptionssachen[6]). Das **Antragserfordernis** ergibt sich aus den materiell-rechtlichen Vorschriften, meist aus dem BGB.

4   Überwiegend liegen jedoch **doppeltypische Verfahren** vor, die sowohl auf Antrag wie auch von Amts wegen eingeleitet werden können (auch **unechte Antragsverfahren** genannt). So sind **Umgangssachen** grundsätzlich **Amtsverfahren**, die – abgesehen von einem gerichtlich gebilligten Vergleich (§ 156 Abs. 2 FamFG) und trotz der üblichen Einleitung durch einen Antrag – nicht der Disposition der Beteiligten unterliegen.[7] Umgangsverfahren können also auch von Amts wegen eröffnet werden, wie sich gerade im Fall der Trennung des Kindes von den Eltern zeigt.[8]

Übersicht: Antragsverfahren – Amtsverfahren

Echte Antragsverfahren	(Unechte) Antrags- und Amtsverfahren	Amtsverfahren
§ 1626a Abs. 2 BGB	§ 1632 Abs. 4 BGB	§ 1666 BGB
§ 1628 BGB	§ 1684 BGB	§ 1688 Abs. 3 BGB
§ 1632 Abs. 1 – 3 BGB		
§ 1671 BGB		
§§ 1762, 1768 BGB		
§§ 1, 2 GewSchG		

---

1 Hierzu oben *Cirullies*, § 20 FamFG Rn. 3
2 OLG Saarbrücken NZFam 2014, 1001
3 OLG Frankfurt FamRZ 2013, 1237 (LS) = JAmt 2013, 656, dazu *Heiß*, FamFR 2013, 258
4 OLG Brandenburg FamRZ 2013, 1328; ebenso MDR 2014, 163, dazu *Fiedler*, NZFam 2014, 183
5 § 1 GewSchG
6 §§ 1762, 1768 BGB
7 OLG Frankfurt FamRZ 2014, 53
8 Dazu oben *Cirullies*, § 20 FamFG Rn. 4 Beispiel 2; ferner OLG Brandenburg FamRZ 2010, 1743 = ZKJ 2010, 251

II. Antragsberechtigung

Jeder Antragsteller muss **antragsbefugt** sein. Diese Befugnis ergibt sich aus dem materiellen Recht (z.B. §§ 1626a Abs. 2, 1671 Abs. 1 und 2 BGB), aber auch aus anderen gesetzlichen Regelungen. So steht insbesondere allen **Beteiligten**[9] ein Antragsrecht zu (§ 7 Abs. 4 Satz 2 FamFG). Dritte sind hingegen nicht antragsbefugt.   **5**

Die Befugnis, das **Recht eines Dritten in eigenem Namen** geltend zu machen, wenn der Antragsteller hieran ein eigenes schutzwürdiges Interesse hat (Verfahrensstandschaft), kommt im Bereich der **Kindschaftssachen** regelmäßig nicht in Betracht, weil es um die Geltendmachung eines eigenen, auf die Person bezogenen Rechts geht.[10] Soll beispielsweise nach dem Willen der Mutter, die mit der ständigen Betreuung des gemeinsamen Kindes überfordert ist, der Vater zur regelmäßigen Wahrnehmung seiner Umgangspflicht angehalten werden, kann einen entsprechenden Verfahrensantrag nur das **Kind**, vertreten durch die Mutter, nicht hingegen die Mutter im eigenen Namen stellen. Unbeschadet dessen kann das Familiengericht ein entsprechendes Verfahren von Amts wegen einleiten, ohne dass es auf die Förmlichkeiten der Verfahrenseinleitung ankommt.   **6**

B. Inhalt der Normen

I. Verfahrenseinleitender Antrag

1. Verfahrens- und Sachantrag

Sofern Verfahren nur auf Antrag eingeleitet werden, sollen sie den **inhaltlichen** Anforderungen des § 23 Abs. 1 FamFG entsprechen.   **7**

Bei dem Antrag handelt es sich einerseits um einen auf Einleitung des Verfahrens gerichteten **Verfahrensantrag**, andererseits auch um einen bestimmten **Sachantrag**, der das Rechtschutzziel verdeutlicht.[11] Nur wenn die Beteiligten hinsichtlich der betroffenen Rechte dispositionsbefugt sind, ist der Sachantrag für das Gericht **bindend**. Dies ist in Kindschaftssachen kaum der Fall. Beantragt beispielsweise die Mutter gemäß § 1671 BGB die Übertragung der alleinigen elterlichen Sorge auf sich, kann sich das Gericht nach seinem Ermessen auf die Übertragung von Teilbereichen des Sorgerechts beschränken und den Antrag im Übrigen zurückweisen.

Ähnliches gilt auch in **Gewaltschutzverfahren**. Hier kann das Gericht sogar über die Anträge hinausgehen, wenn es dies für sachgerecht und geboten erachtet.[12]   **8**

2. Antragstellung

a) Form

Die **Formerfordernisse** für den Antrag ergeben sich aus § 23 Abs. 1 FamFG. Verlangt werden insbesondere eine Antragsbegründung, die Benennung der Beweismittel und möglichen Verfahrensbeteiligten sowie die Beifügung in Bezug genommener Urkunden. Ob die **Schriftform** zwingend geboten ist, wird zwar unterschiedlich beantwortet. Doch sprechen hierfür die Regelungen in §§ 23 Abs. 1 Satz 5, 25 Abs. 1 FamFG, die sonst nicht sinnvoll erschienen[13]. Möglich ist die Einreichung eines Schriftsatzes per **Computerfax**.[14]   **9**

---

9 Dazu oben *Cirullies*, § 7 FamFG Rn. 5 ff.
10 Musielak/*Borth*/*Grandel*, § 23 FamFG Rn. 7
11 Vgl. *Kretzschmar*, NZFam 2014, 908 mit einem „Musterantrag" auf Regelung des Umgangs
12 Näher dazu *Cirullies*/*Cirullies*, Rn. 115
13 Vgl. OLG Nürnberg FamRZ 2014, 63 (keine telefonische Antragstellung mit Aktenvermerk); MüKo-FamFG/ *Ulrici*, § 23 FamFG Rn. 38; *Jacoby* in: Bork/Jacoby/Schwab, § 25 Rn. 8, je m.w.N.
14 Dazu BGH FamRZ 2015, 253

10 Der Antrag kann zum einen durch einen **Rechtsanwalt** bei Gericht eingereicht werden. Das ist (nur) dann erforderlich, wenn es um Verfahren i.S.d. § 137 Abs. 3 FamFG als Folgesachen im Scheidungsverbund geht (vgl. oben *Cirullies*, § 20 FamFG Rn. 3). Grundsätzlich jedoch besteht in Kindschafts-, Adoptions- und auch Gewaltschutzsachen **kein Anwaltszwang** (§ 114 FamFG).[15] Daher kann der Beteiligte seinen Antrag gemäß § 25 FamFG auch **persönlich** bei Gericht stellen. Hierfür kann es sich zu jedem Amtsgericht begeben, das dann den aufgenommenen Antrag an das zuständige Gericht weiterzuleiten hat. Anlaufstelle ist nach dem Gesetzeswortlaut der Urkundsbeamte der Geschäftsstelle. Zur Geschäftsstelle gehört jedoch auch die bei Gericht regelmäßig eingerichtete **Rechtsantragsstelle**. Dort nehmen Rechtspfleger Anträge der Rechtsuchenden auf. Sie helfen beim Formulieren und erteilen sachdienliche Hinweise, leisten jedoch keine Rechtsberatung.

11 Nicht empfehlenswert, doch unter bestimmten Umständen zulässig ist die **Antragstellung per E-Mail**. Wird ein solcher Antrag ausgedruckt, liegt ein schriftlicher Antrag i.S.d. § 23 FamFG vor. Die fehlende Unterschrift soll nicht zur Wirkungslosigkeit oder Unzulässigkeit des Antrags führen, wenn die Person des Antragstellers durch die vollständige Adressangabe hinreichend sicher feststeht[16].

Allerdings ist die Antragstellung per **E-Mail riskant**, denn es liegt zunächst nur ein elektronisches Dokument vor. Das Gericht ist derzeit nicht verpflichtet, durch Ausdrucken des Dokuments die Zulässigkeit des Antrags erst herbeizuführen.

b) Inhalt

aa) Antragsbegründung

12 Der Antrag soll das Rechtsschutzziel deutlich erkennen lassen. Er soll, d.h. muss nach Abs. 1 u.a. die zur **Begründung** dienenden Tatsachen und Beweismittel enthalten. Bei der Abfassung der Antragsschrift ist freilich Fingerspitzengefühl am Platze. Der (unechte) Antrag auf Gewährung von **Umgangsrecht** sollte lediglich den wesentlichen Sachverhalt sowie die eigene Position wiedergeben und sich herabsetzender Äußerungen über den anderen Elternteil enthalten, wie dies in den Leitfäden einzelner Gerichte bereits postuliert wird. Geht es hingegen um die Übertragung der elterlichen Sorge oder gar um Verfahren wegen Kindeswohlgefährdung, ist umfassender Vortrag angezeigt.

bb) Namen der möglichen Beteiligten

13 Ferner sollen im Antrag die Personen benannt werden, die als **Beteiligte** in Betracht kommen.

Dabei wird in Kindschaftssachen mitunter übersehen, dass auch dem **nicht sorgeberechtigten Vater** als Beteiligtem rechtliches Gehör zu gewähren ist (dazu oben *Cirullies*, § 7 FamFG Rn. 11). Deshalb sollte das Jugendamt in seinen Mitteilungen sogleich die Anschrift des Vaters mitteilen, um Verzögerungen durch Rückfragen seitens des Gerichts zu vermeiden.

14 Schwierig wird die Bekanntgabe in Fällen mit **Gewaltbefürchtung**,[17] in denen ein **Geheimhaltungsinteresse** besteht. So läuft die in ein Frauenhaus geflohene Kindesmutter bei einem Sorgerechtsantrag Gefahr, dass wegen der Zuständigkeitsregelung in § 152 FamFG mit der Anknüpfung an den gewöhnlichen Aufenthaltsort des Kindes ihr Aufenthaltsort aufgedeckt wird. Sie wird deshalb von diesem Antrag wohl gleichermaßen Abstand nehmen wie das Gewaltschutzopfer, das eigentlich ein Näherungsverbot nach § 1

---

15 OLG Brandenburg FamRZ 2011, 56
16 OLG Karlsruhe FamRZ 2013, 238
17 Siehe dazu *Cirullies*, § 32 FamFG Rn. 5

Abs. 1 Satz 3 Nr. 2 GewSchG anstrebt, jedoch seine Wohnanschrift aus Angst vor dem Täter nicht offenbaren möchte.[18]

II. Anregung des Verfahrens

Die Einleitung von **Amtsverfahren** kann nicht beantragt, sondern lediglich **angeregt** **15** werden (§ 24 Abs. 1 FamFG). Wichtig ist diese Möglichkeit vor allem in Sorgerechtsverfahren, wenn dritte Personen wie etwa Angehörige, Nachbarn, Lehrer, Kindergartenmitarbeiter oder behandelnde Ärzte das Gericht von einer möglichen **Kindeswohlgefährdung** in Kenntnis setzen. Solche Informationen können in jeder Form, also auch telefonisch weitergegeben werden. Die Daten des Informanten sind in diesen Fällen im Wege des Vermerks festzuhalten, schon um der etwaigen **Mitteilungspflicht** nach § 24 Abs. 2 FamFG genügen zu können.

§ 26 FamFG Ermittlung von Amts wegen

Das Gericht hat von Amts wegen die zur Feststellung der entscheidungserheblichen Tatsachen erforderlichen Ermittlungen durchzuführen.

§ 27 FamFG Mitwirkung der Beteiligten

(1) Die Beteiligten sollen bei der Ermittlung des Sachverhalts mitwirken.
(2) Die Beteiligten haben ihre Erklärungen über tatsächliche Umstände vollständig und der Wahrheit gemäß abzugeben.

Übersicht

A. Allgemeines

Während im Zivilprozess (und damit auch in Familienstreitsachen) der Beibringungsgrund- **1** satz gilt, unterliegt das Verfahren der freiwilligen Gerichtsbarkeit dem **Untersuchungsgrundsatz** (§ 26 FamFG). Das bedeutet: Auch in Antragsverfahren hat das Gericht bei der Feststellung des Sachverhalts **von Amts wegen** die Wahrheit zu ermitteln und ist hierbei grundsätzlich nicht an Vorbringen und Beweisangebote der Beteiligten gebunden (§ 29 Abs. 1 FamFG). Auch trifft das Gericht insoweit besondere Hinweispflichten (§ 28 FamFG).

---

18 Dazu *Cirullies/Cirullies*, Rn. 120

B. Inhalt der Normen

I. Grundsatz der Amtsermittlung

2   Der Amtsermittlungsgrundsatz verpflichtet das Gericht nicht, allen nur denkbaren Möglichkeiten nachzugehen. Insbesondere besteht keine Pflicht zu einer Amtsermittlung „ins Blaue" hinein. Daher geben bloße **Verdachtsäußerungen**, die jeglicher tatsächlichen Grundlage entbehren, grundsätzlich keinen Ermittlungsanlass.[1] Allerdings sind in **kindschaftsrechtlichen** Verfahren, insbesondere im Rahmen einer Sorgerechtsentziehung oder eines Umgangsausschlusses, besondere Anforderungen an die tatrichterliche Sachaufklärung zu stellen.[2] Dazu gehört jedenfalls die möglichst zuverlässige Feststellung des wahren **Kindeswillens**, ohne dass es insoweit der Einholung eines Sachverständigengutachtens bedarf.[3]

II. Mitwirkungspflicht

1. Einschränkung der Amtsermittlung

3   Dieser Amtsermittlungsgrundsatz wird allerdings ergänzt und begrenzt durch die **Mitwirkungspflicht** der Beteiligten (§ 27 FamFG). In den **Antragsverfahren** haben die Beteiligten insofern eine gewisse Darlegungslast, als es ihnen obliegt, durch Vorbringen des ihnen (besser) bekannten Sachverhalts und Angabe geeigneter **Beweismittel** dem Gericht Anhaltspunkte dafür zu liefern, in welche Richtung es seine Ermittlungen ansetzen kann.[4] Deshalb entfällt die gerichtliche Ermittlungspflicht in dem Umfang, in dem einem Beteiligten die **Glaubhaftmachung** seiner Behauptung obliegt.[5] Zwar ist eine Verletzung dieser Mitwirkungspflicht nicht sanktionsfähig[6]; der betreffende Beteiligte läuft jedoch Gefahr, in dem Verfahren zu unterliegen.

2. Sonderfall: Medizinische Untersuchung

a) Untersuchung der Eltern

4   Allerdings stellt § 27 FamFG keine Rechtsgrundlage für die Verpflichtung zur Mitwirkung an **medizinischen Untersuchungen** dar. Mit Ausnahme von Abstammungssachen (§ 178 Abs. 1 FamFG) kann ein Beteiligter nicht gezwungen werden, den Sachverständigen aufzusuchen und die Untersuchung zu dulden. So kann das Gericht in einem Verfahren wegen Sorgerechtsentziehung nach § 1666 BGB nicht die Einholung einer sachverständigen Stellungnahme einholen zu der Frage, ob bei dem Kindesvater eine Suchterkrankung mit Alkoholabusus vorliegt, und gleichzeitig dem Vater aufgeben, bei der Untersuchung mitzuwirken. Denn die Anordnung stellt einen erheblichen Eingriff in das allgemeine **Persönlichkeitsrecht** des Vaters dar. Hierfür gibt es keine Rechtsgrundlage. Daher ist die Anordnung objektiv willkürlich und ausnahmsweise bereits während des laufenden Verfahrens mit der Beschwerde angreifbar.[7]

5   Verweigert in Verfahren nach § 1666 BGB ein Elternteil die eigene Mitwirkung an der Begutachtung, kann dieses Verhalten auch **nicht** nach den Grundsätzen der **Beweisvereitelung** gewürdigt werden. In Betracht kommt allerdings, den die Begutachtung verweigernden Elternteil in Anwesenheit eines Sachverständigen **gerichtlich anzuhören** und zu diesem Zweck das persönliche Erscheinen des Elternteils anzuordnen und ggf. gemäß § 33

---

1 BGH FamRZ 2011, 1047; OLG Saarbrücken BeckRS 2014, 22194, dazu *Reinken*, NZFam 2015, 44
2 Vgl. BGH FamRZ 2012, 99
3 OLG Saarbrücken a.a.O.
4 *Bumiller/Harders*, § 26 Rn. 2
5 OLG Bremen FamRZ 2013, 1916 m.w.N.
6 Auch nicht nach § 35 FamFG, vgl. *Jacoby* in: Bork/Jacoby/Schwab, § 27 Rn. 11
7 OLG Nürnberg FamRZ 2014, 677, dazu *Breidenstein*, FamRR 2013, 519

FamFG durchzusetzen.[8] Dafür kann der Gerichtstermin in zur Begutachtung geeigneten Räumlichkeiten durchgeführt werden. Freilich können Aussagen des Beteiligten nicht erzwungen werden.[9]

b) Begutachtung des Kindes

Bei einer **Weigerung des Sorgeberechtigten**, das minderjährige **Kind** einer gerichtlich angeordneten **psychologischen Begutachtung** zuzuführen, ist streitig, ob die Ersetzung der Zustimmung zur Begutachtung nach § 1666 Abs. 3 Nr. 5 BGB ausreicht. Alternativ ist dem sorgeberechtigten Elternteil gemäß § 1666 BGB für die Durchführung der Begutachtung das **Aufenthaltsbestimmungsrecht zu entziehen** und dieses auf einen Pfleger zu übertragen (siehe *Cirullies,* § 1666 BGB Rn. 54). Um die Begutachtung durchzusetzen, kann der Gerichtsvollzieher beauftragt werden, notfalls unter Anwendung von Gewalt das Kind der Kindesmutter wegzunehmen und dem Pfleger zu übergeben.[10]

6

§ 28 FamFG Verfahrensleitung

(1) [1]Das Gericht hat darauf hinzuwirken, dass die Beteiligten sich rechtzeitig über alle erheblichen Tatsachen erklären und ungenügende tatsächliche Angaben ergänzen. [2]Es hat die Beteiligten auf einen rechtlichen Gesichtspunkt hinzuweisen, wenn es ihn anders beurteilt als die Beteiligten und seine Entscheidung darauf stützen will.

(2) In Antragsverfahren hat das Gericht auch darauf hinzuwirken, dass Formfehler beseitigt und sachdienliche Anträge gestellt werden.

(3) Hinweise nach dieser Vorschrift hat das Gericht so früh wie möglich zu erteilen und aktenkundig zu machen.

(4) [1]Über Termine und persönliche Anhörungen hat das Gericht einen Vermerk zu fertigen; für die Niederschrift des Vermerks kann ein Urkundsbeamter der Geschäftsstelle hinzugezogen werden, wenn dies auf Grund des zu erwartenden Umfangs des Vermerks, in Anbetracht der Schwierigkeit der Sache oder aus einem sonstigen wichtigen Grund erforderlich ist. [2]In den Vermerk sind die wesentlichen Vorgänge des Termins und der persönlichen Anhörung aufzunehmen. [3]Über den Versuch einer gütlichen Einigung vor einem Güterichter nach § 36 Absatz 5 wird ein Vermerk nur angefertigt, wenn alle Beteiligten sich einverstanden erklären. [4]Die Herstellung durch Aufzeichnung auf Datenträger in der Form des § 14 Abs. 3 ist möglich.

Übersicht

A. Allgemeines

Die Norm weist dem Gericht eine Fürsorgepflicht und Mitverantwortung für ein faires, willkürfreies und möglichst auf die Wahrheitsermittlung ausgerichtetes Verfahren zu.[1] Eine Überraschungsentscheidung soll vermieden und die Transparenz des Verfahrens erhöht werden. Die Grundsätze gelten in Antrags- wie auch in Amtsverfahren.

1

8 BGH FamRZ 2010, 720 mit Anm. *Stößer* = NJW 2010, 1351 mit Anm. *Peschel-Gutzeit*
9 *Bohnert*, NZFam 2014, 107, 112
10 OLG Rostock FamRZ 2006, 1623
1 *Prütting* in: Prütting/Helms, § 28 Rn. 3

B. Inhalt der Norm

I. Hinweispflichten

2 Unabhängig davon, ob der Beteiligte selbst handelt oder durch einen Anwalt vertreten wird, hat das Gericht nach § 28 FamFG bestimmte **Hinweis- und Hinwirkungspflichten**. Sie betreffen

- den **Antrag**, der sachdienlich und frei von Formmängeln zu sein hat,
- den **Tatsachenvortrag**, der alle erheblichen Fakten umfassen soll,
- die **rechtlichen Gesichtspunkte**, auf die das Gericht bei abweichender Beurteilung hinweisen muss.

Die entsprechenden Hinweise sind **aktenkundig** zu machen.

II. Dokumentationspflicht

3 Nach Abs. 4 ist das Gericht verpflichtet, über Termine und persönliche Anhörungen einen **Vermerk** aufzunehmen. Dieser hat die Funktion eines Protokolls, ohne die strengen Anforderungen des § 160 ZPO erfüllen zu müssen.

§ 29 FamFG Beweiserhebung

(1) ¹Das Gericht erhebt die erforderlichen Beweise in geeigneter Form. ²Es ist hierbei an das Vorbringen der Beteiligten nicht gebunden.

(2) Die Vorschriften der Zivilprozessordnung über die Vernehmung bei Amtsverschwiegenheit und das Recht zur Zeugnisverweigerung gelten für die Befragung von Auskunftspersonen entsprechend.

(3) Das Gericht hat die Ergebnisse der Beweiserhebung aktenkundig zu machen.

§ 30 FamFG Förmliche Beweisaufnahme

(1) Das Gericht entscheidet nach pflichtgemäßem Ermessen, ob es die entscheidungserheblichen Tatsachen durch eine förmliche Beweisaufnahme entsprechend der Zivilprozessordnung feststellt.

(2) Eine förmliche Beweisaufnahme hat stattzufinden, wenn es in diesem Gesetz vorgesehen ist.

(3) Eine förmliche Beweisaufnahme über die Richtigkeit einer Tatsachenbehauptung soll stattfinden, wenn das Gericht seine Entscheidung maßgeblich auf die Feststellung dieser Tatsache stützen will und die Richtigkeit von einem Beteiligten ausdrücklich bestritten wird.

(4) Den Beteiligten ist Gelegenheit zu geben, zum Ergebnis einer förmlichen Beweisaufnahme Stellung zu nehmen, soweit dies zur Aufklärung des Sachverhalts oder zur Gewährung rechtlichen Gehörs erforderlich ist.

§ 31 FamFG Glaubhaftmachung

(1) Wer eine tatsächliche Behauptung glaubhaft zu machen hat, kann sich aller Beweismittel bedienen, auch zur Versicherung an Eides statt zugelassen werden.

(2) Eine Beweisaufnahme, die nicht sofort erfolgen kann, ist unstatthaft.

A. Allgemeines

Die Ermittlung der tatsächlichen Entscheidungsgrundlagen kann eine **Beweisaufnahme** **1** erforderlich machen, die nach pflichtgemäßem Ermessen des Gerichts entweder formlos (vgl. § 29 FamFG, sog. **Freibeweis**) oder **förmlich** nach den Vorschriften der ZPO (vgl. § 30 FamFG) durchgeführt wird.[1]

Für die Tatsachenfeststellung spielt auch die **Glaubhaftmachung** (§ 31 FamFG) eine wichtige Rolle, vor allem bei Erlass einer einstweiligen Anordnung.

Unabhängig von der Form der Beweiserhebung ist ein mögliches **Zeugnisverweigerungsrecht** eines Beteiligten oder einer Auskunftsperson zu beachten.

B. Inhalt der Normen

I. Grundsätze der Beweiserhebung

1. Freibeweis

Dabei ist der **Freibeweis** mit freierer Gestaltung des Beweisverfahrens der Regelfall. Die- **2** ses Instrument soll dem Gericht ein zügiges, effizientes und ergebnisorientiertes Arbeiten ermöglichen.[2] Es bedarf keines förmlichen Beweisbeschlusses. Die Beteiligten haben kein Anwesenheitsrecht. Allerdings ist das Ergebnis der Beweiserhebung aktenkundig zu machen (§ 29 Abs. 3 FamFG). So kann das Gericht Personen nur informatorisch anhören, Akten beiziehen, telefonische oder schriftliche Auskünfte bei Behörden oder Privatpersonen einholen oder eine Wohnung besichtigen. Auch die **Glaubhaftmachung** eignet sich grundsätzlich als Mittel des Freibeweises.

2. Beweisantrag

Soweit die Beteiligten förmliche **Beweisanträge** stellen, ist das Gericht an diese nicht ge- **3** bunden, hat aber nach pflichtgemäßem Ermessen unter Beachtung des Untersuchungsgrundsatzes gemäß § 26 zu prüfen, inwieweit diesen nachzugehen ist.[3] Bei ausdrücklicher Antragstellung handelt um bloße Anregungen an das Gericht, in welche Richtung es seine Ermittlungen und Bemühungen um eine Verifizierung lenken soll.[4]

---

1 Ausführlich *Gomille*, NZFam 2014, 100, 102; *Meyer-Wehage*, NZFam 2014, 126
2 BT-Drs. 16/6308, 188
3 BayVerfGH FamRZ 2013, 1234; OLG Dresden FamRZ 2013, 1747 (LS), dazu *Schmid*, FamFR 2013, 501 (jeweils Beweisantrag der Kindesmutter auf psychiatrische Begutachtung des Kindesvaters); Musielak/*Borth/Grandel*, § 29 FamFG Rn. 4
4 MüKo-FamFG/*Ulrici*, § 29 FamFG Rn. 9

3. Feststellungslast

4 Ist eine entscheidungserhebliche Tatsache nicht feststellbar, richten sich die Folgen nach den Grundsätzen der **Feststellungslast**, die denen der Beweislast entsprechen.[5] Die Feststellungslast trägt derjenige Beteiligte, der aus dem materiellen Recht eine für ihn günstige Rechtsfolge herleitet. Lassen sich demnach die Grundlagen für den geltend gemachten Anspruch nicht beweisen, wird der Antrag des Antragstellers zurückgewiesen.

5 Diese Regel kommt in Kindschaftssachen kaum zum Tragen, wohl aber in **Gewaltschutzsachen**: Kann das Opfer im Falle des Bestreitens den von ihm vorgetragenen Sachverhalt nicht durch Zeugen, Fotos oder dergleichen unter Beweis stellen kann, wird sein Unterlassungsantrag zurückgewiesen werden.

II. Glaubhaftmachung

1. Einstweiliger Rechtsschutz

6 Insbesondere im Rahmen des vorläufigen Rechtsschutzes kommt der Glaubhaftmachung große Bedeutung zu. Hier wäre ohne dieses Instrument ein effektiver Schutz oftmals nicht zu erreichen.[6] Nach § 51 Abs. 1 Satz 2 FamFG obliegt es dem Antragsteller, seinen Antrag zu begründen und die Voraussetzungen für die beantragte einstweilige Anordnung (zumindest) **glaubhaft zu machen**. Hierfür kann er sich aller Beweismittel bedienen und auch zur Versicherung an Eides statt zugelassen werden (§ 31 Abs. 1 FamFG).

2. Beweisaufnahme

7 Eine Beweisaufnahme ist nach § 31 Abs. 2 FamFG **unstatthaft**, wenn sie **nicht sofort** erfolgen kann, also die Anberaumung eines weiteren Termins erfordert. Der Beweisführer muss folglich die entsprechenden Beweismittel beschaffen, um die Beweiserhebung zu ermöglichen.

Zu den **präsenten Beweismitteln** zählen insbesondere:

- die Vorlage von **Urkunden** (z.B. ärztliche Atteste, Erste-Hilfe-Protokolle)[7] und **Lichtbildern**,
- die Vorlage **schriftlicher Zeugenerklärungen**,
- **private Sachverständigengutachten**,
- das **Bereitstellen von Zeugen** (im Fall der Terminsanberaumung) *sowie*
- die **Glaubhaftmachung** durch einen Beteiligten.

8 Die Untersuchung mit einem **Polygraphen** soll im Sorge- und Umgangsverfahren ein geeignetes Mittel sein, einen Unschuldigen zu entlasten.[8] Allerdings hat das KG[9] entgegengesetzt entschieden unter ausführlicher Darlegung der Rechtsprechung des BGH[10], wonach ein solcher „Lügendetektor" auch in Zivilsachen kein zulässiges Beweismittel ist. Es dürfte stattdessen ein **aussagepsychologisches Sachverständigengutachten** einzuholen sein.

---

5 Vgl. auch *Erbarth*, NZFam 2014, 515, 520
6 *Dölling*, NZFam 2014, 112, 115
7 Einfache Abschriften genügen, vgl. BGH NJW 2003, 3558
8 So OLG Dresden FamRZ 2013, 1747 (LS), dazu *Schmid*, FamFR 2013, 501
9 KG FamRZ 2011, 839
10 BGH NJW 2003, 2527 unter Hinweis auf BGH NJW 1999, 657

3. Möglichkeiten der Glaubhaftmachung

Zur **Glaubhaftmachung** einer Tatsachenbehauptung bedarf es nicht der vollen gerichtlichen Überzeugung, sondern genügt ein geringerer Grad der richterlichen Überzeugungsbildung: Es muss bei freier Würdigung des gesamten Verfahrensstoffes eine **überwiegende Wahrscheinlichkeit** dafür streiten, dass der Vortrag zutrifft.[11] **9**

Dabei reicht die **Benennung von Zeugen** zur Glaubhaftmachung einer Behauptung **nicht** aus: Auch der Amtsermittlungsgrundsatz verpflichtet das Gericht in Verfahren des einstweiligen Rechtsschutzes nicht zur Ladung und Vernehmung der benannten Zeugen.[12] Freilich ist das Gericht *berechtigt*, den Beweisangeboten nachzugehen. Im Einzelfall können auch **Bild- und Videoaufzeichnungen** zur Glaubhaftmachung im Verfahren der einstweiligen Anordnung zugelassen werden.[13] **10**

4. Eidesstattliche Versicherung

Meist genügt für die Glaubhaftmachung, dass der Beteiligte die Richtigkeit seiner Tatsachenbehauptungen **an Eides statt versichert** (und ggf. ein ärztliches Attest oder einen Polizeibericht vorlegt).[14] Bestreitet der Antragsgegner den Vortrag lediglich, ohne seinerseits eine eidesstattliche Versicherung abzugeben oder präsente Beweismittel anzubieten, kommt eine Beweislastentscheidung (zu Lasten des Antragstellers) nicht in Betracht.[15] Andererseits wird bei der Bewertung der vorgelegten Beweismittel eine schriftliche Zeugenaussage der Glaubhaftmachung eines Beteiligten vorzuziehen sein.[16] **11**

Vor der leichtfertigen Abgabe einer **unrichtigen eidesstattlichen Versicherung** ist wegen der durchaus möglichen **Strafbarkeit** nach § 156 StGB[17] zu warnen. Bei einer offenkundig falschen Versicherung sollte schon aus präventiven Gründen der Vorgang der zuständigen Staatsanwaltschaft zur Kenntnis gebracht werden.

III. Zeugnisverweigerung

1. Grundsatz

Auch wenn das Gericht im Rahmen des Freibeweises keine förmliche Beweisaufnahme durchführt, sondern lediglich Auskunftspersonen befragt, gelten insoweit die Vorschriften der ZPO über das Recht zur **Zeugnisverweigerung** entsprechend (§ 29 Abs. 2 FamFG). Das Gesetz nennt hier **persönliche** Gründe in Bezug auf näher bezeichnete nahestehende Personen (§ 383 ZPO),[18] aber auch **sachliche** Gründe (§ 384 ZPO). Insoweit kann gerade in Gewaltschutzsachen, doch auch in Kindschaftssachen dem Verweigerungsgrund gemäß § 384 Nr. 2 ZPO eine besondere Bedeutung zufallen. Danach kann der Zeuge über Fragen, deren Beantwortung ihm oder den in § 383 ZPO genannten Personen **zur Unehre gereichen** oder die Gefahr der **Strafverfolgung** nach sich ziehen würde, das Zeugnis verweigern. **12**

2. Verweigerungsrecht des Kindes

Die Beweiserhebung, insbesondere die Erstellung eines Sachverständigengutachtens, kann Probleme bereiten, wenn dem Kind ein **Zeugnisverweigerungsrecht** zusteht. **13**

---

11 OLG Saarbrücken FPR 2011, 234, *van Els*, FPR 2012, 480 je m.w.N.
12 OLG Bremen FamRZ 2012, 142 (LS) = NJW-RR 2011, 1511, dazu *Riegner*, FamFR 2011, 495
13 OLG Saarbrücken FamRZ 2011, 985
14 Zu Form und Inhalt der eidesstattlichen Versicherung vgl. *Dölling*, NZFam 2014, 112, 115
15 OLG Hamm FamRZ 2012, 880
16 Musielak/*Borth/Grandel,* § 31 FamFG Rn. 2
17 Dazu OLG Stuttgart NStZ-RR 2012, 368
18 Siehe dazu OLG Stuttgart MDR 2015, 225

Soll etwa bei bestehendem Verdacht auf sexuellen Missbrauch ein Sachverständigengutachten zur Frage des Umgangsrechts mit dem Vater eingeholt werden und ist für das Kind, dem ein Zeugnisverweigerungsrecht zusteht, bereits ein **Verfahrensbeistand** bestellt worden, fragt es sich, ob es (zusätzlich) der Einrichtung einer Ergänzungspflegschaft bedarf.

Nach § 52 Abs. 2 Satz 2 StPO darf der **gesetzliche Vertreter**, sofern er selbst **Beschuldigter** ist, über die Ausübung des Zeugnisverweigerungsrechts seines aussagewilligen Kindes/Mündels, das von der Bedeutung des Zeugnisverweigerungsrechts keine genügende Vorstellung hat, nicht entscheiden; gleiches gilt für den nichtbeschuldigten Elternteil bei **gemeinsamem Sorgerecht**. Dann kommt eine **Ergänzungspflegschaft** zur Entscheidung über die Ausübung des Zeugnisverweigerungsrechts in Betracht.[19] Allerdings darf auch im Fall eines erheblichen Interessengegensatzes zwischen Eltern und Kind den Eltern die Vertretungsbefugnis im Zusammenhang mit einem Kindschaftsverfahren dann nicht entzogen werden, wenn bereits durch die Bestellung eines **Verfahrensbeistands** für eine wirksame Interessenvertretung des Kindes Sorge getragen werden kann[20]. Dies wird auch im Ausgangsfall zu gelten haben, so dass (nur) die Entscheidung des ohnehin bestellten **Verfahrensbeistands** einzuholen ist.[21]

14 Hingegen ist die **allein sorgeberechtigte Mutter** nicht nach § 52 Abs. 2 Satz 2 StPO an der Entscheidung über die Ausübung des Zeugnisverweigerungsrechts ihres minderjährigen Kindes gehindert, wenn sie nicht Beschuldigte, sondern **Geschädigte** der fraglichen Straftat ist.[22]

§ 32 FamFG Termin

(1) [1]**Das Gericht kann die Sache mit den Beteiligten in einem Termin erörtern. [2]Die §§ 219, 227 Abs. 1, 2 und 4 der Zivilprozessordnung gelten entsprechend.**

(2) Zwischen der Ladung und dem Termin soll eine angemessene Frist liegen.

(3) In geeigneten Fällen soll das Gericht die Sache mit den Beteiligten im Wege der Bild- und Tonübertragung in entsprechender Anwendung des § 128a der Zivilprozessordnung erörtern.

Übersicht

---

19 Vgl. OLG Koblenz FamRZ 2014, 1719 (LS), dazu *Milzer*, NZFam 2014, 716; MüKo-BGB/*Schwab*, § 1909 BGB Rn. 33
20 BGH FamRZ 2011, 1788
21 A.A. wohl OLG Schleswig FamRZ 2013, 571
22 OLG Karlsruhe FamRZ 2013, 45 (LS) = NJW-RR 2012, 839

A. Allgemeines

In **Kindschaftssachen** werden verschiedene Termine unterschieden:[1]

1

- **früher Termin** (§ 155 Abs. 2 FamFG),
- **Erörterungstermin** in Verfahren zur Abwehr einer **Kindeswohlgefährdung** (§ 157 FamFG),[2]
- Termine zur **persönlichen Anhörung** der Eltern und des Kindes (§§ 159, 160 FamFG) *sowie*
- Termin zur Erörterung der **einstweiligen Anordnung** (§ 57 Abs. 2 FamFG).

Die Verhandlungen sind grundsätzlich **nicht öffentlich** (§ 170 Abs. 1 Satz 1 GVG).

B. Inhalt der Norm

I. Anberaumung eines Termins

Ob ein Gerichtstermin abgehalten wird, liegt grundsätzlich im **Ermessen** des Gerichts. Doch finden sich einige gesetzliche Sonderregelungen, nach denen ein Termin stattfinden *soll*, z.B. nach §§ 157, 175 FamFG in Kindeswohlgefährdungs- und Abstammungsverfahren. Im Übrigen ist ein Termin anzuberaumen, sobald seine Durchführung **sachgerecht** ist.[3]

2

II. Terminsverlegung

Nach Abs. 1 Satz 2 gelten die Vorschriften über die Änderung eines Termins gemäß § 227 Abs. 1, 2 und 4 ZPO entsprechend. Danach kann das Gericht aus **erheblichen Gründen** einen Termin aufheben oder verlegen.

3

Allerdings ist in **Kindschaftssachen** § 155 Abs. 2 Satz 4 und 5 FamFG zu beachten: Eine Verlegung des Termins ist im Hinblick auf das Beschleunigungsgebot nur aus **zwingenden**, mit dem Verlegungsgesuch glaubhaft zu machenden Gründen **zulässig.** Der bloße Hinweis auf eine bereits anderweitig terminierte „Familiensache" reicht hier für ein Verlegungsgesuch grundsätzlich nicht aus. Es müsste sich dabei schon um ein ebenso dringliches Verfahren handeln, was näherer Darlegung bedarf.

III. Videokonferenz

Nach Abs. 3 i.V.m. § 128a ZPO besteht die Möglichkeit, die Verhandlung unter Einsatz der **Videotechnik** an verschiedenen Orten durchzuführen. Hiervon wird in der familiengerichtlichen Praxis bislang kaum Gebrauch gemacht. In Einzelfällen, etwa zur Vermeidung von Vorführungen aus der **Justizvollzugsanstalt** oder in Fällen mit **Gewaltbefürchtung**, ist der Einsatz dieser Technik sinnvoll.[4]

4

C. Vorbereitung des Termins bei Gewaltbefürchtung

Gerade bei Anzeichen für eine **Gewaltproblematik** bedarf die Vorbereitung des Termins besonderer Beachtung. Hier können sich je nach individuellem Sachverhalt verschiedene **Maßnahmen** empfehlen:[5]

5

---

1 *Heilmann*, NJW 2012, 887, 888
2 Eingehend dazu *Schumann*, FPR 2011, 203
3 *Jacoby* in: Bork/Jacoby/Schwab, § 32 Rn. 7
4 Dazu AG Darmstadt FamRZ 2015, 271 mit Anm. *Viefhues*. Auf der Internetseite www.justiz.de/verzeichnis/index.php sind die Standorte der aktuell vorhandenen Videokonferenzanlagen in den Gerichten und Justizvollzugsanstalten aufgelistet.
5 Eingehend *Ehinger*, FPR 2006, 171, 172; *Scharl/Schmid*, NZFam 2014, 1078

- Beiordnung eines **Verfahrensbeistandes**, der in der Lage ist, rechtzeitig vor dem Termin eine schriftliche Einschätzung der Konfliktlage einzureichen,

- Anforderung eines aktuellen Berichts des **Jugendamts** nebst **Ladung**[6] und Anordnung des persönlichen Erscheinens, damit eventuelle Schutz- und Hilfemaßnahmen sowie deren Realisierbarkeit im Termin besprochen werden können,

- u.U. Einholung von **Aussagegenehmigungen**,[7]

- bei akuter Gefährdung der Mutter die Anwesenheit eines **Wachtmeisters** zum Schutz während der Teilnahme an der Sitzung anzuordnen; in Ausnahmefällen kann auch eine zeitversetzte, **getrennte Anhörung** der Eltern nach § 33 Abs. 1 Satz 2 FamFG oder unter Einsatz der **Videotechnik** (vgl. oben Rn. 4) geplant werden,

- Beiziehung von **Strafakten**, ggf. Polizeiberichten und Vernehmungsprotokollen,

- Einholung eines Auszugs aus dem **Bundeszentralregister**,

- Ladung von Mitarbeitern des Frauenhauses, des Kinderheims oder einer sonstigen **Schutzeinrichtung**, in der das Kind und/oder der betroffene Elternteil leben, um die Einschätzungen professionell beteiligter Dritter zur Bedeutung der Gewalterfahrung und zu den eventuell gebotenen Schutzmaßnahmen kennenzulernen.

§ 33 FamFG Persönliches Erscheinen der Beteiligten

(1) [1]**Das Gericht kann das persönliche Erscheinen eines Beteiligten zu einem Termin anordnen und ihn anhören, wenn dies zur Aufklärung des Sachverhalts sachdienlich erscheint.** [2]**Sind in einem Verfahren mehrere Beteiligte persönlich anzuhören, hat die Anhörung eines Beteiligten in Abwesenheit der anderen Beteiligten stattzufinden, falls dies zum Schutz des anzuhörenden Beteiligten oder aus anderen Gründen erforderlich ist.**

(2) [1]**Der verfahrensfähige Beteiligte ist selbst zu laden, auch wenn er einen Bevollmächtigten hat; dieser ist von der Ladung zu benachrichtigen.** [2]**Das Gericht soll die Zustellung der Ladung anordnen, wenn das Erscheinen eines Beteiligten ungewiss ist.**

(3) [1]**Bleibt der ordnungsgemäß geladene Beteiligte unentschuldigt im Termin aus, kann gegen ihn durch Beschluss ein Ordnungsgeld verhängt werden.** [2]**Die Festsetzung des Ordnungsgeldes kann wiederholt werden.** [3]**Im Falle des wiederholten, unentschuldigten Ausbleibens kann die Vorführung des Beteiligten angeordnet werden.** [4]**Erfolgt eine genügende Entschuldigung nachträglich und macht der Beteiligte glaubhaft, dass ihn an der Verspätung der Entschuldigung kein Verschulden trifft, werden die nach den Sätzen 1 bis 3 getroffenen Anordnungen aufgehoben.** [5]**Der Beschluss, durch den ein Ordnungsmittel verhängt wird, ist mit der sofortigen Beschwerde in entsprechender Anwendung der §§ 567 bis 572 der Zivilprozessordnung anfechtbar.**

(4) Der Beteiligte ist auf die Folgen seines Ausbleibens in der Ladung hinzuweisen.

---

6 Vgl. §§ 157 Abs. 1 Satz 2, 162 Abs. 3 Satz 1 FamFG
7 Vgl. § 29 Abs. 2 FamFG i.V.m. § 376 ZPO

Cirullies

§ 34 FamFG Persönliche Anhörung

(1) Das Gericht hat einen Beteiligten persönlich anzuhören,

1. wenn dies zur Gewährleistung des rechtlichen Gehörs des Beteiligten erforderlich ist oder

2. wenn dies in diesem oder in einem anderen Gesetz vorgeschrieben ist.

(2) Die persönliche Anhörung eines Beteiligten kann unterbleiben, wenn hiervon erhebliche Nachteile für seine Gesundheit zu besorgen sind oder der Beteiligte offensichtlich nicht in der Lage ist, seinen Willen kundzutun.

(3) [1]Bleibt der Beteiligte im anberaumten Anhörungstermin unentschuldigt aus, kann das Verfahren ohne seine persönliche Anhörung beendet werden. [2]Der Beteiligte ist auf die Folgen seines Ausbleibens hinzuweisen.

Übersicht

A. Allgemeines

Das Gericht hat die Kindschaftssache grundsätzlich mit den Beteiligten in einem Termin zu **erörtern** (§§ 155 Abs. 2 Satz 1, 157 FamFG). Dies setzt allerdings das **persönliche Erscheinen** der insoweit ordnungsgemäß zu ladenden Beteiligten voraus.   **1**

Der verfassungsrechtlich geschützte Anspruch auf Gewährung **rechtlichen Gehörs** findet seinen Niederschlag an verschiedenen Stellen des FamFG. So darf das Gericht eine Entscheidung, die die Rechte eines Beteiligten beeinträchtigt, nur auf Tatsachen und Beweisergebnisse stützen, zu denen dieser Beteiligte sich äußern konnte (§ 37 Abs. 2 FamFG). Hierzu bedarf es in der Regel der **persönlichen Anhörung** (§ 34 FamFG).

B. Inhalt der Normen

I. Persönliches Erscheinen

1. Pflicht der Beteiligten

Die Anordnung des persönlichen Erscheinens zur Anhörung eines Beteiligten und deren zwangsweise Durchsetzung nach § 33 FamFG sind nur gegenüber **Beteiligten** zulässig. Auf Dritte, insbesondere Zeugen, ist die Vorschrift nicht anwendbar.[1]   **2**

2. Folgen des Ausbleibens

Bleibt ein Beteiligter trotz ordnungsgemäßer Ladung[2] unentschuldigt im Termin **aus**, muss das Gericht über das weitere Vorgehen entscheiden.   **3**

---

1 Insoweit gilt § 380 ZPO i.V.m. § 30 Abs. 1 FamFG
2 Vgl. § 33 Abs. 4 FamFG: Hinweis auf die Folgen des Ausbleibens erforderlich!

In diesen Fällen *kann* das Gericht nach **§ 33 Abs. 3 FamFG**

- gegen die Beteiligten – auch wiederholt – ein **Ordnungsgeld** (nicht: Ordnungshaft!) verhängen,

- im Falle des wiederholten, unentschuldigten Ausbleibens die **Vorführung** der Beteiligten durch einen Gerichtsvollzieher anordnen.

Die Ahndung durch diese Ordnungs- und Zwangsmaßnahmen ist in das **Ermessen des Gerichts** gestellt. Dabei ist auch zu bedenken, dass der Beteiligte nicht zu einer Aussage gezwungen werden kann.

a) Festsetzung von Ordnungsgeld

4   Die Festsetzung eines Ordnungsgeldes[3] erfolgt nicht primär wegen einer Missachtung des Gerichts, sondern dient vorwiegend der **Verfahrensförderung**. Die Verhängung von Ordnungsgeld soll daher **ermessensfehlerhaft** sein, wenn sich das Nichterscheinen in der Sache nicht auswirkt.[4]

Die **Höhe** des Ordnungsgeldes kann für jeden Verstoß zwischen 5 Euro und 1.000 Euro liegen.[5] Für die **Bemessung** sind insbesondere die Bedeutung des persönlichen Erscheinens für die zügige Sachverhaltsaufklärung, die wirtschaftlichen Verhältnisse des Beteiligten sowie der Grad des Verschuldens maßgeblich. Die Verhängung von **Ordnungshaft** ist auch nicht ersatzweise zulässig.

Das Ordnungsgeld wird **von Amts wegen** durch den Rechtspfleger nach der Justizbeitreibungsordnung vollstreckt.[6]

b) Zwangsweise Vorführung

5   Nur im Falle des **wiederholten, unentschuldigten Ausbleibens** kann das Gericht die Vorführung des Betroffenen durch den für den Wohnsitz des Beteiligten zuständigen **Gerichtsvollzieher**[7] anordnen (§ 33 Abs. 3 Satz 3 FamFG). Hiervon sollte dann Gebrauch gemacht werden, wenn dies zur **Sachverhaltsklärung** und zur Wahrung des Grundsatzes des **rechtlichen Gehörs** geboten erscheint. Indes kann von der Vorführung abgesehen und ohne Anhörung entschieden werden, wenn etwa bei einem Antrag auf Übertragung der Alleinsorge nach § 1671 Abs. 1 BGB der Antragsgegner auf gerichtliche Anschreiben nicht reagiert und auch den übrigen am Verfahren mitwirkenden Personen (Antragsteller, Jugendamt) keine Kontaktaufnahme gelingt.

c) Aufhebung und Rechtsmittel

6   Im Falle einer nachträglichen **Entschuldigung** werden die Ordnungsmittel von Amts wegen **aufgehoben** (§ 33 Abs. 3 Satz 4 FamFG).

Nicht gegen die Anordnung des persönlichen Erscheinens, wohl aber gegen die Ordnungsgeldfestsetzung und die Vorführungsanordnung kann der Betroffene binnen zwei Wochen **sofortige Beschwerde** einlegen (§ 33 Abs. 3 Satz 5 FamFG).

---

3 Zur Abgrenzung gegenüber dem Zwangsgeld vgl. *Cirullies* § 35 FamFG Rn. 4
4 OLG Brandenburg BeckRS 2014, 14892; OLG Hamm FamRZ 2012, 150; a.A. OLG München MDR 1992, 513, unter Hinweis auf die Missachtung auch des Gesetzes; ebenso *Jacoby* in: Bork/Jacoby/Schwab, § 33 Rn. 10
5 Art. 6 Abs. 1 Satz 1 EGStGB
6 Zur Beitreibung im Einzelnen vgl. *Cirullies*, Rpfleger 2011, 573
7 Dazu § 149 GVGA

3. Getrennte Anhörung

Nach § 33 Abs. 1 Satz 2 FamFG[8] hat die Anhörung eines Beteiligten in **Abwesenheit** der anderen Beteiligten stattzufinden, falls dies zum Schutz des anzuhörenden Beteiligten oder aus anderen Gründen erforderlich ist. Hiervon sollte allerdings nur in besonderen Ausnahmefällen Gebrauch gemacht werden. Denn bei einer abweichenden Sachverhaltsschilderung des Antragsgegners in dem Erörterungstermin fehlt eine wichtige Möglichkeit, das Geschehen unmittelbar aufzuklären. Alternativ sollte auch eine Anhörung durch Einsatz der **Videotechnik** in Betracht gezogen werden (vgl. oben *Cirullies*, § 32 FamFG Rn. 4).

7

II. Persönliche Anhörung

Grundsätzlich sind die Beteiligten vor Gericht **persönlich anzuhören** (§ 34 FamFG Abs. 1 FamFG, vgl. auch §§ 156 Abs. 3 Satz 3, 157 Abs. 1 FamFG). Hiervon kann nur ausnahmsweise, namentlich in **Eilfällen**, abgesehen werden. Ferner kann die persönliche Anhörung eines Beteiligten unterbleiben, wenn hiervon **erhebliche Nachteile** für seine Gesundheit zu besorgen sind oder der Beteiligte offensichtlich nicht in der Lage ist, seinen Willen kundzutun (§ 34 Abs. 2 FamFG).

8

Die Anberaumung eines Erörterungstermins ist schon deshalb angezeigt, weil das Gericht nach § 36 Abs. 1 Satz 2 FamFG – mit Ausnahme von **Gewaltschutzsachen**[9] – um eine **gütliche Einigung** der Beteiligten bemüht sein soll. Überhaupt wird dem Gericht auferlegt, grundsätzlich in jeder Lage des Verfahrens auf ein **Einvernehmen** der Beteiligten hinzuwirken – allerdings mit der Einschränkung, dass dies dem **Kindeswohl nicht widersprechen** darf (§ 156 Abs. 1 Satz 1 FamFG).[10]

Bleibt der Beteiligte im anberaumten **Anhörungstermin** unentschuldigt aus, kann das Verfahren ohne seine persönliche Anhörung beendet werden. Er ist allerdings zuvor auf die Folgen seines Ausbleibens hinzuweisen (§ 34 Abs. 3 FamFG). Wegen des Amtsermittlungsgrundsatzes sollte das Verfahren zwar in der Regel nicht **ohne persönliche Anhörung** der Beteiligten beendet werden.[11] Indes liegt es bei einem offen zur Schau gestellten destruktiven Verhalten der Beteiligten auf der Hand, dass sich das Verfahren unabsehbar in die Länge zieht. Jedenfalls der Erlass einer **einstweiligen Anordnung** wird ohne Anhörung zulässig und auch geboten sein, um in der vom Gesetz geforderten zeitlichen Nähe über die Rechtmäßigkeit der Inobhutnahme zu entscheiden.

9

---

§ 35 FamFG Zwangsmittel

(1) ¹Ist auf Grund einer gerichtlichen Anordnung die Verpflichtung zur Vornahme oder Unterlassung einer Handlung durchzusetzen, kann das Gericht, sofern ein Gesetz nicht etwas anderes bestimmt, gegen den Verpflichteten durch Beschluss Zwangsgeld festsetzen. ²Das Gericht kann für den Fall, dass dieses nicht beigetrieben werden kann, Zwangshaft anordnen. ³Verspricht die Anordnung eines Zwangsgeldes keinen Erfolg, soll das Gericht Zwangshaft anordnen.

(2) Die gerichtliche Entscheidung, die die Verpflichtung zur Vornahme oder Unterlassung einer Handlung anordnet, hat auf die Folgen einer Zuwiderhandlung gegen die Entscheidung hinzuweisen.

---

8 Ähnlich: § 157 Abs. 2 Satz 2 FamFG
9 Dazu *Cirullies*, § 1 GewSchG Rn. 36
10 Dazu *Wegener*, § 156 FamFG Rn. 13
11 *Heilmann*, NJW 2012, 887, 888

(3) [1]Das einzelne Zwangsgeld darf den Betrag von 25 000 Euro nicht übersteigen. [2]Mit der Festsetzung des Zwangsmittels sind dem Verpflichteten zugleich die Kosten dieses Verfahrens aufzuerlegen. [3]Für den Vollzug der Haft gelten § 802g Abs. 1 Satz 2 und Abs. 2, die §§ 802h und 802j Abs. 1 der Zivilprozessordnung entsprechend.

(4) [1]Ist die Verpflichtung zur Herausgabe oder Vorlage einer Sache oder zur Vornahme einer vertretbaren Handlung zu vollstrecken, so kann das Gericht, soweit ein Gesetz nicht etwas anderes bestimmt, durch Beschluss neben oder anstelle einer Maßnahme nach den Absätzen 1, 2 die in §§ 883, 886, 887 der Zivilprozessordnung vorgesehenen Maßnahmen anordnen. [2]Die §§ 891 und 892 der Zivilprozessordnung gelten entsprechend.

(5) Der Beschluss, durch den Zwangsmaßnahmen angeordnet werden, ist mit der sofortigen Beschwerde in entsprechender Anwendung der §§ 567 bis 572 der Zivilprozessordnung anfechtbar.

Übersicht

A. Allgemeines

I. Verfahrensleitende Anordnungen

1   Die Vorschrift bezieht sich nur auf **verfahrensleitende** Anordnungen des Gerichts während des laufenden Verfahrens. Mit den Sanktionsmöglichkeiten sollen vornehmlich **Mitwirkungspflichten** eines Beteiligten oder auch eines anderen Verpflichteten durchgesetzt werden.

2   Dementsprechend findet § 35 FamFG **nicht** Anwendung auf die Vollstreckung von Instanz abschließenden **Endentscheidungen** i.S.v. § 38 Abs. 1 FamFG, deren Vollstreckung sich nach §§ 86 ff. FamFG beurteilt.

3   Rechtsgrundlagen für verfahrensleitende Anordnungen sieht das Gesetz in verschiedenen Vorschriften vor, etwa in § 220 FamFG (Auskunftspflicht in Versorgungsausgleichssachen),[1] kaum jedoch in Kindschafts-, Adoptions- und Gewaltschutzsachen. Vor der Anwendung der Norm in jenen Verfahren kann eigentlich nur gewarnt werden, weil es immer wieder zu Verwirrungen kommt. So musste obergerichtlich klargestellt werden, dass die Vollstreckung aus **Umgangstiteln nicht** nach § 35 FamFG erfolgt, sondern nach Maßgabe der § 86 ff. FamFG.[2] Desgleichen richtet sich die Vollstreckung der gerichtlichen Anordnung zur **Auskunftserteilung nach § 1686 BGB nicht** nach § 35 FamFG, sondern nach § 95 Abs. 1 Nr. 3 FamFG i.V.m. § 888 ZPO.[3] Schließlich sind auch Anordnungen des Gerichts, dass die Eltern an einem Informationsgespräch über Mediation oder an einer **Beratung** teilnehmen,[4] **nicht** mit Zwangsmitteln durchsetzbar (§ 156 Abs. 1 Satz 3 bis 5 FamFG).

---

1 Dazu *Cirullies*, FamRZ 2012, 157
2 OLG Saarbrücken ZKJ 2013, 507, dazu *Cirullies*, FamFR 2013, 496
3 OLG Saarbrücken BeckRS 2014, 16461
4 Dazu *Gartenhof/Schmid/Normann/v. Thüngen/Wolf*, NZFam 2014, 972

II. Abgrenzung Zwangsmittel – Ordnungsmittel

Mit der Verhängung von **Zwangsmitteln** (Zwangsgeld und –haft) soll ein bestimmtes Verhalten des Betroffenen erzwungen werden. Sie haben daher ausschließlich **Beugecharakter**. Kommt der Betroffene der entsprechenden Anordnung nach, ist das Zwangsmittel aufzuheben.

4

Demgegenüber haben **Ordnungsmittel** nicht nur Beuge-, sondern auch repressiven, strafähnlichen **Sanktionscharakter**.[5] Das bedeutet: Sie dürfen noch festgesetzt und vollstreckt werden, wenn die geschuldete Handlung wegen Zeitablaufs nicht mehr vorgenommen werden kann. In Kindschaftssachen ist insoweit **§ 89 FamFG** von Bedeutung.

B. Inhalt der Norm

I. Festsetzung des Zwangsmittels

Für die Verhängung von Zwangsmitteln bedarf es keines Antrags, jedoch eines vorherigen **Hinweises auf die Folgen** einer Zuwiderhandlung (Abs. 2). Dieser Hinweis kann (wie bei § 89 Abs. 2 FamFG) nachgeholt werden.[6] Die Ahndung ist in das Ermessen des Gerichts gestellt. Dieses *kann* **Zwangsgeld** festsetzen und für den Fall der Nichtbeitreibbarkeit **(Ersatz-)Zwangshaft** anordnen. Es *soll* bei absehbarer Erfolglosigkeit (sofort) Zwangshaft anordnen. Hierin unterscheidet sich die Vorschrift von § 888 ZPO.[7]

5

Eine **schuldhafte** Zuwiderhandlung ist **nicht** erforderlich. Die gegenteilige h.M.[8] übersieht, dass es sich hier – wie bei der gleich gelagerten Vorschrift des § 888 ZPO[9] – nicht um strafähnliche *Ordnungs*mittel (wie etwa bei § 890 ZPO),[10] sondern um *Zwangs*mittel handelt, deren Vollstreckung jederzeit abgewendet werden kann.[11]

6

Das Gericht kann ein **Zwangsgeld** im Rahmen zwischen 5,00 Euro und 25.000,00 Euro verhängen.[12] Die Bemessung der **Höhe** steht in seinem pflichtgemäßen Ermessen. Dabei sind die Umstände des Einzelfalles zu berücksichtigen, insbesondere die Stärke der Missachtung des gerichtlichen Willens, das Maß des Verschuldens, die wirtschaftlichen Verhältnisse sowie ggf. die Wirkungslosigkeit bisheriger Zwangsvollstreckungen.[13]

7

Mit der Festsetzung des Zwangsmittels sind dem Verpflichteten zugleich die **Kosten** dieses Verfahrens aufzuerlegen (Abs. 3 Satz 2).

II. Vollstreckung

1. Zwangsgeld

Das vom Gericht festgesetzte **Zwangsgeld** wird wie ein Ordnungsgeld **von Amts wegen** durch den Rechtspfleger nach der Justizbeitreibungsordnung vollstreckt, nicht also durch einen Beteiligten. Besondere Anforderungen an die Vollstreckbarkeit der gerichtlichen Anordnung (z.B. Rechtskraft, Klausel, Zustellung) bestehen für derartige verfahrensleitende Verfügungen nicht. Das beigetriebene Zwangsgeld steht allein der **Staatskasse** zu.[14]

8

---

5 BGH NJW 2004, 506, 509
6 OLG Naumburg BeckRS 2015, 02297
7 Dazu *Cirullies*, Rpfleger 2011, 573
8 Zöller/*Feskorn*, § 35 FamFG Rn. 3; Johannsen/*Büte*, § 35 FamFG Rn. 3 je m.w.N.
9 Vgl. Zöller/*Stöber*, § 888 ZPO Rn. 7
10 Vgl. *Cirullies*, § 95 FamFG Rn. 7
11 MüKo-FamFG/*Ulrici*, § 35 FamFG Rn. 11 mit überzeugender Argumentation
12 Die Untergrenze folgt aus Art. 6 Abs. 1 Satz 1 EGStGB, die Obergrenze aus § 35 Abs. 3 Satz 1 FamFG
13 OLG Karlsruhe FamRZ 2005, 1698, 1700
14 BGH FamRZ 1983, 578

2. Zwangshaft

9   Für den **Vollzug** der (Ersatz-)Zwangshaft gelten §§ 802g ff. ZPO entsprechend (Abs. 3 Satz 3). Die Vollstreckung der Haft setzt demzufolge einen **Haftbefehl** voraus, für dessen Erlass stets das Familiengericht als Prozessgericht ausschließlich zuständig ist, nicht etwa das Vollstreckungsgericht.[15] Die **Verhaftung** des Schuldners nimmt auf Antrag des Rechtspflegers der Gerichtsvollzieher vor.

III. Rechtsmittel

10   Weder die durchzusetzende verfahrensleitende Anordnung selbst noch die Folgenankündigung nach Abs. 2[16] sind selbstständig anfechtbar. Lediglich gegen den Beschluss, durch den Zwangsmaßnahmen **angeordnet** werden, ist das Rechtsmittel der **sofortigen Beschwerde** (§§ 567 ff. ZPO) gegeben.[17]

§ 36 FamFG Vergleich

(1) [1]**Die Beteiligten können einen Vergleich schließen, soweit sie über den Gegenstand des Verfahrens verfügen können.** [2]**Das Gericht soll außer in Gewaltschutzsachen auf eine gütliche Einigung der Beteiligten hinwirken.**

(2) [1]**Kommt eine Einigung im Termin zustande, ist hierüber eine Niederschrift anzufertigen.** [2]**Die Vorschriften der Zivilprozessordnung über die Niederschrift des Vergleichs sind entsprechend anzuwenden.**

(3) Ein nach Absatz 1 Satz 1 zulässiger Vergleich kann auch schriftlich entsprechend § 278 Abs. 6 der Zivilprozessordnung geschlossen werden.

(4) Unrichtigkeiten in der Niederschrift oder in dem Beschluss über den Vergleich können entsprechend § 164 der Zivilprozessordnung berichtigt werden.

(5) [1]**Das Gericht kann die Beteiligten für den Versuch einer gütlichen Einigung vor einen hierfür bestimmten und nicht entscheidungsbefugten Richter (Güterichter) verweisen.** [2]**Der Güterichter kann alle Methoden der Konfliktbeilegung einschließlich der Mediation einsetzen.** [3]**Für das Verfahren vor dem Güterichter gelten die Absätze 1 bis 4 entsprechend.**

Übersicht

A. Allgemeines

1   Das gesamte FamFG ist dadurch charakterisiert, dass das Gericht auf eine **gütliche Einigung** der Beteiligten hinwirken soll. Eine Ausnahme macht der Gesetzgeber lediglich in **Gewaltschutzsachen** wegen deren Schutzzweck (§ 36 Abs. 1 Satz 2 FamFG). Zur Begrün-

---

15 Eingehend zu den Modalitäten der Vollstreckung *Cirullies*, NJW 2013, 203
16 BGH FamRZ 2012, 1204
17 Dazu *Dürbeck* § 58 FamFG Rn. 9

dung wird auf §4 Satz 1 GewSchG verwiesen, wonach ein Verstoß gegen eine in einem Vergleich eingegangene Verpflichtung nicht strafbewehrt ist. Freilich hat der Gesetzgeber diese Haltung gelockert durch Einfügung des §36a FamFG. Danach sind Gewaltschutzsachen durchaus Gegenstand der **Mediation**. Dabei müssen nur die schutzwürdigen Belange der von Gewalt betroffenen Personen berücksichtigt werden.[1]

B. Inhalt der Norm

I. Wirksamkeit des Vergleichs

1. Dispositionsbefugnis der Beteiligten

a) Grundsatz

Gerichtliche Vergleiche können lediglich insoweit wirksam geschlossen werden, als die Beteiligten über den Gegenstand des Verfahrens **verfügen** können. Nur dann sind sie auch vollstreckbar.[2]

2

Diese **Dispositionsbefugnis** besteht – mit Einschränkungen – in **Antragsverfahren**, etwa in **Gewaltschutzsachen**.[3] Sie **fehlt** hingegen in **Amtsverfahren**, z.B. in Umgangsverfahren[4] und Sorgerechtsverfahren (dazu unten Rn. 4). Diese können grundsätzlich nur durch Beschluss beendet werden.

3

Eine Ausnahme besteht in Umgangssachen und Kindesherausgabeverfahren, die – in Erweiterung des §36 Abs. 1 FamFG – durch einen **gerichtlich gebilligten Vergleich** (§156 Abs. 2 FamFG) abgeschlossen werden können.

▶ *Zu Einzelheiten des gerichtlich gebilligten Vergleichs siehe Cirullies, §86 FamFG Rn. 12 ff. sowie Wegener, §156 FamFG Rn. 65.*

b) Sorgerechtsverfahren

Auch wenn es den Verfahrensbeteiligten nicht immer klar ist: Ebenfalls **nicht** verfügen können die Eltern bezüglich der **elterlichen Sorge** (oder auch eines Teilbereichs wie das Aufenthaltsbestimmungsrecht).[5] Dies gilt trotz der Regelungsmöglichkeit bei Übereinstimmung der Eltern nach §1671 Abs. 1 Satz 2 Nr. 1 BGB, denn es sind eine Überprüfung nach §1671 Abs. 3 BGB und ein gerichtlicher Übertragungsakt erforderlich. Die elterliche Sorge kann nur durch gerichtlichen Beschluss, nicht jedoch im Wege der Elternvereinbarung wirksam geregelt werden. Insoweit genügt der bloße Billigungsbeschluss nach §89 Abs. 2 FamFG nicht.[6] Gleichwohl sind solche Absprachen im Rahmen von **Umgangsvergleichen** durchaus üblich und auch möglich – nur eben ohne Außenwirkung.[7]

4

Hierbei sollten sich die Beteiligten bewusst sein, dass die **Abänderung** einer solchen (deklaratorischen) Vereinbarung einer gerichtlichen Entscheidung bedarf, die an den geringeren Anforderungen des §1671 Abs. 2 Satz 2 Nr. 2 BGB zu messen ist. Für die Abänderung von Gerichtsentscheidungen hingegen gelten die höheren Hürden des §1696 Abs. 1 BGB; abgeschlossene Sorgerechtsverfahren sollen eben nicht beliebig wieder aufgerollt werden können.[8]

5

---

1 Ausführlich zum Vergleichsabschluss in Gewaltschutzsachen *Cirullies/Cirullies*, Rn. 203 ff.
2 Vgl. §86 Abs. 1 Nr. 3 FamFG, dazu hier *Cirullies*, §86 FamFG Rn. 18
3 OLG Brandenburg BeckRS 2014, 07036, dazu *Többen*, NZFam 2014, 656; in Gewaltschutzsachen ist der Abschluss eines Vergleichs nicht unproblematisch, vgl. hier *Cirullies*, §1 GewSchG Rn. 32
4 OLG Schleswig FamRZ 2012, 895
5 BGH FamRZ 82, 156; OLG Stuttgart FamRZ 2014, 1653, dazu *Leipold*, NZFam 2014, 919
6 OLG Stuttgart a.a.O.
7 Insofern missverständlich *Musielak/Borth/Grandel* §36 FamFG Rn. 5
8 KG FamRZ 2013, 46 (LS), dazu *Cirullies*, FamFR 2012, 305; vgl. auch OLG Düsseldorf BeckRS 2014, 20303, dazu *Luthin*, NZFam 2014, 1152

2. Formvorschriften

6   Auch im Verfahren nach dem FamFG sind bei der **Protokollierung** eines Vergleichs die Formvorschriften der ZPO einzuhalten (Abs. 2 Satz 2). Folglich ist der im Protokoll festgestellte Vergleich den Beteiligten **vorzulesen** oder zur Durchsicht vorzulegen; ferner ist in dem Protokoll zu vermerken, dass dies geschehen und die **Genehmigung erteilt** ist (§ 162 Abs. 1 Satz 1 und 3 ZPO). Sind diese Erfordernisse nicht erfüllt, ist der Vergleich **unwirksam**. Das Verfahren ist nicht beendet.[9] Auch die nachfolgende Androhung von Ordnungsmitteln durch das Gericht ersetzt die fehlende Genehmigung nicht.[10]

7   § 36 Abs. 3 FamFG lässt ferner einen **schriftlichen Vergleichsabschluss** entsprechend § 278 Abs. 6 ZPO zu. Nach § 278 Abs. 6 Satz 2 ZPO stellt das Gericht das Zustandekommen und den Inhalt des Vergleichs durch **Beschluss** fest; erst diese (deklaratorische) Entscheidung führt die Wirksamkeit und Vollstreckbarkeit des Vergleichs herbei.[11]

II. Aufhebung und Abänderung

8   Mit Abschluss eines wirksamen Vergleichs ist das **Verfahren beendet**. Weicht der Inhalt der vergleichsweisen Einigung vom Willen eines oder mehrerer Beteiligter ab, kommt keine Berichtigung nach § 36 Abs. 4 FamFG, sondern nur eine **Anfechtung** des Vergleichs nach §§ 119 ff. BGB in Betracht. Diese führt zur Beseitigung des Vergleichs und zur Fortführung des Verfahrens.

Nach überwiegender Auffassung unterliegen im Verfahren der freiwilligen Gerichtsbarkeit geschlossene Vergleiche der **Abänderung** durch das Gericht (dazu unten *Cirullies*, § 48 FamFG Rn. 3). Diese nachträgliche Abänderung erfolgt in einem **neuen Verfahren**.

III. Verweisung vor den Güterichter (Abs. 5)

Weiterführende Literatur: Fritz/Schroeder, Der Güterichter als Konfliktmanager im staatlichen Gerichtssystem, NJW 2014, 1910; *Fritz/Pielsticker*, Mediationsgesetz, Köln 2013; *Greger*, Das neue Güterichterverfahren, MDR Sonderheft 2012; Greger, Verweisung vor den Güterichter und andere Formen konsensorientierter Prozessleitung, MDR 2014, 993

9   In geeigneten Fällen soll das Gericht nach der mit Wirkung vom 26.7.2012 in Kraft getretenen Regelung den Beteiligten vorschlagen, dass sie für den Versuch einer gütlichen Einigung vor den Güterichter des Gerichts verwiesen werden. Die Vorschrift findet in allen Verfahren der **freiwilligen Gerichtsbarkeit Anwendung**. In den **Familienstreitsachen** gilt über § 113 Abs. 1 Satz 2 FamFG die fast gleichlautende Vorschrift des **§ 278 Abs. 5 ZPO**.[12] In Ehesachen scheidet eine Verweisung vor den Güterichter aus, da § 113 Abs. 4 Ziff. 4 FamFG die Güteverhandlung und damit auch weitere Güteversuche im Sinne von § 278 Abs. 5 ZPO ausschließt.[13] Bei der Entscheidung über die Frage, ob ein Fall für den Güterichter geeignet ist, sind grundsätzlich dieselben Kriterien heranzuziehen, wie bei der Mediation.

▶ *Näher hierzu Wegener, § 156 FamFG Rn. 50.*

Ein Vorteil des Güterichterverfahrens besteht darin, dass es den Beteiligten die Möglichkeit einer Mediation eröffnet, ohne dass sie den eingeschlagenen Weg zum Gericht verlassen müssen.[14]

---

9 OLG Naumburg FamRZ 2007, 1178
10 OLG Hamm FGPrax 2011, 209, dazu *Poppen*, FamFR 2011, 302
11 *Cirullies*, FPR 2012, 473, 476
12 Prütting/Helms/*Abramenko*, § 36 FamFG Rn. 24
13 *Zorn*, FamRZ 2012, 1265, 1269; *Fritz* in: Fritz/Pielsticker, § 36 FamFG Rn. 9
14 *Greger*, Verweisung, MDR 2014, 993; *Fritz/Schroeder*, NJW 2014, 1910; Prütting/Helms/*Abramenko*, § 36 FamFG Rn. 36

▶ *Zum Vorschlag einer außergerichtlichen Mediation durch das Gericht siehe Wegener, § 36a FamFG Rn. 2.*

Insbesondere in Kindschaftssachen ist zu beachten, dass das Verfahren vor dem Güterichter vom Grundsatz der Eigenverantwortlichkeit der Beteiligten geprägt ist. Dies schränkt den Kreis der Verfahren, die für eine Verweisung geeignet sind, erheblich ein, denn dieser Grundsatz bringt es mit sich, dass eine Verweisung vor den Güterichter die **Dispositionsmöglichkeit** der Beteiligten über den Verhandlungsgegenstand voraussetzt. Erfordert ein Verfahren die richterliche Autorität und ist das **staatliche Wächteramt** i.S.v. Art. 6 Abs. 2 Satz 2 GG aktiviert, so ist das Verfahren eher nicht geeignet für eine Verweisung vor den Güterichter. Grundsätzlich gilt: **Je mehr das staatliche Wächteramt aufgerufen ist, desto weniger ist das Verfahren geeignet für den Güterichter.** **10**

Auch bei einem extremen und durch eine gleichgeordnete Verhandlungssituation nicht zu beeinflussenden Machtungleichgewicht der Beteiligten ist das Verfahren nicht für eine Verweisung an den Güterichter geeignet. Ein eigenverantwortliches Handeln setzt auch voraus, dass die Beteiligten hierzu insbesondere von ihrer gesundheitlichen Situation und von ihrer intellektuellen Veranlagung her grundsätzlich in der Lage sind. Zwar kann eine gut angeleitete Mediation im Güterichterverfahren hier Hilfestellung leisten und die Beteiligten ein Stück weit auch in die Lage versetzen, autonom ihre Interessen zu vertreten. Dem sind aber im Falle von erheblichen gesundheitlichen Beeinträchtigungen, insbesondere psychischen Erkrankungen, und in den Fällen häuslicher Gewalt **Grenzen** gesetzt (vgl. § 36 Abs. 1 Satz 2 FamFG, näher *Cirullies* Rn. 1). **11**

Die Verweisung erfolgt durch **Beschluss**, wenn die Beteiligten, denen zuvor rechtliches Gehör zu gewähren ist, einer solchen zustimmen. Zwar ist die Verweisung nach dem Gesetzeswortlaut nicht von der Zustimmung der Beteiligten abhängig, die Durchführung eines Güterichterverfahrens ist aber bei erklärter Ablehnung der Beteiligten oder ihrer Anwälte wenig sinnvoll;[15] jedenfalls erschwert eine (fortdauernde) Ablehnungshaltung die Durchführung eines vom Prinzip der **Freiwilligkeit** geprägten Mediationsverfahrens.[16] Der Beschluss wird in der ersten Instanz vom Familienrichter und im Beschwerdeverfahren, sofern eine Übertragung auf den Einzelrichter (noch) nicht erfolgt ist, vom Senat gefasst. **12**

Der **Tenor** lautet: „In pp. werden die Beteiligten für den Versuch einer gütlichen Einigung vor den Güterichter verwiesen."

Der Güterichter sollte in den verschiedenen Methoden der Konfliktbeilegung, insbesondere der Mediation und in einer Reihe von Kommunikationstechniken besonders geschult sein, denn er ist **frei** in der **Verhandlungsgestaltung und Methodenwahl**.[17] Er ist in der Sache **nicht entscheidungsbefugt**. Er verabredet mit den Beteiligten zeitnah einen Verhandlungstermin und schafft eine gute äußere Gesprächsatmosphäre, die es den Beteiligten unter seiner Anleitung ermöglicht, **eigenverantwortlich, vertraulich, informiert, ergebnisoffen und auf Augenhöhe** miteinander zu verhandeln. **13**

▶ *Zum Ablauf einer Mediation siehe Wegener, § 156 FamFG Rn. 53.*
Zur Verhandlungsführung siehe Wegener, § 160 FamFG (Anhang).

Ein **Vermerk** über den Einigungsversuch vor dem Güterichter wird nur dann angefertigt, wenn sich alle Beteiligten zuvor damit einverstanden erklären (§ 28 Abs. 4 Satz 4 FamFG) **14**

---

15 *Greger*, Verweisung, MDR 2014, 993, 995; *Greger*, Das neue Güterichterverfahren, MDR, Sonderheft 2012, Prütting/Helms/*Abramenko*, § 26 FamFG Rn. 27; a.A. MüKo-FamFG/*Ulrici*, § 36 FamFG Rn. 8
16 *Fritz* in: Fritz/Pielsticker, § 36 FamFG Rn. 15 ff., 18 spricht daher auch von einem ungeschriebenen Tatbestandsmerkmal der Freiwilligkeit
17 *Greger* in: Greger/Unberath, Teil 4 Rn. 98; *Fritz* in: Fritz/Pielsticker, § 36 FamFG Rn. 13

oder wenn Verfahrenshandlungen bzw. ein Vergleich protokolliert werden sollen.[18] Die Beteiligten können vor dem Güterichter einen Vergleich schließen wie vor dem erkennenden Gericht.[19] Im Falle eines erfolglosen Güterichterverfahrens sind die persönlichen Anhörungen der Beteiligten vor dem erkennenden Gericht ohnehin vorzunehmen. Eine **Einbeziehung** und Anhörung **des Kindes** im Güterichtertermin sollte, um eine übermäßige Belastung des Kindes durch eine wiederholte Anhörung vor Gericht zu vermeiden, regelmäßig unterbleiben. Vorstellbar wäre aber eine Einbeziehung eines schon älteren Kindes (etwa ab einem Alter von 7 Jahren) in einem Folgetermin nach guter Vorbereitung und bei bereits weitgehend erzieltem Einvernehmen zwischen den Eltern im vorausgegangenen Güterichtertermin.

▶ *Zur Einbeziehung des Kindes in die Bemühungen des Familiengerichts um ein Einvernehmen siehe Wegener, § 156 Rn. 23.*

15 Gesonderte **Kosten** entstehen im Güterichterverfahren nicht. Hatte noch kein Termin in der Instanz stattgefunden, so erhalten die Rechtsanwälte für die Teilnahme an der Güterichterverhandlung eine **Terminsgebühr**. Diese fällt allerdings in dem Verfahren in jeder Instanz nur einmal an. Kommt ein Vergleich zustande, so erhalten die begleitenden Rechtsanwälte eine **Einigungsgebühr**. Die Gerichtskosten reduzieren sich im Falle eines Vergleichs, der das gesamte Verfahren beendet, auf eine halbe Gerichtsgebühr (außer in selbständigen Kindschaftssachen, hier entsteht ohnehin nur eine halbe Gebühr nach Ziff. 1310 des Kostenverzeichnisses). Im Falle eines Mehrvergleichs, d.h. im Falle eines in der Praxis häufig vorkommenden Vergleichs auch über verfahrensfremde sonstige Gegenstände, entsteht zusätzlich eine Viertelgebühr nach Ziff. 1500 des Kostenverzeichnisses.[20]

§ 36a FamFG Mediation, außergerichtliche Konfliktbeilegung

(1) [1]Das Gericht kann einzelnen oder allen Beteiligten eine Mediation oder ein anderes Verfahren der außergerichtlichen Konfliktbeilegung vorschlagen. [2]In Gewaltschutzsachen sind die schutzwürdigen Belange der von Gewalt betroffenen Person zu wahren.

(2)[1]Entscheiden sich die Beteiligten zur Durchführung einer Mediation oder eines anderen Verfahrens der außergerichtlichen Konfliktbeilegung, setzt das Gericht das Verfahren aus.

(3) [1]Gerichtliche Anordnungs- und Genehmigungsvorbehalte bleiben von der Durchführung einer Mediation oder eines anderen Verfahrens der außergerichtlichen Konfliktbeilegung unberührt.

Weiterführende Literatur: Diez/Krabbe/Thomsen, Familien-Mediation und Kinder, 3. Auflage Köln 2009; *Friedman/Himmelstein*, Konflikte fordern uns heraus, Frankfurt am Main 2013; *Hohmann/Morawe*, Praxis der Familienmediation, 2. Auflage, Köln 2013; *Trenczek/Berning/Lenz (Hrsg.)*, Mediation und Konfliktmanagement, Baden-Baden 2013

Übersicht

---

18 MüKo-FamFG/*Ulrici*, § 36 FamFG Rn. 12; PK Familienverfahrensrecht/*Ernst* , § 36 FamFG Rn. 8
19 Prütting/Helms/*Abramenko*, § 36 FamFG Rn. 39
20 Keidel/*Meyer-Holz*, § 36 FamFG Rn. 78

Wegener

A. Anwendungsbereich

§ 36a FamFG gilt in allen Verfahren der freiwilligen Gerichtsbarkeit, und zwar sowohl in Antrags- als auch in Amtsverfahren. Sie gilt nicht in den Ehe- und Familienstreitsachen; in diesen findet aber der fast gleichlautende § 278a ZPO über die Verweisungsvorschrift des § 113 Abs. 1 Satz 2 FamFG Anwendung.[1]

B. Inhalt der Norm

Die Norm erweitert und konkretisiert die generelle Verpflichtung des Gerichts nach § 36 **1**
Abs. 1 Satz 2 FamFG, auf eine gütliche Einigung der Beteiligten hinzuwirken.

▶ *Zu den Grenzen dieses Hinwirkens siehe Cirullies, § 36 FamFG Rn. 1 ff. und Wegener,*
§ 156 FamFG Rn. 36 ff.[2]

Anders als die Vorschrift des **§ 36 Abs. 5 FamFG** (hierzu Wegener, § 36 FamFG Rn. 9 ff.) **2**
will sie die Herstellung eines Einvernehmens zwischen den Beteiligen durch den Vorschlag des Gerichts fördern, eine **außergerichtliche Mediation** oder eine andere Form der außergerichtlichen Konfliktbeilegung durchzuführen (zu den **Eignungskriterien**[3] eines Verfahrens für eine Mediation an sich siehe *Wegener*, § 156 FamFG Rn. 50). Für eine außergerichtliche Mediation eignen sich insbesondere diejenigen Verfahren, in denen die Beteiligten freiwillig und eigenverantwortlich eine umfassende Lösung ihres Konflikts unter Einbeziehung einer Vielzahl von Konfliktthemen erarbeiten wollen. Eine solche Mediation erfordert in der Regel mehrere Sitzungen (in der Praxis üblicherweise zwischen 3 und 10) und kann im Güterichterverfahren nach § 36 Abs. 5 FamFG bzw. nach den §§ 113 Abs. 1 Satz 2 FamFG, 278 Abs. 5 ZPO, welches grundsätzlich von nur einem Termin ausgeht, nicht geleistet werden.

Während der Dauer eine Mediation setzt das Familiengericht das Verfahren zwingend aus. **3**
Die Durchführung einer Mediation ist also ein gesetzlich normierter „wichtiger Grund" im Sinne des § 21 Abs. 1 FamFG.[4]

Abs. 3 stellt sicher, dass das Gericht im Rahmen seines staatlichen Wächteramtes hand- **4**
lungsfähig bleibt, indem es insbesondere Anordnungen erlassen oder im Falle einer Kindeswohlgefährdung Maßnahmen nach § 1666 BGB ergreifen kann. Zugleich stellt er klar, dass die Mediation außerhalb von Kindesschutzverfahren **keinen Einfluss auf die Dispositionsbefugnis der Beteiligten** hat, d. h. das Erfordernis von gerichtlichen Entscheidungen, z.B. in Bezug auf das Sorgerecht (§ 1671 BGB) oder die Billigung von Umgangsregelungen (§ 156 Abs. 2 Satz 2 FamFG) bleibt erhalten.[5]

▶ *Näher hierzu Cirullies, § 36 Rn. 4 ff.*

In Kindschaftssachen nimmt das Gericht das Verfahren gemäß **§ 155 Abs. 4 FamFG** in der **5**
Regel nach Ablauf von 3 Monaten wieder auf, wenn die Beteiligten keine einvernehmliche Regelung erzielen.[6]

▶ *Näher hierzu Fink, § 155 FamFG Rn. 33 ff.*
Näher zur Mediation § 156 FamFG Rn. 53 ff.

---

1 Prütting/Helms/*Abramenko*, § 36a FamFG Rn. 6
2 *Salgo*, FF 2010, 352, 358
3 *Fritz*, in: Fritz/Pielsticker, § 36a FamFG Rn.10 ff.
4 Prütting/Helms/*Prütting*, § 36a FamFG Rn. 14
5 MüKo-FamFG/*Schumann*, § 156 FamFG Rn. 13
6 *Fritz*, in: Fritz/Pielsticker, § 36a FamFG Rn. 63

Weist das Gericht einen Antrag auf Aufhebung der Aussetzung zurück, so ist die Entscheidung **entsprechend § 21 Abs. 2 FamFG** anfechtbar.[7]

§ 37 FamFG   Grundlage der Entscheidung

(1) Das Gericht entscheidet nach seiner freien, aus dem gesamten Inhalt des Verfahrens gewonnenen Überzeugung.

(2) Das Gericht darf eine Entscheidung, die die Rechte eines Beteiligten beeinträchtigt, nur auf Tatsachen und Beweisergebnisse stützen, zu denen dieser Beteiligte sich äußern konnte.

Übersicht

A. Allgemeines

1   Die Vorschrift enthält zwei Grundsätze, die für den Inhalt einer Entscheidung maßgeblich sind: So entscheidet das Gericht in **freier Würdigung**, welchen Sachverhalt es als feststehend erachtet. Dabei darf es jedoch, um den Anspruch der Beteiligten auf **rechtliches Gehör** zu gewährleisten, nur solche Tatsachen berücksichtigen, zu denen sich die Beteiligten zuvor äußern konnten.

B. Inhalt der Norm

I. Entscheidungsgrundlage

2   Während sich das Urteil im Zivilprozess auf den Vortrag in der mündlichen Verhandlung und die förmliche Beweisaufnahme stützt[1], ist Entscheidungsgrundlage im FamFG-Verfahren der **gesamte Inhalt des Verfahrens**. Eine Tatsache wird dadurch Verfahrensgegenstand, dass das Gericht, ein Beteiligter oder ein Dritter sie in das Verfahren einführt. Dazu zählen im Wege des **Freibeweises** erlangte Erkenntnisse, und zwar auch dann, wenn sie nicht nach § 29 Abs. 3 FamFG aktenkundig gemacht sind.[2]

II. Rechtliches Gehör

1. Form

3   Zur Wahrung des Grundsatzes **rechtlichen Gehörs** (Art. 103 Abs. 1 GG) soll das Gericht den Antrag an die übrigen Beteiligten übermitteln (§ 23 Abs. 2 FamFG). Zwar genügt grundsätzlich die formlose Mitteilung. Um allerdings den Zugang der Antragsschrift an den Antragsgegner sicherzustellen, sollte regelmäßig die förmliche **Zustellung** gewählt werden – jedenfalls dann, wenn die beteiligten Eltern oder Partner (noch) in einer gemeinsamen Wohnung leben.[3]

---

7 MüKo-FamFG/*Ulrici*, § 36a FamFG Rn. 18; MüKo-FamFG/*Pabst*, § 22 FamFG Rn. 31 ff.; vgl. auch § 252 ZPO
1 Vgl. § 286 Abs. 1 ZPO
2 MüKo-FamFG/*Ulrici*, § 37 FamFg Rn. 3, aber str.
3 Eine Ersatzzustellung an den Antragsteller wäre unwirksam, § 178 Abs. 2 ZPO

2. Gelegenheit zur schriftlichen Stellungnahme

Das Gericht darf eine Entscheidung, die die Rechte eines Beteiligten beeinträchtigt, nur auf 4
Tatsachen und Beweisergebnisse stützen, zu denen dieser **Beteiligte sich äußern** konnte
(§ 37 Abs. 2 FamFG). Insoweit kann auch die bloße Gelegenheit zur **schriftlichen** Stellungnahme ausreichen. Auch die zwischenzeitliche Beauftragung eines Rechtsanwaltes
macht die Durchführung einer weiteren mündlichen Verhandlung nicht erforderlich.[4]

3. Gehörsrüge

Hat das Gericht den Anspruch auf rechtliches Gehör in entscheidungserheblicher Weise 5
verletzt, ist das Verfahren auf die **Rüge** des durch eine Entscheidung beschwerten Beteiligten fortzuführen, wenn ein Rechtsmittel oder ein Rechtsbehelf gegen die Entscheidung
oder eine andere Abänderungsmöglichkeit nicht gegeben ist (§ 44 FamFG).

---

4 OLG Köln FamRZ 2013, 483

Abschnitt 3
Beschluss

§ 38 FamFG Entscheidung durch Beschluss

(1) ¹Das Gericht entscheidet durch Beschluss, soweit durch die Entscheidung der Verfahrensgegenstand ganz oder teilweise erledigt wird (Endentscheidung). ²Für Registersachen kann durch Gesetz Abweichendes bestimmt werden.

(2) Der Beschluss enthält

1. die Bezeichnung der Beteiligten, ihrer gesetzlichen Vertreter und der Bevollmächtigten;

2. die Bezeichnung des Gerichts und die Namen der Gerichtspersonen, die bei der Entscheidung mitgewirkt haben;

3. die Beschlussformel.

(3) ¹Der Beschluss ist zu begründen. ²Er ist zu unterschreiben. ³Das Datum der Übergabe des Beschlusses an die Geschäftsstelle oder der Bekanntgabe durch Verlesen der Beschlussformel (Erlass) ist auf dem Beschluss zu vermerken.

(4) Einer Begründung bedarf es nicht, soweit

1. die Entscheidung auf Grund eines Anerkenntnisses oder Verzichts oder als Versäumnisentscheidung ergeht und entsprechend bezeichnet ist,

2. gleichgerichteten Anträgen der Beteiligten stattgegeben wird oder der Beschluss nicht dem erklärten Willen eines Beteiligten widerspricht oder

3. der Beschluss in Gegenwart aller Beteiligten mündlich bekannt gegeben wurde und alle Beteiligten auf Rechtsmittel verzichtet haben.

(5) Absatz 4 ist nicht anzuwenden:

1. in Ehesachen, mit Ausnahme der eine Scheidung aussprechenden Entscheidung;

2. in Abstammungssachen;

3. in Betreuungssachen;

4. wenn zu erwarten ist, dass der Beschluss im Ausland geltend gemacht werden wird.

(6) Soll ein ohne Begründung hergestellter Beschluss im Ausland geltend gemacht werden, gelten die Vorschriften über die Vervollständigung von Versäumnis- und Anerkenntnisentscheidungen entsprechend.

Übersicht

A. Allgemeines

1 Nach bisherigem Recht wurden die gerichtlichen Handlungen sehr unterschiedlich bezeichnet, etwa als „Verfügungen", „Anordnungen", „Entscheidungen", „Beschlüsse" oder „Urteile". Nunmehr ist einheitlich die Entscheidungsform des **Beschlusses** für alle **Endentscheidungen** im Verfahren nach dem FamFG vorgeschrieben (§§ 38 Abs. 1, 116 FamFG). Das gilt auch für die weitgehend den Vorschriften der ZPO unterliegenden (§ 113 FamFG) Familienstreitsachen. **Aufbau und Inhalt** des Beschlusses sind an das Urteil in der ZPO angelehnt.

B. Inhalt der Norm

I. Endentscheidung

Die **Endentscheidung** ist dadurch charakterisiert, dass sie den Verfahrensgegenstand **2** ganz oder teilweise erledigt. In diesen Fällen entscheidet das Gericht zwingend durch Beschluss. Das gilt für **Zwischen- und Nebenentscheidungen** lediglich dann, wenn das Gesetz dies ausdrücklich vorsieht (z.B. bei der Verhängung von Zwangs- und Ordnungsmitteln, §§ 33 Abs. 3 Satz 1, 35 Abs. 1, 89 Abs. 1 Satz 3 FamFG).

II. Inhalt des Beschlusses

1. Aufbau

Die Entscheidung trägt die **Überschrift** „Beschluss". Sodann folgt der Kopf, das sog. **Ru-** **3** **brum**, mit der Nennung der am Verfahren formell Beteiligten sowie der an der Entscheidung mitwirkenden Gerichtsperson(en). Hieran schließt die dem Urteilstenor entsprechende **Beschlussformel** an. Sie enthält die konkrete gerichtliche Anordnung, beispielsweise die Regelung des Umgangs, sowie Nebenentscheidungen (Kosten, Verfahrenswert etc.). Alsdann ist die Entscheidung zu **begründen**[1] und zu unterzeichnen. Ausnahmen von der Begründungspflicht regelt Abs. 4. Abgeschlossen wird die Entscheidung durch eine **Rechtsmittelbelehrung** (§ 39 FamFG).

2. Rubrum

In **echten Antragsverfahren**, z.B. Gewaltschutzsachen, ist ähnlich wie in einem Zivilurteil **4** das „streitige Rubrum" mit den Beteiligtenbezeichnungen „Antragsteller" und „Antragsgegner" zu wählen. Eine **Ausnahme** stellen Antragsverfahren nach § 1671 BGB auf Übertragung der elterlichen Sorge sowie Adoptionssachen dar. Hier folgt wie in den **unechten Antrags- und Amtsverfahren**, namentlich in Kindschafts- und Abstammungssachen, nach einer schlagwortartigen Kennzeichnung des Verfahrensgegenstandes die Auflistung der **Verfahrensbeteiligten** untereinander, ggf. mit ihren **Verfahrensbevollmächtigten** („fG-Rubrum"). Allerdings ist es in der Praxis dann nicht unüblich, hinter den Bezeichnungen der Beteiligten auch den etwaigen **Antragsteller** zu erwähnen.

Beispiel:

In der Familiensache

betreffend die elterliche Sorge für die Kinder

a) ..., geb. am ...

b) ..., geb. am ...

beide wohnhaft ...

an der beteiligt sind:

1. *Herr ...,* **Vater und Antragsteller,**

2. *Frau ...* **Mutter,**

   vertreten durch ihren **Verfahrensbevollmächtigten** *Rechtsanwalt ...,*

3. *Frau ...,* **Verfahrensbeistand.**

Das **Jugendamt** ist lediglich in Verfahren nach §§ 1666, 1666a BGB von Gesetzes wegen, ansonsten nur auf Antrag Beteiligter (§ 162 Abs. 2 FamFG) und im Rubrum entsprechend

---

1 Zur „Begründungstiefe" bei Entscheidungen nach §§ 1666, 1666a BGB siehe hier *Cirullies*, § 1666 BGB Rn. 78

zu bezeichnen. In den übrigen Kindschaftssachen empfiehlt sich im Anschluss an die Auflistung der Beteiligten der Zusatz: „Zuständiges Jugendamt: ...". Der weit verbreiteten Praxis, Personen, die zwar nicht formell Beteiligte sind, jedoch in der Sache eine wesentliche Rolle spielen (z.B. Pflege- und Großeltern), als **„weitere Beteiligte"** aufzuführen, sollte nicht gefolgt werden. Mit Blick auf § 161 FamFG wird dies nämlich den Rechtsschein der Einräumung einer förmlichen Beteiligtenstellung – mit den entsprechenden Rechtsfolgen – setzen.[2]

5 Ist das **Jugendamt als Amtsvormund**[3] beteiligt, so wird nicht „das Jugendamt", sondern vielmehr der nach § 55 Abs. 2 SGB VIII bestimmte und als gesetzlicher Vertreter (Abs. 3 Satz 2) tätige **Mitarbeiter** im Rubrum als Beteiligter aufgeführt. In der Praxis ist dringend dafür Sorge zu tragen, dass diesen unterschiedlichen Beteiligtenpositionen innerhalb derselben Institution – auch bei Zustellungen und Ladungen – Rechnung getragen wird.

▶ *Zu Einzelheiten der Amtsvormundschaft siehe Dürbeck, § 1791b BGB Rn. 1 ff.*

3. Beschlussformel

6 Die **Sachentscheidung** wird im Allgemeinen umfassen:

- Regelung des **Verfahrensgegenstandes** (der in Antragsverfahren durch den Antrag bestimmt wird)

- Regelung der **Kostentragungspflicht**

- Festsetzung des **Verfahrenswertes**

Zum Vollzug der Entscheidung sind gelegentlich **Durchführungsanordnungen**[4] als flankierende Maßnahmen erforderlich, etwa bei Ge- und Verboten im Rahmen einer Umgangsregelung, bei der Anordnung einer Kindesherausgabe, durch Verhängung eines Ausreiseverbots[5] oder in Gewaltschutzsachen.[6] Zudem ist in Gewaltschutzsachen wie auch in Kindesherausgabe- und Umgangssachen (vgl. § 89 Abs. 2 FamFG) die Androhung von **Ordnungsmitteln** geboten.

Ferner bedarf es mitunter auch der Entscheidung über die **sofortige Wirksamkeit** der Entscheidung (z.B. in Gewaltschutzsachen) sowie der Anordnung der Zulässigkeit der **Vollstreckung vor der Zustellung** an den Antragsgegner.[7]

Vorschläge zu der **Tenorierung** in den einzelnen **Kindschaftssachen** finden sich in der Kommentierung der entsprechenden materiell-rechtlichen Norm.[8]

III. Ergänzung und Berichtigung

7 Hat das Gericht einen beantragten Regelungsgegenstand versehentlich nicht beschieden oder eine Kostenentscheidung **vergessen**, kann dies auf Antrag nachgeholt werden. Diese **Ergänzung** ist binnen zwei Wochen ab schriftlicher Bekanntgabe des Beschlusses zu beantragen (§ 43 FamFG).

Schreibfehler, Rechenfehler und ähnliche offenbare **Unrichtigkeiten** im Beschluss sind jederzeit vom Gericht auch von Amts wegen zu **berichtigen** (§ 42 FamFG).

---

2 Vgl. hierzu *Heilmann* § 161 FamFG Rn. 10
3 Zur Abgrenzung zwischen Amtsvormundschaft und Sozialem Dienst vgl. *Harm/Mix u.a.*, FamRZ 2012, 1849
4 Auch und gerade im Rahmen einer einstweiligen Anordnung, vgl. § 49 Abs. 2 Satz 3 FamFG
5 Dazu OLG Zweibrücken FamRZ 2005, 745
6 Dazu *Cirullies* § 1 GewSchG Rn. 29; ausführlich *Cirullies/Cirullies*, Rn. 178 ff.
7 Dazu *Cirullies* § 40 FamFG Rn. 3 sowie § 41 Rn. 2
8 Siehe hier z.B. *Keuter,* § 1671 BGB Rn. 3 und *Gottschalk,* § 1684 BGB Rn. 4

§ 39 FamFG Rechtsbehelfsbelehrung

[1]Jeder Beschluss hat eine Belehrung über das statthafte Rechtsmittel, den Einspruch, den Widerspruch oder die Erinnerung sowie das Gericht, bei dem diese Rechtsbehelfe einzulegen sind, dessen Sitz und die einzuhaltende Form und Frist zu enthalten. [2]Über die Sprungrechtsbeschwerde muss nicht belehrt werden.

Übersicht

A. Allgemeines

Die Belehrungspflicht bezweckt, die Beteiligten unverzüglich und zuverlässig über die Möglichkeiten der Anfechtung einer gerichtlichen Entscheidung zu informieren, und soll unzulässige Rechtsbehelfe vermeiden helfen. Leider ist das Rechtsbehelfssystem unübersichtlich – und die Fehlerquote bei den erteilten Rechtsmittelbelehrungen (zu) hoch.[1] **1**

B. Inhalt der Norm

I. Rechtsbehelfsbelehrung

Unerlässlicher Bestandteil jedes Beschlusses ist die **Rechtsbehelfsbelehrung**. Sie muss neben der Bezeichnung des statthaften Rechtsmittels oder Rechtsbehelfs das für die Entgegennahme zuständige Gericht und dessen vollständige Anschrift sowie die bei der Einlegung einzuhaltende Form und Frist angeben. Dazu gehört auch die Information über einen bestehenden **Anwaltszwang**. Sie muss mit diesem zwingenden Inhalt aus sich heraus verständlich sein.[2] **2**

Jedenfalls der anwaltlich vertretene Beschwerdeführer muss auch mit einer inhaltlich unzutreffenden Rechtsmittelbelehrung rechnen und eigenständig den richtigen Rechtsbehelf in Erfahrung bringen. Der Anwalt muss nach eigenverantwortlicher Überprüfung im Zuge der Übersendung der gerichtlichen Entscheidung den Mandanten richtig „belehren".[3]

II. Wiedereinsetzungsantrag

Bei fehlender oder unzureichender Rechtsbehelfsbelehrung kommt grundsätzlich die **Wiedereinsetzung in den vorigen Stand** in Betracht (§ 17 FamFG). Für anwaltlich vertretene Beteiligte gelten hier strenge Anforderungen: **3**

Zwar wird nach § 17 Abs. 2 FamFG ein **Fehlen des Verschuldens** vermutet. Doch setzt die Norm eine **Kausalität** zwischen der fehlerhaften oder fehlenden Rechtsbehelfsbelehrung und der Fristversäumung voraus. Sie kann entfallen, wenn der Beteiligte wegen vorhandener Kenntnis über seine Rechtsmittel, etwa bei **anwaltlicher Vertretung**, keiner Unterstützung durch eine Rechtsmittelbelehrung bedarf. Von einem **Rechtsanwalt** ist grundsätzlich zu erwarten, dass er sich über die Voraussetzungen für die Einlegung eines Rechtsmittels, und damit auch über die einzuhaltende Frist, selbst und eigenverantwortlich vergewissert.[4] Folglich kann dem Beschwerdeführer auch **keine Wiedereinsetzung** ge-

---

1 Dazu BGH NJW 2014, 3731 mit Anm. *Fölsch*
2 BGH FamRZ 2010, 1425
3 Dazu *Wohlgemuth*, FamRZ 2013, 674, 676. Näher zu den Zulässigkeitsvoraussetzungen der Beschwerde siehe hier *Dürbeck,* § 58 FamFG Rn. 3 ff.
4 Dies kann ebenfalls für Behörden gelten, BGH FamRZ 2013, 779

gen die Versäumung der Frist gewährt werden. Ihm ist vielmehr das (Mit-)Verschulden seines Verfahrensbevollmächtigten nach §§ 11 Satz 5 FamFG, 85 Abs. 2 ZPO zuzurechnen.[5]

In jedem Fall ist die **2-Wochen-Frist** für die Antragstellung zu beachten (§ 18 Abs. 1 FamFG).[6] Ferner ist innerhalb dieser Frist die versäumte **Prozesshandlung nachzuholen** gemäß § 18 Abs. 3 Satz 2 FamFG.[7]

Um diese Probleme zu vermeiden und „auf der sicheren Seite" zu sein, empfiehlt sich grundsätzlich die (auch vorsorgliche) Einlegung von Rechtsmitteln binnen der kürzesten Frist von **zwei Wochen**.

§ 40 FamFG Wirksamwerden

(1) Der Beschluss wird wirksam mit Bekanntgabe an den Beteiligten, für den er seinem wesentlichen Inhalt nach bestimmt ist.

(2) ¹**Ein Beschluss, der die Genehmigung eines Rechtsgeschäfts zum Gegenstand hat, wird erst mit Rechtskraft wirksam.** ²**Dies ist mit der Entscheidung auszusprechen.**

(3) ¹**Ein Beschluss, durch den auf Antrag die Ermächtigung oder die Zustimmung eines anderen zu einem Rechtsgeschäft ersetzt oder die Beschränkung oder Ausschließung der Berechtigung des Ehegatten oder Lebenspartners, Geschäfte mit Wirkung für den anderen Ehegatten oder Lebenspartner zu besorgen (§ 1357 Abs. 2 Satz 1 des Bürgerlichen Gesetzbuchs, auch in Verbindung mit § 8 Abs. 2 des Lebenspartnerschaftsgesetzes), aufgehoben wird, wird erst mit Rechtskraft wirksam.** ²**Bei Gefahr im Verzug kann das Gericht die sofortige Wirksamkeit des Beschlusses anordnen.** ³**Der Beschluss wird mit Bekanntgabe an den Antragsteller wirksam.**

Übersicht

A. Allgemeines

1 Die Vorschrift bestimmt, wann die **verfahrensrechtliche Wirksamkeit** von Beschlüssen eintritt. Von diesem Zeitpunkt an kann ein Beschluss seine Folgen entfalten und dann auch erst **vollstreckt** werden (§ 86 Abs. 2 FamFG). Das Wirksamwerden entspricht der Vollstreckbarerklärung nach der ZPO.

Von der Wirksamkeit eines Beschlusses ist seine Existenz zu unterscheiden, die bereits durch seinen **Erlass**[1] eintritt und zunächst Rechtswirkungen lediglich für das Gericht mit sich bringt. Im Falle einer mündlichen Bekanntgabe gegenüber einem anwesenden maßgeblichen Adressaten (vgl. § 41 Abs. 2 FamFG) fallen beide Zeitpunkte zusammen.[2]

---

5 OLG Zweibrücken FamRZ 2013, 1329 unter Bezugnahme auf BGH FamRZ 2012, 1287; einschränkend OLG Celle BeckRS 2014, 70289 (betr. Beschwerdeeinlegung bei dem falschen Gericht)
6 Zur Fristversäumung vgl. OLG Dresden BeckRS 2014, 09880
7 Dazu OLG Celle BeckRS 2014, 70289
1 „Erlass" ist definiert als Übergabe des unterschriebenen Beschlusses an die Geschäftsstelle oder Bekanntgabe durch Verlesen der Beschlussformel (§ 38 Abs. 3 FamFG)
2 MüKo-FamFG/*Ulrici*, § 40 FamFG Rn. 1

Je nach Fallgestaltung im familienrechtlichen Verfahren kann die Wirksamkeit zu **vier ver-** **2**
schiedenen Zeitpunkten eintreten[3], wobei in **Kindschaftssachen** vor allem drei von Belang sind. Beschlüsse werden danach wirksam:

- in der Regel mit **Bekanntgabe** (§ 40 Abs. 1 FamFG), d.h. entweder schriftlich durch
  Zustellung oder mündlich durch Verkündung (§ 41 Abs. 1 und 2 FamFG);

- ausnahmsweise mit **Erlass**, nämlich nach § 53 Abs. 2 FamFG bei einer einstweiligen
  Anordnung in Gewaltschutzsachen und vergleichbaren Fällen (etwa dringende Kindesherausgabe), wenn das Gericht die Zulässigkeit der Vollstreckung vor der Zustellung anordnet;

- mit **Rechtskraft** der Entscheidung in den Sonderfällen des § 40 Abs. 2 und 3 FamFG,
  ferner für den Fall der Geltendmachung als **Folgesache** im Scheidungsverbund nach
  § 137 FamFG[4] mit **Rechtskraft des Scheidungsausspruchs** (§ 148 FamFG).

Abweichend hiervon werden Endentscheidungen in **Gewaltschutzsachen** grundsätzlich   **3**
mit **Rechtskraft** wirksam. Allerdings soll das Gericht die **sofortige Wirksamkeit anord-**
nen (216 Abs. 1 FamFG). Dann tritt die Wirksamkeit mit **Bekanntgabe** (§ 40 Abs. 1
FamFG) ein. Sie erfolgt bereits mit der **Übergabe an die Geschäftsstelle** des Gerichts,
sofern neben der sofortigen Wirksamkeit auch die Zulässigkeit der Vollstreckung vor der
Zustellung angeordnet wird (§ 216 Abs. 2 FamFG).[5]

Eine wiederum im Detail abweichende Regelung besteht für **Adoptionsverfahren** in
§ 198 FamFG.

Übersicht: Mögliche Wirksamkeitszeitpunkte – chronologisch geordnet

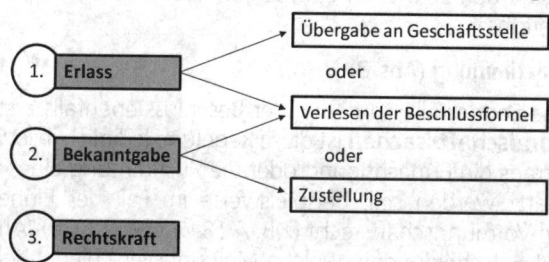

B. Inhalt der Norm

I. Wirksamwerden

Abs. 1 stellt klar, dass Beschlüsse nicht erst mit Eintritt der formellen Rechtskraft, sondern   **4**
schon mit der **Bekanntgabe** an den Beteiligten **wirksam** werden, für den sie ihrem wesentlichen Inhalt nach bestimmt sind. Grund hierfür ist die Tatsache, dass vor allem Entscheidungen im Bereich der Rechtsfürsorge, etwa die Bestellung eines Pflegers oder Vormunds, rascher Wirksamkeit bedürfen.

Maßgebliche Adressaten sind diejenigen Beteiligten, die von dem Beschluss tatsächlich in
ihrer Rechtssphäre unmittelbar betroffen werden und deren Kenntnis nach dem Zweck der
Entscheidung vordringlich ist.[6] Entscheidend sind die Umstände des Einzelfalls. Im Antragsverfahren kommt es bei **Zurückweisung des Antrags** auf die Bekanntgabe an den
Antragsteller und im Fall der – auch teilweisen – **Entziehung einer Rechtsstellung** auf

---

3 Ausführlich *Cirullies*, FPR 2012, 473, 476
4 Vgl. dazu *Cirullies* § 20 FamFG Rn. 3
5 Eingehend *Cirullies/Cirullies*, Rn. 187
6 MüKo-FamFG/Ulrici, § 40 FamFG Rn. 6 m.w.N.

die Bekanntgabe an denjenigen an, der durch die Entscheidung in seiner Rechtsstellung beeinträchtigt wird.[7]

5 Das Familiengerichtgericht darf im Rahmen der Entscheidung in einer Kindschaftssache **nicht** einen **abweichenden Zeitpunkt der Wirksamkeit** (insbesondere Rechtskraft der Entscheidung) aussprechen, etwa um zu vermeiden, dass das Kind bei einer divergierenden Entscheidung des Beschwerdegerichts mehrfach den Aufenthaltsort wechseln muss. Für eine solche Verlagerung des Zeitpunkts der Wirksamkeit in die Zukunft fehlt die Rechtsgrundlage. Es kommt nur eine **Aussetzung** der Vollziehung durch das Beschwerdegericht nach § 64 Abs. 3 FamFG in Betracht.[8]

II. Genehmigung eines Rechtsgeschäfts (Abs. 2)

6 Die **Genehmigung** eines Rechtsgeschäfts wird nach Abs. 2 in Abweichung von Abs. 1 erst mit Eintritt der **Rechtskraft** wirksam. Dabei geht es um die formelle Rechtskraft i.S.d. § 45 FamFG. Diese Regelung dient dem Schutz des Rechtsinhabers und muss – am besten im **Beschlusstenor** – zur Verdeutlichung ausdrücklich erwähnt werden. Im Gegenzug wurde nach § 63 Abs. 2 FamFG die **Beschwerdefrist** auf zwei Wochen **verkürzt**. Überdies sind nach § 48 Abs. 3 FamFG sowohl die Wiederaufnahme und die Wiedereinsetzung wie auch die Abänderung (§ 48 Abs. 1 FamFG) und die Anhörungsrüge (§ 44 FamFG) ausgeschlossen.

Im Gegensatz zu Abs. 3 Satz 2 kann das Gericht bei besonderer Dringlichkeit **keinen vorgezogenen Wirksamkeitszeitpunkt** verfügen. Es fehlt insoweit an einer unbewussten Gesetzeslücke.[9] Bedarf die Durchführung des Rechtsgeschäftes einer **Beschleunigung**, können die Beteiligten den zeitnahen Eintritt der Rechtskraft durch ihren **Verzicht auf Rechtsmittel** herbeiführen.

III. Ersetzung der Zustimmung (Abs. 3)

7 Abs. 3 regelt weitere Sonderfälle, in denen der Beschluss ebenfalls erst **mit Rechtskraft wirksam** wird. In **Kindschaftssachen** ist diese Regelung lediglich insoweit von Belang, als aufgrund eines Antrags die Ermächtigung oder die Zustimmung eines anderen zu einem Rechtsgeschäft ersetzt werden soll, beispielsweise im Fall der Einbenennung (§ 1618 Satz 4 BGB) oder im Vormundschaftsrecht (z.B. § 1812 Abs. 2 BGB). Analog anzuwenden ist die Vorschrift auf Entscheidungen, welche Meinungsverschiedenheiten mehrerer Vertreter verbindlich entscheiden und hierdurch ein wirksames Handeln im Außenverhältnis ermöglichen, etwa bei § 1630 Abs. 2 BGB oder § 1797 Abs. 1 Satz 2 BGB.[10]

Besteht **Gefahr im Verzug**, kann das Gericht die **sofortige Wirksamkeit** nach Abs. 3 Satz 2 des Beschlusses anordnen. Deshalb gilt für die unter Abs. 3 fallenden Beschlüsse keine verkürzte Beschwerdefrist.

---

7 Prütting/Helms/*Abramenko*, § 40 FamFG Rn. 6
8 OLG Celle FamRZ 2013, 2001, dazu *Tomfort*, FamFR 2013, 299
9 MüKo-FamFG/*Ulrici*, § 40 FamFG Rn. 11; Zöller/*Feskorn*, § 40 FamFG Rn. 9; a.A. Prütting/Helms/*Abramenko*, § 40 FamFG Rn. 14
10 MüKo-FamFG/*Ulrici*, § 40 FamFG Rn. 13

§41 FamFG Bekanntgabe des Beschlusses

(1) [1]Der Beschluss ist den Beteiligten bekannt zu geben. [2]Ein anfechtbarer Beschluss ist demjenigen zuzustellen, dessen erklärtem Willen er nicht entspricht.

(2) [1]Anwesenden kann der Beschluss auch durch Verlesen der Beschlussformel bekannt gegeben werden. [2]Dies ist in den Akten zu vermerken. [3]In diesem Fall ist die Begründung des Beschlusses unverzüglich nachzuholen. [4]Der Beschluss ist im Fall des Satzes 1 auch schriftlich bekannt zu geben.

(3) Ein Beschluss, der die Genehmigung eines Rechtsgeschäfts zum Gegenstand hat, ist auch demjenigen, für den das Rechtsgeschäft genehmigt wird, bekannt zu geben.

Übersicht

A. Allgemeines

I. Amtszustellung

Die Vorschrift regelt die **Möglichkeiten der Bekanntgabe** einer Entscheidung. In jedem Fall hat die Bekanntgabe das **Gericht** zu veranlassen.[1] Die Kundgabe durch Beteiligte oder sonstige Dritte genügt der Bekanntgabepflicht nicht.[2] Eine „Parteizustellung" heilt nicht die eigentlich gebotene Amtszustellung; die Zustellung bleibt unwirksam.[3] Dies wird in der Praxis nicht selten verkannt.[4] Im FamFG fehlt eine §750 Abs. 1 Satz 2 ZPO entsprechende Regelung, wonach auch eine Zustellung im Parteibetrieb ausreicht. Wegen dieser Amtshandlung ist der Nachweis über die Zustellung (oder die Mitteilung über erfolglose Zustellungsversuche) dem **Familiengericht** und nicht dem Antragsteller(vertreter) zu übersenden.

Die Frage, ob auch **Vergleiche** von Amts wegen zuzustellen sind, ist zwar umstritten, im Ergebnis jedoch zu bejahen.[5] Dies entspricht auch gängiger Praxis.

II. Zustellung in Gewaltschutzsachen

Die Zustellung einer **Gewaltschutzanordnung**[6] an den der Wohnung verwiesenen Antragsgegner bereitet in der Praxis immer wieder Schwierigkeiten, wenn dessen ladungsfähige (neue) **Anschrift** dem Gericht **nicht bekannt** ist. Auch wenn die **Vollstreckung vor der Zustellung** zulässig ist (§214 Abs. 2 FamFG), muss die Zustellung der Vollstreckung nachfolgen. Sie ist dann alsbald **nachzuholen** – was sich in der Praxis oft als schwierig erweist: Eine **Ersatzzustellung** an die Antragstellerin scheidet aus, da diese an dem Verfahren beteiligt ist (§178 Abs. 2 ZPO). Das Gleiche gilt für eine Ersatzzustellung in der frü-

1

2

---

1 So auch *Giers*, DGVZ 2009, 127, 129
2 MüKo-FamFG/*Ulrici*, §41 FamFG Rn. 5
3 BGH FamRZ 2010, 1328
4 Vgl. etwa OLG Celle FamRZ 2011, 1971 (Zustellung im – durch das Gericht lediglich vermittelten – „Parteibetrieb"); widersprüchlich auch *Plastrotmann* in: Kindl/Meller-Hannich/Wolf, Zwangsvollstreckung und Gewaltschutzgesetz, Rn. 42 und 44
5 Ausführlich dazu *Cirullies/Cirullies*, Rn. 239
6 Vgl. hier *Cirullies* §1 GewSchG Rn. 41

heren Wohnung, die der Antragsgegner aufgrund polizeilicher oder gerichtlicher Weisung nicht mehr betreten darf. Kommt eine Ersatzzustellung – auch durch Einlegung in ein **Postfach**[7] oder an der **Arbeitsstelle**[8] – nicht in Betracht, ist eine Zustellung an den **Antragsgegner persönlich** erforderlich, die an jedem Ort erfolgen kann, an dem er angetroffen wird (§ 177 ZPO). Da die Zustellung **von Amts wegen** durchgeführt wird, muss auch der Gerichtsvollzieher Erkundigungen einziehen, insbesondere bei der Polizei, dem Opfer oder dem Antragsgegner selbst im Falle telefonischer Erreichbarkeit.[9] Als letztes Mittel ist eine **öffentliche Zustellung** zu erwägen, die auch in Verfahren der freiwilligen Gerichtsbarkeit grundsätzlich zulässig ist.

III. Anwendungsbereich

3 Die Vorschrift gilt für alle **Beschlüsse** i.S.v. § 38 Abs. 1 FamFG (Endentscheidungen) unabhängig von ihrer Bezeichnung. Auf sonstige gerichtliche **Zwischen- oder Neben-Entscheidungen** ist sie nach überwiegender Auffassung nicht anwendbar.[10]

B. Inhalt der Norm

I. Adressaten der Bekanntgabe

4 Abs. 1 Satz 1 regelt die Pflicht zur Bekanntgabe des Beschlusses an **Beteiligte** i.S.d. § 7 FamFG. Die Entscheidung ist nach § 164 FamFG dem **Kind** selbst bekannt zu machen, wenn es

- beschwerdeberechtigt ist,
- das 14. Lebensjahr vollendet hat und
- nicht geschäftsunfähig ist.[11]

Sofern ein Beteiligter **verfahrensunfähig** ist,[12] muss die Entscheidung seinem **gesetzlichen Vertreter** bekannt gegeben werden. Hat der Beteiligte einen rechtsgeschäftlichen Vertreter oder einen **Verfahrensbevollmächtigten**, müssen die Zustellungen stets an diesen gerichtet werden (§ 15 Abs. 2 Satz 1 FamFG i.V.m. §§ 171, 172 Abs. 1 Satz 1 ZPO). Aufgrund spezialgesetzlicher Regelung ist der Beschluss auch Dritten bekannt zu geben, etwa dem **Jugendamt** nach § 162 Abs. 3 FamFG.

II. Form der Bekanntgabe

5 Die **Form** der Bekanntgabe bestimmt sich gemäß § 15 Abs. 2 FamFG. Danach ist die Bekanntgabe an die Beteiligten durch **förmliche Zustellung** nach den Vorschriften der ZPO oder durch einfache **Versendung per Post** grundsätzlich in das Ermessen des Gerichts gestellt.

6 Allerdings bedarf es nach Abs. 1 Satz 2 FamFG stets der **förmlichen** Zustellung eines **anfechtbaren Beschlusses** an denjenigen, dessen **erklärtem Willen** er nicht entspricht. Hierdurch soll der Verfahrensaufwand reduziert werden. Entsprechend dem Wortlaut wird überwiegend vertreten, dass auf einen bloß mutmaßlichen Willen des Beteiligten nicht abzustellen ist und ein Schweigen nicht ausreicht. Vielmehr muss der Betroffene, insbesondere durch Stellung eines Antrags oder durch eine Äußerung im Rahmen der Wahrneh-

---

7 Vgl. BGH NJW-RR 2012, 1012
8 Dazu BGH NJW 2001, 885: Es muss die ernsthafte Möglichkeit bestehen, dass dort eine ordnungsgemäße Zustellung vorgenommen werden kann.
9 Dazu *Cirullies*, FamRZ 2012, 1854; *ders.*, DGVZ 2015, 33
10 MüKo-FamFG/*Ulrici*, § 41 FamFG Rn. 4; Prütting/Helms/*Abramenko*, § 41 FamFG Rn. 2; differenzierend: *Elzer* in: Bork/Jacoby/Schwab, § 41 FamFG Rn. 2
11 Dazu hier *Heilmann*, § 164 FamFG Rn. 6
12 Dazu § 9 FamFG

mung rechtlichen Gehörs, zum Ausdruck gebracht haben, dass ein bestimmter Entscheidungsinhalt seinem Willen nicht entspricht.[13] Freilich kann **Schweigen** verschiedene Ursachen haben und eine Kollision mit den Interessen des Beteiligten unentdeckt bleiben. Da bei der Art der Bekanntgabe ohnehin ein Ermessensspielraum besteht und eine mögliche Überforderung der Geschäftsstelle mit dieser Fragestellung zu vermeiden ist, sollte das Gericht schon bei einem **denkbaren Widerspruch** zu den Interessen eines Beteiligten die **Zustellung** des Beschlusses anordnen.[14]

Bei der **förmlichen Zustellung** ist zu beachten, dass eine **Ausfertigung**[15] des Beschlusses und nicht lediglich eine beglaubigte Abschrift[16] an den Antragsgegner zuzustellen ist.[17] Hieran hat sich nichts durch die Modifizierung der Vorschrift des § 317 ZPO[18] geändert, die nur auf Urteile nach der ZPO und nicht in Familiensachen anwendbar ist.

7

Abs. 2 Satz 1 ermöglicht die **Bekanntgabe durch Verlesen** der bloßen Beschlussformel in einem Termin. Ist der Beschluss in den Gründen noch nicht abgefasst, muss dies unverzüglich nachgeholt werden (Abs. 2 Satz 2). In jedem Fall ist der vollständige Beschluss auch **schriftlich** bekannt zu geben.

8

III. Bekanntgabe bei Genehmigung eines Rechtsgeschäfts

Unabhängig von der Regelung der Bekanntgabe nach Abs. 1 bestimmt Abs. 3, dass ein Beschluss, der die **Genehmigung eines Rechtsgeschäfts** zum Gegenstand hat, auch demjenigen bekannt zu geben ist, für den das Rechtsgeschäft genehmigt wird. Mit der Bekanntgabe an den **vertretenen Rechtsinhaber** selbst (und nicht an seinen Vertreter) soll sichergestellt werden, dass dieser in der verfassungsrechtlich gebotenen Weise Kenntnis von der gerichtlichen Entscheidung erlangt und selbst Rechtsmittel einzulegen vermag. Denn im Regelfall kann das rechtliche Gehör nicht durch denjenigen vermittelt werden, dessen Handeln im Genehmigungsverfahren überprüft werden soll.[19] Dieses Ziel wird allerdings bereits dadurch erreicht, dass der Rechtsinhaber Muss-Beteiligter i.S.v. § 7 Abs. 2 Nr. 1 FamFG und daher schon im Verfahren und nicht erst bei Bekanntgabe der verfahrensabschließenden Entscheidung zu beteiligen ist.[20]

9

Schwierigkeiten bereitet die Anwendung von Abs. 3 allerdings bei **Geschäftsunfähigen** und bei **Minderjährigen unter 15 Jahren**, die nach § 60 Satz 3 FamFG ihr Beschwerderecht nicht selbst ausüben können. Hier kann das rechtliche Gehör nicht durch den gesetzlichen Vertreter vermittelt werden, wenn gerade dessen Handeln im Genehmigungsverfahren überprüft werden soll. Allerdings wird die Zustellung an einen Verfahrensbeistand nicht genügen, da er nach § 158 Abs. 4 Satz 6 FamFG nicht Vertreter des Kindes ist. Es bedarf vielmehr häufig der Bestellung eines **Ergänzungspflegers** (§ 1909 BGB).[21]

10

---

13 MüKo-FamFG/*Ulrici*, § 41 FamFG Rn. 7
14 Prütting/Helms/*Abramenko*, § 41 FamFG Rn. 9
15 Abschrift der Urschrift mit Ausfertigungsvermerk, Unterschrift und Siegel; sie vertritt die Urschrift im Rechtsverkehr
16 Abschrift einer Urkunde mit Beglaubigungsvermerk
17 Vgl. auch MüKo-FamFG/*Erbarth*, § 214 FamFG Rn. 9; Zöller/*Feskorn*, § 41 FamFG Rn. 2. Allerdings wird – wie bei der einstweiligen Verfügung – auch die Zustellung einer beglaubigten Abschrift der Ausfertigung ausreichen, vgl. BGH NJW 2004, 506
18 Zum 1.7.2014, BGBl. I S. 3786
19 BVerfG FamRZ 2000, 731 m. Anm. *Gottwald*, FamRZ 2000, 1477
20 MüKo-FamFG/*Ulrici*, § 41 FamFG Rn. 14 m.w.N., aber streitig
21 Prütting/Helms/*Abramenko*, § 41 FamFG Rn. 27; MüKo-FamFG/*Ulrici*, § 41 FamFG Rn. 16, je m.w.N., aber streitig

§ 42 FamFG Berichtigung des Beschlusses

(1) Schreibfehler, Rechenfehler und ähnliche offenbare Unrichtigkeiten im Beschluss sind jederzeit vom Gericht auch von Amts wegen zu berichtigen.

(2) [1]Der Beschluss, der die Berichtigung ausspricht, wird auf dem berichtigten Beschluss und auf den Ausfertigungen vermerkt. [2]Erfolgt der Berichtigungsbeschluss in der Form des § 14 Abs. 3, ist er in einem gesonderten elektronischen Dokument festzuhalten. [3]Das Dokument ist mit dem Beschluss untrennbar zu verbinden.

(3) [1]Der Beschluss, durch den der Antrag auf Berichtigung zurückgewiesen wird, ist nicht anfechtbar. [2]Der Beschluss, der eine Berichtigung ausspricht, ist mit der sofortigen Beschwerde in entsprechender Anwendung der §§ 567 bis 572 der Zivilprozessordnung anfechtbar.

§ 43 FamFG Ergänzung des Beschlusses

(1) Wenn ein Antrag, der nach den Verfahrensakten von einem Beteiligten gestellt wurde, ganz oder teilweise übergangen oder die Kostenentscheidung unterblieben ist, ist auf Antrag der Beschluss nachträglich zu ergänzen.

(2) Die nachträgliche Entscheidung muss binnen einer zweiwöchigen Frist, die mit der schriftlichen Bekanntgabe des Beschlusses beginnt, beantragt werden.

§ 44 FamFG Abhilfe bei Verletzung des Anspruchs auf rechtliches Gehör

(1) [1]Auf die Rüge eines durch eine Entscheidung beschwerten Beteiligten ist das Verfahren fortzuführen, wenn

1. ein Rechtsmittel oder ein Rechtsbehelf gegen die Entscheidung oder eine andere Abänderungsmöglichkeit nicht gegeben ist und

2. das Gericht den Anspruch dieses Beteiligten auf rechtliches Gehör in entscheidungserheblicher Weise verletzt hat.

[2]Gegen eine der Endentscheidung vorausgehende Entscheidung findet die Rüge nicht statt.

(2) [1]Die Rüge ist innerhalb von zwei Wochen nach Kenntnis von der Verletzung des rechtlichen Gehörs zu erheben; der Zeitpunkt der Kenntniserlangung ist glaubhaft zu machen. [2]Nach Ablauf eines Jahres seit der Bekanntgabe der angegriffenen Entscheidung an diesen Beteiligten kann die Rüge nicht mehr erhoben werden. [3]Die Rüge ist schriftlich oder zur Niederschrift bei dem Gericht zu erheben, dessen Entscheidung angegriffen wird. [4]Die Rüge muss die angegriffene Entscheidung bezeichnen und das Vorliegen der in Absatz 1 Satz 1 Nr. 2 genannten Voraussetzungen darlegen.

(3) Den übrigen Beteiligten ist, soweit erforderlich, Gelegenheit zur Stellungnahme zu geben.

(4) [1]Ist die Rüge nicht in der gesetzlichen Form oder Frist erhoben, ist sie als unzulässig zu verwerfen. [2]Ist die Rüge unbegründet, weist das Gericht sie zurück. [3]Die Entscheidung ergeht durch nicht anfechtbaren Beschluss. [4]Der Beschluss soll kurz begründet werden.

(5) Ist die Rüge begründet, hilft ihr das Gericht ab, indem es das Verfahren fortführt, soweit dies auf Grund der Rüge geboten ist.

Von einer Kommentierung der §§ 42 bis 44 FamFG wird abgesehen.

Cirullies

§45 FamFG Formelle Rechtskraft

¹Die Rechtskraft eines Beschlusses tritt nicht ein, bevor die Frist für die Einlegung des zulässigen Rechtsmittels oder des zulässigen Einspruchs, des Widerspruchs oder der Erinnerung abgelaufen ist. ²Der Eintritt der Rechtskraft wird dadurch gehemmt, dass das Rechtsmittel, der Einspruch, der Widerspruch oder die Erinnerung rechtzeitig eingelegt wird.

Übersicht

A. Allgemeines

I. Formelle Rechtskraft

Die Vorschrift entspricht inhaltlich § 705 ZPO und bestimmt, zu welchem Zeitpunkt die Endentscheidungen i.S.v. § 38 Abs. 1 FamFG **formell rechtskräftig** werden, d.h. nicht mehr durch Einlegung einer Beschwerde angegriffen werden können. Zum Nachweis erteilt die Geschäftsstelle des Gerichts auf Antrag ein entsprechendes **Rechtskraftzeugnis** (§ 46 FamFG). **1**

Wirkungen der formellen Rechtskraft sind insbesondere: **2**

- Das Verfahren ist **beendet**.

- Spätestens mit Eintritt der formellen Rechtskraft kann aus einem (vollstreckungsfähigen) Beschluss **vollstreckt** werden.[1]

- Von diesem Zeitpunkt an kann ein verfahrenseinleitender Antrag nicht mehr **zurückgenommen** werden (§ 22 Abs. 1 Satz 1 FamFG).

- Erst dann wird ein Beschluss, der die **Genehmigung eines Rechtsgeschäfts** zum Gegenstand hat, wirksam (§ 40 Abs. 2 FamFG).

- Im Falle einer zurückweisenden Entscheidung tritt eine zu demselben Verfahrensgegenstand ergangene **einstweilige Anordnung außer Kraft** (§ 56 Abs. 2 Nr. 2 FamFG.

Eine **inhaltliche Änderung** der Entscheidung ist dann nur noch ausnahmsweise zulässig, nämlich auf Grund einer Wiedereinsetzung (§ 17 FamFG), Wiederaufnahme (§ 48 Abs. 2 FamFG), Anhörungsrüge (§ 44 FamFG) oder im Wege der Abänderung im Rahmen eines neuen Verfahrens (§ 48 Abs. 1 FamFG).

II. Materielle Rechtskraft

Die formelle Rechtskraft ist abzugrenzen von der **materiellen Rechtskraft**. Diese besteht darin, dass die in einer Entscheidung entschiedene Frage nicht einer erneuten richterlichen Prüfung unterzogen werden darf. Voraussetzungen der materiellen Rechtskraft sind zum einen die **formelle** Rechtskraft und zum anderen die **Identität der Beteiligten**.[2] **3**

In Verfahren nach dem **FamFG** ist allerdings im Einzelfall zu entscheiden, ob die Entscheidung einer materiellen Rechtskraft überhaupt fähig sein kann. Dies ist etwa gegeben in echten Streitsachen wie **Gewaltschutzsachen** oder in **Abstammungssachen** wegen der

---

1 Maßgeblich für die Vollstreckbarkeit ist nach § 86 Abs. 2 FamFG allerdings das Wirksamwerden der Entscheidung, also meist ein früherer Zeitpunkt, dazu hier *Cirullies* § 40 FamFG Rn. 1
2 Prütting/Helms/*Abramenko*, § 45 FamFG Rn. 9

rechtsgestaltenden Wirkung der Entscheidung. In **Kindschaftssachen** hingegen wird dies überwiegend abgelehnt.[3]

B. Inhalt der Norm

4   Soweit ein Beschluss aufgrund gesetzlicher Regelung **unanfechtbar** ist oder sämtliche Beteiligte auf ein **Rechtsmittel verzichtet** haben, tritt die formelle Rechtskraft sofort mit Erlass der Entscheidung ein. Im Übrigen beurteilt sich der Eintritt der formellen Rechtskraft nach den **Beschwerdefristen** des § 63 Abs. 1 und 2 FamFG (ein Monat oder zwei Wochen), soweit kein Rechtsmittel oder ein vergleichbarer Rechtsbehelf gegen die Entscheidung eingelegt wird. Formell rechtskräftig werden auch **einstweilige Anordnungen**, die allerdings nach § 54 FamFG aufgehoben oder abgeändert werden können.[4]

Satz 2 legt ferner fest, dass der **Eintritt der Rechtskraft** durch die rechtzeitige Einlegung des Rechtsmittels **gehemmt** wird.

§§ 46 bis 47 FamFG

Von Abdruck und Kommentierung der §§ 46 und 47 FamFG wird abgesehen.

§ 48 FamFG Abänderung und Wiederaufnahme

(1) [1]**Das Gericht des ersten Rechtszugs kann eine rechtskräftige Endentscheidung mit Dauerwirkung aufheben oder ändern, wenn sich die zugrunde liegende Sach- oder Rechtslage nachträglich wesentlich geändert hat.** [2]**In Verfahren, die nur auf Antrag eingeleitet werden, erfolgt die Aufhebung oder Abänderung nur auf Antrag.**

(2) Ein rechtskräftig beendetes Verfahren kann in entsprechender Anwendung der Vorschriften des Buches 4 der Zivilprozessordnung wiederaufgenommen werden.

(3) Gegen einen Beschluss, durch den die Genehmigung für ein Rechtsgeschäft erteilt oder verweigert wird, findet eine Wiedereinsetzung in den vorigen Stand, eine Rüge nach § 44, eine Abänderung oder eine Wiederaufnahme nicht statt, wenn die Genehmigung oder deren Verweigerung einem Dritten gegenüber wirksam geworden ist.

A. Allgemeines

1   Die materielle Entscheidungsrichtigkeit kann es erfordern, dass eine formell rechtskräftige Entscheidung aufgehoben oder abgeändert werden kann. Da dies jedoch dem mit der Rechtskraft verknüpften Grundsatz der Rechtssicherheit widerspricht, sieht das Gesetz die

---

3 Musielak/*Borth/Grandel*, § 45 FamFG Rn. 5
4 Musielak/*Borth/Grandel*, § 45 FamFG Rn. 3

Abänderungsmöglichkeit nur für **Endentscheidungen mit Dauerwirkung** und auch nur im Falle einer **wesentlichen Änderung** der zugrunde liegenden Verhältnisse vor.

Die Vorschrift findet grundsätzlich auf alle **Endentscheidungen** Anwendung. Allerdings sind vorrangige **Sondervorschriften** zu beachten, die das Recht zur Aufhebung und Abänderung modifizieren. Dies gilt gerade in **Kindschaftssachen** (vgl. § 166 Abs. 1 FamFG i.V.m. § 1696 BGB), **Abstammungssachen** (§§ 184 Abs. 1, 185 FamFG) und **Adoptionssachen** (§§ 197 Abs. 3 Satz 2, 198 FamFG). Überdies besteht in Fällen von **Kindeswohlgefährdung** die Pflicht zur Überprüfung nach § 166 Abs. 2 und 3 FamFG. Auch ist im materiellen Recht vereinzelt geregelt, dass eine Umstandsänderung automatisch zur Unwirksamkeit der gerichtlichen Entscheidung führt, etwa bei **Vormundschaft und Pflegschaft** (§§ 1882, 1918 BGB); eine Aufhebung oder Abänderung ist hier nicht erforderlich.[1]

B. Inhalt der Norm

I. Abänderung

1. Grundsätze

Nach Abs. 1 kann eine rechtskräftige Endentscheidung mit **Dauerwirkung** wegen **wesentlich veränderter Umstände** abgeändert oder sogar aufgehoben werden. Die veränderten Umstände können sich auf eine neue **Tatsachengrundlage**, aber auch eine veränderte **Rechtslage** beziehen, also auch, wenn sich die höchstrichterliche Rechtsprechung geändert hat.[2] Die wesentliche Änderung muss **nachträglich**, also nach Erlass des Beschlusses eingetreten sein.   **2**

Die Abänderung ist grundsätzlich von Amts wegen möglich. Lediglich in echten Antragsverfahren[3] bedarf es hierfür eines **Antrags**. Die Überprüfung erfolgt dann in einem neuen **selbständigen Verfahren**. Die örtliche Zuständigkeit richtet sich nach den allgemeinen Bestimmungen (vgl. §§ 152, 170 FamFG).

2. Vergleich

Umstritten ist, ob im Verfahren der freiwilligen Gerichtsbarkeit geschlossene **Vergleiche** der **Abänderung** durch das Gericht unterliegen. Das FamFG regelt in § 48 Abs. 1 lediglich die Abänderbarkeit von *Beschlüssen*. Allerdings lässt es in § 166 Abs. 1 (gerichtlich gebilligter Vergleich) und § 227 Abs. 2 (Versorgungsausgleich) die gerichtliche Abänderbarkeit von *Vergleichen* explizit zu. Da zudem in § 36 FamFG und § 96a Abs. 1 FamFG der Vergleich einer Endentscheidung gleichgestellt wird und auch als Vollstreckungstitel dient (§ 86 Abs. 1 Nr. 2, 3), lässt es sich durchaus vertreten, **§ 48 FamFG analog** auf einen Vergleich i.S.d. § 36 anzuwenden.[4] Dementsprechend kann das Gericht auf Antrag eines Beteiligten durch eine Entscheidung den Vergleich an **veränderte tatsächliche Verhältnisse** anpassen.[5]   **3**

---

1 MüKo-FamFG/*Ulrici,* § 48 FamFG Rn. 5
2 Musielak/*Borth/Grandel,* § 48 FamFG Rn. 4; zum Begriff der Dauerwirkung vgl. ausführlich MüKo-FamFG/*Ulrici,* § 48 FamFG Rn. 7 ff.
3 Dazu oben *Cirullies,* § 22 FamFG Rn. 3
4 Musielak/*Borth/Grandel,* § 48 FamFG Rn. 10
5 So auch Keidel/*Meyer-Holz,* § 36 FamFG Rn. 49; *Maurer,* FamRZ 2009, 1792, 1796; *Bumiller/Harders,* § 36 FamFG Rn. 15; a.A. *Elzer* in Bork/Jacoby/Schwab/*Elzer,* § 36 FamFG Rn. 37; Prütting/Helms/*Abramenko,* § 36 FamFG Rn. 22

II. Wiederaufnahme

4 Abs. 2 sieht vor, dass unter bestimmten Voraussetzungen entsprechend §§ 578 – 591 ZPO ein Verfahren **wieder aufgenommen** werden kann. Die Regelung hat nur geringe praktische Bedeutung.

III. Genehmigung eines Rechtsgeschäftes

5 **Ausgeschlossen** ist nach Abs. 3 die Abänderbarkeit eines Beschlusses, durch den die Genehmigung für ein Rechtsgeschäft erteilt oder versagt wurde, wenn die **Genehmigung** oder deren Verweigerung **gegenüber einem Dritten wirksam** geworden ist. Denn der am Rechtsgeschäft beteiligte Dritte hat ein schutzwürdiges Interesse am dauerhaften Bestand der Entscheidung.

Abschnitt 4
Einstweilige Anordnung

§49 FamFG Einstweilige Anordnung

(1) Das Gericht kann durch einstweilige Anordnung eine vorläufige Maßnahme treffen, soweit dies nach den für das Rechtsverhältnis maßgebenden Vorschriften gerechtfertigt ist und ein dringendes Bedürfnis für ein sofortiges Tätigwerden besteht.

(2) ¹Die Maßnahme kann einen bestehenden Zustand sichern oder vorläufig regeln. ²Einem Beteiligten kann eine Handlung geboten oder verboten, insbesondere die Verfügung über einen Gegenstand untersagt werden. ³Das Gericht kann mit der einstweiligen Anordnung auch die zu ihrer Durchführung erforderlichen Anordnungen treffen.

Übersicht

A. Allgemeines

I. Einstweiliger Rechtsschutz

Gerade in **Kindschaftssachen** kann das Interesse der Beteiligten eine **rasche Entscheidung** des Gerichts erfordern. **1**

Beispiele:

1) *Der umgangsberechtigte Elternteil gibt das Kind nach Ablauf der festgesetzten Besuchszeit nicht zurück.*

2) *Der betreuende Elternteil zieht unvermittelt mit dem Kind in eine andere Stadt und meldet es dort in der Schule an.*

3) *Das Jugendamt hat ein gefährdetes Kind in Obhut genommen und regt eine familiengerichtliche Entscheidung an.*

4) *Im Hauptsacheverfahren soll eine dringend gebotene, von den Eltern abgelehnte Begutachtung des Kindes ermöglicht werden.¹*

Aber auch in **Gewaltschutzverfahren** besteht regelmäßig Bedarf an einer gerichtlichen Eilentscheidung. Insoweit kommt (lediglich) der Erlass einer **einstweiligen Anordnung**

---

1 Dazu OLG Hamm FamRZ 2014, 401

in Betracht.[2] Hierdurch darf die Entscheidung zur Hauptsache grundsätzlich nicht vorweggenommen werden, was sich jedoch in Kindschaftssachen selbst durch eine Befristung der Maßnahme nur eingeschränkt erreichen lässt. Auch deshalb muss sich die einstweilige Anordnung auf den **geringstmöglichen Eingriff** beschränken.

2   Überdies birgt der vorläufige Rechtsschutz aufgrund der Rahmenbedingungen (summarische Prüfung, bloße Glaubhaftmachung) die höhere Gefahr **fehlerhafter** Anordnungen.[3] Den damit verbundenen möglichen Grundrechtsverletzungen und negativen Auswirkungen auf das Kindeswohl (etwa bei einem Sorgerechtsentzug oder Umgangsausschluss) kann durch eine **Überprüfung** in kurzen Zeitabständen von Amts wegen nach § 54 Abs. 1 Satz 1 FamFG entgegengesteuert werden.[4]

Im Ergebnis ist daher grundsätzlich das **Hauptsacheverfahren** vorzuziehen, weil es eine nach sorgfältiger Prüfung der Sach- und Rechtslage ergangene, bestandskräftige Regelung bietet.

II. Selbständiges Verfahren

3   Das Verfahren der einstweiligen Anordnung ist stets ein **selbständiges** Verfahren, und zwar auch dann, wenn gleichzeitig das Hauptsacheverfahren anhängig ist (§ 51 Abs. 3 FamFG). Demgemäß kann mit dem Antrag auf Erlass einer einstweiligen Anordnung zugleich das Verfahren in der Hauptsache anhängig gemacht oder eine einstweilige Anordnung erst nach dessen Einleitung beantragt werden. Mit dieser Unabhängigkeit ist das Verfahren denjenigen der einstweiligen Verfügung und des Arrestes angeglichen worden.

Dieser Grundsatz wird insbesondere in **Umgangs- und Sorgerechtsverfahren** häufig nicht beachtet, wenn sich in der mündlichen Erörterung die Notwendigkeit des Erlasses einer einstweiligen Anordnung ergibt (vgl. §§ 156 Abs. 3, 157 Abs. 3 FamFG). Doch auch wenn das Gericht formal für die vorläufige Regelung **kein neues und selbstständiges Anordnungsverfahren** eingeleitet hat, liegt gleichwohl eine einstweilige Anordnung i.S.v. § 49 FamFG mit den entsprechenden verfahrensrechtlichen Konsequenzen vor.[5]

III. Regelungsgehalt

1. Begrenzung durch Hauptsacheantrag

4   Trotz der Verfahrensunabhängigkeit ist der **Regelungsgehalt** der einstweiligen Anordnung nicht frei disponibel. Vielmehr muss er sich in dem durch einen etwaigen Hauptsacheantrag vorgegebenen Bereich halten. Hierfür spricht auch § 56 FamFG, wonach der einstweilige Rechtsschutz lediglich für einen begrenzten Zeitraum, nämlich nur bis zum Wirksamwerden der Hauptsacheentscheidung gelten soll.[6] Der Gegenstand muss mit demjenigen des Hauptsacheantrags nicht deckungsgleich sein,[7] er darf lediglich nicht darüber hinausgehen.

2. Verbot der Vorwegnahme der Hauptsache

5   Für den Erlass einer einstweiligen Anordnung gilt das **Verbot der Vorwegnahme der Hauptsache**, da lediglich **vorläufige** Maßnahmen zulässig sind. Doch gerade in **Kindschaftssachen** ist dieser Grundsatz eingeschränkt, wenn die Vorläufigkeit in einer **Befristung** der Anordnung besteht: So kann der für einen bestimmten Zeitraum ausgeschlossene Umgang nicht nachgeholt werden. Die mit einem Eingriff in das Sorgerecht verbun-

---

2   Die einstweilige Verfügung ist nur in Zivilverfahren, der Arrest in Familienstreitsachen zulässig.
3   PK Familienverfahrensrecht/*Meysen*, Vorbem. § 49 FamFG Rn. 5
4   OLG Brandenburg BeckRS 2013, 19329
5   OLG Celle FamRZ 2013, 48 (LS), dazu *Niederl*, FamFR 2012, 453
6   MüKo-FamFG/*Soyka*, § 49 FamFG Rn. 2
7   So aber *Soyka*, a.a.O.

dene Grundrechtsverletzung lässt sich nicht rückgängig machen. Auch die Anordnung einer Kindesherausgabe führt praktisch zu einer Vorwegnahme der Hauptsache.[8]

IV. Verfahrenskostenhilfe

Anträge in Kindschafts- und Gewaltschutzsachen werden meist von Anträgen auf Bewilligung von **Verfahrenskostenhilfe** flankiert. Dabei ist zum einen zu beachten, dass die Einleitung dieser Verfahren nicht von der Zahlung eines Gebührenvorschusses abhängig gemacht und daher die Antragsschrift sofort nach Einreichung zugestellt wird. Sofern die Zustellung ausnahmsweise erst **nach Bewilligung** von Verfahrenskostenhilfe erfolgen soll, muss dies im Antrag hinreichend deutlich gekennzeichnet werden. **6**

Im Übrigen ist wegen der eingangs geschilderten Vorzüge des Hauptsacheverfahrens die gleichzeitige Einleitung von Hauptsache- und Anordnungsverfahren nur ausnahmsweise **mutwillig** i.S.d. §§ 76 FamFG, 114 ZPO.[9]

B. Inhalt der Norm

I. Voraussetzungen

Das Gericht kann nach Abs. 1 durch eine einstweilige Anordnung **vorläufigen** Rechtsschutz gewähren, soweit **7**

- dies nach den für das Rechtsverhältnis maßgebenden Vorschriften **gerechtfertigt** ist (**Anordnungsanspruch**) *und*

- ein **dringendes Bedürfnis** für ein sofortiges Tätigwerden besteht (**Anordnungsgrund**).

II. Rechtfertigung der Maßnahme

Die einstweilige Anordnung muss eine Stütze im **materiellen Recht** finden. Insoweit sind die materiell-rechtlichen Normen daraufhin zu überprüfen, ob im konkreten Fall ein zu schützendes Recht oder Rechtsverhältnis besteht.[10] Beispielsweise ist eine einstweilige Anordnung im Sorgerechtsverfahren nach § 1671 BGB, der zufolge die Eltern eine Beratungsstelle aufzusuchen haben, mangels Rechtsgrundlage aufzuheben.[11] **8**

Insofern kommt es auch darauf an, mit welchen **Erfolgsaussichten** dieser **Anordnungsanspruch** verfolgt wird.[12] Nach abweichender Auffassung spielt die Erfolgsaussicht für die Frage eines einstweiligen Rechtsschutzes nur dann eine Rolle, wenn ein (potentieller) in der Hauptsache gestellter Antrag sich von vornherein als offensichtlich unzulässig oder unbegründet erweist. Deshalb soll es beispielsweise in einem Sorgerechtsstreit **keiner Prognose** bedürfen, ob die gemeinsame Sorge aufgehoben werden wird und wem in diesem Falle die Alleinsorge zu übertragen sein wird.[13]

III. Regelungsbedürfnis

1. Grundsatz

Für ein sofortiges Tätigwerden verlangt Abs. 1 grundsätzlich ein **dringendes Bedürfnis**. Es liegt vor, wenn ein Abwarten bis zu einer endgültigen Entscheidung nicht möglich ist, **9**

---

8 Zöller/*Feskorn*, § 49 FamFG Rn. 5; Prütting/Helms/*Stößer*, § 49 FamFG Rn. 4
9 Zöller/*Feskorn*, § 49 FamFG Rn. 4 m.w.N.
10 MüKo-FamFG/*Soyka*, § 49 FamFG Rn. 4
11 OLG Brandenburg FamRZ 2014, 1209 (LS)
12 *Fischer*, NZFam 2014, 475
13 OLG Brandenburg FamRZ 2014, 1038 (LS) = NJOZ 2014, 761

weil diese zu spät kommen würde, um die zu schützenden Interessen zu wahren.[14] Ist ein solches Regelungsbedürfnis gegeben, hat das Gericht kein freies Handlungsermessen, sondern **muss** eine vorläufige Maßnahme treffen.

2. Kindschaftssachen

10   Das dringende Bedürfnis kann in **Kindschaftssachen** aufgrund des auch im Hauptsacheverfahren geltenden **Beschleunigungsgrundsatzes** (§ 155 FamFG) fehlen, weil die (vorzuziehende) Hauptsacheentscheidung hinreichend zügig herbeigeführt werden kann.[15] So darf eine einstweilige Anordnung nicht (mehr) erlassen werden, wenn die Hauptsache ohne weiteres entscheidungsreif ist.[16] Das Bedürfnis ist ausnahmsweise zu bejahen, wenn das aus Vorverfahren bekannte, hoch konflikthafte Verhalten der Eltern ein sofortiges familiengerichtliches Tätigwerden gebietet.[17] Daher kann nicht umgekehrt mit bloßem Hinweis auf diesen Beschleunigungsgrundsatz das besondere Eilbedürfnis für ein sofortiges Tätigwerden des Gerichts i.S.d. § 49 FamFG begründet werden.[18]

Hohe Hürden für die Annahme eines Regelungsbedürfnisses bestehen nach der Rechtsprechung im Bereich der **elterlichen Sorge**:[19] So wird es an einem dringenden Bedürfnis für ein sofortiges Tätigwerden regelmäßig fehlen, wenn die **gesamte** elterliche Sorge übertragen werden soll. Denn hier genügt meist die Übertragung von Teilbereichen.[20] Ein Entzug des **Aufenthaltsbestimmungsrechts** nach den §§ 1666, 1666a BGB kommt nur bei akuten und unmittelbar bestehenden bzw. unmittelbar bevorstehenden erheblichen **Gefährdungen des Kindeswohls** in Betracht, bei denen ein Hauptsacheverfahren nicht abgewartet werden kann. Eine „vorsorgliche" Entziehung des Aufenthaltsbestimmungsrechts ist unzulässig.[21] Allerdings kann eine Entziehung von Teilbereichen der elterlichen Sorge einschließlich des **Aufenthaltsbestimmungsrechts** im Wege der einstweiligen Anordnung auch gerechtfertigt sein, um im Hauptsacheverfahren eine dringend gebotene **Begutachtung** zu **ermöglichen**, wenn die Eltern nicht gewillt sind, am Verfahren mitzuwirken.[22]

11   In Kindschaftssachen ist die Frage des dringenden Bedürfnisses häufig an eine **Folgenabwägung** gekoppelt: Wiegen die **Nachteile**, die für die Rechte und Interessen der Beteiligten entstehen, wenn die **einstweilige Anordnung unterbleibt**, die Hauptsache aber im Sinne des Antragstellers entschieden würde, schwerer als die **Nachteile**, die durch die **vorläufige Maßnahme** eintreten können, die aber aufzuheben und rückabzuwickeln ist, wenn sich der Antrag in der Hauptsache als erfolglos erweisen sollte?[23] Dieses Problem stellt sich verstärkt bei dem im Verfahren der einstweiligen Anordnung von einem Elternteil vorgebrachte **Verdacht des sexuellen Missbrauchs** des Kindes durch den anderen Elternteil: Soweit dieser Verdacht nach Ausschöpfung aller im Eilverfahren zulässigerweise zur Verfügung stehenden Erkenntnisquellen nicht geklärt werden kann, ist eine umfassende **Risikoabwägung** unter Berücksichtigung des Kindeswohls vorzunehmen, wobei es vom Grad der **Wahrscheinlichkeit** für die Richtigkeit der erhobenen Anschuldigungen

14 OLG Brandenburg FamRZ 2010, 1743 = ZKJ 2010, 251 für den Fall der Übertragung der gemeinsam ausgeübten elterlichen Sorge auf einen Elternteil allein
15 Vgl. *Schmid*, FPR 2011, 5, 8
16 OLG Brandenburg MDR 2014, 163, dazu *Fiedler*, NZFam 2014, 183
17 KG FamRZ 2013, 46 (LS), dazu *Cirullies*, FamFR 2012, 305; vgl. ferner *Schmid*, FPR 2011, 5, 8
18 So aber OLG Bremen FamRZ 2014, 1376
19 Zu der umfangreichen Kasuistik vgl. PK Familienverfahrensrecht/*Meysen*, § 49 FamFG Rn. 13
20 OLG Nürnberg FamRZ 2011, 131 (LS), dazu *Finger*, FamFR 2010, 527
21 OLG Schleswig FamRZ 2014, 1383 , dazu *Marsch*, NZFam 2014, 762
22 OLG Hamm FamRZ 2014, 401, dazu *Altrogge*, FamFR 2013, 477
23 OLG Brandenburg FamRZ 2014, 1038 (LS), dazu *Fischer*, NZFam 2014, 475; ferner BbgVerfG BeckRS 2014, 56408, dazu *Schwolow*, NZFam 2014, 1012

ankommt, ob eine Sorgerechtsentscheidung zugunsten des betreffenden Elternteils ergehen kann.[24]

Führen die Kriterien zur Konkretisierung des Kindeswohls zu keinem eindeutigen Vorrang eines Elternteils, kann im Verfahren der einstweiligen Anordnung die Entscheidung über die Rückkehr des Kindes in den Haushalt des bisher betreuenden Elternteils auch auf eine Folgenabwägung gestützt werden, nach der ein **mehrfacher Aufenthaltswechsel** des Kindes zu **vermeiden** ist.[25]

Zudem bestehen bei einer **Trennung des Kindes** von seinen Eltern strenge Voraussetzungen und auch in **Eilverfahren** hohe Anforderungen an die **Ermittlung des Sachverhalts**.[26]

3. Sonderregelungen

Im Übrigen sind **Sonderbestimmungen** zu beachten, die die Vorschrift des § 49 FamFG überlagern: **12**

- So soll das Gericht in **Umgangssachen** eine einstweilige Anordnung erlassen, wenn es eine **Beratung** oder schriftliche Begutachtung anordnet (§ 156 Abs. 3 Satz 2 FamFG).

- In **Verfahren nach §§ 1666, 1666a BGB** hat das Gericht unverzüglich den Erlass einer einstweiligen Anordnung zu prüfen (§ 157 Abs. 3 FamFG).

- In **Gewaltschutzsachen** wird gemäß § 214 Abs. 1 Satz 2 FamFG ein dringendes Bedürfnis **vermutet**, wenn eine Tat nach § 1 GewSchG begangen wurde oder auf Grund konkreter Umstände mit einer Begehung zu rechnen ist.[27]

IV. Inhalt der Entscheidung

Abs. 2 umschreibt den **Inhalt** einer zulässigen Anordnung. Hierzu zählen **Sicherungs- und die Regelungsanordnungen**, ferner **Ge- und Verbote**. Vorläufige **Regelungen** werden insbesondere im Zusammenhang mit Umgangs- und Aufenthaltsbestimmungsrechten getroffen. **Näherungs- und Kontaktverbote** spielen vor allem bei Schutzmaßnahmen nach dem Gewaltschutzgesetz wie auch in Kindschaftssachen (im Rahmen von § 1666 Abs. 3 BGB) eine Rolle. Darüber hinaus kann das Gericht mit der einstweiligen Anordnung weitere zu ihrer **Durchführung** erforderliche Anordnungen treffen.   **13**

---

§ 50 FamFG Zuständigkeit

(1) ¹Zuständig ist das Gericht, das für die Hauptsache im ersten Rechtszug zuständig wäre. ²Ist eine Hauptsache anhängig, ist das Gericht des ersten Rechtszugs, während der Anhängigkeit beim Beschwerdegericht das Beschwerdegericht zuständig.

(2) ¹In besonders dringenden Fällen kann auch das Amtsgericht entscheiden, in dessen Bezirk das Bedürfnis für ein gerichtliches Tätigwerden bekannt wird oder sich die Person oder die Sache befindet, auf die sich die einstweilige Anordnung bezieht. ²Es hat das Verfahren unverzüglich von Amts wegen an das nach Absatz 1 zuständige Gericht abzugeben.

---

24 KG FamRZ 2013, 46 (LS), dazu *Cirullies*, FamFR 2012, 305
25 OLG Celle FamRZ 2013, 48 (LS), dazu *Niederl*, FamFR 2012, 453; vgl. auch OLG Brandenburg FamRZ 2014, 1124 (LS), dazu *Reinken*, NZFam 2014, 667
26 BVerfG FamRZ 2014, 907, dazu *Hammer* FamRZ 2014, 1005; *Giers*, FamRB 2014, 455; näher dazu hier *Cirullies,* § 1666 BGB Rn. 73
27 Ausführlich *Cirullies/Cirullies*, Rn. 146

Übersicht

A. Allgemeines

1   Wegen der Selbständigkeit des Verfahrens der einstweiligen Anordnung bedarf es der Regelung der **örtlichen und sachlichen Zuständigkeit** für ihren Erlass. Anknüpfungspunkt ist die Zuständigkeit für die **Hauptsache**, um nach Möglichkeit – schon aus Gründen der Prozessökonomie – einen Gleichlauf zu erzielen. Dabei handelt es sich um eine ausschließliche Zuständigkeit, so dass eine abweichende Zuständigkeit nicht durch rügeloses Einlassen begründet werden kann.[1]

In Ausnahmefällen kann auch ein anderes Amtsgericht eine Eilentscheidung treffen.

B. Inhalt der Norm

I. Bestimmung der Zuständigkeit

2   Ist eine **Hauptsache nicht anhängig**, so ist nach Abs. 1 Satz 1 für den Erlass der einstweiligen Anordnung dasjenige Gericht zuständig, das für eine Hauptsache in erster Instanz zuständig wäre. Hierbei sind die allgemeinen **Zuständigkeitsvorschriften** zu beachten.[2]

Ist hingegen ein entsprechendes **Hauptsacheverfahren** bereits **anhängig**, so ist das mit der **Hauptsache** befasste Familiengericht auch für die einstweilige Anordnung zuständig. Dies gilt ebenfalls für die Beschwerdeinstanz (Abs. 1 Satz 2). Für die Anhängigkeit genügt nach h.M.[3] die Anhängigkeit eines Antrags auf Bewilligung von **Verfahrenskostenhilfe**. In **Amtsverfahren** kommt es darauf an, ob das Gericht die Einleitung eines Verfahrens verfügt hat.[4]

Allerdings besteht diese Konnexität nur dann, wenn der **Gegenstand** beider Verfahren weitgehend **identisch** ist. Hierfür reicht aus, wenn die Gegenstände von Hauptsache- und Anordnungsverfahren sich ganz, teilweise oder in wesentlichen Punkten decken.[5] Gerade in Kindschaftssachen kann diese Feststellung Schwierigkeiten bereiten. So soll die Identität **fehlen** bei einem Hauptsacheverfahren über die elterliche Sorge einerseits und einem Anordnungsverfahren auf Herausgabe des Kindes und auf Regelung des Umgangs mit dem Kind andererseits.[6] Jedoch wird in der Regel die Zuständigkeitsregelung in § 152 Abs. 2 FamFG zur Bündelung beider Verfahren bei demselben Familiengericht führen.[7]

II. Auseinanderfallen der Zuständigkeit

3   Wegen der verfahrensrechtlichen Selbständigkeit einer einstweiligen Anordnung kann es zu einem **Auseinanderfallen der Zuständigkeit** kommen, wenn das Anordnungsverfahren bereits abgeschlossen ist und erst danach das Hauptsacheverfahren anhängig gemacht wird. Dieser Fall kann vornehmlich in **Kindschaftssachen** nach einem Umzug des

---

1 OLG Stuttgart FamRZ 2010, 1828
2 In Kindschaftssachen § 152 FamFG, in Abstammungssachen § 170 FamFG, in Adoptionssachen § 187 FamFG, in Gewaltschutzsachen § 211 FamFG
3 Musielak/*Borth*/*Grandel*, § 50 FamFG Rn. 3; *Löhning/Heiß* in Bork/Jacoby/Schwab/*Löhnig/Heiß*, § 50 FamFG Rn. 7 m.w.N.
4 Prütting/Helms/*Stößer*, § 50 FamFg Rn. 4
5 MüKo-FamFG/*Soyka*, § 50 FamFG Rn. 3
6 OLG Stuttgart FamRZ 2010, 1828
7 Musielak/*Borth*/*Grandel*, § 50 FamFG Rn. 4

Kindes wegen der Anknüpfung an dessen gewöhnlichen Aufenthalt in § 152 Abs. 2 FamFG auftreten. Der nach wie vor anzustrebende Gleichlauf kann nur durch eine **Abgabe** aus wichtigem Grund nach § 4 FamFG erreicht werden.

III. Zuständigkeit in dringenden Fällen

Abs. 2 Satz 1 begründet eine zusätzliche **Eilzuständigkeit** des Amtsgerichts für **besonders dringende** Fälle. Da schon der Erlass einer einstweiligen Anordnung ein *dringendes* Bedürfnis für ein sofortiges Tätigwerden voraussetzt, kann diese Eilzuständigkeit nach der Gesetzesformulierung lediglich in **besonderen Ausnahmefällen** begründet sein. Der Antragsteller muss glaubhaft machen, aus welchen Gründen er trotz moderner Kommunikationsmittel das eigentlich zuständige Gericht nicht erreichen kann bzw. welche Nachteile ihm bei Einschaltung dieses Gerichtes erwachsen würden.[8]

4

Übersicht: Prüfung der Zuständigkeit – Stufenleiter

5

> **1. Gericht der (anhängigen) Hauptsache**
> ‣ Verfahrensgegenstand identisch?
> ‣ im Beschwerdeverfahren: Beschwerdegericht

> **2. Hauptsache nicht anhängig**
> ‣ hypothetische Prüfung der Hauptsache-Zuständigkeit
> ‣ in Kindschaftssachen: § 152 FamFG

> **3. Eilzuständigkeit**
> ‣ besondere Dringlichkeit
> ‣ Auftreten des Fürsorgebedürfnisses

§ 51 FamFG Verfahren

(1) ¹Die einstweilige Anordnung wird nur auf Antrag erlassen, wenn ein entsprechendes Hauptsacheverfahren nur auf Antrag eingeleitet werden kann. ²Der Antragsteller hat den Antrag zu begründen und die Voraussetzungen für die Anordnung glaubhaft zu machen.

(2) ¹Das Verfahren richtet sich nach den Vorschriften, die für eine entsprechende Hauptsache gelten, soweit sich nicht aus den Besonderheiten des einstweiligen Rechtsschutzes etwas anderes ergibt. ²Das Gericht kann ohne mündliche Verhandlung entscheiden. ³Eine Versäumnisentscheidung ist ausgeschlossen.

(3) ¹Das Verfahren der einstweiligen Anordnung ist ein selbständiges Verfahren, auch wenn eine Hauptsache anhängig ist. ²Das Gericht kann von einzelnen Verfahrenshandlungen im Hauptsacheverfahren absehen, wenn diese bereits im Verfahren der einstweiligen Anordnung vorgenommen wurden und von einer erneuten Vornahme keine zusätzlichen Erkenntnisse zu erwarten sind.

(4) Für die Kosten des Verfahrens der einstweiligen Anordnung gelten die allgemeinen Vorschriften.

---

8 Prütting/Helms/*Stößer,* § 50 FamFG Rn. 7

A. Allgemeines

1 Die Vorschrift enthält die wesentlichen **Verfahrensregeln** für den einstweiligen Rechtsschutz. Sie sind grundsätzlich an die für das **Hauptsacheverfahren** geltenden Bestimmungen angelehnt. Gleichwohl wird die einstweilige Anordnung stets in einem **selbständigen Verfahren** verhandelt (Abs. 3 Satz 1). Es besteht generell **kein Anwaltszwang** (§ 114 Abs. 4 Nr. 1 FamFG).

B. Inhalt der Norm

I. Antrag

1. Antragserfordernis

2 Entsprechend den Vorgaben für das Hauptsacheverfahren[1] kann auch die einstweilige Anordnung erlassen werden:

- in echten **Antragsverfahren** (z.B. Sorgerechtsregelung nach § 1671 Abs. 1 BGB, Gewaltschutzsachen) nur auf **Antrag**,

- in den reinen **Amtsverfahren** (z.B. nach § 1666, § 1684 Abs. 3 und 4 BGB) nur **von Amts wegen**,

- in den übrigen Fällen (**unechte Antragsverfahren**)[2] sowohl auf **Antrag** wie auch **von Amts wegen**.

2. Glaubhaftmachung

3 Nach Abs. 1 Satz 2 obliegt es dem Antragsteller, seinen Antrag nicht nur zu **begründen**, sondern auch die Voraussetzungen für die Anordnung (zumindest) **glaubhaft zu machen**. Hierfür kann er sich aller **Beweismittel** bedienen und auch zur Versicherung an Eides statt zugelassen werden (§ 31 Abs. 1 FamFG).[3]

Hat der Antragsteller seinen Vortrag **nicht oder nur unzureichend glaubhaft gemacht**, hat das Gericht mehrere Möglichkeiten: Es kann den Antrag ohne mündliche Verhandlung als unzulässig **zurückweisen**.[4] Im Allgemeinen wird es jedoch – seiner Hinwirkungspflicht nach § 28 FamFG folgend – dem Antragsteller einen entsprechenden **Hinweis** erteilen und/oder **Termin** zur mündlichen Verhandlung anberaumen. Dies gilt auch bei Zweifeln an der Richtigkeit des Vortrags in der Antragsschrift.

---

1 Siehe hier *Cirullies,* §§ 23 bis 25 FamFG Rn. 1 ff.
2 Zur Abgrenzung vgl. hier *Cirullies,* § 22 FamFG Rn. 4
3 Siehe hier *Cirullies,* §§ 29 bis 31 FamFG Rn. 6
4 Nach *Bruns,* FamRZ 2012, 1024, 1025, soll dies der Regelfall sein.

II. Verfahrensgrundsätze

Abs. 2 Satz 1 verweist für das Anordnungsverfahren grundsätzlich auf die Verfahrensvorschriften, die für eine entsprechende **Hauptsache** anzuwenden sind, wie etwa den Beschleunigungsgrundsatz nach § 155 FamFG. Jedoch gelten einige Besonderheiten. **4**

1. Mündliche Verhandlung

Ob das Gericht **Termin** zur mündlichen Verhandlung bestimmt oder aufgrund der Aktenlage im **schriftlichen Verfahren** entscheidet, steht nach Abs. 2 Satz 2 grundsätzlich in seinem Ermessen und hängt von den Umständen des Einzelfalls ab, insbesondere auch von der Eilbedürftigkeit der Entscheidung. In **Kindschaftssachen** wird sich eine mündliche Erörterung oft schon zum Zwecke der Sachaufklärung anbieten. **5**

Eine **Ladungsfrist** von einer Woche ist in besonders eilbedürftigen Verfahren allemal ausreichend.[5]

Eine **Versäumnisentscheidung** ist ausgeschlossen (Abs. 2 Satz 3). Das bedeutet aber nicht, dass der Antragsgegner durch Nichterscheinen in einem gerichtlich anberaumten Termin die Entscheidung verhindern kann. Das Gericht entscheidet die Sache dann nach Aktenlage.

2. Anhörung der Beteiligten

Auch im Verfahren der einstweiligen Anordnung sind die **Anhörungen** durchzuführen, die für das jeweilige Verfahren festgelegt sind. Insbesondere muss die grundsätzliche Pflicht zur persönlichen Anhörung des **Kindes** nach § 159 FamFG beachtet werden, zumal in Verfahren wegen **Kindeswohlgefährdung** nach § 1666 BGB.[6] Dies gilt grundsätzlich auch im **Beschwerdeverfahren**[7] und erst recht dort, wenn das Kind erstinstanzlich nicht angehört worden ist.[8] **6**

Unterbleiben Anhörungen wegen Eilbedürftigkeit, müssen sie im Hauptsacheverfahren **nachgeholt** werden.[9]

3. Kostenentscheidung

Wegen der Selbständigkeit des Verfahrens der einstweiligen Anordnung muss das Gericht stets auch über die **Kosten** entscheiden. Abs. 4 verweist auf die allgemeinen Vorschriften, für fG-Verfahren also auf §§ 80 ff. FamFG. **7**

---

5 OLG Frankfurt FamRZ 2013, 316 (betreffend Gewaltschutzsachen), unter Hinweis auf § 217 ZPO
6 OLG Schleswig FamRZ 2014, 1383 , dazu *Marsch*, NZFam 2014, 762
7 *Fischer*, NZFam 2014, 475 mit kritischer Anm. zu OLG Brandenburg FamRZ 2014, 1038 (LS)
8 Dazu OLG Brandenburg BeckRS 2013, 19329
9 Vgl. AG Berlin-Pankow/Weißensee BeckRS 2014, 04969

8   **Übersicht: einstweilige Anordnung**

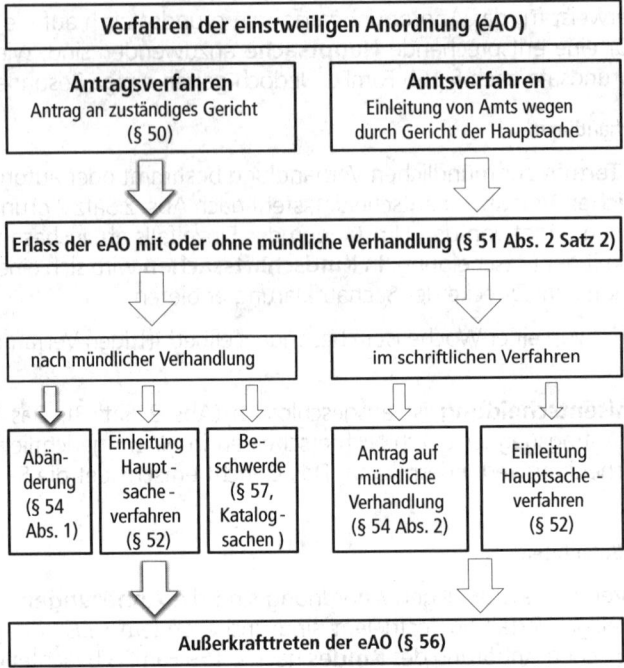

§ 52 FamFG Einleitung des Hauptsacheverfahrens

(1) ¹Ist eine einstweilige Anordnung erlassen, hat das Gericht auf Antrag eines Beteiligten das Hauptsacheverfahren einzuleiten. ²Das Gericht kann mit Erlass der einstweiligen Anordnung eine Frist bestimmen, vor deren Ablauf der Antrag unzulässig ist. ³Die Frist darf drei Monate nicht überschreiten.

(2) ¹In Verfahren, die nur auf Antrag eingeleitet werden, hat das Gericht auf Antrag anzuordnen, dass der Beteiligte, der die einstweilige Anordnung erwirkt hat, binnen einer zu bestimmenden Frist Antrag auf Einleitung des Hauptsacheverfahrens oder Antrag auf Bewilligung von Verfahrenskostenhilfe für das Hauptsacheverfahren stellt. ²Die Frist darf drei Monate nicht überschreiten. ³Wird dieser Anordnung nicht Folge geleistet, ist die einstweilige Anordnung aufzuheben.

Übersicht

A. Allgemeines

1   Durch die Ausgestaltung des Verfahrens der einstweiligen Anordnung als selbständiges Verfahren bedarf es grundsätzlich nicht mehr der Durchführung eines Hauptsacheverfahrens. Die Beteiligten können sich mit dem im summarischen Verfahren erwirkten Titel abfinden, wie dies etwa in Gewaltschutzsachen durchweg der Fall ist. Sie können jedoch auch durch entsprechenden **Antrag** die Einleitung des **Hauptsacheverfahrens** mit besseren Erkenntnismöglichkeiten erzwingen. Das Hauptsacheverfahren ermöglicht in der Regel eine sorgfältigere Prüfung der Sach- und Rechtslage und bietet die Gewähr einer bestandskräftigen, dauerhaften, weil in Rechtskraft erwachsenden Regelung des im Streit stehenden Rechtsverhältnisses.[1] Bei dem Erzwingungsverfahren wird zwischen **Amtsverfahren** (Abs. 1) und **Antragsverfahren** (Abs. 2) unterschieden.

Zuständig für das Hauptsacheverfahren bleibt das Gericht, das die einstweilige Anordnung erlassen hat, und zwar auch dann, wenn für ein Hauptsacheverfahren ohne vorangegangene einstweilige Anordnung eine andere örtliche Zuständigkeit bestünde (z. B. bei einem zwischenzeitlichen **Aufenthaltswechsel** eines Kindes in einer Kindschaftssache).[2] Allerdings kann das Gericht die Sache nach § 4 FamFG an ein anderes Gericht **abgeben** oder nach § 3 FamFG dorthin **verweisen**.

B. Inhalt der Norm

I. Amtsverfahren

In **Amtsverfahren** muss das Gericht grundsätzlich von Amts wegen prüfen, ob die Einleitung eines Hauptsacheverfahrens geboten ist. Doch kann es zunächst die Wirkung der erlassenen Anordnung und die Reaktionen der Beteiligten abwarten.[3] Gemäß Abs. 1 Satz 1 kann auch ein Beteiligter **beantragen**, dass das Gericht das Hauptsacheverfahren von Amts wegen einleitet. Insoweit hat das Gericht die Möglichkeit, eine **Wartefrist** von höchstens drei Monaten zu bestimmen, innerhalb der ein solcher Antrag unzulässig ist (Abs. 1 Satz 2 und 3).[4]   **2**

In Verfahren nach **§§ 1666, 1666a BGB** ist mit Blick auf das staatliche Wächteramt des Familiengerichts regelmäßig die unverzügliche Einleitung eines **Hauptsacheverfahrens** geboten, wenn es eine kindesschutzrechtliche Maßnahme in Form eines erheblichen Sorgerechtseingriffs erlassen hat. Dies gilt insbesondere dann, wenn die erlassene einstweilige Anordnung die rechtliche Grundlage für eine **Fremdunterbringung** des Kindes bildet.

II. Antragsverfahren

Gemäß Abs. 2 kann der Antragsgegner in Antragsverfahren nach Erlass einer einstweiligen Anordnung (aufgrund mündlicher Verhandlung) verlangen, dass der Antragsteller innerhalb einer **Frist** das **Hauptsacheverfahren einleitet**.[5] Ein solcher Antrag empfiehlt sich beispielsweise, wenn im Hauptsacheverfahren die vom Antragsteller glaubhaft gemachten Tatsachen voraussichtlich nicht bewiesen werden können. Entsprechend ihrem klaren Wortlaut gilt die Vorschrift lediglich im Fall des **Erlasses** einer einstweiligen Anordnung, nicht bei deren Ablehnung.[6]   **3**

Der fruchtlose Ablauf dieser Frist von max. drei Monaten hat gemäß Satz 3 zwingend die rückwirkende **Aufhebung** der einstweiligen Anordnung zur Folge. Die Aufhebung aber kommt nur bei **Antragsverfahren** in Betracht, nicht hingegen bei Verfahren, die vom Amts wegen eingeleitet werden können.[7]

Gelegentlich fehlt das **Rechtsschutzbedürfnis** für die Fristsetzung zur Durchführung eines Hauptsacheverfahrens, wenn von der einstweiligen Anordnung für den Antragsgeg-   **4**

---

1 Musielak/*Borth/Grandel*, § 52 Rn. 1
2 OLG München FamRZ 2011, 1078
3 Zöller/*Feskorn*, § 52 FamFG Rn. 2
4 Ausführlich PK Familienverfahrensrecht/*Meysen*, § 52 FamFG Rn. 5; *Langheim*, FamRZ 2014, 1413, 1417
5 Vgl. dazu *Finger*, MDR 2012, 1197, 1199
6 So aber OLG Karlsruhe FamRZ 2011, 571 mit kritischer Anm. *van Els*; vgl. auch *Heinemann*, FamFR 2010, 469
7 OLG Brandenburg BeckRS 2011, 16736

ner keine Gefahr mehr ausgeht.[8] Dies gilt in **Gewaltschutzsachen** etwa, wenn die für die angeordneten Schutzmaßnahmen geltende Befristung abgelaufen ist.

§ 53 FamFG Vollstreckung

(1) Eine einstweilige Anordnung bedarf der Vollstreckungsklausel nur, wenn die Vollstreckung für oder gegen einen anderen als den in dem Beschluss bezeichneten Beteiligten erfolgen soll.

(2) ¹Das Gericht kann in Gewaltschutzsachen sowie in sonstigen Fällen, in denen hierfür ein besonderes Bedürfnis besteht, anordnen, dass die Vollstreckung der einstweiligen Anordnung vor Zustellung an den Verpflichteten zulässig ist. ²In diesem Fall wird die einstweilige Anordnung mit Erlass wirksam.

Übersicht

A. Allgemeines

1 Auch im Verfahren der freiwilligen Gerichtsbarkeit ergangene Titel (Beschluss, Vergleich) bedürfen grundsätzlich einer **Vollstreckungsklausel** (§ 86 Abs. 3 FamFG).[1] Um Verzögerungen zu vermeiden, gilt dies für die **einstweilige Anordnung** lediglich in seltenen Ausnahmefällen (Abs. 1).

Grundsätzlich ist auch die **Zustellung** der einstweiligen Anordnung Vollstreckungsvoraussetzung. Eine Ausnahme besteht in **Gewaltschutzsachen** und ähnlich brisanten Verfahren: Hier kann das Gericht anordnen, dass die *Vollstreckung vor Zustellung zulässig* ist (Abs. 2).

Im Übrigen kann eine einstweilige Anordnung vollstreckt werden ab ihrem **Wirksamwerden** (§ 86 Abs. 2 FamFG), also in der Regel mit der **Bekanntgabe** an den Betroffenen. Eine Anordnung der **sofortigen Wirksamkeit** ist bei einer einstweiligen Anordnung in jedem Fall **nicht** erforderlich. Eine Vollziehungsfrist wie in § 929 Abs. 2 ZPO besteht nicht.

B. Inhalt der Norm

I. Vollstreckungsklausel

2 Eine Vollstreckungsklausel ist nur dann erforderlich, wenn die Vollstreckung für oder gegen einen **anderen** als den in dem Beschluss bezeichneten **Beteiligten** erfolgen soll (Abs. 1). Dies ist beispielsweise gegeben im Falle einer Rechtsnachfolge i.S.d. § 727 ZPO, aber auch bei der Vollstreckung einer Kindesherausgabe, wenn sich das Kind in der Obhut eines Dritten befindet. Praktisch jedoch ist die **Klausel** in Kindschafts- und Gewaltschutzsachen **entbehrlich**, sofern aus einer einstweiligen Anordnung vollstreckt wird.

---

8 OLG Karlsruhe FamRZ 2011, 571

1 Dazu *Cirullies*, FPR 2012, 473, 476. Die Klausel wird auf eine Ausfertigung des Titels gesetzt („vollstreckbare Ausfertigung"), vgl. auch hier *Cirullies*, § 86 FamFG Rn. 26

II. Vollstreckung vor Zustellung

Ausnahmsweise kann das Gericht anordnen, dass die Vollstreckung der einstweiligen An- **3**
ordnung **vor Zustellung** an den Verpflichteten zulässig ist (Abs. 2). Dies betrifft **Gewaltschutzsachen** sowie sonstige Verfahren, in denen hierfür ein **besonderes Bedürfnis** besteht, z.B. in Verfahren auf Herausgabe eines Kindes. Damit wird der Eilbedürftigkeit Rechnung getragen. Auch sollen für den Antragsteller belastende Situationen, die durch die
Bekanntmachung einer gerichtlichen Entscheidung an den Verpflichteten entstehen können, vermieden werden.[2]

Die einstweilige Anordnung ist dann bereits mit ihrem **Erlass** wirksam. Nach der **Legalde-** **4**
finition in § 38 Abs. 3 Satz 3 FamFG ist hierfür der frühere von zwei möglichen Zeitpunkten maßgeblich: entweder die Übergabe des Beschlusses an die Geschäftsstelle oder die
Bekanntgabe durch Verlesen der Beschlussformel.[3]

Die **Zustellung** ist jedoch unverzüglich **nachzuholen**. Sie erlangt gerade in **Gewalt-** **5**
schutzsachen erhebliche Bedeutung, weil dort die ordnungsgemäße Zustellung unerläss-
liche Voraussetzung ist für die Verhängung von Ordnungsmitteln (§ 890 ZPO) oder von
Strafen (§ 4 GewSchG).[4]

§ 54 FamFG Aufhebung oder Änderung der Entscheidung

**(1) ¹Das Gericht kann die Entscheidung in der einstweiligen Anordnungssache aufheben
oder ändern. ²Die Aufhebung oder Änderung erfolgt nur auf Antrag, wenn ein entsprechendes Hauptsacheverfahren nur auf Antrag eingeleitet werden kann. ³Dies gilt nicht, wenn die
Entscheidung ohne vorherige Durchführung einer nach dem Gesetz notwendigen Anhörung erlassen wurde.**

**(2) Ist die Entscheidung in einer Familiensache ohne mündliche Verhandlung ergangen, ist
auf Antrag auf Grund mündlicher Verhandlung erneut zu entscheiden.**

**(3) ¹Zuständig ist das Gericht, das die einstweilige Anordnung erlassen hat. ²Hat es die Sache
an ein anderes Gericht abgegeben oder verwiesen, ist dieses zuständig.**

**(4) Während eine einstweilige Anordnungssache beim Beschwerdegericht anhängig ist, ist
die Aufhebung oder Änderung der angefochtenen Entscheidung durch das erstinstanzliche
Gericht unzulässig.**

Übersicht

---

2 Prütting/Helms/*Stößer,* § 53 FamFG Rn. 5
3 Für Gewaltschutzsachen besteht auch die ähnlich lautende Vorschrift des § 216 Abs. 2 FamFG
4 Eingehend dazu *Cirullies*, FamRZ 2012, 1854

A. Allgemeines

1 Im **vorläufigen Rechtsschutz** ergehen die Entscheidungen auf Grund einer summarischen Prüfung und mitunter ohne hinreichende Gewährung rechtlichen Gehörs. Sie erwachsen daher auch nicht in Rechtskraft und können unter erleichterten Voraussetzungen **aufgehoben oder abgeändert** werden.

Das Abänderungsverfahren kann grundsätzlich **wiederholt** werden. Sofern allerdings keine neuen Umstände vorgetragen werden, die auf eine Änderung der Sach- und Rechtslage hindeuten, fehlt einem solchen Änderungsantrag nicht nur die Erfolgsaussicht, sondern bereits das **Rechtsschutzbedürfnis**.[1]

Hat das Gericht die einstweilige Anordnung wegen der Dringlichkeit im schriftlichen Verfahren erlassen, muss es die **mündliche Verhandlung** auf Antrag nachholen und auf dieser Grundlage neu entscheiden. Erst dann kann überhaupt eine Beschwerde statthaft sein (§ 57 FamFG).

Im Übrigen sind (vorrangige) **Sondervorschriften** zu beachten. So ist gemäß **§ 1696 Abs. 2 BGB** eine Maßnahme nach § 1666 BGB aufzuheben, wenn eine Gefahr für das Wohl des Kindes nicht mehr besteht oder die Erforderlichkeit der Maßnahme entfallen ist.[2]

B. Inhalt der Norm

I. Verfahren

1. Amts- und Antragsverfahren

2 In Amtsverfahren ist die Abänderung **von Amts wegen**, in Antragsverfahren grundsätzlich nur **auf Antrag** zulässig (Abs. 1 Satz 2). Dies gilt sowohl für positiv regelnde als auch eine einstweilige Anordnung ablehnende Entscheidungen.[3] Das Antragserfordernis besteht gemäß Satz 3 nicht, wenn in dem bisherigen Verfahren von gesetzlich **notwendigen Anhörungen** (z.B. des Kindes oder eines Elternteils) abgesehen worden war; in diesem Fall kann das Gericht die Entscheidung ebenfalls von Amts wegen aufheben oder ändern.

2. Zuständigkeit

3 **Zuständig** ist das Gericht, das die einstweilige Anordnung erlassen oder aber deren Erlass verweigert hat. Denn auch **ablehnende** Entscheidungen können abgeändert werden.[4] Wurde die Sache an ein anderes Gericht abgegeben oder verwiesen, ist dieses zuständig (Abs. 3). Für die Abänderung einer vom Amtsgericht erlassenen einstweiligen Anordnung bleibt das Amtsgericht auch dann zuständig, wenn die Hauptsache beim **Beschwerdegericht** anhängig ist.[5]

---

1 Prütting/Helms/*Stößer*, § 54 FamFG Rn. 3
2 Dazu AG Berlin-Pankow/Weißensee BeckRS 2014, 04967
3 MüKo-FamFG/*Soyka*, § 54 FamFG Rn. 15
4 *Langheim*, FamRZ 2014, 1413, 1418 (Fn. 96) m.w.N.
5 OLG Brandenburg FuR 2013, 539

3. Neues Verfahren

Streitig ist, ob der Abänderungsantrag das ursprüngliche **Verfahren fortsetzt**[6] oder ein **neues Verfahren** einleitet.[7] **Kostenrechtlich** bilden die Anträge zwar eine Einheit.[8] Auch wirkt die im Anordnungsverfahren bewilligte **Verfahrenskostenhilfe** fort.[9] Dies schließt indes nicht aus, gleichwohl ein neues Verfahren mit einem neuen Aktenzeichen einzuleiten.

    4

Es dürfte – entsprechend der gängigen Praxis – wie folgt zu **differenzieren** sein: Hat das Gericht im schriftlichen Verfahren entschieden und soll nunmehr auf Antrag nach **Abs. 2** eine erneute Entscheidung aufgrund mündlicher Verhandlung getroffen werden, so wird das bisherige Verfahren fortgesetzt.[10] Ist der Antrag auf Erlass einer einstweiligen Anordnung bereits nach Durchführung einer mündlichen Verhandlung beschieden worden, so leitet ein Abänderungsantrag nach **Abs. 1** ein **neues Verfahren** ein, das dann ggf. im Fall der Verweisung oder Abgabe des Ursprungsverfahrens an ein anderes Gericht dorthin weitergeleitet werden kann.

In jedem Fall besteht (weiterhin) **kein Anwaltszwang** (§ 114 Abs. 4 Nr. 1 FamFG).

4. Begründung des Antrags

Für den Abänderungsantrag ist zwar grundsätzlich eine Veränderung der Sach- oder Rechtslage nicht zwingend geboten (siehe auch unten Rn. 7). Doch jedenfalls in **Antragsverfahren** dürfte es – auch im Hinblick auf §§ 23, 27 FamFG – für eine Aufhebung oder Änderung erforderlich sein, dass ein Beteiligter auf Gesichtspunkte **hinweist**, die bei der Erstentscheidung noch nicht berücksichtigt worden sind.[11] Überdies sind die Chancen, dass das Gericht seine Entscheidung aufgrund eines unbegründeten Antrags modifiziert oder gar aufhebt, nur gering.

    5

5. Abänderung eines Vergleichs

Obgleich in Abs. 1 lediglich von „Entscheidung" die Rede ist, kann auch ein im Verfahren der einstweiligen Anordnung geschlossener **Vergleich** dann nach § 54 Abs. 1 FamFG abgeändert werden, wenn er wie ein entsprechender Beschluss nur eine **vorläufige Regelung** darstellt.[12] Für **endgültige** Vereinbarungen kommt eine Abänderung nach § 48 FamFG in Betracht (siehe hierzu *Cirullies*, § 48 FamFG Rn. 3).

    6

II. Aufhebung und Abänderung (Abs. 1)

1. Abänderungsmaßstab

Die Aufhebung oder Abänderung einer von Amts wegen getroffenen Entscheidung im Eilverfahren setzt **keine Veränderung der Sach- oder Rechtslage** voraus. Das Gericht ist nicht an seine ursprüngliche Entscheidung gebunden, es hat den Sachverhalt umfassend neu zu würdigen und kann ihn auch abweichend beurteilen.[13]

    7

---

6 OLG Nürnberg BeckRS 2012, 18632; unklar Zöller/*Feskorn*, § 54 FamFG Rn. 6 und 8
7 MüKo-FamFG/*Soyka*, § 54 FamFG Rn. 14
8 Vgl. § 16 Nr. 5 RVG („dieselbe Angelegenheit"); Vorbem. 1.4 KV-FamGKG (einmalige Gebührenerhebung); etwas anderes gilt nach § 15 Abs. 5 Satz 2 RVG für die Anwaltsgebühren, wenn seit Erledigung des Ausgangsverfahrens mehr als zwei Kalenderjahre vergangen sind, dazu NJW-Spezial 2015, 61
9 *Langheim*, FamRZ 2014, 1413, 1419
10 So auch MüKo-FamFG/*Soyka*, § 54 FamFG Rn. 7 (widersprüchlich allerdings Rn. 11: „neues Verfahren"); Zöller/ *Feskorn*, § 54 FamFG FamFG Rn. 8
11 Prütting/Helms/*Stößer*, § 54 FamFG Rn. 4
12 OLG Jena FamRZ 2012, 54; *Langheim*, FamRZ 2014, 1413, 1419; *van Els*, FPR 2012, 480, 481, je m.w.N.
13 BVerfG FamRZ 2014, 1772

2. Kindeswohl

8 Die Abänderung einer einstweiligen Anordnung, die zu einer neuerlichen **Aufenthalts-veränderung des Kindes** führen würde, entspricht in der Regel nicht dessen Wohl, weil ihm ein mehrfacher Wechsel von Aufenthaltsort und Bezugsperson(en) nicht zuzumuten ist. Etwas anderes gilt nur, wenn die Aufhebung der angegriffenen Entscheidung aus Gründen der **Kindeswohlgefährdung** erforderlich ist.[14]

III. Antrag auf mündliche Verhandlung (Abs. 2)

9 Ein Antrag nach **Abs. 2** (erneute Entscheidung nach mündlicher Verhandlung) sollte gestellt werden, wenn eine mündliche Erörterung Aussicht bietet, den Sachverhalt besser aufklären zu können, so dass das Gericht möglicherweise zu einer abweichenden Entscheidung gelangt. Dieser Antrag ist auch nach Vollziehung der einstweiligen Anordnung und nach Erledigung der Hauptsache zulässig, selbst wenn die Anordnung schon einige Zeit zurückliegt.[15]

10 Die Begriffe „mündliche **Erörterung**" und „mündliche **Verhandlung**" werden im Gesetz und in der Praxis nicht genau abgegrenzt und oft synonym, ohne erkennbare inhaltliche Unterschiede verwendet, so etwa im Rechtsbehelfsrecht des FamFG (z.B. § 57) und (z.B. § 54 Abs. 2).[16] Allerdings kann die Unterscheidung **kostenrechtlich** bedeutsam sein.[17]

11 Mitunter ist zweifelhaft, ob ein **Termin** zur mündlichen Verhandlung überhaupt **stattgefunden** hat. Wichtig ist hierfür eine **ordnungsgemäße Ladung**: Die Beteiligten müssen eine tatsächliche Möglichkeit zur Teilnahme am oder Vertretung im Termin und zur Verwirklichung ihres Anspruchs auf **rechtliches Gehör** haben. Dies ist nicht der Fall, wenn sie nicht rechtzeitig und verfahrensordnungsgemäß von dem Termin und dessen Gegenstand unterrichtet werden.[18] Ebenfalls zweifelhaft kann das Vorliegen einer mündlichen Erörterung sein, wenn dem **Terminsverlegungsantrag** des ferngebliebenen Antragsgegners nicht stattgegeben worden ist[19]. Hieran sind jedoch in Kindschaftssachen, die dem Beschleunigungsgebot des § 155 Abs. 1 FamFG unterliegen, strenge Anforderungen zu stellen (vgl. dazu *Fink*, § 155 FamFG Rn. 13). Zudem muss ein Beteiligter, der aus beruflichen Gründen längere Zeit abwesend ist, Vorsorge treffen, dass er von amtlichen Schriftstücken rechtzeitig Kenntnis erlangt.[20]

Hat eine **mündliche Erörterung/Verhandlung** im Rechtssinne tatsächlich **nicht** stattgefunden, stellt die eingelegte – nach § 57 Satz 2 FamFG unstatthafte – „Beschwerde" gegen die einstweilige Anordnung einen **Antrag auf Neuentscheidung** auf Grund mündlicher Verhandlung gemäß § 54 Abs. 2 FamFG dar.[21]

12 Eine **nicht zeitnahe Terminierung** (hier: Zeitraum von sechs Wochen) verletzt den verfahrensrechtlichen Anspruch des Antragsgegners auf erneute Entscheidung nach § 54 Abs. 2 FamFG. Insoweit soll ein Antrag auf **Feststellung der Rechtswidrigkeit** nach § 62 FamFG in Betracht kommen.[22]

---

14 KG FamRZ 2014, 1790 m.w.N.
15 OLG Karlsruhe FamRZ 2011, 571, dazu *Heinemann*, FamFR 2010, 469; OLG Karlsruhe BeckRS 2014, 15462
16 Vgl. OLG Celle BeckRS 2012, 22989; ähnlich auch § 68 Abs. 3 Satz 2 FamFG
17 Vgl. *Schneider*, NZFam 2015, 41
18 OLG Frankfurt FamRZ 2013, 1831; OLG Celle BeckRS 2012, 22989, dazu *Hachenberg*, FamFR 2012, 566
19 Dazu *Heilmann*, NJW 2012, 887, 890
20 OLG Frankfurt FamRZ 2013, 316
21 OLG Celle BeckRS 2012, 22989, dazu *Hachenberg*, FamFR 2012, 566
22 OLG München FamRZ 2010, 1755; kritisch dazu *Bruns*, FamRZ 2012, 1024, 1026

IV. Abänderung und Rechtsbehelfe im Überblick

1. Antragsteller

Eine ablehnende Entscheidung kann der **Antragsteller** mit der Beschwerde nach § 58 **13**
FamFG anfechten, sofern eine **mündliche Erörterung** vorangegangen ist (§ 57 FamFG).
Anderenfalls kann (nur) die Durchführung einer solchen Verhandlung beantragt werden
(Abs. 2).

2. Antragsgegner

Für die Frage, wie sich der **Antragsgegner** gegen die erlassene einstweilige Anordnung **14**
zur Wehr setzen kann, ist ebenfalls nach dem bisherigen **Verfahrensgang** zu unterscheiden:

a) Ohne mündliche Verhandlung

Hat das Gericht im **schriftlichen Verfahren** entschieden, so stehen dem Antragsgegner **15**
wahlweise zur Verfügung:

- Antrag auf **mündliche Verhandlung**, § 54 Abs. 2 FamFG,

- Antrag auf **Fristsetzung** zwecks Einleitung des Verfahrens zur **Hauptsache**, § 52
  FamFG.

Nicht zulässig sind dagegen:

- der Antrag auf **Abänderung**, § 54 Abs. 1 FamFG,[23]

- die **Beschwerde**, §§ 57 Satz 2, 58 FamFG, die eine **mündliche Erörterung** voraussetzt.[24]

b) Nach mündlicher Verhandlung

Hat bereits ein **Erörterungstermin stattgefunden**, bestehen folgende Änderungsmög- **16**
lichkeiten:

- der Antrag auf Fristsetzung zwecks **Einleitung des Hauptsacheverfahrens**, § 52
  Abs. 2 FamFG,

- der Antrag auf **Abänderung**, § 54 Abs. 1 FamFG,

- in bestimmten Fällen (auch in **Kindschafts- und Gewaltschutzsachen**) die **Beschwerde**, §§ 57 Satz 2, 58 FamFG.

---

§ 55 FamFG Aussetzung der Vollstreckung

**(1) ¹In den Fällen des § 54 kann das Gericht, im Fall des § 57 das Rechtsmittelgericht, die Voll-
streckung einer einstweiligen Anordnung aussetzen oder beschränken. ²Der Beschluss ist
nicht anfechtbar.**

(2) Wenn ein hierauf gerichteter Antrag gestellt wird, ist über diesen vorab zu entscheiden.

Anträge nach § 54 Abs. 1 und 2 FamFG sowie nach § 57 FamFG zulässige Beschwerden **1**
haben keine aufschiebende Wirkung und können daher die Vollstreckung einer einstweili-

---

23 Ganz h.M., vgl. OLG Celle, FamRZ 2013, 569 (LS), dazu *Kemper*, FamFR 2012, 567; ferner *Langheim*, FamRZ
   2014, 1413, 1423; Prütting/Helms/*Stößer* , § 54 Rn. 9; a.A. *van Els*, FPR 2012, 480, 481 (Wahlrecht)
24 Ausnahme bei Beschwerde gegen Ablehnung von Verfahrenskostenhilfe, vgl. OLG Hamm NJW 2013, 877,
   dazu *Cirullies*, FamFR 2013, 109; ferner OLG Bremen FamRZ 2013, 1916; ferner in Unterbringungssachen,
   OLG Naumburg JAmt 2013, 48

gen Anordnung nicht hemmen. Daher ermöglicht § 55 FamFG, die **Vollstreckung auszu-setzen oder zu beschränken**, bis über den Rechtsbehelf oder die Beschwerde entschieden ist[1].

2 Hierzu bedarf es keines Antrags.[2] Ist jedoch ein solcher **Antrag** ausdrücklich gestellt, ist hierüber nach Abs. 2 **„vorab" zu entscheiden**, mithin noch zügiger als ohnehin im Verfahren der einstweiligen Anordnung. Diese Antragsmöglichkeiten sind in der gerichtlichen Praxis noch kaum in das Bewusstsein der Beteiligten gerückt. Daher sollte mit dem Aussetzungsantrag auch die „Vorabentscheidung" angeregt werden.

§ 56 FamFG Außerkrafttreten

(1) **¹Die einstweilige Anordnung tritt, sofern nicht das Gericht einen früheren Zeitpunkt bestimmt hat, bei Wirksamwerden einer anderweitigen Regelung außer Kraft. ²Ist dies eine Endentscheidung in einer Familienstreitsache, ist deren Rechtskraft maßgebend, soweit nicht die Wirksamkeit zu einem späteren Zeitpunkt eintritt.**

(2) Die einstweilige Anordnung tritt in Verfahren, die nur auf Antrag eingeleitet werden, auch dann außer Kraft, wenn

1. der Antrag in der Hauptsache zurückgenommen wird,

2. der Antrag in der Hauptsache rechtskräftig abgewiesen ist,

3. die Hauptsache übereinstimmend für erledigt erklärt wird oder

4. die Erledigung der Hauptsache anderweitig eingetreten ist.

(3) ¹Auf Antrag hat das Gericht, das in der einstweiligen Anordnungssache im ersten Rechtszug zuletzt entschieden hat, die in den Absätzen 1 und 2 genannten Wirkung durch Beschluss auszusprechen. ²Gegen den Beschluss findet die Beschwerde statt.

Übersicht

A. Allgemeines

1 Die einstweilige Anordnung ist ihrem Wesen nach nur eine Zwischenlösung für eine Übergangszeit. Sie tritt daher nach Abs. 1 Satz 1 grundsätzlich **außer Kraft**:

- zu dem vom Gericht bestimmten Zeitpunkt (also bei einer **Befristung**),

- anderenfalls bei Wirksamwerden einer **anderweitigen Regelung** (gerichtliche Entscheidung oder Vergleich).

Weitere Gründe für ein Außerkrafttreten sind in **Antragsverfahren** gegeben (Abs. 2).

---

1 Eingehend dazu *van Els*, FamRZ 2011, 1706
2 *Langheim*, FamRZ 2014, 1413, 1420 m.w.N.

B. Inhalt der Norm

I. Befristung

Im summarischen Verfahren trifft das Gericht seine Entscheidung häufig nur für einen bestimmten Zeitraum. Eine solche **Befristung** spielt in Umgangssachen, insbesondere aber in **Gewaltschutzsachen** eine große Rolle.[1] Auch eine **vorläufige Unterbringung** darf durch einstweilige Anordnung nur für max. sechs Wochen angeordnet werden (§ 333 FamFG).

2

Mit Ablauf des Fristendes tritt die einstweilige Anordnung automatisch außer Kraft.

II. Anderweitige Regelung

1. Gerichtliche Entscheidungen

Eine anderweitige Regelung stellt insbesondere der im **Hauptsacheverfahren** ergangene Beschluss des Gerichts dar, aber des gleichen die Entscheidung, die auf Grund der Durchführung einer mündlichen Verhandlung oder als **Abänderungsentscheidung** gemäß § 54 FamFG ergangen ist.

3

2. Vergleich

Auch bei einem zur endgültigen Streitbeilegung geschlossenen **Vergleich** kann es sich um eine anderweitige Regelung handeln. Voraussetzung ist allerdings, dass der Vergleichsabschluss zulässig war, der Regelungsgegenstand also zur **Dispositionsbefugnis** der Beteiligten stand.[2] Dies ist beispielsweise beim Umgangsrecht, nicht dagegen in Sorgerechtssachen der Fall.

4

3. Deckungsgleichheit

Weitere Voraussetzung einer anderweitigen Regelung ist, dass **derselbe Verfahrensgegenstand** betroffen ist. Der Regelungsgehalt der Hauptsacheentscheidung (oder des Vergleichs) muss mit demjenigen der einstweiligen Anordnung inhaltlich und zeitlich im Grundsatz **kongruent** sein.

5

In **Kindschaftssachen** gilt dies allerdings nur eingeschränkt. Vorrang hat hier die **Hauptsacheentscheidung**, auch wenn sie von dem Regelungsumfang des Eilbeschlusses abweicht. Wenn etwa durch eine einstweilige Anordnung einem Elternteil die **alleinige Sorge insgesamt** zugesprochen worden ist, tritt diese vorläufige Entscheidung außer Kraft durch die Hauptsacheentscheidung, mit der lediglich das **Aufenthaltsbestimmungsrecht** für das betreffende Kind übertragen wird.[3] Ebenso „überlagert" die Hauptsacheentscheidung, die dem Vater ein **Umgangsrecht** einmal monatlich zuspricht, die vorangegangene einstweilige Anordnung, in der ein 14tägiges Besuchsrecht tituliert ist.

III. Antragsverfahren

Nach Abs. 2 tritt in **Antragsverfahren** die einstweilige Anordnung auch dann außer Kraft, wenn:

6

- der Antrag in der **Hauptsache zurückgenommen** wird oder rechtskräftig **zurückgewiesen** ist,

- die **Hauptsache erledigt** ist.

---

1 Vgl. hier *Cirullies*, § 1 GewSchG Rn. 24
2 MüKo-FamFG/*Soyka*, § 56 FamFG Rn. 2
3 Musielak/*Borth/Grandel*, § 56 FamFG Rn. 5

IV. Feststellung des Außerkrafttretens

7   Die Wirkung des Außerkrafttretens hat das erstinstanzliche Gericht auf Antrag durch **Beschluss** auszusprechen (Abs. 3).[4] Dies gilt auch für **Amtsverfahren**. In **Gewaltschutzsachen** ist es wegen der Gefahr einer ungerechtfertigten Strafverfolgung (§ 4 GewSchG) angezeigt, das Außerkrafttreten einer Schutzanordnung nach § 1 Abs. 1 GewSchG auch ohne Antrag auszusprechen.[5]

8   Neben dem Beschlussverfahren zur Feststellung des Außerkrafttretens einer einstweiligen Anordnung soll ein Antrag auf **Herausgabe des Titels** entsprechend § 371 BGB zulässig sein, sofern der Titel gänzlich außer Kraft getreten ist.[6] Nach a.A. ist der Anspruch auf Herausgabe des Titels hingegen ein anderer Verfahrensgegenstand mit weitergehenden Voraussetzungen, der in einem gesonderten Hauptsacheverfahren geltend zu machen sei.[7]

§ 57 FamFG Rechtsmittel

[1]Entscheidungen in Verfahren der einstweiligen Anordnung in Familiensachen sind nicht anfechtbar. [2]Dies gilt nicht in Verfahren nach § 151 Nummer 6 und 7 und auch nicht, wenn das Gericht des ersten Rechtszugs auf Grund mündlicher Erörterung

1.   über die elterliche Sorge für ein Kind,

2.   über die Herausgabe des Kindes an den anderen Elternteil,

3.   über einen Antrag auf Verbleiben eines Kindes bei einer Pflege- oder Bezugsperson,

4.   über einen Antrag nach den §§ 1 und 2 des Gewaltschutzgesetzes oder

5.   in einer Ehewohnungssache über einen Antrag auf Zuweisung der Wohnung

entschieden hat.

A. Allgemeines

1   Einstweilige Anordnungen sind überhaupt nur dann mit der **Beschwerde** anfechtbar, wenn sie aufgrund **mündlicher Erörterung** ergangen sind, und dann auch beschränkt auf die in Satz 2 bezeichneten Verfahrensgegenstände ("Katalogsachen"). Als Ausgleich für die überwiegende Unanfechtbarkeit können die Beteiligten unmittelbar oder auf dem

---

4 Ausführlich *van Els*, FPR 2012, 480, 484 m.w.N.
5 Prütting/Helms/*Stößer*, § 56 FamFG Rn. 10
6 MüKo-FamFG/*Soyka*, § 56 FamFG Rn. 13; *Löhning/Heiß* in Bork/Jacoby/Schwab/*Löhnig/Heiß*, § 56 FamFG Rn. 20 m.w.N.
7 KG FamRZ 2011, 1612

Umweg über § 52 FamFG ein **Hauptsacheverfahren** einleiten oder eine **Abänderung** nach § 54 FamFG beantragen.

B. Inhalt der Norm

I. Mündliche Erörterung

Der angefochtene Beschluss muss auf Grund *mündlicher Erörterung*[1] ergangen sein. Anderenfalls ist der Antrag nach § 54 Abs. 2 FamFG vorrangig gegenüber der Beschwerde.

▶ *Näher hierzu Cirullies, § 54 FamFG Rn. 10.*

2

Eine beschwerdefähige Entscheidung aufgrund mündlicher Erörterung kann im Verfahren der einstweiligen Anordnung auch dann vorliegen, wenn der Verfahrensgegenstand nur in einem zwischen den Beteiligten geführten **Parallelverfahren** mündlich besprochen worden ist.[2]

Die sofortige Beschwerde gegen eine die Bewilligung der **Verfahrenskostenhilfe** ablehnende Entscheidung wegen mangelnder Erfolgsaussicht in einem einstweiligen Anordnungsverfahren ist im Falle einer Katalogsache nach § 57 Satz 2 FamFG auch dann statthaft, wenn noch **keine mündliche Erörterung** stattgefunden hat.[3]

II. Regelungsgegenstände

1. Katalogsachen

Lediglich bei den in Satz 2 aufgeführten Verfahren ist die Beschwerde (nach mündlicher Erörterung im Ausgangsverfahren) statthaft – unabhängig davon, ob die angefochtene Entscheidung positiv oder negativ ist. **Unanfechtbar** sind beispielsweise Anordnungen in Unterhalts- und **Umgangssachen**.

3

Besondere Streitpunkte bestehen bei den Gegenständen **elterliche Sorge (Nr. 1)** und **Kindesherausgabe (Nr. 2)**.

2. Elterliche Sorge

Beschwerde kann auch dann eingelegt werden, wenn nicht nur über die elterliche Sorge **insgesamt**, sondern auch über **Teilbereiche** entschieden worden ist. Allerdings muss es sich dann um **Kernbereiche** wie etwa die Übertragung des **Aufenthaltsbestimmungsrechts** oder der Vermögenssorge handeln. Im Einzelfall, etwa bei der Ausstellung eines Reisepasses, ist die Zuordnung schwierig.[4]

4

Probleme kann auch die Abgrenzung zum Bereich **Umgangsrecht** bereiten, der eben nicht der Beschwerde unterliegt:

5

- Wird dem Umgangsberechtigten verboten (oder gestattet), mit dem Kind in das **Ausland zu verreisen**, soll eine unanfechtbare **Umgangsregelung**, bei einem entsprechenden an den Sorgeberechtigten gerichteten Verbot dagegen eine **Sorgerechtsregelung** vorliegen.[5]

---

1 Hier gleich bedeutend mit mündlicher Verhandlung
2 OLG Zweibrücken FamRZ 2011, 1243 (LS)
3 OLG Frankfurt, FamRZ 2014, 676, dazu *Grandke*, NZFam 2014, 420; ferner OLG Hamm, NJW 2013, 877, dazu *Cirullies*, FamFR 2013, 109
4 *Löhning/Heiß* in Bork/Jacoby/Schwab, § 57 FamFG Rn. 7 ff.
5 Zöller/*Feskorn*, § 57 FamFG Rn. 6 m.w.N.

- Bei der Anordnung einer **Umgangspflegschaft** ist streitig, ob mit ihr ein Eingriff in das **Sorgerecht** verbunden ist[6] oder nicht.[7]

- Auch bei **Kontakt- und Näherungsverboten** kann fraglich sein, ob sie dem Sorge- oder dem Umgangsrecht zuzuordnen sind. Stützt man diese Verbote allein auf **§ 1684 Abs. 4 BGB**,[8] besteht keine Beschwerdemöglichkeit. Anders hingegen, wenn die Rechtsgrundlage in **§ 1666 Abs. 4 BGB**[9] oder aber in **§ 1 GewSchG**[10] gesehen wird.

3. Herausgabe des Kindes

6 Nr. 2 erfasst nach dem Wortlaut lediglich die Herausgabe an den anderen **Elternteil**. Eine **entsprechende Anwendung** kommt nach überwiegender Auffassung **nicht** in Betracht. Daher ist eine Beschwerde gegen eine einstweilige Anordnung über die **Herausgabe eines Kindes** an das zuständige **Jugendamt** unzulässig.[11] Gleiches gilt für die Herausgabe zum Zwecke der Durchführung des **Umgangs**.[12]

III. Verfahren

1. Beschwerdefrist

7 Im Beschwerderecht ist bei einstweiligen Anordnungen insbesondere die kurze Beschwerdefrist von **zwei Wochen** (§ 63 Abs. 2 Nr. 1 FamFG) zu beachten – unabhängig davon, ob dem Antrag stattgegeben oder dieser zurückgewiesen wurde.

2. Beschwerdebefugnis

8 Die **Beschwerdebefugnis** gilt auch in Bezug auf Nebenentscheidungen, z.B. die **Kostenentscheidung**.[13] Auch zur **Durchführung** der Entscheidung getroffene ergänzende Anordnungen nach § 49 Abs. 2 Satz 3 FamFG zählen hierzu. Diese Nebenentscheidungen sind jedoch nicht außerhalb der für die Anfechtung der einstweiligen Anordnung geltenden Vorschriften isoliert anfechtbar, vielmehr ebenfalls erst nach einer **mündlichen Erörterung**.[14] Auch müssen isolierte Kostenentscheidungen Katalogsachen nach Satz 1 betreffen.[15]

Gegen eine Entscheidung, mit der der bislang **allein sorgeberechtigten Mutter** das Sorgerecht teilweise entzogen und auf einen Ergänzungspfleger übertragen worden ist, steht dem nicht sorgeberechtigten **Vater**, bei dem das Kind lebt, eine Beschwerdebefugnis **nicht** zu.[16]

---

6 So etwa OLG Saarbrücken FamRZ 2014, 402 (LS), dazu *Zimmermann*, FamFR 2013, 551; ferner OLG Stuttgart FamRZ 2014, 1794; dazu *Heilmann*, FamRZ 2014, 1753; *Zöller/Feskorn*, a.a.O.

7 So OLG Köln BeckRS 2012, 02886, dazu *Heinemann*, FamFR 2012, 109; OLG München FamRZ 2011, 823

8 So OLG Frankfurt ZKJ 2013, 298 = JAmt 2013, 656; AG Westerstede BeckRS 2009, 14580, dazu *Born*, FD-FamR 2009, 285196

9 Auch mit der Annahme, dass der nicht sorgeberechtigte Elternteil „Dritter" i.S. der Norm ist: MüKo-BGB/ *Olzen*, § 1666 BGB Rn. 209; Palandt/*Götz*, § 1666 BGB Rn. 41

10 So *Heiß*, FamFR 2013, 258

11 OLG Oldenburg FamRZ 2014, 1929, kritisch dazu *Söpper*, NZFam 2014, 1011; OLG Saarbrücken, BeckRS 2013, 01983, dazu *Burschel*, FamFR 2013, 140; a.A. OLG Oldenburg BeckRS 2010, 30365, dazu *Grün*, FamFR 2011, 40

12 Zöller/*Feskorn*, § 57 FamFG Rn. 7 m.w.N.

13 OLG Frankfurt BeckRS 2014, 17019

14 KG FamRZ 2014, 1929 (LS); OLG Koblenz FamRZ 2014, 496

15 OLG Brandenburg BeckRS 2013, 18891; vgl. auch *Fischer*, FamFR 2013, 563

16 KG FamRZ 2014, 1317

3. Gang des Verfahrens

Die Beschwerde ist bei dem Gericht **einzulegen**, dessen Beschluss angefochten wird. Dies gilt ebenso bei einem Antrag auf Verfahrenskostenhilfe für eine beabsichtigte Beschwerde (§ 64 Abs. 1 FamFG).

Bei Einlegung der Beschwerde gilt das **Abhilfeverbot** des § 68 Abs. 1 Satz 2 FamFG auch für **einstweilige Anordnungen**, da es sich bei ihnen um eine Endentscheidung i.S.v. §§ 38, 58 FamFG handelt.[17] Die Sache ist also unverzüglich dem Beschwerdegericht vorzulegen.

IV. Streit um Kosten

Häufig geht es bei der **Beschwerde** lediglich (noch) um die **Kosten**. Wenn eine einstweilige Anordnung während des Beschwerdeverfahrens **außer Kraft tritt**, kann der Beschwerdeführer sein Rechtsmittel auf den **Kostenpunkt** beschränken.[18] Hat das Amtsgericht im Verfahren der einstweiligen Anordnung ohne mündliche Verhandlung entschieden und anschließend nur über die **Kosten** mündlich verhandelt, ist die **Beschwerde** gegen die Kostenentscheidung gemäß § 57 FamFG **unzulässig**.[19]

9

10

---

17 Ganz h.M., vgl. Musielak/*Borth/Grandel*, § 68 FamFG Rn 6. Lediglich eine Mindermeinung nimmt unter Hinweis auf den früheren Rechtszustand eine Abhilfebefugnis an, vgl. OLG Hamm FamRZ 2011, 234
18 KG FamRZ 2012, 1323
19 OLG Frankfurt FamRZ 2013, 569

Abschnitt 5
Rechtsmittel

Unterabschnitt 1
Beschwerde

§ 58 FamFG Statthaftigkeit der Beschwerde

(1) Die Beschwerde findet gegen die im ersten Rechtszug ergangenen Endentscheidungen der Amtsgerichte und Landgerichte in Angelegenheiten nach diesem Gesetz statt, sofern durch Gesetz nichts anderes bestimmt ist.

(2) Der Beurteilung des Beschwerdegerichts unterliegen auch die nicht selbständig anfechtbaren Entscheidungen, die der Endentscheidung vorausgegangen sind.

Übersicht

A. Allgemeines

1   § 58 FamFG sieht für alle im ersten Rechtszug ergangenen **Endentscheidungen** der Familiengericht grundsätzlich das Rechtsmittel einer befristeten **Beschwerde** vor. Verfahren die vor dem 1.1.2009 im ersten Rechtszug eingeleitet worden sind[1] und auf die nach Art. 111 FGG-RG noch das vor dem 1.9.2009 anzuwendende Recht (befristete Beschwerde nach § 621e FGG a. F.) anzuwenden wäre, gibt es in Kindschaftssachen schon wegen der Notwendigkeit, diese in beschleunigter Weise zu erledigen (vgl. § 155 FamFG), in der Praxis nicht mehr. Auch soweit es um die **Vollstreckung** einer Endentscheidung geht, die noch nach altem Recht ergangen ist, kommt es auf die Einleitung des Vollstreckungsverfahrens an, da es sich um ein selbständiges Verfahren i.S.d. Art. 111 Abs. 1 und 2 FGG-RG handelt.[2]

§ 58 Abs. 1 und 2 FamFG[3] bestimmen im Grundsatz, dass

1. **Endentscheidungen** der Familiengerichte mit der **Beschwerde nach §§ 58 ff. FamFG** anfechtbaren sein sollen, soweit sie nicht für das betreffende Verfahren durch das Gesetz ausgeschlossen ist

und dass

---

1 Maßgeblich war die Einleitung des 1. Rechtszuges, vgl. BGH NJW 2010, 440; *Büte*, FuR 2010, 425
2 Keidel/*Engelhardt* Art. 111 FGG-RG Rn. 5
3 Ausführlich *Fischer*, FuR 2014, 645, 2014, 700; 2015, 28

2. **Zwischenentscheidungen** grundsätzlich **nicht selbständig anfechtbar** sein sollen, sondern nur zusammen mit der Endentscheidung vom Beschwerdegericht zu überprüfen sind (Abs. 2), soweit sie nicht – durch das FamFG ausdrücklich normiert – mit der

3. **sofortigen Beschwerde nach §§ 567 ff. ZPO** selbständig anfechtbar (*vgl. Rn. 9*) sind.

Mit der Entscheidung in der Hauptsache getroffene **Nebenentscheidungen** (z. B. **Kostenentscheidung**, sofortige Wirksamkeit) sind entgegen der Gesetzesbegründung[4] nicht Zwischenentscheidungen i.S.d. § 58 Abs. 2 FamFG gleichzustellen, da sie der Endentscheidung nicht vorausgehen und der Gesetzgeber insbesondere hinsichtlich der Anfechtbarkeit der Kostenentscheidung bewusst auf einen Ausschluss, wie nach §§ 20a Abs. 1 Satz 1 FGG a. F., 99 ZPO, verzichtet hat.[5]

2

B. Inhalt der Norm

I. Anfechtbarkeit von Endentscheidungen (Abs. 1)

1. Endentscheidungen in Hauptsacheverfahren

Endentscheidungen in Hauptsacheverfahren sind in Kindschaftssachen grundsätzlich mit der Beschwerde nach §§ 58 ff. FamFG anfechtbar. Es handelt sich dabei um solche gerichtlichen **Beschlüsse**, durch die der Verfahrensgegenstand **im ersten Rechtszug ganz oder teilweise erledigt** wird (§ 38 Abs. 1 Satz 1 FamFG). Damit sind auch **Teilbeschlüsse**, die nach § 38 Abs. 1 Satz 1 FamFG auch in Nichtstreitsachen zulässig sind[6] – die in Kindschaftssachen aber mit Ausnahme von Teilbeschlüssen in Umgangssachen eher selten vorkommen – selbständig anfechtbar. Gleiches gilt für **Ergänzungsbeschlüsse** nach § 43 Abs. 1 FamFG, soweit auch gegen die zu ergänzende Endentscheidung ein Rechtsmittel statthaft ist.[7] Anfechtbar ist in amtswegigen Verfahren nach § 24 FamFG, in denen ein „Antrag" als Anregung zur Einleitung eines Verfahrens zu verstehen ist, die Verweigerung des Familiengerichts, ein **Verfahren einzuleiten**, da es sich aus Sicht der Betroffenen um eine Endentscheidung handelt.[8] Das gilt aber nicht für die Einleitung des Amtsverfahrens selbst.[9] Selbstständig anfechtbar sind in Familiensachen der freiwilligen Gerichtsbarkeit – das ist heute unstreitig[10] – auch mit der Hauptentscheidung ergangene (*dann als Nebenentscheidung*) oder isolierte **Kostenentscheidungen** (*dann als Endentscheidung*) (vgl. oben Rn. 2 und Rn. 6 f.).

3

Ausgeschlossen ist die Anfechtbarkeit von Endentscheidungen in Kindschaftssachen bei der Adoption (§ 197 Abs. 3 Satz 1 FamFG) und bei der Befreiung vom Eheverbot (§ 198 Abs. 3 Satz 1 FamFG).

Obwohl das FamFG im Gegensatz zu Ehe- und Familienstreitsachen (§§ 113 Abs. 1 Satz 2 FamFG, 280 Abs. 2 ZPO) **Zwischenentscheidungen** über die Zulässigkeit eines Antrages bzw. Verfahrens nicht vorsieht,[11] sind vom Familiengericht in einem Verfahren der freiwilligen Gerichtsbarkeit getroffene Zwischenentscheidungen über die internationale Zustän-

---

4 BT-Drs. 16/6308, 162, 203
5 BT-Drs. 16/6308, 216; wie hier: Praxiskommentar Familienverfahrensrecht/*Finke* § 58 FamFG Rn. 7 ff.
6 Hier gelten aber die strengen Voraussetzungen von § 301 ZPO, wonach bei Teilbeschlüssen die Gefahr einander widersprechender Entscheidungen ausgeschlossen sein muss, entsprechend, vgl. OLG Frankfurt a. M. NJOZ 2014, 1044; Keidel/*Meyer-Holz* § 38 FamFG Rn. 20
7 BGH FGPrax 2011, 148; Keidel/*Meyer-Holz* § 43 FamFG 16 f.
8 OLG Frankfurt a.M., Beschl. v. 31.3.2015, 5 UF 272/14 – juris –; MüKo-FamFG/*A. Fischer* § 58 Rn. 77; a.A. die wohl h. M.: BGH Rpfleger 2012, 445; MüKo-FamFG/*Ulrici* § 24 Rn. 13; Prütting/Helms/*Ahn-Roth* § 24 FamFG Rn. 11
9 OLG Stuttgart FGPrax 2003, 72
10 Vgl. dazu Rn. 5
11 A.A. Keidel/*Meyer-Holz* § 58 FamFG Rn. 17: § 280 Abs. 2 ZPO analog

digkeit, zulässig und nach zutreffender Auffassung mit der Beschwerde nach § 58 Abs. 1 FamFG anfechtbar.[12]

Die Anfechtbarkeit von Endentscheidungen, die in rechtlich selbständigen (§ 51 Abs. 3 Satz 1 FamFG) Verfahren der **einstweiligen Anordnung** nach §§ 49 ff. FamFG ergangen sind, ist eingeschränkt und richtet sich nach § 57 Satz 1 und 2 FamFG (*vgl. Rn. 4*).

Nach § 58 Abs. 1 FamFG in Kindschaftssachen anfechtbare Endentscheidungen sind auch **Festsetzungen der Vergütung des Vormunds oder Pflegers** nach § 168 FamFG[13] oder des **Verfahrensbeistandes** nach §§ 158 Abs. 7, 168 Abs. 1 FamFG.[14] Denn sie beenden das Vergütungsfestsetzungsverfahren.

Auch die nach § 156 Abs. 2 FamFG von Familiengericht zu erteilende **Billigung einer Umgangsvereinbarung** ist – unbeschadet des Meinungsstreits über die Form der Billigung (siehe näher hierzu *Cirullies*, § 156 FamFG Rn. 65) – als Endentscheidung nach § 58 Abs. 1 FamFG anfechtbar, da erst sie den Titel vollstreckbar macht.[15] Nicht anfechtbar ist dagegen die **Verweigerung der Billigung** des Vergleichs, da dieser das Verfahren nicht erledigt.[16] Selbständig anfechtbar ist aber die **Erteilung oder Verweigerung des gerichtlichen Warnhinweises** nach § 89 Abs. 2 FamFG in einem Umgangsbeschluss.[17]

Selbständig als Endentscheidungen anfechtbar sind die **Anordnung oder Ablehnung einer Pflegschaft** und auch die Bestellung oder Auswechslung eines Ergänzungspflegers[18] sowie die Anordnung einer Umgangspflegschaft,[19] nicht aber die **Bestellung eines Verfahrensbeistandes** (§ 158 Abs. 3 Satz 1 FamFG).

4   Soweit der **Rechtspfleger** nach § 3 Nr. 2a RPflG funktionell für eine Kindschaftssache zuständig ist, findet gegen seine Endentscheidungen über **§ 11 Abs. 1 RPflG** ebenfalls die Beschwerde nach §§ 58 ff. FamFG unmittelbar zum Oberlandesgericht statt. Ist gegen die Entscheidung des Rechtspflegers kein Rechtsmittel gegeben, so findet nach § 11 Abs. 2 Satz 1 RPflG die **Erinnerung** statt, über die der Familienrichter des ersten Rechtszugs nach § 11 Abs. 2 Satz 3 RPflG zu entscheiden hat. Nach Auffassung des BGH ist der Begriff des Nichtgegebenseins eines Rechtsmittels weit auszulegen und ist nicht nur dann zu bejahen, wenn kein Rechtsmittel statthaft ist (z. B. Entscheidung des Rechtspflegers über einstweilige Anordnung im Verfahren nach § 1686 BGB, vgl. § 57 Satz 1 FamFG), sondern auch wenn es sonst nicht zulässig, z. B. weil der Betroffene nicht beschwert i.S.d. § 59 FamFG ist.[20]

▶   *Näher hierzu Heilmann, § 11 RPflG Rn. 12 ff.*

2. Endentscheidungen in Verfahren der einstweiligen Anordnung

5   Eingeschränkt ist die Statthaftigkeit der Beschwerde nach §§ 58 ff. FamFG aber bei Endentscheidungen, die in **einstweiligen Anordnungsverfahren** nach §§ 49 ff. FamFG ergangen sind. Hier ist die Beschwerde grundsätzlich nach § 57 Satz 1 FamFG nicht statthaft, soweit sich nicht nach Satz 2 Ausnahmen ergeben. Ohne Einschränkungen ist nach § 57

---

12   OLG Stuttgart FamRB 2014, 300 (Sorgerecht zur Brüssel IIa-VO) mit weiteren Einzelheiten
13   OLG Frankfurt a. M. FamRZ 2013, 894
14   OLG Frankfurt a. M. FamRZ 2010, 666
15   OLG München FF 2015, 30; OLG Hamm ZKJ 2014, 478; *Hammer*, FamRZ 2011, 1268; *Cirullies*, ZKJ 2011, 448, 450; *Fischer*, FuR 2014, 700, 701; Johannsen/Henrich/*Althammer* § 58 FamFG Rn. 4: a.A. OLG Nürnberg FamRZ 2011, 1533; MüKo-FamFG/*Schumann* § 156 Rn. 27
16   OLG Frankfurt a. M. FamRZ 2011, 394
17   BVerfG ZKJ 2011, 219 gegen OLG Frankfurt a. M. FamRZ 2010, 917 und OLG Köln FamRZ 2011, 574
18   MüKo-FamFG/*A. Fischer* § 58 Rn. 23
19   OLG Celle FamRZ 2011, 574; MüKo-FamFG/*A. Fischer* § 58 Rn. 13, nicht aber im e.A.-Verfahren, vgl. § 57 Satz 1 und 2 FamFG
20   BGH NJW-RR 2013, 1347: Großeltern bei der Auswahl des Vormunds

Satz 2 FamFG die Beschwerde in Kindesunterbringungssachen nach § 151 Nr. 6 und 7 FamFG statthaft, auch ohne vorherige mündliche Erörterung. In Bezug auf Kindschaftssachen sind nach § 57 Satz 2 Nr. 1–3 Endentscheidungen in **Sorgerechtsangelegenheiten** (Nr. 1), Verfahren, die die **Herausgabe des Kindes an einen Elternteil** (Nr. 2, **nicht** an einen sonstigen Dritten, wie das Jugendamt als Vormund oder Pfleger[21]) und Verfahren über einen Antrag auf **Verbleib des Kindes bei einer Pflege- oder Bezugsperson** (Nr. 3) ist die Beschwerde statthaft, aber nur unter der Einschränkung, dass bereits eine **mündliche Erörterung** mit den Beteiligten stattgefunden hat (siehe näher hierzu *Cirullies*, § 57 FamFG Rn. 2). Damit ist die Beschwerde in einstweiligen Anordnungsverfahren insbesondere in allen Umgangssachen nach § 151 Nr. 2 FamFG und Vormundschafts- und Pflegschaftssachen nach § 151 Nr. 4 und 5 FamFG per se unstatthaft, was bei Umgangssachen in der Praxis immer noch häufig, auch von Rechtsanwälten und Jugendämtern, übersehen wird. Unanfechtbar nach § 57 Satz 1 FamFG ist auch die Anordnung einer Umgangspflegschaft nach § 1684 Abs. 3 Satz 3 BGB im Wege einstweiliger Anordnung.[22]

3. Kostenentscheidungen

(a) Die Beschwerde ist nach heute einhelliger Auffassung auch statthaft gegen **Kostentscheidungen**,[23] sei es dass sie **isoliert** ergangen sind, z. B. nach Antragsrücknahme in nicht amtswegigen Verfahren, oder aber als Nebenentscheidung einer Entscheidung über die Hauptsache (vgl. Rn. 2). Streitig war hier vor allem die Frage, ob auch bei der Anfechtung der Kostenentscheidung in einer nichtvermögensrechtlichen Familiensache die **Mindestbeschwerdesumme** von § 61 Abs. 1 FamFG erreicht sein muss (siehe näher hierzu *Dürbeck*, § 61 FamFG Rn. 5 f.) und ob die Überprüfung einer Kostenentscheidung durch das Oberlandesgericht wegen des **Ermessensspielraumes** des Familienrichters eingeschränkt ist (siehe näher hierzu *Dürbeck*, § 68 FamFG Rn. 14). **6**

(b) Eine Ausnahme gilt hier allerdings dann, wenn die **Hauptsache selbst nicht anfechtbar** ist oder es bei einer isolierten Kostenentscheidung nicht wäre, da der Rechtszug bei einer Nebenentscheidung nicht weiter gehen kann, als bei der zugehörigen Sachentscheidung,[24] was aus dem Rechtsgedanken von §§ 127 Abs. 2 Satz 2, 91a Abs. 2 ZPO folgt. Damit sind zunächst alle Kostenentscheidungen in **einstweiligen Anordnungsverfahren**, die unter § 57 Satz 1 FamFG fallen (Umgangs-, Vormundschafts- und Pflegschaftssachen) nicht anfechtbar.[25] Ebenfalls unanfechtbar ist die Kostenentscheidung in einer grundsätzlich nach § 57 Satz 2 Nr. 1-3 FamFG anfechtbaren Kindschaftssache dann, wenn noch keine mündliche Erörterung stattgefunden[26] hat oder sie, z. B. nach Erledigung oder Antragsrücknahme, isoliert nach mündlicher Erörterung ergangen ist.[27] Ist die Kostenentscheidung zusammen mit der Endentscheidung in der Sache ergangen, besteht aber kein Grund, die Statthaftigkeit der gesonderten Anfechtung der Kostenentscheidung zu verneinen.[28] Ist die Kostenbeschwerde unstatthaft, vermag auch eine fälschlich erteilte Rechtsmittelbelehrung, welche auf eine angeblich zulässige Beschwerde verweist, an der **7**

---

21 OLG Oldenburg BeckRS 2014, 13326; OLG Saarbrücken FamRZ 2013, 1153; a.A. OLG Oldenburg FamRZ 2011, 745: § 57 Satz 2 Nr. 2 analog
22 OLG Hamm NJOZ 2013, 1201; OLG Köln FamFR 2012, 109; OLG Celle ZKJ 2011, 182; *Heilmann*, FamRZ 2014, 1753, 1755; 2012, 16, 21; a.A. *Völker/Clausius* § 1 Rn. 45; Johannsen/Henrich/*Büte* § 57 FamFG Rn. 6
23 BGH FamRZ 2011, 1933; Vgl. dazu ausführlich: *Götsche*, FuR 2012, 510; *Keske*, FPR 2010, 339
24 BGH NJW-RR 2003, 1075; OLG Frankfurt a. M. BeckRS 2012, 10146; KG BeckRS 2010, 30434; Prütting/Helms/*Stößer* § 57 FamFG Rn. 11; a.A. *Keske*, FPR 2010, 339, 340
25 OLG München FamRZ 2011, 496; *Götsche*, FuR 2012, 510, 515
26 OLG Koblenz BeckRS 2014, 11453
27 KG NZFam 2014, 750; OLG Frankfurt a. M. FamRZ 2014, 593; 2013, 569; OLG Koblenz BeckRS 2014, 11453; a.A. zu Unrecht *N. Schneider*, NZFam 2014, 750
28 OLG Frankfurt a. M. BeckRS 2014, 17019 BeckRS 2015, 05693

fehlenden Statthaftigkeit nichts zu ändern, da eine unrichtige Rechtsbehelfsbelehrung generell keinen gesetzlich nicht vorgesehenen Rechtsweg eröffnet.[29]

8   (c) Kostenentscheidungen, die im **Vollstreckungsverfahren** nach §§ 87 Abs. 5, 81 ff. FamFG ergangen sind, sind – wie die Hauptentscheidung selbst – auch isoliert mit dem Rechtsmittel der sofortigen Beschwerde nach §§ 87 Abs. 4 FamFG, 567 ff. ZPO anfechtbar,[30] so dass nach § 567 Abs. 2 ZPO der Beschwerdewert von 200,00 Euro erreicht sein muss.

C. Anfechtbarkeit von Zwischenentscheidungen

I. Systematik

9   Aus § 58 Abs. 1 und 2 FamFG kann der Grundsatz entnommen werden, dass der Endentscheidung vorausgegangene **Zwischenentscheidungen**, die nur dazu dienen, die Entscheidung vorzubereiten,[31] nur dann selbständig anfechtbar sind, wenn das Gesetz dies ausdrücklich zulässt.[32] Soweit dies der Fall ist, verweist das FamFG im Regelfall auf die Statthaftigkeit der **sofortigen Beschwerde nach §§ 567 ff. ZPO** (vgl. Rn. 12).

II. Unanfechtbare Zwischenentscheidungen

10   Kraft ausdrücklicher gesetzlicher Bestimmung finden sich **unanfechtbare Zwischenentscheidungen**– soweit sie für Kindschaftssachen und in der Praxis relevant sind – in folgenden Fällen:

– **Zuständigkeitsbestimmung** durch das Oberlandesgericht nach § 5 Abs. 3 FamFG

– die einem **Ablehnungsgesuch wegen Befangenheit stattgebende Entscheidung** § 6 Abs. 1 Satz 1 FamFG, 46 Abs. 2 ZPO (Richter) bzw. §§ 30 Abs. 1 FamFG, 406 Abs. 5 ZPO (Sachverständiger)

– Zurückweisung eines **nicht vertretungsberechtigten Bevollmächtigten** § 10 Abs. 3 Satz 1 FamFG

– Zurückweisung der **Verlängerung einer Frist** §§ 16 Abs. 2 FamFG, 225 Abs. 3 ZPO

– **Beweisbeschlüsse** §§ 30 Abs. 1 FamFG, 355 Abs. 2 ZPO,[33] auch dann nicht, wenn sie die Einholung eines medizinischen oder psychologischen Sachverständigengutachtens anordnen[34] (vgl. aber die Möglichkeit eines Zwischenverfahrens nach §§ 167a Abs. 3, 178 Abs. 2 FamFG, 386 ff. ZPO für die Fall der Einholung eines Abstammungsgutachtens[35]). Ob hiervon eine Ausnahme dann zu machen ist, wenn durch eine richterliche Zwischenentscheidung in existentieller Weise in höchstpersönliche Rechte des Betroffenen eingegriffen wird und diese sich infolge mangelnder persönlicher Anhörung als objektiv willkürlich darstellt,[36] erscheint zweifelhaft.[37]

– **Wiedereinsetzung** (§ 19 Abs. 2 FamFG, vgl. aber Abs. 3)

---

29 BGH NJW-RR 2007, 1071; OLG Frankfurt a. M. FamRZ 2014, 593
30 BGH FamRZ 2011, 1729; OLG Hamm FamRZ 2010, 1838; *Keske*, FPR 2010, 339, 340 f.
31 MüKo-FamFG/*A. Fischer* § 58 Rn. 49
32 BGH FamRZ 2011, 282; Keidel/*Meyer-Holz* § 58 FamFG Rn. 24
33 OLG Saarbrücken BeckRS 2014, 540; OLG Koblenz FamRZ 2013, 798
34 BGH NJW-RR 2008, 737; OLG Braunschweig FGPrax 2004, 281
35 BVerfG BeckRS 2014, 49409 für ein Verfahren nach § 1686a BGB
36 OLG Nürnberg FamRZ 2014, 677 und OLG Frankfurt a.M., Beschl. v. 7.4.2015, 5 WF 66/15 – juris – (Anordnung zur ärztlichen Untersuchung in Sorgerechtssache); OLG Köln MDR 2013, 286: Genehmigung einer Röntgenuntersuchung zur Altersbestimmung eines unbegleitet eingereisten Kindes ohne vorherige Anhörung unter Berufung auf BVerfG 1994, 2279; BGH NJW-RR 2005, 1387
37 Zu Recht ablehnend: *Fischer*, FuR 2014, 700, 701

- Anberaumung eines Termins, Aufhebung oder Verlegung eines gerichtlichen **Termins**, § 32 Abs. 1 FamFG, 227 Abs. 4 Satz 2 ZPO

- Ablehnung einer **Beschlussberichtigung** § 42 Abs. 3 Satz 1 FamFG

- Verwerfung oder Zurückweisung einer **Gehörsrüge** § 44 Abs. 4 Satz 3 FamFG

- Entscheidungen über die Aussetzung oder Beschränkung der Vollstreckung einer einstweiligen Anordnung nach § 55 Abs. 1 Satz 2 FamFG

- Übertragung des Beschwerdeverfahrens auf den **Einzelrichter** oder **Rückübertragung** auf den Senat § 68 Abs. 4 FamFG i. V. m. § 526 Abs. 3 ZPO[38]

- **Abtrennung** einer Kindschaftsfolgesache gemäß § 140 Abs. 2 Nr. 3 FamFG aus dem **Scheidungsverbund**, § 140 Abs. 6 FamFG

- Anordnung zur Teilnahme an einer **Mediation oder Erziehungsberatung** § 156 Abs. 1 Satz 5 FamFG

- Bestellung eines **Verfahrensbeistandes** bzw. deren Aufhebung oder Ablehnung § 158 Abs. 3 Satz 4 FamFG

- **Abgabe** einer Kindschaftssache an das Gericht der Ehesache nach §§ 153 Satz 1 und 2 FamFG, 281 Abs. 2 Satz 2 ZPO.

- Feststellung des Scheiterns eines **Umgangsvermittlungsverfahrens** § 165 Abs. 5 Satz 1 FamFG.

Ohne ausdrückliche Regelung nicht anfechtbare Entscheidungen sind weiterhin im Beschwerdeverfahren ergangene oder abgelehnte einstweilige Anordnungen des Oberlandesgerichts, z. B. über die **Aussetzung der Vollstreckung** nach § 64 Abs. 3 FamFG, **Verbindungs- und (sonstige) Abtrennungsbeschlüsse**[39] (vgl. § 20 FamFG) sowie Entscheidungen nach § 55 FamFG über die **Vollstreckung von einstweiligen Anordnungen**.[40] Gleiches gilt für **verfahrensbegleitende Anordnungen**, wie z. B. in Bezug auf die **persönliche Anhörung** der Beteiligten oder Anhörung sonstiger Personen und auch Fragen der Versagung oder Gewährung von **Akteneinsicht** gegenüber Beteiligten während des laufenden Verfahrens nach § 13 FamFG (vgl. § 13 Abs. 4 Satz 3 FamFG).[41] Betrifft die Entscheidung über ein Akteneinsichtsgesuch aber **während des laufenden Verfahrens** nicht formell beteiligte Dritte (wie z. B. Groß- oder Pflegeeltern) handelt es sich nach heute h. M. bei den betreffenden Entscheidungen der Familiengerichte nicht um Justizverwaltungsakte, sondern selbständig nach § 58 FamFG anfechtbare Gerichtsendentscheidungen.[42] Nicht anfechtbar sind in Familiensachen der freiwilligen Gerichtsbarkeit auch Entscheidungen betreffend die **Bekanntgabe von Beschlüssen** oder Verfügungen gemäß § 15 FamFG, wie z. B. die Anordnung der **öffentlichen Zustellung** nach §§ 15 Abs. 2 FamFG, 185 ZPO, da ein Verweis auf § 567 Abs. 1 Nr. 2 ZPO nicht erfolgt ist.[43]

11

---

38 BT-Drs. 16/6308, S. 204
39 BT-Drs. 16/6308, 184; Praxiskommentar Familienverfahrensrecht/*Finke* § 58 FamFG Rn. 11
40 Keidel/*Giers* § 53 FamFG Rn. 9
41 MüKo-FamFG/*Pabst* § 13 Rn. 13; Keidel/*Sternal* § 13 FamFG Rn. 67; a.A. Haußleiter/*Gomille* § 13 FamFG Rn. 12
42 OLG Düsseldorf ZKJ 2014, 161; OLG Hamm FGPrax 2013, 136; OLG Celle MDR 2012, 184; Keidel/*Sternal* § 13 FamFG Rn. 72; a.A. OLG Hamm FamRZ 2012, 51; Keidel/*Meyer-Holz* § 58 FamFG Rn. 33; zur Zuständigkeit des Richters im laufenden Verfahren KG MDR 2014, 983
43 OLG Frankfurt a. M., Beschl. v. 10.3.2015, 6 WF 275/14 – juris –

III. Anfechtbare Zwischenentscheidungen

12 Zwischenentscheidungen des Familiengerichts sind auch in Kindschaftssachen dann mit dem Rechtsmittel der **sofortigen Beschwerde nach §§ 567 ff. ZPO** anfechtbar, wenn das FamFG dies ausdrücklich anordnet. Dies gilt aber nicht für Zwischenentscheidungen des **Oberlandesgerichts** im Beschwerdeverfahren, da § 567 Abs. 1 ZPO die sofortige Beschwerde nur **gegen erstinstanzliche Entscheidungen** eröffnet.

1. Praktisch relevante Fälle

13
- die ein **Ablehnungsgesuch** zurückweisende Entscheidung § 6 Abs. 2 FamFG (Richter) bzw. §§ 30 Abs. 1 FamFG, 406 Abs. 5 ZPO (Sachverständiger)
- Ablehnung eines Antrages auf **formelle Beteiligung** am Verfahren, § 7 Abs. 5 Satz 2 FamFG
- **Aussetzung** des Verfahrens § 21 Abs. 2 FamFG
- Feststellung der Rechtsmäßigkeit einer **Zeugnisverweigerung** oder der **Verweigerung der Mitwirkung an einem Abstammungsgutachten** in einem **Zwischenverfahren** §§ 29 Abs. 2, 178 Abs. 2 Satz 1, 167a Abs. 3[44] FamFG, 387 Abs. 3 ZPO
- Festsetzung eines **Ordnungsmittel** gegen einen nicht erschienenen **Beteiligten** § 33 Abs. 3 Satz 5 FamFG
- Festsetzung eines **Ordnungsmittels** gegen einen nicht erschienenen **Zeugen oder Sachverständigen** §§ 30 Abs. 1 FamFG, 380 Abs. 3, 390 Abs. 3, 409 ZPO (auch Verweigerung des Zeugnisses oder Gutachtens)
- Anordnung von **Zwangsmitteln** zur Durchsetzung einer Handlung oder eines Unterlassens aufgrund einer gerichtlichen Anordnung § 35 Abs. 5 FamFG
- Beschluss, der eine **Berichtigung** ausspricht § 42 Abs. 3 Satz 2 FamFG
- **Verfahrenskostenhilfe** §§ 76 Abs. 2 FamFG, 127 Abs. 2 ZPO (siehe näher hierzu *Dürbeck*, § 76 FamFG Rn. 41 ff.)
- **Kostenfestsetzung** §§ 85 FamFG, 104 Abs. 3 ZPO
- Beschlüsse im **Vollstreckungsverfahren** § 87 Abs. 4 FamFG, z. B. gegen die Anordnung von Ordnungsmitteln wegen Verstoßes gegen eine Umgangsregelung.

Keine Anwendung auf Familiensachen der freiwilligen Gerichtsbarkeit findet die Generalklausel von § 567 Abs. 1 Nr. 2 ZPO, wonach gegen ein Verfahrensgesuch zurückweisende Entscheidungen, die keine mündliche Verhandlung erfordern, generell die sofortige Beschwerde statthaft sein soll, wie dies im Bereich des Zivilprozesses z. B. bei der Ablehnung einer öffentlichen Zustellung oder Ablehnung einer Protokollberichtigung der Fall ist.[45]

2. Verfahren der sofortigen Beschwerde

14 Hinsichtlich des Verfahrens der sofortigen Beschwerde bei Entscheidungen im Rahmen der **Verfahrenskostenhilfe** kann auf die Ausführungen zu § 76 FamFG Rn. 50 ff. Bezug genommen werden.

Besonderheiten ergeben sich bzgl. der **VKH-Beschwerde** nach §§ 76 Abs. 2 FamFG, 127 Abs. 2-4 ZPO nur insoweit, als die Frist der sofortigen Beschwerde nach § 569 Abs. 1 Satz 1

---

44 Vgl. dazu BVerfG, Beschl. v. 19.11.2014, 1 BvR 2843/14 – juris – betreffend eine Zwischenentscheidung zur Anordnung einer Abstammungsuntersuchung im Rahmen von § 167a FamFG

45 Zur Frage, ob § 567 Abs. 1 Nr. 2 ZPO von § 113 Abs. 1 Satz 2 FamFG in Ehe- und Familienstreitsachen umfasst ist: OLG Frankfurt a. M. FamRZ 2013, 1672 (Ablehnung der Protokollierung einer Scheidungsvereinbarung) und nunmehr BGH BeckRS 2015, 05117: Ablehnung der öffentlichen Zustellung eines Scheidungsantrags

ZPO **2 Wochen** (statt 1 Monat) beträgt und das Familiengericht (abweichend von § 127 Abs. 4 ZPO) eine Entscheidung über die Kosten des Beschwerdeverfahrens zu treffen hat, die sich nach der hier vertretenen Auffassung nach §§ 81 ff. FamFG und nicht nach §§ 91 ff. ZPO richtet.[46] Weiterhin muss in Kostensachen nach § 567 Abs. 2 ZPO ein Beschwerdewert von mehr als 200,– Euro erreicht sein.

3. Rechtsschutz gegen unanfechtbare Zwischenentscheidungen

Ist gegen eine Zwischenentscheidung des Familiengerichts ein isoliertes Rechtsmittel nicht statthaft (hierzu Rn. 8), so unterliegen diese gemäß § 58 Abs. 2 FamFG grundsätzlich gleichwohl der **(inzidenten) Überprüfung** des Beschwerdegerichts, das über die Endentscheidung zu befinden hat.[47] Soweit allerdings auch eine inzidente Überprüfung durch das Beschwerdegericht gesetzlich ausgeschlossen ist oder es um unanfechtbare Zwischenentscheidungen des Oberlandesgerichts selbst geht, verbleiben den Betroffenen nur die **Gegenvorstellung** und auch die **Gehörsrüge** nach § 44 FamFG. Die Gegenvorstellung ist auch nach gesetzlicher Einführung der Gehörsrüge vom BVerfG für weiterhin statthaft erachtet worden.[48] Wird mit ihr eine Verletzung rechtlichen Gehörs gerügt, ist sie innerhalb der **zweiwöchigen Frist** analog § 44 Abs. 1 Satz 1 FamFG einzulegen.[49] Die **Gehörsrüge** nach § 44 FamFG ist nach dem Wortlaut und auch aus verfassungsrechtlichen Gründen[50] nicht beschränkt auf Endentscheidungen, so dass sie grundsätzlich auch auf nicht mehr anfechtbare Zwischenentscheidungen, wie VKH-Beschlüsse,[51] anzuwenden ist. Sie gilt aber nicht für Zwischenentscheidungen, die nach § 58 Abs. 2 FamFG noch mit der Endentscheidung überprüft werden können, wie z. B. Beweisbeschlüsse[52] oder Beschlüsse zur Überprüfung der Verfahrensfähigkeit eines Beteiligten.[53] Ist sie in der Sache **begründet**, so ist das Verfahren nach § 44 Abs. 1 und 5 FamFG **fortzuführen**. Ist sie **unzulässig oder unbegründet**, ist sie nach Maßgabe von § 44 Abs. 4 FamFG durch unanfechtbaren Beschluss kostenpflichtig (*vgl. Nr. 1800 KV FamGKG: 60,00 Euro*) zu **verwerfen oder zurückzuweisen**.

15

4. Rechtsschutz gegen die Untätigkeit der Familiengerichte

Gerade in Kindschaftssachen, wo auch wegen des kindlichen Zeitempfindens ein besonderes Bedürfnis[54] für Verfahrensbeschleunigung herrscht, hat die Frage, wie sich Verfahrensbeteiligte gegen eine **Verzögerung des Verfahrens** durch die Familiengerichte zur Wehr setzen können, besondere Bedeutung und die deutsche Gerichtspraxis wurde bereits mehrfach vom **EGMR** beanstandet.[55] Die früher in Ausnahmefällen für zulässig gehaltene **Untätigkeitsbeschwerde**[56] ist durch die Einführung der **Verzögerungsrüge** und des **Entschädigungsverfahrens** nach §§ 198 ff. GVG[57] für nicht mehr statthaft gehalten worden.[58] Unter den Voraussetzungen von § 198 Abs. 3 GVG konnte daher bei einer Verzögerung des Verfahrens zunächst nur **Verzögerungsrüge** in dem betreffenden Verfah-

16

---

46 A.A. OLG Köln, Beschl. v. 30.8.2010, 4 WF 114/10 – juris –
47 Vgl. BGH FGPrax 2011, 101
48 BVerfG NJW 2009, 829
49 OLG Frankfurt a. M. BeckRS 2013, 10463; Baumbach/*Hartmann* Vor § 567 ZPO Rn. 9; a.A. MüKo-ZPO/*Motzer* § 127 Rn. 23
50 BVerfG FamRZ 2011, 272
51 OLG Naumburg FamRZ 2007, 917; Büttner/Wrobel-Sachs/Gottschalk/*Dürbeck* Rn. 862; a.A. OLG Frankfurt a. M. OLGR 2006, 310
52 Keidel/*Meyer-Holz* § 58 FamFG Rn. 14
53 BGH NJW-RR 2011, 284
54 *Heilmann*, Kindliches Zeitempfinden und Verfahrensrecht, S. 21 ff.
55 EGMR FamRZ 20006, 2389; 2009, 1037; 2010, 1721; 2011, 1283
56 Vgl. zuletzt noch OLG Saarbrücken ZKJ 2012, 75 (Umgangsrecht)
57 BGBl. 2011 I S. 2302
58 BGH NJW 2013, 385; OLG Düsseldorf NJW 2012, 1455; kritisch: *Vogel*, FF 2014, 434

ren erhoben und sodann die spezielle **Entschädigungsklage nach §§ 198 ff. GVG** vor dem in erster Instanz zuständigen Oberlandesgericht eingereicht werden.[59] Erste Entscheidungen des BGH in Kindschaftssachen liegen hier bereits vor.[60] Dieser Rechtslage ist jedoch nunmehr der EGMR entgegen getreten. In seiner Entscheidung vom 15.1.2015[61] hat der EGMR in einem Umgangsverfahren beanstandet, dass das deutsche Verfahrensrecht keinen Rechtsbehelf vorsehe, der geeignet sei, überlange Verfahren in Umgangssachen effektiv zu beschleunigen und hierin einen Verstoß gegen Art. 8 EMRK (Recht auf Achtung des Privat- und Familienlebens) und Art. 13 EMRK (Recht auf wirksame Beschwerde) gesehen. Die Auswirkungen dieser Entscheidung sind noch nicht im Einzelnen absehbar. Es dürfte damit zu rechnen sein, dass Oberlandesgerichte Untätigkeitsbeschwerden wieder entsprechend der früheren engen Voraussetzungen[62] für zulässig erachtet werden. Letztlich wird der deutsche Gesetzgeber gehalten sein, die Untätigkeitsbeschwerde jedenfalls in Kindschaftssachen im Gesetz zu statuieren, wie dies auch schon vor der Entscheidung des EGMR zum Teil gefordert worden ist.[63]

Neben dem Verfahren nach §§ 198 ff. GVG verbleibt aber auch die Möglichkeit, wegen überlanger Verfahrensdauer **Schadensersatzansprüche wegen Amtspflichtverletzung** nach Maßgabe von § 839 BGB i. V. m. Art. 34 GG geltend zu machen.[64] Während des laufenden Verfahrens kann mangels Statthaftigkeit der Untätigkeitsbeschwerde allenfalls der für eine etwaige Verfahrensverzögerung verantwortliche Richter oder Rechtspfleger wegen der **Besorgnis der Befangenheit** abgelehnt werden.[65]

---

59 Zu den Einzelheiten Saenger/*Rathmann* GVG § 198 Rn. 16 ff.; *Althammer/Schäuble,* NJW 2012, 1; zur bereits vorliegenden Rspr.: *Hansens,* SchlA 2013, 221
60 BGH FamRZ 2014, 1462 (Sorgerecht); 2014, 933 (Umgangsrecht)
61 EGMR BeckRS 2015, 02392
62 Vgl. BVerfG NJW 2008, 503; Rpfleger 2004, 227: Verzögerung, die so schwerwiegend ist, dass sie einer Ablehnung des Begehrens gleichkommt
63 Vgl. MüKo-ZPO/*Zimmermann* § 198 GVG Rn. 3; *Vogel,* FF 2013, 434, 435; *Völker/Clausius* § 1 Rn. 80 ff.
64 OLG Karlsruhe FamRZ 2013, 1678; *Vogel,* FF 2014, 434, 436
65 Vgl. OLG Dresden FamRZ 2014, 957; MüKo-FamFG/*Heilmann* § 155 FamFG Rn. 82 f.

Das Beschwerdeverfahren nach §§ 58 ff. FamFG

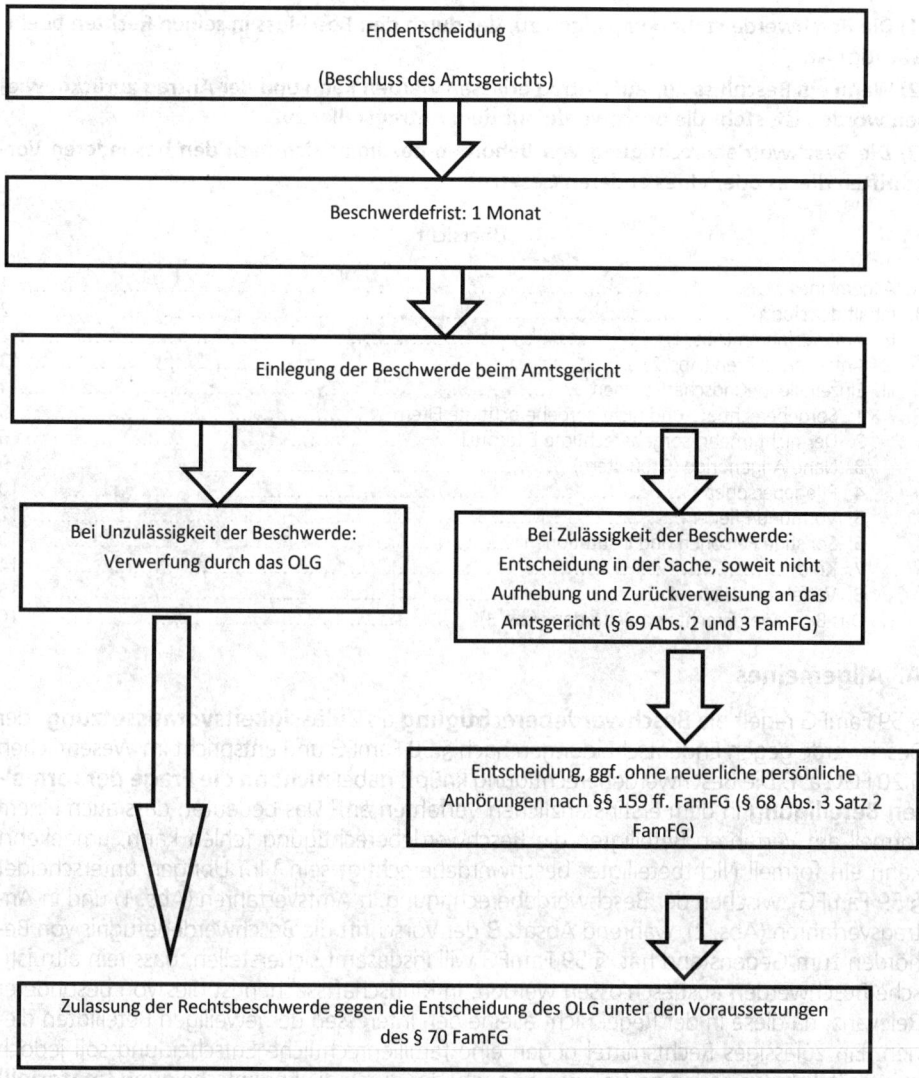

Endentscheidung

(Beschluss des Amtsgerichts)

Beschwerdefrist: 1 Monat

Einlegung der Beschwerde beim Amtsgericht

Bei Unzulässigkeit der Beschwerde: Verwerfung durch das OLG

Bei Zulässigkeit der Beschwerde: Entscheidung in der Sache, soweit nicht Aufhebung und Zurückverweisung an das Amtsgericht (§ 69 Abs. 2 und 3 FamFG)

Entscheidung, ggf. ohne neuerliche persönliche Anhörungen nach §§ 159 ff. FamFG (§ 68 Abs. 3 Satz 2 FamFG)

Zulassung der Rechtsbeschwerde gegen die Entscheidung des OLG unter den Voraussetzungen des § 70 FamFG

§ 59 FamFG Beschwerdeberechtigte

(1) Die Beschwerde steht demjenigen zu, der durch den Beschluss in seinen Rechten beeinträchtigt ist.

(2) Wenn ein Beschluss nur auf Antrag erlassen werden kann und der Antrag zurückgewiesen worden ist, steht die Beschwerde nur dem Antragsteller zu.

(3) Die Beschwerdeberechtigung von Behörden bestimmt sich nach den besonderen Vorschriften dieses oder eines anderen Gesetzes.

Übersicht

A. Allgemeines

1 § 59 FamFG regelt die **Beschwerdeberechtigung** als **Zulässigkeitsvoraussetzung**[1] der Beschwerde gegen Endentscheidungen nach § 58 FamFG und entspricht im Wesentlichen § 20 FGG a. F. Die Beschwerdeberechtigung knüpft dabei **nicht an die Frage der formellen Beteiligung** in dem erstinstanzlichen Verfahren an.[2] Das bedeutet, dass auch einem formell am Verfahren Beteiligten die Beschwerdeberechtigung fehlen kann, umgekehrt kann ein formell Nichtbeteiligter beschwerdeberechtigt sein.[3] Im Übrigen unterscheidet § 59 FamFG zwischen der Beschwerdeberechtigung in Amtsverfahren (Abs. 1) und in Antragsverfahren (Abs. 2), während Absatz 3 der Vorschrift die Beschwerdebefugnis von Behörden zum Gegenstand hat. § 59 FamFG will insgesamt sicherstellen, dass rein altruistische Beschwerden ausgeschlossen werden. In Kindschaftssachen ist dies von besonderer Relevanz, da diese in der Regel nicht alleine den Interessen der jeweiligen Beteiligten dienen. Ein zulässiges Rechtsmittel gegen eine familienrechtliche Entscheidung soll jedoch grundsätzlich nur derjenige einlegen können, der durch die Endentscheidung **(materiell) beschwert** ist. Eine Beschwerde kann im Übrigen nach zutreffender Auffassung nicht ausschließlich auf die **Verletzung von Verfahrensrechten** gestützt werden, sondern muss auf eine Beeinträchtigung der materiellen Rechtsposition des Betroffenen gestützt werden.[4]

▶ *Zur Statthaftigkeit der Erinnerung gegen die Entscheidung des Rechtspflegers bei fehlender Beschwerdeberechtigung siehe auch Heilmann, § 11 Rn. 11 ff.*

---

1 OLG Hamm FGPrax 2010, 143; Prütting/Helms/*Abramenko* § 59 FamFG Rn. 1
2 BT-Drs. 16/6308, 204
3 *Schürmann*, FuR 2010, 425, 429
4 Keidel/*Meyer-Holz* § 59 FamFG Rn. 7; Johannsen/Henrich/*Althammer* § 59 FamFG Rn. 4; a.A. OLG Bremen Rpfleger 1973, 58; Bumiller/*Harders* § 59 FamFG Rn. 6

B. Inhalt der Norm

I. Amtsverfahren (Abs. 1)

Da in **amtswegigen Verfahren** (siehe näher hierzu *Cirullies*, § 24 FamFG Rn. 1 ff.) die Be-　　**2**
teiligten keine **förmlichen Anträge** stellen können (vgl. § 24 Abs. 1 FamFG), kann es hier
auch bei demjenigen, der die Einleitung des Verfahrens mit einem bestimmten Rechtsschutzziel begehrt hat, **nicht auf eine formelle Beschwer** ankommen. Daher bestimmt
§ 59 Abs. 1 FamFG, dass die Beschwerde nur demjenigen zusteht, der durch den Beschluss
in seinen Rechten beeinträchtigt und damit **materiell**[5] durch die Entscheidung beschwert ist. Unerheblich ist, ob er am Verfahren formell beteiligt war oder nicht[6] (vergleiche Rn. 1). Die Rechtsbeeinträchtigung muss sich unmittelbar aus der Entscheidung, regelmäßig aus der **Beschlussformel** selbst ergeben. Soweit sich die Rechtsfolgen nicht allein
aus der Beschlussformel ergeben, können zu seiner Auslegung die **Entscheidungsgründe** mit herangezogen werden.[7] Eine Rechtsbeeinträchtigung allein aus der Beschluss-
begründung reicht nicht aus.[8] Auch begründen mittelbare oder künftig zu befürchtende
Beeinträchtigungen der Rechtssphäre von Betroffenen nicht die Beschwerdebefugnis.[9] Besonderheiten bestehen bei der Frage der eigenen Rechtsbeeinträchtigung in Kindschaftssachen aber beim Jugendamt (vgl. Abs. 3 i. V. m. § 162 Abs. 3 Satz 2 FamFG) und des Verfahrensbeistands (§ 158 Abs. 4 Satz 5 FamFG), die allein im Interesse des Kindes beschwerdeberechtigt sind (siehe näher hierzu *Dürbeck* § 162 FamFG Rn. 21 f. und Keuter, § 158
FamFG Rn. 38).

II. Antragsverfahren (Abs. 2)

Für (reine) **Antragsverfahren** i.S.d. § 23 FamFG (siehe näher hierzu *Cirullies*, § 23 FamFG　　**3**
Rn. 1 ff.) bestimmt § 59 Abs. 2 FamFG, dass bei der Zurückweisung eines Antrages nur derjenige Beschwerde einlegen kann, dessen Antrag zurückgewiesen wurde, der also **formell**
durch die Entscheidung **beschwert** ist. Die Vorschrift begründet aber insoweit keine eigenständige Beschwerdebefugnis in Antragsverfahren. Auch der nach § 59 Abs. 2 FamFG
formell Beschwerte bedarf einer **materiellen Beschwer** durch die Entscheidung[10] i.S.d.
§ 59 Abs. 1 FamFG, so dass sie Abs. 1 ergänzt.[11] Es reicht aber aus, dass der Antragsberechtigte den (zurückgewiesenen Antrag) in erster Instanz hätte stellen können, was insbesondere auf der Seite des Antragsgegners, der im Verfahren nach § 1671 Abs. 1 BGB sich
auf die Zurückweisung des Antrages beschränkt hat, von Bedeutung sein kann.[12] Dessen
ungeachtet bleiben aber in Kindschaftssachen das Beschwerderecht von Jugendamt, Verfahrensbeistand und ggf. auch des Kindes (§ 60 FamFG) unberührt.

III. Einzelfälle in Kindschaftssachen

§ 59 Abs. 1 FamFG und die Frage einer **Beschwerdeberechtigung** von Betroffenen, Be-　　**4**
teiligten bzw. Anzuhörenden hat gerade in Kindschaftssachen, in denen neben den Eltern
häufig weitere Personen oder Behörden zu beteiligen oder anzuhören sind, zentrale Bedeutung für die Prüfung der Zulässigkeit einer Beschwerde. Die wichtigsten Konstellationen sind die folgenden:

5　OLG Hamm FGPrax 2010, 143; Praxiskommentar Familienverfahrensrecht/*Finke* § 59 FamFG Rn. 4
6　BGH FamRZ 1980, 989
7　BGH NJW-RR 2002, 136
8　OLG Celle FamRZ 1985, 812; Johannsen/Henrich/*Althammer* § 59 FamFG Rn. 3
9　BGH FamRZ 2011, 552; 2005, 975; BayObLG NJW-RR 2002, 440; Keidel/*Meyer-Holz* § 59 FamFG Rn. 9
10　OLG Düsseldorf MDR 2013, 114; OLG Hamm NJW-RR 2012, 388
11　OLG Brandenburg FamRZ 2013, 1328
12　BGHZ 30, 220 (zum alten Recht); Prütting/Helms/*Abramenko* § 59 FamFG Rn. 20

1. Sorgeberechtigte und nicht sorgeberechtigte Eltern

5   **Sorgeberechtigte Eltern** sind sowohl durch den Entzug oder die Beschränkung ihres Sorgerechts nach § 1666 Abs. 3 Nr. 1 bis 6 BGB als auch durch die Anordnung einer Vormundschaft/Ergänzungspflegschaft und die Auswahl des Vormunds/Pflegers in eigenen Rechten unmittelbar betroffen.[13] Gegen die Erteilung der familiengerichtlichen Genehmigung einer Erbausschlagung besteht kein Beschwerderecht der sorgeberechtigten Eltern, weil noch von der Genehmigung durch Erklärung der Ausschlagung gegenüber dem Nachlassgericht Gebrauch zu machen und darauf auch verzichtet werden kann.[14]

Nach wohl h. M. sind nicht sorgeberechtigte Eltern durch die Auswahlentscheidung im Rahmen einer Vormundschaft oder Pflegschaft in eigenen Rechten betroffen und daher beschwerdeberechtigt (siehe näher hierzu *Dürbeck*, § 1779 BGB Rn. 19).[15] Dies gilt aber nicht gegen auf § 1837 BGB beruhende Entscheidungen des Familiengerichts im Zusammenhang mit der **Beratung und der Aufsicht des Vormunds**.[16] Auch gegen die **Ablehnung von Aufsichtsmaßnahmen** gegenüber dem Vormund durch das Familiengericht steht nicht sorgeberechtigten Eltern kein Beschwerderecht zu.[17] An einer Beeinträchtigung eigener Rechte fehlt es nicht sorgeberechtigten Eltern auch beim **Austausch eines Ergänzungs- oder Umgangspflegers**.[18] Dies dürfte auch für die Genehmigung der Unterbringung des Kindes nach § 1631b BGB im Hinblick auf § 59 Abs. 1 FamFG durch den Vormund/Pfleger gelten.[19] Eine Beschwerdeberechtigung der sorgerechtslosen Eltern und sonstiger naher Angehöriger ergibt sich bei der Unterbringung des Kindes aber nach §§ 167 Abs. 1 Satz 1 FamFG i. V. m. § 335 Abs. 1 Nr. 1 und 2 FamFG.[20] Gegen die Festsetzung der Vergütung des Umgangspflegers steht den am Verfahren beteiligten Eltern mangels eigener Rechtsverletzung kein Beschwerderecht zu,[21] da insoweit nur die Staatskasse und der Umgangspfleger am Vergütungsfestsetzungsverfahren beteiligt sind und die Entscheidung keine Bindungswirkung gegenüber den Eltern entfaltet. Einwendungen können von den Eltern, soweit ihnen die Verfahrenskosten zumindest anteilig auferlegt worden sind, im Wege der Erinnerung gegen den Kostenansatz nach § 57 FamGKG geltend gemacht werden. Gleiches gilt für die Vergütung des Verfahrensbeistands.

2. Der nicht (mehr) sorgeberechtigte Elternteil

6   Im Verfahren nach **§§ 1671 Abs. 1 und 2, 1626a Abs. 2 BGB** ist der Elternteil in seinen Rechten beeinträchtigt, der die alleinige oder gemeinsame Sorge für das Kind verliert bzw. dem diese vorenthalten wird. Hat ein Elternteil der Übertragung des Sorgerechts auf den anderen Elternteil nach § 1671 Abs. 1 Nr. 1 oder Abs. 2 Nr. 1 BGB **zugestimmt**, kann er gleichwohl gegen die erfolgte Übertragung des Sorgerechts auf den anderen Elternteil Beschwerde einlegen, da die **Zustimmung auch noch im Beschwerdeverfahren frei widerruflich** ist.[22] Ihm wird zwar bei entsprechender Bedürftigkeit und Erfolgsaussicht Ver-

---

13 OLG Brandenburg FamRZ 2012, 237; OLG Celle JAmt 2012, 674; OLG Köln FamRZ 2011, 1305; MüKo-FamFG/*A. Fischer* § 59 Rn. 27
14 OLG Koblenz FamRZ 2014, 1037
15 OLG Brandenburg FamRZ 2012, 237; 2013, 54; OLG Celle JAmt 2012, 674; OLG Köln FamRZ 2011, 1305; MüKo-FamFG/*A. Fischer* § 59 Rn. 27; a.A. Hoffmann FamRZ 2014, 1167, 1171: nur wenn z. B. infolge Nichtanhörung in Verfahrensrechten verletzt, auch OLG Brandenburg FamRZ 2012, 1578
16 OLG Hamm ZKJ 2012, 74: Unterbringung in einer Pflegefamilie statt Kinderheim
17 *Völker/Clausius* § 1 Rn. 22
18 OLG Celle FamRZ 2012, 1826; OLG Frankfurt a. M. FamRZ 2012, 570
19 OLG Hamm FamRZ 2007, 1577; MüKo-FamFG/*A. Fischer* § 59 Rn. 29; a.A. OLG Köln, Beschl. v. 8.11.2012, 26 UF 158/12, – juris –; OLG Karlsruhe FamRZ 2008, 428; Johannsen/Henrich/*Althammer* § 59 FamFG Rn. 5b
20 BGH ZKJ 2013, 74
21 OLG Nürnberg Beschl. v. 29.10.2014, 7 WF 1308/14 – juris –
22 BGH DAVorm 2000, 704; OLG Zweibrücken FamRZ 2011, 992; *Völker/Clausius* § 1 Rn. 231

fahrenskostenhilfe zu bewilligen sein, sein Verhalten wird aber ggf. auch in der Entscheidung über die Kosten des Beschwerdeverfahrens einzubeziehen sein.

Problematisch ist aber die Frage, ob im **Verfahren nach § 1666 BGB** gegen den alleine 7
sorgeberechtigten Elternteil der nicht sorgeberechtigte Elternteil berechtigt ist, Beschwerde gegen die Entscheidung einzulegen. Dies ist zu bejahen, wenn er das Sorgerecht nach **§ 1680 Abs. 3, 2 BGB** begehrt und das Familiengericht dem anderen Elternteil das Sorgerecht (teilweise) entzogen und einen Vormund/Pfleger bestellt hat.[23] Streitig ist hingegen der Fall, dass der nichtsorgeberechtigte Elternteil die Entscheidung anficht, **ohne selbst das Sorgerecht zu beanspruchen**. Die Beschwerdebefugnis wird hier zum Teil in der Rechtsprechung mit dem Argument bejaht, es genüge eine mögliche Verletzung des Elternrechts nach § 1680 Abs. 3 BGB.[24] Dieser Auffassung kann aber nicht gefolgt werden, denn nur derjenige Elternteil, der das Sorgerecht ganz oder teilweise für sich selbst beansprucht, kann in eigenen Rechten unmittelbar betroffen sein. Der nicht sorgeberechtigte Elternteil ist daher in diesen Fällen weder berechtigt gegen den Entzug des Beschwerderechts des anderen Elternteils noch gegen dessen Ablehnung Beschwerde einzulegen.[25] Dies gilt auch bei der Rückübertragung des Sorgerechts vom Vormund auf den anderen Elternteil.[26]

Auch im Bereich des **Umgangsrechts** steht einem nicht sorgeberechtigten Elternteil kein 8
Beschwerderecht gegen die Regelung des Umgangs des (fremduntergebrachten) Kindes mit dem anderen Elternteil zu.[27] Im Übrigen sind nicht sorgeberechtigte Eltern auch gegen Entscheidungen zum Umgangsrecht des Kindes mit Dritten i.S.d. § 1685 BGB nicht in eigenen Rechten betroffen, da sie nicht mehr das Recht zur Bestimmung des Umgangs (§ 1632 Abs. 2 BGB) besitzen.[28] Etwas anderes wird nur dann zu gelten haben, wenn durch die getroffene Umgangsregelung nach § 1685 BGB ihr eigenes Umgangsrecht beeinträchtigt wird.

Gegen eine **Verbleibensanordnung** nach § 1632 Abs. 4 BGB steht dem nicht sorgeberechtigten Elternteil ein Beschwerderecht nicht zu.[29] Etwas anderes gilt, wenn auch die Rückübertragung des Sorgerechts auf die Eltern nach § 1696 Abs. 2 BGB Gegenstand des Verfahrens ist.

3. Nahe Angehörige (Großeltern)

Da nahe Angehörige, insbesondere **Großeltern**, nicht selten intensive Bindungen zu ihren 9
Enkelkindern, auch durch tatsächliche Übernahme von Verantwortung, aufbauen, stellt sich in der Gerichtspraxis durchaus häufig neben der Frage der **Beteiligung** nach § 7 FamFG und der **Anhörung** nach § 161 FamFG auch die der **Beschwerdeberechtigung**. Nicht beschwerdeberechtigt sind sie – auch bei tatsächlicher Verantwortungsübernahme – in **Verfahren nach § 1671 Abs. 1 Nr. 2 BGB** zwischen den gemeinsam sorgeberechtigten Eltern.[30] Dies gilt auch in **Verfahren nach § 1666 BGB** gegen die Entscheidung, dem eigenen Kind das Sorgerecht für den Enkel zu entziehen.[31] Hieran ändert auch die formelle Beteiligung und Einbeziehung in ein familienpsychologisches Sachverständigengutachten

23 BGH FamRZ 2010, 1242
24 OLG Hamm FamRZ 2013, 1989: OLG Frankfurt a. M. FamRZ 2013, 46
25 BGH FamRZ 2009, 220; KG NJW 2014, 1457; OLG Brandenburg, Beschl. v. 31.3.2014, 13 UF 50/14, -
    – juris –; OLG Celle FamRZ 2011, 1121; MüKo-FamFG/A. Fischer § 59 Rn. 29
26 OLG Oldenburg JAmt 2012, 675
27 KG NJW-RR 2014, 522; OLG Bremen ZKJ 2012, 405
28 OLG Frankfurt a. M. BeckRS 2015, 00241
29 OLG Koblenz FamRZ 2014, 1393; OLG Hamm FamRZ 2011, 1666
30 OLG Frankfurt a. M. FamRZ 2013, 1230
31 BGH FamRZ 2011, 552

nichts.[32] Schließlich steht ihnen trotz des in § 1779 Abs. 2 BGB enthaltenen Vorrangs naher Angehöriger nach der obergerichtlichen Rechtsprechung auch kein Beschwerderecht gegen ihre **Nichtberücksichtigung bei der Auswahl des Vormunds/Pflegers** zu, da es auch insoweit an einer eigenen Rechtsverletzung mangelt.[33] Die Auffassung des BGH,[34] gleichwohl eingelegte Beschwerden seien als Rechtspflegererinnerung nach § 11 Abs. 2 RPflG auszulegen und einer Überprüfung in der Sache durch den Richter zugänglich, setzt sich über das bisherige Verständnis, dass auch für die Erinnerung nach § 11 Abs. 2 Satz 1 und 3 RPflG dieselben Voraussetzungen wie für die Beschwerde in Bezug auf die Erinnerungsbefugnis gelten würden,[35] hinweg. Nach Auffassung des BGH soll an das Vorliegen einer Erinnerungsbefugnis nach § 11 Abs. 2 Satz 4 RPflG aber insoweit geringere Abforderungen zu stellen sein als an die Beschwerdebefugnis nach § 59 FamFG[36]. Die Auffassung des BGH in Bezug auf die fehlende Beschwerdebefugnis naher Angehöriger bei der Auswahl zum Vormund/Pfleger wurde in der Zwischenzeit insoweit durch das BVerfG[37] bestätigt. Unklar ist aber, warum das BVerfG meint, es müsse als eine Quasi-Superrevisionsinstanz im Rahmen von Verfassungsbeschwerden die getroffene Auswahlentscheidung – wenn auch vermeintlich im Rahmen eines engen Prüfungsmaßstabes[38] – gleichwohl überprüfen.[39]

Beschwerdeberechtigt sind im Übrigen nahe Angehörige des Kindes in Verfahren betreffend ihr **Umgangsrecht nach § 1685 Abs. 1** BGB.[40] Sind Großeltern gleichzeitig auch die Pflegepersonen des Kindes, vgl. Rn. 9, lebt das Kind bei den **Großeltern** und werden diesen in einer **Umgangsregelung Verpflichtungen auferlegt** (*z. B. das Kind an bestimmten Terminen bereit zu halten und an den Umgangsberechtigten zu übergeben*), so sind sie auch wegen der Beeinträchtigung eigener Rechte beschwerdeberechtigt.[41]

4. Pflegepersonen

10   Lebt das Kind nicht im Haushalt seiner Eltern, sondern in Pflege, stellt sich die Frage der Beschwerdebefugnis von **Pflegepersonen**. Hier dürfte im Rahmen einer dringend nötigen Reform des Pflegekinderwesens erheblicher Bedarf für eine gesetzliche Festschreibung und Ausweitung des Beschwerderechts von Pflegeeltern bestehen.[42] Den Pflegeeltern des Kindes steht nach derzeit noch ganz h. M. **kein Beschwerderecht** gegen die Entscheidung des Familiengerichts zum **Sorgerechtsentzug der Eltern** nach § 1666 BGB zu, da ihre Rechte ungeachtet des Schutzes auch der Pflegefamilie durch Art. 6 Abs. 1 GG[43] insoweit nicht unmittelbar betroffen sein sollen.[44] Das soll auch für die Frage der Anfechtung der Auswahl des Vormundes gelten.[45] Jedenfalls in Ausnahmefällen sollte aber aus **verfassungsrechtlicher Notwendigkeit** dann etwas anderes gelten, wenn ohne ein eigenes Beschwerderecht der Pflegeperson das nicht verfahrensfähige Kind, für das kein Verfahrensbeistand bestellt worden ist, sonst keine Möglichkeit hätte, Beschwerde gegen

---

32 OLG Hamm ZKJ 2011, 394
33 BVerfG NZFam 2014, 734; FamRZ 2014, 1841; BGH ZKJ 2013, 451; OLG Frankfurt a. M. JAmt 2013, 226
34 ZKJ 2013, 451
35 *Schürmann*, FuR 2010, 493, 494 vgl. dazu auch OLG Jena, Beschl. v. 22.1.2015, 4 WF 699/14 – juris –
36 BGH ZKJ 2013, 451; ihm folgend OLG Hamm BeckRS 2014, 17376
37 BVerfG NZFam 2014, 734
38 Vgl. *Scherpe*, FamRZ 2014, 1821, kritisch hierzu auch *Keuter*, ZKJ 2015, 67
39 BVerfG NZFam 2014, 734; FamRZ 2014, 1841; 2014, 1843
40 OLG Frankfurt a. M. FamRZ 2013, 1994; OLG München FamRZ 2011, 1804; Johannsen/Henrich/*Althammer*
    § 59 FamFG Rn. 5a; a.A. Prütting/Helms/*Abramenko* § 59 FamFG Rn. 29 unter Hinweis auf insoweit nicht
    einschlägige Rspr.
41 OLG München ZKJ 2015, 116 m. Anm. Dürbeck
42 KRK FamRZ 2014, 891
43 BVerfG FamRZ 19685, 39; 1989, 31
44 BGH NJW 1999, 3718; FamRZ 2004, 102; OLG Hamm FamRZ 2013, 140; OLG Köln FamRZ 2011, 233
45 BGH FamRZ 2013, 1380; OLG Nürnberg NZFam 2014, 619; Beschl. v. 5.1.2015, 10 WF 970/14 – juris –

die Auswahl des Vormunds einzulegen.[46] Beschwerdeberechtigt sind Pflegepersonen aber immer bei Entscheidungen über **Verbleibensanordnungen** nach § 1632 Abs. 4 BGB.[47]

Entgegen der wohl h. M. ist Pflegepersonen zudem ein Beschwerderecht gegen Entscheidungen zur **Regelung oder Beschränkung**[48] **des Umgangs der Kinder mit ihren rechtlichen Eltern** zuzubilligen, da in diesem Fall die Rechtssphäre der von Art. 6 Abs. 1 GG geschützten Pflegefamilie unmittelbar betroffen ist und die Pflegeeltern bei einer möglichen Beteiligung am Verfahren nach § 7 FamFG auch zum Verpflichteten einer vollstreckbaren Umgangsregelung werden könnten.[49] Ist das Kind zu den Eltern zurückgeführt worden, steht umgangsberechtigten Pflegepersonen im Rahmen von § 1685 Abs. 2 BGB ein eigenes Beschwerderecht zu.[50] **11**

5. Vormund/Pfleger

Der Vormund – auch das Jugendamt in seiner Funktion als Amtsvormund – ist berechtigt Beschwerde einzulegen gegen seine **Auswahl** zum Vormund.[51] Ein Beschwerderecht steht dem Jugendamt als Amtsvormund (anders als der nach § 162 FamFG anzuhörenden Behörde) aber nicht gegen die **Anordnung einer Vormundschaft/Pflegschaft** selbst zu, da es zu diesem Zeitpunkt noch an einer unmittelbaren Rechtsbeeinträchtigung fehlt.[52] Gegen eine **familiengerichtliche Weisung** kann der Vormund dagegen selbst Beschwerde einlegen.[53] **12**

6. Sonstige Personen und Institutionen

Als sonstige Beschwerdeberechtigte kommen auch dritte, dem Kind **nicht nahe stehende Personen**, wie etwa die **Adressaten von Weisungen oder Auflagen** nach § 1666 Abs. 3 Nr. 3 und 4 und Abs. 4 BGB[54] oder eines **Kontaktverbotes** nach § 1632 Abs. 2 BGB,[55] in Betracht. **13**

Die Regelung des Umgangs eines Kindes mit seiner Großmutter stellt keine unmittelbare Beeinträchtigung eigener Rechte des Ehemannes der Kindesmutter dar, der nicht der leibliche Vater des Kindes ist, so dass keine Beschwerdeberechtigung besteht.[56]

Auch soweit sich die **Staatsanwaltschaft** gegen eine Entscheidung des Familiengerichts wendet, mit der dem im Ermittlungsverfahren beschuldigten Kindesvater Teile des Sorgerechts nicht entzogen wurden und kein Ergänzungspfleger bestellt worden ist, fehlt es an einer Beschwerdebefugnis. Eine Rechtsbeeinträchtigung liegt nicht vor, weil die Entscheidung nicht ein der Staatsanwaltschaft zustehendes Recht tangiert und allein die bloße Beeinträchtigung öffentlicher Strafverfolgungsinteressen nicht genügt.[57]

Dem **Erwerber eines Grundstückes** steht kein Beschwerderecht gegen die Versagung des familiengerichtlichen Genehmigung der Verträge nach §§ 1643 Abs. 1, 1821, 1822 BGB zu, weil insoweit nur die Interessen des Kindes unmittelbar betroffen sind und ein bloßes wirtschaftliches Interesse nicht zu einer Beschwerdebefugnis nach § 59 Abs. 1

---

46 OLG Karlsruhe FamRZ 2013, 1665; vgl. auch die zust. Anm. von *Salgo*, FamRZ 2013, 1668
47 OLG Frankfurt a. M. ZKJ 2014, 292; OLG Hamm FamRZ 2005, 2081
48 BGH FamRZ 2005, 975; OLG Köln FamRZ 2011, 233; Johannsen/Henrich/*Althammer* § 59 FamFG Rn. 5a
49 Vgl. OLG Hamburg FamRZ 2009, 1001; *Heilmann*, ZKJ 2014, 48, 54 jeweils für den Fall, dass die Pflegeeltern verpflichtet werden
50 BGH NJW 2001, 3337
51 OLG München FamRZ 2012, 1071; OLG Frankfurt a. M. JAmt 2014, 170
52 BGH ZKJ 2012, 149; OLG Frankfurt a. M. JAmt 2014, 170
53 *DIJuF* Gutachten, JAmt 2014, 204
54 Vgl. OLG Zweibrücken NJW 1994, 1741; Palandt/*Götz* § 1666 BGB Rn. 47
55 BGH FamRZ 2010, 1975
56 KG FamRZ 2000, 1520
57 BGH MDR 2014, 1407; OLG Frankfurt a. M. FamRZ 2014, 678

FamFG führt.[58] Dies gilt auch dann, wenn der Erwerber der alleinsorgeberechtigte Elternteil ist.[59]

7. Kind

14 Zum Beschwerderecht des Kindes siehe hierzu *Dürbeck*, § 60 FamFG Rn. 4 ff.

8. Verfahrensbeistand

15 Das Beschwerderecht des Verfahrensbeistands folgt aus § 158 Abs. 4 Satz 5 FamFG. Danach kann der Verfahrensbeistand „im Interesse" des Kindes eigene Rechtsmittel einlegen und bedarf insoweit **keiner eigenen Rechtsbeeinträchtigung** i.S.d. § 59 Abs. 1 FamFG. Er vertritt dabei nicht das Kind in rechtlicher Hinsicht, ist aber ein **gesetzlicher Vertreter „eigener Art"**.[60] Die Vertretungsbefugnis der sorgeberechtigten Eltern bleibt insoweit unberührt.[61] Er dürfte allerdings aus eigenem Recht im Hinblick auf Art. 12 Abs. 1 GG berechtigt sein, die nach § 158 Abs. 7 Satz 2 FamFG unterbliebene Feststellung der berufsmäßigen Führung der Verfahrensbeistandschaft anzufechten, da dies die Höhe seines Vergütungsanspruchs unmittelbar betrifft und die Feststellung auch im späteren Vergütungsfestsetzungsverfahren nicht mehr nachgeholt werden kann.[62] Die Gegenansicht, die ein Anfechtungsrecht verneint, weil es sich insoweit um eine Zwischenentscheidung handle,[63] überzeugt nicht und basiert auf der durch die Rechtsprechung des BGH überholten Annahme, die unterbliebene Feststellung der Berufsmäßigkeit der Ausübung des Amtes könne später noch nachgeholt werden.

IV. Das Beschwerderecht von Behörden (Abs. 3)

16 Hinsichtlich des **Beschwerderechts von Behörden** verweist § 59 Abs. 3 FamFG auf die besonderen Bestimmungen des FamFG oder anderer Gesetze. Von Bedeutung in Kindschaftssachen ist insoweit das Beschwerderecht des **Jugendamtes** nach § 162 Abs. 3 Satz 2 FamFG in allen Verfahren, die die Person des Kindes betreffen, wobei allerdings nur die **sachlich zuständige Behörde** beschwerdebefugt ist.[64] In **Abstammungssachen** besteht ein (eingeschränktes) Beschwerderecht des Jugendamtes nach § 176 Abs. 2 Satz 2 FamFG in den Fällen der Anfechtung der Vaterschaft durch den potentiellen Erzeuger (§ 1600 Abs. 1 Nr. 2 BGB), durch das Kind, wenn die Anfechtung durch den gesetzlichen Vertreter erfolgt (§ 1600 Abs. 1 Nr. 4) und vor der Entscheidung des BVerfG zur Verfassungswidrigkeit der Behördenanfechtung[65] auch in Fällen von § 1600 Abs. 1 Nr. 5 BGB. Führt das Familiengericht in anderen Abstammungsverfahren eine nach § 176 Abs. 1 Satz 2 FamFG fakultative Anhörung des Jugendamtes durch, besteht nach Abs. 2 Satz 2 ebenfalls ein Beschwerderecht. Ein Beschwerderecht des Jugendamtes besteht auch in **Adoptionssachen** nach § 194 Abs. 2 Satz 2 FamFG, für das **Landesjugendamt** ergibt sich ein Beschwerderecht nach § 195 Abs. 2 Satz 2 FamFG. Die Beschwerdebefugnis des Jugendamts folgt insoweit aus den ihm durch das SGB VIII zugewiesenen Aufgaben. Ein Anfechtungsrecht in den **(öffentlich-rechtlichen) Unterbringungsverfahren** nach § 151 Nr. 7 FamFG besteht nach §§ 167 Abs. 1 Satz 1, 335 Abs. 4 FamFG für die nach **Landesrecht zuständige Polizei- oder Ordnungsbehörde**.

58 OLG München MDR 2009, 1001; OLG Rostock NJW-RR 2006, 1229
59 OLG Celle FamRZ 2012, 1066; MüKo-FamFG/*A. Fischer* § 59 Rn. 30
60 BVerfG FamRZ 2000, 1280; *Schael*, FamRZ 2009, 265
61 BGH FamRZ 2011, 1788
62 BGH FamRZ 2014, 468 (Betreuer); 2014, 653 (Ergänzungsbetreuer); 2014, 736 (Ergänzungspfleger); 2014, 1283 (Umgangspfleger); a.A. *Karmasin*, FamRZ 1999, 349; Keidel/*Engelhardt* § 158 FamFG Rn. 34; Prütting/Helms/*Hammer* § 158 FamFG Rn. 32
63 Keidel/*Engelhardt* § 158 FamFG Rn. 35; Prütting/Helms/*Hammer* § 158 FamFG Rn. 32
64 BGH ZKJ 2014, 104; vgl. dazu *Dürbeck*, ZKJ 2014, 266
65 BVerfG ZKJ 2014, 151

§ 60 FamFG Beschwerderecht Minderjähriger

[1]Ein Kind, für das die elterliche Sorge besteht, oder ein unter Vormundschaft stehender Mündel kann in allen seine Person betreffenden Angelegenheiten ohne Mitwirkung seines gesetzlichen Vertreters das Beschwerderecht ausüben. [2]Das Gleiche gilt in sonstigen Angelegenheiten, in denen das Kind oder der Mündel vor einer Entscheidung des Gerichts gehört werden soll. [3]Dies gilt nicht für Personen, die geschäftsunfähig sind oder bei Erlass der Entscheidung das 14. Lebensjahr nicht vollendet haben.

Übersicht

A. Allgemeines

Gemäß § 60 FamFG können minderjährige Kinder, die das **14. Lebensjahr vollendet** haben, die unter elterlicher Sorge oder Vormundschaft stehen und auch nicht geschäftsunfähig (§ 104 Nr. 2 BGB) sind, in allen ihre Person treffenden Angelegenheiten **ohne Mitwirkung ihres gesetzlichen Vertreters** das **Beschwerderecht** ausüben (Satz 1 und 3). Nach Satz 2 der Vorschrift gilt dies auch in sonstigen Angelegenheiten, in denen das Kind vor der Entscheidung des Gerichts gehört werden soll. Während sich Satz 1 über die nur in Kindschaftssachen anwendbare Regelung in § 160 FamFG hinaus auch auf alle das Kind selbst betreffende weitere Verfahren wie **Adoptions- und Abstammungssachen** bezieht, die nicht ausschließlich sein Vermögen betreffen,[1] ist der Anwendungsbereich der in Satz 2 erwähnten Verfahren enger. Hierunter zählen etwa Adoptionsverfahren (Anhörung von Kindern des Annehmenden nach § 193 Abs. 1 FamFG) oder **Vermögenssorgerechtsangelegenheiten**, wenn das Kind dort nach § 159 Abs. 1 Satz 2 FamFG **angehört** worden ist.[2]

§ 60 FamFG ergänzt dabei § 9 Abs. 1 Nr. 3 FamFG, wonach beschränkt Geschäftsfähige in Verfahren der freiwilligen Gerichtsbarkeit, die seine Person betreffen, mit Vollendung des 14. Lebensjahres verfahrensfähig sind. Zu Recht wird aus § 9 Abs. 1 Nr. 3 FamFG abgeleitet, dass verfahrensfähige Minderjährige **analog § 107 BGB** auch insoweit einen **Geschäftsbesorgungsvertrag mit einem Rechtsanwalt** schließen und diesem Vollmacht erteilen können.[3] Im Zusammenhang mit § 60 FamFG ist auch § 164 BGB zu sehen, wonach Entscheidungen, die von § 60 FamFG umfasst sind, dem Kind selbst bekannt zu machen sind, wenn es das 14. Lebensjahr vollendet hat und nicht geschäftsunfähig ist. Hierbei ist **§ 178 Abs. 2 ZPO** analog **(Verbot der Ersatzzustellung an verfahrensbeteiligte Eltern)** anzuwenden, wenn das Kind noch bei seinen Eltern lebt.[4] Nach § 164 Satz 2 FamFG kann aber im Interesse des Kindeswohls von der **vollständigen Übersendung der Beschlussgründe** ganz oder zum Teil **abgesehen** werden.

1

2

---

1 Johannsen/Henrich/*Althammer* § 60 FamFG Rn. 6; a.A. Prütting/Helms/*Abramenko* § 60 FamFG Rn. 7: mittelbarer Bezug zur Person reicht

2 Keidel/*Meyer-Holz* § 60 FamFG Rn. 11

3 BayObLG Rpfleger 2003, 361; OLG Hamm FamRZ 2002, 1127; *Heiter*, FamRZ 2009, 85; Keidel/*Zimmermann* § 9 FamFG Rn. 16

4 OLG Saarbrücken, Beschl. v. 12.11.2009, 8 U 518/08 – juris –

3 Die Möglichkeit der Einlegung einer eigenen Beschwerde durch das Kind schließt es aber nicht aus, dass auch der oder die **gesetzlichen Vertreter Rechtsmittel im Namen des Kindes** einlegen,[5] die insbesondere dann zum Tragen kommen können, wenn der Minderjährige seine Beschwerde zurücknimmt oder auf sie verzichtet hat.[6] Zur Frage der Bewilligung von Verfahrenskostenhilfe und der Beiordnung eines Rechtsanwaltes nach §§ 76 ff. FamFG vgl. *Dürbeck*, § 76 FamFG Rn. 5.

B. Inhalt der Norm

I. Umfang des Beschwerderechts des Kindes

4 Nach zutreffender Auffassung[7] regelt § 60 FamFG selbst **nicht** die **Beschwerdebefugnis** des Kindes in den dort genannten Verfahren, sondern ergänzt lediglich § 9 Abs. 1 Nr. 3 FamFG. Die Beschwerdeberechtigung muss sich vielmehr aus § 59 Abs. 1 und 2 FamFG ergeben und setzt das **Betroffensein in eigenen Rechten** auch bei der Beschwerde des Kindes voraus.[8]

II. Einzelfälle

1. Unterbringungssachen

5 Beschwerden von Kindern, die das 14. Lebensjahr vollendet haben, kommen in der Praxis vor allem in **Unterbringungsverfahren** nach § 151 Nr. 6 FamFG vor, in denen das Kind aufgrund der ergangenen Endentscheidung – meist in einem einstweiligen Anordnungsverfahren – gegen seinen Willen in einer geschlossenen psychiatrischen Klinik untergebracht ist und sich in dieser für ihn schwierigen Situation gegen die familiengerichtliche Genehmigung der freiheitsentziehenden Unterbringung wendet. Hier ist die Beschwerde im Verfahren der **einstweiligen Anordnung** nach § 57 Satz 1 und 2 FamFG bereits **vor mündlicher Erörterung** statthaft. Anders ist die Rechtslage aber, wenn vom Familiengericht vor Vollzug einer Unterbringung des Kindes deren **Genehmigung verweigert** wird. Hier sind lediglich die Personensorgeberechtigten in ihren Rechten unmittelbar betroffen, wohingegen das Kind nur mittelbar betroffen ist.[9] Die Frage wird aber nur dann relevant, wenn man der Auffassung ist, die Einwilligung des Kindes in seine Unterbringung mache eine familiengerichtliche Genehmigung nicht entbehrlich.[10] (vgl. näher hierzu *Fink*, § 1631b BGB Rn. 4).

2. Kindesschutzverfahren

6 In Verfahren nach **§ 1666 BGB** kann das verfahrensfähige Kind unzweifelhaft Beschwerde gegen eine Entscheidung einlegen, bei der das Familiengericht von Maßnahmen nach § 1666 BGB abgesehen hat, weil das Kind infolge einer Kindeswohlgefährdung in eigenen Rechten verletzt sein kann.[11] Streitig ist die Frage aber, wenn das Familiengericht **den Eltern das Sorgerecht ganz oder zum Teil entzogen** hat. Hier vertritt insbesondere das OLG Düsseldorf[12] die Auffassung, das Kind könne sich nach § 59 Abs. 1 FamFG nicht auf die Verletzung eigener Rechte berufen. Dem ist mit der ganz h. M. aber entgegen zu treten, da das Kind dem Grunde nach ein aus Art. 6 Abs. 2 GG folgendes **Grundrecht**[13] **auf Erziehung und Pflege** durch seine Eltern besitzt und folglich durch den Sorgerechtsent-

---

5 MüKo-FamFG/*A. Fischer* § 60 Rn. 20; a.A. Keidel/*Meyer-Holz* § 60 FamFG Rn. 3: keine Befugnisse im Verfahren
6 Zu möglichen Interessenskonflikten: BGH NJW 2012, 1150; *Sommer*, FPR 2012, 374, 375 f.
7 OLG Düsseldorf FamRZ 2011, 1081; Zöller/*Feskorn* § 60 FamFG Rn. 2
8 OLG Nürnberg JAmt 2012, 99
9 MüKo-FamFG/*A. Fischer* § 59 Rn. 33
10 So insbesondere Staudinger/*Salgo* § 1631b BGB Rn. 8 gegen die dort zitierte wohl h. L.
11 BayObLG DAVorm 1981, 987; Bumiller/*Harders* § 59 FamFG Rn. 14
12 OLG Düsseldorf ZKJ 2011, 185 mit abl. Anm. *Heilmann*
13 BVerfG FamRZ 2008, 845

zug in eigenen Rechten betroffen ist.[14] Dies gilt entsprechend bei allen anderen Entscheidungen zum Sorge- und Umgangsrecht und zu seiner Herausgabe.[15]

3. Adoptionssachen

In einem Verfahren betreffend die **Adoption eines Minderjährigen** ist bei Ablehnung des Antrages aufgrund der Regelung in § 59 Abs. 2 FamFG nur der antragstellende (vgl. § 1752 Abs. 1 BGB) Annehmende und nicht das anzunehmende Kind, das kein Antragsrecht besitzt, beschwerdeberechtigt.[16]

7

§ 61 FamFG Beschwerdewert; Zulassungsbeschwerde

(1) In vermögensrechtlichen Angelegenheiten ist die Beschwerde nur zulässig, wenn der Wert des Beschwerdegegenstandes 600 Euro übersteigt.

(2) Übersteigt der Beschwerdegegenstand nicht den in Absatz 1 genannten Betrag, ist die Beschwerde zulässig, wenn das Gericht des ersten Rechtszugs die Beschwerde zugelassen hat.

(3) [1]Das Gericht des ersten Rechtszugs lässt die Beschwerde zu, wenn

1. die Rechtssache grundsätzliche Bedeutung hat oder die Fortbildung des Rechts oder die Sicherung einer einheitlichen Rechtsprechung eine Entscheidung des Beschwerdegerichts erfordert und

2. der Beteiligte durch den Beschluss mit nicht mehr als 600 Euro beschwert ist.

[2]Das Beschwerdegericht ist an die Zulassung gebunden.

Übersicht

A. Allgemeines

Gemäß § 61 Abs. 1 FamFG ist die Beschwerde nur zulässig, wenn der Wert des Beschwerdegegenstands 600,– Euro übersteigt, wenn diese eine **vermögensrechtliche Angelegenheit** betrifft. Die Regelung ist § 511 ZPO nachgebildet und bezweckt die Entlastung der Rechtspflege bei Verfolgung lediglich geringfügiger wirtschaftlicher Interessen,[1] wobei die Möglichkeit der Beschwerdezulassung der Korrektur dieser gesetzlichen Interessensabwägung dient. Es handelt sich um eine **Zulässigkeitsvoraussetzung** der Beschwerde, die bei Unterschreiten der Wertgrenze nach § 68 Abs. 2 Satz 2 FamFG zu verwerfen ist.

1

Der Anwendungsbereich der Vorschrift in Verfahren betreffend die Angelegenheiten des Kindes ist sehr gering. Vermögensrechtliche Angelegenheiten sind nur solche, die ein **vermögensrechtliches Rechtsverhältnis** der Beteiligten betreffen oder auf einem nichtvermögensrechtlichen Rechtsverhältnis beruhen, aus dem sich aber ein vermögensrechtlicher Anspruch oder sonstige Folge ergibt.[2] Zu nennen sind im Bereich der Kindschaftssachen z. B. Fälle der familienrechtlichen **Genehmigung von Rechtsgeschäften** nach §§ 1643,

2

---

14 Staudinger/*Coester* § 1666 BGB Rn. 302; *Völker/Clausius* § 9 Rn. 25; Keidel/*Meyer-Holz* § 59 FamFG Rn. 70
15 MüKo-FamFG/*A. Fischer* § 59 Rn. 33
16 OLG Nürnberg JAmt 2012, 99; Palandt/*Götz* § 1752 Rn 4; MüKo-BGB/*Maurer* § 1752 Rn 17
1 BT-Drs. 16/6308, 205
2 Keidel/*Meyer-Holz* § 61 FamFG Rn. 2

1821, 1822 BGB, Ansprüche des Kindes gegen seine Eltern nach § 1664 Abs. 1 BGB im Zusammenhang mit der **Verwaltung des Kindesvermögens**,[3] Beschwerden gegen die **Festsetzung der Vergütung von Vormund oder Pfleger** nach § 168 FamFG,[4] des Umgangspflegers nach § 1684 Abs. 3 BGB[5] oder des Verfahrensbeistandes oder Verfahren zur Bestimmung des Kindergeldbezugsberechtigten.[6]

3   Die **Beschwer** ist **analog §§ 3 ff. ZPO** zu schätzen. Maßgeblich ist das **wirtschaftliche Interesse des Beschwerdeführers an dem Verfahrensgegenstand**.[7] Bei einer Beschwerde gegen die Vergütungsfestsetzung des Vormunds, Pflegers oder Verfahrensbeistands ist maßgeblich die Differenz zwischen begehrten und festgesetzten Betrag.[8]

4   Die Wertgrenze des § 61 Abs. 1 FamFG muss grundsätzlich **bei Einlegung der Beschwerde** erreicht sein.[9] Sie ist vom Beschwerdegericht zu ermitteln, das an eine abweichende Feststellung des Familiengerichts nicht gebunden ist.[10] Erledigt sich die Hauptsache nach Einlegung der Beschwerde dahin, dass die Beschwer unter die Grenze des § 61 Abs. 1 FamFG fällt, wird die Beschwerde unzulässig, es sei denn die verbliebene Beschwer **einschließlich der insoweit entstandenen Kosten** erreicht den Beschwerdewert.[11]

B. Inhalt der Norm

I. Kostenbeschwerden in Nichtstreitsachen

5   Häufigster Anwendungsfall von § 61 Abs. 1 FamFG in Verfahren der freiwilligen Gerichtsbarkeit waren nach Inkrafttreten des FamFG zum 1.9.2009 **isolierte Beschwerden gegen die Kostenentscheidung**, deren Beschwer unter 600,00 Euro lagen, was insbesondere bei Verfahrenswerten im Bereich von nicht mehr als 3000,00 Euro häufig der Fall war. Eine Mindermeinung war allerdings der Auffassung, dass § 61 Abs. 1 FamFG bei einer Kostenbeschwerde keine Anwendung finden würde, wenn die Hauptsache eine nicht vermögensrechtliche Streitigkeit zum Gegenstand habe, da maßgeblich insoweit sei, dass es sich bei der Hauptsache um eine nicht vermögensrechtliche Angelegenheit handle und sonst Wertungswidersprüche insoweit bestehen würden, als in Familienstreitsachen die sofortige Beschwerde bereits bei einer Beschwer über 200,00 Euro statthaft sei.[12] Demgegenüber vertrat die **h.M.**[13] die Auffassung, dass § 61 Abs. 1 FamFG auch auf **Kostenbeschwerden** in **Nichtstreitsachen** anzuwenden sei, da Kostenentscheidungen ein vermögensrechtliches Rechtsverhältnis zum Gegenstand hätten. Der Gegenstand des Beschwerdeverfahrens bestimme sich nämlich nicht nach dem Verfahrensgegenstand im ersten Rechtszug, sondern danach, was in der Beschwerde verlangt werde. Hier ginge es aber ausschließlich um vermögensmäßige Interessen des Beschwerdeführers.

6   Der **BGH** hat sich in seiner Entscheidung vom 25.9.2013[14] aber der Mindermeinung angeschlossen und aus (*vermeintlichen*) systematischen und teleologischen Gründen entschie-

---

3   Vgl. OLG Köln FamRZ 1997, 1351
4   OLG Frankfurt a. M. ZKJ 2013, 212
5   OLG Celle FamRZ 2011, 307
6   BGH FamRZ 2014, 646: Beschwer im Regelfall unter 600,– Euro
7   BeckOK-Streitwert/*Dürbeck* „Sorgerechtsverfahren" Rn. 13; Johannsen/Henrich/*Althammer* § 61 FamFG Rn. 5
8   BGH MDR 2012, 1242
9   BGH NJW-RR 2001, 1571
10   Keidel/*Meyer-Holz* § 61 FamFG Rn. 10 f.
11   BayObLG FamRZ 2004, 1533
12   OLG Düsseldorf FamRZ 2012, 1827; OLG Nürnberg FamRZ 2010, 998; *Fölsch*, SchlHA 2011, 264, 267
13   OLG Frankfurt a. M. FamRZ 2011, 752; OLG Brandenburg, Beschl. v. 19.2.2013, 3 UF 43/12 – juris –; NJW-RR 2010, 943, 944; OLG Stuttgart FamRZ 2010, 664, 665; OLG Hamburg FamRZ 2010, 665, 666; OLG München FamRZ 2010, 1465, 1466; OLG Karlsruhe FamRZ 2010, 1695, 1696; OLG Düsseldorf FamRZ 2010, 1835, 1836; OLG Oldenburg FamRZ 2010, 1466; OLG Köln FamRZ 2010, 1834, 1835; OLG Zweibrücken FamRZ 2010, 1835; Keidel/*Meyer-Holz* FamFG § 61 Rn. 4; BeckOK FamFG/*Gutjahr* § 61 Rn. 5 f.
14   BGH NJW 2013, 3523

den, dass isolierte Kostenbeschwerden in Familienverfahren der freiwilligen Gerichtsbarkeit **keines Erreichens einer Beschwerdegrenze** bedürfen, so dass derzeit – wie bereits in der Praxis des Verfassers erfolgt – auch über Kostenbeschwerden in Kindschaftssachen mit einer Beschwer unter 20,– Euro der Familiensenat in voller Besetzung zu entscheiden hat. Hier bedürfte es dringend einer gesetzlichen Neuregelung, die sich aus Gründen der Gleichstellung aller Familiensachen an der Wertgrenze von § 567 Abs. 2 ZPO (200,˜ Euro) orientieren sollte.

II. Zulassungsbeschwerde

Liegt die **analog §§ 3 ff. ZPO** (*vgl. Rn. 3*) zu bestimmende Beschwer nicht über 600,– Euro, so ist die Beschwerde nach § 61 Abs. 2 FamFG nur zulässig, wenn das Familiengericht die **Beschwerde zugelassen** hat. Nach § 61 Abs. 3 Nr. 1 FamFG lässt das Familiengericht die Beschwerde zu, wenn die **Rechtssache grundsätzliche Bedeutung** hat oder die **Fortbildung des Rechts oder die Sicherung einer einheitlichen Rechtsprechung** eine Entscheidung des Beschwerdegerichts erfordert. Die Zulassungsgründe entsprechen insoweit denjenigen von § 70 FamFG für die Rechtsbeschwerde, weshalb auf die Kommentierung zu § 70 FamFG Bezug zu nehmen ist.   **7**

Die Zulassungsentscheidung selbst ist **in der Endentscheidung** des Familiengerichts zu treffen. Ausreichend ist es, wenn sich die Zulassung aus den **Gründen** ergibt.[15] Enthält die Endentscheidung weder im Tenor noch in den Gründen einen Hinweis auf die Zulassung der Beschwerde, kann nicht von einer Zulassung nicht ausgegangen werden, dies auch dann nicht, wenn irrtümlich eine Rechtsmittelbelehrung erteilt worden ist.[16] **Schweigen bedeutet also Nichtzulassung**. Nur dann, wenn das Familiengericht bewusst keine Veranlassung für eine Zulassungsentscheidung gesehen hat, weil es **erkennbar** von einer Beschwer **über 600,– Euro** ausgegangen ist, ist die Zulassungsentscheidung vom **Beschwerdegericht nachzuholen**.[17]   **8**

Lässt das Familiengericht die Beschwerde zu, so ist das Oberlandesgericht nach § 61 Abs. 3 Satz 2 FamFG an die Entscheidung **gebunden**. Lässt es sie nicht zu, kann die Entscheidung von den Beteiligten **nicht angefochten** werden.[18] Es verbleiben hier nur die **Anhörungsrüge** nach § 44 FamFG oder die Verfassungsbeschwerde. Hat der Rechtspfleger die Entscheidung getroffen, ist die befristete Erinnerung nach § 11 Abs. 2 Satz 1 FamFG statthaft, über die der Familienrichter abschließend zu entscheiden hat. Im Rahmen der Entscheidung über die Abhilfe der Erinnerung nach § 11 Abs. 2 Satz 5 RPflG kann der Rechtspfleger eine unterbliebene Entscheidung über die Zulassung der Beschwerde durch Teilabhilfe nachholen,[19] was zur Zulässigkeit der Beschwerde führt (siehe näher hierzu *Heilmann*, § 11 RPflG Rn. 23 ff.). Lässt das Familiengericht die Beschwerde zu, ist diese Entscheidung für die anderen Beteiligten ebenfalls unanfechtbar.   **9**

§ 62 FamFG Statthaftigkeit der Beschwerde nach Erledigung der Hauptsache

(1) Hat sich die angefochtene Entscheidung in der Hauptsache erledigt, spricht das Beschwerdegericht auf Antrag aus, dass die Entscheidung des Gerichts des ersten Rechtszugs

---

15 BGH FamRZ 2008, 1339; 1989, 376
16 BGH MDR 2014, 977
17 BGH FamRZ 2011, 882; 2012, 961; MDR 2014, 977
18 BT-Drs. 16/6308, S. 205; MüKo-FamFG/*A. Fischer* § 61 FamFG Rn. 40
19 OLG Stuttgart ZKJ 2010, 163

den Beschwerdeführer in seinen Rechten verletzt hat, wenn der Beschwerdeführer ein berechtigtes Interesse an der Feststellung hat.

(2) Ein berechtigtes Interesse liegt in der Regel vor, wenn

1. schwerwiegende Grundrechtseingriffe vorliegen oder
2. eine Wiederholung konkret zu erwarten ist.

Übersicht

A. Allgemeines

1 Hat sich die angefochtene Entscheidung in der **Hauptsache erledigt**, so spricht das Beschwerdegericht gemäß § 62 Abs. 1 FamFG **auf Antrag** aus, dass die angefochtene Entscheidung den Beschwerdeführer **in seinen Rechten verletzt** hat, wenn der Beschwerdeführer ein **berechtigtes Interesse an der Feststellung** hat, was nach Absatz 2 dann der Fall sein soll, wenn **schwerwiegende Grundrechtseingriffe** vorliegen (Abs. 2 Nr. 1) oder eine **Wiederholung konkret** zu erwarten ist (Abs. 1 Nr. 2). Die Vorschrift erinnert an die Fortsetzungsfeststellungsklage des Verwaltungsprozesses (§ 113 Abs. 1 Satz 4 VwGO). Mit ihr hat der Gesetzgeber die in Abschiebungshaftsachen entwickelte Rechtsprechung des Bundesverfassungsgerichts[1] über die Zulässigkeit von Feststellungsanträgen bei erledigter Freiheitsentziehung gesetzlich fortgeschrieben. Der BGH hatte vor der Entwicklung der Rechtsprechung des BVerfG die nachträgliche Überprüfung einer erledigten Freiheitsentziehung in der Beschwerde oder Rechtsbeschwerde mangels Rechtsschutzbedürfnis wegen „prozessualer Überholung" abgelehnt.[2]

2 Der Hauptanwendungsbereich von § 62 FamFG liegt auch nach der gesetzlichen Normierung im FamFG in der Praxis im Bereich der **Freiheitsentziehungen** (Abschiebungshaft,[3] Unterbringungen). Im Bereich der Kindschaftsverfahren hat die Vorschrift ebenfalls Bedeutung für Unterbringungssachen nach § 151 Nr. 6 und 7 FamFG, für Sorge- und Umgangsrechtsverfahren, die mit staatlichen Eingriffen in das Elternrecht (Art. 6 Abs. 2 Satz 1 GG) verbunden sind, und allgemein für Verfahren, in denen es zu schweren Eingriffen in Verfahrensrechte eines Beteiligten kommt.

3 Liegen die Voraussetzungen von § 62 Abs. 1 FamFG vor, kann über die vom Antragsteller begehrte Feststellung **nur im Beschwerdeverfahren** durch das Beschwerdegericht entschieden werden, ein isoliertes Feststellungsverfahren vor dem Gericht des ersten Rechtszuges existiert nicht.[4]

4 Nach zutreffender Auffassung findet § 62 FamFG auch im Verfahren der **sofortigen Beschwerde** nach §§ 567 ff. ZPO, soweit das FamFG hierauf, wie in § 87 Abs. 4 FamFG im Vollstreckungsverfahren, verweist, entsprechende Anwendung.[5]

---

1 BVerfG NJW 2002, 2456; zur Entwicklung der Rspr.: *Heidebach*, NJW 2011, 1708
2 BGH NJW 1998, 2829
3 Vgl. *Schmidt-Räntsch*, NVwZ 2014, 110
4 BayObLG FamRZ 2004, 485; Johannsen/Henrich/*Althammer* § 62 FamFG Rn. 1
5 OLG Brandenburg ZKJ 2012, 495; Keidel/*Meyer-Holz* § 58 FamFG Rn. 89

B. Inhalt der Norm

I. Anwendungsvoraussetzungen

1. Erledigung

Zu einer Erledigung der Hauptsache kommt es nach herkömmlichen verfahrensrechtlichen **5** Verständnis dann, wenn **nach Einleitung des Verfahrens** der *Verfahrensgegenstand* durch ein Ereignis, welches eine **Änderung der Sach- oder Rechtslage bewirkt, *weggefallen*** ist, so dass die Weiterführung des Verfahrens keinen Sinn mehr hätte, weil eine Sachentscheidung nicht mehr ergehen kann.[6] Häufigste Anwendungsfälle sind der **zeitliche Ablauf einer vom Familiengericht befristeten Maßnahme** (Unterbringung, Umgangsausschluss, Kontaktverbot), die **Vollziehung** einer angeordneten Maßnahme (z. B. Herausgabe des Kindes), der Eintritt der **Volljährigkeit des Kindes** oder der **Tod** eines Betroffenen.[7] Ohne § 62 FamFG wäre in solchen Fällen der Erledigung der Hauptsache mangels Wegfalls eines Rechtsschutzbedürfnisses an der Aufhebung der angegriffenen Entscheidung die **Beschwerde unzulässig** und daher nach § 68 Abs. 2 Satz 2 FamFG – soweit sie nicht auf die Kosten beschränkt wird – zu verwerfen.[8]

Im Rahmen von § 62 FamFG ist der **Zeitpunkt der Erledigung** bedeutsam. Erledigt sich **6** der Verfahrensgegenstand im ersten Rechtszug vor Erlass einer Entscheidung in der Sache, ist lediglich über die Kosten nach §§ 83, 81 FamFG zu entscheiden (siehe näher hierzu *Dürbeck*, § 83 FamFG Rn. 6 f.). Tritt die Erledigung **nach Erlass** des erstinstanzlichen Entscheidung, aber noch **vor Einlegung der Beschwerde** ein, kann gleichwohl ein Antrag auf Feststellung der Rechtswidrigkeit nach § 62 FamFG gestellt werden,[9] obwohl vom Wortlaut her die Norm davon ausgeht, dass die Erledigung nach Einlegung der Beschwerde erfolgt. Der Antrag ist in diesem Fall aber innerhalb der Frist des § 63 Abs. 1 oder 2 FamFG zu stellen.[10]

2. Antrag

§ 62 Abs. 1 FamFG setzt schon nach seinem Wortlaut voraus, dass der Beschwerdeführer **7** die Feststellung der Rechtswidrigkeit der erledigten Entscheidung **beantragt**, was vor Inkrafttreten des FamFG umstritten war[11] und inzwischen aber auch durch den BGH[12] bestätigt worden ist. **Konkludente Antragstellung** genügt,[13] nicht ausreichend ist es aber, die Erledigung der Beschwerde zu erklären. Allerdings ist der Beschwerdeführer nach Erledigung der Hauptsache im Beschwerdeverfahren auf die Möglichkeit eines Antrages nach § 62 FamFG **hinzuweisen,** falls er **nicht anwaltlich** vertreten ist.[14] Dazu wird aber nur Veranlassung bestehen, wenn das Beschwerdegericht zu diesem Zeitpunkt von der Rechtswidrigkeit der angefochtenen Entscheidung ausgeht. Hat sich das Verfahren durch den Tod des Beschwerdeführers erledigt, können **nahe Angehörige** den Antrag außerhalb des Bereichs von Abschiebungs- und Zurückschiebungshaft[15] nicht stellen.[16] Gleiches gilt für die **Eltern eines nach § 1631b BGB untergebrachten Kindes** nach Beendigung der

---

6 BGH FGPrax 2011, 39; OLG Köln FGPrax 2011, 44; BeckOK-FamFG/*Gutjahr* § 62 Rn. 1
7 BayObLGZ 1957, 628
8 BGH NJW-RR 2012, 997
9 BGH FamRZ 2012, 211; OLG Stuttgart FamRZ 2014, 234
10 MüKo-FamFG/*A. Fischer* § 62 Rn. 19
11 Vgl. *Heidebach*, NJW 2011, 1728
12 BGH FamRZ 2011, 1390; vgl. auch OLG Düsseldorf FamRZ 2011, 921
13 BGH FamRZ 2012, 619; 2014, 649
14 OLG München BeckRS 2005, 10402; Keidel/*Budde* § 62 FamFG Rn. 10
15 BGH FamRZ 2012, 211
16 BGH FamRZ 2013, 29 (Betreuung)

Unterbringung. Hier ist der Antrag vom gesetzlichen Vertreter des Kindes in dessen Namen zu stellen.[17] Auch der Verfahrensbeistand dürfte hier antragsberechtigt sein.

3. Feststellungsinteresse

8 § 62 Abs. 1 FamFG beschränkt die Möglichkeit des Antrages auf Feststellung der Rechtswidrigkeit einer Gerichtsentscheidung trotz Erledigung auf besondere Fälle, in denen ein **berechtigtes Interesse** des Betroffenen vorliegt.

§ 62 Abs. 2 FamFG nennt als Regelbeispiele in Nr. 1 zunächst einen **schwerwiegenden Grundrechtseingriff**, der vor allem bei staatlichen Eingriffen in die (körperliche) Freiheit angenommen wird (*vgl. Rn. 1*), so dass im Bereich des Kindschaftsrechts vor allem Unterbringungsverfahren nach § 151 Nr. 6 und 7 FamFG als klassischer Anwendungsbereich zu nennen sind.[18] Daneben sind Fälle denkbar, in denen in schwerwiegender Weise in das Elternrecht nach Art. 6 Abs. 2 Satz 1 GG eingegriffen wurde, wie z. B. bei einem (Teil-) Entzug der elterlichen Sorge und bei Beschränkungen oder Ausschluss des Umgangsrechts nach §§ 1666, 1684 Abs. 4 BGB. In Verfahren mit geringerer Eingriffsintensität (z. B. §§ 1671, 1626a, 1628, 1686 BGB) kann sich ein schutzwürdiges Feststellungsinteresse aus der **schwerwiegenden Verletzung von Verfahrensrechten** ergeben.[19]

9 Nach § 62 Abs. 2 Nr. 2 FamFG kann auch **konkrete Wiederholungsgefahr** ein besonderes Feststellungsinteresse begründen. Dieses Regelbeispiel hat eher Bedeutung in Dauerverfahren, wie z. B. im Betreuungsverfahren, in Kindschaftsverfahren hat es die Rechtsprechung bislang nicht beschäftigt. In Unterbringungsverfahren von chronisch kranken Minderjährigen wird schon das Regelbeispiel von Abs. 2 Nr. 1 erfüllt sein. Nicht ausreichend ist bei Abs. 2 Nr. 2 in jedem Fall das Interesse an der Klärung einer Rechtsfrage.[20]

C. Einzelfälle

10 § 62 FamFG hat die Rechtsprechung der Familiensenate der Oberlandesgerichte in Kindschaftssachen bisher eher selten beschäftigt. Im Bereich der freiheitsentziehenden Unterbringung des Kindes werden in Verfahren nach §§ 151 Nr. 6 FamFG, 1631b BGB Anträge des Kindes nach § 62 FamFG selten gestellt. Soweit hier Anträge von den Eltern gestellt worden sind, betraf dies nichtsorgeberechtigte Eltern, denen ein eigenes Antragsrecht nach § 62 FamFG mangels Antragsbefugnis entsprechend § 59 FamFG verwehrt ist.[21] Denkbar sind Anträge von **personensorgeberechtigten** Eltern aber bei der **öffentlich-rechtlichen Unterbringung** des Kindes in Verfahren nach § 151 Nr. 7 FamFG nach den Länderfreiheitsentziehungsgesetzen.

Bei einem Verfahren wegen der Verpflichtung zur **Auskunftserteilung** nach § 1686 BGB besteht im Regelfall kein berechtigtes Feststellungsinteresse,[22] dagegen kann bei schwerwiegenden Eingriffen in Verfahrensrechte auch in Verfahren nach § 1628 BGB ein schwerwiegender Grundrechtseingriff bejaht werden.[23]

Im Bereich der **Kindesherausgabe** (§ 1632 Abs. 1 BGB) liegt ein hinreichendes Feststellungsinteresse auch bei der Anordnung unmittelbaren Zwangs zur Herausgabe (§ 90

---

17 BGH ZKJ 2014, 69
18 BGH FamRZ 2014, 649; ZKJ 2014, 29; OLG Bremen FamRZ 2013, 1244
19 OLG Naumburg 2013, 66: § 160 FamFG nicht beachtet; kritisch: MüKo-FamFG/A. *Fischer* § 62 Rn. 26
20 OLG Hamm FGPrax 2011, 209
21 BGH FamRZ 2013, 29; OLG Bremen FamRZ 2013, 1244; OLG Hamm FamRZ 2007, 1577; a.A. OLG Karlsruhe FamRZ 2008, 428
22 OLG Stuttgart FamRZ 2014, 234
23 OLG Naumburg FamRZ 2013, 66

FamFG) nicht vor, wenn die angefochtene Entscheidung infolge vorheriger freiwilliger Übergabe des Kindes nicht vollzogen wurde.[24]

§ 63 FamFG Beschwerdefrist

(1) Die Beschwerde ist, soweit gesetzlich keine andere Frist bestimmt ist, binnen einer Frist von einem Monat einzulegen.

(2) Die Beschwerde ist binnen einer Frist von zwei Wochen einzulegen, wenn sie sich gegen folgende Entscheidungen richtet:

1. Endentscheidungen im Verfahren der einstweiligen Anordnung oder

2. Entscheidungen über Anträge auf Genehmigung eines Rechtsgeschäfts.

(3) [1]Die Frist beginnt jeweils mit der schriftlichen Bekanntgabe des Beschlusses an die Beteiligten. [2]Kann die schriftliche Bekanntgabe an einen Beteiligten nicht bewirkt werden, beginnt die Frist spätestens mit Ablauf von fünf Monaten nach Erlass des Beschlusses.

Übersicht

A. Allgemeines

I. Anwendungsbereich

Die in § 63 FamFG geregelten Fristen gelten für alle unter § 58 FamFG fallenden Beschwerden gegen Endentscheidungen in Kindschaftsverfahren. Damit sieht das FamFG im Gegensatz zum FGG nur noch die fristgebundene Beschwerde vor. Die Norm gilt im Übrigen auch in Familienstreitsachen, also auch Verfahren betreffend den Kindesunterhalt. Soweit in Kindschaftsverfahren Zwischenentscheidungen mit der **sofortigen Beschwerde** kraft Verweisung nach §§ 567 ff. ZPO anfechtbar sind, gilt – ausgenommen die VKH-Beschwerde §§ 76 Abs. 2 FamFG, 127 Abs. 2 ZPO – die 2-Wochen Frist des § 569 Abs. 1 ZPO.

Hat der **Rechtspfleger** die Endentscheidung getroffen, so gelten für eine statthafte Beschwerde ebenfalls über § 11 Abs. 1 RPflG die Fristen des § 63 FamFG. Ist ein Rechtsmittel gegen seine Entscheidung nicht statthaft oder sonst nicht zulässig, unterliegt diese der **Erinnerung** nach § 11 Abs. 2 RPflG, für die nach dessen Satz 1 eine 2-wöchige Frist gilt (siehe näher hierzu *Heilmann*, § 11 RPflG Rn. 18).

1

---

24 OLG Brandenburg ZKJ 2012, 495; *Jennissen*, FGPrax 2009, 93, 98; vgl. auch BGH NJOZ 2008, 1890; a.A. OLG Köln FGPrax 2006, 232

II. Fristberechnung

2   Für die Berechnung der in § 63 FamFG vorgesehenen Fristen gelten nach § 16 Abs. 1 FamFG die Vorschriften der §§ 222, 224 Abs. 2 und 3, 225 ZPO, wobei § 222 Abs. 1 ZPO wiederum auf die Vorschriften des BGB, insbesondere §§ 187, 188 BGB verweist. Das bedeutet insbesondere, dass der Tag der Bekanntgabe nicht in die Frist eingerechnet wird (vgl. § 187 Abs. 1 BGB). Bei einer Monatsfrist endet bei einem am 1. des Monats zugestellten Beschluss diese gemäß § 188 Abs. 2 BGB folglich am 1. des darauf folgenden Monats. Fällt das Fristende (*nicht die Bekanntgabe*) auf einen Samstag, Sonntag oder gesetzlichen Feiertag, so endet die Frist nach §§ 16 Abs. 1 FamFG, 222 Abs. 2 ZPO am darauf folgenden Werktag. Die **kurze 2-Wochenfrist** des § 63 Abs. 2 FamFG endet mit Ablauf des Tages der zweiten Woche, der durch seine Benennung dem Tag der Bekanntmachung entspricht, so z.B. bei einem am Mittwoch dem 1. des Monats bekanntgemachter Beschluss die Frist am Mittwoch, den 15. des Monats endet.

3   Gemäß § 61 Abs. 3 Satz 1 FamFG beginnt die Frist mit der **schriftlichen Bekanntgabe** an den jeweiligen Beteiligten. Die Bekanntgabe des Beschlusses ist dabei in § 41 FamFG geregelt. Ob die Zustellung förmlich nach § 15 Abs. 2 FamFG i. V. m. §§ 166 ff. ZPO zugestellt worden ist (vgl. § 41 Abs. 1 Satz 2 FamFG) oder formlos zur Post, ist insoweit zwar ohne Belang, der Nachweis des Zugangs oder des Tages der Bekanntmachung lässt sich ohnehin nur bei der förmlichen Zustellung führen. Besteht aber eine gesetzliche Verpflichtung zur förmlichen Zustellung, wie nach § 41 Abs. 1 Satz 2 FamFG, kann die Beschwerdefrist nur durch eine solche in Gang gesetzt werden.[1]

4   Wird förmlich zugestellt, ist § 15 Abs. 2 FamFG i. V. m. § 172 ZPO zu beachten, wonach bei **anwaltlicher Vertretung** an den Verfahrensbevollmächtigten zuzustellen ist. Soweit der Antragsteller im Verfahren der Kindesrückführung nach dem **HKÜ** sowohl vom Bundesamt für Justiz als auch von einem Rechtsanwalt vertreten wird, beginnt die Frist erst mit Zustellung an einen der beiden Bevollmächtigten.[2] **Zustellungsmängel** können im Rahmen von §§ 15 Abs. 2 FamFG, 189 ZPO **geheilt** werden. Die Zustellung selbst muss aber wirksam sein, woran es insbesondere dann bei einer **öffentlichen Zustellung** an einen Beteiligten fehlt, wenn das Familiengericht nicht hinreichende Anstrengungen unternommen hat, dessen Aufenthalt zu ermitteln.[3] Auch ist die nach § 178 Abs. 2 ZPO eingeschränkte Möglichkeit der Ersatzzustellung zu beachten, wenn mehrere Beteiligte – wie häufig das Kind bei einem Elternteil – im gleichen Haushalt leben.

5   Wird den Beteiligten keine **beglaubigte Ausfertigung** des Beschlusses oder eine von der Urschrift abweichende Ausfertigung übersandt, so läuft die Frist ebenfalls nicht.[4] Das Fehlen einer nach § 39 FamFG erforderlichen **Rechtsbehelfsbelehrung** hindert allerdings den Beginn der Frist nicht,[5] sondern kann allenfalls ein Wiedereinsetzungsgrund sein (vgl. hierzu *Cirullies*, § 39 FamFG Rn. 3).

Voraussetzung für den Fristbeginn ist aber weiterhin der wirksame Erlass der Endentscheidung. An diesem fehlt es dann, wenn es an einer gesetzlich erforderlichen Verkündung der Entscheidung[6] (*wie z. B. bei einer Kindschaftssache als Folgesache im Scheidungsverbund*) mangelt.

---

1   BGH NJW 2013, 3310
2   OLG Karlsruhe FamRZ 2012, 468
3   BGH FamRZ 2012, 1376; NJW 2002, 827
4   BGH NJW 1998, 1959; BeckOK-FamFG/*Gutjahr* § 63 Rn. 33
5   BGH NJW 2011, 522
6   Vgl. BGH FamRZ 2012, 106

B. Inhalt der Norm

I. Monatsfrist (Abs. 1)

Nach § 63 Abs. 1 FamFG ist die Beschwerde gegen Endentscheidungen in allen Familiensa-   **6**
chen grundsätzlich – d. h. soweit kein Fall von Abs. 2 vorliegt – binnen **1 Monat ab Bekanntgabe** der Entscheidung (vgl. Rn. 4) einzulegen. § 63 FamFG hindert aber nicht daran, bereits vor Bekanntgabe des Beschlusses und damit vor Beginn der Beschwerdefrist
(vgl. Abs. 3 Satz 1) Beschwerde einzulegen.[7] Ist die Bekanntgabe erfolgt, hat auch eine
spätere Berichtigung des Beschlusses nach § 42 FamFG keinen Einfluss auf den Lauf der
Frist.[8]

II. Zweiwochenfrist (Abs. 2)

Gemäß § 63 Abs. 2 FamFG beträgt die Beschwerdefrist **2 Wochen**, wenn sich die Be-   **7**
schwerde gegen eine Entscheidung im Verfahren der **einstweiligen Anordnung** richtet
(Nr. 1) oder wenn sie einen Antrag auf **Genehmigung eines Rechtsgeschäfts** (Nr. 2, z. B.
§§ 1643, 1821, 1822 BGB) betrifft. Der Gesetzgeber hat hier wegen des Beschleunigungsbedürfnisses in beiden Verfahrensarten die Beschwerdefrist des Abs. 1 verkürzt. Vor der
zum 1.1.2013 erfolgten Neufassung von Nr. 1[9] war streitig, ob die kurze Beschwerdefrist
auch den Fall erfasste, dass sich die Beschwerde gegen die **Ablehnung einer einstweiligen Anordnung** richtete.[10] Hieran besteht aber infolge der Änderung der Vorschrift
heute kein Zweifel mehr. Nicht von § 63 Abs. 2 Nr. 2 FamFG erfasst werden im Übrigen
Fälle der Ersetzung der **Einwilligung in eine genetische Untersuchung** zur Klärung der
Abstammung nach § 1598a Abs. 2 BGB.[11] Die Zweiwochenfrist nach Nr. 2 gilt im Übrigen
auch dann, wenn sich die Beschwerde gegen die **Ablehnung eines Ersetzungsantrages**
richtet.[12]

III. „Fünf-Monats-Frist" (Abs. 3 Satz 2)

Gemäß § 63 Abs. 3 Satz 2 FamFG beginnt die nach Abs. 1 oder 2 maßgebliche Frist spätes-   **8**
tens mit Ablauf von **5 Monaten** nach Erlass des Beschlusses, wenn die schriftliche Bekanntgabe an einen Beteiligten nicht bewirkt werden kann. Kaum eine andere Vorschrift
des Beschwerderechts hat bis heute zu mehr Kontroversen in der Rechtsprechung und Literatur geführt. Dabei beinhaltet die Regelung keine dritte Rechtsmittelfrist, sondern die Anordnung der **Fiktion der Bekanntgabe** eines Beschlusses an einen Beteiligten.[13] Sie wird
vor allem in Versorgungsausgleichssachen kontrovers diskutiert, wenn ein beteiligter Versorgungsträger „vergessen" wird.[14] Es kommt aber auch in Kindschaftssachen häufig vor,
dass Muss-Beteiligte, wie z. B. nicht sorgeberechtigte Elternteile, etwa der rechtliche Vater,
nicht formal beteiligt werden und ihnen auch die Entscheidung nicht bekanntgemacht
wird, z. B. weil ihr Aufenthalt unbekannt ist oder das Familiengericht rechtsirrig annimmt,
sie seien nicht zu beteiligen.

Ist der **Aufenthalt** eines Muss-Beteiligten **nicht bekannt**, wird das Familiengericht, nach-   **9**
dem es hinreichende Ermittlungen zum Verbleib des Beteiligten getätigt hat (*z. B. durch
Anfragen beim Jugend- und Einwohnermeldeamt, der Ausländerbehörde*), jedoch die **öffentliche Zustellung** des Beschlusses nach §§ 15 Abs. 2 FamFG, 185 ZPO zu erwägen ha-

---

7 MüKo-FamFG/A. *Fischer* § 63 Rn. 26
8 BGH NJW-RR 2009, 1443
9 BGBl. 2013 I S. 2418
10 Zum Streitstand vgl. Prütting/Helms/*Abramenko* § 63 FamFG Rn. 4
11 OLG München FamRZ 2011, 1878
12 OLG Köln FGPrax 2014, 139; OLG Düsseldorf NJW-RR 2014, 890; OLG Frankfurt a. M. NJOZ 2014, 324
13 BGH FamRZ 2013, 1566
14 Vgl. dazu *Büte*, FuR 2011, 361

ben, so dass insoweit kein Raum für die Anwendung von § 63 Abs. 2 Satz 3 FamFG besteht.

10   **Unterbleibt** dagegen versehentlich die **Bekanntgabe** der Entscheidung an einen Beteiligten – gleich ob er zuvor formal im Verfahren beteiligt worden war –, so findet die Vorschrift nach zutreffender Auffassung ebenfalls keine Anwendung, weil dies mit ihrem Wortlaut und dem Bedürfnis nach einem **effektiven Rechtsschutz** für den betroffenen Beteiligten nicht zu vereinbaren ist.[15] Streitig ist hier aber, ob im Falle unterbliebener Beteiligung eines nach § 59 FamFG Beschwerdeberechtigten gar keine Frist läuft[16] oder aber in einem solchen Fall die Rechtsmittelfrist für den Übergangenen dann abläuft, wenn die Rechtsmittelfrist für den letzten formell Beteiligten abgelaufen ist.[17] Das Bedürfnis nach einem umfassenden und lückenlosen Rechtsschutz lässt nur die zuerst genannte Auslegung zu.

Ist dagegen die Bekanntgabe an den Beteiligten versucht worden, aber leidet sie an **formalen Mängeln** (*falsche Adresse, nicht hinreichende Ermittlungen bei § 185 ZPO, unzulässige Ersatzzustellung*), so findet § 63 Abs. 2 Satz 3 FamFG Anwendung.[18] In diesem Fall ist dem Betroffenen aber nach Ablauf der Beschwerdefrist Wiedereinsetzung in den vorigen Stand in die nach Abs. 1 oder 2 versäumte Frist zu gewähren.[19] Der BGH[20] hat aber nunmehr entschieden, dass § 63 Abs. 3 Satz 2 FamFG auch dann anzuwenden ist, wenn die Zustellung an einen bereits förmlich Beteiligten gänzlich unterblieben ist und auch nicht versucht wurde, hat aber auf die Möglichkeit, Wiedereinsehung in den vorigen Stand zu gewähren, verwiesen.

C. Wahrung der Beschwerdefrist

I. Verfahrenskostenhilfeantrag

11   a) Die Beschwerdefrist nach § 63 FamFG wird nicht gewahrt, wenn ein von der Entscheidung Betroffener **Verfahrenskostenhilfe** für eine von ihm **beabsichtigte Beschwerde** einlegt. Wegen der nach **Art. 3 GG gebotenen Gleichstellung von Minderbemittelten bei der Rechtswahrnehmung** muss diesen aber die Möglichkeit eröffnet werden zur Vermeidung von Kostennachteilen und zur Sicherung anwaltlichen Beistands für das Beschwerdeverfahren zunächst auch eine isolierte Entscheidung des Beschwerdegerichts, vor allem über die Erfolgsaussicht der Beschwerde als objektive Voraussetzung der VKH (§ 114 ZPO), herbeizuführen. Dies wird dadurch erreicht, dass im Falle von Bewilligung oder Ablehnung von VKH **Wiedereinsetzung in den vorigen Stand** bei dem Oberlandesgericht[21] in die versäumte Beschwerdefrist binnen 2 Wochen (§ 18 Abs. 1 FamFG) beantragt werden kann und muss und die Beschwerde nach zutreffender Auffassung binnen eines Monats ab Bekanntgabe der VKH-Bewilligung[22] bei dem Amtsgericht (§ 64 Abs. 1 Satz 1 FamFG) einzulegen ist.[23] Mit Blick auf das Vorrang- und Beschleunigungsgebot dürfte diese Vorgehensweise einem Beteiligten insbesondere in den Verfahren, in denen der Auf-

---

15 OLG Zweibrücken FamRZ 2014, 1394; OLG Dresden FamRZ 2014, 681; OLG Köln FamRZ 2013, 1913

16 So die zuvor genannte Rspr. und MüKo-FamFG/A. *Fischer* § 63 Rn. 32, 34 ff.

17 OLG Celle FamRZ 2012, 321; OLG Hamm FamRZ 2011, 396; *Büte*, FuR 2011, 361

18 BGH FamRZ 2013, 1566; Keidel/*Sternal* § 63 FamFG Rn. 27; a.A. Prütting/Helms/*Abramenko* § 63 FamFG Rn. 11

19 BGH FamRZ 2013, 1566

20 BGH BeckRS 2015, 06143

21 BGH NJW-RR 2014, 1; OLG Celle NJW 2014, 1828; a.A. MüKo-FamFG/A. *Fischer* § 63 Rn. 32

22 BGH NJW 2013, 471; *Dürbeck* in: Büttner/Wrobel-Sachs/Gottschalk/Dürbeck Rn. 117; a.A. BGH FamRZ 2007, 1640: ab Mitteilung der Wiedereinsetzungsentscheidung; war zunächst nur über die VKH entschieden, so läuft die Beschwerdefrist erst ab Entscheidung über die Anwaltsbeiordnung, BGH FamRZ 2014, 550

23 Einzelheiten bei *Dürbeck* in: Büttner/Wrobel-Sachs/Gottschalk/Dürbeck Rn. 115 ff.

enthalt des Kindes oder der Umgang betroffen ist, jedoch nicht zu empfehlen sein, denn der Zeitablauf schafft in der Regel neue Tatsachen.

▶ *Näher hierzu Fink, § 155 FamFG Rn. 12 ff.*

b) Wird VKH beantragt und **gleichzeitig Beschwerde** eingelegt, ergeben sich hinsichtlich der Beschwerdefrist keine Besonderheiten und Ausnahmen, insbesondere bedarf es auch keiner späteren Wiedereinsetzung.[24]   **12**

c) Wird Beschwerde **für den Fall der Bewilligung** der beantragten VKH eingelegt, so handelt es sich wegen der **Bedingungsfeindlichkeit von Verfahrenshandlungen** um eine unzulässige Beschwerde.[25] Hier ist aber gleichwohl nicht sogleich die Beschwerde zu verwerfen, sondern zunächst über die VKH zu entscheiden, um dem Betroffenen sodann die Möglichkeit zu eröffnen, ordnungsgemäß und unbedingt Beschwerde einzulegen.[26]   **13**

II. Einlegung der Beschwerde bei dem dafür zuständigen Gericht[27]

Die Beschwerdefrist des § 63 FamFG wird nur dann gewahrt, wenn die Beschwerde innerhalb der Frist bei dem gesetzlichen vorgesehenen Gericht, das ist nach § 64 Abs. 1 Satz 2 FamFG **das Amtsgericht**, das die Entscheidung erlassen hat, eingelegt wird. Wird die Beschwerde bei dem Oberlandesgericht eingelegt, so ist dem nicht Genüge getan. Allerdings verlangt der BGH zu Recht, dass die betroffenen Oberlandesgerichte die bei ihnen eingegangenen Beschwerden **im ordentlichen Geschäftsgang** (*keine Übersendung per Telefax oder Beauftragung eines besonderen Gerichtswachtmeisters erforderlich*) an das zuständige Amtsgericht weiterleiten.[28] Eine Beschwerde, die erst zwei bis drei Werktage vor Ablauf der Beschwerdefrist bei dem Oberlandesgericht eingegangen ist, kann daher als unzulässig zu verwerfen sein. Es besteht auch keine Pflicht zur **telefonischen Benachrichtigung** des Beschwerdeführers oder seines Anwalts.[29] Verletzt das Oberlandesgericht diese Pflicht, so ist dem Beschwerdeführer – auch von Amts wegen – mangels Ursächlichkeit seines Verschuldens an der Fristversäumung **Wiedereinsetzung in den vorigen Stand** nach § 17 FamFG zu gewähren, wenn davon ausgegangen werden kann, dass bei rechtzeitiger Weiterleitung der Beschwerde diese noch innerhalb der gesetzlichen Beschwerdefrist bei dem Amtsgericht eingegangen wäre.[30]   **14**

III. Versäumung der Beschwerdefrist – Wiedereinsetzung in den vorigen Stand

a) Wird die Beschwerdefrist versäumt und auch keine Wiedereinsetzung in den vorigen Stand gewährt, so ist die Beschwerde nach § 68 Abs. 2 Satz 2 FamFG – nach vorheriger Gewährung rechtlichen Gehörs[31] – zu **verwerfen**.   **15**

b) Trifft weder den Beschwerdeführer selbst noch seinen Rechtsanwalt (§§ 11 Satz 5 FamFG, 85 ZPO) ein **Verschulden** an der Versäumung der Beschwerdefrist, so ist in Kindschaftssachen **Wiedereinsetzung in den vorigen Stand** nach § 17 FamFG zu gewähren. Hinsichtlich der umfangreichen und kaum mehr überschaubaren Rechtsprechung zur Verschuldensfrage wird auf die einschlägigen Kommentierungen von § 233 ZPO Bezug genommen.[32]

---

24 BGH MDR 2012, 731
25 BGH NJW 1999, 2823
26 BGH, Beschl. v. 30.11.2011, III ZB 34/11 – juris –
27 Vgl. dazu ausführlich: *Müther*, FamRZ 2010, 1952
28 BGH NJW-RR 2014, 2; NJW 2012, 1205; 2011, 3240
29 BGH MDR 2013, 994
30 BGH FamRZ 2012, 1205; OLG Düsseldorf FamRZ 2023, 1598
31 BGH NJW-RR 2007, 1718; Keidel/*Sternal* § 68 FamFG Rn. 83
32 Etwa Zöller/*Greger* § 233 ZPO Rn. 11 ff; zur Rspr. vgl. *Bernau*, NJW 2013, 2001; 2014, 2007

16 In Kindschaftssachen praktisch bedeutsam ist die Frage, ob eine **unterbliebene oder unrichtige Rechtsbehelfsbelehrung** zu einer unverschuldeten Fristversäumung führen kann. Zu nennen sind etwa Belehrungen über Hauptsacherechtsmittel in einstweiligen Anordnungsverfahren (*1 Monat statt 2 Wochen Beschwerdefrist*) oder über die sofortige Beschwerde statt einfacher Hauptsachebeschwerde. Auch die Belehrungen über die Beschwerde nach § 40 IntFamRVG ist leider häufig unzutreffend (vgl. *Schweppe*, § 40 IntRVG Rn. 3 ff.). Ist der Beschwerdeführer **anwaltlich nicht vertreten**, so bestimmt schon das Gesetz in § 17 Abs. 2 FamFG selbst, dass bei unterbliebener oder fehlerhafter Rechtsmittelbelehrung **fehlendes Verschulden** an der Fristversäumung **vermutet** wird, so dass Wiedereinsetzung zu gewähren ist.

17 Ist der Beschwerdeführer dagegen **anwaltlich vertreten**, so ist im Regelfall von einem **Verschulden des Anwalts** auszugehen, da er nicht auf die Rechtsmittelbelehrung vertrauen darf, sondern in eigener Verantwortung die Modalitäten und Voraussetzungen des Rechtsmittels zu überprüfen hat und dabei von ihm zu verlangen ist, dass er das Verfahrensrecht kennt und bei Zweifeln den sicheren Weg wählt.[33] Nur dann, wenn in einer Rechtsfrage divergierende Auffassungen in der obergerichtlichen Rechtsprechung bestehen, kann für ihn Veranlassung bestehen, das Rechtsmittel entsprechend der erteilten Belehrung einzulegen, was ihn bei einem Rechtsirrtum entschuldigen kann.[34] Dies wurde bis zu der am 1.1.2013 erfolgten Neufassung von § 64 Abs. 1 Satz 2 FamFG bei der vormals höchst umstrittenen Frage angenommen, ob ein VKH-Antrag für eine beabsichtigte Beschwerde bei dem Amtsgericht oder dem Oberlandesgericht einzulegen ist[35] (vgl. näher hierzu *Dürbeck*, § 64 FamFG Rn. 2).

§ 64 FamFG Einlegung der Beschwerde

(1) [1]**Die Beschwerde ist bei dem Gericht einzulegen, dessen Beschluss angefochten wird.** [2]**Anträge auf Bewilligung von Verfahrenskostenhilfe für eine beabsichtigte Beschwerde sind bei dem Gericht einzulegen, dessen Beschluss angefochten werden soll.**

(2) [1]**Die Beschwerde wird durch Einreichung einer Beschwerdeschrift oder zur Niederschrift der Geschäftsstelle eingelegt.** [2]**Die Einlegung der Beschwerde zur Niederschrift der Geschäftsstelle ist in Ehesachen und in Familienstreitsachen ausgeschlossen.** [3]**Die Beschwerde muss die Bezeichnung des angefochtenen Beschlusses sowie die Erklärung enthalten, dass Beschwerde gegen diesen Beschluss eingelegt wird.** [4]**Sie ist von dem Beschwerdeführer oder seinem Bevollmächtigten zu unterzeichnen.**

(3) **Das Beschwerdegericht kann vor der Entscheidung eine einstweilige Anordnung erlassen; es kann insbesondere anordnen, dass die Vollziehung des angefochtenen Beschlusses auszusetzen ist.**

Übersicht

---

33 BGH FamRZ 2014, 826; 2011, 100
34 BGH FamRZ 2013, 1567; OLG Frankfurt a. M. NJW 2012, 3250
35 BGH FamRZ 2014, 826; 2013, 1567 auch mit Nachweisen zum vormaligen Streitstand unter den Oberlandesgerichten

A. Einlegung von Beschwerde und Verfahrenskostenhilfeantrag

Gemäß § 64 Abs. 1 FamFG ist die Beschwerde ausnahmslos in allen Familiensachen bei dem Gericht, dessen Entscheidung nach § 58 FamFG angefochten werden soll, einzulegen, also bei dem **Amtsgericht**. Der vom Gesetzgeber verfolgte Vereinfachungs- und Beschleunigungszweck[1] wird aber bei Familiensachen insoweit verfehlt, als dort eine **Abhilfeentscheidung** des Ausgangsgerichts nicht zu treffen ist (§ 68 Abs. 1 Satz 2 FamFG). Von Vorteil ist aber, dass Beschwerdeschrift und Verfahrensakte sofort zusammen sind und insoweit eine Korrespondenz von Beschwerdegericht und Amtsgericht wegen der Anforderung der Akte nicht notwendig ist. Gleichwohl hat die von §§ 519 Abs. 1 ZPO, 621e Abs. 3 ZPO a. F. (Einlegung beim Rechtsmittelgericht) abweichende Regelung sehr viel Verwirrung gestiftet und zu einer hohen Anzahl von unzulässigen Beschwerden geführt, weil die Beschwerde von den Anwälten bzw. Beteiligten häufig beim Oberlandesgericht eingelegt worden ist. Geht die Beschwerde beim Oberlandesgericht ein, so wahrt dies nicht die Beschwerdefrist von § 63 FamFG (vgl. dort Rn. 6). Das Beschwerdegericht trifft aber die **Pflicht, die Beschwerdeschrift im ordentlichen Geschäftsgang** (keine Übersendung per Telefax oder Beauftragung eines besonderen Gerichtswachtmeisters, keine Pflicht zur telefonischen Benachrichtigung des Beschwerdeführers) **an das zuständige Amtsgericht weiterzuleiten.**[2] Verletzt das Oberlandesgericht diese Pflicht, so ist dem Beschwerdeführer – auch von Amts wegen – mangels Ursächlichkeit seines Verschuldens an der Fristversäumung **Wiedereinsetzung in den vorigen Stand** nach § 17 FamFG zu gewähren, wenn davon ausgegangen werden kann, dass bei rechtzeitiger Weiterleitung der Beschwerde diese noch innerhalb der gesetzlichen Beschwerdefrist bei dem Amtsgericht eingegangen wäre.[3]

Bis zum 31.12.2012 war im FamFG nicht geregelt, bei welchem Gericht **Verfahrenskostenhilfe-Anträge** für eine **beabsichtigte Beschwerde** (siehe näher hierzu *Dürbeck* § 63 FamFG Rn. 12 ff.) einzulegen waren. Die Frage war in Literatur und obergerichtlicher Rechtsprechung streitig.[4] Der BGH hat die Auffassung bestätigt, dass auch vor dem 1.1.2013 VKH-Anträge für beabsichtigte Beschwerden beim Beschwerdegericht einzulegen waren, ist aber wegen der ungeklärten Rechtslage von einem unvermeidbaren Rechtsirrtum des Rechtsanwalt ausgegangen und hat Wiedereinsetzung in den vorigen Stand für die versäumte Beschwerdefrist bejaht.[5] Seit 1.1.2013[6] bestimmt der neu eingefügte Satz 2 von § 64 Abs. 1 FamFG, dass VKH-Anträge für beabsichtigte Beschwerden ebenfalls beim Amtsgericht einzulegen sind. Zu dem sich anschließenden Verfahren siehe näher *Dürbeck*, § 63 FamFG Rn. 12 ff. Wurde nach dem 1.1.2013 von einem Rechtsanwalt ein VKH-Antrag für eine beabsichtigte Beschwerde beim Oberlandesgericht eingelegt und wird infolgedessen die Beschwerdefrist nicht mehr gewahrt, so kann Wiedereinsetzung in den vorigen Stand wegen eines nicht unverschuldeten Rechtsirrtums nicht mehr gewährt werden.[7]

B. Inhalt der Norm

I. Einlegung der Beschwerde

Die Beschwerde gegen eine Entscheidung in Kindschaftssachen ist bei demselben **Amtsgericht** einzulegen, das die Entscheidung erlassen hat. Der Antrag auf Bewilligung von

---

1 BT-Drs. 16/6308, 206
2 BGH NJW-RR 2014, 2; MDR 2013, 994; NJW 2012, 1205; 2011, 3240
3 BGH FamRZ 2012, 1205
4 Vgl. OLG Frankfurt a. M. BeckRS 2013, 01554 (OLG) und OLG Bamberg NJW-RR 2011, 1509 (Amtsgericht)
5 BGH FamRZ 2013, 1567
6 BGBl. 2012 I S. 2418
7 OLG Dresden NJW 2014, 1826; OLG Zweibrücken NJW-Spezial 2013, 742

Verfahrenskostenhilfe ist bei dem Gericht anhängig zu machen, dessen Entscheidung angefochten werden soll, mithin in Kindschaftssachen ebenfalls bei dem **Amtsgericht**.

II. Form

4 Gemäß § 64 Abs. 2 Satz 1 und 4 FamFG ist die Beschwerde durch Einreichung einer vom Beschwerdeführer oder seinem Bevollmächtigten unterzeichneten, in **deutscher Sprache** abgefassten[8] **Beschwerdeschrift** oder **zur Niederschrift der Geschäftstelle** einzulegen. Damit sind mündliche Erklärungen oder auch die Übermittlung mittels E-Mail grundsätzlich ausgeschlossen. Die **Übermittlung elektronischer Dokumente** kann aber nach Maßgabe von §§ 14 Abs. 2 FamFG, 130a ZPO (mit elektronischer Signatur) die Schriftform ersetzen, wenn sie durch eine **Rechtsverordnung des Bundes oder der Länder** zugelassen ist.[9] Die zwingend erforderliche **Unterschrift** muss **eigenhändig** sein, so dass etwa ein Faksimile oder eine eingescannte Unterschrift nicht genügt.[10] Bei der Beschwerdeeinlegung durch eine **Behörde**, in Kindschaftssachen etwa das Jugendamt, braucht die Beschwerdeschrift nicht von dem Behördenleiter oder seinem Stellvertreter unterzeichnet sein, es reicht insoweit die eigenhändige Unterschrift des **Sachbearbeiters**.[11]

III. Anwaltszwang?

5 Da § 64 Abs. 2 Satz 1 FamFG die Beschwerdeeinlegung zur Niederschrift der Geschäftstelle gestattet – nach Satz 2 ist dies nur in Ehe- und Familienstreitsachen ausgeschlossen – bedarf es nach § 114 Abs. 4 Nr. 6 FamFG, 78 Abs. 3 ZPO in Kindschaftssachen der freiwilligen Gerichtsbarkeit weder für die Einlegung der Beschwerde noch für dessen Durchführung der **anwaltlichen Vertretung** der Beteiligten. Streitig ist die Frage der Notwendigkeit der Vertretung eines Rechtsanwalts für die Einlegung der Beschwerde und deren Durchführung aber bei im **Scheidungsverbund stehenden Folgesachen** der freiwilligen Gerichtsbarkeit, wie dies gerade auch in Kindschaftssachen der Fall sein kann, wenn die Voraussetzungen von § 137 Abs. 3 FamFG erfüllt sind.[12] Nach einer in der Rechtsprechung überwiegend vertretenen Auffassung sei die Regelung in § 64 Abs. 2 Satz 2 FamFG offenkundig missglückt, weshalb nach § 114 Abs. 1 FamFG die Beschwerde in diesen Fällen nur wirksam durch einen Rechtsanwalt eingelegt werden könne.[13] Die Gegenansicht geht generell – aufgrund des insoweit eindeutigen Wortlauts von § 64 Abs. 2 Satz 2 FamFG – sowohl für die Einlegung der Beschwerde als auch deren Durchführung von der Notwendigkeit anwaltlicher Vertretung nicht aus.[14] Eine dritte Ansicht verneint dagegen den Anwaltszwang für die Einlegung der Beschwerde, bejaht ihn dagegen aber für die Durchführung des Beschwerdeverfahrens.[15]

6 Der an zweiter Stelle genannten Gegenauffassung ist zuzustimmen. Soweit § 64 Abs. 2 Satz 2 FamFG i. V. m. § 78 Abs. 3 Nr. 6 FamFG schon vom Wortlaut her FamFG-Folgesachen vom Anwaltszwang für die Einlegung der Beschwerde befreit, erscheint es unzweckmäßig anders als in amtswegigen Verfahren im ersten Rechtszug allein für die Durchführung des Beschwerdeverfahrens die Notwendigkeit anwaltlicher Vertretung zu verlangen. Nur dann, wenn der nicht anwaltlich vertretene Beteiligte im Beschwerdeverfahren einen Sachantrag

---

8 vgl. § 184 GVG, Keidel/*Sternal* § 64 FamFG Rn. 28
9 Vgl. www.jusitz.de/ERV/index.php; weitere Einzelheiten bei Keidel/*Sternal* § 14 FamFG Rn. 7 ff.
10 OLG Celle FamRZ 2012, 1894; MüKo-FamFG/*A. Fischer* § 64 Rn. 24
11 OLG Schleswig FamRZ 2014, 789; OLG Bamberg FamRZ 2013, 480
12 Ausführlich dargestellt bei *Schwamb*, FamRB 2014, 111
13 OLG Bremen FamRZ 2014, 596; OLG Köln FamRZ 2013, 1604; OLG Hamm FamRZ 2011, 130; OLG Rostock FamRZ 2011, 57; ebenso Keidel/*Weber* § 114 FamFG Rn. 6
14 OLG Frankfurt a. M. FamRZ 2014, 681; OLG Brandenburg NJW 2014, 2370; *Frank*, FamRZ 2011, 1021
15 *Schwamb*, FamRB 2014, 111 unter Berufung auf OLG Nürnberg NJW 2011, 1613

stellen will (z. B. nach § 1671 Abs. 2 Nr. 1 BGB) bedarf er auch im Beschwerdeverfahren anwaltlicher Vertretung.[16]

IV. Inhaltliche Anforderungen

Nach § 64 Abs. 2 Satz 3 FamFG muss die Beschwerde den **angefochtenen Beschluss bezeichnen** sowie die **Erklärung** enthalten, dass **Beschwerde** gegen diesen Beschluss eingelegt wird. Dabei ist es nicht zwingend erforderlich, das Aktenzeichen des betreffenden erstinstanzlichen Verfahrens zu benennen, es muss aber unzweifelhaft sein, in welchem von ggf. mehreren familiengerichtlichen Verfahren Beschwerde eingelegt werden soll.[17] Dabei können zur Aufklärung dieser Frage auch außerhalb der Beschwerdeschrift befindliche Umstände herangezogen werden.[18] Auch ist der Gebrauch des Wortes „Beschwerde" nicht zwingend, es muss sich aber aus dem Schriftstück entnehmen lassen, dass der Betroffene die Nachprüfung der erstinstanzlichen Entscheidung wünscht. Hier stellen sich ggf. Abgrenzungsfragen zum Antrag auf Abänderung einer Entscheidung aufgrund neu eingetretener Umstände (z.B. nach § 166 FamFG) oder der Gegenvorstellung oder Dienstaufsichtsbeschwerde. Auch muss sich aus der Erklärung entnehmen lassen, wer Beschwerdeführer ist.[19] Einen **Sachantrag** braucht die Beschwerde in FamFG-Verfahren nicht zu enthalten. Zulässig sind in Antragsverfahren aber Änderungen und Erweiterungen der Sachanträge analog §§ 525, 263, 264 ZPO.[20] Unzulässig sind bedingte Beschwerden (siehe näher hierzu *Dürbeck*, § 63 FamFG Rn. 14).

▶ *Zur Begründung der Beschwerde siehe Dürbeck, § 65 FamFG Rn. 1 ff.*

7

C. Einstweilige Anordnungen/Aussetzung der Vollziehung (Abs. 3)

Gemäß § 64 Abs. 3 FamFG kann das Beschwerdegericht vor der Entscheidung eine **einstweilige Anordnung** erlassen, insbesondere die **Aussetzung der Vollziehung** der angefochtenen Entscheidung anordnen. Bei der hier bestehenden Möglichkeit – auch von Amts wegen[21] – einstweilige Anordnungen im Beschwerdeverfahren zu erlassen, ist zu beachten, dass diese – anders als in § 50 Abs. 1 Satz 2 FamFG – vom Hauptsacheverfahren abhängig sind und auf den Beschwerdegegenstand begrenzt sind. Sie sind anders als Verfahren nach §§ 49 ff. FamFG nicht selbständig, sondern sowohl vom Gegenstand her als auch kostenrechtlich Teil des Hauptsacheverfahrens.[22] Es sind damit keine neuen Akten anzulegen und eine etwaige Bewilligung von Verfahrenskostenhilfe bzw. die Bestellung eines Verfahrensbeistandes gelten auch für dieses Eilverfahren innerhalb des Beschwerdeverfahrens.

8

Soweit es sich bei der angefochtenen Entscheidung um eine einstweilige Anordnung nach §§ 49 ff. FamFG handelt, ist § 55 Abs. 2 FamFG vorrangig,[23] der auch auf rechtsgestaltende Anordnungen wie im Sorgerecht[24] anwendbar ist. Noch nicht hinreichend geklärt ist das Verhältnis zu § 93 Abs. 1 Satz 1 Nr. 3 und Satz 2 FamFG.[25]

9

Häufigster Anwendungsfall von § 64 Abs. 3 FamFG ist das selbst in der Vorschrift genannte Regelbeispiel der **Aussetzung der Vollziehung** der angefochtenen Entscheidung, z. B.

10

---

16 Ebenso MüKo-FamFG/*A. Fischer* § 64 Rn. 30
17 BeckOK-FamFG/*Gutjahr* § 64 Rn. 17
18 BGH NJW-RR 2000, 1371
19 Vgl. z. B. BGH FamRZ 2012, 211
20 BayObLG WuM 1989, 451; Keidel/*Sternal* § 64 FamFG Rn. 46
21 BGH FGPrax 2010, 97
22 BGH FGPrax 2010, 102
23 Keidel/*Giers* § 55 FamFG Rn. 1
24 *Van Els*, FamRZ 2011, 1706
25 Vgl. Praxiskommentar Familienverfahrensrecht/*Finke* § 64 FamFG Rn. 9: „Überschneidung"

einer Umgangsregelung oder Kindesherausgabe, welche nach § 40 Abs. 1 FamFG schon mit der Bekanntgabe der Entscheidung an die Beteiligten wirksam und damit vollziehbar werden. Da Sorgerechtsentscheidungen keiner Vollziehung bedürfen, kann hier lediglich die Aussetzung der Wirksamkeit der Entscheidung in Betracht kommen. Die gerichtliche Entscheidung nach § 64 Abs. 3 FamFG steht im Ermessen des Beschwerdegerichts, das eine summarische Prüfung der Erfolgsaussichten der Beschwerde vorzunehmen[26] und insbesondere zu prüfen hat, ob dem Beschwerdeführer infolge der Wirksamkeit der Entscheidung oder deren Vollziehung schwerwiegende Nachteile entstehen würden,[27] wobei in Kindschaftssachen naturgemäß Fragen des Kindeswohls im Mittelpunkt zu stehen haben.[28] In Kindschaftssachen sind insbesondere die Folgen einer Vollziehung oder Wirksamkeit der Entscheidung, z. B. durch Herausgabe des Kindes oder Wegzug mit dem Kind ins Ausland, mit etwaigen nachteiligen Folgen für die anderen Beteiligten und das Kind abzuwägen. Zu vergleichen ist im Rahmen einer Folgenabwägung, ob bei Vollzug der amtsgerichtlichen Entscheidung und einem späteren Erfolg der Beschwerde schwerwiegendere Folgen entstehen als bei einer Aussetzung der Vollziehung der amtsgerichtlichen Entscheidung und einer späteren Zurückweisung der Beschwerde. Soweit möglich ist insbesondere ein mehrmaliger Aufenthaltswechsel des Kindes zu vermeiden, so dass bei der Bejahung von gewissen Erfolgsaussichten die Vollziehung bzw. Wirksamkeit einer Entscheidung auszusetzen sein kann.[29] Sprechen Anhaltspunkte dafür, dass das Kindeswohl durch den Vollzug einer Umgangsregelung gefährdet werden könnte und überwiegen diese Umstände das Elternrecht des Umgangsberechtigten, ist die Aussetzung der Regelung geboten.[30] In jedem Fall darf durch die Entscheidung die Hauptsache nicht vorweggenommen werden. Entscheidungen nach § 64 Abs. 3 FamFG sind nicht anfechtbar, aber auf Anregung hin oder von Amts wegen jederzeit abänderbar.[31]

§ 64 Abs. 3 FamFG ermächtigt das Beschwerdegericht im Übrigen nicht, in einem Sorgerechtsverfahren durch einstweilige Anordnung den Umgang zu regeln oder die Herausgabe des Kindes anzuordnen. Vgl. aber zum HKÜ-Verfahren siehe näher Schweppe Art. 12 Rn. 9 ff.

§ 65 FamFG Beschwerdebegründung

(1) Die Beschwerde soll begründet werden.

(2) Das Beschwerdegericht oder der Vorsitzende kann dem Beschwerdeführer eine Frist zur Begründung der Beschwerde einräumen.

(3) Die Beschwerde kann auf neue Tatsachen und Beweismittel gestützt werden.

(4) Die Beschwerde kann nicht darauf gestützt werden, dass das Gericht des ersten Rechtszugs seine Zuständigkeit zu Unrecht angenommen hat.

Übersicht

---

26 BVerfG BeckRS 2010, 46097
27 BGH FGPrax 2010, 97; OLG Hamm FamRZ 2011, 578
28 Vgl. BVerfG NJW-RR 2009, 721
29 Vgl. OLG Brandenburg BeckRS 2009, 08669; BayObLG 1963, 191; MüKo-FamFG/*A. Fischer* § 64 Rn. 47
30 Vgl. BVerfG FamRZ 2013, 103; BeckOK-*Gutjahr* § 64 Rn. 29b
31 OLG Hamm FamRZ 1995, 1209; Keidel/*Sternal* § 64 FamFG Rn. 71

A. Allgemeines

Anders als in Ehe- und Familienstreitsachen (vgl. § 117 Abs. 1 FamFG) ist die Begründung der Beschwerde **nicht als Zulässigkeitsvoraussetzung** ausgestaltet und die Nichtbeachtung der Soll-Regelung bleibt letztlich – wie bei § 571 Abs. 1 ZPO, der dem Gesetzgeber als Vorbild diente[1] – sanktionslos.

1

Verdrängt wird die Norm von der Sondervorschrift des § 40 Abs. 2 Satz 2 IntFamRVG für Verfahren nach dem **Haager Kindesentführungsabkommen**. Wird die Beschwerde im dortigen Anwendungsbereich innerhalb der Beschwerdefrist nicht begründet, führt dies zur Verwerfung der Beschwerde als unzulässig (siehe näher hierzu *Schweppe*, § 40 IntFamRVG Rn. 9).

B. Inhalt der Norm

I. Begründung der Beschwerde (Abs. 1 und 2)

Gemäß § 65 Abs. 1 FamFG **soll** die **Beschwerde begründet** werden. Enthält die Beschwerdeschrift bereits eine Begründung, so bestimmt sich das weitere Verfahren nach §§ 68, 69 FamFG, insbesondere hat der Vorsitzende des Senats den anderen Beteiligten rechtliches Gehör zu gewähren, wobei gerade in den Kindschaftssachen betreffend den **Aufenthalt eines Kindes**, in Verfahren nach §§ 1666, 1666a BGB und in Umgangssachen, wenn **kein Umgang** gewährt wird, aufgrund des **Beschleunigungsgrundsatzes** eine Frist von **höchstens 2 Wochen** angemessen sein dürfte.[2] Enthält die Beschwerdeschrift keine Begründung, so kann der Vorsitzende, zweckmäßigerweise nach Rücksprache mit dem zuständigen Berichterstatter, oder das Beschwerdegericht nach § 65 Abs. 2 FamFG eine Frist zur Begründung der Beschwerde einräumen, die in vorrangigen Kindschaftssachen ebenfalls nicht länger als 2 Wochen sein sollte. Dabei kann das Beschwerdegericht – z. B. soweit es die Beschwerde zu diesem Zeitpunkt für offenkundig unbegründet hält – bereits zu diesem Zeitpunkt eine **Entscheidung ohne weitere persönliche Anhörungen** nach § 68 Abs. 3 Satz 2 FamFG ankündigen, was dem erklärten Willen des Gesetzgebers entspricht.[3]

2

Eine **Verlängerung der Frist** ist auf Antrag gemäß §§ 16 Abs. 2 FamFG, 224 Abs. 2 ZPO möglich, sollte aber in Kindschaftssachen – jedenfalls in den Fällen des § 155 Abs. 1 FamFG – nur bei **besonders triftigen Gründen** gewährt werden. Die engen Grenzen von §§ 117 Abs. 1 Satz 4, 520 Abs. 2 Satz 2, 3 ZPO gelten hier aber nicht. Wird die Beschwerde auch nach Fristsetzung **nicht begründet**, darf sie alleine deswegen **weder verworfen** werden noch führt dies zur **Präklusion** weiteren verspäteten Vorbringens.[4] In einem **einstweiligen Anordnungsverfahren** kann eine unterbliebene Beschwerdebegründung des beschwerdeführenden Antragstellers aber indizieren, dass kein Eilbedürfnis i.S.d. § 49 Abs. 1 FamFG besteht.[5] Auch kann eine Endentscheidung nach § 68 Abs. 3 Satz 2 FamFG **ohne vorherige Ankündigung** ergehen, weil es eines vorherigen Hinweises wie bei Ehe- und Familienstreitsachen (§ 117 Abs. 3 FamFG) nicht bedarf.

3

---

1 BT-Drs. 16/6308, 206
2 Ebenso Prütting/Helms/*Abramenko* § 65 FamFG Rn. 6 und Keidel/*Sternal* § 68 FamFG Rn. 55 für alle FamFG-Verfahren
3 BT-Drs. 16/6308, 206
4 Johannsen/Henrich/*Althammer* § 65 FamFG Rn. 5
5 OLG Köln ZKJ 2010, 289

II. Neue Tatsachen und Beweismittel (Abs. 3)

4 Gemäß § 65 Abs. 3 FamFG kann die Beschwerde auf **neue Tatsachen und Beweismittel** gestützt werden, was in FamFG-Verfahren schon wegen des Amtsermittlungsgrundsatzes (§ 26 FamFG), der auch für das Beschwerdegericht gilt (§ 68 Abs. 3 Satz 1 FamFG), selbstverständlich ist. Denn dieses hat seine Entscheidung auf der Grundlage der zum Zeitpunkt der Entscheidungsreife maßgeblichen Sach- und Rechtslage zu treffen.[6] Deshalb steht es naturgemäß auch den anderen Beteiligten frei, neue Tatsachen vorzutragen und Beweiserhebungen anzuregen.[7] Auch können von Amts wegen zu treffende Ermittlungen des Beschwerdegerichts zu neuen Tatsachengrundlagen führen.[8] Anders als im Zivilprozess (vgl. § 531 Abs. 2 ZPO) kommt es nicht darauf an, ob diese dem Beschwerdeführer erst nach der erstinstanzlichen Entscheidung bekannt geworden sind.[9] Letzterer Aspekt kann sich aber bei der Kostenentscheidung nachteilig auswirken (siehe näher hierzu *Dürbeck*, § 81 FamFG Rn. 11 ff.).

Hat sich ein Verfahren in erster Instanz erledigt und hat das Familiengericht dies so festgestellt, so können allerdings neue Tatsachen i.S.d. § 65 Abs. 3 FamFG nicht eine Beschwer für eine vom Beschwerdeführer begehrte Sachentscheidung begründen.[10]

III. Ausschluss der Zuständigkeitsrüge (Abs. 4)

5 Nach § 65 Abs. 4 FamFG kann die Beschwerde nicht darauf gestützt werden, dass das Gericht des ersten Rechtszugs seine **Zuständigkeit** zu Unrecht angenommen hat. Damit will der Gesetzgeber in Anlehnung an § 571 Abs. 2 Satz 2 ZPO Rechtsmittel vermeiden, die ausschließlich Zuständigkeitsmängel rügen und die Beschwerdegerichte von rein verfahrensrechtlichen Streitigkeiten entlasten.[11] Die Vorschrift ist nicht auf die **örtliche Zuständigkeit** beschränkt, sondern betrifft auch die **sachliche und funktionelle Zuständigkeit**.[12] Für das **Verhältnis Familiengericht** und der Zivilabteilung des Amtsgerichts folgt dies aber schon aus § 17a Abs. 5 und 6 GVG. In Bezug auf die funktionelle Zuständigkeit führt eine Entscheidung des funktionell unzuständigen Rechtspflegers aber gleichwohl zum Erfolg der Beschwerde, da die Entscheidung nach § 8 Abs. 4 RPflG rechtsunwirksam ist.[13]

▶ *Näher zum Konflikt:*

- um die funktionelle Zuständigkeit *Heilmann*, § 8 RPflG Rn. 1 ff.

- um die örtliche Zuständigkeit: *Keuter*, § 152 FamFG Rn. 12 ff. und hinsichtlich

- der sachlichen Zuständigkeit *Keuter*, § 17a GVG Rn. 22 ff.

6 Nicht anwendbar ist § 65 Abs. 4 FamFG für die **internationale Zuständigkeit**, die im Beschwerdeverfahren von Amts wegen zu prüfen ist.[14]

---

6 BGH NJW-RR 2013, 1473
7 BeckOK-FamFG/*Gutjahr* § 65 FamFG Rn. 15
8 Vgl. OLG Rostock FamRZ 2014, 1047
9 BGH MDR 2008, 764 (noch zum alten Recht); BeckOK-FamFG/*Gutjahr* § 65 Rn. 14
10 OLG Brandenburg MDR 2013, 1105
11 BT-Drs. 16/6308, 206
12 Johannsen/Henrich/*Althammer* § 65 FamFG Rn. 6; Keidel/*Sternal* § 65 FamFG Rn. 18
13 OLG Frankfurt a. M. ZKJ 2013, 503; vgl. dazu *Dürbeck*, ZKJ 2014, 266, 269
14 BGH NJW-RR 2007, 1509; OLG Hamm, Beschl. v. 15.9.2014, 3 UF 109/13 – juris –; FamFR 2011, 480; MüKo-FamFG/*A. Fischer* § 65 Rn. 28

§ 66 FamFG Anschlussbeschwerde

[1]Ein Beteiligter kann sich der Beschwerde anschließen, selbst wenn er auf die Beschwerde verzichtet hat oder die Beschwerdefrist verstrichen ist; die Anschließung erfolgt durch Einreichung der Beschwerdeanschlussschrift bei dem Beschwerdegericht. [2]Die Anschließung verliert ihre Wirkung, wenn die Beschwerde zurückgenommen oder als unzulässig verworfen wird.

Übersicht

A. Allgemeines

Gemäß § 66 Satz 1 FamFG kann sich ein Beteiligter der Beschwerde anschließen, auch wenn er auf die Beschwerde verzichtet hat oder die Beschwerdefrist verstrichen ist. Nach Satz 2 der Vorschrift **verliert** die Anschließung aber dann – **kraft Gesetzes** – **ihre Wirkung**, wenn die Beschwerde **zurückgenommen** oder als **unzulässig verworfen** wird. Hintergrund der Zulässigkeit sog. **unselbständiger Anschlussbeschwerden** ist der Umstand, dass in **Antragsverfahren** (siehe näher hierzu *Cirullies*, § 23 FamFG Rn. 1) der Beschwerdeführer durch das **Verbot der reformatio in peius** geschützt ist und es im Zuge der „Waffengleichheit" der Gesetzgeber für erforderlich erachtet hat, anderen Beteiligten eine Durchbrechung dieses Grundsatzes zu ermöglichen, wobei dies insbesondere dann sinnvoll ist, wenn die Beteiligten widersprechende Interessen haben.[1]

1

Im Bereich der **amtswegigen Kindschaftsverfahren**, wie etwa Verfahren nach §§ 1666, 1666a BGB oder Umgangsverfahren nach § 1684 BGB, spielt sie in der Praxis keine allzu große Rolle. Sinnvoll kann die Anschlussbeschwerde z.B. dann sein, wenn sich in einem Verfahren nach § 1671 Abs. 1 Nr. 2 BGB der andere Elternteil im ersten Rechtszug auf einen Zurückweisungsantrag beschränkt hat. Wenn dieser nun nach der Beschwerde des unterlegenen Antragstellers Anschlussbeschwerde einlegt und gleichzeitig als Widerantrag die Übertragung des alleinigen Sorgerechts auf sich beantragt, dann kann das Beschwerdegericht ihm die elterliche Sorge ganz oder zum Teil alleine nach § 1671 Abs. 2 Nr. 2 BGB übertragen, wenn dies dem Wohl des Kindes am besten entspricht (siehe näher hierzu *Keuter*, § 1671 BGB Rn. 27 ff.). Abzugrenzen ist die (unselbständige) Anschlussbeschwerde von der **selbständigen Beschwerde** eines weiteren Beteiligten nach § 58 Abs. 1 FamFG, die insbesondere **innerhalb der Frist des § 63 FamFG** erhoben worden ist.

2

B. Inhalt der Norm

I. Voraussetzungen der Anschlussbeschwerde

Die Einlegung einer Anschlussbeschwerde ist nach § 66 FamFG schon dann möglich und rechtswirksam, wenn ein **anderer Beteiligter Beschwerde** nach § 58 Abs. 1 FamFG eingelegt hat. Nicht zu prüfen ist vom Beschwerdegericht insoweit, ob die Beschwerde zulässig ist, da nach § 66 Satz 2 FamFG die Anschlussbeschwerde ihre Wirkung erst dann verliert, wenn die Beschwerde (nach § 68 Abs. 2 Satz 2 FamFG) durch Beschluss des Oberlandesgerichts **verworfen** wird. Eine **Frist für die Einlegung der Anschlussbeschwerde**

3

---

1 BT-Drs. 16/6308, 206

sieht § 66 FamFG – anders als in Familienstreitsachen, vgl. §§ 117 Abs. 2 Satz 1 FamFG, 524 Abs. 2 Satz 2 und 3 ZPO – in Kindschaftssachen **nicht** vor.

4   Nach § 64 Satz 1 HS 2 FamFG kann die Anschlussbeschwerde nur durch **Einreichung einer Anschlussbeschwerdeschrift** eingelegt werden, eine **Erklärung zur Niederschrift der Geschäftsstelle** sieht § 66 FamFG, anders als § 64 Abs. 2 FamFG für die Beschwerde, nicht vor und ist daher unzulässig.[2] Die Notwendigkeit der **Begründung** der Anschlussbeschwerde sieht das Gesetz nicht vor, es muss sich aber aus der Schrift erkennen lassen, in welchem Umfang eine Abänderung der erstinstanzlichen Entscheidung begehrt wird.

5   Hat ein Beteiligter eine **selbständige Beschwerde** eingelegt, ist diese aber, z.B. wegen der Versäumung der Beschwerdefrist unzulässig, so kommt im Regelfall eine **Umdeutung** dahin in Betracht, dass eine **unselbständige Anschlussbeschwerde** gewollt ist.[3] Obwohl die Anschlussbeschwerde wegen ihrer Unselbständigkeit kein echtes Rechtsmittel ist und insoweit auch keine Beschwer voraussetzt,[4] bedarf sie doch eines **Rechtsschutzbedürfnisses**, das gerade in Kindschaftssachen häufig fehlen wird. Dies gilt etwa in amtswegigen Verfahren, in denen das Beschwerdegericht, wie bei §§ 1666, 1684 BGB, nicht an das Verbot der reformatio in peius gebunden ist.[5] So ist etwa die Anschlussbeschwerde eines nicht sorgeberechtigten Elternteils gegen den ausschließlich das Sorgerecht des anderen Elternteil betreffenden Sorgerechtsentzug nach § 1666 BGB unzulässig. Zulässig ist sie aber, soweit dem Anschließenden durch Beschluss des Amtsgerichts selbst die elterliche Sorge entzogen wurde.[6] Das Rechtsschutzbedürfnis für eine Anschlussbeschwerde fehlt im Übrigen allgemein dann, wenn mit der Anschließung lediglich das gleiche Ziel wie mit dem Hauptrechtsmittel verfolgt wird.[7]

II. Verwerfung oder Rücknahme der Beschwerde

6   Nach § 66 Satz 2 FamFG verliert die unselbständige Anschlussbeschwerde **kraft Gesetzes** ihre Wirkung, wenn die Beschwerde mangels Zulässigkeit (*z.B. wegen Verfristung oder mangelnder Beschwerdebefugnis*) **verworfen** worden ist (§ 68 Abs. 2 Satz 2 FamFG) oder aber **zurückgenommen** worden ist (vgl. § 67 Abs. 4 FamFG), worin sich ihre Akzessorietät zeigt. Ein **gesonderter Beschluss** des Beschwerdegerichts ist nicht erforderlich, aber zur Klarstellung zulässig und ggf. auch praktikabel.[8]

III. Entscheidung

7   Über die Anschlussbeschwerde hat das Beschwerdegericht nach Maßgabe von § 69 FamFG zu entscheiden. Zulässig ist es, zunächst über die Beschwerde durch **Teilentscheidung** zu befinden und erst danach durch **Schlussbeschluss** über die Anschlussbeschwerde, wegen § 66 Satz 2 FamFG aber nicht umgekehrt.[9] Erfolgt – wie in der Regel – eine gemeinsame Entscheidung über Beschwerde und Anschlussbeschwerde, hat dies auch in Ansehung der Kosten zu gelten, wobei in Kindschaftssachen Anschlussrechtsmittel im Regelfall **nicht verfahrenswerterhöhend** sind, weil es sich z.B. im Verfahren zur elterlichen Sorge oder in Umgangssachen dann jeweils um einen einheitlichen Verfahrensgegenstand handelt,[10] auch wenn um unterschiedliche Bestandteile der elterlichen Sorge

---

2 MüKo-FamFG/*A. Fischer* § 66 Rn. 20; a.A. Keidel/*Sternal* § 66 FamFG Rn. 15: § 64 Abs. 2 FamFG analog
3 MüKo-FamFG/*A. Fischer* § 66 Rn. 23
4 BGH NJW 1994, 944; Musielak/Borth/*Grandel* § 66 FamFG Rn. 5
5 BGH FamRZ 2011, 547; OLG Stuttgart FamRZ 2011, 1086: Johannsen/Henrich/*Althammer* § 66 FamFG Rn. 3
6 OLG Brandenburg FamFR 2012, 284
7 BGH NZFam 2014, 460 m. Anm. *Grün*; OLG München FamRZ 2012, 1503; OLG Bremen FamRZ 2011, 1296; KG NJW-RR 2011, 1372
8 Keidel/*Sternal* § 66 FamFG Rn. 21
9 Prütting/Helms/*Abramenko* § 66 FamFG Rn. 10
10 BeckOK-Streitwert/*Dürbeck* „Sorgerechtsverfahren" Rn. 8

oder einerseits um die Ausweitung und andererseits um eine Einschränkung des Umgangs gestritten wird. Wird die Beschwerde **zurückgenommen oder verworfen**, trägt der **Beschwerdeführer nach § 84 FamFG auch die Kosten der Anschlussbeschwerde**.[11]

Verfahrenskostenhilfe muss für eine Anschlussbeschwerde grundsätzlich gesondert beantragt und bewilligt werden.[12]

§ 67 FamFG Verzicht auf die Beschwerde; Rücknahme der Beschwerde

(1) Die Beschwerde ist unzulässig, wenn der Beschwerdeführer hierauf nach Bekanntgabe des Beschlusses durch Erklärung gegenüber dem Gericht verzichtet hat.

(2) Die Anschlussbeschwerde ist unzulässig, wenn der Anschlussbeschwerdeführer hierauf nach Einlegung des Hauptrechtsmittels durch Erklärung gegenüber dem Gericht verzichtet hat.

(3) Der gegenüber einem anderen Beteiligten erklärte Verzicht hat die Unzulässigkeit der Beschwerde nur dann zur Folge, wenn dieser sich darauf beruft.

(4) Der Beschwerdeführer kann die Beschwerde bis zum Erlass der Beschwerdeentscheidung durch Erklärung gegenüber dem Gericht zurücknehmen.

Übersicht

A. Allgemeines

§§ 67 Abs. 1 bis 3 FamFG beinhalten Regelungen über den **Verzicht auf Haupt- oder Anschlussbeschwerden**, der in Kindschaftssachen eher von geringer praktischer Relevanz ist. Abs. 4 enthält eine an § 516 Abs. 1 ZPO orientierte Regelung der (freien) Möglichkeit und zeitlichen Begrenzung der **Beschwerderücknahme**.   **1**

B. Inhalt der Norm

I. Rechtsmittelverzicht (Abs. 1 bis 3)

Gemäß § 67 Abs. 1 FamFG ist die Beschwerde **unzulässig**, wenn der Beschwerdeführer   **2**
hierauf nach Bekanntgabe des Beschlusses durch Erklärung gegenüber dem Gericht **verzichtet** hat. Ob einer Erklärung insoweit ein dahin gehender Willen zu entnehmen ist, ist durch Auslegung zu ermitteln, wobei die Rechtsprechung hier – vor allem im Bereich der Abschiebungshaftsachen –[1] strenge Anforderungen stellt. Soweit das **Kind verfahrensfähig** und damit beschwerdeberechtigt nach § 60 FamFG ist, kann es auch selbst auf Rechtsmittel verzichten, was aber nicht die Berechtigung des oder der gesetzlichen Vertreter ausschließt, Beschwerde im Namen des Kindes einzulegen.[2] Gleiches gilt für das eigene Beschwerderecht des **Verfahrensbeistands**. Eine **besondere Form** der Verzichtserklärung ist nicht vorgesehen, allerdings schließt auch insoweit § 25 FamFG mündliche Erklä-

---

11 Zöller/*Feskorn* § 66 FamFG Rn. 7; vgl. auch BGH MDR 2005, 704 für die Anschlussberufung
12 Zöller/*Geimer* § 119 ZPO Rn. 20; Keidel/*Sternal* § 66 FamFG Rn. 20
 1 vgl. BGH BeckRS 2013, 02434
 2 MüKo-FamFG/*A. Fischer* § 67 Rn. 9

rungen gegenüber dem Gericht aus. Der Verzicht kann im Übrigen auch noch nach bereits erfolgter Rechtsmitteleinlegung – gegenüber dem Rechtsmittelgericht – erklärt werden.[3]

3 Umstritten ist, ob entgegen des Wortlauts von Abs. 1 ein **Rechtsmittelverzicht** auch **bereits vor Erlass und Bekanntgabe der Entscheidung** zulässig ist, was in der Gesetzesbegründung erstaunlicher Weise bejaht wird[4] und deshalb auch von einem Teil der Literatur für möglich erachtet wird.[5] Eine vermittelnde Ansicht hält den Rechtsmittelverzicht jedenfalls nach Erlass der Entscheidung, aber noch vor Bekanntgabe der Entscheidung für zulässig, weil zu diesem Zeitpunkt auch bereits die Entscheidung angefochten werden könne.[6] Richtigerweise wird man wegen des insoweit eindeutigen Wortlauts einen Verzicht erst ab Bekanntgabe der Entscheidung an den Beteiligten als zulässig zu erachten haben.[7]

4 Ein einmal rechtswirksam erklärter Rechtsmittelverzicht führt zur **Unzulässigkeit und Verwerfung einer gleichwohl eingelegten Beschwerde** nach § 68 Abs. 2 Satz 2 FamFG.[8] Der Verzicht kann als Verfahrenshandlung nicht widerrufen werden und unterliegt auch nicht der Anfechtung analog §§ 119 ff. BGB.[9]

5 Abs. 3 ermöglicht auch die Erklärung eines **Rechtsmittelverzichts gegenüber einem anderen Beteiligten**, der aber abweichend von Abs. 1 nur dann zur Unzulässigkeit der gleichwohl eingelegten Beschwerde führt, wenn letzterer sich – im Sinne einer Einrede – darauf beruft. Gleichwohl ist der Anwendungsbereich der Vorschrift auch in amtswegigen Verfahren eröffnet.[10] Ein mündlich gegenüber einem (formell) Beteiligten erklärter Verzicht ist zwar formwirksam, aber bei einem Bestreiten des Beschwerdeführers schwer aufklärbar. Auch der gegenüber einem Beteiligten erklärte Verzicht ist als Verfahrenshandlung nicht widerruflich oder anfechtbar.[11]

6 Abs. 2 eröffnet schließlich die Möglichkeit des **Verzichts auf ein Anschlussrechtsmittel**, wenn der Anschlussrechtsmittelführer diesen nach Einlegung des Hauptrechtsmittels gegenüber dem Gericht erklärt hat, was vor überraschenden Beschwerden anderer Beteiligter schützen soll und impliziert, dass der (einseitige) Verzicht auf ein Hauptrechtsmittel nicht automatisch den Verzicht auf ein Anschlussrechtsmittel umfasst.[12] Eine Ausnahme hiervon besteht im Scheidungsverfahren nach § 144 FamFG, der einen gleich- und vorzeitigen Verzicht auf eine Anschlussbeschwerde ermöglicht, um die Rechtskraft der Ehescheidung herbeizuführen. Die Anschlussbeschwerdemöglichkeit in Folgesachen bleibt aber hiervon unberührt.[13]

II. Rücknahme der Beschwerde (Abs. 4)

7 Nach § 67 Abs. 4 FamFG kann die **Beschwerde bis zum Erlass der Beschwerdeentscheidung** durch Erklärung gegenüber dem Gericht **zurückgenommen** werden. Diese im **freien Ermessen** des Beschwerdeführers liegende Entscheidung besteht auch in Amtsverfahren[14] und ist in keinem Fall von der Zustimmung der anderen Beteiligten abhängig.

---

3 BGH NJW 1994, 737
4 BT-Drs. 16/6308, 207
5 *Heinemann*, DNotZ 2009, 6, 18
6 MüKo-FamFG/*A. Fischer* § 67 Rn. 13; Keidel/*Sternal* § 67 FamFG Rn. 9
7 BeckOK-FamFG/*Gutjahr* § 67 Rn. 11; *Maurer*, FamRZ 2009, 465, 468
8 OLG Brandenburg, Beschl. v. 22.7.2013, 3 UF 52/13 – juris –: Scheidungsverbund
9 BGH NJW 1985, 2334 (Widerruf); KG FGPrax 2003, 205; Keidel/*Sternal* § 67 FamFG Rn. 10; Johannsen/Henrich/*Althammer* § 67 FamFG Rn. 3; a.A. OLG Hamm FamRZ 2014, 772: arglistige Täuschung nach § 123 BGB
10 Johannsen/Henrich/*Althammer* § 67 FamFG Rn. 5
11 Keidel/*Sternal* § 67 FamFG Rn. 10: a.A. BeckOK-FamFG/*Gutjahr* § 67 Rn. 10
12 Prütting/Helms/*Abramenko* § 67 FamFG Rn. 10
13 MüKo-FamFG/*A. Fischer* § 67 Rn. 21
14 Keidel/*Sternal* § 67 FamFG Rn. 15; in diesem Fall ist bei Notwendigkeit gerichtlicher Maßnahmen, z. B. nach § 1666 BGB, vom Amtsgericht ein neues Verfahren einzuleiten

Die Rücknahme kann frühestens nach Einlegung des Rechtsmittels und spätestens bis zum Erlass der Entscheidung (Übergabe des Beschlusses an die Geschäftsstelle oder Verlesen der Beschlussformel § 38 Abs. 3 Satz 3 FamFG oder Verkündung in Ehe- und Streitsachen) erklärt werden. Eine nach diesem Zeitpunkt erklärte Rücknahme hat keine Rechtswirkung mehr.[15]

Als Verfahrenshandlung ist die Rücknahme **bedingungsfeindlich** und weder **widerruf-** noch **anfechtbar**.[16] Die Rücknahme der Beschwerde beendet das Beschwerdeverfahren unmittelbar. In Familiensachen ist nach § 81 Abs. 1 Satz 3 FamFG zwingend über die **Kosten des Beschwerdeverfahrens** zu entscheiden. Diese trägt grundsätzlich der **Beschwerdeführer nach § 84** FamFG, wobei Ausnahmen denkbar sind (siehe näher hierzu *Dürbeck*, § 84 FamFG Rn. 3). Infolge der Rücknahme **reduzieren sich die Gerichtskosten** für das Beschwerdeverfahren in **isolierten Kindschaftssachen** nach Nr. 1315, 1314 KV FamGKG von 1,0 auf 0.5, was bei einem Wert von 3.000,00 Euro eine Kostenersparnis von 54,00 Euro bedeutet. Bei den **Anwaltsgebühren** kann bei einer Rücknahme der Beschwerde vor einer mündlichen Verhandlung oder Anhörung die **Terminsgebühr** (1,2 nach Nr. 3202 VV RVG = 241,20 Euro netto bei einem Wert von 3.000,00 Euro) gespart werden.

Eine **Verlustigkeit des Rechtsmittels** ist anders als in Ehe- und Familienstreitsachen (vgl. §§ 117 Abs. 2 FamFG, 516 Abs. 3 ZPO) in Kindschaftssachen nicht festzustellen.

8

§ 68 FamFG Gang des Beschwerdeverfahrens

(1) [1]Hält das Gericht, dessen Beschluss angefochten wird, die Beschwerde für begründet, hat es ihr abzuhelfen; anderenfalls ist die Beschwerde unverzüglich dem Beschwerdegericht vorzulegen. [2]Das Gericht ist zur Abhilfe nicht befugt, wenn die Beschwerde sich gegen eine Endentscheidung in einer Familiensache richtet.

(2) [1]Das Beschwerdegericht hat zu prüfen, ob die Beschwerde an sich statthaft und ob sie in der gesetzlichen Form und Frist eingelegt ist. [2]Mangelt es an einem dieser Erfordernisse, ist die Beschwerde als unzulässig zu verwerfen.

(3) [1]Das Beschwerdeverfahren bestimmt sich im Übrigen nach den Vorschriften über das Verfahren im ersten Rechtszug. [2]Das Beschwerdegericht kann von der Durchführung eines Termins, einer mündlichen Verhandlung oder einzelner Verfahrenshandlungen absehen, wenn diese bereits im ersten Rechtszug vorgenommen wurden und von einer erneuten Vornahme keine zusätzlichen Erkenntnisse zu erwarten sind.

(4) Das Beschwerdegericht kann die Beschwerde durch Beschluss einem seiner Mitglieder zur Entscheidung als Einzelrichter übertragen; § 526 der Zivilprozessordnung gilt mit der Maßgabe entsprechend, dass eine Übertragung auf einen Richter auf Probe ausgeschlossen ist.

Übersicht

---

15 OLG Karlsruhe FamRZ 2014, 1050
16 BGH FamRZ 2008, 43; *Borth/Grandel* in Musielak/Borth § 67 FamFG Rn. 4

A. Allgemeines

1 § 68 FamFG bestimmt den Gang des Beschwerdeverfahrens. Er gilt für alle Familiensachen und damit auch in Kindschaftssachen. Abs. 1 regelt die Frage der Notwendigkeit einer **Abhilfeentscheidung** des Amtsgerichts, Abs. 2 die (zeitlich) **vorrangige Prüfung der Zulässigkeit** der Beschwerde, Abs. 3 den **näheren Verfahrensablauf** mit **Erleichterungen im zweiten Rechtszug** und Abs. 4 die Möglichkeit der **Übertragung** der Beschwerde zur Entscheidung auf den **Einzelrichter**. In Ehe- und Familienstreitsachen bestehen Modifizierungen durch §§ 117 Abs. 2 und 3 FamFG, die für kindschaftsrechtliche Verfahren nicht von Relevanz sind.

B. Inhalt der Norm

I. Kein Abhilfeverfahren

2 Mit Blick auf § 68 Abs. 1 Satz 2 FamFG ist in Kindschaftssachen das Gericht des ersten Rechtszuges **nicht** zur **Abhilfe der Beschwerde** befugt, was vor allem im Rechtspflegerbereich in der Praxis noch häufig übersehen wird. Von dieser Regelung unberührt bleiben aber notwendige Abhilfeentscheidungen bei mit der **sofortigen Beschwerde** anfechtbaren Zwischenentscheidungen (vgl. § 572 Abs. 1 ZPO) oder im Rahmen der bei unstatthaften oder unzulässigen Beschwerden gegen Entscheidungen des Rechtspflegers gegebenen Erinnerung nach § 11 Abs. 2 RPflG (siehe näher hierzu *Heilmann*, § 11 RPflG Rn. 22 ff.). Entgegen der Ansicht des OLG Hamm und eines Teiles der Literatur[1] gilt das Abhilfeverbot auch im **einstweiligen Anordnungsverfahren**.[2] Nicht als Familiensachen in diesem Zusammenhang gelten Entscheidungen nach dem AdWirkG zur Anerkennung ausländischer Adoptionen[3] (siehe näher hierzu *Braun*, Anh.zu § 199 FamFG – AdWirkG Rn. 1 ff.).

II. Vorrangige Zulässigkeitsprüfung (Abs. 2)

3 Gemäß § 68 Abs. 2 FamFG hat das Beschwerdegericht nach Eingang der Beschwerde zunächst zu prüfen, ob die Beschwerde an sich **statthaft** ist und ob sie in der **gesetzlichen Form und Frist** eingelegt ist (Satz 1). Soweit es an einem dieser Erfordernisse fehlt, ist die Beschwerde nach Satz 2 als **unzulässig zu verwerfen**. Trotz der etwas missglückten Formulierung in Satz 1 bezieht sich die Regelung auf **alle Zulässigkeitsvoraussetzungen** der Beschwerde.[4] Praktisch bedeutsame Fälle von unzulässigen Beschwerden in Kindschaftsverfahren liegen in der fehlenden **Beschwerdeberechtigung nach § 59 FamFG** und in der **Versäumung der Beschwerdefrist** (§ 63 FamFG).

4 Ist die Beschwerde unzulässig, erfordert es Art. 103 Abs. 1 GG, dem Beschwerdeführer vor der Verwerfung seines Rechtsmittels **rechtliches Gehör** zu gewähren, z. B. um ihm die Möglichkeit einer kostensparenden Rücknahme der Beschwerde oder die Stellung eines Wiedereinsetzungsantrags zu ermöglichen. Zum Zwecke der Vermeidung des Entstehens

---

1 OLG Hamm FamRZ 2011, 234; Keidel/*Sternal* § 68 FamFG Rn. 8
2 *Borth/Grandel* in Musielak/Borth § 68 Rn. 6; Johannsen/Henrich/*Althammer* § 68 FamFG Rn. 5; MüKo-FamFG/*A. Fischer* § 68 Rn. 10
3 Str. wie hier vgl. OLG Hamm NJW 2012, 582; OLG Köln FamRZ 2012, 1234; a.A. OLG Düsseldorf FamRZ 2012, 1233; *Braun*, ZKJ 2012, 216; *Maurer*, FamRZ 2013, 90: Familiensache
4 BT-Drs. 16/6308, 207; Zöller/*Feskorn* § 68 FamFG Rn. 3

zusätzlicher Kosten (etwa der Gebühr des Verfahrensbeistandes) sollte in diesen Fällen die Zustellung der Beschwerdeschrift an die weiteren Beteiligten unterbleiben.

Mit der Verwerfung ist zugleich über die **Kosten des Beschwerdeverfahrens** zu entscheiden, die nach § 84 FamFG grundsätzlich dem Beschwerdeführer aufzuerlegen sind. Anders als in Ehe- und Familienstreitsachen ist die **Rechtsbeschwerde** im Falle der Verwerfung der Beschwerde nicht grundsätzlich, sondern nur bei **besonderer Zulassung** unter den Voraussetzungen von § 70 Abs. 1 und 2 FamFG statthaft. Etwas anderes gilt nach § 70 Abs. 3 Nr. 2 FamFG in **Unterbringungssachen** nach § 151 Nr. 6 und 7 FamFG, wenn die Unterbringung des Kindes angeordnet wurde, allerdings nach § 70 Abs. 4 FamFG nicht in einstweiligen Anordnungsverfahren.

5

III. Beschwerdeverfahren (Abs. 3 und 4)

1. Geltung des erstinstanzlichen Verfahrensrechts (Abs. 3 Satz 1)

Gemäß § 68 Abs. 3 Satz 1 FamFG bestimmt sich das **Beschwerdeverfahren** (nach Bejahung der Zulässigkeit der Beschwerde) nach den **Vorschriften über das Verfahren im ersten Rechtszug**, also nach §§ 23-37 FamFG. Die §§ 1 bis 22a FamFG gelten auch ohne Verweisung unmittelbar für das Beschwerdeverfahren,[5] ebenso die besonderen verfahrensartabhängigen Vorschriften des zweiten Buchs des FamFG, in Kindschaftssachen also insbesondere §§ 151 ff. FamFG.[6] Damit gelten auch im Beschwerdeverfahren der **Amtsermittlungsgrundsatz** (§ 26 FamFG), das **Vorrang- und Beschleunigungsgebot** nach § 155 FamFG,[7] die **Anhörungsvorschriften** nach §§ 159 ff. FamFG und die allgemeinen Vorschriften über die **Beweiserhebung** nach §§ 29 ff. FamFG. Den anderen Beteiligten ist die Beschwerdebegründung, wenn die Beschwerde nicht offensichtlich unzulässig ist, zur **Gewährung rechtlichen Gehörs** zu übermitteln (§ 23 Abs. 2 FamFG), wobei hier in Kindschaftsverfahren wegen des im Regelfall gebotenen Beschleunigungsbedürfnisses eine Frist zur Stellungnahme binnen 2 Wochen ausreichend sein dürfte[8] (siehe näher hierzu *Dürbeck*, § 65 FamFG Rn. 2). Ist das Jugendamt Beteiligter nach § 162 FamFG und – ggf. durch den angegriffenen erstinstanzlichen Beschluss – auch als Ergänzungspfleger oder Vormund zu beteiligen, hat die Übermittlung jeweils an beide zu erfolgen. Im Übrigen gilt auch im 2. Rechtszug § 7 Abs. 4 Satz 2 FamFG, wonach Personen oder Behörden, die auf **Antrag zu beteiligen** sind oder beteiligt werden können, über ihr **Antragsrecht zu belehren** sind, was insbesondere für das Jugendamt gemäß § 162 Abs. 2 Satz 2 FamFG von praktischer Relevanz ist.

6

2. Entscheidung ohne mündliche Verhandlung oder persönliche Anhörung (Abs. 3 Satz 2)

Gemäß § 68 Abs. 3 Satz 2 FamFG kann das Beschwerdegericht von der **Durchführung eines Termins, mündlichen Verhandlung oder einzelner Verfahrenshandlungen absehen**, wenn diese bereits im ersten Rechtszug vorgenommen wurden und von einer erneuten Vornahme keine zusätzlichen Erkenntnisse zu erwarten sind. Mit dieser im **pflichtgemäßen Ermessen** des Beschwerdegerichts stehenden Verfahrensnorm will der Gesetzgeber gerichtliche Ressourcen in der Beschwerdeinstanz effizient nutzen und insbesondere erreichen, dass die Durchführung weiterer Termine unterbleiben kann, wenn diese bereits in der ersten Instanz im erforderlichen Umfang mit den Beteiligten durchgeführt worden sind. Der Gesetzgeber hat insoweit ausdrücklich auf die nach seiner Auffassung bestehende Vereinbarkeit der Norm mit den Vorgaben durch Art. 6 EMRK hingewiesen.[9]

7

---

5 BT-Drs. 16/6308, 207
6 BGH ZKJ 2013, 313; Johannsen/Henrich/*Althammer* § 68 FamFG Rn. 7
7 MüKo-FamFG/*Heilmann* § 155 Rn. 16
8 Ebenso Keidel/*Sternal* § 68 FamFG Rn. 55
9 BT-Drs. 16/6308, 207; kritisch *Herr*, FF 2013, 147

8 Die Vorschrift erfasst insbesondere auch die **persönliche Anhörung der Beteiligten**[10] und ermöglicht nicht nur von allen persönlichen Anhörungen (z. B. §§ 159, 160 FamFG), sondern auch von einzelnen Anhörungen (z. B. Kindesanhörung) abzusehen. Voraussetzung im Hinblick auf Art. 6 EMRK ist insbesondere, dass die Schwierigkeit der Sach- und Rechtslage und Bedeutung der Angelegenheit für die Betroffenen nicht eine mündliche Verhandlung bzw. persönliche Anhörung gebietet. Kam es aber im ersten Rechtszug zu **Mängeln bei der Sachverhaltsermittlung** oder wurden **zwingende Anhörungsvorschriften**, wie die Kindesanhörung nach § 159 FamFG nicht beachtet, so kann das Beschwerdegericht nicht nach § 68 Abs. 3 Satz 2 FamFG verfahren,[11] sondern hat die Anhörung/Ermittlung selbst nachzuholen oder aber unter den Voraussetzungen von § 69 Abs. 1 Satz 2 und 3 FamFG das Verfahren unter Aufhebung der Entscheidung an das Amtsgericht zurückzuverweisen. Gleiches kann gelten, wenn sich bei der Akte kein (aussagekräftiger) Vermerk über das Ergebnis der vom Amtsgericht durchgeführten persönlichen Anhörung befindet.

9 Beispiele aus der obergerichtlichen Rechtsprechung für Anhörungsmängel im ersten Rechtszug sind eine unterbliebene Anhörung des Kindes in Gegenwart des Verfahrensbeistands[12] oder (nochmalige) persönliche Anhörung des Kindes im Unterbringungsverfahren nach Einholung eines Sachverständigengutachtens.[13]

10 § 68 Abs. 3 FamFG verlangt in Kindschaftssachen vor einer Endentscheidung **keinen vorherigen Hinweis des Beschwerdegerichts**, wie § 117 Abs. 3 FamFG zeigt, der lediglich für Ehe- Familienstreitsachen einen solchen verlangt. Er ist auch nicht beschränkt auf Fälle, in denen das Beschwerdegericht die Beschwerde für unbegründet hält.[14] Beabsichtigt das Beschwerdegericht aber die Entscheidung abzuändern, wird das Grundrecht auf rechtliches Gehör (Art. 103 Abs. 1 GG) einen vorherigen Hinweis auf die beabsichtigte Vorgehensweise verlangen.

11 Das Beschwerdegericht hat bei einer Anwendung von § 68 Abs. 3 Satz 2 FamFG die **Gründe**, aus denen es von einer persönlichen Anhörung der Beteiligten bzw. des Kindes absehen will, **in seiner Entscheidung** nachprüfbar darzulegen, wobei sich dies auch aus den weiteren Entscheidungsgründen ergeben kann.[15]

3. Übertragung auf den Einzelrichter (Abs. 4)

12 Gemäß § 68 Abs. 4 FamFG kann das Beschwerdegericht, in Familiensachen also der Senat des Oberlandesgerichts, die Beschwerde zur Entscheidung **auf den Einzelrichter übertragen**, wobei dessen HS 2 auf § 526 ZPO mit der Maßgabe verweist, dass eine Übertragung auf einen Richter auf Probe unzulässig ist. Hierzu müssen in Familiensachen die in § 526 Abs. 1 Nr. 2-4 ZPO geregelten Übertragungsvoraussetzungen (Nr. 1 kann in Familiensachen nicht vorkommen) gegeben sein, insbesondere darf keine besondere tatsächliche oder rechtliche Schwierigkeit bestehen (Nr. 2), die Rechtssache keine grundsätzliche Bedeutung haben (Nr. 3) und nicht bereits eine mündliche Verhandlung vor dem Senat stattgefunden haben (Nr. 4).[16]

---

10 BGHZ 184, 323
11 BGH ZKJ 2013, 313; FamRZ 2012, 869; 2011, 805
12 BGH NJW 2012, 2584; 2011, 2365
13 BGH ZKJ 2013, 313
14 BGH BeckRS 2014, 20122
15 BGH FamRZ 2014, 828; 2012, 968
16 Vgl. zu den Einzelheiten Keidel/*Sternal* § 68 FamFG Rn. 99 ff.

Die **unanfechtbare** (vgl. auch § 526 Abs. 3 ZPO) Entscheidung steht im **Ermessen des** **13**
Senats und erfolgt nach Anhörung der Beteiligten.[17] Auch in Familiensachen ist eine
Rückübertragung vom Einzelrichter auf den Senat nach Maßgabe von §§ 68 Abs. 4
FamFG, 526 Abs. 2 ZPO möglich. Eine Übertragung des Beschwerdeverfahrens auf den
vorbereitenden Einzelrichter nach § 527 ZPO sieht das Gesetz in FamFG-Verfahren –
anders als § 117 Abs. 2 FamFG in Ehe- und Familienstreitsachen – nicht vor. Zulässig ist
aber die Übertragung einer Beweisaufnahme auf den **beauftragten Richter**, §§ 30 Abs. 1
FamFG, 361 ff., 371 Abs. 2, 375, 402, 451, 479 ZPO.[18] Entsprechend kann auch die Durchführung der persönlichen Anhörungen von Kind und Eltern durch den Senat auf den Berichterstatter als beauftragten Richter des Senats übertragen werden. Jedoch darf dann
insbesondere das Ergebnis der persönlichen Anhörung des Kindes nur in seinem objektiven Ertrag und als persönlicher Eindruck des Berichterstatters verwertet werden (näher
hierzu *Heilmann*, § 159 FamFG Rn. 8 m. w. Nachw.)

C. Umfang der Prüfung der Begründetheit – Ermessensentscheidungen

Gegenstand des Beschwerdeverfahrens ist bei einem unbeschränkten Rechtsmittel der   **14**
Verfahrensgegenstand, wie er dem ersten Rechtszug zugrunde gelegen hat.[19] Da neue
Tatsachen und Beweise nach § 65 Abs. 3 FamFG ohne Einschränkungen im Beschwerdeverfahren zu berücksichtigen sind, ist die Beschwerdeinstanz insoweit vom Gesetzgeber
als **volle und gleichwertige Tatacheninstanz** ausgestaltet worden. Gleichwohl wird
von einem großen Teil der Rechtsprechung immer wieder vertreten, dass **Ermessensent-**
scheidungen des Amtsgerichts, wie sie z. B. bei der Kostenentscheidung nach § 81
Abs. 1 FamFG[20] oder beim Absehen von der Teilung von Versorgungsanrechten gemäß
§ 18 FamFG[21] oder bei der Auswahl eines Vormunds/Pflegers[22] zu treffen sind, nur **in be-**
schränkter Weise vom Beschwerdegericht auf einen Ermessensfehlgebrauch
nachzuprüfen sein sollen. Diese Rechtsprechung überzeugt jedoch nicht. Sie nimmt erkennbar Bezug auf die ältere Rechtsprechung des BGH zu seiner als Rechtsbeschwerdegericht eingeschränkten Befugnis zur Nachprüfung von Ermessensentscheidungen,[23] da der
BGH eben selbst keine Tatsacheninstanz ist. Auch soweit auf eine Entscheidung des BGH
aus dem Jahr 2007[24] Bezug genommen wird, in der dieser im Rahmen einer sofortigen
Beschwerde nach §§ 93a, 567 ff. ZPO die Auffassung vertreten hat, auch das Beschwerdegericht unterliege bei Ermessensentscheidungen des Amtsgerichts der oben erwähnten
beschränkten Überprüfungskompetenz, kann dem jedenfalls für die Beschwerde nach
§§ 58 ff. FamFG nicht gefolgt werden. Denn weder das Gesetz selbst noch die Gesetzesbegründung legen eine beschränkte Überprüfungsmöglichkeit des Beschwerdegerichts
nahe. Aus Vorschriften wie §§ 65 Abs. 3, 115, 69 Satz 1 und 3 FamFG kann im Gegenteil
sogar der Schluss gezogen werden, dass dem Gesetzgeber an einer möglichst umfassenden und abschließenden Überprüfung von erstinstanzlichen Endentscheidungen durch
das Beschwerdegericht als volle zweite Tatsacheninstanz gelegen war. Auch aus den nach
dem 1.9.2009 ergangenen Entscheidungen des BGH zu oben genannten Ermessensent-

---

17 Keidel/*Sternal* § 68 FamFG Rn. 102, es empfiehlt sich, zur Vermeidung von Verzögerungen dabei hierüber
    vorsorglich bereits im Rahmen der Einleitungsverfügung des Senatsvorsitzenden für den Fall einer etwaigen
    Übertragung rechtliches Gehör zu gewähren.
18 BGH NJW 2012, 317; BeckOK-FamFG/*Gutjahr* § 68 FamFG Rn. 47
19 BGH FGPrax 2011, 202
20 OLG Celle BeckRS 2014, 17188 in ständ. Rspr.; OLG Hamm BeckRS 2013, 03576; OLG Düsseldorf BeckRS
    2013, 13100; OLG Brandenburg BeckRS 2013, 17122; OLG Frankfurt a. M. FamRZ 2013, 1979; KG FamRZ
    2011, 393
21 OLG Frankfurt a. M. FamRZ 2013, 551
22 OLG Brandenburg NZFam 2014, 476; OLG Köln FamRZ 2011, 1305
23 Z. B. BGH FamRZ 2007, 893; 2012, 960; 2014, 744
24 BGH NJW-RR 2007, 1586

scheidungen ergibt sich nicht, dass dieser davon ausgehen würde, das Oberlandesgericht sei nur in beschränkter Weise dazu befugt, eigenes Ermessen auszuüben.[25] In drei neueren Entscheidungen[26] zur Kostenbeschwerde in Streit- und Nichtstreitsachen betont der BGH sogar ausdrücklich das vom Beschwerdegericht selbst auszuübende Ermessen bei der Kostenentscheidung. Ermessensentscheidungen der Familiengerichte unterliegen mithin in **vollem Umfang der Nachprüfung des Beschwerdegerichts**, das als zweite vollwertige Tatsacheninstanz nicht nur berechtigt, sondern verpflichtet ist, eine **eigene Ermessensentscheidung** zu treffen.[27] Eine von der ersten Instanz abweichende Entscheidung ist dem Beschwerdegericht auch in Fällen fehlenden Ermessensfehlgebrauch durch das Amtsgericht möglich.

§ 69 FamFG Beschwerdeentscheidung

(1) [1]Das Beschwerdegericht hat in der Sache selbst zu entscheiden. [2]Es darf die Sache unter Aufhebung des angefochtenen Beschlusses und des Verfahrens nur dann an das Gericht des ersten Rechtszugs zurückverweisen, wenn dieses in der Sache noch nicht entschieden hat. [3]Das Gleiche gilt, soweit das Verfahren an einem wesentlichen Mangel leidet und zur Entscheidung eine umfangreiche oder aufwändige Beweiserhebung notwendig wäre und ein Beteiligter die Zurückverweisung beantragt. [4]Das Gericht des ersten Rechtszugs hat die rechtliche Beurteilung, die das Beschwerdegericht der Aufhebung zugrunde gelegt hat, auch seiner Entscheidung zugrunde zu legen.

(2) Der Beschluss des Beschwerdegerichts ist zu begründen.

(3) Für die Beschwerdeentscheidung gelten im Übrigen die Vorschriften über den Beschluss im ersten Rechtszug entsprechend.

Übersicht

A. Allgemeines

1 Gemäß § 69 Abs. 1 Satz 1 FamFG hat das Beschwerdegericht grundsätzlich in der Sache **selbst zu entscheiden** und darf nur in den in Satz 2 und 3 genannten Fällen das Verfahren an das Erstgericht **zurückverweisen**. Hierdurch verspricht sich der Gesetzgeber Beschleunigungseffekte.[1] Gerade im Gegensatz zur Rechtslage vor Inkrafttreten des FamFG, nach der im FGG-Verfahren auch ohne Antrag bei schweren Verfahrensfehlern eine Zu-

---

25 Vgl. etwa BGH FamRZ 2014, 744 zu § 81 Abs. 1 FamFG und FamRZ 2012, 694 zu § 18 VersAusglG
26 BGH NJW 2013, 3523; 2011, 3654; FamRZ 2015, 570
27 Wie hier zutreffend: Keidel/*Sternal* § 68 FamFG Rn. 93; *Keske*, FPR 2010, 339; 341; BeckOK-FamFG/*Gutjahr* § 69 Rn. 31; zum alten Recht: BayObLG NJW-RR 1990, 202
1 BT-Drs. 16/6308, 208

rückverweisung möglich war,[2] erscheint es zumindest in amtswegigen Verfahren, wie z. B. in Kinderschutzverfahren nach §§ 1666, 1684 Abs. 4 BGB, befremdlich, die Frage der Zurückverweisung vom **Antrag eines Beteiligten** abhängig zu machen, doch ändert dies nichts an der eindeutigen gesetzlichen Regelung. Die Folgen einer Zurückverweisung an das Erstgericht sind in Abs. 1 Satz 4 geregelt. Abs. 2 enthält das Begründungserfordernis für Endentscheidungen des Beschwerdegerichts, während Abs. 3 für die Beschwerdeentscheidung auf die entsprechende Anwendung der Vorschriften über den Beschluss im ersten Rechtszug verweist.

B. Inhalt der Norm

I. Beschwerdeentscheidung

1. Sachentscheidung (Abs. 1 Satz 1)

Gemäß § 69 Abs. 1 Satz 1 FamFG hat das Beschwerdegericht grundsätzlich **selbst in der Sache zu entscheiden**. Das Beschwerdegericht ist vom Gesetzgeber gerade in FamFG-Verfahren – im Gegensatz zum Berufungsgericht in der ZPO – als volle zweite Tatsacheninstanz ausgestaltet, vor dem nach § 65 Abs. 3 FamFG auch unbeschränkt neue Tatsachen und Beweismittel vorgebracht werden können (vgl. *Dürbeck* § 65 FamFG Rn. 4) und das sein eigenes Ermessen an Stelle des Gerichts des ersten Rechtszugs ohne Einschränkungen selbst ausüben kann und muss (siehe näher hierzu *Dürbeck* § 68 FamFG Rn. 14). Der **Beschwerdegegenstand** wird aber durch den Gegenstand des Verfahrens des **ersten Rechtzugs** begrenzt,[3] so dass das Oberlandesgericht, z. B. in einem Sorgerechtsverfahren, nicht den **Umgang regeln** darf und damit auch keinen **Vergleich nach § 156 Abs. 2 FamFG billigen** kann.[4] Insoweit würde den Beteiligten auch eine Instanz genommen (zur Anfechtung der Billigungsentscheidung siehe *Dürbeck*, § 58 FamFG Rn. 3 und *Cirullies* § 156 FamFG Rn. 65 f.). Betrifft die Beschwerde nur eines von mehreren Kindern, ist dem Beschwerdegericht ebenfalls eine Entscheidung in Ansehung der nicht von der Beschwerde betroffenen Kinder selbst im Falle einer Kindeswohlgefährdung verwehrt. Hält das Beschwerdegericht die Beschwerde für unbegründet, so weist es sie zurück und entscheidet nach Maßgabe von § 84 FamFG über die Kosten des Beschwerdeverfahrens. Hält es die Beschwerde für begründet, ändert es die erstinstanzliche Entscheidung ab und trifft eine eigene Entscheidung über den Antrag im Antragsverfahren oder von Amts wegen eine Sachentscheidung im amtswegigen Verfahren.

Ist beiden Elternteilen das Sorgerecht nach § 1666 BGB entzogen worden, hat aber nur der eine Elternteil Beschwerde eingelegt, kann das Beschwerdegericht den Sorgerechtsentzug desjenigen Elternteils nicht aufheben, der keine Beschwerde eingelegt hat.[5] Im Übrigen ist bei Beschwerden betreffend das Sorgerecht darauf zu achten, dass über die elterliche Sorge nur einmal entschieden werden darf. Hat das Amtsgericht etwa im ersten Rechtszug über einen Antrag nach § 1671 Abs. 1 oder 2 oder nach § 1626a Abs. 2 BGB entschieden und ergeben sich im Beschwerdeverfahren Hinweise auf eine Kindeswohlgefährdung, hat das Beschwerdegericht selbst § 1666 BGB zu prüfen und entsprechende Ermittlungen zu tätigen. Das Amtsgericht ist wegen der Rechtshängigkeit der elterlichen Sorge im Beschwerdeverfahren daran gehindert, ein neues Sorgerechtsverfahren nach § 1666 BGB zu eröffnen. Wurde umgekehrt im ersten Rechtszug beiden Eltern nach § 1666 BGB das Sorgerecht entzogen, kann das Beschwerdegericht (auf Antrag eines Elternteils) auch nach

2

3

---

2 Vgl. Keidel/Kuntze/*Winkler-Sternal*, 15. Aufl., § 25 FGG Rn. 21
3 KG FamRZ 2012, 1167; Prütting/Helms/*Abramenko* § 69 FamFG Rn. 3
4 OLG Köln ZKJ 2012, 29
5 OLG Frankfurt a. M. BeckRS 2013, 17057

§ 1671 Abs. 1 oder 2 BGB entscheiden, wenn dies dazu dient, einen Sorgerechtsentzug und eine Fremdunterbringung der Kinder zu vermeiden.[6]

2. Reformatio in peius

4 In Kindschaftssachen besteht nur in **Antragsverfahren** nach § 23 FamFG (z. B. §§ 1626a Abs. 2, 1628, 1632 Abs. 3, 1671 Abs. 1 und 2, 1686a BGB) ein **Verböserungsverbot** für das Beschwerdegericht. Hat z. B. das Amtsgericht der antragstellenden Kindesmutter nur das Aufenthaltsbestimmungsrecht statt des ganzen Sorgerechts nach § 1671 Abs. 1 Nr. 2 BGB übertragen und legt die Kindesmutter Beschwerde ein, so ist das Beschwerdegericht daran gehindert, über das Aufenthaltsbestimmungsrecht zum Nachteil der Beschwerdeführerin zu entscheiden. Möglich sind aber nachteilige Entscheidungen für den Beschwerdeführer im Bereich der **Kostengrundentscheidung** und des **Verfahrenswertes**.[7] In **Amtsverfahren** (z. B. §§ 1684, 1685, 1666, 1632 Abs. 1 und 4 BGB) sind dagegen nachteilige Entscheidungen gegenüber dem Beschwerdeführer möglich, da diese überwiegend (auch) in Wahrnehmung des staatlichen Wächteramtes und zum Wohl des Kindes geführt werden.[8] Hat z. B. das Amtsgericht der Kindesmutter das Aufenthaltsbestimmungsrecht nach § 1666 BGB entzogen und die diese hiergegen Beschwerde eingelegt, kann ihr das Oberlandesgericht – soweit die gesetzlichen Voraussetzungen vorliegen – im Beschwerdeverfahren auch andere Teile des Sorgerechts, wie z. B. die Gesundheitssorge, entziehen.[9] Dem kann die Kindesmutter in diesem Fall nur durch Beschwerderücknahme entgegen wirken.

II. Zurückverweisung (Abs. 1 Satz 2 bis 4)

1. Ohne Antrag (Abs. 1 Satz 2)

5 Gemäß § 69 Abs. 1 Satz 2 FamFG darf das Beschwerdegericht die Sache unter Aufhebung des angefochtenen Beschlusses und Verfahrens – **antragsunabhängig** (!), vgl. Satz 3 – an das Erstgericht zurückverweisen, wenn dieses **in der Sache noch nicht entschieden** hat. Das ist etwa dann der Fall, wenn das Amtsgericht wegen Unzulässigkeit bzw. aus rein verfahrensrechtlichen Erwägungen einen Antrag zurückgewiesen oder die Einleitung eines Verfahrens abgelehnt hat.[10] Hat das Amtsgericht in einer Kindschaftssache einen Antrag zurückgewiesen, weil es sich **nicht für örtlich zuständig** hielt und dabei übersehen, dass es auch von Amts wegen gemäß § 3 Abs. 1 Satz 1 FamFG an das zuständige Amtsgericht verweisen kann und muss, kann das Oberlandesgericht im Beschwerdeverfahren von einer Zurückverweisung absehen und unter Aufhebung der angefochtenen Entscheidung **selbst das Verfahren an das örtlich zuständige Amtsgericht verweisen**.[11] Im Übrigen liegt die Entscheidung im **pflichtgemäßen Ermessen** des Beschwerdegerichts.[12] In die Abwägung sind insoweit auch die Gründe einzubeziehen, die zur Einführung des Vorrang- und Beschleunigungsgebotes i.S.d. § 155 FamFG geführt haben. Die mit dem Verfahren einhergehenden Belastungen für die Beteiligten, insbesondere für das Kind, und die Gefahren der faktischen Präjudizierung können im Einzelfall gegen eine Zurückverweisung sprechen (siehe näher hierzu *Fink*, § 155 FamFG Rn. 13 f.). Der Anwendungsbereich

---

6 OLG Frankfurt a. M., Beschl. v. 3.4.2014, 5 UF 320/13 n. v.
7 Vgl. Keidel/*Sternal* § 69 FamFG Rn. 18 und § 55 Abs. 3 Nr. 2 FamGKG
8 Vgl. BGH FamRZ 2011, 45; NJW-RR 1998, 1473; OLG Frankfurt a. M. FamRZ 2012, 1882; OLG Saarbrücken ZKJ 2012, 118; FamRZ 2011, 826; Johannsen/Henrich/*Althammer* § 69 FamFG Rn. 7
9 OLG Frankfurt a.M., Beschl. v. 16.1.2015, 4 UF 255/14 –juris –; OLG Karlsruhe FamRZ 2011, 1514; *Fischer*, FuR 2014, 700, 705
10 OLG Schleswig FamRZ 2012, 895; MüKo-FamFG/*A. Fischer* § 69 Rn. 38
11 OLG Frankfurt a. M. FamRZ 2014, 1479
12 MüKo-FamFG/*A. Fischer* § 69 Rn. 36

der Vorschrift ist in Kindschaftssachen weiter als es auf den ersten Blick erscheint. Es seien folgende Fälle genannt:

- Das Familiengericht hat in einem Umgangsverfahren den **„Antrag" auf Regelung des Umgangs „zurückgewiesen"** und weder den Umgang geregelt noch ausgeschlossen, was gesetzlich nicht vorgesehen ist und im Regelfall zur Anwendung von § 69 Abs. 1 Satz 2 FamFG führt.[13]

- Das Familiengericht hat eine Umgangsvereinbarung nach § 156 Abs. 2 FamFG gebilligt, obwohl dieser **nicht alle Beteiligten** (z. B. der Verfahrensbeistand wegen Abwesenheit im Termin) **zugestimmt** haben.[14]

- Das Familiengericht hat in Verkennung des Umstands, dass ein amtswegiges Umgangsverfahren nicht durch eine **übereinstimmende Erledigung**[15] oder **Antragsrücknahme**[16] oder durch eine **nicht vollstreckungsfähige Umgangsvereinbarung**[17] der Beteiligten beendet werden kann, keine Umgangsregelung getroffen und nur über die Kosten des Verfahrens entschieden. Gleichgestellt ist der Fall, dass eine nicht vollstreckungsfähige[18] Umgangsregelung, z. B. über die Durchführung begleiteter Umgänge getroffen wurde[19] oder aber wesentliche Umgangsmodalitäten nicht getroffen wurden, so z. B. die Übergabe des Kindes, wenn gegen den Kindesvater ein Kontaktaufnahme- und Betretensverbot nach § 1 GewSchG gegenüber der Kindesmutter besteht.[20] Auch darf die Entscheidung über Art und Umfang der Umgangskontakte nicht einem Dritten, auch nicht einem Ergänzungs-[21] oder Umgangspfleger[22] überlassen werden.

- Kein Fall von § 69 Abs. 1 Satz 2 FamFG liegt dagegen vor, wenn die im ersten Rechtszug nach § 1671 Abs. 1 Nr. 1 FamFG erteilte Zustimmung zur Übertragung des alleinigen Sorgerechts auf den anderen Elternteil mit der Beschwerde widerrufen wird.[23] Zu weit geht die teilweise vertretene Auffassung, § 69 Satz 2 FamFG erfasse auch den Fall, dass eine gebotene umfassende Prüfung des der Entscheidung zugrunde liegenden Sachverhalts unterblieben ist.[24] Solche Fälle beinhalten zwar schwere Verfahrensfehler infolge mangelnder Sachaufklärung, sind aber nach § 69 Satz 3 FamFG nur auf Antrag zurückzuverweisen.

- Ein zur Zurückverweisung führenden Fall liegt dagegen vor allem im Bereich des Sorgerechts im Falle einer unzulässigen Teilentscheidung analog § 301 ZPO vor, wenn in der Folge bzgl. der Schlussentscheidung die Gefahr einander widersprechender Entscheidungen besteht.[25] Auch die unzulässige Abtrennung einer in § 137 Abs. 3 FamFG

---

13 OLG Frankfurt a. M. ZKJ 2013, 421; OLG Hamm FamRZ 2013, 310; vgl. auch BVerfG FamRZ 2006, 1005
14 OLG München ZKJ 2015, 116 m. Anm. Dürbeck
15 OLG Schleswig FamRZ 2012, 895
16 OLG Zweibrücken FamRZ 2004, 1589
17 OLG Brandenburg BeckRS 2014, 12088; OLG Frankfurt a. M. NZFam 2014, 610; ZKJ 2013, 127
18 Zu den Anforderungen vgl. BGH ZKJ 2012, 190
19 OLG Frankfurt a. M. BeckRS 2013, 12053; 2013, 16986; OLG Celle BeckRS 2013, 13189
20 OLG Frankfurt a. M. BeckRS 2014, 17407
21 OLG Stuttgart BeckRS 2014, 17280
22 OLG Frankfurt a. M. FamFR 2013, 381
23 A.A. OLG Zweibrücken FamRZ 2011, 992
24 A.A. OLG Karlsruhe, Beschl. v. 30.10.2014, 5 UF 169/14: Entscheidung über Vaterschaftsanfechtung ohne Einholung eines Sachverständigengutachtens und Beteiligung des Kindes; OLG Naumburg FuR 2012, 150: Entscheidung nach § 1671 Abs. 1 BGB ohne Prüfung von Abs. 4 i. V. m. § 1666 BGB
25 Vgl. zum Sorgerecht OLG Nürnberg FamRZ 2013, 1993; OLG Naumburg BeckRS 2011, 27391; zum Umgang OLG Hamm, Beschl. v. 16.5.2015, 2 UF 51/14 – juris – und OLG Zweibrücken ZKJ 2014, 75; allgemein zur Zulässigkeit von Teilentscheidungen im FamFG-Verfahren OLG Frankfurt a. M. NJOZ 2014, 1044; *Götsche*, MDR 2005, 1086. Eine zulässige Teilentscheidung im Bereich Sorgerecht liegt OLG Nürnberg ZKJ 2014, 201 zu Grunde.

genannten Kindschaftssache aus dem Scheidungsverbund führt zu einer unzulässigen Teilentscheidung im Scheidungsbeschluss, die auf die Beschwerde hin gemäß § 117 Abs. 2 FamFG, 538 Abs. 2 Nr. 7 ZPO – zwingend – zur Zurückverweisung führt.[26]

2. Auf Antrag: Wesentlicher Verfahrensmangel (Abs. 1 Satz 3)

6 Gemäß § 69 Abs. 1 Satz 3 FamFG kann das Beschwerdegericht auf Antrag die Entscheidung aufheben und das Verfahren an das Familiengericht zurückverweisen, wenn

(1.) das erstinstanzliche **Verfahren** an einem **wesentlichen Mangel** leidet und

(2.) zur Entscheidung eine **umfangreiche oder aufwändige Beweiserhebung** notwendig wäre.

7 Als Verfahrensmängel kommen nur Verstöße gegen **formelle Verfahrensvorschriften** in Betracht, nicht Fehler, die auf einer **Anwendung des materiellen Rechts** beruhen.[27] Im Bereich der Kindschaftssachen sind wesentliche Mängel vor allem die unterbliebene **persönliche Anhörung** der Eltern[28] (§ 160 FamFG), des Kindes[29] (§ 159 FamFG) bzw. der Anhörung des Jugendamts[30] (§ 162 FamFG) und von Pflegepersonen[31] (§ 161 FamFG). Weiter zu nennen sind die unterbliebene **Bestellung eines Verfahrensbeistands**[32] nach § 158 Abs. 1 und 2 FamFG und Verstöße gegen die **Amtsermittlungspflicht** nach § 26 FamFG, z. B. durch mangelnde Aufklärung des Alters eines angeblichen Kindes im Rahmen von § 1674 BGB[33] oder im Rahmen eines Kindeswohlgefährdungsverfahrens durch nicht hinreichende Vernehmung von Zeugen oder Einholung eines Sachverständigengutachtens.[34] Auch eine wegen der Benennung erheblicher Gründe gegen die Herstellung gemeinsamer elterlicher Sorge zu Unrecht ergangene Sorgerechtsentscheidung im **vereinfachten Verfahren nach § 155a FamFG** stellt einen wesentlichen Verfahrensmangel dar und ist auf Antrag in jedem Fall zurückzuverweisen.[35]

8 Die weiterhin für eine Zurückverweisung notwendige Voraussetzung, dass infolge eines schweren Verfahrensmangels eine **umfangreiche oder aufwändige Beweiserhebung** notwendig wird, bedarf einer Prognose durch das Beschwerdegericht, an die keine strengen Anforderungen zu stellen sind.[36] Beweiserhebung in diesem Sinn sind nach der in Rn. 6 erwähnten Rechtsprechung[37] Anhörungen von Beteiligten,[38] da in FamFG-Verfahren, anders als in Familienstreitsachen, die Tatsachenfeststellung nicht auf die in der ZPO genannten förmlichen Beweismittel beschränkt ist und auch persönliche Anhörungen sehr aufwändig sein können. Ist eine zwingend notwendige Anhörung unterblieben, so ist bei der Prognose, ob eine aufwändige Beweiserhebung droht, auch zu berücksichtigen, dass die Nachholung einer unterbliebenen Anhörung neue Erkenntnisse bringen kann, die wie-

---

26 BGH FamRZ 2012, 863; 2013, 1300
27 BGH NJW-RR 2003, 131; Keidel/*Sternal* § 69 FamFG Rn. 15a
28 OLG Bremen MDR 2015, 338; OLG Frankfurt a. M. BeckRS 2015, 00699; OLG Brandenburg BeckRS 2014, 07026; OLG Naumburg BeckRS 2011, 29333
29 OLG Saarbrücken NJW 2011. 2306; OLG Hamm FamRZ 2012, 725 jeweils zurückverwiesen; a.A. OLG Schleswig NJW-RR 2013, 777
30 BGH NJW 1987, 1024; OLG Frankfurt a. M. BeckRS 2015, 00699; Keidel/*Engelhardt* § 162 FamFG Rn. 7
31 OLG Saarbrücken ZKJ 2014, 209
32 OLG Hamm FamRZ 2012, 725
33 BGH ZKJ 2014, 104; NZFam 014, 69; OLG München FamRZ 2012, 1958; KG ZKJ 2012, 450; vgl. dazu auch *Dürbeck*, ZKJ 2014, 266
34 OLG Saarbrücken MDR 2012, 1231: Umgangsausschluss ohne Gutachten; OLG Schleswig FGPrax 2013, 214: Feststellungen zur Überschuldung des Nachlasses bei der Genehmigung der Erbausschlagung für das Kind.: OLG Frankfurt a. M. ZKJ 2014, 292: Ablehnung einer Verbleibensanordnung ohne Gutachten
35 OLG Karlsruhe, Beschl. v. 13.6.2014, 18 UF 103/14 – juris –; OLG Frankfurt a. M. ZKJ 2014, 123; *Dürbeck*, ZKJ 2013, 330, 334; *Heilmann*, NJW 2013, 1473, 1477
36 So wohl auch BGH ZKJ 2014, 104
37 Zutreffend auch MüKo-FamFG/*A. Fischer* § 69 Rn. 45
38 A.A. Keidel/*Sternal* § 69 FamFG Rn. 15c; Johannsen/Henrich/*Althammer* § 69 FamFG Rn. 11

derum zu einer neuerlichen Anhörung der anderen Beteiligten und Anzuhörenden führen können.

Liegen die Voraussetzungen von § 69 Abs. 1 Satz 2 oder 3 FamFG vor, so hebt das Oberlandesgericht die angefochtene Entscheidung auf und weist das Verfahren zur erneuten Entscheidung an das Familiengericht zurück. Dabei ist es üblich und auch zulässig, dem Familiengericht auch die Entscheidung über die Kosten des Beschwerdeverfahrens zu überlassen.[39] **9**

3. Bindungswirkung (Abs. 1 Satz 4)

Im Falle der Zurückverweisung hat nach Abs. 1 Satz 4 das Familiengericht in Kindschaftssachen die **rechtliche Beurteilung**, die das Oberlandesgericht der Aufhebungsentscheidung zugrunde gelegt hat, auch seiner Entscheidung zugrunde zu legen. Es hat dabei insbesondere die vom Beschwerdegericht beanstandete unterbliebene **Beweiserhebung nachzuholen**. Keine Bindungswirkung besteht für **obiter dicta** des Beschwerdegerichts, also Hinweise für die Weiterführung des Verfahrens.[40] **10**

III. Begründung (Abs. 2)

Gemäß § 69 Abs. 2 FamFG ist die Beschwerdeentscheidung ausnahmslos zu **begründen**. Ein Absehen von einer Begründung nach Maßgabe von § 38 Abs. 4 FamFG ist hier nicht zulässig, was aus der systematischen Stellung von Abs. 2 vor der Verweisung in Abs. 3 folgt.[41] Nur soweit das Oberlandesgericht nach § 70 Abs. 1 und 2 FamFG die **Rechtsbeschwerde zulässt**, bedürfen die Beschlussgründe zwingend auch den der Entscheidung zugrunde liegenden **Sachverhalt**, da der BGH an die Tatsachenfeststellung gebunden ist (vgl. § 74 Abs. 3 Satz 4 FamFG, 559 ZPO). **11**

IV. Erstinstanzliche Vorschriften über den Beschluss (Abs. 3)

Nach § 69 Abs. 3 FamFG gelten für die Beschwerdeentscheidung im Übrigen die Vorschriften über den Beschluss im ersten Rechtszug entsprechend, so dass hier z. B. die **Wirksamkeit** (§ 40 FamFG), die Bekanntgabe (§ 41 FamFG) oder die Notwendigkeit einer **Rechtsbehelfsbelehrung** (§ 39 FamFG) bei Zulassung der Rechtsbeschwerde oder deren Statthaftigkeit nach § 70 Abs. 3 Nr. 2 FamFG Anwendung finden. **12**

---

39 Vgl. Keidel/*Sternal* § 69 FamFG Rn. 39
40 Johannsen/Henrich/*Althammer* § 69 FamFG Rn. 9
41 MüKo-FamFG/*A. Fischer* § 69 Rn. 59; a.A. Johannsen/Henrich/*Althammer* § 69 FamFG Rn. 28

Unterabschnitt 2
Rechtsbeschwerde

§ 70 FamFG Statthaftigkeit der Rechtsbeschwerde

(1) Die Rechtsbeschwerde eines Beteiligten ist statthaft, wenn sie das Beschwerdegericht oder das Oberlandesgericht im ersten Rechtszug in dem Beschluss zugelassen hat.

(2) [1]Die Rechtsbeschwerde ist zuzulassen, wenn

1. die Rechtssache grundsätzliche Bedeutung hat oder

2. die Fortbildung des Rechts oder die Sicherung einer einheitlichen Rechtsprechung eine Entscheidung des Rechtsbeschwerdegerichts erfordert.

[2]Das Rechtsbeschwerdegericht ist an die Zulassung gebunden.

(3) [1]Die Rechtsbeschwerde gegen einen Beschluss des Beschwerdegerichts ist ohne Zulassung statthaft in

1. Betreuungssachen zur Bestellung eines Betreuers, zur Aufhebung einer Betreuung, zur Anordnung oder Aufhebung eines Einwilligungsvorbehalts,

2. Unterbringungssachen und Verfahren nach § 151 Nr. 6 und 7 sowie

3. Freiheitsentziehungssachen.

[2]In den Fällen des Satzes 1 Nr. 2 und 3 gilt dies nur, wenn sich die Rechtsbeschwerde gegen den Beschluss richtet, der die Unterbringung oder die freiheitsentziehende Maßnahme anordnet.

(4) Gegen einen Beschluss im Verfahren über die Anordnung, Abänderung oder Aufhebung einer einstweiligen Anordnung oder eines Arrests findet die Rechtsbeschwerde nicht statt.

Übersicht

A. Allgemeines

1   § 70 FamFG regelt die Statthaftigkeit der **Rechtsbeschwerde** zum **Bundesgerichtshof** (§ 133 GVG) gegen vom Beschwerdegericht nach §§ 68 Abs. 2 Satz 2, 69 Abs. 1 FamFG getroffene Entscheidungen. Dabei wird differenziert zwischen der **Statthaftigkeit** der Rechtsbeschwerde aufgrund einer **Zulassungsentscheidung** des Beschwerdegerichts (Abs. 1 und 2) und der generellen und **zulassungsunabhängigen** Statthaftigkeit kraft Gesetzes für die in Abs. 3 genannten Verfahren. Ausgeschlossen ist die Rechtsbeschwerde generell im **einstweiligen Anordnungsverfahren** (Abs. 4).

2   Der Bundesgerichtshof wird – im Vergleich zu anderen Rechtsgebieten des Familienrechts – in Kindschaftssachen nur selten tätig. Für die Praxis eher von noch größerer Relevanz sind hier vielmehr die Entscheidungen des **Bundesverfassungsgerichts**. Dies gilt insbesondere, seitdem dieses seine **Prüfungskompetenz** bei **Verfassungsbeschwerden** ausgeweitet hat, was zu Recht auf Kritik gestoßen ist.[1]

---

1 Näher hierzu *Hammer*, FF 2014, 428; *Heilmann*, NJW 2014, 2904; FamRZ 2015, 92

B. Inhalt der Norm

I. Keine Rechtsbeschwerde im Verfahren der einstweiligen Anordnung

Ausgeschlossen ist die Rechtsbeschwerde nach § 70 Abs. 4 ZPO ausnahmslos[2] im **einst- 3 weiligen Anordnungsverfahren**, da der Gesetzgeber hier wegen der Eilbedürftigkeit und Vorläufigkeit etwaiger Anordnungen keine Notwendigkeit gesehen hat.[3] An der Unstatthaftigkeit vermag auch eine rechtsirrtümlich zugelassene Rechtsbeschwerde[4] nichts zu ändern.[5] Gleiches gilt für den Fall der irrtümlichen Erteilung einer Rechtsmittelbelehrung zur Statthaftigkeit der Rechtsbeschwerde.[6]

II. Unterbringungsverfahren

In Hauptsacheverfahren betreffend die **Unterbringung eines Kindes** (§ 151 Nr. 6 und 7 4 FamFG) ist die Rechtsbeschwerde gemäß § 70 Abs. 3 Nr. 2 FamFG ausnahmslos kraft Gesetzes statthaft, allerdings nach Satz 2 nur wenn die Unterbringung des Kindes angeordnet bzw. genehmigt worden ist.

III. Zulassung der Rechtsbeschwerde

Gemäß § 70 Abs. 1 FamFG ist die Rechtsbeschwerde im Übrigen nur statthaft, wenn sie 5 das Beschwerdegericht in seiner nach §§ 68 Abs. 2 Satz 2 oder § 69 Abs. 1 FamFG ergangenen Endentscheidung **zugelassen** hat. Nach § 70 Abs. 2 Nr. 1 FamFG lässt das Oberlandesgericht in Kindschaftsverfahren die Beschwerde zu, wenn die **Rechtssache grundsätzliche Bedeutung** (Nr. 1) hat oder die **Fortbildung des Rechts oder die Sicherung einer einheitlichen Rechtsprechung** (Nr. 2) eine Entscheidung des Bundesgerichtshofs als Rechtsbeschwerdegericht erfordert. Hinzukommen muss als ungeschriebene Voraussetzung, dass der im Raum stehende rechtliche Gesichtspunkt entscheidungserheblich sein muss.[7]

Die Voraussetzungen des Zulassungsgrunds nach Nr. 1 liegen vor, wenn eine *klärungsbe-* 6 *dürftige Rechtsfrage* zu entscheiden ist, die in einer unbestimmten Anzahl von Fällen auftreten kann.[8] Die **Fortbildung des Rechts** i.S.v. Nr. 2 Alt. 1 rechtfertigt die Zulassung der Rechtsbeschwerde dann, wenn der Einzelfall Veranlassung gibt, Leitsätze für die Auslegung von formellen oder materiellen Gesetzen aufzustellen oder vorhandene Lücken durch Richterrecht zu schließen.[9] Die **Sicherung einer einheitlichen Rechtsprechung** erfordert eine Entscheidung des BGH nur dann, wenn die getroffene Entscheidung von der Entscheidung eines höher- oder gleichrangigen Gerichts in derselben Rechtsfrage abweicht.[10]

Die Zulassungsentscheidung selbst ist **in der Endentscheidung** des Oberlandesgerichts 7 zu treffen. Ausreichend ist es, wenn sich die Zulassung aus den **Gründen** ergibt,[11] aus Gründen der Rechtsklarheit sollte sie aber in den Tenor aufgenommen werden. Enthält die Endentscheidung weder im Tenor noch in den Gründen einen Hinweis auf die Zulassung der Beschwerde, kann nicht von einer Zulassung ausgegangen werden, dies auch dann nicht, wenn irrtümlich eine Rechtsmittelbelehrung erteilt worden ist.[12] **Schweigen be-**

---

2 BGH BeckRS 2014, 19723: Abschiebungshaft
3 BT-Drs. 16/6308, 209
4 So OLG Frankfurt a. M., Beschl. 9.7.2013, 6 UF 111/13 .- juris –
5 BGH FamRZ 2013, 878
6 BGH BeckRS 2014, 19723
7 BGH NJW 2003, 1125; Praxiskommentar Familienverfahrensrecht/*Finke* § 70 FamFG Rn. 5
8 BGH NJW 2004, 2222
9 BGH NJW 2002, 3029
10 BVerfG NJW 2011, 1276; BGH NJW 2002, 3029
11 BGH FamRZ 2008, 1339; 1989, 376
12 BGH MDR 2014, 977; MDR 2011, 1065; MüKo-FamFG/*A. Fischer* § 70 Rn. 15

deutet also Nichtzulassung, mögen auch die Voraussetzungen für eine Zulassung vorliegen.[13] Hat das Oberlandesgericht irrtümlich nicht über die Zulassung entschieden, kommt weder eine Berichtigung noch Ergänzung des Beschlusses in Betracht, da es ein Recht auf Zulassung nicht gibt.[14] Eine Nachholung kommt allenfalls bei einer Fortsetzung des Verfahrens aufgrund einer **Gehörsrüge** nach § 44 FamFG in Betracht.[15]

8   Die Entscheidung über die Zulassung der Rechtsbeschwerde kann auch der nach § 68 Abs. 4 FamFG zuständige **Einzelrichter** treffen, die für § 574 ZPO entwickelten Grundsätze zur Aufhebung einer Einzelrichterzulassungsentscheidung wegen fehlerhafter Besetzung des Beschwerdegerichts[16] lassen sich auf § 70 FamFG nicht übertragen.[17] Gleichwohl ist der Einzelrichter verpflichtet, wenn sich die Bedeutung der Angelegenheit erst nach der Übertragung ergibt, die Sache dem Senat zur Entscheidung über die Rückübertragung nach §§ 68 Abs. 4 FamFG, 526 Abs. 2 Nr. 1 ZPO vorzulegen.

Gemäß § 70 Abs. 2 Satz 2 FamFG ist der **BGH** an die Zulassung der Rechtsbeschwerde **gebunden**. Erfolgte sie aus seiner Sicht zu Unrecht, kann er aber bei **Verneinung der Erfolgsaussicht** der Rechtsbeschwerde gemäß § 74a FamFG diese in **vereinfachter Form zurückweisen**.

9   Lehnt das Oberlandesgericht – wie meist in **Kindschaftssachen**, da es sich insbesondere um das einzelne Kind betreffende und am individuellen Kindeswohl orientierte Einzelfallentscheidungen handelt – die Zulassung der Rechtsbeschwerde ab, so sieht das Gesetz hiergegen keinen § 544 ZPO entsprechenden Rechtsbehelf, insbesondere nicht eine **Nichtzulassungsbeschwerde** vor.[18] Bei Verletzung der Rechtsschutzgarantie (Art. 2 Abs. 1, 20 Abs. 3 GG) bleibt aber bei zu Unrecht erfolgter Versagung der Zulassung der Weg zum **BVerfG**.[19] In Kinderschutzverfahren hat das BVerfG in seinen jüngsten Entscheidungen mit der Ausweitung der Verfassungsbeschwerde als eine Art „Superrevision" faktisch eine Überprüfung der Entscheidungen der Oberlandesgerichte geschaffen.[20]

C. Weiteres Verfahren

10   Ist die Rechtsbeschwerde statthaft, so ergeben sich die weiteren Zulässigkeitsvoraussetzungen der Rechtsbeschwerde aus §§ 71 ff. FamFG. Gemäß § 114 Abs. 2 FamFG müssen sich die Beteiligten durch einen beim Bundesgerichtshof zugelassenen Rechtsanwalt vertreten lassen, der auch die Rechtsbeschwerde nach § 71 FamFG einzulegen hat. Dies wird auch für den (anwaltlichen) Verfahrensbeistand nach § 158 FamFG zu gelten haben. Hier stellt sich dann die Frage, ob die unvermeidbaren Anwaltskosten des Verfahrensbeistands für die Vertretung durch einen beim BGH zugelassenen Rechtsanwalt von der Vergütungspauschale des § 158 Abs. 7 FamFG umfasst sind (vgl. *Keuter*, § 158 FamFG Rn. 38 ff.).

Bei der **Vertretung von Behörden**, wie der Landeskasse oder dem Jugendamt, besteht zwar kein Anwaltszwang, aber gemäß § 114 Abs. 3 Satz 2 FamFG die Notwendigkeit der Vertretung durch einen **Volljuristen**.[21]

13 BGH FamRZ 2011, 1728
14 BGH FamRB 2014, 462; Johannsen/Henrich/*Althammer* § 70 FamFG Rn. 5: Berichtigung nur, wenn Anhaltspunkte in den Beschlussgründen vorhanden
15 MüKo-FamFG/*A. Fischer* § 70 Rn. 37
16 Vgl. BGHZ 154, 200; NJW-RR 2012, 125; OLG Celle, Beschl. v. 26.8.2014 – 10 W 3/14, juris, zu § 4 Abs. 5 JVEG
17 BGH NJW 2004, 2301; 2003, 2900; Zöller/*Feskorn* § 70 FamFG Rn. 6
18 Kritisch *Herr*, FF 2013, 147
19 BVerfG NJW 2011, 2276 zu § 574 ZPO
20 BVerfG FamRZ 2014, 907; ZKJ 2014, 242; BeckRS 2014, 51212; BeckRS 2014, 52262; BeckRS 2014, 54630; JAmt 2014, 415; vgl. dazu auch die Kritik, u. a. von *Hammer*, FF 2014, 428; *Heilmann*, NJW 2014, 2904; *Lack/Heilmann*, ZKJ 2014, 308
21 BGH ZKJ 2010, 410: Keine Ausnahme für den Bezirksrevisor

Das Verfahren vor dem BGH und dessen Entscheidung über die Rechtsbeschwerde ist in § 74 FamFG geregelt.

§§ 71 bis 75 FamFG

[...]

Von Abdruck und Kommentierung wird abgesehen.

Abschnitt 6
Verfahrenskostenhilfe

§ 76 FamFG Voraussetzungen

(1) Auf die Bewilligung von Verfahrenskostenhilfe finden die Vorschriften der Zivilprozessordnung über die Prozesskostenhilfe entsprechende Anwendung, soweit nachfolgend nichts Abweichendes bestimmt ist.

(2) Ein Beschluss, der im Verfahrenskostenhilfeverfahren ergeht, ist mit der sofortigen Beschwerde in entsprechender Anwendung der § 567 bis 572, 127 Abs. 2 bis 4 der Zivilprozessordnung anfechtbar.

Übersicht

A. Allgemeines

1 Art. 3 Abs. 1, 20 Abs. 3 GG gebieten es, dass wirtschaftliche kostenarme Verfahrensbeteiligte Bemittelte bei der **Verwirklichung der Rechtsdurchsetzung** weitgehend und in allen Rechtszweigen und Verfahrensarten **gleichgestellt** werden.[1] Im Zivilprozess geschieht dies durch die Vorschriften über die Bewilligung von Prozesskostenhilfe nach §§ 114 ff. ZPO, im außergerichtlichen Bereich durch die gesetzlichen Regelungen der Beratungshilfe im BerHG.[2] Für alle dem FamFG unterfallenden Familiensachen, also auch für Kindschaftssachen, hat der Gesetzgeber zum 1.9.2009 den Begriff **„Verfahrenskostenhilfe"** eingeführt. Während das Gesetz bezüglich Ehe- und Familienstreitsachen mit der Verweisung von § 113 Abs. 1 Satz 2 FamFG auf die ZPO (§§ 114 ff.) keine vom Zivilverfahren abweichende Regelung getroffen hat, regeln **§§ 76 bis 78 FamFG** zumindest teilweise Besonderheiten für Familienverfahren der freiwilligen Gerichtsbarkeit, zu denen Kindschaftssachen[3] ausnahmslos gehören.

B. Inhalt der Norm

Regelungstechnisch verweist § 76 Abs. 1 FamFG für die Bewilligung von Verfahrenskostenhilfe auf §§ 114-127 Abs. 1 ZPO, soweit §§ 77, 78 FamFG nicht Besonderheiten für Familienverfahren enthalten. § 76 Abs. 2 FamFG verweist bzgl. der Anfechtbarkeit von VKH-Entscheidungen auf das Rechtsmittel der sofortigen Beschwerde nach Maßgabe der §§ 127 Abs. 2-4, 567-572 ZPO. Im Einzelnen bedeutet dies, dass für die subjektiven und objektiven Voraussetzungen der Verfahrenskostenhilfe in Familiensachen keine Abweichungen gegenüber den Regeln der Prozesskostenhilfe in §§ 114 ff. ZPO bestehen. Abweichende Vorschriften bestehen für das Bewilligungsverfahren (§ 77 FamFG modifiziert §§ 118, 119 ZPO) und für die Beiordnung von Rechtsanwälten (§ 78 FamFG statt § 121 ZPO). **2**

I. Bewilligungsverfahren

1. Kreis der Antragsberechtigten

Während in § 114 ZPO die Bewilligung von PKH der „Partei" vorbehalten ist, knüpft das FamFG die Bewilligung von Verfahrenskostenhilfe an die Frage der Beteiligung (vgl. § 78 Abs. 1 FamFG) im Verfahren. Es können mithin nur **formell** i.S.d. § 7 FamFG am Verfahren **Beteiligte** Verfahrenskostenhilfe erhalten,[4] die zudem in **eigenen Rechten betroffen** sein müssen.[5] Damit sind etwa in Sorge- und Umgangsrechtsverfahren die **Kindeseltern** stets als Beteiligte i.S.d. § 7 Abs. 2 Nr. 1 FamFG berechtigt, Verfahrenskostenhilfe zu beantragen, müssen aber zudem in eigenen Rechten betroffen sein. Hieran kann es fehlen, wenn ein nicht mehr sorgeberechtigter Elternteil Verfahrenskostenhilfe im Umgangsverfahren betreffend den anderen Elternteil begehrt, da die Wahrnehmung fremdnütziger Interessen nicht zur Beanspruchung staatlicher Verfahrenskostenfinanzierung berechtigt.[6] Dies gilt auch für den nicht sorgeberechtigten Vater im Verfahren nach § 1666 BGB.[7] Nicht mehr sorgeberechtigte Eltern können mangels Beteiligung im Verfahren zur Auswechslung des Vormunds ebenfalls nicht Verfahrenskostenhilfe beanspruchen.[8] **3**

Der **Verfahrensbeistand** kann nicht Verfahrenskostenhilfe beantragen, weil er selbst nach § 158 Abs. 8 FamFG keine Kosten schuldet. Eine Ausnahme muss aber dann gelten, wenn der Verfahrensbeistand eines mittellosen Kindes Rechtsbeschwerde zum BGH nach **4**

---

1 BVerfG FamRZ 2009, 1811; NJW-RR 2003, 1216
2 BGBl. 1980 I S. 689 zuletzt geändert zum 1.1.2014 BGBl. 2013 I S. 3533
3 Speziell zur VKH in Kindschaftssachen: *Nickel*, NJW 2011, 1117; *Büte*, FPR 2011, 17
4 BT-Drs. 16/6308, 213; OLG Frankfurt a. M. FamRZ 2012, 570
5 BGH FamRZ 2015, 133; OLG Frankfurt a. M. BeckRS 2015, 00241
6 OLG Frankfurt a. M. BeckRS 2015, 00241
7 OLG Frankfurt a. M. FamRZ 2013, 46; OLG Karlsruhe MDR 2012, 529
8 OLG Frankfurt a. M. FamRZ 2012, 570

§§ 70 ff. FamFG einlegt, weil er der Vertretung durch einen beim BGH zugelassenen Rechtsanwaltes bedarf (§ 114 Abs. 2 FamFG).

▶ *Näher hierzu Keuter, § 158 FamFG Rn. 38 ff.*

5   Das über 14-jährige und damit nach § 9 Abs. 1 Nr. 3 FamFG verfahrensfähige **Kind** ist in Kindschaftssachen stets Beteiligter nach § 7 Abs. 2 Nr. 1 FamFG[9] und kann Verfahrenskostenhilfe für das Verfahren einschließlich einer von ihm eingelegten Beschwerde (§ 60 FamFG) erhalten, obwohl es in Kindschaftssachen nach § 80 Abs. 3 FamFG nicht mit Kosten belastet werden darf. Ein Bedürfnis staatlicher Verfahrenskostenfinanzierung besteht insoweit, als das mittellose Kind, das auch keinen Verfahrenskostenvorschussanspruch besitzt (vgl. Rn. 15), die Beiordnung eines Rechtsanwaltes nach § 78 FamFG begehrt. Wie auch § 158 Abs. 5 FamFG zeigt, kann sich das Kind in Verfahren, die seine Person betreffen, anwaltlich vertreten lassen und nach zutreffender Auffassung aufgrund seiner Verfahrensfähigkeit trotz eingeschränkter Geschäftsfähigkeit analog §§ 112, 113 BGB einen Anwalt beauftragen.[10] Ihm ist bei Mittellosigkeit und soweit die Voraussetzungen nach § 78 Abs. 2 FamFG vorliegen auch dann ein Anwalt beizuordnen, wenn für ihn bereits ein **Verfahrensbeistand** bestellt worden ist.[11] Dessen Bestellung ist ggf. nach § 158 Abs. 5 FamFG aufzuheben.

6   Im Übrigen führt allein der Umstand, dass eine Person im Verfahren **anzuhören** ist, nicht zu einer Beteiligung nach § 7 FamFG, so dass etwa die nach § 161 FamFG als Pflegeperson des Kindes Anzuhörenden ohne formelle Beteiligung nach § 7 Abs. 3 FamFG nicht Verfahrenskostenhilfe erhalten können (§ 7 Abs. 6 FamFG). Damit scheiden – nicht formell beteiligte – **Pflegepersonen, Angehörige** (die z. B. Vormund werden möchten[12]) und sonstige **Dritte**, wie der Anregende nach § 1666 BGB,[13] als Berechtigte aus. Ausnahmen sind hier nicht – wie nach früherer Rechtsprechung[14] – zu machen.[15] Als nicht beteiligt und damit auch nicht VKH-berechtigt gilt auch der Vertragspartner des Kindes im familiengerichtlichen Genehmigungsverfahren nach §§ 1643 Abs 1, 1821 ff. BGB.[16] Bei Anträgen auf Beteiligung von Verwandten oder Pflegepersonen in Verfahren betreffend die Auswahl von Vormündern oder Pflegern auf Beteiligung am Verfahren nach § 7 Abs. 3 FamFG und anschließende VKH-Bewilligung ist aber der grundrechtliche Schutz der Familie nach Art. 6 Abs. 1 GG bei der Entscheidung zu berücksichtigen.[17]

2. Für ein gerichtliches Verfahren

7   Verfahrenskostenhilfe kann, was aus § 76 Abs. 1 FamFG i. V. m. § 114 ZPO folgt, auch in Kindschaftssachen nur für ein **familiengerichtliches Verfahren** bewilligt werden. Es scheiden damit aus der gesamte außergerichtliche Bereich, **Mediationsverfahren**[18] (vgl. aber dort die Möglichkeit des § 7 MediationsG), das **Verfahrenskostenhilfeprüfungsverfahrens** selbst einschließlich des Verfahrens der **sofortigen Beschwerde** nach §§ 76

---

9 Vgl. dazu ausführlich *Sommer,* FPR 2012, 374
10 OLG Dresden FamRZ 2014, 1042; OLG Hamburg NJW 1971, 199; Staudinger/*Knothe* Vorbem. §§ 104-115 Rn. 95; a.A. Erman/*Müller* § 106 BGB Rn. 3
11 OLG Dresden FamRZ 2014, 1042; OLG Stuttgart ZKJ 2014, 289; OLG Naumburg BeckRS 2012, 24088; Büttner/Wrobel-Sachs/Gottschalk/*Dürbeck* Rn. 52; a.A. OLG Naumburg BeckRS 2012, 24088
12 OLG Hamm BeckRS 2012, 01110; MüKo-FamFG/*Viefhues* § 76 Rn. 8
13 OLG Celle FamRZ 2004, 1879
14 Z. B. OLG Köln FamRZ 1992, 199 (Großmutter)
15 Zutreffend *Götsche,* FamRZ 2009, 383; a.A. Keidel/*Zimmermann* § 76 FamFG Rn. 7
16 OLG Rostock NJW-RR 2006, 1229
17 OLG Hamm, Beschl. v. 19.12.2014, 14 WF 224/14 – juris –
18 Ausführlich: Büttner/Wrobel-Sachs/Gottschalk/*Dürbeck* Rn. 10; *Effer-Uhe,* NJW 2013, 3333

Abs. 2 FamFG, 127 Abs. 2 ZPO[19] und auch **außergerichtliche Vergleiche**.[20] Für das **Vermittlungsverfahren** nach § 165 FamFG kann den Beteiligten dagegen Verfahrenskostenhilfe gewährt werden.[21]

3. Antrag

Verfahrenskostenhilfe wird nach §§ 76 Abs. 1 FamFG, 114 ZPO – auch in amtswegigen Kindschaftssachen (hierzu *Cirullies*, § 24 FamFG Rn. 1) – einem Verfahrensbeteiligten lediglich auf **Antrag** gewährt. Der Antrag muss vor Abschluss der Instanz gestellt sein.[22] Gemäß § 76 Abs. 1 FamFG i. V. m. § 117 Abs. 1 Satz 1 ZPO ist der Antrag im ersten Rechtszug bei dem **Familiengericht** zu stellen, ein Antrag für eine **beabsichtigte Beschwerde** ist nach § 64 Abs. 1 Satz 2 FamFG ebenfalls bei dem Amtsgericht einzulegen, dessen Entscheidung angefochten wird. Er kann nach § 117 Abs. 1 Satz 1 HS 2 ZPO **zu Protokoll der Geschäftsstelle** erklärt werden. Mit dem Antrag hat der Beteiligte eine **Erklärung über die persönlichen und wirtschaftlichen Verhältnisse nach § 117 Abs. 2 ZPO** abzugeben, für die nach § 117 Abs. 4 ZPO für natürliche Personen **Formularzwang** besteht. Einzelheiten bestimmt die auf der Grundlage von § 117 Abs. 3 ZPO ergangene Verordnung eines Formulars für die Erklärung über die persönlichen und wirtschaftlichen Verhältnisse bei Prozess- und Verfahrenskostenhilfe (PKHFV) v. 6.1.2014.[23] Außerdem sind aussagekräftige **Belege**, wie z. B. zeitnahe Gehaltsnachweise, Mietvertrag, Kontoauszüge, Versicherungsscheine, Kreditverträge beizufügen. Sowohl im ersten Rechtszug als auch im Beschwerdeverfahren kann der VKH-Antrag für ein vom Antragsteller **beabsichtigtes Verfahren oder Rechtsmittel**[24] gestellt werden, was unmissverständlich klar zu stellen ist.[25] Es ist dann insoweit zur Prüfung der Erfolgsaussichten (vgl. Rn. 25 ff.) der Entwurf eines Antrages bzw. einer Anregung im Amtsverfahren oder Beschwerdeschrift beizufügen. Nicht zulässig ist es, einen Antrag i.S.d. § 23 FamFG oder ein Rechtsmittel **unter der Bedingung der Bewilligung von Verfahrenskostenhilfe** zu stellen.[26] Der Antrag wird aber auch im Kindschaftsrecht meist gleichzeitig mit dem Antrag/Anregung oder der Einlegung des Rechtsmittels in der Hauptsache gestellt.

4. Funktionelle Zuständigkeit

Funktionell zuständig für das VKH-Verfahren und die Entscheidung über den Antrag ist im ersten Rechtszug grundsätzlich derjenige Familienrichter oder Rechtspfleger, dem auch das Erkenntnisverfahren zugewiesen ist. An der richterlichen Zuständigkeit im VKH-Verfahren hat sich auch durch das zum 1.1.2014 in Kraft getretene Gesetz zur Änderung des Prozesskosten- und Beratungshilferechts[27] nichts geändert. Allerdings enthält § 20 Abs. 2 RechtspflegerG n. F. eine **Länderöffnungsklausel**, wonach die Landesregierungen ermächtigt werden, eine Regelung zu schaffen, die es ermöglicht den **Rechtspflegern die Prüfung der persönlichen und wirtschaftlichen Verhältnisse des Antragstellers** nach §§ 114, 115 ZPO zu **übertragen**, womit sich der Gesetzgeber Einspareffekte bei den Kosten der Prozesskostenhilfe verspricht. Dabei soll der Vorsitzende Richter (= *Amtsrichter*

8

9

19 BGH FamRZ 2004, 1708; BVerwG Rpfleger 1991, 63; *Zimmermann*, Prozess- und Verfahrenskostenhilfe, Rn. 11
20 OLG Köln FamRZ 2011, 1742; OLG Karlsruhe MDR 2008, 293; a.A. für den Fall, dass vor Abschluss einer notariellen Vereinbarung ein VKH-Antrag gestellt worden war: OLG Frankfurt a. M. FamRZ 2009, 137
21 OLG Frankfurt a. M. FamRZ 2009, 1079; str. ist hier die Möglichkeit der Beiordnung eines Anwalts, vgl. *Dürbeck*, § 78 FamFG Rn. 7
22 BAG MDR 2004, 415; OLG Karlsruhe FamRZ 2011, 1608
23 BGBl. 2014 I S. 34
24 Zur anschließenden Notwendigkeit der Beantragung von Wiedereinsetzung in den vorigen Stand vgl. *Dürbeck*, § 63 FamFG Rn. 12
25 BGH FamRZ 2005, 1537; *Dürbeck* in: Büttner/Wrobel-Sachs/Gottschalk/Dürbeck Rn. 111
26 BGH FamRZ 2011, 29; 2008, 978; 1996, 1142
27 BGBl. 2013 I S. 3533

oder Vorsitzende des Familiensenats des OLG), dem der Antrag in der Hauptsache oder der Antrag auf Bewilligung von Prozesskostenhilfe vorgelegt wird, zunächst selbst entscheiden, ob die persönlichen und wirtschaftlichen Verhältnisse vom Rechtspfleger zu prüfen sind. Hiervon soll aber abzusehen sein, wenn die **Bedürftigkeit**, wie bei Empfängern staatlicher Sozialleistungen, **offenkundig** ist oder aber in der Sache selbst **keine Erfolgsaussichten** bestehen und der Antrag schon deshalb abweisungsreif ist.

10　　Auch in **Eilfällen**, die vor allem in Kindschaftssachen häufig vorkommen (z. B. früher Termin in Kindschaftssachen nach § 155 FamFG, vereinfachtes Verfahren nach § 155a FamFG oder einstweilige Anordnungsverfahren nach §§ 49 ff. FamFG), wird eine zeitnahe Entscheidung auch über das VKH-Gesuch durch den Richter veranlasst sein, weil es vor allem den Verfahrensbevollmächtigten kaum zumutbar sein dürfte, gerichtliche Termine wahrzunehmen, ohne dass vorher über die Frage ihrer Beiordnung nach §§ 121 ZPO, 78 FamFG entschieden worden ist. Legt der Richter dem Rechtspfleger den Antrag zur Prüfung der persönlichen und wirtschaftlichen Verhältnisse des Antragstellers vor, so **entscheidet der Rechtspfleger über die Verfahrenskostenhilfe selbst**, wenn er zu dem Ergebnis gelangt, dass es an der **Bedürftigkeit fehlt**. Gegen die Entscheidung des Rechtspflegers ist dann die sofortige Beschwerde nach §§ 11 Abs. 1 RPflG, 127 Abs. 2 Satz 2 und 3 ZPO statthaft. Ergibt die Prüfung des Rechtspflegers dagegen, dass die wirtschaftlichen Voraussetzungen für die Bewilligung von Prozesskostenhilfe **vorliegen**, so fertigt er einen Aktenvermerk, aus dem sich ergibt, ob dem Antragsteller ratenfreie Prozesskostenhilfe zu gewähren ist oder die Höhe der Raten unter Einschluss der relevanten Angaben zu Einkommen und Vermögen des Antragstellers, und **legt das VKH-Heft dem Richter vor**. Eine Vorabentscheidung durch den Rechtspfleger hat der Gesetzgeber hier nicht vorgesehen. Sodann prüft der Richter die Frage der Erfolgsaussichten der Rechtsverfolgung oder Rechtsverteidigung und die Mutwilligkeit und entscheidet schließlich selbst über den Antrag. Dabei ist der Richter hinsichtlich der Frage der persönlichen und wirtschaftlichen Verhältnisse **nicht an die Auffassung des Rechtspflegers gebunden**. Es dürfte davon auszugehen sein, dass viele Länder zur Erzielung von erwünschten Einspareffekten von der Möglichkeit nach § 20 Abs. 2 RPflG Gebrauch machen werden. Das **„Hin und Her" zwischen Richter und Rechtspfleger** im Rahmen des VKH-Verfahrens wird dann aber wohl zu einer nicht unerheblichen **Verzögerung** der Verfahren führen.[28] Bisher hat nur Baden-Württemberg mit Wirkung zum 1.5.2014 von dieser Möglichkeit Gebrauch gemacht.[29]

5. Verfahren

11　　Die Regelung in § 118 Abs. 1 ZPO, wonach dem „Gegner" Gelegenheit zur Stellungnahme zu den Voraussetzungen von Verfahrenskostenhilfe zu geben ist und damit vor der Entscheidung **rechtliches Gehör** zu gewähren ist, wird in Kindschaftssachen – in denen es im Regelfall keinen Antragsgegner, sondern andere Beteiligte gibt – modifiziert durch § 77 FamFG (vgl. dort Rn. 1 ff.). Nach der zum 1.1.2014 geltenden Neufassung von § 118 Abs. 1 ZPO erstreckt sich die Anhörung der anderen Beteiligten nunmehr auch auf die **subjektiven Voraussetzungen der Verfahrenskostenhilfe**.[30] Ohne Zustimmung des Antragstellers darf aber den anderen Beteiligten nach §§ 76 Abs. 1 FamFG, 117 Abs. 2 Satz 2 ZPO dessen **Erklärung über die persönlichen und wirtschaftlichen Verhältnisse nebst Belegen** nicht zugänglich gemacht werden, es sei denn – was bei den Beteiligten in Kindschaftssachen häufig der Fall ist –, ein Beteiligter hat gegen den Antragsteller einen materiell-rechtlichen Auskunftsanspruch (z. B. nach §§ 1361 Abs. 4 Satz 4, 1580, 1605,

---

28　Zur Kritik ausführlich *Lissner*, AGS 2013, 371
29　Verordnung des Justizministeriums des Landes Baden Württemberg zur Übertragung richterlicher Aufgaben zum 10.4.2014 (GBl. v. 23.4.2014, Nr.7, 212); vgl. dazu *Dürbeck*, NJW-aktuell 36/2014, 14
30　BT-Drs. 17/11472, 44

1379 BGB) hinsichtlich Einkommen und/oder Vermögen. Dabei reicht das Bestehen eines abstrakten Auskunftsanspruchs außerhalb eines Unterhalts- oder Güterrechtsverfahrens aus.[31] Verweigert das Familiengericht einem Beteiligten die Übermittlung der Erklärung über die persönlichen und wirtschaftlichen Verhältnisse des Antragstellers, so findet gegen die Entscheidung die sofortige Beschwerde nicht statt.[32]

Der zuständige Richter oder Rechtspfleger hat das VKH-Verfahren – das verlangen Gleich- **12** heitsgrundsatz und Sozialstaatsprinzip[33] – in **beschleunigter Weise** zu führen, wofür in Kindschaftssachen ein besonderes Bedürfnis für die Beteiligten besteht (vgl. § 155 FamFG). Dem Antragsteller obliegt im VKH-Prüfungsverfahren eine **Mitwirkungspflicht** (vgl. §§ 117 Abs. 2, 118 Abs. 2 Satz 4 ZPO). Er hat alle zur Prüfung seines Gesuches erforderlichen Angaben zu machen und zu belegen und seine Angaben nach § 118 Abs. 2 Abs. 1 Satz 2 ZPO auf Verlangen **an Eides statt** zu versichern. Macht er seine Angaben nicht hinreichend glaubhaft oder beantwortet er ihm vom Gericht gestellte Fragen nicht, so ist der Antrag nach **Setzung einer Frist** gemäß § 118 Abs. 2 Satz 4 ZPO abzulehnen. Eine **Beweisaufnahme** soll im Prüfungsverfahren nur in Ausnahmenfällen (vgl. § 118 Abs. 2 Satz 2 ZPO) stattfinden. Eine **mündliche Erörterung mit den Beteiligten** – beschränkt auf den Verfahrenskostenhilfeantrag – ist nach § 118 Abs. 1 Satz 3 ZPO nur ausnahmsweise zulässig, wenn eine Einigung zu erwarten ist. Kommt es zu einem **Vergleich**, ist ausnahmsweise Verfahrenskostenhilfe für den **im Prüfungsverfahren geschlossenen Vergleich** zu bewilligen.[34]

II. Materielle Bewilligungsvoraussetzungen

1. Subjektive Voraussetzungen

a. Grundsätze

Gemäß §§ 76 Abs. 1 FamFG, 114 Abs. 1 Satz 1 ZPO kann nur dann einem Verfahrensbetei- **13** ligten Verfahrenskostenhilfe bewilligt werden, wenn er nach **seinen persönlichen und wirtschaftlichen Verhältnissen** die Kosten der Verfahrensführung nicht, nur zum Teil oder nur in Raten aufbringen kann. § 115 Abs. 1 und 3 ZPO konkretisieren dies, indem sie bestimmen, dass Beteiligte grundsätzlich ihr **Einkommen und ihr Vermögen zur Finanzierung der Verfahrenskosten einzusetzen** haben. Die Berechnung des Einkommens und die Frage, wann der Einsatz von Vermögen zumutbar ist, folgt nach § 115 ZPO im Wesentlichen nach **sozialrechtlichen Grundsätzen**. Wegen der Einzelheiten muss auf die einschlägige ZPO-Kommentarliteratur[35] und Spezialliteratur[36] verwiesen werden. Hier soll nur ein Überblick zum Aufbau der Prüfung und zu vor allem im Zusammenhang mit der Betreuung von Kindern stehenden Fragen der Einkommensberechnung und des Vermögenseinsatzes gegeben werden.

---

31 OLG Koblenz NJW-RR 2011, 509; OLG Bremen FamFR 2011, 545
32 OLG Oldenburg FamRZ 2013, 805; OLG Bremen FamRZ 2012, 649; *Dürbeck* in: Büttner/Wrobel-Sachs/Gottschalk/Dürbeck Rn. 142; a.A. jurisPR-FamR/*Viefhues* 6/2011 Anm. 6
33 OLG Stuttgart DAVorm 1975, 312; *Zöller/Geimer* § 118 ZPO Rn. 13
34 BGH NJW 2004, 2595, str. ist, ob dies auch für das VKH-Verfahren selbst gilt, was der BGH ablehnt, zum Streitstand und der Gegenmeinung vgl. *Dürbeck* in: Büttner/Wrobel-Sachs/Gottschalk/Dürbeck Rn. 193
35 Etwa *Zöller/Geimer* und *Baumbach/Hartmann* jeweils zu §§ 114, 115 ZPO
36 Etwa *Zimmermann*, Prozesskosten- und Verfahrenskostenhilfe Rn. 17 ff.; *Gottschalk* in: Büttner/Wrobel-Sachs/Gottschalk/Dürbeck Rn. 207 ff.

b. Prüfungsreihenfolge

14 § 115 ZPO gibt den Aufbau der Prüfung der wirtschaftlichen Verhältnisse des Antragstellers vor:[37]

1. Stufe: Ermittlung des Vermögens (§ 115 Abs. 3 ZPO)

§ 115 Abs. 3 ZPO bestimmt insoweit, dass vorhandenes Vermögen nach Maßgabe der **sozialhilferechtlichen** Bestimmung des § 90 SGB XII einzusetzen ist, wobei ergänzend auch die zu § 90 Abs. 2 Nr. 9 SGB XII ergangene DurchführungsVO[38] heranzuziehen ist. Aus § 1 dieser Verordnung folgt etwa, dass nur vorhandenes Bargeld oder Bankguthaben **ab einem Betrag von 2.600,00 Euro** (erhöht bei Unterhaltspflichten) einzusetzen ist. **Grundstücke, Gebäude und Eigentumswohnungen**, die nicht Wohnzwecken dienen (sonst Angemessenheitsprüfung nach § 90 Abs. 2 Nr. 8 SGB XII), sind grundsätzlich zur Verfahrensfinanzierung einzusetzen und ggf. zu verkaufen oder zu beleihen.[39] Einzusetzen sind schließlich grundsätzlich auch **Lebensversicherungen**, soweit nicht im Einzelfall eine unbillige Härte vorliegt.[40] Ausgenommen sind aber nach § 90 Abs. 2 Nr. 2 SGB XII **staatlich geförderte Lebensversicherungen**, die der Altersvorsorge dienen („Riester"). Natürlich schließt auch das Bestehen einer **Rechtsschutzversicherung**, die für das betreffende Kindschaftsverfahren Deckung bietet, Verfahrenskostenhilfebewilligung aus.[41]

15 Zum einzusetzenden Vermögen zählt schließlich auch ein Anspruch auf Leistung eines **Verfahrenskostenvorschusses** des Beteiligten gegen einen Ehegatten oder Lebenspartner (§ 1360a Abs. 4 BGB während des ehelichen Zusammenlebens, § 1361 Abs. 4 Satz 4 BGB während des Getrenntlebens) oder eines Kindes gegen seine Eltern nach §§ 1610 Abs. 2, 1615a BGB.[42] Dieser besitzt auch in Kindschaftssachen durchaus praxisrelevante Bedeutung. Begehrt etwa das über 14-jährige Kind im Unterbringungsverfahren Verfahrenskostenhilfe zum Zwecke der Beiordnung eines Rechtsanwaltes, so ist bei eigener Vermögenslosigkeit zunächst das Bestehen eines Verfahrenskostenvorschussanspruches nach § 1605 BGB gegen seine Eltern zu prüfen. Kindschaftsverfahren zählen auch zu den persönlichen Angelegenheiten i.S.d. § 1360a Abs. 4 BGB.[43] Die Prüfung eines Verfahrenskostenvorschussanspruches erfolgt nach unterhaltsrechtlichen Grundsätzen, im Prinzip reicht es im Ergebnis aus, dass der betreffende Beteiligte bedürftig ist und bei dem Verpflichteten die Voraussetzungen für die Bewilligung von Verfahrenskostenhilfe mit Ratenzahlung vorliegen, was aber höchst streitig ist.[44] In einem solchen Fall ist dem Beteiligten Verfahrenskostenhilfe mit der (fiktiven) Rate des Unterhaltsverpflichteten zu bewilligen und der Verfahrenskostenvorschuss ratenweise durchzusetzen. Diese Vorgehensweise scheidet naturgemäß dann aus, wenn der Vorschusspflichtige (z. B. der Kindesvater) selbst verfahrensbeteiligt ist und Verfahrenskostenhilfe beantragt hat.

2. Stufe: Ermittlung des Bruttoeinkommens (§ 115 Abs. 1 Satz 1 und ZPO)

16 Die Ermittlung des **Bruttoeinkommens** bereitet bei Nichtselbständigen keine allzu großen Probleme, maßgeblich ist 1/12 des aktuellen Jahresarbeitseinkommens einschließlich Weihnachts- und Urlaubsgeld. Gleichgestellt sind Einkünfte mit Lohnersatzfunktion, wie

---

37 Der Darstellung von *Gottschalk* in: Büttner/Wrobel-Sachs/Gottschalk/Dürbeck Rn. 209 im Wesentlichen folgend
38 BGBl. 1988 I S. 150 i.d.F. v. 27.12.2003 BGBl. I S. 3022
39 Einzelheiten bei *Zimmermann* Rn. 146, 150 und Büttner/Wrobel-Sachs/*Gottschalk*/Dürbeck Rn. 325, 326
40 BGH NJW 2010, 2887 (umstr.)
41 BGH JurBüro 1992, 48
42 OLG Dresden MDR 2013, 529; *Zimmermann* Rn. 158
43 *Gottschalk* in: Büttner/Wrobel-Sachs/Gottschalk/Dürbeck Rn. 366
44 BFH/NV 2012, 765; BGH FamRZ 2004, 1633; OLG Dresden MDR 2013, 529; OLG Celle FamRZ 2010, 53; a.A. *Gottschalk* in: Büttner/Wrobel-Sachs/Gottschalk/Dürbeck Rn. 372 m. w. N.

Krankengeld und Arbeitslosengeld I, aber auch Leistungen nach SGB II.[45] Schwieriger ist dagegen die Einkommensermittlung bei Gewerbetreibenden oder sonstigen Selbständigen.[46] Hinzukommen andere Einkunftsarten, wie insbesondere Erträge aus Vermietung und Verpachtung oder aus der Nutzung von Kapitalvermögen.

3. Stufe: Berücksichtigung von Abzügen vom Bruttoeinkommen (§ 115 Abs. 1 Satz 3 ZPO)

Zu nennen sind vor allem:

17

(1) **Einkommensteuer**, Solidaritätszuschlag und **Sozialversicherungsbeiträge** (§ 115 Abs. 1 Satz 3 Nr. 1a ZPO, 82 Abs. 2 Nr. 1 und 2 SGB XII

(2) **Freibetrag für Erwerbstätige** § 115 Abs. 1 Satz 3 Nr. 1b ZPO: derzeit 210,00 Euro.

(3) **Freibetrag für den Beteiligten** § 115 Abs. 1 Satz 3 Nr. 2a ZPO: derzeit 462,00 Euro.

(4) Unterhaltsfreibetrag für den (mittellosen) Ehegatten (wie Ziffer 3): 462,00 Euro.

(5) Unterhaltsfreibetrag für weitere unterhaltsberechtigte Personen § 115 Abs. 1 Satz 3 Nr. 2b ZPO:

18

Hier kommen vor allem unterhaltsberechtigte, einkommenslose Kinder in Betracht. Die Freibeträge betragen derzeit 268,00 Euro für Kinder von 1 bis 6 Jahren, 306,00 Euro im Alter von 7 bis 14 und 349,00 Euro für Kinder von 15 bis 18 Jahren. Die Freibeträge kommen vor allem dann zum Tragen, wenn die Kinder beim Antragsteller leben und er keinen Barunterhalt oder staatliche Leistungen für die Kinder erhält. Kindergeld ist aber grundsätzlich einkommenserhöhend[47] zu berücksichtigen, soweit es nicht zur Bestreitung des notwendigen Unterhalts des minderjährigen Kindes zu verwenden ist. Leistet der nichtbetreuende Antragsteller für die Kinder Barunterhalt, so ist dieser Betrag, soweit er angemessen ist, maßgeblich.[48] Erhält der Antragsteller und betreuende Elternteil Barunterhalt für die Kinder, ist dieser bis zur Höhe der Freibeträge in Abzug zu bringen, so dass im Ergebnis bei Leistung von Kindesunterhalt mindestens in Höhe der Freibeträge dieser im Ergebnis bei dem allein betreuenden Elternteil wegfällt.[49] Beim Barunterhaltspflichtigen ist der Zahlbetrag in voller Höhe Abzugsposten.

(6) Freibetrag wegen eines **Mehrbedarfs** wegen der **alleinigen Betreuung** eines oder mehrerer Kinder §§ 115 Abs. 1 Satz 3 Nr. 4 ZPO, 28 Abs. 3 SGB XII oder sonstige Mehrbedarfe

19

(7) Kosten der **Unterkunft und Heizung** § 115 Abs. 1 Satz 3 Nr. 3 ZPO

20

Hierunter fallen die Kosten für die Miete einer Wohnung einschließlich Heizkosten und nunmehr auch die Kosten der Wasserversorgung,[50] nicht aber die Stromkosten.[51] Die Unterkunftskosten von Beteiligten, die im eigenen Heim leben, sind nach Maßgabe von § 8 WohngeldVO a. F. zu bestimmen.[52]

(8) **Angemessene Beiträge für öffentliche und private Versicherungen** § 115 Abs. 1 Satz 3 ZPO, 82 Abs. 2 Nr. 3 SGB XII, wie z. B. KfZ-Haftpflichtversicherung, wenn der PKW im Zusammenhang mit der Einkommenserzielung steht,[53] Hausrat-, Unfall-, Rechtsschutz-,

21

---

45 Bei Nebeneinkünften können hier Raten in Betracht kommen, vgl. BGH NJW-RR 2011, 3
46 Vgl. dazu Zöller/*Geimer* § 115 ZPO Rn. 13
47 BGH FamRZ 2005, 605 (str.), vgl. *Nickel*, FamRB 2014, 347 und *Zimmermann*, FPR 2009, 388, 389
48 *Gottschalk* in: Büttner/Wrobel-Sachs/Gottschalk/Dürbeck Rn. 271
49 Kritisch: *Nickel*, FamRB 2014, 347, 349 f., der den Barunterhalt nur insoweit auf den Freibetrag anrechnen will, als er diesen übersteigt
50 OLG Frankfurt a. M. BeckRS 2013, 10879; a.A. noch BGH NJW-RR 2008, 595
51 OLG Karlsruhe FamRZ 2007, 1995; Thomas/Putzo/*Seiler* § 115 ZPO Rn. 11
52 *Gottschalk* in: Büttner/Wrobel-Sachs/Gottschalk/Dürbeck Rn. 275, zum Abzug der Finanzierungskosten vgl. dort Rn. 276
53 OLG Brandenburg FamRZ 2009, 202; OLG Dresden OLGR 2002, 55

Privathaftpflicht- oder Privatkrankenversicherung. Hier gilt es aber im Rahmen der Angemessenheitsprüfung eine vernünftige Grenze zu ziehen, da im Ergebnis die Versicherungsbeiträge bei Bewilligung ratenfreier Verfahrenskostenhilfe von der Allgemeinheit getragen werden.[54]

22 (9) **Werbungskosten** §§ 115 Abs. 1 Satz 3 ZPO, 82 Abs. 2 Nr. 4 SGB XII

Hier kommt vor allem die Geltendmachung von Fahrtkosten eines Nichtselbständigen von seiner Wohnung zur Arbeitsstelle in Betracht. Wird berechtigterweise hierfür ein PKW genutzt, so kann zur Berechnung § 3 Abs. 6 Nr. 2a der DurchführungsVO zu § 82 SGB XII herangezogen werden (5,20 Euro pro Entfernungs-Km zzgl. Haftpflicht- und Kaskoversicherung sowie etwaige Finanzierungskosten).[55] Nach zutreffender Auffassung besteht kein Wahlrecht zu einer Berechnung der Fahrtkosten nach den jeweiligen Unterhaltsleitlinien der Oberlandesgerichte.[56] Eine Werbungskostenpauschale, wie im Unterhaltsrecht, besteht im Recht der Verfahrenskostenhilfe nicht. Die Geltendmachung weiterer Werbungskosten, wie z. B. Gewerkschaftsbeiträgen, ist natürlich möglich.

23 (10) **Besondere Belastungen** § 115 Abs. 1 Satz 3 Nr. 4 ZPO

Die Vorschrift stellt insoweit eine Härteklausel dar, als sie es dem bedürftigen Beteiligten ermöglichen soll, sich bei der Einkommersermittlung auf weitere besondere, von ihm zu tragende Belastungen zu berufen. Sie gilt z. B. unproblematisch für ratenweise zu zahlende Anwalts- und Gerichtskosten aus früheren Verfahren[57] oder außergewöhnlich hohe Medikamentenzuzahlungen.[58] In der Praxis steht die Frage im Vordergrund, ob und wenn ja in welcher Höhe **Kreditkosten** des Antragstellers zu berücksichtigen sind. Hier ist die Angemessenheit jedes einzelnen Kredits vom Antragsteller nach Anschaffungszweck, Ratenhöhe und Laufzeit des Vertrages darzulegen und zu belegen und sodann eine Angemessenheitsprüfung durchzuführen.[59]

4. Stufe: Festsetzung einer Monatsrate

24 Verbleibt nach obiger Berechnung ein Resteinkommen, so ist dieses nach dem zum 1.1.2014 neu gefassten § 115 Abs. 2 ZPO auf volle Euro abzurunden und (höchstens 48) Monatsraten auf die zu leistenden Verfahrenskosten in Höhe der **Hälfte des einzusetzenden Einkommens** zu bestimmen. Für Altfälle (vgl. § 40 EGZPO) gilt die Tabelle zu § 115 Abs. 2 ZPO a. F. Nach § 115 Abs. 4 ZPO ist Verfahrenskostenhilfe nicht zu bewilligen, wenn die Kosten der Verfahrensführung vier Monatsraten und die aus dem Vermögen aufzubringenden Teilbeträge voraussichtlich nicht übersteigen.

2. Erfolgsaussichten

a. Inhaltliche Maßstäbe

25 Als objektive Voraussetzung der Verfahrenskostenhilfe nennt § 114 Abs. 1 Satz 1 ZPO, dass die beabsichtigte Rechtsverfolgung oder Rechtsverteidigung **Aussicht auf Erfolg** besitzt. In höheren Rechtszügen wird die Bestimmung durch § 119 Satz 2 ZPO dahin eingeschränkt, dass es hinsichtlich des **Beschwerdegegners** keiner Prüfung der Erfolgsaussicht **seiner Verteidigung der angefochtenen Entscheidung** bedarf.

26 Die Prüfung der Erfolgsaussicht eines VKH-Antrages in Kindschaftssachen bereitet insoweit – zumindest im ersten Rechtszug – Probleme, als gerade bei Entscheidungen im Be-

---

54 OLG Brandenburg JurBüro 2009, 202; *Zimmermann* Rn. 84
55 BGH FamRZ 2012, 1374; 2012, 1629
56 OLG Karlsruhe FamRZ 2009, 1165; Büttner/Wrobel-Sachs/*Gottschalk*/Dürbeck Rn. 258
57 OLG Köln FamRZ 1993, 579
58 OLG Bamberg OLGR 1999, 343
59 Vgl. ausführlich Büttner/Wrobel-Sachs/*Gottschalk*/Dürbeck Rn. 294

reich des Sorge- und Umgangsrechts nicht die Rechtsposition der Beteiligten im Vorder-grund steht, sondern das Wohl des betroffenen Kindes (vgl. §§ 1697a BGB, 1666, 1671, 1626a Abs. 2, 1684 ff. BGB) und es sich bei der Mehrheit der Verfahren um amtswegige Verfahren nach § 24 FamFG handelt, in denen, wie z. B. in Umgangsverfahren nach §§ 1684, 1685 BGB, „Anträge" der Beteiligten als Anregungen an das Familiengericht zu verstehen sind, ein entsprechendes Verfahren einzuleiten.[60] Leitet das Familiengericht auf die Anregung eines Beteiligten oder von Amts wegen ein Kindschaftsverfahren (z. B. nach §§ 1666, 1684, 1685 BGB) ein, können sich die Verfahrensbeteiligten schon aufgrund des Umstandes ihrer Beteiligung einer Mitwirkung im Verfahren regelmäßig nicht entziehen, so dass es auf die Erfolgsaussichten ihrer Rechtsverfolgung nicht ankommen kann.[61] Schließlich gebieten auch verfassungsrechtliche Gründe in besonders grundrechtsintensi-ven Verfahren, wie dem Sorgerechtsentzug nach Art. 6 Abs. 3 GG, 1666 BGB, eine groß-zügige Prüfung der „Erfolgsaussichten".[62]

Anders ist zu verfahren, wenn das Familiengericht die **Einleitung eines amtswegigen** **Verfahrens ablehnt**, weil z. B. einem Abänderungsbegehren nach §§ 1696 BGB, 166 FamFG ein hinreichender Abänderungsgrund nicht zu entnehmen und dieser auch sonst nicht ersichtlich ist. In einem solchen Fall ist Verfahrenskostenhilfe mangels Erfolgsaussicht zu verweigern.

27

Auch im **Beschwerdeverfahren** hat eine inhaltlich nicht eingeschränkte Prüfung der Er-folgsaussicht des Rechtsmittels des Rechtsmittelführers stattzufinden. In reinen Antrags-verfahren, wie §§ 1626a Abs. 2, 1671, 1628, 1686a BGB ist die Erfolgsaussicht der An-träge der beteiligten Kindeseltern und sonstigen Beteiligten (wie z. B. Pflegepersonen) in allen Rechtszügen – eingeschränkt durch § 119 Satz 2 ZPO – zu prüfen.

28

Hinreichende Erfolgsaussicht bedeutet eine gewisse Wahrscheinlichkeit eines Erfolges bei summarischer und rechtlicher Prüfung.[63] Diese Überprüfung darf aber nach gefestigter Rechtsprechung des BVerfG nicht dazu führen, dass die Rechtsverfolgung oder Rechtsver-teidigung in das summarische Verfahren der Prozesskostenhilfe vorverlagert wird und die-ses an die Stelle des Hauptverfahrens tritt.[64] Auch schwierige und bislang ungeklärte Rechtsfragen dürfen nicht im VKH-Prüfungsverfahren geklärt werden.[65] Ist eine sorge-rechtliche Frage aber höchstrichterlich bereits geklärt, so kann im Verfahrenskostenhilfe-prüfungsverfahren auf fehlende Erfolgsaussicht auch dann erkannt werden, wenn dies im ersten Rechtszug verkannt wurde.[66] Diesem Umstand kommt auch in kindschaftsrechtli-chen Antragsverfahren insoweit besondere Bedeutung zu, als sich die Erfolgsaussichten eines Antrages – zumindest im ersten Rechtszug – häufig nicht alleine aus den gewechsel-ten Schriftsätzen, sondern auch aus dem in den persönlichen Anhörungen nach §§ 159 ff. FamFG gewonnenen Eindrücken und Ergebnissen hinreichend beurteilen lassen. Daher ist in Kindschaftssachen generell ein großzügiger Maßstab bei der Prüfung von Erfolgsaus-sichten angezeigt.[67]

29

60 OLG Frankfurt a. M. FamRZ 2014, 53
61 Zutreffend OLG Frankfurt a. M. BeckRS 2014, 06420; a.A. für Umgangsverfahren: MüKo-FamFG/*Viefhues* § 76 FamFG Rn. 32
62 OLG Brandenburg FamRZ 2006, 1775; OLG Karlsruhe FamRZ 2004, 706
63 BGH NJW 1994, 1161; Zöller/*Geimer* § 114 ZPO Rn. 19
64 BVerfG NZFam 2014, 1104; FamRZ 2009, 1654; 1993, 664
65 BVerfG MDR 2008, 518; NJW 2006, 3412; BGH NJW 2013, 1310
66 OLG Celle BeckRS 2014, 16486
67 So auch *Heilmann*, NJW 2012, 887, 890; sehr weitgehend aber OLG Hamm FamRZ 2011, 1604; a.A. OLG Rostock FamRZ 2011, 1660; MüKo-FamFG/*Viefhues* § 76 Rn. 29

b. Maßgeblicher Zeitpunkt

30   Erledigt sich ein Verfahren vor Entscheidung über den VKH-Antrag, z. B. durch Antragsrücknahme oder übereinstimmender Erledigung in einem Antragsverfahren, stellt sich die Frage, auf welchen **Zeitpunkt für die Bewilligung von Verfahrenskostenhilfe** abzustellen ist. Die Rechtsprechung stellt hier zwar grundsätzlich auf den **Zeitpunkt der Entscheidung** ab, weil nach Beendigung des Verfahrens nicht rückwirkend Verfahrenskostenhilfe bewilligt werden kann. Anders ist aber zu verfahren, wenn das Gericht die Entscheidung über den Antrag **pflichtwidrig verzögert** hat. In diesem Fall kommt es auf die Bewilligungsreife an, d. h. auf den Zeitpunkt, in dem das Gericht über einen vollständigen VKH-Antrag nach Anhörung der anderen Beteiligten (§ 77 FamFG) hätte entscheiden können und müssen.[68] Liegt dieser Zeitpunkt vor der Beendigung des Verfahrens, so kommt es auf die (hypothetischen) Erfolgsaussichten zum Zeitpunkt der Bewilligungsreife an.

3. Keine Mutwilligkeit

a. Allgemeiner Maßstab

31   Mit dem zum 1.1.2014 neu gefassten § 114 ZPO hat der Gesetzgeber den Begriff der Mutwilligkeit der Rechtsverfolgung oder Rechtsverteidigung in dessen Abs. 2 nunmehr (wieder) definiert. Verfahrenskostenhilfe soll nicht bewilligt werden bei Mutwilligkeit der Rechtsverfolgung oder Verteidigung. Dies soll dann gegeben sein, wenn der nicht mittellose Beteiligte bei verständiger Würdigung aller Umstände von der Rechtsverfolgung oder Rechtsverteidigung absehen würde, obwohl eine hinreichende Aussicht auf Erfolg besteht. Mutwilligkeit liegt allgemein etwa dann vor, wenn ein einfacherer oder billigerer Weg zum gleichen Erfolg führen würde.[69]

b. Pflicht zur Inanspruchnahme vorheriger Beratung?

32   In Kindschaftssachen ist höchst streitig, ob der Antragsteller in einem Umgangs- oder Sorgerechtsverfahren (vor allem Verfahren nach §§ 1626a Abs. 2 BGB, 155a FamFG) mutwillig handelt, wenn er nicht **vor Stellung seines VKH-Antrages beim Jugendamt um Beratung und Vermittlung** nachgesucht hat. Eine weit verbreitete Ansicht bejaht dies, da dies ein kostenfreier Weg sei, das vom Antragsteller erstrebte Ziel zu erreichen.[70] Nach anderer Auffassung sei dies in Sorgerechtsverfahren abzulehnen, in Umgangsverfahren aber bei Verfügbarkeit des zuständigen Jugendamts zu bejahen.[71] Die Möglichkeit der Beratung und Vermittlung durch das Jugendamt stellt aber keinen vorrangig zu beschreitenden Weg dar, das von einem Beteiligten erstrebte Anliegen im Sorge- oder Umgangsrecht zu erreichen, da der Gesetzgeber darauf verzichtet hat, dies als Voraussetzung für die Inanspruchnahme der Familiengerichte zu normieren und das Familiengericht zudem nicht dazu in der Lage sein wird zu beurteilen, ob die vom Jugendamt zu leistenden Vermittlungsbemühungen tatsächlich erbracht worden wären und auch zum Erfolg geführt hätten.[72] Die Bewilligung von Verfahrenskostenhilfe soll daher nicht alleine mit der Begründung versagt werden, eine vorhergehende Einschaltung des Jugendamts sei unterblieben.

---

68 St. Rspr. des BGH, vgl. BeckRS 2015, 01273; FamRZ 2012, 964; 2010, 197; zum Streitstand: *Gottschalk* in: Büttner/Wrobel-Sachs/Gottschalk/Dürbeck Rn. 420 ff.
69 OLG Zweibrücken FamRZ 2000, 756; Baumbach/*Hartmann* § 114 ZPO Rn. 107
70 OLG Brandenburg BeckRS 2015, 05025; FuR 2014, 181; OLG Köln FamRZ 2013, 1241; OLG Rostock MDR 2011, 790; OLG Schleswig NJW-Spezial 2011, 518; OLG Saarbrücken FamRZ 2010, 310; *Keuter*, FamRZ 2009, 1891; MüKo-FamFG/*Viefhues* § 76 Rn. 54
71 *Gottschalk* in: Büttner/Wrobel-Sachs/Gottschalk/Dürbeck Rn. 465
72 OLG Stuttgart FamRZ 2011, 1160; OLG Hamm NJW-RR 2011, 1577; OLG München FamRZ 2008, 1089; *Dürbeck*, ZKJ 2013, 330 (zu § 1626a Abs. 2 BGB); vgl. auch einschränkend OLG Schleswig ZKJ 2014, 77

c. Zeitgleiche Einleitung von Hauptsache- und Eilverfahren

Auch ein zeitgleicher ein Antrag in der **Hauptsache und auf Erlass einer einstweiligen Anordnung** ist nicht mutwillig, da wegen der begrenzten Erkenntnismöglichkeiten und der jederzeitigen Abänderbarkeit (§ 54 FamFG) des einstweiligen Anordnungsverfahren immer auch ein Rechtsschutzbedürfnis für eine Hauptsacheentscheidung besteht.[73]

33

d. Scheidungsverbund

Nach zutreffender Auffassung ist es ungeachtet der kostengünstigeren Möglichkeit (vgl. §§ 44 FamGKG, 16 Nr. 4 RVG), Sorge- und Umgangssachen im Rahmen des **Scheidungs-verbundverfahrens** als Folgesachen (§ 137 Abs. 3 FamFG) geltend zu machen, nicht als mutwillig anzusehen, wenn ein bedürftiger Ehegatte eine **isolierte Sorge- oder Umgangsregelung** begehrt.[74] Hierfür spricht in Kindschaftssachen schon der Umstand, dass diese im Interesse des Kindes vorrangig und beschleunigt zu führen sind (vgl. § 155 FamFG) und sich dies mit der Ausgestaltung des Scheidungsverfahrens, in dem insbesondere in der Folgesache Versorgungsausgleich oft langwierige Ermittlungen zu führen sind, regelmäßig nicht vereinbaren lässt. Aus dem Gebot der kostensparenden Verfahrensführung ergibt sich auch für den Rechtsanwalt entgegen der Ansicht des OLG Hamm[75] keine Pflicht, Umgangs- und Sorgerechtsanträge in einem gemeinsamen, zu verbindenden Verfahren zu stellen.

34

e. Mehrere Kinder

Die Einleitung getrennter Sorgerechtsverfahren für **mehrere Kinder** ist dagegen – jedenfalls bei identischen Eltern – als mutwillig anzusehen,[76] bei unterschiedlichen Vätern ist sie dagegen schon aus datenschutzrechtlichen Gründen geboten.

35

III. Entscheidung

1. Zeitpunkt, Form und Inhalt

Das Familiengericht hat nach Eintritt der **Bewilligungsreife** über den VKH-Antrag zu entscheiden, wobei nach § 119 Satz 1 ZPO Verfahrenskostenhilfe für jeden Rechtszug gesondert bewilligt werden muss. Voraussetzung ist, dass ein **vollständiger Antrag** einschließlich der **Erklärung über die persönlichen und wirtschaftlichen Verhältnisse** des Antragstellers nebst allen erforderlichen **Belegen** spätestens zum Zeitpunkt der Instanzbeendigung vorliegt. Ist dies nicht der Fall kann die Zurückweisung des Antrages nur dadurch vermieden werden, dass das Gericht dem Antragsteller eine letzte Frist zur Nachreichung der Unterlagen gestattet.[77] Wird diese aber versäumt, ist Verfahrenskostenhilfe nach Instanzbeendigung abzulehnen.[78]

36

Der Beschluss über die bewilligte Verfahrenskostenhilfe kann nicht stillschweigend erfolgen und muss zumindest hinsichtlich der subjektiven Voraussetzungen im Hinblick auf das potentielle Beschwerderecht der Staatskasse und auch des Beteiligten bei der Anordnung von Ratenzahlungen eine **Begründung** enthalten.[79]

37

73　OLG Frankfurt am Main FamRZ 2011, 661; OLG Köln FamRZ 2011, 1157; OLG Nürnberg NJW 2011, 319; OLG München FamRZ 2012, 1234; a.A. OLG Saarbrücken FamRZ 2013, 564 (Sorgerecht); OLG Frankfurt a. M. FamRZ 2012, 144 (Gewaltschutz)

74　BGH NJW 2005, 1497 mit ausführlicher Darstellung des Streitstandes; OLG Hamm FamRZ 2014, 1879; *Völker/Clausius* § 8 Rn. 19; a.A. für Sorgerechtsverfahren: Büttner/Wrobel-Sachs/*Gottschalk*/Dürbeck Rn. 473

75　OLG Hamm FF 2014, 215

76　OLG Hamm BeckRS 2013, 02315

77　OLG Frankfurt a. M. FamRZ 2011, 126; OLG Karlsruhe FamRZ 2011, 1608; 2004, 1217

78　*Dürbeck* in: Büttner/Wrobel-Sachs/Gottschalk/Dürbeck Rn. 77

79　BVerfGE 71, 122 (136); Zöller/*Geimer* § 127 ZPO Rn. 3

38 Eine **Kostenentscheidung** im VKH-Verfahren ist nicht zu treffen, auch **Auslagen anderer Beteiligter** können nicht erstattet werden (§§ 118 Abs. Satz 4, 127 Abs. 4 ZPO). Im Hinblick auf die Statthaftigkeit der sofortigen Beschwerde nach § 76 Abs. 2 FamFG ist der Verfahrenskostenhilfe ablehnende oder durch die Anordnung von Ratenzahlungen einschränkende Beschluss dem Antragsteller oder seinem Verfahrensbevollmächtigten förmlich zuzustellen (§ 41 Abs. 1 Satz 2 FamFG). Bei uneingeschränkter Bewilligung genügt die formlose Bekanntgabe (§ 15 FamFG).

2. Rechtskraft und Abänderung

39 Die Entscheidung über die Verfahrenskostenhilfe erwächst **nicht in materielle Rechtskraft**,[80] so dass etwa auch bei Ablehnung der Verfahrenskostenhilfe nach Ablauf der Rechtsmittelfrist ein **neuer VKH-Antrag** gestellt werden kann, soweit das Verfahren in dem betreffenden Rechtszug noch nicht beendet ist. Ohne eine Änderung der sachlichen Voraussetzungen wird der Antrag aber als rechtsmissbräuchlich zurückzuweisen sein.[81]

Bei einer **nachträglichen Änderung der wirtschaftlichen Verhältnisse** kann – vor allem bei ursprünglich angeordneten Ratenzahlungen – eine Änderung der Entscheidung durch den insoweit funktionell zuständigen **Rechtspfleger** nach §§ 76 Abs. 1 FamFG, 120a Abs. 1 ZPO beantragt werden.[82] Für die ebenfalls mögliche Aufhebung der Verfahrenskostenhilfe gelten die zum 1.1.2014 neu gefassten Bestimmungen der §§ 120a, 124 ZPO auch für Kindschaftssachen über die Verweisung in § 76 Abs. 1 FamFG ohne Besonderheiten.[83] Für vor dem 1.1.2014 eingeleitete VKH-Verfahren gilt nach § 40 EG ZPO noch das alte Recht, also § 120 Abs. 4 ZPO a.F.

3. Kostenbefreiung

40 Wurde Verfahrenskostenhilfe **ratenfrei** bewilligt ist der betreffende Beteiligte gemäß §§ 76 Abs. 1 FamFG, 122 Abs. 1 Nr. 1 und 3 ZPO von der Zahlung der von ihm zu **tragenden Verfahrenskosten befreit**, solange die Verfahrenskostenhilfe nicht aufgehoben wird oder nachträglich Ratenzahlungen angeordnet werden, was nach § 120a Abs. 1 Satz 4 ZPO nur binnen 4 Jahren nach Rechtskraft oder sonstiger Beendigung der Hauptsache möglich ist. Bei einer Übernahme der Verfahrenskosten **durch Vergleich** durch den bedürftigen Beteiligten gilt § 122 Abs. 1 Nr. 1a ZPO nicht für den sog. **Übernahmeschuldner** (§ 24 Nr. 2 FamGKG). Es kann hier zur Kostenhaftung des kostenarmen Beteiligten kommen. Zur Vermeidung dieses Ergebnisses muss auf eine exakte **Protokollierung des Vergleichs** i.S.d. zum 1.8.2013 neu eingefügten § 26 Abs. 4 FamGKG geachtet werden.[84] Keinen Einfluss hat die Verfahrenskostenhilfe auf die Kostenhaftung gegenüber einem anderen erstattungsberechtigten Beteiligten.

IV. Rechtsschutz

1. Vorbemerkung

41 § 76 Abs. 2 FamFG verweist für die Frage der Anfechtbarkeit von Beschlüssen in Verfahrenskostenhilfesachen, die in Familienverfahren der freiwilligen Gerichtsbarkeit ergehen, auf die Regelungen der **sofortigen Beschwerde** nach Maßgabe der §§ 127 Abs. 2 bis 4, 567 bis 572 ZPO. Das bedeutet zunächst, dass die uneingeschränkte Bewilligung von Verfahrenskostenhilfe für die Beteiligten – anders nur die **Staatskasse** § 127 Abs. 3 ZPO – nach § 127 Abs. 1 ZPO nicht anfechtbar wäre. Hat der Rechtspfleger die Entscheidung ge-

---

80 BVerfGE 56, 139, 145; BGH FamRZ 2004, 940
81 BGH MDR 2009, 401; FamRZ 2004, 940; *Schneider*, MDR 1985, 441, 442
82 Zur Abgrenzung zur sofortigen Beschwerde: *Dürbeck* in: Büttner/Wrobel-Sachs/Gottschalk/Dürbeck Rn. 861
83 Vgl. etwa die Darstellung von Büttner/Wrobel-Sachs/*Gottschalk/Dürbeck* Rn. 155 ff., 827 ff.
84 Vgl. *Fölsch*, SchlHA 2013, 2

troffen, ist gegen seine Entscheidung gemäß § 11 Abs. 1 RPflG ebenfalls die sofortige Beschwerde gegeben, soweit nicht eine Ausnahme nach § 11 Abs. 2 Satz 1 RPflG vorliegt.

2. Zulässigkeitsvoraussetzungen der sofortigen Beschwerde

a. Statthaftigkeit

aa. Antragsteller

Für den **Antragsteller** sind alle Entscheidungen über die Verfahrenskostenhilfe gemäß § 127 Abs. 2 ZPO anfechtbar, die für ihn **ungünstig** sind, also insbesondere bei Zurückweisung seines Antrages – gleich aus welchem Grund – bei Anordnung einer Ratenzahlung nach § 115 Abs. 2 ZPO oder bei Versagung der von ihm beantragten Beiordnung eines Rechtsanwaltes nach § 78 FamFG.[85] Statthaft ist auch die Beschwerde des Antragstellers gegen die Entscheidung nach § 117 Abs. 2 Satz 2 ZPO, einem anderen Beteiligten die Erklärung über die persönlichen und wirtschaftlichen Verhältnisse zu übersenden.[86] Nicht statthaft ist bei einer infolge von Nichttätigkeit verzögerten Entscheidung des Gericht die sog. **Untätigkeitsbeschwerde**, da diese durch Einführung der Verzögerungsrüge (§ 198 GVG) unstatthaft geworden ist.[87]

42

Unstatthaft ist die Beschwerde für den Antragsteller gegen **gerichtliche Verfahrensanordnungen im VKH-Prüfungsverfahren** nach § 118 Abs. 2 ZPO[88] und gegen alle vom Oberlandesgericht getroffenen Entscheidungen zur Verfahrenskostenhilfe, sei es als für die Entscheidung über eine sofortige Beschwerde nach § 127 Abs. 2 ZPO zuständiges Beschwerdegericht nach § 568 ZPO oder als Beschwerdegericht in der Hauptsache nach §§ 58 ff. FamFG bei der Entscheidung über die Bewilligung von VKH für den zweiten Rechtszug, da Entscheidungen der Oberlandesgerichte nach § 567 Abs. 1 ZPO nicht anfechtbar sind, es sei denn es hat im ersten Fall die Rechtsbeschwerde nach § 574 Abs. 1 Satz 1 Nr. 2 ZPO zugelassen.[89]

43

Nicht statthaft ist die sofortige Beschwerde gegen eine VKH-Entscheidung auch dann, wenn die **Hauptsacheentscheidung nicht rechtsmittelfähig** ist,[90] was z. B. in einer vermögensrechtlichen Kindschaftssache dann der Fall wäre, wenn die **Beschwerdesumme von § 61 Abs. 1 FamFG** nicht erreicht ist, weil der Rechtsschutz im VKH-Verfahren nicht weiter als in der Hauptsache reichen soll. Gleiches gilt für den Fall, dass eine Beschwerde des VKH-Antragstellers in der Hauptsache **mangels Beschwerdeberechtigung nach § 59 FamFG** unzulässig wäre[91] (z. B. Verwandte oder Pflegepersonen, die Vormund werden wollen, vgl. *Dürbeck*, § 59 FamFG Rn. 8 und 9). Dieser Grundsatz gilt aber in dem Fall **nicht**, dass die VKH wegen **Fehlens der subjektiven Voraussetzungen oder wegen Mutwilligkeit** verweigert wurde oder aber die **nicht gewährte Anwaltsbeiordnung** nach § 78 FamFG angegriffen wird.[92]

44

Unstatthaft ist die VKH-Beschwerde aber auch im **einstweiligen Anordnungsverfahren**, wenn in einer nach § 57 Satz 1 FamFG **unanfechtbaren Sache** (z. B. Umgangsverfahren) die VKH mangels Erfolgsaussicht verweigert wurde.[93] Dies gilt im einstweiligen Anordnungsverfahren nach zutreffender Ansicht aber auch dann, wenn in einer nach § 57

45

---

85 Thomas/Putzo/*Seiler* § 127 ZPO Rn. 2
86 OLG Koblenz FamRZ 2011, 389; OLG Brandenburg FamRZ 2011, 125
87 BGH NJW 2013, 385
88 OLG Zweibrücken FamRZ 2004, 35; *Zimmermann* Rn. 693
89 BGH BeckRS 2011, 19480; Büttner/Wrobel-Sachs/Gottschalk/*Dürbeck* Rn. 868
90 OLG Frankfurt a. M. OLGR 2002, 60; OLG Jena BeckRS 2011, 06704
91 OLG Hamm, Beschl. v. 19.12.2014, 14 WF 224/14 – juris –
92 BGH NJW 2011, 2434; FamRZ 2010, 790; FamRZ 2005, 1477; Büttner/Wrobel-Sachs/Gottschalk/*Dürbeck* Rn. 869
93 BGH FamRZ 2011, 1138; NJW 2005, 1659; OLG Stuttgart FamRZ 2009, 531

Satz 2 FamFG grundsätzlich anfechtbaren Sache (Sorgerecht, Kindesherausgabe an Elternteil) die VKH-Entscheidung **ohne mündliche Verhandlung** ergangen war, da § 57 FamFG – mit Ausnahme von Unterbringungssachen – die Beschwerde erst nach mündlicher Verhandlung eröffnet.[94] Die Gegenansicht, die vor allem im Hinblick auf die Rechtswahrnehmungsgleichheit die Beschwerde für statthaft hält,[95] überzeugt nicht, da auch dem nicht kostenarmen Beteiligten der Weg zum Beschwerdegericht vor Durchführung einer mündlichen Erörterung versperrt ist und zumindest in der Beschwerdeinstanz die Gefahr widersprechender Entscheidungen im VKH-Beschwerdeverfahren und Hauptsacheverfahren nach §§ 57 Satz 2, 58 FamFG besteht.

bb. Antragsgegner bzw. andere Beteiligte

46 Anderen Beteiligten steht ein Beschwerderecht gegen die Bewilligung von VKH für den Antragsteller oder deren Versagung **nicht** zu,[96] da es an einer Beschwer für sie fehlt. Dies gilt auch für die Versagung einer Entscheidung nach § 117 Abs. 2 Satz 2 ZPO.[97]

cc. Verfahrensbevollmächtigter des Antragstellers

47 Dem **Anwalt des Antragstellers** steht ein eigenes Beschwerderecht gegen eine VKH-Entscheidung zu, soweit er dadurch unmittelbar **in eigenen Rechten betroffen** ist. Verneint wird dies bei der Ablehnung des VKH-Antrages[98], der Ablehnung der Anwaltsbeiordnung,[99] der Aufhebung der Ratenzahlungsanordnung[100] oder der Aufhebung der VKH.[101] Beschwerdeberechtigt ist er dagegen gegen die Aufhebung einer bereits erfolgten Beiordnung,[102] die Beschränkung seiner Beiordnung nach § 78 Abs. 3 FamFG[103] und die Einstellung der Ratenzahlungen nach § 120 Abs. 3 Satz 1 ZPO.[104]

dd. Staatskasse

48 Der **Staatskasse** steht ein **(eingeschränktes)** eigenes Beschwerderecht nach § 127 Abs. 3 ZPO zu, soweit dem Antragsteller ratenfreie VKH bewilligt wurde und die Staatskasse die **Anordnung von Ratenzahlungen** begehrt. Sie kann also nicht geltend machen, VKH sei mangels der subjektiven Voraussetzungen ganz zu versagen[105] oder es seien bei angeordneter Ratenzahlung höhere Raten zu entrichten.[106] Zulässig ist weiter eine Beschwerde gegen die Ablehnung einer Nachzahlungsanordnung nach § 120a Abs. 1 ZPO durch den Rechtspfleger.[107]

---

94 OLG Frankfurt a. M. (6. Familiensenat) BeckRS 2014, 16457; OLG Hamm FamRZ 2012, 53; 2011, 234; OLG Köln JurBüro 2011, 41; OLG Celle FamRZ 2011, 918; Büttner/Wrobel-Sachs/Gottschalk/*Dürbeck* Rn. 869
95 OLG Frankfurt a. M. (5. und 4. Familiensenat) BeckRS 2013, 22534; 2012, 18680; OLG Bremen BeckRS 2013, 08127; OLG Köln BeckRS 2011, 23985
96 BGH NJW 2002, 3554; OLG Düsseldorf JurBüro 2011, 655
97 OLG Frankfurt a. M. BeckRS 2014, 18529; OLG Nürnberg BeckRS 2014, 20909; OLG Oldenburg FamRZ 2013, 805; OLG Bremen FamRZ 2012, 649
98 OLG Celle JurBüro 2012, 207; OLG Frankfurt a. M. FamRZ 2011, 385
99 OLG Celle FamRZ 2012, 1661; OLG Hamm MDR 2011, 628; OLG Frankfurt a. M. FamRZ 2011, 385
100 OLG Celle BeckRS 2014, 16485; OLG Stuttgart FamRZ 2012, 650
101 OLG Saarbrücken OLGR 2001, 190
102 OLG Brandenburg FamRZ 2004, 213; a.A. OLG Naumburg FamRZ 2007, 916
103 OLG Stuttgart FamRZ 2007, 1111; OLG Köln FamRZ 2005, 2008
104 Str., zum Streitstand Büttner/Wrobel-Sachs/Gottschalk/*Dürbeck* Rn. 872
105 BGH FamRZ 2013, 123 a.A. bei unterlassener Berücksichtigung eines Verfahrenskostenvorschusses OLG Celle, Beschl. v. 13.3.2015, 4 W 15/15 – juris –
106 BGH NJW-RR 2009, 494
107 BGH BeckRS 2013, 11013; weitere Einzelheiten in: Büttner/Wrobel-Sachs/Gottschalk/*Dürbeck* Rn. 876 ff.

b. Beschwerdefrist

Hinsichtlich der Beschwerdefrist gilt nach § 127 Abs. 2 Satz 3 ZPO für die VKH-Beschwerde **49** die Besonderheit, dass die Frist zur Einlegung der beim Amts- oder Oberlandesgericht einzulegenden Beschwerde **1 Monat ab Zustellung** der Entscheidung (§§ 127 Abs. 2 Satz 3, 569 ZPO) beträgt. Für die Beschwerde der Staatskasse sieht das Gesetz vor, dass diese nach Ablauf von **drei Monaten seit Verkündung der Entscheidung oder der Übergabe an die Geschäftsstelle** unstatthaft ist (§ 127 Abs. 3 Satz 4 und 5 ZPO). Bei Versäumung der Frist durch den Antragsteller kann Wiedereinsetzung in den vorigen Stand nach §§ 76 Abs. 2 FamFG, 233 ff. ZPO beantragt werden bzw. von Amts wegen zu gewähren sein.

c. Form

Die Beschwerde ist in Kindschaftssachen nach § 569 Abs. 2 und 3 ZPO durch Einreichung **50** einer **Beschwerdeschrift** bei dem Amtsgericht oder Oberlandesgericht einzulegen oder **zu Protokoll der Geschäftsstelle** zu erklären und nach § 571 Abs. 1 ZPO soll sie begründet werden.

3. Beschwerdeverfahren

Das Familiengericht hat nach § 568 Abs. 1 ZPO zunächst über die **Abhilfe der Be- 51 schwerde** zu entscheiden. Hält es die Beschwerde für unzulässig oder unbegründet – was im Einzelnen unter Eingehung auf das Beschwerdevorbringen zu begründen ist[108] – hilft es ihr durch Beschluss nicht ab, teilt es die **Nichtabhilfeentscheidung** dem Beschwerdeführer mit und legt sie unverzüglich dem Oberlandesgericht als nach § 119 Abs. 1 Nr. 1b GVG zuständiges Beschwerdegericht zur Entscheidung vor.

Zuständig ist im Oberlandesgericht gemäß § 568 Satz 1 ZPO der **Einzelrichter** mit der **52 Möglichkeit der Übertragung auf den Senat** unter den in Satz 2 genannten Voraussetzungen. Für die Beurteilung der Bedürftigkeit kommt es stets auf den Zeitpunkt der Beschwerdeentscheidung an,[109] in der ersten Instanz versäumte Angaben können im Beschwerdeverfahren nachgeholt werden, da die sofortige Beschwerde nach § 571 Abs. 2 ZPO auf neue Angriffs- und Verteidigungsmittel gestützt werden kann. § 118 Abs. 2 Satz 4 ZPO wird insoweit verdrängt.[110] Hinsichtlich der Erfolgsaussichten kann das Beschwerdegericht diese nicht abweichend von einer inzwischen rechtskräftigen Hauptsacheentscheidung beurteilen.[111]

4. Beschwerdeentscheidung

Ist die Beschwerde **unstatthaft oder sonst unzulässig**, so ist sie nach § 572 Abs. 2 Satz 2 **53** ZPO zu **verwerfen**. Ist sie zulässig, hat das Oberlandesgericht in der Sache zu entscheiden. Soweit es weiterer Tatsachenfeststellungen bedarf (z. B. das Amtsgericht hat die VKH mangels Erfolgsaussichten zu Unrecht verweigert), kann die **Entscheidung aufgehoben werden** und an das Amtsgericht (z. B. zur Prüfung der Bedürftigkeit) **zurückverwiesen** werden.

Im Übrigen gilt grundsätzlich das **Verbot der reformatio in peius**. Bei einer Beschwerde **54** gegen die Ratenhöhe dürfen etwa keine höheren Raten angeordnet werden und VKH nicht entgegen der angefochtenen Entscheidung wegen § 115 Abs. 4 ZPO (Kosten übersteigen nicht vier Monatsraten) versagt werden.[112]

---

108 Zur möglichen Aufhebung und Zurückverweisung wegen ungenügender Begründung: OLG Saarbrücken BeckRS 2011, 21795; OLG Schleswig BeckRS 2011, 21448
109 BGH FamRZ 2006, 548
110 Str., vgl. Büttner/Wrobel-Sachs/Gottschalk/*Dürbeck* Rn. 897
111 BGH NJW 2012, 117; BFHE 141, 494
112 OLG Bremen FamRZ 2009, 306; MüKo-FamFG/*Viefhues* § 76 Rn. 148

55 Bleibt die Beschwerde **erfolglos**, trifft den Beschwerdeführer eine gerichtliche **Beschwerdegebühr in Höhe von 60,00 Euro** gemäß Nr. 1912 KV FamGKG. Bei einem **Teilerfolg** der Beschwerde kann das Beschwerdegericht die Gebühr auf die Hälfte und mehr (auch bis auf Null) **ermäßigen**. Im Übrigen **unterbleibt aber eine Kostenentscheidung** bei erfolgloser Beschwerde, da der Beschwerdeführer hinsichtlich der Gerichtskosten für seine erfolglose Beschwerde **kraft Gesetzes** haftet und § 127 Abs. 4 ZPO die **Erstattung außergerichtlicher Auslagen** auch im Beschwerdeverfahren nicht gestattet.[113]

56 Gleiches gilt bei einer **erfolgreichen Beschwerde**. Hier fallen aber keine Gerichtsgebühren an. Dem Rechtsanwalt steht für das Beschwerdeverfahren gemäß Nr. 3500 VV RVG eine 0,5-Gebühr zu. Weder dem Beschwerdeführer noch den anderen Beteiligten kann VKH für das Beschwerdeverfahren bewilligt werden (*siehe Rn. 7*).

57 Die **Rechtsbeschwerde zum BGH** ist gegen die Beschwerdeentscheidung nur eröffnet, wenn sie das Oberlandesgericht nach § 574 ZPO zugelassen hat, was nur wegen Fragen, die die persönlichen und wirtschaftlichen Verhältnisse des Antragstellers betreffen, zulässig ist.[114] Im Übrigen ist gegen die Entscheidung des OLG nur die Gehörsrüge oder Gegenvorstellung statthaft.

▶ *Zur Gehörsrüge und Gegenvorstellung näher Dürbeck, § 58 FamFG Rn. 11.*

§ 77 FamFG Bewilligung

(1) ¹Vor der Bewilligung der Verfahrenskostenhilfe kann das Gericht den übrigen Beteiligten Gelegenheit zur Stellungnahme geben. ²In Antragsverfahren ist dem Antragsgegner Gelegenheit zur Stellungnahme zu geben, ob er die Voraussetzungen für die Bewilligung von Verfahrenskostenhilfe für gegeben hält, soweit dies aus besonderen Gründen nicht unzweckmäßig erscheint.

(2) Die Bewilligung von Verfahrenskostenhilfe für die Vollstreckung in das bewegliche Vermögen umfasst alle Vollstreckungshandlungen im Bezirk des Vollstreckungsgerichts einschließlich des Verfahrens auf Abgabe der Versicherung an Eides statt.

Übersicht

A. Allgemeines

1 § 77 Abs. 1 FamFG knüpft an die das VKH-Bewilligungsverfahren regelnde Vorschrift des § 118 Abs. 1 ZPO an und modifiziert diese für Familiensachen der freiwilligen Gerichtsbarkeit geringfügig. Absatz 2 befasst sich dagegen mit den Besonderheiten der Verfahrenskostenhilfe in Vollstreckungsverfahren.

B. Inhalt der Norm

I. Gewährung rechtlichen Gehörs (Abs. 1)

2 Während nach § 118 Abs. 1 Satz 1 ZPO dem **Gegner** als Regelfall vor der Entscheidung über die Voraussetzungen der VKH **rechtliches Gehör** zu gewähren ist, soweit dies nicht

---

113 BGH ZfSch 2010, 284
114 BGH FamRZ 2007, 1720; BAG FamRZ 2006, 1117

aus besonderen Gründen unzweckmäßig erscheint, stellt § 77 Abs. 1 Satz 1 FamFG die Frage der Anhörung der Beteiligten in Amtsverfahren in das **freie Ermessen des Familiengerichts**, für **Antragsverfahren** gilt dagegen der § 118 Abs. 1 Satz 1 FamFG wörtlich entsprechende § 77 Abs. 1 Satz 2 FamFG. Das bedeutet insbesondere, dass jedenfalls in Antragsverfahren den Beteiligten im Regelfall auch rechtliches Gehör zu den **subjektiven Voraussetzungen der VKH** zu gewähren ist (*vgl. § 76 FamFG Rn. 13 ff.*) und unter den Voraussetzungen von § 117 Abs. 2 Satz 2 ZPO auch die **Erklärung des Antragstellers über die persönlichen und wirtschaftlichen Verhältnisse** nebst Belegen zu überlassen ist.[1] § 77 FamFG hat in Familiensachen der freiwilligen Gerichtsbarkeit keine eigenständige Bedeutung erlangt. Im Regelfall besteht hier keine Veranlassung, bei der Gewährung von rechtlichem Gehör im VKH-Prüfungsverfahren anders zu verfahren als in Familienstreitsachen, in denen nach § 113 Abs. 1 Satz 2 FamFG ausschließlich § 118 ZPO gilt. Im Übrigen ist bzgl. des VKH-Prüfungsverfahrens Bezug zu nehmen auf die Anmerkungen zu § 76 FamFG Rn. 3 ff.

II. Bewilligung vor der Vollstreckung (Abs. 2)

§ 77 Abs. 2 FamFG entspricht wörtlich § 119 Abs. 2 ZPO und bestimmt, dass die Bewilligung von Verfahrenskostenhilfe für die **Vollstreckung in das bewegliche Vermögen** alle Vollstreckungshandlungen im Bezirk des Vollstreckungsgerichts einschließlich des Verfahrens auf Abgabe der Versicherung an Eides statt umfasst. Die Vorschrift hat in **Kindschaftssachen** keine praktische Bedeutung. Ihr ist allenfalls zu entnehmen, dass auch in Kindschaftssachen für das Vollstreckungsverfahren (§§ 86 ff. FamFG) **gesondert VKH** zu beantragen und zu bewilligen ist. Insoweit bedarf es auch hier Erfolgsaussichten i.S.d. § 114 ZPO und für die Frage der Anwaltsbeiordnung gilt § 78 FamFG.[2]

3

---

1 BT-Drs. 17/11472, 47; Prütting/Helms/*Stößer* § 77 FamFG Rn. 4 a.A. Keidel/*Zimmermann* § 77 FamFG Rn. 3
2 BGH FamRZ 2010, 288; 2012, 1637

Bewilligung von Verfahrenskostenhilfe und Beiordnung eines Rechtsanwalts

Für jeden Rechtszug sowie jedes Verfahren gesondert

und nur auf Antrag

Hinreichende Erfolgsaussichten von Rechtsverfolgung und Rechtsverteidigung

(Ausnahme: Verteidigung einer Entscheidung im Rechtsmittelverfahren)

Keine Mutwilligkeit der Rechtsverfolgung oder Rechtsverteidigung

Bedürftigkeit des Antragstellers nach Maßgabe von §§ 76 Abs. 1 FamFG, 115 ZPO

Ratenfreie Bewilligung von VKH

VKH mit Zahlung von monatlichen Raten: ½ des einzusetzenden Einkommens

Beiordnung eines Rechtsanwaltes nach § 78 Abs. 1 FamFG im Scheidungsverbund oder nach Abs. 2 bei Schwierigkeit der Sach- und Rechtslage

§ 78 FamFG Beiordnung eines Rechtsanwalts

(1) Ist eine Vertretung durch einen Rechtsanwalt vorgeschrieben, wird dem Beteiligten ein zur Vertretung bereiter Rechtsanwalt seiner Wahl beigeordnet.

(2) Ist eine Vertretung durch einen Rechtsanwalt nicht vorgeschrieben, wird dem Beteiligten auf seinen Antrag ein zur Vertretung bereiter Rechtsanwalt seiner Wahl beigeordnet, wenn wegen der Schwierigkeit der Sach- und Rechtslage die Vertretung durch einen Rechtsanwalt erforderlich erscheint.

(3) Ein nicht in dem Bezirk des Verfahrensgerichts niedergelassener Rechtsanwalt kann nur beigeordnet werden, wenn hierdurch besondere Kosten nicht entstehen.

(4) Wenn besondere Umstände dies erfordern, kann dem Beteiligten auf seinen Antrag ein zur Vertretung bereiter Rechtsanwalt seiner Wahl zur Wahrnehmung eines Termins zur Beweisaufnahme vor dem ersuchten Richter oder zur Vermittlung des Verkehrs mit dem Verfahrensbevollmächtigten beigeordnet werden.

(5) Findet der Beteiligte keinen zur Vertretung bereiten Anwalt, ordnet der Vorsitzende ihm auf Antrag einen Rechtsanwalt bei.

Übersicht

A. Allgemeines

§ 78 FamFG regelt für Familiensachen der freiwilligen Gerichtsbarkeit und damit auch für alle Kindschaftssachen die Frage, unter welchen **Voraussetzungen** Verfahrensbeteiligten im Rahmen der ihnen gewährten Verfahrenskostenhilfe ein **Rechtsanwalt beizuordnen** ist. § 78 Abs. 1, 3, 4 und 5 FamFG entsprechen der Regelung in § 121 Abs. 1 Abs. 1, 3, 4, 5 ZPO, nur § 78 Abs. 2 FamFG enthält gegenüber Ehe- und Familienstreitsachen (§ 113 Abs. 1 Satz 2 FamFG) eine eigenständige Bedeutung für Familiensachen der freiwilligen Gerichtsbarkeit, in denen Anwaltszwang nicht besteht.   **1**

B. Inhalt der Norm

I. Anwaltsbeiordnung bei Anwaltszwang (Abs. 1)

§ 78 Abs. 1 FamFG bestimmt für Verfahren, die dem **Anwaltszwang** unterliegen, dass Beteiligten, denen Verfahrenskostenhilfe gewährt worden ist, **zwingend** ein Rechtsanwalt beizuordnen ist. Da Kindschaftssachen grundsätzlich nicht dem Anwaltszwang unterliegen (vgl. § 114 Abs. 1 FamFG), ist sie hier nicht von nennenswerter Bedeutung. Eine Ausnahme besteht nur dann, wenn eine Kindschaftssache nach § 137 Abs. 3 FamFG im **Scheidungsverbund** geführt werden soll. Hier bedarf zumindest der **Antragsteller** i.S.d. § 137 Abs. 3 FamFG der anwaltlichen Vertretung. Der **andere Ehegatte** bedarf dagegen der anwaltlichen Vertretung dagegen nur, wenn er Verfahrenshandlungen, insbesondere   **2**

Anträge, wie z. B. auf Übertragung des Sorgerechts nach § 1671 Abs. 1 Nr. 2 BGB stellt.[1] Will der andere Ehegatte seine **Zustimmung zur Sorgerechtsübertragung** nach § 1671 Abs. 1 Nr. 1 BGB erteilen, bedarf er dafür keiner anwaltlichen Vertretung, da es sich um keine Verfahrenshandlung handelt, vgl. Dürbeck, § 64 FamFG Rn. 5 f.[2]

II. Anwaltsbeiordnung in Verfahren ohne Anwaltszwang (Abs. 2)

3 Die Frage, wann in **(isolierten) Kindschaftssachen** dem bedürftigen Beteiligten eines Kindschaftsverfahrens ein Rechtsanwalt beizuordnen ist, gehört zu den am meist diskutierten verfahrensrechtlichen Fragen seit Inkrafttreten des FamFG zum 1.9.2009. Die hierzu ergangene Rechtsprechung,[3] vor allem der Oberlandesgerichte, ist fast unüberschaubar geworden. Nach § 78 Abs. 2 FamFG wird Beteiligten in Verfahren ohne Anwaltszwang auf **Antrag** ein zur Vertretung bereiter Rechtsanwalt beigeordnet, wenn wegen **Schwierigkeit der Sach- und Rechtslage** die Vertretung durch einen Rechtsanwalt erforderlich erscheint. Eine von § 121 Abs. 2 ZPO abweichende Regelung erschien dem Gesetzgeber angezeigt, weil in Amtsermittlungsverfahren das Gebot der Waffengleichheit, das in dem kontradiktorischen und dem Beibringungsgrundsatz unterliegenden Zivilprozess die Beiordnung eines Rechtsanwaltes für die kostenarme Partei erfordert, nicht (allein) die Notwendigkeit anwaltlicher Vertretung begründen kann.[4]

4 Der **BGH** hat zwischenzeitlich zweimal zur Auslegung von § 78 Abs. 2 FamFG Stellung genommen. Während seine zuletzt ergangene Entscheidung die Frage der Anwaltsbeiordnung in Vaterschaftsanfechtungsverfahren nach § 169 Nr. 4 FamFG[5] betraf, erging seine erste Entscheidung vom 23.6.2010[6] in einem Umgangsverfahren und damit einer Kindschaftssache nach § 151 Nr. 2 FamFG. Nach Auffassung des BGH sei entscheidend für die Auslegung von § 78 Abs. 2 FamFG, ob auch ein **bemittelter Rechtssuchender** in der Lage des Unbemittelten **vernünftigerweise** einen Rechtsanwalt mit der Wahrnehmung seiner Interessen beauftragt hätte. Im Gegensatz zu Vaterschaftsanfechtungsverfahren hat der BGH ein **Regel-Ausnahmeverhältnis** für die Anwendung von § 78 Abs. 2 FamFG in Kindschaftssachen als **nicht mit dem Gesetz vereinbar** abgelehnt. Die Schwere eines drohenden Grundrechtseingriffs, wie sie in Kindschaftssachen im Hinblick auf Art. 6 Abs. 1 und 2 GG regelmäßig drohen, soll nach Auffassung des BGH kein Kriterium für eine Anwaltsbeiordnung bilden, weil nicht davon ausgegangen werden könne, dass sich auch ein nicht bedürftiger Beteiligter bei Umgangsstreitigkeiten im Regelfall anwaltlichen Beistands versichert hätte. Die Frage, ob ein Verfahren eine schwierige Sach- oder Rechtslage für den kostenarmen Beteiligten darstelle, beurteile sich nach dessen **subjektiven Fähigkeiten**.[7] Entgegen der Gesetzesbegründung misst der BGH dem **Grundsatz der Waffengleichheit** schon aus verfassungsrechtlichen Gründen[8] insoweit Bedeutung zu, dass der Umstand der anwaltlichen Vertretung anderer Beteiligter ein Kriterium für die Erforderlichkeit zur Beiordnung eines Rechtsanwalts wegen der Schwierigkeit der Sach- oder Rechtslage sein soll.

5 Die Rechtsprechung der **Oberlandesgerichte** zur Anwaltsbeiordnung in Kindschaftssachen hat sich nicht einheitlich entwickelt. Gleichwohl ist zu konstatieren, dass in der Mehr-

---

1 MüKo-BGB/*Hennemann* § 1671 BGB Rn. 55, 60
2 *Helms* in: Prütting/*Helms* § 114 FamFG Rn. 21; a.A. *Völker/Clausius* § 1 Rn. 444
3 Vgl. die Auswertung von *Nickel*, NJW 2011, 1117
4 BT-Drs. 16/6308, 214
5 BGH FamRZ 2012, 1290
6 BGH FamRZ 2010, 1427
7 So bereits damals: OLG Zweibrücken NJW 2010, 1212; FamRZ 2010, 579; OLG Celle FamRZ 2010, 582; a.A. KG NJW-RR 2010, 1157; *Götsche*, FamRZ 2009, 383, 386
8 Vgl. BVerfG NJW-RR 2007, 1713 zur Bedeutung der Amtsermittlung für die Herstellung von Rechtsschutzgleichheit.

heit der Fälle in Verfahren wie nach §§ 1684, 1685, 1671 Abs. 1 Nr. 2, Abs. 2 Nr. 2, 1666, 1632 Abs. 4 BGB die Frage der Notwendigkeit der Anwaltsbeiordnung bejaht wurde.[9] Dabei wurden in einigen Entscheidungen **eingeschränkte subjektive Fähigkeiten**, wie mangelnde Deutschkenntnisse des Antragstellers, betont.[10] Entgegen der Auffassung des BGH und des Gesetzgebers haben viele Entscheidungen zu §§ 1666, 1684 Abs. 4 BGB schon aus **verfassungsrechtlicher Notwendigkeit** zu Recht darauf abgestellt, dass die Schwere eines drohenden Grundrechtseingriffs die Schwierigkeit der Sach- und Rechtslage begründen könne und daher den Betroffenen ein Anwalt beizuordnen sei.[11] Hierfür spricht auch der Umstand, dass ein bemittelter Beteiligter, dem ein **schwerer Grundrechtseingriff** wie der Entzug der elterlichen Sorge droht, im Regelfall eher einen Rechtsanwalt hinzuziehen würde, wie etwa in einem Verfahren nach § 165 FamFG oder § 1671 Abs. 1 Nr. 1 BGB. In anderen Entscheidungen wurde der Schwerpunkt der Argumentation auf das Prinzip der Waffengleichheit gelegt.[12]

Für **Verfahren nach §§ 155a FamFG, 1626a BGB** wurde zu Recht angenommen, dass **6** die noch ungeklärten Voraussetzungen der Begründung gemeinsamer elterlicher Sorge entsprechend des „neuen Leitbild des Gesetzgebers" zur gemeinsamen Elternverantwortung[13] die Annahme rechtfertigen würden, auch Unbemittelte würden sich im Rahmen eines vereinfachten Sorgerechtsverfahrens anwaltlich vertreten lassen.[14]

In **Umgangsverfahren** dürften auch Umstände wie die Notwendigkeit der Begleitung des **7** Umganges[15] oder seiner Durchführung in einer Justizvollzugsanstalt[16] anwaltliche Vertretung der Beteiligten erfordern. Auf der anderen Seite kommt in Verfahren nach § 1671 Abs. 1 Nr. 1 BGB bei bereits außergerichtlich erklärter Zustimmung des anderen Elternteils zur Begründung alleiniger Sorge die Beiordnung eines Rechtsanwaltes eher nicht in Betracht.[17] Gleiches gilt für die Beiordnung eines Rechtsanwaltes für ein **Vermittlungsverfahren** nach § 165 FamFG.[18] Einem Rechtsanwalt, der zum Ergänzungspfleger eines minderjährigen Kinds bestellt worden ist, ist im Regelfall in einer Kindschaftssache keine Verfahrenskostenhilfe unter Beiordnung seiner selbst zu bewilligen.[19]

Im Übrigen sind für die Auslegung von § 78 Abs. 2 FamFG die **Umstände des Einzelfalles** **8** maßgeblich, wobei der Grad der Zerrüttung der sozialen Beziehung der Eltern,[20] der Umfang etwaiger Meinungsverschiedenheiten[21] und etwaige konkrete subjektive Defizite des Betroffenen (Sprachkenntnisse, Bildungsstand, kulturelle Besonderheiten, Gerichtserfahrung) von Bedeutung sind.

---

9 Vgl. die Auswertung von *Nickel*, NJW 2011, 1113, nach in etwa 2/3 der Fälle Anwälte beigeordnet wurden, speziell zu Kindschaftssachen auch *Büte*, FPR 2011, 17; *Götsche*, ZFE 2010, 100
10 OLG Hamm BeckRS 2014, 06525 (§ 1674 BGB); OLG Koblenz BeckRS 2011, 17480; verneint im konkreten Fall von OLG Düsseldorf FuR 2013, 597
11 OLG Bamberg FamRZ 2014, 1041; OLG Düsseldorf FamRZ 2013, 897; OLG Brandenburg FamRZ 2013, 1593; OLG Saarbrücken ZKJ 2012, 230; OLG Frankfurt a. M. BeckRS 2012, 16091; FamRZ 2010, 1094
12 OLG Brandenburg NZFam 2015, 329; OLG Celle MDR 2011, 1178 (Umgang), im konkreten Fall Beiordnung verneint
13 BT-Drs. 17/11048, 12; zur Kritik: *Dürbeck*, ZKJ 2013, 330
14 OLG Stuttgart FamRZ 2014, 1045; OLG Jena NZFam 2015, 326; vgl. dazu ausführlich Hamdan/Hamdan, MDR 2015, 249
15 OLG Schleswig FamRZ 2011, 1241
16 OLG München FamRZ 2011, 1240
17 OLG Hamm MDR 2012, 1045; a.A. OLG Karlsruhe FamRZ 2013, 895 wegen eines unterbliebenen Hinweises des Familienrichters
18 OLG Frankfurt a. M. NJW-RR 2013, 962; OLG Hamm FamRZ 2013, 565; OLG Oldenburg FamRZ 2011,916; OLG Karlsruhe MDR 2011, 107; a.A. OLG Köln AGS 2010, 140; OLG München FamRZ 2000, 1225
19 OLG Schleswig FamRZ 2012, 808
20 Zu Recht verneint wegen weitgehender Einigkeit zum Sorgerecht: OLG Celle MDR 2011, 1006
21 Zu Recht verneint wegen noch zu regelnder Randfragen des Umgangs: OLG Saarbrücken FamRZ 2010, 1690

▶ *Zur Beiordnung nach § 78 Abs. 2 FamFG in Abstammungssachen[22] vgl. auch Grün, § 169 FamFG Rn. 12 ff.*

III. Auswahl des Anwalts

1. Freie Anwaltswahl (Abs. 1 und 2)

9 Der **Grundsatz freier Anwaltswahl** gewährt und erfordert, wie sich aus § 78 Abs. 1 und 2 FamFG ergibt, die **Benennung des gewählten Anwalts** durch den Antragsteller. Gewählt werden kann jeder zur Anwaltstätigkeit generell berechtigte Anwalt (vgl. § 45 BRAO), der für das konkret beabsichtigte Verfahren – das ist nur noch vor dem BGH nötig, vgl. § 114 Abs. 2 FamFG – postulationsfähig ist. Erforderlich ist zudem, dass der gewählte Anwalt **zur Vertretung des Antragstellers bereit** ist.

10 Eingeschränkt wird die Anwaltswahl auch durch § 78 Abs. 3 FamFG, wonach grundsätzlich zur Schonung der Staatskasse **kein auswärtiger Rechtsanwalt** gewählt werden soll (*vgl. Rn. 13 ff.*).

Ein einmal beigeordneter Anwalt kann nur bei Vorliegen eines **wichtigen Grundes** durch **Aufhebung der Beiordnung entpflichtet** werden (vgl. § 48 Abs. 2 BRAO). Ein wichtiger Grund für einen Anwaltswechsel liegt dann vor, wenn dieser auch dem nicht bedürftigen Beteiligten Anlass zu einem Anwaltswechsel gegeben hätte.[23] Dies setzt aus Sicht des Mandanten im Regelfall eine **nachhaltige Zerstörung des Vertrauensverhältnisses** zwischen Anwalt und Beteiligten voraus, die aber nicht durch vorwerfbares Verhalten des Beteiligten entstanden sein darf.[24] Die **Kündigung des Mandates** durch den Beteiligten stellt insoweit immer einen triftigen Grund für einen Aufhebungsantrag durch den Rechtsanwalt nach § 48 Abs. 2 BRAO dar.[25]

11 Nach Aufhebung der Beiordnung ist dem Beteiligten nur dann ein **neuer Anwalt** beizuordnen, wenn aus Sicht des Beteiligten ein **triftiger Grund zur Kündigung des Mandatsverhältnisses** gegeben war.[26] Etwaige Mehrkosten sind dann hinzunehmen und von der Staatskasse zu tragen. Liegen aber – wie in den meisten Fällen – **keine triftigen Gründe** zur Mandatsbeendigung vor, so kann ein neuer Anwalt nur dann beigeordnet werden, wenn der Staatskasse hierdurch **keine Mehrkosten** entstehen.[27] Das ist dann der Fall, wenn der erste Anwalt die Erklärung abgibt, auf die Vergütung zu verzichten oder der zweite Anwalt erklärt, nur bereits noch nicht entstanden Gebühren (z. B. Vergleichs- und Terminsgebühr) geltend zu machen.[28] Eine Beschränkung im Beiordnungsbeschluss setzt aber **entsprechende Erklärungen der Anwälte** voraus, sie kann **nicht von Amts wegen angeordnet** werden.[29] Wird sie – wie in der Praxis häufig – dennoch angeordnet und nicht vom Rechtsanwalt angefochten, ist sie aber im Vergütungsfestsetzungsverfahren nach §§ 45 ff. RVG bindend. Ordnet das Familiengericht einen zweiten Anwalt (ohne triftigen Grund für die Mandatsbeendigung) ohne eine ausdrücklich zu tenorierende vergütungsmäßige Einschränkung bei, stehen diesem uneingeschränkte Vergütungsansprüche zu. Lehnen der erste und zweite Anwalt eine Einschränkung ihrer Vergütungsansprüche ab, so hat die Beiordnung eines zweiten Rechtsanwaltes – bei vorheriger Mandatsbeendi-

---

22 Vgl. BGH NJW 2012, 2586: Für Antragsteller im Vaterschaftsanfechtungsverfahren immer; anders zu Recht OLG Karlsruhe BeckRS 2014, 21837 für den anderen Elternteil, der dem nicht entgegen tritt
23 OLG Köln FamRZ 2010, 747; Zöller/*Geimer* § 121 ZPO Rn. 34 ff.
24 BGH NJW-RR 1992, 189; BFH/NV 2012, 954
25 OLG Nürnberg MDR 2003, 713; *Groß* § 121 ZPO Rn. 5
26 *Gottschalk* in: Büttner/Wrobel-Sachs/Gottschalk/Dürbeck Rn. 538
27 OLG Brandenburg FamRZ 2002, 39; OLG Frankfurt a. M. MDR 1988, 501
28 OLG Celle FamRZ 2004, 1881; *Zimmermann* Rn. 355
29 OLG Hamm FamRZ 2010, 1268; 2006, 1551; Zöller/*Geimer* § 121 ZPO Rn. 35

gung ohne triftigen Grund – zu unterbleiben.[30] Erfolgt die Einschränkung gleichwohl. so ist sie auf die Beschwerde des betroffenen Rechtsanwalts aufzuheben.

2. Notanwalt (Abs. 5)

Findet der bedürftige Beteiligte keinen zur Vertretung bereiten Anwalt, ordnet nach §78 Abs. 5 FamFG das Familiengericht bzw. in höheren Rechtszügen der Senatsvorsitzende ihm auf Antrag einen zur Übernahme verpflichteten (vgl. §48 Abs. 1 BRAO) Anwalt bei, **sog. Notanwalt.** Die Vorschrift hat in der Praxis keine nennenswerte Bedeutung. Denkbar sind Fälle im Rechtsbeschwerdeverfahren wegen der begrenzten Zahl von beim BGH zugelassenen Rechtsanwälten[31] oder aber auch bei querulatorischen Rechtssuchenden, die (auch) der Anwaltschaft hinreichend bekannt sind.

12

3. Beiordnung auswärtiger Anwälte (Abs. 3)

Gemäß §78 Abs. 3 FamFG kann ein nicht in dem **Bezirk des Verfahrensgerichts** niedergelassener Rechtsanwalt nur beigeordnet werden, wenn hierdurch besondere Kosten – das Gesetz meint insoweit hier die Reisekosten des Rechtsanwaltes nach §46 RVG – nicht entstehen. Die Anwendung der Vorschrift erfordert bei der Wahl eines nicht im Bezirk des Gerichts niedergelassenen Anwalts einen **Kostenvergleich**, bei dem diejenigen (Mehr-) Kosten, die dem auswärtigen Rechtsanwalt tatsächlich entstehen würden (Reisekosten, Tage- und Abwesenheitsgelder) denjenigen Kosten gegenüber gestellt werden, die entstehen würden, wenn die Kanzlei des Anwalts an dem **am weitesten vom Verfahrensgericht entfernten Ort des Bezirk des Instanzgerichts** gelegen wäre.[32] Hier kann sich wegen der Größe eines OLG-Bezirkes daraus schon ergeben, dass tatsächlich keine Mehrkosten entstehen.[33]

13

Übersteigen die zusätzlichen Reisekosten die sonst gegebenen Kosten, erfolgt die Beiordnung auch **ohne ausdrücklich erklärtes Einverständnis** des Rechtsanwalts[34] nur **„zu den Bedingungen eines im Gerichtsbezirk niedergelassenen Rechtsanwalts"**, was die spätere Geltendmachung erhöhter Reisekosten ausschließt. In einem weiteren Schritt ist aber zu prüfen, ob dem Bedürftigen im Falle einer Beauftragung eines Rechtsanwaltes mit Sitz im Bezirk des Verfahrensgerichts nicht zusätzlich ein **Verkehrsanwalt** (mit Sitz an seinem Wohnort) nach §78 Abs. 4 FamFG hätte beigeordnet werden müssen (zu den Voraussetzungen vgl. Rn. 20). Ist dies der Fall, muss in einer **weiteren Vergleichsberechnung** ermittelt werden, ob die Mehrkosten des auswärtigen Anwalts – wie meist der Fall – unter denjenigen Kosten eines **fiktiv beigeordneten Verkehrsanwaltes** (vgl. Nr. 3400 VV RVG: 1,0 Gebühr) liegen. Liegt eine solche Konstellation vor, so ist streitig, ob der auswärtige Anwalt ohne Einschränkungen i.S.d. §78 Abs. 3 FamFG beizuordnen ist[35] oder aber – wie von den Familiengerichten in der Praxis aus verständlichen Gründen der Vereinfachung bevorzugt – im Beiordnungsbeschluss auszusprechen ist, dass die Vergütung des auswärtigen Anwalts begrenzt wird auf die gesamte Vergütung, die durch die Beiordnung eines Verkehrsanwaltes entstehen würde.[36] Die zuletzt genannte Verfahrensweise ist vorzugswürdig, weil sie insbesondere auch dann einfach zu handhaben ist, wenn sich im

14

---

30 BGH NJW-RR 1992, 189; *Gottschalk* in: Büttner/Wrobel-Sachs/Gottschalk/Dürbeck Rn. 538
31 MüKo-FamFG/*Viefhues* §76 FamFG Rn. 34
32 OLG Brandenburg FamRZ 2014, 230; OLG Frankfurt a. M. FamRZ 2009, 1615
33 Vgl. den Fall von OLG Bamberg NZFam 2014, 1103
34 BGH NJW 2006, 3783; OLG Karlsruhe FamFR 2010, 541; *Zimmermann* Rn. 309: im Antrag liege ein konkludentes Einverständnis; a.A. OLG Frankfurt a. M. MDR 2013, 721; OLG Zweibrücken FamRZ 2002, 107: nur bei ausdrücklichem Einverständnis
35 BGH FamRZ 2004, 1362; OLG Brandenburg FamRZ 2013, 548; OLG Frankfurt a. M. AGS 2010, 33; Horndasch/Viefhues/*Götsche* §78 FamFG Rn. 43
36 OLG Dresden FamRZ 2008, 164; OLG Schleswig OLGR 2007, 576

Nachhinein höhere Mehrkosten des auswärtigen Anwalts (z. B. wegen der Durchführung mehrerer Termine) ergeben.

15   Die Praxis der Familiengerichte und der im Familienrecht tätigen Anwälte verfährt aber insoweit anders, als zunächst eine volle Beschränkung nach § 78 Abs. 3 FamFG für die Beiordnung des auswärtigen Anwalts ergeht und auch hingenommen wird, aber sodann unmittelbar vor oder im Termin zur mündlichen Verhandlung ein **unterbevollmächtigter, bezirksansässiger Terminsvertreter beigeordnet** wird, was der BGH unter den Voraussetzungen von § 78 Abs. 4 FamFG für zulässig hält[37] (*vgl. Rn. 19 f.*). Zu Unrecht wird dieser aber in der Praxis als Verkehrs- bzw. Korrespondenzanwalt i.S.d. § 78 Abs. 4 FamFG bezeichnet. Er ist in dieser Form vom Wortlaut der Vorschrift nicht umfasst. Dies offenbart, dass die Regelung der Beiordnung auswärtiger Rechtsanwälte in § 78 Abs. 3 und 4 FamFG völlig verfehlt ist und dringend einer gesetzgeberischen Anpassung an die Realitäten und Bedürfnissen der Praxis bedarf.[38]

16   Die **Vergütung des unterbevollmächtigten Terminsvertreters** richtet sich im Übrigen nach Nr. 3401, 3402 VV RVG (1,85 Gebühren im ersten Rechtszug), was insgesamt zu Mehrkosten von 0,65 Gebühren führt, wenn die Terminsgebühr nicht auch bei dem Hauptbevollmächtigten entstanden ist.

17   Hat das Gericht in seinem Beiordnungsbeschluss eine nach § 78 Abs. 3 FamFG an sich notwendige Beschränkung unterlassen, ist der Kostenbeamte im späteren Vergütungsfestsetzungsverfahren nach §§ 45 ff. RVG daran gebunden und hat insbesondere die Reisekosten voll zu erstatten.[39]

18   Der eingeschränkt beigeordnete auswärtige Anwalt kann seine Reisekosten zur Teilnahme an Anhörungsterminen bis zur größtmöglichen Entfernung eines Ortes im Bezirk des Verfahrensgerichts zum Sitz des Verfahrensgerichts geltend machen.

4. Beweis- und Verkehrsanwalt (Abs. 4)

a. Beweisanwalt

19   Gemäß § 78 Abs. 4 FamFG kann dem Beteiligten, wenn besondere Umstände es erfordern, ein zur Vertretung bereiter Rechtsanwalt seiner Wahl zur Wahrnehmung eines **Termins zur Beweisaufnahme vor dem ersuchten Richter** beigeordnet werden. Sie kommt in Kindschaftssachen nur insoweit in Betracht, als eine persönliche Anhörung eines Elternteils nach § 160 FamFG, z. B. wegen großer Entfernung seines Wohnortes zum Familiengericht, vor dem ersuchten Richter stattfindet, was grundsätzlich zulässig,[40] wenngleich aus guten Gründen nicht üblich ist. Besondere Umstände können sich vor allem ergeben aus subjektiven Einschränkungen des Bedürftigen, einer schwierigen Sach- und Rechtslage oder besonderer Bedeutsamkeit der Beweiserhebung.[41]

b. Verkehrsanwalt

20   Ebenfalls bei Vorliegen besonderer Umstände kann nach § 78 Abs. 4 FamFG ein (zusätzlicher) **Verkehrsanwalt** (auch Korrespondenzanwalt genannt) beigeordnet werden **zur Vermittlung des Verkehrs** mit dem Verfahrensbevollmächtigten. Gemeint ist der Fall,

---

37 BGH FamRZ 2004, 1362; OLG Düsseldorf, Beschl. v. 27.2.2014, II-1 WF 13/14 – juris –; a.A. OLG Celle FamRZ 2012, 1321

38 So auch Praxiskommentar Familienverfahrensrecht/*Finke* § 78 FamFG Rn. 30; konsequent insoweit bei der Auslegung von § 78 Abs. 3 FamFG: OLG Celle FamRZ 2012, 1321: Beiordnung eines unterbevollmächtigten ortsansässigen Anwalts nicht vom Wortlaut gedeckt

39 OLG Düsseldorf BeckRS 2014, 06941: KG Rpfleger 2011, 217; OLG Düsseldorf FamRZ 2008, 1358; Büttner/Wrobel-Sachs/*Gottschalk*/Dürbeck Rn. 576

40 Keidel/*Engelhardt* § 160 FamFG Rn. 13

41 Prütting/Helms/*Feskorn* § 78 FamFG Rn. 8

dass der nicht im Bezirk des Gerichts wohnhafte Beteiligte einen Anwalt mit Sitz im Bezirk des Verfahrensgericht beauftragt, es sich aber für ihn die Notwendigkeit ergibt, nicht nur telefonisch oder schriftlich mit diesem zu kommunizieren. Dem dient die Möglichkeit, dass der betroffene Beteiligte die Angelegenheit mit einem Verkehrsanwalt am Sitz seines Wohnortes persönlich bespricht und dieser sodann den Hauptbevollmächtigten informiert. Besondere Umstände können sich hier ebenfalls ergeben aus subjektiven Einschränkungen wie Alter und Krankheit,[42] die Bedeutung und Emotionalität für den Beteiligten, die vor allem bei Kindschaftssachen regelmäßig vorliegt,[43] oder die große Entfernung zum Gerichtsort.[44]

C. Wirkung der Beiordnung

Die Beiordnung eines Rechtsanwaltes nach § 78 FamFG hat in dreifacher Hinsicht Auswirkungen auf die Rechtsverhältnisse zwischen Antragsteller, Staatskasse und denjenigen Beteiligten, denen die außergerichtlichen Kosten des bedürftigen VKH-Empfängers auferlegt wurden.

21

- Im Verhältnis zum **eigenen Mandanten** bewirkt die Beiordnung, dass der Anwalt gemäß §§ 76 Abs. 1 FamFG, 122 Abs. 1 Nr. 3 ZPO die an sich entstandenen Wahlanwaltsgebühren gegen diesen solange nicht geltend machen kann, wie die VKH nicht aufgehoben ist.

- Gegenüber der Staatskasse besitzt der Rechtsanwalt gemäß §§ 45 ff. RVG einen Vergütungsanspruch bezüglich seiner Gebühren und Auslagen, wobei die Höhe der Gebühren nach § 49 RVG reduziert gegenüber den Wahlanwaltsgebühren (Auswirkung aber erst ab einem Verfahrenswert über 4.000,00 Euro) sind.[45] Erfüllt die Staatskasse den Vergütungsanspruch, geht der Vergütungsanspruch des Anwalts gegen den eigenen Beteiligten oder den erstattungspflichtigen anderen Beteiligten kraft Gesetzes gemäß § 59 RVG auf die Staatskasse über.

- Gegenüber dem kostenerstattungspflichtigen Gegner erhält der Anwalt gemäß §§ 76 Abs. 2 FamFG, 126 Abs. 1 ZPO ein eigenes Beitreibungsrecht, soweit er (hinsichtlich seiner Wahlanwaltsvergütung) noch nicht von der Staatskasse nach §§ 45 ff. RVG entschädigt wurde.[46]

§ 79 FamFG

(weggefallen)

---

42 Keidel/*Zimmermann* § 78 FamFG Rn. 17
43 OLG Dresden FamRZ 2008, 164; OLG Köln FamRZ 2008, 525; Johannsen/Henrich/*Markwardt* § 121 ZPO Rn.29; a.A. Horndasch/Viefhues/*Götsche* § 78 FamFG Rn. 56
44 OLG Karlsruhe FamRZ 2013, 1596; *Gottschalk* in: Büttner/Wrobel-Sachs/Gottschalk/Dürbeck Rn. 582 f. auch zu weiteren Gründen
45 Einzelheiten bei Büttner/Wrobel-Sachs/Gottschalk/*Dürbeck* Rn. 698 ff.
46 Vgl. *Groß* § 126 ZPO Rn. 1 ff.

Abschnitt 7
Kosten

§ 80 FamFG Umfang der Kostenpflicht

[1]Kosten sind die Gerichtskosten (Gebühren und Auslagen) und die zur Durchführung des Verfahrens notwendigen Aufwendungen der Beteiligten. [2]§ 91 Abs. 1 Satz 2 der Zivilprozessordnung gilt entsprechend.

Übersicht

A. Allgemeines

I. Anwendungsbereich

1   Die Vorschriften des 7. Abschnitts des FamFG in §§ 80-85 gelten nur für (selbständige) Familiensachen der freiwilligen Gerichtsbarkeit, also auch für alle nicht im Ehescheidungsverbund (§ 137 Abs. 3 FamFG) geführten **Kindschaftssachen** i.S.d. § 151 FamFG. Hier gelten diese Normen nicht nur im Hauptsacheverfahren, sondern über § 51 Abs. 4 FamFG auch im **einstweiligen Anordnungsverfahren** und über § 87 Abs. 5 FamFG im **Vollstreckungsverfahren**.

Nicht anzuwenden sind die §§ 80 ff. FamFG in Ehe- und Familienstreitsachen (§ 112 FamFG), hier gelten über 113 Abs. 1 Satz 2 FamFG die §§ 91 ff. ZPO bzw. Sonderregelungen des FamFG nach § 150 FamFG für die Ehescheidung oder § 243 FamFG in Unterhaltssachen auch betreffend den Kindesunterhalt einschließlich des vereinfachten Verfahrens nach §§ 249 ff. FamFG. Auch soweit Kindschaftssachen nach § 137 Abs. 3 FamFG auf Antrag im **Scheidungsverbund** geführt werden, ergeht eine einheitliche Kostenentscheidung über Scheidung und Folgesachen nach der spezielleren Kostennorm des § 150 FamFG.[1] Durch Schaffung des FamFG zum 1.9.2009 hat der Gesetzgeber den vormaligen Zustand der Zersplitterung des Kostenrechts im Bereich der zu den vormaligen Verfahren der freiwilligen Gerichtsbarkeit zählenden Kindschaftssachen (vgl. §§ 13a FGG a. F., 94 KostO a. F.) beendet und durch §§ 80 ff. FamFG das Verfahrensrecht in Bezug auf die Kosten harmonisiert.[2]

II. Normzweck und Inhalt

Entgegen des missverständlichen Wortlauts von § 80 FamFG („Umfang der Kostenpflicht") enthält die Vorschrift nicht Einzelheiten zur Frage der Haftung bzw. Erstattung von gerichtlichen oder außergerichtlichen Kosten. Satz 1 enthält vielmehr die im Kostenrecht übliche, § 162 Abs. 1 VwGO nachgebildete[3] **Definition der Kostenbegriffs**, unterteilt Gerichtskosten in Gebühren und Auslagen, wie sie im FamGKG erfolgt, sowie der zur Durchführung des Verfahrens **notwendigen Auslagen der Beteiligten**. § 80 Satz 2 FamFG verweist auf § 91 Abs. 1 Satz 2 ZPO und erklärt damit eigene Reisekosten und Verdienstausfall eines Beteiligten für die Wahrnehmung von Gerichtsterminen im Rahmen der Kostenfestsetzung für erstattungsfähig. Ein Verweis auf § 91 Abs. 2 ZPO, wonach die Rechtsanwaltskosten eines Beteiligten ausnahmslos zu erstatten sind, erfolgt nicht, so dass die **Notwendigkeit anwaltlicher Vertretung** im Kindschaftsverfahren i.S.d. § 80 Satz 1 FamFG stets im Kostenfestsetzungsverfahren zu prüfen ist (siehe näher hierzu *Dürbeck*, § 85 FamFG Rn. 6).

2

B. Gerichtskosten

I. Vorschuss in Kindschaftssachen?

Noch nicht abschließend geklärt ist in der Rechtsprechung die Frage, ob in Kindschaftssachen die verfahrenseinleitende Tätigkeit des Familiengerichts von der Zahlung eines **Vorschusses** an die Gerichtskasse für die Gerichtsgebühren durch den nicht Verfahrenskostenhilfe (vgl. § 15 Nr. 1 FamGKG) begehrenden Elternteil abhängig gemacht werden darf.[4] Gemäß § 14 Abs. 3 FamGKG soll in Familienverfahren der freiwilligen Gerichtsbarkeit, in denen der **Antragsteller die Kosten schuldet**, für das Verfahren im Allgemeinen keine gerichtliche Handlung vorgenommen werden. Nach § 21 Abs. 1 Satz 1 FamGKG schuldet in Verfahren, die **nur auf Antrag** eingeleitet werden, die Kosten gegenüber der Staatskasse, derjenige, der das Verfahren des Rechtszuges beantragt hat. Damit scheiden Antragstellerhaftung und Vorschusspflicht schon in allen Kindschaftsverfahren aus, die auch **von Amts wegen** nach § 24 FamFG eingeleitet werden können, so dass jedenfalls bei Umgangsverfahren,[5] Herausgabeverfahren nach § 151 Nr. 3 FamFG, Kindesschutzverfahren nach § 1666 BGB und auch Vormundschaftsverfahren nach §§ 1643 Abs. 2, 1821 ff. BGB[6] Vorschüsse nicht gefordert werden dürfen.

3

Reine Antragsverfahren, für die allenfalls eine Vorschusspflicht diskutiert werden kann, sind dagegen vor allem Anträge von Elternteilen nach §§ 1626a Abs. 2, 1628 und 1671 Abs. 1 und 2 BGB und Umgangs- und Auskunftsverfahren nach § 1686a BGB, so dass vom Wortlaut her §§ 14 Abs. 3, 21 Abs. 1 Satz 1 FamGKG erfüllt sind. Das KG hat in einem Verfahren nach § 1671 BGB (a. F.) die Anforderung eines Vorschusses bei dem Antragsteller

4

---

1 *Helms* in: Prütting/*Helms* § 150 FamFG Rn. 2
2 Zum Vergleich mit dem alten Recht: *Finke*, FPR 2010, 331
3 BT-Drs. 16/6308, 215
4 Vgl. dazu ausführlich *H. Schneider*, FamRB 2012, 164
5 OLG Saarbrücken NJW 2012, 163; OLG Frankfurt a. M. ZKJ 2013, 127
6 BeckOK-BGB/*Veit* § 1643 Rn. 12

gebilligt.[7] Dem kann aber in dieser Form nicht zugestimmt werden. Auch die vorbezeichneten Antragsverfahren können im Einzelfall im Interesse des Kindeswohls besonderer Beschleunigung bedürfen, wie dies nach § 155 Abs. 1 und 2 FamFG etwa bei einem Streit der Eltern um den Aufenthalt des Kindes der Fall ist. Ob der andere Elternteil auch das Aufenthaltsbestimmungsrecht für das Kind begehrt, wird sich oft erst aus der Antragserwiderung ergeben, so dass bei Eingang der Antragsschrift weder Kostenbeamter noch Familienrichter die Eilbedürftigkeit des Verfahrens abschätzen können. Schon allein dieser Umstand rechtfertigt es, generell alle Kindschaftsverfahren von der Gerichtskostenvorschusspflicht auszunehmen,[8] rechtsdogmatisch kann dies in erweiternder Auslegung der Ausnahmeregelung des § 15 Nr. 3b FamGKG erreicht werden.

II. Begriff der Gerichtskosten

5 § 80 Satz 1 FamFG unterteilt den Begriff der Gerichtskosten in Anlehnung an andere Verfahrensordnungen und auch Kostengesetze, insbesondere dem Gesetz über Gerichtskosten in Familiensachen[9] (FamGKG, vgl. dort § 1 Abs. 1 Satz 1), in die **Gerichtsgebühren** und die **Auslagen des Gerichts**. §§ 1 Abs. 1 Satz 1, 3 Abs. 2 FamGKG sehen vor, dass Gerichtskosten in diesem Sinne ausschließlich nur in den im Kostenverzeichnis (KV) der Anlage 1 zum FamGKG geregelten Fällen erhoben werden dürfen.

III. Gerichtsgebühren

1. Höhe und Fälligkeit

6 Für Kindschaftssachen hat der Gesetzgeber aus sozialpolitischen Erwägungen deutlich niedrigere Gerichtsgebühren als in anderen Familiensachen vorgesehen.[10] Nach der Vorbem. 1.3.1 Abs. 1 KV FamGKG sind Kindschaftssachen betreffend die Genehmigung der freiheitsentziehenden **Unterbringung** eines Minderjährigen (§ 151 Nr. 6 und 7 FamFG), betreffend die **Pflegschaft für eine Leibesfrucht** (§§ 151 Nr. 5 FamFG, 1912 Abs. 1 BGB) und betreffend die **Aufgaben nach dem JGG** (§ 151 Nr. 8 FamFG) **gebührenfrei**.

7 Im Übrigen bestehen in Kindschaftssachen nach § 28 FamGKG **wertabhängige Gerichtsgebühren** (zur Wertbestimmung vgl. Rn. 13 ff.), deren Höhe zudem vom jeweiligen Instanzenzug abhängig ist. Für **erstinstanzliche Kindschaftssachen** (mit Ausnahme von **Vormundschaften und Pflegschaften**, für die nach Nr. 1310 Abs. 1 Nr. 1 bis 3, 1311-1313 KV FamGKG Sonderregelungen bestehen) entsteht nach der zum 1.8.2013 durch das 2. KostenrechtsmodernisierungsG[11] neu gefassten Nr. 1310 KV FamGKG eine **0,5 Verfahrensgebühr**. Bei einem nach § 45 Abs. 1 Nr. 1 bis 4 FamGKG anzunehmenden Regelverfahrenswert von 3.000,00 Euro ergibt sich nach der Berechnungsregelung in § 28 Abs. 1 FamGKG eine Gebühr für das (Hauptsache-) Verfahren im Allgemeinen in Höhe von 54,00 Euro.

8 Für **erstinstanzliche einstweilige Anordnungsverfahren** nach §§ 49 ff. FamFG sieht Nr. 1410 KV FamGKG in Kindschaftssachen eine Verfahrensgebühr von 0,3 vor, bei einem Regelverfahrenswert von 1.500,00 Euro (§§ 41, 45 FamGKG) ergeben sich Gerichtsgebühren in Höhe von 21,30 Euro. Keine gesonderten Gebühren werden nach § 4 FamGKG, Nr. 1310 Abs. 2 KV FamGKG für eine **Umgangspflegschaft** (§ 1684 Abs. 3 BGB) erhoben, sie sind kostenrechtlich Teil des betreffenden Umgangsverfahrens.[12] Zur Verfahrensgebühr nach Nr. 1310 FamGKG kann hinzukommen die besondere **0,25 Gebühr** von

---

7 KG AGS 2013, 195 m. Anm. *Volpert*
8 So im Erg. auch *Volpert*, FPR 2010, 327, 330; *Keske*, FPR 2012, 241
9 BGBl. I 2008 S. 2586
10 BT-Drs. 16/6308, 311
11 BGBl. I 2013 S. 2586
12 HK-FamGKG/*Türck-Brocker* § 4 Rn. 2

Nr. 1500 für den **Abschluss eines gerichtlichen Vergleichs über einen nicht gericht-lich anhängigen Gegenstand** (z.B. Abschluss einer gerichtlich gebilligten Umgangsver-einbarung im Rahmen eines Sorgerechtsverfahrens in erster Instanz; zur Frage der gericht-lichen Billigung einer Umgangsvereinbarung im Beschwerdeverfahren vgl. *Wegener*, § 156 FamFG Rn. 65 f.).

Für das **Beschwerdeverfahren** in Kindschaftssachen sieht Nr. 1314 KV FamGKG für Hauptsacheverfahren eine erhöhte Verfahrensgebühr von 1,0 vor (bei einem Beschwerde-wert von 3.000: 108,00 Euro), für das **Rechtsbeschwerdeverfahren** beträgt sie nach Nr. 1316 VV FamGKG 1,5. Eine **Reduzierung der Verfahrensgebühr im Beschwerde-verfahren auf 0,5** erfolgt nach Nr. 1315 KV für den Fall der **Beendigung des gesamten Verfahrens ohne Endentscheidung**, wobei hier insbesondere die Beschwerderück-nahme, die Antragsrücknahme und die vergleichsweise Erledigung des Verfahrens in Be-tracht kommen. Meist steht dem aber entgegen, dass das Oberlandesgericht noch eine Kostenentscheidung, z.B. nach Rücknahme der Beschwerde, zu treffen hat.[13] Eine **Redu-zierung der Verfahrensgebühr** nach Nr. 1315 Abs. 2 KV FamGKG erfolgt nur dann, wenn die Beteiligten zuvor eine **Einigung über die Kostentragung** mitgeteilt haben oder eine Kostenübernahmeerklärung eines Beteiligten vorliegt.   9

Bei einer **Umgangsvereinbarung** im Beschwerdeverfahren hindert nach dem zum 1.8.2013 neu eingefügten Abs. 3 von Nr. 1315 KV FamGKG die Notwendigkeit, über die Billigung des Vergleichs nach § 156 Abs. 2 FamFG zu entscheiden, den Eintritt der Reduzie-rung der Verfahrensgebühr nicht. Für **Beschwerden betreffend einstweilige Anord-nungsverfahren** in Kindschaftssachen (vgl. § 57 Satz 2 FamFG) beträgt die Verfahrensge-bühr nach Nr. 1411 0,5. Betrifft die Beschwerde nach §§ 58 ff. FamFG lediglich die Kosten-entscheidung (siehe näher hierzu *Dürbeck*, § 61 FamFG Rn. 5), so ist nicht Nr. 1314 KV FamGKG anwendbar, sondern es fällt eine Festgebühr nach Nr. 1912 KV FamGKG an.[14]   10

Nach zutreffender Auffassung sind **Vermittlungsverfahren** i.S.v. § 165 FamFG seit In-krafttreten des FamFG nicht mehr gebührenbefreit.[15] Bleibt das Vermittlungsverfahren er-folglos und kommt es sodann zu einem neuen Umgangsverfahren nach § 151 Nr. 2 FamFG, so bestimmt § 165 Abs. 5 Satz 3 FamFG, dass die Kosten des Vermittlungsverfah-rens als Teil der Kosten des nachfolgenden Verfahrens gelten. Streitig ist aber, ob diese Re-gelung bedeutet, dass die 0,5 Verfahrensgebühr nach Nr. 1310 KV FamGKG insgesamt nur einmal anfällt[16] oder aber – wie nach zutreffender Auffassung – zweimal anfällt.[17]   11

Werden Kindschaftssachen i.S.v. § 151 Nr. 1 bis 3 FamFG nach § 137 Abs. 3 FamFG dage-gen – auf einen entsprechenden unverzichtbaren[18] Antrag – im **Scheidungsverbund** ge-führt, so werden sie kostenrechtlich nicht selbständig behandelt, sondern sind **Teil des Kostenverbundes**. Die Gerichtsgebühr für das Ehescheidungsverfahren (2,0 Verfahrens-gebühr nach Nr. 1110 KV FamGKG) wird nach § 44 Abs. 1 und 2 FamGKG aus einem **Ge-samtverfahrenswert** aus der **Summe der Werte der Ehescheidung** (§ 43 FamGKG) und **aller im Verbund geführter Folgesachen** berechnet. Für **Kindschaftssachen** be-steht hier die Besonderheit, dass sie nur mit **20% des Wertes der Ehescheidung** nach § 43 FamGKG, maximal aber mit jeweils 3000,00 Euro den Gesamtwert erhöhen.[19] Dies gilt auch dann, wenn sie mit der **Beschwerde nach §§ 58 ff. FamFG** angefochten wer-   12

---

13 OLG Celle FamRZ 2012, 1969
14 *Keske*, FPR 2012, 241, 242
15 OLG Karlsruhe FPR 2012, 7; BeckOK-Streitwert/*Dürbeck*, Umgangsverfahren Rn. 10; *N. Schneider*, NZFam 2014, 906, 907; a.A. *Keske*, FPR 2012, 241, 246; Keidel/*Engelhardt* § 165 FamFG Rn. 22
16 So *Horndasch* in: Horndasch/Viefhues § 165 FamFG Rn. 17; HK-FamGKG/*Volpert* Nr. 1310 KV Rn. 57
17 *N. Schneider*, Gebühren in Familiensachen, Rn. 2422
18 OLG Dresden BeckRS 2014, 13064
19 Vgl. dazu *Enders*, FPR 2012, 273, 275

den, weil der Beschwerdewert nach § 40 Abs. 2 Satz 1 FamGKG nicht höher angesetzt werden darf als der Wert des ersten Rechtszugs.[20] Die Gegenansicht, die im Beschwerdeverfahren § 45 Abs. 1 FamGKG anwenden will[21], ist mit dem Gesetz nicht vereinbar. Werden zunächst im Verbund geführte Kindschaftssachen abgetrennt, so werden sie gemäß § 137 Abs. 5 Satz 2 FamFG sowohl in verfahrensrechtlicher als auch kostenrechtlicher Hinsicht[22] selbständig geführt und abgerechnet.

13   Die Verfahrensgebühr **entsteht** in erstinstanzlichen Kindschaftsverfahren, die nach § 23 FamFG nur auf Antrag eingeleitet werden können (also vor allem Sorgerechtsverfahren nach §§ 1671 Abs. 1 und 2, 1628, 1626a Abs. 2, 1686a BGB) mit der Einreichung des Antrages.[23] Bei den anderen Kindschaftssachen, die nach § 24 FamFG auch von Amts wegen eingeleitet werden können (z. B. §§ 1666, 1632, 1684 ff. BGB), kommt es nicht auf den Eingang des Antrages bzw. der Anregung an, sondern auf die Verfahrenseinleitung durch das Familiengericht,[24] z. B. durch Anforderung eines Berichtes des Jugendamtes. Von der Frage der Entstehung der Gerichtsgebühren abzugrenzen ist deren **Fälligkeit**. Diese richtet sich nach § 11 FamGKG. Da in Kindschaftssachen gemäß § 81 Abs. 1 Satz 3 FamFG stets über die Kosten zu entscheiden ist, werden die Gerichtsgebühren nach § 11 Abs. 1 Nr. 1 FamGKG im Regelfall nach Erlass einer unbedingten Kostenentscheidung in der jeweiligen Instanz fällig, im Ausnahmefall nach § 11 Abs. 1 Nr. 2 FamGKG durch anderweitige Erledigung, z.B. durch einen Vergleich, der eine Kostenverteilung beinhaltet.

2. Verfahrenswertbestimmung

a. Allgemeines und Verfahren

14   Soweit in Kindschaftssachen nicht ein gebührenfreies Verfahren (z.B. Unterbringungssachen nach Vorbem. 1.3.1 Abs. 1 KV FamGKG) oder Festgebühren (z.B. Nr. 1912 KV FamGKG für eine isolierte Kostenbeschwerde) vorliegt und sich, wie bei Nr. 1310 KV FamGKG der Fall, die Gebühren gemäß § 3 FamGKG nach dem Verfahrenswert richten, sind die Familiengerichte nach § 55 Abs. 2 FamGKG zu einer (endgültigen) Wertfestsetzung verpflichtet, sobald eine **verfahrensabschließende Entscheidung** ergeht oder sich das Verfahren anderweitig erledigt. Bei Gebührenfreiheit oder Festgebühren verbietet sich dagegen in Ansehung der Gerichtskosten eine Wertfestsetzung.[25] Einer **vorläufigen Wertfestsetzung** nach § 55 Abs. 1 Satz 1 FamGKG bedarf es in Kindschaftssachen nur, wenn nicht ein fester Wert nach dem FamGKG anzusetzen ist, was bei den Werten nach § 45 Abs. 1 Nr. 1-4 FamGKG aber grundsätzlich der Fall ist. Die Festsetzung des Wertes kann von dem Gericht, das sie getroffen hat oder vom Rechtsmittelgericht, das über ein Rechtsmittel in der Hauptsache, den Verfahrenswert, den Kostenansatz oder die Kostenfestsetzung zu entscheiden hat, gem. § 55 Abs. 3 FamGKG **binnen sechs Monaten nach Rechtskraft** oder **anderweitiger Erledigung** (z.B. Vergleich) von Amts wegen geändert werden. Das bedeutet, dass z.B. auch das Oberlandesgericht i.d.R. Beschwerdeverfahrens berechtigt ist, binnen der in § 55 Abs. 3 FamGKG genannten Frist von Amts wegen den Verfahrenswert der ersten Instanz zu korrigieren. Dies gilt aber dann nicht, wenn das Familiengericht im ersten Rechtszug überhaupt keinen Wert festgesetzt hat.[26] Hier beginnt die

---

20 OLG Frankfurt a. M., Beschl. v. 30.1.2015, 5 UF 360/14 – juris –; OLG Karlsruhe FamRZ 2006, 631; BeckOK-Streitwert/*Dürbeck*, „Verbund" Rn. 3.2
21 OLG Dresden RVGreport 2010, 472; OLG München AGS 2006, 249; HK-FamGKG/*N. Schneider* § 40 Rn. 38 (§ 40 Abs. 2 Satz 2 FamGKG analog)
22 BeckOK-Streitwert/*Dürbeck*, „Verbund" Rn. 5
23 NK-GK/*H. Schneider* KV FamGKG Nr. 1310 Rn. 15
24 HK-FamGKG/*Volpert* Nr. 1310 KV FamGKG Rn. 34
25 Zur Kritik an der anderweitigen Praxis: *N. Schneider/Thiel*, NJW 2013, 25
26 OLG Köln DGVZ 1986, 151; BeckOK-Streitwert/*Dürbeck*, „Verfahren der Wertfestsetzung" Rn. 5

6-Monatsfrist überhaupt nicht zu laufen und die Wertfestsetzung ist durch die Vorinstanz nachzuholen.[27]

b. Beschwerde

Gem. § 59 Abs. 1 Satz 1 FamGKG kann gegen den Beschluss des Familiengerichts, durch **15** den der Verfahrenswert nach § 55 Abs. 2 FamGKG festgesetzt wurde, **Beschwerde** eingelegt werden, wenn der Wert des Beschwerdegegenstandes **200,00 Euro** übersteigt oder das Familiengericht wegen **grundsätzlicher Bedeutung** die Beschwerde **zugelassen** hat. Wertbeschwerden gegen Entscheidungen der Oberlandesgerichte sind nach § 59 Abs. 7 FamGKG **unanfechtbar**; hier verbleibt nur die Gegenvorstellung als außerordentlicher Rechtsbehelf.[28] Beschwerdeberechtigt sind im Rahmen von § 59 FamGKG die Verfahrensbeteiligten, soweit sie wertabhängige Gerichts- oder Rechtsanwaltskosten zu tragen haben. Zur Beschwerde berechtigt sind nach § 59 FamGKG grundsätzlich auch die Verfahrensbevollmächtigten, soweit sich die Gebühren für die eigene Tätigkeit nach dem gerichtlich bestimmten Wert orientieren (vgl. § 32 Abs. 1 und 2 RVG). Auch die Staatskasse ist zur Beschwerde berechtigt.[29] Die Wertbeschwerde ist nach § 59 Abs. 1 Satz 3 FamGKG binnen der **6-Monatsfrist** des § 55 Abs. 3 Satz 2 FamGKG (6 Monate nach Rechtskraft oder Erledigung der Hauptsache) einzulegen. Das Oberlandesgericht entscheidet nach §§ 59 Abs. 1 Satz 5, 57 Abs. 5 Satz 1 FamGKG grds. durch den **Einzelrichter**. Dieser kann nach §§ 59 Abs. 1 Satz 5, 57 Abs. 5 Satz 2 FamGKG das Verfahren auf den Senat übertragen, wenn die Sache besondere Schwierigkeiten tatsächlicher oder rechtlicher Art aufweist oder die Rechtssache grundsätzliche Bedeutung hat. Die Entscheidung des Oberlandesgerichts ist nach §§ 59 Abs. 1 Satz 5, 57 Abs. 7 FamGKG unanfechtbar, es besteht aber die Möglichkeit einer Gehörsrüge nach § 61 FamGKG oder einer Gegenvorstellung als außerordentlicher Rechtsbehelf. Das Beschwerdeverfahren ist nach § 59 Abs. 3 FamGKG **gerichtsgebührenfrei**, Nr. 1912 KV FamGKG gilt mithin nicht.

c. Kindschaftssachen nach § 45 Abs. 1 Nr. 1 bis 4 FamGKG

aa. Grundsätze

Für Kindschaftssachen, die nach § 45 Abs. 1 Nr. 1 FamGKG die **Übertragung oder Ent-** **16** **ziehung der elterlichen Sorge** (§§ 1626a Abs. 2, 1671 Abs. 1 und 2, 1666, 1628, 1629 Abs. 2 Satz 3, 1630 Abs. 3, 1673 Abs. 2 Satz 3, 1678 Abs. 2, 1680 Abs. 2 und 3, 1681, 1751 Abs. 3, 1764 Abs. 4, 1696 BGB), nach Nr. 2 das **Umgangsrecht** (§§ 1684, 1685, 1686a, 1696 BGB), nach Nr. 3 das Recht auf **Auskunft über die persönlichen Verhält-** **nisse des Kindes** (§§ 1686, 1686a BGB) und nach Nr. 4 die **Herausgabe des Kindes** (§ 1632 Abs. 1 und 4 BGB) betreffen, bestimmt § 45 Abs. 1 FamGKG einen Regelverfahrenswert von einheitlich 3000,00 Euro. Zu betonen ist, dass von § 45 Abs. 1 Nr. 1 FamGKG nicht sämtliche Sorgerechtsverfahren umfasst sind. Bei Vorhandensein **mehrerer Kinder** bestimmt § 45 Abs. 2 FamGKG, dass insoweit **keine Wertaddition** zu erfolgen hat.[30] Mehraufwand für das Gericht und die Verfahrensbevollmächtigten kann aber hier zu einer Werterhöhung nach § 45 Abs. 3 FamGKG führen, wenn z.B. die Kinder bei verschiedenen Elternteilen leben und unterschiedlichen Interessenslagen bestehen.

---

27 BFH BB 1978, 1508; OLG Frankfurt a. M. BeckRS 2012, 07011
28 BGH NJW 2013, 470
29 OLG Düsseldorf MDR 2000, 789
30 OLG Frankfurt a. M. BeckRS 2014, 01628; OLG Karlsruhe ZKJ 2009, 174

bb. Wertaddition?

17 Eine **Wertzusammenrechnung** nach § 33 Abs. 1 Satz 1 FamGKG findet auch dann nicht statt, wenn **beide Elternteile Anträge nach § 1671 Abs. 1 Nr. 2 BGB** stellen, weil es sich nach § 39 Abs. 1 Satz 3 FamGKG um dieselbe Sorgerechtsangelegenheit handelt.[31] Gleiches gilt für den Fall **widersprechender wechselseitiger „Anträge"** der Eltern in Verfahren nach § 1666 BGB.[32] Eine Addition nach § 33 Abs. 1 Satz 1 FamGKG findet aber statt, wenn das Gericht **ein Sorgerechtsverfahren mit einem Umgangsverfahren** nach § 45 Abs. 1 Nr. 2 FamGKG oder **Kindesherausgabeverfahren** nach § 45 Abs. 1 Nr. 4 FamGKG in einem einheitlichen Verfahren (ggf. nach einer Verbindung nach § 20 FamFG) führt.[33] Wird der Auskunftsanspruch des leiblichen, nicht rechtlichen Vaters nach § 1686a Abs. 1 Nr. 2 BGB im Verfahren kumulativ zum Umgangsrecht nach § 1686a Abs. 1 Nr. 1 BGB geltend gemacht, hat eine Wertaddition der Einzelwerte nach § 45 Abs. 1 Nr. 2 und 3 FamGKG gemäß § 33 Abs. 1 Satz 1 FamGKG zu erfolgen, so dass sich ein Gebührenverfahrenswert von 6.000,00 Euro ergibt. Wird der Auskunftsanspruch **hilfsweise für den Fall der Nichtregelung des Umgangsrechts** geltend gemacht, gilt § 39 Abs. 1 Satz 2 FamGKG, so dass eine Addition dann erfolgt, wenn das Familiengericht über den hilfsweise gestellten Auskunftsantrag entschieden hat.[34]

cc. Abweichungen vom Regelwert

18 Im Vordergrund der Gerichtspraxis steht bei Sorgerechtsverfahren nach § 45 Abs. 1 Nr. 1 FamGKG und Umgangsverfahren nach § 45 Abs. 1 Nr. 2 FamGKG die Frage, wann **Abweichungen vom Regelwert nach oben oder unten gemäß § 45 Abs. 3 FamGKG** vorzunehmen sind.[35] Nach § 45 Abs. 3 FamGKG kann das Familiengericht einen höheren oder niedrigeren Wert bestimmen, soweit der in Abs. 1 bestimmte Regelwert nach den besonderen Umständen des Einzelfalles unbillig ist. Umstände, die für eine **Erhöhung** des Regelwertes sprechen, sind eine **ungewöhnlich lange Verfahrensdauer, erheblicher Mehraufwand** für das Familiengericht und die Verfahrensbevollmächtigten, z.B. durch mehrere Anhörungstermine,[36] die Einholung eines **kinderpsychologischen Sachverständigengutachtens** in Verfahren nach § 1671 Abs 1 und 2 BGB.[37]

In Verfahren nach **§ 1666 BGB** stellen die Durchführung zweier Anhörungstermine und die Einholung eines Sachverständigengutachtens aber eher den Regelfall dar, hier ist nicht ohne Hinzutreten weiterer Umstände (z.B. Verfahrensdauer, Einholung eines Obergutachtens) eine Werterhöhung angezeigt. Eine erschwerte Kommunikation mit den Verfahrensbeteiligten, z.B. wegen **fehlender Deutschkenntnisse der Eltern und der Kinder** kann ebenfalls eine Werterhöhung indizieren.[38] Im Bereich der Vermögenssorge kann die Höhe des Kindesvermögens eine Werterhöhung erfordern.[39] Im Bereich der Umgangsverfahren können etwa schwerwiegende psychische Erkrankungen von Elternteilen[40] oder schwerwiegende Verfehlungen der Umgangsberechtigten (z.B. sexueller Missbrauch) eine Werterhöhung rechtfertigen, wenn sie das Verfahren und vor allem die Beweiserhebung nachhaltig erschwert haben. In **Verfahren nach § 1686a BGB** über Umgang oder Auskunft

---

31 OLG Celle FamRZ 2012, 1746
32 OLG Schleswig FamRZ 2014, 237
33 *Vogel*, FPR 2010, 313, 314
34 Beck/OK-Streitwert/*Dürbeck*, „Auskunft" Rn. 2
35 Ausführlich dazu: KG BeckRS 2014, 14562; *Thiel/N. Schneider*, FPR 2010, 323
36 KG FamRZ 2013, 723; OLG Schleswig FamRZ 2012, 241
37 OLG Celle NJW 2011, 1373; OLG Düsseldorf RVGreport 2011, 347; a.A. OLG Düsseldorf BeckRS 2014, 21378; OLG Hamm FamRZ 2012, 1971
38 *Thiel/N. Schneider*, FPR 2010, 323
39 BeckOK-Streitwert/*Dürbeck*, „Sorgerechtsverfahren" Rn. 10a; FA-FamR/*Keske* 17. Kap. Rn. 99
40 OLG Hamburg AGS 2010, 248

führt allein der Umstand, dass zur Klärung der **Abstammung des Kindes** ein Sachverständigengutachten eingeholt worden ist, nicht zu einer Erhöhung des Verfahrenswerts.[41]

Für eine **Absenkung** des Regelwertes sprechen dagegen das von Anfang an vorhandene **Einverständnis des anderen Elternteiles** bei einer Übertragung nach § 1671 Abs. 1 und 2 Nr. 1 BGB[42] oder die **Ablehnung der Beiordnung** eines Verfahrensbevollmächtigten im Rahmen der Verfahrenskostenhilfe nach § 78 FamFG mangels Schwierigkeit der Sach- und Rechtslage.[43] Auch der Umstand, dass lediglich ein begrenzter **Teilbereich** der elterlichen Sorge, wie z.B. die Vermögenssorge für das Kind, Gegenstand des Verfahrens ist, kann u.U. eine Herabsetzung des Wertes indizieren, zumindest wenn das Verfahren nicht umfangreich und schwierig ist.[44] Schließlich dürfte eine Absenkung des Regelwertes im Regelfall bei der Durchführung des **vereinfachten schriftlichen Verfahrens nach § 155a Abs. 2 und 3** FamFG bei der Begründung der gemeinsamen elterlichen Sorge für nicht eheliche Kinder in Betracht kommen, da das Verfahren ohne mündliche Erörterung und ohne großen Aufwand in beschleunigter Form durchgeführt wird.[45]

19

dd. Einstweiliges Anordnungsverfahren

Im Verfahren der **einstweiligen Anordnung** nach §§ 49 ff. FamFG beträgt der Verfahrenswert in den unter § 45 Abs. 1 FamGKG fallenden Kindschaftssachen gemäß § 41 FamGKG grundsätzlich **½ des Hauptsachewerts**, also 1500,00 Euro. Der Ansatz der vollen Werte des § 45 Abs. 1 FamGKG kommt auch dann nicht in Betracht, wenn die einstweiligen Anordnungen ein Hauptsacheverfahren entbehrlich machen, da das einstweilige Anordnungsverfahren seiner Natur nach auch im Bereich der Leistungsanordnungen nur auf eine vorläufige Regelung ausgerichtet ist und es den Beteiligten offen steht, eine endgültige Regelung in einem Hauptverfahren zu erreichen, ohne dass eine Bindung an die vorläufige Entscheidung im EA-Verfahren bestünde.[46] Es ist daher im Regelfall bei einer Verfahrensbeendigung durch eine gerichtliche Entscheidung eine Ermäßigung auf den halben Wert vorzunehmen. Schließen die Beteiligten einen Vergleich, der z. B. das Sorge- oder Umgangsrecht nicht nur vorläufig, sondern endgültig regeln soll und legt das Gericht seiner Entscheidung den Vergleich zugrunde, ist der volle Wert nach §§ 41, 45 FamGKG nur für den für den Vergleichswert anzusetzen.[47]

20

d. Genehmigung einer Erklärung oder deren Ersetzung § 36 FamGKG

In Kindschaftssachen vorgesehene Fälle der **Erteilung einer richterlichen Genehmigung einer Erklärung** oder der **gerichtlichen Ersetzung einer Erklärung** existieren vor allem im Bereich des Sorge-, Vormundschafts- und Pflegschaftsrechts. Zu nennen sind die familiengerichtliche Genehmigung von Rechtsgeschäften für das Kind durch die sorgeberechtigten Eltern, Vormund oder Pfleger (§§ 1643 Abs. 1 und 2, 1821, 1822, 1915 BGB), die Genehmigung zum Betrieb eines Erwerbsgeschäfts nach § 112 BGB oder die Ersetzung der Genehmigung nach § 113 Abs. 3 BGB. § 36 FamGKG erfasst nur Fälle, in denen es um die **vermögensmäßigen Angelegenheiten des Kindes** geht. Die Fälle der Erteilung einer Genehmigung einer Erklärung oder deren Ersetzung in nicht vermögensrechtlichen Angelegenheiten, wie z. B. bei der Einbenennung nach § 1618 Satz 4 BGB oder Eheschließung eines Minderjährigen nach § 1315 Abs. 1 Nr. 1 und 3 BGB, fallen unter die Auffang-

21

41 BeckOK-Streitwert/*Dürbeck*, „Umgangsverfahren" Rn. 6 ; a.A. *Keuter*, ZKJ 2014, 16
42 OLG Schleswig FamRZ 2012, 241
43 OLG Celle MDR 2012, 779
44 OLG Brandenburg JurBüro 2012, 589
45 *Dürbeck*, ZKJ 2013, 330 (334); a.A. jeweils ohne Begründung: OLG Karlsruhe BeckRS 2014, 14733; OLG Frankfurt a. M. FamRZ 2014, 852
46 OLG Stuttgart AGS 2010, 617
47 OLG Nürnberg FamRZ 2011, 756

wertbestimmungsnorm des § 42 Abs. 2 und 3 FamGKG (*vgl. Rn. 23*). Der Wert für die gerichtliche Genehmigung einer Erklärung oder deren Ersetzung bestimmt sich nach § 36 Abs. 1 Satz 1 FamGKG in vermögensrechtlichen Angelegenheiten nach dem **Wert des der Genehmigung oder Ersetzung** zugrunde liegenden Geschäfts, also z.B. nach dem Wert eines Nachlasses (abzgl. Schulden) bei **Ausschlagung einer Erbschaft** für das Kind im Falle von § 1643 Abs. 2 BGB[48] oder nach dem Wert einer Wohnung bei einem **notariellen Kaufvertrag** im Falle von § 1821 Abs. 1 Nr. 1 BGB.[49] Für die Wertermittlung im Einzelnen verweist § 36 Abs. 1 Satz 2 FamGKG auf § 38 des **zum 1.8.2013 in Kraft getretenen GNotKG** und die für die Beurkundung geltenden besonderen Geschäftswert- und Bewertungsvorschriften des GNotKG.[50]

e. Übrige Kindschaftssachen nach § 46 FamGKG

22 Die Überschrift in § 46 FamGKG „Übrige Kindschaftsverfahren" ist missverständlich und suggeriert, dort seien alle von § 45 FamGKG nicht erfassten Kindschaftssachen der § 151 Nr. 1, 5 bis 9 FamFG geregelt. Von § 46 FamGKG werden jedoch grds. nur **vermögensrechtliche** Kindesangelegenheiten erfasst, die wiederum nicht bereits in §§ 45 Abs. 1 Nr. 1, 36 FamGKG geregelt sind. Eine Wertbestimmung enthält § 46 Abs. 2 FamGKG für **Pflegschaften betreffend einzelne Rechtshandlungen**. § 46 Abs. 1 FamGKG selbst verweist nur auf § 38 GNotKG und die für die Beurkundung geltenden besonderen Geschäftswert- und Bewertungsvorschriften des GNotKG, die aber ihrerseits keine eigenständige Bewertungsvorschrift für die hier im Raum stehenden Fälle enthalten. Darüber hinaus erfasst § 46 Abs. 1 FamGKG lediglich solche Kindschaftsverfahren, die die **Vermögenssorge** betreffen, allerdings auch dann wegen des Vorrangs von § 45 Abs. 1 Nr. 1 FamFG nicht, wenn es um die Übertragung der Vermögenssorge nach § 1671 Abs. 2 BGB oder deren Entzug nach § 1666 BGB geht.[51] Für alle von §§ 45, 46, 36 FamGKG nicht erfassten Kindschaftssachen nicht vermögensrechtlicher Art ist auf die Auffangregelung in **§ 42 Abs. 2 und 3 FamGKG** zurückzugreifen (*vgl. dazu Rn. 23*).

f. Nicht von §§ 36, 45, 46 FamGKG erfasste Kindschaftssachen

23 Nicht von §§ 45 Abs. 1 Nr. 1, 46 Abs. 1 und 2, 36 FamGKG erfasste Angelegenheiten des Kindes **nichtvermögensrechtlicher Art**, wie z.B. Verfahren in Fragen betreffend die Ersetzung der Einwilligung eines Elternteiles in die **Einbenennung** nach § 1618 Satz 4 BGB, die Genehmigung der (erstmaligen) **Religionsbestimmung für das Pflegekind** durch den Vormund/Pfleger gemäß § 3 Abs. 2 RKEG oder die Erteilung einer familiengerichtlichen Genehmigung für die Beantragung einer **Namensänderung** gem. § 2 NamÄndG sind **nach § 42 Abs. 2 und 3 FamGKG** zu bewerten, soweit für sie Wertgebühren anfallen. Dies gilt auch für die Bewertung von **HKÜ-Verfahren**, die insbesondere nicht unter § 45 Abs. 1 Nr. 4 FamGKG fallen.[52] Nach § 42 Abs. 2 FamGKG ist bei nichtvermögensrechtlichen Angelegenheiten der Wert unter Berücksichtigung aller Umstände des Einzelfalles, insbesondere des **Umfanges und der Bedeutung der Sache** und der **Einkommens- und Vermögensverhältnisse der Beteiligten** nach **billigem Ermessen** zu bestimmen, wobei als **Höchstwert 500.000,00 Euro** anzunehmen sind. Nach § 42 Abs. 3 FamFG ist der Wert dann auf **5.000,00 Euro** festzusetzen, falls keine hinreichenden Anhaltspunkte i.S.d. Kriterien von § 42 Abs. 2 FamGKG vorliegen.[53] Hierbei ist aber auch die Bewertung

---

48 OLG München FamRZ 2013, 904
49 OLG Hamm BeckRS 2013, 13751
50 Vgl. dazu *Diehn*, DNotZ 2013, 406; *Keske*, FuR 2013, 546
51 *Hartmann*, Kostengesetze, § 46 FamGKG Rn. 1; a.A. *Vogel*, FPR 2010, 313, 315
52 OLG Bremen NJW-RR 2013, 1351; OLG Düsseldorf FamRZ 2011, 1575; OLG Nürnberg FamRZ 2010, 1575; a.A. OLG Hamm NJW-RR 2013, 69; OLG Stuttgart FamRZ 2012, 238; OLG Karlsruhe FamRZ 2012, 468; BeckRS 2015, 03340
53 OLG Nürnberg BeckRS 2014, 07092

von Kindschaftssachen nach § 45 Abs. 1 FamGKG (3000,00 Euro) mit zu berücksichtigen.[54] Keiner Bewertung in Ansehung der Gerichtskosten bedürfen **gebührenfreie Kindschaftsverfahren** wie Unterbringungsverfahren nach § 151 Nr. 6 und 7 FamFG (Vorb. 1.3.1 Abs. 1 Nr. 2 KV FamGKG) und Verfahren betreffend Aufgaben nach dem JGG nach § 151 Nr. 8 FamFG (KV Vorb. 1.3.1. Nr. 3 FamGKG) und solche Kindschaftssachen, in denen **Festgebühren** vorgesehen sind, wie sie bei Vormundschaften und Dauerpflegschaften (Nr. 1311 KV FamGKG) vorgesehen sind.

---

54 OLG Frankfurt a. M. BeckRS 2014, 05136; OLG Koblenz BeckRS 2014, 04288

Übersicht Gebührenverfahrenswert

Festsetzung

von Amts wegen, falls die Höhe der Gerichtskosten wertabhängig sind

oder

auf Antrag zur Wertbestimmung der anwaltlichen Tätigkeit nach § 33 RVG

Unterscheidung Hauptsache und einstweiliges Anordnungsverfahren (e.A.)
⇨ Für e.A. ½ Wert, § 41 FamGKG

HÖHE DES VERFAHRENSWERTES IN EINZELNEN KINDSCHAFTSSACHEN:

1. § 45 FamGKG: Regelwert 3.000,00 Euro für Kindschaftssachen der Übertragung oder Entziehung des Sorgerechts, des Umgangsrechts, des Rechts auf Auskunft über das Kind oder Kindesherausgabe

(A u s n a h m e: Erhöhung oder Absenkung des Regelwertes bei besonderen Umständen)

2. § 36 FamGKG bei Genehmigung einer vermögensrechtlichen Erklärung oder deren Ersetzung: Verkehrswert des Grundgeschäfts i.V.m. GNotKG

3. § 46 FamGKG übrige vermögensrechtliche Kindschaftssachen: Bestimmungen des GNotKG

4. Sonstige Kindschaftssachen (z.B. Verfahren nach dem HKÜ) : § 42 FamGKG im Zweifel 5.000,00 Euro

IV. Gerichtliche Auslagen

Die erstattungspflichtigen **Auslagen des Familiengerichts** sind in Teil 2 KV FamGKG **24** Nr. 2000-2015 abschließend geregelt. Zu nennen sind insoweit **pauschale Aufwendungen** für die Herstellung und Überlassung von **Dokumenten** (Nr. 2001 KV), Aufwendungen für vom Gericht veranlasste **Zustellungen** (Nr. 2002 KV), für die **Versendung der Akten** (Nr. 2003), für die **Entschädigung von Zeugen, Sachverständigen und Dolmetschern** nach dem JVEG (Nr. 2005), **Reisekosten von Gerichtspersonen** für Handlungen außerhalb der Gerichtsstelle (z. B. Kindesanhörung bei einer Unterbringung in einer Klinik, Nr. 2006 KV) und in Kindschaftssachen vor allem Aufwendungen für die **Vergütung des Verfahrensbeistandes** (Nr. 2013 KV) und des **Umgangspflegers** (Nr. 2014 KV).

Für die gebührenfreien Kindschaftssachen nach § 151 Nr. 6-8 FamFG werden mit Ausnahme der Kosten für den Verfahrensbeistand keine Auslagen erhoben (vgl. Vorbem. 2 Abs. 3 KV). In den gebührenfreien Beschwerdeverfahren gilt dies aber nur, wenn das OLG sie nicht dem Gegner auferlegt hat (Vorbem. 2 Abs. 1 KV).[55]

V. Kostenhaftung

Ebenfalls im FamGKG geregelt ist die Frage, wer gegenüber der Staatskasse für die Ge- **25** richtskosten einzustehen hat. Hier ist zunächst derjenige Beteiligte zu nennen, dem durch die familiengerichtliche Entscheidung die Kosten des Verfahrens nach Maßgabe von §§ 81 ff. FamFG auferlegt worden sind (sog. **Entscheidungsschuldner**, § 24 Nr. 1 FamGKG). Die Gerichtskosten schuldet darüber hinaus derjenige, der durch eine von ihm abgegebene Erklärung die Kosten übernommen hat (sog. **Übernahmeschuldner**, § 24 Nr. 2 FamGKG). Hauptanwendungsfall ist hier die im verfahrensbeendigenden **Vergleich** getroffene Kostenregelung zwischen den Beteiligten.[56] Solche Fälle sind in Kindschaftssachen aber zum einen selten und zum anderen allenfalls dann gegeben, wenn das Verfahren nur auf Antrag eingeleitet werden kann. Darüber hinaus müssen die Beteiligten über den Verfahrensgegenstand verfügen können, was z. B. in einem Antragsverfahren nach § 1671 Abs. 1 und 2 BGB regelmäßig nicht der Fall ist, da nur das Familiengericht das Sorgerecht übertragen kann. Im Regelfall bedarf es in Kindschaftssachen zwingend einer Kostenentscheidung (§ 81 Abs. 1 Satz 3 FamFG). Denkbar wäre eine durch Vergleich getroffene Kostenübernahme hingegen, wenn im Rahmen eines Verfahrens nach § 1671 Abs. 1 BGB vergleichsweise geregelt wird, dass es bei dem gemeinsamen Sorgerecht verbleiben soll und eine hälftige Teilung der Gerichtskosten zwischen den Eltern vereinbart wird. Hier bedarf es keiner abschließenden gerichtlichen Entscheidung über den Verfahrensgegenstand und die Kosten.

Bedeutsam ist schließlich noch die Regelung in § 21 Abs. 1 S, 1 FamGKG, wonach in **rei-** **26** **nen Antragsverfahren**, derjenige als **Veranlasser** für die Kosten haftet, der das Verfahren des jeweiligen Rechtszuges beantragt hat. In der ersten Instanz betrifft dies nur diejenigen Kindschaftssachen, die ausschließlich auf Antrag eines Beteiligten eingeleitet werden können, wie z. B. Verfahren nach §§ 1671 Abs. 1 und 2, 1626a Abs. 2, 1686a, 1303 Abs. 2 BGB.[57] Da zweitinstanzliche Verfahren nicht von Amts wegen eingeleitet werden können, sondern der Einlegung einer Beschwerde bedürfen, kommt für die Gerichtskosten des Beschwerdeverfahrens dagegen immer eine Kostenhaftung des Beschwerdeführers nach § 21 Abs. 1 FamGKG in Betracht. Mehrere Kostenschuldner haften nach § 26 Abs. 1

55 Zu weiteren Auslagen vgl. *Keske*, FPR 2012, 241, 248
56 Zum Problem der Haftung bei Bewilligung von Verfahrenskostenhilfe: Büttner/Wrobel-Sachs/Gottschalk/ *Dürbeck* Rn. 644 ff.
57 Weitere Beispiele bei HK-FamGK/*H. Schneider* § 21 FamGKG Rn. 29

FamGKG grundsätzlich als **Gesamtschuldner**. Soweit ein Kostenschuldner nach § 24 Nr. 1 und 2 FamGKG als Erstschuldner haftet, soll aber die Haftung eines anderen Schuldners (sog. Zweitschuldner, vor allem der Veranlasser nach § 21 Abs. 1 FamGKG) nur dann in Anspruch genommen werden, wenn eine Zwangsvollstreckung in das bewegliche Vermögen des Erstschuldners erfolglos geblieben ist oder aussichtslos erscheint (§ 26 Abs. 2 Satz 1 FamGKG).

VI. Gerichtliches Verfahren zur Beitreibung der Gerichtskosten

1. Kostenansatz

27 Der Kostenansatz bei den Gerichtskosten erfolgt durch den **Kostenbeamten**. Der notwendige Inhalt der Kostenrechnung ist in § 27 KostVfg geregelt und soll dem Schuldner die erforderliche Transparenz zur Überprüfung des Kostenansatzes ermöglichen.[58]

2. Rechtsschutz

28 Gegen den Kostenansatz kann der von der Staatskasse in Anspruch genommene Schuldner nach § 57 Abs. 1 Satz 1 FamGKG **Erinnerung** einlegen. Es entscheidet darüber der Richter (bei dem OLG der Einzelrichter nach § 57 Abs. 5 FamGKG) des jeweiligen Rechtszuges. Gegen die Entscheidung des Familienrichters betreffend Kosten des ersten Rechtszuges kann nach § 57 Abs. 2 FamGKG **Beschwerde** zum Oberlandesgericht eingelegt werden, wenn der Beschwerdegegenstand 200,00 Euro übersteigt oder wenn sie der Familienrichter wegen der grundsätzlichen Bedeutung der Angelegenheit zugelassen hat. Gemäß § 57 Abs. 6 FamGKG haben Erinnerung und Beschwerde grundsätzlich keine aufschiebende Wirkung. Entscheidungen des Oberlandesgerichts sind in jedem Fall gemäß § 57 Abs. 7 FamGKG unanfechtbar. Erinnerungs- und Beschwerdeverfahren sind nach § 57 Abs. 8 Satz 1 FamGKG gebührenfrei, nach Satz 2 werden (außergerichtliche Kosten) nicht erstattet. Nicht gerügt werden kann im Verfahren der Erinnerung oder Beschwerde nach § 57 FamGKG, dass der Verfahrenswert zu hoch angesetzt worden sei.[59] Innerhalb der 6-Monatsfrist des § 55 Abs. 3 Satz 2 FamGKG ist der Familienrichter oder der Einzelrichter des jeweiligen Senates aber berechtigt, nach § 55 Abs. 3 Satz 1 FamGKG den festgesetzten Wert abzuändern.

VII. Rechtsanwaltskosten

1. Begriff und Höhe

29 Die Frage, ob und welche Vergütung der Beteiligte eines Kindschaftsverfahrens dem von ihm für das Verfahren beauftragten Rechtsanwalt schuldet, richtet sich nach dem RVG. Einzelheiten hierzu können an dieser Stelle nicht dargestellt werden, es ist hier speziell im Bereich der Familiensachen etwa auf die Werke von N. Schneider[60] und Jungbauer/Blaha[61] zu verweisen. Wie das FamGKG unterteilt auch das RVG die Anwaltskosten in die Gebühren des Rechtsanwalts für seine Tätigkeit und seine Auslagen. Nach § 2 Abs. 1 RVG bestimmt sich die Höhe einer Gebühr – vorbehaltlich einer grundsätzlich zulässigen Honorarvereinbarung, vgl. § 3a RVG – nach dem Wert des Gegenstandes der anwaltlichen Tätigkeit. Dieser Wert entspricht im Regelfall dem für die Gerichtsgebühren vom Familiengericht festgesetzten Wert (§§ 23 Abs. 1, 32 Abs. 1 RVG), so dass etwa bei einem Umgangsverfahren der nach § 45 Abs. 1 Nr. 2 FamGKG für die Gerichtskosten festgesetzte Wert von 3.000,00 Euro dem Wert der anwaltlichen Tätigkeit entspricht. Nur soweit vom Familiengericht kein Wert für die Gerichtskosten festzusetzen ist, z. B. weil das Verfahren gerichts-

---

58 Vgl. OLG Schleswig SchlHA 2012, 111; weitere Einzelheiten bei HK-FamGKG/*Volpert* § 18 Rn. 5 ff.
59 HK-FamGKG/*Volpert* § 57 Rn. 9
60 Gebühren für Familiensachen, 2009
61 Abrechnung in Familiensachen, 3. Aufl., 2014

gebührenfrei ist, keine Gerichtskosten erhoben werden oder Festgebühren, wie sie im Verfahren der sofortigen Beschwerde oder in Dauervormundschaften bestehen, ist der Wert der anwaltlichen Tätigkeit auf Antrag nach §§ 32 Abs. 2, 33 RVG vom Familiengericht gesondert festzusetzen.[62]

Für die Vertretung des Beteiligten im (isolierten) Kindschaftsverfahren erhält der Rechtsanwalt nach Nr. 3100 VV RVG zunächst eine **1,3 Verfahrensgebühr**. Hinzukommt für die regelmäßige Wahrnehmung eines gerichtlichen Anhörungstermins nach Nr. 3104 VV RVG eine **1,2 Terminsgebühr**, so dass sich in einer Kindschaftssache nach § 151 Nr. 1-3 FamFG regelmäßig – auch für den im Rahmen der Verfahrenskostenhilfe beigeordneten Rechtsanwalt, für den nach § 49 RVG erst ab einem Wert von 4.000,00 Euro niedrigere Gebühren bestehen – Anwaltsgebühren in Höhe von netto 502,50 Euro (vgl. Tabelle Anlage 2 zu § 13 Abs. 1 Satz 3 RVG) ergeben. Hinzukommen kann in Kindschaftssachen noch nach Nr. 1000, 1003 VV RVG eine **1,0 Einigungsgebühr** (201,00 Euro netto bei einem Wert von 3.000,00 Euro) für die Mitwirkung beim Abschluss eines „Vertrages" im Sinne eines gerichtlichen Vergleichs. Vor Inkrafttreten des 2. Kostenrechtsmodernisierungsgesetzes zum 31.8.2013 war streitig, ob bei einer Einigung über das Sorgerecht mangels Verfügungsbefugnis der Beteiligten überhaupt die Einigungsgebühr für den Rechtsanwalt entstehen kann.[63] In Abs. 2 von Nr. 1003 VV RVG ist jedoch nunmehr vom Gesetzgeber klargestellt worden, dass die Gebühr in Kindschaftssachen auch für die Mitwirkung am Abschluss eines gerichtlich noch zu billigenden Vergleichs (§ 156 Abs. 2 FamFG) und an einer Vereinbarung, über dessen Gegenstand nicht vertraglich verfügt werden kann, entsteht, wenn hierdurch eine gerichtliche Entscheidung entbehrlich wird oder wenn die Entscheidung der Vereinbarung folgt. Letztere Voraussetzungen sind bei einem Verfahren nach § 1666 BGB nicht denkbar[64]. Zweifelhaft ist heute vor allem noch die Frage, ob die Einigungsgebühr auch für die Mitwirkung an einem **Zwischenvergleich**, wie er nicht häufig in Umgangssachen geschlossen wird (z. B. vorläufige Ferienregelung), entsteht.[65] Bejaht man das Entstehen der anwaltlichen Einigungsgebühr ist als Wert der anwaltlichen Tätigkeit für den Abschluss der Zwischenvereinbarung naturgemäß nicht der volle Hauptsachewert anzusetzen, sondern nur ein Bruchteil hiervon.[66] Ein häufiger Streitpunkt stellen darüber hinaus gerichtliche Vergleiche in Kindschaftssachen (z. B. Sorgerecht) dar, in denen ein anderer Verfahrensgegenstand (z. B. Umgang) in einem sog. **Mehrvergleich** mitgeregelt wird. Hier entsteht für den Wahlanwalt unzweifelhaft hinsichtlich der Umgangssache eine 0,8 Differenzverfahrensgebühr nach Nr. 3101 Nr. 2 VV RVG (begrenzt nach § 15 Abs. 3 RVG auf 1,3 aus 6.000), eine 1,5 Einigungsgebühr nach Nr. 1000 VV RVG (begrenzt nach § 15 Abs. 3 RVG auf 1,5 aus 6000) und insgesamt eine Terminsgebühr von 1,2 aus 6.000 (Nr. 3104 Abs. 1 und 2 VV RVG, 15 Abs. 5 Satz 1 RVG). Höchst umstritten ist die Problematik aber dann, wenn der Rechtsanwalt in obigen Beispiel nach § 78 FamFG im Rahmen der Verfahrenskostenhilfe – außerhalb einer Ehesache, hier stellt sich das Problem nicht mehr, vgl. dazu § 48 Abs. 3 Nr. 3 und 4 RVG – beigeordnet war und nunmehr die Gebühren auch für die „mitverglichene" Umgangssache gegen die Staatskasse geltend macht. Nach zutreffender Auffassung erhält der Rechtsanwalt hier nur dann die Vergleichsgebühr auch

30

---

62 Einzelheiten zum Verfahren: BeckOK Streitwert/*Dürbeck*, „Verfahren der Wertfestsetzung" Rn. 13
63 Vgl. zum früheren Streitstand,: *Jungbauer/Blaha* § 4 Rn. 280 f.
64 OLG Saarbrücken NZFam 2014, 1001 .
65 Vgl. etwa: sehr weitgehend zu einer Umgangszwischenvereinbarung OLG Celle, Beschl. v. 26.1.2015, 10 WF 205/14 – juris –; OLG Zweibrücken AGS 2014, 269 m. Anm. *Thiel* und *N. Schneider* und OLG Saarbrücken NJW-RR 2012, 522; enger zum Umgang OLG Köln FamRZ 2009, 714 und KG FamRZ 2011, 191, restriktiv zum Sorgerecht OLG Hamm JurBüro 2013, 242; vgl. auch die Zusammenfassung von *Thiel*, AGS 2014, 270 und *Jungbauer/Blaha* § 4 Rn. 289 ff.
66 Etwa analog § 41 FamGKG ½ des Hauptsachewerts, vgl. OLG Celle, Beschl. v. 26.1.2015, 10 WF 205/14 – juris –; *N. Schneider*, AGS 2014, 272

für die nicht rechtshängige Kindschaftssache, wenn er nach dem insoweit maßgeblichen Beschluss auch für den Abschluss des Vergleichs insoweit beigeordnet wurde.[67] Die Bewilligung von Verfahrenskostenhilfe für den Abschluss eines Mehrvergleichs umfasst dabei nicht die Differenzverfahrens- und terminsgebühr und dies ist nach zutreffender Auffassung auch nicht möglich, weil eine Prüfung der Erfolgsaussichten nicht möglich ist.[68] Schließlich kann nach Nr. 1010 VV RVG auch in Kindschaftssachen die zum 1.8.2013 neu eingeführte **0,3 Zusatzgebühr für besonders umfangreiche Beweisaufnahmen** entstehen, wenn mindestens drei Beweisaufnahmetermine stattgefunden haben, in denen Zeugen oder Sachverständige vernommen worden sind, was in schwierigen Verfahren nach § 1666 BGB durchaus vorkommen kann. Im **Ehescheidungsverbund** nach Maßgabe von § 137 Abs. 3 FamFG als Folgesachen geführte Kindschaftssachen gelten auch in Bezug auf die Anwaltsgebühren nicht als selbstständig, sondern nach § 16 Nr. 4 RVG als eine Angelegenheit. Die wertabhängige Berechnung der Anwaltsgebühren erfolgt nach § 23 Abs. 1 Satz 1 RVG wie bei den Gerichtsgebühren im Rahmen einer begrenzten Addition der Einzelwerte von Ehescheidung und aller Folgesachen (vgl. Rn. 7 und § 44 Abs. 2 FamGKG).

31   Im **Beschwerdeverfahren** nach §§ 58 ff. FamFG erhält der Rechtsanwalt nach Nr. 3200 RVG eine **1,6 Verfahrensgebühr**, die **Terminsgebühr** beläuft sich auch hier auf **1,2** (vgl. Nr. 3202 VV RVG). Trifft das Oberlandesgericht eine Entscheidung ohne erneute persönliche Anhörung der Beteiligten nach **§ 68 Abs. 3 Satz 2 FamFG**, entsteht die Terminsgebühr für die Anwälte nicht, da § 68 Abs. 3 FamFG in Nr. 3202 Abs. 2 VV RVG nicht erwähnt ist.[69]

32   Zu den Gebühren des Rechtsanwalts kommen seine (erstattungsfähigen) **Auslagen** hinzu. Diese sind in Teil 7 Nr. 7000 ff. VV RVG geregelt. Zu nennen sind **pauschale Aufwendungen** für die Herstellung und Überlassung von **Dokumenten** (Nr. 7000 VV), Entgelte für **Post- und Telekommunikationsdienstleistungen** (Nr. 7001, 7002) und **Fahrtkosten**, Tage- und Abwesenheitsentgelt (Nr. 7003-7006). Häufig wird hier nur die **Pauschale von 20,00 Euro** nach Nr. 7002 VV RVG abgerechnet. Hinzukommt schließlich noch die **Umsatzsteuer** in Höhe von 19% auf Gebühren und Auslagen (Nr. 7008 VV RVG).

2. Geltendmachung der Anwaltskosten

a. Gegenüber dem Mandanten

33   Der Anspruch des Rechtsanwalts gegenüber dem Mandanten auf Zahlung der vereinbarten Vergütung ergibt sich aus dem Anwaltsvertrag. Bereits vor Fälligkeit des Anspruchs kann der Wahlanwalt einen **Vorschuss** nach § 9 RVG verlangen. Nach Fälligkeit (§ 8 RVG) kann der Rechtsanwalt nach **§ 11 RVG Festsetzung seiner Vergütung** bei dem zuständigen Rechtspfleger des Gerichts des ersten Rechtszuges verlangen. Zulässig im Verfahren sind Einwendungen oder Einreden des Mandanten, die im Gebührenrecht ihren Grund haben (§ 11 Abs. 5 RVG). Macht der Mandant dagegen sonstige Einwendungen oder Einreden geltend (z. B. Erfüllung, Aufrechnung, Schlechtleistung), so ist der Festsetzungsantrag nach § 11 Abs. 5 Satz 1 RVG abzulehnen und der Rechtsanwalt auf die Gebührenklage vor den ordentlichen Gerichten zu verweisen. Solange aber eine Vergütungsfestsetzung nach § 11 RVG möglich ist, fehlt einer Gebührenklage das Rechtsschutzbedürfnis.[70] Dies gilt

---

67 OLG Koblenz AGS 2014, 348; OLG Frankfurt am Main FamRZ 2013, 905
68 OLG Köln AGS 2015, 89; OVG Hamburg AGS 2015, 90; OLG Dresden BeckRS 2014, 10398; OLG Koblenz AGS 2014, 348; höchst str., vgl. zur Gegenansicht die Anmerkung von *Thiel* in AGS 2014, 351 und etwa OLG Celle AGS 2014, 580; OLG Karlsruhe NJW 2010, 1383
69 OLG Celle FF 2013, 168; KG FamRZ 2012, 812; *N. Schneider*, NZFam 2014, 403
70 BGHZ 21, 199; Hartung/Schons/*Enders* § 11 RVG Rn. 58

auch für ein Mahnverfahren.[71] Der Festsetzungsbeschluss ist ein **Vollstreckungstitel** nach §§ 11 Abs. 2 Satz 3 RVG, 794 Nr. 2 ZPO. Wurde dem Mandanten Verfahrenskostenhilfe bewilligt, ist der Anwalt nach §§ 76 Abs. 1 FamFG, 122 Abs. 1 Nr. 3 ZPO solange daran gehindert, seine Vergütung gegenüber dem Mandanten geltend zu machen, wie die Verfahrenskostenhilfe nicht aufgehoben worden ist.

b. Gegenüber anderen Beteiligten

Einen Kostenerstattungsanspruch gegen einen anderen Verfahrensbeteiligten hat der Rechtsanwalt auch in Kindschaftsverfahren dann, wenn nach einer **gerichtlichen Kostenentscheidung** oder einem **Vergleich** ein Beteiligter auch die **außergerichtlichen Kosten** des von ihm vertretenen Beteiligten zu tragen hat. Dies ist in Kindschaftssachen im ersten Rechtszug eher die Ausnahme (siehe näher hierzu *Dürbeck*, § 81 FamFG Rn. 3 ff.), im Beschwerdeverfahren nach § 84 FamFG bei Verwerfung oder Zurückweisung der Beschwerde eher häufiger der Fall. Trägt etwa der Kindesvater nach der Entscheidung des Oberlandesgerichts die Kosten des Beschwerdeverfahrens, so kann der Rechtsanwalt der Kindesmutter nach § 85 FamFG i. V. m. §§ 103 ff. ZPO die Rechtsanwaltsgebühren gegen den Kindesvater festsetzen lassen und nach § 794 Nr. 2 ZPO aus dem Kostenfestsetzungsbeschluss vollstrecken.

34

c. Gegenüber der Staatskasse

Gegenüber der Staatskasse hat der Rechtsanwalt in Kindschaftssachen nur einen Anspruch auf Erstattung seiner Kosten nach §§ 45 ff. RVG, wenn er nach § 78 FamFG im Rahmen der **Verfahrenskostenhilfe beigeordnet** wurde. Das Familiengericht ist im Übrigen nicht berechtigt, die außergerichtlichen Auslagen von Beteiligten nach §§ 81 ff. FamFG der Staatskasse aufzuerlegen.[72]

35

§ 81 FamFG Grundsatz der Kostenpflicht

(1) [1]**Das Gericht kann die Kosten des Verfahrens nach billigem Ermessen den Beteiligten ganz oder zum Teil auferlegen.** [2]**Es kann auch anordnen, dass von der Erhebung der Kosten abzusehen ist.** [3]**In Familiensachen ist stets über die Kosten zu entscheiden.**

(2) Das Gericht soll die Kosten des Verfahrens ganz oder teilweise einem Beteiligten auferlegen, wenn

1. **der Beteiligte durch grobes Verschulden Anlass für das Verfahren gegeben hat;**
2. **der Antrag des Beteiligten von vornherein keine Aussicht auf Erfolg hatte und der Beteiligte dies erkennen musste;**
3. **der Beteiligte zu einer wesentlichen Tatsache schuldhaft unwahre Angaben gemacht hat;**
4. **der Beteiligte durch schuldhaftes Verletzen seiner Mitwirkungspflichten das Verfahren erheblich verzögert hat;**
5. **der Beteiligte einer richterlichen Anordnung zur Teilnahme an einem kostenfreien Informationsgespräch über Mediation oder über eine sonstige Möglichkeit der außergerichtlichen Konfliktbeilegung nach § 156 Absatz 1 Satz 3 oder einer richterlichen Anordnung zur Teilnahme an einer Beratung nach § 156 Absatz 1 Satz 4 nicht nachgekommen ist, sofern der Beteiligte dies nicht genügend entschuldigt hat.**

(3) Einem minderjährigen Beteiligten können Kosten in Kindschaftssachen, die seine Person betreffen, nicht auferlegt werden.

---

71 Riedel/Sußbauer/*Ahlmann* § 11 RVG Rn. 60
72 OLG Nürnberg JAmt 2013, 647

(4) Einem Dritten können Kosten des Verfahrens nur auferlegt werden, soweit die Tätigkeit des Gerichts durch ihn veranlasst wurde und ihn ein grobes Verschulden trifft.

(5) Bundesrechtliche Vorschriften, die die Kostenpflicht abweichend regeln, bleiben unberührt.

Übersicht

A. Allgemeines

1   § 81 FamFG ist auch für Kindschaftssachen die zentrale Vorschrift für die Frage, **ob** das Familiengericht überhaupt **eine Kostenentscheidung zu treffen** hat und **nach welchen Grundsätzen** in diesem Fall die **Kosten zu verteilen** sind. Damit hat der Gesetzgeber die im früheren Recht bestehende zersplitterte Regelung in der KostO und in § 13a FGG zugunsten einer Harmonisierung des Verfahrensrechts aufgegeben.[1] Ergänzt wird § 81 FamFG durch die ihm folgenden Vorschriften über den Zeitpunkt der zu treffenden Kostenentscheidung (§ 82 FamG), Regelungen über die Kostenverteilung bei Vergleich, Antragsrücknahme und Erledigung(§ 83 FamFG) und der Kostentragung bei erfolglosen Rechtsmitteln.

Schließlich gilt § 81 FamFG wegen der Verweisung in § 51 Abs. 4 FamFG auch für **einstweilige Anordnungsverfahren** nach §§ 49 ff. FamFG. Eine Sondervorschrift besteht für **Vaterschaftsanfechtungsverfahren** in § 183 FamFG. Für Familienstreitsachen, zu den auch Verfahren betreffend den Kindesunterhalt zählen, gelten §§ 81 ff. FamFG nicht. Hier kommen vielmehr nach § 113 Abs. 1 Satz 2 FamFG die Vorschriften der ZPO (§§ 91 ff. ZPO) zur Anwendung, für Unterhaltssachen gilt die spezielle Regelung in § 243 FamFG. Befinden sich **Kindschaftssachen** nach § 137 Abs. 3 FamFG als Folgesachen im **Scheidungsverbund**, gilt für die einheitlich zu treffende Kostenentscheidung die gesetzliche Regelung in § 150 FamFG. Im Beschwerdeverfahren gelten hier im Rahmen der Billigkeitsabwägung von § 150 Abs. 4 FamFG auch die Grundsätze von § 84 FamFG, wenn die Beschwerde erfolglos ist.[2] Zur Kostenentscheidung in Abstammungssachen siehe näher *Grün*, § 183 FamFG Rn. 12 ff.

---

1 Ausführlich zum Vergleich mit dem früheren Recht: *Finke*, FPR 2010, 331
2 OLG Karlsruhe, Beschl. v. 19.1.2015, 5 UF 167/14 – juris –

B. Inhalt der Norm

I. Obligatorische Kostenentscheidung

§ 81 Abs. 1 Satz 3 FamFG bestimmt, dass in **Familiensachen** (der freiwilligen Gerichtsbarkeit), zu denen Kindschaftssachen ausnahmslos zählen, **stets** vom Familiengericht **über die Kosten zu entscheiden** ist. Eine Ausnahme besteht nur dann, wenn die Beteiligten selbst in einem Vergleich die Frage der Kostentragung geregelt haben, was aber in Kindschaftssachen selten der Fall ist, weil dies nur in reinen Antragsverfahren (§ 23 FamFG) möglich ist, deren Gegenstand zudem der Disposition der Beteiligten unterliegen muss (siehe näher hierzu *Dürbeck*, § 83 FamFG Rn. 2).[3]

Eine Kostenentscheidung ist nach § 82 FamFG in der die **Instanz abschließenden Entscheidung** zu treffen, Zwischenentscheidungen dürfen keine Kostenregelungen enthalten.[4] Soweit in reinen Antragsverfahren die Akte nach den Vorschriften der AktO wegen Nichtbetreibens nach 6 Monaten weggelegt wird, steht dieser gerichtsinterne Verwaltungsvorgang der Beendigung des Verfahrens durch eine Entscheidung oder einen Vergleich nicht gleich, so dass insoweit keine Kostenentscheidung getroffen werden darf.[5]

II. Inhalt der Kostenentscheidung

1. Ermessen (Abs. 1)

Gemäß § 81 Abs. 1 Satz 1 FamFG kann das Familiengericht die Kosten des Verfahrens nach **billigem Ermessen** den Beteiligten ganz oder zum Teil auferlegen. Mit dieser allgemeinen Regelung, die ein Regel-Ausnahmeverhältnis nicht erkennen lässt, räumt die Vorschrift den Gerichten einen **weiten Gestaltungsspielraum** dahingehend ein, welchen Beteiligten die Kosten des Verfahrens nach den Umständen des jeweiligen Einzelfalles aufzuerlegen sind.[6] Entgegen dem vormaligen Recht (§ 13a Abs. 1 FGG a. F.) stellt die Vorschrift damit auch die Verteilung der Gerichtskosten in das pflichtgemäße Ermessen des Gerichts. Das Familiengericht kann auch in Kindschaftssachen die Kosten ganz oder teilweise zwischen den beteiligten Eltern aufteilen, die Kosten gegeneinander aufheben oder die Kosten getrennt nach Gerichtskosten und den außergerichtlichen Kosten der Beteiligten verteilen. Eine Ermessensbeschränkung enthält § 81 Abs. 2 FamFG, wonach in den dort genannten 5 Regelbeispielen die Kosten einem Beteiligten ganz oder teilweise auferlegt werden sollen.

Ein uneingeschränktes Ermessen hinsichtlich der Überprüfung von Kostenentscheidungen im Beschwerdeverfahren besteht auch für das Beschwerdegericht (vgl. zum Streitstand *Dürbeck*, § 68 FamFG Rn. 14).

a. Absehen von der Erhebung von Gerichtskosten

§ 81 Abs. 1 Satz 2 FamFG sieht auch die Möglichkeit vor, dass das Familiengericht von der **Erhebung von Gerichtskosten absehen** kann. Diese Möglichkeit betrifft naturgemäß nur die Gerichtskosten und **nicht die außergerichtlichen Auslagen** der Beteiligten.[7] Nach der Gesetzesbegründung soll dies der Fall sein, wenn es nach Verlauf oder Ausgang des Verfahrens unbillig erscheint, die Beteiligten mit den Gerichtskosten zu belasten.[8] Die Vorschrift ermöglicht dabei auch eine Differenzierung zwischen Gerichtsgebühren und

---

3 OLG Frankfurt a. M. ZKJ 2013, 127 zur Frage der noch zu treffenden Kostenentscheidung bei einer Umgangsvereinbarung
4 *Götsche*, FuR 2012, 510
5 OLG Zweibrücken FamRZ 2011, 1750; *Vogel*, FPR 2013, 116, 117
6 BT-Drs. 16/6308, 215; BGH BeckRS 2014, 06236; Prütting/Helms/*Feskorn* § 81 FamFG Rn. 6
7 *Feskorn*, FPR 2012, 254, 256; MüKo-FamFG/*Schindler* § 81 Rn. 19
8 BR-Drs. 309/07, 475 f.

einzelnen Auslagen, so dass z. B. auch angeordnet werden könnte, dass bestimmte Auslagen, wie die Kosten eines Sachverständigengutachtens oder verauslagte Dolmetscherkosten[9], nicht erhoben werden.[10]

Die erstinstanzliche Praxis macht aber insgesamt zu häufig in Kindschaftssachen von § 81 Abs. 1 Satz 2 FamFG Gebrauch. Kein ausreichendes Kriterium ist es in diesem Zusammenhang, sich auf die schlechten wirtschaftlichen Verhältnisse der Beteiligten zu beziehen, da dieses Problem nicht durch § 81 FamFG zu lösen ist, sondern durch die Gewährung von Verfahrenskostenhilfe.[11] Zweifelhaft erscheint auch die Erwägung, von der Erhebung von Gerichtskosten abzusehen, weil Eltern das Verfahren oder Rechtsmittel ausschließlich oder zumindest auch im Interesse des Kindes veranlasst hätten,[12] weil insoweit in vielen Fällen eher eine Berufung auf das Elternrecht nach Art. 6 Abs. 2 GG in Kindschaftssachen vordergründig ist.[13] Andernfalls wäre das Absehen von der Erhebung von Gerichtskosten in Kindschaftssachen entgegen der Absicht des Gesetzgebers der Regelfall. Gerechtfertigt erscheint ein Absehen der Kostenerhebung – wie nach früherer Rechtslage – in Verfahren der **Ausübung des staatlichen Wächteramtes** (vor allem § 1666 BGB), wenn ein **unverschuldetes** Erziehungsversagen der Eltern (z. B. infolge von Krankheit) vorliegt.[14] Im zweiten Rechtszug trägt dieser Gedanke aber bei einem erfolglosen Rechtsmittel nicht. Zu weit geht auch die Auffassung, bei der notwendigen Entstehung von Dolmetscherkosten stets von deren Erhebung nach § 81 Abs. 1 Satz 2 FamFG abzusehen,[15] da dies in Kindschaftssachen losgelöst von den finanziellen Verhältnissen der Beteiligten nicht sachgerecht ist. Im Übrigen sollte die Vorschrift in Kindschaftssachen restriktiv gehandhabt werden. Eine weitere Vorschrift, die ein Absehen von Gerichtskosten ermöglicht, enthält § 20 Abs. 1 FamGKG für den Fall unrichtiger Sachbehandlung durch das Gericht. Sie kommt vor allem in Beschwerdeverfahren in Betracht, wenn eine offenkundige formelle oder materiell fehlerhafte Sachbehandlung des Familiengerichts, ein erfolgreiches Rechtsmittel veranlasst hat. Das Kriterium der unrichtigen Sachbehandlung ist aber auch bei der Prüfung von § 81 Abs. 1 Satz 2 FamFG beachtlich.[16]

b. Von der Kostentragung ausgenommene Beteiligte

aa. Minderjährige

5   Nicht mit den Kosten belastet werden dürfen nach § 81 Abs. 3 FamFG **minderjährige Beteiligte** in Verfahren, die ihre Person betreffen. Damit sind Kinder nicht generell von der Belastung mit Verfahrenskosten ausgeschlossen. Eine solche kommt insbesondere in Betracht, wenn das Verfahren ausschließlich sein Vermögen betrifft.

bb. Verfahrensbeistand

6   Gemäß §§ 81 Abs. 5, 158 Abs. 8 FamFG können auch dem **Verfahrensbeistand** des Kindes Kosten vom Familiengericht nicht auferlegt werden.

---

9   OLG Frankfurt a. M. BeckRS 2014, 20878
10 Keidel/*Zimmermann* § 81 FamFG Rn. 18
11 KG FamRZ 2012, 1162; OLG Celle JAmt 2012, 40; *Feskorn*, FPR 2012, 254, 256
12 So OLG Hamm NJW 2012, 790; OLG Frankfurt am Main FamRZ 2012, 1163; OLG Saarbrücken FamRZ 2011, 1805
13 Wie hier: OLG Bremen NJW-RR 2013, 963
14 Prütting/Helms/*Feskorn* § 81 FamFG Rn. 16
15 BGHZ 184, 323 für das Abschiebehaftverfahren; MüKo-FamFG/*Schindler* § 81 Rn. 19 unter Berufung auf Art. 6 Abs. 3 lit. e EMRK, der jedoch Familiensachen nicht erfasst, vgl. auch OLG Frankfurt a. M. BeckRS 2014, 20878
16 BGH BeckRS 2015, 02372

cc. Jugendamt

Wie § 2 Abs. 3 FamGKG zeigt, schließt die in § 2 Abs. 1 FamGKG vorgesehene Kostenfrei- **7**
heit des Bundes und der Länder bzw. der Jugendämter nach § 2 Abs. 2 FamGKG i. V. m.
§ 64 Abs. 3 Satz 2 SGB X es nicht aus, dem **Jugendamt** als anzuhörende oder beteiligte
Behörde i.S.d. § 162 FamFG oder dem **Amtsvormund** die Kosten des Verfahrens, z. B. für
ein unzulässiges Rechtsmittel nach § 84 FamFG, aufzuerlegen. Auch wenn wegen §§ 2
Abs. 2 FamGKG, 64 Abs. 3 Satz 2 SGB X Gerichtskosten tatsächlich nicht in Rechnung gestellt werden, trifft das Jugendamt ggf. die Haftung für die außergerichtlichen Kosten der
anderen Beteiligten.

dd. Sonstige

Grundsätzlich können auch solchen Institutionen oder Personen, die **nicht formell i.S.d.** **8**
§ 7 FamFG beteiligt sind, die Kosten nicht auferlegt werden.[17] Die gilt auch für die Staatskasse.[18] Eine Ausnahme bestimmt § 81 Abs. 4 FamFG aber für solche Dritte, die die Tätigkeit des Familiengerichts infolge eines groben Verschuldens veranlasst haben. Die Bestimmung hat in der Praxis keine Bedeutung. Sie käme etwa in dem Fall in Betracht, wenn ein
Nachbar durch eine vorsätzliche oder grob fahrlässige falsche Tatsachenbehauptung die
amtswegige Einleitung eines Verfahrens nach § 1666 BGB oder § 1684 Abs. 4 BGB veranlassen würde.

c. Ermessenskriterien bei § 81 Abs. 1 Satz 1 FamFG

In Kindschaftssachen stellt sich auch im Rahmen des Nichtvorliegens von Regelbeispielen **9**
nach § 81 Abs. 2 FamFG, die Frage, inwieweit das **Obsiegen oder Unterliegen eines El-**
ternteils oder sonstigen Beteiligten, z. B. in Verfahren nach §§ 1671, 1628, 1626a BGB,
von Bedeutung für die Ausübung des Ermessens bei der Kostenverteilung ist. Diese Frage
ist zumindest für den Regelfall auch in reinen Antragsverfahren zu verneinen. Kindschaftssachen sind insoweit nicht mit anderen Familiensachen vergleichbar, in denen der Ausgang
des Verfahrens für die Frage der Kostenverteilung von entscheidender Bedeutung sein
mag, z. B. in Unterhaltsverfahren oder Gewaltschutzsachen, da in diesen Verfahren nicht
die (nach Art. 6 Abs. 2 GG pflichtengebundenen) Rechte der Eltern im Vordergrund stehen, sondern das **Kindeswohl** als **oberste Richtschnur** für den Ausgang des jeweiligen
Verfahrens zu gelten hat (vgl. § 1697a BGB). Es erscheint daher im Regelfall gerechtfertigt,
jedenfalls in Sorgerechts- und Umgangssachen, dass jeder Beteiligte seine außergerichtlichen Kosten selbst und die beiden Elternteile die Gerichtskosten hälftig tragen.[19] Unterschiedliche wirtschaftliche Verhältnisse der Eltern rechtfertigen im Regelfall kein Abweichen von diesem Grundsatz.[20]

Eine Abweichung vom Grundsatz, dass sich gemeinsame elterliche Verantwortung für ein **10**
Kind auch in der Kostenentscheidung niederschlagen soll, ist etwa dann gerechtfertigt,
wenn ein Elternteil außerhalb von Regelbeispielen nach § 81 Abs. 2 FamFG durch ein **vor-**
werfbares Verhalten Anlass zur Einleitung des Verfahrens gegeben hat,[21] wobei hier
gleichwohl sehr zurückhaltend verfahren werden sollte. Dem **Jugendamt** werden im Regelfall die Kosten des Verfahrens nach Maßgabe von § 81 Abs. 1 Satz 1 FamFG nicht aufzuerlegen sein.[22] Anderes kann aber in Fällen von § 81 Abs. 2, 84 FamFG gelten. In Verfah-

---

17 Zöller/*Herget* § 81 FamFG Rn. 2
18 OLG Nürnberg FamRZ 2013, 2006; BayObLG Rpfleger 1988, 385
19 OLG Naumburg BeckRS 2014, 08286; OLG Brandenburg BeckRS 2013, 17122; OLG Bremen NJW-RR 2013,
 963; KG FamRZ 2012, 1162; OLG Nürnberg FamRZ 2010, 98; a.A. OLG Brandenburg NZFam 2015, 227
20 OLG Bremen NJW-RR 2013, 963; ; a.A. *Musielak/Borth* § 81 FamFG Rn. 3; Keidel/*Zimmermann* § 81 FamFG
 Rn. 48
21 *Finke*, FPR 2010, 331, 333
22 OLG Frankfurt a.M. BeckRS 2015, 05693; OLG Celle ZKJ 2012, 321

ren nach § 1632 Abs. 4 BGB werden den am Verfahren beteiligten **Pflegepersonen** im Regelfall Gerichtskosten nicht aufzuerlegen sein,[23] anders wird aber bei einer erfolglosen Beschwerde nach § 84 BGB zu verfahren sein, wenn nicht anderweitige Ermessenskriterien eine andere Betrachtung verlangen.

2. Regelbeispiele nach § 81 Abs. 2 FamFG

a. Allgemeines

11   § 81 Abs. 2 FamFG[24] enthält als **ermessensreduzierende Sanktionsvorschrift** Abweichungen der Kostenentscheidung nach billigem Ermessen durch die Aufzählung von fünf Regelbeispielen. Ist ein Regelbeispiel erfüllt, bedarf die Kostenauferlegung auf einen Beteiligten insoweit keiner weiteren Begründung.[25] Nicht Voraussetzung ist ein ursächlicher Zusammenhang zwischen Verursachungsbeitrag des Beteiligten und Kostenentstehung im Einzelnen.[26] Auch diese Regelung bedarf in Kindschaftssachen, in denen Eltern nicht nur eigene sondern auch die Interessen ihrer Kinder wahrnehmen, einer behutsamen Anwendung durch die Familiengerichte.

b. § 81 Abs. 2 Nr. 1 FamFG

12   Nach § 81 Abs. 2 Nr. 1 FamFG soll das Familiengericht die Kosten des Verfahrens einem Beteiligten ganz oder teilweise auferlegen, wenn dieser durch **grobes Verschulden Anlass für das Verfahren gegeben** hat. Grobes Verschulden verlangt insoweit **Vorsatz oder grob fahrlässige Nichtbeachtung der erforderlichen Sorgfalt** des betreffenden Beteiligten.[27] In Betracht kommt das Regelbeispiel in Kindschaftssachen vor allem in Verfahren nach § 1666 BGB und § 1684 Abs. 4 BGB, wenn die Eltern oder ein Elternteil das Verfahren durch **vorsätzliche Taten** (z. B. sexueller Missbrauch, gewaltsame Erziehung) oder grob fahrlässig herbeigeführte Kindeswohlgefährdungen [z. B. durch Unterlassen von Pflege oder Erziehung] verursacht haben.[28] Nicht ausreichend sind bloßes Desinteresse gegenüber dem Kind[29] oder allgemein schuldhafte Erziehungsmängel. In Antragsverfahren nach §§ 1626a Abs. 2, 1628, 1671 BGB ist § 81 Abs. 2 Nr. 1 FamFG und auch in Umgangsverfahren außerhalb von § 1684 Abs. 4 BGB schwer vorstellbar. Anwendbar kann die Bestimmung aber in Abänderungsverfahren nach §§ 1696 BGB, 166 FamFG sein, wenn **ohne hinreichende Änderung der Sachlage** ein neuerliches Verfahren veranlasst wird.

c. § 81 Abs. 2 Nr. 2 FamFG

13   Nach § 81 Abs. 2 Nr. 2 FamFG sollen einem Beteiligten weiterhin die Kosten dann ganz oder teilweise auferlegt werden, wenn dessen **Antrag von vornherein keine Aussicht auf Erfolg** hatte und der Beteiligte dies – **grob schuldhaft**[30] – **erkennen musste**. Dies ist durch eine ex ante Betrachtung festzustellen.[31] Nach dem Wortlaut gilt die Vorschrift aber nur in **reinen Antragsverfahren** i.S.d. § 23 FamFG (also z. B. §§ 1626a Abs. 2, 1671, 1628 BGB),[32] so dass die meisten Kindschaftssachen, die auch von Amts wegen eingeleitet werden können, ausscheiden. In Amtsverfahren nach § 24 FamFG, zu denen regel-

23 OLG Hamm FamRZ 2008, 1098
24 Ausführlich dazu: *Nickel*, FamFR 2013, 529
25 MüKo-FamFG/*Schindler* § 81 Rn. 33
26 *Fölsch*, SchlHA 2011, 264, 265
27 OLG Stuttgart BeckRS 2012, 09114; OLG Jena BeckRS 2012, 08402; OLG Naumburg BeckRS 2011, 08487; *Vogel*, FPR 2013, 116, 117
28 MüKo-FamFG/*Schindler* § 81 FamFG Rn. 37
29 OLG Saarbrücken FamFR 2011, 426
30 Auch wenn im Gesetz nicht ausdrücklich genannt, vgl. BR-Drs. 309/07, 476
31 *Nickel*, FamFR 2013, 529, 530
32 Keidel/*Zimmermann* § 81 FamFG Rn. 57; Prütting/Helms/*Feskorn* § 81 FamFG Rn. 23; übersehen von OLG Hamm FamRZ 2014, 686

mäßig auch Umgangssachen gehören (*Ausnahme § 1686a BGB*), kann nur auf § 81 Abs. 2 Nr. 1 FamFG abgestellt werden. Gegen die Annahme bereits anfänglich fehlender Erfolgsaussichten sprechen vom Familiengerichte durchgeführte Ermittlungen.[33] Allein die Rücknahme eines Antrages indiziert nicht, dass der Antragsteller von vornherein die Aussichtslosigkeit seines Antrages erkennen musste.[34]

d. § 81 Abs. 2 Nr. 3 FamFG

Ein weiteres Regelbeispiel für eine einseitige Kostenverteilung ist gegeben, wenn ein Beteiligter zu einer wesentlichen Tatsache **schuldhaft unwahre Abgaben** macht. Auch Abs. 2 Nr. 3 ist Ausdruck einer Haftung für grobes Verschulden eines Beteiligten.[35] Für die Wesentlichkeit einer Tatsache reicht es, dass der Tatsache Indizwirkung für ein Tatbestandsmerkmal, das für den Verfahrensausgang zu prüfen ist, zukommt.[36] Vorsatz ist nicht erforderlich, aber grobe Fahrlässigkeit. Die Rücknahme eines Antrages kann Indiz für ein Verschulden sein.[37] Beispielhaft sei der vorsätzlich oder grob fahrlässig erhobene, nachweislich falsche Vorwurf der Kindesmutter im Umgangsverfahren genannt, der Vater habe das Kind sexuell missbraucht. Im Übrigen ist bei § 81 Abs. 2 Nr. 3 FamFG zu berücksichtigen, dass unterschiedliche Sichtweisen der Eltern, z. B. ihr soziales Verhältnis zueinander betreffend, nicht zwangsläufig bedeuten, es lägen schuldhafte Falschaussagen vor.

14

e. § 81 Abs. 2 Nr. 4 FamFG

Ein in der veröffentlichten Gerichtspraxis noch wenig angewendeter Regelfall der einseitigen Kostenbelastung liegt nach Abs. 2 Nr. 4 vor dann vor, wenn ein Beteiligter durch **schuldhaftes Verletzen seiner Mitwirkungspflicht das Verfahren erheblich verzögert** hat. Die Vorschrift knüpft an die in § 27 FamFG geregelte – nicht durchsetzbare[38] – Mitwirkungspflicht der Beteiligten an der Sachverhaltsaufklärung an. Ein einmaliges nicht entschuldigtes Fernbleiben an einem Anhörungstermin wird hier noch keine erhebliche Verzögerung des Verfahrens bedingen. Soweit in der gegenwärtigen Praxis immer häufiger Elternteile die Mitwirkung an der Erstellung familienpsychologischer Sachverständigengutachten in Sorge- und Umgangsverfahren verweigern und dies wie meist zu einer erheblichen Verzögerung der Verfahren führt, sollte von § 81 Abs. 2 Nr. 4 FamFG restriktiv Gebrauch gemacht werden, sofern die für die Verweigerung geltend gemachten Gründe nicht den Verschuldensvorwurf beseitigen können.[39] Der Begriff der Verzögerung bedarf einer Prognose, wann das Verfahren hätte erledigt werden können, wenn der Beteiligte pflichtgemäß mitgewirkt hätte und eines anschließenden Vergleichs mit der tatsächlichen Erledigung. In Kindschaftssachen wird hier zudem das Gebot der Beschleunigung (§ 155 FamFG) mit in die Abwägung mit einzubeziehen sein.

15

f. § 81 Abs. 2 Nr. 5 FamFG

Ein weiteres Regelbeispiel enthält Abs. 2 Nr. 5 bei **schuldhaften Verstößen** gegen familiengerichtlich nach §§ 156 Abs. 1 Satz 4 FamFG angeordnete **Mediations- und Beratungsauflagen**. Mit dieser in der Praxis unbedeutsamen und rechtspolitisch verfehlten[40] Vorschrift können aber nur Zusatzkosten, die infolge der Nichtteilnahme des Beteiligten

16

---

33 OLG Jena BeckRS 2012, 08402
34 OLG Saarbrücken BeckRS 2011, 08487; a.A. OLG Schleswig NJW-RR 2011, 576
35 Zöller/*Herget* § 81 FamFG Rn. 10
36 MüKo-FamFG/*Schindler* § 81 FamFG Rn. 52
37 OLG Hamm BeckRS 2012, 07143
38 *Prütting* in: Prütting/Helms § 27 FamFG Rn. 6
39 Zutreffend OLG Celle BeckRS 2014, 17188
40 So auch Keidel/*Zimmermann* § 81 FamFG Rn. 65

entstanden sind, einseitig auf diesen abgewälzt werden, nicht aber Verfahrens- und Anwaltskosten, die ohnehin angefallen wären.[41]

3. Mehrere Kostenschuldner

17 Ordnet das Familiengericht an, dass **mehrere Beteiligte die Kosten zu tragen** haben (*Hauptfall: beide Elternteile in Verfahren nach § 1666 BGB*), so muss es auch darüber eine Entscheidung treffen, ob sie gegenüber der Staatskasse oder sonstiger erstattungsberechtigter Beteiligter **nach Kopfteilen** oder als **Gesamtschuldner** haften, was in der Praxis häufig nicht beachtet wird. Obwohl eine § 100 Abs. 1 und 4 ZPO nachgebildete Vorschrift im FamFG fehlt, besteht kein vernünftiger Zweifel, dass das weite Ermessen in § 81 Abs. 1 FamFG dem Familiengericht auch die Befugnis gibt, eine gesamtschuldnerische Haftung von Beteiligten für die Kosten anzuordnen.[42] In Kindschaftssachen wird dies vor allem bei Fällen gemeinsamer Verwirklichung von Regelbeispielen nach § 81 Abs. 2 FamFG anzunehmen sein. Unterbleibt eine Klarstellung durch das Familiengericht, besteht eine Erstattungspflicht **im Zweifel nur nach Kopfteilen**.

4. Anfechtung der Kostenentscheidung

18 Zur früher umstr. Frage der Anfechtbarkeit der Kostenentscheidung und zur Frage der Überprüfung von Ermessensentscheidungen im Beschwerdeverfahren vgl. näher hierzu *Dürbeck*, § 58 FamFG Rn. 5 und § 68 FamFG Rn. 14.

§ 82 FamFG Zeitpunkt der Kostenentscheidung

Ergeht eine Entscheidung über die Kosten, hat das Gericht hierüber in der Endentscheidung zu entscheiden.

Übersicht

A. Allgemeines

1 § 82 FamFG bestimmt, dass für den Fall, dass eine Entscheidung über die Kosten ergeht, das Gericht hierüber in der **Endentscheidung** zu befinden hat. Damit wollte der Gesetzgeber erreichen, dass die Beteiligten mit der Bekanntgabe der Endentscheidung auch Gewissheit über die Kostenfrage erhalten.[1] Die Frage, „ob" das Gericht überhaupt über die Kosten zu entscheiden hat, ist nicht in § 82 FamFG, sondern für Familiensachen der freiwilligen Gerichtsbarkeit und damit auch für Kindschaftssachen in § 81 Abs. 1 Satz 3 FamFG geregelt, so dass das Familiengericht grundsätzlich immer sowohl in Hauptsacheverfahren als auch in **einstweiligen Anordnungsverfahren** (§ 51 Abs. 4 FamFG) gleichzeitig mit der Endentscheidung, soweit über sie noch zu befinden ist, eine Kostenentscheidung zu treffen hat. Dies bestimmen § 92 Abs. 2 FamFG auch für **Vollstreckungsverfahren** betreffend die Regelung des Umgangs und die Herausgabe eines Kindes und § 87 Abs. 5 FamFG für sonstige Vollstreckungsverfahren.

---

41 BeckOK-FamFG/*Nickel* § 81 Rn. 27
42 MüKo-FamFG/*Schindler* § 81 Rn. 89; a.A. Keidel/*Zimmermann* § 81 FamFG Rn. 15
 1 BT-Drs. 16/6308, 216

B. Inhalt der Norm

Die Regelung von § 82 FamFG beinhaltet zum einen, dass grundsätzlich **Zwischenent-** **2**
scheidungen, wie z. B. Beweis- oder Ablehnungsbeschlüsse, keine Kostenregelungen beinhalten. Ausnahmen bestehen bei Entscheidungen im Rahmen **förmlicher Beweisauf-**
nahmen über die Berechtigung von Zeugnisverweigerungen und Folgen unberechtigter
Zeugnisverweigerung (§ 29 Abs. 2, 30 Abs. 1 FamFG, 387, 390 ZPO) bzw. Sachverständiger (§§ 402, 409 ZPO). Wird gegen eine Zwischenentscheidung ein **Rechtsmittel** eingelegt, so stellt allerdings die Entscheidung über das Rechtsmittel wiederum eine Endentscheidung dar, die eine Kostenentscheidung über das Rechtsmittel enthalten muss.[2] Der
rein gerichtsinterne Vorgang der Erledigung der Zählkarte des Verfahrens wegen 6-mona-
tigen Nichtbetreibens führt ebenfalls nicht zu einer Kostenentscheidung, da das Verfahren
jederzeit fortgeführt werden kann.[3]

Zum anderen ist auch bei (horizontalen) **Teilentscheidungen**, wie sie gelegentlich in **3**
Sorge- oder Umgangsverfahren von den Familiengerichten getroffen werden, erst in der
Schlussentscheidung nach §§ 81 ff. FamFG über die Kosten zu befinden.[4] Keine Kostenentscheidungen ist darüber hinaus im **Verfahrenskostenhilfeverfahren**[5] (vgl. auch
§ 118 Abs. 1 Satz 4 ZPO) und bei gesonderten Entscheidungen zum **Verfahrenswert**[6]
und bei der **Kostenfestsetzung** zu treffen.[7] Keine gerichtliche Kostenentscheidung ergeht auch in reinen Antragsverfahren (§ 23 FamFG), wenn die Beteiligten über den Verfahrensgegenstand verfügen können und die Kosten in einem **Vergleich** geregelt haben (z. B.
in einem Verfahren nach § 1686a BGB, siehe näher hierzu *Dürbeck*, § 83 FamFG Rn. 2).

Können die Beteiligten nicht über den Gegenstand verfügen (z. B. Umgang nach § 1684 **4**
BGB), so hat auch bei einer **„Rücknahme"** des Antrages bzw. der Anregung den Umgang
zu regeln oder bei einer **überstimmenden Erledigung** des Verfahrens noch eine Kostenentscheidung zu ergehen[8] (vgl. auch § 83 Abs. 2 FamFG). Schließlich findet sich noch eine
Ausnahme von der Regel, dass über die Kosten des betreffenden Verfahrens in der jeweiligen Endentscheidung zu befinden ist, beim **Vermittlungsverfahren** nach § 165 Abs. 5
Satz 3 FamFG, wonach bei Erfolglosigkeit des Verfahrens über dessen Kosten in dem nachfolgenden Umgangs- oder Sorgerechtsverfahren eine Regelung zu treffen ist.

C. Korrektur und Nachholung einer Kostenentscheidung

Enthält eine vom Familiengericht getroffene Kostenentscheidung einen Schreib- oder Re- **5**
chenfehler oder eine sonstige offenbare Unrichtigkeit, so kann dieser jederzeit nach Maßgabe von § 42 FamFG **berichtigt** werden.[9] Enthält der Tenor **keinen Kostenausspruch**,
erfolgen dagegen in den Beschlussgründen des Gerichts zur Kostenverteilung Ausführungen, so hat ebenfalls antragsunabhängig eine Berichtigung des Beschlusses nach § 42
FamFG – und keine Ergänzung nach § 43 FamFG – zu erfolgen.[10]

Hat das Familiengericht in der Endentscheidung es **gänzlich verabsäumt**, eine Kosten- **6**
entscheidung zu treffen, so wäre an sich eine **Ergänzung des Beschlusses** nach Maßgabe von § 43 Abs. 1 und 2 FamFG nur auf Antrag eines Beteiligten und **binnen einer**

---

2 Keidel/*Zimmermann* § 82 FamFG Rn. 3
3 OLG Zweibrücken FamRZ 2011, 1750
4 MüKo-FamFG/*Schindler* § 82 Rn. 3
5 OLG Zweibrücken OLGR 2002, 136; Büttner/Wrobel-Sachs/Gottschalk/*Dürbeck* Rn. 195
6 *Hartmann*, Kostengesetze, § 63 GKG Rn. 31
7 BeckOK-FamFG/*Nickel* § 82 Rn. 4
8 OLG Frankfurt a. M. ZKJ 2013, 127; OLG Bremen FamRZ 2013, 1926
9 Keidel/*Zimmermann* § 82 FamFG Rn. 6
10 Prütting/Helms/*Feskorn* § 82 FamFG Rn. 3

Frist von 2 Wochen zulässig.[11] Nach zutreffender Auffassung gilt dies jedoch zumindest **nicht für amtswegige Verfahren**, für die nach § 81 Abs. 1 Satz 3 FamFG zwingend eine Kostenentscheidung zu treffen ist, da es nicht zu Lasten von Beteiligten gehen kann, wenn hier ein gerichtliches Versäumnis besteht. In solchen Fällen ist daher eine Ergänzung des Beschlusses antragsunabhängig und nicht fristgebunden von Amts wegen möglich.[12]

7   Hat das Familiengericht dagegen die Kostenentscheidung gezielt in seiner Endentscheidung unterlassen, so kann hiergegen **Beschwerde nach § 58 FamFG** eingelegt werden.[13] Für den Fall, dass das Familiengericht in einem Amtsverfahren zu Unrecht bei einer Rücknahme oder Erledigungserklärung der Beteiligten das Verfahren ohne eine Kostenentscheidung „weggelegt" bzw. nicht weiter betrieben hat, kann und muss die Kostenentscheidung jederzeit nachgeholt werden.[14]

§ 83 FamFG Kostenpflicht bei Vergleich, Erledigung oder Rücknahme

(1) [1]**Wird das Verfahren durch Vergleich erledigt und haben die Beteiligten keine Bestimmung über die Kosten getroffen, fallen die Gerichtskosten jedem Teil zu gleichen Teilen zur Last.** [2]**Die außergerichtlichen Kosten trägt jeder Beteiligte selbst.**

(2) Ist das Verfahren auf sonstige Weise erledigt oder wird der Antrag zurückgenommen, gilt § 81 entsprechend.

A. Allgemeines

1   § 83 FamFG regelt Kostenfolgen, wenn das Verfahren durch **Vergleich** (Abs. 1) bzw. **Antragsrücknahme** oder auf **sonstige Weise erledigt** wird (Abs. 2). Nicht erfasst von § 83 Abs. FamFG ist die Rücknahme einer Beschwerde (siehe näher hierzu *Dürbeck*, § 84 FamFG Rn. 3). Da Kindschaftssachen häufig nicht der **Disposition der Beteiligten** unterliegen, kommt die Vorschrift hier eher selten zum Tragen.

B. Inhalt der Norm

I. Vergleich (Abs. 1)

2   § 83 Abs. 1 FamFG regelt nur den Fall, dass im Falle einer Verfahrensbeendigung durch **Vergleich** die Beteiligten dort keine Bestimmung über die Kosten getroffen haben. Er ist § 98 ZPO, der über § 113 Abs. 1 Satz 2 FamFG für Familienstreitsachen gilt, nachgebildet und bestimmt in Satz 1 zunächst, dass die **Gerichtskosten** in diesem Fall jedem Teil zu gleichen Teilen zur Last fallen sollen. Hinsichtlich der **außergerichtlichen Kosten** der Be-

---

11 So Keidel/*Meyer-Holz* § 43 FamFG Rn. 12, allerdings zu Unrecht unter Berufung auf die dort genannten zwei Entscheidungen des BGH.
12 Zutreffend BeckOK-FamFG/*Nickel* § 82 Rn. 8; *Feskorn*, FPR 2012, 254
13 BGH NJW 2006, 1351 zu § 321 ZPO
14 Vgl. OLG Frankfurt a. M. ZKJ 2013, 127

teiligten gilt nach Abs. 1 Satz 2, dass diese jeder Beteiligte selbst tragen soll und damit eine Erstattung nicht stattfindet. Ein Verfahren kann aber nur dann durch einen Vergleich der Beteiligten beendet werden, wenn es sich um ein **reines Antragsverfahren** (§ 23 FamFG) handelt und dies zudem der **Disposition der Beteiligten** unterliegt. Damit scheiden hier schon alle Umgangsverfahren mit Ausnahme von § 1686a BGB (vgl. § 167a Abs. 1 FamFG) und § 1632 Abs. 3 BGB aus, da es sich um amtswegige Verfahren im Sinne von § 24 FamFG handelt.[1]

Auch kommen **antragsabhängige Sorgerechtsverfahren** nach §§ 1671 Abs. 1 und 2, **3** 1626a Abs. 2,1628 BGB nicht in Betracht, wenn die im Vergleich vereinbarte Sorgerechts-regelung mangels Dispositionsbefugnis der Rechtsinhaber noch der **Umsetzung durch einen Beschluss** durch das Familiengericht bedarf[2] (Bsp.: Im Verfahren nach § 1671 Abs. 1 Nr. 2 BGB vereinbaren die Eltern in einem Vergleich, dass der Antragsteller nur einen Teil der alleinigen Sorge erhält). Nur dann, wenn ein verfahrensbeendigender gerichtlicher Beschluss aufgrund des Vergleiches nicht mehr notwendig ist (Bsp.: Umgangsvereinba-rung im Verfahren nach § 1686a BGB, Vereinbarung der Eltern im Verfahren nach § 1671 Abs. 1 BGB, dass es bei der gemeinsamen Sorge verbleiben soll), kann § 83 Abs. 1 FamFG zur Anwendung gelangen. Ist dies aber der Fall, verbietet § 83 Abs. 1 FamFG eine Kosten-entscheidung des Familiengerichts.[3]

II. Antragsrücknahme oder sonstige Erledigung (Abs. 2)

Ist das Verfahren durch **Antragsrücknahme** oder in **sonstiger Weise erledigt**, so ver- **4** weist § 83 Abs. 2 FamFG auf eine entsprechende Anwendung von § 81 FamFG.

1. Antragsrücknahme

Nur **reine Antragsverfahren** (§ 23 FamFG) können durch Rücknahme des Sachantrages **5** beendet und damit erledigt werden. In Kindschaftssachen zählen hierzu Sorgerechtssa-chen nach §§ 1626a Abs. 2, 1628, 1671 BGB, Umgangs- und Auskunftsverfahren nach § 1686a BGB und schließlich auch Unterbringungsverfahren nach §§ 151 Nr. 6 FamFG i. V. m. § 1631b BGB.[4] Auch Abstammungsverfahren (§ 169 FamFG) zählen hierzu, vgl. § 171 Abs. 1 FamFG.[5] Kommt es in diesen reinen Antragsverfahren zur Rücknahme des Antra-ges, so hat der Gesetzgeber auf eine § 269 Abs. 3 Satz 2 ZPO entsprechende Vermutungs-regel verzichtet und auch für diesen Fall bestimmt, dass grundsätzlich nach § 81 Abs. 1 Satz 1 FamFG über die Kosten nach billigem Ermessen zu entscheiden ist, es sei denn es liegt ein Regelfall nach § 81 Abs. 2 FamFG vor. Dies bedeutet, dass es in Kindschaftssachen auch bei einer Antragsrücknahme im Regelfall der Billigkeit entspricht, dass die Eltern die Gerichtskosten gemeinsam tragen und von einer Erstattung außergerichtlicher Auslagen abzusehen ist.[6]

Eine Ausnahme ist dann veranlasst, wenn der Antrag gemäß § 81 Abs. 2 Nr. 2 FamFG von **6** vornherein ohne Erfolgsaussicht war, was in Kindschaftsverfahren wegen der Notwendig-keit der Anhörung des Kindes und der Beteiligten eher selten der Fall ist.[7] Eine weitere Aus-nahme hat nach § 81 Abs. 2 Nr. 1 FamFG zu erfolgen, wenn der Antragsteller durch grobes Verschulden Anlass für das Verfahren gegeben hat. Hierzu reicht es aber nicht aus, dass ein

---

1 OLG Frankfurt a. M. ZKJ 2013, 127; *Heilmann*, NJW 2012, 16, 20
2 Vgl. BGH DAVorm 2000, 704; OLG Stuttgart ZKJ 2014, 334: eine gerichtliche Billigung der Sorgerechtsvereinba-rung nach § 156 Abs. 2 FamFG reicht insoweit nicht
3 OLG Brandenburg, Beschl. v. 14.2.2011, 13 WF 20/11 – juris –
4 OLG Bremen NJW-RR 2013, 579: Entscheidung über Verlängerung ohne Antrag der Eltern
5 BGH BeckRS 2014, 23024: Antragsrücknahme nach Erlass der Endentscheidung nur mit Zustimmung der ande-ren Beteiligten, vgl. § 22 Abs. 1 Satz 2 FamFG
6 OLG München FF 2015, 79; OLG Naumburg BeckRS 2014, 08286; OLG Hamm BeckRS 2013, 18095
7 OLG Brandenburg BeckRS 2013, 17122

Elternteil ohne vorherige Konsultation des Jugendamts einen Antrag beim Familiengericht gestellt hat.[8]

2. Sonstige Erledigung

7   Fälle sonstiger Erledigung in einem Verfahren der freiwilligen Gerichtsbarkeit liegen vor, wenn nach seinem Beginn ein Ereignis eingetreten ist, das den Verfahrensgegenstand hat wegfallen lassen, so dass dessen Weiterführung obsolet wäre.[9] Als Beispiele in Kindschaftssachen sind zu nennen der **Tod des antragstellenden Elternteils**, der Tod oder der Eintritt der **Volljährigkeit des Kindes**, die **Herausgabe des Kindes** im Verfahren nach § 1632 BGB oder die **Erteilung** der gemäß § 1686 BGB geschuldeten **Auskunft**. Das Familiengericht hat dies im Rahmen seiner Amtsermittlungspflicht in jedem Stadium des Amts- oder Antragsverfahrens zu prüfen.[10]

8   An eine **übereinstimmende Erledigungserklärung** der Beteiligten ist das Familiengericht auch in Kindschaftssachen nur in **reinen Antragsverfahren** gebunden.[11] In einem solchen Fall bedarf es keines konstitutiven Ausspruchs der Erledigung des Verfahrens[12] und es genügt insoweit eine Kostenentscheidung, die sich gemäß § 83 Abs. 2 FamFG nach § 81 FamFG richtet, ohne dass hier Besonderheiten bestünden. In **amtswegigen Verfahren**, wie Umgangssachen nach § 1684 BGB, kommen Dispositionsakte wie übereinstimmende Erledigungserklärungen der Eltern grundsätzlich nicht in Betracht, so dass das diese allein das Verfahren nicht beenden und das Familiengericht weiter zu prüfen hat, ob gleichwohl eine Sachentscheidung (vollstreckbare Umgangsregelung, Umgangsausschluss) zu erfolgen hat.[13] Schließen die Beteiligten z. B. in einem Umgangsverfahren nach § 1684 BGB einen vollstreckbaren Umgangsvergleich, beendet dieser das Verfahren erst, wenn die gerichtliche Billigung gemäß §§ 86 Abs. 1 Nr. 2, 156 Abs. 2 FamFG und ggf. ein Vollstreckungshinweis nach § 89 Abs. 2 FamFG erteilt wird.[14] Schließen die Beteiligten in einem Umgangsverfahren einen außergerichtlichen Vergleich oder eine gerichtliche, aber nicht vollstreckungsfähige Umgangsvereinbarung und erklären das Verfahren übereinstimmend für erledigt, so kann eine solche Vereinbarung vom Familiengericht zwar nicht gebilligt werden.[15] Das Familiengericht hat aber gleichwohl zu prüfen, ob angesichts der Einigung noch eine Regelung des Umgangs veranlasst ist. Kommt es zum Ergebnis, dass dies nicht der Fall ist, hat es dies durch Beschluss festzustellen und nach § 81 FamFG über die Kosten zu entscheiden.

---

8   OLG Hamm BeckRS 2013, 18095; *Völker/Clausius* § 10 Rn. 11
9   BGH FamRZ 1982, 156; BeckOK-FamFG/*Nickel* § 83 Rn. 8
10 BayObLG FamRZ 1991, 846
11 BGH BeckRS 2015, 01273; FamRZ 1982, 156; BT-Drs. 16/6308, 365
12 BayObLG NJW-RR 1987, 9; MüKo-FamFG/*Schindler* § 83 Rn. 17
13 OLG Brandenburg BeckRS 2014, 12088; OLG Frankfurt a. M. ZKJ 2013, 127; übersehen von OLG Bremen NJW-RR 2013, 963
14 OLG Frankfurt a. M. NZFam 2014, 610
15 KG FamRZ 2011, 588; *Hammer*, FamRZ 2011, 1268, 1270

§ 84 FamFG Rechtsmittelkosten

Das Gericht soll die Kosten eines ohne Erfolg eingelegten Rechtsmittels dem Beteiligten auferlegen, der es eingelegt hat.

A. Allgemeines

Nach § 84 FamFG **soll** das Gericht die Kosten eines **ohne Erfolg** eingelegten **Rechtsmittels** dem Rechtsmittelführer auferlegen. Die Vorschrift enthält damit im Grundsatz eine **ermessensreduzierende Regel** für erfolglose, d. h. unzulässige oder unbegründete Rechtsmittel, wobei in Kindschaftssachen nahezu ausschließlich das Rechtsmittel der Beschwerde nach §§ 57, 58 FamFG zur Verfügung steht. Damit soll nur in außergewöhnlichen Konstellationen eine anderweitige Verteilung der Kosten bei der Zurückweisung einer Beschwerde oder Rechtsbeschwerde erfolgen.[1] Wird eine Kindschaftssache nach § 137 Abs. 3 FamFG im **Scheidungsverbund** geführt, so gilt für die Kostenentscheidung vorrangig § 150 FamFG.[2] Bei einer erfolglosen Beschwerde in der im Verbund geführten Kindschaftssache fließen aber die Wertungen von § 84 FamFG in die Billigkeitsabwägung nach § 150 Abs. 4 FamFG mit ein.[3]

1

B. Inhalt der Norm

I. Erfolglosigkeit

Es ist heute unbestritten, dass bei der Frage der Erfolglosigkeit eines Rechtsmittels nicht mehr danach zu differenzieren ist, ob dieses **unzulässig oder unbegründet** ist.[4] Hat das Beschwerdegericht gemäß § 69 Abs. 1 Satz 2 und 3 FamFG die angefochtene Entscheidung aufgehoben und das Verfahren an das Amtsgericht **zurückverwiesen**, so **unterbleibt** nach gängiger Praxis eine Kostenentscheidung, weil diese der Vorinstanz nach Maßgabe der §§ 81 ff. FamFG mitüberlassen werden soll.[5] Wurden **mehrere Beschwerden** von verschiedenen Beteiligten erhoben (*Bsp.: Mutter begehrt alleiniges Sorgerecht, Vater will Beibehaltung des gemeinsamen Sorgerechts, in erster Instanz erhält Kindesmutter nur die Vermögenssorge, beide Eltern legen Beschwerde ein*) und sind diese allesamt ohne Erfolg, so kann wegen des Grundsatzes der Einheitlichkeit der Kostenentscheidung nicht jedem Beteiligten die Kostentragung seines Rechtsmittels auferlegt werden. Hier ist vielmehr eine **Quotelung** (im Beispiel Kostenaufhebung) der Kosten vorzunehmen.[6]

2

---

1 BT-Drs. 16/6308, 216
2 OLG Karlsruhe, Beschl. v. 19.1.2015, 5 UF 167/14 – juris –; Keidel/*Weber* § 150 FamFG Rn. 14; a.A. und für Vorrang von § 84 FamFG: Zöller/*Lorenz* § 150 FamFG Rn. 10; Prütting/Helms/*Hammer* § 150 FamFG Rn. 21
3 OLG Karlsruhe, Beschl. v. 19.1.2015, 5 UF 167/14 – juris –
4 Keidel/*Zimmermann* § 84 FamFG Rn. 19
5 OLG Frankfurt a. M. NZFam 2014, 610; Einzelheiten bei MüKo-FamFG/*Schindler* § 84 Rn. 7
6 Prütting/Helms/*Feskorn* § 84 FamFG Rn. 2

II. Rücknahme der Beschwerde

3   Umstritten ist die Frage, ob § 84 FamFG auch die **Rücknahme eines Rechtsmittels** erfasst. Hier wird zum Teil in der Literatur vertreten, dass aufgrund der vormaligen Praxis bei der Handhabung von § 13a Abs. 1 FGG a. F. eine Anwendung von § 81 FamFG vorzugswürdig sei, weil dies im Einzelfall flexiblere und gerechtere Kostenverteilungen ermögliche.[7] Dies vermag nicht zu überzeugen, da auch ein zurückgenommenes Rechtsmittel erfolglos ist und eine Anwendung von § 84 FamFG auch dem Willen des Gesetzgebers entspricht.[8] Wird die Beschwerde **zurückgenommen oder verworfen**, trägt der Beschwerdeführer nach § 84 FamFG auch die Kosten der **Anschlussbeschwerde**.[9]

III. Ausnahmen der Kostentragung des Rechtsmittelführers

4   Allein der Umstand, dass das betreffende Rechtsmittel in einer Kindschaftssache eingelegt worden ist, begründet für sich keinen Umstand, von der Kostenfolge des § 84 FamFG abzusehen. Soweit die Praxis hier vor dem Inkrafttreten des FamFG in großzügiger Weise von der Erhebung von Gerichtskosten auch bei erfolglosen Beschwerden unter Heranziehung von § 94 Abs. 3 KostO a. F. und des Gedankens, dass Eltern Rechtsmittel zumindest auch im Interesse ihrer Kinder einlegen würden, abgesehen hat, kann § 84 FamFG eine Sonderbehandlung von Rechtsmitteln in Kindschaftssachen nicht entnommen werden.[10] Gleichwohl verfährt die Praxis bei erfolglosen Beschwerden auch gegenwärtig viel zu großzügig mit § 81 Abs. 1 Satz 2 FamFG, indem sie zur Schonung der Rechtsmittelführer oftmals von der Erhebung von Gerichtskosten für das Rechtsmittelverfahren absieht.

5   Gründe, die es rechtfertigen können von der Kostentragung durch den Rechtsmittelführer abzusehen, sind etwa **veränderte Umstände**, die erst **nach Einlegung** des Rechtsmittels entstanden sind und zur Erfolglosigkeit geführt haben.[11] Weiterhin ist § 84 FamFG wegen der Sonderregelung in § 81 Abs. 3 FamFG nicht auf erfolglose Beschwerden von Minderjährigen anzuwenden. Die außergerichtlichen Kosten von Beteiligten, denen vor Zurückweisung oder Rücknahme der Beschwerde (noch) kein rechtliches Gehör gewährt wurde, brauchen in einem solchen Fall nicht dem Rechtsmittelführer auferlegt werden.[12] Anders ist aber bzgl. der außergerichtlichen Kosten der anderen Beteiligten zu verfahren, wenn die Beschwerde nur fristwahrend eingelegt wurde und nach Zustellung und noch vor einer Begründung zurückgenommen wurde.[13]

6   **Stirbt der Rechtsmittelführer**, ist das Beschwerdeverfahren insoweit **erledigt**, aber in Ansehung der noch nach § 81 Abs. 1 Satz 3 FamFG zu treffenden Kostenentscheidung **mit den Erben fortzusetzen**. Die Kostenentscheidung richtet sich auch in einem solchen Fall nach § 84 FamFG, wenn das Rechtsmittel voraussichtlich ohne Erfolg geblieben wäre, im Übrigen nach §§ 83 Abs. 2, 81 FamFG. Kommt § 84 FamFG zur Anwendung, so ist bei einer Kostenentscheidung **zu Lasten der Erben** des Rechtsmittelführers **analog § 780 ZPO der Vorbehalt der beschränkten Erbenhaftung** von Amts wegen anzufügen.[14]

---

7 MüKo-FamFG/*Schindler* § 84 Rn. 20; Bumiller/*Harders* § 84 FamFG Rn. 1
8 BT-Drs. 16/6308, 216; OLG Frankfurt a. M. FamRZ 2014, 688; OLG Nürnberg NJOZ 2011, 678; BeckOK-FamFG/*Nickel* § 84 Rn. 4a
9 Zöller/*Feskorn* § 66 FamFG Rn. 7; vgl. auch BGH MDR 2005, 704 für die Anschlussberufung
10 Wie hier kritisch: Keidel/*Zimmermann* § 84 FamFG Rn. 20; a.A. BeckOK-FamFG/*Nickel* § 84 Rn. 5 unter Hinweis auf die frühere Rspr. zum FGG bzw. KostO
11 KG ZKJ 2013, 362 (Wechselmodell); OLG Karlsruhe FamRZ 2013, 213 (Verdacht sexueller Missbrauch)
12 KG FamRZ 2006, 511; *Musielak/Borth* § 84 FamFG Rn. 2
13 BGH NJW 2003, 756
14 BayObLGZ 1964, 433, 443; MüKo-FamFG/*Schindler* § 84 Rn. 17

§ 85 FamFG Kostenfestsetzung

Die § 103 bis 107 der Zivilprozessordnung über die Festsetzung des zu erstattenden Betrags sind entsprechend anzuwenden.

Übersicht

A. Allgemeines

Nach § 85 FamFG gelten auch für Kindschaftssachen die Vorschriften der **§§ 103 bis 107 ZPO** über die **Kostenfestsetzung** entsprechend.[1] Das **Kostenfestsetzungsverfahren** nach §§ 103 ff. ZPO ist ein selbständiges Verfahren, das als Annex zur Hauptsache voraussetzt, dass dort eine **Kostengrundentscheidung** getroffen wurde, aus der sich für einen Beteiligten ein **verfahrensrechtlicher Kostenerstattungsanspruch** ergibt.[2] Da gerade in Kindschaftssachen vor allem im ersten Rechtszug eine Kostenauferlegung auf einen Beteiligten eher die Ausnahme ist (siehe näher hierzu *Dürbeck*, § 81 FamFG Rn. 9 ff.), hat das Verfahren hier nur eine begrenzte Bedeutung. Eine Überprüfung oder gar Korrektur der Kostengrundentscheidung erfolgt im Kostenfestsetzungsverfahren nicht.[3] **1**

Das Verfahren nach §§ 103 ff. ZPO ist abzugrenzen von dem **Vergütungsfestsetzungsverfahren nach § 11 RVG** (*vereinfachtes Verfahren zur Titulierung des anwaltlichen Vergütungsanspruchs gegen den eigenen Mandanten*[4]), dem Verfahren zur **Festsetzung der Kosten der Vollstreckung** nach §§ 95 Abs. 1 FamFG, 788 ZPO,[5] dem Verfahren zur Festsetzung der Vergütung des im Rahmen der **Verfahrenskostenhilfe beigeordneten Rechtsanwalts** gegen die Staatskasse nach §§ 55 f., 45 ff. RVG,[6] dem Verfahren zur **Festsetzung des Verfahrenswertes** nach §§ 53 ff. FamGKG, 33 ff. RVG (siehe näher hierzu *Dürbeck*, § 80 FamFG Rn. 13 ff.) und dem Verfahren über den **Kostenansatz** nach §§ 18 ff. FamGKG (siehe näher hierzu *Dürbeck*, § 80 FamFG Rn. 26 f.). **2**

B. Inhalt der Norm

I. Kostenfestsetzungsantrag und Antragsberechtigung

Das Kostenfestsetzungsverfahren nach §§ 103 ff, ZPO setzt zunächst neben einem **zur Vollstreckung geeigneten Titel** (§ 103 Abs. 1 ZPO), in dem eine **Kostenentscheidung** als Nebenentscheidung enthalten ist oder der eine isolierte Kostenentscheidung z. B. nach Antragsrücknahme beinhaltet, einen **Antrag zur Festsetzung des Erstattungsberechtigten** (§ 103 Abs. 2 ZPO) voraus. Der Antrag ist bei dem **Gericht des ersten Rechtszuges** einzureichen (§ 104 Abs. 1 ZPO; im Falle des § 50 Abs. 1 Satz 2 FamFG also bei dem OLG), funktionell zuständig ist nach § 21 Nr. 1 RPflG der **Rechtspfleger**. **3**

Antragsberechtigt ist grundsätzlich nur derjenige Verfahrensbeteiligte, dem nach der vollstreckbaren Kostengrundentscheidung ein (formeller) **Kostenerstattungsanspruch** **4**

---

1 Vgl. dazu ausführlich zur Bedeutung in Familiensachen: *N. Schneider*, FPR 2010, 343
2 *Musielak/Lackmann* § 104 ZPO Rn. 1
3 OLG Köln BeckRS 2013, 01066
4 Vgl. dazu *Hansens*, ZAP 2004, 831 ff., 847 ff.
5 Vgl. dazu *Goebel*, FoVo 2013, 181
6 Vgl. dazu *Volpert*, FuR 2013, 262; Büttner/Wrobel-Sachs/Gottschalk/*Dürbeck* Rn. 752 ff.

gegen einen anderen Beteiligten oder Dritten zusteht.[7] Nicht antragsberechtigt ist der Wahlanwalt selbst. Über § 126 Abs. 1 ZPO, der nach § 76 Abs. 1 FamFG auch für Familiensachen der freiwilligen Gerichtsbarkeit gilt, ist aber der im Rahmen der Verfahrenskostenhilfe beigeordnete Rechtsanwalt des von der Kostenentscheidung begünstigten Beteiligten berechtigt, seine (Wahlanwalts-)Gebühren nach dem RVG gegen den Kostenpflichtigen festsetzen zu lassen,[8] soweit er noch nicht von der Staatskasse nach §§ 55, 56 RVG entschädigt worden ist.

5 Dem kostenpflichtigen Beteiligten ist vor der Entscheidung rechtliches Gehör zu gewähren.[9] Vom Rechtspfleger zu beachten sind vor allem **Einwendungen des Kostenschuldners**, die im Gebührenrecht ihre Grundlage haben,[10] aber auch die **Aufrechnung** des Kostenpflichtigen mit einer unstreitigen oder rechtskräftig festgestellten Gegenforderung ist zulässig.[11]

II. Umfang der Kostenerstattung

6 Gegenstand der Kostenfestsetzung nach §§ 103 ff. ZPO sind auch in Familiensachen nur die **Verfahrenskosten** (vgl. § 103 Abs. 1 ZPO), so dass etwa außergerichtliche Rechtsanwaltsgebühren ausscheiden. Der **Umfang der Kostenpflicht** ist der Regelung von § 80 FamFG zu entnehmen, so dass insbesondere verauslagte Gerichtskosten, erstattungsfähige Auslagen des Beteiligten sowie die erstattungsfähigen Rechtsanwaltsgebühren und dessen Auslagen nach dem RVG festzusetzen sind (siehe näher hierzu *Dürbeck*, § 80 FamFG Rn. 28 ff.). Die Frage, ob die **Beauftragung eines Rechtsanwaltes** im jeweiligen Einzelfall **notwendig i.S.d. § 80 Satz 1 FamFG** war, wird also erst hier geprüft. Hinsichtlich der Frage der Notwendigkeit der Anwaltsbeauftragung kann nicht ausschließlich der Maßstab von § 78 Abs. 2 FamFG für die Beiordnung eines Rechtsanwalt im Rahmen der Bewilligung von Verfahrenskostenhilfe gelten, da diese Norm an den fiskalischen Interessen des Staates orientiert ist.[12] Es kommt insoweit darauf an, ob das betreffende Verfahren in tatsächlicher oder rechtlicher Hinsicht Anlass zur Hinzuziehung anwaltlichen Beistandes bietet, was im Regelfall in Kindschaftssachen zu bejahen sein wird.[13] Nur in ganz einfach gelagerten Fällen, wie etwa die Zustimmung zu einer Sorgerechtsübertragung nach § 1671 Abs. 1 Nr. 1 BGB wird die Notwendigkeit der Beauftragung eines Anwalts in Zweifel zu ziehen sein. Notwendig und damit erstattungsfähig sind auch die Anwaltskosten anderer Beteiligter im Beschwerdeverfahren, wenn die **Beschwerde zurückgenommen** worden ist, aber **vor Kenntniserlangung** ein Anwalt zur Verteidigung der angefochtenen Entscheidung beauftragt worden ist und dieser bereits nach außen hin tätig geworden ist, sich insbesondere zur Akte gemeldet hat.[14]

Sind die Verfahrenskosten zwischen den Beteiligten – in Kindschaftssachen eher unüblich – nach Quoten aufgeteilt, so findet nach Maßgabe von § 106 ZPO eine **Saldierung wechselseitiger Kostenerstattungsansprüche** statt.[15] Nach § 104 Abs. 1 Satz 2 ZPO ist auf Antrag auch eine Verzinsung auszusprechen.

---

7 Musielak/*Lackmann* § 103 ZPO Rn. 7
8 Vgl. dazu *Dürbeck* in: Büttner/Wrobel-Sachs/Gottschalk/Dürbeck Rn. 781 ff; zur Gefahr einer Doppelfestsetzung zugunsten des Beteiligten und dessen Anwalt vgl. dort Rn. 657 ff.
9 BVerfG JMBlNW 1983, 72; Zöller/*Herget* § 104 ZPO Rn. 21 „rechtliches Gehör"
10 Vgl. dazu ausführlich MüKo-FamFG/*Schindler* § 85 Rn. 20 ff.
11 BGHZ 3, 381; MDR 1963, 388; OLG Düsseldorf JurBüro 1989, 225
12 OLG Nürnberg FamRZ 2012, 735
13 OLG Nürnberg FamRZ 2012, 735; Keidel/*Zimmermann* § 85 FamFG Rn. 9
14 OLG Frankfurt a. M. BeckRS 2014, 19743; OLG München AGS 2011, 103; a.A. OLG Brandenburg RVGreport 2010, 194
15 Vgl. *N. Schneider*, FPR 2010, 343, 346

Ein vom Pflichtigen geleisteter **Verfahrenskostenvorschuss** ist nur dann anzurechnen, **7** wenn und soweit die Gesamtsumme aus Erstattungsanspruch und Vorschuss die den Berechtigten treffenden Gesamtkosten übersteigt.[16] Im Übrigen sind **materiell-rechtliche Einwendungen** vom Schuldner im Verfahren nach § 767 ZPO geltend zu machen.

Soweit der **Verfahrenswert** angegriffen ist und über diesen noch nicht abschließend entschieden ist, ist das Kostenfestsetzungsverfahren analog § 11 Abs. 1 Satz 4 RVG auszusetzen.[17] Im Verfahren der sofortigen Beschwerde nach § 85 FamFG i. V. m. §§ 11 Abs. 1 **8** RPflG, 104 Abs. 3, 567 ff. ZPO kann das Oberlandesgericht aber gemäß § 55 Abs. 3 Nr. 2 FamGKG den Verfahrenswert auch von Amts wegen ändern.

III. Entscheidung und Rechtsschutz

Soweit der Rechtspfleger dem Antrag wenigstens zum Teil stattgibt, ist der Beschluss dem **9** Pflichtigen nach § 104 Abs. 1 Satz 3 ZPO von Amts wegen **förmlich zuzustellen**. Die Entscheidung im Kostenfestsetzungsverfahren ist – einschließlich des Erinnerungsverfahrens (§ 11 Abs. 4 RPflG) – **gerichtsgebührenfrei**. Auch entstehen **keine gesonderten Anwaltsgebühren** (§ 19 Abs. 1 Nr. 14 RVG).

Gegen die Entscheidung des Rechtspflegers findet nach § 85 FamFG i. V. m. 104 Abs. 3 **10** ZPO das Rechtsmittel der **sofortigen Beschwerde** zum Oberlandesgericht statt, soweit der **Beschwerdewert von 200,00 Euro** erreicht ist (§§ 11 Abs. 1 RPflG, 567 Abs. 1 Nr. 1 und Abs. 2 ZPO). Nach der Entscheidung über die **Abhilfe** durch den Rechtspfleger (§ 572 Abs. 1 ZPO), die durch Beschluss zu erfolgen hat, entscheidet in Familiensachen bei dem **Oberlandesgericht** grundsätzlich nach § 568 ZPO der Einzelrichter. Soweit er oder der Senat die **Rechtsbeschwerde** zugelassen hat (§ 574 Abs. 1 Nr. 2 ZPO) ist auch der Weg zum BGH in Kostenfestsetzungsverfahren eröffnet.[18] Wird die sofortige Beschwerde verworfen oder zurückgewiesen, entsteht nach Nr. 1912 KV FamGKG eine Festgebühr von 60,00 Euro, für den Rechtsanwalt entsteht im Beschwerde- oder Erinnerungsverfahren (vgl. § 18 Nr. 3 RVG) eine 0,5 Gebühr nach Nr. 3500, 3513 VV RVG aus dem Wert des angefochtenen Beschlusses. Ist der Beschwerdewert nicht erreicht, so findet gegen die Entscheidung des Rechtspflegers die befristete Erinnerung nach § 11 Abs. 2 Satz 1 RPflG statt, über die bei Nichtabhilfe der Instanzrichter abschließend entscheidet (§ 11 Abs. 2 Satz 3 RPflG).

IV. Vereinfachtes Kostenfestsetzungsverfahren

Nach § 105 ZPO gibt es auch in Familiensachen über die Verweisung in § 85 FamFG die **11** Möglichkeit der **vereinfachten Kostenfestsetzung**, die jedoch in Kindschaftssachen in der Praxis kaum Bedeutung erlangt hat.[19]

---

16 BGH NJW-RR 2010, 718 mit ausführlichen Angaben zum Streitstand; str., a.A. OLG Celle FamRZ 1985, 731 (nur die Quote); OLG Düsseldorf Rpfleger 2005, 483 (immer in voller Höhe)
17 BGH AGS 2014, 246 m. Anm. *N. Schneider*
18 BGH NJW-RR 2014, 186
19 Vgl. *N. Schneider*, FPR 2010, 343, 346 und wegen der Einzelheiten vgl. Thomas/Putzo/*Hüßtege* § 105 ZPO Rn. 1 ff.

Abschnitt 8
Vollstreckung

Unterabschnitt 1
Allgemeine Vorschriften

§ 86 FamFG Vollstreckungstitel

(1) Die Vollstreckung findet statt aus

1. **gerichtlichen Beschlüssen;**

2. **gerichtlich gebilligten Vergleichen (§ 156 Abs. 2);**

3. **weiteren Vollstreckungstiteln im Sinne des § 794 der Zivilprozessordnung, soweit die Beteiligten über den Gegenstand des Verfahrens verfügen können.**

(2) Beschlüsse sind mit Wirksamwerden vollstreckbar.

(3) Vollstreckungstitel bedürfen der Vollstreckungsklausel nur, wenn die Vollstreckung nicht durch das Gericht erfolgt, das den Titel erlassen hat.

Übersicht

A. Allgemeines

I. Bedeutung der Vollstreckung

1   Bei der Vollziehung von Titeln in **Kindschaftssachen** stößt das Gericht schon wegen des stets zu wahrenden Kindeswohls häufig an Grenzen – was manche Beteiligte durchaus zu ihrem (vermeintlichen) Vorteil zu nutzen wissen. Dies gilt vor allem für die Vollstreckung **umgangsrechtlicher** Regelungen. Hier erlangen auch formale Voraussetzungen eine (mitunter übertrieben) große Bedeutung. So sollte bereits bei Schaffung des Titels eine mögliche Vollstreckung in Erwägung gezogen und insbesondere geprüft werden, ob die Regelung hinreichend bestimmt ist. In diesen ohnehin problematischen Verfahren sollten

Formfehler, die mitunter zur Zurückverweisung durch das Beschwerdegericht führen,[1] und entsprechende **Verzögerungen vermieden** werden. Auch ist zu bedenken, dass die Betrachtung des **Kindeswohls** dem Erkenntnisverfahren vorbehalten ist und grundsätzlich nicht in das Vollstreckungsverfahren verlagert werden darf.[2]

Im Übrigen sollte primäres Ziel sein, dem Titel zur Durchsetzung zu verhelfen.[3] Das Familiengericht ist verpflichtet, die vorgesehenen Vollstreckungsmittel ausreichend **schnell und systematisch** einzusetzen. Dies gilt insbesondere, wenn die mangelnde Umsetzung des Umgangsrechts in erster Linie auf der offensichtlichen Ablehnung des Verpflichteten sowie des durch ihn programmierten Kindes beruht.[4] Noch in jüngerer Zeit hat der EGMR die Schwerfälligkeit des deutschen Vollstreckungsrechts in **Umgangssachen** wie auch das Fehlen eines Primärrechtsbehelfs gegen Untätigkeit des Gerichts gerügt.[5]

2

Auch bei Verstößen gegen **Schutzanordnungen nach § 1 GewSchG** spielt die Vollstreckung durch Verhängung von Ordnungsmitteln (§ 890 ZPO) oder durch unmittelbaren Zwang (§ 96 FamFG) eine erhebliche Rolle.

3

In **Abstammungssachen** kann der Pflicht zur Duldung einer Speichel- oder Blutprobe Nachdruck verliehen werden durch eine zwangsweise Vorführung des Verpflichteten (§ 96a Abs. 2 FamFG).

II. Terminologie

Im Vollstreckungsrecht werden die Begriffe **„Zwangsvollstreckung", „Vollstreckung"** und **„Vollziehung"** teils synonym, teils in unterschiedlicher Bedeutung gebraucht. Bereits das **FGG** verwendete alle drei Begriffe.[6] Auch der Gesetzgeber des **FamFG** vermochte sich nicht zu einer einheitlichen Terminologie durchzuringen: Die einstweilige Anordnung wird „vollstreckt"[7], wohingegen das Beschwerdegericht die „Vollziehung" des angefochtenen Beschlusses aussetzen kann.[8] Grundsätzlich bestehen jedoch keine inhaltlichen Unterschiede.[9]

4

III. Gesetzessystematik

Die Gesetzessystematik in Familiensachen zu verstehen wird erschwert durch die grundsätzliche Beibehaltung zweier Verfahrensarten (freiwillige Gerichtsbarkeit – Zivilprozess) mit jeweiliger Verfahrensordnung (FamFG – ZPO) und zahlreichen Verweisungen. Dies gilt nicht minder für das Vollstreckungsrecht:

5

- Bei Verfahrensgegenständen der **freiwilligen Gerichtsbarkeit** ist das Thema „Vollstreckung" schwerpunktmäßig in **§§ 86 bis 96a FamFG** geregelt. Diese Vorschriften sind von Bedeutung vor allem in *Kindschafts-, Gewaltschutz-* und *Abstammungssachen*.

- Für bestimmte Vollstreckungsfälle (z.B. Vollstreckung von Auskunftsansprüchen) verweist § 95 Abs. 1 FamFG auf die **ZPO**, allerdings nur soweit §§ 86 ff. FamFG nichts Abweichendes regeln.

---

1 Vgl. OLG Hamm FamRZ 2013, 310; OLG Frankfurt BeckRS 2014, 17407
2 BGH FamRZ 2014 732 mit Anm. *Hammer*; ferner hier *Cirullies*, § 89 FamFG Rn. 27
3 *Geißler*, DGVZ 1997, 145, 150
4 EGMR FamRZ 2008, 1059 mit Anm. *Rixe*
5 EGMR, Urteil vom 15.1.2015 – V 62198/11, http://hudoc.echr.coe.int/
6 Exemplarisch in § 64b FGG
7 §§ 53, 55 FamFG
8 § 64 Abs. 3 FamFG
9 *Cirullies*, Vollstreckung in Familiensachen, Rn. 4 m.w.N.

- **Familienstreitsachen** (§ 112 FamFG) werden gemäß § 120 Abs. 1 FamFG stets entsprechend den Vorschriften der ZPO vollstreckt – mit den Besonderheiten des § 120 Abs. 2 FamFG.

- Daneben regelt § 35 FamFG die Vollstreckung **verfahrensleitender Anordnungen** des Gerichts.

Die Vorschriften zur **Vollstreckung nach dem FamFG** widmen sich neben dem allgemeinen Verfahren (§§ 86 – 87) schwerpunktmäßig der Vollstreckung von Beschlüssen über die **Kindesherausgabe** und die Regelung des **Umgangs** (§§ 88 bis 94) mit der Möglichkeit, Verstöße durch die Verhängung von **Ordnungsmitteln** zu ahnden.

6   **Übersicht: Grundlagen der Vollstreckung**

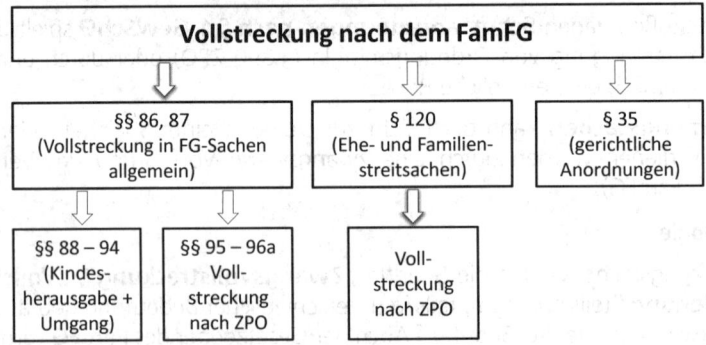

IV. Vollstreckungsvoraussetzungen

7   Grundsätzlich gilt auch im **FamFG**, dass als allgemeine Vollstreckungsvoraussetzungen erforderlich sind: **Titel, Klausel und Zustellung**.[10] In Kindschaftssachen von besonderer Bedeutung gibt es noch den **gerichtlich gebilligte Vergleich** (§ 156 Abs. 2 FamFG), der nur bei Einhaltung formeller Kriterien vollstreckbar ist. Jeder Titel muss einen hinreichend bestimmten **vollstreckungsfähigen Inhalt** haben, was insbesondere bei Umgangsregelungen Schwierigkeiten bereiten kann.

Die Vollstreckungsanträge leiten grundsätzlich **selbstständige** Verfahren ein.[11]

V. Vollstreckungsalternativen in Umgangssachen

8   Die zwangsweise Durchsetzung von **Umgangsregelungen** ist schwierig und dem Kindeswohl nicht immer dienlich. Daher kann im Einzelfall der Versuch lohnen, über **alternative Strategien**[12] zum Erfolg zu gelangen. Gleichwohl kommt das Gericht mitunter nicht umhin, einen oft mehrjährigen **Umgangsausschluss** anzuordnen, etwa wegen übermäßig hoher seelischer Belastung des Kindes.[13] Insoweit gebietet es allerdings der **Verhältnismäßigkeitsgrundsatz**, zunächst eine Einschränkung des Umgangsrechts (**begleitete** Umgangsanbahnung oder Einrichtung einer **Umgangspflegschaft**) zu prüfen.[14] Auch wird häufig die Einholung eines kinderpsychologischen **Sachverständigengutachtens** geboten sein.[15]

---

10 Vgl. §§ 86 Abs. 1 und 3, 87 Abs. 2 FamFG
11 BGH FamRZ 2011, 1729, dazu *Cirullies*, FamFR 2011, 491
12 Eingehend hierzu *Gottschalk*, FPR 2007, 308; *Cirullies*, Vollstreckung in Familiensachen, Rn. 623
13 OLG Brandenburg ZKJ 2012, 356
14 BVerfG FamRZ 2009, 399; vgl. dazu hier *Wegener*, § 1684 BGB Rn. 68
15 OLG Saarbrücken FamRZ 2013, 48 (LS), dazu *Voges-Wallhöfer*, FamFR 2012, 285

Als weitere **Maßnahmen** im Falle eines **Umgangsboykotts** sind zu erwägen: 9

- Wenn die Umgangsregelung nicht umgesetzt wird, kann der Berechtigte das Gericht anrufen, das dann nach § 156 FamFG ein **Vermittlungsverfahren**[16] einleitet.

- In besonders schwierigen Fällen kann wegen offen zu Tage tretender Zweifel an der Erziehungsfähigkeit des betreuenden Elternteils als letztes Mittel die **Abänderung der Sorgerechtsregelung** bzw. eine erstmalige Entscheidung über die elterliche Sorge in Erwägung gezogen werden (§§ 1666, 1666a, 1696 BGB).[17] Für eine entsprechende Entscheidung verlangt das BVerfG eine erhebliche „Begründungstiefe".[18]

- Das Familiengericht hat – statt des Sorgerechtsentzugs – (auch) eine **Therapieauflage** in Betracht zu ziehen, wonach der Mutter auferlegt wird, die **Kinder** einer therapeutischen Behandlung zuzuführen, um die Umgangskontakte mit dem Vater zu fördern.[19]

- Bei fortgesetzter massiver und schuldhafter Vereitelung des Umgangsrechts kann neben den Sanktionen, die direkt die Ausübung des Umgangsrechts bzw. die elterliche Sorge beeinflussen, auch eine (vollständige oder teilweise) **Verwirkung** des Anspruchs auf **Ehegattenunterhalt** nach § 1579 Nr. 7 BGB in Frage kommen.[20]

- Erwachsen dem umgangsberechtigten Elternteil dadurch finanzielle Nachteile, dass ihm der Umgang nicht in der vorgesehenen Art und Weise gewährt wurde, kann er von dem anderen grundsätzlich **Schadensersatz** verlangen.[21]

B. Inhalt der Norm

I. Vollstreckungstitel

Entsprechend der abschließenden Aufzählung in Abs. 1 findet die Vollstreckung statt aus: 10

- **gerichtlichen Beschlüssen** (Nr. 1),

- **gerichtlich gebilligten Vergleichen** nach § 156 Abs. 2 FamFG (Nr. 2) sowie

- **weiteren Vollstreckungstiteln** i.S.d. § 794 ZPO, soweit die Beteiligten über den Gegenstand des Verfahrens bestimmen können (Nr. 3).

Urteile sind hier nicht genannt, weil das Gericht in Verfahren nach dem FamFG grundsätzlich durch **Beschluss** entscheidet (§ 38 FamFG).

1. Gerichtliche Beschlüsse

Zu den Beschlüssen nach Abs. 1 Nr. 1 zählen in erster Linie **Endentscheidungen** i.S.d. § 38 Abs. 1 FamFG, ferner sonstige im fG-Verfahren ergangene **verfahrensabschlie- ßende Beschlüsse** mit einem vollstreckbaren Inhalt, insbesondere 11

- Beschlüsse im Verfahren der **einstweiligen Anordnung**

- **Kostenfestsetzungsbeschlüsse**[22]

- Zwangsmittelbeschlüsse nach **§ 888 ZPO**[23]

---

16 Vgl. hier *Wegener,* § 156 FamFG Rn. 10
17 Dazu OLG Frankfurt BeckRS 2011, 10903
18 BVerfG FamRZ 2012, 1127
19 BVerfG FamRZ 2012, 1127 a.E.
20 BGH FamRZ 2007, 882; OLG München FamRZ 2006, 1605; vgl. auch OLG Saarbrücken BeckRS 2015, 00275
21 BGH FamRZ 2002, 1099; OLG Köln FamRZ 2015, 151; eingehend *Heiderhoff,* FamRZ 2004, 324
22 § 85 FamFG i.V.m. § 104 ZPO
23 *Cirullies,* FPR 2012, 473

Nicht zu den Beschlüssen i.S.d. Abs. 1 Nr. 1 gehören u.a.:

- **verfahrensleitende Verfügungen** und Anordnungen, auch wenn sie in Form eines Beschlusses ergehen. Sie werden nach der insoweit spezielleren Vorschrift des § 35 FamFG vollstreckt;

- Entscheidungen über **Ordnungsmittel;**[24]

- gerichtliche **Entscheidungen ohne vollzugsfähigen Inhalt**, z.B. Regelungen der **elterlichen Sorge;** Grundlage für den Vollzug sind erst die Entscheidungen, die zur Durchsetzung der Regelung der elterlichen Sorge angeordnet werden, z.B. eine Herausgabeanordnung nach § 1632 Abs. 2 BGB.[25]

2. Gerichtlich gebilligter Vergleich

a) Gesetzesregelung

12 Vor allem in **Umgangsverfahren** spielt die Vereinbarung der Beteiligten zwecks Abschlusses des Verfahrens eine wesentliche Rolle. Bereits nach **altem Recht** war eine Umgangsvereinbarung vollstreckbar, wenn das Familiengericht sie erkennbar billigte („sich zu eigen machte") und hierdurch zu einer „Verfügung des Gerichts" i.S.d. § 33 FGG a.F. machte: Das Gericht hatte nach Abschluss des Vergleichs die getroffene Vereinbarung durch Beschluss zu billigen oder zu bestätigen.[26] Nunmehr sieht § 156 Abs. 2 FamFG ausdrücklich den **gerichtlich gebilligten Vergleich** vor, falls die Beteiligten **Einvernehmen** über den Umgang oder die Herausgabe des Kindes erzielen und das **Gericht** dieser Regelung nach Kindeswohlprüfung **zustimmt**. Es handelt sich um eine Sonderregelung zu § 36 FamFG, denn die Regelungsgegenstände Kindesherausgabe und Umgang unterliegen eigentlich nicht der Disposition der Beteiligten (siehe hierzu *Cirullies*, § 36 FamFG Rn. 3).

b) Einvernehmen der Beteiligten

13 Die Regelung in § 156 Abs. 2 FamFG betrifft **alle formell am Verfahren Beteiligten**. Dies bedeutet für die nötige **Zustimmung** im Einzelnen:[27]

- Eine Zustimmung des **Jugendamtes** ist nur notwendig, wenn dieses einen Antrag auf förmliche Beteiligung i.S.v. § 162 Abs. 2 FamFG gestellt hat.

- (Nur) das **verfahrensfähige Kind**[28] muss dem Vergleich zustimmen.

- Ist ein **Verfahrensbeistand**[29] bestellt, ist seine Zustimmung unerlässlich. Anderenfalls bedarf es hinsichtlich der Zustimmung zu dem Vergleich in der Regel auch **nicht** der Bestellung eines **Ergänzungspflegers** für das Kind.[30]

- Eine gemäß § 161 FamFG als Beteiligte hinzugezogene **Pflegeperson** muss ebenfalls zustimmen.

Ohne eine solche erforderliche Zustimmung der (weiteren) Beteiligten ist der Vergleich **unwirksam**.[31] Ist einer der zustimmungspflichtigen Beteiligten bei der Vergleichsprotokollierung nicht (mehr) anwesend, muss die Zustimmung **nachträglich** eingeholt werden.

---

24 Für ihre Vollziehung ist stets das Gericht nach den Regeln der Justizbeitreibungsordnung zuständig.
25 Ausführlich *Cirullies*, FPR 2012, 473
26 *Cirullies*, ZKJ 2011, 448, 450 m.w.N.
27 Vgl. *Heilmann*, ZKJ 2011, 104, 106; Johannsen/*Büte*, § 156 FamFG Rn. 9; ausführlich *Hammer*, FamRZ 2011, 1268, 1269, auch zur Frage der etwa erforderlichen Kindesanhörung
28 Ab dem 14. Lebensjahr, vgl. § 9 Abs. 1 Nr. 3 FamFG
29 Beteiligter gemäß § 158 Abs. 3 Satz 2 FamFG
30 *Cirullies*, ZKJ 2011, 448, 451; vgl. auch BGH FamRZ 2011, 1788; FamRZ 2012, 436: nur im Fall eines erheblichen Interessengegensatzes zwischen Eltern und Kind, der durch die Bestellung eines Verfahrensbeistands nicht beseitigt werden kann
31 Vgl. auch These 4 des Arbeitskreises 10 des 20. DFGT

c) *Formvorschriften*

Ferner ist der im Protokoll festgestellte **Vergleich** den anwesenden Beteiligten **vorzule-** **14**
sen und von diesen **zu genehmigen** (siehe hierzu *Cirullies,* § 36 FamFG Rn. 6). Eine Heilung tritt auch nicht durch die Billigung des Gerichts ein; denn diese setzt gerade einen
formal wirksamen Vergleich voraus.[32]

d) *Gerichtliche Billigung*

Nach § 156 Abs. 2 Satz 2 FamFG billigt das Gericht die Umgangsregelung, wenn sie dem **15**
Kindeswohl nicht widerspricht. Insoweit ist umstritten, ob diese Billigung[33] durch einen
Beschluss kundzutun ist oder ob ein entsprechender **Vermerk** im Vergleichsprotokoll genügt. Inzwischen geht die überwiegende Meinung von einer konstitutiven Wirkung des
Billigungsbeschlusses aus: Erst dieser beendet das Umgangsverfahren und gibt zudem
Raum für die erforderliche **Folgenankündigung** nach § 89 Abs. 2 FamFG[34]. Die gerichtliche Billigungsentscheidung wirkt auch deshalb nicht lediglich deklaratorisch, weil sie eine
materielle **Kindeswohlprüfung** beinhaltet und gleichzeitig die Einhaltung der Verfahrensvorschriften feststellt. In der Praxis sollte daher ein ausdrücklicher Beschluss über die
Frage der Billigung ergehen. Der Billigungsbeschluss ist dementsprechend auch **anfecht-**
bar.

Inhaltlich beschränkt sich der Beschluss in der Regel auf die schlichte Billigung. Im Einzelfall kann allerdings Veranlassung zu einer näheren **Begründung** bestehen, insbesondere
wenn die Kindeswohlprüfung schwierig erscheint, etwa weil das Kind dem Umgang ablehnend gegenübersteht.[35]

Lehnt es **das Gericht ab**, die Umgangsvereinbarung zu **billigen**, muss es dies durch Be- **16**
schluss zum Ausdruck bringen. Hierdurch ist das Verfahren allerdings nicht beendet. Vielmehr besteht für das in Umgangsregelungsfragen angerufene Familiengericht eine Rege-
lungspflicht.[36] Daher ist auch bei Verweigerung der Billigung eine Entscheidung des Gerichts zum Umgangsrecht nötig: entweder eine (positive) Umgangsregelung oder ein
Umgangsausschluss.[37] Der außerordentliche Rechtsbehelf der insoweit in Betracht kommenden **Untätigkeitsbeschwerde**[38] hat sich durch das Gesetz über den Rechtsschutz bei
überlangen Gerichtsverfahren im Hinblick auf die damit eröffnete **Verzögerungsrüge**
(§ 198 Abs. 3 GVG) erledigt.[39]

32 *Völker,* FPR 2012, 485, 486
33 Zu der Kindeswohlprüfung und den Grenzen der Billigung aus kinderpsychologischer Sicht vgl. *Rohmann,* FPR
   2013, 307
34 Vgl. OLG Hamm BeckRS 2014, 17385, dazu kritisch *Schuldei,* NZFam 2014, 956; nunmehr auch Johannsen/
   Büte, § 156 FamFG Rn. 10; ausführlich *Völker,* FPR 2012, 485; *Cirullies,* FPR 2012, 473; *derselbe,* ZKJ 2011,
   448, je m.w.N.
35 Dazu BGH FamRZ 2014, 732 mit Anm. *Hammer*
36 OLG Brandenburg FamRZ 2013, 237, dazu *Burschel,* FamFR 2012, 357
37 OLG Frankfurt FamRZ 2011, 394
38 Vgl. OLG Köln BeckRS 2012, 02888; dazu *Cirullies,* FamFR 2012, 136
39 Dazu OLG Brandenburg FamRZ 2012, 1076; OLG Düsseldorf NJW 2012, 1455

e) Vollstreckungsvoraussetzungen

17 Zusammenfassend ergibt sich für die **Vollstreckbarkeit** eines **gerichtlich gebilligten Vergleichs** damit folgende **Gleichung**:

hinreichend bestimmte Regelung
+ Zustimmung aller Beteiligten
+ „vorgelesen und genehmigt"
+ Billigungsbeschluss nebst Folgenankündigung (§ 89 Abs. 2 FamFG)[40]
+ Zustellung von Amts wegen (Protokoll und Beschluss)
= **vollstreckbarer gerichtlich gebilligter Vergleich**.

3. Weitere Titel i.S.d. § 794 ZPO

18 Vollstreckungstitel können auch solche nach § 794 ZPO sein, soweit die Beteiligten über den Verfahrensgegenstand verfügen können (Nr. 3). Sie spielen im Verfahren der freiwilligen Gerichtsbarkeit – abgesehen von **Gewaltschutzsachen**[41] – eine eher untergeordnete Rolle, weil es sich häufig um Amtsverfahren handelt, in denen die Dispositionsbefugnis in der Regel fehlt.

Eine besondere Rolle spielen hierbei **Umgangssachen:** Sie sind zwar Amtsverfahren, weil sie (auch) von Amts wegen eingeleitet werden können. Sie werden jedoch in der Regel auf **Antrag** in Gang gesetzt und unterliegen dann – wie schon § 156 Abs. 2 FamFG verdeutlicht – auch der Disposition der Beteiligten.

II. Bestimmtheit

1. Grundsatz

19 Die Auslegung eines Vollstreckungstitels nach § 86 FamFG setzt voraus, dass dieser aus sich heraus für eine Auslegung **genügend bestimmt** ist oder jedenfalls sämtliche Kriterien für seine Bestimmbarkeit eindeutig festlegt.[42] Die Regelung soll so präzise und erschöpfend sein, dass sie erforderlichenfalls auch zwangsweise vollzogen werden kann.[43] Mangelnde Konkretisierung kann die Aufhebung der Vollstreckungsmaßnahme und Zurückverweisung der Sache nach sich ziehen und damit zu erheblichen Verzögerungen führen.[44]

2. Kindesherausgabe

20 **Herausgabeansprüche** können sich zum einen aus §§ 1632 Abs. 1, 1684 Abs. 3 BGB, aber auch nach § 42 Abs. 1 Satz 2 SGB VIII (Inobhutnahme)[45] ergeben. Die Durchsetzung erfordert stets einen **Gerichtsbeschluss**, der die Pflicht zur Herausgabe des Kindes ausdrücklich bestimmt. Dieser Beschluss kann auch in der Billigung eines **Vergleichs** bestehen, mit dem der Herausgabeanspruch wirksam tituliert werden kann (§§ 86 Abs. 1 Nr. 2, 156 Abs. 2 FamFG). Aus dem Herausgabetitel muss sich genau ergeben, wer welches Kind an wen zu übergeben hat. Als **Zeitangaben** genügen „sofort" oder „unverzüglich" oder

---

40 Vgl. unten *Cirullies,* § 89 FamFG Rn. 2
41 Hierzu *Cirullies,* § 1 GewSchG Rn. 41; ferner OLG Karlsruhe, Beschl. v. 16.4.2015 – 20 WF 33/15, BeckRS 2015, 07632
42 KG FamRZ 2011, 588
43 Eingehend zu der Problematik *Cirullies,* ZKJ 2011, 448 m.w.N.
44 Dazu OLG Hamm FamRZ 2013, 310; OLG Frankfurt BeckRS 2014, 17407
45 Dazu VGH München NJW 2014, 715 = JAmt 2014, 399

auch „nach Aufforderung durch…".[46] Zu beachten ist, dass die Herausgabevollstreckung in den Händen des **Familiengerichts**, nicht des Herausgabeberechtigten liegt.

3. Umgangsregelung

a) Notwendige Regelungen

An die Bestimmtheit eines gerichtlichen **Umgangsbeschlusses** stellt die Rechtsprechung erhebliche Anforderungen: Er müsse grundsätzlich eine konkrete Regelung über die **Modalitäten des Umgangs**, insbesondere hinsichtlich der Häufigkeit, der Zeit und des Ortes des Umgangs sowie zur Verpflichtung betreffend das Bringen und Abholen des betroffenen Kindes enthalten.[47] Diese Ansicht vertritt der **BGH**[48] nur eingeschränkt: Die Vollstreckung eines Umgangstitels nach § 89 Abs. 1 FamFG durch Festsetzung eines Ordnungsmittels gegen den betreuenden Elternteil setze eine hinreichend bestimmte und konkrete Regelung des Umgangsrechts voraus. Dafür ist eine genaue und erschöpfende Bestimmung über **Art, Ort und Zeit des Umgangs** erforderlich. **Nicht** geboten seien hingegen detailliert bezeichnete Verpflichtungen des betreuenden Elternteils, etwa zum **Bereithalten und Abholen** des Kindes.[49] Ein besonderer Regelungsbedarf kann insoweit allerdings bestehen, wenn im Rahmen eines vorangegangenen Gewaltschutzverfahrens **Kontakt- und Näherungsverbote** ausgesprochen worden sind.[50]

21

Nicht vollstreckbar ist eine Umgangsregelung, in der zeitlich näher bestimmte Besuchstermine **„alle 14 Tage"** ohne eine kalendermäßige Festlegung des Anfangstermins vorgesehen sind.[51] Gleiches soll aber ebenfalls gelten, wenn zwar der Tag des Beginns und des Endes des **Ferienumgangs** festgelegt sind, nicht jedoch die jeweilige Uhrzeit für das Abholen und Zurückbringen des Kindes.[52]

22

Zu bedenken ist, dass **übertrieben detaillierte Umgangsregelungen** dem Kindeswohl auch abträglich sein können.[53] Teilweise sind sie gar nicht vollstreckbar.[54] Damit laufen die von der Rechtsprechung aufgestellten Vollstreckbarkeitsanforderungen dem Verfahrensziel einer flexiblen, eigenverantwortlichen Umgangsregelung eigentlich zuwider.[55] Mitunter können und wollen sich die beteiligten Eltern nicht auf genaue Daten festlegen, weil etwa die konkrete Berufssituation dies nicht ermöglicht. Dann kann selbstverständlich auch eine entsprechende – allerdings nicht vollstreckbare – Umgangsregelung geschaffen werden, in der nur die Grundzüge (Intervalle, Übernachtungen, Feiertage usw.) bestimmt sind.

23

b) Umgangspflegschaft

Ferner soll das Gericht die Entscheidung über die Frage zu der **Häufigkeit**, der **Art** und der **Zeit des Umgangs** eines Elternteils mit dem gemeinsamen Kind **nicht** einem **Umgangspfleger** überlassen dürfen; vielmehr habe es hierüber selbst eine Entscheidung zu

24

---

46 PK Familienverfahrensrecht /*Meysen*, § 89 FamFG Rn. 4
47 Z.B. OLG Hamm FamRZ 2010, 1926 (LS) = BeckRS 2010, 20165 (mit einem 10-Punkte-Tenor), dazu *Niederl*, FamFR 2010, 452; OLG Köln ZKJ 2011, 181
48 BGH FamRZ 2012, 533 mit Anm. *Hammer* = ZKJ 2012, 219 mit Anm. *Spangenberg*; dazu ferner *Spieker*, FamRZ 2012, 158
49 BGH a.a.O.; OLG Bamberg FamRZ 2013, 1759, dazu *Cirullies*, FamFR 2013, 286; Prütting/Helms/*Hammer*, § 89 FamFG Rn. 7 m.w.N.; a.A. *Niepmann*, FamFR 2013, 327
50 OLG Frankfurt BeckRS 2014, 17407
51 OLG Saarbrücken FamRZ 2013, 1760 (LS), dazu *Zimmermann*, FamFR 2013, 302; OLG Hamm FamRZ 2014, 1792
52 So OLG Bamberg a.a.O.
53 Vgl. *van Els*, FF 2013, 458, 459
54 *Cirullies*, ZKJ 2011, 448 m.w.N.
55 Vgl. *Spangenberg*, FamRZ 2007, 13, 14

treffen.[56] Lediglich hinsichtlich **untergeordneter Aspekte des Umgangs** könne sich das Familiengericht auf die Vorgabe von Höchstgrenzen bzw. eines ausfüllungsfähigen Rahmens beschränken und die „Feinabstimmung" dem Umgangspfleger nach Maßgabe der Verhältnisse vor Ort überlassen.[57] Diese einheitliche Linie in der obergerichtlichen Rechtsprechung stößt freilich in der **familiengerichtlichen Praxis** auf Probleme. Denn das Instrument Umgangspflegschaft (ähnlich: begleiteter Umgang) wird häufig nach einer längeren Unterbrechung der Besuchskontakte zur vorsichtigen Anbahnung neuer regelmäßiger Begegnungen eingesetzt. Zum Zeitpunkt der Anordnung lässt sich meist noch gar nicht absehen, welcher Rhythmus und welche konkreten Besuchszeiten in den nächsten Monaten dem **Kindeswohl** entsprechen werden. Auch die Eltern wollen häufig diese Entwicklung abwarten und die Beurteilung in die Hände des geschulten Umgangspflegers oder mitwirkungsbereiten Dritten legen. Wenn sich alle Beteiligten hierüber einig sind, kann (und sollte) auch insoweit eine Regelung getroffen werden, die das Wohl des Kindes angemessen berücksichtigt. Die fehlende Vollstreckbarkeit stellt in aller Regel kein Problem dar. In solchen Fällen ist das **Verfahren** – auch im Falle einer Kostenentscheidung – noch **nicht abgeschlossen**.[58] Daher kann für den Ausnahmefall, dass die bisherige Regelung nicht tragfähig ist, ein vollstreckbarer, hinreichend bestimmter Beschluss „nachgeschoben" werden.[59]

III. Vollstreckbarkeit

25   Die **Beschlüsse** werden mit ihrem **Wirksamwerden** vollstreckbar (Abs. 2). Sie bedürfen hierzu nicht einer Vollstreckbarerklärung des Gerichts. Für die Wirksamkeit eines Beschlusses knüpft das Gesetz gerade im familienrechtlichen Verfahren an viele **unterschiedliche Zeitpunkte** an (vgl. *Cirullies*, § 40 FamFG Rn. 2). Meistens ist der Zeitpunkt der **Bekanntgabe** entscheidend.

Bei **Vergleichen** sind zum einen formelle Voraussetzungen für die Wirksamkeit bei der **Protokollierung** zu beachten (dazu *Cirullies*, § 36 FamFG Rn. 6). Darüber hinaus gelten für den **gerichtlich gebilligten Vergleich** weitere Anforderungen (siehe oben Rn. 12).

IV. Vollstreckungsklausel

26   Nach Abs. 3 ist eine Vollstreckungsklausel nur erforderlich, wenn die Vollstreckung nicht durch das Gericht erfolgt, das den Titel in der Hauptsache erlassen hat. Mit anderen Worten: Benötigt wird sie, wenn ein **anderes Gericht vollstreckt** (z.B. bei der Kindesherausgabevollstreckung nach Umzug des Kindes) oder wenn ein **Beteiligter** (etwa wegen einer Unterhaltsforderung) vollstreckt. Eine Besonderheit ist für die **einstweilige Anordnung** bestimmt: Sie bedarf der Vollstreckungsklausel nur, wenn die Vollstreckung für oder gegen eine nicht im Beschluss genannte Person erfolgen soll (§ 53 Abs. 1 FamFG)[60].

Das bedeutet, dass in den von Amts wegen zu vollstreckenden **Kindschaftssachen** eine Vollstreckungsklausel in der Regel **nicht erforderlich** sein wird.

---

56 Dazu OLG Hamm FamRZ 2014, 1792; FamRZ 2013, 310; OLG Frankfurt FamRZ 2013, 1824 (LS), dazu *van Els*, FamFR 2013, 381; ferner OLG Saarbrücken FamRZ 2010, 2085 (Regelung des begleiteten Umgangs durch Erziehungsberatungsstelle)
57 KG FamRZ 2013, 308 = JAmt 2012, 671
58 OLG Frankfurt BeckRS 2014, 02061, dazu *Opitz*, NZFam 2014, 610
59 Vgl. OLG Oldenburg ZKJ 2009, 462 = FamRZ 2010, 44
60 Vgl. hier *Cirullies* § 53 FamFG Rn. 2

Übersicht: Vollstreckung nach dem FamFG, §§ 86 ff.

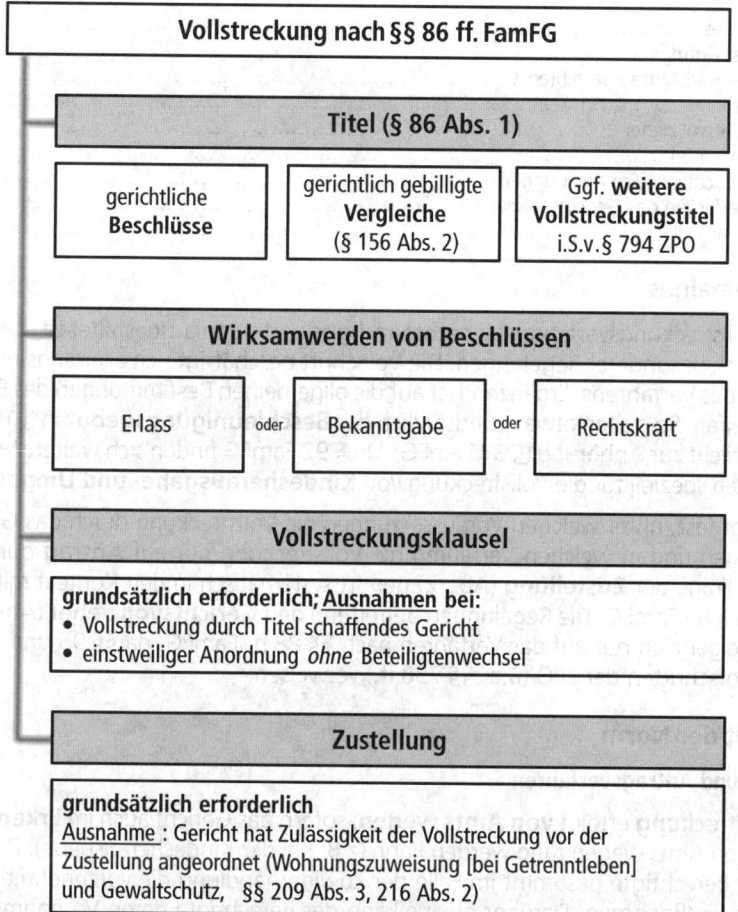

§ 87 FamFG Verfahren; Beschwerde

(1) ¹Das Gericht wird in Verfahren, die von Amts wegen eingeleitet werden können, von Amts wegen tätig und bestimmt die im Fall der Zuwiderhandlung vorzunehmenden Vollstreckungsmaßnahmen. ²Der Berechtigte kann die Vornahme von Vollstreckungshandlungen beantragen; entspricht das Gericht dem Antrag nicht, entscheidet es durch Beschluss.

(2) Die Vollstreckung darf nur beginnen, wenn der Beschluss bereits zugestellt ist oder gleichzeitig zugestellt wird.

(3) ¹Der Gerichtsvollzieher ist befugt, erforderlichenfalls die Unterstützung der polizeilichen Vollzugsorgane nachzusuchen. ²§ 758 Abs. 1 und 2 sowie die §§ 759 bis 763 der Zivilprozessordnung gelten entsprechend.

(4) Ein Beschluss, der im Vollstreckungsverfahren ergeht, ist mit der sofortigen Beschwerde in entsprechender Anwendung der §§ 567 bis 572 der Zivilprozessordnung anfechtbar.

(5) Für die Kostenentscheidung gelten die §§ 80 bis 82 und 84 entsprechend.

A. Allgemeines

1 Da das Vollstreckungsverfahren als **selbständiges** Verfahren ausgestaltet ist, bedarf es insoweit auch besonderer Regelungen. Die Vorschrift beschäftigt sich allerdings nur mit Teilaspekten des Verfahrens. Ergänzend ist auf die allgemeinen Bestimmungen des FamFG zurückzugreifen. So gelten etwa grundsätzlich das **Beschleunigungsgebot** in § 155 FamFG und die Pflicht zur Anhörung (§ 34 FamFG).[1] In § 92 FamFG finden sich weitere Verfahrensvorschriften speziell für die Vollstreckung von **Kindesherausgabe- und Umgangstiteln**.

Abs. 1 legt fest, unter welchen Voraussetzungen die Vollstreckung durch das Gericht von Amts wegen und in welchen Verfahren die Vollstreckung nur auf **Antrag** durchgeführt wird. Die Frage der **Zustellung** (Abs. 2) gehört systematisch in den Kontext mit Titel und Klausel in § 86 FamFG. Die Regelungen betreffend den **Gerichtsvollzieher** (Abs. 3) beziehen sich eigentlich nur auf das Verfahren nach §§ 88 ff. FamFG, da §§ 95 und 96 FamFG auf die Vorschriften der ZPO (u.a. §§ 758 ff.) verweisen.[2]

B. Inhalt der Norm

I. Amts- und Antragsverfahren

2 Die **Vollstreckung** erfolgt **von Amts wegen**, sofern das Gericht auch im **Erkenntnisverfahren** von Amts wegen tätig werden kann (z.B. bei der Kindesherausgabe). Das Gericht, nicht der Berechtigte bestimmt im Falle der Zuwiderhandlung die vorzunehmenden Vollstreckungsmaßnahmen. Darüber hinaus kann der Berechtigte deren Vornahme beantragen. Im Fall der Ablehnung entscheidet das Gericht durch Beschluss (Abs. 1).

Findet hingegen das Hauptsacheverfahren (auch) auf **Antrag** statt, so erfordert auch die Vollstreckung einen **Antrag** des Berechtigten[3].

Ein **Anwaltszwang** besteht auch in Vollstreckungsverfahren **nicht** (§ 114 FamFG).

II. Zustellung

3 Weitere Voraussetzung der Vollstreckung ist – wie nach § 750 Abs. 1 Satz 1 ZPO – die Zustellung des Titels (Abs. 2). Grundsätzlich muss der Titel spätestens mit Beginn der Vollstreckung zugestellt sein,[4] und zwar **förmlich**[5] und nebst **Klausel**.[6] Dabei werden **Beschlüsse** gemäß § 41 FamFG **von Amts wegen** zugestellt. Im FamFG fehlt eine § 750 Abs. 1 Satz 2 ZPO entsprechende Regelung, wonach auch eine Zustellung im Parteibetrieb ausreicht (siehe *Cirullies*, § 41 FamFG Rn. 1).

---

1 PK Familienverfahrensrecht /*Meysen*, § 87 FamFG Rn. 3; Keidel/*Giers*, § 87 FamFG Rn. 10
2 Zöller/*Feskorn*, § 87 Rn. 6
3 BT-Drs. 16/6308, 217
4 Zu Ausnahmen vgl. *Cirullies*, FPR 2012, 473
5 §§ 15 Abs. 2 Satz 1, 41 Abs. 1 Satz 2 FamFG
6 Keidel/*Giers*, § 87 FamFG Rn. 12

Auch ein **gebilligter Vergleich** muss zu Beginn der Zwangsvollstreckung zugestellt sein, **4** obgleich § 87 Abs. 2 FamFG dem Wortlaut nach die Zustellung nur für die Vollstreckung aus *Beschlüssen* verlangt.[7] Doch wie die Beschränkung des Hinweiserfordernisses nach § 89 Abs. 2 FamFG ist auch die Beschränkung des Zustellungserfordernisses auf Beschlüsse in § 87 Abs. 2 FamFG als gesetzgeberisches Redaktionsversehen anzusehen.[8] Dementsprechend schweigt das Gesetz auch zu den Zustellungsmodalitäten. Schon im Hinblick auf den gerichtlichen Billigungsbeschluss, der den Vergleich erst vollstreckbar macht, ist eine Zustellung **von Amts wegen** geboten (§ 41 FamFG). Wegen fehlender Zustellung kommt es nicht selten zu Verzögerungen im Vollstreckungsverfahren. Eine unterbliebene Zustellung kann jederzeit nachgeholt werden, so dass ab dann vollstreckt werden kann.[9]

III. Gerichtsvollzieher

Vollstreckungsorgan ist der **Gerichtsvollzieher**. Er ist befugt, erforderlichenfalls Polizeibe- **5** amte zur Unterstützung anzufordern. Entsprechend der Verweisung auf §§ 758 ff. ZPO darf er beispielsweise eine Haustüröffnung und (richterlich genehmigte) Wohnungsdurchsuchung vornehmen und hat hierüber Protokoll zu führen (Abs. 3).

Die Einschaltung des Gerichtsvollziehers ist vor allem im Rahmen der Vollstreckung einer **Kindesherausgabe** geboten. Die Vorgehensweise ist in **§ 156 GVGA**[10] detailliert geregelt. So kann die Vollstreckung nur durchgeführt werden, wenn der Berechtigte das Kind an Ort und Stelle übernimmt (§ 156 Abs. 4 GVGA).

IV. Rechtsmittel

1. Gerichtliche Entscheidungen

Gerichtliche Beschlüsse im Vollstreckungsverfahren – auch ablehnende (Abs. 1 Satz 2) – **6** sind mit der **sofortigen Beschwerde** binnen (nur) **zwei Wochen** anfechtbar (Abs. 4 i.V.m. §§ 567 ff. ZPO). Auf diesem Wege kann die **Kostenentscheidung** im Ordnungsgeldverfahren auch isoliert angefochten werden.[11] Bei verspätet eingelegter Beschwerde wird für anwaltlich vertretene Beteiligte trotz falscher Rechtsmittelbelehrung **Wiedereinsetzung** grundsätzlich **nicht** gewährt.[12]

Da die Beschwerdevorschriften der ZPO analog anzuwenden sind, gilt auch § 570 Abs. 1 **7** ZPO. Danach hat die Beschwerde **aufschiebende Wirkung** bezüglich der Festsetzung eines **Ordnungsmittels**, nicht jedoch bei der Anordnung unmittelbaren Zwangs (§ 90 FamFG).[13] Im Gegensatz zu Beschwerden gegen Endentscheidungen im Hauptsacheverfahren[14] besteht im Vollstreckungsverfahren die Möglichkeit der **Abhilfe** durch das Ausgangsgericht (§ 572 Abs. 1 ZPO).

Nach § 570 Abs. 2 ZPO kann das Ausgangsgericht, dessen Entscheidung angefochten **8** wird, (nicht: Vollstreckungsgericht)[15] oder aber nach § 570 Abs. 3 ZPO das Beschwerdege-

---

7 *Heilmann*, NJW 2012, 887 889; *Völker*, FPR 2012, 485, 486 m.w.N.; Zöller/*Feskorn*, § 87 FamFG Rn. 4; *Schmid*, NZFam 2014,881, 883
8 OLG Frankfurt FamRZ 2012, 573; vgl. auch OLG Brandenburg BeckRS 2015, 02058 (Vergleich in Gewaltschutzsache)
9 *Völker*, a.a.O.
10 Geschäftsanweisung für Gerichtsvollzieher, neu gefasst zum 1.9.2013
11 OLG Hamm FamRZ 2010, 1838
12 OLG Zweibrücken FamRZ 2013, 1329; vgl. auch hier *Cirullies*, § 39 FamFG Rn. 3
13 *Feskorn*, FamRB 2012, 162
14 Vgl. § 68 Abs. 1 Satz 2 FamFG, dazu hier *Dürbeck* § 68 FamFG Rn. 2
15 So aber Musielak/*Borth*/Grandel, § 87 FamFG Rn. 5

richt die **Vollziehung**[16] **aussetzen**. Es handelt sich hierbei um eine Spezialregelung gegenüber § 64 Abs. 3 FamFG und auch § 93 Abs. 1 FamFG.[17]

2. Verfahren des Gerichtsvollziehers

9   Will sich ein Beteiligter gegen die Vorgehensweise des **Gerichtsvollziehers** wenden, etwa wegen einer unzulässigen Durchsuchung, so ist die **Erinnerung** nach § 766 ZPO der richtige Rechtsbehelf.[18]

V. Kosten

10   Abs. 5 verweist wegen der Kostenentscheidung in Vollstreckungsverfahren auf die entsprechend anwendbaren §§ 80 bis 82 und 84 FamFG. Nach **§ 81 Abs. 1 FamFG** *kann* das Gericht die Verfahrenskosten nach billigem Ermessen den Beteiligten ganz oder teilweise auferlegen oder aber von der Erhebung der Kosten absehen. Es *soll* die Kosten einem Beteiligten auferlegen, wenn dieser durch **grobes Verschulden** Anlass für das Verfahren gegeben hat, ferner in einer Reihe weiterer im Gesetz aufgeführter Fälle (**§ 81 Abs. 2 FamFG**). Im Ergebnis ist daher in der Regel der Adressat eines Ordnungsmittels mit den Verfahrenskosten zu belasten.

---

16   Zur Begrifflichkeit vgl. hier *Cirullies*, § 86 FamFG Rn. 4
17   Vgl. Zöller/*Feskorn*, § 93 FamFG Rn. 2
18   MüKo-FamFG/*Zimmermann*, § 87 FamFG Rn. 10

Unterabschnitt 2
Vollstreckung von Entscheidungen über die Herausgabe von Personen
und die Regelung des Umgangs

§ 88 FamFG Grundsätze

(1) Die Vollstreckung erfolgt durch das Gericht, in dessen Bezirk die Person zum Zeitpunkt der Einleitung der Vollstreckung ihren gewöhnlichen Aufenthalt hat.

(2) Das Jugendamt leistet dem Gericht in geeigneten Fällen Unterstützung.

Übersicht

A. Allgemeines

§§ 88 bis 94 FamFG regeln ausführlich die Vollstreckung von Entscheidungen über die **Herausgabe von Personen** (Kind oder Betreuter) und die Regelung des **Umgangs**. Sofern es um die Kindesherausgabe aufgrund **internationaler** Übereinkommen geht, beurteilt sich die Vollstreckung nach § 44 IntFamRVG.[1]   **1**

Die Vorschrift befasst sich mit zwei Einzelaspekten, der **örtlichen Zuständigkeit** und der Mitwirkung des **Jugendamtes**.

B. Inhalt der Norm

I. Örtliche Zuständigkeit

Das Vollstreckungsverfahren ist gegenüber dem Hauptsacheverfahren **selbständig**. Demgemäß ist die örtliche Zuständigkeit neu zu prüfen: Die Vollstreckung führt dasjenige Gericht durch, in dessen Bezirk das Kind zum Zeitpunkt der Einleitung der Vollstreckung seinen **gewöhnlichen Aufenthalt** hat (Abs. 1). Wegen der erforderlichen Ermittlungen im Vollstreckungsverfahren hat der Gesetzgeber der Ortsnähe den Vorrang eingeräumt gegenüber dem im Erkenntnisverfahren gewonnenen Wissen um die konkrete Familienproblematik.   **2**

Im Falle eines **Aufenthaltswechsels** auf Seiten des Kindes und einer entsprechenden **Änderung der Zuständigkeit** sind grundsätzlich nur die Akten des (eigenständigen) Ordnungsmittelverfahrens dem nunmehr zuständigen Gericht zu übersenden.

Wenn es wegen des gewöhnlichen Aufenthalts des Kindes im **Ausland** an der örtlichen Zuständigkeit eines deutschen Gerichts fehlt, ist insoweit auch keine **internationale Zuständigkeit** der deutschen Gerichte gegeben, sofern sich eine solche nicht aus völkerrechtlichen Vereinbarungen oder Rechtsakten der Europäischen Gemeinschaft ergibt.[2]   **3**

II. Mitwirkung des Jugendamtes

Abs. 2 bestimmt die Pflicht des **Jugendamts**, dem Gericht in geeigneten Fällen zur Seite zu stehen. Diese Unterstützung kann in einer schlichten **Beratung** der Eltern bestehen. Insbesondere in Fällen der **Kindesherausgabe** soll durch die Mitwirkung der Aufenthalt des Kindes gesichert werden. Auch kann die Anwesenheit eines Mitarbeiters zur Deeskala-   **4**

---

1 Dazu Prütting/Helms/*Hammer*, § 88 FamFG Rn. 1a; siehe ferner *Schweppe*, § 44 IntFamRVG Rn. 1 ff.
2 OLG Bremen BeckRS 2014, 22448 (betreffend China), dazu *Rauscher*, NZFam 2015, 95

tion und Vermeidung unmittelbaren Zwangs beitragen. Andererseits kann die Einbindung des Jugendamtes in den „Vollzugsapparat" die spätere Zusammenarbeit mit den Beteiligten erschweren.[3] Für die **Unterbringung Minderjähriger** besteht eine Sonderregelung in § 167 Abs. 5 FamFG.

Nicht hingegen kann und darf das Gericht die Vollstreckung der **Kindesherausgabe** auf das **Jugendamt** übertragen und gegen dieses – im Weigerungsfall – gar Ordnungsmittel verhängen.[4] Vielmehr hat das Gericht den **Gerichtsvollzieher** zu beauftragen (siehe dazu unten *Cirullies*, § 90 FamFG Rn. 10).

§ 89 FamFG Ordnungsmittel

(1) [1]**Bei der Zuwiderhandlung gegen einen Vollstreckungstitel zur Herausgabe von Personen und zur Regelung des Umgangs kann das Gericht gegenüber dem Verpflichteten Ordnungsgeld und für den Fall, dass dieses nicht beigetrieben werden kann, Ordnungshaft anordnen.** [2]**Verspricht die Anordnung eines Ordnungsgelds keinen Erfolg, kann das Gericht Ordnungshaft anordnen.** [3]**Die Anordnungen ergehen durch Beschluss.**

(2) Der Beschluss, der die Herausgabe der Person oder die Regelung des Umgangs anordnet, hat auf die Folgen einer Zuwiderhandlung gegen den Vollstreckungstitel hinzuweisen.

(3) [1]**Das einzelne Ordnungsgeld darf den Betrag von 25 000 Euro nicht übersteigen.** [2]**Für den Vollzug der Haft gelten § 802g Abs. 1 Satz 2 und Abs. 2, die §§ 802h und 802j Abs. 1 der Zivilprozessordnung entsprechend.**

(4) [1]**Die Festsetzung eines Ordnungsmittels unterbleibt, wenn der Verpflichtete Gründe vorträgt, aus denen sich ergibt, dass er die Zuwiderhandlung nicht zu vertreten hat.** [2]**Werden Gründe, aus denen sich das fehlende Vertretenmüssen ergibt, nachträglich vorgetragen, wird die Festsetzung aufgehoben.**

Übersicht

3 Dazu PK Familienverfahrensrecht/*Meysen*, § 88 FamFG Rn. 7
4 Dazu DIJuF-Rechtsgutachten vom 27.3.2012, JAmt 2012, 311

A. Allgemeines

Das Gericht kann gemäß Abs. 1 zur Durchsetzung von Kindesherausgabetiteln und Umgangsregelungen **Ordnungsgeld**, ersatzweise **Ordnungshaft** verhängen, um eine bereits erfolgte Zuwiderhandlung zu ahnden. Dies gilt auch bei einem Verstoß gegen **Unterlassungspflichten**, etwa bei einem Umgangsausschluss.[1]   **1**

Lediglich als letztes Mittel der Vollstreckung kommt die Anwendung **unmittelbaren Zwangs** in Betracht, allerdings nicht gegenüber dem Kind zur Ausübung des Umgangsrechts (§ 90 FamFG).

Wesentliche Besonderheit für die Vollstreckung in Umgangs- und Kindesherausgabesachen ist die sog. **Folgenankündigung** nach Abs. 2: Bereits in dem Beschluss, der die Regelung des Umgangs oder die Herausgabe einer Person anordnet, ist auf die Folgen der Zuwiderhandlung **hinzuweisen**. Diese Belehrung ist als Teil des Erkenntnisverfahrens der Vollstreckung vorgeschaltet.

B. Inhalt der Norm

I. Hinweis auf Folgen einer Zuwiderhandlung (Abs. 2)

1. Belehrung statt Androhung

Die – häufig verfahrensverzögernde – Androhung des Zwangsmittels nach altem Recht   **2**
wird nun durch eine frühzeitige **Belehrung** ersetzt: Gemäß § 89 Abs. 2 FamFG ist bereits in dem Beschluss, der die Herausgabe einer Person oder die Regelung des Umgangs anordnet, auf die **Folgen der Zuwiderhandlung** hinzuweisen. Dabei sollte vermieden werden, von einer „Androhung" zu sprechen.[2] Die Verwendung des Begriffs ist jedoch unschädlich.[3] Ohne einen solche Folgenankündigung können selbst gravierende Verstöße gegen die Umgangsregelung nicht sanktioniert werden.[4]

2. Hinweispflicht

Der Hinweis nach Abs. 2 steht nicht im Ermessen des Gerichts, sondern ist **zwingend** zu   **3**
erteilen.[5] Diese Pflicht gilt nicht nur für gerichtliche Beschlüsse, sondern auch für **gerichtlich gebilligte Vergleiche** nebst Billigungsentscheidung nach 156 Abs. 2 FamFG sowie für negative Umgangsregelungen wie einen **Umgangsausschluss**.[6] Ein Beschluss, der einen Umgangsausschluss und ein damit verbundenes ausdrückliches **Näherungsverbot** ausspricht, ist mit dem Hinweis auf die Folgen einer Zuwiderhandlung zu verbinden; diese ergeben sich aus § 89 FamFG, der als „abweichende Bestimmung" die Anwendbarkeit von §§ 95 FamFG, 890 ZPO ausschließt.[7] In der Umgangsregelung muss – von Amts we-

---

1 Keine Zwangsmaßnahme nach § 95 Abs. 1 Nr. 4 FamFG i.V.m. § 890 ZPO, siehe auch hier *Cirullies*, § 95 FamFG Rn. 7
2 OLG Köln BeckRS 2011, 05623
3 BGH FamRZ 2012, 533
4 OLG Köln FamRZ 2015, 163 (LS)
5 BGH FamRZ 2011, 1729
6 OLG Saarbrücken FamRZ 2011, 122 (LS), dazu *Hoffmann*, FamFR 2010, 503; *Völker*, FPR 2012, 485, 487
7 OLG Celle FuR 2011, 574, dazu *Galinsky*, FamFR 2011, 330

gen – Niederschlag finden, dass § 1684 Abs. 1 BGB zur Wahrnehmung des Umgangs nicht nur berechtigt, sondern auch verpflichtet. Dementsprechend ist die Folgenankündigung auch auf den **Umgangsberechtigten** zu erstrecken, um ihm vor Augen zu führen, dass das Kind auch seine Zuverlässigkeit benötigt.[8]

3. Form und Inhalt

4   Da § 89 Abs. 2 FamFG den Warnhinweis zum Beschlussinhalt erklärt, ist es ungenügend, wenn die Geschäftsstelle ein Formblatt beifügt.[9] Der Hinweis ist grundsätzlich so zu **formulieren**, dass er für die Adressaten, also Laien verständlich ist. Wendungen wie: „Die Beteiligten werden gemäß § 89 FamFG belehrt" reichen mithin nicht aus.[10] Andererseits wird gelegentlich über das Ziel hinausgeschossen, wenn das Gericht zusätzlich auf die Möglichkeit der Anordnung des unmittelbaren Zwangs nach § 90 Abs. 1 FamFG hinweist.[11]

5   Die obergerichtliche Rechtsprechung neigt zu sehr umfänglichen Belehrungen. Auslöser hierfür ist folgender **„Musterhinweis" des BGH**,[12] auf den häufig Bezug genommen wird:[13]

> *Bei schuldhafter Zuwiderhandlung gegen die sich aus dem Beschluss des ... vom ... ergebenden Verpflichtungen kann das Gericht gegenüber dem Verpflichteten Ordnungsgeld bis zur Höhe von 25.000,00 Euro und für den Fall, dass dieses nicht beigetrieben werden kann, Ordnungshaft bis zu sechs Monaten anordnen. Verspricht die Anordnung eines Ordnungsgeldes keinen Erfolg, kann das Gericht Ordnungshaft bis zu sechs Monaten anordnen. Die Festsetzung eines Ordnungsmittels unterbleibt, wenn der Verpflichtete Gründe vorträgt, aus denen sich ergibt, dass er die Zuwiderhandlung nicht zu vertreten hat.*

Ob sich allerdings die erstrebte Warnfunktion nur durch derlei umfassende Hinweise erreichen lässt, kann bezweifelt werden, da aufgrund der Komplexität die geforderte Verständlichkeit leidet. Insbesondere ist die Belehrung für den Fall einer **schuldhaften** Zuwiderhandlung entbehrlich, da das Verschulden in § 89 Abs. 4 FamFG vermutet wird.[14] Auch sollte der Verpflichtete schon aus psychologischen Gründen nicht von vornherein auf Ausweichmöglichkeiten gestoßen werden.

6   Einer **betragsmäßigen Nennung** des Ordnungsgeldes, wie sie für die vergleichbare Regelung in § 35 Abs. 2 FamFG gefordert wird,[15] bedarf es nicht.[16] Ausreichend, aber auch erforderlich ist es, die **Obergrenzen** für Ordnungsgeld und Ordnungshaft zu bezeichnen.[17]

---

8 BGH FamRZ 2011, 1729, dazu *Cirullies*, FamFR 2011, 491; OLG Saarbrücken FamRZ 2011, 826 (LS), dazu *Hennemann*, FamFR 2011, 93; a.A. PK Familienverfahrensrecht/*Meysen*, § 89 FamFG Rn. 9 (fälschlich auch den *Autor* für diese Auffassung zitierend)

9 MüKo-FamFG/*Zimmermann*, § 89 FamDF Rn. 7

10 Dazu OLG Brandenburg BeckRS 2014, 20444

11 AG Regensburg BeckRS 2014, 07000

12 BGH FamRZ 2011, 1729

13 OLG Oldenburg FamRZ 2014, 145; OLG Naumburg BeckRS 2014, 23398, dazu *Cirullies*, NZFam 2015, 182

14 *Cirullies*, ZKJ 2011, 448, 449

15 So OLG München NJW-RR 2010, 1603 m.w.N.; ähnlich für das Zwangsgeld nach § 33 FGG a.F. OLG Brandenburg, FamRZ 2008, 2136; vgl. auch OLG Brandenburg FamRZ 2015, 162 (LS) = MDR 2014, 1092

16 Eingehend *Cirullies*, ZKJ 2011, 448, 450; vgl. auch BGH FamRZ 1973, 622 (zu § 33 FGG)

17 OLG Oldenburg FamRZ 2014, 145 m.w.N.; a.A. wohl PK Familienverfahrensrecht/*Meysen*, § 89 FamFG Rn. 9 (mit entsprechend unzureichenden Beispielsfällen)

Nach alledem könnte der **Warnhinweis nach Abs. 2** lauten: **7**

> *„Die beteiligten Eltern werden darauf hingewiesen, dass das Gericht gegen sie für jeden Fall der Zuwiderhandlung gegen eine der in der Umgangsregelung vom … genannten Verpflichtungen ein Ordnungsgeld bis zu 25.000,00 Euro und für den Fall, dass dieses nicht beigetrieben werden kann oder die Anordnung eines Ordnungsgeldes keinen Erfolg verspricht, Ordnungshaft bis zu 6 Monaten anordnen kann".*

4. Unzureichender Hinweis

Der **ordnungsgemäße Hinweis** ist Voraussetzung für die Verhängung von Ordnungsmitteln. Fraglich ist, ob die Festsetzung von **Ordnungsgeld** tatsächlich ausscheidet, wenn einzelne Elemente der „Komplett-Belehrung" fehlen, wenn etwa die Möglichkeit der Exkulpation oder der isolierten Verhängung von Ordnungshaft (Abs. 1 Satz 2) unerwähnt bleibt. Durch den Hinweis soll dem Pflichtigen vor Augen geführt werden, welche konkreten Rechtsfolgen ein Verstoß gegen den vorliegenden Titel haben kann.[18] Wenn bezüglich der möglichen Ordnungsgeldfestsetzung beanstandungsfrei belehrt wurde, kann das Gericht eine Zuwiderhandlung (eben nur) durch dieses konkrete Ordnungsmittel ahnden.[19] **8**

Der **EGMR** hat jüngst erneut die Schwerfälligkeit des deutschen Vollstreckungsrechts in Umgangssachen gerügt.[20] Zu den Unzulänglichkeiten gehören auch übertriebene Anforderungen an die Gestaltung des Warnhinweises.

5. Nachholung des Hinweises

Eine etwa unzureichende Belehrung kann nach einhelliger Auffassung **nachgeholt** werden, auch in der Beschwerdeinstanz.[21] Stets zu beachten ist allerdings, dass dann der Hinweis seine **Wirkung lediglich für die Zukunft** entfaltet: Eine Nachholung erst im Vollstreckungsverfahren reicht nicht aus, da es bei der Festsetzung von Ordnungsgeld um die Sanktionierung eines zurückliegenden Verhaltens geht und deshalb ein später erfolgender Hinweis seinen Zweck hinsichtlich des insoweit bereits abgeschlossenen Sachverhalts nicht mehr erfüllen kann.[22] **9**

Da der Warnhinweis zum Erkenntnisverfahren gehört, kann für ein eigenständig eingeleitetes neues Verfahren auf Nachholung eines solchen Hinweises **Verfahrenskostenhilfe nicht** bewilligt werden.[23]

6. Wiederholung des Hinweises

Spätere **Modifizierungen** des Umgangstitels können dazu führen, dass die bereits erfolgte **Belehrung wiederholt** werden muss. Bereits nach früherem Recht wurde dies für die Androhung eines Zwangsmittels angenommen, wenn zur Durchsetzung eines Beschlusses Zwangsgeld angedroht und dieser Beschluss dann in der Beschwerdeinstanz durch eine Vereinbarung ersetzt worden ist.[24] Nach **neuem Recht** bedeutet dies: Wird der mit einem Hinweis nach Abs. 2 versehene Umgangs- oder Kindesherausgabetitel in der Folgezeit abgeändert, ist für eine **Wiederholung** des Warnhinweises Sorge zu tragen. **10**

---

18 BGH FamRZ 2011, 1729
19 *Cirullies*, NZFam 2015, 182
20 Urteil vom 15.1.2015 – V 62198/11, http://hudoc.echr.coe.int/
21 Etwa BVerfG FamRZ 2011, 957, dazu *Reinken*, FamFR 2011, 204; OLG Naumburg BeckRS 2014, 23398, dazu *Cirullies*, NZFam 2015, 182
22 OLG Hamm FamRZ 2010, 1838, dazu *Altrogge*, FamFR 2010, 263
23 OLG Zweibrücken FamRZ 2014, 585 (LS) = BeckRS 2013, 17064
24 OLG Köln NJWE-FER 1998, 163

7. Unterlassener Hinweis

11 Der **Hinweis** selbst ist nicht isoliert, sondern erst für den Fall der Festsetzung von Ordnungsmitteln hiergegen mit der sofortigen Beschwerde **anfechtbar**.[25] Wird er allerdings trotz Gegenvorstellung **unterlassen**, ist dies wegen der damit verbundenen Einschränkung der Vollstreckung mit der sofortigen Beschwerde anfechtbar.[26]

II. Anordnung der Ordnungsmittel (Abs. 1)

1. Zuwiderhandlung

12 Die Anordnung von Ordnungsmitteln setzt die gerichtliche Feststellung voraus, dass der Verpflichtete dem Titel **zuwidergehandelt** hat. Nicht ausreichend ist die bloße Ankündigung einer Zuwiderhandlung, da dies mit dem Sanktionscharakter der Ordnungsmittel nicht vereinbar wäre.[27] Der betreuende Elternteil handelt dem Umgangstitel zuwider, wenn er dem Kind im Ergebnis freistellt, ob es den Umgang mit dem anderen Elternteil wahrnimmt oder nicht.[28] Im Übrigen muss der Verpflichtete die Zuwiderhandlung **zu vertreten** haben (siehe unten Rn. 22 ff.).

2. Verpflichteter

a) Grundsatz

13 Verpflichtete können nur **Beteiligte** des Erkenntnisverfahrens i.S.d. § 7 FamFG sein. In erster Linie sind hier die Eltern zu nennen. In Betracht kommen aber auch die Pflegeeltern, der Vormund oder der Ergänzungspfleger mit entsprechendem Aufgabenkreis.[29] Grundsätzlich ist auch der **Umgangsberechtigte** Verpflichteter, da ihn zum einen auch eine Umgangs*pflicht* trifft (§ 1684 Abs. 1 BGB). Zudem enthält eine gerichtliche Entscheidung, die den Umgang positiv regelt, stets das konkludente Gebot an den Umgangsberechtigten, außerhalb der festgelegten Umgangszeiten einen Kontakt zum Kind zu **unterlassen;** diese Verpflichtung ist mit Ordnungsmitteln durchsetzbar.[30]

b) Umgangsunwilliger Elternteil

14 Ob und inwieweit auch gegen den unwilligen Umgangsberechtigten wegen Verweigerung von Umgangskontakten Ordnungsmittel verhängt werden können und sollten, ist nach wie vor umstritten. Allerdings entschied das **BVerfG**, die sich aus § 1684 Abs. 1 BGB ergebende **Pflicht zum Umgang** sei grundsätzlich mit der Verfassung vereinbar. Es sei einem Elternteil zumutbar, zum Umgang mit seinem Kind verpflichtet zu werden, wenn dies dem Wohl des Kindes diene.[31] Ob die erzwungenen Kontakte ausnahmsweise dem **Kindeswohl** entsprechen, wird sich in der Regel erst nach Einschaltung eines Sachverständigen, meist auch eines Verfahrensbeistands beantworten lassen.[32] Zu beachten ist: Im **Erkenntnisverfahren** kann das Umgangsrecht des Kindes als **höchstpersönliches Recht** nur von dem Kind selbst in Vertretung durch den sorgeberechtigten Elternteil (oder, im Falle eines Interessenkonflikts, durch einen Ergänzungspfleger) geltend gemacht werden, nicht hingegen durch den sorgeberechtigten Elternteil im eigenen Namen.[33]

---

25 OLG Köln FamRZ 2011, 574; OLG Frankfurt FamRZ 2010, 917
26 BVerfG FamRZ 2011, 957; Musielak/*Borth/Grandel*, § 89 FamFG Rn. 7
27 Zöller/*Zimmermann*, § 89 FamFG Rn. 4
28 OLG Saarbrücken FamRZ 2013, 48 (LS), dazu *Schmid*, FamFR 2012, 358
29 Prütting/Helms/*Hammer*, § 89 FamFG Rn. 7c
30 KG FamRZ 2015, 940
31 BVerfG FamRZ 2008, 845 mit Anm. *Luthin* = FPR 2008, 238 mit Anm. *Huber*; ebenso OLG Frankfurt FamRZ 2014, 403
32 *Horndasch*, FPR 2012, 208, 212; *Luthin*, FamRZ 2008, 853; *Adelmann*, JAmt 2008, 289, 294
33 BGH FamRZ 2008, 1334 mit Anm. *Luthin*; dazu *Altrogge*, FPR 2008, 410, 412

c) Jugendamt

Im Rahmen der Vollstreckung, insbesondere aufgrund eines gerichtlich gebilligten Vergleichs, kann unter bestimmten Umständen Ordnungsgeld grundsätzlich auch gegen das **Jugendamt** festgesetzt werden, sofern es Umgangskontakte zwischen dem (etwa bei einer Pflegefamilie lebenden) Kind und den Eltern nicht hinreichend fördert. Voraussetzung für die Ahndung ist ein **Beteiligtenstatus** gemäß §7 FamFG. Dies ist beispielsweise der Fall, wenn das Jugendamt als **Beschwerdeführer** auftritt[34] oder in seiner Eigenschaft als **Amtsvormund** an einem gerichtlich gebilligten Umgangsvergleich beteiligt ist.[35] Dem steht weder der Behördenstatus entgegen noch die Regelung in § 1837 Abs. 3 Satz 2 BGB, wonach gegen das Jugendamt kein Zwangsgeld festgesetzt werden darf.[36] Vorsorglich empfiehlt es sich in derartigen Fällen für das Jugendamt, bei Gericht eine Abänderung des Vergleichs nebst **Einstellung der Vollstreckung** anzuregen.

15

3. Auswahl

Bei der Bestimmung des Ordnungsmittels steht dem Gericht ein breites **Auswahlermessen** zu.[37] In der Regel wird zunächst ein **Ordnungsgeld** festgesetzt.

16

Das Gericht kann aber (auch) **Ordnungshaft** anordnen, und zwar bei **Nichtbeitreibbarkeit** des Ordnungsgeldes (Ersatzordnungshaft) oder sofort im Fall der bereits feststehenden oder absehbaren **Erfolglosigkeit** der Ordnungsgeldfestsetzung. Letzteres ist z.B. anzunehmen, wenn bereits früher ein Ordnungsgeld erfolglos festgesetzt wurde oder die Vermögenslosigkeit offenkundig ist oder ein Ordnungsgeld den Verpflichteten erkennbar nicht beeindrucken würde.

Wenn das BVerfG[38] bereits bezüglich der angemessenen Gestaltung der Kindesanhörung von einer „schweren Aufgabe" des Familienrichters spricht, gilt dies in mindestens gleichem Maße für die Wahl des „richtigen" Vollstreckungsinstruments. Bereits gegen die Verhängung von Zwangs- oder Ordnungsmitteln, insbesondere von Haft werden vehement Bedenken wegen gravierender Nachteile für das Kind vorgetragen.[39] Die Festsetzung von **Ordnungshaft** wird insbesondere dann angezeigt sein, wenn der Herausgabeverpflichtete das Kind bei Dritten (meist Verwandten) versteckt hält.

III. Ordnungsgeld (Abs. 3 Satz 1)

1. Höhe

Für ein Ordnungsgeld legt Abs. 3 Satz 1 (lediglich) eine **Obergrenze von 25.000 Euro** fest. Daher bestimmt sich die Untergrenze nach Art. 6 Abs. 1 EGStGB auf 5 Euro. Auch die **Bemessung** der Höhe steht im pflichtgemäßen Ermessen des Gerichts und wird sich in erster Linie am Einkommen des Verpflichteten orientieren.[40] Maßgeblich sind ferner Art und Intensität des Verstoßes sowie der Grad des Verschuldens des Verpflichteten, aber auch und vor allem **spezialpräventive** Aspekte.[41]

17

---

34 OLG Frankfurt FamRZ 2013, 809 = ZKJ 2013, 167 mit Anm. *Gottschalk*
35 BGH, FamRZ 2014, 732 mit Anm. *Hammer* = NZFam 2014, 358 mit Anm. *Heiß*
36 BGH, a.a.O.; kritisch *Finke*, FamFR 2013, 142; ferner DIJuF-Rechtsgutachten vom 21.11.2012, JAmt 2012, 648
37 OLG Frankfurt FamRZ 2013, 812, dazu *Többen*, FamFR 2013, 113; OLG Celle ZKJ 2011, 433, dazu *Leipold*, FamFR 2011, 448
38 BVerfG, Beschl. v. 5.11.1980 – 1 BvR 349/80, NJW 1981, 217, 218
39 Etwa *Diehl*, FPR 2008, 426,428; *Salgo*, FPR 2008, 401, 405 m.w.N.
40 Dazu OLG Saarbrücken FamRZ 2013, 48 (LS), dazu *Schmid*, FamFR 2012, 358
41 OLG Saarbrücken BeckRS 2015, 00275; OLG Köln FamRZ 2015, 163

2. Ersatzordnungshaft

18   Mit dem Ordnungsgeldbeschluss wird in der Regel die **Ersatzordnungshaft** festgesetzt – für den Fall, dass das **Ordnungsgeld nicht beigetrieben** werden kann. Tritt diese „Bedingung" ein, so erlangt der Ordnungsgeldbeschluss nicht etwa automatisch den Charakter einer Haftanordnung. Der Rechtspfleger kann also nicht nach Vorliegen einer „Fruchtlosigkeitsbescheinigung" des Gerichtsvollziehers diesen unmittelbar mit der Verhaftung beauftragen. Vielmehr bedarf es jetzt noch eines weiteren Beschlusses des Richters, der nicht nur die Frage der Uneinbringlichkeit des Ordnungsgeldes, sondern auch die Vollstreckungsvoraussetzungen prüft und dann über die Haft (endgültig) entscheidet.[42]

3. Beitreibung

19   Ordnungsgeld wird stets **von Amts wegen** durch das Gericht **beigetrieben**.[43] Die Vollstreckung erfolgt also nicht durch den Berechtigten, sondern auf Veranlassung des Familiengerichts durch den Rechtspfleger nach den Vorschriften der Justizbeitreibungsordnung[44]. Das beigetriebene Ordnungsgeld ist in jedem Fall an die **Staatskasse** (Gerichtskasse) abzuführen und steht nicht dem Berechtigten zu.[45]

20   **Übersicht: Beitreibung von Ordnungs- und Zwangsgeld**

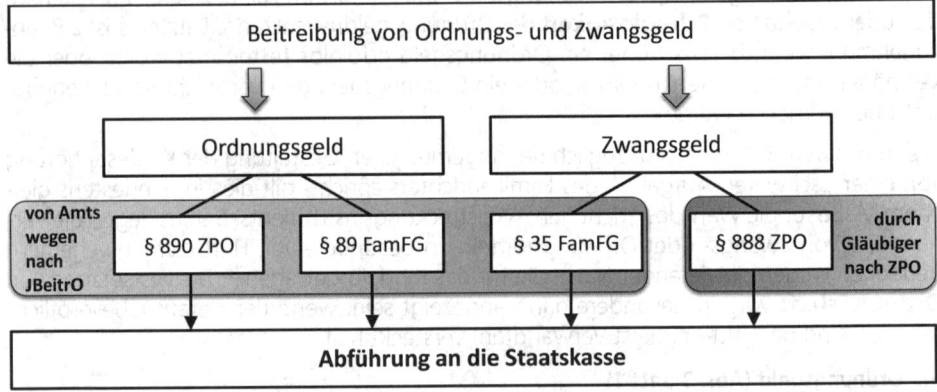

IV. Ordnungshaft (Abs. 3 Satz 2)

21   Die Haftvollstreckung liegt ebenfalls in der Hand des **Familiengerichts**, nicht des Gläubigers. Sie erfolgt gemäß **§§ 802g ff. ZPO**, allerdings mit der h.M. wie eine Kriminalstrafe **auf Kosten des Staates**, nicht auf Kosten des Gläubigers. Damit wird dem Sanktionscharakter des Ordnungsmittels Rechnung getragen.

Der Vollzug der Ordnungshaft setzt den Erlass eines **Haftbefehls** durch den Richter gemäß § 802g ZPO voraus. Die Ausfertigung des Beschlusses über die (endgültige) Festsetzung der (Ersatz-)Ordnungshaft ist bereits der Haftbefehl i.S.d. § 802g Abs. 1 und 2 ZPO. Eines gesonderten „Haftbefehls" bedarf es nicht.

Den **Verhaftungsauftrag** erteilt das Gericht (Rechtspfleger) dem zuständigen **Gerichtsvollzieher**. Nicht hierzu berufen ist also in Kindschaftssachen der andere Elternteil.

---

42 Dazu *Cirullies*, Rpfleger 2011, 573
43 *Cirullies*, a.a.O.
44 Nach § 1 Abs. 1 Nr. 3, Abs. 2, §§ 2 ff. der Justizbeitreibungsordnung i.V.m. § 1 Abs. 1 Nr. 3, Abs. 4, §§ 2 ff. der Einforderungs- und Beitreibungsanordnung, vgl. hierzu *Schulte-Bunert*, FPR 2008, 397, 399
45 BGH FamRZ 1983, 578

In Kindschaftssachen ist eine **förmliche Zustellung des Haftbefehls** vor oder bei Vollzug geboten.[46]

V. Verschulden (Abs. 4)

1. Vermutetes Verschulden

Die Festsetzung eines Ordnungsmittels setzt voraus, dass der Verpflichtete die Zuwiderhandlung zu **vertreten** hat, d.h. vorsätzlich oder fahrlässig gegen den Titel verstoßen hat. Dabei wird ein solches **Verschulden vermutet**. Nur wenn der Verpflichtete hinreichende Gründe zu seiner Entlastung vorbringt, kann die Festsetzung eines Ordnungsmittels unterbleiben oder wieder rückgängig gemacht werden. Er trägt die **Darlegungs- und Beweislast**[47] für fehlendes Vertretenmüssen.[48] Dabei obliegt es dem zur Umgangsgewährung verpflichteten Elternteil, seine familiären und beruflichen Verhältnisse so einzurichten, dass er seiner Verpflichtung nachkommen kann. Anderenfalls ist er gehalten, im Wege der **Abänderung** auf eine Neuregelung des Umgangs zu drängen.[49]

22

Schwierig zu entscheiden sind die Fälle, in denen die Mutter Umgang verweigert, weil sie ihren Aufenthaltsort und den der gemeinsamen Kinder geheim halten möchte aus **Angst vor gewaltsamen Übergriffen** des Vaters.[50]

2. Darlegungslast

a) Grundsatz

Der Verpflichtete hat die **Umstände**, die den Grund für das Scheitern der Umgangskontakte darstellen, **im Einzelnen darzulegen**. Denn solche Umstände liegen regelmäßig in seiner Sphäre und sind daher im Nachhinein häufig nur eingeschränkt objektiv feststellbar. Überdies besteht eine **Wohlverhaltenspflicht** nach § 1684 Abs. 2 BGB.[51] Gelingt es dem Verpflichteten nicht, detailliert zu erläutern (und im Falle des Bestreitens nachzuweisen), aus welchen Gründen er an der Befolgung der gerichtlichen Anordnung gehindert war, kommt ein Absehen von der Festsetzung des Ordnungsmittels oder die nachträgliche Aufhebung des Ordnungsmittels nicht in Betracht.[52]

23

Doch sind auch im Rahmen des Ordnungsmittelverfahrens grundsätzlich **Beweiserhebungen** zulässig und im Einzelfall geboten – sei es auf Grund konkreter Beweisangebote der Beteiligten oder wegen des Amtsermittlungsgrundsatzes von Amts wegen. Hat etwa der Verpflichtete konkrete Anhaltspunkte für Gewaltanwendungen oder sexuellen Missbrauch durch den Umgangsberechtigten dargelegt, muss das Familiengericht von sich aus diesen Vorwürfen nachgehen.[53] Ohne entsprechende Beweiserhebungen kann auch der Antrag des Umgangsberechtigten auf Bewilligung von **Verfahrenskostenhilfe** für den Ordnungsgeldantrag nicht negativ beschieden werden.[54]

24

---

46 § 89 Abs. 3 Satz 2 FamFG verweist (lediglich) auf §§ 802g Abs. 1 Satz 2 und Abs. 2, 802h und 802j Abs. 1 ZPO. § 802g Abs. 1 Satz 3 („Einer Zustellung des Haftbefehls vor seiner Vollziehung bedarf es nicht") kommt hier also nicht zur Anwendung; ausführlich dazu *Cirullies*, Rpfleger 2011, 573
47 Genauer: Feststellungslast, vgl. *Cirullies* §§ 29 bis 31 FamFG Rn. 4
48 Prütting/Helms/*Hammer*, § 89 FamFG Rn. 14
49 OLG Köln FF 2012, 504, dazu *Leipold*, FamFR 2012, 397
50 Vgl. BVerfG FamRZ 2013, 433, dazu *Salgo*, FamRZ 2013, 531
51 Dazu OLG Köln FamRZ 2015, 151, auch zu einer Haftung wegen Umgangsvereitelung
52 BGH FamRZ 2014, 732; OLG Saarbrücken BeckRS 2015, 00275
53 *Cirullies*, NZFam 2014, 794
54 OLG Naumburg FamRZ 2014, 145 (LS) = NJOZ 2013, 2045

b) Entgegenstehender Wille des Kindes

25 Häufig beruft sich der Verpflichtete im Umgangsverfahren auf einen entgegenstehenden **Willen des Kindes**. Dann obliegt es ihm, gehaltvoll darzulegen, auf welche Weise er auf das Kind **erzieherisch eingewirkt** hat, um es zum Umgang zu bewegen.[55] An den Vortrag, der **Wohlverhaltenspflicht** nachgekommen zu sein, sind hohe Anforderungen zu stellen[56]. Es genügt nicht, dem Kind im Ergebnis freizustellen, ob es den Umgang mit dem anderen Elternteil wahrnimmt oder nicht.[57] Vielmehr muss der Verpflichtete gegenüber dem Kind, das einen Umgang mit dem umgangsberechtigten Elternteil verbal ablehnt, ebenso strenge Maßnahmen zur Herstellung der Umgangskontrolle ergreifen wie diejenigen, die er zum Zweck der **Sicherstellung des Schulbesuchs** des Kindes wählen würde und müsste, falls das Kind diesen verweigern würde.[58]

26 Dabei ist freilich das **Alter des Kindes** zu beachten. Bei jüngeren Kindern wird im Allgemeinen davon auszugehen sein, dass die Durchsetzung des Umgangs mit erzieherischen Mitteln erreicht werden kann.[59] Die Altersgrenze wird bei ca. **9 bis 11 Jahren** zu ziehen sein.[60] Dabei müssen die Gerichte der wachsenden Fähigkeit eines Kindes zu eigener Willensbildung und selbstständigem Handeln Rechnung tragen.[61] Dass jedoch erzieherisch überzeugendes Auftreten des betreuenden Elternteils eines Kindes im Alter von **6 bis 8 Jahren** nicht zur Herstellung des Umgangs führen würde, kann vorbehaltlich besonderer Einzelfallumstände nicht angenommen werden[62]. Eine andere Beurteilung kann wiederum gerechtfertigt sein, wenn die Verweigerung auf **negative Erlebnisse** (in Abgrenzung zu kindeswohlschädigendem Verhalten) zurückzuführen ist.[63] Bestehen greifbare Anhaltspunkte dafür, dass der von einem **10 Jahre** alten Kind geäußerte, einen Umgang ablehnende Wille möglicherweise nicht seinem wirklichen Willen und seiner wahren Bindung zu seinem Vater entspricht, darf das Gericht nicht ohne Einholung eines kinderpsychologischen **Sachverständigengutachtens** entscheiden.[64] Hingegen hat der ernsthafte Wille eines fast **14 Jahre** alten Kindes, mit dem umgangsberechtigten Elternteil auch keinen begleiteten Umgang mehr zu pflegen, erhebliches Gewicht und kann im Einzelfall einen längerfristigen Umgangsausschluss rechtfertigen.[65]

Praxishinweis: Bei beharrlicher Verweigerungshaltung des Kindes sollte eine geeignete **Dokumentation** der gleichwohl durchgeführten Bemühungen erfolgen, notfalls unter Beteiligung des **Jugendamtes**. Eltern haben **Anspruch auf Beratung** und Unterstützung bei der Ausübung des Umgangsrechts (§18 Abs. 3 Satz 3 SGB VIII).

3. Kindeswohlprüfung

27 Eine **erneute Prüfung** der Rechtmäßigkeit der zu vollstreckenden Entscheidung findet im Vollstreckungsverfahren grundsätzlich **nicht** statt,[66] denn gerichtliche Entscheidungen zum Sorge- und Umgangsrecht haben stets das **Kindeswohl** zu berücksichtigen (§ 1697a BGB). Eine solche Überprüfung erfolgt nur in **Ausnahmefällen**, beispielsweise wenn der

55 BGH FamRZ 2012, 533; OLG Frankfurt FuR 2013, 664, dazu *Niepmann*, FamFR 2013, 327; s.a. BT-Dr 16/6308, 218
56 OLG Karlsruhe FamRZ 2011, 1669; OLG Frankfurt FamRZ 2013, 812 (LS), dazu *Többen*, FamFR 2013, 113
57 OLG Saarbrücken, FamRZ 2013, 48 (LS), dazu *Schmid*, FamFR 2012, 358
58 OLG Saarbrücken BeckRS 2015, 00275, dazu *Clausius*, jurisPR-FamR 4/2015 Anm. 3
59 OLG Frankfurt FamRZ 2013, 475 (4 Jahre)
60 OLG Köln BeckRS 2015, 00599 m.w.N.; Prütting/Helms/*Hammer*, § 89 FamFG Rn. 17
61 BbgVerf BeckRS 2014, 47360, dazu *Rogalla*, NZFam 2014, 473
62 OLG Saarbrücken, FamRZ 2013, 48 (LS), dazu *Schmid*, FamFR 2012, 358
63 *Balloff*, FPR 2013, 303, 307
64 OLG Saarbrücken, FamRZ 2013, 48 (LS), dazu *Voges-Wallhöfer*, FamFR 2012, 285
65 OLG Saarbrücken FamRZ 2011, 122 (LS), dazu *Hoffmann*, FamFR 2010, 503; ferner OLG Köln BeckRS 2015, 00599
66 BGH FamRZ 2014, 732 mit Anm. *Hammer*

Umgangsberechtigte zwischenzeitlich auf eine Vollstreckung verzichtet hatte oder wenn der titulierte Umgang offenkundig mit einer Gefährdung des körperlichen, geistigen oder seelischen Wohls im Sinne des § 1666 Absatz 1 BGB verbunden wäre.[67] Besondere Maßstäbe gelten auch im Verfahren wegen einer **Kindesrückführung** aus dem Ausland.[68]

Die wiederholte Ablehnung der verständig und konsequent geäußerten Wünsche des Kindes durch die Familiengerichte liegt grundsätzlich nicht in dessen Wohl.

Mitunter bestehen Zweifel daran, dass die Umgangsregelung noch dem **Kindeswohl** entspricht, weil **neue Umstände** hinzugetreten sind oder seit dem Zeitpunkt des Titelerlasses ein **längerer Zeitraum** verstrichen ist, mitunter mehrere Jahre.[69] Hier kann es je nach den Umständen des Einzelfalls angezeigt sein, dass die beteiligten Eltern oder das Gericht von Amts wegen ein **Abänderungsverfahren** einleiten. Im Rahmen dessen kann nach § 93 Abs. 1 Nr. 4 FamFG oder nach § 166 FamFG i.V.m. § 1696 BGB die Vollstreckung des ursprünglichen Titels eingestellt werden.[70] Dies anzuregen, ist auch Aufgabe des **Vormunds**.[71]

28

Eine Prüfung der Rechtmäßigkeit der zu vollstreckenden Entscheidung erfolgt im Vollstreckungsverfahren im Übrigen auch dann nicht, wenn diese im Wege der **Beschwerde** angefochten worden ist. Denn die Einlegung der Beschwerde hemmt die Vollstreckbarkeit einer wirksamen gerichtlichen Umgangsregelung nicht. Eine etwaige **Einstellung der Zwangsvollstreckung** bis zur Entscheidung über die Beschwerde bleibt den Verfahren nach §§ 64 Abs. 3 bzw. 93 Abs. 1 Nr. 3 FamFG vorbehalten.[72]

29

VI. Checkliste für Vollstreckung aus Umgangstitel

Es bedarf einiger Umsicht, einen **vollstreckbaren Umgangstitel** zu erstellen und die Festsetzung von Ordnungsmitteln nicht durch Verfahrensmängel in Frage zu stellen.

30

Zu beachten sind insbesondere:

- Bestimmtheit des Titels
- Hinweis auf die Folgen der Zuwiderhandlung
- Besonderheiten beim gerichtlich gebilligten Vergleich:
  - Billigungsbeschluss
  - Zustimmung aller Beteiligten
  - Genehmigung durch Beteiligte
- Bekanntmachung und Zustellung

In der Regel bedarf es **nicht** einer **Vollstreckungsklausel**.

---

67 OLG Frankfurt FamRZ 2013, 475
68 OLG Hamburg FamRZ 2015, 64
69 Vgl. OLG Naumburg BeckRS 2014, 23398 (über zwei Jahre), dazu *Cirullies*, NZFam 2015, 182
70 OLG Celle ZKJ 2011, 433, dazu *Leipold*, FamFR 2011, 448; ferner OLG Karlsruhe NZFam 2014, 793 mit Anm. *Cirullies*
71 BGH a.a.O.
72 OLG Frankfurt FamRZ 2013, 812 (LS), dazu *Többen*, FamFR 2013, 113

§ 90 FamFG Anwendung unmittelbaren Zwanges

(1) Das Gericht kann durch ausdrücklichen Beschluss zur Vollstreckung unmittelbaren Zwang anordnen, wenn

1. **die Festsetzung von Ordnungsmitteln erfolglos geblieben ist;**
2. **die Festsetzung von Ordnungsmitteln keinen Erfolg verspricht;**
3. **eine alsbaldige Vollstreckung der Entscheidung unbedingt geboten ist.**

(2) [1]Anwendung unmittelbaren Zwanges gegen ein Kind darf nicht zugelassen werden, wenn das Kind herausgegeben werden soll, um das Umgangsrecht auszuüben. [2]Im Übrigen darf unmittelbarer Zwang gegen ein Kind nur zugelassen werden, wenn dies unter Berücksichtigung des Kindeswohls gerechtfertigt ist und eine Durchsetzung der Verpflichtung mit milderen Mitteln nicht möglich ist.

Übersicht

A. Allgemeines

1 Die Vorschrift regelt in erster Linie Fälle der Vollstreckung von Entscheidungen über die **Herausgabe von Personen**, insbesondere Kindern, und nur selten die Vollstreckung einer **Umgangsregelung** (wegen Abs. 2). Neben der Verhängung von Ordnungsmitteln kommt als letztes Mittel zur Durchsetzung einer **Umgangsregelung** oder der **Kindesherausgabe** die Anwendung unmittelbaren Zwangs in Betracht (Abs. 1).

Die Vorschrift betrifft **nicht:**

- die Herausgabe von **Sachen** (Vollstreckung nach den Regelungen der **ZPO**),[1]

- die **grenzüberschreitende Rückführung von Kindern** nach dem HKÜ, ESÜ etc. (Vollstreckung nach der inhaltsgleichen Vorschrift des § 44 IntFamRVG),

- die zwangsweise Zuführung von Minderjährigen in eine **geschlossene Einrichtung** (Gestattung der Gewaltanwendung nach § 167 Abs. 1 Satz 1 i.V.m. § 326 Abs. 2 FamFG).

B. Inhalt der Norm

I. Unmittelbarer Zwang

2 Für die Anwendung **unmittelbaren Zwanges** bedarf es einer entsprechenden Anordnung (besser: Gestattung) des Gerichts durch „ausdrücklichen Beschluss". Zulässig ist die Anwendung gegen die Eltern und gegen Dritte, gegenüber Kindern nur mit den Einschränkungen des § 90 Abs. 2 FamFG.

---

1 Vgl. hier *Cirullies*, § 95 FamFG Rn. 3

Der Begriff stammt aus dem Polizeirecht und ersetzt in moderneren Gesetzen[2] den noch in der Vorgängervorschrift § 33 Abs. 2 FGG verwendeten Ausdruck „Gewalt", ohne allerdings nennenswerte inhaltliche Unterschiede aufzuweisen. Nach § 2 Abs. 1 und 2 UZwG ist **unmittelbarer Zwang** definiert als Einwirkung auf Personen oder Sachen durch körperliche Gewalt, ihre Hilfsmittel und durch Waffen. Unter **körperlicher Gewalt** ist jede unmittelbare körperliche Einwirkung auf Personen oder Sachen zu verstehen.[3]

Typische **Zwangshandlungen** sind insbesondere das Festhalten und Fernhalten sowie das Fixieren an der Wand oder auf dem Boden. Zwangshandlungen gegenüber dem Kind sind auch ein Versperren des Weges, ein kurzzeitiges Festhalten bzw. ein Wegtragen, soweit damit ein geleisteter oder erwarteter Widerstand des Kindes überwunden werden soll.[4]

II. Verhältnismäßigkeit

Bei der Wahl der Zwangsmaßnahmen ist der Grundsatz der **Verhältnismäßigkeit** zu beachten: Nach § 90 Abs. 1 FamFG kann das Gericht zur Vollstreckung (erst dann) unmittelbaren Zwang gestatten, wenn   3

- die Festsetzung von Ordnungsmitteln erfolglos geblieben ist oder keinen Erfolg verspricht *oder*

- eine alsbaldige Vollstreckung der Entscheidung unbedingt geboten ist.

Die besondere Eilbedürftigkeit zur **Gefahrenabwehr** gibt in der Praxis am ehesten Veranlassung, körperliche Gewalt zum Schutz des Kindes einzusetzen. Dies gilt insbesondere bei drohender Entführung in das Ausland oder bei einer gewalttätigen oder psychisch auffälligen Obhutsperson. In jedem Fall ist eine gewaltsame Kindeswegnahme unter **größtmöglicher Schonung** des betroffenen Kindes durchzuführen.[5] Sie sollte in Abwesenheit des Herausgabepflichtigen versucht werden (auch in Schule oder Kindergarten) – und wird unter Berücksichtigung des Schonungsgebots häufig überhaupt nicht vertretbar sein.[6]

Auch der **Gerichtsvollzieher** hat noch die Möglichkeit, in besonders problematischen Fällen die **Vollstreckung auszusetzen** (dazu unten Rn. 13).

Gleichwohl kann im konkreten Einzelfall die Anwendung **unmittelbaren Zwangs** durchaus das Gebot der Stunde sein: „Zeitfressende Maßnahmen" können sich für das Kind und die übrigen Beteiligten häufig schädlicher auswirken als ein beherzter und dennoch umsichtiger „Zugriff".[7] Sind vorrangige, intensive Bemühungen aller am Verfahren beteiligten Professionen um eine **konsensuale Lösung** gescheitert, muss der Staat Eltern, die ihren Willen gegenüber dem nicht rückkehrwilligen Kind nicht durchsetzen können (und dürfen), grundsätzlich helfen.[8] Ob die Anwendung unmittelbaren Zwanges allerdings bereits geboten ist, um Umgangskontakte zu Weihnachten oder zu wichtigen Familienfeiern durchzusetzen,[9] muss bezweifelt werden.

III. Gewalt gegen Kinder

Bei der Anwendung unmittelbaren Zwanges besteht eine wesentliche Einschränkung: Gegen ein **Kind** darf **nicht** zugelassen werden, wenn das Kind herausgegeben werden soll, um das **Umgangsrecht** auszuüben (Abs. 2 Satz 1). Zulässig ist die Gewaltanwendung ge-   4

---

2 Etwa in den Landespolizeigesetzen oder in § 42 Abs. 6 SGB VIII
3 Vgl. *Hammer*, FPR 2008, 413, 414 m.w.N.
4 Prütting/Helms/*Hammer*, § 90 FamFG Rn. 1b; differenzierend Johannsen/*Büte*, § 90 FamFG Rn. 1
5 BVerfG FamRZ 2006, 537 a.E.
6 *Völker*, FPR 2012, 485, 489
7 *Gaul*, Festschrift für Ishikawa, S. 87, 122
8 *Cirullies*, Vollstreckungsrecht, Rn. 571
9 So Johannsen/*Büte*, § 90 FamFG Rn. 6

gen den **Herausgabepflichtigen**. Hier könnte sich vor einem zwangsweisen Vorgehen zunächst die Bestellung eines **Umgangspflegers** anbieten, der allerdings selbst nicht zur Gewaltanwendung befugt ist und auch nicht selbst dazu ermächtigt werden kann.[10]

5   Zulässig ist die **Gewaltanwendung gegen das Kind** vor allem in Fällen der Kindeswohlgefährdung (§ 1666 BGB), aber auch zur Durchsetzung bei einer Verbleibensanordnung (§ 1632 Abs.4 BGB). Fraglich ist, ob die Kinder einem eigensinnigen Umgangsberechtigten nach Beendigung des Besuchskontakts gewaltsam wieder weggenommen werden dürfen.[11] Damit ist endgültig all jenen eine Absage erteilt, die grundsätzlich jedwede Gewaltanwendung gegen das Kind ausgeschlossen wissen wollen.[12]

6   Nach Abs. 2 Satz 2 sind das **Kindeswohl** und in ganz besonderem Maße der **Verhältnismäßigkeitsgrundsatz** zu berücksichtigen. Dabei spielt im Hinblick auf § 1626 Abs. 2 Satz 1 BGB auch das **Alter des Kindes** eine wichtige Rolle.[13] Es gelten ähnliche Maßstäbe wie bei der Exkulpation nach § 89 Abs. 4 FamFG (siehe dazu *Cirullies*, § 89 FamFG Rn. 26). Entscheidend sind aber letztlich die Umstände des Einzelfalls.

IV. Verfahren

1. Selbständiges Verfahren

7   Das Gericht kann die Gewaltanwendung in Fällen absehbarer Dringlichkeit bereits in der **Hauptsacheentscheidung** (z.B. Herausgabeanordnung nach § 1632 BGB) gestatten. Stellt sich die entsprechende Notwendigkeit erst im Verlauf des Vollstreckungsverfahrens heraus, ergeht die Anordnung – wie bei der Festsetzung von Ordnungsmitteln – in einem **selbständigen Verfahren**. Falls die Vollstreckungsbedingungen es zulassen, ist der Verpflichtete zuvor **anzuhören** (§ 92 Abs. 1 Satz 2 FamFG).

2. Antragsverfahren

8   Sofern es sich um ein reines **Antragsverfahren** handelt (insbesondere nach § 1632 Abs. 1 BGB), kann die Vollstreckung nur auf entsprechenden Antrag eingeleitet werden (§ 87 Abs. 1 FamFG). In den übrigen Fällen kann das Gericht von Amts wegen tätig werden. Auch in dem **Kindesherausgabeverfahren** nach § 1632 Abs. 1 BGB liegt die Durchführung der Vollstreckung, insbesondere die Beauftragung des Gerichtsvollziehers, in der Hand des Gerichts (dazu unten Rn. 10).

3. Entscheidung

9   Die Beschlussformel muss die Gestattung und den konkreten Zweck der Gewaltanwendung erkennen lassen, **nicht** jedoch notwendig die **Personen**, gegen die Gewalt angewendet werden darf. Dies hat der Gerichtsvollzieher als Vollstreckungsorgan selbst vor Ort zu beurteilen, denn die Person des Herausgabepflichtigen, dessen Widerstand er überwinden darf (§ 156 Abs. 2 Satz 2 GVGA), kann wechseln. Etwas anderes gilt, wenn die Gewaltanwendung sich ausnahmsweise (auch) gegen das Kind richten soll.

Der Gerichtsvollzieher kann, aber muss nicht bereits in dem Beschlusstenor „beauftragt" werden (dazu unten Rn. 10).

Ist zur Vollstreckung voraussichtlich die zwangsweise Öffnung einer Wohnung bzw. deren Betreten vonnöten, muss das Gericht zusätzlich einen **Durchsuchungsbeschluss** nach § 91 FamFG erlassen.

---

10 MüKo-FamFG/*Zimmermann*, § 90 FamFG Rn. 22
11 Dazu VG Berlin FamRZ 2012, 1665 (LS) = BeckRS 2012, 48775
12 Etwa *Dickmeis*, NJW 1992, 537, 540; *Diercks*, FamRZ 1994, 1226; dazu auch *Cirullies*, Vollstreckungsrecht, Rn. 566
13 So auch die Gesetzesbegründung, BT-Drs. 16/6308, 482

Die in einem **selbständigen Verfahren** ergehende Entscheidung bedarf wie jede Endentscheidung der Kostenentscheidung,[14] Begründung und Rechtsmittelbelehrung. Eine Vollstreckungsklausel ist nicht erforderlich, da es sich bereits um eine Vollstreckungsmaßnahme handelt.[15]

4. Vollstreckungsauftrag

Die Anwendung unmittelbaren Zwangs obliegt dem **Gerichtsvollzieher**. Das **Familiengericht**, nicht der Herausgabeberechtigte **ersucht** ihn um die Vollstreckung (§ 156 Abs. 1 GVGA). Hierzu bedarf es grundsätzlich eines **konkreten Auftrages** des Familiengerichts. Mitunter überreicht der herausgabeberechtige Elternteil (oder sein Vertreter) dem Gerichtsvollzieher den Herausgabetitel, in dessen Tenor das Familiengericht – wie recht häufig – den Gerichtsvollzieher bereits mit der Herausnahme des Kindes „beauftragt" hat. Diese Übermittlung durch einen „Boten" genügt nicht. Denn es ist allein Sache des Familiengerichts, unter Kindeswohlgesichtspunkten abzuwägen, ob, zu welchem Zeitpunkt und in welchem Rahmen die Herausgabe erzwungen wird. Hierbei berücksichtigt es auch Einwendungen, die der Verpflichtete möglicherweise nach Beschlussfassung, die schon längere Zeit zurückliegen kann, vorgetragen hat. Überreicht der Berechtigte den Herausgabebeschluss zur Vollziehung dem Gerichtsvollzieher, sollte dieser den Auftrag nicht einfach ablehnen, sondern das (häufig nicht „problembewusste") Familiengericht telefonisch auf das fehlende Ersuchen hinweisen. Im Falle der Nichterreichbarkeit, etwa nach Dienstschluss, sollte im Regelfall bis zum nächsten Tag gewartet werden. Ausnahmen gelten freilich in erkennbaren Fällen einer **Kindeswohlgefährdung**.

10

5. Vollstreckung der Kindesherausgabe

Im Zuge der Herausgabevollstreckung ist der **Gerichtsvollzieher** befugt, erforderlichenfalls **Polizeibeamte** zur Unterstützung anzufordern. Entsprechend der Verweisung auf §§ 758 ff. ZPO darf er beispielsweise eine **Haustüröffnung** und (richterlich genehmigte) **Wohnungsdurchsuchung** vornehmen und hat hierüber Protokoll zu führen (§ 87 Abs. 3 FamFG).

11

Im Übrigen gibt **§ 156 GVGA** eine ausführliche **Handlungsanweisung**:

12

Der Gerichtsvollzieher

- ist befugt, die **Vollstreckung** in sinngemäßer Anwendung des § 65 GVGA i.V.m. § 765a Absatz 2 ZPO bis zu einer Woche **aufzuschieben** (etwa bei einer Suizid-Drohung),

- weist den Herausgabeberechtigten darauf hin, dass die Vollstreckung nur durchgeführt werden kann, wenn der **Berechtigte** das **Kind an Ort und Stelle übernimmt**,[16]

- prüft, ob zur Vermeidung und notfalls Überwindung eines Kindeswiderstandes von vornherein ein Vertreter des **Jugendamts** zur Unterstützung des Herausgabeberechtigten zuzuziehen ist,

- darf gleichzeitig **Sachen, die das Kind sofort benötigt**, wie zum Beispiel angemessene Kleidung für eine Reise sowie Schulsachen, wegnehmen.

---

14 Vgl. § 92 Abs. 2 FamFG
15 Näher dazu Keidel/*Giers*, § 90 FamFG Rn. 7
16 Es ist also nicht Aufgabe des Gerichtsvollziehers oder des Jugendamtes, das Kind zum Berechtigten „zurückzubringen".

13 **Übersicht: Vollstreckung der Kindesherausgabe nach FamFG**

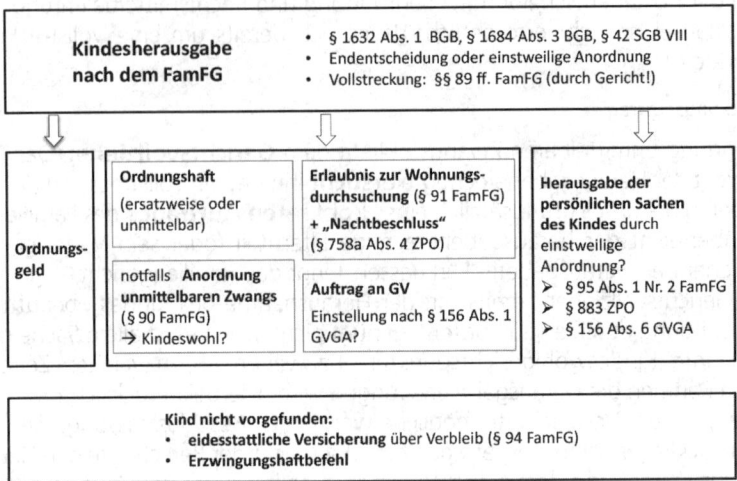

§ 91 FamFG Richterlicher Durchsuchungsbeschluss

(1) ¹**Die Wohnung des Verpflichteten darf ohne dessen Einwilligung nur auf Grund eines richterlichen Beschlusses durchsucht werden. ²Dies gilt nicht, wenn der Erlass des Beschlusses den Erfolg der Durchsuchung gefährden würde.**

(2) Auf die Vollstreckung eines Haftbefehls nach § 94 in Verbindung mit § 802g der Zivilprozessordnung ist Absatz 1 nicht anzuwenden.

(3) ¹**Willigt der Verpflichtete in die Durchsuchung ein oder ist ein Beschluss gegen ihn nach Absatz 1 Satz 1 ergangen oder nach Absatz 1 Satz 2 entbehrlich, haben Personen, die Mitgewahrsam an der Wohnung des Verpflichteten haben, die Durchsuchung zu dulden. ²Unbillige Härten gegenüber Mitgewahrsamsinhabern sind zu vermeiden.**

(4) Der Beschluss nach Absatz 1 ist bei der Vollstreckung vorzulegen.

Übersicht

A. Allgemeines

1 Um den titulierten Anspruch auf Kindesherausgabe oder Umgang zu vollstrecken, ist mitunter das Betreten der **Wohnung** des Pflichtigen oder eines Dritten gegen dessen Willen erforderlich. Bei diesem Eingriff in die räumliche Lebenssphäre handelt es sich um eine **Durchsuchung** i.S.d. Art. 13 Abs. 2 GG. Danach dürfen Durchsuchungen nur durch den Richter, bei Gefahr im Verzuge auch durch die in den Gesetzen vorgesehenen anderen Organe angeordnet und nur in der dort vorgeschriebenen Form durchgeführt werden.[1]

Die Vorschrift betrifft nur **Umgangs- und Kindesherausgabeverfahren**. Bei einer Vollstreckung nach §§ 95, 96, 120 FamFG gilt die inhaltsgleiche Vorschrift des § 758a ZPO.

---

1 BVerfG FamRZ 2000, 411

B. Inhalt der Norm

I. Durchsuchungsbeschluss

Sofern nicht **Gefahr im Verzug** vorliegt (oder der Wohnungsinhaber einwilligt), bedarf es **2** für die Durchsuchung eines entsprechenden **Gerichtsbeschlusses** (Abs. 1). Diese **richterliche** Anordnung muss Rahmen, Grenzen und Ziel der Durchsuchung definieren. Sie muss

- so **bestimmt** zu sein, dass Missverständnisse ausgeschlossen sind,

- mit der erforderlichen Sicherheit erkennen lassen, wozu die **Vollstreckungsorgane** befugt sind, *und*

- klar umreißen, was der Inhaber der Wohnung **dulden** muss.[2]

Dementsprechend sind in der **Beschlussformel** genau zu bezeichnen:

- die **Wohnung** (mit genauer Anschrift, bei Mehrfamilienhaus Stockwerk, und etwa dazu gehörenden Nebenräumen),

- die zu vollstreckende **Maßnahme** (Herausgabe der namentlich benannten Person) *sowie*

- der **zeitliche Rahmen**.[3]

Mitgewahrsamsinhaber müssen die Durchsuchung dulden (Abs. 3). Nach Abs. 4 ist der Durchsuchungsbeschluss jeder duldungspflichtigen Person unaufgefordert **vorzulegen**. Dies ersetzt nicht die förmliche Zustellung nach § 41 Abs. 1 FamFG, ermöglicht jedoch die Durchsuchung bereits vorher.[4]

Die Durchsuchungsanordnung ist mit der **sofortigen Beschwerde** anfechtbar (§ 87 Abs. 4 FamFG).

II. Sonderfälle

Soll gegen den Betroffenen ein **Haftbefehl** zur Erzwingung der Abgabe der eidesstattlichen Versicherung[5] vollstreckt werden, impliziert dieser Beschluss bereits die Durchsuchungsanordnung (Abs. 2). Dies muss gleichfalls für die **Ordnungshaft** nach § 89 Abs. 3 FamFG i.V.m. § 802g ZPO gelten.[6] Vorsorglich sollte in diesem Fall der Richter den entsprechenden Haftbefehl um die Durchsuchungsanordnung ergänzen.[7] **3**

Dagegen beinhaltet die **Anordnung unmittelbaren Zwangs** (§ 90 FamFG) **nicht** die Erlaubnis zur Wohnungsdurchsuchung.[8] Insoweit bedarf es eines ergänzenden Beschlusses, der mit der Gestattung der Kindeswegnahme und Gewaltanwendung kombiniert werden kann.[9]

Die in § 758a Abs. 4 ZPO enthaltene Einschränkung der Vollstreckung durch den Gerichtsvollzieher zur **Nachtzeit** sowie an **Sonn- und Feiertagen** nennt § 91 FamFG nicht. Die Vorschrift ist jedoch **entsprechend anzuwenden**.[10] Nach anderer Auffassung verbietet

---

2 BVerfG a.a.O.
3 Musielak/*Borth*/Grandel, § 91 FamFG Rn. 3 mit Formulierungsbeispiel
4 Prütting/Helms/*Hammer*, § 91 FamFG Rn. 8
5 Nach § 94 Satz 2 FamFG i.V.m. §§ 883 Abs. 2 Satz 3, 802g ZPO
6 Ganz h.M. („Redaktionsversehen"), vgl. Keidel/*Giers*, § 91 FamFG Rn. 3 m.w.N.
7 MüKo-FamFG/*Zimmermann*, § 91 FamFG Rn. 20
8 Eingehend *Cirullies*, ZKJ 2010, 174, 178
9 OLG Zweibrücken FamRZ 2004, 1592
10 So *Cirullies*, Vollstreckungsrecht, Rn. 573; Bork/Jacoby/Schwab/*Althammer*, § 91 FamFG Rn. 9; *Schlünder*, FamRZ 2009, 1636, 1639

sich eine analoge Anwendung, da nicht ersichtlich sei, dass der Gesetzgeber diese Regelung versehentlich nicht übernommen hat.[11]

§ 92 FamFG Vollstreckungsverfahren

(1) [1]Vor der Festsetzung von Ordnungsmitteln ist der Verpflichtete zu hören. [2]Dies gilt auch für die Anordnung von unmittelbarem Zwang, es sei denn, dass hierdurch die Vollstreckung vereitelt oder wesentlich erschwert würde.

(2) Dem Verpflichteten sind mit der Festsetzung von Ordnungsmitteln oder der Anordnung von unmittelbarem Zwang die Kosten des Verfahrens aufzuerlegen.

(3) [1]Die vorherige Durchführung eines Verfahrens nach § 165 ist nicht Voraussetzung für die Festsetzung von Ordnungsmitteln oder die Anordnung von unmittelbarem Zwang. [2]Die Durchführung eines solchen Verfahrens steht der Festsetzung von Ordnungsmitteln oder der Anordnung von unmittelbarem Zwang nicht entgegen.

Übersicht

A. Allgemeines

1 Die Vorschrift macht für das Umgangs- und Kindesherausgabeverfahren (zusammenhanglose) einzelne Vorgaben betreffend die **Anhörungspflicht**, die **Kostentragung** und das Verhältnis zum **Vermittlungsverfahren**.

B. Inhalt der Norm

I. Anhörung der Beteiligten

2 Der Verpflichtete ist vor der Festsetzung von **Ordnungsmitteln** grundsätzlich **anzuhören** (Abs. 1). Allerdings ist streitig, ob diese Anhörung nicht nur schriftlich, sondern auch persönlich zu erfolgen hat. Für die Ansicht, die **schriftliche Anhörung** sei ausreichend, spricht der Wortlaut der Vorschrift, wonach – wie bei § 891 Satz 1 ZPO – der Verpflichtete „zu hören" ist. Diese Formulierung ist im FamFG von der „persönlichen Anhörung" zu unterscheiden, die in anderen Vorschriften[1] ausdrücklich vorgesehen ist.[2] Insbesondere in **Kindschaftssachen** ist aber jeweils im Einzelfall sorgfältig zu prüfen, ob durch die persönliche Anhörung der Beteiligten die Vollstreckung im Interesse des Kindeswohls schonender durchgeführt werden kann.[3] Das **Jugendamt** ist schon im Hinblick auf § 88 Abs. 2 FamFG einzubinden.

3 Die Anhörungspflicht im Fall der Anordnung von **unmittelbarem Zwang** ist eingeschränkt, wenn – wie meistens – hierdurch die Vollstreckung vereitelt oder wesentlich er-

---

11 So Keidel/*Giers*, § 91 FamFG Rn. 2; Zöller/*Zimmermann*, § 91 FamFG Rn. 8; Musielak/*Borth/Grandel* § 91 FamFG Rn. 3

1 Vgl. etwa §§ 34, 160 FamFG

2 H.M., vgl. OLG Karlsruhe FamRZ 2011, 1669; Zöller/*Zimmermann*, § 92 FamFG Rn. 2; MüKo-FamFG/*Zimmermann*, § 92 FamFG Rn. 2; a.A. Johannsen/*Büte*, § 92 FamFG Rn. 1; Keidel/*Giers*, § 92 FamFG Rn. 2

3 Musielak/*Borth/Grandel*, § 92 FamFG Rn. 2

schwert würde (Abs. 1 Satz 2). Denn dies könnte etwa dazu führen, dass die Kinder wieder an einen anderen Ort gebracht und damit der Vollstreckung entzogen werden.[4]

II. Kostenpflicht

Ordnet das Gericht Ordnungsmittel oder unmittelbaren Zwang an, hat es dem **Verpflich-** **4** **teten** zwingend die **Kosten des Vollstreckungsverfahrens** aufzuerlegen. Die Regelung ist entsprechend anzuwenden bei einer Durchsuchungsanordnung oder einer Entscheidung nach § 94 FamFG.[5]

Weist das Gericht die entsprechenden Anträge zurück, verbleibt es bei der Kostenregelung in § 87 Abs. 5 FamFG.

III. Vermittlungsverfahren

Die Durchführung eines **Vermittlungsverfahrens** nach § 165 FamFG ist nicht Vorausset- **5** zung für die Anordnung von Zwangsmaßnahmen. Abs. 3 stellt klar, dass das Vermittlungsverfahren und das Vollstreckungsverfahren zwei voneinander unabhängige Verfahrensarten sind.

§ 93 FamFG Einstellung der Vollstreckung

(1) [1]**Das Gericht kann durch Beschluss die Vollstreckung einstweilen einstellen oder beschränken und Vollstreckungsmaßregeln aufheben, wenn**

1. **Wiedereinsetzung in den vorigen Stand beantragt wird;**
2. **Wiederaufnahme des Verfahrens beantragt wird;**
3. **gegen eine Entscheidung Beschwerde eingelegt wird;**
4. **die Abänderung einer Entscheidung beantragt wird;**
5. **die Durchführung eines Vermittlungsverfahrens (§ 165) beantragt wird.**

[2]**In der Beschwerdeinstanz ist über die einstweilige Einstellung der Vollstreckung vorab zu entscheiden.** [3]**Der Beschluss ist nicht anfechtbar.**

(2) Für die Einstellung oder Beschränkung der Vollstreckung und die Aufhebung von Vollstreckungsmaßregeln gelten § 775 Nr. 1 und 2 und § 776 der Zivilprozessordnung entsprechend.

Übersicht

A. Allgemeines

I. Terminologie

Die Durchsetzung einer gerichtlichen Entscheidung hat häufig eine endgültige, nicht mehr **1** umkehrbare Wirkung. Daher wird auch hier für bestimmte typische Konstellationen die rechtliche Handhabe geboten, die Vollstreckung zu unterbrechen, einzuschränken oder

---

4 OLG Zweibrücken FamRZ 2004, 1592
5 Keidel/*Giers,* § 92 FamFG Rn. 4

einzelne Maßnahmen gänzlich aufzuheben. Die Überschrift der Norm spricht von **Einstellung** der Vollstreckung. Dieser Begriff deckt sich inhaltlich mit demjenigen der **Aussetzung** der Vollziehung (etwa in § 64 Abs. 3 FamFG) oder dem **Aufschub** der Vollstreckung in § 156 Abs. 1 Satz 3 GVGA.

II. Anwendungsbereich

2   Nach der systematischen Stellung im Unterabschnitt 2 dürfte die Vorschrift lediglich Verfahren über die Herausgabe von Personen und die Regelung des Umgangs betreffen. Formulierung und Gesetzesbegründung[1] könnte allerdings dafür sprechen, dass es sich auch um eine für **alle fG-Verfahren** geltende Vorschrift handelt.[2] Für **einstweilige Anordnungen** gilt die Sondervorschrift des § 55 FamFG.

Abs. 1 Satz 1 nennt fünf Einstellungsgründe, von denen nur **Nr. 3 und 4** von größerer praktischer Relevanz sind. Allerdings soll der Regelungskatalog nicht abschließend sein.[3]

B. Inhalt der Norm

I. Einlegung der Beschwerde (Nr. 3)

3   Hier geht es um die Einlegung einer Beschwerde gegen den Vollstreckungstitel selbst nach § 58 FamFG. Die Beschwerde gegen ein Ordnungsmittel hat nach § 87 Abs. 4 i.V.m. § 570 Abs. 1 ZPO ohnehin aufschiebende Wirkung, so dass es einer Einstellung nicht bedarf (siehe *Cirullies*, § 87 FamFG Rn. 7).

Zuständig ist das Beschwerdegericht, das wahlweise auch nach § 64 Abs. 3 FamFG die Vollziehung des angefochtenen Beschlusses aussetzen kann.

Über die einstweilige Einstellung der Vollstreckung ist nach Abs. 1 Satz 2 vorab zu entscheiden. Diese Vorabentscheidung sollte mit der Beschwerdeeinlegung ausdrücklich **beantragt** werden.

II. Abänderungsantrag (Nr. 4)

4   Auch wenn die Abänderung einer Entscheidung **beantragt** wird, kann das für die **Abänderungsentscheidung** zuständige Gericht die Vollstreckung einstellen oder beschränken. Dieses Vorgehen ist gerade bei **Umgangstiteln** von Bedeutung, wenn der betreuende Elternteil aufgrund neuer Umstände Umgangskontakte für nicht (mehr) vertretbar hält.

Doch besteht die Möglichkeit der Vollstreckungseinstellung nach einhelliger Auffassung auch im Falle des nach § 166 Abs. 1 Satz 1 FamFG i.V.m. § 1696 BGB **von Amts wegen** eingeleiteten Abänderungsverfahrens.[4] So kann das Gericht auch **Umgangsregelungen** – etwa bei dem Vorwurf des sexuellen Missbrauchs durch den Umgangsberechtigten – von Amts wegen überprüfen und vorläufig aussetzen.[5]

---

1 BT-Dr 16/6308, 483
2 *Giers*, FPR 2008, 441, 443, aber streitig
3 Musielak/*Borth/Grandel*, § 93 FamFG Rn. 3
4 OLG Celle ZKJ 2011, 433, dazu *Leipold*, FamRR 2011, 448; Zöller/*Feskorn*, § 93 FamFG Rn. 3; Prütting/Helms/ *Hammer*, § 93 FamFG Rn. 2
5 Vgl. OLG Karlsruhe NZFam 2014, 793 mit Anm. *Cirullies*

§ 94 FamFG Eidesstattliche Versicherung

¹Wird eine herauszugebende Person nicht vorgefunden, kann das Gericht anordnen, dass der Verpflichtete eine eidesstattliche Versicherung über ihren Verbleib abzugeben hat. ²§ 883 Abs. 2 und 3 der Zivilprozessordnung gilt entsprechend.

Wird das herauszugebende Kind vom Gerichtsvollzieher nicht vorgefunden, kann das Gericht den Verpflichteten anhalten, eine eidesstattliche Versicherung über den Verbleib des Kindes abzugeben. Die Regelungen in §§ 883 Abs. 2 und 3 i.V.m. §§ 478 ff., 802g ff. ZPO gelten entsprechend. Demgemäß hat der Verpflichtete dann zu Protokoll **an Eides statt zu versichern**, dass er das Kind nicht bei sich oder in seinem Haushalt habe und auch nicht wisse, wo es sich befinde. Funktionell zuständig hierfür ist der **Gerichtsvollzieher.**[1]   **1**

Falls der Verpflichtete zu dem Termin nicht erscheint oder die Abgabe der eidesstattlichen Versicherung grundlos verweigert, kann das Gericht gegen ihn einen **Erzwingungshaftbefehl** erlassen. Die Verhaftung wird wie bei der Ordnungshaft durchgeführt.   **2**

▶ *Zur Ordnungshaft siehe Cirullies, § 89 FamFG Rn. 21.*

---

1 § 883 Abs. 2 Satz 2 ZPO

Unterabschnitt 3
Vollstreckung nach der Zivilprozessordnung

§ 95 FamFG Anwendung der Zivilprozessordnung

(1) Soweit in den vorstehenden Unterabschnitten nichts Abweichendes bestimmt ist, sind auf die Vollstreckung

1.   wegen einer Geldforderung,

2.   zur Herausgabe einer beweglichen oder unbeweglichen Sache,

3.   zur Vornahme einer vertretbaren oder nicht vertretbaren Handlung,

4.   zur Erzwingung von Duldungen und Unterlassungen oder

5.   zur Abgabe einer Willenserklärung

die Vorschriften der Zivilprozessordnung über die Zwangsvollstreckung entsprechend anzuwenden.

(2) An die Stelle des Urteils tritt der Beschluss nach den Vorschriften dieses Gesetzes.

(3) [1]Macht der aus einem Titel wegen einer Geldforderung Verpflichtete glaubhaft, dass die Vollstreckung ihm einen nicht zu ersetzenden Nachteil bringen würde, hat das Gericht auf seinen Antrag die Vollstreckung vor Eintritt der Rechtskraft in der Entscheidung auszuschließen. [2]In den Fällen des § 707 Abs. 1 und des § 719 Abs. 1 der Zivilprozessordnung kann die Vollstreckung nur unter derselben Voraussetzung eingestellt werden.

(4) Ist die Verpflichtung zur Herausgabe oder Vorlage einer Sache oder zur Vornahme einer vertretbaren Handlung zu vollstrecken, so kann das Gericht durch Beschluss neben oder anstelle einer Maßnahme nach den §§ 883, 885 bis 887 der Zivilprozessordnung die in § 888 der Zivilprozessordnung vorgesehenen Maßnahmen anordnen, soweit ein Gesetz nicht etwas Anderes bestimmt.

Übersicht

A. Allgemeines

1   Diese **Auffangnorm** ordnet für die Vollstreckung bestimmter Verpflichtungen die entsprechende Anwendung der **Vorschriften der ZPO** an, soweit nicht die Spezialregelungen in §§ 88 ff. FamFG eingreifen, etwa zur Herausgabe von Personen.[1] Dabei tritt begrifflich der **Beschluss** nach § 38 FamFG an die Stelle des Urteils, um die Einheitlichkeit des FamFG-Verfahrens zu wahren (Abs. 2). Auch beurteilen sich die **Vollstreckungsvoraussetzungen** nach §§ 86, 87 FamFG, nicht nach der ZPO. Aufgrund des Verweises auf die

---

1   Keidel/*Giers,* § 95 FamFG Rn. 2

ZPO kann das **Vollstreckungsgericht** in besonderen Härtefällen Schuldnerschutz nach § 765a ZPO gewähren.

B. Inhalt der Norm – Regelungsgegenstände (Abs. 1)

I. Geldforderung (Nr. 1)

Die Bestimmung spielt in **Kindschaftssachen** im Wesentlichen nur für die **Vergütung** des Pflegers und Vormunds (§ 168 FamFG) sowie für den **Kostenfestsetzungsbeschluss** eine Rolle. Dann bedarf es regelmäßig einer Vollstreckungsklausel nach § 86 Abs. 3 FamFG. **Nicht** hierzu zählen insbesondere **Ordnungs- und Zwangsgelder**, die grundsätzlich nach § 1 Abs. 1 Nr. 3 JBeitrO vollstreckt werden.

▶ *Zu Einzelheiten siehe Cirullies, § 89 FamFG Rn. 19.*

2

II. Herausgabe von Sachen (Nr. 2)

Hat das Gericht mit der **Kindesherausgabe** die Herausgabe der zum persönlichen Gebrauch des **Kindes** bestimmten **Sachen** angeordnet, erfolgt die Vollstreckung dieses Titels nach §§ 883 ff. ZPO analog.[2]

3

Räumungstitel in Gewaltschutzsachen werden nach § 885 ZPO durch den Gerichtsvollzieher vollstreckt.[3]

Nach Abs. 4 kann das Gericht anstelle einer Herausgabevollstreckung (oder zusätzlich) **Zwangsgeld bzw. Zwangshaft** nach § 888 Abs. 1 ZPO verhängen, wenn es diesen Weg für effektiver erachtet.

III. (Nicht) vertretbare Handlungen (Nr. 3)

Vertretbare Handlungen – sofern sie in Kindschaftssachen überhaupt vorkommen – sind nach **§ 887 ZPO** im Wege der Ersatzvornahme zu vollstrecken.

4

Zu den **unvertretbaren Handlungen**, die nur durch den Verpflichteten selbst, nicht von einem Dritten ausgeführt werden können, zählt vor allem die **Auskunftserteilung**. In Kindschaftssachen kommen insoweit Ansprüche auf Auskunft über die persönlichen Verhältnisse des Kindes nach §§ 1686, 1686a Abs. 1 Nr. 2 BGB in Betracht.[4] Gleiches gilt für Ansprüche gegen die Kindesmutter auf Auskunft über die Identität des biologischen oder des rechtlichen Vaters[5], ferner für Ansprüche des Kindes über die Identität seines anonymen Samenspenders.[6] Auch die vom Gericht verhängten **Gebote** nach § 1666 Abs. 3 BGB sowie **Auflagen** nach § 1667 BGB (Vermögensverzeichnis, Rechnungslegung, Sicherheitsleistung) gehören hierzu.

Die Vollstreckung erfolgt nach **§ 888 ZPO** durch Verhängung von **Zwangsgeld und -haft**. Wie stets bei Zwangsmitteln kann der Verpflichtete die Vollstreckung jederzeit durch Vornahme der zu erzwingenden Handlung **abwenden**. Ein **Verschulden** des Verpflichteten ist – wie bei § 35 FamFG (dazu *Cirullies*, § 35 FamFG Rn. 6) und im Gegensatz zu § 890 ZPO (dazu unten Rn. 7) – **nicht** erforderlich.

5

---

2 Vgl. auch § 156 Abs. 6 GVGA, dazu hier *Cirullies* § 90 FamFG Rn. 12
3 Ausführlich *Cirullies/Cirullies*, Rn. 285 ff.
4 Vgl. OLG Saarbrücken FamRZ 2015, 162; ausführlich *Clausius*, FamRB 2015, 65 (allerdings mit der unzutreffenden Annahme einer Ahndung durch *Ordnungs*mittel)
5 Vgl. etwa BGH FamRZ 2014, 1440 (Anspruch des Scheinvaters); OLG Oldenburg FamRZ 2010, 1819 (Anspruch des biologischen Vaters)
6 BGH, Urteil vom 28.1.20015– XII ZR 201/13, juris

Die Durchführung ähnelt der Vollstreckung nach **§ 35 FamFG**,[7] doch gibt es einige Unterschiede:

- nur auf Antrag und Betreiben des Gläubigers,
- keine Androhung (Abs. 2),
- kein Ermessen des Gerichts,[8]
- zwingend Verhängung von Zwangsgeld *und* Ersatzzwangshaft.

Hier wird also das **Zwangsgeld** allein durch den **Gläubiger** vollstreckt entsprechend den Vorschriften über die Zwangsvollstreckung wegen Geldforderungen (§§ 803 bis 882a ZPO).[9]

6   Wie bei § 35 FamFG kann das Gericht – allerdings nur auf Antrag des **Gläubigers** – originär oder in Ergänzung der Zwangsgeldfestsetzung **Zwangshaft** anordnen:

- unmittelbar (Zwangsgeldfestsetzung absehbar erfolglos) *oder*
- für den Fall der Wirkungslosigkeit der Zwangsgeldfestsetzung *oder*
- bei Nichtbeitreibbarkeit des Zwangsgeldes (Ersatzzwangshaft).[10]

IV. Duldung und Unterlassung (Nr. 4)

1. Anwendungsbereich

7   Klassischer Anwendungsfall ist die Vollstreckung von **Schutzanordnungen nach § 1 GewSchG**.[11] Doch auch in Kindschaftssachen sind gelegentlich Verstöße gegen Unterlassungspflichten zu ahnden. So können in Fällen von Kindeswohlgefährdung gemäß **§ 1666 Abs. 3 BGB** bestimmte Maßnahmen angeordnet werden, vor allem die **Wegweisung** eines Elternteils oder eines Dritten (nebst Platzverweis), ferner ein **Kontakt- und Näherungsverbot**. Auch kann die Anordnung ergehen, dass ein Elternteil außerhalb der festgelegten **Umgangsbefugnis** Kontakte zu dem Kind zu unterlassen hat.[12] Die Vollstreckung dieser auf Duldung und Unterlassen gerichteten Anordnungen erfolgt in erster Linie nach **§ 890 ZPO**, also durch Verhängung von **Ordnungsmitteln**.

2. Zuwiderhandlung

8   Die Ahndung setzt nach § 890 Abs. 1 ZPO eine „Zuwiderhandlung" voraus. Die entsprechende Feststellung ist nur möglich, wenn der Vollstreckungstitel **hinreichend bestimmt**, die Verpflichtung des Schuldners – notfalls im Wege der Auslegung – also eindeutig erkennbar ist.[13] Zudem muss das Vorliegen einer Zuwiderhandlung unter Beachtung der sog. **Kerntheorie** geprüft werden: Danach beschränkt sich der Schutzumfang eines Unterlassungstitels nicht auf Handlungen, die mit der tenorierten Verpflichtung identisch sind; vielmehr erstreckt er sich auf alle Verletzungshandlungen, die als **gleichwertig** anzusehen sind.[14] Der Betroffene kann sich also nicht nur gegen eine exakte Wiederholung der Verletzungshandlung wehren, sondern auch gegen zwar leicht abgewandelte, aber **in ihrem Kern gleiche Eingriffe**, die von der im Titel bezeichneten Verletzungsform geringfügig abweichen.[15]

---

7   Siehe dazu hier *Cirullies*, § 35 FamFG Rn. 8; ausführlich *Cirullies*, FamRZ 2012, 157
8   „ist ... zu erkennen, ..."
9   So auch § 196 Abs. 2 Satz 1 GVGA
10 Eingehend *Cirullies*, NJW 2013, 203
11 Dazu § 1 GewSchG Rn. 39 ff.
12 BT-Drs. 16/6308 220
13 Siehe oben *Cirullies* § 86 FamFG Rn. 19
14 OLG Frankfurt NJW-RR 2001, 187; KG, Beschl. v. 28.09.2007, – 9 W 115/07, juris m.w.N.
15 BGH NJW 2014, 2870; NJW 1994, 2820

3. Verschulden

Ordnungsmittel haben im Gegensatz zu den Zwangsmitteln nicht nur Beuge-, sondern **9**
auch repressiven, strafähnlichen Sanktionscharakter. Daher setzt deren Festsetzung **Ver-schulden** sowie den entsprechenden **Vollbeweis** voraus.[16] Eine bloße Glaubhaftma-chung der Zuwiderhandlung reicht auch dann nicht aus, wenn das Erkenntnisverfahren eines des **einstweiligen Rechtsschutzes** gewesen ist.[17] Der Verpflichtete trägt allerdings grundsätzlich die **Feststellungslast** für seine **Schuldunfähigkeit**, die eine Ausnahme vom Grundsatz der Eigenverantwortlichkeit des Handelns darstellt.[18]

Gegen einen schuldunfähigen Täter kann **unmittelbarer Zwang** angewendet werden (dazu Rn. 14).

4. Androhung

Ferner bedarf es nach § 890 Abs. 2 ZPO einer **vorherigen Androhung**, die zur Vermei- **10**
dung von Verzögerungen bereits bei **Anordnung** der Maßnahme ausgesprochen werden sollte. Ein Ordnungsmittel kann nur festgesetzt werden, wenn der Schuldner den Verstoß zeitlich **nach** Eintritt der Zulässigkeit der Zwangsvollstreckung und nach der erforderlichen Androhung begangen hat.[19]

Verfahrensrechtlich sind einige Besonderheiten zu beachten:

- Die Androhung muss, um wirksam zu sein, **Art und Höchstmaß** des angedrohten hoheitlichen Zwangs bestimmt angeben.[20]

- Die Androhung kann nicht in einem **Vergleich** enthalten sein, sondern setzt in diesem Fall eine gerichtliche Androhung durch einen **separaten Beschluss** voraus. Dies gilt auch für den Fall, dass das Gericht das Zustandekommen und den Inhalt eines **schrift-lichen** Vergleichs nach § 278 Abs. 6 Satz 2 ZPO feststellt.[21]

- Mit dem Abschluss eines **gerichtlichen Vergleichs** kann der Schuldner **nicht** wirk-sam auf die Androhung von Ordnungsmitteln **verzichten**.[22]

- Wurde **nur Ordnungsgeld** angedroht, kann nicht ersatzweise Ordnungshaft ver-hängt werden.[23]

- Die **kumulative Androhung** von „Ordnungsgeld und Ordnungshaft" widerspricht zwar der Vorschrift, dass Ordnungsgeld und Ordnungshaft nur alternativ angedroht werden dürfen[24], sie ist aber hinreichend bestimmt und wirksam.[25]

- Auch eine Androhung von Ordnungsmitteln in einem Umfang, der den dafür vom Ge-setz festgesetzten Rahmen **übersteigt**, ist wirksam.[26]

- Wurde (versehentlich) die Festsetzung eines **Zwangsgeldes** angedroht, liegt darin nicht (auch) die Androhung eines Ordnungsgeldes.[27]

---

16 OLG Schleswig FamRZ 2014, 1659, dazu *Breidenstein*, NZFam 2014, 812; OLG Hamm FPR 2011, 232, dazu *Burschel*, FamFR 2011, 111
17 OLG Saarbrücken FamRZ 2012, 998
18 KG BeckRS 2012, 07256. Zur Problematik bei schuldunfähigen Tätern vgl. *Cirullies*, FamRZ 2014, 1901
19 BGH WM 2012, 1489 = FamRZ 2012, 1563 (LS)
20 BGH NJW 2004, 506
21 BGH WM 2012, 1489 = FamRZ 2012, 1563 (LS); OLG Saarbrücken NJW 2013, 1612
22 BGH, a.a.O.
23 OLG Hamm MDR 1992, 411
24 § 890 Abs. 1 und 2 ZPO
25 BGH NJW 2004, 506
26 BGH, a.a.O.
27 OLG Brandenburg FamRZ 2009, 1084

Beruft sich der Betroffene darauf, die Androhung **mangels ausreichender Sprach-kenntnisse** nicht zur Kenntnis genommen zu haben, liegt jedenfalls schuldhafte Nicht-kenntnis vor; die Verhängung eines Ordnungsmittels ist gerechtfertigt.[28]

Vor der Entscheidung muss der Schuldner im Übrigen (schriftlich) **angehört** werden, § 891 ZPO.

5. Ordnungsmittelfestsetzung

11 Beantragt der Berechtigte die Vollstreckung nach § 890 ZPO, so „verurteilt" das Familien-gericht den Schuldner wegen jeder Zuwiderhandlung zu

- einem **Ordnungsgeld, ersatzweise Ordnungshaft**, *oder*

- unmittelbar zur **Ordnungshaft**.

Sind **mehrere Verhaltensweisen** zu einer natürlichen Handlungseinheit zusammenzu-fassen, weil sie aufgrund ihres räumlich-zeitlichen Zusammenhangs so eng miteinander verbunden sind, dass sie bei natürlicher Betrachtungsweise als einheitliches zusammenge-hörendes Tun erscheinen, ist dafür nur **eine Sanktion** zu verhängen. Scheidet eine natürli-che Handlungseinheit bei Feststellung eines mehrfachen Verstoßes in einem Zeitraum von rund zwei Monaten aus, ist nicht nur eine **einheitliche Sanktion** zu verhängen.[29]

Wiederholte, über mehrere Monate andauernde Verstöße gegen ein gemäß dem Gewalt-schutzgesetz verhängtes Kontaktverbot können insgesamt 720 Tage **Ordnungshaft** rechtfertigen.[30]

6. Vollziehung

12 Ordnungsgeld wird stets **von Amts wegen durch das Gericht** beigetrieben und ist an die Staatskasse abzuführen (siehe *Cirullies,* § 89 FamFG Rn. 19). Die Haftvollstreckung liegt ebenfalls in der Hand des **Familiengerichts** (siehe *Cirullies* § 89 FamFG Rn. 21). Sie wird durch den Gerichtsvollzieher vorgenommen.[31]

7. Vollstreckungsschutz

13 Die Vollstreckung der **Ersatzordnungshaft** hat zu unterbleiben, wenn die weitere Vollzie-hung aufgrund der Geschehnisse und Entwicklungen, die nach der Rechtskraft des Ord-nungsmittelbeschlusses eingetreten sind, eine **unbillige Härte** darstellen würde (Art. 8 Abs. 2 EGStGB). Auf Antrag des Schuldners trifft das Familiengericht (als Prozessgericht) eine entsprechende Anordnung.

8. Anwendung von Gewalt

14 Widersetzt sich der zur **Duldung** einer Handlung Verpflichtete, besteht zwar im Rahmen dieser Vollstreckung nicht wie bei Gewaltschutzsachen die Möglichkeit, gemäß § 96 FamFG unmittelbaren Zwang (siehe dazu *Cirullies,* § 90 FamFG Rn. 2) anzuwenden.[32] Je-doch sieht § 892 ZPO eine ähnliche Regelung vor: Das Gericht (als Gläubiger der Vollstre-ckung) kann zur **Beseitigung eines Widerstandes** einen **Gerichtsvollzieher** hinzuzie-hen, der nach §§ 758 Abs. 3, § 759 ZPO zu verfahren hat, also insbesondere Polizeibeamte einschalten darf.

---

28 OLG Brandenburg FamRZ 2006, 1860
29 OLG Schleswig FamRZ 2014, 1659; vgl. auch OLG Hamm BeckRS 2013, 06006, dazu *Alberts*, FamFR 2013, 208
30 OLG Hamm a.a.O.
31 Zum Verfahren bei der Verhaftung vgl. §§ 145, 146 GVGA
32 Auch nicht unmittelbar nach § 90 FamFG, insoweit unzutreffend Staudinger/*Coester*, § 1666 BGB Rn. 291; diese Vorschrift gilt nur in Personenherausgabe- und Umgangsverfahren

V. Abgabe einer Willenserklärung (Nr. 5)

Lautet der Titel auf Abgabe einer **Willenserklärung**, erfolgt die Vollstreckung nach **§ 894 ZPO**: Die Willenserklärung gilt mit Rechtskraft des Titels als abgegeben. Hierzu zählen **Zustimmungen und Einwilligungen**, etwa die nach § 1598a Abs. 2 BGB vom Gericht zu ersetzende Einwilligung in eine genetische Abstammungsuntersuchung.[33] Hiervon zu unterscheiden ist die Möglichkeit der **Ersetzung** von Erklärungen gemäß § 1666 Abs. 3 Nr. 5 BGB.

15

§ 96 FamFG Vollstreckung in Verfahren nach dem Gewaltschutzgesetz und in Ehewohnungssachen

(1) ¹Handelt der Verpflichtete einer Anordnung nach § 1 des Gewaltschutzgesetzes zuwider, eine Handlung zu unterlassen, kann der Berechtigte zur Beseitigung einer jeden andauernden Zuwiderhandlung einen Gerichtsvollzieher zuziehen. ²Der Gerichtsvollzieher hat nach § 758 Abs. 3 und § 759 der Zivilprozessordnung zu verfahren. ³Die §§ 890 und 891 der Zivilprozessordnung bleiben daneben anwendbar.

(2) ¹Bei einer einstweiligen Anordnung in Gewaltschutzsachen, soweit Gegenstand des Verfahrens Regelungen aus dem Bereich der Ehewohnungssachen sind, und in Ehewohnungssachen ist die mehrfache Einweisung des Besitzes im Sinne des § 885 Abs. 1 der Zivilprozessordnung während der Geltungsdauer möglich. ²Einer erneuten Zustellung an den Verpflichteten bedarf es nicht.

Geht es um die Vollstreckung von **Schutzmaßnahmen nach § 1 GewSchG**, hat das Opfer die Wahl: Es kann im Falle der Zuwiderhandlung gegen eine gerichtliche Unterlassungsanordnung

1

- die Festsetzung von **Ordnungsmitteln** beantragen (Abs. 1 Satz 3 oder § 95 Abs. 1 Nr. 4 FamFG je i.V.m. § 890 ZPO) *und/oder*

- zur Beseitigung einer andauernden Zuwiderhandlung einen **Gerichtsvollzieher** zuziehen (sog. **unmittelbarer Zwang**, Abs. 1 Satz 1 und 2).[1]

Diese Vollstreckungsmöglichkeiten bestehen alternativ und kumulativ (Abs. 1 Satz 3). Welchen Weg der Berechtigte beschreiten will, kann er nach freiem Ermessen situationsabhängig selbst entscheiden.[2] Ist der **Täter schuldunfähig**, kann § 96 FamFG entsprechend angewendet werden.[3]

---

33 Musielak/*Borth*/*Grandel*, § 95 FamFG Rn. 6
1 Siehe dazu *Cirullies*, § 90 FamFG Rn. 2
2 Eingehend *Cirullies/Cirullies*, Rn. 251 ff.
3 *Cirullies*, FamRZ 2014, 1901, 1903; a.A. *Pheiler-Cox*, FuR 2014, 558, 565 (ohne Begründung)

§ 96a FamFG Vollstreckung in Abstammungssachen

(1) Die Vollstreckung eines durch rechtskräftigen Beschluss oder gerichtlichen Vergleich titulierten Anspruchs nach § 1598a des Bürgerlichen Gesetzbuchs auf Duldung einer nach den anerkannten Grundsätzen der Wissenschaft durchgeführten Probeentnahme, insbesondere die Entnahme einer Speichel- oder Blutprobe, ist ausgeschlossen, wenn die Art der Probeentnahme der zu untersuchenden Person nicht zugemutet werden kann.

(2) Bei wiederholter unberechtigter Verweigerung der Untersuchung kann auch unmittelbarer Zwang angewendet, insbesondere die zwangsweise Vorführung zur Untersuchung angeordnet werden.

1   Die Vorschrift betrifft die Durchsetzung eines titulierten Anspruchs nach § 1598a Abs. 1 und 2 BGB auf Duldung einer nach den anerkannten Grundsätzen der Wissenschaft durchgeführten **Probeentnahme**. Aus Gründen der Rechtssicherheit ist hier (ausnahmsweise) die **Rechtskraft** des entsprechenden Beschlusses erforderlich. Die Vollstreckung muss nach § 87 Abs. 1 Satz 1 FamFG **beantragt** werden, da das Verfahren nach § 1598a Abs. 2 BGB i.V.m. § 169 Nr. 2 FamFG ein Antragsverfahren ist (§ 171 FamFG).

Neben der Verhängung von **Ordnungsmitteln** nach § 890 ZPO i.V.m. § 95 Abs. 1 Nr. 4 FamFG kann das Gericht entsprechend §§ 90, 92 FamFG als letztes Mittel **Zwangsmaßnahmen** anordnen (Abs. 2).

Abschnitt 9
Verfahren mit Auslandsbezug

Unterabschnitt 1
Verhältnis zu völkerrechtlichen Vereinbarungen
und Rechtsakten der Europäischen Gemeinschaft

§ 97 FamFG Vorrang und Unberührtheit

(1) ¹Regelungen in völkerrechtlichen Vereinbarungen gehen, soweit sie unmittelbar anwendbares innerstaatliches Recht geworden sind, den Vorschriften dieses Gesetzes vor. ²Regelungen in Rechtsakten der Europäischen Gemeinschaft bleiben unberührt.

(2) Die zur Umsetzung und Ausführung von Vereinbarungen und Rechtsakten im Sinne des Absatzes 1 erlassenen Bestimmungen bleiben unberührt.

Übersicht

A. Allgemeines

Abschnitt 9 des FamFG enthält für Verfahren mit Auslandsbezug Regelungen zur internationalen Zuständigkeit sowie zur Anerkennung und Vollstreckung ausländischer Entscheidungen. Zur Anwendung gelangen diese Normen jedoch nur subsidiär, wie sich bereits aus § 97 FamFG ergibt. Weiter sind die vorrangigen Verfahrensregelungen des IntFamRVG (siehe Auslandsbezüge, Kapitel 5, IntFamRVG) zu beachten. **1**

§ 97 FamFG enthält einen allgemeinen Hinweis auf den Vorrang völkerrechtlicher und europarechtlicher Verfahrensregelungen für Verfahren mit Auslandsbezug, ohne die entsprechenden Rechtsgrundlagen im Einzelnen zu benennen. **2**

B. Inhalt der Norm

I. Völkerrechtliche Vereinbarungen

Zu nennen sind hier für das Kindschaftsrecht **3**

- Haager Übereinkommen vom 19.10.1996 über die Zuständigkeit, das anzuwendende Recht, die Anerkennung, Vollstreckung und Zusammenarbeit auf dem Gebiet der elterlichen Verantwortung und der Maßnahmen zum Schutz von Kindern **(Kinderschutzübereinkommen) – KSÜ**

- Haager Minderjährigenschutzübereinkommen vom 5.10.1961– **MSA**

- Europäisches Übereinkommen über die Anerkennung und Vollstreckung von Entscheidungen über das Sorgerecht für Kinder und die Wiederherstellung des Sorgeverhältnisses vom 20.5.1980 **(Sorgerechtsübereinkommen) – ESÜ**

- Haager Übereinkommen über die zivilrechtlichen Aspekte internationaler Kindesentführung vom 25.10.1980 – **HKÜ**

▶ *Zu Einzelheiten der Vereinbarungen und Kommentierungen der einschlägigen Vorschriften siehe Kapitel 3 im Teil „Auslandsbezüge".*

Schweppe 767

4 Soweit völkerrechtliche Übereinkommen nicht ausdrücklich den Vorrang eines Übereinkommens, etwa gegenüber älteren Übereinkommen regeln, so Art. 51 KSÜ für das Verhältnis zwischen KSÜ und MSA (siehe *Schweppe,* Art. 51 KSÜ Rn. 1), gelten sie bei einander überschneidenden Anwendungsbereichen nebeneinander.

II. EU-Recht

5 § 97 Abs. 1 Satz 2 FamFG verweist auf Rechtsakte der europäischen Union, wobei für den Bereich des Kindschaftsrechts allein die Brüssel IIa-VO maßgeblich ist, enthält aber keinen Vorrang des EU-Rechts gegenüber völkerrechtlichen Verträgen. Das entsprechende Verhältnis zu den jeweiligen internationalen Übereinkommen ist in der Brüssel IIa-VO geregelt, etwa in Art. 60 für das MSA, das ESÜ und das HKÜ sowie Art. 61 Brüssel IIa-VO für das KSÜ.

▶ *Zur Kommentierung der einschlägigen Vorschriften der Brüssel IIa-VO siehe Kapitel 2 im Teil „Auslandsbezüge".*

6 Gegenüber den Normen des nationalen Rechts ergibt sich der Vorrang des EU-Rechts aus der unmittelbaren Geltung von EU-Verordnungen nach allgemeinen Grundsätzen.

III. Ausführungsbestimmungen

7 Unter § 97 Abs. 2 FamFG fällt das IntFamRVG als Ausführungsgesetz für den Bereich des internationalen Kindschaftsrechts.

▶ *Zur Kommentierung der einschlägigen Vorschriften des IntFamRVG siehe Kapitel 5 im Teil „Auslandsbezüge".*

Unterabschnitt 2
Internationale Zuständigkeit

§ 98 FamFG Ehesachen; Verbund von Scheidungs- und Folgesachen

(1) Die deutschen Gerichte sind für Ehesachen zuständig, wenn

1. **ein Ehegatte Deutscher ist oder bei der Eheschließung war;**
2. **beide Ehegatten ihren gewöhnlichen Aufenthalt im Inland haben;**
3. **ein Ehegatte Staatenloser mit gewöhnlichem Aufenthalt im Inland ist;**
4. **ein Ehegatte seinen gewöhnlichen Aufenthalt im Inland hat, es sei denn, dass die zu fällende Entscheidung offensichtlich nach dem Recht keines der Staaten anerkannt würde, denen einer der Ehegatten angehört.**

(2) Die Zuständigkeit der deutschen Gerichte nach Absatz 1 erstreckt sich im Fall des Verbunds von Scheidungs- und Folgesachen auf die Folgesachen.

§ 98 FamFG regelt die internationale Zuständigkeit für Ehesachen. Die Norm wird bereits für die Frage der Zuständigkeit für Ehesachen durch Art. 3 ff. Brüssel IIa-VO verdrängt. **1**

Für die Regelung von Sorgerecht bzw. Umgang im Scheidungsverbund ist eine Verbundzuständigkeit nach § 98 Abs. 2 FamFG möglich. Diese Zuständigkeit ist beschränkt auf im Scheidungsverbund anhängige Folgesachen, eine weitergehende selbständige isolierte Verbundzuständigkeit sieht das Gesetz nicht vor.[1] **2**

▶ *Zu den Voraussetzungen für die Aufnahme von Kindschaftssachen in den Scheidungsverbund siehe Keuter, § 137 FamFG Rn. 2 f.*

Aufgrund des Vorrangs der Brüssel IIa-VO ist der Anwendungsbereich von § 98 Abs. 2 FamFG eingeschränkt, da bei gewöhnlichem Aufenthalt des Kindes in einem EU-Mitgliedstaat die internationale Zuständigkeit im Scheidungsverbund nur unter den Voraussetzungen des Art. 12 Brüssel IIa-VO bestehen kann (siehe *Schweppe*, Art. 12 Brüssel IIa-VO Rn. 4 ff.). **3**

Vorrangig ist auch eine etwaige Zuständigkeit nach Art. 5 ff. KSÜ bzw. Art. 1 ff. MSA. **4**

§ 99 FamFG Kindschaftssachen

(1) [1]Die deutschen Gerichte sind außer in Verfahren nach § 151 Nr. 7 zuständig, wenn das Kind

1. **Deutscher ist oder**
2. **seinen gewöhnlichen Aufenthalt im Inland hat.**
[2]Die deutschen Gerichte sind ferner zuständig, soweit das Kind der Fürsorge durch ein deutsches Gericht bedarf.

(2) Sind für die Anordnung einer Vormundschaft sowohl die deutschen Gerichte als auch die Gerichte eines anderen Staates zuständig und ist die Vormundschaft in dem anderen Staat anhängig, kann die Anordnung der Vormundschaft im Inland unterbleiben, wenn dies im Interesse des Mündels liegt.

(3) [1]Sind für die Anordnung einer Vormundschaft sowohl die deutschen Gerichte als auch die Gerichte eines anderen Staates zuständig und besteht die Vormundschaft im Inland, kann das Gericht, bei dem die Vormundschaft anhängig ist, sie an den Staat, dessen Gerichte für die Anordnung der Vormundschaft zuständig sind, abgeben, wenn dies im Interesse des

---

1 Keidel/*Engelhardt*, § 98 FamFG Rn. 22; Musielak/Borth/*Grandel*, § 98 FamFG Rn. 31

Mündels liegt, der Vormund seine Zustimmung erteilt und dieser Staat sich zur Übernahme bereit erklärt. [2]Verweigert der Vormund oder, wenn mehrere Vormünder die Vormundschaft gemeinschaftlich führen, einer von ihnen seine Zustimmung, so entscheidet an Stelle des Gerichts, bei dem die Vormundschaft anhängig ist, das im Rechtszug übergeordnete Gericht. [3]Der Beschluss ist nicht anfechtbar.

(4) Die Absätze 2 und 3 gelten entsprechend für Verfahren nach § 151 Nr. 5 und 6.

Übersicht

A. Allgemeines

I. Normzweck

1   § 99 FamFG regelt die internationale Zuständigkeit deutscher Gerichte für Kindschaftssachen im Sinne des § 151 FamFG mit Ausnahme des § 151 Abs. 7 FamFG, der die Anordnung der freiheitsentziehenden Unterbringung nach den Landesgesetzen über die Unterbringung psychisch Kranker betrifft.

II. Anwendungsbereich

2   Der Anwendungsbereich des § 99 FamFG wird durch den Vorrang der Zuständigkeit nach der Brüssel IIa-VO, dem KSÜ und dem MSA beschränkt.

B. Inhalt der Norm

I. Zuständigkeit in Kindschaftssachen

1. Grundsatz

3   Der Wortlaut des § 99 Abs. 1 FamFG stellt für die Zuständigkeit deutscher Gerichte gleichberechtigt auf die deutsche Staatsangehörigkeit und den gewöhnlichen Aufenthalt des Kindes ab.

2. Vorrang des EU-Rechts

4   Aufgrund des Vorrangs der Brüssel IIa -VO ist das FamFG zur Bestimmung der internationalen Zuständigkeit deutscher Gerichte nur heranzuziehen,

- wenn das Kind seinen gewöhnlichen Aufenthalt (hierzu siehe *Schweppe*, Art. 8 Brüssel IIa-VO, Rn. 3 ff.) in einem Drittstaat (kein Mitgliedstaat der Brüssel IIa-VO, des KSÜ oder MSA) hat und

- entweder die deutsche Staatsangehörigkeit besitzt (§ 99 Abs. 1 Satz 1 Ziffer 1 FamFG),

- der „Fürsorge durch ein deutsches Gericht bedarf" (§ 99 Abs. 1 Satz 2 FamFG), dies betrifft insbesondere minderjährige unbegleitete Flüchtlinge[1] oder

- ein Scheidungsverfahren hier anhängig ist (§ 98 Abs. 2 FamFG).

---

1 Keidel/*Engelhardt*, § 99 FamFG Rn. 47

Demnach besteht etwa auf Grundlage des § 99 FamFG die Zuständigkeit deutscher Famili-   **5**
engerichte für die Regelung der elterlichen Sorge, wenn die Kindesmutter mit den gemeinsamen Kindern (deutscher Staatsangehörigkeit) aus Deutschland nach Norwegen (als
Nichtvertragsstaat) verzogen ist. Die Zuständigkeit bleibt auch bestehen, wenn die Kinder
in Norwegen einen neuen gewöhnlichen Aufenthalt begründet haben. Zu beachten ist
aber, dass materiell nicht deutsches, sondern norwegisches Kindschaftsrecht Anwendung
findet.[2]

§ 99 FamFG regelt zunächst nur die Zuständigkeit für das Erkenntnisverfahren. Nach OLG   **6**
Bremen soll für das Vollstreckungsverfahren auch für die internationale Zuständigkeit § 88
FamFG maßgeblich sein, womit eine Grundlage für die Vollstreckung einer deutschen Umgangsregelung fehlt, wenn die Kinder ihren gewöhnlichen Aufenthalt in einem Drittstaat
haben, der keinem der kollisionsrechtlichen Übereinkommen angehört.[3]

II. Vormundschaft

§ 99 Abs. 2 bis 3 FamFG regeln das Vorgehen bei konkurrierender Zuständigkeit verschie-   **7**
dener Staaten für die Anordnung einer Vormundschaft.[4]

§ 99 Abs. 3 regelt die Voraussetzungen und das Verfahren zur Abgabe einer im Inland an-   **8**
geordneten Vormundschaft.

Danach erfolgt die Abgabe durch das inländische Gericht   **9**

- an den Staat, dessen Gerichte für die Anordnung der Vormundschaft zuständig sind,

- wenn die Abgabe im Interesse des Mündels liegt,

- der Vormund die Zustimmung erteilt

- und der andere Staat sich zur Übernahme bereit erklärt.

Wird die Zustimmung des Vormunds/der Vormünder nicht erteilt, so entscheidet das für   **10**
das jeweilige Familiengericht zuständige Oberlandesgericht, dessen Entscheidung nicht
anfechtbar ist, § 99 Abs. 3 Satz 2 und 3 FamFG.

Mit der Abgabe der Vormundschaft ist die im Inland bestehende Vormundschaft aufzuhe-   **11**
ben und der Vormund zu entlassen.[5]

III. Pflegschaft und freiheitentziehende Unterbringung

Das zu Absatz 2 und 3 geschilderte Verfahren und dessen Voraussetzungen gelten nach   **12**
§ 99 Abs. 4 FamFG auch für die Pflegschaft und die Genehmigung der mit Freiheitsentziehung verbundenen Unterbringung nach § 1631b BGB.

---

2 Vgl. zu einem solchen Fall OLG Brandenburg, Beschl. v. 3.3.2014 – 9 UF 275/11, juris, Rn. 19 ff. zur internationalen Zuständigkeit, Rn. 28 ff. zum anzuwendenden Recht
3 So OLG Bremen NZFam 2015, 95 (China); kritisch hierzu *Rauscher*, NZFam 2015, 95
4 Vgl. PK-Familienverfahrensrecht/*Meysen*, § 99 FamFG Rn. 7-9
5 PK-Familienverfahrensrecht/*Meysen*, § 99 FamFG Rn. 9

§ 100 FamFG Abstammungssachen

Die deutschen Gerichte sind zuständig, wenn das Kind, die Mutter, der Vater oder der Mann, der an Eides statt versichert, der Mutter während der Empfängniszeit beigewohnt zu haben,

1. **Deutscher ist oder**
2. **seinen gewöhnlichen Aufenthalt im Inland hat.**

A. Allgemeines

1 Die Regelung ist inhaltsgleich mit der Vorgängerregelung des § 640a Abs. 2 ZPO a.F., wobei lediglich der Hinweis darauf, dass die internationale Zuständigkeit **nicht ausschließlich** ist, nicht in die Neuregelung übernommen wurde, weil sich dies nun aus der ausdrücklichen Regelung des § 106 FamFG ergibt.

2 Die Bestimmung gilt in allen Abstammungssachen i.S.v. § 169 FamFG. Vorrangige völkerrechtliche Verträge oder europarechtliche Bestimmungen zur internationalen Zuständigkeit gibt es im Abstammungsrecht nicht.[1] Die Brüssel IIa-VO, das KSÜ und das MSA können in Abstammungssachen jedoch mittelbare Bedeutung für die sorgerechtliche Frage erlangen, von wem das Kind im Verfahren vertreten werden kann, insbesondere ob ein Ergänzungspfleger bestellt werden muss.[2] Hier kann sich bei einem gewöhnlichen Aufenthalt des Kindes im Ausland eine vom deutschen Recht abweichende Beurteilung ergeben.

3 Die Regelung betrifft nur die internationale Zuständigkeit und hat keine Auswirkungen auf das anwendbare Sachrecht. Maßgebend für die internationale Zuständigkeit ist, dass es sich um einen in § 169 FamFG geregelten Verfahrensgegenstand handelt, mithin um die Klärung der Abstammung einer Person von einer anderen. Ob deutsches oder ausländisches materielles Recht anzuwenden ist, beurteilt sich nach dem EGBGB (vgl. Art. 19, 20, 23 EGBGB). Damit kann ein nach § 100 FamFG (auch) zuständiges deutsches Gericht unter der Geltung ausländischen Sachrechts abstammungsrechtliche Feststellungen treffen müssen, die das deutsche materielle Recht nicht kennt – wie etwa die Feststellung oder die Anfechtung der Mutterschaft.[3]

B. Inhalt der Norm

4 Die internationale Zuständigkeit deutscher Gerichte ist in Abstammungssachen extrem weit gefasst. Sie knüpft an die **Beteiligtenstellung** der lebenden Personen an. Darauf, dass eine bei Einleitung des Verfahrens bereits verstorbene Person, die Beteiligte des Verfahrens wäre, wenn sie noch leben würde, die deutsche Staatsangehörigkeit oder ihren gewöhnlichen Aufenthalt zuletzt in Deutschland hatte, kann die internationale Zuständigkeit nicht gestützt werden.[4] Ferner gilt die Einschränkung, dass die in der Regelung genannten Personen nach dem konkreten Verfahrensgegenstand auch materiell-rechtlich Beteiligte sind. Dies ist bei der Mutter, dem rechtlichen Vater und dem Kind immer der Fall, gilt aber bei der Feststellung der Vaterschaft auch für den Mann, der als Vater festgestellt werden soll. An den in der Regelung ebenfalls benannten Mann, der versichert, der Mutter

---

1 Kemper/*Schreiber* § 100 FamFG Rn. 2; MüKo-FamFG/*Rauscher,* § 100 FamFG Rn. 6
2 MüKo-FamFG/*Rauscher,* § 100 FamFG Rn. 7
3 Kemper/*Schreiber,* § 100 FamFG Rn. 4
4 Prütting/Helms/*Hau,* § 100 FamFG Rn. 10

in der Empfängniszeit beigewohnt zu haben, kann die Zuständigkeit nur geknüpft werden, wenn das anwendbare Sachrecht diesem Mann eine Rechtsstellung einräumt. Dies gilt unter der Geltung deutschen materiellen Rechts nur bei Anfechtung der Vaterschaft durch den potentiellen leiblichen Vater (§ 1600 Abs. 1 Nr. 2 BGB).[5]

Die internationale Zuständigkeit deutscher Gerichte ist immer dann gegeben, wenn zumindest einer dieser Beteiligten (auch) die **deutsche Staatsangehörigkeit** hat. Bei Mehrstaatigkeit kommt es nicht auf die Effektivität der Staatsangehörigkeit an,[6] weshalb – wenn nur ein Beteiligter (auch) die deutsche Staatsangehörigkeit hat – die deutschen Gerichte auch dann international zuständig sind, wenn sich keiner der Beteiligten in Deutschland aufhält,[7] selbst wenn kein Beteiligter mehr irgendwelche Bindungen zu Deutschland hat.[8]   **5**

Auch wenn keiner der Beteiligten die deutsche Staatsangehörigkeit hat, sind die deutschen Gerichte dann international zuständig, wenn zumindest einer der Beteiligten seinen **gewöhnlichen Aufenthalt** in Deutschland hat. Für die Beurteilung, wann ein Aufenthalt als gewöhnlicher Aufenthalt zu qualifizieren ist, gelten im Abstammungsrecht keine Besonderheiten.[9]   **6**

In **zeitlicher Hinsicht** reicht es aus, wenn eine der Anknüpfungstatsachen des § 100 FamFG zum Entscheidungszeitpunkt gegeben ist. Lag ein die Zuständigkeit begründender Umstand bei Einleitung des Verfahrens vor und fällt er später weg – etwa weil der einzige Beteiligte mit gewöhnlichem Aufenthalt in Deutschland nach Einleitung des Verfahrens ins Ausland verzieht – so beseitigt dies die einmal begründet gewesene internationale Zuständigkeit nach dem Grundsatz der perpetuatio fori nicht.[10]   **7**

§ 101 FamFG Adoptionssachen

Die deutschen Gerichte sind zuständig, wenn der Annehmende, einer der annehmenden Ehegatten oder das Kind
1. **Deutscher ist oder**
2. **seinen gewöhnlichen Aufenthalt im Inland hat.**

---

5 Prütting/Helms/*Hau*, § 100 FamFG Rn. 4; MüKo-FamFG/*Rauscher*, § 100 FamFG Rn. 12
6 MüKo-FamFG/*Rauscher*, § 100 FamFG Rn. 13
7 Zur örtlichen Zuständigkeit in diesem Fall vgl. § 170 Abs. 3 FamFG
8 Kemper/*Schreiber*, § 100 FamFG Rn. 6
9 Es wird insoweit auf die Kommentierung zu § 99 FamFG und zu § 152 FamFG verwiesen.
10 MüKo-FamFG/*Rauscher*, § 100 FamFG Rn. 22; Prütting/Helms/*Hau*, § 100 FamFG Rn. 5

A. Allgemeines

1   Die Vorschrift bestimmt die internationale Zuständigkeit in Adoptionssachen. Sie gilt für sämtliche Verfahrensgegenstände in § 186 FamFG und darüber hinaus durch die Verweisung in § 5 Abs. 1 Satz 2 AdWirkG auch für die Verfahren nach dem Adoptionswirkungsgesetz.

2   Es existieren keine multi- oder bilateralen Staatsverträge oder Rechtsakte der Europäischen Gemeinschaft, welche der Zuständigkeitsbestimmung in § 101 FamFG vorgehen würden (vgl. § 97 FamFG).[1] Insbesondere finden sich im (ansonsten äußerst praxisrelevanten) Haager Adoptionsübereinkommen vom 29.5.1993 keine Bestimmungen zur internationalen Zuständigkeit.

3   **Anknüpfungspunkte** für die internationale Zuständigkeit sind einerseits die deutsche Staatsangehörigkeit (Nr. 1) und andererseits der gewöhnliche Aufenthalt (Nr. 2).

4   **Anknüpfungspersonen** sind sowohl der Annehmende (bei Adoption durch eine Person), einer der Annehmenden (bei gemeinschaftlichen Adoptionen) als auch das Kind. Es genügt, wenn nur eine dieser Personen die Voraussetzungen für die internationale Zuständigkeit vermittelt.

B. Inhalt der Norm

I. Die Anknüpfung an die deutsche Staatsangehörigkeit

5   Unabhängig vom (tatsächlichen und gewöhnlichen) Aufenthalt der Beteiligten ist schon immer dann eine Zuständigkeit von deutschen Gerichten eröffnet, wenn mindestens eine der in § 101 aufgeführten Personen die **deutsche Staatsangehörigkeit** besitzt. Dabei spielt es keine Rolle, ob die betreffende Person neben der deutschen auch eine oder mehrere weitere Staatsangehörigkeiten besitzt (**Mehrstaater**).[2]

II. Die Anknüpfung an den gewöhnlichen Aufenthalt in Deutschland

6   Besitzt keine der betreffenden Personen die deutsche Staatsangehörigkeit, so kann eine internationale Zuständigkeit deutscher Gerichte **subsidiär auch aus dem gewöhnlichen Aufenthalt in Deutschland** folgen. Anknüpfungspersonen sind auch hier der oder mindestens einer von mehreren Annehmenden sowie alternativ das Kind. Ein bloß tatsächlicher (oder „schlichter") Aufenthalt genügt nicht zur Eröffnung des deutschen Gerichtsstands. Die Feststellung des gewöhnlichen Aufenthalts unterliegt dem deutschen Recht (vgl. zum Begriff des gewöhnlichen Aufenthalts: Braun, § 187 Rn. 6 f.).

III. Abgabe von Adoptionssachen ins Ausland

7   Eine **Abgabe einer Adoptionssache ins Ausland** aus Zweckmäßigkeitsgründen (z.B. weil sich Annehmende und Kind im Ausland aufhalten) ist **nicht möglich**. Zwar sehen internationale Übereinkommen außerhalb des Adoptionsrechts solche Möglichkeiten durchaus vor.[3] In Adoptionssachen existieren jedoch keine vorrangigen Staatsverträge oder internationale Rechtsakte zu dieser Frage und auch eine analoge Anwendung von § 4 FamFG scheidet aus.[4]

---

1 Ausführlich: Keidel/*Engelhardt* § 101 FamFG Rn. 2
2 Keidel/*Engelhardt*, § 101 FamFG Rn. 6
3 Vgl. z.B. Art. 8 KSÜ
4 Prütting in: Prütting/Helms, § 4 FamFG Rn. 6

IV. Wegfall der internationalen Zuständigkeit während des Verfahrens

War ein deutsches Gericht bei Antragseingang zunächst international zuständig und fällt die internationale Zuständigkeit im Laufe des Verfahrens weg (z.B. wegen Umzugs der ausländischen Beteiligten ins Ausland), so darf das deutsche Gericht das Verfahren nicht weiter betreiben. Für eine **sog. perpetuatio fori internationalis** besteht in Adoptionssachen weder ein Bedürfnis noch eine Rechtsgrundlage.[5]

8

V. Anhängigkeit von Adoptionssachen in mehreren Ländern

§ 106 FamFG bestimmt ausdrücklich, dass die internationale Zuständigkeit **keine ausschließliche Zuständigkeit** ist. Es ist daher prinzipiell möglich, dass ein Adoptionsverfahren nicht nur in Deutschland, sondern auch **parallel vor einem ausländischen Gericht anhängig** gemacht wird. Dieses Szenario ist in Adoptionssachen durchaus realistisch, versuchen doch viele Adoptionswillige wegen mangelnder Chancen einer Adoptionsvermittlung in Deutschland, ein Kind aus dem Ausland oder im Ausland zu adoptieren. Dann existiert auch im Heimatland des Kindes regelmäßig eine internationale Zuständigkeit.

9

Erfährt das deutsche Gericht, dass vor einem ausländischen Gericht im Ausland ebenso ein Adoptionsverfahren geführt wird, dann kann es **das Verfahren im Inland gem. § 21 FamFG aussetzen**. Voraussetzung hierfür ist jedoch einerseits, dass **das ausländische Verfahren zeitlich vor dem deutschen Verfahren anhängig gemacht worden ist** und andererseits, dass die ausländische Entscheidung nach einer durchzuführenden **Prognoseentscheidung anerkennungsfähig ist**.[6] **Zudem darf das Verfahren vor dem ausländischen Gericht nicht bereits ausgesetzt sein**. Es muss also schon während des Aussetzungsverfahrens überprüft werden, ob Anerkennungshindernisse nach § 109 Abs. 1 FamFG in Betracht kommen.[7] Kann das deutsche Verfahren nach diesen Vorgaben nicht ausgesetzt werden, so muss das Verfahren (bei fortbestehender internationaler Zuständigkeit) regulär in Deutschland weitergeführt werden (Justizgewährungsanspruch).

10

§§ 102 bis 107 FamFG

Von Abdruck und Kommentierung der §§ 102 bis 107 FamFG wird abgesehen.

§ 108 FamFG Anerkennung anderer ausländischer Entscheidungen

(1) Abgesehen von Entscheidungen in Ehesachen werden ausländische Entscheidungen anerkannt, ohne dass es hierfür eines besonderen Verfahrens bedarf.

(2) ¹Beteiligte, die ein rechtliches Interesse haben, können eine Entscheidung über die Anerkennung oder Nichtanerkennung einer ausländischen Entscheidung nicht vermögensrechtlichen Inhalts beantragen. ²§ 107 Abs. 9 gilt entsprechend. ³Für die Anerkennung oder Nichtanerkennung einer Annahme als Kind gelten jedoch die §§ 2, 4 und 5 des Adoptionswirkungsgesetzes, wenn der Angenommene zur Zeit der Annahme das 18. Lebensjahr nicht vollendet hatte.

(3) ¹Für die Entscheidung über den Antrag nach Absatz 2 Satz 1 ist das Gericht örtlich zuständig, in dessen Bezirk zum Zeitpunkt der Antragstellung

1. der Antragsgegner oder die Person, auf die sich die Entscheidung bezieht, sich gewöhnlich aufhält oder

---

5 So auch: MüKo/FamFG/*Rauscher* § 101 Rn. 22; vgl. ausführlich zum Streitstand: Prütting/Helms/*Hau* Vor §§ 98–106 FamFG Rn. 9 ff.
6 Vgl. BGH, NJW-RR 2008, 1169, 1170
7 Ausführlich: Prütting/Helms/*Hau*, Vor §§ 98–106 FamFG Rn. 53 f.

2. **bei Fehlen einer Zuständigkeit nach Nummer 1 das Interesse an der Feststellung bekannt wird oder das Bedürfnis der Fürsorge besteht.**
[2]**Diese Zuständigkeiten sind ausschließlich.**

Übersicht

A. Allgemeines

1   § 108 FamFG, der allgemein die Anerkennung ausländischer Entscheidungen regelt, umfasst auch die Anerkennung von Entscheidungen in Kindschaftssachen.

2   Auch hier ist der Vorrang der entsprechenden folgenden Regelungen zu beachten:

- Art. 21 ff. Brüssel IIa-VO
- Art. 23 KSÜ und
- Art. 7 ESÜ

B. Inhalt der Norm

I. Grundsatz der Anerkennung

3   Aus § 108 Abs. 1 FamFG folgt, dass für ausländische Sorge- und Umgangsentscheidungen ein förmliches Anerkennungsverfahren nicht vorgesehen ist.[1]

II. Fakultatives Anerkennungsverfahren

4   § 108 Abs. 2 Satz 1 FamFG enthält ein fakultatives Verfahren für die Anerkennung ausländischer Entscheidungen, mit dem insbesondere auch die Anerkennung ausländischer Sorgerechtsentscheidungen ausgesprochen werden kann.

5   Die entsprechende Zuständigkeit ist in § 108 Abs. 3 FamFG geregelt, eine besondere Zuständigkeitskonzentration greift nicht.

Die Anerkennung einer ausländischen Entscheidung in Kindschaftssachen darf nur aus den in § 109 Abs. 1 i.V.m. Abs. 5 FamFG aufgeführten Gründen versagt werden.

III. Inzidentprüfung

6   Außerhalb isolierter Verfahren auf Anerkennung einer im Ausland ergangenen Entscheidung zur elterlichen Sorge oder zum Umgangsrecht ist die Anerkennungsfähigkeit solcher Entscheidungen in Verfahren vor deutschen Gerichten inzident zu prüfen, etwa wenn ein Elternteil einen Antrag auf Übertragung der elterlichen Sorge stellt und der andere Elternteil einwendet, es bestehe bereits eine ausländische Entscheidung.

7   Dabei gilt auch für Entscheidungen ausländischer Gerichte, selbst wenn diese nach dortigem Recht rechtskräftig sind, dass Regelungen über die elterliche Sorge oder das Umgangsrecht nicht in materielle Rechtskraft erwachsen, sondern eine Abänderung möglich ist, sofern die Zuständigkeit des deutschen Gerichts besteht und die Abänderungsvoraussetzungen nach § 1696 BGB (siehe *Gottschalk*, § 1696 BGB Rn. 20 ff.) vorliegen.[2]

---

1 Anderes gilt nach § 107 FamFG etwa für die Anerkennung ausländischer Entscheidungen in Ehesachen.
2 Vgl. Staudinger/*Henrich*, Art. 21 EGBGB Rn. 253 f., 260; Staudinger/*Coester*, § 1696 BGB Rn. 149

§ 109 FamFG Anerkennungshindernisse

(1) Die Anerkennung einer ausländischen Entscheidung ist ausgeschlossen,

1. wenn die Gerichte des anderen Staates nach deutschem Recht nicht zuständig sind;

2. wenn einem Beteiligten, der sich zur Hauptsache nicht geäußert hat und sich hierauf beruft, das verfahrenseinleitende Dokument nicht ordnungsgemäß oder nicht so rechtzeitig mitgeteilt worden ist, dass er seine Rechte wahrnehmen konnte;

3. wenn die Entscheidung mit einer hier erlassenen oder anzuerkennenden früheren ausländischen Entscheidung oder wenn das ihr zugrunde liegende Verfahren mit einem früher hier rechtshängig gewordenen Verfahren unvereinbar ist;

4. wenn die Anerkennung der Entscheidung zu einem Ergebnis führt, das mit wesentlichen Grundsätzen des deutschen Rechts offensichtlich unvereinbar ist, insbesondere wenn die Anerkennung mit den Grundrechten unvereinbar ist.

(2) – (4) [...]

(5) Eine Überprüfung der Gesetzmäßigkeit der ausländischen Entscheidung findet nicht statt.

Übersicht

A. Allgemeines

§ 109 FamFG regelt abschließend die Gründe, aus denen einer ausländischen Entscheidung die Anerkennung zu versagen ist. **1**

Dabei betreffen die veröffentlichten Entscheidungen überwiegend die Frage der Anerkennung von im Ausland ausgesprochenen Adoptionen (siehe *Braun*, Anhang zu § 199 FamFG), Fragen des Familiennachzugs[1] und zunehmend auch die rechtlichen Konsequenzen von Leihmutterschaftsverhältnissen.[2] **2**

B. Inhalt der Norm

I. Versagung der Anerkennung

§ 109 Abs. 1 FamFG regelt allgemein und insoweit auch abschließend die Gründe für die Versagung der Anerkennung ausländischer Entscheidungen, worunter auch Entscheidungen in Kindschaftssachen fallen, da insoweit keine besonderen Anforderungen bestehen, wie etwa nach § 109 Abs. 2 bis 4 FamFG für die Anerkennung von Entscheidungen in Ehesachen, Lebenspartnerschaftssachen, Familienstreitsachen etc. **3**

---

1 Vgl. BVerwG ZKJ 2013, 165, sowie OVG Berlin-Brandenburg NZFam 2014, 967
2 Hierzu BGH FamRZ 2015, 240 sowie *Grün*, § 1591 BGB Rn. 14 ff.

4   Die Anerkennungshindernisse des § 109 Abs. 1 FamFG sind im Einzelnen:

1. Fehlende internationale Zuständigkeit

5   § 109 Abs. 1 Nr. 1 FamFG beinhaltet (anders als Art. 24 Brüssel IIa-VO) die Überprüfung der Zuständigkeit des Gerichts für den Erlass der anzuerkennenden Entscheidung nach dem „Spiegelbildprinzip", wobei zu prüfen ist, ob die Gerichte des Staates, in dem die anzuerkennende Entscheidung erlassen wurde, nach deutschem Recht für den Erlass dieser Entscheidung zuständig wären oder nicht.[3] Eine konkurrierende, d.h. nebeneinander bestehende, Zuständigkeit steht der Anerkennung nicht entgegen.[4]

2. Verletzung rechtlichen Gehörs

6   § 109 Abs. 1 Nr. 2 FamFG schließt die Anerkennung ausländischer Entscheidungen wegen Verletzung des Grundsatzes rechtlichen Gehörs aus, ist in seiner Anwendung aber beschränkt auf die fehlende Möglichkeit zur Einlassung in der Hauptsache, greift also nicht für einstweilige Anordnungen.

7   Zudem ist § 109 Abs. 1 Nr. 2 FamFG als Einrede ausgestaltet und greift damit nur, wenn der Beteiligte sich darauf beruft.

8   Grobe Verletzungen des rechtlichen Gehörs und des Anspruchs auf Beteiligung am Verfahren (etwa die fehlende Kindesanhörung) sind aber als Verstoß gegen den *ordre public* unter § 109 Abs. 1 Nr. 4 FamFG von Amts wegen zu prüfen.

3. Konkurrierende Entscheidungen

9   § 109 Abs. 1 Nr. 3 FamFG betrifft die Frage der Anerkennung ausländischer Entscheidungen im Falle konkurrierender Entscheidungen oder Verfahren.

10   Danach haben Entscheidungen deutscher Gerichte stets Vorrang vor damit unvereinbaren Entscheidungen ausländischer Gerichte und zwar selbst dann, wenn die deutsche Entscheidung unter Missachtung einer ausländischen Entscheidung oder Rechtshängigkeit des Verfahrens im Ausland ergangen ist.[5]

11   Auch die frühere Rechtshängigkeit eines Verfahrens vor deutschen Gerichten steht der Anerkennung entgegen.

12   Im Verhältnis der Entscheidungen ausländischer Gerichte untereinander gilt hingegen das Prioritätsprinzip, so dass einer ausländischen Entscheidung die Anerkennung zu versagen ist, wenn sie mit einer ebenfalls anerkennungsfähigen früheren Entscheidung, die in einem weiteren Staat ergangen ist, unvereinbar ist.

4. ordre public

a) Grundlagen

13   § 109 Abs. 1 Nr. 4 FamFG enthält einen verfahrensrechtlichen *ordre public* Vorbehalt, der in seinem Wortlaut Art. 6 EGBGB entspricht, weshalb zunächst auf die dortigen Ausführungen verwiesen werden kann (siehe *Schweppe*, Auslandsbezüge, Art. 6 EGBGB).

14   Allerdings kann der anerkennungsrechtliche *ordre public* Vorbehalt des § 109 Abs. 1 Nr. 4 FamFG in der Anwendung nicht mit dem kollisionsrechtlichen Vorbehalt des Art. 6 EGBGB gleichgesetzt werden, da zu differenzieren ist, ob ausländisches Recht selbst durch ein deutsches Gericht anzuwenden oder eine ausländische Entscheidung anzuerkennen ist.[6]

---

3   Vgl. Keidel/*Zimmermann*, § 109 FamFG Rn. 3; MüKo-FamFG/*Gottwald*, § 109 FamFG Rn. 11
4   Vgl. Keidel/*Zimmermann*, § 109 FamFG Rn. 3 m.w.N.
5   MüKo-FamFG/*Rauscher*, § 109 FamFG Rn. 33
6   Prütting/Helms/*Hau*, § 109 FamFG Rn. 45

Maßgeblich ist daher, ob das Ergebnis der Anwendung ausländischen Rechts im konkreten Fall zu den Grundgedanken der deutschen Regelungen und den in ihnen enthaltenen Gerechtigkeitsvorstellungen in so starkem Widerspruch steht, dass es nach deutscher Vorstellung untragbar erscheint.[7] In die Abwägung sind auch die von der Europäischen Menschenrechtskonvention gewährleisteten Menschenrechte und die Rechtsprechung des Europäischen Gerichtshofs für Menschenrechte als Auslegungshilfen für die Bestimmung von Inhalt und Reichweite von Grundrechten und rechtsstaatlichen Grundsätzen des Grundgesetzes einzubeziehen.[8]

Eine Anerkennung ist ausgeschlossen, wenn die Entscheidung des ausländischen Gerichts **15** aufgrund eines Verfahrens ergangen ist, das von den Grundsätzen des deutschen Verfahrensrechts in einem solchem Maße abweicht, dass die Entscheidung als nicht in einem geordneten rechtsstaatlichen Verfahren ergangen angesehen werden kann, mithin im ausländischen Gerichtsverfahren grundlegende verfahrensrechtliche Garantien außer Acht gelassen wurden.[9]

b) Rechtliches Gehör

Damit eröffnet § 109 Abs. 1 Nr. 4 FamFG über § 109 Abs. 1 Nr. 2 FamFG hinaus die Über- **16** prüfung der Gewährung rechtlichen Gehörs sowie speziell für kindschaftsrechtliche Verfahren die Überprüfung der Möglichkeit der Kindesanhörung und in begrenztem Umfang des Kindeswohls.[10] Hier gilt, dass die Anhörung nicht zwingend unmittelbar durch das Gericht zu erfolgen hat (vgl. zu dieser Frage auch Schweppe, Art. 21 Brüssel IIa-VO Rn. 7 f.);[11] bei Jugendlichen ist eine persönliche Anhörung erforderlich.[12]

Die Anerkennung einer ausländischen Entscheidung wäre etwa zu versagen, wenn alle Be- **17** teiligten ihren gewöhnlichen Aufenthalt in Deutschland haben und die Regelung der elterlichen Sorge im Rahmen eines im Heimatstaat der Eltern durchgeführten Scheidungsverfahrens ohne persönliche Anhörung erfolgte.

Da Maßstab für die Anerkennung das Kindeswohl ist, kann jedoch ausnahmsweise eine **18** Sorgerechtsentscheidung, die unter Verletzung von Beteiligungsrechten zustande gekommen ist, anzuerkennen sein, wenn die Nichtanerkennung das Kindeswohl gefährdet.[13]

II. Verbot der révision au fond

§ 109 Abs. 5 FamFG verbietet die inhaltliche Überprüfung der ausländischen Entscheidung **19** (*révision au fond*).

▶ *Zu Einzelheiten siehe Braun, Anhang zu § 199 FamFG Rn. 1 ff.*

§ 110 FamFG Vollstreckbarkeit ausländischer Entscheidungen

(1) Eine ausländische Entscheidung ist nicht vollstreckbar, wenn sie nicht anzuerkennen ist.
(2) ¹Soweit die ausländische Entscheidung eine in § 95 Abs. 1 genannte Verpflichtung zum Inhalt hat, ist die Vollstreckbarkeit durch Beschluss auszusprechen. ²Der Beschluss ist zu begründen.

---

7 BGH FamRZ 2009, 1816, 1818, Vaterschaftsfeststellung; zuletzt BGH FamRZ 2015, 240, 241
8 Zuletzt BGH FamRZ 2015, 240, 242 unter Verweisung auf BVerfG FamRZ 2004, 1857, 1859
9 BGH FamRZ 2009, 1816, 1818. Die Entscheidung betraf die Feststellung der Vaterschaft allein auf Grundlage einer Zeugenaussage.
10 Vgl. *Völker/Clausius*, § 11 Rn. 80, sowie Keidel/*Zimmermann*, § 109 FamFG Rn. 19 m.w.N.
11 Vgl. OLG Oldenburg, FamRZ 2012, 1887, 1888 f. (Südafrika, Anhörung durch eine Gutachterin)
12 BVerwG FamRZ 2013, 547, 549 (Mongolei)
13 BVerwG, FamRZ 2013, 547, 549 (Mongolei)

(3) ¹Zuständig für den Beschluss nach Absatz 2 ist das Amtsgericht, bei dem der Schuldner seinen allgemeinen Gerichtsstand hat, und sonst das Amtsgericht, bei dem nach § 23 der Zivilprozessordnung gegen den Schuldner Klage erhoben werden kann. ²Der Beschluss ist erst zu erlassen, wenn die Entscheidung des ausländischen Gerichts nach dem für dieses Gericht geltenden Recht die Rechtskraft erlangt hat.

Übersicht

A. Allgemeines

1 § 110 FamFG regelt die Vollstreckbarkeit ausländischer Entscheidungen, mithin die Frage, wie die Entscheidung eines ausländischen Gerichts durchgesetzt werden kann. Dabei ist auch hier der Vorrang der Brüssel IIa-VO sowie entsprechender kollisionsrechtlicher Vereinbarungen zu beachten, spezielle Regelungen zur Zulassung der Zwangsvollstreckung sind insoweit in §§ 16 ff. IntFamRVG enthalten.

B. Inhalt der Norm

I. Grundsatz

2 Aus § 110 Abs. 1 FamFG folgt, dass ein förmliches Exequaturverfahren für außerhalb des Wirkungsbereichs der Brüssel IIa-VO bzw. kollisionsrechtlicher Übereinkommen ergangene Entscheidungen zur Herausgabe eines Kindes bzw. Umgangsregelungen nicht erforderlich ist, sondern über die Vollstreckbarkeit als Zwischenentscheidung in dem jeweiligen Vollstreckungsverfahren befunden wird.

▶ *Näher zum Anerkennungsverfahren nach der Brüssel IIa-VO siehe Schweppe, Auslandsbezüge, Brüssel IIa-VO Art. 21, Rn. 1 ff.*

II. Ausnahme

3 Ein gesonderter Beschluss, in dem die Vollstreckbarkeit ausgesprochen wird, ist nach § 110 Abs. 2 FamFG erforderlich, soweit die ausländische Entscheidung eine in § 95 Abs. 1 FamFG genannte Verpflichtung zum Inhalt hat. Dies betrifft nicht die Verpflichtung zur Herausgabe eines Kindes, kann aber die Verpflichtung zur Herausgabe persönlicher Sachen des Kindes umfassen.[1]

---

[1] Vgl. zur Differenzierung der Anwendungsbereiche von § 108 und § 110 *Klinck*, FamRZ 2009, 741, 745 f. sowie zum Verfahren nach § 110 Abs. 2 i.V.m. 3 FamFG Keidel/*Zimmermann*, § 110 Rn. 19 ff.

Buch 2
Verfahren in Familiensachen

Abschnitt 1
Allgemeine Vorschriften

§ 111 bis 113 FamFG

Von Abdruck und Kommentierung der §§ 111 bis 113 wird abgesehen.

§ 114 FamFG Vertretung durch einen Rechtsanwalt; Vollmacht

(1) Vor dem Familiengericht und dem Oberlandesgericht müssen sich die Ehegatten in Ehesachen und Folgesachen und die Beteiligten in selbständigen Familienstreitsachen durch einen Rechtsanwalt vertreten lassen.

(2) Vor dem Bundesgerichtshof müssen sich die Beteiligten durch einen bei dem Bundesgerichtshof zugelassenen Rechtsanwalt vertreten lassen.

(3) [1]Behörden und juristische Personen des öffentlichen Rechts einschließlich der von ihnen zur Erfüllung ihrer öffentlichen Aufgaben gebildeten Zusammenschlüsse können sich durch eigene Beschäftigte oder Beschäftigte anderer Behörden oder juristischer Personen des öffentlichen Rechts einschließlich der von ihnen zur Erfüllung ihrer öffentlichen Aufgaben gebildeten Zusammenschlüsse vertreten lassen. [2]Vor dem Bundesgerichtshof müssen die zur Vertretung berechtigten Personen die Befähigung zum Richteramt haben.

(4) Der Vertretung durch einen Rechtsanwalt bedarf es nicht

1. im Verfahren der einstweiligen Anordnung,

2. in Unterhaltssachen für Beteiligte, die durch das Jugendamt als Beistand, Vormund oder Ergänzungspfleger vertreten sind,

3. für die Zustimmung zur Scheidung und zur Rücknahme des Scheidungsantrags und für den Widerruf der Zustimmung zur Scheidung,

4. für einen Antrag auf Abtrennung einer Folgesache von der Scheidung,

5. im Verfahren über die Verfahrenskostenhilfe,

6. in den Fällen des § 78 Abs. 3 der Zivilprozessordnung sowie

7. für den Antrag auf Durchführung des Versorgungsausgleichs nach § 3 Abs. 3 des Versorgungsausgleichsgesetzes und die Erklärungen zum Wahlrecht nach § 15 Abs. 1 und 3 des Versorgungsausgleichsgesetzes.

(5) [1]Der Bevollmächtigte in Ehesachen bedarf einer besonderen auf das Verfahren gerichteten Vollmacht. [2]Die Vollmacht für die Scheidungssache erstreckt sich auch auf die Folgesachen.

Übersicht

A. Allgemeines

Die Vorschrift regelt die Frage, inwieweit für die Beteiligten eines Verfahrens **Anwaltszwang** besteht. Sie wird nachfolgend nur kommentiert, soweit dies für eine Kindschaftssache im Scheidungsverbund von Bedeutung ist. 1

▶ *Zu Bevollmächtigten in Kindschaftssachen siehe auch Cirullies, § 10 FamFG Rn. 1.*

B. Inhalt der Norm

2 Nach § 114 Abs. 1 FamFG besteht für die Ehegatten vor dem Familiengericht und dem Oberlandesgericht nur in Ehesachen und *Folgesachen* die Verpflichtung, sich durch einen Rechtsanwalt vertreten zu lassen. Will mithin ein Ehegatte eine **Kindschaftssache im Scheidungsverbund** mit geregelt wissen, so ist Vertretung durch einen Rechtsanwalt vorgeschrieben.

Außerhalb des Scheidungsverbundes gilt dagegen kein Anwaltszwang, weil insoweit eine Vertretung durch einen Rechtsanwalt nicht geboten ist (vgl. § 10 Abs. 1 FamFG). Der Antrag auf Einbeziehung der Kindschaftssache in den Scheidungsverbund kann nur durch einen Rechtsanwalt gestellt werden.

3 Der Anwaltszwang gilt für die **Ehegatten**. Am einbezogenen Kindschaftsverfahren beteiligte Dritte, insbesondere das betroffene Kind, Jugendamt und Verfahrensbeistand, bedürfen keiner anwaltlichen Vertretung.[1]

4 Der **Antrag** auf **Abtrennung** einer in den Verbund einbezogenen Kindschaftssache unterliegt jedoch nicht dem Anwaltszwang (vgl. § 114 Abs. 4 Nr. 4 FamFG). Wird eine Kindschaftssache aus dem Scheidungsverbund abgetrennt, wird das Verfahren nach § 137 Abs. 5 Satz 2 FamFG als selbständige Kindschaftssache fortgeführt, der Anwaltszwang entfällt damit insgesamt.[2]

5 Lässt sich ein Ehegatte in einer Kindschaftsfolgesache entgegen § 114 FamFG nicht anwaltlich vertreten, ändert dies nichts an der Verpflichtung des Gerichts, ihn persönlich **anzuhören** (vgl. § 160 FamFG). Er kann allerdings keine wirksamen Anträge stellen. Will also ein anwaltlich nicht vertretener Ehegatte die Aufhebung der Alleinsorge für ein gemeinschaftliches Kind im Verbund erreichen, so geht dies nur, wenn er einen Rechtsanwalt beauftragt.

§§ 115 bis 132 FamFG

Von Abdruck und Kommentierung der §§ 115 bis 132 FamFG wird abgesehen.

---

1 Zöller/*Lorenz*, § 114 FamFG Rn. 4
2 Bahrenfuss/*Blank*, § 114 FamFG Rn. 2

Abschnitt 2
Verfahren in Ehesachen, Verfahren in Scheidungssachen und Folgesachen
Unterabschnitt 2
Verfahren in Scheidungssachen und Folgesachen

§ 133 FamFG Inhalt der Antragsschrift

(1) Die Antragsschrift muss enthalten:

1. Namen und Geburtsdaten der gemeinschaftlichen minderjährigen Kinder sowie die Mitteilung ihres gewöhnlichen Aufenthalts,

2. die Erklärung, ob die Ehegatten eine Regelung über die elterliche Sorge, den Umgang und die Unterhaltspflicht gegenüber den gemeinschaftlichen minderjährigen Kindern sowie die durch die Ehe begründete gesetzliche Unterhaltspflicht, die Rechtsverhältnisse an der Ehewohnung und an den Haushaltsgegenständen getroffen haben, und

3. die Angabe, ob Familiensachen, an denen beide Ehegatten beteiligt sind, anderweitig anhängig sind.

(2) Der Antragsschrift sollen die Heiratsurkunde und die Geburtsurkunden der gemeinschaftlichen minderjährigen Kinder beigefügt werden.

Übersicht

A. Allgemeines

Die Vorschrift regelt als Ergänzung der allgemeinen Vorschrift des § 124 FamFG in Absatz 1 die zwingend notwendigen Bestandteile einer **Scheidungsantragsschrift**, Absatz 2 ergänzt diese als Soll-Vorschrift hinsichtlich beizufügender Urkunden. Die Vorschrift wird nur erläutert, soweit sie für Kindschaftssachen als Folgesachen von Bedeutung ist. **1**

B. Inhalt der Norm

Die nach § 133 Abs. 1 Nr. 1 FamFG mitzuteilenden **Namen und Geburtsdaten der gemeinsamen Kinder** werden benötigt, um nach entsprechender Information durch das Gericht die Beratung der Eheleute durch das Jugendamt nach § 17 Abs. 3 SGB VIII sicherzustellen. Der ferner mitzuteilende gewöhnliche Aufenthalt des bzw. der Kinder dient der frühzeitigen Überprüfung der gerichtlichen Zuständigkeit. **2**

Die nach § 133 Abs. 1 Nr. 2 FamFG notwendige Mitteilung, ob und ggf. über welche mögliche **Folgesache** die Eheleute bereits eine außergerichtliche **Einigung** erzielt haben, dient der Information des Gerichts, welches mögliche Streitpotential besteht, damit es frühzeitig auf entsprechende Beratungsmöglichkeiten zur Erzielung einer auch im Kindesinteresse ausgewogenen Scheidungsfolgeregelung hinweisen kann.[1] Der Inhalt der Einigung braucht nicht mitgeteilt zu werden.[2] **3**

§ 133 Abs. 1 Nr. 3 FamFG schließlich dient ebenfalls der Aufklärung bestehender Streitpunkte,[3] in erster Linie aber der Herstellung der Zuständigkeitskonzentration. **4**

▶ *Zur örtlichen Zuständigkeit in Kindschaftssachen vgl. Keuter, §§ 152, 153 FamFG.*

---

1 Keidel/*Weber*, § 133 FamFG Rn. 6
2 Schulte-Bunert/Weinreich/*Rossmann*, § 133 FamFG Rn. 9
3 Schulte-Bunert/Weinreich/*Rossmann*, § 133 FamFG Rn. 11

5 Enthält die Antragsschrift nicht die nach § 133 Abs. 1 FamFG notwendigen Angaben und Erklärungen und werden diese auch nach Fristsetzung nicht nachgeholt, ist der Scheidungsantrag als **unzulässig** abzuweisen.[4] In der Praxis wird vielfach insbesondere die Erklärung zu § 133 Abs. 1 Nr. 2 FamFG nur unvollständig oder gar nicht abgegeben mit entsprechend negativen Folgen für den Antragsteller.[5]

6 Sind Kinder aus der Ehe hervorgegangen, empfiehlt sich eine Formulierung wie:

„Aus der Ehe sind die Kinder X, geb. … und Y, geb. … hervorgegangen. Sie leben bei … [der Mutter/dem Vater]. Die Ehegatten haben sich darauf verständigt, die elterliche Sorge weiterhin gemeinsam ausüben zu wollen. Ebenso haben sie eine Einigung über den Umgang mit den Kindern erzielt."

7 § 133 Abs. 2 FamFG sieht als Soll-Vorschrift die Beifügung der **Heirats- und etwaiger Geburtsurkunden** der Kinder vor. Dies dient der Verfahrensbeschleunigung und macht weitere Ermittlungen des Gerichts nach den korrekten Daten überflüssig.[6] Kann der Antragsteller die Urkunden nicht beifügen, z.B. bei Heirat im Ausland und späterer Flucht aus diesem Staat, so obliegt die Tatsachenfeststellung weiterhin im Rahmen der **Amtsermittlung** dem Gericht;[7] der Antrag darf also insoweit nicht als unzulässig abgewiesen werden.

§§ 134 bis 136 FamFG

Von Abdruck und Kommentierung der §§ 134 bis 136 FamFG wird abgesehen.

§ 137 FamFG Verbund von Scheidungs- und Folgesachen

(1) Über Scheidung und Folgesachen ist zusammen zu verhandeln und zu entscheiden (Verbund).

(2) ¹Folgesachen sind

1. Versorgungsausgleichssachen,

1. Unterhaltssachen, sofern sie die Unterhaltspflicht gegenüber einem gemeinschaftlichen Kind oder die durch Ehe begründete gesetzliche Unterhaltspflicht betreffen mit Ausnahme des vereinfachten Verfahrens über den Unterhalt Minderjähriger,

2. Ehewohnungs- und Haushaltssachen und

3. Güterrechtssachen,

wenn eine Entscheidung für den Fall der Scheidung zu treffen ist und die Familiensache spätestens zwei Wochen vor der mündlichen Verhandlung im ersten Rechtszug in der Scheidungssache von einem Ehegatten anhängig gemacht wird. ²Für den Versorgungsausgleich ist in den Fällen der §§ 6 bis 19 und 28 des Versorgungsausgleichsgesetzes kein Antrag notwendig.

(3) Folgesachen sind auch Kindschaftssachen, die die Übertragung oder Entziehung der elterlichen Sorge, das Umgangsrecht oder die Herausgabe eines gemeinschaftlichen Kindes der Ehegatten oder das Umgangsrecht eines Ehegatten mit dem Kind des anderen Ehegatten betreffen, wenn ein Ehegatte vor Schluss der mündlichen Verhandlung im ersten Rechtszug in der Scheidungssache die Einbeziehung in den Verbund beantragt, es sei denn, das Gericht hält die Einbeziehung aus Gründen des Kindeswohls nicht für sachgerecht.

---

4 Schulte-Bunert/Weinreich/Rossmann, § 133 FamFG Rn. 12 m.w.N.
5 OLG Hamm FamRZ 2010, 1581; OLG Saarbrücken FamRZ 2014, 2021
6 Bahrenfuss/*Blank*, § 133 FamFG Rn. 3
7 BT-Drucks. 16/6308, 413

(4) Im Fall der Verweisung oder Abgabe werden Verfahren, die die Voraussetzungen des Absatzes 2 oder des Absatzes 3 erfüllen, mit Anhängigkeit bei dem Gericht der Scheidungssache zu Folgesachen.

(5) ¹Abgetrennte Folgesachen nach Absatz 2 bleiben Folgesachen; sind mehrere Folgesachen abgetrennt, besteht der Verbund auch unter ihnen fort. **²Folgesachen nach Absatz 3 werden nach der Abtrennung als selbständige Verfahren fortgeführt.**

Übersicht

A. Allgemeines

Der Scheidungsverbund soll den wirtschaftlich schwächeren Ehegatten schützen und den Eheleuten die Auswirkungen ihres Scheidungsentschlusses vor Augen führen.[1] Die folgende Kommentierung beschränkt sich auf die für Kindschaftssachen im Scheidungsverbund bedeutsamen Abschnitte (in der oben stehenden Norm sind die unkommentierten Abschnitte der Vorschrift kursiv gedruckt).　　**1**

B. Inhalt der Norm

§ 133 Abs. 3 FamFG benennt die als **Folgesachen** in Frage kommenden **Kindschaftssachen**, nämlich　　**2**

- Sorgerecht ein gemeinsames Kind betreffend (§§ 1671, ggf. 1666 BGB),

- Umgangsrecht eines Ehegatten mit einem gemeinsamen Kind (§ 1684 Abs. 1 BGB) oder mit dem Kind des anderen Ehegatten (§ 1685 Abs. 2 BGB),

- Herausgabe eines gemeinsamen Kindes (§ 1632 Abs. 1, 4 BGB);

▶ *Zum möglichen Zuständigkeitskonflikt in den Fällen des § 12 IntFamRVG siehe Keuter, § 23b GVG Rn 5.*

- Sorgerechts- und Umgangsrechtsabänderungsverfahren (§ 1696 BGB), da diese die genannten Gegenstände ebenfalls „betreffen".

In den Scheidungsverbund gelangt eines der vorgenannten Verfahren anders als nach früherem Recht nicht von Gesetzes wegen, sondern nur auf **Antrag** eines Ehegatten. Unzulässig ist es etwa, **von Amts wegen** ein Verfahren auf Entzug der elterlichen Sorge einzuleiten und ohne ausdrücklichen Antrag eines Ehegatten als Folgesache zu behandeln; diese nach § 623 Abs. 3 ZPO früher bestehende Möglichkeit ist unter der Geltung des FamFG entfallen.[2] Sie würde ohnehin regelmäßig dem Sinn und Zweck des Vorrang- und Beschleunigungsgebots (§ 155 FamFG) zuwiderlaufen.　　**3**

Für den Antrag gilt **Anwaltszwang**, § 114 Abs. 1 FamFG, weil er eine Folgesache prozessual einleitet. Anders als bei den Folgesachen des § 137 Abs. 2 FamFG kann der Antrag noch bis zum Schluss der mündlichen Verhandlung in der Scheidungssache im ersten Rechtszug gestellt werden. Für das Scheidungsverfahren bewilligte **Verfahrenskostenhilfe** erstreckt sich nicht automatisch auf die neu eingestellte Folgesache, sondern ist gesondert **neu zu beantragen** und ggf. auszudehnen.[3]　　**4**

Ist bereits ein Scheidungsverfahren rechtshängig, werden vielfach Kindschaftssachen als Folgesachen zum Verbund eingereicht, obwohl in Wahrheit eine sofortige Entscheidung　　**5**

---

1 Keidel/*Weber*, § 137 FamFG Rn. 1
2 OLG Dresden FamRZ 2015, 74
3 Keidel/*Weber*, § 137 FamFG Rn. 7

gewünscht wird und nicht erst eine „für den Fall der Scheidung". Stellt beispielsweise ein Anwalt einen Antrag auf Regelung des Umgangsrechts als Folgesache und begründet diesen damit, seinem Mandanten werde schon seit einigen Wochen ein Umgangsrecht versagt, so sollte das Gericht umgehend den Beteiligten den Hinweis geben, dass es den formal lediglich als „Anregung" anzusehenden „Antrag" als selbständige Familiensache behandeln wird, sofern nicht umgehend klargestellt wird, warum eine Umgangsregelung erst ab Rechtskraft der Scheidung begehrt wird.

6   Die Aufnahme der Kindschaftssache in den Verbund darf nur abgelehnt werden, wenn das Gericht eine Einbeziehung aus Gründen des **Kindeswohls** als nicht sachgerecht ansieht, nicht aber deshalb, weil der Antrag – möglicherweise aus verfahrenstaktischen Gründen – erst kurz vor oder im Scheidungstermin eingereicht wird.[4]

7   Grundsätzlich liegt es im Interesse der Kinder, alsbald eine Regelung zum ständigen Aufenthalt (Lebensmittelpunkt) und zum Umgang und dessen Modalitäten zu treffen, damit sie insoweit Sicherheit und Stabilität erfahren.[5] Insbesondere in den **Anwendungsfällen des § 155 Abs. 1 FamFG** ist den Kindern ein Abwarten bis zur Rechtskraft der Scheidung nicht zuzumuten, so dass das Gericht die *Einbeziehung* der Kindschaftssache in den *Verbund* hier regelmäßig ablehnen wird.[6] Denn es ist auch zu berücksichtigen, dass eine familiengerichtliche Regelung im Rahmen eines isolierten Verfahrens bereits mit Bekanntgabe Wirksamkeit entfaltet (vgl. § 40 Abs. 1 FamFG) und nicht erst mit Rechtskraft der Scheidung (vgl. § 148 FamFG).[7]

8   Stellt sich erst nach Aufnahme der Kindschaftssache in den Verbund heraus, dass wegen veränderter Umstände das Kindeswohl dem Verbleib des Verfahrens im Verbund widerspricht, besteht die Möglichkeit der **Abtrennung** gemäß § 140 Abs. 2 Nr. 3 FamFG.

9   Erfolgt die Abtrennung der Kindschaftssache aus dem Verbund, so wird das Verfahren als **selbständige Familiensache** *fortgeführt* (Abs. 5 Satz 2). Die Sache erhält damit ein neues Aktenzeichen, bereits für das Verfahren als Folgesache bewilligte Verfahrenskostenhilfe ist neu zu beantragen und zu bewilligen.[8] Eine bestellte Verfahrensbeistandschaft wirkt hingegen ebenso fort wie bereits vorgenommene sonstige Verfahrenshandlungen, die nicht wiederholt werden müssen. Die Kostenentscheidung nach Verfahrensbeendigung richtet sich nunmehr nach § 81 FamFG.

10   Der **Verfahrenswert** einer Kindschaftssache als Folgesache beträgt nach § 44 Abs. 2 FamGKG 20% des Werts der Ehesache, höchstens 3.000,00 Euro, nach Abtrennung und Fortführung richtet sich der Wert nach § 45 FamGKG (regelmäßig 3.000,00 Euro). Gebührenrechtlich gilt die frühere Folgesache als Teil der nunmehr selbständig fortgeführten Kindschaftssache, § 6 Abs. 2 FamGKG. Bei der Gebührenberechnung für den Scheidungsverbund bleibt die frühere Folgesache mithin unberücksichtigt.[9] Der Rechtsanwalt erhält seine **Gebühren** nach dem Wert der nunmehr selbständigen Folgesache. Ist bereits über die Scheidung unter Einbeziehung der abgetrennten Folgesache abgerechnet, hat sich der Anwalt bereits für die Folgesache erhaltene Gebühren anrechnen zu lassen,[10] weil es sich i.S.v. § 21 Abs. 3 RVG bei der abgetrennten und nunmehr selbständigen Folgesache um eine Angelegenheit handelt.

▶   *Näher hierzu Dürbeck, § 80 FamFG Rn. 12 f.*

---

4 OLG Brandenburg FamRZ 2012, 56
5 OLG Brandenburg FamRZ 2012, 56
6 Keidel/*Weber*, § 137 FamFG Rn. 22
7 Dies übersieht OLG Brandenburg FamRZ 2012, 56
8 OLG Hamm FamRZ 2011, 662 m.w.N.; a.A. Schulte-Bunert/Weinreich/*Keske*, § 149 FamFG Rn. 8
9 Keidel/*Weber*, § 137 FamFG Rn. 27
10 OLG Zweibrücken FamRZ 2012, 1413 (Ls); OLG Hamm AGS 2013, 387; OLG Celle NJW 2010, 3791

§§ 138 bis 139 FamFG

Von Abdruck und Kommentierung der §§ 138 bis 139 FamFG wird abgesehen.

§ 140 FamFG   Abtrennung

(1) Wird in einer Unterhaltsfolgesache oder Güterrechtsfolgesache außer den Ehegatten eine weitere Person Beteiligter des Verfahrens, ist die Folgesache abzutrennen.

(2) ¹Das Gericht kann eine Folgesache vom Verbund abtrennen. ²Dies ist nur zulässig, wenn

1. *in einer Versorgungsausgleichsfolgesache oder Güterrechtsfolgesache vor der Auflösung der Ehe eine Entscheidung nicht möglich ist,*

2. *in einer Versorgungsausgleichsfolgesache das Verfahren ausgesetzt ist, weil ein Rechtsstreit über den Bestand oder die Höhe eines Anrechts vor einem anderen Gericht anhängig ist,*

3. **in einer Kindschaftsfolgesache das Gericht dies aus Gründen des Kindeswohls für sachgerecht hält oder das Verfahren ausgesetzt ist,**

4. *seit der Rechtshängigkeit des Scheidungsantrags ein Zeitraum von drei Monaten verstrichen ist, beide Ehegatten die erforderlichen Mitwirkungshandlungen in der Versorgungsausgleichsfolgesache vorgenommen haben und beide übereinstimmend deren Abtrennung beantragen oder*

5. *sich der Scheidungsausspruch so außergewöhnlich verzögern würde, dass ein weiterer Aufschub unter Berücksichtigung der Bedeutung der Folgesache eine unzumutbare Härte darstellen würde, und ein Ehegatte die Abtrennung beantragt.*

(3) Im Fall des Absatzes 2 Nr. 3 kann das Gericht auf Antrag eines Ehegatten auch eine Unterhaltsfolgesache abtrennen, wenn dies wegen des Zusammenhangs mit der Kindschaftsfolgesache geboten erscheint.

(4) ¹In den Fällen des Absatzes 2 Nr. 4 und 5 bleibt der vor Ablauf des ersten Jahres seit Eintritt des Getrenntlebens liegende Zeitraum außer Betracht. ²Dies gilt nicht, sofern die Voraussetzungen des § 1565 Abs. 2 des Bürgerlichen Gesetzbuchs vorliegen.

(5) Der Antrag auf Abtrennung kann zur Niederschrift der Geschäftsstelle oder in der mündlichen Verhandlung zur Niederschrift des Gerichts gestellt werden.

(6) Die Entscheidung erfolgt durch gesonderten Beschluss; sie ist nicht selbständig anfechtbar.

Übersicht

A. Allgemeines

Die Vorschrift regelt die Möglichkeiten einer **Auflösung** des **Scheidungsverbundes**. Mit der Abtrennung entfällt die Notwendigkeit einer einheitlichen Entscheidung nach § 142 FamFG. Kommentiert werden im Folgenden nur die für die Abtrennung einer Kindschaftssache als Folgesache wichtigen Passagen (in der oben stehenden Norm sind die unkommentierten Abschnitte der Vorschrift kursiv gedruckt).   **1**

B. Inhalt der Norm

Die **Abtrennung** einer Kindschaftssache kann von Amts wegen oder auf Antrag erfolgen. Der Antrag auf Abtrennung unterliegt nicht dem Anwaltszwang (vgl. Abs. 5 bzw. § 114 Abs. 4 Nr. 4 FamFG).   **2**

Die Kindschaftssache kann aus dem Verbund abgetrennt werden, wenn das Gericht dies aus Gründen des **Kindeswohls** für sachgerecht hält. Erfasst sind insbesondere die Fälle, in denen zum einen nicht ohnehin bereits einer Aufnahme der Kindschaftsfolgesache in   **3** den Scheidungsverbund Gründe des Kindeswohls entgegenstanden (siehe *Keuter,* § 137 Abs. 3 Rn. 6, 7) und zum anderen eine beschleunigte Regelung für ein Kind notwendig wird, um ihm die erforderliche Klarheit und Stabilität zu vermitteln, das Gericht aber wegen anderweitiger Folgesachen an einer Verbundentscheidung innerhalb eines aus Sicht des Kindes vertretbaren Zeitrahmens gehindert ist.

Eine Abtrennung kann im Einzelfall dann (zunächst) unterbleiben, wenn es tragfähige Anzeichen gibt, dass die Eltern zeitnah zu einer einvernehmlichen Regelung gelangen.[1]

4 Eine weitere Abtrennungsmöglichkeit besteht, wenn „das Verfahren ausgesetzt ist". Gemeint ist die **Aussetzung der Kindschaftssache**, was ausnahmsweise denkbar ist, wenn z. B. die Eltern ihre Bereitschaft zu außergerichtlichen Beratungs- und Einigungsgesprächen mit hinreichender Aussicht auf einvernehmliche Regelung erklärt haben.[2]

5 Der Beschluss über die Abtrennung beinhaltet eine nur begrenzt überprüfbare **Ermessensentscheidung**.[3] Vorheriges rechtliches Gehör ist selbstverständlich zu gewähren.[4] Auch wenn der Abtrennungsbeschluss als solcher nicht anfechtbar ist (§ 140 Abs. 6 FamFG), muss er begründet werden. Denn eine unzulässige Abtrennung kann mit der Beschwerde gegen die Verbundentscheidung angefochten werden.[5]

6 Lagen die Abtrennungsvoraussetzungen nicht vor, hat das Gericht mit dem Verbundbeschluss eine **unzulässige Teilentscheidung** getroffen; das Beschwerdegericht hebt dann regelmäßig die Verbundentscheidung auf und verweist das Verfahren an die erste Instanz zur Wiederherstellung des Verbundes zurück.[6] Etwas anderes gilt dann, wenn das Familiengericht inzwischen über die abgetrennte Folgesache entschieden hat.[7]

7 Teilweise stehen Kindschaftsfolgesachen in engem sachlichen Zusammenhang mit einer **Unterhaltsfolgesache**, insbesondere mit Verfahren auf nachehelichen Unterhalt wegen Kindesbetreuung (§ 1570 BGB) oder mit Verfahren auf Kindesunterhalt. § 140 Abs. 3 FamFG bietet bei entsprechendem Sachzusammenhang die Möglichkeit, auch die Unterhaltsfolgesache aus dem Verbund zu trennen, allerdings nur auf Antrag hin. Der **Sachzusammenhang** mit Kindschaftsfolgesachen, die den Lebensmittelpunkt des Kindes und die Obhut eines Elternteils für das Kind betreffen, ist regelmäßig gegeben.

8 Wird neben der Kindschaftsfolgesache auch die Unterhaltsfolgesache aus dem Verbund getrennt, besteht zwischen den abgetrennten Verfahren **kein Restverbund**.[8] Der Anwaltszwang entfällt für die Kindschaftssache, § 114 Abs. 1 FamFG, nicht aber für das Unterhaltsverfahren als nunmehr selbständige Familienstreitsache, §§ 112 Nr. 1, 114 Abs. 1 FamFG.

▶ *Zu den weiteren Auswirkungen der Abtrennung hinsichtlich **Verfahrenskostenhilfe, Kostenentscheidungen und Gebühren** siehe Keuter, § 137 FamFG Rn. 9 ff.*

§§ 141 bis 150 FamFG

Von Abdruck und Kommentierung der §§ 141 bis 150 FamFG wird abgesehen.

---

1 Keidel/*Weber,* § 140 FamFG Rn. 6
2 Schulte-Bunert/Weinreich/*Rossmann,* § 140 FamFG Rn. 24 f.
3 OLG Celle ZKJ 2011,396 = NJW-RR 2012, 133
4 BGH NJW 1987, 1772, 1773
5 BGH NJW 1987, 1772, 1773
6 OLG Koblenz FamRZ 2008, 166
7 Keidel/*Weber,* § 140 FamFG Rn. 21
8 *Musielak/Borth/Grandel,* § 140 FamFG Rn. 15

Abschnitt 3
Verfahren in Kindschaftssachen

§ 151 FamFG Kindschaftssachen

Kindschaftssachen sind die dem Familiengericht zugewiesenen Verfahren, die

1. die elterliche Sorge,
2. das Umgangsrecht und das Recht auf Auskunft über die persönlichen Verhältnisse des Kindes,
3. die Kindesherausgabe,
4. die Vormundschaft,
5. die Pflegschaft oder die gerichtliche Bestellung eines sonstigen Vertreters für einen Minderjährigen oder für eine Leibesfrucht,
6. die Genehmigung der freiheitsentziehenden Unterbringung eines Minderjährigen (§§ 1631b, 1800 und 1915 des Bürgerlichen Gesetzbuches),
7. die Genehmigung der freiheitsentziehenden Unterbringung eines Minderjährigen nach den Landesgesetzen über die Unterbringung psychisch Kranker oder
8. die Aufgaben nach dem Jugendgerichtsgesetz

betreffen.

Übersicht

A. Allgemeines

§ 151 FamFG schafft abweichend von der alten Terminologie des § 640 Abs. 2 ZPO a. F. **1** eine Legaldefinition für die unter die Sammelbezeichnung **„Kindschaftssachen"** fallenden Verfahren. Da zeitgleich mit dem Inkrafttreten des FamFG das Vormundschaftsgericht abgeschafft wurde, obliegen sämtliche Entscheidungen in Kindschaftssachen dem Familiengericht. Angepasst wurden zugleich die §§ 23a bis 23c GVG. Soweit ein Verfahren mehrere Kindschaftssachen umfasst – z. B. einen Antrag auf Übertragung des gemeinsamen Sorgerechts und einen Antrag auf Regelung des Umgangsrechts –, kann das Gericht nach seinem Ermessen die Verfahren trennen oder bei isolierter Einreichung miteinander verbinden, § 20 FamFG. Dies gilt dann nicht, wenn Verfahrensgegenstände inhaltlich nicht trennbar sind, z.B. zeitgleiche Verfahren nach §§ 1671 und 1666 BGB.[1]

---

1 OLG Nürnberg FamRZ 2013, 1993

B. Inhalt der Norm

I. Elterliche Sorge (Nr. 1)

2   Zu den die elterliche Sorge betreffenden Kindschaftssachen gehören in erster Linie alle Verfahren, in welchen es um die *(Mit)Inhaberschaft* der elterlichen Sorge geht, also insbesondere Verfahren nach

- § 1626a Abs. 2 BGB auf Begründung der gemeinsamen elterlichen Sorge
- § 1671 BGB auf Übertragung der alleinigen elterlichen Sorge
- §§ 1666, 1666a BGB auf Entzug der elterlichen Sorge
- §§ 1673, 1674, 1674a BGB betreffend das Ruhen der elterlichen Sorge
- § 1680 BGB betreffend Sorgerechtsregelung nach dem Tod eines Elternteils oder nach Sorgerechtsentzug gegenüber einem Elternteil
- § 1630 Abs. 3 BGB betreffend Sorgerechtsübertragung auf Pflegeeltern
- § 1629 Abs. 2 Satz 3 BGB betreffend Entzug der elterlichen Vertretungsbefugnis
- § 1696 BGB Abänderungsverfahren

3   Ferner gehören zu den Kindschaftssachen i.S.v. Nr. 1 auch einzelne Angelegenheiten, z. B.:

- § 1628 BGB Entscheidung bei elterlichen Meinungsverschiedenheiten
- §§ 1687, 1687a, 1688 BGB Einschränkung von Erziehungsbefugnissen
- §§ 1643 BGB Genehmigung von Rechtsgeschäften
- §§ 1640 Abs. 3, 1667 BGB Vermögensverzeichnis
- § 1618 Satz 4 BGB Einwilligungsersetzung bei Einbenennung[2]
- § 1303 Abs. 2 bis 4 Gestattung der Eheschließung eines Minderjährigen

4   Erfasst sind schließlich die *früher* den *Vormundschaftsgerichten* zugeordneten Entscheidungen, insbesondere:

- §§ 2 Abs. 3, 3, 7 RelKErzG betreffend Streit um die religiöse Erziehung
- § 112 Abs. 2 BGB betreffend Rücknahme einer Ermächtigung zum Betrieb eines Erwerbsgeschäftes durch einen Minderjährigen
- § 2 NamensänderungG betreffend Genehmigung für Antrag auf Namensänderung
- § 16 Abs. 3 VerschollenheitsG betreffend Genehmigung eines Antrages auf Erklärung eines Kindes als tot

II. Umgangs- und Auskunftsrecht (Nr. 2)

5   Unter Nr. 2 fallen sämtliche Verfahren, die das **Umgangsrecht** mit einem *minderjährigen* Kind betreffen, also insbesondere Verfahren nach §§ 1684, 1685 BGB. Der Antrag eines Elternteils auf Umgang mit dem unter Betreuung stehenden *volljährigen* Kind ist dagegen keine Kindschaftssache, sondern fällt in die Zuständigkeit des Betreuungsgerichts.[3] Ob ein Kontaktverbot gegen einen Dritten nach § 1632 Abs. 2 BGB als Umgangsverfahren nach § 151 Nr. 2 FamFG anzusehen ist oder als Kindschaftssache nach § 151 Nr. 1 BGB,[4] ist für die Zuständigkeit des Familiengerichts ohne praktische Bedeutung. Seit Juli 2013 sind

---

2 BGH FamRZ 1999, 1648
3 OLG Hamm, Beschl. v. 6.1.2014 – 8 WF 179/13, juris
4 So BGH FamRZ 2010, 1975

auch aufgenommen worden die Verfahren betreffend das Recht auf **Auskunft** über die persönlichen Verhältnisse des Kindes.[5] Hierzu zählen die Verfahren nach § 1686 BGB (Auskunftsansprüche zwischen rechtlichen Elternteilen) sowie nach dem neuen § 1686a BGB (Auskunftsanspruch des leiblichen, nicht rechtlichen Vaters).

III. Kindesherausgabe (Nr. 3)

Erfasst werden Verfahren auf Herausgabe des Kindes nach § 1632 Abs. 1 BGB ebenso wie Verbleibensanordnungen nach §§ 1632 Abs. 4, 1682 BGB.

6

IV. Vormundschaft (Nr. 4)

Alle Verfahren, welche die Auswahl des Vormunds sowie die Bestimmung seiner Rechte und Pflichten nach §§ 1773 ff. BGB betreffen, sind von der Vorschrift umfasst. Hierzu gehören Anordnung und Aufhebung einer Vormundschaft, die Beaufsichtigung des Vormunds, seine Überwachung und die Abrechnung etwaiger Kostenrechnungen.[6] Auch Verfahren, in denen es um die Untersuchung eines möglicherweise Minderjährigen geht zur Prüfung, ob eine Vormundschaft angeordnet werden kann oder muss, zählen dazu.[7]

7

V. Pflegschaft (Nr. 5)

Unter diese Vorschrift fallen die Verfahren nach §§ 1909 ff. BGB. Auch hier sind alle Entscheidungen erfasst, die Auswahl, Bestellung und Abberufung eines Ergänzungspflegers oder dessen Überwachung oder Abrechnung erfassen.

8

VI. Unterbringungsverfahren (Nr. 6 und 7)

Zu den Kindschaftssachen werden sowohl die Anträge auf Genehmigung einer geschlossenen Unterbringung eines Minderjährigen (§ 1631b BGB) gezählt (Nr. 6) wie auch Anträge auf Anordnung einer solchen Maßnahme nach den jeweiligen landesrechtlichen Unterbringungsvorschriften (Nr. 7). Für beide Gruppen enthält § 167 FamFG den weitgehenden Verweis auf die Vorschriften in Unterbringungssachen nach §§ 312 ff. FamFG. Auch die streitige Frage, ob die Fixierung eines Kindes als unterbringungsähnliche Maßnahme genehmigungsbedürftig ist (vom BGH verneint), fällt unter § 151 Nr. 6 FamFG.[8]

9

VII. Aufgaben nach dem JGG (Nr. 8)

Gemäß §§ 53, 104 Abs. 4 JGG kann der Jugendrichter dem Familiengericht Auswahl und Anordnung von Erziehungsmaßregeln überlassen. Unter Nr. 8 fällt aber auch die Bestellung eines Pflegers zur Vertretung des Kindes im Strafverfahren sowie die Wahrnehmung übertragener Aufgaben nach § 34 JGG durch das Jugendgericht.[9]

10

§ 152 FamFG Örtliche Zuständigkeit

(1) Während der Anhängigkeit einer Ehesache ist unter den deutschen Gerichten das Gericht, bei dem die Ehesache im ersten Rechtszug anhängig ist oder war, ausschließlich zuständig für Kindschaftssachen, sofern sie gemeinschaftliche Kinder der Ehegatten betreffen.

(2) Ansonsten ist das Gericht zuständig, in dessen Bezirk das Kind seinen gewöhnlichen Aufenthalt hat.

---

5 Gesetz zur Stärkung der Rechte des leiblichen, nicht rechtlichen Vaters vom 4.7.2013 (BGBl. I S. 2176)
6 OLG Stuttgart FamRZ 2011, 237
7 OLG Köln MDR 2013, 286
8 BGH FamRZ 2013, 1646 = ZKJ 2013,449 m.w.N. auch für die Gegenmeinung
9 PK Familienverfahrensrecht/*Meysen*, § 151 FamFG Rn. 11

(3) Ist die Zuständigkeit eines deutschen Gerichts nach den Absätzen 1 und 2 nicht gegeben, ist das Gericht zuständig, in dessen Bezirk das Bedürfnis der Fürsorge bekannt wird.

(4) ¹Für die in den §§ 1693 und 1846 des Bürgerlichen Gesetzbuchs und in Artikel 24 Abs. 3 des Einführungsgesetzes zum Bürgerlichen Gesetzbuche bezeichneten Maßnahmen ist auch das Gericht zuständig, in dessen Bezirk das Bedürfnis der Fürsorge bekannt wird. ²Es soll die angeordneten Maßnahmen dem Gericht mitteilen, bei dem eine Vormundschaft oder Pflegschaft anhängig ist.

A. Allgemeines

I. Zuständigkeitskriterien

1   Mit Einführung des FamFG ist der frühere Geschwistergerichtsstand ebenso entfallen wie die Maßgeblichkeit des Wohnsitzes des Kindes. Die Zuständigkeit wird nunmehr nach **drei Kriterien** bestimmt: der **Anhängigkeit einer Ehesache**, dem **gewöhnlichen Aufenthalt des Kindes** und dem **Fürsorgebedürfnis**. Die verschiedenen Zuständigkeiten nach Abs. 1 bis 3 stehen nicht zur Auswahl, sondern sind in der **Reihenfolge der Absätze maßgeblich**. Die in Absatz 4 normierte Eilzuständigkeit tritt neben die im Übrigen **ausschließliche** Zuständigkeit nach Absatz 1 bis 3.[1]

II. Zeitpunkt der Zuständigkeitsbestimmung

2   **Maßgeblicher Zeitpunkt** für die Zuständigkeitsbestimmung ist in **Antragsverfahren** der Eingang des Antrags.[2] Das bloße Einreichen eines Verfahrenskostenhilfegesuches reicht nicht aus.[3] Dies gilt auch, wenn zwar der Antrag mit eingereicht wird, der Antragsteller jedoch erklärt, der Antrag solle nur für den Fall der Bewilligung von Verfahrenskostenhilfe gestellt werden, weil in diesem Fall der Antragsteller zunächst lediglich sein Verfahrenskostenhilfegesuch zur Prüfung des Gerichts stellt.

3   In **Amtsverfahren**, insbesondere solchen nach § 1666 BGB, ist maßgeblicher Zeitpunkt für die Zuständigkeitsbestimmung derjenige, in welchem das Gericht Kenntnis von Tatsachen erhält, die ihm Veranlassung zum Einschreiten geben.[4] Hat ein Gericht eine einstweilige Anordnung erlassen, ist es auch dafür zuständig, auf Antrag eines Beteiligten das Hauptsacheverfahren einzuleiten. Das gilt auch dann, wenn für ein Hauptsacheverfahren ohne vorangegangene einstweilige Anordnung eine andere örtliche Zuständigkeit bestünde (z.B. bei einem zwischenzeitlichen **Aufenthaltswechsel** eines Kindes in einer Kindschaftssache); in diesem Fall kommt eine Abgabe nach § 4 FamFG in Betracht.[5]

---

1 Keidel/*Engelhardt*, § 152 FamFG Rn. 10
2 Schulte-Bunert/Weinreich/Ziegler, § 152 FamFG Rn. 2 m.w.N.
3 Schulte-Bunert/Weinreich/Ziegler, § 152 FamFG Rn. 4 m.w.N.
4 Schulte-Bunert/Weinreich/Ziegler, § 152 FamFG Rn. 4 m.w.N.
5 OLG München NJW-RR 2011, 661; Zöller/Feskorn, § 52 Rn. 4; Bahrenfuss/Socha, § 52 FamFG Rn. 7; Musielak/Borth/Grandel, § 52 FamFG Rn. 2 je m.w.N.

Sollte das andere Gericht nicht zur Übernahme bereit sein, muss gemäß § 5 Abs. 1 Nr. 5 **4** FamFG das übergeordnete Gericht entscheiden. In der Konsequenz kann dies zwar zu einer Splittung der Zuständigkeit für Verfahrenseinleitung und spätere Durchführung des Hauptverfahrens führen, auch kann ein möglicher **Kompetenzstreit** wertvolle Zeit kosten. Andererseits ist ja bereits ein Eilverfahren zur Regelung der dringendsten Fragen vorangegangen und die Abgabe nach § 4 FamFG auch keineswegs zwingend, wenn z.B. aus dem Eilverfahren gewonnene Erkenntnisse für eine Aufrechterhaltung der bisherigen Zuständigkeit sprechen. Zudem hat der Gesetzgeber die Problematik des wechselnden Aufenthaltsortes gesehen,[6] so dass seine Zuständigkeitsregelung zu akzeptieren ist. Die vorgeschlagene Lösung vermeidet auch die Gefahr widersprüchlicher Entscheidungen: Sieht man ohne vorherige Klärung nach §§ 4, 5 FamFG für das Hauptverfahren das Gericht als von Anfang an zuständig an, welches jetzt für den gewöhnlichen Aufenthalt des Kindes zuständig ist, so verbliebe für das Gericht der Eilanordnung weiterhin die Kompetenz zur Aufhebung/Abänderung der Eilregelung nach § 54 Abs. 3 Satz 1 FamFG.[7] § 54 Abs. 3 Satz 2 FamFG hilft in dieser Konstellation mangels vorangegangener Verweisung nicht weiter.

Nach überwiegender Auffassung gilt § 152 FamFG nicht für Kindschaftssachen nach § 151 **5** Nr. 6 und 7 FamFG, weil § 167 FamFG insoweit insgesamt auf die Vorschriften über die Unterbringung verweist und damit auf § 313 FamFG.[8]

Erachtet sich das in einer Kindschaftssache angerufene Familiengericht für örtlich unzuständig, darf es den Antrag auch dann nicht als unzulässig zurückweisen, wenn der Antragsteller **keinen Verweisungsantrag** stellt, sondern es hat sich durch Beschluss für unzuständig zu erklären und das Verfahren von Amts wegen an das zuständige Gericht zu verweisen.[9]

▶ *Zu weiteren Kompetenzkonflikten siehe Übersicht Keuter, § 17a GVG Rn 24 und Keuter, § 154 FamFG Rn. 5 ff.*

Kennt ein Elternteil wegen einer Auskunftssperre nicht den gewöhnlichen Aufenthalt sei- **7** ner Kinder und kann er diesen Ort deshalb auch nicht kennen, so kann er gleichwohl ein Umgangsverfahren z.B. beim Familiengericht, welches für den früheren gewöhnlichen Aufenthalt des Kindes zuständig war, beantragen. Es ist Aufgabe dieses Familiengerichts, von Amts wegen die für die Zuständigkeit maßgebenden Umstände zu ermitteln und sodann ggf. das Verfahren nach § 3 FamFG an das zuständige Gericht zu verweisen.[10]

---

6 BT-Drucks. 16/6308, 201 zu § 54 Abs. 3 FamFG
7 BT-Drucks. 16/6308, 201
8 OLG Frankfurt, Beschl. v. 18.12.2009 – 1 UFH 15/09, juris; Schulte-Bunert/Weinreich/*Ziegler*, § 152 FamFG Rn. 1 m.w.N. auch für die Gegenmeinung
9 OLG Frankfurt FamRZ 2014, 1479
10 OVG Münster, Beschl. v. 9.12.2014 – 16 A 1049/14, juris

III. Übersicht örtliche Zuständigkeit in Kindschaftssachen

8

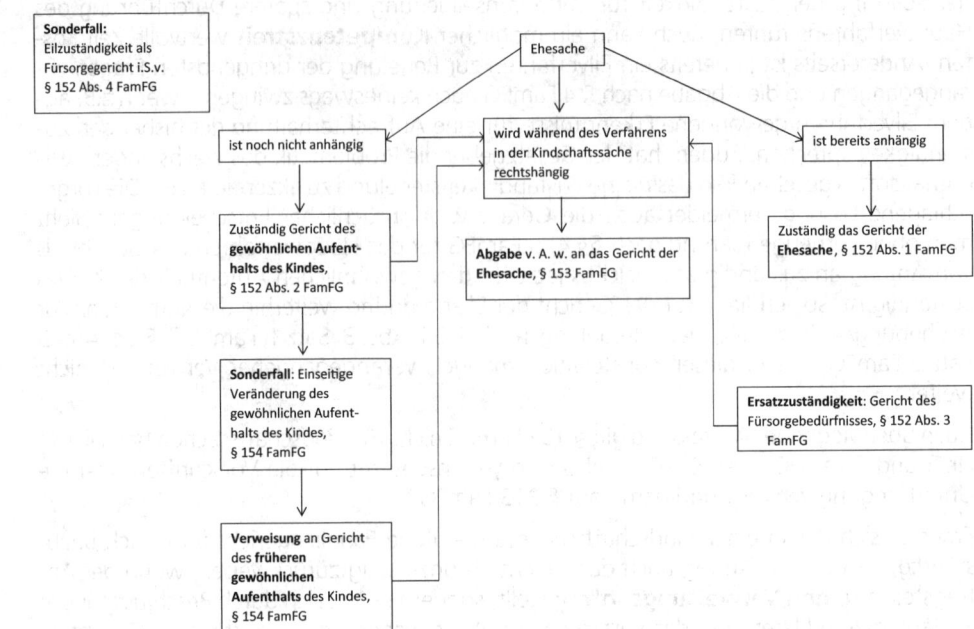

B. Inhalt der Norm

I. Anhängigkeit einer Ehesache, Abs. 1

9   **Ehesachen** sind die in § 121 FamFG aufgezählten Verfahren. Die **Anhängigkeit** eines Verfahrens beginnt mit Eingang des Antrags bei Gericht (§ 124 Abs. 1 FamFG) und endet mit Rücknahme (§ 141 FamFG), rechtskräftiger Entscheidung (§ 148 FamFG), Tod eines Ehegatten (§ 131 FamFG) oder übereinstimmender Erledigung. Ein Ruhen des Verfahrens oder ein bloßes Nichtbetreiben mit der Folge, dass die Akten nach § 7 AktO weggelegt werden, beendet die Anhängigkeit nicht.[11]

10   Die Zuständigkeitskonzentration beim Gericht der Ehesache gilt nur für **gemeinschaftliche** Kinder; sie gilt z.B. nicht für ein Umgangsverfahren ein Stiefkind betreffend, vielmehr richtet sich hier die Zuständigkeit nach Abs. 2.[12]

11   Die vorrangige Zuständigkeit des Gerichts der Ehesache gilt zwar für die Dauer der Anhängigkeit. Ist aber die **Kindschaftssache anhängig** geworden, **bevor die Ehesache rechtshängig** wurde, so greift § 152 FamFG *nicht* ein; vielmehr zieht in dieser Situation erst die Rechtshängigkeit der Ehesache über *§ 153 FamFG* die Kindschaftssache an das Gericht der Ehesache.[13] Wenn während der Anhängigkeit einer Ehesache der gewöhnliche Aufenthalt des Kindes wechselt, kann gleichwohl zur Wahrung der Verfahrenskonzentration beim Gericht der Ehesache *keine Abgabe nach § 4 FamFG* erfolgen.[14]

---

11 BGH NJW-RR 1993, 898
12 Musielak/Borth/*Grandel*, § 152 FamFG Rn. 2
13 OLG Hamm FamRZ 2011, 58
14 OLG Bremen FamRZ 2013, 1680; zu etwaigen nachteiligen Folgen siehe *Stockmann*, jurisPR-FamR 25/2013 Anm. 4

II. Gewöhnlicher Aufenthalt des Kindes, Abs. 2

Nach der Legaldefinition des § 30 Abs. 3 Satz 2 SGB I (AT) hat den gewöhnlichen Aufenthalt „jemand dort, wo er sich unter Umständen aufhält, die erkennen lassen, dass er an diesem Ort oder in diesem Gebiet nicht nur vorübergehend verweilt". **Gewöhnlicher Aufenthalt** eines Kindes ist damit der Ort, an dem das Kind seinen Daseinsmittelpunkt hat und an dem der Schwerpunkt seiner persönlichen Beziehungen liegt.[15] Bei einem Kleinkind entspricht er regelmäßig dem gewöhnlichen Aufenthalt der Person, die es ständig betreut.[16] Gleichwohl ist grundsätzlich der gewöhnliche Aufenthaltsort des Kindes unabhängig von dem der Eltern zu prüfen.[17] Die gewöhnlichen Aufenthalte von Eltern und Kind können durchaus auseinanderfallen, z.B. bei Kindern in Pflegefamilien.[18] Ein mehrmonatiger Aufenthalt eines Kindes in einer Einrichtung bei Uneinigkeit um den künftigen Lebensmittelpunkt begründet keinen gewöhnlichen Aufenthalt.[19]   **12**

Problematisch sind häufig von einem Elternteil **einseitig vorgenommene Aufenthaltsveränderungen** eines Kindes: Für die Begründung eines gewöhnlichen Aufenthaltsortes genügt zwar regelmäßig ein bloßer kurzfristiger Aufenthalt nicht, vielmehr wird „als Faustregel" vielfach ein Aufenthalt von zumindest 6 Monaten verlangt.[20] Jedoch kann auch in diesen Konstellationen ein neuer gewöhnlicher Aufenthalt vor Ablauf der vorgenannten Frist schon durch die Aufenthaltsnahme am neuen Ort begründet werden, wenn sich aus den Umständen ergibt, dass der neue Ort auf längere Zeit angelegt ist und neuer Daseinsmittelpunkt sein soll; dies gilt sogar für den Fall der Kindesentführung.[21] Für diese Fälle kann die Möglichkeit einer Rückverweisung bestehen (siehe *Keuter*, § 154 FamFG). Hat sich der einseitig veränderte Aufenthalt eines Kindes noch nicht zu einem neuen gewöhnlichen Aufenthalt verdichtet, ist die *Auffangzuständigkeit des § 152 Abs. 3 FamFG* zu beachten (siehe Rn. 25 f. und *Keuter*, § 154 FamFG Rn. 4 bis 7 FamFG).   **13**

Werden sowohl beim Gericht des früheren gewöhnlichen Aufenthaltsortes wie auch beim Gericht des jetzigen Aufenthalts Anträge eingereicht, gilt § 2 Abs. 1 FamFG.   **14**

III. Fürsorgebedürfnis, Abs. 3

Die Vorschrift ist als Auffangtatbestand weit auszulegen.[22] Denn insbesondere in Kindschaftssachen sollen negative Kompetenzkonflikte durch zügiges und fürsorgeorientiertes Tätigwerden des Gerichts tunlichst vermieden werden. Ist keine Zuständigkeit aus § 152 Abs. 1 oder 2 FamFG zu begründen, ist das Gericht örtlich zuständig, in dessen Bezirk das **Bedürfnis der Fürsorge** *offenbar* wird. Dies betrifft insbesondere die Fälle, in denen der gewöhnliche Aufenthalt des Kindes im *Ausland* liegt oder *unbekannt* ist,[23] oder in denen sich der Aufenthalt eines Kindes *noch nicht zu einem gewöhnlichen Aufenthalt verdichtet* hat.[24] Wo immer ein Gericht amtlich von Tatsachen Kenntnis erlangt, die Anlass zu gerichtlichen Maßnahmen sein können, besteht das Bedürfnis der Fürsorge gemäß § 152 Abs. 3 FamFG.[25]   **15**

Ist ein **Fürsorgebedürfnis in mehreren Gerichtsbezirken** offenbar geworden, ist die Zuständigkeit nach Zweckmäßigkeitsgesichtspunkten, insbesondere einer etwaigen Vor-   **16**

---

15 PK Familienverfahrensrecht/*Meysen*, § 152 *FamFG* Rn. 4 m.w.N.
16 OLG Köln FamRZ 2012, 1406
17 BGH NJW 1997, 3024
18 OLG München FamRZ 2012, 1071; OLG Düsseldorf FamRZ 2010, 1178
19 OLG Hamm ZKJ 2013, 307
20 OLG Hamm ZKJ 2013, 35
21 OLG Hamm ZKJ 2013, 35; Schulte-Bunert/Weinreich/*Ziegler*, § 152 FamFG Rn. 7 m.w.N.
22 BT-Drucks. 16/6308, 234
23 OLG Karlsruhe FamRZ 2011, 1888 m.w.N.
24 OLG Hamm ZKJ 2013, 307
25 Horndasch/Viefhues/*Horndasch*, § 152 FamFG Rn. 10

befassung des Gerichts mit weiteren Eil- oder Hauptverfahren, zu bestimmen.[26] § 152 Abs. 3 FamFG gilt insbesondere für Verfahren ein noch *ungeborenes Kind* betreffend.[27]

17 Auch für § 152 Abs. 3 FamFG gilt der Grundsatz der **perpetuatio fori** nach § 2 Abs. 2 FamFG. Das ursprünglich nach § 152 Abs. 3 FamFG zuständige Gericht darf also nicht untätig bleiben, wenn inzwischen sich eine anderweitige Zuständigkeit nach § 152 Abs. 2 FamFG ergeben hat.

IV. Eilzuständigkeit, Abs. 4

18 Für Maßnahmen nach §§ 1693, 1846 BGB, Art. 24 Abs. 3 EGBGB schafft § 152 Abs. 4 FamFG eine *zusätzliche*[28] **Eilzuständigkeit**. Diese dauert indes nur so lange an, bis das nach § 152 Abs. 1 bis 3 zuständige Gericht selbst tätig geworden oder das Bedürfnis nach Eilregelungen weggefallen ist.[29] § 152 Abs. 4 Satz 2 FamFG normiert die Mitteilungspflicht des eine Eilmaßnahme treffenden Gerichts an das Gericht, bei dem eine Vormundschaft oder Pflegschaft anhängig ist.

§ 153 FamFG Abgabe an das Gericht der Ehesache

[1]**Wird eine Ehesache rechtshängig, während eine Kindschaftssache, die ein gemeinschaftliches Kind der Ehegatten betrifft, bei einem anderen Gericht im ersten Rechtszug anhängig ist, ist diese von Amts wegen an das Gericht der Ehesache abzugeben.** [2]**§ 281 Abs. 2 und 3 Satz 1 der Zivilprozessordnung gilt entsprechend.**

Übersicht

A. Allgemeines

1 Die Vorschrift verfolgt das Ziel, sämtliche ein gemeinschaftliches Kind betreffende Kindschaftssachen – mit Ausnahme der Unterbringungsverfahren (siehe *Keuter*, § 152 FamFG Rn. 5) – beim Gericht der Ehesache zu **konzentrieren**. Sie ergänzt § 152 Abs. 1 FamFG. Entsprechende Parallelvorschriften finden sich in §§ 202, 233 und 263 FamFG.

B. Inhalt der Norm

I. Abgabevoraussetzungen, Satz 1

2 Voraussetzung für die Anwendung des § 153 FamFG ist zunächst, dass zeitlich vorrangig eine **Kindschaftssache** beim Gericht A **anhängig** wird und nachfolgend eine **Ehesache** beim Gericht B **rechtshängig**. Für die umgekehrte Konstellation gilt die Zuständigkeit nach § 152 Abs. 1 FamFG (siehe auch *Keuter*, § 152 FamFG Rn. 11). Rechtshängigkeit setzt bereits erfolgte wirksame Zustellung der Antragsschrift in der Ehesache voraus, §§ 261, 253 ZPO.

---

26 OLG Hamm ZKJ 2013, 307
27 BT-Drucks. 16/6308, 235
28 BT-Drucks. 16/6308, 235; PK Familienverfahrensrecht/*Meysen*, § 152 FamFG Rn. 6 spricht von „subsidiärer"
    Zuständigkeit
29 Keidel/*Engelhardt*, § 152 FamFG Rn. 11

Die Kindschaftssache muss ein **gemeinschaftliches Kind** der Eheleute betreffen. Das **3** kann zu unterschiedlichen Zuständigkeiten führen, wenn z.B. der Ehemann ein Umgangsrecht mit einem gemeinschaftlichen Kind nach § 1684 Abs. 1 BGB begehrt und zugleich über § 1685 Abs. 2 BGB mit einem weiteren von der Ehefrau in die Ehe mitgebrachten Kind. Auseinanderfallenden Zuständigkeiten kann notfalls über § 4 FamFG Rechnung getragen werden, wobei wegen der hohen Bedeutung der Entscheidungskonzentration im Zweifel das Gericht der Ehesache das Verfahren betreffend das nicht gemeinsame Kind mit übernehmen sollte.

Die Kindschaftssache muss noch **erstinstanzlich anhängig** sein. Die Anhängigkeit in ers- **4** ter Instanz endet mit Rücknahme (§ 22 FamFG), Vergleich (§ 156 FamFG) oder Wirksamkeit (§ 40 FamFG) der erstinstanzlichen Endentscheidung (§ 38 FamFG). Ist bereits ein Rechtsmittel in der Kindschaftssache eingelegt, kommt eine Abgabe nicht mehr in Betracht, es sei denn, das Verfahren wird vom Beschwerdegericht an die erste Instanz zurückverwiesen, wobei in diesen Fällen die Zurückverweisung an das nunmehr zuständige Gericht der Ehesache erfolgt[1]. Wird gegen eine nicht Instanz beendende Entscheidung in der Kindschaftssache eine Beschwerde eingelegt, z.B. gegen einen Verfahrenskostenhilfebeschluss, so ist für die Beschwerde das dem Gericht der Ehesache übergeordnete Gericht zuständig, wenn inzwischen die Ehesache rechtshängig wurde.[2]

Die Abgabe erfolgt **von Amts wegen**, auch ohne Antrag eines Beteiligten.[3] Die Beteilig- **5** ten sind zuvor anzuhören.[4]

II. Verweisung auf ZPO-Vorschriften, Satz 2

Der **Verweis auf § 281 Abs. 2 und 3 Satz 1 ZPO** hat zur Folge: Die Verweisung kann **6** ohne mündliche Verhandlung ergehen. Der Beschluss ist grundsätzlich unanfechtbar und für das Gericht der Ehesache bindend. Beim abgebenden Gericht entstandene Kosten gelten als Teil der Kosten, die bei dem Gericht entstehen, an das abgegeben wird.

§ 154 FamFG Verweisung bei einseitiger Änderung des Aufenthalts des Kindes

[1]**Das nach § 152 Abs. 2 zuständige Gericht kann ein Verfahren an das Gericht des früheren gewöhnlichen Aufenthaltsorts des Kindes verweisen, wenn ein Elternteil den Aufenthalt des Kindes ohne vorherige Zustimmung des anderen geändert hat.** [2]**Dies gilt nicht, wenn dem anderen Elternteil das Recht der Aufenthaltsbestimmung nicht zusteht oder die Änderung des Aufenthaltsorts zum Schutz des Kindes oder des betreuenden Elternteils erforderlich war.**

Übersicht

---

1 Schulte-Bunert/Weinreich/*Ziegler*, § 153 FamFG Rn. 4 m.w.N.
2 BGH FamRZ 2001, 618; OLG Hamburg NJW-RR 1993, 1286
3 Keidel/*Engelhardt*, § 153 FamFG Rn. 6
4 MüKo-FamFG/*Heilmann*, § 153 FamFG Rn. 9

A. Allgemeines

1 Die Vorschrift schafft die Möglichkeit, auf **einseitig herbeigeführte Wechsel** des Aufenthaltsortes durch einen Elternteil im Inland reagieren zu können. Ein eigenmächtiges Handeln eines Elternteils ohne Rücksicht auf die bisherigen sozialen Bindungen des Kindes schadet regelmäßig dem Kindeswohl und soll nicht noch dem unrechtmäßig Handelnden Vorteile in Gestalt eines ortsnahen Gerichts bringen.[1] Der trennungswillige Elternteil hat vielmehr im Regelfall zunächst eine einverständliche Lösung und nach deren Scheitern eine umgehende gerichtliche Regelung bei dem für den gewöhnlichen Aufenthaltsort des Kindes zuständigen Gericht zu suchen.[2]

B. Inhalt der Norm

I. Verweisungsvoraussetzungen

2 Die Verweisung setzt voraus:

- **gemeinsam aufenthaltsbestimmungsberechtigte Elternteile** (Satz 2 erste Alternative)[3]

- **fehlende Anhängigkeit einer Ehesache** (weil andernfalls Zuständigkeit bereits nach § 152 Abs. 1, nicht § 152 Abs. 2 FamFG, besteht)

- **Begründung eines neuen gewöhnlichen Aufenthaltes** (was im Einzelfall auch bereits durch die bloße Aufenthaltsnahme erfolgen kann, wenn sich aus den Umständen ergibt, dass der neue Ort der künftige Lebensmittelpunkt sein soll (vgl. *Keuter*, § 152 Rn. 13))

- **Fehlende Zustimmung** des anderen Elternteils

3 Dagegen ist die **Verweisung ausgeschlossen**, wenn die Änderung des Aufenthaltsortes zum Schutz des Kindes oder des fortziehenden Elternteils erforderlich war. Diese Einschränkung ist vom Gesetzgeber aus Opferschutzgründen eingeführt worden.[4]

II. Ermessensentscheidung

4 Liegen die vorgenannten Voraussetzungen vor, so **kann** das Gericht nach **pflichtgemäßem Ermessen** das Verfahren an das Gericht des früheren gewöhnlichen Aufenthalts des Kindes verweisen. Dabei hat das Gericht aber im Hinblick auf das Beschleunigungsgebot nach § 155 FamFG auch zu berücksichtigen, welche Nachteile durch die Verzögerung des Verfahrens infolge einer Verweisung entstehen.[5] Stimmt der andere Elternteil nachträglich dem Umzug des Kindes zu, scheidet im Regelfall eine Verweisung an das Gericht des früheren Aufenthaltsortes aus.[6] Auch dürfen Erkenntnisse, die im Rahmen einer zur Prüfung der Zuständigkeit erfolgten Beweisaufnahme gewonnen werden (siehe unten Rn. 6), nicht verloren gehen.

III. Streit über Verweisungsvoraussetzungen

5 Beim in der Praxis häufiger auftauchenden Streit über die Voraussetzungen des § 154 Satz 2 FamFG muss das Gericht notfalls bereits zur Klärung der Zuständigkeit in eine – **regelmäßig vorrangig und beschleunigt durchzuführende – Beweisaufnahme** eintreten, weil auch die Zuständigkeit zu den vom Gericht im Rahmen des Amtsermittlungs-

---

1 BT-Drucks. 6/1308, 235
2 BT-Drucks. 16/6308, 235
3 OLG Hamm FamRZ 2011, 55
4 BT-Drucks. 16/9733, 293
5 Mü-Ko-FamFG/*Heilmann*, § 154 FamFG Rn 11
6 Keidel/*Engelhardt*, § 154 FamFG Rn 6

grundsatzes zu klärenden Verfahrensvoraussetzungen zählt.[7] Eine Beweisaufnahme zu der Frage, ob der verbleibende Elternteil mit dem Umzug einverstanden war oder dem fortziehenden Elternteil Gewalt drohte, vermittelt jedoch zugleich bereits wichtige Erkenntnisse über die Frage, wo künftig der Lebensmittelpunkt des Kindes liegt. Je (zeit-)intensiver sich das Gericht im Rahmen der Zuständigkeitsprüfung bereits mit der inhaltlichen Problematik beschäftigt hat, desto mehr spricht im Rahmen der Ermessensausübung (dazu oben Rn. 4) gegen eine Verweisung.

Bleibt die Frage, ob der verbleibende Elternteil mit dem Wegzug des Kindes einverstanden war, **ungeklärt**, kommt eine Verweisung nicht in Betracht, weil das Fehlen der Zustimmung des anderen Elternteils nach Satz 1 positive Verweisungsvoraussetzung ist; die **Feststellungslast** trägt also derjenige, der sich auf die Ausnahmevorschrift beruft.[8] Lässt sich dagegen auch durch die Beweisaufnahme nicht klären, ob die Änderung des Aufenthaltsortes aus Schutzgründen erforderlich war, kann grundsätzlich unter Beachtung der Bedenken (siehe oben Rn. 4 und 5) eine Verweisung erfolgen, weil § 154 Satz 2 FamFG als Ausnahme konzipiert ist, deren Vorliegen nicht festgestellt werden konnte.

6

IV. Verweisungsfolgen

Die Verweisung ist nach § 3 Abs. 3 FamFG[9] **nicht anfechtbar** und für das Gericht des früheren gewöhnlichen Aufenthaltsortes des Kindes bindend, wenn sie nicht unter Verletzung rechtlichen Gehörs oder willkürlich ergangen ist. Der Verweisungsbeschluss enthält keine Kostenentscheidung, vielmehr gilt § 3 Abs. 4 FamFG.

7

§ 155 FamFG Vorrang- und Beschleunigungsgebot

(1) Kindschaftssachen, die den Aufenthalt des Kindes, das Umgangsrecht oder die Herausgabe des Kindes betreffen, sowie Verfahren wegen Gefährdung des Kindeswohls sind vorrangig und beschleunigt durchzuführen.

(2) [1]Das Gericht erörtert in Verfahren nach Absatz 1 die Sache mit den Beteiligten in einem Termin. [2]Der Termin soll spätestens einen Monat nach Beginn des Verfahrens stattfinden. [3]Das Gericht hört in diesem Termin das Jugendamt an. [4]Eine Verlegung des Termins ist nur aus zwingenden Gründen zulässig. [5]Der Verlegungsgrund ist mit dem Verlegungsgesuch glaubhaft zu machen.

(3) Das Gericht soll das persönliche Erscheinen der verfahrensfähigen Beteiligten zu dem Termin anordnen.

(4) Hat das Gericht ein Verfahren nach Absatz 1 zur Durchführung einer Mediation oder eines anderen Verfahrens der außergerichtlichen Konfliktbeilegung ausgesetzt, nimmt es das Verfahren in der Regel nach drei Monaten wieder auf, wenn die Beteiligten keine einvernehmliche Regelung erzielen.

Übersicht

---

7 Keidel/*Sternal*, § 26 FamFG Rn 47
8 Zöller/*Lorenz*, § 154 Rn 1 m.w.N.
9 BT-Drucks. 16/9733, 293; *Bahrenfuss/Schlemm*, § 154 FamFG Rn. 1

A. Allgemeines

1 Die Vorschrift soll im Interesse des Kindeswohls, insbes. unter Berücksichtigung des kindlichen Zeitempfindens,[1] zur Vermeidung der Gefahr einer faktischen Präjudizierung[2] und zur Verringerung von Unsicherheiten und Belastungen[3] eine Verkürzung der Verfahrensdauer in ausgewählten Kindschaftssachen bewirken. Sie normiert daher ein umfassendes Vorrang- und Beschleunigungsgebot und sieht eine schnelle Terminierung vor, um eine Eskalation des Elternkonflikts zulasten des Kindes zu vermeiden. Durch eine grundsätzlich Anordnung des persönlichen Erscheinens der verfahrensfähigen Beteiligten soll gewährleistet werden, dass die der Kindschaftssache zugrunde liegenden Probleme gemeinsam erörtert und ggf. einer einvernehmlichen Lösung zugeführt werden können.[4] Die Vorschrift regelt ferner das Spannungsverhältnis zwischen der Pflicht, das Verfahren zu beschleunigen, und der Pflicht, auf eine einvernehmliche Lösung hinzuwirken (§ 156 FamFG).

B. Inhalt der Norm

I. Anwendungsbereich

2 Der Anwendungsbereich der Vorschrift erstreckt sich auf alle in § 155 Abs. 1 FamFG aufgezählten Kindschaftssachen, die:

- den Aufenthalt,
- das Umgangsrecht,
- die Herausgabe des Kindes,
- Verfahren wegen Gefährdung des Kindeswohls betreffen.

1. Aufenthalt

3 Verfahren, die den Aufenthalt des Kindes betreffen, sind solche des:

- § 151 Nr. 1 FamFG, wenn das Aufenthaltsbestimmungsrecht im Streit steht (wie § 1628, § 1671, § 1680 Abs. 2, § 1693, § 1696 BGB),
- § 151 Nr. 4 FamFG, wenn das Aufenthaltsbestimmungsrecht eines Vormunds betroffen ist,

---

1 BVerfG NJW 2001, 961 f.; *Heilmann*, S. 18 ff. m.w.N.
2 *Heilmann*, S. 55 ff. m.w.N.; MüKo-FamFG/*Heilmann*, § 155 FamFG Rn. 3; *Coester*, FF 2009, 269, 271; *Salgo*, FF 2010, 352, 354;
3 BVerfG NJW 2001, 961, 962; MüKo-FamFG/*Heilmann*, § 155 FamFG Rn. 4
4 BT-Drucks. 16/6308, 235 f.

- § 151 Nr. 5 FamFG, wenn ein Pfleger mit dem Aufgabenkreis Aufenthaltsbestimmungsrecht bestellt ist (so auch für Regelungen nach § 1630 Abs. 3, § 1632 Abs. 4 BGB),

- sowie alle Abänderungsverfahren (§ 166 FamFG) bei einer Entscheidung in Kindschaftssachen in den vorerwähnten Fällen nach § 151 Nr. 1, Nr. 4, Nr. 5 FamFG.

Der Aufenthalt ist immer dann betroffen, wenn Regelungen zur Festlegung von **Wohnort** **4** **und Wohnung** des Kindes – auch bei Dritten wie Verwandten, Pflegefamilien, Heim, Kindergarten, Kur, Krankenhaus oder Internat[5] –getroffen werden müssen. Das betrifft aber nicht die Begründung des Wohnsitzes i.S.d. § 11 BGB.[6]

Von der Bestimmung des Aufenthalts ist ebenfalls eine **Beschränkung der Freiheit** erfasst in Form von Hausarrest, des Verbots, sich an einen bestimmten Ort zu begeben, der Festlegung von Ausgehzeiten oder der Wegnahme des Personalausweises oder Reisepasses, um eine Ausreise ins Ausland zu verhindern.[7] **5**

2. Umgangsrecht

Verfahren, die das Umgangsrecht betreffen, sind solche des § 151 Nr. 2 FamFG. Das sind **6** die Verfahren auf Regelung des Umgangs des Kindes mit den Eltern (§ 1684 Abs. 3 Satz 1, Abs. 4 BGB), mit anderen Bezugspersonen (§ 1685 Abs. 3 BGB) und dem leiblichen, nicht rechtlichen Vater (§ 1685a Abs. 2 BGB) bzw. deren jeweiliges Abänderungsverfahren (§ 166 FamFG).

3. Herausgabe des Kindes

Verfahren, die die Herausgabe des Kindes betreffen, sind solche des § 151 Nr. 3 FamFG **7** i.V.m. § 1632 Abs. 1 BGB bzw. deren jeweiliges Abänderungsverfahren (§ 166 FamFG).

4. Verfahren wegen Gefährdung des Kindeswohls

Verfahren wegen Gefährdung des Kindeswohls sind alle Verfahren nach §§ 1666, 1666a **8** BGB und solche, die Maßnahmen wegen Gefährdung des Kindeswohls gegen den Vormund (§ 1837 Abs. 4 BGB) oder gegen den Pfleger (§ 1915 Abs. 1 Satz 1 i.V.m. § 1837 Abs. 4 BGB) betreffen, bzw. deren jeweiliges Abänderungsverfahren (§ 166 FamFG).

5. Sonstige Verfahren

Die Vorschrift gilt erst Recht in Verfahren auf **Erlass einer einstweiligen Anordnung**, **9** die einen der in § 155 Abs. 1 FamFG aufgezählten Regelungsgegenstände aufweisen. Ein Erlass kommt unter den Voraussetzungen der §§ 49 ff. FamFG in Betracht, wenn der beantragende Elternteil einen Anordnungsanspruch und einen Anordnungsgrund glaubhaft gemacht hat und ein dringendes Bedürfnis für ein sofortiges Tätigwerden besteht, § 49 Abs. 1 FamFG.[8]

Ebenso gilt die Vorschrift in **Vollstreckungsverfahren**, bei **Zuständigkeitskonflikten** **10** nach § 5 FamFG oder in **Befangenheitsverfahren** i.S.d. § 6 FamFG, wenn sich diese Verfahren auf Verfahren i.S.d. § 155 Abs. 1 FamFG beziehen.[9]

Darüber hinaus ist bei Verfahren i.S.d. § 155 Abs. 1 FamFG die Durchführung nicht von **11** der Einholung eines **Kostenvorschusses** abhängig zu machen,[10] und bei der Prüfung der

---

5 Staudinger/*Salgo*, § 1631 BGB Rn. 53, mit weiteren Beispielen
6 Staudinger/*Salgo*, § 1631 BGB Rn. 50
7 BeckOK BGB/*Veit*, § 1631 BGB Rn. 11.1
8 BT-Drucks. 16/6308, 235; MüKo-FamFG/*Heilmann*, § 155 FamFG Rn. 14
9 EGMR FamRZ 2008, 1059, 1060 f.; *Salgo*, FF 2010, 352, 356; MüKo-FamFG/*Heilmann*, § 155 FamFG Rn. 15
10 OLG Saarbrücken ZKJ 2012, 75; MüKo-FamFG/*Heilmann*, § 155 FamFG Rn. 17

Bewilligung von **Verfahrenskostenhilfe** ist eine Mutwilligkeit jedenfalls dann zu verneinen, wenn das Jugendamt nicht binnen eines Monats einen Vermittlungs- bzw. Beratungs-
termin angeboten hat.[11]

▶ *Näher zu den Voraussetzungen der Bewilligung von Verfahrenskostenhilfe Dürbeck,*
  § 76 FamFG Rn. 13 ff.

II. Vorrang- und Beschleunigungsgebot (Absatz 1)

12 Das **Vorranggebot** bedeutet, dass alle Verfahren i.S.d. § 155 Abs. 1 FamFG gegenüber
anderen familiengerichtlichen Verfahren (wie Ehesachen, Unterhaltssachen, Güterrechtssachen, sonstigen Familiensachen) bevorzugt und damit im Notfall auf Kosten anderer anhängiger Familiensachen zu erledigen sind.[12] Auf gleicher Stufe, wenn auch nicht von
§ 155 Abs. 1 FamFG erfasst, können jedoch die zivilrechtlichen und öffentlich-rechtlichen
Unterbringungen Minderjähriger, Gewaltschutzverfahren oder Verfahren nach dem Haager Kindesentführungsübereinkommen sein.[13] Das Vorranggebot gilt in jeder Lage des
Verfahrens, insbes. auch für die Terminierung. Termine sind entweder vorzuhalten oder es
sind ggf. nicht vorrangige Verfahren aufzuheben oder zu verschieben.[14] Bei Terminkollisio-
nen hat ein anderes Gericht, wenn es sich dort nicht um eine vorrangige Kindschaftssache
handelt, seinen Termin zu verlegen, unabhängig davon, ob der dortige Termin zeitlich früher anberaumt war oder ob es sich um ein aufwändiges Verfahren handelt.[15]

13 Das **Beschleunigungsgebot** bedeutet, dass das gesamte Verfahren – ohne Preisgabe der
rechtsstaatlichen Verfahrensgarantien und des Gebots der Einhaltung der einfachgesetzlichen Verfahrensvorschriften – zügig durchzuführen ist.[16] Zwar müssen unabdingbare Verfahrensverzögerungen hingenommen werden, jedoch kann den dadurch entstehenden
Gefahren einer faktischen Präjudizierung oder einer den Kindesinteressen zuwiderlaufen-
den Unsicherheit und Belastung durch den Abschluss eines Zwischenvergleichs oder den
Erlass einer einstweiligen Anordnung begegnet werden.[17] Dabei kann eine Befristung der
einstweiligen Anordnung und deren vorzeitiges Außer-Kraft-Treten erwogen werden, vgl.
§ 56 Abs. 1 Satz 1 FamFG.

14 Zur **Gewährleistung** eines zügigen Verfahrens:[18]

- sind **Zuständigkeitsfragen** (insbes. örtliche) unmittelbar zu klären,

- ist unmittelbar zu prüfen, ob eine **Verfahrensbeiständin** bzw. ein **Verfahrensbeistand** zu bestellen sind (§ 158 Abs. 2 Nr. 2 bis Nr. 3 FamFG), denn die Verfahrensbeiständin bzw. der Verfahrensbeistand sind „so früh wie möglich" zu bestellen, § 158
  Abs. 3 Satz 1 FamFG,[19]

- ist den weiteren Verfahrensbeteiligten unverzüglich Gelegenheit zur **Stellungnahme**
  unter **Fristsetzung** zu geben **und zugleich** ein **früher Erörterungstermin** anzuberaumen, der spätestens einen Monat nach Beginn des Verfahrens stattfinden soll,
  § 155 Abs. 2 FamFG,

- sind kurze **Stellungnahmefristen**, zwischen drei Tagen und maximal zwei Wochen,
  einzuräumen,

---

11 OLG Schleswig, FamRZ 2011, 1881, 1883
12 BT-Drucks. 16/6308, 235; MüKo-FamFG/*Heilmann*, § 155 FamFG Rn. 26 ff.; *Salgo*, FF 2010, 352, 356
13 MüKo-FamFG/*Heilmann*, § 155 FamFG Rn. 28
14 BT-Drucks. 16/6308, 235
15 MüKo-FamFG/*Heilmann*, § 155 FamFG Rn. 27
16 MüKo-FamFG/*Heilmann*, § 155 FamFG Rn. 29 ff.; *Salgo*, FF 2010, 352, 356 f.
17 MüKo-FamFG/*Heilmann*, § 155 FamFG Rn. 29
18 Hierzu MüKo-FamFG/*Heilmann*, § 155 FamFG Rn. 39 ff.
19 Dazu *Coester*, FF 2009, 269, 278 ff.; *Salgo*, FF 2010, 352, 359; *Rüntz/Viefhues*, FamRZ 2010, 1285, 1287;
    Müller-Magdeburg, ZKJ 2009, 184, 185

- ist eine **Verlegung** des Termins **nur** aus **zwingenden Gründen** zulässig, § 155 Abs. 2 Satz 4 FamFG,

- sind die **Eltern** und ggf. das **Kind** unverzüglich **persönlich anzuhören** (hierzu §§ 159, 160 FamFG), wenn die Anhörung nicht bereits mit dem frühen Erörterungstermin verbunden wird,

- ist das **Jugendamt** unverzüglich anzuhören und dieses auf seinen Antrag hin zu beteiligen (§ 162 FamFG),

- ist bei Einholung eines **Sachverständigengutachten**s der bzw. dem Sachverständigen **zugleich** eine **Frist zu setzen**, binnen derer sie bzw. er das Gutachten einzureichen hat, § 163 Abs. 1 FamFG. Wird das Gutachten nicht fristgemäß eingereicht, kann ein Ordnungsgeld angedroht bzw. festgesetzt werden, § 30 Abs. 1 FamFG i.V.m. § 411 Abs. 2 ZPO,[20]

- ist bei Einlegung einer Beschwerde beim Amtsgericht (§ 64 Abs. 1 FamFG) die Akte **unverzüglich**, also ohne schuldhaftes Zögern (§ 121 Abs. 1 Satz 1 BGB) **an das Beschwerdegericht** zu übersenden,[21]

- hat die **Beschwerdeinstanz** genauso wie die erste Instanz das **Vorrang- und Beschleunigungsgebot** zu beachten (vgl. § 68 Abs. 3 Satz 1 FamFG) und sorgfältig zu prüfen, ob tatsächlich zusätzliche Ermittlungen erforderlich sind oder nicht bereits eine zuverlässige Grundlage für eine kindeswohlorientierte Entscheidung vorhanden ist,[22]

- ist in der **Beschwerdeinstanz** nach Ablauf der Monatsfrist des § 63 Abs. 1 FamFG eine **weitere** Einräumung einer **Begründungsfrist** i.d.R. **nicht möglich**,[23]

- trifft das **Beschwerdegericht** eine Pflicht zur **zügigen Entscheidung** bei Entscheidungsreife; eine **Zurückverweisung** kommt nur in Ausnahmefällen nach § 69 Abs. 1 Satz 2, Satz 3 FamFG in Betracht.[24]

III. Früher Erörterungstermin (Absatz 2)

1. Erfordernis der Durchführung eines Termins (Satz 1)

Bei allen Verfahren i.S.d. § 155 Abs. 1 FamFG **ist** ein **früher Erörterungstermin** durchzuführen, § 155 Abs. 2 Satz 1 FamFG. Allein in der Beschwerdeinstanz ist ein früher Erörterungstermin dann nicht erforderlich, wenn das Beschwerdegericht die Durchführung des Termins nicht für notwendig erachtet, weil ein solcher erstinstanzlich durchgeführt worden ist und von einer erneuten Durchführung keine zusätzlichen Erkenntnisse zu erwarten sind, § 68 Abs. 3 Satz 2 FamFG.   **15**

Der frühe Erörterungstermin ist zu **unterscheiden** von einem **Erörterungstermin nach § 157 FamFG** in Verfahren wegen Gefährdung des Kindeswohls und den Terminen zu der **persönlichen Anhörung** des Kindes und der Eltern nach §§ 159, 160 FamFG. Die persönliche Anhörung der Eltern dient in erster Linie der Feststellung des Sachverhalts und der Gewährung des rechtlichen Gehörs. Die Regelung des § 157 FamFG gilt nur bei Verfahren wegen einer Kindeswohlgefährdung. Jedoch können der frühe Erörterungstermin und der Erörterungstermin nach § 157 FamFG in Verfahren wegen Kindeswohlgefährdung verbunden werden.[25] Ebenso kann die persönliche Anhörung des Kindes und der Eltern mit dem   **16**

---

20 BT-Drucks. 16/6308, 242
21 MüKo-FamFG/*Heilmann*, § 155 FamFG Rn. 44
22 MüKo-FamFG/*Heilmann*, § 155 FamFG Rn. 46
23 MüKo-FamFG/*Heilmann*, § 155 FamFG Rn. 45; vgl. OLG Köln ZKJ 2010, 289
24 MüKo-FamFG/*Heilmann*, § 155 FamFG Rn. 47
25 BT-Drucks. 16/6308, 237; *Salgo*, FF 2010, 352, 359

frühen Erörterungstermin verbunden werden.[26] Bei der Terminsladung wird dann zur Anhörung und Erörterung geladen.

▶ *Näher zum Erörterungstermin nach § 157 FamFG Cirullies, § 157 FamFG Rn. 4 f.*

17 In **einstweiligen Anordnungsverfahren** und **Vollstreckungsverfahren**, die einen in § 155 Abs. 1 FamFG aufgezählten Regelungsgegenstand aufweisen, gelten die jeweiligen Sondervorschriften, und eine Terminierung ist nicht immer erforderlich (vgl. § 51 Abs. 2 Satz 2 FamFG).

18 **Inhalt** eines frühen Erörterungstermins kann sein:

- auf eine **einvernehmliche Regelung** des Konflikts hinzuwirken, § 156 Abs. 1 Satz 1 FamFG,

- die **Hilfs- und Beratungsangebote** der Träger der Kinder- und Jugendhilfe aufzuzeigen, § 156 Abs. 1 Satz 2 FamFG – wie beispielsweise die Erziehungsberatung, § 28 SGB VIII,

- auf die Möglichkeit der **außergerichtlichen Streitbeilegung**, insbes. Mediation, hinzuweisen, § 156 Abs. 1 Satz 3, Satz 4 FamFG,

- bei erzieltem Einvernehmen über den Umgang oder die Herausgabe des Kindes die einvernehmliche Regelung als **Vergleich** aufzunehmen, § 156 Abs. 2 FamFG,

- die Frage des Erlasses einer **einstweiligen Anordnung** mit den Beteiligten zu erörtern, § 156 Abs. 3; dabei ist zu beachten, dass das Kind vor dem Erlass einer einstweiligen Anordnung angehört werden soll, § 156 Abs. 3 Satz 3 FamFG,

- die weiteren für notwendig erachteten **Verfahrensschritte** (wie Anhörung des Kindes (§ 159 FamFG), Einholung eines Sachverständigengutachtens) den Beteiligten – auch in zeitlicher Hinsicht – transparent darzulegen.

2. Zeitraum (Satz 2)

19 Die Vorschrift sieht vor, dass der frühe Erörterungstermin **spätestens einen Monat** nach Beginn des Verfahrens stattfinden soll. Die Monatsfrist beginnt mit der Anhängigkeit der Kindschaftssache durch Antragstellung oder Anregung, auch wenn für die jeweilige Hauptsache nur ein Antrag auf Verfahrenskostenhilfebewilligung gestellt wird. In letzterem Fall ist ggf. die Frage der Bedürftigkeit im frühen Erörterungstermin zu klären.[27]

20 Bei der Monatsfrist handelt es sich um eine grundsätzlich **verpflichtende Zeitvorgabe** für das Gericht, die nur in Ausnahmefällen überschritten werden kann, beispielsweise wenn eine öffentliche Zustellung des Antrags erforderlich ist oder in dem dazugehörigen einstweiligen Anordnungsverfahren bereits ein Termin innerhalb des letzten Monats stattgefunden hat.[28]

21 Das **Beschwerdegericht** sollte die Monatsfrist bei seiner Terminierung als zeitliche Orientierung zu Grunde legen.[29]

22 Zu berücksichtigen ist, dass zwischen **Ladung** und Termin eine **angemessene Frist** liegen soll (§ 32 Abs. 2 FamFG), wobei die Ladungsfristen von mindestens drei Tagen bzw. mindestens einer Woche nach § 217 ZPO nicht zur Anwendung kommen.[30]

---

26 BT-Drucks. 16/6308, 236; MüKo-FamFG/*Heilmann*, § 155 FamFG Rn. 50
27 BT-Drucks. 16/6308, 236
28 BT-Drucks. 16/6308, 236
29 MüKo-FamFG/*Heilmann*, § 155 FamFG Rn. 72
30 MüKo-FamFG/*Heilmann*, § 155 FamFG Rn. 56

3. Anhörung des Jugendamts (Satz 3)

Die Vorschrift legt fest, dass im frühen Erörterungstermin eine Mitarbeiterin bzw. ein Mitarbeiter des Jugendamts persönlich angehört werden muss (vgl. § 162 Abs. 1 Satz 1 FamFG). Diese Verpflichtung hat insbes. den Vorteil, dass sich die Jugendamtsmitarbeiterin bzw. der -mitarbeiter zum aktuellen Sachstand fachlich äußern kann, so wie er sich im Termin darstellt.[31] Die Mitarbeiterin bzw. der Mitarbeiter können über etwaige bereits angebotene und erbrachte Leistungen berichten, erzieherische und soziale Gesichtspunkte zur Entwicklung des Kindes einbringen, auf mögliche Hilfen hinweisen (§ 50 Abs. 2 Satz 1 SGB VIII) und über den etwaigen Stand des Beratungsprozesses informieren (§ 50 Abs. 2 Satz 2 SGB VIII). Ein vorheriger **schriftlicher Bericht** des Jugendamts ist nur erforderlich, wenn das Jugendamt das Gericht im Rahmen seines Schutzauftrags bei Kindeswohlgefährdung nach § 8a SGB VIII anruft.[32]

▶ *Näher hierzu Dürbeck, § 8a SGB VIII Rn. 8 ff.*

4. Terminverlegung (Satz 4 und 5)

Die Vorschriften stellen in Ergänzung zu § 32 Abs. 1 Satz 2 FamFG klar, dass eine Terminverlegung nur aus **zwingenden Gründen** zulässig ist. Eine Verlegung wegen erheblicher Gründe (vgl. § 32 Abs. 1 Satz 2 FamFG i.V.m. § 227 Abs. 1 ZPO) ist nicht möglich.[33] Das gilt für die erste und zweite Instanz sowie für den Erörterungstermin nach § 157 FamFG und die Termine der persönlichen Anhörung des Kindes (§ 159 FamFG) und der Eltern (§ 160 FamFG).[34]

Zwingende Gründe sind nur solche, die eine Teilnahme am Termin tatsächlich unmöglich machen, wie beispielsweise eine Erkrankung.[35] Ebenso kann die **kurzfristige Erkrankung** der zuständigen Richterin bzw. des zuständigen Richters eine Terminverlegung rechtfertigen. Bei voraussichtlich **langfristiger Erkrankung** hat die geschäftsplanmäßige Vertreterin bzw. der Vertreter den Termin wahrzunehmen, soweit sie bzw. er nicht durch andere Termine in vorrangig zu behandelnden Kindschaftssachen verhindert ist.[36] Kein ausreichender Grund ist das Vorliegen einer Terminkollision für einen Beteiligtenvertreter in einem anderen Verfahren, sofern es sich nicht ebenfalls um eine der in § 155 Abs. 1 FamFG aufgeführten Angelegenheiten handelt.[37]

Mit dem Verlegungsgesuch ist gleichzeitig der **Verlegungsgrund** – die zwingende Erforderlichkeit der Terminverlegung – **glaubhaft** (§ 31 Abs. 1 FamFG) zu machen. Zur Glaubhaftmachung geeignet sind insbes. die **eidesstattliche Versicherung** oder ein **ärztliches Attest**. Das ärztliche Attest muss dabei über die bloße Attestierung einer Arbeitsunfähigkeit hinausgehen.

IV. Anordnung des persönlichen Erscheinens (Absatz 3)

Die Vorschrift sieht vor, dass das Gericht das persönliche Erscheinen der verfahrensfähigen Beteiligten anordnen soll. Neben der Aufklärung des Sachverhalts ist ein wesentliches Ziel des Termins, die der Kindschaftssache zugrunde liegende Problematik gemeinsam zu erörtern. Die Erörterung kann im Hinblick auf die Regelung des § 156 FamFG zur gemeinsa-

23

24

25

26

27

---

31 BT-Drucks. 16/6308, 236
32 *Salgo*, FF 2010, 352, 360; *Rüntz/Viefhues*, FamRZ 2010, 1285, 1287; *Müller-Magdeburg*, ZKJ 2009, 184, 185; MüKo-FamFG/*Heilmann*, § 155 FamFG Rn. 64
33 BT-Drucks. 16/6308, 236
34 MüKo-FamFG/*Heilmann*, § 155 FamFG Rn. 58
35 BT-Drucks. 16/6308, 236
36 MüKo-FamFG/*Heilmann*, § 155 FamFG Rn. 60
37 BT-Drucks. 16/6308, 236

men Konfliktlösung regelmäßig nur dann zu einem sinnvollen Ergebnis führen, wenn sich die Beteiligten im Termin nicht vertreten lassen können.[38]

28 **Verfahrensfähige Beteiligte** sind i.d.R.:

- beide **Elternteile**; bei einem nicht sorgeberechtigten Elternteil mit der Maßgabe des § 160 Abs. 2 Satz 2 FamFG,

- das **Kind**, soweit es das 14. Lebensjahr vollendet hat und es in einem Verfahren, das seine Person betrifft, ein ihm zustehendes Recht geltend macht,

- die **Verfahrensbeiständin**, als Beteiligte aus eigenem Recht, § 158 Abs. 3 Satz 2 FamFG,

- die **Pflegeperson**, § 161 FamFG.

29 Auch wenn ein **Kind** verfahrensfähiger Beteiligter ist, erscheint eine gleichzeitige Teilnahme des Kindes im frühen Erörterungstermin aus Kindeswohlgesichtspunkten grundsätzlich nicht angezeigt.[39]

30 Das **Jugendamt** ist zwar zu laden und ist zum Erscheinen verpflichtet. Die Anordnung des persönlichen Erscheinens einer bestimmten Mitarbeiterin bzw. eines bestimmten Mitarbeiters kann aber nicht erfolgen, da allein die Institution Jugendamt zur Teilnahme am Termin verpflichtet ist.[40]

31 Von der Anordnung des persönlichen Erscheinens zu einem gemeinsamen frühen Erörterungstermin kann ausnahmsweise – wie in Fällen erkennbarer familiärer Gewalt – abgesehen, und es kann eine **getrennte Erörterung** vorgenommen werden.

32 Bleibt ein verfahrensfähiger Beteiligter dem Termin trotz Anordnung fern, kann gegen ihn ein **Ordnungsgeld** verhängt oder die **Vorführung** angeordnet werden, § 33 Abs. 3 FamFG. Auf die Folgen des Fernbleibens muss in der Ladung hingewiesen werden, § 33 Abs. 4 FamFG.

▶ *Näher hierzu Cirullies, §§ 33, 34 FamFG Rn. 3 ff.*

V. Wiederaufnahme der Aussetzung wegen Mediation oder außergerichtlicher Konfliktbeilegung (Absatz 4)

33 Die durch das Mediationsgesetz 2012 eingeführte Vorschrift soll das Spannungsverhältnis lösen zwischen der Pflicht, das Verfahren zu beschleunigen, und der Pflicht, auf eine einvernehmliche Lösung – auch durch außergerichtliche Konfliktbeilegung, insbes. Mediation – hinzuwirken (§ 156 FamFG).

▶ *Näher hierzu Wegener, § 156 FamFG.*

34 Steht bei den verfahrensfähigen Beteiligten eine außergerichtliche Streitbeilegung im Raum, kann das Gericht das **Verfahren aussetzen** (§ 21 FamFG). Das Gericht ist jedoch verpflichtet, die Nachteile der mit der Aussetzung verbundenen Verfahrensverzögerung möglichst gering zu halten, indem es ggf. eine **Befristung** der Aussetzung oder den **Erlass einer einstweiligen Anordnung** für die Dauer der Aussetzung anordnet.[41]

35 Erzielen die verfahrensfähigen Beteiligten keine einvernehmliche Lösung, ist das Gericht verpflichtet, das Verfahren i.d.R. **nach drei Monaten** wieder aufzunehmen und mit der Aufnahme verbundene verfahrensfördernde Maßnahmen unter Beachtung des Vorrang-

---

38 BT-Drucks. 16/6308, 236
39 BT-Drucks. 16/6308, 236
40 MüKo-FamFG/*Heilmann*, § 155 FamFG Rn. 70
41 MüKo-FamFG/*Heilmann*, § 155 FamFG Rn. 37

und Beschleunigungsgebots vorzunehmen. Die Vorschrift gibt den Beteiligten wie auch dem Gericht eine zeitliche Orientierung. Im Einzelfall kann das Gericht nach pflichtgemäßem Ermessen das Verfahren **auch früher oder später** wieder aufnehmen. Allein der Erlass einer einstweiligen Anordnung rechtfertigt eine Hinauszögerung der Wiederaufnahme nicht.[42]

Der Aussetzungsbeschluss, wie auch die Ablehnung der Wiederaufnahme nach erfolgter Aussetzung ist mit der sofortigen Beschwerde **anfechtbar**, § 21 Abs. 2 FamFG i.V.m. §§ 567 ff. ZPO. Beschwerdeberechtigt sind die Eltern, die Verfahrensbeiständin bzw. der Verfahrensbeistand und das förmlich beteiligte Jugendamt.[43] **36**

§ 155a FamFG Verfahren zur Übertragung der gemeinsamen elterlichen Sorge

(1) [1]Die nachfolgenden Bestimmungen dieses Paragrafen gelten für das Verfahren nach § 1626a Absatz 2 des Bürgerlichen Gesetzbuchs. [2]Im Antrag auf Übertragung der gemeinsamen Sorge sind Geburtsdatum und Geburtsort des Kindes anzugeben.

(2) [1]§ 155 Absatz 1 ist entsprechend anwendbar. [2]Das Gericht stellt dem anderen Elternteil den Antrag auf Übertragung der gemeinsamen Sorge nach den §§ 166 bis 195 der Zivilprozessordnung zu und setzt ihm eine Frist zur Stellungnahme, die für die Mutter frühestens sechs Wochen nach der Geburt des Kindes endet.

(3) [1]In den Fällen des § 1626a Absatz 2 Satz 2 des Bürgerlichen Gesetzbuchs soll das Gericht im schriftlichen Verfahren ohne Anhörung des Jugendamts und ohne persönliche Anhörung der Eltern entscheiden. [2]§ 162 ist nicht anzuwenden. [3]Das Gericht teilt dem nach § 87c Absatz 6 Satz 2 des Achten Buches Sozialgesetzbuch zuständigen Jugendamt seine Entscheidung unter Angabe des Geburtsdatums und des Geburtsorts des Kindes sowie des Namens, den das Kind zur Zeit der Beurkundung seiner Geburt geführt hat, zu den in § 58a des Achten Buches Sozialgesetzbuch genannten Zwecken formlos mit.

(4) [1]Werden dem Gericht durch den Vortrag der Beteiligten oder auf sonstige Weise Gründe bekannt, die der gemeinsamen elterlichen Sorge entgegenstehen können, gilt § 155 Absatz 2 mit der Maßgabe entsprechend, dass der Termin nach Satz 2 spätestens einen Monat nach Bekanntwerden der Gründe stattfinden soll, jedoch nicht vor Ablauf der Stellungnahmefrist der Mutter nach Absatz 2 Satz 2. [2]§ 155 Absatz 3 und § 156 Absatz 1 gelten entsprechend.

(5) [1]Sorgeerklärungen und Zustimmungen des gesetzlichen Vertreters eines beschränkt geschäftsfähigen Elternteils können auch im Erörterungstermin zur Niederschrift des Gerichts erklärt werden. [2]§ 1626d Absatz 2 des Bürgerlichen Gesetzbuchs gilt entsprechend.

Weiterführende Literatur: Kinderrechtekommission des Deutschen Familiengerichtstags, Stellungnahme zum Referentenentwurf (RefE) eines Gesetzes zur Reform des Sorgerechts vom 28.3.2012, ZKJ 2012, 263–266; *Heilmann,* Die Reform des Sorgerechts nicht miteinander verheirateter Eltern – Das Ende eines Irrwegs? NJW 2013, 1473–1479

---

42 BR-Drucks 60/11, 35; MüKo-FamFG/*Heilmann*, § 155 FamFG Rn. 74
43 MüKo-FamFG/*Heilmann*, § 155 FamFG Rn. 75

A. Allgemeines

1 Die Norm ist 2012 im Zuge der Neuregelung des Sorgerechts für nicht miteinander verheiratete Eltern geschaffen worden und bildet die verfahrensrechtliche Ergänzung zur Übertragung der gemeinsamen elterlichen Sorge nach § 1626a Abs. 1 Nr. 3, Abs. 2 BGB. Neben der Möglichkeit der Durchführung eines – mit einigen Besonderheiten – regulären Sorgerechtsverfahrens und der Abgabe von Sorgeerklärungen zur Niederschrift des Gerichts, ist insbes. die Möglichkeit eines vereinfachten, beschleunigten Verfahrens geschaffen worden, um dem „neuen Leitbild" – dem zufolge die gemeinsame elterliche Sorge grundsätzlich den Bedürfnissen des Kindes nach Beziehungen zu beiden Elternteilen entspricht und beide Elternteile gleichermaßen bereit sind, für das Kind Verantwortung zu tragen[1] – effektiv zu seiner Durchsetzung zu verhelfen.

B. Inhalt der Norm

2 Die Norm beinhaltet drei Alternativen zur Übertragung der gemeinsamen elterlichen Sorge.

---

1 BT-Drucks 17/11048, 12, 17

Übersicht: Voraussetzungen und Ablauf des Verfahrens nach § 155a FamFG 3

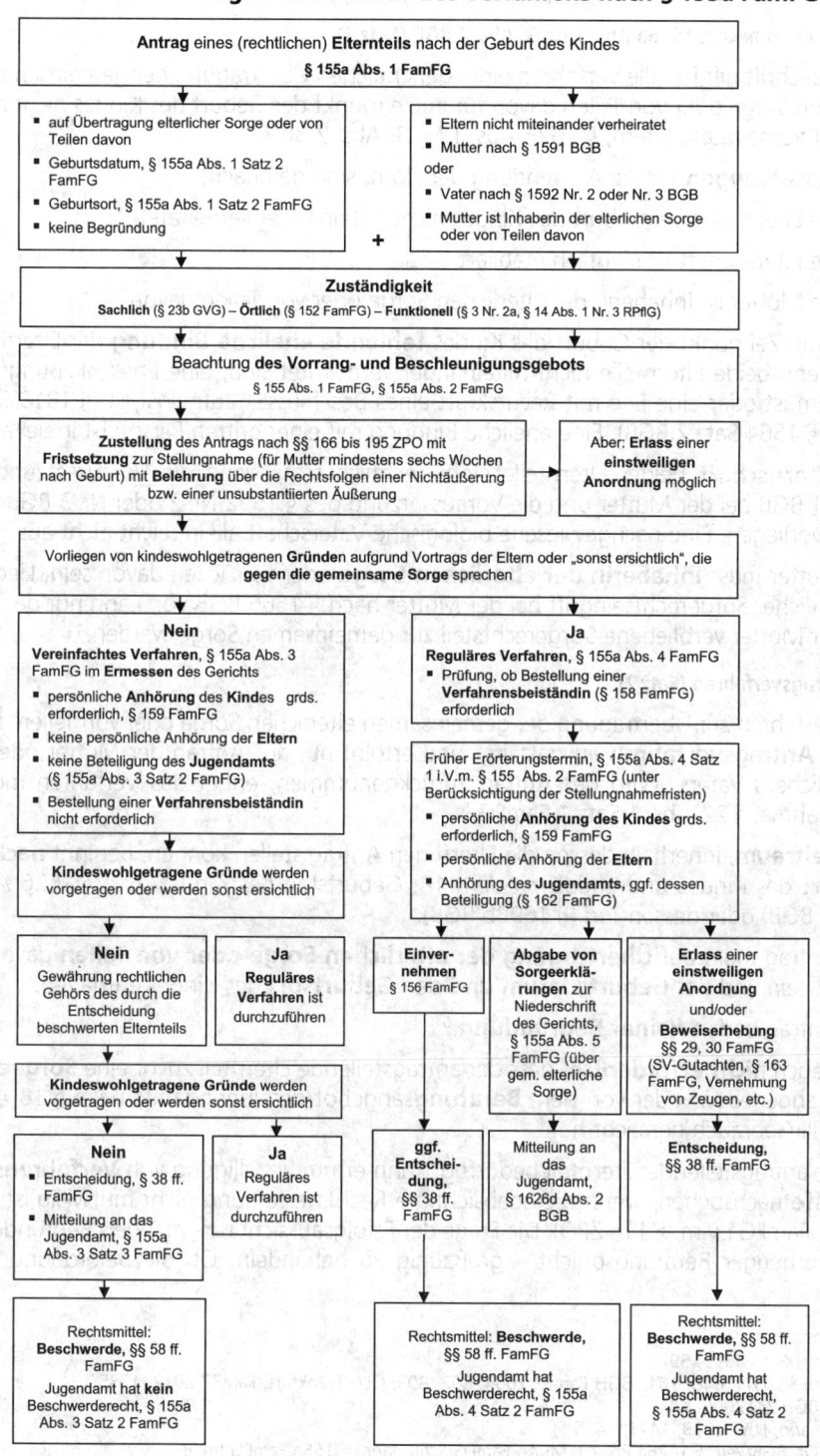

I. Allgemeine Voraussetzungen (Absatz 1)

1. Verfahren nach § 1626a Abs. 1 Nr. 3, Abs. 2 BGB (Satz 1)

4 Die Vorschrift gilt für alle Verfahren einer gerichtlichen Übertragung der gemeinsamen elterlichen Sorge oder von Teilen davon für im Zeitpunkt der Geburt des Kindes nicht miteinander verheiratete Eltern, § 1626 Abs. 1 Nr. 3, Abs. 2 BGB.

5 **Voraussetzungen** für die Anwendung der Norm sind demnach:

- die Eltern sind bei Geburt des Kindes nicht miteinander verheiratet,
- die Elternschaft ist rechtlich etabliert,
- die Mutter ist Inhaberin der elterlichen Sorge oder von Teilen davon.

6 Eine zum Zeitpunkt der Geburt des Kindes **fehlende eheliche Bindung** der Eltern liegt vor, wenn beide Elternteile nicht miteinander verheiratet sind, eine Eheschließung nicht wirksam ist oder eine Ehe mit Rechtskraft eines Beschlusses aufgelöst ist (§ 1313 Satz 2 i.V.m. § 1564 Satz 2 BGB). Eine eheliche Bindung mit einer dritten Person ist irrelevant.[2]

7 Die **Elternschaft** beider Elternteile steht rechtlich fest, wenn die Voraussetzung des § 1591 BGB bei der Mutter und die Voraussetzung des § 1592 Nr. 2 oder Nr. 3 BGB beim Vater vorliegen. Eine nachgewiesene biologische Vaterschaft allein reicht nicht aus.[3]

8 Die Mutter muss **Inhaberin der elterlichen Sorge** oder von Teilen davon sein. Liegt ein gerichtlicher Sorgerechtseingriff bei der Mutter nach § 1666 BGB vor, kann nur der noch bei der Mutter verbliebene Sorgerechtsteil zur gemeinsamen Sorge werden.[4]

2. Antragsverfahren (Satz 2)

9 Das Verfahren zur Übertragung der gemeinsamen elterlichen Sorge oder von Teilen davon ist als **Antragsverfahren** ausgestaltet und erfolgt nur auf Antrag der Mutter oder des (rechtlichen) Vaters. Wird der Antrag zurückgenommen, endet das Verfahren mit der Rücknahme, § 22 Abs. 1 Satz 1 FamFG.[5]

10 Der **Zeitraum**, innerhalb dessen die Eltern den Antrag stellen können, beginnt **nach der Geburt** des Kindes und endet mit dem 18. Geburtstag des Kindes (§ 2, § 1626 Abs. 1 Satz 1 BGB) oder dessen Tod (§ 1698b BGB).

11 Der Antrag muss auf **Übertragung der elterlichen Sorge oder von Teilen** davon gerichtet sein und das **Geburtsdatum und** den **Geburtsort** des Kindes enthalten.

12 Der Antrag bedarf **keiner Begründung**.[6]

13 Es ist auch **nicht erforderlich**, dass der antragstellende Elternteil zuvor eine **Sorgeerklärung** abgegeben[7] oder von dem **Beratung**sangebot des Jugendamts nach § 18 Abs. 2 SGB VIII Gebrauch gemacht hat.[8]

14 Ist der antragstellende Elternteil bedürftig, kann er um Bewilligung von **Verfahrenskostenhilfe** nachsuchen, wenn die beabsichtigte Rechtsverfolgung nicht mutwillig ist (§ 76 Abs. 1 FamFG i.V.m. § 114 ZPO). Die Frage der Erfolgsaussicht ist – mangels Begründungs- und vorheriger Beratungspflicht – großzügig zu behandeln. Ob die Beiordnung eines

---

2 BT-Drucks 13/4899, 59
3 BT-Drucks 17/11048, 16 f.; BGH FamRZ 2004, 802, 803; OLG Frankfurt, FamRZ 2012, 1735
4 Vgl. BGH ZKJ 2006, 44
5 *Heilmann*, NJW 2013, 1473, 1475
6 BeckOK BGB/*Veit*, § 1626a Rn. 19; MüKo-FamFG/*Schumann*, § 155a FamFG Rn. 8
7 BT-Drucks 17/11048, 16; *Heilmann*, NJW 2013, 1473, 1475
8 BeckOK BGB/*Veit*, § 1626a BGB Rn. 23

Rechtsanwalts wegen der Schwierigkeit der Sach- und Rechtslage erforderlich erscheint (§ 78 Abs. 2 FamFG), hängt vom Einzelfall ab.[9]

II. Allgemeine Voraussetzungen (Absatz 2)

1. Vorrang- und Beschleunigungsgebot nach § 155 Abs. 1 FamFG (Satz 1)

Das **Vorranggebot** bedeutet, dass das gesamte Verfahren gegenüber anderen familiengerichtlichen Verfahren (wie Ehesachen, Unterhaltssachen, Güterrechtssachen, sonstigen Familiensachen) bevorzugt und damit im Notfall auf Kosten anderer anhängiger Familiensachen zu erledigen ist.[10]

15

Das **Beschleunigungsgebot** bedeutet, dass das gesamte Verfahren – ohne Preisgabe der rechtsstaatlichen Verfahrensgarantien und des Gebots der Einhaltung der einfachgesetzlichen Verfahrensvorschriften – zügig durchzuführen ist.[11]

16

2. Zustellung und Stellungnahmefrist (Satz 2)

Das Gericht hat den (vollständigen) Antrag dem anderen Elternteil förmlich nach den Vorschriften der §§ 166 bis 195 ZPO **zuzustellen**. Damit kann der Antrag nicht nach § 15 Abs. 2 Satz 1 2. Alt. FamFG einfach „zur Post gegeben" werden. Leben die Eltern zusammen, ist keine wirksame Ersatzzustellung nach § 178 Abs. 1 ZPO durch Übergabe an den Antragsteller, nach § 180 ZPO durch Einlegung in den Briefkasten und nach § 181 ZPO durch Niederlegung möglich. Die Zustellung hat **unverzüglich** (ohne schuldhaftes Zögern, § 121 Abs. 1 Satz 1 BGB) zu erfolgen (vgl. § 155 Abs. 1 FamFG).

17

Mit der Zustellung des Antrags an den anderen Elternteil hat das Gericht eine **Frist zur** (schriftlichen) **Stellungnahme** festzusetzen. Die Fristdauer ist nach pflichtgemäßem Ermessen zu bestimmen und sollte grundsätzlich nicht über zwei Wochen hinausgehen.[12] Zu berücksichtigen ist die Frist zur Stellungnahme der Mutter, die mindestens **sechs Wochen** nach der Geburt des Kindes betragen muss. Ist das Kind bereits älter als sechs Wochen, ist der Mutter eine Stellungnahmefrist unter Beachtung der Wertung des § 155 Abs. 1 FamFG zu gewähren. Bei der Stellungnahmefrist handelt es sich nicht um eine Ausschlussfrist. Geht nach Fristablauf und vor Wirksamwerden der Entscheidung eine Stellungnahme ein, ist deren Inhalt zu berücksichtigen. Eine Verlängerung der Frist ist nach den allgemeinen Vorschriften gemäß § 16 Abs. 2 FamFG i.V.m. § 224 Abs. 2 ZPO möglich.[13]

18

3. Erlass einer einstweiligen Anordnung

Innerhalb der Stellungnahmefrist, insbes. der Karenzfrist von sechs Wochen, besteht die Möglichkeit des **Erlasses einer einstweiligen Anordnung** unter den Voraussetzungen der §§ 49 ff. FamFG, wenn der beantragende Elternteil einen Anordnungsanspruch und einen Anordnungsgrund glaubhaft gemacht hat. Das Gericht kann dann dem beantragenden Elternteil die gemeinsame elterliche Sorge (teilweise) übertragen, wenn dies mit Blick auf § 1626a BGB gerechtfertigt ist. Es ist nämlich verfassungsrechtlich nicht gerechtfertigt, den Vater in der wichtigen Zeit nach der Geburt des Kindes von für das Kind zum Teil existenziellen Entscheidungen auszuschließen, wie beispielsweise bei Fragen der Gesundheit, des Aufenthalts, der Namensgebung oder der Religion.[14]

19

---

9 *Heilmann*, NJW 2012, 887, 890 m.w.N.
10 MüKo-FamFG/*Heilmann*, § 155 FamFG Rn. 26 ff.
11 MüKo-FamFG/*Heilmann*, § 155 FamFG Rn. 29 ff.
12 *Heilmann*, NJW 2013, 1473, 1476
13 *Heilmann*, NJW 2013, 1473, 1476
14 Bundesrat, BT-Drucks. 17/11048, 28; *Fink/Bitter*, ZKJ 2012, 172, 173 f.; *Heilmann*, NJW 2013, 1473, 1476; a.A. *Dürbeck*, ZKJ 2013, 330, 333

4. Belehrungspflicht

20 Mit der Zustellung und Fristsetzung zur Stellungnahme sollte eine **Belehrung über die Rechtsfolgen** einer Nichtäußerung bzw. einer unsubstantiierten Äußerung verbunden werden (vgl. § 91a Abs. 1 Satz 2, § 276 Abs. 2 Satz 1 ZPO).[15]

III. Vereinfachtes Verfahren (Absatz 3)

1. Voraussetzungen und Durchführung des vereinfachten Verfahrens (Satz 1, Satz 2)

21 Werden von keinem Elternteil **Gründe**[16] gegen die gemeinsame Sorge **vorgetragen** und sind solche Gründe auch **sonst nicht ersichtlich**, greift die gesetzliche Vermutung, dass die gemeinsame elterliche Sorge dem Kindeswohl nicht widerspricht (§ 1626a Abs. 2 Satz 2 BGB), und es **soll** eine gerichtliche Entscheidung im vereinfachten, schriftlichen Verfahren ergehen.

22 **Gründe**, die der Übertragung der gemeinsamen elterlichen Sorge entgegenstehen können, müssen **kindeswohlgetragen** sein.[17] Rein paarbezogene Gründe genügen nicht, soweit sie sich nicht auf das Kindeswohl auswirken (hierzu *Fink*, § 1626a BGB Rn. 29 ff.). Dem Elternteil, der die gemeinsame Sorge ablehnt, obliegt die **Darlegungslast**, konkrete Anhaltspunkte darzutun, dass sich die gemeinsame Sorge negativ auf das Kind auswirken würde.[18]

a) Anhörung Kind, Eltern, Jugendamt

23 Eine persönliche **Anhörung der Eltern** und eine schriftliche und persönliche Anhörung des **Jugendamts** sind vor einer Entscheidung im vereinfachten Verfahren nicht erforderlich.

24 Ein **Erörterungstermin** im Sinne von § 155 Abs. 2, Abs. 3 FamFG findet nicht statt. Die Regelung des § 162 FamFG ist nicht anzuwenden, § 155a Abs. 3 Satz 2 FamFG. Die Bestellung einer **Verfahrensbeiständin** bzw. eines **Verfahrensbeistands** (§ 158 Abs. 1 FamFG) wird i.d.R. nicht erforderlich sein.[19]

25 Jedoch ist vor einer Entscheidung im vereinfachten Verfahren das **Kind** unter den Voraussetzungen des § 159 FamFG **persönlich anzuhören**,[20] wenn es das 14. Lebensjahr vollendet hat oder grundsätzlich wenn es älter als drei Jahre ist,[21] weil die Frage der Übertragung der gemeinsamen elterlichen Sorge eine richterliche Entscheidung ist, für welche die Neigungen, Bindungen und ggf. der Wille des Kindes von Bedeutung sind.[22]

26 Vor einer Entscheidung im vereinfachten Verfahren hat das Gericht ferner den Elternteil, gegen den eine nachteilige Entscheidung ergehen soll, darauf hinzuweisen, dass aus dem bisherigen Vortrag keine Gründe ersichtlich werden, die der Übertragung der gemeinsamen elterlichen Sorge entgegenstehen können, und ihm – binnen kurzer Frist – **rechtliches Gehör** (vgl. Art. 103 Abs. 1 GG) zu gewähren. Denn jeder Beteiligte muss die Möglichkeit haben, sich zur rechtlichen Einschätzung des Gerichts zu äußern und darf durch die gerichtliche Entscheidung nicht überrascht werden.[23]

---

15 *Kinderrechtekommission des Deutschen Familiengerichtstags*, ZKJ 2012, 263, 264; PK Familienverfahrensrecht/ *Meysen*, § 155a FamFG Rn. 4
16 BT-Drucks. 17/11048, 18
17 BT-Drucks. 17/11048, 18
18 BT-Drucks. 17/11048, 17 f.
19 BT-Drucks. 17/11048, 23; *Heilmann*, NJW 2013, 1473, 1476; *Schneider*, MDR 2013, 309, 312; a.A. *Keuter*, FamRZ 2012, 825, 827
20 BT-Drucks. 17/11048, 23
21 BVerfG FamRZ 2007, 1078, 1079; *Fink/Bitter*, ZKJ 2012, 172, 174; *Coester*, FamRZ 2012, 1337, 1342
22 *Heilmann*, NJW 2013, 1473, 1476; *Fink/Bitter*, ZKJ 2012, 172, 174; *Keuter*, FamRZ 2012, 825, 827; a.A. MüKo-FamFG/*Schumann*, § 155a FamFG Rn. 20
23 BVerfGE 84, 188, 190; 98, 218, 263; *Heilmann*, NJW 2013, 1473, 1477

b) Ermessensspielraum des Gerichts

Die nach § 155a Abs. 3 Satz 1, Satz 2 FamFG eingeräumte Möglichkeit einer Entscheidung mit eingeschränkter Amtsermittlungspflicht steht mit der Formulierung **„soll"** im **Ermessen des Gerichts,**[24] solange tatsächlich keine kindeswohlgetragenen Gründe gegen eine gemeinsame Sorge vorgetragen oder ersichtlich sind. Dies wird bereits nach der persönlichen Anhörung des Kindes und dem unmittelbaren Eindruck, den das Gericht zwangsläufig von dem Elternteil gewinnt, der das Kind zum Anhörungstermin bringt, nur noch selten der Fall sein.[25] Sind nämlich dem Gericht – unabhängig von dem Vortrag der Eltern – **sonstige Gründe im Sinne von § 1626a Abs. 2 Satz 2 BGB ersichtlich**, die der Übertragung der gemeinsamen Sorge entgegenstehen können, muss es ihnen nachgehen. Dabei ist das Tatbestandmerkmal weit zu interpretieren.[26] Der Amtsermittlungsgrundsatz gilt dann (wieder) uneingeschränkt.

27

Aber auch für den Fall, dass tatsächlich die Voraussetzungen des § 1626a Abs. 2 Satz 2 BGB vorliegen, kommt eine Entscheidung im vereinfachten Verfahren unter Berücksichtigung folgender – auch verfassungsrechtlicher – Aspekte **nicht in Betracht**.[27] Die folgenden Aspekte sollten jedenfalls – aufgrund des gegebenen Ermessenspielraums – bei der Entscheidung bedacht werden:[28]

28

- für jede am Kindeswohl orientierte Entscheidung benötigt das Gericht eine möglichst zuverlässige Grundlage[29] – der Antrag bedarf jedoch einerseits keiner Begründung, andererseits kann es unterschiedlichste Gründe geben, warum sich ein Elternteil zum Antrag des anderen nicht oder nur unzureichend äußert, z.B. aufgrund von Gewalt oder Drohung des Antragstellers oder aufgrund eines illegalen Aufenthaltsstatus;[30]

- mangels Vortrags könnte die gemeinsame Sorge auch dann begründet werden, wenn objektiv betrachtet ein Mindestmaß an Kooperationswilligkeit und Kooperationsfähigkeit der Eltern fehlt – das widerspräche aber dem Kindeswohl;[31]

- das Schweigen im Rechtsverkehr gilt nur unter ganz engen Voraussetzungen als Zustimmung – wer schweigt, setzt im Allgemeinen keinen Erklärungstatbestand, er bringt weder Zustimmung noch Ablehnung zum Ausdruck;[32]

- im Einzelfall kann fraglich sein, ob der Vortrag eines Elternteils tatsächlich keine kindeswohlgetragenen Gründe enthält oder ob doch Gründe ersichtlich sind, die – jedenfalls im Ansatz – im Bezug zum gemeinsamen Kind, zum Eltern-Kind-Verhältnis und/oder konkret zum Verhältnis der beteiligten Eltern und somit im Zusammenhang mit der Einrichtung des Sorgerechts stehen können;[33]

- ebenfalls muss sorgfältig geprüft werden, welche Anforderungen an den Vortrag des darlegungspflichtigen Elternteils überhaupt gestellt werden dürfen, unter Berücksichtigung evtl. bestehender Verständigungs- oder Sprachschwierigkeiten und des sprachlichen Ausdrucksvermögens;[34]

---

24 *Heilmann*, NJW 2013, 1473, 1476; *Schneider*, MDR 2013, 309, 311
25 So auch *Heilmann*, NJW 2013, 1473, 1476 f.
26 *Huber/Antomo*, FamRZ 2013, 665, 670; BeckOK BGB/*Veit*, § 1626a BGB Rn. 47
27 *Fink/Bitter*, ZKJ 2012, 172, 174
28 OLG Frankfurt ZKJ 2014, 123, 124; *Heilmann*, NJW 2013, 1473, 1475; *Dürbeck*, ZKJ 2013, 330, 333
29 BVerfGE 55, 171, 182; BVerfG NZFam 2014, 1109
30 *Salgo*, FPR 2012, 409, 410
31 Vgl. BT-Drucks. 17/11048, 12, 17, unter Bezugnahme auf BVerfGE 107, 150, 155
32 BGH NJW 2002, 3629, 3630; *Salgo*, FPR 2012, 409, 410
33 OLG Karlsruhe ZKJ 2014, 446, 448
34 *Huber/Antomo*, FamRZ 2013, 665, 669; *Dürbeck*, ZKJ 2013, 330, 333; *Schneider*, MDR 2013, 309, 311

- die bestehende körperliche und psychische Verfassung der Mutter kurz nach der Geburt des Kindes ist ebenso zu berücksichtigen

- wie eine fehlende Rechtskenntnis der Beteiligten;

- das Gericht soll in jeder Lage des Verfahrens auf eine einvernehmliche Lösung zwischen den Eltern hinwirken, vgl. § 156 FamFG;[35]

- die Ursachen der Uneinigkeit der Eltern über die Sorgetragung für das Kind und – damit verbunden – mögliche kinderschutzrelevante Aspekte bleiben bei der Durchführung des vereinfachten Verfahrens grundsätzlich unerkannt;[36]

- bei allen Maßnahmen, die Kinder betreffen, ist das Wohl des Kindes ein Gesichtspunkt, der vorrangig zu berücksichtigen ist, vgl. Art. 3 Abs. 1 Übereinkommen über die Rechte des Kindes.

c) Rechtsmittel

29 Die im vereinfachten Verfahren ergangene Entscheidung ist nach den allgemeinen Voraussetzungen der §§ 58 ff. FamFG mit der binnen Monatsfrist einzulegenden **Beschwerde** anfechtbar. Das Jugendamt ist nicht beschwerdeberechtigt, § 155a Abs. 3 Satz 2 FamFG.

30 Ist das Familiengericht **fehlerhafter** Weise davon ausgegangen, dass keine kindeswohlgetragenen Gründe vorgetragen wurden oder sonst ersichtlich waren und hat es insbes. keine persönliche Anhörung des Kindes vorgenommen, obwohl dies erforderlich war, dürften regelmäßig die Voraussetzungen gegeben sein, die Sache unter Aufhebung der angefochtenen Entscheidung an das Familiengericht **zurückzuverweisen**, wenn ein Beteiligter dies beantragt, § 69 Abs. 1 Satz 3 FamFG.[37]

31 Die Kosten des Beschwerdeverfahrens können nach § 81 FamFG auch bei Erfolg des Rechtsmittels dem Beschwerdeführer auferlegt werden, insbes. wenn er die Einlegung durch unbegründetes Schweigen auf den verfahrenseinleitenden Antrag hin erst veranlasst hat.[38] In einem solchen Fall dürfte auch die Bewilligung von Verfahrenskostenhilfe wegen Mutwilligkeit (§ 76 Abs. 1 FamFG i.V.m. § 114 ZPO) zu verneinen sein, auch wenn die Beschwerde Aussicht auf Erfolg hat.[39]

2. Mitteilungspflicht an das zuständige Jugendamt (Satz 3)

32 Kommt es zu einer Entscheidung im vereinfachten Verfahren, ist das Gericht verpflichtet, dem zuständigen Jugendamt, das für den Geburtsort des Kindes zuständig ist (§ 87c Abs. 6 Satz 2 SGB VIII), unter Angabe von Geburtsdatum, Geburtsort des Kindes und seines bei Geburtsbeurkundung geführten Namens **unverzüglich** – ohne schuldhaftes Zögern (§ 121 Abs. 1 Satz 1 BGB) – seine Entscheidung formlos mitzuteilen. Ist das Kind im Ausland geboren oder mit unbekanntem Geburtsort, ist das Landesjugendamt Berlin zuständig (§ 87c Abs. 6 Satz 2 i.V.m. § 88 Abs. 1 Satz 2 SGB VIII i.V.m. § 33 Abs. 1 Satz 2, 2. Alt. AG KJHG Berlin).

---

35 Dazu *Salgo*, FPR 2012, 409, 410
36 Vgl. BeckOK BGB/*Veit*, § 1626a BGB Rn. 43 m.w.N.
37 *Heilmann*, NJW 2013, 1473, 1477; *Keuter*, FamRZ 2012, 825, 827; MüKo-FamFG/*Schumann*, § 155a FamFG Rn. 29
38 *Heilmann*, NJW 2013, 1473, 1477; MüKo-FamFG/*Schumann*, § 155a FamFG Rn. 30
39 *Heilmann*, NJW 2013, 1473, 1477

IV. Reguläres Verfahren (Absatz 4)

Werden von einem Elternteil oder beiden Elternteilen **kindeswohlgetragene Gründe** **33**
gegen die gemeinsame Sorge **vorgetragen** oder sind solche Gründe **sonst ersichtlich**,
hat das Gericht ein reguläres Verfahren unter Beachtung der allgemeinen Regeln durchzuführen.

Zum **regulären Verfahren** gehört insbes.:[40] **34**

- zu prüfen, ob die **Bestellung einer Verfahrensbeiständin** bzw. eines **Verfahrens-beistand**s (§ 158 FamFG) erforderlich ist,

- die Durchführung eines **frühen Erörterungstermin**s, § 155a Abs. 4 Satz 1 i.V.m. § 155 Abs. 2 FamFG, mit der Maßgabe, dass der Termin nicht innerhalb von sechs Wo-chen nach der Geburt des Kindes und nicht vor Ablauf der Stellungnahmefrist der Mutter stattfindet,

- das **Jugendamt** anzuhören und dieses auf seinen Antrag hin zu beteiligen (§ 162 FamFG),

- die **Kindeseltern** persönlich anzuhören (§ 160 FamFG),

- ggf. das **Kind** persönlich anzuhören (§ 159 FamFG),

- das Hinwirken auf eine einvernehmliche Lösung (§ 156 FamFG).

Das Familiengericht kann die persönliche Anhörung der Eltern und des Jugendamts mit **35**
der Erörterung der Sache im **frühen Erörterungstermin** verbinden. Zu diesem Termin
sollte das Gericht das persönliche Erscheinen der verfahrensfähigen Beteiligten anordnen,
§ 155a Abs. 4 i.V.m. § 155 Abs. 2 Satz 3, Abs. 3 FamFG. Der Termin soll **spätestens einen**
Monat nach Bekanntwerden der Gründe stattfinden, die der gemeinsamen Sorgetragung
entgegenstehen können, vgl. § 155 Abs. 2 Satz 2 FamFG. Zu berücksichtigen ist jedoch,
dass der Termin nicht innerhalb von sechs Wochen nach der Geburt des Kindes und nicht
vor Ablauf der Stellungnahmefrist der Mutter stattfinden darf.[41]

Das Gericht soll in jeder Lage des Verfahrens auf eine **einvernehmliche Lösung** zwischen **36**
den Eltern hinwirken, wenn dies dem Kindeswohl nicht widerspricht, und auf die Möglichkeiten der Beratung durch die Beratungsstellen und -dienste der Träger der Kinder- und
Jugendhilfe insbes. zur Entwicklung einer einvernehmlichen Lösung hinweisen, § 155a
Abs. 4 Satz 2 i.V.m. § 156 Abs. 1 FamFG.

Das **Gericht** ist im regulären Verfahren **nicht verpflichtet**, dem zuständigen Jugendamt **37**
die **Entscheidung mitzuteilen**. Vielmehr hat das Gericht dem am Verfahren mitwirkenden Jugendamt die Entscheidung nach § 162 Abs. 3 Satz 1 FamFG bekanntzugeben. Dieses Jugendamt hat dann eine Mitteilungspflicht (§ 50 Abs. 3 SGB VIII) gegenüber demjenigen Jugendamt, das für den Geburtsort des Kindes zuständig ist (§ 87c Abs. 6 Satz 2
SGB VIII).

V. Abgabe von Sorgeerklärungen und Zustimmungen im Erörterungstermin (Absatz 5)

Die Norm stellt klar, dass Sorgeerklärungen (§ 1626a Abs. 1 Nr. 1 BGB) und die ggf. erfor- **38**
derliche Zustimmung des gesetzlichen Vertreters eines beschränkt geschäftsfähigen Elternteils (§ 1626c Abs. 2 BGB) auch **in** einem **Erörterungstermin** abgegeben werden
können. Die Sorgeerklärungen können dabei **nur** die **gesamte elterliche Sorge** umfassen. Eine nur auf Teilbereiche der elterlichen Sorge beschränkte Abgabe ist nicht mög-

---

40 *Heilmann*, NJW 2013, 1473, 1477
41 *Heilmann*, NJW 2013, 1473, 1477

lich.[42] Die Abgabe der Erklärungen zur Niederschrift des Gerichts ersetzt die nach § 1626d Abs. 1 BGB erforderliche öffentliche Beurkundung.

39   Die Bezugnahme auf § 1626d Abs. 2 BGB in § 155a Abs. 2 Satz 2 FamFG soll sicherstellen, dass das **Gericht verpflichtet** ist,[43] die Abgabe der Sorgeerklärungen und Zustimmungen unter Angabe von Geburtsdatum, Geburtsort des Kindes und seines bei Geburtsbeurkundung geführten Namens **unverzüglich** – ohne schuldhaftes Zögern (§ 121 Abs. 1 Satz 1 BGB) – demjenigen **Jugendamt mitzuteilen**, das für den Geburtsort des Kindes zuständig ist (§ 87c Abs. 6 Satz 2 SGB VIII). Ist das Kind im Ausland geboren oder mit unbekanntem Geburtsort, ist das Landesjugendamt Berlin zuständig (§ 87c Abs. 6 Satz 2 i.V.m. § 88 Abs. 1 Satz 2 SGB VIII i.V.m. § 33 Abs. 1 Satz 2, 2. Alt. AG KJHG Berlin).

§ 156 FamFG Hinwirken auf Einvernehmen

(1) [1]Das Gericht soll in Kindschaftssachen, die die elterliche Sorge bei Trennung und Scheidung, den Aufenthalt des Kindes, das Umgangsrecht oder die Herausgabe des Kindes betreffen, in jeder Lage des Verfahrens auf ein Einvernehmen der Beteiligten hinwirken, wenn dies dem Kindeswohl nicht widerspricht. [2]Es weist auf Möglichkeiten der Beratung durch die Beratungsstellen und -dienste der Träger der Kinder- und Jugendhilfe insbesondere zur Entwicklung eines einvernehmlichen Konzepts für die Wahrnehmung der elterlichen Sorge und der elterlichen Verantwortung hin. [3]Das Gericht kann anordnen, dass die Eltern einzeln oder gemeinsam an einem kostenfreien Informationsgespräch über Mediation oder über eine sonstige Möglichkeit der außergerichtlichen Konfliktbeilegung bei einer von dem Gericht benannten Person oder Stelle teilnehmen und eine Bestätigung hierüber vorlegen. [4]Es kann ferner anordnen, dass die Eltern an einer Beratung nach Satz 2 teilnehmen. [5]Die Anordnungen nach den Sätzen 3 und 4 sind nicht selbständig anfechtbar und nicht mit Zwangsmitteln durchsetzbar.

(2) [1]Erzielen die Beteiligten Einvernehmen über den Umgang oder die Herausgabe des Kindes, ist die einvernehmliche Regelung als Vergleich aufzunehmen, wenn das Gericht diese billigt (gerichtlich gebilligter Vergleich). [2]Das Gericht billigt die Umgangsregelung, wenn sie dem Kindeswohl nicht widerspricht.

(3) [1]Kann in Kindschaftssachen, die den Aufenthalt des Kindes, das Umgangsrecht oder die Herausgabe des Kindes betreffen, eine einvernehmliche Regelung im Termin nach § 155 Abs. 2 FamFG nicht erreicht werden, hat das Gericht mit den Beteiligten und dem Jugendamt den Erlass einer einstweiligen Anordnung zu erörtern. [2]Wird die Teilnahme an einer Beratung, an einem kostenfreien Informationsgespräch über Mediation oder einer sonstigen Möglichkeit der außergerichtlichen Konfliktbeilegung oder eine schriftliche Begutachtung angeordnet, soll das Gericht in Kindschaftssachen, die das Umgangsrecht betreffen, den Umgang durch einstweilige Anordnung regeln oder ausschließen. [3]Das Gericht soll das Kind vor dem Erlass einer einstweiligen Anordnung persönlich anhören.

Weiterführende Literatur: Dettenborn, Hochkonflikthaftigkeit bei Trennung und Scheidung, ZKJ 2013, 231 ff., 272 ff.; *Diez/Krabbe/Thomsen,* Familien-Mediation und Kinder, 3. Auflage Köln 2009; *Fichtner,* Hilfen bei Konflikthaftigkeit? ZKJ 2012, 46; *Hammer,* Die gerichtliche Billigung von Vergleichen nach § 156 Abs. 2 FamFG, FamRZ 2011, 1268; *Trenczek/Berning/Lenz (Hrsg.),* Mediation und Konfliktmanagement, Baden-Baden 2013

---

42 BT-Drucks. 17/11048, 30; BGH FamRZ 2008, 251, 255; a.A. Staudinger/*Coester,* § 1626a BGB Rn. 60
43 BT-Drucks. 17/11048, 24

A. Allgemeines

I. Normzweck

Eine einverständliche Konfliktlösung ist „auch in einem Rechtsstaat grundsätzlich vorzugs- **1** würdig gegenüber einer richterlichen Streitentscheidung".[1] Dementsprechend heißt es auch in **§ 278 Abs. 1 ZPO**, dass das Gericht in jeder Lage des Verfahrens auf eine gütliche Beilegung des Rechtsstreits oder einzelner Streitpunkte bedacht sein soll. Ähnlich lautet **§ 36 Abs. 1 Satz 2 FamFG**, nach dem das Gericht – außer in Gewaltschutzsachen – auf eine **gütliche Einigung** der Beteiligten hinwirken soll.

---

1 BVerfG NJW-RR 2007, 1073

2   Über diese allgemeine Pflicht zur gütlichen Beilegung von rechtlichen Konflikten geht die in § 156 Abs. 1 FamFG angesprochene Verpflichtung des Gerichts, in Verfahren, die die Person eines Kindes betreffen, im Interesse des Kindes auf ein Einvernehmen der Beteiligten hinzuwirken, hinaus, indem sie die **verschiedenen Möglichkeiten des Hinwirkens auf ein Einvernehmen** durch das Gericht selbst und durch den Verweis auf die Möglichkeiten der Beratung, der Mediation und anderer Formen der außergerichtlichen Konfliktbeilegung konkret benennt. Zum Wohle der Kinder sollen die Eltern nach Möglichkeit in die Lage versetzt werden, wieder miteinander zu kommunizieren.[2]

3   Die Vorschrift entspricht weitgehend dem früheren, durch das **KindRG von 1997**[3] eingeführten **§ 52 Abs. 1 FGG**,[4] mit dem der Gedanke der selbständigen und eigenverantwortlichen Konfliktlösung durch die Eltern gestärkt werden sollte.[5] Ziel des Gesetzgebers war es schon damals, die Belastung durch das Gerichtsverfahren sowohl der Kinder, als auch der sich im Konflikt befindlichen Eltern zu vermindern. Durch die **Förderung der gerichtlichen und außergerichtlichen Konfliktbeilegung** sollte eine Belastung insbesondere des betroffenen Kindes durch die richterliche Anhörung, die Ermittlungen des Jugendamts, durch die Erstellung eines Sachverständigengutachtens und durch die Dauer des Verfahrens – vor allem bei Inanspruchnahme einer weiteren Instanz und sich dadurch wiederholende Verfahrenshandlungen – verringert werden.[6] Auch der Belastung des Kindes durch einen Loyalitätskonflikt soll eine von beiden Elternteilen einvernehmlich erarbeitete Lösung entgegen wirken. Ebenso sind die Akzeptanz und die Nachhaltigkeit einer solchen, selbst getroffenen Vereinbarung in der Regel höher als im Falle einer gerichtlichen Entscheidung,[7] zumal die individuellen Interessen der Beteiligten in eine auf dem Verhandlungswege erzielte Vereinbarung besser einfließen können. Dies gilt jedenfalls dann, wenn die Vereinbarung tatsächlich auf einem erzielten Einvernehmen der Eltern beruht. Sie sollte also nicht lediglich das Ergebnis einer mit Druck auf eine Einigung hinzielenden Verhandlungsführung sein.[8] Schließlich trägt die Vorschrift auch dem Umstand Rechnung, dass der eigentliche emotionale Konflikt ohnehin durch eine richterliche Entscheidung häufig nicht zu lösen ist.

4   Das Ziel eines Einvernehmens zwischen den Beteiligten ist auch in weiteren Regelungen des Kindschaftsrechts verankert. Im materiellen Recht erlegt **§ 1626 Abs. 2 Satz 2 BGB** den Eltern die Pflicht auf, Fragen der elterlichen Sorge je nach Entwicklungsstand des Kindes mit diesem zu besprechen und ein Einvernehmen anzustreben. In verfahrensrechtlicher Hinsicht kann dem **Verfahrensbeistand** und dem **Sachverständigen** in geeigneten Fällen durch das Gericht aufgegeben werden, auf ein Einvernehmen zwischen den Beteiligten hinzuarbeiten (§§ 158 Abs. 4 Satz 3, 163 Abs. 2 FamFG). Dem gleichen Zweck dient das gerichtliche **Vermittlungsverfahren** bei Umgangskonflikten (§ 165 FamFG).[9]

5   Abs. 2 regelt die Form der Vereinbarung im Falle eines erzielten Einvernehmens über den Umgang oder die Herausgabe des Kindes und unterstellt die elterliche Vereinbarung über diese, nicht der Disposition der Eltern unterliegenden Verfahrensgegenstände dem Erfordernis der **gerichtlichen Billigung**.[10]

---

2 *Fichtner/Salzgeber*, FPR 2009, 348, 349; *Vogel*, FamRZ 2010, 1870
3 Kindschaftsrechtsreformgesetz v. 16.12.1997
4 Keidel/*Engelhardt*, § 156 FamFG Rn. 1
5 BT-Drucks. 13/4899, 133; Prütting/Helms/*Hammer*, § 156 FamFG Rn. 3
6 BT-Drucks. 13/4899, 133
7 Prütting/Helms/*Hammer*, § 156 FamFG Rn. 2; Johannsen/Henrich/*Büte*, § 156 FamFG Rn. 1; kritisch *Ivanits*, ZKJ 2012, 98, 101
8 *Ivanits*, ZKJ 2012, 98, 101
9 MüKoFamFG/*Schumann*, § 156 FamFG Rn. 1
10 Schulte-Bunert/Weinreich/*Ziegler*, § 156 FamFG Rn. 5

Abs. 3 ist Ausdruck des in § 155 Abs. 1 FamFG normierten **Beschleunigungsgebotes** **6**
und schreibt in den dort genannten Fällen zwingend die Erörterung einer **einstweiligen**
Anordnung vor, wenn im Termin nach § 155 Abs. 2 FamFG eine einvernehmliche Regelung nicht getroffen werden kann. Ist das Umgangsrecht betroffen und verzögert sich das
Verfahren durch den Versuch einer außergerichtlichen Konfliktlösung oder durch die Einholung eines Gutachtens, soll das Gericht den Umgang durch Erlass einer einstweiligen
Anordnung regeln oder ausschließen.

II. Anwendungsbereich

§ 156 FamFG stellt eine **Spezialvorschrift für Kindschaftssachen** im Kontext von Tren- **7**
nung und Scheidung dar und ergänzt die Vorschrift des § 155 Abs. 2 FamFG, nach der das
Gericht in den Kindschaftssachen, die den Aufenthalt des Kindes (§§ 1631 Abs. 1, 1671
BGB), das Umgangsrecht (§§ 1684 ff. BGB) oder die Herausgabe des Kindes betreffen
(§ 1632 Abs. 1 BGB), die Sache in einem frühen Termin mit den Beteiligten erörtert.

Der Anwendungsbereich ist in **Absatz 1** erweitert und erfasst auch den Verfahrensgegen- **8**
stand der elterlichen Sorge bei Trennung und Scheidung (§§ 1626 ff., 1671 ff. BGB) sowie
bei nicht miteinander verheirateten Eltern (§ 1626a Abs. 2 BGB; vgl. § 155a Abs. 4 Satz 2
FamFG) einschließlich der entsprechenden einstweiligen Anordnungs- und Abänderungsverfahren. Im Bereich des Umgangsrechts ist der Anwendungsbereich von demjenigen des
§ 165 FamFG abzugrenzen (hierzu *Gottschalk*, § 165 Rn. 2).

Die Verpflichtung zum Hinwirken auf ein Einvernehmen gilt **„in jeder Lage des Verfah-** **9**
rens" und somit auch in zweiter Instanz;[11] es ist aber auch im Beschwerdeverfahren darauf
zu achten, dass nicht eine – weitere – Verzögerung des Verfahrens eintritt. Voraussetzung
des Hinwirkens auf ein Einvernehmen ist, dass die Beteiligten über den Gegenstand des
Verfahrens verfügen können (vgl. § 36 Abs. 1 Satz 1 FamFG). Im Kinderschutzverfahren
nach §§ 1666, 1666a BGB findet die Norm daher keine Anwendung. Denn dieses hat im
Rahmen des staatlichen Wächteramtes von Amts wegen zu treffende Maßnahmen zum
Gegenstand, die der **Disposition** der Beteiligten entzogen sind.[12] Insofern ist die Vorschrift des § 156 FamFG in ihrem Anwendungsbereich **abzugrenzen** von der Vorschrift
des **§ 157 FamFG**, dem **Erörterungstermin** bei Kindeswohlgefährdung.[13] Ebenfalls nicht
anwendbar ist die Vorschrift in den Kindschaftssachen des § 151 Nr. 6, 7 FamFG. Insoweit
gelten gem. § 167 Abs. 1 FamFG die Vorschriften über die Unterbringung Volljähriger nach
§ 312 Nr. 3 FamFG.

Der Anwendungsbereich in den Absätzen 2 und 3 der Vorschrift ist jeweils ein anderer. **10**
Abs. 2 betrifft nur die Verfahren, die den **Umgang** oder die **Herausgabe** des Kindes zum
Gegenstand haben. Einer Ausdehnung der Möglichkeit der gerichtlichen Billigung eines
Vergleichs auch auf Sorgerechtsangelegenheiten stehen die entsprechenden materiell-
rechtlichen Vorschriften entgegen, die eine gerichtliche Entscheidung in der Sache verlan-
gen, z.B. § 1671 BGB.[14]

Wollen die Eltern sich umgekehrt im Rahmen eines Sorgerechtsverfahrens auch über eine **11**
Umgangsregelung verständigen, so steht einer gerichtlichen Billigung des Vergleichs zum
Umgang zumeist entgegen, dass ein Umgangsverfahren mit den entsprechenden notwen-
digen Verfahrensschritten nicht durchgeführt wurde (etwa die persönliche Anhörung des

---

11 MüKoFamFG/*Schumann*, § 156 FamFG Rn. 6; Keidel/*Engelhardt*, § 156 FamFG Rn. 2; Prütting/Helms/*Hammer*,
   § 156 FamFG Rn. 12; Schulte-Bunert/Weinreich/*Ziegler*, § 156 FamFG Rn. 2
12 Keidel/*Engelhardt*, § 156 FamFG Rn. 4; MüKoFamFG/*Schumann*, § 156 FamFG Rn. 6; *Heilmann*, in: HB Verfahrensbeistandschaft Rn. 1360
13 BT-Drucks. 16/6308, 237; Johannsen/Henrich/*Büte*, § 156 FamFG Rn. 2
14 Prütting/Helms/*Hammer*, § 156 FamFG Rn. 5

Kindes zum Umgang) und das Familiengericht – in Bezug auf die Frage des Umgangs – dann keine hinreichende Grundlage für eine am Kindeswohl orientierte Entscheidung hat. Hier kommt in einem solchen Verfahren allenfalls die Protokollierung einer Vereinbarung der Eltern mit dem ausdrücklichen Hinweis darauf in Betracht, dass es sich nicht um einen gerichtlich gebilligten und damit nicht um einen vollstreckungsfähigen Vergleich handelt (hierzu *Cirullies*, § 86 Rn. 12 ff.). Im Beschwerdeverfahren fällt dem Oberlandesgericht bei einer Beschwerde gegen eine sorgerechtliche Entscheidung des Amtsgerichts die Entscheidung über den Umgang nicht an, so dass bereits aus diesem Grund eine Billigungsentscheidung i.S.v. § 156 Abs. 2 FamFG nicht möglich ist.

12   **Abs. 3** gilt ausschließlich für die Verfahren, die den **Aufenthalt**, das **Umgangsrecht** oder die **Herausgabe** des Kindes zum Gegenstand haben (§§ 1631 Abs. 1, 1684 f., 1632 Abs. 1 BGB).

B. Inhalt der Norm

I. Hinwirken auf Einvernehmen (Abs. 1)

1. Durch das Familiengericht (Satz 1)

a) Verhandlungsführung des Gerichts

13   Das Gericht wirkt auf ein Einvernehmen hin, indem es seine Verhandlungsführung in besonderer Weise darauf ausrichtet, dass die Beteiligten in die Lage versetzt werden, ein solches Einvernehmen zu erzielen. Hier kann es hilfreich sein, wenn der Richter[15] Kenntnis von mediativen Gesprächstechniken hat und diese in seine Verhandlung einfließen lässt.[16]

▶   *Zu Einzelheiten der Verhandlungsführung siehe Wegener, Anhang zu § 160 FamFG.*

aa) Vorbereitung

14   Das Gericht bereitet die Verhandlung vor, indem es die **wesentlichen Informationen** über die Geschehnisse in der Vergangenheit, die bisherigen Ermittlungen, Inhalt und Ergebnisse evtl. bereits eingeholter Gutachten und Versuche gütlicher Einigungen in der Vergangenheit zusammenträgt und die **rechtlichen Grundlagen** des Konflikts zwischen den Beteiligten prüft. Es überlegt, **welche Personen** zu dem Termin zu laden sind, auch damit eine einvernehmliche Regelung erleichtert wird, und sorgt für einen angemessenen **zeitlichen Rahmen**.

▶   *Zur Frage, ob das Kind, welches gemäß § 159 FamFG – je nach Alter – grundsätzlich persönlich anzuhören ist, zum frühen Termin geladen wird, siehe unten Rn. 25.*

▶   *Näher zur Kindesanhörung siehe Heilmann, § 159 FamFG.*

▶   *Zur Frage des Zustimmungserfordernisses des verfahrensfähigen Kindes zu einem gerichtlich gebilligten Vergleich siehe Cirullies, § 86 FamFG Rn. 13.*

bb) Haltung, Begrüßung und Einführung zu Beginn des Termins

15   Die Menschen, die an einem kindschaftsrechtlichen Verfahren persönlich beteiligt sind, befinden sich in einer hochemotionalen Ausnahmesituation und sehr wahrscheinlich in einer schweren Lebenskrise: Es droht fast immer der Verlust einer wichtigen Bindung und der Zugehörigkeit zu einem Familienverbund. Ein Lebensentwurf ist gescheitert. Die emotional belasteten und mit der Neuorganisation ihrer Lebensumstände beschäftigten Eltern haben es in dieser Umbruchphase oft schwer, ihren Kindern die Unterstützung zu geben, die diese dringend bräuchten.[17] Die Eltern trotz dieser Situation für eine konstruktive Mitarbeit

---

15 Zur besseren Lesbarkeit wird im Folgenden nur die männliche Form des Begriffs verwendet.
16 Prütting/Helms/*Hammer*, § 156 FamFG Rn. 15
17 *Kostka*, in: HB Verfahrensbeistandschaft Rn. 1035

zu gewinnen, ist eine oftmals nur schwer zu bewältigende Aufgabe, gleichwohl lohnt sich die Mühe, denn möglicherweise lässt sich eine gütliche Vereinbarung erzielen oder es kann jedenfalls eine Entscheidung des Gerichts von den Eltern anschließend besser umgesetzt und in ihre Lebenswirklichkeit übertragen werden. Zumindest kann erreicht werden, dass sie das Kind wieder (mehr) in den Blick nehmen.

Eine Verhandlungsatmosphäre, die ein Einvernehmen zwischen den Beteiligten fördert, erfordert vor allem anderen eine innere **Haltung** des Richters, die durch Ruhe und Präsenz sowie den Beteiligten gegenüber durch Offenheit, Respekt, grundsätzliche Akzeptanz und ein gewisses Maß an Empathie gekennzeichnet ist.[18] Empathie bedeutet in diesem Zusammenhang, die Welt des Beteiligten zu spüren, als ob es die eigene wäre, ohne jemals die Qualität des „als ob" zu verlieren.[19] **16**

Zu Beginn der Verhandlung **begrüßt** der Richter die Beteiligten freundlich und mit Namen. Evtl. stellt er sich auch selbst vor, zumal dann, wenn sein Name nicht bereits aus der Terminsladung oder aus dem Terminsaushang hervorgeht. Eine Einschränkung seiner richterlichen Autorität ist damit nicht verbunden. Es wird empfohlen, mit Robe und in einem Sitzungssaal zu verhandeln. Andererseits sollte der Richter als Person sichtbar werden und die Beteiligten durch eine bestimmte, aber **offene Kommunikation** unmittelbar ansprechen. Wichtig ist es, unter Beibehaltung aller Ressourcen, die die **richterliche Autorität** auch für ein kindschaftsrechtliches Verfahren und einen Termin nach § 156 FamFG bedeuten kann, durch eine freundliche, klare und verbindliche Kommunikation eine **gute Verhandlungsatmosphäre** zu schaffen, in der die Beteiligten sich sicher, geführt, gehört und in den wesentlichen Bereichen akzeptiert fühlen, denn nur dann können sie sich wirklich gut auf eine Verhandlung einlassen. **17**

Nach der Begrüßung und Vorstellung kann zunächst die Feststellung der Anwesenheit in das Protokoll bzw. den Vermerk diktiert werden. Daraufhin legt der Richter die **Regeln für die Kommunikation** im Termin fest und informiert über den **Ablauf** des Termins, d.h. er teilt den Beteiligten und sonstigen Anwesenden mit, dass sie nacheinander in einer von ihm bestimmten Reihenfolge angehört werden, dass er sie unterbrechen wird, wenn sie beginnen, im Termin Anwesende zu beschimpfen und zu beleidigen und dass er ebenfalls eingreifen wird, wenn sich die Beteiligten nicht ausreden lassen oder der anderen Seite nicht zuhören. Es empfiehlt sich, die **Rolle der Rechtsanwälte** als **Interessenvertreter und Rechtsberater**[20] zu unterstreichen, damit diese sich jedenfalls bei der persönlichen Anhörung ihres Mandanten zurückhalten. Auch der **zeitliche Rahmen** ist zu besprechen, damit alle Anwesenden sich darauf einstellen können bzw. die Möglichkeit besteht, dass die Beteiligten eine eventuell bestehende zeitliche Einschränkung mitteilen können. Schließlich kann es sinnvoll sein, den Beteiligten mitzuteilen, dass sie, wenn nötig, auch um eine Pause bitten dürfen und dass dieser Bitte nachgekommen werden kann, wenn die Verhandlung dadurch nicht gestört oder unnötig in die Länge gezogen wird. Wichtig ist auch der Hinweis auf die Art und Weise der Protokollierung, die der Richter vorzunehmen beabsichtigt. Im Anschluss holt sich der Richter die **Zustimmung** ein für die soeben festgelegten Regeln: „Können wir so verfahren?" **18**

---

18 Vgl. *Trossen*, in: HB Mediation Rn. 40 ff.; zur Haltung des Rechtsanwalts gegenüber seinem Mandanten als Grundlage einer gelungenen Kommunikation *Hohmann*, FPR 2013, 457, 458. Verschiedene psychologische Studien haben gezeigt, dass die fehlende Zugehörigkeit zu einer Gruppe und die wie auch immer geartete Zurückweisung durch andere Menschen stärkster und wichtigster Auslöser für Aggressionen ist (*Bielecke*, FPR 2013, 471, 472 m.w.N.).
19 *Ripke*, in: Trenczek Rn. 19 unter Verweis auf *Carl Rogers*
20 Zur Rolle des Anwalts in einem auf Einvernehmen ausgerichteten Verfahren: *Offermann-Burckart*, FPR 2010, 431 ff.

19 Ein wesentlicher Vorteil der Vereinbarung solcher Regeln zu Beginn des Termins liegt darin, dass der Richter im Verlauf der Verhandlung bei Störungen immer wieder auf sie **zurück-greifen** kann, was u.U. wesentlich für einen klaren und strukturierten Ablauf, aber auch hilfreich sein kann für eine **Deeskalation** im Verlauf des Verfahrens, so z.B. bei Unterbre-chungen, übermäßigem Reden, Vorpreschen der Anwälte usw. Auch für das Verhältnis von Anwalt zu Mandant ist es hilfreich, wenn dem Anwalt vom Gericht klar seine Rolle und der Zeitpunkt für seine Ausführungen zur Unterstützung seines Mandanten deutlich gemacht werden.

cc) Anhörung der Beteiligten

20 Nach der Begrüßung folgt zunächst die **persönliche Anhörung der Beteiligten** in der zuvor festgelegten Reihenfolge, regelmäßig zuerst der Antragsteller bzw. Beschwerdefüh-rer und dann die andere Seite. Anschließend geben der Verfahrensbeistand des Kindes, soweit einer bestellt ist, der Vertreter bzw. die Vertreterin des Jugendamts (§ 162 Abs. 1 Satz 1 FamFG) und schließlich die Anwälte ihre Stellungnahme ab. Zur Ermittlung der Tat-sachengrundlage werden im Anschluss daran ggf. noch weitere geladene, nicht formell am Verfahren beteiligte Personen gehört.

▶ *Näher zur persönlichen Anhörung der Eltern siehe Wegener, § 160 FamFG Rn. 6.*

21 Der Richter schreibt das Gehörte, so gut er kann, mit und nimmt es anschließend in einen **Vermerk** auf oder er fertigt den Vermerk nach der Sitzung (§ 28 Abs. 4 FamFG). Im Falle von Beleidigungen und Beschimpfungen unterbricht er und erinnert zur Deeskalation an die eingangs aufgestellten Regeln, es sei denn, die Möglichkeit eines Einvernehmens er-scheint ausgeschlossen und er möchte sich ein Bild machen vom Grad der fehlenden Kom-munikations- und Kooperationsfähigkeit der Beteiligten untereinander.

dd) Erörterung und Lösungssuche

22 Nachdem Eltern, ggf. Verfahrensbeistand, Jugendamt und Rechtsanwälte gehört wurden bzw. ihre Stellungnahme abgegeben haben, erörtert der Richter mit ihnen erste Lösungs-ansätze, die sich vielleicht in der Anhörung ergeben haben. Jetzt ist der Zeitpunkt gekom-men, in dem die **Rechtsanwälte** in besonderer Weise ihre **Erfahrungen und Ideen** für eine Lösung einbringen können. Denn auch die Rechtsanwälte sind trotz ihrer Rolle als In-teressenvertreter der Mandanten nach ihrer Berufsordnung verpflichtet, ihre Mandanten, so weit möglich, konfliktvermeidend und streitschlichtend zu begleiten.[21] Der Verfahrens-beistand und das Jugendamt werden einbezogen und nach evtl. noch fehlenden Informa-tionen sowie nach **Ressourcen für eine Lösung** befragt. Am Schluss steht im günstigsten Falle die zu protokollierende Vereinbarung, die im Falle einer Vereinbarung betreffend die elterliche Sorge, die nicht der Disposition der Beteiligten unterliegt, anschließend in eine Entscheidung des Familiengerichts einfließt.

▶ *Zur gerichtlichen Billigung einer Vereinbarung betreffend Umgang oder Herausgabe siehe Rn. 65 sowie Cirullies, § 86 FamFG Rn. 12.*

b) Einbeziehung des Kindes

23 Das Kind ist beteiligt gemäß § 7 Abs. 2 Ziff. 1 FamFG, da es in eigenen Rechten betroffen ist. Es ist – je nach Alter – auch grundsätzlich anzuhören gemäß § 159 FamFG. Dies gilt jedenfalls im Vorfeld einer familiengerichtlichen Entscheidung. Die konkrete **Ausgestal-tung der Anhörung** unterliegt dem **pflichtgemäßen Ermessen des Familiengerichts** (§ 159 Abs. 4 Satz 4 FamFG).[22]

---

21 § 1 Abs. 3 BORA; *Vogel*, FF 2014, 399, 404; *Offermann-Burckart*, FPR 2012, 431
22 *Heilmann*, NJW 2012, 888, 889

▶   *Zu den Einzelheiten der Anhörung siehe Heilmann, § 159 FamFG, Rn. 17 ff.*

Die Frage, ob das Kind in die Versuche des Gerichts nach § 156 Abs. 1 FamFG, ein Einver-   **24**
nehmen zwischen den Eltern herzustellen, und in die Beratung oder Mediation einbezogen werden sollte, wird in der Literatur nicht einheitlich beantwortet. Teilweise wird – auch
unter Verweis auf Art. 3 und Art. 12 der UN-Kinderrechtekonvention[23] – sehr weitgehend
vertreten, dass das Kind unabhängig von seinem Alter und unabhängig von einer Zustimmung der Eltern immer und in jede Art von Vermittlungsbemühungen, sei es durch das
Gericht, durch eine Beratungsstelle oder im Wege der Mediation einbezogen werden
sollte.[24] Um das Kindeswohl zu bestimmen und zu wahren, sei die Kenntnis der Meinung
des Kindes erforderlich. Da Art. 12 der UN-Konvention insoweit keine Beschränkung vorsehe, seien auch außergerichtliche Verfahren zur Entscheidungsfindung erfasst.[25] Die Einbeziehung und Anhörung des Kindes stelle grundsätzlich eine Bereicherung bei der Entscheidungsfindung dar und es würden bessere Ergebnisse durch die Beteiligung des Kindes erzielt. Dies gelte auch dann, wenn sich die Eltern einigten.[26] Wenn schließlich sowohl
die Eltern (§ 1626 Abs. 2 BGB) als auch die Jugendhilfe beschließen, (§ 8 SGB VIII) das Kind
grundsätzlich einzubeziehen und ein Einvernehmen mit ihm anzustreben hätten, so könne
auch für das Gericht nichts anderes gelten. Zudem könnten die Vorteile einer einvernehmlichen Lösung nur zum Tragen kommen, wenn ein gesamtfamiliäres Einvernehmen vor-
liege.[27] So weitgehend kann dem nicht gefolgt werden. In der Praxis sollte vielmehr eine
Differenzierung erfolgen:

aa) Einbeziehung in das familiengerichtliche Verfahren

Das **über 14 Jahre** alte und nach § 9 Abs. 1 Nr. 3 FamFG verfahrensfähige Kind **sollte** in   **25**
der Regel in die **Einigungsbemühungen des Familiengerichts** nach § 156 Abs. 1
FamFG einbezogen werden. Dies folgt bereits zwingend aus § 159 Abs. 1 Satz 1 FamFG.
Ob das Familiengericht das verfahrensfähige Kind aus diesem Grund auch zum frühen Termin nach § 155 Abs. 2 FamFG lädt, liegt in seinem pflichtgemäßen Ermessen. Das Gericht
hat bei der Ausübung dieses Ermessens die Kindeswohlzentrierung nicht nur einer möglichen Entscheidung, sondern auch des Verfahrens zu beachten.[28] In jedem Fall ist die Anhörung des verfahrensfähigen Kindes nachzuholen, wenn ein gerichtlich gebilligter Vergleich
gemäß § 156 Abs. 2 FamFG geschlossen werden soll (hierzu Cirullies, § 86 Rn. 13)[29] oder
die Umsetzung der erzielten Einigung der Eltern noch einer familiengerichtlichen Entscheidung bedarf. Führen die Bemühungen des Familiengerichts hingegen in einem Kindschaftsverfahren, welches als Antragsverfahren der Disposition der Eltern unterliegt, z.B.
in einem Verfahren nach § 1671 BGB, zu einer Einigung der Eltern und wird das Verfahren
in formeller Hinsicht durch die Rücknahme des Antrags oder durch Erledigungserklärungen zum Abschluss gebracht, so ist eine Anhörung auch des verfahrensfähigen Kindes entbehrlich und unterbleibt in der Praxis auch regelmäßig.[30]

Das nicht verfahrensfähige, **unter 14-jährige** Kind **kann** in die **Einigungsbemühungen**   **26**
des Familiengerichts zur Information hinsichtlich seiner Wünsche und Vorstellungen einbezogen werden,[31] wobei die Autonomie der Bildung und der Äußerung des Kindeswillens im Rahmen des Spannungsfeldes eines gerichtlich ausgetragenen Elternkonflikts

---

23 UN-Konvention über die Rechte des Kindes vom 20.11.1989
24 *Ivanits*, in: HB Verfahrensbeistandschaft Rn. 1117 ff., 1130; ZKJ, 2012, 98 ff., 102
25 *HB-VB/Ivanits*Rn. 1120 ff.
26 *Ivanits*, in: HB Verfahrensbeistandschaft Rn. 1123, 1129, 1154
27 *Staudinger/Coester* (2009), § 1671 Rn. 275
28 *Heilmann*, in: HB Verfahrensbeistandschaft Rn. 1369
29 *Hammer*, FamRZ 2011, 1268, 1269
30 *Schimke*, in: HB Elterliche Sorge und Umgang Rn. 1151
31 *Ivanits*, ZKJ 2012, 98 ff.; dies. in: HB Verfahrensbeistandschaft Rn. 1117 ff.

grundsätzlich in Frage zu stellen ist.[32] **Abzuwägen** sind im Einzelfall die **Vorteile** der Einbeziehung für das Kind, nämlich, dass es seine konkreten Wünsche und Vorstellungen äußern und auf diese Weise die zu treffende Vereinbarung der Eltern mitgestalten kann, was sich möglicherweise positiv auf sein Selbstwertgefühl und das Gefühl, selbst etwas bewirken zu können, auswirkt.[33] Zudem kann das Kind im Rahmen der Anhörung über den Ablauf und die Inhalte des gerichtlichen Verfahrens durch einen objektiven Dritten, in diesem Fall durch den Richter informiert werden. Dem gegenüber stehen die potentiellen **Nachteile** für das Kind, wie die mögliche Belastung durch die richterliche Anhörung, auch schon im Vorfeld und ggf. auch im Anschluss daran, und das Hineingezogenwerden in den Elternkonflikt mit dem damit einhergehenden Risiko, selbst in einen Loyalitätskonflikt[34] oder gar in einen inneren Spaltungsprozess zu geraten.[35]

27   Einigkeit besteht zwar dahingehend, dass das Kind in der Anhörung keine Wahl oder Entscheidung treffen soll, vielmehr geht es vor allem darum, die Perspektive des Kindes in den Prozess der Entscheidungsfindung bzw. in den Prozess der Einigung einzubringen (**voice not choice**);[36] ob dies jedoch in der gelebten Praxis von den Eltern, die das Kind auf die richterliche Anhörung vorbereiten, von den nahen Bezugspersonen und von den anzuhörenden Kindern selbst auch so gesehen wird, erscheint fraglich. Oft stehen die Kinder bei ihren Aussagen unter dem Druck eines Elternteils[37], sie haben aufgrund von lückenhaften, z.T. aus den Medien erhaltenen Informationen Angst, dass sie als Zeuge vernommen werden, dass sie in der Anhörung einen Elternteil belasten oder sich für einen Elternteil entscheiden müssen, sie stehen unter dem Druck, alles richtig machen zu müssen, zweifeln an sich selbst oder entwickeln im Anschluss an eine Anhörung sogar Schuldgefühle bzw. übernehmen die Verantwortung für eine Entwicklung oder gar Entscheidung.[38]

28   Mit Blick auf diese – möglichen und ex ante nicht auszuschließenden – Nachteile sollte daher **in jedem Einzelfall** und auch dann, wenn noch eine Entscheidung des Familiengerichts zu treffen ist (z.B. eine Sorgerechtsentscheidung oder die Billigung eines gerichtlichen Vergleichs), **geprüft und abgewogen werden**, ob ein unter 14-jähriges Kind bei einer Einigung der Eltern vom Familiengericht noch persönlich angehört werden muss. Steht beispielsweise der Lebensmittelpunkt des Kindes bei einem Elternteil fest und geht es lediglich um die Frage der alleinigen oder gemeinsamen elterlichen Sorge, so kann i.d.R. auf eine persönliche Anhörung des unter 14-jährigen Kindes verzichtet werden. Wiederholte Anhörungen des Kindes in den unterschiedlichen Settings sollten möglichst vermieden werden.

▶   *Zur Angemessenheit der Kindesanhörung im Einzelnen siehe näher Heilmann, § 159 FamFG Rn. 12 ff.*

bb) Einbeziehung in die Mediation bzw. in den Kontext der Beratung[39]

29   Ob die direkte **Teilnahme** von Kindern an einer **Familien-Mediation** zur Sicherung der Kindesinteressen und zur Verbesserung sowohl des Mediationsprozesses als auch des –ergebnisses beitragen kann, ist offen und vom Einzelfall und nicht zuletzt von der Qualifikation und Methodensicherheit des Mediators abhängig.

---

32 *Alberstötter* in: Weber/Alberstötter/Schilling, 122
33 Prütting/Helms/*Hammer*, § 156 FamFG Rn. 44
34 *Maywald*, in: HB Verfahrensbeistandschaft Rn. 706
35 *Schimke*, in: HB Elterliche Sorge und Umgang Rn. 1130 unter Verweis auf Figdor
36 *Salgo*, in: HB Verfahrensbeistandschaft Rn. 75; Ivanits, HB Verfahrensbeistandschaft Rn. 1150;
37 *Schimke*, in: HB Elterliche Sorge und Umgang Rn. 1132
38 *Heilmann*, in: HB Verfahrensbeistandschaft Rn. 1489
39 Kulemeier, Eltern-Jugendlichen Mediation, S. 10 ff.

Für eine direkte Einbeziehung können – ähnlich wie bei der Einbeziehung in die Einigungsbemühungen des Familiengerichts (hierzu oben Rn. 25 ff.) – sprechen ein dahingehender Wunsch des Kindes, die Möglichkeit des Kindes, sich in einem geschützten Rahmen zu äußern, seine Interessen und Bedürfnisse zum Ausdruck zu bringen sowie Ideen zur Lösung eines das Kind persönlich betreffenden Konflikts der Eltern mitzuteilen. Zudem kann das Kind informiert werden über das Verfahren der Mediation und die von den Eltern beabsichtigten Regelungen. Es wird ernst genommen und gehört[40].

30

Gegen die Einbeziehung sprechen ein entgegenstehender Wunsch des Kindes, die Gefahr der Überforderung, Beeinflussung und Polarisierung durch die Eltern sowie die Gefahr einer Verantwortungsübernahme seitens des Kindes.[41]

31

Überwiegend wird vertreten, dass eine Einbeziehung des Kindes nur mit dem **Einverständnis der Eltern** erfolgen sollte.[42] Zudem wird differenziert nach den einzelnen Verfahrensstufen oder -phasen der Mediation:[43] Kinder können mit entsprechender Vorbereitung – auch der Eltern – und unter guter Anleitung des Mediators bei der Themensammlung, als Informationsquelle und bei der Suche nach Lösungen eine Bereicherung für den Mediationsprozess sein. In die Phase der eigentlichen Konfliktbearbeitung der Eltern sollten sie jedoch eher nicht einbezogen werden.[44]

32

Im **Beratungskontext der Jugendhilfe** normieren insbesondere die Vorschriften der §§ 8 Abs. 1, 17 Abs. 2 und 18 Abs. 3, 28 SGB VIII unter den dort genannten Voraussetzungen eine Verpflichtung zur Einbeziehung und zur **angemessenen Beteiligung des Kindes**).

33

c) Maßstab des Kindeswohls und Beschleunigungsgrundsatz

Satz 1 richtet die verpflichtende Aufgabe des Gerichts, in seinem Anwendungsbereich und in jeder Lage des Verfahrens auf ein Einvernehmen zwischen den Beteiligten hinzuwirken, am **Maßstab des Kindeswohls** aus, dem die Einigungsversuche nicht widersprechen dürfen (negative Kindeswohlprüfung).[45] Das Kindeswohl hat also **Vorrang vor der Elternautonomie**.[46] Das Gericht hat aufgrund seines staatlichen Wächteramts darauf zu achten, dass das zwischen den Beteiligten erzielte Einvernehmen nicht in Widerspruch zum Wohl des Kindes steht, so z.B., wenn die Eltern einen dauernden Umgangsausschluss zwischen dem Kind und einem Elternteil vereinbaren, ohne dass ein solcher zwingend zur Wahrung des körperlichen, psychischen oder seelischen Wohls des Kindes wäre. Vereinbarungen, die dem Kindeswohl widersprechen, sollte das Gericht nicht protokollieren.[47]

34

Die Erwähnung des Maßstabs des Kindeswohls in dieser Vorschrift bedeutet auch, dass bei den Versuchen, ein Einvernehmen zu erzielen, das Zeitmoment in besonderer Weise zu beachten ist. Auch die Vermittlungsbemühungen des Gerichts unterliegen also dem **Beschleunigungsgrundsatz** des § 155 Abs. 1 FamFG und dem darin enthaltenen Gebot,

35

---

40 *Kostka*, in: HB Verfahrensbeistandschaft Rn. 1068, 1069 ff.
41 *Kostka*, in: HB Verfahrensbeistandschaft Rn. 1068, 1071 ff.
42 Vgl. z.B. *Moll-Vogel*, Rn. 1233; *Diez/Krabbe/Thomsen*, Rn. 87
43 *Kostka*, in: HB Verfahrensbeistandschaft Rn. 1068 ff., 1070; *Diez/Krabbe/Thomsen*, Rn. 84, 97, 117, 126, 145
44 *Diez/Krabbe/Thomsen*, Rn. 117; *Kostka*, in: HB Verfahrensbeistandschaft Rn. 1070. Ein in letzter Zeit entwickeltes Modell sieht vor, dass ein externer **Kinder-Interviewer** eingesetzt wird, der die Ergebnisse des Kinder-Interviews anschließend in die Mediation zurückmeldet. Dadurch, dass der Mediator das Kinder-Interview selbst nicht führt, bleibt er offen für die Anliegen der Erwachsenen und unabhängig bzw. ohne einen Auftrag des Kindes. So *Bernhardt*, ZKJ 2015,68.
45 Prütting/Helms/*Hammer*, § 156 FamFG Rn. 18, Keidel/*Engelhardt*, § 156 FamFG Rn. 14
46 *Zorn*, Rpfleger 2009, 421, 429
47 A.A. Zöller/*Lorenz*, § 156 FamFG Rn. 1: Protokollierung, aber Beschluss des Gerichts, dass die Vereinbarung nicht vereinbar ist mit dem Kindeswohl

effektiven Rechtsschutz in angemessener Zeit zu gewähren.[48] Über einen langen Zeitraum hinweg während Versuche der gütlichen Einigung mit immer neuen Zwischenvereinbarungen und Probephasen werden regelmäßig schon allein aufgrund der Belastung des Kindes durch ein laufendes Verfahren dem Kindeswohl widersprechen. In diesen Fällen ist somit eine Konfliktbeilegung durch eine – zeitnahe – richterliche Entscheidung angezeigt und vorzuziehen.[49]

d) Mögliche Grenzen des Hinwirkens auf Einvernehmen: Hochkonflikthaftigkeit und häusliche Gewalt

36 Eine unbedingte Verpflichtung des Gerichts, auf ein Einvernehmen hinzuwirken, besteht nicht in Fällen häuslicher Gewalt (vgl. auch § 36 Abs. 1 Satz 2 FamFG)[50] und je nach Einzelfall auch nicht den Fällen, in denen die Eltern auf einem hohen Konfliktniveau streiten.[51] Bei **Hochkonflikthaftigkeit** sind möglicherweise gerichtliche oder außergerichtliche Bemühungen um die Herstellung von Einvernehmen nicht angezeigt. Soll die Herstellung von Einvernehmen versucht werden, so ist zu entscheiden, welche Interventionsmethode indiziert ist.[52] In einem ersten Schritt sollte sich das Familiengericht jedoch im Wege einer Konfliktdiagnose[53] darüber klar werden, ob überhaupt ein Fall von Hochkonflikthaftigkeit gegeben ist.

aa) Eskalationskriterien bei Hochkonflikthaftigkeit

37 Neben vielen anderen Ansätzen zur Strukturierung von Konflikten[54] unterscheidet *Dettenborn* zur Definition der Konfliktintensität drei Stufen, die sich am realen, beobachtbaren Konfliktverhalten der Konfliktparteien orientieren und stellt für diese drei Stufen Kriterien auf, nach denen sich die Stufen unterscheiden und einteilen lassen.[55] Die folgende Übersicht zeigt die Einteilung in die **drei Stufen**, nämlich Wortkonflikte, Konflikthandeln, Hochkonflikthaftigkeit mit ihren jeweiligen **Eskalationskriterien:**

Übersicht: Stufen der Konfliktintensität

Stufe 1: Wortkonflikte
• Meinungsverschiedenheiten
• feindselige Polemik
• Drohungen ohne Ultimatum

Stufe 2: Konflikthandeln
• Setzen von Einschränkungen ohne Schikanetendenz
• informelle Negativdarstellung von Verhaltensweisen des Konfliktpartners bei Dritten
• behördlich-formelle Externalisierung

---

48 Prütting/Helms/*Hammer*, § 156 FamFG Rn. 18; *Heilmann*, NJW 2012, 887, 888
49 Prütting/Helms/*Hammer*, § 156 FamFG Rn. 19
50 BT-Drucks. 16/6308, 236; Schulte-Bunert/Weinreich/*Ziegler*, § 156 FamFG Rn. 2; Schmid, Grenzen von Einvernehmen in Kindschaftssonderfällen, NZFam 2015, 292 ff.
51 *Salgo*, FF 2010, 352, 358; vgl. auch die Kriterien für Hochkonflikthaftigkeit nach *Dettenborn*; ZKJ 2013, 231 ff.; 272 ff. und *Fichtner*, ZKJ 2012, 46 ff.
52 Siehe hierzu *Fichtner*, ZKF 2012, 46 ff.
53 *Glasl*, Konfliktdiagnose Rn. 1 ff.
54 Vgl. z.B. die 9 Eskalationsstufen nach *Glasl* (von 1.) Verhärtung bis 9.) gemeinsam in den Abgrund), Eskalationsdynamik Rn. 18 ff.
55 *Dettenborn*, ZKJ 2013, 231 ff.

Stufe 3: Hochkonflikthaftigkeit

- Schikanehandeln
- gegenseitiges Drohverhalten mit Ultimatum (Eskalationsdialog)
- Verharren im Vorwurfskreislauf
- Allianzbildung
- Behinderung der Kommunikation zwischen den Konfliktpartnern
- überhöhte Kontrollansprüche in Bezug auf das Verhalten des Konfliktpartners
- Gewaltanwendung in der jüngeren Vergangenheit
- Pathologisierung des Konfliktpartners
- Kriminalisierung des Konfliktpartners
- Selbstschädigung (Verlustignoranz)
- häufig wechselnde Rechtsvertretung
- ausgeprägte Gerichtsanhängigkeit
- Nichteinhaltung von Maßnahmen
- mangelnde Bereitschaft zur Nutzung professioneller Hilfe
- hohe Anzahl von Konfliktthemen
- Drohverhalten gegenüber professionellen Dritten
- Belastung des Kindes (in Abwesenheit des Konfliktpartners)
- Belastung des Kindes (in Anwesenheit beider Konfliktpartner)

Die Liste umfasst 18 Kriterien, die für eine Beurteilung der Konfliktausprägung herangezogen werden können. Sie können einzeln oder kumulativ auftreten und sind je nach konkretem Einzelfall unterschiedlich ausgeprägt.[56] Der Kriterienkatalog bildet daher auch nur eine Unterstützung bei der Einschätzung des Konfliktniveaus, die aber in der Praxis für die Entscheidung, welche Intervention angezeigt ist, sehr hilfreich sein kann.[57] **38**

Ein in der Praxis ebenfalls bewährtes Modell ist das **dreistufige Modell der Konflikteskalation** von *Alberstötter*, der unterscheidet:[58] **39**

Übersicht: Stufen der Konflikteskalation

Stufe 1
Zeitweilig gegeneinander gerichtetes Reden und Tun

Stufe 2
Verletzendes Agieren und Ausweitung des Konfliktfeldes

Stufe 3
Beziehungskrieg: Kampf um jeden Preis

---

56 *Dettenborn*, ZKJ 2013, 231, 234
57 *Dettenborn*, ZKJ 2013, 272, 273
58 Bundeskonferenz für Erziehungsberatung e.V., Beratung von Hochkonflikt-Familien, Fachliche Standards in: Weber/Alberstötter/Schilling, 437 f.

bb) Grenzen der Bemühungen um Einvernehmen

40 Zwar schließt Hochkonflikthaftigkeit ein Hinwirken auf Einvernehmen im familiengerichtlichen Verfahren nicht aus, jedoch sind die Erfolgschancen erheblich gemindert, wenn die Beteiligten aufgrund der hohen Eskalationsstufe des Konflikts nicht bereit oder auch nur nicht in der Lage sind, ihre Einstellungen und ihr Verhalten zu reflektieren und zu verändern.[59] Während die Eltern, die sich im dreistufigen Modell von *Alberstötter* auf Stufe 1 der Konflikteskalation befinden, noch deutliche Ressourcen aufweisen im Hinblick auf konfliktreduzierende Einsichten und Dritte (Berater, Mediatoren, Richter) noch als neutral akzeptieren können, gilt dies für die Stufe 2 nach diesem Modell nur noch in reduziertem Maß und für die Stufe 3 in der Regel nicht mehr.[60] Insgesamt besteht die Gefahr, dass die Selbstregulierungskräfte und die Fähigkeit, eigenverantwortlich zu handeln, überschätzt werden und sich der Konflikt durch die Bemühungen um ein Einvernehmen zeitlich in die Länge zieht. Gleichwohl besteht auch die Gefahr, dass die Selbstregulierungskräfte unterschätzt werden und die Chance für eine einvernehmliche Lösung verpasst wird.[61] In diesem Spannungsfeld ist vom Familiengericht die Entscheidung über das Verfahren und die Art und Weise der Intervention zu treffen, wobei insbesondere darauf zu achten ist, dass das Wohl des Kindes durch die Einigungsbemühungen und eine zeitliche Ausdehnung des Konflikts der Eltern nicht gefährdet wird. Gehen die konflikthaften Verhaltensweisen der Eltern mit einer Einschränkung ihrer Erziehungsfähigkeit einher und zeigt das Kind bereits Verhaltensauffälligkeiten oder psychische bzw. psychosomatische Beeinträchtigungen, so dürften die Grenzen der Bemühungen um ein Einvernehmen erreicht und eine Entscheidung des Familiengerichts angezeigt sein (§ 1697a BGB).

cc) Fazit

41 Der Grundsatz, dass eine einvernehmliche Lösung der Beteiligten einer gerichtlichen Entscheidung vorzuziehen ist, stößt dort an seine **Grenzen**, wo die Situation des Kindes eine **gerichtliche**, dem Wohl des Kindes am besten entsprechende (vgl. § 1697a BGB) **Regelung erfordert**, die die Eltern – aus welchem Grund auch immer – nicht oder nicht befriedigend selbst herzustellen in der Lage sind.[62]

2. Hinweis auf Möglichkeiten der Beratung (Satz 2)

a) *Beratungsangebote der Jugendhilfe*

42 Unabhängig davon, ob ein Einvernehmen zwischen den Eltern erzielt werden konnte, weist das Gericht immer, auch für die Zukunft, auf die Möglichkeiten der Beratung durch die Beratungsstellen der öffentlichen und freien Träger der Kinder- und Jugendhilfe (§ 3 Abs. 2 SGB VIII) hin. Es empfiehlt sich hier, ein **Informationsblatt** zusammen mit den Trägern der Kinder- und Jugendhilfe zu erarbeiten, das möglichst konkret ist und Adressen, Telefonnummern und persönliche Ansprechpartner in den verschiedenen Stellen nennt. Bewährt hat sich in der Praxis in geeigneten Fällen auch die **Teilnahme der Beratungsstelle im frühen Termin**, um ein gegenseitiges Kennenlernen zwischen Eltern und Beratungsperson zu ermöglichen und so die Schwelle der Inanspruchnahme von Beratung abzusenken, ggf. sogar mit dem Ergebnis konkreter Terminvereinbarungen.[63]

---

59 *Dettenborn*, ZKJ 2013, 272, 273
60 Bundeskonferenz für Erziehungsberatung e.V., Beratung von Hochkonflikt-Familien, Fachliche Standards in: Weber/Alberstötter/Schilling, 437 f.
61 *Dettenborn*, ZKJ 2013, 272, 273
62 MüKoFamFG/*Schumann*, § 156 FamFG Rn. 8; *Vogel*, Kommunikation im familiengerichtlichen Verfahren, FF 2014, 399, 403; *Heilmann*, in: HB Verfahrensbeistandschaft, Rn. 1363
63 Vgl. Münchener Modell, ZKJ 2008, 199; *Gartenhof/ Schmid/Normann/ v. Thüngen/ Wolf*, NZFam 2014, 972, 973

Die folgenden, in diesem Zusammenhang einschlägigen **Beratungsangebote** unterbrei- **43** ten die Träger der Kinder- und Jugendhilfe:

(1) **Beratung bei Trennung und Scheidung** (§ 17 Abs. 1 und 2 SGB VIII). Ziel dieser Beratung ist es, den Familien dabei zu helfen, Konflikte und Krisen zu bewältigen, gute Bedingungen für die Wahrnehmung der gemeinsamen Elternverantwortung zu schaffen sowie die Eltern dabei zu unterstützen, einvernehmlich ein Konzept für die Wahrnehmung ihrer elterlichen Verantwortung und der elterlichen Sorge zu entwickeln.

(2) Beratung und Unterstützung bei der Ausübung des Umgangsrechts (§ 18 Abs. 1 und 3 SGB VIII)

(3) **Erziehungsberatung, auch bei Trennung und Scheidung** (§ 28 SGB VIII) durch die Erziehungsberatungsstellen

b) Abgrenzung der Indikation: Beratung, Therapie, Mediation

Die **Beratung** bietet **Rat und Hilfe** bei der Klärung von belastenden Problemen und beim **44** Abbau von Ängsten und Verletzungen durch gemeinsame oder einzeln geführte Gespräche. Sie umfasst auch **praktische und organisatorische Hilfen**. Von der Therapie, mit der sie die Klärung der Ursachen von Konflikten gemeinsam hat, grenzt sie sich durch ihre Ausrichtung auf eine konstruktive Arbeit an Lösungen ab. Die **Therapie** arbeitet an den **tiefer liegenden psychischen Problemen** des Klienten und an seiner Persönlichkeit, setzt also eine Bereitschaft des Klienten, sich dem Therapeuten gegenüber zu öffnen, voraus. Sie zielt weniger auf die Lösung konkreter sachlicher Probleme.[64]

Die **Mediation** hingegen zeichnet sich gerade durch das Ziel einer **Lösung des Konflikts** aus.[65] Sie arbeitet in erster Linie zukunftsorientiert und ist immer auf die Konfliktlösung zwischen zwei oder mehr Konfliktbeteiligten gerichtet. Die Mediation geht immer nur so weit in die Tiefe oder in die Vergangenheit zurück, wie es zur gemeinsamen Lösungsfindung nötig ist. In der Mediation fehlt das Element des Beratens, da der Mediator klassischerweise keinen Rat erteilt und auch nicht, wie im Falle der Beratung durch die Jugendhilfe, praktische und organisatorische Hilfen anbietet.

Die Indikation von Beratung, Therapie oder Mediation ist abhängig von der Art und Weise **45** des Konflikts, der **Eskalationsstufe** (zur Hochkonflikthaftigkeit siehe oben Rn. 37 ff.) und – bei Trennung und Scheidung – von der Phase, in der sich die Eltern in Bezug auf die Trennung befinden.[66] Zu diesen **Trennungsphasen** gibt es unterschiedliche Modelle. Orientiert man sich an den Phasen, die nach den Beobachtungen von John Bowlby ein Kleinkind im allgemeinen durchläuft, welches im frühkindlichen Stadium von seiner Mutter getrennt wurde, so lassen sich auch bei Erwachsenen die folgenden Phasen modellhaft unterscheiden: eine erste Phase des **Protests**, eine zweite Phase der **Verzweiflung** und eine dritte Phase der **Gleichgültigkeit**[67] oder Depression, gefolgt von einer vierten Phase der **Trauer**.[68] Allgemeinverbindliche Regeln der Indikation lassen sich kaum aufstellen, vielmehr ist diese von den Umständen des Einzelfalls abhängig. Generell wird man aber in einer frühen und gleichzeitig hochemotional erlebten, wütenden **Trennungsprotestphase** nur **Kriseninterventionen**, gerichtet auf **kurzfristige Zwischenlösungen** wirkungsvoll durchführen können (Beratung, wie es in den nächsten Monaten weitergeht,

---

64 Prütting/Helms/*Hammer*, § 156 FamFG Rn. 23
65 *Mähler/Mähler*, in: HB Mediation Rn. 21
66 *Fichtner*, ZKJ 2012, 46, 51
67 *Maywald*, in: HB Verfahrensbeistandschaft Rn. 1015 f. unter Verweis auf *Bowlby*; *Petri*, S. 59
68 *Petri*, a.a.O., S. 107 ff.; vgl. auch die von *Kübler-Ross* unterschiedenen Phasen bei Ablöseprozessen: (1) Verleugnung, (2) Auflehnung und Zorn, (3) Kampf um die Beziehung, (4) Niedergeschlagenheit und (5) Hinnahme der Trennung, Loslassen, *Bielecke*, FPR 2013, 471, 472 m.w.N.; *v. Luxburg*, Rn. 4 ff.; *Diez/Krabbe/Thomsen*, Rn. 455 ff.

Kurzzeittherapie zur Krisenbewältigung oder Mediation zu Themen, die nur unmittelbar anstehende Teilkonflikte betreffen). Längerfristige Therapien oder eine Mediation, die eine vollständige Vereinbarung über die Trennungs- und Scheidungsfolgen zum Ziel hat, sind hingegen eher dann indiziert, wenn entweder die Trennung noch nicht weit zurückliegt, jedoch von beiden Seiten bereits dem Grunde nach akzeptiert wird, oder die Trennung schon etwas länger andauert, die Beteiligten schon die ersten, von starken Emotionen begleiteten Phasen durchlaufen haben und nun bereit sind, sich konkret mit ihren Zukunftsperspektiven zu beschäftigen.

3. Informationsgespräch über Mediation oder eine sonstige Möglichkeit der außergerichtlichen Konfliktbeilegung (Satz 3)

a) Anordnung eines Informationsgesprächs

46   Eine Mediation kann das Gericht auch nach der Neufassung der Norm durch das Gesetz zur Förderung der Mediation und anderer Formen der außergerichtlichen Konfliktbeilegung vom 21.7.2012 nicht anordnen, wohl aber kann es nach seinem Ermessen anordnen, dass die Beteiligten in Kindschaftssachen **wie auch in Ehesachen nach § 135 FamFG** einzeln oder gemeinsam an einem **kostenfreien Informationsgespräch** über Mediation oder eine andere Form der außergerichtlichen Konfliktbeilegung teilnehmen. Hierzu benennt das Gericht eine Stelle oder Person, die ein solches kostenfreies Informationsgespräch anbietet, wobei die Auswahl der Stelle oder Person im lediglich willkürfrei auszuübenden Ermessen steht[69] oder verweist auf die Internetseiten der Dachverbände der Mediatoren, auf denen die Mediatoren nach Ort (PLZ) oder Alphabet und ggf. Spezialisierung gelistet sind.[70] Vor der Anordnung der Teilnahme an einem solchen Informationsgespräch ist den Beteiligten rechtliches Gehör einzuräumen.[71]

47   Die **Dachverbände der Mediatoren** haben ihren Mitgliedern empfohlen, solche kostenfreien Informationsgespräche anzubieten und teilweise Informationsblätter für Richter, Mediatoren, Anwälte und Beteiligte entwickelt, die sich im Internet abrufen lassen.[72] Ein **Informationsgespräch** stellt regelmäßig noch nicht den Beginn der Mediation dar, sondern die Beteiligten werden in einem ca. 30 Minuten dauernden Gespräch über Inhalt, Ablauf, Sinn und Zweck einer Mediation und deren Möglichkeiten und evtl. auch Grenzen einschließlich der zu erwartenden Kosten, die derzeit noch von den Beteiligten selbst zu tragen sind, informiert.[73] Die Teilnehmer an dem Informationsgespräch erhalten anschließend eine schriftliche Teilnahmebestätigung.[74] Diese legen sie dem Gericht vor.[75]

48   Die **Kosten einer Mediation** reichen von der kostenfreien oder auf Spendenbasis gewährten Mediation der freien Träger (Caritas, Pro Familia usw.) bis hin zu einer Mediation mit einem Stundensatz von 70 – ca. 150 Euro oder mehr.[76] Eine Mediationskostenhilfe sieht das Gesetz – bislang – noch nicht vor, wurde aber im Gesetzgebungsverfahren zum Mediationsgesetz von 2012 diskutiert. § 61a FamGKG gibt den Ländern die Möglichkeit, durch Rechtsverordnung eine Ermäßigung der Gerichtskosten zu regeln, wenn die Beteiligten eine Mediation durchgeführt haben.

---

69 *Greger/Unberath*, MediationsG 2012, Teil 4, Rn. 76
70 Z.B. www.bafm-mediation.de/mediatorensuche; www.bmev.de; www.centrale-fuer-mediation.de
71 *Greger/Unberath*, Teil 4 Rn. 66
72 Vgl.: www.bafm-mediation.de/mitgliedschaft/informationsgespraeche-135-famfg
73 *Pielsticker* in: Fritz/Pielsticker, § 156 FamFG Rn. 13
74 *Pielsticker* in: Fritz/Pielsticker, § 156 FamFG Rn. 15
75 *Greger*, FPR 2011, 115; *Grabow* FPR 2011, 33
76 *Greger*, FPR 2011, 115, 116

b) Ermessen

Bei der Vorschrift des § 156 Abs. 1 Satz 3 FamFG handelt es sich um eine Kann-Vorschrift, **49** d.h. es steht im **pflichtgemäßen Ermessen** des Familiengerichts, ob es die Eltern verpflichtet, an einem solchen Informationsgespräch teilzunehmen.[77] Bei der Ausübung dieses Ermessens kommt es darauf an, ob der Fall sich für eine Mediation überhaupt eignen könnte (vgl. auch die allgemeinen Eignungskriterien für die Herstellung von Einvernehmen, oben Rn. 7, und die Abgrenzung der Indikation einer bestimmten Interventionsmethode, hierzu Rn. 44).

Kriterien der Eignung eines kindschaftsrechtlichen Verfahrens für eine Mediation können **50** nen sein:

- **Komplexität** des Konflikts und der zu behandelnden Problemfelder

- Der verfahrensgegenständliche Konflikt stellt nur die „**Spitze des Eisbergs**" dar, d.h. der eigentliche Konflikt liegt tiefer und ist vielgestaltiger.

- Die Eltern sind jedenfalls **ansatzweise bereit, miteinander zu verhandeln**[78] und die Delegation an Anwälte und Gericht zurückzunehmen.

- Die Eltern sind von ihrer gesundheitlichen und psychischen Verfassung her grundsätzlich **in der Lage, eigenverantwortlich zu verhandeln**.

- Das staatliche Wächteramt steht nicht in einer Weise im Vordergrund, die eine Rückgabe des Konflikts an die eigenverantwortlich handelnden Eltern ausschließt. Grundregel: **Je mehr staatliches Wächteramt, desto weniger ist das Verfahren geeignet für eine Mediation.**

- Eine Mediation und die damit einhergehende Verfahrensverzögerung sind auch mit Blick auf die durch den Zeitablauf möglicherweise entstehende Faktenlage vertretbar. Grundregel: **Keine Fakten schaffen durch Zeitablauf** (z.B. wenn es um den Aufenthalt eines Kindes bei einem Elternteil geht; näher hierzu Fink, § 155 FamFG Rn. 13). Ggf. legt das Familiengericht in einem solchen Fall einen zeitlichen Rahmen für die Mediation fest und nimmt das Verfahren nach Fristablauf von Amts wegen wieder auf.

- Ein **hochstrittiger Elternkonflikt**[79] (zur Hochkonflikthaftigkeit siehe oben Rn. 36 ff.) schließt Mediation nicht aus, **erschwert** diese aber.[80] In diesen Fällen ist von der Anordnungskompetenz des § 156 Abs. 1 Satz 3 angesichts der hohen Eskalationsstufe des Konflikts, zumal er sich schon bei Gericht befindet, nur eingeschränkt Gebrauch zu machen. Möglicherweise ergibt eine Konfliktdiagnose[81] bei hochstrittigen Eltern, dass der strukturgebende Rahmen der gerichtlichen Verhandlung mit der Möglichkeit der Delegation seitens der Eltern einerseits und der Ressource staatlicher, d.h. richterlicher Autorität und Verhandlungsführung andererseits die geeignetere Verfahrensweise zur Konfliktbeilegung ist.[82]

c) Verfahren und Durchsetzung

Ordnet das Gericht an, dass die Beteiligten an einem Informationsgespräch über Media- **51** tion teilnehmen, so ist fraglich, ob es – wie im Falle der Durchführung einer außergerichtlichen Mediation gemäß § 36a FamFG – das laufende Verfahren aussetzen muss. Da die Aussetzung des Verfahrens nach § 36a Abs. 2 FamFG lediglich zum Gelingen der Media-

---

77 *Greger*, in: Greger/Unberath, Teil 4, Rn. 65; *Grabow*, FPR 2011, 33, 35
78 Zu den Grenzen der Mediation siehe auch *Montada/Kals*, S. 294 ff.
79 Zu den Merkmalen von Hochkonflikthaftigkeit vgl. *Dettenborn*, ZKJ 2013, Heft 6 und 7
80 *Krabbe*, Mediation in hoch eskalierten Partnerkonflikten, in: Trenczek Rn. 1 ff.
81 *Brändle/Schreiber*, WzS 2014, 35, 39
82 Prütting/Helms/*Hammer*, § 156 FamFG Rn. 14; *Dettenborn*, ZKJ 2013, 271, 274

tion beitragen soll, indem während der Mediation keine neuen gerichtlichen Schritte eingeleitet und laufende Verfahren nicht betrieben werden, ist es im Falle der Anordnung nur eines Informationsgesprächs über die Mediation, ohne dass feststeht, dass sich die Eltern für das Verfahren der Mediation entscheiden, in diesem Stadium mit Blick auf den Beschleunigungsgrundsatz des § 155 Abs. 1 FamFG **nicht angezeigt, das Verfahren auszusetzen**.

52 Die Anordnung des Informationsgesprächs kann man zwar **nicht** mit **Ordnungs- und Zwangsmitteln** durchsetzen (§ 156 Abs. 1 Satz 5 FamFG in Abweichung zu § 35 FamFG); die Verweigerung der Teilnahme kann aber eine **negative Kostenfolge** nach sich ziehen (§ 81 Abs. 2 Ziff. 5 FamFG).

d) Mediation

53 § 1 Abs. 1 MediationsG formuliert: „Mediation ist ein vertrauliches und strukturiertes Verfahren, bei dem Parteien mit Hilfe eines oder mehrerer Mediatoren freiwillig und eigenverantwortlich eine einvernehmliche Beilegung ihres Konfliktes anstreben." Abs. 2 lautet: „Ein Mediator ist eine unabhängige und neutrale Person ohne Entscheidungsbefugnis, die die Parteien durch die Mediation führt." Die Grundprinzipien der Mediation lauten: Eigenverantwortlichkeit, Freiwilligkeit, Vertraulichkeit, Informiertheit, Ergebnisoffenheit und Allparteilichkeit (des Mediators).[83]

54 Das Verfahren ist strukturiert. Je nach Ausbildung des Mediators werden **5 Stufen** unterschieden:[84]

- In Stufe 1 wird der **Auftrag** mit den Beteiligten geklärt.

- In Stufe 2 werden alle **Themen** aufgelistet, die die Beteiligten in der Mediation besprechen wollen.

- In Stufe 3 wird – gesondert nach den aufgelisteten Themen – an dem eigentlichen Konflikt gearbeitet, d.h. es wird herausgearbeitet, welche **Interessen**, Anliegen und Bedürfnisse sich bei den Beteiligten hinter den Themen verbergen.

- In Stufe 4 wird – wiederum gesondert nach Themen – möglichst frei und kreativ nach möglichen **Lösungen** gesucht und

- in Stufe 5 wird eine **Vereinbarung** geschlossen, die alle gefundenen Lösungen umfasst.

55 Der Mediator sollte in einer umfassenden Ausbildung geschult sein und neben der Lehre von dem Verfahren der Mediation auch mit Konflikttheorien, dem Umgang mit Machtungleichgewichten, mit den wichtigsten Kommunikationstechniken, mit der Technik der Visualisierung und der passenden Fragestellung vertraut sein. Regelmäßige Fallsupervisionen tragen zum Aufbau und Erhalt der Qualität des Mediators bei.

4. Anordnung einer Beratung (Satz 4)

a) Indikation

56 Das Gericht kann bei – zunächst – beratungsunwilligen Beteiligten auch die Inanspruchnahme von Beratung anordnen, wenn es sich hiervon für die Konfliktbearbeitung oder für die Hilfestellung bei der Erziehung und der Wahrnehmung der elterlichen Verantwortung eine positive Einwirkung verspricht.[85] Zielgruppe sind diejenigen Eltern, die einer Beratung

---

83 *Kracht*, in: HB Mediation, Rn. 98; *Fritz*, in: Fritz/Pielsticker, § 1 Rn. 16 ff.
84 *Kessen/Troja*, in: HB Mediation, Rn. 4 ff.; *Moll-Vogel*, in: HB Elterlicher Sorge und Umgang Rn. 1190 ff.; *Unberath*, in: Greger/Unberath, § 2 Rn. 50 m.w.N.
85 Vgl. Empfehlung des DFGT FamRZ 2005, 1962, 1964

skeptisch gegenüber stehen, die aber doch über eine gewisse Offenheit und vor allem über eine **gewisse Einigungsbereitschaft** verfügen. Studien und Modellversuche haben gezeigt, dass auch eine angeordnete Beratung einen positiven Einfluss haben kann, so dass die Möglichkeiten der Beratung auch bei anfangs geringer Eigenmotivation der Beteiligten ausgeschöpft werden konnten[86]. Das **Prinzip der Freiwilligkeit** drückt sich dann nicht in einer freiwilligen Aufnahme, wohl aber in einer **freiwilligen Fortführung der Beratung** aus. Die Aufgabe zu Beginn des Beratungsprozesses besteht also darin, aus der **Fremdmotivation** eine **Eigenmotivation** zu entwickeln.[87] Förderlich für das Gelingen der Beratung durch die Träger der Jugendhilfe kann es sein, dass diese grundsätzlich, außer in den Fällen der Kindeswohlgefährdung (vgl. § 8a SGB VIII), der **Schweigepflicht** unterliegt (§§ 203 StGB, 65 SGB VIII).[88] Ob die Schweigepflicht der Beratungsstelle auch so weit geht, dass sie dem Gericht keine Mitteilung über den Verlauf der Beratung machen darf bzw. darüber, ob sie ggf. gescheitert ist, ist umstritten.[89] In der Praxis sollte sich das Gericht in angemessenen Zeitabständen bei den Beteiligten oder ihren Rechtsanwälten erkundigen, ob die Beratung noch andauert und ernsthaft wahrgenommen wird.

b) Zusammenarbeit mit den Trägern der Jugendhilfe

57 Ordnet das Gericht an, dass die Eltern an einer Beratung teilnehmen, so werden die Eltern hierdurch verpflichtet, die Beratungsleistung eines Trägers der Jugendhilfe anzunehmen.[90] Da das Gericht jedoch de lege lata gegenüber dem Jugendamt oder einem anderen Träger der Jugendhilfe nach verbreiteter Ansicht **keine Anordnungskompetenz** hat (näher hierzu Dürbeck, § 162 FamFG Rn. 27), sondern die Beratungsstellen eigenständig die Indikation prüfen und über die Art und Weise der Beratung entscheiden[91], sind in der Praxis eine gute **Vernetzung und Kooperation** zwecks Abstimmung von Art und Weise, Ablauf und Umfang der Beratung zwischen dem Familiengericht, dem Jugendamt und den Beratungsstellen notwendig, auch um eine angeordnete Beratung gut auf den Weg zu bringen.[92] Die Mitwirkungsverpflichtung des Jugendamts im familiengerichtlichen Verfahren ergibt sich aus § 50 SGB VIII bzw. § 162 FamFG.

58 Mit der Anordnung einer Beratung nach Satz 4 soll das Gericht schon aus praktischen und organisatorischen Bedürfnissen heraus festlegen, bei welcher Beratungsstelle und binnen welcher Frist die Eltern sich beraten lassen sollen.[93] Allerdings sind mangels Vollstreckbarkeit (vgl. Satz 5) an die Bestimmtheit der Anordnung keine zu hohen Anforderungen zu stellen.[94] **Gegenstand der Anordnung** können neben den Beratungs- und Unterstützungsangeboten der Jugendhilfe nach den §§ 17, 18 und 28 SGB VIII auch andere Unterstützungsangebote sein, sofern sie eine ähnliche Intensität und Konzeptionalität aufweisen, wie z.B. Anti-Gewalt-Trainings oder Elternkurse.[95] Da sie stark an der Person arbeitet, eine Selbstöffnung des Elternteils verlangt und somit in das Persönlichkeitsrecht des Elternteils eingreift, kann eine **Therapie nicht angeordnet**, sondern nur empfohlen werden.[96]

---

86 Prütting/Helms/*Hammer*, § 156 FamFG Rn. 4
87 *Gartenhof u.a.*, NZFam 2014, 972, 975
88 *Gartenhof u.a.*, NZFam 2014, 972, 975
89 Prütting/Helms/*Hammer*, § 156 FamFG Rn. 31; *Bergmann*, ZKJ 2010, 56, 58
90 MüKoFamFG/*Schumann*, § 156 FamFG Rn. 10
91 Prütting/Helms/*Hammer*, § 156 FamFG Rn. 32; *Bergmann*, ZKJ 2010, 56, 58; Stellungnahme der Bundeskonferenz für Erziehungsberatung, ZKJ 2009, 121, 122; Wiesner/*Mörsberger/Wapler*, § 50 SGB VIII, Rn. 73
92 PK Familienverfahrensrecht/*Meysen*, § 156 FamFG Rn. 15; *Gartenhof u.a.*, NZFam 2014, 972, 974; Wiesner/*Mörsberger/Wapler*, § 50 SGB VIII, Rn. 73 ff.
93 BT-Drucks. 16/6308, 237; Prütting/Helms/*Hammer*, § 156 FamFG Rn. 31; Schulte-Bunert/Weinreich/*Ziegler*, § 156 FamFG Rn. 3
94 Prütting/Helms/*Hammer*, § 156 FamFG Rn. 31
95 Prütting/Helms/*Hammer*, § 156 FamFG Rn. 30; www.kinderimblick.de
96 Prütting/Helms/*Hammer*, § 156 FamFG Rn. 30

c) Verfahren und Durchsetzung

59   Auch hier gilt, wie schon in der Anordnung nach Satz 3, dass die Verpflichtung zur Beratung **nicht** zu einer **Verzögerung** des Verfahrens führen darf; entsprechend wurde die Vorschrift des § 52 Abs. 2 FGG, die eine Aussetzung des Verfahrens vorsah, nicht übernommen. Eine Aussetzung kommt somit nur nach § 21 FamFG in Betracht.[97] Das Gericht wird sich spätestens nach Ablauf von 3 Monaten (vgl. § 155 Abs. 4 FamFG) bei den Eltern oder bei dem Jugendamt erkundigen, ob die Beratung noch andauert. Im Zweifel und wenn Verzögerungen zu befürchten sind, sollte das Gericht unverzüglich einen weiteren Erörterungstermin bestimmen oder eine andere, verfahrensleitende Verfügung treffen, z.B. – soweit noch nicht geschehen – die Bestellung eines Verfahrensbeistands (§ 158 FamFG) bzw. sollte nach abschließender Stellungnahmefrist, einen Beschluss erlassen, wenn eine hinreichende Grundlage für eine am Kindeswohl orientierte Entscheidung gegeben ist, insbesondere alle Beteiligten, namentlich die Eltern (§ 160 FamFG) und das Kind (§ 159 FamFG) sowie das Jugendamt (§ 162 FamFG) angehört wurden.[98]

60   Die Anordnung der Beratung ist **nicht** mit **Zwangsmitteln** durchsetzbar. Mit dem Ziel einer Beratung wäre es auch unvereinbar, wenn diese unter Zwang erfolgte. Andererseits ist die Anordnung auch nicht nach den §§ 58 ff. FamFG anfechtbar (§ 156 Abs. 1 Satz 5 FamFG); vielmehr stellt sie eine **nicht anfechtbare Zwischenentscheidung** dar.

▶   *Näher zur Anfechtbarkeit von Zwischenentscheidungen Dürbeck, § 58 FamFG Rn. 9 ff.*

5. Umsetzung einer einvernehmlichen Regelung in Sorgerechtsverfahren

a) Aufrechterhaltung der gemeinsamen elterliche Sorge

61   Erzielen die Beteiligten in einem Antragsverfahren, z.B. nach § 1671 BGB ein Einvernehmen, so bleibt es entweder bei der **gemeinsamen elterlichen Sorge** und ggf. wird noch eine **Sorgevereinbarung** getroffen und protokolliert, welche die Ausübung der elterlichen Sorge in Teilfragen näher regelt, z. B. den Lebensmittelpunkt des Kindes. Oder der Antrag wird, anders als in Amtsverfahren möglich, gemäß § 22 Abs. 1 FamFG zurückgenommen bzw. gemäß § 22 Abs. 3 übereinstimmend für erledigt erklärt. Das Gericht trifft lediglich noch eine Kostenentscheidung nach den §§ 83 Abs. 2, 81 FamFG.[99]

62   Eine Möglichkeit, bei fortbestehender gemeinsamer elterlicher Sorge den betreuenden Elternteil handlungsfähig zu machen, ist die Erteilung einer **Sorgerechtsvollmacht** durch den anderen Elternteil.[100] Diese ist widerruflich, sodass der betreuende Elternteil sie in der Regel nicht zum Nachteil des anderen Elternteils oder gar des Kindes ausnutzen wird. Es ist jedoch sorgfältig zu prüfen, ob die Erteilung einer Sorgerechtsvollmacht allein bereits dazu führen kann, die Voraussetzungen für eine Aufhebung der gemeinsamen elterlichen Sorge zu verneinen (siehe hierzu *Keuter*, § 1671 BGB Rn. 21).

b) Entscheidung des Familiengerichts

63   Finden die Eltern gerichtlich oder außergerichtlich, z.B. im Rahmen einer Beratung nach § 17 Abs. 2 SGB VIII oder mittels Mediation eine einvernehmliche Regelung, die die Übertragung des Sorgerechts oder von Teilbereichen des Sorgerechts zum Inhalt hat, bedarf es in jedem Fall noch einer **gerichtlichen Entscheidung**, da die Eltern über das Sorgerecht **nicht disponieren** können.[101] Das Familiengericht unternimmt die notwendigen Verfah-

---

97   BT-Drucks. 16/6308, 237; Schulte-Bunert/Weinreich/*Ziegler*, § 156 FamFG Rn. 3
98   Prütting/Helms/*Hammer*, § 156 FamFG Rn. 37
99   Prütting/Helms/*Hammer*, § 156 FamFG Rn. 75
100   *Geiger/Kirsch*, FamRZ 2009, 1879
101   *Zöller/Lorenz*, § 156 FamFG Rn. 2

rensschritte (Beteiligungen, Anhörungen, Kindeswohlprüfung) und erlässt einen Beschluss nach § 38 FamFG unter Berücksichtigung dessen, was die Eltern vereinbart haben.

Bezieht sich das zwischen den Eltern erzielte Einvernehmen auf das Umgangsrecht mit dem Kind oder auf die Herausgabe des Kindes, so knüpft § 156 Abs. 2 FamFG die Wirksamkeit eines entsprechenden Vergleichs an das Erfordernis der **gerichtlichen Billigung**, da auch die Regelung des Umgangsrechts und der Herausgabe nicht der **Disposition** der Eltern unterliegt. Insofern erweitert § 156 Abs. 2 FamFG den Anwendungsbereich der Vorschrift des § 36 Abs. 1 Satz 1 FamFG.[102]   **64**

▶ *Zur Verweisung der Beteiligten vor den Güterichter siehe Wegener, § 36 FamFG Rn. 9 ff.*

▶ *Zur Verweisung in die außergerichtliche Mediation siehe Wegener, § 36a FamFG.*

▶ *Zur Mediation in internationalen Kindschaftskonflikten siehe Wegener, Auslandsbezüge, Kapitel 6.*

II. Gerichtlich gebilligter Vergleich (Abs. 2)

Erzielen die Beteiligten gerichtlich oder außergerichtlich ein Einvernehmen über die Regelung des Umgangs (§§ 1684 f. BGB) oder die Frage der Herausgabe des Kindes (§ 1632 Abs. 1 BGB), so nimmt das Gericht die einvernehmliche Regelung als Vergleich auf, wenn es diese billigt (§ 36 Abs. 2, 3 FamFG i.V.m. § 156 Abs. 2 FamFG). Eine Umgangsregelung wird vom Gericht gebilligt, wenn sie dem Kindeswohl nicht widerspricht (**negative Kindeswohlprüfung**).[103] Eines **gesonderten Beschlusses über die Billigung** bedarf es nach hier vertretener Auffassung nicht.[104] Nach anderer Ansicht[105] bedarf es neben der Protokollierung des Vergleichs noch eines gesonderten Beschlusses über die gerichtliche Billigung des Vergleichs, der dann auch den Warnhinweis nach § 89 Abs. 2 FamFG enthält (näher sowie zur Frage der Anfechtbarkeit eines solchen Beschlusses über die gerichtliche Billigung näher *Cirullies*, § 86 FamFG Rn. 15[106]).[107] Erforderlich ist in jedem Fall, dass alle gemäß § 7 FamFG am Verfahren Beteiligten dem Vergleichsschluss **zustimmen**. Ist dies nicht der Fall, so entscheidet das Familiengericht in der Sache durch Beschluss. Es kann dann die getroffene, aber nicht von allen Beteiligten unterstützte Vereinbarung berücksichtigen, muss dies aber nicht.[108] Lehnt das Gericht in einem gesonderten Beschluss die Billigung ab, so handelt es sich dabei um eine nicht anfechtbare Entscheidung.[109] Es hat dann – ebenso wie im Falle der Versagung der Zustimmung durch einen oder mehrere Beteiligte – im Wege einer streitigen Endentscheidung gemäß § 38 Abs. 1 Satz 1 FamFG den Umgang zu regeln bzw. die Herausgabe anzuordnen.   **65**

Treffen die Beteiligten bewusst eine Umgangsregelung, die das Gericht nicht billigen kann, weil sie zu unkonkret und damit nicht vollstreckbar ist, und verzichten sie auf die gerichtliche Billigung, so wird der Vergleich – wenn überhaupt – mit dem Hinweis protokolliert, dass es sich nicht um einen Vollstreckungstitel handelt, und das Gericht stellt in einem das **Verfahren abschließenden Beschluss** fest, dass – wenn das Kindeswohl nicht etwas an-   **66**

---

102 BT-Drucks. 16/6308, 237; Musielak/*Borth,* § 156 FamFG Rn. 5
103 Keidel/*Engelhardt,* § 156 FamFG Rn. 14
104 *Heilmann,* NJW 2012, 887, 889 m.w.N.
105 Zöller/*Lorenz,* § 156 FamFG Rn. 3; *Hammer,* FamRZ 2011, 1268; Prütting/Helms/*Hammer,* § 156 FamFG Rn. 64 ff.; Keidel/*Engelhardt,* § 156 FamFG Rn. 13; Schulte-Bunert/Weinreich/*Ziegler,* § 156 FamFG Rn. 6
106 Siehe OLG Hamm, NZFam 2014, 956 = ZKJ 2014, 478; OLG München, FF 2015, 30
107 *Rüntz/Viehfues,* FamRZ 2010, 1285
108 *Heilmann,* FamRZ 2010, 1391, NJW 2012, 887, 889; a.A. *Vogel,* FamRZ 2010, 1870, der die Möglichkeit einer Billigung des Vergleichs durch das Gericht auch in diesen Fällen annimmt; Schulte-Bunert/Weinreich/ *Ziegler,* § 156 FamFG Rn. 5
109 OLG Frankfurt FamRZ 2011, 394; Musielak/*Borth,* § 156 FamFG Rn. 8

deres verlangt – ein Regelungsbedürfnis hinsichtlich des Umgangs nicht besteht und trifft eine Kostenentscheidung nach den §§ 83 Abs. 2, 81 FamFG.[110] **Nicht ausreichend** sind hier **Erledigungserklärungen** der Beteiligten oder eine Antragsrücknahme, da es sich um ein Amtsverfahren handelt mit der Folge, dass die Beteiligten nicht über den Abschluss des Verfahrens disponieren können.[111]

▶ *Zu den weiteren Einzelheiten des gerichtlich gebilligten Vergleichs, vgl. Cirullies, § 86 FamFG Rn. 15.*

▶ *Näher zur Verfahrensbeendigung in Umgangssachen Gottschalk, § 1684 BGB Rn. 85 ff.*

III. Einstweilige Anordnung (Abs. 3)

1. Erörterung im frühen Termin (Satz 1)

67   Die Vorschrift ergänzt die Regelungen der §§ 155 Abs. 2 und 156 Abs. 1 FamFG und hebt für Verfahren, in denen es um den Aufenthalt des Kindes, das Umgangsrecht oder die Herausgabe des Kindes geht, die Bedeutung der Möglichkeit des Erlasses einer einstweiligen Anordnung hervor, indem es das Gericht verpflichtet, den **Erlass einer einstweiligen Anordnung** mit den Beteiligten und dem Jugendamt zu **erörtern**. Im Unterschied zu Satz 2, der nur für Umgangsverfahren gilt, erlegt Satz 1 dem Gericht noch keine Pflicht zum Erlass einer Eilentscheidung auf. Im Übrigen richten sich die Voraussetzungen nach den §§ 49 ff. FamFG, d.h. es erfolgt eine summarische Prüfung der materiellen Rechtslage,[112] und es muss unter anderem ein **dringendes Bedürfnis für ein sofortiges Tätigwerden des Familiengerichts** festgestellt sein. Ein **Antragserfordernis** für den Erlass einer einstweiligen Anordnung und damit einhergehend ein Erfordernis der Begründung und Glaubhaftmachung des Antrags[113] besteht in denjenigen **Verfahren**, die **nur auf Antrag** eingeleitet werden können (§§ 1632 Abs. 3, 1671, 1686a BGB; vgl. § 51 Abs. 1 FamFG), nicht aber in den eigentlichen Umgangsverfahren nach den §§ 1684, 1685 BGB[114] und bei der Verbleibensanordnung nach § 1632 Abs. 4 BGB.[115]

2. Einstweilige Anordnung zum Umgang (Satz 2)

68   Satz 2 regelt die Verpflichtung des Gerichts, in Umgangssachen den Umgang im Wege der einstweiligen Anordnung zu regeln oder auszuschließen, wenn eine **Verfahrensverzögerung** durch eine der in Abs. 1 genannten Maßnahmen zur Herstellung eines Einvernehmens oder durch die Erstellung eines Sachverständigengutachtens **zu gewärtigen** ist. Der dieser Vorschrift zugrunde liegende Rechtsgedanke ist, dass es keinen länger andauernden ungeregelten Zustand in Bezug auf das Umgangsrecht geben soll, denn wenn es keine Regelung gibt, bedeutet dies faktisch einen Umgangsausschluss, ohne dass das Gericht hierüber rechtsmittelfähig entschieden hätte. Es sollen **keine „vollendeten Tatsachen"** geschaffen werden,[116] z.B. durch die wachsende Entfremdung des Kindes von dem nicht betreuenden Elternteil,[117] wobei zu berücksichtigen ist, dass jüngere Kinder einen Beziehungsabbruch schneller als endgültig empfinden als ältere Kinder.[118]

---

110 Prütting/Helms/*Hammer*, § 156 FamFG Rn. 65
111 OLG Brandenburg FamRZ 2014, 2019
112 MüKoFamFG/*Schumann*, § 156 FamFG Rn. 32
113 MüKoFamFG/*Schumann*, § 156 FamFG Rn. 32
114 BT-Drucks. 16/6308, 237
115 Schulte-Bunert/Weinreich/*Ziegler*, § 156 FamFG Rn. 9
116 BT-Drucks. 16/6308, 237
117 BT-Drucks. 16/6308, 237
118 *Heilmann*, NJW 2012, 887, 888; ders., Kindliches Zeitempfinden und Verfahrensrecht, 24 ff.

Satz 2 ist Ausdruck des in § 155 Abs. 2 FamFG normierten **Beschleunigungsgebots**. Es **69** handelt sich um eine Sollvorschrift, von der z.B. dann abgewichen werden kann, wenn feststeht, dass die angeordnete Maßnahme nicht zu einer erheblichen Verzögerung führen wird.[119] Eines Antrags bedarf es nicht, da das Umgangsverfahren (bis auf dasjenige nach § 1686a BGB[120]) auch von Amts wegen eingeleitet werden kann (hierzu *Gottschalk*, § 1684 BGB Rn. 85). § 156 Abs. 3 Satz 2 FamFG normiert das in § 49 Abs. 1 FamFG geforderte Regelungsbedürfnis.[121]

Die materiell-rechtlichen Voraussetzungen sind in den **§§ 1684 f. BGB** geregelt und die **70** einstweilige Anordnung muss einen vollstreckungsfähigen Inhalt haben, was in den Fällen, in denen das Gericht beabsichtigt, (zunächst) einen begleiteten Umgang nach § 1684 Abs. 4 Satz 3 BGB anzuordnen, gerade im Eilverfahren praktische Probleme der Umsetzung mit sich bringt, denn Ort und Daten der Umgangstermine sowie die Person des mitwirkungsbereiten Dritten müssen im Beschluss konkret festgehalten sein.[122] Ggf. kommt die – nicht vollstreckbare – Anordnung einer Beratung bei der Ausübung des Umgangsrechts gemäß § 156 Abs. 1 Satz 4 FamFG i.V.m. § 18 Abs. 3 Satz 3 SGB VIII in Betracht[123], damit das Jugendamt bis zu einem nächsten, möglichst bereits mit der Anordnung anzuberaumenden Termin, im Hinblick auf die Installierung des begleiteten Umgangs tätig werden kann.[124]

3. Verfahren

Soll eine einstweilige Anordnung gemäß § 156 Abs. 3 Satz 1 oder 2 FamFG erlassen wer- **71** den, so wird zunächst, ggf. aus der Sitzung heraus, ein **neues Verfahren** eingeleitet, indem entweder der einstw. AO-Antrag oder der Hinweis auf die Einleitung des einstw. AO-Verfahrens von Amts wegen in das Terminprotokoll aufgenommen wird. Die Eltern und der Mitarbeiter des Jugendamts, die im Termin nach § 155 Abs. 2 FamFG anwesend sind, werden zur Frage des Erlasses einer einstweiligen Anordnung gehört. Das Kind, welches regelmäßig zum Termin nach § 155 Abs. 2 FamFG noch nicht geladen worden war, soll ebenfalls angehört werden, bevor eine einstweilige Anordnung ergeht (Satz 3). Die Verpflichtung der Anhörung des Kindes gründet sich zum einen darauf, dass das Kind durch die zu treffende einstweilige Anordnung unmittelbar in einem eigenen materiellen Recht betroffen ist; zum anderen soll sich das Gericht in der Regel einen eigenen persönlichen Eindruck von dem Kind verschaffen. Es gelten insoweit – hinsichtlich Voraussetzungen und Gestaltung – dieselben Grundsätze wie in § 159 FamFG (näher hierzu *Heilmann*, § 159 FamFG). Ist die Anhörung des Kindes wegen **besonderer Eilbedürftigkeit** vor Erlass der einstweiligen Anordnung nicht möglich, so muss die Anhörung **unverzüglich nachgeholt** werden.[125] Das Verfahren erhält ein eigenes Aktenzeichen, eine Protokollausfertigung des Termins, im Rahmen dessen das einstw. AO-Verfahren eingeleitet wurde, wird zu der neu anzulegenden Akte genommen.

Da es sich bei dem neu eingeleiteten Verfahren um ein **eigenständiges Verfahren** han- **72** delt, ist den Beteiligten auch Gelegenheit zu geben, einen **Verfahrenskostenhilfeantrag** nach § 76 FamFG zu stellen. Der **Verfahrensbeistand** ist ggf. gesondert zu bestellen und

---

119 BT-Drucks. 16/6308, 237
120 Vgl. auch § 167a FamFG
121 Prütting/Helms/*Hammer*, § 156 FamFG Rn. 82; a.A. MüKoFamFG/*Schumann*, § 156 FamFG Rn. 32 (keine gesetzliche Vermutung des dringenden Bedürfnisses für ein sofortiges Tätigwerden auch in den Fällen des § 156 Abs. 3 Satz 2 FamFG)
122 Prütting/*Helms*, § 156 FamFG Rn. 88
123 Zur Mitwirkungsverpflichtung des Jugendamts OVG Saarlouis, ZKJ 2014, 488
124 Prütting/*Helms*, § 156 FamFG Rn. 88
125 Keidel/*Engelhardt*, a.a.O.; MüKoFamFG/*Schumann*, § 156 FamFG Rn. 33

kann für das einstw. AO-Verfahren eine gesonderte Vergütung nach § 158 Abs. 7 FamFG verlangen.[126]

73   Die Entscheidung ergeht durch einen Beschluss gemäß § 38 Abs. 1 FamFG, der mit der Bekanntgabe wirksam wird (§ 40 Abs. 1 FamFG). Für die Kostenentscheidung gelten die allgemeinen Vorschriften (§ 51 Abs. 4 FamFG i.V.m. §§ 81 ff. FamFG).

▶ *Näher zur einstweiligen Anordnung siehe Cirullies, § 49 FamFG.*
Zur Anhörung des Kindes vor Erlass einer einstweiligen Anordnung siehe Heilmann, § 159 FamG Rn. 7.

4. Rechtsmittel und Vollstreckung

74   Die einstweilige Anordnung zum Umgangsrecht erfolgt mit Beschluss aufgrund mündlicher Erörterung und ist nicht mit der Beschwerde anfechtbar (§ 57 Satz 1 FamFG). Dies gilt auch insoweit, als das Gericht mit dem Beschluss den Umgang geregelt und zur Umsetzung der Regel einen Umgangspfleger nach § 1684 BGB eingesetzt hat. Handelt es sich jedoch um die Anordnung einer sog. Umgangsbestimmungspflegschaft mit weitreichenden Befugnissen des Umgangs-(Ergänzungs-)pflegers und einem damit einhergehenden Eingriff in das Sorgerecht des betreuenden Elternteils (näher hierzu *Gottschalk*, § 1684 BGB Rn. 62), so ist die einstweilige Anordnung anfechtbar nach § 57 Satz 2 Ziff. 1 FamFG (*Gottschalk*, § 1684 BGB Rn. 63).[127] Der Beschluss stellt einen Vollstreckungstitel gemäß § 86 Abs. 1 Ziff. 1 FamFG dar. Die Vollstreckung erfolgt nach § 89 Abs. 1 FamFG. Einstweilige Anordnungen zum Aufenthalt oder zur Herausgabe des Kindes sind anfechtbar nach § 57 Satz 2 Ziff. 1 und 2, 58 ff. FamFG). Die Vollstreckung erfolgt nach den §§ 86 ff. FamFG.

C. Kosten, Gebühren und Verfahrenskostenhilfe

75   Fraglich ist, ob **Zwischenvereinbarungen**, die nach § 156 Abs. 1 FamFG getroffen werden, eine **Vergleichsgebühr** für die Rechtsanwälte auslösen[128] und ob ein Vergleich zum Umgangsrecht, der zwar nicht gerichtlich gebilligt wird, der aber dennoch zum Abschluss des Verfahrens führt, eine Vergleichsgebühr für die Anwälte auslöst (näher *Dürbeck*, § 80 FamFG, Rn. 30). Fraglich ist ferner, ob eine **Vereinbarung**, die einen **nicht anhängigen Verfahrensgegenstand** betrifft, eine **Gerichtsvergleichsgebühr** nach Ziff. 1500 des Kostenverzeichnisses auslöst (näher *Dürbeck*, § 80 FamFG, Rn. 8). Diskutiert wird auch, ob **Verfahrenskostenhilfe** mit der Begründung versagt werden darf, es liege **Mutwilligkeit vor**, da zunächst das Beratungsangebot der Jugendhilfe hätte in Anspruch genommen werden müssen (näher *Dürbeck*, § 76 FamFG Rn. 32).

---

126 *Heilmann*, NJW 2012, 887, 890
127 Str.; vgl. *Heilmann*, FamRZ 2014, 1753; NJW 2012, 16, 21; *Völker* FF 2012, 71, 73; a.A. OLG Celle, FamRZ 2011, 574; *Zöller/Feskorn*, § 57 ZPO Rn. 6
128 Vgl. OLG Oldenburg, FamRZ 2014, 1939; OLG Zweibrücken, FamRZ 2014, 1939; KG FamRZ 2014, 1940;

Anhang: Der Ablauf des Termins in Kindschaftssachen

I. Terminvorbereitung

1. Aktenstudium: Zahlen, Daten, Fakten sammeln

1. Zu welcher Art von Termin wird geladen?

    a) früher Termin (§ 155 Abs. 2 FamFG)

    b) Erörterungstermin wegen Kindeswohlgefährdung (§ 157 FamFG)

    c) mündliche Erörterung (§ 57 Satz 2 HS 1 FamFG)

2. Wer muss geladen werden? Insbes.: Einbeziehung des Kindes?

3. Wer könnte noch zum Termin geladen werden?

4. Wohin wird geladen (Sitzungssaal, Dienstzimmer)

5. Zu wann wird geladen? (Zeitspanne zwischen Ladungsverfügung und Termin beachten)

6. Wieviel Zeit wird eingeplant?

7. Wenn ein Kind zum Termin geladen wird: Ist für eine Kinderbetreuung gesorgt?

8. Robe? im Sitzungssaal eher ja, im Dienstzimmer eher nein.

9. Namen der Beteiligten und der weiteren geladenen Personen merken oder aufschreiben

10. Überlegen, wer wegen der Nichtöffentlichkeit des Verfahrens evtl. zunächst außerhalb des Sitzungszimmers warten muss

11. Ablaufplan erstellen, Reihenfolge der anzuhörenden Personen überlegen, Anhörung allein oder gemeinsam (§ 33 Abs. 1 Satz 2 FamFG)

12. Fragenkatalog zusammenstellen

II. Durchführung des Termins

1. Innere Haltung (ruhig, offen, respektvoll, akzeptierend, empathisch, präsent)

2. Begrüßung und Regeln

    a) Ablauf mitteilen

    b) Zeitrahmen besprechen

    c) Hinweis, dass jeder Beteiligte, wenn er an der Reihe ist, ausreichend Zeit bekommt zu sprechen und rechtliches Gehör zu allen Punkten gewährt werden wird.

    d) Rolle der Anwälte ansprechen

    e) Zuhören und Ausreden lassen, keine Unterbrechungen

    f) Kommunikation (jedenfalls anfangs) nur im Dreieck, d.h. über den Richtertisch, nicht direkt zwischen den Beteiligten,

    g) Ankündigung, dass man unterbrechen wird, wenn die Beteiligten sich beschimpfen oder beleidigen

    h) Ankündigung, dass bei Bedarf eine Pause gemacht werden kann

    i)   Hinweis auf Art und Weise der Protokollierung

    j)   Zustimmung zu diesen Regeln einholen

3.   Persönliche Anhörung der Beteiligten

    a)   in der zuvor überlegten Reihenfolge; evtl. im Termin auf Änderungen reagieren (Beteiligte, Anwälte, ggf. weitere Personen)

    b)   Anwälte halten sich zunächst zurück

    c)   Eingangsfrage: offene Frage, z.B.: „Was sind Ihre wesentlichen Erwägungen in Bezug auf die Frage des zukünftigen Lebensmittelpunkts Ihrer Kinder?" – Antwort entwickeln lassen

    d)   Protokollieren? Wenn ja, wie? Oder anschließender Vermerk?

    e)   Zeitrahmen einhalten

4.   Stellungnahmen:

    –   des Verfahrensbeistands

    –   des Jugendamts

    –   der Anwälte

5.   Erörterung

6.   Lösungsoptionen entwickeln (Anwälte, Verfahrensbeistand und Jugendamt unbedingt einbeziehen)

7.   ggf. weitere Verfahrensschritte besprechen

8.   Vereinbaren oder Treffen bzw. Ankündigen einer Entscheidung

III. Protokoll, Vermerk

1.   im Termin (parallel, nach Abschnitten, am Ende); kein Vorspielen notwendig, da lediglich Vermerk nach § 28 Abs. 4 FamFG)

2.   als Vermerk nach der Sitzung, dann aber allen rechtliches Gehör gewähren

§ 157 FamFG Erörterung der Kindeswohlgefährdung; einstweilige Anordnung

(1) In Verfahren nach den §§ 1666 und 1666a des Bürgerlichen Gesetzbuchs soll das Gericht mit den Eltern und in geeigneten Fällen auch mit dem Kind erörtern, wie einer möglichen Gefährdung des Kindeswohls, insbesondere durch öffentliche Hilfen, begegnet werden und welche Folgen die Nichtannahme notwendiger Hilfen haben kann.

(2) [1]Das Gericht hat das persönliche Erscheinen der Eltern zu dem Termin nach Absatz 1 anzuordnen. [2]Das Gericht führt die Erörterung in Abwesenheit eines Elternteils durch, wenn dies zum Schutz eines Beteiligten oder aus anderen Gründen erforderlich ist.

(3) In Verfahren nach den §§ 1666 und 1666a des Bürgerlichen Gesetzbuchs hat das Gericht unverzüglich den Erlass einer einstweiligen Anordnung zu prüfen.

A. Allgemeines

I. Informationsfluss

Bei gewichtigen Anhaltspunkten für eine drohende oder bereits eingetretene **Gefähr-** **1**
dung des Kindeswohls wird das Jugendamt häufig das **Familiengericht** anrufen (§ 8a
Abs. 2 SGB VIII) – auf diesem Wege werden Kinderschutzverfahren fast ausschließlich in
Gang gesetzt.[1] Anlass hierfür können unterschiedliche Gefahrensituationen geben – von
der Versäumung der Kindervorsorgeuntersuchungen[2] über Schulverweigerung und klei-
nere Ladendiebstähle bis hin zu gravierender Verwahrlosung und Schädigung des Kindes.

▶ *Zu den Fallgruppen vgl. Cirullies, § 1666 BGB Rn. 22 ff.*

Entsprechende Informationen erhält das Jugendamt verstärkt von Mitgliedern der in **§ 4**
Abs. 1 KKG genannten Berufsgruppen,[3] ferner durch Verwandte, Nachbarn oder die Polizei.[4] Auch können **Gerichte und Behörden** Gefährdungsmitteilungen unmittelbar an das
Familiengericht richten (§ 22a FamFG). Allerdings bedarf es derartiger Anregungen Dritter
nicht notwendig: Das Gericht kann auch aufgrund eigener Erkenntnisse – etwa im Rahmen eines Gewaltschutzverfahrens – das Verfahren **von Amts wegen** einleiten.

II. Zweck des Termins

Das Gericht ist in solchen Verfahren nach **§§ 1666, 1666a BGB** gehalten, umgehend einen **2**
Erörterungstermin unter Einbindung aller Beteiligten durchzuführen, und zwar zur Klärung des Sachverhalts wie auch zur Unterstützung und „Warnung" der Eltern. Gegenstand der Erörterung kann schon eine **mögliche Gefährdung** des Kindeswohls sein, während Maßnahmen nach § 1666 BGB bereits einen Schadenseintritt oder jedenfalls eine gegenwärtige Gefahr voraussetzen (siehe hierzu *Cirullies*, § 1666 BGB Rn. 19).[5] Wegen der
erstrebten Einwirkung auf die Erziehungsverpflichteten, mitunter auch auf das Kind, handelt sich um einen Sonderfall des frühen Termins nach § 155 Abs. 2 FamFG, der (zunächst)
lediglich der Anhörung und Sachverhaltsermittlung dient. Eine Trennung von Erörterung
und persönlicher Anhörung nach § 160 FamFG ist kaum möglich und allenfalls in Fällen
häuslicher Gewalt zur Sicherheit eines Elternteils sinnvoll. Unabhängig davon ist in jedem
Verfahrensstadium zu prüfen, ob der Grad der Kindeswohlgefährdung **vorläufigen**
Rechtsschutz erfordert. Insbesondere in Misshandlungs- und Missbrauchsfällen ist eine
anderweitige Unterbringung des Kindes zu erwägen (siehe dazu *Cirullies*, § 1666 BGB
Rn. 73).

Auch wenn die Anwendbarkeit des § 1666 BGB auf den nasciturus umstritten ist (dazu
Cirullies, § 1666 Rn. 15), dürfte ein **Erörterungstermin** mit der **werdenden Mutter**

---

1 *Heilmann*, NJW 2014, 2904, 2908
2 Dazu OLG Frankfurt NJW-RR 2014, 259; ferner *Mortsiefer*, NJW 2014, 3543
3 Zu den Problemen bei der Mitteilung eines Arztes vgl. OLG Naumburg NJOZ 2014, 928
4 Näher zum KKG siehe hier *Dürbeck*, §§ 1 bis 4 KKG Rn. 1 f.
5 Vgl. auch BOK-BGB/*Veit*, § 1666 BGB Rn. 56

nach § 157 FamFG zulässig sein, falls sich ernst zu nehmende Gefahren für das ungeborene Kind abzeichnen.[6]

3   Im Übrigen steht in dem Erörterungstermin häufig die Frage im Vordergrund, ob und inwieweit den Eltern und dem Kind **öffentliche Hilfen** (weiterhin) zuteilwerden sollen. Hierbei spielt die Positionierung zum Verhältnis von **Jugendamt und Familiengericht** eine wichtige Rolle.

▶   *Ausführlich zur Zusammenarbeit zwischen Jugendamt und Familiengericht siehe Dürbeck, § 162 FamFG Rn. 1 ff., sowie zur sogenannten Anordnungskompetenz Dürbeck, § 36a SGB VIII Rn. 1, 4, 5.*

Wegen der ablehnenden Haltung des Jugendamts darf das Gericht jedenfalls nicht von der fehlenden Möglichkeit öffentlicher Hilfen ausgehen.[7]

B. Inhalt der Norm

I. Erörterungstermin

1. Anberaumung

4   Der Termin muss in der Praxis spätestens einen Monat nach Einleitung des Verfahrens,[8] meist jedoch – je nach Dringlichkeit und Geschäftslage – erheblich eher stattfinden.

▶   *Zum Vorrang- und Beschleunigungsgebot siehe Fink, § 155 FamFG.*

Regelmäßig wird die Erörterung in Anwesenheit **beider Elternteile** durchgeführt. Einzubeziehen ist auch ein **nicht sorgeberechtigter** Elternteil.[9] Das Familiengericht muss sogar das **persönliche Erscheinen** der Eltern anordnen (Abs. 2 Satz 1).

Bei unentschuldigtem Fernbleiben kann **Ordnungsgeld** festgesetzt werden (§ 33 Abs. 3 FamFG). Es kann jedoch nach Abs. 2 Satz 2 von einer gemeinsamen Anhörung **absehen**, wenn dies zum Schutz eines Elternteils erforderlich ist, vor allem in Fällen von **Gewaltschutz**.[10] Zur **getrennten Anhörung** vgl. *Cirullies*, §§ 33, 34 FamFG Rn. 7.

Zu laden sind ferner:

- in geeigneten Fällen auch das **Kind**,
- das stets zu beteiligende **Jugendamt** (§ 162 Abs. 2 FamFG),
- der in diesen Verfahren regelmäßig zu bestellende **Verfahrensbeistand**,
- im Fall des § 161 FamFG (längere Familienpflegezeit) die **Pflegeperson**,[11]
- ein **Dritter**, gegen den Maßnahmen nach § 1666 Abs. 4 BGB verhängt werden sollen; er ist Beteiligter i.S.d. § 7 FamFG)

▶   *Zu den Beteiligten des Verfahrens siehe Cirullies, §§ 7, 8 FamFG.*

---

6   Vgl. DIJuF-Rechtsgutachten v. 6.6.2014, JAmt 2014, 389, 390
7   BVerfG a.a.O., kritisch dazu *Riegner*, NZFam 2014, 625, 630; *Heilmann*, NJW 2014, 2904, 2908; *Keuter*, FamRZ 2014, 1354, 1355
8   § 155 Abs. 2 Satz 2 FamFG
9   OLG Frankfurt FamRZ 2013, 46; OLG Schleswig FamRZ 2012, 725, dazu *Maier*, FamFR 2011, 358
10   Bei einzelnen Gerichten sind im Rahmen der gebotenen Kooperation bereits spezielle Leitfäden für den Ablauf solcher Verfahren entwickelt worden, vgl. den Sonderleitfaden des „Müncheners Modells" für Verfahren nach § 1666 BGB, dazu *Scharl/Schmid*, NZFam 2014, 1078
11   OLG Saarbrücken FamRZ 2014, 671 (LS) = FamRB 2014, 131 (*Stößer*)

Dabei ist das betroffene **Kind** grundsätzlich – u.U. in einem separaten Termin – **persönlich anzuhören**.[12] Das gilt auch in einem Verfahren der einstweiligen Anordnung.[13] Notfalls ist die Anhörung nachzuholen (§ 159 Abs. 3 Satz 2 FamFG).

Zudem kann es in diesen Verfahren der Amtsermittlungsgrundsatz gebieten, den **Lebensgefährten**, der mit der Sorgeberechtigten einen gemeinsamen Haushalt führt, **persönlich anzuhören**.[14]

2. Inhalt der Erörterung

In dem Termin **erörtert** das Gericht mit den Erschienenen   **5**

- die Möglichkeiten, eine sich abzeichnende Kindeswohlgefährdung zu vermeiden, insbesondere durch **öffentliche Hilfen**, insbesondere **Hilfe zur Erziehung** nach §§ 27 ff. SGB VIII (dazu Cirullies § 1666 BGB Rn. 42);

- die Folgen der **Nichtannahme** notwendiger Hilfen.

Das Gespräch soll also mehrere Funktionen erfüllen, nämlich Aufklärung, Unterstützung und Warnung. Insbesondere wenn die Sorgeberechtigten bislang gegenüber dem Jugendamt „geblockt" haben, besteht nun die Gelegenheit, mehr über die Familiensituation und die Hintergründe des bisherigen Verhaltens zu erfahren. Die **Möglichkeiten öffentlicher Hilfen** wird das Jugendamt bereits mit den Eltern erörtert haben. Meist geht es nun darum, die Eltern von der Notwendigkeit des Eingreifens zu überzeugen und ihnen etwaige **sorgerechtliche Konsequenzen** vor Augen zu führen. Bei verhärteten Fronten muss das Gericht zwischen Eltern und Jugendamt vermitteln und Verständnis für die gegenseitigen Sichtweisen wecken.[15] Auch wenn der Gesetzgeber ausdrücklich auf den Begriff des „Erziehungsgesprächs" verzichtet hat, kann dem Gespräch – schon wegen der Warnfunktion – ein **erziehender** Charakter nicht abgesprochen werden.[16]

Über den Termin ist in jedem Fall ein **Vermerk** (Protokoll) zu fertigen, § 28 Abs. 4 FamFG.

II. Entscheidung

Besteht nach der Erörterung noch weiterer **Aufklärungsbedarf**, ist das Verfahren nach § 1666 BGB unter Beachtung des Beschleunigungsgebots **fortzuführen**.[17] In diesem Fall muss das Gericht nach Abs. 3 den Erlass einer **einstweiligen Anordnung** prüfen und ggf. insoweit ein selbständiges Verfahren einleiten.[18] Allerdings ist eine „vorsorgliche" Entziehung des **Aufenthaltsbestimmungsrechts**, um das rasches Eingreifen des Jugendamtes zu erleichtern, unzulässig. Insoweit stellt § 42 SGB VIII eine ausreichende Rechtsgrundlage dar.[19]   **6**

Im Übrigen bedarf es einer **gerichtlichen Entscheidung**, deren Inhalt vom Ergebnis der Erörterung abhängt: **7**

- Sind die Sorgeberechtigten nunmehr bereit, **öffentliche Hilfen anzunehmen**, ist das weitere Vorgehen in dem erforderlichen Vermerk festzuhalten. Es empfiehlt sich in solchen Fällen, das Verfahren förmlich zu **beenden** durch einen beschwerdefähigen Beschluss (Tenor: *„Es wird festgestellt, dass es kindesschutzrechtlicher Maßnahmen nicht*

---

12 OLG Celle FamRZ 2013, 1681 (LS)
13 OLG Schleswig FamRZ 2014, 1383 = ZKJ 2014, 330 mit Anm. *Gottschalk*
14 OLG Saarbrücken a.a.O.
15 Prütting/Helms/*Hammer*, § 157 FamFG Rn. 25; vgl. auch BT-Drucks. 16/6815, 12
16 MüKo-FamFG/*Schumann*, § 157 FamFG Rn. 11
17 Zu den Anforderungen an den Ermittlungsaufwand im Hauptsacheverfahren vgl. EGMR FamRZ 2013, 845
18 Dazu Musielak/*Borth*/*Grandel*, § 157 FamFG Rn. 8
19 OLG Schleswig FamRZ 2014, 1383 = ZKJ 2014, 330 mit Anm. *Gottschalk*; zum Sorgerechtsentzug „auf Vorrat" vgl. auch BVerfG FamRZ 2014, 1177

bedarf" sowie Kostenentscheidung und Begründung) und eine angemessene Frist (i.d.R. drei Monate) zwecks Einleitung eines **Überprüfungsverfahrens nach § 166 Abs. 3 FamFG** zu verfügen. Ohne eine klarstellende „Entscheidung" ist für eine Überprüfung nach § 166 Abs. 3 FamFG kein Raum.[20]

- Lassen die Ermittlungen des Gerichts eine mögliche **Kindeswohlgefährdung nicht erkennen**, ist das **Verfahren einzustellen** und eine Überprüfung nach § 166 Abs. 3 FamFG auszuschließen.

- Ist die Schwelle zur **Kindeswohlgefährdung** bereits überschritten, so trifft das Gericht **Maßnahmen** nach §§ 1666 Abs. 1 und 3, 1666a BGB.[21]

§ 158 FamFG Verfahrensbeistand

(1) Das Gericht hat dem minderjährigen Kind in Kindschaftssachen, die seine Person betreffen, einen geeigneten Verfahrensbeistand zu bestellen, soweit dies zur Wahrnehmung seiner Interessen erforderlich ist.

(2) Die Bestellung ist in der Regel erforderlich,

1. wenn das Interesse des Kindes zu dem seiner gesetzlichen Vertreter in erheblichem Gegensatz steht,

2. in Verfahren nach den §§ 1666 und 1666a des Bürgerlichen Gesetzbuchs, wenn die teilweise oder vollständige Entziehung der Personensorge in Betracht kommt,

3. wenn eine Trennung des Kindes von der Person erfolgen soll, in deren Obhut es sich befindet,

4. in Verfahren, die die Herausgabe des Kindes oder eine Verbleibensanordnung zum Gegenstand haben, oder

5. wenn der Ausschluss oder eine wesentliche Beschränkung des Umgangsrechts in Betracht kommt.

(3) [1]Der Verfahrensbeistand ist so früh wie möglich zu bestellen. [2]Er wird durch seine Bestellung als Beteiligter zum Verfahren hinzugezogen. [3]Sieht das Gericht in den Fällen des Absatzes 2 von der Bestellung eines Verfahrensbeistands ab, ist dies in der Endentscheidung zu begründen. [4]Die Bestellung eines Verfahrensbeistands oder deren Aufhebung sowie die Ablehnung einer derartigen Maßnahme sind nicht selbständig anfechtbar.

(4) [1]Der Verfahrensbeistand hat das Interesse des Kindes festzustellen und im gerichtlichen Verfahren zur Geltung zu bringen. [2]Er hat das Kind über Gegenstand, Ablauf und möglichen Ausgang des Verfahrens in geeigneter Weise zu informieren. [3]Soweit nach den Umständen des Einzelfalls ein Erfordernis besteht, kann das Gericht dem Verfahrensbeistand die zusätzliche Aufgabe übertragen, Gespräche mit den Eltern und weiteren Bezugspersonen des Kindes zu führen sowie am Zustandekommen einer einvernehmlichen Regelung über den Verfahrensgegenstand mitzuwirken. [4]Das Gericht hat Art und Umfang der Beauftragung konkret festzulegen und die Beauftragung zu begründen. [5]Der Verfahrensbeistand kann im Interesse des Kindes Rechtsmittel einlegen. [6]Er ist nicht gesetzlicher Vertreter des Kindes.

(5) Die Bestellung soll unterbleiben oder aufgehoben werden, wenn die Interessen des Kindes von einem Rechtsanwalt oder einem anderen geeigneten Verfahrensbevollmächtigten angemessen vertreten werden.

---

20 MüKo-FamFG/*Heilmann*, § 166 FamFG Rn. 26
21 Im Einzelnen Prütting/Helms/*Hammer*, § 157 FamFG Rn. 27 ff; MüKo-FamFG/*Schumann*, § 157 FamFG Rn. 12 Vgl. auch hier *Cirullies*, § 1666 FamFG Rn. 39 ff.

(6) Die Bestellung endet, sofern sie nicht vorher aufgehoben wird,

1.   mit der Rechtskraft der das Verfahren abschließenden Entscheidung oder

2.   mit dem sonstigen Abschluss des Verfahrens.

(7) [1]Für den Ersatz von Aufwendungen des nicht berufsmäßigen Verfahrensbeistands gilt § 277 Abs. 1 entsprechend. [2]Wird die Verfahrensbeistandschaft berufsmäßig geführt, erhält der Verfahrensbeistand für die Wahrnehmung seiner Aufgaben nach Absatz 4 in jedem Rechtszug jeweils eine einmalige Vergütung in Höhe von 350,00 Euro. [3]Im Fall der Übertragung von Aufgaben nach Absatz 4 Satz 3 erhöht sich die Vergütung auf 550,00 Euro. [4]Die Vergütung gilt auch Ansprüche auf Ersatz anlässlich der Verfahrensbeistandschaft entstandener Aufwendungen sowie die auf die Vergütung anfallende Umsatzsteuer ab. [5]Der Aufwendungsersatz und die Vergütung sind stets aus der Staatskasse zu zahlen. [6]Im Übrigen gilt § 168 Abs. 1 entsprechend.

(8) Dem Verfahrensbeistand sind keine Kosten aufzuerlegen.

Übersicht

A. Allgemeines

Der **Verfahrensbeistand** hat in Kindschaftssachen den durch das Kindschaftsrechtsreformgesetz eingeführten Verfahrenspfleger abgelöst, der letztlich auf das Gebot der sach-   **1** gemäßen Beteiligung eines Kindes am gerichtlichen Verfahren gemäß Art. 12 UN-Kinderrechtekonvention zurückgeht. Die Einrichtung der Verfahrensbeistandschaft ist Ausdruck der Subjektstellung des Kindes in seiner Individualität als Grundrechtsträger.[1] Das Kind, das sich häufig bei Streit seiner Eltern „zwischen den Stühlen" befindet, soll durch eigenständige Vertretung seiner Interessen im gerichtlichen Verfahren entlastet werden.[2]

2 Die Zahl der Bestellungen von Verfahrensbeiständen ist steigend.[3] Außer in Kindschaftssachen kann dem Kind auch in **Abstammungsverfahren** nach § 174 FamFG und in **Adoptionssachen** nach § 191 FamFG ein Verfahrensbeistand bestellt werden. In Verfahren betreffend die **Unterbringung eines Minderjährigen** tritt nach § 167 Abs. 1 Satz 2 FamFG der Verfahrensbeistand an die Stelle des Verfahrenspflegers.

3 Der **erste Absatz** der Vorschrift normiert die allgemeine Voraussetzung, unter der die Bestellung eines Verfahrensbeistands zu erfolgen hat. **Absatz 2** konkretisiert dies durch die Benennung von Regelbeispielen, **Absatz 5** schränkt die Fälle, in denen ein Verfahrensbeistand zu bestellen ist, wieder ein. **Absatz 3** behandelt verfahrensrechtliche Fragen der Bestellung. Kernpunkt der Vorschrift ist **Absatz 4**, welcher eingehend die Aufgaben des Verfahrensbeistands beschreibt. Die Dauer der Bestellung als Verfahrensbeistand ist in **Absatz 6** geregelt, die Vergütung in **Absatz 7**. Schließlich stellt **Absatz 8** klar, dass der Verfahrensbeistand nicht mit Kosten belastet werden darf.

B. Inhalt der Norm

I. Grundnorm: § 158 Abs. 1 FamFG

1. Eigenständige Bedeutung

4 Das Familiengericht muss dem Kind einen Verfahrensbeistand bestellen, wenn dies in einer seine Person betreffenden Kindschaftssache zur Wahrnehmung seiner Rechte erforderlich ist. Diese Grundnorm hat eine **eigenständige Bedeutung**, weil die Aufzählung der Regelbeispiele für eine Bestellung in Absatz 2 weder abschließend ist noch zusätzliche Voraussetzungen normiert.[4]

2. Die Person des Kindes betreffende Kindschaftssache

5 Das Verfahren muss zum Kreis der **Kindschaftssachen** nach § 151 FamFG gehören. Zudem muss es die **Person** des Kindes **betreffen**. Damit sind alle ausschließlich die *Vermögenssorge* betreffenden Angelegenheiten *ausgeschlossen*.[5] So kann z. B für ein Verfahren, in welchem die Landeskasse an den Vormund des Kindes gezahlte Beträge zurückfordert, dem Kind kein Verfahrensbeistand bestellt werden.[6] Gleiches gilt für die Genehmigung einer Erbausschlagung.[7] Zwar bedeutet die dann notwendige Bestellung eines Ergänzungspflegers Mehraufwand und Verfahrensverzögerung.[8] Gleichwohl kommt eine analoge Anwendung des § 158 FamFG auf ausschließlich die Vermögenssorge betreffende Kindschaftssachen angesichts des klaren Wortlautes nicht in Betracht.[9]

---

1 BGH FamRZ 2010, 1060 m.w.N.
2 BGH FamRZ 2010, 1060 m.w.N.
3 *Lack/Salgo*, FPR 2012, 353; *Völker/Clausius*, § 5 Rn. 2 m.w.N.
4 Keidel/*Engelhardt*, § 158 FamFG Rn. 9 m.w.N.
5 BGH NJW 2012, 685; BGH ZKJ 2011, 465
6 OLG Hamm FamRZ 2014, 600
7 BGH NJW 2012, 685; KG FamRZ 2010, 1171
8 KG FamRZ 2010, 1171, 117
9 Keidel/*Engelhardt*, § 158 FamFG Rn. 6 m.w.N. auch für Gegenmeinung

3. „Muss"-Vorschrift

Das Gericht „hat" dem Kind einen Verfahrensbeistand zu bestellen. § 158 Abs. 1 FamFG **6**
ist eine **„Muss-Vorschrift"**. Liegen die Bestellungsvoraussetzungen vor, bleibt dem Gericht kein Ermessensspielraum.[10] Die Vorschrift gilt **auch für Eilverfahren**.[11] Allerdings
kann bei einem Zielkonflikt zwischen der Beschleunigung des Verfahrens und der eigenständigen Interessenvertretung eines Kindes jedenfalls in Fällen des eigenmächtigen Verbringens eines Kindes durch einen Elternteil regelmäßig zugunsten einer besonders straf-
fen Verfahrensführung und raschen Entscheidung im Einzelfall auch auf die Bestellung eines Verfahrensbeistands verzichtet werden, um zu verhindern, dass der eigenmächtig
handelnde Elternteil aus der von ihm ertrotzten Kontinuität ungerechtfertigte Vorteile
zieht.[12] Nach Auffassung des Kammergerichtes kann eine im Eilverfahren unterlassene Bestellung eines Verfahrensbeistands nur dann einen wesentlichen Verfahrensmangel i.S.v.
§ 69 Abs. 1 Satz 3 FamFG darstellen, wenn ein Verfahrensbeistand weitere entscheidungserhebliche Gesichtspunkte hätte vortragen bzw. zusätzlich für die Entscheidungsfindung
erheblichen Sachvortrag hätte beibringen können.[13] Diese Entscheidung sollte nicht dahin
missverstanden werden, in Eilverfahren könne o. w. die Bestellung eines Verfahrensbeistands unterbleiben.

4. Erforderlichkeit

Die Bestellung eines Verfahrensbeistands hat zu erfolgen, soweit dies zur Wahrnehmung **7**
der Interessen des Kindes erforderlich ist. Nach Auffassung des Gesetzgebers wird dies der
Fall sein, wenn

- eine Angelegenheit von erheblicher Bedeutung zu entscheiden ist,
- die konkrete Gefahr besteht, dass die gesetzlichen Vertreter die Interessen des Kindes
  nur unzureichend wahrnehmen und
- auch die gesetzlichen Verfahrensgarantien für das Kind (u.a. persönliche Anhörung,
  Einschaltung des Jugendamtes, Amtsermittlungsgrundsatz) nicht zur Sicherung der
  Kindesinteressen ausreichen.[14]

Wann eine Angelegenheit von **erheblicher Bedeutung** für das Kind vorliegt, ist Einzelfall- **8**
frage. Die Regelbeispiele des Abs. 2 können als Auslegungshilfen herangezogen werden.
So wird man z.B. beim Begehren eines Vaters, ein 14-jähriges Kind bereits freitags um
16.00 Uhr statt um 18.00 Uhr für ein Umgangswochenende abholen zu können, bei Fehlen von Anhaltspunkten für weitergehende Konflikte auf einen Verfahrensbeistand verzichten können, während bei einem Kleinkind, für das der Vater ein Besuchsrecht von zwei
Mal wöchentlich für je eine Stunde hat, die Ausdehnung auf zwei Mal wöchentlich für
zwei Stunden – ebenso wie die Frage der Übernachtung – durchaus von erheblicher Bedeutung sein kann.

Die konkrete **Gefahr unzureichender Interessenwahrnehmung** durch die gesetzlichen **9**
Vertreter kann bereits durch die Ankündigung unterschiedlicher Anträge indiziert sein,[15]
z.B. beim Streit über den Lebensmittelpunkt eines Kindes.[16] Es genügt, dass ein Interessengegensatz in Betracht kommt.[17] Im Zweifel, ob die staatlichen Verfahrensgarantien wirk-

---

10 Musielak/*Borth/Grandel*, § 158 FamFG Rn. 2; Kemper/*Völker/Clausius*, § 158 FamFG Rn. 4; HK-ZPO/*Kemper*,
   § 158 Rn. 3
11 VerfG Brandenburg FamRZ 2011, 305
12 OLG Saarbrücken FamRZ 2011, 1740
13 KG FamRZ 2014, 1790
14 BT-Drucks. 13/4899, 131 für den Verfahrenspfleger
15 MüKo-FamFG/*Schumann*, § 158 FamFG Rn. 6 m.w.N.
16 OLG Köln FamRZ 2013, 46; KG FamRZ 2014, 1790
17 BVerfG FamRZ 2008, 845; OLG München FamRZ 1999, 667

lich zur vollständigen Interessenwahrung des Kindes ausreichen, ist zur Sicherung der Grundrechte des Kindes ein Verfahrensbeistand zu bestellen.

10 Ein Verfahrensbeistand braucht nach den Vorstellungen des Gesetzgebers bei Einführung des Verfahrenspflegers nicht bestellt zu werden, wenn der **minderjährige Jugendliche** seine **Interessen selbst** in der Anhörung **hinreichend wahrnehmen** könne.[18] Mit dieser Annahme sollte zurückhaltend umgegangen werden, insbesondere unter Berücksichtigung der Rechtsprechung zur Erforderlichkeit einer Anwaltsbeiordnung im Rahmen der Verfahrenskostenhilfe. Es erscheint kaum sachgerecht, den Eltern auf Staatskosten einen Interessenvertreter beizuordnen, diesen dem Kind dagegen zu versagen.

5. Eignung des Verfahrensbeistands

11 Bestellt werden soll ein „**geeigneter**" Verfahrensbeistand. Der Gesetzgeber hat insoweit Persönlichkeiten vor Augen, die von fachlicher Vorbildung und ihrer Sozialkompetenz her in der Lage sind, die Interessen des Kindes zu ermitteln und im Verfahren unabhängig von den übrigen Verfahrensbeteiligten zu vertreten.[19] Ein gesetzliches Qualifikationsprofil fehlt.[20] Das Gericht hat ein Auswahlermessen.[21] Nicht bestellt werden soll wegen des Rollenkonflikts das Jugendamt.[22] In Betracht kommen sowohl Juristen wie Sozialarbeiter, Psychologen, Pädagogen. Der Auffassung, ein Rechtsanwalt sei nur dort zu bestellen, wo es schwerpunktmäßig auf Rechtskenntnisse ankomme,[23] kann nicht zugestimmt werden; gegen sie spricht bereits, dass nach den Vorstellungen des Gesetzgebers sogar auch „engagierte Laien" als Verfahrensbeistand in Frage kommen.[24] Durch den Hinweis auf die „Geeignetheit" des Verfahrensbeistands wollte der Gesetzgeber lediglich klarstellen, dass bestimmte Mindestanforderungen im Hinblick auf Aus- und Vorbildung des Verfahrensbeistands und die von ihm bei der Arbeit zu beachtenden Standards einzuhalten sind.[25] Die Weiterbildung des Verfahrensbeistands auch in den anderen für das Kindschaftsrecht wichtigen Professionen, wie sie durch zertifizierte Weiterbildungskurse z.B. von der Bundesarbeitsgemeinschaft Verfahrensbeistand angeboten werden, sollte selbstverständlich sein.

II. Regelbeispiele nach Absatz 2

1. Regel-Ausnahme-Verhältnis

12 Liegt eine der in Absatz 2 beschriebenen Konstellationen vor, ist regelmäßig ein Verfahrensbeistand zu bestellen. Sieht das Gericht ausnahmsweise von der Bestellung ab, so ist dies gesondert zu begründen, § 158 Abs. 3 Satz 2 FamFG. Sind mehrere Kinder beteiligt, kann ein Verfahrensbeistand für alle Kinder bestellt werden.[26] Möglich ist aber auch, jedem Kind einen eigenen Verfahrensbeistand zu bestellen.[27] Auch wenn dies im Vergleich zur Bestellung von einem Verfahrensbeistand für alle Kinder keine Mehrkosten verursacht (siehe Rn. 51), sollte davon nur bei tatsächlich bestehenden Interessenkonflikten zwischen

---

18 BT-Drucks. 13/4899, 131
19 PK-Familienverfahrensrecht/*Stötzel* § 158 FamFG Rn. 3 m.w.N.; OLG Dresden FamRZ 2003, 877
20 Kritisch *Salgo*, FPR 2006, 12, 15 mit Qualifikationskriterien
21 Keidel/*Engelhardt*, § 158 FamFG Rn. 32 m.w.N.
22 OLG Naumburg FamRZ 2000, 300; PK-Familienverfahrensrecht/*Stötzel* § 158 FamFG Rn. 5 m.w.N.; offengelassen, doch dahin tendierend auch OLG Hamm FamRZ 2014, 600
23 Keidel/*Engelhardt*, § 158 FamFG Rn. 32
24 BT-Drucks. 13/4899, 130
25 KG ZKJ 2014, 285 m.w.N.
26 OLG Brandenburg FamRZ 2011, 1872 (LS)
27 AG Holzminden FamRZ 2010, 322

den einzelnen Geschwistern Gebrauch gemacht werden, um die Zahl der Beteiligten nicht ins Uferlose steigen zu lassen.[28]

2. Die Regelbeispiele im Einzelnen

a) erheblicher Interessenkonflikt (Nr. 1)

Das Regelbeispiel entspricht den Voraussetzungen, unter welchen das Gericht einem El- **13** ternteil nach §§ 1629 Abs. 3 Satz 2, 1796 BGB die Vertretungsbefugnis entziehen kann. Stellt ein Elternteil die eigenen Interessen (z.B. den anderen Elternteil aus seinem Leben zu verbannen) vor die des Kindes (z.B. auf regelmäßigen Kontakt mit dem Elternteil), so ist er nicht in der Lage, die Kindesinteressen objektiv zu vertreten. Sind beide Elternteile sorgeberechtigt, genügt der Interessenkonflikt zwischen Kind und einem Elternteil.[29]

Ob tatsächlich ein Elternteil aus objektiv vorhandenen Gesichtspunkten handelt oder aus **14** nur subjektiv wahrgenommenen Motiven heraus, ist häufig kaum feststellbar. Die Bestellung des Verfahrensbeistands ist jedoch schon geboten, wenn nach den Umständen des Einzelfalles die **Möglichkeit** besteht, dass die Kindesinteressen den Elterninteressen nachgeordnet werden.[30] Soweit ältere obergerichtliche Entscheidungen die Bestellung eines (damaligen) Verfahrenspflegers von der positiven Feststellung abhängig gemacht haben, dass „der partnerschaftliche Streit der Eltern die Kindeswohlbelange überlagere oder sogar verdränge"[31] und allein widerstreitende Anträge nicht haben ausreichen lassen,[32] kann dem nicht zugestimmt werden. Müsste das Gericht erst positiv den bestehenden Interessengegensatz zwischen Eltern(-teil) und Kind feststellen, käme die von § 158 Abs. 3 Satz 1 FamFG geforderte „frühestmögliche" Bestellung kaum jemals zum Zuge und würde in Fällen, in denen zweifelhaft bleibt, ob der betroffene Elternteil aus Eigeninteressen oder unter Einbeziehung der Kindesinteressen handelt, der Bestellung des Verfahrensbeistands gänzlich entgegenstehen. Eine ordnungsgemäße Beteiligung des Kindes am Verfahren wäre nicht gewährleistet.

b) drohender (teilweiser) Entzug der Personensorge (Nr. 2)

Bei Einleitung eines Verfahrens nach §§ 1666, 1666a BGB ist ein erheblicher Interessenge- **15** gensatz zwischen Kind und Elternteil indiziert; denn bestünde nicht die konkrete Möglichkeit einer Kindeswohlgefährdung durch den Elternteil infolge Misshandlung, Missbrauch, Vernachlässigung u. ä., würde ein solches Verfahren nicht in Gang gesetzt. Gerade in diesen Verfahren befinden sich Kinder oft in Loyalitätskonflikten oder auch Angst vor dem Verlust des Elternhauses,[33] sie sehen möglicherweise auch das Jugendamt nicht als eine Institution, die hilft, sondern die sie nur „ins Heim schicken" will. Umso dringender ist eine eigenständige Interessenvertretung des Kindes geboten.[34] Auch hier setzt die Bestellung des Verfahrensbeistands lediglich die Möglichkeit eines (teilweisen) Entzugs der Personensorge voraus; sicher feststehen muss dies bei Bestellung noch nicht.[35]

---

28 OLG Brandenburg FamRZ 2011, 1872 (LS); wohl eher für unterschiedliche Verfahrensbeistände: PK Familienverfahrensrecht/*Stötzel* § 158 FamFG Rn. 6
29 Schulte-Bunert/Weinreich/*Ziegler*, § 158 FamFG Rn. 8 m.w.N.
30 OLG Schleswig, Beschl. v. 3.2.2014 – 15 WF 445/13, juris; OLG Köln FamRB 2012, 214; Keidel/*Engelhardt*, § 158 FamFG m.w.N.
31 OLG Düsseldorf NJW 2000, 1274
32 OLG Köln NJW-RR 2001, 76
33 Keidel/*Engelhardt*, § 158 FamFG Rn. 13 m.w.N.
34 Schulte-Bunert/Weinreich/*Ziegler*, § 158 FamFG Rn. 13 m.w.N.
35 OLG München FamRZ 1999, 667

c) Trennung des Kindes von Obhutsperson (Nr. 3)

16 Die Trennung eines Kindes von der Obhutsperson stellt regelmäßig einen schwer wiegenden Eingriff in die Zuordnung eines Kindes zur Familie bzw. Pflegefamilie dar, der eine eigenständige verfahrensrechtliche Vertretung des Kindes erfordert.[36] Wer die Trennung des Kindes von der bisherigen Obhutsperson erstrebt, ist unerheblich.[37] Von diesem Regelbeispiel erfasst sind deshalb insbesondere auch Verfahren, in denen ein Elternteil den Wechsel des Kindes aus dem Haushalt des anderen Elternteils in den eigenen erstrebt.[38] Gleiches gilt, wenn ein bislang praktiziertes **Wechselmodell** zugunsten einer gerichtlichen Entscheidung für den Lebensmittelpunkt bei nur einem Elternteil beendet werden soll.[39] Ist die **Pflegefamilie** nicht länger bereit, die Pflege fortzuführen, soll § 158 Abs. 2 Nr. 3 FamFG mangels Konflikt zwischen Eltern und Pflegeperson nicht zur Anwendung kommen.[40] Diese Auffassung greift zu kurz, weil sie die Kindesinteressen nicht hinreichend berücksichtigt. Gerade in derartigen Fällen, in denen dem Kind eine erneute Entwurzelung droht, wäre eine eigenständige Interessenwahrnehmung für das Kind geboten, zumal ja nicht o. w. gesichert ist, dass eine Rückkehr ins Elternhaus wirklich die dem Kindeswohl entsprechende Lösung darstellt.

d) Herausgabeverfahren und Verbleibensanordnungen

17 Die genannten Verfahren haben für ein Kind häufig existentielle Folgen. Die Herausnahme aus der gewohnten Umwelt bedeutet ein schwer bestimmbares Zukunftsrisiko.[41] Zudem läuft das Kind gerade in Verfahren nach § 1632 Abs. 1 BGB schnell Gefahr, zum bloßen Herausgabeobjekt degradiert zu werden. Soweit es Verbleibensanordnungen nach § 1632 Abs. 4 BGB betrifft, kommt es leicht zu (unschädlichen) Überschneidungen mit dem Regelbeispiel Nr. 3. Erfasst sind insbesondere auch Verfahren nach § 1682 BGB.

e) Ausschluss oder wesentliche Beschränkung des Umgangsrechts (Nr. 5)

18 Nicht jeder Streit um das Umgangsrecht fällt unter das Regelbeispiel: Da „der Ausschluss oder eine wesentliche Beschränkung" in Frage stehen muss, kommt § 158 Abs. 2 Nr. 5 FamFG nur zur Anwendung, wenn dem Grunde nach ein Umgangsrecht besteht, mithin allein in den Fällen des § 1684 Abs. 4 BGB. Steht das Umgangsrecht der Großeltern oder sonstiger Bezugspersonen nach § 1685 BGB im Streit, greift das Regelbeispiel nicht ein, weil für ein solches Recht dessen Kindeswohldienlichkeit zunächst positiv festgestellt werden muss.[42] Gleiches gilt für das Umgangsrecht des leiblichen, nicht rechtlichen Vaters nach § 1686a BGB. Dies sollte allerdings nicht dazu führen, vorschnell von der Bestellung eines Verfahrensbeistands abzusehen, da diese in den genannten Fällen über § 158 Abs. 1, Abs. 2 Nr. 1 FamFG durchaus möglich und geboten sein kann. Haben beispielsweise die Eltern zur Erleichterung eigener Berufstätigkeit ihre Kinder über Jahre unter der Woche von den Großeltern betreuen lassen und untersagen nunmehr von heute auf morgen wegen erbrechtlicher Streitigkeiten jeglichen Kontakt zwischen Enkeln und Großeltern, erscheint zur Wahrnehmung der Kindesinteressen die Bestellung eines Verfahrensbeistands geboten.[43]

---

36 BVerfG FamRZ 1999, 85, 89
37 BT-Drucks. 16/6308, 238
38 Musielak/Borth/*Grandel*, § 158 FamFG Rn. 8
39 *Völker/Clausius*, § 5 Rn. 15 mit Hinweis auf OLG Saarbrücken, Beschl. v. 24.6.2013 – 6 UF 98/ 13 (n.v.)
40 BayObLG FamRZ 1999, 1455
41 BVerfG FamRZ 2010, 865
42 OLG Celle ZKJ 2011, 431; PK-Familienverfahrensrecht/*Stötzel*, § 158 FamFG Rn. 11
43 AG Bad Iburg – 5 F 94/14 (n.v.)

Wesentliche Beschränkungen des Umgangsrechts liegen in jedem Fall vor, wenn (nur) **19** begleiteter Umgang gewährt wird.[44] Vom Wortlaut des Regelbeispiels erfasst sind jedenfalls auch Abänderungsverfahren nach § 1696 BGB, wenn das dem Elternteil bereits gerichtlich zugestandene Umgangsrecht erheblich reduziert werden soll. Auch das bewusste Absehen von einer Ferienregelung beim Umgang mit einem schulpflichtigen Kind ist als Umgangsbeschränkung gewertet worden.[45] Ebenso kann es sich bei einer **Umgangsregelung ohne Übernachtung** bereits um eine Umgangseinschränkung i.S.v. § 1684 Abs. 4 BGB handeln.[46]

III. Absehen von Bestellung des Verfahrensbeistands (Abs. 5)

Auch wenn die Voraussetzungen für die Bestellung eines Verfahrensbeistands nach § 158 **20** Abs. 1, Abs. 2 FamFG vorliegen, soll nach Absatz 5 der Vorschrift die Bestellung „unterbleiben oder aufgehoben werden", wenn die Interessen des Kindes durch einen Rechtsanwalt oder anderweitig geeigneten Verfahrensbevollmächtigten angemessen vertreten werden. Die Vorschrift stellt einen **Spezialfall mangelnder Erforderlichkeit** dar.[47] In der Praxis dürfte es selten vorkommen, dass Eltern neben der Einschaltung eines eigenen Rechtsanwaltes einen weiteren Anwalt mit der Interessenwahrnehmung des Kindes beauftragen.[48] Geschieht dies gleichwohl, muss kritisch hinterfragt werden, ob es sich dann um eine „angemessene" Vertretung des Kindes handelt, weil ein vom Elternteil mit eigenem Interesse am Verfahrensausgang beauftragter Rechtsanwalt in erster Linie Willensvertreter des Auftraggebers ist und kaum die Kindesinteressen unparteilich und unabhängig wird wahrnehmen können.[49]

Nach der Rechtsprechung ist aber auch die **Beauftragung eines Rechtsanwaltes** durch **21** einen verfahrensfähigen Minderjährigen selbst möglich, weil die Frage, ob ein Minderjähriger wirksam eine Verfahrensvollmacht erteilen könne, sich nicht nach §§ 104 ff. BGB richte, sondern nach der jeweiligen Verfahrensordnung.[50] Der die Vertretung in einem gerichtlichen Verfahren betreffende Geschäftsbesorgungsvertrag zwischen einem minderjährigen, aber verfahrensfähigen Beteiligten und einem Rechtsanwalt ist jedenfalls dann **ohne Zustimmung des gesetzlichen Vertreters** wirksam, wenn die anwaltliche Vertretung entsprechend § 78 Abs. 2 FamFG wegen der Schwierigkeit der Sach- oder Rechtslage unter Berücksichtigung der subjektiven Fähigkeiten des Beteiligten erforderlich erscheint.[51] Wird ein Rechtsanwalt beigeordnet, kann nach § 158 Abs. 5 FamFG die Beiordnung eines Verfahrensbeistands unterbleiben bzw. aufgehoben werden (siehe oben Rn. 20)

IV. Verfahrensrechtliche Fragen (Abs. 3)

1. Bestellungszeitpunkt

Der Verfahrensbeistand ist nach § 158 Abs. 3 Satz 1 FamFG **so früh wie möglich** zu be- **22** stellen. Gleichwohl können vor der Bestellung seitens des Gerichts Vorermittlungen zu tätigen sein, ob überhaupt ein elterlicher Interessenkonflikt besteht.[52] Insbesondere sind die Eltern zur beabsichtigten Bestellung in der Regel anzuhören.[53]

---

44 OLG Saarbrücken FamRZ 2010, 2085
45 OLG Saarbrücken ZKJ 2014, 75
46 OLG Saarbrücken ZKJ 2013, 365
47 *Brock/Breideneichen*, FuR 2001, 400
48 In über 20-jähriger Tätigkeit als Familienrichter hat der Verfasser nicht einen einzigen derartigen Fall erlebt.
49 Schulte-Bunert/Weinreich/*Ziegler*, § 158 FamFG Rn. 20
50 BGH NJW 2014, 215 zu § 275 FamFG m.w.N. auch für die Gegenmeinung
51 OLG Dresden FamRZ 2014, 1042 = ZKJ 2014, 257 (LS)
52 OLG Dresden FamRZ 2000, 1296
53 Musielak/*Borth*/Grandel, § 158 FamFG Rn. 11; MüKo-FamFG/*Schumann*, § 158 FamFG Rn. 17 m.w.N.

23   **Frühzeitige Bestellung** eines Verfahrensbeistands und **Beschleunigungsgebot** des § 155 FamFG können – insbesondere in Eilverfahren – zu **Konflikten** führen, weil für den Verfahrensbeistand keine hinreichende Einarbeitungszeit zur Verfügung steht.[54] Soweit die Auffassung vertreten wird, ein Verfahrensbeistand könne erst nach einer persönlichen Anhörung des Kindes oder nach Einholung eines Gutachtens über die Fähigkeit des Kindes, seine Interessen selbst wahrzunehmen, erfolgen,[55] ist dem entschieden zu widersprechen: Was soll die Information des Kindes über Gegenstand, Ablauf und möglichen Verfahrensausgang (§ 158 Abs. 4 Satz 2 FamFG) bringen, wenn das Kind sich doch einer unvorbereiteten Anhörung durch das Gericht ausgesetzt sieht? Soll das Gericht in jedem Fall, in dem es – nach Anhörung des Kindes – die Notwendigkeit eines Verfahrensbeistands bejaht, noch eine weitere Anhörung des Kindes im Hinblick auf das Anwesenheitsrecht des Verfahrensbeistands nach § 159 Abs. 4 Satz 3 BGB durchführen? Nimmt man den Gesetzeswortlaut ernst, muss das Gericht vorsorglich – auch zur Wahrung des Beschleunigungsgebots – schon bei Erstübersendung des Antrages bzw. des für ein solches Verfahren gestellten Verfahrenskostenhilfegesuchs Eltern und Jugendamt darauf hinweisen, dass es die Bestellung eines Verfahrensbeistands erwägt und insoweit eine (kurze) Stellungnahmefrist (bei besonderer Eilbedürftigkeit genügen auch drei Tage) einräumen. Nach deren Ablauf ist über die Bestellung zu befinden.

24   Im Zweifel ist *vorsorglich* ein Verfahrensbeistand zu bestellen.[56] Nur so kann dem Anliegen, den Interessen des Kindes im Verfahren **von Anfang an** Rechnung zu tragen, ausreichend entsprochen werden.[57] Eine Bestellung, die so spät erfolgt, dass der Verfahrensbeistand die Rechte des Kindes nicht mehr ausreichend wahrnehmen kann, stellt einen mit der Beschwerde anfechtbaren Verfahrensfehler dar.[58] Zu **Zielkonflikten** zwischen Verfahrensbeschleunigung und ausreichender eigenständiger Interessenvertretung des Kindes siehe auch Rn. 23.

2. Beteiligtenstellung

25   Mit der Bestellung wird der **Verfahrensbeistand selbst Beteiligter** des Verfahrens. An Weisungen des Kindes ist er nicht gebunden.[59] Er hat ein Akteneinsichtsrecht, sämtliche bisherigen und künftigen Entscheidungen und Schriftsätze sind ihm bekannt zu machen, er ist zu allen Terminen zu laden und muss einem gerichtlich gebilligten Vergleich i.S.v. § 156 Abs. 2 FamFG grundsätzlich zustimmen.[60] Wegen Befangenheit kann er nicht abgelehnt werden, weil er nicht ein zur Unparteilichkeit verpflichteter Gehilfe des Gerichts, sondern – auch wenn er bei seinen Empfehlungen objektive Gesichtspunkte zu berücksichtigen hat (siehe Rn. 35) – letztlich einseitiger Interessenvertreter des Kindes im Verfahren ist; insbesondere ist § 6 FamFG nicht auf ihn anwendbar.[61] Ihm steht ein Zeugnisverweigerungsrecht in Bezug auf Tatsachen, die er in Ausübung seiner Tätigkeit als Beistand zur Kenntnis genommen hat, aus § 383 Abs. 1 Nr. 6 ZPO zu[62] (zum Datenschutz siehe unten Rn. 52 ff.).

---

54 *Bahrenfuss/Schlemm*, § 158 FamFG Rn. 10
55 Keidel/*Engelhardt*, § 158 FamFG Rn. 31
56 Schulte-Bunert/Weinreich/*Ziegler*, § 158 FamFG Rn. 21
57 Die Notwendigkeit möglichst frühzeitiger Bestellung betonen auch *Lack/Salgo*, FPR 2012, 353, 355; ebenso PK-Familienverfahrensrecht/*Stötzel*, § 158 FamFG Rn. 12
58 BGH ZKJ 2011, 220
59 BT-Drucks. 16/6308, 239
60 Keidel/*Engelhardt*, § 158 FamFG Rn. 39
61 OLG Celle FGPrax 2003, 128; OLG Brandenburg FamRZ 2012, 235 (LS)
62 OLG Braunschweig ZKJ 2012, 276

3. Bestellung

Der **Bestellungsbeschluss** macht den Verfahrensbeistand (wie den Verfahrenspfleger in Betreuungsverfahren nach § 274 Abs. 2 FamFG) unmittelbar zum Beteiligten; einer förmlichen Verpflichtung durch den Rechtspfleger wie z.B. beim Umgangspfleger bedarf es nicht. Teilweise wird sogar eine konkludente Bestellung des Verfahrensbeistands für möglich gehalten.[63] Soweit frühere obergerichtliche Entscheidungen eine Begründung des Bestellungsbeschlusses unter Berufung auf die damalige Anfechtbarkeit der Bestellung eines Verfahrenspflegers verlangten,[64] dürfte dem durch § 158 Abs. 3 Satz 4 FamFG der Boden entzogen sein.[65] Nach § 158 Abs. 3 Satz 3 FamFG ist dagegen in der Endentscheidung zu begründen, wenn trotz Vorliegens eines Regelbeispiels von der Bestellung eines Verfahrensbeistands abgesehen wurde.

26

4. Unanfechtbarkeit

Die Bestellung oder Abberufung eines Verfahrensbeistands sind wie auch entsprechende ablehnende Beschlüsse im Interesse eines zügigen Ablaufs nach § 158 Abs. 3 Satz 4 FamFG grundsätzlich **nicht selbständig anfechtbar**. Zulässig ist es aber, die **Beschwerde gegen die Endentscheidung** darauf zu stützen, ein Verfahrensbeistand sei fehlerhaft bestellt oder nicht bestellt worden, § 58 Abs. 2 FamFG. Das gilt auch für **das mindestens 14 Jahre alte Kind**.[66] Gerade weil die Bestellung im Interesse des Kindes erfolgt, muss auch ihm ein Beschwerderecht im gleichen Umfang wie den übrigen Verfahrensbeteiligten zustehen. Zudem ist nicht einzusehen, warum es für zulässig erachtet wird, wenn ein Elternteil seine Beschwerde auf eine angeblich falsche Auswahl des Verfahrensbeistands stützt,[67] dem Kind dies aber versagt sein soll.

27

---

63 OLG Nürnberg ZKJ 2015, 77
64 OLG Frankfurt FamRZ 1999, 1293; OLG Köln NJW-RR 2001, 76
65 Gegen Begründungserfordernis auch MüKo-FamFG/*Schumann*, § 158 FamFG Rn. 22 m.w.N.
66 *Völker/Clausius*, § 5 Rn. 41; a.A. Musielak/*Borth/Grandel*, § 158 FamFG Rn. 19 mit Hinweis auf OLG Stuttgart MDR 2001, 1242 (zum Verfahrenspfleger)
67 KG ZKJ 2014, 285

V. Aufgaben des Verfahrensbeistands (Abs. 4)

28 **Übersicht: Aufgaben des Verfahrensbeistands**

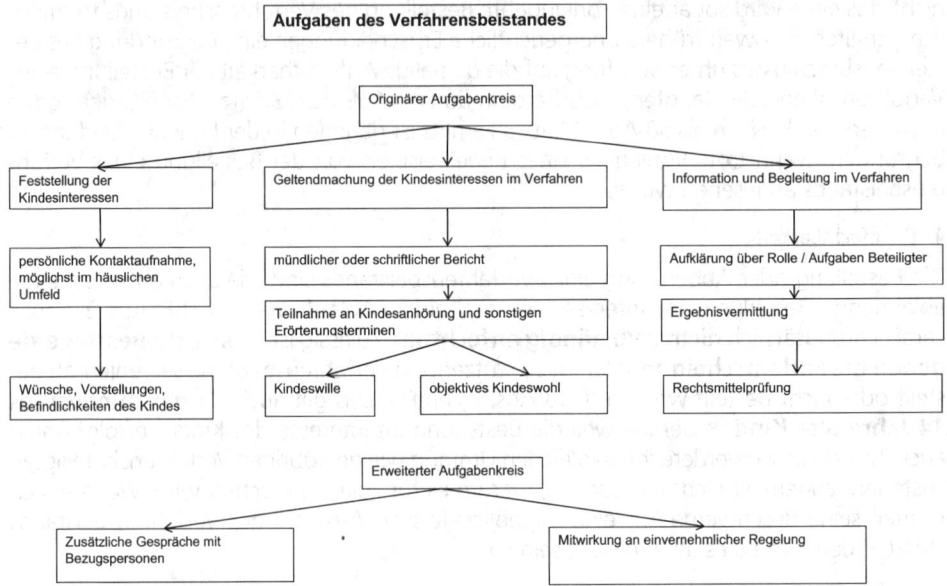

1. Originärer Aufgabenbereich

29 Nach § 158 IV Satz 1 und 2 FamFG umfasst der originäre Aufgabenbereich des Verfahrensbeistands

- die Feststellung des Interesses des Kindes,

- dessen Geltendmachung im Verfahren sowie

- Information und Begleitung des Kindes im Verfahren.

a) Interessenfeststellung

30 Sobald der Verfahrensbeistand bestellt ist, hat er die **Gerichtsakte** bzw. – in Eilverfahren – ihm vorab übersandte Anträge und Schriftsätze zu studieren, um sich einen Überblick über die Verfahrensproblematik zu verschaffen. Zugleich sollte er so schnell wie möglich versuchen, einen Termin für ein außergerichtliches Erstgespräch mit dem Kind zu vereinbaren.

31 Um das Kindesinteresse feststellen zu können, ist eine **persönliche Kontaktaufnahme** zum Kind unerlässlich. Diese sollte jedenfalls bei kleineren Kindern, wenn irgend möglich, in einer dem Kind vertrauten Umgebung stattfinden. Dies eröffnet nicht nur die Chance eines schnelleren Zugangs zum Kind, sondern bietet zugleich die Möglichkeit, durch die Beobachtung der Interaktion zwischen dem Kind und dem betreffenden Elternteil gewisse Rückschlüsse auf deren Beziehung zueinander ziehen und einen Eindruck vom häuslichen Umfeld gewinnen zu können.[68] Dass der Verfahrensbeistand keine außergerichtliche Kontaktaufnahme mit dem Kind gegen den Willen des gesetzlichen Vertreters erzwingen

---

68 *Johnson*, FPR 2012, 377, 379; *Prenzlow/Kuleisa-Binge/Wacker*, Rn. 724 f.; Standards Verfahrensbeistandschaft Ziffer 3.1.1, abgedruckt in HB Verfahrensbeistandschaft

kann,[69] wird mit Recht bedauert.[70] Regelmäßig lassen sich Eltern glücklicherweise aber auf ein solches vorgerichtliches Gespräch des Beistands mit dem Kind ein, zumal dann, wenn der Beistand auch den Eltern vorweg kurz seine Aufgaben und Funktion erläutert hat. Ein solches Gespräch mit einem Elternteil ist indes noch keine Wahrnehmung des erweiterten Aufgabenkreises i.S.v. § 158 Abs. 3 Satz 3 FamFG.[71]

Im Gespräch versucht der Verfahrensbeistand, **Vorstellungen, Wünsche und Befindlichkeiten des Kindes** zu eruieren.[72] Seine Tätigkeit umfasst dagegen nicht die Ermittlung des elterlichen Willens,[73] eine Begutachtung des Kindes (Sachverständigenaufgabe!),[74] die Unterstützung des Jugendamtes[75] sowie erzieherische oder therapeutische Aktivitäten.[76] Die Mitwirkung an Hilfeplänen, Umgangskontakten und eine eigene beratende Tätigkeit überschreiten die dem Verfahrenspfleger vom Gesetz zugewiesenen Aufgaben.[77]

32

b) Geltendmachung der Kindesinteressen im Verfahren

Der Verfahrensbeistand fasst die von ihm gewonnenen Erkenntnisse in einem **schriftlichen oder mündlichen Bericht** zusammen. Viele erstinstanzliche Richter sind für eine entsprechende Ersteinschätzung per Fax oder Telefon noch vor dem Erörterungstermin dankbar. An der **Anhörung des Kindes** soll er nach § 159 Abs. 4 Satz 3 FamFG teilnehmen; bei unfreiwilliger Verhinderung ist der Termin in der Regel zu verlegen oder die Anhörung zu wiederholen.[78] In der Anhörung wirkt er soweit nötig auf eine kindgerechte Gestaltung hin.[79] Als Verfahrensbeteiligter hat er auch das Recht auf Teilnahme an sonstigen Anhörungen bzw. Erörterungen.[80]

33

Wünscht das Kind ausnahmsweise eine Anhörung in Abwesenheit des Verfahrensbeistands, sollte das Gericht diesem Wunsch entsprechen; Gleiches gilt, wenn der Verfahrensbeistand zuvor mitgeteilt hat, er halte im Interesse des Kindes dessen Anhörung ohne eigene Teilnahme für sachgerechter.[81] Verzichtet der Verfahrensbeistand von sich aus auf die Teilnahme an der Kindesanhörung, so wird dies im Hinblick auf die Ausgestaltung des § 159 Abs. 4 Satz 3 FamFG als Soll-Vorschrift nicht als Verfahrensfehler angesehen.[82] In der Praxis dürften die genannten Fälle nur sehr selten vorkommen.

34

In erster Linie soll der Verfahrensbeistand das **subjektive Kindesinteresse** (Kindeswille) zum Ausdruck bringen. Dieses kann im Einzelfall, beispielsweise dem Wunsch eines Kindes, trotz grober Vernachlässigung durch die allein erziehende Mutter bei dieser zu verbleiben, mit dem **objektiven Interesse** (Kindeswohl) kollidieren. Im Hinblick auf seine eigenständige Stellung als Verfahrensbeteiligter und den Wortlaut des § 158 Abs. 4 Satz 1 FamFG, der allgemein von „dem Interesse" spricht, obliegt es dem Beistand auch, auf Gesichtspunkte hinzuweisen, die den subjektiven Wünschen des Kindes objektiv entgegenstehen können.[83]

35

---

69 OLG Brandenburg FamRZ 2000, 1295 m.w.N.
70 Schulte-Bunert/Weinreich/*Ziegler*, § 158 FamFG Rn. 29
71 MüKo-FamFG/*Schumann*, § 158 FamFG Rn. 28 m.w.N.
72 Schulte-Bunert/Weinreich/*Ziegler*, § 158 FamFG Rn. 2
73 BVerfG FamRZ 2010, 109
74 MüKo-FamFG/*Schumann*, § 158 FamFG Rn. 29 m.w.N.; *Johnson*, FPR 2012, 377, 379
75 OLG Brandenburg FamRZ 2005, 1108 mit Anm. *Menne*
76 OLG München FamRZ 2002, 563
77 OLG Oldenburg FamRZ 2005, 391
78 OLG Naumburg, Beschl. v. 18.10.2011 – 8 UF 204/11, juris
79 Prenzlow/*Kuleisa-Binge*/Wacker, Rn.740 ff.
80 *Völker/Clausius* § 5 Rn. 36 m.w.N.
81 MüKo-FamFG/*Schumann*, § 158 FamFG Rn. 31 m.w.N.
82 OLG Naumburg, Beschl. v. 18.10.2011 – 8 UF 204/11, juris
83 BT-Dr 16/6308, 239

36   Hält der Verfahrensbeistand weitere Ermittlungen, insbesondere die Einholung eines Gutachtens für erforderlich, so wirkt er auf entsprechende Umsetzung hin. Dazu gehört ggf. auch die Anregung von Eilmaßnahmen.

c) Information und Begleitung des Kindes im Verfahren

37   Der Verfahrensbeistand vermittelt dem Kind in altersangemessener Form den Ablauf des Verfahrens. Er informiert das Kind insbesondere über den Verfahrensgegenstand sowie die Rolle und Aufgaben der verschiedenen Beteiligten.[84] Hierzu gehört auch die Aufklärung über die Bedeutung der Wünsche des Kindes. Vielfach werden leider Kinder im Streit der Eltern von diesen in eine sie überfordernde „Schiedsrichterrolle" hineingedrängt. Hier kann der behutsame Hinweis auf die Verantwortlichkeit der Erwachsenen für die Entscheidung oftmals Entlastung bringen. Wenn irgend möglich, vermittelt der Verfahrensbeistand nach Ende eines Erörterungstermins dessen Ergebnis dem Kind, bespricht möglicherweise eine schon gefällte Entscheidung oder Elterneinigung; aus der entsprechenden Reaktion des Kindes sind u. U. wichtige Hinweise zu gewinnen, ob eine (vorläufige) Regelung möglicherweise im Interesse des Kindes anzufechten ist. Bestehen insoweit Zweifel, empfiehlt es sich auch, innerhalb der Rechtsmittelfrist einen weiteren Gesprächskontakt mit dem Kind zu suchen.

38   *d) Rechtsmittel im Interesse des Kindes*

Der Verfahrensbeistand ist nach § 158 Abs. 4 Satz 5 FamFG befugt, selbst **Rechtsmittel** im Interesse des Kindes einzulegen. Dies gilt auch für die Rechtsbeschwerde. Ungeklärt ist die Frage, wer die Kosten für die Beauftragung des nach §§ 10 Abs. 4, 114 Abs. 2 FamFG ausnahmslos für alle Beteiligten[85] vorgeschriebenen beim BGH zugelassenen Rechtsanwaltes trägt.

39   Der **nicht berufsmäßige Verfahrensbeistand** hat Anspruch auf Ersatz seiner Aufwendungen gemäß §§ 158 Abs. 7 Satz 1, 277 FamFG, 1835, 1836 BGB. Aufwendungen sind freiwillige Vermögensopfer im Interesse eines Dritten, damit grundsätzlich auch die Kosten für einen Anwalt, ohne den ein Rechtsmittel im Interesse des Dritten nicht eingelegt werden kann. In der betreuungsrechtlichen Rechtsprechung werden Honorarforderungen eines vom Betreuer beauftragten Rechtsanwalts allerdings nicht als Aufwendungen des Betreuers angesehen, sondern Schuldner des Anwaltshonorars sei der Betreute selbst.[86] Diese Auffassung ist auf den Verfahrensbeistand nicht übertragbar, weil sie maßgeblich damit begründet wird, der Betreute werde durch den Betreuer als gesetzlichem Vertreter nach § 1902 BGB unmittelbar verpflichtet, der Verfahrensbeistand aber gerade nicht gesetzlicher Vertreter des Kindes ist (Abs. 4 Satz 6). **Anwaltshonorare für ein im Interesse des Kindes eingelegtes Rechtsmittel** sind dem nicht berufsmäßigen Verfahrensbeistand daher als Aufwendungen aus der **Staatskasse** (Abs. 7 Satz 5) zu ersetzen.

40   Der **berufsmäßige Verfahrensbeistand** erhält dagegen eine Pauschalvergütung, die grundsätzlich sämtliche Auslagen mit abgilt. Daraus ließe sich ableiten, dass der Verfahrensbeistand die Honorarforderung des notwendigerweise eingeschalteten Rechtsanwalts aus seiner Pauschalvergütung zu zahlen hat.[87] Die Gewährleistung eines effektiven Rechtsschutzes für das Kind verbietet es jedoch, durch Einlegung einer Rechtsbeschwerde entstandene Anwaltshonorare als von der Pauschale mit erfasste Aufwendungen anzusehen. Im Zweifel wird nämlich andernfalls der berufsmäßig tätige Verfahrensbeistand schlicht auf die Einlegung der Rechtsbeschwerde verzichten. Werden dem Verfahrensbeistand für

---

84 *Prenzlow*, ZKJ 2011, 128
85 BGH BtPrax 2010, 234; BGH AnwBl. 2011, 397
86 OLG Köln NJW-RR 2009, 1377
87 Zum ähnlich gelagerten Problem der Haftung für Dolmetscherkosten siehe Rn. 50

eine Vertretung der Kindesinteressen erforderliche Tätigkeiten nicht vergütet, wird sein Einsatz für das Kind ineffektiv, was dem bezweckten Schutz des Kindes zuwider läuft.[88] Auch er hat deshalb **Anspruch auf Ersatz des verauslagten Anwaltshonorars** gegen die **Staatskasse**.

▶ *Zur Einzelheiten der Vergütung des Verfahrensbeistands siehe unten Rn. 45 ff.*

Angesichts der Rechtsprechung des Bundesverfassungsgerichts zum wortgleichen § 276 Abs. 5 FamFG[89] muss dem Verfahrensbeistand sogar die Möglichkeit eingeräumt werden, notfalls **Verfassungsbeschwerde** im Interesse des Kindes einlegen zu können.[90]   **41**

2. Erweiterter Aufgabenkreis

Das Gericht kann dem Verfahrensbeistand nach § 158 Abs. 4 Satz 3 zusätzlich die Aufgabe   **42** übertragen, mit den Eltern und weiteren Bezugspersonen (Lehrer, Erzieher, Großeltern, neuen Partnern der leiblichen Eltern, volljährigen Geschwistern, Pflegepersonen u.s.w.) Gespräche zu führen und am Zustandekommen einer einvernehmlichen Regelung über den Verfahrensgegenstand mitzuwirken. Mitwirkung bedeutet: Der Verfahrensbeistand ist „Anreger", aber nicht aktiv Handelnder im Sinne einer Tätigkeit als Berater oder Media- tor.[91] Er kann z.B. Wünsche des Kindes an seine Eltern diesen vermitteln, den Blick der El- tern auf die Lage und Befindlichkeit des Kindes richten und an ihre Elternverantwortung appellieren. Zum Mitwirken kann aber auch gehören die Mitarbeit an einer Elternberatung bzw. gerichtsnahen Mediation durch Weitergabe und Erörterung möglicher Elternverein- barungen einschließlich der Rückmeldung etwaiger Änderungswünsche des Kindes.[92]

Die Übertragung des erweiterten Aufgabenkreises begründet den Anspruch des berufs-   **43** mäßigen Verfahrensbeistands auf die **erhöhte Pauschalvergütung**, § 158 Abs. 7 Satz 3 FamFG. Zwar hat das Gericht im Rahmen der Bestellung des Verfahrensbeistands Art und Umfang von dessen Beauftragung konkret festzulegen und die Beauftragung zu begrün- den, § 158 Abs. 4 Satz 4 FamFG.[93] Eine genaue Festlegung derjenigen Personen, mit de- nen der Verfahrensbeistand zwecks Mitwirkung am Zustandekommen einer einvernehmli- chen Regelung Gespräche führen soll, ist hierbei jedoch nicht erforderlich, zumal eine der- artige Differenzierung auf den Vergütungsanspruch keinerlei Auswirkungen hat.[94]

▶ *Zu Einzelheiten der Vergütung des Verfahrensbeistands siehe unten Rn. 45 ff.*

VI. Ende der Bestellung (Abs. 6)

Die Bestellung als Verfahrensbeistand endet, sofern sie nicht zu einem früheren Zeitpunkt   **44** aufgehoben wird, entweder mit „der Rechtskraft der das Verfahren abschließenden Ent- scheidung" (Nr. 1) oder mit dem sonstigen Verfahrensabschluss (Nr. 2). Eine **erstinstanzli- che Bestellung erstreckt sich** daher automatisch **auf die Rechtsmittelinstanz** – unab- hängig von der Frage, ob der Verfahrensbeistand selbst oder ein Dritter ein Rechtsmittel eingelegt hat –, und zwar auch hinsichtlich des (erweiterten) Aufgabenkreises, sofern das Rechtsmittelgericht keine Änderungen beschließt.[95] „Sonstiger Verfahrensabschluss" sind z.B. die Antragsrücknahme oder Erledigung der Hauptsache. Die erstinstanzliche Bestel-

---

88 BVerfG FPR 2004, 622
89 BVerfG FamRZ 2013, 1279; die früheren scheinbar abweichenden Ausführungen in FamRZ 2004, 1267, 1268
    betrafen eine Verfassungsbeschwerde, in der der Verfahrenspfleger die Festsetzung seiner Vergütung angriff;
    für Möglichkeit der Verfassungsbeschwerde durch den Verfahrensbeistand auch Keidel/*Engelhardt*, § 158
    FamFG Rn. 44a
90 Keidel/*Engelhardt*, § 158 FamFG Rn. 44a
91 *Prenzlow*, FPR 2012, 366, 367
92 *Prenzlow*, FPR 2012, 366, 369
93 Beispiel OLG Köln FamRB 2012, 214
94 OLG Celle ZKJ 2013, 461 = FamRZ 2014, 413; AG Gießen, Beschl. v. 20.9.2013 – 247 F 1895/13, juris
95 OLG München FamRZ 2012, 728; OLG Stuttgart FamRZ 2011, 1533

lung erfasst dagegen nicht mehr ein späteres Vollstreckungsverfahren,[96] ein Abänderungsverfahren oder ein Vermittlungsverfahren;[97] alle diese Verfahren sind vom Ausgangsverfahren unabhängige selbständige Verfahren, für die ggf. ein Verfahrensbeistand neu bestellt werden muss.

VII. Vergütung und Aufwendungsersatz des Verfahrensbeistands (Abs. 7)

45 **Übersicht: Vergütung des Verfahrensbeistands**

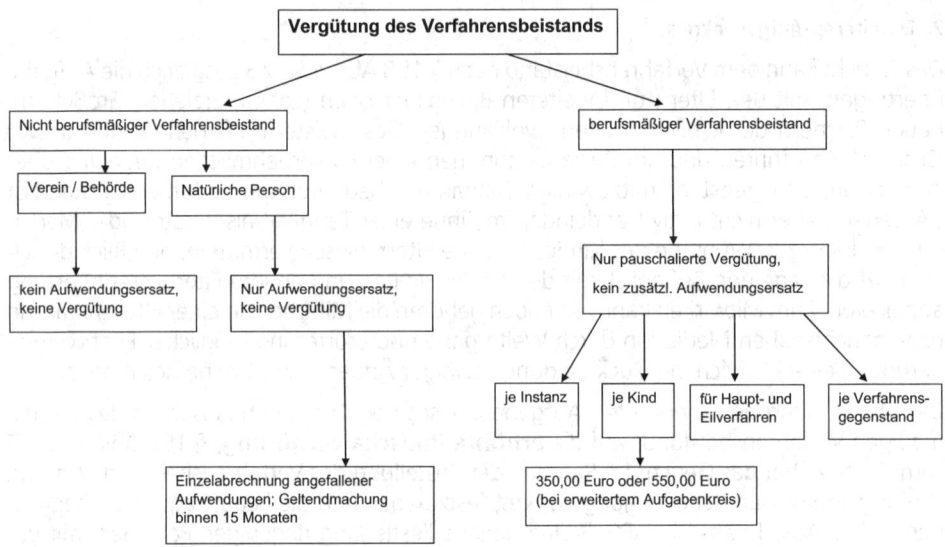

1. Allgemeines

46 Der Anspruch des Verfahrensbeistands auf Vergütung oder Auslagenersatz richtet sich nicht gegen das Kind, sondern **gegen die Staatskasse**, § 158 Abs. 7 Satz 5. Diese kann die entsprechenden Zahlungen als Gerichtskosten nach §§ 1, 21 ff. FamGKG vom Kostenschuldner – nach § 81 Abs. 3 FamFG in personenbezogenen Kindschaftssachen niemals das minderjährige Kind! – zurückfordern. Über § 158 Abs. 7 Satz 6 i. V. m. § 168 FamFG kann die Vergütung gerichtlich festgesetzt werden. Gegen die Entscheidung des zuständigen Rechtspflegers (§§ 3 Nr. 2a, 14 RPflG) ist die Beschwerde nach §§ 11 RPflG, 58 ff. FamFG gegeben.[98] Liegt der Beschwerdewert unter 600,00 Euro, muss die Beschwerde vom Rechtspfleger zugelassen werden, § 61 Abs. 1 bis 3 FamFG. Lehnt der Rechtspfleger eine Zulassung ab, kann hiergegen binnen zwei Wochen Erinnerung eingelegt werden, § 11 Abs. 2 RPflG.[99] Über diese Erinnerung entscheidet dann der Richter des Amtsgerichts.

47 Der Anspruch ist nach höchstrichterlicher Auffassung – trotz der Verpflichtung des Verfahrensbeistands zur Verschwiegenheit – abtretbar.[100] Auf den Vergütungsanspruch des berufsmäßigen Verfahrensbeistands sind weder § 1835 Abs. 1 Satz 2 BGB noch § 2 VBVG (i.V.m. § 277 Abs. 2 FamFG) entsprechend anwendbar.[101]

---

96 OLG Karlsruhe BeckRS 2011, 24478
97 MüKo-FamFG/*Schumann*, § 158 FamFG Rn. 44
98 BVerfG FamRZ 2010, 185
99 OLG Stuttgart ZKJ 2010, 163
100 BGH FamRZ 2013, 1392; a.A. OLG Frankfurt, Beschl. v. 24.8.2010 – 7 UF 54/10, juris
101 OLG Köln, Beschl. v. 29.10.2014 – 21 WD 169/14, juris

2. Nicht berufsmäßiger Verfahrensbeistand

Der nicht berufsmäßige Verfahrensbeistand kann gemäß § 277 Abs. 1 FamFG i. V. m. **48**
§ 1835 BGB Ersatz seiner **Aufwendungen** verlangen. **Reisekosten** können entsprechend § 5 JVEG abgerechnet werden, § 1835 Abs. 1 BGB. Nach § 1835 Abs. 2 BGB zählen zu den Aufwendungen auch die Kosten einer angemessenen **Haftpflichtversicherung**. Wird ausnahmsweise einmal ein Verein oder eine Behörde zum Verfahrensbeistand bestellt, entfällt der Aufwendungsersatz, § 158 Abs. 7 Satz 1 i. V. m. § 277 Abs. 1 Satz 3 FamFG. Eine Vergütung für den geleisteten Zeitaufwand erhält der ehrenamtliche Verfahrensbeistand nicht.[102]

Der nicht berufsmäßig tätige Verfahrensbeistand muss seine Aufwendungen binnen 15 **49**
Monaten nach ihrer Entstehung geltend machen, § 1835 Abs. 1 Satz 3 FamFG, andernfalls **erlischt** sein Anspruch. Die Frist beginnt mit dem Zeitpunkt, in dem die Aufwendungen entstehen, nicht erst mit Ende der Bestellung; Wiedereinsetzung bei Fristversäumung ist nicht möglich.[103]

3. Berufsmäßiger Verfahrensbeistand

Ihm steht **ausschließlich** ein **Vergütungsanspruch** zu, welcher nach § 158 Abs. 7 Satz 4 **50**
FamFG zugleich sämtliche Aufwendungen und die auf die Vergütung entfallende Umsatzsteuer mit abgilt. Der Anspruch beläuft sich pauschal auf 350,00 Euro, bei Übertragung des erweiterten Aufgabenkreises auf 550,00 Euro, § 158 Abs. 7 Satz 2 und 3 FamFG. Die vom Gesetzgeber bewusst vorgenommene Pauschalierung ist verfassungsrechtlich unbedenklich.[104] Dies gilt grundsätzlich selbst dann, wenn im Einzelfall die Pauschale keine angemessene Vergütung darstellt, z.B. wegen besonders hoher Fahrtkosten, die als Aufwendungen von der Pauschale miterfasst werden.[105] Denn mehrfaches Entstehen der Fallpauschale (siehe Rn. 51) kann im Rahmen einer Mischkalkulation unzulängliche Einnahmen in anderen Fällen ausgleichen.[106] Wenn allerdings das Gericht dem Verfahrensbeistand gestattet, einen Dolmetscher für die Gespräche mit Verfahrensbeteiligten hinzuzuziehen, so sind diese Aufwendungen nicht vom Verfahrensbeistand aus der Vergütungspauschale, sondern als gesonderte Auslagen vom Gericht zu begleichen.[107]

Nach dem klaren Gesetzeswortlaut („in jedem Rechtszug") fällt die Pauschale **für jede In-** **51**
stanz gesondert an, § 158 Abs. 7 Satz 2 FamFG. Durch höchstrichterliche Entscheidungen ist für die Praxis inzwischen überdies geklärt, dass

- die Fallpauschale bei einer Bestellung für mehrere Kinder **für jedes Kind** gesondert entsteht[108]

- **für Eil- und Hauptverfahren** ohne Anrechnung gesondert anfällt[109]

- **für jeden Verfahrensgegenstand**, für den beigeordnet wird, entsteht, unabhängig davon, ob die Verfahren parallel oder nacheinander laufen[110] oder nach Verbindung z.B. ein Sorge- und ein Umgangsrechtsverfahren in einem einzigen Verfahren verhan-

---

102 MüKo-FamFG/*Schumann*, § 158 Rn. 44; Schulte-Bunert/Weinreich/*Ziegler*, § 158 FamFG Rn. 39
103 OLG Brandenburg ZKJ 2008, 123 mit Anm. *Menne*, ZKJ 2008, 114
104 BGH ZKJ 2014, 21
105 BGH NJW 2014, 157; BGH NJW 2013, 3724
106 BVerfG ZKJ 2010, 70
107 OLG Frankfurt, Beschl. v. 17.10.2013 – 5 WF 249/13, juris (Rechtsbeschwerde beim BGH anhängig: XII ZB 624/13); a.A. OLG Hamm ZKJ 2014, 333 (vom Verfahrensbeistand aus Pauschalvergütung zu bestreiten); dagegen eingehend *Keuter*, FamRZ 2014, 1971
108 BGH FamRZ 2010, 1893 und 1896, jeweils m.w.N.; BGH FamRZ 2011, 468
109 BGH FamRZ 2011, 199
110 BGH FamRZ 2011, 467

delt werden.[111] Maßgeblich ist nicht die Aktenführung des Gerichts, sondern die Einheitlichkeit oder Verschiedenheit der Angelegenheiten, zu welchen die Bestellung als Verfahrensbeistand erfolgte.[112] Soweit z. T. bei einer Bestellung im Scheidungsverbundverfahren unter Hinweis auf die Einheitlichkeit der Entscheidung dem Verfahrensbeistand nur eine Fallpauschale auch bei Wahrnehmung mehrerer Verfahrensgegenstände gewährt wird,[113] überzeugt dies nicht. Denn für das Entstehen des jeweiligen Vergütungsanspruches kommt es gerade nicht darauf an, ob die Sorgerechts- und die Umgangsrechtsangelegenheit Gegenstand zweier formal getrennter Verfahren sind.[114]

52 Der Anspruch des Verfahrensbeistands auf die Fallpauschale **entsteht mit der Aufnahme seiner Tätigkeit** im Rahmen des § 158 Abs. 4 FamFG. Es genügt, dass der Verfahrensbeistand in irgendeiner Weise im Interesse des Kindes tätig geworden ist, wobei allein die Entgegennahme des Bestellungsbeschlusses nicht ausreicht.[115] Nicht ausreichend sind ebenfalls im Beschwerdeverfahren die Entgegennahme und das Lesen einer noch nicht begründeten Beschwerdeschrift,[116] wohl aber Kenntnisnahme einer Beschwerdebegründung.[117]

VIII. Keine Kostentragungspflicht (Abs. 8)

53 Nach § 158 Abs. 8 FamFG dürfen dem Verfahrensbeistand keine Kosten auferlegt werden. Dies betrifft allerdings nur das Verfahren, für welches er beigeordnet wurde. Strengt er dagegen selbst eine Beschwerde seine Vergütung betreffend an, gilt dieses Kostenprivileg nicht, weil ein solches Verfahren allein seine Interessen, nicht die des Kindes betrifft.[118]

IX. Datenschutz

54 Eine spezielle Regelung des Datenschutzes für die Tätigkeit des Verfahrensbeistands gibt es nicht.[119] Zum Teil wird deshalb § 68 SGB VIII analog angewandt, zum Teil das BDSG herangezogen.[120] Dieses gilt auch, wenn der Verfahrensbeistand ein Rechtsanwalt ist, der personenbezogene Daten erhebt.[121] Nach der grundlegenden Vorschrift des § 4 BDSG ist die Erhebung, Verarbeitung und Nutzung personenbezogener Daten nur zulässig, wenn sie **ausdrücklich gesetzlich erlaubt oder angeordnet** ist oder der Betroffene **eingewilligt** hat.

55 **Betroffene** sind nicht nur das Kind, sondern auch Eltern und Bezugspersonen wie Lehrer, Erzieher u.s.w.[122] Auch die Übertragung des erweiterten Aufgabenkreises nach § 158 Abs. 4 Satz 3 FamFG ist keine ausreichende Grundlage i.S. des BDSG für eine Datenerhebung, so dass letztere stets nur mit **Einwilligung** des Betroffenen zulässig ist.[123]

56 Der Verfahrensbeistand hat insbesondere keinen generellen **Anspruch auf Einsichtnahme** in Akten des Jugendamtes, weil er nur Beteiligter im familiengerichtlichen Verfahren, nicht aber im jugendhilferechtlichen Verwaltungsverfahren ist.[124] Die Jugendamtsmitarbeiter sind im Einzelfall aber durchaus befugt, Sozialdaten an den Verfahrensbeistand

---

111 BGH FamRZ 2012, 1630; OLG München FamRZ 2013, 966
112 OLG Frankfurt ZKJ 2014, 113
113 OLG München FamRZ 2013, 318
114 BGH FamRZ 2012, 1630
115 BGH FamRZ 2012, 1630
116 OLG Celle ZKJ 2012, 489
117 OLG Nürnberg ZKJ 2015, 77
118 OLG Celle ZKJ 2012, 489
119 DIJuF Rechtsgutachten vom 30.6.2014, JAmt 2014, 444
120 Hierfür DIJuF Rechtsgutachten vom 30.6.2014, JAmt 2014, 444 m.w.N. auch für die Gegenmeinung
121 *Morat/Kramer,* ZKJ 2014, 139 mit Hinweis auf KG AnwBl. 2010, 802; a.A. *Kunkel,* FPR 2013, 487, 490
122 *Morat/Kramer,* ZKJ 2014, 139, 140
123 *Morat/Kramer,* ZKJ 2014, 139, 140
124 Salgo/*Bauer,* Rn. 396

weiterzuleiten, § 64 Abs. 1 SGB VIII; der Austausch zwischen den Mitarbeitern des ASD und Verfahrensbeistand kann dessen Arbeit wesentlich erleichtern und zu einer besseren Wahrnehmung der Kindesinteressen beitragen, so dass im Einzelfall dem Verfahrensbeistand Akteneinsicht gewährt werden darf.[125]

Da der Verfahrensbeistand gerade nicht gesetzlicher Vertreter des Kindes ist, hat er auch keine Möglichkeit, ohne Einverständnis der Eltern von Ärzten, Lehrern, Erziehern u.s.w. **Informationen** zu erhalten, die dem Datenschutz unterliegen. Hält er die Kenntnis derartiger Informationen für erforderlich, bleibt ihm nur, das Gericht zu bitten, diese Informationen im Rahmen der Amtsaufklärung nach § 26 FamFG zu beschaffen, soweit dies dem Gericht im Hinblick auf bestehende Schweigepflichten möglich ist.[126]   **57**

Bei der **Datenweitergabe** hat der Verfahrensbeistand § 78 SGB X zu beachten, d. h. er darf Daten, die er in zulässiger Weise z.B. vom Jugendamt erfahren hat, auch nur in dem Umfange weitergeben, wie diese Daten vom Jugendamt Dritten offenbart werden dürfen.[127]   **58**

§ 159 FamFG Persönliche Anhörung des Kindes

(1) ¹Das Gericht hat das Kind persönlich anzuhören, wenn es das 14. Lebensjahr vollendet hat. ²Betrifft das Verfahren ausschließlich das Vermögen des Kindes, kann von einer persönlichen Anhörung abgesehen werden, wenn eine solche nach der Art der Angelegenheit nicht angezeigt ist.

(2) Hat das Kind das 14. Lebensjahr noch nicht vollendet, ist es persönlich anzuhören, wenn die Neigungen, Bindungen oder der Wille des Kindes für die Entscheidung von Bedeutung sind oder wenn eine persönliche Anhörung aus sonstigen Gründen angezeigt ist.

(3) ¹Von einer persönlichen Anhörung nach Absatz 1 oder Absatz 2 darf das Gericht aus schwerwiegenden Gründen absehen. ²Unterbleibt eine Anhörung allein wegen Gefahr im Verzug, ist sie unverzüglich nachzuholen.

(4) ¹Das Kind soll über den Gegenstand, Ablauf und möglichen Ausgang des Verfahrens in einer geeigneten und seinem Alter entsprechenden Weise informiert werden, soweit nicht Nachteile für seine Entwicklung, Erziehung oder Gesundheit zu befürchten sind. ²Ihm ist Gelegenheit zur Äußerung zu geben. ³Hat das Gericht dem Kind nach § 158 einen Verfahrensbeistand bestellt, soll die persönliche Anhörung in dessen Anwesenheit stattfinden. ⁴Im Übrigen steht die Gestaltung der persönlichen Anhörung im Ermessen des Gerichts.

Weiterführende Literatur: Carl/Eschweiler, Kindesanhörung-Chancen und Risiken, NJW 2005, 1681; *Carl/Karle*, Kindesanhörung und Fortbildung von Familienrichtern, NZFam 2014, 930; Delfos, „Sag mir mal…" – Gesprächsführung mit Kindern, 9. Auflage, Weinheim 2013; *Hennemann*, Die Anhörung des Kindes in Kindschaftsverfahren, NZF am 2014, 871; *Karle/Carl/Clauss*, Kindesanhörung aus psychologischer Sicht, NZFam 2014, 875; *Rohmann/Karle*, Die Anhörung des Kindes aus kinderpsychologischer und kinderpsychiatrischer Sicht, ZKJ 2010, 434; *Rohmann*, Anhörung des Kindes und der Eltern sowie die Bekanntgabe der Entscheidung an das Kind als kommunikativer Prozess, FPR 2013, 464; *Schweppe/Bussian*, Die Kindesanhörung aus familienrichterlicher Sicht, ZKJ 2012, 13

---

125 DIJuF Rechtsgutachten vom 30.6.2014, JAmt 2014, 444, 446
126 Salgo/*Bauer*, Rn. 394
127 *Kunkel*, FPR, 2013, 487, 490

Übersicht

A. Allgemeines

I. Normzweck

1 Das Kind hat grundsätzlich ein Recht darauf, vor der gerichtlichen Entscheidung in Kindschaftssachen gehört zu werden. Für das Kind kann **die Durchführung der Anhörung jedoch ambivalent** sein: Einerseits könnte dem Kind die Tragweite des gerichtlichen Verfahrens besonders bewusst werden und diese Erkenntnis das Kind belasten.[1] Andererseits erhält das Kind aber Gelegenheit, die Person kennen zu lernen, die wichtige – seine Person betreffende – Entscheidungen zu treffen hat, so dass es eine Entlastung bedeuten kann, wenn es sich „in guten Händen" weiß. Vor allem hat es aber die Gelegenheit, seinem eigenen Willen unmittelbaren Nachdruck zu verleihen. Eine Vernehmung des Kindes als Zeuge findet in Kindschaftssachen nicht statt (vgl. § 163 Abs. 3 FamFG). Fragen anderer Beteiligter sind ihm nicht vorzulegen.[2]

2 Zudem dient die Anhörung der Verwirklichung des Anspruchs auf **Gewährung rechtlichen Gehörs und der Sachaufklärung**, da sie dem Richter ermöglicht, das Kind und seine Lebensverhältnisse kennen zu lernen.[3] Vor diesem Hintergrund sollte eine persönliche Anhörung des Kindes vor dem ersuchten Richter eines anderen Gerichts in der Regel nicht erfolgen.[4] Das Ergebnis der Kindesanhörung ist den Beteiligten durch Übermittlung des zu fertigenden Vermerks (hierzu unten Rn. 33) mit Gelegenheit zur Stellungnahme bekannt zu geben.

3 Das Erfordernis der persönlichen Anhörung des Kindes hat nicht im Umkehrschluss zur Folge, dass die Äußerungen bzw. der Wille des Kindes für die Entscheidung des Familiengerichts alleinentscheidungserheblich wären. Vielmehr ist der **Wille des Kindes nur einer von mehreren Gesichtspunkten** im Rahmen der Prüfung des Kindeswohls (näher hierzu etwa *Keuter,* § 1671 BGB Rn. 44 sowie *Gottschalk,* § 1684 BGB Rn. 30). So ist es beispielsweise nicht zu beanstanden, wenn den Willensbekundungen eines sechs Jahre alten und in einem gravierenden Loyalitätskonflikt befindlichen Kindes, das äußert, bei einem Elternteil wohnen zu wollen, keine entscheidende Bedeutung beigemessen wird.[5]

4 Die persönliche Anhörung des Kindes ist ggf. mit **Ordnungsmitteln** nach § 33 FamFG durchzusetzen. Die Terminsanberaumung ist als verfahrensleitende Zwischenverfügung unanfechtbar.

---

1 Vgl. *Lempp* et al., 63 ff.
2 KG ZKJ 2014, 285
3 Hierzu auch KG a.a.O.
4 Im Ergebnis ebenso: *Hennemann*, NZFam 2014, 871
5 BVerfG FamRZ 2015, 210

▶ *Näher zu Ordnungs- und Zwangsmaßnahmen siehe Cirullies, § 33 FamFG Rn. 2.*

Unterbleibt die Anhörung, obwohl sie geboten ist, dann stellt dies einen schwerwiegen- 5
den Verfahrensfehler dar. Dieser kann nur mit dem Rechtsmittel gegen die Endentscheidung geltend gemacht werden. Die Anhörung ist dann im Beschwerdeverfahren nachzuholen. Denn eine Zurückverweisung kommt alleine wegen dieses Verfahrensfehlers auch
mit Blick auf das Beschleunigungsgebot des § 155 Abs. 1 FamFG in der Regel nicht in Betracht.[6]

II. Anwendungsbereich

Die Norm ist in Kindschaftssachen anwendbar. Sie ist nicht nur in **Verfahren vor dem** 6
Richter, sondern – was in der Praxis häufig nicht beachtet wird – auch in den **Verfahren**
vor dem Rechtspfleger zu berücksichtigen, soweit die Anwendungsvoraussetzungen
(siehe hierzu Rn. 12 f.) erfüllt sind.[7]

Im **Verfahren der einstweiligen Anordnung** ist § 159 FamFG grundsätzlich anwendbar 7
(§ 51 Abs. 2 Satz 1 FamFG). Bei besonderer Eilbedürftigkeit kann jedoch (zunächst) von der
persönlichen Anhörung des Kindes abzusehen und diese später nachzuholen sein (§ 159
Abs. 3 Satz 2 FamFG). Ggf. macht die Anhörung im Eilverfahren eine nochmalige Anhörung im Hauptsacheverfahren entbehrlich (vgl. § 51 Abs. 3 Satz 2 FamFG). Dies kann in der
Regel nicht mehr gelten, wenn die Anhörung des Kindes im Eilverfahren vor mehr als sechs
Monaten erfolgt ist.

In einem **Vollstreckungsverfahren** (hierzu *Cirullies*, § 86 ff. FamFG) wird im Regelfall 8
keine erneute Anhörung des Kindes geboten sein, da eine Kindeswohlprüfung nicht mehr
zu erfolgen hat.[8]

Unabhängig davon ist das Kind auch im **Beschwerdeverfahren** grundsätzlich (ggf. noch- 9
mals) anzuhören. Etwas anderes gilt, wenn die Anhörung des Kindes in der gebotenen
Weise im ersten Rechtszug vorgenommen wurde und von einer erneuten Vornahme keine
zusätzlichen Erkenntnisse zu erwarten sind (vgl. § 68 Abs. 3 Satz 2 FamFG). Dies kann der
Fall sein, wenn weder neue entscheidungserhebliche Tatsachen vorgetragen noch eine Änderung des rechtlichen Gesichtspunkts eingetreten sind und auch der Zeitablauf oder
sonstige Gründe die nochmalige Anhörung nicht geboten erscheinen lassen.[9] Eine nochmalige Anhörung durch das Oberlandesgericht ist – auch aus verfassungsrechtlichen
Gründen – dann nicht geboten, wenn der Willensbekundung des Kindes im Rahmen der
zu seinem Wohl vorzunehmenden Gesamtabwägung ohnehin nur begrenzte Bedeutung
zukommen kann.[10]

Jedenfalls sollte mit Blick auf die Umstände des Einzelfalls sorgfältig geprüft werden, ob 10
das Kind in der Rechtsmittelinstanz **durch den Berichterstatter als beauftragten Rich-**
ter oder – wie die Rechtsprechung des BGH nahelegt[11] – durch den gesamten Senat (drei
Richter) angehört wird. Eine generelle Verpflichtung zur Anhörung des Kindes vor drei
Richtern ist jedenfalls auch der Rechtsprechung des Bundesgerichtshofs nicht zu entnehmen.

---

6 OLG Schleswig ZKJ 2013, 129; a.A. etwa OLG Düsseldorf FamRZ 2008, 1363 (vor Inkrafttreten von § 155
  FamFG). Ohne Auseinandersetzung mit § 155 Abs. 1 FamFG: OLG Brandenburg, Beschl. v. 29.8.2012 – 3 UF
  77/12, juris
7 OLG Schleswig ZKJ 2013, 129
8 So auch *Hennemann*, NZFam 2014, 871; *Musielak/Borth/Grandel*, FamFG, § 92 FamFG Rn. 2; OLG Karlsruhe,
  Beschl. v. 18.3.2015 – 18 WF 46/14, juris; a.A. MüKo-FamFG/*Zimmermann*, § 92 FamFG Rn. 2
9 Näher hierzu (sowie zur Verwertbarkeit der Kindesanhörung): OLG Hamm NZFam 2014, 647; siehe auch:
  BayObLG FamRZ 1985, 522; OLG Koblenz FamRZ 2001, 515
10 BVerfG, Beschl. v. 22.9.2014 – 1 BvR 2102/14, BeckRS 2014, 57439
11 Vgl. BGH ZKJ 2010, 327 ff.

11   Unbeschadet dessen warnen Psychologen vor der Anhörung gerade jüngerer Kinder vor dem Kollegialorgan.[12] Denn das Kind könnte überfordert werden, wenn es mit mehreren Richtern in Kommunikation treten soll.[13] Es kommt noch hinzu, dass Sinn und Zweck der persönlichen Anhörung des Kindes nicht nach einer anderen Betrachtung und damit nach einer Abkehr von einer Kindeswohlzentrierung des Verfahrens verlangt. Denn die persönliche Anhörung des Kindes stellt **keine förmliche Beweisaufnahme** dar, so dass der – zudem zivilprozessuale – Grundsatz der Unmittelbarkeit der Beweiserhebung keine Anwendung findet. Die Notwendigkeit einer etwaigen Mehrfachanhörung des Kindes wegen eines zwischenzeitlichen Berichterstatterwechsels wird ohnehin mit überzeugenden Erwägungen verneint.[14] Wenn schon ganz von der persönlichen Anhörung des Kindes in der Beschwerdeinstanz abgesehen werden kann, muss erst recht die persönliche Anhörung des Kindes – nach entsprechendem vorangegangenem Senatsbeschluss – nur durch den Berichterstatter möglich sein. Die Anhörung ist dann bei der Entscheidung des Senats jedoch nur in ihrem objektiven Ertrag und als persönlicher Eindruck des als beauftragter Richter tätigen Berichterstatters verwertbar.[15] Dieser hat einen ausführlichen Vermerk zu fertigen (hierzu unten Rn. 33).

B. Inhalt der Norm

I. Voraussetzungen (Abs. 1 und 2)

12   Das Kind ist stets zu hören, wenn es das **14. Lebensjahr vollendet** hat und das gerichtliche Verfahren die elterliche Sorge insgesamt oder (teilweise) die Personensorge (vgl. § 1631 Abs. 1 BGB) betrifft (§ 159 Abs. 1 Satz 1 FamFG; siehe aber § 159 Abs. 3 FamFG). Hat das Verfahren ausschließlich die Vermögenssorge zum Gegenstand, kann das Gericht von einer persönlichen Anhörung absehen, wenn eine solche nach der Art der Angelegenheit nicht angezeigt ist (vgl. § 159 Abs. 1 Satz 2 FamFG).

13   Hat das Kind das **14. Lebensjahr noch nicht vollendet** oder ist es geschäftsunfähig, dann hat es ein Recht darauf, gehört zu werden, wenn seine Neigungen, Bindungen und sein Wille für die Entscheidung von Bedeutung sind oder wenn eine persönliche Anhörung aus sonstigen Gründen angezeigt ist (vgl. § 159 Abs. 2 FamFG). Feste Altersgrenzen sind im Gesetz nicht vorgesehen, so dass auch die Anhörung von sehr jungen Kindern in Betracht kommt. Die Rechtsprechung geht in Sorgerechtsverfahren davon aus, dass die Anhörung eines Kindes in kindschaftsrechtlichen Verfahren etwa ab dem dritten Lebensjahr geboten sein kann.[16] Wenngleich das Gesetz nun nicht mehr – wie noch § 50b FGG a.F. – von einem „unmittelbaren Eindruck" spricht, ist der Begriff der „Anhörung" bei kleineren Kindern richtiger als **„Anschauung" des Kindes und seines Verhaltens** zu verstehen.[17]

II. Absehen von der persönlichen Anhörung (Abs. 3)

14   Das Gericht kann nur aus **schwerwiegenden Gründen**, insbesondere bei Gefahr im Verzuge, von der Anhörung absehen (vgl. § 159 Abs. 3 FamFG). § 34 Abs. 3 Satz 1 FamFG, wonach das Verfahren auch ohne persönliche Anhörung beendet werden kann, wenn ein Beteiligter zu einem Termin nicht erscheint, findet keine Anwendung und wird von der Regel in Abs. 3 verdrängt. Auch ein Einvernehmen der Eltern oder der Wunsch eines Eltern-

---

12 Siehe nur *Rohmann/Karle*, ZKJ 2010, 434
13 Ausführlich hierzu *Rohmann* ZKJ 2010, 434 ff.; vgl. *Fehmel*, in Baumeister u.a., Familiengerichtsbarkeit, 1623; *Eschweiler/Carl*, NJW 2005, 1681 ff. Siehe auch BGH, FamRZ 1985, 169
14 So OLG Hamm FamRZ 2014, 1789
15 Vgl. BGH ZKJ 2010, 327 ff.; gebilligt von BVerfG, Beschl. v. 25.4.2015, 1 BvR 3326/14
16 Vgl. BVerfG, FamRZ 2007, 1078; FamRZ 2007, 105 und FamRZ 2005, 1057 sowie OLG Frankfurt, FamRZ 1997, 571; BayObLG, NJW-RR 1997, 1437; OLG Naumburg, ZKJ 2009, 463 f.
17 Vgl. *Fehmel*, in Baumeister u.a., Familiengerichtsbarkeit, 1618

teils, von der persönlichen Anhörung des Kindes abzusehen, machen diese nicht entbehrlich, wenn das Gericht noch eine Entscheidung zu treffen hat.[18] Dies gilt auch in den Fällen
des gerichtlich gebilligten Vergleichs i.S.v. § 156 Abs. 2 FamFG, da das Gericht hier eine
Kindeswohlprüfung vorzunehmen hat.

Schwerwiegende Gründe liegen vor, wenn das Kind durch die Anhörung psychisch ge- 15
schädigt werden könnte oder in sonstiger Weise eine Beeinträchtigung seines Gesund-
heitszustandes zu besorgen ist.[19] Damit muss es sich um triftige, das Kindeswohl nachhaltig berührende Gründe handeln.[20] Ordnet das Gericht gleichwohl die Anhörung des Kindes an, dann ist diese Zwischenentscheidung nicht anfechtbar, sondern kann nur mit der
Hauptsacheentscheidung überprüft werden, weshalb das Absehen von der persönlichen
Anhörung zu begründen ist.[21]

Werden auf Grund der Weigerung hingegen durch einen gerichtlichen Beschluss **Zwangs-** 16
mittel verhängt, kann eine Überprüfung dieses Beschlusses durch das Oberlandesgericht
herbeigeführt werden.

III. Gestaltung der Anhörung (Abs. 4) 17

1. Grundsätze

Im Hinblick auf die **äußeren Umstände und die Gestaltung der Anhörung** ist das Gericht frei (vgl. § 159 Abs. 4 Satz 4 FamFG). „Anhörung" ist im vorliegenden Zusammenhang der notwendige **persönliche Kontakt** des zuständigen Richters mit dem Kind. Welche der vorhandenen verfahrensmäßigen Möglichkeiten der Richter für diese äußerst
schwierige Aufgabe wählt, ob er das Kind einmal oder mehrmals, Geschwister einzeln
oder zusammen, im Gericht oder in der vertrauten familiären Umgebung, in An- oder Abwesenheit der Eltern und deren Prozessbevollmächtigten persönlich anhört und ob er einen Psychologen als Sachverständigen hinzuzieht, muss ihm überlassen bleiben.[22]

In welchem Stadium des Verfahrens das Kind persönlich anzuhören ist, liegt ebenfalls im 18
Ermessen des Gerichts. In der Regel sollte das Kind aber nicht zeitgleich zu dem Termin
geladen werden, an dem auch die Eltern persönlich angehört werden, denn es besteht die
Gefahr, dass sich deren Nervosität und Anspannung auf das Kind überträgt und damit das
häufig ohnehin in einem Loyalitätskonflikt befindliche Kind noch zusätzlich belastet wird.
Es kommt noch hinzu, dass dem Kind unnötige und unübersehbare Wartezeiten auferlegt
werden. Ob das Kind an einem der Tage vor oder nach der persönlichen Anhörung der
Eltern geladen wird, ist von den Umständen des Einzelfalls abhängig. Ein über 14 Jahre
altes Kind wird jedenfalls in der Regel zeitlich immer vor den Eltern persönlich anzuhören
sein, damit das Ergebnis seiner Anhörung bei dem Termin mit den Eltern Berücksichtigung
finden kann.

Ein einmal anberaumter Termin zur Kindesanhörung kann unter Wahrung des Vorrang- 19
und Beschleunigungsgebotes i.S.v. § 155 Abs. 1 FamFG **verlegt** werden. In der Regel wird
das Gericht hier flexibel sein, da der Termin ohnehin außerhalb der allgemeinen Sitzungs-
tage anberaumt wird.

Unabhängig davon kann und sollte ein Beteiligter, insbesondere der Verfahrensbeistand, 20
durch **schriftliche oder mündliche Anregungen an das Gericht** versuchen, auf die nähere Ausgestaltung der Anhörung, insbesondere im Hinblick auf die Beteiligung weiterer

18 Hierzu nur *Hennemann*, NZFam 2014, 871, 874 m.w.N.
19 Vgl. BGH, NJW-RR 1986, 1130; hierzu etwa OLG Stuttgart FamRZ 2013, 1318
20 BayObLG, FamRZ 1988, 871
21 OLG Celle FamRZ 2013, 1681; vgl. auch OLG Stuttgart FamRZ 2013, 1318
22 Vgl. BVerfGE 55, 171, 182

Personen, den Ort der Anhörung sowie deren inhaltliche Gestaltung, durch begründete Anregungen an das Gericht Einfluss zu nehmen.[23]

21   **2. Anwesenheit von Personen**

In der Regel ist die Anhörung in **Abwesenheit der Eltern und ihrer Verfahrensbevollmächtigten** vorzunehmen.[24] Durch die Abwesenheit der Eltern wird der häufig durch die Auseinandersetzung zwischen den Eltern besonders angespannten seelischen Verfassung des Kindes Rechnung getragen.[25] Auch würde die Unbefangenheit des Kindes in der Regel bei Anwesenheit der (streitenden) Eltern und ihrer Anwälte leiden.[26] Die bloße Anwesenheit der Eltern könnte das Kind daher psychisch beeinflussen und damit den vom Kind in der Anhörung geäußerten Willen in Frage stellen.

22   Insoweit sind auch die Ergebnisse von **„Interaktionsbeobachtungen"** durch den Richter, die er anlässlich der Begleitung des Kindes durch einen Elternteil oder bei zufälligen Begegnungen eines Elternteils mit dem Kind auf dem Gerichtsflur, sehr behutsam in die Entscheidungsfindung einzubeziehen. Regelmäßig werden solche Beobachtungen nur mit entsprechender Fachkunde, die in aller Regel nur Psychologen haben, bewertet werden können.

23   Hingegen ist die **Anwesenheit des Verfahrensbeistands** grundsätzlich geboten (vgl. § 159 Abs. 4 Satz 3 FamFG).[27] Bei seiner Abwesenheit wäre regelmäßig die Wahrnehmung der Kindesinteressen durch den Verfahrensbeistand, insbesondere wenn das Kind noch jung ist, nicht mehr gewährleistet.[28] Es könnte zudem die Chance ungenutzt bleiben, sich seitens des Gerichts der Hilfe des Verfahrensbeistands zu bedienen, wenn es darum geht, das vom Kind zum Ausdruck Gebrachte zu verstehen, auf dieser Grundlage präzisere Fragen an das Kind zu richten und so den Erkenntnisgewinn zu steigern.[29] Schließlich kann die Begleitung durch den Verfahrensbeistand dazu beitragen, „Unbehagen, Selbstzweifel oder auch Schuldgefühle (‚Habe ich was Falsches gesagt?') des Kindes zu vermindern."[30]

24   Die **Anwesenheit des Verfahrensbeistands bei der Kindesanhörung ist jedoch dann nicht opportun**, wenn das Kind ansonsten seine Wünsche nicht mehr „ungefiltert" ausdrücken kann[31] oder es die alleinige Anhörung wünscht. Nur so bleibt dem Kind die Möglichkeit eröffnet, dem Richter persönliche Mitteilungen zu machen und sich insbesondere auch kritisch zu seiner Interessenvertretung bzw. deren Stellungnahmen zu äußern.[32] Da das Gericht dem Verfahrensbeistand die Anwesenheit gestatten „soll", kann es vor dem Hintergrund dieser Erwägungen ausnahmsweise auch gerechtfertigt sein, das Kind ohne Beisein des Verfahrensbeistands anzuhören. Dies gilt insbesondere, wenn konkrete Gründe dafür sprechen, dass die Sachaufklärung durch die Anwesenheit des Verfahrensbeistands beeinträchtigt wird.[33] Auch kann das Gericht das Kind alleine persönlich anhören, wenn der Verfahrensbeistand auf seine Anwesenheit verzichtet, denn dieser ist zur Teilnahme nicht verpflichtet.[34] Jedenfalls erfolgt die persönliche Anhörung des Kindes i.S.v. § 159 FamFG durch den Richter, dem auch die Gesprächsführung obliegt.

---

23 Vgl. *Zitelmann*, 195
24 Vgl. BGH, NJW 1987, 1024; vgl. auch *Fehmel*, in Baumeister u.a., Familiengerichtsbarkeit, 1618 f.
25 Vgl. BVerfGE 55, 171, 182
26 Vgl. *Fehmel*, in Baumeister u.a., Familiengerichtsbarkeit, 1619
27 Siehe auch BGH FamRZ 2010, 1060
28 OLG Bremen, FamRZ 2000, 1298
29 Vgl. *Hohmann-Dennhardt*, ZfJ 2001, 77 ff.
30 *Zitelmann*, 200
31 Vgl. *Hohmann-Dennhardt*, a.a.O.
32 Vgl. *Zitelmann*, 199
33 Vgl. BGH FamRZ 2010, 1060
34 OLG Naumburg, Beschl. v. 18.10.2011 – Az. 8 UF 204/11, juris

Nur **von Fall zu Fall** lässt sich entscheiden, ob das Gericht das Kind alleine oder mit seinen **25** Geschwistern anhört. Meistens können die Vorteile einer Geschwisteranhörung einerseits und der Einzelanhörung andererseits dann am besten genutzt werden, wenn die Geschwister zunächst zusammen angehört werden und anschließend den Kindern Gelegenheit gegeben wird, ihre unterschiedlichen Perspektiven auch einzeln deutlich werden zu lassen.[35]

3. Ort der Anhörung

Neben der Frage, welche Personen bei der Anhörung des Kindes anwesend sind, ist die **26** **Entscheidung über den Anhörungsort** von Bedeutung. Auch in dieser schwierigen Frage entscheidet das Gericht nach pflichtgemäßem Ermessen. So kann es geboten sein, das Kind in der vertrauten Umgebung (z.B. im Elternhaus, am Wohnsitz der Pflegefamilie oder im Heim) – und nicht im Gericht – anzuhören, wenn dies die Belastungen für das Kind mindert.[36] Jedoch ist eine Anhörung im Gericht in den Fällen angezeigt, in denen das Kind sich in seiner gewohnten Umgebung durch den ihm fremden Menschen bedroht und verunsichert fühlt.[37] Aus diesem Grund wird bei jüngeren Kindern die Anhörung in **einem geeigneten Kinderspielzimmer im Gericht** bzw. bei älteren Kindern die Anhörung im Dienstzimmer des Richters häufig der häuslichen Anhörung vorzuziehen sein.[38] Eine persönliche Anhörung des Kindes in Robe und/oder im Sitzungssaal kommt regelmäßig nicht in Betracht.

Eine persönliche Anhörung des Kindes sollte **nicht in der Schule oder im Kindergarten** **27** durchgeführt werden.[39] Zum einen sollte dieser für das Kind häufig wichtige Rückzugsraum nicht in den Konflikt einbezogen werden, zum anderen wird damit auch dem Umfeld des Kindes die Durchführung eines familiengerichtlichen Verfahrens erst bekannt, was zu einer Belastung für alle Beteiligten führen kann.

4. Vorgehensweise des Gerichts

Für die Gestaltung der Anhörung sieht das Gesetz in § 159 Abs. 4 Satz 1 und 2 FamFG vor, **28** dass das Gericht das Kind grundsätzlich in **geeigneter Weise über den Gegenstand, Ablauf und den möglichen Ausgang** des Verfahrens unterrichtet und ihm Gelegenheit zur Äußerung gibt.[40] Der konkrete Inhalt sowie der Umfang der Unterrichtung hängen auch davon ab, ob und inwieweit hierdurch Nachteile für das Kindeswohl, insbesondere unter Berücksichtigung der Entwicklung, der Erziehung oder der Gesundheit des Kindes, zu befürchten sind (vgl. § 159 Abs. 4 Satz 1 HS 2 FamFG). Dies hat der Richter nach pflichtgemäßem Ermessen zu prüfen und entsprechend vorzugehen. Die Beteiligten, insbesondere der Verfahrensbeistand, können insoweit vor dem Anhörungstermin Hinweise und Anregungen geben. Unbeschadet dessen muss die Anhörung jederzeit kindgerecht durchgeführt und dabei auch den jeweiligen Eigenheiten des Kindes sowie seinem persönlichen einzelfallbezogenen Hintergrund Rechnung getragen werden:[41]

Die **„Technik" der Anhörung** richtet sich dabei in erster Linie nach dem Alter des Kindes **29** und seinem Entwicklungsstand.[42]

---

35 Vgl. *Lempp* et al., 107 sowie *Balloff*, Kinder vor dem Familiengericht, 305
36 Vgl. *Zitelmann*, 2001, 195
37 Vgl. *Lempp* et al., 197
38 Vgl. *Fehmel*, in Baumeister u.a., Familiengerichtsbarkeit, 1620
39 So auch *Hennemann*, NZFam 2014, 871, 872
40 Hierzu auch *Lempp* et al., 107, *Fehmel*, in: Baumeister u.a., Familiengerichtsbarkeit, 1616 f.
41 Vgl. *Fehmel*, a.a.O.
42 Näher hierzu *Karle/Carl/Clauss*, NZFam 2014, 875 ff. sowie *Balloff*, Kinder vor dem Familiengericht, 291 ff.

Übersicht: Kommunikative Entwicklung bei Kindern[43]

- **Vorschulkinder:**
  - „Sprache als Mittel der Vorstellung und Vergegenwärtigung (Repräsentations-medium) kennen Kinder **mit etwa vier Jahren**. Sie besitzen dann auch schon einen gewissen Wortschatz. Einfache Bezeichnungen beherrschen sie, und No-men- oder Dingwörter können sie durch relationale oder propositionale Zu-sätze ergänzen".[44]
  - Das Kind kann ein Ereignis besser räumlich als zeitlich einordnen.[45]
  - Im Mittelpunkt steht die **Gewinnung eines unmittelbaren Eindrucks**, insbe-sondere auch von den nonverbalen Mitteilungen.
- **Kinder im Alter zwischen ca. 7 und ca. 10 Jahren:**
  - Kinder lernen in diesem Alter, kausal zu denken und konkrete Vorstellungen zu entwickeln
  - → es können konkretere Fragen gestellt werden („Stelle Dir vor …").
- **Kinder ab einem Alter von ca. 10 bis 11 Jahren:**
  - kognitive Reife lässt in der Regel offen formulierte Fragen zu
  - Keine Antwortalternativen (suggestiv) vorgeben!
  - Schweigen „aushalten"
- ▶ *Allgemein zu Kommunikationstechniken Wegener, § 156 FamFG Rn. 75.*

30   Letztlich hängen jedoch *„das Ergebnis und der Erfolg einer persönlichen Anhörung des Kindes durch das Gericht (…) entscheidend davon ab, in welchem Maße der Richter die Fähigkeit zur Einfühlung in die besondere psychologische Situation des Kindes besitzt und ob es ihm gelingt, mit dem Kind ins Gespräch zu kommen".*[46] **Geboten ist dabei eine nicht bedrängende und einfühlsame Gesprächsführung**, insbesondere wenn die Be-ziehungen zu den anderen Verfahrensbeteiligten abgeklärt werden bzw. kritische Themen zur Sprache kommen, sowie eine Akzeptanz gegenüber dem grundsätzlichen Unvermö-gen des Kindes, sich zu entscheiden oder seine Wünsche zu äußern.[47] Dabei muss sich der Richter auch stetig der besonderen Belastungssituation bewusst sein, in der sich das Kind befindet.[48] **Verweigert** sich ein Kind der persönlichen Anhörung durch den Richter, so ist dies zu akzeptieren und ein entsprechender Vermerk zu fertigen, wenn sich an dieser Hal-tung auch bei einfühlsamer Vorgehensweise nichts ändert.

31   Die **Gesprächsführung** obliegt dem Richter und nicht dem in der Regel anwesenden Ver-fahrensbeistand. Der Richter kann nach seinem Ermessen und unter Berücksichtigung der konkreten Situation im Einzelfall entscheiden, ob er Fragen des Verfahrensbeistands zu-lässt. Eine eigenständige Intervention des Verfahrensbeistands in die Gesprächsführung des Richters mit dem Kind sollte in der Regel unterbleiben.

32   Die **Dauer der persönlichen Anhörung** des Kindes hängt von den Umständen des Ein-zelfalls und insbesondere vom Alter des Kindes ab. Während die Anhörung eines kleineren

---

43 Hierzu nur *Delfos*, 41 ff.; *Carl/Eschweiler*, NJW 2005, 1681; *Rohmann*, FPR 2013, 464
44 *Rohmann*, FPR 2013, 464
45 Siehe nur *Delfos*, 53
46 Vgl. BVerfGE 55, 171, 182 f.
47 Vgl. *Zitelmann*, 2001, 193
48 Hierzu *Lempp* et al., 63 ff.

Kindes häufig kürzer als 15 Minuten andauern wird, dürfte für ein älteres Kind auch bis zu einer Stunde einzuplanen sein.

5. Vermerk

Über das Ergebnis der persönlichen Anhörung ist ein **Vermerk** zu fertigen (§ 28 Abs. 4 **33** FamFG). Eine „Protokollierung" der Anhörung sollte in der Regel nicht in Anwesenheit des Kindes erfolgen. Freilich schließt dies nicht aus, dass sich der Richter während der Anhörung Notizen macht.

Zu dem Ergebnis der persönlichen Anhörung ist den Beteiligten **rechtliches Gehör** zu ge- **34** währen. Die bloße Wiedergabe des Ergebnisses der persönlichen Anhörung in den Gründen der verfahrensabschließenden Endentscheidung genügt daher nicht den sich aus Art. 103 Abs. 1 GG ergebenden verfassungsrechtlichen Anforderungen.[49]

Wichtig ist, dass nicht nur das **Verhalten des Kindes** bei der ersten Kontaktaufnahme **35** (ging spontan mit, klammerte sich an die Begleitperson, versteckte sich etc.) sowie die **verbalen Äußerungen** des Kindes protokolliert werden, sondern **auch Körperhaltung** (selbstbewusst, in sich versunken, ausweichend etc.), **Gesichtsausdruck** (angespannt, weinerlich, verängstigt etc.) und **Sprechweise** (spontan, stockend, widerwillig, monoton, emotional, einstudiert etc.) des Kindes können für die Entscheidungsfindung von großer Bedeutung sein.[50]

Ergänzend ist zu beachten, dass im Ausnahmefall von **einer Protokollierung der Aussa-** **36** **gen des Kindes abgesehen** werden kann, wenn dies aus erheblichen Gründen des Kindeswohls gerechtfertigt ist. Dies kann beispielsweise dann angezeigt sein, wenn das Kind ausdrücklich darum gebeten hat, seine Äußerungen den anderen Verfahrensbeteiligten nicht unmittelbar zur Kenntnis zu bringen und es ohne eine entsprechende Zusicherung nicht Stellung beziehen will. Um in dieser Situation jedoch dem Anspruch der anderen Verfahrensbeteiligten auf Gewährung rechtlichen Gehörs (Art. 103 Abs. 1 GG) gerecht zu werden, darf das Gericht diese Aussagen jedenfalls nur dann zur Grundlage seiner Entscheidung machen, wenn es die Angaben des Kindes durch seine eigene Sachverhaltsaufklärung nachgeprüft und den anderen Verfahrensbeteiligten – bspw. den Eltern – auf diesem Wege zugänglich gemacht hat.[51]

---

49 So auch *Henneman*, NZFam 2014, 871, 873; a.A. OLG Celle ZKJ 2013, 461 ff.
50 Vgl. *Lempp* et al., 108
51 Ähnlich *Maurer*, in: Schwab, 204 f.

37   **Übersicht: Ablauf der Kindesanhörung**[52]

Stufe 1

▸ „kindgerechte Begrüßung" und „Anlaufphase"

Stufe 2

▸ Information des Kindes über Gegenstand, Ablauf (zeitlicher Rahmen!)
  und möglichen Ausgang des Verfahrens durch den Richter

  – vgl. § 159 Abs. 4 Satz 1 FamFG –

Stufe 3

▸ „Ihm ist Gelegenheit zur Äußerung zu geben" (§ 159 Abs. 4 Satz 2 FamFG)

  – „Allgemeine" Fragen (= allgemeine Dingen des persönlichen Lebens oder
    Alltags des Kindes)
  – Einleitende persönliche Fragen
  – Spezifischer Fokus

Stufe 4

▸ „Ausschleichen" (u.a. Zusammenfassung in eigenen Worten)

Stufe 5

▸ Einbeziehung des Verfahrensbeistandes

Stufe 6

▸ Beenden

Stufe 7

▸ Ggf. Anhörung von Begleitpersonen (§§ 26 FamFG, 161 Abs. 2 FamFG)?

Stufe 8

▸ Vermerk und rechtliches Gehör

▸ *Allgemein zur Terminsvorbereitung siehe Wegener, § 156 FamFG Rn. 75.*

---

52 Näher hierzu *Rohmann*, FPR 2013, 468; *Balloff*, Kinder vor dem Familiengericht, 294 ff.; *Delfos*, 125 ff.

§ 160 FamFG Anhörung der Eltern

(1) [1]In Verfahren, die die Person des Kindes betreffen, soll das Gericht die Eltern persönlich anhören. [2]In Verfahren nach den §§ 1666 und 1666a des Bürgerlichen Gesetzbuchs sind die Eltern persönlich anzuhören.

(2) [1]In sonstigen Kindschaftssachen hat das Gericht die Eltern anzuhören. [2]Dies gilt nicht für einen Elternteil, dem die elterliche Sorge nicht zusteht, sofern von der Anhörung eine Aufklärung nicht erwartet werden kann.

(3) [1]Von der Anhörung darf nur aus schwerwiegenden Gründen abgesehen werden.

(4) [1]Unterbleibt die Anhörung allein wegen Gefahr im Verzug, ist sie unverzüglich nachzuholen.

Übersicht

A. Allgemeines

I. Normzweck

Eltern sind in Kindschaftssachen grundsätzlich persönlich (Abs. 1) oder in sonstiger Weise (Abs. 2) anzuhören. Das Recht auf **Gewährung rechtlichen Gehörs** gründet sich auf das Elternrecht aus Art. 6 Abs. 2 Satz 1 GG. Daneben dient die Anhörung der Eltern auch der **Sachverhaltsaufklärung** im Rahmen der Amtsermittlung (§ 26 FamFG),[1] d.h. der Vervollständigung der Tatsachen, der Überprüfung des Vorbringens auf Richtigkeit und der Gewinnung eines persönlichen Eindrucks, um so ein besseres Verständnis für das Vorbringen der Eltern zu ermöglichen.   **1**

Die Vorschrift sieht eine Abstufung nach Notwendigkeit der Anhörung und Art und Weise der Anhörung vor, je nachdem welche Bedeutung das Verfahren für das Elternrecht hat und je nachdem wie stark der mögliche Eingriff in das Elternrecht durch das Verfahren und das mögliche Ergebnis des Verfahrens ist.   **2**

---

1 MüKoFamFG/*Schumann*, § 160 FamFG Rn. 1; Prütting/Helms/*Hammer*, § 160 FamFG Rn. 2; Schulte-Bunert/ Weinreich/*Ziegler*, § 160 FamFG Rn. 2

3 Die Anhörung der Eltern ist abzugrenzen von der **Erörterung** i.S.v. § 32 Abs. 1 Satz 1 FamFG in den Terminen nach §§ 155 Abs. 2, 157 FamFG bzw. für das Verfahren auf Erlass einer einstweiligen Anordnung nach § 57 Satz 2 i.V.m. §§ 51 Abs. 2, 54 Abs. 2 FamFG. Die Erörterung dient dem Austausch von Informationen und Rechtsansichten, der Verhandlung hinsichtlich weiterer Verfahrensschritte, der Motivation der Eltern, sich zu einigen (vgl. § 156 Abs. 1 FamFG) und – im Falle des § 157 FamFG – der warnenden Verdeutlichung einer möglichen Gefährdung des Kindes und einer Besprechung, wie und unter Inanspruchnahme welcher öffentlicher Hilfen der Gefährdung entgegengewirkt werden kann[2] (näher hierzu *Cirullies*, § 157 FamFG Rn. 2 bis 5).

II. Anwendungsbereich

4 Die Vorschrift gilt in allen Kindschaftssachen nach § 151 FamFG mit Ausnahme der Verfahren zur Übertragung der gemeinsamen elterlichen Sorge bei nicht verheirateten Eltern gemäß § 155a FamFG (vgl. § 155a Abs. 3 Satz 1 FamFG: grundsätzlich schriftliche, keine zwingende persönliche Anhörung der Eltern) und mit Ausnahme der Verfahren betreffend die Genehmigung oder Anordnung einer freiheitsentziehenden Unterbringung des Kindes nach § 151 Ziff. 6 u.7 FamFG (persönliche Anhörung nur der sorgeberechtigten Eltern).

5 Die Vorschrift gilt auch in Verfahren, in denen es lediglich um eine vorläufige Regelung geht (vgl. § 51 Abs. 2 Satz 1 FamFG) sowie im Beschwerdeverfahren (zu den Ausnahmen siehe unten 19). Sie gilt insbesondere auch in Verfahren, für die der Rechtspfleger zuständig ist. Keine Anwendung findet sie grundsätzlich im Ordnungsmittelverfahren.[3]

B. Inhalt der Norm

I. Persönliche Anhörung

1. Begriff der persönlichen Anhörung

6 Die persönliche Anhörung ist im Allgemeinen Teil in § 34 FamFG näher geregelt. Unter persönlicher Anhörung ist die **unmittelbare mündliche** Anhörung des Beteiligten **in Person** durch den Richter zu verstehen.[4] Der mündliche, unmittelbare Kontakt soll es dem erkennenden Gericht ermöglichen, persönliche Eigenschaften und Verhaltensweisen des Elternteils wahrzunehmen, seine Ansichten und Vorstellungen zu erfahren, ein besseres Verständnis für das Vorbringen des Elternteils zu erlangen[5] und sich so einen Gesamteindruck von dem Elternteil zu verschaffen. Der Elternteil selbst soll persönlich zu Wort kommen und sich nicht lediglich mittelbar durch seinen Verfahrensbevollmächtigten äußern[6].

2. Ort und Rahmen

7 Die persönliche Anhörung kann im Rahmen eines Termins vor dem erkennenden Gericht erfolgen, sie kann aber auch an einem anderen Ort erfolgen, wenn dies aus Gründen, die in der Person des Anzuhörenden liegen oder aus Praktikabilitätsgründen angezeigt erscheint. Ist zu erwarten, dass das Gericht aus den örtlichen Gegebenheiten weitere Erkenntnisse erlangt, so kann die Anhörung auch in der gewohnten Umgebung des Beteiligten erfolgen. Die Anhörung muss nicht zwingend in Anwesenheit der übrigen Beteiligten erfolgen, die Eltern werden aber regelmäßig gemeinsam angehört. Hiervon kann gemäß den §§ 33 Abs. 1 Satz 2 bzw. 157 Abs. 2 Satz 2 entsprechend FamFG eine Ausnahme ge-

---

2 MüKoFamFG/*Schumann*, § 157 FamFG Rn. 7, 10 f.; Prütting/Helms/*Hammer*, § 160 FamFG Rn. 3
3 Prütting/Helms/*Hammer*, § 160 FamFG Rn. 5; a.A. Schulte-Bunert/Weinreich/*Ziegler*, § 160 FamFG Rn. 3 (gilt auch in Verfahren betreffen die Festsetzung von Zwangs- und Ordnungsmitteln); MüKoFamFG/*Schumann*, § 160 FamFG Rn. 3
4 Keidel/*Engelhardt*, § 160 FamFG Rn. 2; Prütting/Helms/*Hammer*, § 160 FamFG Rn. 9
5 Keidel/*Engelhardt*, § 160 FamFG Rn. 2; Prütting/Helms/*Hammer*, § 160 FamFG Rn. 2; näher
6 Prütting/Helms/*Hammer*, § 160 FamFG Rn. 3

macht werden.[7] Insbesondere in Fällen häuslicher Gewalt oder bei Straftaten eines Elternteils zum Nachteil des anderen kann mithin eine getrennte persönliche Anhörung geboten sein.

Eine telefonische oder schriftliche Anhörung, auch per E-Mail oder mit Hilfe von Skype, kann den Anforderungen der persönlichen Anhörung im Sinne dieser Vorschrift nicht genügen; ist die mündliche Anhörung jedoch nicht oder nicht in einem angemessenen zeitlichen Rahmen oder nur mit einem unverhältnismäßigen Aufwand möglich, so sollte jede Möglichkeit einer Anhörung des Beteiligten auf sonstige Weise genutzt und die persönliche Anhörung unverzüglich nach Beseitigung des Hindernisses nachgeholt werden (vgl. auch Abs. 4; hierzu unten Rn. 27).   **8**

3. Wer hört an?

Die Anhörung erfolgt durch das funktionell zuständige Entscheidungsorgan, also durch den Richter bzw. Rechtspfleger.   **9**

Ob und inwieweit der zur Entscheidung berufene Richter (oder Rechtspfleger) die Beteiligten selbst persönlich anhören muss, ist umstritten. Teilweise wird vertreten, die **persönliche Anhörung durch den Richter** (oder Rechtspfleger) sei nicht zwingend; eine Anhörung könne auch im Rahmen der Rechtshilfe durch den zuständigen ersuchten Richter vor Ort erfolgen.[8] Dies überzeugt jedoch nicht, denn § 160 FamFG enthält keine der Vorschrift des § 128 Abs. 3 FamFG (persönliche Anhörung der Ehegatten) entsprechende Regelung. Zudem ist es für eine Entscheidung immer förderlich, sich einen eigenen, persönlichen Eindruck von den Betroffenen zu machen.   **10**

Das **Beschwerdegericht** entscheidet nach seinem Ermessen, ob es ein Mitglied des Spruchkörpers mit der persönlichen Anhörung der Beteiligten beauftragt oder ob die Anhörung durch alle Mitglieder des Beschwerdegerichts erfolgt[9], was zum Beispiel dann angezeigt ist, wenn es in entscheidender Weise darauf ankommt, dass sich jedes Mitglied des Spruchkörpers einen eigenen, seinerseits persönlichen Eindruck von dem Beteiligten verschafft. Wird die Anhörung einem beauftragten Richter übertragen, so darf das Beschwerdegericht seine Entscheidung nur auf dessen persönlichen Eindruck stützen und sie im Übrigen in ihrem objektiven Ertrag verwerten.[10] Die zu treffende Ermessensentscheidung ist zu begründen. Es reicht aber aus, wenn die Begründung aus den Gründen der Entscheidung hervorgeht.[11]   **11**

4. Wie wird angehört?

Für die persönliche Anhörung sind unterschiedliche Vorgehensweisen denkbar. Zu Beginn sollte immer eine **offene**, wenn möglich in die Zukunft gerichtete **Eingangsfrage** des Richters stehen, die es dem Beteiligten ermöglicht, seine Sichtweise und seine Vorstellungen, wie es in der Zukunft weitergehen soll, mitzuteilen. Möglich ist auch eine einfache Aufforderung seitens des Gerichts, zu erzählen, wie der Beteiligte die gegenwärtige Situation erlebt und wie es – wenn es nach ihm ginge – weitergehen sollte. Es empfiehlt sich, den Beteiligten zunächst berichten zu lassen, nach einiger Zeit zu unterbrechen und dem Beteiligten dann das Gehörte noch einmal in eigenen Worten wiederzugeben, um sich anschließend von diesem versichern zu lassen, dass man ihn richtig verstanden hat (Technik des **Paraphrasierens**). Dies könnte der Zeitpunkt sein, in dem man mit dem **Protokollie-**   **12**

---

7 MüKoFamFG/*Schumann*, § 160 FamFG Rn. 13;Prütting/Helms/*Hammer*, § 160 FamFG Rn. 5
8 Prütting/Helms/*Hammer*, § 160 FamFG Rn. 10; Schulte-Bunert/Weinreich/*Ziegler*, § 160 FamFG Rn. 16
9 Keidel/*Engelhardt*, § 160 FamFG Rn. 14
10 Prütting/Helms/*Hammer*, § 160 FamFG Rn. 11
11 Schulte-Bunert/Weinreich/*Ziegler*, § 160 FamFG Rn. 16

ren der Anhörung des Beteiligten beginnt, denn gerade die Wiedergabe des Gehörten kann auch direkt in das Protokoll diktiert werden.

▶ *Näher zur Verhandlungsführung siehe Anhang zu § 160 FamFG.*

13   Im Falle von Beleidigungen und Beschimpfungen, sei es seitens des angehörten Elternteils, sei es durch andere Beteiligte, sollte der Richter unterbrechen und zur Deeskalation an die zu Beginn eines Termins aufzustellenden Regeln erinnern (hierzu Wegener, § 156 FamFG Rn. 18). Etwas anderes mag in den Grenzen des im Rahmen einer Gerichtsverhandlung noch angemessenen Rahmens gelten, wenn die Möglichkeit eines Einvernehmens ausgeschlossen erscheint und der Richter sich ein Bild machen möchte vom Grad der fehlenden Kommunikations- und Kooperationsfähigkeit der Beteiligten untereinander.

5. Vermerk

14   Gemäß § 28 Abs. 4 FamFG, der auch im Beschwerdeverfahren Anwendung findet, hat das Gericht über Termine (§ 32 FamFG) und persönliche Anhörungen (§ 34 FamFG) einen Vermerk zu fertigen, in den die wesentlichen Vorgänge des Termins und der persönlichen Anhörung aufzunehmen sind, wenn diese sich nicht bereits aus dem Protokoll der Verhandlung entnehmen lassen.[12] Im Falle eines Erörterungstermins nach § 157 BGB sind in den Vermerk oder in das Protokoll auch die Maßnahmen aufzunehmen, die zur Abwendung der Kindeswohlgefährdung erörtert worden sind. Durch das Protokoll oder den Vermerk soll u.a. das Beschwerdegericht in die Lage versetzt werden, zu prüfen, ob eine hinreichende Grundlage für eine am Kindeswohl orientierte Entscheidung vorgelegen hatte und ob eine erneute Anhörung in zweiter Instanz angezeigt ist.[13]

15   Den Inhalt des Vermerks bestimmt allein das Gericht. Ist einer der Beteiligten mit dem Inhalt eines Vermerks nicht einverstanden, etwa weil er Auslassungen oder einzelne Formulierungen beanstandet, so kann er seine Überlegungen schriftsätzlich zur Akte reichen, damit diese Bestandteil der Gerichtsakte werden und damit bei der Entscheidung Berücksichtigung finden (können).

16   Mit Blick auf § 37 Abs. 2 FamFG ist, wenn die Anhörung nicht in Anwesenheit aller Beteiligten erfolgt ist, ein Aktenvermerk über die Anhörung zu fertigen, der den übrigen Beteiligten vor einer Entscheidung zur Kenntnis- und ggf. Stellungnahme zu übermitteln ist[14].

6. Nichterscheinen des Beteiligten

17   Erscheint der Beteiligte zur persönlichen Anhörung trotz ordnungsgemäßer Ladung unentschuldigt nicht, so kann in der Regel von der Vorschrift des § 34 Abs. 3 Satz 1 FamFG, nach dem das Verfahren ohne die Anhörung des Beteiligten beendet und der Beteiligte auf die Folgen seines Ausbleibens hingewiesen wird, kein Gebrauch gemacht werden, da die persönliche Anhörung der Eltern fast immer auch der Sachverhaltsaufklärung im Rahmen der Amtsermittlungspflicht des Gerichts nach § 26 FamFG dient (vgl. auch § 33 Abs. 1 Satz 1 FamFG).[15] Das unentschuldigte Nichterscheinen kann dann mit der Verhängung eines **Ordnungsgeldes** sanktioniert werden und bei wiederholtem unentschuldigtem Ausbleiben des Elternteils kann auch die **Vorführung** des Elternteils angeordnet werden (§ 33 Abs. 3 Satz 3 FamFG), z.B. um die Anhörung des Elternteils in Anwesenheit eines Sachverständigen zu ermöglichen.[16] Soll die Anhörung ausschließlich der Wahrung der Rechte des Beteiligten dienen, können keine Ordnungsmittel verhängt werden.[17]

---

12 Schulte-Bunert/Weinreich/*Ziegler*, § 160 FamFG Rn. 7
13 Keidel/*Engelhardt*, § 160 FamFG Rn. 11
14 PK-Familienverfahrensrecht/Meysen/*Ernst*, § 34 FamFG Rn. 5
15 OLG Schleswig 25.2.2013 – 10 WF 204/12 = ZKJ 2013, 261
16 MüKoFamFG/*Schumann*, § 160 FamFG Rn. 12
17 BT-Drucks. 16/6308, 192

Ordnungsmittel kommen auch in Betracht, wenn mit den Eltern in einem Termin nach 18
§ 157 FamFG die Möglichkeiten der Begegnung der Gefahr für das Kindeswohl und die
Folgen der Nichtannahme von Hilfen erörtert werden soll und das Gericht aus diesem
Grunde das persönliche Erscheinen des Beteiligten angeordnet hatte (§ 33 Abs. 3, § 157
Abs. 1, 2 Satz 1 FamFG).

▶ Näher hierzu Cirullies § 157 FamFG Rn. 4.

7. Wiederholung der Anhörung in zweiter Instanz

Das Rechtsmittelgericht kann im Rahmen des Beschwerdeverfahrens gemäß § 68 Abs. 3 19
FamFG nach eigenem Ermessen von einer Wiederholung der persönlichen Anhörung der
Beteiligten absehen, wenn

- die Beteiligten zeitnah in erster Instanz angehört wurden,
- ein Vermerk über die Anhörung, aus der sich der wesentliche Inhalt und der Verlauf
  der Anhörung ergeben, gefertigt und zur Akte genommen wurde,
- das Beschwerdegericht von der Entscheidung des erstinstanzlichen Gerichts in den
  wesentlichen Punkten nicht abweichen will,
- keine erheblichen neuen Tatsachen oder neue rechtliche Gesichtspunkte zu berücksichtigen sind und
- in einer Gesamtschau von einer erneuten Anhörung der Beteiligten und einem persönlichen Eindruck des Beschwerdegerichts von den Beteiligten keine neuen, entscheidungserheblichen Erkenntnisse zu erwarten sind.[18]

Eines vorherigen rechtlichen Hinweises des Beschwerdegerichts zu seiner Absicht, ohne 20
nochmalige persönliche Anhörung zu entscheiden, bedarf es nicht, die Gründe für das Absehen von der Wiederholung der Anhörung der Beteiligten müssen aber in der Begründung der Beschwerdeentscheidung nachvollziehbar dargelegt sein.[19]

Eine schriftliche Anhörung bzw. die Gelegenheit zur schriftlichen Äußerung zum Be- 21
schwerdevorbringen, ggf. über die Bevollmächtigten der Eltern, haben in jedem Fall zu erfolgen.[20]

II. Persönliche Anhörung in Verfahren, die die Person des Kindes betreffen (Abs. 1 Satz 1)

Verfahren, die die Person des Kindes betreffen, sind alle in § 151 FamFG aufgeführten 22
Kindschaftssachen, die nicht ausschließlich die Vermögenssorge für das Kind betreffen
(§ 1626 BGB), also nicht nur die Verfahren, welche die Personensorge betreffen.[21] In diesen Verfahren soll das Gericht die Eltern persönlich anhören (Soll-Vorschrift), wobei sich
die Bezeichnung „soll" nur auf die Notwendigkeit der persönlichen Anhörung bezieht und
nicht auf die Notwendigkeit der Elternanhörung an sich, die – wie aus einem Umkehrschluss zu § 160 Abs. 2 FamFG zu ersehen ist – mit den Ausnahmetatbeständen der Abs. 3
und 4 immer stattzufinden hat.

Die Pflicht zur persönlichen Anhörung der Eltern besteht unabhängig davon, ob dem El- 23
ternteil die elterliche Sorge zusteht oder nicht.[22] Ist jedoch das Elternrecht durch das Verfahren und den Verfahrensgegenstand in keiner Weise berührt, so entfällt ausnahmsweise

---

18 BT-Drucks. 16/6308, 207 f.; Keidel/Engelhardt, § 160 FamFG Rn. 17; Schulte-Bunert/Weinreich/Ziegler, § 160
   FamFG Rn. 11
19 Prütting/Helms/Abramenko, § 68 FamFG Rn. 30
20 Johannsen/Henrich/Büte, § 150 FamFG Rn. 5; MüKoFamFG/Schumann, § 160 FamFG Rn. 7
21 Keidel/Engelhardt, § 160 FamFG Rn. 3; Prütting/Helms/Hammer, § 160 FamFG Rn. 6; Schulte-Bunert/Weinreich/
   Ziegler, § 160 FamFG Rn. 4
22 Prütting/Helms/Hammer, § 160 FamFG Rn. 6

die Anhörungspflicht, so z.B., wenn die elterliche Sorge entzogen worden ist, es um Umgangskontakte der Großeltern mit dem in einer Pflegefamilie lebenden Kind geht und der im Raume stehende Umgang den Umgang des betreffenden Elternteils nicht tangiert.[23]

▶ *Näher zum Verhältnis des Umgangsrechts der Eltern zu dem Umgangsrecht der Großeltern siehe Gottschalk, § 1685 BGB Rn. 2.*

III. Zwingende persönliche Anhörung in Verfahren wegen Kindeswohlgefährdung (Abs. 1 Satz 2)

24 In Verfahren wegen Kindeswohlgefährdung sind die Eltern zwingend persönlich anzuhören. Dementsprechend ordnet das Gericht auch zwingend das persönliche Erscheinen der Eltern zu dem regelmäßig anzuberaumenden Gerichtstermin an (§ 157 Abs. 2 Satz 1 FamFG). Damit soll auch der in § 157 Abs. 1 FamFG genannte Zweck verfolgt werden, mit den Eltern zu erörtern, wie die Gefahr für das Kindeswohl, ggf. durch Inanspruchnahme öffentlicher Hilfen abgewendet werden kann. Der nicht sorgeberechtigte Elternteil ist schon allein mit Blick auf die Vorschrift des § 1680 Abs. 3 BGB persönlich anzuhören.

IV. Anhörungspflicht in sonstigen Kindschaftssachen (Abs. 2)

25 Mit den in Abs. 2 genannten sonstigen Kindschaftssachen sind die Kindschaftssachen gemeint, die ausschließlich das Vermögen des Kindes betreffen. In diesen Verfahren hat die Anhörung der Eltern zwar zu erfolgen, sie kann aber auch schriftlich, telefonisch, per E-Mail oder durch einen Bevollmächtigten erfolgen. Nur in diesen Verfahren sieht das Gesetz auch keine zwingende Anhörung des nicht sorgeberechtigten Elternteils vor, wenn die gebotene Sachaufklärung dieses nicht erfordert (§ 160 Abs. 2 Satz 2 FamFG). Besteht allerdings ein guter Kontakt des auch nicht sorgeberechtigten Elternteils zu dem Kind, so empfiehlt sich auch in diesen Fällen eine Anhörung, um die Entscheidung des Familiengerichts auf eine gute und ausgewogene Grundlage zu stellen.[24]

Übersicht: Elternanhörung

Verfahrensgegenstand	Art der Elternanhörung
Kindeswohlgefährdung	„Muss"-Anhörung **und** „Muss"-persönliche Anhörung
Person des Kindes betroffen	„Muss"-Anhörung und „Soll"-persönliche Anhörung
nur Vermögen des Kindes betroffen	„Muss"-Anhörung, Ausnahme: – nicht sorgeberechtigter Elternteil, – keine persönliche Anhörung

V. Absehen von der Anhörung (Abs. 3) und Nachholung (Abs. 4)

26 Die Möglichkeit, ausnahmsweise von einer Anhörung abzusehen, bezieht sich auf die vorausgehenden Absätze 1 und 2[25]. Schwerwiegende Gründe sind solche, die in der Person der Eltern liegen, so z.B. Unerreichbarkeit, dauernder Aufenthalt im weit entfernten Ausland, Krankheit oder Gebrechlichkeit.[26] Auch eine Verweigerung der Anhörung durch den Elternteil wegen einer befürchteten psychischen Belastung oder wegen eines zu erwarten-

---

23 Str.; OLG Hamm FamRZ 2011, 1889; OLG Schleswig FamRZ 2012, 725
24 Keidel/*Engelhardt,* § 160 FamFG Rn. 6
25 Keidel/*Engelhardt,* § 160 FamFG Rn. 7
26 Prütting/Helms/*Hammer,* § 160 FamFG Rn. 18

den unverhältnismäßigen Aufwandes kann einen schwerwiegenden Grund darstellen. Schließlich kann ein schwerwiegender Grund auch darin bestehen, dass die Anhörung eines Elternteils (mittelbar) zu erheblichen Nachteilen für das Kind führen oder beabsichtigte Maßnahmen erschweren oder unmöglich machen würde[27]. Spricht ein schwerwiegender Grund gegen eine persönliche Anhörung eines Elternteils in den Fällen des Abs. 1, so ist jedenfalls die Möglichkeit einer nicht persönlichen Anhörung, d.h. schriftlich, telefonisch, per E-Mail oder durch einen Bevollmächtigten des Elternteils zu prüfen.[28]

Ist die Anhörung allein wegen Gefahr im Verzug unterblieben, ist sie unverzüglich nachzuholen. **27**

Im Falle der Notwendigkeit einer eiligen Entscheidung ist ggf. der Erlass einer einstweiligen Anordnung zu prüfen, wenn das rechtliche Gehör vor einer Hauptsacheentscheidung nicht rechtzeitig gewährt werden kann. Gefahr im Verzug liegt somit regelmäßig nur in einstweiligen Anordnungsverfahren vor. Eine aufgrund der Eilbedürftigkeit erlassene einstweilige Anordnung ist möglicherweise aufgrund der nachgeholten Anhörung gemäß § 54 Abs. 1 Satz 3 FamFG abzuändern.

▶ *Näher zur einstweiligen Anordnung Cirullies, § 49 FamFG.*

In Ausnahmefällen, insbesondere dann, wenn die Entscheidung sich nicht auf das Ergebnis der Anhörung stützt, kann das rechtliche Gehör auch nachgeholt werden. Handelt es sich um eine Hauptsacheentscheidung, ist ggf. auf eine Gehörsrüge i.S.v. § 44 FamFG hin neu zu verhandeln und/oder anders zu entscheiden. **28**

Im Falle der Anhängigkeit eines Beschwerdeverfahrens wird die Anhörung durch das Beschwerdegericht nachgeholt.[29] Handelt es sich um eine ohne Anhörung ergangene Entscheidung des Beschwerdegerichts, so ist eine nachträgliche Stellungnahme unter Umständen als Gehörsrüge auszulegen und darüber entsprechend zu befinden. **29**

Von einer Anhörung kann nicht deshalb abgesehen werden, weil eine solche in einem anderen Verfahren mit anderem Verfahrensgegenstand bereits erfolgt ist. Eine Ausnahme sieht § 51 Abs. 3 Satz 2 FamFG vor, nach dem eine erneute Anhörung im Hauptsacheverfahren entbehrlich ist, wenn die Anhörung in einem EA-Verfahren mit dem gleichen Verfahrensgegenstand durchgeführt wurde und von einer erneuten Anhörung keine neuen Erkenntnisse zu erwarten sind. **30**

▶ *Zum Unterbleiben der Anhörung bei Nichterscheinen im Rahmen eines einst. AO-Verfahrens siehe auch Cirullies, § 57 FamFG Rn. 2.*

VI. Verstoß gegen die Anhörungspflicht

Ein Verstoß gegen die Pflicht zur (persönlichen) Anhörung stellt einen Verfahrensfehler dar. Unter den Voraussetzungen des § 69 Abs. 1 Satz 2, 3 FamFG darf das Beschwerdegericht die Sache unter Aufhebung des angefochtenen Beschlusses und des Verfahrens an die erste Instanz zurückverweisen. Mit Blick auf den Beschleunigungsgrundsatz des § 155 Abs. 1 FamFG wird eine unterbliebene Anhörung in der Regel durch das Beschwerdegericht nachgeholt, es sei denn, es treten noch weitere schwerwiegende Verfahrensfehler hinzu.[30] **31**

▶ *Näher hierzu siehe Dürbeck, § 68 FamFG Rn. 8.*

---

27 Keidel/*Engelhardt*, § 160 FamFG Rn. 8
28 Schulte-Bunert/Weinreich/*Ziegler*, § 160 FamFG Rn. 8
29 Prütting/Helms/*Hammer*, § 160 FamFG Rn. 21 f.; Schulte-Bunert/Weinreich/*Ziegler*, § 160 FamFG Rn. 12
30 Prütting/Helms/*Hammer*, § 160 FamFG Rn. 23

VII. Kosten und Gebühren

32 Durch eine Anhörung der Beteiligten in Kindschaftssachen entsteht neben der Terminsgebühr für die Verfahrensbevollmächtigten keine gesonderte Gebühr. Sieht das Gericht von
einer Anhörung der Beteiligten ab, so entsteht auch die Terminsgebühr nicht (näher hierzu
Dürbeck, § 80 FamFG Rn. 30).[31]

Anhang: Verhandlungsführung

33 Von besonderer Bedeutung für die Verhandlungsführung ist die Technik des Paraphrasierens, d.h. des Wiedergebens des Gehörten mit eigenen Worten, gefolgt vom Einholen der
Zustimmung, dass man richtig verstanden hat. Ganz wesentlich für die Verhandlungsführung und die Anhörung der Beteiligten ist es auch, in der jeweiligen Situation die richtige
Art von Frage zu stellen.

1. Paraphrasieren

Paraphrasieren verläuft in drei Phasen:

(1) Aktives Zuhören

(2) Reformulieren in eigenen Worten, ggf. mit einem Reframing

(3) Vergewissern, ob man richtig verstanden hat

(1) Aktives Zuhören

Paraphrasieren beginnt mit dem aktiven Zuhören.[32] Zuhören ist eine aktive Arbeitshal-
tung und bedeutet ein aktives Präsentsein im Raum und Herstellen einer dichten Beziehung zu dem Beteiligten. Der Richter sollte dem Beteiligten genügend Zeit und Raum
geben, sich zu äußern, er sollte gelassen sein und sich auf sein Gegenüber einstellen.
Die innere Haltung ist davon geprägt, dass der Richter bereit ist, das, was er hört, als
die Erfahrung dieses Beteiligten zu akzeptieren und dabei seine eigenen Erfahrungen
und Werte zurückzustellen. Er sollte das Gehörte möglichst nicht bereits – wie er es als
Jurist gelernt hat – innerlich strukturieren und selektieren, was für die Fallbearbeitung
von Bedeutung ist und was nicht, und sollte sich nach Möglichkeit auch empathisch,
d.h. einfühlend verhalten[33]. Trotz Akzeptanz und Empathie sollte er echt in seiner Rich-
terpersönlichkeit bleiben. Hört der Richter mit dieser Haltung zu, so wird der Beteiligte
in der Regel die Zeit intensiv nutzen, da er zumindest in diesem Konflikt vielleicht noch
nicht erfahren hat, dass ihm akzeptierend, empathisch und genau zugehört wurde
oder damit jedenfalls vor Gericht nicht gerechnet hat. Der Richter sollte allerdings nur
so lange zuhören, wie er die Informationen aufnehmen und im zweiten Schritt dann
auch wiedergeben kann.

(2) Reformulieren in eigenen Worten, ggf. mit einem Reframing

Dies dient dazu, das Verständnis des Zuhörenden aktiv mit Worten zu zeigen (Verständ-
nissicherung).[34] Beim Zuhören konnte man das Verständnis bereits zeigen durch Kör-
persprache wie z.B. Nicken. (Übrigens ist zu empfehlen, zwischendurch auch immer
mal die andere Seite anzuschauen, um zu signalisieren, dass diese im Blick bleibt.)
Durch das **Reformulieren** findet die Überprüfung der Kommunikation statt: *Habe ich
wirklich alles richtig gehört?*

---

31 Keidel/*Engelhardt,* § 159 Rn. 26
32 *Schweizer* in Hb. Mediation, Rn. 16
33 zum Begriff der Empathie siehe *Hohmann,* FPR 2013, 457, 458 sowie Wegener § 156 FamFG Rn. 16
34 *Bielecke,* a.a.O. Fn. 97, 473

Beim sog. **Reframing** (in einen anderen Rahmen setzen) wiederholt der Richter das Gesagte nicht einfach nur, denn der Beteiligte bleibt dann in seinem Konzept. Soll Verarbeitung stattfinden, kann man bei der Wiedergabe das Gesagte etwas umformulieren. Das bedeutet, dass man in eigenen Worten, wiedergibt, was man gehört hat, und mit diesem Wiedergeben dem Beteiligten hilft, seine eigenen Bedürfnisse zu formulieren, sich aus einengenden Situationen zu lösen, ressourcenorientiert und anders mit dem Konflikt umzugehen oder dem Beteiligten sogar hilft, sich zu verändern, damit gemeinsam eine gute Lösung gefunden werden kann. Beim Reframen werden beleidigende und Schimpfworte nicht wiederholt, wenn nötig wird lediglich die hinter diesen Worten zu vermutende Emotion (z.B. Ärger) benannt. Das Gesagte wird also beim sog. Reframen vom Richter übersetzt und in einen neuen, mehr kooperativen und positiven Rahmen gesetzt, nämlich

• **Von**[35]	• **Zu**
• Positionen	• Interessen
• Beurteilungen	• Problembeschreibungen
• Schuldzuweisungen	• Bedürfnissen
• Vergangenheit	• Zukunft
• individuellem Problem	• gemeinsamem Problem
• Du-Botschaft	• Ich-Botschaft
• Destruktiven Äußerungen	• Konstruktiven Aussagen
• Vorwurf	• Wunsch
• Beschimpfung	• Forderung

Dabei sollte darauf geachtet werden, dass das Reformulieren nicht als Zwang zur Veränderung vom Beteiligten erlebt wird.

(3) Vergewissern

Der dritte Schritt des Paraphrasierens ist das Vergewissern, ob man den Beteiligten richtig verstanden hat. Damit wird auch der Gefahr der Manipulation begegnet.

Beispiel für ein Paraphrasieren mit einem Reframen:

1) Aussage einer Mutter im Umgangsverfahren: „Immer holt seine neue Freundin, die ich ohnehin nicht leiden kann, die Kinder ab. Das passt mir nicht."

2) Der Richter formuliert: „Sie ärgern sich darüber, dass die neue Freundin Ihres Mannes oftmals die Kinder abholt. Verstehe ich Sie richtig, dass Sie es lieber hätten, wenn Ihr Mann die Kinder selbst abholt?"

3) Mutter: „Ja, genau!"

---

35 *Kessen*, Die Kunst des Fragens, Rn. 27

2. Die „Kunst des Fragens"[36]

Fragen sind ein starkes Interventions- und Kommunikationsmittel. Oft fragt man unbewusst suggestiv und somit manipulierend. Um bewusst mit den unterschiedlichen Arten zu fragen, umzugehen, könnte man die folgenden Arten von Fragen unterscheiden[37]:

a) **Offene Fragen:** W-Fragen (Was, wie, wer, wo, warum, wann, welche, womit, woher, wozu)

- helfen, ein differenziertes Bild zu bekommen,
- fördern die Bereitwilligkeit des Beteiligten, sich zu öffnen und mehr zu erzählen.

b) **Geschlossene Fragen:** können nur mit Ja und Nein beantwortet werden, beginnen in der Regel mit einem Verb oder Hilfsverb

- dienen zur unmissverständlichen Klärung von Sachfragen.
- Man kann sich damit die Zustimmung oder auch Ablehnung einholen.

c) **Zirkuläre Fragen:** Hier werden Dritte oder die andere Seite einbezogen, z.B.:

- Was, glauben Sie, würden Ihre Kinder dazu sagen?
- Was hätte wohl Ihr bester Freund für eine Idee?
- Was, glauben Sie, sagt Ihre Frau dazu?

d) **Ressourcenorientierte Fragen:**

- Was brauchen Sie, um noch einen Moment in Ruhe zuhören zu können?
- Was müsste geschehen, damit Sie sich auf diese Verhandlung einlassen können?

e) **Wunderfragen, reflektive Fragen, Fragen des zweiten Futurs:**

- Angenommen, die Lösung wäre schon da, wie würde sie aussehen?
- Angenommen, Sie hätten drei Wünsche frei, was würden Sie sich wünschen?
- Angenommen, Sie hätten eine gute Vereinbarung getroffen, woran würden Sie merken, dass sie gut ist?

f) **Konkretisierende Fragen:**

- Wie genau?
- Wie im Einzelnen?
- Woran machen Sie das fest?
- Was bedeutet das für Sie genau?

g) **Strategische und suggestive Fragen:** sind manipulierend, der Fragende will ein bestimmtes Ziel erreichen:

- Meinen Sie nicht auch, dass …
- Wenn Sie Ihren Mann so hören, spüren Sie dann auch, dass er …
- Sie haben doch sicher auch schon darüber nachgedacht, dass …
- Sie wollen doch wohl nicht, dass …

---

36 *Kessen*, Die Kunst des Fragens, Rn. 7 ff.
37 siehe auch *Krabbe*, ZKM 2014, 185; siehe auch *Schweizer*, in Hb. Mediation, Rn. 17 ff.

- Aber den Papa hast Du doch auch lieb oder? Und dann willst Du ihn doch bestimmt auch ab und zu mal sehen?

- Aber Sie hätten doch bestimmt gern auch mal ein Wochenende frei, ohne die Kinder betreuen zu müssen, oder?

3. sonstige Interventionen im Termin

- Pausen machen, Zusammenfassen oder ins Protokoll diktieren

- Umgang mit Störungen, Unterbrechungen: an Regeln erinnern; Akzeptanz des Anderen, wenn auch Schwierigen zum Ausdruck bringen (ohne es deswegen gutheißen zu müssen)[38]

- immer wieder, auch wenn ein Beteiligter spricht und man ihm gut zuhört, die anderen Beteiligten in den Blick nehmen, damit diese sich gesehen fühlen.

- Perspektivwechsel vornehmen

- Wenn es angemessen ist, nicht zu unterschätzen: Witz, Spaß, humorvoller Einwurf, story-telling.

§ 161 FamFG Mitwirkung der Pflegeperson

(1) ¹Das Gericht kann in Verfahren, die die Person des Kindes betreffen, die Pflegeperson im Interesse des Kindes als Beteiligte hinzuziehen, wenn das Kind seit längerer Zeit in Familienpflege lebt. ²Satz 1 gilt entsprechend, wenn das Kind auf Grund einer Entscheidung nach § 1682 des Bürgerlichen Gesetzbuchs bei dem dort genannten Ehegatten, Lebenspartner oder Umgangsberechtigten lebt.

(2) Die in Absatz 1 genannten Personen sind anzuhören, wenn das Kind seit längerer Zeit in Familienpflege lebt.

Übersicht

A. Allgemeines

I. Normzweck

Mit der Regelung soll zum einen die **verfahrensrechtliche Position der Pflegepersonen gestärkt** werden. Sind die gesetzlichen Voraussetzungen der Norm erfüllt, dann „sind" die Pflegepersonen des Kindes nicht nur zu hören, sondern das Gericht „kann" ih- **1**

---

38 *Bielecke*, FPR 2013, 471, 472

nen sogar den verfahrensrechtlichen Beteiligtenstatus zuerkennen. Damit wird nicht zuletzt dem Umstand Rechnung getragen, dass die soziale Beziehung des Kindes zu seinen Pflegeeltern den verfassungsrechtlichen Schutz von Art. 6 Abs. 1 GG genießt.[1]

2 Zum anderen ist § 162 Abs. 2 FamFG auch eine **Konkretisierung des Amtsermittlungsgrundsatzes** aus § 26 FamFG. Denn um eine hinreichende Grundlage für eine am Kindeswohl orientierte Entscheidung zu erlangen ist es regelmäßig unumgänglich, dass das Familiengericht die Personen befragt, die auf Grund ihres unmittelbaren Kontakts zu dem Kind aktuelle und detaillierte Informationen in das Verfahren einbringen können.

II. Anwendungsbereich

3 Die Norm ist nur auf solche Verfahren anwendbar, **„die die Person des Kindes betreffen"**. Dies sind Verfahren, welche die Lebensführung und Lebensstellung des Kindes zum Gegenstand haben und nicht ausschließlich vermögensrechtlicher Natur sind.[2]

4 Die Norm ist, was in der Praxis häufig übersehen wird, sowohl bei funktioneller Zuständigkeit des **Richters** als auch in den Fällen anwendbar, in denen der **Rechtspfleger** für das gerichtliche Verfahren und die Entscheidung zuständig ist.

5 Soweit es sich hingegen um ein Verfahren betreffend die Unterbringung eines minderjährigen Kindes handelt (§ 151 Nr. 6 und 7 FamFG), ist die gesetzliche Regelung des § 167 FamFG vorrangig.

▶ *Näher zum Verfahren der geschlossenen Unterbringung Minderjähriger siehe Fink, § 167 FamFG.*

6 Die Norm behandelt nur die verfahrensrechtliche Stellung der **„Pflegeperson"** (Abs. 1 Satz 1, Abs. 2) sowie der **„Bezugsperson"** (Abs. 1 Satz 2, Abs. 2). Pflegepersonen sind alle Personen, zu denen ein tatsächliches Pflegeverhältnis familienähnlicher Art besteht. Dies kann in einem Bereitschaftspflegeverhältnis ebenso wie in einer Dauerpflegestelle i.S.v. § 33 SGB VIII der Fall sein. Auch die Adoptionspflege i.S.v. § 1744 BGB kann ein solches Pflegeverhältnis begründen. Selbst in einer Inobhutnahmeeinrichtung oder in einem Heim kann dieses begründet werden, wenngleich dieses häufig keine „längere Zeit" bestehen wird.

7 Es kommt mit Blick auf den Normzweck nicht darauf an, ob und inwieweit das **Pflegeverhältnis im privat-rechtlichen oder öffentlich-rechtlichen Sinne** wirksam begründet worden ist. Daher führt auch die Nichtbeachtung der Regelungen des SGB VIII, insbesondere von §§ 44 ff. SGB VIII, nicht zur Unanwendbarkeit der Norm.

8 In Abgrenzung zur Pflegeperson ist die **Bezugsperson** nur der Ehegatte, Lebenspartner oder Umgangsberechtigte, bei dem das Kind auf Grund einer förmlichen und wirksamen gerichtlichen Entscheidung im Sinne von § 1682 BGB lebt. Die praktische Relevanz dieses Teils der Norm ist gering.

B. Inhalt der Norm

9 In allen Fällen, in denen ein Kind längere Zeit (hierzu Rn. 12 in einer Pflegefamilie oder bei anderen Bezugspersonen lebt, hat das Familiengericht diese nach Abs. 2 **anzuhören** und zu prüfen, ob es diese nach Abs. 1 als Beteiligte **hinzuzieht**.

---

1 Siehe nur BVerfG FamRZ 1989, 31 ff.
2 Siehe nur OLG Saarbrücken ZKJ 2014, 209 sowie *Hammer*, in: Prütting/*Helms*, § 161 FamFG Rn. 3 m.w.N.

I. Hinzuziehung als Beteiligte (Abs. 1)

1. Voraussetzungen der Hinzuziehung

Die Norm setzt nicht nur voraus, dass ihr Anwendungsbereich eröffnet ist (hierzu Rn. 3 bis 8). Hinzuziehung als Beteiligte nach § 161 Abs. 1 FamFG kommt unbeschadet dessen nur dann in Betracht, wenn ein **Fall der „Kann-Beteiligung"** im Sinne von § 7 Abs. 3 FamFG gegeben ist und nicht ein solcher, in denen die Pflege- oder Bezugspersonen ohnehin **„Muss-Beteiligte"** i.S.v. § 7 Abs. 1 bzw. § 7 Abs. 2 Nr. 1 FamFG sind. **10**

Denn unbeschadet von Anwendungsbereich und Voraussetzungen des § 161 FamFG hat eine **„Muss-Beteiligung" der Pflege- bzw. Bezugsperson in folgenden Fällen** zu erfolgen:[3] **11**

- Verfahren auf Erlass einer Verbleibensanordnung (§§ 1632 Abs. 4, 1682 BGB)

- Verfahren zur Übertragung von Sorgebefugnissen auf die Pflegeperson (§ 1630 Abs. 3 BGB)

- Umgangssachen nach § 1685 BGB und

- Verfahren betreffend Entscheidungsbefugnisse (§§ 1688 Abs. 3, 4, 1687b Abs. 3 BGB, § 9 Abs. 3 LPartG).

Die zentrale Formulierung der Norm ist der Begriff **„längere Zeit"**. Für die praktische Handhabbarkeit dieser verfahrensrechtlichen Auswirkungen von sozialen Beziehungen des Kindes mag als **„grobe Daumenregel"** für diese verfahrensrechtliche Norm jedoch gelten, dass eine „längere Zeit" im Sinne der Norm mit Blick auf die vorliegend einzubeziehenden Besonderheiten des **kindlichen Zeitempfindens** am Alter des Kindes zu orientieren sind und in der Regel jedenfalls wie folgt zu bejahen ist: **12**

- bei einem Lebensalter bis zu drei Jahren: nach drei Monaten

- bei einem Lebensalter von vier bis neun Jahren: nach sechs Monaten

- bei einem Lebensalter ab zehn Jahren: nach zwölf Monaten

Außerhalb der Verfahren, in denen die Pflegeperson sog. Muss-Beteiligte ist (vgl. oben Rn. 11), hat die Beteiligung **nach pflichtgemäßem Ermessen** in allen Verfahren zu erfolgen, welche „die Person des Kindes betreffen". Eine Einbeziehung hat im Sinne einer Negativabgrenzung damit in jenen Verfahren nicht zu erfolgen, die ausschließlich einen vermögensrechtlichen Hintergrund haben.[4] **13**

Beispiele für den Anwendungsbereich des Abs. 1: **14**

- Verfahren betreffend den Umgang eines Elternteils mit dem in der Pflegefamilie lebenden Kind,[5]

- Verfahren betreffend den (teilweisen) Entzug der elterlichen Sorge nach §§ 1666, 1666a BGB,[6]

- Verfahren betreffend die Übertragung der elterlichen Sorge auf den anderen Elternteil nach § 1680 BGB,

---

3 Näher hierzu *Hammer*, in: Prütting/*Helms*, § 161 FamFG Rn. 2 m.w.N.
4 MüKo-FamFG/*Schumann*, § 161 FamFG Rn. 6
5 OLG Saarbrücken ZKJ 2014, 209 ff.
6 OLG Saarbrücken ZKJ 2014, 117 ff.; OLG Bremen ZKJ 2013, 460 f.

- Auswahl und Bestellung des Ergänzungspflegers bzw. Vormundes nach vorangegangenem (teilweisen) Entzug der elterlichen Sorge und

- Verfahren der Entlassung und Neubestellung eines Ergänzungspflegers bzw. Vormunds.

15 Sind die Voraussetzungen der Norm erfüllt, steht die Entscheidung über die Hinzuziehung im Ermessen des Familiengerichts (**„kann"**). Dieses ist pflichtgemäß auszuüben und wird vom Normzweck beeinflusst. Dabei ist nicht nur dem Ansinnen des Gesetzgebers Rechnung zu tragen, die Rechtsstellung der Pflegepersonen auch im verfahrensrechtlichen Sinne zu stärken. Es sind auch die Interessen des Kindes einzubeziehen.[7] Eine mit der Beteiligtenstellung einhergehende formelle Aufwertung der Position der Pflege- und Bezugspersonen wird bereits durch die umfassende Pflicht des Familiengerichts zur Gewährung rechtlichen Gehörs regelmäßig dazu führen, die am Kindeswohl zu orientierende Entscheidung auf eine breitere Grundlage zu stellen.

16 Unbeschadet dessen werden nachhaltige **einvernehmliche Lösungen** in der Praxis häufig nur dann im Interesse des Kindes erreichbar und umzusetzen sein, wenn seiner sozialen Lebenswirklichkeit auch im Verfahrensrecht in der gebotenen Weise Rechnung getragen wird. Nach alledem ist mit Blick auf den Normzweck eher eine großzügige Ermessensausübung geboten. Gegen den Willen der betreffenden Person sollte eine förmliche Beteiligung hingegen in der Regel nicht erfolgen.

2. Form der Hinzuziehung

17 Form und Verfahren der Hinzuziehung bestimmt sich nach der allgemeinen Regelung in § 7 Abs. 3 bis 5 FamFG nach folgenden Schritten:

- Benachrichtigung der betreffenden Person von der Einleitung der Kindschaftssache und – unbeschadet der Anhörungspflicht nach Abs. 2 (!) – Hinweis auf die Möglichkeit der Beteiligung,

- Antrag der betreffenden Personen oder Beteiligung von Amts wegen,

- Gewährung rechtlichen Gehörs für die übrigen Beteiligten,

- Ermessensausübung und schließlich

- Entscheidung über die Hinzuziehung.

Erfolgt die Hinzuziehung: Zwischenbeschluss[8]

(„In pp. werden … als Beteiligte hinzugezogen")

Dieser ist unanfechtbar.

18 Jedoch kann die **Hinzuziehung auch nicht förmlich** dadurch in wirksamer Weise erfolgen, dass die Pflege- bzw. Bezugsperson mit den übrigen Beteiligten zu einem gerichtlichen Termin geladen wird. Erfolgt dann nicht nur eine Anhörung nach § 161 Absatz 2 FamFG, sondern wird ihnen auch die Anwesenheit im (weiteren)Termin, insbesondere während der mündlichen Erörterung, der persönlichen Anhörung der Eltern, der mündlichen Stellungnahme des Jugendamtsvertreters oder des Verfahrensbeistandes gestattet, ist darin auch die Hinzuziehung als Beteiligter nach Abs. 1 zu sehen. Gleiches gilt, wenn ihnen – über die Nachricht der Verfahrenseinleitung hinaus – das Verfahren betreffende Schriftstücke zugesendet werden.[9]

---

7 BT-Drucks. 16/6308, 241
8 Ein solcher ist nicht gesetzlich vorgeschrieben, aber für die Praxis aus Gründen der Rechtsklarheit und Transparenz für die übrigen Beteiligten zu empfehlen.
9 MüKoFamFG/*Pabst*, § 7 FamFG Rn. 22

Da die Entscheidung über die Hinzuziehung selbst **formlos möglich und unanfechtbar** 19
ist, kann sie vom Familiengericht auch jederzeit – im Rahmen des pflichtgemäßen Ermessens – abgeändert werden. Dann sind jedoch ggf. die Besonderheiten bei der Ablehnung einer beantragten Hinzuziehung (ex nunc) zu beachten (siehe oben Rn. 18).

Ablehnung einer beantragten Hinzuziehung (Zwischenbeschluss): 20

(„In pp. wird der Antrag von … auf Hinzuziehung als Beteiligte zurückgewiesen.").

Der Beschluss ist gemäß § 7 Abs. 5 Satz 2 FamFG mit der sofortigen Beschwerde entsprechend §§ 567 bis 572 ZPO anfechtbar und bedarf einer entsprechenden Rechtsbehelfsbelehrung.

▸ *Näher zu den Rechtsmitteln siehe Dürbeck, § 58 FamFG Rn. 9 ff.*

In der Praxis sollte beachtet werden, dass alle Pflege- und Bezugspersonen des Kindes in 21
den Beschluss aufgenommen werden, insbesondere beide Pflegeelternteile.

3. Rechtsfolgen der Hinzuziehung 22

Es ergeben sich mit der Hinzuziehung **alle Rechte eines Beteiligten** (siehe hierzu *Cirullies,* § 8 FamFG Rn. 2), insbesondere ist bei Vorliegen der weiteren gesetzlichen Voraussetzungen Verfahrenskostenhilfe zu bewilligen. Auch ist rechtliches Gehör zu allen Verfahrensschritten und Ermittlungsergebnissen zu gewähren, insbesondere sind die eingehenden Stellungnahmen der Eltern, des Jugendamtes und ein etwaiges Sachverständigengutachten an den Beteiligten zu übermitteln. In den Tenor der Entscheidung kann der Beteiligte, auch durch Aufnahme von Verpflichtungen, die dann vollstreckbar sind, einbezogen werden. Ein Vergleich i.S.v. § 156 Abs. 2 FamFG bedarf dann der Zustimmung der Pflege- bzw. Bezugsperson. Die Entscheidung ist ihnen zuzustellen. Ein Beschwerderecht folgt hingegen aus der Beteiligung alleine noch nicht, hierzu bedarf es – anders als in § 162 Abs. 3 Satz 2 FamFG – der Beschwerdeberechtigung (siehe hierzu *Dürbeck,* § 59 FamFG).

II. Anhörungspflicht (Abs. 2)

1. Voraussetzungen und Form der Anhörung

Die Anhörung von Pflege- und Bezugspersonen hat unter **denselben Voraussetzungen** 23
zu erfolgen wie die Beteiligung, sie hat jedoch unabhängig hiervon zu erfolgen, d.h. auch wenn eine förmliche Beteiligung nicht erfolgt, ist in der Sache nach Abs. 2 anzuhören. Der maßgebliche Unterschied ist zudem, dass bei Vorliegen der Voraussetzungen **nicht noch eine Ermessensausübung** des Familiengerichts zu erfolgen hat. Vielmehr ist ein Absehen von der Anhörung – außerhalb eines Eilverfahrens (hier gilt § 160 Abs. 4 FamFG entsprechend) – nicht möglich.[10]

Die Pflicht des Gerichts zur Anhörung erstreckt sich auf **alle Pflege- und Bezugsperso-** 24
nen des Kindes. Soweit sich etwa nur ein Pflegeelternteil äußert, lässt dies die Pflicht zur Anhörung des anderen Pflegeelternteils noch nicht entfallen.

Die Anhörungspflicht korrespondiert nicht mit einer Pflicht der Pflege- oder Bezugsperson, 25
sich gegenüber dem Gericht auch **zu äußern.** Die Pflicht zur Anwesenheit in einem Termin kann im Anwendungsbereich von Absatz 2 nicht mit Zwangsmitteln durchgesetzt werden, denn nur wenn die Pflege- und Bezugsperson auch Beteiligter ist (über § 161 Abs. 1 FamFG oder als Muss-Beteiligter), kann bei Nichterscheinen im Termin ein Ordnungsgeld verhängt werden (vgl. § 33 Abs. 3 FamFG).

---

10 BT-Drucks. 16/6308, 241

26   Form und „Setting" der Anhörung liegt, anders als das „ob" der Anhörung, im **pflicht-gemäßen Ermessen des Gerichts**. Es kann also entscheiden, ob diese

- schriftlich erfolgt, also im Wege eines Anschreibens und Setzung einer Stellungnahmefrist,

- ausnahmsweise (persönlich) telefonisch oder in einem gesonderten Termin allein erfolgt, wobei mit Blick auf § 28 Abs. 4 FamFG und zur Gewährung rechtlichen Gehörs der (übrigen) Beteiligten ein schriftlicher Vermerk zu fertigen ist oder

- persönlich im Rahmen des mit den anderen Beteiligten anberaumten Termins erfolgt.

27   Der **Inhalt der Anhörung** hängt von den Umständen des Einzelfalls ab. Regelmäßig kann es aber geboten sein, die Pflege- bzw. Bezugsperson zu

- dem Erstkontakt mit dem Kind und dessen damaliger Situation bzw. Verhalten,

- dem aktuellen Tagesablauf bzw. der aktuellen Situation des Kindes,

- der Beziehung des Kindes zu ihnen,

- den weiteren Perspektiven des Kindes aus ihrer Sicht,

- ihren Erfahrungen mit den leiblichen Eltern sowie

- dem Verhalten des Kindes nach einem etwaigen Umgangskontakt mit den leiblichen Eltern

zu befragen.

2. Rechtsfolgen der Anhörung

28   Die Anhörung selbst vermittelt noch nicht die Beteiligtenstellung (§ 7 Abs. 6 FamFG; siehe aber Rn. 18). Die verfahrensrechtliche Rechtsposition des Anzuhörenden ist wesentlich **schwächer als diejenige eines Beteiligten**. Insbesondere ist dem Anzuhörenden kein rechtliches Gehör zu gewähren, er erhält keine Verfahrensschriftstücke, muss nicht über den Ausgang des Verfahrens unterrichtet zu werden und kann auch sonst nicht auf das Verfahren Einfluss zu nehmen. Auch Verfahrenskostenhilfe ist nur einem Beteiligten zu gewähren.

C. Rechtsfolgen der Nichtbeachtung

29   Eine verfahrensabschließende Entscheidung, die unter Nichtbeachtung der gesetzlichen Regelung des § 161 FamFG ergeht, ist verfahrensfehlerhaft. Dies ist in der Praxis noch viel zu häufig der Fall, da die gesetzliche Regelung nicht selten übersehen wird. Das Beschwerdegericht wird im Falle eines Rechtsmittels zu prüfen haben, ob es – im Anwendungsbereich des § 155 FamFG in der Regel – die unterbliebenen Verfahrenshandlungen nachholt oder ob es, soweit dies beantragt wird, die Entscheidung des Amtsgerichts nebst dem zu Grunde liegenden Verfahren aufhebt und die Sache zur weiteren Verhandlung und Entscheidung an das Amtsgerichts zurückverweist.[11]

▶   *Näher zur Aufhebung und Zurückverweisung siehe Dürbeck, § 69 FamFG.*

---

11 Vgl. OLG Saarbrücken ZKJ 2014, 209 f.

§ 162 FamFG Mitwirkung des Jugendamts

(1) [1]Das Gericht hat in Verfahren, die die Person des Kindes betreffen, das Jugendamt anzuhören. [2]Unterbleibt die Anhörung wegen Gefahr im Verzug, ist sie unverzüglich nachzuholen.

(2) [1]In Verfahren nach den §§ 1666 und 1666a des Bürgerlichen Gesetzbuchs ist das Jugendamt zu beteiligen. [2]Im Übrigen ist das Jugendamt auf seinen Antrag am Verfahren zu beteiligen.

(3) [1]In Verfahren, die die Person des Kindes betreffen, ist das Jugendamt von Terminen zu benachrichtigen und ihm sind alle Entscheidungen des Gerichts bekannt zu machen. [2]Gegen den Beschluss steht dem Jugendamt die Beschwerde zu.

Übersicht

A. Allgemeines

§ 162 FamFG regelt die **Anhörung und Form der Mitwirkung des Jugendamts** in **1** Kindschaftssachen, die die **Person des Kindes** betreffen. Nachdem die in der ursprünglichen Fassung der Vorschrift vorgesehene Möglichkeit einer in das freie Ermessen des Jugendamts gestellten formellen Beteiligungsmöglichkeit[1] in der Praxis keine Rolle spielte, hat der Gesetzgeber reagiert und zum 1.1.2013[2] in Abs. 2 eine **Mussbeteiligung des Jugendamts** in Verfahren der **Kindeswohlgefährdung** nach §§ 1666, 1666a BGB geschaffen. Die von § 162 FamFG erfassten Anhörungstatbestände finden sich im **materiellen Recht des BGB** und Spezialgesetzen wie das RKEG oder NamÄG.[3] In Bezug auf Kindschaftsverfahren wird § 162 FamFG ergänzt durch weitere die Mitwirkung des Jugendamts vorsehende Vorschriften der § 194 FamFG (Adoptionssachen) und § 176 FamFG (Abstam-

---

1 Vgl. dazu noch *Lack*, ZKJ 2010, 189; *Katzenstein*, FPR 2011, 20; *Heilmann*, FamRZ 2010, 1391
2 BGBl. 2012 I S. 2418
3 Vgl. die ausführliche Darstellung nahezu aller Anhörungstatbestände bei Wiesner/*Oberloskamp*, SGB VIII, Anh. 3 Rn. 32 ff.

mungssachen). Soweit Kinder betroffen sind bei Entscheidungen über die Zuweisung einer Wohnung nach §§ 2 GewSchG oder §§ 1361b, 1568a BGB sehen §§ 204 Abs. 2, 205, 212, 213 FamFG die Anhörung und fakultative Beteiligung des Jugendamts vor.

2   Aus **Sicht des Jugendamts** ist seine Aufgabe zur Mitwirkung im familiengerichtlichen Verfahren in **§ 2 Abs. 3 Nr. 6 i. V. m. § 50 SGB VIII** geregelt. Der aus § 162 Abs. 1 FamFG folgenden Pflicht des Familiengerichts zur Anhörung des Jugendamts steht eine Pflicht des Jugendamts zur Mitwirkung am Verfahren gegenüber, die zwar nicht aus § 162 Abs. 1 FamFG resultiert, aber aus § 50 Abs. 1 Satz 2 SGB VIII.[4]

B. Inhalt der Norm

I. Anhörung des Jugendamts (Abs. 1)

1. Die „Person" des Kindes betreffend

3   Gemäß § 162 Abs. 1 FamFG ist das **Jugendamt** (zwingend) in Verfahren, die die **Person des Kindes betreffen**, vom Familiengericht **anzuhören**. Gemeint sind hier nicht nur Verfahren i.S.d. § 151 Nr. 1 FamFG, die die Personensorge im engeren Sinne (vgl. § 1631 BGB) betreffen, sondern alle Kindschaftssachen nach § 151 Nr. 1 bis 5 und Nr. 8 FamFG, die nicht ausschließlich vermögensrechtlicher Art sind. Eine Anhörung des Jugendamts hat aber auch dann in vermögensrechtlichen Angelegenheiten des Kindes stattzufinden, wenn das Verfahren wegen einer Gefährdung des Vermögens des Kindes nach § 1666 Abs. 2 BGB geführt wird, weil das Jugendamt hier nach § 162 Abs. 2 FamFG Muss-Beteiligter ist. Entgegen der Gesetzesbegründung und einer in der Literatur vertretenen Auffassung[5] findet § 162 FamFG keine unmittelbare Anwendung auf Unterbringungssachen nach § 151 Nr. 6 und 7 FamFG. Hier folgt die Notwendigkeit der Mitwirkung des Jugendamts aus der Verweisung von § 167 Abs. 1 Satz 1 FamFG auf §§ 315 Abs. 3, 320 FamFG.[6]

2. „Verfahren"

4   Eine Anhörung des Jugendamts ist nach Abs. 1 Satz 1 in allen familiengerichtlichen **Verfahren**, die die Person des Kindes betreffen, vorgesehen. Umstritten ist, ob die **Anhörungsvorschriften der §§ 159 ff. FamFG** – und damit auch § 162 Abs. 1 FamFG – im **Vollstreckungsverfahren** nach §§ 86 ff. FamFG gelten, was in der Praxis insbesondere bei Ordnungsmittelverfahren wegen Verstößen gegen eine vollstreckbare Umgangsregelung eine große Rolle spielt. Nach einer in der Literatur weit verbreiteten Auffassung[7] sollen im kindschaftsrechtlichen Vollstreckungsverfahren die Anhörungsvorschriften der §§ 159 ff. FamFG, also auch § 162 FamFG gelten, so dass auch das Jugendamt vor der Entscheidung zwingend anzuhören wäre. Für diese Auffassung spricht die vor dem 1.9.2009 zu § 33 FGG a. F. ergangene Rechtsprechung[8] und auch der Umstand, dass es sich beim Vollstreckungsverfahren um rechtlich selbständige Verfahren handelt.[9] Auch ist der Gesetzgeber offenbar davon ausgegangen, dass § 162 FamFG hier Geltung beansprucht.[10] Gleichwohl ist der Gegenauffassung[11] zu folgen, dass mangels Geltung von § 162 FamFG das Jugendamt hier nicht zwingend anzuhören ist. Denn mit § 92 Abs. 1 FamFG, wonach (nur) der Verpflichtete anzuhören ist, hat der Gesetzgeber für das Vollstreckungsverfahren

---

4 Wiesner/*Oberloskamp* Anh. 3 Rn. 5; FK-SGB VIII/*Trenczek* § 50 Rn. 11
5 BT-Drs. 16/6308, 241; MüKo-FamFG/*Schumann* § 162 Rn. 4; Keidel/*Engelhardt* § 162 FamFG Rn. 3
6 Prütting/Helms/*Hammer* § 162 FamFG Rn. 5; MüKo-FamFG/*Heilmann* § 167 Rn. 10
7 Keidel/*Giers* § 92 FamFG Rn. 2; MüKo-FamFG/*Schumann* § 162 FamFG Rn. 4 und *Zimmermann* § 92 FamFG Rn. 2; *Cirullies*, ZKJ 2010, 174, 177; offen gelassen von OLG Karlsruhe FamRZ 2011, 1669
8 Vgl. etwa OLG Rostock NJW-RR 2009, 1093; OLG Hamm FamRZ 2004, 1797
9 BGH FamRZ 2011, 1729
10 BT-Drs. 16/6308, 241
11 *Musielak/Borth* § 92 FamFG Rn. 2; Zöller/*Feskorn* § 92 FamFG Rn. 2; Thomas/Putzo/*Hüßtege* § 92 FamFG Rn. 1

eine **vorrangige Spezialregelung** in der Frage der Anzuhörenden geschaffen, die eine Geltung von §§ 158 ff. FamFG ausschließt und im Übrigen auch eine nur schriftliche Anhörung des Schuldners grundsätzlich ausreichen lässt. Auch bedarf es einer Stellungnahme des Jugendamts insoweit nicht, als im Vollstreckungsverfahren eine **erneute materielle Kindeswohlprüfung nicht** stattfindet.[12] Eine Anhörung des Jugendamts kann das Familiengericht im Vollstreckungsverfahren gleichwohl im Rahmen seiner Amtsermittlungspflicht (§ 26 FamFG) durchführen, wenn es z. B. einer sozialpädagogischen Stellungnahme des Jugendamts als Fachbehörde bedarf, damit das Familiengericht beurteilen kann, ob der Verpflichtete im Rahmen des Umgangs dazu in der Lage war, **erzieherisch auf das Kind einzuwirken**, weil nur bei einem **Verschulden des Verpflichteten** Ordnungsmittel verhängt werden können. Wird das JAmt vom FamG entgegen der hier vertretenen Auffassung angehört, so sollte sich seine Stellungnahme aus den o. g. Gründen nicht auf die Frage der Kindeswohldienlichkeit des Ordnungsmittels beziehen, sondern vielmehr die Gründe des Verpflichteten zur Nichteinhaltung seiner Pflichten, z. B. das Kind zu dem vereinbarten Umgangskontakt zu verbringen, beleuchten.

▶ *Zur Gegenansicht näher Cirullies, § 92 FamFG Rn. 2.*

3. Ausnahmen

Eine nicht unbedeutsame und zu Recht kritisierte[13] **Ausnahme vom Grundsatz der Anhörung** und Möglichkeit der Beteiligung des Jugendamts ergibt sich aus § 155a Abs. 3 Satz 1 FamFG bei der Durchführung des **vereinfachten schriftlichen Verfahrens** zur Übertragung der **gemeinsamen elterlichen Sorge**. Hier findet ausdrücklich keine Anhörung des Jugendamts statt. Nach Satz 2 der vorbezeichneten Regelung erhält das nach § 87c Abs. 6 Satz 2 SGB VIII zuständige Jugendamt aber eine Mitteilung der getroffenen Entscheidung, damit es das Sorgeregister nach § 58a SGB VIII vervollständigen kann.   5

▶ *Näher hierzu Fink, § 155a FamFG Rn. 32.*

Nur eine scheinbare Ausnahme von der Anhörung des Jugendamts folgt aus § 162 Abs. 1 Satz 2 FamFG, wonach bei Gefahr im Verzug (z. B. bei Erlass einer einstweiligen Anordnung) zwar die Anhörung zunächst unterbleiben kann, diese jedoch unverzüglich nachzuholen ist.

4. Zuständiges Jugendamt

§ 162 Abs. 1 FamFG regelt nicht, welches sachlich und örtliche zuständige Jugendamt anzuhören ist. Diese Fragen sind im SGB VIII geregelt und vom Familiengericht zu beachten.[14]   6

a) Örtliche Zuständigkeit

Die **örtliche Zuständigkeit** des Jugendamts für seine Mitwirkung im familiengerichtlichen Verfahren, die für das Jugendamt selbst in § 2 Abs. 3 Nr. 6 i. V. m. § 50 SGB VIII geregelt ist, ergibt sich aus § 87b i. V. m. § 86 Abs. 1 bis 4 SGB VIII. § 86 Abs. 2 Satz 2 SGB VIII bestimmt z. B. für den Fall, dass die gemeinsam personensorgeberechtigten Eltern verschiedene Wohnsitze haben, die örtliche Zuständigkeit desjenigen Jugendamts, bei dem das **Kind zuletzt seinen gewöhnlichen Aufenthalt** hatte.[15] Bei alleinigem elterlichen Sorgerecht ist der Wohnsitz dieses Elternteils maßgeblich.   7

Wichtig ist, dass nach § 87b Abs. 2 SGB VIII die zu Beginn des Verfahrens begründete örtliche Zuständigkeit eines Jugendamts auch dann bis zur Beendigung des familiengerichtli-   8

---

12 BGH NJW-RR 2012, 324 auch zu möglichen Ausnahmen
13 Vgl. *Heilmann*, NJW 2013, 1473; *Dürbeck*, ZKJ 2013, 330, 333
14 Vgl. BGH ZKJ 2014, 104 und NZFam 2014, 69 jeweils zur sachlichen Zuständigkeit, dazu *Dürbeck*, ZKJ 2014, 266
15 Vgl. weitere Einzelheiten bei Wiesner/*Wiesner* § 87b SGB VIII Rn. 3 ff.

chen Verfahrens bestehen bleibt, wenn sich die hierfür maßgeblichen Umstände, insbesondere durch einen Wegzug des Kindes und seinen Eltern, verändert haben. Soweit sich nach einem Wegzug des Kindes mit seinem betreuenden Elternteil die Notwendigkeit eines Berichts durch das Jugendamt vor Ort ergibt, kann das Familiengericht im Rahmen seiner Amtsermittlungspflicht nach § 26 FamFG das für die Mitwirkung im Verfahren zuständige Jugendamt ersuchen, im Wege der Amtshilfe das Jugendamt vor Ort einzubeziehen. § 26 FamFG gestattet es aber dem Familiengericht auch, sich unmittelbar an das Jugendamt am neuen Wohnsitz des Kindes oder Elternteils zu wenden und um eine Stellungnahme nachzusuchen.[16]

b) Sachliche Zuständigkeit

9   Die **sachliche Zuständigkeit** des Jugendamts ist in § 85 SGB VIII geregelt und geht für den Regelfall von der Zuständigkeit des **örtlichen Trägers** aus. In den eingangs erwähnten beiden vom BGH entschiedenen Fällen[17] hatte aber das Amtsgericht übersehen, dass es gemäß § 162 FamFG nicht den in Berlin nach dortigem Landesrecht für Inobhutnahmen nach § 42 Abs. 1 Nr. 3 SGB VIII zuständigen überörtlichen Träger der Jugendhilfe (in Berlin die Senatsverwaltung), sondern den für die Mitwirkung im Verfahren nach § 50 SGB VIII zuständigen örtlichen Träger der Kinder- und Jugendhilfe (in Berlin das Bezirksjugendamt) hätte beteiligen müssen.[18] Eine Anhörung des **Landesjugendamts** ist in Adoptionsverfahren in bestimmten Fällen nach § 195 FamFG vorgesehen (siehe näher hierzu *Braun*, § 195 FamFG Rn. 4 ff.).

c) Konkret zuständiger Mitarbeiter

10   Keinen Einfluss können die Beteiligten darauf nehmen, welcher Mitarbeiter konkret am Verfahren mitwirkt. Nicht zulässig ist insbesondere die **Ablehnung** des für das Verfahren zuständigen Mitarbeiters des Jugendamts wegen des Vorwurfs der **Befangenheit**,[19] da dessen fachliche Äußerung anders als das vom Gericht eingeholte Sachverständigengutachten kein Beweismittel ist. Gibt das Verhalten der zuständigen Fachkraft Anlass zu Beanstandungen, so verbleiben sowohl dem Familiengericht selbst als auch den Verfahrensbeteiligten nur die Möglichkeit einer **Dienstaufsichtsbeschwerde**.

5. Folgen unterbliebener Beteiligung

11   Unterlässt das Familiengericht die gesetzlich nach § 162 Abs. 1 FamFG notwendige Anhörung des Jugendamts oder hört es ein unzuständiges Jugendamt an, so stellt dies einen **schweren Verfahrensmangel** dar, der auf Antrag gemäß § 69 Abs. 1 Satz 2 und 3 FamFG regelmäßig zur **Aufhebung der Entscheidung und Zurückverweisung des Verfahrens** an das Amtsgericht führen wird.[20] Etwas anderes kann im Einzelfall mit Blick auf das Vorrang- und Beschleunigungsgebot des § 155 FamFG gelten. Dann holt das Beschwerdegericht – ebenso wenn ein Zurückverweisungsantrag nicht gestellt wird – die unterbliebene Verfahrenshandlung im Rahmen des Beschwerdeverfahrens nach. Die unterbliebene Anhörung des Jugendamts kann weiterhin Grund für eine **Befangenheit** des Richters sein.[21]

---

16 Keidel/*Engelhardt* § 162 FamFG Rn. 6
17 BGH ZKJ 2014, 104 und NZFam 2014, 69
18 Einzelheiten bei *Dürbeck*, ZKJ 2014, 266
19 OLG Celle FamRZ 2011, 1532; MüKo-FamFG/*Schumann* § 162 Rn. 8
20 BGH NJW 1987, 1024; OLG Köln OLGR 2009, 438; OLG Düsseldorf FamRZ 1979, 859; *Lack*, ZKJ 2010, 189; *Walther*, JAmt 2009, 480
21 OLG Frankfurt a. M. JAmt 2010, 567

6. Zeitpunkt

Der Zeitpunkt der Anhörung des Jugendamts liegt im **pflichtgemäßen Ermessen** des Familiengerichts.[22] In den in § 155 Abs. 1 FamFG genannten Kindschaftssachen ist wegen des erhöhten Beschleunigungsbedürfnisses aber bereits im **frühen Termin** nach § 155 Abs. 2 Satz 3 FamFG eine persönliche Anhörung des Jugendamts vorgesehen, das auch bereits im Termin eine (erste) fachliche Stellungnahme abzugeben hat.[23] Das Familiengericht hat dabei im Hinblick auf seine **Belehrungspflicht nach § 7 Abs. 4 Satz 1 FamFG** zur Möglichkeit der Beteiligung am Verfahren das Jugendamt bereits von der Einleitung des Verfahrens zu unterrichten.[24] Auch die **Häufigkeit der Anhörung** des Jugendamts steht im Ermessen des Gerichts und bestimmt sich nach den Umständen des Einzelfalls[25] und insbesondere der Dauer des Verfahrens. Die Anhörung des Jugendamts ist auch im Beschwerdeverfahren grundsätzlich zu wiederholen, es sei denn das Beschwerdegericht sieht nach § 68 Abs. 3 FamFG hiervon mangels Aussicht auf neue Erkenntnisse ab.[26]

12

7. Zweck

Die in § 162 Abs. 1 FamFG vorgesehene Anhörungspflicht dient in erster Linie der **Entscheidungsfindung** durch das Familiengericht und stellt sich daher als eine Form der Ermittlung und **Sachaufklärung** dar.[27] Die **sozialpädagogische Kompetenz** des Jugendamts soll dem Familiengericht dabei helfen, im Rahmen der Rechtsanwendung – vor allem in Bezug auf die Belange des betroffenen Kindes – die richtige Sachentscheidung zu treffen. Dabei soll das Jugendamt nicht als unselbständiges Hilfsorgan des Gerichts für das Verfahren relevante Tatsachen darlegen und sie im Rahmen seiner besonderen Kompetenz würdigen, sondern in eigenverantwortlicher und selbständiger Weise und nicht der Weisungskompetenz des Familiengerichts unterliegend im Verfahren mitwirken.[28]

13

8. Form

Die **Verpflichtung zur Anhörung** bedeutet, dass das Familiengericht dem Jugendamt Gelegenheit geben muss, sich vor der von ihm zu treffenden Entscheidung zu äußern. Gesetzliche Vorgaben über die Form der Anhörung existieren nicht. Auch sie steht im pflichtgemäßen richterlichen Ermessen, so dass grundsätzlich auch eine mündliche Anhörung des zuständigen Jugendamtsmitarbeiters genügen würde. Auf der anderen Seite entspricht es aber den Gepflogenheiten zwischen „Behörden" und dem Anspruch der Verfahrensbeteiligten auf eine ausreichende Vorbereitung einer mündlichen Erörterung bei einem Gericht, eine solche Äußerung in **schriftlicher Form** abzufassen und rechtzeitig vor einem Termin zu übersenden.[29] Soweit Äußerungen des Vertreters des Jugendamts in einem gerichtlichen Termin erfolgen, sind sie gemäß § 28 Abs. 4 FamFG in einem schriftlichen **Vermerk** festzuhalten. Eine **mündliche Stellungnahme** wird dann in Betracht kommen müssen, wenn das Jugendamt – wie leider in der Praxis häufig der Fall – die Familie noch nicht kennt und das Familiengericht einen frühen Termins nach § 155 Abs. 2 FamFG oder in einem einstweiligen Anordnungsverfahren nach §§ 49 ff. FamFG bestimmt.

14

---

22 BeckOK-FamFG/*Schlünder* § 162 Rn. 7
23 MüKo-FamFG/*Schumann* § 162 Rn. 10; kritisch der Bundesrat in BT-Drs. 16/6308, 360
24 Keidel/*Engelhardt* § 162 FamFG Rn. 5; *Lack*, ZKJ 2010, 189, 190
25 Prütting/Helms/*Hammer* § 162 FamFG Rn. 12
26 Anders die h. M., die eine Anhörung im Beschwerdeverfahren nur dann als erforderlich ansieht, wenn sich die maßgeblichen Verhältnisse seit der Erstentscheidung wesentlich verändert haben, vgl. BGH FamRZ 1986, 895; Johannsen/Henrich/*Büte* § 162 FamFG Rn. 5; MüKo-FamFG/*Schumann* § 162 Rn. 10; Haußleiter/*Fest* § 162 FamFG Rn. 9; vgl. auch BGH NJW 1987, 1024 zum alten Recht
27 Keidel/*Engelhardt* § 162 FamFG Rn. 2
28 OLG Celle FamRZ 2011, 1532; *Sommer*, Das Verhältnis von Familiengericht und Jugendamt, S. 91 f.; *Rüting*, ZKJ 2011, 244; LPG-SGB VIII/*Röchling* § 50 Rn. 3 f.
29 FK-SGB VIII/*Trenczek* Vor §§ 50-52 Rn. 30; Prütting/Helms/*Hammer* § 162 FamFG Rn. 10

9. Inhalt der Äußerung des Jugendamts

15 Die Stellungnahme des Jugendamts soll sich nicht auf die Darstellung von Tatsachen beschränken, sondern darüber hinaus auch eine psycho-soziale Bewertung der jeweiligen Fragestellung enthalten.[30] Sie erfolgt nicht in Gestalt eines Gutachtens, sondern als fachliche Äußerung.[31] Wegen der weiteren Einzelheiten und der Frage, ob die Äußerung des Jugendamts einen bestimmten Entscheidungsvorschlag enthalten muss, vgl. *Dürbeck*, § 50 SGB VIII Rn. 12.

10. Datenschutz

16 Soweit das Jugendamt nicht von sich selbst aus die Einleitung eines Kindschaftsverfahrens angeregt hat, muss es sich zunächst die für seine fachliche Äußerung relevanten Tatsachen selbst beschaffen. Auf welcher rechtlichen Grundlage dies geschehen soll, ist nicht ausdrücklich gesetzlich geregelt. Weder § 50 SGB VIII noch § 162 FamFG stellen selbst Ermächtigungsgrundlagen zur Erhebung von Sozialdaten dar.[32] Es muß daher auf die allgemeinen datenschutzrechtlichen Regeln des SGB VIII zurückgegriffen werden.[33] Wegen der Einzelheiten ist zu verweisen auf siehe *Dürbeck*, §§ 61 bis 68 SGB VIII Rn. 1 ff.

11. Rechtsschutz gegen die fachliche Äußerung des Jugendamts

17 Soweit ein Verfahrensbeteiligter mit einer fachlichen Äußerung des Jugendamts im Rahmen dessen Mitwirkung nach § 162 Abs. 1 FamFG nicht einverstanden ist, weil er sie etwa als unzutreffend, fachlich fehlerhaft oder ehrverletzend erachtet, besteht **kein vor den Verwaltungsgerichten einklagbarer öffentlich-rechtlicher Anspruch auf Unterlassen**. Wegen der Einzelheiten ist Bezug zu nehmen auf siehe *Dürbeck*, § 50 SGB VIII Rn. 14.

II. Beteiligung (Abs. 2)

1. Vorbemerkung

18 Seit der ersten Gesetzesnovelle zu § 162 FamFG zum 1.1.2013[34] unterscheidet das Gesetz zwischen einer **Muss-Beteiligung** des Jugendamts in **Kindeswohlgefährdungsverfahren** (Abs. 2 Satz 1) und der Möglichkeit, sich auf eigenen Antrag hin am Verfahren zu beteiligen (sog. **Kann-Beteiligung** nach Abs. 2 Satz 2). Vor dem 1.1.2013 sah § 162 FamFG für alle Kindschaftsverfahren nur eine Kann-Beteiligung des Jugendamts vor, die in der Praxis von den betreffenden Jugendämtern kaum wahrgenommen worden ist, was den Gesetzgeber dazu veranlasst hatte, zumindest in Verfahren nach §§ 1666, 1666a BGB eine Beteiligung des Jugendamts kraft Gesetzes vorzusehen.[35] Die mit Inkrafttreten des FamFG geschaffene Differenzierung zwischen Verfahren, in denen das Jugendamt formal i.S.d. § 7 FamFG beteiligt ist und solchen, in denen es lediglich nach § 162 Abs. 1 FamFG anzuhören ist, ist insgesamt wenig gelungen, zumal die Praxis entgegen der Forderungen in der Literatur[36] in Bezug auf die Bekanntmachung von Schriftstücken und Gerichtsentscheidungen sowie Terminsnachrichten an das Jugendamt eine unterschiedliche Handhabung getätigt hat.

---

30 Vgl. Wiesner/*Oberloskamp* Anh. 3 Rn. 12 ff.
31 *H. Schellhorn* in: Schellhorn u. a., § 50 SGB VIII Rn. 19
32 VGH Hessen BeckRS 2014, 57293; OLG Zweibrücken ZKJ 2013, 256
33 *Hoffmann*, FPR 2011, 304, 306; *Kunkel* FPR 2013, 487
34 Vgl. a.a.O. (Fn. 2)
35 BT-Drs. 17/10490, 20
36 *Heilmann*, FamRZ 2010, 1391; *Lack*, ZKJ 2010, 189; *Müller-Magdeburg*, ZKJ 2009, 319; a.A. *Hoffmann*, FPR 2011, 304, 305 f.

2. Muss-Beteiligung (Abs. 2 Satz 1)

Gemäß § 162 Abs. 2 Satz 1 FamFG ist das Jugendamt in **allen Verfahren nach §§ 1666, 1666a BGB** – also auch in solchen der Gefährdung des Kindesvermögens nach § 1666 Abs. 2 BGB – zu beteiligen. Dem liegt die Erwägung des Gesetzgebers zugrunde, dass in diesen Fällen der Kindeswohlgefährdung generell die Beteiligung des Jugendamts sinnvoll und notwendig ist.[37]   **19**

Wünschenswert wäre es gewesen, auch Verfahren, in denen ein **Umgangsausschluss** nach § 1684 Abs. 4 BGB oder eine **Verbleibensanordnung** nach § 1632 Abs. 4 BGB in Betracht kommt, mit einzubeziehen, da auch in diesen Fällen mögliche Kindeswohlgefährdungen zu prüfen sind.   **20**

Ist das Jugendamt Beteiligter i.S.d. § 7 FamFG, so sind ihm **alle Schriftsätze** der anderen Beteiligten, sonstige Dokumente und alle **Zwischen- und Endentscheidungen** des Familiengerichts zu übermitteln und es ist zu **allen Terminen zu laden**. Außerdem besitzt es ein **Akteneinsichtsrecht** nach § 13 Abs. 1 FamFG, es kann ein **Befangenheitsgesuch** gegen einen Richter oder Sachverständigen stellen (§§ 6, 30 Abs. 1 FamFG, 42, 406 ZPO) und es muss einem **Vergleich** über den Umgang oder die Herausgabe des Kindes nach § 156 Abs. 2 FamFG **zustimmen** (siehe näher hierzu *Wegener*, § 156 FamFG Rn. 65). Das **persönliche Erscheinen** eines zuständigen Mitarbeiters des Jugendamts kann zwar nicht im Wege der Vorführung oder Zwangsgeld erzwungen werden[38], es kann aber ein **Ordnungsgeld** wegen Nichterscheinens im Termin nach § 33 Abs. 3 Satz 1 FamFG[39] angeordnet werden (siehe näher hierzu *Cirullies*, § 33, 34 FamFG Rn. 3 ff.).   **21**

Das nach § 162 Abs. 3 FamFG bestehende **Beschwerderecht** und das Recht auf Mitteilung aller Gerichtstermine und der Endentscheidung bestehen demgegenüber unabhängig von der formellen Beteiligung des Jugendamts. **Sachanträge** kann das Jugendamt – anderes als Verfahrensanträge – dagegen mangels materieller Antragsberechtigung (z. B. nach § 1671 BGB) nicht stellen.[40] Als Beteiligter ist das Jugendamt aber im **Rubrum** der gerichtlichen Endentscheidung aufzunehmen (§ 38 Abs. 2 Nr. 1 FamFG). Außerdem können ihm zwar als Beteiligter grundsätzlich auch die **Kosten des Verfahrens** nach § 81 FamFG auferlegt werden, jedoch entspricht es im Regelfall nicht der Billigkeit i.S.d. § 81 Abs. 1 FamFG das Jugendamt an den Kosten zu beteiligen,[41] so dass im Ergebnis nur bei einem Verschuldensvorwurf eine Kostenbeteiligung nach Maßgabe von § 81 Abs. 2 FamFG in Betracht zu ziehen ist. Die **Anhörung des Jugendamts und seine Pflicht zu einer fachlichen Äußerung** nach § 162 Abs. 1 FamFG bestehen unabhängig von seiner Beteiligtenstellung.

3. Kann-Beteiligung (Abs. 3 Satz 2)

Gemäß § 162 Abs. 3 Satz 2 FamFG ist das Jugendamt – außerhalb von Verfahren nach §§ 1666, 1666a BGB – **auf seinen Antrag** zu beteiligen. Über dieses Antragsrecht hat das Familiengericht das Jugendamt nach § 7 Abs. 4 Satz 2 FamFG zu **belehren**, wobei eine im ersten Rechtszug unterbliebene Belehrung im Beschwerdeverfahren nachgeholt werden kann.[42] Stellt das Jugendamt den Antrag, so ist es zwingend zu beteiligen, gegen die Ablehnung der Beteiligung ist das Rechtsmittel der sofortigen Beschwerde nach § 7 Abs. 5   **22**

---

37 BT-Drs. 17/10490, 20
38 Da das Jugendamt als Behörde beteiligt ist, vgl. OLG Oldenburg NJW-RR 1996, 650; OLG Schleswig FamRZ 1994, 1129; a.A. *Katzenstein*, FPR 2011, 20, 21
39 MüKo-FamFG/*Schumann* § 162 FamFG Rn. 17; *Katzenstein*, FPR 2011, 20, 21
40 Prütting/Helms/*Hammer* § 162 FamFG Rn. 20
41 OLG Frankfurt a.M. BeckRS 2015, 05693; OLG Celle FamRZ 2012, 1896
42 *Heilmann*, FamRZ 2010, 1391, 1393

FamFG statthaft. Auch in der **Stellung eines Verfahrensantrages**[43] und in der **Einlegung der Beschwerde** nach §§ 58 ff. FamFG ist der Antrag auf Beteiligung am Verfahren zu sehen.[44] Hat sich das Jugendamt im ersten Rechtszug auf Antrag beteiligt, so setzt sich seine Beteiligung im zweiten Rechtszug automatisch fort.[45] Die Beteiligung des Jugendamts kann konkludent und formlos erfolgen,[46] ein gesonderter Beschluss ist nur bei Ablehnung des Antrages nach § 7 Abs. 5 FamFG notwendig. Wird das Jugendamt auf seinen Antrag hin beteiligt, so ergeben sich seine Rechte und Pflichten wie bei einer Muss-Beteiligung (*vgl. Rn. 16*).

23 **Unterbleibt** – wie im Regelfall – die formelle Beteiligung des Jugendamts, so ist seine Rechtsposition bis heute nicht hinreichend geklärt, obgleich die familiengerichtliche Praxis in Fragen der Bekanntmachung von Zwischenentscheidung und der Übersendung von Schriftsätzen der Beteiligten und eingeholten Beweismitteln, wie **Sachverständigengutachten** oder Vernehmungsprotokolle aus Strafverfahren, an das Jugendamt keine Unterschiede macht. Gleichwohl ist ein Teil der Literatur der Auffassung, dass bei fehlender Beteiligung dem Jugendamt nicht grundsätzlich eingegangene Sachverständigengutachten und Schriftsätze der Beteiligten zu übersenden seien, da sich sonst entgegen der gesetzgeberischen Zielsetzung eine Entlastung für das Familiengericht nicht ergäbe.[47] Demgegenüber ist ein anderer Teil des Schrifttums der Auffassung, dem Jugendamt seien auch im Rahmen seiner bloßen Mitwirkung nach § 162 Abs. 1 FamFG alle bei Gericht eingegangenen Schriftstücke, insbesondere Schriftsätze und Gutachten, zu übersenden.[48] Für die zuletzt genannte Ansicht wird angeführt, dass das Jugendamt unabhängig von der Entscheidung der Streitfrage auch als Nichtverfahrensbeteiligter ein umfassendes Akteneinsichtsrecht nach § 13 Abs. 2 FamFG haben dürfte, weil insoweit ein öffentliches Interesse besteht. Hier kann es aber selbst darüber befinden, ob es von diesem Recht Gebrauch macht oder nicht und wird vom Gericht nicht mit Schriftstücken befasst, an denen es kein Interesse hat. Auch nach der Gegenauffassung hat ohnehin das Familiengericht im Rahmen seiner Amtsermittlungspflicht nach § 26 FamFG dem Jugendamt für die Fertigung seiner fachlichen Äußerung nach § 162 Abs. 1 FamFG die hierfür maßgeblichen Umstände bekannt zu machen, so dass sich auch aus diesem Gesichtspunkt regelmäßig eine gerichtliche Pflicht zur Übersendung von Schriftstücken an das Jugendamt ergibt, um eine aktualisierte fachbehördliche Stellungnahme zur Grundlage seiner Entscheidung machen zu können.

24 Ist das Jugendamt **nicht beteiligt**, kann es keine Verfahrensanträge, wie Befangenheitsanträge, stellen und braucht einem **Vergleich** nach § 156 Abs. 2 FamFG **nicht zuzustimmen**. Es ist nicht verpflichtet zu einem **gerichtlichen Termin** zu erscheinen (Ausnahme § 155 Abs. 2 FamFG) und kann nur als Dritter nach § 81 Abs. 4 FamFG an den **Kosten** beteiligt werden. Das Beschwerderecht und das Recht auf Terminsnachricht und Übermittlung der Endentscheidung nach § 162 Abs. 3 FamFG steht ihm immer zu, so dass sich aus Sicht des Jugendamts angesichts seiner ohnehin bestehenden umfassenden Mitwirkungsrechte insgesamt wenig Anreize ergeben, sich an Kindschaftsverfahren nach § 162 Abs. 2 Satz 2 FamFG zu beteiligen.[49]

---

43 BT-Drs. 16/6308, 241
44 Keidel/*Engelhardt* § 162 FamFG Rn. 10
45 BGH FamRZ 2012, 1049
46 *Lack*, ZKJ 2010, 189, 190; Keidel/*Zimmermann* § 7 FamFG Rn. 18
47 *Heilmann*, FamRZ 2010, 1391, 1392 f.; *Lack*, ZKJ 2010, 189, 191 f.
48 *DIJUF* Rechtsgutachten, JAmt 2010, 25; *Hoffmann*, FPR 2011, 304, 305 f.; *Katzenstein*, FPR 2011, 20
49 So auch MüKo-FamFG/*Schumann* § 162 Rn. 17; Prütting/Helms/*Hammer* § 162 FamFG Rn. 20; *Hoffmann*, FPR 2011, 304

III. Terminsnachricht und Bekanntmachung (Abs. 3 Satz 1)

Nach dem zum 1.1.2013 neu eingefügten § 162 Abs. 3 Satz 1 FamFG ist das Jugendamt **25**
in allen Verfahren, die die Person des Kindes im Sinne von Abs. 1 betreffen, von **Terminen
zu benachrichtigen** und es sind ihm **alle Entscheidungen des Familiengerichts bekannt zu machen.** Damit will der Gesetzgeber auch das nicht beteiligte Jugendamt in das
Verfahren einbinden und ihm die Möglichkeit geben, sich über den Stand des Verfahrens
zu **informieren** und ihm die Prüfung ermöglichen, ob es von seinem **Beschwerderecht**
Gebrauch macht.[50] Die Pflicht zur Übersendung von Entscheidungen beschränkt sich dabei auf die **Endentscheidung.**[51] Nicht zu übersenden sind Endentscheidungen, die im
vereinfachten Verfahren nach § 155a FamFG ergangen sind, da hier nach § 155a
Abs. 3 Satz 2 FamFG im Hinblick auf das auch nicht anzuhörende Jugendamt (*vgl. Rn. 5*)
nur eine formlose Mitteilung an das für die Führung des Sorgeregisters zuständige Jugendamt erfolgt.

IV. Beschwerderecht (Abs. 3 Satz 2)

Nach § 162 Abs. 3 Satz 2 FamFG steht dem Jugendamt – **unabhängig von der Frage** **26**
seiner Beteiligung – ein **Beschwerderecht** gegen die vom Familiengericht getroffene
Endentscheidung[52] zu. Diese **formelle Beschwerdebefugnis** i.S.d. § 59 Abs. 3 FamFG
setzt keine Betroffenheit in eigenen Rechten voraus. Wichtig ist allerdings die Unterscheidung, ob das Jugendamt als nach **§ 162 Abs. 1 FamFG anzuhörende Behörde** bzw. **Verfahrensbeteiligter** Beschwerde (§ 2 Abs. 3 Nr. 6 SGB VIII) oder aber in seiner Funktion als
Amtsvormund oder Amtsergänzungspfleger (§ 2 Abs. 3 Nr. 11 SGB VIII) einlegt. Dem
letzteren fehlt insbesondere eine Beschwerdebefugnis gegen die Anordnung der Vormundschaft oder Pflegschaft,[53] während das nach § 162 FamFG anzuhörende zuständige[54] Jugendamt immer beschwerdeberechtigt ist.

Ein Beschwerderecht des Jugendamts besteht aber nur insoweit, als die Beschwerde an **27**
sich **statthaft** ist, so dass z. B. wegen § 57 Satz 1 FamFG auch für das Jugendamt eine
nach mündlicher Verhandlung in einem einstweiligen Anordnungsverfahren ergangene
Umgangsentscheidung nicht anfechtbar ist, was in der Praxis von Jugendämtern nicht selten übersehen wird. Legt das Jugendamt **Rechtsbeschwerde** ein, so ist § 114 Abs. 3
FamFG (kein Anwaltszwang, aber **Vertretung durch Volljuristen**) zu beachten.

C. Verhältnis Familiengericht – Jugendamt

Unbestritten ist, dass das Jugendamt im Rahmen der ihm durch § 2 Abs. 3 Nr. 6 SGB VIII
zugewiesenen Aufgabe der Mitwirkung am familiengerichtlichen Kindschaftsverfahren
nicht als weisungsgebundenes Hilfsorgan des Familiengerichts tätig wird,[55] sondern dass
es diese ihm zugewiesene gesetzliche Aufgabe selbständig und in eigener Verantwortung
wahrnimmt. Auch entscheidet es über die Gewährung öffentlicher Hilfen eigenverantwortlich, was sich auch § 36a SGB VIII entnehmen lässt, wonach die öffentliche Kinder-
und Jugendhilfe die Kosten einer Hilfe nur dann trägt, wenn sie auf der Grundlage ihrer
(eigenen) Entscheidung gewährt und erbracht wird. Im Übrigen entspricht es auch heute
der wohl vorherrschenden Anschauung, dass §§ 162, 155, 156 FamFG, 8a, 42, 50 SGB VIII
die Vorstellung einer Kooperation zwischen Familiengericht und Jugendämtern zugrunde
liegt, die auch im Hinblick auf das von beiden Institutionen wahrzunehmende staatliche

50 BT-Drs. 17/10490, 20
51 Prütting/Helms/*Hammer* § 162 FamFG Rn. 27
52 *Schürmann*, FamRB 2009, 24, 25; *Krause*, FamRB 2009, 160; MüKo-FamFG/*Schumann* § 162 Rn. 24
53 BGH NJW 2012, 685; OLG Frankfurt a. M. JAmt 2014, 170
54 Vgl. BGH NZFam 2014, 69; ZKJ 2014, 104
55 Prütting/Helms/*Hammer* § 162 FamFG Rn. 17; FK-SGB VIII/*Trenczek* § 50 Rn. 11; *Sommer*, S. 92 f.

Wächteramt nach Art. 6 Abs. 2 GG als „Verantwortungsgemeinschaft" bezeichnet wird.[56] Unklar ist aber bis heute, wie das Verhältnis der beiden Institutionen zu bestimmen ist, wenn das Jugendamt in Kinderschutzverfahren die Gewährung (weiterer) öffentlicher Hilfen verweigert, während das Familiengericht, das nach jüngsten Entscheidungen des BVerfG[57] nicht an die fachliche Einschätzung der Jugendhilfe gebunden sein soll, der Auffassung ist, ein Sorgerechtsentzug könne durch die Gewährung (weiterer) öffentlicher Hilfen vermieden werden.

▶ *Ausführlich hierzu Dürbeck, § 36a SGB VIII Rn. 1 ff.*

D. Die Veränderung der Rolle des Jugendamts durch die Einführung des Verfahrensbeistands

28 Die gesetzliche Neuregelung des **Verfahrensbeistands** nach § 158 FamFG als Anwalt des Kindes und die daraufhin veränderte familiengerichtliche Praxis hat auch die Rolle des Jugendamts im familiengerichtlichen Verfahren grundlegend verändert und vor allem außerhalb von Kinderschutzverfahren seine Position und Bedeutung geschwächt. Die Familiengerichte machen zu Recht sehr großzügig von der nach § 158 Abs. 1 und 2 FamFG bestehenden Möglichkeit der Bestellung von Verfahrensbeiständen Gebrauch und **erweitern dessen Aufgabenkreis** regelmäßig auch um die zusätzliche Aufgabe, Gespräche mit den Eltern und weiteren Bezugspersonen des Kindes zu führen und am Zustandekommen einer einvernehmlichen Lösung des Konflikts mitzuwirken (§ 158 Abs. 4 Satz 3 FamFG). Auch wenn er von seiner primären Funktion her nicht Ermittlungsorgan des Familiengerichts,[58] sondern Interessensvertreter des Kindes ist, ist der Verfahrensbeistand heute derjenige, der sich in der Praxis – im Gegensatz zum Jugendamt – **in die Familien begibt** und dessen **schriftlicher Bericht** im Regelfall entscheidende Hinweise auf den **Kindeswillen** und die **Interessen und Fähigkeiten der Eltern** gibt.

29 Die Erfahrung in der Praxis zeigt, dass **Jugendämter** die Mitwirkung eines Verfahrensbeistands oft zum Anlass nehmen, selbst keinen Kontakt zu ihnen bislang unbekannten Familien aufzunehmen und sich häufig darauf beschränken, in der mündlichen Verhandlung allgemein und wenig gewinnbringend auf ihre Angebote der Beratung und Gewährung von Erziehungshilfen hinzuweisen.[59] Ohne Kenntnis des Kindes und der weiteren Beteiligten lässt sich jedoch die in § 50 Abs. 2 SGB VIII definierte Aufgabe, **erzieherische und soziale Gesichtspunkte** zur Entwicklung des **im Einzelfall betroffenen Kindes in das Verfahren einzubringen**, nicht gewährleisten. Damit ist der Verfahrensbeistand in vielen Fällen an die Stelle des Jugendamts getreten und so ist es zu einer vom Gesetzgeber eigentlich nicht beabsichtigten[60] **Funktionsverlagerung** innerhalb des familiengerichtlichen Verfahrens gekommen. Eine Stärkung der Position der Jugendämter dürfte aber nicht dadurch zu erreichen sein, dass diese in Konkurrenz zu den Verfahrensbeiständen treten, sondern verstärkt mit diesem kooperieren, sich bereits vor Gerichtsterminen austauschen und sodann unabhängig voneinander ihre jeweilige Sichtweise zu dem jeweiligen Fall schildern. Dies ist insbesondere dann geboten, wenn die Verfahrensbeistandschaft im konkreten Fall von einem **Rechtsanwalt** ausgeübt wird, da es diesem regelmäßig an der **sozialarbeiterischen Fachkompetenz** fehlt. Hierin liegen auch die Gefahren der angesprochenen Funktionsverlagerung: Den Beteiligten und insbesondere dem Familiengericht

---

56 Vgl. *Dittmann*, ZKJ 2014, 180; *Lack/Heilmann*, ZKJ 2014, 308, 311 f.; *Lewe*, FPR 012, 440; *Rüting*, ZKJ 2011, 244
57 BVerfG ZKJ 2014, 242 und FamRZ 2014, 1266
58 BVerfG FamRZ 2010, 109; Prütting/Helms/*Hammer* § 158 FamFG Rn. 40
59 So im Erg, auch *Maywald* in: Salgo (Hrsg.), Verfahrensbeistandschaft, Rn. 1812
60 Vgl. BR-Drs. 308/1/12, 9, in der der Bundesrat die immense Steigerung der staatlichen Ausgaben für die Vergütung der Verfahrensbeistände beanstandet.

sollte stets gegenwärtig sein, vor welcher (vorhandenen oder fehlenden) Fachkompetenz Informationen in das Verfahren eingebracht werden.

Übersicht: Das Jugendamt im kindschaftsrechtlichen Verfahren

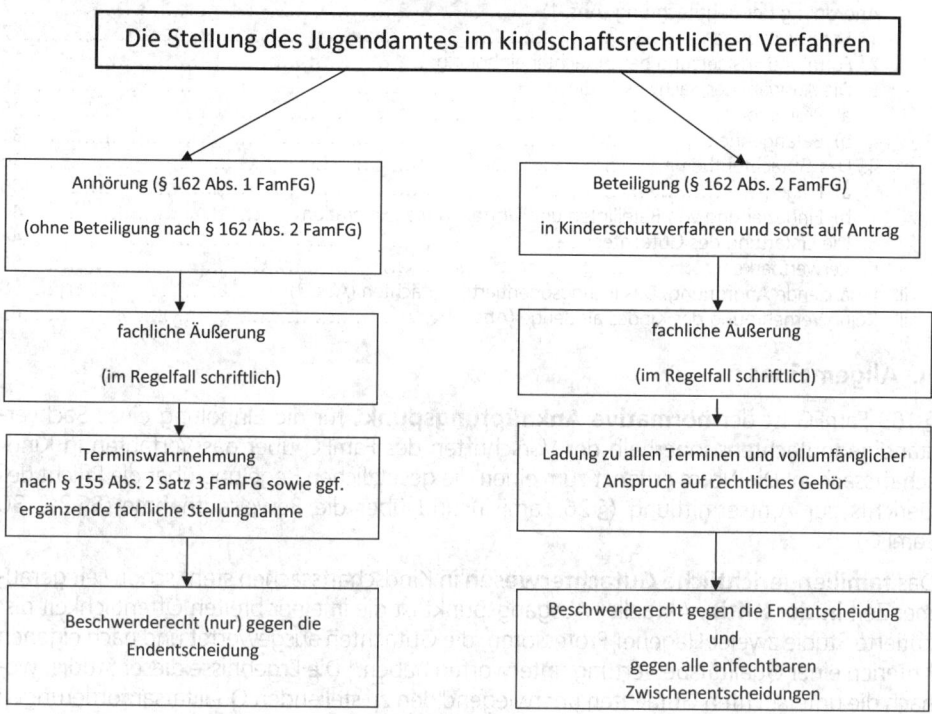

Die Stellung des Jugendamtes im kindschaftsrechtlichen Verfahren

Anhörung (§ 162 Abs. 1 FamFG) (ohne Beteiligung nach § 162 Abs. 2 FamFG)	Beteiligung (§ 162 Abs. 2 FamFG) in Kinderschutzverfahren und sonst auf Antrag
fachliche Äußerung (im Regelfall schriftlich)	fachliche Äußerung (im Regelfall schriftlich)
Terminswahrnehmung nach § 155 Abs. 2 Satz 3 FamFG sowie ggf. ergänzende fachliche Stellungnahme	Ladung zu allen Terminen und vollumfänglicher Anspruch auf rechtliches Gehör
Beschwerderecht (nur) gegen die Endentscheidung	Beschwerderecht gegen die Endentscheidung und gegen alle anfechtbaren Zwischenentscheidungen

§ 163 FamFG Fristsetzung bei schriftlicher Begutachtung; Inhalt des Gutachtenauftrags; Vernehmung des Kindes

(1) Wird schriftliche Begutachtung angeordnet, setzt das Gericht dem Sachverständigen zugleich eine Frist, innerhalb derer er das Gutachten einzureichen hat.

(2) Das Gericht kann in Verfahren, die die Person des Kindes betreffen, anordnen, dass der Sachverständige bei der Erstellung des Gutachtens auch auf die Herstellung des Einvernehmens zwischen den Beteiligten hinwirken soll.

(3) Eine Vernehmung des Kindes als Zeuge findet nicht statt.

Weiterführende Literatur: Ernst, Der Sachverständige in Kindschaftssachen nach neuem Recht, FPR 2009, 349; *Fichtner/Salzgeber,* Die Kommunikation des Sachverständigen mit den Verfahrensbeteiligten und dem Familiengericht, FPR 2013, 478 ff.; *Fichtner,* „Seriöser Anzug oder Matschhose", ZKJ 2015, 9 ff. u. 63 ff.; *Korn-Bergmann,* Gutachter, „Heimliche Richter" in Kindschaftsverfahren?, FamRB 2013, 302 ff.; *Salzgeber,* Der lösungsorientierte Sachverständige und die Hochkonfliktfamilien, FamRZ 2010, 851 ff.; *Salzgeber.,* Der psychologische Sachverständige im Familiengerichtsverfahren, FF 2013, 194 ff. u. 442 ff.

A. Allgemeines

1 § 163 FamFG ist der **normative Anknüpfungspunkt** für die Einholung eines Sachverständigengutachtens innerhalb der Vorschriften des FamFG über das Verfahren in Kindschaftssachen. Die Norm ergänzt zum einen die gesetzlichen Regelung über die Pflicht des Gerichts zur Amtsermittlung (§ 26 FamFG) und über die Beweisaufnahme (§§ 29, 30 FamFG).

2 Das **familiengerichtliche Gutachterwesen** in Kindschaftssachen steht schon seit geraumer Zeit **in der Kritik**. Aktueller Ausgangspunkt ist die in einer breiten Öffentlichkeit diskutierte Studie zweier Hagener Professoren, die Gutachten ausgewertet und nach eigenen Kriterien einer Qualitätsbewertung unterworfen haben.[1] Die Ergebnisse dieser Studie, wonach die untersuchten Gutachten überwiegend den zu stellenden Qualitätsanforderungen nicht genügen, werden in der Fachöffentlichkeit kritisch hinterfragt.[2] Unbeschadet dessen kann nicht außer Betracht bleiben, dass es die Aufgabe des Richters ist, das Sachverständigengutachten zu würdigen (hierzu Rn. 44). Letztlich haftet der gerichtliche Sachverständige nach zivilrechtlichen Grundsätzen auch für Schäden, die einem Beteiligten durch eine gerichtliche Entscheidung entstehen, die auf einem unrichtigen Gutachten beruht, welches der Sachverständige vorsätzlich oder grob fahrlässig erstattet hat (§ 839a BGB).

3 Die Einholung eines Sachverständigengutachtens erfolgt **nach den Regeln des Strengbeweisverfahrens**. Das FamFG verweist in § 30 Abs. 1 FamFG insoweit auf die gesetzlichen Regelungen der Zivilprozessordnung. Es finden damit folgende gesetzliche Vorschriften entsprechend Anwendung:

- § 402 ZPO (Anwendbarkeit der Vorschriften für Zeugen)
- § 403 ZPO (Beweisantritt)
- § 404 ZPO (Sachverständigenauswahl)
- § 405 ZPO (Auswahl durch den mit der Beweisaufnahme betrauten Richter)
- § 406 ZPO (Ablehnung eines Sachverständigen)
- § 407 ZPO (Pflicht zur Erstattung des Gutachtens)
- § 407a ZPO (Weitere Pflichten des Sachverständigen)

---

1 *Salewski/Stürner*, ZKJ 2015, 4 ff.
2 Vgl. *Fichtner*, ZKJ 2015, 9 ff. u. 63 ff.

- § 408 ZPO (Gutachtenverweigerungsrecht)
- § 409 ZPO (Folgen des Ausbleibens oder der Gutachtenverweigerung)
- § 410 ZPO (Sachverständigenbeeidigung)
- § 411 ZPO (Schriftliches Gutachten)
- § 411a ZPO (Verwertung von Sachverständigengutachten aus anderen Verfahren)
- § 412 ZPO (Neues Gutachten)
- § 413 ZPO (Sachverständigenvergütung)
- § 414 ZPO (Sachverständige Zeugen)

In **Verfahren auf Erlass einer einstweiligen Anordnung** ist die Einholung eines psy-chologischen Gutachtens regelmäßig nicht geboten. Die hiermit verbundenen Verfahrens-verzögerungen stehen dem Eilcharakter dieser Verfahrensart grundsätzlich entgegen.[3] Zu-dem wird die Norm in den Verfahren betreffend die Unterbringung von Minderjährigen (§§ 151 Nr. 6, 7 FamFG) verdrängt durch die Sonderregelungen in § 167 FamFG (siehe hierzu im Einzelnen *Fink*, § 167 FamFG).   **4**

Die **Vergütung des Sachverständigen** bestimmt sich mit Blick auf § 30 Abs. 1 FamFG nach § 413 ZPO und damit nach den Vorschriften des JVEG. Der Sachverständige erhält einen Erstattungsanspruch gegen die Staatskasse, die wiederum die Kosten vom Kosten-schuldner beitreiben kann. Die Einholung eines im Rahmen der amtswegigen Ermittlung einzuholenden Sachverständigengutachtens darf in der Regel nicht von der Einholung ei-nes Vorschusses abhängig gemacht werden.[4]   **5**

▶ *Näher zur Kostenhaftung siehe Dürbeck, § 80 FamFG.*

Die Vorlage eines von einem Beteiligten eingeholten **(Privat-)Gutachtens** vermag die Ein-holung eines Sachverständigengutachtens in der Regel nicht zu ersetzen. Dies ergibt sich bereits daraus, dass es an der gebotenen Neutralität des Gutachters mangelt, denn dieser wird bzw. wurde nur von dem betreffenden Beteiligten beauftragt und vergütet. Es kommt noch hinzu, dass dem Privatgutachter regelmäßig nicht alle Informationen zur Verfügung stehen, die für eine objektive Begutachtung erforderlich sind. Aus denselben Erwägungen ist auch die **Verwertbarkeit von sogenannten „methodenkritischen Stellungnah-men"** zu einem im gerichtlichen Verfahren eingeholten Gutachten kritisch zu prüfen, da es ihnen in der Entstehung ebenfalls häufig an Transparenz und Nachvollziehbarkeit fehlt.   **6**

B. Inhalt der Norm

I. Anordnung der Begutachtung (Abs. 1)

1. Voraussetzungen

Reicht die **Sachkunde des Gerichts** nicht aus, um die für die Auslegung des unbestimm-ten Rechtsbegriffs „Kindeswohl" relevanten Tatsachen beurteilen zu können, muss es sich außerjuristischer Expertise bedienen. Denn es muss **möglichst zuverlässig die Grundla-gen für eine am Kindeswohl orientierte Entscheidung erkennen** können. Die Ent-scheidung steht im pflichtgemäßen Ermessen des Gerichts. Etwaige „Beweisanträge" der Beteiligten oder dritter Personen sind insoweit nur Anregungen und binden das Gericht nicht. Mit ihnen hat sich das Gericht aber – nachdem es zu seiner Rechtsauffassung rechtli-   **7**

---

3 Ausführlich hierzu und zu der insoweit missverständlichen Kammerrechtsprechung des Bundesverfassungsge-richts *Lack/Heilmann*, ZKJ 2014, 308 ff.
4 OLG Celle ZKJ 2012, 403 f.

ches Gehör gewährt hat – im Rahmen der Gründe seiner Entscheidung auseinanderzusetzen.[5]

8 Zwar sind die **Anforderungen an die Ermittlung der Entscheidungsgrundlagen** für das Gericht umso höher desto schwerwiegender die Folgen seiner Entscheidung für den einzelnen Beteiligten sein können. Es kann damit bereits der Gegenstand eines Verfahrens für die Notwendigkeit der Einholung eines Sachverständigengutachtens sprechen, bspw. ein Kinderschutzverfahren nach §§ 1666, 1666a BGB, in welchem die Trennung des Kindes von seinen Eltern im Raume steht, ein Verfahren auf Erlass einer Verbleibensanordnung i.S.v. § 1632 Abs. 4 BGB oder ein Umgangsverfahren, in welchem ein Umgangsausschluss zu erwägen ist (§ 1684 Abs. 4 BGB).

9 Gleichwohl ist (auch hier) **nicht immer die Einholung eines Sachverständigengutachtens geboten**, denn es kann ausreichen, dass anderweitig eine hinreichende – möglichst zuverlässige – Grundlage für eine am Kindeswohl orientierte Entscheidung vorhanden ist.[6] Dies gilt nicht nur mit Blick auf § 30 Abs. 1 FamFG i.V.m. § 411a ZPO, denn hiernach kann ggf. auch die Verwertung eines etwa in einem anderen gerichtlichen Verfahren, also in einer Strafsache oder in einer früheren oder parallelen Kindschaftssache, **bereits vorliegenden Gutachtens** die nochmalige Einholung einer Expertise unnötig machen. Im Einzelfall mag insoweit auch eine vom Jugendamt eingeholte Diagnostik heranzuziehen sein. Hingegen genügt eine von einem Elternteil vorgelegte und von ihm in Auftrag gegebene Sachverständigenexpertise diesen Anforderungen in aller Regel nicht. Dies ist grundsätzlich nicht mehr und nicht weniger als im Beteiligtenvortrag.

10 Eine **anderweitige hinreichende Entscheidungsgrundlage** kann sich jedoch auch aus der **Stellungnahme des Verfahrensbeistandes** ergeben, wenn dieser etwa Psychologe oder Pädagoge ist.[7] Insbesondere bei der Regulierung eines Konflikts zwischen den Eltern, in dem es um die Ausübung der elterlichen Sorge oder die Regelung des Umgangs geht, kann sich eine solche Entscheidungshilfe auch aus dem nach § 162 FamFG eingeholten **Bericht des Jugendamtes** ergeben. Schließlich können auch **weitere Erkenntnisquellen** (vorgelegte ärztliche Atteste, Berichte von Familienhelfern oder Umgangsbegleitern) geeignet sein, die Einholung eines Sachverständigengutachtens entbehrlich zu machen.

11 Denn mit der Entscheidung über die Einholung eines Gutachtens gehen, unbeschadet der Kostenintensität, auch **Nachteile** einher. Dies sind zum einen die mit der Erstattung des Gutachtens einhergehenden Belastungen für alle Beteiligten und zum anderen die in der Regel **sehr erhebliche Verfahrensverzögerung**, die durch die richterliche Fristsetzung (hierzu Rn. 19) in der Praxis nur unzureichend beeinflusst wird.

12 Mit Blick auf das **Beschleunigungsgebot** sollte das Gericht daher vor der Entscheidung – unter Berücksichtigung der Art des Verfahrens, der bisherigen Verfahrensdauer und des Alters des Kindes – **zwischen Vor- und Nachteilen abwägen**, die durch die Beweiserhebung entstehen: Einerseits sind die Verfahrensverzögerungen und die sonstigen für das Kind mit der Beweisaufnahme verbundenen Belastungen zu berücksichtigen (näher hierzu *Fink* § 155 FamFG). Andererseits ist der Umfang des möglicherweise durch die Erhebung des Beweises zu erwartenden Erkenntnisgewinns (auch mit Blick auf die bereits vorhandenen Entscheidungsgrundlagen [Ergebnis der persönlichen Anhörung des Kindes und der Eltern, Stellungnahmen des Verfahrensbeistandes und des Jugendamtes, Berichte der Familienhelfer und Umgangsbegleiter]) einzubeziehen und zu fragen, ob auf diesen zur Er-

---

5 Vgl. etwa OLG Saarbrücken MDR 2012, 1231
6 Für Verfahren nach §§ 1666, 1666a BGB: Siehe nur BVerfG FamRZ 2008, 492, 493; BVerfG, Beschl. v. 22.9.2014, BeckRS 2014, 57439; BVerfG FamRZ 2015, 112 ff. Für § 1684 Abs. 4 BGB: BVerfG ZKJ 2013, 120, hierzu *Gottschalk/Heilmann*, ZKJ 2013, 113 f.
7 Vgl. BVerfG FamRZ 2012, 938 und FamRZ 2013, 361

langung einer hinreichenden Grundlage für eine am Kindeswohl orientierte Entscheidung auch vor dem Hintergrund der genannten Nachteile nicht verzichtet werden kann.[8]

Die Entscheidung darüber, ob das Gutachten eines Sachverständigen eingeholt wird, sollte das Gericht jedenfalls **so früh wie möglich** treffen. Von der Zahlung eines **Kostenvorschusses** darf es seine Entscheidung nicht abhängig machen, denn es besteht generell eine Pflicht zur Amtsermittlung.[9]   **13**

Etwaige mit der Gutachteneinholung verbundene Nachteile für die Beteiligten können und müssen – bezogen auf die Verfahrensverzögerung – ggf. **durch Erlass einer einstweiligen Anordnung kompensiert** werden. In Verfahren betreffend den Aufenthalt, Umgang bzw. die Herausgabe des Kindes, also insbesondere in Kinderschutzverfahren oder sonstigen Sorgerechtsverfahren betreffend das Aufenthaltsbestimmungsrecht hat das Gericht zuvor mit den Beteiligten den Erlass einer einstweiligen Anordnung zu erörtern (arg. ex § 156 Abs. 3 Satz 1 FamFG). Bei Anordnung einer schriftlichen Begutachtung in Umgangsverfahren etwa ist der Umgang durch einstweilige Anordnung zu regeln oder auszuschließen (§ 156 Abs. 3 Satz 2 FamFG). Das Kind soll es zuvor anhören (§ 156 Abs. 3 Satz 3 FamFG).   **14**

Die Einholung **eines weiteren bzw. neuen Gutachtens** kommt – sei es in erster Instanz, sei es im Beschwerdeverfahren – mit Blick auf das Beschleunigungsgebot des § 155 Abs. 1 FamFG in der Regel nicht in Betracht. Das Ermessen, welches der Gesetzgeber dem Gericht in § 30 Abs. 1 FamFG i.V.m. § 412 ZPO insoweit einräumt, sollte hier in der Regel eher dazu führen, dass der Sachverständige sein Gutachten nochmals intensiv erläutert.   **15**

2. Form und Fristsetzung bei Gutachteneinholung

a) Beweisbeschluss

Das Gericht kann die Entscheidung über die Erhebung eines bestimmten Beweises durch einen den Beteiligten bekannt zu machenden **Beweisbeschluss** treffen. Dem geht die (formlose) Entscheidung des Gerichts darüber voraus, ob es sich mit formlosen Ermittlungen begnügt (sog. Freibeweis, vgl. § 29 Abs. 1 Satz 1 FamFG; bspw. die telefonische Einholung von Auskünften) oder förmlich Beweis erheben will (sog. Strengbeweis, vgl. § 30 FamFG).[10] Die Entscheidung über die Art der Beweiserhebung steht – ebenso wie ihr Umfang – im **pflichtgemäßen Ermessen** des Gerichts.   **16**

Vor dem Erlass des Beschlusses sollte das Gericht den Beteiligten in der Regel rechtliches Gehör gewähren zu   **17**

- der Tatsache der Einholung eines Gutachtens (oben Rn. 7),
- der Auswahl des Sachverständigen (Profession und Person, Rn. 25) und
- den an ihn zu richtenden Fragen (Rn. 36).

Den Beteiligten sollte insoweit – wie generell – eine Frist zur Stellungnahme gesetzt werden. In den beschleunigungsbedürftigen Verfahren des § 155 Abs. 1 FamFG wird hier eine **kurze Frist** von 1 Woche bis 10 Tagen hinreichend sein.

Der Beweisbeschluss ist als Zwischenentscheidung **nicht selbständig anfechtbar**. Gleiches gilt für die Entscheidung des Gerichts, mit welchem das Begehr eines Beteiligten, den Sachverständigen auszuwechseln, zurückgewiesen wird.[11]   **18**

---

8 Hierzu etwa OLG Frankfurt, FamRZ 2009, 990
9 OLG Celle ZKJ 2012, 403
10 Vgl. AG Mönchengladbach-Rheydt FamRZ 1999, 730
11 *Hammer*, in: Prütting/*Helms,* § 163 FamFG Rn. 20; OLG Köln FamRZ 2008, 1362

b) Fristsetzung (Abs. 2)

19   Im Übrigen hat das Gericht dem Sachverständigen eine **Frist zur Erstattung des schriftlichen Gutachtens** zu setzen und für deren Einhaltung Sorge zu tragen. Das Gesetz ist hier strenger als die Zivilprozessordnung in § 411 Abs. 1 (dort „soll", hier „hat"). Hierdurch soll dem Umstand Rechnung getragen werden, dass die Einholung eines Gutachtens eine wesentliche Ursache für die Verzögerung des Verfahrens darstellt.

20   In der Praxis sollte durch das Gericht mit einem potentiellen Sachverständigen – wie es auch § 30 Abs. 1 FamFG i.V.m. § 404 Abs. 2 ZPO gebieten kann – vor Abfassung des Beweisbeschlusses **Kontakt aufgenommen werden**. Dabei wird es insbesondere zu klären haben, ob dieser nicht nur die fachliche, sondern auch die zeitliche Kapazität für eine Erstattung des Gutachtens binnen eines für die Beteiligten, insbesondere das Kind, vertretbaren Zeitraumes hat.

21   In der Regel kommt eine über einen Zeitraum von **3-4 Monaten zu setzende Frist** in einer gemäß § 155 Abs. 1 FamFG beschleunigungsbedürftigen Kindschaftssache nicht in Betracht, da hier bereits der Begutachtungszeitraum zuzüglich etwaiger noch einzuräumender Stellungnahmefristen und notwendiger mündlicher Erörterungen des Gutachtens in einem gesonderten Termin unabänderliche Fakten schaffen kann.

22   Dieses **Dilemma** führt häufig dazu, dass mit Blick auf die nur begrenzte Anzahl vorhandener qualifizierter Sachverständiger dem Gebot der Abwägung der Vorteile des zu erwartenden Erkenntnisgewinns mit den Nachteilen der Verfahrensverzögerung besonderes Gewicht zukommt.

23   Für die **Einhaltung der Frist** hat das Gericht Sorge zu tragen. Es ist daher dringend zu empfehlen, den Sachverständigen schon im Beweisbeschluss um unverzügliche Mitteilung über den Fortgang der Begutachtung (Termine, Nichteinhaltung von Terminen, Zeitpunkt voraussichtlicher Fertigstellung) zu ersuchen und insoweit weit vor Ablauf der gesetzten Frist nachzufragen. Nur so genügt das Gesetz dem Beschleunigungsgebot des § 155 Abs. 1 FamFG und seinen gesetzlichen Aufsichts- und Leitungspflichten gegenüber dem Sachverständigen (§ 30 Abs. 1 FamFG i.V.m. § 404a ZPO). Das Gericht macht es sich hier zu einfach, wenn es lediglich eine Wiedervorlagefrist für einen Zeitpunkt nach Ablauf der dem Sachverständigen gesetzten Frist notieren lässt.

24   Eine **Nichteinhaltung der dem Sachverständigen gesetzten Frist** kann nach vorheriger Androhung unter Setzung einer Nachfrist zur Verhängung eines Ordnungsgeldes führen (vgl. § 30 Abs. 1, 2 i.V.m. § 411 Abs. 2 ZPO). Insoweit ist jedoch einzubeziehen, ob und inwieweit die Verzögerung in der Sphäre des Sachverständigen liegt. Häufig können die Ursachen bei den Beteiligten zu suchen sein, wenn diese nicht in der gebotenen Weise an der Begutachtung mitwirken (hierzu Rn. 41). In diesen Fällen kommt die Festsetzung eines Ordnungsgeldes gegen den Sachverständigen nicht in Betracht.

3. Die Auswahl des Sachverständigen

a) Profession

25   In Kindschaftssachen legt das Gesetz de lege lata nur in Unterbringungsverfahren eine bestimmte Qualifikation des Sachverständigen fest (vgl. § 167 Abs. 6 FamFG; siehe näher hierzu *Fink* § 167 Rn. 63). Die **Auswahl des Sachverständigen** sowohl hinsichtlich seiner Qualifikation als auch hinsichtlich der konkreten Person obliegt damit dem Gericht. Es sollte hier dringend Sorgfalt walten lassen und sich genau über den beruflichen Hintergrund des Sachverständigen sowie seiner weiteren Qualifikation bzw. etwaiger Spezialisierung informieren und sich diese ggf. belegen lassen. Eine Spezialisierung auf den Bereich der „Rechtspsychologie" ist nicht zwingend erforderlich, jedoch von Vorteil.

Welchen **professionellen Hintergrund der Sachverständige** haben sollte, hängt von 26
der außerjuristischen Fragestellung ab, die es zu klären gilt. Denn der Sachverständige soll
auf Grund seines Fachwissens subjektive Wertungen, Schlussfolgerungen und Hypothesen
vornehmen und damit das Gericht unterstützen.[12] Dabei sollte Folgendes beachtet werden:

- **Psychologen** haben regelmäßig ein Studium an einer Universität abgeschlossen. Die
  Psychologie beschreibt und erklärt das Erleben und Verhalten des Menschen, seine
  Entwicklung im Laufe des Lebens und die hierfür maßgeblichen inneren und äußeren
  Tatsachen.

- Als **Psychotherapeuten** dürfen sich nur zugelassene und approbierte Therapeuten
  bezeichnen (vgl. § 1 PsychThG). Sie diagnostizieren und behandeln psychische Beschwerden mit Krankheitswert mit wissenschaftlich anerkannten Methoden.

- **Psychiater** sind Ärzte, die eine Facharztausbildung erfolgreich absolviert haben. Sie
  diagnostizieren und behandeln psychische Erkrankungen von Kindern und Jugendlichen (bei entsprechender Qualifizierung zu Kinder- und Jugendpsychiatern) bzw. Erwachsenen.

- **Pädagogen bzw. Erziehungswissenschaftler** befassen sich mit der Theorie und
  Praxis von Bildung und Erziehung.

Als Sachverständige können auch **Ärzte bzw. Rechtsmediziner** auszuwählen sein, Dies 27
kann insbesondere bei der Aufklärung von Ursachen von Verletzungen eines Kindes im
Rahmen eines Kinderschutzverfahrens i.S.v. §§ 1666, 1666a BGB geboten sein. Hier können vor allem die in verschiedenen Regionen eingerichteten **Kinderschutzambulanzen**,
die verschiedene medizinische Disziplinen und verschiedene Berufsgruppen unter einem
Dach vereinen, wichtige Erkenntnisse darüber beitragen, ob etwa die Verletzungen des
Kindes mit den Schilderungen der Eltern über ihr Entstehen in Einklang zu bringen sind.[13]

Andere Berufsgruppen kommen als auszuwählende Sachverständige in der Praxis ohne- 28
hin nicht in Betracht. Insbesondere gilt dies auch für Sozialarbeiter bzw. Sozialpädagogen,
da deren Fachkunde sich dem Gericht ohnehin über die Stellungnahme des Jugendamtes
(§ 162 FamFG) vermittelt.

Unbeschadet dessen können die Beteiligten – ohne Bindung für das Gericht – innerhalb 29
des ihnen zu gewährenden rechtlichen Gehörs (hierzu Rn. 17) einen bestimmten Sachverständigen, der ihrer Ansicht nach über die notwendige Fachkompetenz verfügt und auch
die notwendigen zeitlichen Kapazitäten hat, **vorschlagen**. Unabhängig hiervon hat der
Sachverständige nach seiner Bestellung unverzüglich zu prüfen, ob der Auftrag in sein
Fachgebiet fällt (vgl. § 30 Abs. 1 FamFG i.V.m. § 407a ZPO).

Gemäß § 30 Abs. 1 FamFG i.V.m. § 404 Abs. 1 ZPO ist durch das Gericht immer eine **kon-** 30
krete Einzelperson als Sachverständiger auszuwählen. Die Benennung eines Instituts
oder einer Klinik genügt nicht (siehe hierzu auch Rn. 45).

b) Befangenheit

Ggf. kann ein Sachverständiger von einem Beteiligten wegen **Befangenheit**, spätestens 31
binnen 2 Wochen nach Verkündung oder Zustellung des Beschlusses über die Bestellung

---

12 Zöller/*Greger*, § 402 ZPO Rn. 1a
13 Näher hierzu etwa www.kinderschutzambulanz-frankfurt.de

des Sachverständigen (vgl. § 406 Abs. 2 ZPO)[14], abgelehnt werden (vgl. § 30 Abs. 1 FamFG i.V. m. § 406 Abs. 1 ZPO). Dabei müssen genügend objektive Gründe vorliegen, die nach Meinung eines ruhig und vernünftig denkenden Beteiligten Anlass geben, **gegenüber der Unparteilichkeit des Sachverständigen misstrauisch** zu sein.[15] Diese müssen glaubhaft gemacht werden, wobei die eidesstattliche Versicherung eines Beteiligten nicht genügt (§ 30 Abs. 1 FamFG i.V.m. § 406 Abs. 3 ZPO).

32 Im Wesentlichen kann auf die **Judikatur zu Ablehnungsgründen betreffend eines Richters** verwiesen werden, da § 30 Abs. 1 FamFG i.V.m. § 406 Abs. 1 ZPO letztlich auf die insoweit maßgeblichen Normierungen in §§ 41, 42 ZPO verweist. Verschiedene Konstellationen können – letztlich sind die Umstände des Einzelfalls einzubeziehen – beispielhaft unterschieden werden.[16]

33 **Gründe für eine erfolgreiche Ablehnung** können insbesondere sein:

- Nur eine von mehreren Beteiligten wird vom Sachverständigen zu der das Gutachten vorbereitenden Tätigkeit herangezogen[17]. Dieser Fall ist von der fehlenden Mitwirkungsbereitschaft eines Beteiligten (hierzu Rn. 41) zu unterscheiden.

- Bewertung der Persönlichkeit eines Beteiligten oder sonstige Positionierung, bevor mit der Begutachtung begonnen bzw. abgeschlossen worden ist.[18] Etwas anderes kann dann gelten, wenn die Erkenntnisse ausdrücklich als „vorläufig" bezeichnet werden.[19]

- Erhebliches Überschreiten des Gutachtenauftrages, wenn diese nicht wegen akuter Kindeswohlgefährdung im Interesse des Kindes erfolgt.[20]

- Zugrundelegung falscher Tatsachen oder Behandlung von streitigen Tatsachen als unstreitig, wenn dies einseitig zu Lasten eines Beteiligten erfolgt und keine objektivierbaren sonstigen Informationen dieses Vorgehen rechtfertigen.[21]

34 **Ablehnungsgründe sind hingegen in der Regel insbesondere nicht:**[22]

- Die Erstattung eines Gutachtens in einem anderen Verfahren zu Lasten eines Elternteils, wenn dieses fachlichen Standards genügt,

- mangelnde Sachkunde des Sachverständigen,[23]

- Fehler im Gutachten,[24]

- die fehlende Gestattung, eine Begleitperson des zu Explorierenden während der Begutachtung zuzulassen[25] oder

- Überschreitung des Gutachtenauftrages wegen akuter Kindeswohlgefährdung.[26]

---

14 Nach Ablauf der 2-Wochen-Frist ist die Ablehnung nur zulässig, wenn der Beteiligte glaubhaft macht, dass er ohne sein Verschulden gehindert war, den Ablehnungsgrund früher geltend zu machen (vgl. § 406 Abs. 2 Satz 2 ZPO). In diesem Fall muss das Gesuch unverzüglich nach Kenntnis vom Ablehnungsgrund bei Gericht eingereicht werden (vgl. nur BGH NJW 2005, 1869).
15 Vgl. BGH NJW 1974, 1363
16 Hierzu und zum Folgenden *Salzgeber*, S. 83 ff. sowie *Hammer*, in: Prütting/*Helms*, § 163 FamFG Rn. 26 f.
17 Vgl. OLG Frankfurt/M. FamRZ 1986, 1021
18 KG FamRZ 2006, 1214, OLG Hamm, Beschl. v. 13.10.2000 – 7 WF 402/00
19 OLG Brandenburg FamRZ 2015, 68 f.
20 OLG Thüringen FamRZ 2008, 284 m. Anm. *Salzgeber*, FamRZ 2008, 1003; siehe auch OLG Karlsruhe, Beschl. v. 18.12.2014, Az.: 2 WF 239/14 (juris)
21 Hierzu etwa KG FamFR 2012, 210
22 Zuletzt OLG Brandenburg FamRZ 2015, 68 f.
23 OLG Köln FamRZ 2008, 1362
24 BGH NJW 2005, 1869
25 OLG Hamm, Beschl. v. 3.2.2015 – Az. 14 UF 135/14, juris: Der Senat hält hier aber unbeschadet dessen die Zulassung der Begleitperson, die jedoch kein Äußerungs- oder Beteiligungsrecht hat, für geboten und hat dem Sachverständigen eine entsprechende Weisung erteilt.
26 OLG Hamm ZKJ 2012, 229 m. Anm. *Heilmann*

Über das Befangenheitsgesuch ist **durch gesonderten Beschluss** – und nicht inzident im **35** Rahmen der verfahrensabschließenden Entscheidung – zu befinden (vgl. § 30 Abs. 1 FamFG i.V.m. § 406 Abs. 4 ZPO).

4. Das Gutachtenthema

a) Fragen

Die Fragen an den Sachverständigen müssen **konkret gefasst** werden. Die Fragestellung **36** darf keine rechtliche, sondern muss eine solche **aus dem Gebiet des Sachverständigen** sein (z.B.: „Es soll ein psychologisches Gutachten zu folgenden Fragen eingeholt werden: ..."). Formulierungen wie „Ist das Wohl des Kindes gefährdet?" oder „Welche Sorge-/Umgangsrechtsregelung entspricht/dient dem Kindeswohl (am besten)?" verlagern die richterliche Subsumtionsarbeit auf den Sachverständigen und tragen weder der gerichtlichen Entscheidungsverantwortung noch dem Sinn und Zweck der Einholung eines Sachverständigengutachtens in der gebotenen Weise Rechnung.

Die konkrete Fragestellung richtet sich nach dem **Verfahrensgegenstand** und darf den **37** Sachverständigen nicht zu einem fehlerhaften Prüfungsmaßstab verleiten. So darf es in einem Kinderschutzverfahren nicht um optimale oder bessere Förderungsbedingungen gehen, sondern es ist insbesondere die Frage nach Art, Schwere und Wahrscheinlichkeit der drohenden Kindeswohlgefährdung zu beantworten ist.[27] Zudem sind in Fällen einer Fremdunterbringung ggf. die Auswirkungen der Trennung des Kindes von seinen leiblichen Eltern zu ermitteln und in die Gesamtabwägungen einzubeziehen, wenn das Kind mit dem betreffenden Elternteil zusammengelebt hat.[28]

Immer ist es jedoch zu empfehlen, in den Beweisbeschluss aufzunehmen, der Sachverstän- **38** dige möge **unverzüglich Mitteilung** machen, wenn aus seiner fachlichen Sicht dringende Gründe für ein unverzügliches Einschreiten des Familiengerichts bestehen bzw. wenn die Beteiligten bei der Erstellung des Gutachtens nicht in der gebotenen Weise mitwirken. Im erstgenannten Fall eröffnet dies dem Gericht die Möglichkeit, (erneut) den Erlass einer einstweiligen Anordnung zu prüfen. Im letztgenannten Fall hat das Gericht geeignete Maßnahmen zu treffen (Rn. 41 ff.).

b) Einbeziehung von Beteiligten und Dritten in die Exploration **39**

Das Gericht sollte **im Rahmen des Beweisbeschlusses in der Regel auch festlegen**, wer in die Exploration „jedenfalls" einzubeziehen ist. Dies lässt offen, dass der Sachverständige weitere Personen einbezieht, wenn dies der Sachverständige aus fachlicher Sicht für geboten erachtet und diese zur Mitwirkung auch bereit sind. Zudem kann der Sachverständige auch mit weiteren Personen oder Institutionen Gespräche führen.[29] In Zweifelsfällen sollte der Sachverständige jedoch Rücksprache mit dem Gericht nehmen. Zudem kann es geboten sein, wechselseitige **Schweigepflichtentbindungen** (vorab) durch das Gericht einholen zu lassen.

Insbesondere **ein Elternteil kann nicht gezwungen werden**, zum Zwecke der Begut- **40** achtung beim Sachverständigen zu erscheinen und sich untersuchen bzw. testen zu lassen. Dies ergibt sich aus dem Recht auf informationelle Selbstbestimmung (Art. 1, 2 GG). Seine fehlende Mitwirkung darf nicht nach den Grundsätzen der Beweisvereitelung zu Lasten dieses Elternteils gehen.[30] Der betreffende Elternteil kann jedoch in Anwesenheit des Sach-

---

27 Vgl. BVerfG FamRZ 2015, 112; hierzu *Heilmann*, FamRZ 2015, 92 ff.
28 BVerfG ZKJ 2014, 281; hierzu *Lack/Heilmann*, ZKJ 2014, 308 ff.
29 Vgl. etwa OLG Celle ZKJ 2014, 483 (u.a. Einbeziehung von Verantwortlichen des Jugendhilfeträgers, Pflegekinderdienst, Bereitschaftspflegemutter, Mitarbeiter der Sozialpädagogischen Familienhilfe).
30 Vgl. BGH FamRZ 2010, 720 sowie BVerfG FamRZ 2009, 944

verständigen persönlich angehört und seine Anwesenheit kann insoweit erzwungen werden.[31] Es ist allerdings sehr zweifelhaft, ob sich auf Grund einer solchen Vorgehensweise vernünftige Erkenntnisse gewinnen lassen und ob sich ein Sachverständiger überhaupt in der Lage sieht, vor einem solchen Hintergrund die fachlichen Anforderungen einer Begutachtung nur im Ansatz einzuhalten.

41   Die Praxis zeigt vielmehr, dass der Sachverständige das Gericht über eine **fehlende Mitwirkung** (Schwierigkeiten bei der Terminsabsprache, nicht entschuldigtes Fernbleiben von einem vereinbarten Termin), sofern dies nicht ohnehin unmittelbar dem Gericht mitgeteilt wird bzw. worden ist, unverzüglich unterrichtet. Insofern ist ein **Handeln des Gerichts** – auch mit Blick auf § 155 Abs. 1 FamFG – **unmittelbar geboten**. Dieses kann in einem Anschreiben an die Beteiligten mit nachdrücklicher Aufforderung zur Mitwirkung unter Hinweis auf die nachteiligen Kostenfolgen[32] (vgl. § 81 Abs. 1 Satz 1 und Abs. 2 Nr. 4) oder – was sich häufig als hilfreich erwiesen hat – in der Anberaumung eines Erörterungstermins liegen, zu dem der Sachverständige auch geladen werden sollte. Dieser Termin dient nicht der Begutachtung, sondern der Herstellung einer Basis der Zusammenarbeit zwischen Sachverständigem und Elternteil.

42   Gelingt eine **Einbeziehung des Kindes** in die Begutachtung nicht, so ist zu unterscheiden: Weigert sich das einsichtsfähige Kind, sich begutachten zu lassen, so ist diese Weigerung zu beachten.[33] Verweigert ein Elternteil jedoch (auch) bezogen auf das Kind die Kooperation, so ist entweder – im Wege der einstweiligen Anordnung – diese Befugnis auf Antrag auf den anderen Elternteil nach § 1671 Abs. 1 BGB zu übertragen, wenn dieser dies beantragt und der Begutachtung des Kindes zustimmt oder die Zustimmung eines bzw. beider Elternteile als gesetzlicher Vertreter des Kindes zu ersetzen (§ 1666 Abs. 3 Nr. 5 BGB).[34]

43   Im Einzelfall kann es auch geboten sein, den Eltern **im Wege der einstweiligen Anordnung** die elterliche Sorge in den Teilbereichen „Entscheidung über die Begutachtung des Kindes sowie über Zuführung und Durchführung zur Begutachtung" nach § 1666 BGB zu entziehen, wenn mildere Mittel (vgl. etwa Rn. 40) nicht ersichtlich sind. Der auszuwählende und zu bestellende Ergänzungspfleger könnte dann in diesen Fragen entscheiden.

▶ *Näher zur Ergänzungspflegschaft siehe Dürbeck, § 1909 BGB.*

5. Die Erstattung des Gutachtens

44   Das Gutachten sollte **in der Regel schriftlich** erstattet werden. Nur ausnahmsweise kann in überschaubaren Fällen und bei einzelnen Fragestellungen hinsichtlich einfacher Fachfragen eine nur mündliche Begutachtung im Rahmen eines Termins hinreichend sein.[35] Dies setzt jedoch voraus, daß das Gericht im Rahmen des Beweisbeschlusses einen entsprechenden Auftrag erteilt hat.

45   Das Gutachten ist **von der durch das Gericht ausgewählten Person** zu erstatten. Diese darf die Exploration der Beteiligten und die Erstellung der Expertise grundsätzlich nicht delegieren. Geschieht dies gleichwohl, wie es in der Praxis häufig in Instituten zu beobachten ist, so dürfte jedenfalls kritisch zu prüfen sein, ob und inwieweit das Gutachten verwertbar ist, denn dieses wurde dann (auch) von einem Sachverständigen unterzeichnet, der das Kind und die Eltern nicht selbst exploriert hat. Jedenfalls ist es dann nicht als Gutachten des häufig im Beweisbeschluss beauftragten Institutsleiters zu verwerten. Damit bedarf es

---

31 Vgl. BGH FamRZ 2010, 720 m. krit Anm. *Stößer*
32 Hierzu OLG Celle ZKJ 2014, 479 ff.
33 Vgl. Staudinger/*Coester*, § 1666 BGB Rn. 281
34 Vgl. BGH FamRZ 2010, 720
35 Hierzu *Hammer*, in: Prütting/*Helms*, § 163 FamFG Rn. 12 ff. sowie *Korn-Bergmann/Purschke*, FamRB 2013, 341

auch nicht dessen Ablehnung wegen Befangenheit. In einem solchen Fall dürfte vielmehr die Person zur mündlichen Erläuterung des Gutachtens zu laden sein, welche die Beteiligten exploriert hat.

Werden **Gehilfen beigezogen**, so ist dies unverzüglich mitzuteilen und der Umfang der Tätigkeit genau zu bezeichnen. Nur dann kann das Gericht prüfen, ob und inwieweit das Gutachten gleichwohl verwertbar ist. **46**

Den Beteiligten ist **rechtliches Gehör** zu gewähren. Die Praxis zeigt, dass in den Fällen einer eindeutigen Positionierung des Gutachters häufig Einwendungen erhoben werden, die eine mündliche Erläuterung des schriftlichen Gutachtens erforderlich machen. Es empfiehlt sich daher für das Gericht, **nach Eingang des Gutachtens in hochstrittigen Fällen** **47**

- vorsorglich einen Termin zur Erörterung anzuberaumen und die Beteiligten und den Sachverständigen zu laden,

- den Beteiligten das schriftliche Gutachten zu übersenden und eine Frist zur Stellungnahme von zwei Wochen zu setzen **und**

- nach Eingang der Stellungnahmen diese dem Sachverständigen ggf. zu übersenden, soweit diese Einwendungen gegen das Gutachten enthalten.

Nach Erstattung des Gutachtens kommt ggf. eine **mündliche Erläuterung des Gutachtens** in Betracht (vgl. § 30 Abs. 1 FamFG i.V.m. § 402 i.V.m. § 397 ZPO).[36] Zu diesem Zwecke kann das Familiengericht von Amts wegen einen Termin anberaumen. Dies wird nach pflichtgemäßem Ermessen unter anderem zu erfolgen haben, wenn **Zweifel an der Verwertbarkeit** des Gutachtens bestehen. Auch einem entsprechenden Antrag eines Beteiligten muss das Gericht grundsätzlich – aber nicht in jedem Fall – nachkommen. Je wichtiger ein Sachverständigengutachten für das Ergebnis eines Verfahrens ist, desto mehr Gewicht kommt aber dem Recht der Verfahrensbeteiligten zu, Einwendungen dagegen vorzubringen und den Sachverständigen mit ihnen zu konfrontieren.[37] **48**

In dem anzuberaumenden Termin steht **(nur) den Beteiligten auch ein Fragerecht** zu (vgl. §§ 402, 397 ZPO). Dem Sachverständigen sollte die Stellungnahme eines Beteiligten, mit welchem sich dieser gegen die Expertise wendet, vorab zur Kenntnis gebracht werden, damit dieser sich auf den Termin vorbereiten kann. Bei ausführlicheren Einwendungen empfiehlt sich bspw. – soweit dies nicht ohnehin bereits geschehen ist – die Anberaumung eines Termins in zwei Wochen mit der Bitte, der Sachverständige möge binnen zehn Tagen vorab schriftlich zu den vorgetragenen Einwendungen Stellung nehmen. **49**

In beiden Instanzen sind die **Ausführungen des Sachverständigen sorgfältig zu protokollieren**. Dies hat – auch mit Blick auf § 28 Abs. 4 FamFG – in beiden Instanzen in einer § 160 Abs. 3 Nr. 4 bzw. § 162 ZPO entsprechenden Form zu geschehen.[38] Denn das Gericht hat die Ergebnisse der Beweisaufnahme aktenkundig zu machen (§ 29 Abs. 3 FamFG). **50**

6. Verwertbarkeit

Das Gericht ist bei seiner Entscheidung an das Ergebnis des Sachverständigen nicht gebunden, vielmehr ist es seine Aufgabe, **das Sachverständigengutachten kritisch zu würdigen**.[39] Will es jedoch vom Ergebnis des Gutachtens abweichen, dann muss es eine ander- **51**

---

36 BGH NJW 1997, 802
37 Vgl. BVerfG NJW 1998, 2273
38 *Hammer*, in Prütting/*Helms*, § 163 FamFG Rn. 13; Zöller/*Feskorn*, § 30 FamFG Rn. 1
39 Hierzu ausführlich *Coester*, 453 ff.

weitige zuverlässige Grundlage für die am Kindeswohl orientierte Entscheidung haben. Das Abweichen von einem fachpsychologischen Gutachten aus anderen als rechtlichen Gründen bedarf daher einer eingehenden Begründung und des Nachweises eigener entsprechender Sachkunde des Gerichts.[40] Der Richter darf sich jedenfalls auf den Sachverständigen ebenso wenig „blind" verlassen wie auf die Stellungnahme des Jugendamtes.[41] Allerdings sollte ein Familienrichter genau aus diesem Grunde sowohl auf dem Gebiet der Psychologie als auch im Kinder- und Jugendhilferecht mit seinen Bezügen zur Sozialen Arbeit gut fortgebildet sein.

52   Die **„kritische Würdigung" des Gutachtens umfasst** jedenfalls, dass der Richter sich eine eigene Meinung von der Richtigkeit der vom Sachverständigen gezogenen Schlussfolgerungen bildet. Das Gutachten muss daher zum einen hinsichtlich seiner Nachvollziehbarkeit und Überzeugungskraft überprüft werden und zum anderen muss seine Nachprüfbarkeit gewährleistet sein.

▶   *Näher hierzu siehe die Übersicht zu Rn. 57.*

53   **Verbindlich einzuhaltende „Standards"** für die Begutachtung gibt es in Kindschaftssachen nicht, da insbesondere die Methodenwahl noch nicht höchstrichterlich im Rahmen einer veröffentlichten Entscheidung überprüft worden ist.[42] Vorhandene Standards sind zum einen nicht verbindlich und zum anderen zu allgemein gefasst.[43] Sie binden weder den Sachverständigen noch das Gericht, so dass deren Nichteinhaltung als solche keine Rückschlüsse auf die Verwertbarkeit der Expertise zulässt.

54   **Welche Methodik der Sachverständige** für die Erstellung des Gutachtens wählt (Wendet er Testverfahren an?[44] Wenn ja, welche? Verhaltensbeobachtungen? Umfang der Exploration?) liegt grundsätzlich **in seinem fachlichen Beurteilungsspielraum**.[45]

55   Da das Gericht das Gutachten jedoch nicht ungeprüft verwerten darf, **hat der Sachverständige dem Gericht jedenfalls darzulegen**, welche Erwägungen seiner Methodik zu Grunde liegen. Zudem hat er die anerkannte und auf dem neusten Stand befindliche Wissenschaftlichkeit seiner Vorgehensweise nachvollziehbar (ggf. auch mit Literaturhinweisen im Anhang seines Gutachtens) zu belegen, wissenschaftliche Streitfragen, d.h. andere Positionen, offen zu legen und sich mit etwaigen in seiner Disziplin vertretenen anderen Ansichten nachvollziehbar auseinander zu setzen. Daran kann es etwa fehlen, wenn sich ein Sachverständiger auf die vermeintliche „Diagnose" eines Parental-Alienation-Syndroms (PAS) stützt, was aus wissenschaftlichen Gründen bereits nicht haltbar ist.[46] Auch ist bei einem **Test** dessen Einsatz zu begründen, seine Zielsetzung zu beschreiben und die Grundlagen der Durchführung, Auswertung und Interpretation anzugeben.[47]

56   Ist **das Gutachten nach alledem unverwertbar**, so ist zunächst zu prüfen, ob und inwiewit die Anberaumung eines Termins zur mündlichen Erläuterung des Gutachtens durch den Sachverständigen Abhilfe schaffen kann. Dies wird in der Praxis häufig der Fall sein. Die Einholung eines weiteren Sachverständigengutachtens wird hingegen vor allem im Hinblick auf das Beschleunigungsgebot nur in Ausnahmefällen in Betracht kommen. Denn eine Entscheidung der Fachgerichte kann selbst zum Kinderschutz beanstandungsfrei ergehen, wenn die Mängel thematisiert werden, die fachliche Qualifikation des Sach-

---

40 Vgl. BVerfG FamRZ 1999, 1417; BGH NJW 1997, 1446 f.
41 Vgl. BVerfG FamRZ 2014, 1005
42 Vgl. *Korn-Bergmann/Purschke*, FamRB 2013, 340
43 Hierzu Fichtner, ZKJ 2015, 12
44 Hierzu *Korn-Bergmann/Purschke*, FamRB 2013, 342 ff.; *Wiedemann*, ZKJ 2014, 185
45 OLG Frankfurt ZKJ 2014, 492 m.w.N.
46 Hierzu *Fegert*, ZKJ 2013, 190
47 Vgl. *Kühne*, Qualitätssicherung psychologischer Gutachten, in: *Rotax*, Praxis des Familienrechts, Münster 2007

verständigen näher geklärt und schließlich nachvollziehbar dargelegt wird, inwiefern dessen Aussagen gleichwohl verwertbar sind und zur Entscheidungsfindung beitragen können.[48] Eine **weitere Begutachtung** kann aber erforderlich werden, wenn das Erstgutachten in entscheidungserheblichen Punkten von unzutreffenden tatsächlichen Voraussetzungen ausgeht oder elementare Widersprüche bzw. sonstige grobe Mängel enthält und deswegen nicht verwertbar ist.

Übersicht: Überprüfung eines Gutachtens

57

- **Nachvollziehbarkeit und Überzeugungskraft**:
  - Wissenschaftlichkeit
  - innere Logik, insbes. die Widerspruchsfreiheit der Argumentation
  - Schlüssigkeit, d.h. die Nachvollziehbarkeit der Begründungen und Schlussfolgerungen
  - klare Trennung von Untersuchungsergebnissen und psychologischem Befund
  - Anknüpfung an korrekte bzw. unstreitige (erhebliche) Tatsachen
  - sachgerechte Gewichtung der Untersuchungsergebnisse[49]
- **Nachprüfbarkeit**:[50]
  - Angabe aller Informationsquellen
  - Begründung für den Einsatz bzw. Nichteinsatz von Methodik bzw. Testverfahren sowie ggf. die Beschreibung von deren Zielsetzung und die Angabe der Grundlagen ihrer Durchführung, Auswertung und Interpretation
  - (getrennte) Darstellung des Untersuchungsablaufs und der Untersuchungsergebnisse
  - Information über Delegation bzw. die Hinzuziehung von Hilfskräften

II. Ergänzende Anordnung: Das lösungsorientierte Gutachten (Abs. 2)

Die Regelung ergänzt **die weiteren Einvernehmensregelungen, insbes. in § 156 FamFG**, und unterstreicht damit die Bedeutung, welche der Gesetzgeber einer einvernehmlichen Konfliktbeilegung in Kindschaftssachen zumisst.

58

▶ *Umfassend hierzu siehe Wegener, § 156 FamFG.*

Das Gericht kann anordnen, dass der Sachverständige bei der Erstellung des Gutachtenauftrages auch auf die Herstellung des Einvernehmens zwischen den Beteiligten hinwirken soll, wenn das Verfahren die Person des Kindes betrifft.

59

Die Entscheidung darüber, ob der Auftrag an den Sachverständigen entsprechend erweitert wird, steht **im pflichtgemäßen Ermessen des Gerichts**. Dieses wird insoweit einzubeziehen haben, dass eine solche Erweiterung des Auftrags in den Fällen, in denen der Verfahrensgegenstand nicht zur Disposition der Beteiligen steht, bereits nicht in Betracht kommen kann. Damit scheidet eine solche Anordnung in Kinderschutzverfahren nach §§ 1666, 1666a BGB denknotwendig aus.

60

Unter Berücksichtigung des hiermit eingeforderten **problematischen Rollenwechsels** vom Einigungsförderer zum diagnostischen Entscheider, was auch unter den Psychologen

61

---

48 Vgl. BVerfG FamRZ 2015, 112
49 Vgl. auch BGH FamRZ 2012, 104 ff. (zum Betreuungsverfahren)
50 Hierzu *Kühne*, ZFE 2006, 371

zu heftigen Diskussionen geführt hat,[51] sollte das Gericht hiervon gleichfalls in Verfahren betreffend den Streit der Eltern um das Aufenthaltsbestimmungsrecht oder den Umgang nur zurückhaltend Gebrauch machen.[52] Zumal hierdurch – bei Scheitern einer einvernehmlichen Lösung – eine erhebliche Verfahrensverzögerung eintritt und auch die Gefahr eines Befangenheitsgesuches gegen den Sachverständigen heraufbeschworen werden könnte. Überdies ist zu prüfen, inwieweit **sonstige Vermittlungsbemühungen** wie die Beratungsangebote der Kinder- und Jugendhilfe oder auch gerichtliche Einigungsversuche bereits durchgeführt worden sind bzw. ob die insoweit gemachten Erfahrungen überhaupt ein Einigungspotential noch erkennen lassen. Ist letzteres nicht der Fall, hat die zügige Schaffung einer Grundlage für die am Kindeswohl orientierte Entscheidung im Vordergrund der Beauftragung des Sachverständigen zu stehen.

62 Es bedarf damit einer **ausdrücklichen entsprechenden Beschlussfassung** des Gerichts im Rahmen des regelmäßig zu erlassenden Beweisbeschlusses. Auch insoweit ist den Beteiligten vorab rechtliches Gehör zu gewähren.

63 Erfolgt eine entsprechende Anordnung, so kann selbst bei einem lösungsorientierten Gutachten auf eine **diagnostische** Phase bzw. wegen eines möglichen Scheiterns einer einvernehmlichen Lösung auf eine **Diagnostik der Konfliktlage** in der Familie sowie der kindlichen Bedürfnisse **nicht verzichtet werden**.[53]

64 Zudem kommt der **Fristsetzung nach Absatz 1** eine besondere Bedeutung zu, damit das Gericht und die Beteiligten bei einem Scheitern der Bemühungen des Sachverständigen nicht – nach einem vor allem für das Kind nicht mehr vertretbaren Zeitraum – mit leeren Händen dastehen. Ggf. muss zeitnah erwogen werden, den Sachverständigen nach § 30 Abs. 1 FamFG i.V.m. § 404a Abs. 1 ZPO anzuweisen, seine Einvernehmensbemühungen einzustellen.

III. Keine Vernehmung des Kindes als Zeuge (Abs. 3)

65 Das Kind ist in Kindschaftssachen nicht als Zeuge – und auch nicht als Beteiligter[54] – zu vernehmen. Entsprechenden „Beweisanträgen", die in Unkenntnis der Rechtslage gestellt werden und ohnehin nur Anregungen sind, ist nicht nachzugehen. Das Kind ist lediglich persönlich anzuhören. Diese persönliche Anhörung stellt keine förmliche Beweisaufnahme dar.

▶ *Näher zur Kindesanhörung siehe Heilmann, § 159 FamFG.*

---

51 Näher hierzu *Korn-Bergmann*, FamRB 2013, 306; *Hammer*, in: Prütting/*Helms*, § 163 FamFG Rn. 16 m.w.N.
52 Siehe *Coester*, in: Lipp, et al., 54 m.w.N.
53 OLG Celle ZKJ 2012, 446 unter Hinweis auf *Fichtner/Salzgeber*, FPR 2009, 348, 351 sowie *Ernst*, FPR 2009, 345, 347 u. *Balloff*, FPR 2006, 415, 417
54 So auch *Hammer*, in: Prütting/*Helms*, § 163 FamFG Rn. 32

Checkliste zu § 163 FamFG

66

I.   Vor Einholung eines Gutachtens
1.   Ist die Einholung eines Sachverständigengutachtens geboten?
2.   Welche Qualifikation muss der Sachverständige haben?
II. Erlass des Beweisbeschlusses
1.   Welche Beweisfragen sind dem Sachverständigen zu stellen? Kindeswohlmaßstab beachten!
2.   Soll angeordnet werden, dass der Sachverständige bei der Erstellung des Gutachtens auch auf die Herstellung des Einvernehmens zwischen den Beteiligten hinwirken soll?
3.   Benennung der Person des Gutachters
4.   Fristsetzung!
5.   Hinweis an den Sachverständigen: Bitte um
–   Nachricht über anberaumte Explorationstermine sowie
–   unverzügliche Benachrichtigung bei unzureichender Mitwirkung eines Beteiligten bzw.
–   Hinweis, soweit aus Sicht des Sachverständigen eine Eilentscheidung des Familiengerichts zur Veränderung der tatsächlichen Verhältnisse des Kindes geboten ist.
→   Aktenübersendung
III. Während der Begutachtungsphase
1.   Überwachung der Sachverständigenfrist
2.   Ggf. Sachstandsanfragen an Sachverständigen in angemessenen (kurzen) Zeitabständen!
3.   Ggf. Einschreiten des Familiengerichts bei fehlender Mitwirkung eines Beteiligten
4.   Ggf. Prüfung der Voraussetzung einer Nachfristsetzung sowie der Androhung bzw. Festsetzung eines Ordnungsgeldes gegen den Sachverständigen.
IV. Nach Eingang des Gutachtens
1.   Gewährung rechtlichen Gehörs und i.d.R. zugleich Anberaumung eines Termins, ggf. Ladung des Sachverständigen
2.   Prüfung der Verwertbarkeit des Gutachtens

§ 164 FamFG Bekanntgabe der Entscheidung an das Kind

[1]Die Entscheidung, gegen die das Kind das Beschwerderecht ausüben kann, ist dem Kind selbst bekannt zu machen, wenn es das 14. Lebensjahr vollendet hat und nicht geschäftsunfähig ist. [2]Eine Begründung soll dem Kind nicht mitgeteilt werden, wenn Nachteile für dessen Entwicklung, Erziehung oder Gesundheit zu befürchten sind. [3]§ 38 Abs. 4 Nr. 2 ist nicht anzuwenden.

Übersicht

A. Allgemeines

1 Die Norm bestätigt den Grundsatz der **Kindeswohlzentrierung des Verfahrens** in Kindschaftssachen. Jedes von einem kindschaftsrechtlichen Verfahren betroffene Kind hat einen Anspruch darauf, dass nicht nur die Endentscheidung inhaltlich dem Prinzip des Kindeswohls gerecht wird (vgl. § 1697a BGB), sondern auch das gerichtliche Verfahren selbst, denn das Kind ist selbst Grundrechtsträger (vgl. nur Art. 2 Abs. 1 i.V.m. Art. 1 Abs. 1 GG[1]) und Eingriffe seine Grundrechte müssen nicht zuletzt dem Grundsatz der Verhältnismäßigkeit Rechnung tragen.

2 Es kommt noch hinzu, dass die meisten kindschaftsrechtlichen Verfahren ihre Legitimation dadurch erhalten, dass sie um des Kindes und nicht um der Eltern willen – zudem häufig auch in Ausübung des staatlichen Wächteramtes (Art. 6 Abs. 2 Satz 2 GG) – **zur Sicherung des Kindeswohls** durchgeführt werden. Damit wäre es nicht zu vereinbaren, würde die Durchführung des gerichtlichen Verfahrens an sich bereits den Belangen des Kindes zuwiderlaufen. Vielmehr muss der Staat das gerichtliche Verfahren so gestalten, dass eine hinreichende Berücksichtigung der **grundrechtlichen Stellung des betroffenen Kindes** garantiert ist.[2] Das Kindeswohl muss daher die beherrschende Richtlinie für die gesamte Verfahrensgestaltung sein.[3] Unnötige Belastungen des Kindes sind zu vermeiden.

3 Die Norm **ergänzt die allgemeine Regelung** über die Bekanntgabe von Beschlüssen in § 41 FamFG für die Verfahren in Kindschaftssachen (siehe hierzu *Cirullies*, § 41 FamFG).

B. Inhalt der Norm

I. Das geschäftsfähige Kind hat das 14. Lebensjahr vollendet

4 Nur dem **über 14 Jahre alten und geschäftsfähigen Kind** ist die Entscheidung des Gerichts, die insbesondere Rubrum, Tenor und Entscheidungsgründe beinhaltet (vgl. § 38 Abs. 2 und 3 FamFG), bekannt zu geben. Eine gleichwohl unterbleibende Bekanntmachung führt dazu, dass die Entscheidung dem Kind gegenüber nicht wirksam und formell nicht rechtskräftig werden kann.[4]

---

1 Vgl. BVerfGE 24, 119, 144
2 Vgl. BVerfGE a.a.O.
3 Vgl. nur Staudinger/*Coester*, § 1666 BGB Rn. 258 m.w.N.
4 MüKo-FamFG/*Schumann*, § 164 FamFG Rn. 4

Hingegen soll eine **Mitteilung der Entscheidungsgründe an das Kind unterbleiben**, wenn hierdurch „Nachteile für dessen Entwicklung, Erziehung oder Gesundheit zu befürchten sind" (Satz 2). Die Formulierung ist inhaltsgleich zu § 159 Abs. 4 Satz 1 HS 2 FamFG). In diesen Fällen sind alle Teile der Entscheidung mit Ausnahme der Gründe mitzuteilen und dies entsprechend kenntlich zu machen. Soweit nur Teile der Gründe diese Voraussetzung erfüllen, hat nur deren Mitteilung zu unterbleiben. Dies ist ebenfalls entsprechend kenntlich zu machen („… *eine Mitteilung der Gründe dieser Entscheidung unterbleibt.*"). 5

II. Das Kind ist geschäftsunfähig und/oder hat das 14. Lebensjahr noch nicht vollendet

Dem **jüngeren bzw. i.S.v. § 104 Nr. 2 BGB geschäftsunfähigen Kind** ist die Entscheidung in aller Regel nicht selbst bekannt zu geben. Die förmliche Bekanntgabe hat hier an den gesetzlichen Vertreter für den Aufgabenkreis zu erfolgen, den die gerichtliche Entscheidung tangiert. 6

Zur Entgegennahme eines Beschlusses ist dem Kind nur dann ein **Ergänzungspfleger i.S.v. § 1909 BGB** zu bestellen, wenn die Voraussetzungen für eine Entziehung der Vertretungsmacht nach § 1796 BGB festgestellt sind[5] (näher hierzu *Dürbeck*, § 1796 BGB). 7

Eine **zusätzliche (formlose) Bekanntgabe** an das Kind hat nicht zu erfolgen. In den Fällen, in denen dem Kind ein Verfahrensbeistand für das gerichtliche Verfahren bestellt worden ist, gehört die Bekanntgabe des Ergebnisses des Gerichtsverfahrens noch zu den Aufgaben des Verfahrensbeistandes (hierzu *Keuter*, § 158 FamFG). 8

III. Begründungspflicht

Satz 3 stellt klar, dass nur in den Fällen des Satzes 2 (hierzu Rn. 3) eine **Begründung der gerichtlichen Entscheidung** gegenüber dem über 14 Jahre alten geschäftsfähigen Kind unterbleiben darf. In Abweichung von den allgemeinen Regeln bedarf es hingegen auch einer Begründung der gerichtlichen Entscheidung, wenn sich die Beteiligten einig sind, da § 38 Abs. 4 Nr. 2 FamFG nicht anwendbar ist. 9

IV. Entsprechende Anwendbarkeit?

Die Norm enthält **keine Regelung** für die Frage, welche Akteninhalte (Schriftsätze, Sachverständigengutachten, Anhörungsvermerke) an das Kind zu übermitteln sind. Nach **Sinn und Zweck der Norm** gelten hier aber dieselben Grundsätze, so dass das Gericht von einer Mitteilung unter den entsprechenden Voraussetzungen absehen darf. In der Regel dürften in einem solchen Fall aber die Voraussetzungen für die Bestellungen eines Verfahrensbeistandes gegeben sein, dem freilich umfassend rechtliches Gehör zu gewähren ist. In der Praxis empfiehlt es sich, auch die Frage der Übermittlung von Akteninhalten im Rahmen der persönlichen Anhörung des über 14 Jahre alten und geschäftsfähigen Kindes mit diesem in altersgerechter Weise zu erörtern. 10

---

5 BGH FamRZ 2014, 640 f.

§ 165 FamFG Vermittlungsverfahren

(1) ¹Macht ein Elternteil geltend, dass der andere Elternteil die Durchführung einer gerichtlichen Entscheidung oder eines gerichtlich gebilligten Vergleichs über den Umgang mit dem gemeinschaftlichen Kind vereitelt oder erschwert, vermittelt das Gericht auf Antrag eines Elternteils zwischen den Eltern. ²Das Gericht kann die Vermittlung ablehnen, wenn bereits ein Vermittlungsverfahren oder eine anschließende außergerichtliche Beratung erfolglos geblieben ist.

(2) ¹Das Gericht lädt die Eltern unverzüglich zu einem Vermittlungstermin. ²Zu diesem Termin ordnet das Gericht das persönliche Erscheinen der Eltern an. ³In der Ladung weist das Gericht darauf hin, welche Rechtsfolgen ein erfolgloses Vermittlungsverfahren nach Absatz 5 haben kann. ⁴In geeigneten Fällen lädt das Gericht auch das Jugendamt zu dem Termin.

(3) ¹In dem Termin erörtert das Gericht mit den Eltern, welche Folgen das Unterbleiben des Umgangs für das Wohl des Kindes haben kann. ²Es weist auf die Rechtsfolgen hin, die sich ergeben können, wenn der Umgang vereitelt oder erschwert wird, insbesondere darauf, dass Ordnungsmittel verhängt werden können oder die elterliche Sorge eingeschränkt oder entzogen werden kann. ³Es weist die Eltern auf die bestehenden Möglichkeiten der Beratung durch die Beratungsstellen und -dienste der Träger der Kinder- und Jugendhilfe hin.

(4) ¹Das Gericht soll darauf hinwirken, dass die Eltern Einvernehmen über die Ausübung des Umgangs erzielen. ²Kommt ein gerichtlich gebilligter Vergleich zustande, tritt dieser an die Stelle der bisherigen Regelung. ³Wird ein Einvernehmen nicht erzielt, sind die Streitpunkte im Vermerk festzuhalten.

(5) ¹Wird weder eine einvernehmliche Regelung des Umgangs noch Einvernehmen über eine nachfolgende Inanspruchnahme außergerichtlicher Beratung erreicht oder erscheint mindestens ein Elternteil in dem Vermittlungstermin nicht, stellt das Gericht durch nicht anfechtbaren Beschluss fest, dass das Vermittlungsverfahren erfolglos geblieben ist. ²In diesem Fall prüft das Gericht, ob Ordnungsmittel ergriffen, Änderungen der Umgangsregelung vorgenommen oder Maßnahmen in Bezug auf die Sorge ergriffen werden sollen. ³Wird ein entsprechendes Verfahren von Amts wegen oder auf einen binnen eines Monats gestellten Antrag eines Elternteils eingeleitet, werden die Kosten des Vermittlungsverfahrens als Teil der Kosten des anschließenden Verfahrens behandelt.

Übersicht

Gottschalk

A. Allgemeines

I. Normzweck

Da Umgangsregelungen, sei es als gerichtlich gebilligte Umgangsvereinbarung oder als gerichtliche Entscheidung, in der Praxis häufig Umsetzungsproblemen unterworfen sind, hat sich der Gesetzgeber mit der Einführung des Vermittlungsverfahrens (früher § 52a FGG) ein spezielles Verfahren erdacht, mit dem die Schwierigkeiten bei der Umsetzung der Umgangsregelung in einem Termin mit den Beteiligten ausgeräumt und dem Kind die Vollstreckung der Umgangsregelung mit Ordnungsmitteln erspart werden soll.[1] Ausdrückliche Zielsetzung des Verfahrens ist es demnach, ein Einvernehmen der Eltern herbeizuführen (vgl. Abs. 4, 5). In der Praxis spielt das Vermittlungsverfahren nur eine untergeordnete Rolle. Viele Beteiligten sehen nach oft monatelangen oder gar jahrelangen Streitigkeiten um den Umgang in einer neuerlichen Erörterung und Vermittlungsbemühungen durch das Gericht keinen Sinn und möchten nunmehr eine schnelle Umsetzung oder eine – aus ihrer Sicht – bessere Regelung. Auch die relativ strenge Rechtsprechung zur Beiordnung eines Rechtsanwalts (siehe unten Rn. 7) dürfte für die zögerliche Gebrauchmachung des Vermittlungsverfahrens ursächlich sein.

1

II. Anwendungsbereich

Das Vermittlungsverfahren findet **nur** auf **Antrag eines Elternteils** statt (§ 165 Abs. 1 FamFG) und ist damit ein reines Antragsverfahren. Es kann weder von Amts wegen noch auf Anregung oder auf Antrag eines Dritten, der in § 1685 BGB aufgeführten Umgangsberechtigten oder des Kindes eingeleitet werden. Auch das Jugendamt, der Vormund oder der – vormalige – Verfahrensbeistand sind nicht antragsberechtigt. Dies folgt aus dem eindeutigen Wortlaut der Vorschrift.

2

Voraussetzung ist zudem, dass eine **Umgangsregelung** vorliegt, entweder in Form einer **gerichtlichen Entscheidung oder eines gerichtlich gebilligten Vergleichs**. Es reicht deshalb nicht aus, wenn zwischen den Eltern eine außergerichtliche Vereinbarung (z.B. beim Jugendamt) oder – etwa im Rahmen des Scheidungs- oder eines Sorgerechtsverfahrens – eine zwar protokollierte, aber nicht gebilligte einvernehmliche Regelung zum Umgang geschlossen wurde. Wird eine solche nicht eingehalten, bleibt den Beteiligten nur der erneute Weg zum Jugendamt oder die Einleitung eines gerichtlichen Umgangsverfahrens.[2] Auch eine notarielle Umgangsvereinbarung kann nicht Grundlage für die Einleitung eines Vermittlungsverfahrens sein.

B. Inhalt der Norm

I. Voraussetzungen des Vermittlungsverfahrens (Abs. 1)

1. Antrag

Dem Antrag des Elternteils muss zu entnehmen sein, dass sein – gerichtlich geregeltes – Umgangsrecht durch den anderen Elternteil **vereitelt oder erschwert** wird.[3] Der Antrag des Elternteils ist ggf. auszulegen. Ihm muss aber der Wunsch nach einer Vermittlung des Gerichts zu entnehmen sein.[4] **Abgrenzungsschwierigkeiten** ergeben sich in der Praxis oftmals zu Anträgen auf **Vollstreckung** (§ 89 ff. FamFG). Beide Verfahren können aber durchaus parallel laufen.[5] Die Durchführung eines Vermittlungsverfahrens ist auch nicht

3

---

1 BT-Drucks. 16/6308 242
2 Zöller/*Lorenz*, § 165 FamFG Rn. 2
3 *Reinecken* FPR 2010, 428, 430
4 *Völker/Clausius*, § 2 Rn. 186
5 OLG Naumburg FamRZ 2008, 1550 zu § 52a FGG, a.A. Johannsen/Henrich/*Büte*, § 165 FamFG Rn. 9 (dieser Auffassung steht jedoch § 92 Abs. 3 Satz 2 FamFG entgegen)

Voraussetzung für die (spätere) Beantragung von Ordnungsmitteln.[6] Der Antrag bewirkt jedoch, dass die Vollstreckung einer Umgangsregelung eingestellt werden kann (§ 93 Abs. 1 Nr. 5 FamFG).

2. Umgangsregelung

Siehe hierzu Rn. 2.

3. Vorgehen des Gerichts

4 Dem Gericht stehen nunmehr zwei Möglichkeiten zur Verfügung: entweder lädt es die Eltern unverzüglich zu einem Vermittlungstermin (siehe unten Rn. 5) oder es **lehnt die Vermittlung durch förmlichen Beschluss i.S.v. § 38 ff. FamFG ab**, weil bereits ein Vermittlungsverfahren oder eine sich an ein solches Verfahren anschließende außergerichtliche Beratung erfolglos geblieben ist. Andere Gründe rechtfertigen nach dem Wortlaut der Vorschrift keine Ablehnung. Dies gilt bspw. auch, wenn das Gericht aufgrund anderer, bei ihm anhängiger Verfahren die Erfolglosigkeit eines Vermittlungsverfahrens prognostiziert. Die ablehnende Entscheidung des Gerichts stellt eine Endentscheidung dar, die mit der **Beschwerde** (§ 58 FamFG) angefochten werden kann.[7]

II. Termininierung (Abs. 2)

1. Terminsanberaumung, Ladung

5 Lehnt das Gericht die Durchführung des Vermittlungsverfahrens nicht ab, so beraumt es **unverzüglich**, d.h. so schnell wie es der ordnungsgemäße Ablauf des Gerichts zulässt, in jedem Fall aber innerhalb der Frist des § 155 Abs. 2 FamFG siehe *Fink*, § 155 FamFG Rn. 19, einen Termin an. Zu diesem Termin ordnet das Gericht das **persönliche Erscheinen der Eltern** an (§ 33 FamFG). Da nach Abs. 5 Satz 1 als besondere Folge des Nichterscheinens eines Elternteils die Erfolglosigkeit des Vermittlungsverfahrens vorgesehen ist, darf das Nichterscheinen nicht mit Ordnungsmitteln sanktioniert werden.[8] In der Ladung werden die Eltern darauf **hingewiesen**, welche Folgen ein erfolgloses Vermittlungsverfahren haben kann (siehe hierzu Rn. 10). Sofern es das Gericht für sachdienlich hält, lädt es auch das **Jugendamt zum Termin**. Dies wird sich insbesondere in Fällen anbieten, in denen das Jugendamt im Vorfeld der gerichtlichen Umgangsentscheidung mitgewirkt hat und/oder auch im Anschluss hieran von den Eltern eingebunden wurde.

6 Da es sich auch bei dem Vermittlungsverfahren um eine Kindschaftssache i.S.v. § 151 Nr. 2 FamFG handelt, sind trotz der Sonderstellung des Vermittlungsverfahrens, welches quasi zwischen Umgangsentscheidung und Vollstreckung angesiedelt ist, die Vorschriften zur Mitwirkung des Jugendamtes (§ 162 FamFG) und zur Anhörung des Kindes (§ 159 FamFG) anwendbar.[9] Ebenso kommt die Bestellung eines Verfahrensbeistandes (§ 158 FamFG) bei Vorliegen der Voraussetzungen in Betracht.[10] Das macht das Verfahren zwar schwerfälliger, andererseits ist aber der Abschluss eines neuen gerichtlich gebilligten Vergleichs eine wesentliche Option, dessen Billigung nur erfolgen kann, wenn das Gericht – nach Ausschöpfung aller Erkenntnismöglichkeiten – von dessen Kindeswohldienlichkeit überzeugt ist.

---

6 Früher streitig, vgl. auch OLG Rostock FamRZ 2002, 967 zu § 52 a FGG, jetzt gesetzlich in § 92 Abs. 3 FamFG geregelt

7 Keidel/*Engelhardt*, § 165 FamFG Rn. 8

8 Keidel/*Engelhardt*, § 165 FamFG Rn. 9

9 MüKo-FamFG/*Schumann*, § 165 FamFG Rn.10; *Völker/Clausius* § 2 Rn. 189; a.A. Schulte-Brunert/Weinreich/*Ziegler Rn. 6*

10 MüKo-FamFG/*Schumann*, § 165 FamFG Rn.11

2. Verfahrenskostenhilfe

Auch für das Vermittlungsverfahren wird einem Beteiligten auf seinen Antrag ein Anwalt **7**
nur dann beigeordnet, wenn wegen der Schwierigkeit der Sach- und Rechtslage die Vertretung durch einen Rechtsanwalt erforderlich erscheint (§ 78 Abs. 2 FamFG). Ob die Beiordnung erforderlich erscheint, hängt davon ab, ob ein Bemittelter in der Lage des Unbemittelten vernünftigerweise einen Rechtsanwalt mit der Wahrnehmung seiner Interessen beauftragt hätte. Für Vermittlungsverfahren wird dies von der Rechtsprechung häufig abgelehnt.[11] Die Besonderheiten des Vermittlungsverfahrens (Herbeiführung eines Einvernehmens zwischen den Eltern, Belehrungspflichten des Gerichts) werden zur Begründung dafür herangezogen, dass die **Beiordnung eines Rechtsanwalts** gem. § 78 Abs. 2 FamFG regelmäßig im Vermittlungsverfahren **nicht in Betracht** kommt.[12]

III. Ablauf des Vermittlungstermins (Abs. 3, 4)

1. Vermittlungstermin

Das Gericht **erörtert** mit den **persönlich erschienenen Eltern** im Termin, welche **Folgen** **8**
für das Kind aufgrund des Umstandes entstehen können, dass der Umgang nicht stattfindet. Das Gericht hat hier eine Aufklärungsfunktion hinsichtlich der möglichen psychischen Folgen eines fehlenden Umgangs mit dem nicht betreuenden Elternteil für das Kind sowie hinsichtlich der Schlussfolgerungen auf die Erziehungskompetenz des Elternteils, der den Umgang verwehrt oder erschwert. Denn das Gericht soll die Eltern auch darauf hinweisen, welche **Rechtsfolgen die Nichtgewährung des Umgangs** für einen den Umgang verweigernden Elternteil haben kann, nämlich die Verhängung von Ordnungsmitteln **(§ 86 ff. FamFG)** oder die Einschränkung oder der Entzug der elterlichen Sorge **(§ 1666, aber auch § 1671)**. In Betracht kommt auch die Einleitung eines Abänderungsverfahrens betreffend die derzeitige – und nicht funktionierende – Umgangsregelung **(§§ 1696 BGB, 166 FamFG)**. Schließlich soll das Gericht die Eltern auf die Möglichkeit der außergerichtlichen **Beratung durch Beratungsstellen** der Kinder- und Jugendhilfe hinweisen (§ 18 Abs. 3 SGB VIII).

2. Ergebnis des Vermittlungstermin

Das eigentliche Ziel des Vermittlungsverfahrens ist in Abs. 4 Satz 1 geregelt: das Hinwirken **9**
des Gerichts auf ein **Einvernehmen der Eltern** über den Umgang. Das Einvernehmen kann in der Zusage, nunmehr die gerichtliche Regelung umzusetzen, ggf. flankiert durch eine außergerichtliche Beratung, bestehen oder aber in der Vereinbarung einer neuen Umgangsregelung, die dann in Form eines **gerichtlich gebilligten Vergleichs** (§ 156 Abs. 2 FamFG, siehe hierzu *Wegener*, Rn. 65), der an die Stelle der ursprünglichen Regelung tritt, geschlossen wird. Da an dem Verfahren auch das Kind gem. § 7 Abs. 2 Nr. 1 FamFG beteiligt ist,[13] muss das über 14 Jahre alte und damit verfahrensfähige Kind (§ 9 Abs. 1 Nr. 3 FamFG) dem Vergleich zustimmen. Können die Eltern **kein Einvernehmen** erzielen, so werden die Streitpunkte in einem Vermerk **(§ 28 Abs. 4 FamFG)** festgehalten.

---

11 OLG Frankfurt NJW-RR 2013, 962; OLG Hamm FamRZ 2013, 565
12 OLG Frankfurt NJW-RR 2013, 962
13 MüKo-FamFG/*Schumann*, § 165 FamFG Rn. 10

IV. Beendigung (Abs. 5)

1. Abschluss des Vermittlungsverfahrens bei fehlender Einigung der Eltern

10   Bleibt das Vermittlungsverfahren erfolglos, weil sich die Eltern weder auf eine neue einvernehmliche Regelung des Umgangs noch auf die Beachtung der existierenden Regelung einigen konnten und sich auch nicht zu der Inanspruchnahme einer außergerichtlichen Beratung bereit erklären konnten oder aber ein – ordnungsgemäß geladener – Elternteil ist zu dem Termin nicht erschienen, dann wird die **Erfolglosigkeit durch Beschluss festgestellt**. Der Beschluss ist **nicht anfechtbar**. Das Gericht ist dann verpflichtet, folgende **Weiterungen** zu prüfen: Ordnungsmittel, §§ 86 ff. FamFG; Änderung der Umgangsregelung in einem Verfahren nach §§ 1696 BGB, 166 FamFG (in Betracht kommt zum Beispiel ein Umgangsausschluss, die Bestellung eines Umgangspflegers oder die Anordnung begleiteter Umgänge) und schließlich Maßnahmen zur elterlichen Sorge gem. §§ 1666, 1696 BGB (Entzug des Umgangsbestimmungsrechts[14] und Einsetzung eines Ergänzungspflegers, siehe § 1684 Rn. 62). Ein Verfahren nach § 1671 BGB kann nicht von Amts wegen eingeleitet werden, es handelt sich um ein Antragsverfahren.

2. Kosten, Verfahrenswert

11   Die Kosten des Vermittlungsverfahrens sind gem. § 165 Abs. 5 Satz 3 FamFG Teil der Kosten eines etwaig sich anschließenden Verfahrens (gem. Abs. 5 Satz 2).

Verbleibt es beim Vermittlungsverfahren entsteht eine Verfahrensgebühr nach FamGKG-KV Nr. 1310.[15]

▶ *Zu den Kosten siehe Dürbeck, § 80 FamFG Rn. 11.*

Der Verfahrenswert beträgt gem. § 45 Abs. 1 Nr. 2 FamGKG 3.000,00 Euro, wobei unter den Voraussetzungen des Abs. 3 ein geringerer Wert festgesetzt werden kann.

---

14 Näher hierzu *Heilmann*, FamRZ 2014, 1753 ff.
15 OLG Karlsruhe FamRZ 2013, 722, a.A. MüKo-FamFG/*Schumann*, § 165 FamFG Rn. 21

C. Übersicht: Ablauf des Vermittlungsverfahrens

12

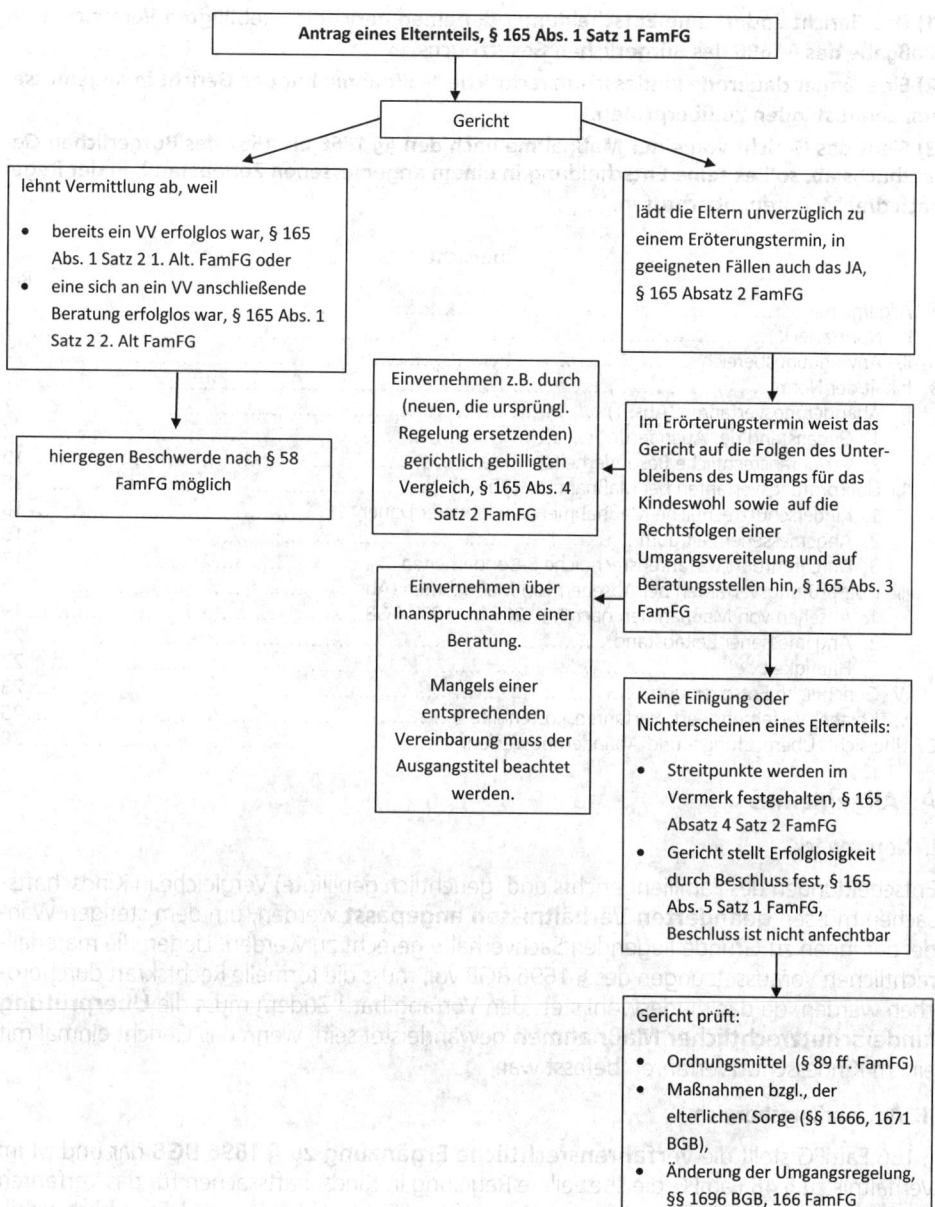

§ 166 FamFG Abänderung und Überprüfung von Entscheidungen und gerichtlich gebilligten Vergleichen

(1) Das Gericht ändert eine Entscheidung oder einen gerichtlich gebilligten Vergleich nach Maßgabe des § 1696 des Bürgerlichen Gesetzbuchs.

(2) Eine länger dauernde kindesschutzrechtliche Maßnahme hat das Gericht in angemessenen Zeitabständen zu überprüfen.

(3) Sieht das Gericht von einer Maßnahme nach den §§ 1666 bis 1667 des Bürgerlichen Gesetzbuchs ab, soll es seine Entscheidung in einem angemessenen Zeitabstand, in der Regel nach drei Monaten, überprüfen.

Übersicht

A. Allgemeines

I. Normzweck

1 Entscheidungen des Familiengerichts und (gerichtlich gebilligte) Vergleiche in Kindschaftssachen müssen **geänderten Verhältnissen angepasst** werden, um dem stetigen Wandel der ihnen zu Grunde liegenden Sachverhalte gerecht zu werden. Liegen die materiellrechtlichen Voraussetzungen des § 1696 BGB vor, muss die formelle Rechtskraft durchbrochen werden, da das Kindeswohl stets den Vorrang hat.[1] Zudem muss die **Überprüfung kinderschutzrechtlicher Maßnahmen** gewährleistet sein, wenn das Gericht einmal mit einem Kindesschutzverfahren befasst war.

II. Anwendungsbereich

2 § 166 FamFG stellt die **verfahrensrechtliche Ergänzung zu § 1696 BGB** dar und ist im Verhältnis zu § 48 FamFG die speziellere Regelung in Kindschaftssachen für das Verfahren der Abänderung und Überprüfung rechtskräftiger Entscheidungen und gerichtlich gebilligter Vergleiche nach § 156 Abs. 2 FamFG.

3 In den Kindschaftssachen der **§§ 151 Ziffer 4 bis 8 FamFG** findet § 166 Abs. 1 FamFG und damit auch § 1696 BGB **keine Anwendung**. Grund hierfür ist, dass der Regelungsgegenstand der in Ziffer 4 bis 8 des § 151 FamFG aufgeführten Kindschaftssachen nicht das

---

1 Völker/Clausisus, § 3 Rn. 1

Sorge- und Umgangsrecht im engeren Sinne ist.[2] Zum anderen sind für die Änderung von Bestellungsentscheidungen im Vormundschafts- und Pflegschaftsrecht die §§ 1886 ff BGB lex specialis gegenüber § 1696 BGB.[3] Der Absatz 1 findet hingegen Anwendung in den Fällen des § 1837 Abs. 4 BGB, der auf die §§ 1666, 1666a BGB verweist und auf den Vormund und Pfleger (über § 1915 BGB) unmittelbar Anwendung findet.[4]

Üben die Kindeseltern die **gemeinsame elterliche Sorge aufgrund § 1626a Abs. 1 Nr. 1 BGB** (gemeinsame Sorgeerklärung) aus, so erfolgt die Übertragung auf einen Elternteil allein aufgrund eines **Antrages eines Elternteils nach § 1671 Abs. 1 BGB**.   **4**

Das Verfahren zur Abänderung von Entscheidungen, die im Wege der **einstweiligen Anordnung** erlassen wurden (§§ 49 ff FamFG), richtet sich **nach § 54 FamFG**. Bloße **Berichtigungen** oder **Ergänzungen eines Beschlusses**, die den Beschluss inhaltlich nicht abändern, sind unter den Voraussetzungen der **§§ 42, 43 FamFG** möglich.   **5**

Die abzuändernde Entscheidung muss **formell rechtskräftig** sein. Das Nebeneinander eines Abänderungsverfahrens in erster Instanz und einer Überprüfung der Entscheidung in der Rechtsmittelinstanz kommt nicht in Betracht.[5]   **6**

B. Inhalt der Norm   **2**

I. Abänderungsverfahren (Abs. 1)

1. Gegenstand der Abänderung

§ 166 Abs. 1 FamFG verweist auf § 1696 BGB und wird durch ihn beschränkt. Eine Abänderung findet zunächst hinsichtlich **gerichtlicher Entscheidungen** oder **gerichtlich gebilligter Vergleiche** statt, mit denen die **elterliche Sorge oder das Umgangsrecht** geregelt wurden (§ 1696 Abs. 1 Satz 1 BGB). Hierzu gehören auch **Entscheidungen nach § 1628 BGB (Meinungsverschiedenheit der Eltern)** oder § 1632 BGB **(Herausgabe des Kindes)**, insbesondere aber **Entscheidungen nach § 1671 BGB (Übertragung der Alleinsorge bei Getrenntleben)**, familiengerichtliche Regelungen des Umgangs oder Abänderungsentscheidungen i.S.v. § 1696 BGB. Da es sich bei dem Abänderungsverfahren nicht um eine Überprüfung der Rechtmäßigkeit der Ausgangsentscheidung handelt (hierfür stehen Rechtsmittel zur Verfügung) und sich die Beteiligten zudem auf den Fortbestand eines formell rechtskräftigen Beschlusses verlassen können müssen, kann die Abänderung nur erfolgen, wenn **neue Tatsachen**[6] vorliegen, die **„triftige, das Wohl des Kindes nachhaltig berührende Gründe"** darstellen (zum Prüfungsmaßstab siehe *Gottschalk*, § 1696 BGB Rn. 20).   **7**

§ 1696 Abs. 1 Satz 2 BGB **verweist hinsichtlich des Prüfungsmaßstabs auf die §§ 1671 Abs. 1, 1680 Abs. 2, 1681 Abs. 1, 2 BGB**. Steht demnach den Eltern die elterliche Sorge aufgrund einer gerichtlichen Entscheidung nach § 1626a Abs. 2 BGB zu, so erfolgt die Abänderung ebenfalls nach § 166 Abs. 1 FamFG, 1696 Abs. 1 BGB, jedoch wird der Abänderungsmaßstab aus § 1671 Abs. 1 BGB entnommen („...dem Wohl des Kindes am besten entspricht.").   **8**

Sind mit der Ausgangsentscheidung **kindesschutzrechtliche Maßnahmen nach den §§ 1666-1667 BGB** ergangen, ergibt sich der Prüfungsmaßstab aus § 1696 Abs. 2 BGB; sie sind abzuändern, wenn **keine Kindeswohlgefährdung mehr besteht** oder die zu   **9**

---

2 MüKo-FamFG/*Heilmann*, § 166 FamFG Rn. 6
3 MüKo-FamFG/*Heilmann*, § 166 FamFG Rn. 6
4 MüKo-FamFG/*Heilmann*, § 166 FamFG Rn. 6
5 Völker/Clausius, § 3 Rn. 2; a.A. OLG Naumburg FUR 2012, 206 in einem Fall, in dem das Verfahren seit längerer Zeit in der Rechtsmittelinstanz anhängig war
6 OLG Bamberg, FamRZ 1990, 1135

ihrer Abwendung angeordnete **Maßnahme nicht mehr erforderlich** ist (bspw. ist die Familienhilfe nunmehr zur Abwehr der Kindeswohlgefährdung geeignet und die Fremdplatzierung kann beendet werden). Soll eine kindesschutzrechtliche Maßnahme **verschärft** werden, etwa weil die in der Ausgangsentscheidung angeordnete Maßnahme nicht (mehr) zur Gefahrenabwehr geeignet ist oder weil sich nun doch die Notwendigkeit für eine kindesschutzrechtliche Maßnahme ergibt, nachdem im Ausgangsverfahren eine solche noch nicht gesehen wurde (vgl. § 166 Abs. 3 FamFG), so kann der Prüfungsmaßstab nur § 1666, 1666a BGB entnommen werden.[7]

▶ *Ausführlich zu den Abänderungsmaßstäben im Übrigen, insbesondere in Fallkonstellationen des Sorgerechts nichtverheirateter Eltern siehe Gottschalk, § 1696 BGB, Rn. 5 ff.*

2. Verfahrensrechtliche Besonderheiten

10   Das Abänderungsverfahren nach § 166 Abs. 1 FamFG ist ein selbständiges Verfahren, sofern es eingeleitet wird. **Die Einleitung erfolgt von Amts wegen,**[8] nach pflichtgemäßem Ermessen des Gerichts[9] und muss erfolgen, wenn das Vorliegen der Voraussetzungen des § 1696 BGB naheliegt. Eines **Antrages bedarf es nicht,** hierbei handelt es sich um eine Anregung. Von der Einleitung darf z.B. abgesehen werden, wenn sich die erneute Anregung als rechtsmissbräuchlich darstellt[10], weil die abzuändernde Entscheidung gerade erst ergangen ist. Die Einleitung muss nicht **notwendigerweise durch Beschluss erfolgen, sondern auch durch verfahrensfördernde Handlungen des Gerichts** (Anlegen einer Akte, Mitteilung an die Beteiligten, dass ein Abänderungsverfahren durchgeführt wird etc.).[11] Sieht das Gericht von einer Einleitung ab, so muss es gem. § 24 Abs. 2 FamFG denjenigen, der das Verfahren angeregt hat, hierüber unterrichten. Über den gestellten Antrag muss es nicht entscheiden.[12] Gegen die Ablehnung der Einleitung des Abänderungsverfahrens kann aber derjenige, der die Einleitung des Verfahrens i.S.d. § 24 FamFG angeregt hat, Beschwerde einlegen. Diese ist statthaft (§§ 58, 59 FamFG), sofern er durch die ablehnende Entscheidung in eigenen subjektiven Rechten betroffen ist.[13]

11   Bei **gerichtlich gebilligten Vergleichen** bedarf es jedoch eines Abänderungsantrages eines Elternteils, denn das Gericht soll nicht von sich aus in eine einvernehmliche Elternvereinbarung eingreifen dürfen,[14] sofern nicht die Schwelle des § 1666 BGB überschritten ist. Dasselbe gilt für Verfahren nach § 1671 Abs. 1 Satz 2 Nr. 1 BGB, weil hier die elterliche Sorge auf einer gemeinsamen Elternentscheidung beruht.[15]

12   Die **örtliche Zuständigkeit** ist nach den §§ 152 ff FamFG neu zu bestimmen. Ist das mit der Entscheidung über die Notwendigkeit einer Abänderung zunächst befasste Gericht hiernach nicht zuständig, muss es das (nunmehr) zuständige Gericht über die seiner Ansicht nach bestehende Notwendigkeit der Einleitung eines solchen Verfahrens in Kenntnis setzen (siehe *Keuter*, § 152 FamFG, Rn. 13 ff.; siehe unten Rn. 18).

13   Es gilt der Amtsermittlungsgrundsatz (§ 26 FamFG). Eine **Feststellungslast gibt es nicht.**[16] Während jedoch in Verfahren nach § 1696 Abs. 1 BGB im Ergebnis die „Anre-

---

7 BVerfG FamRZ 2009, 1472; Müko-FamFG/*Heilmann*, § 166 FamFG Rn. 11; Staudinger/*Coester*, § 1696 Rn. 16
8 OLG Frankfurt FamRZ 2013, 1238
9 Staudinger/*Coester*, § 1696 Rn. 135
10 Staudinger/*Coester*, § 1696 Rn. 135
11 A.A. *Meysen*, PraxiskommentarFamFG, § 166 FamFG Rn. 8: grundsätzlich Beschluss
12 OLG Frankfurt, Beschl. v. 31.3.2015 – 5 UF 272/14, juris (Abänderung einer Umgangsentscheidung)
13 OLG Frankfurt, Beschl. v. 31.3.2015 – 5 UF 272/14, juris
14 Staudinger/*Coester*, § 1696 Rn. 136
15 Staudinger/*Coester*, § 1696 Rn. 136, 44, 70, 75
16 Staudinger/*Coester*, § 1696 Rn. 138; **anders** OLG Frankfurt FamRZ 2013, 1238

gung" eines Elternteils ohne Erfolg bleibt, wenn die Abänderungsschwelle nicht erreicht ist, so kann die Fortdauer von kindesschutzrechtlichen Maßnahmen nicht damit begründet werden, dass die Eltern das Fehlen einer – vormals gegebenen – Gefährdungssituation nicht substantiiert vorgetragen bzw. nachgewiesen hätten.[17]

Der **Beschleunigungsgrundsatz** (§ 155 FamFG) ist in diesen Verfahren ebenso zu beach-   **14** ten, wie die Vorschrift des § 158 FamFG zum **Verfahrensbeistand** und die **Anhörungs- und Beteiligungsvorschriften**. Wird zunächst vom Gericht zu prüfen sein, ob eine wesentliche Änderung tatsächlich eingetreten ist, so sollte mit der Bestellung des Verfahrensbeistandes abgewartet werden (vgl. *Keuter*, § 158, Rn. 22 ff.). Ebenso kann von einzelnen Verfahrenshandlungen, z.B. einer Kindesanhörung, abgesehen werden, wenn bspw. das Abänderungsverfahren nach dem Vorbringen des Vaters eingeleitet wurde, aber bereits nach dem Bericht des Jugendamtes und einem Anhörungstermin mit den Eltern zur Überzeugung des Gerichts feststeht, dass die Abänderungsvoraussetzungen nicht gegeben sind.

II. Überprüfungsverfahren bei Maßnahmen (Abs. 2)

1. Kinderschutzrechtliche Maßnahmen von längerer Dauer

Kinderschutzrechtliche Maßnahmen, die länger andauern, müssen regelmäßig **von Amts**   **15** **wegen** durch das Gericht daraufhin überprüft werden, ob ihre Anordnung noch notwendig ist. Dies gebietet der Verhältnismäßigkeitsgrundsatz. Kindesschutzrechtliche Maßnahmen i.S.d. § 166 Abs. 2 sind solche Maßnahmen, die nach **§§ 1666, 1666a, 1667 BGB** angeordnet werden, insbesondere der Entzug der elterlichen Sorge oder von Teilen hiervon, aber auch Verbleibensanordnungen gem. § 1632 Abs. 4 BGB.[18] Die Maßnahmen müssen sich über einen **längeren Zeitraum erstrecken**. Hieran wird es fehlen, wenn sich die Maßnahme mit der einmaligen Befolgung erledigt (z.B. Vorstellen beim Kinderarzt) oder in der Ersetzung einer einzelnen Erklärung (Unterzeichnung eines Vertrages mit einer Kinderbetreuungseinrichtung; § 1666 Abs. 3 Nr. 5 BGB) liegt. Maßnahmen, **die weniger als drei Monate** andauern, sind jedenfalls nicht „von längerer Dauer".[19]

2. Angemessener Zeitraum

Das Familiengericht trifft eine **wiederkehrende Überprüfungspflicht** (anders als bei   **16** Abs. 3, siehe unten Rn. 19 ff.), solange die Maßnahme andauert. In welchen Zeitabständen eine Überprüfung angezeigt ist, liegt im **Ermessen des Gerichts** und wird sich an

- Art und Anlass der Maßnahme,

- dem Alter des Kindes sowie

- dem Zeitrahmen, der benötigt wird, um Erfolg oder Misserfolg einer **jugendhilferechtlichen Maßnahme beurteilen zu können**,

orientieren und auch von der Einschätzung des Gerichts hinsichtlich der **Wahrscheinlichkeit einer Besserung der Situation** des Kindes abhängen.

Dabei ist einerseits dem Gesichtspunkt Rechnung zu tragen, dass sich alle Beteiligten, insbesondere das Kind ggf. an eine neue Lebenssituation gewöhnen und sich möglicherweise auf veränderte Umstände einstellen müssen. Diese Entwicklung wird möglicherweise durch ein erneutes Überprüfungsverfahren gestört. Andererseits muss gerade bei kleinen Kindern und intensiven Eingriffen wie einer Fremdplatzierung davon ausgegangen werden, dass neue Bindungen entstehen, deren Abbruch eine erneute Kindeswohlgefähr-

---

17 Staudinger/*Coester*, § 1696 Rn. 138
18 OLG Frankfurt ZKJ 2014, 292
19 MüKo-FamFG/*Heilmann*, § 166 FamFG Rn. 18

dung nach sich ziehen kann. Orientiert an Abs. 3 sollte die Überprüfung nach Abs. 2 **frühestens nach drei Monaten und spätestens nach zwei Jahren** erfolgen.[20] Länger als zwei Jahre abzuwarten, kann nur in Ausnahmefällen gerechtfertigt sein.[21]

3. Durchführung/Verfahrensrechtliche Besonderheiten

17 Das Überprüfungsverfahren nach § 166 Abs. 2 FamFG stellt ein **spezielles Verfahren** dar, welches allein auf die Beantwortung der Frage ausgerichtet ist, ob ein Abänderungsverfahren nach Abs. 1 mit dem Ziel der Änderung der Entscheidung nach § 1666, 1666a BGB eingeleitet werden muss und setzt das ursprüngliche Verfahren fort.[22] Alle Zuständigkeiten bleiben damit erhalten. Es wird von Amts wegen vom Ursprungsrichter eingeleitet, ein entsprechender Antrag stellt eine Anregung i.S.d. § 24 FamFG dar. Im Überprüfungsverfahren sollten **alle Erkundigungen** eingeholt werden, die dem Gericht die Beantwortung der Frage, ob ein Abänderungsverfahren einzuleiten ist oder nicht, ermöglichen. Der Umfang der Erkundigungen liegt im pflichtgemäßen Ermessen des Gerichts. Dies umfasst insbesondere die **Einholung einer Stellungnahme beim Jugendamt** und ggf. beim Vormund oder Pfleger und kann sich auch hierin erschöpfen.[23]

18 Gelangt das Gericht hiernach zu dem **Ergebnis**, dass hinreichende Gründe für das Vorliegen von Abänderungsgründen bestehen, so leitet es ein **Abänderungsverfahren gem. § 1696 Abs. 1 FamFG ein** (siehe hierzu oben Rn. 10). Ergeben sich aus Sicht des Gerichts hingegen keine Anhaltspunkte für das Vorliegen von Abänderungsgründen, endet das Überprüfungsverfahren mit einem entsprechenden **Vermerk in den Akten**, dessen Inhalt den Eltern, dem Jugendamt, ggf. dem Vormund oder Pfleger und den Pflegeeltern und dem verfahrensfähigen Kind **zur Kenntnis** zu bringen ist und ohne eine darüberhinausgehende Veranlassung durch das Gericht. Gegen die Entscheidung kein Verfahren einzuleiten, kann Beschwerde eingelegt werden, wenn eine Verletzung in subjektiven Rechten gegeben ist.[24] Ausführlich hierzu siehe oben Rn. 10. Hat das Kind zwischenzeitlich seinen gewöhnlichen Aufenthaltsort gewechselt, sollte ein Vermerk mit der Anregung der Einleitung eines Abänderungsverfahrens an das neue Gericht des gewöhnlichen Aufenthalts übermittelt werden.

III. Überprüfungsverfahren bei Absehen von Maßnahmen (Abs. 3)

1. Absehen von Maßnahmen nach §§ 1666 bis 1667 BGB

19 Das Gericht trifft auch dann eine – einmalige – Überprüfungspflicht, wenn es von Maßnahmen nach den §§ 1666 bis 1667 BGB abgesehen hat. Das vorangegangene Verfahren muss jedoch abgeschlossen sein (siehe Rn. 6). Wurde es nur (faktisch) ruhend gestellt (wovon allerdings abzusehen ist), so ist das Ausgangsverfahren fortzuführen. Mit der Überprüfungspflicht nach Abs. 3 FamFG soll sichergestellt werden, dass eine zum Handeln Anlass gebende **Kindeswohlgefährdung nicht übersehen wurde** oder nunmehr – im Vergleich zum Ausgangsverfahren – ein familiengerichtliches Einschreiten geboten ist, weil die Schwelle zur Kindeswohlgefährdung überschritten wird. Überprüft werden kann auch, ob die Eltern ihnen angebotene Hilfen nach dem SGB VIII angenommen haben bzw. ob eine in Aussicht gestellte Kooperation mit dem Jugendamt funktioniert. Die Regelung des

---

20 So auch MüKo-FamFG/*Heilmann*, § 166 FamFG Rn. 20; Musielak/Borth-FamFG/*Grandel*, § 166 FamFG Rn. 4, schlagen eine Überprüfung nach 6 bis 12 Monaten bei einer Herausnahme des Kindes aus dem elterlichen Haushalt vor, wenn nicht auszuschließen ist, dass sich die maßgeblichen Verhältnisse bei den Eltern alsbald wieder beruhigen.
21 Vgl. *Meysen* in Praxiskommentar Familienverfahrensrecht, § 166 FamFG Rn. 5
22 Musielak/Borth-FamFG/*Grandel*, § 166 FamFG Rn. 4
23 MüKo-FamFG/*Heilmann*, § 166 FamFG Rn. 23
24 OLG Frankfurt, Beschl. v. 31.3.2015 – 5 UF 272/14, juris

Abs. 3 ermutigt das Familiengericht damit zu einem förmlichen Abschluss des Kindes-schutzverfahrens. Eines beobachtenden Zuwartens bedarf es nicht.

Wurde im Ausgangsverfahren von der Einleitung von Maßnahmen zur Abwendung einer **20**
Kindeswohlgefährdung abgesehen, weil ganz offensichtlich und eindeutig eine solche
nicht bestand, kann von einer Überprüfung abgesehen werden.

2. Angemessener Zeitabstand

Das Gesetz nennt als angemessenen Zeitabstand bereits die Dauer von **3 Monaten als** **21**
Regelfall. Dieser Zeitraum kann auch über- oder unterschritten werden, sollte jedoch nur
in begründeten Einzelfällen von der im Gesetz vorgegebenen Frist abweichen[25].

3. Häufigkeit

Im Gegensatz zu Abs. 2 sieht Abs. 3 nach seinem Wortlaut nur eine einmalige Überprü- **22**
fung vor.[26]

Unabhängig hiervon bleibt das Jugendamt gleichwohl in der Pflicht, im Rahmen seiner
Funktion als staatliches Wächteramt, mit der Familie in Kontakt zu bleiben und ihr ggf.
Hilfen anzubieten, sofern es dies als notwendig erachtet. Auch kann es jederzeit mit Blick
auf § 8a Abs. 2 SGB VIII ein neues Verfahren anregen, wenn sich die Situation in der Familie
aus seiner Sicht verschlechtert.

▶ *Zur Zuständigkeit und zum Verfahren siehe Rn. 17 f.*

IV. Gerichtliche Entscheidung

Die Entscheidung über die Abänderung nach Absatz 1 ergeht durch Beschluss (§ 38 **23**
FamFG), der nach §§ 58 ff. FamFG anfechtbar ist. Es bedarf einer instanzabschließenden
Sachentscheidung, die auch in der Feststellung liegen kann, dass derzeit keine Gründe für
eine Änderung des Status quo gegeben sind. Der Tenor lautet dann: „Es wird festgestellt,
dass der Beschluss/der gerichtlich gebilligte Vergleich des Familiengerichts … vom … nicht
abzuändern ist."[27]

Das Ergebnis der Überprüfung nach den Abs. 2 und 3 wird jeweils als gerichtlicher Vermerk **24**
in den Akten festgehalten (siehe Rn. 16).[28] Die Entscheidung, dass ein Verfahren nach
Abs. 1 eingeleitet wird, kann auch durch Beschluss ergehen oder durch ein entsprechendes
Tätigwerden des Gerichts nach außen dokumentiert werden.

▶ *Zur Frage der Anfechtbarkeit der Entscheidung, ob ein Verfahren eingeleitet wird oder*
nicht siehe Dürbeck, § 58 FamFG Rn. 3.

V. Kosten, Verfahrenswert, Verfahrenskostenhilfe

Auch hier ist zu trennen, zwischen der Vorfrage, ob ein Abänderungsverfahren eingeleitet **25**
wird (= Überprüfungsverfahren ohne kostenrechtliche Relevanz) und dem sich – möglicherweise – anschließenden Abänderungsverfahren.

Das Verfahren nach § 166 Abs. 1 FamFG gilt gem. § 31 Abs. 2 Satz 1 FamGKG als besonde- **26**
res Verfahren im kostenrechtlichen Sinne, nicht aber die Überprüfungsverfahren nach
§ 166 Abs. 2 und 3 FamFG, § 31 Abs. 2 Satz 2 FamGKG, die auch nach der Aktenordnung
nicht als eigenständiges Verfahren zu behandeln sind. Hinsichtlich der Rechtsanwaltsge-

---

25 MüKo-FamFG/*Heilmann*, § 166 FamFG Rn. 28
26 Keine „Dauerkontrolle": BT-Drucks. 16/8914, 12
27 OLG Frankfurt FamRZ 2013, 1238
28 *Heilmann*, NJW 2013, 16, 20

bühren handelt es sich beim Abänderungsverfahren um eine neue Angelegenheit, für die der Rechtsanwalt Gebühren fordern kann.[29]

27 Auf Verfahren, die auf die **Abänderung** bereits ergangener Sorgerechtsentscheidungen abzielen (§ 1696 BGB), ist § 45 Abs. 1 Nr. 1 FamGKG anzuwenden, das heißt im Regelfall beträgt der Verfahrenswert 3.000,00 Euro.[30]

28 Verfahrenskostenhilfe ist zwar nicht für das Überprüfungsverfahren, jedoch in Abänderungsverfahren zu bewilligen, sofern die Voraussetzungen des § 76 FamFG vorliegen.[31]

▶ *Dürbeck, § 76 FamFG Rn. 1 ff.*

C. Übersicht: Überprüfungs- und Abänderungsverfahren

29

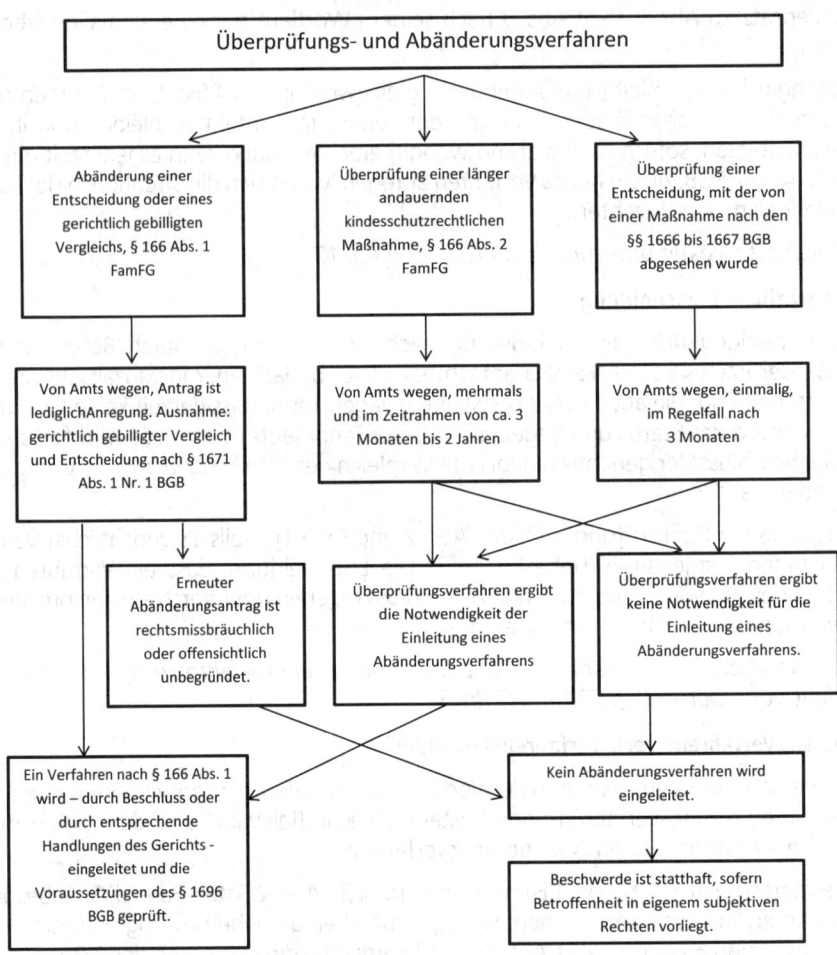

---

29 Prütting/Helms/*Stößer*, § 166 FamFG Rn.10, a.A. Musielak/Borth-FamFG/*Grandel*, § 166 FamFG Rn. 7
30 BeckOK-Streitwert/*Dürbeck*, Sorgerechtsverfahren, Rn. 6
31 OLG Naumburg FUR 2012, 206; differenzierend: MüKo-FamFG/*Heilmann*, § 166 FamFG Rn. 19: nicht für die Überprüfung nach § 166 Abs. 2, 3 FamFG, ob ein Abänderungsverfahren eingeleitet wird

§ 167 FamFG Anwendbare Vorschriften bei Unterbringung Minderjähriger

(1) [1]In Verfahren nach § 151 Nr. 6 sind die für Unterbringungssachen nach § 312 Nr. 1, in Verfahren nach § 151 Nr. 7 die für Unterbringungssachen nach § 312 Nr. 3 geltenden Vorschriften anzuwenden. [2]An die Stelle des Verfahrenspflegers tritt der Verfahrensbeistand.

(2) Ist für eine Kindschaftssache nach Absatz 1 ein anderes Gericht zuständig als dasjenige, bei dem eine Vormundschaft oder eine die Unterbringung erfassende Pflegschaft für den Minderjährigen eingeleitet ist, teilt dieses Gericht dem für das Verfahren nach Absatz 1 zuständigen Gericht die Anordnung und Aufhebung der Vormundschaft oder Pflegschaft, den Wegfall des Aufgabenbereichs Unterbringung und einen Wechsel in der Person des Vormunds oder Pflegers mit; das für das Verfahren nach Absatz 1 zuständige Gericht teilt dem anderen Gericht die Unterbringungsmaßnahme, ihre Änderung, Verlängerung und Aufhebung mit.

(3) Der Betroffene ist ohne Rücksicht auf seine Geschäftsfähigkeit verfahrensfähig, wenn er das 14. Lebensjahr vollendet hat.

(4) In den in Absatz 1 Satz 1 genannten Verfahren sind die Elternteile, denen die Personensorge zusteht, der gesetzliche Vertreter in persönlichen Angelegenheiten sowie die Pflegeeltern persönlich anzuhören.

(5) Das Jugendamt hat die Eltern, den Vormund oder den Pfleger auf deren Wunsch bei der Zuführung zur Unterbringung zu unterstützen.

(6) [1]In Verfahren nach § 151 Nr. 6 und 7 soll der Sachverständige Arzt für Kinder- und Jugendpsychiatrie und -psychotherapie sein. [2]In Verfahren nach § 151 Nr. 6 kann das Gutachten auch durch einen in Fragen der Heimerziehung ausgewiesenen Psychotherapeuten, Psychologen, Pädagogen oder Sozialpädagogen erstattet werden.

Übersicht

A. Allgemeines

1   Die Norm enthält besondere Verfahrensvorschriften für die zivilrechtlichen und öffentlich-rechtlichen Unterbringungen Minderjähriger. Damit soll der Grundrechtsgarantie des Art. 104 Abs. 1 Satz 1 GG Rechnung getragen werden. Nach Art. 104 Abs. 1 Satz 1 GG darf das Recht des Kindes auf persönliche Freiheit (Art. 2 Abs. 2 Satz 2 GG) nur auf Grund eines förmlichen Gesetzes und nur unter Beachtung der darin vorgeschriebenen Formen beschränkt werden. Der Inhalt und die Reichweite der Formvorschriften sind von den Gerichten stets so auszulegen, dass sie eine der Bedeutung des Grundrechts angemessene Wirkung entfalten, schon um einer Aushöhlung und Entwertung des Rechts des Kindes auf persönliche Freiheit über das Verfahrensrecht entgegenzuwirken.[1]

B. Inhalt der Norm

2   Die Norm enthält Sonderregelungen für das Unterbringungsverfahren bei Minderjährigen. Da die Genehmigung wie auch die Anordnung der freiheitsentziehenden Unterbringung Kindschaftssachen nach § 151 FamFG sind, gelten die allgemeinen Vorschriften für Verfahren in Kindschaftssachen, soweit nicht die Sonderregelungen des § 167 FamFG sowie in Fällen der öffentlich-rechtlichen Unterbringung die jeweiligen Regelungen des Landesrechts greifen.[2] Ein Verständnis der Regelung des § 167 FamFG als abschließende Norm würde bedeuten, dass die Rechte des Kindes, die sich u.a. aus den §§ 155 ff. FamFG ergeben, verkürzt würden, obwohl die freiheitsentziehende Unterbringung einen besonders schweren Eingriff in das Recht des Kindes auf persönliche Freiheit (Art. 2 Abs. 2 Satz 2 GG) darstellt. Soweit Vorschriften des Allgemeinen Teils zur Anwendung kommen, sind grundsätzlich diejenigen für Familiensachen anzuwenden.[3]

---

1 BVerfG NJW 2007, 3560, 3561
2 Der Gesetzgeber hat sich diesbezüglich nicht eingelassen. Wohl a.A. BGH ZKJ 2013, 74, 75, der § 167 FamFG in Bezug auf die Fälle i.S.d. § 151 Nr. 6 FamFG als abschließende Regelung betrachtet, die Wertung der §§ 155 ff. FamFG jedoch bei der Auslegung des § 167 FamFG berücksichtigt wissen will. In anderen Entscheidungen, wie beispielsweise BGH ZKJ 2012, 444, 445, wendet der BGH aber einzelne Normen der §§ 155 ff. FamFG direkt an. Auf die jeweiligen Regelungen der einschlägigen Landesgesetze geht der BGH nicht ein.
3 Fröschle/*Fröschle*, § 312 FamFG Rn. 9; MüKo-FamFG/*Heilmann*, § 167 FamFG Rn. 5

I. Verfahren nach § 151 Nr. 6 FamFG

Für Verfahren nach § 151 Nr. 6 FamFG, die die Genehmigung der Unterbringung des Kindes nach § 1631b BGB, die Anordnung von Unterbringungsmaßnahmen nach § 1846 BGB sowie die Genehmigung der Unterbringung des Kindes durch den Vormund nach § 1800 i.V.m. § 1631b BGB und durch den Pfleger nach § 1915 i.V.m. § 1800 i.V.m. § 1631b BGB betreffen, sind die für die genehmigungspflichtige Unterbringung Erwachsener geltenden Vorschriften der §§ 312 Nr. 1 ff. FamFG – mit einigen Besonderheiten – als Sondervorschriften anzuwenden.

3

1. Einleitung des Verfahrens

Das Verfahren ist kein Antragsverfahren. Der gesetzliche Vertreter bzw. die gesetzlichen Vertreter – die das Aufenthaltsrecht für das Kind haben – müssen jedoch zu erkennen geben, dass sie die Genehmigung für die Unterbringung des Kindes wünschen. Fehlt es daran, kann das Verfahren nicht weitergeführt werden, denn das Gericht genehmigt lediglich die Unterbringung des Kindes durch den bzw. die gesetzliche(n) Vertreter. Die Beendigung des Verfahrens ist dann durch Beschluss festzustellen. Ggf. kann aber von Amts wegen ein Verfahren nach § 1666 BGB eingeleitet werden.[4]

4

2. Zuständigkeit

Sachlich zuständig ist das Familiengericht, da es sich bei der Genehmigung der Unterbringung um eine Kindschaftssache handelt (vgl. § 23 Abs. 1 Satz 1 GVG).[5]

5

Welches Gericht **örtlich ausschließlich** zuständig ist, richtet sich nach § 167 Abs. 1 Satz 1 i.V.m. § 313 Abs. 1, Abs. 2 FamFG.

6

Für das **Hauptsacheverfahren** gilt nach § 313 Abs. 1 FamFG folgende Rangfolge:

7

- Nr. 1: das Gericht, bei dem ein Verfahren zur Bestellung eines Vormunds eingeleitet oder das Vormundschaftsverfahren anhängig ist bzw. war; d.h. ist ein Vormund bereits bestellt, ist das Gericht der Bestellung zuständig,[6]
- Nr. 2: das Gericht, in dessen Bezirk der gewöhnliche Aufenthalt des Kindes ist,
- Nr. 3: das Gericht, in dessen Bezirk das Bedürfnis für die Unterbringungsmaßnahme hervortritt; ist das Kind bereits in einer geschlossenen Einrichtung, gibt die Einrichtung den Ausschlag.[7]

Für das **einstweilige Anordnungsverfahren** und **einstweilige Maßregeln** nach § 1846 BGB ist nach § 313 Abs. 2 FamFG **auch** das Gericht zuständig, in dessen Bezirk das Bedürfnis für die Unterbringungsmaßnahme bekannt wird. Zur Vermeidung doppelter Verfahren ist ggf. dem Gericht, welches nach § 313 Abs. 1 Nr. 1, Nr. 2 FamFG in der Hauptsache zuständig ist bzw. wäre, Mitteilung zu machen. Ist bereits parallel ein Hauptsacheverfahren eingeleitet worden, ist die Sonderzuständigkeit nach § 313 Abs. 2 FamFG subsidiär und tritt neben die bestehen bleibende oder parallel begründete Zuständigkeit des Hauptsachegerichts. Lehnen beide Gerichte ein Tätigwerden unter Hinweis auf die gleichzeitig bestehende Zuständigkeit des jeweils anderen Gerichts ab, gebührt der Vorrang dem Gericht, das zeitlich als erstes tätig geworden ist.

8

Funktionell zuständig ist der Richter, Art. 104 Abs. 2 Satz 1 GG.[8]

9

---

4 BVerfG NJW 2007, 3560, 3562; MüKo-FamFG/*Heilmann*, § 167 FamFG Rn. 9
5 Hierzu MüKo-FamFG/*Heilmann*, § 151 FamFG Rn. 3
6 Vgl. BT-Drucks. 16/6308, 272 f.; OLG Brandenburg FamRZ 2010, 2019, 2020
7 Fröschle/*Fröschle*, § 313 FamFG Rn. 4; vgl. MüKo-FamFG/*Heilmann*, § 167 FamFG Rn. 7
8 Hierzu MüKo-FamFG/*Heilmann*, § 151 FamFG Rn. 46

3. Abgabe an ein anderes Gericht (§ 4 und § 167 Abs. 1 Satz 1 i.V.m. § 314 FamFG)

10 Eine Abgabe ist nach § 4 FamFG aus wichtigem Grund möglich, wenn sich das andere Gericht zur Übernahme bereit erklärt hat.

11 Ferner ist eine Abgabe nach § 167 Abs. 1 Satz 1 i.V.m. § 314 FamFG möglich, wenn sich das Kind im Bezirk des anderen Gerichts aufhält und die Unterbringungsmaßnahme dort vollzogen werden soll. Das Gericht hat über eine Abgabe nach pflichtgemäßem Ermessen zu entscheiden und muss in seine Entscheidung beispielsweise einbeziehen, dass das Gericht des gewöhnlichen Aufenthalts des Kindes eher die bisherigen Lebensverhältnisse des Kindes ermitteln kann.[9]

4. Mitteilungspflicht (§ 167 Abs. 2 FamFG)

12 Bei einem Auseinanderfallen des Gerichts, bei dem das Unterbringungsverfahren anhängig ist, und des Gerichts, bei dem ein Vormundschaftsverfahren bzw. Pflegschaftsverfahren anhängig ist, bestehen zur Vermeidung widersprüchlicher Entscheidungen wechselseitige Informationspflichten.

5. Verfahrensbeteiligte (§ 167 Abs. 1 Satz 1 i.V.m. § 315, § 167 Abs. 1 Satz 2, Abs. 3 FamFG)

a. Muss-Beteiligte

13 An dem Unterbringungsverfahren **müssen beteiligt werden**:

- das **betroffene Kind**, wenn es das 14. Lebensjahr vollendet hat (§ 167 Abs. 1 Satz 1 i.V.m. § 315 Abs. 1 Nr. 1, § 167 Abs. 3 FamFG),
- der bzw. die **gesetzliche(n) Vertreter** des Kindes; d.h. die sorgeberechtigten Eltern, der Vormund oder der Pfleger mit entsprechendem Aufgabenkreis (§ 167 Abs. 1 Satz 1 i.V.m. § 315 Abs. 1 Nr. 2 FamFG i.V.m. § 1902 BGB),
- die **Verfahrensbeiständin** bzw. der **Verfahrensbeistand**, wenn sie bzw. er nach § 167 Abs. 1 Satz 1 i.V.m. § 317 Abs. 1 Satz 1 bestellt worden ist (§ 167 Abs. 1 Satz 1 i.V.m. § 315 Abs. 2, § 167 Abs. 1 Satz 2 FamFG),
- das **Jugendamt** – wenn es zuständige Behörde und nicht bereits Antragsteller ist – auf seinen Antrag hin nach § 167 Abs. 1 Satz 1 i.V.m. § 315 Abs. 3 FamFG; wenn es nicht zuständige Behörde ist, auf seinen Antrag hin nach § 162 Abs. 2 Satz 2 FamFG,
- die **zuständige Behörde**, wenn sie nicht bereits das Jugendamt ist, auf ihren Antrag hin (§ 167 Abs. 1 Satz 1 i.V.m. § 315 Abs. 3 FamFG).

14 Die **Verfahrensbeiständin** bzw. der **Verfahrensbeistand** wird nach den Voraussetzungen des § 167 Abs. 1 Satz 1 i.V.m. § 317 FamFG bestellt.[10] Die Rechtsfolgen der Bestellung richten sich nach den Vorschriften des § 167 Abs. 1 Satz 2 i.V.m. § 158 Abs. 3 bis Abs. 7 FamFG.[11]

15 **Voraussetzung** für die Bestellung der Verfahrensbeiständin ist ihre Erforderlichkeit zur Wahrnehmung der Interessen des Kindes (§ 167 Abs. 1 Satz 1 i.V.m. § 317 Abs. 1 Satz 1 FamFG). Da die freiheitsentziehende Unterbringung einen besonders schweren Eingriff in das Recht des Kindes auf persönliche Freiheit (Art. 2 Abs. 2 Satz 2 GG) darstellt,[12] ist die Bestellung einer Verfahrensbeiständin grundsätzlich unumgänglich. Die Bestellung hat so

---

9 MüKo-FamFG/*Heilmann*, § 167 FamFG Rn. 7
10 BT-Drucks. 16/6308, 243; Keidel/*Engelhardt*, § 167 FamFG Rn. 3; MüKo-FamFG/*Heilmann*, § 167 FamFG Rn. 26 f.
11 MüKo-FamFG/*Heilmann*, § 167 FamFG Rn. 26 ff.; PK-Familienverfahrensrecht/*Meysen/Stötzel/Kindermann*, § 167 FamFG Rn. 11 ff.
12 BVerfG NJW 2007, 3560, 3561

früh wie möglich zu erfolgen, damit die Verfahrensbeiständin auch die Möglichkeit hat, den gebotenen Einfluss auf die Gestaltung und den Ausgang des Verfahrens zu nehmen.[13]

Da sich die **Rechtsfolgen** aus den § 158 Abs. 3 bis Abs. 7 FamFG ergeben, findet für die Vergütung der Verfahrensbeiständin auch die **sog. Pauschalierung** Anwendung. **16**

▶ *Zur Pauschalierung näher Keuter, § 158 FamFG Rn. 50 ff.*

b. Kann-Beteiligte

An dem Unterbringungsverfahren **können** im Interesse des Kindes nach pflichtgemäßem Ermessen **zu beteiligen sein**: **17**

- der **Ehegatte oder Lebensgefährte** des Kindes, wenn sie nicht dauerhaft getrennt leben (§ 167 Abs. 1 Satz 1 i.V.m. § 315 Abs. 4 Satz 1 Nr. 1 FamFG),

- die **Eltern**, die aufgrund von Entziehung der elterlichen Sorge oder von Teilen davon nicht die gesetzlichen Vertreter des Kindes sind, wenn das Kind bei ihnen lebt oder bei Einleitung des Verfahrens gelebt hat (§ 167 Abs. 1 Satz 1 i.V.m. § 315 Abs. 4 Satz 1 Nr. 1 FamFG),

- die **Pflegeeltern**, die das Kind bei Verfahrensbeginn in einem tatsächlichen Pflegeverhältnis haben, unabhängig von einem Pflegevertrag oder einer Pflegeerlaubnis nach § 44 Abs. 1 Satz 1 SGB VIII (§ 167 Abs. 1 Satz 1 i.V.m. § 315 Abs. 4 Satz 1 Nr. 1 FamFG),

- eine vom Kind benannte **Person seines Vertrauens** (§ 167 Abs. 1 Satz 1 i.V.m. § 315 Abs. 4 Satz 1 Nr. 2 FamFG),

- die **Leiterin** bzw. der **Leiter der Einrichtung**, in der das Kind lebt (§ 167 Abs. 1 Satz 1 i.V.m. § 315 Abs. 4 Satz 1 Nr. 3 FamFG).

6. Anhörung (§ 167 Abs. 1 Satz 1 i.V.m. § 319, § 320, § 167 Abs. 4 FamFG)

a. Persönliche Anhörung des Kindes

Die persönliche Anhörung des Kindes ist **unabhängig von seinem Alter** für das Familiengericht und das Beschwerdegericht[14] **zwingend**, § 167 Abs. 1 Satz 1 i.V.m. § 319 Abs. 1 FamFG. **18**

Die Verpflichtung zur Anhörung hat nicht den bloßen Zweck der Gewährung rechtlichen Gehörs. Vorrangiger Zweck im Unterbringungsverfahren ist es vielmehr, dem Richter einen persönlichen Eindruck von dem betroffenen Kind und der Art seiner Erkrankung zu verschaffen, damit er in den Stand gesetzt wird, ein klares und umfassendes Bild von der Persönlichkeit des unterzubringenden Kindes zu gewinnen und seiner Pflicht zu genügen, den ärztlichen Gutachten richterliche Kontrolle entgegenzusetzen. Der persönliche Eindruck des entscheidenden Richters gehört deshalb als Kernstück des Amtsermittlungsverfahrens (vgl. § 26 FamFG) zu den wichtigsten Verfahrensgrundsätzen des Unterbringungsrechts.[15] **19**

Daher kann das Gericht grundsätzlich **ohne Anhörung des Kindes** das **Verfahren nicht beenden**, auch wenn das Kind unentschuldigt vom Anhörungstermin fern bleibt.[16] **20**

Soweit es für die Verschaffung des persönlichen Eindrucks erforderlich ist, hat das Gericht das Kind in seiner **„üblichen Umgebung"** anzuhören, vgl. § 167 Abs. 1 Satz 1 i.V.m. § 319 Abs. 1 Satz 2 FamFG. Ist das Kind bereits untergebracht, erfolgt seine Anhörung in **21**

---

13 BVerfG, Kammerbeschluss vom 26. August 1999 – 1 BvR 1403/99, Rn. 26 (juris)
14 MüKo-FamFG/*Heilmann*, § 167 FamFG Rn. 11; vgl. BVerfG NJW 2007, 3560, 3562
15 Vgl. BVerfG NJW 1982, 691, 692
16 MüKo-FamFG/*Heilmann*, § 167 FamFG Rn. 11

der Einrichtung. Ein **Rechtshilfeersuchen** scheidet regelmäßig aus, § 167 Abs. 1 Satz 1 i.V.m. § 319 Abs. 4 FamFG. Eine persönliche Anhörung soll nur dann nach § 34 Abs. 2 FamFG **unterbleiben**, wenn hiervon erhebliche Nachteile für die Gesundheit des Kindes zu besorgen sind. Die Entscheidung darüber kann nur auf Grundlage eines ärztlichen Gutachtens erfolgen, § 167 Abs. 1 Satz 1 i.V.m. § 319 Abs. 3 FamFG. Verweigert das Kind seine Mitwirkung, kann es auch **vorgeführt werden**, § 167 Abs. 1 Satz 1 i.V.m. § 319 Abs. 5 FamFG.

22 Das **Gericht unterrichtet das Kind** über den möglichen Verlauf des Verfahrens, § 167 Abs. 1 Satz 1 i.V.m. § 319 Abs. 2 FamFG. Dabei soll das Kind in seiner seinem Alter entsprechenden Weise informiert werden, soweit nicht Nachteile für seine Entwicklung, Erziehung oder Gesundheit zu befürchten sind, § 159 Abs. 4 Satz 1 FamFG. Das Gericht soll dem Kind darüber hinaus bei dessen persönlicher Anhörung die **Anwesenheit der bestellten Verfahrensbeiständin** gestatten, § 159 Abs. 4 Satz 3 FamFG.[17]

b. Persönliche Anhörung des bzw. der gesetzliche(n) Vertreter des Kindes

23 Der bzw. die gesetzliche(n) Vertreter des Kindes d.h. die sorgeberechtigten Eltern, der Vormund oder der Pfleger mit entsprechendem Aufgabenkreis sind – **grundsätzlich zwingend**[18] – persönlich anzuhören (§ 167 Abs. 4 FamFG i.Vm. § 1902 BGB). Die persönliche Anhörung kann nur **unterbleiben**, wenn hiervon erhebliche Nachteile für die Gesundheit des Anzuhörenden zu besorgen sind oder der Anzuhörende offensichtlich nicht in der Lage ist, seinen Willen kundzutun, § 34 Abs. 2 FamFG. Bleibt der Anzuhörende, trotz ordnungsgemäßer Ladung, im Anhörungstermin **unentschuldigt** aus, kann das Verfahren ohne seine persönliche Anhörung beendet werden, wenn er auf die Folgen seines Ausbleibens zuvor hingewiesen wurde, § 34 Abs. 3 FamFG. Das **Beschwerdegericht** kann nur dann von einer nochmaligen persönlichen Anhörung absehen, wenn von einer erneuten Anhörung keine zusätzlichen Erkenntnisse zu erwarten sind, vgl. § 68 Abs. 3 Satz 2 FamFG.

c. Persönliche Anhörung der Pflegeeltern

24 Ferner sind die Pflegeeltern persönlich anzuhören, die das Kind bei Verfahrensbeginn in einem tatsächlichen Pflegeverhältnis haben, unabhängig von einem Pflegevertrag oder einer Pflegeerlaubnis nach § 44 Abs. 1 Satz 1 SGB VIII,[19] § 167 Abs. 4 FamFG. Die persönliche Anhörung kann nur **unterbleiben**, wenn hiervon erhebliche Nachteile für die Gesundheit des Anzuhörenden zu besorgen sind oder der Anzuhörende offensichtlich nicht in der Lage ist, seinen Willen kundzutun, § 34 Abs. 2 FamFG. Bleibt der Anzuhörende, trotz ordnungsgemäßer Ladung, im Anhörungstermin **unentschuldigt** aus, kann das Verfahren ohne seine persönliche Anhörung beendet werden, wenn er auf die Folgen seines Ausbleibens zuvor hingewiesen wurde, § 34 Abs. 3 FamFG. Ist das **Pflegeverhältnis** erst **seit kurzem beendet**, kommt eine Anhörung aufgrund des Amtsermittlungsgrundsatzes (§ 26 FamFG) in Betracht.[20]

---

17 BGH ZKJ 2012, 444, 445; MüKo-FamFG/*Heilmann*, § 167 FamFG Rn. 13
18 OLG Naumburg FamRZ 2010, 1919, 1920; MüKo-FamFG/*Heilmann*, § 167 FamFG Rn. 37 f., 40
19 MüKo-FamFG/*Heilmann*, § 167 FamFG Rn. 40; Keidel/*Engelhardt*, § 167 FamFG Rn. 9; vgl. BT-Drucks. 11/4528, 184
20 Keidel/*Engelhardt*, § 167 FamFG Rn. 9; MüKo-FamFG/*Heilmann*, § 167 FamFG Rn. 40

d. Anhörung der sonstigen Beteiligten

Das Gericht **hat** ferner die sonstigen Beteiligten anzuhören, § 167 Abs. 1 Satz 1 i.V.m. **25**
§ 320 Satz 1 FamFG. Dazu gehören:

- die **Verfahrensbeiständin** bzw. der **Verfahrensbeistand** als „Muss-Beteiligte" des Verfahrens, wenn sie bzw. er nach § 167 Abs. 1 Satz 1 i.V.m. § 317 Abs. 1 Satz 1 bestellt worden ist,

- das **Jugendamt** als „Muss-Beteiligter" des Verfahrens, unabhängig davon, ob es zuständige Behörde ist oder nicht,

- der **Ehegatte oder Lebensgefährte** des Kindes, wenn sie nicht dauerhaft getrennt leben,

- die **Eltern**, die aufgrund von Entziehung der elterlichen Sorge oder von Teilen davon nicht die gesetzlichen Vertreter des Kindes sind, wenn das Kind bei ihnen lebt oder bei Einleitung des Verfahrens gelebt hat,

- eine vom Kind benannte **Person seines Vertrauens**,

- die **Leiterin** bzw. der **Leiter der Einrichtung**, in der das Kind lebt.

e. Anhörung der zuständigen Behörde

Darüber hinaus **soll** das Gericht die zuständige Behörde anhören, § 167 Abs. 1 Satz 1 **26**
i.V.m. § 320 Satz 2 FamFG. Die Anhörung der zuständigen Behörde soll unabhängig von der Beteiligtenstellung erfolgen.[21]

7. Sachverständigengutachten (§ 167 Abs. 1 Satz 1 i.V.m. § 321, § 322, § 167 Abs. 6 FamFG)

Vor einer freiheitsentziehenden Unterbringung hat das Gericht stets eine förmliche Be- **27**
weisaufnahme (§ 30 FamFG) vorzunehmen durch Einholung eines Gutachtens eines Sachverständigen, § 167 Abs. 1 Satz 1 i.V.m. § 321 FamFG. Der Sachverständige hat das Kind vor der Erstattung des Gutachtens persönlich zu untersuchen oder zu befragen.

Die **gutachterliche Beurteilung** muss sich erstrecken auf: **28**

- die Notwendigkeit der Freiheitsentziehung, § 167 Abs. 1 Satz 1 i.V.m. § 321 Abs. 1 Satz 1 FamFG,

- die voraussichtliche Dauer der Unterbringung, § 167 Abs. 1 Satz 1 i.V.m. § 321 Abs. 1 Satz 3 FamFG.

Zur Sicherstellung der Begutachtung kann die **Vorführung** des Kindes (§ 322 i.V.m. § 283 **29**
Abs. 1 Satz 1 FamFG) und als ultima ratio die geschlossene **Unterbringung** für höchstens sechs Wochen (§ 322 i.V.m. § 284 Abs. 1, Abs. 2 FamFG) angeordnet werden. In beiden Fällen **muss** das Kind zuvor persönlich angehört werden. Vor einer Unterbringung zum Zweck der Begutachtung ist zusätzlich der Sachverständige anzuhören.

Der Sachverständige soll **Arzt für Kinder- und Jugendpsychiatrie und –psychothera- 30
pie** sein, § 167 Abs. 6 Satz 1 FamFG. **Ausnahmsweise**[22] kann das Gutachten auch durch einen in Fragen der Heimerziehung ausgewiesenen Psychotherapeuten, Psychologen, Pädagogen oder Sozialpädagogen erstattet werden, § 167 Abs. 6 Satz 2 FamFG. Das Gericht hat nach pflichtgemäßen Ermessen zu prüfen, ob eine Gutachtenerstattung nach § 167 Abs. 6 Satz 2 FamFG ausreicht, da es sich gerade bei stark verhaltensauffälligen Kindern, für die eine geschlossene Unterbringung in Betracht kommt, um eine psychiatrische Hoch-

---

21 Fröschle/*Jox*, § 320 FamFG Rn. 1
22 BT-Drucks. 16/6308, 243

risikogruppe handelt, für die im Regelfall eine psychiatrische Begutachtung erforderlich ist. Etwas anderes kann lediglich dann gelten, wenn von vornherein nur eine Unterbringung in einem Heim der Kinder- und Jugendhilfe (vgl. § 34 SGB VIII) in Betracht kommt, ohne dass ein psychiatrischer Hintergrund im Raum steht.[23]

31   **In Fragen der Heimerziehung ausgewiesen** ist ein Gutachter dann, wenn er unzweifelhaft über eine mehrjährige Erfahrung einer wissenschaftlichen und praktischen Tätigkeit mit Kindern in geschlossenen Einrichtungen der Kinder- und Jugendhilfe verfügt und seine Fähigkeit und Erfahrung das durchschnittliche Können seiner Fachkollegen übertrifft.[24]

32   Der Arzt bzw. Gutachter, der die Unterbringungsmaßnahme angeregt hat, scheidet wegen **Voreingenommenheit** als Sachverständiger aus.[25] Der Bestellung eines Arztes steht aber grundsätzlich nicht entgegen, dass er das Kind, etwa im Rahmen einer (vorläufigen) Unterbringung, bereits behandelt hat. Dies folgt aus dem Umkehrschluss aus § 167 Abs. 1 Satz 1 i.V.m. § 321 Abs. 1 Satz 5, § 329 Abs. 2 Satz 2 FamFG.[26] Jedoch sind die bei der Vorbehandlung erhobenen Befunde im Rahmen des Gutachtens nur verwertbar, wenn der gesetzliche Vertreter des Kindes den Sachverständigen von seiner ärztlichen Schweigepflicht entbindet.[27]

▶   *Zum Sachverständigen in Kindschaftssachen siehe auch Heilmann, § 163 FamFG Rn. 1 ff.*

8. Beendigung des Verfahrens

a. Beschluss

33   Das Verfahren wird durch Beschluss – Genehmigung der Unterbringung oder Ablehnung der Unterbringung oder Beendigung aufgrund fehlenden Wunsches der Genehmigung durch den gesetzlichen Vertreter – beendet. Der Beschluss ist zu begründen, § 38 Abs. 3 Satz 1 FamFG.

34   Wird die freiheitsentziehende Unterbringung in einer Einrichtung genehmigt, ist nach § 167 Abs. 1 Satz 1 i.V.m. § 323 Abs. 1 FamFG:

- die Unterbringungsmaßnahme genau zu bezeichnen,

- der Zeitpunkt zu benennen, zu dem die Unterbringungsmaßnahme endet.

35   Der Beschluss muss den Typus der Einrichtung (Kinder- und Jugendpsychiatrie, Einrichtung der Kinder- und Jugendhilfe, Suchthilfe etc.) exakt angeben, nicht jedoch auch die Einrichtung selbst.[28]

36   Ferner muss der Zeitpunkt exakt benannt werden, zu dem die Maßnahme endet; also ein bestimmtes oder mindestens bestimmbares Datum. Die **Unterbringungsdauer** darf grundsätzlich ein Jahr nicht überschreiten, § 167 Abs. 1 Satz 1 i.V.m. § 329 Abs. 1 FamFG. Dabei muss sie in jedem Fall **verhältnismäßig** sein, also nicht länger als zum Erreichen des Unterbringungszwecks erforderlich und angemessen.

37   Der Beschluss muss eine **Rechtsmittelbelehrung** enthalten, § 39 FamFG,[29] und wird mit Rechtskraft **wirksam**, § 167 Abs. 1 Satz 1 i.V.m. § 324 Abs. 1 FamFG. Das Gericht kann

---

23 BT-Drucks. 16/6308, 243
24 MüKo-FamFG/*Heilmann*, § 167 FamFG Rn. 54
25 Vgl. LG Tübingen FamRZ 1996, 1344; Fröschle/*Jox*, § 321 FamFG Rn. 4
26 Vgl. BGH NJW 2013, 3309
27 Vgl. Fröschle/*Jox*, § 321 FamFG Rn. 4
28 BVerfG NJW 2007, 3560, 3562; PK-Familienverfahrensrecht/*Meysen/Stötzel/Kindermann*, § 167 FamFG Rn. 21
29 MüKo-FamFG/*Heilmann*, § 167 FamFG Rn. 16

jedoch die sofortige Wirksamkeit anordnen, § 167 Abs. 1 Satz 1 i.V.m. § 324 Abs. 2 FamFG.

Der Beschluss ist den Beteiligten, insbes. dem Kind, wenn es das 14. Lebensjahr vollendet **38** hat, nach § 41 Abs. 1 i.V.m. § 164 Satz 1 FamFG bekannt zu geben. Von der Bekanntgabe der **Gründe** an das Kind kann abgesehen werden, wenn dies nach ärztlichem Zeugnis erforderlich ist, um erhebliche Nachteile für seine Gesundheit zu vermeiden (§ 167 Abs. 1 Satz 1 i.V.m. § 325 Abs. 1 FamFG), oder wenn andernfalls Nachteile für seine Entwicklung und Erziehung zu befürchten sind (§ 164 Satz 2 FamFG).[30]

b. Vollziehung

Die **Vollziehung** der Unterbringung erfolgt nicht durch das Gericht oder die Behörde, son- **39** dern durch den bzw. die gesetzlichen Vertreter.[31] Auf seinen bzw. ihren Wunsch hin **hat** das Jugendamt ihn bzw. sie nach § 167 Abs. 5 FamFG bei der Zuführung zur Unterbringung zu unterstützen. Dabei kann das Jugendamt bei der Zuführung zur Unterbringung nur dann Gewalt anwenden, wenn das Gericht dies – unter Einhaltung des Verhältnismäßigkeitsgrundsatzes – ausdrücklich angeordnet hat, § 167 Abs. 1 Satz 1 i.V.m. § 336 Abs. 2 Satz 1 FamFG. Das Jugendamt ist dann, ohne dass es einer weiteren Anordnung bedürfte, befugt, insoweit die Unterstützung der polizeilichen Vollzugsorgane nachzusuchen, § 167 Abs. 1 Satz 1 i.V.m. § 336 Abs. 2 Satz 2 FamFG.

c. Aufhebung

Die **Genehmigung** der Unterbringung ist **aufzuheben**, wenn ihre Voraussetzungen weg- **40** fallen, § 167 Abs. 1 Satz 1 i.V.m. § 330 Satz 1 FamFG.

9. Beschwerdeverfahren

Für das Beschwerdeverfahren gelten die allgemeinen Vorschriften der §§ 58 ff. FamFG, die **41** durch die Vorschriften der §§ 335 f. FamFG ergänzt werden. § 335 FamFG regelt das Beschwerderecht der Beteiligten, wobei die Verfahrensbeiständin bzw. der Verfahrensbeistand nicht nach § 335 FamFG, sondern nach § 167 Abs. 1 Satz 2 i.V.m. § 158 Abs. 4 Satz 5 FamFG und das Jugendamt, wenn es nicht zuständige Behörde ist, nach § 162 Abs. 3 Satz 2 FamFG beschwerdeberechtigt sind. Im Hinblick auf § 167 Abs. 3 FamFG ist das Kind erst mit Vollendung des 14. Lebensjahrs beschwerdeberechtigt.

Die in § 335 FamFG genannten Personen und Stellen haben ein eigenes Beschwerde- **42** recht – **im eigenen Namen** – unabhängig von einer Rechtsbeeinträchtigung i.S.v. § 59 FamFG. Wird das Rechtsmittel **im fremden Namen** eingelegt, muss dem Vertretenen ein Beschwerderecht zustehen und der Vertreter muss eine Befugnis zur Vertretung haben. Diese kann sich entweder aus einer durch Rechtsgeschäft erteilten Vollmacht (für deren Erteilung das Kind das 14. Lebensjahr vollendet haben muss, vgl. § 167 Abs. 3 FamFG) oder aus einer gesetzlichen Regelung ergeben.[32]

II. Verfahren nach § 151 Nr. 7 FamFG

Für Verfahren nach § 151 Nr. 7 FamFG, die die Anordnung der Unterbringung des Kindes **43** nach den öffentlich-rechtlichen Vorschriften des jeweiligen Landesgesetzes über die Unterbringung psychisch Kranker betreffen, sind die für die Anordnung der Unterbringung Erwachsener geltenden Vorschriften der §§ 312 Nr. 3, 313 ff. FamFG – mit einigen Besonderheiten – als Sondervorschriften anzuwenden.

---

30 Vgl. MüKo-FamFG/*Heilmann*, § 167 FamFG Rn. 18
31 Vgl. MüKo-FamFG/*Heilmann*, § 167 FamFG Rn. 18
32 Vgl. Fröschle/*Guckes*, § 335 FamFG Rn. 5

44 Kein Anordnungsverfahren i.S.d. § 151 Nr. 7 FamFG sind die getroffenen freiheitsentziehenden Maßnahmen des Jugendamts im Rahmen der Inobhutnahme nach § 42 Abs. 5 SGB VIII. Die Freiheitsentziehung ist jedoch ohne gerichtliche Entscheidung spätestens mit Ablauf des Tages nach ihrem Beginn zu beenden. Für das gerichtliche Verfahren ist dann entscheidend, ob die bzw. der gesetzliche(n) Vertreter der Unterbringung zustimmt – dann findet § 151 Nr. 6 FamFG Anwendung – oder nicht – dann ist zunächst ein Verfahren nach § 1666 BGB über das Aufenthaltsbestimmungsrecht durchzuführen.

45 Die **landesrechtlichen Vorschriften** für die Unterbringung psychisch Kranker sind:

- **Baden-Württemberg**: Gesetz über Hilfen und Schutzmaßnahmen bei psychischen Krankheiten (PsychKHG) vom 25.11.2014,

- **Bayern**: Gesetz über die Unterbringung psychisch Kranker und deren Betreuung (UnterbrG) i.d.F. vom 5.4.1992,

- **Berlin**: Gesetz für psychisch Kranke (PsychKG) vom 8.3.1985,

- **Brandenburg**: Gesetz über Hilfen und Schutzmaßnahmen sowie über den Vollzug gerichtlich angeordneter Unterbringung für psychisch kranke und seelisch behinderte Menschen im Land Brandenburg (BbgPsychKG) vom 5.5.2009,

- **Bremen**: Gesetz über Hilfen und Schutzmaßnahmen bei psychischen Krankheiten (PsychKG) vom 19.12.2000,

- **Hamburg**: Hamburgisches Gesetz über Hilfen und Schutzmaßnahmen bei psychischen Krankheiten (HmbPsychKG) vom 27.9.1995,

- **Hessen**: Gesetz über die Entziehung der Freiheit geisteskranker, geistesschwacher, rauschgift- oder alkoholsüchtiger Personen (HFEG) vom 19.5.1952,

- **Mecklenburg-Vorpommern**: Gesetz über Hilfen und Schutzmaßnahmen für psychisch Kranke (PsychKG) vom 13.4.2000,

- **Niedersachsen**: Niedersächsisches Gesetz über Hilfen und Schutzmaßnahmen für psychisch Kranke (NPsychKG) vom 16.6.1997,

- **Nordrhein-Westfalen**: Gesetz über Hilfen und Schutzmaßnahmen bei psychischen Krankheiten (PsychKG) vom 17.12.1999,

- **Rheinland-Pfalz**: Landesgesetz für psychisch kranke Personen (PsychKG) vom 17.11.1995,

- **Saarland**: Gesetz über die Unterbringung psychisch Kranker (UBG) vom 11.11.1992,

- **Sachsen**: Sächsisches Gesetz über die Hilfen und die Unterbringung bei psychischen Krankheiten (SächsPsychKG) vom 10.10.2007,

- **Sachsen-Anhalt**: Gesetz über Hilfen für psychisch Kranke und Schutzmaßnahmen des Landes Sachsen-Anhalt (PsychKG-LSA) vom 30.1.1992,

- **Schleswig-Holstein**: Gesetz zur Hilfe und Unterbringung psychisch kranker Menschen (PsychKG) vom 14.1.2000,

- **Thüringen**: Thüringer Gesetz zur Hilfe und Unterbringung psychisch kranker Menschen (ThürPsychKG) vom 5.2.2009.

1. Einleitung des Verfahrens

Das Verfahren ist grd.[33] als **Antragsverfahren** ausgestaltet. In den einzelnen Landesgesetzen sind die Form und der Inhalt des Antrags geregelt.[34]   **46**

2. Zuständigkeit

Sachlich zuständig ist das Familiengericht, da es sich bei der Genehmigung der Unterbringung um eine Kindschaftssache handelt (vgl. § 23 Abs. 1 Satz 1 GVG).[35]   **47**

Die **örtlich ausschließliche** Zuständigkeit richtet sich für das Hauptsacheverfahren und das einstweilige Anordnungsverfahren[36] nach § 167 Abs. 1 Satz 1 i.V.m. § 313 Abs. 3 FamFG. Danach ist das Gericht zuständig, in dessen Bezirk das Bedürfnis für die Unterbringungsmaßnahme hervortritt. Ist das Kind bereits in einer geschlossenen Einrichtung, ist das Gericht ausschließlich zuständig, in dessen Bezirk die Einrichtung liegt.   **48**

Funktionell zuständig ist der Richter, Art. 104 Abs. 2 Satz 1 GG.[37]   **49**

3. Abgabe an ein anderes Gericht (Spezielles Landesgesetz, § 4 und § 167 Abs. 1 Satz 1 i.V.m. § 314 FamFG)

Eine Abgabe ist nach § 4, § 167 Abs. 1 Satz 1 i.V.m. § 314 FamFG nur möglich, wenn nicht das einschlägige Landesgesetz eine abschließende Regelung bzgl. der örtlichen Zuständigkeit enthält.[38]   **50**

Enthält das einschlägige Landesgesetz keine Spezialvorschrift, ist eine Abgabe nach § 4 FamFG aus wichtigem Grund möglich, wenn sich das andere Gericht zur Übernahme bereit erklärt hat.   **51**

Ferner ist eine Abgabe nach § 167 Abs. 1 Satz 1 i.V.m. § 314 FamFG möglich, wenn das Kind sich im Bezirk des anderen Gerichts aufhält und die Unterbringungsmaßnahme dort vollzogen werden soll. Das Gericht hat über eine Abgabe nach pflichtgemäßem Ermessen zu entscheiden und muss in seine Entscheidung beispielsweise einbeziehen, dass das Gericht des gewöhnlichen Aufenthalts des Kindes eher die bisherigen Lebensverhältnisse des Kindes ermitteln kann.[39]   **52**

4. Mitteilungspflicht (§ 167 Abs. 2 FamFG)

Bei einem Auseinanderfallen des Gerichts, bei dem das Unterbringungsverfahren anhängig ist, und des Gerichts, bei dem ein Vormundschaftsverfahren bzw. Pflegschaftsverfahren anhängig ist, bestehen zur Vermeidung widersprüchlicher Entscheidungen wechselseitige Informationspflichten.   **53**

5. Verfahrensbeteiligte (§ 7 Abs. 1, § 167 Abs. 1 Satz 1 i.V.m. § 315, § 167 Abs. 1 Satz 2, Abs. 3 FamFG)

a. Muss-Beteiligte

An dem Unterbringungsverfahren **müssen beteiligt werden**:   **54**

- der **Antragsteller**, § 7 Abs. 1 FamFG – nach § 8 Nr. 3 FamFG die Behörde selbst und nicht die Körperschaft, bei der sie errichtet ist,

---

33 In Hamburg ist ein Antrag nur für die erste Unterbringung erforderlich; in Hessen nur für die endgültige Unterbringung.
34 Fröschle/*Fröschle*, § 312 FamFG Rn. 11; *Bumiller/Harders*, § 167 FamFG Rn. 2
35 Hierzu MüKo-FamFG/*Heilmann*, § 151 FamFG Rn. 3
36 Vgl. Fröschle/*Jox*, § 331 FamFG Rn. 3
37 Hierzu MüKo-FamFG/*Heilmann*, § 151 FamFG Rn. 46 f.
38 Fröschle/*Jox*, § 314 FamFG Rn. 2 ff.; vgl. OLG Nürnberg NStZ 2012, 455
39 MüKo-FamFG/*Heilmann*, § 167 FamFG Rn. 7

- das **betroffene Kind**, wenn es das 14. Lebensjahr vollendet hat (§ 167 Abs. 1 Satz 1 i.V.m. § 315 Abs. 1 Nr. 1, § 167 Abs. 3 FamFG),

- der bzw. die **gesetzliche(n) Vertreter** des Kindes; d.h. die sorgeberechtigten Eltern, der Vormund oder der Pfleger mit entsprechendem Aufgabenkreis (§ 167 Abs. 1 Satz 1 i.V.m. § 315 Abs. 1 Nr. 2 FamFG i.V.m. § 1902 BGB),

- die **Verfahrensbeiständin** bzw. der **Verfahrensbeistand**, wenn sie bzw. er nach § 167 Abs. 1 Satz 1 i.V.m. § 317 Abs. 1 Satz 1 FamFG bestellt worden ist (§ 167 Abs. 1 Satz 1 i.V.m. § 315 Abs. 2, § 167 Abs. 1 Satz 2 FamFG),

- die **zuständige Behörde**, wenn sie nicht bereits Antragsteller ist, auf ihren Antrag hin (§ 167 Abs. 1 Satz 1 i.V.m. § 315 Abs. 3 FamFG),

- das **Jugendamt** – wenn es zuständige Behörde und nicht bereits Antragsteller ist, auf seinen Antrag hin nach § 167 Abs. 1 Satz 1 i.V.m. § 315 Abs. 3 FamFG; wenn es nicht zuständige Behörde ist, auf seinen Antrag hin nach § 162 Abs. 2 Satz 2 FamFG.

55 Zu den Voraussetzungen der Bestellung der **Verfahrensbeiständin** bzw. des **Verfahrensbeistands** und den Rechtsfolgen der Bestellung siehe *Fink*, § 167 Rn. 15.

b. Kann-Beteiligte

56 An dem Unterbringungsverfahren **können** im Interesse des Kindes nach pflichtgemäßem Ermessen **zu beteiligen sein**:

- der **Ehegatte oder Lebensgefährte** des Kindes, wenn sie nicht dauerhaft getrennt leben (§ 167 Abs. 1 Satz 1 i.V.m. § 315 Abs. 4 Satz 1 Nr. 1 FamFG),

- die **Eltern**, die aufgrund von Entziehung der elterlichen Sorge oder von Teilen davon nicht die gesetzlichen Vertreter des Kindes sind, wenn das Kind bei ihnen lebt oder bei Einleitung des Verfahrens gelebt hat (§ 167 Abs. 1 Satz 1 i.V.m. § 315 Abs. 4 Satz 1 Nr. 1 FamFG),

- die **Pflegeeltern**, die das Kind bei Verfahrensbeginn in einem tatsächlichen Pflegeverhältnis haben, unabhängig von einem Pflegevertrag oder einer Pflegeerlaubnis nach § 44 Abs. 1 Satz 1 SGB VIII (§ 167 Abs. 1 Satz 1 i.V.m. § 315 Abs. 4 Satz 1 Nr. 1 FamFG),

- eine vom Kind benannte **Person seines Vertrauens** (§ 167 Abs. 1 Satz 1 i.V.m. § 315 Abs. 4 Satz 1 Nr. 2 FamFG),

- die **Leiterin** bzw. der **Leiter der Einrichtung**, in der das Kind lebt (§ 167 Abs. 1 Satz 1 i.V.m. § 315 Abs. 4 Satz 1 Nr. 3 FamFG),

- weitere Personen und Stellen, die das **einschlägige Landesrecht** vorsieht (§ 167 Abs. 1 Satz 1 i.V.m. § 315 Abs. 4 Satz 2 FamFG); das Interesse des Kindes gilt dabei nicht als Einschränkung.[40]

6. Anhörung (§ 167 Abs. 1 Satz 1 i.V.m. § 319, § 320, § 167 Abs. 4 FamFG)

a. Persönliche Anhörung des Kindes

57 Die persönliche Anhörung des Kindes ist **unabhängig von seinem Alter** für das Familiengericht und das Beschwerdegericht[41] **zwingend**, § 167 Abs. 1 Satz 1 i.V.m. § 319 Abs. 1 FamFG (hierzu *Fink*, § 167 Rn. 19).

58 Das Gericht kann das **Verfahren ohne Anhörung des Kindes grundsätzlich nicht beenden**, auch wenn das Kind unentschuldigt vom Anhörungstermin fern bleibt.[42]

---

40 Hierzu Fröschle/*Jox*, § 314 FamFG Rn. 17 ff.
41 MüKo-FamFG/*Heilmann*, § 167 FamFG Rn. 11
42 MüKo-FamFG/*Heilmann*, § 167 FamFG Rn. 11

b. Persönliche Anhörung des bzw. der gesetzliche(n) Vertreter des Kindes

Der bzw. die gesetzliche(n) Vertreter des Kindes d.h. die sorgeberechtigten Eltern, der Vor-   **59**
mund oder der Pfleger mit entsprechendem Aufgabenkreis, sind – **grundsätzlich zwin-**
gend[43] – persönlich nach § 167 Abs. 4 FamFG i.Vm. § 1902 BGB anzuhören (hierzu *Fink*,
§ 167 Rn. 23). Das **Beschwerdegericht** kann nur dann von einer nochmaligen persönlichen Anhörung absehen, wenn von einer erneuten Anhörung keine zusätzlichen Erkenntnisse zu erwarten sind, vgl. § 68 Abs. 3 Satz 2 FamFG.

c. Persönliche Anhörung der Pflegeeltern

Ferner sind die Pflegeeltern, die das Kind bei Verfahrensbeginn in einem tatsächlichen Pfle-   **60**
geverhältnis haben, nach § 167 Abs. 4 FamFG persönlich anzuhören, unabhängig von einem Pflegevertrag oder einer Pflegeerlaubnis nach § 44 Abs. 1 Satz 1 SGB VIII[44] (hierzu
Fink, § 167 Rn. 24).

d. Anhörung der sonstigen Beteiligten

Das Gericht **hat** ferner die sonstigen Beteiligten anzuhören (§ 167 Abs. 1 Satz 1 i.V.m.   **61**
§ 320 Satz 1 FamFG). Dazu gehören:

- der **Antragsteller**, als „Muss-Beteiligter" des Verfahrens,

- die **Verfahrensbeiständin** bzw. der **Verfahrensbeistand** als „Muss-Beteiligte(r)"
  des Verfahrens, wenn sie bzw. er nach § 167 Abs. 1 Satz 1 i.V.m. § 317 Abs. 1 Satz 1
  FamFG bestellt worden ist,

- das **Jugendamt** als „Muss-Beteiligter" des Verfahrens, unabhängig davon, ob es zuständige Behörde ist oder nicht,

- der **Ehegatte oder Lebensgefährte** des Kindes, wenn sie nicht dauerhaft getrennt
  leben,

- die **Eltern**, die aufgrund von Entziehung der elterlichen Sorge oder von Teilen davon
  nicht die gesetzlichen Vertreter des Kindes sind, wenn das Kind bei ihnen lebt oder bei
  Einleitung des Verfahrens gelebt hat,

- eine vom Kind benannte **Person seines Vertrauens**,

- die **Leiterin** bzw. der **Leiter der Einrichtung**, in der das Kind lebt.

e. Anhörung der zuständigen Behörde

Darüber hinaus **soll** das Gericht die zuständige Behörde nach dem jeweils einschlägigen   **62**
Landesrecht anhören, § 167 Abs. 1 Satz 1 i.V.m. § 320 Satz 2 FamFG. Die Anhörung der
zuständigen Behörde soll unabhängig von der Beteiligtenstellung erfolgen.[45]

7. Sachverständigengutachten (§ 167 Abs. 1 Satz 1 i.V.m. § 321, § 322, § 167 Abs. 6 FamFG)

Vor einer freiheitsentziehenden Unterbringung hat das Gericht stets eine förmliche Be-   **63**
weisaufnahme (§ 30 FamFG) vorzunehmen durch Einholung eines Gutachtens eines Sachverständigen, § 167 Abs. 1 Satz 1 i.V.m. § 321 FamFG. Der Sachverständige hat das Kind
vor der Erstattung des Gutachtens persönlich zu untersuchen oder zu befragen.

---

43 MüKo-FamFG/*Heilmann*, § 167 FamFG Rn. 37 f., 40
44 MüKo-FamFG/*Heilmann*, § 167 FamFG Rn. 40; Keidel/*Engelhardt*, § 167 FamFG Rn. 9; vgl. BT-Drucks. 11/4528,
    184
45 Fröschle/*Jox*, § 320 FamFG Rn. 1, 4

64   Die **gutachterliche Beurteilung** muss sich erstrecken auf:

- die Notwendigkeit der Freiheitsentziehung, § 167 Abs. 1 Satz 1 i.V.m. § 321 Abs. 1 Satz 1 FamFG,

- die voraussichtliche Dauer der Unterbringung, § 167 Abs. 1 Satz 1 i.V.m. § 321 Abs. 1 Satz 3 FamFG.

65   Zur Sicherstellung der Begutachtung kann die **Vorführung** des Kindes (§ 322 i.V.m. § 283 Abs. 1 Satz 1 FamFG) und als ultima ratio die geschlossene **Unterbringung** für höchstens sechs Wochen (§ 322 i.V.m. § 284 Abs. 1, Abs. 2 FamFG) angeordnet werden. In beiden Fällen **muss** das Kind zuvor persönlich angehört werden. Vor einer Unterbringung zum Zweck der Begutachtung ist zusätzlich der Sachverständige anzuhören.

66   Der Sachverständige soll **Arzt für Kinder- und Jugendpsychiatrie und –psychothera-pie** sein, § 167 Abs. 6 Satz 1 FamFG.

67   Der Arzt, der die Unterbringungsmaßnahme angeregt hat, scheidet wegen **Voreinge-nommenheit** als Sachverständiger aus.[46] Der Bestellung steht aber grundsätzlich nicht entgegen, dass der Arzt das Kind, etwa im Rahmen einer (vorläufigen) Unterbringung, bereits behandelt hat. Dies folgt aus dem Umkehrschluss aus § 167 Abs. 1 Satz 1 i.V.m. § 321 Abs. 1 Satz 5, § 329 Abs. 2 Satz 2 FamFG.[47] Jedoch sind die bei der Vorbehandlung erhobenen Befunde im Rahmen des Gutachtens nur verwertbar, wenn der gesetzliche Vertreter des Kindes den Sachverständigen von seiner ärztlichen Schweigepflicht entbindet.[48]

8. Beendigung des Verfahrens

a. Beschluss

68   Das Verfahren wird durch Beschluss – Anordnung der Unterbringung oder Ablehnung der Unterbringung oder aufgrund der Rücknahme des Antrags – beendet. Der Beschluss ist zu begründen, § 38 Abs. 3 Satz 1 FamFG.

69   Wird die freiheitsentziehende Unterbringung in einer Einrichtung angeordnet, ist nach § 167 Abs. 1 Satz 1 i.V.m. § 323 Abs. 1 FamFG:

- die Unterbringungsmaßnahme genau zu bezeichnen,

- der Zeitpunkt, zu dem die Unterbringungsmaßnahme endet, zu benennen.

70   Der Beschluss muss den Typus der Einrichtung (Kinder- und Jugendpsychiatrie, Einrichtung der Kinder- und Jugendhilfe, Suchthilfe etc.) exakt angeben, nicht jedoch auch die Einrichtung selbst, falls das entsprechende Landesgesetz überhaupt Alternativen zulässt.[49]

71   Ferner muss der Zeitpunkt exakt benannt werden, zu dem die Maßnahme endet; also ein bestimmtes oder mindestens bestimmbares Datum. Die **Unterbringungsdauer** darf grundsätzlich ein Jahr nicht überschreiten, § 167 Abs. 1 Satz 1 i.V.m. § 329 Abs. 1 FamFG. Dabei muss sie in jedem Fall **verhältnismäßig** sein, also nicht länger als zum Erreichen des Unterbringungszwecks erforderlich und angemessen.

72   Der Beschluss muss eine **Rechtsmittelbelehrung** enthalten, § 39 FamFG,[50] und wird mit Rechtskraft **wirksam**, § 167 Abs. 1 Satz 1 i.V.m. § 324 Abs. 1 FamFG. Das Gericht kann jedoch die sofortige Wirksamkeit anordnen, § 167 Abs. 1 Satz 1 i.V.m. § 324 Abs. 2 FamFG.

---

46 Fröschle/*Jox*, § 321 FamFG Rn. 4; vgl. LG Tübingen FamRZ 1996, 1344
47 Vgl. BGH NJW 2013, 3309
48 Vgl. Fröschle/*Jox*, § 321 FamFG Rn. 4
49 Vgl. Fröschle/*Fröschle*, § 323 FamFG Rn. 11
50 MüKo-FamFG/*Heilmann*, § 167 FamFG Rn. 16

Zu den Einzelheiten über die Bekanntgabe des Beschlusses siehe *Fink*, § 167 Rn. 38.   **73**

b. Vollziehung

Die **Vollziehung** der Unterbringung erfolgt durch die nach dem entsprechenden Landes-   **74**
gesetz zuständige Behörde.

Gegen eine Maßnahme zur Regelung der einzelnen Angelegenheiten **im Vollzug** der Un-   **75**
terbringung kann das Kind ab Vollendung des 14. Lebensjahres eine Entscheidung des Gerichts beantragen, § 167 Abs. 1 Satz 1 i.V.m. § 327 Abs. 1, § 167 Abs. 3 FamFG.

c. Aussetzung

Das Gericht kann den Vollzug der Unterbringung **aussetzen** und mit Auflagen versehen,   **76**
§ 167 Abs. 1 Satz 1 i.V.m. § 328 Abs. 1 Satz 1 FamFG. Eine Aussetzung kommt in Betracht,
wenn hinreichend wahrscheinlich ist, dass die Gefahr, deren Abwendung die Unterbringungsmaßnahme dient, unter dem Druck der Widerrufbarkeit und durch erteilte Auflagen
so weit gemindert werden kann, dass ein (weiterer) Vollzug nicht mehr erforderlich erscheint.[51]

Die Dauer der Aussetzung darf nur in Ausnahmefällen sechs Monate überschreiten und   **77**
maximal bis zu einem Jahr verlängert werden.

d. Aufhebung

Die **Anordnung** der Unterbringung ist **aufzuheben**, wenn ihre Voraussetzungen wegfal-   **78**
len, § 167 Abs. 1 Satz 1 i.V.m. § 330 Satz 1 FamFG. Vor der Aufhebung soll das Gericht die
zuständige Behörde anhören, es sei denn, dass dies zu einer nicht nur geringen Verzögerung des Verfahrens führen würde, § 167 Abs. 1 Satz 1 i.V.m. § 330 Satz 2 FamFG.

9. Beschwerdeverfahren

Für das Beschwerdeverfahren gelten die allgemeinen Vorschriften der §§ 58 ff. FamFG, die   **79**
durch die Vorschriften der §§ 335 f. FamFG ergänzt werden. § 335 FamFG regelt das Beschwerderecht der Beteiligten, wobei die Verfahrensbeiständin bzw. der Verfahrensbeistand nicht nach § 335 FamFG, sondern nach § 167 Abs. 1 Satz 2 i.V.m. § 158 Abs. 4
Satz 5 FamFG und das Jugendamt, wenn es nicht zuständige Behörde ist, nach § 162
Abs. 3 Satz 2 FamFG beschwerdeberechtigt sind. Im Hinblick auf § 167 Abs. 3 FamFG ist
das Kind erst mit Vollendung des 14. Lebensjahrs beschwerdeberechtigt.

Die in § 335 FamFG genannten Personen und Stellen haben ein eigenes Beschwerde-   **80**
recht – **im eigenen Namen** – unabhängig von ihrer Rechtsbeeinträchtigung i.S.v. § 59
FamFG. Wird das Rechtsmittel **im fremden Namen** eingelegt, muss dem Vertretenen ein
Beschwerderecht zustehen, und der Vertreter muss eine Befugnis zur Vertretung haben.
Diese kann sich entweder aus einer durch Rechtsgeschäft erteilten Vollmacht (für deren
Erteilung das Kind das 14. Lebensjahr vollendet haben muss, vgl. § 167 Abs. 3 FamFG)
oder aus einer gesetzlichen Regelung ergeben.[52]

III. Einstweilige Anordnung in den Verfahren nach § 151 Nr. 6 und Nr. 7 FamFG

1. Voraussetzungen

Die Voraussetzungen für den Erlass einer einstweiligen Anordnung richten sich nach § 167   **81**
Abs. 1 Satz 1 i.V.m. §§ 331 ff., § 167 Abs. 4, § 162 Abs. 1 Satz 1, § 7 Abs. 1 FamFG. Da-
nach kann das Gericht eine vorläufige Unterbringungsmaßnahme nach § 167 Abs. 1
Satz 1 i.V.m. § 331 FamFG genehmigen oder anordnen, wenn:

---

51 Fröschle/*Jox*, § 328 FamFG Rn. 3
52 Vgl. Fröschle/*Guckes*, § 335 FamFG Rn. 5

- dringende Gründe für die Annahme bestehen, dass die Voraussetzungen für eine Unterbringungsmaßnahme gegeben sind, und ein dringendes Bedürfnis für ein sofortiges Tätigwerden besteht,

- ein ärztliches Zeugnis über den Zustand des Kindes und über die Notwendigkeit der Maßnahme vorliegt,

- ein(e) bestellte(r) Verfahrensbeiständin bzw. Verfahrensbeistand angehört wurde,

- das Kind – unabhängig von seinem Alter – persönlich angehört wurde,

- der bzw. die gesetzliche(n) Vertreter des Kindes persönlich angehört wurde(n) (§ 167 Abs. 4 FamFG),

- die Pflegeltern persönlich angehört wurden (§ 167 Abs. 4 FamFG),

- das Jugendamt angehört wurde, unabhängig davon, ob es zuständige Behörde ist oder nicht (§ 162 Abs. 1 Satz 1 FamFG),

- in Fällen des § 151 Nr. 7 FamFG der Antragsteller angehört wurde (§ 7 Abs. 1 FamFG).

82 **Dringende Gründe** liegen vor, wenn konkrete Umstände mit erheblicher Wahrscheinlichkeit darauf hindeuten, dass die Voraussetzungen vorliegen. Unter Berücksichtigung der Bedeutung des Rechts des Kindes auf persönliche Freiheit (Art. 2 Abs. 2 Satz 2 GG) müssen – soweit die Dringlichkeit es zulässt – alle zur Verfügung stehenden Aufklärungsmöglichkeiten ausgeschöpft werden.[53]

83 Ein **dringendes Bedürfnis** besteht, wenn konkrete Umstände mit erheblicher Wahrscheinlichkeit darauf hindeuten, dass mit dem Aufschub der Unterbringung bis zur endgültigen Entscheidung Gefahr für das betroffene Kind verbunden wäre. Dem drohenden Nachteil muss dabei erhebliches Gewicht zukommen.[54]

84 Die **Behandlungsbedürftigkeit** als solche rechtfertigt eine einstweilige Anordnung nur, wenn das Zuwarten bis zu einer endgültigen Entscheidung eine akute Verschlechterung des Gesundheitszustands erwarten lässt.[55]

85 Das **ärztliche Zeugnis** hat sich nicht nur auf den gesundheitlichen Zustand des Kindes zu beschränken, sondern muss auch Angaben zu der Notwendigkeit der Maßnahme, dem zu erwartenden Behandlungserfolg und dem ohne sofortige Behandlung drohenden Nachteil sowie der Dauer der Unterbringung enthalten.[56] Für das ärztliche Zeugnis gilt, dass der Sachverständige **Arzt für Kinder- und Jugendpsychiatrie und –psychotherapie** sein soll, § 167 Abs. 6 Satz 1 FamFG.

86 § 167 Abs. 1 Satz 1 i.V.m. § 332 FamFG enthält die Regelung bei **Gefahr in Verzug**, die äußerst restriktiv anzuwenden ist.[57] Alle Verfahrenshandlungen, die wegen Gefahr in Verzug nicht vorgenommen wurden, sind unverzüglich – i.d.R. am nächsten Tag – vorzunehmen.[58]

87 Nach § 167 Abs. 1 Satz 1 i.V.m. § 333 Abs. 1 Satz 1 FamFG darf die einstweilige Anordnung die **Dauer von sechs Wochen** nicht überschreiten. Sie kann jedoch unter den Voraussetzungen des § 333 Abs. 1 Satz 2 bis Satz 4 FamFG durch eine oder mehrere weitere einstweilige Anordnungen auf eine Gesamtdauer von drei Monaten ausgedehnt werden.

---

53 Vgl. Fröschle/*Jox*, § 331 FamFG Rn. 4
54 Vgl. OLG München NJW-RR 2008, 1032, 1033; Fröschle/*Jox*, § 331 FamFG Rn. 5
55 Vgl. BVerfG NJW 1998, 1774, 1775; Fröschle/*Jox*, § 331 FamFG Rn. 5
56 Vgl. Fröschle/*Jox*, § 331 FamFG Rn. 6
57 MüKo-FamFG/*Heilmann*, § 167 FamFG Rn. 11
58 Fröschle/*Jox*, § 332 FamFG Rn. 1 m.w.N.

2. Anfechtung

Für die Anfechtung der einstweiligen Anordnung gelten §§ 58 ff., 335, 336 FamFG. Den in § 335 Abs. 1 Nr. 1 bis Nr. 3 FamFG aufgeführten Personen steht das Beschwerderecht nur dann zu, wenn sie auch am einstweiligen Anordnungsverfahren beteiligt gewesen sind.[59] **88**

§ 167a FamFG Besondere Vorschriften für das Verfahren nach § 1686a des Bürgerlichen Gesetzbuches

(1) Anträge auf Erteilung des Umgangs- oder Auskunftsrechts nach § 1686a des Bürgerlichen Gesetzbuchs sind nur zulässig, wenn der Antragsteller an Eides statt versichert, der Mutter des Kindes während der Empfängniszeit beigewohnt zu haben.

(2) Soweit es in einem Verfahren, das das Umgangs- oder Auskunftsrecht nach § 1686a des Bürgerlichen Gesetzbuchs betrifft, zur Klärung der leiblichen Vaterschaft erforderlich ist, hat jede Person Untersuchungen, insbesondere die Entnahme von Blutproben, zu dulden, es sei denn, dass ihr die Untersuchung nicht zugemutet werden kann.

(3) § 177 Absatz 2 Satz 2 und § 178 Absatz 2 gelten entsprechend.

Übersicht

A. Allgemeines

I. Normzweck

In zwei Entscheidungen[1] hat der EuGHMR einen Verstoß der deutschen Rechtslage gegen Art. 8 EMRK festgestellt, wenn dem (feststehenden) biologischen Vater, der weder mit der Mutter verheiratet war noch die Vaterschaft anerkannt hat und der auch keine sozial-familiäre Bindung zu dem Kind hatte, der Umgang mit seinen Kindern ohne Prüfung der Kindeswohldienlichkeit versagt werde[2] oder – noch weitergehend – wenn dem mutmaßlichen biologischen Vater ohne individuelle Prüfung des Kindeswohls der Umgang versagt werde.[3] Der Gesetzgeber hat sich hierdurch veranlasst gesehen, durch das Gesetz zur Stärkung der Rechte des leiblichen, nicht rechtlichen Vaters vom 4.7.2013 (BGBl. I 2013 **1**

---

59 Vgl. Fröschle/Jox, § 331 FamFG Rn. 13
 1 EuGHMR FamRZ 2011, 269; 2011, 1715
 2 EuGHMR FamRZ 2011, 269
 3 EuGHMR FamRZ 2011, 1715

S. 2176, in Kraft seit dem 13.7.2013) dieser Rechtsprechung Rechnung zu tragen[4] und im neu eigefügten § 1686a BGB die materiell-rechtlichen Voraussetzungen für ein Umgangs- und Auskunftsrecht des leiblichen bzw. mutmaßlich leiblichen, nicht rechtlichen Vaters normiert. Die Entscheidungen des EUGHMR begründen jedoch keine Wiederaufnahme für ein vor dem 31.12.2006 formell rechtskräftig abgeschlossenes Umgangsverfahren[5]. Der ins FamFG neu eingefügte § 167a FamFG enthält die notwendigen **verfahrensrechtlichen Regelungen** für die Durchsetzung der **Ansprüche aus § 1686a BGB** und ist **ausschließlich** in diesen Verfahren **anwendbar**.[6]

II. Anwendungsbereich

2   Der leibliche Vater kann nur dann einen **Antrag auf Auskunft oder Umgang** gem. § 1686a BGB stellen, wenn **ein rechtlicher Vater existiert**.[7] Um zu vermeiden, dass sich der leibliche Vater mit einem Auskunfts- oder Umgangsrecht begnügt, ohne die mit der rechtlichen Vaterschaft verbundenen Pflichten zu übernehmen, muss er bei Nichtexistenz eines rechtlichen Vaters zunächst den Weg über die Anerkennung der Vaterschaft (ggf. im Wege eines Abstammungsverfahrens) wählen[8].

3   Er ist allerdings nicht verpflichtet, einen existierenden rechtlichen Vater gem. § 1600 Abs. 1 Nr. 2, Abs. 2 BGB aus der Vaterschaft zu verdrängen.[9] Ein Auskunfts- oder Umgangsantrag nach § 1686a i.V.m. § 167a FamFG ist **neben einem Verfahren nach § 1685 BGB** zulässig.[10] Sofern eine soziale Beziehung des leiblichen Vaters zum Kind besteht, sind zudem beide Vorschriften nebeneinander anwendbar siehe näher hierzu Gottschalk, § 1686a BGB, Rn. 3.[11]

4   Das Umgangsverfahren nach § 167a FamFG ist eine **Kindschaftssache** gem. § 151 Nr. 2 FamFG, auf das **die allgemeinen Vorschriften (§§ 152 ff. FamFG) Anwendung** finden.[12] Von Bedeutung ist hier insbesondere das Vorrang- und Beschleunigungsgebot (§ 155 FamFG), die Regeln zur persönlichen Anhörung (§§ 159-161 FamFG), die Bestellung eines Verfahrensbeistandes unter den Voraussetzungen des § 158 FamFG[13] und das Hinwirken auf Einvernehmen (§ 156 FamFG).

5   Die Prüfung nach § 156 Abs. 3 FamFG, ob nach Scheitern einer einvernehmlichen Regelung nach § 156 Abs. 2 FamFG der Erlass einer **einstweiligen Anordnung** geboten ist, muss jedenfalls dann zum Nichterlass einer Eilentscheidung führen, wenn die Vaterschaft des Antragstellers streitig und noch nicht erwiesen ist.[14] Im frühen ersten **Termin nach § 155 Abs. 2 FamFG** sollte nach Möglichkeit **geklärt werden**, ob die Vaterschaft streitig ist, denn nur dann kommt die Einholung eines Abstammungsgutachtens in Betracht (siehe Rn. 11) und ob der Antragsteller ein ernsthaftes Interesse i.S.d. § 1686a Abs. 1 BGB am Kind gezeigt hat.[15] Ist die gutachterlichen Feststellung der Vaterschaft zu Beginn des Verfahrens vorzunehmen, weil die anderen Voraussetzungen des § 1686a BGB sich weder ohne großen Aufwand klären lassen noch bereits offensichtlich ausscheiden,[16] so bietet es

4   BT-Drucks. 17/12163, 9
5   BGH FamRZ 2014, 927
6   MüKo-FamFG/*Heilmann*, § 167a FamFG Rn. 4
7   *Hammer*, FamRB 2013, 298
8   BT-Drucks. 17/12163, 12
9   BT-Drucks. 17/12163, 12
10 *Hammer*, FamRB 2013, 298
11 A.A. Staudinger/*Rauscher* § 1686a BGB, Rn. 8,9
12 Keuter, ZKJ 2014, 16
13 Die aber in diesen Verfahren in der Regel vorliegen: *Hammer*, FamRB 2013, 298, 299
14 In diesem Sinne auch *Keuter*, ZKJ 2013, 16
15 Hammer, FamRB 2013, 298, 300
16 Vgl. BVerfG ZKJ 2015, 77

sich an, jedenfalls die Bestellung des Verfahrensbeistandes und die Anhörung des Kindes erst nach der Klärung der Vaterschaft vorzunehmen.[17]

Zu **beteiligen** sind: das verfahrensfähige Kind, die Mutter, der Antragsteller und der rechtliche Vater (§ 7 Abs. 1, 2 Nr. 1 FamFG), das Jugendamt auf Antrag (§ 162 Abs. 2 FamFG) und ggf. der Verfahrensbeistand (§ 158 Abs. 3 Satz 2 FamFG). Die unterbliebene Beteiligung eines Beteiligten berechtigt das Beschwerdegericht zur Aufhebung und Zurückverweisung nach § 69 Abs. 1 Satz 3 FamFG (siehe *Dürbeck*, § 69 FamFG Rn. 6 ff.). **6**

Es besteht **kein Anwaltszwang** (§ 114 FamFG). **7**

B. Inhalt der Norm

I. Zulässigkeitsvoraussetzungen (Abs. 1)

1. Antrag

Das Umgangs- oder Auskunftsverfahren nach § 1686a BGB wird nach dem ausdrücklichen Wortlaut des § 167a Abs. 1 FamFG **nur auf Antrag** durchgeführt. Anders als bei den Umgangsverfahren nach §§ 1684, 1685 BGB handelt es sich mithin um ein reines **Antragsverfahren** (§ 23 FamFG). Ein Umgangsverfahren nach § 1686a BGB kann demnach weder von Amts wegen eingeleitet noch darf es nach Rücknahme des Antrages (§ 22 FamFG) weitergeführt werden. **8**

Antragsteller kann **nur der (mutmaßliche) leibliche Vater** sein, weder Mutter noch Kind sind daneben antragsberechtigt. **9**

2. Form des Antrages

Der Antragsteller muss dem Antrag eine **eidesstattliche Versicherung** beifügen, dass er der Kindesmutter während der **gesetzlichen Empfängniszeit beigewohnt** hat. Die Abgabe der eidesstattlichen Versicherung ist **Zulässigkeitsvoraussetzung**[18] und dient dem Schutz von Mutter, Kind und rechtlichem Vater vor unbedachten, voreiligen und rechtsmissbräuchlichen Anträgen.[19] **Ausgeschlossen vom Antragsrecht** wird hierdurch der Mann, der durch heterologe Samenspende biologischer Vater geworden ist. Zu Recht wird jedoch darauf hingewiesen, dass dies nach der aktuellen Rechtsprechung des BGH zum Anfechtungsrecht des biologischen Vaters nach § 1600 Abs. 1 Nr. 2 BGB nur für den anonymen Samenspender gilt.[20] Liegt kein Verzicht auf die elterliche Verantwortung im Einverständnis gem. § 1600 Abs. 5 BGB bei der Zeugung vor, ist demnach auch der Samenspender gem. § 167a Abs. 1 FamFG antragsberechtigt.[21] **10**

▶ *Zum Inhalt eines verfahrenseinleitenden Antrages siehe Cirullies, § 23 FamFG, Rn. 12 ff.*

Bevor allerdings der **Antrag** wegen fehlender eidesstattlicher Versicherung – ohne vorab weitere Maßnahmen zu veranlassen – **als unzulässig abgewiesen** wird, ist der Antragsteller auf die Unzulässigkeit hinzuweisen und ihm Gelegenheit zur Nachbesserung zu geben.[22] Ob der Antragsteller tatsächlich der biologische Vater ist, wird, sofern es bestritten wird, im Rahmen der Begründetheit des Antrages überprüft. **11**

---

17 MüKo-FamFG/*Heilmann*, § 167a FamFG Rn. 12 zum Zeitpunkt der Inzidentfeststellung, hierzu auch Rn. 12
18 OLG Bremen, ZKJ 2015, 26; *Grün*, NZFam 2014, 1138; BT-Drucks. 17/12163, 14
19 BT-Drucks. 17/12163, 14
20 *Hammer*, FamRB 2013, 298, 299 unter Bezugnahme auf BGH FamRZ 2013, 1209
21 *Hoffmann*, FamRZ 2013, 1077, 1078
22 MüKo-FamFG/*Heilmann*, § 167a FamFG Rn. 9

II. Klärung der leiblichen Vaterschaft (Abs. 2, 3)

1. Inzidentfeststellung

Ist die **leibliche Vaterschaft** des Antragstellers **streitig**, so ist im Umgangsverfahren ein Abstammungsgutachten einzuholen. Diese, dem Umgangsverfahren im Übrigen wesensfremde[23], Inzidentfeststellung wurde für notwendig erachtet, da die biologische Vaterschaft einerseits Voraussetzung für den Umgang des nicht rechtlichen Vaters ist, dieser andererseits ohne Mitwirkung der Mutter bzw. des Kindes keine rechtliche Möglichkeit hätte, seine biologische Vaterschaft klären zu lassen. Die Klärung der Vaterschaft bedarf keiner förmlichen Beweisaufnahme,[24] so dass auch die Verwertung eines außergerichtlich[25] oder in einem anderen Verfahren[26] eingeholten Gutachtens möglich ist. Das im Rahmen der Inzidentfeststellung eingeholte Gutachten erwächst nicht in materielle Rechtskraft, d.h. hierdurch wird kein rechtliches Vater-Kind-Verhältnis begründet.[27] Es handelt sich lediglich um eine Klärung der relevanten Vorfrage.

2. Zeitpunkt der Inzidentfeststellung

12   In der Praxis wird sich in vielen Fällen die Frage nach dem **richtigen Zeitpunkt** für die **Einholung des Gutachtens** stellen. Weder § 167a FamFG noch § 1686a BGB geben eine Prüfungsreihenfolge vor.[28] Im Hinblick auf die familiären Auswirkungen der Vaterschaftsfeststellung und auf den mit der Begutachtung verbundenen Grundrechtseingriff kann es nicht allein im Belieben des Gerichts stehen, in welcher Reihenfolge die Prüfung der Voraussetzungen des § 1686a BGB erfolgt.[29]

▶   *Zur Frage der **Reihenfolge** der Klärung der Tatbestandsvoraussetzungen siehe Gottschalk, § 1686a BGB.*

13   Häufig wird zunächst das Bestehen eines **ernsthaften Interesses** an dem Kind seitens des Vaters festzustellen sein (§ 1686 Abs. 1 1. HS BGB), denn hierzu wird regelmäßig kein Gutachten erforderlich sein. Ein ernsthaftes Interesse ist z.B. anzunehmen, wenn sich der mutmaßliche Vater in der Vergangenheit nachhaltig um eine Kontaktaufnahme zu dem Kind bemüht hat, den Wunsch nach Umgang wiederholt geäußert oder sich von Anfang an zu dem Kind bekannt hat;[30] möglicherweise aber nicht, wenn der mutmaßlich biologische Vater von der Vaterschaft bereits vor der Geburt Kenntnis hatte, den Kontakt zur Mutter gleichwohl noch vor der Geburt abgebrochen hat und erst Jahre später wieder mit einem Umgangswunsch Kontakt aufgenommen hat.[31]

▶   *Näher zum ernsthaften Interesse siehe Gottschalk, § 1686a BGB Rn. 10 ff.*

14   Die Anforderungen an den Vortrag der Ernsthaftigkeit dürfen jedoch nicht zu hoch angesetzt werden[32]. Hat sich der Antragsteller aus Rücksicht auf die rechtliche und soziale Familie Zurückhaltung bei der Forderung nach Umgang gezeigt, so darf ihm das nicht als fehlende Ernsthaftigkeit ausgelegt werden.[33] Gleiches sollte gelten, wenn er zwischenzeitlich einen Reifeprozess durchgemacht und sich im Hinblick auf die Verantwortungsübernahme

---

23 MüKo-FamFG/*Heilmann*, § 167a FamFG Rn. 3, kritisch auch *Keuter*, ZKJ 2014, 16, 18 m.w.N.
24 § 167a FamFG verweist gerade nicht auf § 177 Abs. 2 Satz 2 FamFG.
25 BT-Drucks. 17/12163, 14
26 *Hammer*, FamRB 2013, 298, 301
27 BT-Drucks. 17/12163, 14
28 BVerfG ZKJ 2015, 77
29 BVerfG ZKJ 2015, 77
30 BT-Drucks. 17/12163, 13
31 So OLG Bremen ZKJ 2015, 25
32 *Hammer*, FamRB 2013, 298, 299
33 Vgl. BT-Drucks. 17/12163

eines Besseren besonnen hat. Andererseits wird ein nur anfängliches, und nunmehr Jahre zurückliegendes Bemühen nicht ausreichen.[34]

Zur **Klärung** bietet sich der **frühe Termin nach § 155 Abs. 2 FamFG** (siehe Rn. 5) an. Auch wenn es sich um ein Antragsverfahren handelt (siehe Rn.8), so gilt gleichwohl der **Grundsatz** der **Amtsermittlung**, so dass der Antrag nicht unmittelbar mit der Begründung des fehlenden substantiierten Vortrages zurückgewiesen werden kann. Kann allerdings ein ernsthaftes Interesse wegen nicht vorhandener Ermittlungsmöglichkeiten bzw. nach gebotener Aufklärung durch das Gericht (§ 26 FamFG) und einem entsprechenden richterlichen Hinweis auf die fehlende Erfolgsaussicht des Antrages nicht festgestellt werden, so muss der Antrag – ohne weitere Ermittlungen zu den übrigen Voraussetzungen des § 1686a BGB – zurückgewiesen werden.

▶ *Zum Verhältnis der Amtsermittlungspflicht des Gerichts und der Mitwirkungspflicht[35] der Beteiligten vgl. Cirullies, § 27 FamFG Rn. 3.*

Ist ein ernsthaftes Interesse ausgemacht, so wird es sich häufig anbieten, die Abstammungsfrage vor der Kindeswohlprüfung zu klären, da letztere eine weitergehende Einbeziehung des Kindes notwendig macht.[36] Das wird insbesondere dann der Fall sein, wenn zur Frage der Kindeswohldienlichkeit ein Gutachten eingeholt werden muss, was für alle Beteiligten, insbesondere aber für das Kind, eine Belastung darstellt.[37] Liegt jedoch nahe, dass die Kindeswohldienlichkeit nach dem Stand der Ermittlungen zu verneinen und der Antrag zurückzuweisen ist oder kann diese Frage, was in der Praxis selten der Fall sein wird, ohne großen Aufwand geklärt werden, muss die Klärung der Abstammung ausnahmsweise zurückgestellt werden oder erübrigt sich ganz.[38] **15**

3. Mitwirkung an der Begutachtung/Ordnungsmittel

In die Abstammungsbegutachtung werden regelmäßig der **mutmaßliche leibliche Vater**, die **Mutter** und **Kind** einzubeziehen sein. **Weigern** sich Mutter und/oder Kind (vertreten durch die sorgeberechtigten Eltern)[39], an der Begutachtung mitzuwirken, so können sie nur mit der Begründung durchdringen, die Begutachtung sei **nicht erforderlich oder unzumutbar** (§ 167a Abs. 2 FamFG). Die Unzumutbarkeit bezieht sich auf körperliche und psychische Folgen der Untersuchung und die Auswirkungen des Ergebnisses der Untersuchung.[40] So ist etwa eine Unzumutbarkeit in diesem Sinne gegeben, wenn ein ernsthaftes Interesse des Antragstellers am Kind nicht bekundet wurde (hierzu oben Rn. 13). Allerdings darf in diesem Stadium nicht die zunächst zurückgestellte Kindeswohlprüfung durchgeführt werden. Unbeschadet dessen ist über die Weigerung durch Zwischenbeschluss gem. § 387 ZPO zu entscheiden. **16**

Bei einer **unberechtigten Weigerung** kann die Mitwirkung an der Untersuchung durch **Ordnungsmittel** gem. § 167a Abs. 3 i.V.m. § 178 Abs. 2 FamFG i.V.m. § 390 ZPO **erzwungen** werden. Auch die **zwangsweise Vorführung zur Untersuchung** kann angeordnet werden (§ 167a Abs. 3 i.V.m. § 178 Abs. 2 FamFG).[41] **17**

▶ *Näher hierzu Grün, § 178 FamFG.*

---

34 Vgl. *Hammer*, FamRB 2013, 298, 299
35 Keidel/*Sternal*, § 27 FamFG, Rn. 3; a.A. MüKo-FamFG/*Ulrici*, § 27 Rn. 7: „Mitwirkungslast"
36 i.E. ebenso MüKo-FamFG/*Heilmann*, § 167a FamFG Rn. 12; *Hammer*, FamRB 2013, 298, 301; kritisch *Keuter*, ZKJ 2014, 16, 18
37 vgl. BVerfG ZKJ 2015, 77
38 Vgl. BVerfG ZKJ 2015, 77, siehe hierzu auch die Ausführungen in § 1686a BGB, Rn. 7
39 Hier ist ggf. auch die Bestellung eines Ergänzungspflegers gem. § 1909 BGB angezeigt: Keidel/*Engelhardt*, 167a FamFG Rn. 9
40 Keidel/*Engelhardt*, § 167a FamFG Rn. 9
41 Siehe hierzu die Ausführungen zu § 178 Abs. 2 FamFG

C. Gerichtliche Entscheidung

18 Einigen sich die Beteiligten nicht (§ 156 Abs. 2 FamFG), so muss das Gericht durch instanz-abschließenden Beschluss über den Antrag des Antragstellers entscheiden. Dabei ist auch eine **bloße Zurückweisung** des Antrages möglich,[42] was sonst bei Umgangsverfahren ausgeschlossen ist.[43]

▶ *Näher hierzu Gottschalk, § 1686a BGB Rn. 31.*

Für die Bescheidung des **Auskunftsantrages** nach § 1686a Abs. 1 Nr. 2 BGB ist gem. § 3 Nr. 2a der **Rechtspfleger funktionell zuständig**. Werden jedoch die Ansprüche auf Umgang und Auskunft zusammen geltend gemacht, so ist für beide Verfahren der Richter zuständig.[44]

▶ *Näher zur funktionalen Zuständigkeit, Heilmann § 6 RPflG.*
Zum Inhalt der Umgangsregelung siehe Gottschalk, § 1684 BGB Rn. 28.
Zum Inhalt der Auskunftsregelung siehe Gottschalk, § 1686 BGB Rn. 8 ff.

D. Kosten, Verfahrenswert

19 Der Verfahrenswert für Anträge nach § 1686a Abs. 1 Nr. 1 BGB beläuft sich nach § 45 Abs. 1 Nr. 2 FamGKG **im Regelfall auf 3.000,-- €**. Gleiches gilt nach § 45 Abs. 1 Nr. 3 FamGKG wenn statt Umgang Auskunft über die persönlichen Verhältnisse des Kindes nach § 1686a Abs. 1 Nr. 2 BGB verlangt wird. Wird **Auskunft und Umgang begehrt**, erfolgt nach § 33 Abs. 1 FamGKG eine **Wertaddition**, ebenso in dem Fall, dass Umgang und hilfsweise Auskunft beantragt wird und über den Hilfsantrag entschieden wird.[45]

20 Da es sich um ein echtes Antragsverfahren handelt, muss der Antragsteller – sofern er nicht verfahrenskostenhilfeberechtigt ist – gem. § 14 Abs. 3, 21 FamGKG einen **Kostenvorschuss** erbringen. Die Verfahrensgebühr beträgt 0,5 (Nr. 1310 FamGKGK-KV).

21 Die Entscheidung über die **Kosten** richtet sich nach § 81 FamFG. Es ist eine Kostenentscheidung nach **billigem Ermessen** zu treffen. Im Rahmen dieser Ermessensentscheidung kommt auch eine Beteiligung der **Mutter** an den Verfahrenskosten – und damit auch an den Kosten des Sachverständigengutachtens – in Betracht.[46] Siehe näher zu Kostenentscheidung und Wert siehe *Dürbeck*, § 80 FamFG Rn. 25, 14 ff. bzw. § 81 FamFG Rn. 3 ff.

---

42 *Hammer*, FamRB 2013, 298, 302
43 Siehe oben § 1684 Rn. 28
44 *Hammer*, FamRB 2013, 298, 302
45 BeckOK-Streitwert/Dürbeck, Auskunft Rn. 2 und hier unter § 80 FamFG 16 ff.
46 Vgl. BGH FamRZ 2014, 744, der in einem Abstammungsverfahren (Anfechtung der Vaterschaft) entschieden hat, dass die Kosten auch bei Unterliegen des Vaters diesem nicht einseitig auferlegt werden dürfen, wenn die Mutter zuvor Mehrverkehr eingeräumt hat.

E. Übersicht: Das Verfahren betreffend den Umgang des biologischen Vaters

22

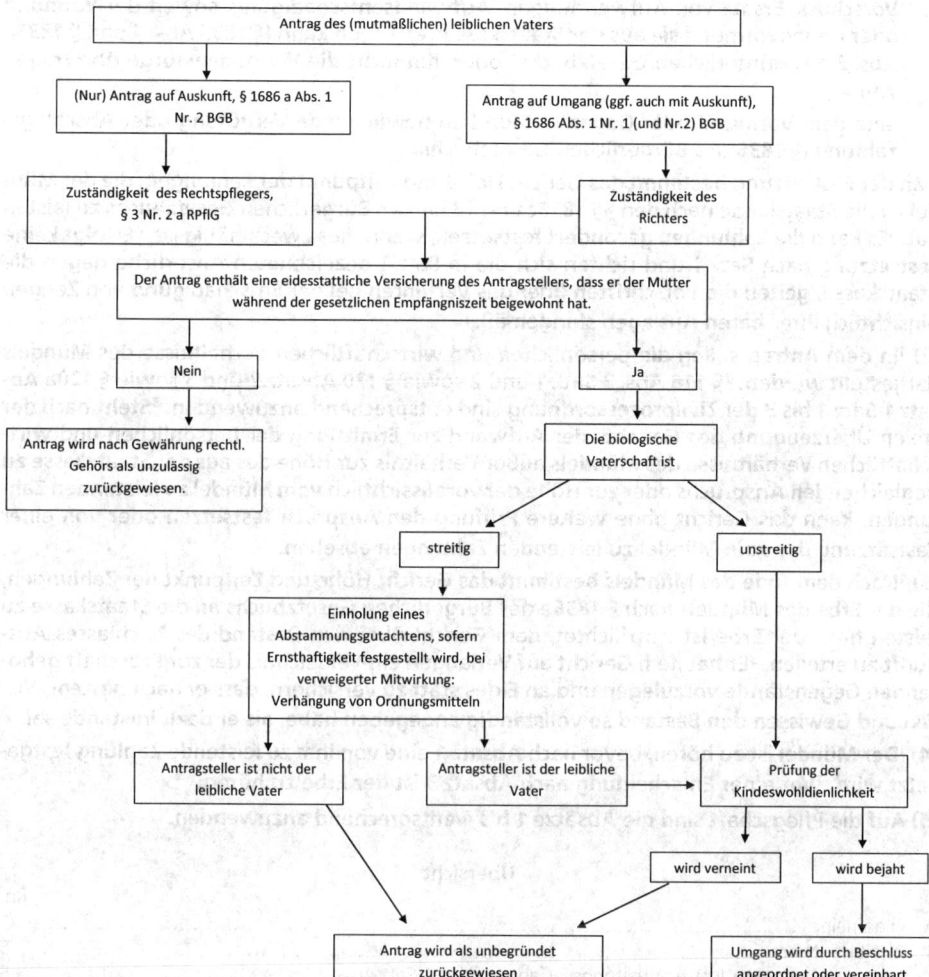

§ 168 FamFG Beschluss über Zahlungen des Mündels

(1) [1]Das Gericht setzt durch Beschluss fest, wenn der Vormund, Gegenvormund oder Mündel die gerichtliche Festsetzung beantragt oder das Gericht sie für angemessen hält:

1. Vorschuss, Ersatz von Aufwendungen, Aufwandsentschädigung, soweit der Vormund oder Gegenvormund sie aus der Staatskasse verlangen kann (§ 1835 Abs. 4 und § 1835a Abs. 3 des Bürgerlichen Gesetzbuchs) oder ihm nicht die Vermögenssorge übertragen wurde;

2. eine dem Vormund oder Gegenvormund zu bewilligende Vergütung oder Abschlagszahlung (§ 1836 des Bürgerlichen Gesetzbuchs).

[2]Mit der Festsetzung bestimmt das Gericht Höhe und Zeitpunkt der Zahlungen, die der Mündel an die Staatskasse nach den §§ 1836c und 1836e des Bürgerlichen Gesetzbuchs zu leisten hat. [3]Es kann die Zahlungen gesondert festsetzen, wenn dies zweckmäßig ist. [4]Erfolgt keine Festsetzung nach Satz 1 und richten sich die in Satz 1 bezeichneten Ansprüche gegen die Staatskasse, gelten die Vorschriften über das Verfahren bei der Entschädigung von Zeugen hinsichtlich ihrer baren Auslagen sinngemäß.

(2) [1]In dem Antrag sollen die persönlichen und wirtschaftlichen Verhältnisse des Mündels dargestellt werden. [2]§ 118 Abs. 2 Satz 1 und 2 sowie § 120 Absatz 2 und 3 sowie § 120a Absatz 1 Satz 1 bis 3 der Zivilprozessordnung sind entsprechend anzuwenden. [3]Steht nach der freien Überzeugung des Gerichts der Aufwand zur Ermittlung der persönlichen und wirtschaftlichen Verhältnisse des Mündels außer Verhältnis zur Höhe des aus der Staatskasse zu begleichenden Anspruchs oder zur Höhe der voraussichtlich vom Mündel zu leistenden Zahlungen, kann das Gericht ohne weitere Prüfung den Anspruch festsetzen oder von einer Festsetzung der vom Mündel zu leistenden Zahlungen absehen.

(3) [1]Nach dem Tode des Mündels bestimmt das Gericht Höhe und Zeitpunkt der Zahlungen, die der Erbe des Mündels nach § 1836e des Bürgerlichen Gesetzbuchs an die Staatskasse zu leisten hat. [2]Der Erbe ist verpflichtet, dem Gericht über den Bestand des Nachlasses Auskunft zu erteilen. [3]Er hat dem Gericht auf Verlangen ein Verzeichnis der zur Erbschaft gehörenden Gegenstände vorzulegen und an Eides statt zu versichern, dass er nach bestem Wissen und Gewissen den Bestand so vollständig angegeben habe, als er dazu imstande sei.

(4) [1]Der Mündel ist zu hören, bevor nach Absatz 1 eine von ihm zu leistende Zahlung festgesetzt wird. [2]Vor einer Entscheidung nach Absatz 3 ist der Erbe zu hören.

(5) Auf die Pflegschaft sind die Absätze 1 bis 4 entsprechend anzuwenden.

Übersicht

A. Allgemeines

1 § 168 FamFG regelt die verfahrensrechtliche Festsetzung von Ansprüchen des Vormunds auf Aufwendungsersatz und Vorschuss nach § 1835 BGB, auf Aufwandsentschädigung nach § 1835a BGB und auf Vergütung nach § 1836 BGB i. V. m. §§ 1 bis 3 VBVG. Nicht erfasst sind daraus resultierende **Zinsansprüche**.[1]

---

1 OLG Celle FamRZ 2002, 1431; MüKo-FamFG/*Heilmann* § 168 Rn. 6

Nach Abs. 5 gilt § 168 FamFG auch für entsprechende Ansprüche des **Pflegers** **2**
(§§ 1909 ff. BGB) und kraft Verweisung in § 158 Abs. 7 Satz 6 FamFG für die Vergütung
des **Verfahrensbeistands** und über §§ 1684 Abs. 4 Satz 6 BGB, 277 Abs. 5 Satz 2 FamFG
gilt § 168 Abs. 1 FamFG auch für den **Umgangspfleger**. Die zuerst genannten Ansprüche
des Vormunds und Pflegers können sich dabei entweder **gegen die Staatskasse oder
den Mündel** richten. Festsetzungsfähig sind nach Abs. 1 Satz 1 Nr. 1 Nr. 1 auch **Regressansprüche der Staatskasse** gegen den Mündel (vgl. § 1836e BGB) oder dessen Erben
(Abs. 3).

Der (auch für die Vermögenssorge allein bestellte) Vormund ist zunächst berechtigt, **ohne** **3**
vorherige gerichtliche Festsetzung die aus seinen Ansprüchen gegen den Mündel folgenden Geldbeträge unmittelbar **dem Vermögen des Mündels zu entnehmen** (siehe
näher hierzu Dürbeck, § 1835 BGB Rn. 15), so dass insoweit **kein Rechtsschutzbedürfnis** für ein gerichtliches Festsetzungsverfahren besteht. Eine Entnahme aus dem Mündelvermögen ist dem Vormund **nicht möglich**, wenn er nicht (allein) für die Vermögenssorge
bestellt ist (z. B. weil er Mitvormund oder Gegenvormund ist), eine Pflegschaft für die Vermögenssorge besteht oder der Vormund zwischenzeitlich entlassen oder die Vormundschaft aufgehoben oder infolge Volljährigkeit weggefallen ist. In diesen Fällen ist der Weg
zu § 168 FamFG eröffnet (vgl. Abs. 1 Nr. 1 Alt. 2). Das Festsetzungsverfahren findet im Übrigen Anwendung auf **Ansprüche des Vormunds gegen die Staatskasse** und der
Staatskasse gegen den Mündel im Wege des Regresses nach gesetzlichem Übergang
der Forderung nach § 1836e BGB.

Streitigkeiten **zwischen dem Vormund und dem Mündel** über Grund und Höhe einer **4**
Entnahme aus dem Vermögen des Mündels sind entweder im Rahmen der **Aufsicht des
Familiengerichts** nach § 1837 BGB oder im Rahmen eines **gerichtlichen Streitverfah-
rens** zu klären.[2] In das Kostenfestsetzungsverfahren fällt dagegen die Prüfung über **Grund
und Höhe des Aufwendungsersatz- oder Vergütungsanspruchs**, nicht jedoch die
Entscheidung über Gegenansprüche wegen mangelhafter Amtsführung und für den Einwand der Schlechterfüllung.[3] Diese sind im Wege der Vollstreckungsgegenklage nach
§ 767 ZPO zu verfolgen,[4] wobei – was umstritten ist – alle Ansprüche aus dem Verhältnis
zwischen Vormund und Mündel analog § 266 Abs. 1 Nr. 4 FamFG **vor den Familiengerichten** geltend zu machen sind.[5] In das Kostenfestsetzungsverfahren fällt dagegen die
Prüfung der vom Anspruchsgegner erhobenen Einrede der Verjährung.[6]

B. Inhalt der Norm

I. Das vereinfachte Justizverwaltungsverfahren (Abs. 1 Satz 4)

Erfolgt keine Festsetzung nach Abs. 1 Satz 1 mangels eines entsprechenden Antrages, **5**
können nach Abs. 1 Satz 4 die in Rn. 1 genannten Ansprüche des **Vormunds gegen die
Staatskasse** im **vereinfachten Justizverwaltungsverfahren** nach den Vorschriften
über **Entschädigung von Zeugen (JVEG)** geltend gemacht werden. Zuständig ist der **Urkundsbeamte der Geschäftsstelle** des Gerichts, bei dem die Vormundschaft geführt
wird. Gegen dessen Anweisung ist die einfache Beschwerde nach § 4 Abs. 3 JVEG nicht

---

2 BayObLG FamRZ 1995, 1375; Keidel/*Engelhardt* § 168 FamFG Rn. 2, 35
3 BGH FamRZ 2012, 1051
4 OLG Schleswig BeckRS 2011, 21449; OLG Celle FamRZ 2011, 1755; *Zimmermann*, FamRZ 2011, 1776, 1783
5 LG Koblenz FamRZ 2011, 1090; Palandt/*Götz* § 1843 BGB Rn. 2; a.A. noch die wohl h. L., die auf die Zustädig-
keit der ordentlichen Zivilgerichte verweist: MüKo-FamFG/*Heilmann* § 168 Rn. 7; Keidel/*Zimmermann* § 168
FamFG Rn. 21; Prütting/Helms/*Hammer* § 168 FamFG Rn. 26
6 BGH BeckRS 2014, 22295: Regress der Staatskasse; BtPrax 2012, 118

eröffnet, es kann nur ein Antrag auf Durchführung eines Kostenfestsetzungsverfahrens nach § 168 Abs. 1 FamFG gestellt werden,[7] der die Anweisung gegenstandslos macht.

II. Familiengerichtliches Festsetzungsverfahren

1. Zuständigkeit

6 Für das gerichtliche Festsetzungsverfahren nach § 168 Abs. 1 FamFG ist der **Rechtspfleger** (§ 3 Nr. 2a RPflG) des Familiengerichts zuständig, bei dem die Vormundschaft geführt wird.[8]

2. Einleitung und Durchführung des Verfahrens

7 Das Kostenfestsetzungsverfahren nach § 168 Abs. 1 Satz 1 FamFG ist auf **Antrag** (§ 23 FamFG) des Vormunds, Gegenvormunds oder des (verfahrensfähigen oder gesetzlich vertretenen) Mündels als **selbständiges Verfahren** einzuleiten. Der Antrag, der **keiner besonderen Form** bedarf, ist nach § 23 Abs. 1 Satz 1 FamFG zu **begründen** und soll nach Abs. 2 Satz 1 die **persönlichen und wirtschaftlichen Verhältnisse des Mündels** enthalten, was insbesondere für die Frage der (subsidiären) Haftung und des Regresses der Staatskasse nach materiellem Recht von Bedeutung ist.

8 Nach Satz 2 gelten die Vorschriften über die **Prozesskostenhilfe** nach §§ 118 Abs. 2 Satz 1 und 2, 120 Abs. 2 und 3, 120a Abs. 1 Satz 1-3 ZPO entsprechend, so dass insbesondere auch die **Glaubhaftmachung der Angaben** einschließlich eidesstattlicher Versicherung und Vorlage von Belegen etc. verlangt werden kann.

9 Insbesondere beim Aufwendungsersatzanspruch nach § 1835 BGB und beim Vergütungsanspruch nach § 1836 BGB sind **substantiierte und nachvollziehbare Angaben** über Art und Höhe der Aufwendungen und Art und Dauer der geleisteten Tätigkeit erforderlich.[9]

10 Daneben kann das Familiengericht nach pflichtgemäßem Ermessen auch **von Amts wegen** ein Festsetzungsverfahren einleiten, was insbesondere bei der **Korrektur unrichtig erfolgter Kostenfestsetzungen** oder zur Vermeidung unterschiedlicher Festsetzungen im Verhältnis Mündel-Staatskasse-Vormund veranlasst sein kann.[10]

11 Nach Abs. 4 ist der **Mündel** – nicht zwingend persönlich[11] – **anzuhören**, bevor Zahlungen gegen ihn festgesetzt werden. Ein **Verfahrensbeistand** nach § 158 FamFG kann nicht bestellt werden, weil die Personensorge nicht tangiert ist, doch kann bei erheblichem Interessensgegensatz ein **Ergänzungspfleger** zu bestellen sein.[12] Eine Anhörung des Mündels bei der Festsetzung gegen die Staatskasse ist gesetzlich nicht vorgeschrieben und mangels Bindungswirkung der Entscheidung im Verhältnis Staatskasse-Mündel auch nicht geboten.[13] Daneben ist der Vormund anzuhören, wenn der Mündel Festsetzung beantragt hat und der Vertreter der Staatskasse, wenn Festsetzung gegen die Staatskasse vom Vormund beantragt ist.

12 Für das Verfahren gilt der **Amtsermittlungsgrundsatz** nach § 26 FamFG, wobei aber die Feststellungslast derjenige trägt, der die Ansprüche geltend macht. Eine unsubstanzierte Darlegung bzw. fehlende Belege von Aufwendungen führen damit in der Regel zur (teilweisen) Zurückweisung des Festsetzungsbegehrens. Grund und Höhe des Anspruchs sind

7 OLG Dresden FamRZ 2011, 320; Zöller/*Lorenz* § 168 FamFG Rn. 33
8 Vgl. BGH FamRZ 2007, 1548; MüKo-FamFG/*Heilmann* § 168 Rn. 12
9 OLG Frankfurt a. M. FamRZ 2002, 193
10 OLG Celle NJW 2010, 2446
11 BayObLG FamRZ 1993, 224
12 Keidel/*Zimmermann* § 168 FamFG Rn. 13
13 MüKo-FamFG/*Heilmann* § 168 Rn. 18

ebenso wie die Frage der Ausschlussfristen von Amts wegen zu überprüfen. Insbesondere die **Höhe** von geltend gemachten Aufwendungen und den Umfang geleisteter Tätigkeit kann das Gericht analog § 287 ZPO nach freiem Ermessen **schätzen**.[14]

Bei einem Vergütungsanspruch nach § 1836 Abs. 1 Satz 2 BGB kann die **Feststellung der** **13** **Berufsmäßigkeit** der Ausübung der Vormundschaft **nicht im Kostenfestsetzungsverfahren nachgeholt** werden.[15] Diese kann nur im Bestellungsverfahren erfolgen bzw. nach Ablauf der Beschwerdefrist mit ex nunc Wirkung nachgeholt werden (siehe näher hierzu *Dürbeck*, § 1836 BGB Rn. 4). Nicht zu prüfen sind **Zurückbehaltungsrechte**, der **Einwand der Schlechterfüllung, Erfüllung, Erlass, Aufrechnung**, hierfür ist Vollstreckungsabwehrklage zu erheben (vgl. Rn. 4, auch zur Frage der Zuständigkeit des Familiengerichts).

Die **wirtschaftliche Leistungsfähigkeit des Mündels** ist von Amts wegen nach Maß- **14** gabe von § 1836c BGB zu prüfen. Nach Abs. 2 Satz 3 ist dies aber entbehrlich, wenn nach der freien Überzeugung des Gerichts der Aufwand zur Ermittlung der persönlichen und wirtschaftlichen Verhältnisse des Mündels **außer Verhältnis** zur Höhe des aus der Staatskasse zu begleichenden Anspruchs oder zur Höhe der voraussichtlich vom Mündel zu leistenden Zahlungen liegt. Ist dies der Fall, kann das Gericht ohne weitere Prüfung den Anspruch festsetzen oder von einer Festsetzung der vom Mündel zu leistenden Zahlungen absehen.

III. Regress gegen den Erben des Mündels (Abs. 3)

Nach dem **Tode des Mündels**, der die Vormundschaft beendet, sind nach Abs. 3 durch das Familiengericht Höhe und Zeitpunkt der Zahlungen, die der **Erbe des Mündels** nach § 1836e BGB als Rechtsnachfolger des Mündels an die Staatskasse zu leisten hat, zu bestimmen. Es gelten die gleichen Verfahrensgrundsätze wie bei Abs. 1 und 2, ergänzt um die Anhörung des Erben nach Abs. 4 Satz 2. Der Erbe ist nach Abs. 3 Satz 2 und 3 verpflichtet, dem Gericht über den Bestand des Nachlasses Auskunft zu erteilen und hat dem Gericht auf Verlangen ein Verzeichnis der zur Erbschaft gehörenden Gegenstände vorzulegen und an Eides statt zu versichern, dass er nach bestem Wissen und Gewissen den Bestand so vollständig angegeben habe, als er dazu imstande sei. Im Falle der Nichtbefolgung können Zwangsmittel nach § 35 FamFG angeordnet werden.

C. Entscheidung und Rechtsschutz

Das Familiengericht entscheidet nach §§ 38 ff. FamFG durch **Beschluss**. Mit der Festset- **15** zung hat es nach Abs. 1 Satz 2 auch **Höhe und Zeitpunkt der Zahlungen**, die der Mündel im Falle der Leistungsfähigkeit nach §§ 1836c, 1836e BGB an die Staatskasse zu leisten hat, zu bestimmen, wobei Satz 3 auch gesonderte Festsetzung zulässt, soweit dies zweckmäßig ist und innerhalb der Frist des § 1836e Abs. 1 Satz 2 BGB (10 Jahre) liegt. Im Verhältnis Staatskasse zum Mündel gelten im Übrigen nach Abs. 2 Satz 2 §§ 120 Abs. 2 und 3, 120a Abs. 1 Satz 1-3 ZPO, was insbesondere auch die Möglichkeit der **Abänderung der Regressentscheidung** beinhaltet.

Entscheidungen im Festsetzungsverfahren sind im Übrigen der formellen und materiellen **16** **Rechtskraft** fähig.[16] Eine Bindung besteht aber nur innerhalb des jeweiligen Rechtsver-

---

14 BayObLG FamRZ 1996, 1169
15 BGH FamRZ 2014, 736; 2014, 653; NJW 2014, 863; ausführlich zu den Konsequenzen: *Bestelmeyer*, FGPrax 2014, 93
16 BayObLG FamRZ 1998, 1055; Keidel/*Engelhardt* § 168 FamFG Rn. 22

hältnisses der an der Entscheidung Beteiligten, so dass eine Festsetzung zu Lasten der Staatskasse nicht im Verhältnis der Staatskasse zum Mündel bindet.[17]

17 Gegen die Entscheidung im Kostenfestsetzungsverfahren nach § 168 Abs. 1 Satz 1 FamFG ist das Rechtsmittel der **Beschwerde nach §§ 11 Abs. 1 RPflG, 58 ff. FamFG**[18] statthaft, falls der Beschwerdewert von 600,00 Euro nach § 61 Abs. 1 FamFG erreicht ist oder der Rechtspfleger bei Unterschreiten dieser Grenze die Beschwerde nach § 61 Abs. 3 FamFG zugelassen hat. Andernfalls ist die Beschwerde unzulässig und gegen die Entscheidung des Rechtspflegers nach § 11 Abs. 2 RPflG die befristete Erinnerung statthaft, über die der Richter des Amtsgerichts abschließend (Ausnahme Zulassung nach § 61 Abs. 2 FamFG) zu entscheiden hat.

▶ *Zur Erinnerung näher hierzu Heilmann, § 11 RPflG Rn. 22 ff.*

18 Als **Beschwerdeberechtigte** nach § 59 FamFG kommen je nach Beteiligung die Staatskasse, der Vormund und der Mündel (§ 60 FamFG) in Betracht, soweit die Entscheidung für sie unmittelbar nachteilig ist. Im Beschwerdeverfahren gilt das Verbot der **reformatio in peius**.[19] Gegen die Festsetzung der **Vergütung des Umgangspflegers** steht den am Verfahren beteiligten Eltern mangels eigener Rechtsverletzung kein Beschwerderecht zu,[20] da insoweit nur die Staatskasse und der Umgangspfleger am Vergütungsfestsetzungsverfahren beteiligt sind und die Entscheidung keine Bindungswirkung gegenüber den Eltern entfaltet. Einwendungen können von den Eltern, soweit ihnen die Verfahrenskosten zumindest anteilig auferlegt worden sind, im Wege der Erinnerung gegen den Kostenansatz nach § 57 FamGKG geltend gemacht werden. Gleiches gilt für die Vergütung des Verfahrensbeistands.

19 Soweit der Vormund nicht die Vermögenssorge (alleine) besitzt, ist der Beschluss, der die Zahlung gegen den Mündel festsetzt, nach §§ 86, 95 FamFG zu **vollstrecken**. Der Regress gegen den Mündel wird nach der **JBeitrO** von den Justizbehörden eingezogen.

§ 168a FamFG Mitteilungspflichten des Standesamts

(1) Wird dem Standesamt der Tod einer Person, die ein minderjähriges Kind hinterlassen hat, oder die Geburt eines Kindes nach dem Tod des Vaters oder das Auffinden eines Minderjährigen, dessen Familienstand nicht zu ermitteln ist, oder die Geburt eines Kindes im Wege der vertraulichen Geburt nach § 25 Absatz 1 des Schwangerschaftskonfliktgesetzes angezeigt, hat das Standesamt dies dem Familiengericht mitzuteilen.

(2) Führen Eltern, die gemeinsam für ein Kind sorgeberechtigt sind, keinen Ehenamen und ist von ihnen binnen eines Monats nach der Geburt des Kindes der Geburtsname des Kindes nicht bestimmt worden, teilt das Standesamt dies dem Familiengericht mit.

Von einer Kommentierung wird abgesehen.

---

17 BayObLG FamRZ 2001, 377
18 OLG Karlsruhe FamRZ 2014, 672; KG FamRZ 2013, 478; vgl. auch BGH FamRZ 2014, 1283
19 Vgl. BGH BeckRS 2014, 05634; NJW 2000, 3712
20 OLG Nürnberg, Beschl. v. 29.10.2014, 7 WF 1308/14 – juris –

Dürbeck

Abschnitt 4
Verfahren in Abstammungssachen

§ 169 FamFG Abstammungssachen

Abstammungssachen sind Verfahren

1. auf Feststellung des Bestehens oder Nichtbestehens eines Eltern-Kind-Verhältnisses, insbesondere der Wirksamkeit oder Unwirksamkeit einer Anerkennung der Vaterschaft,

2. auf Ersetzung der Einwilligung in eine genetische Abstammungsuntersuchung und Anordnung der Duldung einer Probeentnahme,

3. auf Einsicht in ein Abstammungsgutachten oder Aushändigung einer Abschrift oder

4. auf Anfechtung der Vaterschaft.

Übersicht

A. Allgemeines

Die Regelung enthält eine abschließende Definition der Abstammungssachen, die nach **1** dem FamFG ausnahmslos als Verfahren der freiwilligen Gerichtsbarkeit ausgestaltet sind. Vor Inkrafttreten des FamFG wurden diese Verfahren als Kindschaftssachen bezeichnet (§ 640 ZPO a.F.) und waren Klageverfahren nach der ZPO. Die Verfahren unterfielen nur dann der freiwilligen Gerichtsbarkeit, wenn die Peson, gegen die die Klage zu richten gewesen wäre, bereits verstorben war (vgl. § 1600e Abs. 2 BGB a.F., § 55b FGG a.F.).

Die Abstammungssachen sind die einzigen Familiensachen, die im Zuge der FGG-Reform **2** von ZPO-Streitsachen in reine Verfahren der freiwilligen Gerichtsbarkeit überführt wurden. Dies hat erhebliche **Auswirkungen**.[1] Eine Besonderheit des Verfahrens der freiwilligen Gerichtsbarkeit besteht darin, dass sich das Verfahren nicht gegen einen Verfahrensgegner richtet und daher keinen Antragsgegner kennt, sondern nur Antragsteller (§ 7 Abs. 1 FamFG) und Beteiligte (§ 7 Abs. 2 und Abs. 3 FamFG), wobei mit § 172 FamFG für Abstammungssachen eine gesonderte Regelung zur Sicherung der Verfahrensbeteiligung der betroffenen Personen besteht. Dadurch bedarf es nicht mehr der nach früherem Recht erforderlichen Beiladung (§ 640e Abs. 1 Satz 2 ZPO a.F.) und auch die vorher in Verfahren auf Feststellung der Vaterschaft ermöglichte Streitverkündung (§ 640e Abs. 2 ZPO a.F.) ist

---

1 Vgl. *Grün*, Vaterschaftsfeststellung- und Anfechtung, Rn. 83 ff. und Rn. 192 ff.

weggefallen. Stattdessen können jetzt im Verfahren auf Feststellung der Vaterschaft von vornherein mehrere Männer als in Betracht kommende leibliche Väter benannt werden und damit Beteiligte des Verfahrens sein (§§ 7 Abs. 2 Nr. 1, 179 FamFG). Anders als nach früherem Recht ist eine Nebenintervention eines Dritten in Abstammungssachen entfallen, da die Regelung des § 66 ZPO in Verfahren der freiwilligen Gerichtsbarkeit nicht anwendbar ist.

3   Zu den Abstammungssachen (Kindschaftssachen) alten Rechts gehörten auch Verfahren auf **Feststellung des Bestehens oder Nichtbestehens der elterlichen Sorge** der einen Partei für die andere (§ 640 Abs. 2 Nr. 5 ZPO a.F.). Diese Verfahren unterfallen unter der Geltung des FamFG nicht mehr den Abstammungssachen, sondern sind den Kindschaftssachen (§ 151 FamFG) zuzuordnen.[2]

B. Inhalt der Norm

I. Verfahren nach Nr. 1

4   Nr. 1 betrifft Verfahren auf Feststellung **des Bestehens oder Nichtbestehens eines Eltern-Kind-Verhältnisses**, insbesondere der Wirksamkeit oder Unwirksamkeit einer Anerkennung der Vaterschaft.

Darunter fallen zum einen die Verfahren auf **Herstellung eines Eltern-Kind-Verhältnisses**. Die Herstellung eines Eltern-Kind-Verhältnisses **zum Vater** erfolgt nach deutschem Recht nur dann, wenn für das Kind noch keine Vaterschaftszuordnung nach §§ 1592 Nr. 1 oder Nr. 2, 1593 BGB besteht. Dann stellt das Gericht auf Antrag eines Antragsberechtigten in einem Verfahren auf **Feststellung der Vaterschaft** gem. § 1600d BGB die Vaterschaft des Mannes, von dem das Kind biologisch abstammt, im Wege einer gerichtlichen Gestaltungsentscheidung mit Wirkung für und gegen alle (§ 184 Abs. 2 FamFG) fest. Zu den Verfahren nach Nr. 1 gehören aber auch Verfahren zur Herstellung des Eltern-Kind-Verhältnisses nach **ausländischem Recht**, nämlich dann, wenn deutsche Gerichte gem. § 100 FamFG zuständig sind, das Abstammungsstatut allerdings gem. Art. 19 EGBGB einem ausländischen Recht unterliegt. Nach deutschem Recht kann die gerichtliche Herstellung eines Eltern-Kind-Verhältnisses nicht **zur Mutter** erfolgen, da die Mutterschaft rechtlich unverrückbar daran gebunden ist, wer das Kind geboren hat (§ 1591 BGB). Unter der Geltung ausländischen materiellen Rechts kann jedoch unter den Voraussetzungen des § 100 FamFG in Deutschland ein Verfahren zur Feststellung der Mutterschaft geführt werden.[3]

5   Unter Nr. 1 fallen auch Verfahren, in denen es nicht um die Herstellung eines rechtlichen Eltern-Kind-Verhältnisses geht, sondern allein um die **Feststellung des Bestehens** eines solchen Verhältnisses. Dies umfasst Verfahren zur Klärung der **Wirksamkeit einer Anerkennung der Vaterschaft**. Unter Anwendung deutschen materiellen Rechts ist eine Vaterschaftsanerkennung (§ 1594 BGB) dann wirksam, wenn die Anerkennung den Erfordernissen der §§ 1594 bis 1597 BGB entspricht (§ 1598 Abs. 1 BGB) oder ein Wirksamkeitsmangel nach § 1598 Abs. 2 BGB geheilt ist.

6   Verfahren nach Nr. 1 sind auch **negative Feststellungsanträge**. Dabei geht es nicht um die Feststellung der Nichtvaterschaft im Sinne der Anfechtung der bestehenden rechtlichen Vaterschaftszuordnung – diese Verfahren unterfallen Nr. 4 –, sondern um die Abwehr einer behaupteten Vaterschaft zu einem Kind, für das bislang keine Vaterschaftszuordnung besteht. Wer sich der Behauptung ausgesetzt sieht, der Vater eines vaterlosen Kindes zu sein, muss nicht tatenlos abwarten, bis ein Antragsberechtigter gegen ihn die Feststel-

---

2 Prütting/Helms/*Stößer*, § 169 FamFG Rn. 16
3 MüKo-FamFG/*Coester-Waltjen/Hilbig-Lugani*, § 169 FamFG Rn. 23

lung der Vaterschaft betreibt, sondern kann selbst aktiv werden und mit einem negativen Feststellungsantrag die gerichtliche Feststellung begehren, dass er nicht der Vater des Kindes ist. Ergibt sich in einem solchen Verfahren, dass der Antragsteller oder ein anderer Mann der tatsächliche Vater des Kindes ist, schreibt § 182 Abs. 2 FamFG einen diese Feststellung beinhaltenden erweiterten Beschlusstenor vor.

Eine Feststellung des Bestehens der **Mutterschaft** kommt bei Geltung deutschen materiellen Rechts nur in Betracht, soweit in Fällen von Kindesverwechslung festgestellt werden soll, welche Frau das Kind geboren hat (vgl. hierzu *Grün,* § 1591 BGB Rn. 22). Eine Klärung, von welcher Frau das Kind genetisch abstammt, kann unter Anwendung deutschen Rechts nicht in einem Verfahren i.S.v. Nr. 1 herbeigeführt werden, da die genetische Abstammung des Kindes für die Mutterschaft nach § 1591 BGB unerheblich ist. Das deutsche Recht kennt auch keine Anerkennung der Mutterschaft. Bei ausländischem Abstammungsstatut kann dies jedoch Gegenstand eines Verfahrens i.S.v. Nr. 1 sein, sofern das ausländische Recht eine Anerkennung oder Feststellung der Mutterschaft vorsieht. **7**

Unter Nr. 1 fallen auch Verfahren zur Feststellung, ob ein Eltern-Kind-Verhältnis durch **Adoption** begründet wurde.[4] Hinsichtlich einer nach dem 1. 1. 1977 gerichtlich ausgesprochenen Adoption sind solche Verfahren jedoch praktisch nicht denkbar, da ein gerichtlicher Adoptionsbeschluss die Wirkungen der Adoption selbst dann vermittelt, wenn er unter Verletzung von materiellen oder verfahrensrechtlichen Bestimmungen zustande kommt. Denn der gerichtliche Ausspruch der Adoption ist unanfechtbar und erwächst in Bestandskraft. Eine unter engen Voraussetzungen (§§ 1760 ff. BGB) mögliche Aufhebung des Annahmeverhältnisses kann nur durch gerichtliche Entscheidung erfolgen. Vor dem 1.1.1977 erfolgten Adoptionen hingegen im Vertragssystem. Hier ist es denkbar, dass in einem Verfahren nach § 169 Nr. 1 FamFG die Feststellung der Wirksamkeit oder Unwirksamkeit eines Annahmevertrages nach altem Recht begehrt wird. **8**

II. Verfahren nach Nr. 2 und Nr. 3

Nr. 2 betrifft Verfahren, die eine Ersetzung der **Einwilligung in eine genetische Abstammungsuntersuchung** und die Anordnung der **Duldung der Probeentnahme** zum Gegenstand haben. Nach deutschem Recht besteht ein solcher Anspruch auf Einwilligung in eine genetische Abstammungsuntersuchung unter den Voraussetzungen des § 1598a Abs. 1 BGB. Verweigert der Einwilligungspflichtige die Einwilligung oder die Probeentnahme, kann die gerichtliche Ersetzung der Einwilligung und die gerichtliche Anordnung der Duldung der Probeentnahme nach § 1598a Abs. 2 BGB erfolgen. **9**

Nr. 3 betrifft den Gegenanspruch des Einwilligungspflichtigen nach § 1598a Abs. 4 BGB auf **Einsicht in das Abstammungsgutachten** bzw. auf Aushändigung einer Abschrift hiervon. **10**

III. Verfahren nach Nr. 4

Nach Nr. 4 gehören zu den Abstammungssachen Verfahren auf **Anfechtung der Vaterschaft**. Dies gilt sowohl für die Anfechtung der Vaterschaft nach deutschem materiellen Recht (§§ 1599 Abs. 1, 1600 bis 1600c BGB) als auch die Anfechtung der Vaterschaft nach ausländischem Recht (vgl. Art. 20 EGBGB). Voraussetzung ist jedoch, dass mit der Anfechtung die Beseitigung der nach einer inländischen oder ausländischen Rechtsnorm bestehenden rechtlichen Vaterschaftszuordnung erstrebt wird. **11**

---

4 Vgl. MK-FamFG/*Coester-Waltjen/Hilbig-Lugani,* § 169 FamFG Rn. 9

C. Exkurs: Verfahrenskostenhilfe in Abstammungssachen

I. Verfahren auf Feststellung der Vaterschaft (§ 1600d BGB)

1. Erfolgsaussicht (§ 114 ZPO)

12   Für die Rechtsverfolgung durch den **Antragsteller** besteht hinreichende Erfolgsaussicht immer dann, wenn für das Kind noch keine Vaterschaftszuordnung besteht, der Antragsteller zu dem Kreis der Antragsberechtigten gehört (vgl. hierzu *Grün*, § 1600d BGB Rn. 24 ff.) und er darlegt, welcher Mann oder welche Männer in der Empfängniszeit der Kindesmutter beigewohnt haben oder dass das Kind durch Samenspende dieser Männer gezeugt wurde.[5] Da das Gericht bei entsprechender Antragstellung von Amts wegen klären muss, welcher Mann der Vater des Kindes ist, lässt es die Erfolgsaussicht für den Antragsteller nicht entfallen, wenn die als Vater in Betracht kommenden Männer nicht in ladungsfähiger Weise bezeichnet werden. Die Erfolgsaussicht kann nicht deshalb verneint werden, weil der Aufenthalt des als Vater festzustellenden Mannes unbekannt ist und eine öffentliche Zustellung erfolgen müsste.[6]

13   Auch für die **Rechtsverteidigung** des Mannes oder der Männer, die zur Feststellung als Vater in Anspruch genommen werden, bedarf es einer Prüfung der Erfolgsaussicht. Diese kann nicht schon allein deshalb angenommen werden, weil ohnehin eine Beweisaufnahme über die Abstammung zu erfolgen hat.[7] Denn wenn der benannte Mann mit der Kindesmutter in der Empfängniszeit Geschlechtsverkehr hatte und es keine gegen seine Vaterschaft sprechenden Umstände gibt, könnte er die Vaterschaft anerkennen und dadurch das Feststellungsverfahren vermeiden. Es bedarf daher grundsätzlich der Darlegung von gegen die Vaterschaft sprechenden Umständen. Hierzu reicht es aus, wenn abgestritten wird, mit der Kindesmutter eine intime Beziehung unterhalten zu haben,[8] wobei jedoch die Gefahr der nachträglichen Entziehung der Verfahrenskostenhilfe nach § 76 Abs. 1 FamFG i.V.m. § 124 Nr. 1 ZPO für den Fall besteht, dass durch ein Gutachten die Vaterschaft des wahrheitswidrig die Beiwohnung leugnenden Mannes festgestellt wird.[9] Hatte der Mann in der Empfängniszeit, Geschlechtsverkehr mit der Kindesmutter, muss er Umstände darlegen, die Zweifel an seiner Vaterschaft begründen können.[10] Wenn der als Vater in Anspruch genommene Mann Umstände darlegt, die es verständlich erscheinen lassen, dass er Zweifel an seiner Vaterschaft hegt, reicht dies aus.[11] Diese Zweifel können auf konkreten Verdachtsmerkmalen für einen Mehrverkehr der Mutter beruhen. Wenn er mit der Kindesmutter eine feste Beziehung hatte, genügt jedoch die pauschale Behauptung, die Kindesmutter habe noch mit weiteren Männern geschlechtlich verkehrt, in der Regel nicht.[12] Wenn aber der Geschlechtsverkehr bei einer flüchtigen Begegnung mit der Kindesmutter zustande kam und der Mann deshalb über Mehrverkehr keine konkreten Angaben machen kann, können schon die Umstände des Geschlechtsverkehrs für die Erfolgsaussicht der Rechtsverteidigung hinreichende Zweifel an der Vaterschaft begründen.[13]

14   Maßgebend für die Beurteilung der Erfolgsaussicht ist der Verfahrensstand zum **Zeitpunkt** der Entscheidungsreife des VKH-Antrags. Wurde dieser Antrag so rechtzeitig gestellt, dass

---

5 *Schwonberg*, FuR 2014, 634, 637

6 OLG Hamburg OLGR 1997, 158; OLG Stuttgart DAVorm 1995, 752

7 So aber OLG Dresden FamRZ 2010, 2007; OLG Naumburg OLGR 2007, 180; OLG Zweibrücken MDR 2006, 271

8 OLG Hamm FamRZ 2010, 1363

9 *Schwonberg*, FuR 2014, 634, 637

10 OLG Naumburg FamRZ 2006, 960

11 OLG Brandenburg FamRZ 2007, 151; OLG Stuttgart FamRZ 2006, 797

12 OLG Hamburg DAVorm 2000, 505

13 *Schwonberg*, FuR 2014, 634, 637

über ihn vor Einholung des Abstammungsgutachtens hätte entschieden werden können, darf das Ergebnis des Gutachtens nicht für die Beurteilung der Erfolgsaussicht verwertet werden. Wenn der Antrag auf Bewilligung von Verfahrenskostenhilfe von dem Mann jedoch erst gestellt wird, nachdem bereits das Abstammungsgutachten vorliegt, kann die Verfahrenskostenhilfe mangels hinreichender Erfolgsaussicht versagt werden, wenn das Gutachten zur Feststellung der Vaterschaft des Mannes gelangt.[14]

Bei den **übrigen Beteiligten** i.S.v. § 172 FamFG, die nicht Antragsteller sind, bedarf es keiner Prüfung der Erfolgsaussicht, da diese weder das Verfahren eingeleitet haben noch durch eigene Verfahrenshandlungen das Verfahren beenden können.[15]

2. Mutwilligkeit

Der Kindesmutter kann die Bewilligung von Verfahrenskostenhilfe nicht mit der Begründung versagt werden, sie hätte der Anerkennung der Vaterschaft, zu der der Mann bereit war, zustimmen können, und deshalb mutwillig die Notwendigkeit des Verfahrens herbeigeführt.[16] Die Mutter muss einer Anerkennung der Vaterschaft nicht zustimmen, sondern kann auf einer gerichtlichen Klärung der Vaterschaft bestehen, etwa weil – was nur sie wissen kann – auch ein anderer Mann als Vater des Kindes in Betracht kommt. Die Weigerungsgründe muss sie nicht offenbaren. Der Mann, der die Feststellung seiner Vaterschaft begehrt, handelt nicht mutwillig, wenn er die gerichtliche Feststellung der Vaterschaft betreibt; auf eine außergerichtliche Klärung der Vaterschaft durch Einholung eines privaten Abstammungsgutachtens kann er nicht verwiesen werden.[17]

3. Bedürftigkeit (§ 115 ZPO)

Hinsichtlich der Bedürftigkeit gelten keine Besonderheiten. Ein Anspruch des Kindes auf Zahlung eines Verfahrenskostenvorschusses gegen den Putativvater besteht in einem Verfahren auf Feststellung der Vaterschaft wegen der Rechtsausübungssperre des § 1600d Abs. 4 BGB nicht.[18] Gegen die Kindesmutter kann jedoch bei entsprechender Leistungsfähigkeit ein Anspruch auf Zahlung eines Verfahrenskostenvorschusses bestehen.[19]

4. Anwaltsbeiordnung

Die Erforderlichkeit der Beiordnung eines Rechtsanwalts beurteilt sich in Abstammungssachen nicht nach § 121 ZPO, sondern nach § 78 FamFG. Dem **Antragsteller** ist in der Regel ein Anwalt beizuordnen.[20] Dies ergibt sich schon aus den schwierigen Rechtsfragen, die sich bei der Einholung, Durchsetzung und Durchführung einer Abstammungsgutachtens und dessen Bewertung ergeben können.[21] Für das am Vaterschaftsfeststellungsverfahren beteiligte Kind entfällt die Notwendigkeit einer Anwaltsbeiordnung jedoch in der Regel dann, wenn es **vom Jugendamt vertreten** wird, sei es als Beistand, Pfleger oder Vormund, denn dann wird bereits eine sachkundige Vertretung des Kindes gewährleistet sein.[22] Etwas anderes kann jedoch dann gelten, wenn sich im Verfahren außergewöhnlich schwierige Rechtsfragen des Internationalen Rechts stellen. Die Beiordnung eines Rechtsanwalts kann einem minderjährigen Beteiligten jedoch nicht deshalb versagt werden, weil ihm im Verfahren ein **Verfahrensbeistand** bestellt ist.[23]

14 OLG Naumburg FamRZ 2014, 587
15 OLG Celle FamRZ 2012, 467
16 OLG Hamburg FamRZ 2012, 1156
17 OLG Hamburg NJW-RR 2011, 1227
18 OLG Karlsruhe FamRZ 2008, 2042; OLG Koblenz FamRZ 1999, 241
19 OLG Köln FamRZ 1999, 792
20 OLG Brandenburg NJW-RR 2012, 708; OLG Koblenz FamRZ 2011, 914; OLG Hamm FamRZ 2010, 1363
21 Vgl. hierzu nur BGH FamRZ 2006, 1745
22 OLG Brandenburg FamRZ 2011, 1311
23 OLG Dresden FamRZ 2014, 1042

19 Für den auf Feststellung als Vater in Anspruch genommenen **Mann** ist wegen der für die Rechtsverteidigung erforderlichen fundierten Kenntnisse über die Abstammungsbegutachtung und der Möglichkeiten und Grenzen eigener Beweisanträge eine Beiordnung stets geboten.

20 Auch der am Verfahren beteiligten **Mutter** ist ein Rechtsanwalt beizuordnen,[24] was jedenfalls dann gilt, wenn die Beiwohnung des in Anspruch genommenen Mannes in der Empfängniszeit oder Mehrverkehr im Streit steht.[25] Die Beiordnung kann nicht unter Hinweis auf die ohnehin bestehende gerichtliche Pflicht zur Amtsermittlung abgelehnt werden,[26] zumal die Pflicht des Gerichts zur Amtsermittlung kein Garant dafür ist, dass dieser Verpflichtung auch umfassend entsprochen wird.

II. Verfahren auf Anfechtung der Vaterschaft

1. Erfolgsaussicht (§ 114 ZPO)

21 Für den **Antragsteller** des Anfechtungsverfahrens ist eine strenge Prüfung der Erfolgsaussicht schon deshalb erforderlich, weil das Gesetz von diesem eine schlüssige Darlegung der die Anfechtung stützenden Umstände verlangt (§ 171 Abs. 2 Satz 2 FamFG). Für ihn kommt daher eine Bewilligung von Verfahrenskostenhilfe nur dann in Betracht, wenn er einen konkreten Anfangsverdacht schlüssig darlegt und sich aus seinem Vortrag zudem die Einhaltung der Anfechtungsfrist ergibt (vgl. *Grün*, § 1599 BGB Rn. 9 f.). Bei der Anfechtung durch den potentiellen leiblichen Vater ist zudem Vortrag zum Fehlen einer sozialfamiliären Beziehung zwischen dem rechtlichen Vater und dem Kind erforderlich.

22 Für die **übrigen Beteiligten** ist eine Erfolgsaussichtprüfung entbehrlich.[27] Auf eine Erfolgsaussicht ihrer Verfahrenshandlungen kommt es schon deshalb nicht an, weil sie das Verfahren ungeachtet der beabsichtigten Verfahrenshandlungen ohnehin nicht vermeiden, insbesondere über den Verfahrensgegenstand nicht durch Vergleich oder Anerkenntnis verfügen können.[28]

2. Mutwilligkeit

23 Teilweise wird vertreten, ein gerichtliches Anfechtungsverfahren sei mutwillig, wenn ein Vaterwechsel im Wege der scheidungsakzessorischen **Anerkennung der Vaterschaft nach § 1599 Abs. 2 BGB** herbeigeführt werden könnte.[29] Dieser Auffassung ist jedoch nicht zu folgen (vgl. *Grün*, § 1599 BGB Rn. 8). Ein solches Vorgehen führt nur dann zum Vaterwechsel, wenn es zur rechtskräftigen Scheidung kommt. Dies hat jedoch der Antragsteller des Anfechtungsverfahrens nicht in der Hand. Wird etwa der Scheidungsantrag zurückgenommen oder verstirbt ein Ehegatte vor Rechtskraft der Scheidung, treten die Rechtsfolgen des § 1599 Abs. 2 BGB nicht ein. Würde der rechtliche Vater oder die Mutter erst dann ein Verfahren auf Anfechtung der Vaterschaft einleiten, wird für sie in der Regel die Anfechtungsfrist des § 1600b Abs. 1 BGB abgelaufen sein. Zudem bietet § 1599 Abs. 2 BGB nicht die Gewähr, dass der Vaterwechsel mit der tatsächlichen Abstammung übereinstimmt. Es ist daher nicht mutwillig, wenn das Verfahren auf Anfechtung der Vaterschaft betrieben wird, obwohl auch die Möglichkeit des § 1599 Abs. 2 BGB bestünde.

---

24 OLG Celle ZKJ 2012, 78
25 OLG Brandenburg FamRZ 2014, 586
26 BGH FamRZ 2012, 1290, 1291
27 Kemper/Schreiber/*Harms* § 76 FamFG Rn. 5
28 OLG Naumburg, Beschl. v. 19.07.2012 – 4 WF 59/12, juris; vgl. auch BGH FamRZ 2010, 1243
29 Z.B. OLG Naumburg FamRZ 2008, 432

3. Bedürftigkeit

Dem Antragsteller des Anfechtungsverfahrens kann Verfahrenskostenhilfe nicht mit Blick   **24**
auf einen gegen den rechtlichen Vater bestehenden **Anspruch auf Verfahrenskosten-**
vorschuss versagt werden, denn es ist dem rechtlichen Vater nicht zumutbar, einen Kostenvorschuss an einen Beteiligten zu leisten, der die Vaterschaft, auf Grund derer überhaupt nur ein Kostenvorschussanspruch in Betracht kommt, beseitigen will.[30] Wenn der
rechtliche Vater jedoch selbst Antragsteller des Anfechtungsverfahrens ist, ist es nicht unbillig, wenn ihn ein anderer Beteiligter, der den Fortbestand der Vaterschaft will, auf Zahlung eines Verfahrenskostenvorschusses in Anspruch nimmt.

4. Anwaltsbeiordnung

Dem **Antragsteller** des Verfahrens auf Anfechtung der Vaterschaft ist im Rahmen der ihm   **25**
bewilligen Verfahrenskostenhilfe stets ein Rechtsanwalt beizuordnen.[31] Dass ein Verfahren
der gerichtlichen Amtsermittlung unterliegt, rechtfertigt es nicht, von einer Beiordnung
abzusehen.[32] Ob auch **anderen Beteiligten** ein Anwalt beizuordnen ist, hängt von den
Umständen des Einzelfalles ab. Für das Kind besteht die Notwendigkeit einer Anwaltsbeiordnung in der Regel dann nicht, wenn es im Verfahren durch einen sachkundigen Ergänzungspfleger vertreten wird. Es erscheint aber nicht sachgerecht, darauf abzustellen, ob
der Beteiligte, der selbst anfechtungsberechtigt wäre, ein dem Anfechtungsbegehren ent-
gegenstehendes Verfahrensziel verfolgt.[33] Denn dieser könnte jederzeit selbst einen Anfechtungsantrag stellen und damit die Voraussetzung der Beiordnung ohnehin herbeiführen. Dies kann in einem laufenden Anfechtungsverfahren z.B. dann veranlasst sein, wenn
die Anfechtung des Erstantragstellers im Hinblick auf den vom Gericht von Amts wegen
zu berücksichtigenden (§ 177 Abs. 1 FamFG) Ablauf seiner Anfechtungsfrist zu scheitern
droht.

III. Klärungsverfahren nach § 169 Nr. 2 und Nr. 3 FamFG (1598a BGB)

Für den Antragsteller ist im Hinblick auf die niederschwelligen Anspruchsvoraussetzungen   **26**
eine Erfolgsaussicht in der Regel gegeben, wenn er zu dem antragsberechtigten Personenkreis gehört und noch kein die Abstammung klärendes einverständlich von den Beteiligten
oder durch Anordnung eines Gerichts eingeholtes Abstammungsgutachten vorliegt. Umgekehrt fehlt in diesen Fällen die Erfolgsaussicht für die übrigen Beteiligten dann, wenn sie
zu dem Kreis der Klärungsverpflichteten des § 1598a BGB gehören, es sei denn, es liegen
konkrete Gründe für Umstände i.S.v. § 1598a Abs. 3 BGB vor. Der Beiordnung eines
Rechtsanwalts wird es in diesem Verfahren regelmäßig nicht bedürfen, da es an einer
schwierigen Sach- und Rechtslage i.S.v. § 78 Abs. 2 FamFG fehlt und das Verfahren selbst
nicht zu einer Statusveränderung führt. Für das Kind erübrigt sich eine Anwaltsbeiordnung
schon deshalb, weil es wegen § 1629a Abs. 2a BGB im Verfahren von einem Ergänzungspfleger vertreten sein wird.

---

30 Vgl. OLG Hamburg FamRZ 1996, 224; OLG Frankfurt FamRZ 1983, 827
31 BGH FamRZ 2012, 1290
32 BGH FamRZ 2012, 1290, 1291
33 So aber OLG Karlsruhe, Beschl. v. 29.10.2014 – 2 WF 172/14, juris

§ 170 FamFG Örtliche Zuständigkeit

(1) Ausschließlich zuständig ist das Gericht, in dessen Bezirk das Kind seinen gewöhnlichen Aufenthalt hat.

(2) Ist die Zuständigkeit eines deutschen Gerichts nach Absatz 1 nicht gegeben, ist der gewöhnliche Aufenthalt der Mutter, ansonsten der des Vaters maßgebend.

(3) Ist eine Zuständigkeit nach den Absätzen 1 und 2 nicht gegeben, ist das Amtsgericht Schöneberg in Berlin ausschließlich zuständig.

Übersicht

A. Allgemeines

1 § 170 regelt die **örtliche Zuständigkeit** in Abstammungssachen i.S.v. § 169 FamFG. Während die Vorgängerregelung des § 640a ZPO a.F. zugleich auch eine Regelung der internationalen Zuständigkeit enthielt, ergibt sich diese für Abstammungssachen nunmehr aus § 100 FamFG.

2 Die gesetzlich geregelte örtliche Zuständigkeit in Abstammungssachen ist eine **ausschließliche** Zuständigkeit. Weder kann durch Vereinbarung der Beteiligten noch durch rügeloses Verhandeln eine hiervon abweichende örtliche Zuständigkeit begründet werden. Hinsichtlich der internationalen Zuständigkeit besteht indes keine ausschließliche Zuständigkeit (§ 106 FamFG). Wenn daher neben der internationalen Zuständigkeit deutscher Gerichte (§ 100 FamFG) nach ausländischem Recht auch ein ausländisches Gericht zuständig ist, bestimmt sich die örtliche Zuständigkeit für das im Ausland betriebene Verfahren nach der ausländischen Verfahrensordnung.

B. Inhalt der Norm

I. Zuständigkeitsleiter

3 Die Regelung enthält eine **Rangfolge** der Zuständigkeitskriterien. Nach Abs. 1 ist vorrangig zuständig das Familiengericht, in dessen Bezirk **das Kind**, um dessen Abstammung es in dem Verfahren geht bzw. dessen Eltern-Kind-Verhältnis von dem Verfahren betroffen ist, seinen gewöhnlichen Aufenthalt hat. Die vorrangige Anknüpfung an den gewöhnlichen Aufenthalt des Kindes gilt unabhängig von der Art seiner Beteiligung im konkreten Verfahren – ob als Antragsteller nach § 7 Abs. 1 FamFG oder als Beteiligter nach § 172 FamFG – und auch unabhängig davon, ob das Kind minderjährig oder bereits volljährig ist.

4 Der **gewöhnliche Aufenthalt** ist der Ort des tatsächlichen Mittelpunktes der Lebensführung des Beteiligten, also des Schwerpunktes seiner sozialen Bindungen, insbesondere in familiärer und schulischer bzw. beruflicher Hinsicht.[1] Er wird von den tatsächlichen Verhältnissen bestimmt. Deshalb leitet sich der gewöhnliche Aufenthalt eines minderjährigen Kindes nicht zwingend vom Aufenthalt der sorgeberechtigten Kindeseltern ab, sondern ist eigenständig nach dem Lebensmittelpunkt des Kindes zu bestimmen. Der Aufenthalt eines Kleinkindes ist allerdings in der Regel identisch mit dem Aufenthalt der Person, die es betreut.[2]

---

1 *Stößer,* FamRZ 2009, 923, 924
2 OLG Köln FamRZ 2012, 1408

Nur wenn das Kind im Inland keinen gewöhnlichen Aufenthalt hat, kommen nachrangig **5** die Anknüpfungskriterien des Abs. 2 FamFG zur Anwendung. Dann ist auf den inländischen gewöhnlichen Aufenthalt **der Mutter** abzustellen. Fehlt es auch an einem solchen der Mutter, ist der inländische gewöhnliche Aufenthalt **des Vaters** maßgebend. Mit Vater ist bei dem Vaterschaftsfeststellungsverfahren der als Vater in Anspruch genommene Mann und beim Anfechtungsverfahren der rechtliche Vater gemeint.[3]

Die bis 1.9.2009 geltende fakultative Zuständigkeit des Gerichts des Wohnsitzes, hilfsweise des gewöhnlichen Aufenthalts der Mutter für ein von ihr betriebenes Abstammungsverfahren (§ 640a Abs. 1 Satz 2 ZPO a.F.), wodurch der Mutter ein Wahlrecht eingeräumt war, ob sie das Verfahren am Gericht des Wohnsitzes des Kindes oder am Gericht des eigenen Wohnsitzes führen wollte, hat das FamFG nicht übernommen.

Hat keiner der in § 170 FamFG genannten Beteiligten einen inländischen gewöhnlichen **6** Aufenthalt, ist nach Abs. 3 das Amtsgericht **Berlin-Schöneberg** örtlich zuständig.

Die Zuständigkeitsleiter des § 170 FamFG gilt auch bei einem **postmortalen Abstam-** **7** **mungsverfahren**, wobei jedoch der gewöhnliche Aufenthalt der noch lebenden Beteiligten maßgeblich ist. Unerheblich ist, wo die bereits verstorbenen Betroffenen zu Lebzeiten ihren gewöhnlichen Aufenthalt hatten. Sofern das vom Verfahren betroffene Kind bereits verstorben ist, kommt eine Anknüpfung nach Abs. 1 FamFG nicht in Betracht, weshalb dann der inländische Aufenthalt der Mutter und – wenn ein solcher fehlt – der inländische Aufenthalt des Vaters maßgebend ist. Hat keiner der lebenden Beteiligten einen inländischen gewöhnlichen Aufenthalt, gilt Abs. 3.

II. Beurteilungszeitpunkt

Die Beurteilung der Zuständigkeit bestimmt sich zunächst nach dem Zeitpunkt, zu dem **8** das Gericht mit der Sache befasst wurde, also des Eingangs des verfahrenseinleitenden Antrags (§ 171 FamFG).[4] Wurde der Antrag bei einem unzuständigen Gericht eingereicht, ist das Verfahren nach § 3 Abs. 1 FamFG an das zuständige Gericht zu verweisen. Hierzu bedarf es nach überwiegender Ansicht in Verfahren der freiwilligen Gerichtsbarkeit keines Verweisungsantrags, sondern die Verweisung kann von Amts wegen erfolgen,[5] wobei jedoch die Beteiligten hierzu vorher anzuhören sind. Nach a.A. soll in Antragsverfahren auch in Verfahren der freiwilligen Gerichtsbarkeit ein Verweisungsantrag erforderlich sein.[6] Eine Verweisung kommt jedoch dann nicht mehr in Betracht, wenn die Zuständigkeitsvoraussetzungen zwar bei Antragseingang nicht vorlagen, diese jedoch noch vor Entscheidung über eine Verweisung bei dem angerufenen Gerichts eingetreten sind, etwa indem inzwischen dort der maßgebliche gewöhnliche Aufenthalt begründet wurde. Die einmal begründete örtliche Zuständigkeit bleibt nach § 2 Abs. 2 FamFG auch im Fall eines danach stattfindenden Wechsels des maßgeblichen Aufenthalts erhalten.

Das örtlich zuständige Gericht kann die Abstammungssache nach § 4 FamFG an ein anderes Gericht abgegeben werden, wenn sich dieses zur Übernahme bereit erklärt hat.[7] **9**

---

3 Schulte-Brunert/Weinreich/*Schwonberg*, § 170 Rn. 5
4 *Stößer*, FamRZ 2009, 923, 924
5 Prütting/*Helms* § 3 FamFG Rn. 14; Zöller/*Geimer*, § 3 FamFG Rn. 2; OLG Frankfurt FamRZ 2014, 1479; KG Berlin FamRZ 2012, 908; OLG Köln FamRZ 2012, 1408
6 Keidel/*Sternal* § 3 FamFG Rn. 26
7 *Stößer*, FamRZ 2009, 923, 924

§ 171 FamFG Antrag

(1) Das Verfahren wird durch einen Antrag eingeleitet.

(2) ¹In dem Antrag sollen das Verfahrensziel und die betroffenen Personen bezeichnet werden. ²In einem Verfahren auf Anfechtung der Vaterschaft nach § 1600 Abs. 1 Nr. 1 bis 4 des Bürgerlichen Gesetzbuchs sollen die Umstände angegeben werden, die gegen die Vaterschaft sprechen, sowie der Zeitpunkt, in dem diese Umstände bekannt wurden. ³In einem Verfahren auf Anfechtung der Vaterschaft nach § 1600 Abs. 1 Nr. 5 des Bürgerlichen Gesetzbuchs müssen die Umstände angegeben werden, die die Annahme rechtfertigen, dass die Voraussetzungen des § 1600 Abs. 3 des Bürgerlichen Gesetzbuchs vorliegen, sowie der Zeitpunkt, in dem diese Umstände bekannt wurden.

Übersicht

A. Allgemeines

1   Abs. 1 regelt die Einleitung des Verfahrens und ist Konsequenz der Verlagerung der Abstammungssachen von Streitverfahren der ZPO zu Verfahren der freiwilligen Gerichtsbarkeit. Die in Abs. 2 geregelten Mindestanforderungen an die Antragsschrift dienen zum einen der Bestimmbarkeit des Antragsbegehrens (Satz 1) und regeln zum anderen den Umfang der Darlegungspflicht des Antragstellers im Verfahren auf Anfechtung der Vaterschaft (Satz 2).

B. Inhalt der Norm

I. Verfahrenseinleitung (Abs. 1)

2   Aus dem Antragserfordernis des Abs. 1 ergibt sich, dass ein Abstammungsverfahren **nicht von Amts wegen** möglich ist. Damit vollzieht das Verfahrensrecht die materielle Rechtslage nach. So entscheidet das Familiengericht etwa im Klärungsverfahren nach § 1598a Abs. 2 BGB nur auf Antrag über die Ersetzung der Einwilligung und die Duldung der Probeentnahme. Die Anfechtung der Vaterschaft kann nur höchstpersönlich (§ 1600a Abs. 1 BGB) von einem nach § 1600 Abs. 1 BGB Anfechtungsberechtigten erfolgen (vgl. *Grün*, § 1600 BGB Rn. 6 ff.), die Feststellung der Vaterschaft nur von einem Antragsberechtigten begehrt werden (vgl. *Grün*, § 1600d BGB Rn. 24 ff.).

3   Die **Antragsbefugnis** ist nicht im FamFG geregelt, sondern ergibt sich aus den jeweiligen materiell-rechtlichen Bestimmungen. So kann im Klärungsverfahren nach § 1598a BGB der Antrag auf Ersetzung der Einwilligung in die Probeentnahme und auf Duldung derselben nur vom Kind, der Mutter oder dem rechtlichen Vater gestellt werden (vgl. *Grün*, § 1598a BGB Rn. 5). Zur Beantragung der Feststellung der Vaterschaft sind nur das Kind, die Mutter und der Mann, dessen Vaterschaft festgestellt werden soll, befugt (vgl. *Grün*, § 1600d BGB Rn. 25 f.). Im Verfahren auf Anfechtung der Vaterschaft ergibt sich die Antragsbefugnis aus § 1600 Abs. 1 BGB (vgl. *Grün*, § 1600 BGB Rn. 6 ff.).

4   Die Antragstellung ist eine Verfahrenshandlung. Hierfür ist die **Verfahrensfähigkeit** erforderlich. Diese bestimmt sich nach § 9 FamFG. Danach ist grundsätzlich die Geschäftsfähigkeit des Handelnden erforderlich. Minderjährige Kinder sind in Abstammungssachen nicht selbst verfahrensfähig, sondern für sie handeln ihre gesetzlichen Vertreter (§ 9 Abs. 2 FamFG). Die in Kindschaftssachen geltende Verfahrensfähigkeit nach § 9 Abs. 1 Nr. 3 FamFG für Kinder ab Vollendung des 14. Lebensjahres gilt in Abstammungssachen nicht, da das materielle Abstammungsrecht diesen Kindern für die Feststellung oder Anfechtung der Vaterschaft keine eigenen Rechte einräumt. Eine Ausnahme gilt nur hinsichtlich minderjähriger Eltern. Diese gelten – sofern sie nicht geschäftsunfähig sind – gem. § 9 Abs. 1 Nr. 4 FamFG als verfahrensfähig, soweit sie – wie etwa bei der Anfechtung der Vaterschaft (§ 1600a Abs. 2 Satz 2 FamFG) – materiell-rechtlich selbst handlungsberechtigt sind.

Der Antrag kann **schriftlich** oder **zur Niederschrift** der Geschäftsstelle abgegeben werden (§ 25 Abs. 1 FamFG), da kein Anwaltszwang besteht. Besondere formelle Anforderungen stellt das Gesetz an die Antragstellung nicht. Insbesondere bedarf es nicht der Anforderungen an eine Klageschrift (§ 253 ZPO). Der schriftliche Antrag ist bei dem nach § 170 FamFG zuständigen Amtsgericht einzureichen. Eine Antragstellung zur Niederschrift der Geschäftsstelle kann gem. § 25 Abs. 2 FamFG vor der Geschäftsstelle eines jeden Amtsgerichts erfolgen, wobei sie an das Gericht zu übermitteln ist, an das sie gerichtet ist (§ 25 Abs. 3 Satz 1 FamFG). **5**

Eine **fristwahrende Wirkung** des zur Niederschrift der Geschäftsstelle eines Gerichts erklärten Antrags tritt erst ein, wenn er bei dem Gericht, an das er gerichtet ist, eingeht (§ 25 Abs. 3 Satz 2 FamFG). Die Regelung des § 25 Abs. 3 Satz 2 FamFG betrifft nach seinem Wortlaut nur die zur Niederschrift eines anderen als des Adressatgerichts erfolgte Antragstellung. Es ist streitig, ob sich aus dieser Regelung herleiten lässt, dass eine Fristwahrung immer erst mit Eingang beim zuständigen Gericht eintritt[1] oder ob – wie unter der Geltung des früheren Rechts, als für die Fristwahrung noch die Zustellung erforderlich war – die Frist auch bei Anrufung eines unzuständigen Gerichts gewahrt wird, sofern das Verfahren an das zuständige Gericht verwiesen wird.[2] **6**

Der Antrag muss den übrigen Beteiligten übermittelt werden (§ 23 Abs. 2 FamFG), wozu eine **formlose Mitteilung** genügt (§ 15 Abs. 3 FamFG).[3] Etwas anderes gilt nur dann, wenn zugleich eine Termins – oder Fristbestimmung erfolgt; diese bedarf gem. § 15 Abs. 1 FamFG der Bekanntgabe – möglichst durch förmliche Zustellung. **7**

Eine **Rücknahme des Antrags** kann bis zur Rechtskraft der Endentscheidung erfolgen, wobei es bis zum Erlass der Endentscheidung hierzu nicht der Zustimmung der sonstigen Beteiligten bedarf (§ 22 Abs. 1 FamFG). Die wirksame Rücknahme des Antrags beendet das Verfahren, sofern nicht andere Antragsberechtigte ebenfalls einen entsprechenden Antrag i.S.v. § 171 FamFG gestellt haben. **8**

II. Antragsinhalt (Abs. 2)

Abs. 2 regelt die inhaltlichen Anforderungen an die Antragsschrift, wobei es wegen der Sollformulierung nicht zur Unzulässigkeit des Antrags führt, wenn die Antragsschrift diesen Anforderungen nicht genügt.[4] Dabei ist zwischen Satz 1 und Satz 2 zu differenzieren. **9**

Wenn das **Verfahrensziel** nicht erkennbar ist (Satz1) und auch auf Nachfrage des Gerichts nicht geklärt werden kann, fehlt es an einem zulässigen Antrag. Eine Antragsformulierung „ich stelle einen Antrag wegen der Abstammung des Kindes XY" lässt nicht erkennen, ob es um die Feststellung der Vaterschaft oder um die Anfechtung der Vaterschaft zu diesem Kind geht. Das Familiengericht hat im Rahmen seiner Pflicht zur Verfahrensleitung (§ 28 **10**

1 So z.B. Erman/*Hammermann* § 1600b BGB Rn. 5b
2 So MüKo-BGB/*Wellenhofer* § 1600b BGB Rn. 5
3 Prütting/Helms/*Stößer,* § 171 FamFG Rn. 5
4 MüKo-FamFG/*Coester-Waltjen/Hilbig-Lugani,* § 171 FamFG Rn. 9

FamFG) auf eine Ergänzung des Antrags hinzuwirken.[5] Lässt sich trotz verfahrensleitender Hinweise nicht klären, welches Verfahrensziel der Antragstelle mit diesem Antrag verfolgt, ist der Antrag unzulässig.

11 Abs. 2 Satz 2 bildet die Anforderungen ab, die an eine schlüssige Darlegung eines Antrags auf **Anfechtung der Vaterschaft** zu stellen sind (vgl. *Grün*, § 1599 BGB Rn. 9 f.). Der Antrag muss einen gegen die Vaterschaft sprechenden begründeten **Anfangsverdacht schlüssig darlegen**. Hierzu müssen konkrete Umstände dargelegt werden, die bei objektiver Betrachtung geeignet sind, Zweifel an der Vaterschaft zu begründen und die Möglichkeit der anderweitigen Abstammung des Kindes als nicht ganz fernliegend erscheinen lassen.[6] Zur Schlüssigkeit eines Anfechtungsantrags gehört sowohl die Darlegung der **gegen die Vaterschaft sprechenden Umstände** als auch die Darlegung des **Zeitpunktes ihrer Kenntniserlangung**, damit das Gericht im Rahmen der Schlüssigkeitsprüfung beurteilen kann, ob die Anfechtungsfrist des § 1600b BGB gewahrt ist.[7] Ein Anfechtungsantrag, der diesen Anforderungen nicht genügt, ist als unbegründet abzuweisen, wenn die entsprechende Darlegung trotz entsprechender Hinweise des Gerichts (§ 28 FamFG) nicht nachgeholt wird.

C. Beispiele für die Antragsformulierung

I. Antrag nach § 1598a BGB

12

> Es wird beantragt,
>
> a) die Einwilligung der Beteiligten zu 2) und zu 3) in die vom Antragsteller beim Institut XY beabsichtigte genetische Abstammungsuntersuchung zu ersetzen, und
>
> b) anzuordnen, dass die Beteiligten zu 2) und zu 3) einen zu diesem Zweck durchzuführenden Mutschleimhautabstrich zu dulden haben.

II. Antrag auf Anfechtung der Vaterschaft

13 1. Antrag des rechtlichen Vaters:

> Es wird beantragt,
>
> festzustellen, dass der Antragsteller nicht der Vater des am ... in ... geborenen Kindes ... (Geburtseintrag Nr. .../... des Standesamtes in ...) – des Beteiligten zu 3) – ist.

14 2. Antrag des Kindes:

> Es wird beantragt,
>
> festzustellen, dass der Beteiligte zu 2) nicht der Vater des Antragstellers (geboren am ... in ..., Geburtseintrag Nr. .../... des Standesamtes in ...) ist.

15 3. Antrag der Mutter:

> Es wird beantragt,
>
> festzustellen, dass der Beteiligte zu 2) nicht der Vater des am ... in ... geborenen Kindes ... (Geburtseintrag Nr. .../... des Standesamtes in ...) – des Beteiligten zu 3) – ist.

---

5 Musielak/*Borth/Grandel* § 171 FamFG Rn. 3
6 Vgl. BGH FamRZ 1998, 955; FamRZ
7 OLG Karlsruhe FuR 1998, 380

4. Antrag des potentiellen leiblichen Vaters: **16**

> Es wird beantragt,
>
> > festzustellen,
> >
> > a) dass der Beteiligte zu 2) nicht der Vater des am ... in ... geborenen Kindes ... (Geburtseintrag Nr. .../... des Standesamtes in ...) – des Beteiligten zu 3) – ist,
> >
> > b) dass der Antragsteller der Vater dieses Kindes – des Beteiligten zu 3) – ist.

III. Antrag auf Feststellung der Vaterschaft

1. Antrag des Putativvaters **17**

> Es wird beantragt,
>
> > festzustellen, dass der Antragsteller der Vater des am ... in ... geborenen Kindes ... (Geburtseintrag Nr. .../... des Standesamtes in ...) – des Beteiligten zu 3) – ist.

2. Antrag des Kindes: **18**

> Es wird beantragt,
>
> > festzustellen, dass der Beteiligte zu 2) der Vater des Antragstellers (geb. am ... in ..., Geburtseintrag Nr. .../... des Standesamtes in ...) ist.

3. Antrag der Mutter: **19**

> Es wird beantragt,
>
> > festzustellen, dass der Beteiligten zu 2) der Vater des am ... in ... (Geburtseintrag Nr. .../... des Standesamtes in ...) – des Beteiligten zu 3) – ist.

§ 172 FamFG Beteiligte

(1) Zu beteiligen sind

1. das Kind,

2. die Mutter,

3. der Vater.

(2) Das Jugendamt ist in den Fällen des § 176 Abs. 1 Satz 1 auf seinen Antrag zu beteiligen.

Übersicht

A. Allgemeines

Die Regelung ergänzt § 7 FamFG dahingehend, dass die in Abs. 1 genannten Personen als **„Muss-Beteiligte"** i.S.v. § 7 Abs. 2 Nr. 2 FamFG definiert werden. Hierdurch soll gewähr- **1** leistet werden, dass die am Abstammungsverhältnis unmittelbar beteiligten Personen in jedem Fall am Verfahren auch dann beteiligt werden, wenn sie nicht Antragsteller des Verfahrens sind. Nach dem vor dem FamFG geltenden Recht bedurfte es hierzu der Beiladung (§ 640e Abs. 1 ZPO a.F.), weil am dem Prozessrechtsverhältnis unmittelbar nur Kläger und Beklagter beteiligt waren. Einer solchen Beiladung bedarf es nun nicht mehr, da die in Abs. 1 genannten Personen von vornherein **zwingend** am Verfahren zu beteiligen sind.[1] Dies gilt auch dann, wenn nach dem anzuwendenden ausländischen Sachrecht einer der in Abs. 1 benannten Person abstammungsrechtlich keine materielle Rechtsstellung zugeordnet wird.[2]

2   Ist eine der in Abs. 1 genannten Personen **Antragsteller** des Verfahrens, ergibt sich deren Beteiligtenstellung bereits aus § 7 Abs. 1 FamFG, so dass es insoweit eines Rückgriffs auf § 172 FamFG nicht bedarf.

3   Die Bestimmung enthält **keine abschließende Regelung** der am Verfahren beteiligten Personen. Neben dem Antragsteller nach § 7 Abs. 1 FamFG sind auch nach § 7 Abs. 2 Nr. 1 FamFG **unmittelbar Betroffene** Beteiligte. Damit sind im Verfahren auf Feststellung der Vaterschaft der Mann oder die Männer Beteiligte, die als Vater des Kindes benannt und in die Begutachtung mit der möglichen Folge der Feststellung ihrer Vaterschaft einbezogen sind.[3] Wenn ein Beteiligter im laufenden Verfahren verstirbt, können dessen Erben hinsichtlich einer zu treffenden Kostenentscheidung zu beteiligen sein (siehe *Grün*, § 181 FamFG Rn. 14). Ist der Mann, dessen Vaterschaft zu klären ist, verstorben, können dessen Angehörige mit Blick auf das allgemeine Persönlichkeitsrecht und die Totenfürsorgeberechtigung unmittelbar betroffen sein.[4]

4   Das deutsche Abstammungsrecht enthält keine Regelungen, die eine Zuziehung weiterer Personen als „**Kann-Beteiligte**" i.S.v. § 7 Abs. 3 FamFG veranlassen. Etwas anderes kann sich jedoch aus einem anzuwendenden ausländischen Statusrecht ergeben.

5   Die Beteiligtenstellung des **Verfahrensbeistands** ergibt sich aus der Verweisung in § 174 FamFG auf § 158 Abs. 3 FamFG.

B. Inhalt der Norm

I. Personenkreis des Abs. 1

6   Der in Abs. 1 bezeichnete Personenkreis bezieht sich auf **lebende Personen**. Ein Verstorbener kann schon mangels Rechtsfähigkeit keine Beteiligtenstellung haben.

7   Das von dem Abstammungsverhältnis betroffene **Kind** ist gem. Abs. 1 Nr. 1 Beteiligter. Ein minderjähriges Kind ist selbst nicht **verfahrenshandlungsfähig**. Die Regelung des § 9 Abs. 1 Nr. 3 FamFG betrifft nicht Abstammungssachen.[5] Denn diese Regelung verleiht einem mindestens 14 Jahre alten Kind nur dann die Verfahrensfähigkeit, soweit ihm nach dem materiellen Recht eine besondere Rechtstellung eingeräumt wird. Dies betrifft Kindschaftssachen, soweit Verfahrensgegenstand eine Regelung ist, für welche der Wille des mindestens 14 Jahre alten Kindes ausschlaggebend sein kann (vgl. z.B. § 1671 Abs. 1 Nr. 1 BGB). Im deutschen Abstammungsrecht gibt es keine vergleichbare materiell-rechtliche Regelung, weshalb ein minderjähriges Kind nur durch den gesetzlichen Vertreter handeln

1 Kemper/Schreiber/*Fritsche,* § 172 FamFG Rn. 2
2 MüKo-FamFG/*Coester-Waltjen/Hilbig-Lugani,* § 172 FamFG Rn. 10
3 Differenzierend MüKo-FamFG/*Coester-Waltjen/Hilbig-Lugani,* § 172 FamFG Rn. 12
4 Sehr weitgehend *Löhnig,* FamRZ 2009, 1798, 1799
5 Prütting/Helms/*Stößer,* § 172 FamFG Rn. 7

kann (§ 9 Abs. 2 FamFG).[6] Beteiligter ist dann aber weiterhin das Kind selbst und nicht der gesetzliche Vertreter des Kindes.

Mit der in Abs. 1 Nr. 2 benannten **Mutter** ist die rechtliche Mutter i.S.v. § 1591 BGB gemeint, mithin die Frau, die das Kind geboren hat. Diese ist nach § 9 Abs. 1 Nr. 4 FamFG auch dann verfahrensfähig, wenn sie minderjährig ist, da ein minderjähriger beschränkt geschäftsfähiger Elternteil nach materiellem Recht seine Rechte selbst wahrnehmen kann (vgl. § 1600a Abs. 2 Nr. 2 FamFG). Eine von der gebärenden Frau abweichende genetische Mutter gehört nicht zu den Beteiligten i.S.v. § 172 Abs. 1 FamFG. Deren Beteiligtenstellung kann sich allerdings bei Anwendung ausländischen Sachrechts aus § 7 Abs. 2 Nr. 1 FamFG ergeben, wenn das anzuwendende Recht eine aufgespaltene Mutterschaft kennt.

8

Vater i.S.v. Abs. 1 Nr. 3 ist nur der **rechtliche Vater** i.S.v. §§ 1592, 1593 BGB. Der rechtliche Vater ist gem. § 9 Abs. 1 Nr. 4 FamFG auch dann verfahrensfähig, wenn er beschränkt geschäftsfähig (§ 106 BGB) ist. Hier gilt das gleiche wie für die beschränkt geschäftsfähige Mutter.

9

Der **potentielle leibliche Vater** unterfällt nicht der Regelung des § 172 FamFG.[7] Dessen Beteiligtenstellung kann sich nur aus § 7 Abs. 1 FamFG als Antragsteller eines Verfahrens auf Anfechtung der Vaterschaft nach § 1600 Abs. 1 Nr. 2 BGB oder aus § 7 Abs. 2 Nr. 1 FamFG daraus ergeben, dass er in einem Verfahren auf Feststellung der Vaterschaft als Vater festgestellt werden soll.

II. Beteiligung des Jugendamtes (Abs. 2)

Unter den Voraussetzungen des § 176 FamFG kann das Gericht das Jugendamt anhören. Hierdurch wird das Jugendamt jedoch noch nicht formeller Beteiligter des Verfahrens. Die Beteiligtenstellung des Jugendamtes tritt nach Abs. 2 nur ein, wenn dies vom Jugendamt **ausdrücklich beantragt** wird. Dabei beschränkt Abs. 2 jedoch dieses Antragsrecht auf die Fälle des § 176 Abs. 1 Satz 1 FamFG. Das Jugendamt kann somit die Stellung eines Beteiligten nur im Verfahren auf Anfechtung der Vaterschaft durch den potentiellen leiblichen Vater (§ 1600 Abs. 1 Nr. 2 BGB) und bei der Anfechtung der Vaterschaft durch das vom gesetzlichen Vertreter vertretenen Kind (§ 1600a Abs. 3 BGB) erlangen, da nur dann im Verfahren Fragen des Kindeswohls betroffen sind. Dies gilt bei der Anfechtung durch den potentiellen leiblichen Vater mit Blick auf die Beurteilung der sozial-familiären Beziehung zwischen dem rechtlichen Vater und dem Kind (§ 1600 Abs. 2 BGB) und bei der Anfechtung durch den gesetzlichen Vertreter eines minderjährigen Kindes wegen der von § 1600a Abs. 4 BGB geforderten Kindeswohldienlichkeit der Anfechtung der Vaterschaft. Die in § 176 Abs. 1 Satz 1 FamFG ebenfalls erwähnte Behördenanfechtung (§ 1600 Abs. 1 Nr. 5 BGB) hat keine Bedeutung mehr, nachdem die Regelungen der Behördenanfechtung vom BVerfG für verfassungswidrig erklärt wurden.[8]

10

---

6 Vgl. *Grün*, Vaterschaftsfeststellung Rn. 119 ff.
7 OLG München FamRZ 2012, 1825
8 BVerfG ZKJ 2014, 151

§ 173 FamFG Vertretung eines Kindes durch einen Beistand

Wird das Kind durch das Jugendamt als Beistand vertreten, ist die Vertretung durch den sorgeberechtigten Elternteil ausgeschlossen.

A. Allgemeines

1 Die Regelung will gegensätzliche Verfahrenshandlungen des Jugendamtes als **Beistand** des Kindes einerseits und der Kindesmutter als sorgeberechtigtem Elternteil andererseits verhindern, indem Verfahrenshandlungen des Jugendamtes der Vorrang eingeräumt wird.[1] Sie hat nur Bedeutung für Verfahren auf Feststellung der Vaterschaft, da nur für diesen Aufgabenkreis des Abstammungsrechts durch § 1712 Abs. 1 Nr. 1 BGB die Beistandschaft des Jugendamtes ermöglicht ist.[2] In Unterhaltssachen, für die unter den Voraussetzungen des § 1712 Abs. 1 Nr. 2 BGB ebenfalls eine Beistandschaft in Betracht kommt, gilt die inhaltsgleiche Regelung des § 234 FamFG.

2 Die Einrichtung einer Beistandschaft ändert nichts daran, dass die **Mutter** nach § 172 Abs. 1 FamFG aus eigenem Recht ebenfalls Beteiligte des Verfahrens ist und als solche eigene Verfahrenshandlungen vornehmen kann. Lediglich Verfahrenshandlungen als gesetzlicher Vertreter des Kindes sind ihr bei Bestehen einer den Verfahrensgegenstand betreffenden Beistandschaft verwehrt.

B. Inhalt der Norm

3 Die Regelung schließt – jedoch **nur im Verfahren** selbst – den Sorgerechtsinhaber von der gesetzlichen Vertretung des Kindes aus. Dies gilt unabhängig davon, ob das Kind Antragsteller nach § 7 Abs. 1 FamFG oder Beteiligter nach § 172 FamFG ist. In einem bereits vor Einrichtung der Beistandschaft eingeleiteten Verfahren tritt die Wirkung des § 173 FamFG jedoch erst dann ein, wenn das Jugendamt als Beistand in das Verfahren eintritt, mithin sich zum Verfahren meldet. Solange dies nicht erfolgt, kann der Sorgerechtsinhaber das Kind trotz eingerichteter Beistandschaft auch im Verfahren vertreten.[3] Insoweit ist die Regelung vergleichbar mit § 53 ZPO, der den Vorrang von Verfahrenshandlungen eines gerichtlich bestellten Betreuers regelt.

4 Die Einrichtung einer Beistandschaft schränkt die **elterliche Sorge** nicht ein (§ 1716 Satz 1 BGB). Die gesetzliche Vertretung des Kindes obliegt daher auch bei eingerichteter Beistandschaft weiterhin dem Sorgeberechtigten, mithin bei einem Kind ohne Vaterschaftszuordnung der Kindesmutter (§ 1626a Abs. 3 BGB). Der Sorgerechtsinhaber vertritt das Kind grundsätzlich auch im Verfahren. Jedoch bewirkt die Beistandschaft, dass im Aufgabenkreis der Beistandschaft auch der Beistand Erklärungen mit Wirkung für und gegen das Kind abgeben kann. Damit kann es zu einander widersprechenden Erklärungen der Kindesmutter und des Beistands kommen. Für Verfahrenshandlungen besteht indes ein Bedürfnis nach Rechtssicherheit, wessen Erklärungen maßgeblich sind. Die verfahrensrechtliche Vertretung des Kindes durch die Kindesmutter wird durch § 173 FamFG ausgeschlossen, damit es nicht zu einander widersprechenden Verfahrenshandlungen für das Kind kommt.

1 Prütting/Helms/*Stößer*, § 173 FamFG Rn. 1
2 MüKo-FamFG/*Coester-Waltjen/Hilbig-Lugani*, § 173 FamFG Rn. 2
3 MüKo-BGB/*v. Sachsen*, § 1716 BGB Rn. 7

Hierdurch wird die Kindesmutter nicht in eigenen Rechten beeinträchtigt. Denn diese kann **5** jederzeit und ohne Begründungserfordernis durch schriftliche Erklärung gegenüber dem Jugendamt die **Beistandschaft beenden** (§ 1715 Abs. 1 BGB). Mit Zugang einer solchen Beendigungserklärung beim Jugendamt endet die Beistandschaft (§ 1715 Abs. 1 Satz 2 i.V.m. § 1714 BGB), mit der Folge, dass die Vertretung des Kindes im Verfahren auf Feststellung der Vaterschaft (wieder) alleine der Kindesmutter obliegt.

§ 174 FamFG Verfahrensbeistand

¹Das Gericht hat einem minderjährigen Beteiligten in Abstammungssachen einen Verfahrensbeistand zu bestellen, sofern dies zur Wahrnehmung seiner Interessen erforderlich ist. ²§ 158 Abs. 2 Nr. 1 sowie Abs. 3 bis 8 gilt entsprechend.

Übersicht

A. Allgemeines

Erstmals wurde mit dieser mit dem FamFG neu geschaffenen Regelung in Abstammungsverfahren die Möglichkeit eröffnet, einem minderjährigen Beteiligten einen Verfahrensbeistand zu bestellen. Damit sollen auch in Abstammungsverfahren die Interessen des Kindes angemessen zur Geltung gebracht werden können. Dies ist jedoch nicht von großer praktischer Relevanz, da Fragen des Kindeswohls in Abstammungssachen nur vereinzelt entscheidungserheblich sind und zudem in diesen Verfahren das Kind oftmals ohnehin von einem Ergänzungspfleger vertreten wird (vgl. Grün, § 1600a BGB Rn. 23). **1**

B. Inhalt der Norm

Aufgabe des Verfahrensbeistandes ist es, den Interessen des minderjährigen Kindes Geltung zu verschaffen (§ 174 Satz 2 FamFG i.V.m. § 158 Abs. 4 FamFG). Voraussetzung für die Bestellung eines Verfahrensbeistands ist daher, dass im konkreten Verfahren die **Interessen des Kindes entscheidungserheblich** sind. Dies ist im Abstammungsrecht nur im Rahmen des Klärungsverfahrens nach § 1598a BGB im Hinblick auf die in Abs. 3 dieser Vorschrift geregelte Aussetzung des Verfahrens aus Gründen des Kindeswohls und bei einem durch den gesetzlichen Vertreter des Kindes für das Kind betriebenen Verfahren auf Anfechtung der Vaterschaft im Rahmen der nach § 1600a Abs. 4 BGB zu beurteilenden Kindeswohldienlichkeit der Fall. Ferner ist es geboten, bei der Beurteilung der Frage des Fehlens einer sozial-familiären Beziehung zwischen dem rechtlichen Vater und dem Kind (§ 1600 Abs. 2 BGB) die Haltung des Kindes in den Blick zu nehmen. **2**

In allen anderen Abstammungssachen scheidet die Bestellung eines Verfahrensbeistands schon deshalb aus, weil die Interessen des Kindes für das Entscheidungsergebnis **unerheblich** sind. Ein Verfahrensbeistand könnte daher das Entscheidungsergebnis nicht beeinflussen. Weder kann er in einem Verfahren auf Feststellung der Vaterschaft die Feststellung der Vaterschaft verhindern noch kann er sie befördern, zumal er nicht gesetzlicher Vertreter des Kindes ist (§ 174 Satz 2 i.V.m. § 158 Abs. 4 Satz 6 FamFG) und daher für das Kind keine Verfahrensanträge stellen kann. Er ist zwar kraft seiner Bestellung Beteiligter des Verfahrens (§ 174 Satz 2 i.V.m. § 158 Abs. 3 Satz 2 FamFG), jedoch ist die Befugnis zur Beantragung der Feststellung der Vaterschaft oder der Anfechtung der Vaterschaft an die gesetzliche Vertretung des Kindes geknüpft. Wenn die Tätigkeit eines Verfahrensbeistands **3** unter keinem denkbaren Gesichtspunkt Einfluss auf das Verfahrensergebnis haben kann, bedarf es keiner Bestellung eines Verfahrensbeistands.

4 Im Verfahren auf **Feststellung der Vaterschaft** steht die Bestellung eines Verfahrensbeistands zudem in einem Wertungswiderspruch zu § 1629 Abs. 2 Satz 3 BGB. Nach dieser Regelung kann der Mutter die Vertretungsbefugnis für das Kind nicht wegen widerstreitender Interessen in der Frage der Feststellung der Vaterschaft entzogen werden. Zwar erfolgt mit der Bestellung eines Verfahrensbeistands nur ein geringer Eingriff in die Rechtsstellung der Mutter, da der Verfahrensbeistand nicht gesetzlicher Vertreter des Kindes ist (§ 158 Abs. 4 Satz 6 FamFG), sondern ein Vertreter eigener Art.[1] Dennoch wird insoweit in die Elternstellung eingegriffen, als der Verfahrensbeistand Aufgaben wahrnimmt, die ohne seine Bestellung allein von dem sorgeberechtigten Elternteil wahrzunehmen wären. Da der Mutter wegen § 1629 Abs. 2 Satz 3 BGB für die Vaterschaftsfeststellung nicht die Vertretungsbefugnis des Kindes entzogen werden kann, erscheint es fraglich, ob anderen die Befugnis übertragen werden kann, in einem solchen Verfahren – im Übrigen ohnehin rechtlich nicht relevante – Interessen des Kindes zur Geltung zu bringen.

5 Voraussetzung der Bestellung eines Verfahrensbeistands ist ferner, dass dies **erforderlich** ist, um die Interessen des Kindes zu wahren. In Abstammungssachen ist Sinn und Zweck dieses Rechtsinstituts hauptsächlich, einem möglichen Interessengegensatz zwischen dem gesetzlichen Vertreter des Kindes und dem Kind entgegen zu wirken (§ 174 Satz 2 FamFG i.V.m. § 158 Abs. 2 Nr. 1 FamFG). Diese Gefahr stellt sich jedoch in der Regel nur dann, wenn das Kind im Verfahren von einem Elternteil gesetzlich vertreten wird. Wenn jedoch für das Kind zur Vertretung im Verfahren ein Ergänzungspfleger zu bestellen ist, sind die Eltern insoweit ohnehin von der gesetzlichen Vertretung ausgeschlossen. Dies gilt in Verfahren nach § 1598a BGB wegen § 1629 Abs. 2a BGB. In Verfahren auf Anfechtung der Vaterschaft scheidet die Vertretung des Kindes durch die Kindesmutter aus, wenn diese mit dem Scheinvater verheiratet ist oder das Kind unter der gemeinsamen elterlichen Sorge von Mutter und Scheinvater steht (vgl. *Grün,* § 1600a BGB Rn. 23), weshalb dem Kind ein Ergänzungspfleger (§ 1909 BGB) zu bestellen ist.[2] Dann kommt die Anordnung einer Verfahrensbeistandschaft in der Regel nicht in Betracht,[3] weil bereits eine die Verfahrensbeistandschaft entbehrlich machende geeignete Interessenwahrnehmung gewährleistet ist (vgl. § 174 Satz 2 FamFG i.V.m. § 158 Abs. 5 FamFG).[4] Wenn jedoch das Familiengericht im konkreten Abstammungsverfahren konkrete Gründe für die Annahme hat, dass der Ergänzungspfleger die Interessen des Kindes nicht zur Geltung bringt, kann auch bei bestehender Ergänzungspflegschaft ausnahmsweise die Bestellung eines Verfahrensbeistandes in Betracht kommen.

6 An der Erforderlichkeit eines Verfahrensbeistands fehlt es, wenn das Kind seine Interessen selbst unbeeinflusst und erschöpfend zur Geltung bringen und damit wahrnehmen kann.[5] Wenn das Alter und die Reife des Kindes die eigene Wahrnehmung seiner Interessen erlauben, ist daher die Bestellung eines Verfahrensbeistands nicht erforderlich.

7 Satz 2 erklärt im Übrigen § 158 Abs. 3 bis 8 FamFG für entsprechend abwendbar.

▶ *Näher hierzu Keuter § 158 FamFG Rn. 22 ff.*

---

1 *Schael,* FamRZ 2009, 265, 268
2 Vgl. BGH FamRZ 2012, 859
3 Prütting/Helms/*Stößer,* § 174 FamFG Rn. 3; Kemper/Schreiber/*Fritsche,* § 174 FamFG Rn. 8
4 Prütting/Helms/*Hammer,* § 158 FamFG Rn. 11 und Rn. 53
5 Prütting/Helms/*Hammer,* § 158 FamFG Rn. 12

§ 175 FamFG Erörterungstermin, persönliche Anhörung

(1) ¹Das Gericht soll vor einer Beweisaufnahme über die Abstammung die Angelegenheit in einem Termin erörtern. ²Es soll das persönliche Erscheinen der verfahrensfähigen Beteiligten anordnen.

(2) ¹Das Gericht soll vor einer Entscheidung über die Ersetzung der Einwilligung in eine genetische Abstammungsuntersuchung und die Anordnung der Duldung der Probeentnahme (§ 1598a Abs. 2 des Bürgerlichen Gesetzbuchs) die Eltern und ein Kind, das das 14. Lebensjahr vollendet hat, persönlich anhören. ²Ein jüngeres Kind kann das Gericht persönlich anhören.

Übersicht

A. Allgemeines

Die Regelung ist zwar als Sollvorschrift ausgestaltet, sie ist jedoch so zu verstehen, dass **1** von der vorherigen Erörterung nur abgesehen werden darf, wenn sie ausnahmsweise nicht möglich ist. Die persönliche Erörterung gehört zum einen zur gesetzlichen Pflicht der **Amtsermittlung** (§ 26 FamFG),[1] zum anderen aber auch zur **Gewährung rechtlichen Gehörs** – auch mit Blick auf den mit einer Abstammungsuntersuchung (§ 178 FamFG) verbundenen Grundrechtseingriff. Eine unter Verstoß gegen Abs. 1 angeordnete Abstammungsuntersuchung kann zu Einwendungen nach § 178 Abs. 2 FamFG führen.[2] Zudem kann es die Richtigkeit des Abstammungsgutachtens in Frage stellen, wenn mangels vorheriger Anhörung für die Berechnung der Vaterschaftswahrscheinlichkeit erhebliche Kriterien unberücksichtigt geblieben sind.

Im Erörterungstermin kann sich eine **Beweisaufnahme** anschließen. Dabei hat in Verfahren **2** auf Feststellung des Bestehens oder Nichtbestehens eines Eltern-Kind-Verhältnisses, insbesondere in Verfahren auf Feststellung der Vaterschaft, sowie in Verfahren der Anfechtung der Vaterschaft über die Abstammung eine förmliche Beweisaufnahme zu erfolgen (§ 177 Abs. 2 Satz 1 FamFG), weshalb gem. § 30 Abs. 1 FamFG die Vorschriften der ZPO über die förmliche Beweisaufnahme entsprechend Anwendung finden.

Der Erörterungstermin ist **nicht öffentlich**; das Gericht kann die Öffentlichkeit zulassen, **3** wenn kein Beteiligter widerspricht (§ 170 GVG).

Für die Ladung zum Termin und die Durchführung des Erörterungstermins gelten die Regelungen des § 32 FamFG. Über den Termin hat das Gericht gem. § 28 Abs. 4 FamFG einen **4** **Vermerk** zu fertigen. Erfolgt im Termin eine Beweisaufnahme über die Abstammung, sollte wegen der vom Gesetz insoweit angeordneten förmlichen Beweisaufnahme (§ 177 Abs. 2 Satz 1 FamFG) eine **Sitzungsniederschrift** in Anlehnung an §§ 159 ff. ZPO erstellt werden.

B. Inhalt der Norm

I. Erörterung vor der Beweisaufnahme (Abs. 1)

Bei dem vor Durchführung der Beweisaufnahme durchzuführenden Erörterungstermin **5** nach Abs. 1 ist zu klären, ob die Einholung eines Abstammungsgutachtens **erforderlich**

---

1 MüKo-FamFG/*Coester-Waltjen/Hilbig-Lugani*, § 175 FamFG Rn. 2
2 Prütting/Helms/*Stößer*, § 175 FamFG Rn. 4

ist und **welche Personen** in die Begutachtung einzubeziehen sind. Denn nur dann, wenn eine Untersuchung zur Feststellung der Abstammung erforderlich ist, muss sie gem. § 178 Abs. 1 FamFG geduldet und kann die Mitwirkung an der Untersuchung durchgesetzt werden (vgl. hierzu *Grün,* § 178 FamFG Rn. 4 ff.). Eine solche Untersuchung wird z.B. dann nicht erforderlich, wenn im Verfahren auf Feststellung der Vaterschaft im Erörterungstermin die Anerkennung der Vaterschaft erfolgt und die Mutter zustimmt (§ 180 FamFG). Ferner bedarf es der Einbeziehung einer Person in die Abstammungsbegutachtung dann nicht, wenn als Ergebnis des Anhörungstermins feststeht, dass diese Person in der Empfängniszeit mit der Mutter keinen Geschlechtsverkehr hatte. So kann sich etwa in einem Erörterungstermin ergeben, dass die intime Beziehung zwischen der Kindesmutter und einer als Vater in Betracht gezogenen Person bei Beginn der Empfängniszeit längst beendet war oder die Kindesmutter bereits schwanger war, als sie mit dieser Person erstmals Verkehr hatte.

6   Der Erörterungstermin dient auch dazu, **für die Abstammungsbegutachtung bedeutsame Umstände** zu klären, etwa solche, die für die biostatistische Auswertung der erhobenen Befunde von Bedeutung sein können. Da die Berechnung der Vaterschaftswahrscheinlichkeit die Häufigkeitsverteilung bestimmter DNA-Merkmale berücksichtigt, die populationsgenetisch je nach Herkunft der Person unterschiedlich sein kann, sollte die Herkunft des Scheinvaters und der Mutter erfragt werden. Ist der Scheinvater oder der Putativvater etwa asiatischer oder südamerikanischer Herkunft, was sich im Hinblick auf seine Adoption durch deutsche Eltern aus seinem Namen nicht erschließt, muss dies im Hinblick auf die populationsgenetische Häufigkeitsverteilung von DNA-Merkmalen bei der Abstammungsbegutachtung berücksichtigt werden. Auch eine zwischen dem Mann und der Kindesmutter bestehende Verwandtschaft kann von Bedeutung sein und sollte erfragt werden. Es kann auch hilfreich sein, bei der Ladung zum Erörterungstermin die Vorlage des Mutterpasses anzuordnen, um im Termin zu erörtern, in welcher Schwangerschaftswoche die Geburt stattfand. Ferner dient der Termin der Klärung, ob und welche Männer der Frau in der Empfängniszeit ebenfalls beigewohnt haben und in ein Gutachten zur Feststellung der Vaterschaft einzubeziehen sind.

7   Ferner können in der Erörterung Umstände geklärt werden, die für die Abfassung des **Beweisbeschlusses** hinsichtlich der Anordnung einer Abstammungsbegutachtung und der organisatorischen Vollziehung der Probeentnahme von Bedeutung sein können. Es kann sich aus den bei der Erörterung in Erfahrung gebrachten Umständen für das Gericht die Notwendigkeit ergeben, nicht einen Mundschleimhautabstrich, sondern eine Blutentnahme und deren Untersuchung anzuordnen. Ferner kann die Erörterung der Klärung dienen, ob bereits ein privat eingeholtes Abstammungsgutachten vorliegt und verwertet werden kann (§ 177 Abs. 2 Satz 2 FamFG).

8   Im Verfahren auf Anfechtung der Vaterschaft sind in einem solchen Erörterungstermin auch die Umstände zu klären, die für die Beurteilung der Einhaltung der **Anfechtungsfrist** nach § 1600b BGB maßgeblich sind. Denn die Abstammungsbegutachtung erübrigt sich, wenn die Anfechtungsfrist verstrichen ist. Zu diesen Erörterungen besteht jedoch kein Anlass, wenn das Verfahren eingeleitet wurde, bevor das zweite Lebensjahr des Kindes vollendet war (vgl. § 1600b Abs. 2 BGB).

9   Gem. Abs. 1 Satz 2 soll das Gericht das persönliche Erscheinen der verfahrensfähigen Beteiligten anordnen. Dies dient der Sachverhaltsklärung. Der Vollzug der Anordnung des persönlichen Erscheinens richtet sich nach § 33 FamFG. Nach dessen Abs. 3 kann das persönliche Erscheinen erzwungen werden.

II. Anhörungstermin im Verfahren nach § 1598a BGB (Abs. 2)

Nach Abs. 2 soll das Gericht vor einer Entscheidung über die Ersetzung der Einwilligung in **10** eine genetische Abstammungsuntersuchung und die Anordnung der Duldung der Probeentnahme die Eltern und das Kind, das das 14. Lebensjahr vollendet hat, persönlich anhören. Ein jüngeres Kind kann das Gericht persönlich anhören. Im Zusammenwirken mit § 34 Abs. 1 Nr. 2 FamFG folgt aus der Sollvorschrift des Abs. 2 die Verpflichtung zur persönlichen Anhörung der Eltern und des über 14 Jahre alten Kindes.[3] Zwar ist für die persönliche Anhörung nicht zwingend die Durchführung eines gemeinsamen Erörterungstermins erforderlich. Dies empfiehlt sich aber vor dem Hintergrund, dass ein Klärungsverfahren i.S.v. § 1598a BGB auch mit einem gerichtlichen Vergleich beendet werden kann (vgl. § 96a Abs. 1 Satz 1 FamFG).[4]

§ 176 FamFG Anhörung des Jugendamtes

(1) ¹Das Gericht soll im Fall einer Anfechtung nach § 1600 Abs. 1 Nr. 2 und 5 des Bürgerlichen Gesetzbuchs sowie im Fall einer Anfechtung nach § 1600 Abs. 1 Nr. 4 des Bürgerlichen Gesetzbuchs, wenn die Anfechtung durch den gesetzlichen Vertreter erfolgt, das Jugendamt anhören. ²Im Übrigen kann das Gericht das Jugendamt anhören, wenn ein Beteiligter minderjährig ist.

(2) ¹Das Gericht hat dem Jugendamt in den Fällen einer Anfechtung nach Absatz 1 Satz 1 sowie einer Anhörung nach Absatz 1 Satz 2 die Entscheidung mitzuteilen.² Gegen den Beschluss steht dem Jugendamt die Beschwerde zu.

Übersicht

A. Allgemeines

Abs. 1 eröffnet eine – über das frühere Recht (§ 640d Abs. 2 ZPO a.F.) hinausgehende – **1** Möglichkeit zur Anhörung des Jugendamtes in Abstammungssachen. Für bestimmte Verfahren schreibt die Vorschrift die Anhörung des Jugendamtes vor, ermöglicht darüber hinaus die Anhörung des Jugendamtes aber auch für andere Abstammungssachen. Abs. 2 stärkt die Rechtsposition des Jugendamtes,[1] indem diesem in den Fällen seiner zwingenden Anhörung und bei erfolgter fakultativer Anhörung die Entscheidung in einer Abstammungssache mitzuteilen ist und ihm eine eigene Beschwerdebefugnis eingeräumt wird.

Die Mitwirkungspflicht des Jugendamtes an diesen Verfahren ergibt sich aus § 50 Abs. 1 **2** Satz 2 Nr. 2 SGB VIII. Über die nähere Ausgestaltung der Mitwirkung – insbesondere das Ausmaß und die Gestaltung von Ermittlungen des Jugendamtes und der Stellungnahme im Verfahren – entscheidet das Jugendamt nach pflichtgemäßem Ermessen. Das Gericht kann dem Jugendamt hierzu keine Weisungen erteilen.

---

3 MüKo-FamFG/*Coester-Waltjen/Hilbig-Lugani,* § 175 FamFG Rn. 8
4 Prütting/Helms/*Stößer,* § 175 FamFG Rn. 7
1 MüKo-FamFG/*Coester-Waltjen/Hilbig-Lugani,* § 176 FamFG Rn. 1

3 Die Anhörung des Jugendamtes allein bewirkt nicht, dass das Jugendamt Beteiligter des Verfahrens wird. In den Fällen des Abs. 1 Satz 1 kann das Jugendamt aber seine Beteiligung nach § 172 Abs. 2 FamFG beantragen.

B. Inhalt der Norm

I. Regelmäßiges Anhörungserfordernis (Abs. 1 Satz 1)

4 In den Fällen des Abs. 1 Satz 1 ist die Anhörung als Sollvorschrift ausgestaltet. Dies begründet jedoch eine **Anhörungspflicht**,[2] da das Gericht im Rahmen seiner Amtsermittlungspflicht gehalten ist, alle Erkenntnisquellen zu nutzen. Von der Anhörung des Jugendamtes in den in Satz 1 genannten Fällen ist daher nur dann abzusehen, wenn aus besonderen Umständen von vornherein von der Anhörung des Jugendamtes keine Aufklärung erwartet werden kann.[3]

5 Die Anhörung des Jugendamtes soll erfolgen bei **Anfechtung der Vaterschaft durch den potentiellen leiblichen Vater** (§ 1600 Abs. 1 Nr. 2 BGB). Dies dient vor allem der Klärung der Frage, ob zwischen dem Kind und dem rechtlichen Vater keine sozial-familiäre Beziehung besteht, denn nur dann ist die Anfechtung der Vaterschaft durch den potentiellen leiblichen Vater eröffnet (§ 1600 Abs. 2 BGB, vgl. *Grün*, § 1600 BGB Rn. 16 ff.). Hierzu kann das Jugendamt entscheidungserhebliche Erkenntnisse haben, zu deren Ermittlung das Gericht im Rahmen des § 26 FamFG verpflichtet ist. Dabei geht es allerdings nicht um Erwägungen des Kindeswohls, da diese für die Entscheidung ohne Bedeutung sind, sondern alleine um Kriterien für oder gegen das Bestehen einer vor der Intervention eines Dritten geschützten sozialen Familie.

6 Die Anhörung des Jugendamtes soll ferner erfolgen bei der **Anfechtung der Vaterschaft durch das Kind** (§ 1600 Abs. 1 Nr. 4 BGB), wenn diese durch den gesetzlichen Vertreter erfolgt (§ 1600a Abs. 3 BGB). Denn dann ist die Anfechtung nur zulässig, wenn sie dem Wohl des Kindes dient (§ 1600a Abs. 4 BGB). Hier ist das Jugendamt in seiner ureigenen Aufgabe zur Gewährleistung des Kindeswohls gefragt und soll das Gericht bei der Kindeswohlprüfung unterstützen.[4] Nach dem Wortlaut der Regelung wäre das Jugendamt auch bei der Anfechtung der Vaterschaft durch den Vertreter eines volljährigen geschäftsunfähigen Kindes zu beteiligen. Nach ihrem Zweck und der Aufgabenstellung des Jugendamtes ist der Anwendungsbereich jedoch auf minderjährige Kinder beschränkt.

7 Die in Abs. 1 Satz 1 ebenfalls genannte Anhörung bei der Behördenanfechtung (§ 1600 Abs. 1 Nr. 5 BGB) hat keine Bedeutung mehr, da die Regelungen über die Behördenanfechtung vom BVerfG für nichtig erklärt wurden.[5]

II. Anhörung des Jugendamtes in sonstigen Fällen (Abs. 1 Satz 2)

8 Das Gericht kann das Jugendamt auch in sonstigen Abstammungssachen anhören, wenn ein Beteiligter minderjährig ist. Eine solche **fakultative Anhörung** des Jugendamtes kann in Verfahren nach § 1598a BGB veranlasst sein, wenn die Klärung von Umständen i.S.v. § 1598a Abs. 3 BGB zu erfolgen hat. In Verfahren auf Feststellung der Vaterschaft besteht für eine Anhörung des Jugendamtes schon deshalb kein Anlass, weil materiell-rechtlich weder das Kindeswohl noch sonstige Umstände, zu deren Klärung das Jugendamt beitragen könnte, entscheidungserheblich sind. Dies gilt auch, wenn ein Abstammungsverfahren von einem minderjährigen Elternteil betrieben wird, da dieser selbst verfahrensfähig ist (§ 9 Abs. 1 Nr. 4 FamFG) und eine Anfechtung der Vaterschaft selbst betreiben kann

---

2 MüKo-FamFG/*Coester-Waltjen/Hilbig-Lugani,* § 176 FamFG Rn. 6
3 Kemper/Schreiber/*Fritsche,* § 176 FamFG Rn. 2
4 Prütting/Helms/*Stößer,* § 176 FamFG Rn. 3
5 BVerfG ZKJ 2014, 151

(§ 1600a Abs. 2 Satz 2 BGB), ohne dass dabei eine Kindeswohlprüfung zu erfolgen hätte. Bei der Feststellung der Vaterschaft ist das Jugendamt im Übrigen ohnehin aus § 52a SGB VIII zur Beratung und Unterstützung der Mutter verpflichtet und hat insoweit von sich aus ein Beratungsangebot zu unterbreiten, wenn ihm die Geburt eines Kindes angezeigt wird, dessen Eltern nicht miteinander verheiratet sind (§ 52a Abs. 4 SGB VIII).

III. Mitteilung der Entscheidung (Abs. 2 Satz 1)

In den Fällen der obligatorischen Anhörung des Jugendamtes nach Abs. 1 Satz 1 muss das **9** Gericht die Entscheidung dem Jugendamt mitteilen, auch wenn es von der Anhörung des Jugendamtes abgesehen hat.[6] Bei der fakultativen Anhörung nach Abs. 1 Satz 2 hat die Mitteilung der Entscheidung an das Jugendamt nur dann zu erfolgen, wenn es tatsächlich angehört wurde.[7]

IV. Beschwerdebefugnis des Jugendamtes (Abs. 2 Satz 2)

In den Fällen der obligatorischen Anhörung nach Abs. 1 Satz 1 hat das Jugendamt die Befugnis, die gerichtliche Entscheidung mit der Beschwerde anzufechten, auch wenn es tatsächlich nicht angehört wurde.[8] In anderen Abstammungssachen ist das Jugendamt nur beschwerdebefugt, wenn eine Anhörung des Jugendamtes tatsächlich erfolgt ist. Mit dieser Regelung ist klargestellt, dass es unter diesen Voraussetzungen für eine Beschwerdebefugnis des Jugendamtes keiner Beeinträchtigung in eigenen Rechten (§ 59 Abs. 3 FamFG) bedarf.[9] **10**

§ 177 FamFG Eingeschränkte Amtsermittlung; förmliche Beweisaufnahme

(1) Im Verfahren auf Anfechtung der Vaterschaft dürfen von den beteiligten Personen nicht vorgebrachte Tatsachen nur berücksichtigt werden, wenn sie geeignet sind, dem Fortbestand der Vaterschaft zu dienen, oder wenn der die Vaterschaft Anfechtende einer Berücksichtigung nicht widerspricht.

(2) Über die Abstammung in Verfahren nach § 169 Nr. 1 und 4 hat eine förmliche Beweisaufnahme stattzufinden. Die Begutachtung durch einen Sachverständigen kann durch die Verwertung eines von einem Beteiligten mit Zustimmung der anderen Beteiligten eingeholten Gutachtens über die Abstammung ersetzt werden, wenn das Gericht keine Zweifel an der Richtigkeit und Vollständigkeit der im Gutachten getroffenen Feststellungen hat und die Beteiligten zustimmen.

Übersicht

---

6 Kemper/Schreiber/*Fritsche,* § 176 FamFG Rn. 4
7 Prütting/Helms/*Stößer,* § 176 FamFG Rn. 5
8 MüKo-FamFG/*Coester-Waltjen/Hilbig-Lugani,* § 176 FamFG Rn. 9
9 Prütting/Helms/*Stößer,* § 176 FamFG Rn. 6

A. Allgemeines

1   Die Bestimmung in Abs. 1 entspricht der vorher in 640d ZPO a.F. enthaltenen Regelung. Die Anordnung der förmlichen Beweisaufnahme in Abs. 2 Satz 1 ist dadurch erforderlich geworden, dass das FamFG Abstammungssachen als Verfahren der freiwilligen Gerichtsbarkeit ausgestaltet und in solchen Verfahren eine förmliche Beweisaufnahme nur dann zwingend ist, wenn dies ausdrücklich im Gesetz vorgesehen ist (§ 30 Abs. 2 FamFG). Die Regelung in Abs. 2 Satz 2 ist neu und soll es unter den dort genannten Voraussetzungen ermöglichen, von der Einholung eines gerichtlichen Abstammungsgutachtens abzusehen, wenn bereits ein privat eingeholtes derartiges Gutachten vorliegt.

B. Inhalt der Norm

I. Einschränkung der Amtsermittlung (Abs. 1)

2   Abstammungssachen unterliegen der gerichtlichen Amtsermittlung nach § 26 FamFG. Diese Pflicht zur Amtsermittlung wird durch Abs. 1 in Verfahren auf **Anfechtung der Vaterschaft** auf solche Umstände beschränkt, die dem Fortbestand der Vaterschaft dienen. Denn der Anfechtungsberechtigte kann über die Verwertung anfechtungsgünstiger Tatsachen ebenso disponieren wie über die Ausübung des Anfechtungsrechts selbst.[1] Tatsachen, die geeignet sind, der Anfechtung der Vaterschaft zum Erfolg zu verhelfen, dürfen vom Gericht nur berücksichtigt werden, wenn sie vom Anfechtenden vorgebracht werden. Hat sie ein anderer Beteiligter, der nicht Antragsteller ist, vorgebracht, darf das Gericht sie nur berücksichtigen, wenn der Anfechtende einer Berücksichtigung nicht widerspricht. Der Widerspruch des Anfechtenden muss deutlich sein,[2] jedoch kann sich dieser Widerspruch schon daraus ergeben, dass die Tatsachen zu dem eigenen Vortrag des Anfechtenden in Widerspruch stehen.[3] Trägt etwa der Anfechtende vor, zu einem Zeitpunkt mit der Kindesmutter Geschlechtsverkehr ausgeübt zu haben, der vor der Empfängniszeit lag und daher von vornherein seine Vaterschaft ausgeschlossen erscheinen ließ, ist sein später als 2 Jahre nach Kenntnis von der erfolgten Geburt des Kindes eingereichter Antrag auf Anfechtung der Vaterschaft selbst dann verfristet, wenn andere Beteiligte einen späteren Zeitpunkt des Geschlechtsverkehrs vortragen.[4] Wollen andere Beteiligte die Berücksichtigung solcher Umstände erreichen, können sie dies gegen den Widerspruch des Anfechtenden nur erreichen, wenn sie selbst einen Anfechtungsantrag stellen.[5]

3   Das Gericht darf somit nicht von Amts wegen **gegen die Vaterschaft sprechende Umstände** ermitteln oder in das Verfahren einführen. Wenn der Anfechtende Mehrverkehr der Kindesmutter nicht vorträgt, darf das Gericht eine etwaige Kenntnis von einem solchen Mehrverkehr – z.B. aus einem Scheidungsverfahren des weiteren Mannes, der mit der Mutter Geschlechtsverkehr hatte – nicht von Amts wegen berücksichtigen. Hat ein die Vaterschaft anfechtender Vater keine gegen das Vorliegen einer sozial-familiären Beziehung zwischen dem Kind und dem rechtlichen Vater sprechenden Umstände dargelegt, muss das Gericht ohne weitere Amtsermittlung davon ausgehen, dass der rechtliche Vater weiterhin Verantwortung für das Kind trägt.[6] Trägt der Anfechtende einen Zeitpunkt der Kenntniserlangung von gegen die Vaterschaft sprechenden Umständen vor, nach dem die Anfechtungsfrist bereits verstrichen wäre, darf das Gericht einen von einem anderen Beteiligten behaupteten späteren Zeitpunkt der Kenntniserlangung, bei dem die Anfechtungs-

---

1   MüKo-FamFG/*Coester-Waltjen/Hilbig-Lugani*, § 177 FamFG Rn. 7
2   MüKo-FamFG/*Coester-Waltjen/Hilbig-Lugani*, § 177 FamFG Rn. 4
3   Kemper/Schreiber/*Fritsche*, § 177 FamFG Rn. 5
4   BGH FamRZ 1990, 507, 508
5   Staudinger/*Rauscher*, Anhang zu § 1600d BGB Rn. 74
6   BGH FamRZ 2008, 1821

frist noch gewahrt wäre, nicht zugrunde legen, sofern sich der Anfechtende diesen anderen Vortrag nicht zu eigen macht oder der andere Beteiligte nicht selbst einen Antrag auf Anfechtung der Vaterschaft stellt.

Alle dem **Fortbestand der Vaterschaft** dienenden Umstände muss das Gericht von Amts **4** wegen ermitteln und berücksichtigen. Dazu zählen insbesondere alle Umstände, aus denen sich eine Verfristung des Anfechtungsantrags (§ 1600b Abs. 1 BGB) ergeben können. Trägt der Anfechtende einen Zeitpunkt der Kenntniserlangung von gegen die Vaterschaft sprechenden Umständen vor, bei welchem die Anfechtungsfrist gewahrt wäre, erlangt das Gericht aber Kenntnis davon, dass der Anfechtende schon länger als 2 Jahre vor der Einleitung des Anfechtungsverfahrens Kenntnis von gegen die Vaterschaft sprechenden Umständen hatte, kann die Anfechtung selbst dann keinen Erfolg haben, wenn keiner der Beteiligten sich auf eine Verfristung beruft. Ebenso muss das Gericht von Amts wegen Umstände berücksichtigen, die für das Bestehen einer sozial-familiären Beziehung zwischen dem rechtlichen Vater und dem Kind sprechen und damit dem Anfechtungsrecht des potentiellen leiblichen Vaters entgegenstehen.[7]

II. Förmliche Beweisaufnahme (Abs. 2 Satz 1)

In Verfahren der freiwilligen Gerichtsbarkeit entscheidet das Gericht nach pflichtgemäßem **5** Ermessen, ob es entscheidungserhebliche Tatsachen durch eine förmliche Beweisaufnahme dem Beweisverfahren der ZPO entsprechend feststellt oder ob es Feststellungen im Wege des Freibeweises trifft (§ 30 Abs. 1 FamFG). Etwas anderes gilt jedoch dann, wenn das FamFG die förmliche Beweisaufnahme ausdrücklich vorsieht (§ 30 Abs. 2 FamFG), wie dies durch § 177 Abs. 2 Satz 1 FamFG erfolgt. Nach dieser Bestimmung muss in Verfahren nach § 169 Nr. 1 und Nr. 4 FamFG **über die Abstammung** eine förmliche Beweisaufnahme stattfinden.[8] Dabei beschränkt sich die förmliche Beweisaufnahme nicht allein auf das Abstammungsgutachten selbst, sondern auch auf alle anderen Beweismittel und Beweisfragen – wie etwa der Einhaltung der Anfechtungsfrist.

Damit gilt in Verfahren auf Feststellung des Bestehens eines Eltern-Kind-Verhältnisses, auf **6** Feststellung der Vaterschaft und auf Anfechtung der Vaterschaft der Strengbeweis. Es muss mit den Beweismitteln der ZPO Beweis erhoben werden. Dies erstreckt sich jedoch nur auf die **Durchführung der Beweiserhebung**, nicht darauf, ob Beweis erhoben wird, da letzteres aus der Pflicht zur Amtsermittlung folgt. Es bedarf daher keines Beweisantritts der Beteiligten und keiner Beweisanträge.[9] Die Beteiligten können jedoch Beweisanträge stellen, um die Heranziehung bestimmter Beweismittel zu erreichen. Dies hat insbesondere Bedeutung, wenn der Mann, der als Vater festgestellt werden soll, Mehrverkehr der Kindesmutter behauptet und diesen unter Beweis stellt. Über entsprechende **Beweisanträge** hat das Gericht in Anlehnung an § 244 Abs. 3 StPO zu entscheiden.[10] Das Gericht darf solche Beweisanträge nicht mit der Begründung ablehnen, nach dem Ergebnis des Abstammungsgutachtens stehe die Vaterschaft bereits fest, selbst wenn das Gutachten eine sehr hohe Vaterschaftswahrscheinlichkeit aufweist, da auch eine hohe Vaterschaftswahrscheinlichkeit bei Mehrverkehr in Frage gestellt sein kann.[11]

Erforderlich ist ein **Beweisbeschluss** (§§ 358 ff. ZPO),[12] wobei es jedoch keinen im Beschluss zu benennenden Beweisführer gibt, soweit die Pflicht zur Amtsermittlung be- **7**

---

7 MüKo-FamFG/*Coester-Waltjen/Hilbig-Lugani*, § 177 FamFG Rn. 3
8 Vgl. hierzu z.B. *Wellenhofer*, NZFam 2014, 117 ff.
9 Kemper/Schreiber/*Fritsche*, § 177 FamFG Rn. 6
10 Prütting/Helms/*Stößer*, § 177 FamFG Rn. 23; ausführlich hierzu auch *Grün*, Vaterschaftsfeststellung, Rn. 361 ff.
11 BGH FamRZ 2006, 1745
12 MüKo-FamFG/*Coester-Waltjen/Hilbig-Lugani*, § 177 FamFG Rn. 10

steht.[13] Für die Durchführung des Zeugenbeweises gelten die Regelungen der §§ 375 ff. ZPO entsprechend, im Rahmen der Amtsermittlung jedoch nicht die Regelung des § 373 ZPO über den Beweisantritt. Für das Abstammungsgutachten gelten die Bestimmungen der ZPO über den Sachverständigenbeweis (§§ 402 ff. ZPO) entsprechend, soweit das FamFG keine abweichenden Regelungen enthält. Bei der Durchführung der Vernehmung der Beteiligten ist insbesondere § 452 ZPO zu beachten. Der Beweisbeschluss ist nicht anfechtbar, auch nicht die Anordnung einer Abstammungsuntersuchung.[14]

8   Zur Durchsetzung der Beweisaufnahme muss das Gericht die Zwangsmittel der ZPO anwenden, wobei die Mitwirkung an der Abstammungsbegutachtung unter den Voraussetzungen des § 178 Abs. 2 FamFG auch durch Anwendung unmittelbaren Zwangs durchgesetzt werden kann.[15]

III. Verwertung von Privatgutachten (Abs. 2 Satz 2)

9   Unter den Voraussetzungen des Abs. 2 Satz 2 kann das Gericht auf die Einholung eines gerichtlichen – weiteren – Abstammungsgutachtens verzichten. Jedoch sollte im Interesse der Statuswahrheit davon nicht leichtfertig Gebrauch gemacht werden. Das Gericht muss sich insbesondere eine Überzeugung davon bilden, dass das eingeholte Gutachten gesetzmäßig auf der Grundlage des Gendiagnotikgesetzes[16] und richtliniengemäß erstellt wurde,[17] was sich nicht nur auf die Auswertung des erhobenen Befundes, sondern auch auf die Probeentnahme und die Gewährleistung der Personenidentität der untersuchten Person erstreckt.

10   Es kann nur ein **mit Zustimmung der Beteiligten eingeholtes Gutachten** – mithin nicht ein heimlich eingeholtes Abstammungsgutachten – verwertet werden,[18] selbst wenn alle Beteiligten der Verwertung im Verfahren zustimmen. Abgesehen davon, dass heimliche Vaterschaftstets gesetzeswidrig sind,[19] scheidet deren Verwertung auch deshalb aus, weil die Probengewinnung nicht dem GenDG und den Richtlinien der Gendiagnostik-Kommission für Abstammungsgutachten entspricht,[20] weshalb von vornherein Zweifel an der Richtigkeit des Gutachtens bestehen müssen.

11   Die Beteiligten müssen die **Zustimmung zur Verwertung des Gutachtens** erklären. Dies gilt auch, wenn es sich um ein in Folge eines Verfahrens nach § 1598a Abs. 2 BGB eingeholtes Gutachten handelt.[21] Es ist immer eine ausdrückliche Zustimmung aller Beteiligten erforderlich, so dass bereits die fehlende Zustimmung eines Verfahrensbeteiligten die Verwertung hindert. Das Schweigen auf die Frage nach der Zustimmung zur Verwertung darf nicht als Zustimmung behandelt werden.[22] Aus der Zustimmung zur Einholung des Gutachtens darf nicht auf die Zustimmung zur Verwertung des Gutachtens im Verfahren geschlossen werden.[23] Die Verweigerung der Zustimmung muss nicht begründet werden.[24]

---

13 Kemper/Schreiber/*Fritsche*, § 177 FamFG Rn. 6
14 BGH FamRZ 2007, 1728; vgl. hierzu auch § 178 FamFG Rn. 12 ff.
15 Wegen der Folgen einer Beweisvereitelung wird auf die Kommentierung zu § 178 FamFG verwiesen.
16 Vgl. hierzu z.B. *Genenger* NJW 2010, 113
17 Richtlinie der Gendiagnostik-Kommission (GEKO) für die Anforderungen an die Durchführung genetischer Analysen zur Klärung der Abstammung und an die Qualifikation von ärztlichen und nichtärztlichen Sachverständigen gem. § 23 Abs. 2 Nr. 4 und Nr. 2b GenDG, Bundesgesundheitsblatt 2013, 169 ff, auch veröffentlicht auf der homepage des Robert-Koch-Instituts (www.rki.de).
18 MüKo-FamFG/*Coester-Waltjen/Hilbig-Lugani*, § 177 FamFG Rn. 12; Prütting/Helms/*Stößer*, § 177 FamFG Rn. 10
19 Vgl. BVerfG FamRZ 2007, 753; BGH FamRZ 2007, 1314; BGH FamRZ 2005, 340
20 Siehe Fn. 17
21 OLG Naumburg NJW-RR 2013, 1413
22 MüKo-FamFG/*Coester-Waltjen/Hilbig-Lugani*, § 177 FamFG Rn. 17
23 Kemper/Schreiber/*Fritsche*, § 177 FamFG Rn. 7
24 MüKo-FamFG/*Coester-Waltjen/Hilbig-Lugani*, § 177 FamFG Rn. 16

Das Gericht darf auch bei Zustimmung der Beteiligten ein privat eingeholtes Gutachten **12** nur verwerten, wenn es **keine Zweifel an der Richtigkeit** und Vollständigkeit der im Gutachten getroffenen Feststellungen hat. Im Hinblick auf die Fehleranfälligkeit von Abstammungsuntersuchungen, insbesondere was die Probeentnahme selbst und die dabei zu beachtende Identitätssicherung sowie die Heranziehung der zutreffenden populationsgenetischen Merkmalverteilung bei der Wahrscheinlichkeitsberechnung betrifft (vgl. hierzu *Grün*, § 1600d BGB Rn. 6 ff.), sollte das Gericht unbedingt von einer Verwertung von Gutachten absehen, die von einem Institut erstellt wurden, das nicht die Qualitätsanforderungen der Richtlinien der Gendiagnostik-Kommission erfüllt. Die Statuswahrheit hat Vorrang vor dem Kosteninteresse der Beteiligten oder der Staatskasse.

§ 178 FamFG Untersuchungen zur Feststellung der Abstammung

1) Soweit es zur Feststellung der Abstammung erforderlich ist, hat jede Person Untersuchungen, insbesondere die Entnahme von Blutproben, zu dulden, es sei denn, dass ihr die Untersuchung nicht zugemutet werden kann.

(2) ¹Die §§ 386 bis 390 der Zivilprozessordnung gelten entsprechend. ²Bei wiederholter unberechtigter Verweigerung der Untersuchung kann auch unmittelbarer Zwang angewendet, insbesondere die zwangsweise Vorführung zur Untersuchung angeordnet werden.

Übersicht

A. Allgemeines

Die Bestimmung entspricht der – weiterhin geltenden – wortgleichen Regelung des § 372a **1** ZPO, die jedoch nur noch für Abstammungsuntersuchungen außerhalb von Abstammungsverfahren Bedeutung hat. In Abstammungssachen i.S.v. § 169 FamFG gilt allein die Regelung des § 178 FamFG, der in Abs. 1 die Pflicht zur Mitwirkung an zum Zwecke der Beweisaufnahme gerichtlich angeordneten Abstammungsuntersuchungen und in Abs. 2 die gerichtliche Durchsetzung der Mitwirkungspflicht regelt.

B. Inhalt der Norm

I. Duldungspflicht der Untersuchungsperson (Abs. 1)

1. Umfang der Duldungspflicht und betroffener Personenkreis

Die Verpflichtung zur Duldung der Untersuchung umfasst nicht nur die passive Hinnahme **2** von Untersuchungsmaßnahmen, sondern **auch aktives Verhalten** des Pflichtigen, wie etwa das Aufsuchen der Untersuchungsstelle, die Mitwirkung an der Identitätsprüfung und Identitätssicherung,[1] die Duldung der Anfertigung eines Lichtbildes und eines Finger-

---

1 AG Hohenstein-Ernstthal FamRZ 2006, 1769

abdrucks sowie die Mitwirkung an der Probeentnahme und die Duldung des damit verbundenen Eingriffs.

3 Die Anordnung der Abstammungsuntersuchung kann sich nicht nur auf Beteiligte des Verfahrens beziehen, sondern auf **alle Personen**, deren Untersuchung für die Klärung der Abstammung erforderlich ist. Damit werden auch Dritte – wie etwa die Angehörigen eines bereits verstorbenen Putativvaters – erfasst.[2]

2. Voraussetzungen der Duldungspflicht

4 Eine Anordnung nach § 178 FamFG kann nur ergehen, wenn in einem **Abstammungsverfahren** nach § 169 FamFG die **Feststellung der Abstammung entscheidungserheblich** ist. Dies ist nur in Verfahren nach § 169 Nr. 1 und Nr. 4 FamFG der Fall, also insbesondere bei der Feststellung der Vaterschaft und bei der Anfechtung der Vaterschaft. In Verfahren nach § 169 Nr. 2 und Nr. 3 FamFG (Klärungsverfahren nach § 1598a BGB) erfolgt keine gerichtliche Feststellung der Abstammung, sondern es wird nur die Einwilligung in ein außergerichtlich einzuholendes Abstammungsgutachten ersetzt und die Duldung der Probeentnahme angeordnet, die dann nach §§ 95, 96a Abs. 2 FamFG vollstreckt wird. In einem solchen Verfahren kann daher keine Anordnung nach § 178 FamFG erfolgen.[3]

5 Eine Untersuchungsmaßnahme darf nur angeordnet werden, wenn sie **erforderlich** ist. Daran fehlt es, wenn schon die Zugangsvoraussetzungen für das konkrete Abstammungsverfahren oder die beantragte Entscheidung nicht vorliegen. So kommt z.B. in einem Restitutionsverfahren (§ 580 ZPO, § 185 FamFG) die Anordnung der Abstammungsuntersuchung erst in Betracht, wenn der Wiederaufnahmeantrag zulässig ist und ein Restitutionsgrund tatsächlich vorliegt.[4] Ist ein Verfahren auf Feststellung der Vaterschaft von einem Antragsteller eingeleitet worden, der nicht antragsberechtigt ist (vgl. *Grün*, § 1600d BGB Rn. 26), oder wurde die Anfechtung der Vaterschaft nicht von einem nach § 1600 Abs. 1 BGB Anfechtungsberechtigten beantragt (vgl. *Grün*, § 1600 BGB Rn. 6 ff.), scheidet die Anordnung einer Abstammungsuntersuchung aus. Eine Abstammungsuntersuchung ist auch dann nicht erforderlich, wenn sich in einem Verfahren auf Anfechtung der Vaterschaft durch den potentiellen leiblichen Vater (§ 1600 Abs. 1 Nr. 2 BGB) ergibt, dass zwischen dem rechtlichen Vater und dem Kind eine sozial-familiäre Beziehung besteht (§ 1600 Abs. 2 BGB). Es steht deshalb **nicht im Belieben des Gerichts**, ob dann, wenn neben der Abstammung auch weitere Anspruchsvoraussetzungen im Streit stehen, zunächst die Abstammungsuntersuchung oder zunächst die Klärung der übrigen Voraussetzungen erfolgt. Je fraglicher die übrigen Voraussetzungen sind, umso eher sind diese zunächst zu klären, bevor ein Betroffener dem Grundrechtseingriff der Abstammungsuntersuchung ausgesetzt wird.[5] Zur Beurteilung der Erforderlichkeit der Einbeziehung einer Person in eine Abstammungsuntersuchung ist es daher unbedingt erforderlich, vorher einen Erörterungstermin durchzuführen, was durch § 175 Abs. 1 FamFG ausdrücklich vorgeschrieben ist (vgl. *Grün*, § 175 FamFG Rn. 5 ff.). Stellt sich etwa in einem Verfahren auf Feststellung der Vaterschaft als Ergebnis dieses Erörterungstermins zur Überzeugung des Gerichts heraus, dass der als möglicher Vater benannte Mann in der Empfängniszeit keinen Geschlechtsverkehr mit der Kindesmutter hatte, verbietet sich dessen Einbeziehung in ein Abstammungsgutachten.

---

2 Zöller/*Greger* § 178 FamFG Rn. 1
3 Hinsichtlich der Erforderlichkeit einer klaren gesetzlichen Grundlage für die gerichtliche Anordnung einer Abstammungsuntersuchung vgl. auch BVerfG ZKJ 2013, 407
4 Vgl. OLG Celle FamRZ 2000, 1510; vgl. auch *Grün*, § 185 FamFG Rn. 4
5 BVerfG FamRZ 2015, 212

Die angeordnete Untersuchung muss zur Klärung der Abstammung **geeignet** sein. Es darf 6
nur eine **anerkannte wissenschaftliche Methode** der Abstammungsbegutachtung angeordnet werden.[6] Ferner muss die Untersuchungsmethode im konkreten Fall auch Erfolg versprechen. Steht z.B. fest, dass die Kindesmutter in der Empfängniszeit Geschlechtsverkehr mit monozygoten Zwillingsbrüdern hatte, lässt sich nach derzeitigem Stand der Technik mit einer „whole-genome-sequenzing" nicht klären, von welchem der beiden Zwillingsbrüder das Kind abstammt, weshalb die Abgabe einer Spermaprobe für eine solche Untersuchung nicht verlangt werden kann.[7]

Die Untersuchung darf nach ihrer Art oder nach den Folgen ihres Ergebnisses für den zu 7
Untersuchenden nicht unzumutbar sein. Die **Zumutbarkeit** fehlt, wenn die Art der Untersuchung für die Untersuchungsperson gesundheitliche Schäden befürchten lässt. Die in der Vergangenheit in diesem Zusammenhang gelegentlich geltend gemachte „Spritzenphobie"[8] hat heute keine Bedeutung mehr, da eine Begutachtung in der Regel auch auf der Grundlage eines Mundschleimhautabstrichs oder sonstigen entnommenen DNA-Untersuchungsmaterials erfolgen kann.

Die Gefahr, dass das Untersuchungsergebnis **strafrechtliche Folgen** gegen die Untersu- 8
chungsperson selbst oder gegen Angehörige nach sich ziehen kann, begründet i.d.R. keine Unzumutbarkeit. Dies gilt auch, wenn durch die Untersuchung eine strafbare Zeugung offenbart wird, etwa weil das Kind einer Inzestverbindung entstammt.[9] Etwas anderes kann jedoch dann gelten, wenn die Untersuchungsperson selbst nicht Beteiligter des Verfahrens ist.[10] Da es sich bei der Abstammungsuntersuchung nicht um einen Zeugenbeweis handelt, ist ein etwaiges **Zeugnisverweigerungsrecht** i.S.v. §§ 383 ff. ZPO unbeachtlich.[11]

Eine Abstammungsuntersuchung ist nur dann zumutbar, wenn das Abstammungsgutach- 9
ten ein im Verfahren **verwertbares Gutachten** erwarten lässt. Die Verwertbarkeit steht in Frage, wenn das Gericht einen Sachverständigen beauftragt, der nicht die Qualifikationsanforderungen der Richtlinien der Gendiagnostik-Kommission für die Abstammungsbegutachtung erfüllt.[12]

Die Frage der Zumutbarkeit stellt sich insbesondere dann, wenn die zu untersuchende **Per-** 10
son bereits verstorben ist und die Probeentnahme entweder **bei Verwandten** der Person erfolgen soll oder sie eine **Exhumierung** erfordert. Teilweise wird vertreten, eine Exhumierung sei nicht zumutbar, wenn bei lebenden Verwandten des verstorbenen Mannes Untersuchungsmaterial entnommen werden könne.[13] Die Untersuchung von Verwandten bringt aber nur dann sichere Erkenntnisse, wenn sich hierdurch die Vaterschaft bestätigt. Ergibt sich aus einer solchen Untersuchung ein Ausschluss der Vaterschaft, kann dies auch daran liegen, dass entgegen der Annahme der Beteiligten eine als Kind des Verstorbenen untersuchte Person nicht von dem Verstorbenen abstammt oder – bei einer Untersuchung von Eltern oder Geschwistern der verstorbenen Person – dass der Verstorbene oder das Geschwisterkind nicht von den Eltern abstammt. Deshalb gewährleistet eine solche Untersuchung nicht von vornherein, dass eine Exhumierung vermieden wird.[14] Werden Ver-

---

6 OLG Naumburg FamRZ 2001, 931
7 OLG Celle FamRZ 2013, 1669
8 Vgl. OLG Koblenz NJW 1976, 379
9 BGH NJW 1964, 1469, 1371; OLG Frankfurt NJW 1970, 1257; OLG Karlsruhe FamRZ 1992, 334; OLG Köln NJW 1993, 474; OLG Hamm FamRZ 1993, 76
10 Zöller/*Greger* § 178 FamFG Rn. 5
11 BGH NJW 1990, 2936; OLG Naumburg FamRZ 1993, 1099
12 Bundesgesundheitsblatt 2013, 169 ff., auch veröffentlicht auf der homepage des Robert-Koch-Instituts (www.rki.de)
13 OLG Celle FamRZ 2010, 1510; OLG Hamm FamRZ 2005, 1192
14 Vgl. auch OLG Nürnberg FamRZ 2005, 728

wandte des Verstorbenen in die Abstammungsuntersuchung einbezogen, können diese die Mitwirkung nicht wegen der finanziellen Auswirkungen einer Vaterschaftsklärung verweigern und auch nicht deshalb, weil der Antragsteller die Vaterschaft auch schon zu Lebzeiten des Mannes hätte klären lassen können.[15]

11 Der mit einer Exhumierung einhergehende Eingriff in die Totenruhe begründet keine Unzumutbarkeit. Das **postmortale Persönlichkeitsrecht** tritt regelmäßig hinter das Interesse des Kindes auf Kenntnis der eigenen Abstammung zurück.[16] Dies gilt auch bei einem volljährigen Kind jedenfalls dann, wenn sein Interesse an der Vaterschaftsklärung nachhaltig unter Beweis gestellt ist, er insbesondere nicht allein finanzielle Motive für die Klärung der Abstammung hat, die Exhumierung unvermeidbar ist und die Angehörigen für ihre Verweigerung der Exhumierung keine besonders anerkennungswürdigen Gründe haben.[17]

II. Verweigerung der Untersuchung (Abs. 2)

12 Wenn die Untersuchungsperson die Mitwirkung an der Abstammungsuntersuchung verweigert, ist danach zu unterscheiden, ob von ihr ein Weigerungsrecht geltend gemacht wird oder ob sie ohne Angabe von Gründen der Untersuchung fernbleibt.

1. Geltendmachung eines Weigerungsrechts

13 Macht die Untersuchungsperson ein Weigerungsrecht geltend, so folgt aus der Verweisung in Abs. 2 Satz 1, dass zunächst über die Rechtmäßigkeit der Weigerung in entsprechender Anwendung von § 387 ZPO in einem Zwischenverfahren durch **Zwischenbeschluss** zu entscheiden ist.[18] Die Entscheidung des Zwischenverfahrens obliegt dem mit der Abstammungsklärung befassten Gericht. Ist die **Weigerung rechtmäßig**, wird in der Zwischenentscheidung die Weigerung für berechtigt erklärt. Die angeordnete Untersuchung ist dann nicht mehr durchsetzbar. Ist die Weigerung unbegründet, wird sie mit der Zwischenentscheidung für **unberechtigt** erklärt. Gegen den Zwischenbeschluss des Amtsgerichts ist die **Beschwerde** zum Oberlandesgericht eröffnet. Erst mit Rechtskraft dieser Entscheidung können gerichtliche Maßnahmen zur Durchsetzung der Untersuchungsanordnung getroffen werden.

14 Die **Entscheidung über die Verweigerung** der Untersuchung trifft die Untersuchungsperson selbst. Dies gilt auch für einen Minderjährigen, wenn er bereits die notwendige Verstandesreife hat, wobei hierfür die Vollendung des 14. Lebensjahres ein Anhaltspunkt sein kann.[19] Wenn er noch nicht die notwendige Verstandesreife hat, entscheidet über die Duldung und Mitwirkung des Kindes an der Untersuchung der gesetzliche Vertreter.[20] Die Geltendmachung eines Weigerungsrechts rechtfertigt nicht einen Eingriff in die elterliche Sorge des die Weigerung erklärenden Elternteils, weil über die Berechtigung der Weigerung im Zwischenverfahren entschieden werden kann.[21] Die Verweigerung der Untersuchung des Kindes ohne Geltendmachung von Weigerungsrechten kann jedoch Anlass sein, dem Elternteil die Vertretungsbefugnis hinsichtlich der Entscheidung über die Mitwirkung des Kindes wegen Interessenkollision zu entziehen – allerdings wegen § 1629 Abs. 2 Satz 3 BGB nicht in einem Verfahren auf Feststellung der Vaterschaft (vgl. *Grün*, § 1600d BGB Rn. 29).

---

15 OLG München FamRZ 2012, 57
16 BGH FamRZ 2015, 39; OLG München FamRZ 2001, 126
17 EuGHMR FamRZ 2006, 1354
18 OLG Brandenburg FamRZ 2011, 397; OLG Saarbrücken FamFR 2010, 429; OLG Brandenburg FamRZ 2007, 1755
19 OLG Karlsruhe FamRZ 1998, 563
20 OLG Naumburg DAVorm 2000, 495
21 OLG Karlsruhe FamRZ 2007, 738

Die Verweigerung kann darauf gestützt werden, dass die Abstammungsuntersuchung **15** nicht erforderlich sei.[22] Ist die Anfechtung der Vaterschaft vom Fehlen einer sozial-familiären Beziehung zwischen dem rechtlichen Vater und dem Kind abhängig und wird die Verweigerung mit dem Bestehen einer solchen Beziehung begründet, so ist die Verweigerung rechtmäßig, wenn diese Anfechtungsvoraussetzung fehlt. Deshalb muss bei einer hierauf gestützten Weigerung das Vorliegen der Anfechtungsvoraussetzung im Zwischenverfahren geklärt werden.[23]

Die Verweigerung der Untersuchung kann nicht unter Berufung auf das Grundrecht der **16** Glaubensfreiheit und der ungestörten Religionsausübung oder auf das Recht der **informationellen Selbstbestimmung** und der Wahrung der Intimsphäre verweigert werden.[24]

2. Durchsetzung der Untersuchung

Bei **schlichter Verweigerung** der Untersuchung ohne Geltendmachung von Weige- **17** rungsgründen kann ohne vorausgehendes Zwischenverfahren die Untersuchung mit Zwangsmitteln durchgesetzt werden. Das gleiche gilt, wenn ein geltend gemachtes Weigerungsrecht im Zwischenverfahren rechtskräftig für unberechtigt erklärt wurde.

Voraussetzung für Zwangsmittel ist zunächst, dass die **Untersuchungsanordnung ord-** **18** **nungsgemäß** ergangen ist. Es ist ein gerichtlicher **Beschluss** erforderlich, der die Art des einzuholenden Sachverständigengutachtens, den beauftragten Sachverständigen und die in die Begutachtung einzubeziehenden Personen hinreichend bestimmt bezeichnet.[25] Der Beweisbeschluss selbst ist nicht anfechtbar, sondern es kann nur im Zwischenverfahren nach § 178 Abs. 2 FamFG i.V.m. § 387 ZPO geprüft werden, ob von der Untersuchungsperson geltend gemachte Weigerungsgründe berechtigt sind.[26]

Zwangsmittel können erst dann verhängt werden, wenn einer **gerichtlichen Aufforde-** **19** **rung zur Untersuchung** nicht Folge geleistet wurde. Es reicht nicht aus, dass der Betroffene einer Ladung des Sachverständigen nicht gefolgt ist, sondern die Ladung muss durch das Gericht selbst erfolgen.[27] In der Ladung muss auf die Möglichkeit von Zwangsmitteln hingewiesen werden.

Zur Erzwingung der Untersuchung kann gem. § 178 Abs. 2 Satz 1 FamFG i.V.m. § 390 **20** Abs. 1 ZPO **Ordnungsgeld** und für den Fall, dass dieses nicht beigetrieben werden kann, **Ordnungshaft** angeordnet werden. Der Rahmen für das Ordnungsgeld erstreckt sich von 5 Euro bis 1.000 Euro, der Rahmen für die Ersatzordnungshaft von einem Tag bis sechs Wochen (Art. 6 EGStGB). Bei **wiederholter Weigerung** würde wegen der Verweisung in § 178 Abs. 2 Satz 1 FamFG an sich auch die Möglichkeit der Anordnung von Beugehaft (§ 390 Abs. 2 ZPO) bestehen. Jedoch gilt insoweit die speziellere Regelung des § 178 Abs. 2 Satz 2 FamFG, wodurch die Möglichkeit eröffnet ist, zur Durchsetzung der Untersuchung unmittelbaren Zwang anzuwenden, insbesondere die zwangsweise **Vorführung** der Untersuchungsperson durch den Gerichtsvollzieher zum Zwecke der Untersuchung anzuordnen.

Gegen **Strafunmündige** können keine Zwangsmittel angeordnet werden. Streitig ist, ob **21** bei unberechtigter Weigerung eines Minderjährigen Zwangsmittel gegen den gesetzlichen

---

22 OLG Nürnberg FamRZ 2005, 728
23 OLG Naumburg FamRZ 2012, 1148
24 OLG Brandenburg FamRZ 2010, 1826; OLG Jena FamRZ 2007, 1676
25 Zöller/*Greger* § 178 FamFG Rn. 7
26 BGH FamRZ 2007, 1728
27 OLG Naumburg FamRZ 2001, 1010

Vertreter in Betracht kommen oder ob stattdessen gegen diesen sorgerechtliche Maßnahmen zu ergreifen sind.[28]

C. Beweisvereitelung

22   In Verfahren auf **Feststellung der Vaterschaft** kann die grundlose Verweigerung der Mitwirkung an der Abstammungsuntersuchung durch den als Vater geltend gemachten Mann Rechtsfolgen nach den Grundsätzen der Beweisvereitelung nach sich ziehen. Diese bestehen jedoch nicht in einer Umkehrung der Beweislast, sondern es ist unter Anwendung der **Vermutungswirkung des § 1600d Abs. 2 BGB** zu entscheiden. Der Mann kann unter engen Voraussetzungen so behandelt werden, als hätte die Begutachtung keine Anhaltspunkte für schwerwiegende Zweifel an der Vaterschaft i.S.v. § 1600d Abs. 2 Satz 2 BGB erbracht.[29] Steht allerdings fest, dass Mehrverkehr der Kindesmutter in der Empfängniszeit stattgefunden hat, verhilft die Vermutungswirkung nicht zur Feststellung der Vaterschaft.[30] Erforderlich ist aber immer die Feststellung der **Beiwohnung in der Empfängniszeit**. Diese Beiwohnung selbst kann nicht nach den Grundsätzen der Beweisvereitelung dem Mann als Sanktion für die Beweisvereitelung unterstellt werden.[31]

23   Erforderlich ist ferner die **grundlose oder unberechtigte Verweigerung der Untersuchung**. Bleibt eine Untersuchungsperson der Untersuchung fern, hat das Gericht[32] einen Untersuchungstermin zu bestimmen und die Person zu diesem Termin förmlich zu laden. Bleibt die Person der Untersuchung wiederum ohne Angabe von Gründen fern, liegt eine grundlose Verweigerung vor. Macht die Person Gründe für die Weigerung der Mitwirkung an der Abstammungsbegutachtung geltend, ist über die Berechtigung der Weigerung im Zwischenverfahren mit Zwischenbeschluss (§ 178 Abs. 2 FamFG, § 387 ZPO, § 38 FamFG) zu entscheiden. Wird mit Zwischenbeschluss die Weigerung für unbegründet erklärt, steht mit Rechtskraft dieser Entscheidung fest, dass die Weigerung unberechtigt war.[33]

24   Bei grundloser oder unberechtigter Weigerung ist vom Gericht eine **Frist zur Nachholung** der Mitwirkung zu bestimmen. Dies geschieht in der Weise, dass das Gericht erneut einen Termin zur Untersuchung bestimmt, zu dem der Betroffene vom Gericht geladen wird, wobei er auf die Möglichkeit der Anwendung der Grundsätze der Beweisvereitelung hinzuweisen ist.

25   Die Grundsätze der Beweisvereitelung kommen nur zur Anwendung, wenn eine Durchsetzung der Mitwirkung an der Abstammungsbegutachtung mit Hilfe von Zwangsmitteln nicht möglich ist. Dies gilt insbesondere, wenn die **Untersuchungsperson nicht greifbar** ist. Hält sich der als Vater in Anspruch genommene Mann im Ausland auf und verweigert er das Erscheinen zu einem inländischen Untersuchungstermin, hat das Gericht zu prüfen, ob eine Untersuchung im Wege internationaler Rechtshilfe durchsetzbar ist.[34] Erst wenn feststeht, dass dies nicht möglich ist, können die Grundsätze der Beweisvereitelung zur Anwendung kommen. Die bloße Vermutung der Nichtdurchsetzbarkeit reicht nicht aus.[35]

---

28 Vgl. OLG München FamRZ1997, 1170
29 BGH FamRZ 1986, 663; BGH FamRZ 1993, 691; AG Neustadt ZKJ 2007, 82
30 OLG Karlsruhe FamRZ 2001, 931
31 *Grün*, Vaterschaftsfeststellung, Rn. 182
32 OLG Naumburg FamRZ 2010, 1010
33 BGH FamRZ 1993, 691
34 Vgl. hierzu OLG Bremen FamRZ 2009, 802
35 OLG Hamm FamRZ 2003, 616

D. Abstammungsgutachten

Ein Abstammungsgutachten erbringt keinen wissenschaftlichen positiven Beweis der Vaterschaft, sondern die bei der Untersuchung festgestellten Übereinstimmungen der Blutmerkmale bzw. der DNA-Merkmale führen für sich genommen lediglich zu der Feststellung, ob der Mann der Vater sein kann. Wenn eine sichere Ausschlusskonstellation vorliegt (vgl. *Grün*, § 1600c BGB Rn. 7), kann der Mann nicht der Vater sein. Liegt jedoch keine sichere Ausschlusskonstellation vor, bedarf es einer Quantifizierung der Befunde durch geeignete statistische Maßzahlen. Es schließt sich daher jeweils ein statistisches Verfahren der Berechnung der Vaterschaftswahrscheinlichkeit an. Je mehr Merkmale das Kind und der untersuchte Mann gemeinsam haben, ohne dass das jeweilige gemeinsame Merkmal von der Mutter stammen kann, umso wahrscheinlicher ist die Vaterschaft des Mannes. Dem liegt die statistisch abgesicherte Erkenntnis zugrunde, dass bestimmte Blut- und/oder DNA-Merkmale in der Bevölkerung unterschiedlich oft anzutreffen sind. Wenn sowohl das Kind als auch der untersuchte Mann die gleichen selten vorkommenden Merkmale aufweisen, spricht eine hohe Wahrscheinlichkeit für die Vaterschaft des untersuchten Mannes. Die statistische Bewertung hängt von der Häufigkeitsverteilung der Merkmale ab, hinsichtlich derer bei der Untersuchung Übereinstimmungen gefunden wurden. Dies legt der BGH sehr anschaulich in seiner Entscheidung vom 3.5.2006 dar.[36]

Zum Vorgehen bei der Abstammungsbegutachtung selbst und zur inhaltlichen Bewertung eines Abstammungsgutachtens wird auf die „Richtlinien der Gendiagnostik-Kommission für die Anforderungen an die Durchführung genetischer Analysen zur Klärung der Abstammung und an die Qualifikation von ärztlichen und nichtärztlichen Sachverständigen gem. § 23 Abs. 2 Nr. 4 und Nr. 2 b GenDG" verwiesen.[37] Die Kenntnis dieser Richtlinien und der maßgeblichen Bestimmungen des GenDG ist für den mit Abstammungssachen befassten Praktiker unverzichtbar. Viele in der Praxis zu beobachtenden Fehler, wie etwa die Entnahme einer Speichelprobe durch den Richter selbst – was nach diesen Bestimmungen unzulässig ist – oder eine ungenügende Identitätsprüfung und Identitätssicherung im Rahmen der Probeentnahme, lassen sich nur damit erklären, dass die Richtlinien für Abstammungsgutachten nicht zur Kenntnis genommen oder für irrelevant erachtet werden. Dabei wird verkannt, dass diese Richtlinien die gesetzlichen Vorgaben des GenDG umsetzen.

§ 179 FamFG Mehrheit von Verfahren

(1) ¹Abstammungssachen, die dasselbe Kind betreffen, können miteinander verbunden werden. ²Mit einem Verfahren auf Feststellung des Bestehens der Vaterschaft kann eine Unterhaltssache nach § 237 verbunden werden.

(2) Im Übrigen ist eine Verbindung von Abstammungssachen miteinander oder mit anderen Verfahren unzulässig.

---

36 FamRZ 2006, 1745; weiterführend z.B. *Grün*, Vaterschaftsfeststellung, Rn. 383 ff; *Helms/Kieninger/Rittner*, Rn. 277 ff.
37 Bundesgesundheitsblatt 2013, 169 ff.; auch veröffentlicht auf der homepage des Robert-Koch-Instituts (www.rki.de)

26

A. Allgemeines

1   Die Regelung will gewährleisten, dass sich Abstammungsverfahren auf die Klärung der Abstammung konzentrieren und diese Klärung nicht dadurch verzögert wird, dass andere Verfahrensgegenstände in das Verfahren hineingezogen oder mit dem Verfahren verbunden werden. Dies entspricht im Grundsatz der vor dem FamFG geltenden Rechtslage (§ 640c ZPO a.F.). Von dem Verbindungsverbot des Abs. 2 werden durch Abs. 1 dasselbe Kind betreffende Abstammungssachen sowie – bei einem Verfahren auf Feststellung der Vaterschaft – die Geltendmachung von Unterhalt bei Feststellung der Vaterschaft nach § 237 FamFG ausgenommen.

B. Inhalt der Norm

I. Eingeschränkte Möglichkeit der Verfahrensverbindung (Abs. 1)

2   Abstammungssachen, die **dasselbe Kind** betreffen, können miteinander verbunden werden. Anders als nach früherem Recht (vgl. § 640c ZPO a.F.) können nach dem FamFG Geschwister betreffende Abstammungssachen nicht in einem Verfahren betrieben werden, sondern es ist für jedes Geschwisterkind ein eigenes Verfahren zu führen.[1] Dies gilt nach dem eindeutigen Wortlaut des § 179 FamFG auch dann, wenn es sich um Zwillinge handelt und dem Verfahren damit ein einheitlicher Zeugungsakt zugrunde liegt.

3   Soweit eine Verbindung zulässig ist, kann sie in der Weise erfolgen, dass mehrere getrennte Verfahren zusammengeführt werden, oder auch dadurch, dass die einzelnen Anträge von vornherein im Wege der subjektiven oder objektiven Antragshäufung in einem einzigen Verfahren betrieben werden, was auch in Form eines Widerantrags erfolgen kann. Die einzelnen Anträge können in einem Eventualverhältnis zueinander stehen.[2]

4   Die Regelung des Abs. 1 ermöglicht es, dass **verschiedene Antragsteller** die Feststellung der Vaterschaft bezüglich desselben Kindes betreiben, gleichgültig ob alle Antragsteller denselben Mann als Putativvater benennen. Zum anderen kann aber auch ein Antragsteller **verschiedene Putativväter** als für die Vaterschaft in Betracht kommende Männer benennen, die dann jeweils nach § 7 Abs. 2 Nr. 1 BGB Beteiligte des Verfahrens sind.

5   Möglich ist es, ein Verfahren auf Feststellung der **Wirksamkeit einer Vaterschaftsanerkennung** (§ 169 Nr. 1 FamFG) mit einem Verfahren auf Anfechtung der Vaterschaft zu dem Mann, der die Vaterschaft anerkannt hatte, zu verbinden.[3] Denn das Bestehen einer wirksamen Vaterschaftszuordnung zu dem Mann, dessen Vaterschaft angefochten werden soll, ist ohnehin als Voraussetzung für das Anfechtungsrecht (vgl. § 1600 Abs. 1 Nr. 1 BGB) bzw. das Rechtsschutzbedürfnis für ein Anfechtungsverfahren zu klären.

6   Ein Verfahren auf Anfechtung der Vaterschaft kann mit einem für den Fall der Verfristung der Anfechtung (§ 1600b BGB) **hilfsweise** gestellten Antrag auf Ersetzung der Einwilli-

---

1   OLG Celle ZKJ 2012, 78
2   MüKo-FamFG/*Coester-Waltjen/Hilbig-Lugani*, § 179 FamFG Rn. 3
3   MüKo-FamFG/*Coester-Waltjen/Hilbig-Lugani*, § 179 FamFG Rn. 3

gung in eine Abstammungsuntersuchung und Anordnung der Duldung der Probeentnahme (§ 1598a Abs. 2 BGB) verbunden werden.[4]

Teilweise wird vertreten, ein Verfahren auf **Anfechtung der Vaterschaft** könne mit einem Antrag auf **Feststellung der Vaterschaft** eines Dritten verbunden werden.[5] Dies ist jedoch abzulehnen. Eine Verfahrensverbindung ist nur insoweit zulässig, als das verbundene Verfahren auch in einem einheitlichen Beschluss entschieden werden kann. Bei einem durch den rechtlichen Vater, das Kind oder die Mutter betriebenen Verfahren auf Anfechtung der Vaterschaft ist jedoch die Feststellung der Vaterschaft eines Dritten erst eröffnet, wenn die bestehende Vaterschaftszuordnung zum bisherigen rechtlichen Vater beseitigt wurde (§ 1600d Abs. 1 BGB), was die Rechtskraft der gerichtlichen Feststellung der Nichtvaterschaft voraussetzt. Würde man beides in einem Verfahren betreiben, müsste zunächst durch Teilbeschluss über die Anfechtung der Vaterschaft entschieden und nach Eintritt der Rechtskraft des Teilbeschlusses dann das Verfahren hinsichtlich der Feststellung der Vaterschaft fortgesetzt werden.[6] Dem steht allerdings entgegen, dass in einem einheitlichen Verfahren der Antrag auf Feststellung der Vaterschaft sogleich entscheidungsreif wäre, nämlich wegen der bestehenden Vaterschaftszuordnung abgewiesen werden müsste. Ferner kann in einem einheitlichen Verfahren nur eine einheitliche Kostenentscheidung ergehen, die sich aber hinsichtlich der erfolgreichen Anfechtung der Vaterschaft nach der zwingenden Regelung des § 183 FamFG und im Übrigen nach § 81 FamFG richten müsste. Von einer Verbindung eines Verfahrens auf Anfechtung der Vaterschaft mit einem Verfahren auf Feststellung der Vaterschaft ist daher abzusehen.   **7**

Dass bei der **Anfechtung der Vaterschaft durch den potentiellen leiblichen Vater** (§ 1600 Abs. 1 Nr. 2 BGB) wegen § 182 Abs. 1 FamFG zeitgleich ein Ausspruch über die Feststellung der Vaterschaft ergeht, beruht darauf, dass gem. § 1600 Abs. 2 BGB die Vaterschaft des Anfechtenden Voraussetzung für sein Anfechtungsrecht ist. Dadurch wird nicht eine verfahrensrechtliche Verbindung eines Antrags auf Anfechtung der Vaterschaft mit einem Antrag auf Feststellung der Vaterschaft bewirkt, sondern es handelt sich allein um ein Verfahren auf Anfechtung der Vaterschaft, wobei durch § 182 Abs. 1 FamFG ein erweiterter Beschlussinhalt vorgeschrieben ist.   **8**

Hauptfall der Verfahrensverbindung ist die Verbindung mit einem Antrag auf Verpflichtung zur Zahlung von **Unterhalt bei Feststellung der Vaterschaft** (§ 237 FamFG). Dieses Verfahren ist eröffnet, wenn ein Antrag auf Feststellung der Vaterschaft anhängig ist, wobei Gegenstand des Unterhaltsantrags nur der Unterhalt des minderjährigen Kindes sein kann (§ 237 Abs. 1 FamFG). Für das Verfahren nach § 237 FamFG gelten nicht die abstammungsrechtlichen Verfahrensvorschriften, sondern es finden insoweit die **Verfahrensvorschriften der §§ 231 ff. FamFG für das streitige Unterhaltsverfahren** Anwendung, weshalb hierfür auch die Bestimmungen über Familienstreitsachen (§§ 112 Nr. 1, 113 Abs. 1 FamFG) gelten. Dies wirkt sich u.a. dahingehend aus, dass für den Unterhaltsantrag nach § 237 FamFG – im Gegensatz zum Abstammungsverfahren – nach § 114 Abs. 1 FamFG **Anwaltszwang** besteht, der aber für das Kind entfällt, wenn es durch das Jugendamt als Beistand vertreten wird (§ 114 Abs. 4 Nr. 2 FamFG).   **9**

II. Ausschluss sonstiger Verfahrensverbindung (Abs. 2)

Die Möglichkeiten der Verfahrensverbindung sind in Abs. 1 abschließend benannt. Eine Verbindung von verschiedene Kinder betreffenden Abstammungssachen oder eine Verbin-   **10**

4 Prütting/Helms/*Stößer*, § 179 FamFG Rn. 3
5 Kemper/Schreiber/*Fritsche*, § 179 FamFG Rn. 4
6 AG Schweinfurt FamRZ 2005, 381

dung einer Abstammungssache mit anderen als den in Abs. 1 erwähnten Verfahren ist durch Abs. 2 ausnahmslos ausgeschlossen.

C. Exkurs: Unterhalt bei Feststellung der Vaterschaft (§ 237 FamFG)

11   **Das Verfahren ist nur für den Unterhalt minderjähriger Kinder** eröffnet. Im Verfahren nach § 237 FamFG kann daher kein Betreuungsunterhalt nach § 1615l BGB geltend gemacht werden. Der Mutter stehen jedoch als Mittel des Eilrechtsschutzes die einstweiligen Anordnungen nach §§ 247 bzw. 248 FamFG zur Verfügung.

12   Ein Verfahren nach § 237 FamFG ist nur zulässig, wenn ein **Verfahren auf Feststellung der Vaterschaft anhängig** ist oder ein Antrag auf Bewilligung von Verfahrenskostenhilfe für ein solches Verfahren gestellt wurde. Anders als nach bisherigem Recht ist es unerheblich, wer Antragsteller des Vaterschaftsfeststellungsantrags ist. Ein Unterhaltsverfahren nach § 237 FamFG kann nicht mehr eingeleitet werden, wenn die **Vaterschaft bereits rechtskräftig festgestellt** ist. Dann ist der Unterhalt entweder im vereinfachten Unterhaltsfestsetzungsverfahren nach §§ 249 ff. FamFG, in einem Unterhaltsverfahren nach §§ 231 ff. FamFG oder im einstweiligen Anordnungsverfahren (§ 246 FamFG) geltend zu machen. Ein Verfahren nach § 237 FamFG, das während der Anhängigkeit eines Verfahrens auf Feststellung der Vaterschaft eingeleitet wurde, kann jedoch fortgeführt werden, wenn im Laufe des Verfahrens eine rechtliche Vaterschaftszuordnung durch wirksame Anerkennung der Vaterschaft oder durch Feststellung der Vaterschaft herbeigeführt wird. Es kann in diesem Fall aber auch das Unterhaltsverfahren in ein „gewöhnliches Unterhaltsverfahren" nach § 231 Abs. 1 Nr. 1 FamFG übergeleitet werden,[7] was sich dann empfiehlt, wenn höherer Unterhalt als der im Verfahren nach § 237 FamFG nur geltend zu machende Mindestunterhalt in Betracht kommt.

13   Der Kindesunterhalt kann rückwirkend **vom Tag der Geburt des Kindes an** verlangt werden. Gem. § 1613 Abs. 2 Nr. 2 Buchst. a) BGB kann Unterhalt ohne die Einschränkung des § 1613 Abs. 1 BGB für die Vergangenheit verlangt werden, wenn der Berechtigte für diesen Zeitraum aus rechtlichen Gründen an der Geltendmachung des Unterhalts gehindert war. Diese Voraussetzungen liegen immer vor, solange eine Vaterschaftszuordnung zu dem Antragsgegner nicht besteht. Denn bis zum Entstehen einer Vaterschaftszuordnung i.S.v. § 1592 BGB ist der Unterhaltsberechtigte aus rechtlichen Gründen gehindert, den Unterhalt gegenüber dem Vater geltend zu machen (vgl. § 1600d Abs. 4 BGB). Auch bezüglich des rückständigen Unterhalts ist – begrenzt auf den Mindestunterhalt – das Verfahren nach § 237 FamFG eröffnet.[8]

14   Der Unterhalt kann dynamisiert oder statisch geltend gemacht werden. Obergrenze ist der **Mindestunterhalt** nach § 1612a Abs. 1 BGB, vermindert um das nach Maßgabe des § 1612b BGB anrechenbare Kindergeld bzw. der nach § 1612c BGB anrechenbaren Leistungen. Für Unterhaltszeiträume bis 31.12.2007 stellen die Regelbeträge der Regelbetrag-VO, vermindert um das nach Maßgabe des § 1612b Abs. 5 BGB a.F. anrechenbare Kindergeld, die Obergrenze dar. Das Kind kann auch einen darunterliegenden Unterhalt geltend machen, was sich dann empfiehlt, wenn die eingeschränkte Leistungsfähigkeit des Unterhaltsschuldners bekannt ist und außer Streit steht.

15   Die Verteidigungsmöglichkeiten des im Verfahren nach § 237 FamFG in Anspruch Genommenen sind wegen § 237 Abs. 3 Satz 3 FamFG nur sehr eingeschränkt vorhanden. In dem Verfahren können Einwendungen des in Anspruch genommenen Beteiligten **nicht zu einer Herabsetzung** des Unterhalts unter den Mindestunterhalt **führen**. Der **Zweck** dieser

---

7 Prütting/Helms/*Bömelburg*, § 237 FamFG Rn. 4
8 Vgl. insoweit zur identischen früheren Rechtslage BGH FamRZ 2003, 1095

Regelung besteht darin, dem Kind möglichst schnell und auf einfachem Weg mit der Vaterschaftsfeststellung zu einem Unterhaltstitel zu verhelfen. Das Verfahren soll nicht durch materiell-rechtliche Einwendungen verzögert werden. Deren Geltendmachung bleibt dem Abänderungsverfahren nach § 240 FamFG vorbehalten. Dies entspricht der vor dem FamFG geltenden Rechtslage (vgl. § 653 ZPO a.F.), weshalb die zum damaligen Recht entwickelten Grundsätze auch für § 237 FamFG Geltung haben. Deshalb sind **sämtliche materiell-rechtlichen Einwendungen** – auch der **Erfüllungseinwand**,[9] der Einwand des **Anspruchsübergangs** auf einen Dritten[10] oder der **Verwirkungseinwand**[11] – im Verfahren nach § 237 FamFG **ausgeschlossen** und bleiben dem Abänderungsverfahren nach § 240 FamFG vorbehalten. Betroffen hiervon ist vor allem der Einwand des in Anspruch Genommenen, zur Zahlung des geltend gemachten Unterhalts **nicht oder nur teilweise leistungsfähig** zu sein, der im Verfahren nach § 237 FamFG nicht erhoben,[12] sondern nur im Wege eines Abänderungsverfahrens nach § 240 FamFG geltend gemacht werden kann. Ein solches Abänderungsverfahren ist nicht an die Voraussetzungen des § 238 FamFG geknüpft und ermöglicht bei rechtzeitiger Einreichung des Abänderungsantrags (§ 240 Abs. 2 Satz 1 FamFG) auch eine rückwirkende Abänderung. Nach teilweise vertretener Ansicht sollen die Beschränkungen des § 237 Abs. 3 FamFG dann nicht mehr gelten, wenn die Vaterschaftszuordnung wirksam geworden ist.[13]

§ 180 FamFG Erklärungen zur Niederschrift des Gerichts

[1]Die Anerkennung der Vaterschaft, die Zustimmung der Mutter sowie der Widerruf der Anerkennung können auch in einem Erörterungstermin zur Niederschrift des Gerichts erklärt werden. [2]Das Gleiche gilt für die etwa erforderliche Zustimmung des Mannes, der im Zeitpunkt der Geburt mit der Mutter des Kindes verheiratet ist, des Kindes oder eines gesetzlichen Vertreters.

Übersicht

A. Allgemeines

Die Regelung entspricht § 641c ZPO a.F. und will gewährleisten, dass im Rahmen eines Abstammungsverfahrens die für eine Vaterschaftsanerkennung erforderlichen Erklärungen zur Niederschrift des Gerichts beurkundet werden können, damit die Beteiligten einen dahingehend gefassten Entschluss unmittelbar umsetzen können. **1**

B. Inhalt der Norm

Eine Erklärung zur Niederschrift des Gerichts erfüllt nur dann das für die Anerkennung der Vaterschaft und die hierzu erforderlichen Zustimmungen geltende Formerfordernis der öffentlichen Beurkundung (§ 1597 Abs. 1 BGB), wenn die Erklärung im Rahmen eines Erörterungstermins **in einer Abstammungssache** erfolgte. Eine Erklärung im Rahmen eines **2**

---

9 Vgl. zur identischen früheren Rechtslage OLG Düsseldorf FamRZ 2001, 1620
10 OLG Nürnberg FamRZ 2015, 277; OLG Naumburg FamRZ 2006, 1395
11 Vgl. zur identischen früheren Rechtslage OLG Karlsruhe FamRZ 2002, 1262
12 Vgl. zur identischen früheren Rechtslage OLG Brandenburg, FamRZ 2000, 1044; OLG Bremen FamRZ 2000, 1164; OLG Hamm FamRZ 2000, 902
13 Vgl. OLG Hamm FamRZ 2012, 146

sonstigen Verfahrens – etwa des Scheidungsverfahrens – erfüllt diese Voraussetzungen nicht.[1]

3 Da die im Rahmen der Anerkennung der Vaterschaft erforderlichen Erklärungen **höchstpersönlich** abgegeben werden müssen, genügt es nicht, wenn ein Verfahrensbevollmächtigter die Erklärungen im Erörterungstermin abgibt. Ein solches von einem Verfahrensbevollmächtigten erklärtes Anerkenntnis erzeugt keine Rechtsfolgen.

4 Die Regelung bewirkt für den Familienrichter zugleich eine **Verpflichtung**, die in § 180 FamFG genannten Erklärungen zur Niederschrift aufzunehmen. Es ist nicht zulässig, die Beteiligten darauf zu verweisen, sie sollten diese Erklärungen beim Jugendamt oder einer anderen für die Beurkundung zuständigen Stelle abgeben bzw. wiederholen. Ein solches Vorgehen birgt zudem die Gefahr, dass die im Verfahren angekündigte Erklärung dann doch nicht abgegeben wird und über den Antrag auf Feststellung der Vaterschaft entschieden werden muss, was regelmäßig die Einholung eines Abstammungsgutachtens erforderlich macht.

5 Das Gericht muss die Erklärungen in den über den Anhörungstermin anzufertigenden Vermerk (§ 28 Abs. 4 FamFG) aufnehmen, wobei das Gericht auch eine Sitzungsniederschrift in entsprechender Anwendung der Bestimmungen der ZPO fertigen kann. Die Erklärungen müssen vorgespielt oder vorgelesen und von den Erklärenden genehmigt werden.[2] Da der **Niederschrift** in diesem Falle Beurkundungsfunktion zukommt und diese dem Standesamt zuzuleiten ist (§ 1597 Abs. 2 BGB), muss die Niederschrift die Beteiligten eindeutig bezeichnen, das Kind unter Angabe des Geburtsdatums und des Geburtsortes. Zur Vermeidung von Nachfragen des Standesamtes empfiehlt sich die Angabe des Geburtsdatums und des Geburtsortes auch hinsichtlich des die Vaterschaft anerkennenden Mannes.

6 Die Erklärung der Anerkennung ermöglicht nicht den Erlass eines Anerkenntnisbeschlusses, da ein solcher in Abstammungssachen ausgeschlossen ist (vgl. § 38 Abs. 5 Nr. 2 FamFG).[3] Wenn daher zwar der Mann die Vaterschaft anerkennt, die Mutter jedoch die gem. § 1595 BGB erforderliche Zustimmung hierzu verweigert, kommt keine wirksame Anerkennung der Vaterschaft zustande, sondern das Gericht muss ein Abstammungsgutachten einholen und – sofern das Ergebnis der Beweisaufnahme dies erbringt – die Vaterschaft gem. § 1600d BGB feststellen.

§ 181 FamFG Tod eines Beteiligten

[1]Stirbt ein Beteiligter vor Rechtskraft der Endentscheidung, hat das Gericht die übrigen Beteiligten darauf hinzuweisen, dass das Verfahren nur fortgesetzt wird, wenn ein Beteiligter innerhalb einer Frist von einem Monat dies durch Erklärung gegenüber dem Gericht verlangt. [2]Verlangt kein Beteiligter innerhalb der vom Gericht gesetzten Frist die Fortsetzung des Verfahrens, gilt dieses als in der Hauptsache erledigt.

Übersicht

---

1 BGH FamRZ 2013, 944; OLG Frankfurt FamRZ 2012, 1735
2 MK-FamFG/*Coester-Waltjen/Hilbig-Lugani*, § 180 FamFG Rn. 6; Prütting/Helms/*Stößer*, § 180 FamFG Rn. 3
3 Prütting/Helms/*Stößer*, § 180 FamFG Rn. 5

A. Allgemeines

In Verfahren der freiwilligen Gerichtsbarkeit führt das Ableben eines Beteiligten nicht zur **1** Unterbrechung des Verfahrens, da § 239 ZPO nur in Familienstreitsachen Anwendung findet und das FamFG selbst keine vergleichbare Regelung enthält.[1] Vielmehr enthält das FamFG an verschiedenen Stellen für die einzelnen Verfahrensgegenstände **gesonderte Regelungen** darüber, welche Auswirkungen das Versterben eines Beteiligten im laufenden Verfahren hat (vgl. z.B. §§ 131, 181, 208, 226 Abs. 5 FamFG).

§ 181 regelt die Auswirkungen des Ablebens eines Verfahrensbeteiligten **während des** **2** **laufenden Abstammungsverfahrens.** Der Tod des Beteiligten muss nach Eingang des Antrags bei Gericht und vor rechtskräftigem Abschluss des Verfahrens eingetreten sein. Dann wird das Verfahren nur auf Verlangen eines Beteiligten fortgeführt. Dem liegt die Erwägung zugrunde, dass das Interesse der übrigen Beteiligten an dem Verfahren nach dem Tod eines bisherigen Beteiligten entfallen sein kann.[2]

B. Inhalt der Norm

I. Anwendungsbereich

1. Gegenständlich

Der gegenständliche Anwendungsbereich der Regelung umfasst **alle Abstammungssa-** **3** **chen** i.S.v. § 169 FamFG, mithin neben der Feststellung der Vaterschaft (§ 1600d BGB) oder des Bestehens eines Eltern-Kind-Verhältnisses sowie der Anfechtung der Vaterschaft (§ 1599 ff. BGB) auch Verfahren auf Ersetzung der Einwilligung in eine genetische Abstammungsuntersuchung und die Anordnung der Duldung der Probeentnahme nach § 1598a BGB.[3]

2. Persönlich

Der persönliche Anwendungsbereich erstreckt sich auf **Beteiligte** des Verfahrens. Dabei **4** ist es unerheblich, ob die Beteiligtenstellung des Verstorbenen aus seiner Stellung als Antragsteller (§ 7 Abs. 1 FamFG), als unmittelbar Betroffener (§ 7 Abs. 2 Nr. 1 FamFG) oder aus § 172 FamFG folgte. Die Regelung umfasst nach ihrem Wortlaut zwar auch das Ableben des Verfahrensbeistandes, da auch dieser Verfahrensbeteiligter ist (§ 174 i.V.m. § 158 Abs. 3 Satz 2 FamFG). Nach ihrem Sinn und Zweck ist die Regelung jedoch auf das Versterben eines materiell-rechtlich Beteiligten zu begrenzen.[4] Auch das Ableben des gesetzlichen Vertreters eines Beteiligten unterfällt nicht der Regelung des § 181 FamFG, da dieser nicht selbst Beteiligter des Verfahrens ist. Wenn der gesetzliche Vertreter verstirbt, kann das Verfahren wegen § 9 Abs. 2 FamFG erst fortgeführt werden, wenn ein neuer gesetzlicher Vertreter vorhanden ist.

---

1 Haußleitner/*Fest* § 181 FamFG, Rn. 8; Schulte-Bunert/Weinreich/*Schwonberg,* § 181 FamFG Rn. 2
2 MüKo-FamFG/*Coester-Waltjen/Hilbig-Lugani,* § 181 FamFG Rn. 1
3 Nach Haußleitner/*Fest* § 181 FamFG Rn. 3, soll sich der Anwendungsbereich auch auf ein Vollstreckungsverfahren nach § 96 Abs. 2 FamFG erstrecken
4 MüKo-FamFG/*Coester-Waltjen/Hilbig-Lugani,* § 181 FamFG Rn. 6

3. Zeitlich

5   **Zeitlich** erfasst die Regelung den Zeitraum **ab der Einleitung des Verfahrens** bis zur formellen Rechtskraft der Endentscheidung. Damit gilt die Regelung nicht, wenn eine zum Kreis der Beteiligten nach § 172 FamFG gehörende Person bereits vor Einleitung des Verfahrens, d.h. vor Eingang des das Verfahren einleitenden Antrags (§ 171 FamFG) bei Gericht, verstorben war. Dann ist das Verfahren von vornherein mit den lebenden Beteiligten zu führen.[5] Ist in einem auf Feststellung der Vaterschaft gerichteten Verfahren der als Vater festzustellende Mann bereits verstorben, sind dessen nahe Angehörige am Verfahren zu beteiligen (vgl. *Grün*, § 172 FamFG Rn. 3).

6   Verstirbt ein Beteiligter im laufenden Verfahren **vor Erlass einer Entscheidung**, gilt die Regelung ohne weiteres. Dabei ist es gleichgültig, ob der Beteiligte anwaltlich vertreten war oder nicht. Denn die Regelung knüpft nicht an die Verfahrensfähigkeit an, sondern will verhindern, dass eine statusverändernde Abstammungsentscheidung ergeht, obwohl die überlebenden Beteiligten hieran kein Interesse mehr haben.

7   Die Regelung gilt auch nach Erlass der Entscheidung ohne weiteres, wenn ein Beteiligter im laufenden Verfahren **in der Beschwerdeinstanz** verstirbt. Dann obliegt dem Beschwerdegericht der in Satz 1 geregelte Hinweis.

8   Nicht eindeutig geregelt ist, was gilt, wenn der Beteiligte **nach Erlass der Entscheidung, aber vor Eintritt der Rechtskraft** verstirbt und das Verfahren nicht in die Beschwerdeinstanz gelangt. Überwiegend wird vertreten, aus § 181 FamFG folge mittelbar, dass eine Entscheidung nicht in Rechtskraft erwachsen könne,[6] der Beschluss werde daher ipso jure wirkungslos.[7] Diese Ansicht trägt aber nicht den geänderten verfahrensrechtlichen Grundsätzen Rechnung, die durch die Überführung des Abstammungsverfahrens in ein Verfahren der freiwilligen Gerichtsbarkeit Anwendung finden. Das vorher geltende Recht war in §§ 640g, 640 Abs 1 i.V.m. § 619 ZPO a.F. so ausgestaltet, dass das Verfahren nur dann als erledigt galt, wenn die klagende Partei im laufenden Prozess verstarb und das Verfahren nicht von einem anderen Klageberechtigten aufgenommen wurde. Dies war darin begründet, dass es sich um einen zwischen Parteien geführten Rechtsstreit handelte und dieser nicht ohne einen klageberechtigten Kläger fortgeführt werden sollte. Die Regelung des § 181 FamFG beschränkt sich jedoch nicht auf das Ableben des Antragstellers, sondern findet auch auf andere Beteiligte Anwendung. Das Abstammungsverfahren nach dem FamFG ist ein Verfahren ohne Antragsgegner. Auf dieses Verfahren hat es keinen unmittelbaren verfahrensrechtlichen Einfluss, wenn ein Beteiligter verstirbt, zumal wenn dieser nicht der Antragsteller war.

9   Entgegen der vorstehend zitierten überwiegenden Auffassung ist aus der Regelung des § 181 FamFG nicht zu entnehmen, dass eine ergangene Entscheidung wegen des zwischenzeitlichen Ablebens eines Beteiligten generell nicht **in Rechtskraft erwachsen** könnte.[8] Ist der Beteiligte verstorben, bevor ihm die Entscheidung zugestellt wurde, kann eine wirksame Zustellung jedenfalls dann bewirkt werden, wenn dieser Beteiligte im Verfahren durch einen Rechtsanwalt vertreten war, da gem. § 11 FamFG i.V.m. § 86 ZPO dessen Verfahrensvollmacht über den Tod hinaus Geltung hat. Verstirbt der Beteiligte zeitlich nach der an ihn bewirkten Zustellung, hindert dies den Eintritt der Rechtskraft deshalb nicht, weil der Lauf der Rechtsmittelfrist durch die Zustellung in Gang gesetzt (§ 16 FamFG) wird und das FamFG eine entsprechende Anwendung des § 249 ZPO nur kennt, wenn das Gericht das Verfahren ausgesetzt hat (§ 21 Abs. 1 Satz 2 FamFG). Eine § 239 ZPO ver-

---

5 Prütting/Helms/*Stößer*, § 181 FamFG Rn. 1
6 *Wieser*, MDR 2009, 61, 62
7 Haußleitner/*Fest* § 181 FamFG Rn. 18
8 So aber die wohl herrschende Meinung, vgl. z.B. Schulte-Bunert/Weinreich/*Schwonberg*, § 181 FamFG Rn. 3

gleichbare Regelung über die verfahrensrechtlichen Folgen des Ablebens eines Beteiligten – mit der Folge der Unterbrechung des Fristenlaufs (§ 249 ZPO) – fehlt im FamFG. Diese Bestimmungen der ZPO finden nur in Familienstreitsachen entsprechende Anwendung (§ 113 Abs. 1 FamFG).

Dass die Regelung des § 181 FamFG bei Ableben eines Beteiligten **zwischen den Instanzen** praktisch nicht handhabbar ist, zeigt sich auch darin, dass es sich bei dem nach Satz 1 erforderlichen Hinweis um eine **verfahrensleitende gerichtliche Handlung** handelt. Solche kommen jedoch grundsätzlich nicht mehr in Betracht, wenn das Gericht bereits eine Endentscheidung i.S.v. § 38 FamFG getroffen hat. Es fragt sich auch, was die Rechtsfolge sein soll, wenn das Familiengericht nach Erlass seiner Entscheidung wegen des zwischenzeitlichen Ablebens eines Beteiligten einen solchen Hinweis erteilt und sodann von einem Beteiligten die Fortsetzung des Verfahrens verlangt wird. Soll dann das Familiengericht die bereits getroffene Entscheidung nochmals wiederholen? Mit der Systematik der freiwilligen Gerichtsbarkeit lässt es sich eher vereinbaren, wenn die Regelung des § 181 FamFG bei Versterben eines Beteiligten zwischen den Instanzen nur zur Anwendung kommt, wenn ein Beteiligter gegen die Entscheidung des Familiengerichts Beschwerde einlegt.

10

II. Hinweis des Gerichts

Der Hinweis des Gerichts ist eine **verfahrensleitende Handlung**, die in Form einer Verfügung oder eines Beschlusses erfolgen kann. Er richtet sich an die überlebenden Beteiligten und ist wegen der damit verbundenen Fristsetzung diesen nach § 15 Abs. 1 BGB in einer Weise bekannt zu machen, dass der Fristbeginn feststellbar ist. Inhaltlich muss sich aus dem Hinweis ergeben, dass das Verfahren als erledigt gilt, wenn kein Beteiligter innerhalb eines Monats die Fortsetzung des Verfahrens verlangt. Die Regelung ist insoweit ungenau, als Satz 1 eine Monatsfrist vorgibt, in Satz 2 jedoch von einer vom Gericht gesetzten Frist die Rede ist. Hierdurch ist dem Gericht die Möglichkeit eröffnet, im Ausnahmefall eine längere Frist für die Erklärung des Fortsetzungsverlangens einzuräumen, etwa wenn bei einem Beteiligten Umstände vorliegen, die den Zugang einer Erklärung innerhalb eines Monats nicht erwarten lassen.

11

III. Fortsetzungsverlangen

Das Fortsetzungsverlangen kann nur **von einem der verbliebenen Beteiligten** erklärt werden, nicht von einem Erben des verstorbenen Beteiligten.[9] Denn die Fortsetzung des Verfahrens kann nur von einem solchen Beteiligten begehrt werden, der auch berechtigt wäre, das Verfahren selbst zu betreiben. Dies sind bei einem Verfahren auf Anfechtung der Vaterschaft nur die in § 1600 Abs. 1 BGB aufgeführten Anfechtungsberechtigten und im Verfahren auf Feststellung der Vaterschaft nur der Putativvater, das Kind und die Mutter. Das Antragsrecht ist höchstpersönlich und nicht vererblich.

12

Das Fortsetzungsverlangen muss **fristgerecht** bei Gericht eingehen. Maßgeblich für die Fristberechnung ist nicht der Zeitpunkt des Versterbens des Beteiligten, sondern der Zeitpunkt des Zugangs des gerichtlichen Hinweises nach Satz 1. Die Fristberechnung richtet sich nach den allgemeinen Vorschriften (§ 16 Abs. 2 FamFG i.V.m. § 222 ZPO, §§ 186 ff. BGB). Da es sich bei dem Fortsetzungsverlangen um eine Verfahrenshandlung handelt, ist bei Fristversäumnis unter den Voraussetzungen des § 17 FamFG eine Wiedereinsetzung in den vorigen Stand möglich.[10]

13

---

9 Vgl. OLG Nürnberg, Beschl. v. 14.11.2014 – 7 UF 1196/14, juris
10 Haußleiter/*Fest* § 181 FamFG Rn. 15; Kemper/Schreiber/*Fritsche*, § 181 FamFG Rn. 2; Prütting/Helms/*Stößer*, § 181 FamFG Rn. 4

14   Geht das Fortsetzungsverlangen fristgerecht bei Gericht ein, ist das Verfahren **mit den übrigen Beteiligten** fortzusetzen. Ein Eintrittsrecht der Erben des verstorbenen früheren Beteiligten gibt es hinsichtlich der zu treffenden Sachentscheidung nicht.[11] Diese können jedoch wegen der Kostenentscheidung am Verfahren zu beteiligen sein. Ist im Verfahren auf Feststellung der Vaterschaft der als Vater festzustellende Mann verstorben, sind zusätzlich dessen nahe Angehörigen am Verfahren zu beteiligten(vgl. *Grün,* § 1600d BGB Rn. 28). Wenn das postmortale Persönlichkeitsrecht des Verstorbenen berührt wird, insbesondere wenn über eine Exhumierung des Verstorbenen zu entscheiden ist, sind die Totenfürsorgeberechtigten zu beteiligen.

IV. Erledigungsfolge (Satz 2)

15   Wenn innerhalb der vom Gericht gesetzten Frist von keinem der Beteiligten die Fortsetzung des Verfahrens verlangt wird, gilt dieses in der Hauptsache als erledigt. Maßgeblich für die **Fristwahrung** ist der Eingang des Fortsetzungsverlangens bei dem Gericht, bei dem das Verfahren anhängig ist.

16   Die Fiktion der Erledigung der Hauptsache tritt **kraft Gesetzes** ein, ohne dass es hierzu einer Erledigterklärung der Beteiligten bedarf. Diese Fiktion betrifft jedoch nur die Hauptsache, so dass das Verfahren hinsichtlich der Entscheidung über die Verfahrenskosten anhängig bleibt.[12] Über die **Kosten** ist bei Erledigung der Hauptsache gem. § 83 Abs. 2 FamFG in entsprechender Anwendung von § 81 FamFG zu entscheiden. Dies gilt auch bei einem in der Hauptsache erledigten Verfahren auf Anfechtung der Vaterschaft, da die Regelung des § 183 FamFG nur Anwendung findet, wenn ein Antrag auf Anfechtung der Vaterschaft Erfolg hat, mithin zur Feststellung der Nichtvaterschaft führt.

§ 182 FamFG Inhalt des Beschlusses

(1) ¹Ein rechtskräftiger Beschluss, der das Nichtbestehen einer Vaterschaft nach § 1592 des Bürgerlichen Gesetzbuchs infolge der Anfechtung nach § 1600 Abs. 1 Nr. 2 des Bürgerlichen Gesetzbuchs feststellt, enthält die Feststellung der Vaterschaft des Anfechtenden. ²Diese Wirkung ist in der Beschlussformel von Amts wegen auszusprechen.

(2) Weist das Gericht einen Antrag auf Feststellung des Nichtbestehens der Vaterschaft ab, weil es den Antragsteller oder einen anderen Beteiligten als Vater festgestellt hat, spricht es dies in der Beschlussformel aus.

Übersicht

A. Allgemeines

1   In Verfahren der freiwilligen Gerichtsbarkeit entscheidet das Gericht durch Beschluss i.S.v. § 38 FamFG. Für Abstammungssachen gibt es insoweit die Besonderheit, dass die Entscheidung nicht auf Grund eines Anerkenntnisses ergehen kann und die Entscheidung immer zu begründen ist, weil § 38 Abs. 5 Nr. 2 FamFG die Regelung des § 38 Abs. 4 FamFG

---

11 MüKo-FamFG/*Coester-Waltjen/Hilbig-Lugani,* § 181 FamFG Rn. 15; a.A. Kemper/Schreiber/*Fritsche,* § 181 FamFG Rn. 2
12 Haußleiter/*Fest* § 181 FamFG Rn. 19

in Abstammungssachen nicht für anwendbar erklärt. Darüber hinaus regelt § 182 FamFG für zwei konkrete Fälle, nämlich in Absatz 1 für die Anfechtung der Vaterschaft durch den potentiellen leiblichen Vater nach § 1600 Abs. 1 Nr. 2 BGB und in Absatz 2 für die Abweisung eines negativen Feststellungsantrags, einen über den eigentlichen Verfahrensgegenstand hinausgehenden erweiterten Inhalt der Beschlussformel.

Die Regelung in Abs. 1 entspricht der bisherigen Regelung in § 640h Abs. 2 ZPO a.F., Abs. 2 gibt die Regelung in § 641h ZPO inhaltsgleich wieder. **2**

B. Inhalt der Norm

I. Erfolgreiche Anfechtung der Vaterschaft durch den potentiellen leiblichen Vater (Abs. 1)

Gem. § 1600 Abs. 1 Nr. 2 i.V.m. Abs. 2 BGB ist Voraussetzung für die Anfechtung der Vaterschaft durch den **potentiellen leiblichen Vater** unter anderem, dass der Anfechtende **tatsächlich der Vater** des Kindes ist (vgl. hierzu *Grün*, § 1600 BGB Rn. 23). Damit will das Gesetz gewährleisten, dass ein anderer als der rechtliche Vater, die Mutter oder das Kind eine Vaterschaftszuordnung nach §§ 1592 Nr. 1 oder Nr. 2, 1593 BGB zum rechtlichen Vater nur dann beseitigen kann, wenn gleichzeitig eine Vaterschaftszuordnung zum Anfechtenden bewirkt wird. Andernfalls könnte ein Dritter die Vaterlosigkeit des Kindes herbeiführen, ohne selbst der Vater zu sein. **3**

Daher schreibt die Regelung in Abs. 1 vor, dass das Gericht bei der erfolgreichen Anfechtung der Vaterschaft durch den potentiellen leiblichen Vater zugleich **von Amts wegen** dessen Vaterschaft im Beschlusstenor festzustellen hat. Mit Rechtskraft dieser Entscheidung wird mit Wirkung für und gegen alle (§ 184 Abs. 2 FamFG) die Vaterschaftszuordnung zum bisherigen rechtlichen Vater beseitigt und die Vaterschaftszuordnung zum Anfechtenden herbeigeführt. Das Kind wird somit durch die Anfechtung durch den potentiellen leiblichen Vater nicht vaterlos, sondern es findet ein zeitgleicher Vateraustausch statt. **4**

Verfahrensgegenstand ist gleichwohl allein die Anfechtung der Vaterschaft, weshalb sich bei der erfolgreichen Anfechtung der Vaterschaft durch den potentiellen leiblichen Vater trotz des durch Abs. 1 erweiterten Inhaltes des Beschlusstenors die Kostenentscheidung nach § 183 FamFG richtet und der Verfahrenswert nach § 47 FamGKG nur einmal und nicht doppelt verwirklicht wird. **5**

Der **Beschlusstenor** könnte lauten: **6**

„Es wird festgestellt, dass nicht der Beteiligte zu 2), sondern der Antragsteller der Vater des am … in … geborenen Kindes … – des Beteiligten zu 3) – ist."

II. Beschlusstenor bei einem negativen Feststellungsantrag (Abs. 2)

Abs. 2 betrifft nicht das Verfahren auf Feststellung der Nichtvaterschaft nach § 1599 Abs. 1 BGB (Anfechtung der Vaterschaft),[1] sondern allein den – in der Praxis sehr seltenen – Fall des **negativen Feststellungsantrags** hinsichtlich eines Kindes, für das noch keine Vaterschaftszuordnung besteht. Wer sich mit der Mutmaßung oder der Behauptung konfrontiert sieht, der Vater eines Kindes zu sein, für das bislang keine Vaterschaftszuordnung besteht, hat ein Feststellungsinteresse für einen negativen Feststellungsantrag zur dahinlautenden Feststellung, nicht der Vater des Kindes zu sein. Damit kann er klären lassen, dass er – entgegen anderslautenden Behauptungen – nicht der Vater des Kindes ist und der ihn als Vater vorgebenden Behauptung oder einem entsprechenden Gerücht mit Wirkung für und gegen alle entgegen wirken. **7**

---

1 Kemper/Schreiber/*Fritsche*, § 182 FamFG Rn. 2

8 In einem solchen negativen Feststellungsverfahren wird nach Einholung eines Abstammungsgutachtens geklärt, ob der Antragsteller der Vater des Kindes ist. Stellt sich heraus, dass der Antragsteller tatsächlich der Vater ist, schreibt Abs. 2 vor, diese Feststellung im Beschlusstenor auszusprechen. Denkbar ist aber auch, dass in einem solchen negativen Feststellungsverfahren andere Männer in die Abstammungsbegutachtung und das Verfahren einbezogen werden und das Gericht zu der Feststellung gelangt, welcher andere Mann als der Antragsteller tatsächlich der Vater des Kindes ist. Auch für diesen Fall schreibt Abs. 2 vor, dass das Gericht von Amts wegen die Feststellung ausspricht, dass dieser Beteiligte der Vater des Kindes ist.

9 Wenn sich in einem negativen Feststellungsverfahren herausstellt, dass der **Antragsteller** tatsächlich doch der tatsächliche Vater ist, lautet der Beschlusstenor:

„Der Antrag des Antragstellers auf Feststellung des Nichtbestehens der Vaterschaft wird abgewiesen. Es wird festgestellt, dass der Antragsteller der Vater des am … in … geborenen Kindes … – des Beteiligten zu 2) – ist."

10 Wenn sich in einem negativen Feststellungsverfahren herausstellt, dass nicht der Antragsteller, sondern **ein anderer Verfahrensbeteiligter** der tatsächliche Vater des Kindes ist, lautet der Beschlusstenor:

„Es wird festgestellt, dass der Antragsteller nicht der Vater des am … in … geborenen Kindes … – des Beteiligten zu 2) – ist. Gleichzeitig wird festgestellt, dass der Beteiligte zu …) der Vater des am … in … geborenen Kindes … – des Beteiligten zu 2) – ist."

11 Ergibt sich als Ergebnis eines solchen negativen Feststellungsverfahrens allein, dass der Antragsteller nicht der Vater des Kindes ist, und bleibt **ungeklärt**, wer Vater des Kindes ist, findet Abs. 2 keine Anwendung. Es gibt dann keinen erweiterten Inhalt der Beschlussformel, sondern diese beschränkt sich auf die Feststellung, dass der Antragsteller nicht der Vater des Kindes ist.

12 Wenn weder festgestellt werden kann, ob der Antragsteller der Vater des Kindes ist noch dass er es nicht ist, beschränkt sich die Beschlussformel auf die Abweisung des negativen Feststellungsantrags des Antragstellers.[2]

§ 183 FamFG Kosten bei Anfechtung der Vaterschaft

Hat ein Antrag auf Anfechtung der Vaterschaft Erfolg, tragen die Beteiligten, mit Ausnahme des minderjährigen Kindes, die Gerichtskosten zu gleichen Teilen; die Beteiligten tragen ihre außergerichtlichen Kosten selbst.

Übersicht

---

2 BGHZ 17, 252

Grün

A. Allgemeines

§ 183 ist der Vorgängerregelung des § 93c ZPO a.F., der bei einer erfolgreichen Klage auf **1**
Anfechtung der Vaterschaft die Kostenaufhebung vorschrieb, nachgebildet. Die Regelung
passt diese Rechtsfolge inhaltlich an die Terminologie für Verfahren der freiwilligen Gerichtsbarkeit nach dem FamFG an und berücksichtigt zudem, dass es sich nicht um ein Prozessrechtsverhältnis zwischen zwei Parteien handelt, sondern um ein Verfahren mit in der
Regel mehr als zwei Beteiligten (§§ 7, 172 FamFG). Neu ist auch, dass das minderjährige
Kind von der Kostenhaftung für die Gerichtskosten ausgenommen wurde.

In ihrem Anwendungsbereich geht § 183 FamFG als spezielle Kostenregelung der – an- **2**
sonsten in Abstammungssachen geltenden – allgemeinen Kostenregelung des § 81
FamFG vor (vgl. § 81 Abs. 5 FamFG).

B. Inhalt der Norm

I. Anwendungsbereich

Die Regelung gilt nur für die **erfolgreiche Anfechtung der Vaterschaft**. Bei einem ande- **3**
ren Ausgang des Verfahrens auf Anfechtung der Vaterschaft und auf andere Abstammungsverfahren ist die Vorschrift nicht – auch nicht entsprechend – anwendbar,[1] sondern
dann richtet sich die Kostenentscheidung nach den allgemeinen Bestimmungen (§ 80 ff.
FamFG; siehe Rn. 12 ff).

Erfolgreich ist ein Antrag auf Anfechtung der Vaterschaft dann, wenn die Nichtvater- **4**
schaft des bisherigen rechtlichen Vaters festgestellt wird. Von § 183 wird damit auch die
erfolgreiche Anfechtung der Vaterschaft durch den potentiellen leiblichen Vater (§ 1600
Abs. 1 Nr. 2 BGB) erfasst. Dass hier zugleich die Vaterschaft des Anfechtenden festgestellt
wird, ist eine Folge des gesetzlich vorgeschriebenen erweiterten Beschlussinhalts (§ 182
Abs. 1 FamFG) und stellt keine objektive Antragshäufung im Sinne einer Verfahrensverbindung (§ 179 FamFG) dar, weshalb auch dieses Verfahren alleine als Verfahren auf Anfechtung der Vaterschaft zu behandeln ist (siehe *Grün,* § 179 FamFG Rn. 8).

Die Regelung ist entsprechend anwendbar, wenn im Laufe eines Verfahrens auf Anfech- **5**
tung der Vaterschaft die **Erledigung der Hauptsache** durch das Wirksamwerden einer
scheidungsakzessorischen Anerkennung der Vaterschaft nach § 1599 Abs. 2 BGB eintritt
und dadurch die Vaterschaft des bisherigen rechtlichen Vaters entfällt.[2] In anderen Fällen
der Erledigung der Hauptsache (etwa wegen § 181 FamFG), richtet sich die Kostenentscheidung nach §§ 83, 81 FamFG.

Im **Beschwerdeverfahren** gilt die Regelung dann, wenn dem Antrag auf Anfechtung der **6**
Vaterschaft erst durch die Beschwerdeentscheidung stattgegeben wird (§ 69 Abs. 3
FamFG).[3] Ist bereits erstinstanzlich die Nichtvaterschaft festgestellt worden und die hiergegen gerichtete Beschwerde erfolglos geblieben, sind dem Beschwerdeführer die Kosten
des Beschwerdeverfahrens nach § 84 FamFG aufzuerlegen. Führt das Beschwerdeverfahren dazu, dass die Entscheidung über die Feststellung der Nichtvaterschaft abgeändert und
der Antrag abgewiesen wird, richtet sich die Kostenentscheidung insgesamt nach § 81
FamFG.

Nach hier vertretener Auffassung kann ein Verfahren auf Anfechtung der Vaterschaft nicht **7**
mit einem Verfahren auf Feststellung der Vaterschaft eines Dritten verbunden werden (vgl.

---

1 BGH FamRZ 2014, 744; OLG Stuttgart FamRZ 2012, 1966; Brandenburg FamRZ 2012, 1966
2 Vgl. Kemper/Schreiber/*Fritsche,* § 183 FamFG Rn. 3
3 Haußleiter/*Fest* § 183 FamFG Rn. 2

Grün, § 179 FamFG Rn. 7). Folgt man der Gegenansicht,[4] müsste bei einer **Verfahrens-verbindung** oder einer entsprechenden objektiven Antragshäufung zunächst durch Teilbeschluss über die Anfechtung der Vaterschaft durch Feststellung der Nichtvaterschaft erkannt und nach dessen Rechtskraft durch Schlussbeschluss der Feststellungsantrag beschieden werden.[5] Dies bereitet erhebliche Schwierigkeiten, da wegen des Grundsatzes der einheitlichen Kostenentscheidung die Kostenentscheidung nicht getrennt nach Verfahrensgegenständen erfolgen kann und deshalb die Kostenregelung aus einer Kombination von § 183 FamFG und § 81 FamFG ergehen muss.

II. Kostenverteilung

8   Die Kostenfolge des § 183 FamFG ist **zwingend**. Das Gericht hat kein Ermessen, die Kosten bei einer erfolgreichen Anfechtung die Vaterschaft abweichend zu regeln. Dies gilt auch, wenn durch das unbegründete Vorbringen eines Beteiligten besondere Kosten entstanden sind.[6] Damit ist zwar ein Beteiligter, der sich erfolglos gegen die Anfechtung der Vaterschaft wendet, insoweit privilegiert, als ihm keine über seinen Anteil hinausgehende Gerichtskosten und auch nicht die Erstattung von Kosten anderer Beteiligter – etwa des Antragstellers – auferlegt werden können. Dies trägt jedoch dem Umstand Rechnung, dass das Verfahren auf Anfechtung der Vaterschaft nicht allein dem Interesse des erfolgreichen Antragstellers dient und eine bestehende Abstammungszuordnung nicht der Disposition der übrigen Beteiligten unterliegt, weshalb diese durch eigene Handlungen das Verfahren nicht vermeiden können.

9   Die **Gerichtskosten** tragen die Beteiligten – mit Ausnahme des minderjährigen Kindes – zu gleichen Teilen. **Beteiligte** sind im Anfechtungsverfahren der Antragsteller (§ 7 Abs. 1 FamFG) und die in § 172 FamFG genannten Personen, soweit sie nicht ohnehin schon als Antragsteller beteiligt sind. Ein etwaig bestellter Verfahrensbeistand (§ 174 i.V.m. § 158 FamFG) ist zwar Beteiligter des Verfahrens (§ 158 Abs. 3 Satz 2 FamFG), jedoch sind ihm keine Kosten aufzuerlegen (§ 158 Abs. 8 FamFG). Hat das Jugendamt seine Beteiligung beantragt (§ 172 Abs. 2 FamFG) – was nicht bereits durch die bloße Anhörung des Jugendamtes bewirkt wird (vgl. *Grün*, § 172 FamFG Rn. 10) –, ist streitig, ob die Teilungsquote auch unter Berücksichtigung des Jugendamtes zu berechnen ist.[7]

10   Das **minderjährige Kind** hat nach der ausdrücklichen Regelung des § 183 FamFG keine anteiligen Gerichtskosten zu tragen und ist daher bei der Verteilung der Gerichtskosten und der Ermittlung der Haftungsquote der übrigen Beteiligten unberücksichtigt zu lassen. Diese Sonderregelung ist erforderlich, da die Kostenbefreiung des minderjährigen Kindes in § 81 Abs. 3 FamFG nur Kindschaftssachen und nicht Abstammungssachen erfasst. Die Kostenbefreiung des minderjährigen Kindes gilt nur, wenn sich die Kostenentscheidung nach § 183 FamFG richtet und somit nicht bei einem erfolglosen Antrag auf Anfechtung der Vaterschaft oder in anderen Abstammungssachen.

11   Bei erfolgreicher Anfechtung der Vaterschaft schließt § 183 FamFG aus, dass unter den Beteiligten eine Kostenerstattung angeordnet wird, so dass jeder Beteiligte seine **außergerichtlichen** Kosten selbst zu tragen hat. Dies gilt auch für die außergerichtlichen Kosten des minderjährigen Kindes.

---

4   Kemper/Schreiber/*Fritsche*, § 179 FamFG Rn. 4
5   Vgl. AG Schweinfurt FamRZ 2005, 381
6   Haußleiter/*Fest* § 183 Rn. 4
7   ablehnend MüKo-FamFG/*Coester-Waltjen/Hilbig-Lugani*, § 183 FamFG Rn. 8; a.A. Schulte-Bunert/Weinreich/
   Schwonberg, § 183 FamFG Rn. 5

C. Kostenentscheidung in Abstammungssachen im Übrigen

I. Kostenentscheidung nach billigem Ermessen

Außerhalb des Anwendungsbereichs des § 183 FamFG ist in Abstammungssachen über die Kosten nach den **allgemeinen Bestimmungen** der § 80 ff. FamFG zu entscheiden. Das Gericht hat daher nach billigem Ermessen über die Kosten zu entscheiden (§ 81 FamFG). **12**

Anders als in anderen Verfahren der freiwilligen Gerichtsbarkeit besteht in Familiensachen kein Ermessen dahingehend, **ob eine Kostenentscheidung** überhaupt für sachgerecht erachtet wird, da § 81 Abs. 1 Satz 3 FamFG vorschreibt, dass in Familiensachen stets über die Kosten zu entscheiden ist. **13**

Hinsichtlich der Frage, wie die Kostenverteilung zu regeln ist, d.h. welchem Beteiligten welche Kosten aufzuerlegen sind, räumt das FamFG dem Gericht einen **weiten Ermessens- und Gestaltungsspielraum** ein. Das Gericht kann die Kosten ganz oder teilweise zwischen den Beteiligten verteilen, sie gegeneinander aufheben oder eine hinsichtlich der gerichtlichen und außergerichtlichen Kosten getrennte Kostenverteilung vornehmen.[8] Dieses weite Ermessen erfährt nur eine Einschränkung durch § 81 Abs. 2 FamFG dahingehend, dass in den dort genannten Fällen die Kosten einem Beteiligten auferlegt werden sollen. Dies bedeutet aber nicht, dass eine Kostenauferlegung nur in Betracht käme, wenn ein Katalogfall des § 81 Abs. 2 FamFG vorliegt, denn die dort genannten Fälle sind nicht abschließend.[9] Deshalb kann die Auferlegung von Kosten auch dann erfolgen kann, wenn kein Katalogfall vorliegt, sofern dies als Ergebnis einer umfassenden Abwägung aller Umstände billigem Ermessen entspricht. **14**

Für die Kostenentscheidung nach § 81 FamFG gibt es **kein Regel-Ausnahme-Verhältnis**. Das Gericht darf sich daher nicht auf die Erwägung beschränken, dass die angeordnete Kostenregelung nach dem Verfahrensergebnis – dem Obsiegen oder Unterliegen – geboten sei.[10] Der Ausgang des Verfahrens ist nur ein Abwägungskriterium neben anderen. **15**

Das Gericht muss bei der Kostenentscheidung auch abwägen, ob es Gründe gibt, nach denen es billigem Ermessen entspricht, **von der Erhebung von Gerichtskosten abzusehen** (§ 81 Abs. 1 Satz 2 FamFG), was auch auf einzelne Auslagen des Gerichts beschränkt werden kann. Dies kann – nicht nur, aber auch – bei unrichtiger Sachbehandlung geboten sein. Ist etwa in einem Verfahren auf Feststellung der Vaterschaft für das Kind in Verkennung von § 1629 Abs. 2 Satz 3 BGB ein Ergänzungspfleger bestellt worden, kann es geboten sein, von der Erhebung der dadurch entstandenen Kosten abzusehen.[11] **16**

II. Einzelfälle

Da die Kostenentscheidung immer von einer umfassenden Abwägung der konkreten Umstände des Einzelfalles abhängt und sich damit jeglicher Automatismus verbietet, dürfen die nachfolgenden Ausführungen nur als Vorschlag für eine **Gewichtung der Abwägungskriterien** verstanden werden. **17**

Bei der **erfolglosen Anfechtung der Vaterschaft** wird nach dem Grund des Scheiterns des Anfechtungsverfahrens zu differenzieren sein. Stellt sich heraus, dass der Anfechtende tatsächlich der Vater ist, kann es billigem Ermessen entsprechen, dem Antragsteller die Kosten aufzuerlegen, wenn keiner der übrigen Beteiligten i.S.v. § 172 FamFG einen Anlass dazu gesetzt hat, die Vaterschaft in Zweifel zu ziehen. Dies dürfte z.B. gelten, wenn sich **18**

---

8 BGH FamRZ 2014, 744
9 Kemper/Schreiber/*Schneider* § 81 FamFG Rn. 49; Prütting/Helms/*Feskorn* § 81 Rn. 19
10 BGH FamRZ 2014, 744
11 BGH, Beschl. v.7.1.2015 – XII ZB 143/14, juris

der Vater zur Anfechtung der Vaterschaft veranlasst sah, weil er meinte – oder ihm von Dritten vermittelt wurde –, das Kind sehe ihm nicht ähnlich. Wurde ein gegen die Vaterschaft sprechender Verdacht von der Kindesmutter geweckt oder lag tatsächlich bzw. zugestandenermaßen anderweitiger Geschlechtsverkehr der Kindesmutter in der Empfängniszeit vor, spricht dies dagegen, dem Antragsteller die Erstattung der Kosten der Kindesmutter aufzuerlegen. Bei dieser Sachlage kann auch in Betracht kommen, der Kindesmutter die Gerichtskosten anteilig aufzuerlegen. Scheitert die Anfechtung der Vaterschaft an der Verfristung, dürfte in die Abwägung einzubeziehen sein, welche Gründe dazu geführt haben, dass der Anfechtende den Antrag auf Anfechtung der Vaterschaft nicht vor Ablauf der Anfechtungsfrist (§ 1600b Abs. 1 BGB) eingereicht hat.

19   Auch bei der **Feststellung der Vaterschaft** ist nicht von einem Regel-Ausnahme-Prinzip auszugehen, weshalb nicht allein auf das Obsiegen oder Unterliegen abgestellt werden darf.[12] Wenn der als Vater festgestellte Mann Anlass haben konnte, seine Vaterschaft in Zweifel zu ziehen – etwa bei einem von der Kindesmutter eingeräumten Mehrverkehr –, kann es billigem Ermessen entsprechen, dem als Vater festgestellten Mann die Kosten des Verfahrens einschließlich der Erstattung der Kosten der übrigen Beteiligten nicht allein aufzuerlegen. Es kommt bei nachvollziehbaren Zweifeln an der Vaterschaft in Betracht, die Kindesmutter an den Gerichtskosten zu beteiligen und sie ihre eigenen Kosten selbst tragen zu lassen. Denn bei der Ermessensabwägung sind im Rahmen der Entscheidung über die Kosten eines Verfahrens auf Feststellung der Vaterschaft auch solche Umstände einzubeziehen, die dazu Anlass gegeben haben, von einer Anerkennung der Vaterschaft abzusehen.[13] Auch wenn ein Mann als Ergebnis der Abstammungsbegutachtung nicht der tatsächliche Vater des Kindes ist, bedeutet dies nicht von vornherein, dass dessen Kosten vom Antragsteller zu tragen wären und dieser nicht an den Gerichtskosten zu beteiligen wäre. Hat dieser Mann in der Empfängniszeit tatsächlich Geschlechtsverkehr mit der Kindesmutter ausgeübt, kann es der Billigkeit entsprechen, ihn trotzdem an den Kosten der Begutachtung zu beteiligen.[14] Bei einer erfolgreich betriebenen Feststellung der Vaterschaft dürfte es allerdings eher billigem Ermessen entsprechen, die Kindesmutter nicht mit Kosten zu belasten, wenn für einen Mehrverkehrsverdacht kein Anlass bestand.[15]

20   Auch bei einem **Klärungsverfahren** nach § 1598a BGB richtet sich die Kostenentscheidung nach § 81 FamFG. Da die Voraussetzungen für einen Anspruch auf Einwilligung in eine genetische Abstammungsuntersuchung und auf Duldung der Probeentnahme niederschwellig ausgestaltet sind (vgl. *Grün*, § 1598a BGB Rn. 8) und auf Verlangen eines Klärungsberechtigten eine Verpflichtung zur Einwilligung und Mitwirkung besteht, dürfte eine unbegründete Verweigerung in der Regelung zur Auferlegung der Kosten führen.[16] Etwas anderes gilt jedoch dann, wenn Umstände vorlagen, die zu einer Aussetzung des Verfahrens nach § 1598a Abs. 3 BGB hätten Anlass geben können. Wird der Antrag abgewiesen, weil der Antragsteller nicht zum Kreis der Klärungsberechtigten des § 1598a Abs. 1 BGB gehört oder weil dieser die Abstammung zu einer anderen Person als dem rechtlichen Elternteil klären wollte, sind die Kosten des Verfahrens dem Antragsteller aufzuerlegen.

---

12 BGH FamRZ 2014, 744
13 BGH FamRZ 2014, 744, 746
14 OLG Oldenburg FamRZ 2013, 971
15 OLG München FamRZ 2013, 1925
16 Kemper/Schreiber/*Fritsche*, § 183 FamFG Rn. 2

§ 184 FamFG Wirksamkeit des Beschlusses; Ausschluss der Abänderung; ergänzende Vorschriften über die Beschwerde

(1) [1]Die Endentscheidung in Abstammungssachen wird mit Rechtskraft wirksam. [2]Eine Abänderung ist ausgeschlossen.

(2) Soweit über die Abstammung entschieden ist, wirkt der Beschluss für und gegen alle.

(3) Gegen Endentscheidungen in Abstammungssachen steht auch demjenigen die Beschwerde zu, der an dem Verfahren beteiligt war oder zu beteiligen gewesen wäre.

Übersicht

A. Allgemeines

§ 184 entspricht einem Teil der früheren Regelung des § 640h ZPO a.F., trifft jedoch darüber hinaus auch Regelungen über das Wirksamwerden der Entscheidung (Abs. 1) und über die Beschwerdebefugnis. **1**

B. Inhalt der Norm

I. Eintritt der Wirksamkeit (Abs. 1 Satz 1)

Eine Endentscheidung ergeht in Abstammungssachen durch Beschluss (§ 38 FamFG). In Verfahren der freiwilligen Gerichtsbarkeit wird ein Beschluss nach § 40 Abs. 1 FamFG mit der Bekanntgabe an den Beteiligten wirksam, sofern keine abweichende gesetzliche Regelung besteht. Eine solche abweichende Regelung beinhaltet § 184 Abs. 1 FamFG, die für alle Abstammungssachen i.S.v. § 169 FamFG gilt. Damit können Rechte und Pflichten aus einer Feststellung der Vaterschaft (§ 1600d BGB) erst hergeleitet werden, wenn die Entscheidung rechtskräftig geworden ist. Bei der Anfechtung der Vaterschaft (§ 1599 Abs. 1 BGB) entfallen die aus der rechtlichen Vaterschaftszuordnung (§§ 1592 Nr. 1 und Nr. 2, 1593 BGB) erwachsenden Rechte und Pflichten erst, wenn die im Anfechtungsverfahren erfolgte Feststellung der Vaterschaft in Rechtskraft erwachsen ist. Auf eine im Klärungsverfahren nach § 1598a Abs. 2 BGB erfolgte Ersetzung der Einwilligung in ein Abstammungsgutachten darf mit der Begutachtung erst mit Rechtskraft der Entscheidung begonnen werden. Die in einem solchen Verfahren erfolgte Anordnung der Duldung der Probeentnahme kann nicht vor Rechtskraft der Entscheidung vollstreckt werden. **2**

II. Abänderungsausschluss (Abs. 1 Satz 2)

Rechtskräftige Endentscheidungen mit Dauerwirkung unterliegen in Verfahren der freiwilligen Gerichtsbarkeit unter den Voraussetzungen des § 48 FamFG einer Abänderungsmöglichkeit. Eine solche Abänderung wird durch § 184 Abs. 1 Satz 2 FamFG für rechtskräftige Endentscheidungen in Abstammungssachen ausgeschlossen. Diese erwachsen im Interesse der Statusklarheit dauerhaft in Bestandskraft, die nur im Wege eines Wiederaufnahmeverfahrens nach §§ 48 Abs. 2, 185 FamFG, § 578 ff. ZPO durchbrochen werden kann. **3**

III. Inter-omnes-Wirkung (Abs. 2)

4 Eine in einem Abstammungsverfahren ergangene rechtskräftige Entscheidung über die Abstammung wirkt für und gegen alle. Dies setzt zum einen voraus, dass die rechtskräftige Entscheidung in einem **Abstammungsverfahren** ergangen ist. Wenn in anderen Verfahren eine Entscheidung über die Abstammung erfolgt, hat dies keine Auswirkungen auf den abstammungsrechtlichen Status. Eine inzidente Klärung der Abstammung – etwa im Unterhaltsregressverfahren oder in einem Verfahren nach § 1686a BGB – erwächst hinsichtlich der Abstammung nicht in Rechtskraft und entfaltet erst recht keine Wirkungen im Sinne von Abs. 2.[1]

5 Auch für Abstammungsverfahren gilt die Regelung nur dann, wenn eine **Entscheidung über die Abstammung** erfolgt. Daran fehlt es im Klärungsverfahren nach § 1598a BGB, da in einem solchen Verfahren nicht über die Abstammung entschieden, sondern lediglich deren außergerichtliche Klärung ermöglicht wird. Abs. 2 gilt daher nicht in Verfahren nach § 169 Nr. 2 und Nr. 3.[2]

6 Für die Wirkung des Abs. 2 ist es unerheblich, ob es sich um eine **gestaltende oder feststellende** gerichtliche Entscheidung handelt.[3] Damit entfaltet auch eine stattgebende Entscheidung auf einen positiven Feststellungsantrag über das Bestehen eines Eltern-Kind-Verhältnisses oder die Abweisung eines negativen Feststellungsantrags mit dem nach § 182 Abs. 2 FamFG erweiterten Beschlussinhalt Wirkung für und gegen alle. Allerdings haben Entscheidungen i.S.v. § 169 Nr. 1 FamFG, die keine statusrechtlichen Feststellungen treffen, sondern lediglich ein Rechtsverhältnis feststellen, Rechtskraftwirkungen nur für und gegen die Beteiligten.[4]

7 Mit rechtskräftiger erfolgreicher **Anfechtung der Vaterschaft** entfällt die Vaterschaftszuordnung zum bisherigen rechtlichen Vater mit Wirkung für und gegen alle. Die Abweisung eines Antrags auf Anfechtung der Vaterschaft bewirkt zwar, dass die rechtliche Vaterschaftszuordnung aus materiell-rechtlichen Gründen (wegen § 1592 Nr. 1 oder Nr. 2 BGB oder wegen § 1593 BGB) mit Wirkung für und gegen alle fortbesteht. Es liegt aber keine gerichtliche Entscheidung über die Abstammung i.S.v. Abs. 2 vor, wenn die Anfechtung der Vaterschaft mangels schlüssiger Darlegung von gegen die Vaterschaft sprechenden Umständen oder wegen Nichteinhaltung der Anfechtungsfrist (§ 1600b Abs. 1 BGB) abgewiesen wurde. Jedoch entfaltet auch eine solche Entscheidung insoweit Rechtskraftwirkung, als derjenige, der die Vaterschaft angefochten hat, die Vaterschaft nicht erneut aus den gleichen Gründen anfechten kann.[5] Andere Anfechtungsberechtigte sind bei einem aus solchen Gründen abgewiesenen Anfechtungsantrag nicht gehindert, selbst noch ein Verfahren auf Anfechtung der Vaterschaft zu betreiben, sofern für sie die Anfechtungsfrist gewahrt ist und sie gegen die Vaterschaft sprechende Umstände schlüssig darlegen.

8 Eine gerichtliche Entscheidung im **Vaterschaftsfeststellungsverfahren** wirkt wegen Abs. 2 für und gegen alle. Allerdings kann eine Vaterschaftsfeststellung dann keine Wirkung entfalten, wenn das Kind nicht vaterlos war, sondern bereits eine rechtliche Vaterschaftszuordnung zu einem anderen Mann bestand, weil es in bestehender Ehe der Kindesmutter geboren wurde und diese Vaterschaftszuordnung nicht zuvor beseitigt worden war.[6]

---

1 Prütting/Helms/*Stößer*, § 184 FamFG Rn. 7
2 MüKo-FamFG/*Coester-Waltjen/Hilbig-Lugani*, § 184 FamFG Rn. 5
3 MüKo-FamFG/*Coester-Waltjen/Hilbig-Lugani*, § 184 FamFG Rn. 7
4 Kemper/Schreiber/*Fritsche*, § 184 FamFG Rn. 7
5 Kemper/Schreiber/*Fritsche*, § 184 FamFG Rn. 8
6 OLG München FamRZ 2012, 1503

IV. Beschwerdeberechtigung (Abs. 3)

Gegen Endentscheidungen in Abstammungssachen findet gem. § 58 Abs. 1 FamFG die **9** Beschwerde statt. Gem. § 59 Abs. 1 FamFG steht die Beschwerde jedem zu, der durch den Beschluss in eigenen Rechten verletzt ist. Ferner hat der Antragsteller bei Zurückweisung seines Antrags ein Beschwerderecht nach § 59 Abs. 2 FamFG. Die Regelung des § 184 Abs. 2 FamFG bewirkt in Abstammungssachen eine **Erweiterung der Beschwerdeberechtigung** dahingehend, dass jedem Beteiligten des Abstammungsverfahrens unabhängig von einer Verletzung in eigenen Rechten[7] oder der Zurückweisung eines eigenen Antrags ein eigenes Beschwerderecht zusteht. Dies gilt auch für solche Personen, deren formelle Beteiligung in erster Instanz verfahrensrechtswidrig unterlassen wurde. Daraus kann für Abstammungsverfahren gefolgert werden, dass für einen vergessenen Beteiligten keine Beschwerdefrist in Lauf gesetzt wird.

Die Beschwerdeberechtigung des **Jugendamtes** folgt aus § 176 Abs. 2 Satz 2 FamFG. Der **10** **Verfahrensbeistand** ist gem. § 174 i.V.m. § 158 Abs. 4 Satz 5 FamFG befugt, im Interesse des Kindes Beschwerde einzulegen.

§ 185 FamFG Wiederaufnahme des Verfahrens

(1) Der Restitutionsantrag gegen einen rechtskräftigen Beschluss, in dem über die Abstammung entschieden ist, ist auch statthaft, wenn ein Beteiligter ein neues Gutachten über die Abstammung vorlegt, das allein oder in Verbindung mit den im früheren Verfahren erhobenen Beweisen eine andere Entscheidung herbeigeführt haben würde.

(2) Der Antrag auf Wiederaufnahme kann auch von dem Beteiligten erhoben werden, der in dem früheren Verfahren obsiegt hat.

(3) ¹Für den Antrag ist das Gericht ausschließlich zuständig, das im ersten Rechtszug entschieden hat; ist der angefochtene Beschluss von dem Beschwerdegericht oder dem Rechtsbeschwerdegericht erlassen, ist das Beschwerdegericht zuständig. ²Wird der Antrag mit einem Nichtigkeitsantrag oder mit einem Restitutionsantrag nach § 580 der Zivilprozessordnung verbunden, ist § 584 der Zivilprozessordnung anzuwenden.

(4) § 586 der Zivilprozessordnung ist nicht anzuwenden.

Übersicht

A. Allgemeines

In Verfahren der freiwilligen Gerichtsbarkeit sind gem. § 48 Abs. 2 FamFG die Regelungen **1** der Zivilprozessordnung über die Wiederaufnahme des Verfahrens – mithin §§ 578 bis 591 ZPO – entsprechend anwendbar. § 185 FamFG erweitert für Abstammungsverfahren diese Regelungen hinsichtlich des Restitutionsgrundes eines neuen Abstammungsgutachtens (Abs. 1), hinsichtlich der Antragsberechtigung (Abs. 2) und auch dahingehend, dass der mit einem neuen Abstammungsgutachten begründete Wiederaufnahmeantrag an keine

---

7 Vgl. hierzu auch BGH FamRZ 2009, 861

Frist gebunden ist (Abs. 4). Ferner regelt die Bestimmung die Zuständigkeit für das Wiederaufnahmeverfahren in Abstammungssachen (Abs. 3). Inhaltlich entspricht dies der früher in § 641i ZPO a.F. enthaltenen Regelung.

B. Inhalt der Norm

I. Neues Abstammungsgutachten als zusätzlicher Restitutionsgrund (Abs. 1)

2   Es gelten durch die Verweisung in § 48 Abs. 2 FamFG die Bestimmungen der § 578 ff. ZPO und damit die Restitutionsgründe des § 580 ZPO. Wenn also ein solcher Restitutionsgrund vorliegt, bedarf es nicht des Rückgriffs auf § 185 Abs. 1 FamFG. Die dort genannten Gründe greifen jedoch nicht, wenn erst durch die nach Abschluss des Verfahrens eingetretenen **Fortschritte der Abstammungsbegutachtung** Feststellungen ermöglicht sind, die im Ursprungsverfahren nach dem damaligen Stand der Wissenschaft und Technik noch nicht möglich waren. Eine Statusentscheidung soll nicht aus formalen Gründen dauerhafte Bestandskraft haben, wenn sie deshalb auf einem unzutreffenden Beweisergebnis beruht, weil nur unzureichende Methoden der Abstammungsbegutachtung zur Verfügung standen.

3   Der erweiterte Restitutionsgrund gilt in allen **Abstammungsverfahren**, in denen **über die Abstammung entschieden** wurde, aber auch, wenn ein Antrag auf Feststellung der Vaterschaft als Ergebnis der damaligen Beweisaufnahme abgewiesen wurde.[1] Er gilt auch dann, wenn zusätzlich zur Feststellung der Vaterschaft auch ein Ausspruch zur Unterhaltszahlung erfolgt ist.[2] Da in Verfahren nach § 169 Nr. 2 und Nr. 3 FamFG keine gerichtliche Entscheidung über die Abstammung getroffen wird, ist § 185 FamFG auf solche Verfahren nicht anwendbar.[3]

4   Ein auf Abs. 1 gestützter Restitutionsantrag setzt voraus, dass ein **neues Abstammungsgutachten** bei Einreichung des Restitutionsantrags **bereits vorliegt**. Er ist nicht statthaft, wenn ein neues Gutachten erst im Restitutionsverfahren erstellt werden soll.[4] Dies erschwerte in der Vergangenheit den Zugang zu diesem Restitutionsgrund, da ein neues Abstammungsgutachten nur mit Einwilligung der Betroffenen erstellt werden kann und diese Einwilligung nach früherem Recht nicht erzwungen werden konnte.[5] Seit Inkrafttreten des § 1598a BGB kann unter den dort genannten Voraussetzungen die Einwilligung in eine Abstammungsbegutachtung gerichtlich ersetzt und die Mitwirkung an der Abstammungsbegutachtung gerichtlich durchgesetzt werden.

5   **Neu** ist ein Gutachten dann, wenn es im Ursprungsverfahren noch nicht vorlag und auch von keinem Beteiligten vorgelegt werden konnte. Lag es damals bereits dem die Wiederaufnahme beantragenden Beteiligten vor, hindert dies einen Restitutionsantrag dann nicht, wenn dieser unverschuldet verhindert war, es in das Verfahren einzubringen (vgl. auch § 48 Abs. 2 FamFG i.V.m. § 582 ZPO).[6]

6   Wenn ein Antrag auf **Anfechtung der Vaterschaft** wegen Verfristung (§ 1600b Abs. 1 BGB) erfolglos geblieben ist, kann ein Restitutionsantrag nicht auf ein neues Abstammungsgutachten gestützt werden, auch dann nicht, wenn ein mit Hilfe von § 1598a BGB eingeholtes Gutachten nunmehr die Vaterschaft widerlegt (vgl. auch Art. 228 § 17 EGBGB). Hier können nur Restitutionsgründe i.S.v. § 580 ZPO in Bezug auf die Feststellung der Verfristung geltend gemacht werden.

---

1 BGH FamRZ 2003, 1833
2 OLG Brandenburg FamRZ 2009, 1931
3 Kemper/Schreiber/*Fritsche*, § 185 FamFG Rn. 2
4 BGH FamRZ 2003, 1833
5 OLG Zweibrücken FamRZ 2005, 735
6 MüKo-FamFG/*Coester-Waltjen/Hilbig-Lugani*, § 185 FamFG Rn. 7

II. Antragsberechtigung (Abs. 2)

Abs. 2 stellt klar, dass für einen Antrag auf Wiederaufnahme **keine Beschwer erforderlich** ist.[7] Der Ausgang des Ursprungsverfahrens ist daher für die Befugnis zur Antragstellung unerheblich. Der Antrag kann jedoch nicht von Dritten, sondern nur von einem Beteiligten des Ursprungsverfahrens gestellt werden. Die Frage, ob eine Person, die verfahrenswidrig am Ursprungsverfahren nicht beteiligt wurde, zu einem Wiederaufnahmeantrag berechtigt ist,[8] stellt sich nicht bei Endentscheidungen in Abstammungssachen, die unter der Geltung des FamFG ergangen sind, da diesen Personen durch § 184 Abs. 3 FamFG eine eigene Beschwerdebefugnis eingeräumt wird.

7

III. Zuständigkeit (Abs. 3)

Wird ein Restitutionsantrag **ausschließlich** auf den **Restitutionsgrund des Abs. 1** gestützt, richtet sich die Zuständigkeit nach Abs. 3. Zuständig ist dann das Familiengericht, das über die Abstammung entschieden hat. Wenn allerdings die Entscheidung über die Abstammung durch das Beschwerdegericht oder das Rechtsbeschwerdegericht erfolgte, ist für den Restitutionsantrag das Beschwerdegericht zuständig. Eine Entscheidung des Beschwerdegerichts über die Abstammung liegt auch dann vor, wenn eine Beschwerde gegen die Entscheidung des Familiengerichts zurückgewiesen und so die dortige Entscheidung über die Abstammung inhaltlich bestätigt wurde. Dann ist das Beschwerdegericht für das Wiederaufnahmeverfahren zuständig. Etwas anderes gilt jedoch, wenn das Beschwerdegericht die Beschwerde gegen die Abstammungsentscheidung des Familiengerichts als unzulässig verworfen hat. Dann hat das Beschwerdegericht nicht über die Abstammung entschieden, sondern nur über die Zulässigkeitsvoraussetzungen der Beschwerde, weshalb in diesem Fall für einen Wiedereinsetzungsantrag das erstinstanzliche Gericht zuständig wäre.

8

Die Zuständigkeit beurteilt sich nicht nach Abs. 3, sondern nach § 584 ZPO, wenn ein Restitutionsgrund des § 580 ZPO oder ein Nichtigkeitsgrund nach § 579 ZPO geltend gemacht wird. Dies macht aber nur dann einen Unterschied zur Zuständigkeitsregelung des § 185 FamFG, wenn gegen eine Entscheidung des Rechtsbeschwerdegerichts ein Nichtigkeitsantrag nach § 579 ZPO oder ein auf § 580 Nr. 4 oder Nr. 5 ZPO gestützter Restitutionsgrund erhoben wird. Dann ist für die Entscheidung über den Restitutionsantrag das Rechtsbeschwerdegericht zuständig, in allen anderen Fällen ergibt sich die gleiche Zuständigkeit wie nach § 185 FamFG.

9

IV. Befreiung von der Antragsfrist (Abs. 4)

Nach Abs. 4 ist § 586 ZPO, der die Frist für die Restitutionsklage regelt, nicht anzuwenden. Dies gilt jedoch nur, soweit ein Wiederaufnahmeantrag auf den Restitutionsgrund des Abs. 1 gestützt wird. Werden Restitutionsgründe i.S.v. § 580 ZPO geltend gemacht, gilt auch in Abstammungssachen die Klagefrist des § 586 ZPO entsprechend (§ 48 Abs. 2 FamFG),[9] ebenso für einen Nichtigkeitsantrag nach § 579 ZPO.[10]

10

---

7 Prütting/Helms/*Stößer,* § 185 FamFG Rn. 7
8 differenzierend MüKo-FamFG/*Coester-Waltjen/Hilbig-Lugani,* § 185 FamFG Rn. 11
9 Vgl. zur identischen Vorgängerregelung OLG Düsseldorf FamRZ 2002, 1268
10 Prütting/Helms/*Stößer,* § 185 FamFG Rn. 10

Abschnitt 5
Verfahren in Adoptionssachen

Übersicht: Verfahrensablauf bei Annahme eines minderjährigen Kindes (Minderjährigenadoption)

1. **Verfahrenseinleitung durch Antrag des oder der Annehmenden (§ 23 FamFG, § 1752 Abs. 1 BGB)**

2. **Prüfung der internationalen und örtlichen Zuständigkeit (§§ 101, 187 FamFG)**

3. **Anforderung verfahrensrelevanter Unterlagen und Dokumente**

4. **Anforderung der fachlichen Äußerung (§ 189 FamFG)**

5. **ggf. Bestellung eines Verfahrensbeistands (§ 191 FamFG)**

6. **Anhörungen**

   - des Kindes (§ 192 Abs. 1 und 3 FamFG)

   - des oder der Annehmenden (§ 192 Abs. 1 FamFG)

   - ggf. der leiblichen Eltern (§ 192 Abs. 2 FamFG)

   - ggf. der Kinder des Annehmenden (§ 193 FamFG)

   - des Jugendamts (§ 194 Abs. 1 FamFG)

   - ggf. des Landesjugendamts (§ 195 Abs. 1 FamFG)

7. **ggf. weitere Ermittlungen (§ 26 FamFG)**

8. **Entscheidung (§ 197 FamFG)**

Übersicht: Verfahrensablauf bei Annahme eines volljährigen Kindes (Volljährigenadoption)

1. **Verfahrenseinleitung durch gemeinschaftlichen Antrag des oder der Annehmenden und des Anzunehmenden (§ 23 FamFG, § 1768 Abs. 1 Satz 1 BGB)**

2. **Prüfung der internationalen und örtlichen Zuständigkeit (§§ 101, 187 FamFG)**

3. **Anforderung verfahrensrelevanter Unterlagen und Dokumente**

4. **Anhörungen**

   - des Anzunehmenden (§ 192 Abs. 1 FamFG)

   - des oder der Annehmenden (§ 192 Abs. 1 FamFG)

   - ggf. der leiblichen Eltern (§ 192 Abs. 2 FamFG)

   - ggf. der Kinder des Annehmenden (§ 193 FamFG)

   - ggf. der Kinder des Anzunehmenden (§ 193 FamFG)

5. **ggf. weitere Ermittlungen (§ 26 FamFG)**

6. **Entscheidung (§ 197 FamFG)**

Übersicht: Verfahrensablauf bei Ersetzung der Einwilligung eines leiblichen Elternteils

1. **Verfahrenseinleitung durch Antrag des Kindes (§ 23 FamFG, § 1748 Abs. 1 BGB)**

2. **Prüfung der internationalen und örtlichen Zuständigkeit (§§ 101, 187 FamFG)**

3. **Ermittlungen zur Prüfung der Voraussetzungen des § 1748 BGB (insb. Anforderung von Jugendamtsberichten)**

4. **Anhörungen**

    *   des Kindes (§ 192 Abs. 2 FamFG)

    *   der Annehmenden (§ 192 Abs. 2 FamFG)

    *   des Elternteils, dessen Einwilligung ersetzt werden soll (§ 192 Abs. 2 FamFG)

    *   des Jugendamts (§ 194 Abs. 1 FamFG)

5. **Entscheidung (§ 198 Abs. 1 FamFG)**

Übersicht: Verfahrensablauf bei Aufhebung einer Adoption

1. **Verfahrenseinleitung durch fristgebundenen Antrag (§ 23 FamFG, § 1762 BGB)**

    – bei den Verfahren nach §§ 1760 und 1771, 1772 Abs. 2 BGB bzw.

    – von Amts wegen bei den Verfahren nach § 1763 BGB

2. **Prüfung der internationalen und örtlichen Zuständigkeit (§§ 101, 187 FamFG)**

3. **Ermittlungen zur Prüfung der Aufhebungsvoraussetzungen**

4. **Anhörungen**

    *   des (volljährigen oder minderjährigen) Angenommenen (§ 192 Abs. 1 FamFG)

    *   der Annehmenden (§ 192 Abs. 1 FamFG)

    *   der leiblichen Eltern (§ 192 Abs. 2 FamFG)

    *   des Jugendamts bei Aufhebung einer Minderjährigenadoption (§ 194 Abs. 1 FamFG)

5. **Entscheidung (§ 198 Abs. 1 FamFG)**

§ 186 FamFG Adoptionssachen

Adoptionssachen sind Verfahren, die
1.   die Annahme als Kind,
2.   die Ersetzung der Einwilligung zur Annahme als Kind,
3.   die Aufhebung des Annahmeverhältnisses oder
4.   die Befreiung vom Eheverbot des § 1308 Abs. 1 des Bürgerlichen Gesetzbuchs

betreffen.

Weiterführende Literatur: Braun, Das Verfahren in Adoptionssachen nach §§ 186 ff. FamFG, FamRZ 2010, 81; *Reinhardt,* FamFG und Adoption, JAmt 2009, 162; *Zschiebsch,* Das amtsgerichtliche Verfahren zur Annahme als Kind, FPR 2009, 493

Übersicht

A. Allgemeines

1   Mit der **Definition der „Adoptionssachen"** hat der Gesetzgeber im Rahmen der FGG-Reform 2009 einen **neuen Rechtsbegriff** eingeführt.[1] Durch die Voranstellung der betreffenden Verfahrensgegenstände wird klargestellt, bei welchen Verfahrensgegenständen §§ 186 ff. FamFG zur Anwendung kommen.

2   Die Norm hat **keinen eigenen Regelungsgehalt**, schafft aber Klarheit für die Abgrenzung zu anderen Familiensachen (insb. Kindschaftssachen). Die in § 186 FamFG aufgeführten **Verfahrensgegenstände sind abschließend**, was insbesondere für die Abgrenzung zu den Verfahren nach dem Adoptionswirkungsgesetz (AdWirkG) wichtig ist (siehe hierzu *Braun,* § 199 FamFG Rn. 1).

3   **Systematisch** sind die Adoptionssachen gem. § 111 Nr. 4 FamFG den **Familiensachen** zugeordnet, woraus wiederum mittelbar die **sachliche Zuständigkeit** der Familienabteilungen bei den Amtsgerichten folgt (vgl. §§ 23a Abs. 1 Nr. 1, 23b Abs. 1 GVG).[2] Gleichzeitig ist damit auch der **Instanzenzug** geklärt, indem in der zweiten Tatsacheninstanz die Oberlandesgerichte (§ 119 Abs. 1 Nr. 1a) GVG) und in der Rechtsbeschwerdeinstanz der Bundesgerichtshof (§ 133 GVG) zuständig sind.

4   Der **Rechtsbegriff der Adoptionssache** findet sich **in anderen Gesetzen** wieder. So bestimmt etwa § 14 Nr. 15 und 16 RPflG, welche Verfahren in der funktionellen Zuständigkeit des Richters liegen und in der Vorbemerkung 1.3.2 Abs. 1 Nr. 2, Abs. 2 im Kostenverzeichnis zum FamGKG ist bestimmt, welche Adoptionssachen gerichtsgebührenpflichtig sind und welche nicht.

5   Das **mit Abstand wichtigste Verfahren in Adoptionssachen ist das Verfahren auf Annahme als Kind** (Nr. 1). Von diesem Verfahrensgegenstand sind nicht nur die Prüfung des Antrags auf Annahme als Kind nach § 1752 Abs. 1 BGB, sondern auch zunächst durchzuführende Teil- und Zwischenverfahren umfasst. Das Ersetzungsverfahren (Nr. 2) ist zwar meistens ein Zwischenverfahren im Rahmen des Adoptionsverfahrens nach Nr. 1.

---

1   BT-Drucks. 16/6308, 247
2   Bis zur FGG-Reform 2009 waren die Adoptionsverfahren noch den Vormundschaftsgerichten zugeordnet.

Zwingend ist dies jedoch nicht, so dass die formale Trennung der Verfahren nach Nr. 1 und Nr. 2 durchaus Sinn macht (siehe auch unten Rn. 15). Die beiden weiteren Verfahrensgegenstände der Aufhebung von Annahmeverhältnissen (Nr. 3) oder die Befreiung vom Eheverbot des § 1308 Abs. 1 BGB (Nr. 4) spielen eine eher untergeordnete Rolle.

Ausdrücklich keine Adoptionssachen i.S.v. § 186 FamFG sind die Verfahren, in denen ein **6** **Lebenspartner ein Kind adoptieren möchte** bzw. bei denen die Ersetzung der Einwilligung zu einer solchen Adoption beantragt wird. Diese Verfahren sind nach § 269 Abs. 1 Nr. 4 FamFG **Lebenspartnerschaftssachen**. Nach § 270 Abs. 1 Satz 2 FamFG finden jedoch bei diesen Verfahren sämtliche Vorschriften in Adoptionssachen entsprechende Anwendung, so dass im Ergebnis keine verfahrensrechtlichen Unterschiede bestehen.

B. Inhalt der Norm

I. Die Verfahrensgegenstände bei der Annahme als Kind (Nr. 1)

Das in Nr. 1 aufgeführte Verfahren auf Annahme als Kind umfasst **sowohl Minderjähri-** **7** **gen- als auch Volljährigenadoptionen**. Im Gegensatz zum materiellen Recht (§§ 1741 ff. BGB einerseits und §§ 1767 ff. BGB andererseits) findet im Verfahrensrecht keine Unterscheidung dieser Adoptionsarten statt.

Die Verfahren auf Annahme als Kind betreffen die **Prüfung der Anträge auf Annahme** **8** **als Kind** nach § 1752 Abs. 1 BGB und § 1768 Abs. 1 BGB. Innerhalb dieser Verfahren werden regelmäßige weitere Teil- oder Zwischenentscheidungen getroffen bzw. andere Verfahrenshandlungen durchgeführt.

Als wichtigste Entscheidungen und Verfahrenshandlungen sind folgende Verrichtungen zu **9** nennen:

- die gerichtliche Genehmigung der Einwilligung des Kindes bei unterschiedlicher Staatsangehörigkeit nach § 1746 Abs. 1 Satz 4 BGB

- die Erteilung der Bescheinigung des Ruhens der elterlichen Sorge und Eintritt der Amtsvormundschaft nach § 1751 Abs. 1 BGB

- die Namensbestimmung bei Anträgen nach § 1757 Abs. 4 Nr. 1 oder Nr. 2 BGB

- die Anordnung eines Offenbarungs- und Ausforschungsverbots nach § 1758 BGB

- die Feststellung der Wirkungen einer Volljährigenadoption mit den Wirkungen einer Minderjährigenadoption nach § 1772 Abs. 1 BGB[3]

Die Verfahren auf Annahme als Kind (Minderjährigen- und Volljährigenadoption) sind **An-** **10** **tragsverfahren** (§§ 1752 Abs. 1, 1768 Abs. 1 BGB). Das Verfahren kann nur mit einem verfahrenseinleitenden Antrag nach § 23 FamFG beginnen. Eine Verfahrensführung von Amts wegen ist nicht vorgesehen. Die Zwischen- und Teilentscheidungen sind teilweise auch von Amts wegen zu prüfen (insb. die Erteilung der Bescheinigung nach § 1751 BGB).

Finden bei einer vor einem deutschen Gericht beantragten Annahme als Kind aufgrund **11** international-privatrechtlicher Anknüpfung gemäß Art. 22, 23 EGBGB **ausländische** **Sachvorschriften** Anwendung, hat dies für das durchzuführende Verfahren keine Bedeutung. Auch dann ist ausschließlich das deutsche Verfahrensrecht anzuwenden (**lex fori**).

Die Verfahren auf Anerkennung, Wirkungsfeststellung und Umwandlung ausländischer **12** Adoptionen nach dem Adoptionswirkungsgesetz (AdWirkG) stellen keine Adoptionssachen i.S.v. § 186 Nr. 1 FamFG dar (siehe *Braun*, § 199 FamFG Rn. 2).

---

3 Zu weiteren Verfahrenshandlungen: MüKo-FamFG/*Maurer*, § 186 FamFG Rn. 3

II. Die Verfahrensgegenstände bei der Ersetzung von Einwilligungen (Nr. 2)

13   Folgende Verfahrensgegenstände gelten als Ersetzungsverfahren i.S.v. § 186 Nr. 2 FamFG:

- die Ersetzung der Einwilligung eines Elternteils nach § 1748 BGB
- die Ersetzung der Einwilligung des Vormunds im Namen des Kindes nach § 1746 Abs. 3 1. HS BGB
- die Ersetzung der Einwilligung des Ehegatten nach § 1749 Abs. 1 Satz 2 und 3 BGB

14   Die Verfahren auf Ersetzung der Einwilligungen der Eltern und auf Ersetzung der Einwilligungen der Ehegatten sind **Antragsverfahren**. Dies ergibt sich aus den materiell-rechtlichen Vorschriften in § 1748 Abs. 1 und § 1749 Abs. 1 Satz 2 BGB. Das (seltene) Verfahren auf Ersetzung der Einwilligung des Vormunds (§ 1746 Abs. 3 1. HS BGB) kann jedoch auch von Amts wegen durchgeführt werden.[4]

15   Das Ersetzungsverfahren ist verfahrensrechtlich **unabhängig vom Verfahren auf Annahme als Kind** nach Nr. 1 mit eigenen Verfahrensvorgaben. In der Praxis sind die Ersetzungsverfahren zwar regelmäßig Zwischenverfahren zum Verfahren auf Annahme als Kind.[5] Insbesondere eine Ersetzung der Einwilligung eines Elternteils nach § 1748 BGB kann aber auch unabhängig von einem Annahmeverfahren durchgeführt werden, also bevor ein verfahrenseinleitender Antrag auf Annahme als Kind gestellt worden ist.[6]

16   Bei einem **Auslandsbezug** sind für die Frage des anwendbaren Rechts kumulativ Art. 22 und 23 EGBGB relevant. Auch wenn die Anknüpfung (teilweise oder vollständig) zur **Anwendung ausländischen Sachrechts** führt, bleibt es bei der Anwendung deutschen Verfahrensrechts (lex fori).

III. Die Verfahrensgegenstände bei der Aufhebung von Adoptionen (Nr. 3)

17   Die in Nr. 3 aufgeführten **Aufhebungsverfahren** umfassen:

- die Aufhebung einer Minderjährigenadoption nach § 1760 Abs. 1 BGB
- die Aufhebung einer Minderjährigenadoption nach § 1763 BGB
- die Aufhebung einer Volljährigenadoption nach § 1771 BGB
- die Aufhebung einer Volljährigenadoption nach § 1772 Abs. 2 BGB

18   Die Aufhebungsverfahren nach § 1760 Abs. 1 und §§ 1771, 1772 Abs. 2 BGB sind **Antragsverfahren**. Die Aufhebung einer Minderjährigenadoption aus schwerwiegenden Gründen (§ 1763 BGB) kann auch von Amts wegen eingeleitet werden.

19   Auch hier gilt, dass es trotz einer etwaigen **Anwendung ausländischen Sachrechts** (Aufhebung einer ausländischen Adoption) bei der Anwendung des deutschen Verfahrensrechts bleibt (lex fori).

IV. Verfahrensgegenstände bei der Befreiung vom Eheverbot (Nr. 4)

20   § 186 Nr. 4 FamFG betrifft lediglich das (äußerst seltene) **Verfahren auf Befreiung vom Eheverbot** in § 1308 Abs. 1 BGB. Eine solche Befreiung ist nur möglich, wenn eine Ehe zwischen zwei Adoptionsgeschwistern (Verwandtschaft in der Seitenlinie i.S.v. § 1308 Abs. 2 Satz 1 BGB) geschlossen werden soll. Dieses Verfahren ist ein Antragsverfahren.[7]

---

4 OLG Hamm, NJW-RR 1991, 905
5 OLG Zweibrücken, FGPrax 2001, 113, 114
6 MüKo-BGB/*Maurer*, § 1748 BGB Rn. 65
7 Weitere Hinweise zu diesen Verfahren: Keidel/*Engelhardt*, § 186 FamFG Rn. 25 f.

§ 187 FamFG Örtliche Zuständigkeit

(1) Für Verfahren nach § 186 Nr. 1 bis 3 ist das Gericht ausschließlich zuständig, in dessen Bezirk der Annehmende oder einer der Annehmenden seinen gewöhnlichen Aufenthalt hat.

(2) Ist die Zuständigkeit eines deutschen Gerichts nach Absatz 1 nicht gegeben, ist der gewöhnliche Aufenthalt des Kindes maßgebend.

(3) Für Verfahren nach § 186 Nr. 4 ist das Gericht ausschließlich zuständig, in dessen Bezirk einer der Verlobten seinen gewöhnlichen Aufenthalt hat.

(4) Kommen in Verfahren nach § 186 ausländische Sachvorschriften zur Anwendung, gilt § 5 Abs. 1 Satz 1 und Abs. 2 des Adoptionswirkungsgesetzes entsprechend.

(5) ¹Ist nach den Absätzen 1 bis 4 eine Zuständigkeit nicht gegeben, ist das Amtsgericht Schöneberg in Berlin zuständig. ²Es kann die Sache aus wichtigem Grund an ein anderes Gericht verweisen.

Übersicht

A. Allgemeines

Die Norm bestimmt die **örtliche Gerichtszuständigkeit (Gerichtsstand)** für sämtliche Adoptionssachen. Hauptanknüpfungspunkt ist bei allen Verfahren der gewöhnliche Aufenthalt.   **1**

In **Verfahren mit Auslandsbezug** werden in Abs. 4 und 5 praxisrelevante Sondervorgaben getroffen. So ist bei Verfahren, in denen aufgrund international-privatrechtlicher Anknüpfung „ausländische Sachvorschriften zur Anwendung" gelangen (Abs. 4), nicht das örtliche Amtsgericht, sondern vielmehr das Amtsgericht am Sitz des Oberlandesgerichts örtlich zuständig (sog. **Konzentrationszuständigkeit**) (§ 5 Abs. 1 AdWirkG). In Verfahren, in denen kein Beteiligter seinen gewöhnlichen Aufenthalt im Inland hat, bestimmt Absatz 5 eine **Auffangzuständigkeit des Amtsgerichts Schöneberg** in Berlin.   **2**

Relevanter Zeitpunkt für die Bestimmung der örtlichen Zuständigkeit ist die Anhängigkeit des Verfahrens (in Antragsverfahren der Zeitpunkt des Eingangs des Antrags bei Gericht).[1] Eine im Zeitpunkt der Anhängigkeit begründete örtliche Zuständigkeit bleibt grundsätzlich erhalten (§ 2 Abs. 2 FamFG, sog. **perpetuatio fori**). Gerade in Adoptionssachen ist aber bei einem Wechsel des gewöhnlichen Aufenthalts der Annehmenden an eine Abgabe nach § 4 FamFG zu denken.   **3**

▶   *Zu Einzelheiten der Verfahrensabgabe siehe Cirullies, § 4 FamFG Rn. 2 ff.*

---

[1] PK Familienverfahrensrecht/*Meysen*, § 187 FamFG Rn. 8

4 Die örtliche Zuständigkeit ist eine **ausschließliche Zuständigkeit**. Es dürfen keine Verfahren an mehreren Gerichten geführt werden. Zwar ist es durch die Anknüpfung nach § 187 Abs. 1 FamFG möglich, dass mehrere Gerichte formal zuständig sind (wenn die Annehmenden unterschiedliche gewöhnliche Aufenthalte haben). Dann ist nach § 2 Abs. 1 FamFG das zuerst mit der Sache befasste Gericht örtlich zuständig.[2]

5 Die Vorschrift trifft **keine Regelung zur internationalen Zuständigkeit**. Diese richtet sich nach der besonderen Vorschrift in § 101 FamFG.

B. Inhalt der Norm

I. Der Rechtsbegriff des gewöhnlichen Aufenthalts

6 Bei sämtlichen Verfahren in Adoptionssachen wird der Gerichtsstand an den gewöhnlichen Aufenthalt angeknüpft. Der **Begriff des gewöhnlichen Aufenthalts** ist ein unbestimmter Rechtsbegriff, welcher auslegungsbedürftig ist. Die Gesetzesbegründung spricht hierbei vom *„**Mittelpunkt der Lebensführung**"*,[3] während andere Stimmen versuchen den Begriff mit *„einer Eingliederung in die soziale Umwelt"*[4] oder mit dem *„Daseinsmittelpunkt"*[5] näher einzugrenzen. In der Praxis bedarf es einer **Gesamtschau der Lebensverhältnisse**, wobei v.a. die objektive Situation und weniger der Wille der entsprechenden Person entscheidend sein soll.[6]

7 Der **gemeldete (Haupt-)Wohnsitz** gibt nur einen ersten Anknüpfungspunkt zum gewöhnlichen Aufenthalt. Es ist davor zu warnen, ausschließlich auf die Meldeadresse abzustellen. Ergibt sich etwa aus der Gesamtbetrachtung der Lebensbedingungen, dass der Schwerpunkt der sozialen Eingliederung tatsächlich woanders liegt, so ist die örtliche Zuständigkeit an diesem Ort begründet. Auch bloß **temporäre Aufenthalte** zur Ausbildung begründen in der Regel noch keinen gewöhnlichen Aufenthalt

▶ *Näher zum Begriff des gewöhnlichen Aufenthalts siehe Keuter, § 152 FamFG Rn. 22.*

II. Die örtliche Zuständigkeit bei den Verfahren auf Annahme als Kind

1. Anknüpfung an den gewöhnlichen Aufenthalt des Annehmenden oder des Kindes

8 Die örtliche Zuständigkeit bei den Verfahren auf Annahme als Kind wird durch ein **Stufenverhältnis** bestimmt.

9 **Primärer Anknüpfungspunkt** ist der **gewöhnliche Aufenthalt des oder der Annehmenden** (§ 187 Abs. 1 FamFG). Bei der gemeinschaftlichen Adoption können im Einzelfall auch mehrere Gerichtsstände eröffnet werden. Dann ist dasjenige Gericht zuständig, bei welchem das Verfahren zuerst eingeleitet worden ist (§ 2 Abs. 1 FamFG).

10 In der **zweiten Stufe** richtet sich die örtliche Zuständigkeit nach dem **gewöhnlichen Aufenthalt des anzunehmenden Kindes** (§ 187 Abs. 2 FamFG). Dies ist bei **Minderjährigenadoptionen** äußerst selten, da sich der gewöhnliche Aufenthalt des Kindes in aller Regel auch bei einem Annehmenden befindet. Bei der **Volljährigenadoption** ist dies jedoch schon eher vorstellbar, da hierbei der gewöhnliche Aufenthalt der Annehmenden einerseits und der Anzunehmenden andererseits im Normalfall auseinanderfällt.

11 Bei **Auslandsdeutschen (dritte Stufe)** ist der Antrag beim **Amtsgericht Schöneberg in Berlin** einzureichen (§ 187 Abs. 5 Satz 1 FamFG).

---

2 KG FamRZ 1995, 440
3 BT-Drucks. 16/6308, 226
4 Keidel/*Engelhardt,* § 99 FamFG Rn. 44
5 BGH FamRZ 1975, 272, 273
6 Ausführlich: *Helms* in: Helms/Prütting, § 122 FamFG Rn. 4 ff.

▶ *Zur besonderen Verweisungsmöglichkeit nach Satz 2 siehe unten Rn. 22 f.*

2. Die Konzentrationszuständigkeit in § 187 Abs. 4 FamFG

Von der Zuständigkeit des örtlichen Amtsgerichts nach Abs. 1 oder 2 wird in § 187 Abs. 4 **12** FamFG eine praxisrelevante Ausnahme gemacht. Wenn ausländische Sachvorschriften zur Anwendung gelangen, tritt eine **Konzentrationszuständigkeit des Amtsgerichts am Sitz des Oberlandesgerichts** ein (vgl. § 5 Abs. 1 Satz 1 und Abs. 2 AdWirkG).[7] Im Ergebnis findet daher schon im Rahmen der Prüfung der örtlichen Zuständigkeit eine **international-privatrechtliche Vorprüfung** statt.

Die Auslegung von § 187 Abs. 4 FamFG ist **in drei Fragen umstritten**. **13**

• Zum einen ist fraglich, ob die Konzentrationszuständigkeit nur dann zum Tragen kommt, wenn die Anknüpfung an Art. 22 EGBGB zur Anwendung ausländischen Rechts führt oder ob hierfür **schon die Verweisung nach Art. 23 Satz 1 EGBGB genügt**. Mittlerweile ist diese Streitfrage dahingehend geklärt, dass schon die ausländische Staatsangehörigkeit des Kindes (und damit die Verweisung auf ausländisches Recht nach Art. 23 EGBGB) ausreicht, um zur Konzentrationszuständigkeit nach § 187 Abs. 4 FamFG zu gelangen.[8]

• Weiterhin ist fraglich, ob die Konzentrationszuständigkeit des § 187 Abs. 4 FamFG **auch bei Volljährigenadoptionen** zur Anwendung kommen kann. Hier vertritt soweit ersichtlich einzig das OLG Frankfurt die Ansicht, dass die Konzentrationszuständigkeit auch bei Volljährigenadoptionen eingreift.[9] Andere Obergerichte wenden § 187 Abs. 4 FamFG ausschließlich bei Minderjährigenadoptionen an.[10] Für die letztgenannte Ansicht spricht jedenfalls, dass § 187 Abs. 4 FamFG auf die Zuständigkeitsnormen im Adoptionswirkungsgesetz verweist. In diesem Gesetz sind aber nur (ausländische) Minderjährigenadoptionen Bezugspunkte der Entscheidungen. Es ist daher davon auszugehen, dass der Gesetzgeber auch nur bei den Minderjährigenadoptionen ein Bedürfnis für eine Konzentrationszuständigkeit gesehen hat. Darüber hinaus spricht auch der Sinn und Zweck für eine ausschließliche Anwendbarkeit für Minderjährigenadoptionen. Denn die Folgen einer Minderjährigenadoption sind hinsichtlich Sorge-, Umgangs- und Unterhaltsrecht sehr viel weitreichender als bei der Volljährigenadoption. Nur bei der Minderjährigenadoption bedarf es daher auch der „besonderen Sachkunde eines sachlich und personell entsprechend ausgestatteten Gerichts".

• Die dritte Streitfrage bezieht sich schließlich darauf, ob **die Konzentrationszuständigkeit auch bei einer Rückverweisung auf deutsches Sachrecht** eingreift (Art. 22 und 23 EGBGB sind Gesamtverweisungen).[11] Richtigerweise darf in einem solchen Fall die Konzentrationszuständigkeit nicht eintreten, da der eindeutige Wortlaut von § 187 Abs. 4 fordert, dass „ausländische Sachvorschriften" zur Anwendung kommen. Bei einer Rückverweisung kommen jedoch gerade nur inländische „Sachvorschriften" zur Anwendung (vgl. Art. 4 Abs. 1 Satz 2 EGBGB).[12]

---

7 Von der Möglichkeit in § 5 Abs. 2 AdWirkG, die Konzentrationszuständigkeit an ein anderes Amtsgericht zu übertragen, hat bislang kein Bundesland Gebrauch gemacht.
8 A.A. wohl nur noch: OLG Schleswig FamRZ 2006, 1142; ausführlich: OLG Frankfurt ZKJ 2011, 144
9 OLG Frankfurt, Beschl. v. 6.3.2012 – 1 UFH 6/12, unveröffentlicht
10 OLG Köln FamRZ 2011, 311 (unter ausdrücklicher Aufgabe der vormaligen gegenteiligen Ansicht in OLG Köln FamRZ 2006, 1859); OLG München NJW-RR 2009, 592; OLG Düsseldorf FamRZ 2011, 59; OLG Stuttgart NJW-RR 2007, 297; OLG Schleswig FamRZ 2006, 1462; OLG Rostock FGPrax 2007, 175; OLG Hamm FamRZ 2008, 300
11 Hierfür: OLG Karlsruhe FamRZ 2005, 1695
12 Näher hierzu: *Braun*, FamRZ 2011, 81, 83

III. Die örtliche Zuständigkeit bei den Ersetzungsverfahren

14 Die **örtliche Zuständigkeit bei Ersetzungsverfahren** ist gleichlaufend wie bei den Verfahren auf Annahme als Kind. Selbst wenn also noch kein Verfahren auf Annahme als Kind eingeleitet worden ist, bestimmt sich der Gerichtsstand primär nach dem **gewöhnlichen Aufenthalt des oder der Annehmenden**. Tatsächlich kann es also vorkommen, dass bei einer „Vorschaltung" des Ersetzungsverfahrens ein anderes Gericht örtlich zuständig ist als das Gericht, welches später dann über die Annahme als Kind entscheidet.

15 Bei der **Konzentrationszuständigkeit nach § 187 Abs. 4 FamFG** ist zu beachten, dass bei Ersetzungsverfahren das anwendbare Recht kumulativ nach Art. 22 und Art. 23 EGBGB bestimmt wird. Verweist also nur eine der IPR-Normen auf ausländisches Sachrecht, so tritt die Konzentrationszuständigkeit beim Familiengericht am Sitz des OLG ein.

IV. Die örtliche Zuständigkeit bei den Aufhebungsverfahren

16 Für den **Gerichtsstand bei den Aufhebungsverfahren** kann vollumfänglich auf die Ausführungen zur örtlichen Zuständigkeit für die Annahmeverfahren verwiesen werden. Auch hier bestimmt sich die **örtliche Zuständigkeit nach § 187 Abs. 1, 2, 4 und 5 FamFG**.

V. Die örtliche Zuständigkeit bei den Verfahren auf Befreiung vom Eheverbot

17 Für die Verfahren auf Befreiung vom Eheverbot sieht **§ 187 Abs. 3 FamFG eine Sondervorschrift** vor. Hier findet die Anknüpfung an den gewöhnlichen Aufenthalt mindestens eines Verlobten statt.

VI. Die Verweisung wegen örtlicher Unzuständigkeit

1. Die Verweisung nach § 3 FamFG

18 Wird der Antrag auf Annahme als Kind bei einem örtlich unzuständigen Gericht eingereicht, so ist das Verfahren **nach § 3 FamFG an ein örtlich zuständiges Gericht zu verweisen**. Liegen die Voraussetzungen vor, so muss verwiesen werden, **ohne** dass das Gericht hierbei ein **Ermessen** hätte. Vor einer Verweisungsentscheidung sind die Beteiligten (zumindest schriftlich) **anzuhören** (§ 3 Abs. 1 Satz 2 FamFG). Geschieht dies nicht, so besteht die Gefahr des Ausschlusses der Bindungswirkung nach § 3 Abs. 3 Satz 2 FamFG (näher hierzu *Cirullies*, § 3 FamFG Rn. 3). In der Praxis ist dies häufig zu beobachten, da vor der Verweisung nicht alle Beteiligten angehört werden (zu den Beteiligten des Verfahrens siehe *Braun*, § 188 FamFG Rn. 1 ff.).

19 Da es bei der Frage der örtlichen Zuständigkeit maßgeblich um die Auslegung des Begriffs des gewöhnlichen Aufenthalts geht (siehe Rn. 6 ff.), kann es auch zu unterschiedlichen Einschätzungen hinsichtlich dieser Frage kommen. Im Grundsatz steht die Entscheidung insoweit jedoch dem verweisenden Gericht zu. Sowohl das Gericht, an das verwiesen worden ist, als auch die Verfahrensbeteiligten müssen sich dieser Einschätzung grundsätzlich fügen. Ein Verweisungsbeschluss ist **unanfechtbar und für das Zielgericht bindend** (§ 3 Abs. 3 FamFG).

20 Trotz dieser grundsätzlichen Bindungswirkung kann es zu einer **Zuständigkeitsbestimmung durch das nächsthöhere Gericht nach § 5 Abs. 1 Nr. 4 FamFG in zwei Ausnahmefällen** kommen. Dies ist einmal der Fall, wenn mindestens einem Beteiligten gemäß § 3 Abs. 1 Satz 2 FamFG **kein rechtliches Gehör** gewährt worden ist (siehe hierzu Rn. 18) oder wenn die Verweisung als **willkürlich** zu beurteilen ist. Letzteres kommt in Betracht, wenn eindeutig gegen geltendes Recht verstoßen wird oder eine Einschätzung des gewöhnlichen Aufenthalts vorgenommen wird, welche schlicht untragbar erscheint. Bloße Streitfälle machen eine Verweisung jedoch nicht willkürlich.

Die Verweisung ist **durch Beschluss** zu entscheiden. Der Wortlaut des Rubrums kann dem **21** Wortlaut von § 3 Abs. 1 Satz 1 FamFG entsprechen (z.B. *„Das Gericht erklärt sich für unzuständig und verweist das Verfahren an das Amtsgericht ..."*).

2. Die besondere Verweisungsmöglichkeit nach § 187 Abs. 5 Satz 2 FamFG

Im Adoptionsrecht existiert eine **besondere Verweisungsmöglichkeit**, wenn der Ge- **22** richtsstand aufgrund der Auffangzuständigkeit in § 187 Abs. 5 Satz 1 FamFG dem Amtsgericht Schöneberg übertragen ist. Nach **§ 187 Abs. 5 Satz 2 FamFG** kann das Gericht das Verfahren „aus wichtigem Grund" an ein anderes Gericht verweisen. Sowohl aus dem Wortlaut als auch aus der Gesetzgebungsgeschichte[13] ergibt sich eindeutig, dass dies tatsächlich eine Verweisung i.S.v. § 3 FamFG und keine Abgabe i.S.v. § 4 FamFG ist.[14] Dementsprechend gelten die Voraussetzungen und Wirkungen des § 3 FamFG (insb. die Bindungswirkung des § 3 Abs. 3 Satz 2 FamFG) auch hier.

Wann ein **wichtiger Grund i.S.v. § 187 Abs. 5 Satz 2 FamFG** vorliegt, lässt das Gesetz **23** offen. Um der grundsätzlichen Zuständigkeit des Amtsgerichts Schöneberg Rechnung zu tragen, sollte der Begriff **eng ausgelegt** werden.[15] Es genügt also nicht, dass etwa der beurkundende Notar seinen Sitz in einem bestimmten Gerichtsbezirk hat oder dass ein Zustellungsbevollmächtigter im entsprechenden Bezirk bestellt worden ist. Vielmehr sollte die Verweisung nach § 187 Abs. 5 Satz 2 FamFG nur dann erfolgen, wenn etwa noch eine Meldeadresse in Deutschland besteht oder eine baldige Rückkehr in einen bestimmten Bezirk bevorsteht.

VII. Die Abgabe nach § 4 FamFG wegen Veränderung des gewöhnlichen Aufenthalts

In Adoptionssachen kommt häufig eine **Abgabe des Verfahrens aus wichtigem Grund** **24** **nach § 4 FamFG** in Betracht. Hiervon ging auch die Gesetzesbegründung zu § 4 FamFG aus, indem ausdrücklich Adoptionssachen als Anwendungsbeispiel für das Vorliegen eines wichtigen Grundes genannt worden sind: *„In Adoptionssachen kann ein wichtiger Grund vorliegen, wenn der Annehmende und das Kind ihren Wohnsitz in den Bezirk eines anderen Gerichts verlegt haben"*.[16] Ist dies der Fall, so kann ohne Bedenken eine Abgabe an das entsprechende Gericht erfolgen. Etwas anderes sollte nur dann gelten, wenn fast sämtliche Ermittlungstätigkeiten schon durchgeführt worden sind (insb. die persönlichen Anhörungen). Dann wäre es sinnwidrig, das Verfahren noch abzugeben.

Das **Verfahren der Abgabe** ergibt sich aus § 4 FamFG. Hiernach sollen die Beteiligten zur **25** Abgabe **angehört** werden. Außerdem ist eine Abgabe nur möglich, wenn sich das Zielgericht mit der Übernahme einverstanden erklärt. Die **Übernahmebereitschaft** steht allerdings nicht im freien Ermessen des Gerichts, an das abgegeben wird. Vielmehr reduziert sich dieses Ermessen „auf Null", wenn die Fortführung des Verfahrens am neuen Gericht offensichtlich zweckdienlich ist. Bei Streitigkeiten über die Abgabe zwischen den Gerichten kann das nächsthöhere Gericht zur **Zuständigkeitsbestimmung nach § 5 Abs. 1 Nr. 5** FamFG angerufen werden.

▶ *Zu Einzelheiten der Abgabe Cirullies, § 4 FamFG Rn. 2 ff.*

---

13 Vgl. BT-Drucks. 16/6308, 247, 380, 414, 417
14 So auch: MüKo-FamFG/*Maurer,* § 187 FamFG Rn. 14 f.; a.A. Keidel/*Engelhardt,* § 187 FamFG Rn. 10
15 In diese Richtung: Prütting/Helms/*Krause,* § 187 FamFG Rn. 10
16 BT-Drucks. 16/6308, 176

§ 188 FamFG Beteiligte

(1) Zu beteiligen sind

1. **in Verfahren nach § 186 Nr. 1**
   a) der Annehmende und der Anzunehmende,
   b) die Eltern des Anzunehmenden, wenn dieser entweder minderjährig ist und ein Fall des § 1747 Abs. 2 Satz 2 oder Abs. 4 des Bürgerlichen Gesetzbuchs nicht vorliegt oder im Fall des § 1772 des Bürgerlichen Gesetzbuchs,
   c) der Ehegatte oder Lebenspartner des Annehmenden und der Ehegatte oder Lebenspartner des Anzunehmenden, sofern nicht ein Fall des § 1749 Abs. 3 des Bürgerlichen Gesetzbuchs vorliegt;
2. **in Verfahren nach § 186 Nr. 2** derjenige, dessen Einwilligung ersetzt werden soll;
3. **in Verfahren nach § 186 Nr. 3**
   a) der Annehmende und der Angenommene,
   b) die leiblichen Eltern des minderjährigen Angenommenen;
4. **in Verfahren nach § 186 Nr. 4** die Verlobten.

(2) Das Jugendamt und das Landesjugendamt sind auf ihren Antrag zu beteiligen.

Weiterführende Literatur: Reinhardt, Die Beteiligung in Adoptionsverfahren und der Geheimhaltungsschutz – Prüfstein für die Kooperation von Jugendamt und Familiengericht in Adoptionssachen, JAmt 2011, 628

Übersicht

A. Allgemeines

1　Die Vorschrift bestimmt **die Beteiligten in Adoptionssachen** und ist **lex specialis zu § 7 FamFG**. Die Norm gilt **für sämtliche Adoptionssachen**, insbesondere auch für die Volljährigenadoption.

2　Der **systematische Aufbau** von Abs. 1 orientiert sich an den unterschiedlichen in § 186 FamFG aufgeführten Verfahrensgegenständen. In Abs. 2 wird die besondere Beteiligungsmöglichkeit des Jugendamts und des Landesjugendamts aufgeführt.

3　Sämtliche in § 188 FamFG aufgeführte Beteiligte sind sog. **Muss-Beteiligte** („sind … zu beteiligen"). Wenn eine Person oder Behörde die Vorgaben des § 188 FamFG erfüllt, gibt es keine Möglichkeit für das erkennende Gericht, von der Beteiligung abzusehen (was auch bei der Beteiligungsmöglichkeit des Jugendamts und des Landesjugendamts auf Antrag gilt).

Die **Aufzählung** der Beteiligten in § 188 FamFG ist **im Wesentlichen abschließend**. Lediglich die Beteiligtenstellungen des Vaterschaftsprätendenten (siehe unten Rn. 12) sowie der Annehmenden und des Kindes im Ersetzungsverfahren (siehe unten Rn. 28) folgen nicht direkt aus § 188 FamFG.   **4**

Die Fähigkeit, Beteiligter an einem Verfahren zu sein (**Beteiligtenfähigkeit nach § 8**), ist unabhängig vom Alter des Beteiligten. Die Beteiligtenfähigkeit richtet sich nach der **Rechtsfähigkeit**, so dass ein Kind schon ab Geburt am Verfahren beteiligt ist. Die Beteiligtenfähigkeit ist **von der Verfahrensfähigkeit nach § 9 FamFG zu unterscheiden**: ein minderjähriges Kind bleibt auch dann beteiligt, wenn die Verfahrenshandlungen durch seinen gesetzlichen Vertreter durchgeführt werden.   **5**

B. Inhalt der Norm

I. Die Beteiligten beim Verfahren auf Annahme als Kind

Bei den Annahmeverfahren kommen folgende Personen und Behörden als Beteiligte in Betracht: **6**

- der bzw. die Annehmende(n)
- das anzunehmende Kind (bzw. der erwachsene Anzunehmende)
- die Eltern des Kindes
- die Ehepartner und Lebenspartner des Annehmenden oder des Anzunehmenden
- das Jugendamt auf dessen Antrag
- das Landesjugendamt auf dessen Antrag
- der Verfahrensbeistand

1. Die Beteiligtenstellung der Annehmenden und des Kindes

Sowohl jeder Annehmende als auch das anzunehmende Kind (bzw. der volljährige Anzunehmende) sind **zwingend und ohne Ausnahmen** am Verfahren beteiligt (§ 188 Abs. 1 Nr. 1a) FamFG). Der gesetzliche Vertreter des Kindes (z.B. Vormund) ist jedoch kein eigenständiger Beteiligter am Verfahren. Er nimmt vielmehr nur die Beteiligtenrechte eines (verfahrensunfähigen) Kindes in dessen Namen wahr.   **7**

2. Die Beteiligtenstellung der Eltern des Kindes

Bei der **Minderjährigenadoption** sind **die Eltern grundsätzlich zu beteiligen** (§ 188 Abs. 1 Nr. 1b) FamFG).[1] Mit dem Begriff der „Eltern" sind die **rechtlichen Eltern** gemeint.   **8**

▶ *Näher zur rechtlichen Elternschaft Grün § 1592 BGB Rn. 5 ff.*

Von der Beteiligung der Eltern macht das Gesetz **drei praxisrelevante Ausnahmen**. So findet keine Beteiligung statt, wenn   **9**

- eine Einwilligung des entsprechenden Elternteils in eine Inkognitoadoption nach § 1747 Abs. 2 Satz 2 BGB stattgefunden hat oder
- auf eine Einwilligung nach § 1747 Abs. 4 BGB verzichtet werden kann oder
- die Einwilligung des entsprechenden Elternteils rechtskräftig gem. § 1748 BGB ersetzt worden ist.

Die Herausnahme der Eltern aus dem Kreis der Beteiligten **bei einer Inkognitoadoption** hat erhebliche praktische Bedeutung. Wären diese formal beteiligt, so wäre das ange-   **10**

---

1 Hierzu: BVerfG, FamRZ 2008, 243

strebte Inkognito kaum aufrecht zu erhalten und die entsprechenden Elternteile könnten etwa durch die Wahrnehmung ihres Akteneinsichtsrechts nach § 13 Abs. 1 FamFG oder durch das Recht auf Bekanntgabe der Endentscheidung nach § 41 Abs. 1 Satz 1 FamFG den Aufenthaltsort des Kindes und der Annehmenden herausfinden.

11 Dass die **Elternteile, deren Einwilligung gem. § 1748 BGB rechtskräftig ersetzt worden ist**, im darauf folgenden Annahmeverfahren nicht zu den Beteiligten gehören, ist in § 188 Abs. 1 Nr. 1b) FamFG nicht explizit aufgeführt. Vom Wortlaut her würden diese durchaus unter die Begrifflichkeiten in § 188 Abs. 1 Nr. 1b) FamFG fallen, denn allein durch die Ersetzung der Einwilligung verlieren sie noch nicht ihren Status als rechtliche Eltern. Richtigerweise sollten diese jedoch nicht als Beteiligte im Annahmeverfahren auftreten dürfen. Vielmehr ist hier die Interessenlage gleich wie bei den Elternteilen, auf deren Einwilligung nach § 1747 Abs. 4 BGB verzichtet werden kann (§ 188 Abs. 1 Nr. 1b, 2. Alt. FamFG). Schließlich konnten diese Eltern ihre Rechte schon im (getrennten, vgl. § 186 Nr. 2 FamFG) Ersetzungsverfahren geltend machen. Dort sind sie von Gesetzes wegen Beteiligte (§ 188 Abs. 1 Nr. 2 FamFG) und es besteht kein Grund, ihnen erneut die Beteiligtenrechte im Annahmeverfahren zuzugestehen.

12 Ebenso gesetzlich nicht geregelt ist die **Beteiligtenstellung des sog. Vaterschaftsprätendenten** (§ 1747 Abs. 1 Satz 2 BGB). Da dieser nach dem materiellen Recht dieselben (Einwilligungs-)Rechte wie die rechtlichen Väter hat, sollte er auch verfahrensrechtlich den rechtlichen Vätern gleichgestellt werden.[2]

13 Bei der **Volljährigenadoption** gilt der umgekehrte Grundsatz wie bei der Minderjährigenadoption: **im Regelfall** sind die Eltern des Anzunehmenden **nicht beteiligt**. Etwas anderes gilt nur, wenn ein Antrag auf Feststellung der starken Wirkungen nach § 1772 BGB Abs. 1 BGB gestellt worden ist (§ 188 Abs. 1 Nr. 1b), 3. Alt. FamFG).

3. Die Beteiligtenstellung der Ehepartner des Annehmenden und des Anzunehmenden

14 Nach § 188 Abs. 1 Nr. 1c) FamFG sind sowohl die **Ehepartner der Annehmenden** (relevant bei Stiefkindkonstellationen) als auch die **Ehepartner der Anzunehmenden** (relevant bei Volljährigenadoptionen) am Verfahren **beteiligt**. Die in der Norm genannte Ausnahme bzgl. der Ehepartner, auf deren Einwilligung nach § 1749 Abs. 3 BGB verzichtet wird, ist wenig praxisrelevant. Gleiches gilt für die Ehepartner, deren Einwilligung ersetzt worden ist (siehe hierzu oben Rn. 11).

15 Zu den Beteiligten gehören **auch die Lebenspartner der Annehmenden** (vgl. § 9 Abs. 6 Satz 1 LPartG), soweit kein Fall von § 9 Abs. 6 Satz 2 LPartG vorliegt, sowie **die Lebenspartner der Anzunehmenden** (vgl. § 1767 Abs. 2 Satz 3 BGB).

4. Die Beteiligtenstellung des Jugendamts

16 Das (nach § 87b Abs. 1 Satz 1 i.V.m. § 86 Abs. 1 bis 4 SGB VIII zuständige) **Jugendamt ist nur auf dessen Antrag** zu beteiligen (§ 188 Abs. 2 FamFG). Wird ein entsprechender Antrag gestellt, so wird das Jugendamt (Muss-)Beteiligter. Das Gericht hat diesbezüglich kein Ermessen und es bedarf auch keines besonderen Beschlusses (vgl. § 7 Abs. 2 Satz 2, 2. Alt. FamFG.

17 Die Vorschrift ist **einschränkend auszulegen**, indem eine Beteiligung des Jugendamts **nur bei Minderjährigenadoptionen** möglich ist. Eine Beteiligung bei einer Volljährigenadoption macht inhaltlich keinen Sinn.[3]

---

2 So auch: MüKo-FamFG/*Maurer*, § 188 FamFG Rn. 8
3 *Braun*, FamRZ 2011, 81, 84

Damit das Jugendamt sein Antragsrecht nach Abs. 2 wahrnehmen kann, **muss die Be-**   **18**
hörde von dem Verfahren erfahren (§ 7 Abs. 4 Satz 1 FamFG). Dies ist jedoch in der
Praxis unproblematisch, da die Jugendämter entweder die fachliche Äußerung nach
§ 189 FamFG abgeben (als Adoptionsvermittlungsstelle oder gem. § 189 Satz 2 FamFG)
oder aufgrund von § 194 Abs. 1 Satz 1 FamFG anzuhören sind. Einer formellen Belehrung
des entsprechenden Jugendamts über dessen Antragsrecht nach § 7 Abs. 4 Satz 2 FamFG
bedarf es daher nicht. Von einer Behörde kann erwartet werden, dass sie nach Kenntnis
von dem Verfahren ihren Anspruch auf Beteiligung auch geltend macht.[4]

Ein **Antrag auf Beteiligung** ist **nur im Einzelfall sinnvoll**, da die maßgeblichen Beteili-   **19**
gungsrechte des Jugendamts schon durch §§ 189, 194 FamFG abgedeckt sind. Nur wenn
die Fachbehörde die Einschätzung hat, dass während des Verfahrens jederzeit fachlicher
Einfluss notwendig ist (z.B. durch Anwesenheit im Termin), erscheint eine Antragstellung
auf Beteiligung ratsam.[5]

Die Beteiligtenstellung gilt nur für das Jugendamt. **Adoptionsvermittlungsstellen in**   **20**
freier Trägerschaft (§§ 2 Abs. 2, 2a Abs. 3 Nr. 3 AdVermiG) können nach § 188
Abs. 2 FamFG **keine Beteiligtenstellung** erlangen.

5. Die Beteiligtenstellung des Landesjugendamts

Die Beteiligtenstellung des Landesjugendamts folgt ebenso aus § 188 Abs. 2 FamFG. Auch   **21**
hier entsteht die **Beteiligtenstellung erst auf Antrag**.

Bei der Beteiligungsmöglichkeit der Landesjugendämter muss eine **einschränkende Aus-**   **22**
legung erfolgen. Erstens kommt wie bei der Beteiligung der Jugendämter eine Beteiligtenstellung **nur bei der Minderjährigenadoption** in Frage. Des Weiteren sollte das entsprechende Landesjugendamt nur dann auf Antrag hinzugezogen werden können, wenn
ein **Fall von § 11 Abs. 1 Nr. 2 oder 3 AdVermiG** (Verfahren mit Auslandsbezug) vorliegt.
Dies kann mittelbar aus § 195 Abs. 1 Satz 1 FamFG geschlossen werden: wenn das Landesjugendamt bei reinen Inlandsfällen schon nicht angehört werden muss, so besteht auch
keine Notwendigkeit, dieser Behörde die weiteren Beteiligtenrechte durch den Antrag
nach § 188 Abs. 2 FamFG zu ermöglichen. Ggf. ist die Beteiligungsmöglichkeit der Landesjugendämter noch auf die Fälle zu erweitern, in denen im Vorfeld die Vermittlung des Kindes gemäß § 11 Abs. 1 Nr. 1 AdVermiG schwierig war.[6]

6. Die Beteiligtenstellung des Verfahrensbeistands

Wird durch das Gericht gemäß § 191 ein Verfahrensbeistand bestellt, so wird dieser **qua**   **23**
Amt zum Beteiligten (§ 191 Satz 2 i.V.m. § 158 Abs. 3 Satz 2 FamFG).

▶   *Zu Einzelheiten der Verfahrensbeistandschaft siehe Keuter, § 158 FamFG Rn. 4 ff.*

7. Die Stellung des Verfahrensbevollmächtigten und des gesetzlichen Vertreters im Verfahren

Keine Beteiligten sind die von einem oder mehreren Beteiligten benannten **Verfahrensbe-**   **24**
vollmächtigten nach § 10 FamFG. Diese nehmen lediglich für den entsprechenden Beteiligten die Beteiligtenrechte im Verfahren wahr. Das Gleiche gilt für die gesetzlichen Vertreter eines minderjährigen Kindes oder für die rechtlichen Betreuer eines Beteiligten.

---

4 *Prütting* in: Prütting/Helms, § 7 FamFG Rn. 35
5 BAGLJÄ, Empfehlungen zur Adoptionsvermittlung, 7. Auflage, Nr. 10.8.2, S. 55; *Reinhardt*, JAmt 2009, 162,
   164; PK Familienverfahrensrecht/*Meysen*, § 18 FamFG Rn. 10
6 Ausführlich: *Braun*, FamRZ 2011, 81, 84 f.

8. Die Stellung des beurkundenden Notars im Verfahren

25   Ebenso nicht am Verfahren beteiligt ist der den Adoptionsantrag **beurkundende Notar**. Dieser ist lediglich „unabhängiger und unparteiischer Betreuer der Beteiligten" (§ 14 Abs. 1 Satz 2 BNotO). Allein durch seine Beauftragung, eine Ausfertigung der notariellen Urkunde dem Gericht zu übermitteln, wird dieser auch nicht Verfahrensbevollmächtigter der Annehmenden oder des Anzunehmenden. Nur bei expliziter Bevollmächtigung darf er die Rechte eines oder mehrerer Beteiligten im Verfahren gem. § 10 Abs. 2 Satz 2 Nr. 3 FamFG wahrnehmen. Die häufig anzutreffende Praxis, in Annahmeverfahren allein mit dem Notar zu kommunizieren und z.B. verfahrensrelevante Dokumente von diesem anzufordern, findet im Verfahrensrecht keine Stütze. Erst recht führt eine Zustellung an den beurkundenden Notar nicht zum Wirksamwerden einer Adoptionsentscheidung nach § 197 Abs. 2 FamFG (siehe hierzu *Braun,* § 197 FamFG Rn. 11).

9. Die Stellung der Kinder der Annehmenden und der Anzunehmenden im Verfahren

26   In § 193 FamFG ist die zwingende Anhörung der **Kinder der Annehmenden und der Kinder der Anzunehmenden** normiert. Als Beteiligte sind diese Personen in § 188 FamFG indes nicht aufgeführt und auch die Gesetzesbegründung geht „im Regelfall" nicht von einer Beteiligtenstellung aus.[7] Ausdrücklich anderer Ansicht ist jedoch das OLG Stuttgart unter Hinweis auf den Anspruch auf rechtliches Gehör nach Art. 103 Abs. 1 GG.[8] Dies überzeugt nicht, da zur Gewährung rechtlichen Gehörs die Gewährung der weiteren Beteiligtenrechte gerade nicht erforderlich ist. Den Anforderungen des Art. 103 Abs. 1 GG ist vielmehr schon durch § 193 FamFG (Pflicht zur Anhörung) Genüge getan. Die in § 193 FamFG genannten Personen sind daher im Ergebnis **keine Beteiligten i.S.v. § 188 FamFG**.[9]

II. Die Beteiligten beim Ersetzungsverfahren

27   Nach § 188 Abs. 1 Nr. 2 FamFG sind **im Ersetzungsverfahren** nur diejenigen **Personen** beteiligt, **deren „Einwilligung ersetzt werden soll"**. In den Verfahren nach § 1748 BGB sind dies die (rechtlichen) **Eltern** und (über § 1747 Abs. 1 Satz 2 BGB) ggf. der Vaterschaftsprätendent. Im Verfahren nach § 1746 Abs. 3 BGB ist **der Pfleger oder Vormund**, welcher die Einwilligung im Namen des Kindes verweigert, beteiligt, im Verfahren nach § 1749 Abs. 1 Satz 2 und 3 BGB **der entsprechende Ehepartner.**

28   Neben den in § 187 Abs. 1 Nr. 2 FamFG genannten Personen sind aber **auch die Annehmenden und das Kind** am Verfahren zwingend zu beteiligen. Dies folgt nicht aus § 188 FamFG, sondern aus der allgemeinen Vorschrift in **§ 7 FamFG**. Das Kind stellt den Antrag auf Ersetzung und ist damit schon aufgrund dessen Beteiligter nach § 7 Abs. 1 FamFG. Die Beteiligtenstellung der Annehmenden folgt wiederum aus § 7 Abs. 2 Nr. 1 FamFG, da ohne (erfolgreiche) Ersetzung der Einwilligung keine Annahme als Kind möglich ist. Sie sind daher unmittelbar von der Entscheidung betroffen.

29   Die **Beteiligungsmöglichkeiten des Jugendamts und des Landesjugendamts** auf Antrag (§ 188 Abs. 2 FamFG) gelten auch für die Ersetzungsverfahren (siehe oben Rn. 16 ff.).

---

7 BT-Drucks. 16/6308, 248
8 OLG Stuttgart FamRZ 2012, 145
9 So auch: OLG Düsseldorf FamRZ 2011, 925; Prütting/Helms/*Krause,* § 188 FamFG Rn. 18b; *Braun,* FamRZ 2010, 81, 85; a.A. MüKo-FamFG/*Maurer,* § 188 FamFG Rn. 8

III. Die Beteiligten beim Aufhebungsverfahren

Nach § 188 Abs. 1 Nr. 3 FamFG sind bei Aufhebungsverfahren **die Annehmenden, der** **30** (minderjährige oder volljährige) **Angenommene** und **die leiblichen Eltern des minderjährigen Angenommenen**[10] zwingend zu beteiligen. § 188 Abs. 2 FamFG gilt auch bei den Aufhebungsverfahren, allerdings mit der Einschränkung, dass nur bei minderjährigen Angenommenen eine Beteiligung des Jugendamts oder des Landesjugendamts möglich ist (siehe oben Rn. 17 und 22).

IV. Die Beteiligten beim Verfahren auf Befreiung vom Eheverbot

Im Verfahren auf Befreiung vom Eheverbot sind ausschließlich die Verlobten am Verfahren **31** beteiligt (§ 188 Abs. 1 Nr. 4 FamFG).

V. Die Folgen der Beteiligung

Aus der Beteiligtenstellung folgen **maßgebliche Verfahrensrechte und -pflichten**. In **32** Adoptionssachen sind dabei insbesondere das (erleichterte) Akteneinsichtsrecht nach § 13 Abs. 1 FamFG[11], das Recht auf Bekanntgabe der Entscheidung (§ 41 Abs. 1 Satz 1 FamFG) sowie die Mitwirkungspflicht nach § 27 FamFG zu nennen.[12]

Die Beteiligtenstellung ist **nicht gleichbedeutend mit einem Anhörungsrecht**. Dies **33** zeigt besonders anschaulich die Verfahrensnorm in § 193 FamFG: während die Kinder der Annehmenden oder der Anzunehmenden zwar ausdrücklich anzuhören sind, sind diese dennoch nicht am Verfahren beteiligt (siehe Rn. 26).

Die Beteiligtenstellung ist **unabhängig von einer Beschwerdeberechtigung nach** **34** **§ 59 FamFG**. So können einerseits auch Nichtbeteiligte beschwerdeberechtigt sein (vgl. §§ 194 Abs. 2 Satz 2, 195 Abs. 2 Satz 2 FamFG) und andererseits kann tatsächlich Beteiligten die Beschwerdeberechtigung fehlen (näher zur Beschwerdeberechtigung *Dürbeck*, § 59 Rn. 1 ff.).

§ 189 FamFG Fachliche Äußerung einer Adoptionsvermittlungsstelle

¹Wird ein Minderjähriger als Kind angenommen, hat das Gericht eine fachliche Äußerung der Adoptionsvermittlungsstelle, die das Kind vermittelt hat, einzuholen, ob das Kind und die Familie des Annehmenden für die Annahme geeignet sind. ²Ist keine Adoptionsvermittlungsstelle tätig geworden, ist eine fachliche Äußerung des Jugendamts oder einer Adoptionsvermittlungsstelle einzuholen. ³Die fachliche Äußerung ist kostenlos abzugeben.

Übersicht

---

10 Gilt daher nicht für die Verfahren auf Aufhebung von Volljährigenadoptionen.
11 Zur Problematik ausführlich: *Reinhardt*, JAmt 2011, 628, 632 f.
12 Ausführlich ebenso: *Keidel/Zimmermann*, § 7 FamFG Rn. 49 ff.

A. Allgemeines

1 § 189 FamFG schreibt die Erstellung einer fachlichen Äußerung im Adoptionsverfahren vor.[1] Die Norm gilt ausschließlich für die Verfahren auf Annahme als Kind (§ 186 Nr. 1) und **nur für die Minderjährigenadoption**.

2 Als wesentliche Ermittlungsgrundlage ist die Anforderung einer fachlichen Äußerung **für das Gericht zwingend**. Versäumt das Gericht diese Verfahrenshandlung, so führt dies zu einem schweren Verfahrensfehler, macht die Entscheidung aber nicht nichtig.[2]

3 **Gesetzessystematisch** findet eine **Unterscheidung zwischen vermittelten Adoptionen (Satz 1) und nicht vermittelten Adoptionen (Satz 2)** statt. Während im ersten Fall die fachliche Äußerung durch die vermittelnde Adoptionsvermittlungsstelle erstellt werden muss, kann das Gericht bei nicht vermittelten Adoptionen zwischen dem (örtlichen) Jugendamt und einer Adoptionsvermittlungsstelle wählen.

B. Inhalt der Norm

I. Die fachliche Äußerung bei vermittelten Adoptionen (Satz 1)

4 Wurde die Adoption (legal) vermittelt, so muss diejenige Adoptionsvermittlungsstelle die fachliche Äußerung erstellen, welche das Kind vermittelt hat. Vermittlung i.S.v. § 189 FamFG meint die **Vermittlung nach dem Adoptionsvermittlungsgesetz** und umfasst **sowohl nationale als auch internationale Vermittlungen**. Bei nationalen Vermittlungen werden die Adoptionen regelmäßig durch die Adoptionsvermittlungsstellen bei den Jugendämtern vermittelt (§ 2 Abs. 1 AdVermiG). Zum Teil werden diese Aufgaben aber auch durch die zentralen Adoptionsstellen bei den Landesjugendämtern (§ 2 Abs. 1 AdVermiG) oder durch (anerkannte) freie Träger nach § 2 Abs. 2 AdVermiG erfüllt. Bei internationalen Vermittlungen findet die Adoptionsvermittlung durch die in § 2a Abs. 3 AdVermiG genannten Stellen statt (meistens hierfür anerkannte Auslandsvermittlungsstellen in freier Trägerschaft).

5 Es kommt häufig vor, dass die Adoptionsvermittlung nicht durch die Adoptionsvermittlungsstelle des örtlichen (d.h. am Wohnsitz der Annehmenden befindlichen) Jugendamts durchgeführt worden ist. Da die Überprüfung der Adoptionsbewerber und das sog. *Matching* mit dem Kind aber von dieser Stelle durchgeführt worden sind, erscheint es sachgerecht (und vom Gesetzgeber gewollt)[3], dass auch diese Stelle die fachliche Äußerung nach § 189 FamFG abgibt. Um weitere Informationen „vor Ort" zu bekommen, kann sich die nach § 189 Satz 1 FamFG zuständige Stelle mittels Amtshilfe der Hilfe des vor Ort befindlichen Jugendamts bedienen.

---

1 Bis 2009 wurde dies noch „gutachtliche Äußerung" genannt; siehe auch: BT-Drucks. 16/9733, 295
2 MüKo-FamFG/*Maurer*, § 197 FamFG Rn. 26
3 BT-Drucks. 7/5087, 24

II Die fachliche Äußerung bei unvermittelten Adoptionen (Satz 2)

Falls die Adoption nicht vermittelt worden ist (v.a. bei Stiefkindadoptionen), kommt subsi- **6**
diär §189 Satz 2 FamFG zur Anwendung. In solchen Fällen kann das Gericht **entweder
das Jugendamt oder jede in §§2 oder 2a Abs. 3 AdVermiG genannte sonstige
Adoptionsvermittlungsstelle** zur fachlichen Äußerung auffordern.

Wird das Jugendamt angerufen, so stellt die Maßnahme von dessen Seite eine Mitwirkung **7**
an einem gerichtlichen Verfahren nach §50 Abs. 1 Nr. 3 SGB VIII dar (näher hierzu *Dürbeck*, §50 SGB VIII Rn. 4). Die **örtliche Zuständigkeit** bestimmt sich dann nach §87b
Abs. 1 Satz 1 i.V.m. §86 Abs. 1 bis 4 SGB VIII. Erstaunlicherweise wird nach §86 SGB VIII
nicht primär an den (gewöhnlichen oder tatsächlichen) Aufenthalt des Kindes oder des Annehmenden angeknüpft, sondern an den Aufenthalt der „Eltern". Hiermit können auch
nur die bisherigen Eltern gemeint sein, da es im Zeitpunkt der fachlichen Äußerung noch
zu keinem Statuswechsel des Kindes gekommen ist.[4] Im Ergebnis wird es in den meisten
Fällen von §189 Satz 2 FamFG (Stiefkindadoptionen) dennoch zu einer Zuständigkeit des
Jugendamts kommen, in dessen Bezirk sich das Kind aufhält. Denn regelmäßig kann bei
einer Stiefkindadoption an den Aufenthalt desjenigen Elternteils angeknüpft werden, dessen Ehegatte das Kind adoptieren möchte (Fälle des §86 Abs. 2 SGB VIII). Dann stimmt der
gewöhnliche Aufenthalt dieses Elternteils mit dem Aufenthalt des Kindes auch überein.

Leben bei einer unvermittelten Adoption das **Kind und der Annehmende im Ausland**, **8**
so findet zwar grundsätzlich §86 Abs. 4 SGB VIII Anwendung (Anknüpfung an den vormaligen Aufenthalt des Kindes im Inland). In derartigen Fällen erscheint es jedoch nicht
sinnvoll, ein deutsches Jugendamt mit der fachlichen Äußerung zu beauftragen. Vielmehr
sollte dann eine Auslandsvermittlungsstelle nach §2a Abs. 3 Nr. 3 AdVermiG oder
die zentrale Adoptionsstelle beim entsprechenden Landesjugendamt (§2a Abs. 3
Nr. 1 AdVermiG) beauftragt werden. Nur so können die erforderlichen Ermittlungen im
Ausland durchgeführt und eine brauchbare fachliche Äußerung erstellt werden. Ggf. können auch die Strukturen des *International Social Service* genutzt werden, wobei derartige
fachliche Äußerungen entgegen §189 Satz 3 FamFG kostenpflichtig sind.[5]

III. Inhalt der fachlichen Äußerung

Inhalt und Umfang der fachlichen Äußerung sind im Gesetz nicht geregelt. Die allge- **9**
meine Forderung in §50 Abs. 2 SGB VIII, wonach das Jugendamt bei der Mitwirkung am
gerichtlichen Verfahren „erzieherische und soziale Gesichtspunkte zur Entwicklung des
Kindes oder Jugendlichen" einbringen soll, gibt nur einen Aspekt der fachlichen Äußerung
wieder und berücksichtigt nicht die Besonderheiten eines Adoptionsverfahrens.

Tatsächlich sollte sich der Inhalt der fachlichen Äußerung vielmehr **an den materiell- **10**
rechtlichen Voraussetzungen in §1741 Abs. 1 Satz 1 BGB (Kindeswohl und Eltern-
Kind-Verhältnis) orientieren**. Dies darf sich nicht auf ein bloßes „Abhaken" der förmlichen Voraussetzungen wie Gesundheitszustand oder fehlende Vorstrafen der Annehmenden beschränken. Viel entscheidender sind die Fragen der Entwicklung des Zusammenlebens zwischen Annehmenden und Kind während der Probezeit (§1744 BGB), die emotionalen, sozialen und erzieherischen Fähigkeiten und Vorstellungen der Annehmenden (sog.
Elterneignung) sowie das wohnliche und soziale Umfeld, in dem das Kind aufwachsen soll.
Bei Geschwisterkonstellationen ist dabei auch auf die Interessen der weiteren Kinder einzugehen (vgl. §1745 BGB). Bei besonderen Situationen (etwa bei gesundheitlichen Beeinträchtigungen oder Traumatisierungen des Kindes bzw. bei großen oder geringen Alters-

---

4 So auch: MüKo-FamFG/*Maurer*, §189 FamFG Rn. 9
5 Deutsche Korrespondenzstelle für grenzüberschreitende Adoptionen ist der Verein familie international frankfurt e.V.

abständen) ist besondere Sorgfalt an den Tag zu legen.[6] Zusammenfassend erfasst die fachliche Äußerung also sämtliche Inhalte eines Sozialberichts bzgl. der Elterneignung nach § 7 Abs. 1 AdVermiG und geht darüber hinaus, indem das stattgefundene tatsächliche Zusammenleben in Augenschein genommen und fachlich bewertet wird.

11 **Grundlagen der Ermittlungen** der begutachtenden Stelle sind zum einen die eingereichten **Unterlagen** (siehe unten Rn. 17), zum anderen die zu führenden **Gespräche** mit den Annehmenden und mit dem Kind sowie sonstige **Beobachtungen** im direkten Kontakt. Zur Beurteilung des wohnlichen und sozialen Umfelds sollte mindestens ein **Hausbesuch** bei dem Kind durchgeführt werden (auch bei Stiefkindadoptionen). Eine bloß telefonische Rücksprache oder eine ausschließliche Beurteilung der vorgelegten Unterlagen ist eindeutig nicht ausreichend.

12 Die Beurteilung, ob die fachliche Äußerung den inhaltlichen Anforderungen und der geforderten Qualität entspricht, obliegt dem erkennenden Gericht. Es ist an die Empfehlungen des Jugendamtes nicht gebunden. Das Gericht ist berechtigt (und nach § 28 FamFG verpflichtet), ggf. weitere Anforderungen zu stellen.[7] Eine **qualitativ nicht ausreichende fachliche Äußerung** kann im Rechtsmittelverfahren zur Rückverweisung an die vorherige Instanz führen[8] (näher zur Zurückverweisung siehe *Dürbeck*, § 69 FamFG Rn. 5).

13 **Verweigern die Annehmenden eine Kooperation** mit der Adoptionsvermittlungsstelle oder dem Jugendamt, so ist dies dem Gericht mitzuteilen. Von sich aus ist die beauftragte Stelle nicht berechtigt, die Ermittlungen einzustellen, die fachliche Äußerung aus diesem Grund zu verzögern oder eigene Zwangsmittel anzuordnen.[9] Vielmehr ist ein solches Verhalten der Annehmenden wegen deren fehlender Mitwirkung nach § 27 FamFG – anders als etwa die fehlende Mitwirkung der Eltern bei der Erstellung eines Sachverständigengutachtens in einer Kindschaftssache (hierzu *Heilmann* § 163 FamFG Rn. 40 ff.) – **im Rahmen der Beweiswürdigung zu berücksichtigen**.[10] Dasselbe gilt, wenn die Ermittlungen dadurch eingeschränkt werden, dass die Adoptionsvermittlungsstelle oder das Jugendamt nicht mit dem Kind kommunizieren dürfen, da diesem seine Herkunft noch nicht offenbart worden ist.[11] In sämtlichen Fällen ist die fachliche Äußerung unter Berücksichtigung dieser Sachlage abzugeben.

IV. Weigerung zur Abgabe der fachlichen Äußerung

14 Weigert sich die angerufene Stelle, eine fachliche Äußerung abzugeben, so hat das Gericht zwar grundsätzlich das Recht, **Zwangsmittel (insb. Zwangsgeld) nach § 35 FamFG** zu verhängen.[12] Dies wird aber nur selten zu dem gewünschten Ergebnis einer fachlich fundierten Stellungnahme führen. Vielmehr sollte das Gericht bei nachhaltiger Weigerung eine (andere) Adoptionsvermittlungsstelle oder ein Jugendamt beauftragen (was aber nur in den Fällen des Satz 2 möglich ist).

V. Entscheidung trotz Fehlens einer fachlichen Äußerung

15 Wird eine Entscheidung getroffen, obwohl keine fachliche Äußerung nach § 189 FamFG erstellt worden ist, so stellt dies einen **schweren Verfahrensfehler** dar. Im Beschwerdeverfahren muss eine solche Entscheidung **aufgehoben** werden und das Verfahren auf Antrag (§ 69 Abs. 1 Satz 3 FamFG) an die entsprechende Instanz wieder **zurückverwiesen**

---

6 Hierzu: BAGLJÄ, Empfehlungen zur Adoptionsvermittlung, 7. Auflage, Nr. 7.3.5 und 7.3.6, S. 31
7 Keidel/*Engelhardt*, § 189 FamFG Rn. 5
8 OLG Frankfurt OLGR Frankfurt 1999, 178
9 MüKo-FamFG/*Maurer*, § 189 FamFG Rn. 16
10 Ausführlich: MüKo-FamFG/*Ulrici*, § 27 FamFG Rn. 8 ff.
11 BayObLG NJW-RR 2001, 722
12 Ausführlich: MüKo-FamFG/*Maurer*, § 189 FamFG Rn. 12

werden.[13] Da jedoch prinzipiell nur bei negativen Adoptionsentscheidungen die Beschwerde offen steht (§ 197 Abs. 3 Satz 1), bleibt der Fehler meistens sanktionslos. Eine eigene Anhörungsrüge nach § 44 FamFG steht der Adoptionsvermittlungsstelle oder dem Jugendamt wegen Verstoßes gegen § 189 FamFG nicht zu.[14]

C. Weitere Ermittlungen (insb. das Einholen und Prüfen entscheidungserheblicher Unterlagen)

I. Weitere Ermittlungsmaßnahmen bei der Minderjährigenadoption

Die Ermittlungen bei der Annahme eines minderjährigen Kindes erschöpfen sich nicht in der fachlichen Äußerung nach § 189 FamFG und den Anhörungen nach §§ 192 ff. FamFG. In Adoptionssachen ist das Familiengericht vielmehr gehalten gemäß dem **Amtsermittlungsgebot (§ 26 FamFG)** noch weitere Ermittlungen anzustellen. **Insbesondere die Vorlage von entscheidungserheblichen Unterlagen** spielt in jedem Adoptionsverfahren eine bedeutende Rolle. | **16**

1. Das Einholen und Prüfen von entscheidungserheblichen Dokumenten

Um die Familiensituation des Kindes und der Annehmenden umfassend zu ermitteln, bedarf es der **Einholung und Prüfung von verschiedenen Dokumenten**. Das Familiengericht darf aufgrund der Bedeutung (und praktischen Unumkehrbarkeit) einer Adoptionsentscheidung nicht auf bloße Behauptungen der Beteiligten vertrauen, sondern muss diese nachprüfen (vgl. § 29 Abs. 1 FamFG). Die Prüfung bezieht sich dabei **sowohl auf formale wie auf materiell-rechtliche Gesichtspunkte**. | **17**

Welche konkreten Unterlagen im Adoptionsverfahren benötigt werden, ist gesetzlich nicht geregelt. Eine Normierung wäre auch wenig tauglich, um die vielen unterschiedlichen Einzelfälle abzudecken. Dennoch bedient sich die Praxis (Gerichte, Notare und Jugendämter) mehr oder weniger durchdachter **Listen**, welche dann in jedem Fall schlicht „abgehakt" werden.[15] Hiervor ist zu warnen, da dabei entweder zu viele (für die Sachentscheidung unerhebliche) Dokumente angefordert werden oder andererseits wesentliche Informationen nicht eingeholt werden. | **18**

Die folgende **Darstellung von möglichen Dokumenten** soll daher nicht als allgemeingültige Liste verstanden werden, sondern die wesentlichen in Betracht kommenden Unterlagen thematisieren und deren Bedeutung für die Ermittlungen untersuchen. Sie mag daher als Checkliste dienen, die den jeweiligen Umständen des Einzelfalls anzupassen ist: | **19**

- Die **Geburtsurkunde des Kindes** dient der Feststellung der rechtlichen Abstammung. Für das Verfahren führt dies zu der wesentlichen Erkenntnis, welche Personen rechtliche Eltern des Kindes sind und gemäß § 1747 BGB in die Adoption grundsätzlich einwilligen müssen. Es ist darauf zu achten, eine **aktuelle Geburtsurkunde** anzufordern, da sich seit Geburt des Kindes v.a. die Vaterschaft zum Kind durch Vaterschaftsfestellung, -anerkennung oder -anfechtung verändert haben kann. Noch mehr Erkenntnisse kann ein (gemäß § 62 Abs. 2 PStG) anzufordernder **Auszug aus dem Geburtsregister** (§ 21 PStG) erbringen, da sich hieraus z.B. die Staatsangehörigkeit des Kindes oder die Ehelichkeit des Kindes ergibt (vgl. § 21 Abs. 3 PStG). Der Beweiswert einer (aktuellen) deutschen Geburtsurkunde ist hoch (§ 54 PStG), so dass von der materiellen Richtigkeit der Eintragung ausgegangen werden kann. Bei **ausländischen Geburtsurkunden** ist jedoch Vorsicht angebracht, da es entweder kein funktionie-

---

13 Keidel/*Engelhardt,* § 189 FamFG Rn. 3; OLG Frankfurt OLGR Frankfurt 1999, 178
14 MüKo-FamFG/*Maurer,* § 189 FamFG Rn. 26
15 Z.B. *Zschiebsch,* FPR 2009, 493, 494; *Sieghörtner* in: Müller/Sieghörtner/Emmerling de Oliveira, Rn. 153 f.

rendes Personenstandswesen im entsprechenden Land gibt oder Eintragungen in Registern oder Urkunden ohne sachliche Prüfung einfach durch bloße Erklärungen aufgenommen werden.

- Die **Geburtsurkunden der Annehmenden** sind für die Adoptionsentscheidung von geringer Bedeutung. Die Kenntnis der Identität der Eltern der Annehmenden ist für die Sachentscheidung nur selten relevant. Auch die Tatsache der Geburt, der Geburtsort, das Geburtsdatum oder die Namensführung der Annehmenden kann sich auch aus anderen Dokumenten ergeben (z.B. Personalausweis, Meldebescheinigung oder Eheurkunde).

- Die **Eheurkunde** (§§ 15, 57 PStG) **der jeweiligen Annehmenden** (bzw. ein **Auszug aus dem Ehe- oder Heiratseintrag**, § 54 Abs. 2 PStG) ist bei einer gemeinschaftlichen Adoption immer anzufordern. Dadurch wird einerseits die Adoptionsfähigkeit nach § 1741 Abs. 2 Satz 2 und 3 BGB (nur gemeinschaftliche Adoption) nachgewiesen sowie andererseits der aktuelle Ehename der Annehmenden ersichtlich, was wiederum für die zukünftige Namensführung des Kindes nach § 1757 BGB relevant sein kann. Auch **Lebenspartnerschaftsurkunden** sind in den Fällen von § 9 Abs. 6 oder Abs. 7 LPartG vorzulegen. Auch hier ist zu beachten, dass **aktuelle Urkunden** vorgelegt werden (um z.B. Veränderungen durch Namensänderungen oder zwischenzeitliche Scheidung festzustellen). Das **sog. Familienbuch** existiert seit dem 1.1.2009 nicht mehr. Für Ehen, welche vor diesem Datum geschlossen wurden, werden vom Standesamt sog. **Auskünfte aus dem Heiratsbuch** erstellt, welche gemäß §§ 76 Abs. 2, 62 PStG angefordert werden können. Die Vorlage eines sog. „Stammbuchs" hat indes überhaupt keinen Beweiswert. Ein Stammbuch stellt nur eine freiwillige private Sammlung von ggf. relevanten Personenstandsurkunden oder kirchlichen Unterlagen dar.

- Je nach Einzelfall können **vorangegangene familiengerichtliche Entscheidungen (insb. Scheidungs- und Sorgerechtsentscheidungen)** für die Adoptionsentscheidung relevant sein. So gibt ein (rechtskräftiges) Scheidungsurteil des Annehmenden Auskunft darüber, ob das Kind alleine angenommen werden kann (§ 1741 Abs. 2 Satz 1 BGB). Eine Sorgerechtsentscheidung bzgl. des Kindes dient wiederum der Erkenntnis, wer das Kind bei dessen Einwilligungserklärung nach § 1746 BGB vertritt. Auch in materiell-rechtlicher Hinsicht kann der Zeitpunkt einer Scheidung einer vorangegangenen Ehe für die Ermittlungen, die das Eltern-Kind-Verhältnis zum Annehmenden betreffen, relevant sein. Bei nichtehelichen Kindern sind zur Feststellung der Vertretungsberechtigung ggf. auch **Sorgerechtserklärungen beider Elternteile i.S.v. § 1626a Abs. 1 Nr. 1 BGB** vorzulegen (näher hierzu, insbesondere zur Form, siehe *Fink*, § 1626d BGB Rn. 2 f.). Da fehlerhafte Einwilligungserklärungen mögliche Aufhebungsgründe für die Adoption nach § 1760 BGB darstellen, sollte das Gericht insbesondere hierbei nicht bloß auf Behauptungen der Annehmenden oder der leiblichen Eltern vertrauen, sondern sich entsprechende **beglaubigte Kopien oder Originale der Entscheidungen bzw. Erklärungen** vorlegen lassen.

- **Staatsangehörigkeitsnachweise** dienen der Beurteilung des anwendbaren Rechts nach Art. 22, 23 EGBGB. Der Nachweis der deutschen Staatsangehörigkeit kann regelmäßig durch **Vorlage eines gültigen Personalausweises oder eines deutschen Reisepasses** erfolgen. Zwar hat ein **Staatsangehörigkeitsausweis** nach § 30 Abs. 3 StAG im Vergleich hierzu einen höheren Beweiswert. Auf die Darstellungen im Personalausweises oder Reisepass ist aber in aller Regel zu vertrauen. Bei **ausländischen Staatsangehörigen** gilt grundsätzlich dasselbe. Auch hier genügt für den Nachweis die Vorlage einer Kopie des Reisepasses (bzw. Personalausweises, wenn der ausländische Staat solche ausgibt). In Zweifelsfällen muss die Staatsangehörigkeit durch andere Bescheinigungen nachgewiesen werden (Bescheinigungen durch ausländische Staatsangehörigkeitsbehörden, Konsulate oder Botschaften). Auch die Staatenlosigkeit ist wegen Art. 5 Abs. 2 EGBGB nachzuweisen.

- **Auskünfte aus dem Melderegister** für die Annehmenden und das Kind dienen der Feststellung der aktuellen Meldeadresse. Darüber hinaus sind aus dem Melderegister auch die aktuelle Namensführung, der Familienstand und die Staatsangehörigkeit der betreffenden Person herauszulesen. Die Meldeadresse ist regelmäßig ein wichtiger Anknüpfungspunkt für die örtliche Zuständigkeit nach § 187 FamFG (siehe hierzu *Braun*, § 187 Rn. 7). Bei Stiefkindkonstellationen hat die Melderegisterauskunft darüber hinaus auch einen materiell-rechtlichen Zweck. Denn hier ist häufig entscheidend, für wie lange das Kind schon mit dem Annehmenden tatsächlich zusammengelebt hat. Da aus dem Melderegister auch Einzugs- und Auszugsdaten ersichtlich sind, kann durch die Einsichtnahme ins Register diese Information erlangt werden. Voraussichtlich ab dem 1.11.2015 wird das Meldewesen bundesweit durch das **Bundesmeldegesetz (BMG)** geregelt sein. Wie schon bei den bisherigen Ländergesetzen kann dabei zwischen einfachen, erweiterten und unbeschränkten Melderegisterauskünften unterschieden werden. Im Adoptionsverfahren ist entweder eine **erweiterte Melderegisterauskunft nach § 45 BMG** von dem entsprechenden Beteiligten anzufordern oder (was häufig zweckmäßiger ist) die **unbeschränkte Melderegisterauskunft nach § 34 BMG** vom Gericht selbst einzuholen.

- **Gesundheitszeugnisse der Annehmenden und des Kindes** dienen der Ermittlung des Kindeswohls in § 1741 Abs. 1 Satz 1 BGB. Gesundheitszeugnisse der Annehmenden geben darüber Auskunft, ob aufseiten eines Annehmenden ein gesundheitlicher Hinderungsgrund für die Annahme eines Kindes besteht (siehe ausführlich *Braun*, § 1741 BGB Rn. 14).[16] Gesundheitszeugnisse für das Kind geben dem Gericht weitere Hinweise dazu, ob evtl. ein besonderer Betreuungsbedarf (und damit eine besondere Elterneignung) zu beachten ist.[17] Es ist indes darauf hinzuweisen, dass der **Erkenntniswert** derartiger ärztlicher Unterlagen in der Praxis **eher gering** ist.[18] Insbesondere bei der Fremdadoption ist davon auszugehen, dass die Adoptionsbewerber schon vor Aufnahme des Kindes einer eingehenden medizinischen Eignungsüberprüfung unterzogen worden sind. Lebt das Kind nun schon über längere Zeit mit den Annehmenden als Pflegekind zusammen, so wird eine Adoption wohl nur äußerst selten allein aufgrund einer später auftretenden schweren Erkrankung eines Annehmenden abgelehnt werden können. Ähnliches gilt für Stiefkindkonstellationen, da das Kind auch dann schon längere Zeit mit dem Adoptierenden zusammengelebt hat und selbst bei einer Ablehnung der Adoption wegen einer schweren Erkrankung das tatsächliche Zusammenleben fortbestehen würde. Dementsprechend ist auch keine obergerichtliche Entscheidung bekannt, bei der eine Adoption allein aufgrund einer problematischen Gesundheitssituation abgelehnt worden wäre.[19] Somit ist der Streit, ob ein amtsärztliches Zeugnis anzufordern ist[20] oder ob ein Attest des Hausarztes genügt,[21] für die Praxis im Ergebnis von untergeordneter Bedeutung.

---

16 OLG Frankfurt, Beschl. v. 12.6.2003 – 20 W 264/02, juris (besondere Anforderungen bei Kind in der Pubertät); zur Möglichkeit der Anforderung eines HIV-Tests: KG FamRZ 1991, 1101
17 Zum möglichen Inhalt derartiger ärztlicher Stellungnahmen und zu Kindern mit besonderen Bedürfnissen: BAGLJÄ, Empfehlungen zur Adoptionsvermittlung, 7. Auflage, Nr. 7.3.5, S. 31
18 So auch: *Zschiebsch*, FPR 2011, 493, 494
19 Bei OLG Frankfurt, Beschl. v. 12.6.2003 – 20 W 264/02, juris, wurde die Adoption maßgeblich wegen des hohen Altersabstands zwischen Annehmenden und Kind abgelehnt.
20 So: MüKo-BGB/*Maurer*, § 1741 BGB Rn. 20
21 So wohl: *Sieghörtner* in: Müller/Sieghörtner/Emmerling de Oliveira, Rn. 154

- Die **Einsichtnahme in einen Auszug aus dem Bundeszentralregister** (oder in ein **Führungszeugnis**) betreffend die jeweiligen Annehmenden soll sicherstellen, dass kein Adoptionsbewerber ein Kind auf- und annimmt, welcher aufgrund eines Gewalt-, Menschenhandel- oder Sexualdelikts (vgl. den Katalog der Straftaten in § 72a Abs. 1 SGB VIII) verurteilt worden ist. Die Überprüfung von (Adoptiv-)Pflegeeltern findet schon vor Aufnahme des Kindes in eine Pflegschaft gem. § 44 Abs. 2 Satz 2 i.V.m. § 72a SGB VIII durch Anforderung eines sog. **erweiterten Führungszeugnisses nach § 30a BZRG** statt. Ob dies dann im später stattfindenden gerichtlichen Adoptionsverfahren erneut einzuholen ist, hängt vom Einzelfall ab. Sicherheitshalber ist dies aber zu empfehlen und bei Stiefkindadoptionen, bei denen ja bei „Aufnahme" des Kindes keine vorherige Überprüfung stattgefunden hat, auf jeden Fall erforderlich. Es ist zu beachten, dass sich sowohl aus einem „normalen" als auch aus einem erweiterten Führungszeugnisse weniger Informationen ergeben als aus den tatsächlichen Eintragungen im Bundeszentralregister. Insbesondere sind im Führungszeugnis Erstbestrafungen zu Geldstrafen bis zu 90 Tagessätzen nicht eingetragen. Jedes Gericht hat (im Gegensatz zu Jugendämtern) aber gemäß § 41 BZRG die Möglichkeit, eine **unbeschränkte Auskunft aus dem Bundeszentralregister einzuholen** (auch ohne Einverständnis der jeweiligen Person). In Adoptionsverfahren ist diese Verfahrensweise zu empfehlen.

- Ein **Nachweis der Vermögens- und Einkommenslage der Annehmenden** dient ebenso der Ermittlung der Elterneignung. Erforderlich ist dies jedoch **nur bei der Fremdadoption**, da nur hier eine mangelnde Versorgungsfähigkeit des Annehmenden ein Ausschlusskriterium für die Annahme als Kind darstellen kann.[22] Bei einer Stiefkind- oder Verwandtenadoption sind die finanziellen Verhältnisse weniger entscheidend, da sich auch ohne den Ausspruch der Adoption diese Situation für das Kind nicht ändern würde.

2. Weitere Beweismittel

20 In Einzelfällen müssen bei Minderjährigenadoptionen gemäß § 26 FamFG noch weitere Ermittlungen für die Sachentscheidung durchgeführt werden. Namentlich kann insbesondere bei Stiefkindkonstellationen an die **Anforderung von externen Sachverständigengutachten zur Elterneignung** gedacht werden. Dies kommt etwa in Betracht, wenn das Jugendamt bei der fachlichen Äußerung nach § 189 Satz 2 FamFG Bedenken an der Erziehungsfähigkeit des oder der Annehmenden feststellt. Mitunter bedarf es auch der Einholung eines **externen Rechtsgutachtens**, wenn es gemäß Art. 22, 23 EGBGB zur Anwendung ausländischen Rechts kommt. Einerseits können so die formalen und materiell-rechtlichen Voraussetzungen des ausländischen Rechts ermittelt werden und andererseits bedarf es wegen § 2 Abs. 3 AdWirkG der Feststellung der Wirkungen einer ausländischen Adoption im Beschluss (dazu *Braun*, § 197 FamFG Rn. 4).

II. Weitere Ermittlungsmaßnahmen bei der Volljährigenadoption

21 Der Verfahrensgegenstand der Volljährigenadoption ist ein grundsätzlich anderer als bei der Minderjährigenadoption. Hier stehen nicht mehr das Kindeswohl und die Versorgung des Kindes im Vordergrund, sondern es ist die Frage der sittlichen Rechtfertigung nach § 1767 Abs. 1 BGB zu ermitteln. Dementsprechend müssen auch nur **sehr viel weniger Unterlagen** eingesehen werden als bei einer Minderjährigenadoption. Dies gilt insbesondere für **Gesundheits- und Führungszeugnisse**. Es ist nicht ersichtlich, welche Erkenntnisse für die Feststellung eines Eltern-Kind-Verhältnisses oder für eine sonstige sittliche Rechtfertigung aus diesen Dokumenten herausgelesen werden könnten.

---

22 MüKo-BGB/*Maurer*, § 1741 BGB Rn. 22 (zumindest durchschnittliches Einkommen der Annehmenden)

Erforderlich sind indes in der Regel die **Vorlage von Geburts- und Eheurkunden** (ggf. **22** auch des Anzunehmenden) sowie von **Staatsangehörigkeitsnachweisen**. Diese Dokumente dienen der Ermittlung der Adoptionsfähigkeit nach § 1741 Abs. 2 BGB, der Einwilligungsbedürftigkeit des Ehepartners nach § 1749 Abs. 1 und 2 BGB und der Frage des anwendbaren Rechts nach dem deutschen internationalen Privatrecht.

Bei der Volljährigenadoption hat die Einholung von **unbeschränkten Auskünften aus** **23** **dem Melderegister** (gem. § 34 BMG) betreffend die Annehmenden und den Anzunehmenden eine besondere Bedeutung. Da die Frage des tatsächlichen Zusammenlebens zwischen Annehmenden und Anzunehmenden häufig eines der wenigen objektiven Kriterien für die Feststellung der sittlichen Rechtfertigung darstellt (siehe hierzu *Braun* § 1767 BGB Rn. 16), kann aus den Melderegisterauskünften herausgelesen werden, ob und für wie lange die Beteiligten in der Vergangenheit bei der gleichen Adresse gemeldet waren.

III. Weitere Ermittlungsmaßnahmen bei Ersetzungsverfahren

Bei den Verfahren auf Ersetzung der Einwilligung eines Elternteils (§ 186 Nr. 2 FamFG i.V.m. **24** § 1748 BGB) muss ermittelt werden, ob ein Ersetzungsgrund gemäß § 1748 Abs. 1 oder Abs. 3 BGB vorliegt (Gleichgültigkeit, Pflichtwidrigkeit oder Krankheit bzw. Behinderung). Allein die Anhörungen des Elternteils, des Kindes und der Annehmenden nach § 192 Abs. 2 FamFG und die Anhörung des Jugendamts nach § 194 Abs. 1 FamFG genügen hierfür meist nicht. In der Regel sind die Ermittlungen deshalb von **aussagekräftigen Unterlagen und Informationen aus Akten des Jugendamts oder aus vorangegangenen familiengerichtlichen Verfahren** abhängig. Entsprechende Berichte sind daher von den Beteiligten vorzulegen oder im Rahmen des Ersetzungsverfahrens vom entsprechenden Jugendamt anzufordern. Bei der am häufigsten vorkommenden Fallgruppe der **Gleichgültigkeit** bei der Ersetzung der Einwilligung eines Elternteils (§ 1748 Abs. 1 BGB) muss sich aus der Gesamtschau konkret ergeben, seit wann und für welchen Zeitraum keine Kontakte zwischen Kind und Elternteil stattgefunden haben und in wessen Verantwortungsbereich dies lag. Zudem muss nachgewiesen sein, dass die Belehrung durch das Jugendamt nach § 1748 Abs. 2 BGB stattgefunden hat oder dass diese zumindest versucht worden ist.

IV. Weitere Ermittlungsmaßnahmen bei Aufhebungsverfahren

Im Rahmen der Verfahren auf **Aufhebung einer Minderjährigenadoption** nach **25** § 1763 BGB bedarf es eingehender Ermittlungen zur Feststellung der „schwerwiegenden Gründe" nach § 1763 BGB. So wird es hier zusätzlich zu den nach §§ 192, 194 Abs. 1 FamFG durchzuführenden Anhörungen notwendig sein, etwa ein **fachpsychiatrisches Gutachten** zu etwaigen Belastungen des Kindes durch das Fortbestehen der Adoption anzufordern.[23] Auch bei den Verfahren nach § 1760 BGB bedarf es ggf. **ärztlicher Stellungnahmen**, wobei es hierbei dann auf die Frage der Geschäfts(un)fähigkeit (vgl. den Aufhebungsgrund nach § 1760 Abs. 2a) BGB) oder der Kindeswohlgefährdung nach § 1761 Abs. 2 BGB ankommt.

Im Rahmen der Verfahren auf **Aufhebung einer Volljährigenadoption** aus wichtigem **26** Grund nach § 1771 Satz 1 BGB ist die Frage der Unzumutbarkeit des Fortbestehens der Volljährigenadoption zu ermitteln. Weitere Ermittlungsmöglichkeiten als die Anhörung der Beteiligten (und ggf. weiterer Familienangehöriger) hat das Gericht hierbei jedoch selten. Denkbar ist aber auch hier die Einholung einer ärztlichen Expertise. Bei den übrigen Verfahren auf Aufhebung einer Volljährigenadoption (§§ 1771 Satz 2, 1772 Abs. 2 BGB) kann

---

23 So: OLG Köln NJW-RR 2009, 1376

wiederum die Einholung von **ärztlichen Sachverständigengutachten zur Feststellung einer Geschäftsunfähigkeit** erforderlich werden.

D. Weitere Ermittlungsmaßnahmen bei der Befreiung vom Eheverbot

27 Bei den Verfahren auf Befreiung vom Eheverbot muss ermittelt werden, ob „wichtige Gründe der Eingehung der Ehe entgegenstehen" (§ 1308 Abs. 2 Satz 2 BGB). Neben den durchzuführenden Anhörungen sind hier **kaum weitere Ermittlungsmöglichkeiten** vorstellbar.

§ 190 FamFG Bescheinigung über den Eintritt der Vormundschaft

Ist das Jugendamt nach § 1751 Abs. 1 Satz 1 und 2 des Bürgerlichen Gesetzbuchs Vormund geworden, hat das Familiengericht ihm unverzüglich eine Bescheinigung über den Eintritt der Vormundschaft zu erteilen; § 1791 des Bürgerlichen Gesetzbuchs ist nicht anzuwenden.

Übersicht

A. Allgemeines

1 Die Norm trifft die **Verfahrensvorgaben für** den aus § 1751 Abs. 1 Satz 1 und 2 BGB folgenden **Eintritt der Amtsvormundschaft** als Folge der Einwilligungen durch die leiblichen (sorgeberechtigten) Eltern des Kindes. Zur Herstellung von Rechtsklarheit hat das Familiengericht dem Jugendamt eine **Bescheinigung** hierüber zu erteilen.[1] Die Norm gilt **nur für Minderjährigenadoptionen**.

B. Inhalt der Norm

I. Funktionelle Zuständigkeit

2 Funktionell zuständig für die Erteilung der Bescheinigung ist der **Rechtspfleger**, da die Erteilung der Bescheinigung nach § 190 FamFG nicht im Katalog von § 14 Abs. 1 Nr. 15, 16 RPflG aufgeführt ist (vgl. § 3 Nr. 2 Buchstabe a) RPflG).

▶ *Zu Einzelheiten der funktionellen Zuständigkeit des Rechtspflegers siehe Heilmann, § 3 RPflG Rn. 10.*

II. Erteilung von Amts wegen und ohne Ermessen

3 Für die Erteilung der Bescheinigung bedarf es keines Antrags. Die Bescheinigung ist vielmehr **von Amts wegen** zu erteilen.[2] Liegen die Voraussetzungen für den Eintritt der Amtsvormundschaft nach § 1751 Abs. 1 Satz 1 und 2 BGB vor, so ist die Bescheinigung **ohne Ermessensmöglichkeit** zwingend zu erteilen.

---

1 BT-Drucks. 7/5087, 14
2 MüKo-FamFG/*Maurer*, § 190 FamFG Rn. 10

III. Rechtscharakter und Form der Bescheinigung

Die Erteilung der Bescheinigung nach § 190 FamFG erfolgt **nicht durch Beschluss**. Da die **4** Rechtsfolge der Amtsvormundschaft von Gesetzes wegen eintritt, hat die Bescheinigung daher auch nur **deklaratorischen Charakter**.[3] Sie führt lediglich zu einer widerlegbaren Vermutung, dass die Adoptionsvormundschaft tatsächlich beim Jugendamt liegt. Die Bescheinigung hat nicht die Form einer Bestallungsurkunde nach § 1791 BGB, was in § 190 2. HS FamFG ausdrücklich klargestellt wird.

IV. Zeitpunkt der Erteilung

Die Bescheinigung ist **unverzüglich**, d.h. ohne schuldhaftes Zögern, zu erteilen. Maßgeb- **5** licher Bezugspunkt ist die Wirksamkeit der (die Amtsvormundschaft auslösenden) Einwilligungserklärung des entsprechenden Elternteils. Eine Einwilligung wird wirksam mit Zugang beim Familiengericht (§ 1750 Abs. 1 Satz 3 BGB). Entsteht die Amtsvormundschaft aufgrund Ersetzungsentscheidung nach § 1748 BGB, dann tritt die Amtsvormundschaft mit formeller Rechtskraft dieser Entscheidung ein (§ 198 Abs. 1 Satz 1 FamFG). Die Bescheinigung ist **auch dann** zu erteilen, **wenn noch kein Antrag auf Annahme als Kind** nach § 1752 Abs. 1 BGB gestellt worden ist. Der Eintritt der Amtsvormundschaft ist unabhängig vom Annahmeverfahren.

V. Adressat der Bescheinigung

Adressat der Bescheinigung ist das **Jugendamt am gewöhnlichen** (oder subsidiär am **6** tatsächlichen) **Aufenthaltsort des Kindes** (§ 87c Abs. 3 Satz 1, 2 SGB VIII). Wechselt das Kind seinen gewöhnlichen Aufenthalt, so wird das Jugendamt am neuen Ort (von Gesetzes wegen) Amtsvormund. Die vormalige Bescheinigung ist zurück zu geben und eine neue Bescheinigung an das nunmehr zuständige Jugendamt zu erteilen.

VI. Verfahrenshandlungen bei fehlerhafter Bescheinigung und bei Ablauf der Vormundschaft

Wurde die Bescheinigung nach § 190 FamFG fälschlicherweise erteilt, so ist diese durch **7** das Gericht vom entsprechenden Jugendamt **zurückzufordern**. Das Gleiche gilt, wenn die nach § 1751 BGB eingetretene Amtsvormundschaft geendet hat (z.B. bei rechtskräftiger Zurückweisung des Annahmeantrags oder bei Kraftlosigkeit der Einwilligungserklärung).

§ 191 FamFG Verfahrensbeistand

Das Gericht hat einem minderjährigen Beteiligten in Adoptionssachen einen Verfahrensbeistand zu bestellen, sofern dies zur Wahrnehmung seiner Interessen erforderlich ist. § 158 Abs. 2 Nr. 1 sowie Abs. 3 bis 8 gilt entsprechend.

Übersicht

---

3 Keidel/*Engelhardt*, § 190 FamFG Rn. 2

A. Allgemeines

1 Die Norm regelt, unter welchen Voraussetzungen in Adoptionssachen ein **Verfahrensbeistand** zu bestellen ist. Die Vorschrift war im Gesetzgebungsprozess umstritten, da der Bundesrat die Sinnhaftigkeit der Norm bezweifelte.[1] Im Ergebnis hat sich dann jedoch die Einschätzung der Bundesregierung[2] durchgesetzt und § 191 FamFG ist Gesetz geworden.

2 Die Norm gilt aufgrund des eindeutigen Wortlauts **nur für minderjährige Beteiligte**. Zwar kommt es vor, dass auch bei einer Volljährigenadoption die Interessen von minderjährigen Kindern des Annehmenden oder des Anzunehmenden gem. § 1769 BGB zu beachten sind. Diese Kinder sind jedoch ausdrücklich keine Beteiligten am Verfahren (dazu *Braun*, § 188 FamFG Rn. 26), so dass für diese auch kein Verfahrensbeistand bestellt werden kann.[3]

3 Die Vorschrift **verweist in wesentlichen Punkten auf** die in **§ 158 FamFG** normierten Voraussetzungen, Verfahrensvorgaben und Rechtsfolgen der Verfahrensbeistandsbestellung in Kindschaftssachen.

▶ *Zu Einzelheiten siehe Keuter, § 158 FamFG Rn. 4 ff.*

B. Inhalt der Norm

I. Die Erforderlichkeit der Bestellung eines Verfahrensbeistands in Adoptionssachen

4 Die Bestellung eines Verfahrensbeistands in Adoptionssachen hat zu erfolgen, wenn dies **zur Wahrnehmung der Interessen des Kindes** erforderlich ist. Konkretisiert wird diese Anforderung dadurch, dass dies **insbesondere** der Fall sein soll, **wenn die Interessen des Kindes zu denen seines gesetzlichen Vertreters in erheblichem Widerspruch** stehen (§ 191 Satz 2 i.V.m. § 158 Abs. 2 Nr. 1 FamFG).

1. Erforderlichkeit bei den Verfahren auf Annahme als Kind

5 In den Verfahren auf Annahme als Kind (§ 186 Nr. 1 FamFG) ist diese Fallkonstellation allerdings **nur selten** gegeben, da **die Interessenlagen** der gesetzlichen Vertreter einerseits und des Kindes andererseits gerade **meistens gleichlaufend** sind.[4] Schließlich wird das Kind im Annahmeverfahren in der Regel entweder durch einen Vormund (bei Fremdadoptionen) oder durch den Ehepartner des Annehmenden (bei Stiefkindadoptionen) vertreten, welche durch die Einwilligung im Namen des Kindes nach § 1746 BGB zu erkennen geben, dass sie im Interesse des Kindes die Annahme wollen.[5] Dass das Kind im Gegensatz hierzu ausdrücklich die Adoption ablehnt oder ein Vormund die Einwilligung verweigert (Fall von § 1746 Abs. 3 BGB), kommt nur äußerst selten vor.

6 Die Bestellung eines Verfahrensbeistands ist jedoch **in Betracht zu ziehen**, wenn die Interessenwahrnehmung aufgrund der mangelnden Bereitschaft oder aufgrund des geringen intellektuellen Niveaus des gesetzlichen Vertreters nicht ausreichend erscheint.[6] Gleiches gilt, wenn das Kind einer besonderen Unterstützung bei der persönlichen Anhörung bedarf, da dann der Verfahrensbeistand seine Aufgaben nach § 159 Abs. 4 Satz 3 FamFG wahrnehmen kann.[7]

---

1 BT-Drucks. 16/6308, 381
2 BT-Drucks. 16/6308, 417
3 A.A. MüKo-FamFG/*Maurer,* § 191 FamFG Rn. 7
4 Zutreffend: OLG Celle FamRZ 2012, 1226; *Zschiebsch,* FPR 2009, 493, 494
5 *Reinhardt,* JAmt 2009, 162, 164
6 Keidel/*Engelhardt,* § 191 FamFG Rn. 3
7 Zu weiteren möglichen Fällen: *Reinhardt,* JAmt 2009, 162, 164

2. Erforderlichkeit bei den Ersetzungs- und Aufhebungsverfahren

In den Ersetzungs- und Aufhebungsverfahren ist **in der Regel ein Verfahrensbeistand** **7** **zu bestellen**, da die Interessenlagen des Kindes und des gesetzlichen Vertreters hier gegenläufig sind.[8]

In den Aufhebungsverfahren nach § 1760 BGB und nach § 1763 BGB ist dies offensicht- **8** lich, da hier das Rechtsverhältnis zwischen den Annehmenden und dem Kind aufgehoben werden soll und diese damit auf unterschiedlichen Interessenseiten stehen. Etwas anderes gilt nur dann, wenn den Annehmenden schon vor der Aufhebung das Sorgerecht für das Kind entzogen worden ist und die Interessenwahrnehmung durch einen (Amts-)Vormund durchgeführt wird.

In den Ersetzungsverfahren nach § 1748 BGB ist die Bestellung eines Verfahrensbeistands **9** wiederum **nur dann entbehrlich**, wenn der nicht einwilligungsbereite Elternteil zum Zeitpunkt des Ersetzungsverfahrens **nicht (mehr) gesetzlicher Vertreter des Kindes** ist (z.B. bei nichtehelichen Kindern oder bei vorherigem Entzug der elterlichen Sorge nach § 1666 BGB).

II. Die Folgen der Bestellung eines Verfahrensbeistands

Durch die Bestellung als Verfahrensbeistand wird dieser zum **Beteiligten am Verfahren**. **10** Er vertritt die objektiven Interessen des minderjährigen Beteiligten im Verfahren, wird jedoch durch die Bestellung **nicht dessen rechtlicher oder gesetzlicher Vertreter**. Insbesondere kann ein Verfahrensbeistand nicht im Namen des Kindes dessen Einwilligung nach § 1746 Abs. 1 BGB erklären oder einer Einwilligung des über 14-jährigen Kindes zustimmen. Dieses Recht steht allein dem gesetzlichen Vertreter (leibliche Eltern oder Vormund oder Pfleger) zu.

§ 192 FamFG Anhörung der Beteiligten

(1) Das Gericht hat in Verfahren auf Annahme als Kind oder auf Aufhebung des Annahmeverhältnisses den Annehmenden und das Kind persönlich anzuhören.

(2) Im Übrigen sollen die beteiligten Personen angehört werden.

(3) Von der Anhörung eines minderjährigen Beteiligten kann abgesehen werden, wenn Nachteile für seine Entwicklung, Erziehung oder Gesundheit zu befürchten sind oder wenn wegen des geringen Alters von einer Anhörung eine Aufklärung nicht zu erwarten ist.

Übersicht

---

8 So auch: MüKo-FamFG/*Maurer*, § 191 FamFG Rn. 6

A. Allgemeines

1 Die Norm trifft die **verfahrensrechtlichen Vorgaben** zur Frage, **welche Beteiligten in welcher Form anzuhören** sind (bzw. angehört werden sollen) sowie in welchen Fällen auf eine Anhörung **verzichtet** werden kann. Sie ist damit lex specialis zur allgemeinen Vorschrift in § 34 FamFG, verdrängt die allgemeine Vorschrift aber nur teilweise.

2 Die Norm ist einerseits **Ausdruck des Anspruchs auf rechtliches Gehör nach Art. 103 Abs. 1 GG**. Andererseits sind Anhörungen in Verfahren der freiwilligen Gerichtsbarkeit aber auch immer ein wesentlicher Teil der **Sachverhaltsermittlung** nach § 26 FamFG.[1]

3 Die Verfahrensvorschrift ist **für sämtliche Adoptionssachen** anzuwenden, wobei Abs. 1 ausdrücklich nur für die Verfahren nach § 186 Nr. 1 und Nr. 3 FamFG (Annahme- und Aufhebungsverfahren) gilt. Die Vorgaben gelten uneingeschränkt auch für die Volljährigenadoptionen (mit Ausnahme von Abs. 3).

4 Ein **Verstoß gegen die Anhörungspflichten** in § 192 FamFG stellt einen **erheblichen Verfahrensfehler** dar. Hieraus folgt zwar keine Nichtigkeit der Entscheidung. Im Beschwerdeverfahren führt dies aber zur Aufhebung und Rückverweisung an die entsprechende Instanz. Darüber hinaus steht betroffenen Personen auch bei stattgebenden und damit unanfechtbaren (vgl. § 197 Abs. 3 Satz 1 FamFG) Adoptionsbeschlüssen die Möglichkeit des außerordentlichen Rechtsbehelfs der Anhörungsrüge nach § 44 FamFG oder sogar der Verfassungsbeschwerde unter Hinweis auf Art. 103 Abs. 1 GG offen (siehe hierzu *Braun*, § 197 FamFG Rn. 16).

B. Inhalt der Norm

I. Die Anhörung der Beteiligten in Verfahren auf Annahme als Kind

5 Bei den Verfahren auf Annahme als Kind wird in § 192 FamFG zwischen den **Anhörungen der Annehmenden und des Kindes einerseits (Abs. 1)** und den **Anhörungen der übrigen Beteiligten (Abs. 2)** andererseits unterschieden.

1. Die persönliche Anhörung des Kindes

a) Pflicht zur persönlichen Anhörung

6 Das Kind ist **zwingend anzuhören** („hat ... anzuhören", Abs. 1). Die Anhörung muss darüber hinaus in der **Form der persönlichen Anhörung**, also mündlich bei körperlicher Anwesenheit des Kindes, erfolgen.[2] Im Gegensatz zu § 159 FamFG wird dabei nicht zwischen unter 14-jährigen und über 14-jährigen Kindern unterschieden, so dass die persönliche Anhörungspflicht grundsätzlich auch für sehr junge Kinder gilt.

b) Ausnahmen von der Anhörungspflicht

7 Mögliche **Ausnahmen von der persönlichen Anhörungspflicht** des minderjährigen Kindes sind **in § 192 Abs. 3 FamFG normiert**. Hiernach kann entweder wegen zu befürchtender Nachteile für die Entwicklung, Erziehung oder Gesundheit des Kindes oder aufgrund eines zu geringen Alters auf die Anhörung verzichtet werden. Wegen des hohen

---

1 Ausführlich: Prütting/Helms/*Abramenko*, § 34 FamFG Rn. 3
2 BT-Drucks. 16/6308, 248; OLG Düsseldorf FamRZ 1995, 1294

Stellenwerts des Anspruchs auf rechtliches Gehör und der erheblichen rechtlichen Folgen einer Adoption sind die Ausnahmetatbestände **äußerst eng auszulegen**. Die allgemeinen Vorschriften zur Möglichkeit eines Absehens von einer persönlichen Anhörung nach § 34 Abs. 2 und 3 FamFG werden durch die lex specialis in § 192 Abs. 3 FamFG verdrängt.[3]

aa) Absehen von der persönlichen Anhörung wegen zu befürchtender Nachteile für das Kind

Die erste Fallgruppe (der zu befürchtenden Nachteile für die Entwicklung, Erziehung oder Gesundheit) wird **eher selten zu bejahen** sein.[4] Denn in aller Regel kann die Anhörung des Kindes entsprechend ausgestaltet werden, damit die genannten Nachteile gerade nicht entstehen (z.B. durch Anhörung in der gewohnten Umgebung des Kindes).[5] Darüber hinaus kann (und sollte) bei der Befürchtung von entsprechenden Nachteilen für das Kind ein Verfahrensbeistand nach § 191 FamFG bestellt werden, damit das Kind auf die Anhörungssituation vorbereitet werden kann (vgl. § 191 Satz 2 i.V.m. § 158 Abs. 4 Satz 2 FamFG; vgl. dazu *Braun*, § 191 FamFG Rn. 6).   **8**

Ausdrücklich kein Kriterium für das Absehen einer Anhörung darf die Frage sein, ob das Kind Kenntnis von seiner Herkunft oder von der geplanten Adoption hat oder erhalten soll. Auch ein Kind, welches noch nicht versteht, dass es nicht mit seinen „echten" (leiblichen) Eltern zusammenlebt, kann zu seinen Wünschen und zu den Realitäten seines Zusammenlebens in seiner sozialen Familie befragt werden.[6]   **9**

bb) Absehen wegen des geringen Alters des Kindes

In welchen Fällen von einer persönlichen Anhörung **wegen zu geringen Alters des Kindes** abgesehen werden kann (§ 192 Abs. 3, 2. Alt. FamFG), ist eine Frage des Einzelfalls. Die **Festlegung absoluter Altersgrenzen** ist im Gesetz **nicht vorgesehen und abzulehnen**. Auch die Unterscheidung von unter 14-jährigen und über 14-jährigen Kindern ist in § 192 Abs. 3 FamFG gerade kein relevantes Kriterium.   **10**

Richtigerweise sollte vielmehr auf die **Fähigkeit des Kindes zur Bildung und Ausübung eines (natürlichen) Willens** abgestellt werden.[7] Dabei geht es nicht um die Fähigkeit, die rechtlichen Folgen einer Adoption im Detail zu verstehen. Ausreichend ist schon, dass sich das Kind zu seinem Zusammenleben mit den Annehmenden äußern und seine Wünsche diesbezüglich ausdrücken kann. Darüber hinaus ist natürlich auch der der Adoption zugrundeliegende Sachverhalt zu berücksichtigen. So mag etwa die persönliche Anhörung eines sehr jungen Kindes, welches bei einer Stiefkindadoption nie eine andere soziale Vaterperson als seinen Stiefvater gekannt hat, weniger relevant sein als die Anhörung eines Kindes, welches in der Vergangenheit schon mehrere Bindungsabbrüche verarbeiten musste (bzw. noch muss).[8] Im letzten Fall können sich schon sehr junge Kinder häufig an entsprechende Situationen erinnern und dem Gericht weitere Erkenntnisse zum ggf. strittigen Entstehen eines neuen Eltern-Kind-Verhältnisses geben. Auch bei tatsächlichen Umgangskontakten zu den leiblichen Eltern (sog. offene Adoption) kann die persönliche Anhörung eines noch sehr jungen Kindes erforderlich werden.   **11**

Es gilt daher der Grundsatz, dass **auch sehr junge Kinder (im Vorschulalter)** zumindest zu einem Termin zur Anhörung (meistens gemeinsam mit den Annehmenden) geladen werden sollten. Stellt sich dann im Rahmen des Termins heraus, dass sich das entspre-   **12**

---

3 MüKo-FamFG/*Maurer*, § 192–195 FamFG Rn. 14-16
4 Zu möglichen Fällen: LG Freiburg FamRZ 2002, 1647
5 BayObLG NJW-RR 2001, 722
6 So auch: BayObLG NJW-RR 2001, 722
7 MüKo-FamFG/*Maurer*, § 192–195 FamFG Rn. 13
8 In diese Richtung: BayObLG FamRZ 1988, 871

chende Kind (auch mithilfe der Annehmenden oder eines Verfahrensbeistands) nicht zum Sachverhalt äußern kann, so kann von einer tatsächlichen Anhörung abgesehen werden.

c) Inhalt und Ausgestaltung der Anhörung des Kindes

13   Thema der persönlichen Anhörung eines anzunehmenden Kindes sind **v.a. die materiell-rechtlichen Fragen des Kindeswohls und des Eltern-Kind-Verhältnisses** nach § 1741 Abs. 1 Satz 1 BGB. Ggf. kann aber auch das Verhältnis zu den weiteren Kindern der Annehmenden nach § 1745 BGB eine Rolle spielen.

▶   *Zu Einzelheiten der persönlichen Anhörung eines minderjährigen Kindes siehe Heilmann, § 159 FamFG Rn. 17 ff.*

d) Die Anhörung des Anzunehmenden bei der Volljährigenadoption

14   Bei der **Volljährigenadoption** ist die **persönliche Anhörung des Anzunehmenden ohne Ausnahmen immer erforderlich.**[9] Sie dient hier nicht der Gewährung rechtlichen Gehörs (der Anzunehmende hat hier schließlich selbst den Antrag auf Adoption gestellt), sondern ausschließlich der Sachverhaltsermittlung (insb. der Voraussetzungen der sittlichen Rechtfertigung nach § 1767 Abs. 1 BGB). Eine (analoge) Anwendung des Abs. 3 scheidet aus, da dieser ausdrücklich nur für minderjährige Beteiligte gilt. Allerdings kommt ausnahmsweise die Anwendung der allgemeinen Vorgaben in § 34 Abs. 2 und 3 FamFG in Betracht.

2. Die persönliche Anhörung der Annehmenden

15   **Annehmende** sind in jedem Fall **zwingend persönlich anzuhören, ohne** dass hierfür **Ausnahmen** vorgesehen wären (§ 192 Abs. 1 FamFG). Da die Annehmenden sowohl bei der Minderjährigen- wie bei der Volljährigenadoption Antragsteller sind, geht es hier nicht um die Gewährung rechtlichen Gehörs, sondern ausschließlich um die Sachverhaltsermittlung. Zwar kann nach den allgemeinen Vorgaben nach § 34 Abs. 2 und 3 FamFG im Ausnahmefall von einer persönlichen Anhörung abgesehen werden.[10] Insbesondere bei einem Ausbleiben zu einem Termin ist das Gericht nach § 26 FamFG jedoch angehalten zu prüfen, ob der ansonsten ermittelte Sachverhalt ausreichend für die Sachentscheidung ist oder ob die Anhörung nach § 35 FamFG mit Zwangsmitteln erzwungen werden muss[11] (näher zur Gestaltung der persönlichen Anhörung Erwachsener *Wegener*, § 160 FamFG Rn. 6 ff.).

3. Die Anhörung weiterer Beteiligter (insb. der leiblichen Eltern)

16   Sämtliche **weitere Beteiligte „sollen" angehört** werden (§ 192 Abs. 2 FamFG). Es besteht daher weder bzgl. der Anhörung selbst noch bzgl. der Persönlichkeit der Anhörung eine gesetzlich normierte Verpflichtung. Praxisrelevant ist die Sollvorschrift v.a. bei der Frage der **Anhörung der leiblichen Eltern** (soweit sie gem. § 188 Abs. 1 Nr. 1b) FamFG beteiligt sind).

17   **Bei Minderjährigenadoptionen** ist eine Anhörung der leiblichen Eltern **nur selten erforderlich**. Dies liegt daran, dass die entsprechenden Elternteile entweder schon (unwiderruflich) in die Annahme als Kind eingewilligt haben (§ 1747 BGB) oder dass deren Einwilligung nach § 1748 BGB ersetzt worden ist oder auf die Einwilligung gemäß § 1747 Abs. 4 BGB verzichtet werden kann (in den letztgenannten Fällen sind sie im Übrigen schon gar nicht am Annahmeverfahren beteiligt: siehe *Braun*, § 188 FamFG Rn. 9, 11).

---

9 *Braun*, FamRZ 2011, 81, 86
10 PK Familienverfahrensrecht/*Meysen*, § 192 FamFG Rn. 2
11 Ausführlich: MüKo-FamFG/*Maurer*, § 192 FamFG Rn. 14 ff.

Bei der **Volljährigenadoption** mit den Wirkungen nach § 1772 Abs. 1 BGB (nur dann **18** sind die leiblichen Eltern auch Beteiligte) ist eine (zumindest schriftliche) **Anhörung der leiblichen Eltern zwingend erforderlich**. Dies ergibt sich zwar nicht direkt aus § 192 Abs. 2 FamFG (reine Sollvorschrift), jedoch aus der einschlägigen Rechtsprechung des Bundesverfassungsgerichts.[12] Im Gegensatz zur Minderjährigenadoption erfahren die entsprechenden Elternteile nämlich häufig erstmals durch die Anhörung von der geplanten Adoption ihres Kindes. Da die Eltern durch die Volljährigenadoption mit den starken Wirkungen ihren Verwandtenstatus gegenüber dem Anzunehmenden verlieren, würde ein Absehen von einer Anhörung zu einem erheblichen Verstoß gegen den Anspruch auf rechtliches Gehör nach Art. 103 Abs. 1 GG führen. Derartige Anhörungen können durchaus auf schriftlichem Wege erfolgen. Auf den persönlichen Eindruck kommt es bei der Volljährigenadoption nur selten an.

4. Die Anhörung von nicht beteiligten Personen

§ 192 FamFG normiert nur die Frage der Anhörung von beteiligten Personen. Allerdings **19** kann es im Einzelfall aufgrund von Art. 103 Abs. 1 GG oder aufgrund des Bedürfnisses zu weiterer Sachverhaltsermittlung erforderlich sein, auch **nicht beteiligte Personen** im Verfahren auf Annahme als Kind explizit anzuhören. Die Anhörungspflicht der Kinder des Annehmenden und des Anzunehmenden ist ausdrücklich in § 193 FamFG geregelt (hierzu *Braun*, § 193 FamFG Rn. 1 ff.), die Anhörungspflichten des Jugendamts und des Landesjugendamts in § 194 Abs. 1 FamFG und § 195 Abs. 1 FamFG.

Bei der Minderjährigenadoption betrifft die Anhörungspflicht von Nichtbeteiligten ins- **20** besondere die Anhörung der **leiblichen Eltern im Falle der Inkognitoadoption** nach § 1747 Abs. 2 Satz 2 BGB und in den Fällen, in denen die **Einwilligung des Elternteils vorher ersetzt** worden ist. Hier kann es im Einzelfall erforderlich sein, weitere Informationen von dem entsprechenden Elternteil zu erlangen (insb. zum vormaligen Zusammenleben mit dem Kind oder bei veränderter Sachlage nach einer Ersetzung). Eine solche Anhörung sollte dann im Regelfall auch persönlich stattfinden.

Bei der **Volljährigenadoption** sind die leiblichen Eltern nur dann beteiligt und nach § 192 **21** Abs. 2 FamFG anzuhören, wenn die Wirkungen nach § 1772 Abs. 1 BGB beantragt worden sind (§ 188 Abs. 1 Nr. 1b), 3. Alt. FamFG). Tatsächlich bedarf es aus verfassungsrechtlichen Gründen **auch im Rahmen der „normalen" Volljährigenadoption nach § 1770 BGB einer Anhörung der leiblichen Eltern**. Denn obwohl das Verwandtschaftsverhältnis zu den bisherigen Eltern auch nach der Adoption erhalten bleibt, verändert sich deren Rechtsposition zum Anzunehmenden nachhaltig. So kann die Adoption durch Hinzutreten weiterer Unterhaltsberechtigter die Unterhaltsrechte der leiblichen Eltern schmälern oder das gesetzliche Erbrecht verändern. Hinzu kommt, dass die Anhörung gerade bei der Volljährigenadoption auch der weiteren Sachverhaltsaufklärung dient. Da es hierbei auch auf das Verhältnis des Anzunehmenden zu seiner bisherigen Familie ankommt, sollten die Ansichten und Interessen der bisherigen Eltern hierzu berücksichtigt werden.[13]

Darüber hinaus ist noch die Anhörung **weiterer nicht beteiligter Personen** im Einzelfall **22** erforderlich. Zu denken wäre hier etwa an vormalige Pflegeeltern des Kindes, bei denen das Kind vor der Vermittlung an die Annehmenden gelebt hat.

---

12 BVerfG FamRZ 2008, 243
13 *Braun*, FamRZ 2011, 81, 86

II. Die Anhörung der Beteiligten in Ersetzungsverfahren

23 In den **Ersetzungsverfahren** ist – da diese Verfahren in § 192 Abs. 1 FamFG nicht aufgeführt sind – **nur § 192 Abs. 2 FamFG anwendbar**. Aufgrund der Ausgestaltung als Sollvorschrift besteht per Gesetz daher keine (persönliche) Anhörungspflicht der beteiligten Personen (insb. des Kindes, der Annehmenden und der leiblichen Eltern).

24 Die **gesetzgeberische Wertung überzeugt jedoch nicht**, da einerseits die leiblichen Eltern durch die Ersetzung nach § 1751 BGB schon frühzeitig ihre sämtlichen Rechte und Pflichten gegenüber dem Kind verlieren (was dann nach positivem Abschluss des darauf folgenden Annahmeverfahrens sogar praktisch unumkehrbar wird). Andererseits stellt aber die Ersetzung auch für die Kinder einen erheblichen Eingriff dar und der persönliche Eindruck von den Kindern ist dann häufig von erheblicher Bedeutung für die Sachentscheidung. Zutreffend geht daher die Rechtsprechung insb. bei der Anhörung der Kinder und der leiblichen Eltern von einer tatsächlichen (regelmäßig persönlichen) Anhörungspflicht der Beteiligten im Ersetzungsverfahren aus.[14]

III. Die Anhörung der Beteiligten in Aufhebungsverfahren

25 Im Aufhebungsverfahren gelten wiederum dieselben Grundsätze wie im Annahmeverfahren. Auch hier ist die **persönliche Anhörung der Annehmenden und des Kindes** (mit den Ausnahmen in Abs. 3) **zwingend erforderlich** (§ 192 Abs. 1 FamFG). Die weiteren Beteiligten (insb. die leiblichen Eltern des Angenommenen) sollen angehört werden (§ 192 Abs. 2 FamFG).

IV Die Anhörung der Beteiligten in Verfahren auf Befreiung vom Eheverbot

26 In den Verfahren auf Befreiung vom Eheverbot ist **nur die Sollvorschrift in § 192 Abs. 2 FamFG anwendbar**. Ggf. bedarf es zur Sachverhaltsermittlung etwaiger „wichtiger Gründe" gem. § 1308 Abs. 2 Satz 2 BGB noch der Anhörung weiterer Personen (insb. von anderen Familienangehörigen).

§ 193 FamFG Anhörung weiterer Personen

[1]Das Gericht hat in Verfahren auf Annahme als Kind die Kinder des Annehmenden und des Anzunehmenden anzuhören. [2]§ 192 Abs. 3 gilt entsprechend.

1 Die Vorschrift normiert die **Vorgaben zur Anhörung der Kinder des Annehmenden und des Anzunehmenden**. Sie geht auf Rechtsprechung des Bundesverfassungsgerichts zur Anhörungspflicht von Kindern des Annehmenden zurück[1] und stellt die verfahrensrechtliche Absicherung der Wahrung der Interessen dieser Personen nach § 1745 BGB (Minderjährigenadoption) und nach § 1769 BGB (Volljährigenadoption) dar.[2]

2 Die Norm gilt nach ihrem eindeutigen Wortlaut („... in Verfahren auf Annahme als Kind ...") nur in den Verfahren nach § 186 Nr. 1 (Annahmeverfahren). In Ersetzungs- oder Aufhebungsverfahren besteht kein Bedürfnis für die Anhörung der in § 199 FamFG aufgeführten Personen.

3 Die **Anhörung der (weiteren) Kinder des Annehmenden** ist im Annahmeverfahren erforderlich, da sich deren Rechtsposition durch die Annahme mittelbar verändert. Dies gilt

---

14 BverfG FamRZ 2003, 1448; BverfG FamRZ 2002, 229; BayObLG FamRZ 1984, 204; BayObLG FamRZ 1984, 935; BayObLG FamRZ 1988, 871; OLG Stuttgart FamRZ 2005, 542; OLG Köln FamRZ 1999, 889
1 BVerfG FamRZ 2009, 106; BVerfG FamRZ 1994, 493; BVerfG FamRZ 1988, 1247
2 BT-Drucks. 17/6308, 248

für sämtliche Adoptionsarten und insbesondere auch für die „normale" Volljährigenadoption mit den Wirkungen nach § 1770 BGB. Als „Kinder" gelten sowohl leibliche als auch vorher adoptierte Kinder, unabhängig von deren Alter. Die Norm ist auch auf Enkel des Annehmenden anzuwenden.[3] Insbesondere bei minderjährigen Kindern ist regelmäßig eine persönliche Anhörung erforderlich, um deren Interessen zu ermitteln und um sich einen persönlichen Eindruck zu verschaffen.[4] Durch den Verweis in § 193 Satz 2 FamFG sind aber die Möglichkeiten eines Absehens von der Anhörung eines minderjährigen Kindes nach § 192 Abs. 3 FamFG anwendbar (hierzu *Braun,* § 192 FamFG Rn. 7 ff.). Bei volljährigen Kindern genügt meist eine schriftliche Anhörung.

§ 193 FamFG erfasst auch die **Anhörung der Kinder des Anzunehmenden**. Faktisch **4** kommt dies naturgemäß nur bei der Volljährigenadoption vor, da minderjährige Kinder nur selten eigene Abkömmlinge haben. Die Interessen der Kinder des Anzunehmenden sind dadurch beeinflusst, indem diese sowohl bei einer Adoption mit den Wirkungen nach § 1770 BGB als auch bei einer Adoption mit den Wirkungen nach § 1772 Abs. 1 BGB mit den Annehmenden verwandt werden und dadurch Rechte und Pflichten erwerben. Sind die Kinder des Anzunehmenden minderjährig, so kann von der Anhörung nach § 193 Satz 2 FamFG i.V.m. § 192 Abs. 3 FamFG abgesehen werden (hierzu *Braun* § 192 FamFG Rn. 7 ff.).

Ein **Verstoß gegen die Anhörungspflicht** der in § 193 FamFG genannten Personen stellt **5** einen **erheblichen Verfahrensmangel** dar. Eine Nichtigkeit der Adoptionsentscheidung geht damit indes nicht einher.[5]

§ 194 FamFG Anhörung des Jugendamts

(1) ¹In Adoptionssachen hat das Gericht das Jugendamt anzuhören, sofern der Anzunehmende oder Angenommene minderjährig ist. ²Dies gilt nicht, wenn das Jugendamt nach § 189 eine fachliche Äußerung abgegeben hat.
(2) ¹Das Gericht hat dem Jugendamt in den Fällen, in denen dieses angehört wurde oder eine fachliche Äußerung abgegeben hat, die Entscheidung mitzuteilen. ²Gegen den Beschluss steht dem Jugendamt die Beschwerde zu.

Übersicht

A. Allgemeines

Die Vorschrift normiert einerseits die Anhörungspflicht des Jugendamts (§ 194 **1** Abs. 1 FamFG) und andererseits die Modalitäten der Mitteilung der Entscheidung sowie die Beschwerdeberechtigung des Jugendamts (§ 194 Abs. 2 FamFG).

▶ *Zur Parallelvorschrift in Kindschaftssachen siehe Dürbeck, § 162 FamFG Rn. 3 ff.*

Die Norm ist nach ihrem Wortlaut **für sämtliche „Adoptionssachen" bei minderjährigen Kindern** anwendbar („..., sofern der Anzunehmende oder Angenommene minder- **2**

---

3 MüKo-FamFG/*Maurer,* § 192–195 FamFG Rn. 22
4 Keidel/*Engelhardt,* § 193 FamFG Rn. 2
5 BVerfG FamRZ 2009, 106; BVerfG FamRZ 1994, 493

jährig ist"). Maßgeblich findet die Vorschrift daher auch in den Ersetzungs- und Aufhebungsverfahren nach §§ 1748, 1760, 1763 BGB Anwendung.

3   Die Anhörungspflicht, die Mitteilungspflicht und das Beschwerderecht führen nicht zu einer Beteiligtenstellung des Jugendamts. Die Rechte nach § 194 FamFG sind unabhängig davon, ob das Jugendamt einen Antrag auf Beteiligung nach § 188 Abs. 2 FamFG stellt (hierzu schon *Braun*, § 188 FamFG Rn. 33).

B. Inhalt der Norm

I. Die Anhörungspflicht des Jugendamts

4   Bei den Verfahren auf Annahme als Kind ist das erkennende Gericht **zur (schriftlichen) Anhörung des Jugendamts verpflichtet** („hat … anzuhören"), **es sei denn**, es hat schon (als Adoptionsvermittlungsstelle oder gemäß § 189 Satz 2 FamFG) eine **fachliche Äußerung** abgegeben.

5   **Zuständig** ist dasjenige Jugendamt, welches zur Mitwirkung im gerichtlichen Verfahren nach § 50 Abs. 1 Nr. 3 SGB VIII verpflichtet ist, also das örtliche Jugendamt nach § 87b Abs. 1 Satz 1 i.V.m. § 86 Abs. 1 bis 4 SGB VIII (vgl. *Braun*, § 189 FamFG Rn. 7).[1]

6   Eine Anhörung nach § 194 Abs. 1 FamFG ist **keine fachliche Äußerung** nach § 189 FamFG. Es besteht daher keine Verpflichtung zur Wahrnehmung der Anhörungsrechte und eine Äußerung kann auch nicht erzwungen werden.[2]

7   **Sinnvollerweise** sollte die Anhörung des Jugendamts **am Ende der Ermittlungen** stattfinden. Nur so kann die Fachbehörde entscheiden, ob sie hier ihr Anhörungsrecht wahrnehmen möchte oder nicht.

8   **Auch bei den Ersetzungsverfahren** und **Aufhebungsverfahren** (bzgl. minderjähriger Angenommener) ist das entsprechende Jugendamt anzuhören. Da hierbei keine fachlichen Äußerungen erstellt werden, gibt es hierzu auch keine Ausnahmen.

II. Die Mitteilung der Entscheidung und das Beschwerderecht des Jugendamts

9   In den Fällen, in denen das Jugendamt angehört worden ist oder in denen das Jugendamt die fachliche Äußerung erstellt hat, ist **die Entscheidung dem Jugendamt „mitzuteilen"** (§ 194 Abs. 2 Satz 1 FamFG). Bei einem stattgebenden Adoptionsbeschluss kann die Mitteilung formlos nach § 15 Abs. 3 FamFG erfolgen. Ist die Entscheidung jedoch anfechtbar (insb. ablehnende Adoptionsentscheidungen und Ersetzungs- und Ablehnungsentscheidungen), so ist die Entscheidung dem Jugendamt gemäß § 15 Abs. 2 FamFG (durch Zustellung nach der ZPO oder durch Aufgabe zur Post) schriftlich bekanntzugeben. Denn anderenfalls würde keine Beschwerdefrist nach § 63 Abs. 3 Satz 1 FamFG zu laufen beginnen und die entsprechende Entscheidung könnte nicht formell rechtskräftig werden. Bei Volljährigenadoptionen besteht keine Mitteilungspflicht gegenüber dem Jugendamt.

10   Das Jugendamt ist in Adoptionssachen betreffend minderjährige Kinder gemäß § 194 Abs. 2 Satz 2 FamFG **beschwerdeberechtigt** (ohne dass eine „Beschwer" gem. § 59 Abs. 1 FamFG geltend gemacht werden müsste). Dieses **besondere Beschwerderecht** ist indes nur dann eröffnet, wenn die Entscheidung grundsätzlich anfechtbar ist. Bei der großen Zahl der stattgebenden Adoptionsentscheidungen ist eine Beschwerde generell ausgeschlossen (§ 197 Abs. 3 Satz 1 FamFG). Zu beachten ist das besondere Beschwerderecht des Jugendamts aber bei Ersetzungs- und Aufhebungsentscheidungen (siehe hierzu *Braun*, § 198 FamFG Rn. 2 und 7).

---

1 PK Familienverfahrensrecht/*Meysen*, § 194 FamFG Rn. 2
2 A.A. MüKo-FamFG/*Maurer*, §§ 192–195 FamFG Rn. 29

§ 195 FamFG Anhörung des Landesjugendamts

(1) ¹In den Fällen des § 11 Abs. 1 Nr. 2 und 3 des Adoptionsvermittlungsgesetzes hat das Gericht vor dem Ausspruch der Annahme auch die zentrale Adoptionsstelle des Landesjugendamts anzuhören, die nach § 11 Abs. 2 des Adoptionsvermittlungsgesetzes beteiligt worden ist. ²Ist eine zentrale Adoptionsstelle nicht beteiligt worden, tritt an seine Stelle das Landesjugendamt, in dessen Bereich das Jugendamt liegt, das nach § 194 Gelegenheit zur Äußerung erhält oder das nach § 189 eine fachliche Äußerung abgegeben hat.

(2) ¹Das Gericht hat dem Landesjugendamt alle Entscheidungen mitzuteilen, zu denen dieses nach Absatz 1 anzuhören war. ²Gegen den Beschluss steht dem Landesjugendamt die Beschwerde zu.

A. Allgemeines

Die Vorschrift bestimmt, dass in Fällen des Auslandsbezugs (§ 11 Abs. 1 **1** Nr. 2 und 3 AdVermiG) das Landesjugendamt im gerichtlichen Verfahren anzuhören ist (§ 195 Abs. 1 FamFG). Darüber hinaus werden die Modalitäten der Mitteilung der Entscheidung und eine besondere Beschwerdeberechtigung des Landesjugendamts geregelt (§ 195 Abs. 2 FamFG).

Die Anhörungs- und Mitteilungspflicht sowie die Beschwerdemöglichkeit gelten **nur in** **2** **den Verfahren auf Annahme als Kind** und hierbei **nur für die Minderjährigenadoptionen**. Dies folgt aus dem Wortlaut („… vor dem Ausspruch der Annahme als Kind …") sowie mittelbar aus dem Verweis auf § 11 Abs. 1 AdVermiG, da es im Adoptionsvermittlungsgesetz nur um die Vermittlung mit dem Ziel der Annahme von minderjährigen Kindern geht. Ersetzungs- und Aufhebungsverfahren sind hier nicht thematisiert.[1]

Fraglich ist, ob die Norm durch den Verweis auf das Adoptionsvermittlungsgesetz **nur für** **3** **vermittelte Adoptionen** gilt **oder** ob sie auch bei der großen Zahl von Stiefkindadoptionen (und sonstigen **unvermittelten Adoptionen**) Anwendung findet. Richtigerweise bedarf es hier einer **weiten Auslegung**. Denn Sinn und Zweck der Norm ist die Einbindung der Fachbehörde in allen Fällen, welche aufgrund des Auslandsbezugs besondere Schwierigkeiten mit sich bringen.[2] Das gilt unabhängig davon, ob das Landesjugendamt schon während der Vermittlung des Kindes eingebunden war oder ob es erst im Rahmen des gerichtlichen Adoptionsverfahrens von dem Auslandsbezug erfährt.

B. Inhalt der Norm

I. Die Anhörungspflicht des Landesjugendamts

Das Landesjugendamt ist nur in bestimmten Fällen anzuhören. Indem § 195 Abs. 1 FamFG **4** auf § 11 Abs. 1 Nr. 2 und 3 AdVermiG verweist, ist klargestellt, dass die Anhörungspflicht **nur bei Minderjährigenadoptionen mit Auslandsbezug** besteht. § 11 Abs. 1 Nr. 2 und 3 AdVermiG lautet wie folgt:

---

1 MüKo-FamFG/*Maurer,* § 192–195 FamFG Rn. 23
2 Keidel/*Engelhardt,* § 195 FamFG Rn. 1

„**Die zentrale Adoptionsstelle des Landesjugendamtes unterstützt die Adoptionsvermitt-lungsstelle bei ihrer Arbeit, insbesondere durch fachliche Beratung,**

1. **[...]**

2. **wenn ein Adoptionsbewerber oder das Kind eine ausländische Staatsangehörigkeit besitzt oder staatenlos ist,**

3. **wenn ein Adoptionsbewerber oder das Kind seinen Wohnsitz oder gewöhnlichen Aufenthalt außerhalb des Geltungsbereichs dieses Gesetzes hat,**

4. **[...].**"

5   Zu beachten ist hierbei, dass es somit nicht auf die Anwendung ausländischen Rechts aufgrund international-privatrechtlicher Anknüpfung nach Art. 22, 23 EGBGB ankommt, sondern allein darauf, **ob einer der genannten Beteiligten eine ausländische Staatsangehörigkeit besitzt oder außerhalb Deutschlands lebt**.

6   **Örtlich zuständig** ist entweder das Landesjugendamt, welches während des Vermittlungsverfahrens gemäß § 11 Abs. 2 AdVermiG schon involviert war (§ 195 Abs. 1 Satz 1 FamFG),[3] oder dasjenige Landesjugendamt, in dessen Bezirk sich das Jugendamt befindet, welches nach § 194 FamFG angehört wurde oder nach § 189 FamFG die fachliche Äußerung abgegeben hat (§ 195 Abs. 1 Satz 2 FamFG). **Funktional zuständig** ist die entsprechende zentrale Adoptionsstelle, welche gemäß § 2 Abs. 1 Satz 2, 2. HS AdVermiG bei jedem Landesjugendamt einzurichten ist.[4]

7   Die Anhörung erfolgt **im Regelfall schriftlich**, da eine persönliche Anwesenheit des Sachbearbeiters wohl nur selten zu weiteren Erkenntnissen führen wird.[5] Sinnvollerweise sollte die Anhörung des Landesjugendamts auch **erst gegen Ende der Ermittlungen** stattfinden. Ziel der Anhörung ist doch die fachliche Einschätzung unter Zugrundelegung sämtlicher Informationen.

II. Die Mitteilung der Entscheidung und das Beschwerderecht des Landesjugendamts

8   Bezüglich der Mitteilung der Entscheidung und bezüglich des Beschwerderechts des Landesjugendamts in Abs. 2 ist vollumfänglich auf die Ausführungen zu § 194 Abs. 2 zu verweisen (Braun, § 194 FamFG Rn. 9 f.).

Allerdings ist zu beachten, dass in Ersetzungs- und Aufhebungsverfahren weder eine Mitteilungspflicht noch eine Beschwerdeberechtigung des Landesjugendamts besteht (hierzu schon oben Rn. 2).

§ 196 FamFG Unzulässigkeit der Verbindung

Eine Verbindung von Adoptionssachen mit anderen Verfahren ist unzulässig.

1   Die Norm schreibt vor, dass Adoptionssachen nicht mit anderen Verfahren, insbesondere Familiensachen, verbunden werden dürfen **(Verbindungsverbot)**. § 196 FamFG stellt damit einen **Ausnahmefall** zu der grundsätzlichen Verbindungsmöglichkeit nach **§ 20 FamFG** dar.

---

3 Das Gesetz spricht hier missverständlich von „beteiligt", was indes nichts mit der Beteiligung nach § 188 FamFG zu tun hat.
4 Häufig gibt es gemeinsame zentrale Adoptionsstellen für mehrere Bundesländer (vgl. § 2 Abs. 1 Satz 4 und 5 AdVermiG)
5 Prütting/Helms/*Krause,* § 195 FamFG Rn. 5

Hintergrund des Ausschlusses ist v.a. das Offenbarungs- und Ausforschungsverbot in § 1758 BGB. Könnten Verfahrensbeteiligte von anderen Familienverfahren über den Umweg eines verbundenen Verfahrens von der Adoption selbst oder über deren Hintergründe Kenntnis erlangen, so wäre der Schutz des § 1758 BGB in Gefahr.[1]

2

§ 197 FamFG Beschluss über die Annahme als Kind

(1) ¹In einem Beschluss, durch den das Gericht die Annahme als Kind ausspricht, ist anzugeben, auf welche gesetzlichen Vorschriften sich die Annahme gründet. ²Wurde die Einwilligung eines Elternteils nach § 1747 Abs. 4 des Bürgerlichen Gesetzbuchs nicht für erforderlich erachtet, ist dies ebenfalls in dem Beschluss anzugeben.

(2) In den Fällen des Absatzes 1 wird der Beschluss mit der Zustellung an den Annehmenden, nach dem Tod des Annehmenden mit der Zustellung an das Kind wirksam.

(3) ¹Der Beschluss ist nicht anfechtbar. ²Eine Abänderung oder Wiederaufnahme ist ausgeschlossen.

Übersicht

A. Allgemeines

Die Vorschrift macht **für positive Annahmebeschlüsse spezielle Vorgaben** zum Inhalt des Adoptionsbeschlusses (§ 197 Abs. 1 FamFG), womit sie eine Ergänzung zu §§ 38, 39 FamFG darstellt, zur Wirksamkeit eines Adoptionsbeschlusses (§ 197 Abs. 2 FamFG), womit sie eine Konkretisierung des § 40 Abs. 1 FamFG darstellt, zur Unanfechtbarkeit (§ 197 Abs. 3 Satz 1 FamFG), womit sie lex specialis zu § 58 Abs. 1 FamFG ist, und zur Abänderung und Wiederaufnahme (§ 197 Abs. 3 Satz 2 FamFG), womit sie lex specialis zu § 48 FamFG ist.

1

Die Vorschrift gilt **nur für Annahmeverfahren**, hierbei jedoch **sowohl für die Minderjährigen- als auch für die Volljährigenadoption**. Seinem eindeutigen Wortlaut nach („In einem Beschluss, durch den das Gericht die Annahme als Kind ausspricht …") gelten die Vorgaben **nur für stattgebende Entscheidungen**. Wird die Annahme abgelehnt, so gelten ausschließlich die Vorgaben im Allgemeinen Teil des FamFG (insb. §§ 38 ff., 58 ff. FamFG).

2

B. Stattgebende Adoptionsentscheidungen

I. Inhalt und Aufbau des Beschlusses

Der **Inhalt und Aufbau eines stattgebenden Beschlusses** auf Annahme als Kind richtet sich zunächst nach den **allgemeinen Vorschriften in §§ 38, 39 FamFG**. Als Endent-

3

---

1 BT-Drucks. 16/6308, 248

scheidung nach § 38 Abs. 1 FamFG folgt der Beschluss auf Annahme als Kind somit dem grundsätzlichen Aufbau in Rubrum, Tenor und Entscheidungsgründe.

▶ *Grundsätzlich zu Inhalt und Aufbau eines Beschlusses siehe Cirullies, § 38 FamFG Rn. 3 ff.*

1. Besonderheiten bei Adoptionsbeschlüssen

4   Aufgrund des besonderen Verfahrensgegenstands und der statusändernden Wirkungen von Adoptionsentscheidungen ist auf **folgende Besonderheiten bei der Abfassung des Beschlusses** zu achten:

- Bei der **Angabe der Beteiligten im Rubrum** ist darauf zu achten, dass tatsächlich nur die Beteiligten nach § 188 FamFG (und ggf. deren Verfahrensbevollmächtigten oder gesetzlichen Vertreter) aufgeführt werden. Insbesondere darf es aufgrund des Adoptionsgeheimnisses (vgl. § 1758 BGB) und zum Schutz des Kindes nicht passieren, dass bei einer Inkognitoadoption der entsprechende Elternteil mit aufgeführt und der Beschluss in der Folge diesem als „Beteiligten" bekannt gegeben wird. Die beurkundenden Notare sind in der Regel weder Beteiligte am Verfahren noch Verfahrensbevollmächtigte der Annehmenden, so dass sie auch im Rubrum nicht erscheinen (hierzu *Braun,* § 188 FamFG Rn. 25).

- Bei der **Hauptentscheidung im Tenor** sind die Personen möglichst genau zu individualisieren (zumindest Angabe des vollständigen Namens – inkl. der Geburtsnamen, des Geburtsdatums und des Geburtsorts). Dies ist zur zweifelsfreien Zuordnung bei der Änderung der Personenstandseinträge erforderlich.

  Formulierungsvorschlag:

  „Das Kind … …, geb. am … in … wird von den Eheleuten Frau … …, geborene …, geb. am … in … und Herrn … …, geb. am … in … als gemeinschaftliches Kind angenommen."

  Bei Findelkindern, welche noch keinen (Vor-)Namen erhalten erhaben, ist zur zweifellosen Individualisierung auch die entsprechende Nummer des Geburtseintrags beim beurkundenden Standesamt anzugeben.

- Ist eine **Nebenentscheidung zur zukünftigen Namensführung** zu treffen (Fälle des § 1757 Abs. 2 bis 4 BGB), ist dies im Tenor aufzuführen. Dies ist deswegen so wichtig, da die Namensänderungen aufgrund Namensbestimmungen nach § 1757 Abs. 2 oder 3 BGB oder die Entscheidung über einen Antrag nach § 1757 Abs. 4 BGB konstitutiv wirken. Selbst gesetzeswidrige Namensbestimmungen sind grundsätzlich unanfechtbar.[1]

- Wird die Annahme unter Anwendung ausländischen Sachrechts (gemäß Art. 22 EGBGB) ausgesprochen, so sind **im Tenor auch die Wirkungen der ausländischen Adoption aufzuführen.** Dies folgt aus der (versteckten) Norm in § 2 Abs. 3 AdWirkG.

- Bei Adoptionsentscheidungen bedarf es immer einer **Kostenentscheidung** (§ 81 Abs. 1 Satz 3 FamFG), auch wenn die Annahme eines minderjährigen Kindes keine Gerichtsgebühren nach sich zieht (vgl. Vorbem. 1.3.2 Abs. 1 Nr. 2 KV-FamGKG).

  Formulierungsvorschlag:

  „Der Verfahrenswert wird auf 5.000,00 Euro festgesetzt. Außergerichtliche Kosten werden nicht erstattet."

---

1 BayObLG FamRZ 2005, 1010; a.A. OLG Karlsruhe FamRZ 2000, 115 (Nichtigkeit der Namensbestimmung)

Bei der Volljährigenadoption entstehen wiederum Gerichtsgebühren nach Nr. 1320 ff. KV-FamGKG (dann: „normale" Kostenentscheidung).

- Im Grundsatz besteht bei jeder Endentscheidung (also auch bei Adoptionsbeschlüssen) eine **Begründungspflicht** (§ 38 Abs. 3 Satz 1 FamFG). Bei einem stattgebenden Adoptionsbeschluss könnte man gemäß § 38 Abs. 4 Nr. 2 FamFG (wegen der Stattgabe gleichgerichteter Anträge) oder aufgrund dessen Unanfechtbarkeit in sinngemäßer Anwendung von § 38 Abs. 4 Nr. 3 FamFG jedoch auch von einer Begründung absehen.[2] Dies ist jedoch wegen der erheblichen statusändernden Wirkungen einer Adoption und des Erfordernisses der Klarheit im Rechtsverkehr nicht zu empfehlen. In den Gründen sollten daher die wesentlichen Familienverhältnisse und das Vorliegen der formellen und materiell-rechtlichen Voraussetzungen einer Adoption dargestellt werden.

- Ein stattgebender Adoptionsbeschluss **bedarf keiner Rechtsmittelbelehrung**, da es kein statthaftes Rechtsmittel gibt (§ 197 Abs. 3 Satz 1 FamFG). Zur Klarheit im Rechtsverkehr ist aber zu empfehlen, dass der Wirkungseintritt und die Unanfechtbarkeit aufgeführt werden.

Formulierungsvorschlag:

„Die Entscheidung ist unanfechtbar und wird mit Zustellung an die Annehmenden wirksam."

2. Angabe der Vorschriften, auf denen die Annahme gründet

§ 197 Abs. 1 Satz 1 FamFG ergänzt die allgemeinen Vorschriften dahingehend, dass bei Adoptionsbeschlüssen die **Vorschriften** aufgeführt werden müssen, **auf denen „sich die Annahme gründet"**. Hintergrund dieser Anforderung ist die Unterstützung der Personenstandsbehörden bei der Eintragung der Änderungen in den entsprechenden Personenstandsregistern als Folge der Adoption.[3] Mit der Vorgabe in § 197 Abs. 1 Satz 1 FamFG ist die **Angabe der entsprechenden Adoptionswirkungen** gemeint. Die Angabe weiterer Rechtsgrundlagen bzgl. der Voraussetzungen der Annahme als Kind (§§ 1741 bis 1750 BGB oder §§ 1767 bis 1769 BGB) ist hingegen nicht zu fordern.[4] Schließlich führt das Aufführen dieser Vorschriften zu keinen weiteren Erkenntnissen nach Abschluss des Verfahrens. Eine Ausnahme gilt nur bzgl. § 1747 Abs. 4 BGB aufgrund der expliziten Vorschrift in § 197 Abs. 1 Satz 2 FamFG (siehe hierzu Rn. 9 f.). Die Angabe der Vorschriften kann **sowohl im Tenor als auch in den Gründen der Entscheidung** erfolgen.

Bei den Minderjährigenadoptionen sind je nach Fallgestaltung folgende Angaben erforderlich:

- bei der Fremdadoption durch mehrere Annehmende: „Die Wirkungen der Annahme richten sich nach §§ 1754 Abs. 1, 1755 Abs. 1 BGB."

- bei der Fremdadoption durch einen Annehmenden: „Die Wirkungen der Annahme richten sich nach §§ 1754 Abs. 2, 1755 Abs. 1 BGB."

- bei der Stiefkindadoption ohne dass der Fall von § 1756 Abs. 2 BGB vorliegt: „Die Wirkungen der Annahme richten sich nach §§ 1754 Abs. 1, 1755 Abs. 2 BGB."

---

2 So: KG, FamRZ 2013, 717 (Anerkennungsbeschluss nach § 2 AdWirkG)
3 BT-Drucks. 7/3061, 58
4 So aber: Keidel/*Engelhardt*, § 197 FamFG Rn. 12; MüKo-FamFG/*Maurer*, § 197 FamFG Rn. 11, welche die Angabe der „Rechtsgrundlagen" fordern, ohne jedoch zu spezifizieren, was damit im Konkreten gemeint sein soll.

- bei der Stiefkindadoption, bei der der vormalige Elternteil verstorben ist und das Sorgerecht gegenüber dem Kind hatte: „Die Wirkungen der Annahme richten sich nach §§ 1754 Abs. 1, 1755 Abs. 2, 1756 Abs. 2 BGB."

- bei der Verwandtenadoption (im 2. oder 3. Grad verwandt oder verschwägert): „Die Wirkungen der Annahme richten sich nach §§ 1754 Abs. 1, 1755 Abs. 1, 1756 Abs. 1 BGB."

7 Bei den Volljährigenadoptionen ist bzgl. folgender Angaben zu differenzieren:

- bei der „normalen Volljährigenadoption": „Die Wirkungen der Annahme richten sich nach § 1770 BGB."

- bei der „starken Volljährigenadoption": „Es wird festgestellt, dass sich die Wirkungen der Annahme nach den Vorschriften über die Annahme eines Minderjährigen richten (§ 1772 Abs. 1 BGB)."

8 Die Angabe der relevanten Vorschriften ist **grundsätzlich rein deklaratorisch**. Wird die Angabe vergessen oder ist die Angabe fehlerhaft bzw. unvollständig, so sind andere Behörden und Gerichte hieran nicht gebunden.[5] Eine **konstitutive Wirkung** der Angabe entsteht jedoch nach der Rechtsprechung **hinsichtlich der Wirkungen der Volljährigenadoption**. Ergibt sich etwa aus dem Beschluss, dass eine Adoption mit den Wirkungen einer Minderjährigenadoption (§ 1772 Abs. 1 BGB) ausgesprochen worden ist, so gilt dies auch dann, wenn eigentlich die Voraussetzungen hierfür nicht gegeben waren.[6]

3. Angabe von § 1747 Abs. 4 BGB bei Verzicht auf die Einwilligung eines Elternteils

9 Musste im Rahmen des Adoptionsverfahrens auf die Einwilligung eines Elternteils gemäß § 1747 Abs. 4 BGB verzichtet werden, so ist diese Vorschrift **im Beschluss explizit aufzuführen** (§ 197 Abs. 1 Satz 2 FamFG) (mögliche Formulierung: „*Auf die Einwilligung des leiblichen Vaters ist gemäß § 1747 Abs. 4 BGB wegen dessen dauernd unbekannten Aufenthalts zu verzichten.*"). Auch hier gilt, dass die Angabe **sowohl im Tenor als auch in den Gründen möglich** ist.

10 **Sinn und Zweck** der Angabe von § 1747 Abs. 4 BGB ist die Aufhebungsmöglichkeit solcher Adoptionen nach § 1760 Abs. 5 BGB, wenn die Voraussetzungen für ein Absehen von der Einwilligung fälschlicherweise angenommen worden sind.[7] Die Angabe ist **rein deklaratorisch**.[8] Wird die Norm genannt, obwohl der entsprechende Elternteil eingewilligt hat, so entsteht hierdurch nicht der Aufhebungsgrund nach § 1760 Abs. 5 BGB. Wird die Angabe hingegen trotz tatsächlichem Absehen von der Einwilligung vom Gericht vergessen, so kann dennoch – bei Vorliegen der weiteren Voraussetzungen – eine Aufhebung erfolgen.

II. Wirksamwerden von stattgebenden Adoptionsbeschlüssen

11 Nach § 197 Abs. 2 FamFG wird der stattgebende Adoptionsbeschluss **mit Zustellung an den (die) Annehmenden wirksam**, was sowohl für die Minderjährigen- als auch für die Volljährigenadoption gilt. Mit dem Begriff der Zustellung ist die **förmliche Zustellung nach § 15 Abs. 2 1. Alt. FamFG i.V.m. §§ 166 bis 195 ZPO** gemeint. Eine Aufgabe zur Post (gem. § 15 Abs. 2 2. Alt. FamFG) oder durch persönliche Bekanntgabe nach § 41 Abs. 2 FamFG genügt für den Eintritt der Rechtswirkungen einer Adoption nicht. Bei mehreren Annehmenden wird die Entscheidung erst wirksam, wenn der Beschluss dem letzten

---

5 MüKo-FamFG/*Maurer*, § 197 FamFG Rn. 11
6 BayObLG NJW-RR 1996, 1093
7 BT-Drucks. 7/3061 79; 7/5087 24
8 A.A. Keidel/*Engelhardt*, § 197 FamFG Rn. 16

der beiden Annehmenden zugestellt worden ist. Die Zustellung führt zu einer **Wirkung inter omnes** (also gegenüber Jedermann), auch wenn die anderen Beteiligten (insb. das Kind) von der Entscheidung noch keine Kenntnis haben.[9] Stirbt der Annehmende vor Ausspruch der Adoption (Fall des § 1753 Abs. 2 BGB), so wird der Beschluss mit Zustellung an das Kind wirksam (§ 197 Abs. 2, 2. HS FamFG).

Ein Adoptionsbeschluss wird nur dann nicht wirksam, wenn er **nichtig** ist. Dies ist allerdings aufgrund des Bedürfnisses der Bestandskraft der statusändernden Entscheidung nur sehr selten der Fall.[10]   **12**

III. Unanfechtbarkeit von stattgebenden Adoptionsentscheidungen

Stattgebende Adoptionsentscheidungen sind **unanfechtbar** (§ 197 Abs. 3 Satz 1 FamFG).   **13**
Dies gilt **sowohl für Minderjährigenadoptionen als auch für Volljährigenadoptionen**. Mit Zustellung der Entscheidung an den oder die Annehmenden (Wirksamwerden) wird die Entscheidung damit formell rechtskräftig (§ 45 FamFG). Hintergrund der Unanfechtbarkeit ist das (vermeintliche) Bedürfnis für eine möglichst schnelle Bestandskraft der Entscheidung und damit Rechtssicherheit für das Kind.[11]

In der Vergangenheit wurde zwar diskutiert, ob eine **besondere Beschwerdemöglich-**   **14**
keit bei „greifbarer Gesetzeswidrigkeit" in Adoptionssachen zuzugestehen ist. Dies betraf Verfahren, in denen das rechtliche Gehör von beteiligten oder nichtbeteiligten Personen missachtet worden war.[12] Die Eröffnung einer solchen besonderen Beschwerdemöglichkeit ist jedoch nunmehr aufgrund der gesetzlich normierten Anhörungsrüge nach § 44 FamFG und der (hierauf folgenden) Möglichkeit der Einlegung einer Verfassungsbeschwerde (siehe hierzu Rn. 16) nicht mehr erforderlich.

Nebenentscheidungen im Rahmen eines Adoptionsverfahrens sind jedoch auch bei   **15**
Stattgabe des Hauptantrags **isoliert anfechtbar**. Dies betrifft insbesondere die Entscheidungen über die Namensführungen (Anträge nach § 1757 Abs. 4 BGB)[13] oder Kostenentscheidungen.[14]

Trotz stattgebenden Adoptionsbeschlusses steht bei einer Verletzung des Anspruchs auf   **16**
rechtliches Gehör nach Art. 103 Abs. 1 GG nunmehr der **außerordentliche (fristgebundene) Rechtsbehelf der Anhörungsrüge nach § 44 FamFG** offen. Führt auch dies nicht zum gewünschten Erfolg, so steht grundsätzlich die **Verfassungsbeschwerde zum Bundesverfassungsgericht** zur Verfügung, wenn die Verletzung von Grundrechten geltend gemacht wird.[15] Weder die Anhörungsrüge noch die Verfassungsbeschwerde führen jedoch zu einer Aufhebung der Adoptionsentscheidung. Vielmehr wird nur temporär die formelle Rechtskraft beseitigt und das entsprechende Instanzgericht zur erneuten Entscheidung (unter Berücksichtigung des nachgeholten rechtlichen Gehörs) aufgefordert.

IV Unabänderbarkeit und Verbot der Wiederaufnahme

Stattgebende Adoptionsbeschlüsse sind als statusändernde Entscheidungen auch bei späterer Änderung der Sach- und Rechtslage **unabänderbar** (§ 197 Abs. 3 Satz 2 FamFG).   **17**
Die allgemeine Vorschrift in § 48 Abs. 1 Satz 1 FamFG ist daher nicht anwendbar. Ebenso ist die **Wiederaufnahme des Verfahrens** gemäß § 197 Abs. 3 Satz 2 FamFG **ausge-**

---

9 PK Familienverfahrensrecht/*Meysen*, § 197 FamFG Rn. 4
10 Vgl. die Übersicht zu möglichen Nichtigkeitsgründen bei: MüKo-FamFG/*Maurer*, § 197 FamFG Rn. 20
11 BT-Drucks. 7/3061, 58; zumindest bei der Volljährigenadoption ist dies m.E. äußerst fragwürdig
12 So: LG Koblenz NJW-RR 2000, 959; LG Düsseldorf, Beschl. v. 12.10.2004 – 25 T 690/04, juris; differenzierend:
   OLG Köln, Beschl. v. 18.6.2001 – 16 Wx 1/01, juris
13 OLG Zweibrücken FamRZ 2001, 1733; MüKo-BGB/*Maurer*, § 1757 BGB Rn. 37
14 OLG Düsseldorf FamRZ 2010, 1937
15 BVerfG FamRZ 2009, 106; BVerfG FamRZ 1988, 1247

schlossen (lex specialis zu § 48 Abs. 2 FamFG). Personen, welche eine Änderung des Adoptionsverhältnisses begehren, sind auf die (strengen) Aufhebungsvorschriften in §§ 1760, 1763, 1771, 1772 Abs. 2 BGB zu verweisen. Hintergrund dieser gesetzgeberischen Wertung ist erneut das Bedürfnis für dauerhaften Bestandsschutz durch die Adoption (siehe hierzu schon oben Rn. 13).

18   Möglich sind allerdings die **Berichtigung nach § 42 FamFG** (bei offensichtlichen Unrichtigkeiten) und die **Ergänzung nach § 43 FamFG.** Letzteres kommt in Adoptionssachen insbesondere dann in Betracht, wenn ein Antrag auf Namensänderung nicht beschieden wurde, obwohl dieser rechtzeitig gestellt worden war.[16] Ein nach Wirksamwerden des Adoptionsbeschlusses gestellter Antrag auf Namensänderung kann jedoch nicht im Wege der Ergänzung beschieden werden.[17]

C. Ablehnende Adoptionsentscheidungen

19   Bei ablehnenden Adoptionsentscheidungen sind **folgende Besonderheiten** zu beachten:

- Die Ablehnung erfolgt durch **Zurückweisung des jeweiligen Antrags** (mögliche Formulierung: *„Der Antrag des Annehmenden auf Annahme des Kindes wird zurückgewiesen."*). Ist der Antrag schon unzulässig, so ist der Antrag zu verwerfen.

- Es bedarf (auch bei der Minderjährigenadoption) immer einer **Kostenentscheidung** nach § 81 Abs. 1 FamFG.

- Die Entscheidung ist zu **begründen**, da kein Ausnahmefall der Begründungspflicht nach § 38 Abs. 4 FamFG ersichtlich wäre.

- Es bedarf einer **Rechtsmittelbelehrung** nach § 39 FamFG (Rechtsmittelfrist: 1 Monat).

20   Das **Beschwerdeverfahren** richtet sich nach den allgemeinen Vorschriften in §§ 58 ff. FamFG.

- **Beschwerdeberechtigt** sind bei der Minderjährigenadoption die Annehmenden als Antragsteller (§ 59 Abs. 2 FamFG), das Jugendamt (§ 194 Abs. 2 Satz 2 FamFG) und das Landesjugendamt, soweit ein Auslandsbezug vorliegt (§ 195 Abs. 2 Satz 2 FamFG). Das Kind ist hingegen nicht beschwerdeberechtigt, da es bei der Minderjährigenadoption nicht antragsbefugt ist. Dies gilt trotz § 60 Satz 3 FamFG auch für ein über 14-jähriges Kind.[18] Die Anwendung von § 60 FamFG setzt voraus, dass überhaupt eine Beschwerdeberechtigung nach § 59 FamFG vorliegt.[19] Bei Volljährigenadoptionen sind ausschließlich die Antragsteller (die Annehmenden und Anzunehmenden) beschwerdeberechtigt (§ 59 Abs. 2 FamFG).

- **Die Beschwerdefrist** beträgt einen Monat ab schriftlicher Bekanntgabe der Entscheidung (§ 63 Abs. 1, 3 FamFG i.V.m. §§ 15 Abs. 2, 41 FamFG). Eine bloß mündliche Bekanntgabe nach § 41 Abs. 2 FamFG lässt die Beschwerdefrist nicht beginnen.

- **Beschwerdegericht** ist das Oberlandesgericht (§ 119 Abs. 1 Nr. 1a) GVG). Vor Befassung des Beschwerdegerichts findet beim Familiengericht kein Abhilfeverfahren statt (§ 68 Abs. 1 Satz 2 FamFG).

- **Die Rechtsbeschwerde** zum Bundesgerichtshof gegen Entscheidungen des OLG ist nur auf Zulassung statthaft (§ 70 Abs. 1 FamFG).

---

16 OLG Zweibrücken StAZ 2012, 54; OLG Frankfurt StAZ 1992, 378
17 BayObLG StAZ 2003, 44
18 A.A. Keidel/*Engelhardt*, § 197 FamFG Rn. 30
19 Prütting/Helms/*Abramenko*, § 60 FamFG Rn. 1

§ 198 FamFG Beschluss in weiteren Verfahren

(1) ¹Der Beschluss über die Ersetzung einer Einwilligung oder Zustimmung zur Annahme als Kind wird erst mit Rechtskraft wirksam. ²Bei Gefahr im Verzug kann das Gericht die sofortige Wirksamkeit des Beschlusses anordnen. ³Der Beschluss wird mit Bekanntgabe an den Antragsteller wirksam. ⁴Eine Abänderung oder Wiederaufnahme ist ausgeschlossen.

(2) Der Beschluss, durch den das Gericht das Annahmeverhältnis aufhebt, wird erst mit Rechtskraft wirksam; eine Abänderung oder Wiederaufnahme ist ausgeschlossen.

(3) Der Beschluss, durch den die Befreiung vom Eheverbot nach § 1308 Abs. 1 des Bürgerlichen Gesetzbuchs erteilt wird, ist nicht anfechtbar; eine Abänderung oder Wiederaufnahme ist ausgeschlossen, wenn die Ehe geschlossen worden ist.

Übersicht

A. Allgemeines

Die Vorschrift trifft besondere Vorgaben bzgl. des Wirksamwerdens, der Abänderung und der Wiederaufnahme von Entscheidungen in den weiteren Adoptionssachen (§ 186 Nr. 2 bis 4 FamFG). Darüber hinaus gelten auch hier die allgemeinen Vorschriften in §§ 38 ff. und §§ 58 ff. FamFG. **1**

B. Die Entscheidung in Ersetzungsverfahren

Entscheidet das Gericht über die Ersetzung einer Einwilligung oder Zustimmung, so wird die Entscheidung **erst mit (formeller) Rechtskraft wirksam**. Gegen einen Ersetzungsbeschluss steht **die Beschwerde nach §§ 58 ff. FamFG und ggf. die Rechtsbeschwerde nach §§ 70 ff. FamFG offen**. **Beschwerdeberechtigt** gegen die Versagung einer Ersetzung ist der jeweilige Antragsteller (im Verfahren nach § 1748 BGB das Kind, vertreten durch dessen gesetzlichen Vertreter) (§ 59 Abs. 2 FamFG) sowie das Jugendamt (§ 194 Abs. 2 Satz 2 FamFG) (hierzu *Braun*, § 194 Rn. 10). Beim stattgebenden Ersetzungsbeschluss ist wiederum die Person beschwerdeberechtigt, deren Einwilligung ersetzt werden soll (im Verfahren nach § 1748 BGB der jeweilige Elternteil) (§ 59 Abs. 1 FamFG). Auch hier besteht darüber hinaus das besondere Beschwerderecht des Jugendamts nach § 194 Abs. 2 Satz 2 FamFG. **2**

Die **Abänderung oder Wiederaufnahme** ist wie bei den übrigen Adoptionssachen auch im Ersetzungsverfahren ausgeschlossen (§ 198 Abs. 1 Satz 4 FamFG). **3**

Ersetzungsbeschlüsse müssen **begründet** und mit einer **Rechtsmittelbelehrung** versehen werden (§§ 38, 39 FamFG). **4**

In der Praxis ist darauf zu achten, dass die Ersetzungsentscheidung allen beschwerdeberechtigten Personen **schriftlich nach § 15 Abs. 2 FamFG bekanntgegeben** wird und die **formelle Rechtskraft** nach Ablauf der Rechtsmittelfrist (von einem Monat) bescheinigt wird (Rechtskraftzeugnis, § 46 FamFG). Erst wenn die formelle Rechtskraft feststeht, kann das darauf folgende Annahmeverfahren fortgesetzt werden. **5**

6   In § 198 Abs. 1 Satz 2 und Satz 3 FamFG wird zwar die **Möglichkeit der Anordnung der sofortigen Wirksamkeit** eröffnet. Es sind jedoch kaum Ersetzungsverfahren denkbar, bei denen eine „Gefahr im Verzug" zu bejahen wäre.[1]

C. Die Entscheidung in Aufhebungsverfahren

7   Bzgl. der Aufhebungsverfahren bestimmt § 198 Abs. 2 FamFG, dass diese **erst mit (formeller) Rechtskraft wirksam** werden. Gegen Aufhebungsentscheidungen steht die **Beschwerde und ggf. die Rechtsbeschwerde** zur Verfügung. **Beschwerdeberechtigt** sind in Antragsverfahren die Antragsteller (vgl. insb. § 1762 BGB), im Übrigen (v.a. bei den Verfahren nach § 1763 BGB) die **durch die Entscheidung beschwerten Personen**. Hierzu gehören bei Ausspruch der Aufhebung auch die leiblichen Eltern, da diese in der Folge wieder die Verwandtschaft gegenüber dem Kind (mit den damit zusammenhängenden Rechten und Pflichten) zurückerhalten. Nach § 194 Abs. 2 Satz 2 FamFG steht **auch dem Jugendamt die** Beschwerdemöglichkeit zu, wenn der Angenommene minderjährig ist (hierzu *Braun,* § 194 Rn. 10).

8   Die **Abänderung oder Wiederaufnahme** ist wie bei den übrigen Adoptionssachen auch im Aufhebungsverfahren ausgeschlossen (§ 198 Abs. 2, 2. HS FamFG).

D. Die Entscheidung auf Befreiung vom Eheverbot

9   Entscheidungen auf Befreiung vom Eheverbot sind **unanfechtbar** (§ 198 Abs. 3 FamFG). Sie werden nach der allgemeinen Regel in § 40 Abs. 1 FamFG **mit Bekanntgabe an die beiden Verlobten** wirksam. Der Ausschluss der **Abänderung oder Wiederaufnahme** tritt erst mit Eheschließung ein (§ 198 Abs. 3, 2. HS FamFG).

§ 199 FamFG Anwendung des Adoptionswirkungsgesetzes

Die Vorschriften des Adoptionswirkungsgesetzes bleiben unberührt.

1   Die Vorschrift enthält eine **Ergänzung zu § 97 Abs. 2 FamFG**. Da das Adoptionswirkungsgesetz nicht nur eine völkerrechtliche Vereinbarung i.S.v. § 97 Abs. 1 FamFG (hier das Haager Adoptionsübereinkommen vom 29. Mai 1993) umsetzt, sondern auch für die Anerkennung und Umwandlung von Adoptionen außerhalb des Übereinkommens gilt, war es erforderlich, den Vorrang der Bestimmungen des Adoptionswirkungsgesetzes in § 199 FamFG noch einmal explizit klarzustellen.[1]

2   Durch § 199 FamFG werden die **Verfahren nach dem AdWirkG jedoch keine Adoptionssachen** i.S.v. § 186 Nr. 1 FamFG. Gerade dies wird zwar in Rechtsprechung und Literatur z.T. vertreten.[2] Hiergegen sprechen jedoch gewichtige Argumente: Sinn und Zweck von § 199 FamFG ist nicht die Einbindung der AdWirkG-Verfahren in den Kreis der Adoptionssachen, sondern im Gegenteil die Feststellung, dass die Vorschriften im AdWirkG den Vorschriften des FamFG insoweit vorgehen, als im Spezialgesetz besondere Regelungen zu finden sind. Würde man die Verfahren nach dem AdWirkG aber als Adoptionssachen einordnen, wären auch sämtliche Verfahrensvorschriften in §§ 186 ff. FamFG anzuwenden und eben nicht nur die Normen, auf die das AdWirkG explizit verweist. Die spezialgesetzli-

---

1 PK Familienverfahrensrecht/*Meysen,* § 198 FamFG Rn. 3 nennt das Beispiel eines unmittelbar bevorstehenden Todes des Kindes
1 BT-Drucks. 16/6308, 248
2 OLG Düsseldorf FamRZ 2012, 1233; *Maurer,* FamRZ 2013, 90, 94

chen Verweisungen in § 5 Abs. 1 Satz 2 AdWirkG auf § 101, 187 FamFG oder § 5 Abs. 4 AdWirkG auf § 197 Abs. 2 FamFG wären dann nutzlos.[3]

Anhang zu § 199 FamFG – Die Verfahren auf Anerkennung und Umwandlung von ausländischen Adoptionen nach dem Adoptionswirkungsgesetz

Weiterführende Literatur: Botthof, Der Schutz des Familienlebens nach Art. 8 Abs. 1 EMRK und sein Einfluss auf die Anerkennung ausländischer Adoptionsentscheidungen, StAZ 2013, 77; *Braun*, Das gerichtliche Verfahren auf Anerkennung, Umwandlung und Wirkungsfeststellung von ausländischen Adoptionen nach dem Adoptionswirkungsgesetz, ZKJ 2012, 216; *Frank*, Neuregelungen auf dem Gebiet des Internationalen Adoptionsrechts unter besonderer Berücksichtigung der Anerkennung von Auslandsadoptionen, StAZ 2003, 257; *Hoffmann*, Ausländische Adoptionsentscheidungen in der deutschen gerichtlichen Anerkennungspraxis, ZKJ 2006, 542; *Hölzel*, Verfahren nach §§ 2 und 3 AdWirkG – Gerichtliche Feststellung der Anerkennung ausländischer Adoptionen und Umwandlung schwacher Auslandsadoptionen, StAZ 2003, 289; *Ludwig*, Internationales Adoptionsrecht in der notariellen Praxis nach dem Adoptionswirkungsgesetz, RNotZ 2002, 353; *Maurer*, Das Gesetz zur Regelung von Rechtsfragen auf dem Gebiet der internationalen Adoption und zur Weiterentwicklung des Adoptionsvermittlungsrechts, FamRZ 2003, 1337; *Steiger*, Im alten Fahrwasser zu neuen Ufern – Neuregelungen im Recht der internationalen Adoption mit Erläuterungen für die notarielle Praxis, DNotZ 2002, 184; *Weitzel*, Zur Anerkennung ausländischer Adoptionsentscheidungen, IPrax 2007, 308

Übersicht

---

3 Weitergehend: *Braun*, FamRZ 2011, 81, 82; Prütting/Helms/*Krause*, § 186 FamFG Rn. 1; OLG Hamm ZKJ 2012, 233

A. Grundlagen

1   Im Gegensatz zu anderen Kindschaftssachen existieren **im internationalen Adoptions-recht besondere Vorschriften zur Anerkennung ausländischer Entscheidungen**. Wie § 108 Abs. 2 Satz 3 FamFG ausdrücklich klarstellt, ist das Adoptionswirkungsgesetz (AdWirkG) vorrangig (lex specialis) gegenüber den sonstigen verfahrensrechtlichen Vorgaben zur Anerkennungsmöglichkeit ausländischer Entscheidungen nach § 108 Abs. 2 Satz 1, 2 und Abs. 3 FamFG.

2   Zusätzlich zur Anerkennungsmöglichkeit ausländischer Adoptionen beinhaltet das Adoptionswirkungsgesetz noch **zwei weitere Verfahrensgegenstände**: einerseits die **gerichtliche Feststellung über die Wirkungen des ausländischen Adoptionsverhältnisses** (§ 2 Abs. 2 AdWirkG) und andererseits die **Umwandlung der ausländischen Adoption** (§ 3 AdWirkG).

3   Die Verfahrensregeln im Adoptionswirkungsgesetz stehen im engen **Zusammenhang zum** *„Übereinkommen vom 29. Mai 1993 über den Schutz von Kindern und die Zusammenarbeit auf dem Gebiet der internationalen Adoption"* (im Folgenden: **Haager Adoptionsübereinkommen oder HAÜ**), welches in der Bundesrepublik Deutschland am 1.3.2002 in Kraft getreten ist. Nach § 97 Abs. 1 FamFG sind die in Art. 23 ff. HAÜ niedergelegten Anerkennungs- und Umwandlungsvoraussetzungen gegenüber dem autonomen Recht in §§ 108 Abs. 1, 109 Abs. 1 FamFG vorrangig. Dies setzt jedoch voraus, dass der sachliche Anwendungsbereich des Art. 2 Abs. 1 HAÜ eröffnet ist („grenzüberschreitende Adoption" zwischen Vertragsstaaten), dass es sich bei der ausländischen Adoption um eine Minderjährigenadoption (vor Vollendung des 18. Lebensjahres) handelte (Art. 3 HAÜ) und dass die zentrale Behörde des Vertragsstaates, in dem die Adoption durchgeführt worden ist, das Zustandekommen nach dem Übereinkommen nach Art. 23 Abs. 1 HAÜ bescheinigt hat (sog. „Konformitätsbescheinigung"). Ist nur eine dieser Voraussetzungen nicht erfüllt, so ist die ausländische Adoption ausschließlich an den Maßstäben in § 109 Abs. 1 FamFG zu messen.[4]

4   Sowohl nach dem Haager Adoptionsübereinkommen (Art. 23 Abs. 1 HAÜ) als auch nach dem autonomen Recht (§ 108 Abs. 1 FamFG) gilt der **Grundsatz der „Anerkennung kraft Gesetzes"**: das ausländische Adoptionsverhältnis gilt auch im Inland, ohne dass dies erst positiv durch gerichtliche Entscheidung festgestellt werden müsste.[5] Die Durchführung des Anerkennungsverfahrens nach § 2 Abs. 1 AdWirkG ist daher (im Gegensatz zur Anerkennung ausländischer Scheidungen nach § 107 FamFG) nicht zwingend **(fakultatives Verfahren)**.[6] Eine Anerkennung ist nur dann zu versagen, wenn einer der Fälle von § 109 Abs. 1 FamFG oder von Art. 24 HAÜ vorliegt. Trotz dieses gesetzlichen Regel-Ausnahme-Verhältnisses sah der Gesetzgeber schon 2002 ein Bedürfnis zur Regelung einer Möglichkeit, die Anerkennung einer ausländischen Adoption positiv durch ein Gericht feststellen zu lassen.[7] Das Anerkennungsverfahren hat zum Ziel, Rechtssicherheit herzustellen und führt zu einer **Bindungswirkung inter omnes** (für und gegen jeden) (§ 4 Abs. 2 AdWirkG): nach erfolgter Anerkennung kann keine inländische Behörde und kein inländisches Gericht das Bestehen und die Anerkennungsfähigkeit der ausländischen Adoption mehr anzweifeln. Es entsteht aber durch die Anerkennungsentscheidung kein neues Rechtsverhältnis **(deklaratorische Entscheidung)**. Die Anerkennung führt nicht zu einer Anpassung der Wirkungen der ausländischen Adoption an die Wirkungen einer

---

4 So die h.M., a.A. OLG Schleswig FamRZ 2014, 498
5 Im Gegensatz zur Anerkennung von ausländischen Scheidungen (§ 107 FamFG)
6 *Frank*, StAZ 2003, 257, 26
7 Mittlerweile besteht diese Möglichkeit auch für alle sonstigen Familiensachen nach § 108 Abs. 2, 3 FamFG

deutschen Adoption gemäß §§ 1754 ff. BGB. Das international-privatrechtliche Adoptionsstatut bleibt auch nach einer Anerkennungsentscheidung unverändert.[8]

§ 2 Abs. 1 AdWirkG sieht auch die Möglichkeit vor, die **Wirksamkeit eines ausländischen Adoptionsvertrags** gerichtlich feststellen zu lassen. Hier wird nicht die Anerkennungsfähigkeit nach § 109 Abs. 1 FamFG überprüft, sondern die Wirksamkeit des ausländischen Rechtsverhältnisses nach den in Art. 22, 23 EGBGB enthaltenen international-privatrechtlichen Voraussetzungen beurteilt.[9] Die Wirksamkeitsfeststellung eines ausländischen Adoptionsvertrags ist jedoch heutzutage **kaum noch praxisrelevant**, da die meisten Rechtsordnungen der Welt mittlerweile Dekretadoptionen vorsehen.[10] **5**

Da die Wirkungen in den unterschiedlichen Rechtsordnungen der Welt äußerst unterschiedlich sind, gibt § 2 Abs. 2 AdWirkG vor, dass jede Anerkennungsentscheidung mit einer **Wirkungsfeststellung** verbunden werden muss. Damit sollen international-privatrechtliche Substitutionsprobleme gelöst werden. Durch die Feststellung nach § 2 Abs. 2 Nr. 1 AdWirkG (sog. starke Wirkungen) oder die Feststellung nach § 2 Abs. 2 Nr. 2 AdWirkG (sog. schwache Wirkungen) wissen nachfolgende inländische Behörden oder Gerichte, ob und in welchem Umfang die ausländische Adoption funktional gleichwertig mit einer deutschen Adoption ist. Insbesondere im Erbrecht kann dies von Bedeutung sein. Es ist jedoch zu betonen, dass **lediglich die Gleichwertigkeit** ausgesprochen wird **und nicht die Gleichartigkeit** der ausländischen Adoption.[11] **6**

In einigen Fällen können die Annehmenden nun das Interesse haben, die Wirkungen der ausländischen Adoption tatsächlich den Wirkungen einer deutschen Adoption anzupassen. Insbesondere wenn die Adoptivkinder als Folge der ausländischen Adoption weiterhin Rechte und Pflichten gegenüber ihrer bisherigen Familie behalten (schwache Adoptionen),[12] kann durch ein **Umwandlungsverfahren nach § 3 AdWirkG** erreicht werden, dass die ausländische Adoption in eine Volladoption nach deutschen Vorstellungen umgewandelt wird. Die Umwandlungsentscheidung hat damit (im Gegensatz zur Anerkennungsentscheidung) **rechtsgestaltende Wirkung** und führt zu dem gleichen Ergebnis, wie wenn eine Wiederholungsadoption im Inland durchgeführt worden wäre. **7**

B. Die Vorschriften des Adoptionswirkungsgesetzes[13]

§ 1 Anwendungsbereich **8**

¹Die Vorschriften dieses Gesetzes gelten für eine Annahme als Kind, die auf einer ausländischen Entscheidung oder auf ausländischen Sachvorschriften beruht. ²Sie gelten nicht, wenn der Angenommene zur Zeit der Annahme das 18. Lebensjahr vollendet hatte.

§ 2 Anerkennungs- und Wirkungsfeststellung

(1) Auf Antrag stellt das Familiengericht fest, ob eine Annahme als Kind im Sinne des § 1 anzuerkennen oder wirksam und ob das Eltern-Kind-Verhältnis des Kindes zu seinen bisherigen Eltern durch die Annahme erloschen ist.

---

8 Ausführlich: *Ludwig*, RNotZ 2002, 353; *Steiger*, DNotZ 2002, 184, 200
9 Ausführlich: Staudinger/*Henrich*, Art. 22 Rn. 98
10 Reine Adoptionsverträge sieht z.B. noch das indische Hindu-Recht oder das Adoptionsrecht von Bangladesh vor.
11 *Frank*, StAZ 2003, 257, 261
12 So z.B. nach dem thailändischen oder äthiopischen Recht
13 Gesetz über Wirkungen der Annahme als Kind nach ausländischem Recht (Adoptionswirkungsgesetz – AdWirkG) vom November 2001 (BGBl. I S. 2950, 2953), zuletzt geändert durch das Gesetz vom 20. Juni 2014 (BGBl. I S. 786)

(2) ¹Im Falle einer anzuerkennenden oder wirksamen Annahme ist zusätzlich festzustellen,

1. wenn das in Absatz 1 genannte Eltern-Kind-Verhältnis erloschen ist, dass das Annahme-verhältnis einem nach den deutschen Sachvorschriften begründeten Annahmeverhält-nis gleichsteht,

2. andernfalls, dass das Annahmeverhältnis in Ansehung der elterlichen Sorge und der Unterhaltspflicht des Annehmenden einem nach den deutschen Sachvorschriften be-gründeten Annahmeverhältnis gleichsteht.

3. ²Von der Feststellung nach Satz 1 kann abgesehen werden, wenn gleichzeitig ein Um-wandlungsausspruch nach § 3 ergeht.

(3) ¹Spricht ein deutsches Familiengericht auf der Grundlage ausländischer Sachvorschriften die Annahme aus, so hat es die in den Absätzen 1 und 2 vorgesehenen Feststellungen von Amts wegen zu treffen. ²Eine Feststellung über Anerkennung oder Wirksamkeit der An-nahme ergeht nicht.

§ 3 Umwandlungsausspruch

(1) ¹In den Fällen des § 2 Abs. 2 Satz 1 Nr. 2 kann das Familiengericht auf Antrag aussprechen, dass das Kind die Rechtsstellung eines nach den deutschen Sachvorschriften angenomme-nen Kindes erhält, wenn

1. dies dem Wohl des Kindes dient,

2. die erforderlichen Zustimmungen zu einer Annahme mit einer das Eltern-Kind-Verhält-nis beendenden Wirkung erteilt sind und

3. überwiegende Interessen des Ehegatten, des Lebenspartners oder der Kinder des An-nehmenden oder des Angenommenen nicht entgegenstehen.

²Auf die Erforderlichkeit und die Erteilung der in Satz 1 Nr. 2 genannten Zustimmungen fin-den die für die Zustimmungen zu der Annahme maßgebenden Vorschriften sowie Artikel 6 des Einführungsgesetzes zum Bürgerlichen Gesetzbuche entsprechende Anwendung. ³Auf die Zustimmung des Kindes ist zusätzlich § 1746 Abs. 1 Satz 1 bis 3, Abs. 2 und 3 des Bürgerli-chen Gesetzbuchs anzuwenden. ⁴Hat der Angenommene zur Zeit des Beschlusses nach Satz 1 das 18. Lebensjahr vollendet, so entfällt die Voraussetzung nach Satz 1 Nr. 1.

(2) Absatz 1 gilt in den Fällen des § 2 Abs. 2 Satz 1 Nr. 1 entsprechend, wenn die Wirkungen der Annahme von den nach den deutschen Sachvorschriften vorgesehenen Wirkungen ab-weichen.

§ 4 Antragstellung; Reichweite der Entscheidungswirkungen

(1) ¹Antragsbefugt sind

1. für eine Feststellung nach § 2 Abs. 1

    a) der Annehmende, im Fall der Annahme durch Ehegatten jeder von ihnen,

    b) das Kind,

    c) ein bisheriger Elternteil oder

    d) das Standesamt, das nach § 27 Abs. 1 des Personenstandsgesetzes für die Fortfüh-rung der Beurkundung der Geburt des Kindes im Geburtenregister oder nach § 36 des Personenstandsgesetzes für die Beurkundung der Geburt des Kindes zuständig ist;

2. für einen Ausspruch nach § 3 Abs. 1 oder Abs. 2 der Annehmende, annehmende Ehegat-ten nur gemeinschaftlich.

²Von der Antragsbefugnis nach Satz 1 Nr. 1 Buchstabe d ist nur in Zweifelsfällen Gebrauch zu machen. ³Für den Antrag nach Satz 1 Nr. 2 gelten § 1752 Abs. 2 und § 1753 des Bürgerlichen Gesetzbuchs.

(2) [1]Eine Feststellung nach § 2 sowie ein Ausspruch nach § 3 wirken für und gegen alle. [2]Die Feststellung nach § 2 wirkt jedoch nicht gegenüber den bisherigen Eltern. [3]In dem Beschluss nach § 2 ist dessen Wirkung auch gegenüber einem bisherigen Elternteil auszusprechen, sofern dieser das Verfahren eingeleitet hat oder auf Antrag eines nach Absatz 1 Satz 1 Nr. 1 Buchstabe a bis c Antragsbefugten beteiligt wurde. [4]Die Beteiligung eines bisherigen Elternteils und der erweiterte Wirkungsausspruch nach Satz 3 können in einem gesonderten Verfahren beantragt werden.

§ 5 Zuständigkeit und Verfahren

(1) [1]Über Anträge nach den §§ 2 und 3 entscheidet das Familiengericht, in dessen Bezirk ein Oberlandesgericht seinen Sitz hat, für den Bezirk dieses Oberlandesgerichts; für den Bezirk des Kammergerichts entscheidet das Amtsgericht Schöneberg. [2]Für die internationale und die örtliche Zuständigkeit gelten die §§ 101 und 187 Abs. 1, 2 und 4 des Gesetzes über das Verfahren in Familiensachen und in den Angelegenheiten der freiwilligen Gerichtsbarkeit entsprechend.

(2) [1]Die Landesregierungen werden ermächtigt, die Zuständigkeit nach Absatz 1 Satz 1 durch Rechtsverordnung einem anderen Familiengericht des Oberlandesgerichtsbezirks oder, wenn in einem Land mehrere Oberlandesgerichte errichtet sind, einem Familiengericht für die Bezirke aller oder mehrerer Oberlandesgerichte zuzuweisen. [2]Sie können die Ermächtigung auf die Landesjustizverwaltungen übertragen.

(3) [1]Das Familiengericht entscheidet im Verfahren der freiwilligen Gerichtsbarkeit. [2]Die §§ 159 und 160 Absatz 1 Satz 1, Absatz 2 bis 4 des Gesetzes über das Verfahren in Familiensachen und in den Angelegenheiten der freiwilligen Gerichtsbarkeit sind entsprechend anzuwenden. [3]Im Verfahren nach § 2 wird ein bisheriger Elternteil nur nach Maßgabe des § 4 Abs. 2 Satz 3 und 4 angehört. [4]Im Verfahren nach § 2 ist das Bundesamt für Justiz als Bundeszentralstelle für Auslandsadoption, im Verfahren nach § 3 sind das Jugendamt und die zentrale Adoptionsstelle des Landesjugendamtes zu beteiligen.

(4) [1]Auf die Feststellung der Anerkennung oder Wirksamkeit einer Annahme als Kind oder des durch diese bewirkten Erlöschens des Eltern-Kind-Verhältnisses des Kindes zu seinen bisherigen Eltern, auf eine Feststellung nach § 2 Abs. 2 Satz 1 sowie auf einen Ausspruch nach § 3 Abs. 1 oder 2 oder nach § 4 Abs. 2 Satz 3 findet § 197 Abs. 2 und 3 des Gesetzes über das Verfahren in Familiensachen und in den Angelegenheiten der freiwilligen Gerichtsbarkeit entsprechende Anwendung. [2]Im Übrigen unterliegen Beschlüsse nach diesem Gesetz der Beschwerde; sie werden mit ihrer Rechtskraft wirksam. [3]§ 4 Abs. 2 Satz 2 bleibt unberührt.

C. Das Anerkennungsverfahren

I. Der Prüfungsinhalt im Anerkennungsverfahren (insb. ordre public-Vorbehalt)

Inhalt des Anerkennungsverfahrens nach § 2 Abs. 1 AdWirkG ist die Prüfung, **ob die ausländische Adoption im Inland Geltung beanspruchen kann.** Maßgeblich geht es dabei um die Überprüfung der Anerkennungsfähigkeit nach § 109 Abs. 1 FamFG bzw. (bei Konventionsadoptionen) nach Art. 24 HAÜ.   **9**

Die entsprechenden Vorschriften finden sich in § 109 FamFG sowie in Art. 24 HAÜ. Letzterer lautet wie folgt: **10**

Art. 24 HAÜ

Die Anerkennung einer Adoption kann in einem Vertragsstaat nur versagt werden, wenn die Adoption seiner öffentlichen Ordnung offensichtlich widerspricht, wobei das Wohl des Kindes zu berücksichtigen ist.

Innerhalb der Anerkennungsversagungsgründe in § 109 Abs. 1 Nr. 1 bis 4 FamFG spielt ausschließlich der **Verstoß gegen den inländischen ordre public eine praktische**

Rolle. Da auch Art. 24 HAÜ dies als (einzigen) Anerkennungsversagungsgrund vorsieht, ist der Prüfungsinhalt sowohl bei Nichtkonventionsadoptionen als auch bei Konventionsadoptionen **inhaltlich gleichlaufend**.

11 Der **ordre public-Vorbehalt in § 109 Abs. 1 Nr. 4 FamFG bzw. in Art. 24 HAÜ** besagt, dass eine Anerkennung einer ausländischen Entscheidung ausgeschlossen ist, wenn das Ergebnis der Anerkennung zu einer **offensichtlichen Unvereinbarkeit mit den wesentlichen Grundsätzen des deutschen Rechts und insbesondere mit den Grundrechten** führen würde. Nach einer immer wieder zitierten Formel des Bundesgerichtshofs ist dies immer dann zu bejahen, wenn der **Kernbestand der inländischen Rechtsordnung angetastet** wird beziehungsweise das Ergebnis der Anerkennung zu den Grundgedanken des deutschen Rechts und den darin enthaltenen Gerechtigkeitsvorstellungen in **so starkem Widerspruch** steht, dass eine Anerkennung **schlechthin untragbar** erscheint.[14] Im Ergebnis ist daher sowohl das autonome deutsche Recht als auch das Konventionsrecht des HAÜ **äußerst anerkennungsfreundlich**.[15]

12 Im Bereich des internationalen Adoptionsrechts hat sich bzgl. möglicher ordre public-Verstöße eine **umfassende Kasuistik** ausgebildet, welche im Folgenden zusammenfassend dargestellt werden soll:

13 • Die Mehrzahl der veröffentlichten Gerichtsentscheidungen beschäftigt sich mit der Frage, ob im ausländischen Verfahren in ausreichendem Maße eine **Überprüfung der Elterneignung der Annehmenden** stattgefunden hat.[16] Ab welcher Grenze dies zu einer Ablehnung der Anerkennung führen soll, wird jedoch unterschiedlich beurteilt.[17] Eindeutig zu versagen ist die Anerkennung, wenn überhaupt keine Elterneignungsprüfung durchgeführt worden ist oder die Annehmenden lediglich nach rein formalen Kriterien (wie z.B. ihren finanziellen Verhältnissen) beurteilt worden sind. In beiden Fällen ist das Kind in eine Familie gekommen, in der völlig ungewiss war, ob es dort auch gut und sicher aufgehoben ist. Dies verstößt gegen die Grund- und Menschenrechte des Kindes.

14 • Eine weitere Fallgruppe von Gerichtsentscheidungen beschäftigt sich mit der Frage, ob die **fehlende oder ungenügende Prüfung eines Adoptionsbedürfnisses** im ausländischen Verfahren zu einer Versagung der Anerkennung führen kann. Meistens geht es dabei um Fälle, in denen das Kind von in Deutschland lebenden Verwandten oder Bekannten im Heimatstaat des Kindes adoptiert worden ist. Nach der wohl h.M. ist die Anerkennung zu versagen, wenn die Alternative des Verbleibens des Kindes in der bisherigen Familie vorhanden und für das Kind zumutbar war.[18] Eine Adoption dürfe nicht allein aus dem Zweck heraus geschehen, um ein Leben im wirtschaftlich besser gestellten Ausland zu ermöglichen. Insbesondere bei einer Adoption ins Ausland sei die „biologische und kulturelle Verwurzelung" des Kindes zu beachten.[19] Zusätzlich wird dann noch auf die Subsidiarität der Auslandsadoption abgestellt. Es solle grundsätzlich zunächst geprüft werden, ob das Kind in seinem Herkunftsstaat weiter versorgt und adoptiert werden kann, bevor es ins Ausland vermittelt wird.[20] Diesen

---

14 Z.B. BGH NJW 1998, 2358
15 *Hoffmann*, ZKJ 2006, 542
16 OLG Celle FamRZ 2008, 1109; OLG Frankfurt ZKJ 2009, 376; KG FamRZ 2012, 1234; OLG Hamm FamRZ 2011, 310
17 Sehr streng trotz ausführlicher Kindeswohlprüfung im ausländischen Verfahren: OLG Karlsruhe StAZ 2011, 210
18 Statt vieler: OLG Karlsruhe StAZ 2011, 210
19 OLG Düsseldorf FamRZ 2011, 1522
20 OLG München, Beschl. v. 5.12.2011 – Az.: 31 Wx 83/11, juris; LG Frankfurt/M., Beschl. v. 13.1.2010, – Az: 2/9 T 606/08, juris; LG Düsseldorf, Beschl. v. 30.10.2007 – Az: 25 T 1193/06, juris

Grundsatz findet man u.a. auch in Art. 21 lit. b der UN-Kinderrechtskonvention. Die Versagung der Anerkennung allein wegen nicht erkennbarer Prüfung eines Adoptionsbedürfnisses ist jedoch im Ergebnis abzulehnen. Denn die Prüfung dieser Frage ist ausschließlich die Aufgabe des erkennenden ausländischen Gerichts. Überprüft das deutsche Familiengericht dies im Anerkennungsverfahren, so verstößt dies gegen das Verbot der *révision au fond* in § 109 Abs. 5 FamFG. Auch in einem deutschen Adoptionsverfahren kommt es nicht darauf an, ob die Adoption tatsächlich erforderlich ist. Vielmehr gilt der Maßstab die Kindeswohldienlichkeit (§ 1741 Abs. 1 Satz 1 BGB), so dass eine Adoption auch dann möglich ist, wenn es durchaus noch die Alternative gäbe, dass das Kind in seiner Herkunftsfamilie verbleibt. Bei der Bewertung der ausländischen Adoption dürfen aber keine höheren Maßstäbe angesetzt werden als bei einer deutschen Adoption.

- Es finden sich auch zahlreiche Entscheidungen, welche sich mit **adoptionsfernen** **15** **Motiven** für die Adoption auseinandersetzen. Stellt sich im Anerkennungsverfahren heraus, dass die ausländische Adoption ausschließlich zur Ermöglichung einer Einreise nach Deutschland, zur Erlangung der deutschen Staatsangehörigkeit oder aus wirtschaftlichen Motiven durchgeführt worden ist, so sei die Anerkennung wegen Verstoßes gegen den ordre public zu versagen.[21] Auch diese Argumentation ist im Hinblick auf das Verbot der révision au fond in § 109 Abs. 5 FamFG kritisch zu bewerten. Es ist nicht Aufgabe des deutschen Anerkennungsgerichts, einen inneren Bewertungsvorgang des ausländischen Gerichts (ob trotz dieser adoptionsfremden Motive die Adoption dennoch dem Kindeswohl dient) im Nachhinein zu bewerten und zu revidieren.

- Weitere Gerichtsentscheidungen thematisieren die **Frage des rechtlichen Gehörs** **16** **nach Art. 103 Abs. 1 GG**. Richtigerweise ist die Anerkennung einer ausländischen Adoptionsentscheidung zu versagen, wenn materiell-rechtlich betroffene Personen im ausländischen Verfahren keine Möglichkeit zur Äußerung gegeben worden ist. Insbesondere der **fehlenden Beteiligung der bisherigen Eltern** im ausländischen Verfahren kommt hierbei ein hoher Stellenwert zu.[22] Wegen des Eingriffs in ihr Elternrecht nach Art. 6 Abs. 2 Satz 1 GG müssen sie in einem Adoptionsverfahren zwingend gehört werden.[23] Nur in eng umgrenzten Fällen kann hierauf verzichtet werden, insbesondere wenn ihr Aufenthaltsort trotz entsprechender Ermittlungen unbekannt bleibt (vgl. § 1747 Abs. 4 BGB). Nicht ausreichend ist nach deutschen Vorstellungen hingegen der Verzicht auf eine Einwilligung der bisherigen Eltern im Adoptionsverfahren, weil den bisherigen Eltern vorher das Sorgerecht oder vergleichbare Erziehungsrechte entzogen worden sind.[24] Denn das Sorgerecht kann jederzeit wieder zurück übertragen werden, während eine Adoption praktisch unumkehrbar ist. Ebenso beachtlich ist **die fehlende Anhörung bzw. Beteiligung eines schon älteren Kindes** im ausländischen Verfahren.[25] Ein Verstoß gegen den anerkennungsrechtlichen *ordre public* kommt immer dann in Betracht, wenn das Kind im Zeitpunkt der ausländischen Adoption schon die entsprechende Verstandesreife gehabt hat und dessen Wünsche und Interessen nicht beachtet worden sind.

- Ausdrücklich keine Verstöße gegen den ordre public stellen die Fälle dar, in denen im **17** Ausland eine Adoption ausgesprochen worden ist, welche in Deutschland aus forma-

---

21 Z.B.: OLG Köln FamRZ 2010, 49; OLG Hamm, Beschl. v. 28.9.2010 – 15 Wx 69/10, juris; OLG Celle FamRZ 2008, 1109; OLG Schleswig, Beschl. v. 24.6.2009 – 2 W 38/09, juris
22 Ausführlich: Staudinger/*Henrich,* Art. 22 EGBGB Rn. 91
23 OLG Düsseldorf FamRZ 2012, 1229
24 Diese Möglichkeit des Verzichts auf eine Beteiligung im Adoptionsverfahren sehen v.a. osteuropäische Rechtsordnungen vor.
25 LG Dresden, Beschl. v. 9.8.2006 – 2 T 188/06, juris; Staudinger/*Henrich*, Art 22 EGBGB Rn. 90

len Gründen nicht erlaubt wäre (z.B. die Adoption durch eine verheiratete Einzelperson, § 1741 Abs. 2 Satz 2 BGB) oder welche schwächere Wirkungen als eine deutsche
Adoption nach §§ 1754 ff. BGB hat.[26]

18   Kommt ein Verstoß gegen den anerkennungsrechtlichen ordre public in Betracht, so stellt
sich in der Folge die Frage, ob die Anerkennung dennoch auszusprechen ist, weil **mittlerweile (also im Zeitpunkt der Anerkennungsentscheidung) eine schützenswerte Eltern-Kind-Beziehung entstanden ist**.[27] Hierauf stellt der Europäische Gerichtshof für
Menschenrechte unter Verweis auf Art. 8 Abs. 1 EMRK in mehreren Entscheidungen ab.[28]
Einige deutsche obergerichtliche Entscheidungen führen sogar eine erneute Kindeswohlprüfung durch, um eine ungenügende Elterneignungsprüfung im Ausland im Rahmen der
Anerkennung nachzuholen und damit die Adoption im Nachhinein zu „retten".[29] Diese
Vorgehensweise verstößt jedoch gegen den Sinn und Zweck des Anerkennungsverfahrens. Denn dieses soll nach dem Willen des Gesetzgebers gerade keine Wiederholungsadoption, sondern eine kursorische Überprüfung der schon stattgefundenen ausländischen Adoption sein. Anderenfalls könnten sich tatsächlich ungeeignete adoptionswillige
Personen ohne Risiko im Ausland ein Kind mittels Adoption besorgen und später darauf
hoffen, dass sich das Verhältnis zum Kind schon irgendwie positiv entwickeln wird. Sämtliche Schutzvorschriften für das Kind im Haager Adoptionsübereinkommen und im deutschen Recht könnten damit umgangen werden.[30]

II. Der Anwendungsbereich des Adoptionswirkungsgesetzes

1. Die Qualifikation des ausländischen Rechtsverhältnisses als „Annahme als Kind" (sachlicher Anwendungsbereich)

19   Eine Anerkennung nach dem AdWirkG ist nur dann möglich, wenn es sich bei dem ausländischen Rechtsverhältnis um eine „Annahme als Kind" i.S.v. § 1 Satz 1 AdWirkG handelt
(**sachlicher Anwendungsbereich**). Bei der **Qualifikation ist ein internationaler Maßstab anzusetzen**.[31] Das ausländische Rechtsverhältnis muss in seinen Wirkungen nicht
exakt die gleichen Wirkungen wie eine deutsche Adoption gem. §§ 1754 ff. BGB haben.
Damit sind auch sog. „schwache Adoptionen" grundsätzlich nach § 2 Abs. 1 AdWirkG anerkennungsfähig. Um das Adoptionsverhältnis von bloßen Vormundschaften und Pflegschaften abzugrenzen, ist für die Qualifikation entscheidend, ob sich durch das ausländische Rechtsverhältnis eine **Statusveränderung** für das Kind ergeben hat. Nur wenn das
Kind durch die ausländische Entscheidung der Familie der Annehmenden zugeordnet worden ist, kann man von einer Annahme als Kind i.S.d. § 1 Satz 1 AdWirkG sprechen. Bleibt
die vorherige Verwandtschaft jedoch unverändert und führt die ausländische Entscheidung lediglich zur Übertragung einzelner Rechte (insb. Sorge- oder Umgangsrecht), dann
ist das ausländische Rechtsverhältnis eher als Vormundschaft oder Pflegschaft zu qualifizieren.[32] Deren Anerkennung richtet sich nicht nach § 2 Abs. 1 AdWirkG, sondern nach
den Verfahrensvorschriften in § 108 Abs. 2 und 3 FamFG.

---

26 Staudinger/*Frank,* Art. 22 EGBGB Rn. 96f; zu weiteren Fällen: *Hoffmann,* ZKJ 2006, 542,
27 So schon: BayObLG FamRZ 2001, 1641; ausführlich: *Botthof,* StAZ 2013, 77
28 EGHMR FamRZ 2007, 1529; EGHMR NJW 2013, 2171
29 OLG Hamm, Beschl. v. 28.9.2010 – 15 Wx 69/10, juris
30 Ausführlich: *Weitzel,* IPrax 2007, 308, 310 ff.
31 So auch: *Maurer,* FamRZ 2003, 1337, 1338
32 Z.B. OLG Köln StAZ 2013, 339 zum iranischen Rechtsverhältnis „sarparasti"

2. Anerkennung nach dem AdWirkG nur für Minderjährigenadoptionen (persönlicher Anwendungsbereich)

Die Vorgaben des Adoptionswirkungsgesetzes finden nur dann Anwendung, wenn **das Kind im Zeitpunkt der ausländischen Adoption noch nicht das 18. Lebensjahr vollendet hatte** (§ 1 Satz 2 AdWirkG – **persönlicher Anwendungsbereich**). Keine Rolle spielt es indes, wann der Antrag auf Anerkennung gestellt wird. Im Zeitpunkt der Antragstellung kann das Kind auch schon lange volljährig sein.   **20**

Auch ausländische Volljährigenadoptionen können durch familiengerichtliche Entscheidung anerkannt werden. Dies folgt dann aber dem Anerkennungsregime in § 108 Abs. 2 Satz 1, 2 und Abs. 3 FamFG.   **21**

III. Das gerichtliche Verfahren

1. Verfahrenseinleitung durch Antrag

Anerkennungsverfahren nach § 2 Abs. 1 AdWirkG sind **Antragsverfahren** („Auf Antrag …"). Von Amts wegen darf über die Anerkennung ausländischer Adoptionen nicht entschieden werden.[33] **Antragsbefugt** sind neben dem Annehmenden (bei mehreren Annehmenden auch jeder allein) und dem Kind auch die bisherigen (meistens leiblichen) Eltern des Kindes und das Geburtsstandesamt (§ 4 Abs. 1 Satz 1 a) bis d) AdWirkG). Die Antragsbefugnis des zuständigen Standesamts besteht jedoch nur „in Zweifelsfällen" (§ 4 Abs. 1 Satz 2 AdWirkG). Die Behörde muss also maßgebliche Zweifel an der Anerkennungsfähigkeit geltend machen. Kann sie dies nicht, so ist der Antrag als unzulässig zu verwerfen.   **22**

Der Antrag kann **formlos** gestellt und bis zum Erlass der Entscheidung **zurückgenommen werden**.   **23**

Bei der Antragstellung muss **nicht zwingend auch die Wirkungsfeststellung nach § 2 Abs. 2 AdWirkG mit beantragt** werden. Diese Feststellung muss das Gericht von Amts wegen zusätzlich zur Anerkennungsentscheidung treffen (vgl. § 2 Abs. 1 2. HS AdWirkG).   **24**

2. Die gerichtliche Zuständigkeit

Nach § 5 Abs. 1 AdWirkG ist für die Entscheidung über die Anerkennung das Familiengericht am Sitz des jeweiligen Oberlandesgerichts örtlich zuständig (sog. **Konzentrationsgericht**). Von der aus § 5 Abs. 2 AdWirkG folgenden Befugnis, durch Rechtsverordnung andere Familiengerichte mit dieser Aufgabe zu betrauen, hat – soweit ersichtlich – bislang kein Bundesland Gebrauch gemacht.   **25**

Anknüpfungspunkt für die örtliche Zuständigkeit ist der **gewöhnliche Aufenthalt** der Annehmenden (§ 5 Abs. 1 Satz 2 AdWirkG i.V.m. § 187 Abs. 1 FamFG) und subsidiär der gewöhnliche Aufenthalt des Kindes (§ 187 Abs. 2 FamFG). Haben weder die Annehmenden noch das Kind ihren gewöhnlichen Aufenthalt in Deutschland, so entscheidet das Amtsgericht Schöneberg in Berlin, welches das Verfahren wiederum „aus wichtigem Grund" an ein anderes Konzentrationsgericht verweisen kann (§ 5 Abs. 1 Satz 2 AdWirkG i.V.m. § 187 Abs. 5 Satz 1 und Satz 2 AdWirkG; siehe hierzu *Braun*, § 187 Rn. 22 und 23).   **26**

▶ *Näher zum Begriff des gewöhnlichen Aufenthalts siehe Braun, § 187 FamFG Rn. 6 f. und Keuter, § 152 FamFG Rn. 22.*

Die internationale Zuständigkeit richtet sich wiederum nach § 5 Abs. 1 Satz 2 AdWirkG i.V.m. § 101 FamFG. Anknüpfungspunkte sind hierbei die deutsche Staatsangehörigkeit oder der gewöhnliche Aufenthalt (der Annehmenden oder des Kindes) in Deutschland.   **27**

---

33 MüKo-BGB/*Maurer*, § 4 AdWirkG Rn. 2

3. Die Vorlage von entscheidungserheblichen Dokumenten

28 Prüfungsinhalt des Anerkennungsverfahrens ist die Anerkennungsfähigkeit einer ausländischen Adoptionsentscheidung. Es muss daher zunächst überprüft werden, ob überhaupt eine wirksame Entscheidung im Ausland ergangen ist und sodann betrachtet werden, ob diese Entscheidung von ihrem Verfahren und Inhalt her in Deutschland anerkennungsfähig ist.

29 Grundlage für diese Prüfung ist die **Vorlage entsprechender ausländischer Dokumente**. Die Aussagekraft der entsprechenden Unterlagen ist jedoch stark von den Vorgaben der entsprechenden Rechtsordnung abhängig. Während sich aus manchen ausländischen Entscheidungen schon aus dem Wortlaut der Entscheidung die wesentlichen Informationen für die Anerkennungsentscheidung ergeben, müssen in anderen Rechtsordnungen weitere Unterlagen angefordert werden. Ebenso ist die Beweiskraft von ausländischen Personenstandsurkunden äußerst unterschiedlich. Die folgende Liste kann daher nur einen (nicht vollständigen) Überblick über mögliche Unterlagen geben.[34]

- In jedem Fall anzufordern ist die **ausländische Entscheidung**, durch die die ausländische Adoption begründet worden ist.[35]

- Die **ausländische Geburtsurkunde des Kindes** nach der Adoption zeigt in der Regel die rechtliche Neuzuordnung des Kindes zu den Annehmenden und unterstützt daher die Feststellung, ob im Ausland eine Statusänderung infolge einer Adoption stattgefunden hat. In manchen Rechtsordnungen werden auch gesonderte Adoptionsurkunden erstellt[36] oder Registrierungen in besonderen Adoptionsregistern vorgenommen.[37]

- Handelte es sich bei der ausländischen Adoption um eine nach dem Haager Adoptionsübereinkommen vermittelte Adoption, so ist ebenso die **Konformitätsbescheinigung nach Art. 23 Abs. 1 Satz 1 HAÜ** vorzulegen.

- Ergeben sich aus der ausländischen Entscheidung keine maßgeblichen Informationen zum Ablauf des ausländischen Verfahrens, so lohnt sich die Anforderung von **ausländischen Sozialberichten oder Gerichtsprotokollen**. Auch die den Annehmenden unterbreiteten ausländischen Kindervorschläge können weitere Informationen zur Herkunft und zur Existenz leiblicher Eltern bieten.

- Ergibt sich dies nicht aus den weiteren Unterlagen, so müssen ggf. **gesonderte Einwilligungserklärungen der vormaligen Eltern** aus dem ausländischen Verfahren angefordert werden. Häufig kann nur so festgestellt werden, ob den vormaligen Eltern rechtliches Gehör nach Art. 103 Abs. 1 GG gewährt worden ist (vgl. oben Rn. 16).

- Je nach Rechtsordnung können noch weitere Unterlagen verlangt werden. Zu nennen sind hierbei etwa Ermittlungsberichte der örtlichen Polizei, wenn vorgebracht wird, dass das Kind ein ausgesetztes Kind ist, oder vorangegangene Vereinbarungen über die Adoption eines Kindes.

30 In einigen Fällen ist die **Überprüfung der Echtheit der vorgelegten Dokumente** problematisch. Ausgangspunkt für diese Prüfung sind die Kriterien in § 438 ZPO, wonach das Gericht nach den Umständen des Falles zu entscheiden hat. Keine Probleme ergeben sich, wenn das Dokument aus einem Staat kommt, welches eine Haager Apostille erstellen darf oder in dem eine sog. Legalisation nach § 13 KonsG (vgl. § 438 Abs. 2 ZPO) möglich ist. In

---

34 Ähnlich: MüKo-BGB/*Maurer*, § 5 AdWirkG Rn. 9
35 Hierzu: OLG Celle, Beschl. v. 10.5.2011 – 17 UF 148/10, juris
36 So z.B. in Russland, Ukraine
37 So z.B. in Thailand, Haiti

einigen Staaten ist die Urkundenlage jedoch so unzuverlässig, dass die Echtheit von Dokumenten nur durch eine Urkundenüberprüfung (meistens durch einen Vertrauensanwalt der deutschen Botschaft) feststellbar ist. Ergibt sich die Echtheit aber aus den sonstigen Gesamtumständen (vgl. § 438 Abs. 1 ZPO), so stellt die Nichtdurchführung des sehr zeitaufwändigen Urkundenüberprüfungsverfahrens keinen Verfahrensfehler dar.

4. Die Bestellung eines Verfahrensbeistands

Obwohl das Adoptionswirkungsgesetz nicht auf § 191 FamFG oder 158 FamFG verweist, **31** kann auch in den Verfahren nach dem Adoptionswirkungsgesetz ein Verfahrensbeistand bestellt werden.[38] Dies ist insbesondere dann erforderlich, wenn das Kind Unterstützung während der persönlichen Anhörung bedarf oder weiterhin Kontakte zur bisherigen Familie bestehen (z.B. bei Verwandtenadoptionen).

5. Die Beteiligung der Bundeszentralstelle für Auslandsadoption

Nach § 5 Abs. 3 Satz 4 AdWirkG ist in den Anerkennungsverfahren die Bundeszentralstelle **32** für Auslandsadoption beim Bundesamt für Justiz in Bonn zu „beteiligen". Ob hierunter eine Beteiligung i.S.v. § 7 Abs. 2 Nr. 1 FamFG zu verstehen ist oder tatsächlich nur eine Anhörungspflicht besteht,[39] hat praktisch keine große Bedeutung. In jedem Fall hat es sich eingebürgert, dass die Behörde ausführliche Stellungnahmen zu der Anerkennungsfähigkeit und zu den Wirkungen der ausländischen Adoption abgibt.

6. Die Anhörungen

Erstaunlicherweise **verweist § 5 Abs. 3 Satz 2 AdWirkG** nicht auf die Anhörungsvor- **33** schriften in Adoptionssachen (vgl. § 192 FamFG), sondern **auf die entsprechenden Verfahrensnormen im Kindschaftsrecht**: § 159 FamFG gilt für die Anhörung des Kindes und § 160 Abs. 1 Satz 1, Abs. 2 bis 4 FamFG für die Anhörung der bisherigen Eltern (welche wiederum gemäß der Rückausnahme in § 5 Abs. 3 Satz 3 AdWirkG im Anerkennungsverfahren in aller Regel nicht erforderlich ist).

Bei der **Anhörung der Kinder** kann häufig § 159 Abs. 2 FamFG zur Anwendung kom- **34** men, da in den meisten Fällen im Ausland sehr junge Kinder adoptiert worden sind und diese im späteren Anerkennungsverfahren nur selten zur weiteren Sachverhaltsaufklärung beitragen können.[40] Schließlich ist zu bedenken, dass die Anerkennung nicht zu einer statusbegründenden Entscheidung führt, sondern lediglich die Geltung der ausländischen Adoption im Inland zum Verfahrensgegenstand hat. Sind die Kinder jedoch über 14 Jahre alt, so sind diese auch dann persönlich anzuhören, wenn sie bei der ausländischen Adoption noch sehr jung waren. Hier lässt das Gesetz in § 159 Abs. 1 Satz 1 FamFG keine Ausnahmen zu („… *hat das Kind persönlich anzuhören,* …"). Die Möglichkeit des Absehens von der persönlichen Anhörung aus schwerwiegenden Gründen nach § 159 Abs. 3 FamFG wird – wie in anderen Kindschaftssachen – nur selten eingreifen können (näher hierzu *Heilmann*, § 159 FamFG Rn. 14 ff.). Insbesondere ist ein schwerwiegender Grund gerade nicht darin zu sehen, dass das Kind ggf. von der Adoption nichts erfahren soll.[41]

Als Beteiligte sind selbstverständlich **auch die Annehmenden anzuhören**. Ob die Anhö- **35** rung persönlich erfolgen muss, richtet sich nach § 34 Abs. 1 FamFG.

---

38 OLG Köln FamRZ 2012, 1234; zurückhaltender: OLG Düsseldorf FamRZ 2012, 1229
39 *Maurer*, FamRZ 2003, 1337, 1343
40 OLG Schleswig FamRZ 2014, 498; strenger: OLG Hamm ZKJ 2012, 233
41 *Braun*, ZKJ 2012, 216, 218

7. Die Entscheidung

36 Die **stattgebende Entscheidung** erfolgt **durch Beschluss**, welcher von Gesetzes wegen nicht zwingend begründet werden muss (§ 38 Abs. 4 Nr. 2 FamFG). Da der Sinn und Zweck der Anerkennungsverfahren jedoch die Herstellung von Rechtssicherheit ist, sollte zumindest eine kurze **Begründung** erfolgen. Ansonsten wissen nachfolgende Behörden und Gerichte gerade häufig nicht, auf welchen Grundlagen und mit welchem Hintergrund die ausländische Adoption anerkannt worden ist.

37 Bei der **Tenorierung** ist darauf zu achten, dass die ausländische Adoption unmissverständlich bezeichnet wird.[42] Es muss klar sein, auf welche ausländische Entscheidung sich die Anerkennung bezieht. Auch wenn dies nicht explizit beantragt worden ist, muss von Amts wegen auch die Feststellung über die Wirkung der ausländischen Adoption gem. § 2 Abs. 2 AdWirkG erfolgen. Hierbei kann der Wortlaut in § 2 Abs. 2 Satz 1 Nr. 1 AdWirkG (sog. starke Adoption) oder der Wortlaut in § 2 Abs. 2 Satz 1 Nr. 2 AdWirkG (sog. schwache Adoption) übernommen werden.

38 Bei der **Ablehnung der Anerkennung** darf der Antrag nicht bloß zurückgewiesen werden. Vielmehr ist festzustellen, dass die Anerkennung der konkreten ausländischen Adoption zu versagen ist. Dies ist deshalb erforderlich, da auch die negative Anerkennungsentscheidung in materielle Rechtskraft erwächst und erst die rechtskräftige Ablehnung der Anerkennung die Möglichkeit einer Nachadoption eröffnet.[43]

39 Sämtliche Anerkennungsentscheidungen sind mit einer **Kostenentscheidung** zu versehen (§ 81 Abs. 1 Satz 3 FamFG). Bei der Anerkennung fallen Gerichtsgebühren nach Nr. 1710 Nr. 3 oder Nr. 1714 KV zum FamGKG (in der Regel 240,- Euro) an. Kostenschuldner ist der Antragsteller (§ 21 FamGKG).

D. Das Umwandlungsverfahren

I. Der Prüfungsinhalt des Umwandlungsverfahrens

40 Die Umwandlung nach § 3 AdWirkG bewirkt die **Anpassung von geringeren ausländischen Adoptionswirkungen an die Wirkungen einer deutschen Adoption**.[44] Im Gegensatz zum Anerkennungsverfahren wirkt die Umwandlung damit rechtsbegründend (**konstitutiv**). Es wird das gleiche Ergebnis erreicht, wie wenn eine Wiederholungsadoption in Deutschland stattgefunden hätte.

41 Die geringeren Wirkungen des ausländischen Adoptionsverhältnisses beziehen sich meistens darauf, dass nach der ausländischen Rechtsordnung maßgebliche Rechte und Pflichten der bisherigen Familie des Kindes erhalten bleiben (sog. schwache Adoptionen).[45] Das Eltern-Kind-Verhältnis zu den bisherigen Eltern ist dann noch nicht erloschen und im Rahmen der Anerkennung kann nur die Wirkungsfeststellung nach § 2 Abs. 2 Satz 1 Nr. 2 AdWirkG erfolgen. Die Möglichkeit der Umwandlung einer (schon) starken ausländischen Adoption nach § 3 Abs. 2 AdWirkG ist wenig praxisrelevant.

42 Die Umwandlung einer ausländischen Adoption setzt die vorherige Anerkennung der ausländischen Adoption voraus. Die beiden Verfahren können aber in einem Verfahren gemeinsam durchgeführt werden.

---

42 MüKo-BGB/*Maurer*, § 5 AdWirkG Rn. 11 schlägt auch die Darstellung des Zeitpunkts der Rechtskraft der ausländischen Entscheidung vor.
43 *Maurer*, FamRZ 2003, 1337, 1344
44 MüKo-BGB/*Maurer*, § 3 AdWirkG Rn. 2
45 Ausführlich mit Beispielen: *Hölzel*, StAZ 2003, 289, 290 f.

Die Vorgaben für die Umwandlung finden sich in § 3 AdWirkG:　　　　　　**43**

- Es bedarf zunächst der Prüfung, ob die Umwandlung dem **Kindeswohl** entspricht　　**44**
(§ 3 Abs. 1 Satz 1 Nr. 1 AdWirkG). Die Kindeswohlprüfung ist jedoch nicht gleichbedeutend mit einer Kindeswohlprüfung in einem deutschen Adoptionsverfahren (vgl.
§ 1741 Abs. 1 BGB). Prüfungsgegenstand einer Umwandlung ist lediglich die Änderung der Wirkungen einer schon erfolgten (ausländischen) Adoption. Das statusbe-
gründende Rechtsverhältnis zwischen Kind und Annehmenden ist schon durch die
ausländische Adoption entstanden.[46] Maßgeblich geht es bei der Kindeswohlprüfung
daher ausschließlich um die Frage, ob sich die Beendigung des rechtlichen Eltern-Kind-
Verhältnisses zu der bisherigen Familie für das Kind positiv auswirkt.[47]

- Des Weiteren müssen im Umwandlungsverfahren erneute **Zustimmungen zu einer**　　**45**
Volladoption nach deutschen Vorstellungen erteilt werden (§ 3 Abs. 1 Satz 1 Nr. 2
AdWirkG bzw. Art. 27 Abs. 1 lit. b HAÜ i.V.m. Art. 4 lit c und d HAÜ).[48] Hintergrund
dieser Regelung ist die Tatsache, dass insbesondere die vorherigen Eltern (soweit solche bekannt und beteiligt worden sind) und das Kind bislang im ausländischen Verfahren nur in eine Adoption mit den geringeren ausländischen Wirkungen eingewilligt
haben. Da diese Personen nun durch die Umwandlung maßgebliche Rechte und
Pflichten verlieren, müssen sie erneut zustimmen. Ob Zustimmungen erforderlich sind
oder ob auf diese auch im Rahmen der Umwandlung verzichtet werden kann (bzw.
ob die Einwilligungen ersetzt werden können), richtet sich nach der ausländischen
Rechtsordnung (inklusive deren internationalem Privatrecht).[49] Ausdrücklich erforderlich ist aber die erneute Zustimmung des Kindes nach deutschem Recht gemäß § 3
Abs. 1 Satz 3 AdWirkG i.V.m. § 1746 Abs. 1 BGB.

- Schließlich bedarf es auch bei der Umwandlung der **Berücksichtigung der Interes-**　　**46**
sen des Ehegatten des Annehmenden, der (weiteren) Kinder der Annehmenden und
der Kinder des Angenommenen (§ 3 Abs. 1 Satz 1 Nr. 3 AdWirkG), wobei zu bedenken ist, dass durch die Umwandlung nur selten maßgebliche Interessen dieser Personen betroffen sind. Schließlich geht es bei der Umwandlung meistens ausschließlich
um den Abbruch der rechtlichen Beziehungen zur vormaligen Familie.

II. Das gerichtliche Verfahren

Folgende Verfahrensschritte sind bei der Umwandlung einer ausländischen Adoption　　**47**
durchzuführen:

- Das Verfahren kann nur durch **Antrag des Annehmenden** eingeleitet werden (§ 4　　**48**
Abs. 1 Satz 1 Nr. 2 AdWirkG). Fand im Ausland eine gemeinschaftliche Adoption statt,
so können die beiden Annehmenden das Verfahren nur gemeinsam initiieren. Der Antrag bedarf der **notariellen Form** (§ 4 Abs. 1 Satz 3 AdWirkG i.V.m. § 1752 Abs. 2
Satz 2 BGB).

- Die **gerichtliche Zuständigkeit** ist identisch wie bei den Anerkennungsverfahren　　**49**
(vgl. oben Rn. 25 ff.).

- Welche **Dokumente für die Umwandlungsentscheidung** vorzulegen sind, richtet　　**50**
sich nach dem Einzelfall. Da sich die Kindeswohlprüfung nach § 3 Abs. 1 Satz 1 Nr. 1
AdWirkG ausschließlich mit der Frage befasst, ob die Veränderung der Adoptionswirkungen dem Kind zum Vorteil gereicht, bedarf es keiner erneuten Einholung von z.B.

---

46 MüKo-BGB/*Maurer*, § 3 AdWirkG Rn. 5
47 Ausführlich: AG Frankfurt/M. StAZ 2013, 23
48 Ausführlich: MüKo-BGB/*Maurer*, § 3 AdWirkG Rn. 6
49 Kritisch hierzu: *Hölzel*, StAZ 2003, 289, 290

Gesundheits- oder Führungszeugnissen der Annehmenden. Relevant kann hingegen die Vorlage von Sozialberichten über das Vorleben des Kindes und über das Zusammenleben in der neuen Familienkonstellation sein. Soll es als Folge der Umwandlung zu einer Namensänderung kommen, so sind Personenstandsurkunden der Annehmenden (Geburts- und Heiratsurkunden) und des Kindes (ausländische oder deutsche Geburtsurkunde) einzuholen.

51 • Nach § 5 Abs. 3 Satz 4 AdWirkG sind im Umwandlungsverfahren das **Jugendamt und die zentrale Adoptionsstelle beim Landesjugendamt zu beteiligen**. Weder das Jugendamt noch das Landesjugendamt sind jedoch dazu berufen, eine fachliche Äußerung zu erstellen. Vielmehr beschränkt sich deren Aufgabe darauf, etwaige fachliche Bedenken hinsichtlich des Kindeswohls nach § 3 Abs. 1 Satz 1 Nr. 1 AdWirkG vorzubringen. Der qualitative und quantitative Prüfungsaufwand ist für die Fachbehörden daher bedeutend geringer als bei einer deutschen Adoption.

52 • Bzgl. der **Anhörungen im Umwandlungsverfahren** sind im Grundsatz sowohl das Kind, die Annehmenden als auch die leiblichen Eltern anzuhören (§ 5 Abs. 3 Satz 2 AdWirkG i.V.m. §§ 34, 159, 160 FamFG). Da auch die Interessen von Kindern der Annehmenden, von Kindern des Anzunehmenden und von Ehegatten zu berücksichtigen sind (§ 3 Abs. 1 Satz 1 Nr. 3 AdWirkG), sind auch diese Personen anzuhören. Zu beachten ist, dass die Möglichkeit des Absehens von der Anhörung der leiblichen Eltern nach § 5 Abs. 3 Satz 3 AdWirkG im Umwandlungsverfahren nicht möglich ist. Eine persönliche Anhörung ist jedoch meistens nicht erforderlich, da die leiblichen Eltern (soweit ihre Identität und ihr Aufenthaltsort bekannt sind) schließlich ohnehin zustimmungsverpflichtet nach § 3 Abs. 1 Satz 1 Nr. 2 AdWirkG sind. Der Anhörungsinhalt ist bei der Umwandlung ein anderer als bei der Anerkennung. Da es hier maßgeblich um die Prüfung des Kindeswohls nach § 3 Abs. 1 Satz 1 Nr. 1 AdWirkG geht, wird das Gericht bei unter 14-jährigen Kindern nur selten gemäß § 159 Abs. 2 FamFG auf die persönliche Anhörung verzichten können.[50] Schließlich sind die Meinung und Wünsche des Kindes bzgl. der Veränderung der Adoptionswirkungen zu ermitteln.

III. Die Entscheidung

53 Die **stattgebende Entscheidung** erfolgt durch Beschluss, welcher nicht zwingend zu begründen ist (§ 38 Abs. 4 Nr. 2 FamFG). Wie bei der Anerkennungsentscheidung ist jedoch auch hier eine Begründung zu empfehlen (vgl. oben Rn. 36).

54 Bei der **Tenorierung** kann der Wortlaut des § 3 AdWirkG übernommen werden,

„Es wird festgestellt, dass das Kind die Rechtsstellung eines nach deutschen Sachvorschriften angenommenen Kindes erhält."

55 Häufig werden **die Anerkennung und die Umwandlung der ausländischen Adoption gemeinsam beantragt**. Dies kann dann auch in einem Beschluss beschieden werden. Zu beachten ist hierbei, dass gemäß § 2 Abs. 2 Satz 2 AdWirkG dann keine gesonderte Wirkungsfeststellung stattfinden muss.

56 Wird der **Umwandlungsantrag abgelehnt**, so kann durchaus tenoriert werden, dass der Antrag zurückgewiesen wird. Allein die negative Umwandlungsentscheidung führt nicht zu einer materiellen Rechtskraft. Verändern sich etwa die Verhältnisse hinsichtlich des Kindeswohls in § 3 Abs. 1 Satz 1 Nr. 1 AdWirkG, so können die Annehmenden zu einem späteren Zeitpunkt erneut die Umwandlung der ausländischen Adoption beantragen.

---

50 So auch: MüKo-BGB/*Maurer*, § 5 AdWirkG Rn. 10

Der Umwandlungsbeschluss ist in jedem Fall mit einer **Kostenentscheidung** zu versehen   57
(§ 81 Abs. 1 Satz 3 FamFG). Erneute Gerichtsgebühren entstehen aber allein aufgrund der
Umwandlung nicht. Hierzu findet sich kein Gebührentatbestand im Kostenverzeichnis
zum FamGKG.

V. Übersichten

Übersicht: Anerkennungsverfahren (§ 2 Abs. 1 und 2 AdWirkG)

1. **Verfahrenseinleitung durch Antrag** (§ 4 Abs. 1 AdWirkG, § 23 FamFG)

    a. formloser Antrag ausreichend

    b. Antragsbefugnis nach § 4 Abs. 1 Satz 1 Nr. 1 AdWirkG

    - jeder Annehmende

    - Kind

    - bisheriger Elternteil

    - Geburtsstandesamt „im Zweifelsfall"

2. **Sachlicher und persönlicher Anwendungsbereich des Adoptionswirkungs-gesetzes** („Annahme als Kind" und Minderjährigenadoption im Ausland i.S.d. § 1 AdWirkG)

3. **Internationale und örtliche Zuständigkeit** (§ 5 Abs. 1 Satz 2, Abs. 2 AdWirkG, §§ 101, 187 FamFG)

4. **Anforderung entscheidungserheblicher Unterlagen und Dokumente**

5. **Ggf. Bestellung eines Verfahrensbeistands**

6. **Beteiligung der Bundeszentralstelle für Auslandsadoption durch Anforderung einer Stellungnahme** (§ 5 Abs. 3 Satz 4 AdWirkG)

7. **Anhörungen**

    a. des Kindes (§ 5 Abs. 3 Satz 2 AdWirkG i.V.m. § 159 FamFG)

    b. der Annehmenden (§ 34 FamFG)

    c. der Eltern des Kindes (§ 5 Abs. 3 Satz 2 AdWirkG i.V.m. § 160 FamFG, aber beachte: § 5 Abs. 3 Satz 3 AdWirkG)

8. **Sachentscheidung**

    a. Prüfungsinhalt

       aa) Überprüfung der formellen Wirksamkeit der ausländischen Adoption

       bb) Überprüfung der Anerkennungsfähigkeit der ausländischen Adoption

          - bei Konventionsadoptionen am Maßstab des Art. 24 HAÜ

          - bei Nichtkonventionsadoptionen am Maßstab des § 109 Abs. 1 Nr. 1 bis 4 FamFG

       cc) Ermittlung der Wirkungen der ausländischen Adoption (§ 2 Abs. 2 AdWirkG)

b. Beschlussinhalt

aa) bei positivem Beschluss: Feststellung der Anerkennung und der Wirkungen der ausländischen Adoption

bb) bei negativem Beschluss: Feststellung, dass die Anerkennung der ausländischen Adoption abgelehnt wird

c. Rechtsmittel(belehrung)

aa) bei positivem Beschluss: keine Rechtsmittel eröffnet (§ 5 Abs. 4 Satz 1 AdWirkG i.V.m. § 197 Abs. 3 Satz 1 FamFG)

bb) bei negativem Beschluss: Beschwerde (§ 5 Abs. 4 Satz 2 AdWirkG i.V.m. §§ 58 ff. FamFG)

d. Wirksamwerden, Bekanntgabe und Mitteilungen

aa) positive Beschlüsse:

- Wirksamwerden mit Zustellung an Annehmende (§ 5 Abs. 4 Satz 1 AdWirkG i.V.m. § 197 Abs. 2 FamFG)

- Bekanntgabe an alle Beteiligten durch Zustellung, Aufgabe zur Post oder durch Verlesen der Beschlussformel (§§ 15 Abs. 2, 41 Abs. 1 und 2 FamFG)

- Mitteilung an das die Geburt beurkundende Standesamt (Nr. XIV. Ziff. 1. Abs. 1 Nr. 3 MiZi)

bb) negative Beschlüsse:

- Wirksamwerden mit (formeller) Rechtskraft (§ 5 Abs. 4 Satz 2 AdWirkG)

- Bekanntgabe an alle Beteiligten gemäß §§ 15 Abs. 2, 41 Abs. 1 und 2 FamFG

- Mitteilung an Wohnsitzgericht, Zentrale Adoptionsstelle beim Landesjugendamt, Jugendamt und Ausländerbehörde (Nr. XIV. Ziff. 2. Abs. 1 und 3 MiZi)

e. Kosten

Kostenentscheidung nach § 81 Abs. 1 Satz 3 FamFG, Verfahrenswert nach § 42 Abs. 2 und 3 FamGKG, Gerichtsgebühren nach Nr. 1710, 1714 KV zum FamGKG

Übersicht: Umwandlungsverfahren (§ 3 AdWirkG)

1. **Verfahrenseinleitung durch Antrag** (§ 4 Abs. 1 AdWirkG, § 23 FamFG)

    a. notarielle Form § 4 Abs. 1 Satz 3 AdWirkG

    b. Antragsbefugnis nach § 4 Abs. 1 Satz 1 Nr. 2 AdWirkG – Annehmende (nur gemeinsam)

2. **(vorhergehende) Anerkennung**

3. **Internationale und örtliche Zuständigkeit** (§ 5 Abs. 1 Satz 2, Abs. 2 AdWirkG, §§ 101, 187 FamFG)

4. **Zustimmungen**

    a. des Kindes (§ 3 Abs. 1 Satz 1 Nr. 2, Satz 2 AdWirkG und § 3 Abs. 1 Satz 3 i.V.m. § 1746 BGB)

    b. der bisherigen Eltern (§ 3 Abs. 1 Satz 1 Nr. 2, Satz 2 AdWirkG)

    c. ggf. anderer zustimmungsbefugter Personen (§ 3 Abs. 1 Satz 1 Nr. 2, Satz 2 AdWirkG)

5. **Anforderung entscheidungserheblicher Unterlagen und Dokumente**

6. **Ggf. Bestellung eines Verfahrensbeistands**

7. **Beteiligung des Jugendamts und der Zentralen Adoptionsstelle beim Landesjugendamt** (§ 5 Abs. 3 Satz 4 AdWirkG)

8. **Anhörungen**

    a. des Kindes (§ 5 Abs. 3 Satz 2 AdWirkG i.V.m. § 159 FamFG)

    b. der Annehmenden (§ 34 FamFG)

    c. der bisherigen Eltern des Kindes (§ 5 Abs. 3 Satz 2 AdWirkG i.V.m. § 160 FamFG)

9. **Sachentscheidung**

    a. Prüfungsinhalt

        aa) Kindeswohlprüfung (§ 3 Abs. 1 Satz 1 Nr. 1 AdWirkG)

        bb) keine überwiegenden Interessen der Ehegatten, Lebenspartner und weiterer Kinder der Annehmenden oder des Angenommenen (§ 3 Abs. 1 Satz 1 Nr. 3 AdWirkG)

    b. Beschlussinhalt

        aa) bei positivem Beschluss: Feststellung, dass das Kind die Rechtsstellung eines nach deutschem Recht adoptierten Kindes erhält

        bb) bei negativem Beschluss: Zurückweisung des Antrags

    c. Rechtsmittel(belehrung)

        aa) bei positivem Beschluss: keine Rechtsmittel eröffnet (§ 5 Abs. 4 Satz 1 AdWirkG i.V.m. § 197 Abs. 3 Satz 1 FamFG

        bb) bei negativem Beschluss: Beschwerde (§ 5 Abs. 4 Satz 2 AdWirkG i.V.m. §§ 58 ff. FamFG)

d. Wirksamwerden, Bekanntgabe und Mitteilungen

aa) positive Beschlüsse:

- Wirksamwerden mit Zustellung an Annehmende (§ 5 Abs. 4 Satz 1 AdWirkG i.V.m. § 197 Abs. 2 FamFG)
- Bekanntgabe an alle Beteiligten durch Zustellung, Aufgabe zur Post oder durch Verlesen der Beschlussformel (§§ 15 Abs. 2, 41 Abs. 1 und 2 FamFG)
- Mitteilung an das die Geburt beurkundende Standesamt (Nr. XIV.1 Abs. 1 Nr. 4 und Abs. 3 MiZi)

bb) negative Beschlüsse:

- Wirksamwerden mit (formeller) Rechtskraft (§ 5 Abs. 4 Satz 2 AdWirkG)
- Bekanntgabe an alle Beteiligten gemäß § Abs. 2, 41 Abs. 1 und 2 FamFG
- Mitteilung an Wohnsitzgericht, Zentrale Adoptionsstelle beim Landesjugendamt, Jugendamt und Ausländerbehörde (Nr. XIV. Ziff. 2 Abs. 1 und 3 MiZi)

e. Kosten

Kostenentscheidung nach § 81 Abs. 1 Satz 3 FamFG, Verfahrenswert nach § 42 Abs. 2 und 3 FamGKG, keine Gerichtsgebühren

Kapitel 2
Gerichtsverfassungsgesetz (GVG)

in der Fassung des Bekanntmachung vom 9. Mai 1975 (BGBl. I S. 1077),
zuletzt geändert durch das Gesetz vom 12. Juli 2015 (BGBl. I S. 925)

– Auszug –

§ 17a GVG Rechtswegentscheidung

(1) Hat ein Gericht den zu ihm beschrittenen Rechtsweg rechtskräftig für zulässig erklärt, sind andere Gerichte an diese Entscheidung gebunden.

(2) [1]Ist der beschrittene Rechtsweg unzulässig, spricht das Gericht dies nach Anhörung der Parteien von Amts wegen aus und verweist den Rechtsstreit zugleich an das zuständige Gericht des zulässigen Rechtsweges. [2]Sind mehrere Gerichte zuständig, wird an das vom Kläger oder Antragsteller auszuwählende Gericht verwiesen oder, wenn die Wahl unterbleibt, an das vom Gericht bestimmte. [3]Der Beschluss ist für das Gericht, an das der Rechtsstreit verwiesen worden ist, hinsichtlich des Rechtsweges bindend.

(3) [1]Ist der beschrittene Rechtsweg zulässig, kann das Gericht dies vorab aussprechen. [2]Es hat vorab zu entscheiden, wenn eine Partei die Zulässigkeit des Rechtsweges rügt.

(4) [1]Der Beschluss nach den Absätzen 2 und 3 kann ohne mündliche Verhandlung ergehen. [2]Er ist zu begründen. [3]Gegen den Beschluss ist die sofortige Beschwerde nach den Vorschriften der jeweils anzuwendenden Verfahrensordnung gegeben. [4]Den Beteiligten steht die Beschwerde gegen einen Beschluss des oberen Landesgerichts an den obersten Gerichtshof des Bundes nur zu, wenn sie in dem Beschluss zugelassen worden ist. [5]Die Beschwerde ist zuzulassen, wenn die Rechtsfrage grundsätzliche Bedeutung hat oder wenn das Gericht von der Entscheidung eines obersten Gerichtshofes des Bundes oder des Gemeinsamen Senats der obersten Gerichtshöfe des Bundes abweicht. [6]Der oberste Gerichtshof des Bundes ist an die Zulassung der Beschwerde gebunden.

(5) Das Gericht, das über ein Rechtsmittel gegen eine Entscheidung in der Hauptsache entscheidet, prüft nicht, ob der beschrittene Rechtsweg zulässig ist.

(6) Die Absätze 1 bis 5 gelten für die in bürgerlichen Rechtsstreitigkeiten, Familiensachen und Angelegenheiten der freiwilligen Gerichtsbarkeit zuständigen Spruchkörper in ihrem Verhältnis zueinander entsprechend.

Weiterführende Literatur: Griesche, Bestimmung des zuständigen Gerichts im negativen Kompetenzkonflikt im Fall einer rechtskräftigen Zurückverweisung, FamFR 2012, 169

A. Allgemeines

Zu den von Amts wegen zu prüfenden Verfahrensvoraussetzungen gehört die **Zulässigkeit des Rechtsweges**. Sie ist stets zu **Verfahrensbeginn** zu prüfen, weil eine Abweisung der Klage/des Antrags bei Unzulässigkeit des Rechtswegs nicht in Betracht kommt (vgl. Abs. 2 Satz 1). **1**

2 Die **Rechtswegfrage** ist vor der Verhandlung zur Sache in der ersten Instanz bzw. auf eine Beschwerde gegen einen nach § 17a Abs. 3 GVG erlassenen Beschluss hin *abschließend* zu klären.[1] Entsprechend der Zielsetzung dieses Kommentars beschränkt sich die nachfolgende Kommentierung auf Rechtswegprobleme in Familiensachen. *Kernvorschrift* insoweit ist § 17a Abs. 6 GVG, der die entsprechende Anwendung der Regelungen der vorhergehenden Absätze auf das Verhältnis der Familiengerichte zur allgemeinen Zivilgerichtsbarkeit erstreckt. Erfasst ist nicht nur das Verhältnis der Familienabteilung zur Zivilabteilung desselben Gerichts, sondern auch das Verhältnis von Landgericht und Familiengericht.[2]

B. Inhalt der Norm

I. Positive Rechtswegentscheidung (Abs. 1)

3 Nach § 17a Abs. 1 GVG entscheidet jedes Gericht selbst mit endgültiger Wirkung (Grundsatz der **Kompetenzautonomie**).[3] Die Bindungswirkung erfasst die Gerichte aller Gerichtsbarkeiten, ein Gericht eines anderen Rechtswegs darf sich mit der Sache nicht weiter befassen.[4]

4 Die **Bindungswirkung** einer positiven Rechtswegentscheidung tritt ein

- mit **Rechtskraft einer Vorabentscheidung** nach § 17a Abs. 3 Satz 1 GVG oder
- mit **Erlass** des erstinstanzlichen Sachurteils (wegen § 17a Abs. 5 GVG) oder
- mit **Rechtskraft** des erstinstanzlichen Sachurteils, wenn das Gericht entgegen § 17a Abs. 3 Satz 2 GVG nicht vorab, sondern erst in der Begründung des Sachurteils über den Rechtsweg entschieden hat.[5]

5 Die Bindungswirkung tritt auch ein bei **gesetzwidrigen Verweisungen**.[6] Sie kann nur bei „extremen Verstößen" entfallen, d. h., die Verweisung muss unverständlich und schlechthin unhaltbar sein.[7] Die Rechtsprechung zu § 281 ZPO hinsichtlich ausnahmsweise fehlender Bindungswirkung ist auf Rechtswegkonflikte wegen der Spezialregelung in § 17a Abs. 4 GVG nicht anzuwenden.[8]

6 Kommt es innerhalb eines Verfahrens aber zu **Zweifeln über die Bindungswirkung** eines Verweisungsbeschlusses und ist deshalb keines der in Frage kommenden Gerichte bereit, die Sache zu bearbeiten oder rechtfertigt die Verfahrensweise eines Gerichts die Annahme, dass das Verfahren von diesem trotz Anhängigkeit nicht prozessordnungsgemäß gefördert werden wird, kann eine regelmäßig nur deklaratorisch wirkende Zuständigkeitsbestimmung entsprechend § 36 Abs. 1 Nr. 6 ZPO bzw. § 5 Abs. 1 Nr. 3 FamFG im Interesse einer funktionierenden Rechtspflege und der Rechtssicherheit geboten sein.[9] Sofern zwei Gerichte **unterschiedlicher Rechtswege** ihre Zuständigkeit verneint haben, obliegt die Bestimmung des zuständigen Gerichts demjenigen obersten Gerichtshof des Bundes, der **zuerst** darum angegangen wird.[10]

1 BGH NJW 2008, 3572, 3573
2 OLG Stuttgart FamRZ 2012, 1072
3 Musielak/*Wittschier,* § 17a GVG Rn. 2
4 OLG Hamm FamRZ 2011, 658; Zöller/*Lückemann,* § 17a GVG Rn. 4
5 Musielak/Wittschier, § 17a GVG Rn. 3
6 BGH NJW 2002, 2474; BGH FamRZ 2004, 434
7 BGH MDR 2011,1134 m.w.N.
8 BGH FamRZ 2013, 1302
9 BGH NZS 2014, 675; BGH MDR 2011, 1134
10 BGH NJW-RR 2010, 209 Tz. 6 m.w.N.

II. Unzulässiger Rechtsweg (Abs. 2)

Hält das angerufene Gericht den Rechtsweg für unzulässig, darf es die Klage/den Antrag **7** nicht als unzulässig abweisen, sondern hat nach Anhörung der Parteien/Beteiligten das Verfahren **zwingend** an das Gericht des nach seiner Auffassung zulässigen Rechtsweges zu verweisen. Diese **Verweisung** erfordert keinen Antrag, sondern erfolgt **von Amts wegen**. Rügelose Einlassung der Parteien/Beteiligten steht der Verweisung ebenso wenig entgegen wie eine bereits erlassene Teilanerkenntnis- oder Teilversäumnisentscheidung.[11]

Kommen innerhalb des vom verweisenden Gericht für zutreffend erachteten anderweitigen Rechtsweges mehrere Gerichte in Betracht, hat der Kläger/Antragsteller insoweit ein **8** **Wahlrecht** (vgl. Abs. 2 Satz 2). Nur wenn er sein Wahlrecht nicht ausübt, bestimmt das verweisende Gericht das künftig zuständige Gericht (Abs. 2 Satz 2 zweiter HS.). In allen Fällen ist die Verweisung hinsichtlich des **Rechtswegs** für das Gericht, an das verwiesen wird, **bindend**, § 17a Abs. 2 Satz 3 GVG. Eine Weiterverweisung im Hinblick auf eine versehentlich angenommene örtliche Zuständigkeit wäre dagegen möglich.[12]

Bei Verfahrenskostenhilfegesuchen ist zu differenzieren: **9**

Wird **ausschließlich ein Antrag auf Verfahrenskostenhilfe** mit einem Entwurf der Antragsschrift eingereicht oder ausdrücklich auf die Abhängigkeit des Hauptantrages von vorheriger Bewilligung von Verfahrenskostenhilfe hingewiesen, so gilt § 17a GVG nicht, weil er eine rechtshängige Klage/einen rechtshängigen Antrag voraussetzt.[13] Auch eine analoge Anwendung von § 17a GVG scheidet aus (streitig),[14] schon weil eine Verweisung im Verfahrenskostenhilfeverfahren **keine Bindungswirkung für das Hauptverfahren** entfaltet[15] und prozessunökonomisch wäre.[16] Das angerufene Gericht darf also das Verfahrenskostenhilfegesuch ablehnen mit der Begründung, mangels Rechtswegzuständigkeit bestehe keine hinreichende Erfolgsaussicht; gegen diesen Beschluss hat der Antragsteller das übliche Rechtsmittel der sofortigen Beschwerde.

Ist dagegen *zugleich* mit dem Verfahrenskostenhilfegesuch auch das **Hauptverfahren** **10** **anhängig** gemacht worden, so ist das Gericht verpflichtet, zunächst ohne inhaltliche Entscheidung über das Verfahrenskostenhilfegesuch über die **Zulässigkeit des Rechtswegs** zu befinden und ggf. den Rechtsstreit an das zuständige Gericht des zulässigen Rechtsweges zu **verweisen**; allein dieses Gericht, das auch eine Entscheidung in der Hauptsache selbst zu treffen hat, ist berufen, die erforderlichen Erfolgsaussichten des Klagebegehrens und die wirtschaftlichen Voraussetzungen für die Gewährung von Verfahrenskostenhilfe zu prüfen und einer Entscheidung zuzuführen.[17] Nur auf dem Wege der Vorwegentscheidung über den Rechtsweg ist dem Kläger/Antragsteller eine anschließende Sachentscheidung über sein Verfahrenskostenhilfegesuch garantiert.

Tenor eines Beschlusses nach § 17a Abs. 2 GVG: **11**

„Der allgemeine Zivilrechtsweg ist unzulässig. Das Verfahren wird an das Amtsgericht – Familiengericht – XY verwiesen."

---

11 OLG Nürnberg MDR 2007, 676
12 Zöller/Lückemann, § 17a GVG Rn. 12 m.w.N.
13 OLG Karlsruhe MDR 2007, 1390 m.w.N.
14 OLG Karlsruhe MDR 2007, 1390 m.w.N. auch für Gegenmeinung
15 BGH NJW-RR 2010, 209 , 210 Tz. 15 m.w.N.
16 OVG Münster NJW 1933, 2766
17 OLG Stuttgart NJW-RR 2011, 1502

III. Vorabentscheidung bei zulässigem Rechtsweg (Abs. 3)

12 Hält das angerufene Gericht den eingeschlagenen Rechtsweg für zulässig, *kann* es dies durch einen entsprechenden Beschluss vorab aussprechen; es *muss* dies tun, wenn ein Beteiligter die Zulässigkeit des Rechtsweges rügt. Ein bloßer Hinweis in einer Terminsladung, der gewählte Rechtsweg sei „der richtige", genügt nicht,[18] vielmehr muss deutlich erkennbar sein, dass es sich bei dem Beschluss um eine rechtsmittelfähige Entscheidung über die Zulässigkeit des Rechtsweges handelt, andernfalls greift mangels wirksamer Vorabentscheidung die Beschränkung des Abs. 5 GVG nicht ein.[19]

13 Tenor einer Vorabentscheidung nach § 17a Abs. 3 GVG

„Der Rechtsweg zum Familiengericht ist zulässig."

IV. Verfahren (Abs. 4)

14 Vor jedem Beschluss nach Abs. 2 oder 3 ist den Beteiligten rechtliches Gehör zu gewähren; die vorherige **Anhörung** ist ausdrücklich zwar nur in Abs. 2 vorgeschrieben, ergibt sich für Absatz 3 aber aus dem Grundsatz eines fairen Verfahrens und dient insbesondere der Vermeidung von Überraschungsentscheidungen.

15 In Kindschaftssachen ist dabei darauf zu achten, dass nicht nur demjenigen, der das Verfahren eingeleitet hat, rechtliches **Gehör** gewährt wird, sondern allen Beteiligten, also etwa auch dem verfahrensfähigen **Kind**.

16 Der Beschluss nach Abs. 2 oder 3 ist zu begründen (vgl. Abs. 3 Satz 2). Er kann nach Abs. 3 Satz 3 mit der **sofortigen Beschwerde** angefochten werden, also gemäß §§ 567 Abs. 1, 569 Abs. 1 ZPO binnen 2 Wochen für ein bislang als Zivilsache laufendes Verfahren (Beschwerdegericht: Landgericht oder Oberlandesgericht) bzw. für ein bislang als FamFG-Sache laufendes Verfahren unter entsprechender Anwendung der vorgenannten Vorschriften (Beschwerdegericht: OLG, wenn Verfahren bislang Familiensache).[20]

17 Eine ausdrückliche Regelung für die Rechtswegbeschwerde fehlt sowohl im FamFG als auch in § 17a Abs. 6 GVG, die **analoge Anwendung** ist im Hinblick auf eine anzunehmende planwidrige Regelungslücke angemessen, weil auch für die Anfechtung sonstiger Zwischenentscheidungen auf die sofortige Beschwerde nach **§§ 567, 569 ZPO** verwiesen wird.[21] Für eine anschließende Zuständigkeitsbestimmung nach § 36 Abs. 1 Nr. 6 ZPO bzw. analog § 5 Abs. 1 Nr. 4 FamFG ist kein Raum mehr.[22]

18 **Rückverweisungen** sind wegen der Bindungswirkung des Verweisungsbeschlusses grundsätzlich unzulässig. Erfolgt gleichwohl eine Rückverweisung, so ist abweichend von Rn. 17 ausnahmsweise eine Zuständigkeitsbestimmung nach § 36 Abs. 1 Nr. 6 ZPO bzw. § 5 Abs. 1 Nr. 3 FamFG im Interesse der Rechtssicherheit und einer funktionierenden Rechtspflege möglich und erforderlich, weil ansonsten nicht gewährleistet ist, dass eines der Gerichte das Verfahren in der Sache fördert (hierzu bereits Rn. 6).[23] Dabei stellt sich das Problem, dass sowohl dem Ausgangsverweisungsbeschluss wie auch der Rückverweisung Bindungswirkung zukommt, wenn die Beteiligten die Beschlüsse nicht anfechten,[24] wobei

18 OLG Frankfurt MDR 2009, 1243
19 BGH NJW-RR 2005, 142
20 Zöller/*Lückemann,* § 17a GVG Rn. 15
21 Zöller/*Lückemann,* § 17a GVG Rn. 15
22 OLG Hamm NJW 2010, 2740; Musielak/Wittschier, § 17a GVG Rn. 24 m.w.N.
23 BGH NJW-RR 2002, 713
24 BGH NJW 2000, 1343

nach Auffassung des BGH die **Bindungswirkung** des **zuletzt ergangenen Verweisungsbeschlusses** die des ersten überlagert.[25]

Nach § 17a Abs. 4 Satz 4 bis 6 GVG ist gegen Rechtswegentscheidungen des obersten Landesgerichts die **Rechtsbeschwerde** zulässig, wenn sie ausdrücklich unter den Voraussetzungen des § 17a Abs. 4 Satz 5 GVG vom Beschwerdegericht zugelassen wurde. Die Zulassung ist für den obersten Gerichtshof des Bundes bindend, § 17a Abs. 4 Satz 6 GVG. Obwohl nach dem Wortlaut des § 17a Abs. 4 Beschwerdeentscheidungen über die Zulässigkeit des Rechtsweges, die von den Landgerichten gefällt werden, unanfechtbar sind, hat der BGH auch hier bei ausdrücklicher Zulassung der Rechtsbeschwerde durch das Landgericht deren Zulässigkeit bejaht.[26]   **19**

V. Rechtswegprüfung in Rechtsmittelinstanz

In der allgemeinen Rechtsmittelinstanz wird die Zulässigkeit des Rechtsweges grundsätzlich nicht mehr überprüft (Abs. 5). Dies gilt auch dann, wenn weder die Beteiligten noch das Gericht die Problematik des eingeschlagenen Rechtsweges erkannt und erörtert haben und dessen Zulässigkeit daher konkludent erst mit der erstinstanzlichen Sachentscheidung bejaht wurde.[27]   **20**

Hat dagegen das erstinstanzliche Gericht trotz Rechtswegrüge keine Vorabentscheidung erlassen, sondern den Rechtsweg erst mit der Sachentscheidung bejaht, greift die Beschränkung des Abs. 5 nicht ein.[28] Gleiches gilt, wenn in erster Instanz verfahrenswidrig eine Person nicht beteiligt wurde, weil sie keinerlei Möglichkeit hatte, die Unzulässigkeit des Rechtsweges zu rügen.[29]   **21**

VI. Kompetenzkonflikte innerhalb des Rechtsweges

Nach Abs. 6 gelten ausdrücklich die Regelungen der Abs. 1 bis 5 auch bei **Kompetenzkonflikten zwischen Zivilgericht, Familiengericht und Abteilung der freiwilligen Gerichtsbarkeit**. Dies entsprach schon vor Einführung der Vorschrift allgemeiner Auffassung. Die Regelung hat daher in erster Linie klarstellende Funktion.[30] Für reine Amtsverfahren, wie sie im kindschaftsrechtlichen Bereich häufig zu finden sind (siehe Cirullies, § 23 FamFG Rn. 1-4), gilt die Vorschrift von vornherein nicht.[31] Abs. 6 erfasst also die Verfahren, in denen   **22**

- die Prozessabteilung des Amtsgerichts an das Familiengericht oder das Gericht der freiwilligen Gerichtsbarkeit verweist und umgekehrt,

- das Familiengericht an das Gericht der freiwilligen Gerichtsbarkeit verweist und umgekehrt sowie

- die Zivilkammer des Landgerichts an das Familiengericht oder das Gericht der freiwilligen Gerichtsbarkeit verweist und umgekehrt.[32]

---

25 BGH NJW 2000, 1343; BGH NJOZ 2011, 1408, 1409; *Griesche,* FamFR 2012, 169; Bindungswirkung der Rückverweisung wird nicht erörtert von OLG Braunschweig NJW-RR 2012, 586; OLG Frankfurt FamRZ 2011, 1238
26 BGH NJW 2009, 1968 Tz. 6
27 BGH NJW 2008, 3572; a.A. OLG Rostock NJW 2006, 2563
28 BGH NJW 2008, 3572, 3573 Tz 12
29 OLG Nürnberg FamRZ 2012, 896
30 BT-Drucks. 16/6308, 318
31 OLG Zweibrücken NJW-RR 1999, 1682
32 BT-Drucks. 16/6308, 318

23 Bei den letztgenannten Verfahren geht es zumeist um sonstige Familienstreitsachen i.S.d. § 266 FamFG und deren Abgrenzung von normalen Zivilverfahren. Für diese **Abgrenzung** ist nicht nur auf den Vortrag des Klägers/Antragstellers abzustellen, sondern *auch auf den Vortrag des Beklagten* bzw. Antragsgegners.[33]

24

Tabellarische Übersicht: Kompetenzkonflikte

Streit besteht zwischen	Entscheidung erfolgt durch	Rechtsgrundlage	Bei fortdauerndem Streit
verschiedenen Familienabteilungen desselben Amtsgerichts	Präsidium des AG	Geschäftsverteilungsplan	
Familienabteilung und Prozessabteilung desselben Amtsgerichts	Verweisung	§ 17a GVG: Es gelten die Regeln über **Rechtswegkonflikte** entsprechend, Abs. 6	Im Ausnahmefall deklaratorische Zuständigkeitsbestimmung analog § 36 Abs. 1 Nr. 6 ZPO
Familiengericht und Landgericht	Verweisung	§ 17a GVG: Es gelten die Regeln über **Rechtswegkonflikte** entsprechend, Abs. 6	Im Ausnahmefall deklaratorische Zuständigkeitsbestimmung analog § 36 Abs. 1 Nr. 6 ZPO
Familienabteilungen **verschiedener** Amtsgerichte	Verweisung/ Abgabe	**Streit um örtliche Zuständigkeit** §§ 3 und 4 FamFG bzw. Spezialvorschriften §§ 122, 123 FamFG (Ehesachen), 153, 154 FamFG (Kindschaftssachen), 202 FamFG (Ehewohnungs- und Haushaltssachen), 233 FamFG (Unterhaltssachen), 263 FamFG (Güterrechtssachen), 268 FamFG (sonstige Familiensachen)	Zuständigkeitsbestimmung gemäß § 5 FamFG bzw. § 36 Abs. 1 Nr. 6 ZPO

§ 23a GVG Zuständigkeit in Familiensachen und Angelegenheiten der freiwilligen Gerichtsbarkeit

(1) [1]**Die Amtsgerichte sind ferner zuständig für**

1. Familiensachen;

2. Angelegenheiten der freiwilligen Gerichtsbarkeit, soweit nicht durch gesetzliche Vorschriften eine anderweitige Zuständigkeit begründet ist.

[2]**Die Zuständigkeit nach Satz 1 Nummer 1 ist eine ausschließliche.**

(2)[1] *Angelegenheiten der freiwilligen Gerichtsbarkeit sind*

1. Betreuungssachen, Unterbringungssachen sowie betreuungsgerichtliche Zuweisungssachen,

2. Nachlass- und Teilungssachen,

3. Registersachen,

4. unternehmensrechtliche Verfahren nach § 375 des Gesetzes über das Verfahren in Familiensachen und in den Angelegenheiten der freiwilligen Gerichtsbarkeit,

5. die weiteren Angelegenheiten der freiwilligen Gerichtsbarkeit nach § 410 des Gesetzes über das Verfahren in Familiensachen und in den Angelegenheiten der freiwilligen Gerichtsbarkeit,

6. Verfahren in Freiheitsentziehungssachen nach § 415 des Gesetzes über das Verfahren in Familiensachen und in den Angelegenheiten der freiwilligen Gerichtsbarkeit,

7. Aufgebotsverfahren,

8. Grundbuchsachen,

9. Verfahren nach § 1 Nr. 1 und 2 bis 6 des Gesetzes über das gerichtliche Verfahren in Landwirtschaftssachen,

10. Schiffsregistersachen sowie

11. sonstige Angelegenheiten der freiwilligen Gerichtsbarkeit, soweit sie durch Bundesgesetz den Gerichten zugewiesen sind.

---

33 BGH NJW 2013, 616 Tz. 19 ff.
1 Von Abdruck und Kommentierung der Absätze 2 und 3 wird abgesehen, weil diese für das Kindschaftsrecht nicht relevant sind.

(3) Abweichend von Absatz 1 Satz 1 Nummer 2 sind für die den Amtsgerichten obliegenden Verrichtungen in Teilungssachen im Sinne von § 342 Absatz 2 Nummer 1 des Gesetzes über das Verfahren in Familiensachen und in den Angelegenheiten der freiwilligen Gerichtsbarkeit anstelle der Amtsgerichte die Notare zuständig.

Weiterführende Literatur: Heiß, Ansprüche aus dem Eltern-Kind-Verhältnis und aus dem Umgangsrecht, FPR 2011, 95

Übersicht

A. Allgemeines

§ 23a GVG normiert die **sachliche Zuständigkeit** des Amtsgerichts für Familiensachen **1** und die Angelegenheiten der freiwilligen Gerichtsbarkeit. Auf den Verfahrenswert kommt es in den aufgezählten Sachen für die Zuständigkeit des Amtsgerichts nicht an.[2] Für die **internationale Zuständigkeit** hinsichtlich der von § 23a GVG erfassten Verfahren wird auf §§ 98 bis 106 FamFG verwiesen, für die **funktionale Aufgaben**verteilung auf §§ 3, 14 bis 19b RPflG. Die **örtliche Zuständigkeit** für Kindschaftssachen wird in §§ 152 ff. FamFG geregelt.

Mit Einführung des FamFG ist die Zuständigkeit des Familiengerichts erheblich erweitert **2** und insbesondere durch die Zuweisung der „sonstigen Familiensachen" des § 266 FamFG, sämtlicher Gewaltschutzverfahren und diverser Zuständigkeiten des früheren Vormundschaftsgerichts das so genannte **„Große Familiengericht"** geschaffen worden. Dem Familiengericht sollte es ermöglicht werden, alle durch den sozialen Verband von Ehe und Familie sachlich verbundenen Rechtsstreitigkeiten zu entscheiden, wobei Ordnungskriterium allein die **Sachnähe** des Familiengerichts zum Verfahrensgegenstand sein sollte.[3]

B. Inhalt der Norm

I. Zuständigkeitsumfang

§ 23a Abs. 1 Nr. 1 GVG verweist sämtliche **Familiensachen** in die erstinstanzliche Zuständigkeit des Amtsgerichts. Welche Verfahren als Familiensachen anzusehen sind, regelt **3** **§ 111 FamFG**, wobei die dort benannten Verfahren jeweils eingangs des betreffenden Abschnitts des FamFG ihrerseits legal definiert werden. Erfasst werden auch **Nebenansprüche** wie Zinsen, Kosten oder Auskunftsansprüche.[4] Ebenso gilt die Vorschrift für **vorbereitende** und **ergänzende Entscheidungen** wie insbesondere die Bewilligung von Verfahrenskostenhilfe, das Kostenfestsetzungsverfahren,[5] die Festsetzung der Vergütung von Zeugen und Sachverständigen oder die Bestimmung des Verfahrenswertes.[6] Auch soweit

---

2 MüKo-FamFG/*Zimmermann,* § 23a GVG Rn. 1
3 BT-Drucks. 16/6308, 169
4 Musielak/*Wittscher,* § 23a GVG Rn. 3 m.w.N.
5 BGH FamRZ 78, 585
6 MüKo-FamFG/*Zimmermann,* § 23a GVG Rn. 35

Vollstreckungsangelegenheiten dem **Prozessgericht** zugewiesen sind (§§ 887, 888, 890 ZPO), werden sie von der Zuständigkeitsregel des § 23a GVG erfasst, dagegen nicht alle weiteren sich an die Familiensache anschließenden **Zwangsvollstreckungsverfahren**, da sie nicht die Regelung der in § 23 a GVG, § 111 FamFG angeführten Verfahren und Streitigkeiten zum Gegenstand haben, sondern allein deren Durchsetzung dienen.[7]

II. Zuordnungskriterien

4   Ob ein Verfahren als Familiensache einzustufen ist, richtet sich vorrangig nach der **Begründung** des geltend gemachten Anspruchs. Für die Frage, ob der zur Entscheidung stehende Verfahrensgegenstand eine bürgerlich-rechtliche Streitigkeit oder eine Familiensache im Sinne des § 17a Abs. 6 GVG darstellt, kommt es aber nicht allein auf den Vortrag der Klägerseite, sondern ebenfalls auf das Vorbringen der Gegenseite an.[8]

5   Führt der Antragsteller **verschiedene sachlich-rechtliche Begründungen** eines einheitlichen prozessualen Begehrens auf der Grundlage eines einheitlichen Lebenssachverhaltes an, von denen nur eine zur Einordnung des Verfahrens als Familiensache führt, ist das Verfahren insgesamt Familiensache und das Familiengericht hat den Anspruch auch auf seine Begründetheit nach sonstigen zivilrechtlichen Grundlagen zu überprüfen.[9] Handelt es sich dagegen um eine objektive **Anspruchshäufung** i.S.v. § 260 ZPO, von denen einer oder mehrere nicht als Familiensachen einzustufen sind, muss das Gericht diese Verfahrensteile abtrennen und nach Anhörung der Verfahrensbeteiligten an die zuständige Zivilabteilung verweisen.

6   Eine **Verbindung von Familiensachen mit Nichtfamiliensachen** ist nach wie vor unzulässig.[10] Gleiches gilt für die Erhebung eines Widerantrags, der beim Familiengericht auch nur zulässig ist, wenn auch der **Widerantrag** eine Familiensache betrifft und derselben Verfahrensordnung (ZPO-Vorschriften oder Verfahren der freiwilligen Gerichtsbarkeit) unterliegt.[11]

7   Für die Qualifikation als Familiensache spielt ebenso wenig die Frage einer **Aufrechnung** eine Rolle. Sie ist bloßes Verteidigungsvorbringen und ungeeignet, aus einer Nichtfamiliensache eine Familiensache zu machen.[12] So wie das Zivilgericht u.U. über eine zur Aufrechnung gestellte familienrechtliche Forderung mit entscheiden muss, hat das Familiengericht umgekehrt auch über eigentlich zur Zuständigkeit des Zivilgerichts gehörende zur Aufrechnung gestellte Gegenforderungen zu befinden.

III. Familiensachen im Einzelnen

8   Für die Verfahren nach § 111 Nr. 1, 7 bis 9, 11 FamFG wird auf die einschlägige Kommentierung verwiesen, hinsichtlich der **Kindschaftssachen** nach § 111 Nr. 2 FamFG auf die Kommentierung zu § 151 FamFG.

1. Abstammungssachen

9   **Abstammungssachen** (früher Kindschaftssachen) nach §§ 111 Nr. 3, 169 FamFG sind vor allem Verfahren auf Feststellung des Bestehens oder Nichtbestehens eines Eltern-Kind-Verhältnisses, insbesondere der Wirksamkeit oder Unwirksamkeit einer Anerkennung der Vaterschaft (§ 169 Nr. 1 FamFG). Eine Abstammungssache nach § 169 Nr. 1 FamFG ist auch die Feststellung der rechtlichen Mutterschaft in den Fällen einer Kinderverwechslung, nicht

---

7   OLG Saarbrücken OLGR 2009, 461
8   BGH NJW 2013, 616
9   BGH NJW 1983, 1913, 1914
10 *Kemper*, § 111 FamFG Rn. 8; Zöller/*Lorenz*, § 266 FamFG Rn. 8
11 Musielak/*Borth/Grandel*, § 111 FamFG Rn. 8
12 BGH NJW-RR 1989, 173, 174

jedoch die Feststellung einer genetischen Mutterschaft.[13] Verfahren nach § 169 Nr. 2 und 3 FamFG dienen der Durchsetzung der Ansprüche aus § 1598a BGB. Hohe praktische Bedeutung haben Vaterschaftsanfechtungsverfahren nach § 169 Nr. 4 FamFG.

2. Adoptionssachen

Zu den **Adoptionssachen** (§ 111 Nr. 4 FamFG) zählen nach § 186 Nr. 1 FamFG alle Verfahren, die die Annahme als Kind betreffen, insbesondere die Adoption Minderjähriger und Volljähriger einschließlich etwaiger unselbständiger Verfahren wie beispielsweise ein Ausspruch zur Namensführung nach § 1757 BGB. Unter § 186 Nr. 2 FamFG fallen alle Verfahren, in welchen eine für die Adoption notwendige Einwilligungserklärung gerichtlich ersetzt werden soll. Weitere Adoptionssachen sind die Verfahren auf Aufhebung des Annahmeverhältnisses (§ 186 Nr. 3) sowie praktisch seltene Fälle der Befreiung vom Eheverbot nach § 1308 BGB, welche im Hinblick auf ihre Sachnähe zur Annahme als Kind als Adoptionsverfahren eingestuft wurden.[14]   **10**

Keine Adoptionssachen sind dagegen Verfahren auf Rückübertragung der elterlichen Sorge nach § 1751 Abs. 3 BGB oder § 1764 Abs. 4 BGB (Kindschaftssache nach § 151 Nr. 1 FamFG).[15] Die heftig umstrittene Einordnung von Verfahren auf Anerkennung, Wirkungsfeststellung und Umwandlung von ausländischen Adoptionen nach dem **AdWirkG** gemäß § 108 Abs. 2 Satz 3 FamFG berührt vorwiegend die Frage, ob in diesen Verfahren nach Einlegung einer Beschwerde das Familiengericht eine Abhilfeentscheidung treffen muss oder darf (§ 68 Abs. 1 Satz 2 FamFG), während die sachliche Zuständigkeit des Familiengerichts nach § 5 Abs. 1 Satz 1 AdWirkG außer Frage steht.[16]   **11**

3. Gewaltschutzsachen

Sämtliche **Gewaltschutzsachen** sind nach § 111 Nr. 6 FamFG Familiensachen ohne Rücksicht auf eine besondere Nähebeziehung.[17] Gerichtliche Maßnahmen zur Vermeidung einer Kontaktaufnahme zwischen Eltern, die nicht personensorgeberechtigt sind, und ihren Kindern können nur über § 1684 Abs. 4 BGB erfolgen, sind indes keine Gewaltschutzverfahren.[18]   **12**

4. Sonstige Familiensachen

„**Sonstige Familiensachen**" (§§ 111 Nr. 10, 266 Abs. 1 Nr. 1-5 FamFG) dürfen nicht zur Zuständigkeit der Arbeitsgerichte gehören, ebenso wenig ein Sachgebiet gemäß § 348 Abs. 1 Satz 2 Nr. 2a-k ZPO, das Erbrecht oder Wohnungseigentumsrecht betreffen. Aus kindschaftsrechtlicher Sicht interessieren hier Verfahren nach § 266 Abs. 1 Nr. 4 und 5 FamFG.[19] Zu erstgenannten zählen Verfahren, die „**aus dem Eltern-Kind-Verhältnis herrührende Ansprüche**" betreffen. Anders als in § 266 Abs. 1 Nr. 1 oder 3 FamFG genügt ein bloßer Zusammenhang mit einem Eltern-Kind-Verhältnis nicht.[20] Erfasst sind dagegen beispielsweise Anträge auf Herausgabe des Kindesvermögens nach § 1698 BGB[21] oder auch (Schadensersatz-) Ansprüche des Kindes gegen die Eltern aus der ihnen nach § 1626 BGB sorgerechtlich obliegenden Verwaltung des Kindesvermögens.[22] Als Familien-   **13**

---

13 *Keuter*, § 2 Rn. 229 m.w.N.
14 BT-Drucks. 16/6308, 247
15 BT-Drucks. 16/6308, 247; *Kemper/Fritzsche*, § 186 Rn. 6
16 Einerseits u.a. OLG Düsseldorf FamRZ 2013, 714; andererseits OLG Köln FamRZ 2013, 484; weitere Nachweise bei *Keuter*, FamRZ 2014, 518, 524
17 LG Dessau-Roßlau FamRZ 2013, 1151
18 OLG Frankfurt ZKJ 2013, 298
19 Eingehend *Heiß*, FPR 2011, 96 ff.
20 OLG Hamm FamRZ 2013, 574; OLG Koblenz NJW-Spezial 2014, 71
21 OLG Dresden FamRZ 2012, 146
22 OLG Zweibrücken NJW-RR 2011, 584

sache eingestuft wurden auch deliktische Ansprüche des Kindes gegen einen Elternteil auf Schadensersatz aus § 1664 BGB wegen einer rechtswidrig vorgenommenen **Beschneidung**.[23]

14 **„Aus dem Umgangsrecht herrührende Ansprüche"** (§ 266 Abs. 1 Nr. 5 FamFG) sind insbesondere Ansprüche wegen schuldhaft pflichtwidriger Nichteinhaltung einer Umgangsregelung und daraus resultierender verfehlter oder erhöhter Aufwendungen.[24] Denkbar sind aber auch Verfahren über die Kosten der Ausübung des Umgangsrechts, soweit diese nicht unterhaltsrechtlich bereits berücksichtigt werden.[25] Bedeutung hat § 266 Abs. 1 Nr. 5 FamFG im Hinblick auf § 266 Abs. 1 Nr. 3 FamFG vor allem für nicht miteinander verheiratete Eltern.[26] Verfahren, welche die Regelung und Durchsetzung des Umgangsrechts selbst (§§ 1684, 1685, 1686a BGB) betreffen, sind nach §§ 111 Nr. 2, 151 Nr. 2 FamFG Familiensachen der freiwilligen Gerichtsbarkeit.

IV. Ausschließliche Zuständigkeit

15 Die Zuständigkeit des Familiengerichts ist **ausschließlich**, § 23a Abs. 1 Satz 2 GVG. Eine Begründung der Zuständigkeit durch Vereinbarung oder rügeloses Verhandeln ist nicht möglich, § 40 Abs. 2 ZPO.

§ 23b GVG Familiengerichte

(1) Bei den Amtsgerichten werden Abteilungen für Familiensachen (Familiengerichte) gebildet.

(2) ¹Werden mehrere Abteilungen für Familiensachen gebildet, so sollen alle Familiensachen, die denselben Personenkreis betreffen, derselben Abteilung zugewiesen werden. ²Wird eine Ehesache rechtshängig, während eine andere Familiensache, die denselben Personenkreis oder ein gemeinschaftliches Kind der Ehegatten betrifft, bei einer anderen Abteilung im ersten Rechtszug anhängig ist, ist diese von Amts wegen an die Abteilung der Ehesache abzugeben. ³Wird bei einer Abteilung ein Antrag in einem Verfahren nach den §§ 10 bis 12 des Internationalen Familienrechtsverfahrensgesetzes vom 26. Januar 2005 (BGBl. I S. 162) anhängig, während eine Familiensache, die dasselbe Kind betrifft, bei einer anderen Abteilung im ersten Rechtszug anhängig ist, ist diese von Amts wegen an die erstgenannte Abteilung abzugeben; dies gilt nicht, wenn der Antrag offensichtlich unzulässig ist. ⁴Auf übereinstimmenden Antrag beider Elternteile sind die Regelungen des Satzes 3 auch auf andere Familiensachen anzuwenden, an denen diese beteiligt sind.

(3) ¹Die Abteilungen für Familiensachen werden mit Familienrichtern besetzt. ²Ein Richter auf Probe darf im ersten Jahr nach seiner Ernennung Geschäfte des Familienrichters nicht wahrnehmen.

Übersicht

---

23 OLG Karlsruhe NJW 2015, 257, dazu Cirullies, NZFam 2014, 1149
24 BGH FPR 2002, 563
25 *Heiß*, FPR 2011, 96, 99
26 *Heiß*, FPR 2011, 96, 99 m.w.N.

A. Allgemeines

§ 23b GVG bestimmt die **Einrichtung spezieller Spruchkörper** für die den Familienge-   **1**
richten zugewiesenen Verfahren. Von der Einrichtung einer „Abteilung für Familiensachen" (Familiengericht) bei einem Amtsgericht kann nur dort abgesehen werden, wo entsprechend der Konzentrationsregelung des § 23d GVG ein Amtsgericht die Aufgaben des
Familiengerichts für mehrere AG-Bezirke übernimmt.[1] Von dieser Ermächtigung haben nur
wenige Bundesländer Gebrauch gemacht. § 23b Abs. 2 GVG soll für die Konzentration
sämtlicher dieselbe Familie betreffender Familiensachen beim selben Spruchkörper sorgen,
§ 23b Abs. 3 GVG trifft nähere Bestimmungen über die Besetzung des Spruchkörpers.

B. Inhalt der Norm

I. Mehrzahl von Familiengerichten

Die für den Bezirk eines Amtsgerichts anfallenden Familiensachen sind gesetzlich dem Fa-   **2**
miliengericht zur Erledigung zugewiesen. Ob diese Aufgaben von **einem oder mehreren
Familienrichtern** zu erledigen sind, ist vom Präsidium im Rahmen der Geschäftsverteilung
zu regeln.[2] Reichen die Familiensachen als alleiniges Pensum zur angemessenen Belastung
eines Richters nicht aus, dürfen ihm beliebige anderweitige Verfahren ergänzend zugewiesen werden.[3] Um eine ausreichende Erfahrung auch des Vertreters in Familiensachen zu
gewährleisten, verteilen viele Amtsgerichte die Aufgaben des Familiengerichts auch dann
auf zwei Richter, wenn das familiengerichtliche Pensum insgesamt etwa 1,0 beträgt. Dies
ermöglicht auch beim Amtsgericht den fachlichen Austausch von Kollegen, die mit der
Spezialmaterie Familienrecht vertraut sind. Die Konzentrationsregelungen des § 23b
Abs. 2 Satz 2 bis 4 sind zu beachten. Der Auffassung, die **Bildung mehrerer Abteilungen** sei nicht beliebig zulässig,[4] ist durch die Streichung der in früheren Fassungen der Vorschrift enthaltene Beschränkung („sind wegen des Umfangs . . .") die Grundlage entzogen.[5]

II. Zuständigkeitskonzentration

Nach § 23b Abs. 2 Satz 1 GVG **sollen** alle denselben Personenkreis betreffenden Familien-   **3**
sachen derselben Abteilung zugewiesen werden. Vorrangig ist gemäß § 23b Abs. 2 Satz 2
GVG der für das Scheidungsverfahren zuständige Richter. Eine **Geschäftsverteilung
nach Aufgabengebieten** – z.B. alle vermögensrechtlichen oder alle kindschaftsrechtlichen Verfahren – ist **zu vermeiden**.[6] Ausnahmen für eine Geschäftsverteilung nach Aufgabengebieten ergeben sich zum einen aus § 23b Abs. 2 Satz 3 und 4 GVG, zum andern
wird man sie als zulässig ansehen müssen für Verfahren, in denen das Familiengericht an
die Stelle des Vormundschaftsgerichts getreten ist. So bestehen z.B. keine Bedenken, das
Aufgabengebiet „Adoptionssachen" ausschließlich einem Familienrichter des Gerichts zu
übertragen, zumal es bei diesen Verfahren regelmäßig erst einmal um die Begründung der
neuen Familie geht und der Rechtsgedanke des § 137 FamFG keine Rolle spielt. Ebenso

---

1 Z.B. § 3 ZuständigkeitsVO Justiz BW oder § 15 ZuweisungsVO Berlin
2 Musielak/*Wittschier,* § 23b GVG Rn. 2
3 MüKo-ZPO/*Zimmermann,* § 23b GVG Rn. 3
4 MüKo-ZPO/*Zimmermann,* § 23b GVG Rn. 4
5 Ebenso Prütting/*Haberland,* § 23b GVG Rn. 2
6 Zöller/*Lückemann,* § 23b GVG Rn. 10

wäre es nach dem Zweck des Gesetzes („eine Familie – ein Richter") unbedenklich, alle Gewaltschutzsachen, die nicht Eheleute untereinander oder Eltern gegenüber Kindern betreffen, als Spezialzuständigkeit zuzuweisen.

4   Nach § 12 IntFamRVG sind Verfahren nach dem **HKÜ** sowie weitere in § 10 IntFamRVG aufgelistete Verfahren regelmäßig beim Amtsgericht am Sitz eines Oberlandesgerichts konzentriert. Der hierfür zuständige Richter soll nach § 23b Abs. 2 Satz 3 GVG auch weitere bei einer anderen Abteilung des Gerichts anhängige, dasselbe Kind betreffende Verfahren entscheiden. Die von Amts wegen vorzunehmende Abgabe an die spezialisierte Abteilung erfolgt nicht, „wenn der Antrag offensichtlich unzulässig ist", § 23b Abs. 2 Satz 3 letzter HS GVG.

5   Soll während eines rechtshängigen Scheidungsverfahrens ein Antrag aus dem Katalog der Verfahren nach §§ 10, 11 IntFamRVG anhängig gemacht werden, **geht die Zuständigkeitskonzentration des § 12 IntFamRVG dem Scheidungsverbund vor.**[7] Denn § 12 IntFamRVG verfolgt das Ziel, dass sich Richter mit dieser Spezialmaterie vertraut machen und entsprechende Erfahrungen sammeln können.[8] Möchten die Ehegatten in dieser seltenen Fallkonstellation den Scheidungsverbund wieder herstellen, bleibt ihnen die Möglichkeit, auf **übereinstimmenden Antrag** die Ehesache an das Konzentrationsgericht abgeben zu lassen, § 23b Abs. 3 Satz 4 GVG.[9]

III. Zuständigkeitskonflikt

1. Kompetenzstreit zweier Familienabteilungen desselben Gerichts

6   Können sich zwei Abteilungen für Familiensachen desselben Amtsgerichts nicht einigen, welche der beiden zuständig ist, hat das **Präsidium** des Amtsgerichts diesen Streit nach dem Geschäftsverteilungsplan zu entscheiden.[10] Der Abgabebeschluss einer Abteilung an die andere ist nicht bindend,[11] es sei denn, es handelt sich um eine von Amts wegen vorzunehmende Abgabe nach § 23b Abs. 2 Satz 2 oder 3 GVG.[12] Ebenso muss der Abgabe nach § 23b Abs. 2 Satz 4 GVG Bindungswirkung beigemessen werden.

2. Kompetenzstreit Familiengericht / Zivilgericht

7   Ein Streit zwischen Familiengericht und der Zivilabteilung desselben Gerichts, ob ein Verfahren als Familiensache einzuordnen ist, berührt die gesetzlich geregelte Geschäftsverteilung und ist nach § 17a Abs. 6 GVG in entsprechender Anwendung der Regelungen des § 17a Abs. 1 bis 5 GVG zu lösen. **Verweisungen** vom Familiengericht an die Zivilabteilung oder umgekehrt haben seit 2009 gemäß § 17a Abs. 2 Satz 3, Abs. 6 GVG grundsätzlich **Bindungswirkung,** wenn sie nicht gemäß § 17a Abs. 4 Satz 3 GVG angefochten wurden.[13] Dies gilt auch für eine Verweisung bei Kompetenzstreit zwischen Familiengericht und Landgericht.[14]

▶ *Zu den Einzelheiten siehe Keuter, § 17a GVG, Rn. 7 bis 11.*
Hinsichtlich der Konflikte verschiedener Familiengerichte über die **örtliche Zuständigkeit** *wird auf die Kommentierung zu § 152 und § 154 FamFG verwiesen.*

---

7   Zöller/*Lückemann*, § 23b GVG Rn. 11
8   BT-Drs. 14/4591, 2
9   Zöller/*Lückemann*, § 23b GVG Rn. 11; a.A. (Vorrang des Gerichts der Ehesache): Musielak/*Wittschier*, § 23b GVG Rn. 8
10 Musielak/*Wittschier*, § 23b GVG Rn. 5
11 Musielak/*Wittschier*, § 23b GVG Rn. 5
12 Prütting/*Haberland*, § 23b GVG Rn. 5
13 OLG Köln FF 2010, 80
14 Prütting/*Haberland*, § 23b GVG Rn. 12 m.w.N. auch für Gegenmeinung

IV. Familienrichter

Das Familiengericht entscheidet durch den Familienrichter als Einzelrichter, §§ 23b Abs. 3 **8**
Satz 1, 22 Abs. 1 GVG. Der Gesetzgeber hat kein ausdrückliches **Berufs- und Qualifikationsbild** für den Familienrichter[15] geschaffen, vielmehr sich darauf beschränkt, Richter auf Probe im ersten Jahr nach ihrer Ernennung von einer Tätigkeit als Familienrichter auszunehmen. Bei Einführung des Familiengerichts schwebte dem Gesetzgeber vor, dass ausschließlich besonders erfahrene Richter mit breit gestreuter Sachkunde und hinreichender richterlicher Erfahrung diese Position bekleiden sollten.[16] Ein Proberichter durfte das Amt des Familienrichters generell nicht ausüben.[17] Zwar erwarten mit Recht die Rechtssuchenden in anderen Rechtsgebieten ebenfalls Richterpersönlichkeiten mit hinreichender Erfahrung, Sachkompetenz, Fairness und Menschenkenntnis. Andererseits spielen auf kaum einem anderen Rechtsgebiet Emotionen eine ähnlich hohe Rolle wie im Familienrecht, wo erlittene seelische Verletzungen häufig eine Auseinandersetzung auf Sachebene stark erschweren. Neben der Einarbeitung in die komplizierte familienrechtliche Spezialmaterie verlangt die Aufgabe des Familienrichters gerade in Kindschaftssachen deshalb stets auch eine besondere Sensibilität, ein hohes Maß an Kommunikationsfähigkeit und sozialer Kompetenz sowie Zusammenarbeit mit anderen Berufsgruppen wie den Vertretern des Jugendamtes, psychologischen Sachverständigen oder Verfahrensbeiständen. All dies von einem Berufsanfänger zu erwarten, bedeutet schlichte Überforderung. Jedes Präsidium ist deshalb gut beraten, **Proberichter grundsätzlich nicht mit familienrichterlichen Aufgaben zu beauftragen**. Hierfür sprechen auch die gesetzgeberischen Bemühungen, möglichst sämtliche Familiensachen, die denselben Personenkreis betreffen, beim selben Gericht zu bündeln. Diese Bündelung wird indes konterkariert, wenn die Person des Entscheiders wie bei Proberichtern üblich häufig wechselt.

Die Normierung eines **Anforderungsprofils** – wie in § 22 Abs. 6 GVG für den Insolvenz- **9**
richter – könnte zwar einerseits die Bedeutung familienrichterlicher Tätigkeit unterstreichen, würde indes vermutlich bei ähnlicher Ausgestaltung als Sollvorschrift mit Ausnahmemöglichkeit keine wesentliche Änderung häufig anzutreffender Besetzungspraxis (findet sich kein Freiwilliger, wird der Dienstjüngste eingeteilt) bewirken. Eine stärkere Berücksichtigung des Kindschaftsrechts in der Ausbildung und regelmäßige Fortbildungen sorgen insoweit sicherlich eher für kompetente Familienrichter. Gerade Anfänger in einem familienrechtlichen Dezernat fühlen sich häufig unzureichend vorbereitet auf die besonderen Herausforderungen der Kommunikation mit z.T. hochbelasteten Kindern und Eltern, die – in ihrem Paarkonflikt verhaftet – die Interessen der Kinder völlig aus den Augen verlieren. Bereits in der Ausbildung vermittelte Kenntnisse der Grundzüge angrenzender Wissenschaften, insbesondere der Sozialen Arbeit, Psychologie und Pädagogik sowie entsprechende Fortbildungsangebote, verbunden natürlich mit der Bereitschaft, von diesen auch Gebrauch zu machen, könnten hier Abhilfe schaffen.

Soweit ein Proberichter gesetzlich als Familienrichter ausgeschlossen ist, gilt dies auch für **10**
Vertretungsfälle[18] sowie **Rechtshilfeersuchen** nach § 157 GVG.[19] Eine gegen § 23b Abs. 3 Satz 2 GVG verstoßende Besetzung ist ein Verstoß gegen das Gebot des gesetzlichen Richters (Art. 101 Abs. 1 Satz 2 GG), der die Entscheidung zwar nicht unwirksam, aber anfechtbar macht, nach Rechtsmittelerschöpfung sogar mit der Verfassungsbeschwerde.[20]

15 *Wever*, FF 2012, 427, 428 f.
16 *Kissel/Mayer*, § 23b GVG Rn. 87 m.w.N.
17 Art. 5 Nr. 2 Erstes EheRG BGBl 1976, S. 1421, 1444
18 HK-ZPO/*Rathmann*, § 23b GVG Rn. 3
19 OLG Stuttgart FamRZ 1984, 716; a.A. MüKo-ZPO/*Zimmermann*, § 23b GVG Rn. 14
20 MüKo-ZPO/*Zimmermann*, § 23b GVG Rn. 15

§§ 23c bis 169 GVG

Von Abdruck und Kommentierung der §§ 23c bis 169 GVG wird abgesehen.

§ 170 GVG Nichtöffentliche Familiensachen und Angelegenheiten der freiwilligen Gerichtsbarkeit

(1) [1]Verhandlungen, Erörterungen und Anhörungen in Familiensachen sowie in Angelegenheiten der freiwilligen Gerichtsbarkeit sind nicht öffentlich. [2]Das Gericht kann die Öffentlichkeit zulassen, jedoch nicht gegen den Willen eines Beteiligten. [3]In Betreuungs- und Unterbringungssachen ist auf Verlangen des Betroffenen einer Person seines Vertrauens die Anwesenheit zu gestatten.

(2) Das Rechtsbeschwerdegericht kann die Öffentlichkeit zulassen, soweit nicht das Interesse eines Beteiligten an der nicht öffentlichen Erörterung überwiegt.

Weiterführende Literatur: Lipp, Öffentlichkeit der mündlichen Verhandlung und der Entscheidungsverkündung? FPR 2011, 37

A. Allgemeines

1   Seit Inkrafttreten des FamFG am 1.9.2009 sind Familiensachen grundsätzlich **nicht öffentlich**. Die Vorschrift dient dem typisierten schutzwürdigen Interesse der Beteiligten, sensible private Angelegenheiten nicht vor einer möglicherweise sensationslüsternen Öffentlichkeit erörtern zu müssen.[1]

B. Inhalt der Norm

I. Nichtöffentlichkeit

2   **Nicht öffentlich** sind *Verhandlungen, Erörterungen* und *Anhörungen* in Familiensachen. Die *Verkündung* einer Endentscheidung in Ehesachen sowie in Familienstreitsachen hat dagegen nach § 173 Abs. 1 GVG stets **öffentlich** zu erfolgen. Bei Familiensachen der FG, insbesondere in Kindschaftssachen, hat das Gericht die Wahl zwischen (öffentlicher) Verkündung oder (schriftlicher) Bekanntgabe (§§ 38 Abs. 3 Satz 3, 41 Abs. 1 FamFG).[2]

3   Zur **Teilnahme** an Verhandlungen, Erörterungen und Anhörungen berechtigt sind die **Beteiligten** des Verfahrens. Wer hierzu gehört, bestimmt § 7 FamFG für Kindschaftssachen, ferner listen z. B. §§ 172, 188, 204, 212 FamFG die Beteiligten bestimmter FG-Familiensachen im jeweiligen Abschnitt des FamFG auf. Außer den Beteiligten und ihren Verfahrensbevollmächtigten dürfen im Grundsatz keine weiteren Personen an den Verhandlungen, Erörterungen und Anhörungen teilnehmen. Ein *Verstoß* gegen Öffentlichkeitsvorschriften macht die Entscheidung nicht nichtig, sondern anfechtbar (§ 72 Abs. 3 FamFG i.V.m. § 547 Nr. 5 ZPO, § 75 FamFG). Die Wirksamkeit der Verkündung einer Endentscheidung in Ehe- und Familienstreitsachen wird nicht dadurch berührt, dass sich aus der darüber gefertigten

---

1 MüKo-ZPO/*Zimmermann*, § 170 GVG Rn. 1
2 *Lipp*, FPR 2011, 37, 38

Sitzungsniederschrift nicht die vorherige Herstellung der gemäß § 173 GVG notwendigen Öffentlichkeit ergibt.[3]

Das **Jugendamt** darf in kindschaftsrechtlichen Verfahren auch dann, wenn es nicht ohnehin nach § 162 Abs. 2 Satz 1 Beteiligter ist, anwesend sein, da § 155 Abs. 2 Satz 3 FamFG die persönliche Anwesenheit des Jugendamtsvertreters im Erörterungstermin ausdrücklich vorschreibt. Anwesenheit von in der Familie eingesetzten **sozialpädagogischen Familienhelfern** kann – auch stillschweigend[4] – über § 175 Abs. 2 Satz 1 GVG gestattet werden. Ebenso darf im Einzelfall **Pflegepersonen** auch ohne förmliche Beteiligung die Anwesenheit gestattet werden.[5] Auf das *Einverständnis* der Beteiligten kommt es – anders als nach § 170 Abs. 1 Satz 2 GVG – insoweit nicht an.   **4**

Gleiches gilt für die Anwesenheit eines **Sachverständigen**, die insbesondere dann erforderlich sein kann, wenn sich ein Elternteil geweigert hat, sich selbst einer psychologischen Exploration zu unterziehen. Eine solche Mitwirkung kann mangels gesetzlicher Grundlage nicht erzwungen werden, auch nicht indirekt durch Anwendung der Grundsätze über die Beweisvereitelung.[6] In diesen Fällen ist es aber möglich, den die Begutachtung verweigernden Elternteil in Gegenwart des Sachverständigen anzuhören.[7]   **5**

▶ *Näher hierzu Heilmann, § 163 FamFG Rn. 40.*

Wird eine Kindschaftssache im **Scheidungsverbund** erörtert, so haben indes Beteiligte anderer Folgesachen (Versorgungsträger, Vermieter u.ä.) Zutritt nur zu dem Verhandlungsteil, der ihre Beteiligung betrifft.[8] Ebenso haben Jugendamtsvertreter, Verfahrensbeistand pp. kein Zutrittsrecht, solange allein die Scheidung nebst Versorgungsausgleich erörtert wird.[9]   **6**

II. Ausnahmsweise (Teil)Öffentlichkeit

Nach § 170 Abs. 1 Satz 2 GVG kann das Gericht die Öffentlichkeit zulassen, jedoch nicht gegen den Willen eines Beteiligten. Widerspricht auch nur ein Beteiligter, bleibt die Öffentlichkeit ausgeschlossen.[10] Zutreffend wird aber nur auf das **Einverständnis anwesender Beteiligter** abzustellen sein.[11]   **7**

Das Gericht kann ferner gemäß § 175 Abs. 2 GVG Einzelpersonen – z. B. zu Ausbildungszwecken – die Anwesenheit **gestatten**; auch im Rahmen der **Dienstaufsicht** gestattet § 175 Abs. 3 die Anwesenheit des Dienstvorgesetzten.   **8**

Die mögliche Zulassung der Öffentlichkeit durch das **Rechtsbeschwerdegericht** gemäß § 170 Abs. 2 GVG ist dem Interesse der Öffentlichkeit an der BGH-Rechtsprechung geschuldet.[12]   **9**

§§ 171 bis 197 GVG

Von Abdruck und Kommentierung der §§ 171 bis 197 GVG wird abgesehen.

---

3 OLG Celle NJW 2014, 3458
4 Löwe-Rosenberg/*Wickern*, § 175 GVG Rn. 12
5 Siehe für Anwesenheit von Pflegepersonen in Umgangsrechtsverfahren OLG Schleswig SchlHA 1983, 31
6 BGH FamRZ 2010, 720 m.w.N. auch für die Gegenmeinung
7 BGH FamRZ 2010, 720
8 *Kissel/Mayer*, § 170 GVG Rn. 7
9 MüKo-ZPO/*Zimmermann*, § 170 GVG Rn. 9
10 Hk-ZPO/*Rathmann*, § 170 GVG Rn. 3
11 MüKo-ZPO/*Zimmermann*, § 170 GVG Rn. 5
12 *Prütting/Neff*, § 170 GVG Rn. 4

§ 198 GVG Entschädigung, Verzögerungsrüge

(1) ¹Wer infolge unangemessener Dauer eines Gerichtsverfahrens als Verfahrensbeteiligter einen Nachteil erleidet, wird angemessen entschädigt. ²Die Angemessenheit der Verfahrensdauer richtet sich nach den Umständen des Einzelfalles, insbesondere nach der Schwierigkeit und Bedeutung des Verfahrens und nach dem Verhalten der Verfahrensbeteiligten und Dritter.

(2) ¹Ein Nachteil, der nicht Vermögensnachteil ist, wird vermutet, wenn ein Gerichtsverfahren unangemessen lange gedauert hat. Hierfür kann Entschädigung nur beansprucht werden, soweit nicht nach den Umständen des Einzelfalles Wiedergutmachung auf andere Weise gemäß Absatz 4 ausreichend ist. ²Die Entschädigung gemäß Satz 2 beträgt 1 200 Euro für jedes Jahr der Verzögerung. ³Ist der Betrag gemäß Satz 3 nach den Umständen des Einzelfalles unbillig, kann das Gericht einen höheren oder niedrigeren Betrag festsetzen.

(3) ¹Entschädigung erhält ein Verfahrensbeteiligter nur, wenn er bei dem mit der Sache befassten Gericht die Dauer des Verfahrens gerügt hat (Verzögerungsrüge). ²Die Verzögerungsrüge kann erst erhoben werden, wenn Anlass zur Besorgnis besteht, dass das Verfahren nicht in einer angemessenen Zeit abgeschlossen wird; eine Wiederholung der Verzögerungsrüge ist frühestens nach sechs Monaten möglich, außer wenn ausnahmsweise eine kürzere Frist geboten ist. ³Kommt es für die Verfahrensförderung auf Umstände an, die noch nicht in das Verfahren eingeführt worden sind, muss die Rüge hierauf hinweisen. ⁴Anderenfalls werden sie von dem Gericht, das über die Entschädigung zu entscheiden hat (Entschädigungsgericht), bei der Bestimmung der angemessenen Verfahrensdauer nicht berücksichtigt. ⁵Verzögert sich das Verfahren bei einem anderen Gericht weiter, bedarf es einer erneuten Verzögerungsrüge.

(4) ¹Wiedergutmachung auf andere Weise ist insbesondere möglich durch die Feststellung des Entschädigungsgerichts, dass die Verfahrensdauer unangemessen war. ²Die Feststellung setzt keinen Antrag voraus. ³Sie kann in schwerwiegenden Fällen neben der Entschädigung ausgesprochen werden; ebenso kann sie ausgesprochen werden, wenn eine oder mehrere Voraussetzungen des Absatzes 3 nicht erfüllt sind.

(5) ¹Eine Klage zur Durchsetzung eines Anspruchs nach Absatz 1 kann frühestens sechs Monate nach Erhebung der Verzögerungsrüge erhoben werden. ²Die Klage muss spätestens sechs Monate nach Eintritt der Rechtskraft der Entscheidung, die das Verfahren beendet, oder einer anderen Erledigung des Verfahrens erhoben werden. ³Bis zur rechtskräftigen Entscheidung über die Klage ist der Anspruch nicht übertragbar.

(6) Im Sinne dieser Vorschrift ist

1. ein Gerichtsverfahren jedes Verfahren von der Einleitung bis zum rechtskräftigen Abschluss einschließlich eines Verfahrens auf Gewährung vorläufigen Rechtsschutzes und zur Bewilligung von Prozess- oder Verfahrenskostenhilfe; ausgenommen ist das Insolvenzverfahren nach dessen Eröffnung; im eröffneten Insolvenzverfahren gilt die Herbeiführung einer Entscheidung als Gerichtsverfahren;

2. ein Verfahrensbeteiligter jede Partei und jeder Beteiligte eines Gerichtsverfahrens mit Ausnahme der Verfassungsorgane, der Träger öffentlicher Verwaltung und sonstiger öffentlicher Stellen, soweit diese nicht in Wahrnehmung eines Selbstverwaltungsrechts an einem Verfahren beteiligt sind.

▶ *Zur Bedeutung der Verfahrensdauer in Kindschaftssachen vgl. Fink, § 155 FamFG Rn. 12 ff.*

Kapitel 3
Rechtspflegergesetz (RPflG)

in der Fassung der Bekanntmachung vom 14. April 2013 (BGBl. I S. 778, 2014 I S. 46),
zuletzt geändert durch das Gesetz vom 1. April 2015 (BGBl. I S. 434)

Erster Abschnitt
Aufgaben und Stellung des Rechtspflegers

§ 1 RPflG Allgemeine Stellung des Rechtspflegers

Der Rechtspfleger nimmt die ihm durch dieses Gesetz übertragenen Aufgaben der Rechtspflege wahr.

Übersicht

A. Allgemeines

Nur das zuständige Gericht und die hier zuständige Person können eine förmlich rechtmäßige Entscheidung treffen. Im Rahmen der Zuständigkeitsprüfung, die der Richter bzw. Rechtspfleger in Kindschaftssachen bei Verfahrenseinleitung vorzunehmen hat, ist zu unterscheiden zwischen der **sachlichen, örtlichen und funktionalen Zuständigkeit**. Dabei entscheidet sich die funktionale Zuständigkeit im Kindschaftsrecht auf der Grundlage des Rechtspflegergesetzes (§§ 3, 14 RPflG), welches daneben unter anderem gesetzliche Regelungen über die Aufgabenwahrnehmung durch den Rechtspfleger (§§ 1, 4, 9 RPflG), das Verhältnis von Richter und Rechtspfleger (§§ 5 bis 8 RPflG) sowie die Anfechtbarkeit von Entscheidungen des Rechtspflegers (§ 11 RPflG) enthält.

Der Rechtspfleger ist im Unterschied zum Richter **Angehöriger der Exekutive** und nicht der Iudikative. Er ist zwar sachlich unabhängig (vgl. § 9 RPflG), jedoch nicht Richter i.S.d. Art. 92 GG,[1] sondern **Beamter des gehobenen Justizdienstes**, hat in der Regel einen dreijährigen Vorbereitungsdienst abgeleistet und die sog. Rechtspflegerprüfung bestanden (vgl. § 2 RPflG). Während des Vorbereitungsdienstes hat er einen Studiengang an einer Fachhochschule absolviert und verschieden Abteilungen des Amtsgerichts durchlaufen. Während dieser Zeit werden ihm die theoretischen und praktischen Grundlagen für seine spätere Tätigkeit vermittelt.

B. Inhalt der Norm

Die Norm verdeutlicht, dass die **Aufgaben des Rechtspflegers** sich umfassend aus dem Rechtspflegergesetz ergeben. Mit diesem wurden vormals richterliche Tätigkeiten zur Entlastung des Richters auf das damals neue Berufsbild des Rechtspflegers übertragen. Mit Aufgaben, die nicht diesem Gesetz zu entnehmen sind, darf der Rechtspfleger als solcher nicht betraut werden.

Der Rechtspfleger nimmt **Aufgaben der Rechtspflege** wahr und nicht Aufgaben der Verwaltung. Seine Entscheidungen im Bereich des Kindschaftsrechts sind damit solche „des Amtsgerichts" bzw. „des Familiengerichts". Diese trifft er nach denselben verfahrens-

1

2

3

4

---

1 Hierzu etwa BGH NJW-RR 2010, 1366

rechtlichen und materiell-rechtlichen Grundlagen wie der Richter, also insbesondere dem FamFG und dem BGB.

§ 2 RPflG Voraussetzungen für die Tätigkeit als Rechtspfleger

Von Abdruck und Kommentierung wird abgesehen.

§ 3 RPflG Übertragene Geschäfte

Dem Rechtspfleger werden folgende Geschäfte übertragen:

1. **in vollem Umfange die nach den gesetzlichen Vorschriften vom Richter wahrzunehmenden Geschäfte des Amtsgerichts in**

    a) – e) [...]

    f) Urkundssachen einschließlich der Entgegennahme der Erklärung,

    g) – m) [...]

2. **vorbehaltlich der in den §§ 14 bis 19b dieses Gesetzes aufgeführten Ausnahmen die nach den gesetzlichen Vorschriften vom Richter wahrzunehmenden Geschäfte des Amtsgerichts in**

    a) Kindschaftssachen und Adoptionssachen sowie entsprechenden Lebenspartnerschaftssachen nach den §§ 151, 186 und 269 des Gesetzes über das Verfahren in Familiensachen und in den Angelegenheiten der freiwilligen Gerichtsbarkeit,

[...] *(vom weitergehenden Abdruck wird abgesehen)*

Weiterführende Literatur: Harm/Mix/Opitz/Pütz/Rotax/Rüting, Amtsvormundschaft und Familiengericht im Spannungsfeld der unterschiedlichen Aufgabenwahrnehmung vor dem Hintergrund der Vormundschaftsreform, FamRZ 2012, 1849 ff.

Übersicht

A. Allgemeines

1   Das Rechtspflegergesetz kennt die sog. **Vollübertragung** und die **Einzelübertragung** (§ 3 Ziff. 1 und 3), die im Kindschaftsrecht mit Ausnahme von Beurkundungen in Abstammungssachen, keine nennenswerte Relevanz haben, sowie die sog. **Vorbehaltsübertragung** (§ 3 Ziff. 2). Mit letzterer werden die im Kanon des Ziff. 2 genannten Geschäfte vorbehaltlich einer anderweitigen gesetzlichen Regelung in diesem Gesetz auf den Rechtspfleger übertragen. Findet sich eine solche Übertragung nicht innerhalb des Rechtspflegergesetzes, so bleibt es bei der in § 3 als Ausgangspunkt gesetzlich festgelegten funktionalen Zuständigkeit des Rechtspflegers. Angesichts der grundsätzlichen Zuweisung der Sachgebiete auf den Rechtspfleger spricht **in Zweifelsfällen eine Vermutung** für dessen Zuständigkeit.[1] Für das Kindschaftsrecht sind dabei ausschließlich die gesetzlichen Regelungen in §§ 4 und 14 RPflG von Relevanz, die der Normanwender im Einzelfall zu prüfen hat.

---

1 *Dörndorfer*, § 3 RPflG Rn. 12 m.w.N.

Übertragen werden damit Geschäfte, für die insbesondere nach dem Bürgerlichen Gesetz- **2**
buch **„das Gericht", „das Familiengericht" oder „der Richter"** zuständig ist. In diesen
Fällen entscheiden erst die gesetzlichen Regelungen im Rechtspflegergesetz darüber, ob
das gerichtliche Verfahren letztlich vor dem Richter oder dem Rechtspfleger durchzuführen
ist bzw. wer von beiden die verfahrensabschließende Entscheidung zu treffen hat. Dabei
beinhaltet der Vorbehalt des § 14 RPflG trotz seiner missverständlichen Formulierung über
den Inhalt des Vorbehalts („Entscheidungen", „Maßnahmen", „Regelungen" etc.), dass
der Richter in den Fällen des Vorbehalts **insgesamt für das Verfahren** und nicht lediglich
für die verfahrensabschließende Entscheidung zuständig ist.[2]

Welcher von mehreren Rechtspflegern innerhalb des Gerichts für die nach dem **3**
Rechtspflegergesetz von ihm wahrzunehmenden Aufgaben zuständig ist, ist – auch mit
Blick auf § 9 RPflG und § 10 RPflG – im Wege der **Geschäftsverteilung** vom Dienstvorge-
setzen und nicht vom Präsidium des Gerichts zu regeln, da § 21e GVG keine Anwendung
findet.[3] Insgesamt sind die Vorschriften über den gesetzlichen Richter auf den Rechtspfleger nicht anzuwenden.[4]

B. Inhalt der Norm

Dem Rechtspfleger werden insbesondere die **Kindschaftssachen** (hierzu *Keuter*, § 151 **4**
FamFG) sowie die **Adoptionssachen** (hierzu *Braun*, § 186 FamFG) übertragen, wobei
diese Übertragung nur vorbehaltlich der in § 14 RPflG ausführlich aufgelisteten Ausnahmen erfolgt. Erst der Blick in §§ 3 und 14 vermittelt damit die abschließende Antwort auf
die Frage, ob der Richter oder Rechtspfleger funktional zuständig ist.

▶ *Zur Richterzuständigkeit im Kindschaftsrecht siehe Heilmann, § 14 RPflG.*

Im **Bereich der elterlichen Sorge** ist damit der Rechtspfleger für folgende Verfahren **5**
funktionell zuständig:

- Ersetzung der Einwilligung des anderen Elternteils, dessen Namen das Kind führt, zu
  einer Einbenennung, wenn diesem die elterliche Sorge nicht zusteht[5] (siehe hierzu
  Heilmann, § 14 RPflG Rn. 14).

- Entziehung der elterlichen Vertretungsmacht (§ 1629 Abs. 2 Satz 3 i.V.m. § 1796
  BGB).

- Unterstützung der Eltern bei der Ausübung der Personensorge (§ 1631 Abs. 3 BGB).

- Genehmigung bei Abweichungen von einer Erblasseranordnung (§§ 1639 Abs. 2,
  1803 Abs. 2, 3 BGB).

- Anordnung der Aufnahme eines Vermögensverzeichnisses durch Behörde, Beamten
  bzw. Notar (§ 1640 Abs. 3 BGB).

- Genehmigung von Rechtsgeschäften (§ 1643 i.V.m. § 1821, § 1822 Abs. 1 Nr. 1, 3, 5,
  8-11, 1825 BGB).

- Genehmigung zur Überlassung von Vermögensgegenständen an das Kind (§ 1644
  BGB).

- Genehmigung zum Beginn eines neuen Erwerbsgeschäfts im Namen des Kindes
  (§ 1645 BGB).

---

2 *Dörndorfer*, § 3 RPflG Rn. 13
3 BVerwGE 19, 112 ff.
4 BGH NJW-RR 2010, 1366
5 OLG Stuttgart Rpfleger 1999, 443; BGH FamRZ 1999, 1648

- Anordnung von Maßnahmen bei Gefährdung des Kindesvermögens (§ 1667 BGB); auch der Entzug der Vermögenssorge (arg. e. § 14 Abs. 1 Nr. 2 RPflG).[6]

- Feststellung des Ruhens der elterlichen Sorge bei tatsächlichem Hindernis (§ 1674 BGB) sowie die Feststellung, dass der Grund des Ruhens nicht mehr besteht (§ 1674 Abs. 2 BGB).[7] Ggf. ist die Sache dem Richter zur Prüfung der Einleitung eines Kindesschutzverfahrens (§§ 1666, 1666a BGB) vorzulegen.

- Die Entscheidung über den Auskunftsanspruch eines Elternteils gegen den anderen Elternteil über die persönlichen Verhältnisse des Kindes (§ 1686 BGB); ggf. aber Richterzuständigkeit mit Blick auf § 6 RPflG.

- Die Entscheidung über den Auskunftsanspruch des biologischen Vaters (§ 1686a Abs. 1 Nr. 2 BGB); ggf. aber Richterzuständigkeit mit Blick auf § 6 RPflG.

- Einschränkung oder Ausschluss von Befugnissen des nicht sorgeberechtigten Elternteils (§ 1687b Abs. 3 BGB) bzw. Lebenspartners (§ 9 Abs. 3 LPartG).

- Gerichtliche Maßnahmen bei Verhinderung der Eltern (§ 1693 BGB), soweit keine Unterbringung des Kindes in Betracht kommt.

- Abänderung einer Rechtspflegerentscheidung nach § 1696 BGB.

- Die Tätigkeiten im Rahmen der §§ 112, 1484, 1491 bis 1493, 1596, 1597 Abs. 3, 1599 Abs. 2 Satz 2 i.V.m. 1596, 2282 Abs. 2, 2290 Abs. 2 Satz 2, 2291, 2347, 2351, 2352 BGB, § 16 Abs. 3 VerschG und §§ 19 Abs. 1, 25 Abs. 1, 26 StAG (auch soweit der Vormund tätig wird).

6 Mit Blick auf die Verweisung in § 158 Abs. 7 Satz 6 FamFG auf § 168 FamFG sowie den fehlenden Richtervorbehalt ist der Rechtspfleger auch für die **Festsetzung der Vergütung** des **Verfahrensbeistandes** funktionell zuständig.

7 Im **Bereich der Vormundschaft** besteht die funktionale Zuständigkeit für folgende Verfahren:

- Anordnung der Vormundschaft sowie Auswahl und Bestellung des Vormunds, es sei denn das Kind ist Angehöriger eines fremden Staates oder Hintergrund ist die Aufhebung der Adoption (vgl. § 1764 Abs. 4 BGB); ggf. aber – auch aus verfassungsrechtlichen Gründen – Richterzuständigkeit nach § 6 RPflG, wenn ein enger Zusammenhang zum Sorgerechtseingriff nach §§ 1666, 1666a BGB besteht.[8]

- Entziehung der Vertretungsmacht bei einem Interessenkonflikt (§ 1796 BGB).

- Genehmigung bzw. Zustimmungsersetzung in den Fällen des § 1802 Abs. 2, 3 BGB).

- Vormundschaftsrechtliche Genehmigungen (§§ 1810 bis 1812, 1819-1824 BGB) sowie die allgemeine Ermächtigung (§ 1825 BGB).

- Befreiungserteilung (§ 1817 BGB) und Hinterlegungsanordnung (§ 1818 BGB).

- Festsetzung von Vergütung, Aufwendungsersatz und Aufwandsentschädigung des Vormundes (§§ 1835, 1836 BGB, §§ 1, 3 VBVG) und von Zahlungen an die Staatskasse (§ 168 Abs. 1 Satz 2, Abs. 3 FamFG).

- Beratung und Beaufsichtigung des Vormundes (§ 1837 Abs. 1, 2 BGB).

---

6 Dies verkennt OLG Frankfurt NJW-RR 2005, 1382 (näher hierzu unten § 14 Rn. 5)
7 Mit Blick auf die mögliche Intensität des Grundrechtseingriffs erwägt das KG (ZKJ 2012, 269) eine entsprechende Anwendung von § 14 Abs. 1 Nr. 1 RPflG
8 BVerfG, Beschl. v. 22.9.2014, – 1 BvR 2108/14, BeckRS 2014, 57440

- Rechnungsprüfung (§ 1843 BGB).

- Ge- und Verbote bzw. (§ 1837 Abs. 2 bis 4 BGB) und etwaige Abänderungsentscheidungen (§ 1837 Abs. 4 BGB i.V.m. § 1696 BGB), nicht jedoch Eingriffe in die Personensorge des Vormunds (§ 1837 Abs. 4 BGB i.V.m. §§ 1666, 1666a BGB), da insoweit der Richtervorbehalt des § 14 Abs. 1 Nr. 2 RPflG eingreift.

- Einstweilige Maßregeln des Familiengerichts i.S.v. § 1846 BGB.

- Aufhebung der Befreiung i.S.v. § 1857 BGB bzw. der Vormundschaft gemäß § 1884 BGB.

- Entlassung des Vormunds (§§ 1886-1889 BGB).

- Prüfung der Schlussrechnung (§ 1892 BGB).

- Genehmigungen nach § 1411 BGB, §§ 2, 8 NamÄndG, § 180 Abs. 2 ZVG.

Im **Bereich der Pflegschaft bzw. Vertretung** ist der Rechtspfleger zuständig für: **8**

- Anordnung der Pflegschaft sowie Auswahl und Bestellung des Pflegers in den Fällen der

  - Ergänzungspflegschaft (§ 1909 BGB),

  - Pflegschaft für eine Leibesfrucht (§ 1912 BGB) und einen unbekannten Beteiligten (§ 1913 BGB) und

  - Pflegschaft nach § 17 SachenRBerG (siehe jedoch § 96 GBO).

- Bestellung eines Vertreters nach § 81 AO, § 207 BauGB, § 119 FlurbG, § 15 SGB X, § 16 VwVfG sowie die Vertreterbestellung nicht auf Grund dienstrechtlicher Vorschriften erfolgt (vgl. § 14 Abs. 1 Nr. 9 RPflG, hierzu Rn. 20).

- Die unter Rn. 7 genannten Geschäfte, soweit § 1915 BGB hierauf verweist.

Keine funktionale Zuständigkeit des Rechtspflegers besteht hingegen für die Entschei- **9** dung über die Aufhebung einer Pflegschaft, wenn für deren Anordnung die funktionelle Zuständigkeit des Richters besteht. Dies ist insbesondere in den Fällen des Richtervorbehaltes nach § 14 Nr. 10 RPflG zu beachten. Bei anderer Betrachtung würde dem Rechtspfleger, der die Rechtsauffassung des Richters nicht teilt, die Stellung einer diesem übergeordneten Instanz zukommen. Eine gleichwohl getroffene Entscheidung des Rechtspflegers ist in diesen Fällen gemäß § 8 Abs. 1 RPflG unwirksam.[9]

Im **Bereich der Adoptionssachen** besteht Rechtspflegerzuständigkeit für: **10**

- Erteilung einer Bescheinigung an das Jugendamt (§ 190 FamFG).

- Anordnung über das Bestehen des Offenbarungs- und Ausforschungsverbotes im Falle eines Antrages auf Ersetzung der Einwilligung eines Elternteils zur Adoption (§ 1758 Abs. 2 Satz 2 BGB).

- die Anordnung der Namensführung nach Aufhebung des Annahmeverhältnisses (§ 1765 Abs. 3 BGB), soweit diese nicht wegen des engen Zusammenhangs nach § 6 RPflG mit der Entscheidung über die Aufhebung vom Richter getroffen wird.

Im Übrigen bestehen nach § 14 Abs. 1 Nr. 15 und 16 RPflG Richtervorbehalte.

Im Bereich der **Abstammungssachen** findet durch das Gesetz keine explizite Übertra- **11** gung von Aufgaben auf den Rechtspfleger statt. Für diese ist der Richter funktionell zuständig. Allenfalls ist der Rechtspfleger für **Beurkundungen** (siehe § 3 Nr. 1 lit. f RPflG)

---

9 OLG Frankfurt ZKJ 2013, 503 f.

sowie dann zuständig, wenn das Abstammungsrecht andere Bereiche tangiert, in denen eine Aufgabenübertragung durch das Gesetz erfolgt. Ist etwa die Bestellung eines Ergänzungspflegers für das Abstammungsverfahren geboten, ist diese vom Rechtspfleger vorzunehmen, es sei denn der Richter zieht dieses Geschäft mit Blick auf § 6 RPflG an sich.

▶ *Zu Einzelheiten des Verfahrens in Abstammungssachen siehe Grün, § 186 FamFG*

§ 4 RPflG Umfang der Übertragung

(1) Der Rechtspfleger trifft alle Maßnahmen, die zur Erledigung der ihm übertragenen Geschäfte erforderlich sind.

(2) Der Rechtspfleger ist nicht befugt,

1. eine Beeidigung anzuordnen oder einen Eid abzunehmen,

2. Freiheitsentziehungen anzudrohen oder anzuordnen, sofern es sich nicht um Maßnahmen zur Vollstreckung

a) einer Freiheitsstrafe nach § 457 der Strafprozessordnung oder einer Ordnungshaft nach § 890 der Zivilprozessordnung,

b) einer Maßregel der Besserung und Sicherung nach § 463 der Strafprozeßordnung oder

c) der Erzwingungshaft nach § 97 des Gesetzes über Ordnungswidrigkeiten

handelt.

(3) Hält der Rechtspfleger Maßnahmen für geboten, zu denen er nach Absatz 2 Nr. 1 und 2 nicht befugt ist, so legt er deswegen die Sache dem Richter zur Entscheidung vor.

Übersicht

A. Allgemeines

1 Der Rechtspfleger soll im Rahmen der ihm übertragenen Befugnisse grundsätzlichen **dieselben Kompetenzen** haben wie der Richter. Damit soll eine ordnungsgemäße und effektive Verfahrensführung „in einer Hand" gewährleistet sein. Der Rechtspfleger hat damit im Kindschaftsrecht auch die Einhaltung verfahrensrechtlicher Garantien (rechtliches Gehör, persönliche Anhörungen, Verfahrensbeistandbestellung etc.) zu gewährleisten, wenn er funktionell zuständig ist.

2 Der Rechtspfleger ist jedoch kein Richter, so dass insbesondere die **verfassungsrechtlichen Vorgaben** auch einfachrechtlich umzusetzen sind. Das Grundgesetz verlangt etwa, dass nur der Richter über die Zulässigkeit und Fortdauer einer Freiheitsentziehung entscheidet (Art. 104 Abs. 2 Satz1 GG). Derartige Maßnahmen obliegen damit nicht dem Rechtspfleger. § 4 setzt insbesondere dieses verfassungsrechtliche Gebot um.

B. Inhalt der Norm

I. Zuständigkeit für erforderliche Maßnahmen (Abs. 1)

3 Die Übertragung auf den Rechtspfleger umfasst **„alle Maßnahmen, die zur Erledigung der … übertragenen Aufgaben erforderlich sind."** Damit hat dieser innerhalb dieses

Rahmens seine (sachliche, örtliche und funktionelle) Zuständigkeit eigenständig zu prüfen, kann ein Verfahren ggf. nach § 3 FamFG verweisen bzw. nach § 4 FamFG abgeben oder übernehmen und dieses nach § 5 FamFG vorlegen sowie über Akteneinsichtsgesuche befinden, Rechts- und Amtshilfe leisten (§ 156 GVG).

Der Rechtspfleger hat nach § 26 FamFG **von Amts wegen die zur Feststellung der ent-** **4** **scheidungserheblichen Tatsachen erforderlichen Ermittlungen** durchzuführen (§ 26 FamFG). Er hat also in den Grenzen des Absatzes 2 auch Beweis zu erheben, hat **Termine und Anhörungen** durchzuführen bzw. Stellungnahmen, insbesondere nach § 162 FamFG, einzuholen. Verletzt er diese Verpflichtung, kann seine Entscheidung auf das nach § 11 RPflG statthafte Rechtsmittel hin aufzuheben und auf Antrag an ihn zurückzuverweisen sein.[1] Daneben hat er auch in den ihm übertragenen Angelegenheiten die Entscheidung über einen **Verfahrenskostenhilfeantrag** zu treffen.

Mithin hat der Rechtspfleger im Rahmen der Übertragung **alle verfahrensvorbereiten-** **5** **den Neben- und Zwischenentscheidungen** sowie die Nebenentscheidungen zur verfahrensabschließenden Endentscheidung (**Kosten, Wert**) zu treffen. Soweit die gesetzlichen Voraussetzungen erfüllt sind, obliegt ihm im Rahmen seiner funktionalen Zuständigkeiten auch die **Bestellung eines Verfahrensbeistandes** als sogenannte Zwischenentscheidung.[2] Diese ist unanfechtbar (§ 158 Abs. 3 Satz 4 FamFG) und kann auch nicht mit der Erinnerung i.S.v. § 11 RPflG angefochten werden, da es sich nicht um eine Endentscheidung oder eine nach dem Gesetz anfechtbare Zwischenentscheidung handelt.

II. Ausnahmen (Abs. 2)

Die Entscheidungen über **Beeidigungen und Freiheitsentziehungen obliegen dem** **6** **Richter**. Letzteres mit Blick auf die klare verfassungsrechtliche Ausgangslage in Art. 104 Abs. 2 Satz 1 GG, ersteres mit der Einschränkung, dass der Eid von der eidesstattlichen Versicherung zu unterscheiden ist. Letztere kann der Rechtspfleger entgegennehmen.

III. Richtervorlage (Abs. 3)

In den **Fällen des Absatzes 2** hat der Rechtspfleger die Sache dem Richter vorzulegen **7** (zur Form siehe *Heilmann*, § 5 RPflG), wenn er eine solche Maßnahme für geboten erachtet. Fehlt es daran, dann muss er diese auch nicht vorlegen und die Maßnahme unterbleibt. Legt der Rechtspfleger hingegen vor, dann ist die Tätigkeit des Richters auf die Entscheidung über die entsprechende Maßnahme beschränkt.

§ 5 RPflG Vorlage an den Richter

(1) Der Rechtspfleger hat ihm übertragene Geschäfte dem Richter vorzulegen, wenn

1. sich bei der Bearbeitung der Sache ergibt, dass eine Entscheidung des Bundesverfassungsgerichts oder eines für Verfassungsstreitigkeiten zuständigen Gerichts eines Landes nach Artikel 100 des Grundgesetzes einzuholen ist;

2. zwischen dem übertragenen Geschäft und einem vom Richter wahrzunehmenden Geschäft ein so enger Zusammenhang besteht, dass eine getrennte Behandlung nicht sachdienlich ist.

(2) Der Rechtspfleger kann ihm übertragene Geschäfte dem Richter vorlegen, wenn die Anwendung ausländischen Rechts in Betracht kommt.

---

1 BGH ZKJ 2014, 104 f. mit Anm. *Dürbeck*
2 BGH NJW-RR 2003, 1369

(3) ¹Die vorgelegten Sachen bearbeitet der Richter, solange er es für erforderlich hält. ²Er kann die Sachen dem Rechtspfleger zurückgeben. ³Gibt der Richter eine Sache an den Rechtspfleger zurück, so ist dieser an eine von dem Richter mitgeteilte Rechtsauffassung gebunden.

A. Allgemeines

1 Die Regelungen der Aufgabenübertragung auf den Rechtspfleger sind auf den ersten Blick **statisch und unflexibel**. Dies dient nicht zuletzt der Rechtssicherheit. Gleichwohl kann die Abgrenzung der Zuständigkeiten im Einzelfall verfahrensunökonomisch sein und damit Verfahrensverzögerungen nach sich ziehen, die dem zentralen Leitmotiv in Kindschaftssachen, dem kindeswohlzentrierten Verfahren, zuwiderlaufen können.

2 Insbesondere § 5 Abs. 1 Nr. 2 RPflG ermöglicht daher **im Einzelfall die Vorlage durch den Rechtspfleger an den Richter** und damit eine einheitliche Sachbearbeitung durch diesen, obwohl eine funktionelle Zuständigkeit des Rechtspflegers besteht. Eine nach alter Rechtslage noch bestehende Vorlagepflicht an den Richter wegen rechtlicher Schwierigkeit der Sache hält der Gesetzgeber mit Blick auf den heutigen Ausbildungsstand der Rechtspfleger nicht mehr für erforderlich.[1] Diese vermag eine Vorlage an den Richter und damit eine Abweichung vom gesetzgeberischen Regelungskonzept nicht mehr zu rechtfertigen.

3 Zu den **Folgen eines Verstoßes gegen die Vorlagepflicht** siehe § 8 Abs. 3 RPflG. Erfolgt die Vorlage, dann bearbeitet der Richter die Sache entweder oder er gibt sie an den Rechtspfleger zurück, wenn er die gesetzlichen Voraussetzungen für seine funktionelle Zuständigkeit nicht als gegeben erachtet. Bei Streit oder Ungewissheit (zwischen Rechtspfleger und Richter bzw. bei den Beteiligten) über die Zuständigkeit gilt § 7 RPflG.

4 „Richter" im Sinne des Rechtspflegergesetzes ist nach § 28 RPflG immer der gerichtsintern **nach dem jeweiligen Geschäftsverteilungsplan zuständige Richter**.

B. Inhalt der Norm

I. „Mussvorlage" (Abs. 1)

5 In den Fällen des Absatzes 1 muss der Rechtspfleger die Sache dem Richter vorlegen. Er hat damit **kein Ermessen**.

6 Ziff. 1 bezieht sich damit auf die Fälle, in denen der Rechtspfleger der Ansicht ist, dass ein Gesetz, auf das es bei seiner Entscheidung ankommt, **verfassungswidrig** ist. In diesen Fällen legt er die Sache dem Richter vor, der dann etwa die Entscheidung zur Vorlage an das Bundesverfassungsgericht zu treffen hat. Legt der Richter die Sache nicht dem Bundesverfassungsgericht vor, weil er die Voraussetzungen hierfür nicht als gegeben erachtet, so gibt er die Sache dem Rechtspfleger zurück und dieser hat das Gesetz mit Blick auf § 5 Abs. 3 Satz 3 RPflG anzuwenden.

---

[1] BT-Drucks. 13/10244, 7

Ziff. 2 regelt den Fall des **engen Sachzusammenhangs** zwischen einem Geschäft, für welches der Richter funktionell zuständig ist und einem solchen, für das sich aus dem Gesetz eine funktionelle Zuständigkeit des Rechtspflegers ergibt. In diesen Fällen soll der Richter die Sache mit Blick auf § 6 RPflG einheitlich bearbeiten. Ein für die Praxis relevantes Beispiele aus dem Bereich des Kindschaftsrechts ist etwa der vollständige bzw. teilweise Entzug der elterlichen Sorge nach §§ 1666, 1666a BGB und die erforderlich werdende Ergänzungspfleger- bzw. Vormundbestellung (Anordnung und Auswahl).[2] Gleiches gilt bei der Anordnung einer Vormundschaft für ein Mitglied eines fremden Staates und die sich anschließende Auswahlentscheidung. **7**

II. „Kannvorlage" (Abs. 2)

Kommt die **Anwendung ausländischen Rechts** in Betracht, dann hat der Rechtspfleger ein Ermessen, ob er die Sache dem Richter vorlegt. Die Anwendung und Auslegung der kollisionsrechtlichen Vorschriften des Internationalen Privatrechts, insbesondere des EGBGB, kann dann durch den Richter erfolgen. **8**

„Ausländisches Recht" in diesem Sinne sind nicht internationale Abkommen, die durch Bundesgesetz ihrerseits Teil des deutschen Rechts geworden sind. **9**

III. Richtertätigkeit (Abs. 3)

Der Richter ist lediglich mit Blick auf § 7 RPflG, also in den Fällen der **Vorlage wegen engen Zusammenhangs**, insoweit gebunden, dass er sowohl sein eigenes als auch das Rechtspflegergeschäft bearbeiten „soll". Letztlich hat er die weitere Verfahrensweise aber in der Hand, denn er hat ein Rechtspflegergeschäft nur solange zu bearbeiten, wie er „es für erforderlich hält" und kann die Sache dann dem Rechtspfleger zurückgeben. Dieser ist dann nicht nur an die **Rechtsauffassung des Richters** zur Frage der Zulässigkeit der Vorlage sondern auch an dessen kenntlich gemachte rechtliche Bewertung in der Sache gebunden. Der Rechtspfleger hat, wenn der Richter einen entsprechenden Beschluss fasst, auch keine Möglichkeit mehr, eine weitergehende richterliche Tätigkeit zu erzwingen, denn der Richter entscheidet mit Blick auf § 7 RPflG im Zweifel abschließend über die weitere Zuständigkeitsverteilung. **10**

§ 6 RPflG Bearbeitung übertragener Sachen durch den Richter

Steht ein übertragenes Geschäft mit einem vom Richter wahrzunehmenden Geschäft in einem so engen Zusammenhang, dass eine getrennte Bearbeitung nicht sachdienlich wäre, so soll der Richter die gesamte Angelegenheit bearbeiten.

Die Vorschrift eröffnet dem Richter die Möglichkeit, sowohl sein eigenes als auch das Rechtspflegergeschäft zu bearbeiten. Sie setzt damit voraus, dass es neben diesem auch ein richterliches Geschäft gibt. Nur in diesem Fall darf der Richter das Rechtspflegergeschäft an sich ziehen. Dies wird etwa bei der anstehenden Entscheidung in einem Verfahren auf Entzug der elterlichen Sorge nach §§ 1666, 1666a BGB geboten sein, damit der Richter zugleich auch über die Auswahl des Vormundes entscheidet.[1] **1**

Zwar korrespondiert diese Regelung mit der **Pflicht zur Vorlage** durch den Rechtspfleger an den Richter in § 5 Abs. I Nr. 2 RPflG. Soweit hierzu jedoch die Auffassung vertreten wird, dass es einer vorherigen Vorlage durch den Rechtspfleger bedarf,[2] ist dem nicht zu folgen. **2**

---

2 BVerfG BeckRS 2014, 57440
1 BVerfG, Beschl. v. 22.9.2014 – 1 BvR 2108/14, BeckRS 2014, 57440
2 *Dörndorfer*, § 6 RPflG Rn. 1

Ohnehin würde in einem Kompetenzkonflikt zwischen Richter und Rechtspfleger erster abschließend zu entscheiden haben (vgl. § 7 RPflG). Sachdienlichkeitserwägungen und Überlegungen der Verfahrensökonomie sind daher vorrangig vor übertriebenem Formalismus.

§ 7 RPflG Bestimmung des zuständigen Organs der Rechtspflege

[1]Bei Streit oder Ungewissheit darüber, ob ein Geschäft von dem Richter oder dem Rechtspfleger zu bearbeiten ist, entscheidet der Richter über die Zuständigkeit durch Beschluss. [2]Der Beschluss ist unanfechtbar.

1 Die Norm ist sowohl bei Zuständigkeitskonflikten zwischen Richter und Rechtspfleger als auch bei solchen zwischen dem Rechtspfleger und Beteiligten anwendbar, wenn letztere der Auffassung sind, nicht der Rechtspfleger, sondern der Richter hätte ein Geschäft wahrzunehmen. Zeitaufwändige Zuständigkeitskonflikte sollen auf diese Weise vermieden werden. Entweder der Richter oder der Rechtspfleger sollen nun in die Verfahrensförderung eintreten, ohne durch Kompetenzkonflikte gehindert zu werden.

2 Die Norm ist nicht anwendbar bei Zuständigkeitskonflikten zwischen Rechtspflegern verschiedener Gerichte (hier gelten die allgemeinen Normen zu den Konflikten auf den Ebenen sachlicher und örtlicher Zuständigkeit, siehe hierzu *Keuter*, § 154 FamFG Rn. 5 sowie *Keuter*, § 17a GVG Rn. 21). Bei einem Zuständigkeitskonflikt zwischen den Rechtspflegern desselben Gerichts handelt es sich um einen Streit über die Auslegung und Anwendung der Geschäftsverteilung, so dass der Dienstvorgesetzte zu entscheiden hat. Einen Kompetenzkonflikt zwischen Rechtspfleger und Urkundsbeamten der Geschäftsstelle kann der Rechtspfleger analog § 7 RPflG entscheiden.[1]

3 Der im Rahmen des § 7 RPflG getroffene Beschluss des Richters ist bindend und unanfechtbar. Das Geschäft des Rechtspflegers ist unbeschadet etwaiger Verstöße gegen die Kompetenzverteilung durch das RPflG wirksam (vgl. § 8 Abs. 4 Satz 2 RPflG). Es handelt sich nicht um einen Beschluss i.S.v. § 38 FamFG, da es sich nicht um eine Endentscheidung handelt. Eine formlose „Zuschreibung" der Sache durch den Richter an den Rechtspfleger genügt den gesetzlichen Anforderungen nicht.[2] Der förmlich zu fassende Beschluss ist im Übrigen den Beteiligten bekannt zu machen.[3]

§ 8 RPflG Gültigkeit von Geschäften

(1) Hat der Richter ein Geschäft wahrgenommen, das dem Rechtspfleger übertragen ist, so wird die Wirksamkeit des Geschäfts hierdurch nicht berührt.

(2) Hat der Rechtspfleger ein Geschäft wahrgenommen, das ihm der Richter nach diesem Gesetz übertragen kann, so ist das Geschäft nicht deshalb unwirksam, weil die Übertragung unterblieben ist oder die Voraussetzungen für die Übertragung im Einzelfalle nicht gegeben waren.

(3) Ein Geschäft ist nicht deshalb unwirksam, weil es der Rechtspfleger entgegen § 5 Absatz 1 dem Richter nicht vorgelegt hat.

---

1 *Dörndorfer*, § 7 RPflG Rn. 3
2 BGH Rpfleger 2005, 520
3 OLG München FamRZ 2006, 1773

(4) [1]Hat der Rechtspfleger ein Geschäft des Richters wahrgenommen, das ihm nach diesem Gesetz weder übertragen ist noch übertragen werden kann, so ist das Geschäft unwirksam. [2]Das gilt nicht, wenn das Geschäft dem Rechtspfleger durch eine Entscheidung nach § 7 zugewiesen worden war.

(5) Hat der Rechtspfleger ein Geschäft des Urkundsbeamten der Geschäftsstelle wahrgenommen, so wird die Wirksamkeit des Geschäfts hierdurch nicht berührt.

Übersicht

A. Allgemeines

Obwohl die funktionelle Zuständigkeitsverteilung vom Gesetzgeber detailreich geregelt ist, kann es zu **Aufgabenwahrnehmungen durch die unzuständige Person** kommen, sei es dadurch, dass der Richter eine Rechtspflegeraufgabe wahrnimmt, sei es, dass der Rechtspfleger – als solcher und nicht im Rahmen einer Verwaltungstätigkeit (vgl. § 27 RPflG) – eine Richteraufgabe wahrnimmt. In diesen Fällen stellt sich zum einen die Frage, welche Rechtsfolgen die Verletzung der gesetzlichen Regelungen für das einzelne Geschäft hat und zum anderen ist zu klären, ob die getroffene Entscheidung von einem der Beteiligten mit Erfolg angefochten werden kann. Nur auf die erstgenannte Frage gibt das Gesetz in § 8 RPflG eine Antwort.   **1**

Die Norm befasst sich nach ihrem Wortlaut und ihrer systematischen Struktur nur mit den **Verstößen gegen die gesetzlichen Regelungen über die funktionelle Zuständigkeit** und nicht mit Verstößen gegen die Geschäftsverteilungsregeln des Amtsgerichts.[1] Ohnehin sind die für Richter geltenden gesetzlichen Regelungen über die Geschäftsverteilung nicht auf den Rechtspfleger anwendbar.[2]   **2**

B. Inhalt der Norm

I. Wahrnehmung einer Rechtspflegeraufgabe durch den Richter (Abs. 1)

Nimmt der Richter irgendeine Aufgabe wahr, die nach dem Gesetz dem Rechtspfleger obliegt, dann ist dieses Geschäft **wirksam**. Diese Wirksamkeit bezieht sich insbesondere auf alle Verfahrenshandlungen sowie auf alle Haupt- und Nebenentscheidungen in der Sache.   **3**

Ein **Rechtsmittel** gegen die Entscheidung des Richters kann auch nicht alleine auf dessen funktionelle Unzuständigkeit gestützt werden. Wie einer Entscheidung des Bundesgerichtshofs aus dem Jahre 2001 zumindest inzident entnommen werden kann, ist die Entscheidung des Richters nicht bereits wegen einer Verletzung der gesetzlichen Zuständigkeitsverteilung auf eine Beschwerde hin aufzuheben.[3]   **4**

---

1 *Dörndorfer*, § 8 RPflG Rn. 10
2 BGH NJW-RR 2010, 1366
3 BGH NJW 2002, 300, 301; ausdrücklich in diesem Sinne: LG Göttingen NJW-RR 2003, 1353

II. Wahrnehmung einer übertragbaren Aufgabe durch den Rechtspfleger (Abs. 2)

5   Absatz 2 regelt (nur) **zwei Fälle einer Aufgabenwahrnehmung** durch den Rechtspfleger: Zum einen die Wahrnehmung eines Geschäfts, welches durch den Richter auf ihn übertragen werden konnte, was jedoch nicht geschehen ist. Zum anderen die Wahrnehmung eines durch den Richter auf ihn übertragenen Geschäfts, bei dem im Einzelfall die gesetzlichen Voraussetzungen für eine solche Übertragung nicht gegeben waren. In beiden Fällen ist das Rechtspflegergeschäft wirksam.

6   Da es sich immer um eine **von Gesetzes wegen „übertragbare" Aufgabe** handeln muss, hat die Norm außerhalb des § 5 Abs. 3 Satz 2 Rechtspflegergesetz im Kindschaftsrecht keine praktische Relevanz. Soweit es um die Wahrnehmung eines „nichtübertragbaren" Geschäfts handelt, gilt § 8 Abs. 4 RPflG.

7   Obwohl der **Formmangel** eine im Rahmen der Wahrnehmung einer übertragbaren Aufgabe getroffene Entscheidung nicht unwirksam macht, kann diese mit Erfolg angefochten werden. Es gelten hinsichtlich der Zulässigkeit des einzulegenden **Rechtsmittels** die allgemeinen Regeln des § 11 RPflG. Dieses hat in den genannten Fällen auch in der Sache Erfolg, denn den Beteiligten wurde der gesetzliche Richter im Sinne von Art 101 Abs. 1 Satz 2 GG entzogen. Soweit dem Rechtspfleger, etwa nach § 11 Abs. 2 Satz 5 RPflG eine Abhilfebefugnis zusteht, kann dieser durch Aufhebung der angefochtenen Entscheidung dem Rechtsbehelf abhelfen und die Sache dem Richter vorlegen, der dann entweder in der Sache entscheidet oder – in den Fällen des Abs. 2 Alt. 1 (Übertragung ist unterblieben) – die Sache zur erneuten Prüfung und Entscheidung auf den Rechtspfleger überträgt.

III. Verstoß gegen die Vorlagepflicht des § 5 Abs. 1 (Abs. 3)

8   Ist die Entscheidung des Bundesverfassungsgerichts oder eines Landesverfassungsgerichts einzuholen, dann „hat" der Rechtspfleger ihm von Gesetzes wegen übertragene Geschäfte mit Blick auf § 5 Abs. 1 RPflG ebenso dem Richter vorzulegen wie in den Fällen, in denen ein enger sachlicher Zusammenhang zwischen einem Richter- und einem Rechtspflegergeschäft besteht, wenn eine getrennte Behandlung nicht sachdienlich ist (näher § 5 RPflG). Gleichwohl ist das **Geschäft wirksam**, jedoch kann es mit dem nach § 11 RPflG statthaften Rechtsbehelf bzw. Rechtsmittel **mit Erfolg angefochten** werden, weil auch hier eine Verletzung des verfassungsrechtlichen Anspruchs der Beteiligten auf Gewährung des gesetzlichen Richter i.S.v. Art. 101 Abs. 1 Satz 2 GG gegeben ist.[4]

IV. Wahrnehmung einer Richteraufgabe durch den Rechtspfleger (Abs. 4)

9   Nimmt der Rechtspfleger eine Aufgabe wahr, für die der Richter funktionell zuständig ist, weil sie dem Rechtspfleger nicht übertragen ist, und handelt es sich nicht um eine übertragbare Aufgabe, dann ist das **Geschäft unwirksam**, es sei denn die Zuständigkeit des Rechtspflegers wurde zuvor vom Richter – formell ordnungsgemäß – nach § 7 RPflG bestimmt.[5]

10   „Unwirksam" i.S.v. Abs. 4 bedeutet, dass die getroffenen Verfügungen und Entscheidungen des Rechtspflegers **nichtig** sind, keinerlei rechtlich Wirkungen entfalten und nicht beachtet werden müssen.[6] Gleichwohl ist die Entscheidung **anfechtbar**[7] und es muss, insbesondere im Kindschaftsrecht, ein entsprechender Rechtspflegerbeschluss im Falle eines nach § 11 RPflG statthaften Rechtsmittels zum Zwecke der Klarstellung und zur Gewährleistung des gesetzlichen Richters aufgehoben und die Sache – ohne dass die besonderen

---

4 Differenzierend *Dörndorfer*, § 8 RPflG Rn. 41 f. m.w.N.
5 OLG München FamRZ 2007, 1773
6 Vgl. OLG München MDR 2001, 236; *Fröschle/Fröschle*, Anhang II zu § 1 FamFG Rn. 27 m.w.N.
7 BGH MDR 2009, 464

Zurückverweisungsvoraussetzungen des § 69 Abs. 1 FamFG (hierzu *Dürbeck*, § 69 FamFG Rn. 5) erfüllt sein müssten – an die Eingangsinstanz zurückverwiesen werden, damit der zuständige Richter entscheiden kann.[8] Dies gilt freilich nur dann, wenn ein Verfahren wirksam eingeleitet worden ist.[9] Auf die inhaltliche Richtigkeit der Entscheidung kommt es dabei nicht an.[10]

Das nach Absatz 4 unwirksame Geschäft wird auch **nicht dadurch geheilt**, dass der Richter beschließt, die Entscheidung des Rechtspflegers zu billigen bzw. einer Beschwerde nicht abzuhelfen.[11] Es bedarf einer eigenen und ausdrücklichen Sachentscheidung durch den Richter. **11**

V. Wahrnehmung einer Aufgabe des Urkundsbeamten der Geschäftsstelle durch den Rechtspfleger (Abs. 5)

Nimmt der Rechtspfleger eine Aufgabe des Urkundsbeamten der Geschäftsstelle (UdG) wahr und wird dies nicht von der Aufgabenübertragung in § 24 RPflG gedeckt, dann bleibt das Geschäft wirksam. Soweit eine Entscheidung vorliegt, kann diese nicht alleine wegen der Verletzung der gesetzlichen Zuständigkeitsverteilung zwischen Rechtspfleger und UdG erfolgreich angefochten werden.[12] **12**

13

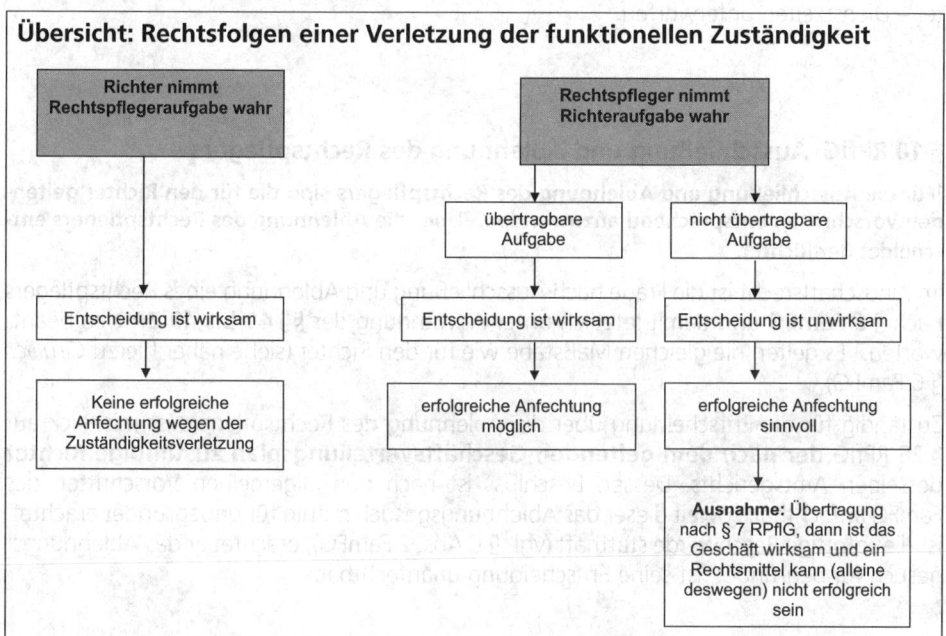

Übersicht: Rechtsfolgen einer Verletzung der funktionellen Zuständigkeit

8   Vgl. BGH MDR 2005, 1305 f.; so auch KG ZKJ 2012, 269
9   OLG Frankfurt ZKJ 2013, 503
10 OLG München FamRZ 2007, 1773; OLG Dresden ZKJ 2012, 269; OLG Frankfurt ZKJ 2013, 503
11 OLG Frankfurt NJW-RR 1996, 1288
12 *Dörndorfer*, § 8 RPflG Rn. 48

§ 9 RPflG Weisungsfreiheit des Rechtspflegers

Der Rechtspfleger ist sachlich unabhängig und nur an Recht und Gesetz gebunden.

1   Der Rechtspfleger ist in **der Sache unabhängig**, insbesondere ist der Richter nicht aus seiner Position heraus Dienstvorgesetzter des Rechtspflegers. Als Organ der Rechtspflege nimmt der Rechtspfleger die ihm übertragenen Aufgaben daher wahr, ohne irgendwelchen Weisungen in Bezug auf die sachliche Bearbeitung unterworfen zu sein.[1] Er ist nur an Gesetz und Recht gebunden.

2   Jedoch bleibt die hier einfachgesetzlich geregelte **Weisungsfreiheit des Rechtspflegers** weit hinter der Unabhängigkeit des Richters, die mit Blick auf Art. 97 GG Verfassungsrang hat, zurück. Art. 97 GG findet weder direkte noch entsprechende Anwendung auf den Rechtspfleger, da dieser eben nicht Richter im Sinne dieser Norm bzw. i.S.d. Art. 92 GG ist. Dies folgt bereits aus dem **Grundkonzept der Gewaltenteilung**, welches unter anderem Exekutive und Judikative grundsätzlich trennt, und zeigt sich auch darin, dass der Rechtspfleger ohne dass es eines einen Devolutiveffekt auslösenden Rechtsmittels bedarf, an die Rechtsauffassung des Richters im Einzelfall gebunden sein kann (hierzu etwa § 5 Abs. 3 Satz 3 und § 7 RPflG). Auch ist der Rechtspfleger als Beamter – anders als der Richter – Dienstzeiten unterworfen.

§ 10 RPflG Ausschließung und Ablehnung des Rechtspflegers

[1]Für die Ausschließung und Ablehnung des Rechtspflegers sind die für den Richter geltenden Vorschriften entsprechend anzuwenden. [2]Über die Ablehnung des Rechtspflegers entscheidet der Richter.

1   Im Kindschaftsrecht ist die Frage nach Ausschließung und Ablehnung eines Rechtspflegers nach **§ 6 FamFG** und damit letztlich unter Anwendung der **§§ 41 bis 49 ZPO** zu beantworten.[1] Es gelten die gleichen Maßstäbe wie für den Richter (siehe näher hierzu *Cirullies* § 6 FamFG).

2   Zuständig für die Entscheidung über die Ablehnung des Rechtspflegers ist mit Blick auf § 28 RPflG **der nach dem geltenden Geschäftsverteilungsplan zuständige Richter** desselben Amtsgerichts. Dessen Beschluss ist nach den allgemeinen Vorschriften des FamFG anfechtbar, soweit dieser das Ablehnungsgesuch mithin für unbegründet erachtet, ist die sofortige Beschwerde statthaft (vgl. § 6 Abs. 2 FamFG), erachtet er das Ablehnungsgesuch für begründet, ist seine Entscheidung unanfechtbar.

§ 11 RPflG Rechtsbehelfe

(1) Gegen die Entscheidungen des Rechtspflegers ist das Rechtsmittel gegeben, das nach den allgemeinen verfahrensrechtlichen Vorschriften zulässig ist.

(2) [1]Kann gegen die Entscheidung nach den allgemeinen verfahrensrechtlichen Vorschriften ein Rechtsmittel nicht eingelegt werden, so findet die Erinnerung statt, die innerhalb einer Frist von zwei Wochen einzulegen ist. [2]Hat der Erinnerungsführer die Frist ohne sein Verschulden nicht eingehalten, ist ihm auf Antrag Wiedereinsetzung in den vorigen Stand zu

---

1 BT-Drucks. I/3839, 18
1 Hierzu etwa AmtsG Bergen (Rügen), Beschl. v. 5.4.2013 – 14 K 38/10, juris

Heilmann

gewähren, wenn er die Erinnerung binnen zwei Wochen nach der Beseitigung des Hindernisses einlegt und die Tatsachen, welche die Wiedereinsetzung begründen, glaubhaft macht. ³Ein Fehlen des Verschuldens wird vermutet, wenn eine Rechtsbehelfsbelehrung unterblieben oder fehlerhaft ist. ⁴Die Wiedereinsetzung kann nach Ablauf eines Jahres, von dem Ende der versäumten Frist an gerechnet, nicht mehr beantragt werden. ⁵Der Rechtspfleger kann der Erinnerung abhelfen. ⁶Erinnerungen, denen er nicht abhilft, legt er dem Richter zur Entscheidung vor. ⁷Auf die Erinnerung sind im Übrigen die Vorschriften der Zivilprozessordnung über die sofortige Beschwerde sinngemäß anzuwenden.

(3) ¹Gerichtliche Verfügungen, Beschlüsse oder Zeugnisse, die nach den Vorschriften der Grundbuchordnung, der Schiffsregisterordnung oder des Gesetzes über das Verfahren in Familiensachen und in den Angelegenheiten der freiwilligen Gerichtsbarkeit wirksam geworden sind und nicht mehr geändert werden können, sind mit der Erinnerung nicht anfechtbar. ²Die Erinnerung ist ferner in den Fällen der §§ 694, 700 der Zivilprozeßordnung und gegen die Entscheidungen über die Gewährung eines Stimmrechts (§ 77 der Insolvenzordnung) ausgeschlossen.

(4) Das Erinnerungsverfahren ist gerichtsgebührenfrei.

Übersicht

A. Allgemeines

I. Normzweck

Die Regelung bildet die **Rechtsgrundlage für die Anfechtbarkeit** von Entscheidungen des Rechtspflegers. Sie ist also immer dann heranzuziehen, wenn nicht der Richter, sondern der Rechtspfleger im Rahmen des gerichtlichen Verfahrens tätig geworden ist. Dabei unterscheidet die Norm danach, ob in den Fällen, in denen der Richter entschieden hätte, ein Rechtsmittel zulässig gewesen wäre oder ob nach den allgemeinen verfahrensrechtlichen Vorschriften ein Rechtsmittel nicht statthaft gewesen wäre. **1**

Damit gewährleistet die Norm in grundrechtsrelevanten Bereichen, dass – in derselben oder in der nächsthöheren Instanz – eine **Überprüfung der Entscheidung des Rechtspflegers durch den Richter** gewährleistet ist, nicht zuletzt, um der Rechtsweggarantie des Art. 19 Abs. 4 GG zu genügen.¹ **2**

Somit ist auch der **Rechtsweg i.S.d. § 90 Abs. 2 Satz 1 BVerfGG**, als Zulässigkeitsvoraussetzung für die Erhebung einer Verfassungsbeschwerde, nicht erschöpft, wenn der Beschwerdeführer im fachgerichtlichen Verfahren noch Erinnerung einlegen kann.² **3**

---

1 Hierzu zuletzt OLG Nürnberg NJW 2014, 2883
2 BVerfG, Beschl. v. 16.10.2014 – Az. 2 BvR 718/14, juris

II. Anwendungsbereich

4 Die Norm ist anwendbar, wenn **„Entscheidungen" des Rechtspflegers** angefochten werden (sollen). Im Sinne einer umfassenden Rechtsschutzgewährung ist dieser Begriff, um dem Normzweck Genüge zu tun, weit auszulegen und gilt grundsätzlich für alle sachlichen Entschließungen des Rechtspflegers mit Außenwirkungen.[3]

5 „Entscheidungen" gemäß § 11 RPflG sind damit zum einen **verfahrensabschließende Endentscheidungen**, insbesondere Beschlüsse zur Hauptsache und im Verfahren der einstweiligen Anordnung i.S.v. §§ 49 ff. FamFG und zum anderen solche **verfahrensleitenden Zwischenentscheidungen**, die in die Rechte von Beteiligten eingreifen, und bei denen das FamFG im Falle der richterlichen Tätigkeit eine eigenständige Anfechtbarkeit ausdrücklich vorsieht.

6 **Keine Entscheidungen** in diesem Sinne sind solche Maßnahmen, die lediglich der Vorbereitung einer Entscheidung dienen, nicht eigenständig in die Rechte eines Beteiligten eingreifen und die gemäß § 58 Abs. 2 FamFG mit der Endentscheidung durch das Rechtsmittelgericht überprüft werden können (z.B. rechtliche Hinweise, Terminsbestimmung zur persönlichen Anhörung und die Bestellung eines Verfahrensbeistandes).

7 Ggf. ist eine **Beschwerde in eine Erinnerung umzudeuten**, diese mithin als Rechtspflegererinnerung nach § 11 Abs. 2 Satz 1 RPflG zu behandeln.[4] Der Rechtspfleger hat in diesem Fall – ggf. nach Aufhebung seiner Vorlageverfügung durch das Rechtsmittelgericht – das unzulässige Rechtsmittel als Erinnerung i.S.v. § 11 Abs. 2 Satz 1 RPflG auszulegen und sie bei Nichtabhilfe dem Richter zur abschließenden Entscheidung vorzulegen.[5]

B. Inhalt der Norm

I. Allgemein zulässiges Rechtsmittel (Abs. 1)

8 Statthaft ist das Rechtsmittel, welches zulässig wäre, **falls der Richter entschieden hätte**.[6] Ist das Rechtsmittel nach diesen Vorschriften unzulässig, dann gilt Absatz 2 (näher hierzu Rn. 11 ff.).

9 Für das Kindschaftsrecht von Bedeutung sind damit die folgenden Rechtsmittel:

1. die Beschwerde i.S.v. §§ 58 ff. FamFG,

2. die sofortige Beschwerde nach §§ 567 ff. ZPO über die jeweilige Verweisung im FamFG sowie

3. Kostenbeschwerden (§§ 57 bis 59 FamGKG, § 33 RVG).

▶ *Zu den Einzelheiten der Rechtsmitteln wird Bezug genommen auf Dürbeck, § 58 FamFG.*

10 Trifft der Rechtspfleger in Verkennung der Regelung in Absatz 1 über eine sofortige Beschwerde gegen einen vom ihm erlassenen Beschluss ohne Vorlage an das Rechtsmittelgericht selbst die Beschwerdeentscheidung, so ist diese **nach § 8 Abs. 4 RPflG unwirksam**, denn der Rechtspfleger muss in den Fällen, in denen er die sofortige Beschwerde für unzulässig oder unbegründet hält, einen Nichtabhilfebeschluss erlassen und die Beschwerde der höheren Instanz zur Entscheidung vorlegen.[7]

---

3 *Dörndorfer*, § 11 RPflG Rn. 20, 22
4 OLG Hamm, Beschl. v. 10.7.2014 – 15 W 73/14, juris
5 BGH FamRZ 2012, 1796
6 BT-Drucks. 13/10244, 7
7 BGH MDR 2009, 464

II. Erinnerung (Abs. 2)

Die Erinnerung ist **Rechtsbehelf** und nicht, da es ihr am Devolutiveffekt fehlt, Rechtsmittel. Das Erinnerungsverfahren eröffnet dem Rechtsbehelfsführer keine weitere Instanz.   **11**

1. Statthaftigkeit   **12**

Kann gegen die Entscheidung des Rechtspflegers **nach allgemeinen Vorschriften kein Rechtsmittel** eingelegt werden, dann ist die Erinnerung statthaft. Nach der jüngeren Rechtsprechung des Bundesgerichtshofs, die unter anderem im Zusammenhang mit der Auswahlentscheidung eines Rechtspflegers betreffend eines für das Kind einzusetzenden Vormund ergangen ist, ist diese Voraussetzung **von zunehmender praktischer Relevanz**. Es genügt nach der Rechtsprechung des Bundesgerichtshofs für die Statthaftigkeit der Erinnerung, dass ein anderes Rechtsmittel entweder „nicht statthaft oder aus anderen Gründen nicht zulässig ist".[8]

Die Formulierung des Bundesgerichtshofs („oder aus anderen Gründen nicht zulässig") ist jedoch **eng auszulegen**. Damit ist die Erinnerung zwar auch statthaft, wenn der Rechtsmittelführer **nicht beschwerdeberechtigt** i.S.v. § 59 Abs. 1 FamFG ist (hierzu *Dürbeck*, § 59 Rn. 4 ff.). Dies gilt etwa für die Großeltern und Pflegeeltern hinsichtlich der Auswahlentscheidung des Rechtspflegers betreffend den Vormund für das Kind.[9] Ist die Beschwerde jedoch deswegen unzulässig, weil es an der Beschwerdefähigkeit des Rechtsmittelführers fehlt oder ist die **Beschwerdefrist nicht eingehalten**, dann ist gegen eine Rechtspflegerentscheidung auch die Erinnerung nicht statthaft. Anderenfalls würden Sinn und Zweck dieser rechtsmitteleinschränkenden Voraussetzungen konterkariert. In diesem Fall muss die Beschwerde nicht durch das Oberlandesgericht dem Richter des Amtsgerichts zur Behandlung als Erinnerung vorgelegt werden.[10]   **13**

Unbeschadet dessen ist auch dann eine nicht statthafte Beschwerde **nicht als Rechtspflegererinnerung zu behandeln**, wenn das begehrte Ziel des Rechtsmittelführers bereits auf Grund einer zulässigen Beschwerde eines anderen Beschwerdeführers erreicht ist.[11]   **14**

Schließlich ist die Erinnerung auch dann nicht statthaft, wenn es sich **nicht um eine „Entscheidung"** handelt oder eine Ausnahme i.S.v. Abs. 3 gegeben ist.   **15**

2. Form

Die Erinnerung ist schriftlich bei dem Gericht einzulegen, dem der Rechtspfleger angehört, und muss die Bezeichnung der angefochtenen Entscheidung sowie die Erklärung enthalten, dass Beschwerde gegen diese Entscheidung eingelegt wird und ihre Überprüfung begehrt wird. Sie kann auch zu **Protokoll der Geschäftsstelle** eingelegt werden (Abs. 2 Satz 7 i.V.m. § 569 Abs. 2, 3 ZPO).   **16**

Ein **Anwaltszwang** besteht für die Einlegung der Erinnerung **nicht**. Sie „soll" zwar begründet werden (Abs. 2 Satz 7 i.V.m. § 571 Abs. 1 ZPO), doch führt eine fehlende Begründung nicht zu ihrer Unzulässigkeit.   **17**

3. Frist

Die Erinnerung ist **binnen zwei Wochen** einzulegen (Abs. 2 Satz 1 HS 2). Es gelten besondere Regelungen für die Wiedereinsetzung bei Säumnis der Frist (Abs. 2 Satz 2 bis 4).   **18**

---

8 BGH ZKJ 2013, 451
9 BGH ZKJ 2013, 451 (vom BVerfG ausdrücklich gebilligt: BVerfG FamRZ 2014, 1435 ff.) bzw. OLG Nürnberg NJW-RR 2014, 1159 (für die Pflegeeltern)
10 Im Ergebnis: OLG Jena, Beschl. v. 22.1.2015 – 4 WF 699/14, juris
11 OLG Nürnberg, Beschl. v. 5.1.2015 – 10 WF 970/14, juris

4. Erinnerungsberechtigung

19 Auch die Erinnerung ist **kein Popularrechtsbehelf**, der von jedermann eingelegt werden kann. Vielmehr setzt ihre Zulässigkeit voraus, dass bei dem Rechtsbehelfsführer eine Erinnerungsberechtigung vorhanden ist. Die Anforderungen an das Vorliegen einer solchen ist niedriger als bei der Beschwerdeberechtigung i.S.v. § 59 FamFG. Es genügt nach der Rechtsprechung des Bundesgerichtshofs, dass der Erinnerungsführer ein „**berechtigtes Interesse** an der Entscheidung (hat) und in dem Verfahren vom Amtsgericht auch beteiligt worden ist".[12]

20 Ein „**berechtigtes Interesse**" dürfte jedenfalls dann vorliegen, wenn der Schutzbereich eines Grundrechts der Erinnerungsführer tangiert ist. Dies gilt insbesondere dann, wenn das Elternrecht aus Art. 6 Abs. 2 Satz 1 GG und der Schutz der Familie i.S.v. Art. 6 Abs. 1 GG berührt ist, wobei letzterer auch die Pflegefamilie schützt.[13]

21 Soweit nach Ansicht des Bundesgerichtshofs eine weitere Voraussetzung für das Vorliegen der Erinnerungsberechtigung ist, dass der **Erinnerungsführer vom Amtsgericht „beteiligt"** worden ist, überzeugt dies nicht. Denn es kann etwa den Großeltern der nach Art. 19 Abs. 4 GG gebotene Rechtsschutz nicht deswegen versagt werden, weil sie nicht einmal beteiligt worden sind. Ggf. muss Wiedereinsetzung begehrt werden. Unbeschadet dessen haben Bundesgerichtshof und Bundesverfassungsgericht durch ihre Rechtsprechung, die eine hohe Hürde bei der Beschwerdeberechtigung aufbaut, über die Verfassungsbeschwerde nunmehr den unmittelbaren Weg vom Amtsgericht zum Bundesverfassungsgericht geebnet.

5. Rechtsschutzbedürfnis

22 In seltenen Ausnahmefällen kann die Erinnerung wegen **fehlenden Rechtsschutzbedürfnisses** unzulässig sein. Beispiele können sein: Fälle des Rechtsmissbrauchs, der begehrten Abänderung von Entscheidungsgründen sowie einer Anfechtung der bereits durch die Endentscheidung überholten Zwischenentscheidung.[14]

6. Erinnerungsverfahren

23 Wird eine Erinnerung eingelegt, hat der Rechtspfleger zunächst deren **Zulässigkeit zu prüfen** (siehe oben Rn. 12 ff.). Ist die Erinnerung zulässig und auch – zumindest teilweise – begründet, dann hat der Rechtspfleger den Beteiligten zunächst **rechtliches Gehör** zur beabsichtigten (Teil-)Abhilfe zu gewähren. Sodann hat er eine Abhilfebefugnis (Abs. 2 Satz 5). Diese Abhilfebefugnis gilt auch in Familiensachen, da § 68 Abs. 1 Satz 2 FamFG im vorliegenden Zusammenhang keine Anwendung findet.

24 Die **Abhilfe** erfolgt dadurch, dass der Rechtspfleger den angegriffenen Beschluss abändert. Insbesondere in den Fällen der Teilabhilfe ist der angegriffene Beschluss nicht insgesamt aufzuheben und ein neuer Beschluss zu erlassen, da dann auch der nichtangefochtene Teil aufgehoben würde, was dem im Erinnerungsverfahren geltenden Schlechterstellungsverbot widerspricht.[15]

25 **Hilft der Rechtspfleger der Erinnerung nicht ab**, dann genügt ein Aktenvermerk hierüber nicht. Es hat vielmehr ein den Beteiligten bekannt zu machender **Beschluss** zu ergehen, der auch **zu begründen** ist und in welchem sich der Rechtspfleger – nicht floskelhaft – mit dem Vorbringen des Erinnerungsführers auseinandersetzt, soweit dieses neues

---

12 BGH ZKJ 2013, 451
13 Siehe nur BVerfG FamRZ 1989, 31 ff.
14 Vgl. *Dornhöfer*, § 11 RPflG Rn. 98 m.w.N.
15 Hierzu OLG München Rpfleger 1984, 285

tatsächliches bzw. rechtliches Vorbringen enthält.[16] Zugleich hat der Rechtspfleger die Erinnerung unverzüglich (vgl. Abs. 2 Satz 7 i.V.m. § 572 Abs. 1 Satz 1 HS 2 ZPO) dem zuständigen Richter des Amtsgerichts (vgl. § 28 RPflG) zur Entscheidung vorzulegen (Abs. 2 Satz 6). Eine gleichwohl erfolgte Vorlageverfügung an das Oberlandesgericht ist aufzuheben,[17] damit der Rechtspfleger das Abhilfeverfahren durchführen kann, welches nach den allgemeinen Vorschriften im Beschwerdeverfahren betreffend eine Familiensache grundsätzlich nicht stattfindet (vgl. § 68 Abs. 1 Satz 2 FamFG).

Ein **Beschluss des Rechtspflegers**, in welchem dieser der Erinnerung nicht lediglich nicht abhilft und die Sache dem Richter zur Entscheidung vorlegt, sondern in welchem er die Erinnerung als unzulässig oder unbegründet **selbst bescheidet**, ist gemäß § 8 Abs. 4 RPflG unwirksam. Der Richter muss dann die Erinnerungsentscheidung von Amts wegen (ggf. auf Anregung eines Beteiligten) nachholen. Die Abhilfeentscheidung des Rechtspflegers hingegen kann ihrerseits wiederum mit dem nach § 11 Abs. 1 bzw. Abs. 2 statthaften Rechtsmittel bzw. Rechtsbehelf angegriffen werden. **26**

Wird ihm die Erinnerung vorgelegt, so hat **der zuständige Richter** über diese – unanfechtbar – zu entscheiden. Er kann die Erinnerung als unzulässig verwerfen, als unbegründet zurückweisen oder in der Sache unter Aufhebung bzw. Abänderung des Rechtspflegerbeschlusses (teilweise) selbst entscheiden. Leidet das Verfahren des Rechtspflegers unter einem wesentlichen Mangel und ist die Sache (noch) nicht entscheidungsreif, dann kann die Rechtspflegerentscheidung auch aufgehoben und die Sache an den Rechtspfleger zurückverwiesen werden. Dies kann der Fall sein, wenn der Rechtspfleger in Kindschaftssachen, etwa vor der Auswahl des Vormundes oder Pflegers, die vorgeschriebenen Verfahrensschritte (etwa persönliche Anhörungen bzw. Einholung einer Stellungnahme des Jugendamtes, vgl. §§ 159 ff. FamFG) nicht durchgeführt hat.[18] **27**

Übersicht: Zulässigkeit und Begründetheit der Erinnerung **28**

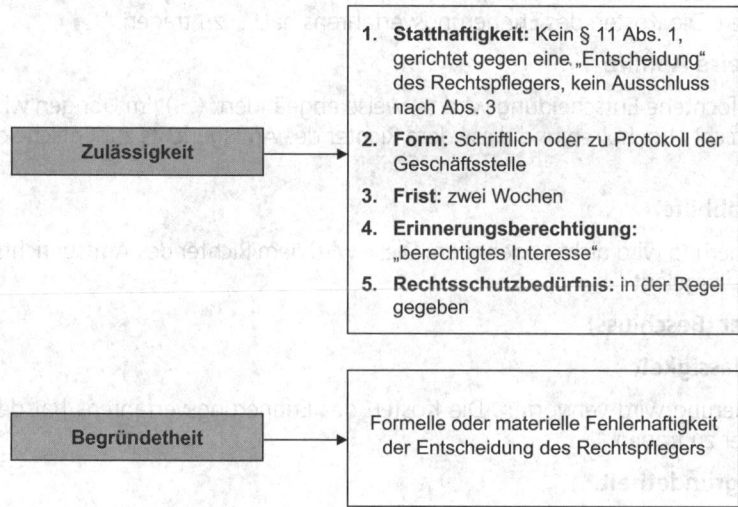

1. **Statthaftigkeit:** Kein § 11 Abs. 1, gerichtet gegen eine „Entscheidung" des Rechtspflegers, kein Ausschluss nach Abs. 3

2. **Form:** Schriftlich oder zu Protokoll der Geschäftsstelle

3. **Frist:** zwei Wochen

4. **Erinnerungsberechtigung:** „berechtigtes Interesse"

5. **Rechtsschutzbedürfnis:** in der Regel gegeben

Zulässigkeit

Begründetheit → Formelle oder materielle Fehlerhaftigkeit der Entscheidung des Rechtspflegers

---

16 Vgl. *Dornhöfer,* RPflG, § 11 Rn. 99 m.w.N.
17 OLG Hamm, Beschl. v. 10.7.2014 – 15 W 73/14, juris; im Ergebnis ebenso BGH, Beschl. v. 3.7.2014 – Az. IX ZB 2/14, juris
18 BGH ZKJ 2014, 266 ff. m. Anm. *Dürbeck*

III. Ausschluss der Erinnerung (Abs. 3)

29 In den Fällen des Absatzes 3 ist eine Erinnerung unstatthaft und damit – nach Nichtabhilfe und Vorlage durch den Rechtspfleger – vom Richter als unzulässig zu verwerfen. Die Regelung betrifft Konstellationen in denen der Gesetzgeber der Rechtssicherheit den Vorrang gegenüber der Möglichkeit gibt, die Rechtspflegerentscheidung vom Richter überprüfen zu lassen.

30 Im Bereich des Kindschaftsrechts sind die familiengerichtlichen Genehmigungsentscheidungen durch den Rechtspfleger erfasst (vgl. §§ 1643, 1812, 1821, 1822 BGB). Hier ist nicht die Erinnerung, sondern – innerhalb von zwei Wochen (§ 63 Abs. 2 Nr. 2 FamFG) – die Beschwerde i.S.d. §§ 58 ff. FamFG einzulegen.

IV. Kosten (Abs. 4)

31 Die Regelung führt dazu, dass das Erinnerungsverfahren gerichtsgebührenfrei ist. Gerichtskosten sind jedoch Gebühren und Auslagen. Letztere werden auch in Erinnerungsverfahren erhoben (vgl. Nr. 2000 KV-FamGKG). Wird ein Beteiligter im Erinnerungsverfahren durch einen Rechtsanwalt vertreten, verdient dieser einen halbe Verfahrensgebühr (vgl. Nr. 3500 VV.RVG). Die Entscheidungen über die Erinnerung müssen daher auch eine Kostenentscheidung enthalten, die sich nach allgemeinen Regeln richtet (siehe hierzu *Dürbeck*, § 81 FamFG).

32 ### V. Tenorierungsbeispiele

1. Rechtspfleger (Beschluss)

a) Abhilfe

„Der Erinnerung wird abgeholfen und die angefochtene Entscheidung wie folgt abgeändert: (…)." oder „ Der Erinnerung wird abgeholfen und die angefochtene Entscheidung aufgehoben. Die Kosten des Erinnerungsverfahrens hat … zu tragen."

b) Teilweise Abhilfe

„Die angefochtene Entscheidung wird teilweise abgeändert: (…). Im Übrigen wird der Erinnerung nicht abgeholfen und diese dem Richter des Amtsgerichts zur Entscheidung vorgelegt."

c) Nichtabhilfe

„ Der Erinnerung wird nicht abgeholfen. Diese wird dem Richter des Amtsgerichts zur Entscheidung vorgelegt."

2. Richter (Beschluss)

a) Unzulässigkeit

„Die Erinnerung wird verworfen. Die Kosten des Erinnerungsverfahrens hat der Erinnerungsführer zu tragen."

b) Unbegründetheit.

„Die Erinnerung wird zurückgewiesen. Die Kosten des Erinnerungsverfahrens hat der Erinnerungsführer zu tragen."

c) Erfolgreiche Erinnerung

„Die angefochtene Entscheidung wird aufgehoben (oder: abgeändert und wie folgt neu gefasst: …). Die Kosten des Erinnerungsverfahrens hat … zu tragen (oder: Kosten des Erinnerungsverfahrens werden nicht erhoben; außergerichtliche Kosten werden nicht erstattet.)"

oder

„Unter Aufhebung der angefochtenen Entscheidung und des Verfahrens wird die Sache zur erneuten Entscheidung – auch über die Kosten des Erinnerungsverfahrens – unter Beachtung der aus diesem Beschluss ersichtlichen Rechtsauffassung an den Rechtspfleger zurückverwiesen."

§ 13 RPflG Ausschluss des Anwaltszwangs

§ 78 Absatz 1 der Zivilprozessordnung und § 114 Absatz 1 des Gesetzes über das Verfahren in Familiensachen und in den Angelegenheiten der freiwilligen Gerichtsbarkeit sind auf Verfahren vor dem Rechtspfleger nicht anzuwenden.

Im Kindschaftsrecht unterliegen die dem Rechtspfleger des Amtsgerichts übertragenen Aufgaben und damit das von ihm geführte Verfahren (ohnehin) insgesamt **keinem Anwaltszwang**.

Zweiter Abschnitt
Dem Richter vorbehaltene Geschäfte in Familiensachen und auf dem Gebiet der freiwilligen Gerichtsbarkeit sowie in Insolvenzverfahren und schifffahrtsrechtlichen Verteilungsverfahren

§ 14 RPflG Kindschafts- und Adoptionssachen

(1) Von den dem Familiengericht übertragenen Angelegenheiten in Kindschafts- und Adoptionssachen sowie den entsprechenden Lebenspartnerschaftssachen bleiben dem Richter vorbehalten:

1. Verfahren, die die Feststellung des Bestehens oder Nichtbestehens der elterlichen Sorge eines Beteiligten für den anderen zum Gegenstand haben;

2. die Maßnahmen auf Grund des § 1666 des Bürgerlichen Gesetzbuchs zur Abwendung der Gefahr für das körperliche, geistige oder seelische Wohl des Kindes;

3. die Übertragung der elterlichen Sorge nach den §§ 1626a, 1671, 1678 Absatz 2, § 1680 Absatz 2 und 3 sowie § 1681 Absatz 1 und 2 des Bürgerlichen Gesetzbuchs;

4. die Entscheidung über die Übertragung von Angelegenheiten der elterlichen Sorge auf die Pflegeperson nach § 1630 Absatz 3 des Bürgerlichen Gesetzbuchs;

5. die Entscheidung von Meinungsverschiedenheiten zwischen den Sorgeberechtigten;

6. (aufgehoben)

7. die Regelung des persönlichen Umgangs zwischen Eltern und Kindern sowie Kindern und Dritten nach § 1684 Absatz 3 und 4, § 1685 Absatz 3 und § 1686a Absatz 2 des Bürgerlichen Gesetzbuchs, die Entscheidung über die Beschränkung oder den Ausschluss des Rechts zur alleinigen Entscheidung in Angelegenheiten des täglichen Lebens nach den §§ 1687, 1687a des Bürgerlichen Gesetzbuchs sowie über Streitigkeiten, die eine Angelegenheit nach § 1632 Absatz 2 des Bürgerlichen Gesetzbuchs betreffen;

8. die Entscheidung über den Anspruch auf Herausgabe eines Kindes nach § 1632 Absatz 1 des Bürgerlichen Gesetzbuchs sowie die Entscheidung über den Verbleib des Kindes bei der Pflegeperson nach § 1632 Absatz 4 oder bei dem Ehegatten, Lebenspartner oder Umgangsberechtigten nach § 1682 des Bürgerlichen Gesetzbuchs;

9. die Anordnung einer Betreuung oder Pflegschaft auf Grund dienstrechtlicher Vorschriften, soweit hierfür das Familiengericht zuständig ist;

10. die Anordnung einer Vormundschaft oder einer Pflegschaft über einen Angehörigen eines fremden Staates einschließlich der vorläufigen Maßregeln nach Artikel 24 des Einführungsgesetzes zum Bürgerlichen Gesetzbuche;

11. die religiöse Kindererziehung betreffenden Maßnahmen nach § 1801 des Bürgerlichen Gesetzbuchs sowie den §§ 2, 3 und 7 des Gesetzes über die religiöse Kindererziehung;

12. die Ersetzung der Zustimmung
    a) eines Sorgeberechtigten zu einem Rechtsgeschäft,
    b) eines gesetzlichen Vertreters zu der Sorgeerklärung eines beschränkt geschäftsfähigen Elternteils nach § 1626c Absatz 2 Satz 1 des Bürgerlichen Gesetzbuchs,
    c) des gesetzlichen Vertreters zur Bestätigung der Ehe nach § 1315 Absatz 1 Satz 3 zweiter HS des Bürgerlichen Gesetzbuchs;

13. die Befreiung vom Erfordernis der Volljährigkeit nach § 1303 Absatz 2 des Bürgerlichen Gesetzbuchs und die Genehmigung einer ohne diese Befreiung vorgenommenen Eheschließung nach § 1315 Absatz 1 Satz 1 Nummer 1 des Bürgerlichen Gesetzbuchs;

14. die im Jugendgerichtsgesetz genannten Verrichtungen mit Ausnahme der Bestellung eines Pflegers nach § 67 Absatz 4 Satz 3 des Jugendgerichtsgesetzes;

15. die Ersetzung der Einwilligung oder der Zustimmung zu einer Annahme als Kind nach § 1746 Absatz 3 sowie nach den §§ 1748 und 1749 Absatz 1 des Bürgerlichen Gesetzbuchs, die Entscheidung über die Annahme als Kind einschließlich der Entscheidung über den Namen des Kindes nach den §§ 1752, 1768 und 1757 Absatz 4 des Bürgerlichen Gesetzbuchs, die Genehmigung der Einwilligung des Kindes zur Annahme nach § 1746 Absatz 1 Satz 4 des Bürgerlichen Gesetzbuchs, die Aufhebung des Annahmeverhältnisses nach den §§ 1760, 1763 und 1771 des Bürgerlichen Gesetzbuchs sowie die Entscheidungen nach § 1751 Absatz 3, § 1764 Absatz 4, § 1765 Absatz 2 des Bürgerlichen Gesetzbuchs und nach dem Adoptionswirkungsgesetz vom 5. November 2001 (BGBl. I S. 2950, 2953), soweit sie eine richterliche Entscheidung enthalten;

16. die Befreiung vom Eheverbot der durch die Annahme als Kind begründeten Verwandtschaft in der Seitenlinie nach § 1308 Absatz 2 des Bürgerlichen Gesetzbuchs;

17. die Genehmigung für den Antrag auf Scheidung oder Aufhebung der Ehe oder auf Aufhebung der Lebenspartnerschaft durch den gesetzlichen Vertreter eines geschäftsunfähigen Ehegatten oder Lebenspartners nach § 125 Absatz 2 Satz 2, § 270 Absatz 1 Satz 1 des Gesetzes über das Verfahren in Familiensachen und in den Angelegenheiten der freiwilligen Gerichtsbarkeit.

(2) Die Maßnahmen und Anordnungen nach den §§ 10 bis 15, 20, 21, 32 bis 35, 38, 40, 41, 44 und 47 des Internationalen Familienrechtsverfahrensgesetzes vom 26. Januar 2005 (BGBl. I S. 162), soweit diese dem Familiengericht obliegen, bleiben dem Richter vorbehalten.

Übersicht

A. Allgemeines

Die Norm ist im **Zusammenhang mit der Vorbehaltsübertragung** in § 3 Nr. 2 lit.a RPflG zu sehen und kann nur in Wechselwirkung mit dieser Regelung vollständig erfasst werden. Nur soweit einer der in dem abschließenden Katalog genannten Aufgaben vorliegt, ist im Kindschaftsrecht der Richter und nicht der Rechtspfleger zuständig. Es besteht mithin ein **Regel- Ausnahmeverhältnis**: Der Rechtspfleger ist funktional zuständig, es sei denn aus dem in § 14 genannten Katalog ergibt sich etwas anderes. **1**

Im Interesse der **Rechtssicherheit** ist grundsätzlich eine **enge Auslegung** der Vorschrift geboten, da in der Regel klar und eindeutig feststehen soll, ob ein Richtervorbehalt greift und damit eine Wahrnehmung des Geschäfts durch den Rechtspfleger wegen § 8 Abs. 4 RPflG nichtig ist.[1] **2**

Freilich kann die **funktionelle Zuständigkeitsverteilung** nicht dazu führen, dass der Rechtspfleger auf Grund unterschiedlicher Rechtsansicht eine richterliche Entscheidung aufhebt, denn die Intention des Rechtspflegergesetzes ist die Entlastung des Richters, so dass dem Rechtspfleger weder rechtlich noch tatsächlich die Aufgabe obliegen kann, eine richterliche Entscheidung zu überprüfen bzw. zu korrigieren.[2] **3**

---

1 KG FamRZ 1978, 834
2 OLG Frankfurt ZKJ 2013, 503

B. Inhalt der Norm

I. Übertragung einzelner Angelegenheiten (Abs. 1)

4   Nr. 1 (Feststellung des Bestehens oder Nichtbestehens der elterlichen Sorge)

5   Nr. 2 (Kinderschutz)

> ▶ *Näher zum materiell-rechtlichen Hintergrund siehe Cirullies, § 1666 BGB.*
> *Zur verbleibenden Rechtspflegerzuständigkeit siehe Heilmann, § 3 RPflG Rn. 5.*

Die Entscheidung über den **Entzug der Vermögenssorge** obliegt dem Rechtspfleger, da diese Maßnahme zwar auf dem im Vorbehalt genannten § 1666 BGB beruht, es sich aber nicht um eine Maßnahme „zur Abwendung der Gefahr für das körperliche, geistige oder seelische Wohl des Kindes" handelt. Den Schutz des Kindesvermögens hat der Rechtspfleger zudem im Rahmen des § 1667 BGB zu gewährleisten.

6   Die **Auswahl des Ergänzungspflegers bzw. Vormunds** nach teilweisem bzw. vollständigem Entzug der elterlichen Sorge obliegt nach den Grundsätzen der Vorbehaltsübertragung zwar dem Rechtspfleger.[3] Mit Blick auf § 6 RPflG und die verfassungsrechtliche Dimension der zu treffenden Entscheidung hat der Richter diese Aufgabe jedoch ebenfalls wahrzunehmen.[4]

7   Soweit Nr. 2 im Übrigen zwar einen Richtervorbehalt für kindesschutzrechtliche Maßnahmen nach §§ 1666, 1666a BGB, nicht jedoch für den **Vormund betreffende Ge- und Verbote** im Rahmen des § 1837 Abs. 2 Satz 1 BGB und für die Entlassung des Vormundes vorsieht, wenn die Fortführung des Amtes das Interesse des Mündels gefährden würde (§ 1886 BGB), ist die Folge der funktionellen Zuständigkeit des Rechtspflegers zwar unbefriedigend, mit Blick auf das Verhältnis von §§ 3, 14 RPflG jedoch hinzunehmen. Dieser hat dann die entsprechende Kindschaftssache durchzuführen und dabei §§ 151 ff. FamFG zu beachten.

8   Hingegen ist der Richter funktional zuständig für **das Mündel betreffende Herausgabe- und Umgangsverfahren** sowie sonstige Verfahren zur Abwehr einer Gefährdung seines Wohls.

9   Der Richter ist auch zuständig für das **Überprüfungs- bzw. Abänderungsverfahren** hinsichtlich kindesschutzrechtlicher Maßnahmen (vgl. §§ 1696 Abs. 2 BGB, 166 FamFG).

10   Nr. 3 (Sorgerechtsübertragung)

> ▶ *Näher zum materiell-rechtlichen Hintergrund siehe Keuter, § 1671 BGB.*
> *Zur verbleibenden Rechtspflegerzuständigkeit siehe Heilmann, § 3 RPflG Rn. 5.*

Auch die **Durchführung des Abänderungsverfahrens** bzw. die Entscheidung über die Abänderung (§ 1696 Abs. 1 BGB, § 166 FamFG) obliegt dem Richter.

11   Nr. 4 (Übertragung von Angelegenheiten der elterlichen Sorge auf die Pflegeperson)

> ▶ *Näher zum materiell-rechtlichen Hintergrund siehe Fink, § 1630 BGB.*

12   Nr. 5 (Entscheidung von Meinungsverschiedenheiten zwischen Sorgeberechtigten)

> ▶ *Näher zum materiell-rechtlichen Hintergrund siehe Fink, § 1628 BGB.*

13   Dem Richter ist damit nicht nur die **Übertragung einer konkret-situativen Entscheidung** im Rahmen der elterlichen Sorge auf einen Elternteil nach § 1628 BGB vorbehalten. Der Vorbehalt erstreckt sich auch auf die Entscheidung bei **Meinungsverschiedenheiten**

---

3   A.A. wohl OLG München FamRZ 2006, 1773
4   BVerfG, Beschl. v. 22.9.2014, – 1 BvR 2108/14, BeckRS 2014, 57440

zwischen **Eltern und Pfleger** (§ 1630 Abs. 2 BGB) **sowie mehreren Vormündern, mehreren Pflegern bzw. Pfleger und Vormund** (§§ 1797, 1798 BGB ggf. i.V.m. § 1915 Abs. 1 BGB).

Die Regelung eines **Konflikts zwischen Eltern und Vormund** ist zwar nicht vom Richtervorbehalt der Nr. 5 erfasst, hier greifen aber bei Kinderschutz-, Herausgabe- und Umgangssachen ggf. die Nrn. 2, 7 und 8, so dass auch hier der **Richter zuständig** ist.

Für die **Übertragung des Namensbestimmungsrechts** auf einen Elternteil (§ 1617 Abs. 2 Satz 1 BGB) besteht die Zuständigkeit des Richters, da regelmäßig davon auszugehen ist, dass eine Meinungsverschiedenheit der Eltern zu Grunde liegt.[5] **14**

Nr. 6 (aufgehoben)

Nr. 7 (Umgang und Angelegenheit des täglichen Lebens) **15**

▶ *Näher zum materiell-rechtlichen Hintergrund siehe Gottschalk, § 1684 BGB bzw. § 1687 BGB.*

Der Richter ist damit nicht zuständig für die Entscheidung über die **Auskunft** (vgl. §§ 1686, 1686a Abs. 1 Nr. 2 BGB). Dies ergibt sich nach der Änderung von § 151 Nr. 2 FamFG auch aus dem dortigen Nebeneinander von Umgangs- und Auskunftsangelegenheit. Jedoch finden sich häufig beide Angelegenheiten innerhalb desselben Verfahrens. Hier ist mit Blick auf § 6 RPflG regelmäßig eine **einheitliche Bearbeitung** und Entscheidung durch den Richter geboten.

Hingegen hat der Richter bei **Konflikten zwischen Eltern und Vormund bzw. Umgangsbestimmungspfleger** (hierzu *Gottschalk*, § 1684 BGB Rn. 63) auch den Umgang des Mündels mit seinen leiblichen Eltern und Dritten (vgl. § 1632 Abs. 2 BGB) zu regeln. **16**

Der Richter ist auch zuständig für die **Anordnung einer Umgangspflegschaft** i.S.v § 1684 Abs. 3 Satz 3 BGB sowie für die Verlängerung einer bereits angeordneten befristeten Umgangspflegschaft.[6] Hingegen obliegt die Entscheidung über die Entlassung der Person des Umgangspflegers dem Rechtspfleger, weil insoweit kein Richtervorbehalt besteht.[7] **17**

Der Richter ist zwar nur für die Beschränkung oder den **Ausschluss des Rechts zur alleinigen Entscheidung in Angelegenheiten des täglichen Lebens** (§§ 1687, 1687a BGB) zuständig. Es bleibt jedoch bei der Zuständigkeit des Rechtspflegers für die Fälle der §§ 1687b, 1688 BGB. **18**

Nr. 8 (Herausgabe des Kindes) **19**

▶ *Näher zum materiell-rechtlichen Hintergrund siehe Fink, § 1632 BGB.*

Der Richter ist auch zuständig für **das Mündel betreffende Herausgabeverfahren** (wegen § 14 Abs. 1 Nr. 8 RPflG).

Nr. 9 (Familiengerichtliche Anordnung einer Betreuung oder Pflegschaft auf Grund dienstrechtlicher Vorschriften) **20**

Die **Anordnung einer Pflegschaft** bzw. die Bestellung eines Betreuers durch das Familiengericht ist in diesem Zusammenhang in § 85 Abs. 2 WDO für die Fälle der Verhandlungsunfähigkeit bzw. Abwesenheit von Soldaten bestimmt. Ggf. kann auch die Bestellung eines Vertreters für die Wahrnehmung der Rechte in einem Verwaltungsverfahren geboten sein (vgl. § 3 BDG i.V.m. § 16 VwVfG).

---

5 OLG Frankfurt NJW-RR 1996, 1288
6 OLG München FamRZ 2013, 1155
7 OLG München FamRZ 2013, 1328

21   Die **Länder** können diesen Richtervorbehalt nach § 19 Abs. 1 Satz 1 Nr. 1 RPflG aufheben. Bisher hat noch kein Bundesland von dieser Möglichkeit Gebrauch gemacht.

22   Nr. 10 (Pflegschaft oder Vormundschaft für Angehörige eines fremden Staates)

       ▶ *Näher zum materiell-rechtlichen Hintergrund siehe Dürbeck, §§ 1773, 1909 BGB.*

       Seinen Hauptanwendungsbereich hat die Regelung im Bereich der **unbegleiteten minderjährigen Flüchtlinge**.[8] Für die **Folgemaßnahmen** wie insbesondere die Auswahl und die Bestellung des Pflegers bzw. Vormund bleibt hingegen nach dem Wortlaut der Regelung („Anordnung") der Rechtspfleger zuständig. Nach den Vorstellungen des Gesetzgebers kann damit im konkreten Fall **folgende Zuständigkeitsverteilung** gegeben sein:

       • Anordnung des Ruhens der elterlichen Sorge = Rechtspfleger

       • Anordnung der Vormundschaft = Richter

       • Auswahl des Vormunds = Rechtspfleger

       • Bestellung des Vormunds = Rechtspfleger.

       Hier hilft in der Praxis nur eine **vernünftige Handhabung und Auslegung von § 6 RPflG**, so dass die Anordnung von Ruhen und Vormundschaft sowie die Auswahl des Vormunds durch den Richter erfolgt. Der Rechtspfleger hat dann die Bestellung zu vollziehen und darf diese nicht mit der Begründung einer unterschiedlichen Rechtsansicht verweigern, da er nicht eine dem Richter übergeordnete Instanz ist.[9]

23   Der Richter ist nicht nur in den Fällen funktionell zuständig, in denen die **Aufhebung der Pflegschaft** ohne Veränderung der tatsächlichen Umstände erfolgen soll, sondern für jede Aufhebung einer Vormundschaft bzw. Pflegschaft betreffend die Angehörigen eines fremden Staates, da sich hier immer die notwendige Prüfung des internationalen Privatrechts ergeben kann, die nach dem Willen des Gesetzgebers ausschlaggebend für diesen Richtervorbehalt gewesen ist.[10]

24   Die **Länder** können diesen Richtervorbehalt nach § 19 Abs. 1 Satz 1 Nr. 1 RPflG aufheben. Bisher hat noch kein Bundesland von dieser Möglichkeit Gebrauch gemacht.

25   Nr. 11 (Maßnahmen betreffend die religiöse Kindererziehung)

       ▶ *Näher zum materiell-rechtlichen Hintergrund siehe Dürbeck, § 1801 BGB Rn. 1 ff. Das KRelErzG ist abgedruckt im Anhang.*

26   Nr. 12 (Zustimmungsersetzungen)

       ▶ *Näher zum materiell-rechtlichen Hintergrund siehe Fink § 1626c) BGB.*

27   Nr. 13 (Befreiung bzw. Genehmigung im Zusammenhang mit der Eheschließung)

28   Nr. 14 (Verrichtungen nach dem JGG)

       § 34 Abs. 1 JGG bestimmt, dass **dem Jugendrichter die familiengerichtlichen Erziehungsmaßnahmen übertragen** werden sollen. Nr. 14 behält dem Jugend- bzw. Familienrichter die Unterstützung der Erziehungsberechtigten nach § 34 Abs. 3 Nr. 1 JGG, die Maßnahmen zur Abwehr einer Gefährdung des Jugendlichen (§ 34 Abs. 3 Nr. 2 JGG) sowie die Auswahl und Anordnung von Erziehungsmaßregeln (§§ 53, 104 Abs. 4 JGG) vor. Für die funktionelle Zuständigkeit des Rechtspflegers verbleibt die Bestellung eines Pflegers nach § 67 Abs. 4 Satz 3 JGG.

---

8 Näher hierzu *Dürbeck*, ZKJ 2014, 266 ff.
9 OLG Frankfurt ZKJ 2013, 503
10 OLG Frankfurt ZKJ 2013, 503; a.A. *Dallmeyer/Eickmann*, § 14 RPflG Rn. 99; *Arnold/Meyer-Stolte/Rellermeyer*, § 14 RPflG Rn. 58

Nr. 15 (Übertragung der elterlichen Sorge nach § 1751 Abs. 3 BGB und Rückübertragung **29**
des Sorgerechts nach Aufhebung der Adoption gemäß § 1764 Abs. 3 BGB)

▶ *Näher zum materiell-rechtlichen Hintergrund siehe Braun, §§ 1751, 1764 BGB.*

Von einer weitergehenden Kommentierung wird abgesehen.

II. IntFamRVG (Abs. 2)

Die Maßnahmen und Anordnungen nach dem IntFamRVG (näher hierzu siehe *Schweppe* **30**
zum IntFamRVG) sind nahezu **umfassend dem Richter vorbehalten**. Dies sind insbesondere

- die Angelegenheiten nach §§ 10-12 IntFamRVG,
- der Erlass einer einstweiligen Anordnung nach § 15 IntFamRVG,
- die Zulassung einer Zwangsvollstreckung nach §§ 20, 21 IntFamRVG (wobei die Vollstreckungsklausel nach § 23 IntFamRVG vom UdG zu erteilen ist),
- die Anerkennungsfeststellung (§ 32 IntFamRVG),
- die Anordnung der Kindesherausgabe (§ 33 IntFamRVG),
- die Änderung bzw. Aufhebung von Beschlüssen (§ 34 IntFamRVG),
- die Entscheidung über Schadensersatz nach § 35 IntFamRVG,
- Beschleunigungsmaßnahmen betreffend Verfahren nach dem HKÜ (§ 38 IntFamRVG),
- die Widerrechtlichkeitsfeststellung nach § 41 IntFamRVG,
- die Vollstreckung nach § 44 IntFamRVG[11] und
- die Genehmigung der Zustimmung zur Unterbringung eines Kindes (§ 47 IntFamRVG).

Im Bereich internationaler Verfahren **bleibt der Rechtspfleger damit zuständig** für die **31**
Aufnahme von Anträgen, die in anderen Vertragsstaaten zu erledigen sind (vgl. § 29 Nr. 3
RPflG, 42 Abs. 1 IntFamRVG) sowie hinsichtlich der Entscheidungen betreffend Übersetzungskosten (vgl. § 5 Abs. 2 IntFamRVG; hierzu auch § 32 RPflG),

§§ 15 bis 40 RPflG

Von Abdruck und Kommentierung wird abgesehen.

---

11 Näher hierzu *Schulte-Bunert*, FamRZ 2007, 1608

Gesetz zur Kooperation und Information im Kinderschutz (KKG)

vom 22. Dezember 2011 (BGBl. I S. 2975)

Achtes Buch Sozialgesetzbuch
– Kinder- und Jugendhilfegesetz –
(SGB VIII)

vom 14. Dezember 2006 (BGBl. I S. 3134),
zuletzt geändert durch das Gesetz vom 21. Januar 2015 (BGBl. I S. 10)

Vorbemerkung

A. Allgemeines

Die Kenntnis der für die Tätigkeit des Jugendamts geltenden Rechtsgrundlagen ist für die **1** an kindschaftsrechtlichen Gerichtsverfahren beteiligten Familienrichter, Rechtspfleger, Rechtsanwälte, Vormünder, Pfleger und Verfahrensbeistände unerlässlich. Mitaufgabe dieses Praxiskommentars ist, die Schnittstellen zwischen dem familiengerichtlichen Verfahren in den § 151 FamFG genannten Kindschaftssachen und dem kinder- und jugendhilferechtlichen Verfahren aufzuzeigen und in das zuletzt genannte Verfahren einzuführen.[1] Dabei sollen (lediglich) die besonders relevanten Vorschriften über den **Schutzauftrag des Jugendamts bei Kindeswohlgefährdung** (§ 8a SGB VIII), die **Inobhutnahme** (§ 42 SGB VIII), die **Mitwirkung des Jugendamts im familiengerichtlichen Verfahren** (§ 50 SGB VIII), § 36a SGB VIII im Hinblick auf die Frage einer **Anordnungskompetenz des Familiengerichts gegenüber der Jugendhilfe** und (im Überblick) die Regelungen über die **Vormundschaft und Pflegschaft** (§§ 55 ff. SGB VIII) ausführlicher kommentiert werden.

§§ 1 bis 4 SGB VIII aus dem **allgemeinen Teil**, die **Leistungen der Jugendhilfe** aus dem **2** Abschnitt **Förderung der Erziehung in der Familie** nach §§ 17 bis 19 SGB VIII und **Hilfen der Erziehung** nach §§ 27 bis 35 SGB VIII, die Vorschriften über **Mitwirkung und den Hilfeplan** sowie der **Zusammenarbeit bei Hilfen außerhalb der eigenen Familie** nach §§ 36, 37 SGB VIII, die **Sozialdatenschutzvorschriften** der §§ 61 bis 65, 68 SGB VIII und die Vorschriften über die **örtliche Zuständigkeit** nach §§ 86, 87, 87b und 87c SGB VIII sollen in der hier gebotenen Kürze vorgestellt werden, ohne den Anspruch einer Kommentierung zu erheben.

Das Kinder- und Jugendhilferecht umfasst die Gesamtheit der Rechtsvorschriften des Bundes und der Länder über die **öffentlichen Sozialisationshilfen** für junge Menschen und **3** der **Unterstützungsleistungen** für deren Familien, Erziehungs- und Personensorgeberechtigten, Schule, Hochschule, Berufsausbildung und Arbeitswelt. Das SGB VIII „Kinder- und Jugendhilfe" ist das sog. **Stammgesetz** des Kinder- und Jugendhilfegesetzes (KJHG) vom 26.6.1990. Das KJHG wiederum trat an die Stelle des aus dem Jahr 1922 stammenden Jugendwohlfahrtsgesetzes (JWG), modifiziert mit Gesetz vom 11.8.1961.[2] Diese Ablösung offenbart auch einen Wandel in der Konzeption des modernen Gesetzgebers: An die Stelle des eingriffs- und ordnungsrechtlichen Verwaltungsinstrumentariums des JWG ist ein präventiv ausgerichtetes Leistungsgesetz getreten, das in erster Linie die Eltern und sonstige Erziehungsberechtigte durch **soziale Arbeit** bei ihren Erziehungsaufgaben unterstützen soll.

---

1 Für das ausführliche Studium des Kinder- und Jugendhilferechts kann auf die Darstellungen von *Kunkel*, Jugendhilferecht, und *Münder/Wiesner/Meysen*, Kinder- und Jugendhilferecht, verwiesen werden.
2 BGBl. 1961 I S. 1193

4   Eine Veränderung hat das Kinder- und Jugendhilferecht durch das zum 1.1.2012 in Kraft getretene **Bundeskinderschutzgesetz**[3] erfahren, das durch Änderungen des SGB VIII und durch Schaffung von **Frühwarnsystemen und Netzwerken** nach dem neu geschaffenen **Gesetz zur Kooperation und Information im Kinderschutz (KKG)** den Kinderschutz als Reaktion auf in den Medien kontrovers diskutierten Todesfälle von Kindern verbessern will (vgl. *Dürbeck*, §§ 1 bis 4 KKG Rn. 1 f.).

B. Anspruch auf Leistungen und dessen gerichtliche Durchsetzung

5   Die Leistungen der Kinder- und Jugendhilfe gemäß § 2 Abs. 1 SGB VIII sind hinsichtlich Minderjähriger unterteilt in Angebote der Jugendarbeit, der Jugendsozialarbeit und des erzieherischen Kinder- und Jugendschutzes (§§ 11 bis 14 SGB VIII), Angebote zur Förderung der Erziehung in der Familie (§§ 16 bis 21 SGB VIII), Angebote zur Förderung von Kindern in Tageseinrichtungen und in Tagespflege (§§ 22 bis 25 SGB VIII), Erziehungshilfen und ergänzende Leistungen (§§ 27 bis 35, 36, 37, 39, 40 SGB VIII) und Hilfen für seelisch behinderte Kinder und Jugendliche (§§ 35a bis 37 SGB VIII).

6   Die Einordnung der Leistungen des § 2 Abs. 2 SGB VIII als Sozialleistungen im Sinne des § 11 SGB I bedeutet nicht, dass auf diese Leistung ein **subjektiver Anspruch – verbunden mit der Möglichkeit sie vor den zuständigen Verwaltungsgerichten einzuklagen –** bestünde. Ob und inwieweit ein *Sozialleistungsanspruch besteht,* ergibt sich aus der **Auslegung** der jeweiligen einzelnen Vorschrift, was etwa bei den **Hilfen der Erziehung nach §§ 27 ff. SGB VIII** für den Personensorgeberechtigten von der h. M. bejaht wird.[4] Eigene Ansprüche der Betroffenen können sich z.B. **unmittelbar aus dem Wortlaut des Gesetzes** ergeben („hat Anspruch") und im Übrigen nach der sog. **verwaltungsrechtlichen Schutznormformel** dann, wenn die entsprechende Norm nicht nur den öffentlichen Interessen, sondern **zumindest auch den Interessen der Betroffenen zu dienen bestimmt** ist und der Normadressatenkreis **individualisierbar** ist.[5] Soweit Leistungen bewilligt werden können (sog. Kann-Leistung), liegt die Bewilligung im **pflichtgemäßen Ermessen** des Jugendamts als Verwaltungsbehörde. Gemäß § 39 Abs. 1 Satz 2 SGB I besteht ein Rechtsanspruch auf pflichtgemäße Ausübung des Ermessens.[6] Bei der **verwaltungsgerichtlichen Kontrolle** von Ermessensentscheidungen des Jugendamts im Rahmen der Bewilligung bzw. Versagung von Leistungen sind die Verwaltungsgerichte darauf **beschränkt, zu überprüfen,** ob die gesetzlichen Grenzen des Ermessens überschritten worden sind oder das Ermessen in fehlerhafter Weise gebraucht worden ist, eine neue Sachentscheidung ist durch das Verwaltungsgericht grundsätzlich nicht zu treffen.[7] Hiervon unabhängig sind die **Familiengerichte** nicht dazu berufen, Entscheidungen der Jugendämter im Bereich der Gewährung öffentlicher Hilfen zu überprüfen, allerdings – vor allem in Kinderschutzverfahren – auch nicht an sie gebunden.[8]

C. Folgen der Verletzung fachlicher Standards

7   Die Tätigkeit des Jugendamts im Kontext eines familiengerichtlichen Kindschaftsverfahrens wirft die Frage auf, welche Rechtsfolgen entstehen, wenn der oder die betreffenden Mitarbeiter des Jugendamts (z.B. die Fachkraft des ASD bei einer Stellungnahme nach § 50 SGB VIII, der mit der Amtsvormundschaft betraute Mitarbeiter) im Rahmen einer **Hand-**

---

3 BGBl. 2011 I S. 2975; vgl. dazu *Meysen*, FamRZ 2012, 405; *Kunkel*, ZKJ 2012, 288
4 Schellhorn/*Fischer*, § 27 SGB VIII Rn. 13; Wiesner/*Schmid-Obkirchner,* Vor § 27 SGB VIII Rn. 4
5 *Kunkel*, Jugendhilferecht, S. 65
6 Vgl. Einzelheiten bei FK-SGB VIII/*Münder*, Vor Kap 2 Rn. 8
7 BVerwG ZfJ 2001, 23; FK-SGB VIII/*Trenczek*, Anhang Verfahren und Rechtsschutz Rn. 86; Wiesner/*Schmid-Obkirchner,* § 27 SGB VIII Rn. 63 f.
8 BVerfG JAmt 2014, 410; ZKJ 2014, 327

lung oder eines Unterlassens gegen fachliche Standards verstoßen hat. Dabei existiert allerdings keine allgemeingültige Kodifizierung der Handlungspflichten der öffentlichen Kinder- und Jugendhilfe, diese der Wertung der jeweils zu beachtenden Normen und allgemein gültiger Grundsätze staatlichen Handels gegenüber dem Bürger jeweils im Einzelfall zu bestimmen.[9] Es sind die unter Ziff. I bis III aufgezeigten Ebenen zu unterscheiden.

I. Verwaltungs- und sozialrechtliche Ebene

Im Bereich einer Verletzung von Bestimmungen des SGB VIII ist zwischen **Eingriffs- und Leistungsverwaltung** zu differenzieren. Erlässt das Jugendamt etwa im Rahmen einer Inobhutnahme infolge fehlerhafter Sachverhaltseinschätzung einen insoweit belasteten Verwaltungsakt, so steht betroffenen Eltern hiergegen verwaltungsrechtlicher Rechtsschutz in Form des **Widerspruchs** nach § 68 VwGO, welcher ein öffentlich-rechtliches Vorverfahren eröffnet, und der verwaltungsgerichtlichen **Anfechtungsklage** nach § 42 Abs. 1 VwGO zu (siehe näher hierzu *Dürbeck*, § 42 SGB VIII Rn. 24). **8**

Daneben steht den Personensorgeberechtigten über ein **Widersprechen gegen die Inobhutnahme** nach § 42 Abs. 3 SGB VIII auch der **Weg zum Familiengericht** offen, das aber nicht die Rechtmäßigkeit der verwaltungsrechtlichen Entscheidung des Jugendamts, sondern ausschließlich die Voraussetzungen von § 1666 BGB zu prüfen hat[10] (siehe näher hierzu *Dürbeck*, § 42 SGB VIII Rn. 20). **9**

Wird im Bereich der Sozialleistungsverwaltung eine **Leistung**, auf die ein Rechtsanspruch besteht, **verweigert** (z.B. Umgangsbegleitung, siehe näher hierzu *Dürbeck*, § 18 SGB VIII Rn. 3), so ist **Verpflichtungsklage** nach § 42 Abs. 1 VwGO zu erheben.[11] **10**

Wurde infolge falscher Beratung und Information des Jugendamts eine sonst zu gewährende **Leistung rechtswidrigerweise nicht erbracht**, kann ein **sozialrechtlicher Herstellungsanspruch** gegeben sein.[12] **11**

Soweit ein Verfahrensbeteiligter mit einer **fachlichen Äußerung des Jugendamts** im Rahmen dessen Mitwirkung nach §§ 162 Abs. 1 FamFG, 50 SGB VIII nicht einverstanden ist, weil er sie etwa als unzutreffend, fachlich fehlerhaft oder ehrverletzend hält, besteht **kein vor den Verwaltungsgerichten einklagbarer öffentlich-rechtlicher Anspruch auf Unterlassen** der vom Jugendamt getätigten Äußerungen, soweit diese nicht leichtfertig abgegeben wurden und sie sich in einem sachlichen Rahmen bewegen[13] (siehe näher hierzu *Dürbeck*, § 50 SGB VIII Rn. 14). **12**

Eine **Mitteilung des Jugendamtes** an das Familiengericht nach § 8a SGB VIII, wie z.B. wegen Unterlassens der Teilnahme an der ärztlichen Vorsorgeuntersuchung, kann von den Eltern schon mangels Verletzung eigener Rechte nicht vor dem Verwaltungsgericht angefochten werden[14] (siehe näher hierzu *Dürbeck*, § 8a SGB VIII Rn. 10). **13**

II. Zivilrechtliche Haftung

Im Falle einer **schuldhaften Amtspflichtverletzung** kommt eine **Haftung des Trägers** des zuständigen Beamten oder Angestellten nach Maßgabe von **Art. 34 GG, § 839 BGB** in Betracht. Rechtsfolge ist demnach Schadensersatz des Jugendamts als Institution und nicht des einzelnen Mitarbeiters. So wurde etwa bei **fehlerhafter Sachverhaltserfassung** anlässlich einer Inobhutnahme und daran anschließender **fehlerhafter Sachver-** **14**

---

9 Vgl. dazu *Schindler*, FPR 2012, 539; *Münder*, ZfJ 2001, 401
10 OLG Frankfurt a.M. BeckRS 2015, 05693; Wiesner/*Wiesner*, § 42 SGB VIII Rn. 71
11 Vgl. etwa OVG Saarland ZKJ 2014, 488; OVG Nordrhein-Westfalen NJW 2014, 3593
12 Vgl. LSG Berlin BeckRS 9999, 0912; FK-SGB VIII/*Münder*, § 1 Rn. 34 mit Nachw. der Rspr.; *Völker/Clausius*, § 12 Rn. 14
13 VGH München ZKJ 2014, 38; VG München BeckRS 2014, 57284
14 VGH Hessen ZKJ 2013, 82

haltsdarstellung gegenüber dem Familiengericht, das infolge dessen den Eltern vorläufig das Sorgerecht entzogen hatte, der Ersatz von Vermögensschäden von der Rechtsprechung gebilligt.[15] Es kommt in diesem Zusammenhang aber dann keine Haftung des Jugendamts in Betracht, wenn die falsche Einschätzung des Sachverhalts gutgläubig und ohne die Verletzung von Pflichten erfolgt ist.[16] Eine weiterer Fall anerkannter Amtshaftung stellen **schuldhafte Verstöße gegen Handlungsgebote** dar, etwa bei der **Beaufsichtigung von Pflegefamilien**.[17] Weitere haftungsträchtige Bereiche betreffen **Unterlassungen des Amtsvormunds**, z.B. infolge **nicht hinreichenden persönlichen Kontakts** mit dem Mündel und/oder infolge Untätigkeit wegen **Überschreitens der neu eingeführten Fallobergrenze** von § 55 Abs. 2 Satz 3 SGB VIII.[18] Denkbar sind schließlich auch Schadensersatzansprüche wegen einer **Verletzung der Aufsichtspflicht**, insbesondere des Amtsvormunds, nach § 832 BGB.[19] Auch im Bereich des **Adoptionsrechts** kann es zu Amtspflichtverletzungen kommen. So besteht etwa aus §§ 9 Abs. 1, 7 Abs. 1 AdVermiG eine Pflicht der Adoptionsvermittlungsstelle zur Offenbarung von für die Annahmeentscheidung erheblichen Umständen, wie z.B. Alkohol-, Drogen- oder Medikamentenmissbrauch während der Schwangerschaft, gegenüber Adoptionsbewerbern.[20]

III. Strafrechtliche Verantwortung

15   Die Verletzung fachlicher Standards durch das Jugendamt kann schließlich auch strafrechtliche Konsequenzen haben, die im Verurteilungsfalle zu Geld- oder Freiheitsstrafen gegen den oder die verantwortlichen Mitarbeiter führen können. Diese sind insbesondere im Bereich des **Unterlassens von kinderschützenden Maßnahmen** denkbar. In der strafrechtlichen Rechtsprechung ist anerkannt, dass Sozialarbeiter kommunaler Jugendämter im Rahmen ihrer Aufgabe, Problemfamilien und deren Kinder zu betreuen sowie der Aufsicht von Pflegepersonen, **Garant für das Wohlergehen der Kinder** im Sinne des § 13 StGB sind.[21] Dabei können sich Jugendämter auch nicht ihrer strafrechtlichen Verantwortung durch **Übertragung von Aufgaben auf freie Träger** gänzlich entledigen.[22] Wie im zivilrechtlichen Bereich kommen auch im Strafrecht zudem fahrlässige Unterlassungen seitens der Amtsvormünder in Betracht.[23]

15 BVerfG FamRZ 2014, 1275; VerfGH Sachsen FamRZ 2012, 1764
16 BGH NJW 1961, 2254; *Schindler*, FPR 2012, 539; 540
17 BGH NJW 2005, 68
18 *DIJuF*-Rechtsgutachen JAmt 2005, 404; *Schindler*, FPR 2012, 539, 542 f.
19 Vgl. Oberloskamp/*Hoffmann* § 4 Rn. 25 f.
20 OLG Frankfurt a.M. ZKJ 2015, 26
21 OLG Stuttgart NStZ 1998, 572; OLG Oldenburg FamRZ 1997, 1032; AG Mönchengladbach BeckRS 2004, 17128; umfassend dazu *Dießner*, Die Unterlassungsstrafbarkeit der Kinder- und Jugendhilfe bei familiärer Kindeswohlgefährdung, Diss., S. 1 ff; kritisch *Mörsberger*, ZKJ 2013, 21
22 OLG Oldenburg FamRZ 1997, 1032; *DIJuF*-Rechtsgutachten JAmt 2014, 446
23 Vgl. *Hoffmann*, ZKJ 2007, 389

Gesetz zur Kooperation und Information im Kinderschutz (KKG)

vom 22. Dezember 2011 (BGBl. I S. 2975)

§ 1 KKG Kinderschutz und staatliche Mitverantwortung

(1) Ziel des Gesetzes ist es, das Wohl von Kindern und Jugendlichen zu schützen und ihre körperliche, geistige und seelische Entwicklung zu fördern.

(2) ¹Pflege und Erziehung der Kinder und Jugendlichen sind das natürliche Recht der Eltern und die zuvörderst ihnen obliegende Pflicht. ²Über ihre Betätigung wacht die staatliche Gemeinschaft.

(3) Aufgabe der staatlichen Gemeinschaft ist es, soweit erforderlich, Eltern bei der Wahrnehmung ihres Erziehungsrechts und ihrer Erziehungsverantwortung zu unterstützen, damit

1. sie im Einzelfall dieser Verantwortung besser gerecht werden können,
2. im Einzelfall Risiken für die Entwicklung von Kindern und Jugendlichen frühzeitig erkannt werden und
3. im Einzelfall eine Gefährdung des Wohls eines Kindes oder eines Jugendlichen vermieden oder, falls dies im Einzelfall nicht mehr möglich ist, eine weitere Gefährdung oder Schädigung abgewendet werden kann.

(4) ¹Zu diesem Zweck umfasst die Unterstützung der Eltern bei der Wahrnehmung ihres Erziehungsrechts und ihrer Erziehungsverantwortung durch die staatliche Gemeinschaft insbesondere auch Information, Beratung und Hilfe. ²Kern ist die Vorhaltung eines möglichst frühzeitigen, koordinierten und multiprofessionellen Angebots im Hinblick auf die Entwicklung von Kindern vor allem in den ersten Lebensjahren für Mütter und Väter sowie schwangere Frauen und werdende Väter (Frühe Hilfen)

§ 2 KKG Information der Eltern über Unterstützungsangebote in Fragen der Kindesentwicklung

(1) Eltern sowie werdende Mütter und Väter sollen über Leistungsangebote im örtlichen Einzugsbereich zur Beratung und Hilfe in Fragen der Schwangerschaft, Geburt und der Entwicklung des Kindes in den ersten Lebensjahren informiert werden.

(2) ¹Zu diesem Zweck sind die nach Landesrecht für die Information der Eltern nach Absatz 1 zuständigen Stellen befugt, den Eltern ein persönliches Gespräch anzubieten. ²Dieses kann auf Wunsch der Eltern in ihrer Wohnung stattfinden. ³Sofern Landesrecht keine andere Regelung trifft, bezieht sich die in Satz 1 geregelte Befugnis auf die örtlichen Träger der Jugendhilfe.

§ 3 KKG Rahmenbedingungen für verbindliche Netzwerkstrukturen im Kinderschutz

(1) In den Ländern werden insbesondere im Bereich Früher Hilfen flächendeckend verbindliche Strukturen der Zusammenarbeit der zuständigen Leistungsträger und Institutionen im Kinderschutz mit dem Ziel aufgebaut und weiterentwickelt, sich gegenseitig über das jeweilige Angebots- und Aufgabenspektrum zu informieren, strukturelle Fragen der Angebotsgestaltung und -entwicklung zu klären sowie Verfahren im Kinderschutz aufeinander abzustimmen.

(2) In das Netzwerk sollen insbesondere Einrichtungen und Dienste der öffentlichen und freien Jugendhilfe, Einrichtungen und Dienste, mit denen Verträge nach § 75 Absatz 3 des

Zwölften Buches Sozialgesetzbuch bestehen, Gesundheitsämter, Sozialämter, Gemeinsame Servicestellen, Schulen, Polizei- und Ordnungsbehörden, Agenturen für Arbeit, Krankenhäuser, Sozialpädiatrische Zentren, Frühförderstellen, Beratungsstellen für soziale Problemlagen, Beratungsstellen nach den §§ 3 und 8 des Schwangerschaftskonfliktgesetzes, Einrichtungen und Dienste zur Müttergenesung sowie zum Schutz gegen Gewalt in engen sozialen Beziehungen, Familienbildungsstätten, Familiengerichte und Angehörige der Heilberufe einbezogen werden.

(3) [1]Sofern Landesrecht keine andere Regelung trifft, soll die verbindliche Zusammenarbeit im Kinderschutz als Netzwerk durch den örtlichen Träger der Jugendhilfe organisiert werden. [2]Die Beteiligten sollen die Grundsätze für eine verbindliche Zusammenarbeit in Vereinbarungen festlegen. [3]Auf vorhandene Strukturen soll zurückgegriffen werden.

(4) [1]Dieses Netzwerk soll zur Beförderung Früher Hilfen durch den Einsatz von Familienhebammen gestärkt werden. [2]Das Bundesministerium für Familie, Senioren, Frauen und Jugend unterstützt den Aus- und Aufbau der Netzwerke Frühe Hilfen und des Einsatzes von Familienhebammen auch unter Einbeziehung ehrenamtlicher Strukturen durch eine zeitlich auf vier Jahre befristete Bundesinitiative, die im Jahr 2012 mit 30 Millionen Euro, im Jahr 2013 mit 45 Millionen Euro und in den Jahren 2014 und 2015 mit 51 Millionen Euro ausgestattet wird. [3]Nach Ablauf dieser Befristung wird der Bund einen Fonds zur Sicherstellung der Netzwerke Frühe Hilfen und der psychosozialen Unterstützung von Familien einrichten, für den er jährlich 51 Millionen Euro zur Verfügung stellen wird. [4]Die Ausgestaltung der Bundesinitiative und des Fonds wird in Verwaltungsvereinbarungen geregelt, die das Bundesministerium für Familie, Senioren, Frauen und Jugend im Einvernehmen mit dem Bundesministerium der Finanzen mit den Ländern schließt.

§ 4 KGG Beratung und Übermittlung von Informationen durch Geheimnisträger bei Kindeswohlgefährdung

(1) Werden
1. Ärztinnen oder Ärzten, Hebammen oder Entbindungspflegern oder Angehörigen eines anderen Heilberufes, der für die Berufsausübung oder die Führung der Berufsbezeichnung eine staatlich geregelte Ausbildung erfordert,
2. Berufspsychologinnen oder -psychologen mit staatlich anerkannter wissenschaftlicher Abschlussprüfung,
3. Ehe-, Familien-, Erziehungs- oder Jugendberaterinnen oder -beratern sowie
4. Beraterinnen oder Beratern für Suchtfragen in einer Beratungsstelle, die von einer Behörde oder Körperschaft, Anstalt oder Stiftung des öffentlichen Rechts anerkannt ist,
5. Mitgliedern oder Beauftragten einer anerkannten Beratungsstelle nach den §§ 3 und 8 des Schwangerschaftskonfliktgesetzes,
6. staatlich anerkannten Sozialarbeiterinnen oder -arbeitern oder staatlich anerkannten Sozialpädagoginnen oder -pädagogen oder
7. Lehrerinnen oder Lehrern an öffentlichen und an staatlich anerkannten privaten Schulen

in Ausübung ihrer beruflichen Tätigkeit gewichtige Anhaltspunkte für die Gefährdung des Wohls eines Kindes oder eines Jugendlichen bekannt, so sollen sie mit dem Kind oder Jugendlichen und den Personensorgeberechtigten die Situation erörtern und, soweit erforderlich, bei den Personensorgeberechtigten auf die Inanspruchnahme von Hilfen hinwirken, soweit hierdurch der wirksame Schutz des Kindes oder des Jugendlichen nicht in Frage gestellt wird.

(2) Die Personen nach Absatz 1 haben zur Einschätzung der Kindeswohlgefährdung gegenüber dem Träger der öffentlichen Jugendhilfe Anspruch auf Beratung durch eine insoweit erfahrene Fachkraft. Sie sind zu diesem Zweck befugt, dieser Person die dafür erforderlichen Daten zu übermitteln; vor einer Übermittlung der Daten sind diese zu pseudonymisieren.

(3) ¹Scheidet eine Abwendung der Gefährdung nach Absatz 1 aus oder ist ein Vorgehen nach Absatz 1 erfolglos und halten die in Absatz 1 genannten Personen ein Tätigwerden des Jugendamtes für erforderlich, um eine Gefährdung des Wohls eines Kindes oder eines Jugendlichen abzuwenden, so sind sie befugt, das Jugendamt zu informieren; hierauf sind die Betroffenen vorab hinzuweisen, es sei denn, dass damit der wirksame Schutz des Kindes oder des Jugendlichen in Frage gestellt wird. ²Zu diesem Zweck sind die Personen nach Satz 1 befugt, dem Jugendamt die erforderlichen Daten mitzuteilen.

Als Bestandteil des zum 1.1.2012 in Kraft getretenen Bundeskinderschutzgesetzes[1] wurde das Gesetz zur Kooperation und Information im Kinderschutz (KKG) neu geschaffen. § 3 KKG beinhaltet als Gesetzesziel den Aufbau und die Weiterentwicklung flächendeckend verbindlicher, fallübergreifender Strukturen der Zusammenarbeit der zuständigen Leistungsträger und Institutionen im Kinderschutz **(Schaffung eines sozialen Netzwerkes Kinderschutz)**. Die Jugendämter sind verpflichtet, dieses Netzwerk zu organisieren. In das Netzwerk eingebunden sollen alle Einrichtungen der öffentlichen und freien Jugendhilfe (Tageseinrichtungen, Kindertagespflegepersonen, Erziehungsberatungsstellen), Einrichtungen und Dienste der Sozialhilfe nach SGB XII, Gesundheits- und Sozialämter, Agenturen für Arbeit, Schulen, Polizei- und Ordnungsbehörden, Krankenhäuser, Geburts- und Kinderkliniken, Kinderpsychiatrie, Angehörige der Heilberufe, Hebammen, Familiengerichte, Familienbildungsstätten, Beratungsdienste zum Schutz gegen Gewalt (Frauenhäuser) oder Schwangerschaftsfragen etc.). **1**

Einzelfallbezogene Kooperation soll nach Maßgabe von § 4 KKG erfolgen. Diese soll stattfinden durch Beratung und Übermittlung von Informationen durch Geheimnisträger (z.B. *Ärzte, Psychologen, Lehrer, Therapeuten, Sozialarbeiter*) bei Bekanntwerden „gewichtiger Anhaltspunkte" einer Kindeswohlgefährdung. Bevor diese Personen ohne Einwilligung der Betroffenen Informationen an das Jugendamt weitergeben dürfen, sollen sie die Probleme des Kindes und die getätigten Wahrnehmungen mit den Betroffenen erörtern, soweit hierdurch der wirksame Schutz des Kindes oder des Jugendlichen nicht in Frage gestellt wird. Sie können sich auch wegen eines Beratungsbedürfnisses an die fachlich spezialisierten Jugendämter wenden und dürfen Informationen und Daten in pseudonymisierter Form weitergeben. In letzter Konsequenz dürfen nach § 4 Abs. 3 KKG nur bei Nichtlösbarkeit des Schutzproblemes Informationen ohne vorherige Mitteilung an die Personensorgeberechtigten an die Jugendämter weitergegeben werden.[2] **2**

Übersicht: Keine „Schweigepflichtsverletzung"

I. Geheimnisträger

II. Anhaltspunkte für eine Kindeswohlgefährdung: Bei der Einschätzung hilft das Jugendamt auf Anfrage (Daten pseudonymisieren!)

III. Erörterung mit Kind und Eltern, wenn der Schutz des Kindes hierdurch nicht in Frage gestellt.

IV. Zum Schutz des Kindes kann auch die Weitergabe der Daten durch Meldung an das Jugendamt geboten sein.

---

1 BGBl. 2011 I S. 2975; vgl. dazu *Meysen*, FamRZ 2012, 405; *Kunkel*, ZKJ 2012, 288
2 Vgl. auch die Empfehlungen des *Kinderschutzbundes*, ZKJ 2013, 115, *Mörsberger/Wapler*, FPR 2012, 437

Achtes Buch Sozialgesetzbuch –
Kinder- und Jugendhilfegesetz – (SGB VIII)

Erstes Kapitel
Allgemeine Vorschriften

§ 1 SGB VIII Recht auf Erziehung, Elternverantwortung, Jugendhilfe

(1) Jeder junge Mensch hat ein Recht auf Förderung seiner Entwicklung und auf Erziehung zu einer eigenverantwortlichen und gemeinschaftsfähigen Persönlichkeit.

(2) [1]Pflege und Erziehung der Kinder sind das natürliche Recht der Eltern und die zuvörderst ihnen obliegende Pflicht. [2]Über ihre Betätigung wacht die staatliche Gemeinschaft.

(3) Jugendhilfe soll zur Verwirklichung des Rechts nach Absatz 1 insbesondere

1. junge Menschen in ihrer individuellen und sozialen Entwicklung fördern und dazu beitragen, Benachteiligungen zu vermeiden oder abzubauen,

2. Eltern und andere Erziehungsberechtigte bei der Erziehung beraten und unterstützen,

3. Kinder und Jugendliche vor Gefahren für ihr Wohl schützen,

4. dazu beitragen, positive Lebensbedingungen für junge Menschen und ihre Familien sowie eine kinder- und familienfreundliche Umwelt zu erhalten oder zu schaffen.

§ 2 SGB VIII Aufgaben der Jugendhilfe

(1) Die Jugendhilfe umfasst Leistungen und andere Aufgaben zugunsten junger Menschen und Familien.

(2) Leistungen der Jugendhilfe sind:

1. Angebote der Jugendarbeit, der Jugendsozialarbeit und des erzieherischen Kinder- und Jugendschutzes (§§ 11bis 14),

2. Angebote zur Förderung der Erziehung in der Familie (15 §§ bis 21),

3. Angebote zur Förderung von Kindern in Tageseinrichtungen und in Tagespflege (§§ 22 bis 25),

4. Hilfe zur Erziehung und ergänzende Leistungen (§§ 27 bis 35, 36, 37, 39, 40),

5. Hilfe für seelisch behinderte Kinder und Jugendliche und ergänzende Leistungen (§§ 35a bis 37, 39, 40),

6. Hilfe für junge Volljährige und Nachbetreuung (§ 41).

(3) Andere Aufgaben der Jugendhilfe sind

1. die Inobhutnahme von Kindern und Jugendlichen (§ 42),

2. (weggefallen)

3. die Erteilung, der Widerruf und die Zurücknahme der Pflegeerlaubnis (§§ 43, 44),

4. die Erteilung, der Widerruf und die Zurücknahme der Erlaubnis für den Betrieb einer Einrichtung sowie die Erteilung nachträglicher Auflagen und die damit verbundenen Aufgaben (§§ 45 bis 47, 48a),

5. die Tätigkeitsuntersagung (§§ 48, 48a),

6. die Mitwirkung in Verfahren vor den Familiengerichten (§ 50),

7. die Beratung und Belehrung in Verfahren zur Annahme als Kind (§ 51),

8. die Mitwirkung in Verfahren nach dem Jugendgerichtsgesetz (§ 52),

9. die Beratung und Unterstützung von Müttern bei Vaterschaftsfeststellung und Geltendmachung von Unterhaltsansprüchen sowie von Pflegern und Vormündern (§§ 52a, 53),

10. die Erteilung, der Widerruf und die Zurücknahme der Erlaubnis zur Übernahme von Vereinsvormundschaften (§ 54),
11. Beistandschaft, Amtspflegschaft, Amtsvormundschaft und Gegenvormundschaft des Jugendamts (§§ 55 bis 58),
12. Beurkundung (§ 59),
13. die Aufnahme von vollstreckbaren Urkunden (§ 60).

§ 3 SGB VIII Freie und öffentliche Jugendhilfe

(1) Die Jugendhilfe ist gekennzeichnet durch die Vielfalt von Trägern unterschiedlicher Wertorientierungen und die Vielfalt von Inhalten, Methoden und Arbeitsformen.

(2) ¹Leistungen der Jugendhilfe werden von Trägern der freien Jugendhilfe und von Trägern der öffentlichen Jugendhilfe erbracht. ²Leistungsverpflichtungen, die durch dieses Buch begründet werden, richten sich an die Träger der öffentlichen Jugendhilfe.

(3) ¹Andere Aufgaben der Jugendhilfe werden von Trägern der öffentlichen Jugendhilfe wahrgenommen. ²Soweit dies ausdrücklich bestimmt ist, können Träger der freien Jugendhilfe diese Aufgaben wahrnehmen oder mit ihrer Ausführung betraut werden.

§ 4 SGB VIII Zusammenarbeit der öffentlichen Jugendhilfe mit der freien Jugendhilfe

(1) ¹Die öffentliche Jugendhilfe soll mit der freien Jugendhilfe zum Wohl junger Menschen und ihrer Familien partnerschaftlich zusammenarbeiten. ²Sie hat dabei die Selbständigkeit der freien Jugendhilfe in Zielsetzung und Durchführung ihrer Aufgaben sowie in der Gestaltung ihrer Organisationsstruktur zu achten.

(2) Soweit geeignete Einrichtungen, Dienste und Veranstaltungen von anerkannten Trägern der freien Jugendhilfe betrieben werden oder rechtzeitig geschaffen werden können, soll die öffentliche Jugendhilfe von eigenen Maßnahmen absehen.

(3) Die öffentliche Jugendhilfe soll die freie Jugendhilfe nach Maßgabe dieses Buches fördern und dabei die verschiedenen Formen der Selbsthilfe stärken.

Übersicht

A. Allgemeines

Das SGB VIII bezieht die **Wertung des Grundgesetzes** mit ein und wiederholt in § 1 Abs. 2 SGB VIII den Wortlaut von Art. 6 Abs. 2 GG. Damit obliegt auch nach der Konzeption des SGB VIII die **Erziehungsverantwortung** für Kinder und Jugendliche **vorrangig den Eltern** (Art. 6 Abs. 2 Satz 1 GG). Ersuchen diese den Staat um Hilfe oder erklären sie sich mit staatlicher Hilfe immerhin einverstanden, kommt das Beratungs- und Leistungssystem des SGB VIII zum Einsatz (vgl. § 1 Abs. 3 Nr. 2 SGB VIII). Der Staat kommt damit seiner Schutzpflicht gegenüber Kindern und Jugendlichen (Art. 6 Abs. 2 Satz 2, Art. 2 Abs. 1, Art. 2 Abs. 2 Satz 1 GG i.V m. § 1 Abs. 3 Nr. 3 SGB VIII) nach, gleichzeitig aber auch seiner Schutzpflicht gegenüber der Familie (Art. 6 Abs. 1 GG, § 1 Abs. 3 Nr. 4 SGB VIII).

Das **Leistungsangebot des SGB VIII** (vgl. die Aufzählung der einzelnen **Leistungen** in § 2 Abs. 2 SGB VIII) ist sehr breit und vielfältig angelegt und stellt den jungen Menschen und sein Recht auf Förderung seiner Entwicklung und Erziehung zu einer eigenverantwort-

1

2

lichen und gemeinschaftsfähigen Persönlichkeit (vgl. § 1 Abs. 1 SGB VIII) in den Mittelpunkt seiner Hilfen.

3   Auch die Veränderung des Kinder- und Jugendhilferechts zu einem modernen Leistungsgesetz macht es dennoch im Hinblick auf die Notwendigkeit der Wahrnehmung des **staatlichen Wächteramtes** (Art. 6 Abs. 2 Satz 2 GG, § 1 Abs. 2 Satz 2 SGB VIII) unentbehrlich, das Jugendamt als Träger der staatlichen Kinder- und Jugendhilfe mit **Befugnissen** auszustatten, durch welche Kinder und Jugendlichen wirksam und effektiv vor **Gefahren geschützt** werden können. Insoweit müssen auch **Eingriffe in das grundgesetzlich verankerte Elternrecht** gesetzlich vorgesehen sein. Dies wird insbesondere durch die Vorschriften über die Inobhutnahme in §§ 42, 8a SGB VIII gewährleistet. Wie die Aufgabe der Jugendämter, im kindschaftsrechtlichen Verfahren mitzuwirken (§ 50 SGB VIII), Vormünder und Pfleger zu beraten und zu beaufsichtigen (§ 53 SGB VIII) und selbst Aufgaben der Beistandschaft, Vormundschaft und Pflegschaft wahrzunehmen (§§ 55 ff. SGB VIII) gehört dies zu den sog. **anderen Aufgaben** der Jugendhilfe (vgl. § 2 Abs. 3 SGB VIII).

B. Aufbau des Gesetzes

4   Die Vorschriften des SGB VIII geben kein einheitliches Bild. Im Schwerpunkt erwähnt das Gesetz zunächst die **allgemeinen Angebote der Jugendarbeit**, der **Jugendsozialarbeit** und des **erzieherischen Kinder- und Jugendschutzes** (§§ 11 bis 15). Es folgen sodann konkrete Angebote zur **Förderung der Erziehung in der Familie und Hilfen für Familien** in besonderen Lebenssituationen, z.B. bei Trennung und Scheidung, für Alleinerziehende und für die Betreuung und Versorgung von Kindern in Notfällen (§§ 16 bis 21) sowie **Angebote zur Förderung von Kindern bei Tagesbetreuung** (§§ 22 bis 26). Das SGB VIII bietet neben den klassischen Formen der **Erziehung in der Pflegefamilie und im Heim** vielfältige **ambulante und (teil-)stationäre Erziehungshilfen** (§§ 27 bis 40) an. Darauf folgt die Regelung zur **Inobhutnahme** von Kindern und Jugendlichen (§ 42). Schließlich gestaltet das Gesetz die Grundlagen des **Pflegekinderwesens** und die der **Heimaufsicht** (§§ 44 bis 49) näher aus. Es folgen die Vorschriften über die **Mitwirkung im gerichtlichen Verfahren** (§§ 50 bis 52), über die **Beistandschaft, Pflegschaft und Vormundschaft** (§§ 53 bis 58 a) sowie über **Beurkundungen, Beglaubigungen und vollstreckbare Urkunden** (§§ 59, 60). Im 5. Kapitel (§§ 69 ff.) folgen Regelungen über die **Träger der öffentlichen Jugendhilfe** und die **Zusammenarbeit mit der freien Jugendhilfe**.

C. Verhältnis der öffentlichen Jugendhilfe zu freien Trägern der Jugendhilfe

5   Erbracht werden die Leistungen nach § 3 Abs. 2 Satz 1 SGB VIII von Trägern der **freien** und denen der **öffentlichen Jugendhilfe**. **Leistungsverpflichtungen** richten sich nach § 3 Abs. 2 Satz 2 SGB VIII aber ausschließlich an die **Träger der öffentlichen Jugendhilfe**, die damit im Außenverhältnis die Verantwortung tragen. Die Leistungsberechtigten haben nach § 5 Abs. 1 Satz 1 SGB VIII das Recht, zwischen Einrichtungen und Diensten verschiedener Träger zu wählen und Wünsche hinsichtlich der Gestaltung der Hilfe zu äußern.

6   Gemäß § 3 Abs. 1 SGB VIII ist die Jugendhilfe gekennzeichnet durch eine **Vielfalt von Trägern unterschiedlicher Wertorientierungen** *(z.B. kirchlich, verbandlich, gemeinnützig, gewerkschaftlich etc.)* und eine Vielfalt von Inhalten, Methoden und Arbeitsformen. § 3 Abs. 2 Satz 1 SGB VIII stellt zunächst klar, dass sich in der Jugendhilfe Träger der **freien und der öffentlichen Jugendhilfe** betätigen. Das Nebeneinander von öffentlicher und privater Jugendhilfe ist historisch bedingt und auch heute wird der größere, in weiten Teilbereichen der ganz überwiegende Anteil der Leistungen der Jugendhilfe, z.B. im Bereich der sozialpädagogischen Familienhilfe (§ 31 SGB VIII) mit über 80%,[1] durch freie Träger erbracht. Dabei verstärkt sich auch bei den Trägern der freien Jugendhilfe der Trend zum eigenen Verständnis als **moderne und marktorientierte Dienstleistungsunternehmen**.[2] Die freie Jugendhilfe entscheidet dabei selbst, ob und in welchem Umfang sie tätig wird. Sie bedarf grundsätzlich **keiner staatlichen „Konzession"**. Will sie jedoch **öffentliche Förderung** nach § 74 SGB VIII erhalten, muss sie die dafür vorgesehenen Rahmenbedingungen akzeptieren und bedarf der **öffentlichen Anerkennung**. Die Anerkennung als Träger der *freien Jugendhilfe* ist in § 75 SGB VIII geregelt.

Ein selbständiges Betätigungsrecht der Träger der freien Jugendhilfe besteht aber nur im   **7** Bereich der in § 2 Abs. 2 SGB VIII aufgeführten Leistungen. Ihr Verhältnis zum Leistungsberechtigten ist *privatrechtlicher Natur*. Die Rechtsbeziehungen zwischen dem Adressaten (junger Mensch, Sorgeberechtigter) und dem freien Träger (Zivilrecht) sowie zum Träger der öffentlichen Jugendhilfe (öffentliches Recht, §§ 11 ff. SGB VIII) und zwischen dem freien Träger und dem Träger der öffentliches Jugendhilfe (öffentliches Recht, §§ 3, 4, 74 ff SGB VIII) wird als jugendhilferechtliches Dreiecksverhältnis bezeichnet.[3] Schaltet der Träger der öffentlichen Jugendhilfe einen Träger der freien Jugendhilfe zur Erfüllung seiner Leistungsverpflichtungen gem. § 3 Abs. 3 Satz 2 SGB VIII ein, verbleibt dem Träger der öffentlichen Jugendhilfe die sog. **Gesamtverantwortung** (§ 79 SGB VIII).

Andere Aufgaben im Sinne von § 2 Abs. 3 SGB VIII werden nach § 3 Abs. 3 Satz 1   **8** SGB VIII grundsätzlich von Trägern der öffentlichen Jugendhilfe wahrgenommen. Nur soweit dies nach Abs. 3 Satz 2 gesetzlich ausdrücklich bestimmt ist, können im Bereich der anderen Aufgaben freie Träger tätig sein. Die gesetzliche Regelung ist insoweit in § 76 SGB VIII enthalten, wonach freie Träger insbesondere bei der Erfüllung der Mitwirkung der Jugendhilfe im familiengerichtlichen Verfahren (§ 50 SGB VIII) und im Bereich der Beratung und Aufsicht über Vormünder und Pfleger (§ 53 SGB VIII) beteiligt werden können. Insbesondere die in §§ 42, 59 f. SGB VIII geregelten klassischen staatlichen Aufgaben (Inobhutnahme, Beurkundung) sind der mit den Mitteln des Privatrechts ausgeübten Tätigkeit der freien Jugendpflege nicht unmittelbar zugänglich, weil sie mit **Eingriffen in die Rechtssphäre** des Bürgers verbunden und in den Rechtsformen der öffentlichen Verwaltung auszuführen sind.[4]

Die **Zusammenarbeit** der freien Träger mit dem Träger der öffentlichen Jugendhilfe ist in   **9** § 4 SGB VIII geregelt. Es gelten folgende Grundsätze:

- **Grundsatz der partnerschaftlichen Zusammenarbeit** bei **Achtung der Selbständigkeit** des freien Trägers in Zielsetzung, Organisation, Aufgabenwahrnehmung (Absatz 1)

- **Gesamtverantwortung** öffentlicher Träger, der auch **Adressat von Leistungsansprüchen** ist (§§ 79, 3 Abs. 2 Satz 2 SGB VIII, siehe oben Rn. 7)

- Leistungserbringung durch beide, aber **Vorrang freier Trägerschaft** (§ 3 Abs. 2 Satz 1 SGB VIII) – sog. **Subsidiaritätsprinzip**, d. h. falls ausreichend Angebote von freien Trägern vorhanden sind, keine Betätigung der öffentlichen Jugendhilfe durch eigene Angebote

- **Förderung der freien Jugendhilfe** durch die öffentliche Jugendhilfe §§ 4 Abs. 3, 74 SGB VIII.

---

1 Wiesner/*Schmid-Obkirchner*, § 31 SGB VIII Rn. 2a
2 FK-SGB VIII/*Münder*, § 4 Rn. 8 ff.
3 LPK-SGB VIII/*Schindler*, § 5 Rn. 18
4 Vgl. FK-SGB VIII/*Münder*, § 76 Rn. 5 f.; MüKo-BGB/*Tillmanns*, § 3 SGB VIII Rn. 7

§ 5 SGB VIII Wunsch- und Wahlrecht

(1) Die Leistungsberechtigten haben das Recht, zwischen Einrichtungen und Diensten verschiedener Träger zu wählen und Wünsche hinsichtlich der Gestaltung der Hilfe zu äußern. Sie sind auf dieses Recht hinzuweisen.

(2) Der Wahl und den Wünschen soll entsprochen werden, sofern dies nicht mit unverhältnismäßigen Mehrkosten verbunden ist. Wünscht der Leistungsberechtigte die Erbringung einer in § 78a genannten Leistung in einer Einrichtung, mit deren Träger keine Vereinbarungen nach § 78b bestehen, so soll der Wahl nur entsprochen werden, wenn die Erbringung der Leistung in dieser Einrichtung im Einzelfall oder nach Maßgabe des Hilfeplans (§ 36) geboten ist.

Von einer Kommentierung wird abgesehen.

§ 6 SGB VIII Geltungsbereich

(1) Leistungen nach diesem Buch werden jungen Menschen, Müttern, Vätern und Personensorgeberechtigten von Kindern und Jugendlichen gewährt, die ihren tatsächlichen Aufenthalt im Inland haben. Für die Erfüllung anderer Aufgaben gilt Satz 1 entsprechend. Umgangsberechtigte haben unabhängig von ihrem tatsächlichen Aufenthalt Anspruch auf Beratung und Unterstützung bei der Ausübung des Umgangsrechts, wenn das Kind oder der Jugendliche seinen gewöhnlichen Aufenthalt im Inland hat.

(2) Ausländer können Leistungen nach diesem Buch nur beanspruchen, wenn sie rechtmäßig oder auf Grund einer ausländerrechtlichen Duldung ihren gewöhnlichen Aufenthalt im Inland haben. Absatz 1 Satz 2 bleibt unberührt.

(3) Deutschen können Leistungen nach diesem Buch auch gewährt werden, wenn sie ihren Aufenthalt im Ausland haben und soweit sie nicht Hilfe vom Aufenthaltsland erhalten.

(4) Regelungen des über- und zwischenstaatlichen Rechts bleiben unberührt.

Von einer Kommentierung wird abgesehen.

§ 7 SGB VIII Begriffsbestimmungen

(1) Im Sinne dieses Buches ist

1. Kind, wer noch nicht 14 Jahre alt ist, soweit nicht die Absätze 2 bis 4 etwas anderes bestimmen,
2. Jugendlicher, wer 14, aber noch nicht 18 Jahre alt ist,
3. junger Volljähriger, wer 18, aber noch nicht 27 Jahre alt ist,
4. junger Mensch, wer noch nicht 27 Jahre alt ist,
5. Personensorgeberechtigter, wem allein oder gemeinsam mit einer anderen Person nach den Vorschriften des Bürgerlichen Gesetzbuchs die Personensorge zusteht,
6. Erziehungsberechtigter, der Personensorgeberechtigte und jede sonstige Person über 18 Jahre, soweit sie auf Grund einer Vereinbarung mit dem Personensorgeberechtigten nicht nur vorübergehend und nicht nur für einzelne Verrichtungen Aufgaben der Personensorge wahrnimmt.

(2) Kind im Sinne des § 1 Absatz 2 ist, wer noch nicht 18 Jahre alt ist.

(3) (weggefallen)

(4) Die Bestimmungen dieses Buches, die sich auf die Annahme als Kind beziehen, gelten nur für Personen, die das 18. Lebensjahr noch nicht vollendet haben.

Von einer Kommentierung wird abgesehen.

§ 8 SGB VIII Beteiligung von Kindern und Jugendlichen

(1) Kinder und Jugendliche sind entsprechend ihrem Entwicklungsstand an allen sie betreffenden Entscheidungen der öffentlichen Jugendhilfe zu beteiligen. Sie sind in geeigneter Weise auf ihre Rechte im Verwaltungsverfahren sowie im Verfahren vor dem Familiengericht und dem Verwaltungsgericht hinzuweisen.

(2) Kinder und Jugendliche haben das Recht, sich in allen Angelegenheiten der Erziehung und Entwicklung an das Jugendamt zu wenden.

(3) Kinder und Jugendliche haben Anspruch auf Beratung ohne Kenntnis des Personensorgeberechtigten, wenn die Beratung auf Grund einer Not- und Konfliktlage erforderlich ist und solange durch die Mitteilung an den Personensorgeberechtigten der Beratungszweck vereitelt würde. § 36 des Ersten Buches bleibt unberührt.

Von einer Kommentierung wird abgesehen.

§ 8a SGB VIII Schutzauftrag bei Kindeswohlgefährdung

(1) [1]Werden dem Jugendamt gewichtige Anhaltspunkte für die Gefährdung des Wohls eines Kindes oder Jugendlichen bekannt, so hat es das Gefährdungsrisiko im Zusammenwirken mehrerer Fachkräfte einzuschätzen. [2]Soweit der wirksame Schutz dieses Kindes oder dieses Jugendlichen nicht in Frage gestellt wird, hat das Jugendamt die Erziehungsberechtigten sowie das Kind oder den Jugendlichen in die Gefährdungseinschätzung einzubeziehen und, sofern dies nach fachlicher Einschätzung erforderlich ist, sich dabei einen unmittelbaren Eindruck von dem Kind und von seiner persönlichen Umgebung zu verschaffen. [3]Hält das Jugendamt zur Abwendung der Gefährdung die Gewährung von Hilfen für geeignet und notwendig, so hat es diese den Erziehungsberechtigten anzubieten.

(2) [1]Hält das Jugendamt das Tätigwerden des Familiengerichts für erforderlich, so hat es das Gericht anzurufen; dies gilt auch, wenn die Erziehungsberechtigten nicht bereit oder in der Lage sind, bei der Abschätzung des Gefährdungsrisikos mitzuwirken. [2]Besteht eine dringende Gefahr und kann die Entscheidung des Gerichts nicht abgewartet werden, so ist das Jugendamt verpflichtet, das Kind oder den Jugendlichen in Obhut zu nehmen.

(3) [1]Soweit zur Abwendung der Gefährdung das Tätigwerden anderer Leistungsträger, der Einrichtungen der Gesundheitlife oder der Polizei notwendig ist, hat das Jugendamt auf die Inanspruchnahme durch die Erziehungsberechtigten hinzuwirken. [2]Ist ein sofortiges Tätigwerden erforderlich und wirken die Personensorgeberechtigten oder die Erziehungsberechtigten nicht mit, so schaltet das Jugendamt die anderen zur Abwendung der Gefährdung zuständigen Stellen selbst ein.

(4) [1]In Vereinbarungen mit den Trägern von Einrichtungen und Diensten, die Leistungen nach diesem Buch erbringen, ist sicherzustellen, dass

1. deren Fachkräfte bei Bekanntwerden gewichtiger Anhaltspunkte für die Gefährdung eines von ihnen betreuten Kindes oder Jugendlichen eine Gefährdungseinschätzung vornehmen,

2. bei der Gefährdungseinschätzung eine insoweit erfahrene Fachkraft beratend hinzugezogen wird sowie

3. die Erziehungsberechtigten sowie das Kind oder der Jugendliche in die Gefährdungseinschätzung einbezogen werden, soweit hierdurch der wirksame Schutz des Kindes oder Jugendlichen nicht in Frage gestellt wird.

[2]In die Vereinbarung ist neben den Kriterien für die Qualifikation der beratend hinzuzuziehenden insoweit erfahrenen Fachkraft insbesondere die Verpflichtung aufzunehmen, dass die Fachkräfte der Träger bei den Erziehungsberechtigten auf die Inanspruchnahme von Hilfen hinwirken, wenn sie diese für erforderlich halten, und das Jugendamt informieren, falls die Gefährdung nicht anders abgewendet werden kann.

(5) ¹Werden einem örtlichen Träger gewichtige Anhaltspunkte für die Gefährdung des Wohls eines Kindes oder eines Jugendlichen bekannt, so sind dem für die Gewährung von Leistungen zuständigen örtlichen Träger die Daten mitzuteilen, deren Kenntnis zur Wahrnehmung des Schutzauftrags bei Kindeswohlgefährdung nach § 8a erforderlich ist. ²Die Mitteilung soll im Rahmen eines Gespräches zwischen den Fachkräften der beiden örtlichen Träger erfolgen, an dem die Personensorgeberechtigten sowie das Kind oder der Jugendliche beteiligt werden sollen, soweit hierdurch der wirksame Schutz des Kindes oder des Jugendlichen nicht in Frage gestellt wird.

A. Allgemeines

1 § 8a SGB VIII enthält eine **„rechtsgestaltende Spitzenvorschrift"**[1] und als Ausfluss des **staatlichen Wächteramtes** nach Art. 6 Abs. 2 GG den von der Exekutive wahrzunehmenden **Schutzauftrag bei einer Kindeswohlgefährdung**. Die Vorschrift wurde durch das Kinder- und Jugendhilfeerweiterungsgesetz (KICK) vom 8.9.2005[2] in das SGB VIII eingefügt[3], um Kindeswohlgefährdungen möglichst frühzeitig zu erkennen und zu begegnen.[4] Sie beinhaltet insbesondere Verfahrensregelungen für das einer Entscheidung über eine Inobhutnahme vorgelagerte Verfahrensstadium innerhalb der Jugendämter und soll damit in erster Linie den Kinderschutz zum Wohle betroffener Minderjähriger effektivieren. Bei dieser Gelegenheit kann sie auch die Risiken einer möglichen strafrechtlichen Verantwortlichkeit von Jugendamtsmitarbeitern aufgrund ihrer Garantenstellung gegenüber gefährdeten Kindern (näher hierzu *Dürbeck*, Vorbem. SGB VIII Rn. 15) begrenzen.[5] Die materiellen und verfahrensrechtlichen Voraussetzungen der Inobhutnahme selbst sind in § 42 SGB VIII geregelt. Die Vorschrift wurde zuletzt durch das zum 1.1.2012 in Kraft getretene Bundeskinderschutzgesetz[6] geändert.

B. Inhalt der Norm

I. Einschätzung des Gefährdungsrisikos (Abs. 1)

2 Werden dem Jugendamt gewichtige Anhaltspunkte für eine Kindeswohlgefährdung bekannt, so hat es nach § 8a Abs. 1 Satz 1 SGB VIII im **Zusammenwirken mehrerer Fachkräfte** ein **Gefährdungsrisiko einzuschätzen**.[7] Damit ist nach dem ausdrücklichen Wortlaut eine Handlungspflicht zur Wahrnehmung des staatlichen Kinderschutzauftrages statuiert, die jedes Jugendamt unabhängig von seiner örtlichen oder sachlichen Zuständig-

---

1 MüKo-BGB/*Tillmanns,* § 8a SGB VIII Rn. 1
2 BGBl. 2005 I S. 2729
3 Zur Vorgeschichte *Salgo,* ZKJ 2006, 531
4 Vgl. *Willutzki,* FPR 2008, 488
5 Schellhorn/*Mann,* § 8a SGB VIII Rn. 13 f.
6 BGBl. 2011 I S. 2975
7 Der Begriff „Abschätzung" wurde durch das BundeskinderschutzG durch den Begriff „Einschätzung" ersetzt, von *Kunkel,* ZKJ 2012, 288, 291 zu Recht als „juristisches Glasperlenspiel" bezeichnet.

keit wahrzunehmen hat.[8] Der Schutzauftrag gilt schon im Hinblick auf Art. 20 Abs. 1 UN-Kinderrechtskonvention im besonderen Maße auch gegenüber Pflegekindern,[9] verschafft Dritten aber keinen einklagbaren Anspruch auf Durchführung der Risikoprognose.[10]

Gewichtige Anhaltspunkte zur Durchführung einer Gefahreinschätzung liegen dann **3** vor, wenn konkrete **Hinweise oder Indizien** vorliegen, die eine **Kindeswohlgefährdung** nahelegen.[11] Auch die Äußerung bloßer Vermutungen, ggf. auch anonym, kann ausreichender Anlass für eine Gefahrprognose in diesem Sinne sein, wenn sie aufgrund einer Gesamtwürdigung aller Umstände ernst zu nehmen ist.[12] Der Begriff der Kindeswohlgefährdung ist **wie bei §1666 BGB** zu bestimmen[13] (näher hierzu *Cirullies*, §1666 BGB Rn. 19 ff.). Eine Gefährdung des Kindeswohls liegt demnach dann vor, wenn das Kind bereits einen körperlichen, geistigen oder psychischen Schaden erlitten hat oder aber bei der weiteren Entwicklung eine erhebliche Schädigung mit ziemlicher Sicherheit zu erwarten ist.[14] Entgegen der wohl überwiegenden Literatur reicht die Nichtwahrnehmung von Terminen der **Früherkennungsuntersuchungen** für die Gefährdungseinschätzung nach §8a Abs. 1 SGB VIII aus.[15]

▶ *Zur Frage des Rechtsschutzes bei einer Gefährdungsmitteilung an das Familiengericht vgl. unten Rn. 10.*

Liegen gewichtige Anhaltspunkte für eine Kindeswohlgefährdung in diesem Sinne vor, so **4** hat das Jugendamt zunächst die Pflicht von Amts wegen sich **Informationen** für die Durchführung der von ihm geforderten Prognose zu verschaffen (§20 SGB X).[16] Die **Befugnis zur Erhebung von Sozialdaten** über die Personensorgeberechtigten und das Kind bei Dritten ergibt sich aus §62 Abs. 3 SGB VIII.

Im Anschluss daran hat – noch vor Beteiligung der Erziehungsberechtigten und des Kindes/ **5** Jugendlichen – eine Gefährdungseinschätzung im **Zusammenwirken mehrerer Fachkräfte** zu erfolgen. Die kollegiale Einschätzung erfolgt im Zusammenwirken von mindestens zwei Fachkräften, wobei im Einzelfall auch Veranlassung bestehen kann, mehrere Fachkräfte, ggf. auch externe Berater, hinzuzuziehen.[17] Auch muss zumindest eine insoweit **erfahrene Fachkraft** beteiligt sein.

Die **Erziehungsberechtigten und das Kind** sollen sodann nach Abs. 1 Satz 2 nach kolle **6** gialer Bejahung einer Gefährdungsprognose in die Entscheidungsbildung **miteinbezogen** werden, soweit dies den wirksamen Schutz des Kindes nicht vereiteln würde. Soweit nach fachlicher Einschätzung erforderlich, soll nach Abs. 1 Satz 2 HS 2 ein **Hausbesuch** stattfinden und sich das Jugendamt einen unmittelbaren Eindruck von dem Kind verschaffen. Die Frage der Anordnung eines obligatorischen Hausbesuchs, zu dem sich der Gesetzgeber nicht entschließen konnte, gehörte zu den am meist umstrittensten Themen des Gesetzgebungsverfahrens zum Bundeskinderschutzgesetz.[18] Die Frage, ob ein solcher – auch unan-

---

8 *DIJuF*-Rechtsgutachten JAmt 2009, 367; FK-SGB VIII/*Meysen*, §8a SGB VIII Rn. 10; a.A. VG Braunschweig JAmt 2011, 106: nur das nach §87 SGB VIII zuständige Jugendamt
9 *Salgo*, ZKJ 2013, 150
10 OVG Nordrhein-Westfalen JAmt 2009, 384
11 LPK-SGB VIII/*Bringewat*, §8a Rn. 35
12 *Salgo*, ZKJ 2007, 12, 14
13 *Coester*, JAmt 2008, 1, 5; Wiesner/*Wiesner*, §8a SGB VIII Rn. 13a; a.A. *Bringewat*, ZKJ 2011, 278: Es reichen bereits Defizite nach §27 SGB VIII
14 BVerfG FamRZ 2010, 713; ZKJ 2012, 186; BGH FamRZ 1956, 350; Staudinger/*Coester*, §1666 BGB Rn. 82
15 VerfGH Rheinland-Pfalz JAmt 2010, 142; VG Köln ZKJ 2012, 239; a.A. DIJuF-Rechtsgutachen JAmt 2012, 161; 2011, 395; FK-SGB VIII/*Meysen*, §8a Rn. 18
16 Wiesner/*Wiesner*, §8a SGB VIII Rn. 16
17 *Willutzki*, FPR 2008, 488, 489
18 Vgl. *Kaufmann*, ZKJ 2011, 198; *Ehrmann/Breitfeld*, FPR 2012, 418

gemeldet zulässiger[19] – Hausbesuch zum Zwecke der Informationsgewinnung erforderlich ist, bleibt im Ermessen des Jugendamts, das sich aber bei besonders gewichtigen Anhaltspunkten zu einer Pflicht zu einem unangemeldeten Besuch reduzieren kann.[20] Durch Abs. 1 Satz 2 will der Gesetzgeber erreichen, dass im Idealfall eine Klärung der Gefährdungssituation im Rahmen des Familienverbundes erfolgt. Ein Ausnahmefall der Gefährdung wirksamen Schutzes wird etwa bei schwerwiegenden Fällen sexuellen Missbrauchs angenommen.[21] Das Erstellen von Fotographien oder Tonaufnahmen während des Hausbesuchs ist gegen den Widerspruch der Eltern nicht zulässig.[22] Im Übrigen besteht auch für weitere Eingriffe, wie etwa die körperliche Untersuchung des Kindes ohne das Einverständnis der Eltern, keine gesetzliche Ermächtigungsgrundlage. Hier verbleibt bei fehlender Kooperation der Eltern nur die Anrufung des Familiengerichts (vgl. unten Rn. 8 f.).

7 Hält das Jugendamt zur Abwendung der Gefährdung die Gewährung von Hilfen nach dem SGB VIII für geeignet und notwendig, so hat es diese nach Abs. 1 Satz 3 den Erziehungsberechtigten anzubieten. Die Regelung ist eine Konkretisierung des Verhältnismäßigkeitsgrundsatzes[23] und stellt sicher, dass Eingriffe in das Sorgerecht nach § 42 SGB VIII oder § 1666 BGB unterbleiben, wenn die Gefahr bereits durch Gewährung von Hilfeleistungen, z.B. nach § 19 oder § 31 SGB VIII, abgewendet werden kann.

II. Anrufung des Familiengerichts (Abs. 2 Satz 1)

8 Hält das Jugendamt nach § 8a Abs. 2 Satz 1 SGB VIII das Tätigwerden des Familiengerichts für erforderlich, so hat es das **Gericht anzurufen**. Nach HS 2 soll dies auch in den Fällen gelten, in denen die Erziehungsberechtigten nicht bereit oder dazu in der Lage sind, bei der Abschätzung des Gefährdungsrisikos mitzuwirken. Nachdem vor Einführung dieser gesetzlichen Regelung die Jugendämter die Familiengerichte häufig erst dann eingeschaltet haben, wenn sie im Rahmen der §§ 1666, 1666a BGB den (teilweisen) Entzug der elterlichen Sorge für unumgänglich hielten, wird nunmehr das Familiengericht früher in den Kinderschutzfall einbezogen und damit auch seine Rolle im Rahmen des staatlichen Wächteramtes aus Art. 6 Abs. 2 Satz 2 GG früher aktiviert, damit dieses das Maßahmenarsenal des § 1666 Abs. 3 BGB ggf. auch vollumfänglich nutzen kann.

▶ *Zu den Maßnahmen des Familiengerichts siehe Cirullies, § 1666 BGB Rn. 39 ff.*

9 Die Regelung korrespondiert mit der vefahrensrechtlichen Regelung des § 157 FamFG (näher hierzu *Cirullies*, § 157 FamFG Rn. 1 ff.).

Die Anrufung des Familiengerichts ist unter den vorbezeichneten Voraussetzungen als **Amtspflicht der Jugendämter** ausgestaltet. Satz 1 HS 1 kommt zum Tragen, wenn das Jugendamt Hilfemaßnahmen nach Abs. 1 Satz 3 als nicht ausreichend zur Abwendung einer Kindeswohlgefährdung hält, sondern ihm darüber hinaus Eingriffe in das Sorgerecht – sei es als Entzug oder Beschränkungen nach § 1666 Abs. 3 Nr. 1-5 BGB – erforderlich erscheinen. Nach HS 2 ist das Familiengericht auch dann anzurufen, wenn die **Gefahrprognose positiv** ist und die Eltern **nicht zu einer Zusammenarbeit mit dem Jugendamt bereit** oder **dazu in der Lage** sind. Dabei ist aber zu berücksichtigen, dass Eltern die Begegnung mit dem Jugendamt häufig als unzulässige Einmischung in ihre Angelegenheiten empfinden und Gesprächen mit dem Jugendamt und der Annahme möglicher Hilfen ablehnend gegenüber stehen können, so dass im Regelfall nur ein **beharrliches Verweigern der Kooperation** Anlass für eine Anrufung des Familiengerichts sein wird.[24]

---

19 VG München JAmt 2009, 264; kritisch *Kaufmann*, ZKJ 2011, 198
20 Ähnlich LPK-SGB VIII/*Bringewat*, § 8a SGB VIII Rn. 52 f. vgl. auch DIJuF-Rechtsgutachten, JAmt 2015, 83
21 BT-Drucks. 15/3676, 38
22 *DIJuF*-Rechtsgutachten, JAmt 2008, 20, 23
23 FK-SGB VIII/*Meysen*, § 8a Rn. 35
24 FK-SGB VIII/*Meysen*, § 8a Rn. 44

Wird das Familiengericht angerufen, so ist das Jugendamt in rechtlicher Hinsicht nicht Antragsteller eines Verfahrens nach § 1666 BGB, sondern regt nach § 24 FamFG die Einleitung eines Verfahrens nach § 1666 BGB durch das Familiengericht an. Das Familiengericht hat in **eigener Verantwortung** zu prüfen, ob es von Amts wegen hinreichende Anhaltspunkte erkennt, die wegen einer möglichen Gefährdung des Kindeswohls die Einleitung eines Verfahrens nach § 1666 BGB rechtfertigen. Ihm obliegt dabei nicht die Prüfung, ob das Jugendamt zu Recht nach § 8a Abs. 2 Satz 1 SGB VIII eine Mitteilung gemacht hat.[25] Eine **Mitteilung des Jugendamtes** an das Familiengericht nach § 8a Abs. 2 Satz 1 SGB VIII ist im Übrigen von den Eltern mangels Verletzung eigener Rechte auch nicht vor dem Verwaltungsgericht anfechtbar.[26]

10

III. Inobhutnahme (Abs. 2 Satz 2)

Besteht aus Sicht des Jugendamts eine so **dringende Gefahr** für das Kind, dass eine Entscheidung des nach Abs. 2 Satz. 1 anzurufenden Familiengerichts nicht abgewartet werden kann, so ist das Jugendamt nach § 8a Abs. 2 Satz 2 SGB VIII verpflichtet, das Kind oder den Jugendlichen in Obhut zu nehmen. Damit beschränkt das Gesetz die Möglichkeit der Trennung von Kindern von ihren Personensorgeberechtigten durch Inobhutnahme nach § 42 SGB VIII – außerhalb der Fälle unbegleitet eingereister minderjähriger Flüchtlinge und der Inobhutnahme auf eigenen Wunsch der Minderjährigen, vgl. § 42 Abs. 1 Nr. 1 und 3 SGB VIII – auf Fälle, in denen eine **besondere Dringlichkeit** besteht, was dann anzunehmen ist, wenn eine Beeinträchtigung des körperlichen, geistigen oder seelischen Wohls des Kindes unmittelbar bevorsteht oder bereits realisierter Gefahr Wiederholungsgefahr droht.[27] Wegen der **vorrangigen Möglichkeit der Anordnung einer einstweiligen Anordnung durch das Familiengericht** nach §§ 49 ff. FamFG ist der Anwendungsbereich der Norm auf besonders akute und schwerwiegende Gefährdungen beschränkt, die zum Schutz des Kindes oder Jugendlichen ohne weiteres Zuwarten eine Trennung von den Personensorgeberechtigten erfordern.[28]

11

▶ *Näher zur Inobhutnahme Dürbeck, § 42 SGB VIII Rn. 1 ff.*

IV. Einschaltung anderer Institutionen (Abs. 3)

Soweit zur Abwendung der Gefährdung des Kindes oder Jugendlichen das Tätigwerden **anderer Leistungsträger** (z.B. Eingliederungshilfe nach SGB XII), der Einrichtungen der **Gesundheitshilfe** (z.B. Krankenhäuser) oder der **Polizei** notwendig ist, so hat nach Abs. 3 Satz 1 das Jugendamt wegen des Vorrangs der Eigenverantwortlichkeit der Erziehungsberechtigten auf die Inanspruchnahme durch die Erziehungsberechtigten hinzuwirken. Nur wenn ein sofortiges Tätigwerden erforderlich ist und die Personensorgeberechtigten oder die Erziehungsberechtigten nicht mitwirken, schaltet das Jugendamt nach Satz 2 die anderen zur Abwendung der Gefährdung zuständigen Stellen selbst ein. Die Gründe der unterlassenen Inanspruchnahme durch die Erziehungs- bzw. Sorgeberechtigten sind unerheblich.[29]

12

V. Einbeziehung freier Träger (Abs. 4)

Da der Gesetzgeber nur staatliche Institutionen mit dem Wächteramt beauftragen kann, verpflichtet er in Abs. 4 die Träger der öffentlichen Jugendhilfe durch Vereinbarungen si-

13

---

25 OLG Frankfurt ZKJ 2014, 31
26 Hess. VGH ZKJ 2013, 82; kritisch: *Sommer*, ZKJ 2013, 68
27 LPK-SGB VIII/*Bringewat*, § 8a Rn. 86
28 *Wiesner*, FPR 2007, 6
29 MüKo-BGB/*Tillmanns*, § 8a SGB VIII Rn. 13

cherzustellen, dass die Fachkräfte der **freien Träger der Jugendhilfe**[30] den in § 8a Abs. 1 SGB VIII enthaltenen Schutzauftrag ebenfalls wahrnehmen. Entsprechende Vereinbarungen sind nach Maßgabe von §§ 78a ff. SGB VIII abzuschließen. Der freie Träger muss nach seiner von ihm umzusetzenden Organisation dazu in der Lage sein, selbst eine Gefährdungsprognose vorzunehmen (Nr. 1), diese wie bei Abs. 1 im Team zu treffen (Nr. 2) und dabei die Erziehungsberechtigten und das Kind nach Maßgabe von Abs. 1 Satz 2 einzubeziehen (Nr. 3), also über die entsprechenden Ressourcen und die entsprechende Organisation verfügen. Nach Satz 2 ist der freie Träger insbesondere verpflichtet, auf die Inanspruchnahme von Hilfen durch die Personensorge- und Erziehungsberechtigten hinzuwirken und das Jugendamt zu informieren, wenn die angenommen Hilfen nicht ausreichend erscheinen. Außerdem ist nach Abs. 4 Satz 2 in die Vereinbarung auch die Verpflichtung aufzunehmen, dass die Fachkräfte der freien Träger bei den Erziehungsberechtigten auf die Inanspruchnahme von Hilfen hinwirken, wenn sie diese für erforderlich halten, und das Jugendamt informieren, falls die Gefährdung nicht anders abgewendet werden kann.

VI. Zuständigkeitswechsel (Abs. 5)

14 Der zum 1.1.2012 neu eingeführte Abs. 5 dient Verhinderung eines Informationsverlustes und damit verbundener Einschränkung des Schutzauftrages durch sog. **„Jugendamts-Hopping"** (infolge Umzug der Eltern).[31] Nunmehr soll nach Satz 2 auch ein formelles **„Gespräch"** zwischen den beiden Fachkräften der Jugendämter stattfinden, und zwar unter grundsätzlicher Beteiligung der Sorgeberechtigten und Jugendlichen. Ausdrückliches Ziel ist es, dass die Wirksamkeit des Kinderschutzes nicht durch den Wechsel von Zuständigkeiten untergraben wird.[32]

▶ *Zur örtlichen Zuständigkeit der Jugendämter siehe auch Dürbeck, §§ 86 ff. SGB VIII Rn. 1 ff.*

§ 8b SGB VIII Fachliche Beratung und Begleitung zum Schutz von Kindern und Jugendlichen

(1) Personen, die beruflich in Kontakt mit Kindern oder Jugendlichen stehen, haben bei der Einschätzung einer Kindeswohlgefährdung im Einzelfall gegenüber dem örtlichen Träger der Jugendhilfe Anspruch auf Beratung durch eine insoweit erfahrene Fachkraft.

(2) Träger von Einrichtungen, in denen sich Kinder oder Jugendliche ganztägig oder für einen Teil des Tages aufhalten oder in denen sie Unterkunft erhalten, und die zuständigen Leistungsträger, haben gegenüber dem überörtlichen Träger der Jugendhilfe Anspruch auf Beratung bei der Entwicklung und Anwendung fachlicher Handlungsleitlinien

1. zur Sicherung des Kindeswohls und zum Schutz vor Gewalt sowie
2. zu Verfahren der Beteiligung von Kindern und Jugendlichen an strukturellen Entscheidungen in der Einrichtung sowie zu Beschwerdeverfahren in persönlichen Angelegenheiten.

Von einer Kommentierung wird abgesehen.

§§ 9 bis 10 SGB VIII

Von Abdruck und Kommentierung der §§ 9 und 10 SGB VIII wird abgesehen.

---

30 Zu deren wahrzunehmenden Aufgaben im Bereich des Kinderschutzes ausführlich: *Moch/Junker-Moch*, FPR 2011, 319
31 BT-Drucks. 17/6256, 2
32 Vgl. Einzelheiten bei *Meysen*, FamRZ 2012, 405, 413 f.

Zweites Kapitel
Leistungen der Jugendhilfe

[...]

Zweiter Abschnitt
Förderung der Erziehung in der Familie

§ 16 SGB VIII Allgemeine Förderung der Erziehung in der Familie

(1) Müttern, Vätern, anderen Erziehungsberechtigten und jungen Menschen sollen Leistungen der allgemeinen Förderung der Erziehung in der Familie angeboten werden. Sie sollen dazu beitragen, dass Mütter, Väter und andere Erziehungsberechtigte ihre Erziehungsverantwortung besser wahrnehmen können. Sie sollen auch Wege aufzeigen, wie Konfliktsituationen in der Familie gewaltfrei gelöst werden können.

(2) Leistungen zur Förderung der Erziehung in der Familie sind insbesondere

1. Angebote der Familienbildung, die auf Bedürfnisse und Interessen sowie auf Erfahrungen von Familien in unterschiedlichen Lebenslagen und Erziehungssituationen eingehen, die Familie zur Mitarbeit in Erziehungseinrichtungen und in Formen der Selbst- und Nachbarschaftshilfe besser befähigen sowie junge Menschen auf Ehe, Partnerschaft und das Zusammenleben mit Kindern vorbereiten,

2. Angebote der Beratung in allgemeinen Fragen der Erziehung und Entwicklung junger Menschen,

3. Angebote der Familienfreizeit und der Familienerholung, insbesondere in belastenden Familiensituationen, die bei Bedarf die erzieherische Betreuung der Kinder einschließen.

(3) Müttern und Vätern sowie schwangeren Frauen und werdenden Vätern sollen Beratung und Hilfe in Fragen der Partnerschaft und des Aufbaus elterlicher Erziehungs- und Beziehungskompetenzen angeboten werden.

(4) Das Nähere über Inhalt und Umfang der Aufgaben regelt das Landesrecht.

(5) (weggefallen)

Von einer Kommentierung wird abgesehen.

§ 17 SGB VIII Beratung in Fragen der Partnerschaft, Trennung und Scheidung

(1) ¹Mütter und Väter haben im Rahmen der Jugendhilfe Anspruch auf Beratung in Fragen der Partnerschaft, wenn sie für ein Kind oder einen Jugendlichen zu sorgen haben oder tatsächlich sorgen. ²Die Beratung soll helfen,

1. ein partnerschaftliches Zusammenleben in der Familie aufzubauen,

2. Konflikte und Krisen in der Familie zu bewältigen,

3. im Fall der Trennung oder Scheidung die Bedingungen für eine dem Wohl des Kindes oder des Jugendlichen förderliche Wahrnehmung der Elternverantwortung zu schaffen.

(2) Im Fall der Trennung und Scheidung sind Eltern unter angemessener Beteiligung des betroffenen Kindes oder Jugendlichen bei der Entwicklung eines einvernehmlichen Konzepts für die Wahrnehmung der elterlichen Sorge und der elterlichen Verantwortung zu unterstützen; dieses Konzept kann auch als Grundlage für einen Vergleich oder eine gerichtliche Entscheidung im familiengerichtlichen Verfahren dienen.

(3) Die Gerichte teilen die Rechtshängigkeit von Scheidungssachen, wenn gemeinschaftliche minderjährige Kinder vorhanden sind, sowie Namen und Anschriften der beteiligten Eheleute und Kinder dem Jugendamt mit, damit dieses die Eltern über das Leistungsangebot der Jugendhilfe nach Absatz 2 unterrichtet.

1 Die Vorschrift begründet in Abs. 1 einen Anspruch auf **Beratung in Fragen der Partnerschaft**, insbesondere im Falle der Trennung und Scheidung. Für diesen Fall erstreckt Abs. 2 den Anspruch auf die Unterstützung der Eltern bei der Entwicklung eines Konzepts für die Wahrnehmung der elterlichen Sorge. Wie Abs. 3 zeigt, steht die Beratung und Unterstützung in engem Zusammenhang mit den **familiengerichtlichen Verfahren** im Falle der Trennung und Scheidung. Da vielen Eltern die Beratungsangebote des Jugendamtes nicht bekannt sind, verpflichtet Abs. 3 die Familiengerichte dazu, den Jugendämtern Namen und Anschrift der beteiligten Eltern bekannt zu geben, damit den Eltern die Beratungsangebote nahegebracht werden können.

2 Die Vorschrift offeriert in Satz 1 einen **Rechtsanspruch** auf Beratung.[1] Die Zielrichtung der Beratung wird in Satz 2 beschrieben. Es geht aber weniger um die Unterstützung im gerichtlichen Verfahren, als vielmehr um die Mitwirkung bei der **Entwicklung eines einvernehmlichen Konzepts elterlicher Verantwortung bei Getrenntleben** und der Vermeidung konfliktreicher gerichtlicher Auseinandersetzungen.[2]

§ 18 SGB VIII Beratung und Unterstützung bei der Ausübung der Personensorge und des Umgangsrechts

(1) Mütter und Väter, die allein für ein Kind oder einen Jugendlichen zu sorgen haben oder tatsächlich sorgen, haben Anspruch auf Beratung und Unterstützung

1. bei der Ausübung der Personensorge einschließlich der Geltendmachung von Unterhalts- oder Unterhaltsersatzansprüchen des Kindes oder Jugendlichen,

2. bei der Geltendmachung ihrer Unterhaltsansprüche nach § 1615l des Bürgerlichen Gesetzbuchs.

(2) Mütter und Väter, die mit dem anderen Elternteil nicht verheiratet sind, haben Anspruch auf Beratung über die Abgabe einer Sorgeerklärung und die Möglichkeit der gerichtlichen Übertragung der gemeinsamen elterlichen Sorge.

(3) [1]Kinder und Jugendliche haben Anspruch auf Beratung und Unterstützung bei der Ausübung des Umgangsrechts nach § 1684 Absatz 1 des Bürgerlichen Gesetzbuchs. [2]Sie sollen darin unterstützt werden, dass die Personen, die nach Maßgabe der §§ 1684, 1685 und 1686a des Bürgerlichen Gesetzbuchs zum Umgang mit ihnen berechtigt sind, von diesem Recht zu ihrem Wohl Gebrauch machen. [3]Eltern, andere Umgangsberechtigte sowie Personen, in deren Obhut sich das Kind befindet, haben Anspruch auf Beratung und Unterstützung bei der Ausübung des Umgangsrechts. [4]Bei der Befugnis, Auskunft über die persönlichen Verhältnisse des Kindes zu verlangen, bei der Herstellung von Umgangskontakten und bei der Ausführung gerichtlicher oder vereinbarter Umgangsregelungen soll vermittelt und in geeigneten Fällen Hilfestellung geleistet werden.

(4) Ein junger Volljähriger hat bis zur Vollendung des 21. Lebensjahres Anspruch auf Beratung und Unterstützung bei der Geltendmachung von Unterhalts- oder Unterhaltsersatzansprüchen.

---

1 BT-Drucks. 13/4899, 169
2 BVerfG FamRZ 1982, 1179; *Wiesner/Struck*, § 17 SGB VIII Rn. 34 ff.

Die Norm erweitert die **Beratungs- und Unterstützungsangebote** der Kinder- und Jugendhilfe auf besondere Fallgestaltungen.   **1**

In Abs. 1 wird der Situation **allein erziehender Elternteile** Rechnung getragen, indem diesen ein weitreichender **Anspruch auf Beratung und Unterstützung** gewährt wird, der neben der **Personensorge** auch die Geltendmachung von **Unterhalts- und Unterhaltsersatzansprüchen** erfasst. Abs. 2 bietet einen **Beratungsanspruch unverheirateter Elternteile über die Abgabe einer Sorgeerklärung**.

In Abs. 3 wird ein eigener Anspruch des Kindes/Jugendlichen sowie ein Anspruch der Eltern, der Umgangsberechtigten und von Personen, die das Kind in Obhut haben, auf **Unterstützung und Beratung bei der Ausübung des Umgangsrechts** begründet. Für das kindschaftsrechtliche Umgangsverfahren (§ 151 Nr. 2 FamFG) hat die Reichweite der Vorschrift ganz fundamentale Bedeutung. Neben der Beratungs- und Vermittlungsfunktion im Bereich des Kindesumgangs ist sie auch die Rechtsgrundlage für die Erbringung und Bewilligung **begleiteter Umgangskontakte** durch das Jugendamt oder von ihm beauftragter freier Träger (vgl. auch § 1684 Abs. 4 Satz 4 BGB).[1]   **2**

Bejaht das **Familiengericht** nach § 1684 Abs. 4 Satz 3 BGB die **Notwendigkeit begleiteten Umgangs**, stellt sich die Frage, wie es verfahren soll, wenn das Jugendamt – was in der Praxis durchaus vorkommt – sich weigert, dies jugendhilferechtlich zu bewilligen. Die Frage einer Anordnungskompetenz der Familiengerichte gegenüber dem Jugendamt (vgl. dazu § 36a SGB VIII Rn. 1 ff.) stellt sich hier insoweit nicht, als dass begleiteter Umgang schon nach dem Wortlaut von nach § 1684 Abs. 4 Satz 3 BGB ausnahmslos die Bereitschaft der Begleitperson an seiner Durchführung voraussetzt (näher hierzu *Gottschalk*, § 1684 BGB Rn. 71 ff.).[2] Das Familiengericht kann das Jugendamt mithin **nicht gegen dessen Willen** als Umgangsbegleiter verpflichten, auch wenn dies gem. § 18 Abs. 3 SGB VIII zu den Aufgaben der Kinder- und Jugendhilfe gehört.[3] Da damit begleiteter Umgang zunächst nicht angeordnet werden kann, verbleibt dem Familiengericht im Ergebnis nur die Möglichkeit eines Umgangsausschlusses oder aber die Anordnung eines unbegleiteten Umgangs. Ersterer dürfte aber bei bestehender Möglichkeit von beschützten Umgängen nicht verhältnismäßig sein. Letzterer setzt das Kind einer Gefährdung aus, die als Voraussetzung für eine Beschränkung des Umgangs in Form der Umgangsbegleitung vom Familiengericht bejaht worden ist. Begleiteter Umgang kann in dieser praxisrelevanten Problemlage theoretisch dadurch erreicht werden, dass die Eltern zunächst auf den Verwaltungsrechtsweg verwiesen werden, weil § 18 Abs. 3 SGB VIII auch ein einklagbares subjektives Recht gegen den staatlichen Träger der Jugendhilfe eröffnet.[4] Dies ist aber unbefriedigend, da der Verwaltungsrechtsweg regelmäßig zeitintensiv ist. Alternativ kann sich das Familiengericht nach einer mitwirkungsbereiten (ehrenamtlichen oder berufsmäßigen) Umgangsbegleitung umsehen, deren Kosten entweder von leistungsfähigen Eltern selbst zu tragen sind oder als Auslagen über die Gerichtskosten zu finanzieren sind.[5] Mit Blick auf § 26 FamFG und der Ausübung des staatlichen Wächteramts durch das Familiengericht dürfte die Benennung eines bereiten Umgangsbegleiters nicht alleine in die Verant-   **3**

---

1 Zur Praxis des begleiteten Umgang aus jugendhilferechtlicher Sicht: *Schlund*, ZKJ 2015, 55
2 OLG Saarbrücken, Beschluss v. 14.10.2014 – 6 UF 110/14, juris; OLG Frankfurt a.M. FamRZ 1999, 617; Palandt/*Götz* § 1684 BGB Rn. 35; a.A. *Völker/Clausius*, § 12 Rn. 32 und *Holldorf/v. Pirani*, ZKJ 2012, 384 wegen der angeblich aus § 36a SGB VIII herzuleitenden fehlenden Anordnungskompetenz des Familiengerichts gegenüber dem Jugendamt, vgl. dazu aber *Dürbeck*, § 36a SGB VIII Rn. 1
3 OVG Saarland ZKJ 2014, 488 = FamRZ 2014, 186; *Völker/Clausius*, § 12 Rn. 32; Staudinger/*Rauscher*, § 1684 BGB, Rn. 319; *Dürbeck* in: HB Verfahrensbeistandschaft, Rn. 571
4 OVG Saarland FamRZ 2014, 186; OVG Nordrhein-Westfalen NJW 2014, 3593; LPK-SGB VIII/*Kunkel* § 18 Rn. 22
5 Vgl. *Keuter*, FamRZ 2011, 373 a.A. aber die ganz überwiegende Auffassung, vgl. OLG Frankfurt, Beschluss vom 24.3.2015 – 5 UF 270/14, juris: Umgangsausschluss

wortungssphäre der Umgangsberechtigten fallen, sondern eine vom Familiengericht wahrzunehmende Aufgabe darstellen.[6]

▶ *Zu weiteren Einzelheiten des begleiteten Umgangs siehe auch Gottschalk, § 1684 BGB Rn. 71 ff.*

§ 19 SGB VIII Gemeinsame Wohnformen für Mütter/Väter und Kinder

(1) [1]Mütter oder Väter, die allein für ein Kind unter sechs Jahren zu sorgen haben oder tatsächlich sorgen, sollen gemeinsam mit dem Kind in einer geeigneten Wohnform betreut werden, wenn und solange sie auf Grund ihrer Persönlichkeitsentwicklung dieser Form der Unterstützung bei der Pflege und Erziehung des Kindes bedürfen. [2]Die Betreuung schließt auch ältere Geschwister ein, sofern die Mutter oder der Vater für sie allein zu sorgen hat. [3]Eine schwangere Frau kann auch vor der Geburt des Kindes in der Wohnform betreut werden.

(2) Während dieser Zeit soll darauf hingewirkt werden, dass die Mutter oder der Vater eine schulische oder berufliche Ausbildung beginnt oder fortführt oder eine Berufstätigkeit aufnimmt.

(3) Die Leistung soll auch den notwendigen Unterhalt der betreuten Personen sowie die Krankenhilfe nach Maßgabe des § 40 umfassen.

1 Diese Art der Leistung bietet allein erziehenden Müttern und Vätern Unterstützung, welche durch eine ambulante oder teilstationäre Hilfe nicht geleistet werden könnte.[1] Durch die **gemeinsame Unterbringung mit ihrem Kind** sollen Mütter und Väter **besser befähigt** werden, ihre **Erziehungsaufgaben wahrzunehmen**, gleichzeitig aber auch **entlastet** und in die Lage versetzt werden, ihre **Schul- und Berufsausbildung abzuschließen**.

2 Das Angebot stellt damit eine **Hilfe zur Selbsthilfe** für den betroffenen Elternteil, und damit eine mittelbare Hilfe für das Kind dar. Voraussetzung ist, dass das betroffene **Kind unter sechs Jahre** alt ist und der betroffene Elternteil aufgrund seiner **Persönlichkeitsentwicklung hilfsbedürftig ist**, weil er **emotional, intellektuell und/oder materiell** nicht dazu in der Lage ist, das Leben zu meistern und seiner Erziehungsverantwortung gerecht zu werden. Die Leistung wird in der Praxis häufig im Vorfeld oder während eines Verfahrens nach § 1666 BGB gewährt, um eine Trennung zwischen Eltern und Kind zu vermeiden.

§§ 20 und 26 SGB VIII

Von Abdruck und Kommentierung der §§ 20 und 26 SGB VIII wird abgesehen.

---

6 OLG Frankfurt, Beschluss vom 24.3.2015 – 5 UF 270/14, juris –; a.A. OLG Frankfurt FamRB 2013, 319: objektive Feststellungslast bei fehlender Mitwirkung des Berechtigten.
1 Ausführlich *Wiesner*, NDV 1998, 225

Vierter Abschnitt
Hilfe zur Erziehung, Eingliederungshilfe für seelisch behinderte Kinder und Jugendliche, Hilfe für junge Volljährige

Erster Unterabschnitt
Hilfe zur Erziehung

§ 27 SGB VIII Hilfe zur Erziehung

(1) Ein Personensorgeberechtigter hat bei der Erziehung eines Kindes oder eines Jugendlichen Anspruch auf Hilfe (Hilfe zur Erziehung), wenn eine dem Wohl des Kindes oder des Jugendlichen entsprechende Erziehung nicht gewährleistet ist und die Hilfe für seine Entwicklung geeignet und notwendig ist.

(2) [1]Hilfe zur Erziehung wird insbesondere nach Maßgabe der §§ 28 bis 35 gewährt. Art und Umfang der Hilfe richten sich nach dem erzieherischen Bedarf im Einzelfall; dabei soll das engere soziale Umfeld des Kindes oder des Jugendlichen einbezogen werden. [2]Die Hilfe ist in der Regel im Inland zu erbringen; sie darf nur dann im Ausland erbracht werden, wenn dies nach Maßgabe der Hilfeplanung zur Erreichung des Hilfezieles im Einzelfall erforderlich ist.

(2a) Ist eine Erziehung des Kindes oder Jugendlichen außerhalb des Elternhauses erforderlich, so entfällt der Anspruch auf Hilfe zur Erziehung nicht dadurch, dass eine andere unterhaltpflichtige Person bereit ist, diese Aufgabe zu übernehmen; die Gewährung von Hilfe zur Erziehung setzt in diesem Fall voraus, dass diese Person bereit und geeignet ist, den Hilfebedarf in Zusammenarbeit mit dem Träger der öffentlichen Jugendhilfe nach Maßgabe der §§ 36 und 37 zu decken.

(3) [1]Hilfe zur Erziehung umfasst insbesondere die Gewährung pädagogischer und damit verbundener therapeutischer Leistungen. [2]Sie soll bei Bedarf Ausbildungs- und Beschäftigungsmaßnahmen im Sinne des § 13 Absatz 2 einschließen.

(4) Wird ein Kind oder eine Jugendliche während ihres Aufenthaltes in einer Einrichtung oder einer Pflegefamilie selbst Mutter eines Kindes, so umfasst die Hilfe zur Erziehung auch die Unterstützung bei der Pflege und Erziehung dieses Kindes.

Bei den Hilfen zur Erziehung nach §§ 27 ff. SGB VIII handelt es sich um die **klassische Einzelfallhilfe** für Kinder und Jugendliche bei **individuellen Erziehungsdefiziten**. Im familiengerichtlichen Kinderschutzverfahren sind dies die grundsätzlich vorrangigen „öffentlichen Hilfen" mit der wohl größten praktischen Relevanz. **1**

▶ *Näher zum Vorrang öffentlicher Hilfen siehe Cirullies, § 1666a BGB Rn. 3 ff.*
Zur Frage, ob auf diese Leistungen ein Anspruch besteht und in welcher Form ein etwaiger Anspruch gerichtlich durchsetzbar ist, vgl. Dürbeck, Vorbem. SGB VIII Rn. 5 f.

§ 27 SGB VIII ist die **Grundnorm** für den **individuellen Rechtsanspruch**[1] auf diese erzieherischen Hilfen. Nach dessen Absatz 1 besteht ein Anspruch des Personensorgeberechtigten (*nicht des Kindes*) auf Hilfe zur Erziehung unter den in Abs. 1 normierten Voraussetzungen **(1. Erziehungsdefizit, 2. Eignung und Notwendigkeit der Hilfe)**, wobei sich die **Auswahl der einzelnen Hilfeart nach §§ 28 bis 35** SGB VIII gem. § 27 Abs. 2 SGB VIII ausschließlich an **pädagogischen Gesichtspunkten** und insbes. an dem **erzieherischen Bedarf im Einzelfall** orientiert. Es müssen daher bei sämtlichen Erziehungshilfen nach §§ 28-35 SGB VIII zunächst immer die Voraussetzungen der Grundnorm von § 27 SGB VIII erfüllt sein. Aus dem Begriff „Anspruch" wird auch gefolgt, dass Erziehungshil- **2**

---

1 Zur Durchsetzung des Anspruchs vor dem VG und zum Beurteilungsspielraum des Jugendamts vgl. FK-SGB VIII/ *Struck,* § 27 Rn. 55 ff.

fen immer einen **Antrag** des Sorgeberechtigten voraussetzen[2], die Hilfen werden also **nicht von Amts** wegen oder **gegen den Willen der Sorgeberechtigten**[3] gewährt. § 27 SGB VIII ist im Übrigen auch dann anwendbar, wenn Pflegepersonen den vorhandenen erzieherischen Bedarf des Kindes im Einvernehmen mit den Eltern freiwillig decken.[4]

3   Die **Reihenfolge der Leistungen untereinander** orientiert sich an der **pädagogischen Intensität** der einzelnen Hilfearten im Hinblick auf den Lebensmittelpunkt des Kindes in der Familie und orientiert sich mithin nach dem Grundsatz der **Verhältnismäßigkeit**. Welche Maßnahme die geeignete und notwendige ist, entscheidet sich aber anhand des konkreten Einzelfalls, ohne dass insoweit eine Rangfolge einzuhalten wäre.[5]

§ 28 SGB VIII Erziehungsberatung

[1]**Erziehungsberatungsstellen und andere Beratungsdienste und -einrichtungen sollen Kinder, Jugendliche, Eltern und andere Erziehungsberechtigte bei der Klärung und Bewältigung individueller und familienbezogener Probleme und der zugrunde liegenden Faktoren, bei der Lösung von Erziehungsfragen sowie bei Trennung und Scheidung unterstützen.** [2]**Dabei sollen Fachkräfte verschiedener Fachrichtungen zusammenwirken, die mit unterschiedlichen methodischen Ansätzen vertraut sind.**

1   Die **Erziehungsberatungsstellen** werden nach Satz 1 Kindern, Jugendlichen, Eltern und anderen Erziehungsberechtigten angeboten. Sie sollen diesen Personenkreis bei der Bewältigung **individueller und familienbezogener Probleme** und bei der **Lösung von Erziehungsfragen** sowie bei Trennung und Scheidung unterstützen.

2   Die Erziehungsberatung nach § 28 unterscheidet sich von der in § 17 SGB VIII geregelten Beratung in Fragen der Partnerschaft, Trennung und Scheidung nach § 17 SGB VIII dadurch, dass sie voraussetzt, dass eine dem **Wohl des Kindes oder Jugendlichen entsprechende Erziehung bereits nicht mehr gewährleistet** ist (§ 27 Abs. 1 SGB VIII), also bereits ein Erziehungsdefizit eingetreten ist. Nach § 28 Satz 2 SGB VIII sollen bei der Beratung Fachkräfte **verschiedener Fachrichtungen (sog. Interdisziplinarität)** zusammenwirken, die mit unterschiedlichen methodischen Ansätzen vertraut sind.

§ 29 SGB VIII Soziale Gruppenarbeit

[1]**Die Teilnahme an sozialer Gruppenarbeit soll älteren Kindern und Jugendlichen bei der Überwindung von Entwicklungsschwierigkeiten und Verhaltensproblemen helfen.** [2]**Soziale Gruppenarbeit soll auf der Grundlage eines gruppenpädagogischen Konzepts die Entwicklung älterer Kinder und Jugendlicher durch soziales Lernen in der Gruppe fördern.**

1   Soziale Gruppenarbeit ist für ältere Kinder und Jugendliche gedacht, bei denen bereits **Entwicklungsstörungen und Verhaltensprobleme** vorliegen. Zudem kann nach § 10 Abs. 1 Satz 3 Nr. 6 JGG der **Jugendrichter** einem straffälligen Jugendlichen die **Weisung** auferlegen, an einem **sozialen Trainingskurs** teilzunehmen.

---

2 BVerwG ZfJ 2001, 310; OVG Rheinland-Pfalz JAmt 2012, 606; a.A. Wiesner/*Schmid-Obkirchner*, § 27 SGB VIII Rn. 26
3 Vgl. etwa VG Saarlouis ZKJ 2015, 87
4 BVerwG ZKJ 2015, 167 m. Anm. *Wiesner*: Anspruch der Großeltern auf Übernahme der Aufwendungen für die Vollzeitpflege von Enkelkindern
5 MüKo-BGB/*Tillmanns*, § 27 SGB VIII Rn. 6

Die Vorschrift soll den Einsatz dieser sozialen Gruppenarbeit auch für **nicht-straffällige Jugendliche** und ältere Kinder mit entsprechenden Entwicklungsproblemen ermöglichen.[1]

    2

§ 30 SGB VIII Erziehungsbeistand, Betreuungshelfer

Der Erziehungsbeistand und der Betreuungshelfer sollen das Kind oder den Jugendlichen bei der Bewältigung von Entwicklungsproblemen möglichst unter Einbeziehung des sozialen Umfelds unterstützen und unter Erhaltung des Lebensbezugs zur Familie seine Verselbständigung fördern.

Der Erziehungsbeistand oder der Betreuungshelfer (i.S.d. § 10 I Nr. 5 JGG) wird von Fachkräften der freien oder öffentlichen Jugendhilfe gestellt und soll mit dem Kind **zusammen in dessen gewohnter Umgebung** versuchen, **unterstützende Hilfen bei der Bewältigung von Entwicklungsproblemen mit dem Ziel der Verselbständigung** des Minderjährigen zu geben.

    1

In der Praxis hat die Erziehungsbeistandschaft als **ambulante Hilfe** zunehmend an Bedeutung gewonnen. Dabei soll das soziale Umfeld des jungen Menschen miteinbezogen werden, wobei der Einsatz einer erfahrenen Fachkraft angesichts der Intensität der Leistung gefordert wird.[1] Erziehungsbeistandschaften sind meist auf **längere Zeiträume** von ein bis drei Jahren angelegt.[2]

    2

§ 31 SGB VIII Sozialpädagogische Familienhilfe

[1]**Sozialpädagogische Familienhilfe soll durch intensive Betreuung und Begleitung Familien in ihren Erziehungsaufgaben, bei der Bewältigung von Alltagsproblemen, der Lösung von Konflikten und Krisen sowie im Kontakt mit Ämtern und Institutionen unterstützen und Hilfe zur Selbsthilfe geben.** [2]**Sie ist in der Regel auf längere Dauer angelegt und erfordert die Mitarbeit der Familie.**

Die sozialpädagogische Familienhilfe ist die im familiengerichtlichen Verfahren vorkommende häufigste Form der **ambulanten Hilfe** innerhalb einer Familie.[1] Sie wird häufig von Mitarbeitern freier Träger erbracht und bezieht die gesamte Familie mit ihrer Gesamtheit von Problemen und Konflikten mit ein.[2] Sie wurde beispielsweise im Jahr 2013 von 68.350 Familien in Anspruch genommen.[3]

    1

Ziel der Hilfe ist es nach Satz 1 der Vorschrift, der Familie die **Rückgewinnung der Fähigkeit zur Problemlösung** und zur **Alltagsbewältigung** einschließlich der **Unterstützung bei Kontakten zu Ämtern und Behörden** zu ermöglichen. Das setzt in den meisten Fällen die **Bereitschaft der Familienmitglieder zur Mitarbeit** voraus (vgl. Satz 2), die häufig auch dadurch beeinträchtigt wird, dass der Familienhelfer auch als „Kontrol-

    2

---

1 Vgl. ausführlich *Drewniak/Höynck*, ZfJ 1998, 487
1 *DIJuF*-Rechtsgutachten JAmt 2005, 15
2 FK-SGB VIII/*Struck/Trenczek*, § 30 Rn. 6
1 Ausführlich: *Leeb/Weber*, JAmt 2014, 71
2 VG Aachen BeckRS 2015, 41514; *Schellhorn/Fischer* § 31 SGB VIII Rn. 8
3 Quelle:www.destatis.de/DE/ZahlenFakten/GesellschaftStaat/Soziales/Sozialleistungen/KinderJugendhilfe/
   Tabellen/AmbulanteHilfen.html

leur" für die Seite des Jugendamtes wahrgenommen wird.[4] Auch Familien, die als dauerhaft überfordert gelten, kommen eher nicht für diese Hilfeform in Betracht.[5]

3 Die sozialpädagogische Familienhilfe ist insoweit kein „Allheilmittel", dass immer als geeignetes Mittel i.S.d. Verhältnismäßigkeitsgrundsatzes dazu in der Lage wäre, Kindeswohlgefährdungen i.S.d. §§ 1666, 1666a BGB abzuwenden. Als regelmäßiger Zeitraum für diese Hilfeform werden 1 bis 2 Jahre veranschlagt, die wöchentliche Arbeitszeit der Fachkraft beträgt je nach Bedarf und Einzelfall zwischen 5 und 20 Stunden.[6] Als beruflicher Hintergrund der eingesetzten Fachkräfte ist im Regelfall ein sozialpädagogisches Studium erforderlich.[7]

§ 32 SGB VIII Erziehung in einer Tagesgruppe

[1]Hilfe zur Erziehung in einer Tagesgruppe soll die Entwicklung des Kindes oder des Jugendlichen durch soziales Lernen in der Gruppe, Begleitung der schulischen Förderung und Elternarbeit unterstützen und dadurch den Verbleib des Kindes oder des Jugendlichen in seiner Familie sichern. [2]Die Hilfe kann auch in geeigneten Formen der Familienpflege geleistet werden.

1 Nach Satz 1 ist es Ziel der Leistung, die Entwicklung des Kindes oder Jugendlichen durch soziales Lernen in der Gruppe, Begleitung der schulischen Förderung und Elternarbeit zu unterstützen und dadurch den Verbleib des Kindes in seiner Familie zu sichern, wobei Satz 2 die Hilfe auch für geeignete Formen der Familienpflege eröffnet. Es handelt sich insoweit um eine **teilstationäre** Maßnahme i.S.d. § 91 Abs. 2 SGB VIII, die es belasteten Familien ermöglicht, eine Trennung des Kindes im Rahmen von stationären Hilfen nach §§ 33, 34 SGB VIII zu vermeiden.[1]

2 In Betracht kommen Familien, bei denen nicht gewährleistet ist, dass Minderjährige ausreichend versorgt werden oder Kinder oder Jugendliche wegen Verhaltensauffälligkeiten oder Lernschwächen oder anderen Benachteiligungen regelmäßig in konstant besetzten Gruppen betreut werden müssen. Die Leistung der Hilfe im Bereich der Familienpflege bedarf besonders pädagogisch qualifizierter Pflegefamilien.[2]

§ 33 SGB VIII Vollzeitpflege

[1]Hilfe zur Erziehung in Vollzeitpflege soll entsprechend dem Alter und Entwicklungsstand des Kindes oder des Jugendlichen und seinen persönlichen Bindungen sowie den Möglichkeiten der Verbesserung der Erziehungsbedingungen in der Herkunftsfamilie Kindern und Jugendlichen in einer anderen Familie eine zeitlich befristete Erziehungshilfe oder eine auf Dauer angelegte Lebensform bieten. [2]Für besonders entwicklungsbeeinträchtigte Kinder und Jugendliche sind geeignete Formen der Familienpflege zu schaffen und auszubauen.

1 § 33 SGB VIII regelt die (stationäre) Unterbringung des Kindes in Vollzeitpflege, also in einer Pflegefamilie außerhalb der leiblichen Familie. Sie kann nach § 33 Satz 1 SGB VIII **zeit-**

---

4 Vgl. *Wiesner/Schmid-Obkirchner*, § 31 SGB VIII Rn. 4 f.
5 OVG Niedersachen JAmt 2010, 444: Zeitraum ab 5 Jahre
6 LPK-SGB VIII/*Frings/Kunkel* § 31 Rn. 10
7 FK-SGB VIII/*Struck*, § 31 Rn. 11: Erzieher nur mit Einschränkung
1 FK-SGB VIII/*Struck*, § 32 SGB VIII Rn. 1
2 *Kunkel*, Jugendhilferecht, Rn. 159

lich befristet sein, aber auch **auf Dauer** angelegt sein. Zum 31.12.2013 lebten in Deutschland 67.812 minderjährige Kinder in Vollzeitpflege in einer anderen Familie.[1]

Dem Jugendamt obliegt es dabei, die **Eignung der Pflegeperson** sicherzustellen, ggf. ist vorher unter den Voraussetzungen von § 44 Abs. 1 SGB VIII eine Pflegeerlaubnis zu erteilen. Sowohl Eltern als auch Kind sind an der Auswahl der Pflegestelle zu beteiligen, die bei entsprechender Eignung auch bei Verwandten des Kindes (z.B. Großeltern)[2] oder bei seinem Vormund einzurichten ist. Wegen der **besonderen Schutzbedürftigkeit** von Pflegekindern, wie dies auch in Art. 20 Abs. 1 der **UN-Konvention über die Rechte des Kindes** als Recht des Pflegekindes und als staatlicher Schutzauftrag verlangt wird, kommen gerade **Auswahl und Überwachung der Pflegeperson** durch den öffentlichen Träger der Kinder- und Jugendhilfe (§§ 44 ff. SGB VIII) entscheidende Bedeutung zu. Versäumnisse hierbei können, wie der Fall Chantal in Hamburg zeigt,[3] dramatische Folgen für betroffene Pflegekinder haben.

Die Vollzeitpflege zählt neben der Heimerziehung (§ 34 SGB VIII) zum klassischen Hilfeinstrumentarium der staatlichen Jugendfürsorge. Sie kommt vor allem in Betracht, wenn Eltern elementare Erziehungs- und Versorgungsaufgaben nicht mehr wahrnehmen können und deswegen Kinder nicht mehr länger im Haushalt ihrer Eltern verbleiben können. Die Frage der **Erlaubnispflicht und der Berichtspflicht** gegenüber dem Jugendamt ist in § 44 SGB VIII geregelt. Keine Vollzeitpflege i.S.d. § 33 SGB VIII, sondern Bestandteil einer Inobhutnahme, ist eine Bereitschaftspflegestelle.[4]

Die nicht sorgeberechtigten **Pflegeeltern** sind im Falle der Beendigung der Vollzeitpflege durch Herausnahme der Kinder aus ihrer Pflegefamilie nicht gemäß § 42 Abs. 2 VwGO gegen das Jugendamt **klagebefugt**, da ihnen im Verhältnis zum Jugendamt kein subjektives öffentliches Recht zusteht.[5] Rechtsschutz besteht hier nur vor dem Familiengericht nach § 1632 Abs. 4 BGB, welches auch befugt ist, **unbefristete Verbleibensanordnungen** zu treffen, wenn eine Rückkehr der Kinder zu ihren leiblichen Eltern nicht absehbar ist.[6]

▶ *Zur sog. Verbleibensanordnung siehe Fink, § 1632 BGB Rn. 29 ff.*
Zur Rechtsstellung der Pflegeeltern im familienrechtlichen Kindschaftsverfahren siehe Heilmann, § 161 FamFG Rn. 1 ff.

2

3

4

§ 34 SGB VIII Heimerziehung, sonstige betreute Wohnform

[1]**Hilfe zur Erziehung in einer Einrichtung über Tag und Nacht (Heimerziehung) oder in einer sonstigen betreuten Wohnform soll Kinder und Jugendliche durch eine Verbindung von Alltagserleben mit pädagogischen und therapeutischen Angeboten in ihrer Entwicklung fördern. [2]Sie soll entsprechend dem Alter und Entwicklungsstand des Kindes oder des Jugendlichen sowie den Möglichkeiten der Verbesserung der Erziehungsbedingungen in der Herkunftsfamilie**

---

1 Quelle:www.destatis.de/DE/ZahlenFakten/GesellschaftStaat/Soziales/Sozialleistungen/KinderJugendhilfe/ Tabellen/HilfenErziehungAusElternhaus.html
2 BVerwG FamRZ 1997, 814; vgl. Einzelheiten zur Auswahl bei LPK-SGB VIII/*Kunkel/Kepert* § 33 Rn. 3 ff.
3 Vgl. *Salgo*, ZKJ 2013, 150; *Gläss*, JAmt 2013, 174
4 VG Ansbach BeckRS 2007, 34323; LPK-SGB VIII/*Kunkel/Kepert* § 33 Rn.7; a.A. FK-SGB VIII/*Struck,* § 33 Rn. 8
5 OVG Niedersachsen BecKRS 2014, 54314; BayVGH NJW 2014, 715
6 OLG Frankfurt a.M. ZKJ 2014, 292

1. eine Rückkehr in die Familie zu erreichen versuchen oder
2. die Erziehung in einer anderen Familie vorbereiten oder
3. eine auf längere Zeit angelegte Lebensform bieten und auf ein selbständiges Leben vorbereiten.

[3]Jugendliche sollen in Fragen der Ausbildung und Beschäftigung sowie der allgemeinen Lebensführung beraten und unterstützt werden.

1 **Heimerziehung** ist nach § 34 Satz 1 SGB VIII die Hilfe zur ganztägigen Erziehung in einer Einrichtung oder in einer sonstigen betreuten Wohnform. Mit dem Begriff „sonstige betreute Wohnform" wird zum Ausdruck gebracht, dass nach heutigem Verständnis neben klassischen Kinderheimen auch z.B. kleine Wohneinheiten, wie pädagogisch betreute Jugendwohngemeinschaften, aber auch sog. betreutes Einzelwohnen, in denen sozialpädagogische Fachkräfte mit dem zu betreuenden Kind zusammenleben, erfasst sind.[1]

2 Die Unterbringung in einer Einrichtung schließt nicht automatisch die Befugnis zu **freiheitsentziehenden Maßnahmen** ein, dazu bedarf es vielmehr auch im Rahmen von § 34 SGB VIII einer familiengerichtlichen Genehmigung gem. § 1631b BGB.[2]

3 Heimerziehung und sonstige betreute Wohnformen sollen – wie auch Leistungen nach §§ 32, 33 SGB VIII – die Erziehungsbedingungen in der Herkunftsfamilie verbessern und eine **Rückkehr des Kindes oder des Jugendlichen in die Familie ermöglichen**, vgl. § 34 Satz 1 Nr. 1 SGB VIII. Die Hilfe muss insoweit allerdings so gestaltet werden, dass diese sog. **Rückführoption** nur innerhalb eines **für das Kind vertretbaren Zeitraums** aufrechtzuerhalten (37 SGB VIII). Vor und während einer langfristig zu leistenden Hilfe hat das Jugendamt zu prüfen, ob eine Annahmeoption besteht (§ 36 Abs. 1 Satz 2 SGB VIII). Andererseits kann dadurch auch die Erziehung in einer anderen (Pflege-) Familie vorbereitet (Satz 1 Nr. 2) oder – bei älteren Minderjährigen – die Heimerziehung als auf **längere Zeit angelegte Lebensform** bis zur Verselbständigung des Jugendlichen angeboten werden (Satz 1 Nr. 3). Dies soll durch eine Verbindung von Alltagserlebnissen und pädagogischen und therapeutischen Angeboten erreicht werden. Nach Satz 2 sollen die Kinder und Jugendlichen bei der Ausbildung, Beschäftigung und der allgemeinen Lebensführung unterstützt werden.

4 Heimerziehung ist zum einen veranlasst für Kinder und Jugendliche, deren **erzieherischer Bedarf** (§ 27 SGB VIII) im Elternhaus oder in anderen Familien (insbes. Pflegefamilien) **nicht gedeckt werden kann**. Im Regelfall sind solche Kinder und Jugendlichen so stark belastet, eingeschränkt und überfordert, dass sie in einer professionell organisierten Umgebung und in der Gruppe leben müssen.[3] Mithin kommt Heimerziehung besonders bei Kindern in Betracht, die hochgradig verhaltensauffällig sind,[4] was bedingt sein kann durch Misshandlung, Vernachlässigung oder hohes familiäres Konfliktniveau. Zum anderen wird Heimerziehung in der Praxis auch dann gewährt, wenn Pflegefamilien nicht in ausreichender Zahl zur Verfügung stehen.

2013 wurden 69.203 Hilfen in Form von § 34 SGB VIII für Minderjährige gewährt.[5]

---

1 MüKo-BGB/*Tillmanns,* § 34 SGB VIII Rn. 1
2 *Kunkel,* Jugendhilferecht, Rn. 165; *Hoffmann,* FamRZ 2013, 1346
3 MüKo-BGB/*Tillmanns,* § 34 SGB VIII Rn. 3
4 FK-SGB VIII/Struck/Trenczek, § 34 Rn. 14
5 www.destatis.de/DE/Publikationen/Thematisch/Soziales/KinderJugendhilfe/
HeimerziehungBetreuteWohnform5225113127004.pdf?__blob=publicationFile

Dürbeck

§ 35 SGB VIII Intensive sozialpädagogische Einzelbetreuung

¹Intensive sozialpädagogische Einzelbetreuung soll Jugendlichen gewährt werden, die einer intensiven Unterstützung zur sozialen Integration und zu einer eigenverantwortlichen Lebensführung bedürfen. ²Die Hilfe ist in der Regel auf längere Zeit angelegt und soll den individuellen Bedürfnissen des Jugendlichen Rechnung tragen.

Die intensive sozialpädagogische Einzelbetreuung ist beschränkt auf **Jugendliche** i.S.d. § 7 Abs. 1 Nr. 2 SGB VIII. Sie soll diesen ermöglichen, eine **eigenverantwortliche Lebensführung** zu realisieren. Als typischer Adressatenkreis sind Jugendliche aus der **Prostituierten-, Drogen- und Obdachlosenszene** zu nennen,[1] die sich insbesondere allen anderen Hilfsangeboten entziehen.[2]

Die Betreuung ist sehr stark auf die **individuellen Bedürfnisse** der betroffenen Jugendlichen ausgerichtet und kann sich im Einzelfall zu einer **„Rund-um-die-Uhr-Betreuung"** entwickeln.[3] Die Tätigkeit des Einzelbetreuers ist vielfältig und auf die jeweiligen Bedürfnisse des Jugendlichen abgestellt, sie umfasst etwa die Beschaffung von Wohn- oder Schlafmöglichkeiten, die Vermittlung von Schul- oder Berufsausbildung oder finanzieller oder ärztlicher Hilfen.

2013 wurden 3.525 Hilfen in Form von § 35 SGB VIII für Minderjährige gewährt.[4]

[...]

Dritter Unterabschnitt
Gemeinsame Vorschriften für die Hilfe zur Erziehung und die
Eingliederungshilfe für seelisch behinderte Kinder und Jugendliche

§ 36 SGB VIII Mitwirkung, Hilfeplan

(1) ¹Der Personensorgeberechtigte und das Kind oder der Jugendliche sind vor der Entscheidung über die Inanspruchnahme einer Hilfe und vor einer notwendigen Änderung von Art und Umfang der Hilfe zu beraten und auf die möglichen Folgen für die Entwicklung des Kindes oder des Jugendlichen hinzuweisen. ²Vor und während einer langfristig zu leistenden Hilfe außerhalb der eigenen Familie ist zu prüfen, ob die Annahme als Kind in Betracht kommt. ³Ist Hilfe außerhalb der eigenen Familie erforderlich, so sind die in Satz 1 genannten Personen bei der Auswahl der Einrichtung oder der Pflegestelle zu beteiligen. ⁴Der Wahl und den Wünschen ist zu entsprechen, sofern sie nicht mit unverhältnismäßigen Mehrkosten verbunden sind. ⁵Wünschen die in Satz 1 genannten Personen die Erbringung einer in § 78a genannten Leistung in einer Einrichtung, mit deren Träger keine Vereinbarungen nach § 78b bestehen, so soll der Wahl nur entsprochen werden, wenn die Erbringung der Leistung in dieser Einrichtung nach Maßgabe des Hilfeplans nach Absatz 2 geboten ist.

(2) ¹Die Entscheidung über die im Einzelfall angezeigte Hilfeart soll, wenn Hilfe voraussichtlich für längere Zeit zu leisten ist, im Zusammenwirken mehrerer Fachkräfte getroffen werden. ²Als Grundlage für die Ausgestaltung der Hilfe sollen sie zusammen mit dem Personensorgeberechtigten und dem Kind oder dem Jugendlichen einen Hilfeplan aufstellen, der Feststellungen über den Bedarf, die zu gewährende Art der Hilfe sowie die notwendigen Leistungen enthält; sie sollen regelmäßig prüfen, ob die gewählte Hilfeart weiterhin geeignet und notwendig ist. ³Werden bei der Durchführung der Hilfe andere Personen, Dienste oder Einrichtungen tätig, so sind sie oder deren Mitarbeiter an der Aufstellung des Hilfeplans und seiner Überprüfung zu beteiligen. ⁴Erscheinen Maßnahmen der beruflichen Ein-

---

1 BT-Drucks. 11/5948, 7
2 VG München, Urteil vom 6.11.2013 – M 18 K 12.357, juris; *Klawe*, JAmt 2011, 186
3 Wiesner/*Schmid-Obkirchner*, § 35 SGB VIII Rn. 13
4 www.destatis.de/DE/Publikationen/Thematisch/Soziales/KinderJugendhilfe/ ErzieherischeHilfesozialpaedagogischeEinzelbetreuung5225119127004.pdf?__blob=publicationFile

gliederung erforderlich, so sollen auch die für die Eingliederung zuständigen Stellen beteiligt werden.

(3) Erscheinen Hilfen nach § 35a erforderlich, so soll bei der Aufstellung und Änderung des Hilfeplans sowie bei der Durchführung der Hilfe die Person, die eine Stellungnahme nach § 35a Absatz 1a abgegeben hat, beteiligt werden.

(4) Vor einer Entscheidung über die Gewährung einer Hilfe, die ganz oder teilweise im Ausland erbracht wird, soll zur Feststellung einer seelischen Störung mit Krankheitswert die Stellungnahme einer in § 35a Absatz 1a Satz 1 genannten Person eingeholt werden.

1 § 36 SGB VIII regelt die Mitwirkung und Mitgestaltung erzieherischer Hilfen durch betroffene Kinder, Jugendliche und deren **Personensorgeberechtigte**. Abs. 1 Satz 1 sieht vor Inanspruchnahme einer Erziehungshilfe eine **Beratung** des Minderjährigen und der Personensorgeberechtigten vor. Vor der Gewährung von langfristigen Hilfen ist nach Abs. 1 Satz 2 zu prüfen, ob nicht eine Adoption des Kindes in Betracht kommt. Bei der **Auswahl der Einrichtung und einer Pflegestelle** sind die betroffenen Minderjährigen und Sorgeberechtigten ebenfalls nach Abs. 1 Satz 3 zu beteiligen; ihren Wünschen ist nach Satz 4 zu entsprechen, soweit sie nicht mit unverhältnismäßigen Mehrkosten verbunden sind.

2 Nicht im Gesetz geregelt ist die Frage, ob die **Eltern** betroffener Kinder auch dann am **Hilfeplanverfahren zu beteiligen** sind, wenn sie entweder in Folge vorangegangenen Sorgerechtsentzug **nicht mehr personensorgeberechtigt** sind oder bei alleinigem Sorgerecht eines Elternteils. Soweit dies im zuletzt genannten Fall den nichtsorgeberechtigten Elternteil betrifft, sollte dieser – entsprechendes Interesse vorausgesetzt – gleichwohl beteiligt werden, da insoweit auch von Relevanz sein kann, ob dieser längerfristig als Pflegeperson in Betracht oder aber auch Fragen seines Umgangsrechts betroffen sein könnten.[1] Auch nicht mehr sorgeberechtigte Eltern sollten beteiligt werden, wenn die Aufrechterhaltung der Beziehung im Interesse des Minderjährigen liegt oder eine realistische Rückkehroption besteht.[2]

3 Nach § 36 Abs. 2 ist für alle Hilfen, die **„voraussichtlich für längere Zeit zu leisten sind"**, eine qualifizierte Planung und Überprüfung des Hilfeprozesses (sog. **„Hilfeplan"**) im **Zusammenwirken mehrerer Fachkräfte** erforderlich. Nach Abs. 2 Satz 2 ist Grundlage einer zeit- und zielgerichteten Intervention ein Hilfeplan, der im **Zusammenwirken von Personensorgeberechtigten, Kind oder Jugendlichem und den Fachkräften** erstellt werden soll. In diesem Plan sind

- der **Bedarf**,
- die zu gewährende **Art der Hilfe** und
- die **notwendigen Leistungen**

festzulegen.

4 Der Hilfeplan ist ein Instrument der **verwaltungsmäßigen Selbstkontrolle** für das jeweilige Jugendamt und regelt im Übrigen auch das **Verhältnis zwischen dem Jugendamt** und dem **Träger der Erbringung der Leistung** (z.B. Pflegefamilie, Vormund, Heim, Familienhelfer etc.).[3] Mangels eigenständiger Regelungswirkung ist er **kein Verwaltungsakt** i.S.d. § 31 Satz 1 SGB X.[4] Ein Unterlassen seiner Aufstellung stellt zwar einen Verfahrensverstoß dar, der aber die Wirksamkeit der bewilligten Erziehungshilfe nicht tangiert.[5]

---

1 FK-SGB VIII/*Meysen*, § 36 Rn. 29
2 Wiesner/*Schmid-Obkirchner*, § 35 SGB VIII Rn. 20
3 MüKo-BGB/*Tillmanns*, § 36 SGB VIII Rn. 4
4 *Kunkel*, FamRZ 1997, 193, 200
5 BVerwG ZfJ 2000, 31

Nach § 36 Abs. 2 Satz 2 letzter HS SGB VIII soll in **regelmäßigen Abschnitten überprüft**   **5**
werden, ob die Ziele erreicht wurden und die gewählte Hilfeart weiterhin geeignet und
notwendig ist (vgl. § 27 Abs. 1 SGB VIII). Durch die Prüfungspflicht soll verhindert werden,
dass Kinder oder Jugendliche in den Ämtern „vergessen" werden. Von seiner Rechtsnatur
her ist der Hilfeplan kein Verwaltungsakt, sondern schlichtes Verwaltungshandeln, das die
Entscheidung über die konkrete Leistung erst vorbereitet.[6] Besondere Bedeutung kommt
dem Hilfeplan im Kinderschutzverfahren nach § 1666 BGB zu, da er dokumentieren kann,
inwieweit bereits erbrachte Leistungen der Erziehungshilfe geeignet waren, Kindeswohlgefährdungen abzuwenden bzw. dies auch künftig der Fall sein kann.[7]

§ 36a SGB VIII   Steuerungsverantwortung, Selbstbeschaffung

**(1) [1]Der Träger der öffentlichen Jugendhilfe trägt die Kosten der Hilfe grundsätzlich nur
dann, wenn sie auf der Grundlage seiner Entscheidung nach Maßgabe des Hilfeplans unter
Beachtung des Wunsch- und Wahlrechts erbracht wird; dies gilt auch in den Fällen, in denen
Eltern durch das Familiengericht oder Jugendliche und junge Volljährige durch den Jugendrichter zur Inanspruchnahme von Hilfen verpflichtet werden. [2]Die Vorschriften über die Heranziehung zu den Kosten der Hilfe bleiben unberührt.**

**(2) [1]Abweichend von Absatz 1 soll der Träger der öffentlichen Jugendhilfe die niedrig-
schwellige unmittelbare Inanspruchnahme von ambulanten Hilfen, insbesondere der Erziehungsberatung, zulassen. [2]Dazu soll er mit den Leistungserbringern Vereinbarungen schließen, in denen die Voraussetzungen und die Ausgestaltung der Leistungserbringung sowie
die Übernahme der Kosten geregelt werden.**

**(3) [1]Werden Hilfen abweichend von den Absätzen 1 und 2 vom Leistungsberechtigten selbst
beschafft, so ist der Träger der öffentlichen Jugendhilfe zur Übernahme der erforderlichen
Aufwendungen nur verpflichtet, wenn**

**1. der Leistungsberechtigte den Träger der öffentlichen Jugendhilfe vor der Selbstbe-
schaffung über den Hilfebedarf in Kenntnis gesetzt hat,**

2. die Voraussetzungen für die Gewährung der Hilfe vorlagen und

3. die Deckung des Bedarfs

**a) bis zu einer Entscheidung des Trägers der öffentlichen Jugendhilfe über die Gewäh-
rung der Leistung oder**

**b) bis zu einer Entscheidung über ein Rechtsmittel nach einer zu Unrecht abgelehnten
Leistung**

keinen zeitlichen Aufschub geduldet hat.

**[2]War es dem Leistungsberechtigten unmöglich, den Träger der öffentlichen Jugendhilfe
rechtzeitig über den Hilfebedarf in Kenntnis zu setzen, so hat er dies unverzüglich nach
Wegfall des Hinderungsgrundes nachzuholen.**

§ 36a SGB VIII regelt in Abs. 1 und 2 die **Steuerungsverantwortung der öffentlichen**   **1**
Jugendhilfe in Bezug auf die Frage der **Kostentragung** bei der Erbringung von Leistungen. Abs. 3 beschäftigt sich mit der Frage, unter welchen Umständen die öffentliche Jugendhilfe die Kosten für vom leistungsberechtigten selbst beschaffte Hilfen zu übernehmen hat. Besondere Relevanz hat die Norm, da die praktischen Auswirkungen bzw.
Rechtsfolgen der in ihr festgeschriebenen „Steuerungsverantwortung" der Jugendhilfe
umstritten sind. Kann aber aus § 36a Abs. 1 HS 2 SGB VIII, wonach die Steuerungsverantwortung auch in den Fällen bei der öffentlichen Jugendhilfe liegt, in denen Eltern durch

---

6 *Kunkel*, Jugendhilferecht, Rn. 298
7 *Völker/Clausius*, § 12 Rn. 53

das Familiengericht zur Inanspruchnahme von Hilfen verpflichtet worden sind, entnommen werden, dass im Falle eines Dissenses zwischen Familiengericht und Jugendamt über die Notwendigkeit und Zweckmäßigkeit einer Hilfe nach dem SGB VIII das **Familiengericht gegenüber dem Jugendamt** keine **Anordnungskompetenz** zur Bewilligung und Erbringung der Leistung hat? Diese Frage stellt sich in der Praxis zwar nicht in den Fällen des begleiteten Umgangs (dazu *Dürbeck,* § 18 SGB VIII Rn. 2), jedoch vor allem in **Kinderschutzverfahren nach § 1666 BGB**, wenn das Familiengericht entgegen der Auffassung des am Verfahren beteiligten (vgl. § 162 Abs. 2 Satz 1 FamFG) Jugendamts nach Durchführung seiner Ermittlungen zu dem Ergebnis gelangt, ein **Sorgerechtsentzug lasse sich durch die Gewährung (weiterer) öffentlicher Hilfe vermeiden** und sei daher nach § 1666a BGB unverhältnismäßig. Der Verweis auf den ohnehin problematischen Begriff der **„Verantwortungsgemeinschaft"**[1] zwischen Jugendamt und Familiengericht bei der Wahrnehmung des staatlichen Wächteramts und die Notwendigkeit der **Kooperation im Kinderschutz** (vgl. *Dürbeck,* § 162 FamFG Rn. 17) hilft gerade in diesen Fällen nicht weiter.

2   Unbestritten ist, dass das Jugendamt im Rahmen der ihm durch § 2 Abs. 3 Nr. 6 SGB VIII zugewiesenen Aufgabe der Mitwirkung am familiengerichtlichen Kindschaftsverfahren nicht als weisungsgebundenes Hilfsorgan des Familiengerichts tätig wird,[2] sondern dass es diese ihm zugewiesene gesetzliche Aufgabe selbständig und in eigener Verantwortung wahrnimmt. Im Übrigen entspricht auch heute weit verbreiteter Anschauung, dass §§ 162, 155, 156 FamFG, 8a, 42, 50 SGB VIII die Vorstellung einer Kooperation zwischen Familiengericht und Jugendämtern zugrunde liegt.

3   Die Diskussion um das das Verhältnis zwischen Jugendamt und Familiengericht ist aber durch mehrere im Jahr 2014 ergangene Entscheidungen des Bundesverfassungsgerichts zu den Voraussetzungen eines Sorgerechtsentzugs nach §§ 1666, 1666a BGB neu entfacht worden.[3] Das BVerfG hat in diesen Entscheidungen die Bedeutung des Elternrechts betont und von den Familiengerichten verlangt, insbesondere die Frage, ob durch Gewährung weiterer öffentlicher Erziehungshilfen eine Trennung der Kinder von ihren Eltern vermieden werden kann, unabhängig von einer etwaigen Verweigerungshaltung der Jugendämter eigenverantwortlich zu ermitteln und darüber zu entscheiden. Dabei hat es aber die im Zentrum der Problematik eines Konflikts zwischen Familiengericht und Jugendamt liegende Frage, ob das Familiengericht auch befugt ist, gegen den Willen des Jugendamts rechtlich bindende und durchsetzbare öffentliche Hilfen nach dem SGB VIII anzuordnen, in zwei Entscheidungen[4] leider ausdrücklich offen gelassen und auf die – angebliche – Möglichkeit verwiesen, dass die insoweit noch sorgeberechtigten Eltern ihren vermeintlichen Anspruch gegen das Jugendamt auf die Gewährung öffentlicher Hilfen im Verwaltungsrechtsweg durchsetzen könnten.[5] Der zuletzt genannten Erwägung steht aber entgegen, dass die wohl überwiegende verwaltungsrechtliche Rechsprechung und Literatur im Rahmen von § 37 SGB VIII einen einklagbaren Rechtsanspruch der Eltern auf Gewährung einer bestimmten Hilfe mit dem Ziel der Rückführung des Kindes verneint.[6] Auch kann es den betroffenen Elternteilen kaum zugemutet werden, nach zwei Instanzen familiengerichtli-

---

1 Prütting/Helms/*Hammer,* § 162 FamFG Rn. 17; FK-SGB VIII/*Trenczek,* § 50 Rn. 11
2 Wiesner/Mörsberger/Wapler, § 50 SGB VIII Rn. 44; *Sommer,* S. 92 f.
3 Vgl. dazu BVerfG ZKJ 2014, 242; 2014, 327; 2014, 281; JAmt 2014, 410; 2014, 415; 2014, 419; dazu kritisch *Heilmann,* NJW 2014, 2904; *Lack/Heilmann,* ZKJ 2014, 308; *Hammer,* FF 2014, 428
4 BVerfG ZKJ 2014, 242 und FamRZ 2014, 1266
5 BVerfG ZKJ 2014, 242; JAmt 2014, 410; ZKJ 2014, 327
6 OVG Lüneburg JAmt 2012, 271; VG Düsseldorf ZfJ 2005, 331; LPK-SGB VIII/*Fasselt* § 37 Rn. 2; Schellhorn/*Fischer* § 37 SGB VIII Rn. 4; a.A. FK-SGB VIII/*Meysen,* § 37 Rn. 16; Wiesner/*Schmid-Oberkirchner,* § 37 SGB VIII Rn. 25; vgl. auch OVG Saarland ZKJ 2014, 488 zu einem von ihm angenommenen Rechtsanspruch gegenüber dem Jugendamt auf Gewährung begleiteten Umgangs

cher Auseinandersetzungen, einen neuen Gerichtsweg angesichts verwaltungsrechtlich unklarer Rechtslage zu beschreiten.[7] Damit wird künftig von der familiengerichtlichen Rechtsprechung die Frage zu klären sein, ob das Familiengericht, das nach dem Willen des BVerfG das pflichtengebundene Elternrecht verstärkt schützen soll, gegenüber dem Jugendamt, das im Konfliktfall dem Grundrechtsschutz des Kindes den Vorzug gibt, weitere öffentliche Hilfen rechtlich verbindlich anordnen kann.

Die wohl überwiegende Meinung in der jugendhilferechtlichen Literatur[8] und ein Teil der familienrechtlichen Autoren[9] leiten aus der in § 36a Abs. 1 SGB VIII geregelten Steuerungsverantwortung eine fehlende Anordnungskompetenz der Familiengerichte gegenüber dem Jugendamt zur Erbringung konkreter Hilfen ab. Dem widerspricht ein Teil der familienrichterlicher Autoren zumindest in Verfahren nach § 1666 BGB vor allem unter Hinweis auf das Verhältnis von Judikative und Exekutive[10] und der Wahrung des Grundsatzes der Verhältnismäßigkeit nach § 1666a BGB. Die familien- und verwaltungsgerichtliche Rechtsprechung gibt ebenfalls kein einheitliches Bild.[11] Das BVerfG hat eine mögliche Anordnungskompetenz zu einer Verpflichtung der Jugendgerichtshilfe durch den Jugendrichter zumindest angedeutet,[12] aber im Ergebnis auch offen gelassen.

4

Die Frage einer Anordnungskompetenz der Familiengerichte gegenüber dem Jugendamt ist aber zumindest im Rahmen von Verfahren nach § 1666 BGB zu bejahen. Eine Beantwortung dieser vor allem verfassungsrechtlich höchst bedeutsamen Frage kann nicht durch eine **Kostentragungsvorschrift** des Kinder- und Jugendhilferechts erfolgen. Ist die Bewilligung und Erbringung einer öffentlichen Hilfe zur Vermeidung eines Sorgerechtsentzuges und damit schwerwiegenden Sorgerechtseingriffs geeignet, dann gebieten sowohl der **Verhältnismäßigkeitsgrundsatz** als auch der Grundsatz, dass in **Konflikten zwischen Judikative und Exekutive** die rechtsprechende Gewalt die letzte rechtsverbindliche Entscheidung zu treffen hat[13], dass auch eine Verpflichtung des Jugendamts zur Bewilligung und Erbringung einer Hilfe durch das Familiengericht möglich sein muss. Dabei ist zu differenzieren:

5

Lehnt das Jugendamt die Erbringung weiterer öffentlicher Hilfen aus **konkret vorgebrachten sozialpädagogischen Erwägungen** ab, so wird das Familiengericht im Regelfall kaum Anlass haben, diese Einschätzung in Zweifel zu ziehen. Ist es in dieser Frage anderer Auffassung, wird das Familiengericht im Detail darlegen müssen, weshalb es insoweit über eine **bessere und dem entgegenstehende Sachkunde** verfügt,[14] was ohne ein öffentliche Hilfen bejahendes **Sachverständigengutachten** kaum möglich sein wird. Ordnet das Familiengericht dann die Pflicht des Jugendamts zur Gewährung einer **bestimmten, genau bezeichneten öffentlichen Hilfe** an, ist die nähere Ausgestaltung (Umfang der Hilfe, Erbringung durch öffentliche oder freie Träger) dem Jugendamt zu überlassen. Diese Verpflichtung des Jugendamts zur Gewährung bestimmter, konkret bezeichneter Hilfen ist nach allgemeinen Grundsätzen gemäß §§ 86 ff. FamFG, insbesondere

6

---

7 So auch *Heilmann*, NJW 2014, 2904
8 FK-SGB VIII/*Meysen*, § 36a Rn. 16 ff.; *ders.*, FamRZ 2008, 562; Wiesner/*Wiesner*, § 36a SGB VIII Rn, 18 ff.; Schellhorn/*Fischer* § 36a SGB VIII R. 9 f.
9 *Völker/Clausius*, § 12 Rn. 32; *Holldorf/v. Pirani*, ZKJ 2012, 384
10 *Heilmann* in: Elz (Hrsg.), Kooperation von Jugendhilfe und Justiz bei Sexualdelikten gegen Kinder, 2007, S. 89 ff.; *Sommer*, S. 147 ff.; Staudinger/*Coester*, § 1666a BGB Rn. 13 ff.; *Lack/Heilmann*, ZKJ 2014, 308, 312
11 Vgl. OLG Nürnberg JAmt 2015, 109; OLG Koblenz NJW 2012, 3108; OLG Oldenburg JAmt 2008, 330; OLG Frankfurt a.M. ZfJ 1993, 561 aus dem Familienrecht und VGH Hessen ZKJ 2013, 82; JAmt 2008, 327; aus dem öffentlichen Recht; ausführlich zur Rechtsprechung *Sommer*, S. 135 ff.
12 BVerfG JAmt 2007, 211
13 Zutreffend *Heilmann* in: Elz (Hrsg.), Kooperation von Jugendhilfe und Justiz bei Sexualdelikten gegen Kinder, 2007, S. 89
14 Staudinger/*Coester*, § 1666a BGB Rn. 18; *Lack/Heilmann*, ZKJ 2014, 308, 312

durch **Zwangsmittel** (§§ 95 Abs. 1 Nr. 3 FamFG, 888 ZPO), **vollstreckbar**. Dem steht weder der Umstand, dass das Jugendamt eine staatliche Behörde ist, noch die Vorschrift des § 1837 Abs. 3 Satz 2 BGB, wonach Zwangsmittel gegenüber dem Amtsvormund im Rahmen der Aufsicht unzulässig sind, entgegen,[15] da das Jugendamt in diesem Fall sowohl Verfahrensbeteiligter (§ 162 Abs. 2 Satz 1 FamFG) als auch Verpflichteter einer vollstreckbaren Anordnung des erkennenden Familiengerichts ist.

7 Lehnt das Jugendamt die im Raum stehenden öffentlichen Hilfen aus **unsachlichen Erwägungen** (z.B. fiskalischen Zwängen) ab oder hat es diese **pflichtwidrig unterlassen**, so ist das Familiengericht schon aus Gründen der im Raum stehenden Eingriffe in das Elternrecht aus verfassungsrechtlicher Notwendigkeit gehalten, das Jugendamt zur Erbringung konkret bezeichneter Hilfen zu verpflichten, falls seine Ermittlungen ergeben, dass dadurch ein weitergehender Eingriff in das Elternrecht, insbesondere eine Trennung des Kindes von seinen Eltern vermieden werden kann.[16]

8 Vertritt man in dieser Frage die Auffassung der Gegenmeinung und verneint eine Anordnungskompetenz des Familiengerichts, wird dieses in entsprechenden Konfliktlagen bei einer Weigerung des Jugendamts zur Gewährung weiterer öffentlicher Hilfen trotz einer Gefährdung des Kindeswohls einen Sorgerechtsentzug wegen aus seiner Sicht möglicher und vorrangiger Hilfen ablehnen müssen[17] und so die – infolge der Begründung einer Garantenstellung auch **strafrechtliche – Verantwortung** für das Kind dem Jugendamt allein überlassen.

▶ *Zu den weiteren Einzelheiten von § 36a SGB VIII wird auf die vorhandenen aktuellen Kommentierungen verwiesen.[18]*

§ 37 SGB VIII Zusammenarbeit bei Hilfen außerhalb der eigenen Familie

(1) ¹Bei Hilfen nach §§ 32 bis 34 und § 35a Absatz 2 Nummer 3 und 4 soll darauf hingewirkt werden, dass die Pflegeperson oder die in der Einrichtung für die Erziehung verantwortlichen Personen und die Eltern zum Wohl des Kindes oder des Jugendlichen zusammenarbeiten. ²Durch Beratung und Unterstützung sollen die Erziehungsbedingungen in der Herkunftsfamilie innerhalb eines im Hinblick auf die Entwicklung des Kindes oder Jugendlichen vertretbaren Zeitraums so weit verbessert werden, dass sie das Kind oder den Jugendlichen wieder selbst erziehen kann. ³Während dieser Zeit soll durch begleitende Beratung und Unterstützung der Familien darauf hingewirkt werden, dass die Beziehung des Kindes oder Jugendlichen zur Herkunftsfamilie gefördert wird. ⁴Ist eine nachhaltige Verbesserung der Erziehungsbedingungen in der Herkunftsfamilie innerhalb dieses Zeitraums nicht erreichbar, so soll mit den beteiligten Personen eine andere, dem Wohl des Kindes oder des Jugendlichen förderliche und auf Dauer angelegte Lebensperspektive erarbeitet werden.

(2) ¹Die Pflegeperson hat vor der Aufnahme des Kindes oder Jugendlichen und während der Dauer des Pflegeverhältnisses Anspruch auf Beratung und Unterstützung; dies gilt auch in den Fällen, in denen für das Kind oder den Jugendlichen weder Hilfe zur Erziehung noch Eingliederungshilfe gewährt wird oder die Pflegeperson nicht der Erlaubnis zur Vollzeitpflege nach § 44 bedarf. ²Lebt das Kind oder der Jugendliche bei einer Pflegeperson außerhalb des Bereichs des zuständigen Trägers der öffentlichen Jugendhilfe, so sind ortsnahe Be-

---

15 BGH ZKJ 2014, 251; OLG Frankfurt a.M. ZKJ 2013, 162 jeweils zur Verhängung eines Ordnungsgelds gegen den Amtsvormund bei einem vollstreckbaren Umgangsvergleich; vgl. auch *DIJuF*-Rechtsgutachten, JAmt 2013, 208
16 Staudinger/*Coester*, § 1666a BGB Rn. 19
17 Zutreffend *Hammer*, FF 2014, 428
18 FK-SGB VIII/*Meysen*, § 36a Rn. 1 ff.; LPK-SGB VIII/*Kunkel/Pattar* § 36a Rn. 1 ff.

ratung und Unterstützung sicherzustellen. ³Der zuständige Träger der öffentlichen Jugendhilfe hat die aufgewendeten Kosten einschließlich der Verwaltungskosten auch in den Fällen zu erstatten, in denen die Beratung und Unterstützung im Wege der Amtshilfe geleistet wird. ⁴§ 23 Absatz 4 Satz 3 gilt entsprechend.

(2a) ¹Die Art und Weise der Zusammenarbeit sowie die damit im Einzelfall verbundenen Ziele sind im Hilfeplan zu dokumentieren. ²Bei Hilfen nach den §§ 33, 35a Absatz 2 Nummer 3 und § 41 zählen dazu auch der vereinbarte Umfang der Beratung der Pflegeperson sowie die Höhe der laufenden Leistungen zum Unterhalt des Kindes oder Jugendlichen. ³Eine Abweichung von den dort getroffenen Feststellungen ist nur bei einer Änderung des Hilfebedarfs und entsprechender Änderung des Hilfeplans zulässig.

(3) ¹Das Jugendamt soll den Erfordernissen des Einzelfalls entsprechend an Ort und Stelle überprüfen, ob die Pflegeperson eine dem Wohl des Kindes oder des Jugendlichen förderliche Erziehung gewährleistet. ²Die Pflegeperson hat das Jugendamt über wichtige Ereignisse zu unterrichten, die das Wohl des Kindes oder des Jugendlichen betreffen.

§ 37 Abs. 1 Satz 1 SGB VIII bestimmt, dass das Jugendamt bei (voll stationären) Hilfen zur Erziehung, insbesondere nach den §§ 32 bis 34 SGB VIII auf eine **Zusammenarbeit von Eltern, Pflegeeltern oder den in einer Einrichtung verantwortlichen Personen zum Wohl des Kindes/Jugendlichen** hinwirken soll. Auch bei Unterbringung eines Kindes in einem Heim oder einer Pflegefamilie bleibt es nach dem Willen des Gesetzgebers nach Abs. 1 Satz 2 vordringliches Ziel, durch **Beratung und Unterstützung** innerhalb eines für die Entwicklung des Kindes oder Jugendlichen **vertretbaren Zeitraums** die Erziehungsbedingungen in der Herkunftsfamilie zu verbessern, was vom BVerfG in seinen neueren Entscheidungen zu § 1666 BGB im Hinblick auf das Elternrecht stark betont wird.[1] Die Formulierung „innerhalb eines für das Kind vertretbaren Zeitraums" orientiert sich an den Besonderheiten des **kindlichen Zeitempfindens**, so dass dieser Zeitraum umso kürzer zu bemessen, desto jünger das Kind ist.

Ungeklärt ist die Frage, ob sich aus § 37 Abs. 1 SGB VIII einklagbare Rechtsansprüche von Eltern ergeben,[2] was insbesondere von der verwaltungsrechtlichen Rechtsprechung verneint wird.[3]

Jedenfalls soll nach dem Gesetz während dieses – noch ungewissen – Zeitraums der **Kontakt des Kindes oder Jugendlichen zu seinen Eltern** nicht abgebrochen werden, Abs. 1 Satz 3. Kommt der Träger der öffentlichen Jugendhilfe nach Auswertung der Entwicklung in der Herkunftsfamilie zu der Überzeugung, dass die **Prognose der Rückführung des Kindes nach Ablauf des Zeitraums negativ** ist, so hat es mit den Beteiligten eine anderweitige Lebensperspektive für das Kind gem. Abs. 1 Satz 4 zu erarbeiten. Das Gesetz verlangt also danach, unter Beachtung der Rechtssubjektivität des Kindes eine dauerhafte Lebensperspektive zu erarbeiten, die entweder in der sicheren Rückkehr zu seinen leiblichen Eltern, in einer hinreichende abgesicherten Unterbringung in einer Dauerpflegestelle oder – wie § 36 Abs. 1 Satz 2 SGB VIII betont – in die Adoption mündet. Ist die Verbesserung der Erziehungsbedingungen in der Herkunftsfamilie innerhalb dieses Zeitrahmens nicht möglich, besteht eine nicht in ihrem Ermessen stehende Pflicht der Jugendhilfe zur Erarbeitung eines anderen Lösungskonzepts für das Kind außerhalb des Elternhauses.[4]

1

2

---

1 BVerfG FamRZ 2014, 1266 m. Anm. *Keuter*
2 Vgl. dazu *Hammer*, FF 2014, 428, 431 f.
3 OVG Niedersachsen JAmt 2012, 271 (Eltern)
4 *KRK*, FamRZ 2014, 891, 893

3 Nach § 37 Abs. 2 SGB VIII hat auch die Pflegeperson vor Aufnahme des Kindes und während der Dauer der Pflege einen Anspruch auf Beratung und Unterstützung. Damit erlangen etwa die **Pflegeeltern** auch im Rahmen des Kinder- und Jugendhilferechts eine eigenständige Rechtsposition, die der verfassungsrechtlichen Ausgangslage, wonach ein **grundrechtlicher Schutz der Pflegefamilie aus Art. 6 Abs. 1 GG** besteht[5], Rechnung trägt.

§ 38 SGB VIII Vermittlung bei der Ausübung der Personensorge

Sofern der Inhaber der Personensorge durch eine Erklärung nach § 1688 Absatz 3 Satz 1 des Bürgerlichen Gesetzbuchs die Vertretungsmacht der Pflegeperson soweit einschränkt, dass dies eine dem Wohl des Kindes oder des Jugendlichen förderliche Erziehung nicht mehr ermöglicht, sowie bei sonstigen Meinungsverschiedenheiten sollen die Beteiligten das Jugendamt einschalten.

Von einer Kommentierung wird abgesehen.

§§ 39 bis 41 SGB VIII

Von Abdruck und Kommentierung wird abgesehen.

---

5 BVerfGE 79, 51 (60); ausführlich *Groß*, FPR 2004, 411

Drittes Kapitel
Andere Aufgaben der Jugendhilfe

Erster Abschnitt
Vorläufige Maßnahmen zum Schutz von Kindern und Jugendlichen

§ 42 SGB VIII Inobhutnahme von Kindern und Jugendlichen

(1) ¹Das Jugendamt ist berechtigt und verpflichtet, ein Kind oder einen Jugendlichen in seine Obhut zu nehmen, wenn

1. das Kind oder der Jugendliche um Obhut bittet oder

2. eine dringende Gefahr für das Wohl des Kindes oder des Jugendlichen die Inobhutnahme erfordert und

   a) die Personensorgeberechtigten nicht widersprechen oder

   b) eine familiengerichtliche Entscheidung nicht rechtzeitig eingeholt werden kann oder

3. ein ausländisches Kind oder ein ausländischer Jugendlicher unbegleitet nach Deutschland kommt und sich weder Personensorge- noch Erziehungsberechtigte im Inland aufhalten.

²Die Inobhutnahme umfasst die Befugnis, ein Kind oder einen Jugendlichen bei einer geeigneten Person, in einer geeigneten Einrichtung oder in einer sonstigen Wohnform vorläufig unterzubringen; im Fall von Satz 1 Nummer 2 auch ein Kind oder einen Jugendlichen von einer anderen Person wegzunehmen.

(2) ¹Das Jugendamt hat während der Inobhutnahme die Situation, die zur Inobhutnahme geführt hat, zusammen mit dem Kind oder dem Jugendlichen zu klären und Möglichkeiten der Hilfe und Unterstützung aufzuzeigen. ²Dem Kind oder dem Jugendlichen ist unverzüglich Gelegenheit zu geben, eine Person seines Vertrauens zu benachrichtigen. ³Das Jugendamt hat während der Inobhutnahme für das Wohl des Kindes oder des Jugendlichen zu sorgen und dabei den notwendigen Unterhalt und die Krankenhilfe sicherzustellen; § 39 Absatz 4 Satz 2 gilt entsprechend. ⁴Das Jugendamt ist während der Inobhutnahme berechtigt, alle Rechtshandlungen vorzunehmen, die zum Wohl des Kindes oder Jugendlichen notwendig sind; der mutmaßliche Wille der Personensorge- oder der Erziehungsberechtigten ist dabei angemessen zu berücksichtigen.

(3) ¹Das Jugendamt hat im Fall des Absatzes 1 Satz 1 Nummer 1 und 2 die Personensorge- oder Erziehungsberechtigten unverzüglich von der Inobhutnahme zu unterrichten und mit ihnen das Gefährdungsrisiko abzuschätzen. ²Widersprechen die Personensorge- oder Erziehungsberechtigten der Inobhutnahme, so hat das Jugendamt unverzüglich

1. das Kind oder den Jugendlichen den Personensorge- oder Erziehungsberechtigten zu übergeben, sofern nach der Einschätzung des Jugendamts eine Gefährdung des Kindeswohls nicht besteht oder die Personensorge- oder Erziehungsberechtigten bereit und in der Lage sind, die Gefährdung abzuwenden oder

2. eine Entscheidung des Familiengerichts über die erforderlichen Maßnahmen zum Wohl des Kindes oder des Jugendlichen herbeizuführen.

³Sind die Personensorge- oder Erziehungsberechtigten nicht erreichbar, so gilt Satz 2 Nummer 2 entsprechend. ⁴Im Fall des Absatzes 1 Satz 1 Nummer 3 ist unverzüglich die Bestellung eines Vormunds oder Pflegers zu veranlassen. ⁵Widersprechen die Personensorgeberechtigten der Inobhutnahme nicht, so ist unverzüglich ein Hilfeplanverfahren zur Gewährung einer Hilfe einzuleiten.

(4) Die Inobhutnahme endet mit

1. der Übergabe des Kindes oder Jugendlichen an die Personensorge- oder Erziehungsberechtigten,

2. der Entscheidung über die Gewährung von Hilfen nach dem Sozialgesetzbuch.

(5) ¹Freiheitsentziehende Maßnahmen im Rahmen der Inobhutnahme sind nur zulässig, wenn und soweit sie erforderlich sind, um eine Gefahr für Leib oder Leben des Kindes oder des Jugendlichen oder eine Gefahr für Leib oder Leben Dritter abzuwenden. ²Die Freiheitsentziehung ist ohne gerichtliche Entscheidung spätestens mit Ablauf des Tages nach ihrem Beginn zu beenden.

(6) Ist bei der Inobhutnahme die Anwendung unmittelbaren Zwangs erforderlich, so sind die dazu befugten Stellen hinzuzuziehen.

Übersicht

A. Allgemeines

1   § 42 SGB VIII ist die zentrale und klassische Vorschrift des öffentlichen Rechts für das nach Art. 6 Abs. 2 Satz 2 GG auszuübende **staatlichen Wächteramt** im Bereich des **Kinderschutzes.**[1] Sie ermöglicht zum Schutz des Kindes eine **Trennung des Kindes von seinen Personensorgeberechtigten** und steht damit nach Art. 6 Abs. 3 GG wegen des **Verhältnismäßigkeitsgrundsatzes** wie § 1666 BGB unter besonders engen Voraussetzungen und in einem Spannungsfeld zwischen Elternrecht und Rechten des Kindes.

2   Gemäß § 2 Abs. 3 Nr. 1 SGB VIII handelt es sich bei der Inobhutnahme um eine **andere Aufgabe der Jugendhilfe**. Sie steht grundsätzlich selbstständig **neben dem zivilrechtlichen Kinderschutz** durch die Familiengerichte und dient der **vorläufigen Krisenbewältigung zur Abwendung einer Kindeswohlgefährdung**. Eine Verbindung zum zivilrechtlichen Kinderschutzverfahren besteht aber durch die **Pflicht zur Anrufung des Familiengerichts** durch das Jugendamt in den in §§ 8a Abs. 2 Satz 1, 42 Abs. 3 Satz 2 SGB VIII genannten Fällen. Das (dann folgende) zivilrechtliche Kinderschutzverfahren dient

---

[1] Vgl. ausführlich *Zitelmann*, ZKJ 2011, 236

aber **nicht der Überprüfung der Voraussetzungen von §§ 8a, 42 SGB VIII**,[2] sondern orientiert sich ausschließlich **an den Voraussetzungen von §§ 1666, 1666a BGB** zum Zeitpunkt der gerichtlichen Entscheidung (*vgl. Rn. 20*).

Abs. 1 regelt abschließend **drei Fälle**, die zur Inobhutnahme von Kindern und Jugendlichen berechtigen, nämlich das Kind/Jugendlichen, das **selbst um seine Obhut bittet** (Nr. 1), der **unbegleitet eingereiste Minderjährige** (Nr. 3) und schließlich Kinder, bei denen eine dringende, **nicht anders abwendbare Gefahr** für ihr Wohl besteht (Nr. 2). Für den zuletzt genannten Fall wird § 42 SGB VIII **flankiert durch die Regelung in § 8a SGB VIII**, die vor allem **Verfahrensregeln** im **Vorfeld** einer Entscheidung nach § 42 Abs. 1 SGB VIII aufstellt.

Nach Abs. 1 Satz 1 ist § 42 SGB VIII nicht als bloße **Befugnisnorm zu einem Eingriff in**   3
das Sorgerecht der Berechtigten ausgestaltet, sondern stellt zugleich eine **Rechtspflicht** zu einem entsprechenden Handeln für die Jugendämter auf, deren Verletzung nicht nur verwaltungsrechtliche, sondern auch **straf- und zivilrechtlichen Konsequenzen** für die Träger der Jugendhilfe und deren Mitarbeitern haben können (vgl. näher hierzu *Dürbeck*, Vorbem. SGB VIII Rn. 14 f.).

Im Jahr 2013 kam es bundesweit insgesamt in **42.123 Fällen** zu einer Inobhutnahme nach   4
§ 42 SGB VIII, davon betrafen 6584 Fälle[3] unbegleitet eingereiste Minderjährige, zumeist um politisches Asyl nachsuchende Flüchtlinge.[4] Damit hat in den letzten 5 Jahren eine Steigerung der Fallzahlen um insgesamt 31 % stattgefunden, was zeigt, dass Änderungen im Kinderschutzrecht durch das KICK und das Bundeskinderschutzgesetz Wirkung zeigen. Die Versechsfachung der Fallzahlen von unbegleitet eingereisten Kindern seit 2008 ist dagegen der politischen und wirtschaftlichen Instabilität ihrer Heimatländer geschuldet, stellt aber gerade die meist als Amtsvormünder eingesetzten Jugendämter, wie die Praxis zeigt, vor große organisatorische und wirtschaftliche Herausforderungen.

B. Inhalt der Norm

I. Gründe für eine Inobhutnahme (Abs. 1 Satz 1)

Nach § 42 Abs. 1 Satz 1 SGB VIII ist das Jugendamt berechtigt und verpflichtet, ein Kind   5
oder einen Jugendlichen in folgenden (**abschließend geregelten**, vgl. Art. 6 Abs. 3 GG) Fällen in seine Obhut zu nehmen:

1. Eigene Bitte des Kindes/Jugendlichen (Abs. 1 Nr. 1)

Abs. 1 Nr. 1 betrifft den sog. **Selbstmelder**, d. h. den Fall, dass ein Kind oder Jugendlicher   6
gegenüber dem Jugendamt **um Obhut bittet**. Hier ist das Jugendamt **zur Aufnahme verpflichtet** und es besteht nach ganz h. M. auch ein **Rechtsanspruch des Kindes** auf Inobhutnahme.[5] Die vom Betreffenden vorgebrachten Gründe oder Motive sind nicht zu prüfen.[6] Voraussetzung ist stets, dass das Kind bzw. der Jugendliche **zur Bildung und Äußerung eines entsprechenden Willens fähig** ist, was bei Kleinstkindern meist nicht der Fall sein wird.[7] Die Vorschrift dient im Übrigen dazu, dem betroffenen Kind bzw. Jugendlichen **vorläufigen Schutz** zu gewähren. Das Jugendamt hat den betroffenen Minderjährigen nach Abs. 2 Satz 1 zu **beraten** und mit ihm die **Gründe seiner Entfernung** von den

---

2 Vgl. OLG Frankfurt a.M. BeckRS 2015, 05693; OVG Niedersachsen BeckRS 2009, 39392; *Lauterbach*, JAmt 2014, 10; Wiesner/*Wiesner*, § 42 SGB VIII Rn. 15a
3 https://www.destatis.de/DE/PresseService/Presse/Pressemitteilungen/2014/07/PD14_262_225.html
4 Zu den familienrechtlichen Rechtsfragen in Bezug auf diese Kinder: *Dürbeck*, ZKJ 2014, 266
5 OVG Hamburg JAmt 2011, 472; Schellhorn/*Mann*, § 42 SGB VIII Rn. 8
6 Bay VGH, Beschl. v. 8.8.2011 – 12 ZB 10.974, juris
7 *Hoffmann*, JAmt 2012, 244

Erziehungsberechtigten zu **erörtern**. Es hat dabei nach Abs. 2 Satz 2 auch für **sein Wohl zu sorgen** und seinen **Unterhalt sicherzustellen**. Das Jugendamt hat den Personensorge- oder Erziehungsberechtigten nach Abs. 3 Satz 1 **unverzüglich** von der Inobhutnahme zu **unterrichten**. Es muss aber in jedem Fall genügend **Zeit zur vorläufigen Klärung des Sachverhalts** und zur **Beratung** des Kindes verbleiben.[8] Gegenüber Abs. 1 Nr. 3 ist Nr. 1 subsidiär.[9] Für das weitere Verfahren vgl. Rn. 11 ff.

2. Kindeswohlgefährdung (Abs. 1 Nr. 2)

7   Abs. 1 Nr. 2 betrifft den in der Praxis **häufigsten Anlass einer Inobhutnahme** durch das Jugendamt, nämlich bei einer **dringenden Gefahr für das Wohl des Kindes oder Jugendlichen und** der zusätzlichen Voraussetzung, dass die **Personensorgeberechtigten nicht widersprechen** (Nr. 1) oder eine **familiengerichtliche Entscheidung nicht rechtzeitig eingeholt** werden kann (Nr. 2). Der Begriff der **Kindeswohlgefährdung** entspricht dem des § 1666 BGB.[10] Eine Gefährdung des Kindeswohls liegt demnach dann vor, wenn das Kind bereits einen **körperlichen, geistigen oder psychischen Schaden** erlitten hat oder aber bei der weiteren Entwicklung eine **erhebliche Schädigung mit ziemlicher Sicherheit** zu erwarten ist.[11] Wie bei § 8a Abs. 2 Satz 2 SGB VIII bedarf es einer **dringenden Gefahr**, die dann gegeben ist, wenn eine Beeinträchtigung des körperlichen, geistigen oder seelischen Wohls des Kindes **hinreichend wahrscheinlich** ist **oder** wenn bei einer bereits realisierten Gefahr **Wiederholungsgefahr droht** und **sofortiges Einschreiten erforderlich** ist (näher hierzu *Dürbeck*, § 8a SGB VIII Rn. 11). Nicht erforderlich ist es, dass die Verletzung oder Schädigung unmittelbar bevorsteht.[12] Bei der Frage der Dringlichkeit spielt auch **die Intensität der befürchteten Rechtsgutverletzung** eine entscheidende Rolle.[13]

8   **Kumulativ** hinzukommen muss, dass die Personensorgeberechtigten der Inobhutnahme **nicht widersprechen**, wobei eine bloße Duldung nicht ausreichend ist.[14] Das Einverständnis kann aber **konkludent** erteilt werden[15] und ist bei gemeinsamem Sorgerecht **von beiden Elternteilen** zu erklären.[16]

Fehlt es an einem Einverständnis des oder der Personensorgeberechtigten. so ist nach Nr. 2 die Inobhutnahme wegen des damit verbundenen Eingriffs in Art. 6 Abs. 2 S, 1 GG nur zulässig, wenn eine **Entscheidung des Familiengerichts**, die auch im Wege der **einstweiligen Anordnung nach §§ 49 ff. FamFG** möglich ist, **nicht abgewartet werden kann**. Verwirklicht sich eine Gefahr für das Kind mithin nicht binnen der nächsten 2-3 Tage, ist die Anrufung des Familiengerichts vorrangig, wobei das Familiengericht auf die zeitliche Dimension ausdrücklich hinzuweisen ist.

9   Auch das Jugendamt hat bei dieser ihm obliegenden Einschätzung den **Verhältnismäßigkeitsgrundsatz** und den insoweit hier geltenden **Vorrang des zivilrechtlichen Kinderschutzes** zu beachten.[17] Eine Inobhutnahme ist etwa dann zu unterlassen, wenn das Kind im Einvernehmen mit den Eltern bei Verwandten untergebracht werden kann und dies geeignet ist, das Kind hinreichend zu schützen.

---

8 FK-SGB VIII/*Trenczek*, § 42 Rn. 39
9 *Hoffmann*, JAmt 2012, 244
10 *Coester*, JAmt 2008, 1, 5; FK-SGB VIII/*Trenczek*, § 42 Rn. 13
11 BVerfG FamRZ 2010, 713; ZKJ 2012, 186; BGH FamRZ 1956, 350; Staudinger/*Coester*, § 1666 BGB Rn. 82
12 BVerwGE 47, 31, 40; Wiesner/*Wiesner*, § 42 SGB VIII Rn. 11
13 VG Cottbus JAmt 2014, 397
14 OLG Frankfurt a.M. NJOZ 2012, 1627
15 MüKo-BGB/*Tillmanns*, § 42 SGB VIII Rn. 6
16 *Hoffmann*, JAmt 2012, 244, 246
17 Vgl. OLG Frankfurt a.M. NJOZ 2012, 1627; Wiesner/*Wiesner*, § 42 SGB VIII Rn. 14 ff.

3. Unbegleitet eingereiste Minderjährige (Abs. 1 Nr. 3)

§ 42 erfasst in Abs. 1 Nr. 3 auch den Fall, dass ein **ausländisches Kind oder ein ausländi-** **10** **scher Jugendlicher unbegleitet** nach Deutschland kommt und hier weder Personensorge- noch Erziehungsberechtigte vorhanden sind, wobei es sich meist um Flüchtlinge handelt.[18] Hierdurch wird verhindert, dass Minderjährige in einer Aufnahmeeinrichtung nach § 47 AsylVfG untergebracht werden.[19] Entgegen der wohl h. L. betrifft Nr. 3 auch den Fall, dass der Minderjährige nach Einreise mit seinem Sorgeberechtigten hier allein zurückgelassen wird.[20] Das Jugendamt hat nach der Inobhutnahme nach Abs. 3 Satz 4 unverzüglich die **Bestellung eines Vormunds oder Pflegers** durch das Familiengericht zu veranlassen. Für die Anordnung der Vormundschaft ist der Richter nach § 14 Nr. 10 RPflG zuständig, die Feststellung über das Ruhen der elterlichen Sorge nach § 1674 BGB trifft zuvor der Rechtspfleger nach § 3 Nr. 2a RPflG. In Berlin besteht die Besonderheit, dass nach dortigem Landesrecht die Senatsverwaltung als überörtlicher Träger der Jugendhilfe für Inobhutnahmen nach Abs. 1 Nr. 3 sachlich zuständig ist.[21]

Eines der Hauptprobleme bei Inobhutnahmen von unbegleitet eingereisten jungen Men- **11** schen stellt deren **Altersfeststellung** dar, zumal auch von den Jugendämtern nach § 20 SGB X von Amts wegen und ohne Bindung an Feststellungen anderer Institutionen zu ermitteln ist, ob die Altersangaben von Betroffenen zu ihrem Alter tatsächlich der Wahrheit entsprechen, weil nur Minderjährige nach § 42 SGB VIII in Obhut genommen werden können.[22] Bei **Nichtaufklärbarkeit** ist **im Zweifel** eine Inobhutnahme nach § 42 Abs. 1 Nr. 3 SGB VIII anzuordnen.[23]

II. Befugnisse und Pflichten des Jugendamts (Abs. 1 Satz 2, Abs. 2, 3 und 5)

1. Befugnisse (Abs. 1 Satz 2, Abs. 2 Satz 4, Abs. 5)

a. Geeignete Unterbringung

Nach Abs. 1 Satz 2 umfasst die Inobhutnahme die Befugnis, ein Kind oder Jugendlichen **12** bei einer geeigneten Person, einer **geeigneten Einrichtung** oder in einer **sonstigen** **Wohnform vorläufig unterzubringen**. Sie ist aber gleichsam Teil der Pflicht nach Abs. 2 Satz 3, sich um das **Wohl des Kindes zu sorgen**. In der Praxis werden hier auf **Bereit-** **schaftspflegestellen**[24] und **Heimeinrichtungen** i.S.d. § 34 SGB VIII zurückgegriffen, im Übrigen sind Alter und Zustand des Kindes und das etwaige Bedürfnis, den Aufenthaltsort des Kindes seinen Eltern nicht zu offenbaren, von Bedeutung für die **Auswahl des Unter-** **bringungsorts**. Es kommen auch als geeignete Personen Verwandte oder der bislang nicht betreuende Elternteil in Betracht.[25]

b. Notkompetenzen

Von dieser Notkompetenz grundsätzlich nicht umfasst ist die **Regelung des Umgangs** **13** **des Kindes mit seinen Eltern**. Allenfalls **in den ersten Tagen** der Inohbutnahme vermag diese entsprechende Entscheidungen des Jugendamtes zu legitimieren. Sodann ist die **Einleitung eines familiengerichtlichen Umgangsverfahrens nach § 24 FamFG**

---

18 Ausführlich *Peter*, JAmt 2006, 68
19 BayVGH JAmt 2014, 528; MüKo-BGB/*Tillmanns*, § 42 SGB VIII Rn. 8
20 *Dürbeck*, ZKJ 2014, 266, 267; a.A. *Peter*, JAmt 2006, 60, 62: § 42 Abs. 1 Nr. 1 SGB VIII
21 Vgl. BGH ZKJ 2014, 104; *Dürbeck*, ZKJ 2014, 266
22 OVG Berlin-Brandenburg, Beschl. v. 20.10.2011 – 6 S 51,11, juris; *DIJuF*-Rechtsgutachten JAmt 2010, 547; *Peter*, JAmt 2006, 60, 62
23 BayVGH JAmt 2014, 528; zur Rechtslage im Familienrecht vgl. hier *Keuter* § 1674 BGB Rn. 1 ff. und *Dürbeck*, ZKJ 2014, 266, 267
24 OLG Karlsruhe JAmt 2005, 40
25 OLG Zweibrücken FamRZ 1996, 1026; Schellhorn/*Mann*, § 42 SGB VIII Rn. 14; a.A. Wiesner/*Wiesner*, § 42 SGB VIII Rn. 20

anzuregen. Etwas anderes ergibt sich auch dann nicht, wenn dem Jugendamt das Recht zur Aufenthaltsbestimmung – etwa im Wege der einstweiligen Anordnung – übertragen ist, denn dieses umfasst nicht das Recht zur Regelung des Umgangs.[26]

14   Nicht umfasst ist von dieser Notkompetenz auch das Recht, einen Antrag auf **freiheitsentziehende Unterbringung** des Kindes nach § 1631b BGB zu stellen.[27] Freiheitsentziehende Maßnahmen sind nach Abs. 5 im Rahmen der Inobhutnahme nur zulässig, wenn und soweit sie erforderlich sind, um eine **Gefahr für Leib oder Leben des Kindes** oder des Jugendlichen oder eine Gefahr für Leib oder Leben **Dritter** abzuwenden. Die Freiheitsentziehung ist in diesem Fall ohne gerichtliche Entscheidung spätestens mit Ablauf des Tages nach ihrem Beginn zu beenden. Andernfalls kann bei Verweigerung einer Antragstellung nach § 1631b BGB durch die Sorgeberechtigten entweder nach den öffentlich-rechtlichen Freiheitsentziehungsgesetzen der Länder (§ 151 Nr. 7 FamFG) vorzugehen sein oder den Sorgeberechtigten zunächst nach § 1666 BGB das Recht zur Antragstellung nach § 1631b BGB zu entziehen und ein Pfleger zu bestellen sein.[28]

Abs. 2 Satz 4 beinhaltet im Übrigen aber **keinen Verlust des Sorgerechts** der Personensorgeberechtigten.[29]

c. Wegnahmerecht

15   Schließlich berechtigt die Anordnung einer Inobhutnahme nach Abs. 1 Satz letzter HS auch zur **Wegnahme des Kindes oder Jugendlichen** von einer anderen Person. Mit der Änderung der Vorschrift durch das KICK wurde die Wegnahmebefugnis auch gegen den Personensorgeberechtigten erstreckt. **Zwang oder Gewalt** kann nur nach Maßgabe der **Ländervollstreckungsgesetze** angewendet werden, was durch § 42 Abs. 6 SGB VIII klargestellt wird, so dass das Jugendamt bei Notwendigkeit der Anwendung unmittelbaren Zwangs bei der Wegnahme des Kindes oder Jugendlichen die Polizei hinzuzuziehen hat.[30]

2. Pflichten (Abs. 2 und 3)

a. Hilfe und Unterstützung

16   Das Jugendamt hat nach Abs. 2 Satz 1 nach der Inobhutnahme die Situation, die zur Inobhutnahme geführt hat, zusammen mit dem Kind oder dem Jugendlichen zu **klären** und diesem **Möglichkeiten der Hilfe und Unterstützung aufzuzeigen**. Gemäß Abs. 2 Satz 2 ist dem Kind oder Jugendlichen nach der Inobhutnahme **unverzüglich Gelegenheit** zu geben, eine **Person seines Vertrauens zu benachrichtigen**. Soweit ein Konflikt mit den Eltern Grund für die Inobhutnahme ist, bietet sich die Einschaltung einer Vertrauensperson des Kindes an. Dies können z.B. sein: Verwandte, Freunde, Nachbarn, Lehrer oder Erzieher oder Geistliche. Das Kind oder der Jugendliche benachrichtigt grundsätzlich selbst (auch bestimmt es die Form der Übermittlung[31]), dem Jugendamt obliegt es aber, ihm eine entsprechende Gelegenheit dazu zu geben. Ist zu befürchten, dass ein Gespräch mit der ausgewählten Kontaktperson das Wohl des Kindes gefährden könnte, ist das Jugendamt berechtigt, dies zu unterbinden. Unverzüglich ist dann aber eine familiengerichtliche Regelung herbeizuführen, da das Recht der Eltern auch den (telefonischen) Kontakt zum Kind grundsätzlich umfasst.

---

26 OLG Frankfurt a.M. ZKJ 2015, 154; *Heilmann*, NJW 2012, 16, 18
27 BVerfG ZKJ 2008, 38
28 Schellhorn/*Mann*, § 42 SGB VIII Rn. 39
29 OLG Zweibrücken FamRZ 1996, 1026; MüKo-BGB/*Tillmanns*, § 42 SGB VIII Rn. 15
30 Schellhorn/*Mann*, § 42 SGB VIII Rn. 40; Wiesner/*Wiesner*, § 42 SGB VIII Rn. 66; a.A. *Finke*, JAmt 2011, 251, die Jugendämter selbst als Teil der Ordnungsbehörde als zur Zwangsausübung berechtigt ansieht
31 FK-SGB VIII/*Trenczek*, § 42 Rn. 33

Unbeschadet dessen hat das Jugendamt auf die Möglichkeit, eine andere Person zu kontaktieren, hinzuweisen[32] und die Kontaktaufnahme mit einer alternativen Vertrauensperson zu ermöglichen.

b. Unterhalt und Krankenhilfe

Nach § 42 Abs. 2 Satz 3 ist das Jugendamt während der Zeit der Inobhutnahme für das Wohl des Kindes verantwortlich und hat für das Kind den Unterhalt und die Krankenhilfe nach Maßgabe der §§ 39, 40 SGB VIII sicher zu stellen. **17**

c. Unterrichtspflicht

Schließlich hat das das Jugendamt nach Abs. 3 Satz 1 in den Fällen der Inobhutnahmen nach Abs. 1 Satz 1 Nr. 1 und 2 die **Personensorge- oder Erziehungsberechtigten unverzüglich von der Inobhutnahme zu unterrichten** und mit ihnen **das Gefährdungsrisiko abzuschätzen**. Dies darf auch dann nicht unterbleiben, wenn das Kind oder der Jugendliche darum ersucht.[33] Das mit den Sorgeberechtigten zu führende Gespräch soll auch Klarheit darüber bringen, ob diese mit der Inobhutnahme einverstanden sind. In diesem Fall ist nach Abs. 3 Satz 5 unverzüglich ein **Hilfeplanverfahren** zur Gewährung einer Hilfe (z.B. Heimunterbringung nach § 34 SGB VIII) einzuleiten. **18**

III. Anrufung des Familiengerichts oder Rückführung (Abs. 3)

Widersprechen die Personensorge- oder Erziehungsberechtigten der Inobhutnahme, so hat das Jugendamt nach Abs. 3 Satz 2 **unverzüglich** – das betrifft vor allem Fälle von Abs. 1 Satz 1 Nr. 1 – das Kind oder den Jugendlichen den Personensorge- oder Erziehungsberechtigten zu **übergeben**, sofern nach der Einschätzung des Jugendamts eine Gefährdung des Kindeswohls nicht (mehr) besteht oder die Personensorge- oder Erziehungsberechtigten nach gemeinsamer Erörterung des Anlasses der Inobhutnahme bereit und in der Lage sind, die Gefährdung abzuwenden (Abs. 3 Satz 2 Nr. 1). Ggf. sind erforderliche Hilfen zu gewähren. Insoweit besteht ein **Vorrang der Elternverantwortung** im Sinne von Art. 6 Abs. 2 Satz 1 GG. **19**

Bejaht das Jugendamt die Notwendigkeit einer **fortdauernden Trennung** von Kind oder Jugendlichen von seinen Personen- oder Erziehungsberechtigten wegen einer **dringenden Kindeswohlgefährdung**, hat es nach Abs. 3 Satz 2 Nr. 2 eine **Entscheidung des Familiengerichts** über die erforderlichen Maßnahmen zum Wohl des Kindes oder des Jugendlichen **herbeizuführen**.

▶ *Zum Umfang der Mitteilungspflicht siehe auch Dürbeck, § 8a SGB VIII Rn. 8 ff.*

Das **Familiengericht** hat insbesondere in **eigener Verantwortung** zu prüfen, ob es von Amts wegen hinreichende Anhaltspunkte erkennt, die eine **Beschränkung des Sorgerechts nach § 1666 BGB** und eine **fortdauernde Trennung** von Kind und Sorgeberechtigten rechtfertigen.[34] Ihm obliegt dabei nicht die Prüfung, ob das Jugendamt zu Recht die Voraussetzungen einer Inobhutnahme nach § 42 SGB VIII bejaht hat.[35] Gleichgestellt ist nach Abs. 3 Satz 3 der Fall, dass die Personensorge- oder Erziehungsberechtigten **nicht erreichbar sind**, so dass auch in diesem Fall das Familiengericht anzurufen ist, um diesen ungewissen Zustand zu beenden. **20**

▶ *Zum Kinderschutzverfahren des Familiengerichts siehe Cirullies, § 1666 BGB Rn. 1 ff.*

---

32 MüKo-BGB/*Tillmanns,* § 42 SGB VIII Rn. 13
33 LPK-SGB VIII/Kepert/*Röchling* § 42 Rn. 84
34 OLG Bamberg FamRZ 1999, 663; OLG Brandenburg FamRZ 2009, 994
35 BVerfG NJW 2007, 3560; OLG Frankfurt a.M. BeckRS 2015, 05693; OVG Niedersachsen BeckRS 2009, 39392; OLG Bamberg FamRZ 1999, 663; *Lauterbach,* JAmt 2014, 10; Wiesner/*Wiesner,* § 42 SGB VIII Rn. 15a; a.A. zu Unrecht: OLG Frankfurt a.M. OLG Frankfurt a.M. NJOZ 2012, 1627

IV. Ende der Inobhutnahme

21 Nach § 42 Abs. 4 SGB VIII endet die Inobhutnahme mit der **Übergabe des Kindes** oder Jugendlichen an die Personensorge- oder Erziehungsberechtigten (Nr. 1) und mit der **Entscheidung des Jugendamts über die Gewährung von Hilfen** nach dem SGB VIII (Nr. 2). **Entweicht** das Kind oder der Jugendliche eigenmächtig aus der Obhut des Jugendamts, entfällt ebenfalls die Grundlage der Inobhutnahme nach § 42 SGB VIII.[36]

Schließlich endet die Inobhutnahme auch dann, wenn das **Familiengericht**, nachdem es vom Jugendamt oder den Personensorgeberechtigten angerufen worden ist, festgestellt hat, dass ein **Entzug des Aufenthaltsbestimmungsrechts nach § 1666 BGB nicht stattfindet**.[37] Ein weiteres Vorenthalten des Kindes durch das Jugendamt ist ab diesem Zeitpunkt widerrechtlich im Sinne von § 1632 Abs. 1 BGB. Teilt das Jugendamt die Einschätzung des Amtsgerichts nicht, sollte es Beschwerde einlegen und unverzüglich bei dem Oberlandesgericht die Aussetzung der Vollziehung anregen.

▶ *Näher zum zivilrechtlichen Herausgabeanspruch der Eltern siehe Fink, § 1632 BGB Rn. 2 ff.*
Näher zu den Eilmaßnahmen des Oberlandesgerichts im Rahmen des Beschwerdeverfahrens Dürbeck, § 64 FamFG Rn. 8 ff.

C. Verwaltungsverfahren

22 Bei dem Verfahren nach § 42 SGB VIII handelt es sich um ein **Verwaltungsverfahren nach dem SGB X**[38], an dessen Ende eine Entscheidung durch **Verwaltungsakt** (§ 31 SGB X)[39] steht. Dieser ist **nicht formbedürftig**, schon wegen der gebotenen Anordnung der sofortigen Vollziehbarkeit[40] ist aber Schriftform ratsam und inzwischen auch Praxis. Der Verwaltungsakt ist grundsätzlich nach § 39 SGB X **bekannt zu machen**, und zwar nach zutreffender Auffassung gegenüber dem (nicht selbst handlungsfähigen) **betroffenen Kind oder Jugendlichen vertreten durch seinen gesetzlicher Vertreter**.[41] Sind der oder die gesetzlichen Vertreter nicht erreichbar, so ist mangels Möglichkeit der Bekanntmachung die Inobhutnahme durch (verwaltungsrechtlich) **unmittelbare Ausführung der Maßnahme** durchzuführen.[42]

23 Die **örtliche Zuständigkeit** richtet sich nach § 87 SGB VIII nach dem tatsächlichen Aufenthalt des Kindes oder Jugendlichen. Zur Besonderheit der Regelung der **sachlichen Zuständigkeit** bei Inobhutnahmen nach § 42 Abs. 1 Nr. 3 SGB VIII in Berlin (Nr. 6 Abs. 1-3 des Zuständigkeitskatalogs Ordnungsaufgaben zu § 2 Abs. 4 Allgemeines Sicherheits- und Ordnungsgesetz des Landes Berlin, vgl. bereits oben Rn. 9).

D. Rechtsschutz

I. Verwaltungsrecht

24 Eine **Überprüfung der Rechtmäßigkeit** einer vom Jugendamt angeordneten und noch andauernden Inobhutnahme können betroffene Sorgeberechtigte – unbeschadet ihres Begehrens auf Herausgabe des Kindes (hierzu unten Rn. 25) – nur über die **verwaltungsrechtlichen Rechtsbehelfe** erreichen. Da es sich um einen **Verwaltungsakt** handelt, ist zunächst ein **vorgerichtliches Widerspruchsverfahren** nach §§ 62 SGB X, 68 VwGO

---

36 Wiesner/*Wiesner*, § 42 SGB VIII Rn. 54
37 OVG Nordrhein-Westfalen BeckRS 2009, 32022; *Lauterbach*, JAmt 2014, 10
38 Wiesner/*Wiesner*, § 42 SGB VIII Rn. 67
39 BVerwG JAmt 2013, 588
40 Vgl. den Fall von VG Düsseldorf BeckRS 2014, 47451, wo dies vom Jugendamt verabsäumt worden ist
41 *Kepert*, JAmt 2013, 562; a.A. Wiesner/*Wiesner*, § 42 SGB VIII Rn. 68: Kind oder Jugendlicher
42 Ausführlich LPK-SGB VIII/*Kepert/Röchling* § 42 Rn. 131 f.

durchzuführen. **Nicht widerspruchs- und klagebefugt** mangels Verletzung eigener Rechte sind **Pflegeeltern**[43] und **nichtsorgeberechtigte Eltern**.[44] Für den Fall nicht erfolgreicher Durchführung steht die **verwaltungsgerichtliche Anfechtungsklage** nach § 42 Abs. 1 VwGO als statthaftes Rechtsmittel zur Verfügung. Ist die Inobhutnahme bereits durch Rückführung des Kindes beendet, kann nur nach den Grundsätzen der **Fortsetzungsfeststellungsklage** nach § 113 Abs. 1 Satz 4 VwGO analog bei besonderem Fortsetzungsfeststellungsinteresse eine Überprüfung durch die Verwaltungsgerichte erreicht werden.[45]

II. Familienrecht

Von der Inobhutnahme betroffene Personensorgeberechtigte können sich, wollen sie die Herausgabe des Kindes erreichen, auch **unmittelbar selbst an das Familiengericht** wenden. Es sind folgende Verfahren in Erwägung zu ziehen:

25

1. Herausgabeantrag gemäß §§ 1632 Abs. 1 BGB, 151 Nr. 3 FamFG

Da die Inobhutnahme nicht zu einer Beschränkung des Sorgerechts führt (vgl. oben Rn. 14) können die Inhaber des Aufenthaltsbestimmungsrechts gegenüber dem Jugendamt zwar den Anspruch auf **Herausgabe des Kindes nach § 1632 Abs. 1 BGB** geltend machen.[46] Der Anspruch ist aber unbegründet, da infolge der öffentlich-rechtlichen Inobhutnahme das Zurückhalten des Kindes durch das Jugendamt – schon wegen des Grundsatzes der Einheit der Rechtsordnung – bis zu einer (Eil-) Entscheidung des Familiengerichts im Rahmen eines Kinderschutzverfahrens (siehe oben Rn. 21) **nicht widerrechtlich** i.S.d. § 1632 Abs. 1 BGB ist, weil das Jugendamt nach § 42 Abs. 2 Satz 4 SGB VIII bis zur Beendigung der Inobhutnahme berechtigt ist, vorläufig den Aufenthalt des Kindes anderweitig zu bestimmen.[47] Das Familiengericht hat dabei nicht zu prüfen, ob die Inobhutnahme nach § 42 Abs. 1 SGB VIII rechtmäßig war (vgl. oben Rn. 2). Es kommt allein darauf an, dass diese rechtswirksam ist, was nur in Fällen offenkundiger Rechtswidrigkeit wegen **Nichtigkeit des Verwaltungsakts** nach § 42 SGB X zu verneinen ist.

2. Sorgerechtsverfahren §§ 1666 BGB, 151 Nr. 1 FamFG

Soweit das Jugendamt wegen eines Widerspruchs oder Unerreichbarkeit der (sorgeberechtigten) Eltern nicht bereits selbst das Familiengericht nach Maßgabe von § 42 Abs. 3 Satz 2 SGB VIII angerufen hat, können sich betroffene Eltern, Vormünder oder Pfleger auch **unmittelbar selbst an das Familiengericht** wenden und die **Einleitung eines amtswegigen Verfahrens nach § 1666 BGB** i. V. m. § 24 Abs. 1 FamFG **anregen**.[48] Das Familiengericht kann in diesem Fall die Sorgeberechtigten nicht auf die Möglichkeit des Verwaltungsrechtswegs verweisen. Die Eltern haben ein **qualifiziertes Rechtsschutzbedürfnis** an der Einleitung eines Sorgerechtsverfahrens, weil die familiengerichtliche Entscheidung, dass ein Entzug des Aufenthaltsbestimmungsrechts nicht veranlasst ist, die Inobhutnahme beendet (vgl. oben Rn. 21) und damit den Herausgabeanspruch nach § 1632 Abs. 1 BGB gegen das Jugendamt begründet macht.

26

---

43 OVG Niedersachsen DÖV 2014, 896; BayVGH NJW 2014, 715; BeckRS 2003, 15247
44 VG Augsburg BeckRS 2009, 47886; *Hoffmann*, JAmt 2012, 244, 249
45 Str., bejaht von OVG Saarland ZKJ 2012, 159; FK-SGB VIII/*Trenczek*, § 42 Rn. 63; verneint von OVG Sachsen JAmt 2010, 244; VG Ansbach BeckRS 2008, 43705
46 A.A. Fritzsche, NJW 2015, 586, 588
47 OLG Zweibrücken FamRZ 1996, 1026; Staudinger/*Salgo*, § 1632 BGB Rn. 16; Wiesner/*Wiesner*, § 42 SGB VIII Rn. 31, *Dürbeck* in: HB Verfahrensbeistandschaft, Rn. 586
48 *Lauterbach*, JAmt 2014, 10; im Ergebnis auch OLG Frankfurt a.M. NJOZ 2012, 1627, allerdings unter Verkennung der Überprüfungskompetenz in Bezug auf § 42 SGB VIII, vgl. Rn. 2

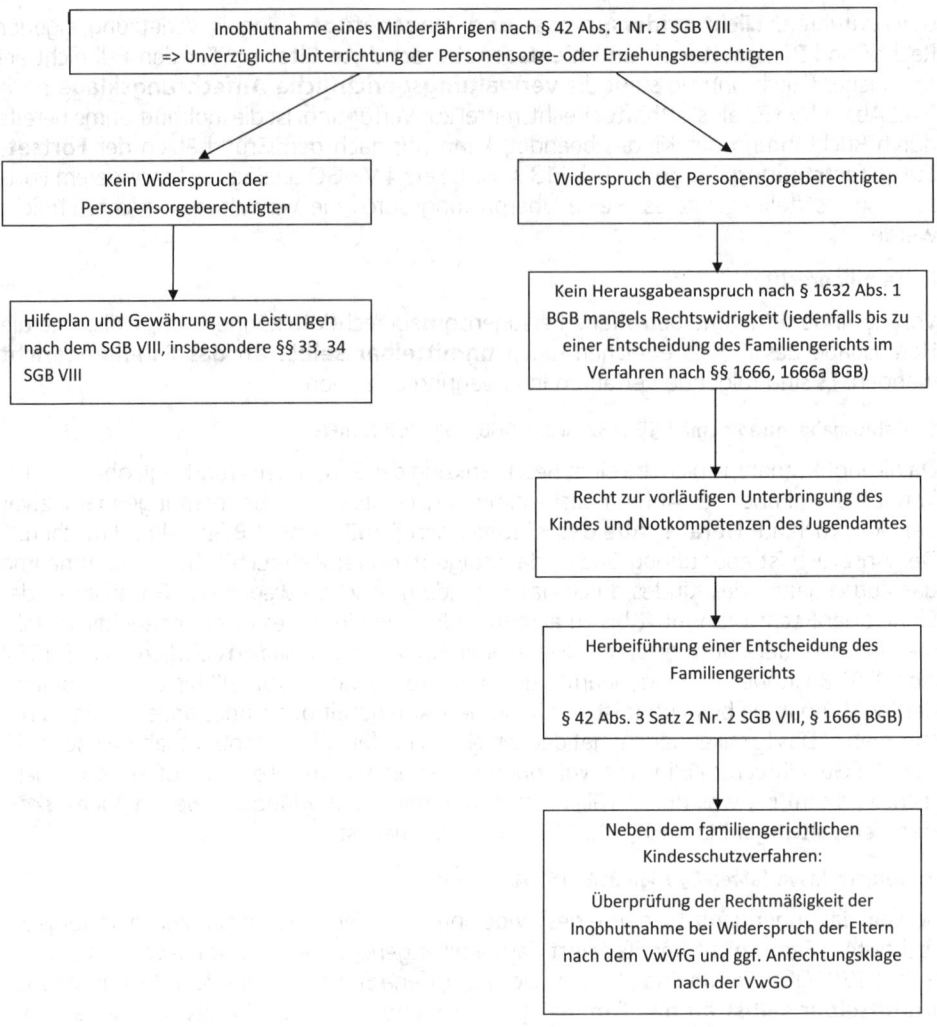

Zweiter Abschnitt
Schutz von Kindern und Jugendlichen in Familienpflege und in Einrichtungen

§ 43 SGB VIII Erlaubnis zur Kindertagespflege

(1) Eine Person, die ein Kind oder mehrere Kinder außerhalb des Haushalts des Erziehungs-berechtigten während eines Teils des Tages und mehr als 15 Stunden wöchentlich gegen Entgelt länger als drei Monate betreuen will, bedarf der Erlaubnis.

(2) Die Erlaubnis ist zu erteilen, wenn die Person für die Kindertagespflege geeignet ist. Ge-eignet im Sinne des Satzes 1 sind Personen, die

1. sich durch ihre Persönlichkeit, Sachkompetenz und Kooperationsbereitschaft mit Erzie-hungsberechtigten und anderen Tagespflegepersonen auszeichnen und

2. über kindgerechte Räumlichkeiten verfügen.

3. Sie sollen über vertiefte Kenntnisse hinsichtlich der Anforderungen der Kindertagespflege verfügen, die sie in qualifizierten Lehrgängen erworben oder in anderer Weise nachgewiesen haben. § 72a Absatz 1 und 5 gilt entsprechend.

(3) Die Erlaubnis befugt zur Betreuung von bis zu fünf gleichzeitig anwesenden, fremden Kindern. Im Einzelfall kann die Erlaubnis für eine geringere Zahl von Kindern erteilt werden. Landesrecht kann bestimmen, dass die Erlaubnis zur Betreuung von mehr als fünf gleichzeitig anwesenden, fremden Kindern erteilt werden kann, wenn die Person über eine pädagogische Ausbildung verfügt; in der Pflegestelle dürfen nicht mehr Kinder betreut werden als in einer vergleichbaren Gruppe einer Tageseinrichtung. Die Erlaubnis ist auf fünf Jahre befristet. Sie kann mit einer Nebenbestimmung versehen werden. Die Tagespflegeperson hat den Träger der öffentlichen Jugendhilfe über wichtige Ereignisse zu unterrichten, die für die Betreuung des oder der Kinder bedeutsam sind.

(4) Erziehungsberechtigte und Tagespflegepersonen haben Anspruch auf Beratung in allen Fragen der Kindertagespflege.

(5) Das Nähere regelt das Landesrecht.

Von einer Kommentierung wird abgesehen.

§ 44 SGB VIII Erlaubnis zur Vollzeitpflege

(1) Wer ein Kind oder einen Jugendlichen über Tag und Nacht in seinem Haushalt aufnehmen will (Pflegeperson), bedarf der Erlaubnis. Einer Erlaubnis bedarf nicht, wer ein Kind oder einen Jugendlichen

1. im Rahmen von Hilfe zur Erziehung oder von Eingliederungshilfe für seelisch behinderte Kinder und Jugendliche auf Grund einer Vermittlung durch das Jugendamt,
2. als Vormund oder Pfleger im Rahmen seines Wirkungskreises,
3. als Verwandter oder Verschwägerter bis zum dritten Grad,
4. bis zur Dauer von acht Wochen,
5. im Rahmen eines Schüler- oder Jugendaustausches,
6. in Adoptionspflege (§ 1744 des Bürgerlichen Gesetzbuchs)

über Tag und Nacht aufnimmt.

(2) Die Erlaubnis ist zu versagen, wenn das Wohl des Kindes oder des Jugendlichen in der Pflegestelle nicht gewährleistet ist. § 72a Absatz 1 und 5 gilt entsprechend.

(3) Das Jugendamt soll den Erfordernissen des Einzelfalls entsprechend an Ort und Stelle überprüfen, ob die Voraussetzungen für die Erteilung der Erlaubnis weiter bestehen. Ist das Wohl des Kindes oder des Jugendlichen in der Pflegestelle gefährdet und ist die Pflegeperson nicht bereit oder in der Lage, die Gefährdung abzuwenden, so ist die Erlaubnis zurückzunehmen oder zu widerrufen.

(4) Wer ein Kind oder einen Jugendlichen in erlaubnispflichtige Familienpflege aufgenommen hat, hat das Jugendamt über wichtige Ereignisse zu unterrichten, die das Wohl des Kindes oder des Jugendlichen betreffen.

Von einer Kommentierung wird abgesehen.

§ 45 SGB VIII Erlaubnis für den Betrieb einer Einrichtung

(1) Der Träger einer Einrichtung, in der Kinder oder Jugendliche ganztägig oder für einen Teil des Tages betreut werden oder Unterkunft erhalten, bedarf für den Betrieb der Einrichtung der Erlaubnis. Einer Erlaubnis bedarf nicht, wer

1. eine Jugendfreizeiteinrichtung, eine Jugendbildungseinrichtung, eine Jugendherberge oder ein Schullandheim betreibt,

2. ein Schülerheim betreibt, das landesgesetzlich der Schulaufsicht untersteht,

3. eine Einrichtung betreibt, die außerhalb der Jugendhilfe liegende Aufgaben für Kinder oder Jugendliche wahrnimmt, wenn für sie eine entsprechende gesetzliche Aufsicht besteht oder im Rahmen des Hotel- und Gaststättengewerbes der Aufnahme von Kindern oder Jugendlichen dient.

(2) Die Erlaubnis ist zu erteilen, wenn das Wohl der Kinder und Jugendlichen in der Einrichtung gewährleistet ist. Dies ist in der Regel anzunehmen, wenn

1. die dem Zweck und der Konzeption der Einrichtung entsprechenden räumlichen, fachlichen, wirtschaftlichen und personellen Voraussetzungen für den Betrieb erfüllt sind,

2. die gesellschaftliche und sprachliche Integration in der Einrichtung unterstützt wird sowie die gesundheitliche Vorsorge und die medizinische Betreuung der Kinder und Jugendlichen nicht erschwert werden sowie

3. zur Sicherung der Rechte von Kindern und Jugendlichen in der Einrichtung geeignete Verfahren der Beteiligung sowie der Möglichkeit der Beschwerde in persönlichen Angelegenheiten Anwendung finden.

(3) Zur Prüfung der Voraussetzungen hat der Träger der Einrichtung mit dem Antrag

1. die Konzeption der Einrichtung vorzulegen, die auch Auskunft über Maßnahmen zur Qualitätsentwicklung und -sicherung gibt, sowie

2. im Hinblick auf die Eignung des Personals nachzuweisen, dass die Vorlage und Prüfung von aufgabenspezifischen Ausbildungsnachweisen sowie von Führungszeugnissen nach § 30 Absatz 5 und § 30a Absatz 1 des Bundeszentralregistergesetzes sichergestellt sind; Führungszeugnisse sind von dem Träger der Einrichtung in regelmäßigen Abständen erneut anzufordern und zu prüfen.

(4) Die Erlaubnis kann mit Nebenbestimmungen versehen werden. Zur Sicherung des Wohls der Kinder und der Jugendlichen können auch nachträgliche Auflagen erteilt werden.

(5) Besteht für eine erlaubnispflichtige Einrichtung eine Aufsicht nach anderen Rechtsvorschriften, so hat die zuständige Behörde ihr Tätigwerden zuvor mit der anderen Behörde abzustimmen. Sie hat den Träger der Einrichtung rechtzeitig auf weitergehende Anforderungen nach anderen Rechtsvorschriften hinzuweisen.

(6) Sind in einer Einrichtung Mängel festgestellt worden, so soll die zuständige Behörde zunächst den Träger der Einrichtung über die Möglichkeiten zur Beseitigung der Mängel beraten. Wenn sich die Beseitigung der Mängel auf Entgelte oder Vergütungen nach § 75 des Zwölften Buches auswirken kann, so ist der Träger der Sozialhilfe an der Beratung zu beteiligen, mit dem Vereinbarungen nach dieser Vorschrift bestehen. Werden festgestellte Mängel nicht behoben, so können dem Träger der Einrichtung Auflagen erteilt werden, die zur Beseitigung einer eingetretenen oder Abwendung einer drohenden Beeinträchtigung oder Gefährdung des Wohls der Kinder oder Jugendlichen erforderlich sind. Wenn sich eine Auflage auf Entgelte oder Vergütungen nach § 75 des Zwölften Buches auswirkt, so entscheidet die zuständige Behörde nach Anhörung des Trägers der Sozialhilfe, mit dem Vereinbarungen nach dieser Vorschrift bestehen, über die Erteilung der Auflage. Die Auflage ist nach Möglichkeit in Übereinstimmung mit Vereinbarungen nach den §§ 75 bis 80 des Zwölften Buches auszugestalten.

(7) Die Erlaubnis ist zurückzunehmen oder zu widerrufen, wenn das Wohl der Kinder oder der Jugendlichen in der Einrichtung gefährdet und der Träger der Einrichtung nicht bereit oder nicht in der Lage ist, die Gefährdung abzuwenden. Widerspruch und Anfechtungsklage gegen die Rücknahme oder den Widerruf der Erlaubnis haben keine aufschiebende Wirkung.

Von einer Kommentierung wird abgesehen.

§ 46 SGB VIII Örtliche Prüfung

(1) Die zuständige Behörde soll nach den Erfordernissen des Einzelfalls an Ort und Stelle überprüfen, ob die Voraussetzungen für die Erteilung der Erlaubnis weiter bestehen. Der Träger der Einrichtung soll bei der örtlichen Prüfung mitwirken. Sie soll das Jugendamt und einen zentralen Träger der freien Jugendhilfe, wenn diesem der Träger der Einrichtung angehört, an der Überprüfung beteiligen.

(2) Die von der zuständigen Behörde mit der Überprüfung der Einrichtung beauftragten Personen sind berechtigt, die für die Einrichtung benutzten Grundstücke und Räume, soweit diese nicht einem Hausrecht der Bewohner unterliegen, während der Tageszeit zu betreten, dort Prüfungen und Besichtigungen vorzunehmen, sich mit den Kindern und Jugendlichen in Verbindung zu setzen und die Beschäftigten zu befragen. Zur Abwehr von Gefahren für das Wohl der Kinder und der Jugendlichen können die Grundstücke und Räume auch außerhalb der in Satz 1 genannten Zeit und auch, wenn sie zugleich einem Hausrecht der Bewohner unterliegen, betreten werden. Der Träger der Einrichtung hat die Maßnahmen nach den Sätzen 1 und 2 zu dulden.

Von einer Kommentierung wird abgesehen.

§ 47 SGB VIII Meldepflichten

Der Träger einer erlaubnispflichtigen Einrichtung hat der zuständigen Behörde unverzüglich

1. die Betriebsaufnahme unter Angabe von Name und Anschrift des Trägers, Art und Standort der Einrichtung, der Zahl der verfügbaren Plätze sowie der Namen und der beruflichen Ausbildung des Leiters und der Betreuungskräfte,
2. Ereignisse oder Entwicklungen, die geeignet sind, das Wohl der Kinder und Jugendlichen zu beeinträchtigen, sowie
3. die bevorstehende Schließung der Einrichtung

anzuzeigen. Änderungen der in Nummer 1 bezeichneten Angaben sowie der Konzeption sind der zuständigen Behörde unverzüglich, die Zahl der belegten Plätze ist jährlich einmal zu melden.

Von einer Kommentierung wird abgesehen.

§ 48 SGB VIII Tätigkeitsuntersagung

Die zuständige Behörde kann dem Träger einer erlaubnispflichtigen Einrichtung die weitere Beschäftigung des Leiters, eines Beschäftigten oder sonstigen Mitarbeiters ganz oder für bestimmte Funktionen oder Tätigkeiten untersagen, wenn Tatsachen die Annahme rechtfertigen, dass er die für seine Tätigkeit erforderliche Eignung nicht besitzt.

Von einer Kommentierung wird abgesehen.

§ 48a SGB VIII Sonstige betreute Wohnform

(1) Für den Betrieb einer sonstigen Wohnform, in der Kinder oder Jugendliche betreut werden oder Unterkunft erhalten, gelten die §§ 45 bis 48 entsprechend.

(2) Ist die sonstige Wohnform organisatorisch mit einer Einrichtung verbunden, so gilt sie als Teil der Einrichtung.

Von einer Kommentierung wird abgesehen.

§ 49 SGB VIII Landesrechtsvorbehalt

Das Nähere über die in diesem Abschnitt geregelten Aufgaben regelt das Landesrecht.

Von einer Kommentierung wird abgesehen.

Dritter Abschnitt
Mitwirkung in gerichtlichen Verfahren

§ 50 SGB VIII Mitwirkung in Verfahren vor den Familiengerichten

(1) ¹Das Jugendamt unterstützt das Familiengericht bei allen Maßnahmen, die die Sorge für die Person von Kindern und Jugendlichen betreffen. ²Es hat in folgenden Verfahren nach dem Gesetz über das Verfahren in Familiensachen und in den Angelegenheiten der freiwilligen Gerichtsbarkeit mitzuwirken:

1. **Kindschaftssachen (§ 162 des Gesetzes über das Verfahren in Familiensachen und in den Angelegenheiten der freiwilligen Gerichtsbarkeit),**

2. **Abstammungssachen (§ 176 des Gesetzes über das Verfahren in Familiensachen und in den Angelegenheiten der freiwilligen Gerichtsbarkeit),**

3. **Adoptionssachen (§ 188 Absatz 2, §§ 189, 194, 195 des Gesetzes über das Verfahren in Familiensachen und in den Angelegenheiten der freiwilligen Gerichtsbarkeit),**

4. **Ehewohnungssachen (§ 204 Absatz 2, § 205 des Gesetzes über das Verfahren in Familiensachen und in den Angelegenheiten der freiwilligen Gerichtsbarkeit) und**

5. **Gewaltschutzsachen (§§ 212, 213 des Gesetzes über das Verfahren in Familiensachen und in den Angelegenheiten der freiwilligen Gerichtsbarkeit).**

(2) ¹Das Jugendamt unterrichtet insbesondere über angebotene und erbrachte Leistungen, bringt erzieherische und soziale Gesichtspunkte zur Entwicklung des Kindes oder des Jugendlichen ein und weist auf weitere Möglichkeiten der Hilfe hin. ²In Kindschaftssachen informiert das Jugendamt das Familiengericht in dem Termin nach § 155 Absatz 2 des Gesetzes über das Verfahren in Familiensachen und in den Angelegenheiten der freiwilligen Gerichtsbarkeit über den Stand des Beratungsprozesses.

(3) Das Jugendamt, das in Verfahren zur Übertragung der gemeinsamen Sorge nach § 155a Absatz 4 Satz 1 und § 162 des Gesetzes über das Verfahren in Familiensachen und in den Angelegenheiten der freiwilligen Gerichtsbarkeit angehört wird oder sich am Verfahren beteiligt, teilt gerichtliche Entscheidungen, aufgrund derer die Sorge gemäß § 1626a Absatz 2 Satz 1 des Bürgerlichen Gesetzbuchs den Eltern ganz oder zum Teil gemeinsam übertragen wird, dem nach § 87c Absatz 6 Satz 2 zuständigen Jugendamt zu den in § 58a genannten Zwecken unverzüglich mit. Mitzuteilen sind auch das Geburtsdatum und der Geburtsort des Kindes oder des Jugendlichen sowie der Name, den das Kind oder der Jugendliche zur Zeit der Beurkundung seiner Geburt geführt hat.

Übersicht

A. Allgemeines

Mit der Einführung des FamFG zum 1.9.2009 wurde auch die Frage der Beteiligung und **1** Anhörung des Jugendamts in Verfahren betreffend die Person und Angelegenheiten des Kindes neu und einheitlich in § 162 FamFG gefasst. Der Aufzählung einzelner Mitwirkungstatbestände folgt auch das SGB VIII in § 50 Abs. 1 Satz 2. Die **Mitwirkung des Jugendamts im kindschaftsrechtlichen Verfahren** hat eine lange Rechtstradition, wobei sich das Verständnis der Rolle und Funktion des Jugendamts und sein Verhältnis zum Familiengericht grundlegend gewandelt hat.[1] Das Jugendamt gilt insbesondere nicht mehr als bloßer Ermittlungsgehilfe des Familiengerichts. Seine Rolle und Aufgabe im familiengerichtlichen Verfahren nimmt es **eigenständig** wahr und bringt seine **fachspezifische soziale Kompetenz** in das Verfahren ein.

Die Mitwirkung des Jugendamts in Verfahren vor dem Familiengericht gilt nach § 2 Abs. 3 **2** Nr. 6 SGB VIII als **andere Aufgabe der Kinder- und Jugendhilfe**. Die hohen Anforderungen, die das BVerfG an die Voraussetzungen eines Sorgerechtsentzuges nach §§ 1666, 1666a BGB stellt (vgl. hierzu *Cirullies*, § 1666 BGB Rn. 18 ff.), führen in der Praxis vermehrt zu Konflikten zwischen Jugendamt und Familiengericht über die Notwendigkeit und Sinnhaftigkeit der Erbringungen weiterer öffentlicher Hilfen zur Abwendung einer Trennung von Kind und Eltern, die die Frage aufwerfen, ob das Familiengericht gegenüber dem Jugendamt die Gewährung von Leistungen nach dem SGB VIII anordnen kann, siehe näher hierzu *Dürbeck*, § 36a SGB VIII Rn. 1 ff. Auch die Pflicht des Familiengerichts, Elternrechte in ihrem Konflikt mit Rechten des Kindes in verfassungskonformer Weise bei der Entscheidung zu berücksichtigen,[2] setzt einer **Kooperation zwischen Familiengericht und Jugendamt**, wie dies als Idealbild einer „Verantwortungsgemeinschaft" in der familien- und jugendhilferechtlichen Literatur[3] gesehen wird, in der Praxis deutliche Grenzen. Unbeschadet der Aufgaben des Jugendamtes hat auch der **Verfahrensbeistand** nach § 158 FamFG die Rolle, Bedeutung und Wahrnehmung des Jugendamts im Rahmen seiner Mitwirkung und ggf. Beteiligung im familiengerichtlichen Verfahren erheblich verändert (näher hierzu *Dürbeck*, § 162 FamFG Rn. 24 f.).

▶ *Zu den Aufgaben des Verfahrensbeistandes siehe Keuter, § 158 FamFG Rn. 28 ff.*

B. Inhalt der Norm

I. Mitwirkungstatbestände (Abs. 1 Satz 2)

§ 50 Abs. 1 Satz 2 SGB VIII fasst die Vorschriften des FamFG zur Anhörung des Jugendamts **3** zusammen und statuiert für das Jugendamt eine Amtspflicht zur Mitwirkung in **Kindschaftssachen** nach § 162 FamFG i. V. m. § 151 FamFG (Nr. 1), in Abstammungssachen nach § 176 FamFG (Nr. 2), in Adoptionssachen nach §§ 188 Abs. 2, 189, 194, 195 FamFG (Nr. 3), in den in §§ 204 Abs. 2, 205 FamFG genannten Ehewohnungssachen (Nr. 4) und den in §§ 212, 213 FamFG genannten Gewaltsschutzsachen. Die einzelnen Anhörungstatbestände ergeben sich aus dem materiellen Recht des BGB und z. T. aus Spezialgesetzen wie dem RKEG oder NamÄG und sind entscheidend für die inhaltlichen Anforderungen an die Mitwirkung des Jugendamts im Verfahren vor dem Familiengericht.[4]

---

1 Zur Entwicklung vgl. juris-PK/*Schruth* § 50 SGB VIII Rn. 3; zum Verhältnis Jugendamt und Familiengericht grundlegend *Sommer*, S. 27 ff.
2 Vgl. zur Kritik an der Überbetonung der Elternrechte im Kinderschutz durch das BVerfG: *Heilmann*, NJW 2014, 2904
3 Vgl. etwa Wiesner/*Mörsberger/Wapler,* § 50 SGB VIII Rn. 73 ff.; Rüting, ZKJ 2011, 244; *Hoffmann*, FPR 2011, 304
4 Ausführlich zu allen Anhörungstatbeständen im materiellen Familienrecht: Wiesner/*Oberloskamp* Anh. 3 Rn. 32 ff.

II. Rechtsposition des Jugendamts und Zweck der Mitwirkung

4   Der Rechtsstatus des Jugendamts in den familiengerichtlichen Verfahren, in denen es nach Abs. 1 Satz 2 mitwirkt, hängt zunächst davon ab, ob es im Verfahren formell **beteiligt** ist oder nicht. Eine Muss-Beteilung ist nur nach § 162 Abs. 2 Satz 1 FamFG in Kinderschutzverfahren nach §§ 1666, 1666a BGB vorgesehen, im Übrigen steht es ihm im Rahmen von § 162 Abs. 2 Satz 2, 204 Abs. 2, 212, 188 Abs. 2 FamFG frei, sich durch Antragstellung zu **beteiligen**.

▶   *ausführlich zur Beteiligung des Jugendamtes siehe Dürbeck, § 162 FamFG Rn. 18 ff.*

Das **Beschwerderecht** steht dem Jugendamt nach § 162 Abs. 3 Satz 2 FamFG unabhängig von der Frage seiner Beteiligtenstellung zu.

5   Auch soweit das Jugendamt nicht verfahrensbeteiligt ist, ist heute unbestritten, dass das Jugendamt im Rahmen der ihm durch § 2 Abs. 3 Nr. 6 SGB VIII zugewiesenen Pflichtaufgabe der Mitwirkung am familiengerichtlichen Kindschaftsverfahren **nicht als weisungsgebundenes Hilfsorgan** des Familiengerichts tätig wird,[5] sondern dass es diese ihm zugewiesene gesetzliche Aufgabe **selbständig** und in **eigener Verantwortung wahrnimmt**. Es soll dabei nach dem gesetzlichen Leitbild, seine Rolle im familiengerichtlichen Verfahren **aktiv** wahrnehmen[6] und mit dem Familiengericht in kindsorientierter Weise **kooperieren**.[7]

6   Die in § 50 SGB VIII vorgesehene Mitwirkung dient **aus Sicht des Familiengerichts** der gerichtlichen Entscheidungsfindung und stellt sich daher als eine Form der Ermittlung und Sachaufklärung dar.[8] Dem trägt auch Abs. 1 Satz 1 Rechnung und betont die **Unterstützungsfunktion** des Jugendamts gegenüber dem Familiengericht. Die sozialpädagogische Kompetenz des Jugendamts soll dem Familiengericht dabei helfen, im Rahmen der Rechtsanwendung – vor allem in Bezug auf die Belange von betroffenen Kindern – die richtige Sachentscheidung zu treffen und wird dem unbestimmten Rechtsbegriff „Kindeswohl" als Leitmaßstab für familiengerichtliche Entscheidungen und Einfallstor außerjuristischer Erkenntnisse gerecht. Aus **Sicht der Jugendhilfe** soll die Mitwirkung im familiengerichtlichen Verfahren die durch § 1 Abs. 1 SGB VIII vorgegebenen Ziele, sich für eine Verbesserung der Lebenssituation von Kindern oder Jugendlichen einzusetzen, erfüllen helfen.[9] Diese unterschiedlichen Zielsetzungen müssen im Einzelfall auf Grund der unterschiedlichen Herangehensweise der agierenden Berufsfelder **nicht immer deckungsgleich** sein.

III. Art der Mitwirkung

1. Form

7   Die Verpflichtung zur Mitwirkung in den im Gesetz genannten Familiensachen bedeutet, dass das Jugendamt die ihm vom Familiengericht gewährte Gelegenheit wahrzunehmen hat, sich vor der zu treffenden Entscheidung zu äußern. Gesetzliche Vorgaben über die Form der Mitwirkung bestehen nicht. Es entspricht jedoch den Gepflogenheiten zwischen Behörden und sonstigen staatlichen Institutionen, dem Anspruch der weiteren Verfahrensbeteiligten auf **Gewährung rechtlichen Gehörs** und dem Erfordernis einer ausreichenden Vorbereitung einer mündlichen Verhandlung bei einem Gericht, dass in der Regel eine Äußerung in **schriftlicher Form** abzufassen und rechtzeitig vor einem Termin abzusenden ist.[10] Eine schriftliche Äußerung des Jugendamts wird etwa dann unerlässlich sein, wenn

---

5 FK-SGB VIII/*Trenczek*, § 50 Rn. 11; Wiesner/*Mörsberger/Wapler*, § 50 SGB VIII Rn. 43; *Sommer*, S. 92 f.
6 *Flemming*, ZKJ 2009, 315
7 *Rüting*, ZKJ 2011, 244; *Sommer*, S. 135 ff.
8 Keidel/*Engelhardt*, § 162 FamFG Rn. 2
9 FK-SGB VIII/*Trenczek*, Vor §§ 50-52 Rn. 6
10 LPK-SGB VIII/*Röchling* § 50 Rn. 17; FK-SGB VIII/*Trenczek*, Vor §§ 50-52 Rn. 30

es nach erfolgter Inobhutnahme des Kindes oder Jugendlichen nach § 42 Abs. 3 Satz 2 SGB VIII oder im Rahmen von § 8a Abs. 2 Satz 1 SGB VIII das Familiengericht anruft. Eine **mündliche Stellungnahme** wird hingegen dann ausreichen, wenn das Jugendamt die betroffene Familie noch nicht kennt und das FamG einen frühen Termin nach § 155 Abs. 2 FamFG oder in einem einstweiligen Anordnungsverfahren nach §§ 49 ff. FamFG bestimmt, ohne dass es dem Jugendamt vorher möglich war, die betroffenen Eltern und Kinder oder Jugendlichen zu kontaktieren.

Soweit das Jugendamt nicht am Verfahren beteiligt ist und sein persönliches Erscheinen vom Familiengericht angeordnet worden ist (vgl. *Dürbeck*, § 162 FamFG Rn. 19), ist es nicht verpflichtet, zu einem **gerichtlichen Termin** zu erscheinen (Ausnahme § 155 Abs. 2 FamFG). **8**

2. Inhalt

Die regelmäßig schriftlich abzufassende Stellungnahme des Jugendamts sollte sich nicht auf die Darstellung von Tatsachen – etwa der Schilderung dessen, was die Eltern gegenüber dem Jugendamt geäußert haben – beschränken, sondern darüber hinaus auch eine **psycho-soziale Bewertung** der jeweiligen Fragestellung enthalten.[11] Sie stellt kein Gutachten dar, sondern vielmehr eine **fachliche behördliche Äußerung**.[12] Der Inhalt der Äußerung bestimmt sich nach dem jeweiligen Anhörungstatbestand des materiellen Rechts.[13] Damit sollte sich das Jugendamt in Kindesschutzverfahren unter anderem zur Frage der Gefährdung des Kindeswohls, in Verfahren nach § 1671 BGB dazu, ob eine Aufhebung der gemeinsamen elterlichen Sorge und die Übertragung auf den Antragsteller dem Wohl des Kindes am besten entspricht und in Umgangsverfahren dazu äußern, welche Regelung des Umgangs dem Wohl des Kindes dient bzw. ob und inwieweit es einer Einschränkung des Umgangs zur Abwehr einer Kindeswohlgefährdung bedarf. **9**

Im Grundsatz hat das Jugendamt nach § 50 Abs. 2 Satz 1 SGB VIII insbesondere über **bereits erbrachte oder angebotene Erziehungshilfen** und sonstige Leistungen zu berichten und **erzieherische und soziale Gesichtspunkte** zur Entwicklung des Kindes einzubringen. Dabei sollte im Regelfall – soweit **datenschutzrechtliche Gesichtspunkte** dem nicht entgegenstehen[14] – ein vorhandener **Hilfeplan** mitgeliefert werden. Gleiches gilt uneingeschränkt für vorhandene **Gefährdungseinschätzungsbögen**. **10**

Weiterhin wäre es aus Sicht der Familiengerichte wünschenswert, wenn das Jugendamt zur Vorbereitung seines Berichts einen **Hausbesuch** bei beiden Eltern durchführen würde,[15] was in der Praxis außerhalb von Kinderschutzverfahren leider eher die Ausnahme ist und heute von den Verfahrensbeiständen übernommen wird (zur Funktionsverlagerung im Verhältnis Verfahrensbeistand und Jugendamt vgl. *Dürbeck*, § 162 FamFG Rn. 18 f.). Eine aus § 50 SGB VIII folgende Verpflichtung zu vorherigen Hausbesuchen besteht jedoch auch unter Berücksichtigung von § 8a Abs. 1 Satz SGB VIII (*vgl. Dürbeck, § 8a SGB VIII Rn. 6*) nicht,[16] sondern steht im Ermessen der zuständigen Fachkraft. **11**

Umstritten ist, ob die fachliche Äußerung des Jugendamts einen bestimmten **Entscheidungsvorschlag** enthalten muss, was insbesondere von der kinder- und jugendhilferecht- **12**

---

11 Vgl. Wiesner/*Oberloskamp* Anh. 3 Rn. 13
12 Schellhorn/*Schellhorn*, § 50 SGB Rn. 19; FK-SGB VIII/*Trenczek*, Vor §§ 50-52 Rn. 23
13 Vgl. die ausführliche Darstellung von Wiesner/*Oberloskamp* Anh. 3 Rn. 32 ff. zu allen familienrechtlichen Anhörungstatbeständen.
14 FK-SGB VIII/*Trenczek*, § 50 Rn. 29; LPK-SGB VIII/*Röchling* § 50 Rn. 23: ohne Einverständnis der Eltern i. Erg. nur im Kinderschutzverfahren; a.A. Wiesner/*Schmid-Obkirchner*, § 36 SGB VIII Rn. 87: Pflicht zur Vorlage
15 So ausdrücklich OLG Köln FamRZ 2001, 1535; 1999, 1517; *Völker/Clausius*, § 1 Rn. 435, die hierin sogar eine Pflicht sehen vgl. dazu auch DIJuF-Rechtsgutachten, JAmt 2015, 83
16 LPK-SGB VIII/*Röchling* § 50 Rn. 21

lichen Literatur[17] überwiegend verneint wird. Dem ist jedoch nicht zuzustimmen,[18] da die Interessenswahrnehmung für ein betroffenes Kind, wie es § 1 Abs. 1 und 3 Nr. 1 SGB VIII als Ziel der Jugendhilfe vorgeben, untrennbar verbunden ist mit Parteinahme, so dass etwa in einem Antragsverfahren nach §§ 1628 oder 1671 BGB seitens des Jugendamts auch ein bestimmter Entscheidungsvorschlag zu machen ist. **Ausnahmen** können gerechtfertigt sein, wenn Gründe des **Datenschutzes** dem im Einzelfall entgegen stehen sollten,[19] die betroffenen Elternteile die **Kooperation mit dem Jugendamt verweigert** haben[20] oder dem Jugendamt wegen bestimmter im Vordergrund stehenden Fragen (z.B. körperliche oder psychische Erkrankung der Eltern) die **Sachkompetenz fehlt**.[21]

IV. Übermittlungspflichten (Abs. 3)

13   Durch das Gesetz zur Reform der elterlichen Sorge nicht miteinander verheirateter Eltern vom 16.4.2013[22] wurde Abs. 3 der Vorschrift eingefügt. Soweit das Jugendamt in **Verfahren zur Übertragung der gemeinsamen Sorge nach § 155a Abs. 4 Satz 1 FamFG** angehört wird oder sich am betreffenden Verfahren beteiligt hat, hat es nach § 50 Abs. 3 SGB VIII gerichtliche Entscheidungen, aufgrund derer die Sorge gemäß § 1626a Abs. 2 Satz 1 BGB den Eltern ganz oder zum Teil gemeinsam übertragen wurde, dem nach § 87c Abs. 6 Satz 2 zuständigen Jugendamt zu den in § 58a SGB VIII genannten Zwecken **unverzüglich mitzuteilen**. Mitzuteilen sind nach Satz 2 auch das Geburtsdatum und der Geburtsort des Kindes oder des Jugendlichen sowie der Name, den das Kind oder der Jugendliche zur Zeit der Beurkundung seiner Geburt geführt hat.

Soweit das Familiengericht im **vereinfachten Verfahren nach § 155a Abs. 2 und 3 FamFG ohne Anhörung und Beteiligung** entschieden hat und zumindest in Teilbereichen gemeinsames Sorgerecht begründet hat, ist es nach § 155a Abs. 3 Satz 3 FamFG selbst für die Übermittlung der vorbezeichneten Daten an das für die Führung des Sorgerechtsregisters zuständige Jugendamt zuständig (näher hierzu *Fink*, § 155a FamFG Rn. 39).

C. Rechtsschutz gegen die fachliche Äußerung

14   Soweit ein Verfahrensbeteiligter mit einer fachlichen Äußerung des Jugendamts im Rahmen dessen Mitwirkung nach § 50 SGB VIII nicht einverstanden ist, weil er sie etwa als unzutreffend, fachlich fehlerhaft oder ehrverletzend ansieht, besteht **kein vor den Verwaltungsgerichten einklagbarer öffentlich-rechtlicher Anspruch auf Unterlassen** der vom Jugendamts getätigten Äußerungen, soweit diese nicht leichtfertig abgegeben wurden und sie sich in einem sachlichen Rahmen bewegen.[23] Die Frage der Verwertbarkeit einer fachlichen Stellungnahme des Jugendamts obliegt insoweit ausschließlich den Familiengerichten, die an Empfehlungen des Jugendamts ohnehin nicht gebunden sind.[24] Schließlich besteht auch kein Anspruch auf Akteneinsicht in die bei Jugendamt geführten Akten betreffend die Mitwirkung in einem familiengerichtlichen Verfahren, da schon der Sozialdatenschutz nach § 65 SGB VIII dem entgegen steht.[25]

---

17   FamGKG-SGB VIII/*Trenczek*, Vor §§ 50-52 Rn. 31; Wiesner/*Mörsberger/Wapler*, § 50 SGB VIII Rn. 50; MüKo-BGB/*Tillmanns*, § 50 SGB VIII Rn. 9
18   BGH ZfJ 1954, 234; FamRZ 1986, 895; OLG Stuttgart FamRZ 2006, 1857; *Völker/Clausius*, § 1 Rn. 435; *Oelkers*, FamRZ 1995, 449, 451
19   Was aber selten der Fall ist, vgl. *Kunkel*, FamRZ 1997, 193, 196 und FPR 2013, 487
20   BayObLG FamRZ 2001, 647
21   Wiesner/*Oberloskamp* Anh. 3 Rn. 10
22   BGBl. 2013 I S. 795; vgl. dazu *Dürbeck*, ZKJ 2013, 330
23   VGH München ZKJ 2014, 38; VG München BeckRS 2014, 57284
24   BVerfG ZKJ 2014, 242; JAmt 2014, 410
25   VG Hannover BeckRS 2015, 43175

D. Grenzen der Mitwirkung

Grenzen der Mitwirkung des Jugendamts ergeben sich zunächst im Hinblick auf **daten-**   **15**
schutzrechtliche Bestimmungen, die es dem Jugendamt insbesondere verwehren können, ohne Zustimmung der jeweiligen Verfahrensbeteiligten bei Dritten eingeholte Auskünfte zu offenbaren. Dies gilt auch im Umgang mit dem Verfahrensbeistand[26] (zu Einzelheiten vgl. insoweit *Dürbeck*, §§ 61 bis 68 SGB VIII Rn. 1 ff.).

Als **Zeugen** können Fachkräfte von Jugendämtern vom Familiengericht zwar grundsätz-   **16**
lich nach §§ 29 Abs. 2, 30 Abs. 1 FamFG, 373 ff. ZPO vernommen werden. Es sind hier jedoch sowohl **beamtenrechtliche Genehmigungen** nach §§ 376 ZPO i. V. m. den Ländergesetzen zu beachten als auch etwaige oftmals bestehende **Zeugnisverweigerungs-**
rechte nach §§ 29 Abs. 2 FamFG, 383 Abs. 1 Nr. 6 ZPO.[27]

Verweigern die am Verfahren beteiligten Eltern Gespräche mit dem Jugendamt, können   **17**
diese mangels Rechtsgrundlagen weder zwangsweise vorgeführt werden, noch hat das Jugendamt eine Befugnis, im Rahmen eines **Hausbesuchs** die Wohnung **gegen den Willen**
der Wohnungsinhaber zu betreten (Art. 13 Abs. 2 GG).[28]

E. Übertragung auf Freie Träger

Gemäß § 76 Abs. 1 SGB VIII können Träger der öffentlichen Jugendhilfe **anerkannte Trä-**   **18**
ger der freien Jugendhilfe an der **Durchführung ihrer Aufgaben nach § 50 SGB VIII**
beteiligen. Es entsteht insoweit ein **öffentlich-rechtliches Auftragsverhältnis**.[29] In
Hessen ist dies z.B. im Landkreis Gießen der Fall, wo die Beratungsstelle des Deutschen
Kinderschutzbundes für das zuständige Kreisjugendamt die Aufgaben nach § 50 SGB VIII
übernimmt, indem sie fachliche Äußerungen eigenständig abgibt und ihre Mitarbeiter Termine in Kindschaftssachen bei den Amtsgerichten und dem Oberlandesgericht Frankfurt
a. M. wahrnehmen. Gemäß § 76 Abs. 2 SGB VIII bleibt aber das **Jugendamt für die Erfül-**
lung der Aufgabe verantwortlich und hat z.B. sicherzustellen, dass der beauftragte Träger die Aufgabe ordnungsgemäß erfüllt und auch den Datenschutz beachtet. Diese **Ge-**
samtverantwortung gilt auch gegenüber dem Familiengericht.[30] Im Verhältnis Jugendamt und freier Träger besteht wegen des eigenständigen Betätigungsrechts der freien
Träger im Rahmen der Kinder- und Jugendhilfe **kein einzelfallbezogenes Weisungs-**
recht gegenüber dem freien Träger.[31]

Bislang nicht erörtert ist die Frage, ob einer Übertragung der Aufgabe an einen freien Trä-   **19**
ger auch das **Beschwerderecht** nach § 162 Abs. 3 Satz FamFG vom freien Träger ausgeübt werden kann. Die Frage dürfte zu verneinen sein, weil das Beschwerderecht, wie andere Verfahrensrechte auch, z.B. das der Beteiligtenstellung nach § 162 Abs. 2 Satz 1
FamFG, nicht disponibel sind.[32]

---

26 *DIJuF*-Rechtsgutachten JAmt 2014, 444, 446; zum Umgang des Verfahrensbeistands mit dem Datenschutz
    vgl. *Morat/Kramer*, ZKJ 2014, 139
27 Vgl. LPK-SGB VIII/*Röchling* § 50 Rn. 19
28 MüKo-BGB/*Tillmanns*, § 50 SGB VIII Rn. 10; Wiesner/*Mörsberger/Wapler*, Vor § 50 Rn. 54
29 Wiesner/*Wiesner*, § 76 SGB VIII Rn. 15
30 FK-SGB VIII/*Münder*, § 76 Rn. 11
31 Wiesner/*Mörsberger/Wapler*, Vor § 50 SGB VIII Rn. 47 f.; FK-SGB VIII/*Münder*, § 76 Rn. 12: LPK-SGB VIII/*Schind-*
    ler, § 76 Rn. 16; a.A. OLG Oldenburg ZfJ 1997, 56; ähnlich Wiesner/*Wiesner*, § 76 SGB VIII Rn. 21
32 OVG Naumburg FamRZ 2003, 468; 2003, 781 (Beteiligung)

F. Örtliche und sachliche Zuständigkeit

20 Die **örtliche Zuständigkeit** des Jugendamts für seine Mitwirkung im familiengerichtlichen Verfahren ergibt sich aus § 87b SGB VIII i. V. m. § 86 Abs. 1 bis 4 SGB VIII. Sie ist nicht immer identisch mit der örtlichen Zuständigkeit des Familiengerichts. § 86 Abs. 2 Satz 2 SGB VIII bestimmt etwa für den Fall, dass die gemeinsam personensorgeberechtigten Eltern verschiedene Wohnsitze haben, die örtliche Zuständigkeit desjenigen Jugendamts, bei dem **das Kind zuletzt seinen gewöhnlichen Aufenthalt** hatte. Bei alleinigem elterlichen Sorgerecht ist der Wohnsitz dieses Elternteils maßgeblich. Leben die Eltern, wie z.B. in Verfahren nach § 1666 BGB zusammen, ist nach § 86 Abs. 1 Satz 1 SGB VIII ihr Wohnsitz maßgeblich.

21 Wie bereits zu § 162 FamFG Rn. 7 ausgeführt, gilt für die Mitwirkung des Jugendamts im gerichtlichen Verfahren nach § 50 SGB VIII die Besonderheit, dass nach § 87b Abs. 2 SGB VIII die zu Beginn des Verfahrens begründete örtliche Zuständigkeit eines Jugendamts auch dann bis zur Beendigung des familiengerichtlichen Verfahrens bestehen bleibt, wenn sich die hierfür maßgeblichen Umstände, insbesondere durch einen **Wegzug des Kindes** und seiner Eltern, verändert haben und die Zuständigkeit in Ansehung anderer Aufgaben (z.B. Leistungen) auf ein anderes Jugendamt übergegangen ist (vgl. etwa § 86 Abs. 5 SGB VIII). Hierdurch wird die **Kontinuität der Beteiligung eines Jugendamts bis zum Abschluss eines familiengerichtlichen Verfahrens** gegenüber dem Familiengericht und den Verfahrensbeteiligten gewahrt.[33] Soweit sich nach einem Wegzug des Kindes mit seinem betreuenden Elternteil die Notwendigkeit eines Berichts durch das Jugendamt am neuen Wohnort ergibt, hat das Familiengericht im Rahmen seiner Amtsermittlungspflicht nach § 26 FamFG das für die Mitwirkung im Verfahren zuständige Jugendamt zu ersuchen, im Wege der Amtshilfe das Jugendamt vor Ort zu ersuchen, einen Bericht zu erstatten. § 26 FamFG gestattet es aber auch dem Familiengericht, sich unmittelbar an das Jugendamt am neuen Wohnsitz des Kindes oder Elternteils zu wenden.[34]

22 Die **sachliche Zuständigkeit** des Jugendamts ist in § 85 SGB VIII geregelt und geht für den Regelfall von der Zuständigkeit des örtlichen Trägers aus. In Berlin bestehen insoweit Besonderheiten (näher hierzu *Dürbeck*, § 162 FamFG Rn. 8). In beiden vom BGH entschiedenen Fällen[35] hatte das Amtsgericht übersehen, dass es gemäß § 162 FamFG nicht den in Berlin nach dortigem Landesrecht für Inobhutnahmen nach § 42 Abs. 1 Nr. 3 SGB VIII zuständigen überörtlichen Träger der Jugendhilfe (in Berlin die Senatsverwaltung), sondern den für die Mitwirkung im Verfahren nach § 50 SGB VIII zuständigen örtlichen Träger der Kinder- und Jugendhilfe (in Berlin das Bezirksjugendamt) hätte beteiligen müssen.[36]

§ 51 SGB VIII Beratung und Belehrung in Verfahren zur Annahme als Kind

(1) Das Jugendamt hat im Verfahren zur Ersetzung der Einwilligung eines Elternteils in die Annahme nach § 1748 Absatz 2 Satz 1 des Bürgerlichen Gesetzbuchs den Elternteil über die Möglichkeit der Ersetzung der Einwilligung zu belehren. Es hat ihn darauf hinzuweisen, dass das Familiengericht die Einwilligung erst nach Ablauf von drei Monaten nach der Belehrung ersetzen darf. Der Belehrung bedarf es nicht, wenn der Elternteil seinen Aufenthaltsort ohne Hinterlassung seiner neuen Anschrift gewechselt hat und der Aufenthaltsort vom Jugendamt während eines Zeitraums von drei Monaten trotz angemessener Nachfor-

---

33 LPK-SGB VIII/*Kunkel* § 87b Rn. 8
34 Keidel/*Engelhardt*, § 162 FamFG Rn. 6
35 BGH ZKJ 2014, 104 und NZFam 2014, 69
36 Einzelheiten bei *Dürbeck*, ZKJ 2014, 266

schungen nicht ermittelt werden konnte; in diesem Fall beginnt die Frist mit der ersten auf die Belehrung oder auf die Ermittlung des Aufenthaltsorts gerichteten Handlung des Jugendamts. Die Fristen laufen frühestens fünf Monate nach der Geburt des Kindes ab.

(2) Das Jugendamt soll den Elternteil mit der Belehrung nach Absatz 1 über Hilfen beraten, die die Erziehung des Kindes in der eigenen Familie ermöglichen könnten. Einer Beratung bedarf es insbesondere nicht, wenn das Kind seit längerer Zeit bei den Annehmenden in Familienpflege lebt und bei seiner Herausgabe an den Elternteil eine schwere und nachhaltige Schädigung des körperlichen und seelischen Wohlbefindens des Kindes zu erwarten ist. Das Jugendamt hat dem Familiengericht im Verfahren mitzuteilen, welche Leistungen erbracht oder angeboten worden sind oder aus welchem Grund davon abgesehen wurde.

(3) Steht nicht miteinander verheirateten Eltern die elterliche Sorge nicht gemeinsam zu, so hat das Jugendamt den Vater bei der Wahrnehmung seiner Rechte nach § 1747 Absatz 1 und 3 des Bürgerlichen Gesetzbuchs zu beraten.

Von einer Kommentierung wird abgesehen.

§ 52 SGB VIII Mitwirkung in Verfahren nach dem Jugendgerichtsgesetz

(1) Das Jugendamt hat nach Maßgabe der §§ 38 und 50 Absatz 3 Satz 2 des Jugendgerichtsgesetzes im Verfahren nach dem Jugendgerichtsgesetz mitzuwirken.

(2) Das Jugendamt hat frühzeitig zu prüfen, ob für den Jugendlichen oder den jungen Volljährigen Leistungen der Jugendhilfe in Betracht kommen. Ist dies der Fall oder ist eine geeignete Leistung bereits eingeleitet oder gewährt worden, so hat das Jugendamt den Staatsanwalt oder den Richter umgehend davon zu unterrichten, damit geprüft werden kann, ob diese Leistung ein Absehen von der Verfolgung (§ 45 JGG) oder eine Einstellung des Verfahrens (§ 47 JGG) ermöglicht.

(3) Der Mitarbeiter des Jugendamts oder des anerkannten Trägers der freien Jugendhilfe, der nach § 38 Absatz 2 Satz 2 des Jugendgerichtsgesetzes tätig wird, soll den Jugendlichen oder den jungen Volljährigen während des gesamten Verfahrens betreuen.

Von einer Kommentierung wird abgesehen.

Vierter Abschnitt
Beistandschaft, Pflegschaft und Vormundschaft für Kinder und Jugendliche, Auskunft über Nichtabgabe von Sorgeerklärungen

§ 52a SGB VIII Beratung und Unterstützung bei Vaterschaftsfeststellung und Geltendmachung von Unterhaltsansprüchen

(1) Das Jugendamt hat unverzüglich nach der Geburt eines Kindes, dessen Eltern nicht miteinander verheiratet sind, der Mutter Beratung und Unterstützung insbesondere bei der Vaterschaftsfeststellung und der Geltendmachung von Unterhaltsansprüchen des Kindes anzubieten. Hierbei hat es hinzuweisen auf

1. die Bedeutung der Vaterschaftsfeststellung,
2. die Möglichkeiten, wie die Vaterschaft festgestellt werden kann, insbesondere bei welchen Stellen die Vaterschaft anerkannt werden kann,
3. die Möglichkeit, die Verpflichtung zur Erfüllung von Unterhaltsansprüchen nach § 59 Absatz 1 Satz 1 Nummer 3 beurkunden zu lassen,
4. die Möglichkeit, eine Beistandschaft zu beantragen, sowie auf die Rechtsfolgen einer solchen Beistandschaft,
5. die Möglichkeit der gemeinsamen elterlichen Sorge.

Das Jugendamt hat der Mutter ein persönliches Gespräch anzubieten. Das Gespräch soll in der Regel in der persönlichen Umgebung der Mutter stattfinden, wenn diese es wünscht.

(2) Das Angebot nach Absatz 1 kann vor der Geburt des Kindes erfolgen, wenn anzunehmen ist, dass seine Eltern bei der Geburt nicht miteinander verheiratet sein werden.

(3) Wurde eine nach § 1592 Nummer 1 oder 2 des Bürgerlichen Gesetzbuchs bestehende Vaterschaft zu einem Kind oder Jugendlichen durch eine gerichtliche Entscheidung beseitigt, so hat das Gericht dem Jugendamt Mitteilung zu machen. Absatz 1 gilt entsprechend.

(4) Das Standesamt hat die Geburt eines Kindes, dessen Eltern nicht miteinander verheiratet sind, unverzüglich dem Jugendamt anzuzeigen.

Von einer Kommentierung wird abgesehen.

§ 53 SGB VIII Beratung und Unterstützung von Pflegern und Vormündern

(1) Das Jugendamt hat dem Familiengericht Personen und Vereine vorzuschlagen, die sich im Einzelfall zum Pfleger oder Vormund eignen.

(2) Pfleger und Vormünder haben Anspruch auf regelmäßige und dem jeweiligen erzieherischen Bedarf des Mündels entsprechende Beratung und Unterstützung.

(3) Das Jugendamt hat darauf zu achten, dass die Vormünder und Pfleger für die Person der Mündel, insbesondere ihre Erziehung und Pflege, Sorge tragen. Es hat beratend darauf hinzuwirken, dass festgestellte Mängel im Einvernehmen mit dem Vormund oder dem Pfleger behoben werden. Soweit eine Behebung der Mängel nicht erfolgt, hat es dies dem Familiengericht mitzuteilen. Es hat dem Familiengericht über das persönliche Ergehen und die Entwicklung eines Mündels Auskunft zu erteilen. Erlangt das Jugendamt Kenntnis von der Gefährdung des Vermögens eines Mündels, so hat es dies dem Familiengericht anzuzeigen.

(4) Für die Gegenvormundschaft gelten die Absätze 1 und 2 entsprechend. Ist ein Verein Vormund, so findet Absatz 3 keine Anwendung.

Von einer Kommentierung wird abgesehen.

§ 54 SGB VIII Erlaubnis zur Übernahme von Vereinsvormundschaften

(1) Ein rechtsfähiger Verein kann Pflegschaften oder Vormundschaften übernehmen, wenn ihm das Landesjugendamt dazu eine Erlaubnis erteilt hat. Er kann eine Beistandschaft übernehmen, soweit Landesrecht dies vorsieht.

(2) Die Erlaubnis ist zu erteilen, wenn der Verein gewährleistet, dass er

1. eine ausreichende Zahl geeigneter Mitarbeiter hat und diese beaufsichtigen, weiterbilden und gegen Schäden, die diese anderen im Rahmen ihrer Tätigkeit zufügen können, angemessen versichern wird,

2. sich planmäßig um die Gewinnung von Einzelvormündern und Einzelpflegern bemüht und sie in ihre Aufgaben einführt, fortbildet und berät,

3. einen Erfahrungsaustausch zwischen den Mitarbeitern ermöglicht.

(3) Die Erlaubnis gilt für das jeweilige Bundesland, in dem der Verein seinen Sitz hat. Sie kann auf den Bereich eines Landesjugendamts beschränkt werden.

(4) Das Nähere regelt das Landesrecht. Es kann auch weitere Voraussetzungen für die Erteilung der Erlaubnis vorsehen.

Von einer Kommentierung wird abgesehen.

§ 55 SGB VIII Beistandschaft, Amtspflegschaft, Amtsvormundschaft

(1) Das Jugendamt wird Beistand, Pfleger oder Vormund in den durch das Bürgerliche Gesetzbuch vorgesehenen Fällen (Beistandschaft, Amtspflegschaft, Amtsvormundschaft).

(2) [1]Das Jugendamt überträgt die Ausübung der Aufgaben des Beistands, des Amtspflegers oder des Amtsvormunds einzelnen seiner Beamten oder Angestellten. [2]Vor der Übertragung der Aufgaben des Amtspflegers oder des Amtsvormunds soll das Jugendamt das Kind oder den Jugendlichen zur Auswahl des Beamten oder Angestellten mündlich anhören, soweit dies nach Alter und Entwicklungsstand des Kindes oder Jugendlichen möglich ist. Eine ausnahmsweise vor der Übertragung unterbliebene Anhörung ist unverzüglich nachzuholen. [3]Ein vollzeitbeschäftigter Beamter oder Angestellter, der nur mit der Führung von Vormundschaften oder Pflegschaften betraut ist, soll höchstens 50 und bei gleichzeitiger Wahrnehmung anderer Aufgaben entsprechend weniger Vormundschaften oder Pflegschaften führen.

(3) [1]Die Übertragung gehört zu den Angelegenheiten der laufenden Verwaltung. [2]In dem durch die Übertragung umschriebenen Rahmen ist der Beamte oder Angestellte gesetzlicher Vertreter des Kindes oder Jugendlichen. [3]Amtspfleger und Amtsvormund haben den persönlichen Kontakt zu diesem zu halten sowie dessen Pflege und Erziehung nach Maßgabe des § 1793 Absatz 1a und § 1800 des Bürgerlichen Gesetzbuchs persönlich zu fördern und zu gewährleisten.

§ 56 SGB VIII Führung der Beistandschaft, Amtspflegschaft und der Amtsvormundschaft

(1) Auf die Führung der Beistandschaft, der Amtspflegschaft und der Amtsvormundschaft sind die Bestimmungen des Bürgerlichen Gesetzbuchs anzuwenden, soweit dieses Gesetz nicht etwas anderes bestimmt.

(2) [1]Gegenüber dem Jugendamt als Amtsvormund und Amtspfleger werden die Vorschriften des § 1802 Absatz 3 und des § 1818 des Bürgerlichen Gesetzbuchs nicht angewandt. [2]In den Fällen des § 1803 Absatz 2, des § 1811 und des § 1822 Nummer 6 und 7 des Bürgerlichen Gesetzbuchs ist eine Genehmigung des Familiengerichts nicht erforderlich. [3]Landesrecht kann für das Jugendamt als Amtspfleger oder als Amtsvormund weitergehende Ausnahmen von der Anwendung der Bestimmungen des Bürgerlichen Gesetzbuchs über die Vormundschaft über Minderjährige (§§ 1773 bis 1895) vorsehen, die die Aufsicht des Familiengerichts in vermögensrechtlicher Hinsicht sowie beim Abschluss von Lehr- und Arbeitsverträgen betreffen.

(3) [1]Mündelgeld kann mit Genehmigung des Familiengerichts auf Sammelkonten des Jugendamts bereitgehalten und angelegt werden, wenn es den Interessen des Mündels dient und sofern die sichere Verwaltung, Trennbarkeit und Rechnungslegung des Geldes einschließlich der Zinsen jederzeit gewährleistet ist; Landesrecht kann bestimmen, dass eine Genehmigung des Familiengerichts nicht erforderlich ist. [2]Die Anlegung von Mündelgeld gemäß § 1807 des Bürgerlichen Gesetzbuchs ist auch bei der Körperschaft zulässig, die das Jugendamt errichtet hat.

(4) Das Jugendamt hat in der Regel jährlich zu prüfen, ob im Interesse des Kindes oder des Jugendlichen seine Entlassung als Amtspfleger oder Amtsvormund und die Bestellung einer Einzelperson oder eines Vereins angezeigt ist, und dies dem Familiengericht mitzuteilen.

§ 57 SGB VIII Mitteilungspflicht des Jugendamts

Das Jugendamt hat dem Familiengericht unverzüglich den Eintritt einer Vormundschaft mitzuteilen.

§ 58 SGB VIII Gegenvormundschaft des Jugendamts

Für die Tätigkeit des Jugendamts als Gegenvormund gelten die §§ 55 und 56 entsprechend.

Übersicht

A. Allgemeines

1   §§ 55 ff. SGB VIII regeln die Wahrnehmung der Aufgaben des Amtsvormundes, Amtspflegers und der Beistandschaft (i.S.d. § 1712 BGB) durch das Jugendamt. Es handelt sich insoweit um **andere Aufgaben der Jugendhilfe** gemäß § 2 Abs. 3 Nr. 11 SGB VIII. Die Frage der Auswahl und Bestellung des Jugendamts zum Vormund oder Pfleger ist in materiell-rechtlicher Hinsicht im BGB, verfahrensrechtlich im FamFG geregelt (vgl. insoweit insbesondere die Anmerkungen zu § 1791b BGB), was durch die Regelung von § 55 Abs. 1 SGB VIII klargestellt wird. Auch sind im BGB diejenigen Fälle geregelt, in denen Amtsvormundschaft kraft Gesetzes (z.B. § 1791c BGB) eintritt.

2   § 55 SGB VIII gestaltet vor allem das **Innenverhältnis zwischen Jugendamt** als organisatorischer Institution und dem **einzelnen Beamten oder Angestellten**, der mit der konkreten Wahrnehmung der Aufgaben des Vormunds, Pflegers oder Beistands betraut ist. Auf die **Beistandschaft** soll hier nur kurz eingegangen, diese hat ihre Bedeutung in der Praxis vor allem im Unterhaltsrecht.

3   Außer der Wahrnehmung der Amtsvormundschaft und Amtspflegschaft ist das Jugendamt – neben dem Familiengericht, vgl. § 1837 BGB – auch in die **Beratung der Einzel- und Vereinsvormünder** und der **Aufsicht der Einzelvormünder** eingebunden (vgl. § 53 Abs. 2 und 3 SGB VIII).[1]

4   Obwohl die **Auswahl des Jugendamts** als Amtsvormund oder Amtspflegschaft gegenüber dem (ehrenamtlichen, vgl. hierzu *Dürbeck*, § 1791b BGB Rn. 2) Einzelvormund **subsidiär** ist (§§ 1791b Abs. 1 BGB, 56 Abs. 4 SGB VIII) ist sie in der Praxis die **vorherrschende Form** der Ämter und hat in der Vergangenheit wegen der hohen Fallzahlen bei den Jugendämtern auch zu Missständen geführt, die vor dem Hintergrund der intensiven Diskussion tragischer **Fälle von Kindesmisshandlung** und Kindesvernachlässigung[2] in allen öffentlichen Medien auch den Gesetzgeber dazu bewogen haben, in § 55 Abs. 2 SGB VIII durch das **Gesetz zur Änderung des Vormundschafts- und Betreuungsrecht vom 29.6.2011**[3] eine **Fallobergrenze** für die betreffenden Beamten oder Angestellten der Jugendämter festzuschreiben (vgl. dazu unten Rn. 1 f.).

5   § 58 SGB VIII bestimmt, dass für die Tätigkeit des Jugendamts als **Gegenvormund**, die nach § 1792 Abs. 1 BGB begründet werden kann, die §§ 55, 56 SGB VIII entsprechend gelten.

---

1 Vgl. dazu Wiesner/*Wiesner*, § 53 SGB VIII Rn. 7 ff.
2 Vor allem der Fall Kevin aus Bremen, vgl. Süddeutsche Zeitung vom 17.5.2010, „Der Fall Kevin – Stille Schreie nach Hilfe"
3 BGBl. 2011 I S. 1306; vgl. dazu *Willutzki*, ZKJ 2012, 168; *Veit/Salgo*, ZKJ 2011, 68

B. Beistandschaft

Nach § 55 Abs. 1 SGB VIII wird das Jugendamt **Beistand** in den durch das BGB vorgesehe-   **6**
nen Fällen. Dies sind nach § 1712 BGB die (gerichtliche) **Feststellung der Vaterschaft
nach § 1592 Nr. 3 BGB** (Nr. 1) und die **Geltendmachung von Unterhaltsansprüchen
des Kindes** (Nr. 2). Eine Mitwirkung des Familiengerichts ist bei der Begründung der Beistandschaft nicht vorgesehen. Sie **entsteht durch Zugang (§ 130 BGB)**[4] **eines schriftlichen Antrages** eines nach § 1713 BGB antragsberechtigten Elternteils bei dem nach
§ 87c SGB VIII zuständigen Jugendamt (vgl. § 1712 Abs. 1 BGB). Die Beistandschaft wird –
wie bei der Vormund- und Pflegschaft – nach § 55 Abs. 2 Satz 1 SGB VIII **einem Beamten
oder Angestellten zur Wahrnehmung übertragen**, der damit nach § 55 Abs. 2 Satz 3
SGB VIII zum **gesetzlicher Vertreter des Kindes** wird, wobei allerdings nach § 1716
Satz 1 BGB durch die Beistandschaft die elterliche Sorge nicht eingeschränkt wird.[5] Lediglich im familiengerichtlichen Verfahren ist der sorgeberechtigte Elternteil nach §§ 234, 173
FamFG von der Vertretung des Kindes ausgeschlossen. Hinsichtlich der Führung der Beistandschaft verweist § 56 Abs. 1 SGB VIII auf die Vorschriften des BGB, vgl. dort
§§ 1712 ff.

C. Amtsübertragung auf den einzelnen Beamten oder Angestellten (§ 55 Abs. 2 SGB VIII)

Gemäß § 55 Abs. 2 Satz 1 SGB VIII **überträgt** das Jugendamt die Ausübung der Aufgaben   **7**
des Beistands, des Amtspflegers oder des Amtsvormunds **einzelnen seiner Beamten
oder Angestellten**. Die Übertragung gehört nach § 55 Abs. 3 Satz 1 SGB VIII zu den Angelegenheiten der laufenden Verwaltung und ist nach zutreffender Auffassung ein **öffentlich-rechtlicher behördeninterner Organisationsakt** und kein Verwaltungsakt.[6]
Die Form der Übertragung ist gesetzlich nicht geregelt, sie geschieht durch eine schriftliche
Einzelverfügung.[7]

Nach § 55 Abs. 2 Satz 2 soll durch das Jugendamt vor der Übertragung der Aufgaben des   **8**
Amtspflegers oder des Amtsvormunds das **Kind oder der Jugendliche** zur Auswahl des
Beamten oder Angestellten **mündlich angehör**t werden, soweit dies nach Alter und Ent-
wicklungsstand des Kindes oder Jugendlichen möglich ist. Während also die Anhörung des
Kindes im Rahmen des familiengerichtlichen Verfahrens nach § 159 FamFG die gerichtliche
Entscheidung vorbereitet und der Wahrung seiner Rechtssubjektivität im familiengerichtli-
chen Verfahren dient, stellt diese Regelung sicher, dass entsprechendes auch vor der be-
hördlichen Entscheidung über die konkrete Amtsperson, welche Elternbefugnisse für den
Minderjährigen wahrnimmt, gewährleistet ist.

Eine ausnahmsweise vor der Übertragung **unterbliebene Anhörung** ist **unverzüglich**   **9**
nachzuholen. Schon dieses Erfordernis spricht dafür, dass die Übertragung nicht, wie vielfach üblich, durch einen **Geschäftsverteilungsplan** erfolgen darf.[8]

Anders als der Einzelvormund bedarf der Amtsvormund **keiner förmlichen Bestellung**   **10**
durch das Familiengericht, §§ 1789 ff. BGB gelten nach § 1791b Abs. 2 BGB hier nicht, so
dass die Vormundschaft kraft richterlicher Entscheidung gemäß § 1779 BGB bereits **mit**

---

4 Ausführlich *Meysen*, JAmt 2008, 120
5 Zur Doppelzuständigkeit von Elternteil und Beistand umfassend Oberloskamp/*Kunkel* § 18 Rn. 53 ff.
6 Wiesner/*Wiesner*, § 55 SGB VIII Rn. 78; Schellhorn/*Schellhorn*, § 55 SGB VIII Rn. 17; a.A. *DIJuF*-Rechtsgutachten
   JAmt 2013, 95; FK-SGB VIII/*Hoffmann/Proksch*, § 55 Rn. 33
7 MüKo-BGB/*Tillmanns*, § 55 SGB VIII Rn. 9
8 MüKo-BGB/*Tillmanns*, § 55 SGB VIII Rn. 9; a.A. Wiesner/*Wiesner*, § 55 SGB VIII Rn. 78; DIJuF-Rechtsgutachten
   JAmt 2003, 521

der Bekanntgabe der Entscheidung an das Jugendamt beginnt.[9] Eine **Verantwortlichkeit der Fachkraft** besteht aber erst **mit der Übertragung**.[10] Der Nachweis der Legitimation des Amtsvormunds im Rechtsverkehr erfolgt durch Vorlage einer Beschlussausfertigung, die Rubrum und Tenor, nicht aber etwaige Gründe zu enthalten hat.[11]

11 Nach § 55 Abs. 4 SGB VIII soll ein **vollzeitbeschäftigter Beamter oder Angestellter**, der nur mit der Führung von Vormundschaften oder Pflegschaften betraut ist, **höchstens 50** und bei gleichzeitiger Wahrnehmung anderer Aufgaben entsprechend weniger Vormundschaften oder Pflegschaften führen. Nachdem in der Praxis je Amtsvormund teilweise 200 Fälle gleichzeitig geführt wurden,[12] hat der Gesetzgeber auf die öffentliche Kritik reagiert und mit dem Gesetz zur Änderung des Vormundschafts- und Betreuungsrecht die vorbezeichnete **Fallzahlenobergrenzung** gesetzlich in § 55 Abs. 2 SGB VIII festgeschrieben. Berücksichtigt man zudem, dass § 1793 Abs. 1a SGB VIII einen Kontakt mit dem Mündel pro Monat verlangt, sind von Amtsvormündern jährlich bei einer Fallzahl von 50 insgesamt 600 Termine wahrzunehmen, was in der Praxis kaum umsetzbar ist und eher zu niedrigeren Fallzahlen führen muss bzw. schon führt.[13] Unverständlich ist zudem, warum der Gesetzgeber nicht zwischen Vormundschaften und Pflegschaften differenziert.

12 Die Einhaltung der Fallobergrenze obliegt **nicht unmittelbar der Aufsicht des Familiengerichts** nach § 1837 BGB, eine Nichtbeachtung kann aber bei nicht hinreichender Aufgabenwahrnehmung **Anlass zu Aufsichtsmaßnahmen** bis hin zur Entlassung des Amtsvormundes nach § 1887 BGB sein.[14] Ist gerichtsbekannt, dass die Fallzahlenobergrenze nicht beachtet wird, wird das Jugendamt ggf. als ungeeignet im Sinne von § 1779 Abs. 2 BGB zu gelten haben und soweit möglich ein geeigneter Vereins- oder Berufsvormund zu bestellen sein.

> ▶ *Zur zivil- und strafrechtlichen Haftung wegen Verletzung fachlicher Standards, die insoweit durch § 55 Abs. 2 Satz 4 SGB VIII vorgegeben werden, vgl. Dürbeck, Vorbem. SGB VIII Rn. 14 ff.*

13 Im Übrigen bestehen derzeit seitens des Gesetzgebers Überlegungen zur **Stärkung des Gedankens der Einzelvormundschaft** die Möglichkeit der Bestellung eines Jugendamtsmitarbeiters als **„persönlichen Amtsvormund"** – ähnlich der vergütungsmäßig motivierten Bestellung von Mitarbeitern von Vereinen zu Einzelvormündern (näher hierzu *Dürbeck*, § 1791a BGB Rn. 13 ff.) – zu schaffen.[15]

D. Wirkung der Übertragung und Amtsführung

14 Durch die Übertragung wird der betreffende Beamte oder Angestellte gemäß § 55 Abs. 2 Satz 3 SGB VIII – im privatrechtlichen Sinne – **gesetzlicher Vertreter** des Kindes. Dies führt dazu, dass er in kindschaftsrechtlichen Gerichtsverfahren außerhalb der Mitwirkung des Jugendamts als Behörde nach § 162 FamFG selbst **zu beteiligen** ist, soweit sein Aufgabenbereich berührt ist (§ 7 Abs. 2 Nr. 2 FamFG). Soweit er nach einer Entscheidung des Familiengerichts, z.B. im Rahmen einer Umgangsregelung Pflichten zu erfüllen hat, können gegen ihn bei schuldhafter Nichterfüllung auch **Ordnungsmittel** nach § 89 FamFG

---

9 *DIJuF*-Rechtsgutachten JAmt 2014, 316; *Meysen*, JAmt 2008, 120
10 *DIJuF*-Rechtsgutachten JAmt 2009, 30
11 *DIJuF*-Rechtsgutachten, JAmt 2014, 569
12 Vgl. etwa in Bremen im Jahr 2007 ca. 240, vgl. Bericht des parlamentarischen Untersuchungsausschusses „Kindeswohl" zum Tod des Kindes Kevin in Bremen LT-Drucks. 16/1381
13 *Joos*, JAmt 2014, 7; *Veit/Salgo*, ZKJ 2012, 82, 83
14 *Gojowczyk*, Rpfleger 2013, 1, 4; *Willutzki*, ZKJ 2012, 206, 210
15 Vgl. BMJV, Eckpunkte für eine weitere Reform des Vormundschaftsrechts, S. 4, abrufbar unter www.bmjv.de/SharedDocs/Downloads/DE/pdfs/Vormundschaftsrecht_Eckpunkte weitere Reform.pdf?__blob=publicationFile

verhängt werden.[16] **Zustellungen** in gerichtlichen Verfahren sollten unmittelbar an ihn erfolgen, weshalb er auch im Rubrum als eigenständiger Beteiligter ausdrücklich aufgeführt werden sollte. Die Praxis der Familiengerichte differenziert hier nicht hinreichend zwischen dem Jugendamt als anzuhörende bzw. zu beteiligende Behörde nach § 162 FamFG und dem hiervon rechtlich zu unterscheidenden Amtsvormund.[17] Da aber das Jugendamt **im Außenverhältnis** trotz Übertragung **Träger der Amtsvormundschaft** ist, genügt es, wenn Zustellungen an das Jugendamt als Behörde erfolgen.[18]

Im Bereich der Wahrnehmung seiner Aufgaben unterliegt der Amtsvormund voll umfänglich der **Aufsicht durch das Familiengericht** nach § 1837 BGB[19] und der Dienstaufsicht der Amtsleitung. **Zwangsgeld** kann gegen ihn – anders als Ordnungsgeld, vgl. Rn. 14 – nach § 1837 Abs. 3 BGB nicht verhängt werden.[20] **15**

Bei seiner Amtsführung ist der Amtsvormund/pfleger ausschließlich **den Interessen des Kindes oder Jugendlichen verpflichtet**. Hinsichtlich der Zweckmäßigkeit seiner Amtsführung bei der Wahrnehmung seiner Aufgaben gegenüber dem Kind unterliegt er deshalb **keiner Weisungsbefugnis** durch seine Vorgesetzten.[21] Anders ist die Rechtslage aber dann, wenn er rechtswidrig handelt oder das Kind in Gefahr ist.[22] **16**

Gemäß § 55 Abs. 3 Satz 3 SGB VIII haben Amtspfleger und Amtsvormund den **persönlichen Kontakt** zu dem Mündel oder Pflegling zu halten sowie dessen **Pflege und Erziehung** nach Maßgabe des § 1793 Absatz 1a und § 1800 BGB **persönlich zu fördern und zu gewährleisten**. Die Vorschrift wurde wie § 1793 Abs. 1a BGB durch das Gesetz zur Änderung des Vormundschafts- und Betreuungsrechts (vgl. Rn. 1) neu aufgenommen und stellt eine Reaktion des Gesetzgebers auf Missstände bei der Führung der Amtsvormundschaften im Bereich des **persönlichen Kontakts** zwischen Vormündern und Mündeln dar.[23] Die Frage der Häufigkeit der persönlichen Kontakte wird konkretisiert durch § 1793a Abs. 1a Satz 2 BGB, der als Regelfall mindestens einen persönlichen Kontakt in der üblichen Umgebung[24] des Mündels vorsieht (vgl. dazu *Dürbeck*, § 1793 BGB Rn. 6). Hierdurch will der Gesetzgeber die Entstehung eines **Vertrauensverhältnisses** zwischen Vormund und Mündel erreichen.[25] Weiterhin bringt Satz 3 zum Ausdruck, dass verhindert werden soll, dass die Aufgaben des Vormundschaftsamts und insbesondere die Wahrnehmung des persönlichen Kontakts zum betreffenden Kind oder Jugendlichen an die **Fachkräfte des ASD delegiert** werden.[26] **17**

E. Örtliche Zuständigkeit

Die **örtliche Zuständigkeit** des Jugendamts ist für die Amtsvormundschaft, die Amtspflegschaft und die Beistandschaft in § 87c SGB VIII geregelt. Bei der **kraft Gesetzes** nach § 1591c BGB eintretenden Amtsvormundschaft ist nach § 87c Abs. 1 SGB VIII grundsätz- **18**

---

16 BGH JAmt 2014, 230, OLG Frankfurt a.M. ZKJ 2013, 167
17 Ausführlich: *Harm/Mix/Opitz/Pütz/Rotax/Rüting*, FamRZ 2012, 1849, 1851 ff.
18 Hess. VGH ZfJ 2001, 389; *DIJuF*- Rechtsgutachten JAmt 2010, 80
19 Ausführlich zu seiner Aufsicht: *Gojowczyk*, Rpfleger 2013, 1
20 Zu möglichen Sanktionen bis hin zur Entlassung: *Gojowczyk*, Rpfleger 2013, 1; *DIJuF*- Rechtsgutachten JAmt 2013, 270
21 BGH NJW-RR 1999, 1521; VG Würzburg BeckRS 2013, 58587; *DIJuF* Rechtsgutachten JAmt 2011, 530; 2013, 97; *Oberloskamp/Kunkel* § 15 Rn. 74 ff.
22 DIJuF-Rechtsgutachten JAmt 2013, 147; *Kunkel*, ZKJ 2011, 205, 206
23 Vgl. *Willutzki*, ZKJ 2012, 208 und die Forschungsergebnisse von *Zitelmann* zur Wahrnehmung der Amtsvormünder aus Kindessicht in: *Zitelmann/Schweppe/Zenz*, S. 50 ff.; kritisch *Veit/Salgo*, ZKJ 2011, 82; *Hoffmann* FamRZ 2011, 249
24 Zur Handhabung ausführlich *Katzenstein*, JAmt 2013, 234
25 Vgl. *Mix*, JAmt 2014, 242
26 BT-Drucks. 17/3617, 7 f.; FK-SGB VIII/*Hoffmann/Proksch*, § 55 Rn. 47; zu den unterschiedlichen Funktionen: *Harm/Mix/Opitz/Pütz/Rotax/Rüting*, FamRZ 2012, 1849, 1851

lich der gewöhnliche Aufenthaltsort der Kindesmutter zuständigkeitsbegründend. Soweit sachliche Gründe (*insbes. Kontinuität für das Kind*) bestehen, kann **von der Auswahl** des nach dem SGB VIII örtlich zuständigen Jugendamts **abgewichen** werden.[27] Bei einem **Umzug** kann die Übernahme der Vormundschaft durch das Jugendamt am neuen Wohnort nach Maßgabe von Abs. 2 beantragt werden, wobei das **Familiengericht** zu beteiligen ist und auch im Streitfall zu entscheiden hat. Bei der **bestellten Amtspflegschaft oder Amtsvormundschaft** knüpft § 87c Abs. 3 SGB VIII an den gewöhnlichen Aufenthalt des Kindes oder Jugendlichen. Bei einem **Umzug** hat der Amtsvormund nach § 87c Abs. 3 Satz 3 SGB VIII einen **Antrag auf seine Entlassung** zu stellen. Das Familiengericht entscheidet nach Maßgabe von §§ 1887 Abs. 1, 1889 Abs. 2 BGB nach **Kindeswohlgesichtspunkten**, ob ein Zuständigkeitswechsel zu erfolgen hat und hat dabei nach h. M. einen Entscheidungsspielraum.[28]

19   Bei einem **unbegleitet eingereisten ausländischen Kind oder Jugendlichen**, der einen Asylantrag gestellt hat und der keinen gewöhnlichen Aufenthalt hat, ist nach § 87c Abs. 3 SGB VIII das Jugendamt zuständig, in dessen Bezirk dieser seinen tatsächlichen Aufenthalt zum Zeitpunkt der Vormundsbestellung hat, ohne dass es auf eine Übernahmebereitschaft des zuständigen Jugendamts ankäme.[29]

F. Führung der Amtspflegschaft und Amtsvormundschaft (§ 56 SGB VIII)

20   § 56 Abs. 1 SGB VIII verweist hinsichtlich der **Führung von Amtspflegschaft und Amtsvormundschaft** auf die Bestimmungen des **BGB**, also §§ 1773 ff., 1915 ff. BGB, soweit in § 56 Abs. 2 bis 4 SGB VIII keine Sonderregelungen bestehen. Sondervorschriften für die Amtsvormundschaft und Amtspflegschaft (über § 1915 Abs. 1 BGB) sind enthalten im BGB §§ 1792 Abs. 1 Satz 2, 1835 Abs. 5, 1835a Abs. 5, 1836 Abs. 3, 1837 Abs. 3, 1857a (*vgl. jeweils dort*).

21   Als **Sonderregelungen** gegenüber Amtsvormundschaft und Amtspflegschaft bestimmt § 56 Abs. 2 Satz 1 SGB VIII weiterhin, dass gegenüber dem Jugendamt die Vorschriften des § 1802 Abs. 3 BGB (*familiengerichtliche Anordnung der Errichtung eines Vermögensverzeichnisses durch einen Notar, Beamten oder Behörde*) und des § 1818 BGB (*Anordnung der Hinterlegung von Wertpapieren und Kostbarkeiten*) nicht anzuwenden sind. Nach Satz 2 ist in den Fällen des § 1803 Absatz 2 BGB (*familiengerichtliche Genehmigung der Abweichung von Anordnungen in einer letztwilligen Verfügung*), des § 1811 BGB (*familiengerichtliche Genehmigung anderer Arten der Anlage von Mündelgeld*) und des § 1822 Nr. 6 und 7 BGB (*familiengerichtliche Genehmigung eines Berufsausbildungsvertrages und der Eingehung eines Dienst- oder Arbeitsverhältnisses*) eine Genehmigung des Familiengerichts für den Amtsvormund nicht erforderlich, weil das Gesetz vermutet, dass der Amtsvormund im Interesse des Kindes oder Jugendlichen handelt.

22   Nach Satz 3 kann **Landesrecht** für das Jugendamt als Amtspfleger oder als Amtsvormund weitergehende Ausnahmen von der Anwendung der Bestimmungen der §§ 1773 bis 1895 BGB vorsehen, die die Aufsicht des Familiengerichts in vermögensrechtlicher Hinsicht sowie beim Abschluss von Lehr- und Arbeitsverträgen betreffen. Von diesem Vorbehalt haben zahlreiche Länder Gebrauch gemacht.[30] So bestimmt etwa § 14 Satz 1 des **Hessischen Kinder- und Jugendhilfegesetzbuches**, dass die Vorschriften des § 1802 Abs. 1,

---

27 OLG Brandenburg FamRZ 2014, 1719; OLG Saarbrücken BeckRS 2003, 30331135; MüKo-BGB/*Wagenitz*, § 1791b BGB Rn. 9; a.A. *Hoffmann*, FamRZ 2014, 1084, 1086
28 OLG Zweibrücken JAmt 2002, 43; OLG Dresden JAmt 2001, 492; LPK-SGB VIII/*Kunkel* § 87c SGB VIII Rn. 23; a.A. Wiesner/*Wiesner*, § 87c SGB VIII Rn. 15
29 OLG Frankfurt a.M. FamRZ 2011, 1671
30 Vgl. die Übersicht bei Staudinger/*Veit*, § 1591b BGB Rn. 29

der §§ 1819 bis 1821, des § 1822 Nr. 1 bis 5, 8 bis 11 und 13 sowie der §§ 1823, 1824 und des § 1854 Abs. 2 BGB über die Aufsicht des Familiengerichts gegenüber dem Jugendamt außer Anwendung bleiben. Nach Satz 2 gilt dies auch bezüglich des § 1822 Nr. 12 BGB, soweit es sich um eine vermögensrechtliche Angelegenheit handelt.

Gemäß § 56 Abs. 3 SGB VIII kann zudem abweichend von § 1807 BGB Mündelgeld mit **23** Genehmigung des Familiengerichts auf **Sammelkonten des Jugendamts** bereitgehalten und angelegt werden, wenn es den Interessen des Mündels dient und sofern die sichere Verwaltung, Trennbarkeit und Rechnungslegung des Geldes einschließlich der Zinsen jederzeit gewährleistet ist. **Landesrecht** kann weiterhin bestimmen, dass eine Genehmigung des Familiengerichts nicht erforderlich ist. Die Anlegung von Mündelgeld gemäß § 1807 BGB ist nach Abs. 3 Satz 2 in Abweichung von § 1805 BGB auch bei der Körperschaft zulässig, die das Jugendamt errichtet hat.

G. Vorrang der Einzelvormundschaft (§ 56 Abs. 4 SGB VIII)

Gemäß § 56 Abs. 4 SGB VIII hat das Jugendamt in der Regel **jährlich zu prüfen**, ob im **24** Interesse des Kindes oder des Jugendlichen **seine Entlassung als Amtspfleger oder Amtsvormund** und die **Bestellung einer Einzelperson oder eines Vereins** angezeigt ist, und dies dem **Familiengericht mitzuteilen**. Hierdurch wird die bereits bei der erstmaligen Auswahlentscheidung nach § 1791b Abs. 1 BGB zu berücksichtigende **Subsidiarität** (vgl. aber zum Verhältnis Amtsvormundschaft zum Berufseinzelvormund und zum Vereinsvormund Dürbeck, § 1791b BGB Rn. 2 und 4) fortgeschrieben und sie mit einer entsprechenden jährlichen Überprüfungs- und Mitteilungspflicht verbunden. Diese Regelung hat in der Praxis gleichwohl nicht die erhoffte Wirkung gebracht.[31] Besondere Aufmerksamkeit sollte der Amtsvormund dabei der Möglichkeit der Übertragung der Vormundschaft auf die Betreuungspersonen bei in **Pflegeverhältnissen** lebenden Kinder oder Jugendlichen zukommen lassen.[32] Beantragt das Jugendamt seine Entlassung, weil ein geeigneter Einzel- oder Vereinsvormund zur Verfügung stehen würde, hat das Familiengericht hierüber nach Maßgabe von §§ 1887 Abs. 1, 1889 Abs. 2 BGB unter Berücksichtigung des Kindeswohls zu entscheiden. Fiskalische Interessen bleiben außer Acht.[33]

H. Mitteilungspflicht (§ 57 SGB VIII)

Nach § 57 SGB VIII hat das Jugendamt dem **Familiengericht** unverzüglich den **Eintritt ei-** **25** **ner Vormundschaft** mitzuteilen. Die Vorschrift bezieht sich auf den Eintritt einer Vormundschaft **kraft Gesetzes**, wie dies insbesondere bei §§ 1791c Abs. 1 Satz 1 BGB, 1791c Abs. 1 Satz 2 BGB (vgl. jeweils dort) und bei § 1751 Abs. 1 Satz 2 BGB (Einwilligung in Adoption) der Fall ist. Das Jugendamt selbst erlangt Kenntnis vom Eintritt einer gesetzlichen Vormundschaft in den Fällen von § 1791c Abs. 1 Satz 1 BGB durch die **Meldung des Standesamts** nach § 68 Abs. 1 PStG. Bei einer **vertraulichen Geburt** i.S.d. § 25 SchKG informiert das Standesamt gemäß § 168a Abs. 1 FamFG auch das Familiengericht.

---

31 Wiesner/*Wiesner*, § 56 SGB VIII Rn. 19; *Salgo/Zenz*, FamRZ 2009, 1378, 1382
32 *KRK*, FamRZ 2014, 891; *Hoffmann*, FamRZ 2014, 1084; 1089; *Salgo/Zenz*, FamRZ 2009, 1378, nach Prenzlow/ *Salgo/Lack* Rn. 1316 haben immer noch 70–80% der Pflegekinder einen Amtsvormund, nach *Katzenstein*, JAmt 2014, 606, 607 ca. 80%
33 OLG Hamm FamRZ 2012, 798

§ 58a SGB VIII Sorgeregister; Bescheinigung über Nichtvorliegen von Eintragungen im Sorgeregister

(1) Zum Zwecke der Erteilung der Bescheinigung nach Absatz 2 wird für Kinder nicht miteinander verheirateter Eltern bei dem nach § 87c Absatz 6 Satz 2 zuständigen Jugendamt ein Sorgeregister geführt. In das Sorgeregister erfolgt jeweils eine Eintragung, wenn

1. Sorgeerklärungen nach § 1626a Absatz 1 Nummer 1 des Bürgerlichen Gesetzbuchs abgegeben werden oder

2. aufgrund einer gerichtlichen Entscheidung die elterliche Sorge den Eltern ganz oder zum Teil gemeinsam übertragen wird.

Das Sorgeregister enthält auch Eintragungen, wenn Sorgeerklärungen nach Artikel 224 § 2 Absatz 3 des Einführungsgesetzes zum Bürgerlichen Gesetzbuche in der bis zum 19. Mai 2013 geltenden Fassung ersetzt wurden.

(2) Liegen keine Eintragungen im Sorgeregister vor, so erhält die mit dem Vater des Kindes nicht verheiratete Mutter auf Antrag hierüber eine Bescheinigung von dem nach § 87c Absatz 6 Satz 1 zuständigen Jugendamt. Die Mutter hat dafür Geburtsdatum und Geburtsort des Kindes oder des Jugendlichen anzugeben sowie den Namen, den das Kind oder der Jugendliche zur Zeit der Beurkundung seiner Geburt geführt hat.

Von einer Kommentierung wird abgesehen.

Fünfter Abschnitt
Beurkundung, vollstreckbare Urkunden

§ 59 SGB VIII Beurkundung

(1) Die Urkundsperson beim Jugendamt ist befugt,

1. die Erklärung, durch die die Vaterschaft anerkannt oder die Anerkennung widerrufen wird, die Zustimmungserklärung der Mutter sowie die etwa erforderliche Zustimmung des Mannes, der im Zeitpunkt der Geburt mit der Mutter verheiratet ist, des Kindes, des Jugendlichen oder eines gesetzlichen Vertreters zu einer solchen Erklärung (Erklärungen über die Anerkennung der Vaterschaft) zu beurkunden,

2. die Erklärung, durch die die Mutterschaft anerkannt wird, sowie die etwa erforderliche Zustimmung des gesetzlichen Vertreters der Mutter zu beurkunden (§ 44 Absatz 2 des Personenstandsgesetzes),

3. die Verpflichtung zur Erfüllung von Unterhaltsansprüchen eines Abkömmlings oder seines gesetzlichen Rechtsnachfolgers zu beurkunden, sofern der Abkömmling zum Zeitpunkt der Beurkundung das 21. Lebensjahr noch nicht vollendet hat,

4. die Verpflichtung zur Erfüllung von Ansprüchen auf Unterhalt (§ 1615l des Bürgerlichen Gesetzbuchs), auch des gesetzlichen Rechtsnachfolgers, zu beurkunden,

5. die Bereiterklärung der Adoptionsbewerber zur Annahme eines ihnen zur internationalen Adoption vorgeschlagenen Kindes (§ 7 Absatz 1 des Adoptionsübereinkommens-Ausführungsgesetzes) zu beurkunden,

6. den Widerruf der Einwilligung des Kindes in die Annahme als Kind (§ 1746 Absatz 2 des Bürgerlichen Gesetzbuchs) zu beurkunden,

7. die Erklärung, durch die der Vater auf die Übertragung der Sorge verzichtet (§ 1747 Absatz 3 Nummer 2 des Bürgerlichen Gesetzbuchs), zu beurkunden,

8. die Sorgeerklärungen (§ 1626a Absatz 1 Nummer 1 des Bürgerlichen Gesetzbuchs) sowie die etwa erforderliche Zustimmung des gesetzlichen Vertreters eines beschränkt geschäftsfähigen Elternteils (§ 1626c Absatz 2 des Bürgerlichen Gesetzbuchs) zu beurkunden,

9. eine Erklärung des auf Unterhalt in Anspruch genommenen Elternteils nach § 252 des Gesetzes über das Verfahren in Familiensachen und in den Angelegenheiten der freiwilligen Gerichtsbarkeit aufzunehmen; § 129a der Zivilprozessordnung gilt entsprechend.

Die Zuständigkeit der Notare, anderer Urkundspersonen oder sonstiger Stellen für öffentliche Beurkundungen bleibt unberührt.

(2) Die Urkundsperson soll eine Beurkundung nicht vornehmen, wenn ihr in der betreffenden Angelegenheit die Vertretung eines Beteiligten obliegt.

(3) Das Jugendamt hat geeignete Beamte und Angestellte zur Wahrnehmung der Aufgaben nach Absatz 1 zu ermächtigen. Die Länder können Näheres hinsichtlich der fachlichen Anforderungen an diese Personen regeln.

Von einer Kommentierung wird abgesehen.

§ 60 SGB VIII Vollstreckbare Urkunden

Aus Urkunden, die eine Verpflichtung nach § 59 Absatz 1 Satz 1 Nummer 3 oder 4 zum Gegenstand haben und die von einem Beamten oder Angestellten des Jugendamts innerhalb der Grenzen seiner Amtsbefugnisse in der vorgeschriebenen Form aufgenommen worden sind, findet die Zwangsvollstreckung statt, wenn die Erklärung die Zahlung einer bestimmten Geldsumme betrifft und der Schuldner sich in der Urkunde der sofortigen Zwangsvollstreckung unterworfen hat. Die Zustellung kann auch dadurch vollzogen werden, dass der Beamte oder Angestellte dem Schuldner eine beglaubigte Abschrift der Urkunde aushändigt; § 173 Satz 2 und 3 der Zivilprozessordnung gilt entsprechend. Auf die Zwangsvollstreckung sind die Vorschriften, die für die Zwangsvollstreckung aus gerichtlichen Urkunden nach § 794 Absatz 1 Nummer 5 der Zivilprozessordnung gelten, mit folgenden Maßgaben entsprechend anzuwenden:

1. Die vollstreckbare Ausfertigung sowie die Bestätigungen nach § 1079 der Zivilprozessordnung werden von den Beamten oder Angestellten des Jugendamts erteilt, denen die Beurkundung der Verpflichtungserklärung übertragen ist. Das Gleiche gilt für die Bezifferung einer Verpflichtungserklärung nach § 790 der Zivilprozessordnung.

2. Über Einwendungen, die die Zulässigkeit der Vollstreckungsklausel oder die Zulässigkeit der Bezifferung nach § 790 der Zivilprozessordnung betreffen, über die Erteilung einer weiteren vollstreckbaren Ausfertigung sowie über Anträge nach § 1081 der Zivilprozessordnung entscheidet das für das Jugendamt zuständige Amtsgericht.

Von einer Kommentierung wird abgesehen.

Viertes Kapitel
Schutz von Sozialdaten

§ 61 SGB VIII Anwendungsbereich

(1) [1]Für den Schutz von Sozialdaten bei ihrer Erhebung und Verwendung in der Jugendhilfe gelten § 35 des Ersten Buches, §§ 67 bis 85a des Zehnten Buches sowie die nachfolgenden Vorschriften. [2]Sie gelten für alle Stellen des Trägers der öffentlichen Jugendhilfe, soweit sie Aufgaben nach diesem Buch wahrnehmen. [3]Für die Wahrnehmung von Aufgaben nach diesem Buch durch kreisangehörige Gemeinden und Gemeindeverbände, die nicht örtliche Träger sind, gelten die Sätze 1 und 2 entsprechend.

(2) Für den Schutz von Sozialdaten bei ihrer Erhebung und Verwendung im Rahmen der Tätigkeit des Jugendamts als Amtspfleger, Amtsvormund, Beistand und Gegenvormund gilt nur § 68.

(3) Werden Einrichtungen und Dienste der Träger der freien Jugendhilfe in Anspruch genommen, so ist sicherzustellen, dass der Schutz der personenbezogenen Daten bei der Erhebung und Verwendung in entsprechender Weise gewährleistet ist.

§ 62 SGB VIII Datenerhebung

(1) Sozialdaten dürfen nur erhoben werden, soweit ihre Kenntnis zur Erfüllung der jeweiligen Aufgabe erforderlich ist.

(2) [1]Sozialdaten sind beim Betroffenen zu erheben. [2]Er ist über die Rechtsgrundlage der Erhebung sowie die Zweckbestimmungen der Erhebung und Verwendung aufzuklären, soweit diese nicht offenkundig sind.

(3) Ohne Mitwirkung des Betroffenen dürfen Sozialdaten nur erhoben werden, wenn

1. eine gesetzliche Bestimmung dies vorschreibt oder erlaubt oder

2. ihre Erhebung beim Betroffenen nicht möglich ist oder die jeweilige Aufgabe ihrer Art nach eine Erhebung bei anderen erfordert, die Kenntnis der Daten aber erforderlich ist für

    a) die Feststellung der Voraussetzungen oder für die Erfüllung einer Leistung nach diesem Buch oder

    b) die Feststellung der Voraussetzungen für die Erstattung einer Leistung nach § 50 des Zehnten Buches oder

    c) die Wahrnehmung einer Aufgabe nach den §§ 42 bis 48a und nach § 52 oder

    d) die Erfüllung des Schutzauftrages bei Kindeswohlgefährdung nach § 8a oder

3. die Erhebung beim Betroffenen einen unverhältnismäßigen Aufwand erfordern würde und keine Anhaltspunkte dafür bestehen, dass schutzwürdige Interessen des Betroffenen beeinträchtigt werden oder

4. die Erhebung bei dem Betroffenen den Zugang zur Hilfe ernsthaft gefährden würde.

(4) [1]Ist der Betroffene nicht zugleich Leistungsberechtigter oder sonst an der Leistung beteiligt, so dürfen die Daten auch beim Leistungsberechtigten oder einer anderen Person, die sonst an der Leistung beteiligt ist, erhoben werden, wenn die Kenntnis der Daten für die Gewährung einer Leistung nach diesem Buch notwendig ist. [2]Satz 1 gilt bei der Erfüllung anderer Aufgaben im Sinne des § 2 Absatz 3 entsprechend.

§ 63 SGB VIII Datenspeicherung

(1) Sozialdaten dürfen gespeichert werden, soweit dies für die Erfüllung der jeweiligen Aufgabe erforderlich ist.

(2) ¹Daten, die zur Erfüllung unterschiedlicher Aufgaben der öffentlichen Jugendhilfe erhoben worden sind, dürfen nur zusammengeführt werden, wenn und solange dies wegen eines unmittelbaren Sachzusammenhangs erforderlich ist. ²Daten, die zu Leistungszwecken im Sinne des § 2 Absatz 2 und Daten, die für andere Aufgaben im Sinne des § 2 Absatz 3 erhoben worden sind, dürfen nur zusammengeführt werden, soweit dies zur Erfüllung der jeweiligen Aufgabe erforderlich ist.

§ 64 SGB VIII Datenübermittlung und -nutzung

(1) Sozialdaten dürfen zu dem Zweck übermittelt oder genutzt werden, zu dem sie erhoben worden sind.

(2) Eine Übermittlung für die Erfüllung von Aufgaben nach § 69 des Zehnten Buches ist abweichend von Absatz 1 nur zulässig, soweit dadurch der Erfolg einer zu gewährenden Leistung nicht in Frage gestellt wird.

(2a) Vor einer Übermittlung an eine Fachkraft, die der verantwortlichen Stelle nicht angehört, sind die Sozialdaten zu anonymisieren oder zu pseudonymisieren, soweit die Aufgabenerfüllung dies zulässt.

(3) Sozialdaten dürfen beim Träger der öffentlichen Jugendhilfe zum Zwecke der Planung im Sinne des § 80 gespeichert oder genutzt werden; sie sind unverzüglich zu anonymisieren.

§ 65 SGB VIII Besonderer Vertrauensschutz in der persönlichen und erzieherischen Hilfe

(1) Sozialdaten, die dem Mitarbeiter eines Trägers der öffentlichen Jugendhilfe zum Zwecke persönlicher und erzieherischer Hilfe anvertraut worden sind, dürfen von diesem nur weitergegeben werden

1. mit der Einwilligung dessen, der die Daten anvertraut hat, oder

2. dem Familiengericht zur Erfüllung der Aufgaben nach § 8a Absatz 2, wenn angesichts einer Gefährdung des Wohls eines Kindes oder eines Jugendlichen ohne diese Mitteilung eine für die Gewährung von Leistungen notwendige gerichtliche Entscheidung nicht ermöglicht werden könnte, oder

3. dem Mitarbeiter, der auf Grund eines Wechsels der Fallzuständigkeit im Jugendamt oder eines Wechsels der örtlichen Zuständigkeit für die Gewährung oder Erbringung der Leistung verantwortlich ist, wenn Anhaltspunkte für eine Gefährdung des Kindeswohls gegeben sind und die Daten für eine Abschätzung des Gefährdungsrisikos notwendig sind, oder

4. an die Fachkräfte, die zum Zwecke der Abschätzung des Gefährdungsrisikos nach § 8a hinzugezogen werden; § 64 Absatz 2a bleibt unberührt, oder

5. unter den Voraussetzungen, unter denen eine der in § 203 Absatz 1 oder 3 des Strafgesetzbuchs genannten Personen dazu befugt wäre.

Gibt der Mitarbeiter anvertraute Sozialdaten weiter, so dürfen sie vom Empfänger nur zu dem Zweck weitergegeben werden, zu dem er diese befugt erhalten hat.

(2) § 35 Absatz 3 des Ersten Buches gilt auch, soweit ein behördeninternes Weitergabeverbot nach Absatz 1 besteht.

§ 66 bis § 67 BGB

(weggefallen)

§ 68 SGB VIII Sozialdaten im Bereich der Beistandschaft, Amtspflegschaft und der Amtsvormundschaft

(1) [1]Der Beamte oder Angestellte, dem die Ausübung der Beistandschaft, Amtspflegschaft oder Amtsvormundschaft übertragen ist, darf Sozialdaten nur erheben und verwenden, soweit dies zur Erfüllung seiner Aufgaben erforderlich ist. [2]Die Nutzung dieser Sozialdaten zum Zwecke der Aufsicht, Kontrolle oder Rechnungsprüfung durch die dafür zuständigen Stellen sowie die Übermittlung an diese ist im Hinblick auf den Einzelfall zulässig.

(2) Für die Löschung und Sperrung der Daten gilt § 84 Absatz 2, 3 und 6 des Zehnten Buches entsprechend.

(3) [1]Wer unter Beistandschaft, Amtspflegschaft oder Amtsvormundschaft gestanden hat, hat nach Vollendung des 18. Lebensjahres ein Recht auf Kenntnis der zu seiner Person gespeicherten Informationen, soweit nicht berechtigte Interessen Dritter entgegenstehen. [2]Vor Vollendung des 18. Lebensjahres können ihm die gespeicherten Informationen bekannt gegeben werden, soweit er die erforderliche Einsichts- und Urteilsfähigkeit besitzt und keine berechtigten Interessen Dritter entgegenstehen. [3]Nach Beendigung einer Beistandschaft hat darüber hinaus der Elternteil, der die Beistandschaft beantragt hat, einen Anspruch auf Kenntnis der gespeicherten Daten, solange der junge Mensch minderjährig ist und der Elternteil antragsberechtigt ist.

(4) Personen oder Stellen, an die Sozialdaten übermittelt worden sind, dürfen diese nur zu dem Zweck verwenden, zu dem sie ihnen nach Absatz 1 befugt weitergegeben worden sind.

(5) Für die Tätigkeit des Jugendamts als Gegenvormund gelten die Absätze 1 bis 4 entsprechend.

1   Für die **Erhebung und Weitergabe von Daten** durch das Jugendamt im Kontext eines familiengerichtlichen Verfahrens stellen weder § 50 SGB VIII noch § 162 FamFG eine Befugnisnorm zur Erhebung von Sozialdaten dar.[1] Es gelten daher die **allgemeinen datenschutzrechtlichen Regeln** des SGB VIII.[2] Danach darf das Jugendamt Daten grundsätzlich nur beim Betroffenen erheben (§ 62 Abs. 2 SGB VIII). Ohne Mitwirkung des Betroffenen dürfen Sozialdaten u. a. nur dann erhoben werden, wenn ihre Erhebung beim Betroffenen nicht möglich ist, die Kenntnis der Daten aber erforderlich ist für die Erfüllung des Schutzauftrags bei **Kindeswohlgefährdung** nach § 8a SGB VIII (§ 62 Abs. 3 Nr. 2d SGB VIII). Datenschutz steht damit einem effektiven Kinderschutz nicht entgegen.

2   Werden Daten dennoch **ohne ausreichende gesetzliche Rechtfertigung** an das Familiengericht oder sonstige Beteiligte des Verfahrens (wie z.B. den Verfahrensbeistand) weitergegeben (z.B. über Gespräche des ASD-Mitarbeiters mit dem Kindergarten, Lehrern, Therapeuten, Erziehungsberatern), so kann dies zur **Amtshaftung** des Trägers des Jugendamts[3] oder zur **Verpflichtung zur Löschung der Daten**[4] führen. Soweit die Daten für die Entscheidung des Familiengerichts relevant sind, kann dieses ohnehin nach § 26 FamFG die entsprechenden Ermittlungen durchführen und insoweit selbst Daten erheben.

---

1 VGH Hessen ZKJ 2014, 493; OLG Zweibrücken ZKJ 2013, 256
2 *Hoffmann*, FPR 2011, 304, 306; *Kunkel*, FPR 2013, 487
3 OLG Zweibrücken ZKJ 2013, 256
4 VGH Hessen ZKJ 2014, 493

Datenschutzrechtliche Bestimmungen sind für das Jugendamt im Übrigen auch in Bezug **3** auf den **Verfahrensbeistand des Kindes** (§ 158 FamFG) zu beachten. Ohne Einwilligung von Betroffenen dürfen im Rahmen von erzieherischen Hilfen anvertraute Daten nicht an diesen weitergegeben werden. Selbst im Fall der **Kindeswohlgefährdung** ist eine Übermittlung der Daten nach § 65 Abs. 1 Nr. 1 und 2 SGB VIII nur an das Familiengericht, nicht aber unmittelbar an den Verfahrensbeistand zulässig.[5] Im Rahmen der Gewährung rechtlichen Gehörs kann und muss das Familiengericht diese Daten dann an die übrigen Beteiligten, und damit auch an den Verfahrensbeistand, weitergeben. Die Übermittlung **nicht anvertrauter Daten** an den Verfahrensbeistand ist nach Maßgabe von §§ 64 Abs. 1 und 2 SGB VIII, 69 Abs. 1 SGB X jedoch zulässig.

§ 65 SGB VIII steht im Übrigen einem Akteneinsichtsgesuch eines Elternteils in die beim Jugendamt geführten Akten betreffend die Mitwirkung in einem bei dem Familiengericht geführten Verfahren entgegen.[6]

§§ 69 bis 78g SGB VIII

Von Abdruck und Kommentierung der §§ 69 bis 78g SGB VIII wird abgesehen.

Vierter Abschnitt
Gesamtverantwortung, Jugendhilfeplanung

§ 79 SGB VIII Gesamtverantwortung, Grundausstattung

(1) Die Träger der öffentlichen Jugendhilfe haben für die Erfüllung der Aufgaben nach diesem Buch die Gesamtverantwortung einschließlich der Planungsverantwortung.

(2) Die Träger der öffentlichen Jugendhilfe sollen gewährleisten, dass zur Erfüllung der Aufgaben nach diesem Buch

1. die erforderlichen und geeigneten Einrichtungen, Dienste und Veranstaltungen den verschiedenen Grundrichtungen der Erziehung entsprechend rechtzeitig und ausreichend zur Verfügung stehen; hierzu zählen insbesondere auch Pfleger, Vormünder und Pflegepersonen;

2. eine kontinuierliche Qualitätsentwicklung nach Maßgabe von § 79a erfolgt.

Von den für die Jugendhilfe bereitgestellten Mitteln haben sie einen angemessenen Anteil für die Jugendarbeit zu verwenden.

(3) Die Träger der öffentlichen Jugendhilfe haben für eine ausreichende Ausstattung der Jugendämter und der Landesjugendämter zu sorgen; hierzu gehört auch eine dem Bedarf entsprechende Zahl von Fachkräften.

Von einer Kommentierung wird abgesehen.

§ 79a SGB VIII Qualitätsentwicklung in der Kinder- und Jugendhilfe

Um die Aufgaben der Kinder- und Jugendhilfe nach § 2 zu erfüllen, haben die Träger der öffentlichen Jugendhilfe Grundsätze und Maßstäbe für die Bewertung der Qualität sowie geeignete Maßnahmen zu ihrer Gewährleistung für

---

5 *DIJuF*-Rechtsgutachten, JAmt 2014, 444, 446
6 VG Hannover BeckRS 2015, 43175

1. die Gewährung und Erbringung von Leistungen,
2. die Erfüllung anderer Aufgaben,
3. den Prozess der Gefährdungseinschätzung nach § 8a,
4. die Zusammenarbeit mit anderen Institutionen

weiterzuentwickeln, anzuwenden und regelmäßig zu überprüfen. Dazu zählen auch Qualitätsmerkmale für die Sicherung der Rechte von Kindern und Jugendlichen in Einrichtungen und ihren Schutz vor Gewalt. Die Träger der öffentlichen Jugendhilfe orientieren sich dabei an den fachlichen Empfehlungen der nach § 85 Absatz 2 zuständigen Behörden und an bereits angewandten Grundsätzen und Maßstäben für die Bewertung der Qualität sowie Maßnahmen zu ihrer Gewährleistung.

Von einer Kommentierung wird abgesehen.

§ 80 SGB VIII Jugendhilfeplanung

(1) Die Träger der öffentlichen Jugendhilfe haben im Rahmen ihrer Planungsverantwortung
1. den Bestand an Einrichtungen und Diensten festzustellen,
2. den Bedarf unter Berücksichtigung der Wünsche, Bedürfnisse und Interessen der jungen Menschen und der Personensorgeberechtigten für einen mittelfristigen Zeitraum zu ermitteln und
3. die zur Befriedigung des Bedarfs notwendigen Vorhaben rechtzeitig und ausreichend zu planen; dabei ist Vorsorge zu treffen, dass auch ein unvorhergesehener Bedarf befriedigt werden kann.

(2) Einrichtungen und Dienste sollen so geplant werden, dass insbesondere
1. Kontakte in der Familie und im sozialen Umfeld erhalten und gepflegt werden können,
2. ein möglichst wirksames, vielfältiges und aufeinander abgestimmtes Angebot von Jugendhilfeleistungen gewährleistet ist,
3. junge Menschen und Familien in gefährdeten Lebens- und Wohnbereichen besonders gefördert werden,
4. Mütter und Väter Aufgaben in der Familie und Erwerbstätigkeit besser miteinander vereinbaren können.

(3) Die Träger der öffentlichen Jugendhilfe haben die anerkannten Träger der freien Jugendhilfe in allen Phasen ihrer Planung frühzeitig zu beteiligen. Zu diesem Zwecke sind sie vom Jugendhilfeausschuss, soweit sie überörtlich tätig sind, im Rahmen der Jugendhilfeplanung des überörtlichen Trägers vom Landesjugendhilfeausschuss zu hören. Das Nähere regelt das Landesrecht.

(4) Die Träger der öffentlichen Jugendhilfe sollen darauf hinwirken, dass die Jugendhilfeplanung und andere örtliche und überörtliche Planungen aufeinander abgestimmt werden und die Planungen insgesamt den Bedürfnissen und Interessen der jungen Menschen und ihrer Familien Rechnung tragen.

Von einer Kommentierung wird abgesehen.

§ 81 SGB VIII Strukturelle Zusammenarbeit mit anderen Stellen und öffentlichen Einrichtungen

Die Träger der öffentlichen Jugendhilfe haben mit anderen Stellen und öffentlichen Einrichtungen, deren Tätigkeit sich auf die Lebenssituation junger Menschen und ihrer Familien auswirkt, insbesondere mit

1. den Trägern von Sozialleistungen nach dem Zweiten, Dritten, Vierten, Fünften, Sechsten und dem Zwölften Buch sowie Trägern von Leistungen nach dem Bundesversorgungsgesetz,

2. den Familien- und Jugendgerichten, den Staatsanwaltschaften sowie den Justizvollzugsbehörden,

3. Schulen und Stellen der Schulverwaltung,

4. Einrichtungen und Stellen des öffentlichen Gesundheitsdienstes und sonstigen Einrichtungen und Diensten des Gesundheitswesens,

5. den Beratungsstellen nach den §§ 3 und 8 des Schwangerschaftskonfliktgesetzes und Suchtberatungsstellen,

6. Einrichtungen und Diensten zum Schutz gegen Gewalt in engen sozialen Beziehungen,

7. den Stellen der Bundesagentur für Arbeit,

8. Einrichtungen und Stellen der beruflichen Aus- und Weiterbildung,

9. den Polizei- und Ordnungsbehörden,

10. der Gewerbeaufsicht und

11. Einrichtungen der Ausbildung für Fachkräfte, der Weiterbildung und der Forschung

im Rahmen ihrer Aufgaben und Befugnisse zusammenzuarbeiten.

Von einer Kommentierung wird abgesehen.

§§ 82 bis 84 SGB VIII

Von Abdruck und Kommentierung der §§ 82 bis 84 SGB VIII wird abgesehen.

Siebtes Kapitel
Zuständigkeit, Kostenerstattung

Erster Abschnitt
Sachliche Zuständigkeit

§ 85 SGB VIII Sachliche Zuständigkeit

(1) Für die Gewährung von Leistungen und die Erfüllung anderer Aufgaben nach diesem Buch ist der örtliche Träger sachlich zuständig, soweit nicht der überörtliche Träger sachlich zuständig ist.

(2) Der überörtliche Träger ist sachlich zuständig für

1. die Beratung der örtlichen Träger und die Entwicklung von Empfehlungen zur Erfüllung der Aufgaben nach diesem Buch,

2. die Förderung der Zusammenarbeit zwischen den örtlichen Trägern und den anerkannten Trägern der freien Jugendhilfe, insbesondere bei der Planung und Sicherstellung eines bedarfsgerechten Angebots an Hilfen zur Erziehung, Eingliederungshilfen für seelisch behinderte Kinder und Jugendliche und Hilfen für junge Volljährige,

3. die Anregung und Förderung von Einrichtungen, Diensten und Veranstaltungen sowie deren Schaffung und Betrieb, soweit sie den örtlichen Bedarf übersteigen; dazu gehören insbesondere Einrichtungen, die eine Schul- oder Berufsausbildung anbieten, sowie Jugendbildungsstätten,

4. die Planung, Anregung, Förderung und Durchführung von Modellvorhaben zur Weiterentwicklung der Jugendhilfe,

5. die Beratung der örtlichen Träger bei der Gewährung von Hilfe nach den §§ 32 bis 35a, insbesondere bei der Auswahl einer Einrichtung oder der Vermittlung einer Pflegeperson in schwierigen Einzelfällen,

6. die Wahrnehmung der Aufgaben zum Schutz von Kindern und Jugendlichen in Einrichtungen (§§ 45 bis 48a),

7. die Beratung der Träger von Einrichtungen während der Planung und Betriebsführung,

8. die Fortbildung von Mitarbeitern in der Jugendhilfe,

9. die Gewährung von Leistungen an Deutsche im Ausland (§ 6 Absatz 3), soweit es sich nicht um die Fortsetzung einer bereits im Inland gewährten Leistung handelt,

10. die Erteilung der Erlaubnis zur Übernahme von Pflegschaften oder Vormundschaften durch einen rechtsfähigen Verein (§ 54).

(3) Für den örtlichen Bereich können die Aufgaben nach Absatz 2 Nummer 3, 4, 7 und 8 auch vom örtlichen Träger wahrgenommen werden.

(4) Unberührt bleiben die am Tage des Inkrafttretens dieses Gesetzes geltenden landesrechtlichen Regelungen, die die in den §§ 45 bis 48a bestimmten Aufgaben einschließlich der damit verbundenen Aufgaben nach Absatz 2 Nummer 2 bis 5 und 7 mittleren Landesbehörden oder, soweit sie sich auf Kindergärten und andere Tageseinrichtungen für Kinder beziehen, unteren Landesbehörden zuweisen.

(5) Ist das Land überörtlicher Träger, so können durch Landesrecht bis zum 30. Juni 1993 einzelne seiner Aufgaben auf andere Körperschaften des öffentlichen Rechts, die nicht Träger der öffentlichen Jugendhilfe sind, übertragen werden.

Von einer Kommentierung wird abgesehen.

Zweiter Abschnitt
Örtliche Zuständigkeit

Erster Unterabschnitt
Örtliche Zuständigkeit für Leistungen

§ 86 SGB VIII Örtliche Zuständigkeit für Leistungen an Kinder, Jugendliche und ihre Eltern

(1) ¹Für die Gewährung von Leistungen nach diesem Buch ist der örtliche Träger zuständig, in dessen Bereich die Eltern ihren gewöhnlichen Aufenthalt haben. ²An die Stelle der Eltern tritt die Mutter, wenn und solange die Vaterschaft nicht anerkannt oder gerichtlich festgestellt ist. ³Lebt nur ein Elternteil, so ist dessen gewöhnlicher Aufenthalt maßgebend.

(2) ¹Haben die Elternteile verschiedene gewöhnliche Aufenthalte, so ist der örtliche Träger zuständig, in dessen Bereich der personensorgeberechtigte Elternteil seinen gewöhnlichen Aufenthalt hat; dies gilt auch dann, wenn ihm einzelne Angelegenheiten der Personensorge entzogen sind. ²Steht die Personensorge im Fall des Satzes 1 den Eltern gemeinsam zu, so richtet sich die Zuständigkeit nach dem gewöhnlichen Aufenthalt des Elternteils, bei dem das Kind oder der Jugendliche vor Beginn der Leistung zuletzt seinen gewöhnlichen Aufenthalt hatte. ³Hatte das Kind oder der Jugendliche im Fall des Satzes 2 zuletzt bei beiden Elternteilen seinen gewöhnlichen Aufenthalt, so richtet sich die Zuständigkeit nach dem gewöhnlichen Aufenthalt des Elternteils, bei dem das Kind oder der Jugendliche vor Beginn der Leistung zuletzt seinen tatsächlichen Aufenthalt hatte. ⁴Hatte das Kind oder der Jugendliche im Fall des Satzes 2 während der letzten sechs Monate vor Beginn der Leistung bei keinem Elternteil einen gewöhnlichen Aufenthalt, so ist der örtliche Träger zuständig, in dessen Bereich das Kind oder der Jugendliche vor Beginn der Leistung zuletzt seinen gewöhnlichen Aufenthalt hatte; hatte das Kind oder der Jugendliche während der letzten sechs Monate keinen gewöhnlichen Aufenthalt, so richtet sich die Zuständigkeit nach dem tatsächlichen Aufenthalt des Kindes oder des Jugendlichen vor Beginn der Leistung.

(3) Haben die Elternteile verschiedene gewöhnliche Aufenthalte und steht die Personensorge keinem Elternteil zu, so gilt Absatz 2 Satz 2 und 4 entsprechend.

(4) ¹Haben die Eltern oder der nach den Absätzen 1 bis 3 maßgebliche Elternteil im Inland keinen gewöhnlichen Aufenthalt, oder ist ein gewöhnlicher Aufenthalt nicht feststellbar, oder sind sie verstorben, so richtet sich die Zuständigkeit nach dem gewöhnlichen Aufenthalt des Kindes oder des Jugendlichen vor Beginn der Leistung. ²Hatte das Kind oder der Jugendliche während der letzten sechs Monate vor Beginn der Leistung keinen gewöhnlichen Aufenthalt, so ist der örtliche Träger zuständig, in dessen Bereich sich das Kind oder der Jugendliche vor Beginn der Leistung tatsächlich aufhält.

(5) ¹Begründen die Elternteile nach Beginn der Leistung verschiedene gewöhnliche Aufenthalte, so wird der örtliche Träger zuständig, in dessen Bereich der personensorgeberechtigte Elternteil seinen gewöhnlichen Aufenthalt hat; dies gilt auch dann, wenn ihm einzelne Angelegenheiten der Personensorge entzogen sind. ²Solange in diesen Fällen die Personensorge beiden Elternteilen gemeinsam oder keinem Elternteil zusteht, bleibt die bisherige Zuständigkeit bestehen. ³Absatz 4 gilt entsprechend.

(6) ¹Lebt ein Kind oder ein Jugendlicher zwei Jahre bei einer Pflegeperson und ist sein Verbleib bei dieser Pflegeperson auf Dauer zu erwarten, so ist oder wird abweichend von den Absätzen 1 bis 5 der örtliche Träger zuständig, in dessen Bereich die Pflegeperson ihren gewöhnlichen Aufenthalt hat. ²Er hat die Eltern und, falls den Eltern die Personensorge nicht oder nur teilweise zusteht, den Personensorgeberechtigten über den Wechsel der Zuständigkeit zu unterrichten. ³Endet der Aufenthalt bei der Pflegeperson, so endet die Zuständigkeit nach Satz 1.

(7) ¹Für Leistungen an Kinder oder Jugendliche, die um Asyl nachsuchen oder einen Asylantrag gestellt haben, ist der örtliche Träger zuständig, in dessen Bereich sich die Person vor Beginn der Leistung tatsächlich aufhält; geht der Leistungsgewährung eine Inobhutnahme

voraus, so bleibt die nach § 87 begründete Zuständigkeit bestehen. ²Unterliegt die Person einem Verteilungsverfahren, so richtet sich die örtliche Zuständigkeit nach der Zuweisungs-entscheidung der zuständigen Landesbehörde; bis zur Zuweisungsentscheidung gilt Satz 1 entsprechend. ³Die nach Satz 1 oder 2 begründete örtliche Zuständigkeit bleibt auch nach Abschluss des Asylverfahrens so lange bestehen, bis die für die Bestimmung der örtlichen Zuständigkeit maßgebliche Person einen gewöhnlichen Aufenthalt im Bereich eines ande-ren Trägers der öffentlichen Jugendhilfe begründet. ⁴Eine Unterbrechung der Leistung von bis zu drei Monaten bleibt außer Betracht.

§§ 86a bis 86d

Von Abdruck und Kommentierung wird abgesehen.

Zweiter Unterabschnitt
Örtliche Zuständigkeit für andere Aufgaben

§ 87 SGB VIII Örtliche Zuständigkeit für vorläufige Maßnahmen zum Schutz von Kindern und Jugendlichen

Für die Inobhutnahme eines Kindes oder eines Jugendlichen (§ 42) ist der örtliche Träger zu-ständig, in dessen Bereich sich das Kind oder der Jugendliche vor Beginn der Maßnahme tat-sächlich aufhält.

§ 87a SGB VIII Örtliche Zuständigkeit für Erlaubnis, Meldepflichten und Untersagung

(1) Für die Erteilung der Pflegeerlaubnis sowie deren Rücknahme oder Widerruf (§§ 43, 44) ist der örtliche Träger zuständig, in dessen Bereich die Pflegeperson ihren gewöhnlichen Aufenthalt hat.

(2) Für die Erteilung der Erlaubnis zum Betrieb einer Einrichtung oder einer selbständigen sonstigen Wohnform sowie für die Rücknahme oder den Widerruf dieser Erlaubnis (§ 45 Ab-satz 1 und 2, § 48a), die örtliche Prüfung (§§ 46, 48a), die Entgegennahme von Meldungen (§ 47 Absatz 1 und 2, § 48a) und die Ausnahme von der Meldepflicht (§ 47 Absatz 3, § 48a) sowie die Untersagung der weiteren Beschäftigung des Leiters oder eines Mitarbeiters (§§ 48, 48a) ist der überörtliche Träger oder die nach Landesrecht bestimmte Behörde zu-ständig, in dessen oder deren Bereich die Einrichtung oder die sonstige Wohnform gelegen ist.

(3) Für die Mitwirkung an der örtlichen Prüfung (§§ 46, 48a) ist der örtliche Träger zuständig, in dessen Bereich die Einrichtung oder die selbständige sonstige Wohnform gelegen ist.

§ 87b SGB VIII Örtliche Zuständigkeit für die Mitwirkung in gerichtlichen Verfahren

(1) ¹Für die Zuständigkeit des Jugendamts zur Mitwirkung in gerichtlichen Verfahren (§§ 50 bis 52) gilt § 86 Absatz 1 bis 4 entsprechend. ²Für die Mitwirkung im Verfahren nach dem Jugendgerichtsgesetz gegen einen jungen Menschen, der zu Beginn des Verfahrens das 18. Lebensjahr vollendet hat, gilt § 86a Absatz 1 und 3 entsprechend.

(2) [1]Die nach Absatz 1 begründete Zuständigkeit bleibt bis zum Abschluss des Verfahrens bestehen. [2]Hat ein Jugendlicher oder ein junger Volljähriger in einem Verfahren nach dem Jugendgerichtsgesetz die letzten sechs Monate vor Abschluss des Verfahrens in einer Justizvollzugsanstalt verbracht, so dauert die Zuständigkeit auch nach der Entlassung aus der Anstalt so lange fort, bis der Jugendliche oder junge Volljährige einen neuen gewöhnlichen Aufenthalt begründet hat, längstens aber bis zum Ablauf von sechs Monaten nach dem Entlassungszeitpunkt.

(3) Steht die örtliche Zuständigkeit nicht fest oder wird der zuständige örtliche Träger nicht tätig, so gilt § 86d entsprechend.

§ 87c SGB VIII Örtliche Zuständigkeit für die Beistandschaft, die Amtspflegschaft, die Amtsvormundschaft und die Bescheinigung nach § 58a

(1) [1]Für die Vormundschaft nach § 1791c des Bürgerlichen Gesetzbuchs ist das Jugendamt zuständig, in dessen Bereich die Mutter ihren gewöhnlichen Aufenthalt hat. [2]Wurde die Vaterschaft nach § 1592 Nummer 1 oder 2 des Bürgerlichen Gesetzbuchs durch Anfechtung beseitigt, so ist der gewöhnliche Aufenthalt der Mutter zu dem Zeitpunkt maßgeblich, zu dem die Entscheidung rechtskräftig wird. [3]Ist ein gewöhnlicher Aufenthalt der Mutter nicht festzustellen, so richtet sich die örtliche Zuständigkeit nach ihrem tatsächlichen Aufenthalt.

(2) [1]Sobald die Mutter ihren gewöhnlichen Aufenthalt im Bereich eines anderen Jugendamts nimmt, hat das die Amtsvormundschaft führende Jugendamt bei dem Jugendamt des anderen Bereichs die Weiterführung der Amtsvormundschaft zu beantragen; der Antrag kann auch von dem anderen Jugendamt, von jedem Elternteil und von jedem, der ein berechtigtes Interesse des Kindes oder des Jugendlichen geltend macht, bei dem die Amtsvormundschaft führenden Jugendamt gestellt werden. [2]Die Vormundschaft geht mit der Erklärung des anderen Jugendamts auf dieses über. [3]Das abgebende Jugendamt hat den Übergang dem Familiengericht und jedem Elternteil unverzüglich mitzuteilen. [4]Gegen die Ablehnung des Antrags kann das Familiengericht angerufen werden.

(3) [1]Für die Pflegschaft oder Vormundschaft, die durch Bestellung des Familiengerichts eintritt, ist das Jugendamt zuständig, in dessen Bereich das Kind oder der Jugendliche seinen gewöhnlichen Aufenthalt hat. [2]Hat das Kind oder der Jugendliche keinen gewöhnlichen Aufenthalt, so richtet sich die Zuständigkeit nach seinem tatsächlichen Aufenthalt zum Zeitpunkt der Bestellung. [3]Sobald das Kind oder der Jugendliche seinen gewöhnlichen Aufenthalt wechselt oder im Fall des Satzes 2 das Wohl des Kindes oder Jugendlichen es erfordert, hat das Jugendamt beim Familiengericht einen Antrag auf Entlassung zu stellen. [4]Die Sätze 1 bis 3 gelten für die Gegenvormundschaft des Jugendamts entsprechend.

(4) Für die Vormundschaft, die im Rahmen des Verfahrens zur Annahme als Kind eintritt, ist das Jugendamt zuständig, in dessen Bereich die annehmende Person ihren gewöhnlichen Aufenthalt hat.

(5) [1]Für die Beratung und Unterstützung nach § 52a sowie für die Beistandschaft gilt Absatz 1 Satz 1 und 3 entsprechend. [2]Sobald der allein sorgeberechtigte Elternteil seinen gewöhnlichen Aufenthalt im Bereich eines anderen Jugendamts nimmt, hat das die Beistandschaft führende Jugendamt bei dem Jugendamt des anderen Bereichs die Weiterführung der Beistandschaft zu beantragen; Absatz 2 Satz 2 und § 86c gelten entsprechend.

(6) [1]Für die Erteilung der Bescheinigung nach § 58a Absatz 2 gilt Absatz 1 entsprechend. [2]Die Mitteilungen nach § 1626d Absatz 2 des Bürgerlichen Gesetzbuchs, die Mitteilungen nach § 155a Absatz 3 Satz 3 und Absatz 5 Satz 2 des Gesetzes über das Verfahren in Familiensachen und in den Angelegenheiten der freiwilligen Gerichtsbarkeit sowie die Mitteilungen nach § 50 Absatz 3 sind an das für den Geburtsort des Kindes oder des Jugendlichen zuständige Jugendamt zu richten; § 88 Absatz 1 Satz 2 gilt entsprechend. [3]Das nach Satz 2 zustän-

dige Jugendamt teilt auf Ersuchen dem nach Satz 1 zuständigen Jugendamt mit, ob Eintragungen im Sorgeregister vorliegen.

1   §§ 86 ff. SGB VIII regeln die **örtliche Zuständigkeit** des Jugendamts und differenzieren dabei nach der Wahrnehmung der jeweiligen Aufgabe im Sinne von § 2 SGB VIII. § 86 SGB VIII ist dabei die **Grundnorm**[1] der örtlichen Zuständigkeit für die Gewährung von **Leistungen i.S.d. § 2 Abs. 2 SGB VIII**, gilt also vor allem auch für die im Rahmen eines kindschaftsrechtlichen Verfahren besonders relevanten Hilfen nach §§ 16 bis 20, 27-35 SGB VIII. Nach Abs. 1 ist grundsätzlich der gewöhnliche Aufenthalt der Eltern zuständigkeitsbegründend.

2   Für die Zuständigkeit für eine **Inobhutnahme** ist dagegen nach § 87 SGB VIII der **tatsächliche Aufenthalt des Minderjährigen** maßgeblich (näher hierzu *Dürbeck*, § 42 SGB VIII Rn. 23.).

3   Die örtliche Zuständigkeit für die **Mitwirkung des Jugendamts im familiengerichtlichen Verfahren** nach §§ 50 SGB VIII, 162 FamFG ist dagegen in § 87b SGB VIII geregelt (näher hierzu *Dürbeck*, § 162 FamFG Rn. 6 f. und § 50 SGB VIII Rn. 20 f.).

4   Soweit es die Wahrnehmung der Aufgaben der Amtsvormundschaft und der Amtspflegschaft betrifft, gilt § 87c SGB VIII, der zwischen **gesetzlich eingetretener Amtsvormundschaft** (Abs. 1, 2, 4) und **bestellter Amtsvormundschaft** differenziert.

▶   *Zur örtlichen Zuständigkeit des Jugendamts im Bereich der Vormundschaft vgl. Dürbeck, § 1791a BGB Rn. 7, § 1791c BGB Rn. 4, §§ 55 bis 58 SGB VIII Rn. 18.*
Zu den Folgen eines Aufenthaltswechsels der Mutter bei der gesetzlichen Amtsvormundschaft bzw. des Mündels bei der bestellten Amtsvormundschaft oder Amtspflegschaft nach § 87c Abs. 2 und 3 SGB VIII vgl. Dürbeck, § 1887 BGB Rn. 3 f.[2]

§ 87d SGB VIII   Örtliche Zuständigkeit für weitere Aufgaben im Vormundschaftswesen

(1) Für die Wahrnehmung der Aufgaben nach § 53 ist der örtliche Träger zuständig, in dessen Bereich der Pfleger oder Vormund seinen gewöhnlichen Aufenthalt hat.
(2) Für die Erteilung der Erlaubnis zur Übernahme von Pflegschaften oder Vormundschaften durch einen rechtsfähigen Verein (§ 54) ist der überörtliche Träger zuständig, in dessen Bereich der Verein seinen Sitz hat.

Von einer Kommentierung wird abgesehen.

§ 87e SGB VIII   Örtliche Zuständigkeit für Beurkundung und Beglaubigung

Für Beurkundungen und Beglaubigungen nach § 59 ist die Urkundsperson bei jedem Jugendamt zuständig.

Von einer Kommentierung wird abgesehen.

---

1 Wiesner/*Wiesner*, § 86 SGB VIII Rn. 1
2 Ausführlich auch *Mix*, JAmt 2014, 242, 243

Dritter Unterabschnitt
Örtliche Zuständigkeit bei Aufenthalt im Ausland

§ 88 SGB VIII Örtliche Zuständigkeit bei Aufenthalt im Ausland

(1) Für die Gewährung von Leistungen der Jugendhilfe im Ausland ist der überörtliche Träger zuständig, in dessen Bereich der junge Mensch geboren ist. Liegt der Geburtsort im Ausland oder ist er nicht zu ermitteln, so ist das Land Berlin zuständig.

(2) Wurden bereits vor der Ausreise Leistungen der Jugendhilfe gewährt, so bleibt der örtliche Träger zuständig, der bisher tätig geworden ist; eine Unterbrechung der Hilfeleistung von bis zu drei Monaten bleibt dabei außer Betracht.

Von einer Kommentierung wird abgesehen.

[...]

Auslandsbezüge

Brüssel IIa-VO – Internationale Übereinkommen – EGBGB – IntFamRVG – Mediation

Kapitel 1
Vorbemerkungen

Übersicht

A. Einführung

Das vorliegende Kapitel befasst sich im Schwerpunkt mit Verfahren zur elterlichen Sorge bzw. zum Umgang eines Elternteils mit dem Kind. Daneben wird das Haager Kindesentführungsübereinkommen einbezogen. **1**

▶ *Zum Auslandsbezug in Abstammungssachen siehe Grün, § 100 FamFG.*
Zum Auslandsbezug in Adoptionssachen siehe Braun, § 101 FamFG.

Im Zeitalter zunehmender Internationalisierung zwischenmenschlicher Beziehungen nehmen auch die Konflikte um Kinder zu, die einen Bezug zu einem ausländischen Staat haben. Dieser kann sich zum einen auf Grund des (früheren) Aufenthalts in einem anderen Staat ergeben. Zum anderen kann die ausländische Staatsangehörigkeit relevante Rechtsfragen aufwerfen. Insbesondere ist zu klären, welches Gericht aus internationaler Sicht zuständig ist und welches Recht, das deutsche oder das eines anderen Staates, Anwendung findet. **2**

In derartigen Verfahren ist – ebenso wie für die Frage der Anerkennung und Vollstreckung ausländischer Entscheidungen – zu beachten, dass EU-Recht bzw. internationale Übereinkommen gegenüber den kollisionsrechtlichen Regelungen des EGBGB und des FamFG vorrangig sind. Dies folgt bereits grundsätzlich aus Art. 3 EGBGB bzw. § 97 FamFG. **3**

B. Die Rechtsgrundlagen

In Sorge- und Umgangsverfahren mit Auslandsbezug werden die Regelungen des EGBGB und des FamFG weitgehend durch EU-Recht, namentlich die Brüssel IIa-VO, und durch kollisionsrechtliche Übereinkommen (HKÜ, ESÜ, KSÜ und MSA) mit sich teils überschneidenden, teils einander ausschließenden, Anwendungsbereichen verdrängt. **4**

I. UN-Kinderrechtekonvention

Außerhalb dieses Systems steht die UN-Konvention über die Rechte des Kindes vom 20.11.1989 als das grundlegende Kindesinteressen betreffende völkerrechtliche Vertragswerk. Nach Art. 3 Abs. 1 der UN-Konvention ist das Wohl des Kindes ein vorrangig zu berücksichtigender Gesichtspunkt bei allen die Interessen von Kindern betreffenden Maßnahmen. Art. 12 der UN-Konvention gewährt ein vom Alter und der Reife des Kindes abhängiges Recht zur Meinungsäußerung in seinen Angelegenheiten, insbesondere auch ein Recht auf Gehör in allen das Kind berührenden Gerichts- oder Verwaltungsverfahren. Die in der Konvention statuierten Kinderrechte sind insbesondere im Rahmen der völkerrechtskonformen Auslegung deutscher Gesetze zu berücksichtigen und damit auch für kindschafts- **5** rechtliche Verfahren mit Auslandsbezug von Bedeutung.[1] Der Text der UN-Konvention ist auszugsweise im Anhang abgedruckt.

II. Brüssel IIa-VO

6 Die Brüssel IIa-VO, die für alle Mitgliedstaaten der Europäischen Union mit Ausnahme Dänemarks gilt,[2] enthält Regelungen zur internationalen Zuständigkeit, zur Anerkennung und Vollstreckung von Entscheidungen aus anderen Mitgliedstaaten, weiter besondere Regelungen zur Umsetzung des Haager Kindesentführungsübereinkommens zwischen den EU-Staaten; sie enthält jedoch keine Regelungen zum materiell anzuwendenden Recht.

7 Von erheblicher Bedeutung für die Anwendung der Brüssel IIa-VO in der Praxis sind die zahlreichen Entscheidungen des für die Auslegung von EU-Recht zuständigen Gerichtshofs der Europäischen Union (EuGH), die im Rahmen von Vorabentscheidungsersuchen auf Vorlage der Gerichte der EU-Mitgliedstaaten ergangen sind.[3]

III. Kollisionsrechtliche Übereinkommen

8 Multilaterale kollisionsrechtliche Übereinkommen werden mit der Ratifizierung und Umsetzung in den Vertragsstaaten innerstaatlich verbindliches Recht. In ihrer Wirkung und Anwendung sind sie primär auf das Verhältnis der Vertragsstaaten untereinander beschränkt (vgl. HKÜ), können aber auch universell – d.h. auch im Verhältnis zu Drittstaaten – geltende Regelungen enthalten. Bilaterale Abkommen sind demgegenüber in der Praxis deutscher Gerichte ohne Bedeutung.[4]

1. Übereinkommen des Europarates

9 Zu den multilateralen Übereinkommen zählen zunächst die Übereinkommen des Europarates, darunter das Europäische Übereinkommen über die Anerkennung und Vollstreckung von Entscheidungen über das Sorgerecht für Kinder und die Wiederherstellung des Sorgeverhältnisses vom 20.5.1980 (Europäisches Sorgerechtsübereinkommen – ESÜ). Das ESÜ regelt im Wesentlichen das Verfahren für die Anerkennung und Vollstreckung von Entscheidungen anderer Vertragsstaaten, es wird bei Überschneidung der Anwendungsbereiche durch die Brüssel IIa-VO verdrängt.[5]

10 Von praktisch geringer Bedeutung sind das Europäische Übereinkommen über die Ausübung von Kinderrechten vom 25.1.1996, das für Deutschland zum 1.8.2002 in Kraft getreten ist,[6] sowie das Europäische Übereinkommen über den Umgang von und mit Kindern vom 15.5.2003, das bisher nur durch wenige Staaten ratifiziert wurde und im Wesentlichen allgemeine Grundsätze zur Verfahrensgestaltung und Gewährung von Umgang enthält. Auf die Darstellung dieser beiden Übereinkommen wird in dieser Kommentierung verzichtet.

2. Übereinkommen der Haager Konferenz

11 Von den Übereinkommen der Haager Konferenz für Internationales Privatrecht ist neben dem Kinderschutzübereinkommen (KSÜ) vor allem das Kindesentführungsübereinkommen (HKÜ) von erheblicher praktischer Bedeutung.

12 Das Haager Kinderschutzübereinkommen vom 19.10.1996 (KSÜ) als Nachfolgeabkommen des Minderjährigenschutzübereinkommens (MSA/MSÜ) ist für die Bundesrepublik Deutschland am 1.1.2011 in Kraft getreten. Es gilt nur im Verhältnis der Vertragsstaaten untereinander, dies sind insbesondere die Mehrzahl der EU-Staaten, Australien, Russland, die Schweiz sowie zahlreiche osteuropäische Staaten.

13 Das ältere Haager Minderjährigenschutzübereinkommen vom 5.10.1961 (MSA) findet nur noch im Verhältnis zur Türkei Anwendung und hinsichtlich des anzuwendenden Rechts im Verhältnis zu Italien als EU-Staat, der das KSÜ bisher zwar gezeichnet, aber noch nicht ratifiziert hat.

---

1 Vgl. BGH FamRZ 2015, 240, 242; vgl. auch HB-VB/*Salgo*, Rn. 59 ff.; *Schmahl*, Rn. 25 f., sowie *Wabnitz*, ZKJ 2010, 428 ff.
2 Art. 2 Ziffer 3 Brüssel IIa-VO. Sofern im Folgenden die „EU-Mitgliedstaaten" genannt werden, ist Dänemark jeweils ausgenommen.
3 Vgl. hierzu etwa EuGH FamRZ 2009, 843; 2010, 1521; 2015, 107
4 Zu nennen wäre hier das deutsch-iranische Niederlassungsabkommen vom 17.2.1929, das zur Anwendung iranischen Rechts führt, sofern alle Beteiligten ausschließlich die iranische Staatsangehörigkeit besitzen.
5 Zum Verhältnis zwischen ESÜ und HKÜ siehe § 37 IntFamRVG
6 Vgl. hierzu HB-VB/*Salgo*, Rn. 65 f.

B. Rechtsgrundlagen

Das in der Praxis bedeutsamste Haager Übereinkommen über die zivilrechtlichen Aspekte internationaler Kindesentführung vom 25.10.1980 (HKÜ) enthält einen besonderen Rückführungsmechanismus, um grenzüberschreitende Auseinandersetzungen über das Sorgerecht zu lösen, in deren Verlauf ein Elternteil das Kind in einen anderen Staat verbringt oder dort nach Ablauf eines vereinbarten Umgangskontakts zurückhält. Das HKÜ gilt inzwischen in über 90 Staaten und findet in Deutschland seit dem 1.12.1990 und aktuell im Verhältnis zu über 80 Staaten Anwendung. Das IntFamRVG und auch die Brüssel IIa-VO enthalten für die Umsetzung des HKÜ ergänzende Regelungen, wobei die Normen der Brüssel IIa-VO auf die Anwendung im Verhältnis der Mitgliedstaaten der EU untereinander beschränkt sind.

14

Übersicht: Internationale Übereinkommen

15

Abkürzungen		Regelungsbereich	Geltung	Siehe in diesem Werk
EU-Recht				
Brüssel IIa-VO, auch EUGVO II, EU-EheVO, EheGVO, EheEuGVVO oder ESGVO (*nicht* EheVO)	Verordnung EG Nr. 2201/2003 vom 27.11.2003 über die Zuständigkeit und die Anerkennung und Vollstreckung von Entscheidungen in Ehesachen und in den Verfahren betreffend die elterliche Verantwortung und zur Aufhebung der Verordnung (EG) Nr. 1347/2000	**Internationale Zuständigkeit** für Ehescheidung und Verfahren betreffend elterliche Verantwortung (Sorge und Umgang); **Anerkennung und Vollstreckung in der EU**; Sonderregelungen für HKÜ-Verfahren	1.3.2005	Auslandsbezüge Kapitel 2
Übereinkommen des Europarates				
ESÜ SorgeRÜ EuSorgeRÜbk	Europäisches Übereinkommen über die Anerkennung und Vollstreckung von Entscheidungen über das Sorgerecht für Kinder und die Wiederherstellung des Sorgeverhältnisses vom 20.5.1980	Anerkennung und Vollstreckung von Entscheidungen anderer Vertragsstaaten	1.2.1991	Auslandsbezüge Kapitel 3, Abschn. 2
EÜAK	Europäisches Übereinkommen über die Ausübung von Kinderrechten vom 25.1.1996	Allg. Verfahrensrechte für Kinder	1.8.2002	Vorbem. (Rn. 10)
EUÜ	Europäisches Übereinkommen über den Umgang von und mit Kindern vom 15.5.2003	Grundsätze zur Verfahrensgestaltung und Gewährung von Umgang	Noch nicht für EU-Staaten	Vorbem. (Rn. 10)
Übereinkommen der Haager Konferenz:				
HKÜ HKEntfÜ	Haager Übereinkommen über die zivilrechtlichen Aspekte internationaler Kindesentführung vom 25.10.1980	**Rückführungsverfahren** zwischen Vertragsstaaten	1.12.1990	Auslandsbezüge Kapitel 3, Abschn. 1
KSÜ	Haager Übereinkommen vom 19.10.1996 über die Zuständigkeit, das anzuwendende Recht, die Anerkennung, Vollstreckung und Zusammenarbeit auf dem Gebiet der elterlichen Verantwortung und der Maßnahmen zum Schutz von Kindern (Kinderschutzübereinkommen)	Internationale Zuständigkeit **Anzuwendendes Recht**	1.1.2011	Auslandsbezüge Kapitel 3, Abschn. 3
MSA/MSÜ	Haager Minderjährigenschutzübereinkommen vom 5.10.1961	Internationale Zuständigkeit Anzuwendendes Recht	17.9.1971 **Türkei**	Auslandsbezüge Kapitel 3, Abschn. 4
UN-KRK	UN-Konvention über die Rechte des Kindes vom 20.11.1989	Kinderrechte, Orientierungsfunktion für Gesetzgebung und Rechtsprechung	–	Vorbem. (Rn. 5) Anhang

B. Rechtsgrundlagen

Staatenliste

	Brüssel IIa-VO	HKÜ*	ESÜ**	KSÜ**	MSA**
Albanien		1.10.2007		1.1.2011	
Australien		1.12.1990		1.1.2011	
Belgien	+	1.5.1999	1.2.1991	1.9.2014	
Bulgarien	+	1.12.2004	1.10.2003	1.1.2011	
Dänemark		1.7.1991	1.8.1991	1.10.2011	
Deutschland	+	1.12.1990	1.2.1991	1.1.2011	17.9.1971
Estland	+	1.12.2001	1.9.2011	1.1.2011	
Finnland	+	1.8.1994	1.8.1994	1.3.2011	
Frankreich	+	1.12.1990	1.2.1991	1.2.2011	10.11.1972
Griechenland	+	1.6.1993	1.7.1993	1.6.2012	
Irland	+	1.10.1991	1.10.1991	1.1.2011	
Island		1.4.1997	1.11.1996		
Italien	+	1.5.1995	1.6.1995		23.4.1995
Kanada		1.12.1990			
Kroatien	+	1.12.1991		1.1.2011	
Lettland	+	1.11.2001	1.8.2002	1.1.2011	25.3.2001
Litauen	+	1.12.2004	1.5.2003	1.1.2011	22.12.2001
Luxemburg	+	1.12.1990	1.2.1991	1.1.2011	4.2.1969
Malta	+	1.11.2002	1.2.2000	1.1.2012	
Marokko		1.10.2010		1.1.2011	
Montenegro		1.12.1991	6.6.2006	1.1.2013	
Niederlande	+	1.12.1990	1.2.1991	1.5.2011	18.9.1971
Norwegen		1.12.1990	1.2.1991		
Österreich	+	1.12.1990	1.2.1991	1.4.2011	11.5.1975
Polen	+	1.2.1993	1.3.1996	1.1.2011	25.7.1993
Portugal	+	1.12.1990	1.2.1991	1.8.2011	4.2.1969
Rumänien	+	1.7.1993	1.9.2004	1.1.2011	
Schweden	+	1.12.1990	1.2.1991	1.1.2013	
Schweiz		1.12.1990	1.2.1991	1.1.2011	4.2.1969
Slowakei	+	1.2.2001	1.9.2001	1.1.2011	
Slowenien	+	1.6.1995		1.1.2011	
Spanien	+	1.12.1990	1.2.1991	1.1.2011	21.7.1987
Tschechien	+	1.3.1998	1.7.2000	1.1.2011	
Türkei		1.8.2000	1.6.2000		24.10.1993
Ukraine		1.1.2008	1.11.2008	1.1.2011	
Ungarn	+	1.12.1990	1.6.2004	1.1.2011	
USA		1.12.1990			
Vereinigtes *** König-reich	+	1.12.1990	1.2.1991	1.11.2012	
Zypern	+	1.5.1995	1.2.1991	1.1.2011	

+   = durch Brüssel-IIa VO gebundene EU-Staaten
*   Darüber hinaus gilt das HKÜ im Verhältnis zu Deutschland für die folgenden weiteren Staaten: Andorra
        (1.9.2011), Argentinien (1.6.1991), Armenien (1.10.2009), Bahamas (1.5.1994), Belize (1.12.1990), Bosnien und
        Herzegowina (1.12.1991), Brasilien (1.5.2002), Burkina Faso (1.1.1993), Chile (1.6.1995), China (nur Hong
        Kong – 1.9.1997 – und Macau – 1.3.1999), Costa Rica (1.12.2007), Dominikanische Republik (1.4.2008), Ecuador
        (1.9.1992), El Salvador (1.11.2002), Fidschi (1.4.2008), Georgien (1.3.1998), Guatemala (1.1.2003), Honduras
        (1.8.1994), Israel (1.12.1991), Japan (1.4.2014), Kolumbien (1.11.1996), Mauritius (1.12.1993), Mazedonien
        (1.12.1991), Mexiko (1.2.1992), Moldau (1.5.2000), Monaco (1.7.1993), Neuseeland (1.2.1992), Nicaragua
        (1.9.2007), Panama (1.6.1995), Paraguay (1.12.2001), Peru (1.9.2007), San Marino (1.9.2007), Serbien
        (1.12.1991), Seychellen (1.4.2009), Simbabwe (1.2.1997), Singapur (1.6.2011), Sri Lanka (1.1.2003), St. Kitts und
        Nevis (1.5.1995), Südafrika (1.2.1998), Thailand (1.6.2007), Trinidad und Tobago (1.9.2007), Turkmenistan
        (1.8.1998), Uruguay (1.10.2001), Usbekistan (1.10.2009), Venezuela (1.1.1997), Weißrussland (1.2.1999)
        Beitrittsstaaten des HKÜ, jedoch noch keine Geltung im Verhältnis zu Deutschland, siehe Art. 1 HKÜ Rn. 2: Gabun,
        Guinea, Irak, Kasachstan, Korea, Lesotho, Russland, Sambia.
        Weitere Vertragsstaaten:
        • ESÜ: Andorra (1.7.2011), Liechtenstein (1.8.1997), Mazedonien (1.3.2003), Moldau (1.5.2004), Serbien
          (1.5.2002)
        • KSÜ: Armenien (1.1.2011), Dominikanische Republik (1.1.2011), Ecuador (1.1.2011), Georgien (1.3.2015 –
          noch nicht im Verhältnis zu Deutschland), Lesotho (1.6.2013), Monaco (1.1.2011), Russland (1.6.2013), Uru-
          guay (1.1.2011)
        • MSA: China (nur Macau)
**   Geltung zumindest/jedenfalls im Verhältnis zu Deutschland
***   Daten ohne Überseegebiete

Daten: Bundesamt für Justiz, Stand 10.2.2015

C. Internationale Zuständigkeit

16 Erster Prüfungspunkt für die Familiengerichte ist stets die Frage, ob die internationale Zuständigkeit deutscher Gerichte zu bejahen oder das Verfahren in einem anderen Staat zu führen ist. Dies ist in jeder Lage des Verfahrens vorab von Amts wegen zu prüfen[7] und unterliegt – als Ausnahme zu § 65 Abs. 4 FamFG, der die Überprüfung der Zuständigkeit in der Beschwerdeinstanz verbietet (vgl. für die innerstaatliche Zuständigkeit *Dürbeck*, § 65 FamFG Rn. 5), auch der Überprüfung durch das Beschwerdegericht.[8]

17 Die internationale Zuständigkeit deutscher Gerichte für Sorge- und Umgangsverfahren ergibt sich vorrangig aus Art. 8 ff. Brüssel IIa-VO. Danach ist primärer Anknüpfungspunkt für die internationale Zuständigkeit der gewöhnliche Aufenthalt des Kindes (vgl. Art. 8 Brüssel IIa-VO, Rn. 3 ff.), und zwar unabhängig von der Staatsangehörigkeit.

18 Hat das Kind seinen gewöhnlichen Aufenthalt in einem Vertragsstaat des KSÜ oder des MSA, in dem die Brüssel IIa-VO nicht gilt, etwa Dänemark für das KSÜ, folgt die internationale Zuständigkeit aus diesen Übereinkommen (vgl. Art. 5 KSÜ, Rn. 2 bzw. Art. 1 MSA, Rn. 1 f.),[9] wobei das MSA nur noch im Verhältnis zur Türkei Anwendung findet.

19 Nur wenn sich aus den genannten Regelungen eine Entscheidung über die internationale Zuständigkeit nicht treffen lässt, ist § 99 FamFG heranzuziehen.

▶   *Vgl. Schweppe, § 99 FamFG Rn. 4 f.*

20 Eine Zuständigkeit für Sorge- und Umgangsentscheidungen im Rahmen eines anhängigen Scheidungsverfahrens kann auf Grundlage von Art. 12 Brüssel IIa-VO bzw. nach Art. 10 KSÜ bestehen. Außerhalb dieser Anwendungsbereiche kann sich die Zuständigkeit deutscher Gerichte nach § 98 Abs. 2 FamFG auf als Folgesachen im Scheidungsverbund anhängige Kindschaftssachen erstrecken (siehe *Schweppe* § 98 FamFG Rn. 2).

---

7 BGH FamRZ 2010, 720
8 Vgl. Keidel/*Sternal*, § 65 FamFG Rn 18a; Prütting/Helms/*Hau*, vor §§ 98–106 FamFG Rn. 4; OLG Hamm FamRZ
   2015, 346
9 Vgl. zum Zuständigkeitssystem MüKo-FamFG/*Rauscher*, § 97 FamFG Rn. 51

Übersicht: Internationale Zuständigkeit deutscher Gerichte in Kindschaftssachen

21

A. Kind hat seinen gewöhnlichen Aufenthalt in Deutschland

 I. Grundsatz: Art. 8 Brüssel IIa-VO gewöhnlicher Aufenthalt
 – gewöhnlicher Aufenthalt zum Zeitpunkt der Antragstellung (perpetuatio fori)
 – gilt universell und unabhängig von der Staatsangehörigkeit

 II. Ausnahme: Besondere Zuständigkeitsregelung nach Art. 9, 10 oder 12 Brüssel IIa-VO greift ein:
 → *Kind hat seinen gewöhnlichen Aufenthalt in einem anderen EU-Staat (außer Dänemark)*
 – *Vorrang besonderer Zuständigkeiten innerhalb der Mitgliedstaaten der EU –*
 • **Art. 9 Aufrechterhaltung der Zuständigkeit des früheren gewöhnlichen Aufenthaltsortes des Kindes**
 – Antrag auf Abänderung einer Umgangsentscheidung innerhalb von drei Monaten nach Umzug
 • **Art. 10 Brüssel IIa-VO Zuständigkeit in Fällen von Kindesentführung** (vgl. HKÜ)
 → *Kind hat seinen gewöhnlichen Aufenthalt in EU-Mitgliedstaat oder Drittstaat (nicht Vertragsstaat KSÜ o. MSA)*
 • **Art. 12 Brüssel IIa-VO Vereinbarung über die Zuständigkeit**
 – Verbundzuständigkeit im Scheidungsverfahren, Art. 12 Abs. 1 und 2
 – Zuständigkeitsvereinbarung

 III. Subsidiäre Anknüpfung in der Brüssel IIa-VO
 1. *Art. 13 Brüssel IIa-VO Zuständigkeit aufgrund der Anwesenheit des Kindes*
 oder
 2. *Art. 17 Brüssel IIa-VO Prüfung der Zuständigkeit eines anderen Mitgliedstaats nach Art. 8 bis 13*
 → falls *Zuständigkeit* eines anderen Mitgliedstaats, hat sich das angerufene Gericht **von Amts wegen** für unzuständig zu erklären
 → falls keine Zuständigkeit eines anderen Staates, dann **Art. 14 Brüssel IIa-VO Restzuständigkeit** möglich

B. Kind hat seinen gewöhnlichen Aufenthalt in einem Drittstaat, der Vertragsstaat ist des
 → **KSÜ** (Grundsatz: Art. 5 Abs. 1 KSÜ gewöhnlicher Aufenthalt; keine perpetuatio fori, Art. 5 Abs. 2 KSÜ)
 Die Zuständigkeit deutscher Gerichte kann bestehen nach:
 • Art. 7 KSÜ widerrechtliches Verbringen/Zurückhalten
 • Art. 10 KSU Verbundzuständigkeit
 oder
 → **MSA** (Grundsatz: Art. 1 MSA gewöhnlicher Aufenthalt; keine perpetuatio fori)
 Die Zuständigkeit deutscher Gerichte kann sich ergeben aus Art. 4 MSA (Zuständigkeit des Heimatstaats)

C. Kind hat seinen gewöhnlichen Aufenthalt in Drittstaat, der nicht Vertragsstaat eines Übereinkommens ist
 Die Zuständigkeit deutscher Gerichte kann sich ergeben aus
 • § 98 Abs. 2 FamFG Folgesache im Scheidungsverbund
 • § 99 Abs. 1 Nr. 1 FamFG deutsche Staatsangehörigkeit
 • § 99 Abs. 1 Satz 2 FamFG Fürsorgebedürfnis

> **D. Darüber hinaus zu beachten:**
> - **Eilzuständigkeit**, soweit ein besonderes Eilbedürfnis besteht und das Kind sich tatsächlich in Deutschland aufhält, nach **Art. 20 Brüssel IIa-VO, Art. 11** bzw. **12 KSÜ Art. 9 MSA**
> - **Verweisung bzw. Abgabe von Verfahren** nach **Art. 15 Brüssel IIa-VO** bzw. **Art. 8 und 9 KSÜ**

22 **Übersicht: perpetuatio fori**

> (Fortdauer der Zuständigkeit des zuerst angerufenen Gerichts, wenn das Kind im Laufe des Verfahrens einen neuen gewöhnlichen Aufenthalt in einem Mitgliedstaat erwirbt)
>
> Der Grundsatz der perpetuatio fori **findet Anwendung**
>
> - im Verhältnis zu EU-Mitgliedstaaten wegen Wortlaut des Art. 8 Brüssel IIa-VO „zum Zeitpunkt der Antragstellung".
>
> Der Grundsatz der perpetuatio fori **gilt nicht**
>
> - im Verhältnis zu Vertragsstaaten des KSÜ (Bsp. Dänemark, Schweiz) oder des MSA (Türkei):
>
> Diese sind nicht durch die Brüssel IIa-VO gebunden, so dass auch im laufenden Verfahren die Begründung eines neuen gewöhnlichen Aufenthalts beachtlich ist (vgl. Art. 5 Abs. 2 KSÜ) sowie
>
> - im Verhältnis zu Drittstaaten (Bsp. Norwegen),
>
> da insoweit die Zuständigkeit grundsätzlich auch an den neu begründeten gewöhnlichen Aufenthalt geknüpft wird.

D. Anzuwendendes Recht

I. Materielles Recht

23 Die Brüssel IIa-VO enthält keine Regelungen zum anzuwendenden Recht. Dieses ergibt sich vielmehr aus völkerrechtlichen Übereinkommen, also dem KSÜ (siehe *Schweppe*, Art. 15 KSÜ Rn. 1 ff.) bzw. dem MSA (siehe *Schweppe*, Art. 2 MSA Rn. 1 f.), die grundsätzlich den Gleichlauf von internationaler Zuständigkeit und anzuwendendem Recht enthalten.

24 Nur ausnahmsweise ist zur Bestimmung des anzuwendenden Rechts Art. 21 EGBGB heranzuziehen (siehe *Schweppe*, Art. 21 EGBGB Rn. 4). Danach ist das Recht des gewöhnlichen Aufenthalts des Kindes maßgeblich, was zur Anwendung ausländischen Rechts durch deutsche Gerichte führen kann.

25 Von besonderer Bedeutung ist auch die Beachtlichkeit von Rechtspositionen, die einem Elternteil von Gesetzes wegen nach dem Recht des derzeitigen oder früheren gewöhnlichen Aufenthaltsstaats des Kindes zustehen.[10] Zu beachten sind dabei insbesondere die unterschiedlichen Regelungen zur gesetzlichen elterlichen Sorge für Kinder, deren Eltern nicht miteinander verheiratet sind.[11]

II. Verfahrensrecht/IntFamRVG

26 Grundsätzlich wenden deutsche Gerichte auch in kindschaftsrechtlichen Verfahren mit Auslandsbezug innerstaatliches Verfahrensrecht (lex fori) und damit das FamFG an. Gegenüber dem FamFG vorrangige Regelungen zu Umsetzung der Brüssel IIa-VO, des HKÜ, ESÜ und KSÜ enthält das Internationale Familienrechtsverfahrensgesetz (siehe *Schweppe*, Kommentierung zum IntFamRVG).

---

10 Vgl. hierzu *Schweppe*, Art. 16 KSÜ Rn. 4 ff.
11 Zur unterschiedlichen Ausgestaltung des Sorgerechts bzw. Aufenthaltsbestimmungsrechts in verschiedenen Staaten vgl. die Beispiele bei *Martiny*, FamRZ 2012, 1765, 1770 ff., ebda. 1777 f. zu unverheirateten Eltern

Übersicht: Anzuwendendes Recht (Prüfungsreihenfolge)

27

→ **Internationale Zuständigkeit folgt aus KSÜ:**

- Art. 15 Abs. 1 KSÜ: jeder Staat wendet sein eigenes Recht an (*lex fori*)

- Art. 15 Abs. 3 KSÜ: bei Erwerb eines neuen gewöhnlichen Aufenthalts wechselt nicht nur die internationale Zuständigkeit (Art. 5 Abs. 2 KSÜ), sondern auch das anzuwendende Recht

- Art. 16 Abs. 1 KSÜ: *Sorgerecht von Gesetzes wegen* bestimmt sich nach dem Recht des gewöhnlichen Aufenthalts (auch Nichtvertragsstaat, Art. 20 KSÜ),

  Gleiches gilt für durch Vereinbarung oder einseitiges Rechtsgeschäft erworbenes Sorgerecht (Art. 16 Abs. 2 KSÜ)

  – *Sorgerechtsstatut* ist *wandelbar* durch Anknüpfung an gewöhnlichen Aufenthalt.

  – *Schutz wohlerworbener Rechte*: Ein bereits erworbenes Sorgerecht wirkt fort (Art. 16 Abs. 3 KSÜ).

  – *Hinzuerwerb von Rechten*: Mit Begründung eines neuen Aufenthalts kann ein von Gesetzes wegen bestehendes Sorgerecht erworben werden (Art. 16 Abs. 4 KSÜ).

→ **Internationale Zuständigkeit folgt aus Brüssel IIa-VO:**

- Anwendung des Art. 15 KSÜ (h.M.: Gleichlauf), siehe oben

→ **Internationale Zuständigkeit folgt (nur) aus MSA:**

- Art. 2 MSA jeder Staat wendet sein eigenes Recht an (lex fori)

→ **Verbleibender Anwendungsbereich für Art. 21 EGBGB?**

- Umfang str. (hierzu *Schweppe*, Art. 15 KSÜ Rn. 2 f.), jedenfalls im Fall der Anknüpfung an § 99 FamFG

- Art. 21 EGBGB gewöhnlicher Aufenthalt

- Beachte:

  – Rück- und Weiterverweisungen (Art 4 Abs 1 EGBGB)

  – Vereinbarkeit mit „ordre public" (Art. 6 EGBGB)

E. Anerkennung und Vollstreckung

Die Vorschriften über die Anerkennung und Vollstreckung ausländischer Entscheidungen regeln, inwiefern die Entscheidung eines ausländischen Gerichts im Inland – unmittelbar oder durch gerichtlichen Akt – wirksam und ggf. durchsetzbar ist.

28

Auch hier gilt der grundsätzliche Vorrang der Brüssel IIa-VO (Art. 59 ff. Brüssel IIa-VO). Die maßgeblichen Vorschriften finden sich bei Anwendbarkeit der Brüssel IIa-VO in deren Kapitel III. Für die Anerkennung und Vollstreckung von Entscheidungen, die außerhalb der EU, jedoch in einem Vertragsstaat des ESÜ oder des KSÜ ergangen sind, enthalten diese Übereinkommen jeweils gesonderte Regelungen. Einheitliche Ausführungsvorschriften hierzu finden sich im IntFamRVG, insbesondere greift eine besondere Zuständigkeitskonzentration (siehe § 10 i.V.m. § 12 IntFamRVG). Das Verfahren zur Zulassung der Zwangsvollstreckung ist in §§ 16 ff. IntFamRVG geregelt.

29

Im Verhältnis zu Drittstaaten, für die weder die Brüssel IIa-VO noch kollisionsrechtliche Übereinkommen gelten, greifen die Regelungen § 108 und § 109 FamFG für die Anerkennung ausländischer Entscheidungen und die §§ 86 ff. FamFG für ihre Vollstreckung

30

▶ *Siehe hierzu Schweppe zu § 108 FamFG und § 109 FamFG.*

F. Praxishinweise

31   Aktuelle und ausführliche Informationen zu Verfahren mit Auslandsbezug bietet die Internetseite des Bundesamts für Justiz (www.bundesjustizamt.de/sorgerecht) als Zentrale Behörde für internationale Kindschaftskonflikte, unter anderem durch die „Staatenliste" zu den Vertragsstaaten von HKÜ, KSÜ und ESÜ mit jeweiligem Zeitpunkt des Inkrafttretens im Verhältnis zu Deutschland und etwaigen Vorbehaltserklärungen, Hinweisen zu Verbindungsrichter/-innen sowie durch die kostenlos erhältliche Broschüre „Internationale Kindschaftsverfahren". Hier sind auch Hinweise zu möglichen Sicherungs- und Schutzmaßnahmen einschließlich der Ausschreibung zur Grenzfahndung enthalten.

32   Die Internetseite der Haager Konferenz für Internationales Privatrecht (www.hcch.net) enthält daneben die Vertragstexte sämtlicher Haager Konventionen auch in deutscher Übersetzung nebst den jeweiligen erläuternden Berichten sowie die Anschriften der Zentralen Behörden der Vertragsstaaten zum HKÜ. Die Internetseite www.incadat.com (International Child Abduction Database) bietet eine Fallsammlung zu HKÜ-Verfahren.

Weiter ist auf die Internetseite des EuGH (curia.europa.eu) und das Europäische Justizportal (e-justice.europa.eu) zu verweisen.

33   Als „Zentrale Anlaufstelle für grenzüberschreitende Kindschaftskonflikte" bietet die deutsche Zweigstelle des Internationalen Sozialdienstes unter www.zank.de Informationen und Beratung für Fachleute und Betroffene auch zu Staaten, mit denen keine internationalen Übereinkommen bestehen. Beratung und Unterstützung können auch durch den Verband binationaler Familien und Partnerschaften, www.verband-binationaler.de, erfolgen.

34   Für die Familiengerichte besteht darüber hinaus die Möglichkeit der Einschaltung von Verbindungsrichtern, die im Rahmen des Europäischen Justiziellen Netzes für Zivil- und Handelssachen bzw. im Internationalen Haager Verbindungsrichternetzwerk tätig sind und direkte Kontakte zu den mit etwaigen Parallelverfahren befassten Kollegen im Ausland herstellen oder bei der Beantwortung konkreter Fragen, etwa zu den Voraussetzungen für die gemeinsame elterliche Sorge oder den notwendigen Inhalt einer Umgangsregelung, unterstützend tätig werden können.[12] Die Einschaltung von Verbindungsrichtern ist nur über das mit dem Verfahren befasste Gericht möglich.

▶   *Zur Mediation in Internationalen Kindschaftskonflikten siehe Wegener, Auslandsbezüge, Kapitel 6.*

---

12 Hierzu *Carl/Menne*, Verbindungsrichter und direkte richterliche Kommunikation im Familienrecht, NJW 2009, 3537

Kapitel 2
Brüssel IIa-VO

Vorbemerkung

Die Verordnung (EG) Nr. 2201/2003 des Rates vom 27. November 2003 über die Zuständigkeit und die Anerkennung und Vollstreckung von Entscheidungen in Ehesachen und in Verfahren betreffend die elterliche Verantwortung und zur Aufhebung[13] der Verordnung (EG) Nr. 1347/2000,[14] im Folgenden als **Brüssel IIa-VO** bezeichnet (häufig auch EuEheVO), findet seit dem 1.3.2005 Anwendung[15] und gilt als unmittelbares Recht[16] in allen EU-Staaten mit Ausnahme Dänemarks,[17] mithin in Belgien, Bulgarien, Deutschland, Estland, Finnland, Frankreich, Griechenland, Irland, Italien, Kroatien, Lettland, Litauen, Luxemburg, Malta, Niederlande, Österreich, Polen, Portugal, Rumänien, Schweden, Slowakei, Slowenien, Spanien, Tschechien, Ungarn, dem Vereinigten Königreich und Zypern.

Weiterführende Literatur: Holzmann, Verfahren betreffend die elterliche Verantwortung nach der Brüssel IIa-VO, FPR 2010, 497 ff.; *Martiny,* Kindesentführung, vorläufige Sorgerechtsregelung und einstweilige Maßnahmen nach der Brüssel IIa-VO, FPR 2010, 493 ff.; Praxisleitfaden zur Anwendung der Brüssel IIa-Verordnung, 2014 (brussels_ii_practice_guide_EU_de.pdf)

Erwägungsgründe

Vom Abdruck wird abgesehen.[18]

Kapitel I
Anwendungsbereich und Begriffsbestimmungen

Artikel 1 Brüssel IIa-VO Anwendungsbereich

(1) Diese Verordnung gilt, ungeachtet der Art der Gerichtsbarkeit, für Zivilsachen mit folgendem Gegenstand:

a) die Ehescheidung, die Trennung ohne Auflösung des Ehebandes und die Ungültigerklärung einer Ehe,

b) die Zuweisung, die Ausübung, die Übertragung sowie die vollständige oder teilweise Entziehung der elterlichen Verantwortung.

(2) Die in Absatz 1 Buchstabe b) genannten Zivilsachen betreffen insbesondere:

a) das Sorgerecht und das Umgangsrecht,

b) die Vormundschaft, die Pflegschaft und entsprechende Rechtsinstitute,

c) die Bestimmung und den Aufgabenbereich jeder Person oder Stelle, die für die Person oder das Vermögen des Kindes verantwortlich ist, es vertritt oder ihm beisteht,

d) die Unterbringung des Kindes in einer Pflegefamilie oder einem Heim,

e) die Maßnahmen zum Schutz des Kindes im Zusammenhang mit der Verwaltung und Erhaltung seines Vermögens oder der Verfügung darüber.

(3) Diese Verordnung gilt nicht für

a) die Feststellung und die Anfechtung des Eltern-Kind-Verhältnisses,

b) Adoptionsentscheidungen und Maßnahmen zur Vorbereitung einer Adoption sowie die Ungültigerklärung und den Widerruf der Adoption,

c) Namen und Vornamen des Kindes,

---

13 Art. 71 Brüssel IIa-VO
14 ABl. Nr. L 338 S. 1, geändert durch Art. 1 ÄndVO (EG) 2116/2004 vom 2. 12. 2004 (ABl. Nr. L 367 S. 1)
15 Art. 72 Satz 2 Brüssel IIa-VO
16 Art. 72 Satz 3 Brüssel IIa-VO
17 Art. 2 Ziffer 3 Brüssel IIa-VO. Soweit im Folgenden die EU-Mitgliedstaaten genannt sind, ist Dänemark stets ausgenommen.
18 Abgedruckt sind die Erwägungsgründe zur Brüssel IIa-VO etwa in der Kommentierung von Zöller/*Geimer,* Anhang II

d) die Volljährigkeitserklärung,

e) Unterhaltspflichten,

f) Trusts und Erbschaften,

g) Maßnahmen infolge von Straftaten, die von Kindern begangen wurden.

A. Normzweck

1 Art. 1 Brüssel IIa-VO bestimmt den inhaltlichen, nicht aber den räumlichen Anwendungsbereich der Verordnung.

2 Für den räumlichen Anwendungsbereich ist zu differenzieren: Die Brüssel IIa-VO als EU-Gemeinschaftsrecht enthält zum einen Regelungen, die universell gelten, d.h. auch im Verhältnis zu Staaten, die nicht der EU angehören (wie etwa die Anknüpfung für die internationale Zuständigkeit), aber auch Normen, die nur im Verhältnis der EU-Mitgliedstaaten (mit Ausnahme Dänemarks) untereinander wirken, etwa die Sonderregelungen zur internationalen Zuständigkeit nach Art. 9, 10, 11 Brüssel IIa-VO.

B. Inhalt der Norm

I. Persönlicher Anwendungsbereich

3 Der persönliche Anwendungsbereich der Brüssel IIa-VO umfasst – um die Gleichbehandlung aller Kinder sicherzustellen – hinsichtlich Entscheidungen betreffend die elterliche Verantwortung alle Kinder, gleich ob ehelich oder nicht ehelich geboren,[1] und zwar bis zur Vollendung des 18. Lebensjahres.

II. Inhaltlicher Anwendungsbereich

4 Die elterliche Verantwortung umfasst nach Art. 1 Abs. 1 Ziffer b) i.V.m. Abs. 2 a) Brüssel IIa-VO sowie Art. 2 Ziffer 7 Brüssel IIa-VO insbesondere das Sorge- und Umgangsrecht, wobei der jeweilige Umfang in Art. 2 Ziffer 9 bzw. Ziffer 10 Brüssel IIa-VO näher definiert wird.

5 Ungeachtet der Bezeichnung als Zivilsachen umfasst die Brüssel IIa-VO auch im Rahmen des öffentlich-rechtlichen Kindesschutzes erlassene Maßnahmen.[2]

6 Art. 1 Abs. 3 Brüssel IIa-VO enthält eine negative Abgrenzung des Anwendungsbereichs. Ausgenommen sind etwa Maßnahmen nach § 151 Nr. 7 (Unterbringung psychisch kranker Minderjähriger nach Landesgesetzen) bzw. Nr. 8 (JGG) FamFG. Von der Anwendung umfasst sind aber Maßnahmen nach § 151 Nr. 6 (Genehmigung freiheitsentziehender Unterbringung).[3]

Artikel 2 Brüssel IIa-VO Begriffsbestimmungen

Für die Zwecke dieser Verordnung bezeichnet der Ausdruck

1. „Gericht" alle Behörden der Mitgliedstaaten, die für Rechtssachen zuständig sind, die gemäß Artikel 1 in den Anwendungsbereich dieser Verordnung fallen;

2. „Richter" einen Richter oder Amtsträger, dessen Zuständigkeiten denen eines Richters in Rechtssachen entsprechen, die in den Anwendungsbereich dieser Verordnung fallen;

3. „Mitgliedstaat" jeden Mitgliedstaat mit Ausnahme Dänemarks;

4. „Entscheidung" jede von einem Gericht eines Mitgliedstaats erlassene Entscheidung über die Ehescheidung, die Trennung ohne Auflösung des Ehebandes oder die Ungültigerklärung einer Ehe so-

---

1 Vgl. Erwägungsgrund 5 zur Brüssel IIa-VO. Die frühere Brüssel II-VO (EheGVO) war hingegen auf Regelungen zur elterlichen Verantwortung im Scheidungsverbundverfahren beschränkt.

2 Vgl. hierzu EuGH FamRZ 2009, 843, 844, sowie EuGH FamRZ 2012, 1466, 1468

3 Vgl. EuGH FamRZ 2012, 1466, 1469

wie jede Entscheidung über die elterliche Verantwortung, ohne Rücksicht auf die Bezeichnung der jeweiligen Entscheidung, wie Urteil oder Beschluss;

5. „Ursprungsmitgliedstaat" den Mitgliedstaat, in dem die zu vollstreckende Entscheidung ergangen ist;

6. „Vollstreckungsmitgliedstaat" den Mitgliedstaat, in dem die Entscheidung vollstreckt werden soll;

7. „elterliche Verantwortung" die gesamten Rechte und Pflichten, die einer natürlichen oder juristischen Person durch Entscheidung oder kraft Gesetzes oder durch eine rechtlich verbindliche Vereinbarung betreffend die Person oder das Vermögen eines Kindes übertragen wurden. Elterliche Verantwortung umfasst insbesondere das Sorge- und das Umgangsrecht;

8. „Träger der elterlichen Verantwortung" jede Person, die die elterliche Verantwortung für ein Kind ausübt;

9. „Sorgerecht" die Rechte und Pflichten, die mit der Sorge für die Person eines Kindes verbunden sind, insbesondere das Recht auf die Bestimmung des Aufenthaltsortes des Kindes;

10. „Umgangsrecht" insbesondere auch das Recht, das Kind für eine begrenzte Zeit an einen anderen Ort als seinen gewöhnlichen Aufenthaltsort zu bringen;

11. „widerrechtliches Verbringen oder Zurückhalten eines Kindes" das Verbringen oder Zurückhalten eines Kindes, wenn

   a) dadurch das Sorgerecht verletzt wird, das aufgrund einer Entscheidung oder kraft Gesetzes oder aufgrund einer rechtlich verbindlichen Vereinbarung nach dem Recht des Mitgliedstaats besteht, in dem das Kind unmittelbar vor dem Verbringen oder Zurückhalten seinen gewöhnlichen Aufenthalt hatte, und

   b) das Sorgerecht zum Zeitpunkt des Verbringens oder Zurückhaltens allein oder gemeinsam tatsächlich ausgeübt wurde oder ausgeübt worden wäre, wenn das Verbringen oder Zurückhalten nicht stattgefunden hätte. Von einer gemeinsamen Ausübung des Sorgerechts ist auszugehen, wenn einer der Träger der elterlichen Verantwortung aufgrund einer Entscheidung oder kraft Gesetzes nicht ohne die Zustimmung des anderen Trägers der elterlichen Verantwortung über den Aufenthaltsort des Kindes bestimmen kann.

Eine nähere Erläuterung der Begriffsbestimmungen ist nicht erforderlich. Hinzuweisen ist lediglich darauf, dass ungeachtet des Wortlauts von Art. 2 Ziffer 11 lit b) Satz 2 Brüssel IIa-VO, wonach im Rahmen der Anwendung der Verordnung nicht die tatsächliche Ausübung des Sorgerechts, sondern die rechtliche Befugnis, über den Aufenthalt zu bestimmen, maßgeblich ist, in der Praxis auf das Erfordernis der tatsächlichen Ausübung (zu den Anforderungen siehe *Schweppe*, Art. 3 HKÜ Rn. 9) des Sorgerechts nicht verzichtet wird.[1]   **1**

Kapitel II
Zuständigkeit

Abschnitt 1
Ehescheidung, Trennung ohne Auflösung des Ehebandes und Ungültigerklärung einer Ehe

Artikel 3 bis 7 Brüssel IIa-VO
[...]
Von Abdruck und Kommentierung der Artikel 3 bis 7 Brüssel IIa-VO wird abgesehen.

Abschnitt 2
Elterliche Verantwortung

Artikel 8 Brüssel IIa-VO Allgemeine Zuständigkeit

(1) Für Entscheidungen, die die elterliche Verantwortung betreffen, sind die Gerichte des Mitgliedstaats zuständig, in dem das Kind zum Zeitpunkt der Antragstellung seinen gewöhnlichen Aufenthalt hat.

(2) Absatz 1 findet vorbehaltlich der Artikel 9, 10 und 12 Anwendung.

---

1 *Martiny*, FamRZ 2012, 1765, 1767

A. Allgemeines

1 Art. 8 Abs. 1 Brüssel IIa-VO enthält die Grundsatzanknüpfung für die internationale Zuständigkeit und bestimmt, dass insoweit maßgeblich ist

- der „gewöhnliche Aufenthalt" des Kindes
- zum Zeitpunkt der Antragstellung.

2 Diese Zuständigkeitsbestimmung gilt:

- **universell** (hierzu *Schweppe*, Art. 1 Brüssel IIa-VO Rn. 2) – unabhängig von der Staatsangehörigkeit des Kindes und der Zugehörigkeit zur EU (Ausnahme im Verhältnis zu KSÜ, siehe *Schweppe*, Art. 5 KSÜ Rn. 2 f. und MSA, siehe *Schweppe*, Art. 1 MSA Rn. 1 f.);
- für Entscheidungen betreffend die **elterliche Verantwortung**.

B. Einzelheiten

I. Grundsatz

1. Gewöhnlicher Aufenthalt

3 Vorrangiger Anknüpfungspunkt für die Bestimmung der internationalen Zuständigkeit ist der „gewöhnliche Aufenthalt". Dessen Auslegung stimmt nicht zwingend mit der innerstaatlichen Definition (vgl. hierzu oben *Keuter*, § 152 FamFG Rn. 12) überein, sondern ist für die Brüssel IIa-VO und die kollisionsrechtlichen Übereinkommen einheitlich unter Heranziehung der Rechtsprechung des EuGH zu ermitteln.[1]

4 Maßgeblich ist demnach der „Ort …, der Ausdruck einer gewissen sozialen und familiären Integration des Kindes ist. Hierfür sind insbesondere die Dauer, die Regelmäßigkeit und die Umstände des Aufenthalts in einem Mitgliedstaat sowie die Gründe für diesen Aufenthalt und den Umzug der Familie in diesen Staat, die Staatsangehörigkeit des Kindes, Ort und Umstände der Einschulung, die Sprachkenntnisse sowie die familiären und sozialen Bindungen des Kindes in dem betreffenden Staat zu berücksichtigen."[2]

5 Ein bloß vorübergehender oder gelegentlicher Aufenthalt in einem Staat genügt nicht für die Begründung eines neuen gewöhnlichen Aufenthalts, andererseits ist auch keine bestimmte Aufenthaltsdauer erforderlich. Die in der Rechtsprechung häufig genannte Sechs-Monats-Frist[3] kann allenfalls als Indiz gelten. Vielmehr sind jeweils individuelle Maßstäbe anzulegen, etwa bei Säuglingen und Kleinkindern einerseits und älteren Kindern andererseits.

6 Dabei kann die sich in äußeren Umständen manifestierende Absicht des betreuenden Elternteils, sich mit dem Kind dauerhaft in einem anderen Staat niederzulassen, ein Indiz für die Verlagerung des gewöhnlichen Aufenthalts sein.[4] So „sind, wenn es sich um einen Säugling handelt, der in einen anderen Mitgliedstaat als den seines gewöhnlichen Aufenthalts verbracht wurde und der sich dort mit seiner Mutter erst seit einigen Tagen befindet, u. a. … die Gründe für diesen Aufenthalt und den Umzug der Mutter in diesen Staat zu berücksichtigen und zum anderen, insbesondere wegen des Alters des Kindes, die geografische und familiäre Herkunft der Mutter sowie die familiären und sozialen Bindungen der Mutter und des Kindes in dem betreffenden Mitgliedstaat".[5] Insofern ist, jedenfalls beim Um-

---

1 Vgl. *Andrae*, § 6 Rn. 37–50 mit zahlreichen Beispielen
2 EuGH FamRZ 2009, 843, 845 (Re A)
3 So etwa OLG Hamm ZKJ 2013, 35, zum gewöhnlichen Aufenthalt nach Art. 4 HKÜ
4 EuGH FamRZ 2009, 843, 845
5 EuGH FamRZ 2011, 617, 619 „Mecredi"

zug eines alleinsorgeberechtigten Elternteils[6] bzw. entsprechender Zustimmung des anderen Elternteils bei jüngeren Kindern auf die Vorstellungen des betreuenden Elternteils abzustellen.

Andererseits kann ein Minderjähriger auch gegen den Willen der Eltern, bzw. eines (mit-)sorgeberechtigten Elternteils, einen neuen gewöhnlichen Aufenthalt begründen, da es sich bei der Begründung des Aufenthalts um einen von der Gestaltung des Sorgerechts unabhängigen rein faktischen Vorgang handelt.[7]   **7**

Nicht auszuschließen ist ein gewöhnlicher Aufenthalt in verschiedenen Staaten,[8] etwa bei einem Wechselmodell mit annähernd gleichen Betreuungsanteilen.[9] Letztlich ist stets eine Einzelfallprüfung vorzunehmen.   **8**

2. Fortwirkung der Zuständigkeit

Nach dem Wortlaut des Art. 8 Abs. 1 Brüssel IIa-VO, der auf den Zeitpunkt der Antragstellung abstellt, gilt für die internationale Zuständigkeit der Grundsatz der *perpetuatio fori*, wonach die Zuständigkeit eines Gerichts nach Eintritt der Rechtshängigkeit erhalten bleibt, auch wenn eine spätere Änderung der die Zuständigkeit begründenden Voraussetzungen eintritt, etwa das Kind im laufenden Verfahren seinen gewöhnlichen Aufenthalt in einem anderen Staat begründet.[10] Diesem Grundsatz folgt auch § 2 Abs. 2 FamFG für das nationale Recht (siehe hierzu *Cirullies*, § 2 FamFG Rn. 3).   **9**

Aufgrund des Grundsatzes der *perpetuatio fori* können internationale Zuständigkeit und gewöhnlicher Aufenthalt auseinanderfallen.   **10**

3. Ausnahmen

Bei einem Umzug in einen Staat außerhalb der EU, der aber Vertragsstaat des KSÜ oder des MSA ist, gilt es zu beachten, dass nach den kollisionsrechtlichen Haager Übereinkommen mit Begründung eines neuen gewöhnlichen Aufenthalts grundsätzlich auch ein Wechsel der internationalen Zuständigkeit eintritt,[11] womit auch im laufenden Verfahren die Zuständigkeit des angerufenen Gerichts entfallen kann (vgl. hierzu *Schweppe*, Art. 5 KSÜ Rn. 7 f.).[12]   **11**

Im Verhältnis zu Drittstaaten, die weder Mitgliedstaaten der EU noch Vertragsstaat des KSÜ oder MSA sind, ist abzuwägen, dass mit der allgemeinen Anknüpfung an den gewöhnlichen Aufenthalt die Zuständigkeit des Gerichts erreicht werden sollte, das aufgrund seiner Sachnähe besser zur Prüfung der für das Kindeswohl maßgeblichen Aspekte geeignet ist, was gegen eine fortdauernde Zuständigkeit spricht.[13] Eine Bindung an die *perpetuatio fori* des Art. 8 Abs. 1 Brüssel IIa-VO besteht damit nur im Verhältnis der EU-Mitgliedstaaten zueinander, nicht aber im Verhältnis zu Drittstaaten.   **12**

II. Besondere Zuständigkeitsregelungen

Art. 8 Abs. 2 Brüssel IIa-VO weist darauf hin, dass der Grundsatz des Art. 8 Abs. 1 Brüssel IIa-VO nicht ausnahmslos Anwendung findet, sondern in folgenden Fällen Sonderregelungen vorrangig sind: **13**

- Umgangsregelungen nach rechtmäßigem Umzug (Art. 9 Brüssel IIa-VO)
- Widerrechtliches Verbringen bzw. Zurückhalten (Art. 10 Brüssel IIa-VO)
- Vereinbarungen zur Zuständigkeit (Art. 12 Brüssel IIa-VO)

---

6 Im Fall des EuGH FamRZ 2011, 617, war die Kindesmutter alleinsorgeberechtigt
7 Hierzu BGH FamRZ 2005, 1540, 1543
8 Bejahend Prütting/Helms/*Hau*, vor §§ 98-106 FamFG Rn. 23 m.w.N. in Fn. 4; Zöller/*Geimer*, Anh. II Art. 8 EG-VO Rn. 5; zum KSÜ auch *Lagarde*, Rn. 87. Ablehnend dagegen Palandt/*Thorn*, Art. 5 EGBGB Rn. 10
9 So auch *Völker/Clausius*, § 11 Rn. 94
10 Vgl. BGH FamRZ 2010, 720; *Andrae*, § 6 Rn. 49
11 Vgl. Art. 5 Abs. 2 KSÜ, ausführlich zu dieser Frage OLG Karlsruhe ZKJ 2014, 335 (Schweiz)
12 So zum MSA OLG Frankfurt, Beschl. v. 21.2.2005 – 1 UF 218/04, juris; aktuell OLG Stuttgart FamRZ 2013, 49 (Türkei)
13 So *Andrae*, § 6 Rn. 58; MüKo-FamFG/*Rauscher*, § 99 FamFG Rn. 58; vgl. auch Keidel/*Engelhardt*, § 97 FamFG Rn. 8; KG FamRZ 1998, 440 (Argentinien); Prütting/Helms/*Hau*, vor §§ 98-106 FamFG, plädiert für eine „Interessenabwägung im Einzelfall"

Artikel 9 Brüssel IIa-VO Aufrechterhaltung der Zuständigkeit des früheren gewöhnlichen Aufenthaltsortes des Kindes

(1) Beim rechtmäßigen Umzug eines Kindes von einem Mitgliedstaat in einen anderen, durch den es dort einen neuen gewöhnlichen Aufenthalt erlangt, verbleibt abweichend von Artikel 8 die Zuständigkeit für eine Änderung einer vor dem Umzug des Kindes in diesem Mitgliedstaat ergangenen Entscheidung über das Umgangsrecht während einer Dauer von drei Monaten nach dem Umzug bei den Gerichten des früheren gewöhnlichen Aufenthalts des Kindes, wenn sich der laut der Entscheidung über das Umgangsrecht umgangsberechtigte Elternteil weiterhin gewöhnlich in dem Mitgliedstaat des früheren gewöhnlichen Aufenthalts des Kindes aufhält.

(2) Absatz 1 findet keine Anwendung, wenn der umgangsberechtigte Elternteil im Sinne des Absatzes 1 die Zuständigkeit der Gerichte des Mitgliedstaats des neuen gewöhnlichen Aufenthalts des Kindes dadurch anerkannt hat, dass er sich an Verfahren vor diesen Gerichten beteiligt, ohne ihre Zuständigkeit anzufechten.

1 Art. 9 Brüssel IIa-VO ermöglicht die Anpassung einer Umgangsregelung nach einem Umzug in einen anderen EU-Mitgliedstaat durch das bisher zuständige Gericht und soll zugleich verhindern, dass ein Elternteil unmittelbar nach dem Umzug die Abänderung einer bestehenden Umgangsregelung anstrebt.

2 Art. 9 Brüssel IIa-VO betrifft ausschließlich Umgangsverfahren, die vor Ablauf einer Frist von drei Monaten nach dem Umzug in einen anderen EU-Mitgliedstaat eingeleitet werden.

3 Die Voraussetzungen für die Anwendung von Art. 9 Brüssel IIa-VO sind:

- Im bisherigen Aufenthaltsstaat ist eine Entscheidung zum **Umgang** (nicht Sorgerecht) ergangen
- Es liegt ein „rechtmäßiger" Umzug innerhalb der EU vor
- Der Antrag zur Abänderung des Umgangsrechts wird innerhalb von drei Monaten nach dem Umzug gestellt.
- Das Kind hat seinen gewöhnlichen Aufenthalt im neuen Mitgliedstaat erworben (andernfalls folgt die Zuständigkeit des bisherigen Aufenthaltsstaats aus Art. 8 Brüssel IIa-VO).
- Der umgangsberechtigte Elternteil muss weiterhin seinen gewöhnlichen Aufenthalt im Ursprungsmitgliedstaat haben.

4 Art. 9 Brüssel IIa-VO kommt nicht zur Anwendung, wenn der umgangsberechtigte Elternteil die Zuständigkeit des neuen Aufenthaltsstaats akzeptiert bzw. sich an einem Umgangsverfahren im neuen Mitgliedstaat beteiligt, ohne die Zuständigkeit zu rügen, Art. 9 Abs. 2 Brüssel IIa-VO.

Artikel 10 Brüssel IIa-VO Zuständigkeit in Fällen von Kindesentführung

Bei widerrechtlichem Verbringen oder Zurückhalten eines Kindes bleiben die Gerichte des Mitgliedstaats, in dem das Kind unmittelbar vor dem widerrechtlichen Verbringen oder Zurückhalten seinen gewöhnlichen Aufenthalt hatte, so lange zuständig, bis das Kind einen gewöhnlichen Aufenthalt in einem anderen Mitgliedstaat erlangt hat und

a) jede sorgeberechtigte Person, Behörde oder sonstige Stelle dem Verbringen oder Zurückhalten zugestimmt hat oder

b) das Kind sich in diesem anderen Mitgliedstaat mindestens ein Jahr aufgehalten hat, nachdem die sorgeberechtigte Person, Behörde oder sonstige Stelle seinen Aufenthaltsort kannte oder hätte kennen müssen und sich das Kind in seiner neuen Umgebung eingelebt hat, sofern eine der folgenden Bedingungen erfüllt ist:

    i. Innerhalb eines Jahres, nachdem der Sorgeberechtigte den Aufenthaltsort des Kindes kannte oder hätte kennen müssen, wurde kein Antrag auf Rückgabe des Kindes bei den zuständigen Behörden des Mitgliedstaats gestellt, in den das Kind verbracht wurde oder in dem es zurückgehalten wird;

    ii. ein von dem Sorgeberechtigten gestellter Antrag auf Rückgabe wurde zurückgezogen, und innerhalb der in Ziffer i) genannten Frist wurde kein neuer Antrag gestellt;

    iii. ein Verfahren vor dem Gericht des Mitgliedstaats, in dem das Kind unmittelbar vor dem widerrechtlichen Verbringen oder Zurückhalten seinen gewöhnlichen Aufenthalt hatte, wurde gemäß Artikel 11 Absatz 7 abgeschlossen;

iv. von den Gerichten des Mitgliedstaats, in dem das Kind unmittelbar vor dem widerrechtlichen Verbringen oder Zurückhalten seinen gewöhnlichen Aufenthalt hatte, wurde eine Sorgerechts- entscheidung erlassen, in der die Rückgabe des Kindes nicht angeordnet wird.

A. Normzweck und Anwendungsbereich

Nach Art. 10 Brüssel IIa-VO verbleibt es im Falle eines widerrechtlichen Verbringens des Kindes für die Regelung der elterlichen Sorge grundsätzlich bei der Zuständigkeit des Herkunftsstaats. Die Regelung dient der Umsetzung und Stärkung des Rückführungsmechanismus des HKÜ. Ziel dieses kollisions- rechtlichen Übereinkommens, dem sämtliche EU-Staaten angehören, ist die Durchsetzung der Zu- ständigkeit des Staates des gewöhnlichen Aufenthalts, wobei eigenmächtigen Aufenthaltswechseln eines Elternteils mit dem Kind entgegengewirkt werden soll (siehe hierzu Schweppe, Art. 1 HKÜ Rn. 1, 10 f.). **1**

Ein Zuständigkeitswechsel tritt in dieser Konstellation nur unter besonderen Voraussetzungen ein.

Art. 10 Brüssel IIa-VO ist räumlich auf die Anwendung innerhalb der EU-Mitgliedstaaten beschränkt. **2**

B. Inhalt der Norm

Nach Art. 10 Brüssel IIa-VO verbleibt es in den Fällen des widerrechtlichen Verbringens oder Zurück- haltens (Legaldefinition in Art. 2 Ziffer 11 Brüssel IIa-VO, vgl. auch die Kommentierung zu Art. 3 HKÜ) grundsätzlich bei der Zuständigkeit der **Gerichte des bisherigen Aufenthaltsstaats** für die Rege- lung der elterlichen Sorge und des Umgangs. **3**

Die Zuständigkeit des **Gerichts im neuen Aufenthaltsstaat** tritt nur unter folgenden Voraussetzun- gen ein: **4**

- Das Kind hat einen neuen gewöhnlichen Aufenthalt erworben und alle sorgeberechtigten Perso- nen haben dem Verbringen zugestimmt (Art. 10 a) Brüssel IIa-VO)

  oder

- Das Kind hält sich mindestens ein Jahr im neuen Staat auf und

- es hat sich eingelebt und

  – es wurde innerhalb der Jahresfrist nach Kenntnis des Verbringens/ Zurückhaltens kein Rück- führungsantrag gestellt (Art. 10 b) i) Brüssel IIa-VO) bzw. ein entsprechender Antrag zurück- gezogen ((Art. 10 b) ii) Brüssel IIa-VO) oder

  – die Rückführung wurde abgelehnt und kein Verfahren nach Maßgabe des Art. 11 Abs. 7 Brüssel IIa-VO eingeleitet, weil keine rechtzeitige Antragstellung innerhalb von drei Monaten erfolgte (Art. 10 b) iii) i.V.m. Art. 11 Abs. 7 Brüssel IIa-VO), oder

  – das zuständige Gericht im bisherigen Aufenthaltsstaat hat eine Sorgerechtsentscheidung er- lassen, in der die Rückführung des Kindes nicht angeordnet wurde (Art. 10 b) iv) Brüssel IIa- VO).

Artikel 11 Brüssel IIa-VO Rückgabe des Kindes

(1) Beantragt eine sorgeberechtigte Person, Behörde oder sonstige Stelle bei den zuständigen Behörden eines Mitgliedstaats eine Entscheidung auf der Grundlage des Haager Übereinkommens vom 25. Oktober 1980 über die zivilrechtlichen Aspekte internationaler Kindesentführung (nachstehend „Haager Überein- kommen von 1980" genannt), um die Rückgabe eines Kindes zu erwirken, das widerrechtlich in einen anderen als den Mitgliedstaat verbracht wurde oder dort zurückgehalten wird, in dem das Kind unmittel- bar vor dem widerrechtlichen Verbringen oder Zurückhalten seinen gewöhnlichen Aufenthalt hatte, so gelten die Absätze 2 bis 8.

(2) Bei Anwendung der Artikel 12 und 13 des Haager Übereinkommens von 1980 ist sicherzustellen, dass das Kind die Möglichkeit hat, während des Verfahrens gehört zu werden, sofern dies nicht aufgrund seines Alters oder seines Reifegrads unangebracht erscheint.

(3) [1]Das Gericht, bei dem die Rückgabe eines Kindes nach Absatz 1 beantragt wird, befasst sich mit gebotener Eile mit dem Antrag und bedient sich dabei der zügigsten Verfahren des nationalen Rechts. [2]Unbeschadet des Unterabsatzes 1 erlässt das Gericht seine Anordnung spätestens sechs Wochen nach seiner Befassung mit dem Antrag, es sei denn, dass dies aufgrund außergewöhnlicher Umstände nicht möglich ist.

(4) Ein Gericht kann die Rückgabe eines Kindes aufgrund des Artikels 13 Buchstabe b) des Haager Übereinkommens von 1980 nicht verweigern, wenn nachgewiesen ist, dass angemessene Vorkehrungen getroffen wurden, um den Schutz des Kindes nach seiner Rückkehr zu gewährleisten.

(5) Ein Gericht kann die Rückgabe eines Kindes nicht verweigern, wenn der Person, die die Rückgabe des Kindes beantragt hat, nicht die Gelegenheit gegeben wurde, gehört zu werden.

(6) [1]Hat ein Gericht entschieden, die Rückgabe des Kindes gemäß Artikel 13 des Haager Übereinkommens von 1980 abzulehnen, so muss es nach dem nationalen Recht dem zuständigen Gericht oder der Zentralen Behörde des Mitgliedstaats, in dem das Kind unmittelbar vor dem widerrechtlichen Verbringen oder Zurückhalten seinen gewöhnlichen Aufenthalt hatte, unverzüglich entweder direkt oder über seine Zentrale Behörde eine Abschrift der gerichtlichen Entscheidung, die Rückgabe abzulehnen, und die entsprechenden Unterlagen, insbesondere eine Niederschrift der Anhörung, übermitteln. [2]Alle genannten Unterlagen müssen dem Gericht binnen einem Monat ab dem Datum der Entscheidung, die Rückgabe abzulehnen, vorgelegt werden.

(7) [1]Sofern die Gerichte des Mitgliedstaats, in dem das Kind unmittelbar vor dem widerrechtlichen Verbringen oder Zurückhalten seinen gewöhnlichen Aufenthalt hatte, nicht bereits von einer der Parteien befasst wurden, muss das Gericht oder die Zentrale Behörde, das/die die Mitteilung gemäß Absatz 6 erhält, die Parteien hiervon unterrichten und sie einladen, binnen drei Monaten ab Zustellung der Mitteilung Anträge gemäß dem nationalen Recht beim Gericht einzureichen, damit das Gericht die Frage des Sorgerechts prüfen kann. [2]Unbeschadet der in dieser Verordnung festgelegten Zuständigkeitsregeln schließt das Gericht den Fall ab, wenn innerhalb dieser Frist keine Anträge bei dem Gericht eingegangen sind.

(8) Ungeachtet einer nach Artikel 13 des Haager Übereinkommens von 1980 ergangenen Entscheidung, mit der die Rückgabe des Kindes verweigert wird, ist eine spätere Entscheidung, mit der die Rückgabe des Kindes angeordnet wird und die von einem nach dieser Verordnung zuständigen Gericht erlassen wird, im Einklang mit Kapitel III Abschnitt 4 vollstreckbar, um die Rückgabe des Kindes sicherzustellen.

Übersicht

A. Allgemeines

1 Art. 11 Brüssel IIa-VO enthält Sonderregelungen, die in bzw. im Anschluss an Rückführungsverfahren nach dem Haager Kindesentführungsübereinkommen **innerhalb** der EU-Mitgliedstaaten zur Anwendung gelangen.

2 Dabei bestimmt Art. 11 Abs. 1 Brüssel IIa-VO die Voraussetzungen, unter denen die besonderen Regelungen nach Abs. 2 bis 8 Anwendung finden.

3 Abs. 2 bis 5 enthalten besondere Anforderungen an das Rückführungsverfahren und an die Voraussetzungen, unter denen die Rückführung eines Kindes verweigert werden kann.

4 Abs. 6 bis 8 regeln einen komplexen Mechanismus, wie im Falle einer Versagung der Rückführung auf Grundlage des Art. 13 HKÜ zu verfahren ist und welche Konsequenzen hieraus für die anschließenden Sorgerechtsentscheidungen folgen.

B. Inhalt der Norm

I. Anwendungsbereich

Nach Art. 11 Abs. 1 Brüssel IIa-VO finden die besonderen Regelungen nach Abs. 2 bis 8 Brüssel IIa-VO   **5**
im Verhältnis der EU-Mitgliedstaaten untereinander unter folgenden Voraussetzungen Anwendung:

* In einem EU-Mitgliedstaat beantragt ein Elternteil die Rückführung eines widerrechtlich verbrachten oder dort zurückgehaltenen Kindes auf Grundlage des HKÜ

und

* das Kind hatte unmittelbar vor dem widerrechtlichen Verbringen oder Zurückhalten seinen gewöhnlichen Aufenthalt in einem anderen EU-Mitgliedstaat.

Verzieht ein Elternteil aufgrund einer vorläufig vollstreckbaren Sorgerechtszuweisung mit dem gemeinsamen Kind in einen anderen Mitgliedstaat und erwirkt der andere Elternteil im nach Art. 8 Brüssel IIa-VO weiterhin zuständigen Ursprungsmitgliedstaat (Herkunftsstaat) im Rechtsmittelverfahren eine Abänderung der Entscheidung, soll Art. 11 Brüssel IIa-VO gelten, wenn das Kind unmittelbar vor der (abändernden) Entscheidung im Ursprungsmitgliedstaat (Herkunftsstaat) mithin dem (Eintritt des) widerrechtlichen Zurückhaltens seinen gewöhnlichen Aufenthalt noch im Herkunftsstaat hatte.[1]   **6**
Demnach darf ein Elternteil, der auf Grundlage einer vorläufig vollstreckbaren, aber angefochtenen Entscheidung umzieht, sich nicht auf einen neu begründeten Aufenthalt berufen, um die durch sein rechtswidriges Handeln geschaffene Sachlage aufrechtzuerhalten, da er „zum Zeitpunkt der Verbringung nicht sicher sein konnte, dass der Aufenthalt in diesem Mitgliedstaat nicht vorübergehend sein würde".[2]

Im Umkehrschluss finden die Mechanismen des Art. 11 Brüssel IIa-VO jedoch dann keine Anwendung,   **7**
wenn das Kind bereits einen neuen gewöhnlichen Aufenthalt begründet hatte, wofür der Zeitraum zwischen dem Erlass der vorläufig vollstreckbaren Entscheidung und deren Abänderung im Rechtsmittelverfahren maßgeblich ist.[3]

Zur Vermeidung eines Auseinanderfallens zwischen internationaler Zuständigkeit und gewöhnlichem   **8**
Aufenthalt ist mithin eine beschleunigte Durchführung der entsprechenden Sorgerechtsverfahren geboten.

II. Beteiligung des Kindes

Art. 11 Abs. 2 Brüssel IIa-VO regelt die Beteiligung des Kindes im Rückführungsverfahren, die im HKÜ   **9**
nicht explizit vorgesehen ist.

In HKÜ-Verfahren vor deutschen Gerichten ist auch über den Anwendungsbereich des Art. 11 Brüssel IIa-VO hinaus in der Regel die Kindesanhörung und die Bestellung eines Verfahrensbeistands geboten.[4]

▶   *Näher zur persönlichen Anhörung des Kindes Heilmann, § 159 FamFG Rn. 12 ff.*
    Näher zur Verfahrensbeistandschaft Keuter, § 158 FamFG Rn. 4 ff.

III. Beschleunigung des Verfahrens

Art. 11 Abs. 3 Brüssel IIa-VO forciert die Beschleunigung des Rückführungsverfahrens nach dem HKÜ,   **10**
wobei pro Instanz jeweils eine Frist von sechs Wochen einzuräumen ist.

IV. Angemessene Vorkehrungen

Art. 11 Abs. 4 Brüssel IIa-VO konkretisiert die Auslegung der Voraussetzungen des Ausnahmetatbestands des Art. 13 Abs. 1 b) HKÜ, indem die Rückführung nicht wegen einer schwerwiegenden Kindeswohlgefährdung abgelehnt werden darf, wenn „angemessene Vorkehrungen" zum Schutz des Kindes nach seiner Rückkehr nachgewiesen sind[5] (siehe hierzu auch *Schweppe*, Art. 13 HKÜ Rn. 11;   **11**
sowie *Wegener*, Kapitel 6 „Mediation in internationalen Kindschaftskonflikten" Rn. 14 ff.).

---

1 EuGH FamRZ 2015, 107, 111
2 EuGH FamRZ 2015, 107, 110
3 EuGH FamRZ 2015, 107, 110
4 Vgl. zur Bestellung von Verfahrensbeiständen in HKÜ-Verfahren und zu den besonderen Anforderungen an diese Tätigkeit HB-VB/*Schweppe*, Rn. 1586 ff.
5 So genannte „undertakings". Vgl. hierzu *Holzmann*, FPR 2010, 497, 500 f. und *Vogel*, FPR 2012, 403, 408

V. Rechtliches Gehör

12 Art. 11 Abs. 5 Brüssel IIa-VO dient der Gewährung rechtlichen Gehörs für den Antragsteller, da die Rückführung nicht verweigert werden darf, ohne dass dem Antragsteller eine Einlassung ermöglicht wurde.

VI. Sorgerechtsverfahren im Herkunftsstaat

13 Die Regelungen in Art. 11 Abs. 6, 7 und 8 Brüssel IIa-VO forcieren für den Fall der Ablehnung der Rückführung die Einleitung eines Sorgeverfahrens im Herkunftsstaat, dessen Entscheidung auch im Zufluchtsstaat umzusetzen ist.

14 Hierzu hat das die Rückführung auf Grundlage des Art. 13 HKÜ ablehnende Gericht innerhalb eines Monats nach Erlass seiner Anordnung das zuständige Gericht oder die Zentrale Behörde im Herkunftsstaat über seine Entscheidung zu informieren (Abs. 6).

15 Sodann werden die Beteiligten, sofern nicht bereits ein Verfahren im Herkunftsstaat anhängig ist, über die Möglichkeit informiert, ein Sorgerechtsverfahren im Herkunftsstaat einzuleiten (Abs. 7). Dabei kann der Antragsteller des HKÜ-Verfahrens auch bereits während des laufenden Rückführungsverfahrens ein Sorgerechts- und Herausgabeverfahren im Herkunftsstaat betreiben.

16 Die in einem entsprechend eingeleiteten Verfahren ergehende Entscheidung des zuständigen Gerichts im Herkunftsstaat, welche die Herausgabe des Kindes umfasst, ist schließlich im Zufluchtsstaat vollstreckbar (Abs. 8). Dies bedingt, dass im Verhältnis der EU-Staaten untereinander auch nach Ablehnung der Rückführung die Entscheidung des Gerichts des Herkunftsstaats Vorrang hat. Zu beachten ist, dass dieser Vorrang nur greift für Fälle, in denen in einem EU-Mitgliedstaat auf Grundlage des Art. 13 HKÜ die Rückführung in einen anderen EU-Mitgliedstaat verweigert wurde.

17 Im Hinblick auf Art. 11 Abs. 8 Brüssel IIa-VO sollte die anwaltliche Empfehlung an den Elternteil, der ohne Zustimmung des anderen Elternteils die gemeinsamen Kinder in einen anderen Staat verbracht hat, jedenfalls in der EU dahin gehen, mit den Kindern in den Herkunftsstaat zurückzukehren, da nur dort das Sorgerecht verbindlich geregelt werden kann und eine Sorgerechtsentscheidung im Zufluchtsstaat keine Wirkung entfalten kann. Weiter ist grundsätzlich dazu zu raten, die Sorgerechtsregelung vor dem Umzug in einen anderen Staat zu erwirken.

Artikel 12 Brüssel IIa-VO Vereinbarung über die Zuständigkeit

(1) Die Gerichte des Mitgliedstaats, in dem nach Artikel 3 über einen Antrag auf Ehescheidung, Trennung ohne Auflösung des Ehebandes oder Ungültigerklärung einer Ehe zu entscheiden ist, sind für alle Entscheidungen zuständig, die die mit diesem Antrag verbundene elterliche Verantwortung betreffen, wenn

a) zumindest einer der Ehegatten die elterliche Verantwortung für das Kind hat und

b) die Zuständigkeit der betreffenden Gerichte von den Ehegatten oder von den Trägern der elterlichen Verantwortung zum Zeitpunkt der Anrufung des Gerichts ausdrücklich oder auf andere eindeutige Weise anerkannt wurde und im Einklang mit dem Wohl des Kindes steht.

(2) Die Zuständigkeit gemäß Absatz 1 endet,

a) sobald die stattgebende oder abweisende Entscheidung über den Antrag auf Ehescheidung, Trennung ohne Auflösung des Ehebandes oder Ungültigerklärung einer Ehe rechtskräftig geworden ist,

b) oder in den Fällen, in denen zu dem unter Buchstabe a) genannten Zeitpunkt noch ein Verfahren betreffend die elterliche Verantwortung anhängig ist, sobald die Entscheidung in diesem Verfahren rechtskräftig geworden ist,

c) oder sobald die unter den Buchstaben a) und b) genannten Verfahren aus einem anderen Grund beendet worden sind.

(3) Die Gerichte eines Mitgliedstaats sind ebenfalls zuständig in Bezug auf die elterliche Verantwortung in anderen als den in Absatz 1 genannten Verfahren, wenn

a) eine wesentliche Bindung des Kindes zu diesem Mitgliedstaat besteht, insbesondere weil einer der Träger der elterlichen Verantwortung in diesem Mitgliedstaat seinen gewöhnlichen Aufenthalt hat oder das Kind die Staatsangehörigkeit dieses Mitgliedstaats besitzt, und

b) alle Parteien des Verfahrens zum Zeitpunkt der Anrufung des Gerichts die Zuständigkeit ausdrücklich oder auf andere eindeutige Weise anerkannt haben und die Zuständigkeit in Einklang mit dem Wohl des Kindes steht.

Schweppe

(4) Hat das Kind seinen gewöhnlichen Aufenthalt in einem Drittstaat, der nicht Vertragspartei des Haager Übereinkommens vom 19. Oktober 1996 über die Zuständigkeit, das anzuwendende Recht, die Anerkennung, Vollstreckung und Zusammenarbeit auf dem Gebiet der elterlichen Verantwortung und der Maßnahmen zum Schutz von Kindern ist, so ist davon auszugehen, dass die auf diesen Artikel gestützte Zuständigkeit insbesondere dann in Einklang mit dem Wohl des Kindes steht, wenn sich ein Verfahren in dem betreffenden Drittstaat als unmöglich erweist.

Übersicht

A. Normzweck und Anwendungsbereich

Art. 12 Brüssel IIa-VO enthält in Absatz 1 und 2 eine Verbundzuständigkeit für die Regelung der elterlichen Sorge und des Umgangs im Rahmen eines anhängigen Scheidungsverfahrens und in Absatz 3 eine Zuständigkeit aufgrund Vereinbarung der Eltern im Sinne einer Prorogation. **1**

Art. 12 Brüssel IIa-VO greift nur, wenn das Kind seinen gewöhnlichen Aufenthalt in einem anderen Staat hat, da andernfalls die vorrangige Regelung des Art. 8 Brüssel IIa-VO gilt. **2**

Art. 12 Brüssel IIa-VO ist nicht auf die Anwendung zwischen den EU-Mitgliedstaaten beschränkt, die Regelung kann aber nur im Verhältnis der EU-Mitgliedstaaten untereinander oder zu Drittstaaten Wirkung entfalten, da im Verhältnis zu Vertragsstaaten des KSÜ oder MSA die entsprechenden Übereinkommen vorrangig sind.[1] **3**

B. Inhalt der Norm

I. Verbundzuständigkeit

Die Verbundzuständigkeit nach Art. 12 Abs. 1 Brüssel IIa-VO besteht unter folgenden Voraussetzungen: **4**

- Das Kind hat seinen gewöhnlichen Aufenthalt in einem EU-Mitgliedstaat oder Drittstaat, es muss nicht das gemeinsame Kind beider Ehepartner sein.

- Zumindest ein Ehepartner hat die elterliche Sorge für das Kind.

- Alle Sorgeberechtigten erkennen die Zuständigkeit an und

- die gewählte Zuständigkeit steht im Einklang mit dem Wohl des Kindes (insbesondere Abs. 4).

Eine besondere Erklärung bzw. Form ist nicht erforderlich. Eine konkludente Anerkennung genügt, etwa wenn beide Eltern einen gemeinsamen Antrag oder inhaltlich übereinstimmende Anträge stellen.[2] Eine rügelose Einlassung genügt für die Anerkennung der Zuständigkeit nicht.[3] Maßgeblich ist der Zeitpunkt der Anrufung des Gerichts, jedoch genügt es auch, wenn die Zustimmung/Anerkennung zum Zeitpunkt der Entscheidung vorliegt.[4] **5**

Da die Anerkennung grundsätzlich zum Zeitpunkt der Anrufung des Gerichts vorliegen muss, greift der Grundsatz der perpetuatio fori, so dass eine Rücknahme der Zustimmung nach Antragstellung nicht zur Unzuständigkeit führt.[5] **6**

Die Verbundzuständigkeit besteht nach Art. 12 Abs. 2 Brüssel IIa-VO bis zur Entscheidung in der Ehesache oder im Falle der Anhängigkeit vor deutschen Gerichten nach der Abtrennung der Folgesache bis zu deren rechtskräftigem Abschluss fort. **7**

---

1 Vgl. die Beispiele bei *Andrae*, § 6 Rn. 62
2 *Andrae*, § 6 Rn. 66; Zöller/*Geimer*, Anh II, Art. 12 EGVO Rn. 10
3 Thomas/Putzo/*Hüßtege*, Art. 12 Brüssel IIa-VO Rn. 5; Zöller/*Geimer*, Anh II, Art. 12 EGVO Rn. 9
4 MüKo-BGB/*Siehr*, Art. 12 EuEheVO Rn. 5; Zöller/*Geimer*, Anh II, Art. 12 EGVO Rn. 12
5 Vgl. *Andrae*, § 6 Rn. 66

II. Zuständigkeit aufgrund Vereinbarung

8   Eine eigenständige Zuständigkeit aufgrund Vereinbarung der Eltern (prorogation) sieht Art. 12 Abs. 3 Brüssel IIa-VO unter folgenden Voraussetzungen vor:

- Es besteht eine **wesentliche Bindung** des Kindes zu diesem Staat, insbesondere aufgrund des gewöhnlichen Aufenthalts eines Elternteils oder der Staatsangehörigkeit des Kindes.
- Alle Beteiligten erkennen diese Zuständigkeit an und
- diese steht im Einklang mit dem Wohl des Kindes (insbesondere Abs. 4).

9   Die vereinbarte Zuständigkeit erlischt mit dem Erlass einer rechtskräftigen Entscheidung in dem entsprechenden Verfahren.[6]

10   Zudem ist eine Zuständigkeitsvereinbarung nach Art. 12 Abs. 3 Brüssel IIa-VO jederzeit einseitig aufkündbar, so kann auch nach einer Vereinbarung der Kindeseltern vor dem Umzug eines Elternteils mit dem Kind ins Ausland über die Zuständigkeit der Gerichte des Herkunftsstaats für die Regelung des Umgangs nach Begründung eines neuen gewöhnlichen Aufenthalts im neuen Aufenthaltsstaat die Abänderung der Umgangsregelung beantragt werden, wenn sich der betreuende Elternteil an die Vereinbarung nicht mehr gebunden fühlt.

Artikel 13 Brüssel IIa-VO Zuständigkeit aufgrund der Anwesenheit des Kindes

(1) Kann der gewöhnliche Aufenthalt des Kindes nicht festgestellt werden und kann die Zuständigkeit nicht gemäß Artikel 12 bestimmt werden, so sind die Gerichte des Mitgliedstaats zuständig, in dem sich das Kind befindet.

(2) Absatz 1 gilt auch für Kinder, die Flüchtlinge oder, aufgrund von Unruhen in ihrem Land, ihres Landes Vertriebene sind.

1   Der schlichte Aufenthalt im Sinne des Art. 13 Brüssel IIa-VO begründet eine gegenüber Art. 8 Brüssel IIa-VO nachrangige Auffangzuständigkeit für Kinder, deren gewöhnlicher Aufenthalt nicht festgestellt werden kann (Abs. 1) sowie für Flüchtlingskinder (Abs. 2). Diese Auffangzuständigkeit greift nicht, wenn das Kind seinen gewöhnlichen Aufenthalt in einem anderen Mitgliedstaat hat.[1]

Artikel 14 Brüssel IIa-VO Restzuständigkeit

Soweit sich aus den Artikeln 8 bis 13 keine Zuständigkeit eines Gerichts eines Mitgliedstaats ergibt, bestimmt sich die Zuständigkeit in jedem Mitgliedstaat nach dem Recht dieses Staates.

1   Art. 14 Brüssel IIa-VO gestattet einen Rückgriff auf die Zuständigkeitsbestimmungen des nationalen Rechts. Dies greift im Hinblick auf die Prüfungsverpflichtung nach Art. 17 Brüssel IIa-VO jedoch nur dann, wenn kein Gericht eines anderen Mitgliedstaats nach Maßgabe der Brüssel IIa-VO zuständig ist.

2   Damit kann Art. 14 Brüssel IIa-VO nur Anwendung finden, wenn das Kind seinen gewöhnlichen Aufenthalt nicht in einem EU-Mitgliedstaat, sondern in einem Drittstaat hat bzw. wenn nach einem Aufenthaltswechsel des Kindes deutsche Gerichte nach Art. 9 und 10 Brüssel IIa-VO noch nicht und die Gerichte eines anderen Mitgliedstaats nicht mehr zuständig sind.[1]

---

6   EuGH FamRZ 2015, 24, 26 sowie EuGH FamRZ 2015, 205
1   Prütting/Helms/*Hau*, § 99 FamFG Rn. 16; *Völker/Clausius*, § 11 Rn. 19
1   *Streicher*, § 3 Rn. 66

Artikel 15 Brüssel IIa-VO Verweisung an ein Gericht, das den Fall besser beurteilen kann

(1) In Ausnahmefällen und sofern dies dem Wohl des Kindes entspricht, kann das Gericht eines Mitgliedstaats, das für die Entscheidung in der Hauptsache zuständig ist, in dem Fall, dass seines Erachtens ein Gericht eines anderen Mitgliedstaats, zu dem das Kind eine besondere Bindung hat, den Fall oder einen bestimmten Teil des Falls besser beurteilen kann,

a) die Prüfung des Falls oder des betreffenden Teils des Falls aussetzen und die Parteien einladen, beim Gericht dieses anderen Mitgliedstaats einen Antrag gemäß Absatz 4 zu stellen, oder

b) ein Gericht eines anderen Mitgliedstaats ersuchen, sich gemäß Absatz 5 für zuständig zu erklären.

(2) Absatz 1 findet Anwendung

a) auf Antrag einer der Parteien oder

b) von Amts wegen oder

c) auf Antrag des Gerichts eines anderen Mitgliedstaats, zu dem das Kind eine besondere Bindung gemäß Absatz 3 hat.

d) Die Verweisung von Amts wegen oder auf Antrag des Gerichts eines anderen Mitgliedstaats erfolgt jedoch nur, wenn mindestens eine der Parteien ihr zustimmt.

(3) Es wird davon ausgegangen, dass das Kind eine besondere Bindung im Sinne des Absatzes 1 zu dem Mitgliedstaat hat, wenn

a) nach Anrufung des Gerichts im Sinne des Absatzes 1 das Kind seinen gewöhnlichen Aufenthalt in diesem Mitgliedstaat erworben hat oder

b) das Kind seinen gewöhnlichen Aufenthalt in diesem Mitgliedstaat hatte oder

c) das Kind die Staatsangehörigkeit dieses Mitgliedstaats besitzt oder

d) ein Träger der elterlichen Verantwortung seinen gewöhnlichen Aufenthalt in diesem Mitgliedstaat hat oder

e) die Streitsache Maßnahmen zum Schutz des Kindes im Zusammenhang mit der Verwaltung oder der Erhaltung des Vermögens des Kindes oder der Verfügung über dieses Vermögen betrifft und sich dieses Vermögen im Hoheitsgebiet dieses Mitgliedstaats befindet.

(4) [1]Das Gericht des Mitgliedstaats, das für die Entscheidung in der Hauptsache zuständig ist, setzt eine Frist, innerhalb deren die Gerichte des anderen Mitgliedstaats gemäß Absatz 1 angerufen werden müssen. [2]Werden die Gerichte innerhalb dieser Frist nicht angerufen, so ist das befasste Gericht weiterhin nach den Artikeln 8 bis 14 zuständig.

(5) [1]Diese Gerichte dieses anderen Mitgliedstaats können sich, wenn dies aufgrund der besonderen Umstände des Falls dem Wohl des Kindes entspricht, innerhalb von sechs Wochen nach ihrer Anrufung gemäß Absatz 1 Buchstabe a) oder b) für zuständig erklären. [2]In diesem Fall erklärt sich das zuerst angerufene Gericht für unzuständig. [3]Anderenfalls ist das zuerst angerufene Gericht weiterhin nach den Artikeln 8 bis 14 zuständig.

(6) Die Gerichte arbeiten für die Zwecke dieses Artikels entweder direkt oder über die nach Artikel 53 bestimmten Zentralen Behörden zusammen.

A. Normzweck und Anwendungsbereich

Art. 15 Brüssel IIa-VO ermöglicht in Ausnahmefällen die Verweisung einer Kindschaftssache an das **1** Gericht eines anderen Mitgliedstaats, zu dem das Kind eine besondere Bindung hat. Dabei stellt die Verweisung eine Ausnahme dar, die nur in Betracht kommt, wenn feststeht, dass der zu beurteilende Sachverhalt ausschließlich oder doch ganz überwiegend im Bereich der Zuständigkeit des anderen Staates zu klären ist.[1] Nicht ausreichend ist, dass der umgangsberechtigte Elternteil im Ausland lebt. Denkbar ist eine Verweisung etwa in Umgangsverfahren, wenn ein Umzug innerhalb der EU geplant ist und die Modalitäten der Umgangsausübung besser in dem Staat geklärt werden sollten, in dem der Umgang letztlich auszuüben bzw. durchzusetzen ist.

---

1 So KG FamRZ 2006, 1618

2   Art. 15 Brüssel IIa-VO findet nur im Verhältnis der EU-Mitgliedstaaten untereinander Anwendung.

B. Inhalt der Norm

I. Verfahren

3   Das einzuhaltende Procedere ist in Art. 15 Brüssel IIa-VO geregelt und unterliegt folgenden Voraussetzungen:

- Das mit der Sache bereits befasste Gericht geht davon aus, dass ein Gericht eines anderen Mitgliedstaats den Fall oder einen bestimmten Teil des Falls besser beurteilen kann,
- aufgrund der besonderen Bindung des Kindes zu dem ersuchten Staat nach Maßgabe des Abs. 3,
- und die Abgabe entspricht dem Wohl des Kindes.

4   Erforderlich ist ein Antrag eines Verfahrensbeteiligten oder eines anderen Gerichts, die Abgabe kann jedoch auch von Amts wegen eingeleitet werden, wobei in den beiden letztgenannten Fällen die Zustimmung zumindest eines Beteiligten erforderlich ist (Abs. 2).

5   Dabei erfolgt keine Verweisung des Verfahrens, sondern

- die Aussetzung des Verfahrens und die Einladung an die Beteiligten, einen Antrag beim Gericht des anderen Mitgliedstaats zu stellen mit Fristsetzung (Abs. 1 a) i.V.m. Abs. 4) oder
- ein Ersuchen an das andere Gericht, sich für zuständig zu erklären (Abs. 1 b) i.V.m. Abs. 5)

6   Aus Abs. 4 und 5 folgt, dass es sich beim Verfahren nach Art. 15 Brüssel IIa-VO nicht um eine bindende Verweisung handelt, sondern vielmehr um ein Angebot an die Beteiligten, ein anderes Gericht anzurufen (Abs. 4), bzw. an das Gericht eines anderen Staates, sich für zuständig zu erklären (Abs. 5). Es erfolgt auch keine Übernahme des Verfahrens, sondern es wird ein neues Verfahren eingeleitet.

7   Sofern die Beteiligten innerhalb der ihnen zu setzenden Frist keinen Antrag bei dem benannten Gericht stellen, bzw. innerhalb von sechs Wochen das ersuchte Gericht sich nicht für zuständig erklärt hat, verbleibt es bei der Zuständigkeit des zuerst angerufenen Gerichts.

8   Die Übernahme des Verfahrens steht im Ermessen des ersuchten oder von den Beteiligten angerufenen Gerichts, das zu prüfen hat, ob die Übernahme aufgrund der besonderen Umstände des Falls dem Wohl des Kindes entspricht (Abs. 5).

II. Beschwerde

9   Gegen Entscheidungen deutscher Gerichte im Kontext mit Art. 15 Brüssel IIa-VO ist unter den Voraussetzungen des § 13a Abs. 4 bis 6 IntFamRVG die Sofortige Beschwerde eröffnet (siehe *Schweppe*, § 13a IntFamRVG Rn. 10 ff.).

Abschnitt 3
Gemeinsame Bestimmungen

Artikel 16 Brüssel IIa-VO Anrufung eines Gerichts

(1) Ein Gericht gilt als angerufen

a)   **zu dem Zeitpunkt, zu dem das verfahrenseinleitende Schriftstück oder ein gleichwertiges Schriftstück bei Gericht eingereicht wurde, vorausgesetzt, dass der Antragsteller es in der Folge nicht versäumt hat, die ihm obliegenden Maßnahmen zu treffen, um die Zustellung des Schriftstücks an den Antragsgegner zu bewirken, oder**

b)   **falls die Zustellung an den Antragsgegner vor Einreichung des Schriftstücks bei Gericht zu bewirken ist, zu dem Zeitpunkt, zu dem die für die Zustellung verantwortliche Stelle das Schriftstück erhalten hat, vorausgesetzt, dass der Antragsteller es in der Folge nicht versäumt hat, die ihm obliegenden Maßnahmen zu treffen, um das Schriftstück bei Gericht einzureichen.**

1   Die Anrufung des Gerichts im Sinne des Art. 16 Brüssel IIa-VO stimmt nicht mit dem Begriff der Rechtshängigkeit des innerstaatlichen Verfahrensrechts überein. Es genügt der Eingang des Antrags bei Gericht[1] bzw. der Eingang des Kostenvorschusses.[2]

---

1 Staudinger/*Spellenberg*, Art. 16 Brüssel IIa-VO Rn. 5
2 Thomas/Putzo/*Hüßtege*, Art. 16 Brüssel IIa-VO Rn. 3

Artikel 17 Brüssel IIa-VO Prüfung der Zuständigkeit

Das Gericht eines Mitgliedstaats hat sich von Amts wegen für unzuständig zu erklären, wenn es in einer Sache angerufen wird, für die es nach dieser Verordnung keine Zuständigkeit hat und für die das Gericht eines anderen Mitgliedstaats aufgrund dieser Verordnung zuständig ist.

Wird ein nach der Brüssel IIa-VO unzuständiges Gericht angerufen, so ist der Antrag als unzulässig **1** zurückzuweisen. Eine Verweisung bzw. Abgabe an das zuständige Gericht ist grundsätzlich – mit Ausnahme der Fallgruppen des Art. 15 Brüssel IIa-VO – nicht vorgesehen.

Das Beschwerde-/Rechtsmittelverfahren ist nach allgemeinen Regelungen durchzuführen, weder die **2** Brüssel IIa-VO noch das IntFamRVG enthalten hierfür Sonderregelungen.

Artikel 18 Brüssel IIa-VO Prüfung der Zulässigkeit

(1) Lässt sich ein Antragsgegner, der seinen gewöhnlichen Aufenthalt nicht in dem Mitgliedstaat hat, in dem das Verfahren eingeleitet wurde, auf das Verfahren nicht ein, so hat das zuständige Gericht das Verfahren so lange auszusetzen, bis festgestellt ist, dass es dem Antragsgegner möglich war, das verfahrenseinleitende Schriftstück oder ein gleichwertiges Schriftstück so rechtzeitig zu empfangen, dass er sich verteidigen konnte, oder dass alle hierzu erforderlichen Maßnahmen getroffen wurden.

(2) Artikel 19 der Verordnung (EG) Nr. 1348/2000 findet statt Absatz 1 Anwendung, wenn das verfahrenseinleitende Schriftstück oder ein gleichwertiges Schriftstück nach Maßgabe jener Verordnung von einem Mitgliedstaat in einen anderen zu übermitteln war.

(3) Sind die Bestimmungen der Verordnung (EG) Nr. 1348/2000 nicht anwendbar, so gilt Artikel 15 des Haager Übereinkommens vom 15. November 1965 über die Zustellung gerichtlicher und außergerichtlicher Schriftstücke im Ausland in Zivil- und Handelssachen, wenn das verfahrenseinleitende Schriftstück oder ein gleichwertiges Schriftstück nach Maßgabe des genannten Übereinkommens ins Ausland zu übermitteln war.

Von einer Kommentierung wird abgesehen.

Artikel 19 Brüssel IIa-VO Rechtshängigkeit und abhängige Verfahren

(1) Werden bei Gerichten verschiedener Mitgliedstaaten Anträge auf Ehescheidung, Trennung ohne Auflösung des Ehebandes oder Ungültigerklärung einer Ehe zwischen denselben Parteien gestellt, so setzt das später angerufene Gericht das Verfahren von Amts wegen aus, bis die Zuständigkeit des zuerst angerufenen Gerichts geklärt ist.

(2) Werden bei Gerichten verschiedener Mitgliedstaaten Verfahren bezüglich der elterlichen Verantwortung für ein Kind wegen desselben Anspruchs anhängig gemacht, so setzt das später angerufene Gericht das Verfahren von Amts wegen aus, bis die Zuständigkeit des zuerst angerufenen Gerichts geklärt ist.

(3) ¹Sobald die Zuständigkeit des zuerst angerufenen Gerichts feststeht, erklärt sich das später angerufene Gericht zugunsten dieses Gerichts für unzuständig. ²In diesem Fall kann der Antragsteller, der den Antrag bei dem später angerufenen Gericht gestellt hat, diesen Antrag dem zuerst angerufenen Gericht vorlegen.

Übersicht

A. Normzweck und Anwendungsbereich

Art. 19 Brüssel IIa-VO regelt das procedere im Fall doppelter Rechtshängigkeit bzw. Anhängigkeit von **1** Verfahren nach dem Prioritätsgrundsatz (so auch Art. 13 KSÜ), wobei nicht die Rechtshängigkeit, sondern die Anrufung des Gerichts im Sinne des Art. 16 Brüssel IIa-VO maßgeblich ist.[1]

---

[1] Staudinger/*Spellenberg*, Art. 19 Brüssel IIa-VO Rn. 26

2 Art. 19 Brüssel IIa-VO ist in seiner Anwendung auf die doppelte Anhängigkeit in zwei EU-Mitgliedstaaten begrenzt; sofern ein Verfahren mit identischem Verfahrensgegenstand in einem Drittstaat anhängig ist, findet Art. 19 Brüssel IIa-VO keine Anwendung, vielmehr entscheidet jeder Mitgliedstaat in dieser Konstellation auf Grundlage eigenen Rechts.[2]

3 Weiter findet Art. 19 Brüssel IIa-VO keine Anwendung, wenn für das zuerst angerufene Gericht nur eine Zuständigkeit zum vorläufigen Rechtsschutz nach Art. 20 Brüssel IIa-VO besteht und das später angerufene Gericht nach der Brüssel IIa-VO für die Entscheidung in der Hauptsache zuständig ist, da hier das Verfahren vor dem auch für die Regelung der Hauptsache zuständigen Staat Vorrang hat (siehe hierzu *Schweppe*, Art. 20 Abs. 2 Brüssel IIa-VO Rn. 3 ff.).[3] In Zweifelsfällen sind die entsprechenden Voraussetzungen durch Anfragen beim zuerst angerufenen Gericht bzw. der dortigen Zentralen Behörde zu klären.[4]

B. Inhalt der Norm

4 Gemäß Art. 19 Abs. 2 Brüssel IIa-VO hat das zuletzt angerufene Gericht das Verfahren auszusetzen, bis die Zuständigkeit des zuerst angerufenen Gerichts geklärt ist, soweit bei Gerichten verschiedener Mitgliedstaaten parallel Verfahren betreffend die elterliche Verantwortung wegen desselben Anspruchs anhängig sind. Dabei müssen die Anträge nicht identisch sein, insbesondere können auch wechselseitige Anträge oder amtswegige Verfahren denselben Gegenstand betreffen; maßgeblich ist das Regelungsziel, miteinander unvereinbare Entscheidungen zu verhindern.[5]

5 Für den Fall der Feststellung der Unzuständigkeit ist eine Verweisung an das zuständige Gericht nicht vorgesehen, vielmehr steht es dem Antragsteller frei, seinen Antrag dem zuständigen Gericht vorzulegen, Art. 19 Abs. 3 Satz 2 Brüssel IIa-VO.

Artikel 20 Brüssel IIa-VO Einstweilige Maßnahmen einschließlich Schutzmaßnahmen

(1) Die Gerichte eines Mitgliedstaats können in dringenden Fällen ungeachtet der Bestimmungen dieser Verordnung die nach dem Recht dieses Mitgliedstaats vorgesehenen einstweiligen Maßnahmen einschließlich Schutzmaßnahmen in Bezug auf in diesem Staat befindliche Personen oder Vermögensgegenstände auch dann anordnen, wenn für die Entscheidung in der Hauptsache gemäß dieser Verordnung ein Gericht eines anderen Mitgliedstaats zuständig ist.

(2) Die zur Durchführung des Absatzes 1 ergriffenen Maßnahmen treten außer Kraft, wenn das Gericht des Mitgliedstaats, das gemäß dieser Verordnung für die Entscheidung in der Hauptsache zuständig ist, die Maßnahmen getroffen hat, die es für angemessen hält.

Übersicht

A. Normzweck und Anwendungsbereich

1 Art. 20 Brüssel IIa-VO enthält eine eng auszulegende und in der Wirkung begrenzte Möglichkeit eines in der Hauptsache nicht zuständigen Mitgliedstaats, in dringenden Fällen einstweilige Maßnahmen nur vorübergehender Art betreffend sich in diesem Staat aufhaltender Personen anzuordnen.

Der Anwendungsbereich des Art. 20 Brüssel IIa-VO ist beschränkt auf Kinder, die ihren gewöhnlichen Aufenthalt in einem EU-Mitgliedstaat haben.[1]

---

2 MüKo-BGB/*Siehr* Art. 19 EuEheVO Rn. 1
3 EuGH FamRZ 2011, 534, 536 „Purrucker"
4 Zur entsprechenden Vorgehensweise vgl. EuGH FamRZ 2011, 534, 536, sowie *Andrae*, § 6 Rn. 97 f.
5 EuGH FamRZ 2011, 534, 535
1 Vgl. *Andrae*, § 6 Rn. 87; MüKo-BGB/*Siehr* Art. 20 EuEheVO Rn. 3

B. Inhalt der Norm

Eine Zuständigkeit für den Erlass einstweiliger Maßnahmen besteht unter folgenden **Voraussetzungen:**   2

- Die betreffende Maßnahme muss dringend sein.
- Die betreffende Person – also das Kind – muss sich in diesem Staat aufhalten.
  und
- Die Maßnahme muss vorübergehender Art sein.[2]

Art. 20 Abs. 2 Brüssel IIa-VO verdeutlicht den **Vorrang der Zuständigkeit des für das Hauptsache-**   3
verfahren zuständigen Gerichts.

Ein entsprechender Vorrang wirkt auch für die Frage der Anerkennung und Vollstreckung von Entscheidungen.

Eine auf die Dringlichkeitszuständigkeit des Art. 20 Brüssel IIa-VO gestützte Entscheidung ist in ihrer   4
Wirkung auf den Staat, in dem sie erlassen wurde, beschränkt. Für Ihre Anerkennung und Vollstreckung greifen die Sonderregelungen der Art. 21 ff. Brüssel IIa-VO nicht, sie erfolgt nur auf Grundlage der Brüssel IIa-VO gegenüber nachrangigen Übereinkommen oder nationalen Rechts.[3]

Die im Staat des gewöhnlichen Aufenthalts ergangene und auf Art. 8 ff. gestützte einstweilige Anord-   5
nung ist dagegen allen Staaten beachtlich und hat Vorrang vor einer auf Art. 20 Brüssel IIa-VO gestützten Entscheidung.[4]

Gerichte sind daran gehindert, einstweilige Maßnahmen in Sachen der elterlichen Verantwortung be-   6
züglich eines in diesem Mitgliedstaat befindlichen Kindes zu Gunsten eines Elternteils zu treffen, wenn bereits durch ein für das Hauptsacheverfahren zuständiges Gericht eines anderen Mitgliedstaates eine vollstreckbare Entscheidung ergangen ist, mit welcher die elterliche Verantwortung vorläufig auf den anderen Elternteil übertragen wurde.[5]

Kapitel III
Anerkennung und Vollstreckung

Abschnitt 1
Anerkennung

Artikel 21 Brüssel IIa-VO Anerkennung einer Entscheidung

(1) Die in einem Mitgliedstaat ergangenen Entscheidungen werden in den anderen Mitgliedstaaten anerkannt, ohne dass es hierfür eines besonderen Verfahrens bedarf.

(2) Unbeschadet des Absatzes 3 bedarf es insbesondere keines besonderen Verfahrens für die Beschreibung in den Personenstandsbüchern eines Mitgliedstaats auf der Grundlage einer in einem anderen Mitgliedstaat ergangenen Entscheidung über Ehescheidung, Trennung ohne Auflösung des Ehebandes oder Ungültigerklärung einer Ehe, gegen die nach dem Recht dieses Mitgliedstaats keine weiteren Rechtsbehelfe eingelegt werden können.

(3) [1]Unbeschadet des Abschnitts 4 kann jede Partei, die ein Interesse hat, gemäß den Verfahren des Abschnitts 2 eine Entscheidung über die Anerkennung oder Nichtanerkennung der Entscheidung beantragen. [2]Das örtlich zuständige Gericht, das in der Liste aufgeführt ist, die jeder Mitgliedstaat der Kommission gemäß Artikel 68 mitteilt, wird durch das nationale Recht des Mitgliedstaats bestimmt, in dem der Antrag auf Anerkennung oder Nichtanerkennung gestellt wird.

(4) Ist in einem Rechtsstreit vor einem Gericht eines Mitgliedstaats die Frage der Anerkennung einer Entscheidung als Vorfrage zu klären, so kann dieses Gericht hierüber befinden.

---

2 EuGH FamRZ 2010, 1521, 1523 „Purrucker"; EuGH FamRZ 2010, 525 „Deticek" vgl. hierzu *Martiny*, FPR 2010, 497 ff.
3 EuGH FamRZ 2010, 1521, 1523 f.; OLG München FamRZ 2015, 777
4 OLG Stuttgart FamRZ 2014, 1567, 1568, bestätigt durch BGH NJW 2015, 1603; EuGH FamRZ 2010, 525; EuGH FamRZ 2010, 1229 „Povse"
5 EuGH FamRZ 2010, 525

A. Normzweck und Anwendungsbereich

1 Ziel der Regelungen in Kapitel III der Brüssel IIa-VO ist die Vereinfachung der grenzüberschreitenden Anerkennung und Durchsetzbarkeit von Entscheidungen beruhend auf dem Grundsatz des gegenseitigen Vertrauens. Dies beinhaltet, die Gründe für die Nichtanerkennung auf das notwendige Minimum zu beschränken.[1]

2 Die Vorschriften zur Anerkennung und Vollstreckung der Brüssel IIa-VO finden räumlich nur zwischen den EU-Mitgliedstaaten Anwendung, wie sich aus Art. 21 Abs. 1 Brüssel IIa-VO ergibt.

3 Weiter ist inhaltlich für die Anwendung der Art. 21 ff. Brüssel IIa-VO danach zu differenzieren, ob Maßnahmen im Rahmen der Eilzuständigkeit nach Art. 20 Brüssel IIa-VO oder auf Grundlage einer Zuständigkeit nach Art. 8 ff. Brüssel IIa-VO ergangen sind.

4 Für die Anerkennung und Vollstreckung einstweiliger Anordnungen gilt, dass Art. 21 ff. Brüssel IIa-VO keine Anwendung finden, wenn ein Gericht eine einstweilige Anordnung allein auf Grundlage von Art. 20 Brüssel IIa-VO erlässt.[2] Eine solche Entscheidung entfaltet nur im Inland Wirkung.

5 Die Anerkennung von Eilmaßnahmen fällt dagegen unter Art. 21 ff. Brüssel IIa-VO, wenn das Gericht auch für das Hauptsacheverfahren nach der Brüssel IIa-VO international zuständig ist. Dabei ist für die Klärung der Frage, ob die einstweilige Anordnung nach Art. 21 ff. Brüssel IIa-VO anerkannt und vollstreckt werden kann, nicht maßgeblich, ob die internationale Zuständigkeit für die Hauptsache nach der Brüssel IIa-VO tatsächlich bestanden hat, sondern ob das Gericht seine Zuständigkeit auf Art. 8 ff. Brüssel IIa-VO gestützt hat.[3] Anhaltspunkt hierfür ist etwa, wenn das Gericht bei Erlass der einstweiligen Anordnung von dem gewöhnlichen Aufenthalt des Kindes in diesem Staat ausgegangen ist und die Beteiligten weitere Verfahren betreffend das Sorge- und Umgangsrecht in diesem Staat führen bzw. geführt haben.[4] Ist dies der Fall, so ist die Entscheidung selbst dann nach Maßgabe der Art. 21 ff. Brüssel IIa-VO anzuerkennen, wenn das Gericht die Zuständigkeit für die Hauptsache zu Unrecht bejaht hat, da eine Überprüfung der Zuständigkeit im Anerkennungsverfahren nicht gestattet ist (Art. 24 Brüssel IIa-VO).[5]

B. Inhalt der Norm

I. Grundsatz der Anerkennung

6 Nach Art. 21 Abs. 1 Brüssel IIa-VO sind in einem EU-Staat ergangene Entscheidungen in den anderen Mitgliedstaaten grundsätzlich kraft Gesetzes ohne besonderes Anerkennungsverfahren anzuerkennen.

II. Fakultatives Anerkennungsverfahren

7 Zur deklaratorischen Klarstellung der Anerkennung bzw. Nichtanerkennung einer Entscheidung bietet Art. 21 Abs. 3 Brüssel IIa-VO ein Feststellungsverfahren

- für in einem Mitgliedstaat der EU nach dem 1.3.2005 ergangene Entscheidungen

- auf Antrag eines Beteiligten

---

1 EuGH FamRZ 2015, 107, 111, unter Verweisung auf Ziffer 21 der Erwägungsgründe zur Brüssel IIa-VO
2 EuGH FamRZ 2010, 1521, 1523 f. „Purrucker"
3 OLG Stuttgart FamRZ 2014, 1567, 1568, unter Verweisung auf EuGH FamRZ 2010, 1521, und BGH FamRZ 2011, 542
4 Vgl. die entsprechenden Erwägungen in der Entscheidung des OLG Stuttgart FamRZ 2014, 1567, 1568 f.
5 BGH FamRZ 2011, 542, 544

Schweppe

- unter Vorlage
  - einer Ausfertigung der anzuerkennenden Entscheidung, die die für ihre Beweiskraft erforderlichen Voraussetzungen erfüllt (Art. 37 Brüssel IIa-VO) und
  - einer Bescheinigung nach Art. 39 Brüssel IIa-VO unter Verwendung des Formblatts in Anhang II zur Brüssel IIa-VO.

Regelungen für die Durchführung des Anerkennungsverfahrens für ausländische Sorge- und Umgangsentscheidungen in Deutschland enthalten § 32 i.V.m. §§ 16 ff. IntFamRVG, wobei auf die Ausführungen in der Kommentierung zum IntFamRVG zu verweisen ist. Eine Zuständigkeit für die Anerkennung nach Art. 21 Brüssel IIa-VO besteht auch dann, wenn das für die Anerkennung der Entscheidung angerufene Gericht daran gehindert ist, selbst eine Sorgerechtsentscheidung zu treffen.[6]   **8**

Gegen Entscheidungen über die Anerkennung ausländischer Entscheidungen ist in der Brüssel IIa-VO kein Rechtsmittel vorgesehen (anders als für das Verfahren auf Vollstreckbarerklärung, Art. 33 Brüssel IIa-VO). Über die Umsetzung in § 32 IntFamRVG unterliegt jedoch in Deutschland durch die Verweisung auf die Regelungen zur Vollstreckbarerklärung auch die (Nicht-)Anerkennung ausländischer Entscheidungen der Beschwerde bzw. Rechtsbeschwerde.   **9**

III. Inzidententscheidung/Vorfrage

Art. 21 Abs. 4 Brüssel IIa-VO stellt klar, dass jedes angerufene Gericht Vorfragen, die für die Entscheidung maßgeblich sind, inzident prüft. Bei Bedarf, etwa auf entsprechenden Antrag, kann darüber eine Zwischenentscheidung ergehen.[7]   **10**

Im Übrigen ist im Rahmen von Sorge- und Umgangsverfahren stets von Amts wegen zu klären, ob Entscheidungen (ausländischer) Gerichte vorliegen und deren Anerkennung inzident zu prüfen.   **11**

Artikel 22 Brüssel IIa-VO
Von Abdruck und Kommentierung wird abgesehen.

Artikel 23 Brüssel IIa-VO Gründe für die Nichtanerkennung einer Entscheidung über die elterliche Verantwortung

Eine Entscheidung über die elterliche Verantwortung wird nicht anerkannt,

a) **wenn die Anerkennung der öffentlichen Ordnung des Mitgliedstaats, in dem sie beantragt wird, offensichtlich widerspricht, wobei das Wohl des Kindes zu berücksichtigen ist;**

b) **wenn die Entscheidung – ausgenommen in dringenden Fällen – ergangen ist, ohne dass das Kind die Möglichkeit hatte, gehört zu werden, und damit wesentliche verfahrensrechtliche Grundsätze des Mitgliedstaats, in dem die Anerkennung beantragt wird, verletzt werden;**

c) **wenn der betreffenden Person, die sich auf das Verfahren nicht eingelassen hat, das verfahrenseinleitende Schriftstück oder ein gleichwertiges Schriftstück nicht so rechtzeitig und in einer Weise zugestellt wurde, dass sie sich verteidigen konnte, es sei denn, es wird festgestellt, dass sie mit der Entscheidung eindeutig einverstanden ist;**

d) **wenn eine Person dies mit der Begründung beantragt, dass die Entscheidung in ihre elterliche Verantwortung eingreift, falls die Entscheidung ergangen ist, ohne dass diese Person die Möglichkeit hatte, gehört zu werden;**

e) **wenn die Entscheidung mit einer späteren Entscheidung über die elterliche Verantwortung unvereinbar ist, die in dem Mitgliedstaat, in dem die Anerkennung beantragt wird, ergangen ist;**

f) **wenn die Entscheidung mit einer späteren Entscheidung über die elterliche Verantwortung unvereinbar ist, die in einem anderen Mitgliedstaat oder in dem Drittstaat, in dem das Kind seinen gewöhnlichen Aufenthalt hat, ergangen ist, sofern die spätere Entscheidung die notwendigen Voraus-**

---

6 BGH FamRZ 2011, 959, 960
7 MüKo-FamFG/*Gottwald*, EWG VO 2201/2203 Rn. 15

setzungen für ihre Anerkennung in dem Mitgliedstaat erfüllt, in dem die Anerkennung beantragt wird; oder

g) **wenn das Verfahren des Artikels 56 nicht eingehalten wurde.**

A. Versagungsgründe

1 Art. 23 Brüssel IIa-VO regelt abschließend die von Amts wegen[1] zu prüfenden Gründe für die Nichtanerkennung von Entscheidungen zur elterlichen Verantwortung.

2 Versagungsgründe sind neben dem ordre public-Vorbehalt (Art. 23 Abs. 2 a) Brüssel IIa-VO) die Versagung der Anerkennung wegen der Verletzung verfahrensrechtlicher Grundsätze, darunter insbesondere die fehlende Möglichkeit der Kindesanhörung (Art. 23 Abs. 2 b) Brüssel IIa-VO) sowie fehlende Beteiligungsmöglichkeit des Antragsgegners (Art. 23 Abs. 2 c) Brüssel IIa-VO) oder von (Mit-)Sorgeberechtigten (Art. 23 Abs. 2 d) Brüssel IIa-VO) im Ausgangsverfahren. Weiter steht der Anerkennung entgegen die Unvereinbarkeit der anzuerkennenden Entscheidung mit einer späteren Sorge- bzw. Umgangsentscheidung, die im Anerkennungsstaat (Art. 23 Abs. 2 e) Brüssel IIa-VO) oder in einem anderen Staat ergangen ist (Art. 23 Abs. 2 f) Brüssel IIa-VO).

3 Dabei ist eine inhaltliche Überprüfung der anzuerkennenden Entscheidung untersagt, Art. 26 Brüssel IIa-VO; auch darf die Zuständigkeit des Gerichts, das die Entscheidung erlassen hat, nicht überprüft werden, Art. 24 Satz 1 Brüssel IIa-VO.

I. Verstoß gegen ordre public

4 Zu versagen ist die Anerkennung, wenn sie der öffentlichen Ordnung (*ordre public*) des Mitgliedstaats, in dem sie beantragt wird, offensichtlich widerspricht, wobei das Wohl des Kindes zu berücksichtigen ist (Art. 23 Abs. 2 a) Brüssel IIa-VO). Vgl. zum kollisionsrechtlichen *ordre public*-Vorbehalt allgemein Art. 6 EGBGB (siehe *Schweppe*, Art. 6 EGBGB Rn. 2 ff.) sowie zum anerkennungsrechtlichen *ordre public*-Vorbehalt § 109 FamFG Rn. 14 f.

5 Art. 24 Satz 2 Brüssel IIa-VO verbietet dabei ausdrücklich die Überprüfung der die Zuständigkeit begründenden Vorschriften der Art. 3 bis 14 Brüssel IIa-VO.

II. Mangelnde Beteiligung des Antragsgegners

6 Die Versagung wegen der nicht rechtzeitigen Zustellung an den Antragsgegner im Ausgangsverfahren (Art. 23 Abs. 2 c) Brüssel IIa-VO) entfällt mit dessen Einlassung im Verfahren sowie mit der Feststellung, dass der Antragsgegner mit der Entscheidung einverstanden ist.

III. Fehlende Möglichkeit der Kindesanhörung

7 Angesichts der unterschiedlichen Ausgestaltung der Beteiligung von Kindern in familiengerichtlichen Verfahren weltweit, aber auch innerhalb der Mitgliedstaaten der EU, ist die Versagung der Anerkennung wegen der fehlenden Anhörung des Kindes in der Praxis von besonderer Relevanz. Nach dem Wortlaut von Art. 23 lit b) Brüssel IIa-VO sind Maßstab für die Anhörung „wesentliche verfahrensrechtliche Grundsätze des Mitgliedstaats, in dem die Anerkennung beantragt wird". Danach wäre im Falle der Anerkennung ausländischer Entscheidungen durch deutsche Gerichte zu prüfen, ob eine dem deutschen Verfahrensrecht des § 159 FamFG entsprechende richterliche Kindesanhörung durchgeführt wurde.[2]

8 Diese Auslegung würde in einer Vielzahl von Verfahren zur Versagung der Anerkennung führen, da in vielen Rechtsordnungen die persönliche Anhörung von Kindern durch das Gericht nicht oder erst

---

1 Vgl. *Völker/Clausius*, § 11 Rn. 72; zur Prüfung der Versagungsgründe vgl. etwa OLG Stuttgart FamRZ 2014, 1567, 1569 f.

2 So etwa OLG München FamRZ 2015, 602, 603; *Thomas/Putzo/Hüßtege*, Art. 23 EuEheVO Rn. 2; *Völker/Clausius*, § 11 Rn. 73; *Völker/Steinfatt*, FPR 2005, 415

ab einer bestimmten Altersgrenze zwingend vorgesehen ist, und erscheint daher nicht mit den Zielen der Brüssel IIa-VO vereinbar. Nach Erwägungsgrund 19 zur Brüssel IIa-VO spielt die persönliche Anhörung des Kindes bei der Anwendung dieser Verordnung eine wichtige Rolle, wobei die Verordnung jedoch nicht zum Ziel hat, die diesbezüglich geltenden nationalen Verfahren zu ändern. Hieraus ist zu entnehmen, dass die Brüssel IIa-VO eine persönliche Anhörung nicht fordert, wo diese nach innerstaatlichem Recht nicht vorgesehen ist. Maßgeblich ist vielmehr, dass die Beteiligung des Kindes im Einklang mit dem anzuwendenden Recht, d.h. den Verfahrensvorschriften des Erlassstaates erfolgte, da insoweit nationales Recht Anwendung findet und die Brüssel IIa-VO keine Vereinheitlichung dieser Vorschriften enthält.[3] Insofern „ist nicht erforderlich, die Anhörung des Kindes während der Gerichtsverhandlung durchzuführen; sie kann im Vorfeld der Verhandlung von einer nach nationalem Recht zuständigen Stelle durchgeführt werden ... beispielsweise ... in Anwesenheit eines Sozialarbeiters, der dem Gericht einen Bericht vorlegt, in dem die Wünsche und Gefühle des Kindes aufgeführt sind."[4]

B. Praxishinweise

Für die Praxis ergibt sich hieraus Folgendes: 9

- Maßstab für die Kindesanhörung ist die verfahrensrechtliche Verpflichtung, die Kindesinteressen festzustellen und in das Verfahren einzubringen.

- Zu versagen ist die Anerkennung jedenfalls dann, wenn das betroffene Kind keine Möglichkeit zur Beteiligung am Ausgangsverfahren erhielt.[5] Dabei genügt eine Ladung zum Anhörungstermin über den Elternteil, in dessen Obhut sich das Kind (in einem anderen Staat) befindet, nicht; ggf. kommt eine Anhörung im Wege der Rechtshilfe in Betracht.[6]

- Zugleich können die Beteiligten in dem Sorgerechtsverfahren, das der anzuerkennenden Entscheidung vorausgeht, auf die Durchführung einer richterlichen (persönlichen) Kindesanhörung hinwirken, wenn absehbar ist, dass die Anerkennung durch die deutsche Gerichtsbarkeit in Frage steht.[7]

Artikel 24 Brüssel IIa-VO Verbot der Nachprüfung der Zuständigkeit des Gerichts des Ursprungsmitgliedstaats

[1]**Die Zuständigkeit des Gerichts des Ursprungsmitgliedstaats darf nicht überprüft werden.** [2]**Die Überprüfung der Vereinbarkeit mit der öffentlichen Ordnung gemäß Artikel 22 Buchstabe a) und Artikel 23 Buchstabe a) darf sich nicht auf die Zuständigkeitsvorschriften der Artikel 3 bis 14 erstrecken.**

Die Norm verbietet es, im Rahmen der Anerkennung und Vollstreckung ausländischer Entscheidungen 1
die internationale Zuständigkeit des Ausgangsgerichts zu überprüfen. Auch im Rahmen der Prüfung des ordre public-Vorbehalts darf die Anerkennung nicht mit der Begründung der fehlenden Einhaltung der Zuständigkeitsregelungen versagt werden, wie sich aus der Bezugnahme auf Art. 23 a) in Art. 24 Satz 2 Brüssel IIa-VO ergibt.

Die fehlende Zuständigkeit eines Gerichts kann damit nur im Ausgangsverfahren mit den nach natio- 2
nalem Recht bestehenden Rechtmitteln gerügt und angegriffen werden.[1]

---

3 MüKo-FamFG/*Gottwald*, EWG VO 2201/2203 Art. 23 Rn. 3
4 Praxisleitfaden zur Anwendung der Brüssel IIa-Verordnung, 2014, 78
5 Vgl. OLG Frankfurt, Beschl. v. 16.1.2006 – 1 UF 40/04, juris; Schleswig-Holsteinisches OLG FamRZ 2008, 1761
6 OLG Schleswig FamRZ 2008, 1761, 1762
7 So die Empfehlung von *Völker/Clausius*, § 11 Rn. 73
1 MüKo-FamFG/*Gottwald*, EWG VO 2201/2203 Art. 24 Rn. 3

Artikel 25 Brüssel IIa-VO Unterschiede beim anzuwendenden Recht

Die Anerkennung einer Entscheidung darf nicht deshalb abgelehnt werden, weil eine Ehescheidung, Trennung ohne Auflösung des Ehebandes oder Ungültigerklärung einer Ehe nach dem Recht des Mitgliedstaats, in dem die Anerkennung beantragt wird, unter Zugrundelegung desselben Sachverhalts nicht zulässig wäre.

Von einer Kommentierung wird abgesehen.

Artikel 26 Brüssel IIa-VO Ausschluss einer Nachprüfung in der Sache

Die Entscheidung darf keinesfalls in der Sache selbst nachgeprüft werden.

Die Vorschrift enthält das allgemeine internationalverfahrensrechtliche Verbot der „révision au fond", das eine inhaltliche Überprüfung der anzuerkennenden Entscheidung untersagt.

Artikel 27 Brüssel IIa-VO Aussetzung des Verfahrens

(1) Das Gericht eines Mitgliedstaats, vor dem die Anerkennung einer in einem anderen Mitgliedstaat ergangenen Entscheidung beantragt wird, kann das Verfahren aussetzen, wenn gegen die Entscheidung ein ordentlicher Rechtsbehelf eingelegt wurde.

(2) Das Gericht eines Mitgliedstaats, bei dem die Anerkennung einer in Irland oder im Vereinigten Königreich ergangenen Entscheidung beantragt wird, kann das Verfahren aussetzen, wenn die Vollstreckung der Entscheidung im Ursprungsmitgliedstaat wegen der Einlegung eines Rechtsbehelfs einstweilen eingestellt ist.

Die Regelung ermöglicht die Aussetzung des Anerkennungsverfahrens, sofern die anzuerkennende Entscheidung im Ursprungsstaat angefochten, mithin noch nicht bestandskräftig ist. Die Aussetzung steht im Ermessen des Gerichts, bei dem die Anerkennung beantragt wird.

Abschnitt 2
Antrag auf Vollstreckbarerklärung

Artikel 28 Brüssel IIa-VO Vollstreckbare Entscheidungen

(1) Die in einem Mitgliedstaat ergangenen Entscheidungen über die elterliche Verantwortung für ein Kind, die in diesem Mitgliedstaat vollstreckbar sind und die zugestellt worden sind, werden in einem anderen Mitgliedstaat vollstreckt, wenn sie dort auf Antrag einer berechtigten Partei für vollstreckbar erklärt wurden.

(2) Im Vereinigten Königreich wird eine derartige Entscheidung jedoch in England und Wales, in Schottland oder in Nordirland erst vollstreckt, wenn sie auf Antrag einer berechtigten Partei zur Vollstreckung in dem betreffenden Teil des Vereinigten Königreichs registriert worden ist.

Artikel 29 Brüssel IIa-VO Örtlich zuständiges Gericht

(1) Ein Antrag auf Vollstreckbarerklärung ist bei dem Gericht zu stellen, das in der Liste aufgeführt ist, die jeder Mitgliedstaat der Kommission gemäß Artikel 68 mitteilt.

(2) [1]Das örtlich zuständige Gericht wird durch den gewöhnlichen Aufenthalt der Person, gegen die die Vollstreckung erwirkt werden soll, oder durch den gewöhnlichen Aufenthalt eines Kindes, auf das sich der Antrag bezieht, bestimmt. [2]Befindet sich keiner der in Unterabsatz 1 angegebenen Orte im Vollstreckungsmitgliedstaat, so wird das örtlich zuständige Gericht durch den Ort der Vollstreckung bestimmt.

Artikel 30 Brüssel IIa-VO Verfahren

(1) Für die Stellung des Antrags ist das Recht des Vollstreckungsmitgliedstaats maßgebend.

(2) ¹Der Antragsteller hat für die Zustellung im Bezirk des angerufenen Gerichts ein Wahldomizil zu begründen. ²Ist das Wahldomizil im Recht des Vollstreckungsmitgliedstaats nicht vorgesehen, so hat der Antragsteller einen Zustellungsbevollmächtigten zu benennen.

(3) Dem Antrag sind die in den Artikeln 37 und 39 aufgeführten Urkunden beizufügen.

Art. 28 ff. Brüssel IIa-VO regeln das Verfahren zur Vollstreckbarerklärung, dessen Anforderungen zunächst dem zur Anerkennung der Entscheidung nach Art. 21 ff. Brüssel IIa-VO entsprechen: **1**

- Es ist ein Antrag beim nach dem Recht des Vollstreckungsmitgliedstaats zuständigen Gericht zu stellen (Art. 29 Brüssel IIa-VO),
- dem Antrag sind die sich aus Art. 37 und Art. 39 Brüssel IIa-VO ergebenden Unterlagen beizufügen, Art. 30 Abs. 1 bzw. Abs. 3 Brüssel IIa-VO.

Zuständigkeit und Verfahren zur Vollstreckbarerklärung sind in §§ 16 ff. IntFamRVG im „Verfahren zur Erteilung der Vollstreckungsklausel" geregelt.   **2**

▶ *Siehe hierzu die Kommentierung zu den einschlägigen Vorschriften des IntFamRVG, nachfolgend Kapitel 5.*

Artikel 31 Brüssel IIa-VO Entscheidung des Gerichts

(1) Das mit dem Antrag befasste Gericht erlässt seine Entscheidung ohne Verzug und ohne dass die Person, gegen die die Vollstreckung erwirkt werden soll, noch das Kind in diesem Abschnitt des Verfahrens Gelegenheit erhalten, eine Erklärung abzugeben.

(2) Der Antrag darf nur aus einem der in den Artikeln 22, 23 und 24 aufgeführten Gründe abgelehnt werden.

(3) Die Entscheidung darf keinesfalls in der Sache selbst nachgeprüft werden.

Art. 31 Brüssel IIa-VO regelt nicht die eigentliche Entscheidung des Gerichts, sondern Verfahrensgrundsätze und Prüfungsmaßstab für die Versagung der Anerkennung.   **1**

Eine **Beteiligung des Antragsgegners** oder des Kindes im Vollstreckungsverfahren ist **nicht vorgesehen**, Art. 31 Abs. 1 Brüssel IIa-VO; diese Regelung findet ihre Umsetzung in § 18 IntFamRVG.   **2**

Ein Antrag auf Erteilung der Vollstreckungsklausel darf nur aus den Gründen ablehnend beschieden werden, aus denen auch die Anerkennung einer Entscheidung versagt werden darf (Art. 31 Abs. 2 i.V.m. Art. 22, 23, 24 Brüssel IIa-VO).   **3**

Art. 31 Abs. 3 Brüssel IIa-VO enthält ein **Verbot der révision au fond**, d.h. der inhaltlichen Überprüfung der Entscheidung.   **4**

Artikel 32 Brüssel IIa-VO Mitteilung der Entscheidung

Die über den Antrag ergangene Entscheidung wird dem Antragsteller vom Urkundsbeamten der Geschäftsstelle unverzüglich in der Form mitgeteilt, die das Recht des Vollstreckungsmitgliedstaats vorsieht.

Von einer Kommentierung wird abgesehen.

Artikel 33 Brüssel IIa-VO Rechtsbehelf

(1) Gegen die Entscheidung über den Antrag auf Vollstreckbarerklärung kann jede Partei einen Rechtsbehelf einlegen.

(2) Der Rechtsbehelf wird bei dem Gericht eingelegt, das in der Liste aufgeführt ist, die jeder Mitgliedstaat der Kommission gemäß Artikel 68 mitteilt.

(3) Über den Rechtsbehelf wird nach den Vorschriften entschieden, die für Verfahren mit beiderseitigem rechtlichen Gehör maßgebend sind.

(4) ¹Wird der Rechtsbehelf von der Person eingelegt, die den Antrag auf Vollstreckbarerklärung gestellt hat, so wird die Partei, gegen die die Vollstreckung erwirkt werden soll, aufgefordert, sich auf das Verfahren einzulassen, das bei dem mit dem Rechtsbehelf befassten Gericht anhängig ist. ²Lässt sich die betreffende Person auf das Verfahren nicht ein, so gelten die Bestimmungen des Artikels 18.

(5) ¹Der Rechtsbehelf gegen die Vollstreckbarerklärung ist innerhalb eines Monats nach ihrer Zustellung einzulegen. ²Hat die Partei, gegen die die Vollstreckung erwirkt werden soll, ihren gewöhnlichen Aufenthalt in einem anderen Mitgliedstaat als dem, in dem die Vollstreckbarerklärung erteilt worden ist, so beträgt die Frist für den Rechtsbehelf zwei Monate und beginnt mit dem Tag, an dem die Vollstreckbarerklärung ihr entweder persönlich oder in ihrer Wohnung zugestellt worden ist. ³Eine Verlängerung dieser Frist wegen weiter Entfernung ist ausgeschlossen.

1 Aus Art. 33 Brüssel IIa-VO folgt, dass gegen Entscheidungen über die Erteilung der Vollstreckbarerklärung bzw. gegen deren Ablehnung ein Rechtsbehelf eröffnet sein muss. Einzelheiten sind der Umsetzung in nationales Recht vorbehalten, das entsprechende Verfahren ist für Deutschland in §§ 24 ff. IntFamRVG in Form der Beschwerde zum Oberlandesgericht geregelt.

2 Die Fristen für die Einlegung der Beschwerde durch den Antragsgegner gegen die Erteilung der Vollstreckbarerklärung sind durch Art. 33 Abs. 5 Brüssel IIa-VO vorgegeben und wurden in § 24 Abs. 3 IntFamRVG übernommen.

3 Aus Art. 33 Brüssel IIa-VO und § 24 Abs. 3 IntFamRVG ergibt sich auch, dass die Beschwerde des Antragstellers bei Zurückweisung des Antrags auf Vollstreckbarerklärung nicht fristgebunden ist.[1]

Artikel 34 Brüssel IIa-VO Für den Rechtsbehelf zuständiges Gericht und Anfechtung der Entscheidung über den Rechtsbehelf

Die Entscheidung, die über den Rechtsbehelf ergangen ist, kann nur im Wege der Verfahren angefochten werden, die in der Liste genannt sind, die jeder Mitgliedstaat der Kommission gemäß Artikel 68 mitteilt.

In Deutschland ist gegen die Beschwerdeentscheidung des Oberlandesgerichts die Rechtsbeschwerde zum BGH eröffnet, §§ 28 ff. IntFamRVG.

Artikel 35 Brüssel IIa-VO Aussetzung des Verfahrens

(1) ¹Das nach Artikel 33 oder Artikel 34 mit dem Rechtsbehelf befasste Gericht kann auf Antrag der Partei, gegen die die Vollstreckung erwirkt werden soll, das Verfahren aussetzen, wenn im Ursprungsmitgliedstaat ein ordentlicher Rechtsbehelf gegen die Entscheidung eingelegt wurde oder die Frist für einen solchen Rechtsbehelf noch nicht verstrichen ist. ²In letzterem Fall kann das Gericht eine Frist bestimmen, innerhalb deren der Rechtsbehelf einzulegen ist.

(2) Ist die Entscheidung in Irland oder im Vereinigten Königreich ergangen, so gilt jeder im Ursprungsmitgliedstaat statthafte Rechtsbehelf als ordentlicher Rechtsbehelf im Sinne des Absatzes 1.

Art. 35 Brüssel IIa-VO stellt es in das Ermessen des Gerichts, das Verfahren über die Vollstreckbarerklärung auszusetzen, wenn die Entscheidung im Ursprungsmitgliedstaat angefochten wurde oder noch anfechtbar ist (insoweit weitergehend als Art. 27 Abs. 1 Brüssel IIa-VO). Sofern noch kein Rechtsmittel eingelegt wurde, kann das Gericht eine Frist zu dessen Einlegung setzen, Art. 35 Abs. 1 Satz 2 Brüssel IIa-VO. Bei der Entscheidung über die Aussetzung sind insbesondere die voraussichtlichen Erfolgsaussichten des Rechtsmittels zu berücksichtigen.[1]

---

1 *Wagner*, § 24 IntFamRVG Rn. 2
1 Thomas/Putzo/*Hüßtege*, Art. 35 EuEheVO Rn. 4

Artikel 36 Brüssel IIa-VO Teilvollstreckung

(1) Ist mit der Entscheidung über mehrere geltend gemachte Ansprüche entschieden worden und kann die Entscheidung nicht in vollem Umfang zur Vollstreckung zugelassen werden, so lässt das Gericht sie für einen oder mehrere Ansprüche zu.

(2) Der Antragsteller kann eine teilweise Vollstreckung beantragen.

Von einer Kommentierung wird abgesehen.

Abschnitt 3
Gemeinsame Bestimmungen für die Abschnitte 1 und 2

Artikel 37 Brüssel IIa-VO Urkunden

(1) Die Partei, die die Anerkennung oder Nichtanerkennung einer Entscheidung oder deren Vollstreckbarerklärung erwirken will, hat Folgendes vorzulegen:

a)   eine Ausfertigung der Entscheidung, die die für ihre Beweiskraft erforderlichen Voraussetzungen erfüllt, und

b)   die Bescheinigung nach Artikel 39.

(2) Bei einer im Versäumnisverfahren ergangenen Entscheidung hat die Partei, die die Anerkennung einer Entscheidung oder deren Vollstreckbarerklärung erwirken will, ferner Folgendes vorzulegen:

a)   die Urschrift oder eine beglaubigte Abschrift der Urkunde, aus der sich ergibt, dass das verfahrenseinleitende Schriftstück oder ein gleichwertiges Schriftstück der Partei, die sich nicht auf das Verfahren eingelassen hat, zugestellt wurde, oder

b)   eine Urkunde, aus der hervorgeht, dass der Antragsgegner mit der Entscheidung eindeutig einverstanden ist.

Von einer Kommentierung wird abgesehen.

Artikel 38 Brüssel IIa-VO Fehlen von Urkunden

(1) Werden die in Artikel 37 Absatz 1 Buchstabe b) oder Absatz 2 aufgeführten Urkunden nicht vorgelegt, so kann das Gericht eine Frist setzen, innerhalb deren die Urkunden vorzulegen sind, oder sich mit gleichwertigen Urkunden begnügen oder von der Vorlage der Urkunden befreien, wenn es eine weitere Klärung nicht für erforderlich hält.

(2) ¹Auf Verlangen des Gerichts ist eine Übersetzung der Urkunden vorzulegen. ²Die Übersetzung ist von einer hierzu in einem der Mitgliedstaaten befugten Person zu beglaubigen.

Nach Art. 38 Abs. 1 Brüssel IIa-VO kann das Gericht, vor dem das Anerkennungsverfahren geführt wird, eine Frist zur Vorlage der in Art. 37 Brüssel IIa-VO genannten Unterlagen setzen oder von der Vorlage der Urkunden befreien, wenn es eine weitere Klärung nicht für erforderlich hält.   **1**

Auch ist auf Verlangen des Gerichts eine beglaubigte Übersetzung der Urkunden vorzulegen, Art. 38 Abs. 2 Brüssel IIa-VO.   **2**

Artikel 39 Brüssel IIa-VO Bescheinigung bei Entscheidungen in Ehesachen und bei Entscheidungen über die elterliche Verantwortung

Das zuständige Gericht oder die zuständige Behörde des Ursprungsmitgliedstaats stellt auf Antrag einer berechtigten Partei eine Bescheinigung unter Verwendung des Formblatts in Anhang I (Entscheidungen in Ehesachen) oder Anhang II (Entscheidungen über die elterliche Verantwortung) aus.

Für die Ausstellung von Bescheinigungen nach Art. 39 Brüssel IIa-VO für Entscheidungen deutscher Gerichte, deren Anerkennung oder Vollstreckung im Ausland begehrt wird, gilt keine Zuständigkeitskonzentration, sie erfolgt durch das Gericht, welches die Entscheidung erlassen hat. Funktional zuständig ist dabei im Rahmen von Art 39 Brüssel IIa-VO der Urkundsbeamte der Geschäftsstelle des jeweiligen Gerichts, § 48 Abs. 1 IntFamRVG.

Abschnitt 4
Vollstreckbarkeit bestimmter Entscheidungen über das Umgangsrecht und bestimmter Entscheidungen, mit denen die Rückgabe des Kindes angeordnet wird

Artikel 40 Brüssel IIa-VO Anwendungsbereich

(1) Dieser Abschnitt gilt für

a) das Umgangsrecht und

b) die Rückgabe eines Kindes infolge einer die Rückgabe des Kindes anordnenden Entscheidung gemäß Artikel 11 Absatz 8.

(2) Der Träger der elterlichen Verantwortung kann ungeachtet der Bestimmungen dieses Abschnitts die Anerkennung und Vollstreckung nach Maßgabe der Abschnitte 1 und 2 dieses Kapitels beantragen.

Übersicht

A. Allgemeines

1 Abschnitt 4 der Brüssel IIa-VO enthält einen besonderen Regelungsmechanismus, der die vorherige Durchführung eines Anerkennungsverfahrens bzw. Verfahrens auf Erteilung einer Vollstreckungsklausel entbehrlich macht, um eine unmittelbare Vollstreckung bestimmter Entscheidungen innerhalb der EU-Mitgliedstaaten zu ermöglichen. Dies betrifft Umgangsregelungen (siehe *Schweppe*, Art. 41 Brüssel IIa-VO Rn. 1 ff.) und Entscheidungen, mit denen ein Gericht des Herkunftsstaats die Rückgabe (Herausgabe) eines Kindes unter den Voraussetzungen des Art. 11 Abs. 8 Brüssel IIa-VO (siehe *Schweppe*, Art. 11 Brüssel IIa-VO Rn. 13 ff.) angeordnet hat (siehe *Schweppe*, Art. 42 Brüssel IIa-VO Rn. 1 f.).

2 Art. 40 Abs. 2 Brüssel IIa-VO stellt klar, dass auch bei Vorliegen der Voraussetzungen des Art. 41 bzw. Art. 42 Brüssel IIa-VO alternativ die Durchführung des Anerkennungsverfahrens (siehe *Schweppe*, Art. 21 Brüssel IIa-VO Rn. 7 sowie zur Versagung der Anerkennung Art. 23 Brüssel IIa-VO Rn. 2 ff.) bzw. Verfahrens auf Erteilung der Vollstreckungsklausel (siehe *Schweppe*, Art. 30 Brüssel IIa-VO Rn. 1 f.) möglich ist.

B. Verfahren

3 Die Verfahren nach Art. 41 bzw. Art 42 Brüssel IIa-VO sind ähnlich gestaltet.

4 Ein Unterschied besteht darin, dass bei Rückgabeentscheidungen die Bescheinigung stets von Amts wegen ausgestellt wird (Art. 42 Abs. 2 Satz 3 Brüssel IIa-VO), bei Umgangsentscheidungen dagegen nur dann, wenn bereits bei Erlass der Entscheidung ein grenzüberschreitender Bezug besteht (Art. 41 Abs. 3 Satz 1 Brüssel IIa-VO). Im Übrigen gelten folgende einheitliche Anforderungen:

I. Zuständigkeit

5 Funktional zuständig ist jeweils der Familienrichter bzw. der Vorsitzende des zuständigen Familiensenats, der die Entscheidung erlassen hat, § 48 Abs. 2 IntFamRVG, eine besondere Zuständigkeitskonzentration greift nicht.

II. Bescheinigung

6 Das Gericht, welches die zu vollstreckende Entscheidung erlassen hat, stellt eine Bescheinigung nach Anhang III bzw. Anhang IV der Brüssel IIa-VO aus, die dokumentiert, dass im Ausgangsverfahren bestimmte Verfahrensgrundsätze, insbesondere zur Gewährung rechtlichen Gehörs (vgl. dazu Art. 41 Abs. 2 bzw. Art. 42 Abs. 2 Brüssel IIa-VO) eingehalten wurden.

7 Dabei ist die Dokumentation nach Art. 41 Abs. 2 Brüssel IIa-VO auf die Einhaltung von Verfahrensgrundsätzen begrenzt, wogegen Art. 42 Abs. 2 Brüssel IIa-VO auch die Würdigung der Kindeswohlgründe nach Art. 13 HKÜ umfasst.

III. Berichtigung

Eine Anfechtung der Anerkennung bzw. der Ausstellung der Bescheinigung ist nicht möglich, lediglich eine Berichtigung nach Art. 43 Brüssel IIa-VO. **8**

IV. Vollstreckung

Um die Entscheidung in den EU-Mitgliedstaaten zu vollstrecken, bedarf es allein der Vorlage einer **9** Ausfertigung der Entscheidung und der Bescheinigung nach Anhang III bzw. Anhang IV der Brüssel IIa-VO (Artikel 45 Abs. 1 der Verordnung). Die Entscheidung ist dann wie eine inländische Entscheidung zu vollstrecken, Art. 47 Brüssel IIa-VO. Die Überprüfung im Vollstreckungsverfahren ist darauf beschränkt, ob die Entscheidung, für die die Bescheinigung ausgestellt wurde, vollstreckbar ist.

Eine weitergehende inhaltliche **Überprüfung** der Entscheidung ist ebenso **ausgeschlossen** wie die **10** Überprüfung der Einhaltung von Verfahrensvorschriften, da dies durch Art. 41 Abs. 2 und Art. 42 Abs. 2 Brüssel IIa-VO dem Gericht vorbehalten ist, das die Entscheidung erlassen hat.[1] Damit obliegt auch allein dem Gericht im Ursprungsstaat die Überprüfung, ob bzw. in welcher Form das Recht des Kindes, gehört zu werden, gewahrt wurde.[2]

Die zuständigen Institutionen im Vollstreckungsstaat sind zur Umsetzung der Entscheidung verpflichtet, schnelle und effektive Vollstreckungsmaßnahmen zu ergreifen.[3] **11**

Artikel 41 Brüssel IIa-VO Umgangsrecht

(1) [1]Eine in einem Mitgliedstaat ergangene vollstreckbare Entscheidung über das Umgangsrecht im Sinne des Artikels 40 Absatz 1 Buchstabe a), für die eine Bescheinigung nach Absatz 2 im Ursprungsmitgliedstaat ausgestellt wurde, wird in einem anderen Mitgliedstaat anerkannt und kann dort vollstreckt werden, ohne dass es einer Vollstreckbarerklärung bedarf und ohne dass die Anerkennung angefochten werden kann. [2]Auch wenn das nationale Recht nicht vorsieht, dass eine Entscheidung über das Umgangsrecht ungeachtet der Einlegung eines Rechtsbehelfs von Rechts wegen vollstreckbar ist, kann das Gericht des Ursprungsmitgliedstaats die Entscheidung für vollstreckbar erklären.

(2) Der Richter des Ursprungsmitgliedstaats stellt die Bescheinigung nach Absatz 1 unter Verwendung des Formblatts in Anhang III (Bescheinigung über das Umgangsrecht) nur aus, wenn

a) im Fall eines Versäumnisverfahrens das verfahrenseinleitende Schriftstück oder ein gleichwertiges Schriftstück der Partei, die sich nicht auf das Verfahren eingelassen hat, so rechtzeitig und in einer Weise zugestellt wurde, dass sie sich verteidigen konnte, oder wenn in Fällen, in denen bei der Zustellung des betreffenden Schriftstücks diese Bedingungen nicht eingehalten wurden, dennoch festgestellt wird, dass sie mit der Entscheidung eindeutig einverstanden ist;

b) alle betroffenen Parteien Gelegenheit hatten, gehört zu werden, und

c) das Kind die Möglichkeit hatte, gehört zu werden, sofern eine Anhörung nicht aufgrund seines Alters oder seines Reifegrads unangebracht erschien.

Das Formblatt wird in der Sprache ausgefüllt, in der die Entscheidung abgefasst ist.

(3) [1]Betrifft das Umgangsrecht einen Fall, der bei der Verkündung der Entscheidung einen grenzüberschreitenden Bezug aufweist, so wird die Bescheinigung von Amts wegen ausgestellt, sobald die Entscheidung vollstreckbar oder vorläufig vollstreckbar wird. [2]Wird der Fall erst später zu einem Fall mit grenzüberschreitendem Bezug, so wird die Bescheinigung auf Antrag einer der Parteien ausgestellt.

Die Norm erleichtert die Vollstreckung von Umgangsregelungen zwischen den EU-Mitgliedstaaten. **1**

▶ *Näher zum Verfahren zur Ausstellung der Bescheinigung Schweppe, Art. 40 Brüssel IIa-VO Rn. 3 ff.*

---

1 EuGH FamRZ 2011, 355, 358
2 EuGH FamRZ 2011, 355, 358; kritisch *Völker/Steinfatt,* FPR 2005, 415, 416 f.
3 EGMR FamRZ 2015, 469

2 Die Bescheinigung ist nach Artikel 41 Abs. 2 Brüssel IIa-VO unter Verwendung des Formblatts in Anhang III zur Brüssel IIa-VO[1] durch das Gericht im Erlassstaat (Ursprungsmitgliedstaat) auszustellen. Damit wird dokumentiert, dass rechtliches Gehör gewährt wurde,

- mithin im Falle der Entscheidung im Versäumnisverfahren eine rechtzeitige Zustellung erfolgte,
- alle Beteiligten Gelegenheit hatten, gehört zu werden

und

- das Kind die Möglichkeit hatte, gehört zu werden, sofern eine Anhörung nicht aufgrund seines Alters oder seines Reifegrads unangebracht erschien (Art. 41 Abs. 2 c) Brüssel IIa-VO entspricht dem Wortlaut des Art. 23 b) Brüssel IIa-VO).

3 Nach Art. 41 Abs. 3 Brüssel IIa-VO ist die Bescheinigung auszustellen

- **von Amts wegen** für eine vollstreckbare bzw. vorläufig vollstreckbare Umgangsentscheidung, bei deren Erlass bereits ein grenzüberschreitender Bezug vorliegt (Art. 41 Abs. 3 Satz 1 Brüssel IIa-VO),
- **auf Antrag** eines Beteiligten für eine Entscheidung, für die der grenzüberschreitende Bezug erst nachträglich eintritt (Art. 41 Abs. 3 Satz 2 Brüssel IIa-VO).

Artikel 42 Brüssel IIa-VO Rückgabe des Kindes

(1) [1]Eine in einem Mitgliedstaat ergangene vollstreckbare Entscheidung über die Rückgabe des Kindes im Sinne des Artikels 40 Absatz 1 Buchstabe b), für die eine Bescheinigung nach Absatz 2 im Ursprungsmitgliedstaat ausgestellt wurde, wird in einem anderen Mitgliedstaat anerkannt und kann dort vollstreckt werden, ohne dass es einer Vollstreckbarerklärung bedarf und ohne dass die Anerkennung angefochten werden kann. [2]Auch wenn das nationale Recht nicht vorsieht, dass eine in Artikel 11 Absatz 8 genannte Entscheidung über die Rückgabe des Kindes ungeachtet der Einlegung eines Rechtsbehelfs von Rechts wegen vollstreckbar ist, kann das Gericht des Ursprungsmitgliedstaats die Entscheidung für vollstreckbar erklären.

(2) [1]Der Richter des Ursprungsmitgliedstaats, der die Entscheidung nach Artikel 40 Absatz 1 Buchstabe b) erlassen hat, stellt die Bescheinigung nach Absatz 1 nur aus, wenn

a) das Kind die Möglichkeit hatte, gehört zu werden, sofern eine Anhörung nicht aufgrund seines Alters oder seines Reifegrads unangebracht erschien,

b) die Parteien die Gelegenheit hatten, gehört zu werden, und

c) das Gericht beim Erlass seiner Entscheidung die Gründe und Beweismittel berücksichtigt hat, die der nach Artikel 13 des Haager Übereinkommens von 1980 ergangenen Entscheidung zugrunde liegen.

[2]Ergreift das Gericht oder eine andere Behörde Maßnahmen, um den Schutz des Kindes nach seiner Rückkehr in den Staat des gewöhnlichen Aufenthalts sicherzustellen, so sind diese Maßnahmen in der Bescheinigung anzugeben. [3]Der Richter des Ursprungsmitgliedstaats stellt die Bescheinigung von Amts wegen unter Verwendung des Formblatts in Anhang IV (Bescheinigung über die Rückgabe des Kindes) aus. [4]Das Formblatt wird in der Sprache ausgefüllt, in der die Entscheidung abgefasst ist.

A. Allgemeines

1 Eine unter den Voraussetzungen des Art. 11 Abs. 8 Brüssel IIa-VO (also nach Versagung einer Rückführung auf Grundlage von Art. 13 HKÜ) im Herkunftsstaat ergangene Sorgerechtsentscheidung, welche die Anordnung der Herausgabe des Kindes beinhaltet, ist mit der Erteilung der Bescheinigung nach Art. 42 Brüssel IIa-VO[1] in allen EU-Mitgliedstaaten unmittelbar vollstreckbar.

---

1 Vom Abdruck des Formblatts wird hier abgesehen, insoweit ist auf die Textausgabe Beck-Texte im dtv FamR Anhang III zur EuEheVO zu verweisen.
1 Vom Abdruck des Formblatts wird hier abgesehen, insoweit ist auf die Textausgabe Beck-Texte im dtv FamR Anhang IV zur EuEheVO zu verweisen.

Der EuGH hat klargestellt, dass Art. 40 i.V.m. Art. 42 Brüssel IIa-VO nur unter den Voraussetzungen des Art. 11 Abs. 8 Brüssel IIa-VO zur Anwendung kommt, wenn also zuvor im Vollstreckungsmitgliedstaat eine Entscheidung ergangen ist, mit der die Rückgabe des Kindes verweigert wird, wobei es nicht auf die Bestandskraft dieser Entscheidung, sondern nur auf ihre Vollstreckbarkeit ankommt.[2]   **2**

B. Verfahren

Die Bescheinigung ist nach Art. 42 Abs. 2 Satz 3 Brüssel IIa-VO von Amts wegen auszustellen.   **3**

Dokumentiert wird mit der Ausstellung neben der Einhaltung der Verfahrensvorschriften, insbesondere der Möglichkeit der Kindesanhörung, auch die Prüfung der Gründe, aus denen das Gericht im Zufluchtsstaat (der nicht zwingend mit dem Vollstreckungsstaat übereinstimmen muss) die Rückführung des Kindes in den Staat, in dem nun die Herausgabe des Kindes angeordnet wurde, verweigert hat (Art. 42 Abs. 2 c) Brüssel IIa-VO).   **4**

Der Mechanismus des Art. 40 i.V.m. Art. 42 Abs. 1 Brüssel IIa-VO ermöglicht die Vollstreckung zwischen den EU-Mitgliedstaaten, so etwa, wenn ein Elternteil versucht, sich der Vollstreckung der Kindesrückführung durch Umzug in einen anderen (dritten) Mitgliedstaat der EU zu entziehen.   **5**

▶ *Zum Verfahren zur Ausstellung der Bescheinigung siehe Schweppe, Art. 40 Brüssel IIa-VO Rn. 3 ff.*

---

2 EuGH FamRZ 2008, 1729, 1730 „Rinau"

Übersicht: Vollstreckbarkeit nach Art. 40, 41, 42 Brüssel IIa-VO
(Unmittelbar vollstreckbare Entscheidungen im Verhältnis der EU-Mitgliedstaaten untereinander)

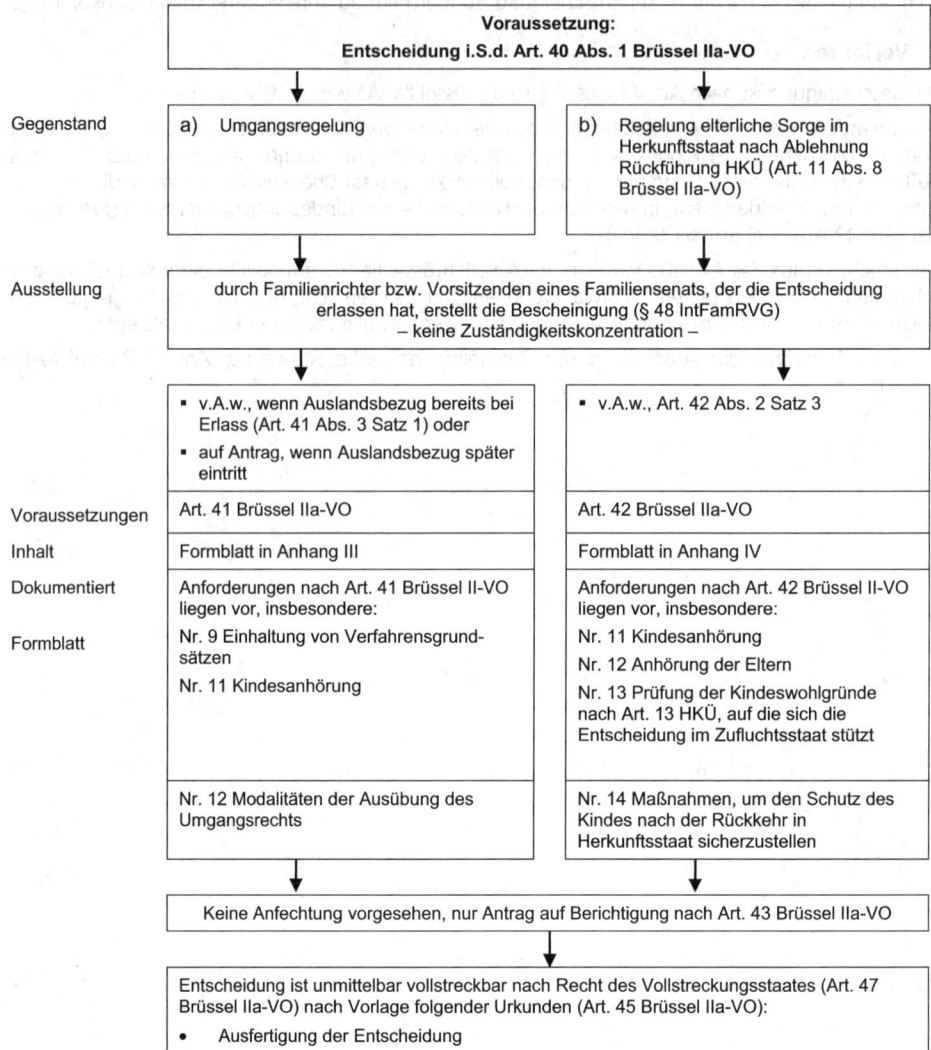

	Voraussetzung: Entscheidung i.S.d. Art. 40 Abs. 1 Brüssel IIa-VO	
Gegenstand	a) Umgangsregelung	b) Regelung elterliche Sorge im Herkunftsstaat nach Ablehnung Rückführung HKÜ (Art. 11 Abs. 8 Brüssel IIa-VO)
Ausstellung	durch Familienrichter bzw. Vorsitzenden eines Familiensenats, der die Entscheidung erlassen hat, erstellt die Bescheinigung (§ 48 IntFamRVG) – keine Zuständigkeitskonzentration –	
	▪ v.A.w., wenn Auslandsbezug bereits bei Erlass (Art. 41 Abs. 3 Satz 1) oder ▪ auf Antrag, wenn Auslandsbezug später eintritt	▪ v.A.w., Art. 42 Abs. 2 Satz 3
Voraussetzungen	Art. 41 Brüssel IIa-VO	Art. 42 Brüssel IIa-VO
Inhalt	Formblatt in Anhang III	Formblatt in Anhang IV
Dokumentiert	Anforderungen nach Art. 41 Brüssel II-VO liegen vor, insbesondere:	Anforderungen nach Art. 42 Brüssel II-VO liegen vor, insbesondere:
Formblatt	Nr. 9 Einhaltung von Verfahrensgrundsätzen Nr. 11 Kindesanhörung	Nr. 11 Kindesanhörung Nr. 12 Anhörung der Eltern Nr. 13 Prüfung der Kindeswohlgründe nach Art. 13 HKÜ, auf die sich die Entscheidung im Zufluchtsstaat stützt
	Nr. 12 Modalitäten der Ausübung des Umgangsrechts	Nr. 14 Maßnahmen, um den Schutz des Kindes nach der Rückkehr in Herkunftsstaat sicherzustellen
	Keine Anfechtung vorgesehen, nur Antrag auf Berichtigung nach Art. 43 Brüssel IIa-VO	

Entscheidung ist unmittelbar vollstreckbar nach Recht des Vollstreckungsstaates (Art. 47 Brüssel IIa-VO) nach Vorlage folgender Urkunden (Art. 45 Brüssel IIa-VO):

- Ausfertigung der Entscheidung
- Bescheinigung
- Übersetzungen in die Amtsprache des Vollstreckungsstaats nach Art. 45 Brüssel IIa-VO nur erforderlich für
  - Modalitäten Ausübung Umgang (Nr. 12) bzw.
  - Maßnahmen, die ergriffen wurden, um Rückgabe des Kindes sicherzustellen (Nr. 14)

Artikel 43 Brüssel IIa-VO Klage auf Berichtigung

(1) Für Berichtigungen der Bescheinigung ist das Recht des Ursprungsmitgliedstaats maßgebend.

(2) Gegen die Ausstellung einer Bescheinigung gemäß Artikel 41 Absatz 1 oder Artikel 42 Absatz 1 sind keine Rechtsbehelfe möglich.

Für die Berichtigung von Bescheinigungen nach Art. 41 und Art. 42 Brüssel IIa-VO verweist § 49 Int-FamRVG auf § 319 ZPO, so dass nur offenbare Unrichtigkeiten korrigiert werden können.[1]   **1**

Die Bescheinigung kann nicht mit Rechtsmitteln angefochten werden, Art. 43 Abs. 2 Brüssel IIa-VO.   **2**

Artikel 44 Brüssel IIa-VO Wirksamkeit der Bescheinigung

Die Bescheinigung ist nur im Rahmen der Vollstreckbarkeit des Urteils wirksam.

Artikel 45 Brüssel IIa-VO Urkunden

(1) Die Partei, die die Vollstreckung einer Entscheidung erwirken will, hat Folgendes vorzulegen:

a) eine Ausfertigung der Entscheidung, die die für ihre Beweiskraft erforderlichen Voraussetzungen erfüllt, und

b) die Bescheinigung nach Artikel 41 Absatz 1 oder Artikel 42 Absatz 1.

(2) [1]Für die Zwecke dieses Artikels

– wird der Bescheinigung gemäß Artikel 41 Absatz 1 eine Übersetzung der Nummer 12 betreffend die Modalitäten der Ausübung des Umgangsrechts beigefügt;

– wird der Bescheinigung gemäß Artikel 42 Absatz 1 eine Übersetzung der Nummer 14 betreffend die Einzelheiten der Maßnahmen, die ergriffen wurden, um die Rückgabe des Kindes sicherzustellen, beigefügt.

[2]Die Übersetzung erfolgt in die oder in eine der Amtssprachen des Vollstreckungsmitgliedstaats oder in eine andere von ihm ausdrücklich zugelassene Sprache. [3]Die Übersetzung ist von einer hierzu in einem der Mitgliedstaaten befugten Person zu beglaubigen.

Abschnitt 5
Öffentliche Urkunden und Vereinbarungen

Artikel 46 Brüssel IIa-VO [Öffentliche Urkunden]

Öffentliche Urkunden, die in einem Mitgliedstaat aufgenommen und vollstreckbar sind, sowie Vereinbarungen zwischen den Parteien, die in dem Ursprungsmitgliedstaat vollstreckbar sind, werden unter denselben Bedingungen wie Entscheidungen anerkannt und für vollstreckbar erklärt.

Von einer Kommentierung der Art. 44 bis 46 Brüssel IIa-VO wird abgesehen.

Abschnitt 6
Sonstige Bestimmungen

Artikel 47 Brüssel IIa-VO Vollstreckungsverfahren

(1) Für das Vollstreckungsverfahren ist das Recht des Vollstreckungsmitgliedstaats maßgebend.

(2) [1]Die Vollstreckung einer von einem Gericht eines anderen Mitgliedstaats erlassenen Entscheidung, die gemäß Abschnitt 2 für vollstreckbar erklärt wurde oder für die eine Bescheinigung nach Artikel 41 Absatz 1 oder Artikel 42 Absatz 1 ausgestellt wurde, erfolgt im Vollstreckungsmitgliedstaat unter denselben Bedingungen, die für in diesem Mitgliedstaat ergangene Entscheidungen gelten. [2]Insbesondere darf eine Entscheidung, für die eine Bescheinigung nach Artikel 41 Absatz 1 oder Artikel 42 Absatz 1 ausgestellt

---

1 AG Augsburg FamRZ 2014, 417, 418

wurde, nicht vollstreckt werden, wenn sie mit einer später ergangenen vollstreckbaren Entscheidung unvereinbar ist.

A. Allgemeines

1   Art. 47 Brüssel IIa-VO umfasst sowohl das Verfahren zur Vollstreckung von Entscheidungen, die gemäß Art. 28 ff. Brüssel IIa-VO für vollstreckbar erklärt wurden, als auch Fälle, in denen eine Bescheinigung nach Art. 41 oder 42 Brüssel IIa-VO ausgestellt wurde.

B. Inhalt der Norm

I. Verweisung auf nationales Recht

2   Für die Vollstreckung von Umgangs- bzw. Sorgerechtsentscheidungen verweist Art. 47 Brüssel IIa-VO zunächst allgemein auf das jeweilige nationale Recht des Vollstreckungsstaats. In Deutschland finden damit §§ 86 ff. FamFG Anwendung, wobei innerhalb seines Anwendungsbereichs § 44 IntFamRVG vorrangig zu beachten ist.

3   Art. 47 Abs. 2 Satz 1 hebt hervor, dass Entscheidungen, für die eine Bescheinigung nach Art. 41 oder 42 Brüssel IIa-VO ausgestellt wurde, wie inländische Entscheidungen zu vollstrecken sind.

II. Unvereinbarkeit mit späterer Entscheidung

4   Soweit Art. 47 Abs. 2 Satz 2 Brüssel IIa-VO bestimmt, dass eine solche Entscheidung nicht vollstreckt werden darf, wenn sie mit einer später ergangenen vollstreckbaren Entscheidung unvereinbar ist, so ist dies dahingehend auszulegen, dass eine später ergangene Entscheidung eines Gerichts des (für die Hauptsacheentscheidung nicht zuständigen) Vollstreckungsmitgliedstaats, mit der ein vorläufiges Sorgerecht gewährt wird, der Vollstreckung einer zuvor ergangenen und mit einer Bescheinigung versehenen Entscheidung, mit der das (für die Hauptsacheentscheidung) zuständige Gericht des Ursprungsmitgliedstaats die Rückgabe des Kindes anordnet, nicht entgegengehalten werden kann.[1]

5   Der Vollstreckung kann im Vollstreckungsstaat nicht entgegengehalten werden, dass aufgrund geänderter Umstände die Vollstreckung der Entscheidung mit dem Kindeswohl nicht (mehr) vereinbar wäre. Solche Gründe sind vielmehr in einem Abänderungsverfahren vor dem zuständigen Gericht des Ursprungsmitgliedstaats geltend zu machen, bei dem auch ein etwaiger Antrag auf Aussetzung der Vollstreckung seiner Entscheidung zu stellen ist.[2]

Artikel 48 Brüssel IIa-VO Praktische Modalitäten der Ausübung des Umgangsrechts

(1) Die Gerichte des Vollstreckungsmitgliedstaats können die praktischen Modalitäten der Ausübung des Umgangsrechts regeln, wenn die notwendigen Vorkehrungen nicht oder nicht in ausreichendem Maße bereits in der Entscheidung der für die Entscheidung der in der Hauptsache zuständigen Gerichte des Mitgliedstaats getroffen wurden und sofern der Wesensgehalt der Entscheidung unberührt bleibt.

(2) Die nach Absatz 1 festgelegten praktischen Modalitäten treten außer Kraft, nachdem die für die Entscheidung in der Hauptsache zuständigen Gerichte des Mitgliedstaats eine Entscheidung erlassen haben.

---

1   EuGH FamRZ 2010, 1229, 1233
2   EuGH FamRZ 2010, 1229, 1233; diese Verweisung auf die im Ursprungsmitgliedstaat bestehenden Rechtsbehelfe hat der EGMR FamRZ 2013, 1793, 1795, als im Einklang mit Art. 8 EMRK stehend angesehen und damit den Regelungsmechanismus des Art. 11 Abs. 8 Brüssel IIa-VO bestätigt.

Zur effektiven Umsetzung von Umgangsentscheidungen sieht Art. 48 Brüssel IIa-VO vor, im Verfahren zur Vollstreckbarerklärung nach Art. 28 ff. Brüssel IIa-VO, aber auch bei Erteilung der Bescheinigung nach Art. 41 Brüssel IIa-VO,[1] die Umgangsregelung – zeitlich befristet bis zur Entscheidung durch das in der Hauptsache zuständige Gericht, Art. 48 Abs. 2 Brüssel IIa-VO – zu konkretisieren, damit diese einen im Vollstreckungsstaat vollstreckungsfähigen Inhalt erhält.

Artikel 49 Brüssel IIa-VO Kosten

Die Bestimmungen dieses Kapitels mit Ausnahme der Bestimmungen des Abschnitts 4 gelten auch für die Festsetzung der Kosten für die nach dieser Verordnung eingeleiteten Verfahren und die Vollstreckung eines Kostenfestsetzungsbeschlusses.

Artikel 50 Brüssel IIa-VO Prozesskostenhilfe

Wurde dem Antragsteller im Ursprungsmitgliedstaat ganz oder teilweise Prozesskostenhilfe oder Kostenbefreiung gewährt, so genießt er in dem Verfahren nach den Artikeln 21, 28, 41, 42 und 48 hinsichtlich der Prozesskostenhilfe oder der Kostenbefreiung die günstigste Behandlung, die das Recht des Vollstreckungsmitgliedstaats vorsieht.

Artikel 51 Brüssel IIa-VO Sicherheitsleistung, Hinterlegung

Der Partei, die in einem Mitgliedstaat die Vollstreckung einer in einem anderen Mitgliedstaat ergangenen Entscheidung beantragt, darf eine Sicherheitsleistung oder Hinterlegung, unter welcher Bezeichnung es auch sei, nicht aus einem der folgenden Gründe auferlegt werden:

a) weil sie in dem Mitgliedstaat, in dem die Vollstreckung erwirkt werden soll, nicht ihren gewöhnlichen Aufenthalt hat, oder

b) weil sie nicht die Staatsangehörigkeit dieses Staates besitzt oder, wenn die Vollstreckung im Vereinigten Königreich oder in Irland erwirkt werden soll, ihr „domicile" nicht in einem dieser Mitgliedstaaten hat.

Artikel 52 Brüssel IIa-VO Legalisation oder ähnliche Förmlichkeit

Die in den Artikeln 37, 38 und 45 aufgeführten Urkunden sowie die Urkunde über die Prozessvollmacht, falls eine solche erteilt wird, bedürfen weder der Legalisation noch einer ähnlichen Förmlichkeit.

Von einer Kommentierung der Art. 49 bis 52 Brüssel IIa-VO wird abgesehen.

---

1 MüKo-ZPO/*Gottwald*, EWG VO 2201/2003 Art. 48 Rn. 1; zu einem Fall nach Art. 41 Brüssel IIa-VO vgl. AG Augsburg FamRZ 2014, 417

Kapitel IV
Zusammenarbeit zwischen den Zentralen Behörden bei Verfahren betreffend die elterliche Verantwortung

Artikel 53 Brüssel IIa-VO Bestimmung der Zentralen Behörden

[1]Jeder Mitgliedstaat bestimmt eine oder mehrere Zentrale Behörden, die ihn bei der Anwendung dieser Verordnung unterstützen, und legt ihre räumliche oder sachliche Zuständigkeit fest. [2]Hat ein Mitgliedstaat mehrere Zentrale Behörden bestimmt, so sind die Mitteilungen grundsätzlich direkt an die zuständige Zentrale Behörde zu richten. [3]Wurde eine Mitteilung an eine nicht zuständige Zentrale Behörde gerichtet, so hat diese die Mitteilung an die zuständige Zentrale Behörde weiterzuleiten und den Absender davon in Kenntnis zu setzen.

Art. 53 Brüssel IIa-VO sieht wie auch Art. 6 HKÜ, Art. 2 ESÜ und Art. 29 KSÜ vor, dass die Vertragsstaaten jeweils Zentrale Behörden bestimmen. In Deutschland ist dies das Bundesamt für Justiz, § 3 IntFamRVG, dessen Aufgaben in Art. 54 und 55 Brüssel IIa-VO sowie in §§ 4 ff. IntFamRVG beschrieben sind.[1]

Artikel 54 Brüssel IIa-VO Allgemeine Aufgaben

[1]Die Zentralen Behörden stellen Informationen über nationale Rechtsvorschriften und Verfahren zur Verfügung und ergreifen Maßnahmen, um die Durchführung dieser Verordnung zu verbessern und die Zusammenarbeit untereinander zu stärken. [2]Hierzu wird das mit der Entscheidung 2001/470/EG eingerichtete Europäische Justizielle Netz für Zivil- und Handelssachen genutzt.

Artikel 55 Brüssel IIa-VO Zusammenarbeit in Fällen, die speziell die elterliche Verantwortung betreffen

[1]Die Zentralen Behörden arbeiten in bestimmten Fällen auf Antrag der Zentralen Behörde eines anderen Mitgliedstaats oder des Trägers der elterlichen Verantwortung zusammen, um die Ziele dieser Verordnung zu verwirklichen. [2]Hierzu treffen sie folgende Maßnahmen im Einklang mit den Rechtsvorschriften dieses Mitgliedstaats, die den Schutz personenbezogener Daten regeln, direkt oder durch Einschaltung anderer Behörden oder Einrichtungen:

a) Sie holen Informationen ein und tauschen sie aus über
   i. die Situation des Kindes,
   ii. laufende Verfahren oder
   iii. das Kind betreffende Entscheidungen.

b) Sie informieren und unterstützen die Träger der elterlichen Verantwortung, die die Anerkennung und Vollstreckung einer Entscheidung, insbesondere über das Umgangsrecht und die Rückgabe des Kindes, in ihrem Gebiet erwirken wollen.

c) Sie erleichtern die Verständigung zwischen den Gerichten, insbesondere zur Anwendung des Artikels 11 Absätze 6 und 7 und des Artikels 15.

d) Sie stellen alle Informationen und Hilfen zur Verfügung, die für die Gerichte für die Anwendung des Artikels 56 von Nutzen sind.

e) Sie erleichtern eine gütliche Einigung zwischen den Trägern der elterlichen Verantwortung durch Mediation oder auf ähnlichem Wege und fördern hierzu die grenzüberschreitende Zusammenarbeit.

Von einer Kommentierung der Art. 54 und 55 Brüssel IIa-VO wird abgesehen.

---

1 Zu Informationen über das Bundesamt für Justiz als Zentrale Behörde, aber auch zu den weiteren Aufgaben dieser Behörde ist auf die Internetseite www.bundesjustizamt.de/sorgerecht zu verweisen.

Schweppe

Artikel 56 Brüssel IIa-VO Unterbringung des Kindes in einem anderen Mitgliedstaat

(1) Erwägt das nach den Artikeln 8 bis 15 zuständige Gericht die Unterbringung des Kindes in einem Heim oder in einer Pflegefamilie und soll das Kind in einem anderen Mitgliedstaat untergebracht werden, so zieht das Gericht vorher die Zentrale Behörde oder eine andere zuständige Behörde dieses Mitgliedstaats zurate, sofern in diesem Mitgliedstaat für die innerstaatlichen Fälle der Unterbringung von Kindern die Einschaltung einer Behörde vorgesehen ist.

(2) Die Entscheidung über die Unterbringung nach Absatz 1 kann im ersuchenden Mitgliedstaat nur getroffen werden, wenn die zuständige Behörde des ersuchten Staates dieser Unterbringung zugestimmt hat.

(3) Für die Einzelheiten der Konsultation bzw. der Zustimmung nach den Absätzen 1 und 2 gelten das nationale Recht des ersuchten Staates.

(4) Beschließt das nach den Artikeln 8 bis 15 zuständige Gericht die Unterbringung des Kindes in einer Pflegefamilie und soll das Kind in einem anderen Mitgliedstaat untergebracht werden und ist in diesem Mitgliedstaat für die innerstaatlichen Fälle der Unterbringung von Kindern die Einschaltung einer Behörde nicht vorgesehen, so setzt das Gericht die Zentrale Behörde oder eine zuständige Behörde dieses Mitgliedstaats davon in Kenntnis.

Art. 56 Brüssel IIa-VO regelt die grenzüberschreitende Unterbringung von Kindern. Maßnahmen nach Art. 56 Abs. 1 Brüssel IIa-VO umfassen neben der genannten Unterbringung in Jugendhilfeeinrichtungen oder in Pflegefamilien insbesondere auch sogenannte individualpädagogische Auslandsmaßnahmen. Das entsprechende Konsultationsverfahren nach Art. 56 Abs. 3 Brüssel IIa-VO ist in §§ 45 bis 47 IntFamRVG geregelt (vgl. hierzu *Schweppe*, § 47 IntFamRVG).[1]

Artikel 57 Brüssel IIa-VO Arbeitsweise

(1) [1]Jeder Träger der elterlichen Verantwortung kann bei der Zentralen Behörde des Mitgliedstaats, in dem er seinen gewöhnlichen Aufenthalt hat, oder bei der Zentralen Behörde des Mitgliedstaats, in dem das Kind seinen gewöhnlichen Aufenthalt hat oder in dem es sich befindet, einen Antrag auf Unterstützung gemäß Artikel 55 stellen. [2]Dem Antrag werden grundsätzlich alle verfügbaren Informationen beigefügt, die die Ausführung des Antrags erleichtern können. [3]Betrifft dieser Antrag die Anerkennung oder Vollstreckung einer Entscheidung über die elterliche Verantwortung, die in den Anwendungsbereich dieser Verordnung fällt, so muss der Träger der elterlichen Verantwortung dem Antrag die betreffenden Bescheinigungen nach Artikel 39, Artikel 41 Absatz 1 oder Artikel 42 Absatz 1 beifügen.

(2) Jeder Mitgliedstaat teilt der Kommission die Amtssprache(n) der Organe der Gemeinschaft mit, die er außer seiner/seinen eigenen Sprache(n) für Mitteilungen an die Zentralen Behörden zulässt.

(3) Die Unterstützung der Zentralen Behörden gemäß Artikel 55 erfolgt unentgeltlich.

(4) Jede Zentrale Behörde trägt ihre eigenen Kosten.

Von einer Kommentierung wird abgesehen.

Artikel 58 Brüssel IIa-VO

Von Abdruck und Kommentierung wird abgesehen.

---

1 Zur grenzüberschreitenden Unterbringung allgemein und zum Konsultationsverfahren insbesondere vgl. *Eschelbach/Rölke*, JAmt 2014, 494 ff.

Kapitel V
Verhältnis zu anderen Rechtsinstrumenten

Artikel 59 Brüssel IIa-VO Verhältnis zu anderen Rechtsinstrumenten

(1) Unbeschadet der Artikel 60, 61, 62 und des Absatzes 2 des vorliegenden Artikels ersetzt diese Verordnung die zum Zeitpunkt des Inkrafttretens dieser Verordnung bestehenden, zwischen zwei oder mehr Mitgliedstaaten geschlossenen Übereinkünfte, die in dieser Verordnung geregelte Bereiche betreffen.

(2)

a) Finnland und Schweden können erklären, dass das Übereinkommen vom 6. Februar 1931 zwischen Dänemark, Finnland, Island, Norwegen und Schweden mit Bestimmungen des internationalen Verfahrensrechts über Ehe, Adoption und Vormundschaft einschließlich des Schlussprotokolls anstelle dieser Verordnung ganz oder teilweise auf ihre gegenseitigen Beziehungen anwendbar ist. Diese Erklärungen werden dieser Verordnung als Anhang beigefügt und im Amtsblatt der Europäischen Union veröffentlicht. Die betreffenden Mitgliedstaaten können ihre Erklärung jederzeit ganz oder teilweise widerrufen.

b) Der Grundsatz der Nichtdiskriminierung von Bürgern der Union aus Gründen der Staatsangehörigkeit wird eingehalten.

c) Die Zuständigkeitskriterien in künftigen Übereinkünften zwischen den in Buchstabe a) genannten Mitgliedstaaten, die in dieser Verordnung geregelte Bereiche betreffen, müssen mit den Kriterien dieser Verordnung im Einklang stehen.

d) Entscheidungen, die in einem der nordischen Staaten, der eine Erklärung nach Buchstabe a) abgegeben hat, aufgrund eines Zuständigkeitskriteriums erlassen werden, das einem der in Kapitel II vorgesehenen Zuständigkeitskriterien entspricht, werden in den anderen Mitgliedstaaten gemäß den Bestimmungen des Kapitels III anerkannt und vollstreckt.

(3) Die Mitgliedstaaten übermitteln der Kommission

a) eine Abschrift der Übereinkünfte sowie der einheitlichen Gesetze zur Durchführung dieser Übereinkünfte gemäß Absatz 2 Buchstaben a) und c),

b) jede Kündigung oder Änderung dieser Übereinkünfte oder dieser einheitlichen Gesetze.

Artikel 60 Brüssel IIa-VO Verhältnis zu bestimmten multilateralen Übereinkommen

Im Verhältnis zwischen den Mitgliedstaaten hat diese Verordnung vor den nachstehenden Übereinkommen insoweit Vorrang, als diese Bereiche betreffen, die in dieser Verordnung geregelt sind:

a) Haager Übereinkommen vom 5. Oktober 1961 über die Zuständigkeit der Behörden und das anzuwendende Recht auf dem Gebiet des Schutzes von Minderjährigen,

b) Luxemburger Übereinkommen vom 8. September 1967 über die Anerkennung von Entscheidungen in Ehesachen,

c) Haager Übereinkommen vom 1. Juni 1970 über die Anerkennung von Ehescheidungen und der Trennung von Tisch und Bett,

d) Europäisches Übereinkommen vom 20. Mai 1980 über die Anerkennung und Vollstreckung von Entscheidungen über das Sorgerecht für Kinder und die Wiederherstellung des Sorgeverhältnisses und

e) Haager Übereinkommen vom 25. Oktober 1980 über die zivilrechtlichen Aspekte internationaler Kindesentführung.

1   Während Art. 59 Brüssel IIa-VO allgemein den grundsätzlichen Vorrang der Brüssel IIa-VO vor anderen zwischenstaatlichen Übereinkommen regelt, benennt Art. 60 Brüssel IIa-VO konkret, dass die Brüssel IIa-VO bei Überschneidung der Anwendungsbereiche Vorrang hat vor

- dem Minderjährigenschutzübereinkommen – MSA,
- dem Europäischen Sorgerechtsübereinkommen – ESÜ,
- dem Haager Kindesentführungsübereinkommen – HKÜ.

2   Außerhalb des Anwendungsbereichs der Brüssel IIa-VO finden die genannten Übereinkommen jedoch weiterhin Anwendung, vgl. Art. 62 Brüssel IIa-VO.

3   In Bezug auf das HKÜ ist weiter zu beachten, dass die Brüssel IIa-VO in Art. 10, 11 sowie 40 Abs. 1 lit. b) und 42 Brüssel IIa-VO Bestimmungen enthält, welche der Stärkung des Rückführungsmechanismus des HKÜ dienen.

Artikel 61 Brüssel IIa-VO Verhältnis zum Haager Übereinkommen vom 19. Oktober 1996

Im Verhältnis zum Haager Übereinkommen vom 19. Oktober 1996 über die Zuständigkeit, das anzuwendende Recht, die Anerkennung, Vollstreckung und Zusammenarbeit auf dem Gebiet der elterlichen Verantwortung und der Maßnahmen zum Schutz von Kindern ist diese Verordnung anwendbar,

a) wenn das betreffende Kind seinen gewöhnlichen Aufenthalt im Hoheitsgebiet eines Mitgliedstaats hat;

b) in Fragen der Anerkennung und der Vollstreckung einer von dem zuständigen Gericht eines Mitgliedstaats ergangenen Entscheidung im Hoheitsgebiet eines anderen Mitgliedstaats, auch wenn das betreffende Kind seinen gewöhnlichen Aufenthalt im Hoheitsgebiet eines Drittstaats hat, der Vertragspartei des genannten Übereinkommens ist.

Nach Art. 61 lit a) Brüssel IIa-VO ist der Vorrang der Brüssel IIa-VO bei Überschneidung der Anwendungsbereiche im Verhältnis zum KSÜ abhängig vom gewöhnlichen Aufenthalt des Kindes in einem EU-Mitgliedstaat. Damit bestimmt sich die internationale Zuständigkeit nach dem KSÜ, wenn das Kind seinen gewöhnlichen Aufenthalt in einem Vertragsstaat des KSÜ hat, der nicht zu den EU-Mitgliedstaaten gehört, so etwa im Verhältnis zu Dänemark. **1**

Art. 61 lit b) Brüssel IIa-VO erweitert den Vorrang der Brüssel IIa-VO auf die Anerkennung und Vollstreckung einer in einem EU-Mitgliedstaat erlassenen Entscheidung in einem anderen EU-Mitgliedstaat auf Fälle, in denen ein Kind seinen gewöhnlichen Aufenthalt in einem Vertragsstaat des KSÜ hat. Für die Anerkennung und Vollstreckung ist mithin allein die Bindung von Ursprungsstaat und Anerkennungs- bzw. Vollstreckungsstaat an die Brüssel IIa-VO maßgeblich. **2**

Artikel 62 Brüssel IIa-VO Fortbestand der Wirksamkeit

(1) Die in Artikel 59 Absatz 1 und den Artikeln 60 und 61 genannten Übereinkünfte behalten ihre Wirksamkeit für die Rechtsgebiete, die durch diese Verordnung nicht geregelt werden.

(2) Die in Artikel 60 genannten Übereinkommen, insbesondere das Haager Übereinkommen von 1980, behalten vorbehaltlich des Artikels 60 ihre Wirksamkeit zwischen den ihnen angehörenden Mitgliedstaaten.

Von einer Kommentierung wird abgesehen.

Von Abdruck und Kommentierung der weiteren Vorschriften der Brüssel IIa-VO wird abgesehen.

Die Liste der durch die EU-Mitgliedstaaten nach Art. 68 Brüssel IIa-VO zu benennenden zuständigen Gerichte ist veröffentlicht unter Abl. C 40 vom 17.2.2005; Informationen sind über die jeweiligen Zentralen Behörden der Mitgliedstaaten erhältlich.

Kapitel 3
Internationale Übereinkommen

Abschnitt 1
Haager Kindesentführungsübereinkommen – HKÜ

Weiterführende Literatur: Nehls, Praktischer Leitfaden zum Haager Übereinkommen über die zivilrechtlichen Aspekte internationaler Kindesentführung, ZKJ 2014, 62 ff.; *Vogel,* Haager Übereinkommen über die zivilrechtlichen Aspekte internationaler Kindesentführung, FPR 2012, 403 ff.

Artikel 1 HKÜ Ziel des Übereinkommens

Ziel dieses Übereinkommens ist es,

a)   die sofortige Rückgabe widerrechtlich in einen Vertragsstaat verbrachter oder dort zurückgehaltener Kinder sicherzustellen und

b)   zu gewährleisten, dass das in einem Vertragsstaat bestehende Sorgerecht und Recht zum persönlichen Umgang in den anderen Vertragsstaaten tatsächlich beachtet wird.

Übersicht

A. Allgemeines

I. Ziele des Übereinkommens

1   Das Haager Übereinkommen über die zivilrechtlichen Aspekte internationaler Kindesentführung vom 25. Oktober 1980 (HKÜ) enthält einen besonderen Regelungsmechanismus für Fälle, in denen ein Kind durch einen Elternteil unter Verletzung des (Mit-)Sorgerechts des anderen Elternteils in einen anderen Staat verbracht wurde oder dort zurückgehalten wird. Das Übereinkommen basiert auf der Prämisse, dass die sofortige Rückführung grundsätzlich im Interesse des Kindes sei, da sie den vor dem Verbringen bestehenden Zustand wiederherstelle und eine Entscheidung über das Sorgerecht im Herkunftsstaat, d.h. im bisherigen Aufenthaltsstaat des Kindes, ermöglicht.[1] Ziel ist die Herstellung des *status quo ante,* zugleich soll präventiv künftigen eigenmächtigen Aufenthaltswechseln entgegengewirkt werden.[2]

II. Anwendungsbereich

1. Räumlich

2   Das Übereinkommen findet (nur) zwischen den über 90 Vertragsstaaten Anwendung. Im Verhältnis zu Staaten, die dem Übereinkommen nach dessen Verabschiedung beitreten bzw. beigetreten sind,

---

1   Diesem Rechtsgedanken folgend ermöglicht § 154 FamFG den Familiengerichten im Falle innerstaatlicher Sorgerechtsauseinandersetzungen, das Verfahren an das Gericht des früheren gewöhnlichen Aufenthalts des Kindes zu verweisen, wenn ein Elternteil den Aufenthalt des Kindes ohne vorherige Zustimmung des anderen geändert hat (vgl. hierzu *Keuter,* § 154 FamFG Rn. 1).
2   Zu den Zielen des HKÜ vgl. etwa BVerfG FamRZ 1999, 85, 87

ist die **Annahme des Beitritts** durch den jeweiligen Vertragsstaat Voraussetzung für die Geltung zwischen diesen Staaten.[3]

Für Deutschland findet das HKÜ derzeit im Verhältnis zu folgenden Staaten Anwendung: Albanien, Andorra, Argentinien, Armenien, Australien, Bahamas, Belgien, Belize, Bosnien und Herzegowina, Brasilien, Bulgarien, Burkina Faso, Chile, China (nur Hong Kong und Macau), Costa Rica, Dänemark, Dominikanische Republik, Ecuador, El Salvador, Estland, Fidschi, Finnland, Frankreich, Georgien, Griechenland, Guatemala, Honduras, Irland, Island, Israel, Italien, Japan, Kanada, Kolumbien, Kroatien, Lettland, Litauen, Luxemburg, Malta, Marokko, Mauritius, Mazedonien, Mexiko, Neuseeland, Nicaragua, Niederlande, Norwegen, Österreich, Panama, Paraguay, Peru, Polen, Portugal, Rumänien, San Marino, Schweden, Schweiz, Serbien, Seychellen, Simbabwe, Singapur, Slowakei, Slowenien, Spanien, Sri Lanka, St. Kitts und Nevis, Südafrika, Thailand, Trinidad und Tobago, Tschechien, Türkei, Turkmenistan, Ukraine, Ungarn, Uruguay, USA, Usbekistan, Venezuela, Vereinigtes Königreich, Weißrussland und Zypern.   **3**

2. Persönlich

Das HKÜ findet Anwendung für   **4**

- Minderjährige unter 16 Jahren (siehe *Schweppe, Art.* 4 HKÜ Rn. 1)
- mit gewöhnlichem Aufenthalt in einem Vertragsstaat des HKÜ,
- die widerrechtlich (siehe *Schweppe, Art.* 3 HKÜ Rn. 1 ff.)
- aus einem Vertragsstaat (Herkunftsstaat)
- in einen anderen (Zufluchtsstaat) verbracht wurden oder dort zurückgehalten werden.

Auf die Staatsangehörigkeit des Kindes und der Eltern kommt es nicht an.   **5**

3. Zeitlich

Das HKÜ findet nur Anwendung, wenn das widerrechtliche Verbringen oder Zurückhalten nach dem Inkrafttreten in diesen Staaten eingetreten ist (Art. 35 Abs. 1 HKÜ).   **6**

▶ *Zur Jahresfrist für die Antragstellung siehe Schweppe, Art. 12 HKÜ Rn. 5 ff.*

B. Gegenstand des Übereinkommens

Das HKÜ regelt nicht die internationale Zuständigkeit für Sorge- und Umgangsverfahren, diese folgt vielmehr aus Art. 8ff. Brüssel IIa-VO (siehe Art. 8ff. Brüssel IIa-VO), dem KSÜ (siehe Art. 5 ff. KSÜ) bzw. MSA (siehe Art. 1 MSA) oder subsidiär aus nationalem Recht (siehe § 99 FamFG).   **7**

▶ *Zur Frage, welches Übereinkommen Anwendung findet, siehe Schweppe, Vorbemerkungen, Rn. 17 ff.*

Auch enthält das HKÜ keine Regelungen für das anzuwendende Recht. Dieses bestimmt sich nach Art. 15 KSÜ, Art. 2 MSA bzw. subsidiär nach Art. 21 EGBGB (näher hierzu die Kommentierung der genannten Normen).   **8**

Gegenstand des HKÜ ist vielmehr die wechselseitige Achtung bestehender Sorgerechtspositionen und die Durchsetzung der internationalen Zuständigkeit des Staates des jeweiligen gewöhnlichen Aufenthaltes für die Durchführung des Sorgerechtsverfahrens.   **9**

I. Rückführungsverfahren

Zur Durchsetzung der internationalen Zuständigkeit für die Durchführung des Sorgerechtsverfahrens enthält das HKÜ in Art. 8 HKÜ (Antragstellung), Art. 12 HKÜ (Anordnung der Rückführung) und Art. 13 HKÜ (Ausnahmetatbestände) ein spezielles Rückführungsverfahren.   **10**

Zwischen den EU-Mitgliedstaaten stärken die Regelungen in Art. 11 Abs. 6 bis 8 Brüssel IIa-VO (siehe näher hierzu *Schweppe,* Art. 11 Brüssel IIa-VO Rn. 13 ff.) die Zuständigkeit der Gerichte des Herkunftsstaats, indem die Einleitung eines Sorgeverfahrens im Herkunftsstaat gefördert wird, wenn im Verhältnis zweier EU-Mitgliedstaaten die Ablehnung der Rückführung auf Art. 13 Abs. 1b) HKÜ ge-   **11**

---

3 Art. 38 Abs. 3 HKÜ. Nach EuGH FamRZ 2015, 21, 24, fällt das Einverständnis zum Beitritt eines Drittstaats zum HKÜ in die ausschließliche EU-Zuständigkeit, so dass künftig die Annahme im Verhältnis zu weiteren Staaten von der Zustimmung aller Mitgliedstaaten abhängt (*Dutta,* FamRZ 2015, 24).

stützt worden ist. Eine Sorgerechtsregelung, die im Herkunftsstaat nach Ablehnung der Rückführung ergeht, ist im Zufluchtsstaat zudem automatisch vollstreckbar (Art. 11 Abs. 8 i.V.m. Art. 40, 42 Brüssel IIa-VO).

II. Achtung bestehender Rechte

12 Weiter hebt Art. 1 HKÜ die Verpflichtung der Vertragsstaaten zur Beachtung von Sorge- und Umgangsrechten hervor. Während der Schutz des Sorgerechts über das Rückführungsverfahren gewährleistet wird, ist das Recht zum persönlichen Umgang nach Maßgabe des Art. 21 HKÜ geschützt.

Artikel 2 HKÜ Umsetzung des Übereinkommens

¹Die Vertragsstaaten treffen alle geeigneten Maßnahmen, um in ihrem Hoheitsgebiet die Ziele des Übereinkommens zu verwirklichen. ²Zu diesem Zweck wenden sie ihre schnellstmöglichen Verfahren an.

1 Besondere Verfahrensregelungen zur Umsetzung des HKÜ enthält das IntFamRVG (vgl. *Schweppe*, Kommentierung zu §§ 37 ff. IntFamRVG). Auch andere Vertragsstaaten haben entsprechende Ausführungsgesetze erlassen.[1]

2 Die Verpflichtung der Vertragsstaaten zur Anwendung beschleunigter Verfahren wird durch Art. 11 HKÜ verstärkt.

Artikel 3 HKÜ Widerrechtliches Verbringen oder Zurückhalten

¹Das Verbringen oder Zurückhalten eines Kindes gilt als widerrechtlich, wenn

a) **dadurch das Sorgerecht verletzt wird, das einer Person, Behörde oder sonstigen Stelle allein oder gemeinsam nach dem Recht des Staates zusteht, in dem das Kind unmittelbar vor dem Verbringen oder Zurückhalten seinen gewöhnlichen Aufenthalt hatte, und**

b) **dieses Recht im Zeitpunkt des Verbringens oder Zurückhaltens allein oder gemeinsam tatsächlich ausgeübt wurde oder ausgeübt worden wäre, falls das Verbringen oder Zurückhalten nicht stattgefunden hätte.**

²Das unter Buchstabe a genannte Sorgerecht kann insbesondere kraft Gesetzes, aufgrund einer gerichtlichen oder behördlichen Entscheidung oder aufgrund einer nach dem Recht des betreffenden Staates wirksamen Vereinbarung bestehen.

Übersicht

A. Allgemeines

1 Art. 3 HKÜ definiert den Begriff der Widerrechtlichkeit als Verletzung eines Sorgerechts und enthält damit – neben Art. 12 HKÜ – maßgebliche Voraussetzungen für das Rückführungsverfahren.

B. Inhalt der Norm

I. Verletzung eines Sorgerechts

2 Maßgeblich ist nach Art. 3 Satz 1 a) HKÜ das nach dem Staat des gewöhnlichen Aufenthalts zum Zeitpunkt des Verbringens oder Zurückhaltens bestehende Sorgerecht. Zurückhalten bezeichnet dabei

---

1 Vgl. hierzu die Beispiele bei MüKo-BGB/*Siehr*, Art. 2 HKÜ Rn. 1.

den Fall, dass ein Elternteil nach einem mit dem Einverständnis des anderen Elternteils geplanten Urlaub in einem anderen Staat nicht mit dem Kind in den Herkunftsstaat zurückkehrt.

1. Staat des gewöhnlichen Aufenthaltes

Der gewöhnliche Aufenthalt im Sinne des HKÜ richtet sich nach dem tatsächlichen Lebensmittelpunkt des Kindes.[1]   **3**

▶   *Näher zum Begriff des gewöhnlichen Aufenthalts Schweppe, Art. 8 Brüssel IIa-VO Rn. 3 ff.*

Das Forum, d.h. der Staat, nach dem sich der gewöhnliche Aufenthalt bestimmt, kann bei häufigen Aufenthaltswechseln, etwa bei einem Wechselmodell mit annähernd gleich großen Betreuungsanteilen, schwierig zu ermitteln sein.[2] Nach einer Auffassung soll bei ständig wechselnden Aufenthalten des Kindes zwischen zwei Staaten das HKÜ keine Anwendung finden.[3] Allerdings kann ein Kind seinen gewöhnlichen Aufenthalt auch in mehreren Staaten haben (siehe hierzu Art. 8 Brüssel IIa-VO Rn. 8). Gemäß der Intention des HKÜ, die Zuständigkeit für das Sorgerechtsverfahren an den aktuellen Lebensmittelpunkt zu binden, ist anhand der Umstände des Einzelfalls zu prüfen, wo das Kind zum Zeitpunkt des Verbringens seinen gewöhnlichen Aufenthalt hatte, und das HKÜ demgemäß anzuwenden.[4] Abzulehnen ist dagegen die Auffassung, bei regelmäßigen Aufenthaltswechseln bleibe der gewöhnliche Aufenthalt dort, wo er sich zu dem Zeitpunkt befand, als der ständige Ortswechsel begann.[5]   **4**

2. Sorgerecht

Eine nähere Umschreibung der durch das HKÜ geschützten Rechtspositionen enthalten Art. 3 und 5 HKÜ.   **5**

Art. 3 Satz 2 HKÜ verdeutlicht, dass die rechtliche Grundlage des Sorgerechts (kraft Gesetzes, aufgrund gerichtlicher Entscheidung oder Vereinbarung der Eltern) nicht von Bedeutung ist.   **6**

Das Sorgerecht im Sinne des Art. 3 Satz 1 a) HKÜ muss nicht zwingend einem Elternteil zustehen, auch ein einem Gericht oder einer Behörde zustehendes Recht ist beachtlich. So geht etwa mit Einreichung eines Sorgerechtsantrags durch den Vater eines nichtehelichen Kindes nach schottischem Recht das Sorgerecht für das Kind einstweilen auf das Gericht über, womit das anschließende Verbringen des nichtehelichen Kindes nach Deutschland als widerrechtlich i.S.d. Art. 3 HKÜ anzusehen ist.[6]   **7**

3. Zeitpunkt des Bestehens des Sorgerechts

Maßgeblich für die Bewertung der Widerrechtlichkeit ist die Rechtssituation im Zeitpunkt des Verbringens nach dem Recht des Staates, in dem das Kind unmittelbar vor dem Verbringen oder Zurückhalten seinen gewöhnlichen Aufenthalt hatte,[7] spätere Veränderungen der Rechtslage sind unbeachtlich.   **8**

II. Tatsächliche Ausübung

An die tatsächliche Ausübung des Sorgerechts im Sinne des Art. 3 Satz 1 b) HKÜ sind keine hohen Anforderungen zu stellen. So genügt ein persönlicher oder telefonischer Kontakt zum Kind zum Zwecke der Wahrnehmung des Umgangsrechts.[8] Ob eine tatsächliche Ausübung zu verneinen ist, wenn ein Elternteil sich seit der Trennung der Eltern bis zum Verbringen des Kindes lediglich durch anwaltliche Schreiben vergeblich um den Umgang mit dem Kind bemüht hat,[9] kann nur unter Berücksichtigung der Umstände des Einzelfalls beurteilt werden. Sofern auf die anwaltlichen Schreiben keinerlei Reaktion bzw. Gesprächsangebote des anderen Elternteils erfolgten, dürfte eine tatsächliche Ausübung im Sinne des HKÜ eher nicht zu verneinen sein.   **9**

---

1 Ausführlich hierzu OLG Frankfurt FamRZ 2006, 883, 884, sowie OLG Hamm ZKJ 2013, 35, 38 f.
2 Hierzu *Nehls*, ZKJ 2014, 62
3 OLG Karlsruhe FamRZ 2003, 955, wobei das Gericht dahingestellt ließ, ob von mehreren gewöhnlichen oder nur schlichten Aufenthalten auszugehen sei.
4 So OLG Stuttgart FamRZ 2003, 959, 960
5 OLG Rostock FamRZ 2001, 642
6 Vgl. OLG München FamRZ 2005, 1002, 1003, unter Bezugnahme auf eine Entscheidung des House of Lords (1999) „in re H".
7 *Ganz*, Rn. 135; OLG Frankfurt ZKJ 2009, 373, 375 f.
8 Vgl. etwa OLG Nürnberg FamRZ 2010, 1575, 1576; OLG Dresden FamRZ 2002, 1136, 1137
9 So OLG Bremen ZKJ 2013, 367, 369

Artikel 4 HKÜ Personeller Anwendungsbereich

[1]Das Übereinkommen wird auf jedes Kind angewendet, das unmittelbar vor einer Verletzung des Sorgerechts oder des Rechts zum persönlichen Umgang seinen gewöhnlichen Aufenthalt in einem Vertragsstaat hatte. [2]Das Übereinkommen wird nicht mehr angewendet, sobald das Kind das 16. Lebensjahr vollendet hat.

1 Die Regelung begrenzt den persönlichen Anwendungsbereich des Übereinkommens auf Kinder bis zur Vollendung des 16. Lebensjahres, dabei ist auch das Erreichen der Altersgrenze während eines laufenden Verfahrens erheblich („sobald").

2 Weitere Voraussetzung für die Anwendung ist der gewöhnliche Aufenthalt in einem Vertragsstaat zum Zeitpunkt der Verletzung des Sorge- bzw. Umgangsrechts. Ausgeschlossen ist die Einleitung eines Rückführungsverfahrens, wenn der gewöhnliche Aufenthalt des Kindes vor dem Verbringen bzw. Zurückhalten in einem Drittstaat, also nicht in einem Vertragsstaat, lag.

Artikel 5 HKÜ Umfang von Sorge- und Umgangsrecht

Im Sinn dieses Übereinkommens umfasst

a) das „Sorgerecht" die Sorge für die Person des Kindes und insbesondere das Recht, den Aufenthalt des Kindes zu bestimmen;

b) das „Recht zum persönlichen Umgang" das Recht, das Kind für eine begrenzte Zeit an einen anderen Ort als seinen gewöhnlichen Aufenthaltsort zu bringen.

Übersicht

1 Die Norm definiert den notwendigen Umfang des Sorge- und Umgangsrechts im Sinne des HKÜ abweichend von den Inhalten der Regelungen des Bürgerlichen Gesetzbuches.

▶ *Näher hierzu Fink, § 1626 BGB Rn. 11 ff. sowie Gottschalk, § 1684 BGB Rn. 1 ff.*

A. Sorgerecht

2 Maßgeblich für die **Qualifizierung als Sorgerecht** im Sinne des HKÜ ist das Recht, den Aufenthalt des Kindes (mit-)zu bestimmen.

3 Inwiefern der Aufenthalt des Kindes nur aufgrund einvernehmlicher Entscheidung der Eltern verändert werden darf bzw. Einschränkungen bestehen, den Aufenthalt des Kindes eigenmächtig zu verändern, unterliegt dem Recht des Herkunftsstaats.[1]

4 Nach deutschem Recht genügt grundsätzlich das alleinige Aufenthaltsbestimmungsrecht eines Elternteils, so dass der gegen den Willen des im Übrigen mitsorgeberechtigten Elternteils vorgenommene Aufenthaltswechsel innerhalb der europäischen Gemeinschaft nicht als widerrechtlich anzusehen ist, weil der andere Elternteil seine Mitsorge auch von seinem Heimatland aus in ausreichendem Maße ausüben kann.[2]

B. Abgrenzung zum Umgangsrecht

5 Das Recht zum persönlichen Umgang wird über Art. 21 HKÜ geschützt. Allein die Einschränkung der Möglichkeit, den persönlichen Umgang mit dem Kind auszuüben, genügt nicht für die Geltendmachung eines Rückführungsanspruchs, soweit damit nicht die Verletzung einer Sorgerechtsposition verbunden ist.

---

1 MüKo-BGB/*Siehr*, Art. 3 HKÜ Rn. 3

2 So OLG Koblenz FamRZ 2008, 813; anderes gilt nach OLG Köln FamRZ 2010, 913, für eine Auswanderung nach Thailand, da so das Mitsorgerecht des anderen Elternteils in unzulässiger Weise beeinträchtigt würde.

Artikel 6 HKÜ Zentrale Behörde

(1) [1]Jeder Vertragsstaat bestimmt eine zentrale Behörde, welche die ihr durch dieses Übereinkommen übertragenen Aufgaben wahrnimmt.

(2) [1]Einem Bundesstaat, einem Staat mit mehreren Rechtssystemen oder einem Staat, der aus autonomen Gebietskörperschaften besteht, steht es frei, mehrere zentrale Behörden zu bestimmen und deren räumliche Zuständigkeit festzulegen. [2]Macht ein Staat von dieser Möglichkeit Gebrauch, so bestimmt er die zentrale Behörde, an welche die Anträge zur Übermittlung an die zuständige zentrale Behörde in diesem Staat gerichtet werden können.

Art. 6 HKÜ verpflichtet die Vertragsstaaten zur Einrichtung Zentraler Behörden.[1] In Deutschland ist dies nach § 3 Abs. 1 IntFamRVG das Bundesamt für Justiz mit Sitz in Bonn (siehe auch www.bundes-justizamt.de).

▶ *Näher zu den Aufgaben der Zentralen Behörde vgl. Schweppe, Art. 7 HKÜ sowie Schweppe, §§ 4 ff. IntFamRVG.*

Artikel 7 HKÜ Zusammenarbeit

(1) [1]Die zentralen Behörden arbeiten zusammen und fördern die Zusammenarbeit der zuständigen Behörden ihrer Staaten, um die sofortige Rückgabe von Kindern sicherzustellen und auch die anderen Ziele dieses Übereinkommens zu verwirklichen.

(2) [1]Insbesondere treffen sie unmittelbar oder mit Hilfe anderer alle geeigneten Maßnahmen, um

a) den Aufenthaltsort eines widerrechtlich verbrachten oder zurückgehaltenen Kindes ausfindig zu machen;

b) weitere Gefahren von dem Kind oder Nachteile von den betroffenen Parteien abzuwenden, indem sie vorläufige Maßnahmen treffen oder veranlassen;

c) die freiwillige Rückgabe des Kindes sicherzustellen oder eine gütliche Regelung der Angelegenheit herbeizuführen;

d) soweit zweckdienlich Auskünfte über die soziale Lage des Kindes auszutauschen;

e) im Zusammenhang mit der Anwendung des Übereinkommens allgemeine Auskünfte über das Recht ihrer Staaten zu erteilen;

f) ein gerichtliches oder behördliches Verfahren einzuleiten oder die Einleitung eines solchen Verfahrens zu erleichtern, um die Rückgabe des Kindes zu erwirken sowie ggf. die Durchführung oder die wirksame Ausübung des Rechts zum persönlichen Umgang zu gewährleisten;

g) soweit erforderlich die Bewilligung von Prozesskosten- und Beratungshilfe, einschließlich der Beiordnung eines Rechtsanwalts, zu veranlassen oder zu erleichtern;

h) durch etwa notwendige und geeignete behördliche Vorkehrungen die sichere Rückgabe des Kindes zu gewährleisten;

i) einander über die Wirkungsweise des Übereinkommens zu unterrichten und Hindernisse, die seiner Anwendung entgegenstehen, soweit wie möglich auszuräumen.

Übersicht

A. Allgemeines

Während Abs. 1 der Norm den Grundsatz der Kooperation der Zentralen Behörden umschreibt, benennt ihr Abs. 2 einzelne Aufgaben der Zentralen Behörden. Näher geregelt sind diese in den jeweiligen nationalen Ausführungsvorschriften. Für Deutschland finden sich diese in §§ 4 ff. IntFamRVG. **1**

▶ *Näher hierzu siehe Schweppe, § 6 IntFamRVG und § 7 IntFamRVG.*

---

1 Eine Aufstellung der Zentralen Behörden der Vertragsstaaten enthält die Kommentierung Staudinger/*Pirrung*, Vorbem zu Art. 19 EGBGB D 42. Zudem sind die Daten über das Bundesamt für Justiz oder die Internetseite der Haager Konferenz für Internationales Privatrecht www.hcch.net erhältlich.

A. Aufgaben der Zentralen Behörde

2   Die Aufgaben der Zentralen Behörde können danach unterschieden werden, ob die Behörde sich mit Anträgen zu befassen hat, die aus Deutschland an einen anderen Vertragsstaat gerichtet werden (sog. ausgehende Anträge) oder mit solchen, die von einem anderen Vertragsstaat in Deutschland gestellt werden (sog. eingehende Anträge).

I. Ausgehende Anträge

3   Ausgehende Anträge über das Bundesamt für Justiz werden zunächst auf Vollständigkeit der eingereichten Unterlagen geprüft, ggf. werden fehlende Dokumente und Übersetzungen nachgefordert bzw. auf Kosten des Antragstellers veranlasst (vgl. § 5 Abs. 1 IntFamRVG), und sodann an die Zentrale Behörde des Zufluchtsstaats weitergeleitet.[1]

4   Das weitere Verfahren folgt dann den Regelungen und Ausführungsbestimmungen des anderen Vertragsstaats.

II. Eingehende Anträge

5   Bei eingehenden Anträgen prüft das Bundesamt für Justiz zunächst die Unterlagen einschließlich der VKH-Unterlagen, sofern Verfahrenskostenhilfe beantragt wird (vgl. zu den Kosten Art 26 HKÜ Rn. 2 f.) und veranlasst ggf. deren Vervollständigung (insbesondere Übersetzungen, § 4 Abs. 2 IntFamRVG).

6   Sofern notwendig, hilft das Bundesamt für Justiz den Aufenthalt des Kindes zu ermitteln (Art. 7 Abs. 2a) HKÜ i.V.m. § 7 IntFamRVG).

7   Zudem veranlasst das Bundesamt für Justiz die Mitteilung an das für den aktuellen Aufenthaltsort des Kindes zuständige Gericht über die Sperrwirkung des Art. 16 HKÜ und die Einleitung des gerichtlichen Rückführungsverfahrens vor dem nach § 11 i.V.m. § 12 IntFamRVG zuständigen Familiengericht.

8   Grundsätzlich wird bereits im Vorfeld des Gerichtsverfahrens der Elternteil, in dessen Obhut sich das Kind befindet, durch ein Anschreiben auf die Möglichkeit der freiwilligen Rückkehr in den Herkunftsstaat und auf Angebote zur Mediation hingewiesen (vgl. Art. 7 Abs. 2c) HKÜ).

  ▶ *Näher siehe nachfolgend Wegener, Kapitel 6 „Mediation in internationalen Kindschaftskonflikten".*

Artikel 8 HKÜ Antrag auf Rückgabe

(1) [1]Macht eine Person, Behörde oder sonstige Stelle geltend, ein Kind sei unter Verletzung des Sorgerechts verbracht oder zurückgehalten worden, so kann sie sich entweder an die für den gewöhnlichen Aufenthalt des Kindes zuständige zentrale Behörde oder an die zentrale Behörde eines anderen Vertragsstaats wenden, um mit deren Unterstützung die Rückgabe des Kindes sicherzustellen.

(2) [1]Der Antrag muss enthalten

a)   Angaben über die Identität des Antragstellers, des Kindes und der Person, die das Kind angeblich verbracht oder zurückgehalten hat;

b)   das Geburtsdatum des Kindes, soweit es festgestellt werden kann;

c)   die Gründe, die der Antragsteller für seinen Anspruch auf Rückgabe des Kindes geltend macht;

d)   alle verfügbaren Angaben über den Aufenthaltsort des Kindes und die Identität der Person, bei der sich das Kind vermutlich befindet.

[2]Der Antrag kann wie folgt ergänzt oder es können ihm folgende Anlagen beigefügt werden:

e)   eine beglaubigte Ausfertigung einer für die Sache erheblichen Entscheidung oder Vereinbarung;

f)   eine Bescheinigung oder eidesstattliche Erklärung (Affidavit) über die einschlägigen Rechtsvorschriften des betreffenden Staates; sie muss von der zentralen Behörde oder einer sonstigen zuständigen Behörde des Staates, in dem sich das Kind gewöhnlich aufhält, oder von einer dazu befugten Person ausgehen;

g)   jedes sonstige für die Sache erhebliche Schriftstück.

---

1 Bundesamt für Justiz: Internationale Kindschaftsverfahren, S. 8 f.

A. Allgemeines

Die Norm regelt sehr detailliert die Antragstellung und die inhaltlichen Anforderungen an den Rückführungsantrag. Dieser kann zum einen über die Zentrale Behörde gestellt werden (hierzu Rn. 2). Zum anderen ist es aber auch statthaft, den Antrag unmittelbar an das zuständige Gericht des Zufluchtsstaats zu richten (hierzu Rn. 3). **1**

B. Antragstellung

I. Antrag über Zentrale Behörde

Abs. 1 sieht vor, dass der Antrag über die Zentrale Behörde eines Vertragsstaats – sei es im Staat des bisherigen Aufenthalts des Kindes (Herkunftsstaat) oder im jetzigen Aufenthaltsstaat (Zufluchtsstaat) – gestellt werden kann. Die Zentrale Behörde veranlasst sodann die Weiterleitung an das zuständige Gericht, ggf. über die Zentrale Behörde des Aufenthaltsstaats. **2**

II. Antrag direkt an das zuständige Gericht

Die Antragstellung über die Zentrale Behörde ist nicht zwingende Voraussetzung für die Durchführung des Rückführungsverfahrens. Der Antragsteller kann auch direkt – persönlich oder über einen Rechtsanwalt – einen Rückführungsantrag beim zuständigen Gericht stellen. Dies ergibt sich auch aus Art. 29 HKÜ. **3**

Welches Gericht örtlich zuständig ist, richtet sich nach den gesetzlichen Regelungen des jeweiligen Vertragsstaats. In Deutschland greift nach § 11 i.V.m. § 12 IntFamRVG eine besondere Zuständigkeitskonzentration: Zuständig ist grundsätzlich das Familiengericht, in dessen Bezirk ein Oberlandesgericht seinen Sitz hat, für den Bezirk dieses Oberlandesgerichts.[1] **4**

Angesichts der besonderen Rechtsmaterie und der mit einer direkten Antragstellung verbundenen Schwierigkeiten, das zuständige Gericht zu ermitteln und sämtliche Unterlagen vollständig einzureichen, ist jedoch – soweit keine besondere Spezialisierung besteht – die Antragstellung über die Zentralen Behörden im Hinblick auf deren kostenfreie Beratung und Unterstützung zweckmäßiger. **5**

III. Antragsform und -sprache

Der Inhalt des Rückführungsantrags sowie ggf. beizufügender Schriftstücke ist der Auflistung in Abs. 2 zu entnehmen. **6**

Die einzureichenden Unterlagen sind nach Art. 24 HKÜ in der Originalsprache und zusätzlich in Übersetzung in die Amtssprache des Zufluchtsstaats zu übersenden.[2]

Artikel 9 HKÜ Weiterleitung eines Antrags

Hat die zentrale Behörde, bei der ein Antrag nach Artikel 8 eingeht, Grund zu der Annahme, dass sich das Kind in einem anderen Vertragsstaat befindet, so übermittelt sie den Antrag unmittelbar und unverzüglich der zentralen Behörde dieses Staates; sie unterrichtet davon die ersuchende zentrale Behörde oder ggf. den Antragsteller.

Voraussetzung für die Durchführung eines Rückführungsverfahrens ist, dass sich das betroffene Kind tatsächlich (noch) im Zufluchtsstaat aufhält. Ist dies nicht (mehr) der Fall, verpflichtet Art. 9 HKÜ die angerufene Zentrale Behörde, den Antrag direkt an die Zentrale Behörde des Vertragsstaats weiterzuleiten, in dem sich das Kind nunmehr aufhält. **1**

---

1 Eine Liste der zuständigen Familiengerichte kann unter www.bundesjustizamt.de/sorgerecht abgerufen werden.
2 Vordrucke für Rückführungsanträge sowie für Anträge auf Verfahrenskostenhilfe in mehreren Sprachen sind unter www.bundesjustizamt.de/sorgerecht erhältlich.

2 Hält sich das Kind nunmehr in einem Drittstaat auf, ist der Antrag allerdings durch die angerufene Zentrale Behörde auf Grundlage des Art. 12 Abs. 3 HKÜ zurückzuweisen.

Artikel 10 HKÜ Realisierung der Rückgabe

Die zentrale Behörde des Staates, in dem sich das Kind befindet, trifft oder veranlasst alle geeigneten Maßnahmen, um die freiwillige Rückgabe des Kindes zu bewirken.

Vorrangig vor dem Erlass einer gerichtlichen Rückführungsanordnung ist der Versuch, die freiwillige Rückführung des Kindes insbesondere die gemeinsame Rückkehr in den Herkunftsstaat zu erreichen. Eine Möglichkeit hierzu bietet die Einleitung eines Mediationsverfahrens (zu Einzelheiten siehe nachfolgend *Wegener*, Kapitel 6 „Mediation in internationalen Kindschaftskonflikten").

Artikel 11 HKÜ Begründung einer Verfahrensverzögerung

(1) In Verfahren auf Rückgabe von Kindern haben die Gerichte oder Verwaltungsbehörden eines jeden Vertragsstaats mit der gebotenen Eile zu handeln.

(2) ¹Hat das Gericht oder die Verwaltungsbehörde, die mit der Sache befasst sind, nicht innerhalb von sechs Wochen nach Eingang des Antrags eine Entscheidung getroffen, so kann der Antragsteller oder die zentrale Behörde des ersuchten Staates von sich aus oder auf Begehren der zentralen Behörde des ersuchenden Staates eine Darstellung der Gründe für die Verzögerung verlangen. ²Hat die zentrale Behörde des ersuchten Staates die Antwort erhalten, so übermittelt sie diese der zentralen Behörde des ersuchenden Staates oder ggf. dem Antragsteller.

1 Die Entscheidung über die Rückführung des Kindes ist in einem beschleunigten Verfahren zu treffen. Konkretisiert wird dieses Beschleunigungsgebot in Art. 11 Abs. 3 Brüssel IIa-VO und § 38 Abs. 1 IntFamRVG.

▶ *Näher hierzu Schweppe, Art. 11 Brüssel IIa-VO Rn. 10 bzw. Schweppe, § 38 IntFamRVG Rn. 1 f.*

2 Das beschleunigte Verfahren trägt dem Umstand Rechnung, dass Kinder sich während der andauernden Verfahren in ihre neue Umgebung integrieren.

▶ *Näher zu Sinn und Zweck des Beschleunigungsgebotes in Kindschaftssachen siehe Fink, § 155 FamFG Rn. 1, 13 m.w.N.*

3 Art. 11 Abs. 2 HKÜ ermöglicht dem Antragsteller und den Zentralen Behörden im Falle einer Verfahrensdauer von mehr als sechs Wochen eine – allerdings sanktionslose – Verzögerungsrüge.

Artikel 12 HKÜ Anordnung der Rückgabe

(1) Ist ein Kind im Sinn des Artikels 3 widerrechtlich verbracht oder zurückgehalten worden und ist bei Eingang des Antrags bei dem Gericht oder der Verwaltungsbehörde des Vertragsstaats, in dem sich das Kind befindet, eine Frist von weniger als einem Jahr seit dem Verbringen oder Zurückhalten verstrichen, so ordnet das zuständige Gericht oder die zuständige Verwaltungsbehörde die sofortige Rückgabe des Kindes an.

(2) Ist der Antrag erst nach Ablauf der in Absatz 1 bezeichneten Jahresfrist eingegangen, so ordnet das Gericht oder die Verwaltungsbehörde die Rückgabe des Kindes ebenfalls an, sofern nicht erwiesen ist, dass das Kind sich in seine neue Umgebung eingelebt hat.

(3) Hat das Gericht oder die Verwaltungsbehörde des ersuchten Staates Grund zu der Annahme, dass das Kind in einen anderen Staat verbracht worden ist, so kann das Verfahren ausgesetzt oder der Antrag auf Rückgabe des Kindes abgelehnt werden.

A. Allgemeines

Die Regelung setzt den Grundgedanken des HKÜ um: Bei Eingang eines entsprechenden Antrags innerhalb eines Jahres ist grundsätzlich die Rückführung des Kindes in den Herkunftsstaat anzuordnen, sofern das Kind unter Verletzung eines (Mit-)Sorgerechts in den Zufluchtsstaat verbracht wurde und keiner der hohen Anforderungen unterliegenden Ausnahmetatbestände des Art. 12 Abs. 2, Art. 13 und Art. 20 HKÜ greift. **1**

B. Inhalt der Norm

I. Grundsatz der Rückführung (Abs. 1, 2)

Ungeachtet des Wortlauts in Art. 8 Abs. 1 HKÜ ist Gegenstand des Verfahrens nicht die Anordnung der „Rückgabe" im Sinne der Herausgabe des Kindes an den Antragsteller, sondern es ist gemäß dem Sinn des HKÜ als Rechtshilfeübereinkommen die Rückführung des Kindes anzuordnen, da der Status wiederhergestellt werden soll, der vor dem Verbringen des Kindes ins Ausland bestand.[1] **2**

Die Verpflichtung zur Rückführung des Kindes nach Art. 12 Abs. 1 HKÜ ist erfüllt, wenn das Kind sich so lange im Heimatstaat aufgehalten hat, dass der rückfordernde Elternteil eine den Verbleib sichernde Anordnung hätte erwirken können. Die Begründung eines (erneuten) gewöhnlichen Aufenthalts des Kindes im Heimatstaat ist zur Erfüllung der Rückgabepflicht nicht erforderlich.[2] Nach Ansicht des OLG Karlsruhe ist die Verpflichtung zur Rückführung eines Kindes dagegen erst dann erfüllt, wenn das Kind sich auf Dauer wieder in dem Vertragsstaat aufhält, aus dem es entführt worden ist.[3] **3**

Die Rückführung des Kindes ist grundsätzlich in den Herkunftsstaat anzuordnen, also in den Staat, in dem das Kind bis zum Verbringen seinen gewöhnlichen Aufenthalt hatte. Soweit die USA betroffen ist, ist die Rückführung damit nicht in den jeweiligen Staat, sondern in die USA anzuordnen. **4**

II. Ausnahmen

1. Ablauf der Jahresfrist

Art. 12 Abs. 2 enthält – neben Art. 13 und 20 HKÜ – eine der Ausnahmen vom Grundsatz der Rückführung. **5**

Danach kann die Rückführung des Kindes verweigert werden, wenn der Rückführungsantrag erst nach Ablauf eines Jahres beim Gericht eingeht **und** das Kind sich in seine neue Umgebung eingelebt hat. Dies ist zu bejahen, wenn das Kind **zum Zeitpunkt der Entscheidung** mit dem neuen Wohnort und den Bezugspersonen so verbunden und durch soziale oder familiäre Beziehungen so verwurzelt **6**

---

1 OLG München FamRZ 2005, 1002, 1003, verweist hierzu auf die englische Fassung des Originaltextes, der „… shall order the return of the child forthwith" lautet, womit die Rückführung des Kindes gemeint ist.
2 OLG Schleswig FamRZ 2014, 494
3 OLG Karlsruhe FamRZ 2008, 2223, 2224 f. Dabei stellt das OLG sowohl auf die Intention der Kindesmutter als auch auf die tatsächlichen Aufenthaltszeiten des Kindes in beiden Staaten ab und gelangt – vor allem aufgrund des weiteren Kindergartenbesuchs in Deutschland – zu dem Schluss, dass die Kindesmutter zu keinem Zeitpunkt einen dauernden Aufenthalt des Kindes im Herkunftsstaat beabsichtigte.

ist, dass ein Bruch mit dieser Umgebung vollkommen **unzumutbar** wäre.[4] Nur in dieser Fallgruppe ist mithin die Integration des Kindes im Zufluchtsstaat erheblich.

7 Maßgeblich für den Ablauf der Jahresfrist ist der Antragseingang bei Gericht, nicht bei der Zentralen Behörde des Zufluchtsstaats.

2. Aufenthalt des Kindes in Drittstaat (Abs. 3)

8 Sofern sich das Kind zum Zeitpunkt des Erlasses der Rückführungsanordnung nicht (mehr) in dem Staat aufhält, dessen Gericht angerufen wurde, so ist der Antrag nach Abs. 3 zurückzuweisen. Die Alternative der Aussetzung des Verfahrens erscheint im Hinblick auf den Beschleunigungsgrundsatz kaum vertretbar. Eine Abgabe des Verfahrens durch das zur Entscheidung über den Rückführungsantrag zuständige Gericht ist anders als durch die Zentrale Behörde nach Art. 9 HKÜ im HKÜ nicht vorgesehen.

C. Verfahren

9 Für das Rückführungsverfahren, welches durch einen formgerechten Antrag einzuleiten ist (hierzu Art. 8 HKÜ), enthält das HKÜ mit Ausnahme des Beschleunigungsgebotes in Art. 11 HKÜ keine weiteren Vorgaben. Für Rückführungsverfahren vor deutschen Gerichten gelten die §§ 37 ff. IntFamRVG, subsidiär die Verfahrensvorschriften des FamFG.

▶ *Näher hierzu Schweppe, § 37 ff. IntFamRVG.*

I. Einschränkung des Amtsermittlungsgrundsatzes

10 Im Rückführungsverfahren ist der sonst in kindschaftsrechtlichen Verfahren geltende Amtsermittlungsgrundsatz (hierzu *Cirullies*, § 27 FamFG Rn. 1 f.). eingeschränkt. So obliegt im Rahmen des Art. 13 Abs. 1 lit. a) und b) HKÜ dem Elternteil, der sich der Rückführung des Kindes widersetzt, jeweils die volle Darlegungs- und Beweislast für das Vorliegen der Ausnahmetatbestände.[5]

11 Diese Beweislastverteilung ist verfassungsgemäß, da das HKÜ von dem Grundsatz ausgeht, dass die sofortige Rückführung in den Herkunftsstaat dem Kindeswohlinteresse am besten dient und Ausnahmen von diesem Grundsatz nur unter besonderen Umständen angezeigt sind.[6]

II. Beschleunigtes Verfahren

12 Das Rückführungsverfahren ist nach Art. 11 HKÜ beschleunigt zu betreiben, konkretisiert wird dieses Beschleunigungsgebot durch Art. 11 Abs. 3 Brüssel IIa-VO, wonach eine Entscheidung über die Rückführung spätestens sechs Wochen nach Antragseingang bei Gericht zu erfolgen hat.

▶ *Näher hierzu Schweppe, Art. 11 HKÜ Rn. 2, Art. 11 Brüssel IIa-VO Rn. 10 und § 38 IntFamRVG 1 f.*

III. Beteiligung

1. Jugendamt

13 Das Gericht wird im Rückführungsverfahren regelmäßig das Jugendamt beteiligen, soweit dieses nicht bereits als zuständige Behörde im Sinne des Art. 7 HKÜ durch die Zentrale Behörde eingeschaltet wurde. Für die Beratungstätigkeit des Jugendamts sowie die Stellungnahme an das Gericht gilt es zu beachten, dass im Rückführungsverfahren nicht die in Sorgerechtsverfahren geltenden Kindeswohlkriterien maßgeblich sind, sondern Art. 13 HKÜ hiervon abweichende Kriterien (siehe *Schweppe*, Art. 13 HKÜ Rn. 2, 7 ff.) vorgibt, an denen sich auch die Tätigkeit des Jugendamts zu orientieren hat.[7]

▶ *Zur Mitwirkung der Jugendämter in Rückführungsverfahren siehe auch Schweppe, § 9 IntFamRVG Rn. 1 ff.*

---

4 OLG Stuttgart FamRZ 2013, 51, 52; vgl. auch *Völker/Clausius*, § 11 Rn. 106
5 *Völker/Clausius*, § 11 Rn. 113
6 BVerfG FamRZ 1996, 1267, 1268
7 Zu Kritik an der Tätigkeit der Jugendämter siehe *Völker/Clausius*, § 11 Rn. 141

2. Verfahrensbeistand

In der Praxis wird in Rückführungsverfahren regelmäßig ein Verfahrensbeistand eingesetzt, wenngleich das BVerfG die Einsetzung von Verfahrensbeiständen in Rückführungsverfahren stets mit Besonderheiten des Einzelfalls begründete.[8]   **14**

▶ *Näher zur Verfahrensbeistandschaft siehe Keuter, § 158 FamFG Rn. 1 ff.*

Unter Einbeziehung der Besonderheiten von Rückführungsverfahren dürfte bei der Auswahl des Verfahrensbeistands häufig Wert auf eine besondere juristische Qualifikation für Kindesentführungsverfahren zu legen sein.   **15**

3. Persönliche Anhörung

a) Anhörungstermin

Grundsätzlich wird das Gericht unter Beachtung des Beschleunigungsgrundsatzes einen Termin zur mündlichen Erörterung anberaumen, zu dem regelmäßig das persönliche Erscheinen beider Eltern, also auch des im Ausland lebenden Antragstellers angeordnet wird. Innerhalb der EU-Mitgliedstaaten darf nach Art. 11 Abs. 5 Brüssel IIa-VO ein Rückführungsantrag nicht zurückgewiesen werden, wenn der Antragsteller kein rechtliches Gehör zu der Ansicht des Gerichts hinsichtlich der fehlenden formellen bzw. materiellen Voraussetzungen für eine Rückführung erhalten hat.   **16**

b) Kindesanhörung

Zur Anhörung des Kindes im Rückführungsverfahren ordnet Art. 11 Abs. 2 Brüssel IIa-VO an, dass dem Kind die Möglichkeit zu geben ist, während des Verfahrens gehört zu werden, sofern dies nicht aufgrund seines Alters oder seines Reifegrads unangebracht erscheint. Diese Regelung greift unmittelbar zwar nur im Verhältnis zwischen den EU-Mitgliedstaaten, in Rückführungsverfahren vor deutschen Gerichten sollte grundsätzlich eine persönliche Anhörung des Kindes entsprechend der innerstaatlichen Verfahrensvorschrift des § 159 FamFG erfolgen. Mit Blick auf die Wertungen und Maßgaben des HKÜ dürften persönliche Anhörungen von Kinder ab einem Alter von sechs Jahren geboten sein.   **17**

▶ *Näher zur persönlichen Anhörung des Kindes siehe Heilmann, § 159 FamFG 12 ff.*

IV. Entscheidung

Wenn das Gericht die Rückführung des Kindes anordnet, wird häufig dem Elternteil, in dessen Obhut sich das Kind befindet, eine Frist gesetzt, um mit dem Kind in den Herkunftsstaat zurückzukehren. Damit wird die weitere Betreuung des Kindes durch diesen Elternteil ermöglicht. Für den Fall, dass der betreuende Elternteil dieser Verpflichtung nicht nachkommt, ist die Herausgabe des Kindes anzuordnen. Die Entscheidung, mit der die Rückführung des Kindes angeordnet wird, wird erst mit Rechtskraft wirksam, § 40 IntFamRVG.   **18**

Zweckmäßigerweise wird das Gericht mit dem Ausspruch der Rückführungsanordnung auch die Androhung von Ordnungsmitteln verbinden, so dass der Tenor wie folgt lautet: **19**

1. *Das Kind, geb. am ..., ist nach ... zurückzuführen.*

2. *Die Rückführung hat durch die Antragsgegnerin oder eine von dieser bestimmten Person binnen drei Wochen zu erfolgen. Sollte die Rückführung nicht binnen drei Wochen seit Erlass dieser Entscheidung erfolgen, ist das Kind von der Antragsgegnerin und jeder anderen Person, bei der sich das Kind aufhält, an den Antragsteller oder an eine vom ihm bestimmte Person zum Zwecke der Rückführung nach ... herauszugeben.*

3. *Ergänzend wird der Gerichtsvollzieher beauftragt, das Kind der Antragsgegnerin oder jeder anderen Person, bei der es sich aufhält, wegzunehmen und dem Antragsteller oder einer von ihm bestimmten Person zu übergeben.*

4. *Die Antragsgegnerin wird darauf hingewiesen, dass durch das Gericht im Falle der Zuwiderhandlung gegen die Herausgabeverpflichtung zu 2. ein Ordnungsgeld bis zu 25.000,– Euro oder für den Fall, dass das Ordnungsgeld nicht beigetrieben werden kann oder die Anordnung des Ordnungsgeldes keinen Erfolg verspricht, Ordnungshaft bis zu 6 Monaten angeordnet werden kann.*

Rechtsmittel gegen die Anordnung bzw. Ablehnung der Rückführungsanordnung und deren Vollstreckung richten sich nach den jeweiligen nationalen Ausführungsbestimmungen, in Deutschland nach   **20**

---

8 BVerfG FamRZ 1999, 85, 88; FamRZ 2006, 1261, 1262 f.; näher HB-VB/*Schweppe*, Rn. 1586 ff.

den §§ 40 ff. IntFamRVG (siehe dazu *Schweppe*, § 40 IntFamRVG Rn. 3 ff.), hilfsweise nach dem für innerstaatliche Verfahren sonst geltenden Recht (siehe dazu *Dürbeck*, § 58 FamFG Rn. 1 ff.).

Übersicht: Verfahren nach dem HKÜ[9]

21

A. Ziel des Übereinkommens

Art. 1 HKÜ „sofortige Rückgabe": Rückführung in den Herkunftsstaat

B. Voraussetzungen

I. Anwendungsbereich eröffnet (nur zwischen Vertragsstaaten)

- Art. 4 HKÜ: Kind unter 16 Jahren mit gewöhnlichem Aufenthalt in Vertragsstaat

- Art 3 HKÜ: widerrechtliches Verbringen oder Zurückhalten ->gegen Willen/ohne Zustimmung eines Sorgeberechtigten, der Sorgerecht ausgeübt hat

II. Verfahren, Art. 8 HKÜ: Antrag auf Rückgabe über Zentrale Behörde (Art. 6 HKÜ)

- im Herkunftsstaat oder im Zufluchtsstaat (Weiterleitung Antrag an das Gericht nach Eingang Kostenvorschuss bzw. Vorlage vollständiger VKH-Unterlagen)

- oder direkt an Gericht im Zufluchtsstaat (Zuständigkeitskonzentration, § 11 i.V.m. § 12 IntFamRVG)

- ggf. Art. 15 HKÜ Anforderung Widerrechtlichkeitsbescheinigung

- Art. 11 HKÜ Beschleunigungsgebot

- Stellungnahme Jugendamt

- Bestellung Verfahrensbeistand

- Beteiligung der Eltern / Anhörungstermin

- Kindesanhörung

III. Entscheidung, Art. 12 HKÜ: Anordnung der Rückgabe, Grundsatz der Rückführung, es sei denn (Ausnahmetatbestände)

- Art. 13 Abs. 2 HKÜ „Kind widersetzt sich"

- Art. 12 Abs. 2 HKÜ Antragstellung nach Ablauf Jahresfrist und Einleben

- Art. 13 Abs. 1 a) HKÜ Zustimmung

- Art. 13 Abs. 1 b) HKÜ „schwerwiegende Gefahr eines körperlichen oder seelischen Schadens"

IV. Vollstreckung (siehe § 44 IntFamRVG: Von Amts wegen, eingeschränktes Ermessen)

V. Rechtsmittel (siehe § 40 IntFamRVG: Zweiwochenfrist und Begründungszwang)

---

9 Zu Modifizierungen durch die Brüssel IIa-VO siehe die folgende Übersicht zu Rn. 22.

Übersicht: HKÜ und Brüssel IIa-VO (Modifizierung des HKÜ bei Anwendung innerhalb der EU-Mitgliedstaaten)

Art. 10, 11 Brüssel IIa-VO

A. Beschleunigungsgrundsatz: Entscheidung innerhalb von 6 Wochen (Art. 11 Abs. 3 Satz 2 Brüssel IIa-VO)

Kind ist anzuhören (Art. 11 Abs. 2 Brüssel IIa-VO)

B. Ablehnung Rückführung innerhalb EU-Staaten

1. Nur, wenn Gelegenheit zur Anhörung des Antragstellers (Art. 11 Abs. 5 Brüssel IIa-VO)
2. Bei Vorliegen der Voraussetzungen des Art. 13 I b) HKÜ "schwerwiegende Gefahr eines körperlichen oder seelischen Schadens" nicht, wenn Schutzvorkehrungen möglich („undertakings") (Art. 11 Abs. 4 Brüssel-IIa-VO)

C. Zuständigkeit für das Sorgerechtsverfahren, Art. 10 Brüssel IIa-VO:

Grundsatz:	Ausnahme:
Zuständigkeit für Entscheidungen betreffend die elterliche Verantwortung verbleibt bei den Gerichten des **Herkunftsstaates**	Zuständigkeit der Gerichte im **Zufluchtsstaat** für Sorgerechtsentscheidung, nach Art. 10 Brüssel IIa-VO nur, wenn neuer gewöhnlicher Aufenthalt **und**

D. Bei Ablehnung der Rückführung ist zu beachten:

Art. 10 Abs. 6 Brüssel IIa-VO: Information über Ablehnung der Rückführung an das Gericht, das zur Entscheidung in der Hauptsache zuständig ist

a) Zustimmung aller Sorgeberechtigten
b) Ablauf Jahresfrist und
   i) kein Rückführungsantrag oder
   ii) Rücknahme Rückführungsantrag oder
   iii) Art. 11 Abs. 7 oder
   iv) Gericht im Herkunftsstaat hat Sorgerecht zugunsten Verbleib im Zufluchtsstaat geregelt

Art. 11 Abs. 6 und 7 Brüssel IIa-VO: Gericht im Herkunftsstaat fordert die Beteiligten auf, **Sorgerechtsanträge** einzureichen

---

Eingang Sorgerechtsantrag	Kein Sorgerechtsantrag
Entscheidung über Sorgerecht beinhaltet Rückführung des Kindes in Herkunftsstaat, es erfolgt Ausstellung der Bescheinigung i.S.v. Art. 42 Brüssel-IIa-VO	Zuständigkeit der Gerichte im **Zufluchtsstaat** nach Art. 10 b (iii)

Entscheidung des Gerichts im Herkunftsstaat wird unmittelbar anerkannt und ist im Zufluchtsstaat sowie in allen anderen EU-Mitgliedstaaten unmittelbar vollstreckbar (Art. 40 Abs. 1 b), 42 Abs. 1 Brüssel IIa-VO)

Kind kehrt in Herkunftsstaat zurück

Artikel 13 HKÜ Ablehnung der Rückgabe

(1) Ungeachtet des Artikels 12 ist das Gericht oder die Verwaltungsbehörde des ersuchten Staates nicht verpflichtet, die Rückgabe des Kindes anzuordnen, wenn die Person, Behörde oder sonstige Stelle, die sich der Rückgabe des Kindes widersetzt, nachweist,

a) dass die Person, Behörde oder sonstige Stelle, der die Sorge für die Person des Kindes zustand, das Sorgerecht zur Zeit des Verbringens oder Zurückhaltens tatsächlich nicht ausgeübt, dem Verbringen oder Zurückhalten zugestimmt oder dieses nachträglich genehmigt hat oder

b) dass die Rückgabe mit der schwerwiegenden Gefahr eines körperlichen oder seelischen Schadens für das Kind verbunden ist oder das Kind auf andere Weise in eine unzumutbare Lage bringt.

(2) Das Gericht oder die Verwaltungsbehörde kann es ferner ablehnen, die Rückgabe des Kindes anzuordnen, wenn festgestellt wird, dass sich das Kind der Rückgabe widersetzt und dass es ein Alter und eine Reife erreicht hat, angesichts deren es angebracht erscheint, seine Meinung zu berücksichtigen.

(3) Bei Würdigung der in diesem Artikel genannten Umstände hat das Gericht oder die Verwaltungsbehörde die Auskünfte über die soziale Lage des Kindes zu berücksichtigen, die von der zentralen Behörde oder einer anderen zuständigen Behörde des Staates des gewöhnlichen Aufenthalts des Kindes erteilt worden sind.

Übersicht

A. Allgemeines

1 Art. 13 HKÜ enthält – neben Art. 12 Abs. 2 HKÜ und Art. 20 HKÜ – Ausnahmen vom Grundsatz der Rückführung, bei deren Vorliegen das Gericht im Zufluchtstaat (ersuchten Staat) von der Anordnung der Rückführung absehen kann. Dabei liegt auch bei Vorliegen der Voraussetzungen eines Ausnahmetatbestands die Zurückweisung des Antrags im Ermessen des Gerichts.

2 In der Praxis wird häufig nicht hinreichend beachtet, dass für die Entscheidung über die Rückführung andere Maßstäbe Anwendung finden als für eine gerichtliche Entscheidung über die elterliche Sorge. Insbesondere sind die Bindungen des Kindes sowie etwaige bessere finanzielle und soziale Bedingungen im Zufluchtstaat im Rückführungsverfahren nicht von entscheidungserheblicher Relevanz. Denn es kommt nicht darauf an, ob der Verbleib im Zufluchtstaat dem Wohl des Kindes am besten entspricht bzw. diesem dient oder förderlich ist.

B. Inhalt der Norm

I. Nichtausübung des Sorgerechts

3 Art. 13 Abs. 1 lit. a) HKÜ benennt als Ausnahmetatbestand, bei dessen Vorliegen die Rückführung abgelehnt werden kann, zunächst die Nichtausübung des Sorgerechts. Der Unterschied zu Art. 3 Abs. 1 b) HKÜ liegt darin, dass im Rahmen jener Norm die tatsächliche Ausübung des Sorgerechts Voraussetzung für die Widerrechtlichkeit des Verbringens bzw. Zurückhaltens ist, was der Antragsteller darzulegen hat. Im Rahmen des Art. 13 Abs. 1 a) HKÜ hingegen hat der Elternteil, der die Rückführung ablehnt, die fehlende Ausübung des Sorgerechts nachzuweisen.[1]

---

1 *Völker/Clausius*, § 11 Rn. 105

II. Zustimmung bzw. Genehmigung

Der Rückführungsantrag kann nach Abs. 1 lit. a) zurückgewiesen werden, wenn der Elternteil, der sich **4** der Rückführung widersetzt, nachweisen kann, dass der Antragsteller dem Verbringen zugestimmt bzw. dieses (nachträglich) genehmigt hat. Als Genehmigung könnte etwa die Rücknahme eines früheren Rückführungsantrags verstanden werden.[2]

Die Beweislast hierfür liegt bei dem Elternteil, der sich der Rückführung widersetzt. Hohe Anforderungen **5** sind insbesondere beim Vortrag einer konkludenten Zustimmung aufgrund des Verhaltens des anderen Elternteils wie der Zustimmung zu einer (vorübergehenden) Ausreise, der Zahlung von Kindesunterhalt und der Korrespondenz über die zukünftige Ausübung des Umgangsrechts zu stellen.[3]

III. Schwerwiegende Gefahr

Art. 13 Abs. 1 lit. b) HKÜ gestattet den Verzicht auf die Rückführung bei Vorliegen einer „schwerwie- **6** genden Gefahr eines körperlichen oder seelischen Schadens für das Kind" oder für den Fall, dass die Rückführung „das Kind auf andere Weise in eine unzumutbare Lage bringt".

1. Ungewöhnlich schwerwiegende Beeinträchtigungen

Im Hinblick auf den Grundgedanken des HKÜ, dass die Rückführung des Kindes in den Staat des ge- **7** wöhnlichen Aufenthalts dem Wohl des Kindes am besten entspricht, können nur ungewöhnlich schwerwiegende Beeinträchtigungen des Kindeswohls einer Rückführung entgegenstehen.[4] Der Nachweis hierfür obliegt dem Elternteil, der sich der Rückführung des Kindes widersetzt.

Eine Versagung der Rückführung kommt etwa aus folgenden Gründen in Betracht: **8**

- Vorwurf der Misshandlung bzw. des Missbrauchs des Kindes durch den Antragsteller[5],
- Rückführung in Kriegs- oder Krisengebiet[6] oder
- Suizidversuch des Kindes bzw. konkrete Gefahr eines solchen.[7]

Das Vorliegen eines Ausnahmetatbestands ist hingegen nach einhelliger Rechtsprechung insbeson- **9** dere dann zu verneinen, wenn die Gefährdung des Kindes dadurch abgewendet bzw. gemindert werden kann, dass der „entführende" Elternteil, in dessen Obhut sich das Kind befindet, mit dem Kind in den Herkunftsstaat zurückkehrt und das Kind dort bis zur Entscheidung über das Sorgerecht weiter betreut.[8] Die gemeinsame Rückkehr mit dem Kind wird als dem Betreuungselternteil grundsätzlich zumutbar angesehen.[9] Keinesfalls sollte im Rückführungsverfahren eine Abwägung auf Grundlage der erst im Sorgerechtsverfahren maßgeblichen Kindeswohlkriterien erfolgen.[10]

2. Vereinbarkeit mit der EMRK

Der Europäische Gerichtshof für Menschenrechte (EGMR) hat mehrfach, zuletzt in einer Entscheidung **10** vom 13.1.2015, die Verpflichtung der Mitgliedstaaten betont, Rückführungsentscheidungen auch effektiv durchzusetzen.[11] Der EGMR sieht den Rückführungsmechanismus des HKÜ als durch die Ziele des HKÜ gerechtfertigten Eingriff in Art. 8 EMRK, der im Hinblick auf die Ziele des HKÜ und die Möglichkeit, gleichwertigen Rechtsschutz im Herkunftsstaat zu erhalten, grundsätzlich hinzunehmen ist.[12] Gebilligt hat der EGMR dabei auch die Verpflichtung des Betreuungselternteils, das Kind bei der Rück-

---

2 Vgl. AG Frankfurt FamRZ 2010, 46
3 Vgl. *Nehls*, ZKJ 2014, 62, 63, sowie OLG Hamm FamFR 2013, 380 (Zustimmung per SMS)
4 Vgl. hierzu die Rechtsprechungsnachweise bei *Völker/Clausius*, § 11 Rn. 115 bis 120.
5 OLG Schleswig FamRZ 2000, 1426; OLG München DAVorm 2000, 1157, Vorliegen einer schwerwiegenden Gefährdung jeweils verneint
6 OLG Stuttgart FamRZ 2009, 2015 (Ablehnung der Rückführung im Vollstreckungsverfahren)
7 Rückführung abgelehnt durch OLG Hamm NJW-RR 2013, 69, 70; vgl. auch BVerfG FamRZ 2006, 1261
8 OLG Karlsruhe FamRZ 2010, 1577, 1578
9 Vgl. BVerfG, Nichtannahmebeschluss vom 8.4.2010 – 1 BvR 862/10, juris, sowie EGMR, Entscheidung vom 18.1.2011 – 26755/10, juris, jeweils zu OLG Karlsruhe FamRZ 2010, 1577
10 Das BVerfG FamRZ 1999, 85, 88 hat jedoch im Falle „gegenläufiger Rückführungsanträge", wenn also in mehreren Staaten Rückführungsanträge der Eltern anhängig sind, da die Kinder zunächst durch einen Elternteil in einen anderen Staat verbracht und sodann von dem anderen Elternteil wieder zurückgeholt wurden, bevor ein dortiges Rückführungsverfahren abgeschlossen war, Veranlassung für eine nähere Prüfung des Kindeswohls gesehen. Vgl. auch BVerfG FamRZ 2006, 1261.
11 EGMR FamRZ 2015, 469
12 Vgl. etwa EGMR FamRZ 2013, 1793

kehr zu begleiten und auch die Verhängung von Sanktionen bei rechtswidrigem Verhalten eines Elternteils nicht ausgeschlossen.[13] Zugleich hat der EGMR jedoch darauf hingewiesen, dass im Rahmen der Durchsetzung von HKÜ-Entscheidungen „das höhere Interesse des Kindes zu beachten ist und der Einsatz von Zwangsmitteln hierdurch begrenzt wird".[14] In weiteren Entscheidungen hat der EGMR hervorgehoben, dass die Rückführung nicht als automatische und mechanische Folge der Anwendbarkeit des HKÜ angeordnet werden dürfe, sondern eine Prüfung der Umstände des Einzelfalls zu erfolgen habe.[15]

3. Abwendungsmöglichkeiten

11   Im Hinblick auf den Vorrang der Rückführung hat das Familiengericht vor deren Ablehnung stets zu prüfen, inwiefern die Gefährdung des Kindes durch gerichtliche Auflagen, Vereinbarungen der beteiligten Eltern oder andere Maßnahmen abgewendet bzw. gemildert werden kann.

12   Eine besondere Regelung hierzu enthält Art. 11 Abs. 4 Brüssel IIa-VO (siehe *Schweppe*, Art. 11 Brüssel IIa-VO Rn. 11.), wonach die Rückführung auf Grundlage von Art. 13 Abs. 1 b) HKÜ nicht abgelehnt werden darf, „wenn nachgewiesen ist, dass angemessene Vorkehrungen getroffen wurden, um den Schutz des Kindes nach seiner Rückkehr zu gewährleisten".

13   Hierzu werden in der Praxis häufig gesetzlich nicht geregelte Verpflichtungserklärungen – sogenannte „undertakings" – eingesetzt. Diese beinhalten etwa die Verpflichtung des Antragstellers zu Unterhaltszahlungen nach der Rückkehr in den Herkunftsstaat zumindest für die Dauer des Sorgerechtsverfahrens sowie zur Rücknahme etwaiger wegen Kindesentziehung erstatteter Strafanzeigen gegen den anderen Elternteil. Derartige Verpflichtungserklärungen können durch gerichtlich gebilligte Vereinbarungen der Verfahrensbeteiligten oder gerichtliche Anordnungen in Form von „mirror orders" oder „safe harbour orders" abgesichert werden, die entsprechend im Herkunftsstaat zu erwirken sind.[16] Denkbar ist dabei auch – in engem Zeitrahmen – ein aufschiebender Ausspruch der Vollstreckung, um eine freiwillige Rückkehr mit dem Kind zu ermöglichen.

▶   *Näher hierzu auch nachfolgend Wegener, Kapitel 6 „Mediation in internationalen Kindschaftskonflikten", Rn. 14 ff.*

14   Zu weitgehend erscheint dagegen die – auf zwei Wochen, längstens bis zur erfolgten Ausreise – befristete Übertragung der gesamten elterlichen Sorge auf den Verfahrensbeistand, um die Belange des Kindes bei der Umsetzung der Rückführung hinreichend zu wahren.[17]

IV. Widerstand des Kindes gegen die Rückführung

15   Abs. 2 regelt als weiteren Ausnahmetatbestand die Zurückweisung des Antrags, wenn das Kind sich der Rückführung widersetzt und „ein Alter und eine Reife erreicht hat, angesichts deren es angebracht erscheint, seine Meinung zu berücksichtigen".

1. Alter und Reife des Kindes

16   Eine starre Altersgrenze im Sinne eines Mindestalters enthält das HKÜ nicht, es kommt vielmehr auf die konkreten Umstände des Einzelfalls an.[18]

17   Die Art der Ermittlung des Kindeswillens bzw. die Form der Beteiligung des Kindes bleibt den Vertragsstaaten überlassen.

▶   *Für das Rückführungsverfahren vor deutschen Gerichten wird auf die Ausführungen zu Art. 12 HKÜ Rn. 9 ff. verwiesen.*

---

13 EGMR FamRZ 2007, 1527, 1529, sowie EGMR, Entscheidung vom 18.1.2011 – 26755/10, juris
14 EGMR NJW-RR 2007, 1225
15 EGMR FamRZ 2011, 1482 ff. unter Verweisung auf EGMR, Entscheidung vom 6.7.2010 – 41615/07 „Neulinger". Demnach folgt aus Art. 8 EMRK unbeschadet der Darlegungs- und Beweislast eine prozessuale Verpflichtung, eine vorgetragene Einwendung nach Art. 13 HKÜ bei hinreichendem Sachvortrag (hier: Privatgutachten) effektiv zu prüfen und dies in den Entscheidungsgründen auszuführen (EGMR NJOZ 2014, 1825, 1829 f.)
16 Zur genaueren Erläuterung der Absicherungsmechanismen und entsprechenden Beispielen siehe *Carl*, FPR 2001, 211, 215 f., *Holzmann*, FPR 2010, 497, 500 f. sowie *Vogel*, FPR 2012, 403, 408
17 So aber OLG Celle FamRZ 2013, 391 (LS)
18 BVerfG FamRZ 2006, 1261, 1262 f. Vgl. hierzu die Rechtsprechungsnachweise bei Staudinger/*Pirrung*, Vorbem. zu Art. 19 EGBGB D 73; *Völker/Clausius*, § 11 Rn. 121-123 sowie *Heiderhoff*, IPRax 2014, 525, 526 f.

2. Beachtlichkeit des Widerstands

Zur Einschränkung des Anwendungsbereichs des Art. 13 Abs. 2 HKÜ wird in Literatur und Rechtsprechung vielfach darauf abgestellt, ob das Kind in der Lage ist, die Bedeutung der Rückführungsentscheidung zu erfassen und sich aufgrund einer eigenverantwortlichen Entscheidung der Rückführung widersetzt.[19] Für eine weitergehende Beschränkung auf „sachbezogene Gründe"[20] enthält das HKÜ selbst keine Anhaltspunkte. Im Ergebnis ist ein verfestigter Wille hinzunehmen,[21] weil eine Vollstreckung gegen den Widerstand des Kindes letztlich nicht durchsetzbar ist[22] (allgemein zum Kindeswillen siehe auch *Gottschalk,* § 1684 BGB Rn. 30 ff.).   **18**

Nicht maßgeblich ist im Rahmen des Art. 13 Abs. 2 HKÜ, bei welchem Elternteil das Kind leben möchte, entscheidend ist vielmehr, inwiefern das Kind sich der Rückführung in den Herkunftsstaat widersetzt. Hierzu genügt es nicht, wenn sich die Befürchtungen des Kindes eher auf eine Trennung vom Betreuungselternteil richten und das Kind im Übrigen sich positiv über Verwandte und Freunde im Herkunftsstaat äußert.[23]   **19**

Soweit der Widerstand des Kindes als beachtlich angesehen wird, kommt eine Rückführung des Kindes in der Regel nicht in Betracht, so dass insoweit kein Ermessen des Gerichts mehr besteht.   **20**

V. Sorgerechtsentscheidung im Herkunftsstaat

In der Praxis wird die Rückführung des Kindes – allerdings mit unterschiedlicher Begründung – auch abgelehnt, wenn im Herkunftsstaat eine Entscheidung ergangen ist, die letztlich das Verbringen des Kindes legitimiert. Nach einer Entscheidung des OLG Stuttgart wird durch eine (auch vorläufige) Sorgerechtsregelung zu Gunsten des entführenden Elternteils durch die zur Sachentscheidung zuständigen Heimatbehörden die Widerrechtlichkeit rückwirkend beseitigt.[24] Nach anderer Auffassung soll die Rückführung das Kind in dieser Konstellation in eine unzumutbare Lage bringen.[25] Zu beachten ist in diesem Kontext allerdings eine Entscheidung des EuGH, wonach eine vorläufig vollstreckbare Entscheidung keinen Vertrauensschutz für den begünstigten Elternteil begründet,[26] so dass ggf. wiederum eine Abänderung im Rechtsmittelverfahren beachtlich sein kann.   **21**

Artikel 14 HKÜ Anwendbares Recht

Haben die Gerichte oder Verwaltungsbehörden des ersuchten Staates festzustellen, ob ein widerrechtliches Verbringen oder Zurückhalten im Sinn des Artikels 3 vorliegt, so können sie das im Staat des gewöhnlichen Aufenthalts des Kindes geltende Recht und die gerichtlichen oder behördlichen Entscheidungen, gleichviel ob sie dort förmlich anerkannt sind oder nicht, unmittelbar berücksichtigen; dabei brauchen sie die besonderen Verfahren zum Nachweis dieses Rechts oder zur Anerkennung ausländischer Entscheidungen, die sonst einzuhalten wären, nicht zu beachten.

Art. 14 HKÜ verdeutlicht, dass im Rückführungsverfahren für die Feststellung der Widerrechtlichkeit die im Herkunftsstaat bestehende Rechtslage, mithin das Bestehen eines (Mit-)Sorgerechts aufgrund Gesetzes oder gerichtlicher Entscheidung, unmittelbar, d.h. ohne formelles Anerkennungsverfahren, beachtlich ist. Die Formulierung „berücksichtigen" ist insoweit missverständlich, weil für die Frage der Verletzung eines Sorgerechts allein das Recht des Herkunftsstaats maßgeblich ist.

---

19 Vgl. etwa OLG Hamm FamRZ 2013, 1238 „autonomer Wille"
20 So aber *Bach/Gildenast*, S. 61 f., sowie *Tischer/Walker*, NZFam 2014, 241, 244
21 OLG Karlsruhe FamRZ 2006, 1403
22 Vgl. zu dieser Problematik OLG Hamburg FamRZ 2015, 64, 66, sowie BVerfG FamRZ 2006, 1261.
23 OLG Celle FamRZ 2013, 391 (LS)
24 OLG Stuttgart FamRZ 2014, 495 (LS)
25 OLG Karlsruhe NZFam 2015, 384; nach OLG Stuttgart FamRZ 2003, 959, 961 sowie NZFam 2015, 575 soll
    ein „sinnloses Hin- und Her-Verbringen des Kindes" vermieden werden.
26 EuGH FamRZ 2015, 107, 110 f.

Artikel 15 HKÜ Vorverfahren im Staat des gewöhnlichen Aufenthaltes

¹Bevor die Gerichte oder Verwaltungsbehörden eines Vertragsstaats die Rückgabe des Kindes anordnen, können sie vom Antragsteller die Vorlage einer Entscheidung oder sonstigen Bescheinigung der Behörden des Staates des gewöhnlichen Aufenthalts des Kindes verlangen, aus der hervorgeht, dass das Verbringen oder Zurückhalten widerrechtlich im Sinn des Artikels 3 war, sofern in dem betreffenden Staat eine derartige Entscheidung oder Bescheinigung erwirkt werden kann. ²Die zentralen Behörden der Vertragsstaaten haben den Antragsteller beim Erwirken einer derartigen Entscheidung oder Bescheinigung soweit wie möglich zu unterstützen.

A. Allgemeines

1 Art. 15 HKÜ soll den Gerichten im Zufluchtsstaat die Prüfung der Rechtslage im Herkunftsstaat erleichtern bzw. abnehmen, indem vom Antragsteller die Vorlage einer Widerrechtlichkeitsbescheinigung gefordert werden kann, mit der die Verletzung eines Sorgerechts und damit die Widerrechtlichkeit des Verbringens bestätigt wird.

B. Inhalt der Norm

2 Die Erteilung (und damit auch die Anforderung) einer Widerrechtlichkeitsbescheinigung ist zunächst davon abhängig, ob in dem Herkunftsstaat die Erstellung einer solchen Bescheinigung vorgesehen ist (vgl. Satz 1 a.E.).

3 Der entsprechende Antrag ist vom Antragsteller des Rückführungsverfahrens bei dem im Herkunftsstaat zuständigen Gericht einzureichen. Für Deutschland ergibt sich die Möglichkeit der Erteilung der Widerrechtlichkeitsbescheinigung aus der Zuständigkeitsvorschrift des § 41 IntFamRVG (siehe *Schweppe*, § 41 IntFamRVG Rn. 1). Eine Zuständigkeitskonzentration besteht nicht, so dass nicht nur die Familiengerichte am Sitz eines Oberlandesgerichts mit der Erteilung befasst sein können.

4 Voraussetzung für den Antrag auf Erteilung der Widerrechtlichkeitsbescheinigung ist, dass bereits ein Rückführungsverfahren in einem anderen Staat anhängig ist und eine entsprechende Anforderung („Verlangen") des mit dem Rückführungsverfahren befassten Gerichts vorliegt, andernfalls wäre der Antrag als unzulässig anzusehen.[1] Insbesondere soll die Widerrechtlichkeitsbescheinigung nicht dazu dienen, Vorfragen zur Einleitung des HKÜ-Verfahrens zu klären.[2]

5 Die Widerrechtlichkeitsbescheinigung umfasst daher auch nicht die Feststellung darüber, dass der Antragsteller im Zeitpunkt des Verbringens bzw. Zurückhaltens sein Sorgerecht tatsächlich ausgeübt hat.[3]

Artikel 16 HKÜ Sorgerechtsentscheidung nach widerrechtlichem Verbringen oder Zurückhalten

¹Ist den Gerichten oder Verwaltungsbehörden des Vertragsstaats, in den das Kind verbracht oder in dem es zurückgehalten wurde, das widerrechtliche Verbringen oder Zurückhalten des Kindes im Sinn des Artikels 3 mitgeteilt worden, so dürfen sie eine Sachentscheidung über das Sorgerecht erst treffen, wenn entschieden ist, dass das Kind aufgrund dieses Übereinkommens nicht zurückzugeben ist, oder wenn innerhalb angemessener Frist nach der Mitteilung kein Antrag nach dem Übereinkommen gestellt wird.

---

1 Vgl. OLG Zweibrücken FamRZ 1999, 950
2 OLG Nürnberg FamRZ 2009, 240.
3 MüKo-BGB/*Siehr*, Art. 15 HKÜ Rn. 2; a.A. OLG Bremen ZKJ 2013, 367, 368

A. Normzweck

Die Norm entzieht den Gerichten des Zufluchtsstaats die internationale Zuständigkeit für eine Sachentscheidung über das Sorgerecht und belässt diese bei den Gerichten des Herkunftsstaats (**Sperrwirkung**). Ziel der Regelung ist es, konkurrierende Sorgerechtsregelungen zu verhindern.   **1**

B. Einzelheiten

Die Vorschrift verhindert nicht die Begründung eines neuen gewöhnlichen Aufenthalts, sondern bezweckt, dass der Elternteil, der das Kind in den neuen Aufenthaltsstaat verbracht hat, sich nicht auf die Zuständigkeit der Gerichte des neuen Aufenthaltsstaats aufgrund eines dort begründeten neuen gewöhnlichen Aufenthalts berufen kann.   **2**

I. Dauer der Sperrwirkung

Eine bestimmte Frist, innerhalb derer die Sperrwirkung greift, enthält das HKÜ nicht. Zu berücksichtigen ist insoweit jedoch der dem Art. 12 Abs. 2 HKÜ zugrundeliegende Gedanke, wonach mit Ablauf der Jahresfrist die Integration des Kindes im Zufluchtsstaat maßgeblich ist.   **3**

Sowohl das KSÜ (siehe Art. 7 Abs. 1 b) KSÜ) als auch die Brüssel IIa-VO (siehe Art. 10 lit. b) (1) Brüssel IIa-VO) knüpfen an die Sperrwirkung für die Frage der fortdauernden Zuständigkeit des Herkunftsstaats (*perpetuatio fori*) an: Diese endet nach Art. 10 lit. b) (1) Brüssel IIa-VO bzw. Art. 7 Abs. 1 b) KSÜ, wenn sich das Kind im Zufluchtsstaat mindestens ein Jahr aufgehalten hat, nachdem der Sorgeberechtigte diesen Aufenthaltsort kannte oder hätte kennen müssen, während dieses Zeitraums kein Rückführungsantrag gestellt wurde und das Kind sich in seinem neuen Umfeld eingelebt hat. Hierdurch soll eine Harmonisierung der Zuständigkeitsvorschriften mit Art. 16 HKÜ erreicht werden.   **4**

Die Norm steht einer Sachentscheidung über das Sorgerecht im Zufluchtsstaat nach einer rechtskräftigen Rückgabeanordnung jedenfalls so lange entgegen, wie der Antragsteller deren Vollzug nachdrücklich betreibt und der Umstand, dass die Rückgabe noch nicht erfolgt ist, im Wesentlichen auf verzögerter Bearbeitung durch die Vollstreckungsorgane oder auf Versuchen des anderen Elternteils beruht, die Vollstreckung zu vereiteln.[1]   **5**

II. Anerkennung von Entscheidungen

Art. 16 HKÜ verbietet zwar den Gerichten, das Sorgerecht selbst zu regeln, die Norm steht aber nicht einer Entscheidung über die (Nicht-)Anerkennung einer – im Herkunftsstaat ergangenen – Sorgerechtsentscheidung nach Art. 21 Abs. 3 Brüssel IIa-VO entgegen.[2]   **6**

Artikel 17 HKÜ Sorgerechtsentscheidung und Rückgabe

Der Umstand, dass eine Entscheidung über das Sorgerecht im ersuchten Staat ergangen oder dort anerkennbar ist, stellt für sich genommen keinen Grund dar, die Rückgabe eines Kindes nach Maßgabe dieses Übereinkommens abzulehnen; die Gerichte oder Verwaltungsbehörden des ersuchten Staates können jedoch bei der Anwendung des Übereinkommens die Entscheidungsgründe berücksichtigen.

Die Regelung stellt klar, dass eine unter Umgehung der Sperrwirkung des Art. 16 HKÜ erlassene Sorgerechtsentscheidung unbeachtlich ist.   **1**

Bei der in Satz 2 vorgesehenen Berücksichtigung der Entscheidungsgründe einer im Zufluchtsstaat erlassenen Sorgerechtsentscheidung ist zu beachten, dass die für die Sorgerechtsregelung maßgebli-   **2**

---

1 BGH FamRZ 2000, 1502
2 BGH FamRZ 2011, 959, 960. Zur Beschränkung auf im Staat des gewöhnlichen Aufenthalts ergangene Entscheidungen vgl. *Schulz*, FamRZ 2011, 1046.

chen Kriterien nicht mit den eine Ausnahme von der Rückführung begründenden Kriterien identisch sind (näher hierzu *Schweppe,* Art. 13 HKÜ Rn. 2, 7 ff.).

Artikel 18 HKÜ Sonstige Rückgabeanordnungen

Die Gerichte oder Verwaltungsbehörden werden durch die Bestimmungen dieses Kapitels nicht daran gehindert, jederzeit die Rückgabe des Kindes anzuordnen.

1 Die Anordnung der Rückführung eines Kindes kann auch auf andere Rechtsgrundlagen gestützt werden. Der Vorrang des HKÜ beinhaltet insofern nicht deren Ausschluss.

Artikel 19 HKÜ Verhältnis zu Sorgerechtsentscheidungen

Eine aufgrund dieses Übereinkommens getroffene Entscheidung über die Rückgabe des Kindes ist nicht als Entscheidung über das Sorgerecht anzusehen.

1 Die Entscheidung im Rückführungsverfahren ist keine Sorgerechtsentscheidung. Vielmehr sollen mit der Anordnung der Rückführung erst die Voraussetzungen für die Durchführung eines Sorgerechtsverfahrens vor dem zuständigen Gericht im Herkunftsstaat geschaffen werden.

Artikel 20 HKÜ Menschenrechte

Die Rückgabe des Kindes nach Artikel 12 kann abgelehnt werden, wenn sie nach den im ersuchten Staat geltenden Grundwerten über den Schutz der Menschenrechte und Grundfreiheiten unzulässig ist.

1 Art. 20 HKÜ hat in der Praxis keine Bedeutung, da die maßgeblichen Aspekte sämtlich unter Art. 13 HKÜ zu prüfen sind (näher hierzu *Schweppe,* Art. 13 HKÜ Rn. 6 ff.).

Artikel 21 HKÜ Recht zum persönlichen Umgang

(1) Der Antrag auf Durchführung oder wirksame Ausübung des Rechts zum persönlichen Umgang kann in derselben Weise an die zentrale Behörde eines Vertragsstaats gerichtet werden wie ein Antrag auf Rückgabe des Kindes.

(2) ¹Die zentralen Behörden haben aufgrund der in Artikel 7 genannten Verpflichtung zur Zusammenarbeit die ungestörte Ausübung des Rechts zum persönlichen Umgang sowie die Erfüllung aller Bedingungen zu fördern, denen die Ausübung dieses Rechts unterliegt. ²Die zentralen Behörden unternehmen Schritte, um soweit wie möglich alle Hindernisse auszuräumen, die der Ausübung dieses Rechts entgegenstehen.

(3) Die zentralen Behörden können unmittelbar oder mit Hilfe anderer die Einleitung eines Verfahrens vorbereiten oder unterstützen mit dem Ziel, das Recht zum persönlichen Umgang durchzuführen oder zu schützen und zu gewährleisten, dass die Bedingungen, von denen die Ausübung dieses Rechts abhängen, beachtet werden.

1 Die Vorschrift behandelt das Recht zum persönlichen Umgang, wobei sie lediglich die Antragstellung und die Tätigkeit der Zentralen Behörden regelt. Im Übrigen ist das Verfahren auf der Grundlage des nationalen Rechts zu führen (näher hierzu *Gottschalk,* § 1684 BGB Rn. 83 ff.).

2 Insoweit greifen auch die Sonderregelungen des IntFamRVG nicht, es sei denn, die Zentrale Behörde stellt den Antrag: Dann ist auch für das Umgangsverfahren die Zuständigkeitskonzentration des § 12 IntFamRVG zu beachten.

Artikel 22 HKÜ Keine Sicherheitsleistung oder Hinterlegung

In gerichtlichen oder behördlichen Verfahren, die unter dieses Übereinkommen fallen, darf für die Zahlung von Kosten und Auslagen eine Sicherheitsleistung oder Hinterlegung gleich welcher Bezeichnung nicht auferlegt werden.

Artikel 23 HKÜ Formfreiheit

Im Rahmen dieses Übereinkommens darf keine Legalisation oder ähnliche Förmlichkeit verlangt werden.

Von einer Kommentierung der Art. 22 und 23 HKÜ wird abgesehen.

Artikel 24 HKÜ Übersetzung

(1) Anträge, Mitteilungen oder sonstige Schriftstücke werden der zentralen Behörde des ersuchten Staates in der Originalsprache zugesandt; sie müssen von einer Übersetzung in die Amtssprache oder eine der Amtssprachen des ersuchten Staates oder, wenn eine solche Übersetzung nur schwer erhältlich ist, von einer Übersetzung ins Französische oder Englische begleitet sein.

(2) Ein Vertragsstaat kann jedoch einen Vorbehalt nach Artikel 42 anbringen und darin gegen die Verwendung des Französischen oder Englischen, jedoch nicht beider Sprachen, in den seiner zentralen Behörde übersandten Anträgen, Mitteilungen oder sonstigen Schriftstücken Einspruch erheben.

Sämtliche Unterlagen (hierzu Art. 8 Abs. 2 HKÜ) sind in der Originalsprache und in Übersetzung in die Amtssprache des Zufluchtsstaats einzureichen.   **1**

Bei in Deutschland eingehenden Anträgen wird die Übersetzung in die deutsche Sprache grundsätzlich vorausgesetzt, obgleich Deutschland keinen Vorbehalt nach Art. 24 Abs. 2 HKÜ eingelegt hat. Ggf. veranlasst das Bundesamt für Justiz bei eingehenden Anträgen die Übersetzung gemäß § 4 Abs. 2 IntFamRVG.   **2**

Artikel 25 HKÜ Prozesskosten- und Beratungshilfe

Angehörigen eines Vertragsstaats und Personen, die ihren gewöhnlichen Aufenthalt in einem solchen Staat haben, wird in allen mit der Anwendung dieses Übereinkommens zusammenhängenden Angelegenheiten Prozesskosten- und Beratungshilfe in jedem anderen Vertragsstaat zu denselben Bedingungen bewilligt wie Angehörigen des betreffenden Staates, die dort ihren gewöhnlichen Aufenthalt haben.

Die Bewilligung von Verfahrenskosten für das Rückführungsverfahren erfolgt wie für innerstaatliche Verfahren auf Grundlage der §§ 76 Abs. 1 FamFG i.V.m. 114 ff. ZPO (näher hierzu *Dürbeck*, § 76 FamFG Rn. 2 ff.).

Artikel 26 HKÜ Verfahrenskosten

(1) Jede zentrale Behörde trägt ihre eigenen Kosten, die bei der Anwendung dieses Übereinkommens entstehen.

(2) [1]Für die nach diesem Übereinkommen gestellten Anträge erheben die zentralen Behörden und andere Behörden der Vertragsstaaten keine Gebühren. [2]Insbesondere dürfen sie vom Antragsteller weder die Bezahlung von Verfahrenskosten noch der Kosten verlangen, die ggf. durch die Beiordnung eines Rechtsanwalts entstehen. [3]Sie können jedoch die Erstattung der Auslagen verlangen, die durch die Rückgabe des Kindes entstanden sind oder entstehen.

(3) Ein Vertragsstaat kann jedoch einen Vorbehalt nach Artikel 42 anbringen und darin erklären, dass er nur insoweit gebunden ist, die sich aus der Beiordnung eines Rechtsanwalts oder aus einem Gerichtsver-

fahren ergebenden Kosten im Sinn des Absatzes 2 zu übernehmen, als diese Kosten durch sein System der Prozesskosten- und Beratungshilfe gedeckt sind.

(4) Wenn die Gerichte oder Verwaltungsbehörden aufgrund dieses Übereinkommens die Rückgabe des Kindes anordnen oder Anordnungen über das Recht zum persönlichen Umgang treffen, können sie, soweit angezeigt, der Person, die das Kind verbracht oder zurückgehalten oder die die Ausübung des Rechts zum persönlichen Umgang vereitelt hat, die Erstattung der dem Antragsteller selbst oder für seine Rechnung entstandenen notwendigen Kosten auferlegen; dazu gehören insbesondere die Reisekosten, alle Kosten oder Auslagen für das Auffinden des Kindes, Kosten der Rechtsvertretung des Antragstellers und Kosten für die Rückgabe des Kindes.

Übersicht

A. Allgemeines

1 Die Norm enthält Regelungen zur Kostentragung. Der in Abs. 1 festgelegte Grundsatz der Kostenfreiheit gilt jedoch wegen Absatz 3 (hierzu unten Rn. 3) nur für die Tätigkeit der Zentralen Behörden und damit nicht für die Gerichts- und Anwaltskosten, die im Rückführungsverfahren anfallen.

B. Inhalt der Norm

I. Kostenfreiheit der Tätigkeit der Zentralen Behörden

2 Die Tätigkeit der Zentralen Behörden ist nach Abs. 1 kostenfrei. Soweit Art. 26 Abs. 2 HKÜ die Kostenfreiheit auf die für den Antragsteller anfallenden Verfahrens- und Anwaltskosten erstreckt, gilt dies nur für Vertragsstaaten, die keinen Vorbehalt nach Abs. 3 erklärt haben.

II. Vorbehalt

3 Aufgrund des durch Deutschland erklärten Vorbehalts nach Art. 26 Abs. 3 HKÜ, auf den § 43 IntFamRVG verweist, besteht Kostenfreiheit für im Inland geführte Rückführungsverfahren nur unter den Voraussetzungen der Bewilligung von Verfahrenskostenhilfe.

▶ *Grundlegend zur Verfahrenskostenhilfe siehe Dürbeck, § 76 FamFG Rn. 2 ff.*

III. Auferlegung von Kosten

4 Art. 26 Abs. 4 HKÜ enthält für das Rückführungsverfahren und für auf Grundlage des HKÜ eingeleitete Umgangsverfahren eine gegenüber § 81 FamFG vorrangige Kostenregelung. Dabei ist in das Ermessen des Gerichts gestellt, bei Anordnung der Rückführung dem Antragsgegner die Erstattung der dem Antragsteller entstandenen notwendigen Kosten aufzuerlegen.

5 Die Regelung greift nur für den Fall der Anordnung der Rückführung, in anderen Fällen folgt die Kostenentscheidung aus § 14 Nr. 2 IntFamRVG i.V.m. § 81 FamFG, wobei der Grundgedanke des Art. 26 Abs. 4 HKÜ zu berücksichtigen ist.[1]

▶ *Grundsätzlich zur Kostenentscheidung siehe Dürbeck, § 81 FamFG Rn. 2 ff. sowie Rn. 9 ff. zur Auferlegung von Kosten.*

Artikel 27 HKÜ Offenkundig unbegründeter Antrag

[1]Ist offenkundig, dass die Voraussetzungen dieses Übereinkommens nicht erfüllt sind oder dass der Antrag sonstwie unbegründet ist, so ist eine zentrale Behörde nicht verpflichtet, den Antrag anzunehmen. [2]In diesem Fall teilt die zentrale Behörde dem Antragsteller oder ggf. der zentralen Behörde, die ihr den Antrag übermittelt hat, umgehend ihre Gründe mit.

---

1 So etwa im Fall der Erledigung des Verfahrens durch freiwillige Rückkehr, vgl. OLG Frankfurt am Main, Beschl. v. 17.12.2014 – 1 WF 273/14 (n.v.)

Unter den Voraussetzungen des Art. 27 HKÜ kann die Zentrale Behörde die Annahme eines Antrags ablehnen. Sofern das Bundesamt für Justiz nach dieser Vorschrift vorgeht, ist nach § 8 IntFamRVG ein Rechtsbehelf zum OLG Köln eröffnet (näher hierzu *Schweppe*, § 8 IntFamRVG Rn. 1 ff.).

Artikel 28 HKÜ Bevollmächtigung

¹Eine zentrale Behörde kann verlangen, dass dem Antrag eine schriftliche Vollmacht beigefügt wird, durch die sie ermächtigt wird, für den Antragsteller tätig zu werden oder einen Vertreter zu bestellen, der für ihn tätig wird.

Für die Tätigkeit des Bundesamts für Justiz ist die Erteilung einer Vollmacht nicht erforderlich, da § 6 Abs. 2 IntFamRVG insoweit bereits eine gesetzliche Vollmachtsfiktion enthält.

Artikel 29 HKÜ Rechtsweg

¹Dieses Übereinkommen hindert Personen, Behörden oder sonstige Stellen, die eine Verletzung des Sorgerechts oder des Rechts zum persönlichen Umgang im Sinn des Artikels 3 oder 21 geltend machen, nicht daran, sich unmittelbar an die Gerichte oder Verwaltungsbehörden eines Vertragsstaats zu wenden, gleichviel ob dies in Anwendung des Übereinkommens oder unabhängig davon erfolgt.

Der Antragsteller kann das Rückführungsverfahren auch selbst durch einen Antrag beim zuständigen Gericht im Zufluchtsstaat einleiten und führen. Die Einschaltung der Zentralen Behörden ist mithin nicht verpflichtend und insbesondere keine Voraussetzung für die Zulässigkeit des Rückführungsantrages.   **1**

Die Anwendbarkeit des Rückführungsverfahrens nach dem HKÜ schließt nicht aus, das Sorge- bzw. Umgangsrecht in einem Verfahren auf der Grundlage nationalen Rechts des Herkunftsstaats durchzusetzen, sei es im Rahmen der Anerkennung und Vollstreckung bestehender Entscheidungen oder entsprechender Neuregelung.   **2**

▶ *Zum Verhältnis zu anderen kollisionsrechtlichen Übereinkommen und zur Brüssel IIa-VO siehe Schweppe, Art. 34 HKÜ.*

Artikel 30 HKÜ Annahmeverpflichtung

¹Jeder Antrag, der nach diesem Übereinkommen an die zentralen Behörden oder unmittelbar an die Gerichte oder Verwaltungsbehörden eines Vertragsstaats gerichtet wird, sowie alle dem Antrag beigefügten oder von einer zentralen Behörde beschafften Schriftstücke und sonstigen Mitteilungen sind von den Gerichten oder Verwaltungsbehörden der Vertragsstaaten ohne weiteres entgegenzunehmen.

Von einer Kommentierung wird abgesehen.

Artikel 31 bis 33 HKÜ

[...]

Von Abdruck und Kommentierung der Art. 31 bis 33 HKÜ wird abgesehen.

Artikel 34 HKÜ Vorrang dieses Übereinkommens

[1]Dieses Übereinkommen geht im Rahmen seines sachlichen Anwendungsbereichs dem Übereinkommen vom 5. Oktober 1961 über die Zuständigkeit der Behörden und das anzuwendende Recht auf dem Gebiet des Schutzes von Minderjährigen vor, soweit die Staaten Vertragsparteien beider Übereinkommen sind. [2]Im übrigen beschränkt dieses Übereinkommen weder die Anwendung anderer internationaler Übereinkünfte, die zwischen dem Ursprungsstaat und dem ersuchten Staat in Kraft sind, noch die Anwendung des nichtvertraglichen Rechts des ersuchten Staates, wenn dadurch die Rückgabe eines widerrechtlich verbrachten oder zurückgehaltenen Kindes erwirkt oder die Durchführung des Rechts zum persönlichen Umgang bezweckt werden soll.

1   Die Norm regelt den Vorrang des HKÜ gegenüber dem MSA. Auch hat das HKÜ bei Überschneidung der Anwendungsbereiche Vorrang gegenüber dem KSÜ (Art. 50 KSÜ) und findet faktisch auch gegenüber dem ESÜ vorrangig Anwendung (siehe näher hierzu § 37 IntFamRVG).

2   Im Verhältnis zur Brüssel IIa-VO hat diese zwar grundsätzlich Vorrang gegenüber dem HKÜ (vgl. Art. 60 lit. e) Brüssel IIa-VO). Der Rückführungsmechanismus des HKÜ findet aber auch im Verhältnis der EU-Mitgliedstaaten Anwendung, modifiziert und verstärkt durch Art. 11 Brüssel IIa-VO. Weiter enthält Art. 10 Brüssel IIa-VO höhere Anforderungen an den Wechsel der internationalen Zuständigkeit nach dem widerrechtlichen Verbringen eines Kindes (näher hierzu *Schweppe*, Art. 10 Brüssel IIa-VO Rn. 1 ff.).

Artikel 35 HKÜ Zeitliche Anwendbarkeit

(1) [1]Dieses Übereinkommen findet zwischen den Vertragsstaaten nur auf ein widerrechtliches Verbringen oder Zurückhalten Anwendung, das sich nach seinem Inkrafttreten in diesen Staaten ereignet hat.

(2) [1]Ist eine Erklärung nach Artikel 39 oder 40 abgegeben worden, so ist die in Absatz 1 des vorliegenden Artikels enthaltene Verweisung auf einen Vertragsstaat als Verweisung auf die Gebietseinheit oder die Gebietseinheiten zu verstehen, auf die das Übereinkommen angewendet wird.

Von einer Kommentierung wird abgesehen.

Artikel 36 HKÜ Verzicht auf Einschränkungen

[1]Dieses Übereinkommen hindert zwei oder mehr Vertragsstaaten nicht daran, Einschränkungen, denen die Rückgabe eines Kindes unterliegen kann, dadurch zu begrenzen, dass sie untereinander vereinbaren, von solchen Bestimmungen des Übereinkommens abzuweichen, die eine derartige Einschränkung darstellen könnten.

1   Die Norm verdeutlicht, dass die Vertragsstaaten durch die Verabschiedung des HKÜ nicht gehindert sind, Vereinbarungen zu treffen, die den Rückführungsmechanismus des HKÜ stärken.

Artikel 37 bis 41 HKÜ

[...]

Von Abdruck und Kommentierung der Art. 37 bis 41 HKÜ wird abgesehen.

Artikel 42 HKÜ Vorbehalte

(1) [1]Jeder Staat kann spätestens bei der Ratifikation, der Annahme, der Genehmigung oder dem Beitritt oder bei Abgabe einer Erklärung nach Artikel 39 oder 40 einen der in Artikel 24 und Artikel 26 Absatz 3 vorgesehenen Vorbehalte oder beide anbringen. [2]Weitere Vorbehalte sind nicht zulässig.

(2) bis (3) (vom Abdruck wird abgesehen)

Die durch die Vertragsstaaten jeweils erklärten Vorbehalte nach Art. 24 HKÜ (Sprache) und Art. 26 **1** HKÜ (Verfahrenskosten) sind der Staatenliste des Bundesamts für Justiz (hierzu oben Vorbemerkungen Rn. 31) zu entnehmen.

Deutschland hat eine Vorbehaltserklärung nach Art. 26 Abs. 3 HKÜ abgegeben, so dass Verfahrens- **2** kostenhilfe nur unter den Voraussetzungen der §§ 76 Abs. 1 FamFG i.V.m. 114 ff. ZPO bewilligt wird.

Artikel 43 bis 45 HKÜ

[...]

Von Abdruck und Kommentierung der Art. 43 bis 45 HKÜ wird abgesehen.

Abschnitt 2
Europäisches Sorgerechtsübereinkommen – ESÜ
Vorbemerkung

A. Regelungsgehalt und Anwendungsbereich

1 Das Europäische Übereinkommen über die Anerkennung und Vollstreckung von Entscheidungen über das Sorgerecht für Kinder und die Wiederherstellung des Sorgeverhältnisses vom 20.5.1980[1] (Europäisches Sorgerechtsübereinkommen – ESÜ) ist ein Rechtshilfeabkommen zur Frage der Anerkennung und Vollstreckung ausländischer Entscheidungen. Das ESÜ enthält weder Regelungen zur Zuständigkeit noch zum anzuwendenden Recht.

2 Das ESÜ gilt in 37 Staaten, wird aber durch die Brüssel IIa-VO verdrängt (Art. 60 lit. d) Brüssel IIa-VO), so dass es faktisch nur noch im Verhältnis zu Staaten, die nicht zugleich EU-Mitgliedstaaten sind, zur Anwendung gelangt, namentlich:

- Andorra
- Dänemark
- Island
- Liechtenstein
- Mazedonien
- Moldau
- Montenegro
- Norwegen
- Schweiz
- Serbien
- Türkei
- Ukraine

3 Weiter greift das ESÜ für die Anerkennung von Entscheidungen zur elterlichen Verantwortung, die vor dem 1.3.2005 in einem Mitgliedstaat der damals geltenden Brüssel II-VO außerhalb eines Scheidungsverbundverfahrens ergangen sind.[2]

4 In der Praxis verbleibt als wesentlicher Anwendungsbereich des ESÜ die Anerkennung und Vollstreckung von Entscheidungen im Verhältnis zur Türkei.

B. Verhältnis zu weiteren Übereinkommen

• ESÜ neben KSÜ

5 Von den in Rn. 2 genannten Staaten gehören Dänemark, Montenegro, die Schweiz und die Ukraine auch dem KSÜ an. Dabei finden das ESÜ und das KSÜ bei Überschneidung der Anwendungsbereiche grundsätzlich nebeneinander Anwendung, da im Verhältnis zu den genannten Staaten kein Vorbehalt im Sinne des Art. 52 KSÜ wirkt.

• Vorrang des HKÜ

6 Auch im Verhältnis zwischen ESÜ und HKÜ gelten die Übereinkommen zunächst nebeneinander (Art. 19 ESÜ und Art. 34 Satz 2 HKÜ), § 37 IntFamRVG räumt jedoch dem HKÜ den Vorrang ein, soweit nicht der Antragsteller ausdrücklich die Anwendung des ESÜ begehrt.

Weiterführende Literatur: Schulz, Internationale Regelungen zum Sorge- und Umgangsrecht, FamRZ 2003, 336–348

---

1 BGBl. 1990 II S. 220
2 *Niethammer-Jürgens*, S. 100

Artikel 1 ESÜ Begriffsbestimmungen

Im Sinn dieses Übereinkommens bedeutet:

a) **Kind eine Person gleich welcher Staatsangehörigkeit, die das 16. Lebensjahr noch nicht vollendet hat und noch nicht berechtigt ist, nach dem Recht ihres gewöhnlichen Aufenthalts, dem Recht des Staates, dem sie angehört, oder dem innerstaatlichen Recht des ersuchten Staates ihren eigenen Aufenthalt zu bestimmen;**

b) **Behörde ein Gericht oder eine Verwaltungsbehörde;**

c) **Sorgerechtsentscheidung die Entscheidung einer Behörde, soweit sie die Sorge für die Person des Kindes, einschließlich des Rechts auf Bestimmung seines Aufenthalts oder des Rechts zum persönlichen Umgang mit ihm, betrifft;**

d) **unzulässiges Verbringen das Verbringen eines Kindes über eine internationale Grenze, wenn dadurch eine Sorgerechtsentscheidung verletzt wird, die in einem Vertragsstaat ergangen und in einem solchen Staat vollstreckbar ist; als unzulässiges Verbringen gilt auch der Fall, in dem**

   i. **das Kind am Ende einer Besuchszeit oder eines sonstigen vorübergehenden Aufenthalts in einem anderen Hoheitsgebiet als dem, in dem das Sorgerecht ausgeübt wird, nicht über eine internationale Grenze zurückgebracht wird;**

   ii. **das Verbringen nachträglich nach Artikel 12 für widerrechtlich erklärt wird.**

Art. 1 ESÜ enthält zunächst allgemeine Begriffsbestimmungen. **1**

Hinsichtlich des räumlichen Anwendungsbereichs setzt das ESÜ – anders als das HKÜ – nicht voraus, dass das Kind seinen gewöhnlichen Aufenthalt in einem Vertragsstaat hatte. **2**

Nach Art. 1 Abs. 1 lit. a) ESÜ ist der persönliche Anwendungsbereich des ESÜ beschränkt auf Minderjährige bis zur Vollendung des 16. Lebensjahres. **3**

Art. 1 Abs. 1 lit. d) ESÜ definiert das unzulässige Verbringen eines Kindes, der Begriff entspricht zunächst dem des „widerrechtlichen Verbringens" im Snne der Art. 3 HKÜ, wobei das ESÜ nur greift, wenn eine in einem Vertragsstaat ergangene und dort bzw. in einem anderen Vertragsstaat vollstreckbare Entscheidung vorliegt. Wie ein unzulässiges Verbringen wird auch das widerrechtliche Zurückhalten eines Kindes nach Ablauf eines Umgangsrechts behandelt (i) sowie das auf Grundlage von Art. 12 ESÜ nachträglich für widerrechtlich erklärte Verbringen. **4**

Teil I
Zentrale Behörden

Artikel 2 ESÜ Zentrale Behörden

(1) Jeder Vertragsstaat bestimmt eine zentrale Behörde, welche die in diesem Übereinkommen vorgesehenen Aufgaben wahrnimmt.

(2) bis (3) (vom weitergehenden Abdruck wird abgesehen)

Zentrale Behörde im Sinne des Art. 2 ESÜ ist nach § 3 Abs. 1 IntFamRVG das Bundesamt für Justiz mit Sitz in Bonn.[1]

Artikel 3 ESÜ Zusammenarbeit

(1) ¹Die zentralen Behörden der Vertragsstaaten arbeiten zusammen und fördern die Zusammenarbeit der zuständigen Behörden ihrer Staaten. ²Sie haben mit aller gebotenen Eile zu handeln.

(2) Um die Durchführung dieses Übereinkommens zu erleichtern, werden die zentralen Behörden der Vertragsstaaten

a) **die Übermittlung von Auskunftsersuchen sicherstellen, die von zuständigen Behörden ausgehen und sich auf Rechts- oder Tatsachenfragen in anhängigen Verfahren beziehen;**

b) **einander auf Ersuchen Auskünfte über ihr Recht auf dem Gebiet des Sorgerechts für Kinder und über dessen Änderungen erteilen;**

---

1 Zu Informationen über das Bundesamt für Justiz als Zentrale Behörde wird auf die Kommentierung zu §§ 3 ff. IntFamRVG sowie auf die Internetseite www.bundesjustizamt.de verwiesen. Eine Liste der Zentralen Behörden der Vertragsstaaten enthält die Kommentierung Staudinger/*Pirrung*, Vorbem. zu Art. 19 EGBGB Rn. E 19.

c) einander über alle Schwierigkeiten unterrichten, die bei der Anwendung des Übereinkommens auftreten können, und Hindernisse, die seiner Anwendung entgegenstehen, soweit wie möglich ausräumen.

Art. 3 ESÜ regelt die allgemeinen Grundsätze der Zusammenarbeit der Zentralen Behörden, die Aufgaben im Einzelnen sind Art. 3 Abs. 2 ESÜ zu entnehmen, wobei zur Umsetzung auf §§ 6 ff. IntFamRVG zu verweisen ist.

Artikel 4 ESÜ Vollstreckungsantrag

(1) Wer in einem Vertragsstaat eine Sorgerechtsentscheidung erwirkt hat und sie in einem anderen Vertragsstaat anerkennen oder vollstrecken lassen will, kann zu diesem Zweck einen Antrag an die zentrale Behörde jedes beliebigen Vertragsstaats richten.

(2) Dem Antrag sind die in Artikel 13 genannten Schriftstücke beizufügen.

(3) Ist die zentrale Behörde, bei der der Antrag eingeht, nicht die zentrale Behörde des ersuchten Staates, so übermittelt sie die Schriftstücke unmittelbar und unverzüglich der letztgenannten Behörde.

(4) Die zentrale Behörde, bei der der Antrag eingeht, kann es ablehnen, tätig zu werden, wenn die Voraussetzungen nach diesem Übereinkommen offensichtlich nicht erfüllt sind.

(5) Die zentrale Behörde, bei der der Antrag eingeht, unterrichtet den Antragsteller unverzüglich über den Fortgang seines Antrags.

1   Art. 4 ff. ESÜ enthalten nähere Bestimmungen des fakultativen Verfahrens zur Anerkennung und Vollstreckbarerklärung von Entscheidungen.

2   Dieses Verfahren ist insbesondere im Verhältnis zur Türkei von Bedeutung, weil eine deutsche Sorgerechtsentscheidung über ein Kind türkischer Staatsangehörigkeit, das in Deutschland lebt, erst nach Durchführung des Anerkennungsverfahrens vor einem türkischen Gericht durch türkische Behörden (auch die Auslandsvertretungen) anerkannt wird.[1]

Artikel 5 ESÜ Verfahren, Kosten

(1) Die zentrale Behörde des ersuchten Staates trifft oder veranlasst unverzüglich alle Vorkehrungen, die sie für geeignet hält, und leitet erforderlichenfalls ein Verfahren vor dessen zuständigen Behörden ein, um

a) den Aufenthaltsort des Kindes ausfindig zu machen;

b) zu vermeiden, insbesondere durch alle erforderlichen vorläufigen Maßnahmen, dass die Interessen des Kindes oder des Antragstellers beeinträchtigt werden;

c) die Anerkennung oder Vollstreckung der Entscheidung sicherzustellen;

d) die Rückgabe des Kindes an den Antragsteller sicherzustellen, wenn die Vollstreckung der Entscheidung bewilligt wird;

e) die ersuchende Behörde über die getroffenen Maßnahmen und deren Ergebnisse zu unterrichten.

(2) Hat die zentrale Behörde des ersuchten Staates Grund zu der Annahme, dass sich das Kind im Hoheitsgebiet eines anderen Vertragsstaats befindet, so übermittelt sie die Schriftstücke unmittelbar und unverzüglich der zentralen Behörde dieses Staates.

(3) Jeder Vertragsstaat verpflichtet sich, vom Antragsteller keine Zahlungen für Maßnahmen zu verlangen, die für den Antragsteller aufgrund des Absatzes 1 von der zentralen Behörde des betreffenden Staates getroffen werden; darunter fallen auch die Verfahrenskosten und ggf. die Kosten für einen Rechtsanwalt, nicht aber die Kosten für die Rückführung des Kindes.

(4) Wird die Anerkennung oder Vollstreckung versagt und ist die zentrale Behörde des ersuchten Staates der Auffassung, dass sie dem Ersuchen des Antragstellers stattgeben sollte, in diesem Staat eine Entscheidung in der Sache selbst herbeizuführen, so bemüht sich diese Behörde nach besten Kräften, die Vertretung des Antragstellers in dem Verfahren unter Bedingungen sicherzustellen, die nicht weniger

---

1 Weitere Informationen und entsprechende Vordrucke sind unter www.bundesjustizamt.de/sorgerecht erhältlich.

günstig sind als für eine Person, die in diesem Staat ansässig ist und dessen Staatsangehörigkeit besitzt; zu diesem Zweck kann sie insbesondere ein Verfahren vor dessen zuständigen Behörden einleiten.

Art. 5 ESÜ regelt Einzelheiten zu Verfahren und Kosten. **1**

Die in Art. 5 Abs. 1 ESÜ genannten **Tätigkeiten der Zentralen Behörden** werden durch das IntFamRVG weiter konkretisiert, so etwa die Aufenthaltsermittlung nebst hierzu bestehender Befugnisse (§ 7 IntFamRVG) und die Möglichkeit, einstweilige Anordnungen zu erlassen (§ 15 IntFamRVG). **2**

Art. 5 **Abs. 2** ESÜ entspricht inhaltlich Art. 9 HKÜ (siehe hierzu *Schweppe*, Art. 9 HKÜ Rn. 1 f.). **3**

Art. 5 **Abs. 3** ESÜ enthält eine umfassende Kostenfreiheit für den Antragsteller, welche die Tätigkeit der Zentralen Behörde, aber auch die Verfahrenskosten für das Anerkennungsverfahren sowie ggf. die Kosten für eine anwaltliche Vertretung umfasst. Ein Vorbehalt, der es den Vertragsstaaten ermöglicht, die Kostenfreiheit einzuschränken, ist, anders als etwa in Art. 26 Abs. 3 HKÜ, nicht vorgesehen. **4**

Keine Kostenfreiheit besteht für Verfahren, mit denen nicht die Anerkennung einer ausländischen Entscheidung, sondern eine (Neu-)Regelung des Sorge- oder Umgangsrechts erwirkt werden soll. Hier gelten die allgemeinen Grundsätze für die Bewilligung von Verfahrenskostenhilfe (siehe hierzu *Dürbeck*, § 76 FamFG). **5**

Artikel 6 ESÜ Spracherfordernisse

(1) Vorbehaltlich besonderer Vereinbarungen zwischen den beteiligten zentralen Behörden und der Bestimmungen des Absatzes 3

a) müssen Mitteilungen an die zentrale Behörde des ersuchten Staates in der Amtssprache oder einer der Amtssprachen dieses Staates abgefasst oder von einer Übersetzung in diese Sprache begleitet sein;

b) muss die zentrale Behörde des ersuchten Staates aber auch Mitteilungen annehmen, die in englischer oder französischer Sprache abgefasst oder von einer Übersetzung in eine dieser Sprachen begleitet sind.

(2) Mitteilungen, die von der zentralen Behörde des ersuchten Staates ausgehen, einschließlich der Ergebnisse von Ermittlungen, können in der Amtssprache oder einer der Amtssprachen dieses Staates oder in englischer oder französischer Sprache abgefasst sein.

(3) ¹Ein Vertragsstaat kann die Anwendung des Absatzes 1 Buchstabe b ganz oder teilweise ausschließen. ²Hat ein Vertragsstaat diesen Vorbehalt angebracht, so kann jeder andere Vertragsstaat ihm gegenüber den Vorbehalt auch anwenden.

Nach Art. 6 Abs. 1 a) ESÜ sind Anträge an die Zentrale Behörde eines Staates grundsätzlich in der Amtssprache oder beglaubigter Übersetzung einzureichen, es genügt aber auch die Einreichung auf Englisch oder Französisch (Art. 6 Abs. 2 b) ESÜ). **1**

Deutschland hat von dem in Art. 6 Abs. 3 ESÜ vorgesehenen Vorbehalt Gebrauch gemacht und ist damit im Rahmen des ESÜ nur zur Annahme von in deutscher Sprache bzw. Übersetzung vorliegenden Anträgen verpflichtet. Dies bedingt allerdings auch, dass auch andere Vertragsstaaten gegenüber Anträgen aus Deutschland die Verwendung ihrer Amtssprache fordern können (Art. 6 Abs. 3 Satz 2 ESÜ). **2**

Bei ausgehenden Ersuchen ist es zur Vermeidung von Verzögerungen und Kosten angezeigt, vorab zu prüfen, ob Vorbehalte erklärt wurden.¹ **3**

---

1 Entsprechende Vorbehalte sind der unter www.bundesjustizamt.de/sorgerecht erhältlichen Staatenliste zu entnehmen.

Teil II
Anerkennung und Vollstreckung von Entscheidungen und Wiederherstellung des Sorgeverhältnisses

Artikel 7 ESÜ Anerkennung

Sorgerechtsentscheidungen, die in einem Vertragsstaat ergangen sind, werden in jedem anderen Vertragsstaat anerkannt und, wenn sie im Ursprungsstaat vollstreckbar sind, für vollstreckbar erklärt.

Übersicht

A. Allgemeines

1   Art. 7 ff. ESÜ regeln die Anerkennung und Vollstreckung von Entscheidungen im Verhältnis zwischen den Vertragsstaaten.

Diese Entscheidungen müssen vollstreckungsfähig, aber nicht bestandskräftig sein, wie sich aus Art. 10 Abs. 2 lit. a) ESÜ ergibt, der eine Aussetzung des Verfahrens bei Einlegung eines Rechtsmittels ermöglicht.

2   Besondere Regelungen zur Vollstreckung von Sorgerechtsentscheidungen enthält das ESÜ nicht, vielmehr ergibt sich aus Artikel 7 ESÜ, dass – unter der Voraussetzung der Anerkennung einer Entscheidung – diese für vollstreckbar erklärt wird, wenn sie im Ursprungsstaat vollstreckbar ist.

B. Anerkennung und Ausnahmen

3   Während Art. 7 den Grundsatz feststellt, dass im Verhältnis der Vertragsstaaten untereinander Entscheidungen grundsätzlich anzuerkennen sind, enthalten Art. 8, 9 und 10 ESÜ für verschiedene Fallkonstellationen ein abgestuftes System der Voraussetzungen für die Versagung der Anerkennung, wobei der Jurisdiktion des Heimatstaats, aber auch des gewöhnlichen Aufenthalts ebenso wie dem Zeitmoment (Antragstellung innerhalb von sechs Monaten) eine besondere Schutzwürdigkeit beigemessen wird.

4   Zu beachten ist, dass Art. 17 ESÜ den Vertragsstaaten gestattet, die in Art. 10 vorgesehenen Versagungsgründe auf die in Art. 8 und 9 vorgesehenen Konstellationen zu übertragen; einen entsprechenden umfassenden Vorbehalt haben etwa Dänemark und Norwegen erklärt.[1] Der Umfang des von Deutschland erklärten Vorbehalts umfasst die Anwendung von Art. 10 Abs. 1 lit. a) (ordre public) und b) (Änderung der Verhältnisse) ESÜ, wie sich aus § 19 IntFamRVG ergibt.

Artikel 8 ESÜ Wiederherstellung des Sorgeverhältnisses

(1) Im Fall eines unzulässigen Verbringens hat die zentrale Behörde des ersuchten Staates umgehend die Wiederherstellung des Sorgeverhältnisses zu veranlassen, wenn

a)   zur Zeit der Einleitung des Verfahrens in dem Staat, in dem die Entscheidung ergangen ist, oder zur Zeit des unzulässigen Verbringens, falls dieses früher erfolgte, das Kind und seine Eltern nur Angehörige dieses Staates waren und das Kind seinen gewöhnlichen Aufenthalt im Hoheitsgebiet dieses Staates hatte, und

b)   der Antrag auf Wiederherstellung innerhalb von sechs Monaten nach dem unzulässigen Verbringen bei einer zentralen Behörde gestellt worden ist.

(2) Können nach dem Recht des ersuchten Staates die Voraussetzungen des Absatzes 1 nicht ohne ein gerichtliches Verfahren erfüllt werden, so finden in diesem Verfahren die in dem Übereinkommen genannten Versagungsgründe keine Anwendung.

(3) ¹Ist in einer von einer zuständigen Behörde genehmigten Vereinbarung zwischen dem Sorgeberechtigten und einem Dritten diesem das Recht zum persönlichen Umgang eingeräumt worden und ist das

---

1   Vgl. Staatenliste unter www.bundesjustizamt.de/sorgerecht

ins Ausland gebrachte Kind am Ende der vereinbarten Zeit dem Sorgeberechtigten nicht zurückgegeben worden, so wird das Sorgeverhältnis nach Absatz 1 Buchstabe b und Absatz 2 wiederhergestellt. [2]Dasselbe gilt, wenn durch Entscheidung der zuständigen Behörde ein solches Recht einer Person zuerkannt wird, die nicht sorgeberechtigt ist.

Art. 8 ESÜ enthält die Grundlage für die Herausgabe bzw. Rückführung des Kindes in den Herkunftsstaat für Fälle widerrechtlichen Verbringens (Art. 8 Abs. 1 ESÜ) bzw. Zurückhaltens (Art. 8 Abs. 3 Satz 1 ESÜ) eines Kindes. **1**

Art. 8 ESÜ regelt die **Anerkennungsvoraussetzungen** für folgende Fälle: **2**

- Unzulässiges Verbringen (oder Zurückhalten, Abs. 3) eines Kindes,
- aus dem gemeinsamen Heimatstaat des Kindes und der Eltern (einzige Staatsangehörigkeit),
- in dem das Kind seinen gewöhnlichen Aufenthalt hatte, und
- Antrag auf Wiederherstellung des Sorgeverhältnisses wurde innerhalb von sechs Monaten bei einer Zentralen Behörde gestellt.

Die „Wiederherstellung des Sorgeverhältnisses" im Falle des widerrechtlichen Verbringens oder Zurückhaltens des Kindes beinhaltet, dass bei Vorliegen eines Herausgabetitels die Wiederherstellung des Sorgeverhältnisses unmittelbar durch Vollstreckung erfolgt. Sofern nach deutschem Recht nur eine Sorgerechtsentscheidung vorliegt, die keine Herausgabe beinhaltet, so finden gemäß § 32 Int-FamRVG die §§ 16 ff. IntFamRVG entsprechende Anwendung, wobei aufgrund des erklärten Vorbehalts die Versagungsgründe des Art. 10 Abs. 1 lit. a und b KSÜ bei entsprechendem Vortrag zu prüfen sind.[1] **3**

Artikel 9 ESÜ Versagung bei formellen Hindernissen

(1) Ist in anderen als den in Artikel 8 genannten Fällen eines unzulässigen Verbringens ein Antrag innerhalb von sechs Monaten nach dem Verbringen bei einer zentralen Behörde gestellt worden, so können die Anerkennung und Vollstreckung nur in folgenden Fällen versagt werden:

a) **wenn bei einer Entscheidung, die in Abwesenheit des Beklagten oder seines gesetzlichen Vertreters ergangen ist, dem Beklagten das das Verfahren einleitende Schriftstück oder ein gleichwertiges Schriftstück weder ordnungsgemäß noch so rechtzeitig zugestellt worden ist, dass er sich verteidigen konnte; die Nichtzustellung kann jedoch dann kein Grund für die Versagung der Anerkennung oder Vollstreckung sein, wenn die Zustellung deswegen nicht bewirkt worden ist, weil der Beklagte seinen Aufenthaltsort der Person verheimlicht hat, die das Verfahren im Ursprungsstaat eingeleitet hatte;**

b) **wenn bei einer Entscheidung, die in Abwesenheit des Beklagten oder seines gesetzlichen Vertreters ergangen ist, die Zuständigkeit der die Entscheidung treffenden Behörde nicht gegründet war auf**

    i. **den gewöhnlichen Aufenthalt des Beklagten,**

    ii. **den letzten gemeinsamen gewöhnlichen Aufenthalt der Eltern des Kindes, sofern wenigstens ein Elternteil seinen gewöhnlichen Aufenthalt noch dort hat, oder**

    iii. **den gewöhnlichen Aufenthalt des Kindes;**

c) **wenn die Entscheidung mit einer Sorgerechtsentscheidung unvereinbar ist, die im ersuchten Staat vor dem Verbringen des Kindes vollstreckbar wurde, es sei denn, das Kind habe während des Jahres vor seinem Verbringen den gewöhnlichen Aufenthalt im Hoheitsgebiet des ersuchenden Staates gehabt.**

(2) Ist kein Antrag bei einer zentralen Behörde gestellt worden, so findet Absatz 1 auch dann Anwendung, wenn innerhalb von sechs Monaten nach dem unzulässigen Verbringen die Anerkennung und Vollstreckung beantragt wird.

(3) Auf keinen Fall darf die ausländische Entscheidung inhaltlich nachgeprüft werden.

Art. 9 ESÜ regelt die Anerkennungsvoraussetzungen für Fälle widerrechtlichen Verbringens, in denen die Voraussetzungen des Art. 8 ESÜ nicht vorliegen, aber der Antrag innerhalb von sechs Monaten bei einer Zentralen Behörde gestellt wurde **oder** bei Vorliegen der Voraussetzungen von Art. 8 ESÜ im Übrigen der Antrag nicht über eine Zentrale Behörde gestellt wurde (Art. 9 Abs. 2 ESÜ). **1**

---

1 MüKo-BGB/*Siehr*, EuSorgeRÜbk Art. 8 Rn. 4

2 In dieser Konstellation kann die Anerkennung bzw. Wiederherstellung des Sorgeverhältnisses unter folgenden Voraussetzungen versagt werden:

- Art. 9 Abs. 1 lit a) ESÜ (verfahrensrechtlicher *ordre public* i.S.d. fehlenden Beteiligungsmöglichkeit des Antragsgegners)
- Art. 9 Abs. 1 lit b) ESÜ (Säumnisentscheidung ohne Anknüpfung an den gewöhnlichen Aufenthalt eines Beteiligten ergangen)
- Art. 9 Abs. 1 lit c) ESÜ (Fall der Unvereinbarkeit mit Sorgerechtsentscheidung im ersuchten Staat)

3 Art. 9 Abs. 3 ESÜ verbietet die inhaltliche Überprüfung der Entscheidung (*revision au fond*).

Artikel 10 ESÜ Versagung bei materiellen Hindernissen

(1) In anderen als den in den Artikeln 8 und 9 genannten Fällen können die Anerkennung und Vollstreckung nicht nur aus den in Artikel 9 vorgesehenen, sondern auch aus einem der folgenden Gründe versagt werden:

a) wenn die Wirkungen der Entscheidung mit den Grundwerten des Familien- und Kindschaftsrechts im ersuchten Staat offensichtlich unvereinbar sind;

b) wenn aufgrund einer Änderung der Verhältnisse – dazu zählt auch der Zeitablauf, nicht aber der bloße Wechsel des Aufenthaltsorts des Kindes infolge eines unzulässigen Verbringens – die Wirkungen der ursprünglichen Entscheidung offensichtlich nicht mehr dem Wohl des Kindes entsprechen;

c) wenn zur Zeit der Einleitung des Verfahrens im Ursprungsstaat

　　i. das Kind Angehöriger des ersuchten Staates war oder dort seinen gewöhnlichen Aufenthalt hatte und keine solche Beziehung zum Ursprungsstaat bestand;

　　ii. das Kind sowohl Angehöriger des Ursprungsstaats als auch des ersuchten Staates war und seinen gewöhnlichen Aufenthalt im ersuchten Staat hatte;

d) wenn die Entscheidung mit einer im ersuchten Staat ergangenen oder mit einer dort vollstreckbaren Entscheidung eines Drittstaats unvereinbar ist; die Entscheidung muss in einem Verfahren ergangen sein, das eingeleitet wurde, bevor der Antrag auf Anerkennung oder Vollstreckung gestellt wurde, und die Versagung muss dem Wohl des Kindes entsprechen.

(2) In diesen Fällen können Verfahren auf Anerkennung oder Vollstreckung aus einem der folgenden Gründe ausgesetzt werden:

a) wenn gegen die ursprüngliche Entscheidung ein ordentliches Rechtsmittel eingelegt worden ist;

b) wenn im ersuchten Staat ein Verfahren über das Sorgerecht für das Kind anhängig ist und dieses Verfahren vor Einleitung des Verfahrens im Ursprungsstaat eingeleitet wurde;

c) wenn eine andere Entscheidung über das Sorgerecht für das Kind Gegenstand eines Verfahrens auf Vollstreckung oder eines anderen Verfahrens auf Anerkennung der Entscheidung ist.

Übersicht

1 Art. 10 ESÜ regelt über Art. 9 ESÜ hinausgehende Möglichkeiten für die Versagung der Anerkennung, wenn ein Antrag erst mehr als sechs Monate nach dem Verbringen bzw. Zurückhalten gestellt wird.

A. Anerkennungs- und Vollstreckungshindernisse

2 Mögliche Gründe für die Versagung der Anerkennung nach Art. 10 ESÜ sind:

- Art. 10 Abs. 1 lit. a) (*ordre public*)[1]
- Art. 10 Abs. 1 lit. b) (Änderung der Verhältnisse, Kindeswohlprüfung)
- Art. 10 Abs. 1 lit. c) (engere Beziehung zum ersuchten Staat als zum Herkunftsstaat)

---

1 Vgl. zum anerkennungsrechtlichen *ordre public* Schweppe, § 109 FamFG Rn. 13 ff. Zur Versagung der Anerkennung einer türkischen Entscheidung zum Sorgerecht auf Grundlage des Art. 10 Abs. 1 lit. a) und b) ESÜ wegen fehlender Anhörung der Kinder und offensichtlich fehlender Kindeswohlprüfung vgl. OLG Köln FamRZ 2015, 78.

- Art. 10 Abs. 1 lit. d) (Unvereinbarkeit mit einer früheren Entscheidung, Kindeswohlprüfung)

Art. 10 Abs. 1 b) und d) ESÜ eröffnen eine Sachprüfung (Kindeswohlprüfung), die in Brüssel IIa-VO und KSÜ nicht vorgesehen ist.   **3**

Für die Prüfung der Versagung der Anerkennung nach Art. 10 Abs. 1 b) ist Art. 15 ESÜ zu beachten, wonach die Durchführung weiterer Ermittlungen von Amts wegen, insbesondere die Ermittlung des Kindeswillens, erforderlich ist.   **4**

B. Aussetzung des Verfahrens

Art. 10 Abs. 2 ESÜ ermöglicht die Aussetzung des Verfahrens der Anerkennung und Vollstreckung bei Prüfung der Versagungsgründe des Art. 10 Abs. 1 ESÜ unter folgenden Voraussetzungen: **5**

- Art. 10 Abs. 2 lit. a) ESÜ (Einlegung eines Rechtsmittels gegen Ausgangsentscheidung)

- Art. 10 Abs. 2 lit. b) ESÜ (Sorgerechtsverfahren im Anerkennungsstaat vor Einleitung des Verfahrens im Ursprungsstaat)

- Art. 10 Abs. 2 lit c) ESÜ (weitere Entscheidung Gegenstand eines Verfahrens auf Anerkennung bzw. Vollstreckung)

Artikel 11 ESÜ Persönlicher Umgang mit dem Kind

(1) Die Entscheidungen über das Recht zum persönlichen Umgang mit dem Kind und die in Sorgerechtsentscheidungen enthaltenen Regelungen über das Recht zum persönlichen Umgang werden unter den gleichen Bedingungen wie andere Sorgerechtsentscheidungen anerkannt und vollstreckt.

(2) Die zuständige Behörde des ersuchten Staates kann jedoch die Bedingungen für die Durchführung und Ausübung des Rechts zum persönlichen Umgang festlegen; dabei werden insbesondere die von den Parteien eingegangenen diesbezüglichen Verpflichtungen berücksichtigt.

(3) Ist keine Entscheidung über das Recht zum persönlichen Umgang ergangen oder ist die Anerkennung oder Vollstreckung der Sorgerechtsentscheidung versagt worden, so kann sich die zentrale Behörde des ersuchten Staates auf Antrag der Person, die das Recht zum persönlichen Umgang beansprucht, an die zuständige Behörde ihres Staates wenden, um eine solche Entscheidung zu erwirken.

Art. 11 ESÜ betrifft die Anerkennung und Durchsetzung von Umgangsentscheidungen.   **1**

Entscheidungen zum Umgang sind nach Art. 11 **Abs. 1** ESÜ unter den gleichen Bedingungen wie Sorgerechtsentscheidungen anzuerkennen und zu vollstrecken nach Maßgabe der im Vollstreckungsstaat geltenden Vorschriften zur Vollstreckung von Umgangsregelungen.   **2**

Art. 11 **Abs. 2** ESÜ gestattet der zuständigen Behörde des ersuchten Staates die **Bedingungen für die Durchführung und Ausübung des Rechts zum persönlichen Umgang** festzulegen, wobei allerdings der Wesensgehalt der Entscheidung nicht verändert werden darf.   **3**

Um die Neuregelung bzw. erstmalige Regelung des Umgangs zu erwirken, kann nach Artikel 11 **Abs. 3** ESÜ der den Umgang begehrende Elternteil (Person, die das Recht zum persönlichen Umgang beansprucht) über die Zentrale Behörde des Aufenthaltsstaats des Kindes einen Umgangsantrag stellen (auf Grundlage des Rechts des Aufenthaltsstaats).   **4**

Artikel 12 ESÜ Nachträgliche Entscheidung

Liegt zu dem Zeitpunkt, in dem das Kind über eine internationale Grenze verbracht wird, keine in einem Vertragsstaat ergangene vollstreckbare Sorgerechtsentscheidung vor, so ist dieses Übereinkommen auf jede spätere in einem Vertragsstaat ergangene Entscheidung anzuwenden, mit der das Verbringen auf Antrag eines Beteiligten für widerrechtlich erklärt wird.

Art. 12 ESÜ regelt den Fall, dass zum maßgeblichen Zeitpunkt des Verbringens oder Zurückhaltens zwar bereits ein Sorgerecht, aber noch keine vollstreckbare Entscheidung hierzu, bestand, etwa bei der von Gesetzes wegen eintretenden elterlichen Sorge, und eine spätere Entscheidung nachträglich   **1** die Widerrechtlichkeit bestätigt. Nicht vorgesehen ist jedoch die nachträgliche Änderung einer vorhandenen Sorgerechtsentscheidung.[1]

2 Art. 18 ESÜ ermöglicht insoweit die Einlegung eines Vorbehalts, den die Vertragsstaaten allerdings nahezu nicht genutzt haben.

Teil III
Verfahren

Artikel 13 ESÜ Notwendige Anlagen

(1) Dem Antrag auf Anerkennung oder Vollstreckung einer Sorgerechtsentscheidung in einem anderen Vertragsstaat sind beizufügen

a) ein Schriftstück, in dem die zentrale Behörde des ersuchten Staates ermächtigt wird, für den Antragsteller tätig zu werden oder einen anderen Vertreter für diesen Zweck zu bestimmen;

b) eine Ausfertigung der Entscheidung, welche die für ihre Beweiskraft erforderlichen Voraussetzungen erfüllt;

c) im Fall einer in Abwesenheit des Beklagten oder seines gesetzlichen Vertreters ergangenen Entscheidung ein Schriftstück, aus dem sich ergibt, dass das Schriftstück, mit dem das Verfahren eingeleitet wurde, oder ein gleichwertiges Schriftstück dem Beklagten ordnungsgemäß zugestellt worden ist;

d) ggf. ein Schriftstück, aus dem sich ergibt, dass die Entscheidung nach dem Recht des Ursprungsstaats vollstreckbar ist;

e) wenn möglich eine Angabe über den Aufenthaltsort oder den wahrscheinlichen Aufenthaltsort des Kindes im ersuchten Staat;

f) Vorschläge dafür, wie das Sorgeverhältnis zu dem Kind wiederhergestellt werden soll.

(2) Den obengenannten Schriftstücken ist erforderlichenfalls eine Übersetzung nach Maßgabe des Artikels 6 beizufügen.

Artikel 14 ESÜ Verfahrensart

[1]Jeder Vertragsstaat wendet für die Anerkennung und Vollstreckung von Sorgerechtsentscheidungen ein einfaches und beschleunigtes Verfahren an. [2]Zu diesem Zweck stellt er sicher, dass die Vollstreckbarerklärung in Form eines einfachen Antrags begehrt werden kann.

Artikel 15 ESÜ Amtsermittlungsgrundsatz

(1) Bevor die Behörde des ersuchten Staates eine Entscheidung nach Artikel 10 Absatz 1 Buchstabe b trifft,

a) muss sie die Meinung des Kindes feststellen, sofern dies nicht insbesondere wegen seines Alters und Auffassungsvermögens undurchführbar ist;

b) kann sie verlangen, dass geeignete Ermittlungen durchgeführt werden.

(2) Die Kosten für die in einem Vertragsstaat durchgeführten Ermittlungen werden von den Behörden des Staates getragen, in dem sie durchgeführt wurden.

(3) Ermittlungsersuchen und die Ergebnisse der Ermittlungen können der ersuchenden Behörde über die zentralen Behörden mitgeteilt werden.

---

1 Vgl. Staudinger/*Pirrung*, Vorbem. C-H zu Art. 19 EGBGB Rn. E 12

Artikel 16 ESÜ Formfreiheit

Für die Zwecke dieses Übereinkommens darf keine Legalisation oder ähnliche Förmlichkeit verlangt werden.

Das Verfahren für die Anerkennung oder Vollstreckung einer Sorgerechtsentscheidung ist in Art. 13 bis 16 ESÜ geregelt, die Umsetzung erfolgt in §§ 16 ff. IntFamRVG, wobei für die Rückführung von Kindern auch auf Grundlage des ESÜ die Sonderregelungen des §§ 37 ff. IntFamRVG greifen (vgl. hierzu *Schweppe*, §§ 16 ff. und §§ 37 ff. IntFamRVG).

Von einer weiteren Kommentierung der Art. 13 bis 16 ESÜ wird abgesehen.

Teil IV
Vorbehalte

Artikel 17 ESÜ Vorbehalte zu Art. 8 bis 10

(1) Jeder Vertragsstaat kann sich vorbehalten, dass in den von den Artikeln 8 und 9 oder von einem dieser Artikel erfassten Fällen die Anerkennung und Vollstreckung von Sorgerechtsentscheidungen aus denjenigen der in Artikel 10 vorgesehenen Gründe versagt werden kann, die in dem Vorbehalt bezeichnet sind.

(2) Die Anerkennung und Vollstreckung von Entscheidungen, die in einem Vertragsstaat ergangen sind, der den in Absatz 1 vorgesehenen Vorbehalt angebracht hat, können in jedem anderen Vertragsstaat aus einem der in diesem Vorbehalt bezeichneten zusätzlichen Gründe versagt werden.

Art. 17 ESÜ ermöglicht den Vertragsstaaten, die in Art. 10 vorgesehenen Versagungsgründe auf die in Art. 8 und 9 vorgesehenen Konstellationen zu übertragen,[1] der Umfang des von Deutschland erklärten Vorbehalts ist § 19 IntFamRVG zu entnehmen.

Artikel 18 ESÜ Vorbehalte zu Art. 12

1Jeder Vertragsstaat kann sich vorbehalten, durch Artikel 12 nicht gebunden zu sein. 2Auf die in Artikel 12 genannten Entscheidungen, die in einem Vertragsstaat ergangen sind, der einen solchen Vorbehalt angebracht hat, ist dieses Übereinkommen nicht anwendbar.

Von einer Kommentierung wird abgesehen.

Teil V
Andere Übereinkünfte

Artikel 19 ESÜ Kein Ausschluss anderer Rechtsmittel

Dieses Übereinkommen schließt nicht aus, dass eine andere internationale Übereinkunft zwischen dem Ursprungsstaat und dem ersuchten Staat oder das nichtvertragliche Recht des ersuchten Staates angewendet wird, um die Anerkennung oder Vollstreckung einer Entscheidung zu erwirken.

Art. 19 ESÜ betrifft das Verhältnis zu anderen supranationalen Übereinkommen und erklärt, dass diese grundsätzlich nebeneinander Anwendung finden

Im Verhältnis zwischen ESÜ und HKÜ räumt § 37 IntFamRVG aber der Anwendung des HKÜ den Vorrang ein.

Im Verhältnis zur Brüssel IIa-VO greift der Vorrang der EU-Verordnung nach Art. 60 lit d) Brüssel IIa-VO.

---

1 Einen entsprechenden umfassenden Vorbehalt haben etwa Dänemark und Norwegen erklärt (vgl. Staatenliste unter www.bundesjustizamt.de/sorgerecht). Zu den Vorbehalten und deren Umfang im Einzelnen vgl. MüKo-BGB/*Siehr*, EuSorgeRÜbk Art. 17 Rn. 1–2.

Artikel 20 ESÜ Kein Ausschluss weitergehender Verpflichtungen

(1) Dieses Übereinkommen lässt Verpflichtungen unberührt, die ein Vertragsstaat gegenüber einem Nichtvertragsstaat auf Grund einer internationalen Übereinkunft hat, die sich auf in diesem Übereinkommen geregelte Angelegenheiten erstreckt.

(2) [1]Haben zwei oder mehr Vertragsstaaten auf dem Gebiet des Sorgerechts für Kinder einheitliche Rechtsvorschriften erlassen oder ein besonderes System zur Anerkennung oder Vollstreckung von Entscheidungen auf diesem Gebiet geschaffen oder werden sie dies in Zukunft tun, so steht es ihnen frei, anstelle des Übereinkommens oder eines Teiles davon diese Rechtsvorschriften oder dieses System untereinander anzuwenden. [2]Um von dieser Bestimmung Gebrauch machen zu können, müssen diese Staaten ihre Entscheidung dem Generalsekretär des Europarats notifizieren. [3]Jede Änderung oder Aufhebung dieser Entscheidung ist ebenfalls zu notifizieren.

Von einer Kommentierung wird abgesehen.

Teil VI
Schlussbestimmungen

Von Abdruck und Kommentierung der Artikel 21 bis 30 ESÜ wird abgesehen.

Abschnitt 3
Haager Kinderschutzübereinkommen – KSÜ

Weiterführende Literatur: Schulz, Inkrafttreten des Haager Kinderschutzübereinkommens v. 19.10.1996 für Deutschland am 1.1.2011, FamRZ 2011, 156 ff.; *Lagarde,* Erläuternder Bericht, 1997 (über www.hcch.net); *Wagner/Janzen,* Die Anwendung des Haager Kinderschutzübereinkommens in Deutschland, FPR 2011, 110 ff.

Vorbemerkung

A. Regelungsgehalt

Das Haager Übereinkommen vom 19.10.1996 über die Zuständigkeit, das anzuwendende Recht, die **1** Anerkennung, Vollstreckung und Zusammenarbeit auf dem Gebiet der elterlichen Verantwortung und der Maßnahmen zum Schutz von Kindern (Haager Kinderschutzübereinkommen – KSÜ) wurde als Nachfolgeabkommen des Minderjährigenschutzabkommens (MSA) konzipiert und ist für die Bundesrepublik Deutschland am 1.1.2011 in Kraft getreten.

Das KSÜ umfasst, wie sich bereits aus dem ausführlichen Titel ergibt, Regelungen zu **2**

*   Zuständigkeit (Art. 5 ff. KSÜ)
*   Anzuwendendem Recht (Art. 15 ff. KSÜ)
*   Anerkennung und Vollstreckung ausländischer Entscheidungen (Art. 23 ff. KSÜ).

B. Verhältnis zu weiteren Übereinkommen

Für Fragen der internationalen Zuständigkeit und der Anerkennung und Vollstreckung von Entschei- **3** dungen ist der Vorrang der Brüssel IIa-VO zu beachten (siehe *Schweppe,* Art. 61 Brüssel IIa-VO und Art. 52 KSÜ).[1]

Das HKÜ kommt gegenüber dem KSÜ grundsätzlich vorrangig zur Anwendung (Art. 50 KSÜ). Im Verhältnis zum ESÜ greift kein besonderes Rangverhältnis.

Von praktisch wichtigster Bedeutung ist das KSÜ für die Bestimmung des anzuwendenden Rechts, da die Brüssel IIa-VO hierzu keine Regelungen enthält.

C. Anwendungsbereich

Das KSÜ hat über 40 Vertragsstaaten, namentlich Albanien, Armenien, Australien, Belgien, Bulgarien, **4** Dänemark, Deutschland, die Dominikanische Republik, Ecuador, Estland, Finnland, Frankreich, Griechenland, Irland, Kroatien, Lesotho, Lettland, Litauen, Luxemburg, Malta, Marokko, Monaco, Montenegro, die Niederlande, Österreich, Polen, Portugal, Rumänien, Russland, Schweden, Schweiz, Slowakei, Slowenien, Spanien, Tschechien, Ukraine, Ungarn, Uruguay, Vereinigtes Königreich und Zypern. Weiter ist Georgien dem KSÜ beigetreten, jedoch wirkt der Beitritt noch nicht im Verhältnis zu Deutschland.

Um die internationale Zuständigkeit aus dem KSÜ herzuleiten, muss das betroffene Kind grundsätz- **5** lich seinen gewöhnlichen Aufenthalt in einem Vertragsstaat haben (siehe *Schweppe,* Art. 5 KSÜ Rn. 3).

Hinsichtlich der Regelungen zum anzuwendenden Recht ist zu differenzieren: Art. 15 KSÜ gilt für die **6** Ausübung der Zuständigkeit nach dem KSÜ, Art. 16 ff. KSÜ sind unabhängig davon anzuwenden und können auch zum Recht eines Drittstaats führen.[2]

Die Vorschriften zur Anerkennung und Vollstreckung wiederum greifen nur im Verhältnis der Ver- **7** tragsstaaten untereinander (siehe *Schweppe,* Art. 23 KSÜ Rn. 2).

---

1 Zum Verhältnis zur Brüssel IIa-VO und zu weiteren kollisionsrechtlichen Übereinkommen vgl. *Wagner/Janzen,* FPR 2011, 110, 111
2 Vgl. *Andrae,* § 6 Rn. 103

Kapitel I
Anwendungsbereich des Übereinkommens

Artikel 1 KSÜ Ziel dieses Übereinkommens

(1) Ziel dieses Übereinkommens ist es,

a)   **den Staat zu bestimmen, dessen Behörden zuständig sind, Maßnahmen zum Schutz der Person oder des Vermögens des Kindes zu treffen;**

b)   **das von diesen Behörden bei der Ausübung ihrer Zuständigkeit anzuwendende Recht zu bestimmen;**

c)   **c)das auf die elterliche Verantwortung anzuwendende Recht zu bestimmen;**

d)   **die Anerkennung und Vollstreckung der Schutzmaßnahmen in allen Vertragsstaaten sicherzustellen;**

e)   **die zur Verwirklichung der Ziele dieses Übereinkommens notwendige Zusammenarbeit zwischen den Behörden der Vertragsstaaten einzurichten.**

(2) Im Sinn dieses Übereinkommens umfasst der Begriff „elterliche Verantwortung" die elterliche Sorge und jedes andere entsprechende Sorgeverhältnis, das die Rechte, Befugnisse und Pflichten der Eltern, des Vormunds oder eines anderen gesetzlichen Vertreters in Bezug auf die Person oder das Vermögen des Kindes bestimmt.

1   Art. 1 Abs. 1 KSÜ beschreibt die **Ziele des Übereinkommens** und bildet damit zugleich ein „Inhaltsverzeichnis"[1], da die jeweiligen Abschnitte des KSÜ im Wesentlichen der Aufzählung des Art. 1 Abs. 1 KSÜ folgen. Im Einzelnen:

- Bestimmung der internationalen Zuständigkeit (Art. 5 bis 14 KSÜ)

- Bestimmung des in Ausübung der Zuständigkeit anzuwendenden Rechts (Art. 15 KSÜ)

- Bestimmung des für die Regelung der elterlichen Sorge maßgeblichen Rechts (Art. 16 ff. KSÜ)

- Regelungen zur Anerkennung (Art. 23 bis 25 KSÜ) und Vollstreckung (Art. 26 bis 28 KSÜ)

- Regelungen zur Zusammenarbeit der Zentralen Behörden (Art. 29 bis 32 KSÜ) und zur Zusammenarbeit im Übrigen (Art. 33 bis 39 KSÜ)

2   Art. 1 Abs. 2 KSÜ definiert den **Begriff der elterlichen Verantwortung** dahingehend, dass dieser insbesondere die elterliche Sorge und die gesetzliche Vertretung umfasst. Eine weitere Konkretisierung zum Umfang der Maßnahmen enthält Art. 3 KSÜ.

Artikel 2 KSÜ Anwendung auf Kinder

Dieses Übereinkommen ist auf Kinder von ihrer Geburt bis zur Vollendung des 18. Lebensjahrs anzuwenden.

Der **persönliche Anwendungsbereich** des KSÜ umfasst Personen bis zur Vollendung des 18. Lebensjahres, unabhängig davon, wann bzw. unter welchen Voraussetzungen nach dem Recht des jeweiligen Staates die Volljährigkeit eintritt.

Unerheblich für den persönlichen Anwendungsbereich ist die Staatsangehörigkeit des Minderjährigen.

Artikel 3 KSÜ Umfang der Maßnahmen

Die Maßnahmen, auf die in Artikel 1 Bezug genommen wird, können insbesondere Folgendes umfassen:

a)   **die Zuweisung, die Ausübung und die vollständige oder teilweise Entziehung der elterlichen Verantwortung sowie deren Übertragung;**

b)   **das Sorgerecht einschließlich der Sorge für die Person des Kindes und insbesondere des Rechts, den Aufenthalt des Kindes zu bestimmen, sowie das Recht zum persönlichen Umgang einschließlich des**

---

1   So *Lagarde*, Rn. 10

Rechts, das Kind für eine begrenzte Zeit an einen anderen Ort als den seines gewöhnlichen Aufenthalts zu bringen;

c) die Vormundschaft, die Pflegschaft und entsprechende Einrichtungen;

d) die Bestimmung und den Aufgabenbereich jeder Person oder Stelle, die für die Person oder das Vermögen des Kindes verantwortlich ist, das Kind vertritt oder ihm beisteht;

e) die Unterbringung des Kindes in einer Pflegefamilie oder einem Heim oder seine Betreuung durch Kafala oder eine entsprechende Einrichtung;

f) die behördliche Aufsicht über die Betreuung eines Kindes durch jede Person, die für das Kind verantwortlich ist;

g) die Verwaltung und Erhaltung des Vermögens des Kindes oder die Verfügung darüber.

Art. 3 KSÜ zählt die Maßnahmen auf, die in den Anwendungsbereich des KSÜ fallen, wobei die Aufzählung nicht abschließend ist („insbesondere"). Der Umfang der Maßnahmen ist weiter gefasst als nach dem EGBGB, so umfasst der Anwendungsbereich des KSÜ nach Art. 3 c) KSÜ – anders als Art. 21 EGBGB – auch die Vormundschaft. **1**

Art. 3 b) KSÜ folgt der entsprechenden Definition in Art. 5 HKÜ (siehe hierzu *Schweppe*, Art. 5 HKÜ Rn. 2 ff.). **2**

Art. 3 d) KSÜ verdeutlicht, dass nicht nur das Sorgerecht der Eltern vom Anwendungsbereich des KSÜ umfasst ist, sondern auch Behörden oder Institutionen zustehende Rechtspositionen. **3**

Art. 3 e) KSÜ benennt zudem ausdrücklich das islamische Rechtsinstitut der *Kafala*, welches die Aufnahme eines Kindes aufgrund gerichtlicher oder behördlicher Entscheidung in einer Einrichtung oder islamischen Familie umfasst, ohne jedoch mit den rechtlichen Wirkungen einer Adoption verbunden zu sein.[1] **4**

Artikel 4 KSÜ Nicht eingeschlossene Maßnahmen

Dieses Übereinkommen ist nicht anzuwenden

a) auf die Feststellung und Anfechtung des Eltern-Kind-Verhältnisses;

b) auf Adoptionsentscheidungen und Maßnahmen zur Vorbereitung einer Adoption sowie auf die Ungültigerklärung und den Widerruf der Adoption;

c) auf Namen und Vornamen des Kindes;

d) auf die Volljährigerklärung;

e) auf Unterhaltspflichten;

f) auf Trusts und Erbschaften;

g) auf die soziale Sicherheit;

h) auf öffentliche Maßnahmen allgemeiner Art in Angelegenheiten der Erziehung und Gesundheit;

i) auf Maßnahmen infolge von Straftaten, die von Kindern begangen wurden;

j) auf Entscheidungen über Asylrecht und Einwanderung.

Art. 4 KSÜ grenzt den sachlichen Anwendungsbereich des KSÜ durch abschließende Aufzählung der nicht unter das Übereinkommen fallenden Maßnahmen negativ ab.[1] **1**

Zu beachten ist, dass hinsichtlich der Buchstaben i) und j) keine Einschränkung für den Erlass von Kindesschutzmaßnahmen besteht, für minderjährige Flüchtlinge ergibt sich dies aus Art. 6 Abs. 1 KSÜ. **2**

---

1 Vgl. *Andrae* § 6 Rn. 131
1 Vgl. *Lagarde*, Rn. 26 sowie Rn. 27 bis 36 zu den jeweils vom Anwendungsbereich ausgenommenen Rechtsgebieten

Kapitel II
Zuständigkeit

Artikel 5 KSÜ Zuständigkeit bei Maßnahmen zum Schutz der Person oder des Vermögens des Kindes

(1) Die Behörden, seien es Gerichte oder Verwaltungsbehörden, des Vertragsstaats, in dem das Kind seinen gewöhnlichen Aufenthalt hat, sind zuständig, Maßnahmen zum Schutz der Person oder des Vermögens des Kindes zu treffen.

(2) Vorbehaltlich des Artikels 7 sind bei einem Wechsel des gewöhnlichen Aufenthalts des Kindes in einen anderen Vertragsstaat die Behörden des Staates des neuen gewöhnlichen Aufenthalts zuständig.

Übersicht

A. Normzweck und Anwendungsbereich

1 Art. 5 KSÜ konzentriert die internationale Zuständigkeit auf den Staat, in dem der Minderjährige seinen gewöhnlichen Aufenthalt hat. Damit sollte die Konkurrenz möglicher Zuständigkeiten, wie sie sich insbesondere bei Anwendung des MSA ergibt, vermieden werden.[1] Eine Ausnahme hiervon bildet die Zuständigkeitsregelung für Scheidungsverbundverfahren, die nach Art. 10 KSÜ jedoch besonderen Anforderungen unterliegt (siehe hierzu *Schweppe*, Art. 10 KSÜ Rn. 2).

2 Aufgrund des Vorrangs der Art. 8 ff. Brüssel IIa-VO (siehe *Schweppe*, Art. 8 Brüssel IIa-VO Rn. 11) findet das KSÜ für die Bestimmung der internationalen Zuständigkeit nur Anwendung für Kinder mit gewöhnlichem Aufenthalt in einem Vertragsstaat des KSÜ im Verhältnis zu weiteren Vertragsstaaten des KSÜ, die nicht der Brüssel-IIa-VO angehören. Dies sind:

- Albanien
- Armenien
- Australien
- Dänemark
- die Dominikanische Republik
- Ecuador
- Lesotho
- Marokko
- Monaco
- Montenegro
- Russland
- Schweiz
- Ukraine
- Uruguay

3 Dabei muss für die Anwendung des Art. 5 KSÜ das Kind seinen gewöhnlichen Aufenthalt in einem Vertragsstaat des KSÜ haben. Fehlt es an einem gewöhnlichen Aufenthalt, so kommt eine Zuständigkeit auf Grundlage des KSÜ nur nach Art. 11 KSÜ (siehe *Schweppe*, Art. 11 KSÜ Rn. 1 f.) oder Art. 12 KSÜ (siehe *Schweppe*, Art. 12 KSÜ Rn. 2 f.) in Betracht.

---

1 *Lagarde*, Rn. 37

Schweppe

B. Inhalt der Norm

I. Gewöhnlicher Aufenthalt

Maßgeblicher Anknüpfungspunkt für die internationale Zuständigkeit ist der gewöhnliche Aufenthalt **4** des Kindes.

▶ *Zur Definition des gewöhnlichen Aufenthalts vgl. Schweppe, Art. 8 Brüssel IIa-VO Rn. 3 ff.*

II. Wechsel der Zuständigkeit

Aus Art. 5 Abs. 2 KSÜ folgt, dass mit Begründung eines gewöhnlichen Aufenthalts in einem anderen **5** Vertragsstaat ein Wechsel der internationalen Zuständigkeit eintritt. Der Wechsel des gewöhnlichen Aufenthalts entzieht damit den Gerichten im Staat des früheren gewöhnlichen Aufenthalts die Zuständigkeit, Schutzmaßnahmen zugunsten dieser Kinder zu treffen.[2]

Ausgenommen vom Wechsel der Zuständigkeit sind Fälle nach Art. 7 KSÜ, der besondere Zuständig- **6** keitsregelungen bei widerrechtlichem Verbringen oder Zurückhalten von Kindern enthält (siehe *Schweppe*, Art. 7 KSÜ Rn. 2 f.).

III. Keine perpetuatio fori im Verhältnis zu Nicht-EU-Staaten

Zu beachten ist, dass zwar die internationale Zuständigkeit deutscher Gericht bei gewöhnlichem Auf- **7** enthalt des Kindes im Inland grundsätzlich auf Art. 8 Brüssel IIa-VO beruht, jedoch im Verhältnis zu Vertragsstaaten des KSÜ, die nicht auch durch die Brüssel IIa-VO gebunden sind, die aus Art. 8 Abs. 1 Brüssel IIa-VO folgende *perpetuatio fori* (siehe *Schweppe*, Art. 8 Brüssel IIa-VO Rn. 9 ff.) nicht eintritt, da das KSÜ in Art. 5 Abs. 2 KSÜ ausdrücklich eine anderweitige Regelung enthält und nach Art. 60 Brüssel IIa-VO die Verordnung nur im Verhältnis der Vertragsstaaten untereinander Vorrang vor völkerrechtlichen Verträgen hat.[3]

Hieraus folgt etwa, dass bei einem Umzug der alleinsorgeberechtigten Kindesmutter mit den gemein- **8** samen Kindern in die Schweiz ungeachtet eines bereits zuvor in Deutschland eingeleiteten Sorgerechtsverfahrens der neue gewöhnliche Aufenthalt der Kinder in der Schweiz beachtlich ist und zu einem Wechsel der internationalen Zuständigkeit führt.[4]

Artikel 6 KSÜ Zuständigkeit über Flüchtlingskinder

(1) Über Flüchtlingskinder und Kinder, die infolge von Unruhen in ihrem Land in ein anderes Land gelangt sind, üben die Behörden des Vertragsstaats, in dessen Hoheitsgebiet sich die Kinder demzufolge befinden, die in Artikel 5 Absatz 1 vorgesehene Zuständigkeit aus.

(2) Absatz 1 ist auch auf Kinder anzuwenden, deren gewöhnlicher Aufenthalt nicht festgestellt werden kann.

Art. 6 Abs. 1 KSÜ regelt die Zuständigkeit für minderjährige Flüchtlinge. Aus der Verweisung auf Art. 5 **1** Abs. 1 KSÜ folgt, dass es sich bei der Zuständigkeit nach Art. 6 Abs. 1 KSÜ nicht um eine auf Eilmaßnahmen begrenzte, sondern um eine umfassende Zuständigkeit handelt.

Art. 6 Abs. 2 KSÜ hingegen enthält eine subsidiäre Zuständigkeit, die entfällt, wenn bekannt ist, wo **2** das Kind seinen gewöhnlichen Aufenthalt hat.[1]

---

2 *Lagarde*, Rn. 41
3 Vgl. KG NZFam 2015, 474 (Russland)
4 OLG Karlsruhe ZKJ 2014, 335
1 *Lagarde*, Rn. 44 f.

Artikel 7 KSÜ Zuständigkeit bei widerrechtlichem Verbringen oder Zurückhalten des Kindes

(1) Bei widerrechtlichem Verbringen oder Zurückhalten des Kindes bleiben die Behörden des Vertragsstaats, in dem das Kind unmittelbar vor dem Verbringen oder Zurückhalten seinen gewöhnlichen Aufenthalt hatte, so lange zuständig, bis das Kind einen gewöhnlichen Aufenthalt in einem anderen Staat erlangt hat und

a) jede sorgeberechtigte Person, Behörde oder sonstige Stelle das Verbringen oder Zurückhalten genehmigt hat, oder

b) das Kind sich in diesem anderen Staat mindestens ein Jahr aufgehalten hat, nachdem die sorgeberechtigte Person, Behörde oder sonstige Stelle seinen Aufenthaltsort kannte oder hätte kennen müssen, kein während dieses Zeitraums gestellter Antrag auf Rückgabe mehr anhängig ist und das Kind sich in seinem neuen Umfeld eingelebt hat.

(2) ¹Das Verbringen oder Zurückhalten eines Kindes gilt als widerrechtlich, wenn

a) dadurch das Sorgerecht verletzt wird, das einer Person, Behörde oder sonstigen Stelle allein oder gemeinsam nach dem Recht des Staates zusteht, in dem das Kind unmittelbar vor dem Verbringen oder Zurückhalten seinen gewöhnlichen Aufenthalt hatte, und

b) dieses Recht im Zeitpunkt des Verbringens oder Zurückhaltens allein oder gemeinsam tatsächlich ausgeübt wurde oder ausgeübt worden wäre, falls das Verbringen oder Zurückhalten nicht stattgefunden hätte.

²Das unter Buchstabe a genannte Sorgerecht kann insbesondere kraft Gesetzes, aufgrund einer gerichtlichen oder behördlichen Entscheidung oder aufgrund einer nach dem Recht des betreffenden Staates wirksamen Vereinbarung bestehen.

(3) Solange die in Absatz 1 genannten Behörden zuständig bleiben, können die Behörden des Vertragsstaats, in den das Kind verbracht oder in dem es zurückgehalten wurde, nur die nach Artikel 11 zum Schutz der Person oder des Vermögens des Kindes erforderlichen dringenden Maßnahmen treffen.

1 Art. 7 KSÜ regelt die Frage, wann im Falle des widerrechtlichen Verbringens oder Zurückhaltens eines Kindes ein neuer gewöhnlicher Aufenthalt beachtlich ist und knüpft an die im HKÜ (siehe *Schweppe*, Art. 16 HKÜ Rn. 1 f.) geregelten Grundsätze und Fristen an.

A. Fortdauer der Zuständigkeit

2 In Fällen widerrechtlichen Verbringens bzw. Zurückhaltens endet die Zuständigkeit der Gerichte des Herkunftsstaats für Regelungen betreffend die elterliche Verantwortung nach Art. 7 Abs. 1 KSÜ erst, wenn

- das Kind einen neuen gewöhnlichen Aufenthalt erlangt hat und

- entweder eine Zustimmung bzw. nachträgliche Genehmigung aller Sorgeberechtigten zum Verbringen/Zurückhalten vorliegt **oder** das Kind sich im Zufluchtsstaat mindestens ein Jahr aufgehalten hat, nachdem der Sorgeberechtigte diesen Aufenthaltsort kannte oder hätte kennen müssen, kein während dieses Zeitraums gestellter Rückführungsantrag mehr anhängig ist und das Kind sich in seinem neuen Umfeld eingelebt hat

Zu beachten ist, dass die Jahresfrist des Art. 7 Abs. 1 KSÜ erst mit der Kenntnis bzw. dem Kennenmüssen des Sorgeberechtigten zu laufen beginnt (ähnlich auch Art 10 Abs. 1 b) Brüssel IIa-VO), während die Jahresfrist des Art. 12 Abs. 1 HKÜ auf die Tatsache des Verbringens bzw. Zurückhaltens abstellt.

B. Widerrechtlichkeit

3 In Art. 7 Abs. 2 KSÜ wird die Widerrechtlichkeit des Verbringens oder Zurückhaltens definiert, wobei der Wortlaut des Art. 3 HKÜ übernommen wurde und insofern auf die dortigen Ausführungen zu verweisen ist (siehe *Schweppe*, Art. 3 HKÜ Rn. 1 ff.).

C. Eilzuständigkeit

Art. 7 Abs. 3 KSÜ räumt den Behörden des neuen Aufenthaltsstaats im Interesse des Kindesschutzes **4** wenigstens eine Handlungsmöglichkeit für dringende Fälle ein.

Artikel 8 KSÜ Ausnahmen

(1) Ausnahmsweise kann die nach Artikel 5 oder 6 zuständige Behörde eines Vertragsstaats, wenn sie der Auffassung ist, dass die Behörde eines anderen Vertragsstaats besser in der Lage wäre, das Wohl des Kindes im Einzelfall zu beurteilen,

– **entweder diese Behörde unmittelbar oder mit Unterstützung der Zentralen Behörde dieses Staates ersuchen, die Zuständigkeit zu übernehmen, um die Schutzmaßnahmen zu treffen, die sie für erforderlich hält,**

– **oder das Verfahren aussetzen und die Parteien einladen, bei der Behörde dieses anderen Staates einen solchen Antrag zu stellen.**

(2) Die Vertragsstaaten, deren Behörden nach Absatz 1 ersucht werden können, sind

a) **ein Staat, dem das Kind angehört,**

b) **ein Staat, in dem sich Vermögen des Kindes befindet,**

c) **ein Staat, bei dessen Behörden ein Antrag der Eltern des Kindes auf Scheidung, Trennung, Aufhebung oder Nichtigerklärung der Ehe anhängig ist,**

d) **ein Staat, zu dem das Kind eine enge Verbindung hat.**

(3) Die betreffenden Behörden können einen Meinungsaustausch aufnehmen.

(4) Die nach Absatz 1 ersuchte Behörde kann die Zuständigkeit anstelle der nach Artikel 5 oder 6 zuständigen Behörde übernehmen, wenn sie der Auffassung ist, dass dies dem Wohl des Kindes dient.

Übersicht

Art. 8 KSÜ ermöglicht unter bestimmten Voraussetzungen die **Abgabe von Verfahren innerhalb** **1** **der Vertragsstaaten des KSÜ**, wobei Entscheidungsmaßstab hierfür das Kindeswohl ist.

A. Abgabe der Zuständigkeit

Hierzu kann nach Art. 8 Abs. 1 KSÜ ein aufgrund allgemeiner Grundsätze (gewöhnlicher Aufenthalt **2** des Kindes in diesem Staat) zuständiges Gericht das Gericht eines anderen Staates um Übernahme des Verfahrens ersuchen oder das Verfahren aussetzen und die Beteiligten einladen, einen solchen Antrag selbst bei dem anderen Gericht zu stellen; dies jeweils unter der Voraussetzung, dass das ersuchende Gericht der Auffassung ist, die Behörde eines anderen Vertragsstaats sei besser in der Lage, das Wohl des Kindes im Einzelfall zu beurteilen. Dabei handelt es sich nicht um eine Abgabe des Verfahrens im eigentlichen Sinn, sondern um eine Abgabe der Zuständigkeit,[1] so dass ein vollständig neues Verfahren einzuleiten ist.

Das entsprechende Verfahren vor deutschen Gerichten ist in § 13a IntFamRVG geregelt, der auch die **3** Anfechtungsmöglichkeiten abschließend bestimmt (siehe hierzu *Schweppe*, § 13a IntFamRVG Rn. 5 ff.).

B. Voraussetzungen

Art. 8 Abs. 2 KSÜ benennt, wann ein Staat für ein Übernahmeersuchen in Betracht kommt, letztlich **4** setzt dies eine besondere Verbindung des Kindes zu diesem Staat voraus, sei es als dessen Heimatstaat oder früherer Aufenthaltsstaat.

---

1 *Schulz*, FamRZ 2011, 156, 158

Im Rahmen von lit c) kann das Abgabeersuchen mit dem Ziel erfolgen, eine Verbundzuständigkeit zu schaffen, auch wenn die Voraussetzungen des Art. 10 KSÜ nicht vorliegen.

C. Austausch von Informationen

5 Art. 8 Abs. 3 KSÜ soll den beteiligten Institutionen im ersuchten und ersuchenden Staat durch Austausch von Informationen über den konkreten Fall die Entscheidung ermöglichen, ob die Abgabe bzw. Übernahme des Verfahrens dem Wohl des Kindes dient.

D. Ermessen

6 Aus Art. 8 Abs. 4 KSÜ folgt, dass die Prüfung der Übernahme im Ermessen der Gerichte des ersuchten Staates steht. Maßgeblich ist die Überzeugung, dass die Übernahme dem Wohl des Kindes dient.

Artikel 9 KSÜ Gestattung der Zuständigkeitsausübung durch einen anderen Vertragsstaat

(1) Sind die in Artikel 8 Absatz 2 genannten Behörden eines Vertragsstaats der Auffassung, dass sie besser in der Lage sind, das Wohl des Kindes im Einzelfall zu beurteilen, so können sie

– **entweder die zuständige Behörde des Vertragsstaats des gewöhnlichen Aufenthalts des Kindes unmittelbar oder mit Unterstützung der Zentralen Behörde dieses Staates ersuchen, ihnen zu gestatten, die Zuständigkeit auszuüben, um die von ihnen für erforderlich gehaltenen Schutzmaßnahmen zu treffen,**

– **oder die Parteien einladen, bei der Behörde des Vertragsstaats des gewöhnlichen Aufenthalts des Kindes einen solchen Antrag zu stellen.**

(2) Die betreffenden Behörden können einen Meinungsaustausch aufnehmen.

(3) Die Behörde, von welcher der Antrag ausgeht, darf die Zuständigkeit anstelle der Behörde des Vertragsstaats des gewöhnlichen Aufenthalts des Kindes nur ausüben, wenn diese den Antrag angenommen hat.

1 Während Art. 8 KSÜ die Abgabe von Verfahren betrifft, behandelt Art. 9 KSÜ die Anfrage eines Gerichts an das an sich zuständige Gericht mit der Bitte um Abgabe des Verfahrens. Das Procedere entspricht dem nach Art. 8 KSÜ und ist ebenfalls in § 13a IntFamRVG im Einzelnen geregelt (siehe hierzu *Schweppe*, § 13a IntFamRVG Rn. 9, 14).

2 Art. 9 Abs. 3 KSÜ stellt klar, dass ein die Übernahme anfragendes Gericht nicht von sich aus die Zuständigkeit an sich ziehen darf. Lehnt das an sich zuständige Gericht die Gestattung der Zuständigkeit ab, bleibt dem anfragenden Gericht nur die Zuständigkeit nach Maßgabe von Artikel 11 und 12 KSÜ für dringende bzw. vorläufige Maßnahmen.

Artikel 10 KSÜ Entscheidung über einen Antrag auf Scheidung, Trennung, Aufhebung oder Nichtigerklärung der Ehe der Eltern eines Kindes

(1) Unbeschadet der Artikel 5 bis 9 können die Behörden eines Vertragsstaats in Ausübung ihrer Zuständigkeit für die Entscheidung über einen Antrag auf Scheidung, Trennung, Aufhebung oder Nichtigerklärung der Ehe der Eltern eines Kindes, das seinen gewöhnlichen Aufenthalt in einem anderen Vertragsstaat hat, sofern das Recht ihres Staates dies zulässt, Maßnahmen zum Schutz der Person oder des Vermögens des Kindes treffen, wenn

a) **einer der Eltern zu Beginn des Verfahrens seinen gewöhnlichen Aufenthalt in diesem Staat und ein Elternteil die elterliche Verantwortung für das Kind hat und**

b) **die Eltern und jede andere Person, welche die elterliche Verantwortung für das Kind hat, die Zuständigkeit dieser Behörden für das Ergreifen solcher Maßnahmen anerkannt haben und diese Zuständigkeit dem Wohl des Kindes entspricht.**

(2) Die in Absatz 1 vorgesehene Zuständigkeit für das Ergreifen von Maßnahmen zum Schutz des Kindes endet, sobald die stattgebende oder abweisende Entscheidung über den Antrag auf Scheidung, Trennung, Aufhebung oder Nichtigerklärung der Ehe endgültig geworden ist oder das Verfahren aus einem anderen Grund beendet wurde.

Art. 10 KSÜ enthält eine konkurrierende (da „unbeschadet der Artikel 5 bis 9" bestehende) internationale Zuständigkeit des Gerichts der Ehesache, um die Regelung etwa des Sorge- und Umgangsrechts im **Scheidungsverbundverfahren** zu ermöglichen. Dabei ist die sachliche Zuständigkeit mit dem Umfang „Maßnahmen zum Schutz der Person oder des Vermögens des Kindes" weit gefasst, die Annexzuständigkeit des Art. 10 KSÜ unterliegt jedoch engeren Voraussetzungen als etwa diejenige nach Art. 12 Brüssel IIa-VO (siehe *Schweppe*, Art. 12 Brüssel IIa-VO Rn. 4 ff.), womit die Möglichkeit der Rechtswahl der Eltern gegenüber Art. 12 Brüssel IIa-VO noch weitergehend beschränkt ist.

1

Art. 10 Abs. 1 KSÜ formuliert die **Voraussetzungen**, unter denen eine Entscheidung im Scheidungsverbund in Betracht kommt:

2

- Das Kind hat seinen gewöhnlichen Aufenthalt nicht in dem Vertragsstaat, in dem das Scheidungsverfahren der Eltern anhängig ist (sonst greift Art. 5 KSÜ).

- Mindestens ein Elternteil hat seinen gewöhnlichen Aufenthalt in dem Vertragsstaat, in welchem das Scheidungsverfahren anhängig ist.

- Mindestens ein Elternteil ist sorgeberechtigt.

- Beide Eltern bzw. sämtliche Sorgeberechtigten haben die Zuständigkeit für die Regelung im Scheidungsverbundverfahren anerkannt und

- diese Zuständigkeit entspricht dem Wohl des Kindes.

Die Zuständigkeit nach Art. 10 Abs 1 KSÜ endet nach Abs. 2 mit dem rechtskräftigen Abschluss bzw. rechtskräftiger Beendigung des Scheidungsverfahrens (anders Art. 12 Abs. 2 b) Brüssel IIa-VO).

3

Artikel 11 KSÜ Zuständigkeit in dringenden Fällen

(1) In allen dringenden Fällen sind die Behörden jedes Vertragsstaats, in dessen Hoheitsgebiet sich das Kind oder ihm gehörendes Vermögen befindet, zuständig, die erforderlichen Schutzmaßnahmen zu treffen.

(2) Maßnahmen nach Absatz 1, die in Bezug auf ein Kind mit gewöhnlichem Aufenthalt in einem Vertragsstaat getroffen wurden, treten außer Kraft, sobald die nach den Artikeln 5 bis 10 zuständigen Behörden die durch die Umstände gebotenen Maßnahmen getroffen haben.

(3) Maßnahmen nach Absatz 1, die in Bezug auf ein Kind mit gewöhnlichem Aufenthalt in einem Nichtvertragsstaat getroffen wurden, treten in jedem Vertragsstaat außer Kraft, sobald dort die durch die Umstände gebotenen und von den Behörden eines anderen Staates getroffenen Maßnahmen anerkannt werden.

Übersicht

A. Notzuständigkeit

Art. 11 KSÜ enthält eine mit der Zuständigkeit des Staates des gewöhnlichen Aufenthalts konkurrierende Notzuständigkeit. Der Inhalt des Art. 11 Abs. 1 KSÜ entspricht dem des Art. 9 Abs. 1 MSA.

1

Art. 11 KSÜ umfasst – ebenso wie Art. 9 MSA – auch Maßnahmen für Kinder, die ihren gewöhnlichen Aufenthalt in einem Nichtvertragsstaat haben.

Art. 11 Abs. 1 KSÜ enthält eine eng auszulegende Ausnahmezuständigkeit, die folgenden Voraussetzungen unterliegt:

2

- Das Kind hält sich tatsächlich in dem Erlassstaat auf.[1]

- Es liegt ein „dringender Fall vor.

---

1 OLG Karlsruhe FamRZ 2014, 1565, 1566

3   Letzteres ist zu bejahen, wenn bei Einhaltung der allgemeinen Zuständigkeitsvorschriften nach den Artikeln 5 bis 10 KSÜ möglicherweise ein nicht wiedergutzumachender Schaden zu Lasten des Kindes entstünde, etwa ein dringender chirurgischer Eingriff erforderlich ist.[2]

B. Weitergeltung von Maßnahmen (Abs. 2 und 3)

4   Art. 11 Abs. 2 KSÜ regelt die Frage der Weitergeltung von aufgrund der Notzuständigkeit getroffenen Maßnahmen **im Verhältnis zu weiteren Vertragsstaaten des KSÜ** und stellt klar, dass diese Maßnahmen außer Kraft treten, sobald die nach allgemeinen Grundsätzen zuständigen Behörden ihrerseits die erforderlichen Maßnahmen getroffen haben.

5   Nach Art. 11 Abs. 3 KSÜ gelten die im Rahmen der Notzuständigkeit getroffenen Maßnahmen **im Verhältnis zu Nichtvertragsstaaten** zunächst weiter und treten erst außer Kraft, wenn die im Staat des gewöhnlichen Aufenthalts – also dem Nichtvertragsstaat – nach allgemeinen Grundsätzen getroffenen Maßnahmen in einem weiteren Staat anerkannt wurden.

6   Der unterschiedliche Regelungsgehalt von Art. 11 Abs. 2 und Abs. 3 KSÜ ist dadurch begründet, dass zwischen den Vertragsstaaten eine Verpflichtung zur wechselseitigen Anerkennung von Zuständigkeiten und Entscheidungen besteht, im Verhältnis zu Drittstaaten jeder Staat aber auf Grundlage eigener Rechtsgrundsätze über diese Fragen entscheidet.

Artikel 12 KSÜ Vorläufige Maßnahmen zum Schutz der Person oder des Vermögens des Kindes

(1) Vorbehaltlich des Artikels 7 sind die Behörden eines Vertragsstaats, in dessen Hoheitsgebiet sich das Kind oder ihm gehörendes Vermögen befindet, zuständig, vorläufige und auf das Hoheitsgebiet dieses Staates beschränkte Maßnahmen zum Schutz der Person oder des Vermögens des Kindes zu treffen, soweit solche Maßnahmen nicht mit den Maßnahmen unvereinbar sind, welche die nach den Artikeln 5 bis 10 zuständigen Behörden bereits getroffen haben.

(2) Maßnahmen nach Absatz 1, die in Bezug auf ein Kind mit gewöhnlichem Aufenthalt in einem Vertragsstaat getroffen wurden, treten außer Kraft, sobald die nach den Artikeln 5 bis 10 zuständigen Behörden eine Entscheidung über die Schutzmaßnahmen getroffen haben, die durch die Umstände geboten sein könnten.

(3) Maßnahmen nach Absatz 1, die in Bezug auf ein Kind mit gewöhnlichem Aufenthalt in einem Nichtvertragsstaat getroffen wurden, treten in dem Vertragsstaat außer Kraft, in dem sie getroffen worden sind, sobald dort die durch die Umstände gebotenen und von den Behörden eines anderen Staates getroffenen Maßnahmen anerkannt werden.

Übersicht

A. Vorläufige Maßnahmen

1   In Abgrenzung zur Notzuständigkeit des Art. 11 KSÜ enthält Art. 12 KSÜ eine Zuständigkeit für den Erlass vorläufiger, territorial auf das Hoheitsgebiet des Staates, in dem sie erlassen werden, beschränkte Maßnahmen, um insbesondere Schutzmaßnahmen für Kinder zu ermöglichen, die sich nur vorübergehend in einem Staat aufhalten.[1]

2   Regelungen nach Art. 12 Abs. 1 KSÜ unterliegen folgenden **Voraussetzungen**:

- Es muss sich um eine vorläufige Maßnahme handeln.

- Die Maßnahme darf nicht unvereinbar sein mit bereits bestehenden Maßnahmen, die durch die nach allgemeinen Grundsätzen zuständigen Stellen erlassen wurden.

---

2 *Lagarde*, Rn. 68 f.
1 *Lagarde*, Rn. 74

- Die Ausübung der Zuständigkeit nach Art. 12 ist ausgeschlossen durch die Gerichte des Zufluchtsstaats in den Fällen des widerrechtlichen Verbringens oder Zurückhaltens im Sinne des Art. 7 KSÜ.

Die Wirkung der vorläufigen Maßnahme ist auf das Hoheitsgebiet des Erlassstaats beschränkt.

B. Weitergeltung der Maßnahmen

Art. 12 Abs. 2 KSÜ regelt die Frage der **Weitergeltung** der im Rahmen des Art. 12 Abs. 1 KSÜ erlassenen Maßnahmen **im Verhältnis zu weiteren Vertragsstaaten des KSÜ**. Die Norm entspricht inhaltlich im Wesentlichen der des Art. 11 Abs. 2 KSÜ, wobei die abweichende Formulierung „Schutzmaßnahmen, … die durch die Umstände geboten sein könnten" deutlich macht, dass die Wirkung der vorläufigen Maßnahme auch dann endet, wenn die nach allgemeinen Grundsätzen zuständigen Stellen keine Maßnahmen für erforderlich erachten.   **3**

Nach Art. 12 Abs. 3 KSÜ gelten die im Rahmen des Art. 12 Abs. 1 KSÜ erlassenen Maßnahmen **im Verhältnis zu Drittstaaten** weiter. Die Norm entspricht inhaltlich im Wesentlichen Art. 11 Abs. 3 KSÜ, wobei die abweichende Formulierung „treten in dem Vertragsstaat außer Kraft, in dem sie getroffen wurden" darauf beruht, dass vorläufige Maßnahmen ohnehin in ihrer Wirkung auf das Hoheitsgebiet des Erlassstaats beschränkt sind.   **4**

Artikel 13 KSÜ Ausschluss der Zuständigkeitsausübung

(1) Die Behörden eines Vertragsstaats, die nach den Artikeln 5 bis 10 zuständig sind, Maßnahmen zum Schutz der Person oder des Vermögens des Kindes zu treffen, dürfen diese Zuständigkeit nicht ausüben, wenn bei Einleitung des Verfahrens entsprechende Maßnahmen bei den Behörden eines anderen Vertragsstaats beantragt worden sind, die in jenem Zeitpunkt nach den Artikeln 5 bis 10 zuständig waren, und diese Maßnahmen noch geprüft werden.

(2) Absatz 1 ist nicht anzuwenden, wenn die Behörden, bei denen Maßnahmen zuerst beantragt wurden, auf ihre Zuständigkeit verzichtet haben.

Übersicht

A. Normzweck und Anwendungsbereich

Art. 13 KSÜ befasst sich mit den Fällen der **doppelten Rechtshängigkeit** (*litispendenz*) bzw. Anhängigkeit von Verfahren in mehreren Vertragsstaaten. Dies kommt insbesondere bei Anhängigkeit des Scheidungsverfahrens in einem anderen als dem Staat des gewöhnlichen Aufenthalts des Kindes in Betracht, aber auch nach einem Wechsel des Aufenthalts (außerhalb der Besonderheiten des Art. 7 KSÜ). Letzteres kann in der Praxis etwa dann problematisch werden, wenn der bisherige Aufenthaltsstaat noch vom dortigen gewöhnlichen Aufenthalt des Kindes ausgeht, aber auch die Gerichte im neuen Aufenthaltsstaat die Begründung eines gewöhnlichen Aufenthalts bejahen.   **1**

Da derartige Konstellationen letztlich nicht zu vermeiden sind, ist durch entsprechende Regelungen sicherzustellen, dass es nicht zu widersprüchlichen Entscheidungen kommt.   **2**

Zur Abgrenzung zum Abgabe-/Übernahmemechanismus der Art. 8 und 9 KSÜ ist darauf hinzuweisen, dass Art. 13 KSÜ immer Fälle betrifft, in denen die internationale Zuständigkeit beider Staaten eröffnet wäre, bei Art. 8 und 9 KSÜ ist dies nicht Voraussetzung für die Abgabe.   **3**

B. Inhalt der Norm

Nach Art. 13 Abs. 1 KSÜ gilt der **Prioritätsgrundsatz**, so dass der Zuständigkeit des zuerst angerufenen Gerichts Vorrang eingeräumt wird. Das zuletzt angerufene Gericht darf seine Zuständigkeit nicht ausüben.   **4**

5 Das zuerst angerufene Gericht kann nach Art. 13 Abs. 2 KSÜ auf seine **Zuständigkeit verzichten**, wobei Maßstab hierfür das Kindeswohl ist.[1]

Artikel 14 KSÜ Weitergeltung der Maßnahmen bei Änderung der Umstände

Selbst wenn durch eine Änderung der Umstände die Grundlage der Zuständigkeit wegfällt, bleiben die nach den Artikeln 5 bis 10 getroffenen Maßnahmen innerhalb ihrer Reichweite so lange in Kraft, bis die nach diesem Übereinkommen zuständigen Behörden sie ändern, ersetzen oder aufheben.

1 Art. 14 KSÜ entspricht in seinem Regelungsgehalt Art. 5 Abs. 1 MSA, bestimmt mithin, dass auch nach Verlegung des gewöhnlichen Aufenthalts des Minderjährigen die im Staat des bisherigen gewöhnlichen Aufenthalts getroffenen Maßnahmen so lange in Kraft bleiben, bis die nunmehr zuständigen Stellen sie ändern, ersetzen oder aufheben.

2 Zu beachten ist allerdings, dass sich nach Art. 15 Abs. 3 KSÜ die Durchführung solcher Maßnahmen nach dem Recht des Staates des neuen gewöhnlichen Aufenthalts richtet.

Kapitel III
Anzuwendendes Recht

Artikel 15 KSÜ Recht des Vertragsstaats

(1) Bei der Ausübung ihrer Zuständigkeit nach Kapitel II wenden die Behörden der Vertragsstaaten ihr eigenes Recht an.

(2) Soweit es der Schutz der Person oder des Vermögens des Kindes erfordert, können sie jedoch ausnahmsweise das Recht eines anderen Staates anwenden oder berücksichtigen, zu dem der Sachverhalt eine enge Verbindung hat.

(3) Wechselt der gewöhnliche Aufenthalt des Kindes in einen anderen Vertragsstaat, so bestimmt das Recht dieses anderen Staates vom Zeitpunkt des Wechsels an die Bedingungen, unter denen die im Staat des früheren gewöhnlichen Aufenthalts getroffenen Maßnahmen angewendet werden.

Übersicht

A. Normzweck und Anwendungsbereich

1 Art. 15 Abs. 1 KSÜ i.V.m. Art. 21 Abs. 1 KSÜ regelt den Gleichlauf von internationaler Zuständigkeit und anzuwendendem Recht, so dass die Behörden der Vertragsstaaten grundsätzlich ihr eigenes Recht (*lex fori*) anwenden – unabhängig von der Staatsangehörigkeit des betroffenen Kindes (*loi uniforme*) und damit das Recht, mit dem die dortigen Gerichte und Behörden am besten vertraut sind.

2 Nach dem Wortlaut des Art. 15 Abs. 1 KSÜ findet dieser nur Anwendung, wenn die Zuständigkeit auf Art. 5 KSÜ beruht. Damit wäre – mangels entsprechender vorrangiger staatsvertraglicher Regelung – bei Begründung der Zuständigkeit auf Grundlage von Art. 8 ff. Brüssel IIa-VO für das anzuwendende Recht Art. 21 EGBG heranzuziehen und der Anwendungsbereich des Art. 15 KSÜ faktisch erheblich eingeschränkt.

3 Um dem in Art 3 Abs. 2 EGBGB statuierten Vorrang staatsvertraglicher Regelungen zu entsprechen, bestimmt sich nach herrschender Meinung das anzuwendende Recht daher auch dann nach Art. 15 KSÜ, wenn die internationale Zuständigkeit aus der Brüssel IIa-VO folgt, aber auch nach Art. 5 KSÜ gegeben wäre (Gleichlauf).[1] Dies ist jedenfalls der Fall, wenn das Kind seinen gewöhnlichen Aufenthalt in einem EU-Staat hat, der auch Vertragsstaat des KSÜ ist. Damit ist in der Mehrzahl der Verfahren das anzuwendende Recht nach Art. 15 ff. KSÜ zu bestimmen.

---

1 *Lagarde*, Rn. 80
1 So *Andrae*, § 6 Rn. 104; *Ganz*, Rn. 124; Palandt/*Thorn*, (IPR) Anh. zu EGBGB Art. 24 Rn. 21; Staudinger/*Henrich*, Art. 21 EGBGB Rn. 112; BeckOK BGB/*Heiderhoff*, EGBGB Art. 21 Rn. 12 auch zu abweichenden Auffassungen

B. Inhalt der Norm

Art. 15 **Abs. 1** KSÜ regelt den Grundsatz, dass die nach den allgemeinen Grundsätzen zuständigen Stellen ihr **eigenes Recht** (*lex fori*) anwenden. **4**

Art. 15 **Abs. 2** KSÜ enthält eine **Ausweichklausel**, so dass ausnahmsweise das Recht eines anderen Staates angewendet oder berücksichtigt werden kann, wenn der Schutz des Kindes (oder dessen Vermögens) dies erfordert und der Sachverhalt eine enge Verbindung zu diesem anderen Staat hat. Denkbar ist etwa, bei Schutzmaßnahmen für ein ausländisches Kind das Recht seiner Staatsangehörigkeit anzuwenden, wenn die Rückkehr in den Heimatstaat absehbar ist.[2] Dabei kommt auch die Anwendung des Rechts eines Nichtvertragsstaats in Betracht. **5**

Art. 15 **Abs. 3** KSÜ bestimmt, dass mit dem **Wechsel des gewöhnlichen Aufenthalts** auf die Durchführung bzw. die Umsetzung von bereits im früheren Aufenthaltsstaat getroffenen Maßnahmen das innerstaatliche Recht des neuen Aufenthaltsstaats anzuwenden ist. **6**

Artikel 16 KSÜ Zuweisung oder Erlöschen der elterlichen Verantwortung

(1) Die Zuweisung oder das Erlöschen der elterlichen Verantwortung kraft Gesetzes ohne Einschreiten eines Gerichts oder einer Verwaltungsbehörde bestimmt sich nach dem Recht des Staates des gewöhnlichen Aufenthalts des Kindes.

(2) Die Zuweisung oder das Erlöschen der elterlichen Verantwortung durch eine Vereinbarung oder ein einseitiges Rechtsgeschäft ohne Einschreiten eines Gerichts oder einer Verwaltungsbehörde bestimmt sich nach dem Recht des Staates des gewöhnlichen Aufenthalts des Kindes in dem Zeitpunkt, in dem die Vereinbarung oder das einseitige Rechtsgeschäft wirksam wird.

(3) Die elterliche Verantwortung nach dem Recht des Staates des gewöhnlichen Aufenthalts des Kindes besteht nach dem Wechsel dieses gewöhnlichen Aufenthalts in einen anderen Staat fort.

(4) Wechselt der gewöhnliche Aufenthalt des Kindes, so bestimmt sich die Zuweisung der elterlichen Verantwortung kraft Gesetzes an eine Person, die diese Verantwortung nicht bereits hat, nach dem Recht des Staates des neuen gewöhnlichen Aufenthalts.

Übersicht

A. Normzweck und Anwendungsbereich

Die Frage, wem die elterliche Verantwortung für ein Kind kraft Gesetzes oder durch Vereinbarung der Eltern zugewiesen ist, bestimmt sich nach Art. 16 KSÜ, der ebenfalls an das Recht des gewöhnlichen Aufenthalts anknüpft (anders als Art. 3 MSA, wonach insoweit das Heimatrecht maßgeblich war). **1**

Das Problem, wie im Hinblick auf die Möglichkeit der Änderung des gewöhnlichen Aufenthalts der Fortbestand von erworbenen Sorgerechten und der Neuerwerb von Sorgerechten zu behandeln ist, wird in Art. 16 Abs. 3 und 4 KSÜ geregelt. **2**

Dabei gilt, dass das Sorgerechtsstatut durch Anknüpfung an den gewöhnlichen Aufenthalt wandelbar ist, ein einmal erworbenes Sorgerecht aber geschützt wird. **3**

---

2 *Lagarde*, Rn. 89

Art. 16 Abs. 1 KSÜ betrifft zunächst nur kraft Gesetzes (*ex lege*) „ohne Einschreiten eines Gerichts oder einer Verwaltungsbehörde" bestehende Sorgeverhältnisse. Art. 16 Abs. 2 KSÜ erweitert den Anwendungsbereich auf die durch Vereinbarung oder einseitiges Rechtsgeschäft begründete elterliche Sorge.

B. Inhalt der Norm

I. Elterliche Sorge kraft Gesetzes

4 Art. 16 Abs. 1 KSÜ enthält den Grundsatz, dass von Gesetzes wegen erlangte Sorgerechtspositionen sich nach dem Recht des gewöhnlichen Aufenthalts bestimmen. Anders als bei einer Anknüpfung an das Heimatrecht sind damit grundsätzlich auch gesetzliche Sorgeverhältnisse wandelbar.

5 Die Anknüpfung nach Art. 16 KSÜ gilt universell, so dass auch das Recht eines Staates, der nicht Vertragsstaat des KSÜ ist, maßgeblich sein kann. Dies ergibt sich aus Art. 20 i.V.m. Art. 21 KSÜ, der den Begriff des „Rechts" im Sinne des Art. 16 KSÜ definiert.

6 Damit werden durch Art. 16 KSÜ grundsätzlich auch in Nichtvertragsstaaten erworbene Sorgerechte anerkannt, umgekehrt kann bei einem Umzug in einen Nichtvertragsstaat jedoch der Schutz von Rechtspositionen entfallen, wenn das dortige Recht ein derartiges Sorgerecht nicht anerkennt.

II. Elterliche Sorge durch Vereinbarung

7 Durch Art. 16 Abs. 2 KSÜ wird der Anwendungsbereich des Art. 16 KSÜ erweitert auf die durch Vereinbarung oder einseitiges Rechtsgeschäft begründete elterliche Sorge. Ein Beispiel für eine solche Vereinbarung ist die Sorgeerklärung nach § 1626a Abs. 1 Ziffer 1 BGB.

▶ *Näher hierzu Fink, § 1626a BGB Rn. 6 ff.*

8 Als einseitiges Rechtsgeschäft wäre etwa eine Verfügung von Todes wegen anzusehen, mit der bindend ein Vormund für das Kind eingesetzt wird. Nicht unter Art. 16 Abs. 2 KSÜ fallen Sorgeverhältnisse, für die eine gerichtliche oder behördliche Bestätigung erforderlich ist.

9 Für den zeitlichen Anwendungsbereich des Art. 16 Abs. 2 KSÜ ist darauf hinzuweisen, dass für das Wirksamwerden einer Vereinbarung frühestens der Zeitpunkt der Geburt des Kindes maßgeblich ist. Geben nicht miteinander verheiratete Eltern in Deutschland gemeinsame Sorgeerklärungen für ihr noch ungeborenes Kind ab, verlegen dann aber noch vor der Geburt ihren gewöhnlichen Aufenthalt in einen anderen Vertragsstaat des KSÜ, etwa in die Schweiz, so richtet sich die Zuweisung der elterlichen Verantwortung nach dem Recht des gewöhnlichen Aufenthalts des Kindes im Zeitpunkt seiner Geburt, so dass die nach deutschem Recht abgegebene Sorgeerklärung keine Wirkung entfalten kann.[1] Hier gilt es zu beachten, dass die Hürde für die Erlangung der gemeinsamen elterlichen Sorge für nicht ehelich geborene Kinder in der Schweiz höher ist als in Deutschland, da nach Art. 298a Schweizer ZGB die entsprechende Erklärung der Eltern auch die Verständigung über die Betreuungsanteile und die Unterhaltsverpflichtung voraussetzt.

III. Schutz erworbener Rechte

1. Grundsatz

10 Art. 16 Abs. 3 KSÜ bestimmt, dass ein einmal von Gesetzes wegen erlangtes Sorgerecht auch bei Begründung eines neuen gewöhnlichen Aufenthalts Bestand hat, unabhängig davon, ob das nationale Recht des neuen Aufenthaltsstaats einen entsprechenden Sorgerechtserwerb vorsieht.

11 Durch diesen Schutz wohlerworbener Rechte[2] führt der Wechsel des gewöhnlichen Aufenthalts eines Kindes niemals dazu, dass ein Sorgeberechtigter diese Position verliert.

12 Diese Regelung ist insbesondere von Bedeutung für die Beantwortung der Frage, ob der Mutter eines nicht ehelich geborenen Kindes die Alleinsorge oder den Kindeseltern aufgrund gesetzlicher Regelung oder Vereinbarung ein Mitsorgerecht zusteht.

---

1 KG FamRZ 2011, 1516, 1517
2 *Schulz*, FamRZ 2011, 156, 160

2. Rückwirkung

Fraglich ist, ob Art. 16 Abs. 3 KSÜ auch rückwirkend auf vor Inkrafttreten des KSÜ erworbene Sorgerechtspositionen Anwendung findet. Der BGH[3] hat diese Frage offen gelassen.

13

Hierzu wird vertreten, dass auch ein vor Inkrafttreten des KSÜ erworbenes Sorgerecht schutzwürdig und daher beachtlich sei.[4] Dem steht jedoch entgegen, dass die vor Inkrafttreten des KSÜ geltende Anknüpfung an Art. 21 EGBGB einen Schutz wohlerworbener Rechte nicht kannte. Insofern kann ein nach dem Recht des Ursprungsstaats von Gesetzes wegen bestehendes, aber nach dem Umzug mit Begründung eines neuen gewöhnlichen Aufenthalts nicht – mehr – beachtliches Sorgerecht mit Inkrafttreten des KSÜ nicht wieder aufleben.[5] Im Ergebnis ist eine Rückwirkung von Art. 16 Abs. 3 KSÜ daher abzulehnen.[6]

14

Trotz Ablehnung einer Rückwirkung kann es in der Praxis zur Vermeidung von Wertungswidersprüchen geboten sein, die Voraussetzungen für eine Abänderung der Sorgerechtsregelung unter Berücksichtigung des rechtlich nicht beachtlichen Sorgerechts zu prüfen.[7]

15

IV. Neuerwerb von Rechten

1. Grundsatz

Art. 16 Abs. 4 KSÜ bestimmt, dass auch im Falle des Wechsels des gewöhnlichen Aufenthalts sich der (Neu-)Erwerb des gesetzlichen Sorgerechts nach dem Recht des neuen gewöhnlichen Aufenthalts richtet, so dass eine Person, der nach dem Recht des früheren Aufenthaltsstaats kein Sorgerecht zustand, allein aufgrund eines Wechsels des gewöhnlichen Aufenthalts ohne weiteres Zutun ein Sorgerecht von Gesetzes wegen erwerben kann.

16

Bedeutung hat dies vor allem für die Frage der elterlichen Sorge nicht miteinander verheirateter Eltern, da der Vater eines nicht ehelich geborenen Kindes allein durch die von den Eltern geschaffenen Fakten, etwa den Umzug in einen anderen Staat und die Begründung eines neuen gewöhnlichen Aufenthalts, aufgrund des nunmehr maßgeblichen Rechts die elterliche Mitsorge erlangen kann. So etwa, wenn deutsche Staatsangehörige mit dem gemeinsamen nicht ehelich geborenen Kind, für das (vor Ablauf eines Jahres nach der Geburt) die Vaterschaft wirksam anerkannt, jedoch keine Sorgeerklärung abgegeben wurde, nach Frankreich verziehen und dort in einem gemeinsamen Haushalt leben. Mit Begründung des neuen gewöhnlichen Aufenthalts erwirbt der Kindesvater ein Mitsorgerecht nach Art. 372 Code Civil, das er auch durch einen erneuten Umzug der Familie nach Deutschland nicht mehr verliert.

17

2. Wandelbarkeit

Aus Art. 16 Abs. 4 i.V.m. Abs. 3 KSÜ folgt zunächst, dass das Sorgerechtsstatut mit Verlegung des gewöhnlichen Aufenthalts des Kindes ex nunc wandelbar ist.

18

3. Hinzuerwerb von Rechten

Aus Art. 16 Abs. 3 KSÜ i.V.m. Art. 16 Abs. 4 KSÜ folgt weiter, dass qua Gesetzes ein Hinzuerwerb von Rechten möglich ist. Art. 16 Abs. 3 KSÜ regelt den Fortbestand erworbener Rechte, während Art. 16 Abs. 4 KSÜ den Neuerwerb von Sorgerechten ermöglicht, die quasi „Huckepack" zu den bestehenden Sorgerechtspositionen hinzutreten. Damit kann der Kreis der von Gesetzes wegen sorgeberechtigten Personen sich erweitern. Sofern es zwischen diesen Sorgeberechtigten zu Differenzen über die Ausübung des Sorgerechts kommen sollte, ist eine Sorgerechtszuweisung durch die nach Art. 5 KSÜ zuständigen Gerichte herbeizuführen.

19

Für die Praxis ist mit Blick auf Art. 16 KSÜ jeweils zu prüfen, welchen Personen aufgrund welchen Rechts die elterliche Sorge von Gesetzes wegen zusteht.

20

---

3 BGH FamRZ 2011, 796, 798; ebenso OLG Karlsruhe FamRZ 2011, 1963, 1964 sowie ZKJ 2013, 299, 300 f.
4 So etwa *Andrae*, § 6 Rn. 113; *Rauscher*, NJW 2011, 2333
5 *Looschelders*, IPRax 2014, 152, 154
6 *Henrich*, FamRZ 2011, 1964, 1965; *Looschelders*, IPRax 2014, 152, 154; Staudinger/*Pirrung*, Vorbem zu Art. 19 EGBGB Rn. 199
7 Vgl. OLG Karlsruhe ZKJ 2013, 299

Artikel 17 KSÜ Ausübung der elterlichen Verantwortung

[1]Die Ausübung der elterlichen Verantwortung bestimmt sich nach dem Recht des Staates des gewöhnlichen Aufenthalts des Kindes. [2]Wechselt der gewöhnliche Aufenthalt des Kindes, so bestimmt sie sich nach dem Recht des Staates des neuen gewöhnlichen Aufenthalts.

1   Nach Art. 17 KSÜ richtet sich das auf die Ausübung der elterlichen Sorge anzuwendende Recht nach dem Recht des gewöhnlichen Aufenthalts, mithin ändert sich mit dem Wechsel des gewöhnlichen Aufenthalts auch das darauf anzuwendende Recht. Dies kann etwa für sich aus dem jeweiligen nationalen Recht ergebende unterschiedliche (Allein-)Vertretungsbefugnisse oder die Frage der Genehmigungsbedürftigkeit von Rechtsgeschäften von Bedeutung sein.

Artikel 18 KSÜ Entzug der elterlichen Verantwortung

Durch Maßnahmen nach diesem Übereinkommen kann die in Artikel 16 genannte elterliche Verantwortung entzogen oder können die Bedingungen ihrer Ausübung geändert werden.

1   Art. 18 KSÜ stellt klar, dass zum Schutz des Kindes auch Maßnahmen ergriffen werden können, welche in das von Gesetzes wegen beachtliche Sorgestatut eingreifen. Denkbar sind der Entzug oder die Änderung der Bedingungen bei der Ausübung der elterlichen Verantwortung

Artikel 19 KSÜ Rechtsgeschäfte mit Dritten

Von Abdruck und Kommentierung des Artikels 19 KSÜ wird abgesehen.

Artikel 20 KSÜ Anwendbarkeit des Rechts eines Nichtvertragsstaats

Dieses Kapitel ist anzuwenden, selbst wenn das darin bestimmte Recht das eines Nichtvertragsstaats ist.

1   Art. 20 KSÜ stellt klar, dass auch das Recht eines Nichtvertragsstaats maßgeblich ist, sofern dies nach allgemeinen Grundsätzen Anwendung findet. Eine Ausnahme hiervon enthält Art. 21 Abs. 2 KSÜ.

Artikel 21 KSÜ Rechtsbegriff

(1) Der Begriff „Recht" im Sinne dieses Kapitels bedeutet das in einem Staat geltende Recht mit Ausnahme des Kollisionsrechts.
(2) [1]Ist jedoch das nach Artikel 16 anzuwendende Recht das eines Nichtvertragsstaats und verweist das Kollisionsrecht dieses Staates auf das Recht eines anderen Nichtvertragsstaats, der sein eigenes Recht anwenden würde, so ist das Recht dieses anderen Staates anzuwenden. [2]Betrachtet sich das Recht dieses anderen Nichtvertragsstaats als nicht anwendbar, so ist das nach Artikel 16 bestimmte Recht anzuwenden.

1   Art. 21 Abs. 1 KSÜ bestimmt, dass die Verweisung auf das anzuwendende Recht stets nur eine Sachnormverweisung darstellt, somit kein *renvoi* im Sinne einer Rück- oder Weiterverweisung auf das Kollisionsrecht eines Staates beinhaltet. Beachtlich ist im Verhältnis der Vertragsstaaten des KSÜ untereinander (vgl. Abs. 2) also stets das materielle Recht zur elterlichen Sorge und zum Umgang.

2   In Bezug auf Nichtvertragsstaaten sieht Art. 21 Abs. 2 KSÜ unter bestimmten Umständen eine Verweisung auch auf das Kollisionsrecht (*renvoi*) vor für den Fall, dass auf das Recht eines Drittstaats verwiesen wird.

Artikel 22 KSÜ Ordre public

Die Anwendung des in diesem Kapitel bestimmten Rechts darf nur versagt werden, wenn sie der öffentlichen Ordnung (ordre public) offensichtlich widerspricht, wobei das Wohl des Kindes zu berücksichtigen ist.

Zum Gegenstand des allgemeinen *ordre public*-Vorbehalts ist zunächst grundsätzlich auf die Ausführungen zu Art. 6 EGBGB (*Schweppe*, Art. 6 EGBGB Rn. 2 ff.) zu verweisen. Weiter ist auch im Rahmen der Anwendung des Art. 22 KSÜ ein Inlandsbezug erforderlich, letztlich rechtfertigen nur schwerwiegende Abweichungen von inländischen Rechtswerten, von der Anwendung des an sich berufenen Rechts abzusehen.[1] **1**

Kapitel IV
Anerkennung und Vollstreckung

Artikel 23 KSÜ Anerkennung der Maßnahmen

(1) Die von den Behörden eines Vertragsstaats getroffenen Maßnahmen werden kraft Gesetzes in den anderen Vertragsstaaten anerkannt.

(2) Die Anerkennung kann jedoch versagt werden,

a)   wenn die Maßnahme von einer Behörde getroffen wurde, die nicht nach Kapitel II zuständig war;

b)   wenn die Maßnahme, außer in dringenden Fällen, im Rahmen eines Gerichts- oder Verwaltungsverfahrens getroffen wurde, ohne dass dem Kind die Möglichkeit eingeräumt worden war, gehört zu werden, und dadurch gegen wesentliche Verfahrensgrundsätze des ersuchten Staates verstoßen wurde;

c)   auf Antrag jeder Person, die geltend macht, dass die Maßnahme ihre elterliche Verantwortung beeinträchtigt, wenn diese Maßnahme, außer in dringenden Fällen, getroffen wurde, ohne dass dieser Person die Möglichkeit eingeräumt worden war, gehört zu werden;

d)   wenn die Anerkennung der öffentlichen Ordnung (ordre public) des ersuchten Staates offensichtlich widerspricht, wobei das Wohl des Kindes zu berücksichtigen ist;

e)   wenn die Maßnahme mit einer später im Nichtvertragsstaat des gewöhnlichen Aufenthalts des Kindes getroffenen Maßnahme unvereinbar ist, sofern die spätere Maßnahme die für ihre Anerkennung im ersuchten Staat erforderlichen Voraussetzungen erfüllt;

f)   wenn das Verfahren nach Artikel 33 nicht eingehalten wurde.

Übersicht

A. Normzweck und Anwendungsbereich

Art. 23 KSÜ bestimmt, dass in einem Vertragsstaat getroffene Maßnahmen grundsätzlich ohne besonderes Anerkennungsverfahren in den anderen Vertragsstaaten anerkannt werden. Die Gründe für die Versagung der Anerkennung sind abschließend in Art. 23 Abs. 2 KSÜ aufgeführt. **1**

Der **Anwendungsbereich** von Art. 23 ff. KSÜ ist beschränkt auf das Verhältnis der Vertragsstaaten untereinander, da nur insofern die Gegenseitigkeit gewährleistet ist. **2**

Beschränkt wird der räumliche Anwendungsbereich der Art. 23 ff. KSÜ dadurch, dass im Verhältnis der EU-Staaten untereinander (mit Ausnahme Dänemarks) die Anerkennung und Vollstreckung von Entscheidungen zur elterlichen Sorge und zum Umgang nach der insoweit vorrangigen Brüssel IIa-VO (siehe *Schweppe*, Art. 21 ff. Brüssel IIa-VO) erfolgt.

Das KSÜ ist damit maßgeblich für die Anerkennung und Vollstreckung von Entscheidungen im Verhältnis zu Albanien, Armenien, Australien, Dänemark, die Dominikanische Republik, Ecuador, Lesotho, Marokko, Monaco, Montenegro, Russland, Schweiz, Ukraine, Uruguay. **3**

---

1 MüKo-BGB/*Siehr*, Art. 22 KSÜ Rn. 2 f.

B. Inhalt der Norm

4   Art. 23 Abs. 1 KSÜ enthält den Grundsatz, dass in einem Vertragsstaat getroffene Maßnahmen **kraft Gesetzes** in den anderen Vertragsstaaten anerkannt werden.

5   Die Gründe für die **Versagung der Anerkennung** sind abschließend in Art. 23 Abs. 2 KSÜ geregelt und mit den Versagungsgründen nach Art. 23 Brüssel IIa-VO vergleichbar, allerdings mit dem Unterschied, dass die internationale Zuständigkeit des Gerichts für den Erlass der Sorge- bzw. Umgangsentscheidung im Anerkennungsverfahren überprüft wird (Art. 23 Abs. 2 a) KSÜ). Nicht zur Überprüfung stehen dabei die Tatsachenfeststellungen, auf welche die Behörde des Staates, in dem die Maßnahme getroffen wurde, ihre Zuständigkeit gestützt hat (Art. 25 KSÜ).

Artikel 24 KSÜ Entscheidung über Anerkennung der Maßnahmen

[1]Unbeschadet des Artikels 23 Absatz 1 kann jede betroffene Person bei den zuständigen Behörden eines Vertragsstaats beantragen, dass über die Anerkennung oder Nichtanerkennung einer in einem anderen Vertragsstaat getroffenen Maßnahme entschieden wird. [2]Das Verfahren bestimmt sich nach dem Recht des ersuchten Staates.

1   Art. 24 KSÜ sieht ein fakultatives Anerkennungsverfahren vor, das für Deutschland in § 32 IntFamRVG (siehe *Schweppe,* § 32 IntFamRVG Rn. 2 ff.) i.V.m. §§ 16 ff. IntFamRVG (siehe *Schweppe,* § 16 IntFamRVG Rn. 4 f.) geregelt ist und im Wesentlichen dem Verfahren zur Erteilung der Vollstreckungsklausel folgt.

Artikel 25 KSÜ Bindungswirkung

Die Behörde des ersuchten Staates ist an die Tatsachenfeststellungen gebunden, auf welche die Behörde des Staates, in dem die Maßnahme getroffen wurde, ihre Zuständigkeit gestützt hat.

1   Dieses Verbot der Überprüfung der Tatsachenfeststellungen umfasst etwa die Frage, ob das Kind tatsächlich seinen gewöhnlichen Aufenthalt in dem Staat hatte, der die Zuständigkeit für die Regelung der elterlichen Sorge auf Art. 5 KSÜ gestützt hat. Diese Bindung beschränkt insbesondere den Umfang der Überprüfung der internationalen Zuständigkeit für den Erlass der Sorge- bzw. Umgangsentscheidung nach Art. 23 Abs. 2 a) KSÜ.

Artikel 26 KSÜ Vollstreckung

(1) Erfordern die in einem Vertragsstaat getroffenen und dort vollstreckbaren Maßnahmen in einem anderen Vertragsstaat Vollstreckungshandlungen, so werden sie in diesem anderen Staat auf Antrag jeder betroffenen Partei nach dem im Recht dieses Staates vorgesehenen Verfahren für vollstreckbar erklärt oder zur Vollstreckung registriert.

(2) Jeder Vertragsstaat wendet auf die Vollstreckbarerklärung oder die Registrierung ein einfaches und schnelles Verfahren an.

(3) Die Vollstreckbarerklärung oder die Registrierung darf nur aus einem der in Artikel 23 Absatz 2 vorgesehenen Gründe versagt werden.

1   Art. 26 KSÜ regelt die Vollstreckung von Sorge- und Umgangsentscheidungen zwischen den Vertragsstaaten des KSÜ. Zu beachten ist dabei grundsätzlich, dass die Entscheidung einen vollstreckungsfähigen Inhalt haben muss.

2   Nach deutschem Recht sind Entscheidungen, die allein die Zuweisung der elterlichen Sorge regeln, nicht der Vollstreckung zugänglich, da hierzu ein gesonderter Ausspruch, etwa zur Herausgabe des Kindes erforderlich ist. Um hier Widersprüche zum innerstaatlichen Recht anderer Vertragsstaaten zu vermeiden, wo allein die Zuweisung des Sorgerechts für die Vollstreckung genügt, wurde in § 33 IntFamRVG eine Regelung geschaffen, die eine entsprechende Ergänzung ausländischer Titel ermöglicht.

Das Verfahren nach Art. 26 KSÜ für die Vollstreckung in Deutschland ist in §§ 16 ff. IntFamRVG (siehe **3**
Schweppe, § 16 IntFamRVG Rn. 4 f.) geregelt. Auch die Erteilung der Vollstreckungsklausel darf nur
aus einem der in Art. 23 Abs. 2 KSÜ genannten Gründe versagt werden, Art. 26 Abs. 3 KSÜ.

Artikel 27 KSÜ Überprüfung der Maßnahme

**Vorbehaltlich der für die Anwendung der vorstehenden Artikel erforderlichen Überprüfung darf die ge-
troffene Maßnahme in der Sache selbst nicht nachgeprüft werden.**

Art. 27 KSÜ enthält ein Verbot der *revision au fond* und verbietet damit die inhaltliche Überprüfung **1**
der anzuerkennenden bzw. zu vollstreckenden Entscheidung.

Artikel 28 KSÜ Ort der Vollstreckung

**[1]Die in einem Vertragsstaat getroffenen und in einem anderen Vertragsstaat für vollstreckbar erklärten
oder zur Vollstreckung registrierten Maßnahmen werden dort vollstreckt, als seien sie von den Behörden
dieses anderen Staates getroffen worden. [2]Die Vollstreckung richtet sich nach dem Recht des ersuchten
Staates unter Beachtung der darin vorgesehenen Grenzen, wobei das Wohl des Kindes zu berücksichtigen ist.**

Art. 28 KSÜ regelt – entgegen seiner irreführenden Überschrift – nicht den Ort der Vollstreckung, son- **1**
dern nach welchem Recht sich das Vollstreckungsverfahren bestimmt, nämlich dem nationalen Recht
des Vollstreckungsstaats, in Deutschland nach §§ 88 ff. FamFG (siehe die Kommentierung von *Cirullies* zu §§ 88 bis 94 FamFG), soweit nicht die Sonderregelung des § 44 IntFamRVG greift.

Der Hinweis auf die Grenzen im Vollstreckungsrecht verdeutlicht, dass auch nach nationalem Recht **2**
beachtliche Vollstreckungshindernisse, wie etwa der Widerstand des Kindes, zu berücksichtigen sind.[1]

**Kapitel V
Zusammenarbeit**

Artikel 29 KSÜ Bestimmung einer Zentralen Behörde

**(1) Jeder Vertragsstaat bestimmt eine Zentrale Behörde, welche die ihr durch dieses Übereinkommen
übertragenen Aufgaben wahrnimmt.
(2) [1]Einem Bundesstaat, einem Staat mit mehreren Rechtssystemen oder einem Staat, der aus autonomen
Gebietseinheiten besteht, steht es frei, mehrere Zentrale Behörden zu bestimmen und deren räumliche
und persönliche Zuständigkeit festzulegen. [2]Macht ein Staat von dieser Möglichkeit Gebrauch, so bestimmt er die Zentrale Behörde, an welche Mitteilungen zur Übermittlung an die zuständige Zentrale Behörde in diesem Staat gerichtet werden können.**

Zentrale Behörde nach Art. 29 KSÜ für Deutschland ist das Bundesamt für Justiz, § 3 Abs. 1 Ziffer 2 **1**
IntFamRVG (siehe *Schweppe,* § 3 IntFamRVG Rn. 1 f.).[1]

Artikel 30 KSÜ Zusammenarbeit

**(1) Die Zentralen Behörden arbeiten zusammen und fördern die Zusammenarbeit der zuständigen Behör-
den ihrer Staaten, um die Ziele dieses Übereinkommens zu verwirklichen.
(2) Im Zusammenhang mit der Anwendung dieses Übereinkommens treffen sie die geeigneten Maßnahmen, um Auskünfte über das Recht ihrer Staaten sowie die in ihren Staaten für den Schutz von Kindern
verfügbaren Dienste zu erteilen.**

---

1 Vgl. *Lagarde,* Rn. 134
1 Eine Liste der Zentralen Behörden aller Vertragsstaaten enthält die Kommentierung Staudinger/*Pirrung,* Vorbem
   zu Art. 19 EGBGB Rn. 150

Artikel 31 KSÜ Aufgaben

Die Zentrale Behörde eines Vertragsstaats trifft unmittelbar oder mit Hilfe staatlicher Behörden oder sonstiger Stellen alle geeigneten Vorkehrungen, um

a) **die Mitteilungen zu erleichtern und die Unterstützung anzubieten, die in den Artikeln 8 und 9 und in diesem Kapitel vorgesehen sind;**

b) **durch Vermittlung, Schlichtung oder ähnliche Mittel gütliche Einigungen zum Schutz der Person oder des Vermögens des Kindes bei Sachverhalten zu erleichtern, auf die dieses Übereinkommen anzuwenden ist;**

c) **auf Ersuchen der zuständigen Behörde eines anderen Vertragsstaats bei der Ermittlung des Aufenthaltsorts des Kindes Unterstützung zu leisten, wenn der Anschein besteht, dass das Kind sich im Hoheitsgebiet des ersuchten Staates befindet und Schutz benötigt.**

1   Während Art. 30 KSÜ den Grundsatz der Kooperation der Zentralen Behörden umschreibt, benennt Art. 31 KSÜ einzelne Aufgaben der Zentralen Behörden. Beide Normen sind inhaltlich an Art. 7 HKÜ angelehnt, aber im Hinblick auf den weiteren Gegenstand des KSÜ allgemeiner gefasst. Einen Fall der Zusammenarbeit der Zentralen Behörden bildet die wechselseitige Erstellung von Berichten nach Art. 32 KSÜ.

2   Näher geregelt sind die Aufgaben der Zentralen Behörden in den jeweiligen nationalen Ausführungsvorschriften, für Deutschland in §§ 4 bis 9 IntFamRVG (siehe *Schweppe*, Kommentierung zu §§ 4 ff. IntFamRVG). Dabei umfasst § 7 IntFamRVG insbesondere Maßnahmen, um den Aufenthalt des Kindes zu ermitteln.

Artikel 32 KSÜ Begründetes Ersuchen

Auf begründetes Ersuchen der Zentralen Behörde oder einer anderen zuständigen Behörde eines Vertragsstaats, zu dem das Kind eine enge Verbindung hat, kann die Zentrale Behörde des Vertragsstaats, in dem das Kind seinen gewöhnlichen Aufenthalt hat und in dem es sich befindet, unmittelbar oder mit Hilfe staatlicher Behörden oder sonstiger Stellen

a) **einen Bericht über die Lage des Kindes erstatten;**

b) **die zuständige Behörde ihres Staates ersuchen zu prüfen, ob Maßnahmen zum Schutz der Person oder des Vermögens des Kindes erforderlich sind.**

1   Art. 32 KSÜ ermöglicht die grenzüberschreitende Einholung von Sozialberichten zur Situation des Kindes auf Anfrage eines Staates, zu dem das Kind eine enge Verbindung hat (etwa des Heimatstaats) im Staat des gewöhnlichen Aufenthalts des Kindes. Die deutsche Zentrale Behörde kann diese Aufgabe insbesondere dem zuständigen Jugendamt am Aufenthaltsort des Kindes übertragen, das nach § 9 Abs. 1 Ziffer 1 IntFamRVG auf Anfrage Auskunft über die soziale Lage des Kindes und seines Umfelds erteilt.

Artikel 33 KSÜ Unterbringung des Kindes; Betreuung

(1) ¹Erwägt die nach den Artikeln 5 bis 10 zuständige Behörde die Unterbringung des Kindes in einer Pflegefamilie oder einem Heim oder seine Betreuung durch Kafala oder eine entsprechende Einrichtung und soll es in einem anderen Vertragsstaat untergebracht oder betreut werden, so zieht sie vorher die Zentrale Behörde oder eine andere zuständige Behörde dieses Staates zu Rate. ²Zu diesem Zweck übermittelt sie ihr einen Bericht über das Kind und die Gründe ihres Vorschlags zur Unterbringung oder Betreuung.

(2) Die Entscheidung über die Unterbringung oder Betreuung kann im ersuchenden Staat nur getroffen werden, wenn die Zentrale Behörde oder eine andere zuständige Behörde des ersuchten Staates dieser Unterbringung oder Betreuung zugestimmt hat, wobei das Wohl des Kindes zu berücksichtigen ist.

1   Art. 33 KSÜ betrifft Fälle der grenzüberschreitenden Unterbringung von Kindern und dabei auch insbesondere sogenannte individualpädagogische Auslandsmaßnahmen.[1] Eine entsprechende Entscheidung setzt stets (anders als Art. 56 Abs. 1 Brüssel IIa-VO) voraus, dass die zuständige Stelle, die im

---

1 *Schulz* FamRZ 2011, 156 (162)

Aufenthaltsstaat des Kindes über die Unterbringung entscheidet, sich zuvor mit der Zentralen Behörde oder der zuständigen Stelle des Staates, in dem die Unterbringung erfolgen soll (in Deutschland grundsätzlich die jeweiligen Landesjugendämter), in Verbindung setzt und die Zustimmung dieser Stellen einholt.

Das entsprechende Konsultationsverfahren ist in §§ 45-47 IntFamRVG (siehe *Schweppe, § 47* Int-FamRVG Rn. 1 ff.) geregelt.   **2**

Artikel 34 KSÜ Schutzmaßnahme

(1) Wird eine Schutzmaßnahme erwogen, so können die nach diesem Übereinkommen zuständigen Behörden, sofern die Lage des Kindes dies erfordert, jede Behörde eines anderen Vertragsstaats, die über sachdienliche Informationen für den Schutz des Kindes verfügt, ersuchen, sie ihnen mitzuteilen.

(2) Jeder Vertragsstaat kann erklären, dass Ersuchen nach Absatz 1 seinen Behörden nur über seine Zentrale Behörde zu übermitteln sind.

Art. 34 KSÜ konkretisiert die wechselseitige Auskunftsverpflichtung der Behörden der Vertragsstaaten   **1** und soll durch die direkte Kontaktaufnahme eine flexiblere Kommunikation ermöglichen. Allerdings haben etwa Belgien, Frankreich und viele osteuropäische Staaten einen Vorbehalt nach Art. 34 Abs. 2 KSÜ erklärt,[1] so dass entsprechende Ersuchen ausschließlich über die Zentrale Behörde zu richten sind.

Artikel 35 KSÜ Ersuchen um Hilfe

(1) Die zuständigen Behörden eines Vertragsstaats können die Behörden eines anderen Vertragsstaats ersuchen, ihnen bei der Durchführung der nach diesem Übereinkommen getroffenen Schutzmaßnahmen Hilfe zu leisten, insbesondere um die wirksame Ausübung des Rechts zum persönlichen Umgang sowie des Rechts sicherzustellen, regelmässige unmittelbare Kontakte aufrechtzuerhalten.

(2) [1]Die Behörden eines Vertragsstaats, in dem das Kind keinen gewöhnlichen Aufenthalt hat, können auf Antrag eines Elternteils, der sich in diesem Staat aufhält und der ein Recht zum persönlichen Umgang zu erhalten oder beizubehalten wünscht, Auskünfte oder Beweise einholen und Feststellungen über die Eignung dieses Elternteils zur Ausübung des Rechts zum persönlichen Umgang und die Bedingungen seiner Ausübung treffen. [2]Eine Behörde, die nach den Artikeln 5 bis 10 für die Entscheidung über das Recht zum persönlichen Umgang zuständig ist, hat vor ihrer Entscheidung diese Auskünfte, Beweise und Feststellungen zuzulassen und zu berücksichtigen.

(3) Eine Behörde, die nach den Artikeln 5 bis 10 für die Entscheidung über das Recht zum persönlichen Umgang zuständig ist, kann das Verfahren bis zum Vorliegen des Ergebnisses des in Absatz 2 vorgesehenen Verfahrens aussetzen, insbesondere wenn bei ihr ein Antrag auf Änderung oder Aufhebung des Rechts zum persönlichen Umgang anhängig ist, das die Behörden des Staates des früheren gewöhnlichen Aufenthalts des Kindes eingeräumt haben.

(4) Dieser Artikel hindert eine nach den Artikeln 5 bis 10 zuständige Behörde nicht, bis zum Vorliegen des Ergebnisses des in Absatz 2 vorgesehenen Verfahrens vorläufige Maßnahmen zu treffen.

Art. 35 KSÜ konkretisiert die Zusammenarbeit der Behörden bei der Umsetzung von Entscheidungen,   **1** wobei Art. 35 Abs. 2 bis 4 KSÜ speziell die Frage der Aufrechterhaltung und Durchführung von Umgangskontakten behandeln.

Art. 35 Abs. 3 KSÜ ermöglicht die Aussetzung eines Umgangsverfahrens, um zunächst die auf Antrag   **2** des den Umgang begehrenden Elternteils in einem anderen Vertragsstaat eingeholte Auskunft über dessen Eignung zum Umgang (Art. 35 Abs. 2 KSÜ) abzuwarten. Wenngleich im Hinblick auf das Beschleunigungsgebot die Aussetzung des Verfahrens die Ausnahme darstellen sollte, verdeutlicht diese Regelung, welche Bedeutung den entsprechenden Berichten und Stellungnahmen eingeräumt wird.

▶   *Näher zur grundsätzlichen Beschleunigungsbedürtigkeit kindschaftsrechtlicher Verfahren Fink, § 155 FamFG Rn. 1, 12 ff.*

---

1 Vgl. Staatenliste unter www.bundesjustizamt.de/sorgerecht

Artikel 36 KSÜ Benachrichtigung bei schwerer Gefahr

Ist das Kind einer schweren Gefahr ausgesetzt, so benachrichtigen die zuständigen Behörden des Vertragsstaats, in dem Maßnahmen zum Schutz dieses Kindes getroffen wurden oder in Betracht gezogen werden, sofern sie über den Wechsel des Aufenthaltsorts in einen anderen Staat oder die dortige Anwesenheit des Kindes unterrichtet sind, die Behörden dieses Staates von der Gefahr und den getroffenen oder in Betracht gezogenen Maßnahmen.

Artikel 37 KSÜ Gefahr für Person/Vermögen des Kindes oder Freiheit/Leben eines Familienangehörigen des Kindes

Eine Behörde darf nach diesem Kapitel weder um Informationen ersuchen noch solche erteilen, wenn dadurch nach ihrer Auffassung die Person oder das Vermögen des Kindes in Gefahr geraten könnte oder die Freiheit oder das Leben eines Familienangehörigen des Kindes ernsthaft bedroht würde.

Von einer Kommentierung der Art. 36 und 37 KSÜ wird abgesehen.

Artikel 38 KSÜ Kostentragung

(1) Unbeschadet der Möglichkeit, für die erbrachten Dienstleistungen angemessene Kosten zu verlangen, tragen die Zentralen Behörden und die anderen staatlichen Behörden der Vertragsstaaten die Kosten, die ihnen durch die Anwendung dieses Kapitels entstehen.

(2) Jeder Vertragsstaat kann mit einem oder mehreren anderen Vertragsstaaten Vereinbarungen über die Kostenaufteilung treffen.

1 Die Kostenfreiheit nach Art. 38 KSÜ umfasst nur die Tätigkeit der Zentralen Behörden und von Verwaltungsbehörden der Vertragsstaaten, nicht jedoch Gerichts- und Verfahrenskosten.

Artikel 39 KSÜ Zwischenstaatliche Vereinbarungen

[1]Jeder Vertragsstaat kann mit einem oder mehreren anderen Vertragsstaaten Vereinbarungen treffen, um die Anwendung dieses Kapitels in ihren gegenseitigen Beziehungen zu erleichtern. [2]Die Staaten, die solche Vereinbarungen getroffen haben, übermitteln dem Verwahrer dieses Übereinkommens eine Abschrift.

Von einer Kommentierung wird abgesehen.

Kapitel VI
Allgemeine Bestimmungen

Artikel 40 KSÜ Bescheinigung über Berechtigung zum Handeln

(1) Die Behörden des Vertragsstaats, in dem das Kind seinen gewöhnlichen Aufenthalt hat oder in dem eine Schutzmaßnahme getroffen wurde, können dem Träger der elterlichen Verantwortung oder jedem, dem der Schutz der Person oder des Vermögens des Kindes anvertraut wurde, auf dessen Antrag eine Bescheinigung über seine Berechtigung zum Handeln und die ihm übertragenen Befugnisse ausstellen.

(2) Die Richtigkeit der Berechtigung zum Handeln und der Befugnisse, die bescheinigt sind, wird bis zum Beweis des Gegenteils vermutet.

(3) Jeder Vertragsstaat bestimmt die für die Ausstellung der Bescheinigung zuständigen Behörden.

Deutschland stellt derartige Bescheinigungen nicht aus, so dass auch keine zuständige Behörde nach Art. 40 Abs. 3 KSÜ bestimmt wurde.[1]

---

1 Vgl. BT-Drs. 16/12063, 7 f.

Artikel 41 KSÜ Datenschutz

Die nach diesem Übereinkommen gesammelten oder übermittelten personenbezogenen Daten dürfen nur für die Zwecke verwendet werden, zu denen sie gesammelt oder übermittelt wurden.

Artikel 42 KSÜ Vertraulichkeit

Behörden, denen Informationen übermittelt werden, stellen nach dem Recht ihres Staates deren vertrauliche Behandlung sicher.

Artikel 43 KSÜ Förmlichkeit

Die nach diesem Übereinkommen übermittelten oder ausgestellten Schriftstücke sind von jeder Legalisation oder entsprechenden Förmlichkeit befreit.

Von einer Kommentierung der Art. 41 bis 43 KSÜ wird abgesehen.

Artikel 44 KSÜ Zuständige Behörden

Jeder Vertragsstaat kann die Behörden bestimmen, an die Ersuchen nach den Artikeln 8, 9 und 33 zu richten sind.

Zuständige Behörden[1] in Deutschland sind:

1

- für Ersuchen nach Art. 8 und Art. 9 KSÜ:

    (a) während der Anhängigkeit einer Ehesache das Familiengericht, bei dem die Ehesache im ersten Rechtszug anhängig ist oder war, sofern das Verfahren die elterliche Verantwortung für gemeinschaftliche Kinder betrifft;

    (b) ansonsten das Familiengericht, in dessen Bezirk das Kind seinen gewöhnlichen Aufenthalt hat;

    (c) soweit eine Zuständigkeit nach den Buchstaben (a) oder (b) nicht gegeben ist, das Familiengericht, in dessen Bezirk das Bedürfnis der Fürsorge bekannt wird;

    (d) in Fällen, die das Umgangsrecht, die elterliche Sorge oder die Kindesherausgabe betreffen, **kann** das Ersuchen auch an das Familiengericht am Sitz des Oberlandesgerichts gerichtet werden, in dessen Oberlandesgerichtsbezirk sich das Kind gewöhnlich aufhält, wenn ein Elternteil seinen gewöhnlichen Aufenthalt in einem anderen Mitgliedstaat der EU oder in einem anderen Vertragsstaat des KSÜ hat;

    (e) ist oder wird bei einem deutschen Familiengericht mit konzentrierter Zuständigkeit nach § 10 i.V.m. § 12 IntFamRVG (siehe *Schweppe*, § 12 IntFamRVG Rn. 2) ein Antrag auf Anerkennung oder Vollstreckbarerklärung einer Entscheidung nach dem KSÜ, der Brüssel IIa-VO oder dem ESÜ oder ein Antrag nach dem HKÜ anhängig, so **sind** Ersuchen für dasselbe Kind betreffende Verfahren über das Umgangsrecht, die elterliche Sorge oder die Kindesherausgabe an dieses Gericht zu richten.

- für Ersuchen nach Art. 33 KSÜ:

    grundsätzlich der überörtliche Träger der öffentlichen Jugendhilfe (Landesjugendamt), in dessen Bereich das Kind untergebracht werden soll, andernfalls der überörtliche Träger, zu dessen Bereich die Zentrale Behörde den engsten Bezug festgestellt hat; das Land Berlin.

---

1 Vgl. Mitteilungen zur Bekanntmachung vom 7.12.2010 (BGBl. II S. 1527)

Artikel 45 bis 49 KSÜ

Von Abdruck und Kommentierung wird abgesehen.

Artikel 50 KSÜ Verhältnis zu Übereinkommen vom 25. Oktober 1980 über die zivilrechtlichen Aspekte internationaler Kindesentführung

[1]Dieses Übereinkommen lässt das Übereinkommen vom 25. Oktober 1980 über die zivilrechtlichen Aspekte internationaler Kindesentführung im Verhältnis zwischen den Vertragsparteien beider Übereinkommen unberührt. [2]Einer Berufung auf Bestimmungen dieses Übereinkommens zu dem Zweck, die Rückkehr eines widerrechtlich verbrachten oder zurückgehaltenen Kindes zu erwirken oder das Recht zum persönlichen Umgang durchzuführen, steht jedoch nichts entgegen.

1 Art. 50 KSÜ räumt im Verhältnis zwischen den Vertragsstaaten beider Übereinkommen grundsätzlich dem HKÜ den Vorrang gegenüber dem KSÜ ein. Soweit auf Grundlage des KSÜ die Ziele des HKÜ aber auch – mindestens ebenso effektiv – durchgesetzt werden können, kann auch das KSÜ allein Anwendung finden (Art. 50 Satz 2 KSÜ).

Artikel 51 KSÜ Übereinkommen vom 5. Oktober 1961 über die Zuständigkeit der Behörden und das anzuwendende Recht auf dem Gebiet des Schutzes von Minderjährigen

Im Verhältnis zwischen den Vertragsstaaten ersetzt dieses Übereinkommen das Übereinkommen vom 5. Oktober 1961 über die Zuständigkeit der Behörden und das anzuwendende Recht auf dem Gebiet des Schutzes von Minderjährigen und das am 12. Juni 1902 in Den Haag unterzeichnete Abkommen zur Regelung der Vormundschaft über Minderjährige, unbeschadet der Anerkennung von Maßnahmen, die nach dem genannten Übereinkommen vom 5. Oktober 1961 getroffen wurden.

1 Art. 51 KSÜ bestimmt den Vorrang des KSÜ gegenüber dem MSA dahingehend, dass im Verhältnis zwischen den Vertragsstaaten das neuere KSÜ das ältere MSA ersetzt, wobei bereits erlassene Schutzmaßnahmen aber weiterhin beachtlich sind.

Artikel 52 KSÜ Internationale Übereinkünfte

(1) Dieses Übereinkommen lässt internationale Übereinkünfte unberührt, denen Vertragsstaaten als Vertragsparteien angehören und die Bestimmungen über die im vorliegenden Übereinkommen geregelten Angelegenheiten enthalten, sofern die durch eine solche Übereinkunft gebundenen Staaten keine gegenteilige Erklärung abgeben.

(2) Dieses Übereinkommen lässt die Möglichkeit unberührt, dass ein oder mehrere Vertragsstaaten Vereinbarungen treffen, die in Bezug auf Kinder mit gewöhnlichem Aufenthalt in einem der Staaten, die Vertragsparteien solcher Vereinbarungen sind, Bestimmungen über die in diesem Übereinkommen geregelten Angelegenheiten enthalten.

(3) Künftige Vereinbarungen eines oder mehrerer Vertragsstaaten über Angelegenheiten im Anwendungsbereich dieses Übereinkommens lassen im Verhältnis zwischen solchen Staaten und anderen Vertragsstaaten die Anwendung der Bestimmungen des Übereinkommens unberührt.

(4) Die Absätze 1 bis 3 gelten auch für Einheitsrecht, das auf besonderen Verbindungen insbesondere regionaler Art zwischen den betroffenen Staaten beruht.

Art. 52 KSÜ regelt das Verhältnis zu bereits bestehenden (Abs. 1) und künftigen (Abs. 2 und 3) Übereinkommen und wurde insbesondere im Hinblick auf künftige Regelungen des EU-Rechts, wie die Brüssel IIa-VO, aufgenommen.

Artikel 53 KSÜ Zeitlicher Geltungsbereich

(1) Dieses Übereinkommen ist nur auf Maßnahmen anzuwenden, die in einem Staat getroffen werden, nachdem das Übereinkommen für diesen Staat in Kraft getreten ist.

(2) Dieses Übereinkommen ist auf die Anerkennung und Vollstreckung von Maßnahmen anzuwenden, die getroffen wurden, nachdem es im Verhältnis zwischen dem Staat, in dem die Maßnahmen getroffen wurden, und dem ersuchten Staat in Kraft getreten ist.

Die Norm enthält Übergangsregeln zur Zuständigkeit der Behörden und zur Anerkennung von Maß-   1
nahmen.

Nach Art. 53 Abs. 1 KSÜ finden die Zuständigkeitsregeln in einem Staat erst ab dem Inkrafttreten des Übereinkommens in diesem Staat Anwendung.

Art. 53 Abs. 2 KSÜ beschränkt die zeitliche Anwendung des KSÜ auf die Anerkennung und Vollstreckung von Entscheidungen auf solche, die nach Inkrafttreten des Übereinkommens in den beiden beteiligten Vertragsstaaten ergangen sind.

Keine Lösung enthält die Norm zur Problematik der Wirkung von vor Inkrafttreten des KSÜ entstande-   2
nen gesetzlichen Sorgeverhältnissen[1] (näher hierzu siehe *Schweppe*, Art. 16 KSÜ Rn. 13 f.).

Artikel 54 KSÜ Sprache

(1) Mitteilungen an die Zentrale Behörde oder eine andere Behörde eines Vertragsstaats werden in der Originalsprache zugesandt; sie müssen von einer Übersetzung in die Amtssprache oder eine der Amtssprachen des anderen Staates oder, wenn eine solche Übersetzung nur schwer erhältlich ist, von einer Übersetzung ins Französische oder Englische begleitet sein.

(2) Ein Vertragsstaat kann jedoch einen Vorbehalt nach Artikel 60 anbringen und darin gegen die Verwendung des Französischen oder Englischen, jedoch nicht beider Sprachen, Einspruch erheben.

Für Anträge an das Bundesamt für Justiz als deutsche Zentrale Behörde oder Verfahren vor deutschen Gerichten ist grundsätzlich eine Übersetzung ins Deutsche erforderlich, eine Übersetzung ins Englische genügt nur ausnahmsweise. Gegen die Verwendung der französischen Sprache hat Deutschland – ebenso wie einige andere Staaten – einen Vorbehalt nach Art. 54 Abs. 2 KSÜ i.V.m. Art. 60 KSÜ erklärt.

Artikel 55 KSÜ Vorbehalte

(1) Ein Vertragsstaat kann sich nach Artikel 60

a) die Zuständigkeit seiner Behörden vorbehalten, Maßnahmen zum Schutz des in seinem Hoheitsgebiet befindlichen Vermögens eines Kindes zu treffen;

b) vorbehalten, die elterliche Verantwortung oder eine Maßnahme nicht anzuerkennen, soweit sie mit einer von seinen Behörden in Bezug auf dieses Vermögen getroffenen Maßnahme unvereinbar ist.

(2) Der Vorbehalt kann auf bestimmte Vermögensarten beschränkt werden.

Art. 55 KSÜ erlaubt den Vertragsstaaten sich die alleinige Zuständigkeit für Maßnahmen vorzubehalten, welche in Bezug auf Vermögensgegenstände ergehen. Auch diesen Vorbehalt haben einige Vertragsstaaten erklärt.[1]

Artikel 56 bis 59 KSÜ

Von Abdruck und Kommentierung wird abgesehen.

---

1 Vgl. *Lagarde*, Rn. 179
1 Vgl. Staatenliste unter www.bundesjustizamt.de/sorgerecht

Artikel 60 KSÜ Vorbehalte

(1) [1]Jeder Staat kann spätestens bei der Ratifikation, der Annahme, der Genehmigung oder dem Beitritt oder bei Abgabe einer Erklärung nach Artikel 59 einen der in Artikel 54 Absatz 2 und Artikel 55 vorgesehenen Vorbehalte oder beide anbringen. [2]Weitere Vorbehalte sind nicht zulässig.

(2) [1]Jeder Staat kann einen von ihm angebrachten Vorbehalt jederzeit zurücknehmen. [2]Die Rücknahme wird dem Verwahrer notifiziert.

(3) Die Wirkung des Vorbehalts endet am ersten Tag des dritten Kalendermonats nach der in Absatz 2 genannten Notifikation.

Von einer Kommentierung wird abgesehen.

Artikel 61 bis 63 KSÜ

Von Abdruck und Kommentierung der Artikel 61 bis 63 KSÜ wird abgesehen.

Abschnitt 4
Minderjährigenschutzabkommen – MSA

Vorbemerkung

Das Haager Übereinkommen über die Zuständigkeit der Behörden und das anzuwendende Recht auf **1** dem Gebiet des Schutzes von Minderjährigen vom 5.10.1961[1] (Minderjährigenschutzabkommen) ist das grundlegende völkerrechtliche Übereinkommen zum Schutz von Kindern. Vertragsstaaten sind Deutschland, Frankreich, Italien, Lettland, Litauen, Luxemburg, Niederlande, Österreich, Polen, Portugal, Schweiz, Spanien, Tschechien und die Türkei.

Soweit diese Staaten jedoch auch Vertragsstaaten des KSÜ sind, ersetzt nach Art. 51 KSÜ das neuere **2** KSÜ das MSA, womit das MSA für diese Staaten nicht mehr zur Anwendung gelangt.

Praktisch bedeutsam bleibt das MSA damit

- (nur noch) im Verhältnis zur Türkei hinsichtlich der Bestimmung der internationalen Zuständigkeit und des anzuwendenden Rechts sowie
- hinsichtlich des anzuwendenden Rechts im Verhältnis zu Italien als EU-Staat, der das KSÜ noch nicht ratifiziert hat.

Theoretisch denkbar ist auch eine Anwendung des MSA im Verhältnis zur chinesischen Provinz Macau **3** als ehemaligem portugiesischem Überseegebiet.

Weiterführende Literatur: Schulz, Internationale Regelungen zum Sorge- und Umgangsrecht, FamRZ 2003, 336 ff.

Artikel 1 MSA Internationale Zuständigkeit

Die Behörden, seien es Gerichte oder Verwaltungsbehörden, des Staates, in dem ein Minderjähriger seinen gewöhnlichen Aufenthalt hat, sind, vorbehaltlich der Bestimmungen der Artikel 3, 4 und 5 Absatz 3, dafür zuständig, Maßnahmen zum Schutz der Person und des Vermögens des Minderjährigen zu treffen.

Übersicht

A. Räumlicher Anwendungsbereich

Art. 1 MSA knüpft für die internationale Zuständigkeit grundsätzlich an den gewöhnlichen Aufenthalt **1** des Kindes an. Dem liegt der Gedanke zu Grunde, dass die Behörden am Ort des gewöhnlichen Aufenthalts die für die Notwendigkeit, Art und Umfang von Schutzmaßnahmen maßgebenden sozialen und familiären Verhältnisse des Minderjährigen am besten und schnellsten ermitteln können.[1]

Der Anwendungsbereich des Art. 1 MSA ist beschränkt auf die Türkei. Für Italien richtet sich die inter- **2** nationale Zuständigkeit nach Art. 8 ff. Brüssel IIa-VO, da insoweit Art. 60 lit a) Brüssel IIa-VO den Vorrang der Brüssel IIa-VO regelt.

Im Ergebnis ist regelmäßig an den gewöhnlichen Aufenthalt des Kindes anzuknüpfen, soweit nicht die Bestimmungen der Artikel 3, 4 und 5 Absatz 3 greifen.

B. Inhaltlicher Anwendungsbereich

Schutzmaßnahmen im Sinne des Art. 1 MSA umfassen sämtliche Regelungen und Eingriffe im Rah- **3** men des Eltern-Kind-Verhältnisses, Vormundschaft und Pflegschaft, einschließlich öffentlich-rechtlicher Maßnahmen, die durch behördlichen Einzelakt zum Schutz eines bestimmten Minderjährigen

---

1 BGBl. 1971 II S. 219
1 BGH FamRZ 2002, 1182, 1184; vgl. auch Staudinger/*Kropholler*, Vorbem. B zu Art. 19 EGBGB Rn. 129 f. unter Hinweis auf die *Actes et Documents* zur Vorbereitung und Verabschiedung des MSA

getroffen werden, in Deutschland etwa die Regelungen zu Pflegeverhältnissen und Inobhutnahme nach dem SGB VIII.[2]

4 Das MSA enthält keine Sonderregelungen zum widerrechtlichen Verbringen von Kindern, insoweit greift im Verhältnis zur Türkei aber das HKÜ (siehe hierzu die Kommentierung zum HKÜ).

Artikel 2 MSA Aufenthaltsrecht

(1) Die nach Artikel 1 zuständigen Behörden haben die nach ihrem innerstaatlichen Recht vorgesehenen Maßnahmen zu treffen.

(2) ¹Dieses Recht bestimmt die Voraussetzungen für die Anordnung, die Änderung und die Beendigung dieser Maßnahmen. ²Es regelt auch deren Wirkungen sowohl im Verhältnis zwischen dem Minderjährigen und den Personen oder den Einrichtungen, denen er anvertraut ist, als auch im Verhältnis zu Dritten.

1 Art. 2 MSA regelt den Gleichlauf von internationaler Zuständigkeit und anzuwendendem Recht für gerichtliche Regelungen betreffend die elterliche Verantwortung.

Das anzuwendende Recht ist nach Art. 2 MSA zu bestimmen im Verhältnis zu Italien als EU-Mitgliedstaat, der das KSÜ noch nicht ratifiziert hat, und im Verhältnis zur Türkei.

2 Nach Art. 2 Abs. 1 MSA wenden die Gerichte bzw. Behörden der Vertragsstaaten grundsätzlich ihr eigenes Recht an, wobei nur auf die Anwendung innerstaatlichen Rechts (*lex fori*) verwiesen wird, somit nicht auf das jeweilige Kollisionsrecht.

3 Art. 2 Abs. 2 MSA regelt den Umfang der Anwendung der *lex fori*. Die Wirkung von Maßnahmen im Außenverhältnis kann insbesondere die Frage der Vertretungsbefugnis betreffen.

Artikel 3 MSA Gewaltverhältnisse nach Heimatrecht

Ein Gewaltverhältnis, das nach dem innerstaatlichen Recht des Staates, dem der Minderjährige angehört, kraft Gesetzes besteht, ist in allen Vertragsstaaten anzuerkennen.

1 Art. 3 MSA umfasst inhaltlich die von Gesetzes wegen (*ex lege*) eintretende Sorgerechtszuweisung, nach deutschem Recht die gemeinsame elterliche Sorge für ehelich geborene Kinder; für nicht ehelich geborene Kinder die Alleinsorge der Kindesmutter nach § 1626a Abs. 2 BGB.

2 Auch unter Berücksichtigung der Verpflichtung zur Anerkennung von gesetzlichen Sorgeverhältnissen sind die nach Art. 1 i.V.m. Art. 2 MSA zuständigen Behörden jedoch zu Schutzmaßnahmen zur Abwendung einer Kindeswohlgefährdung, also unter den Voraussetzungen des § 1666 BGB, berechtigt.[1]

Artikel 4 MSA Maßnahmen der Heimatbehörden

(1) Sind die Behörden des Staates, dem der Minderjährige angehört, der Auffassung, dass das Wohl des Minderjährigen es erfordert, so können sie nach ihrem innerstaatlichen Recht zum Schutz der Person oder des Vermögens des Minderjährigen Maßnahmen treffen, nachdem sie die Behörden des Staates verständigt haben, in dem der Minderjährige seinen gewöhnlichen Aufenthalt hat.

(2) ¹Dieses Recht bestimmt die Voraussetzungen für die Anordnung, die Änderung und die Beendigung dieser Maßnahmen. ²Es regelt auch deren Wirkungen sowohl im Verhältnis zwischen dem Minderjährigen und den Personen oder den Einrichtungen, denen er anvertraut ist, als auch im Verhältnis zu Dritten.

(3) Für die Durchführung der getroffenen Maßnahmen haben die Behörden des Staates zu sorgen, dem der Minderjährige angehört.

---

2 Staudinger/*Kropholler*, Vorbem. B zu Art. 19 EGBGB Rn. 40 f.,47, im Einzelnen Rn. 53–88
1 *Völker/Clausius*, § 11 Rn. 51

(4) Die nach den Absätzen 1 bis 3 getroffenen Maßnahmen treten an die Stelle von Maßnahmen, welche die Behörden des Staates getroffen haben, in dem der Minderjährige seinen gewöhnlichen Aufenthalt hat.

Übersicht

A. Allgemeines

Art. 4 MSA enthält eine dem Anschein nach konkurrierende Zuständigkeit der Heimatbehörden, zudem statuiert Art. 4 Abs. 4 MSA den Vorrang von Maßnahmen des Heimatstaates. Tatsächlich unterliegt die Zuständigkeit der Heimatbehörden jedoch den nachfolgend erläuterten Anforderungen, weshalb die Aufenthaltszuständigkeit als vorrangig, die Heimatzuständigkeit als nachrangig anzusehen ist.

1

B. Inhalt der Norm

I. Voraussetzungen

Der Erlass von Maßnahme aufgrund der Heimatzuständigkeit unterliegt nach Art. 4 Abs. 1 MSA folgenden **Voraussetzungen:**

2

- Das Kind besitzt (auch) die Staatsangehörigkeit des angerufenen Gerichts.[1]
- Das Wohl des Kindes **erfordert** den Erlass von Maßnahmen. Dies ist nur dann der Fall, wenn auf Grund besonderer Umstände ein Eingreifen der Heimatbehörden dem Wohl des Minderjährigen mehr dient und seinen Schutz besser gewährleistet als ein Handeln der Behörden des Aufenthaltsstaats.[2]
- Vor der Entscheidung sind die zuständigen Institutionen im Staat des gewöhnlichen Aufenthalts über die beabsichtigte Maßnahme zu informieren.

Der BGH äußerte sich zur **einschränkenden Anwendung der Heimatzuständigkeit** dahingehend, dass „die deutschen Behörden von ihrer konkurrierenden Zuständigkeit nach Art. 4 Abs. 1 MSA nur [...] Gebrauch machen sollen, wenn wegen besonderer Umstände das Eingreifen durch die Heimatbehörden dem Kindesinteresse mehr dient und den Schutz des Kindes besser gewährleistet als das Tätigwerden der nach Art. 1 MSA in erster Linie berufenen Behörden oder Gerichte des Aufenthaltsstaates. (Letztere) können im Allgemeinen besser ermitteln und beurteilen, in welchen Verhältnissen das Kind lebt und welche Maßnahmen im Interesse des Kindeswohls erforderlich sind. Außerdem sind sie weit eher in der Lage, die von ihnen getroffenen Maßnahmen durchzusetzen. [...] Diese schon regelmäßig gebotene Zurückhaltung ist in besonderem Maße angebracht, wenn – wie im vorliegenden Fall – das Kind neben der deutschen Staatsangehörigkeit auch die Staatsangehörigkeit des Aufenthaltsstaates besitzt. Nach diesen Grundsätzen kommt ein Eingreifen der deutschen Behörden oder Gerichte nach Art. 4 Abs. 1 MSA in erster Linie in Betracht, wenn Angelegenheiten des Kindes in der Bundesrepublik zu regeln sind, wenn es im konkreten Fall ausnahmsweise auf die besondere Sachkunde und Kompetenz der Heimatbehörde ankommt oder wenn die Behörden oder Gerichte des Aufenthaltsstaates nicht in der Lage oder nicht willens sind, eine im Interesse des Kindes offensichtlich gebotene Schutzmaßnahme anzuordnen. ... Anhaltspunkte dafür, dass im vorliegenden Fall eine solche ... Situation gegeben ist, sind von der Mutter nicht vorgetragen und ergeben sich auch nicht aus den Akten. Die Mutter macht geltend, es liege im Interesse des Kindes, dass ihr das Sorgerecht übertragen werde und dass das Kind bei ihr aufwachsen könne. Ob das richtig ist, ist eine Frage, die vorrangig die Behörden und Gerichte des Aufenthaltsstaates zu beurteilen haben."[3]

3

---

1 Zur Anwendung von Art. 4 MSA bei Doppelstaatlern vgl. BGH FamRZ 2005, 1540, 1543 sowie BGH FamRZ 1997, 1070, 1071
2 BGH FamRZ 2002, 1182, 1184; vgl. auch OLG Saarbrücken FamRZ 2014, 1555, 1556
3 BGH FamRZ 1997, 1070, 1071. Zum Zeitpunkt der Entscheidung des BGH lebte das Kind – ohne Einverständnis der Mutter – seit 10 Monaten bei Verwandten in der Türkei. Vgl. zu einer ähnlichen Konstellation auch OLG Saarbrücken FamRZ 2014, 1555

II. Anzuwendendes Recht

4 Art. 4 Abs. 2 MSA ist inhaltsgleich mit Art. 2 Abs. 2 MSA und bestimmt, dass auf Anordnung und Durchführung der unter den Voraussetzungen des Art. 4 Abs. 1 MSA erlassenen Maßnahmen das Heimatrecht Anwendung findet.

5 Sofern eine Maßnahme auf das Heimatrecht gestützt ist, obliegt nach Art. 4 Abs. 3 MSA den Heimatbehörden auch die Durchführung. Dies ist denkbar für vermögensrechtliche Maßnahmen, die etwa die Veräußerung von Grundstücken betreffen, jedoch faktisch nicht umsetzbar für sorgerechtliche Maßnahmen. Hier ermöglicht Art. 6 Abs. 1 MSA, die Durchführung der Maßnahme den Behörden des Aufenthaltsstaats zu übertragen.

III. Umfang der Wirkung

6 Art. 4 Abs. 4 MSA regelt den Wirkungsumfang der von den Heimatbehörden getroffenen Maßnahmen und bestimmt, dass diese an die Stelle der im Aufenthaltsstaat ergangenen Maßnahmen treten. Dies gilt jedoch nur, soweit die Voraussetzungen für die Heimatzuständigkeit vorliegen. Ist dies der Fall, so sind die von den Heimatbehörden getroffenen Maßnahmen auch im Staat des gewöhnlichen Aufenthalts beachtlich. Die Änderung bzw. Aufhebung entsprechender Maßnahmen durch die Gerichte des Aufenthaltsstaats kommt nur nach Maßgabe der Art 8 und 9 MSA in Betracht.[4]

7 Die Maßnahmen des Heimatstaats bleiben gemäß Art. 5 Abs. 3 MSA auch nach Verlegung des gewöhnlichen Aufenthalts in Kraft.

Artikel 5 MSA Verlegung des Aufenthalts in einen anderen Vertragsstaat

(1) Wird der gewöhnliche Aufenthalt eines Minderjährigen aus einem Vertragsstaat in einen anderen verlegt, so bleiben die von den Behörden des Staates des früheren gewöhnlichen Aufenthalts getroffenen Maßnahmen so lange in Kraft, bis die Behörden des neuen gewöhnlichen Aufenthalts sie aufheben oder ersetzen.

(2) Die von den Behörden des Staates des früheren gewöhnlichen Aufenthalts getroffenen Maßnahmen dürfen erst nach vorheriger Verständigung dieser Behörden aufgehoben oder ersetzt werden.

Wird der gewöhnliche Aufenthalt eines Minderjährigen, der unter dem Schutz der Behörden des Staates gestanden hat, dem er angehört, verlegt, so bleiben die von diesen nach ihrem innerstaatlichen Recht getroffenen Maßnahmen im Staate des neuen gewöhnlichen Aufenthalts in Kraft.

Übersicht

A. Normzweck und Anwendungsbereich

1 Art. 5 MSA regelt zunächst die Frage der Weitergeltung von Maßnahmen im Falle der Verlegung des gewöhnlichen Aufenthalts. Aus Art. 5 Abs. 1 i.V.m. Art. 1 MSA folgt aber auch, dass im Rahmen des MSA der Grundsatz der *perpetuatio fori* keine Anwendung findet, vielmehr erlischt mit Begründung eines neuen gewöhnlichen Aufenthalts die Zuständigkeit der Behörden am bisherigen Aufenthaltsort;[1] zuständig werden die Behörden des Staates, in dem der neue gewöhnliche Aufenthalt des Minderjährigen begründet wird, womit Maßnahmen am Ort des früheren gewöhnlichen Aufenthalts nicht mehr getroffen werden sollen – und zwar auch dann nicht, wenn sie dort bereits beantragt wurden.[2]

2 Art. 5 MSA ist in seinem Wirkungsbereich auf Maßnahmen im Verhältnis der Vertragsstaaten des MSA untereinander beschränkt.

---

4 Staudinger/*Kropholler*, Vorbem. B zu Art. 19 EGBGB Rn. 239
1 Hierzu OLG Stuttgart FamRZ 2013, 49 (Türkei); BGH FamRZ 2005, 1540, 1543
2 BGH FamRZ 2002, 1182, 1184

B. Inhalt der Norm

Aus Art. 5 Abs. 1 MSA folgt die **Weitergeltung von Maßnahmen** und zugleich die Möglichkeit der Abänderung, wobei Maßstab für das Tätigwerden der Behörden des neuen Aufenthaltsstaats stets das Kindeswohl sein muss. **3**

Vor der **Abänderung von Maßnahmen** sind nach Art. 5 Abs. 2 MSA stets die Behörden, welche die Maßnahme erlassen haben, zu informieren. Dies kann auf direktem Wege erfolgen, siehe hierzu auch Art. 10, Art. 11 MSA. Unterbleibt die Verständigung, so besteht keine Verpflichtung zur Anerkennung nach Art. 7 MSA.[3] **4**

Art. 5 Abs. 3 MSA unterwirft die Abänderung bzw. Aufhebung von Maßnahmen der Heimatbehörden über Art. 5 Abs. 2 MSA hinausgehenden Anforderungen. Da diese Maßnahmen nach Art. 5 Abs. 3 Satz 2 MSA in Kraft bleiben, ist ihre Abänderung oder Aufhebung nur auf Grundlage von Art. 8 bzw. Art. 9 MSA möglich, dies umfasst insbesondere Maßnahmen auf Grundlage von § 1666 BGB.[4] **5**

Artikel 6 MSA Übertragung der Durchführung von Maßnahmen

Die Behörden des Staates, dem der Minderjährige angehört, können im Einvernehmen mit den Behörden des Staates, in dem er seinen gewöhnlichen Aufenthalt hat oder Vermögen besitzt, diesen die Durchführung der getroffenen Maßnahmen übertragen.

Die gleiche Befugnis haben die Behörden des Staates, in dem der Minderjährige seinen gewöhnlichen Aufenthalt hat, gegenüber den Behörden des Staates, in dem der Minderjährige Vermögen besitzt.

Art. 6 MSA regelt, dass die Behörden, welche Schutzmaßnahmen zugunsten eines Kindes getroffen haben, die Durchführung dieser Maßnahmen auf die Behörden eines anderen Staates übertragen können. **1**

Dies gilt gleichermaßen für Maßnahmen, welche die Heimatbehörden im Rahmen der Ausübung ihrer Zuständigkeit nach Art. 4 MSA erlassen haben, wie auch für Maßnahmen des Staates des gewöhnlichen Aufenthalts des Kindes. Auch hier sind die Regelungen zu Meinungsaustausch und Mitteilungen der Behörden untereinander nach Art. 10 und 11 MSA von Bedeutung. **2**

Auch bei Übertragung erfolgt die Durchführung der Maßnahme grundsätzlich auf Grundlage des Rechts des ersuchenden Staates. **3**

Artikel 7 MSA Anerkennung von Maßnahmen; Vollstreckung

[1]Die Maßnahmen, welche die nach den vorstehenden Artikeln zuständigen Behörden getroffen haben, sind in allen Vertragsstaaten anzuerkennen. [2]Erfordern diese Maßnahmen jedoch Vollstreckungshandlungen in einem anderen Staat als in dem, in welchem sie getroffen worden sind, so bestimmen sich ihre Anerkennung und ihre Vollstreckung entweder nach dem innerstaatlichen Recht des Staates, in dem die Vollstreckung beantragt wird, oder nach zwischenstaatlichen Übereinkünften.

Art. 7 Satz 1 MSA regelt die Anerkennung und Vollstreckung von in anderen Vertragsstaaten getroffenen Entscheidungen, Art. 7 Satz 2 MSA schränkt die Anerkennungsverpflichtung ein und bestimmt das auf Vollstreckungsmaßnahmen anzuwendende Recht. **1**

Praktisch ist Art. 7 MSA ohne Bedeutung, weil im Verhältnis zur Türkei insoweit das ESÜ greift.

Nach Art. 7 **Satz 1** MSA erfolgt die Anerkennung ohne besonderes Anerkennungsverfahren, auch ein deklaratorisches Anerkennungsverfahren ist im MSA (anders als nach Art. 21 Abs. 3 Brüssel IIa-VO, Art. 4 Abs. 1 ESÜ oder Art. 24 KSÜ) nicht vorgesehen. **2**

Voraussetzung für die Anerkennung ist lediglich die Einhaltung der Zuständigkeitsvorschriften des MSA. Zu beachten ist ggf. der *ordre public*-Vorbehalt des Art. 16.

---

3 Staudinger/*Kropholler*, Vorbem. B zu Art. 19 EGBGB Rn. 411
4 *Völker/Clausius*, § 11 Rn. 58

3 Keine Verpflichtung zur Anerkennung besteht bei auf Grundlage von Art. 8 und 15 getroffenen Maßnahmen, wie sich jeweils aus Abs. 2 dieser Normen ergibt.

Ebenfalls soll keine Verpflichtung zur Anerkennung bestehen, wenn das Gericht, dessen Entscheidung anerkennt werden soll, seinerseits unter Missachtung der Regelungen des MSA entschieden hat.[1]

4 Art. 7 Satz 2 MSA bestimmt, dass auf etwaige Vollstreckungsmaßnahmen das innerstaatliche Recht des Staates Anwendung findet, in dem die Vollstreckung beantragt wird, soweit keine zwischenstaatlichen Übereinkünfte greifen.

Artikel 8 MSA Maßnahmen bei ernstlicher Gefährdung des Minderjährigen

(1) Die Artikel 3, 4 und 5 Absatz 3 schließen nicht aus, daß die Behörden des Staates, in dem der Minderjährige seinen gewöhnlichen Aufenthalt hat, Maßnahmen zum Schutz des Minderjährigen treffen, soweit er in seiner Person oder in seinem Vermögen ernstlich gefährdet ist.

(2) Die Behörden der anderen Vertragsstaaten sind nicht verpflichtet, diese Maßnahmen anzuerkennen.

A. Allgemeines

1 Art. 8 MSA entspricht in seiner Intention Art. 12 KSÜ, so dass auf die dortigen Erläuterungen (siehe *Schweppe*, Art. 12 KSÜ Rn. 1 f.) verwiesen werden kann.

2 Nach einer Schutzmaßnahme der Heimatbehörde (Art 4 und 5 Abs 3 MSA) ist die internationale Zuständigkeit der Aufenthaltsbehörde gemäß Art 1 MSA grundsätzlich ausgeschlossen, so dass die Aufenthaltsbehörde lediglich unter den Voraussetzungen des Art 8 MSA tätig werden kann.[1]

3 Weiter ermöglicht Art. 8 MSA Eingriffe in *ex lege*-Gewaltverhältnisse im Sinne des Art. 3 MSA.[2]

B. Inhalt der Norm

4 **Voraussetzung** für ein Eingreifen ist eine „ernstliche Gefährdung" des Kindes (oder seines Vermögens), nach Rechtsprechung deutscher Gerichte gelten hier dem Eingriffsmaßstab des § 1666 BGB entsprechende Anforderungen.[3]

5 Auch im Rahmen des Art. 8 MSA gilt der Grundsatz der *lex fori*, die Vertragsstaaten wenden ihr eigenes Recht an, wobei die Behörden nicht zwingend an ihr innerstaatliches Recht gebunden sind, sondern z.B. eine nach Heimatrecht kraft Gesetzes bestehende Vormundschaft aufheben und einen neuen Vormund bestellen können, auch wenn diese Möglichkeit in ihrem innerstaatlichen Recht nicht vorgesehen ist.[4]

6 Die **Vorläufigkeit der Maßnahmen** und deren territoriale Beschränkung ist in Art. 8 MSA – anders als in Art. 12 KSÜ (siehe *Schweppe*, Art. 12 KSÜ Rn. 2) – zwar nicht explizit benannt, ergibt sich aber daraus, dass die Behörden anderer Vertragsstaaten zu einer Anerkennung dieser Maßnahmen nicht verpflichtet sind, Art. 8 Abs. 2 MSA.

---

1 Vgl. OLG Frankfurt FamRZ 1992, 463
1 Staudinger/*Kropholler*, Vorbem. B zu Art. 19 EGBGB Rn. 468
2 Staudinger/*Kropholler*, Vorbem. B zu Art. 19 EGBGB Rn. 223
3 Staudinger/*Kropholler*, Vorbem. B zu Art. 19 EGBGB Rn. 471; BGH BGHZ 60, 68; OLG Frankfurt FamRZ 1997, 571, 572
4 BT-Drs. VI/947, 15

Artikel 9 MSA Eilzuständigkeit

(1) In allen dringenden Fällen haben die Behörden jedes Vertragsstaates, in dessen Hoheitsgebiet sich der Minderjährige oder ihm gehörendes Vermögen befindet, die notwendigen Schutzmaßnahmen zu treffen.

(2) Die nach Absatz 1 getroffenen Maßnahmen treten, soweit sie keine endgültigen Wirkungen hervorgebracht haben, außer Kraft, sobald die nach diesem Übereinkommen zuständigen Behörden die durch die Umstände gebotenen Maßnahmen getroffen haben.

Art. 9 MSA regelt eine Eilzuständigkeit für dringende Fälle, in denen ein Abwarten bis zu einem Handeln der nach allgemeinen Grundsätzen zuständigen Stellen nicht möglich ist. **1**

Auch im Rahmen des Art. 9 MSA gilt der Grundsatz der *lex fori*, die Vertragsstaaten wenden ihr eigenes Recht an. **2**

Für auf Grundlage von Art. 9 MSA getroffene Maßnahmen gilt – anders als im Rahmen des Art. 8 MSA – die Verpflichtung zur Anerkennung nach Art. 7 MSA.[1]

Art. 9 Abs. 1 MSA entspricht inhaltlich im Wesentlichen Art. 11 Abs. 1 KSÜ, Art. 9 Abs. 2 MSA entspricht inhaltlich im Wesentlichen Art. 11 Abs. 2 KSÜ, so dass auf die dortigen Ausführungen verwiesen werden kann (siehe *Schweppe*, Art. 11 KSÜ, Rn. 2 f., 4). **3**

Artikel 10 MSA Meinungsaustausch zwischen Behörden mehrerer Vertragsstaaten

Um die Fortdauer der dem Minderjährigen zuteil gewordenen Betreuung zu sichern, haben die Behörden eines Vertragsstaates nach Möglichkeit Maßnahmen erst dann zu treffen, nachdem sie einen Meinungsaustausch mit den Behörden der anderen Vertragsstaaten gepflogen haben, deren Entscheidungen noch wirksam sind.

Art. 10 MSA sieht als „Soll-Vorschrift" vor dem Erlass von Maßnahmen „nach Möglichkeit" einen Meinungsaustausch mit denjenigen Stellen vor, deren Maßnahmen noch in Kraft sind; im Falle des Art. 5 Abs. 2 i.V.m. Abs. 1 MSA besteht jedoch eine Verpflichtung zur vorherigen Information. Dabei ist ein unmittelbarer Austausch zwischen den beteiligten Stellen möglich. **1**

Artikel 11 MSA Mitteilung an Behörden des Heimatstaates

(1) Die Behörden, die auf Grund dieses Übereinkommens Maßnahmen getroffen haben, haben dies unverzüglich den Behörden des Staates, dem der Minderjährige angehört, und ggf. den Behörden des Staates seines gewöhnlichen Aufenthalts mitzuteilen.

(2) [1]Jeder Vertragsstaat bezeichnet die Behörden, welche die in Absatz 1 erwähnten Mitteilungen unmittelbar geben und empfangen können. [2]Er notifiziert diese Bezeichnung dem Ministerium für Auswärtige Angelegenheiten der Niederlande.

Art. 11 MSA verpflichtet die Vertragsstaaten nach Erlass von Maßnahmen zur nachträglichen Information der Behörden des Heimatstaats bzw. des Staates des gewöhnlichen Aufenthalts (im Falle von Maßnahmen auf Grundlage des Art. 4 MSA). **1**

Die für Mitteilungen nach dem MSA zuständige Behörde für die Türkei ist der „Director for International Law and Foreign Relations of the Ministry of Justice" (Quelle: www.hcch.net). **2**

---

1 Staudinger/*Kropholler*, Vorbem. B zu Art. 19 EGBGB Rn. 501

Artikel 12 MSA Definition „Minderjähriger"

Als „Minderjähriger" im Sinne dieses Übereinkommens ist anzusehen, wer sowohl nach dem innerstaatlichen Recht des Staates, dem er angehört, als auch nach dem innerstaatlichen Recht des Staates seines gewöhnlichen Aufenthalts minderjährig ist.

Art. 12 MSA enthält für den persönlichen Anwendungsbereich des Übereinkommens eine doppelte Anknüpfung: der Betroffene muss nach beiden maßgeblichen Rechtsordnungen minderjährig sein.

Artikel 13 MSA Anwendungsgebiet

(1) Dieses Übereinkommen ist auf alle Minderjährigen anzuwenden, die ihren gewöhnlichen Aufenthalt in einem der Vertragsstaaten haben.

(2) Die Zuständigkeiten, die nach diesem Übereinkommen den Behörden des Staates zukommen, dem der Minderjährige angehört, bleiben jedoch den Vertragsstaaten vorbehalten.

Jeder Vertragsstaat kann sich vorbehalten, die Anwendung dieses Übereinkommens auf Minderjährige zu beschränken, die einem der Vertragsstaaten angehören.

1   Art. 13 MSA regelt den räumlichen Anwendungsbereich des MSA.

2   Damit das MSA zur Anwendung gelangt, muss der Minderjährige seinen gewöhnlichen Aufenthalt in einem der Vertragsstaaten des MSA haben, bei gewöhnlichem Aufenthalt in einem Drittstaat findet das Übereinkommen keine Anwendung.

3   Nach Art. 13 Abs. 2 MSA dürfen sich nur die Vertragsstaaten auf ihre Heimatzuständigkeit (Art. 4 MSA) berufen. Art. 13 Abs. 3 MSA enthält eine Beschränkung des persönlichen Anwendungsbereichs, die praktisch ohne Bedeutung ist, da weder Deutschland noch die Türkei einen entsprechenden Vorbehalt erklärt haben.

Artikel 14 MSA Keine einheitliche Rechtsordnung des Heimatstaates

Von Abdruck und Kommentierung des Artikels 14 MSA wird abgesehen.

Artikel 15 MSA Vorbehalt zugunsten der Behörden für Ehesachen

[1]**Jeder Vertragsstaat, dessen Behörden dazu berufen sind, über ein Begehren auf Nichtigerklärung, Auflösung oder Lockerung des zwischen den Eltern eines Minderjährigen bestehenden Ehebandes zu entscheiden, kann sich die Zuständigkeit dieser Behörden für Maßnahmen zum Schutz der Person oder des Vermögens des Minderjährigen vorbehalten.**

(2) Die Behörden der anderen Vertragsstaaten sind nicht verpflichtet, diese Maßnahmen anzuerkennen.

1   Die Türkei hat einen Vorbehalt nach Art. 15 Satz 1 MSA erklärt, Deutschland hingegen nicht.

2   Damit ergibt sich aus dem MSA keine gegenüber Art. 1 MSA vorrangige Verbundzuständigkeit deutscher Gerichte,[1] allerdings kann die Zuständigkeit deutscher Gerichte (auch im Verhältnis zur Türkei) auf Art. 12 Brüssel IIa-VO beruhen, soweit dessen Voraussetzungen vorliegen (siehe *Schweppe*, Art. 12 Brüssel IIa-VO Rn. 4 ff.). Andernfalls sind türkische Gerichte zuständig für die Regelung der elterlichen Sorge für ein in der Türkei lebendes Kind, dessen Eltern sich in Deutschland scheiden lassen.

3   Bei Regelung der elterlichen Sorge im Scheidungsverbundverfahren in der Türkei ist ein Rückgriff auf die Scheidungszuständigkeit des Art 15 MSA nur erforderlich, wenn das Kind in der Türkei weder seinen gewöhnlichen Aufenthalt hat (dann wäre Art. 1 MSA maßgebend) noch die türkische Staatsangehörigkeit besitzt (dann wäre Art. 4 MSA anzuwenden).[2]

---

1 BGH FamRZ 1984, 350, 353
2 Vgl. allgemein Staudinger/*Kropholler*, Vorbem. B zu Art. 19 EGBGB Rn. 577

Artikel 16 MSA Ordre public

Die Bestimmungen dieses Übereinkommens dürfen in den Vertragsstaaten nur dann unbeachtet bleiben, wenn ihre Anwendung mit der öffentlichen Ordnung offensichtlich unvereinbar ist.

Zum *ordre public*-Vorbehalt ist auf die Ausführungen zu Art. 6 EGBGB zu verweisen (siehe *Schweppe*, **1** Art. 6 EGBGB Rn. 2 ff.).

Artikel 17 MSA Anwendungszeitpunkt

[1]**Dieses Übereinkommen ist nur auf Maßnahmen anzuwenden, die nach seinem Inkrafttreten getroffen worden sind.**
[2]**Gewaltverhältnisse, die nach dem innerstaatlichen Recht des Staates, dem der Minderjährige angehört, kraft Gesetzes bestehen, sind vom Inkrafttreten des Übereinkommens an anzuerkennen.**

Art. 17 MSA bestimmt den zeitlichen Anwendungsbereich des MSA. Die dort genannten Einsatzzeit- **1** punkte sind faktisch aufgrund Zeitablaufs ohne Belang.

Artikel 18 bis 25 MSA

Von Abdruck und Kommentierung der Artikel 18 bis 25 MSA wird abgesehen.

Kapitel 4
EGBGB

in der Fassung der Bekanntmachung vom 21. September 1994 (BGBl. I S. 2494; 1997 I S. 1061), zuletzt geändert durch das Gesetz vom 21. April 2015 (BGBl. I S. 610)

– Auszug –

[...]

Teil 1
Allgemeine Vorschriften

[...]

2. Kapitel
Internationales Privatrecht

1. Abschnitt
Allgemeine Vorschriften

Artikel 3 EGBGB Anwendungsbereich; Verhältnis zu Regelungen der Europäischen Union und zu völkerrechtlichen Vereinbarungen

Soweit nicht

1. unmittelbar anwendbare Regelungen der Europäischen Union in ihrer jeweils geltenden Fassung, insbesondere

   a) die Verordnung (EG) Nr. 864/2007 des Europäischen Parlaments und des Rates vom 11. Juli 2007 über das auf außervertragliche Schuldverhältnisse anzuwendende Recht (Rom II),

   b) die Verordnung (EG) Nr. 593/2008 des Europäischen Parlaments und des Rates vom 17. Juni 2008 über das auf vertragliche Schuldverhältnisse anzuwendende Recht (Rom I),

   c) Artikel 15 der Verordnung (EG) Nr. 4/2009 des Rates vom 18. Dezember 2008 über die Zuständigkeit, das anwendbare Recht, die Anerkennung und Vollstreckung von Entscheidungen und die Zusammenarbeit in Unterhaltssachen in Verbindung mit dem Haager Protokoll vom 23. November 2007 über das auf Unterhaltspflichten anzuwendende Recht sowie

   d) die Verordnung (EU) Nr. 1259/2010 des Rates vom 20. Dezember 2010 zur Durchführung einer Verstärkten Zusammenarbeit im Bereich des auf die Ehescheidung und Trennung ohne Auflösung des Ehebandes anzuwendenden Rechts oder

2. Regelungen in völkerrechtlichen Vereinbarungen, soweit sie unmittelbar anwendbares innerstaatliches Recht geworden sind,

maßgeblich sind, bestimmt sich das anzuwendende Recht bei Sachverhalten mit einer Verbindung zu einem ausländischen Staat nach den Vorschriften dieses Kapitels (Internationales Privatrecht).

1 Das Einführungsgesetz zum Bürgerlichen Gesetzbuch (EGBGB) regelt im zweiten Kapitel des 1. Teils (Internationales Privatrecht) durch sog. Kollisionsnormen das in der Sache anzuwendende Recht. Art. 3 EGBGB bestimmt für die Ermittlung des anzuwendenden Rechts bei Sachverhalten mit Auslandsberührung folgende Rangfolge:

1. unmittelbar anwendbare Regelungen der Europäischen Union

   (darunter auch die Brüssel IIa-VO, wenngleich nicht ausdrücklich genannt)

2. Regelungen in völkerrechtlichen Vereinbarungen, soweit unmittelbar anwendbares Recht

   Dies sind im Bereich des Kindschaftsrechts:

   • Haager Kindesentführungsübereinkommen (HKÜ), siehe hierzu die Kommentierung der einschlägigen Vorschriften des HKÜ oben in Kapitel 3 Abschnitt 1

   • Europäisches Sorgerechtsübereinkommen (ESÜ), siehe hierzu die Kommentierung der einschlägigen Vorschriften des ESÜ oben in Kapitel 3 Abschnitt 2

- Kinderschutzübereinkommen (KSÜ), siehe hierzu die Kommentierung der einschlägigen Vorschriften des KSÜ oben in Kapitel 3 Abschnitt 3
- Haager Minderjährigenschutzübereinkommen (MSA), siehe hierzu die Kommentierung der einschlägigen Vorschriften des MSA oben in Kapitel 3 Abschnitt 4

3. die Kollisionsnormen des EGBGB; für den Bereich der Kindschaftssachen von Relevanz sind
   - Art. 19 und 20 EGBGB (Abstammung, Anfechtung der Abstammung),
   - Art. 21 EGBGB (Wirkungen des Eltern-Kind-Verhältnisses) sowie
   - Art. 22 EGBGB (Annahme als Kind).

Artikel 3a EGBGB Sachnormverweisung; Einzelstatut

(1) Verweisungen auf Sachvorschriften beziehen sich auf die Rechtsnormen der maßgebenden Rechtsordnung unter Ausschluss derjenigen des Internationalen Privatrechts.

(2) Soweit Verweisungen im Dritten und Vierten Abschnitt das Vermögen einer Person dem Recht eines Staates unterstellen, beziehen sie sich nicht auf Gegenstände, die sich nicht in diesem Staat befinden und nach dem Recht des Staates, in dem sie sich befinden, besonderen Vorschriften unterliegen.

Artikel 4 EGBGB Rück- und Weiterverweisung; Rechtsspaltung

(1) ¹Wird auf das Recht eines anderen Staates verwiesen, so ist auch dessen Internationales Privatrecht anzuwenden, sofern dies nicht dem Sinn der Verweisung widerspricht. ²Verweist das Recht des anderen Staates auf deutsches Recht zurück, so sind die deutschen Sachvorschriften anzuwenden.

(2) Soweit die Parteien das Recht eines Staates wählen können, können sie nur auf die Sachvorschriften verweisen.

(3) ¹Wird auf das Recht eines Staates mit mehreren Teilrechtsordnungen verwiesen, ohne die maßgebende zu bezeichnen, so bestimmt das Recht dieses Staates, welche Teilrechtsordnung anzuwenden ist. ²Fehlt eine solche Regelung, so ist die Teilrechtsordnung anzuwenden, mit welcher der Sachverhalt am engsten verbunden ist.

Aus Art. 3a EGBGB und Art. 4 EGBGB folgt, dass Verweisungen des EGBGB **auf Sachvorschriften** grundsätzlich nur auf das innerstaatliche Recht eines Staates verweisen und damit das Internationale Privatrecht des entsprechenden Staates unberücksichtigt bleiben kann. Damit ist zur Lösung eines Falles das materielle Recht dieses Staates anzuwenden.   **1**

Verweist das EGBGB hingegen auf das **Recht eines anderen Staates, dann gilt diese** Beschränkung nicht. Es handelt sich dann grundsätzlich um eine sog. Gesamtverweisung. In diesem Fall ist auch das entsprechende Kollisionsrecht des angerufenen Staates zu beachten. Aus dem fremden Kollisionsrecht kann sich auch eine Verweisung auf das Sachrecht des Erststaates (Rückverweisung) – und damit auf das deutsche Recht – oder auf das Recht eines dritten Staates (Weiterverweisung) ergeben.   **2**

Artikel 5 EGBGB Personalstatut

(1) ¹Wird auf das Recht des Staates verwiesen, dem eine Person angehört, und gehört sie mehreren Staaten an, so ist das Recht desjenigen dieser Staaten anzuwenden, mit dem die Person am engsten verbunden ist, insbesondere durch ihren gewöhnlichen Aufenthalt oder durch den Verlauf ihres Lebens. ²Ist die Person auch Deutscher, so geht diese Rechtsstellung vor.

(2) Ist eine Person staatenlos oder kann ihre Staatsangehörigkeit nicht festgestellt werden, so ist das Recht des Staates anzuwenden, in dem sie ihren gewöhnlichen Aufenthalt oder, mangels eines solchen, ihren Aufenthalt hat.

(3) ¹Wird auf das Recht des Staates verwiesen, in dem eine Person ihren Aufenthalt oder ihren gewöhnlichen Aufenthalt hat, und ändert eine nicht voll geschäftsfähige Person den Aufenthalt ohne den Willen des gesetzlichen Vertreters, so führt diese Änderung allein nicht zur Anwendung eines anderen Rechts.

²Das Internationale Privatrecht folgt für die Antwort auf die Frage nach dem auf die persönlichen Lebensverhältnisse anwendbaren Recht dem sogenannten Staatsangehörigkeitsprinzip. Grundsätzlich ist das Heimatrecht des Betroffenen maßgeblich.[1]

1 Abs. 1 der Norm regelt das Personalstatut bei sog. Doppel- oder Mehrstaatlern und Abs. 2 dasjenige von Staatenlosen (näher hierzu das Staatsangehörigkeitsgesetz – StAG).

2 Abs. 3 befasst sich mit der Anknüpfung an den gewöhnlichen Aufenthalt.

▶ *Zu Einzelheiten des gewöhnlichen Aufenthalts siehe Schweppe, Art. 8 Brüssel IIa-VO Rn. 3 ff.*

Artikel 6 EGBGB Öffentliche Ordnung (ordre public)

¹Eine Rechtsnorm eines anderen Staates ist nicht anzuwenden, wenn ihre Anwendung zu einem Ergebnis führt, das mit wesentlichen Grundsätzen des deutschen Rechts offensichtlich unvereinbar ist. ²Sie ist insbesondere nicht anzuwenden, wenn die Anwendung mit den Grundrechten unvereinbar ist.

Übersicht

1 Soweit inländische Gerichte über die Verweisungsnormen des EGBGB (für Sorgerechtsentscheidungen Art. 21 EGBGB) zur Anwendung ausländischen Rechts gelangen, ist der *ordre public*-Vorbehalt des Art. 6 EGBGB zu beachten.

A. Verstoß gegen den ordre public

I. Unvereinbarkeit mit wesentlichen Grundsätzen des deutschen Rechts

2 Ein Verweis auf die Anwendbarkeit der Rechtsordnung eines ausländischen Staates nimmt immer in Kauf, dass im dortigen Recht andere Wertungen entscheidungsmaßgeblich sind als im deutschen Recht. Extreme Wertungswidersprüche zur eigenen Rechtsordnung sind aber auch im internationalen Privatrecht nicht hinzunehmen. Hierzu enthält Art. 6 EGBGB eine Vorbehaltsklausel, so dass ausländisches Recht keine Anwendung findet, wenn es mit wesentlichen Grundsätzen des deutschen Rechts offensichtlich unvereinbar ist und sich dies auf den konkreten Fall auswirkt (hierzu unten Rn. 6).

Entsprechende Vorbehalte enthalten auch Art. 22 KSÜ und Art. 16 MSA (siehe hierzu *Schweppe*, Art. 22 KSÜ Rn. 1 bzw. Art. 16 MSA Rn. 1).

3 Ein wesentlicher Grundsatz des deutschen Kindschaftsrechts ist der Maßstab des Kindeswohls (näher hierzu etwa *Gottschalk*, § 1697a BGB Rn. 7 ff.).

4 Weiter hebt Art. 6 Satz 2 EGBGB hervor, dass insbesondere die Verletzung von Grundrechten gegen wesentliche Grundsätze des deutschen Rechts verstößt, weshalb in diesem Fall die Anwendung des ausländischen Rechts ausgeschlossen ist. Im Bereich des Kindschaftsrechts sind die Grundrechte von Eltern bzw. Kind, unter anderem aus Art. 1, 2 GG (Allgemeines Persönlichkeitsrecht), Art. 3 GG (Gleichbehandlungsgrundsatz, Willkürverbot), Art. 4 GG (Religionsfreiheit) und Art. 6 GG (Recht auf Familie, Elternrecht, staatliches Wächteramt, Kindeswohlmaßstab) von besonderer Relevanz.

5 Vor diesem Hintergrund ist etwa die in islamischen Rechtsordnungen vorgesehene strikte Zuordnung des Sorgerechts auf Vater oder Mutter abhängig von Alter und Geschlecht des Kindes mit wesentlichen Grundsätzen unserer Rechtsordnung offensichtlich unvereinbar.[1]

---

1 Vgl. Palandt/*Thorn*, Art. 5 EGBGB Rn. 1
1 Vgl. Staudinger/*Henrich*, Art. 21 EGBGB Rn. 38–52

II. Verstoß im konkreten Fall

Für die Feststellung der Unvereinbarkeit sind nicht abstrakte Erwägungen maßgeblich. Prüfungsmaß- **6** stab ist vielmehr, ob die durch das anzuwendende Recht vorgesehene Regelung der elterlichen Sorge **im konkreten Fall** nicht mit deutschem Recht vereinbar ist.[2]

Hierzu bedarf es eines hinreichenden Inlandsbezugs des Einzelfalls, um einen Verstoß gegen den *ordre* **7** *public* anzunehmen.[3]

Bei der Prüfung, ob die Anwendung ausländischen Rechts mit wesentlichen Grundsätzen des deut- **8** schen Rechts unvereinbar ist, sind insbesondere die Grundrechte der betroffenen Kinder beachtlich, so dass sich eine Sorgerechtsentscheidung zwingend am Kindeswohl orientieren muss.[4]

Ein Verstoß gegen den *ordre public* im Sinne von Art. 6 EGBGB liegt vor, wenn der Anwendung des **9** ausländischen Rechts der Personensorge im konkreten Fall das Kindeswohl entgegensteht und bei Anwendung dieses Rechts auch kein anderes Ergebnis erzielt werden kann.[5] Dies ist etwa zu bejahen, wenn die Ausübung der elterlichen Sorge durch die Kindesmutter an die Zugehörigkeit zur islamischen Religionsgemeinschaft geknüpft wird.[6]

B. Rechtsfolge

Soweit die Verletzung des *ordre public* im konkreten Fall zu bejahen ist, führt dies nicht zwingend **10** zur Anwendung deutschen Rechts, vielmehr ist zunächst eine Auslegung des ausländischen Rechts zu prüfen, deren Ergebnis mit dem *ordre public* vereinbar ist.[7] Ist dies nicht möglich, gelangt man zur Anwendung deutschen Rechts.[8]

[...]

3. Abschnitt
Familienrecht

[...]

Artikel 19 EGBGB Abstammung

(1) ¹Die Abstammung eines Kindes unterliegt dem Recht des Staates, in dem das Kind seinen gewöhnlichen Aufenthalt hat. ²Sie kann im Verhältnis zu jedem Elternteil auch nach dem Recht des Staates bestimmt werden, dem dieser Elternteil angehört. ³Ist die Mutter verheiratet, so kann die Abstammung ferner nach dem Recht bestimmt werden, dem die allgemeinen Wirkungen ihrer Ehe bei der Geburt nach Artikel 14 Abs. 1 unterliegen; ist die Ehe vorher durch Tod aufgelöst worden, so ist der Zeitpunkt der Auflösung maßgebend.

(2) Sind die Eltern nicht miteinander verheiratet, so unterliegen Verpflichtungen des Vaters gegenüber der Mutter auf Grund der Schwangerschaft dem Recht des Staates, in dem die Mutter ihren gewöhnlichen Aufenthalt hat.

---

2 BGH FamRZ 1993, 1053
3 BGH FamRZ 1993, 316, 317; Palandt/*Thorn*, Art. 6 EGBGB Rn. 6
4 BGH FamRZ 1993, 316 (Iran)
5 BVerfGK 9, 155 (Syrien)
6 OLG Koblenz IPRspr 2005, Nr. 71, 150 (Ägypten), OLG Düsseldorf FamRZ 1994, 644 (Jordanien)
7 BT-Drs. 10/504, 44; vgl. hierzu den Hinweis des BGH in der Entscheidung FamRZ 1993, 316, 317
8 Vgl. OLG Hamm IPRspr 2000, Nr. 81, 166/167

Artikel 20 EGBGB Anfechtung der Abstammung

Die Abstammung kann nach jedem Recht angefochten werden, aus dem sich ihre Voraussetzungen ergeben. Das Kind kann die Abstammung in jedem Fall nach dem Recht des Staates anfechten, in dem es seinen gewöhnlichen Aufenthalt hat.

▶ *Näher zu Abstammungssachen mit Auslandsbezug siehe Grün, § 100 FamFG.*

Von einer weitergehenden Kommentierung der Art. 19 und 20 EGBGB wird abgesehen.

Artikel 21 EGBGB Wirkungen des Eltern-Kind-Verhältnisses

Das Rechtsverhältnis zwischen einem Kind und seinen Eltern unterliegt dem Recht des Staates, in dem das Kind seinen gewöhnlichen Aufenthalt hat.

A. Allgemeines

1 Art 21 EBGB knüpft für die Bestimmung des anzuwendenden Rechts für den Sorgerechtsstatus und die Regelung der elterlichen Sorge an den gewöhnlichen Aufenthalt des Kindes an. Diese Anknüpfung steht im Einklang mit den kollisionsrechtlichen Übereinkommen. Die frühere Differenzierung nach ehelich und nicht ehelich geborenen Kindern wurde mit Wirkung zum 1.7.1998 aufgegeben.

2 Maßgebend ist der aktuelle gewöhnliche Aufenthalt. Damit ist das Sorgerechtsstatut wandelbar.[1]

3 Art. 21 EGBGB enthält eine Gesamtverweisung (Art. 4 EGBGB),[2] so dass auch das innerstaatliche Kollisionsrecht zu prüfen ist. Soweit dieses etwa nicht an den gewöhnlichen Aufenthalt, sondern an die Staatsangehörigkeit anknüpft, kann bei deutscher Staatsangehörigkeit wiederum deutsches Recht Anwendung finden.[3]

B. Anwendungsbereich

I. Vorrang von KSÜ und MSA

4 Aufgrund des Vorrangs staatsvertraglicher Regelungen (KSÜ und MSA) ist die Anwendung des Art. 21 EGBG in der Praxis begrenzt auf folgende Konstellationen:

1. Die internationale Zuständigkeit besteht zwar nach der Brüssel IIa-VO, nicht aber nach dem KSÜ, so bei rechtmäßigem Wechsel des gewöhnlichen Aufenthalts des Kindes von einem Mitgliedstaat in einen anderen, der nicht Vertragsstaat des KSÜ ist, da nach Art. 9 Brüssel IIa-VO der Grundsatz der *perpetuatio fori* gilt, während nach Art. 5 Abs. 2 KSÜ die Behörden des Staates des neuen gewöhnlichen Aufenthalts zuständig werden.[4]

2. Die Zuständigkeit des deutschen Gerichte folgt aus § 99 Abs. 1 Nr. 1 FamFG, also etwa bei gewöhnlichem Aufenthalt eines deutschen Kindes in einem Drittstaat, der weder der EU angehört noch das KSÜ ratifiziert hat.[5]

5 In diesen Fällen gilt, dass internationale Zuständigkeit und anzuwendendes Recht auseinanderfallen, da nach Art. 21 EGBGB das Recht des Staates des gewöhnlichen Aufenthalts – mithin ausländisches Recht – anzuwenden ist.[6]

---

1 MüKo-BGB/*Helms*, Art. 21 EGBGB Rn. 16; OLG Karlsruhe FamRZ 2010, 1577, 1578
2 Vgl. Palandt/*Thorn*, Art. 21 EGBGB Rn. 1
3 Vgl. hierzu die Beispiele bei *Streicher*, Rn. 126
4 So Staudinger/*Henrich*, Art. 21 EGBGB Rn. 10
5 Prütting/Helms/*Hau* § 99 FamFG Rn. 18
6 Die entsprechenden familienrechtlichen Regelungen sind in der Sammlung Bergmann/Ferid, Internationales Ehe- und Kindschaftsrecht, ergänzt durch Länderberichte, zusammengefasst.

II. Persönlicher und zeitlicher Anwendungsbereich

Auf Grundlage von Art. 21 EGBGB i.V.m. Art. 7 Abs. 1 Satz 1 EGBGB sind weiter Schutzmaßnahmen **6** für **junge Erwachsene** denkbar, die nach deutschem Recht volljährig wären, nach ihrem Heimatrecht aber noch unter elterlicher Sorge stehen, weil nach diesem Recht die Volljährigkeit erst später eintritt.[7]

Art. 21 EGBGB kann auch zur Anwendung gelangen, wenn im Laufe eines gerichtlichen Verfahrens **7** ein **neuer gewöhnlicher Aufenthalt** in einem Staat begründet wird, der weder dem KSÜ noch dem MSA angehört. Auch hier ist das Recht des (neuen) gewöhnlichen Aufenthalts maßgeblich, da insoweit keine Fortwirkung besteht.[8]

Artikel 22 EGBGB Annahme als Kind

(1) [1]Die Annahme als Kind unterliegt dem Recht des Staates, dem der Annehmende bei der Annahme angehört. [2]Die Annahme durch einen oder beide Ehegatten unterliegt dem Recht, das nach Artikel 14 Abs. 1 für die allgemeinen Wirkungen der Ehe maßgebend ist. [3]Die Annahme durch einen Lebenspartner unterliegt dem Recht, das nach Artikel 17b Absatz 1 Satz 1 für die allgemeinen Wirkungen der Lebenspartnerschaft maßgebend ist.

(2) Die Folgen der Annahme in Bezug auf das Verwandtschaftsverhältnis zwischen dem Kind und dem Annehmenden sowie den Personen, zu denen das Kind in einem familienrechtlichen Verhältnis steht, unterliegen dem nach Absatz 1 anzuwendenden Recht.

(3) [1]In Ansehung der Rechtsnachfolge von Todes wegen nach dem Annehmenden, dessen Ehegatten, Lebenspartner oder Verwandten steht der Angenommene ungeachtet des nach den Absätzen 1 und 2 anzuwendenden Rechts einem nach den deutschen Sachvorschriften angenommenen Kind gleich, wenn der Erblasser dies in der Form einer Verfügung von Todes wegen angeordnet hat und die Rechtsnachfolge deutschem Recht unterliegt. [2]Satz 1 gilt entsprechend, wenn die Annahme auf einer ausländischen Entscheidung beruht. [3]Die Sätze 1 und 2 finden keine Anwendung, wenn der Angenommene im Zeitpunkt der Annahme das achtzehnte Lebensjahr vollendet hatte.

▶ *Näher zu Adoptionssachen mit Auslandsbezug siehe Braun, § 101 FamFG.*
  Näher zum AdWirkG siehe Braun, Anhang zu § 199 FamFG.

Von einer weitergehenden Kommentierung des Art. 22 EGBGB wird abgesehen.

Artikel 23 EGBGB Zustimmung

[1]Die Erforderlichkeit und die Erteilung der Zustimmung des Kindes und einer Person, zu der das Kind in einem familienrechtlichen Verhältnis steht, zu einer Abstammungserklärung, Namenserteilung oder Annahme als Kind unterliegen zusätzlich dem Recht des Staates, dem das Kind angehört. [2]Soweit es zum Wohl des Kindes erforderlich ist, ist statt dessen das deutsche Recht anzuwenden.

Von einer Kommentierung wird abgesehen.

Artikel 24 EGBGB Vormundschaft, Betreuung und Pflegschaft

(1) [1]Die Entstehung, die Änderung und das Ende der Vormundschaft, Betreuung und Pflegschaft sowie der Inhalt der gesetzlichen Vormundschaft und Pflegschaft unterliegen dem Recht des Staates, dem der Mündel, Betreute oder Pflegling angehört. [2]Für einen Angehörigen eines fremden Staates, der seinen gewöhnlichen Aufenthalt oder, mangels eines solchen, seinen Aufenthalt im Inland hat, kann ein Betreuer nach deutschem Recht bestellt werden.

(2) Ist eine Pflegschaft erforderlich, weil nicht feststeht, wer an einer Angelegenheit beteiligt ist, oder weil ein Beteiligter sich in einem anderen Staat befindet, so ist das Recht anzuwenden, das für die Angelegenheit maßgebend ist.

---

7 *Völker/Clausius*, § 11 Rn. 68, vgl. hierzu Staudinger/*Henrich*, Art. 21 EGBGB Rn. 122
8 Vgl. OLG Brandenburg, Beschl. v. 3.3.2014 – 9 UF 275/11, juris, Rn. 33 ff., ausführlich zum anzuwendenden norwegischen Kindschaftsrecht

(3) Vorläufige Maßregeln sowie der Inhalt der Betreuung und der angeordneten Vormundschaft und Pflegschaft unterliegen dem Recht des anordnenden Staates.

1 Art 24 EGBGB wird nahezu vollständig durch staatsvertragliche Sonderregelungen verdrängt. Da die Anordnung einer Vormundschaft bzw. Pflegschaft eine Schutzmaßnahme im Sinne des MSA und KSÜ darstellt, findet Art. 24 EGBGB für Kinder mit gewöhnlichem Aufenthalt in Deutschland keine Anwendung.[1]

---

1 Vgl. Palandt/*Thorn*, Art. 24 EGBGB Rn. 2; Staudinger/*v. Hein*, Art. 24 EGBGB Rn. 1

Kapitel 5
Internationales Familienrechtsverfahrensgesetz – IntFamRVG

vom 26. Januar 2005 (BGBl. I S. 162), zuletzt geändert durch das Gesetz vom 8. Juli 2014 (BGBl. I S. 890)

Vorbemerkung

Das Gesetz zur Aus- und Durchführung bestimmter Rechtsinstrumente auf dem Gebiet des Internationalen Familienrechts vom 26.1.2005 (IntFamRVG) wurde zur Umsetzung der Brüssel IIa-VO, des Haager Kindesentführungsübereinkommens und des Europäischen Sorgerechtsübereinkommens konzipiert und im Hinblick auf die Ratifizierung des Haager Kinderschutzübereinkommens entsprechend angepasst.[2] Das IntFamRVG löste mit Wirkung zum 1.3.2005 das Sorgerechtsübereinkommens-Ausführungsgesetz vom 5.4.1990 (SorgeRÜbkAG) ab.

Weiterführende Literatur: Schulz, Das Internationale Familienrechtsverfahrensgesetz, FamRZ 2011, 1273 ff.; *Wagner,* Internationales Familienrechtsverfahrensgesetz, 1. Auflage 2012

Abschnitt 1
Anwendungsbereich; Begriffsbestimmungen

§ 1 IntFamRVG Anwendungsbereich

Dieses Gesetz dient

1. **der Durchführung der Verordnung (EG) Nr. 2201/2003 des Rates vom 27. November 2003 über die Zuständigkeit und die Anerkennung und Vollstreckung von Entscheidungen in Ehesachen und in Verfahren betreffend die elterliche Verantwortung und zur Aufhebung der Verordnung (EG) Nr. 1347/2000 (ABl. EU Nr. L 338 S. 1);**

2. **der Ausführung des Haager Übereinkommens vom 19. Oktober 1996 über die Zuständigkeit, das anzuwendende Recht, die Anerkennung, Vollstreckung und Zusammenarbeit auf dem Gebiet der elterlichen Verantwortung und der Maßnahmen zum Schutz von Kindern (BGBl. 2009 II S. 602, 603) – im Folgenden: Haager Kinderschutzübereinkommen;**

3. **der Ausführung des Haager Übereinkommens vom 25. Oktober 1980 über die zivilrechtlichen Aspekte internationaler Kindesentführung (BGBl. 1990 II S. 207) – im Folgenden: Haager Kindesentführungsübereinkommen;**

4. **der Ausführung des Luxemburger Europäischen Übereinkommens vom 20. Mai 1980 über die Anerkennung und Vollstreckung von Entscheidungen über das Sorgerecht für Kinder und die Wiederherstellung des Sorgeverhältnisses (BGBl. 1990 II S. 220) – im Folgenden: Europäisches Sorgerechtsübereinkommen.**

Das IntFamRVG enthält für bestimmte Verfahrenskonstellationen mit Auslandsbezug besondere einheitliche Regelungen zur innerstaatlichen Zuständigkeit, Anerkennung und Vollstreckung ausländischer Entscheidungen sowie für die grenzüberschreitende Unterbringung von Kindern im Rahmen der Durchführung bzw. Ausführung von **1**

- Brüssel IIa-VO, siehe hierzu die Kommentierung der einschlägigen Vorschriften der Brüssel IIa-VO oben in Kapitel 2.

- Kinderschutzübereinkommen (KSÜ), siehe hierzu die Kommentierung der einschlägigen Vorschriften des KSÜ oben in Kapitel 3 Abschnitt 3.

- Haager Kindesentführungsübereinkommen (HKÜ), siehe hierzu die Kommentierung der einschlägigen Vorschriften des HKÜ oben in Kapitel 3 Abschnitt 1.

- Europäischem Sorgerechtsübereinkommen (ESÜ), siehe hierzu die Kommentierung der einschlägigen Vorschriften des ESÜ oben in Kapitel 3 Abschnitt 2.

---

2 Hierzu BT-Drucks. 16/12063 vom 26.2.2009

2 Außerhalb dieses Anwendungsbereichs gelten auch in kindschaftsrechtlichen Verfahren mit Auslandsbezug die Regelungen des FamFG, so dass grundsätzlich innerstaatliches Verfahrensrecht (lex fori) zur Anwendung gelangt. Dies gilt auch im Rahmen der zuvor genannten Verfahren, sofern das IntFamRVG keine Sonderregelungen enthält (vgl. *Schweppe*, § 14 IntFamRVG Rn. 1 ff.).

Übersicht: Anerkennung und Vollstreckung ausländischer Entscheidungen

	Brüssel IIa-VO Vorrang ggü. KSÜ, Art. 61 Brüssel IIa-VO	ESÜ	KSÜ	Umsetzung von Brüssel IIa-VO, ESÜ, KSÜ im IntfamRVG	FamFG
Anerkennung	Art. 21	Art. 7	Art. 23 Abs. 1		§ 108
Förmliches Exequatur-verfahren	Nicht vorgesehen	Nicht vorgesehen	nicht vorgesehen		§ 108 Abs. 1 nicht für Kindschaftssachen
Fakultatives Anerkennungsverfahren	Art. 21 Abs. 3 Satz 1		Art. 24	§ 32	§ 108 Abs. 2
Zuständiges Gericht	Art. 21 Abs. 3 Satz 2			§ 10 i.V.m. § 12	§ 108 Abs. 3
Antrag	Vorlage Bescheinigungen nach Art. 37 bis 39, 52 Brüssel IIa-VO				
Verfahren		Art. 14 ESÜ		§ 32	
Aussetzung	Art. 27	Art. 10 Abs. 2			
Versagungsgründe	Art. 23		Art. 23 Abs. 2		§ 109
Internationale Zuständigkeit	Art. 24 Verbot der Überprüfung	Art. 9 Abs. 1 b) Überprüfung bzgl. Anknüpfung an gewöhnlichen Aufenthalt	Art. 23 Abs. 2 a), aber auch Art. 25		§ 109 Abs. 1 Nr. 1
Beteiligungsmöglichkeit Antragsgegner	Art. 23 c) bzw. d)	Art. 9 Abs. 1 a)	Art. 23 Abs. 2 c)		§ 109 Abs. 1 Nr. 2
Kindesanhörung	Art. 23 b)		Art. 23 Abs. 2 b)		
Kindeswohl		Begrenzte Prüfung Art. 10 Abs. 1 b)			
Unvereinbarkeit mit späterer Sorgerechtsentscheidung	Art. 23 e) bzw. f)	Begrenzte Prüfung Art. 9 Abs. 1 d) und Art. 10 Abs. 1 d)	Art. 23 Abs. 2 e)		§ 109 Abs. 1 Nr. 3 3
Ordre public Verstoß	Art. 23 a) Wohl des Kindes	Art. 10 Abs. 1 a)	Art. 23 Abs. 2 d)		§ 109 Abs. 1 Nr. 4
Verbot der „révision au fond"	Art. 26	Art. 9 Abs. 3	Art. 27		§ 109 Abs. 5

	Brüssel IIa-VO Vorrang ggü. KSÜ, Art. 61 Brüssel IIa-VO	ESÜ	KSÜ	Umsetzung von Brüssel IIa-VO, ESÜ, KSÜ im Int-famRVG	FamFG
Vollstreckbar-erklärung	Art. 28	Art. 7 a.E. Vollstreckung folgt Anerkennung	Art. 26 Versagungsgründe wie Art. 23 Abs. 2		§ 110 Abs. 1 u. 2 kein Exequaturverfahren
Zuständigkeit	Art. 29 Abs. 2		Art. 26 KSÜ	§ 10 i.V.m. § 12	
Verfahren	Art. 30	13 bis 16 ESÜ		§§ 16 ff.	
	Art. 31 Abs. 1 einseitiges Verfahren			§ 18 (nicht ESÜ) § 19 (nur ESÜ)	
	Art. 31 Abs. 2 Verbot der „révision au fond"				
Aussetzung	Art. 35				
Rechtsmittel	Art. 33 Art. 34			§ 24 § 28 Rechtsbeschwerde	
Zuständiges Gericht	Art. 33 Abs. 2			§ 24 Abs. 1	
Frist	Art. 33 Abs. 5 ein Monat bzw. 2 Monate ab Zustellung				
Ergänzende Anordnungen	Art. 48 für Umgang	Art. 11 Abs. 2 für Umgang		§ 33 Abs. 1 Aufnahme der Herausgabeanordnung; § 33 Abs. 2 für ESÜ	
Vollstreckung nach Recht des Vollstreckungsstaates	Art. 47	§ 44 IntFamRVG	Art. 28	§ 44	§§ 88 bis 94

§ 2 IntFamRVG Begriffsbestimmungen

Im Sinne dieses Gesetzes sind „Titel" Entscheidungen, Vereinbarungen und öffentliche Urkunden, auf welche die durchzuführende EG-Verordnung oder das jeweils auszuführende Übereinkommen Anwendung findet.

Von einer Kommentierung wird abgesehen.

Abschnitt 2
Zentrale Behörde; Jugendamt

§ 3 IntFamRVG Bestimmung der Zentralen Behörde

(1) Zentrale Behörde nach

1. **Artikel 53 der Verordnung (EG) Nr. 2201/2003,**
2. **Artikel 29 des Haager Kinderschutzübereinkommens,**
3. **Artikel 6 des Haager Kindesentführungsübereinkommens,**
4. **Artikel 2 des Europäischen Sorgerechtsübereinkommens**

ist das Bundesamt für Justiz.

(2) Das Verfahren der Zentralen Behörde gilt als Justizverwaltungsverfahren.

1 Die in § 3 Abs. 1 IntFamRVG genannten Normen sehen jeweils die Einrichtung Zentraler Behörden[1] in den Vertragsstaaten vor. Dies ist nach § 3 Abs. 1 IntFamRVG das Bundesamt für Justiz mit Sitz in Bonn. Die Aufgaben des Bundesamts für Justiz als Zentrale Behörde sind in §§ 4 bis 7 IntFamRVG geregelt. Weiter ist hierzu auf die Internetseite www.bundesjustizamt.de zu verweisen.

2 Aus § 3 Abs. 2 IntFamRVG ergibt sich, dass für die Anfechtung von Maßnahmen der Zentralen Behörde das Verfahren nach §§ 23 ff. EGGVG Anwendung findet, wobei bei Ablehnung des Tätigwerdens § 8 IntFamRVG maßgeblich ist, der wiederum auf die entsprechenden Vorschriften des FamFG verweist.

§ 4 IntFamRVG Übersetzungen bei eingehenden Ersuchen

(1) Die Zentrale Behörde, bei der ein Antrag aus einem anderen Staat nach der Verordnung (EG) Nr. 2201/ 2003 oder nach dem Europäischen Sorgerechtsübereinkommen eingeht, kann es ablehnen, tätig zu werden, solange Mitteilungen oder beizufügende Schriftstücke nicht in deutscher Sprache abgefasst oder von einer Übersetzung in diese Sprache begleitet sind.

(2) Ist ein Schriftstück nach Artikel 54 des Haager Kinderschutzübereinkommens oder nach Artikel 24 Abs. 1 des Haager Kindesentführungsübereinkommens ausnahmsweise nicht von einer deutschen Übersetzung begleitet, so veranlasst die Zentrale Behörde die Übersetzung.

1 § 4 IntFamRVG regelt die Frage, in welcher Sprache bei der Zentralen Behörde eingehende Anträge abzufassen sind. Die Norm differenziert zwischen Anträgen nach Brüssel IIa-VO und ESÜ einerseits und nach HKÜ und KSÜ andererseits.

2 Bei **Anträgen auf Grundlage der Brüssel IIa-VO und des ESÜ** muss das Bundesamt für Justiz nur Anträge in deutscher Sprache bzw. Übersetzung akzeptieren, weil insofern Vorbehaltserklärungen nach Art. 57 Abs. 2 Brüssel IIa-VO und nach Art. 6 Abs. 1 lit b) ESÜ bestehen.

3 Bei **Anträgen auf Grundlage des KSÜ und des HKÜ** ist das Bundesamt für Justiz zur Annahme der Anträge verpflichtet, wird aber ggf. selbst die Übersetzung veranlassen. Die hierfür anfallenden Kosten sind durch den Antragsteller nach Maßgabe des § 54 IntFamRVG zu tragen.

4 Für das KSÜ greift insoweit nach Art. 54 KSÜ ein Vorbehalt gegen die Verwendung der französischen Sprache. Für das HKÜ hat Deutschland den nach Art. 24 HKÜ möglichen Vorbehalt nicht eingelegt, es wird aber die Vorlage von Übersetzungen erwartet.[1]

§ 5 IntFamRVG Übersetzungen bei ausgehenden Ersuchen

(1) Beschafft die antragstellende Person erforderliche Übersetzungen für Anträge, die in einem anderen Staat zu erledigen sind, nicht selbst, veranlasst die Zentrale Behörde die Übersetzungen auf Kosten der antragstellenden Person.

---

1 Zu den Aufgaben der Zentralen Behörden insbesondere nach dem KSÜ vgl. *Schulz*, FamRZ 2011, 156, 160 f.
1 Vgl. *Wagner*, § 4 IntFamRVG Rn. 2 f.

(2) Das Amtsgericht befreit eine antragstellende natürliche Person, die ihren gewöhnlichen Aufenthalt oder bei Fehlen eines gewöhnlichen Aufenthalts im Inland ihren tatsächlichen Aufenthalt im Gerichtsbezirk hat, auf Antrag von der Erstattungspflicht nach Absatz 1, wenn sie die persönlichen und wirtschaftlichen Voraussetzungen für die Gewährung von Verfahrenskostenhilfe ohne einen eigenen Beitrag zu den Kosten nach den Vorschriften des Gesetzes über das Verfahren in Familiensachen und in Angelegenheiten der freiwilligen Gerichtsbarkeit erfüllt.

§ 5 IntFamRVG regelt die Übersetzung und Kostentragung für Anträge und Ersuchen, die über die Zentrale Behörde ins Ausland weitergeleitet werden.   **1**

Auch für ausgehende Ersuchen gilt der Grundsatz, dass die **Kosten durch den Antragsteller** zu tragen sind, § 5 Abs. 1 i.V.m. § 54 IntFamRVG. Es steht den Beteiligten aber frei, die Übersetzung selbst zu veranlassen.   **2**

§ 5 Abs. 2 IntFamRVG ermöglicht beim Familiengericht eine **Befreiung von den Übersetzungskosten** zu erhalten, die unter den für die Bewilligung von Verfahrenskostenhilfe nach § 76 FamFG i.V.m. §§ 114 ff. ZPO geltenden Voraussetzungen (dazu siehe *Dürbeck*, § 76 FamFG) erteilt wird. Dabei ist zunächst die Befreiung zu erwirken, dann veranlasst das Bundesamt für Justiz die erforderlichen Übersetzungen auf eigene Kosten (abweichend von § 5 Abs. 1 IntFamRVG).   **3**

Eine nachträgliche Erstattung bereits veranlasster Übersetzungen ist nicht möglich.[1] Für den Antrag an das Familiengericht nach § 5 Abs. 2 FamFG greift die Zuständigkeitskonzentration nach §§ 10 bis 12 IntFamRVG nicht.

Die Entscheidung ist dem Rechtspfleger zugewiesen, § 29 Ziffer 3 RPflG.

§ 6 IntFamRVG Aufgabenerfüllung durch die Zentrale Behörde

(1) ¹Zur Erfüllung der ihr obliegenden Aufgaben veranlasst die Zentrale Behörde mit Hilfe der zuständigen Stellen alle erforderlichen Maßnahmen. ²Sie verkehrt unmittelbar mit allen zuständigen Stellen im In- und Ausland. ³Mitteilungen leitet sie unverzüglich an die zuständigen Stellen weiter.

(2) ¹Zum Zweck der Ausführung des Haager Kindesentführungsübereinkommens und des Europäischen Sorgerechtsübereinkommens leitet die Zentrale Behörde erforderlichenfalls gerichtliche Verfahren ein. ²Im Rahmen dieser Übereinkommen gilt sie zum Zweck der Rückgabe des Kindes als bevollmächtigt, im Namen der antragstellenden Person selbst oder im Weg der Untervollmacht durch Vertreter gerichtlich oder außergerichtlich tätig zu werden. ³Ihre Befugnis, zur Sicherung der Einhaltung der Übereinkommen im eigenen Namen entsprechend zu handeln, bleibt unberührt.

Übersicht

A. Aufgaben der Zentralen Behörde

§ 6 und § 7 IntFamRVG regeln die Aufgaben der Zentralen Behörde. Diese ist vor allem Anlaufstelle für aus dem Ausland eingehende Anträge und übernimmt Koordinationsaufgaben. Die Tätigkeit der Zentralen Behörde ist kostenfrei mit Ausnahme der Kosten für Übersetzungen, § 54 i.V.m. § 4 bzw. § 5 IntFamRVG.   **1**

▶ *Zu den Aufgaben der Zentralen Behörde ist auf Art. 54 f. Brüssel IIa-VO, Art. 31 f. KSÜ, Art. 3 ESÜ und insbesondere Art. 7 HKÜ zu verweisen, siehe hierzu die jeweiligen Kommentierungen.*

B. Vertretung im Verfahren

Das Bundesamt für Justiz übernimmt im Rahmen des HKÜ und des ESÜ auch die Einleitung von Gerichtsverfahren (§ 6 Abs. 2 IntFamRVG) und ist dabei in Rückführungsverfahren qua Gesetz (§ 6 Abs. 2 Satz 2 IntFamRVG) als **Bevollmächtigter für den Antragsteller** tätig, wobei die Einschaltung von Verfahrensbevollmächtigten üblich ist. Die Vollmachtsfiktion greift nur für die Rückführung von Kin-   **2**

---

1 Vgl. Bundesamt für Justiz, Internationale Kindschaftsverfahren VIII 1. a)

dern; nicht dagegen im Rahmen der Tätigkeit in Umgangsverfahren und in Verfahren nach der Brüssel IIa-VO und dem KSÜ.

3 § 6 Abs. 2 Satz 2 IntFamRVG schränkt die Möglichkeit, selbst einen Verfahrensbevollmächtigten zu beauftragen, nicht ein. Soweit **ein selbst beauftragter Verfahrensbevollmächtigter** neben dem Bundesamt für Justiz im Verfahren auftritt, ist zu beachten, dass die vierzehntägige Beschwerdefrist ab der ersten Zustellung zu laufen beginnt (vgl. hierzu § 40 IntFamRVG Rn. 7).[1]

§ 7 IntFamRVG Aufenthaltsermittlung

(1) Die Zentrale Behörde trifft alle erforderlichen Maßnahmen einschließlich der Einschaltung von Polizeivollzugsbehörden, um den Aufenthaltsort des Kindes zu ermitteln, wenn dieser unbekannt ist und Anhaltspunkte dafür vorliegen, dass sich das Kind im Inland befindet.

(2) Soweit zur Ermittlung des Aufenthalts des Kindes erforderlich, darf die Zentrale Behörde bei dem Kraftfahrt-Bundesamt erforderliche Halterdaten nach § 33 Abs. 1 Satz 1 Nr. 2 des Straßenverkehrsgesetzes erheben und die Leistungsträger im Sinne der §§ 18 bis 29 des Ersten Buches Sozialgesetzbuch um Mitteilung des derzeitigen Aufenthalts einer Person ersuchen.

(3) [1]Unter den Voraussetzungen des Absatzes 1 kann die Zentrale Behörde die Ausschreibung zur Aufenthaltsermittlung durch das Bundeskriminalamt veranlassen. [2]Sie kann auch die Speicherung eines Suchvermerks im Zentralregister veranlassen.

(4) Soweit andere Stellen eingeschaltet werden, übermittelt sie ihnen die zur Durchführung der Maßnahmen erforderlichen personenbezogenen Daten; diese dürfen nur für den Zweck verwendet werden, für den sie übermittelt worden sind.

1 § 7 IntFamRVG eröffnet der Zentralen Behörde für die Ermittlung des Aufenthalts betroffener Kinder Ermittlungsmethoden, die üblicherweise zu Strafverfolgungszwecken dienen. Dabei ist auch der Zugriff auf Daten des Kraftfahrtbundesamts und von Sozialbehörden möglich (§ 7 Abs. 2 IntFamRVG).

§ 8 IntFamRVG Anrufung des Oberlandesgerichts

(1) Nimmt die Zentrale Behörde einen Antrag nicht an oder lehnt sie es ab, tätig zu werden, so kann die Entscheidung des Oberlandesgerichts beantragt werden.

(2) Zuständig ist das Oberlandesgericht, in dessen Bezirk die Zentrale Behörde ihren Sitz hat.

(3) [1]Das Oberlandesgericht entscheidet im Verfahren der freiwilligen Gerichtsbarkeit. [2]§ 14 Abs. 1 und 2 sowie die Abschnitte 4 und 5 des Buches 1 des Gesetzes über das Verfahren in Familiensachen und in den Angelegenheiten der freiwilligen Gerichtsbarkeit gelten entsprechend.

1 § 8 IntFamRVG ermöglicht Antragstellern einen Rechtsbehelf, sofern das Bundesamt für Justiz ein Tätigwerden ablehnt. Zuständig nach § 8 Abs. 2 IntFamRVG ist das OLG Köln, das insofern als Beschwerdegericht – unter Berücksichtigung etwaigen neuen Vortrags, § 65 Abs. 3 FamFG – über die Entscheidung der Zentralen Behörde, einen Antrag nicht anzunehmen, entscheidet.

2 Gegen die Entscheidung des OLG Köln ist die Rechtsbeschwerde nach §§ 70 ff. FamFG (näher hierzu *Dürbeck*, § 70 FamFG Rn. 10) eröffnet.[1]

3 Nach § 8 Abs. 3 IntFamRVG finden insbesondere die Regelungen des FamFG zu Einstweiligen Anordnungen entsprechend Anwendung.

> ▶ *Näher hierzu Cirullies, § 49 FamFG Rn. 7 ff.*

---

1 OLG Karlsruhe FamRZ 2012, 468, 470
1 Vgl. Staudinger/*Pirrung*, Vorbem zu Art. 19 EGBGB Rn. F 19

Schweppe

§ 9 IntFamRVG Mitwirkung des Jugendamts an Verfahren

(1) [1]Unbeschadet der Aufgaben des Jugendamts bei der grenzüberschreitenden Zusammenarbeit unterstützt das Jugendamt die Gerichte und die Zentrale Behörde bei allen Maßnahmen nach diesem Gesetz. [2]Insbesondere

1. gibt es auf Anfrage Auskunft über die soziale Lage des Kindes und seines Umfelds,
2. unterstützt es in jeder Lage eine gütliche Einigung,
3. leistet es in geeigneten Fällen Unterstützung bei der Durchführung des Verfahrens, auch bei der Sicherung des Aufenthalts des Kindes,
4. leistet es in geeigneten Fällen Unterstützung bei der Ausübung des Rechts zum persönlichen Umgang, der Heraus- oder Rückgabe des Kindes sowie der Vollstreckung gerichtlicher Entscheidungen.

(2) [1]Zuständig ist das Jugendamt, in dessen Bereich sich das Kind gewöhnlich aufhält. [2]Solange die Zentrale Behörde oder ein Gericht mit einem Herausgabe- oder Rückgabeantrag oder dessen Vollstreckung befasst ist, oder wenn das Kind keinen gewöhnlichen Aufenthalt im Inland hat, oder das zuständige Jugendamt nicht tätig wird, ist das Jugendamt zuständig, in dessen Bereich sich das Kind tatsächlich aufhält. [3]In den Fällen des Artikels 35 Absatz 2 Satz 1 des Haager Kinderschutzübereinkommens ist das Jugendamt örtlich zuständig, in dessen Bezirk der antragstellende Elternteil seinen gewöhnlichen Aufenthalt hat.

(3) Das Gericht unterrichtet das zuständige Jugendamt über Entscheidungen nach diesem Gesetz auch dann, wenn das Jugendamt am Verfahren nicht beteiligt war.

Übersicht

A. Aufgaben des Jugendamts

§ 9 IntFamRVG regelt die Mitwirkung des Jugendamts am Aufenthaltsort des Kindes bzw. dem eines Elternteils und verpflichtet die Jugendämter zur Unterstützung etwa bei der Rückführung des Kindes sowie der Vollstreckung gerichtlicher Entscheidungen. **1**

Die in § 9 IntFamRVG geregelten Mitwirkungsverpflichtungen gehen über die allgemeinen Aufgaben des Jugendamts im familiengerichtlichen Verfahren nach § 50 SGB VIII hinaus (siehe hierzu allgemein *Dürbeck*, § 50 SGB VIII Rn. 7 ff.). **2**

Der Gesetzgeber weist dem Jugendamt im Bereich grenzüberschreitender Sorge- und Umgangskonflikte dabei einerseits eine deeskalierende Funktion durch Aufklärung, Beratung und Unterstützung der Eltern zu, etwa Gespräche mit dem das Kind betreuenden Elternteil und dem Kind, die zu deren Beruhigung und Entlastung beitragen können sowie die Rückführung des Kindes durch die Betreuung des Jugendamts bis zur tatsächlichen Abreise zu erleichtern und durch Gespräche mit den Eltern eine gewaltsame Herausnahme zu vermeiden.[1] Die Tätigkeit der Jugendämter soll dabei selbst die Organisation der Heimreise des Kindes, die Überwachung von Besuchen sowie die Verwahrung von Reisepässen umfassen.[2] **3**

B. Zuständigkeit

Zuständig ist – abweichend von den örtlichen Zuständigkeitsregeln des SGB VIII (hierzu *Dürbeck*, § 86 SGB VIII) – grundsätzlich das **Jugendamt am Aufenthaltsort des Kindes**, sofern es um die Frage der Berichterstattung zur Frage der Umgangsgestaltung mit einem im Inland lebenden Elternteil geht, ist das Jugendamt zuständig, in dessen Bezirk der antragstellende Elternteil seinen gewöhnlichen Aufenthalt hat. **4**

---

1 BT-Drs. 15/3981, 21 f.
2 Vgl. *Wagner*, § 9 IntFamRVG Rn. 2

C. Mitteilungspflicht

5 Sofern das Jugendamt durch das Gericht am Verfahren nicht beteiligt wurde, sieht § 9 Abs. 3 Int-FamRVG eine Mitteilungspflicht durch das Gericht an das Jugendamt vor, damit dieses ggf. nach eigenem Ermessen tätig werden kann.

Abschnitt 3
Gerichtliche Zuständigkeit und Zuständigkeitskonzentration

§ 10 IntFamRVG Örtliche Zuständigkeit für die Anerkennung und Vollstreckung

Örtlich ausschließlich zuständig für Verfahren nach

- **Artikel 21 Abs. 3 und Artikel 48 Abs. 1 der Verordnung (EG) Nr. 2201/2003 sowie für die Zwangsvollstreckung nach den Artikeln 41 und 42 der Verordnung (EG) Nr. 2201/2003,**
- **den Artikeln 24 und 26 des Haager Kinderschutzübereinkommens,**
- **dem Europäischen Sorgerechtsübereinkommen**

ist das Familiengericht, in dessen Zuständigkeitsbereich zum Zeitpunkt der Antragstellung

1. **die Person, gegen die sich der Antrag richtet, oder das Kind, auf das sich die Entscheidung bezieht, sich gewöhnlich aufhält oder**
2. **bei Fehlen einer Zuständigkeit nach Nummer 1 das Interesse an der Feststellung hervortritt oder das Bedürfnis der Fürsorge besteht,**
3. **sonst das im Bezirk des Kammergerichts zur Entscheidung berufene Gericht.**

1 § 10 IntFamRVG regelt die innerstaatliche örtliche Zuständigkeit für Verfahren im Bereich der Anerkennung (bzw. Anträgen auf Nichtanerkennung) und Vollstreckung nach den in der Norm genannten Rechtsgrundlagen, wobei § 12 IntFamRVG eine besondere Zuständigkeitskonzentration enthält.

§ 11 IntFamRVG Örtliche Zuständigkeit nach dem Haager
Kindesentführungsübereinkommen

Örtlich zuständig für Verfahren nach dem Haager Kindesentführungsübereinkommen ist das Familiengericht, in dessen Zuständigkeitsbereich

1. **sich das Kind beim Eingang des Antrags bei der Zentralen Behörde aufgehalten hat oder**
2. **bei Fehlen einer Zuständigkeit nach Nummer 1 das Bedürfnis der Fürsorge besteht.**

1 § 11 IntFamRVG regelt die innerstaatliche örtliche Zuständigkeit für Verfahren nach dem HKÜ, wobei § 12 IntFamRVG eine besondere Zuständigkeitskonzentration enthält.

§ 12 IntFamRVG Zuständigkeitskonzentration

(1) In Verfahren über eine in den §§ 10 und 11 bezeichnete Sache sowie in Verfahren über die Vollstreckbarerklärung nach Artikel 28 der Verordnung (EG) Nr. 2201/2003 entscheidet das Familiengericht, in dessen Bezirk ein Oberlandesgericht seinen Sitz hat, für den Bezirk dieses Oberlandesgerichts.

(2) Im Bezirk des Kammergerichts entscheidet das Familiengericht Pankow/Weißensee.

(3) [1]Die Landesregierungen werden ermächtigt, diese Zuständigkeit durch Rechtsverordnung einem anderen Familiengericht des Oberlandesgerichtsbezirks oder, wenn in einem Land mehrere Oberlandesgerichte errichtet sind, einem Familiengericht für die Bezirke aller oder mehrerer Oberlandesgerichte zuzuweisen. [2]Sie können die Ermächtigung auf die Landesjustizverwaltungen übertragen.

1 Mit § 12 IntFamRVG wurde eine Zuständigkeitskonzentration für die in § 10 und § 11 IntFamRVG genannten Verfahren geschaffen mit dem Ziel, eine besondere Sachkunde und praktische Erfahrung bei den zentralisierten Gerichten zu erreichen.[1]

---

1 BT-Drs. 15/3981, 22

§ 12 greift für die in § 10 und § 11 IntFamRVG genannten Verfahren, mithin: **2**

- Verfahren auf **Anerkennung** und/oder Vollstreckbarerklärung einer ausländischen Sorgerechts- oder Umgangsentscheidung nach der Brüssel IIa-VO, dem KSÜ und dem ESÜ (§ 12, § 10 Int- FamRVG),

- Verfahren auf **Vollstreckung** einer Rückführungs- oder Umgangsentscheidung aus einem anderen Mitgliedstaat der Europäischen Union nach Art. 40 bis 42 der Brüssel IIa-VO,

- **Rückführungsverfahren** nach dem HKÜ (§ 12, § 11 IntFamRVG) und dem ESÜ (§ 12, § 10 Int- FamRVG),

- durch das Bundesamt für Justiz eingeleitete **Umgangsverfahren**, gerichtet auf Umgang zwischen einem in Deutschland lebenden Kind und einem Elternteil, der in einem anderen Mitgliedstaat der Europäischen Union oder einem anderen HKÜ-, KSÜ- oder ESÜ-Vertragsstaat lebt (§ 12, § 11 IntFamRVG).[2]

In **Umgangsverfahren** besteht im Übrigen für den Antragsteller eine Wahlmöglichkeit: die Regelung **3** des Umgangs kann in bei dem allgemein örtlich zuständigen Familiengericht oder bei dem aufgrund der Zuständigkeitskonzentration zuständigen Gericht beantragt werden. Bei Antragstellung über die Zentrale Behörde ist diese aber durch die Vorschriften der Zuständigkeitskonzentration nach § 12, § 11 IntFamRVG gebunden.

Zuständig ist nach § 12 Abs. 1 IntFamRVG in jedem OLG-Bezirk nur das Familiengericht unmittelbar **4** am Sitz des Oberlandesgerichts für den gesamten Bezirk dieses Oberlandesgerichts; in Hessen etwa das Amtsgericht Frankfurt am Main. Eine Liste der zuständigen Gerichte ist unter www.bundesjustizamt.de unter der Rubrik Internationales Sorgerecht – Zuständige Gerichte verfügbar. § 12 Abs. 2 Int- FamRVG regelt die Zuständigkeit für Berlin. § 12 Abs. 3 IntFamRVG eröffnet für Bundesländer mit mehreren OLG-Bezirken eine weitergehende Zuständigkeitskonzentration. So ist in Niedersachsen allein das Familiengericht Celle zuständig.

§ 13 IntFamRVG Zuständigkeitskonzentration für andere Familiensachen

(1) [1]Das Familiengericht, bei dem eine in den §§ 10 bis 12 bezeichnete Sache anhängig wird, ist von diesem Zeitpunkt an ungeachtet des § 137 Abs. 1 und 3 des Gesetzes über das Verfahren in Familiensachen und in den Angelegenheiten der freiwilligen Gerichtsbarkeit für alle dasselbe Kind betreffenden Familiensachen nach § 151 Nr. 1 bis 3 des Gesetzes über das Verfahren in Familiensachen und in den Angelegenheiten der freiwilligen Gerichtsbarkeit einschließlich der Verfügungen nach § 44 und den §§ 35 und 89 bis 94 des Gesetzes über das Verfahren in Familiensachen und in den Angelegenheiten der freiwilligen Gerichtsbarkeit zuständig. [2]Die Zuständigkeit nach Satz 1 tritt nicht ein, wenn der Antrag offensichtlich unzulässig ist. [3]Sie entfällt, sobald das angegangene Gericht auf Grund unanfechtbarer Entscheidung unzuständig ist; Verfahren, für die dieses Gericht hiernach seine Zuständigkeit verliert, sind nach näherer Maßgabe des § 281 Abs. 2 und 3 Satz 1 der Zivilprozessordnung von Amts wegen an das zuständige Gericht abzugeben.

(2) Bei dem Familiengericht, das in dem Oberlandesgerichtsbezirk, in dem sich das Kind gewöhnlich aufhält, für Anträge der in Absatz 1 Satz 1 genannten Art zuständig ist, kann auch eine andere Familiensache nach § 151 Nr. 1 bis 3 des Gesetzes über das Verfahren in Familiensachen und in den Angelegenheiten der freiwilligen Gerichtsbarkeit anhängig gemacht werden, wenn ein Elternteil seinen gewöhnlichen Aufenthalt in einem anderen Mitgliedstaat der Europäischen Union oder in einem anderen Vertragsstaat des Haager Kinderschutzübereinkommens, des Haager Kindesentführungsübereinkommens oder des Europäischen Sorgerechtsübereinkommens hat.

(3) [1]Im Falle des Absatzes 1 Satz 1 hat ein anderes Familiengericht, bei dem eine dasselbe Kind betreffende Familiensache nach § 151 Nr. 1 bis 3 des Gesetzes über das Verfahren in Familiensachen und in den Angelegenheiten der freiwilligen Gerichtsbarkeit im ersten Rechtszug anhängig ist oder anhängig wird, dieses Verfahren von Amts wegen an das nach Absatz 1 Satz 1 zuständige Gericht abzugeben. [2]Auf übereinstimmenden Antrag beider Elternteile sind andere Familiensachen, an denen diese beteiligt sind, an das nach Absatz 1 oder Absatz 2 zuständige Gericht abzugeben. [3]§ 281 Abs. 2 Satz 1 bis 3 und Abs. 3 Satz 1 der Zivilprozessordnung gilt entsprechend.

---

2 *Schulz*, FamRZ 2011, 1273, 1274

(4) [1]Das Familiengericht, das gemäß Absatz 1 oder Absatz 2 zuständig oder an das die Sache gemäß Absatz 3 abgegeben worden ist, kann diese aus wichtigen Gründen an das nach den allgemeinen Vorschriften zuständige Familiengericht abgeben oder zurückgeben, soweit dies nicht zu einer erheblichen Verzögerung des Verfahrens führt. [2]Als wichtiger Grund ist es in der Regel anzusehen, wenn die besondere Sachkunde des erstgenannten Gerichts für das Verfahren nicht oder nicht mehr benötigt wird. [3]§ 281 Abs. 2 und 3 Satz 1 der Zivilprozessordnung gilt entsprechend. [4]Die Ablehnung einer Abgabe nach Satz 1 ist unanfechtbar.

(5) §§ 4 und 5 Abs. 1 Nr. 5, Abs. 2 und 3 des Gesetzes über das Verfahren in Familiensachen und in den Angelegenheiten der freiwilligen Gerichtsbarkeit bleibt unberührt.

A. Allgemeines

1   § 13 IntFamRVG erweitert die Zuständigkeit der nach § 10 bis § 12 IntFamRVG zuständigen Familiengerichte auf weitere Verfahren, um für die betroffenen Kinder eine einheitliche Entscheidung eines spezialisierten Familiengerichts zu erreichen. Dabei ist in einigen Fällen die Zuständigkeit der Spezialgerichte zwingend, in anderen Konstellationen besteht eine Wahlmöglichkeit.

B. Inhalt der Norm

I. Zwingende Zuständigkeit

2   § 13 Abs. 1 Satz 1 IntFamRVG erweitert die Zuständigkeit des Familiengerichts, bei dem eines der Verfahren nach § 10 oder § 11 IntFamRVG anhängig ist, namentlich ein Rückführungsverfahren nach dem HKÜ oder ESÜ, Anerkennungs- bzw. Vollstreckbarerklärungsverfahren nach ESÜ, KSÜ oder Brüssel IIa-VO und Vollstreckungsverfahren nach Art. 40 ff. Brüssel IIa-VO sowie ein durch die Zentrale Behörde eingeleitetes Umgangsverfahren[1] **zwingend** auf bereits anhängige sowie anhängig werdende Verfahren betreffend die elterliche Sorge, Umgang und Herausgabe des Kindes (§ 151 Nr. 1 bis 3 FamFG) einschließlich der Vollstreckungsmaßnahmen nach § 44 IntFamRVG, § 35 und §§ 89 bis 94 FamFG.

II. Fakultative Zuständigkeit

3   § 13 Abs. 2 IntFamRVG enthält für den Antragsteller in Verfahren auf Regelung der elterlichen Sorge, des Umgangs und der Herausgabe eines Kindes ein echtes **Wahlrecht**, den Antrag an ein Familiengericht mit Zuständigkeitskonzentration zu richten, unter folgenden Voraussetzungen:

- Das Kind hat seinen Aufenthalt im Inland und
- der Antragsteller hat seinen Aufenthalt in einem EU-Mitgliedstaat oder Vertragsstaat von KSÜ, HKÜ oder ESÜ.

4   Damit kann bereits vor Anhängigkeit eines Verfahrens nach Abs. 1 die Spezialisierung genutzt werden und eine spätere Abgabe ist nicht erforderlich.

III. Verweisung

1. Verpflichtung

5   § 13 Abs. 3 Satz 1 IntFamRVG **verpflichtet** ein angerufenes nach allgemeinen Grundsätzen zuständiges Familiengericht nach Eingang eines Antrags auf Anerkennung und Vollstreckung nach § 10 IntFamRVG bzw. auf Rückführung des Kindes (§ 12 IntFamRVG) zur Abgabe an das nach § 13 Abs. 1 Satz 1 IntFamRVG zuständige Gericht.

---

1 *Schulz*, FamRZ 2011, 1273, 1274

2. Option

Soweit ein Elternteil auf Grundlage des § 13 Abs. 2 IntFamRVG eines der zentralisierten Gerichte an-   **6**
gerufen hat, besteht keine Verpflichtung zur Abgabe weiterer anhängiger Verfahren an dieses Gericht. § 13 Abs. 3 Satz 2 IntFamRVG ermöglicht in diesen Fällen nur auf übereinstimmenden Antrag
beider Elternteile die Abgabe anderer Sorgerechts-, Umgangs- und Herausgabeverfahren an das Spe-
zialgericht.[2] Damit besteht auch insoweit die Möglichkeit, die besondere Sachkunde der zentralisierten Familiengerichte zu nutzen.

3. Wirkung

§ 13 Abs. 3 Satz 3 IntFamRVG verweist auf die Allgemeinen Vorschriften zur Verweisung bei Unzu-   **7**
ständigkeit, allerdings ist die Verweisung nicht bindend, da § 281 Abs. 2 Satz 4 ZPO von der Anwendung explizit ausgenommen ist.

IV. Abgabe von Verfahren

§ 13 Abs. 4 IntFamRVG gestattet dem aufgrund der Zuständigkeitskonzentration berufenen Gericht   **8**
aus wichtigen Gründen die Abgabe bzw. Zurückgabe von Verfahren an das nach den allgemeinen
Vorschriften zuständige Familiengericht. Als wichtigen Grund benennt § 13 Abs. 4 Satz 2 IntFamRVG,
dass „die besondere Sachkunde des erstgenannten Gerichts nicht oder nicht mehr benötigt wird";
was insbesondere nach Abschluss eines Rückführungsverfahrens nach dem HKÜ der Fall sein kann.

Auch § 13 Abs. 4 Satz 3 IntFamRVG verweist auf die Allgemeinen Vorschriften zur Verweisung bei Un-   **9**
zuständigkeit, wobei der Verweisungsbeschluss für das Gericht, an das abgegeben wird, bindend
(§ 281 Abs. 2 Satz 4 ZPO) und die Ablehnung einer Abgabe nach Satz 1 unanfechtbar ist (§ 13 Abs. 4
Satz 4 IntFamRVG).

---

2 *Schulz*, FamRZ 2011, 1273, 1274

Übersicht: Zuständigkeitskonzentration

Die Zuständigkeitskonzentration des § 12 IntFamRVG gilt zwingend für die in § 10 und § 11 Int-FamRVG genannten Verfahren, mithin:

→ **Verfahren auf Anerkennung und/oder Vollstreckbarerklärung einer ausländischen Sorgerechts- oder Umgangsentscheidung nach**

- Art. 21 Abs. 3 und Art. 48 Brüssel IIa-VO
- Art. 28 Brüssel IIa-VO
- Art. 24 und 26 KSÜ
- Art. 7 ESÜ

→ **Verfahren nach Art. 40 bis 42 der Brüssel IIa-VO**

- Umgangsentscheidungen mit grenzübergreifender Wirkung (Art. 40 a) Brüssel IIa-VO)
- Entscheidung über Sorgerecht im Herkunftsstaat nach ablehnender HKÜ-Entscheidung im Zufluchtsstaat (Art. 40 a) Brüssel IIa-VO)

→ **Rückführungsverfahren nach dem HKÜ (§ 12, § 11 IntFamRVG) und Art. 8 ESÜ**

→ **durch das Bundesamt für Justiz eingeleitete Umgangsverfahren,** gerichtet auf Umgang zwischen einem in Deutschland lebenden Kind und einem Elternteil, der in einem anderen Mitgliedstaat der Europäischen Union oder einem anderen HKÜ-, KSÜ- oder ESÜ-Vertragsstaat lebt

§ 13 IntFamRVG erweitert die Zuständigkeitskonzentration wie folgt:

→ **bei Anhängigkeit eines der oben genannten Verfahren**: Für Verfahren nach § 151 Abs. 1 bis 3 FamFG (elterliche Sorge, Umgang und Herausgabe des Kindes) besteht nach § 13 Abs. 1 Satz 1 IntFamRVG zwingend eine Abgabeverpflichtung des bereits mit der Sache befassten Gerichts (vgl. § 13 Abs. 3 Satz 1 IntFamRVG)

→ **Unabhängig von Anhängigkeit eines Verfahrens**: Es besteht Wahlrecht des Antragstellers (einseitig) für Verfahren nach § 151 Abs. 1 bis 3 FamFG bei Aufenthalt des Kindes im Inland und Aufenthalt des Antragstellers in einem EU-Mitgliedstaat oder anderen Vertragsstaat (vgl. § 13 Abs. 2 IntFamRVG)

→ Abgabe anderer Familiensachen auf übereinstimmenden Antrag der Eltern (Wahlzuständigkeit, § 13 Abs. 3 Satz 2 IntFamRVG)

→ § 13 Abs. 4 IntFamRVG ermöglicht Zurückgabe/Abgabe von Verfahren

§ 13a IntFamRVG Verfahren bei grenzüberschreitender Abgabe

(1) [1]Ersucht das Familiengericht das Gericht eines anderen Vertragsstaats nach Artikel 8 des Haager Kinderschutzübereinkommens um Übernahme der Zuständigkeit, so setzt es eine Frist, innerhalb derer das ausländische Gericht die Übernahme der Zuständigkeit mitteilen kann. [2]Setzt das Familiengericht das Verfahren nach Artikel 8 des Haager Kinderschutzübereinkommens aus, setzt es den Parteien eine Frist, innerhalb derer das ausländische Gericht anzurufen ist. [3]Ist die Frist nach Satz 1 abgelaufen, ohne dass das ausländische Gericht die Übernahme der Zuständigkeit mitgeteilt hat, so ist in der Regel davon auszugehen, dass das ersuchte Gericht die Übernahme der Zuständigkeit ablehnt. [4]Ist die Frist nach Satz 2 abgelaufen, ohne dass eine Partei das ausländische Gericht angerufen hat, bleibt es bei der Zuständigkeit des Familiengerichts. [5]Das Gericht des ersuchten Staates und die Parteien sind auf diese Rechtsfolgen hinzuweisen.

(2) Ersucht ein Gericht eines anderen Vertragsstaats das Familiengericht nach Artikel 8 des Haager Kinderschutzübereinkommens um Übernahme der Zuständigkeit oder ruft eine Partei das Familiengericht nach dieser Vorschrift an, so kann das Familiengericht die Zuständigkeit innerhalb von sechs Wochen übernehmen.

(3) Die Absätze 1 und 2 sind auf Anträge, Ersuchen und Entscheidungen nach Artikel 9 des Haager Kinderschutzübereinkommens entsprechend anzuwenden.

(4) ¹Der Beschluss des Familiengerichts,

1. das ausländische Gericht nach Absatz 1 Satz 1 oder nach Artikel 15 Absatz 1 Buchstabe b der Verordnung (EG) Nr. 2201/2003 um Übernahme der Zuständigkeit zu ersuchen,

2. das Verfahren nach Absatz 1 Satz 2 oder nach Artikel 15 Absatz 1 Buchstabe a der Verordnung (EG) Nr. 2201/2003 auszusetzen,

3. das zuständige ausländische Gericht nach Artikel 9 des Kinderschutzübereinkommens oder nach Artikel 15 Absatz 2 Buchstabe c der Verordnung (EG) Nr. 2201/2003 um Abgabe der Zuständigkeit zu ersuchen,

4. die Parteien einzuladen, bei dem zuständigen ausländischen Gericht nach Artikel 9 des Haager Kinderschutzübereinkommens die Abgabe der Zuständigkeit an das Familiengericht zu beantragen, oder

5. die Zuständigkeit auf Ersuchen eines ausländischen Gerichts oder auf Antrag der Parteien nach Artikel 9 des Haager Kinderschutzübereinkommens an das ausländische Gericht abzugeben,

ist mit der sofortigen Beschwerde in entsprechender Anwendung der §§ 567 bis 572 der Zivilprozessordnung anfechtbar. ²Die Rechtsbeschwerde ist ausgeschlossen. ³Die in Satz 1 genannten Beschlüsse werden erst mit ihrer Rechtskraft wirksam. ⁴Hierauf ist in dem Beschluss hinzuweisen.

(5) Im Übrigen sind Beschlüsse nach den Artikeln 8 und 9 des Haager Kinderschutzübereinkommens und nach Artikel 15 der Verordnung (EG) Nr. 2201/2003 unanfechtbar.

(6) ¹Parteien im Sinne dieser Vorschrift sowie der Artikel 8 und 9 des Haager Kinderschutzübereinkommens und des Artikels 15 der Verordnung (EG) Nr. 2201/2003 sind die in § 7 Absatz 1 und 2 Nummer 1 des Gesetzes über das Verfahren in Familiensachen und in den Angelegenheiten der freiwilligen Gerichtsbarkeit genannten Beteiligten. ²Die Vorschriften über die Hinzuziehung weiterer Beteiligter bleiben unberührt.

Übersicht

A. Allgemeines

§ 13a IntFamRVG regelt Einzelheiten zur grenzüberschreitenden Abgabe von Verfahren nach Art. 8 bzw. 9 KSÜ und Art. 15 Brüssel IIa-VO. **1**

Dabei umfasst § 13a Abs. 1 bis 3 IntFamRVG das procedere für die Abgabe von Verfahren nach Art. 8 und 9 KSÜ. Für Art. 15 Brüssel IIa-VO ist eine gesonderte Regelung entbehrlich, da die entsprechenden Anforderungen bereits in Art. 15 Brüssel IIa-VO konkretisiert sind. **2**

§ 13a Abs. 4 bis 5 IntFamRVG enthalten einheitliche Regelungen zum Beschwerderecht für Verfahren nach Art. 8 KSÜ, Art. 9 KSÜ und Art. 15 Brüssel IIa-VO, wobei ein Rechtsmittel nur in den konkret in § 13a Abs. 4 Satz 1 Ziffer 1 bis 5 IntFamRVG genannten Fällen eröffnet ist. **3**

§ 13a Abs. 6 IntFamRVG enthält lediglich eine Klarstellung, dass „Parteien" im Sinne des § 13a IntFamRVG die „Muss"-Beteiligten nach § 7 Abs. 1 und 2 Nr. 1 FamFG sind. **4**

B. Inhalt der Norm

I. Abgabe nach Art. 8 KSÜ

§ 13a Abs. 1 IntFamRVG bestimmt die Vorgehensweise für die Abgabe von Verfahren nach Art. 8 KSÜ, die nach Art. 8 KSÜ unter folgenden Voraussetzungen möglich ist: **5**

*   Es liege ein Ausnahmefall vor, in dem das mit der Sache bereits befasste Gericht der Auffassung ist, dass ein Gericht eines anderen Vertragsstaats besser in der Lage wäre, das Wohl des Kindes im Einzelfall zu beurteilen,

*   und zwar aufgrund der besonderen Bindung des Kindes zu dem ersuchten Staat aufgrund Staatsangehörigkeit, Vermögenslage, anhängigem Scheidungsverfahren der Kindeseltern oder sonst einer engen Bindung (Art. 8 Abs. 2 KSÜ)

6   Nach Art. 8 KSÜ erfolgt keine Verweisung des Verfahrens, sondern

- ein Ersuchen an das andere Gericht um Übernahme mit Fristsetzung (§ 13a Abs. 1 Satz 1 Int-FamRVG)

oder

- die Aussetzung des Verfahrens und Einladung mit Fristsetzung an die Beteiligten, einen Antrag beim Gericht des anderen Mitgliedstaats zu stellen (§ 13a Abs. 1 Satz 2 IntFamRVG).

7   Die Übernahme des Verfahrens innerhalb von 6 Wochen (§ 13a Abs. 2 IntFamRVG) steht im Ermessen des ersuchten oder sodann von den Beteiligten angerufenen Gerichts, wobei das ersuchte Gericht der Auffassung sein muss, dass die Übernahme dem Wohl des Kindes dient (Art. 8 Abs. 4 KSÜ).

8   Erfolgt keine Übernahme bzw. keine Antragstellung durch die Beteiligten, verbleibt das Verfahren beim angerufenen bzw. nach allgemeinen Regelungen zuständigen Gericht.

II. Ersuchen nach Art. 9 KSÜ

9   Nach § 13a Abs. 3 IntFamRVG greift das genannte procedere auch im Verfahren nach Art. 9 KSÜ für Ersuchen eines Gerichts, ein bereits im Ausland anhängiges Verfahren an sich zu ziehen.

III. Anfechtungsmöglichkeit

1. Sofortige Beschwerde

10   § 13a Abs. 4 IntFamRVG enthält eine abschließende Aufzählung der Beschlüsse, die mit der sofortigen Beschwerde entsprechend §§ 567 ff. ZPO anfechtbar sind.

▶   *Näher hierzu Dürbeck, § 58 FamFG Rn. 9 ff.*

11   Ein Rechtsmittel ist damit nur für stattgebende Beschlüsse, mit denen ein Wechsel der Zuständigkeit herbeigeführt wird, eröffnet. Diese Beschlüsse werden nach § 13a Abs. 4 Satz 3 und 4 IntFamRVG erst mit Rechtskraft wirksam.

12   § 13a Abs. 5 IntFamRVG stellt klar, dass über die in Absatz 4 geregelten Fälle hinaus eine Anfechtung nicht möglich ist. Damit ist keine Anfechtungsmöglichkeit vorgesehen, wenn es bei der Regelzuständigkeit nach der Brüssel IIa-VO bzw. dem KSÜ verbleibt.[1]

2. Überprüfung der Zwischenentscheidung

13   Für den Anwendungsbereich des Art. 15 Abs. 1 Brüssel IIa-VO entschied das OLG Stuttgart, dass die Ablehnung der Abgabe an ein anderes Gericht als Zwischenentscheidung über die internationale Zuständigkeit angesichts der Bedeutung der Entscheidung über die internationale Zuständigkeit mit der Beschwerde nach § 58 Abs. 1 FamFG anfechtbar ist.[2] Dies schafft faktisch eine Überprüfungsmöglichkeit bei Annahme der internationalen Zuständigkeit.

---

1 *Wagner*, § 13a IntFamRVG Rn. 4; BT-Drs. 16/12063, 11
2 OLG Stuttgart FamRZ 2014, 1930, 1931 f.

Übersicht: Grenzüberschreitende Abgabe von gerichtlichen Verfahren

Die Verweisung/Abgabe von Verfahren nach Art. 15 Brüssel IIa-VO und Art. 8 bzw. Art. 9 KSÜ unterliegt vergleichbaren Voraussetzungen und ist jeweils auf Ausnahmefälle beschränkt.   **14**

		Art. 15 Brüssel IIa-VO Verweisung	Art. 8 KSÜ Abgabe von Verfahren	Art. 9 KSÜ Ersuchen um Übernahme
A	**Voraussetzungen:**			
	I. formell:			
	• Antrag eines Beteiligten	Art. 15 Abs. 2 Satz 1 a)		
	• von Amts wegen	Art. 15 Abs. 2 Satz 1 b)	Art. 8 KSÜ	
	• Ersuchen eines Gerichts	Art. 15 Abs. 2 Satz 1 c)		Art. 9 KSÜ
	• Zustimmung eines Beteiligten	Art. 15 Abs. 2 Satz 2		
	II. materiell:			
	anderes Gericht kann Fall besser beurteilen aufgrund besonderer Bindung des Kindes zum anderen Staat	Art. 15 Abs. 1 i.V.m. 3	Art. 8 Abs. 2 KSÜ (weiter als nach Brüssel IIa-VO)	
B	**Verfahren:**			
	I. Abgebendes Gericht			
	1. Aussetzung und Einladung an Beteiligte	Art. 15 Abs. 1 a) i.V.m. 4	Art. 8 Abs. 1 Alt 2 i.V.m. § 13a Abs. 1 Satz 2 IntFamRVG	
	oder			
	2. Ersuchen mit Fristsetzung an Gericht, sich zuständig zu erklären	Art. 15 Abs. 1 b) i.V.m. 5	Art. 8 Abs. 1 Alt. 1 i.V.m. § 13a Abs. 1 Satz 1 IntFamRVG	
	II. Angerufenes Gericht			
	1. Übernahme innerhalb von 6 Wochen	Art. 15 Abs. 5 Satz 1	Art. 8 Abs. 4 i.V.m. § 13a Abs. 2 IntFamRVG	
	→ Abgebendes Gericht erklärt sich für unzuständig	Art. 15 Abs. 5 Satz 2		
	2. Erfolgt keine Übernahme bzw. keine Anrufung durch Beteiligte	Art. 15 Abs. 5 Satz 3	§ 13a Abs. 1 Satz 3 IntFamRVG	
	→ Es verbleibt bei der Zuständigkeit des abgebenden Gerichts	Art. 15 Abs. 4 Satz 2	§ 13a Abs. 1 Satz 4 IntFamRVG	

Anfechtbar sind nach § 13a Abs. 4 IntFamRVG:

- Beschluss zu Übernahmeersuchen
- Aussetzungsbeschluss
- Ersuchen um Abgabe der Zuständigkeit
- Beschluss, der Einladung an die Beteiligten ausspricht
- Beschluss über Abgabe des Verfahrens

Keine Beschwerde ist möglich, wenn es bei der Regelzuständigkeit bleibt.

Abschnitt 4
Allgemeine gerichtliche Verfahrensvorschriften

§ 14 IntFamRVG Familiengerichtliches Verfahren

Soweit nicht anders bestimmt, entscheidet das Familiengericht

1. **über eine in den §§ 10 und 12 bezeichnete Ehesache nach den hierfür geltenden Vorschriften des Gesetzes über das Verfahren in Familiensachen und in den Angelegenheiten der freiwilligen Gerichtsbarkeit,**
2. **über die übrigen in den §§ 10, 11, 12 und 47 bezeichneten Angelegenheiten als Familiensachen im Verfahren der freiwilligen Gerichtsbarkeit.**

1   § 14 IntFamRVG stellt klar, dass für die durch das IntFamRVG erfassten Verfahren die allgemeinen Vorschriften für Ehesachen bzw. Familiensachen nach dem FamFG greifen, soweit keine Sonderregelungen bestehen, wie etwa für

- die Anerkennung und Vollstreckung ausländischer Entscheidungen, §§ 16 ff. IntFamRVG,
- das Beschwerdeverfahren, §§ 24 ff. IntFamRVG,
- sowie Verfahren nach dem HKÜ gemäß §§ 37 ff. IntFamRVG.

2   Nach allgemeinen Grundsätzen richtet sich insbesondere die Kostenregelung, nachdem die bis zum 31.8.2009 geltenden Sonderregelungen in §§ 50 bis 53 IntFamRVG aufgehoben wurden. Hier finden die §§ 81 ff. FamFG (vgl. *Dürbeck*, § 81 FamFG Rn. 2 ff.) Anwendung, wobei Sonderregelungen, wie Art. 26 HKÜ (hierzu *Schweppe*, Art. 26 HKÜ Rn. 4 f.) zu beachten sind.

3   Grundlage für die Wertfestsetzung ist das FamGKG, wobei die Rechtsprechung hierzu nicht einheitlich ist. Zum Teil wird der Regelwert des § 45 Abs. 1 FamGKG zugrunde gelegt, der nach § 45 Abs. 3 FamGKG erhöht wird. Allerdings handelt es sich bei Rückführungsverfahren weder um Sorgerechts- noch um Herausgabeentscheidungen auf Grundlage nationalen Rechts, sodass auf § 42 Abs. 2 und 3 FamGKG zurückzugreifen ist.

▶   *Vgl. Dürbeck, § 80 FamFG Rn. 23.*

§ 15 IntFamRVG Einstweilige Anordnungen

Das Gericht kann auf Antrag oder von Amts wegen einstweilige Anordnungen treffen, um Gefahren von dem Kind abzuwenden oder eine Beeinträchtigung der Interessen der Beteiligten zu vermeiden, insbesondere um den Aufenthaltsort des Kindes während des Verfahrens zu sichern oder eine Vereitelung oder Erschwerung der Rückgabe zu verhindern; Abschnitt 4 des Buches 1 des Gesetzes über das Verfahren in Familiensachen und in den Angelegenheiten der freiwilligen Gerichtsbarkeit gilt entsprechend.

1   § 15 IntFamRVG ermöglicht unter Verweis auf das Verfahren der einstweiligen Anordnung nach §§ 49 ff. FamFG den Erlass einstweiliger Anordnungen zu Sicherungszwecken um Gefahren von dem Kind abzuwenden, insbesondere um zu verhindern, dass ein Kind während eines laufenden Verfahrens in einen dritten Staat verbracht wird.

▶   *Näher hierzu Cirullies, § 49 FamFG Rn. 7 ff.*

2   Nach der Vorstellung des Gesetzgebers umfasst dies insbesondere die Anordnung räumlicher Beschränkungen für den Aufenthalt des Kindes, die Hinterlegung von Ausweispapieren, die Auferlegung von Meldepflichten sowie die Anordnung begleiteten oder betreuten Umgangs während des Verfahrens.[1]

Zur (vorläufigen) Absicherung des Aufenthalts des Kindes wird in der Praxis häufig die Ausschreibung zur Fahndung (Grenzsperre) nach § 30 BPolG mit Ausschreibung zur Ingewahrsamnahme des Kindes im Schengener Informationssystem genutzt. Voraussetzung ist eine konkrete, sich tatsächlich abzeichnende Gefahr, dass der andere Elternteil oder eine andere Person das Kind widerrechtlich ins Ausland

---

1 BT-Drs. 15/3981, 23 f

verbringen wird. Das Ersuchen ist durch das Gericht an das Bundespolizeipräsidium, Heinrich-Mann-Allee 103, 14473 Potsdam, zu stellen.[2]

Abschnitt 5
Zulassung der Zwangsvollstreckung, Anerkennungsfeststellung und Wiederherstellung des Sorgeverhältnisses

Unterabschnitt 1
Zulassung der Zwangsvollstreckung im ersten Rechtszug

§ 16 IntFamRVG Antragstellung

(1) Mit Ausnahme der in den Artikeln 41 und 42 der Verordnung (EG) Nr. 2201/2003 aufgeführten Titel wird der in einem anderen Staat vollstreckbare Titel dadurch zur Zwangsvollstreckung zugelassen, dass er auf Antrag mit der Vollstreckungsklausel versehen wird.

(2) Der Antrag auf Erteilung der Vollstreckungsklausel kann bei dem zuständigen Familiengericht schriftlich eingereicht oder mündlich zu Protokoll der Geschäftsstelle erklärt werden.

(3) Ist der Antrag entgegen § 184 des Gerichtsverfassungsgesetzes nicht in deutscher Sprache abgefasst, so kann das Gericht der antragstellenden Person aufgeben, eine Übersetzung des Antrags beizubringen, deren Richtigkeit von einer

1. in einem Mitgliedstaat der Europäischen Union oder

2. in einem anderen Vertragsstaat eines auszuführenden Übereinkommens

hierzu befugten Person bestätigt worden ist.

Übersicht

A. Allgemeines

§ 16 bis § 23 IntFamRVG regeln einheitlich das Verfahren zur Erteilung der Vollstreckungsklausel nach Art. 28 ff. Brüssel IIa-VO, Art. 4 ESÜ und Art. 26 KSÜ.   **1**

Nicht erforderlich ist das Verfahren zur Erteilung der Vollstreckungsklausel für Entscheidungen nach Art. 41, Art. 42 Brüssel IIa-VO, mithin für Umgangsentscheidungen und bestimmte Sorgerechtsentscheidungen (Siehe hierzu *Schweppe*, Art. 40 Brüssel IIa-VO Rn. 1), da diese unmittelbar vollstreckbar sind.   **2**

Für die Vollstreckung von Rückführungsentscheidungen nach dem HKÜ enthalten § 37 bis 43 IntFamRVG besondere Regelungen (siehe die Kommentierung zu §§ 37 ff. IntFamRVG).   **3**

B. Inhalt der Norm

Für das **Verfahren zur Erteilung der Vollstreckungsklausel** für Entscheidungen aus Mitgliedstaaten der EU (Art. 28 Brüssel IIa-VO) sowie des KSÜ und ESÜ gelten folgende Grundsätze: **4**

* Zuständigkeitskonzentration nach § 10 i.V.m. § 12 IntFamRVG.

* Die Antragstellung erfolgt nach § 16 Abs. 2 IntFamRVG, der Antrag ist in deutscher Sprache bzw. beglaubigter Übersetzung vorzulegen (Art. 16 Abs. 3 IntFamRVG).

* Für die Zustellung gilt § 17 IntFamRVG i.V.m. § 184 ZPO.

* Im Anwendungsbereich der Brüssel IIa-VO und des KSÜ findet keine Anhörung des Antragsgegners statt (§ 18 IntFamRVG „Einseitiges Verfahren").

* Für die Anwendung nach dem ESÜ steht die Erteilung der Vollstreckungsklausel unter dem Vorbehalt der Vereinbarkeit mit dem *ordre public* bzw. dem Kindeswohl (§ 19 IntFamRVG i.V.m. Art. 10 Abs. 1 a) oder b)).

---

2 Vgl. Bundesamt für Justiz, Internationale Kindschaftsverfahren, IX 1

5 Die Entscheidung erfolgt durch Beschluss, in dem die zu vollstreckende Verpflichtung in deutscher Sprache wiederzugeben ist (§ 20 Abs. 1 Satz 2 IntFamRVG); die Zustellung ist in § 21 IntFamRVG geregelt.

6 **Zuständiges Familiengericht** ist gemäß Zuständigkeitskonzentration nach § 10 i.V.m. § 12 IntFamRVG das Familiengericht am Sitz eines Oberlandesgerichts nach Maßgabe des § 10 Ziffer 1 bis 3 IntFamRVG, grundsätzlich also das Gericht, in dessen OLG-Bezirk der Antragsgegner und/oder das betroffene Kind ihren gewöhnlichen Aufenthalt haben.

§ 17 IntFamRVG Zustellungsbevollmächtigter

(1) Hat die antragstellende Person in dem Antrag keinen Zustellungsbevollmächtigten im Sinne des § 184 Abs. 1 Satz 1 der Zivilprozessordnung benannt, so können bis zur nachträglichen Benennung alle Zustellungen an sie durch Aufgabe zur Post (§ 184 Abs. 1 Satz 2, Abs. 2 der Zivilprozessordnung) bewirkt werden.

(2) Absatz 1 gilt nicht, wenn die antragstellende Person einen Verfahrensbevollmächtigten für das Verfahren bestellt hat, an den im Inland zugestellt werden kann.

1 Für das Verfahren auf Erteilung der Vollstreckungsklausel soll der im Ausland lebende Antragsteller möglichst einen Zustellungsbevollmächtigten benennen, sofern er keinen Verfahrensbevollmächtigten hat. Für den Anwendungsbereich der Brüssel IIa-VO ergibt sich diese Verpflichtung bereits aus Art. 30 Abs. 2 Satz 2 Brüssel IIa-VO.

§ 18 IntFamRVG Einseitiges Verfahren

(1) [1]Im Anwendungsbereich der Verordnung (EG) Nr. 2201/2003 und des Haager Kinderschutzübereinkommens erhält im erstinstanzlichen Verfahren auf Zulassung der Zwangsvollstreckung nur die antragstellende Person Gelegenheit, sich zu äußern. [2]Die Entscheidung ergeht ohne mündliche Verhandlung. [3]Jedoch kann eine mündliche Erörterung mit der antragstellenden oder einer von ihr bevollmächtigten Person stattfinden, wenn diese hiermit einverstanden ist und die Erörterung der Beschleunigung dient.

(2) Abweichend von § 114 Absatz 1 des Gesetzes über das Verfahren in Familiensachen und in den Angelegenheiten der freiwilligen Gerichtsbarkeit ist in Ehesachen im ersten Rechtszug eine anwaltliche Vertretung nicht erforderlich.

1 Zur Beschleunigung des Verfahrens ist eine Anhörung des Antragsgegners nicht vorgesehen. Für die Verfahren nach Brüssel IIa-VO ergibt sich dies bereits aus Art. 31 Abs. 1 Brüssel IIa-VO. Auch im Rahmen des KSÜ ist eine Anhörung des Antragsgegners nicht erforderlich.

2 Im Verfahren zur Erteilung der Vollstreckungsklausel nach dem ESÜ ist dagegen für die Feststellung bestimmter Nichtanerkennungsgründe die Möglichkeit der Anhörung der verpflichteten Person und des betroffenen Kindes eröffnet (vgl. Art. 10 Abs. 1 b), Art. 15 Abs. 1 ESÜ), weshalb die Einseitigkeit insoweit nicht greift.[1]

§ 19 IntFamRVG Besondere Regelungen zum Europäischen Sorgerechtsübereinkommen

Die Vollstreckbarerklärung eines Titels aus einem anderen Vertragsstaat des Europäischen Sorgerechtsübereinkommens ist auch in den Fällen der Artikel 8 und 9 des Übereinkommens ausgeschlossen, wenn die Voraussetzungen des Artikels 10 Abs. 1 Buchstabe a oder b des Übereinkommens vorliegen, insbesondere wenn die Wirkungen des Titels mit den Grundrechten des Kindes oder eines Sorgeberechtigten unvereinbar wären.

---

1 Vgl. *Wagner*, § 18 IntFamRVG Rn. 2. Dabei gilt, dass in Verfahren auf Anerkennung bzw. Vollstreckbarerklärung kein Verfahrensbeistand zu bestellen ist, BGH NJW 2015, 1603.

§ 19 IntFamRVG enthält einen *ordre public*-Vorbehalt, der auf Verfahren nach dem ESÜ beschränkt ist und den Vorgaben nach Art. 10 Abs. 1 a) bzw. b) ESÜ entspricht (siehe hierzu *Schweppe*, Art. 10 ESÜ, Rn. 2 f.). **1**

§ 20 IntFamRVG Entscheidung

(1) ¹Ist die Zwangsvollstreckung aus dem Titel zuzulassen, so beschließt das Gericht, dass der Titel mit der Vollstreckungsklausel zu versehen ist. ²In dem Beschluss ist die zu vollstreckende Verpflichtung in deutscher Sprache wiederzugeben. ³Zur Begründung des Beschlusses genügt in der Regel die Bezugnahme auf die Verordnung (EG) Nr. 2201/2003 oder den auszuführenden Anerkennungs- und Vollstreckungsvertrag sowie auf die von der antragstellenden Person vorgelegten Urkunden.

(2) Auf die Kosten des Verfahrens ist § 81 des Gesetzes über das Verfahren in Familiensachen und in den Angelegenheiten der freiwilligen Gerichtsbarkeit entsprechend anzuwenden; in Ehesachen gilt § 788 der Zivilprozessordnung entsprechend.

(3) ¹Ist der Antrag nicht zulässig oder nicht begründet, so lehnt ihn das Gericht durch mit Gründen versehenen Beschluss ab. ²Für die Kosten gilt Absatz 2; in Ehesachen sind die Kosten dem Antragsteller aufzuerlegen.

§ 20 IntFamRVG behandelt den Inhalt der Entscheidung über die Zulassung der Zwangsvollstreckung. **1**

Der **Beschluss über die Zulassung der Zwangsvollstreckung** nach § 20 IntFamRVG hat folgenden Tenor: **2**

„**Der Titel/Die Entscheidung ... ist mit der Vollstreckungsklausel zu versehen.**

Der Beschluss wird erst mit Rechtskraft wirksam."

Der Hinweis darauf, dass der Beschluss erst mit Rechtskraft wirksam wird, ist nach § 22 IntFamRVG verpflichtend.

Die Erteilung der Vollstreckungsklausel selbst erfolgt erst nach Rechtskrafteintritt, § 21 Abs. 2 Satz 2 i.V.m. § 23 IntFamRVG.

Bei Umgangsentscheidungen, die keinen konkreten vollstreckbaren Inhalt haben, kann der Beschlusstenor um Regelungen zur Durchführung des Umgangs ergänzt werden, soweit die Entscheidung unter Art. 48 Brüssel IIa-VO bzw. Art. 11 Abs. 2 ESÜ fällt. **3**

§ 20 Abs. 3 IntFamRVG regelt die Ablehnung des Antrags auf Erteilung der Vollstreckungsklausel. **4**

Absatz 2 und 3 verweisen für die Kostenregelung grundsätzlich (mit Ausnahme von Entscheidungen in Ehesachen) auf die allgemeinen Grundsätze des § 81 FamFG. **5**

▶ *Näher hierzu Dürbeck, § 81 FamFG Rn. 2 ff.*

§ 21 IntFamRVG Bekanntmachung der Entscheidung

(1) ¹Im Falle des § 20 Abs. 1 sind der verpflichteten Person eine beglaubigte Abschrift des Beschlusses, eine beglaubigte Abschrift des noch nicht mit der Vollstreckungsklausel versehenen Titels und ggf. seiner Übersetzung sowie der gemäß § 20 Abs. 1 Satz 3 in Bezug genommenen Urkunden von Amts wegen zuzustellen. ²Ein Beschluss nach § 20 Abs. 3 ist der verpflichteten Person formlos mitzuteilen.

(2) ¹Der antragstellenden Person sind eine beglaubigte Abschrift des Beschlusses nach § 20, im Falle des § 20 Abs. 1 ferner eine Bescheinigung über die bewirkte Zustellung zu übersenden. ²Die mit der Vollstreckungsklausel versehene Ausfertigung des Titels ist der antragstellenden Person erst dann zu übersenden, wenn der Beschluss nach § 20 Abs. 1 wirksam geworden und die Vollstreckungsklausel erteilt ist.

(3) In einem Verfahren, das die Vollstreckbarerklärung einer die elterliche Verantwortung betreffenden Entscheidung zum Gegenstand hat, sind Zustellungen auch an den gesetzlichen Vertreter des Kindes, an den Vertreter des Kindes im Verfahren, an das Kind selbst, soweit es das 14. Lebensjahr vollendet hat, an einen Elternteil, der nicht am Verfahren beteiligt war, sowie an das Jugendamt zu bewirken.

(4) Handelt es sich bei der für vollstreckbar erklärten Maßnahme um eine Unterbringung, so ist der Beschluss auch dem Leiter der Einrichtung oder der Pflegefamilie bekannt zu machen, in der das Kind untergebracht werden soll.

A. Allgemeines

1   § 21 IntFamRVG regelt die Zustellung der Entscheidung über die Erteilung der Vollstreckungsklausel. Dabei wird hinsichtlich des Zustellungserfordernisses differenziert nach Entscheidungen, in denen die Vollstreckungsklausel erteilt wurde und ablehnenden Entscheidungen sowie danach, ob eine Person durch die Entscheidung in eigenen Rechten beeinträchtigt bzw. zur Vertretung der Kindesinteressen verpflichtet ist. Zu beachten ist, dass nur die Beschwerde gegen die Zulassung der Zwangsvollstreckung einer Befristung unterliegt, nicht aber die Beschwerde gegen eine ablehnende Entscheidung.

2   Die Zustellung erfolgt in der EU nach Maßgabe der EG-ZustellVO (Nr. 1393/2007) i.V.m. §§ 1067 ff. ZPO.

B. Inhalt der Norm

I. Stattgebende Entscheidungen

1. Zustellungspflicht

3   Im Falle der Zulassung der Zwangsvollstreckung (§ 20 IntFamRVG) ist diese Entscheidung von Amts wegen an den Verpflichteten (§ 21 Abs. 1 Satz 1 IntFamRVG) zuzustellen sowie an die in § 21 Abs. 3 IntFamRVG genannten Personen.

2. Mitteilungspflicht

4   Im Falle der Zulassung der Zwangsvollstreckung ist dem Antragsteller eine beglaubigte Abschrift des Beschlusses (aber zunächst noch keine vollstreckbare Ausfertigung) (formlos) zu übersenden und der Antragsteller über die Zustellung an den Antragsgegner zu informieren (§ 21 Abs. 2 Satz 1 IntFamRVG).

5   Sofern eine stattgebende Entscheidung betreffend die Aufnahme (nicht beschränkt auf eine geschlossene Unterbringung im Sinne des § 1631b BGB) eines Kindes in einer Einrichtung oder einer Pflegefamilie ergangen ist, so ist auch diesen die Entscheidung mitzuteilen.

II. Ablehnende Entscheidungen

6   Bei Beschlüssen, die einen Antrag auf Erteilung der Vollstreckungsklausel zurückweisen, ist eine formelle Zustellung nicht vorgesehen, da hier keine Beschwerdefristen in Gang gesetzt werden. Entsprechend werden diese Beschlüsse dem Antragsteller ebenfalls nach § 21 Abs. 2 Satz 1 IntFamRVG übersandt und der Gegenseite nach § 21 Abs. 1 Satz 2 IntFamRVG nur formlos mitgeteilt.

III. Weitere Zustellungspflichten

7   Nach § 21 Abs. 3 IntFamRVG sind sämtliche Entscheidungen, gleich ob die Zwangsvollstreckung ablehnend oder zulassend,[1] an weitere Personen zu übersenden, die in eigenen Rechten betroffen sind, insbesondere das Kind ab Vollendung des 14. Lebensjahres, bzw. mit der Wahrung der Kindesinteressen beauftragt sind. Dabei ist unter den Voraussetzungen des § 158 FamFG dem Kind ein Verfahrensbeistand zu bestellen, der namens des Kindes Beschwerde einlegen kann.[2]

---

1 MüKo-ZPO/*Gottwald,* IntFamRVG § 21 Rn. 3
2 BT-Drs. 15/3981, 25, noch zu § 50 FGG

§ 22 IntFamRVG Wirksamwerden der Entscheidung

(1) ¹Der Beschluss nach § 20 wird erst mit Rechtskraft wirksam. ²Hierauf ist in dem Beschluss hinzuweisen.

(2) ¹Absatz 1 gilt nicht für den Beschluss, mit dem eine Entscheidung über die freiheitsentziehende Unterbringung eines Kindes nach Artikel 56 der Verordnung (EG) Nr. 2201/2003 für vollstreckbar erklärt wird. ²In diesem Fall hat das Gericht die sofortige Wirksamkeit des Beschlusses anzuordnen. ³§ 324 Absatz 2 Satz 2 Nummer 3 und Satz 3 des Gesetzes über das Verfahren in Familiensachen und in Angelegenheiten der freiwilligen Gerichtsbarkeit gilt entsprechend.

Aus § 22 Abs. 1 IntFamRVG folgt, dass die Erteilung der Vollstreckungsklausel erst nach Ablauf der **1** Beschwerdefristen des § 24 Abs. 3 IntFamRVG erfolgen darf, entsprechend erfolgt auch die Zustellung der Entscheidung an den Antragsteller erst nach Erteilung der Vollstreckungsklausel, § 21 Abs. 2 IntFamRVG.

§ 22 Abs. 2 IntFamRVG enthält im Hinblick auf deren Eilbedürftigkeit abweichende Regelungen für **2** die Anordnung freiheitsentziehender Unterbringungen.

§ 23 IntFamRVG Vollstreckungsklausel

(1) Auf Grund eines wirksamen Beschlusses nach § 20 Abs. 1 erteilt der Urkundsbeamte der Geschäftsstelle die Vollstreckungsklausel in folgender Form:

„Vollstreckungsklausel nach § 23 des Internationalen Familienrechtsverfahrensgesetzes vom 26. Januar 2005 (BGBl. I S. 162). Gemäß dem Beschluss des … (Bezeichnung des Gerichts und des Beschlusses) ist die Zwangsvollstreckung aus … (Bezeichnung des Titels) zugunsten … (Bezeichnung der berechtigten Person) gegen … (Bezeichnung der verpflichteten Person) zulässig.

Die zu vollstreckende Verpflichtung lautet:

… (Angabe der aus dem ausländischen Titel der verpflichteten Person obliegenden Verpflichtung in deutscher Sprache; aus dem Beschluss nach § 20 Abs. 1 zu übernehmen).“

(2) Wird die Zwangsvollstreckung nur für einen oder mehrere der durch den ausländischen Titel zuerkannten oder in einem anderen ausländischen Titel niedergelegten Ansprüche oder nur für einen Teil des Gegenstands der Verpflichtung zugelassen, so ist die Vollstreckungsklausel als „Teil-Vollstreckungsklausel nach § 23 des Internationalen Familienrechtsverfahrensgesetzes vom 26. Januar 2005 (BGBl. I S. 162)" zu bezeichnen.

(3) ¹Die Vollstreckungsklausel ist von dem Urkundsbeamten der Geschäftsstelle zu unterschreiben und mit dem Gerichtssiegel zu versehen. ²Sie ist entweder auf die Ausfertigung des Titels oder auf ein damit zu verbindendes Blatt zu setzen. ³Falls eine Übersetzung des Titels vorliegt, ist sie mit der Ausfertigung zu verbinden.

§ 23 Abs. 1 IntFamRVG regelt funktionale Zuständigkeit, Inhalt (Abs. 1 und 2) sowie Form (Abs. 3) der Vollstreckungsklausel. Die Erteilung der Vollstreckungsklausel ist nicht isoliert anfechtbar, vielmehr muss sich eine Beschwerde gegen die Anordnung der Klauselerteilung selbst richten.[1]

Unterabschnitt 2
Beschwerde

§ 24 IntFamRVG Einlegung der Beschwerde; Beschwerdefrist

(1) ¹Gegen die im ersten Rechtszug ergangene Entscheidung findet die Beschwerde zum Oberlandesgericht statt. ²Die Beschwerde wird bei dem Oberlandesgericht durch Einreichen einer Beschwerdeschrift oder durch Erklärung zur Protokoll der Geschäftsstelle eingelegt.

(2) Die Zulässigkeit der Beschwerde wird nicht dadurch berührt, dass sie statt bei dem Oberlandesgericht bei dem Gericht des ersten Rechtszugs eingelegt wird; die Beschwerde ist unverzüglich von Amts wegen an das Oberlandesgericht abzugeben.

(3) Die Beschwerde gegen die Zulassung der Zwangsvollstreckung ist einzulegen

1.   innerhalb eines Monats nach Zustellung, wenn die beschwerdeberechtigte Person ihren gewöhnlichen Aufenthalt im Inland hat;

---

1 *Wagner*, § 23 IntFamRVG Rn. 2

2. **innerhalb von zwei Monaten nach Zustellung, wenn die beschwerdeberechtigte Person ihren gewöhnlichen Aufenthalt im Ausland hat. Die Frist beginnt mit dem Tag, an dem die Vollstreckbarerklärung der beschwerdeberechtigten Person entweder persönlich oder in ihrer Wohnung zugestellt worden ist. Eine Verlängerung dieser Frist wegen weiter Entfernung ist ausgeschlossen.**

(4) Die Beschwerdefrist ist eine Notfrist.

(5) Die Beschwerde ist dem Beschwerdegegner von Amts wegen zuzustellen.

Übersicht

A. Allgemeines

1 § 24 bis § 27 IntFamRVG regeln die Beschwerde gegen Entscheidungen über die Erteilung der Vollstreckungsklausel oder deren Zurückweisung.

Verfahren:

- Die Beschwerde nach §§ 24 ff. IntFamRVG ist sowohl gegen die Erteilung der Vollstreckungsklausel aussprechende wie auch gegen ablehnende Entscheidungen statthaft.

- Die Beschwerde ist beim Oberlandesgericht einzulegen, § 24 Abs. 1 Satz 2 IntFamRVG.

- Die Beschwerde gegen die Zulassung der Zwangsvollstreckung unterliegt den Fristen des § 24 Abs. 3 IntFamRVG, die abhängig vom gewöhnlichen Aufenthalt des Beschwerdeberechtigten ist (mithin des Verpflichteten bzw. einer Person nach § 21 Abs. 3 IntFamRVG). Die Beschwerde (des Antragstellers) gegen eine ablehnende Entscheidung ist unbefristet.

- Sowohl die erstinstanzliche Entscheidung als auch die des Beschwerdegerichts werden erst mit Rechtskraft wirksam, § 22 bzw. § 27 IntFamRVG, wobei das Beschwerdegericht in Verbindung mit der Entscheidung über die Beschwerde die sofortige Wirksamkeit des Beschlusses anordnen kann (§ 27 Abs. 2 IntFamRVG).

- Gegen die Entscheidung des Oberlandesgerichts findet nach § 28 IntFamRVG die Rechtsbeschwerde zum BGH statt, jedoch mit beschränkter Prüfungskompetenz, § 30 Abs. 1 IntFamRVG.

  Im Rechtsbeschwerdeverfahren kann die Anordnung der sofortigen Wirksamkeit aufgehoben werden oder eine entsprechende Anordnung erstmalig ergehen, § 31 IntFamRVG.

2 Die Beschwerde ist – abweichend von der allgemeinen Regelung des § 64 Abs. 1 FamFG – beim **Oberlandesgericht** einzulegen, § 24 Abs. 1 IntFamRVG. Im Falle der Einlegung beim Amtsgericht ist die Beschwerde nicht unzulässig, sondern unverzüglich von Amts wegen an das Beschwerdegericht abzugeben, § 24 Abs. 2 IntFamRVG.

B. Fristen

I. Beschwerde des Verpflichteten

3 § 24 Abs. 3 IntFamRVG bestimmt, dass nur die Beschwerde (des Verpflichteten oder einer der in § 21 Abs. 3 IntFamRVG genannten Personen) gegen Beschlüsse, welche die Erteilung der Vollstreckungsklausel aussprechen, befristet ist. Dies entspricht, ebenso wie die vorgesehene nach dem gewöhnlichen Aufenthalt des Beschwerdeführers differenzierende Fristdauer, den Vorgaben des Art. 33 Abs. 5 Brüssel IIa-VO. Da es sich um eine Notfrist handelt, kann bei Vorliegen der allgemeinen Voraussetzungen Wiedereinsetzung in vorigen Stand gewährt werden (siehe *Dürbeck*, § 63 FamFG Rn. 15).[1]

4 Zu beachten ist, dass § 24 Abs. 3 IntFamRVG einheitlich für den gesamten Anwendungsbereich, also Verfahren betreffend die Brüssel IIa-VO, ESÜ und KSÜ dem Beschwerdeberechtigten, der seinen gewöhnlichen Aufenthalt im Ausland hat, die Zweimonatsfrist zubilligt, obgleich Art. 33 Abs. 5 Brüssel IIa-VO in seiner Anwendung auf den gewöhnlichen Aufenthalt in einem EU-Mitgliedstaat beschränkt ist. Diese weitreichende einheitliche Zweimonatsfrist dient der Rechtsvereinheitlichung sowie -verein-

---

1 *Wagner*, § 24 IntFamRVG Rn. 5

fachung und entspricht dem Willen des Gesetzgebers,[2] weshalb einer differenzierenden Auslegung nach Aufenthalten im EU-Ausland bzw. bei der Anwendung der Brüssel IIa-VO nicht zu folgen ist.[3]

II. Beschwerde des Antragstellers

Die Beschwerde des Antragstellers gegen zurückweisende Beschlüsse ist unbefristet möglich, was als Umkehrschluss aus dem Wortlaut von § 24 Abs. 3 IntFamRVG („gegen die Zulassung der Zwangsvollstreckung") und Art. 33 Abs. 5 Brüssel IIa-VO („gegen die Vollstreckbarerklärung") folgt. **5**

§ 25 IntFamRVG Einwendungen gegen den zu vollstreckenden Anspruch

Die verpflichtete Person kann mit der Beschwerde gegen die Zulassung der Zwangsvollstreckung aus einem Titel über die Erstattung von Verfahrenskosten auch Einwendungen gegen den Anspruch selbst insoweit geltend machen, als die Gründe, auf denen sie beruhen, erst nach Erlass des Titels entstanden sind.

§ 25 IntFamRVG ist in der Anwendung beschränkt auf Kostenentscheidungen. Die Abänderung von Sachentscheidungen in Sorge- und Umgangsverfahren ist von dieser Norm nicht erfasst, sie kann nur aufgrund neuer Tatsachen in einem neuen Verfahren, nicht aber inzident im Rahmen der Vollstreckbarerklärung erfolgen.[1] **1**

§ 26 IntFamRVG Verfahren und Entscheidung über die Beschwerde

(1) Der Senat des Oberlandesgerichts entscheidet durch Beschluss, der mit Gründen zu versehen ist und ohne mündliche Verhandlung ergehen kann.

(2) ¹Solange eine mündliche Verhandlung nicht angeordnet ist, können zu Protokoll der Geschäftsstelle Anträge gestellt und Erklärungen abgegeben werden. ²Wird in einer Ehesache die mündliche Verhandlung angeordnet, so gilt für die Ladung § 215 der Zivilprozessordnung.

(3) Eine vollständige Ausfertigung des Beschlusses ist den Beteiligten auch dann von Amts wegen zuzustellen, wenn der Beschluss verkündet worden ist.

(4) § 20 Abs. 1 Satz 2, Abs. 2 und 3, § 21 Abs. 1, 2 und 4 sowie § 23 gelten entsprechend.

Die Beschwerdeentscheidung ergeht nach § 26 Abs. 1 IntFamRVG durch den Senat. **1**

Nach § 26 Absatz 4 IntFamRVG ist auch im Beschluss des Beschwerdegerichts die zu vollstreckende Verpflichtung in deutscher Sprache aufzunehmen, weiter finden die allgemeinen Kostenregeln Anwendung. Auch die Vorschriften zur Bekanntmachung der Entscheidung – mit Ausnahme der Zustellung an die weiteren Beteiligten – und die Regelung zur Erteilung der Vollstreckungsklausel gelten entsprechend. **2**

§ 27 IntFamRVG Anordnung der sofortigen Wirksamkeit

(1) ¹Der Beschluss des Oberlandesgerichts nach § 26 wird erst mit seiner Rechtskraft wirksam. ²Hierauf ist in dem Beschluss hinzuweisen.

(2) Das Oberlandesgericht kann in Verbindung mit der Entscheidung über die Beschwerde die sofortige Wirksamkeit eines Beschlusses anordnen.

Die Regelung des § 27 Abs. 1 IntFamRVG entspricht der des § 22 IntFamRVG. **1**

§ 27 Abs. 2 IntFamRVG ermöglicht über die Anordnung der sofortigen Wirksamkeit die Zulassung der Zwangsvollstreckung vor der Entscheidung in der Sache durch das Beschwerdegericht und ist etwa **2**

---

2 BT-Drs. 15/3981, 25
3 Vgl. zu diesem Ansatz *Wagner*, § 24 IntFamRVG Rn. 4
1 Staudinger/*Pirrung*, Vorbem zu Art. 19 EGBGB Rn. F 57

angezeigt, um eine Verschleppung des Verfahrens und eine unzumutbare Verzögerung der Rückführung des Kindes zu verhindern.[1]

3 Hat das OLG einen Antrag auf Nichtanerkennung zurückgewiesen, bedarf es keiner Anordnung einer sofortigen Wirksamkeit der Entscheidung gemäß § 27 Abs. 2 IntFamRVG; hat das OLG dennoch die sofortige Wirksamkeit angeordnet, so fehlt mangels Wirkung das Rechtsschutzbedürfnis für einen Antrag auf Aufhebung dieser Anordnung nach § 31 IntFamRVG.[2]

Unterabschnitt 3
Rechtsbeschwerde

§ 28 IntFamRVG Statthaftigkeit der Rechtsbeschwerde

Gegen den Beschluss des Oberlandesgerichts findet die Rechtsbeschwerde zum Bundesgerichtshof nach Maßgabe des § 574 Abs. 1 Nr. 1, Abs. 2 der Zivilprozessordnung statt.

Die Rechtsbeschwerde ist – entgegen der allgemeinen Regelung des § 70 Abs. 1 FamFG – immer statthaft und nicht von der Zulassung durch das Oberlandesgericht abhängig.

§ 29 IntFamRVG Einlegung und Begründung der Rechtsbeschwerde

[1]§ 575 Abs. 1 bis 4 der Zivilprozessordnung ist entsprechend anzuwenden. [2]Soweit die Rechtsbeschwerde darauf gestützt wird, dass das Oberlandesgericht von einer Entscheidung des Gerichtshofs der Europäischen Gemeinschaften abgewichen sei, muss die Entscheidung, von der der angefochtene Beschluss abweicht, bezeichnet werden.

1 Nach § 575 Abs. 3 Nr. 2 i.V.m Abs. 1 Nr. 1, § 574 Abs. 2 ZPO muss der Beschwerdeführer für die Zulässigkeit der Rechtsbeschwerde zu den Zulassungsvoraussetzungen substantiiert vortragen, allgemeine Ausführungen – etwa der Hinweis auf die fehlende Kindesanhörung – genügen hierzu nicht.[1]

§ 30 IntFamRVG Verfahren und Entscheidung über die Rechtsbeschwerde

(1) [1]Der Bundesgerichtshof kann nur überprüfen, ob der Beschluss auf einer Verletzung des Rechts der Europäischen Gemeinschaft, eines Anerkennungs- und Vollstreckungsvertrags, sonstigen Bundesrechts oder einer anderen Vorschrift beruht, deren Geltungsbereich sich über den Bezirk eines Oberlandesgerichts hinaus erstreckt. [2]Er darf nicht prüfen, ob das Gericht seine örtliche Zuständigkeit zu Unrecht angenommen hat.

(2) [1]Der Bundesgerichtshof kann über die Rechtsbeschwerde ohne mündliche Verhandlung entscheiden. [2]§ 574 Abs. 4, § 576 Abs. 3 und § 577 der Zivilprozessordnung sind entsprechend anzuwenden; in Angelegenheiten der freiwilligen Gerichtsbarkeit bleiben § 574 Abs. 4 und § 577 Abs. 2 Satz 1 bis 3 der Zivilprozessordnung sowie die Verweisung auf § 556 in § 576 Abs. 3 der Zivilprozessordnung außer Betracht.

(3) § 20 Abs. 1 Satz 2, Abs. 2 und 3, § 21 Abs. 1, 2 und 4 sowie § 23 gelten entsprechend.

1 § 30 Abs. 1 IntFamRVG beschränkt die Prüfungskompetenz des BGH im Rahmen der Rechtsbeschwerde, gerügt werden kann insbesondere die Verletzung von EU-Recht.

2 Entsprechend enthält § 29 IntFamRVG die Verpflichtung, bei Geltendmachung einer Abweichung von einer Entscheidung des EuGH diese konkret zu bezeichnen.

---

1 Staudinger/*Pirrung,* Vorbem zu Art. 19 EGBGB Rn. F 60
2 BGH FamRZ 2011, 959, 960
1 BGH FamRZ 2012, 1561

§ 31 IntFamRVG Anordnung der sofortigen Wirksamkeit

Der Bundesgerichtshof kann auf Antrag der verpflichteten Person eine Anordnung nach § 27 Abs. 2 aufheben oder auf Antrag der berechtigten Person erstmals eine Anordnung nach § 27 Abs. 2 treffen.

Von einer Kommentierung wird abgesehen.

Unterabschnitt 4
Feststellung der Anerkennung

§ 32 IntFamRVG Anerkennungsfeststellung

[1]Auf das Verfahren über einen gesonderten Feststellungsantrag nach Artikel 21 Absatz 3 der Verordnung (EG) Nr. 2201/2003, nach Artikel 24 des Haager Kinderschutzübereinkommens oder nach dem Europäischen Sorgerechtsübereinkommen, einen Titel aus einem anderen Staat anzuerkennen oder nicht anzuerkennen, sind die Unterabschnitte 1 bis 3 entsprechend anzuwenden. [2]§ 18 Absatz 1 Satz 1 ist nicht anzuwenden, wenn die antragstellende Person die Feststellung begehrt, dass ein Titel aus einem anderen Staat nicht anzuerkennen ist. [3]§ 18 Absatz 1 Satz 3 ist in diesem Falle mit der Maßgabe anzuwenden, dass die mündliche Erörterung auch mit weiteren Beteiligten stattfinden kann.

§ 32 IntFamRVG verweist für die Durchführung der jeweils fakultativen Anerkennungsverfahren nach Art. 21 Abs. 3 Brüssel IIa-VO, Art. 24 KSÜ und Art. 7 i.V.m. Art. 9 und 10 ESÜ auf das Verfahren zur Erteilung der Vollstreckungsklausel. **1**

Zu beachten ist, dass die Durchführung eines solchen Anerkennungsfeststellungsverfahrens **nicht zwingend** ist, vielmehr sind ausländische Sorgerechtsentscheidungen grundsätzlich anzuerkennen. In der Praxis ist die Anerkennung einer ausländischen Entscheidung inzident im Rahmen von Sorge- und Umgangsverfahren zu prüfen, weil sie insoweit für die Frage der Abänderung relevant ist. **2**

§ 32 Satz 1 IntFamRVG enthält den **Grundsatz** der entsprechenden Anwendung der Vorschriften über das Verfahren zur Erteilung der Vollstreckungsklausel. **3**

§ 32 Satz 2 und 3 IntFamRVG schränken die Verweisung auf die Vorschriften zur Zulassung der Zwangsvollstreckung insoweit ein, als kein einseitiges Verfahren möglich ist, sondern abweichend von § 18 IntFamRVG die **Beteiligung des Antragsgegners erforderlich ist**, wenn die Feststellung begehrt wird, dass ein Titel aus einem anderen Staat nicht anzuerkennen ist. Dies beruht auf einer Entscheidung des EuGH, der zur Anwendung des Art. 31 Brüssel IIa-VO klargestellt hat, dass der Antragsgegner von Anfang an zu hören ist.[1] Aus Gründen der Rechtsvereinheitlichung gelten § 32 Satz 2 und 3 IntFamRVG auch für die Ausführung des KSÜ und des ESÜ.[2] **4**

Unterabschnitt 5
Wiederherstellung des Sorgeverhältnisses

§ 33 IntFamRVG Anordnung auf Herausgabe des Kindes

(1) Umfasst ein vollstreckungsfähiger Titel im Anwendungsbereich der Verordnung (EG) Nr. 2201/2003, des Haager Kinderschutzübereinkommens oder des Europäischen Sorgerechtsübereinkommens nach dem Recht des Staates, in dem er geschaffen wurde, das Recht auf Herausgabe des Kindes, so kann das Familiengericht die Herausgabeanordnung in der Vollstreckungsklausel oder in einer nach § 44 getroffenen Anordnung klarstellend aufnehmen.

(2) Liegt im Anwendungsbereich des Europäischen Sorgerechtsübereinkommens ein vollstreckungsfähiger Titel auf Herausgabe des Kindes nicht vor, so stellt das Gericht nach § 32 fest, dass die Sorgerechtsentscheidung oder die von der zuständigen Behörde genehmigte Sorgerechtsvereinbarung aus dem anderen Vertragsstaat anzuerkennen ist, und ordnet zur Wiederherstellung des Sorgeverhältnisses auf Antrag an, dass die verpflichtete Person das Kind herauszugeben hat.

---

1 EuGH FamRZ 2008, 1729 L; IPRax 2009, 420 „Rinau"
2 *Wagner*, § 32 IntFamRVG Rn. 5

A. Normzweck

1   § 33 IntFamRVG soll im Anwendungsbereich der Brüssel IIa-VO, des KSÜ und des ESÜ die Vollstreckung ausländischer **Sorgerechtsentscheidungen erleichtern**, die nicht nur rechtsgestaltend wirken, sondern nach dem Recht des Erlassstaates auch einen vollstreckbaren Titel auf die Herausgabe des Kindes beinhalten, ohne dies gesondert anzuordnen.[1]

B. Inhalt der Norm

I. Ergänzung um Herausgabeanordnung

2   § 33 Abs. 1 IntFamRVG ermöglicht es, eine ausländische Entscheidung, die nach deutschem Recht nur die Zuweisung des Sorgerechts, nicht aber die Herausgabe des Kindes beinhaltet, im Rahmen des Verfahrens zur Erteilung der Vollstreckungsklausel (§ 20 IntFamRVG) oder in der Vollstreckungsanordnung nach § 44 IntFamRVG, **von Amts wegen** um eine Herausgabeanordnung zu ergänzen.

II. Anordnung der Herausgabe

3   Nach § 33 Abs. 2 IntFamRVG kann im Verfahren nach § 32 IntFamRVG i.V.m. Art. 7 ESÜ in Verbindung mit der Feststellung der Anerkennung nach Art. 7 ESÜ darüber hinaus der Antragsgegner **auf Antrag** zur Herausgabe des Kindes verpflichtet werden.

Unterabschnitt 6
Aufhebung oder Änderung von Beschlüssen

§ 34 IntFamRVG Verfahren auf Aufhebung oder Änderung

(1) ¹Wird der Titel in dem Staat, in dem er errichtet worden ist, aufgehoben oder abgeändert und kann die verpflichtete Person diese Tatsache in dem Verfahren der Zulassung der Zwangsvollstreckung nicht mehr geltend machen, so kann sie die Aufhebung oder Änderung der Zulassung in einem besonderen Verfahren beantragen. ²Das Gleiche gilt für den Fall der Aufhebung oder Änderung von Entscheidungen, Vereinbarungen oder öffentlichen Urkunden, deren Anerkennung festgestellt ist.

(2) Für die Entscheidung über den Antrag ist das Familiengericht ausschließlich zuständig, das im ersten Rechtszug über den Antrag auf Erteilung der Vollstreckungsklausel oder auf Feststellung der Anerkennung entschieden hat.

(3) ¹Der Antrag kann bei dem Gericht schriftlich oder durch Erklärung zu Protokoll der Geschäftsstelle gestellt werden. ²Die Entscheidung ergeht durch Beschluss.

(4) Auf die Beschwerde finden die Unterabschnitte 2 und 3 entsprechende Anwendung.

(5) ¹Im Falle eines Titels über die Erstattung von Verfahrenskosten sind für die Einstellung der Zwangsvollstreckung und die Aufhebung bereits getroffener Vollstreckungsmaßregeln die §§ 769 und 770 der Zivilprozessordnung entsprechend anzuwenden. ²Die Aufhebung einer Vollstreckungsmaßregel ist auch ohne Sicherheitsleistung zulässig.

1   § 34 IntFamRVG dient dazu, bereits erteilte Vollstreckungsklauseln wieder aufzuheben, wenn der zugrundeliegende Titel im Ursprungsstaat aufgehoben oder abgeändert wurde.

§ 35 IntFamRVG Schadensersatz wegen ungerechtfertigter Vollstreckung

(1) ¹Wird die Zulassung der Zwangsvollstreckung aus einem Titel über die Erstattung von Verfahrenskosten auf die Rechtsbeschwerde aufgehoben oder abgeändert, so ist die berechtigte Person zum Ersatz des Schadens verpflichtet, welcher der verpflichteten Person durch die Vollstreckung des Titels oder durch

---

1   Vgl. hierzu *Schulz*, FamRZ 2011, 156, 160

eine Leistung zur Abwendung der Vollstreckung entstanden ist. [2]Das Gleiche gilt, wenn die Zulassung der Zwangsvollstreckung nach § 34 aufgehoben oder abgeändert wird, sofern der zur Zwangsvollstreckung zugelassene Titel zum Zeitpunkt der Zulassung nach dem Recht des Staates, in dem er ergangen ist, noch mit einem ordentlichen Rechtsbehelf angefochten werden konnte.

(2) Für die Geltendmachung des Anspruchs ist das Gericht ausschließlich zuständig, das im ersten Rechtszug über den Antrag, den Titel mit der Vollstreckungsklausel zu versehen, entschieden hat.

§ 35 IntFamRVG ist – wie § 25 IntFamRVG – inhaltlich beschränkt auf Kostenentscheidungen, aus denen die Vollstreckung erfolgte.   1

Unterabschnitt 7
Vollstreckungsabwehrklage

§ 36 IntFamRVG Vollstreckungsabwehrklage bei Titeln über Verfahrenskosten

(1) Ist die Zwangsvollstreckung aus einem Titel über die Erstattung von Verfahrenskosten zugelassen, so kann die verpflichtete Person Einwendungen gegen den Anspruch selbst in einem Verfahren nach § 767 der Zivilprozessordnung nur geltend machen, wenn die Gründe, auf denen ihre Einwendungen beruhen, erst

1.   nach Ablauf der Frist, innerhalb deren sie die Beschwerde hätte einlegen können, oder

2.   falls die Beschwerde eingelegt worden ist, nach Beendigung dieses Verfahrens

entstanden sind.

(2) Die Klage nach § 767 der Zivilprozessordnung ist bei dem Gericht zu erheben, das über den Antrag auf Erteilung der Vollstreckungsklausel entschieden hat.

Auch § 36 IntFamRVG ist – wie § 35 IntFamRVG – inhaltlich beschränkt auf Kostenentscheidungen.   1

Abschnitt 6
Verfahren nach dem Haager Kindesentführungsübereinkommen

§§ 37 ff. IntFamRVG enthalten spezielle Vorschriften für das Rückführungsverfahren nach dem HKÜ   1
und für die Rückgabe von Kindern auf Grundlage von Art. 8 ESÜ.

§ 37 IntFamRVG Anwendbarkeit

Kommt im Einzelfall die Rückgabe des Kindes nach dem Haager Kindesentführungsübereinkommen und dem Europäischen Sorgerechtsübereinkommen in Betracht, so sind zunächst die Bestimmungen des Haager Kindesentführungsübereinkommens anzuwenden, sofern die antragstellende Person nicht ausdrücklich die Anwendung des Europäischen Sorgerechtsübereinkommen begehrt.

Die Norm verdeutlicht den grundsätzlichen Vorrang des Rückführungsverfahrens nach dem HKÜ vor   1
der Anwendung des ESÜ.

§ 38 IntFamRVG Beschleunigtes Verfahren

(1) [1]Das Gericht hat das Verfahren auf Rückgabe eines Kindes in allen Rechtszügen vorrangig zu behandeln. [2]Mit Ausnahme von Artikel 12 Abs. 3 des Haager Kindesentführungsübereinkommens findet eine Aussetzung des Verfahrens nicht statt. [3]Das Gericht hat alle erforderlichen Maßnahmen zur Beschleunigung des Verfahrens zu treffen, insbesondere auch damit die Entscheidung in der Hauptsache binnen der in Artikel 11 Abs. 3 der Verordnung (EG) Nr. 2201/2003 genannten Frist ergehen kann.

(2) Das Gericht prüft in jeder Lage des Verfahrens, ob das Recht zum persönlichen Umgang mit dem Kind gewährleistet werden kann.

(3) Die Beteiligten haben an der Aufklärung des Sachverhalts mitzuwirken, wie es einem auf Förderung und Beschleunigung des Verfahrens bedachten Vorgehen entspricht.

1 § 38 Abs. 1 IntFamRVG dient der Umsetzung der Verpflichtung zum beschleunigten Abschluss von Rückführungsverfahren nach dem HKÜ.

▶ *Näher zu Sinn und Zweck des Beschleunigungsgebots siehe Fink, § 155 FamFG Rn. 1, 13.*

2 Aus § 38 Abs. 2 IntFamRVG kann die Verpflichtung folgen, den Umgang zwischen dem Kind und dem Antragsteller im Wege der Einstweiligen Anordnung zu regeln, um einer weiteren Entfremdung vorzubeugen.[1]

§ 39 IntFamRVG Übermittlung von Entscheidungen

Wird eine inländische Entscheidung nach Artikel 11 Abs. 6 der Verordnung (EG) Nr. 2201/2003 unmittelbar dem zuständigen Gericht oder der Zentralen Behörde im Ausland übermittelt, ist der Zentralen Behörde zur Erfüllung ihrer Aufgaben nach Artikel 7 des Haager Kindesentführungsübereinkommens eine Abschrift zu übersenden.

1 Die Norm soll die Information und Beteiligung der hiesigen Zentralen Behörde im Verfahren nach Art. 11 Abs. 6 Brüssel IIa-VO sicherstellen, wenn eine ablehnende Entscheidung im Rückführungsverfahren ergangen ist.

§ 40 IntFamRVG Wirksamkeit der Entscheidung; Rechtsmittel

(1) Eine Entscheidung, die zur Rückgabe des Kindes in einen anderen Vertragsstaat verpflichtet, wird erst mit deren Rechtskraft wirksam.

(2) [1]Gegen eine im ersten Rechtszug ergangene Entscheidung findet die Beschwerde zum Oberlandesgericht nach Unterabschnitt 1 des Abschnitts 5 des Buches 1 des Gesetzes über das Verfahren in Familiensachen und in den Angelegenheiten der freiwilligen Gerichtsbarkeit statt; § 65 Abs. 2, § 68 Abs. 4 sowie § 69 Abs. 1 Satz 2 bis 4 jenes Gesetzes sind nicht anzuwenden. [2]Die Beschwerde ist innerhalb von zwei Wochen einzulegen und zu begründen. [3]Die Beschwerde gegen eine Entscheidung, die zur Rückgabe des Kindes verpflichtet, steht nur dem Antragsgegner, dem Kind, soweit es das 14. Lebensjahr vollendet hat, und dem beteiligten Jugendamt zu. [4]Eine Rechtsbeschwerde findet nicht statt.

(3) [1]Das Beschwerdegericht hat nach Eingang der Beschwerdeschrift unverzüglich zu prüfen, ob die sofortige Wirksamkeit der angefochtenen Entscheidung über die Rückgabe des Kindes anzuordnen ist. [2]Die sofortige Wirksamkeit soll angeordnet werden, wenn die Beschwerde offensichtlich unbegründet ist oder die Rückgabe des Kindes vor der Entscheidung über die Beschwerde unter Berücksichtigung der berechtigten Interessen der Beteiligten mit dem Wohl des Kindes zu vereinbaren ist. [3]Die Entscheidung über die sofortige Wirksamkeit kann während des Beschwerdeverfahrens abgeändert werden.

A. Allgemeines

1 Die Vorschrift enthält für Verfahren nach dem HKÜ Regelungen zur Wirksamkeit der Entscheidung (Abs. 1), zu Rechtsmitteln und Fristen (Abs. 2) sowie zur Anordnung der sofortigen Wirksamkeit durch das Beschwerdegericht (Abs. 3).

---

1 *Schulz,* FamRZ 2011, 1273, 1275

B. Inhalt der Norm

I. Wirksamwerden mit Rechtskraft

Die erstinstanzliche Rückführungsentscheidung wird nach § 40 Abs. 1 IntFamRVG erst mit Rechtskraft **2** wirksam, das erstinstanzliche Gericht hat keine Kompetenz, die sofortige Wirksamkeit der Entscheidung anzuordnen.

II. Beschwerde

§ 40 IntFamRVG enthält besondere Regelungen für die Beschwerde gegen die erstinstanzliche Entscheidung im HKÜ-Verfahren, deren Nichtbeachtung zur Unzulässigkeit des Rechtsmittels führt. **3**

§ 40 IntFamRVG umfasst inhaltlich nur Beschwerden gegen Sachentscheidungen in HKÜ-Verfahren, **4** nicht dagegen andere Rechtsmittel, wie die isolierte Anfechtung einer Kostenentscheidung; insofern sind nach § 14 Nr. 2 IntFamRVG die allgemeinen Regelungen maßgeblich.[1]

Die Beschwerde ist beim Amtsgericht einzulegen, insoweit verweist § 40 Abs. 2 IntFamRVG auf **5** §§ 58 ff. FamFG, darunter § 64 FamFG.

Der Praktiker hat insbesondere die – von den allgemeinen Beschwerdevorschriften des FamFG abweichende – verkürzte Beschwerdefrist von zwei Wochen und den Begründungszwang dringend zu beachten: **6**

1. Beschwerdefrist

Nach § 40 Abs. 2 Satz 2 IntFamRVG beträgt die Frist zur Einlegung und Begründung der Beschwerde **7** zwei Wochen. Auch hier gilt der Grundsatz, dass eine fehlerhafte Rechtsmittelbelehrung unerheblich ist für den Fristablauf (näher hierzu *Cirullies*, § 39 FamFG Rn. 2).

Sofern der Antragsteller sowohl durch das Bundesamt für Justiz als auch durch einen selbst beauftragten Verfahrensbevollmächtigten, der nicht lediglich als Unterbevollmächtigter tätig ist, vertreten wird, beginnt die Beschwerdefrist mit der ersten Zustellung der Entscheidung an einen der beiden Bevollmächtigten zu laufen.[2] **8**

2. Begründungszwang

Es besteht – abweichend von § 65 FamFG – eine Verpflichtung, die Beschwerde innerhalb der Beschwerdefrist schriftlich zu begründen. Die fehlende Begründung innerhalb der gesetzlichen Frist führt zur Unzulässigkeit der Beschwerde.[3] **9**

3. Beschwerdeberechtigte

§ 40 Abs. 2 Satz 3 IntFamRVG schränkt für Entscheidungen, mit denen die Rückführung des Kindes **10** angeordnet wurde, den Kreis der Beschwerdeberechtigten ein. Dem Jugendamt steht ein eigenes Beschwerderecht zu.

4. Ausschluss der Rechtsbeschwerde

Da die weitere Beschwerde zum BGH gemäß § 40 Abs. 2 Satz 3 IntFamRVG ausgeschlossen ist, kommt **11** gegen die Entscheidung des Beschwerdegerichts nur die Verfassungsbeschwerde in Betracht. Dies erklärt den hohen Anteil an Entscheidungen des BVerfG gemessen an der Zahl der Verfahren; auch hier kann das BVerfG auf Antrag im Wege der einstweiligen Anordnung die Aussetzung der Vollziehung anordnen.[4]

5. Verfahren vor dem OLG

Im Beschwerdeverfahren vor dem OLG ist die Übertragung auf den Einzelrichter ebenso ausgeschlossen wie die Aufhebung und Zurückverweisung, wie sich aus dem entsprechenden Ausschluss der Verweisung in § 40 Abs. 2 Satz 1 a.E. IntFamRVG ergibt. **12**

§ 40 Abs. 3 IntFamRVG verpflichtet das Beschwerdegericht nach Eingang der Beschwerde unverzüglich von Amts wegen die **Anordnung der sofortigen Vollziehung** der erstinstanzlichen Entschei- **13**

---

1 OLG Frankfurt, Beschl. v. 17.10.2014 – 1 WF 273/14 (n.v.)
2 OLG Karlsruhe FamRZ 2012, 468, 469
3 *Nehls*, ZKJ 2014, 62, 65
4 Vgl. etwa BVerfG NJW-Spezial 2012, 293; BVerfG, einstw. Anordnung vom 21.10.2011 – 1 BvQ 33/11, juris, jeweils nach Abwägung der Folgen unter Hinweis auf den offenen Ausgang des Beschwerdeverfahrens

dung zu prüfen und diese anzuordnen, wenn die Beschwerde offensichtlich unbegründet ist oder die Rückführung des Kindes unter Berücksichtigung der berechtigten Interessen der Beteiligten mit dem Wohl des Kindes vereinbar ist, § 40 Abs. 3 Satz 2 IntFamRVG. Sofern das Beschwerdegericht die eingelegte Beschwerde als offensichtlich unbegründet ansieht, darf nur bei Vorliegen schwerwiegender entgegenstehender Interessen der Beteiligten von einer Anordnung der sofortigen Vollziehbarkeit abgesehen werden.[5]

§ 41 IntFamRVG Bescheinigung über Widerrechtlichkeit

[1]Über einen Antrag, die Widerrechtlichkeit des Verbringens oder des Zurückhaltens eines Kindes nach Artikel 15 Satz 1 des Haager Kindesentführungsübereinkommens festzustellen, entscheidet das Familiengericht,

1. bei dem die Sorgerechtsangelegenheit oder Ehesache im ersten Rechtszug anhängig ist oder war, sonst

2. in dessen Bezirk das Kind seinen letzten gewöhnlichen Aufenthalt im Geltungsbereich dieses Gesetzes hatte, hilfsweise

3. in dessen Bezirk das Bedürfnis der Fürsorge auftritt.

[2]Die Entscheidung ist zu begründen.

1 § 41 IntFamRVG regelt die Zuständigkeit für die Ausstellung der Widerrechtlichkeitsbescheinigung nach Art. 15 HKÜ. Eine Zuständigkeitskonzentration ist nicht vorgesehen. Die Entscheidung ist dem Familienrichter zugewiesen (siehe hierzu *Heilmann*, § 14 RPflG Rn. 30). Gegen die Entscheidung ist die Beschwerde zum OLG eröffnet.[1]

§ 42 IntFamRVG Einreichung von Anträgen bei dem Amtsgericht

(1) [1]Ein Antrag, der in einem anderen Vertragsstaat zu erledigen ist, kann auch bei dem Amtsgericht als Justizverwaltungsbehörde eingereicht werden, in dessen Bezirk die antragstellende Person ihren gewöhnlichen Aufenthalt oder, mangels eines solchen im Geltungsbereich dieses Gesetzes, ihren tatsächlichen Aufenthalt hat. [2]Das Gericht übermittelt den Antrag nach Prüfung der förmlichen Voraussetzungen unverzüglich der Zentralen Behörde, die ihn an den anderen Vertragsstaat weiterleitet.

(2) Für die Tätigkeit des Amtsgerichts und der Zentralen Behörde bei der Entgegennahme und Weiterleitung von Anträgen werden mit Ausnahme der Fälle nach § 5 Abs. 1 Kosten nicht erhoben.

1 Die Vorschrift stellt klar, dass Antragsteller sich auch an die Rechtsantragsstelle des Amtsgerichts in ihrem Bezirk wenden können. Eine Zuständigkeitskonzentration besteht insoweit nicht. Im Hinblick auf die fehlende Spezialisierung und die mit der Weiterleitung verbundene Verzögerung erscheint diese Vorgehensweise jedoch nicht praktikabel.

§ 43 IntFamRVG Verfahrenskosten- und Beratungshilfe

Abweichend von Artikel 26 Abs. 2 des Haager Kindesentführungsübereinkommens findet eine Befreiung von gerichtlichen und außergerichtlichen Kosten bei Verfahren nach diesem Übereinkommen nur nach Maßgabe der Vorschriften über die Beratungshilfe und Verfahrenskostenhilfe statt.

1 Die Norm setzt den durch Deutschland gegen die grundsätzliche Kostenfreiheit nach Art. 26 Abs. 2 i.V.m. Abs. 3 HKÜ erklärten Vorbehalt um.

---

5 BT-Drs. 15/3981, 28
1 OLG Karlsruhe FamRZ 2005, 1004

Abschnitt 7
Vollstreckung

§ 44 IntFamRVG Ordnungsmittel; Vollstreckung von Amts wegen

(1) ¹Bei Zuwiderhandlung gegen einen im Inland zu vollstreckenden Titel nach Kapitel III der Verordnung (EG) Nr. 2201/2003, nach dem Haager Kinderschutzübereinkommen, dem Haager Kindesentführungsübereinkommen oder dem Europäischen Sorgerechtsübereinkommen, der auf Herausgabe von Personen oder die Regelung des Umgangs gerichtet ist, soll das Gericht Ordnungsgeld und für den Fall, dass dieses nicht beigetrieben werden kann, Ordnungshaft anordnen. ²Verspricht die Anordnung eines Ordnungsgeldes keinen Erfolg, soll das Gericht Ordnungshaft anordnen.

(2) Für die Vollstreckung eines in Absatz 1 genannten Titels ist das Oberlandesgericht zuständig, sofern es die Anordnung für vollstreckbar erklärt, erlassen oder bestätigt hat.

(3) ¹Ist ein Kind heraus- oder zurückzugeben, so hat das Gericht die Vollstreckung von Amts wegen durchzuführen, es sei denn, die Anordnung ist auf Herausgabe des Kindes zum Zweck des Umgangs gerichtet. ²Auf Antrag der berechtigten Person soll das Gericht hiervon absehen.

Übersicht

A. Allgemeines

§ 44 IntFamRVG betrifft die Vollstreckung von Entscheidungen nach der Brüssel IIa-VO, dem KSÜ, dem HKÜ oder dem ESÜ, welche die Herausgabe (Rückführung) des Kindes oder Umgangsregelungen beinhalten. Im Gegensatz zu der früheren Fassung des § 44 IntFamRVG, der die Vollstreckung umfassend regelte, enthält die Norm seit dem 1.9.2009 nur einige Besonderheiten, namentlich **1**

- die Anordnung von Ordnungsmitteln als Sollvorschrift (Abs. 1),

- die Zuständigkeit des Beschwerdegerichts für die Vollstreckung seiner Anordnungen (Abs. 2),

- die amtswegige Vollstreckung der Herausgabe des Kindes (Abs. 3).

Im Übrigen finden gemäß § 14 Nr. 2 IntFamRVG die allgemeinen Vollstreckungsregelungen des FamFG Anwendung, insbesondere §§ 86 bis 88, § 89 Abs. 1 Satz 3, Abs. 2 bis 4 sowie §§ 90 bis 94 FamFG.¹ **2**

▶ *Näher hierzu die Kommentierung von Cirullies zu §§ 88 bis 94 FamFG.*

B. Inhalt der Norm

I. Ermessensreduzierung

Abweichend von § 89 Abs. 1 FamFG regelt § 44 Abs. 1 IntFamRVG die Anordnung von Ordnungsmitteln als Soll-Vorschrift, was das Ermessen des Gerichts bei der Entscheidung über die Anordnung von Ordnungsmitteln einschränkt. **3**

II. Zuständigkeit des OLG

Abweichend von den allgemeinen Vollstreckungsregeln ist für die Vollstreckung das Oberlandesgericht selbst zuständig, wenn es eine Entscheidung für vollstreckbar erklärt, erlassen oder bestätigt hat (§ 44 Abs. 2 IntFamRVG), damit gewährleistet ist, dass das sachnähere Gericht beschleunigt die gebotenen Vollstreckungsmaßnahmen anordnet. **4**

---

1 Vgl. BT-Drs. 16/9733, 303

III. Amtswegige Vollstreckung

5   § 44 Abs. 3 IntFamRVG verschärft für Entscheidungen über die Herausgabe des Kindes zur Durchsetzung einer Sorgerechtsentscheidung (nicht Umgang) sowie für Rückführungsentscheidungen nach dem HKÜ die Vollstreckung insoweit, als diese von Amts wegen durchzuführen und das Ermessen des Gerichts gemäß § 44 Abs. 1 IntFamRVG reduziert ist. Nur auf Antrag der berechtigten Person soll das Gericht von Vollstreckungsmaßnahmen absehen (§ 44 Abs. 3 Satz 2 IntFamRVG).

1. Beschleunigte Vollstreckung

6   Die Vollstreckung der erwirkten Entscheidung ist zügig zu betreiben, da das Beschleunigungsgebot dem Ziel Rechnung trägt, den rechtswidrig geschaffenen Wechsel des gewöhnlichen Aufenthalts des Kindes schnellstmöglich zu beenden, um die mit der Rückführung verbundenen Belastungen für das Kind möglichst gering zu halten.[2]

2. Keine Überprüfung der Hauptsacheentscheidung

7   Dabei gilt der Grundsatz, dass im Vollstreckungsverfahren keine Überprüfung der Hauptsacheentscheidung erfolgt (näher hierzu *Cirullies*, § 89 FamFG Rn. 27).

8   Im Hinblick auf die Verpflichtung zur Berücksichtigung des Kindeswohls in jeder Lage des Verfahrens – auch im Vollstreckungsverfahren – soll ausnahmsweise von der Anordnung einer Vollzugsmaßnahme abzusehen sein, wenn sie mit dem Kindeswohl nicht (mehr) zu vereinbaren ist, etwa wenn der Elternteil trotz einer von ihm erwirkten Rückführungsanordnung die Rückführung des Kindes in das Herkunftsland durch eigenes Zutun verzögert und damit riskiert, dass allein aufgrund der zeitlichen Verzögerung bei der Vollziehung besondere Umstände während des verlängerten Aufenthaltes des Kindes im Zufluchtsland eintreten, die dazu führen, dass dem Kind eine Rückkehr nicht zuzumuten ist.[3]

---

2 OLG Hamburg FamRZ 2015, 64, 65
3 OLG Hamburg FamRZ 2015, 64, 65

Übersicht: Beschwerde und Vollstreckung in HKÜ-Verfahren 9

```
┌─────────────────────────────────────────────────┐
│  Familiengericht ordnet Rückführung des Kindes an │
│              (Art. 12 HKÜ)                        │
└─────────────────────────────────────────────────┘
                        │
                        ▼
┌─────────────────────────────────────────────────┐
│  Anordnung, die es dem Antragsgegner ermöglicht, mit │
│   dem Kind innerhalb einer bestimmten Frist in den  │
│            Herkunftsstaat zurückzukehren;           │
│   nach Fristablauf Herausgabe an den Antragsteller, │
│          Androhung von Ordnungsmitteln              │
└─────────────────────────────────────────────────┘
                        │
                        ▼
┌─────────────────────────────────────────────────┐
│  Rückführungsentscheidung wird erst mit Rechtskraft │
│         wirksam (§ 40 Abs. 1 IntFamRVG)             │
│                                                     │
│ (Zur Absicherung der Entscheidung kann das Gericht einstweilige │
│      Anordnungen erlassen, § 15 IntFamRVG)          │
└─────────────────────────────────────────────────┘
             │                          │
             ▼                          ▼
┌────────────────────────┐  ┌────────────────────────────┐
│ Keine Beschwerdeeinlegung│  │   Beschwerdeeinlegung      │
└────────────────────────┘  │ Sofortige Beschwerde, § 40 Abs. 2 │
             │               │ IntFamRVG:                 │
             │               │   ▪ Zweiwochenfrist        │
             │               │   ▪ Begründungszwang       │
             │               └────────────────────────────┘
             │                          │
             │                          ▼
             │               ┌────────────────────────────┐
             │               │ Anordnung der sofortigen Vollziehung │
             │               │   (§ 40 Abs. 3 Satz 1 IntFamRVG)  │
             │               └────────────────────────────┘
             │                          │
             │                          ▼
             │               ┌────────────────────────────┐
             │               │  OLG bestätigt Rückführung bzw. │
             │               │    ordnet Rückführung an:  │
             │               └────────────────────────────┘
             │                          │
             │                          ▼
             │               ┌────────────────────────────┐
             │               │  Vollstreckung durch OLG   │
             │               │  (§ 44 Abs. 2 IntFamRVG)   │
┌────────────────────────┐  └────────────────────────────┘
│ Nach Ablauf der Beschwerdefrist │        │
└────────────────────────┘          │
             │                       │
             ▼                       ▼
┌─────────────────────────────────────────────────┐
│        Vollstreckung von Amts wegen               │
│            (§ 44 IntFamRVG)                        │
└─────────────────────────────────────────────────┘
                        │
                        ▼
┌─────────────────────────────────────────────────┐
│              Ordnungsmittel                       │
└─────────────────────────────────────────────────┘
                        │
                        ▼
┌─────────────────────────────────────────────────┐
│  Herausgabe des Kindes an Gerichtsvollzieher     │
└─────────────────────────────────────────────────┘
```

Abschnitt 8
Grenzüberschreitende Unterbringung

§ 45 IntFamRVG Zuständigkeit für die Zustimmung zu einer Unterbringung

[1]Zuständig für die Erteilung der Zustimmung zu einer Unterbringung eines Kindes nach Artikel 56 der Verordnung (EG) Nr. 2201/2003 oder nach Artikel 33 des Haager Kinderschutzübereinkommens im Inland ist der überörtliche Träger der öffentlichen Jugendhilfe, in dessen Bereich das Kind nach dem Vorschlag der ersuchenden Stelle untergebracht werden soll, andernfalls der überörtliche Träger, zu dessen Bereich die Zentrale Behörde den engsten Bezug festgestellt hat. [2]Hilfsweise ist das Land Berlin zuständig.

§ 46 IntFamRVG Konsultationsverfahren

(1) Dem Ersuchen soll in der Regel zugestimmt werden, wenn

1. die Durchführung der beabsichtigten Unterbringung im Inland dem Wohl des Kindes entspricht, insbesondere weil es eine besondere Bindung zum Inland hat,

2. die ausländische Stelle einen Bericht und, soweit erforderlich, ärztliche Zeugnisse oder Gutachten vorgelegt hat, aus denen sich die Gründe der beabsichtigten Unterbringung ergeben,

3. das Kind im ausländischen Verfahren angehört wurde, sofern eine Anhörung nicht auf Grund des Alters oder des Reifegrades des Kindes unangebracht erschien,

4. die Zustimmung der geeigneten Einrichtung oder Pflegefamilie vorliegt und der Vermittlung des Kindes dorthin keine Gründe entgegenstehen,

5. eine erforderliche ausländerrechtliche Genehmigung erteilt oder zugesagt wurde,

6. die Übernahme der Kosten geregelt ist.

(2) Im Falle einer Unterbringung, die mit Freiheitsentziehung verbunden ist, ist das Ersuchen ungeachtet der Voraussetzungen des Absatzes 1 abzulehnen, wenn

1. im ersuchenden Staat über die Unterbringung kein Gericht entscheidet oder

2. bei Zugrundelegung des mitgeteilten Sachverhalts nach innerstaatlichem Recht eine Unterbringung, die mit Freiheitsentziehung verbunden ist, nicht zulässig wäre.

(3) Die ausländische Stelle kann um ergänzende Informationen ersucht werden.

(4) Wird um die Unterbringung eines ausländischen Kindes ersucht, ist die Stellungnahme der Ausländerbehörde einzuholen.

(5) [1]Die zu begründende Entscheidung ist auch der Zentralen Behörde und der Einrichtung oder der Pflegefamilie, in der das Kind untergebracht werden soll, mitzuteilen. [2]Sie ist unanfechtbar.

§ 47 IntFamRVG Genehmigung des Familiengerichts

(1) [1]Die Zustimmung des überörtlichen Trägers der öffentlichen Jugendhilfe nach den §§ 45 und 46 ist nur mit Genehmigung des Familiengerichts zulässig. [2]Das Gericht soll die Genehmigung in der Regel erteilen, wenn

1. die in § 46 Abs. 1 Nr. 1 bis 3 bezeichneten Voraussetzungen vorliegen und

2. kein Hindernis für die Anerkennung der beabsichtigten Unterbringung erkennbar ist.

[3]§ 46 Abs. 2 und 3 gilt entsprechend.

(2) [1]Örtlich zuständig ist das Familiengericht am Sitz des Oberlandesgerichts, in dessen Zuständigkeitsbereich das Kind untergebracht werden soll, für den Bezirk dieses Oberlandesgerichts. [2]§ 12 Abs. 2 und 3 gilt entsprechend.

(3) Der zu begründende Beschluss ist unanfechtbar.

A. Normzweck und Anwendungsbereich

§§ 45 bis 47 IntFamRVG regeln zur Umsetzung von Art. 56 Brüssel IIa-VO und von Art. 33 KSÜ einheit- **1** lich ein **besonderes Konsultationsverfahren für die Unterbringung** eines bisher in einem anderen Staat lebenden Kindes in einem Heim oder einer Pflegefamilie in Deutschland durch eine ausländische Stelle. Dies umfasst insbesondere auch individualpädagogische Auslandsmaßnahmen.

Das Konsultationsverfahren greift nur für Unterbringungsmaßnahmen im Verhältnis der EU-Mitglied- **2** staaten bzw. der Vertragsstaaten des KSÜ untereinander.

Dabei ist nach Art. 33 KSÜ das Konsultationsverfahren stets erforderlich, nach Art. 56 Abs. 1 Brüssel **3** IIa-VO ist das Konsultationsverfahren nur durchzuführen, wenn in dem ersuchten Mitgliedstaat für die innerstaatlichen Fälle der Unterbringung von Kindern die Einschaltung einer Behörde vorgesehen ist.[1]

B. Inhalt der Norm

I. Grundsätze

Anträge können über die Zentrale Behörde des ersuchenden Staates bei der Zentralen Behörde des **4** ersuchten Staates eingereicht werden, sie werden dann an die zuständigen Stellen, in Deutschland die jeweiligen Landesjugendämter, weitergeleitet.

Das Konsultationsverfahren ist grundsätzlich vor der Entscheidung über die Unterbringung selbst ab- **5** zuschließen (Art. 56 Abs. 2 Brüssel IIa-VO, Art. 33 Abs. 2 KSÜ)

Für den Anwendungsbereich des Art. 56 Abs. 2 Brüssel IIa-VO hat der EuGH[2] Folgendes festgehalten. **6**

- Die Zustimmung hat **vor** der Entscheidung über die Unterbringung eines Kindes vorzuliegen.[3]

- Die Zustimmung muss von einer zuständigen Behörde des öffentlichen Rechts des ersuchten Mitgliedstaats erteilt werden. Es genügt nicht, dass die Institution, in der das Kind untergebracht werden soll, der Unterbringung zustimmt.

- Die Entscheidung eines Gerichts eines Mitgliedstaats, welche die Unterbringung eines Kindes in einer geschlossenen Institution zur therapeutischen und pädagogischen Betreuung in einem anderen Mitgliedstaat beinhaltet mit der Konsequenz, dass dem Kind zu seinem eigenen Schutz für einen bestimmten Zeitraum die Freiheit entzogen wird, fällt in den Anwendungsbereich des Art. 56 Brüssel IIa-VO.

- Die Entscheidung eines Gerichts, durch die die befristete **zwangsweise** Unterbringung eines Kindes in einer **geschlossenen** Einrichtung in einem anderen Mitgliedstaat angeordnet wird, ist vor ihrer Vollstreckung im ersuchten Mitgliedstaat in diesem Mitgliedstaat für vollstreckbar zu erklären und kann in dem anderen Mitgliedstaat nur für den in der Unterbringungsentscheidung festgelegten Zeitraum vollstreckt werden.

- Soweit die Zustimmung zur Unterbringung nach Art. 56 Abs. 2 Brüssel IIa-VO nur für eine bestimmte Zeit erteilt ist, gilt sie nicht für Entscheidungen, mit denen die Dauer der Unterbringung verlängert werden soll. Vielmehr ist eine erneute Zustimmung einzuholen.

---

1 Vgl. zum Konsultationsverfahren allgemein sowie zu der Konsultationspflicht *Eschelbach/Rölke*, JAmt 2014, 494 ff.
2 EuGH FamRZ 2012, 1466 , 1471, auch zum Verhältnis einstweiliger Anordnungen nach Art. 20 Brüssel IIa-VO zur Unterbringung gemäß Konsultationsverfahren
3 Nach dem Merkblatt des Bundesamtes für Justiz soll dagegen die – unverzügliche – Nachholung des Konsultationsverfahrens möglich sein.

II. Verfahren bei Unterbringung des Kindes in Deutschland

7 Bei geplanter Unterbringung eines Kindes in Deutschland ist stets ein Konsultationsverfahren durchzuführen, die Anforderungen des Art. 56 Abs. 1 Brüssel IIa-VO sind grundsätzlich erfüllt, da § 44 SGB VIII auch für die Aufnahme eines Kindes in einer Pflegefamilie – von wenigen Ausnahmen, wie der Verwandtenpflege oder kurzzeitigen Pflegeverhältnissen abgesehen – eine Pflegeerlaubnis vorsieht.

8 Das für die Erteilung der Zustimmung nach § 45 IntFamRVG zuständige Landesjugendamt entscheidet nach Maßgabe des § 46 IntFamRVG über die Zustimmung zur Unterbringung.

9 Die Zustimmung zur freiheitsentziehenden Unterbringung unterliegt nach § 46 Abs. 2 IntFamRVG besonderen Anforderungen und darf nur erteilt werden, wenn die Grundentscheidung über die freiheitsentziehende Unterbringung im ersuchenden Staat durch ein Gericht getroffen wurde und auch nach innerstaatlichem Recht die Voraussetzungen für eine mit Freiheitsentziehung verbundene Unterbringung vorliegen (§ 1631b BGB, hierzu siehe *Fink,* § 1631b BGB Rn. 2 ff.). Damit erfolgt eine inhaltliche Überprüfung der Unterbringungsvoraussetzungen nach innerstaatlichem Recht.

10 Nach Prüfung der Voraussetzungen muss das Landesjugendamt nach § 47 IntFamRVG für die beabsichtigte Erteilung der Zustimmung die Genehmigung des zuständigen Familiengerichts einholen. Auch hier gilt die Zuständigkeitskonzentration, § 47 Abs. 2 i.V.m. § 12 Abs. 2 und 3 IntFamRVG.

11 Die im Rahmen des § 46 und § 47 getroffenen Entscheidungen sind jeweils unanfechtbar, § 46 Abs. 5 bzw. § 47 Abs. 3 IntFamRVG, dies gilt für die Erteilung oder Versagung der Zustimmung des jeweiligen Landesjugendamts ebenso wie für die positive oder negative Entscheidung des Familiengerichts. Anfechtbar auf Grundlage des jeweiligen nationalen Rechts ist nur die Ausgangsentscheidung über die Unterbringung.[4]

III. Verfahren bei Unterbringung des Kindes im Ausland

12 Für die Durchführung des Konsultationsverfahrens bei Unterbringung von Kindern in anderen EU-Mitgliedstaaten sind unter www.bundesjustizamt.de/sorgerecht Merkblätter verfügbar, einschließlich Landesmerkblättern und Datenblättern, die Informationen u.a. zu zuständigen Stellen, Verfahren und notwendigen Übersetzungen enthalten.

13 Sofern ein deutsches Gericht über eine Unterbringung in einem anderen EU-Mitgliedstaat entscheidet, der für die Unterbringung in einer Pflegefamilie keine gerichtliche oder behördliche Genehmigung erfordert, ist die Durchführung des Konsulationsverfahrens entbehrlich.

Abschnitt 9
Bescheinigungen zu inländischen Entscheidungen nach der Verordnung (EG) Nr. 2201/2003

§ 48 IntFamRVG Ausstellung von Bescheinigungen

(1) Die Bescheinigung nach Artikel 39 der Verordnung (EG) Nr. 2201/2003 wird von dem Urkundsbeamten der Geschäftsstelle des Gerichts des ersten Rechtszugs und, wenn das Verfahren bei einem höheren Gericht anhängig ist, von dem Urkundsbeamten der Geschäftsstelle dieses Gerichts ausgestellt.

(2) Die Bescheinigung nach den Artikeln 41 und 42 der Verordnung (EG) Nr. 2201/2003 wird beim Gericht des ersten Rechtszugs von dem Familienrichter, in Verfahren vor dem Oberlandesgericht oder dem Bundesgerichtshof von dem Vorsitzenden des Senats für Familiensachen ausgestellt.

1 Für die Ausstellung von Bescheinigungen nach Art. 39 Brüssel IIa-VO, Art. 41, 42 Brüssel II-VO für Entscheidungen deutscher Gerichte gilt keine Zuständigkeitskonzentration, sie erfolgt vielmehr durch das Gericht, welches die Entscheidung erlassen hat.

2 Zu differenzieren ist dabei für die Frage der funktionalen Zuständigkeit:

- Bescheinigungen nach Art. 39 Brüssel IIa-VO für Entscheidungen in Ehesachen und bei Entscheidungen über die elterliche Verantwortung, welche im Rahmen des Verfahrens auf Anerkennung

---

4 *Wagner,* § 47 IntFamRVG Rn. 3

bzw. Vollstreckbarerklärung vorzulegen sind, werden durch den Urkundsbeamten der Geschäftsstelle ausgestellt.

- Bescheinigungen nach Art. 41 und 42 Brüssel IIa-VO, die im Verhältnis der EU-Staaten untereinander die Vollstreckung ohne weiteres Vollstreckbarkeitsverfahren für Umgangsentscheidungen und bestimmte Rückführungsentscheidungen nach Maßgabe von Art. 11 Abs. 8 Brüssel IIa-VO ermöglichen, sind durch den Familienrichter bzw. den Vorsitzenden des zuständigen Familiensenats auszustellen.

Die Differenzierung erfolgt vor dem Hintergrund, dass in den Fällen des Abs. 1 noch eine weitere richterliche Überprüfung im Verfahren zur Anerkennung bzw. Vollstreckbarerklärung erfolgt, in den Fällen des Abs. 2 die Vollstreckung hingegen ohne Exequaturverfahren unmittelbar möglich ist. **3**

§ 49 IntFamRVG Berichtigung von Bescheinigungen

Für die Berichtigung der Bescheinigung nach Artikel 43 Abs. 1 der Verordnung (EG) Nr. 2201/2003 gilt § 319 der Zivilprozessordnung entsprechend.

Die Verweisung auf § 319 ZPO folgt aus Art. 43 Abs. 1 Brüssel IIa-VO, wonach für Berichtigungen der nach Art. 41 und 42 Brüssel IIa-VO ausgestellten Bescheinigungen das Recht des Ursprungsmitgliedstaats maßgebend ist. Gegenstand der Berichtigung kann nur sein, ob der Inhalt der Entscheidung in der Bescheinigung korrekt wiedergegeben ist.[1] **1**

Über diese Berichtigungsmöglichkeit hinaus sind Rechtsbehelfe gegen die Erteilung der genannten Bescheinigungen nicht eröffnet. **2**

Abschnitt 10
Kosten

§§ 50 bis 53 IntFamRVG (weggefallen)

§ 54 IntFamRVG Übersetzungen

Die Höhe der Vergütung für die von der Zentralen Behörde veranlassten Übersetzungen richtet sich nach dem Justizvergütungs- und -entschädigungsgesetz.

Von einer Kommentierung wird abgesehen.

[...]

---

1 BT-Drs. 15/3981, 31

Kapitel 6
Mediation in internationalen Kindschaftskonflikten

Weiterführende Literatur: Leitfaden zur Mediation auf der Grundlage des Haager Übereinkommens vom 25. Oktober 1980 über die zivilrechtlichen Aspekte internationaler Kindesentführung, Ständiges Büro der Haager Konferenz für Internationales Privatrecht; *Paul/Kiesewetter*, Mediation bei internationalen Kindschaftskonflikten München 2009; *Paul/Kiesewetter*, Cross-Border-Familiy-Mediation, Frankfurt 2014

A. Organisation und Verfahren[1]

1 In Verfahren nach dem Haager Kindesentführungsübereinkommen, die die **Rückführung** eines (möglicherweise) durch einen Elternteil widerrechtlich nach Deutschland verbrachten oder hier zurückgehaltenen Kindes in das Ausland auf Antrag des anderen Elternteils oder die Durchführung und wirksame Ausübung eines **Umgangsrechts** zum Gegenstand haben (Art. 12, 21 HKÜ[2]), verlangt Art. 7 c) HKÜ, dass auch hier der Versuch einer gütlichen Einigung unternommen werden soll.[3] Das **Bundesamt für Justiz**, welches für die Bearbeitung von Rückführungs- und Umgangsanträgen aus dem Ausland als zentrale Behörde zuständig ist, versendet bereits in seiner Eingangsbestätigung ein Informationsblatt zur internationalen Familienmediation im Rahmen von HKÜ-Verfahren[4] und fragt bei dem Antragsteller an, ob er an weiteren Informationen zur Mediation interessiert ist.

▶ *Näher zum Verfahren der Mediation Wegener, § 156 FamFG Rn. 53.*

2 Wollen die Eltern bereits in diesem frühen Verfahrensstadium eine Mediation durchführen, so informiert das Bundesamt den Verein **MiKK e.V.** (Mediation in internationalen Kindschaftskonflikten e.V.[5]), mit dem es seit Juli 2011 auf vertraglicher Grundlage kooperiert und MiKK übernimmt dann die Information der Eltern, die Organisation der Mediatoren, die Logistik, z.B. die Suche eines geeigneten Raumes usw.[6] Der 2008 gegründete Verein ist speziell darauf ausgerichtet und vorbereitet, in den internationalen Kindschaftskonflikten schnell, d.h. **innerhalb von ein bis zwei Wochen,** eine Mediation vorzubereiten und durchzuführen, da der Antrag des die Rückführung oder den Umgang begehrenden Elternteils inzwischen weiter vom Bundesamt bearbeitet und bei Gericht eingereicht wird.

3 Die Vorbereitung und Durchführung dieser dem gerichtlichen Verfahren vorgeschalteten Mediation erfolgt aufgrund des in HKÜ-Verfahren geltenden **besonderen Beschleunigungsgebotes**[7] (näher hierzu *Schweppe*, Art. 11 HKÜ Rn. 1) somit parallel zum gerichtlichen Verfahren.[8] Da oftmals die Bereitschaft der Eltern zur Durchführung einer Mediation erst feststeht, wenn das Verfahren bei Gericht schon eingeleitet ist, ist es zielführend, dass die außergerichtlichen Schritte mit dem Gerichtsverfahren abgestimmt und koordiniert werden. Eine gute Kommunikation zwischen dem Bundesamt, dem Verein MiKK und dem Gericht ist somit Voraussetzung eines gelingenden Mediationsverfahrens mit den Eltern.

4 Der Verein MiKK verfolgt die Idee der **bi-kulturellen Co-Mediation**, d.h. die Mediatoren arbeiten immer zu zweit, normalerweise mit einem Mann und einer Frau als Mediatoren, von denen einer einen juristischen und einer einen psycho-sozialen Hintergrund hat. Handelt es sich um ein bi-nationales bzw. bi-kulturelles Paar, so repräsentieren die Mediatoren im Idealfall auch die beiden Sprach- und

---

1 Vgl. den umfassenden Leitfaden zur Mediation auf der Grundlage des Haager Übereinkommens vom 25.10.1980 über die zivilrechtlichen Aspekte internationaler Kindesentführung, veröffentlicht vom Ständigen Büro der Haager Konferenz für Internationales Privatrecht, abzurufen unter www.hcch.net
2 Haager Übereinkommen vom 25.10.1980 über die zivilrechtlichen Aspekte internationaler Kindesentführung (HKÜ), BGBl. 1990 II S. 206, 207
3 Vgl. auch Art. 55e) Brüssel IIa-Verordnung und Art. 31c) KSÜ
4 Anzufordern unter int.sorgerecht@bfj.bund.de; erhältlich ist auch ein besonderes Informationsblatt für Rechtsanwälte
5 MiKK e.V., Fasanenstraße 12, 10623 Berlin, www.mikk-ev.de; info@mikk-ev.de; Telefon 030 74787879; *Kiesewetter,* Mediation bei internationalen Kindschaftskonflikten, in: *Trenczek* u.a., Rn. 10
6 *Kiesewetter/Paul*, in: Paul/Kiesewetter, S. 36 ff.
7 Art. 11 HKÜ, § 38 IntFamRVG; *Carl/Erb-Klünemann*, in: Paul/Kiesewetter, S. 53, 58
8 *Carl/Erb-Klünemann*, in: Paul/Kiesewetter, S. 61

Kulturkreise und sprechen – zumindest ansatzweise – die betroffenen Sprachen.[9] MiKK bildet die bei dem Verein registrierten Mediatoren regelmäßig aus und weiter in Bezug auf die rechtlichen Besonderheiten der internationalen Kindesentführungsfälle.

Um dem antragstellenden, im Ausland lebenden Elternteil die wiederholte Anreise und damit einhergehende Kosten zu ersparen, wird, wenn das Gerichtsverfahren schon anhängig ist, der Termin für die Mediation mit dem Termin, den das Gericht bestimmt, koordiniert, d.h. vorzugsweise findet die Mediation an dem Wochenende kurz vor oder kurz nach dem Gerichtstermin statt, damit im besten Fall eine Entscheidung des Gerichts vermieden werden kann.[10] Die mittlerweile für das Gerichtsverfahren beauftragten Anwälte werden in den Mediationsprozess mit einbezogen, stehen beratend zur Seite, nehmen aber in der Regel an den eigentlichen Mediationssitzungen nicht teil. Am Rande der Mediation kommt es oft auch zu einer Zwischenvereinbarung über einen kurzfristig durchzuführenden Umgangskontakt zwischen dem Kind und dem aus dem Ausland anreisenden Elternteil.

Eine jüngste Entwicklung stellt ein Modell dar, welches MiKK zusammen mit in diesem Bereich besonders engagierten Familienrichtern[11] erarbeitet hat, um dem organisatorischen Aufwand, dem hohen Zeitdruck und der oftmals aufgrund fehlender Informiertheit nur zögerlichen Bereitschaft zur Durchführung einer Mediation in diesen Fällen zu begegnen (**MiG-Projekt**, MiKK im HKÜ-Gericht).[12] Nach diesem Modell bestimmt das Gericht in ein und derselben Verfügung[13] **zwei dicht aufeinanderfolgende Termine** zur Anhörung der Eltern bzw. evtl. noch einen zusätzlichen Termin für die Kindesanhörung und ordnet das persönliche Erscheinen für den zweiten, eigentlichen Anhörungstermin an.

Der **erste Termin** wird nur mit einem Zeitrahmen von einer Stunde angesetzt und dient vor allem der Abklärung von Formalien, der **Prüfung der Mediationsbereitschaft** der Eltern und der Regelung des Umgangs zwischen dem Kind und dem aus dem Ausland anreisenden Elternteil, welcher daher von der Sinnhaftigkeit dieses Termins leicht zu überzeugen sein wird. Zu diesem ersten Termin entsendet MiKK kostenfrei einen für den Fall konkret in Frage kommenden Mediator, der den Beteiligten, wenn es sich im Termin ergibt, für Fragen und zum gegenseitigen Kennenlernen zur Verfügung steht, Anregungen aufnehmen kann und die Eltern im direkten Kontakt und Austausch von dem Verfahren der Mediation überzeugen kann. Entschließen sich die Eltern zur Mediation, wird diese zeitnah und unter Hinzuziehung eines zweiten Mediators durchgeführt. Der **zweite, eigentliche Anhörungstermin** findet sodann – unabhängig vom Erfolg der Mediation – statt. Im günstigsten Fall hat die Mediation bereits zu einer Vereinbarung der Eltern geführt, deren konkrete praktische Umsetzung im Termin erörtert werden kann.

Die **Kosten** der Mediation tragen die Eltern selbst, ggf. kann das Bundesamt als Zentrale Behörde unterstützen. Der Verein MiKK bemüht sich allerdings um eine auf das Gerichtsverfahren abgestimmte zeitliche Planung, sodass jedenfalls keine zusätzlichen Reise und Übernachtungskosten entstehen. Bekommen die Eltern und insbesondere der aus dem Ausland anreisende Elternteil Verfahrenskostenhilfe für das Gerichtsverfahren, so sind die Reisekosten und die Übernachtungskosten für eine Nacht abgedeckt. Einige besonders ideenreiche Familienrichter haben auch bereits Modelle praktiziert, nach denen der anreisende Elternteil eine sehr kostengünstige Übernachtungsmöglichkeit wählt (z.B. Jugendherberge) und somit eine Unterbringung auch für mehrere Übernachtungen im Wege der Verfahrenskostenhilfe übernommen werden konnte.

---

9 Vgl. auch die Breslauer Erklärung zur binationalen Kindschaftsmediation, FamRZ 2008, 753 ff., www.mikk-ev.de/deutsch/kodex-und-erklarunge/breslauer-erklaerung/; dort findet sich auch eine spezielle Liste von deutsch-polnischen Familienmediatoren, die nach dem Kodex der Breslauer Erklärung in Kindesentführungsfällen sowie in deutsch-polnischen Sorge- und Umgangsstreitigkeiten Mediation anbieten; vgl. ferner das deutsch-amerikanische Projekt von 2004 (*Carl/Paul/Walker*, in: Paul/Kiesewetter, S. 147 ff.), das deutsch-britische Projekt in Zusammenarbeit mit reunite von 2003/2004 (www.reunite.org; *Carter*, in: Paul/Kiesewetter, S. 135 ff.) und das deutsch-französische Projekt (*Carl/Alles*, in: Paul/Kiesewetter, S. 117 ff.), das in Vorbereitung befindliche deutsch-spanische Projekt sowie für die Niederlande das IKO (www.kinderontvoering.org); weitere international tätige Familienmediatoren finden sich auch unter www.crossbordermediator.eu; Paul/Kiesewetter (Hrsg.), Mediation bei internationalen Kindschaftskonflikten 2009, S. 33 ff.; sh. auch den Leitfaden zur Mediation, Fn. 1, 31, 71
10 *Schulz*, Mediierte Vereinbarungen in Verfahren nach dem Haager Kindesentführungsübereinkommen und ihre Vollstreckung, S. 5 (nicht veröffentlicht); *Carl/Erb-Klünemann*, in: Paul/Kiesewetter, S. 61
11 Zur besseren Lesbarkeit wird im Folgenden nur die männliche Form des Begriffs verwendet.
12 MiG-Projekt, MiKK im HKÜ-Gericht, Richterin Sabine Brieger in Kooperation mit MiKK, www.mikk-ev.de/deutsch/mig-mikk-im-gericht/
13 Muster einer solchen Ladungsverfügung abrufbar unter der Internetadresse siehe Fn. 12

B. Rechtswirkungen mediierter Vereinbarungen

9 Erzielen die Eltern eine Vereinbarung und legen diese nicht dem Gericht zur Billigung oder zur entsprechenden Beschlussfassung vor, so ist die Vereinbarung rein **privater** Natur und kann nicht mit staatlicher Gewalt vollstreckt werden.

10 Soll die im Rahmen einer internationalen Familienmediation erzielte Vereinbarung **juristisch abgesichert** werden, sind oft komplizierte Fragen zu klären.

I. Vereinbarung über die Rückführung oder Nicht-Rückführung

11 Einigen sich die Eltern über die Rückführung oder Nicht-Rückführung, so kann eine solche Vereinbarung als **gerichtlich gebilligter Vergleich** über die **Kindesherausgabe** nach § 156 Abs. 2 Satz 1 FamFG aufgenommen werden, der mit Ordnungsmitteln[14] durchsetzbar ist (§§ 86 Abs. 1 Ziff. 2 i.V.m. § 89 FamFG). Verpflichtet sich der entführende Elternteil zur Rückführung des Kindes ohne Herausgabe an den anderen Elternteil, so handelt es sich dabei um eine unvertretbare Handlung im Sinne der §§ 86 Abs. 1 Nr. 3, 95 Abs. 1 Nr. 3 FamFG. Ein Vergleich solchen Inhalts wäre ein weiterer Vollstreckungstitel nach § 794 ZPO, der nach § 888 ZPO mit Zwangsmitteln vollstreckt wird.[15]

12 Eine Möglichkeit besteht darin, die Vereinbarung der Eltern nicht zu billigen und das HKÜ-Verfahren erst dann abzuschließen, wenn die Vereinbarung umgesetzt wurde bzw. andernfalls eine Entscheidung zu treffen, die mit Ordnungsmitteln vollstreckt werden kann (§§ 40 Abs. 1, 3 IntFamRVG, 86 Abs. 1 Nr. 1, Abs. 2 FamFG).

II. Vereinbarung auch über sorge- und umgangsrechtliche Aspekte

13 Möglicherweise muss auch das Gericht im Herkunftsstaat eingeschaltet werden, damit dieses bei der Herbeiführung der Verbindlichkeit der Vereinbarung auch im Herkunftsland mitwirkt,[16] denn das HKÜ-Gericht ist **in der Regel nicht international zuständig** für Verfahren betreffend das materielle Sorge- und Umgangsrecht. Im Verhältnis zu anderen EU-Staaten und Vertragsstaaten nach dem KSÜ gilt, dass während eines schwebenden HKÜ-Verfahrens die Gerichte im Staat des bisherigen gewöhnlichen Aufenthalts des Kindes (Herkunftsstaat) zuständig bleiben für Entscheidungen über das Sorge- und Umgangsrecht. Außerhalb der EU und des Kreises der KSÜ-Vertragsstaaten gilt die Vorschrift des Art. 16 HKÜ, nach der die Gerichte des Staates, in den das Kind verbracht wurde (Zufluchtsstaat) oder in dem es zurückgehalten wird, während eines laufenden oder möglicherweise noch bevorstehenden HKÜ-Verfahrens an einer Sachentscheidung gehindert sind. Die fehlende internationale Zuständigkeit schließt auch die gerichtliche Billigung und Vollstreckbarmachung von Vergleichen zu diesen Verfahrensgegenständen aus.

▶ *Näher zur internationalen Zuständigkeit siehe Schweppe, Art. 16 HKÜ Rn. 1 ff.*

14 Um die erzielte Vereinbarung der Eltern auch im Herkunftsland wirksam umzusetzen, gibt es verschiedene Lösungsansätze:

1. Undertakings:

15 Undertakings sind Zusicherungen, die die Eltern, in der Regel der zurückgelassene Elternteil, vor dem über die Rückführung verhandelnden Gericht abgeben, um eine unverzügliche Rückkehr des Kindes in sein Herkunftsland zu gewährleisten.[17] Sie sind jedoch im Herkunftsland nur durchsetzbar, wenn sie von den dortigen Gerichten oder Behörden für verbindlich erklärt worden sind.

2. Safe harbour orders

16 Hierbei handelt es sich um Verpflichtungen des zurückgelassenen Elternteils, die die Rückkehr des Kindes und dessen anschließenden Verbleib im Herkunftsland sichern sollen und im Herkunftsland aufgrund einer Anordnung des Gerichts des Herkunftslandes durchsetzbar sind.[18]

---

14 Art. 10 Brüssel IIa-Verordnung, Art. 7 KSÜ
15 OLG Hamburg vom 31.1.2013 – 2 WF 4/13 HKÜ
16 *Carl/Erb-Klünemann,* Die Einbeziehung von Mediation in das gerichtliche Verfahren, in: Paul/Kiesewetter (Hrsg.), S. 53 ff.
17 *Carl,* FPR 2001, 211, 213 f.; ders. in: Paul/Kiesewetter, S. 7; *Nehls,* in: Paul/Kiesewetter, S. 22
18 *Carl,* in Paul/Kiesewetter, S. 9; *Nehls,* in: Paul/Kiesewetter, S. 23

3. Mirror orders

Mirror orders sind identische Anordnungen von Gerichten beider beteiligter Staaten oder die Anord- **17**
nung des Gerichts des Herkunftsstaates, mit der der Inhalt eines undertakings spiegelbildlich wiederholt und damit im Herkunftsland für vollstreckbar erklärt wird. Die Entscheidung spiegelt also im Idealfall die im Ausland bereits ergangene Entscheidung oder Vereinbarung wider. Bekannt ist das Konzept
der undertakings, der safe harbour und der mirror orders vor allem in Staaten, in denen das common
law gilt (z.B. die USA). Schwierig und vor allem zeitnah kaum durchzusetzen, ist eine mirror order
dann, wenn im Herkunftsland noch kein Kindschaftsverfahren eingeleitet wurde oder es sich bei dem
Herkunftsland um ein solches handelt, welches das civil law vorsieht.

Eine Kontaktaufnahme zwischen dem HKÜ-Gericht und dem zuständigen Gericht im Herkunftsstaat **18**
ist in jedem Fall anzuraten, um die rechtlichen Möglichkeiten abzuklären. Sehr hilfreich kann es sein,
sich an den für das jeweilige Land zuständigen Verbindungsrichter zu wenden oder an das Bundesamt
für Justiz als Zentrale Behörde; beide können im Vorfeld auf die Besonderheiten des betreffenden Landes hinweisen und bei der Kontaktaufnahme zum dortigen Gericht unterstützen.[19]

▶ *Näher zum Verbindungsrichter siehe Schweppe, Kapitel 1 Rn. 31 ff.*

Ggf. ist unter Einschaltung des Verbindungsrichters oder des Bundesamts auch die im Ausland zustän- **19**
dige Staatsanwaltschaft bzw. das Gericht zu veranlassen, dem entführenden Elternteil freies Geleit zu
gewähren bzw. einen wegen der Entführung bestehenden **Haftbefehl** aufzuheben. Jedenfalls sollte
die Vereinbarung der Eltern die Rücknahme eines eventuellen Strafantrags des im Herkunftsstaat zu-
rückbleibenden Elternteils enthalten.[20]

III. Anerkennung und Vollstreckung im Herkunftsstaat

Sofern die internationale Zuständigkeit des Gerichts, vor dem die Vereinbarung geschlossen bzw. von **20**
dem die die Vereinbarung billigende Entscheidung getroffen wurde, unproblematisch ist, kommt
auch die Anerkennung aufgrund von internationalen, regionalen oder bilateralen Regelungsinstru-
menten in Betracht, möglicherweise erfordert eine Vollstreckung dann aber noch eine Vollstreckbarerklärung oder Registrierung im Herkunftsstaat.

---

19 Im Rahmen des Europäischen Justiziellen Netzes für Zivil- und Handelssachen (EJN) gibt es seit einigen Jahren
   auch in Deutschland Verbindungsrichterinnen und -richter, auf der Grundlage einer Entscheidung des Rates
   vom 28.5.2001. In Deutschland sind derzeit fünf Verbindungsrichter tätig, abrufbar auf der Internetseite des
   Bundesamts für Justiz – Europäisches Justizielles Netz in Zivil- und Handelssachen – Deutsche Verbindungsrichterinnen und Verbindungsrichter (www.bundesjustizamt.de)
20 Näher Leitfaden zur Mediation, Fn. 1, 38, 89 ff.

Grundgesetz
(Auszug)

Artikel 1

(1) Die Würde des Menschen ist unantastbar. Sie zu achten und zu schützen ist Verpflichtung aller staatlichen Gewalt.

(2) Das deutsche Volk bekennt sich darum zu unverletzlichen und unveräußerlichen Menschenrechten als Grundlage jeder menschlichen Gemeinschaft, des Friedens und der Gerechtigkeit in der Welt.

(3) Die nachfolgenden Grundrechte binden Gesetzgebung, vollziehende Gewalt und Rechtsprechung als unmittelbar geltendes Recht.

Artikel 2

(1) Jeder hat das Recht auf die freie Entfaltung seiner Persönlichkeit, soweit er nicht die Rechte anderer verletzt und nicht gegen die verfassungsmäßige Ordnung oder das Sittengesetz verstößt.

(2) Jeder hat das Recht auf Leben und körperliche Unversehrtheit. Die Freiheit der Person ist unverletzlich. In diese Rechte darf nur auf Grund eines Gesetzes eingegriffen werden.

(...)

Artikel 6

(1) Ehe und Familie stehen unter dem besonderen Schutze der staatlichen Ordnung.

(2) Pflege und Erziehung der Kinder sind das natürliche Recht der Eltern und die zuvörderst ihnen obliegende Pflicht. Über ihre Betätigung wacht die staatliche Gemeinschaft.

(3) Gegen den Willen der Erziehungsberechtigten dürfen Kinder nur auf Grund eines Gesetzes von der Familie getrennt werden, wenn die Erziehungsberechtigten versagen oder wenn die Kinder aus anderen Gründen zu verwahrlosen drohen.

(4) Jede Mutter hat Anspruch auf den Schutz und die Fürsorge der Gemeinschaft.

(5) Den unehelichen Kindern* sind durch die Gesetzgebung die gleichen Bedingungen für ihre leibliche und seelische Entwicklung und ihre Stellung in der Gesellschaft zu schaffen wie den ehelichen Kindern.

*Die Bezeichnung „uneheliche Kinder" wurde in Bundesgesetzen in „nichteheliche Kinder" geändert, vgl. Art. 9 § 2 Nr. 1 G v. 18.7.1979 I 1061 (Art 6 GG in der Fassung vom 1.1.1964)

Europäische Menschenrechtskonvention (EMRK) (Auszug)

Artikel 8 (Recht auf Achtung des Privat- und Familienlebens)

(1) Jede Person hat das Recht auf Achtung ihres Privat- und Familienlebens, ihrer Wohnung und ihrer Korrespondenz.

(2) Eine Behörde darf in die Ausübung dieses Rechts nur eingreifen, soweit der Eingriff gesetzlich vorgesehen und in einer demokratischen Gesellschaft notwendig ist für die nationale oder öffentliche Sicherheit, für das wirtschaftliche Wohl des Landes, zur Aufrechterhaltung der Ordnung, zur Verhütung von Straftaten, zum Schutz der Gesundheit oder der Moral oder zum Schutz der Rechte und Freiheiten anderer.

UN-Kinderrechtskonvention (Auszug)

Artikel 3 (Wohl des Kindes)

(1) Bei allen Maßnahmen, die Kinder betreffen, gleich viel ob sie von öffentlichen oder privaten Einrichtungen der sozialen Fürsorge, Gerichten, Verwaltungsbehörden oder Gesetzgebungsorganen getroffen werden, ist das Wohl des Kindes ein Gesichtspunkt, der vorrangig zu berücksichtigen ist.

(2) Die Vertragsstaaten verpflichten sich, dem Kind unter Berücksichtigung der Rechte und Pflichten seiner Eltern, seines Vormunds oder anderer für das Kind gesetzlich verantwortlicher Personen den Schutz und die Fürsorge zu gewährleisten, die zu seinem Wohlergehen notwendig sind; zu diesem Zweck treffen sie alle geeigneten Gesetzgebungs- und Verwaltungsmaßnahmen.

(3) Die Vertragsstaaten stellen sicher, dass die für die Fürsorge für das Kind oder dessen Schutz verantwortlichen Institutionen, Dienste und Einrichtungen den von den zuständigen Behörden festgelegten Normen entsprechen, insbesondere im Bereich der Sicherheit und der Gesundheit sowie hinsichtlich der Zahl und der fachlichen Eignung des Personals und des Bestehens einer ausreichenden Aufsicht.

Artikel 4 (Verwirklichung der Kindesrechte)

Die Vertragsstaaten treffen alle geeigneten Gesetzgebungs-, Verwaltungs- und sonstigen Maßnahmen zur Verwirklichung der in diesem Übereinkommen anerkannten Rechte. Hinsichtlich der wirtschaftlichen, sozialen und kulturellen Rechte treffen die Vertragsstaaten derartige Maßnahmen unter Ausschöpfung ihrer verfügbaren Mittel und erforderlichenfalls im Rahmen der internationalen Zusammenarbeit.

Artikel 5 (Respektierung des Elternrechts)

Die Vertragsstaaten achten die Aufgaben, Rechte und Pflichten der Eltern oder ggf., soweit nach Ortsbrauch vorgesehen, der Mitglieder der weiteren Familie oder der Gemeinschaft, des Vormunds oder anderer für das Kind gesetzlich verantwortlicher Personen, das Kind bei der Ausübung der in diesem Übereinkommen anerkannten Rechte in einer seiner Entwicklung entsprechenden Weise angemessen zu leiten und zu führen.

(...)

Artikel 9 (Trennung von den Eltern; persönlicher Umgang)

(1) Die Vertragsstaaten stellen sicher, dass ein Kind nicht gegen den Willen seiner Eltern von diesen getrennt wird, es sei denn, dass die zuständigen Behörden in einer gerichtlich nachprüfbaren Entscheidung nach den anzuwendenden Rechtsvorschriften und Verfahren bestimmen, dass diese Trennung zum Wohl des Kindes notwendig ist. Eine solche Entscheidung kann im Einzelfall notwendig werden, wie etwa wenn das Kind durch die Eltern mißhandelt oder vernachlässigt wird oder wenn bei getrennt lebenden Eltern eine Entscheidung über den Aufenthaltsort des Kindes zu treffen ist.

(2) In Verfahren nach Absatz 1 ist allen Beteiligten Gelegenheit zu geben, am Verfahren teilzunehmen und ihre Meinung zu äußern.

(3) Die Vertragsstaaten achten das Recht des Kindes, das von einem oder beiden Elternteilen getrennt ist, regelmäßige persönliche Beziehungen und unmittelbare Kontakte zu beiden Elternteilen zu pflegen, soweit dies nicht dem Wohl des Kindes widerspricht.

(...)

Artikel 12 (Berücksichtigung des Kindeswillens)

(1) Die Vertragsstaaten sichern dem Kind, das fähig ist, sich eine eigene Meinung zu bilden, das Recht zu, diese Meinung in allen das Kind berührenden Angelegenheiten frei zu äußern, und berücksichtigen die Meinung des Kindes angemessen und entsprechend seinem Alter und seiner Reife.

(2) Zu diesem Zweck wird dem Kind insbesondere Gelegenheit gegeben, in allen das Kind berührenden Gerichts- oder Verwaltungsverfahren entweder unmittelbar oder durch einen Vertreter oder eine geeignete Stelle im Einklang mit den innerstaatlichen Verfahrensvorschriften gehört zu werden.

(...)

Artikel 18 (Verantwortung für das Kindeswohl)

(1) Die Vertragsstaaten bemühen sich nach besten Kräften, die Anerkennung des Grundsatzes sicherzustellen, dass beide Elternteile gemeinsam für die Erziehung und Entwicklung des Kindes verantwortlich sind. Für die Erziehung und Entwicklung des Kindes sind in erster Linie die Eltern oder ggf. der Vormund verantwortlich. Dabei ist das Wohl des Kindes ihr Grundanliegen.

(2) Zur Gewährleistung und Förderung der in diesem Übereinkommen festgelegten Rechte unterstützen die Vertragsstaaten die Eltern und den Vormund in angemessener Weise bei der Erfüllung ihrer Aufgabe, das Kind zu erziehen, und sorgen für den Ausbau von Institutionen, Einrichtungen und Diensten für die Betreuung von Kindern.

(3) Die Vertragsstaaten treffen alle geeigneten Maßnahmen, um sicherzustellen, dass Kinder berufstätiger Eltern das Recht haben, die für sie in Betracht kommenden Kinderbetreuungsdienste und -einrichtungen zu nutzen.

Artikel 19 (Schutz vor Gewaltanwendung, Misshandlung, Verwahrlosung)

(1) Die Vertragsstaaten treffen alle geeigneten Gesetzgebungs-, Verwaltungs-, Sozial- und Bildungsmaßnahmen, um das Kind vor jeder Form körperlicher oder geistiger Gewaltanwendung, Schadenszufügung oder Misshandlung, vor Verwahrlosung oder Vernachlässigung, vor schlechter Behandlung oder Ausbeutung einschließlich des sexuellen Missbrauchs zu schützen, solange es sich in der Obhut der Eltern oder eines Elternteils, eines Vormunds oder anderen gesetzlichen Vertreters oder einer anderen Person befindet, die das Kind betreut.

(2) Diese Schutzmaßnahmen sollen je nach den Gegebenheiten wirksame Verfahren zur Aufstellung von Sozialprogrammen enthalten, die dem Kind und denen, die es betreuen, die erforderliche Unterstützung gewähren und andere Formen der Vorbeugung vorsehen sowie Maßnahmen zur Aufdeckung, Meldung, Weiterverweisung, Untersuchung, Behandlung und Nachbetreuung in den in Absatz 1 beschriebenen Fällen schlechter Behandlung von Kindern und ggf. für das Einschreiten der Gerichte.

Artikel 20 (Von der Familie getrennt lebende Kinder; Pflegefamilie; Adoption)

(1) Ein Kind, das vorübergehend oder dauernd aus seiner familiären Umgebung herausgelöst wird oder dem der Verbleib in dieser Umgebung im eigenen Interesse nicht gestattet werden kann, hat Anspruch auf den besonderen Schutz und Beistand des Staates.

(2) Die Vertragsstaaten stellen nach Maßgabe ihres innerstaatlichen Rechts andere Formen der Betreuung eines solchen Kindes sicher.

(3) Als andere Form der Betreuung kommt unter anderem die Aufnahme in eine Pflegefamilie, die Kafala nach islamischem Recht, die Adoption oder, falls erforderlich, die Unterbringung in einer geeigneten Kinderbetreuungseinrichtung in Betracht. Bei der Wahl zwischen diesen Lösungen sind die erwünschte Kontinuität in der Erziehung des Kindes sowie die ethnische, religiöse, kulturelle und sprachliche Herkunft des Kindes gebührend zu berücksichtigen.

Artikel 21 (Adoption)

Die Vertragsstaaten, die das System der Adoption anerkennen oder zulassen, gewährleisten, dass dem Wohl des Kindes bei der Adoption die höchste Bedeutung zugemessen wird; die Vertragsstaaten

a) stellen sicher, dass die Adoption eines Kindes nur durch die zuständigen Behörden bewilligt wird, die nach den anzuwendenden Rechtsvorschriften und Verfahren und auf der Grundlage aller verläßlichen einschlägigen Informationen entscheiden, dass die Adoption angesichts des Status des Kindes in bezug auf Eltern, Verwandte und einen Vormund zulässig ist und dass, soweit dies erforderlich ist, die betroffenen Personen in Kenntnis der Sachlage und auf der Grundlage einer ggf. erforderlichen Beratung der Adoption zugestimmt haben;

b) erkennen an, dass die internationale Adoption als andere Form der Betreuung angesehen werden kann, wenn das Kind nicht in seinem Heimatland in einer Pflege- oder Adoptionsfamilie untergebracht oder wenn es dort nicht in geeigneter Weise betreut werden kann;

c) stellen sicher, dass das Kind im Fall einer internationalen Adoption in den Genuss der für nationale Adoptionen geltenden Schutzvorschriften und Normen kommt;

d) treffen alle geeigneten Maßnahmen, um sicherzustellen, dass bei internationaler Adoption für die Beteiligten keine unstatthaften Vermögensvorteile entstehen;

e) fördern die Ziele dieses Artikels ggf. durch den Abschluss zwei- oder mehrseitiger Übereinkünfte und bemühen sich in diesem Rahmen sicherzustellen, dass die Unterbringung des Kindes in einem anderen Land durch die zuständigen Behörden oder Stellen durchgeführt wird.

Artikel 22 (Flüchtlingskinder)

(1) Die Vertragsstaaten treffen geeignete Maßnahmen, um sicherzustellen, dass ein Kind, das die Rechtsstellung eines Flüchtlings begehrt oder nach Maßgabe der anzuwendenden Regeln und Verfahren des Völkerrechts oder des innerstaatlichen Rechts als Flüchtling angesehen wird, angemessenen Schutz und humanitäre Hilfe bei der Wahrnehmung der Rechte erhält, die in diesem Übereinkommen oder in anderen internationalen Übereinkünften über Menschenrechte oder über humanitäre Fragen, denen die genannten Staaten als Vertragsparteien angehören, festgelegt sind, und zwar unabhängig davon, ob es sich in Begleitung seiner Eltern oder einer anderen Person befindet oder nicht.

(2) Zu diesem Zweck wirken die Vertragsstaaten in der ihnen angemessen erscheinenden Weise bei allen Bemühungen mit, welche die Vereinten Nationen und andere zuständige zwischenstaatliche oder nichtstaatliche Organisationen, die mit den Vereinten Nationen zusammenarbeiten, unternehmen, um ein solches Kind zu schützen, um ihm zu helfen und um die Eltern oder andere Familienangehörige eines Flüchtlingskinds ausfindig zu machen mit dem Ziel, die für eine Familienzusammenführung notwendigen Informationen zu erlangen. Können die Eltern oder andere Familienangehörige nicht ausfindig gemacht werden, so ist dem Kind im Einklang mit den in diesem Übereinkommen enthaltenen Grundsätzen derselbe Schutz zu gewähren wie jedem anderen Kind, das aus irgendeinem Grund dauernd oder vorübergehend aus seiner familiären Umgebung herausgelöst ist.

(...)

Gesetz über die religiöse Kindererziehung (RelKErzG)

§ 1

Über die religiöse Erziehung eines Kindes bestimmt die freie Einigung der Eltern, soweit ihnen das Recht und die Pflicht zusteht, für die Person des Kindes zu sorgen. Die Einigung ist jederzeit widerruflich und wird durch den Tod eines Ehegatten gelöst.

§ 2

(1) Besteht eine solche Einigung nicht oder nicht mehr, so gelten auch für die religiöse Erziehung die Vorschriften des Bürgerlichen Gesetzbuchs über das Recht und die Pflicht, für die Person des Kindes zu sorgen.

(2) Es kann jedoch während bestehender Ehe von keinem Elternteil ohne die Zustimmung des anderen bestimmt werden, daß das Kind in einem anderen als dem zur Zeit der Eheschließung gemeinsamen Bekenntnis oder in einem anderen Bekenntnis als bisher erzogen, oder daß ein Kind vom Religionsunterricht abgemeldet werden soll.

(3) Wird die Zustimmung nicht erteilt, so kann die Vermittlung oder Entscheidung des Familiengerichts beantragt werden. Für die Entscheidung sind, auch soweit ein Mißbrauch im Sinne des § 1666 des Bürgerlichen Gesetzbuchs nicht vorliegt, die Zwecke der Erziehung maßgebend. Vor der Entscheidung sind die Ehegatten sowie erforderlichenfalls Verwandte, Verschwägerte und die Lehrer des Kindes zu hören, wenn es ohne erhebliche Verzögerung oder unverhältnismäßige Kosten geschehen kann. Der § 1779 Abs. 3 Satz 2 des Bürgerlichen Gesetzbuchs findet entsprechende Anwendung. Das Kind ist zu hören, wenn es das zehnte Jahr vollendet hat.

§ 3

(1) Steht dem Vater oder der Mutter das Recht und die Pflicht, für die Person des Kindes zu sorgen, neben einem dem Kind bestellten Vormund oder Pfleger zu, so geht bei einer Meinungsverschiedenheit über die Bestimmung des religiösen Bekenntnisses, in dem das Kind erzogen werden soll, die Meinung des Vaters oder der Mutter vor, es sei denn, daß dem Vater oder der Mutter das Recht der religiösen Erziehung auf Grund des § 1666 des Bürgerlichen Gesetzbuchs entzogen ist.

(2) Steht die Sorge für die Person eines Kindes einem Vormund oder Pfleger allein zu, so hat dieser auch über die religiöse Erziehung des Kindes zu bestimmen. Er bedarf dazu der Genehmigung des Familiengerichts. Vor der Genehmigung sind die Eltern sowie erforderlichenfalls Verwandte, Verschwägerte und die Lehrer des Kindes zu hören, wenn es ohne erhebliche Verzögerung oder unverhältnismäßige Kosten geschehen kann. Der § 1779 Abs. 3 Satz 2 des Bürgerlichen Gesetzbuchs findet entsprechende Anwendung. Auch ist das Kind zu hören, wenn es das zehnte Lebensjahr vollendet hat. Weder der Vormund noch der Pfleger können eine schon erfolgte Bestimmung über die religiöse Erziehung ändern.

§ 4

Verträge über die religiöse Erziehung eines Kindes sind ohne bürgerliche Wirkung.

§ 5

Nach der Vollendung des vierzehnten Lebensjahrs steht dem Kind die Entscheidung darüber zu, zu welchem religiösen Bekenntnis es sich halten will. Hat das Kind das zwölfte Lebensjahr vollendet, so kann es nicht gegen seinen Willen in einem anderen Bekenntnis als bisher erzogen werden.

§ 6

Die vorstehenden Bestimmungen finden auf die Erziehung der Kinder in einer nicht bekenntnismäßigen Weltanschauung entsprechende Anwendung.

§ 7

Für Streitigkeiten aus diesem Gesetz ist das Familiengericht zuständig. Ein Einschreiten von Amts wegen findet dabei nicht statt, es sei denn, daß die Voraussetzungen des § 1666 des Bürgerlichen Gesetzbuchs vorliegen.

§ 8

Alle diesem Gesetz entgegenstehenden Bestimmungen der Landesgesetze sowie Artikel 134 des Einführungsgesetzes zum Bürgerlichen Gesetzbuch werden aufgehoben.

§§ 9 und 10

(gegenstandslos)

§ 11

Das Gesetz tritt am 1. Januar 1922 in Kraft.

Lebenspartnerschaftsgesetz (LPartG)
(Auszug)

§ 9 Regelungen in Bezug auf Kinder eines Lebenspartners

(1) Führt der allein sorgeberechtigte Elternteil eine Lebenspartnerschaft, hat sein Lebenspartner im Einvernehmen mit dem sorgeberechtigten Elternteil die Befugnis zur Mitentscheidung in Angelegenheiten des täglichen Lebens des Kindes. § 1629 Abs. 2 Satz 1 des Bürgerlichen Gesetzbuchs gilt entsprechend.

(2) Bei Gefahr im Verzug ist der Lebenspartner dazu berechtigt, alle Rechtshandlungen vorzunehmen, die zum Wohl des Kindes notwendig sind; der sorgeberechtigte Elternteil ist unverzüglich zu unterrichten.

(3) Das Familiengericht kann die Befugnisse nach Absatz 1 einschränken oder ausschließen, wenn dies zum Wohl des Kindes erforderlich ist.

(4) Die Befugnisse nach Absatz 1 bestehen nicht, wenn die Lebenspartner nicht nur vorübergehend getrennt leben.

(5) Der Elternteil, dem die elterliche Sorge für ein unverheiratetes Kind allein oder gemeinsam mit dem anderen Elternteil zusteht, und sein Lebenspartner können dem Kind, das sie in ihren gemeinsamen Haushalt aufgenommen haben, durch Erklärung gegenüber dem Standesamt ihren Lebenspartnerschaftsnamen erteilen. § 1618 Satz 2 bis 6 des Bürgerlichen Gesetzbuchs gilt entsprechend.

(6) Nimmt ein Lebenspartner ein Kind allein an, ist hierfür die Einwilligung des anderen Lebenspartners erforderlich. § 1749 Abs. 1 Satz 2 und 3 sowie Abs. 3 des Bürgerlichen Gesetzbuchs gilt entsprechend.

(7) Ein Lebenspartner kann ein Kind seines Lebenspartners allein annehmen. Für diesen Fall gelten die §§ 1742, 1743 Satz 1, § 1751 Abs. 2 und 4 Satz 2, § 1754 Abs. 1 und 3, § 1755 Abs. 2, § 1756 Abs. 2, § 1757 Abs. 2 Satz 1 und § 1772 Abs. 1 Satz 1 Buchstabe c des Bürgerlichen Gesetzbuchs entsprechend.

Stichwörter